中国公路学会桥梁和结构工程分会

2020年全国桥梁学术会议论文集

主办单位	中国公路学会桥梁和结构工程分会
	广东省公路学会
	深中通道管理中心
协办单位	中交第二航务工程局有限公司
	中交第二公路工程局有限公司
	保利长大工程有限公司
	中铁大桥局集团有限公司
	湖北省交通规划设计院股份有限公司
	中铁宝桥集团有限公司
	中铁山桥集团有限公司
	德阳天元重工股份有限公司
	宁波路宝科技实业集团有限公司
	许昌德通振动搅拌技术有限公司
	镇江蓝舶科技股份有限公司
	深圳市威士邦建筑新材料科技有限公司
	武船重型工程股份有限公司
	江苏法尔胜路桥科技有限公司
	上海浦江缆索股份有限公司
	武汉锂鑫自动化科技有限公司
	广东承信公路工程检验有限公司
	江苏中矿大正表面工程技术有限公司
承办单位	中交公路规划设计院有限公司
	中交公路长大桥建设国家工程研究中心有限公司
	《桥梁》杂志社

人民交通出版社股份有限公司

北 京

图书在版编目(CIP)数据

中国公路学会桥梁和结构工程分会2020年全国桥梁学术会议论文集/中国公路学会桥梁和结构工程分会编. — 北京：人民交通出版社股份有限公司，2020.11

ISBN 978-7-114-16917-5

Ⅰ.①中… Ⅱ.①中… Ⅲ.①桥梁工程—学术会议—文集 Ⅳ.①U44-53

中国版本图书馆CIP数据核字(2020)第211183号

Zhongguo Gonglu Xuehui Qiaoliang he Jiegou Gongcheng Fenhui 2020 Nian Quanguo Qiaoliang Xueshu Huiyi Lunwenji

书　　名	中国公路学会桥梁和结构工程分会2020年全国桥梁学术会议论文集
著　作　者	中国公路学会桥梁和结构工程分会
责任编辑	张征宇　韩亚楠
责任校对	刘　芹　宋佳时
责任印制	刘高彤
出版发行	人民交通出版社股份有限公司
地　　址	(100011)北京市朝阳区安定门外外馆斜街3号
网　　址	http://www.ccpcl.com.cn
销售电话	(010)59757973
总　经　销	人民交通出版社股份有限公司发行部
经　　销	各地新华书店
印　　刷	北京市密东印刷有限公司
开　　本	889×1194　1/16
印　　张	70
字　　数	2120千
版　　次	2020年11月　第1版
印　　次	2020年11月　第1次印刷
书　　号	ISBN 978-7-114-16917-5
定　　价	180.00元

(有印刷、装订质量问题的图书由本公司负责调换)

中国公路学会桥梁和结构工程分会
2020年全国桥梁学术会议论文集
编 委 会

主　　编	张喜刚	陈冠雄	王康臣	陈伟乐
副 主 编	赵君黎	王文进	崔　岗	杨志刚
	冯良平	宋神友	谭昌富	
审稿专家	赵君黎	逯一新	田克平	秦大航
	雷俊卿			
工 作 组	杨　雪	魏巍巍	杜　静	周　立
	陈焕勇	庄明融	温　琳	
责任编辑	张征宇	韩亚楠		

目 录

I 规划与设计

1. 粤港澳大湾区跨江跨海桥梁发展综述 ············· 陈伟乐(3)
2. 深中通道工程方案及主要技术创新 ············· 宋神友 陈伟乐(16)
3. 深中通道伶仃洋大桥关键技术及创新 ············· 王康臣 宋神友(32)
4. 深中通道建筑美学设计实践及思考 ············· 吴玲正(40)
5. 伶仃洋大桥索塔设计 ············· 王云鹏 徐 军(45)
6. 河北省钢混组合桥梁应用现状及发展展望 ············· 马 骅 苏立超 梁 栋 李志聪(49)
7. 延庆至崇礼高速公路水碾堡天桥设计与施工
   ············· 李秉南 张国清 万 水 李丰群 郑肇鑫 张海平(56)
8. 基于英国标准的加纳 K-A 公路钢框架拱桥总体设计建造浅析 ············· 葛胜锦 贾存芳 赖良俊(60)
9. 大位移伸缩缝处防撞护栏设计与安全性分析研究 ············· 张家元 龚 帅 常 英 高建雨(69)
10. 秭归(原香溪)长江公路大桥拱脚钢-混复合连接构造设计 ············· 詹建辉 张家元 张 铭(76)
11. 混合梁斜拉桥主梁钢混结合段技术的新进展 ············· 詹建辉(82)
12. 秭归(香溪)长江公路大桥主桥设计 ············· 詹建辉 张 铭 张家元(88)
13. 基于 TRIZ 理论的新型减隔震支座设计
    ············· 韩家山 陈新培 曹翁恺 宋建平 顾海龙(93)
14. 兰州市柴家峡黄河特大桥总体分析研究 ············· 周 良 彭 俊 吴 勇 庄 鑫 尹志逸(98)
15. 主跨 1500m 公轨两用钢桁斜拉桥设计 ············· 刘吉明 雷俊卿(104)
16. 主跨 1800m 公铁两用钢箱梁悬索桥设计 ············· 皮福艳 雷俊卿(110)
17. 金安金沙江大桥隧道锚设计 ············· 陈永亮 刘 斌 夏支贤 武文祥(115)
18. 深圳妈湾跨海通道深开挖大跨异形地下结构设计 ············· 阴存欣 王国兴(122)
19. 一种新型钢混凝土组合斜腿刚构拱体系桥的创新设计 ············· 彭栋木(129)
20. 基于拉应力域理论的整体式桥台桥梁台梁结合部位的配筋方法
    ············· 金永学 郑明万 贾 栋 于增明 徐 栋(133)
21. 装配式简支-连续钢-混组合小箱梁桥的设计分析 ············· 项贻强 何百达(137)
22. 北京兴延高速公路高品质工程桥梁设计探讨 ············· 潘可明 路文发(145)
23. 南京上坝夹江大桥主桥设计 ············· 华 新 韩大章 丁 磊(149)
24. 福州洪塘大桥自锚式悬索桥设计要点 ············· 蔡 亮(155)
25. 菲律宾 PGN 跨海大桥工程可行性方案研究 ············· 张江峰 秦建军(162)
26. 桥梁可康复性设计原则与失效案例 ············· 王二强 李美帅 刘 钊(171)

27. 装配式空心桥墩的应用现状与发展探讨 ……………………………… 舒泽同 刘 钊(177)
28. 英德北江特大桥设计难点分析及应对措施 …………………………… 古金梁 何恒波(183)
29. 新首钢大桥桥型方案比选研究 ………………………… 杨 冰 魏 炜 付 裕 刘 颖(186)
30. 新首钢大桥异形钢主梁设计 …………………………………… 杨文忠 杨 冰 王 磊(197)
31. 日本钢桥应用现状调查 ………………………………………… 张华敏 韩厚正 卜晓励(203)
32. 桥梁深水基础概念设计 ………………………………………… 龚维明 戴国亮 万志辉(213)
33. 驸马长江大桥隧道锚设计及关键技术对策 ……………………………… 刘 波 王茂强(219)
34. 悬索桥主梁梁端伸缩装置病害和设计伸缩量探讨 ……………………… 刘 波 袁 洪(228)
35. 广东云茂高速公路老屋村大桥钢板组合梁应用 ………………… 娄 健 邱体军 杨 洋(235)
36. 基于 Revit 的桥梁正向设计软件实现混凝土配合比设计
   …………………………………………………………… 唐准准 刘小辉 王文剑 列宇祥(242)

II 施工与控制

1. 伶仃洋大桥东锚碇基础施工关键技术 …………………………………… 李 冕 王东志(253)
2. AGV 喷砂机器人在钢箱梁涂装中的应用 ………………………………………… 王鑫博(258)
3. 钢箱梁涂装的智能化工艺设计 ……………………………………………… 李鸿伟 梁 江(263)
4. 伶仃洋大桥海上超深超大地下连续墙施工关键技术 …………… 吴 聪 谢冀瀚 吴育剑(269)
5. 深中通道伶仃洋大桥西锚碇新型筑岛围堰施工关键技术
   ……………………………………………………………… 王晓佳 陈 凡 吴 聪 吴育剑(275)
6. 伶仃洋大桥西索塔承台钢套箱施工关键技术 …………… 吴 聪 任亮亮 王晓佳 张玉涛(281)
7. 深中通道大跨径钢箱梁斜拉桥施工控制关键技术研究 …………… 朱 荣 孔 凡 李小祥(288)
8. 深中通道大直径桩基旋挖钻机成孔技术应用 …………………………… 李立坤 毛 奎(294)
9. 深中通道钢箱梁智能制造关键技术研究 ………………… 朱新华 沙军强 薛宏强 孙悦楠(300)
10. 深中通道伶仃洋大桥钢锚箱制造技术 ………………………… 沙军强 权红烈 谷 杰(305)
11. 深中通道伶仃洋大桥桥塔施工监控指标研究 ……………………………… 谭沸良 邹 勇(312)
12. 华丽高速公路金安金沙江大桥跨山区峡谷加劲梁悬索桥施工 …… 王定宝 常 勇 曹瑞祥(315)
13. 金沙江大桥非对称独塔单跨地锚式钢桁梁悬索桥施工成套技术 … 王成恩 王定宝 谌业焜(318)
14. 预应力竹节桩机械连接施工技术研究 …………………………………… 胡世勇 李瑞宏(321)
15. 高架桥交通零干扰建造方案研究 ………………………………………………… 吴志勇(327)
16. 全封闭钢混组合箱梁整体吊装纵隔板配置研究 ………………………………… 孙 颖(332)
17. AS 法在阳宝山大桥中的应用 …………………………… 冯云成 翟晓亮 张延龙 李永庆(337)
18. 全站仪三角高程测量法替代二等水准的精度分析 ……………………… 王 磊 刘 洋(344)
19. 钢筋最优下料新算法研究 ………………………………………………………… 张师定(349)
20. 平潭海峡大桥移动模架造桥机创新设计 ………………… 张乐亲 黄伟民 王东辉 胡国庆(351)
21. 文莱 PMB 桥节段拼装通用架桥机研究设计 ……………… 张乐亲 陈 刚 孙庆龙 李振环(356)
22. 芜湖长江公铁大桥主桥施工关键技术研究 ……………………………………… 周外男(362)

23. 五峰山长江大桥节段拼装新工法及其架桥机 …………………… 张乐亲 孙庆龙 罗 平(370)
24. 基于图像识别的双轮铣槽机数据采集系统研究
　　　　　　　　　　　　　　　　　　　　　　朱明清 王永威 涂同珩 张晓平(374)
25. 瓯江北口大桥南引桥上层节段梁施工方案优化分析 ………… 黄 跃 肖 林 王 敏 郑和晖(380)
26. 桥梁支座安装常见病害及预防治理措施 …………………… 杨卫锋 成正江 郑 娜 何平根(385)
27. 黄河特大桥深水区承台钢管桩围堰施工技术 ……………………………… 侯奇奇 魏晗琦(390)
28. 波形钢腹板组合梁斜拉桥施工挂篮研究 ………………………………………… 李拔周 李 阳(397)
29. 步履式顶推技术在预应力混凝土箱梁施工中的应用研究
　　　　　　　　　　　　　　　　　　　　　　　吴 睿 薛志武 卢 涛 刘益平(401)
30. 超大跨多肋柔性拱竖转关键技术研究 ………………………………………… 薛志武 薛 帆(404)
31. 超宽翼缘连续梁悬浇挂篮设计与施工 ………………………………………… 李海方 梁 丰(410)
32. 无覆盖层条件码头钻孔桩一体化施工技术 …………………………………… 薛志武 郭 强(415)
33. 钢筋集中加工场自动化加工设备的应用 ……………………………………………… 费鑫宇(420)
34. 深软地基现浇支架设计及应用 ………………………………………………… 刘东旭 曲清新(424)
35. 浅谈横跨三级航道施工通航条件安全技术措施 ………………… 白 杨 巨润泽 王 伟(438)
36. 超深串珠式溶洞桩基成孔施工技术 …………………………………………………… 袁爱国(447)
37. 探讨复杂环境下的小半径匝道桥架梁施工技术 ……………………………………… 胡端礼(450)
38. 大跨径斜拉桥叠合梁边跨合龙施工技术 ……………………………… 李 密 余 勇 彭 勇(453)
39. 深淤泥地质土工布围堰筑岛设计与施工 ……………………………………………… 邓小刚(456)
40. 珠海市洪鹤大桥节段预制箱梁拼装施工技术 ………… 余 勇 刘少华 宋海洋 程 朴(460)
41. 采用超高性能混凝土的新老桥梁快速拼接设计关键技术研究 …… 沙丽新 陆元春 刘 超(467)
42. 钢桥梁智能涂装生产线建设及运用研究 ……………………………………………… 马增岗(474)
43. 大跨径装配式波形钢腹板梁厂内预制施工关键技术 ………… 王成伟 李思海 赵永忠(480)
44. 适用于大跨径钢混梁快速化建造的大型设备应用及优化改进 … 王成伟 鲁建明 翟晓军(485)
45. 多联刚构桥"假悬臂"施工合龙顺序研究 …………………………… 厉勇辉 黄剑锋 胡 伟(490)
46. 百米哑铃形双壁钢围堰吊挂下沉施工关键技术 ……………………………………… 陶建山(497)
47. 深中通道伶仃洋大桥东索塔工业化建造关键技术 …………… 袁 航 黄厚卿 刘建波(503)
48. 大跨径大曲率弯桥无支架顶推技术研究 ……………………………………………… 张文龙(508)
49. 快速施工简支-连续钢-混组合小箱梁桥施工过程模拟分析 ………… 何百达 项贻强(514)
50. 钢筋集中加工与配送智能化技术研究与应用 ……………………… 程茂林 朱明清 夏 昊(521)
51. 汕昆高速公路龙川至怀集段上跨京广高铁转体桥工程设计与施工 ……… 蒋 惠 黄光辉(527)
52. 南京长江五桥钢壳混凝土桥塔施工关键技术 ………………… 夏 欢 种爱秀 康学云 王 辉(535)
53. 混凝土桥梁下部结构全预制拼装技术探讨 …………………………………… 覃忠余 李国平(540)
54. 开阔海域大跨悬索桥水中锚碇快速筑岛设计及施工关键技术
　　　　　　　　　　　　　　　　　　　　　　　万 猛 刘建波 李 冕 陈 鸣(546)
55. 组合折腹刚构桥悬臂异步施工技术研究 ………… 蔡昊初 王思豪 寇 静 刘玉擎 魏 俊(552)
56. 深中通道锚碇施工监控管理系统研发与应用 ………………………… 李 浩 王永威 白 佳(557)

57. 陀螺桩结合排水固结法在软土路基填筑工程中的应用
·· 李 勇 李 键 张国梁 付佰勇 石海洋(562)
58. 装配式混凝土桥梁施工现状及现场质量测试分析 ········ 郑 洲 冯晓楠 刘 朵 张建东(568)

III 结构分析与试验研究

1. U形肋板单元组装焊接一体化技术研究 ······································ 范军旗 李华冰(577)
2. ZG300-500H铸钢与Q345R钢板的焊接工艺研究 ······························· 李泽锐(581)
3. 超声相控阵技术在正交异性钢箱梁全熔透U肋角焊缝检测的应用初探
·· 陈华青 孙 杰 赵 敏 梁云家 薛 磊(586)
4. 钢管桩/钢板桩组合围堰在软塑状淤泥地质中的应用 ······················ 徐冬生 李立坤(591)
5. 钢桥梁热轧变截面U肋焊接试验研究 ································ 张 华 阮家顺 伍鲲鹏(601)
6. 高耐腐蚀高强度的新一代桥梁缆索用钢丝 ······································ 胡东辉 母俊莉(607)
7. 基于BIM的钢筋智能加工研究 ··· 张振乾(613)
8. 悬索桥索夹密封性能研究 ·· 宋神友 邹 威 董小亮 刘 郴(617)
9. 深中通道伶仃洋航道桥东锚碇基坑开挖支护精细化数值模拟分析
·· 陈占力 何 潇 付佰勇(624)
10. 深中通道正交异性钢桥面板智能制造技术及质量控制方法研究 ················· 邢 扬(633)
11. 一种景观型桥梁中分带护栏研发 ······ 杜艳爽 宋神友 陈焕勇 刘恩惠 郑允康 王 翔(638)
12. 两种断面形式的桁架式横隔板钢箱组合梁桥受力性能比较 ······················· 施江涛(644)
13. 道庆洲公轨两用大桥第二类稳定研究 ·· 汪 威 杨光武(648)
14. 船式叠合盖梁关键技术研究 ·· 吴志勇(653)
15. 异型PC梁拱组合桥自振特性及其敏感性分析 ········ 胡元宏 冯腾达 杨大雨 张 波(658)
16. 异型PC梁拱组合桥静力参数敏感性分析 ·············· 冯腾达 胡元宏 杨大雨 张 波(663)
17. 提篮式系杆拱桥稳定性分析 ································ 金成棣 陈建华 钱 阳(668)
18. 验算系杆拱桥拱肋稳定性实用方法 ······················· 金成棣 陈建华 赵天麟(679)
19. 特大跨径斜拉桥桥塔的弯矩二阶效应计算与分析 ······ 郑 兴 黄 侨 苑仁安 任 远(690)
20. 斜拉桥主塔偏心距增大系数的桥规计算方法研究 ······ 黄义理 黄 侨 张金涛 宋晓东(696)
21. BIM智能软件系统结构研究 ··· 张师定(702)
22. 超宽钢箱梁纵横向分块安装局部相对变形分析 ···························· 刘 力 彭成明(705)
23. 柔性拱转体仿真分析研究 ·· 薛志武 周明生(712)
24. 采用最大压应力控制的钢筋混凝土梁抗弯承载力的通用计算方法 ······ 何家学 徐 栋 张 宇(719)
25. 桥梁施工过程状态索力计算的等效力位移法研究 ······ 彭世杰 梁家熙 王 强(725)
26. 浅谈梁场建设及运营对真空预压处理条件下深厚软土地基带来的影响 ······ 刘小强 聂 勇(729)
27. 斜转正连续箱梁桥的力学特性分析 ···································· 吴 刚(738)
28. 预制节段桥梁钢榫键接缝直剪力学行为研究
················ 邹 宇 宋冰泉 裘松立 谢正元 雷 欢 柳惠芬 徐 栋(741)

29. 预制节段桥梁混凝土齿键接缝直剪强度研究分析
　　……………………………… 邹　宇　宋冰泉　王毓晋　裘松立　刘　超　王志超　徐　栋(746)
30. 大跨度公铁两用三塔斜拉桥纵向约束影响分析 ………………………………… 马政辉　沈锐利(751)
31. 大跨度预应力混凝土连续梁桥长期下挠原因分析 …………………………………………… 刘鲜庆(758)
32. 塔里木大桥合理结构体系及约束方式的研究 ………………………… 刘志才　张学义　刘　聪(764)
33. 基于塑性理论的预弯组合梁桥抗弯承载力研究
　　………………………………………………………… 钱建奇　张海龙　杨　明　黄　侨　田林杰(769)
34. 纳入国标的专利钢的特性及其广泛用途——高性能、高性价比40SiMnVBE钢
　　………………………………………………… 韩建中　韩　卫　马周成(顾问)　王章友(775)
35. 矩形沉井着床过程水流力实验研究 ………………………………… 杨汉彬　杨万理　李　乔(778)
36. 万向铰独塔异形斜拉桥线形控制关键技术研究 ………………… 万俊彪　周勇军　赵　煜　张亚军(782)
37. 缆索吊装系统中主索无应力索长的计算及修正 ……………………………………… 廖　悦　裴宾嘉(788)
38. 大直径钢缆索电磁弹索力传感器研发 ……………… 魏　巍　段元锋　段元昌　胡孝阳　罗艳丽(792)
39. 超大跨度钢管混凝土拱桥稳定性分析 ……………………… 刘展行　葛耀君　杨詠昕　孙利民(798)
40. 基于空间网格模型的钢板组合梁桥主梁间距影响分析 …… 俞承序　焦明伟　杨　忠　徐　栋(805)
41. 单索面组合梁斜拉桥考虑施工龄期差异剪力滞效应精细化分析 ………………… 贾勤龙　徐　栋(811)
42. 基于模块化构件的大跨径PC梁桥快速修复方法研究 ………………… 黄少文　白午龙　段昕智(816)
43. 伶仃洋大桥风场数据智能预测与抖振效应分析
　　………………………………………………… 柳成荫　晏　铖　郭　凯　刘汉勇　闫　禹(821)
44. 大矢跨比椭圆形钢桁架拱桥精细化计算分析 ………………………………… 陈梦成　杨　超(829)
45. 基于水化热效应的大体积混凝土温控措施研究 ……………… 侯　炜　贺拴海　李　源　闫　磊(840)
46. 具有人工缺陷的波形钢腹板抗剪性能研究 ……………………… 温宗意　赵骏铭　卫　星(851)
47. 大跨度悬索桥主缆二次应力与直径关系研究 ……………… 龚　旺　吴玉刚　张太科　沈锐利(858)
48. 大跨径波形钢腹板桥梁端部加劲构造研究 ………………………………… 张　愉　刘玉擎(867)
49. 组合折腹桥梁腹板与底板结合部传力机理分析 ……………… 张　愉　王思豪　刘玉擎(873)
50. 装配式混凝土梁桥横梁体系研究 …………… 端木祥永　邱体军　唐国喜　王胜斌　徐　栋(879)
51. 钢桁架桥梁遭遇油罐列车火灾时结构垮塌推演分析
　　……………………………… 张　岗　马振兴　贺拴海　宋超杰　张永飞　汤陈皓　李徐阳　万　豪(884)
52. UHPC-RC组合键齿受力特性及承载力计算方法研究 ……………… 张永涛　李　刚　郑和晖(888)
53. 基于替代传力路径的钢桁斜拉桥结构鲁棒性评价方法研究
　　………………………………………………………… 郑小博　侯　炜　贺拴海　刘金鑫(894)
54. 远大钢芯板和RPC刚性桥面板相结合的新型钢面板研讨 …………………… 贺杰军　上官兴(906)
55. 基于物联网技术的桥梁结构变形监测系统与数据分析方法研究 …… 王旭东　肖栋梁　张　舸(913)
56. 某大跨度公铁两用斜拉桥风场特性实测 ……………………………… 张慧彬　郭薇薇(920)
57. 长期监测场景下的索力自动识别方法研究 …… 王鹏军　杨岸顾　韩　亮　蒋恩超　杨少华(926)
58. 倒T盖梁高架桥新型伸缩装置温度受力分析 ……………… 尚帅磊　李永君　周　强(934)
59. 基于换算截面及梁单元模拟组合梁斜拉桥受力对比分析 ……………… 陈常松　王　晶(939)

60. 既有钢筋混凝土板桥极限承载力试验研究 …… 王 鹏 张建川 舒 皓 胡文华 梁清清(947)
61. 变截面波形钢腹板组合梁桥剪应力简化计算方法 ………… 邓文琴 刘 朵 张建东(951)
62. 正交异性桥面板钢箱梁疲劳裂纹分析及对策 ………… 何连海 杨 羿 刘 朵 张建东(955)
63. 中小跨径装配式梁桥技术指标及经济性分析 ………… 刘 朵 王 健 邓文琴 张建东(960)
64. 桥梁支座用金属摩擦材料在海洋大气环境中的耐蚀性能研究 …… 姜文英 何平根 宋建平(965)
65. 海洋飞溅区免维护防水支座设计开发 ………… 何平根 赵胜贤 姜文英 宋建平(969)
66. 闭口流线型箱梁断面涡激振动与气动控制数值模拟
　　……………………………………… 刘志文 张瑞林 严爱国 刘振标 陈政清(973)
67. 热带海洋环境桥梁用耐候钢腐蚀和适用性研究 ………… 刘 波 宋 晖 王 飞 张 凡(980)
68. 斜拉桥混合梁结合段受力分析 ………………………… 王太奇 覃作伟 顾 萍(990)
69. 组合箱梁桥悬臂斜撑受力分析 ……………………… 赵冰钰 刘玉擎 季建东 王 彬(994)
70. 长寿命高性能钢桥研究与实践 ………… 王春生 段 兰 张静雯 崔文科 车 平(1000)
71. 武汉青山长江大桥泄水槽复合钢板焊接工艺评定试验 … 阮家顺 王 简 郭萍萍 张银河(1007)

IV 养护管理、检测与加固

1. 深中通道中山大桥、伶仃洋大桥主桥梁外检查车设计
　　……………………………………… 崔 岗 邱廷琦 吴明龙 魏川江 陶 迅(1015)
2. 深中通道中山大桥、伶仃洋大桥主塔检修平台方案研究
　　……………………… 邹 威 崔 岗 邱廷琦 吴明龙 魏川江 陶 迅 张 松(1024)
3. 普速铁路大跨度刚构-连续梁运营性能调查研究 ……………………………………… 刘 楠(1033)
4. 跨铁路连续梁桥检测加固及改建技术实践 ………… 张肇红 张国文 颜庭祥 张文华(1037)
5. 超高性能混凝土在半刚构-连续梁桥维修加固中的应用研究 ………… 贾存芳 王 洋(1045)
6. 一体式光纤光栅应变传感器设计及工艺研发 ……………………… 王紫超 孙南昌(1049)
7. 悬索桥主缆防腐除湿一体化研究进展 ……………………… 梁 成 王一然 李 鹏(1055)
8. 面向结构健康监测的桥梁数字孪生模型 ……………………… 应宇锋 淡丹辉 葛良福(1058)
9. 基于统计特征的大跨拱桥加速度监测数据质量评价 …… 钟华强 夏 烨 何天涛 孙利民(1064)
10. 大跨连续刚构桥体外预应力加固效果研究 …………………………… 孙南昌 郑建新(1072)
11. 基于长期监测数据的矮寨大桥梁端位移响应特性
　　……………………………………… 黄国平 胡建华 宋彔鹏 孙璋鸿 王连华(1078)
12. 基于红外锁相热成像的钢结构桥梁涂层厚度均匀性评价
　　…………………………………………………………… 杨 羿 王贤强 刘 朵 张建东(1086)
13. 桥梁缆索用高强度 Zn-10% Al-RE 合金镀层钢丝耐蚀性能研究
　　…………………………………………………………… 朱晓雄 赵 军 王志刚 章 盛 葛云鹏(1089)
14. 智能制造技术在深中通道钢结构桥梁中的应用与探索 ………… 阮家顺 吴茂传 杨 帆(1097)
15. 基于网片弯折成型的超高索塔钢筋部品装配化施工工法 …… 程茂林 吴中正 陈 斌(1104)

I 规划与设计

1. 粤港澳大湾区跨江跨海桥梁发展综述

陈伟乐

(广东省公路建设有限公司)

摘　要　《粤港澳大湾区发展规划纲要》明确了粤港澳大湾区的建设目标,提出要以连通内地与港澳及珠江口东西两岸为重点,构建大湾区快速交通网络,加快基础设施互联互通。粤港澳大湾区国家战略为跨江跨海桥梁建养技术的发展提供了广阔的舞台。本文回顾了近40年来粤港澳大湾区各类桥梁的5个发展历程,从悬索桥、斜拉桥、拱桥和梁桥等四个方面,分析了每类桥型的代表性桥梁与创新技术,重点介绍了虎门二桥、深中通道、昂船洲大桥、港珠澳大桥、黄茅海大桥等特大型桥梁的代表性设计施工技术,并对本区域未来桥梁的发展趋势进行了展望,可为本区域未来工程的建设提供借鉴。

关键词　粤港澳大湾区　公路桥梁　发展综述　悬索桥　斜拉桥　拱桥　梁桥

一、引　言

粤港澳大湾区(Guangdong-Hong Kong-Macao Greater Bay Area,缩写GBA)是由香港、澳门两个特别行政区和广州、深圳、珠海、佛山、惠州、东莞、中山、江门、肇庆九个珠三角城市组成的"环珠江口湾区",总面积5.6万km^2,2017年末总人口约7000万人,是中国开放程度最高、经济活力最强的区域之一,在国家发展大局中具有重要战略地位,与美国纽约湾区、旧金山湾区、日本东京湾区并称为世界四大湾区[1]。推进粤港澳大湾区建设,是以习近平同志为核心的党中央作出的重大决策,是习近平总书记亲自谋划、亲自部署、亲自推动的国家战略,是新时代推动形成全面开放新格局的新举措,也是推动"一国两制"事业发展的新实践。推进建设粤港澳大湾区,有利于深化内地和港澳交流合作,对港澳参与国家发展战略,提升竞争力,保持长期繁荣稳定具有重要意义[2]。

2019年2月18日,中共中央、国务院印发《粤港澳大湾区发展规划纲要》,明确了粤港澳大湾区的建设目标,提出要以连通内地与港澳及珠江口东西两岸为重点,构建大湾区快速交通网络,加快基础设施互联互通[3]。

桥梁作为基础设施互联互通的关键节点,一直是粤港澳大湾区互联互通建设的重点。粤港澳大湾区也是开启我国大跨径桥梁自主建设的肇始之地,相继兴建了有里程碑意义的洛溪大桥、虎门大桥、港珠澳大桥、南沙大桥、深中通道等超大型桥梁工程。回顾粤港澳大湾区的桥梁技术发展历程,大致可分为五个时间阶段:

1985~2000年港澳引领大跨径桥梁发展、大陆跟踪学习开启自主建设时期。代表性桥梁包括:澳门友谊大桥、香港青马大桥、汲水门大桥、汀九桥、澳门莲花大桥、洛溪大桥、虎门大桥、番禺大桥、广州丫髻沙大桥等;

2001~2010年湾区城市内与城市间缆索承重桥梁蓬勃发展时期。代表性桥梁包括:昂船洲大桥、深圳湾大桥、崖门大桥、淇澳大桥、东沙大桥、珠江黄埔大桥、佛山平胜大桥、澳门西湾大桥、广州新光大桥等;

2011~2020年粤港澳三地联合建设港珠澳大桥时期,桥梁建设迈入"四化"阶段。代表性桥梁包括:港珠澳大桥、虎门二桥(南沙大桥)、肇云大桥、江顺大桥、横琴二桥、凤凰三桥、洪鹤大桥;

2021~2030年跨珠江口通道建设高峰时期,规模与跨径不断增大、迈入智能建造时代。代表性桥梁包括:深中通道、狮子洋通道、莲花山通道、黄茅海跨海通道、顺德顺兴大桥、澳氹四桥、银洲湖大桥、青龙大桥、启德旧机场大桥等;

2031~2040年跨珠江口通道加密建设时期。深珠通道、穗深通道等。

部分跨江跨海大桥位置图如图1~图3所示。2019年年底，广东成为"交通强国"建设试点省份[4]，其中，粤港澳大湾区跨珠江口通道群规划建设为主要试点方向之一。2020年5月，广东省交通运输厅印发了《广东省高速公路网规划（2020—2035）》[5]，为未来15年跨江跨海桥梁建设指明了方向。粤港澳大湾区必将成为新一轮跨江跨海大桥建设的热土。

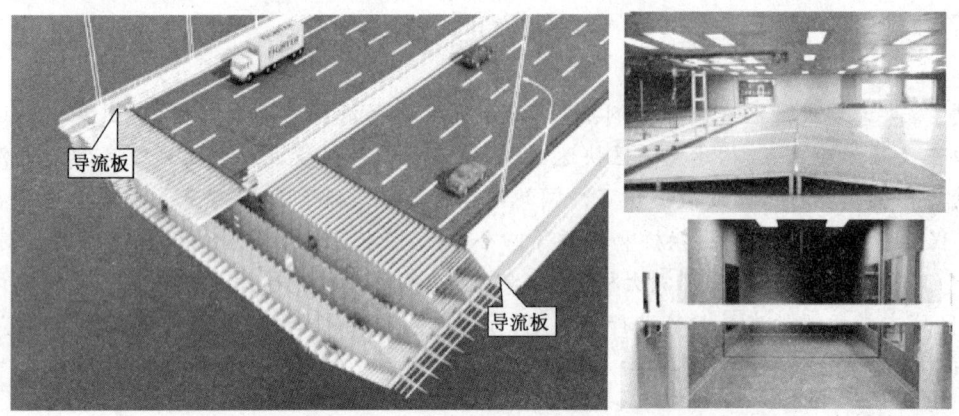

图1　带导流板的整体式钢箱梁形式及风洞试验

图2　伶仃洋大桥总体布置示意图

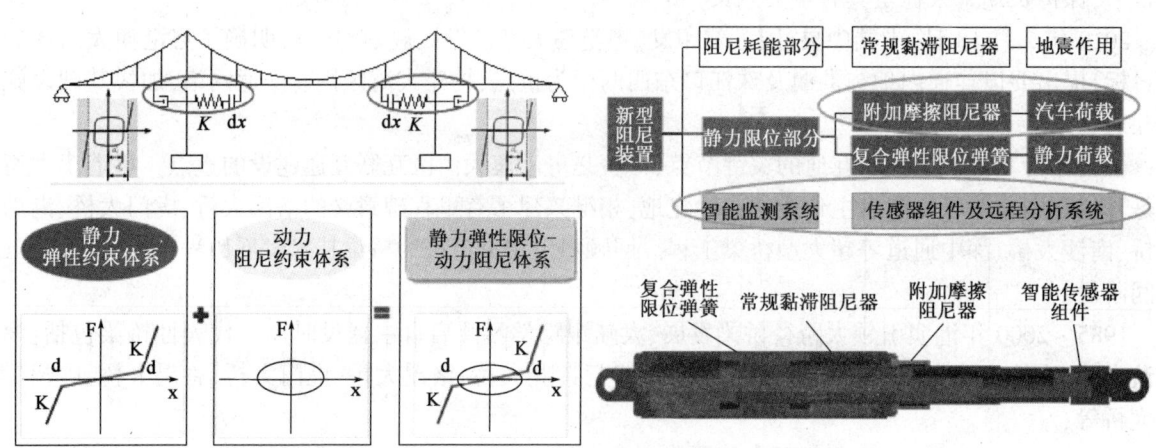

图3　伶仃洋大桥约束体系及阻尼装置图

二、悬索桥技术的发展

1997年建成的青马大桥代表了世界公铁两用悬索桥的最高水平，超越主跨1100m的日本南赞备濑户大桥，成为当时世界最大跨度公铁两用悬索桥，并保持这一纪录超过20年，该桥的主缆架设采用了AS法。这一时期，大陆刚刚开始走上自主建设大跨径悬索桥的道路，自主设计与施工了主跨888m的虎门大桥，采用了扁平流线型钢箱梁结构和PPWS架设方法。

2006年建成的佛山平胜大桥为当时世界最大跨度的自锚式悬索桥。4缆10车道的分离式混合梁结构(主跨钢箱梁、边跨混凝土梁)、顶推法钢箱梁架设及吊索多点同步张拉技术等,代表了21世纪初期自锚式悬索桥的国内最高水平。

　　2019年通车的虎门二桥,由两座千米级悬索桥组成,自主研发了基于国产盘条的1960MPa高强索股技术。目前,日均车流量超过12万辆,有效缓解珠江口过江压力。

　　深中通道伶仃洋大桥是世界最大跨径的离岸海中悬索桥,采用三跨吊全飘浮连续梁方案,在钢箱梁智能制造、混凝土桥塔智能筑塔机、整体式钢筋部品化、混凝土梁智慧梁场建设等方面持续发力[7],成为我国交通基础设施领域智能建造的示范工程。

　　从1997年虎门大桥的主跨888m到2021年拟开工的狮子洋通道的主跨2180m,25年间,钢箱梁的顶板设计厚度逐步由12mm增加到16mm(一般车道)和18mm(重车道),U肋内焊及双面全熔透焊接技术逐步发展起来,悬索桥的主缆强度逐步提升,由最初的1570MPa、1670MPa、1770MPa提高到虎门二桥的1960MPa(盘条国产),再到深中通道2060MPa,主跨跨径增大了约2.5倍,车道数增加了2.7倍。粤港澳大湾区从悬索桥自主建设的起源地成为引领悬索桥技术跨越的策源地(表1)。

粤港澳大湾区悬索桥的典型参数　　　　　表1

桥名/年代	跨径(m)	车道数	体系特点	加劲梁	主缆/吊索	锚碇/锚固系统	索塔
青马大桥[13] 1997	1377	上6公下2公+2轨	双跨吊半飘浮连续梁悬索桥	流线型中央开孔双层钢桁梁,梁高7.232m,宽41m,颤振检验风速≥95m/s	2根主缆主缆直径1.1m 主缆强度1570MPa AS法架设	重力式锚碇箱型结构预应力锚固系统	沉箱基础钢筋混凝土塔、高206m
虎门大桥 1997	888	6	单跨吊双铰钢箱梁悬索桥	扁平流线型钢箱梁 梁高3.012m、宽35.6m,顶板厚12mm,日本SM490C钢材,颤振检验风速≥68.6m/s	2根主缆主缆直径0.6872m 主缆强度1770MPa PPWS法架设	重力式锚碇单根缆力1.74万吨,钢框架锚固系统	混凝土桥塔塔高147.55m
珠江黄埔大桥 2008	1108	6	单跨吊简支钢箱梁悬索桥	全焊接扁平钢箱梁 梁高3.5m、宽41.69m,顶板厚16mm,国产Q345-C钢材,颤振检验风速≥67.83m/s	2根主缆主缆直径0.789~0.805m 主缆强度1670MPa PPWS法架设	直径73m、壁厚1.2m地连墙围护单侧缆力预应力锚固系统	混凝土桥塔塔高190.476m
平胜大桥 2006	350	10	独塔单跨四索面自锚式钢箱梁悬索桥	混合梁,主跨钢箱梁、边跨混凝土梁、钢箱梁顶推法架设,颤振检验风速≥51.2m/s	4根主缆主缆直径 主缆强度1670MPa PPWS架设吊索张拉多点同步	自锚式悬索桥锚固处混凝土梁高加大到7.5m	混凝土三柱式桥塔塔高142.07m
虎门二桥坭洲水道桥 2019	1688	8	双跨吊半飘浮连续梁悬索桥	整体式扁平钢箱梁 梁高4m、梁宽49.7m 顶板厚:重车道18mm、一般车道16mm 国产Q345qD钢材,颤振检验风速≥63m/s	2根主缆主缆直径1.0m 主缆强度1960MPa PPWS法架设	重力式锚碇直径90m、壁厚1.5m地连墙围护单根缆力近5万吨可更换成品索预应力锚固系统	混凝土门式塔,塔高260m

续上表

桥名/年代	跨径(m)	车道数	体系特点	加劲梁	主缆/吊索	锚碇/锚固系统	索塔
肇云大桥 2020	738	6	双跨吊半飘浮连续梁悬索桥	整体式扁平钢箱梁梁高3m、梁宽38.4m 顶板厚重车道18mm、一般车道16mm 国产Q345qD钢材 U肋机器人自动化内焊	2根主缆主缆直径0.549m 主缆强度1770MPa 锌铝合金镀层防腐 PPWS法架设	北侧地连墙基础南侧通道锚预应力锚固系统	混凝土门式塔，塔高160.229m
深中通道	1666	8	三跨吊全飘浮连续梁悬索桥	整体式扁平钢箱梁梁高4m、梁宽49.7m 顶板厚重车道18mm、一般车道16mm 国产Q345qD钢材 U肋双面全熔透焊接颤振检验风速≥83.7m/s	2根主缆主缆直径1.0m 主缆强度2060MPa 锌铝镁合金镀层防腐，PPWS法架设	海中锚碇基础锁扣钢管桩围堰8字形地连墙可更换成品索预应力锚固系统	混凝土门式塔，塔高270m，研发了智能筑塔机，提高了施工工效
狮子洋通道工可方案	2180	16	单跨吊双铰钢箱梁悬索桥	双层钢桁梁结构梁宽40.5m 颤振检验风速≥65.5m/s	4根主缆，直径1.3m双缆并置，主缆强度1960MPa 拟用PPWS法架设	地连墙锚碇基础可更换成品索预应力锚固系统	塔高331m

选取近年来典型的几座悬索桥，将其设计施工过程中的技术创新情况做一个介绍。

1. 虎门二桥(南沙大桥)

虎门二桥坭洲水道桥，主跨跨径为1688m，是目前已建成的世界最大跨度钢箱梁悬索桥，在所有类型桥梁中主跨跨径位居世界第三、国内第二。2019年4月2日，虎门二桥已实现通车运营。虎门二桥设计建设过程中，研发及应用的主要技术创新成果[8]包括：

(1) 开发了主缆索股用国产超高强度热镀钢丝盘条，开发了主缆索股用直径5mm的1960MPa的高强度、高韧性、高耐久性锌铝合金镀层钢丝，其抗拉强度≥1960MPa，扭转次数≥14次；开发了镀层厚度和均匀性控制的"双镀+电磁抹拭"热镀锌铝工艺，实现了1960MPa热镀锌铝钢丝批量化生产，年产能达到10000吨以上，并首次实现了3万吨实桥应用。

(2) 首次研发了特大跨悬索桥加劲梁的纵、横向静力限位-动力阻尼装置和技术及结构体系，解决了加劲梁梁端纵向位移大、横向减震能耗的难题。

(3) 首次研发了带流线型导流板的扁平整体式钢箱梁结构，解决了特大跨悬索桥的颤振稳定性问题，提高了抗涡振性能(图1)。

(4) 首次研发了地连墙与重力式锚碇共同受力的复合锚碇基础新型结构，提出了复合锚碇基础的简化计算方法和复合成槽施工工艺。

(5) 首次研发了箱梁、主缆、鞍室除湿一体化技术和回风循环系统，首次提出了可更换多股成品索式锚碇预应力锚固系统。

(6) 国内首次开展了特大型桥梁工程BIM+应用技术研究，打造基于BIM的特大型桥梁工程建养一体化的信息平台。

(7) 研发了基于物联网的超长索股牵引监控及自动调索控制系统，开发了可自动上报位置信息的索股牵引系统与监控平台，架索精度高、速度快，创3000m超长索股架设6根/天新纪录。

2. 深中通道伶仃洋大桥

深中通道伶仃洋大桥为全离岸三跨吊全飘浮连续钢箱梁方案[9]，主跨1666m，其桥跨布置为570m+

1666m+570m。通过对独柱塔分离箱空间缆悬索桥、A型塔整体箱空间缆悬索桥以及门式塔平面缆悬索桥方案的综合比较,将门式塔平面缆悬索桥作为实施方案。伶仃洋大桥加劲梁在2个桥塔处设置横向抗风支座和纵向限位阻尼装置,过渡墩位置设置竖向抗震拉压支座和横向抗风支座,矢跨比为1:9.65,主缆在塔顶、锚碇处间距均为42.1m,伶仃洋大桥桥型布置如图2所示。

围绕全离岸海中超大跨径悬索桥的抗风、结构体系及海中锚碇基础难题:

(1)研发了"整体钢箱梁+水平导流板+上下稳定板+高透风率栏杆"组合的新型气动控制技术,桥梁颤振临界风速提升至88m/s[10];

(2)提出了静力工况分阶段限位、动力工况阻尼耗能的约束体系,研制了适用于塔梁处竖向大位移、控制梁端纵向位移的智能监测型阻尼装置(图3),梁端纵向位移减小了28%;

(3)提出了基于性能需求的长联多跨连续梁桥各向异性减隔震体系,研发了各向异性摩擦双摆减隔震支座,结构减震率总体达50%以上,通过试验验证;

(4)锚碇基础方面,采用离岸筑岛后施工地连墙围护结构的方案,地连墙为8字形地连墙,目前东锚碇已开挖到基底,整体受力变形均在设计要求的安全范围内(图4);

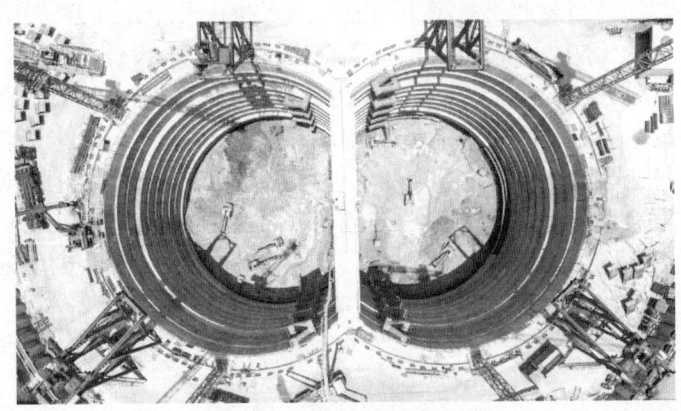

a)东锚碇8字形地连墙基坑开挖　　　b)智能筑塔机与钢筋部品化

图4　伶仃洋大桥东锚碇基坑开挖及智能筑塔机现场图

(5)索塔建造方面,自主研发超高混凝土桥塔钢筋部品柔性制造及智能筑塔关键施工技术,将桥塔钢筋网片工业化生产、钢筋部品快速拼装成型、整体节段高空吊装对接等成功运用到伶仃洋大桥塔柱施工中,实现了"机械化减人、智能化换人"科技强安、品质提升的目标,赢得了主塔施工立体交叉、平行作业时空效益,由原来"土方案"中钢筋现场绑扎4天一节段提高至部品化后1天一节段,大大提高了工效。

3.狮子洋过江通道

狮子洋过江通道位于虎门大桥和虎门二桥之间,建成后将提供一条新的东西向过江大通道,对于完善广东省高速公路网,保障珠江两岸交通安全和经济发展具有至关重要的作用。

狮子洋过江通道采用主跨2180m单跨吊简支双层桁梁悬索桥方案[11],单层8车道,双层共16车道,双层钢桁梁梁高15m、直径1.3m双缆并置,索塔高331m,超大锚碇直径140m,跨度和车道数量两个方面都超出了现有悬索桥的范畴,是世界上正在规划设计的最大规模的钢桁梁悬索桥(图5)。

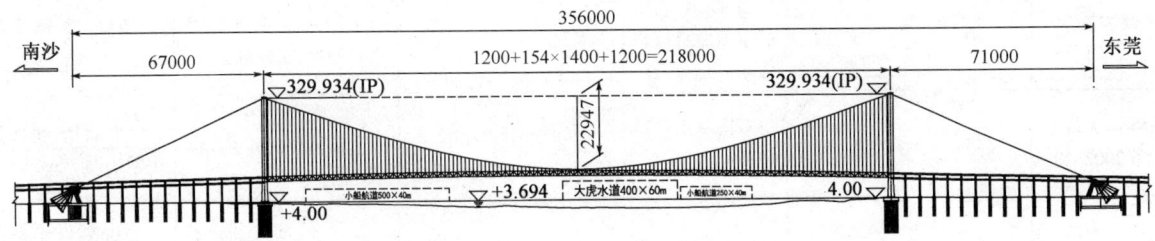

图5　狮子洋大桥桥型布置图(尺寸单位:cm)

根据合理的边中跨比和平曲线要素,以及锚碇合理位置,确定南沙侧边跨跨径为670m,东莞侧边跨跨径为710m。加劲梁采用带竖杆的华伦式双层钢桁架,中跨矢跨比为1/9.5,主缆采用四缆方案,每侧索塔两根主缆,每侧主缆横向中心间距为3m,吊索采用平行钢丝吊索,吊索间距为14m,抗拉强度均为1960MPa,索夹为整体式索夹,通过索夹上侧铸钢件连接两根主缆,锚碇采用重力式锚碇,锚碇基础采用地下连续墙基础,锚固系统采用无黏结预应力锚固系统,由索股锚固连接构造和预应力锚固构造组成。

三、斜拉桥技术的发展

1987年建成的主跨124.6m的西樵大桥(佛山境内),开启了广东现代斜拉桥建设的历史。20世纪90年代以后,大跨径混凝土、钢箱梁、组合梁、混合梁、独塔及多塔斜拉桥在广东得到广泛应用。21世纪以前,港澳的斜拉桥主要由国外团队设计或建造,包括1994年建成的澳门友谊大桥、1997年建成的中国香港汲水门大桥和汀九桥[12,13]。1998年建成的番禺大桥[14]是国内第一座采用倒Y形桥塔及空间索面的混凝土梁斜拉桥。

进入21世纪后,粤港澳大湾区斜拉桥建设进入蓬勃发展的时期。2002年建成的崖门大桥,采用塔墩梁固结单索面混凝土斜拉桥结构体系,是当时此类桥型中的亚洲最大跨径。2005年建成的澳门西湾大桥[16]是世界上第一座双层公轨合建的预应力混凝土斜拉桥,独特的M形桥塔设计,充分体现了澳门建筑特色。2007年建成的深圳湾公路大桥是粤港两地合作建设的跨界工程,两座独塔斜拉桥互相倾斜寓意深港两地携手共进。2009年建成的香港昂船洲大桥(主跨1018m)为我国第二座千米级斜拉桥,采用了独柱双塔双索面分离双箱结构形式,是斜拉桥建设史上的里程碑工程。2015年建成的江顺大桥[18](主跨700m)采用双塔双索面半飘浮混合梁斜拉桥,是广东省目前跨径最大的双塔斜拉桥。2018年建成的港珠澳大桥,是世界级跨海通道,包括青州航道桥(主跨458m)、江海直达船航道桥(主跨2×258m)和九洲航道桥(主跨268m)等三座斜拉桥。2024年将要建成的黄茅海大桥(主跨2×720m),连接珠海和江门,是世界上主跨跨径最大的公路三塔斜拉桥,见表2。

粤港澳大湾区斜拉桥的典型参数　　　　　　　　　　　　　　表2

桥名/年代	跨径(m)	车道数	体系特点	梁	索	塔
澳门友谊大桥 1994	112.05	上4+下2公+2轨	双塔双索面斜拉桥	预应力混凝土箱梁	钢索	混凝土塔塔高59m
汲水门大桥[13] 1997	430	上6+下2公+2轨	双塔双索面6孔连续箱梁斜拉桥	钢桁架+钢筋混凝土桥面板组合箱梁	高强度镀锌平行钢束直径15.7mm钢绞线	H形桥塔,高150m钢筋混凝土结构
汀九桥[13] 1997	475	6	三塔四索面四孔连续组合梁斜拉桥	钢/混凝土组合梁梁高1.78m梁宽18.77m	4组横向稳定索,稳定索向上直达塔顶	三座索塔均采用外形修长的单支柱设计塔高160m,196m
番禺大桥 1998	380	6	双塔单索面斜拉桥	混凝土主梁	空间双索面布置,共124根拉索,拉索采用7mm镀锌高强钢丝	倒Y形钢筋混凝土框架结构
淇澳大桥[15] 2001	320	6	塔、梁、墩固结的单索面斜拉桥体系	混凝土主梁	采用7mm镀锌高强平行钢丝,扭绞成索	塔高76m,箱形断面
崖门大桥 2002	338	6	双塔单索面斜拉桥	混凝土主梁	主桥斜拉索共200根	空心直塔,桥面以上索塔高77m
澳门西湾大桥 2005	110	6	采用飘浮体系	全预应力混凝土箱梁	斜拉索为竖琴式稀体系,平行钢丝索	主塔为M形整体结构

续上表

桥名/年代	跨径(m)	车道数	体系特点	梁	索	塔
深圳湾公路大桥2007	180	6	独塔单索面斜拉桥	分段钢箱梁,梁高4m,梁宽36.6m	斜拉索为7mm的低松弛高强平行钢丝斜拉索,标准强度为1670MPa	主塔为独柱塔
广州东沙大桥[17]2008	338	6	独塔空间双索面混合梁斜拉桥	钢箱梁与混凝土箱梁混合梁	空间双索面扇形布置,共84根,为7mm镀锌高强钢丝成品索	主塔为花瓶形混凝土结构,塔高182m,桥面以上塔高144m,有效高跨比0.25
昂船洲大桥[13]2009	1018	6	独柱双塔双索面分离双箱梁斜拉桥	流线型分体钢箱梁梁	共56对平行钢丝拉索,预制平行钢丝索	298m高独柱索塔,钢混结合索塔,175~293m部分为组合索塔、不锈钢外壳
江顺大桥2015	700	6	双塔双索面混合梁斜拉桥	混凝土箱梁	强度1770MPa平行钢丝拉索,共176根	索塔为H形框架结构,塔柱为钢筋混凝土结构
港珠澳大桥青州航道桥2018	458	6	458m钢箱梁斜拉桥	钢箱梁,单箱三室断面部分Q420qD钢材	共56对高强钢丝成品索	索塔采用门形框架塔,总高163m,独特的中国结造型成为地标建筑
洪鹤大桥[20]2020	500	6	采用半飘浮体系	采用钢-混凝土结合梁	采用钢绞线拉索	平面钻石形钢筋混凝土塔
银洲湖大桥2021	530	6	双塔双索面混合式结合梁斜拉桥	采用钢-混凝土结合梁	采用钢绞线拉索	钢筋混凝土塔塔高203.6m
黄茅海大桥2024	720	8	独柱三塔双索面分离钢箱梁斜拉桥	分离式钢箱梁,梁高4m	采用空间双索面形式,每个塔上各有24对斜拉索	索塔形式为独柱塔,塔柱断面为圆形和圆端形截面
顺兴大桥2024	626	8	高低塔混合梁斜拉桥	钢与混凝土混合梁	采用钢绞线拉索	部分钢塔、部分钢壳混凝土组合塔

1.昂船洲大桥

香港昂船洲大桥横跨蓝巴勒海峡,主跨1018m,为双塔双索面斜拉桥,桥面全宽53m(中间16m为无桥面区),双向6车道。主跨及近桥塔49.75m范围内的边跨,采用分离式钢箱梁,钢箱梁宽18.50m,分别设在独柱式桥塔的两侧,横梁间距18m。桥塔高298m,桥面以上塔身为空心圆柱形,桥面以下为椭圆形,塔为空心结构,底部壁厚2m,顶部壁厚0.8m。昂船洲大桥于2004年开工,2008年建成(图6)。

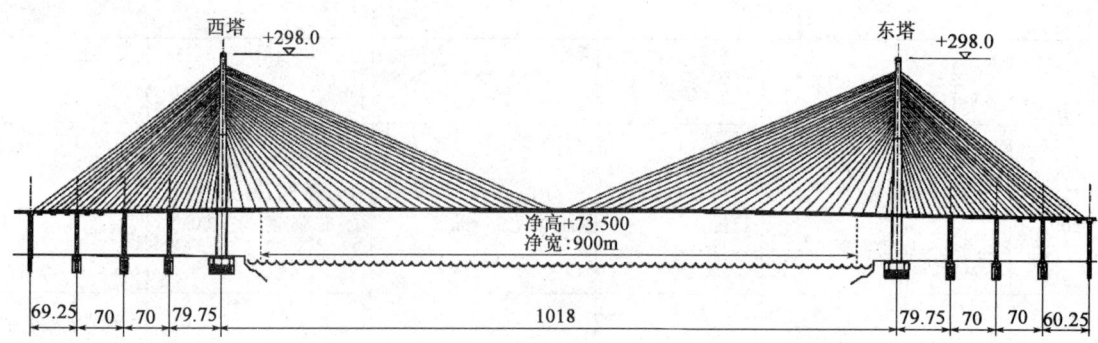

图6 昂船洲大桥桥型布置图(尺寸单位：m)

昂船洲大桥的外形优美,设计独具特色且耐久性较好。大桥桥塔的下半部,在混凝土最外一层的竖向钢筋和箍筋采用了不锈钢材料,可提供超过120年的设计使用寿命。桥塔外围钢筋也采用不锈钢筋,节省了后续桥梁维修费用,降低了因腐蚀普通钢筋而引起的额外代价。

昂船洲大桥为飘浮体系,桥塔和主梁之间由两个垂直支座承托,容许主梁扭转,横向不容许有位移,纵向加装液压缓冲器将缓慢传递荷载(如温度变化)所产生的位移。

2. 港珠澳大桥

港珠澳大桥跨越珠江口伶仃洋海域,是连接香港、珠海和澳门的大型跨海通道。主体工程总长29.6km,采用桥梁线路约长22.9km,包括：青州航道桥、江海直达船航道桥、九洲航道桥、深水区(水深大于5m)非通航孔桥和浅水区(水深小于5m)非通航孔桥。青州航道桥为主跨458m双塔钢箱梁斜拉桥,江海直达船航道桥为主跨258m三塔钢箱梁斜拉桥,九洲航道桥为主跨268m的钢-混组合梁斜拉桥,深水区为14km长110m等跨钢箱连续梁,浅水区为5km长85m等跨叠合梁桥(图7)。

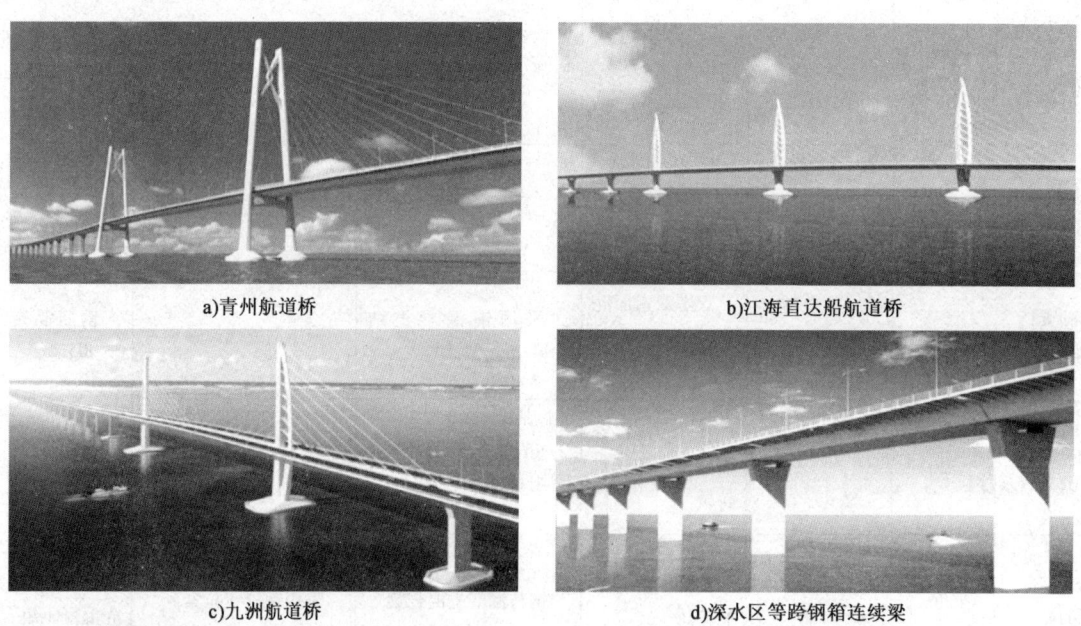

图7 港珠澳大桥各桥型示意图

港珠澳大桥斜拉桥方面的主要创新包括：

(1)青州航道桥[19]超高混凝土结构主塔及"中国结"安装技术。结形撑总高50.30m,总宽28.09m,重达780t、杆件倾角大、构造异形、与塔柱连接处曲化。故采用钢结构,确保工厂制造保证质量,避免常规的混凝土上横梁开裂病害。

(2)首次实现"海豚"型全钢结构索塔整体吊装技术。江海直达船航道桥主塔柱受力部分由下至上共分为十三个节段;总高约110m;首节高度3.5m,重约500t,单独安装,其余节段整体吊装,重约2800t。

(3)钢箱梁制造方面,国内首次引进"焊接机器人""数控折弯机"等先进的智能化生产设备,建造了世界一流的板单元制造生产线,大幅度提升了钢箱梁生产的车间化、机械化、自动化水平,缩短了制造周期。

3. 黄茅海大桥

黄茅海跨海通道是港珠澳大桥连通粤西地区的重要通道,对优化交通网络布局,构建"一核一带一区"区域发展新格局具有重要意义。黄茅海跨海通道引入全寿命周期管理理念,以标准化设计、工厂化生产、机械化施工为核心,加强科技创新成果应用,发展快速建造技术,实行智能化管理,打造"五个一流"品质工程。

黄茅海大桥是黄茅海跨海通道的关键节点,为主跨720m的三塔双主跨钢箱梁斜拉桥,是世界上跨度最大的公路三塔斜拉桥。跨径设置为100m+280m+720m+720m+280m+100m=2200m,采用独柱塔方案,在中塔顶设置3对辅助索,辅助索横向锚固于横向连接箱两侧提高结构刚度(图8)。黄茅海大桥的约束体系,边塔采用纵向阻尼+横向抗风支座,中塔采用纵向拉索体系+横向抗风支座,辅助墩和过渡墩采用竖向支座+横向抗风支座。

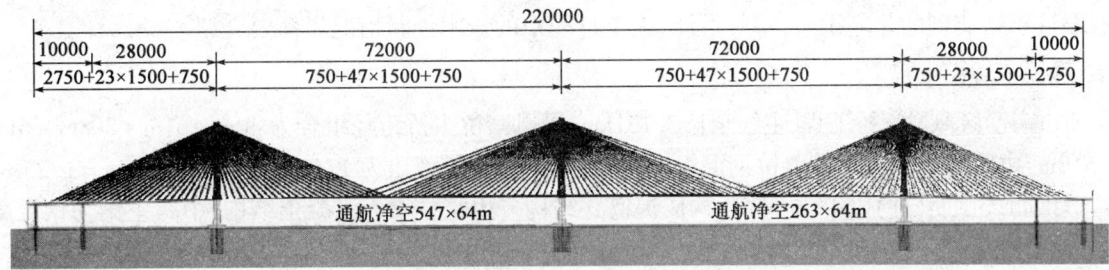

图8 黄茅海大桥桥型布置图(尺寸单位:cm)

黄茅海大桥以多塔超大跨斜拉桥结构体系与关键结构、台风浪灾害防控、结构耐久性保障、工业化智能建造及建养一体化为重点,针对关键科学技术问题进行攻关,包括跨海超大跨多塔斜拉桥力学行为、适宜结构体系与控制装置、强台风区跨海超大跨多塔斜拉桥多灾害作用理论及安全防控技术、跨海桥梁智能建造及控制技术和跨海桥梁建养一体化技术及智能分析平台。通过科技研发和工程应用示范,为黄茅海大桥建设目标提供支撑,创造跨海桥梁工程"一流设计",实现跨海桥梁工程"一流施工",研发跨海桥梁工程"一流技术",打造百年传世的"一流工程"。

四、拱桥技术的发展

拱桥是一种古老的桥型,我国著名的石拱桥(赵州桥),就是体现我国古代建桥水平的杰出代表。粤港澳大湾区的现代化拱桥建设始于1994年建成的广州解放大桥(主跨83.6m),其后,随着更大跨径的丫髻沙大桥[21]、新光大桥、佛山东平桥、凤凰三桥和横琴二桥的建设,逐步形成了本地区特色的拱桥技术。港澳地区拱桥相对比较少,目前正在建设的主跨200m的香港将军澳大桥是为数不多的案例(表3)。

粤港澳大湾区部分拱桥列表　　表3

桥名/年代	主跨	车道数	结构形式	拱肋	主梁	施工工艺
广州丫髻沙大桥2000	360m	6	自锚中承式钢管混凝土系杆拱	6管式钢管混凝土拱肋、C50混凝土	宽36.5m钢板组合梁	竖转+平转
广州新光大桥2006	428m	6	飞雁式三跨连续中承式钢箱桁拱桥	拱肋上下弦采用钢箱断面	钢板组合梁	异地拼装水上提升

续上表

桥名/年代	主跨	车道数	结构形式	拱肋	主梁	施工工艺
佛山东平桥 2006	300m	8	钢拱连续梁协作体系	钢箱拱肋，宽1.2m、桥面以上高3m	钢板组合梁	钢板组合梁
横琴二桥 2015	400m	6	三跨连续中承式钢桁系杆拱桥	桁宽36m，拱肋上、下弦均采用箱形变截面	密纵梁体系叠合混凝土桥面板	斜拉扣挂悬臂法、先拱后梁
南沙凤凰三桥 2017	308m	8	中承式系杆斜拉钢混组合拱桥	混合结构，桥面以上钢箱结构，桥面以下混凝土箱型结构	边跨PC+中跨组合	整体提升
香港将军澳大桥 2021	200m	4	下承式蝴蝶钢箱拱桥	钢箱拱	钢箱梁	整体安装

选取近年来典型的几座拱桥，将其设计、施工过程中的技术创新情况做简要介绍。

1. 凤凰三桥

广州市南沙区凤凰三桥工程，主线全长3.131km，凤凰三桥主桥跨径组合为40m+61m+308m+61m+40m=510m，主跨为中承式系杆斜拉钢混组合拱桥，主拱采用矢跨比为1/4.5，拱轴系数为m=1.25的悬链线箱形拱肋。拱肋向内以1:5倾斜，构成提篮式结构。边跨主梁为混凝土结构，中跨主梁为钢混凝土组合结构，吊杆纵向间距10.2m，桥面以上拱肋为钢箱结构，桥面以下拱肋为混凝土结构(图9)。

施工方面，中跨整孔钢箱拱在工厂组装，横向顶推出河，驳船浮运，由提升支架将整孔钢箱拱提升至设计位置。工厂焊接有效控制了钢箱拱的焊接质量。探索了一种沿海台风软基地区拱桥施工新工法，提高了该地区拱桥的竞争力，实现了工厂化、大型化、机械化的架拱新工艺(图10)。

图9 凤凰三桥

图10 架拱施工图

图11 横琴二桥

2. 横琴二桥

珠海横琴二桥主桥为100m+400m+100m三跨连续中承式钢桁系杆拱桥，主桥桁宽36m拱肋下弦矢高90m，拱顶处上、下弦桁高7m，边墩处桁高11m；拱肋上、下弦均采用箱形变截面；拱肋采用整体式节点，杆件采用栓焊组合结构形式(图11、图12)。

(1) 施工过程体系转换。为确保施工过程中的结构受力安全和线形满足要求，主桥上部结构施工过程中需进行多次体系转换，在边、中支点布置纵、横、竖三向调位装置；

(2)斜拉扣挂系统扣锚索张拉与索力控制。该桥中跨钢梁架设时,为控制主桁内力和线形,需辅助以斜拉扣挂系统施工;

(3)主桁拱和刚性系杆合龙。中跨主桁拱架设采用先拱后梁法,主拱合龙后,立即释放 P3 主墩支座纵向约束,在 P3 支座位移调整时,既考虑到主拱合龙时的预偏量,又兼顺了刚性系杆合龙时的位移调整量(图13)。

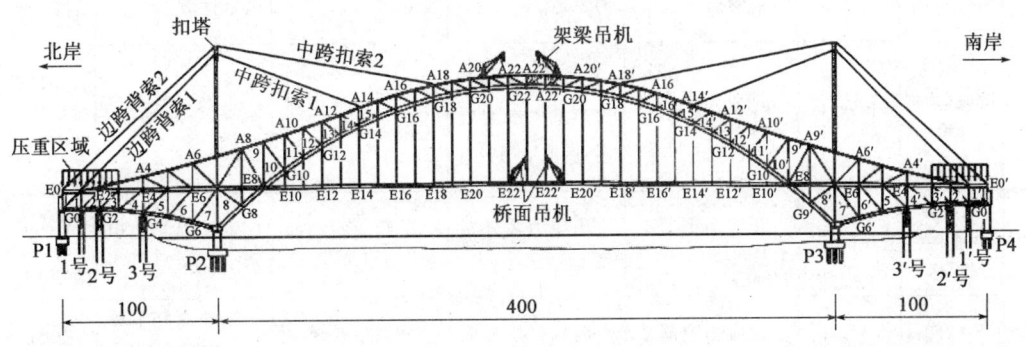

图12 横琴二桥主桥图(尺寸单位:m)

3. 香港将军澳大桥

香港将军澳跨湾大桥位于香港西贡区,为香港 6 号干线的重要组成部分,全长约 1.8km,向西与在建的将军澳立交、将军澳-蓝田隧道相连,向东与将军澳 86 区环澳路相连,全桥桥面最大宽度为49.29m,其中拱桥桥面宽35.8m,由一座边跨100m + 主跨200m + 边跨100m 的下承式钢箱梁拱桥和9 跨主要跨径为75m 的预应力混凝土箱梁引桥组成。桥梁设计采用"外飘式"蝴蝶钢拱桥,以贴合香港将军澳新城的"新环境、新名片、新发展"的城市理念(图14)。施工方面采用钢箱梁与钢拱肋在工厂统一加工、整体出运、现场一次安装的方式,大幅减少了现场作业量。该项目预计2021年通车。

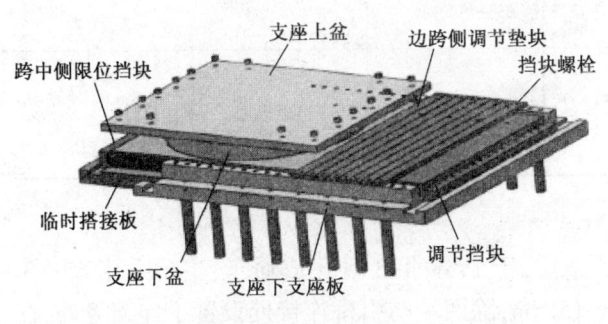

图13 P3 支座布置

图14 香港将军澳大桥

五、梁式桥技术的发展

1988 年,广东在国内首次采用大吨位钢绞线群锚技术,建成了亚洲跨径最大的单箱单室连续刚构桥——洛溪大桥(主跨180m),有力推动了梁桥跨越能力的飞跃,成为中国现代预应力结构桥梁发展的里程碑[22]。1997 年,建成主跨270m 的虎门大桥辅航道桥,为三跨预应力混凝土箱形梁连续刚构桥,是当时世界最大跨度连续刚构桥。

2004 年建设了主跨250m 的海心沙珠江大桥,对预应力备用束进行了深入研究,为后期预应力梁桥预应力备用束的设置提供了参考[6]。2015 年建设完成的小榄水道大桥是国内外少有的混合梁刚构桥,提出了混合梁刚构桥在加大跨径、防止常见病害、适应不合理边中跨比等方面的一系列关键技术,对于同类桥梁设计有借鉴意义[25]。2018 年建设完成的港珠澳大桥非通航孔桥实现了"大型化、工厂化、标准化、装配化"的"四化"理念,采用了埋置式预制承台和箱梁整体吊装技术,成为中国迈向桥梁强国的里程碑项目[26](表4)。

粤港澳大湾区梁桥的典型参数[2-6]　　　　表4

桥名/年代	主桥跨径(m)	车道数	结构体系	预应力工艺	上部结构	主墩	基础
洛溪大桥 1988	65+125+180+110	4	预应力混凝土连续刚构	三向后张预应力工艺	单箱单室混凝土箱梁	钢筋混凝土空心双柱墩	1.5m直径的嵌岩桩
虎门大桥辅航道桥 1997	150+270+150	6	预应力混凝土连续刚构	三向后张预应力工艺，C55混凝土、设平行钢筋	单箱单室混凝土箱梁	钢筋混凝土空心双柱墩	2.0m直径的嵌岩桩
澳门莲花大桥[12][23-24] 1999	54.45+96+54.45	6	预应力混凝土T形刚构	预应力体外索施工工艺	单箱单室斜腹板混凝土箱梁	钢筋混凝土矩形空心墩	φ600 PHC预应力混凝土打入管桩基础
海心沙珠江大桥 2004	138+250+138	8	预应力混凝土连续刚构	两端张拉三向预应力体系	分幅单箱单室混凝土箱梁	钢筋混凝土单箱单室截面、双薄壁墩身	2.5m直径的嵌岩桩
小榄水道大桥 2015	98+220+98	6	钢混结构混合梁连续刚构	纵、横、竖三向预应力体系，体外束作为安全储备	混凝土段：单箱单室截面中跨设置一段87m钢箱梁	钢筋混凝土双薄壁式空心墩	2m直径钻孔灌注桩
港珠澳大桥非通航孔桥 2018	深水区:110 浅水区:85	6	深水区：等跨整幅刚箱连续梁 浅水区：整墩整幅刚箱连续梁	—	深水区：单箱双室整幅等梁高钢箱梁 浅水区：单箱三室带肋整幅梁	深水区：预制空心薄壁桥墩 浅水区：预制倒角矩形截面桥墩	钢管复合桩、埋置式承台
澳氹四桥 2024	2座主跨280m	6	下承式钢箱桁架梁	—	钢箱桁架	空心矩形墩	2.8m直径钻孔灌注桩

1. 洛溪大桥

洛溪大桥是跨越珠江下游主航道的一座4车道公路桥，于1988年8月建成通车，主桥采用65m+125m+180m+110m的不对称四跨连续刚构桥，桥面宽15.5m，除两端与引桥连接处设置了伸缩缝外，在主桥全长范围内的上部结构与墩身的连接全部采用了整体结构，建设之初为亚洲第一、世界第六位的梁桥(图15)。主桥上部采用单箱单室结构，箱高在主墩支承处为10m，在各跨合龙处为3m。在主桥两端边墩上设置了允许纵向位移和转动的盆式橡胶支座。

图15　洛溪大桥全貌

2. 港珠澳大桥非通航孔桥

港珠澳大桥深水非通航孔桥采用110m等跨整幅钢箱梁连续桥，共13.89km，主梁采用单箱双室整幅等梁高钢箱梁，全宽33.1m，梁高4.5m，顶板挑臂长度5.5m，顶板最小厚度18mm，基础采用钢管复合桩，钢管复合桩采用变截面桩，钢管桩壁厚22mm，全长范围内浇筑填芯混凝土，承台尺寸为10.6m×15.6m×5m，桥墩采用空心墩，承台与桥墩采用预制安装方案(图16)。

图 16 深水区非通航孔桥桥型布置效果图

浅水区采用85m跨整墩整幅钢箱连续梁,长5.4km,与深水区非通航孔桥保持外观一致,采用相同的悬臂长度和腹板斜度,梁高为3.5m,主梁采用单箱三室带肋整幅梁,对称布置,梁高3.5m,顶板宽33.1m,板厚18mm。基础采用钢管复合桩,钢管桩壁厚22mm,全长范围内浇筑填芯混凝土,承台尺寸为10.2m×11.2m×4.85m,桥墩采用空心墩,采用工厂预制现场节段拼接方案。

港珠澳大桥是中国交通建设史上规模最大、技术最复杂、标准最高的工程,作为世界级挑战性的通道,它的建设采用了世界先进技术和方法,在梁桥方面的创新包括:

(1) 大型钢管复合桩研究与应用;
(2) 埋床法全预制墩台设计与施工技术;
(3) 预制墩身连接技术及 $\phi 75$ 预应力螺纹粗钢筋研发;
(4) 超大尺度钢箱梁的制作与安装;
(5) 桥梁高阻尼橡胶支座减隔震设计;
(6) 设置TMD的钢箱连续梁涡激共振抑制技术。

六、未 来 展 望

展望未来,粤港澳大湾区区域经济更加紧密的融合与发展,将为桥梁建设技术的进步提供新的舞台。庞大的在役桥梁数量与巨大的交通流量也将为管养技术的进步提供发展沃土。通过深中通道、黄茅海跨海通道、狮子洋过江通道、莲花山过江通道、虎门大桥大修等跨江跨海桥梁的建设与管养实践,粤港澳大湾区在桥梁智能建造、科学管养、品质工程和绿色发展方面,必将成为引领我国桥梁技术进步的重要引擎[27]。未来主要的发展方向如下:

(1) 加强主跨超2000m悬索桥建设关键技术的研究与工程应用,引领世界桥梁新跨越

作为世界级的里程碑工程,狮子洋过江通道将以2000m级超多车道悬索桥建设所需的设计、施工技术为核心,根据设计、施工、运维的全寿命周期需求,超前策划科技攻关项目,推动新技术、新工艺、新设备、新材料发展,形成关键核心技术创新成果,支撑超大跨径悬索桥的建设。

(2) 强化智能建造与精细化管理相结合,促进工业化、信息化、智能化技术不断进步

结合深中通道与黄茅海跨海通道的工程实践,进一步加强桥梁智能设计软件开发、智能建造装备研制和智能监测技术开发,以平安百年品质工程为目标,加快工业化、信息化、智能化技术在桥梁建造领域的应用,引领智能交通基础设施的发展。

(3) 开发基于"云大物移"技术的大跨径桥梁评估诊断技术,促进管养进入智能时代

结合虎门大桥大修工程、数量庞大的在役桥梁诊断提升需求,充分开发基于云计算-大数据-物联网-移动互联网等"云大物移"技术,强化特大型桥梁服役性能的评估与诊断技术,明晰诊断流程与损伤机理,搭建桥梁评估诊断云平台,研发针对性的提升处治技术,加强新材料、新技术应用,促进大湾区桥梁管养迈入智能时代。

参考文献

[1] 国务院新闻办公室. 61个重大国家战略常用关键词英文译法,2020.6.

[2] 粤港澳大湾区建设领导小组办公室.携手粤港澳三地共建国际一流湾区,增进民生福祉,2019.2.
[3] 中共中央 国务院印发《粤港澳大湾区发展规划纲要》,2019.2.
[4] 广东省交通运输厅.交通强国建设广东省试点实施方案,2019.12.
[5] 广东省交通运输厅.广东省高速公路网规划(2020—2035年)(粤交规[2020]276号),2020.5.
[6] 中国公路学会桥梁与结构工程分会.面向创新的中国现代桥梁[M].北京:人民交通出版社,2009.
[7] 陈伟乐.深中通道智能建造[J].中国公路,2019(9):52-54.
[8] 中国公路学会.虎门二桥建设关键技术研究(中公评字[2020]第163号),2020.8.
[9] 宋神友,陈伟乐等.深中通道工程关键技术及挑战[J].隧道建设.2020,02:143-152.
[10] 赵林,王骑等.深中通道伶仃洋大桥(主跨1666m)抗风性能研究[J].中国公路学报,2019(10):57-66.
[11] 中交公路规划设计院有限公司.狮子洋过江通道工程可行性研究报告[R],2020.4.
[12] 梁文耀.澳门桥梁的发展[J].预应力技术,2004(05):37-40.
[13] 尹萬良.香港桥梁发展——过去、现在、将来[A].2009武汉国际桥梁科技论坛大会论文集[C].中国中铁大桥局集团有限公司:中国铁道学会,2009:16.
[14] 梁立农,马春生.番禺大桥主跨斜拉桥设计[J].华南理工大学学报(自然科学版),1999(11):3-5.
[15] 邵长宇.珠海淇澳大桥斜拉桥方案设计[A].中国土木工程学会桥梁及结构工程学会第十二届年会论文集(上册)[C].中国土木工程学会,1996:7.
[16] 梅新咏,徐恭义,等.澳门西湾大桥总体设计[A].中国交通土建工程学术论文集(2006)[C].:中国土木工程学会,2006:4.
[17] 梁立农,代希华.广州东沙大桥主跨斜拉桥设计介绍[A].第四届全国公路科技创新高层论坛论文集[下卷][C].中国公路学会:《中国公路》杂志社,2008:4.
[18] 梁立农,孙向东,等.广东江顺大桥总体设计[A].中国公路学会桥梁和结构工程分会2013年全国桥梁学术会议论文集[C].中国公路学会,2013:6.
[19] 刘明虎,孟凡超,等.港珠澳大桥青州航道桥设计[J].公路,2014,59(01):44-51.
[20] 陈维家,张强,等.珠海洪鹤大桥主航道桥总体设计[J].桥梁建设,2020,50(04):77-81.
[21] 肖汝诚,郭陕云,等.2020年中国土木工程科学和技术发展研究[A].中国土木工程学会.2020年中国科学和技术发展研究(下)[C].中国土木工程学会:中国土木工程学会,2004:78.
[22] 杨高中,李扬海,孙国柱,等.广东洛溪大桥主桥设计[J].土木工程学报,1990(01):65-76.
[23] 张朝阳,彭力.莲花大桥打入桩基础施工工艺[J].公路与汽运,2001(03):40-41.
[24] 张耀军.珠澳莲花大桥主桥预应力混凝土连续刚构悬拼施工[J].世界桥梁,2003(02):12-15.
[25] 陈群,王灿东,等.中山小榄水道混合梁刚构桥关键技术[J].公路,2015,60(07):132-137.
[26] 孟凡超,刘明虎,等.港珠澳大桥设计理念及桥梁创新技术[J].中国工程科学,2015,17(01):27-35+41.
[27] 陈冠雄、孙向东.广东省公路桥梁发展和展望[J].广东交通规划设计,2017,168(4):1-7.

2. 深中通道工程方案及主要技术创新

宋神友[1] 陈伟乐[2]

(1.深中通道管理中心;2.广东省公路建设有限公司)

摘 要 深中通道是世界首例集超宽钢壳混凝土沉管隧道、深水人工岛、超大跨桥梁、水下枢纽互通立交于一体的世界级超级工程,路线全长24.0km,双向8车道技术标准,为适应项目建设条件及技术特点,采用了世界首例双向8车道钢壳混凝土沉管隧道,世界最大跨径离岸海中悬索桥,国内首座水下枢纽互通立交,是世界综合技术难度最高的跨海通道之一。本文简要介绍了项目工程方案,系统分析了工程主要技术难点及挑战,结合行业共性"卡脖子"难题开展的技术创新工作,介绍了在超宽变宽钢壳混凝土沉管隧道设计理论、施工工艺及装备、海中超大跨径悬索桥设计与施工关键技术、8车道超宽隧道及水下枢纽互通组合火灾防控及智能交通管控技术等方面关键技术创新成果,也可为后续类似工程提供参考与借鉴。

关键词 深中通道 集群工程 钢壳混凝土沉管隧道 深水人工岛 超大跨桥梁 水下互通立交 关键技术创新

一、工 程 概 况

1. 地理位置

深中通道位于粤港澳大湾区核心战略区域,北距虎门大桥30km,南距港珠澳大桥38km,是国高网G2518(深圳至广西岑溪)跨珠江口关键控制性工程,是"十三五"国家重大工程[1,2]。

路线全长24.0km,起自深圳机场互通立交,经广深沿江高速二期东接机荷高速,向西跨越珠江口,依次设置东人工岛、机场枢纽互通立交(匝道隧道)、海底沉管隧道(隧道长6845m,沉管段长5035m,共32个管节)、西人工岛、伶仃泄洪区非通航孔桥、伶仃洋大桥(主跨1666m海中悬索桥)、浅滩区非通航孔桥、万顷沙互通、中山大桥(主跨580m斜拉桥)、横门泄洪区非通航孔桥、马鞍岛陆域段引桥及横门互通立交,在中山马鞍岛登陆,与在建中开高速公路对接(图1)。

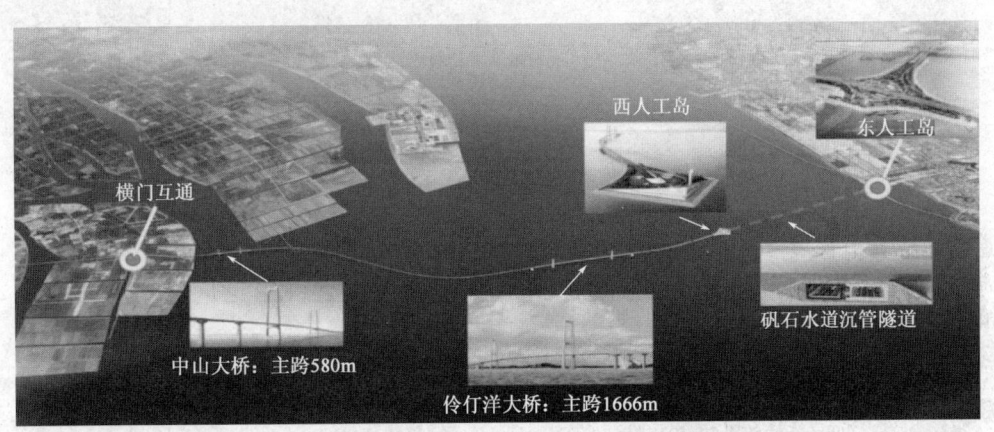

图1 深中通道主要构筑物示意图

2. 主要技术标准

深中通道主要技术标准如下[3]:

(1)双向8车道高速公路技术标准;
(2)设计速度100km/h;
(3)桥梁宽度40.5m,隧道建筑限界净宽2×18.0m;
(4)主体结构安全等级:一级;
(5)汽车荷载等级为公路Ⅰ级;
(6)设计使用年限100年。

3. 总体工期安排

深中通道总体工期计划安排如图2所示。
预计2024年,项目全线具备通车运营条件。

图 2　深中通道总体工期计划图

二、工程方案

1. 沉管隧道

沉管隧道是整个深中通道的关键控制性工程，隧道起点（东侧接地点）里程 K5+695，与广深沿江高速二期工程对接。隧道终点在西人工岛岛头内与非通航孔桥连接，里程 K12+540，全长 6845m。其中沉管隧道里程 K7+030～K12+065，长度 5035m，曲线段长约 536.5m（以右幅计），半径 5003.1m，隧道平面布置见图3。

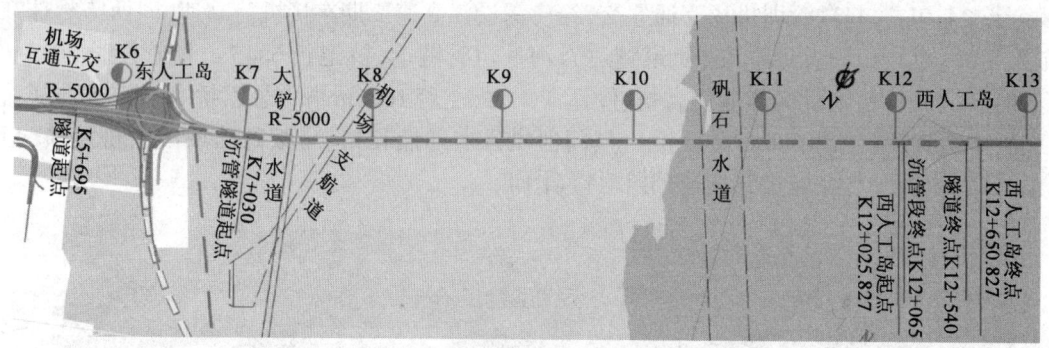

图 3　隧道平面布置

沉管隧道标准管节长度 165m，非标管节长度 123.8m，采用"（西侧）123.8m+21×165m+2.2m+5×165m+5×123.8m（东侧）"的管节划分方案，最终接头设置在 E22/E23 之间，长度 2.2m（图4）。

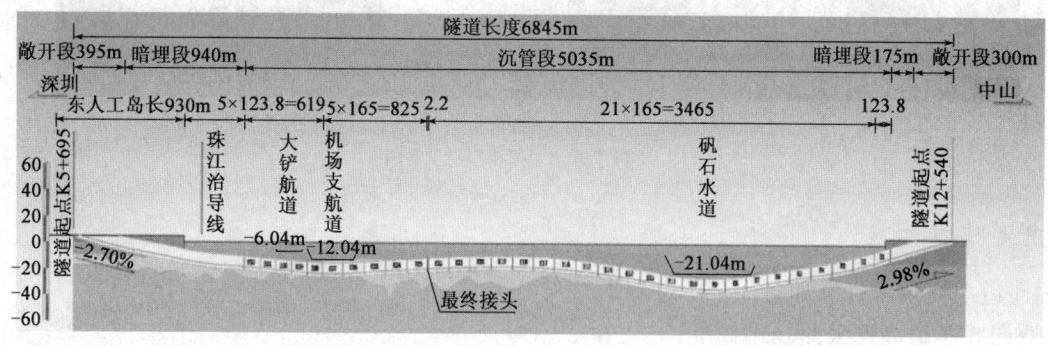

图 4　沉管隧道管节划分（尺寸单位：m）

为适应项目海底隧道"超宽、变宽、深埋、大回淤"技术特点，沉管段国内首次采用双钢板-混凝土组合的三明治结构[5]，沉管隧道标准管节横断面外包尺寸为 46.00m（宽）×10.60m（高），变宽管节横断面外包尺寸为 46.00～55.46m（宽）×10.60m（高），行车孔净高度为 7.60m，结构板厚度为 1.50m[6]（图5）。

钢壳混凝土沉管隧道管节构造是由内、外面板，横、纵隔板，横、纵加劲肋及焊钉组成。横隔板间距为 3m，纵隔板间距为 3.5m，组成封闭的混凝土浇筑隔舱。内、外面板作为主受力构件，承受拉压应力。横、纵隔板为受剪主要构件，且连接内、外面板成为受力整体。纵向加劲肋 T 形钢、角钢及焊钉作为抗剪、抗拔复合连接件,以保证面板和混凝土的有效连接。纵向加劲肋与横向扁肋共同作用增强面板刚度。主体结构内外侧面板采用Q420C,最大板厚40mm;横向隔板采用Q390C,最大板厚30mm;其余采用Q345C,填充混凝土采用C50自流平混凝土。

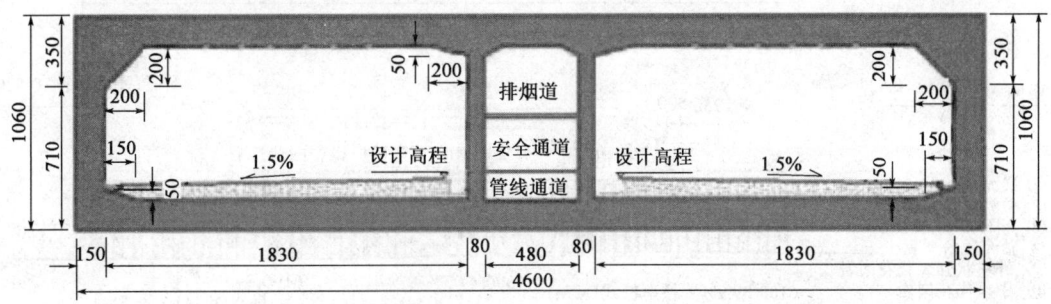

图5　标准管节横断面图(尺寸单位:cm)

全线纵断面布置如图6所示。

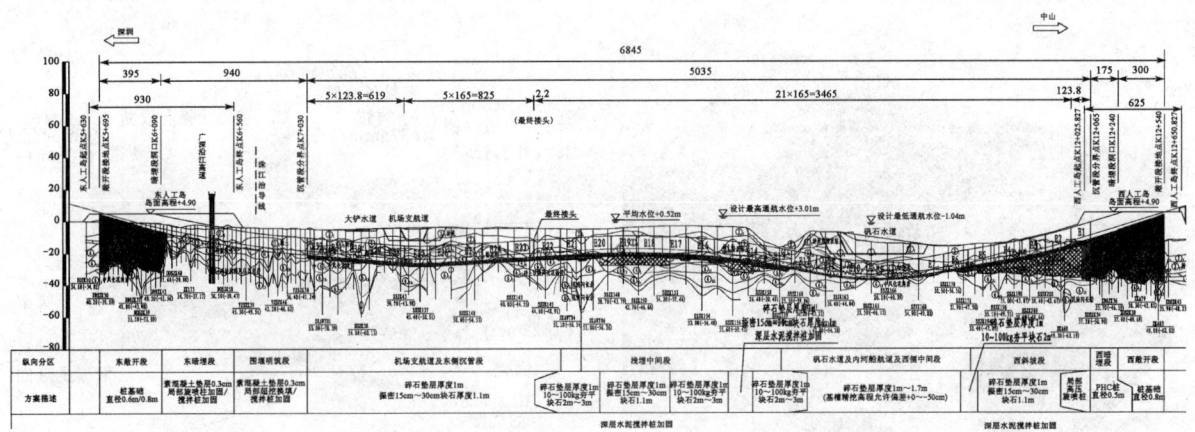

图6　全线纵断面布置图(尺寸单位:m)

沉管隧道地基处理和基础垫层方案如表1所示。自西向东的处理方案依次为:西岛斜坡段采用岛外深层水泥搅拌桩+岛内局部高压旋喷桩+振密块石+碎石垫层[4]组合方案;矶石水道及内河船航道及西侧中间段采用天然地基+振密块石+碎石垫层方案;浅埋中间段部分采用深层水泥搅拌桩DCM加固(图7)或局部超挖夯平块石方案。钢壳沉管隧道结构构造及工艺布置如图8所示。

地基处理及基础结构形式汇总表　　表1

区段划分	里　程	管节范围	地基处理方式	基础结构形式
西岛斜坡段	K12+065～K11+281.2	E1～E5	深层水泥搅拌桩局部高压旋喷桩	1m厚碎石垫层1.1m厚(15～30cm)振密块石局部块石夯平
矶石水道及内河~船航道及西侧中间段	K11+281.2～K10+126.2	E6～E12	天然地基	1m厚碎石垫层E7管节局部为1m厚碎石垫层+0.7m厚碎石振密层
浅埋中间段	K10+126.2～K8+641.2	E13～E21	深层水泥搅拌桩	1m厚碎石垫层2～3m厚(10~100kg)夯平块石层
机场支航道及东侧沉管段	K8+641.2～K8+474	E22	天然地基	1m厚碎石垫层1.1m厚(15～30cm)振密块石

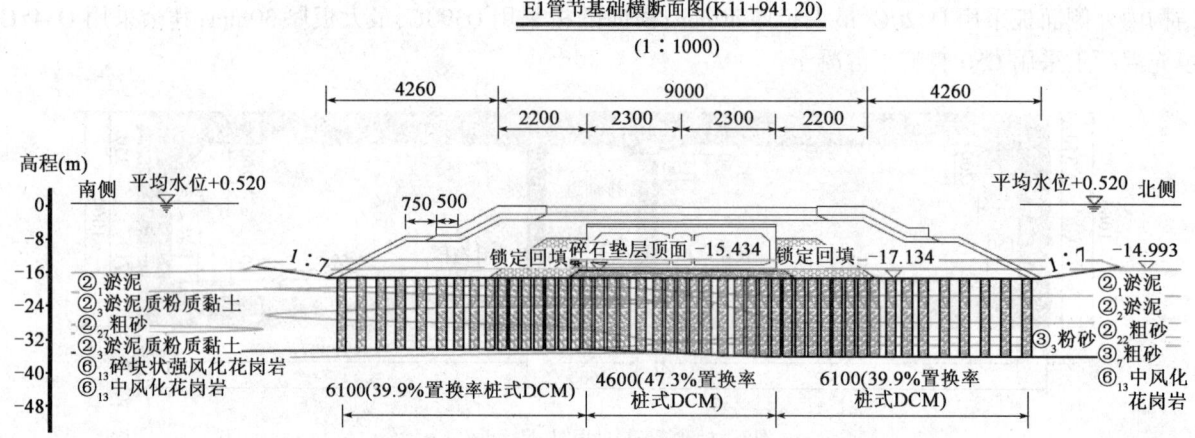

图7 单桩式深层水泥土搅拌桩方案布置图(尺寸单位:cm)

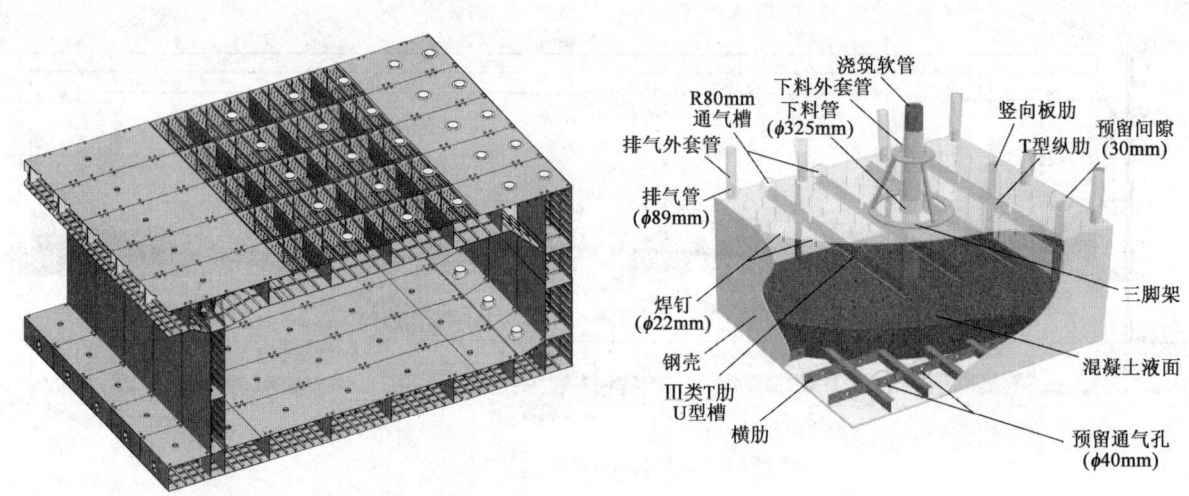

图8 钢壳混凝土沉管隧道结构构造及工艺孔布置示意图

2. 桥梁

1) 伶仃洋大桥

为满足伶仃航道、龙穴水道通航要求,伶仃洋大桥采用跨径580m+1666m+580m的H形双塔三跨连续漂浮体系整体钢箱梁悬索桥,是目前世界上最大跨径三跨连续体系悬索桥(图9)。通航净高76.5m,桥面至水面高度达91m。

伶仃洋大桥总体效果图见图10。

索塔:采用门式造型,塔顶高程+270m。塔身采用八角形截面,沿竖向设置三道横梁,采用蝴蝶结造型,塔顶设不锈钢鞍罩及平台。索塔基础采用56根D3m的钻孔灌注桩基础,配圆形分体式承台。

主梁:主梁为全焊扁平流线型封闭钢箱梁,宽49.7m,高4m,采用实腹式横隔板,间距3.2m(图11)。吊索锚固于风嘴,风嘴外侧设置检修道和导流板。主梁的正交异性钢桥面板U肋和顶板焊缝要求满足全熔透、无损伤、可检测。

海中锚碇基础:采用筑岛围堰+8字形地下连续墙基础方案,连续墙直径65m,基础顶面标高3.0m,设置1.5m厚地连墙+内衬结构(图12)。基坑最大开挖深度50m,坑底设置碎石盲沟及抽水井,底板设置泄压孔。

主缆钢丝:采用公称抗拉强度为2060MPa直径6mm平行钢丝;新型锌铝多元合金镀层;PPWS法架设,199股×127丝×6mm。其主缆断面图如图13所示。

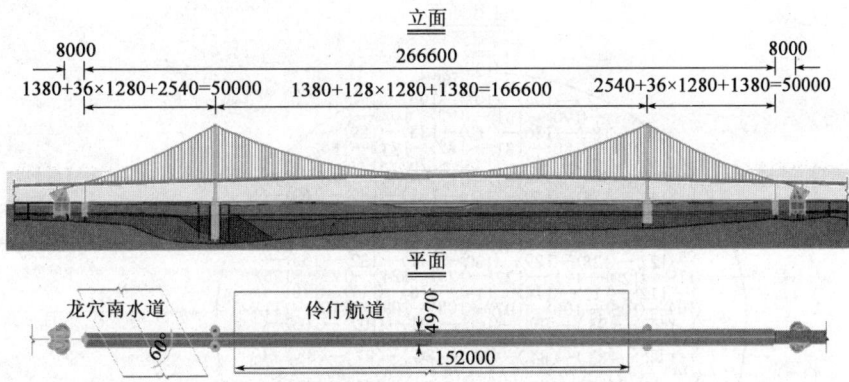

图9 伶仃洋大桥总体布置图(尺寸单位:cm)

图10 伶仃洋大桥总体效果图

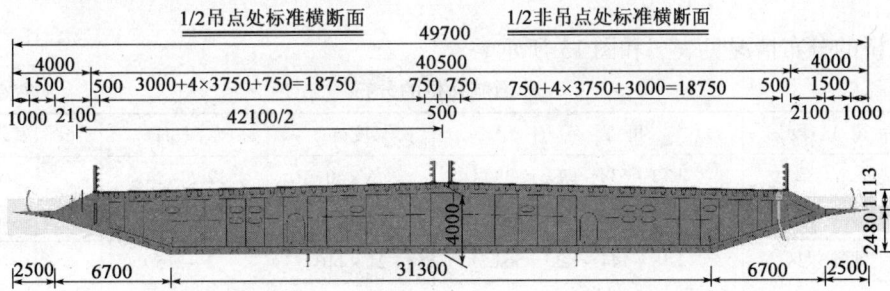

图11 伶仃洋大桥主梁横断面图(尺寸单位:mm)

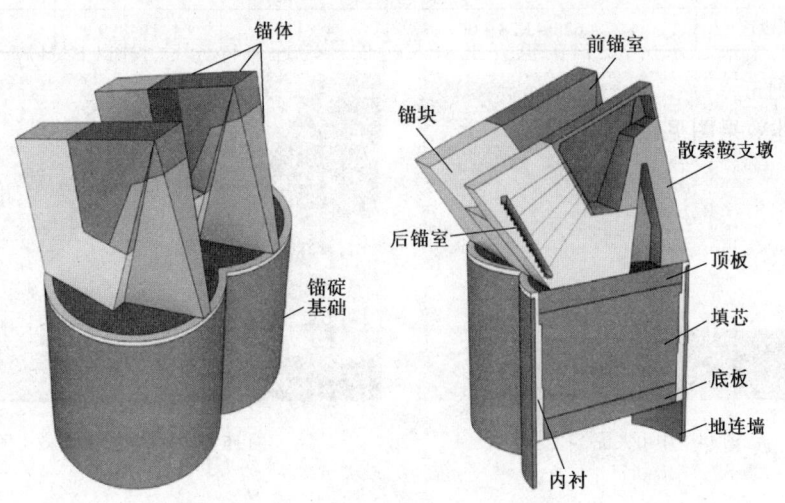

图12 伶仃洋大桥锚碇总体结构图

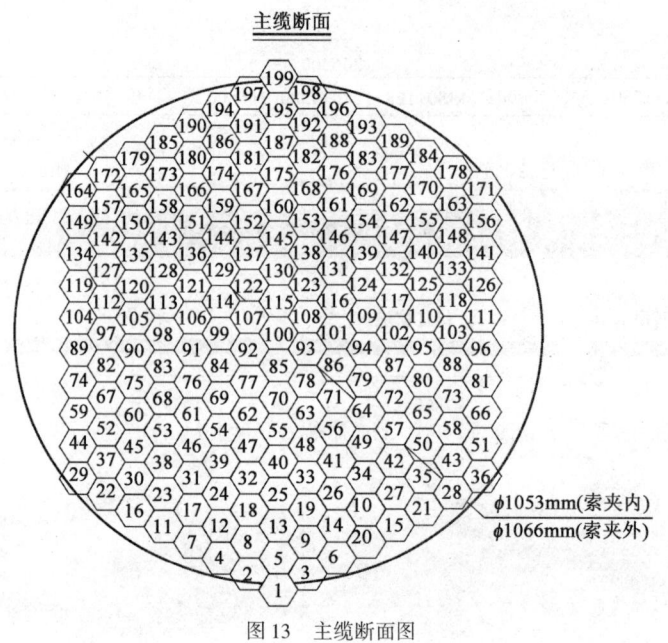

图 13 主缆断面图

2）中山大桥

中山大桥为主跨 580m 的整幅钢箱梁斜拉桥，跨径组成为 110m + 185m + 580m + 185m + 110m，边主跨比 0.509，全长 1170m，采用半漂浮结构体系[7]，见图 14。

其索塔采用门式塔造型，与伶仃洋大桥主塔外形风格保持一致，形成前后呼应、和而不同的姊妹桥格局。基础采用 28 根桩径 D3m 钻孔灌注桩，按嵌岩桩设计。

3）非通航孔桥

非通航孔桥的分布情况见表 2 和图 15 所示。

非通航孔桥的分布 表 2

序号	桥梁区段	里程范围	长度(m)	水深(m)	基岩埋深(m)
1	岛桥结合部	K12 +638 ~ K12 +838	5 ×40	12.5 ~ 14	−45 ~ −37
2	伶仃东泄洪区	K12 +838 ~ K15 +478	24 ×110	5.5 ~ 14	−60 ~ −39
3	伶仃西泄洪区	K18 +144 ~ K20 +564	21 ×110	3 ~ 3.5	−62 ~ −41
4	浅滩区	K20 +564 ~ K25 +908	89 ×60	1 ~ 3.5	−99.1 ~ −55.1
5	横门东泄洪区	K25 +908 ~ K26 +458	5 ×110	0.8 ~ 3.9	−65.6 ~ −48.6
6	横门西泄洪区	K27 +628 ~ K28 +068	4 ×110	1.1 ~ 8.9	−47.0 ~ −53.6

图 14 中山大桥

图 15 非通航孔桥布置效果图

3. 西人工岛

西人工岛功能以提供隧、桥快速交通转换为主，兼顾隧道管理站、救援站等功能。综合考虑功能布置需求、水利防洪、运营维护、施工场地及整体景观等,推荐采用菱形方案。人工岛轴线长度625m,横向最宽处约456m,形成陆域面积13.70万 m^2,岛壁结构总长1622.08m,工程区域天然水深 -13.0 ~ -15.0m,陆域高程4.9m。西人工岛岛壁结构采用D28m插入式钢圆筒结构+抛石斜坡结构方案[8]。护面采用8t扭王字块(局部为14t扭王字块)(图16)。

4. 东人工岛及堰筑段工程

东人工岛采用"一体两翼"方案,位于深圳侧岸滩,岛上设主线隧道、四条匝道隧道、救援码头及相关附属配套设施(图17)。

堰筑段隧道长480m,横断面宽46.20~72.707m,围堰周长约1393.4m。堰体采用双排钢板形式,堰宽10m,内外排钢板桩之间采用钢拉杆连接,围堰外侧采用抛石斜坡堤防护,围堰内侧采用袋装砂护坡,堰体内分层填筑中粗砂。围堰堰体标高+3m,堰顶高程+6m(图18)。围堰完成后,明挖暗埋施工堰筑段隧道工程,在堰筑段隧道主体结构完工并回填覆盖后,拆除海床面以上临时围堰和部分围护结构。

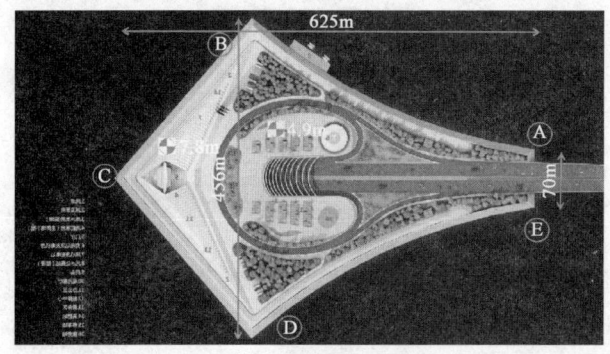

图16 西人工岛总体图

图17 东人工岛总体图

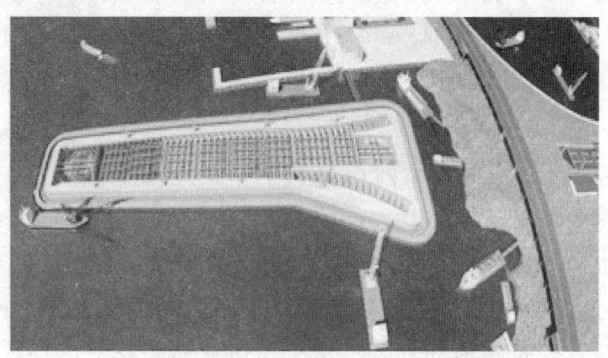

图18 堰筑段总体图

三、主要技术特点与难点

1. 建设条件异常复杂

深中通道处于珠江口门,粤港澳湾区核心,建设条件极为复杂(图19)。航空限高:深圳机场决定了伶仃航道桥塔的高度以及施工装备高度;通航:穿越7条航道,其中两条出海主航道,通航等级高,是世界船舶通行密度最高的海域,海上通航安全监管难度大;防洪:珠江口东四口门出海口河口湾,防洪纳潮敏感,阻水比控制严格;环保:国家一级保护动物中华白海豚洄游区[9]。

2. 世界首例双向8车道钢壳混凝土沉管隧道

深中通道是世界首例双向8车道沉管隧道,钢壳混凝土沉管隧道在国内也是首次应用。其具有超宽(8车道,最宽超过55m)、深埋(最大水头-38m)、变宽(变宽段长615m)的特点(图20),面临着受力复杂、机理不明、缺乏设计规范和施工工艺、质量验评标准等难题；此外隧道基础、基槽施工工艺还受到挖砂坑、风化岩软化、液化砂土、基槽大回淤、海床演变等不良地质的挑战(图21)。

图19 工程海域航道情况示意图

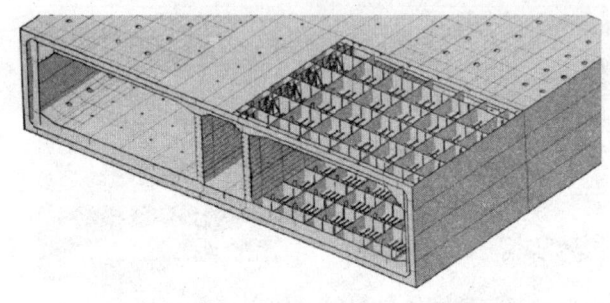

图20 深埋、超大跨、变宽海底钢壳混凝土沉管隧道

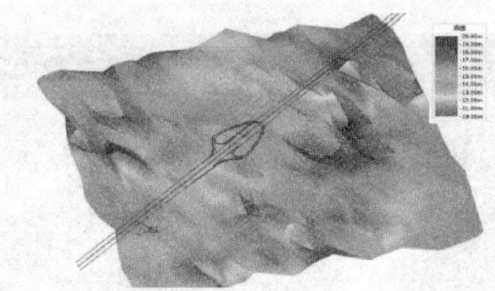

图21 西岛斜坡段采砂坑示意图

3. 伶仃洋大桥面临抗风、海中锚碇施工及耐久性难题

伶仃洋大桥处于珠江口开阔水域强台风频繁区，采用超大跨悬索桥(主跨1666m)，结构柔、阻尼小、颤振检验风速高达83.7m/s，风浪流作用显著[10]；另外海中大型锚碇国内外设计施工经验少；且还需面临高温、高湿、高盐环境下悬索桥主缆的耐久性、大交通量高货车比例条件下正交异性钢桥面板疲劳耐久性等系列世界性难题。

4. 交通安全(防火标准、通风排烟)问题突出

深中通道是世界首例8车道沉管隧道+水下枢纽互通组合，运营安全问题突出。机场互通立交为国内首例采用高速公路水下枢纽立交，超大交通量、高货车、无主线收费站，危化品车管控难，运营安全问题突出；超大断面钢壳混凝土沉管结构防火标准缺乏，特长超宽海底隧道通风排烟技术不成熟，海底互通式隧道交通流态势研判及智能管控技术薄弱；同时，水下枢纽互通的隧道内存在多次分合流，行车视距受限，安全问题突出。

5. 工程品质保障难度大

项目伶仃洋大桥桥梁承台、主塔、桥墩、盖梁等均采用现浇钢筋混凝土结构，主塔高达270m，如何保证大体量、超高现浇钢筋混凝土结构的实体质量是工程品质保障的一大难题；项目沉管隧道标准钢壳管节重约1.1万t，排水量近8万t，相当于中型航母船体的体量，且纵横隔板交错，构造复杂，涉及厚板焊接，变形控制严苛，制造难度大，如何保证钢壳管节高工效(45天一节)、高质量制造是项目面临的又一难题；一个钢壳沉管标准管节有2259个隔仓需要填充自密实混凝土约2.9万 m³，如何保障混凝土填充性密实性是世界性难题，需要攻克。

四、主要技术创新

围绕上述工程技术特点与难点，坚持问题导向、需求引领，依托国家重点研发计划、广东省重点领域

研发计划及工程专题,联合项目设计、施工、装备单位、行业领军科研机构、著名高校,开展了"桥、岛、隧、水下枢纽互通"跨海集群工程建设关键技术研究[11],构建科研、设计、施工、装备四位一体产学研用创新机制,在新理论、新结构、新材料、新技术、新装备、新工艺等方面取得了突破(表3),有力支撑了工程建设。

深中通道主要技术创新　　表3

类　　别	主要创新点
新理论新标准	建立了钢壳混凝土沉管隧道结构受力机理与设计方法
	提出钢壳沉管隧道耐火极限标准
新结构新方案	创新钢壳沉管隧道结构构造,提出新型抗剪连接件
	创新超宽特长隧道排烟方案
	创新台风区海中超大跨径悬索桥主梁抗风气动构造
新材料	研发大直径超高强度主缆钢丝
	研制出高稳健低收缩自流平混凝土材料
新装备	研制出智能浇筑装备+智能化管控系统
	世界首次研制出沉管运安一体船
	研发钢壳混凝土毫米级脱空的高精度检测装备和系统
	研制出轮轨式液压台车实现8万t管节快速移动(3h)
新工艺新技术	国内首次在重工业钢结构领域实现了智能制造生产线
	国内首次成功应用DCM复合地基技术于沉管隧道软弱地层处理
	创新海中沉管隧道推出式接头对接新技术
	创新超宽隧道及水下枢纽互通火灾防控及智能交通管控技术
	创新正交异性钢桥面板U肋全熔透焊技术
现代工程管理	建立了基于BIM+移动互联网的智慧精细化管理体系[12]

1. 钢壳混凝土沉管隧道建设关键技术

钢壳混凝土沉管隧道在国内全产业链均没有工程经验,日本有一定的工程经验可供借鉴,但其规模、尺度相对较小,难以满足适应超宽、变宽、深埋沉管隧道需求。项目聚焦钢壳混凝土沉管受力机理、合理构造、推出式最终接头、自流平混凝土制备、施工工艺及关键装备研发等技术难题开展技术攻关。

(1)采用数值模拟及试验相结合的技术路线,揭示了钢壳混凝土组合结构抗弯和抗剪受力机理[13],建立了钢壳混凝土沉管隧道结构弯剪统一设计理论和方法[14],在此基础上提出了关键合理构造。创新性提出了T形抗剪连接件[14](图22),相比角钢连接件提高承载能力约20%;建立了隔仓式构造抗剪计算方法,考虑混凝土的抗剪作用,提高抗剪承载能力20%~30%,解决了超宽深埋沉管隧道抗剪难题;详细分析了顶面脱空对钢壳混凝土结构力学性能的影响,建立了脱空控制标准。

(2)开展了上百组隔仓模型试验及足尺模型试验,结合仓内自流平混凝土流动、排气规律确定了工艺孔合理布置以及施工质量控制要求,如浇筑速度、可浇筑时间、提管速度、结束条件等控制指标,形成了《自密实混凝土施工质量控制指南》,正在研究超宽钢壳混凝土沉管隧道海中推出式最终接头关键技术。

(3)历经4年的试验研究,研发了高稳健自密实混凝土制备技术及施工工艺,提出了配合比设计方法及自密实混凝土工作性能控制指标体系,并开发了低收缩比的疏水缔合型专用外加剂增强其稳健性,形成了《深中通道钢壳沉管自密实混凝土配制及施工关键技术指南》。

(4)首次研制了钢壳沉管混凝土智能浇筑装备及智能化管控系统。浇筑小车能实现坐标自动移位、自动寻位、自动布料、自动测深、自动调节浇筑速率,实现浇筑全过程信息化、智能化管控,从而提高浇筑工效和质量;基于BIM、智能传感和物联网技术,研发涵盖混凝土生产、运输、浇筑、检测的钢壳沉管混凝土浇筑全过程智能化、信息化管理系统,实现"管节预制全过程信息化管控",提升混凝土浇筑品质高质量,降低混凝土浇筑过程损耗,填补了国内外空白。已完成 E1-E5 管节共约 13.7 万 m^3 自密实混凝土浇筑,经检测,混凝土浇筑密实性均满足要求,解决了混凝土填充密实性世界性难题,其智能化水平、浇筑品质、废料率控制以及现场文明施工程度均超过国外类似工程水平,见图 23 和图 24。

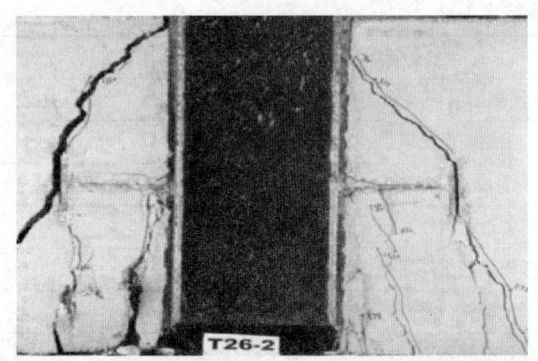

图 22　T 形抗剪连接件及传统角钢连接件

图 23　自密实混凝土智能浇注装备　　　　图 24　沉管智慧工厂智能调度系统

(5)为控制长距离浮运风险及提高效率,世界首次研制了沉管自航式浮运安装一体船(图 25)及沉管沉放智能控制系统,实现智慧安装。一体船具有航迹线控制、自航速度快、抵抗横流能力强、减少航道通航影响、可实现应急回拖、施工风险可控、管节结构适应性强等优点。相较传统湿拖,能有效提高复杂工况下浮运的安全可靠性,大幅提升浮运工效,最大程度降低对港口生产的影响,且有效降低疏浚量(150 万 m^3)。已完成 E1-E3 管节的浮运安装,浮运快速、安全,且安装达到厘米级精度。

(6)创新深厚淤泥层沉管隧道基础处置新技术-DCM 深层水泥搅拌桩复合地基技术[15],实现地基刚度均衡过渡及有效预防软弱基础地震液化。DCM 由 4 轴钻机形成等效直径 2.3m、面积 4.63m^2 的截面,DCM60 天平均无侧限抗压强度要求不小于 1.6MPa(E1 管节管底)和不小于 1.2MPa(其他管节管底)。经理论研究及荷载试验揭示了海底沉管隧道软弱地基深层水泥搅拌加固变形机理,提出考虑软土固结效应与 DCM 桩长期强度增长的 DCM 复合地基沉降计算方法,研发建造集锚泊定位、起吊安装、自动调倾、深层土体切削搅拌、水泥浆注入于一体的智能化 DCM 关键装备及控制系统,编制了《海洋环境 DCM 复合地基及基础垫层施工技术规程》,填补了行业空白。

深中通道项目应用 DCM 技术处理软基 70 万 m^3,质量检测合格率 100%,DCM 技术在国内首次成功应用于沉管隧道软弱地层基础处理,具有承载能力大、绿色环保、功效高等优点,为沉管隧道基础处理提供了新工艺和新方法(图 26)。

(7)研发了阵列式智能冲击映像及中子法设备及技术,解决了钢壳混凝土的快速无损检测世界性难题(图 27),经盲检开盖对比实验,能实现脱空位置准确率大于 94%,脱空面积及等代脱空高度准确率大于 85%,高于国际水平(70%)。

图25 浮运安装一体船安装作业

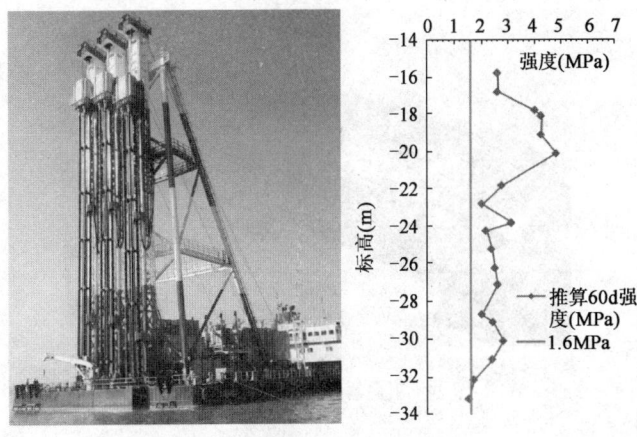
图26 DCM 专用施工船及典型桩身强度检测

2. 全离岸海中超大跨径悬索桥建设关键技术

围绕全离岸海中超大跨径悬索桥（主跨1666m伶仃洋大桥）抗风性能、结构体系及海中锚碇建设难题：

(1)研发了"整体钢箱梁+水平导流板+上下稳定板+高透风率栏杆"组合的新型气动控制技术，突破强台风频发区整体钢箱大跨径悬索桥风致灾变控制技术，大幅将整体钢箱加劲梁超大跨径悬索桥颤振临界风速提升至88m/s（图28）[16]。

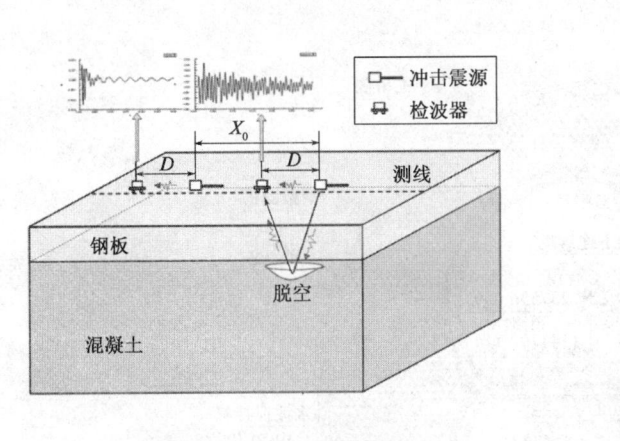
图27 钢壳沉管快速脱空检测图

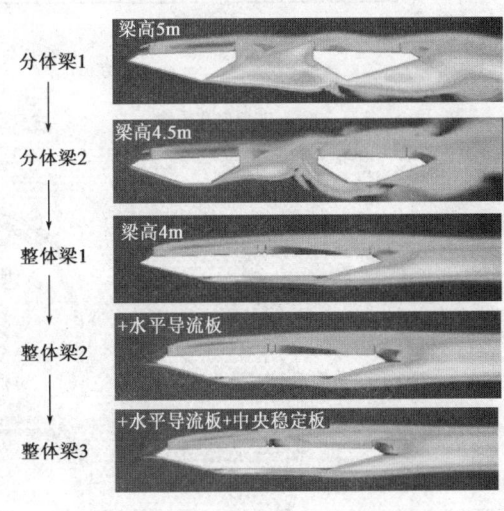
图28 钢箱梁新型气动控制技术

(2)提出了静力工况分阶段限位、动力工况阻尼耗能的新型约束体系，研制了适用于塔梁处竖向大位移、控制梁端纵向位移和累积位移的智能监测型阻尼装置（图29），梁端纵向位移较飘浮体系减小了29%。

(3)提出了基于性能需求的长联多跨连续梁桥各向异性减隔震体系，研发了各向异性摩擦双摆减隔震支座（图30），结构减震率总体达50%以上，已通过试验验证。伶仃洋大桥结构体系关键装置布置如图31所示。

(4)提出了锁扣钢管桩围堰筑岛+地连墙（图32）集成技术方案解决海中超大锚碇施工难题，应用效果良好。建立了地连墙锚碇基础简化计算方法，研发了锚碇围堰信息化监控系统和地连墙智能施工管理系统。

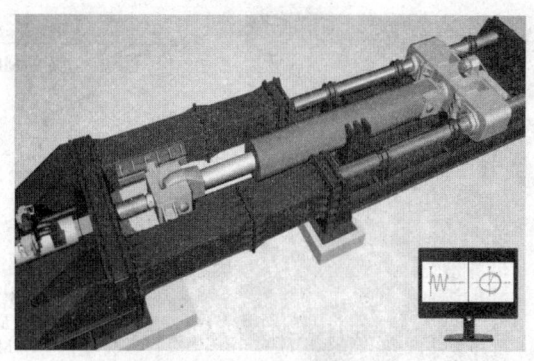

图29 阻尼器静动力性能测试装置　　　　图30 各向异性摩擦双摆减隔震支座

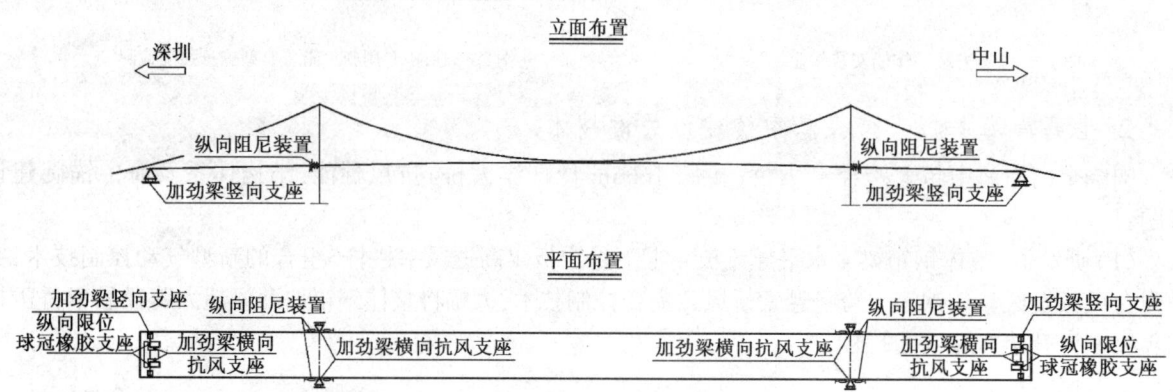

图31 伶仃洋大桥结构体系关键装置布置图

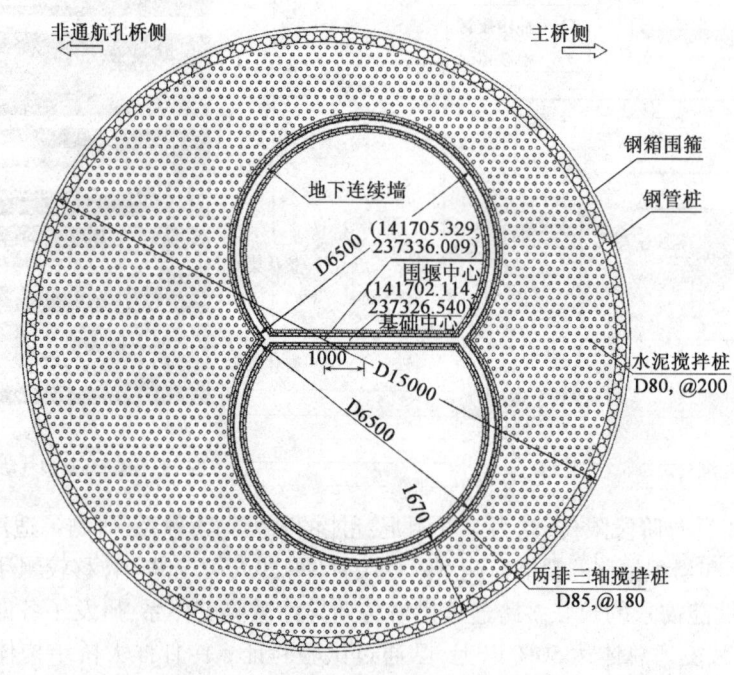

图32 钢管桩围堰筑岛及地连墙结构示意图

3. 跨海集群工程耐久性保障关键技术

围绕交通基础设施领域工程结构耐久性保障面临的海工大体积混凝土开裂、正交异性钢桥面板疲劳开裂、悬索桥主缆长效防腐等三大世界性难题：

（1）建立了基于水化-温度-湿度-应力多场耦合评估方法的开裂系数控裂方法，提出了低温升高抗裂海工混凝土制备与补偿收缩技术(图33)。通过原材料控制、约束优化、配合比优化、功能材料使用、智能温控等综合措施,做到大体积海工混凝土控裂效果。项目西人工岛隧道暗埋段CW01-CW04共浇筑大体积混凝土约3.8万m^3,裂纹较同类工程减少50%以上,且大部分为长度小于1m的表面微裂纹,未发现贯穿性裂缝,控裂取得较好效果。

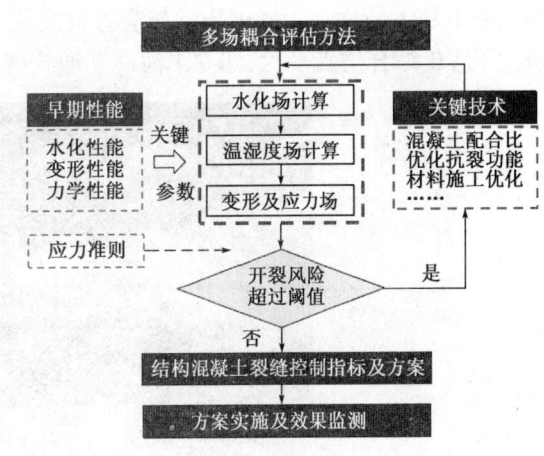

(2)研发了新型U肋板单元高品质焊接接头,即双面埋弧焊全熔透焊接接头(图34),实现了顶板U肋焊接的全熔透、无缺陷、可检测,控制初始制造缺陷,提高构造细节的实际疲劳抗力,从而克服顶板U肋的疲劳病害通病。9组足尺模型疲劳对比试验表明:U肋和顶板的双面埋弧焊全熔透焊接接头的疲劳耐久性较双面焊气体保护焊提升至少40%,较单面焊75%熔透焊接接头提升70%[16];同时推行U肋与横隔板双机器人热熔包脚智能焊技术,消除起熄弧引起的初始缺陷,系统提升钢桥面板结构的抗疲劳性能。

图33 混凝土开裂多场耦合评估方法示意图

 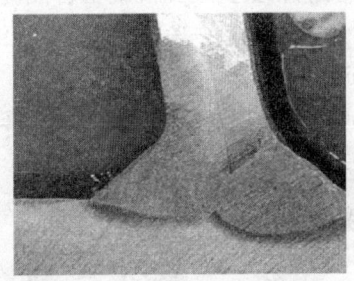

图34 U肋全熔透焊缝

(3)为解决海洋环境下大型悬索桥主缆腐蚀疲劳问题,研发φ6mm-2060MPa大直径主缆钢丝,并开发应用锌铝多元合金镀层技术,进一步全面提升主缆防腐耐久性(图35),较锌铝合金镀层耐久性寿命提升50%以上。完成了超高强φ6mm-2060MPa锌铝多元合金主缆钢丝200 t小批量工艺认证试制,耐久性寿命较锌铝合金提升50%以上,强度、韧性、良品率均较好。

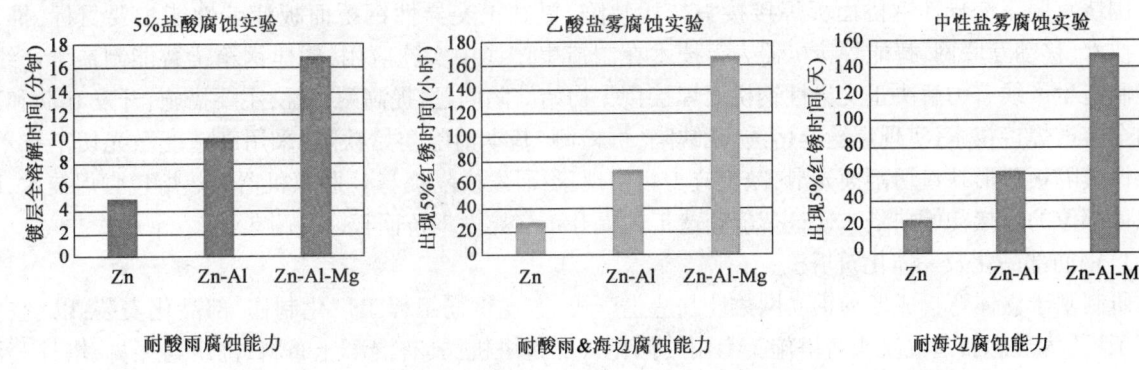

图35 φ6mm-2060MPa主缆钢丝不同镀层防腐能力

4. 海底钢壳沉管和互通式隧道火灾防控及智能交通管控技术

创新性提出了"主洞顶部横向联络排烟道+中间管廊纵向通风"的分段纵向排烟技术解决超宽隧道排烟难题(图36);揭示了火灾高温时钢壳沉管结构耐火性能,提出了该结构耐火极限标准,形成了海底钢壳沉管隧道结构防火抗灾集成技术;基于多因素耦合作用下火灾排烟规律和应急疏散特性,建立了饱和交通下超大断面沉管隧道排烟与应急救援技术体系,提出了饱和交通下海底互通式隧道交通流模式,研发了VR综合仿真平台,建立了海底互通式隧道态势研判及智能管控技术体系。

图36 主洞顶部横向联络排烟道+中间管廊纵向通风"的分段纵向排烟

5. 跨海集群工程智能建造技术体系

以建精品工程为导向,贯彻国家"科技强国、质量强国、交通强国"战略,以"两化融合"(工业化、信息化)为基础,以《中国制造2025》为契机,以提质增效为中心,大力推行智能建造,策划了本项目智能建造技术体系。聚焦钢壳智能制造、钢壳混凝土智能浇注及检测、智慧安装、钢箱梁智能制造、智慧梁场以及智慧工地等方面进行实践,打造一流设施,提升施工安全及质量保障水平。

1) 钢壳智能制造

以互联网+BIM技术+智能机器人为抓手,深度推动造船行业与交通行业深度融合,研发钢壳小节段车间智能制造、中节段数字化搭载、大节段自动化总拼生产线。其中小节段车间智能制造是核心,研发"四线一系统"智能制造生产线,包括板材/型材智能切割生产线、片体智能焊接生产线、块体智能焊接生产线(图37)、智能涂装生产线、车间制造执行过程的信息化管控系统,从而实现钢壳智能制造,提升制造品质及工效,在国内重工业首次实现了块体智能焊接及智能涂装,推进了行业装备及技术水平的提升。

图37 块体智能焊接生产线

2) 钢箱梁智能制造

围绕克服正交异性钢桥面板焊接接头初始缺陷、提升正交异性钢桥面板疲劳性能主要目标,推行BIM技术、移动互联网、智能焊接机器人等技术在制造生产线中实施应用,构建钢箱梁智能制造生产线。智能制造生产线着力解决正交异性钢桥面焊接接头初始缺陷问题,提高耐久性,主要措施:开发U肋和顶板的全熔透焊接技术,实现焊缝全熔透、无缺陷、可检测,基本消除初始缺陷;采用高精度激光切割技术,以确保横隔板弧形缺口切割面光滑,减少应力集中现象;研发横隔板与U肋双机器人热熔包脚焊技术,以消除该部位的焊接初始缺陷。通过智能制造工艺提升正交异性钢桥面板疲劳耐久性。

3) 钢筋部品化及一体化筑塔机

研制基于立体弯折成形的钢筋网柔性制造生产线,实现钢筋工程工厂化制作、部品化安装;以"空中垂直工厂"为理念打造混凝土桥塔施工专用一体化智能筑塔机,具有混凝土布料、浇筑与振捣、塔柱蒸汽养生、设备快速顶升及智能监控等诸多功能,采用低位支撑技术提高设备安全性,利用机械设备减少操作人员数量,创造主塔现浇钢筋混凝土工厂化作业条件提升工程品质(图38)。

4) 建设基于BIM+移动互联网的智慧工地

建设基于BIM+物联网技术的智慧工地,实现建设过程信息数据共享与智慧物联、工艺监测、安全预警、隐蔽工程数据实时采集、远程视频监控、智慧海事等集成应用,提升信息化、智能化管理水平,提高管理效率。

图38　一体化筑塔机及钢筋笼整体安装

5）钢壳混凝土智能浇筑及沉管管节智慧安装如前所述

五、结　　语

深中通道是世界上首例集超宽超长海底隧道、超大跨海中桥梁、深水人工岛、水下互通"四位"一体的集群工程。海底隧道是世界首例双向8车道海底钢壳混凝土沉管隧道，也是世界规模最大的钢壳混凝土组合结构沉管隧道，钢壳混凝土沉管隧道规模及技术复杂性居世界首位，机场互通立交为世界首例高速公路水下枢纽互通，伶仃洋大桥是全离岸海中悬索桥，其抗风标准为世界最高。根据项目特点，从总体设计层面提出了集群工程的建设思想，制定并贯彻了"标准化、预制化、工业化、智能化、专业化"的建设理念。对工程总体设计、沉管隧道及伶仃洋大桥等主体工程技术方案进行了论述，总结了工程特点难点及主要技术创新成果，项目将在钢壳混凝土沉管、离岸海中大跨径悬索桥、海工结构耐久性、海底超宽隧道火灾防控及智能交通管控等领域形成成套技术及相应标准，形成相应领域一流技术；项目在国内首次全力推行大型跨海通道智能建造，研发钢壳智能制造生产线，国内首次实现大型钢结构智能喷涂、块体智能焊接，国际上首次研发了自密实混凝土智能浇筑系统和沉管管节智慧运输安装一体船，打造了国内一流的智慧预制梁场，建设了基于BIM+移动互联网的智慧工地，实现建造智能化、管理扁平化、工地管控可视化，实现一流管理，打造跨海集群工程一流设施，并促进行业相应领域技术及产业装备升级，引领交通基础设施行业高质量发展，提升国家竞争力，为交通强国建设、国家"一带一路"的战略提供有力支撑。

参考文献

[1] Shen-you Song, Jian Guo, Quan-ke Su, et al. Technical challenges in the construction of bridge-tunnel sea-crossing projects in China <trans-title xml:lang = "zh" >中国桥隧一体化跨海工程建设的技术挑战 </trans-title-group>. 2020,21(7):509-513.

[2] 徐国平,黄清飞.深圳至中山跨江通道工程总体设计[J].隧道建设,2018(4):627-637.

[3] 宋神友,陈伟乐,金文良,等.深中通道工程关键技术及挑战[J].隧道建设(中英文),2020,40(01):143-152.

[4] Wei-le Chen, Chao Guo, Xiao He, et al. Experimental study on themechanical behavior and deformation characteristics of gravel cushion in an immersed tube tunnel <trans-title xml:lang = "zh" >沉管隧道碎石垫层力学行为与变形特性试验研究 </trans-title-group>. 2020,21(7):514-524.

[5] 陈伟乐.深中通道智能建造[J].中国公路,2019(17):52.

[6] 孙业发,王春冉,等.深中通道沉管基槽深水装配式挡泥结构[J].水运工程,2019(S1):111-114.

[7] 王旋.深中通道中山大桥总体设计[J].桥梁建设,2019,49(01):83-88.

注：国家重点研发计划专项资助（项目编号2018YFC0809600，课题编号2018YFC0809602）
　　广东省现代工程领域重点研发计划资助（项目编号2019B111105002）

[8] 金文良,韩志远,李怀远,等.深中通道沉管隧道沿线水沙环境特征研究[J].水道港口,2019,40(05):497-503.
[9] 中交公路规划设计院有限公司.深圳至中山跨江通道工程可行性研究报告[R],2015.3.
[10] 赵林,王骑,宋神友,等.深中通道伶仃洋大桥(主跨1666m)抗风性能研究[J].中国公路学报,2019,32(10):57-66.
[11] 深中通道管理中心.深中通道工程概况及科技创新实施方案报告[R],2019.1.
[12] 张迎松,梁海文,陶建山,等.深中通道BIM技术在预制梁场的成套解决方案研究与实践[J/OL].土木建筑工程信息技术.
[13] Guo Y T, Tao M X, Nie X, et al. Experimental and Theoretical Studies on the Shear Resistance of Steel-Concrete-Steel Composite Structures with Bidirectional Steel Webs[J]. Journal of Structural Engineering, 2018, 144(10):04018172.1-04018172.14.
[14] 宋神友,聂建国,徐国平,等.双钢板-混凝土组合结构在沉管隧道中的发展与应用[J].土木工程学报,019,52(04):109-120.
[15] Song S, Xu G, Jin W, et al. A Study on the Settlement of Gravel cushion and DCM Piled Compound Foundation[J]. Journal of Physics Conference Series, 2020, 1544:012037.
[16] 西南交通大学.深圳至中山跨江通道正交异性钢桥面板合理构造、制造工艺及疲劳性能研究[R],2019,3.

3. 深中通道伶仃洋大桥关键技术及创新

王康臣[1]　宋神友[2]

(1.广东省公路建设有限公司;2.深中通道管理中心)

摘 要　深中通道是我国继港珠澳大桥之后的又一项世界级的重大跨海交通工程,规模空前、建设条件异常复杂、综合技术难度再上新高,由于航空限高对塔高的限制以及伶仃水道通航的要求,伶仃洋航道桥采用主跨1666m三跨连续漂浮悬索桥体系,建成后将是世界上跨度最大的三跨连续漂浮悬索桥。本文介绍了深中通道伶仃洋大桥的技术特点和难点,论述了解决这些技术难题的多项创新性关键技术研究成果,为今后类似工程的建设提供借鉴和参考。

关键词　深中通道　伶仃洋大桥　超大跨悬索桥　创新　关键技术

一、工程概况

深中通道北距虎门大桥约30km,南距港珠澳大桥约38km,是国高网G2518(深圳—广西岑溪)跨珠江口关键控制性工程,是"十三五"国家重大工程。项目东接机荷高速,跨越珠江口,西至中山马鞍岛,与规划的中开、东部外环高速对接,通过连接线实现在深圳、中山及广州南沙登陆,项目全长约24km,其中跨海段长22.4km。该项目是珠江口下游65km范围粤东、粤西地区唯一直连通道,也是珠三角两大功能组团"深莞惠"与"珠中江"之间的唯一公路直连通道,深中通道的建设对完善国家高速公路网和珠三角地区综合交通运输体系、推进粤港澳大湾区城市群深度融合发展、贯彻国家"一带一路"战略、落实习近平总书记对广东"四个走在全国前列"的新要求具有重要战略意义。

工程位于内伶仃洋海域,水下地形为三滩两槽构造,表层淤泥层深厚,基岩埋深较大,区域新构造运动表现为强烈的垂直升降运动,工程全线断裂共11条,以北西向为主,均为非活动断层。场地潮流属于不规则半日潮类型,气候属于典型亚热带海洋性季风气候,台风频发,对工程建设有很大的影响。

深中通道桥梁长约16.9km，包括伶仃洋大桥、横门东航道桥、110m非通航孔桥、50m非通航孔桥、岛桥结合段40m跨径非通航孔桥和陆地引桥。伶仃洋大桥采用580m+1666m+580m三跨吊全漂浮体系悬索桥，矢跨比为1:9.65，主梁采用扁平钢箱梁形式，索塔高273m，采用门式塔造型，建成后将是世界上跨度最大的三跨连续漂浮体系悬索桥（图1）。

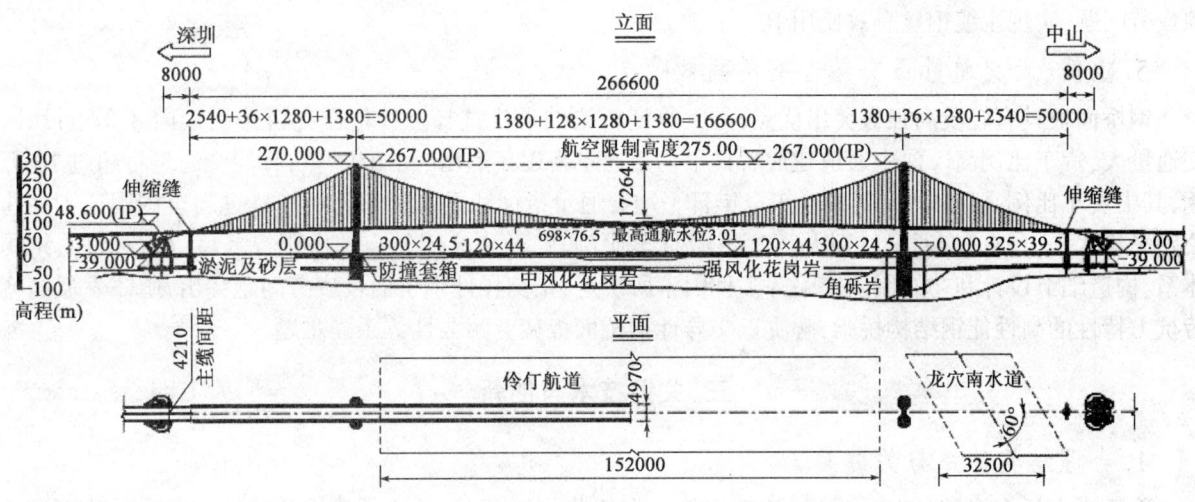

图1　主跨1666m门式塔平面缆悬索桥（尺寸单位：cm）

二、主要技术难点及挑战

深中通道项目建设条件复杂、工程规模宏大、综合技术难度非常高，是世界级的集"桥—岛—隧—水下枢纽互通"于一体的超大型跨海交通基础设施工程，主跨1666m的伶仃洋大桥是世界上最大跨悬索桥之一，综合规模和难度均大于世界同类工程。主要建设挑战包括：

1. 多灾害作用下海中超大桥梁结构体系及装备

为满足伶仃航道、龙穴水道通航要求，伶仃洋大桥采用跨径580m+1666m+580m的H形双塔三跨连续漂浮体系整体钢箱梁悬索桥，建成后将是世界上跨度最大的三跨连续漂浮体系悬索桥。伶仃洋大桥纵向刚度小，静、动力受力性能较差，活载、纵风、温度、制动力等引起的梁端纵向和累积位移大，导致伸缩装置规模大（全漂浮体系下纵向位移量达±1600mm），支座累积磨耗大，约束装置维护成本高；横桥向若采用常规的刚性抗风支座，支座与主梁之间存在一定间隙，在地震等作用下发生较大撞击；另外，桥塔无下横梁，活载作用下梁体与索塔间竖向位移大，对横向抗风支座、纵向阻尼器的设计和安装提出了很高的要求。

2. 台风区超大跨整体钢箱梁抗风设计

伶仃洋大桥跨径大、桥面宽、桥面高（桥面高为91m），处于珠江口开阔水域及珠江口强台风频发区。因此，伶仃洋大桥结构柔、阻尼小、颤振检验风速高达83.7m/s，整体钢箱梁悬索桥方案较难满足抗风安全要求。近年来，登陆广东省的台风呈现出频发、高强趋势，导致伶仃洋大桥抗风安全问题突出，亟需研发新型组合气动控制技术，攻克台风频发区超大跨整体钢箱梁悬索桥灾变控制技术。

3. 离岸厚覆盖层超大型锚碇基础设计与施工

伶仃洋大桥超大型锚碇基础是国内首个悬索桥海中筑岛地连墙锚碇基础，国内尚无工程实例和经验借鉴，锚碇区存在较厚的软弱土层，锚碇基础需嵌入中风化花岗岩，施工技术难度大，且采用的管桩围堰位于开阔水域，呈超大圆形结构，船舶设备难以布置。传统地连墙锚碇基础设计将地连墙只作为施工期的开挖维护结构，而实际受力过程中，地连墙、内衬、重力式基础三者协同工作，有必要提出新的简化设计方法。

4. 高温、高湿、高盐雾主缆防腐

桥梁缆索系统是实现伶仃洋大桥大跨度的关键,承受巨大的动、静载荷,同时该系统长期暴露在风雨、潮湿或海洋性气候的严苛环境中,对材料的强韧性、耐久性等要求极高,主缆钢丝的腐蚀问题突出,温差大、高湿、干湿交替、高盐雾的海洋环境加速了主缆材料腐蚀,亟需解决海洋环境下大型悬索桥主缆腐蚀疲劳问题,实现主缆钢丝有效使用100年。

5. 重载、大交通量正交异性钢桥面板疲劳

钢桥面板具有轻质高强等突出优点,是大跨度桥梁的最优选择。伶仃洋大桥采用双向8车道设计,交通量大,货车比例高。深中通道建成后日平均交通量将逐年递增,到2047年,日均交通量将超过10万辆,其中货车比例高达40%,其机动车全年日平均交通量指标和重载货车比例指标远超全国国道和高速公路平均水平,具有"交通量特别大"和"重载货车比例高"两大突出特点。由服役环境、荷载条件、结构体系、构造细节设计和初始制造缺陷等多种因素所决定,正交异性钢桥面板疲劳问题突出,亟需发展高疲劳抗力特性的高性能钢结构桥梁,解决正交异性钢桥面板疲劳耐久性等系列难题。

三、关键技术与创新

1. 合理结构体系与关键装置

伶仃洋大桥在温度、车辆、大风、地震等静动力荷载作用下,加劲梁的梁端位移达3.148m,从而导致梁端的伸缩装置规模很大,桥梁的行车安全性和舒适性降低。本项目首次提出了控制大跨径悬索桥加劲梁梁端纵向位移的新型结构体系,其通过设置于加劲梁和索塔之间的纵向静力限位-动力阻尼组合的控制装置来实现,即充分利用弹性约束体系静力限位、阻尼约束体系动力耗能的优点,同时研制一种限制主梁低速运动的约束装置,将其三者进行合理组合,形成大跨径缆索桥梁位移控制型限位阻尼体系(见图2),实现了除温度慢速自由移动外,控制不同荷载作用下主梁的运动,有效减小梁端纵向位移30%,活载作用下主梁累积位移约50%,提高了伸缩装置的使用寿命和降低了伸缩装置的规模。能够有效降低日常行车条件下主梁端部频繁的纵向移动,减小对行车和结构耐久性(支座、伸缩缝、吊索)的不利影响。

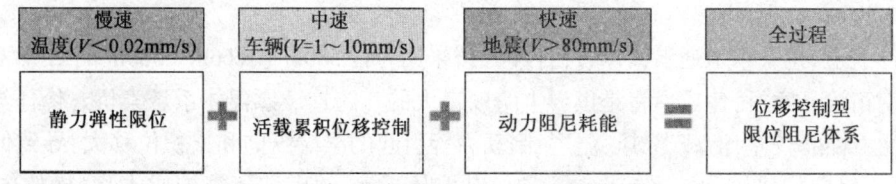

图2 大跨径缆索桥梁位移控制型限位阻尼体系

基于有限元分析及数值仿真完成了伶仃洋大桥位移控制型限位阻尼体系关键约束装置参数分析,研发了提出了一种位移控制型限位阻尼装置,成功完成了该装置的足尺试制和试验测试(图3~图5),并在该装置上实现了可实时反馈阻尼器外力作用下运动关键力学指标,监测阻尼器装置的内压、油温、变形及出力情况(图6),从而达到评估装置服役性能状态的功能。

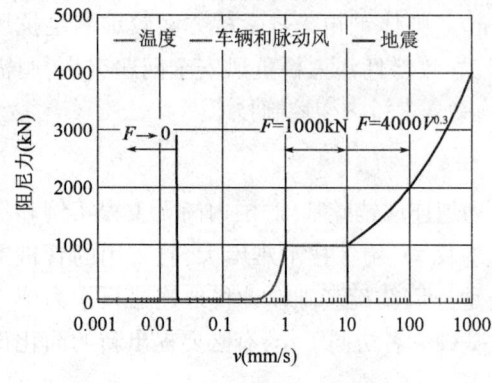

图3 位移控制型阻尼器本构

图4 位移控制型阻尼器足尺型式试验

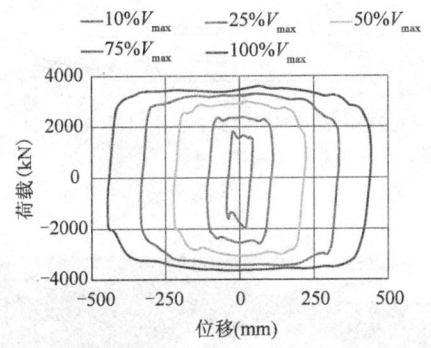

图5 速度相关性试验荷载-位移曲线

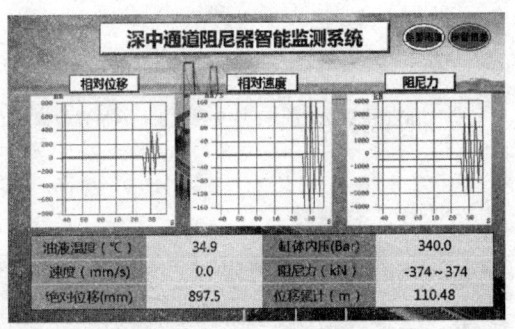

图6 深中通道阻尼器智能监测系统

此外,研制了横向超高阻尼碟形弹簧-摩擦阻尼减震耗能抗风支座(见图7),采用位移相关性摩擦阻尼器,获得了更好的减震耗能功能,该抗风支座的等效阻尼比达15%,有效降低了地震作用下塔梁间横向撞击力,进一步提升了大跨桥梁的横向减震耗能性能。

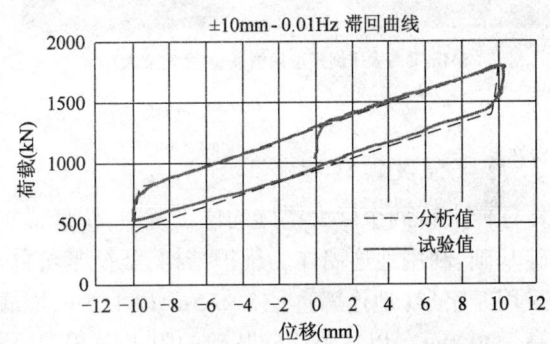

图7 超高阻尼碟形弹簧-摩擦阻尼减震耗能抗风支座原型试验

2. 抗风性能研究

伶仃洋大桥跨度超大、桥面超高,对风的作用敏感,桥址处基本风速较高,具有典型的台风气候特点,且易受强台风等极端天气影响。对于超大跨度悬索桥,伶仃洋大桥开创性地采用了整体钢箱梁结构。与明石海峡大桥的桁架梁和西堠门大桥的分体钢箱梁相比,该结构具有更高的挑战性和创新性,同时也促进了整体钢箱梁用于大跨度悬索桥的跨径极限的研究。

在方案设计和初步设计阶段,采用CFD数值模拟和节段模型风洞试验方法,对"独柱形桥塔+空间索面+分体箱梁""钻石形桥塔+空间索面+整体箱梁""门形桥塔+平行索面+整体箱梁"三种悬索桥方案进行了抗风性能比选和优化,综合大桥涡振和颤振综合性能,推荐了"门形桥塔+平行索面+整体箱梁"方案作为伶仃洋大桥的最终方案;施工图细化设计阶段通过全桥气弹模型风洞试验和节段模型风洞试验优化和比选气动措施。

在主梁气动性能优化研究中,对比了不同箱梁梁高(4m、5m)、中央稳定板高度、人行道栏杆形式和透风率、检修轨道高度和设置位置等抗风控制技术进行了深入研究。针对4m梁高方案,提出了"1/8检修轨道位置+双侧导流板"气动控制措施,颤振临界风速为85m/s;针对5m梁高方案,发现分流板上栏杆的透风率对颤振性能有显著的影响,并提出了"1.2m上+1.2m下中央稳定板+1/4点检修轨道"、分流板上95%透风率栏杆及其与上稳定板组合方案,颤振临界风速>85m/s(图8)。

通过整个抗风设计流程,最终确定了结构体系、主梁形式及梁高、中央稳定板高度、栏杆透风率和检修轨道位置等综合抗风措施,在保证抗风安全的同时提高了工程经济性(图9)。对于本工程代表的超大跨度悬索桥,以多种气动和结构措施综合提升桥梁的抗风稳定性,突破了颤振设计的认识瓶颈,成功地沿用了整体式流线箱形加劲梁,回归到桥梁设计及建造兼顾经济和安全的发展本源,对于采用整体箱梁的大跨度悬索桥极限跨径的应用具有重要的示范意义。

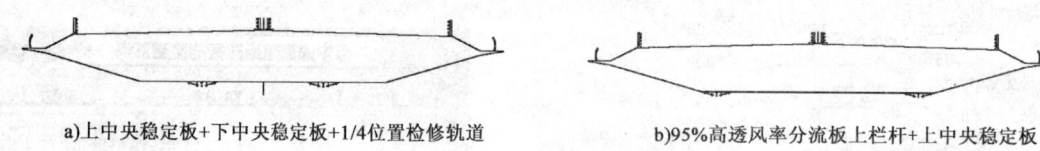

a) 上中央稳定板+下中央稳定板+1/4位置检修轨道　　　　b)95%高透风率分流板+栏杆+上中央稳定板

图8　整体式箱梁抗风控制措施

a)4m梁高大比例模型风洞试验(西南交大)　　　　b)5m梁高大比例模型风洞试验(同济大学)

图9　全桥气弹模型风洞试验

3. 海中锚碇设计与施工

伶仃洋大桥两个巨大锚碇均位于海中,桥址锚碇区水深5m,最大流速1.7m/s,设计采用地连墙重力式锚碇基础,利用地连墙作为维护结构,开挖基坑并填筑混凝土形成重力式基础来抵抗缆力。地连墙横桥向采用8字形(地连墙直径2×65m、厚1.5m、墙底标高－44.6m～－63.0m,锚碇基础顶标高＋3.0m,底标高－39.0m),以减小锚碇基础的阻水面积,其构造示意如图10所示。为形成地连墙施工所需的干环境,构筑临时人工岛作为地连墙和锚碇的施工平台,并在锚碇施工完成后拆除,国内已建成的1000m级悬索桥锚碇基础多为陆上沉井或地连墙基础,伶仃洋大桥是国内首次采用水中钢管桩筑岛施工地连墙锚碇基础的工程。

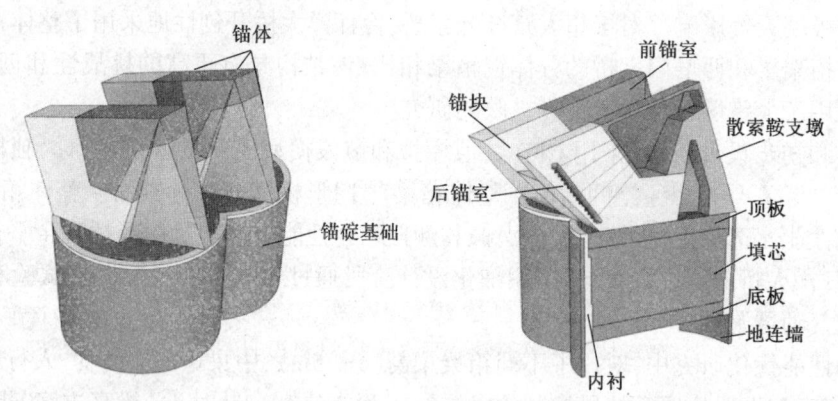

图10　伶仃洋大桥锚碇总体结构图

通过对海中超大型锚碇设计与施工关键技术进行研究,提出了锁扣钢管桩及平行钢束围箍围堰筑岛＋地连墙集成技术方案。采用锁扣钢管桩与工字型板桩组合围堰筑岛结构型式,围堰直径150m,筑岛回填高度8.0m,锁扣钢管桩与工字型板桩采用C型锁扣连接。研制了自适应圆形组合围堰变位的平行钢丝索柔性约束装置,平行钢丝索(直径91mm)布置在围堰外侧顶部,与锁扣钢管桩通过卡槽连接固定,设置张拉及锚固系统,垂向共布置7层,间距0.25m。提出了兼作圆形筑岛围堰反压护道的水下模袋混凝土防护构筑物,水下模袋混凝土厚60cm,宽39.15m,设两级斜坡和两级反压护道。研发了离岸、深厚软土覆盖层围堰筑岛地基快速处理技术,采用水下塑料排水板＋砂石垫层排水固结方案,借助围堰筑岛回填土体加快软土承载力增长,相比复合地基方案具有适用性好、施工快捷、成本较低等优点。形成了海中锚碇基础超深地连墙施工技术,在围堰内振冲施工完成后,进行地连墙内、外环形施工平台基础的碎石回填和水稳层铺设及混凝土面层施工。研制了适应圆形组合围堰的快速施工导向定位装置及合龙方法,采用液压夹钳"骑跨式"施工导向定位装置,实现锁扣钢管桩与工字型板桩交替、快速施沉,钢管桩施工精度均满足"平面位置≤5cm,垂直度≤1/400"的要求,圆形围堰可一次准确合龙(图11)。研发了混凝土生产管理系统,对混凝土生产各环节进行数据采集,对混凝土结构件的全过程质量进行信息追溯,同时建立混凝土智能养护技术及控制系统,实现了混凝土温度控制的智能化。建立了离岸筑岛施工信息化监控平台,实现了筑岛施工全过程的可视、可控,明确了岛体不同阶段关键参数及控制指标,提出了海中锚碇基础施工工艺下地连墙施工时地基基础的关键参数(图12)。

图11 伶仃洋大桥锚碇施工图

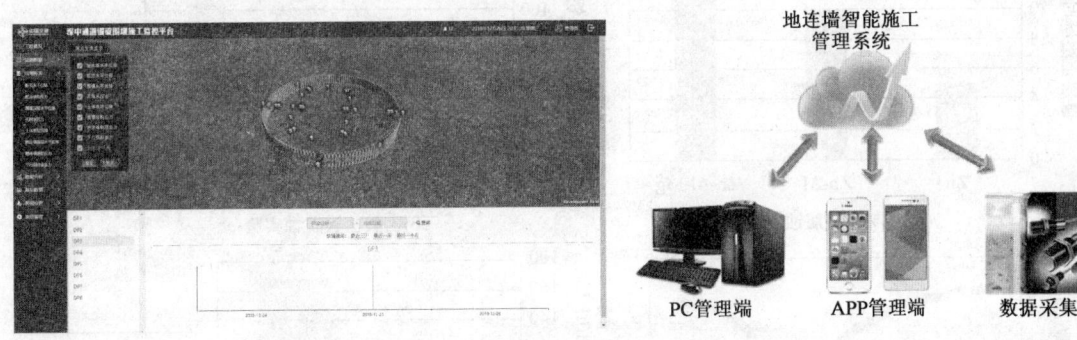

图12 锚碇施工智能化信息系统

4. 长效防腐主缆索股研制及性能

为降低主缆索股根数和用钢量、减小风阻,有效提高单根索股的承载能力,进一步缩小PPWS索股的锚固空间,提高架设施工的效率,节约建设成本,在国际上首次研制出Φ6.0mm、公称抗拉强度为2060MPa的锌铝镁合金镀层钢丝及索股,这也是2060MPa级缆索钢丝的国际首次工程应用。

通过对悬索桥主缆长效防腐新技术进行研究,严格管控材料设计、质量控制、热处理、钢丝加工等环节,确保桥梁安全。采用优质的高碳、高强度、高性能盘条作为6mm-2060MPa锌铝合金镀层钢丝的原材料;采用疲劳和抗盐雾腐蚀试验相结合的方法,揭示主缆新型镀层钢丝的腐蚀疲劳机理。通过提高主缆钢丝抗腐蚀性能的锌铝多元合金镀层成分配比,开发了能适合高碳高硅(C% >0.9%,Si% >1%)钢丝基体的锌铝镁合金热镀技术。采用新型无接触复合抹试热镀技术保证热镀后钢丝的强度和韧塑性,在目前热镀锌和热镀锌-铝5%合金镀层的基础上,添加RE、Mg等元素,并进一步提高Al的含量,形成多元合金镀层来提高镀层耐久性。整个合金镀层从基底到表面,均匀分布Mg元素,无纯锌与锌铝镁合金的分层现象;镀层基底有一层较薄的锌铝镁铁合金层,Fe%不大于10%,镀层塑形良好。揭示了合金元素对锌铝镀层性能的影响规律,提出锌铝多元合金热镀工艺和高强钢丝拉拔制作,研制锌铝多元合金镀层高强主缆钢丝、索股产品。通过对20件成品钢丝进行直径、不圆度、抗拉强度、屈服强度、延伸率、弹性模量、扭转、反复弯曲、缠绕、镀层重量、镀层附着性、硫酸铜试验、镀层铝含量和直线性(自由圈升高度、矢高)等头尾检测,抗拉强度范围为(2050~2156)MPa,弹性模量范围为(1.99~2.07)×10⁵MPa,扭转次数范围为(12~33)次,反复弯曲次数范围为(8~13)次,镀层重量范围为(318~365)g/m²,其余指标均满足相关要求(图13)。

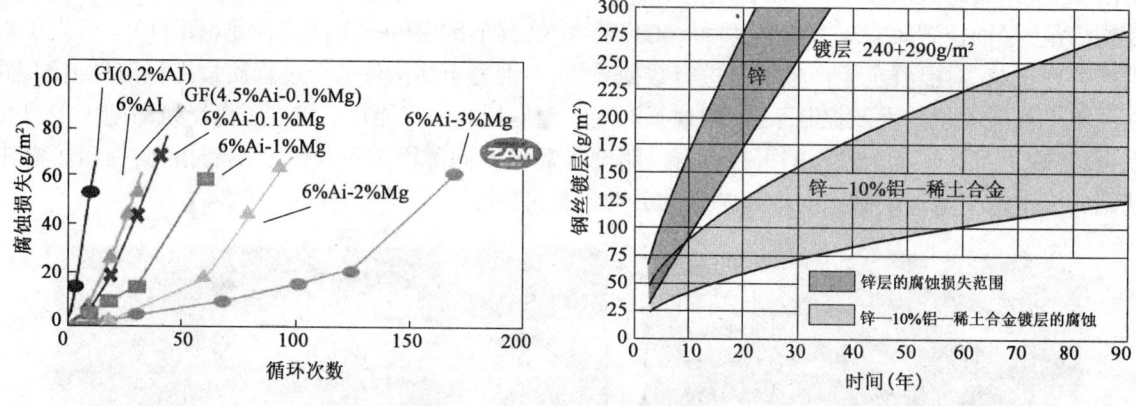

图13 锌铝多元合金镀层钢丝试制

实验表明:其耐盐雾腐蚀性能是现有热镀锌钢丝的4~5倍、锌铝镀层钢丝的2倍(图14)。

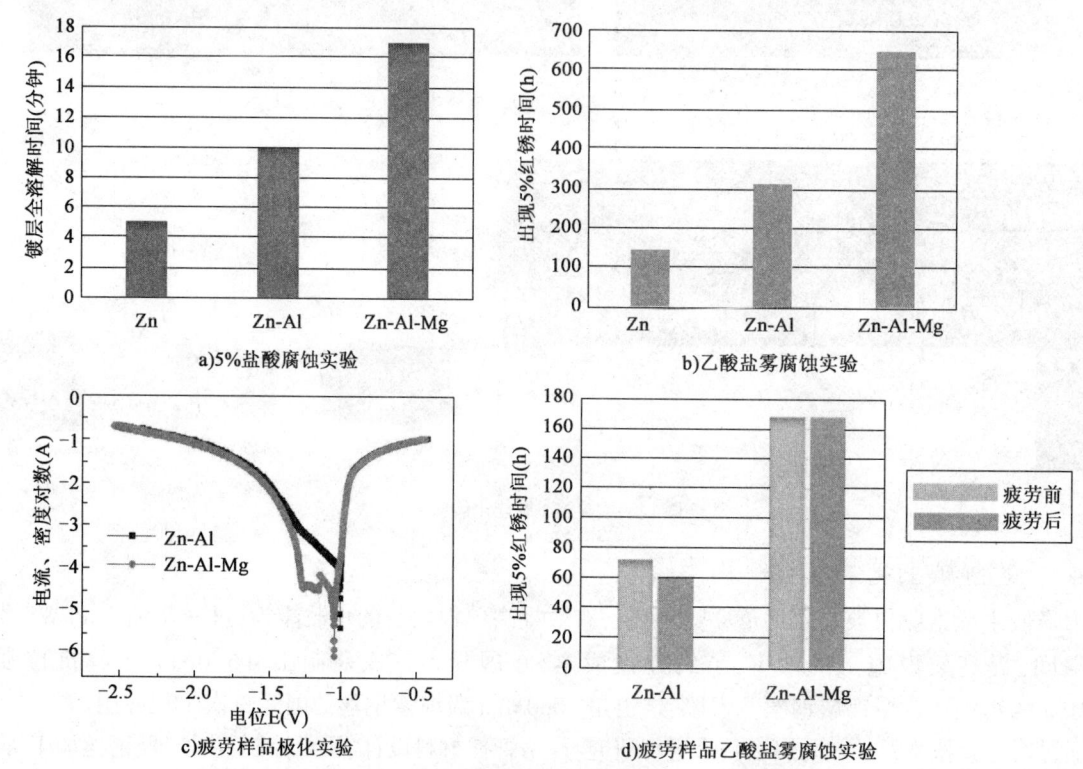

图14 耐盐雾腐蚀性能实验

5. 高品质正交异性钢桥面板U肋焊接接头研究

伶仃洋大桥具有"交通量特别大"和"重载货车比例高"两大突出特点,对于正交异性钢桥面板合理结构体系和纵肋与顶板焊接细节双面焊及纵肋与横隔板交叉构造细节的疲劳开裂模式及开裂机理等开展了系统深入的理论和试验研究。以纵肋与横肋交叉部位和纵肋与面板连接构造细节两重要疲劳易损部位新型构造细节的研发为切入点,基于等效结构应力法从构造细节层面和结构体系两个层面和多个维度对深中通道钢桥面板的合理设计参数进行了系统的优化研究;通过对纵肋与顶板焊接细节断面进行系统的宏观和细观分析,确定了不同制造工艺条件下焊接细节的初始缺陷及微裂纹尺度,阐明了初始缺陷对疲劳抗力的劣化效应,完成了先进制造工艺研判并确定了其合理焊接工艺参数;通过足尺节段模型疲劳试验,联合采用高频动态应变仪、超声相控阵和声发射等测试技术检测和监测疲劳裂纹扩展,确定了纵肋与顶板传统单面焊和新型双面焊的疲劳开裂模式和实际疲劳抗力(图15、图16)。

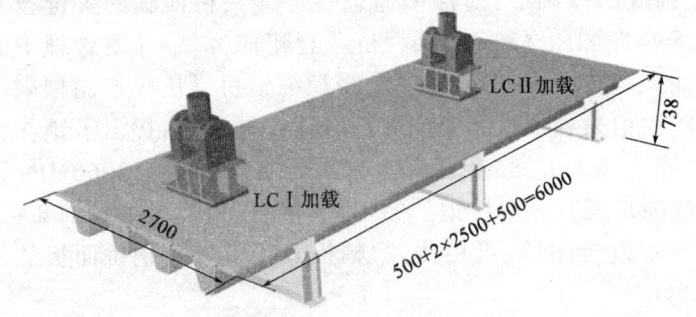
图15 足尺节段疲劳试验模型(尺寸单位:mm)

图16 U肋桥面板全熔透焊外侧成形

引入随机过程理论研究疲劳裂纹扩展特性,建立了疲劳裂纹随机扩展理论模型和基于概率断裂力学的常幅疲劳可靠度分析方法,确定了深中通道钢桥面板在服役期限内的疲劳可靠度时变规律,为深中通道钢桥面板长寿命服役提供科学依据(图17)。

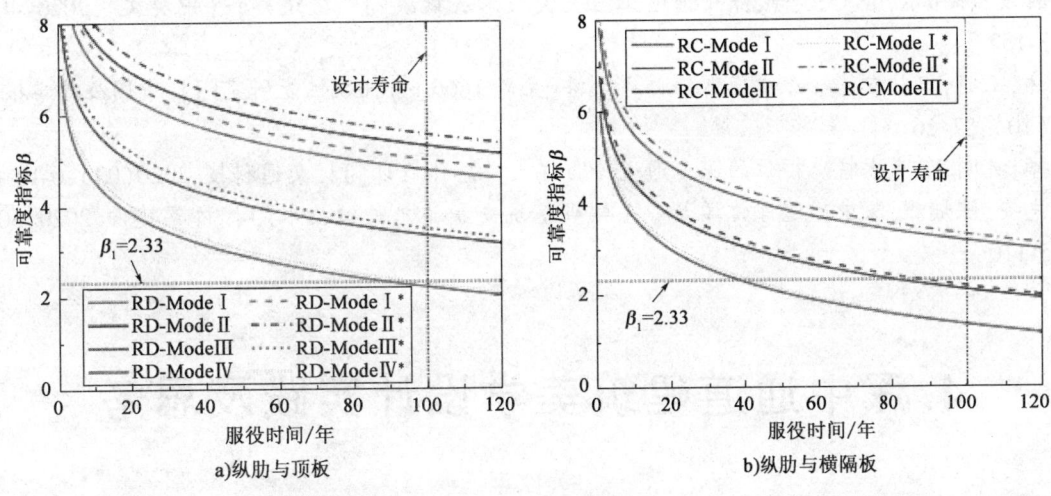
图17 构造细节疲劳可靠度时变规律研究

研发应用了U肋板单元组装焊接一体化、焊接机器人技术、全熔透焊接技术,消除初始缺陷,提高耐久性。通过9个桥面板足尺模型疲劳试验:全熔透双面焊等效200万次的疲劳强度是双面气体保护焊的1.1~1.2倍、是单面焊的1.36~1.54倍,微裂纹长度及数量明显减少(图18)。

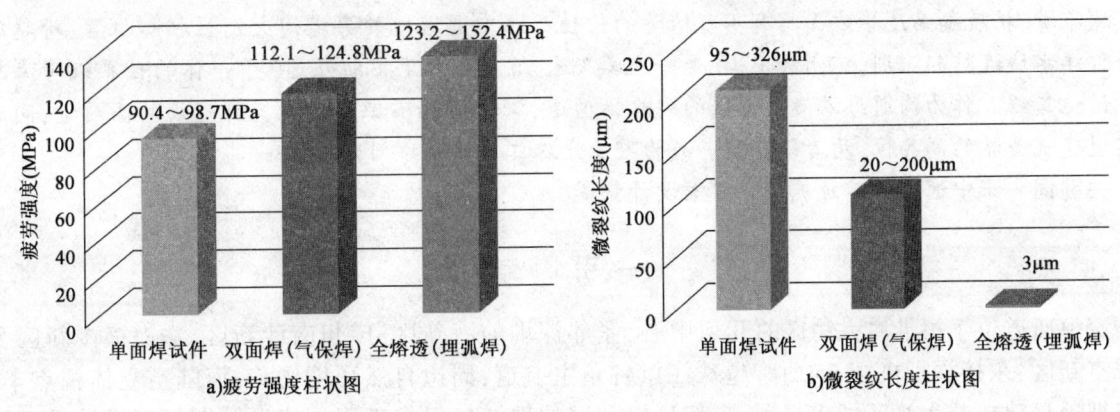
图18 正交异性钢桥面板不同焊接工艺疲劳性能比较

四、结　语

本文在分析深中通道伶仃洋大桥建设挑战的基础上,对深中通道伶仃洋大桥面临的关键技术问题进行了系统凝练分析,为提高大桥的安全性和耐久性,确保大桥顺利建成,深中通道管理中心积极组织各方技术资源,开展了多项创新性关键技术研究,研发了大跨径缆索桥梁位移控制型限位阻尼体系及约束关键装置;提出了解决整体钢箱梁悬索桥颤振抗风稳定性差的措施;提出了锁扣钢管桩围堰筑岛+地连墙集成技术方案和智能化施工方案;在国际上首次研制出6mm-2060MPa锌铝镁合金镀层钢丝及索股,其耐盐雾腐蚀性能是现有热镀锌钢丝的4~5倍、锌铝镀层钢丝的2倍;研发了U肋和顶板的全熔透焊接技术,实现焊缝全熔透、可检测,大幅提升正交异性钢桥面板的抗疲劳性能。

参考文献

[1] 宋神友,陈伟乐,等.深中通道工程关键技术及挑战[J].隧道建设(中英文),2020,40(01):143-152.
[2] 中交公路规划设计院有限公司.深圳至中山跨江通道工程可行性研究报告[R],2015.3.
[3] 深中通道管理中心.深中通道工程概况及科技创新实施方案报告[R],2019.1.
[4] 宋神友,陈伟乐,金文良,等.深中通道工程关键技术及挑战[J].隧道建设(中英文),2020,40(01):143-152.
[5] 赵林,王骑,宋神友,等.深中通道伶仃洋大桥(主跨1666 m)抗风性能研究[J].中国公路学报,2019,32(10):57-66.
[6] 徐军,吴明远.考虑特殊桥位的深中通道伶仃洋大桥总体设计[J].交通科技,2020(03):6-10+25.
[7] 姚志安,陈炳耀.深中通道伶仃洋大桥东锚碇基坑支护施工关键技术[J].桥梁建设,2020,50(03):105-110.

4. 深中通道建筑美学设计实践及思考

吴玲正

(深中通道管理中心)

摘　要　随着我国经济社会的不断发展,人们对美好生活的向往朝着广度和深度方向迅速推进,审美品位也越来越高,桥隧等大型基础设施除满足交通通行基本功能外,还承载人们美好视觉体验的诉求和愿望。国内外大量的案例表明,美学创作成功的桥梁(也是广义上的建筑)对于提升城市文化品质、推动区域旅游、扩展知名度等方面具有不可估量的价值。深中通道地处粤港澳大湾区核心位置,跨越珠江口伶仃洋水域连接起深圳、广州和中山,是一座集"隧、岛、桥、水下枢纽互通"于一体的世界级跨海交通基础设施工程。作为沟通粤港澳大湾区的战略性通道,深中通道不但应实现工程建设的高质量,同时也要实现建筑美学的高品位,两者结合使其成为屹立于珠江口的百年门户工程。

关键词　深中通道　建筑美学　方案设计竞赛

一、引　言

深中通道位于粤港澳大湾区的几何中心,紧邻深圳前海新区、广州南沙新区、珠海横琴新区及中山翠亨新区,东接深圳机场,向西跨越珠江口各条主航道,周边自然环境优美,海陆空立体视点丰富,如何把项目建成与大湾区城市规划、自然环境和谐的珠江口门户工程是建设前期规划设计需要慎重考虑的问题。要实现上述目标,必须遵循工程设计的客观规律,即以复合性的手法(综合功能的、力学的、美学的和施工技术的设计语言)来创作作品,对每一种语言的运用都必须是专业的。为此,项目建设单位分步骤、有序地组织开展了一系列设计工作,力求打造平衡、和谐的跨海通道工程,最大限度地挖掘项目潜在价值。

二、倡导设计创作,开展方案设计国际竞赛

为将深中通道建设成世界一流的跨海通道,使其在技术与美学上均能卓然超群,项目建设单位公开组织开展了方案设计国际竞赛,吸引到众多国内国际知名设计单位前来参赛,通过集思广益、博采众长,最终获得了一个好的设计基础参考方案。

1. 竞赛优胜方案

(1)设计理念上,竞赛优胜单位秉持一体化、平衡和谐的设计理念,所有建筑元素都是相互关联,整个通道构成了一个有机的整体。

(2)表现手法上,优胜方案主要采用三角形和晶体切面设计元素,西人工岛岛形采用了分水尖角鲜明、导流效果好的菱形方案,伶仃洋大桥则推出了独柱塔空间缆悬索桥方案,两者外观均极具特色,视觉上给人以极大冲击,令人兴奋、愉悦。

(3)美学效果上,通道总体设计简练、大气、典雅,辨识度强,体现了力学与美学的结合。主桥、引桥、人工岛三者设计一气呵成、总体和谐,具有韵律感。粤港澳大湾区是我国社会经济发展的前沿地带,代表着当今中国城市群最高的建设成就,现代、时尚、便捷是这个区域最显著的特色,优胜方案很好地表征了这一特色,与周边环境融于一体。

竞赛优胜方案效果见图1。

a)伶仃洋大桥

b)西人工岛

c)中山大桥

d)非通航孔引桥

图1 竞赛优胜方案效果图

2. 竞赛设计成果的采纳

项目初步设计正式开展以后,设计单位对优胜方案的精髓进行了充分的吸收和采纳,主要体现在:

（1）项目先行工程西人工岛的岛型设计直接采用优胜方案。较之其他岛形，菱形方案由于实现交通转换的互通线形指标更高、导流效果更好、外观辨识度更高、施工场地更加宽裕，因此是集功能、美学、防洪和施工四维一体的优选方案。

（2）总体建筑设计理念得到贯彻和坚持。整个通道的设计坚持平衡、和谐的建筑设计理念，结构物采用简洁、现代的外观构造，有辨识度的晶体切面表现手法贯穿整个通道。

（3）岛上房建的建筑外形得到继承。公路项目的功能用房虽是附属工程，但对整个项目的整体美学起着画龙点睛的作用。房建设计单位进场后继承了金字塔式的建筑外观设计，结合功能需求及所处的自然地理环境对岛上建筑进行了优化，将岭南建筑风格融入其中，采用棕榈叶形的镂空顶棚取代封闭的玻璃幕墙，使得建筑内部通风、采光更优，同时外观上呈现出亚热带建筑特色；将功能性不强风力发电机略去，代之以隧道通风塔，放眼望去建筑景观效果近似，但功能性更强。

三、建筑专项设计

对于项目主桥（伶仃洋大桥），考虑到整体箱平行缆悬索桥方案（传统方案）较分体箱空间缆悬索桥方案（竞赛优胜方案）经济性有一定优势，且结构体系成熟，施工更加便捷，因此设计评审最终推荐前者作为实施方案。由于桥型结构体系的变化，原有的景观美学整体性被打破了。为了继续秉持原有的美学理念，项目建设单位又专门委托竞赛优胜单位基于推荐桥型开展桥梁建筑专项设计，以重新构建整个通道的整体美学。建筑设计单位从景观美学专业角度出发，对推荐方案开展了大量的研究、优化工作，在多重层面增进了项目的建筑美学品质。分幅式与整幅式桥墩效果见图 2。

图 2　分幅式与整幅式桥墩效果对比图

（1）稳定项目简洁、现代的总体建筑设计风格，确保与周边人文环境相协调。

（2）统一建筑设计元素，将已确立的、最鲜明的设计元素赋予通道所有外露构件（主要是桥梁），主塔、横梁、锚碇、桥墩墩身均采用晶体切面的设计风格，使通道呈现整体性、和谐性。

（3）优化纵断面线形，使整个海上长桥的线形富有韵律感。同时结合浅滩区桥梁纵断面的略微抬升，使该区段墩高也适宜采用整体墩形，全线桥墩墩型得到统一，避免了墩林现象和景观元素的繁复、离散、碎片化，桥梁设计有了一气呵成的感觉。

（4）整合主桥建筑设计，将两座主桥（伶仃洋大桥和中山大桥）的桥塔外形风格保持一致（图 3、图 4），形成前后呼应、和而不同的姊妹桥格局。主塔上中下三道横梁在竖向逐级收分，给人以鲜明的力度感和稳重感，且造型迥异于国内既有桥梁，令人耳目一新。

（5）桥面系设计。考虑到桥面是驾乘人员视野触及最明显的区域，因此须对桥面照明设施布局及护栏、灯柱等附属设施造型设计高度重视。为确保桥面空间的通透、开阔，建筑师推荐采用中央设置照明设施的方案，消除了两侧布设灯杆的柱林现象，及灯柱与主桥索面的冲突现象。此外，基于整体美学的设计理念考虑，建筑师赋予灯柱、护栏等附属结构与主体结构相同的美学元素，使其呈现出家族式外观，因此烙上了鲜明的项目烙印，有极高的识别度，令人过目不忘（图 5）。

图 3　伶仃洋大桥建筑设计图

图 4　中山大桥建筑设计图

图 5　桥梁护栏及路灯设计方案效果图

四、建筑设计与结构设计的深度融合

为推动项目建筑设计方案的落地,总体设计单位(包括结构设计)与建筑设计专题单位深度沟通、交流,从桥梁总体设计到构件细部构造均仔细推敲,最终得到双方都能接受的方案,其中,几项重点工作包括:

(1)纵断面优化及采用整体墩方案,在工程上不增加造价,整体式墩的抗风、抗震及防船撞性能更加优越,同时由于减少了墩型,施工也将更加便利。

(2)对伶仃洋大桥主梁断面形式反复比选,对不同梁高、几何外形和附加抗风措施进行组合并开展全桥模型的风洞试验,最终确定了4m梁高的扁平整体钢箱+长悬臂扰流板+上下中央稳定板+高透风率检修栏杆的主梁设计方案,在技术层面将整体钢箱的适用范围又极大地向前推进了一步,对于强台风频发区的超大跨径(主跨1500m以上)桥梁主梁断面选型具有指导意义。在美学上,扁平整体钢箱梁较分体钢箱梁外形更加轻盈流畅,桥面视觉更加连续、紧凑。

(3)提出海中超大跨径三跨连续漂浮悬索桥适宜结构体系设计方案。主塔是桥梁建筑艺术表现的核心载体,建筑师提出的造型极具特色,上中下三道颌结形横梁上下呼应,形成一个有机的整体。这样一个主塔设计构造使得全桥处于全飘浮体系状态,而且是世界上最大跨径的三跨连续漂浮悬索桥。由于该结构体系在世界范围内运用较少,因此设计难度较大,主要难点在于活载、纵风、温度等引起的梁端纵向位移较大;塔梁间相对位移和转角大;汽车活载作用下边跨短吊索倾角大,对短吊索疲劳性能提出苛刻要求;桥位处基本设计风速较大,塔旁长吊索较长且承载要求高,风荷载作用下存在索股间碰撞及索股同步运动问题,以及吊索频率接近引起的风致共振技术问题需要解决。为此,委托专题单位针对上述问题开展适宜结构体系及关键装置研究,通过设置合适的阻尼器、抗风支座、限位器等附属设置来优化结构受力。

(4) 稳定主塔下横梁的设计方案。由于主塔由上至下存在收分,在塔底存在水平分力,因此下横梁是受拉构件。为确保下横梁的受力要求及耐久性,最初结构师将其设计为全预应力构件,耗材很高,经济性较差,同时对桩基受力有不利影响,于是就提出取消下横梁,将承台恢复成传统的哑铃型承台并提升至水面以上。一旦按此方案处理,主塔建筑艺术美的精髓就丧失了,因此不为各方所接受,结构师继续寻找合适的解决方案。经过研究,最终提出了按钢筋混凝土构件进行设计,配置多层环氧钢筋,在端部设置后浇带,这样处理结构方面要求就满足了,下横梁的建筑设计方案维持不变,主塔的美学灵魂得到保存。

(5) 伶仃洋大桥锚碇的优化。受锚固面尺寸要求的限制,结构师要求的后锚面比建筑师提出的方案大很多。为了使锚碇显得更轻盈、精致,建筑师在不改变后锚面尺寸的基础上,将锚体后端拉长,借助收分将后锚面减小,处理后,锚体景观效果有显著提升。

(6) 互通变宽段桥墩设计。在万顷沙互通影响的主线桥变宽段,结构师最先提出的是分幅式桥墩方案,但建筑师希望采用整幅式桥墩,以确保项目美学特征。经过比选论证,结构师最终决定在变宽幅度较大的区段上部结构采用钢箱梁方案,计算显示等宽的混凝土梁与加宽的钢箱梁在墩顶恒载基本达到平衡,活载引起的偏载效应较小,独柱式整体墩可以满足受力需求,因此决定采用整体墩方案,结构与美学达成了一致。

通过结构师和建筑师的共同努力,深中通道工程呈现出平衡、和谐的建筑外观,设计成果得到了业内和公众的高度认可。

五、体会与思考

在我国粗放式发展阶段,开展交通基础设施(主要是桥梁)设计时通常忽视了建筑设计的专业性,由于建筑师的缺位,一般由结构工程师代行其责,设计负责人或团队的眼光及审美水准(存在自发性、主观性和非专业性)往往限制了桥梁的美学创作空间和品味,桥梁建筑美学创作现状已难以满足人们日益挑剔的审美需求。因此,在开展桥梁等工程项目设计时要正视建筑美学的地位,认识到其是一门专业学科,需要专业人士才能做好相关工作,只有将结构师和建筑师联合起来并通力合作才能打造出美轮美奂的建筑艺术作品。本项目设计工作的组织开展模式较以往项目有了一定创新,就是引入建筑师参与,让建筑师和结构师各司其职并互动沟通来共同创作工程设计作品,这也是国际上常规的做法。希望本项目的此次实践能为未来其它项目提供有价值的借鉴。

参考文献

[1] 中交公路规划设计院有限公司,中交水运规划设计院有限公司,上海市隧道工程轨道交通设计研究院.深圳至中山跨江通道(A合同段)初步设计文件[Z].武汉:2017.

[2] 中铁大桥勘测设计院集团有限公司.深圳至中山跨江通道(B合同段)初步设计文件[Z].武汉:2017.

[3] 丹麦DW建筑师事务所,丹麦科威公司.深中通道建筑美学专项设计文件[Z].哥本哈根:2017.

[4] 中交公路规划设计院有限公司,中交水运规划设计院有限公司,上海市隧道工程轨道交通设计研究院.深圳至中山跨江通道(A合同段)施工图设计文件[Z].武汉:2017.

[5] 中铁大桥勘测设计院集团有限公司.深圳至中山跨江通道(B合同段)施工图设计文件[Z].武汉:2017.

[6] 中铁大桥勘测设计院集团有限公司.深圳至中山跨江通道(B合同段)施工图设计文件[Z].武汉:2017.

[7] 王璇.深中通道中山大桥总体设计[J].桥梁建设,2019,49(1):83-88.

5. 伶仃洋大桥索塔设计

王云鹏 徐 军

(中交公路规划设计院有限公司)

摘 要 伶仃洋大桥为主跨1666m双塔对称三跨连续钢箱梁悬索桥,索塔采用门式钢筋混凝土结构,塔高270m,由下塔柱、下横梁、中塔柱、中横梁、上塔柱、上横梁组成。本文介绍了伶仃洋大桥索塔的设计思路和构造特点,塔柱截面形式及尺寸选取合理,横梁截面尺寸及预应力配置合适。索塔采用钢筋部品化施工和筑塔机技术,可有效提高索塔的建造品质、效率和安全性。

关键词 伶仃洋大桥 索塔 横梁 索塔基础

一、工程概况

1. 工程简介

深中通道项目北距虎门大桥约30km,南距港珠澳大桥约38km。项目东接机荷高速公路,跨越珠江口,西至中山马鞍岛,与规划的中开、东部外环高速公路对接,通过连接线实现在深圳、中山及广州南沙登陆,项目全长约24km,其中跨海段长22.4km,项目的建设对推进珠三角经济、交通一体化及转型升级,促进粤东、粤西地区加快发展及南沙、前海、横琴三个国家级新区发展具有重要的战略意义。

本项目主线采用高速公路标准,设计速度100km/h,双向八车道,桥梁宽度为40.5m,荷载标准为公路Ⅰ级,主线全线共设置跨海特大桥两座,分别是伶仃洋大桥和中山大桥。伶仃洋大桥采用500m+1666m+500m三跨连续钢箱梁平行缆悬索桥,桥型布置如图1所示。

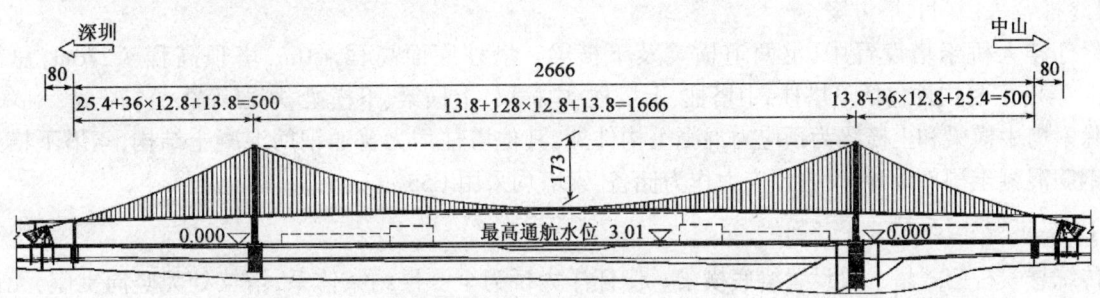

图1 伶仃洋大桥桥型布置(尺寸单位:m)

2. 技术标准

(1)公路等级:高速公路。

(2)行车道数:双向8车道。

(3)设计速度:100km/h。

(4)桥梁结构设计基准期:100年。

(5)设计使用年限:主体结构100年。

(6)桥面净空:5m,主线桥梁横断面组成为:2×[0.25m(中央分隔带)+0.5m(护栏)+0.75m(左侧路缘带)+4×3.75m(行车道)+3m(右侧硬路肩)+0.5m(护栏)]=2×20.25m。

(7)横坡:2.5%。

(8)设计洪水频率:1/300。

(9)设计水位3.60m(1985国家高程基准,下同),最高通航水位3.01m,最低通航水位-1.04m。

(10) 通航标准：通航净宽为1520m，主航道通航净高为76.5m（对应净高76.5m的范围不应小于698m）。

(11) 设计荷载标准：

①汽车荷载等级：公路Ⅰ级。

②抗震设防标准：

通航孔桥：按地震基本烈度7度设防。E1水准——100年超越概率10%，E2水准——100年超越概率4%。

③抗风设计标准：

设计基本风速采用桥址处100年重现期10m高度10min平均年最大风速43m/s。

④船舶撞击力标准：

伶仃洋大桥主墩：100MN。

二、索塔景观设计

深中通道建筑设计总体简洁、和谐、大气、识别性强，并与周边环境和谐。伶仃洋大桥是珠江口桥面最高的桥梁，整体轻盈美观，外形采用同一的建筑元素，从加劲梁、锚碇到索塔，伶仃洋大桥均选取了晶体切面的几何构造。

通过前期论证，伶仃洋大桥索塔采用门式塔，两个塔柱是两个架子，突出了索塔的高度并且让主梁在桥塔间轻盈流动。塔柱采用切面元素尖锐而有力。白天阳光会照耀在桥塔的切面上，呈现出不同的效果，让整座桥的视觉效果丰富多变。切面元素也使得索塔在美学表达上更加轻盈简洁。

三、索 塔 设 计

在初步设计阶段对钻石塔、A形塔、门式塔等多种桥塔方案进行对比、论证。综合比较结构受力、主梁形式、工程造价、工程地质和桥梁景观等多方面因素后，考虑尽量减小桥塔基础规模、方便桥塔上部施工，最终推荐采用门式塔方案。

伶仃洋大桥索塔设置中、上两道横梁及下横梁。塔柱底面高程+0m，塔顶高程+270m，总高度270m。索塔主要构件包括下塔柱、中塔柱、上塔柱、中横梁、上横梁、下横梁、塔冠等。

除索塔中横梁和上横梁为预应力混凝土构件外，其他塔柱均为普通钢筋混凝土结构，索塔下横梁按普通钢筋混凝土构件设计，设置预应力作为储备，索塔均采用C55混凝土。

1. 索塔结构形式

传统悬索桥门式塔一般设置梁底横梁。伶仃洋大桥为全漂浮约束体系，塔梁处无竖向支座，无设置梁底横梁必要；从景观角度出发，无梁底横梁使得整个结构更简洁美观。因此，伶仃洋大桥索塔取消了梁底横梁，为保证索塔受力安全，在下塔柱设置承台上横梁。

2. 基础设计

1) 基础地质概况

西索塔基础地质：索塔区浅部淤泥层，强度低，稳定性差，局部存在受采砂影响形成的砂洞。粉砂、粗砂、圆砾层分布较均匀连续，工程地质条件为一般、较好。下部基岩为角砾岩和花岗岩。整个西索塔位于F4断裂带上，带宽260m，受断裂影响，场地内角砾岩岩体破碎，泥化现象严重，呈不均匀状态，局部存在泥质胶结为主的软弱夹层，泡水易软化、崩解，强度降低。下部中风化花岗岩岩体较破碎，强度较高。

东索塔基础地质：索塔区浅部淤泥层，强度低，稳定性差，粉砂为可液化土层，中等液化。局部存在受采砂影响形成的砂洞。下部基岩为花岗岩，按风化程度及力学性质分为全风化、砂土状强风化、碎块状强风化、碎块状中风化、中风化。强风化层厚度较大，风化不均匀，存在风化深槽，工程地质条件一般。下部中风化花岗岩完整性较好，强度高，工程地质条件好。

2)构造设计

设计采用群桩基础,单桩直径为Φ3m。索塔基础为56根直径3m的钻孔灌注桩,钢护筒作为耐久性结构,按照嵌岩桩设计。承台高8m,承台平面为两个直径36m的圆形。

承台采用C45混凝土,桩基础采用C35水下混凝土。东索塔基础桩长55～85.4m,西索塔基础桩长126～136m。

3)船撞考虑

东西索塔位于水中,船舶可能会撞击承台和塔身,索塔基础横桥向船撞力为100MN。

3. 塔柱设计

下、上塔柱均采用八角形截面。下塔柱高程范围为+0m至+79m,截面尺寸由13m×16m(横桥向×顺桥向,下同)过渡到8.4m×12m,下横梁范围横桥向壁厚5.0m到4.0m,顺桥向壁厚5.0m到4.0m;高程范围+16.85m到+26.85m,横桥向壁厚3.5m到2.2m,顺桥向壁厚3.5m到2.2m;高程范围+26.85m到+79m横桥向壁厚2.2m,顺桥向壁厚2.2m。上塔柱高程范围为+79m至+262.5m,截面尺寸由8.4m×12m过渡到7.5m×12m,高程范围+79m至+130.4m范围横桥向壁厚2.0m,顺桥向壁厚2.0m;横梁范围横桥向壁厚2.0m,顺桥向壁厚2.5m;其余壁厚1.6m(图2)。

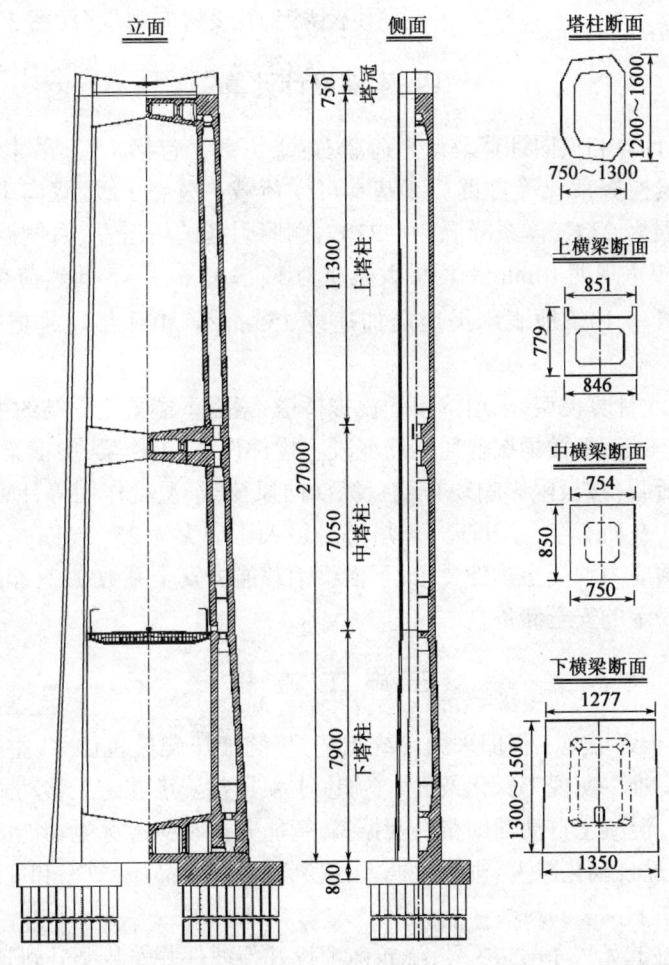

图2 伶仃洋大桥索塔一般构造图(尺寸单位:cm)

塔柱在全高范围内截面外圈在竖向配置双层40mm的钢筋,内圈竖向配置一层32mm的钢筋,水平配置20mm的箍筋;在塔顶实心段分别设置25mm、20mm水平钢筋网,在塔底实心段分别设置25mm水平钢筋网。

4. 横梁设计

索塔共设上、中两道横梁,一道下横梁,主梁与主塔之间外形过渡十分流畅优雅,为提升索塔整体美观,塔柱横梁采用领结形设计,上横梁端部高 10.4m,宽 12.0m,跨中高 7.5m,宽 8.1m,中间由底面两段直线过渡;中横梁端部高度 13.6m,宽 12.0m,跨中高度 8.5m,宽 7.5m,中间由顶底面两段直线过渡;下横梁端部高度 16.0m,顶宽 14.7m,底宽 15.5m,跨中高度 13.0m,顶宽 10.3m,底宽 10.9m,中间由顶底面两段直线过渡。中横梁、上横梁均为预应力混凝土结构,下横梁设置预应力作为储备,上横梁共设置 54 束 15-22 钢绞线,中横梁共设置 116 束 15-22 钢绞线,下横梁共设置 56 束 15-22 钢绞线。

中横梁采用矩形截面,根部高度 13.6m,宽 12.0m,跨中高度 8.5m,宽 7.5m,内部挖空高 4.5m,宽 3.9m。上横梁采用带凹槽的矩形截面,根部梁高 10.4m,宽 12.0m,跨中梁高 7.5m,宽 8.1m;跨中内部挖空高 3.7m,宽 5.7m,端部挖空高 6.6m,宽 5.7m;上部凹槽高 1.2m,壁厚 0.5m。

5. 塔冠设计

索塔塔冠是保护主鞍免受风雨等外部因素的影响,使主缆在主鞍部位保持密封性,塔冠宽 49.6m,高 7.5m,材质采用不锈钢,并设置有观景台(图3)。

图 3　伶仃洋大桥索塔塔冠示意

四、索塔设计计算

静力分析包括纵向计算和横向计算。计算荷载有:①恒载。包括主缆、吊索、索夹、主缆防护及检修道、钢箱梁、桥面系、主梁检查系统等自重。②基本可变荷载。公路 I 级,双向 10 车道。③其他可变荷载。温度作用,体系升温为 27℃,体系降温为 -27℃,侧照引起的桥塔左、右侧温差 5℃。④设计基本风速,地表 10m 高处 100 年重现期 10min 平均最大风速为 $V_{10}=43m/s$。⑤偶然荷载。地震作用,设防烈度 7 度,主桥 100 年超越概率 10% 地表水平地震加速度 $155cm/s^2$,100 年超越概率 4% 地表水平加速度 $200cm/s^2$。

建立索塔空间有限元计算模型,采用梁单元模拟桥塔,索塔下端采用固结约束,上端通过与主缆共用节点模拟其边界条件。索塔、下横梁按普通钢筋混凝土构件设计,上横梁、中横梁按全预应力混凝土构件设计。分别考虑恒载、活载(按极限影响线布载)、纵横向风荷载、温度作用等计算工况,并进行了多种不利组合。计算结果表明,在所有组合工况下,索塔塔身最大压应力为 23.2MPa,承载能力安全系数 1.12;上横梁、中横梁满足全预应力混凝土构件要求;下横梁承载能力安全系数 2.2,裂缝宽度最大 0.19mm,均满足规范要求,且均有一定的安全储备。

五、施工流程

目前国内钢筋混凝土索塔施工仍旧采用传统工艺,传统液压爬模机位多、整体性不好、承载力小,设置布料和养护系统困难,难以实现工厂化条件。为此,本项目基于塔柱施工移动式工厂的建设理念,提出采用具有钢筋部品调位、混凝土自动辅助布料及振捣、智能养护和应急逃生功能的一体化智能筑塔机,实现工厂化建造条件。通过自动化减人、机械化换人,提升桥塔建造品质、效率和安全。塔柱分为 1 号~48 号节段,具体施工流程如下:

(1)支架法施工塔柱起始段 1 号~3 号,浇筑前埋设好预埋件并安装爬升轨道,依次浇筑起始段混凝土,并在强度达到 90% 后在轨道上安装筑塔机爬升机构。

(2)安装架体于爬升机构承重水平梁上,安装工作平台并完善安全防护系统,作业人员以筑塔机为作业平台,开始安装 4 号节段钢筋网片、预埋件轨道及模板,进行 4 号混凝土浇筑。

(3)4 号节段混凝土养护,5 号节段钢筋网片施工,待 4 号混凝土养护强度达到 90% 收回伸缩平台将架体爬升至 4 号节段,安装 5 号锚固预埋轨道并将模板提升至 5 号节段浇筑混凝土。

(4)此时根据净空需求安装架体下挂的轨道拆除装置,并将最低节轨道拆除并提升作为6号节段轨道模板,节段6号其他施工同节段5号。

(5)安装内腔支架埋件及结构,7号节段钢筋采用钢筋部品用塔吊整体吊装至内腔支架上脱离塔吊吊钩进行钢筋对接,支架上安装三向千斤顶实现钢筋部品精确调位;钢筋对接完成后安装7号节段埋件轨道及模板、内爬架振捣系统、同时安装6号节段的养护系统、围幕等,浇筑7号混凝土、养护6号混凝土。

(6)塔吊吊钩与内腔支架连接,内腔支架伸缩油缸支腿收缩,振捣系统收回固定,提升内腔支架;吊安8号节段钢筋部品至内腔支架,提升模板安装埋件及轨道,安装7号养护系统,与此同时安装架体顶部结构,完善筑塔机整体结构功能,浇筑8号混凝土。

(7)提升内腔支架,吊安9号钢筋部品,架体通过轨道爬升一个节段,架体底部爬升到5号节段,拆除4号节段轨道并用塔吊吊装至9号节段,提升模板至9号安装轨道预埋件,安装8号养护系统,浇筑9号节段混凝土。

(8)提升内腔支架,吊安10号钢筋部品,架体通过轨道爬升一个节段,架体底部爬升到6号节段,拆除5号节段轨道并用塔吊吊装至10号节段,提升模板至10号安装轨道预埋件,安装9号养护系统,浇筑10号节段混凝土。

(9)塔柱后续节段均按照上部6~7步骤依次进行施工。

横梁与塔柱采取异步施工,即塔柱施工过横梁位置后再进行横梁施工;其中下横梁分为四次浇筑,中、上横梁分为两次浇筑。

六、结 语

伶仃洋大桥索塔采用门式塔,具有断面新颖、景观要求高的特点。本文分别从景观设计、一般构造、设计分析、施工工艺各方面介绍了伶仃洋大桥索塔的设计过程。塔柱截面形式及尺寸选取合理,横梁截面尺寸及预应力配置合适。索塔采用装配化施工和筑塔机技术,可有效提高索塔的建造品质、效率和安全性。伶仃洋大桥已于2016年12月开工建设,预计2024年年底建成。

参考文献

[1] 中华人民共和国行业标准.公路钢筋混凝土及预应力混凝土桥涵设计规范:JTG D62—2004[S].北京:人民交通出版社,2004.
[2] 潘世建,杨盛福.东航道悬索桥[M].北京:人民交通出版社,2001.
[3] 雷俊卿,郑明珠,徐恭义.悬索桥设计[M].北京:人民交通出版社,2002.
[4] 周孟波.悬索桥手册[M].北京:人民交通出版社,2003.
[5] 蒋本俊,刘生奇.武汉二七长江大桥主桥桥塔施工关键技术[J].桥梁建设,2012,42(3):7-13.
[6] 龙涛,胡佳安.简约的完美——武汉二七长江大桥桥塔造型设计[J].桥梁建设,2009,(1):48-52.
[7] 李翠霞.武汉鹦鹉洲长江大桥桥塔设计[J].桥梁建设,2014,44(5):94-98.
[8] 中交公路规划设计院有限公司.深圳至中山跨江通道施工图设计[Z].北京:2017.

6. 河北省钢混组合桥梁应用现状及发展展望

马 骁[1,2] 苏立超[1,2] 梁 栋[2,3] 李志聪[4]

(1.邢台路桥建设总公司;2.河北省钢混组合桥梁技术创新中心;
3.河北工业大学土木与交通学院;4.河北省交通规划设计院)

摘 要 近年来,我国钢结构桥梁的研究和应用得到了飞速发展,有效化解了钢材产能过剩问题,形成了丰富的创新成果。本文介绍了河北省钢混组合桥梁应用现状、研究成果和存在的问题,通过工程实践和分析总结,提出了对提高河北省钢桥高质量发展的一些展望。

关键词 河北省 钢混组合桥梁 中等跨径 成果 问题 展望

一、引　言

自交通运输部发布《关于推进公路钢结构桥梁建设的指导意见》以来,我国钢结构桥梁得到了空前发展,创新成果不断丰富,工程应用案例快速增长,特别是河北省作为钢铁大省,在开展钢混组合桥梁理论研究和工程应用方面做了大量工作,形成了符合河北省地域特点的系列结构,其产业化推广对化解河北省钢铁产能过剩起到了积极的推动作用。

二、河北省应用钢桥的优势

1. 钢材的主要产地

我国连续十几年保持世界第一产钢大国的地位,钢材年产量已超过10亿t,生产能力强,而河北省是中国第一钢铁大省,即便在供给侧结构性改革持续深化影响下,2019年河北省钢材产能为28409.6万t,粗钢产能为24157.7万t,生铁产能21774.4万t,较2018年同期均有所增长[1]。钢铁工业是河北省主要支柱产业之一,占有重要地位。2018年,河北钢铁工业主营业务收入11602亿元,同比增长11.89%;实现利润908亿元,同比增长32.17%。主营业务收入、利润分别占河北工业的30.66%、41.05%。河北钢铁工业以2.52%的企业户数占比对河北工业贡献了超过30%的营业收入和超过40%的净利润,反映钢铁工业是河北省主要支柱产业之一[2]。

2. 良好的扶持政策

河北省化解钢铁产能过剩对于调整经济结构,提高经济质量的重要举措,对于我国钢铁行业转型升级具有示范意义;近些年,河北省人民政府发布了多项关于化解钢铁产能过剩的扶持政策,2014年,发布《关于印发化解产能严重过剩矛盾实施方案的通知》,提出拓宽钢结构消费领域和发展钢产业;2016年,发布《关于钢铁行业化解过剩产能实现脱困发展的实施意见》,指出"除特殊功能需要外,大跨度工业厂房、仓储设施原则上全面采用钢结构;市政桥梁、轨道交通、公交站台等适宜的新建市政基础设施项目,应用钢结构的比重达到75%以上"。

3. 适宜的地理优势

河北省以平原地区为主,内陆山区干燥少雨,且部分处于地震多发区,在25m、30m、40m等中等跨径桥梁中推广应用钢混组合桥梁,既解决了抗震问题,又解决了钢桥防腐问题,具有明显的经济优势和良好的社会效益。

三、河北省钢混组合桥梁类型

河北省在高速公路、国省干线公路中推广钢混组合桥梁种类较多,是近几年国内钢桥应用最广的省份之一,已经形成了钢板组合梁、钢箱组合梁、装配式组合钢箱梁、波形钢腹板组合梁、钢桁腹组合梁等适用于不同跨径和使用环境的系列结构体系,其中平原地区以中等跨径为主,在山区公路、南水北调中干渠跨线工程和互通立交中以大跨径为主。25m、30m、40m钢板组合梁在公路主线工程中应用较为广泛,25~33m装配式组合钢箱梁在高速公路天桥、匝道桥中应用较多,80~160m波形钢腹板组合梁在大跨径和特大跨径桥梁中逐步应用,特别是跨越南水北调中干渠为河北省修建主跨大于150m以上的波形钢腹板组合梁提供了条件,50~80m钢箱组合梁在匝道桥和主线桥应用较多,钢桁腹组合梁在河北省高速公路中开展了研究和应用。

1. 钢板组合梁

钢板组合梁,由外露的工字形钢与钢筋混凝土顶板通过剪力键连接形成的一种组合结构(图1)。这种结构充分利用了钢材和混凝土各自的材料性能,具有承载力高、刚度大、抗震性能和动力性能好、构件截面尺寸小、施工快捷方便、便于维护等特点。钢板组合梁的工字形主梁在工厂加工制作,分段运输至现场,采用多种轻量化吊装方法实现快速安装(图2),顶板可采用挂模现浇法,也可采用预制桥面板,通过在预制的桥面板设现浇湿接缝,形成整体桥面板,适用跨径为20~40m。钢板组合梁的建造成本较同等跨径预应力钢筋混凝土T梁或箱梁相差不大。

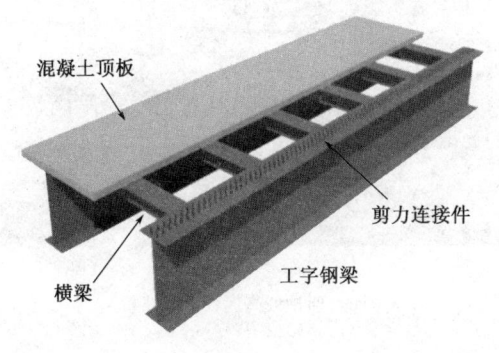

图1 钢板组合梁模型

图2 钢板组合梁吊装

2. 装配式组合钢箱梁

装配式组合钢箱梁(图3)由邢台路桥建设总公司自主研发,由组合桥面板、波形钢腹板、内填混凝土的钢套箱底板组成,所用钢板均为6.4mm的耐候钢材料。

该结构集合了波形钢腹板力学优势、耐候钢的材料优势、钢材的强度优势、水泥混凝土的刚度优势和自动化生产制作优势等,自重降到普通混凝土桥的34%,承载能力达到普通混凝土桥梁的2~3倍,具有极大的实用性及创新性。该项技术两项成果鉴定为国际领先,适用跨径20~40m。其中建造的京港澳高速公路保定互通匝道桥为国内第一座装配式组合钢箱梁桥(图4),实现了立柱、盖梁、主梁和护栏全工厂化制造、装配化施工。

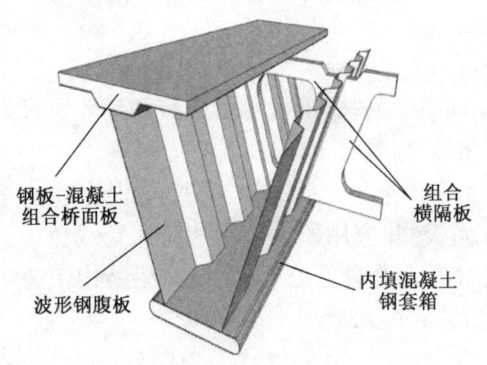

图3 装配式组合钢箱梁模型

图4 京港澳高速保定互通匝道桥

3. 钢箱组合梁

采用半闭合钢板箱形梁配合钢筋混凝土桥面板,形成闭合的箱梁结构(图5),也称槽形组合梁,底板、腹板、翼缘板以及各种加劲肋采用钢结构,顶板采用预制或现浇钢筋混凝土结构。该结构适用于简支结构、连续结构或配合钢管拱桥作主拱肋或特大跨径的斜拉桥、悬索桥的主梁结构,适用跨径为50~90m。河北省钢箱组合梁主要应用在互通式立交或跨线工程中(图6)。

4. 波形钢腹板组合梁

波形钢腹板组合箱梁桥就是用波形钢腹板取代混凝土腹板的箱形梁(图7)。采用8~30mm厚的钢板取代30~150cm厚的混凝土腹板,解决了混凝土腹板开裂问题,具有成桥速度快、建设成本低、抗震性能优、环保效益好等特点,该结构适用于中等、大跨径桥梁结构中,适用跨径40~180m。邢台路桥建设总公司主持建设了国内第一座移动支架法施工的特大跨径波形钢腹板组合桥梁－88m＋156m＋88m邢台市七里河紫金特大桥(图8)等波形钢腹板组合桥梁,对于推动我国波形钢腹板组合桥梁事业的发展做出了重要贡献。

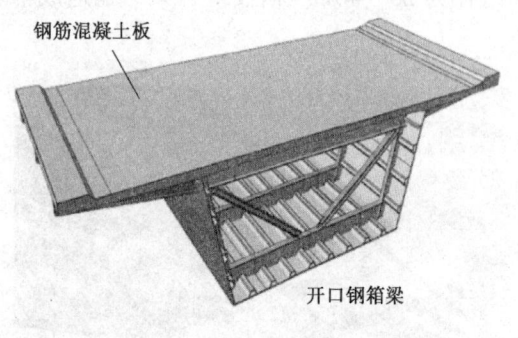

图5 钢箱组合梁示意图

图6 西柏坡高速大宋铁路桥

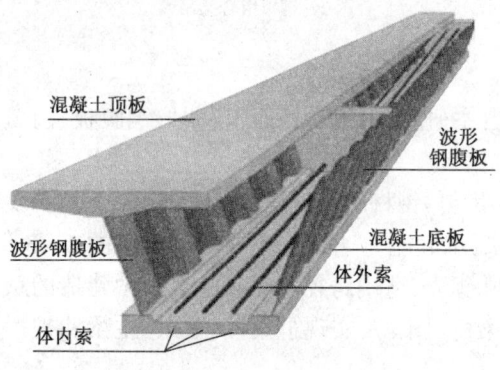

图7 波形钢腹板组合梁示意图

图8 邢台市七里河紫金特大桥

5. 波形钢腹板工字组合梁

波形钢腹板工字组合梁为邢台路桥建设总公司自主研发,由外露的波形钢腹板和钢翼缘板组成工字形截面,与钢筋混凝土顶板通过剪力键连接形成的一种组合结构(图9)。

该结构加工简单,受力明确,施工方便,省去了传统工字钢梁加劲肋的施工,其抗扭刚度大,承载能力高,结构美观轻盈。研发了波形钢腹板工字梁-GFRP桥面板,并应用于大广高速公路跨线桥中(图10)。公司与清华大学合作,将波形钢腹板工字组合梁的钢筋混凝土叠合板组合,实现主梁结构快速建造和无模化施工。

图9 波形钢腹板工字组合梁

图10 大广高速跨线桥

6. 钢桁腹组合梁

钢桁腹组合梁是一种新型组合结构桥梁(图11),它用钢腹杆代替混凝土腹板,形成由混凝土顶、底板和钢腹杆共同受力的结构体系。采用该结构能有效减轻腹板重量,提高桥梁结构的跨越能力,降低工程造价;钢腹杆布置灵活,可兼顾美观和经济;能减少风力作用,通透性好,适用于中等或大跨径桥梁结构中,也可利用其结构优势建造双层桥面。河北省在延崇高速公路上建造了国内第一座变截面钢桁腹组合梁桥(图12)。

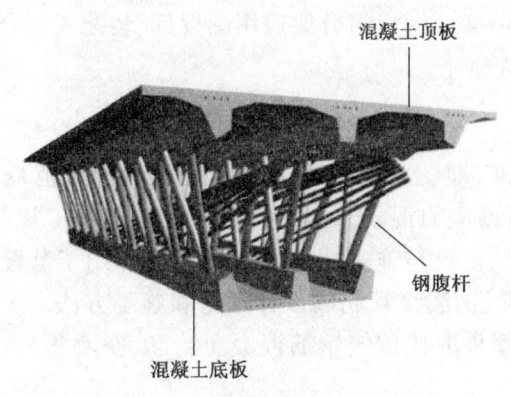

图11 钢桁腹组合梁示意图

图12 延崇高速水碾堡天桥

四、钢混组合桥梁推广中遇到的问题

自2016年交通运输部推广钢桥实施意见以来,钢混组合桥梁在诸多省份都得到了较好的研究和应用,但共性上还存在以下问题:

1. 建造成本高

在建设期内,中等跨径钢结构桥梁的建造成本较混凝土梁高。河北省钢板组合梁建造成本较预应力钢筋混凝土建造成本高5%以上,并随着钢材价格的波动,其建造成本影响更大。

2. 体系不健全

缺乏系统性的管理体系,管理水平落后。国内关于钢结构桥梁和钢混组合桥梁方面的设计规范、施工规程、操作指南、检测方法、养护标准等技术规范缺失,不利于成果推广、应用及管养。

3. 人才紧缺

熟悉钢结构桥梁领域的设计、施工和制造人才较少,不利于结构设计、施工和制造质量控制,也不利于后期管理维护。

4. 设计多样

各省设计形式多样化,各有特色、力主创新,但在标准跨径方面未形成统一共识,不利于标准化推广和通用化设计,也增加了施工和制造的难度。

5. 制造粗放

钢桥的飞速发展,导致钢桥制造企业的生产能力不能满足市场需求,小型加工厂的加入,造成部分钢桥制造质量粗放、管理落后,缺乏科学指导和严格管控。

6. 养护空白

针对常规跨径钢混组合桥梁的养护规范空白,大批量的钢桥建成后,业主单位对钢桥的养护知识匮乏,对钢混组合桥梁的养护无从下手或无章可依。

五、主要研究成果

1. 科技项目

河北省从事钢桥方面的设计单位、施工企业承担了 30 余项钢结构桥梁和钢混组合桥梁方面的科技项目,主要集中在装配式组合钢箱梁、钢板组合梁、波形钢腹板组合梁和钢桁腹组合梁方面,其中装配式组合钢箱梁两项成果达到国际领先水平,并入选 2014 年交通运输部交通运输科技成果推广目录,钢混组合桥梁多项成果达到国际先进水平。河北省还开展了 30m、40m 钢板组合梁通用图设计、装配式组合钢箱梁通用图设计等,对产业化推广具有重要的指导意义。

2. 标准规范

河北省发布了五部关于钢混组合桥涵方面的地方标准,即《公路装配式组合钢箱梁设计规范》《公路装配式组合钢箱梁制造与安装规程》《公路波形钢腹板预应力混凝土组合箱梁桥设计与施工规范》《公路钢混凝土组合梁桥设计与施工规范》《公路波纹管涵设计与施工技术规范》,主要介绍了装配式组合钢箱梁、钢板组合梁、波形钢腹板组合梁、钢箱叠合梁、钢波纹管涵的设计理论和施工方法。个人建议可开发波纹钢拱涵在小跨径桥涵中的推广和应用,逐步取代传统钢筋混凝土箱涵、空心板、现浇板涵。

3. 制造企业

河北省钢结构桥梁的制造厂家主要有中铁山桥集团有限公司、邢台路桥建设总公司、金环建设集团有限公司等。中铁山桥集团以特大跨径复杂钢结构桥梁制造为主,参与了苏通长江大桥、香港昂船洲大桥、港珠澳大桥等超级工程;邢台路桥建设总公司以中等跨径钢混组合桥梁为主,创造了国内第一座装配式组合钢箱梁、第一座波形钢腹板-GFRP 组合桥面板、第一座移动支架法施工的特大跨径波形钢腹板组合梁等多个国内首创钢混组合桥梁业绩;金环建设主要以工民建为主,承揽了部分市政钢结构桥梁。

4. 研究平台

邢台路桥建设总公司联合河北工业大学、河北农业大学建设有河北省唯一一个省级钢混组合桥梁技术创新中心,主要研究方向为钢混组合桥梁施工标准化、智能制造、智能检测和绿色建造技术。

已初步形成了钢板组合梁、波形钢腹板组合梁标准化施工、自动焊接、自动除锈涂装和混凝土 3D 打印等优势技术。

六、产业化应用

结合河北省桥梁建设规划,若采用钢桥,到 2030 年,需用钢约 1500 万 t(钢板 1100 万 t、钢筋 370 万 t、钢绞线 30 万 t),平均每年需用钢约 100 万 t(其中钢桥用钢约需 73 万 t),需用混凝土约 3440 万 m^3;若采用预应力混凝土小箱梁/T 形梁,需消耗钢绞线 84 万 t、钢筋 918 万 t、钢板 8 万 t、混凝土 6240 万 m^3。对比分析,采用钢桥可节约混凝土约 2800 万 m^3,多消耗钢桥用钢 1092 万 t,减少消耗钢绞线 54 万 t、钢筋 548 万 t[4]。

在曲港高速公路、太行山高速公路、延崇高速公路、迁曹高速公路、邢台市环城公路、石津高速公路等项目主线工程中广泛应用了 30m、40m 钢板组合梁,在北京新机场北线工程跨高速公路立交中应用了钢箱组合梁,在曲港高速公路、石家庄南绕城高速公路等上跨南水北调等项目中应用了波形钢腹板组合梁,在太行山高速公路跨线桥工程中应用了装配式组合钢箱梁。据不完全统计,自 2015 年至今,河北省在钢结构桥梁和钢混组合桥梁方面应用钢材已超过 15 万 t,其中钢板组合梁的应用正逐步取代装配式预应力钢筋混凝土 T 梁和箱梁。

七、建议与展望

我国公路钢混组合桥梁的推广应用在近5年得到了飞速增长,为了更好更快地将钢混组合桥梁打造成品质工程,建议在技术、管理、制造等方面完善以下内容:

1. 加快完善标准规范

国内目前关于钢结构桥梁方面的规范主要有:《公路钢结构桥梁设计规范》《铁路桥梁钢结构设计规范》《公路钢混凝土组合桥梁设计与施工规范》,现行规范较少,且简单,缺少可操作性指导文件,尚不能完全支撑钢桥的推广和应用,特别是常规跨径钢桥的养护规范为空白,不利于钢桥的后期管养。

2. 规范行业市场行为

杜绝低价中标:目前国内许多项目在招标钢结构专业分包商的时候,都提出以最低价确定中标单位,不利于钢桥的质量控制;实施钢构加工许可:钢结构厂家加工水平相差悬殊,建议在选择钢结构加工厂时推行准入许可制度,认真考察,反复比选;推行设计标准化,避免追求标新立异,盲目追求创新;大力推进工业化、标准化、装配化、智能化、信息化在钢结构制作和施工方面的应用。

3. 提高从业管理水平

随着钢结构桥梁的广泛应用,钢结构方面的管理和技能人才紧缺,需要相关协会、企业开展专业化的培训、技能比拼等,加快该方面的人才队伍建设。

4. 推动学科深度融合

新材料、信息化技术、智能制造等学科需要钢结构桥梁设计、制造和管养深度融合。钢结构桥梁中的部品件多为非标准件,因此加工难度较大,智能制造水平还远远不够。

5. 加大政策扶持力度

推广应用钢结构桥梁,既是我国基础设施建设五大新发展理念的需要,也是高质量发展的必然追求,政府应制定相应的扶持政策,全寿命周期的经济效益应作为项目立项的重要考核指标,不能只关注建设期的成本,而不考虑老旧桥梁服役期满全寿命周期带来的附加值和社会效益。

6. 钢材市场稳中平衡

钢材市场受供求关系影响过大,钢材价格随需求量增大而提高,会极大拉高钢桥的建造成本,不利于钢桥推广,应通过宏观管理平衡钢材供求关系。

推广钢结构桥梁符合绿色、节能、环保的发展理念。基于钢结构全寿命周期经济指标显著、结构承载能力大、抗震性能好、施工轻量便捷、回收价值高等优点,工程师们应不断提高其在桥梁工程中的应用比例,同时要加大研发力度,丰富研究成果、开发新型材料、创新结构体系、主攻智能制造等,不断推进我国桥梁建设向钢结构桥梁强国迈进。

参考文献

[1] 河北省2019年国民经济和社会发展统计公报,http://tjj.hebei.gov.cn/hetj/tjgbtg/101581590028160.html(2020年2月24日.

[2] 河北钢铁工业概况,http://www.ferro-alloys.cn/News/Details/275284(2019年08月01日).

[3] 苏立超,周印霄,刘小宇. 我国钢-混凝土组合桥梁的创新实践[J];筑路机械与施工机械化,2017(11):30-37.

[4] 何勇海,李志聪,闫涛. 河北:钢铁大省的钢桥发展[J];中国公路,2016(11):27-28.

7. 延庆至崇礼高速公路水碾堡天桥设计与施工

李秉南[1] 张国清[2] 万 水[3] 李丰群[1] 郑肇鑫[1] 张海平[1]

(1.东南大学建筑设计研究院有限公司;2.河北省交通规划设计院;3.东南大学交通学院)

摘 要 钢桁腹预应力混凝土组合结构桥梁是一种新型的桥梁结构形式,具有自重轻、跨越能力大、施工方便、造型美观等特点,在国际上也仍处于发展阶段。延庆至崇礼高速公路水碾堡天桥是国内第一座变截面钢桁腹预应力混凝土组合刚构桥,并首次采用焊接方钢管作为桁腹杆,设计了双整体式PBL节点板的节点构造形式。本文介绍了该桥的设计和施工,为同类桥梁的设计和建设提供借鉴。

关键词 钢桁腹 组合梁桥 变截面 节点构造 设计

一、工 程 概 况

钢桁腹预应力混凝土组合结构桥梁是一种新型的桥梁结构形式,它采用钢桁腹杆代替箱梁的混凝土腹板,通过节点与混凝土顶板和底板连接,形成由混凝土顶板、钢桁腹杆、混凝土底板、体外和(或)体内预应力钢束共同受力的结构体系[1]。与传统预应力混凝土箱梁桥相比,钢桁腹结构使梁的自重大大减轻,跨越能力显著提高;钢桁腹杆工厂化制作,现场施工模板支架减少,施工方便、工期缩短;梁体视觉通透性好,造型轻盈美观。因此,钢桁腹预应力混凝土组合结构桥梁在中等和大跨径的桥梁中是一种十分具有竞争力的桥型,目前在国际上仍处于发展阶段[2]。

水碾堡天桥位于河北省张家口市赤城县雕鹗镇水碾堡村西南,其与延庆至崇礼高速公路主线于K51+960处交叉,交叉角度90°。水碾堡天桥是国内第一座变截面钢桁腹预应力混凝土组合刚构桥,并首次采用焊接方钢管作为桁腹杆,本桥于2019年底建成通车(图1)。

图1 水碾堡天桥成桥照片

二、建 设 条 件

1.气象条件

桥位区所在区域属大陆性季风气候中温带亚干旱区,一年四季,气候分明。风向以西北风和静风为主,年平均风速2.5m/s。年均降水量在424mm左右,且分布不均,全年无霜期平均为115.9天。年平均气温5.5℃,年最高气温39.4℃,最低气温-28.2℃,最大积雪9cm,最大冻土深度1.50m。

2. 地形地貌

桥位区属山间河流沟谷区,地形起伏较大,交通不便利。

3. 地质构造

桥位区上部覆盖层主要为第四系冲洪积形成的黄土状粉土、卵石、粉质黏土,工程地质条件较复杂。桥址区域无活动断裂通过,适宜桥梁建设。

4. 水文特征

桥位区浅层地下水类型主要为松散岩类孔隙潜水,水位埋深0.10~2.60m。主要含水层较浅,水量较小,渗透性一般,水位变化主要受大气降水及河水的侧向补给影响。

5. 地震效应

依据《中国地震动参数区划图》(GB 18306—2015),桥位区所在区域抗震设防烈度7度,设计基本地震动峰值加速度为0.15g,设计地震分组为第二组,设计加速度反应谱特征周期为0.40s。

三、主要技术标准

道路等级:四级公路;
荷载等级:公路—Ⅱ级;
桥面总宽:5.5m = 0.5m 防撞护栏 + 净4.5m + 0.5m 防撞护栏;
桥梁纵坡:单向0.5%;
桥面横坡:双向1.5%;
桥下净空:≥5.0m;
地震动峰值加速度:0.15g。

四、结构设计

1. 总体布置

水碾堡天桥采用三跨变截面钢桁腹预应力混凝土组合连续刚构桥,跨径布置为30m + 40m + 30m,桥梁全长107m;天桥平面位于直线段上,桥面全宽5.5m;桥墩采用带倒角的矩形墩,墩梁固结,桥台采用肋板台,下部基础采用钻孔灌注桩基础。本桥立面布置见图2。

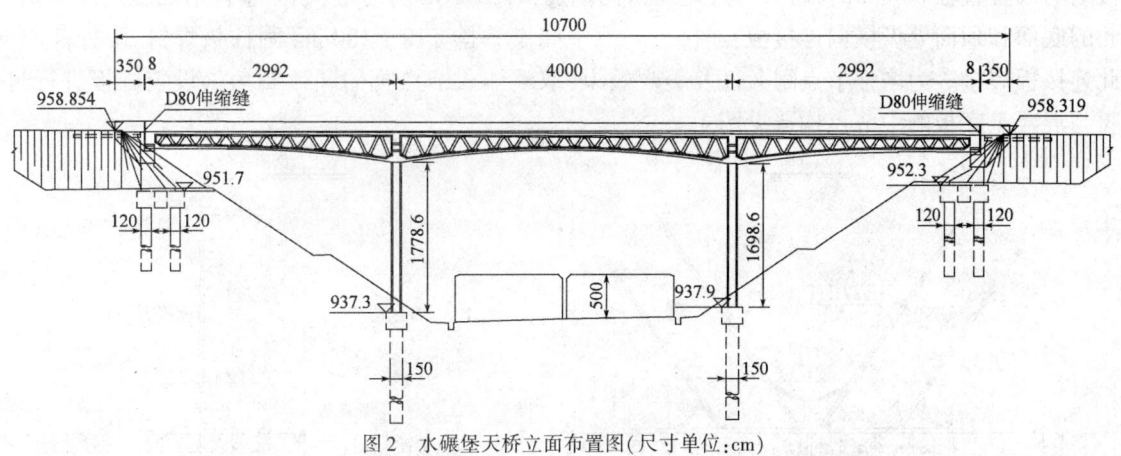

图2 水碾堡天桥立面布置图(尺寸单位:cm)

2. 主梁构造

主梁采用单箱单室截面,如图3所示,主跨跨中和边跨端部梁高为2m,墩顶处梁高为3.5m,按照圆弧线变化过渡。主墩处设中横梁,中横梁厚1.2m,与主墩固结;桥台处设端横梁,端横梁厚1.32m。

主梁顶板宽5.5m,顶面设1.5%双向横坡。顶板板厚25cm,在与钢桁腹连接处设梗肋,梗肋宽

60cm,高45cm,梗肋外侧顶板设1.2m长悬臂。主梁底板宽3.4m,保持水平。底板的厚度在主跨跨中和边跨端部为25cm,按照圆弧线向主墩方向变厚至34.4cm。底板在与钢桁腹连接处设梗肋,梗肋宽75cm,顶面高出底板20cm。为改善端部截面受力,顶板和底板在横梁附近局部加厚;为与钢桁腹杆垂直连接,底板梗肋在横梁附近局部加厚至90cm。

主梁钢桁腹采用Q420qE级钢,为了造型美观新颖,腹杆采用焊接方形截面钢管,规格为□300mm×300mm×16mm×16mm,各桁腹杆的长度及角度均不同。

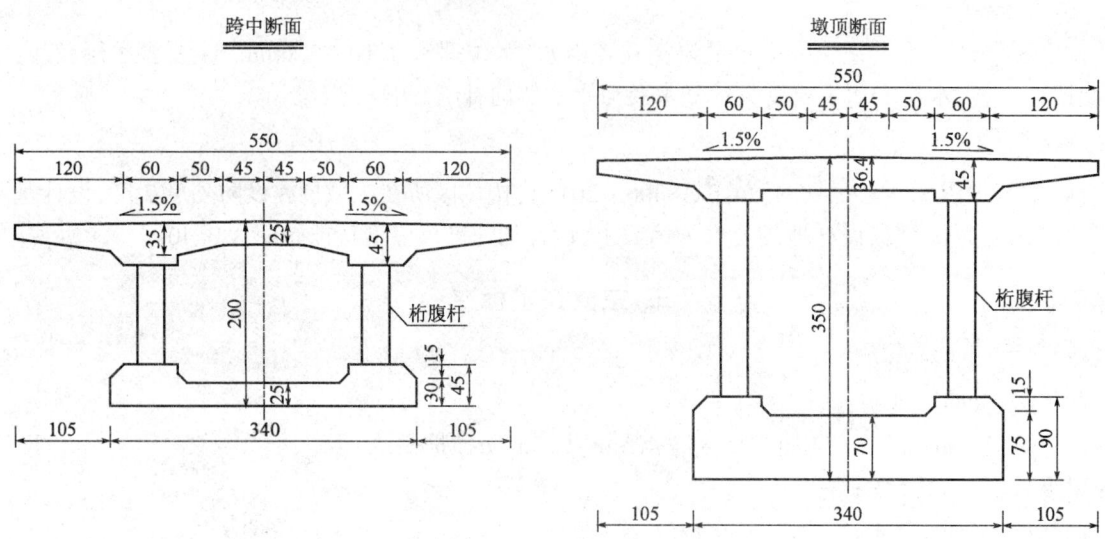

图3 主梁断面图(尺寸单位:cm)

3. 节点构造

节点使钢桁腹杆与混凝土顶底板构成一体,是钢桁腹预应力混凝土组合结构桥梁的关键部位。国际上已建钢桁腹组合结构桥梁的典型节点构造主要有钢盖箱节点、双套管节点和PBL节点等[3],多适用于圆形截面的腹杆。本桥腹杆采用焊接方形截面钢管,对节点构造进行了创新,设计了双整体式PBL节点板的构造形式。

钢桁腹中节点的构造为:左右腹杆的两侧纵向钢板相交成整体节点板,插入顶底板的梗肋混凝土中,节点板上均设置直径60mm的圆孔,并贯通横桥向钢筋,形成PBL剪力键;纵向整体节点板之间分别在上下梗肋的底面和顶面处设横向连接板,连接板外侧中间设一排φ19×180mm圆柱头焊钉,腹杆横向钢板均与此连接板焊接。为增强节点耐久性及美观效果,双整体式节点板的圆弧倒角处设装饰板进行封闭。钢桁腹与混凝土底板的中节点构造见图4。

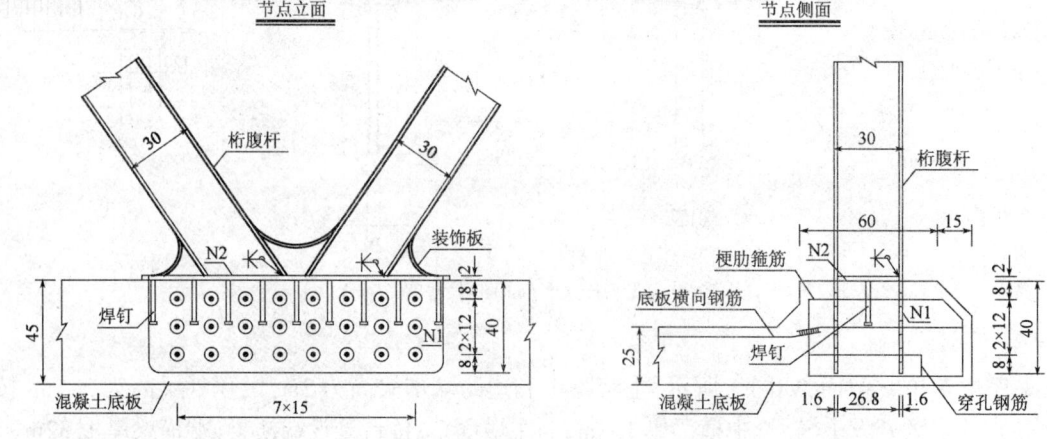

图4 钢桁腹与混凝土底板的中节点构造图(尺寸单位:cm)

钢桁腹端部节点为单根腹杆的两侧纵向钢板加宽成节点板,插入底板的梗肋混凝土中,其他相关连接构造与中节点类似。

双整体式 PBL 节点板的节点形式构造简单,受力安全可靠,同时多个节点与腹杆可以连接成整体桁片,施工过程中的运输、吊装和定位等更加方便。

4. 预应力体系

主梁纵向预应力采用了体内束与体外束相结合的体系,体内束主要用于承担一期恒载及施工临时荷载,体外束用于抵抗二期恒载与活载。体内预应力顶底板束采用 10Φ^{s}15.2 钢绞线,标准强度 f_{pk} = 1860MPa,锚下张拉控制应力 1395MPa,采用钢波纹管成孔真空压浆,锚具采用与之相配套的夹片锚。体外预应力束采用 12Φ^{s}15.2 填充型环氧涂层钢绞线,标准强度 f_{pk} = 1860MPa,外包 HDPE 护套。体外束在体内束张拉完成后张拉,张拉控制应力为 1209MPa,锚具采用可换式体外束专用夹片式锚具。为使索体自由段的振动频率不与整体振动频率接近,体外束在适当距离安装减振装置,以避免索体产生不利振动。主梁纵向预应力钢束的布置如图 5 所示,图中钢束编号以 T 和 B 开头的为体内束,以 E 开头的为体外束。

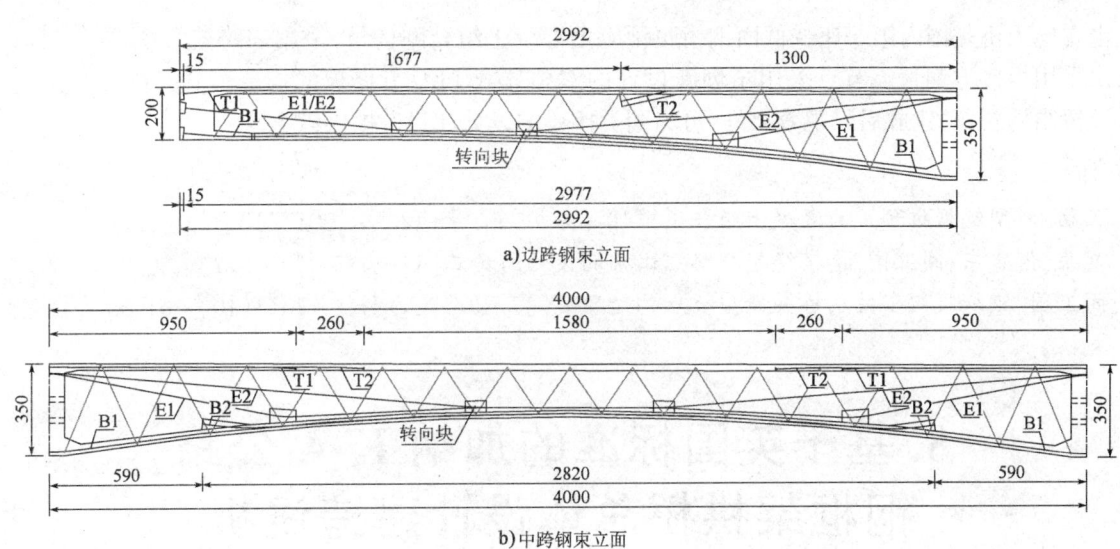

图 5 主梁预应力钢束布置图(尺寸单位:cm)

五、施 工 过 程

水碾堡天桥的主梁采用满堂支架施工,全桥的主要施工工序为:桩基础、承台施工→桥墩和桥台施工→主梁满堂支架施工→底模安装、安装底板钢筋及预应力钢束→钢桁腹定位、安装→转向块定位、钢筋安装、立模→浇筑底板混凝土→顶模安装、安装顶板钢筋及预应力钢束、浇筑混凝土→体内预应力张拉压浆→支架拆除→体外预应力束穿束、张拉→施工桥面铺装及附属设施。水碾堡天桥的主要施工过程如图 6 所示。

a)支架搭设及钢桁腹节段运输至现场　　b)钢桁腹节段吊装　　c)底板钢筋绑扎

图 6

d)底板混凝土浇筑

e)顶板钢筋绑扎

f)体外预应力束张拉完成

图6 水碾堡天桥施工过程照片

六、结 语

水碾堡天桥是国内第一座变截面钢桁腹预应力混凝土组合刚构桥,采用三跨连续体系,桁腹杆在国内首次采用焊接方钢管。节点采用了创新设计的双整体式 PBL 节点板的构造形式,受力可靠,施工方便。该桥结构新颖,建成后景观效果好,可为同类桥梁的设计和建设提供借鉴。

参考文献

[1] 王猛.新型钢桁腹预应力混凝土组合梁桥性能分析[J].上海公路,2017(1):40-43.

[2] 刘朵,张建东,阎卫国.南京绕越公路江山桥的设计与施工[J].公路,2013(12):80-83.

[3] 阎卫国.钢桁腹组合结构桥梁新型节点构造研究[J].公路交通科技,2013(10):61-66.

8. 基于英国标准的加纳 K-A 公路钢框架拱桥总体设计建造浅析

葛胜锦　贾存芳　赖良俊

(中交柏嘉工程技术研究院有限公司)

摘 要 本文结合非洲加纳共和国 K-A 公路英国标准钢框架拱桥建设项目,论述了 SUHUM 等 8 座钢管框架人行拱桥的技术方案与设计要点,并通过该类桥梁工程中国规范与欧洲规范设计的异同点分析,佐以结构验算与天桥舒适性分析,介绍了业主审查及工作流程要求,为该类桥梁工程设计建造应用提供参考借鉴。

关键词 钢管框架拱桥　组合结构　中国规范　欧洲规范　设计　建造

一、引 言

"一带一路"倡议的发布,为中国企业逐步走向海外、承接基础设施工程项目提供了政策支撑。桥梁建设技术水平的不断提高,不仅书写了大国工程的传奇,也加速了我国企业深度参与国际化工程项目的进程。

本文所述项目位于西部非洲的加纳共和国,是为解决行人及非机动车跨越 K-A 公路,即首都阿克拉(ACCRA)至加纳第二大城市库马西(KUMASI)的一条双向4车道高速公路,而修建的人行跨线景观天桥,该项目采用英国标准为主的欧洲规范设计建造,其建设效果见图1。

图1 加纳K-A公路钢框架拱桥

二、桥梁材料设计要点

1. 混凝土

中国规范[1-2]和欧洲规范[3]的混凝土强度等级均通过其抗压强度标准值确定。中国规范[1-2]依据边长为150mm的立方体试件,欧洲规范[3]除边长150mm的立方体试件外,还可以通过$\varphi 150\text{mm} \times 300\text{mm}$的圆柱体试件确定,故其强度等级有立方体和圆柱体两种等级划分方式。中国规范[1-2]和欧洲规范[3]的强度设计值都是通过强度标准值与材料性能分项系数之商确定,但两者的材料分项系数略有区别,中国规范[1-2] $\gamma_c = 1.45$,而欧洲规范[3] $\gamma_c = 1.5$。

中国规范和欧洲规范关于混凝土强度设计值分别采用公式1和公式2确定:

$$f_{cd} = \frac{0.88\alpha f_{cu,k}}{\gamma_c} = \frac{0.88\alpha f_{cu,k}}{1.45} \approx 0.61\alpha f_{cu,k} \tag{1}$$

$$f_{cd} = \frac{\alpha_{cc} f_{cu}}{\gamma_c} = \frac{0.85 f_{cu}}{1.5} \approx 0.57 f_{cu} \tag{2}$$

式中:α——C50及以下混凝土取值0.76;C55-C80混凝土取值范围为[0.77,0.82];

α_{cc}——折减系数,根据工程经验,综合考虑混凝土长期效应,通常取0.85。中国规范和欧洲规范混凝土强度设计值见表1。

混凝土强度设计值　　　　表1

强度等级	C25	C30	C35	C37	C40	C45	C50	C60
中国规范f_{cd}（MPa）	11.5	13.8	16.7	—	18.4	—	22.4	26.5
欧洲规范f_{cd}（MPa）	11.3	14.2	—	17.0	—	19.8	22.7	28.3

弹性模量是描述材料变形的重要指标,中国规范[2]和欧洲规范[3]中的同一立方体强度等级的混凝土受拉和受压弹性模量均相等,但混凝土弹性模量的取值方式有所不同,中国规范[2]和欧洲规范[3]中关于混凝土弹性模量分别采用式(3)和式(4)确定。中国规范[2]和欧洲规范[3]混凝土弹性模量见表2。

$$E_c = \frac{10^5}{2.2 + \frac{34.74}{f_{cu,k}}} \quad (\text{MPa}) \tag{3}$$

$$E_{cm} = 22\left(\frac{f_{cm}}{10}\right)^{0.3} \quad (\text{GPa}) \tag{4}$$

混凝土弹性模量 表2

强度等级	C25	C30	C35	C37	C40	C45	C50	C60
中国规范 E_c ($\times 10^3$ MPa)	28.0	30.0	31.5	—	32.5	33.5	34.5	36.0
欧洲规范 E_{cm} ($\times 10^3$ MPa)	—	30.0	31.5	32.8	—	34.1	35.2	37.3

由表2可知,同等级混凝土欧洲规范的混凝土设计值和弹性模量略高于中国规范。如SUHUM人行跨线天桥选用C32/40混凝土,即圆柱体抗压强度32MPa,立方体抗压强度40MPa,与中国规范的C35混凝土基本相当。

2. 钢材

本项目SUHUM人行跨线天桥所在区域的雨量充沛,空气湿度大,故钢材应选用抗大气腐蚀和涂装性能优于普通钢的耐候钢为主。中国规范[4]和欧洲规范[5]常见的耐候钢及对应强度设计值见表3、表4。

中国规范钢材种类及强度 表3

钢材铭牌	下屈服强度 R_{eL} (N/mm²) 厚度 t (mm)				抗拉强度 R_m (N/mm²)
	≤16mm	16mm<t≤40mm	40mm<t≤60mm	>60mm	
Q235NH	235	225	215	215	360~510
Q295NH	295	285	275	255	430~560
Q355NH	355	345	335	325	430~560
Q415NH	415	405	395	—	520~680
Q460NH	460	450	440	—	570~730
Q500NH	500	490	480	—	600~760
Q550NH	550	540	530	—	620~780

欧洲规范钢材种类及强度 表4

钢材铭牌	厚度 t (mm)			
	t≤40mm		40mm<t≤80mm	
	f_y (N/mm²)	f_u (N/mm²)	f_y (N/mm²)	f_u (N/mm²)
S235NH	235	360	215	340
S355NH	355	510	335	490

由上述表格可知,中国规范[4]和欧洲规范[5]对钢材铭牌的定义均参考了钢材的最大屈服强度,且随着厚度的增加,屈服强度逐步降低。中国规范的钢材种类较多,最大的屈服强度为Q550NH的550MPa,欧洲为S355NH的355MPa,说明我国耐候钢的选择范围较广,钢材工艺和技术也较为成熟。

在厚度方面,中国《耐候结构钢》规定了不大于16mm、16~40mm、40~60mm以及60~100mm四类,欧洲《改进型耐大气腐蚀结构钢交货技术条件》则只规定了不大于40mm和40~80mm两类,因此中国规范对钢材厚度的定义比欧洲规范更为细致且范围更大。

综合SUHUM人行天桥结构计算分析结果,选用S355NH耐候钢,其抗拉强度略大于中国规范对应的Q355NH,抗压强度与Q355NH相当。

三、荷载与荷载组合

1. 荷载

中国规范[6]和欧洲规范[3]分别规定了人行天桥的荷载类别,内容见表5、表6。

中国规范[6]荷载分类表 表5

荷载分类		主要内容
永久荷载(恒载)		结构重力、预加应力、混凝土收缩徐变影响力、基础变位影响力、水的浮力等
可变荷载	基本可变荷载(活载)	人群
	其他可变荷载	风力、雪重力、温度影响力
偶然荷载		地震力、汽车撞击力

欧洲规范[3]荷载分类表 表6

荷载分类		主要内容
永久荷载	恒载	结构重力、桥面铺装、土的重力、预加应力、混凝土收缩徐变及基础变位引起的间接作用
	二期恒载	桥面铺装、栏杆、设备
可变荷载	活载	人群
	风荷载	横向风、纵向风、竖向风及组合
	温度荷载	季节性温度变化、日照温度变化
偶然荷载		地震力、汽车撞击力、爆炸力

由上述表格可知,中国规范[6]和欧洲规范[3]主要的荷载分类基本一致,均以恒载、活载、风荷载和温度荷载为主。两者的差别在于中国规范在永久荷载中还考虑了水的浮力,欧洲规范对风荷载及温度荷载的分类较为详尽,且在偶然荷载中考虑了爆炸力的影响。

2. 荷载组合

针对荷载组合,中国规范[3]和欧洲规范[6]分别规定了五种荷载组合,不同荷载组合的内容见表7。

荷载组合对比表 表7

荷载组合	中国规范	欧洲规范
组合1	基本可变荷载+永久荷载	永久荷载+主要活载
组合2	基本可变荷载+永久荷载+其他可变荷载	永久荷载+主要活载+风荷载+临时架设荷载
组合3	基本可变荷载+永久荷载+偶然荷载	永久荷载+主要活载+温度荷载+临时架设荷载
组合4	结构重力+脚手架+材料机具+人群荷载+风荷载	永久荷载+主要活载+附加活载
组合5	结构重力+人群荷载+预应力+地震力	永久荷载+支座摩擦力产生的荷载

由表7可知,中国规范[3]和欧洲规范[6]荷载组合中的三种主要荷载组合基本相同,两种次要荷载组合均考虑了施工阶段的荷载,但中国规范[3]将预应力、地震力列入次要荷载组合,而欧洲规范[6]将支座摩擦力产生的荷载列入。

3. 极限状态

1) 极限状态分类

中国规范和欧洲规范均将极限状态分为承载能力极限状态(ULS)和正常使用极限状态(SLS)两类,且分类相关规定基本一致。具体而言,欧洲规范将承载力极限状态分为EQU、STR、GEO三类,正常使用极限状态分为CLC与QLC两类,其概念内涵如下:

EQU:作为刚体考虑的结构失去静态平衡;

STR:结构或构件内部失效或过度变形;

GEO:土壤/岩石在提供阻力方面发挥重要作用的地面破坏或过度变形;

CLC:标准组合;

QLC:准永久组合。

2) 极限状态的计算

中国规范[1]和欧洲规范[7]中极限状态的表达式均为效应≤抗力,基本组合的具体表达式分别如式(5)和式(6)所示:

$$S_{ud} = \gamma_0 S \left(\sum_{i=1}^{m} \gamma_{G_i} G_{ik}, \gamma_{Q_1} \gamma_L Q_{1k}, \psi_c \sum_{j=2}^{n} \gamma_{Lj} \gamma_{Q_j} Q_{jk} \right) \tag{5}$$

式中： S_{ud}——作用效应设计值；

γ_0——结构重要性系数，设计安全等级一级、二级、三级分别取值1.1、1.0和0.9；

γ_{G_i} 与 G_{ik}——第 i 个永久作用的分项系数和标准值；

γ_{Q_1}、γ_L 与 Q_{1k}——活载的分项系数、设计使用年限荷载调整系数、标准值；

$\psi_c Q_{jk}$、γ_{Lj} 与 γ_{Q_j}——第 j 个可变作用的组合值、设计使用年限荷载调整系数、分项系数。

$$E_d = \sum_{j \geq 1} \gamma_{G,j} G_{k,j} + \gamma_p P + \gamma_{Q,1} Q_{k,1} + \sum_{i > 1} \gamma_{Q,i} \psi_{0,j} Q_{k,i} \tag{6}$$

式中： E_d——作用效应设计值；

$\gamma_{G,j}$ 与 $G_{k,j}$——第 j 个永久作用的分项系数和标准值；

γ_p 与 P——预应力分项系数及标准值；

$\gamma_{Q,1}$ 与 $Q_{k,1}$——主导可变作用的分项系数和标准值；

$\gamma_{Q,i}$、$\psi_{0,j}$ 与 $Q_{k,i}$——其他可变作用的分项系数、频遇值系数及标准值。中国规范和欧洲规范组合分项系数见表8、表9。

中国规范[1]组合分项系数　　　　　　　　　　　　　　　　表8

作用类别及组合	永久作用分项系数	
	结构承载能力(不利)	结构承载能力(有利)
混凝土和圬工结构重力	1.20	1.00
钢结构重力	1.10 或 1.20	1.00
预应力	1.20	1.00
土的重力	1.20	1.00
混凝土的收缩及徐变作用	1.00	1.00
土的侧压力	1.40	1.00
水的浮力	1.00	1.00
基础变位作用：混凝土和圬工结构	0.50	0.50
基础变位作用：钢结构	1.00	1.00
可变作用频遇值系数		
人群荷载	1.00	
风荷载	0.75	
温度梯度	0.80	
其他作用	1.00	
可变作用准永久值系数		
人群荷载	0.40	
风荷载	0.75	
温度梯度	0.80	
其他作用	1.0	

欧洲规范[7]组合分项系数　　　　　　　　　　　　　　　　表9

作用设计值	永久作用		主导可变作用	伴随可变作用	
	不利作用	有利作用		主要(若有)	其他
基本组合A组	1.10	0.90	1.50	—	1.50
基本组合B组	1.35	1.15	1.50	—	1.45

续上表

作用设计值	永久作用		主导可变作用	伴随可变作用	
	不利作用	有利作用		主要(若有)	其他
基本组合C组	1.00	1.00	1.00	—	1.15
偶然设计状况	主要可变作用取频遇值			—	1.45
地震设计状况	根据地震情形确定			—	1.45

由上述公式和表格可知，中国规范[1]和欧洲规范[7]在概念表达形式方面基本相同，但在结构安全系数、分项系数的定义和取值上略有区别。

中国规范[1]根据桥梁类型、破坏后果设定了不同级别的结构安全系数，欧洲规范[7]对不同荷载组合设定了特定取值；总体而言中国规范[1]的荷载分项系数与欧洲规范[7]相比取值略低。

鉴于欧洲规范[7]的分项系数大于同等情形下的中国规范[1]的规定值，故欧洲规范[7]的荷载总作用效应大于中国规范[1]，可靠度相对更高。

4. 人致振动舒适度

在行人舒适性方面，中国规范[6]规定天桥上部结构竖向自振频率不应小于3Hz，欧洲规范[3]规定竖向基本固有频率>5Hz且横向基本固有频率<2.5Hz时，满足舒适度要求。

此外，欧洲规范[3]使用结构振动响应峰值作为天桥的舒适度评价指标，各加速度的容许限值见表10。

欧洲规范舒适度指标　　表10

人行天桥振动形式	峰值加速度(m/s^2)	人行天桥振动形式	峰值加速度(m/s^2)
竖向振动	0.7	人群荷载满布下的侧向振动	0.4
一般情况的侧向振动	0.2		

根据规范内容可知，中国规范[6]只采用了避开敏感频率的方式，而欧洲规范[3]对天桥的竖向及侧向振动频率均有所涉及，且规定了不同振动形式下的峰值加速度，为人致振动舒适度评价奠定了基础。

四、结构验算分析

SUHUM人行跨线桥的主桥全长55.0m，桥面全宽3.5m，净宽3m。上部结构钢材采用S355NH耐候钢。钢管框架拱的跨径为50m，矢高5m，矢跨比1/10。

主梁结构上弦杆、下弦杆采用$\varphi 600 \times 12mm$钢管（靠近支点加强采用$\varphi 600 \times 16mm$钢管），腹杆采用$\varphi 300 \times 10mm$钢管（靠近支点加强采用$\varphi 400 \times 16mm$钢管）。

桥面系与下弦杆之间水平横向联系杆采用$300mm \times 200mm$钢箱构件，斜撑采用$100mm \times 80mm \times 8mm \times 6mm$工字钢，水平横向联系杆采用$100mm \times 80mm \times 6mm$纵向工字钢形成桥面受力体系，并与顶面10mm的钢板连接形成桥面系。

主桥下部结构采用钢管混凝土桥墩。主梁桥墩单侧采用4根$\varphi 700mm$钢管立柱。梯道桥墩采用单根$\varphi 500mm$钢管立柱。钢管立柱内填充C32/40微膨胀无收缩混凝土，承台及桩基采用C32/40混凝土。墩柱与基础通过桩顶预埋钢板与钢管立柱进行连接。

坡道桥墩采用$1.0m \times 0.6m$钢结构柱，通过设置钢结构挑梁支承坡道钢箱梁，下部接桩基础。

本文利用Midas/Civil构建有限元模型对SUHUM人行跨线天桥进行结构分析，主桥计算模型见图2：

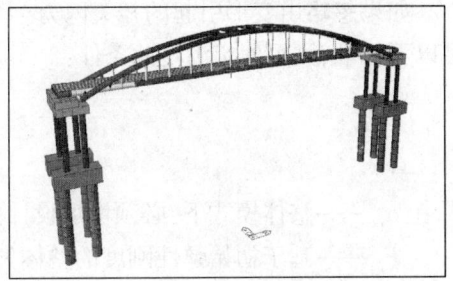

图2　Midas/Civil主桥计算模型

1. 结构杆件应力

抗裂性和构件应力作为体现混凝土截面主拉应力和法向压应力的可靠度指标,其可靠性指标相对偏高,是承载能力极限状态验算的有效补充,本文在对 SUHUM 人行天桥有限元分析的基础上,对各构件正常使用极限状态的应力进行了数值模拟分析,结果见图 3 ~ 图 8。

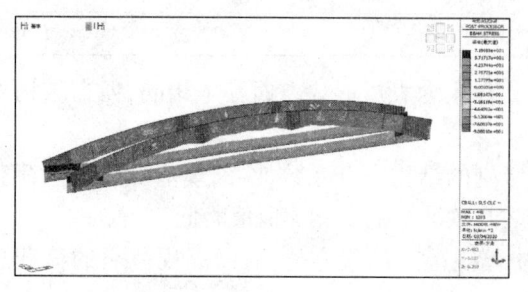

图 3 主梁上弦和下弦钢管应力图

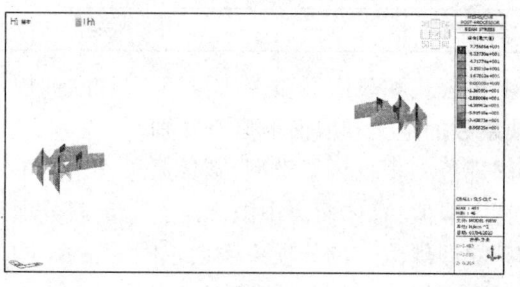

图 4 支点附近主梁上弦和下弦钢管应力图

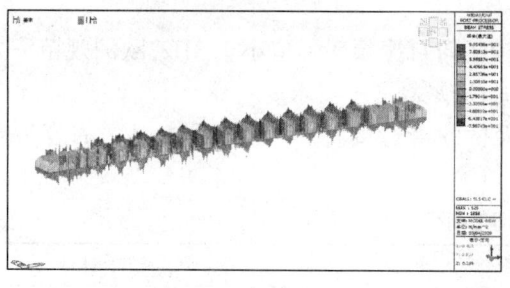

图 5 桥面系工字钢应力图

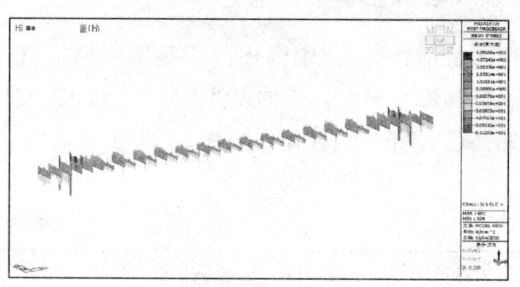

图 6 桥面系横梁应力图

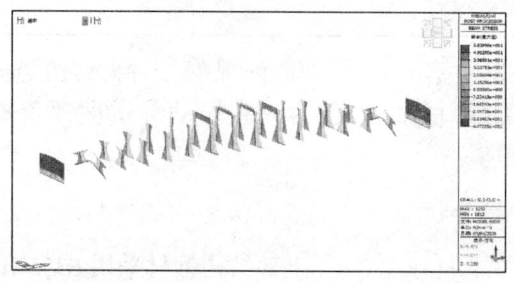

图 7 腹杆应力图

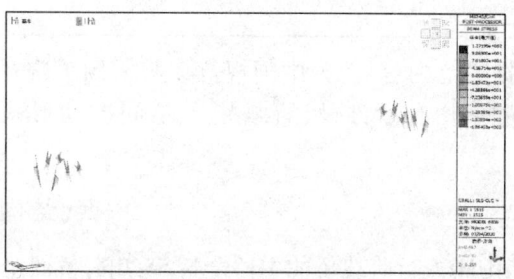

图 8 支点附近腹杆应力图

由分析计算结果可知,本项目 SUHUM 人行跨线天桥的最大拉应力和压应力均出现在支点附近腹杆处,分别为 127.2MPa 和 186.4MPa,均满足 S355NH 耐候钢的容许应力要求。

2. 结构稳定性

屈曲极限状态可视为结构突然产生垂直于表面的大位移,其因稳定性丧失而无法承受由此产生的应力增加,可能导致结构的整体坍塌。

如果忽略由变形引起的相关内力/力矩增加或结构性能变化,则可以对结构进行一阶分析。如果满足以下标准,则可假定满足此条件:

$$\alpha_{cr} = \frac{F_{cr}}{F_{Ed}} \geq 10 \tag{7}$$

式中:α_{cr}——整体模式下,必须增加设计荷载以引起弹性失稳的系数;

F_{cr}——基于初始弹性刚度的整体失稳模式的弹性临界屈曲荷载;

F_{Ed}——结构设计荷载。

本文依托有限元模型,对 SUHUM 人行跨线天桥进行屈曲极限状态分析,结果如图 9~图 12 所示。

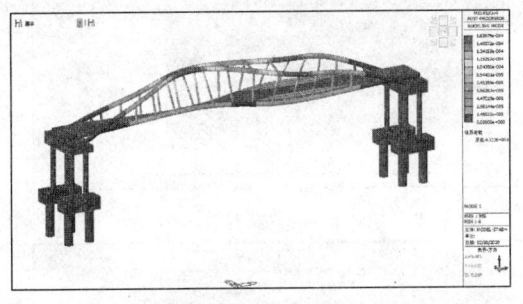

图 9 屈曲模态形状(一)

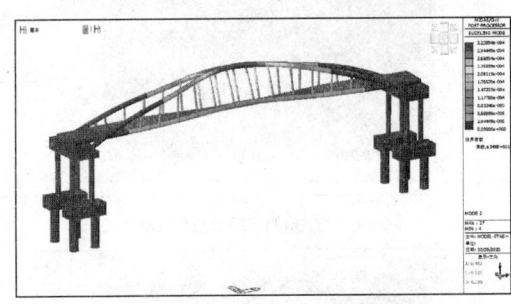

图 10 屈曲模态形状(二)

图 11 屈曲模态形状(三)

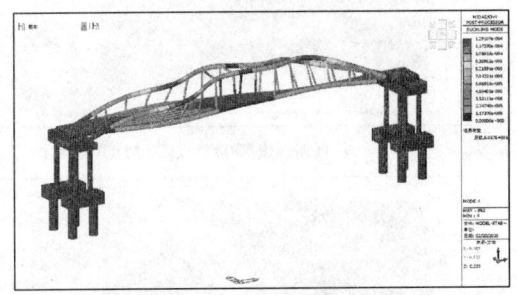

图 12 屈曲模态形状(四)

本文对 SUHUM 人行跨线天桥进行了屈曲分析,并提取了桥梁顶拱的前 4 个屈曲模态,该桥的最小屈曲系数为 43.2>10,因此,桥梁结构在非预期荷载或较小的施工缺陷作用下是稳定的,结构满足整体稳定性要求。

五、天桥舒适性

动荷载应放在桥梁的最不利处,该点作为振型中位移最大的节点,在动态加载时具有最大的加速度。该分析涉及桥梁的正常使用极限状态,因此仅与混凝土桥面的振动相关。

本文选取位移最大节点位置(见表 11、图 13、图 14),并利用 Midas/Civil 进行了动态时程分析,计算结果见图 15、表 12。

模式 1 和 2 位移最大的节点 表 11

模式	频率(Hz)	振 型	步行频率(Hz)	节 点
1	3.09	垂直弯曲	1.5~2.5	304
2	2.15	横向弯曲	0.75~1.25	323

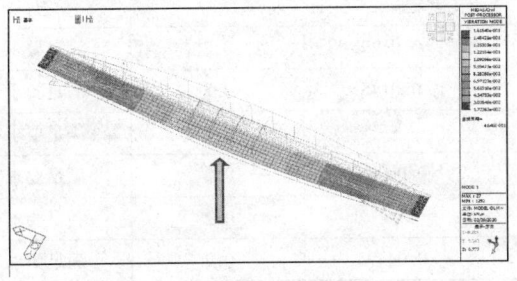

图 13 模式 1 节点位置(304 节点)

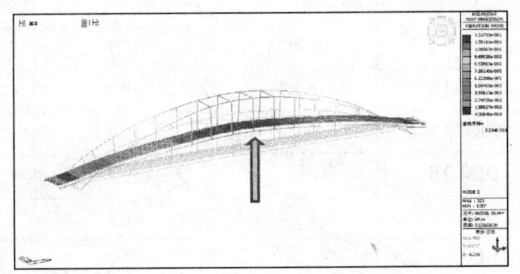

图 14 模式 2 节点位置(323 节点)

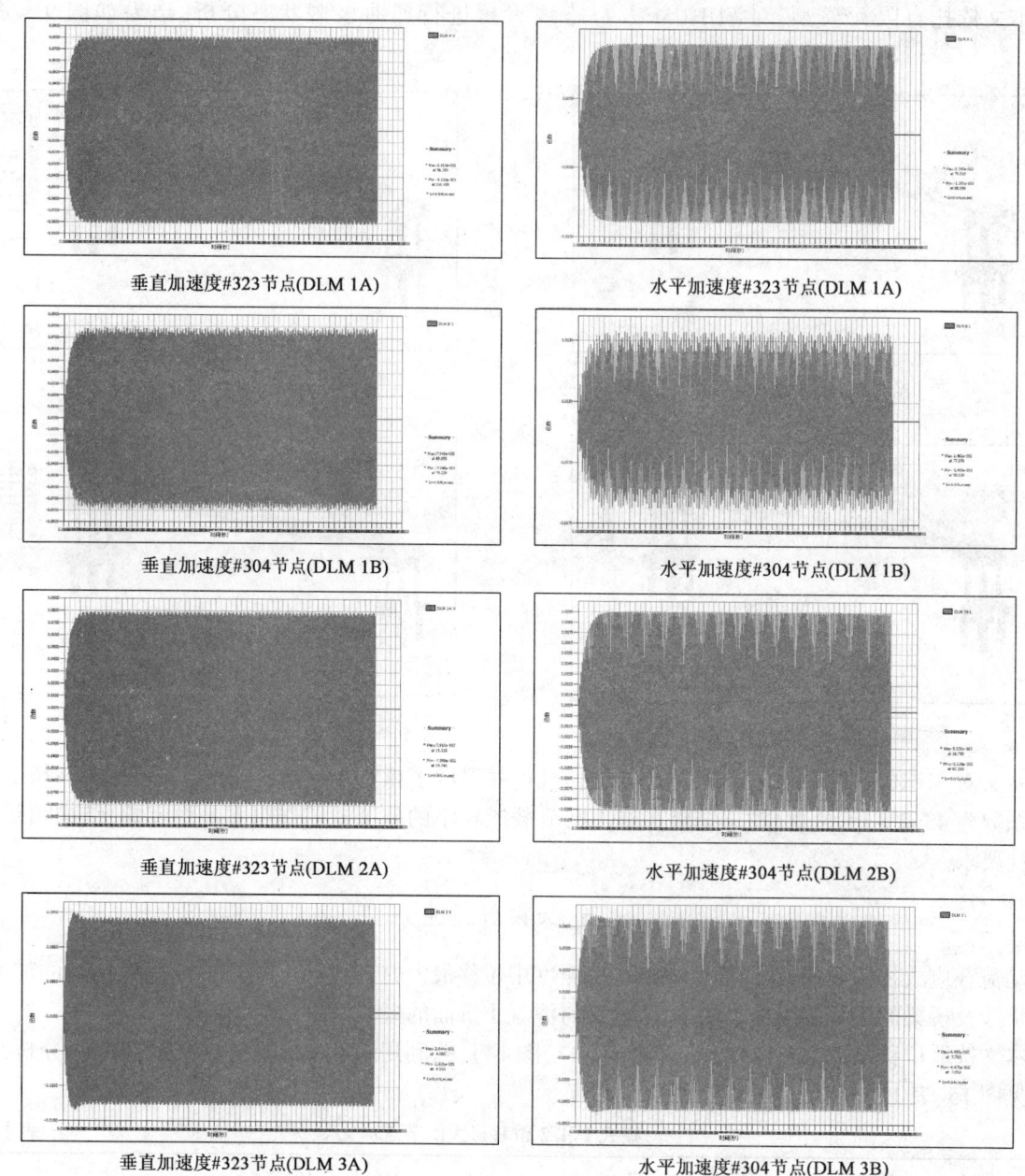

图15 动态时程分析结果

Midas/Civil 分析结果 表12

工 况	垂直加速度 m/s²	限 值	结 论	水平加速度 m/s²	限 值	结 论
DLM 1A	0.0811	0.7	满足要求	0.0129	0.2	满足要求
DLM 1B	0.079	0.7	满足要求	0.0145	0.2	满足要求
DLM 2A	0.079	0.7	满足要求	—	0.2	满足要求
DLM 2B	—	0.7	满足要求	0.00954	0.2	满足要求
DLM 3A	0.2844	0.7	满足要求	—	0.2	满足要求
DLM 3B	—	0.7	满足要求	0.04495	0.2	满足要求

根据动态时程分析结果,该人行跨线天桥的水平加速度和垂直加速度远小于限值,项目建成后在舒适性方面将处于良好的运行状态。

六、结　语

本文结合加纳共和国 K—A 公路钢框架拱桥即 SUHUM 人行跨线天桥工程实例,基于欧洲规范从桥梁材料、荷载及组合、结构分析等方面系统介绍了钢管混凝土桥梁的设计及验算过程,并与我国现行规范进行了对比分析,表明虽然两种规范在荷载标准和验算方式上有一定差别,但总体上差别不大,且本桥结构用材较省,施工便捷,景观效果良好,可供今后同类桥梁结构设计借鉴,以提升我国企业在国际工程市场中的竞争力。

参考文献

[1] 中华人民共和国行业标准.公路桥涵设计通用规范:JTG D60—2015[S].北京:人民交通出版社股份有限公司,2015.

[2] 中华人民共和国行业标准.公路钢筋混凝土及预应力混凝土桥涵设计规范:JTG 3362—2018[S].北京:人民交通出版社股份有限公司,2018.

[3] BS EN 1992,英国标准 1992 年版欧洲规范 2:混凝土结构设计[S],1992.

[4] 中华人民共和国国家标准.耐候结构钢:GB/T 4171—2008[S].北京:中国标准出版社,2008.

[5] BS EN 10025-5:2004,热轧结构钢产品　第五部分　改进型耐大气腐蚀结构钢交货技术条件[S].英国标准协会,2004.

[6] 中华人民共和国行业标准.城市人行天桥和人行地道技术规范:CJJ 69-95[S].北京:中国建筑工业出版社,1996.

[7] BS EN 英国标准 1990 年版欧洲规范 0:结构设计基础[S],1990.

9. 大位移伸缩缝处防撞护栏设计与安全性分析研究

张家元[1]　龚　帅[2]　常　英[1]　高建雨[2]

(1.湖北省交通规划设计院股份有限公司;2.北京华路安交通科技有限公司)

摘　要　针对传统大跨径桥梁伸缩缝处防撞护栏横梁跨度大,无立柱的区段长,护栏横梁沿桥梁纵向基本为单管,整体防撞能力弱的特点,对石首长江公路大桥主桥伸缩缝处防撞护栏进行了全面优化设计。通过在伸缩缝槽口设计护栏底座、立柱,显著减小了横梁的跨度;梁端设计双立柱,对横梁、套管横梁提供多点约束;套管横梁伸入梁端的护栏立柱内,横梁除伸缩段外形成双管截面,其抗弯刚度大,同时也对伸缩段单管截面提供套箍作用,经实车碰撞试验验证的小客车、大客车、大货车碰撞护栏仿真模型安全性能评估,表明小客车、大客车、大货车在最不利碰撞位置碰撞护栏均满足《公路护栏安全性能评价标准》(JTG B05-01—2013)中 SS 级碰撞条件下各项指标的要求。

关键词　大位移伸缩缝　防撞护栏　仿真计算　安全性分析

大跨径桥梁为适应主梁在温度、活载、地震等荷载作用下的位移,同时满足行车需要,梁端均要设置大位移量的伸缩缝装置。为了安装伸缩缝装置,梁端预留了较大的梁端间隙,供伸缩装置纵向伸缩位移;伸缩缝装置两侧的主梁预留了槽口构造,供伸缩装置的支承系统预埋[1]。

公路桥梁的防撞护栏作为一种被动安全设施,主要用于防止失控车辆冲入对向车道与对向来车相撞或冲出桥面,从而形成对车辆的保护[2,3]。现有伸缩缝处防撞护栏均在预留槽口外侧安装护栏立柱,伸缩缝位移量越大,护栏横梁跨度愈大,伸缩缝处防撞护栏无立柱的区段愈长,远达不到规范规定的立柱间距要求；伸缩缝处防撞护栏横梁的伸缩拼接套管设置于横梁跨中区，横梁伸缩拼接套管的长度与伸缩缝伸缩量一致，沿着桥梁纵向，护栏横梁基本为单管，纵向抗弯刚度小，因此其防撞能力弱[4,5]。

本文以石首长江公路大桥为依托，对主桥伸缩缝处防撞护栏进行了全面优化设计，对优化后的防撞护栏结构建立高精度的有限元模型，用计算机仿真模型评估其安全性。

一、工 程 背 景

石首长江公路大桥主桥为双塔双索面半漂浮结构体系的混合梁斜拉桥，桥跨布置为 3×75m + 820m + 300m + 100m。北边跨采用混凝土主梁，接上部构造为小箱梁的北引桥，北交接墩顶设伸缩量为1440mm的伸缩缝；南边跨为采用钢箱梁，接上部构造为连续混凝土箱梁的南滩桥，南交接墩顶设伸缩量为1840mm的伸缩缝。

南边跨钢箱梁不设伸缩缝安装的预留槽口；北边跨主梁、北引桥及南滩桥主梁为混凝土结构，交接墩处的梁端设伸缩缝安装预留槽口。主桥南、北交接墩处梁端间隙及主梁预留槽口纵向尺寸见表1。

石首大桥主桥南北交接墩处梁端间隙及混凝土梁预留槽口尺寸(m)　　表1

项 目	南 交 接 墩			北 交 接 墩		
	梁端间隙	主桥槽口	引桥槽口	梁端间隙	主桥槽口	引桥槽口
石首桥	3.10	—	2.50	1.80	1.90	0.70

南、北交接墩梁端间隙及预留槽口纵向尺寸总计分别为5.60m、4.40m，即南交接墩处防撞护栏横梁跨度更大，且为钢梁与混凝土梁的连接，选择其作为优化设计和安全性评估的研究对象具有代表性。

二、伸缩缝处防撞护栏设计

石首长江公路大桥首次提出在伸缩缝槽口安装护栏底座和立柱的设计。通过在槽口设计立柱，护栏横梁的跨度由传统的梁端间隙和混凝土梁伸缩缝预留槽口纵向尺寸共同决定，改变为仅由梁端间隙决定，避免了伸缩缝槽口和伸缩缝选型对横梁跨度的影响，显著减小了横梁跨度。防撞护栏优化设计立面布置如图1所示。

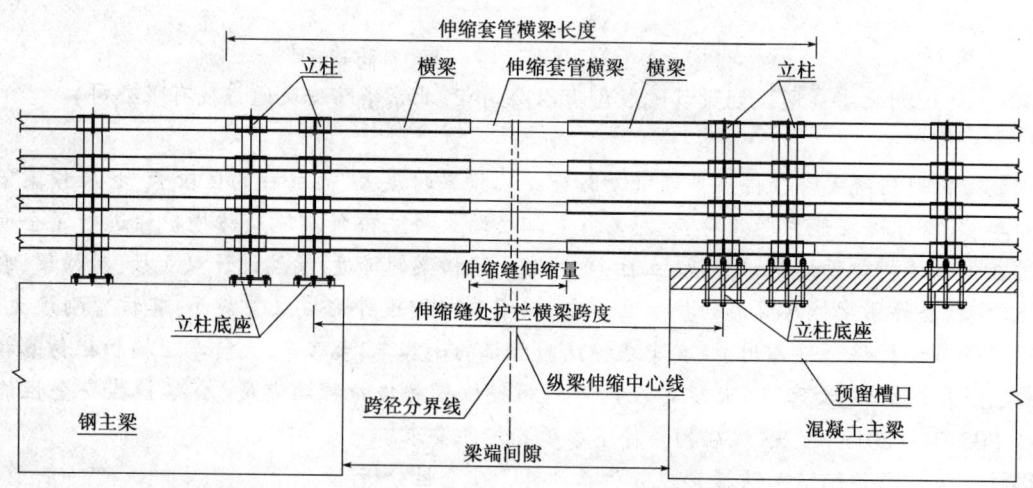

图1　桥梁大位移伸缩缝处防撞护栏构造图

立柱伸缩缝侧横梁截断并内套伸缩套管横梁以适应梁端伸缩需要。伸缩套管横梁伸入梁端立柱内，端部设计滑动槽，在立柱处与横梁、立柱通过螺栓连接为一个整体。伸缩缝处护栏横梁跨度方向被分为三段，其中中间段为伸缩段，单管截面，其长度为1/2伸缩缝伸缩量；其他两段均为横梁悬臂段内套伸缩套管横梁，双管截面。伸缩缝处横梁构造如图2所示。

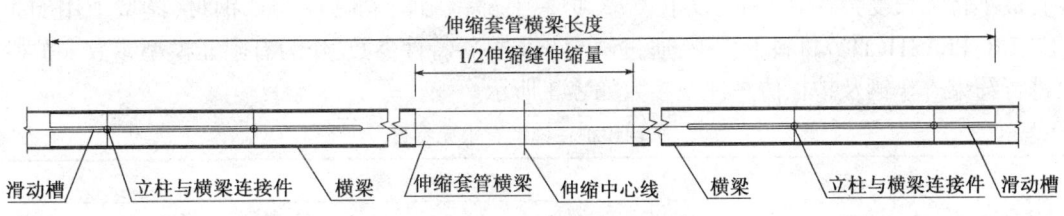

图2 桥梁大位移伸缩缝处防撞护栏构造图

石首大桥梁端设置双立柱以增强横梁的端部约束,双立柱间距0.6m。槽口设置立柱后,横梁的纵向跨度为3.88m;立柱伸缩缝侧悬臂段横梁之间的间距为1/2伸缩缝伸缩量,即920mm,单侧悬臂段长度1480mm。伸缩套管横梁在梁端立柱的两侧设置滑动槽,滑动槽长度应适用伸缩缝的伸缩量,单侧长度为1/4伸缩缝伸缩量,即460mm。伸缩套管横梁处于护栏横梁内,并伸入两侧梁端的立柱,采用144mm×100mm×10mm的方钢管;护栏横梁采用160mm×120mm×6mm的方钢管;伸缩套管横梁和护栏横梁均采用Q345C材质。

通过在伸缩缝槽口设计护栏底座、立柱,显著减小了横梁跨度;立柱通过螺栓对横梁、套管横梁提供多点约束;横梁双管截面段抗弯刚度大,同时也对单管截面段提供套箍作用;此优化设计有效改善了伸缩缝处护栏受车辆荷载撞击时的受力性能。

三、伸缩缝处防撞护栏安全性评估

对石首长江公路大桥伸缩缝处防撞护栏结构进行离散并建立有限元模型,模型如图3所示。根据《公路护栏安全性能评价标准》(JTG B05-01—2013)中SS级护栏碰撞条件,分别建立经实车碰撞试验验证的小客车、大客车、大货车碰撞护栏仿真模型,对护栏安全性能进行评估[6-11]。防撞护栏的碰撞条件及防护能量见表2。

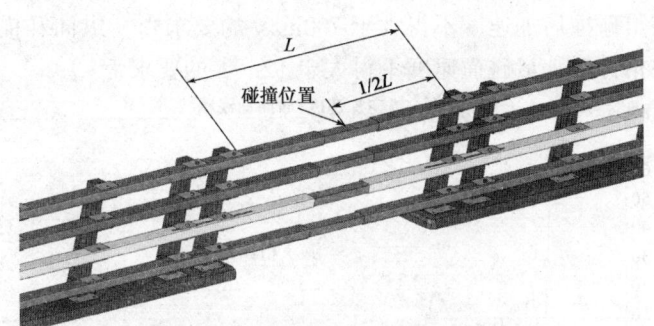

图3 石首长江公路大桥伸缩缝处防撞护栏模型及碰撞位置图

SS级护栏碰撞条件及防护能量　　　　表2

碰 撞 车 型	碰撞速度(km/h)	碰撞角度(°)	车辆总质量(kg)	碰撞能量(kJ)
小客车	100	20	1.5×10^3	—
大客车	80	20	18×10^3	520
大货车	60	20	33×10^3	520

经实车碰撞试验验证的小客车、大客车、大货车碰撞位置选择在横梁的跨中,此处横梁受力最不利,碰撞位置如图3所示。

1. 碰撞模型

根据护栏及车辆实际结构尺寸,利用Hypermesh软件按1∶1比例建立护栏和车辆的Ls-dyna有限元计算模型。

护栏上部结构和车身均为薄壁金属构件,单元类型以擅长大变形的四边形单点积分壳单元为主,控制四边形单元翘曲度小于15,长宽比小于4,最大角小于135°,最小角大于45°,三角形单元数量控制在

5%以内,最小特征长度控制在5mm以上[11]。护栏上部钢结构采用Q345C钢材,模型中用Mat_PLECWISE_LINER_PLASTICITY材料卡模拟,通过试验获得材料特性参数,作为有限元模型参数。护栏底部采用螺栓进行约束。车辆及护栏仿真模型参数如表3所示。

车辆和护栏模型有限元参数　　　　　表3

项目	个数			
	护栏	小客车	大客车	大货车
节点	254018	48888	106462	81392
1D单元	860	270	2142	1068
2D单元	241606	49626	102432	80122
3D单元	0	340	1727	0

2. 车辆碰撞分析

1) 小客车碰撞

经碰撞仿真分析,小客车碰撞护栏过程如图4所示。分析表明车辆平稳驶出,没有穿越、翻越、骑跨和下穿护栏现象,碰撞后车辆恢复到正常行驶状态,护栏阻挡功能良好[12]。

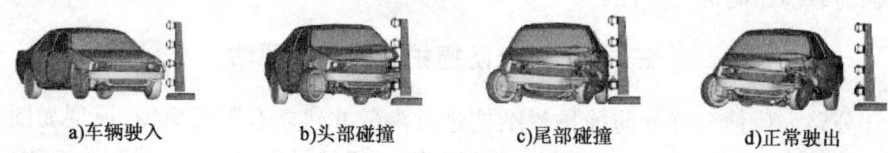

a) 车辆驶入　　　b) 头部碰撞　　　c) 尾部碰撞　　　d) 正常驶出

图4　小客车碰撞过程

小客车碰撞护栏的加速度时程曲线如图5所示,纵向和横向的乘员碰撞后加速度分别为70.9m/s²、26.2m/s²,满足指标对乘员碰撞后加速度不得大于200m/s²的要求[12];纵向和横向的乘员碰撞速度分别为6.5m/s、8.1m/s,满足指标对乘员碰撞速度不得大于12m/s的要求[12]。

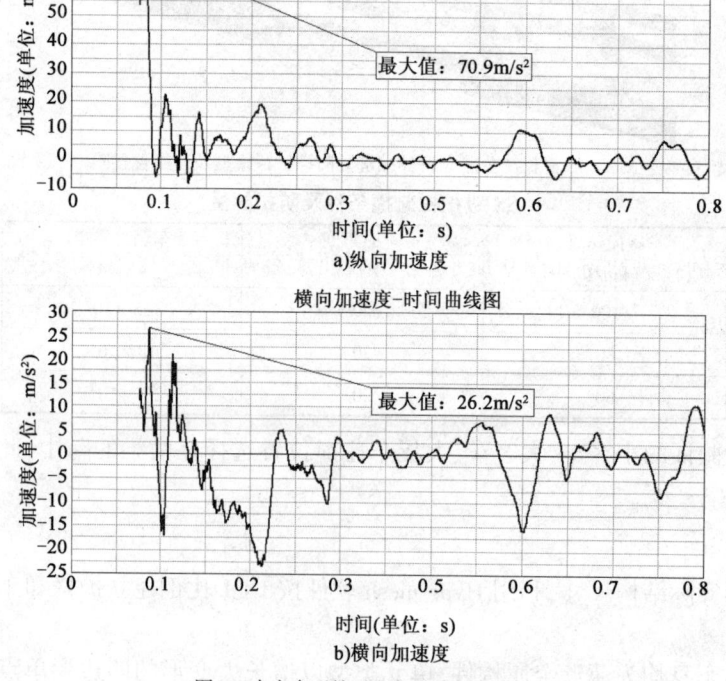

a) 纵向加速度

b) 横向加速度

图5　小客车碰撞过程加速度时程曲线

小客车碰撞前、后的行驶轨迹如图6所示,分析表明小客车碰撞护栏后行驶轨迹满足指标对导向驶出框图的要求,且小客车驶离后未翻车,护栏导向功能良好[12]。

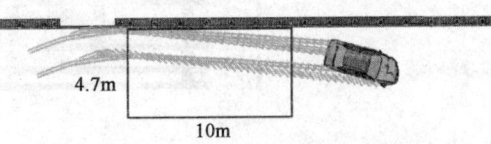

图6 小客车碰撞行驶轨迹图

小客车碰撞护栏计算结果如图7所示,图7a)为护栏受力最大时刻(即小客车车头碰撞时刻)应力云图,线弹性计算的最大应力为443MPa,位于下部伸缩套管处。小客车碰撞后护栏变形较小,如图7b)所示,但发生轻微结构屈服,护栏最大横向动态变形值为0.06m,由此分析可知,护栏对小客车具有较好的防护作用。

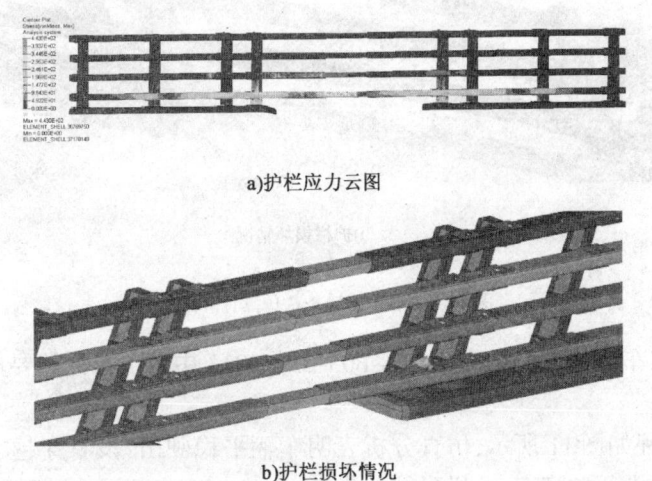

a)护栏应力云图

b)护栏损坏情况

图7 小客车碰撞护栏计算结果

仿真分析表明,小客车碰撞护栏均满足JTG B05-01—2013中各项指标的要求。

2)大客车碰撞

大客车碰撞护栏过程如图8所示,仿真分析表明车辆平稳驶出,没有穿越、翻越和骑跨护栏现象,碰撞后车辆恢复到正常行驶姿态,护栏阻挡功能良好[12]。

a)车辆驶入　　b)头部碰撞　　c)尾部碰撞　　d)正常驶出

图8 大客车碰撞过程

大客车碰撞前、后的行驶轨迹如图9所示,分析表明大客车碰撞护栏后行驶轨迹满足指标对导向驶出框的要求,且大客车驶离后未翻车,护栏导向功能良好[12]。

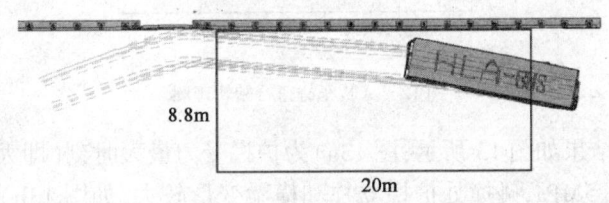

图9 大客车碰撞行驶轨迹图

大客车碰撞护栏计算结果如图10所示,图10a)为护栏受力最大时刻(即大客车车尾碰撞时刻)应力云图,最大应力为600.1MPa,碰撞处护栏有一定变形,如图10b)所示,护栏发生了结构屈服,且护栏最大横向动态变形值为0.2m。由此分析可知,护栏对大客车具有较好的防护作用。

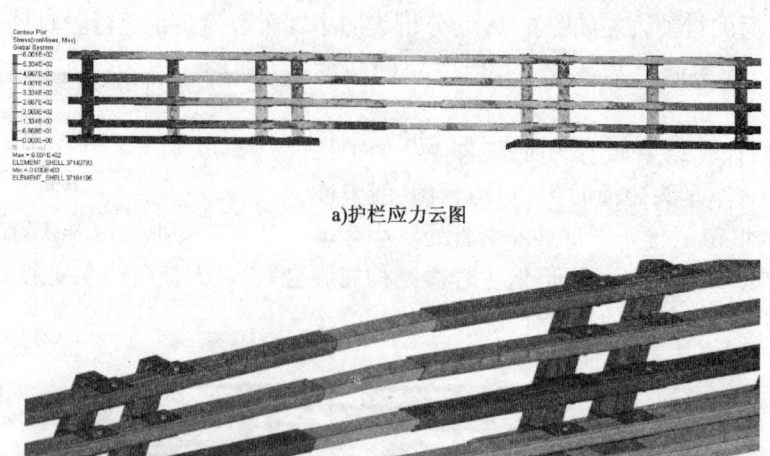

a) 护栏应力云图

b) 护栏损坏情况

图 10　大客车碰撞护栏仿真计算结果

仿真分析表明,大客车碰撞护栏均满足 JTG B05-01—2013 中各项指标的要求。

3) 大货车碰撞

大货车碰撞护栏过程如图 11 所示,仿真分析表明车辆平稳驶出,没有穿越、翻越、骑跨、下穿护栏现象,碰撞后车辆恢复到正常行驶姿态,护栏阻挡功能良好[12]。

a) 车辆驶入　　　　b) 头部碰撞　　　　c) 尾部碰撞　　　　d) 正常驶出

图 11　大货车碰撞过程

大货车碰撞前、后的行驶轨迹如图 12 所示,分析表明大货车碰撞护栏后行驶轨迹满足指标对导向驶出框的要求,且整体式货车驶离后未翻车,护栏导向功能良好[12]。

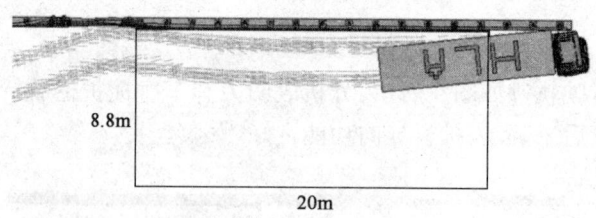

图 12　大货车碰撞行驶轨迹图

大货车碰撞护栏计算结果如图 13 所示,图 13a) 为护栏受力最大时刻(即大货车车厢尾部碰撞时刻)应力云图,最大应力为 600.5MPa,碰撞处护栏立柱和横梁变形较大,如图 13b) 所示,护栏发生了结构屈服,且护栏最大横向动态变形值为 0.4m。

大货车碰撞护栏时,护栏上横梁出现撕裂现象,由图 13a) 可知此处应力较大,由于大货车车厢前部与上横梁严重刮擦所致,如图 13c) 所示。分析可知,护栏可对大货车形成有效防护。

仿真分析表明,大货车碰撞护栏均满足 JTG B05-01—2013 中各项指标的要求。

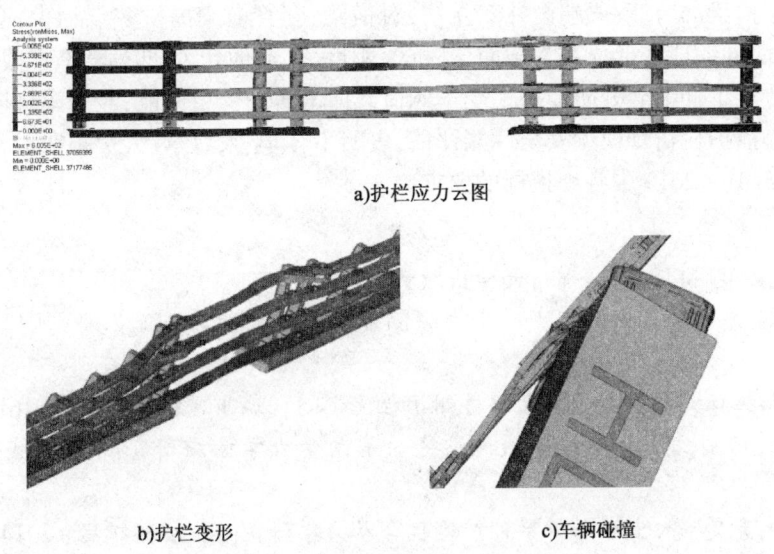

a)护栏应力云图

b)护栏变形   c)车辆碰撞

图13 大货车碰撞护栏仿真计算结果

3．安全性结论

石首长江公路大桥伸缩缝处防撞护栏仿真分析计算结果如表4所示。仿真分析表明小客车、大客车、大货车在最不利碰撞位置碰撞护栏均满足 JTG B05-01—2013 中各项指标的要求。

石首长江公路大桥伸缩缝处防撞护栏安全评估汇总表　　　表4

评估项目			小客车		大客车		大货车	
			结果	是否合格	结果	是否合格	结果	是否合格
阻挡功能	车辆是否穿越、翻越和骑跨护栏		否	合格	否	合格	否	合格
	护栏构件及其脱离件是否侵入车辆乘员舱		否	合格	否	合格	否	合格
导向功能	车辆碰撞后是否翻车		否	合格	否	合格	否	合格
	车辆碰撞后的轮迹是否满足导向驶出框要求		满足	合格	满足	合格	满足	合格
缓冲功能	乘员碰撞速度(m/s)	纵向	6.5	合格	—		—	
		横向	8.1	合格	—		—	
	乘员碰撞后加速度(m/s^2)	纵向	70.9	合格	—		—	
		横向	26.2	合格	—		—	
护栏最大横向动态变形量 D			0.06m		0.2m		0.4m	
护栏最大横向动态位移外延值 W			0.2m		0.35m		0.55m	
车辆最大动态外倾值 VI			—		0.72m		0.21m	
车辆最大动态外倾当量值 VIn			—		1.17m		0.21m	

四、结　　语

传统的伸缩缝处防撞护栏均在预留槽口外侧安装护栏立柱；横梁的伸缩拼接套管设置于横梁跨中区，其在桥梁纵向的分布一般为：边立柱伸缩缝侧悬臂端单管区段，中间供伸缩的拼接套管区段，边立柱伸缩缝侧悬臂端单管区段；对大跨径桥梁而言，因大位移量的伸缩需要，护栏横梁跨度大，无立柱的区段长，远达不到规范规定的立柱间距要求，且护栏横梁沿桥梁纵向基本为单管，整体防撞能力弱。

石首长江公路大桥对主桥伸缩缝处防撞护栏进行了全面优化设计。通过在伸缩缝槽口设计护栏底座、立柱,显著减小了横梁的跨度;梁端设计双立柱,对横梁、套管横梁提供多点约束;套管横梁伸入梁端的护栏立柱内,横梁除伸缩段外形成双管截面,其抗弯刚度大,同时也对伸缩段单管截面提供套箍作用。这些优化设计有效改善了伸缩缝处防撞护栏受车辆荷载撞击时的受力性能,经实车碰撞试验验证的小客车、大客车、大货车碰撞护栏仿真模型安全性能评估,表明小客车、大客车、大货车在最不利碰撞位置碰撞护栏均满足JTG B05-01—2013中各项指标的要求。

参考文献

[1] 魏建东.大跨度桥梁[M].郑州:郑州大学出版社,2011.
[2] 庞杰,李雷,谢鹏.基于桥侧护栏形式的中央分隔带护栏结构设计及优化研究[J].公路工程,2017,42(2):33-37.
[3] 罗爱道,龚帅,滕玉禄,等.黄龙带特大桥桥侧护栏优化[J].城市道桥与防洪,2016(7):104-109.
[4] 严情木,王少华,杨刚,等.大位移桥梁伸缩缝的垂向动力学响应研究[J].机械设计与制造,2013(7):41-43.
[5] 孙正峰,王少华,吴昊,等.大位移桥梁伸缩缝耦合动力学研究[J].公路工程,2014(2)59-62.
[6] 李勤策,龚帅,喻丹凤,等.HA级三横梁组合式桥梁护栏设计优化[J].城市道桥与防洪,2017(12):68-72.
[7] 雷正保,李尽歆.洞庭湖二桥护栏立柱的耐撞性拓扑优化和尺寸优化[J].合肥工业大学学报(自然科学版),2017(6)788-792.
[8] 雷正保,刘漫雪.岳阳洞庭湖二桥钢护栏优化设计[J].长沙理工大学学报(自然科学版),2015,12(2):8-14.
[9] 林国辉,邰永刚,包凌文,等.防撞护栏破坏点控制方法研究[J].重庆交通大学学报(自然科学版),2012,31(5):1002-1006.
[10] 邰永刚,赵源.长大下坡路段隧道入口钢护栏结构形式研究[J].重庆交通大学学报(自然科学版),2015,34(5):65-68.
[11] 闫书明.有限元仿真方法评价护栏安全性能的可行性[J].振动与冲击,2011,30(1):152-156.
[12] 中华人民共和国行业标准.公路护栏安全性能评价标准:JTG B05-01—2013[S].北京:人民交通出版社,2013.

10. 秭归(原香溪)长江公路大桥拱脚钢-混复合连接构造设计

詹建辉 张家元 张铭

(湖北省交通规划设计院股份有限公司)

摘 要 通过对两铰拱和固端拱拱肋结构体系的比较,秭归长江公路大桥选择采用固端拱,鉴于传统承压传剪式钢-混混合拱脚连接构造的缺点,提出了一种新型的完全承压式钢-混复合拱脚连接构造。该"承压板格构+预应力"钢-混复合拱脚连接构造通过在弦杆外、承压板顶施加预应力,将拱肋弦杆的弯矩转换为轴力,通过埋置于拱座内的预应力锚梁平衡,其弯矩传力途径清晰;弦杆轴力和预应力预压力通过端部的承压板格构传递至拱座,拱座与弦杆的连接断面为局部承压受力模式,其受力模式明确,秭归长江公路大桥拱脚钢-混复合连接构造结构新颖、特点突出、施工工艺简单、可靠度高。

关键词 结构体系 拱脚构造 承压传剪式钢-混混合连接构造 完全承压式钢-混复合连接构造 两铰拱 固端拱

一、工程概况

秭归长江公路大桥桥址位于长江三峡兵书宝剑峡峡口,桥址区峡谷两岸地形陡峻,河谷呈相对狭窄的"V"型,桥位处基岩大多直接出露,主要为中厚层白云质灰岩、白云岩夹角砾状灰岩、泥质砂岩条带或透镜体等,第四系覆盖层零星分布。

长江大桥主桥为主跨519m(计算跨径)中承式钢桁架拱桥,按四车道一级公路标准设计,汽车荷载等级为公路Ⅰ级[1]。桥面梁全宽27.3m(不含两侧各2.5m宽人行道)。拱肋主桁采用易于控制腹杆稳定的柏式桁架,为空间变截面桁架式结构,采用双片主桁,上、下游两榀主桁平行布置,主桁的横向中心距为25.3m。主桁下弦杆中心线净跨径为508m,下弦中心矢高为127.0m,矢跨比为1/4。主桁拱顶截面径向高12.0m,拱脚截面径向高14.0m。拱轴线采用悬链线线形,拱轴系数为2.0。主桥桥型布置如图1所示。

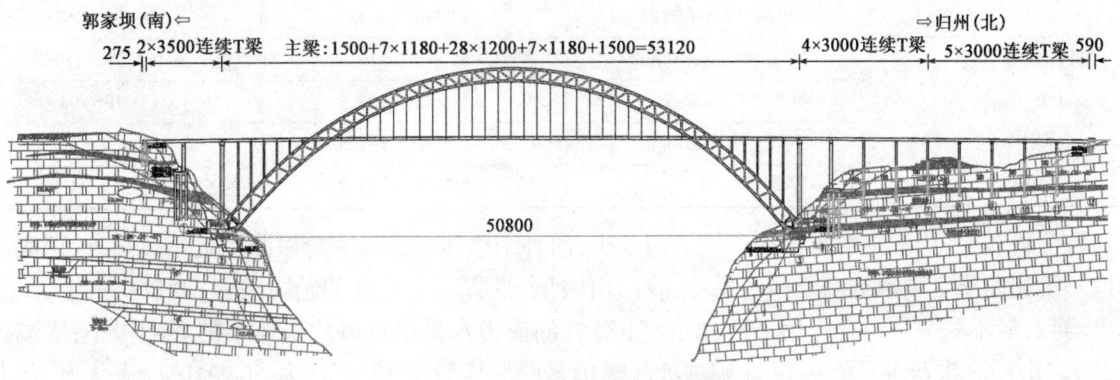

图1 香溪长江大桥桥型布置图(尺寸单位:cm)

二、拱肋结构体系选择

拱脚构造根据拱桥结构体系的不同,分为铰接构造和固接构造。拱脚设铰的有两铰拱和三铰拱,分别为外部一次超静定结构和静定结构,特点是因温度变化、拱座沉降等引起的拱的变形不会在拱肋内产生附加内力,但其竖向刚度小、拱肋挠度大,因挠度产生的附加应力不可忽视。拱脚固接的有单铰拱桥和固端拱桥,单铰拱桥极少采用,固端拱桥在拱脚处弯矩大,因温度变化、拱座沉降等引起的附加内力不可忽视,但其竖向刚度大、挠度小,因挠度带来的附加应力小。

香溪长江公路大桥结合固端拱和两铰拱的特点,对拱肋的结构体系进行了充分的比较研究。两铰拱采用铰支座方案,拱肋上、下弦杆至拱脚处合并成一个节点,该节点与拱座之间设置大吨位铰支座,铰支座需满足拱肋的竖向和横向角位移;固端拱上、下弦杆分离,分别与拱座固接,上、下弦杆之间设拱脚铰供施工时调整拱肋线形。两铰拱及固端拱拱脚段布置方案如图2、图3所示。

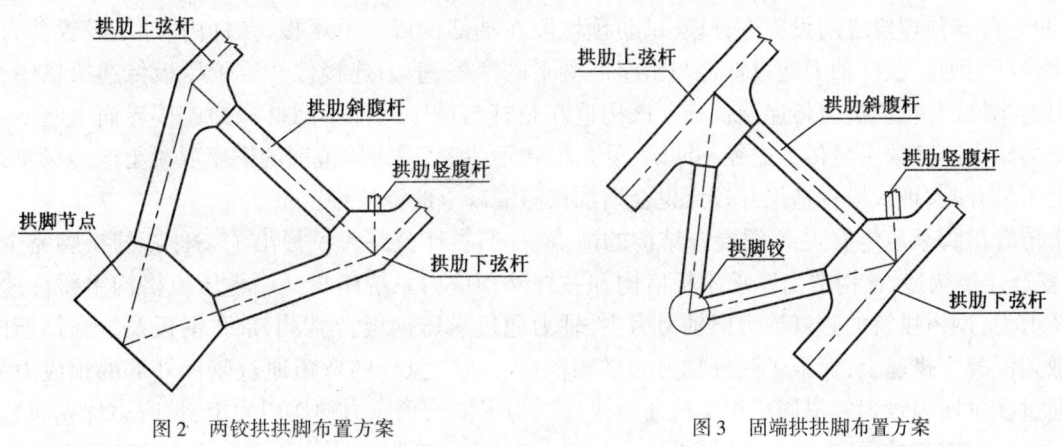

图2 两铰拱拱脚布置方案　　　　图3 固端拱拱脚布置方案

拱肋结构体系选择对两种结构体系下的结构刚度、拱肋屈曲稳定、杆件内力及应力等进行了比较研究。结构刚度、稳定系数及主要弦杆的内力和应力比较如表1所示。

两铰拱和固端拱主要受力性能比较表　　　表1

比较内容		两铰拱	固端拱
结构刚度（桥面）（m）	恒载	-0.164	-0.142
	活载（max/min）	0.188/-0.228	0.086/-0.133
	挠跨比	1/1469	1/2320
稳定系数	面内（一阶屈曲）	6.0	11.0
	面外（一阶屈曲）	12.9	10.0
结构内力（恒载）（kN）	拱顶上/下弦轴力	-34174/-23382	-39070/-16629
	拱脚上/下弦轴力	-47090/-48487	-30650/-36310
最不利组合应力（MPa）	拱顶上弦（max/min）	-157.0/-119.3	-151.3/-119.0
	拱顶下弦（max/min）	-135.0/-105.3	-133.0/-93.9
	拱脚上弦（max/min）	-195.8/-121.5	-214.1/56.2
	拱脚下弦（max/min）	-217.6/-124.3	-188.4/34.8

比较分析表明，固端拱的整体刚度优于两铰拱，两种结构体系面外一阶屈曲稳定系数接近，但固端拱的面内一阶屈曲稳定系数远高于两铰拱；恒载作用拱顶、拱脚上下弦杆的轴力表明，两铰拱的上、下弦杆受力更均匀；最不利荷载组合作用下，拱顶上、下弦杆的应力水平受拱脚约束体系的影响很小；固端拱因在荷载作用下受拱脚正、负弯矩影响，应力幅值较大，其最大拉应力为56.2MPa，最大压应力为214.1MPa。

固端拱在结构刚度、拱的稳定性上优于两铰拱；在拱肋受力上，固端拱上、下弦杆的内力差异较大，但可通过桁架拱弦杆的截面设计控制应力水平；固端拱在拱脚区段由体系温差、风荷载等产生的结构弯矩相对较大，拱脚桁架杆件及拱座受力不利，但可通过构造优化拱座-弦杆的受力状态；结合两铰拱拱脚有支座维护、更换的难题，综合以上分析，香溪长江公路大桥采用固端拱桥方案。

三、拱脚构造选择

拱桥需要将拱肋、桥面系等恒载及运营期活载通过拱脚连接构造传递至拱座基础，拱脚处内力最大。钢桁拱桥拱脚杆件的轴压刚度、抗弯刚度均远小于拱座，从而在连接界面形成显著的刚度突变，构造上造成应力集中。钢箱拱桥和钢箱桁架拱桥的拱肋钢结构和拱座混凝土结构通过拱脚连接构造完成钢-混凝土的过渡连接，因此，拱脚是拱桥受力最复杂，构造最重要的构件。

钢桁拱桥的拱脚连接构造一般采用承压传剪式钢-混混合结构，即将一定长度的主桁杆件预埋到拱座内，拱肋弦杆与预埋段之间设置嵌补段，拱肋预埋段在端部设置后承压板、弦杆内、外侧设置剪力连接件以传递弦杆内力。弦杆轴力通过杆件与拱座混凝土的摩擦、剪力连接件和后承压板传递给拱座，弯矩通过剪力连接件的抗拔、抗剪传递给拱座。该构造在弦杆与拱座两种不同材料的连接界面上刚度突变，易造成应力集中。其缺点是传力途径不明确，受力模式不清晰，埋入段范围的拱座混凝土应力场复杂，运营期混凝土易开裂，埋入段构造尺寸较大也会增加拱座混凝土的浇筑难度。

鉴于传统拱脚承压传剪式钢-混混合结构的缺点，秭归长江公路大桥提出了一种新的拱脚完全承压式钢-混复合连接构造，该构造由厚承压板格构和弦杆外预应力系统组成。厚承压板格构主要传递拱肋的轴力及剪力，钢桁拱桥的弦杆受力以轴力为主，轴力通过承压钢板、钢板下带孔钢板及加强钢筋网片，直接扩散到混凝土拱座上，保证了弦杆轴力的平顺传递。拱脚弦杆的弯矩通过弦杆外部的预应力平衡，预应力通过在拱座内设置的锚固扁担梁传递给拱座。为了增大预应力的作用力矩，预应力优先布置在弦杆外侧，弦杆顶、底板的预应力平衡弦杆平面内的竖向弯矩，弦杆腹板外的预应力平衡弦杆平面外的横向弯矩。为对预应力进行有效张拉,同时考虑弦杆至拱座轴向刚度的过渡,选择采用锚箱式构造。完全承压式钢-混复合连接构造受力模式清晰、传力途径明确、施工工艺简单。承压传剪式钢-混混合结构和完全承压式钢-混复合连接构造的拱脚方案如图4、图5所示。

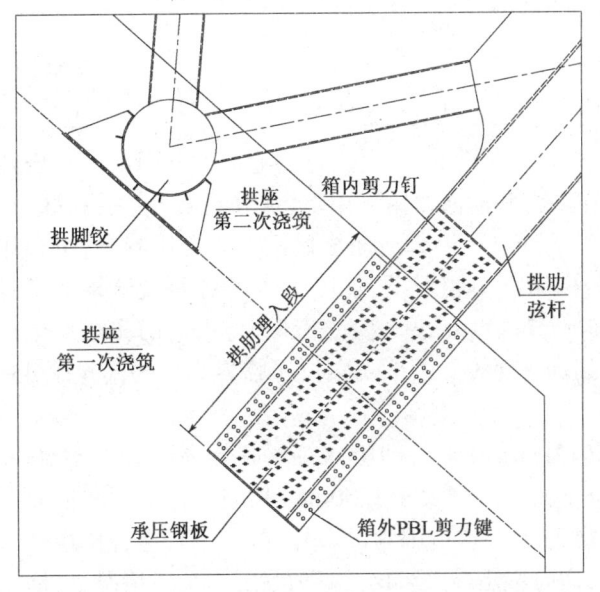
图4 承压传剪式钢-混混合拱脚构造

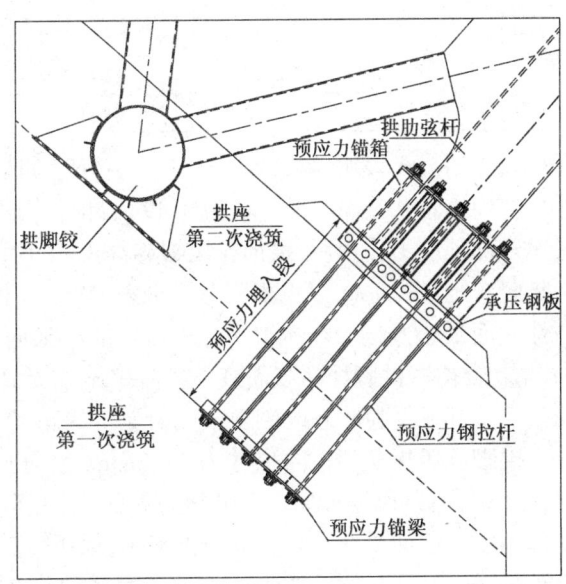
图5 完全承压式钢-混复合拱脚构造

拱肋拱脚受力主要以轴力、竖向弯矩和横向弯矩为主,将弯曲拉应力与轴压应力叠加为0的应力点到中心轴的距离定义为拉压区临界高度 e_{con},即:

$$\sigma_N + \sigma_M = 0$$

$$e_{con} = -\frac{N \times I}{M \times A}$$

将截面高度外边缘与中性轴的距离定义为 e_h,当 $e_{con} = e_h$ 时,截面高度边缘在弯曲拉应力和轴压应力作用下应力为0,处于受拉区和受压区的临界点;当 $e_{con} > e_h$ 时,则截面高度范围均处于受压区范围;当 $e_{con} < e_h$,则截面高度小于 e_{con} 的范围处于受压区,大于 e_{con} 的范围处于受拉区。

秭归长江公路大桥拱脚弦杆截面内轮廓尺寸为1800mm(竖向)×1600mm(横向),截面对称布置,顶板、底板及腹板板厚均为56mm,即截面高度方向边缘与中性轴距离 $e_{yh} = 0.956m$,截面横向边缘与中性轴距离 $e_{zh} = 0.856m$。考虑竖向弯矩和轴压力作用,当 $e_{ycon} > 0.956m$ 时,拱脚截面处于全受压状态;考虑横向弯矩和轴压力作用,当 $e_{zcon} > 0.856m$ 时,拱脚截面处于全受压状态。

承压传剪式钢-混混合构造轴力为组合作用弦杆轴力(N),完全承压式钢-混复合构造拱脚是受荷载作用轴力(N)和外部预应力(PT)共同作用(N+PT),两种拱脚构造在组合作用轴力最小(N_{min})、竖向弯矩最大(MY_{max})、横向弯矩最大(MZ_{max})和最小(MZ_{min})下的竖向拉压区临界高度 e_{ycon}、横向拉压区临界高度 e_{zcon} 如表2及表3所示。

最不利组合内力拱脚截面拉压临界高度计算表(单位:m) 表2

作用位置	N_{min}/e_{zcon}		MY_{max}/e_{ycon}		MZ_{max}/e_{zcon}		MZ_{min}/e_{zcon}	
	N	N+PT	N	N+PT	N	N+PT	N	N+PT
上游上弦	0.50	1.58	0.96	2.01	2.02	2.73	0.59	1.35
上游下弦	0.74	1.44	2.30	3.13	1.80	2.41	1.30	1.94
下游上弦	0.49	1.57	0.94	1.96	0.61	1.39	2.11	2.86
下游下弦	0.74	1.43	2.38	3.25	-1.32	-1.95	1.78	2.39

最不利组合内力拱脚承压板截面拉压临界高度计算表(单位:m)　　表3

作用位置	N_{min}/e_{zcon}		MY_{max}/e_{ycon}		MZ_{max}/e_{zcon}		MZ_{min}/e_{zcon}	
	N	N+PT	N	N+PT	N	N+PT	N	N+PT
上游上弦	0.91	3.87	1.67	4.36	−3.69	−5.64	1.08	3.15
上游下弦	1.36	3.25	4.00	6.14	−3.30	−4.96	2.38	4.11
下游上弦	−0.90	−3.83	1.64	4.27	−1.11	−3.24	3.86	5.89
下游下弦	−1.35	−3.24	4.13	6.37	−2.41	−4.14	3.26	4.91

表2的分析表明,组合作用轴力最小(N_{min})情况下,承压传剪式钢-混混合构造拱脚截面横向拉压临界高度均小于0.856m,最小值为0.49m,即拱脚截面在轴力和横向弯矩作用下,部分截面处于受拉区,在考虑外部预应力作用后,横向拉压临界高度最小值提高至1.43,拱脚截面全截面处于受压状态;组合作用竖向弯矩最大(MY_{max})、横向弯矩最大(MZ_{max})和最小(MZ_{min})情况下,承压传剪式钢-混混合构造拱脚杆件截面最小竖向拉压临界高度0.94,最小横向拉压临界高度0.59,考虑外部预应力后的完全承压式钢-混复合构造拱脚杆件截面最小竖向拉压临界高度提高至1.96,最小横向拉压临界高度提高至1.35,即截面从部分受拉状态改善至全截面受压状态。

拱脚承压板截面平面尺寸为3212mm(竖向)×3012mm(横向),即竖向拉压临界高度大于1.606m时,截面在轴力和竖向弯矩作用下全截面受压;横向拉压临界高度大于1.506m时,截面在轴力和横向弯矩作用下全截面受压。表3的分析表明,承压传剪式钢-混混合构造因为没有外部预应力,组合作用轴力最小(N_{min})情况下,横向拉压临界高度最小值为0.90,横向弯矩最大(MZ_{max})和最小(MZ_{min})情况下,横向拉压临界高度最小值为1.08,即在轴力和横向弯矩作用下部分截面处于受拉区。考虑外部预应力后的完全承压式钢-混复合构造拱脚承压板截面的竖向拉压临界高度提高至4.36,横向拉压临界高度提高至3.15,即考虑外部预应力后,承压板截面全截面均处于受压状态。

综合上述分析,承压传剪式钢-混混合构造直接将一定长度的拱肋埋入拱座内,通过埋入段传递拱肋杆件的轴力、弯矩和剪力,在最不利荷载组合作用下,拱肋外缘部分截面受拉;拱脚与拱座连接段轴压刚度和抗弯刚度突变,弦杆内力的传递主要通过剪力连接键,其传力的途径不明确,局部应力集中程度严重,这是拱座处出现开裂等病害的主要原因。秭归长江公路大桥拱脚采用完全承压式钢-混复合构造,通过在弦杆外和承压板顶施加预应力作用,使得拱肋-拱座的过渡断面均处于全受压状态,拱座受力为局部承压,其受力模式明确,有效消除了拱座开裂等病害的隐患;拱肋弦杆的弯矩转换为轴力,通过埋置于拱座内的预应力锚梁平衡,弦杆轴力和预应力预压力通过端部的承压板格构传递至拱座,其受力模式清晰、传力途径明确,结构可靠度高。

四、秭归长江公路大桥的拱脚构造

拱脚复合连接构造分为拱肋上弦、拱肋下弦复合连接构造和拱脚铰连接构造。为主桁初始安装的几个节段悬臂结构能进行转角调整,拱脚设置了施工临时铰,初始施工时由拱脚铰传递内力至拱座,至设计要求时转换至上、下弦杆复合连接构造传递拱桁内力至拱座,为此拱座混凝土设置二次浇注,封固拱脚铰并完成复合连接构造施工。

秭归长江公路大桥拱脚完全承压式钢-混复合构造由厚承压板格构和弦杆外预应力系统组成。拱脚弦杆及预应力锚箱材料采用Q420qE,厚承压板格构件采用Q345qD,预应力采用屈服强度不低于835MPa的钢拉杆。拱脚总体构造如图6所示。

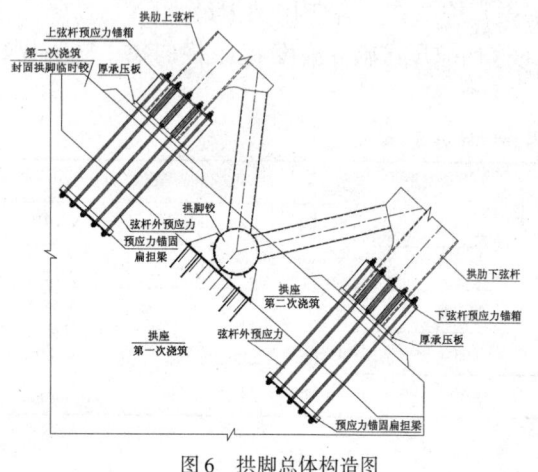

图6　拱脚总体构造图

厚承压板格构系统由承压板、带孔钢板和拱座内普通钢筋组成。秭归长江大桥厚承压板板厚200mm,承压板拱座侧设置纵、横向带孔钢板,孔内设置纵、横向钢筋,形成PBL剪力键以帮助承压板和混凝土拱座形成一个整体,并扩散弦杆的轴力至拱座基础内。

预应力系统由锚箱、锚梁、预应力等组成。预应力按弦杆内、外侧的空间,分别锚固于锚箱和承压板上,锚箱内灌注不干性防腐蚀材料保护预应力拉杆,预应力拉杆的锚固端设置扁担梁,帮助将预拉力传递至混凝土拱座内部。秭归长江大桥拱肋弦杆外设置12个预应力锚箱;预应力采用钢拉杆,其具有截面面积大、张拉吨位大、锚具小的特点;弦杆外钢拉杆直径为115mm,另外设置4根直接锚固于厚承压板格构顶面的预应力钢拉杆,拉杆直径为130mm。拱脚钢-混复合连接构造如图7所示。

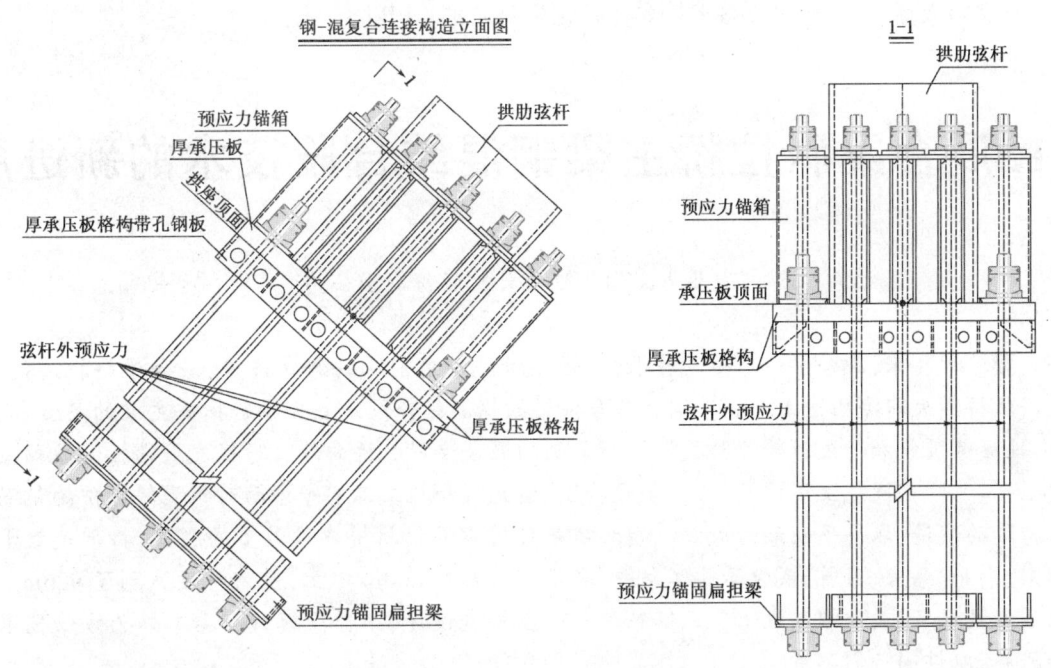

图7 拱脚钢-混复合连接构造图

厚承压板格构系统及预应力锚箱与拱肋弦杆一起在钢结构加工工厂制造,运抵现场后起吊安装;预应力扁担梁、钢拉杆及预埋钢管、拱脚铰预埋件在拱座混凝土第一次浇注前安装;拱肋架设至设计要求时,施工承压板格构带孔钢板内钢筋及拱座加强钢筋网,浇注第二次拱座混凝土;预应力锚箱与拱脚弦杆合并设置,预应力的张拉在弦杆外侧进行,施工便利。

五、结　语

(1)通过对两铰拱和固端拱拱肋结构体系的比较,综合考虑结构刚度、稳定性、拱肋杆件受力、支座维护和更换等因素,秭归长江公路大桥选择采用固端拱方案。

(2)承压传剪式钢-混混合拱脚连接构造的拱肋传力间接,拱座应力场复杂。在最不利组合作用下,拱脚处截面竖向、横向外缘均处于受拉状态;拱脚与拱座连接段轴压刚度和抗弯刚度突变,造成连接断面局部应力集中。受力不利和构造不合理是该拱脚构造在运营期容易出现开裂等病害的主要原因。

(3)"承压板格构+预应力"的完全承压式钢-混复合拱脚连接构造通过在弦杆外、承压板顶施加预应力,弦杆对应拱座截面受力为局部承压,其受力模式明确,有效消除了拱座开裂等病害的隐患;拱肋弦杆的弯矩转换为轴力,通过埋置于拱座内的预应力锚梁平衡,弦杆轴力和预应力预压力通过端部的承压板格构传递至拱座,传力途径清晰。

参考文献

[1] 湖北省交通规划设计院.香溪长江公路大桥施工图设计[Z].武汉:2015.
[2] 香溪长江大桥主桥设计[J].桥梁建设,2017(3):7-12.

[3] 易伦雄. 南京大胜关长江大桥大跨度钢桁拱桥设计研究[J]. 桥梁建设, 2009(5):1-5.
[4] 汪芳进. 新建南广铁路西江特大桥钢箱提篮拱架设方案比选[J]. 桥梁建设, 2013,43(6):117-121.
[5] 张春新. 西江特大桥钢箱提篮拱架设施工技术[J]. 桥梁建设, 2015,45(5):7-12.
[6] 李亚东,姚昌荣,梁艳. 浅论拱桥的技术进步与挑战[J]. 桥梁建设, 2012,42(2):13-20.
[7] 章继树. 基于灰色系统理论的钢桁拱桥施工控制研究[J]. 世界桥梁, 2016,44(4):55-58.
[8] 同济大学. 香溪长江公路大桥施工图设计阶段抗震性能研究报告[R]. 上海:2015.
[9] 方明霁,孙海涛. 大跨度钢桁架拱桥的极限承载力研究[J]. 世界桥梁, 2010(4):35-38.
[10] 重庆交通大学. 香溪长江公路大桥非线性稳定研究报告[R]. 重庆:2014.

11. 混合梁斜拉桥主梁钢混结合段技术的新进展

詹建辉

（湖北省交通规划设计院股份有限公司）

摘　要　近年来,混合梁斜拉桥发展很快,世界跨度排名前十的斜拉桥中,混合梁斜拉桥就有六座,混合梁斜拉桥最大跨度已达1018m。钢混结合桥梁的钢混结合段是混合梁斜拉桥主梁的关键部位,其传力能力、抗疲劳性能和耐久性等关键技术问题是制约混合梁斜拉桥向超大跨径发展的技术瓶颈之一。近年来,桥梁工程师们围绕上述问题,从结合段构造、填充料和施工工艺等方面对钢混斜拉桥的钢混结合段进行着持续的改进,取得了明显的成效。湖北省是目前钢混斜拉桥建设最多的省份,特别是近十年来建设的鄂东、荆岳、嘉鱼、石首、武穴等长江大桥,主跨跨径都在800m以上,最大跨度达到了926m。本文结合湖北省的技术实践,介绍了近十年来钢混结合段在构造设计、结合段填料和施工工艺方面技术改进的思路和措施,以供同行们参考。

关键词　混合梁斜拉桥　钢混结合段　结合段构造　结合段填料　施工工艺

一、引　言

混合梁斜拉桥主跨采用钢梁以减轻自重增大跨越能力,边跨采用混凝土梁进行配重、提高主桥整体刚度,充分发挥了钢和混凝土两种材料的优势。该桥型自1970年代在前联邦德国问世后,先后受到欧洲各国、日本等国家的青睐,1990年代后逐渐得到我国桥梁工程界的关注,近十年来发展很快,展现出强大的生命力。据不完全统计,国内外已建及在建的主跨大于400m的混合梁斜拉桥已有近20座,世界跨度排名前十的斜拉桥中,混合梁斜拉桥就有六座,混合梁斜拉桥最大跨度已达1018m(2009年建成的香港昂船洲大桥,289m+1018m+289m)。

混合梁斜拉桥的钢混结合段是混合梁斜拉桥连接钢梁和混凝土梁的过渡段,由于其两侧主梁刚度和质量相差悬殊,致使结合段受力情形复杂,是混合梁斜拉桥主梁的关键部位。

一方面,已建成并投入运营的混合梁斜拉桥中,其工作性能、力学性能和体积稳定性难尽人意,结合段存在不同程度的脱空、开裂、抗疲劳能力不足等问题,对结构的受力性能和耐久性能产生极为不利的影响,是国内外桥梁工程界迫切需要解决但又尚未完全解决的关键问题之一。

另一方面,随着混合梁斜拉桥跨径加大,主梁钢—混结合段的内力也随之加大且受力更加复杂;同时钢—混结合段作为主梁两种不同材料的连接点,刚度和强度在此发生突变,在结构力学上为结构刚度和受力的不连续点,容易导致应力集中,从而形成了构造上的弱点,因此钢—混结合段也是超大跨度混合梁斜拉桥建设需要重点攻克的关键技术之一。混合梁斜拉桥跨径达到千米级后,主梁钢—结合段需要重点解决以下关键技术问题:

（1）传力能力。以荆岳长江大桥主跨816m、梁宽38.5m的双塔混合梁斜拉桥为例，主梁钢—混结合段最大轴向压力超过2.6×10^5kN，而采用传统的结构方案，钢—混结合段的轴向承载力一般不超过2.0×10^5kN，其传力能力无法满足要求。

（2）抗疲劳性能。钢—混结合段为钢梁向混凝土梁的过渡段，刚度变化剧烈，要求能承受汽车动荷载反复作用，且结合段材料力学性能优良，剪力键承载力高，刚度、延性良好，而采用传统的结构方案和普通混凝土填料难以达到上述目标。

（3）耐久性。钢—混结合段由钢与混凝土两种材料相结合，其构造和施工工艺的合理性直接关系到结构的耐久性，应确保钢—混结合段结构合理、施工便利、工艺先进、质量易控，达到与边跨混凝土主梁、主跨钢梁同等使用寿命，而采用传统的整体现浇连接工艺难以满足上述要求。

混合梁斜拉桥主梁钢—混结合段传力能力、抗疲劳性能和耐久性等关键技术问题是制约该桥型向超大跨发展的技术瓶颈之一。多年来，桥梁工程师们围绕上述问题，从构造、填料和施工工艺等方面对钢混斜拉桥的钢混结合段技术进行着持续的改进，取得了明显的成效。

二、钢混结合构造的不断改进

国内外主梁钢—混结合段的连接构造形式，从传力角度主要划分为四种：①全截面连接承压板形式；②全截面连接填充混凝土形式；③部分连接承压板形式；④部分连接填充混凝土形式，如图1所示。

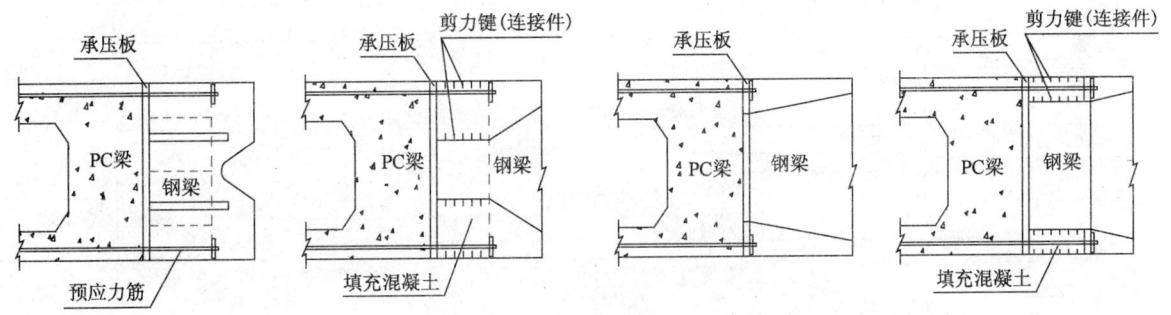

图1 钢—混结合段的连接构造形式

前两种形式采用全截面连接，结构构造和受力复杂，施工较困难，主要用于中小跨径桥梁或桥宽较窄的桥梁。

第三种部分连接承压板形式，连接截面以"承压传力"为主，需要设置超厚承压钢板，其优点是构造简单、传力直接，缺点是断面刚度的变化比较剧烈，应力扩散不均、结合段易开裂，早期的混合梁斜拉桥大多采用这种形式。

第四种部分连接填充混凝土形式，连接截面采用"承压+传剪"组合传力方式，在钢梁端部制作一段钢格室结构，并设置承压板、内部填充混凝土，依靠剪力键及预应力筋将钢梁与PC混凝土梁连为一个整体，其优点是刚度过渡比较均匀、应力扩散好、承载能力强，缺点是构造相对较复杂，对结合段钢格室构造和填充混凝土灌注要求相对较高，多用于跨度大、桥面宽、主梁轴力较大的混合梁斜拉桥，该形式在国内外都有一些应用实例，且应用效果较好。

湖北鄂东、荆岳、嘉鱼等长江大桥都是千米级混合梁斜拉桥，为了提高钢混结合段传力能力、安全性和耐久性，在钢混结合段传力模式和构造设计上作了较大的改进。具体是，采用"承压+传剪"复合传力模式和部分连接填充混凝土连接形式，以及"大尺寸钢格室+PBL剪力键+后承压板"构造，将钢格室长度加大至2m，高度加大至0.8m，增加了传力路线和传力面积，既显著提升了钢—混结合段传力能力，又实现了主梁构造、刚度和受力的匀顺过渡，较好地克服了传统钢—混结合段承载力不足、易产生局部应力集中的缺点。

1. 鄂东长江大桥钢混结合段构造设计

鄂东长江大桥主梁边跨采用预应力混凝土PK断面，钢混结合段也采用外型与之相匹配的断面形式。钢混结合段长度8.5m;钢格室在结合面钢箱梁侧高2m,钢箱梁加强段3.5m,对应钢箱梁段长度为5.5m,其构造设计见图2和图3。其主要构造特点包括:①为了保证钢混结合段传力平顺、刚度过渡合理,钢箱梁加强段在U肋中间加设T型加劲;②钢箱梁端部设置多格室结构,且在格室内填充混凝土,并通过剪力键及钢板与混凝土的摩擦力传递轴力、剪力和弯矩;③钢格室腹板上设置PBL剪力键代替数量较多的剪力钉,使孔洞中的混凝土处于三向受力状态,提高了剪力键的强度,且比焊钉连接件具有更优的抗滑移性能;④为了使钢箱梁与混凝土箱梁紧密结合,在运营阶段各工况下钢混结合段均处于全截面受压状态,采用预应力钢束连接钢箱梁与混凝土箱梁。

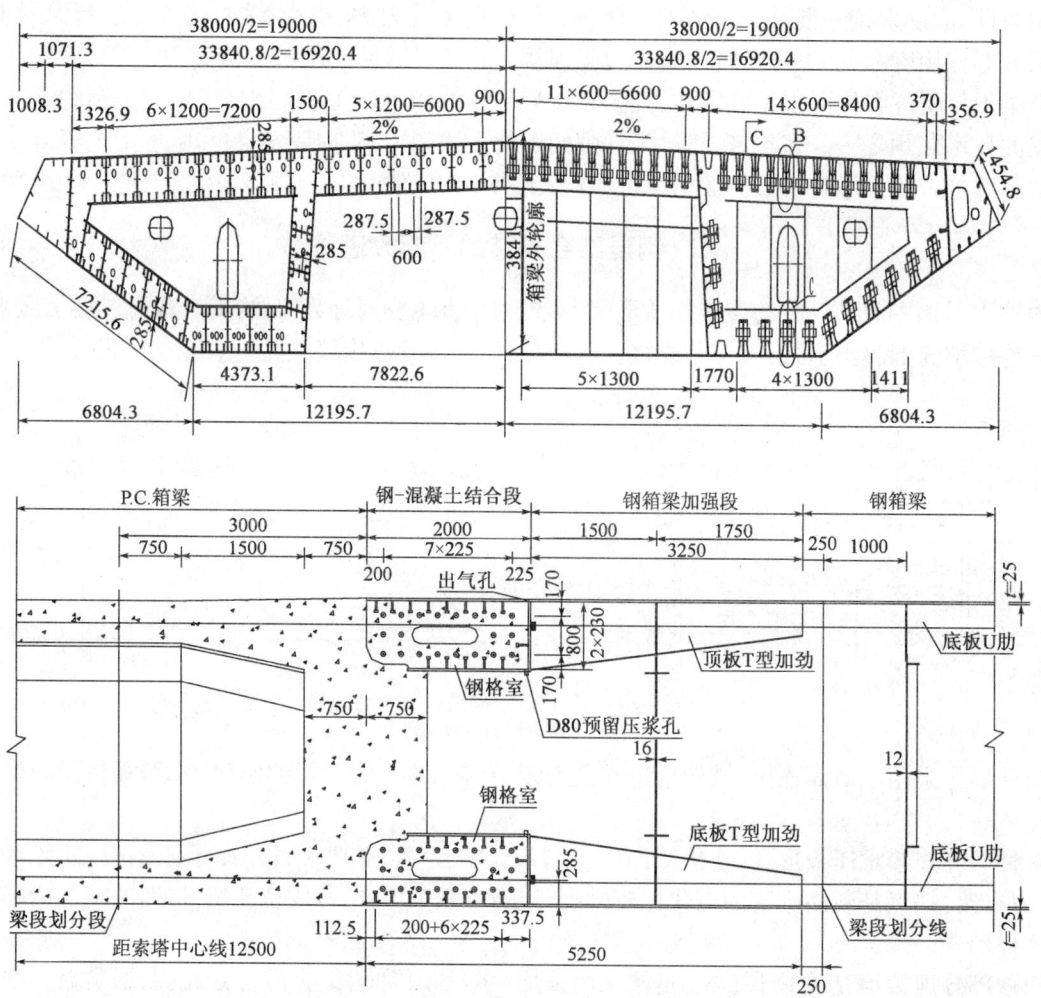

图2 鄂东长江大桥钢混结合段构造图(尺寸单位:mm)

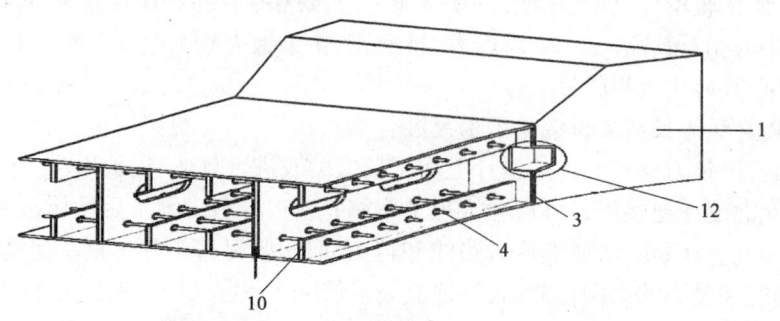

图3 钢-混结合段与混凝土梁底板连接构造单元

1-混凝土梁;3-钢混结合面(拼接缝);4-PBL剪力键钢筋;10-钢格室内抗剪钢板;12-钢混结合面剪力块

(1) 钢格室构造

鄂东长江大桥钢混结合段在顶底板及斜底板处均设置钢格室。钢格室顺桥向长度为2m,从填充混凝土应力分散所需的必要面积、格室内进行焊接的空间、预应力钢筋张拉及锚固作业空间、填充混凝土施工的便利性及构件加工制作可行性等因素综合考虑,钢格室高度取为80cm。

为使混凝土与钢格室更紧密地结合,保证施工和运营阶段的连接可靠性,钢格室与混凝土相贴的顶板、底板和承压板上均设置剪力钉;钢格室腹板上采用开孔剪力键(PBL剪力键)代替数量较多的剪力钉。这样可使孔洞中的混凝土处于三向受力状态,提高剪力键的强度,且比焊钉连接件具有更优的抗滑移性能。鄂东长江大桥钢混结合段首次将PBL键应用于混合梁斜拉桥的钢—混凝土结合段上,避免了在钢格室内大量焊接剪力钉。采用剪力钉和PBL剪力键相结合的方式在工艺上避免了烦琐的工序,简化了构造,且具有更强的可操作性与可靠性。

为保证混凝土浇筑时在箱体内能够自由流动和钢格室角点混凝土密实,在钢格室顶板上开设浇筑孔、隔板上设置连通孔,上角点及适当位置设置出气孔,在下角点预留压浆孔;为确保连接的可靠性,钢格室箱体内侧钢板必穿孔钢筋及搭焊钢筋与混凝土横梁内钢筋连成整体。

(2) T型加劲构造

为使钢混结合段传力平顺、刚度过渡合理,钢箱梁加强段在U肋中间加设T型加劲肋,加劲长度为3.05m。T型加劲高度在长度范围内从800mm至360mm渐变。考虑U肋局部的安全性,T型加劲处U肋留槽,T型加劲的腹板与钢箱梁底板采用双面剖口贴角焊,待T型加劲与底板焊接完成后再用角焊缝对留槽处进行连接。

(3) 预应力构造

为了使钢箱梁与混凝土箱梁紧密结合,在运营阶段各工况下钢混结合段均处于全截面受压状态,采用预应力钢束连接钢箱梁与混凝土箱梁。其中,钢混结合段腹板钢束采用连接器与混凝土箱梁腹板钢束相连,锚固于结合段钢格室钢箱梁侧。顶底板钢束伸入混凝土箱梁侧一定长度后锚固。结合施工模拟计算分析中出现的不利工况,在钢箱梁悬臂吊装施工期间,钢混结合段底板设置无黏结临时预应力钢束,待主桥合龙后拆除。

(4) 受力分析

钢混结合段三维节段模型分析表明,最不利组合下混凝土主压应力小于21.2MPa,主拉应力小于2.77MPa,钢构件Vonmises应力均小于容许值231MPa,满足规范要求。

钢格室局部模型分析表明,钢板内力的传递是不均匀的,呈两头大中间小的趋势,其中以承压板传递的荷载最多,视承压板的厚度不同,传递荷载在总荷载的33%~38%之间变化。PBL剪力键所传递的力也是不均匀的,第一排剪力钉传递的荷载最多,之后逐渐递减,至最后两排又有所增加。根据Leonhardt教授给出的PBL剪力键计算公式,不计钢筋作用时,一个PBL可承担约55.2kN的荷载;考虑钢筋作用时,一个PBL可承担约152.5kN的荷载,据此拟定一个钢格室侧壁的PBL剪力键为20个。分析结果表明,混凝土主压应力均不超出21.2MPa、主拉应力不超过2.77MPa,;PBL剪力键钢筋最大Vonmises应力为30.8MPa;钢隔室外壁最大Vonmises应力为162MPa,均能够满足规范要求。通过优化分析,确定一个钢格室侧壁的PBL剪力键为18个。单个格式内力分布为:格式腹板(含PBL剪力键)分担32.5%,顶底板分担15.6%,后承压板分担51.9%。

(5) 节段梁缩尺模型试验

为了验证钢混结合段的受力情况,选取主桥塔根部至中跨1号索之间约22m长的梁段,制作了1∶2半幅缩尺模型试件,见图4。采用几何、物理及边界条件相似进行试件设计,各细节构造基本模拟实桥。在1.4倍设计荷载作用下,施加最大正弯矩和最大负弯矩两种工况。试验表明,钢混结合段具有较大的安全储备,应力和刚度过渡较为平顺;依据试验中承压板前后断面应力变化,推算结合段顶板格式后承压板轴力分担比例为45%,底板格室后承压板轴力分担比例为50%,其余大部分由钢格室开孔腹板承担,内力分担比例与计算分析基本一致;剪力钉和PBL剪力键的布置合理,荷载作用下钢与混凝土结合面相对滑移量较小,两种材料近乎完全结合共同承担作用力。

图4 钢混结合段节段梁缩尺模型试验

2. 荆岳长江大桥钢混结合段

荆岳长江大桥边跨混凝土梁段和钢混结合段采用匹配制造、预制拼装的连接方式,拼接面预留剪力块,其钢混结合段构造在鄂东长江大桥的基础上,又做了进一步改进。其结构特点主要有以下几点:①有格室前后承压板式结合段。在国内首次采用有格室承压板式结合段构造,钢梁传来的巨大轴向力通过后承压板和格室内的剪力键平缓传递至格室内填充的混凝土,最终通过梁段拼缝均匀地传递至混凝土梁过渡段;设置承压板使格室内混凝土处于多项约束状态,提高混凝土强度。②格室顶、底板采用PBL剪力键。其优点一是全部为板件焊接,焊接量较小,施工简便,又能起到对板件的加肋作用;二是刚度和承载力很大;三是延性较好,抗疲劳性能好。③格室腹板设置开孔板连接件。开孔板连接件具有较大的抗剪刚度和承载能力,易在较短的结合范围内实现钢与混凝土间作用力的传递和扩散,且受疲劳的影响不大。④结合面采用预制拼装方式连接。主梁钢混结合段与混凝土梁过渡段通过预制拼装形式进行结合,两者间通过剪力块实现匹配制造;所采用的结合面构造方式,在混合梁斜拉桥中也是首次使用。荆岳长江大桥钢混结合段构造见图5。

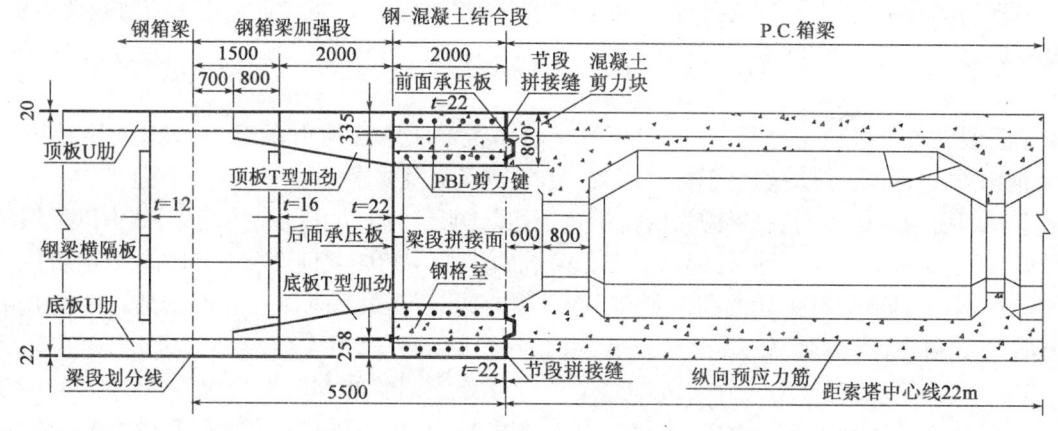

图5 荆岳长江大桥钢混结合段构造图(尺寸单位:mm)

三、钢混结合段填充料技术改进

通过对已建钢混斜拉桥钢混结合段使用状况的调查,采用普通混凝土灌注存在的脱空、开裂、抗疲劳性能不足等问题,其主要原因为:①钢混结合段作为钢梁与混凝土梁之间的过渡段,其两侧主梁质量和刚度均相差悬殊,普通混凝土韧性差、抗疲劳能力不足,难以保证钢梁与混凝土间的力学匹配。②钢混结合段格室内混凝土的灌注空间较为狭小,不便振捣施工,普通混凝土粗集料粒径较大,灌注质量难以保证。③普通混凝土后期收缩较大且与钢板的黏结强度不高,结合段格室顶板与混凝土极易出现脱空,上部雨水经铺装层裂缝渗入格室内部,严重影响结合段的耐久性。

要进一步改善甚至完全解决钢混结合段存在的脱空、开裂、疲劳性能不足等问题,需大幅提高混凝土的工作性能、力学性能、体积稳定性和耐久性。理想的结合段填充材料应具备以下基本性能：①弹性模量大、韧性好、抗压强度适中、抗疲劳强度高，保证钢梁与混凝土间力学匹配。②流动性好，集料粒径适宜，易于灌注施工。③收缩小，与钢板黏结强度高，能有效保证钢格室与混凝土间的结合。

湖北省嘉鱼和石首长江公路大桥混合梁钢混结合段在鄂东、荆岳长江大桥钢混结合段的基础上，以研发混合梁斜拉桥钢混结合段活性粉末混凝土RPC灌注材料为核心，从材料性能需求与配制、PBL剪力键受力性能、钢混结合段受力性能以及钢混结合段施工工艺四个方面进行研究。

(1) 研究钢混结合段灌注材料RPC的配制技术。研究的技术路线是以达到RPC的性能需求指标为核心，主要从配制原理、原材料和配合比对力学性能、工作性能和体积稳定性的影响出发，总结出原材料及配合比参数对RPC的性能影响规律，为配制RPC提供试验和理论依据。

(2) 对采用普通混凝土、不掺钢纤维素的RPC(RPC)和掺钢纤维的RPC(简称RPCF)的剪力键进行破坏试验。对钢混结合段剪力键的破坏模态、极限承载力、荷载-滑移曲线以及荷载应变曲线等进行分析，为灌注RPC的钢混结合段内PBL抗剪承载力计算理论与方法的提出提供数据支撑。

(3) 通过对钢混结合段进行1∶3缩尺模型试验，研究压弯、纯扭、压弯扭等不同工况下灌注RPC钢混结合段的受力性能，并采用有限元程序对试验模型进行参数分析。研究表明，采用RPC灌注的钢混结合段具有足够的强度和安全系数，RPC与钢格室结合紧密，能较好地满足结合段受力需求。同时，RPC具有比普通混凝土更佳的工作性能、力学性能、体积稳定性、耐久性和抗疲劳性能，能大幅度提升混合梁斜拉桥钢混结合段的使用性能以及经济性。

(4) 结合嘉鱼、石首长江大桥特点，制定适合混合梁斜拉桥钢混结合段灌注材料RPC的施工技术方案、现场质量控制措施和养护技术，提出具有可操作性的控制RPC浇筑质量的成套技术。

超高性能活性粉末混凝土RPC灌注料的应用，使结合段抗压承载能力和PBL剪力键抗剪承载能力大幅提高，设计相应减少了结合段内钢格室和PBL剪力键的数量。钢格室和PBL剪力键的数量较鄂东长江大桥降低40%，结合段构造进一步优化，节省了材料且施工质量更易保证。

四、钢混结合段施工工艺的改进

钢混结合段施工工艺的改进主要是采用短线法预制拼装施工工艺安装钢混结合段和钢混结合段混凝土浇筑工艺的改进。

(1) 荆岳长江大桥钢—混结合段创新性地采用短线法预制拼装施工工艺，即在钢梁与混凝土梁结合面处设置拼接缝，待连接混凝土梁段预存3个月以上后，再与结合段钢梁拼装，最后浇筑钢格室内填充混凝土。

该施工工艺克服了传统现浇施工的缺点，采用预制存梁后大幅降低了混凝土收缩徐变产生的不利影响，参与受力的混凝土梁龄期长，且钢格室填充混凝土仅100多方，施工操作便利、质量易控(图6)。

图6 荆岳长江大桥钢混结合段预制拼装

(2) 嘉鱼、石首长江大桥基于所配制使用的超高性能活性粉末混凝土RPC灌注料的性能及大桥结合段的构造特征，提出了相应的结合段施工的合理工艺，其主要特点如下：①不同形式箱梁间的一体化连续施工。结合段、过渡段、普通混凝土箱梁节段混凝土浇筑同步、依序施工，实现了钢混结合段钢格室RPC

灌注、结合段与普通混凝土箱梁间过渡段以及普通混凝土箱梁节段间的连续整体无缝施工,减少了施工冷缝数量,提高了结构的整体性。②结合段钢格室 RPC 的连续高效灌注。钢格室按合理的灌注顺序分区、分层施工,实现了结合段格室 RPC 的高质量灌注。③混凝土过渡段施工工艺简便。钢混结合段与普通混凝土箱梁间的过渡段由结合段使用的 RPC 和箱梁使用的普通混凝土混合搅拌而成,为此试验研究了 RPC 和普通混凝土混合的合理比例及方式,并为此设计了结合段 RPC 灌注和相邻普通箱梁混凝土浇筑的合理顺序。

五、结　语

湖北省几座长江大桥的实践表明,采用"承压 + 传剪"复合传力模式、"大尺寸钢格室 + PBL 剪力键 + 后承压板"构造方案、RPC 等高性能混凝土填充材料、节段预制拼装施工工艺等综合技术创新路线,是提升斜拉桥主梁钢—混结合段整体技术性能的有效途径,对于提高斜拉桥的跨越能力也具有重大意义。桥梁技术是不断发展的,对斜拉桥主梁钢混结合段技术改进不会止步,但提高钢混结合段传力能力、抗疲劳性能和耐久性始终是努力的方向。

参考文献

[1] 徐国平,张喜刚. 混合梁斜拉桥[M]. 北京:人民交通出版社,2013.
[2] 詹建辉,廖原. 嘉鱼长江大桥总体设计[J]. 中外公路. 2017(3).
[3] 常英,詹建辉. 鄂东长江公路大桥结构设计方案研究[J]. 桥梁建设,2013(3).
[4] 张家元,詹建辉,丁望星. 石首长江大桥短线法预制 PC 主梁设计研究[J]. 世界桥梁,2019(1).
[5] 鄂东,荆岳,嘉鱼. 石首长江大桥施工设计文件[Z]. 武汉.

12. 秭归(香溪)长江公路大桥主桥设计

詹建辉　张　铭　张家元
(湖北省交通规划设计院)

摘　要　秭归(原称香溪)长江公路大桥主桥为钢桁架全推力中承式无铰拱桥,拱轴计算跨径为 519m,主跨跨度 531.2m。拱肋采用空间变截面桁架结构,拱轴线采用悬链线形,拱轴系数为 2.0。桁架拱采用 2 片主桁,主桁采用柏式桁架,拱顶、拱脚截面径向高度分别为 12.0m、14.0m。主桁节点采用焊接整体节点,拱脚连接采用端部承压式构造。拱上立柱采用钢箱排架结构。桥面梁采用格子梁体系,在钢纵、横梁顶面布置焊钉与钢筋混凝土桥面板形成结合梁结构。吊杆采用整束挤压钢绞线吊杆。拱座采用分离式钢筋混凝土结构,拱座基础采用明挖扩大基础。上部结构安装采用斜拉扣挂、缆索吊装系统,拱肋主桁采用节段整体吊装,两岸对称悬臂拼装的方式架设。
关键词　桁架拱桥　中承式桥　结构体系　主桁　联结系　桥面结构　桥梁设计　施工方法

一、概　述

秭归长江公路大桥是湖北省骨架公路网中第 6 纵(郧县—来凤)的第 2 条支线(兴山—五峰)跨越长江的节点工程,桥址位于长江三峡兵书宝剑峡峡口。桥址区峡谷两岸地形陡峻,河谷呈相对狭窄的 V 型,地形平均坡度约 50°～55°,局部坡度达 60°～70°,两岸谷坡为岩质岸坡。桥址区受区域地质构造变动作用较强烈,主要构造形迹为小型褶曲、断层及裂隙。桥位处基岩大多直接出露,主要为中厚层白云质灰岩、白云岩夹角砾状灰岩、泥质砂岩条带等,第四系覆盖层零星分布。

二、总体布置

大桥全长883.2m,桥跨组合为:2×35m预应力混凝土T梁(南引桥)+531.2m中承式钢桁架拱桥(主桥)+9×30m预应力混凝土T梁(北引桥)。主桥两侧过渡墩之间的跨度为531.2m,拱轴计算跨径为519m。大桥按双向四车道设计,桥面全宽27.3m(不含两侧各2.5m的人行道),汽车荷载为公路—I级[1]。秭归长江公路大桥桥型布置见图1。

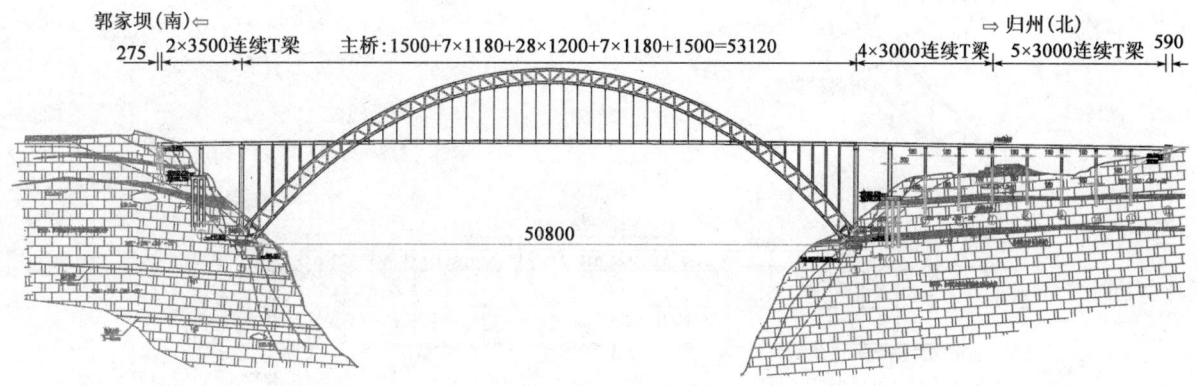

图1　秭归长江大桥桥型布置(尺寸单位:cm)

主桥拱肋采用空间变截面桁架式结构,主桁下弦杆中心线净跨径为508m,下弦中心矢高为127.0m,矢跨比为1/4。主拱轴线采用悬链线线形,拱轴系数为2.0。桁架拱采用双片主桁,上、下游两榀主桁平行布置,主桁的横向中心距为25.3m。主桁采用易于控制腹杆稳定的柏式桁架,拱顶、拱脚截面径向高分别采用12.0m、14.0m。主桁采用变节间布置,共有12.0m、11.8m两种布置方式,桥面以上主桁节间长度为12.0m,吊索间距为12.0m;桥面以下主桁节间长度为11.8m,拱上立柱间距为11.8m。桥面梁纵向布置为:15m+7×11.8m+28×12m+7×11.8m+15m。

主跨桥面处于$R=25000$m的竖曲线上,拱跨结构对称布置。

三、结构设计

1. 结构体系

主桥结构体系采用全推力中承式无铰拱。桥面梁支承于吊杆、肋间横撑及拱上立柱上;桥面梁与P1~P3号拱上立柱之间在横桥向一侧设置固定铰支座、另一侧设置单向活动支座;桥面梁与P4~P6号拱上立柱、1号肋间横撑及过渡墩之间在横桥向一侧设置单向活动支座、另一侧设置双向活动支座。桥面梁与2号肋间横撑之间设置固定型高阻尼橡胶支座,与拱上立柱及肋间横梁之间设置横向限位装置。

2. 主桁

1)主桁杆件

根据主桁的受力情况,主桁弦杆采用等宽度、等高度、变厚度杆件,杆件采用箱型焊接截面,按照四面拼接设计。主桁杆件采用了Q370qD和Q420qD两种材质。为方便主桁杆件的加工制造,主桁上、下弦杆箱内宽统一为1600mm,箱内高统一为1800mm,上弦杆壁厚为28~56mm,下弦杆壁厚为24~56mm。主桁腹杆截面根据部位不同采用箱型或H型,腹杆高度统一为1600mm。H型截面腹杆的翼板宽700mm、厚24~28mm,腹板厚16~20mm。

为保证主桁杆件的局部稳定,在拱肋弦杆的箱内每块板上均设有两道纵肋,拱肋H型腹杆的腹板两侧各设有两道纵肋。拱肋主桁总体布置见图2。

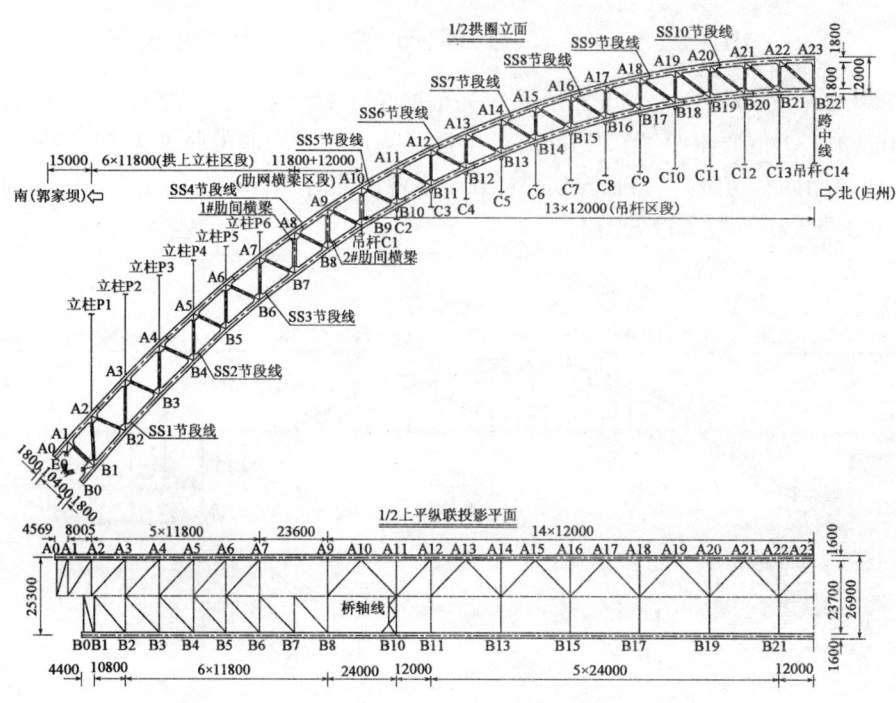

图 2 拱肋主桁总体布置(尺寸单位：mm)

2）主桁节点

为增加主拱肋的整体性、降低工地杆件拼装难度、增强结构的抗腐蚀性，设计采用整体式节点，在工厂内把主桁杆件和节点板焊成一体。拱肋腹杆与上、下弦整体节点板通过高强度螺栓连接。

拱肋弦杆在节点位置附近通过腹板的变高形成整体节点板，节点板变宽处通过圆弧匀顺过渡[2]。为便于节点传力和保证拱肋箱形杆件的局部稳定，在各节段拱肋箱内设置了多道横隔板，横隔板壁厚为20mm，整体节点板内横隔板间距1100mm，弦杆直线段内横隔板最大间距3100mm。

3）连接方式

本桥拱肋弦杆的顶、底、腹板均采用焊接的连接方式，合龙段杆件与已安装节段间的连接方式采用栓接，合龙顺序为先合龙下弦杆，再合龙上弦杆及斜杆。考虑到现场节段间环缝施工时弦杆内各纵肋施焊条件较差，箱内各纵肋采用高强度螺栓进行连接。

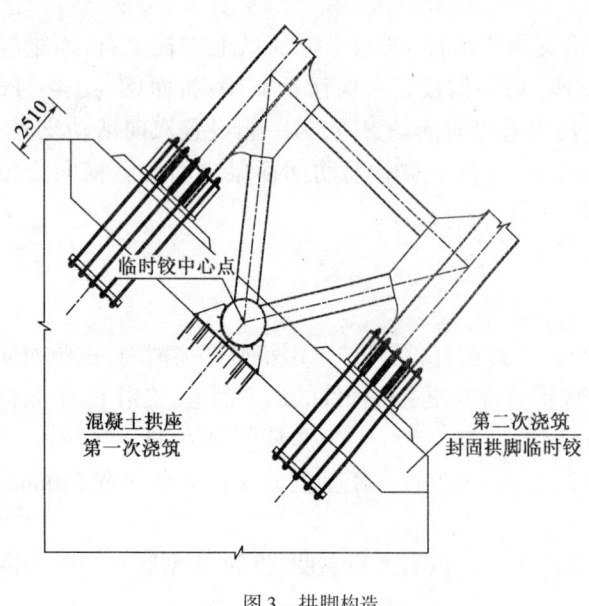

图 3 拱脚构造

4）拱脚构造

拱脚处是主桁结构受力最大的部位，根据本桥钢桁架无铰拱的受力特点，拱脚连接构造采用端部承压板式。在拱脚弦杆端部设置200mm厚的承压板，同时在端部区域弦杆的顶板、底板、腹板的内外侧设置一定数量的加劲钢板，并与承压板有效连接，完成弦杆端部的刚度过渡；承压板底部设置开孔板连接件，连接件下部设置一定数量的局部承压钢筋网。拱脚弦杆外侧设置预应力钢拉杆，钢拉杆下端通过钢锚板在混凝土拱座内锚固，钢拉杆上端通过弦杆四周设置的加劲小钢箱进行张拉锚固。拱脚构造见图3。

为使主桁初始几个节段安装时的悬臂结构能进行转角调整，拱脚设置了施工临时铰。施工时，可根据拱脚预埋段的实际施工精度及现场施工控制情况,合理选择拱脚封固时机。

3. 联结系

桥面以上部分的拱肋上弦平面设置菱形纵向联结系、拱肋下弦之间不设置纵向联结系;桥面以下部分的拱肋上、下弦平面内采用较为简洁的K形平纵联。桥面以下部分每个拱肋节间布置一道桁架式横联,桥面以上部分每两个拱肋节间设置一道桁架式横联。

桥面与拱肋相交区域受桥面净空的影响,拱肋联结系无法正常设置。通过在拱肋上弦增设一处桁式桥门架,进一步增强了该区的横向联系,拱肋与桥面相交区域的一阶失稳模态由面外失稳改善为面内失稳,失稳特征值也有所提高。

纵向联结系杆件主要采用焊接箱形截面;桥面以上拱肋上弦之间的水平撑杆采用焊接H形截面;横联杆件主要采用焊接H形截面。

4. 拱上立柱

拱上立柱墩采用钢排架结构,立柱采用等截面钢箱。立柱钢箱横桥向尺寸为1600mm;顺桥向尺寸根据不同的立柱高度取1200~1600mm。钢箱截面壁厚均为16mm,长立柱底部局部加厚至20mm。

拱上立柱的结构形式与钢塔类似,尤其是长立柱的阻尼比较小,在常见风速下,易产生较大的涡激振动振幅。计算分析表明:P1~P4立柱排架存在顺桥向弯曲涡激振动、P1~P2立柱排架存在一阶扭转涡激振动,设计通过在长立柱内部加装调频质量阻尼器进行振动模态的控制。

5. 桥面结构

桥面梁采用构造简单、质量轻的格子梁体系。桥面结构由钢横梁、钢纵梁、钢筋混凝土桥面板组成,在钢纵、横梁顶面上布置$\phi 22$圆柱头焊钉与钢筋混凝土桥面板形成组合梁结构。

钢横梁根据不同的布设位置分为:吊杆横梁、肋间横梁、立柱横梁、端横梁。吊杆横梁间距12.0m,立柱横梁间距11.8m。一般来说,格子梁体系的横向整体性相对较差[3],在每两道吊杆横梁及立柱横梁间设置一道加劲小横梁,以增强桥面结构的整体性。钢横梁全宽27.3m,横桥向中心梁高2.1m。

钢纵梁在横桥向共设置9道(拱上立柱区段除外),其中外侧两根纵梁为主纵梁,其余为中纵梁,纵梁横桥向间距2.8~2.85m。主纵梁高度为1890mm,与钢横梁高度相同,中纵梁梁高0.8~1.2m。

主桥桥面由厚20cm的C50钢筋混凝土预制板+湿接缝现浇混凝土+防水层+10cm厚改性沥青混凝土组成,现浇接缝混凝土采用50号补偿收缩钢纤维混凝土。

6. 吊杆

主桥拱肋与桥面钢横梁间采用整束挤压钢绞线吊杆,吊杆锚具采用整束挤压锚头。吊杆拉索索体采用抗拉强度1860MPa的37根$\phi 15.2$环氧喷涂无黏结钢绞线,缠包后热挤HDPE。吊杆采用单吊杆体系,横桥向吊杆中心距25.3m,纵桥向吊杆中心距12.0m。

吊杆上端为固定端,锚固在拱肋下弦杆的吊索锚箱上。吊杆的张拉端设置在桥面钢横梁的底部,采用构造简单的锚管式构造。

为解决端部C1短吊杆变位、疲劳问题,设计采用增加吊杆自由长度的方法。将该吊杆的上锚固端延伸至拱肋主桁上弦顶部,对应的主桁腹杆设计成截面较大的箱型杆件以适应吊杆的纵向变位。

7. 拱座及基础

拱座采用分离式钢筋混凝土结构,底面设计成阶梯形,有利于拱座与地基间的传力。北岸拱座处上、下游地形差异较大,上、下游拱座高度分别为28m、23m,基底尺寸均为28.03m×6.5m。南岸拱座高26m,基底尺寸为28.03m×6.5m。

拱座基础采用明挖扩大基础。拱座基础所处山体卸荷裂隙发育、存在软弱夹层及局部断层,地形地质条件异常复杂,设计采用抗滑桩、锚索、压浆等综合加固措施保证拱座边坡的稳定。

上、下游拱座基础之间设置一道横系梁,横系梁长18.8m,宽7m,厚3.4m。

四、主要施工方法

根据本桥桥位实际情况,上部结构安装选择斜拉扣挂、缆索吊装的方法[4-5]。该施工方法与本桥山区峡谷地形条件相适应,主桁吊装节段采用船运至桥位,节段起吊、纵移、就位,安装便捷、供料方式的选择范围大。

本桥拱肋主桁的安装采取节段整体吊装,两岸对称悬拼。主桁上下弦杆、整体节点、腹杆在厂内拼装成整体节段,然后再将整体节段船运至工地吊装拼接。节段最大吊重约为 270 t(两个主桁节间组成一个整体吊装节段)。单榀拱肋主桁共划分为 22 个整体吊装节段(南北两岸各 11 个整体吊装节段)和一个跨中合拢段。

南、北岸扣塔设置在引桥 1 号、4 号墩处,并设置永、临结合的群桩基础,扣塔顶部设置吊装缆塔。

五、关键技术研究

(1)结构体系选取。为确定合理的结构体系和总体布置,设计研究比较了无铰拱和两铰拱两种结构体系在结构性能上的优劣,分析了矢跨比、主桁桁高、拱轴系数等对结构性能的影响。分析表明:无铰拱在拱脚区段由体系温差、风载等产生的结构内力相对较大,该区段主桁弦杆应力水平较高,但可通过拱肋结构参数的优化、主桁截面的合理选择来降低其效应,使其满足设计要求。因此,该桥最终采用无铰拱结构体系。

(2)桥面结构合理支承方式确定。大跨度中承式钢拱桥由于拱上结构的支座吨位小,支座的水平承载力相对较低,合理的桥面结构支承方式设计尤为重要。为提高结构的抗震性能[6-8],设计分析比较了多种桥面结构的支承方式,最终确定采用纵向部分固接+纵向限位+横向多点拉索减震的桥面结构支承方式。该支承方式在国内大跨度拱桥中首次采用,有效地兼顾了长立柱的稳定性和支座纵向承载能力,同时在罕遇地震作用下,充分利用多个拱上长立柱的水平刚度以及拱梁之间的弹性约束较好地限制了桥面梁纵向位移。

(3)结构极限承载力研究。国内外学者对大跨度钢桁拱桥的极限承载力研究相对较少[9,10]。本桥设计开展了全施工过程非线性稳定性分析、极限承载能力及典型节点极限承载力研究。研究表明[11]:面外几何初始缺陷对钢桁拱桥的极限承载力影响较小,面内几何初始缺陷的影响相对较大;材料强度是影响钢桁拱桥极限承载力的关键因素;温度变化对钢桁拱桥极限承载力影响较小,温降有利于提高结构的极限承载力。

(4)拱脚构造设计。拱脚处弦杆断面承受较大的轴力及弯矩,钢—混结合面处应力分布情况复杂,需通过合理构造措施保障拱脚弦杆传力的可靠性。本桥设计了厚承压板格构+预应力的拱脚连接构造,钢—混结合段结构相对简单、传力途径清晰,将钢拱肋与混凝土拱座的连接转换成一个局部承压构造,同时施工也较为便利,该构造在国内大跨径钢桁架拱桥中首次采用。

六、结　语

秭归长江大桥为目前世界上已建成的跨度最大的全推力拱桥,地质条件复杂、安全风险大、抗风抗震性能要求高、施工干扰多、施工难度大。设计中解决了诸多难题,关键技术可为类似工程的建设提供参考与借鉴。该桥已于 2015 年 10 月开工建设,2019 年 9 月建成。该桥建成后,把长江三峡、神农架、武当山三大黄金旅游区以最便捷的路线串为一体,打通华中黄金旅游通道,加速推进大三峡旅游发展,提高沪蓉线和沪渝线的辐射影响范围,更好地服务于湖北"一带两圈"发展战略。秭归长江公路大桥实景照片见图 4。

图4 秭归长江公路大桥实景

参考文献

[1] 湖北省交通规划设计院.香溪长江公路大桥施工图设计[Z].武汉:2015.
[2] 朱志虎,易伦雄,高宗余.南京大胜关长江大桥三主桁结构受力特性分析与施工控制措施研究[J].桥梁建设,2009(3):1-4,32.
[3] 易伦雄.南京大胜关长江大桥大跨度钢桁拱桥设计研究[J].桥梁建设,2009(5):1-5.
[4] 汪芳进.新建南广铁路西江特大桥钢箱提篮拱架设方案比选[J].桥梁建设,2013,43(6):117-121.
[5] 张春新.西江特大桥钢箱提篮拱架设施工技术[J].桥梁建设,2015,45(5):7-12.
[6] 李亚东,姚昌荣,梁艳.浅论拱桥的技术进步与挑战[J].桥梁建设,2012,42(2):13-20.
[7] 章继树.基于灰色系统理论的钢桁拱桥施工控制研究[J].世界桥梁,2016,44(4):55-58.
[8] 同济大学.香溪长江公路大桥施工图设计阶段抗震性能研究报告[R].上海:2015.
[9] 李小年,马如进,陈艾荣.大跨度外倾式拱桥稳定及极限承载力分析[J].桥梁建设,2012,42(1):36-41.
[10] 方明霁,孙海涛.大跨度钢桁架拱桥的极限承载力研究[J].世界桥梁,2010(4):35-38.
[11] 重庆交通大学.香溪长江公路大桥非线性稳定研究报告[R].重庆:2014.

13. 基于TRIZ理论的新型减隔震支座设计

韩家山[1,2] 陈新培[1,2] 曹翁恺[1,2] 宋建平[1,2] 顾海龙[1,2]

(1.中国船舶集团公司第七二五研究所;2.洛阳双瑞特种装备有限公司)

摘 要 本文首先进行各向异性新型减隔震支座的初始方案设计,然后利用TRIZ理论(发明问题解决理论)提取了系统中存在的技术矛盾,对照39个工程参数和40个发明原理建立了矛盾矩阵,并利用发明原理进行了支座的具体方案设计,利用双曲面支座和螺旋钢弹簧的匹配设计满足支座的滑移刚度要求,利用黏滞阻尼器满足支座的阻尼力要求,形成了各向异性新型减隔震支座设计方法。最后,根据支座设计方案进行了样品试制和试验。试验结果表明,支座各项性能和指标均满足设计和标准要求,验证了各向异性新型减隔震支座设计方法的可行性,可以为相关的桥梁工程设计提供参考。

关键词 新型减隔震支座 各向异性 TRIZ理论 滑移刚度 阻尼

一、引 言

我国是地震灾害频发国家,近几十年来,地震灾害对我国的一些地区造成了毁灭性的灾难。在我国基建发展的大背景下,桥梁工程的抗震问题越来越受重视,目前最常用的抗震手段是采用减隔震技术。减隔震技术主要是通过在结构中设置减隔震装置来减小结构自振频率、增大结构阻尼、分散地震力,从而提高桥梁的整体抗震性能。常用的减隔震装置主要包括减隔震支座和耗能装置,减隔震支座主要有摩擦摆支座、铅芯橡胶支座、高阻尼橡胶支座,耗能装置主要有黏滞阻尼器和金属阻尼器。上述减隔震支座和耗能装置已被广泛应用到桥梁结构中,并取得了较好效果[1,2]。

在减隔震支座参数(滑移刚度、阻尼)设计方面,目前主要是根据桥梁结构自身的振动特性进行减隔震设计,纵、横桥向一般采用相同的抗震参数,该种各向同性的抗震参数设计方法能够满足一些常规桥梁的抗震要求,但是对于一些特殊桥梁(如高墩桥梁、异型桥梁),其纵、横桥向的振动特性存在差异,采用各向同性的抗震参数设计时不经济,此时就有必要根据桥梁纵、横桥向的振动特性进行各向异性抗震参数设计。本文基于 TRIZ 理论,提出一种各向异性新型减隔震支座设计方法,可以满足桥梁的各向异性抗震参数要求[3,4]。

二、各向异性新型减隔震支座设计要求及参数

以某铁路 50m 高墩桥梁为研究对象,通过谐响应分析及实桥的抗震分析计算得出减隔震支座的设计要求及技术指标如下:

(1)水平限位功能:正常状态下具备正常支座的功能,地震状态下具有吸振功能;
(2)满足水平方向滑移刚度要求:纵桥向刚度值为 1200N/mm,横桥向刚度值为 2000N/mm;
(3)满足水平方向阻尼要求:纵桥向阻尼力为 700kN,横桥向阻尼值为 1000kN;
(4)满足震后位移要求:在设计地震下,纵桥向震后位移为 120mm,横桥向震后位移为 100mm;
(5)支部竖向承载力 5500kN,水平极限承载力 1100kN,支座设计转角 0.02rad。

综合以上分析,各向异性新型减隔震支座的设计参数见表 1。

各向异性新型减隔震支座设计参数表 　　表1

支座型号	竖向承载力(kN)	地震位移(mm)		水平极限承载力(kN)		纵向阻尼力(kN)	横向阻尼力(kN)	纵向刚度(N/mm)	横向刚度(N/mm)
		纵向	横向	纵向	横向				
KZQZ-5500	5500	±120	±100	1100	1100	700	1000	1200	2000

三、各向异性新型减隔震支座初始方案设计

由表 1 可知,相比于常规的减隔震支座,各向异性新型减隔震支座纵、横桥向要提供较大的阻尼力,纵、横桥向的刚度也不相同,因此首先要进行阻尼元件和刚度元件的匹配。

1. 阻尼元件

耗能减震技术中所用的消能部件称为耗能阻尼器。减震结构由主结构和减震构件组成。在地震作用时,耗能装置率先进入非弹性状态,大量耗散输入结构的地能,使得主体结构保持在弹性状态,不受损伤。

根据不同的耗能机理,减震阻尼元件目前可分为油阻尼器、摩擦阻尼器、黏滞阻尼器、黏弹性阻尼器、金属阻尼器、磁流变阻尼器。金属阻尼器和摩擦阻尼器的耗能性能只与阻尼器位移的大小有关,称为位移相关型阻尼器;油阻尼器、黏滞阻尼器与阻尼器运动的速度有关,称为速度相关型阻尼器;黏弹性阻尼器、磁流变阻尼器即与速度相关又与位移相关,属于复合型阻尼器。

综合考虑造价、便捷性、阻尼力大小等因素,可以选择黏滞阻尼器和黏弹性阻尼器为支座的阻尼项。

2. 刚度元件

目前常用的刚度弹性元件主要分为金属弹性元件、非金属弹性元件和复合弹性元件。金属弹性元件主要包括螺旋弹簧、钢板弹簧、扭杆弹簧、卷簧、碟簧、片簧以及波纹管等。非金属弹簧主要包括橡胶弹簧、空气弹簧、聚氨酯弹簧等。复合弹簧全称为橡胶金属螺旋复合弹簧,是在金属螺旋弹簧周围包裹一层橡胶材料复合硫化而成的一种弹簧。

金属弹簧一般性能稳定,受外界环境影响小,而非金属弹簧刚度线性差,受温度及时间影响也较大。结合吸振式支座运动方式以及承载能力,再根据各类型弹簧的工作特点,选择金属螺旋压缩弹簧为刚度元件。

3. 初始方案

各向异性新型减隔震支座初始设计方案如图1所示,它主要由底座板、下平面摩擦副、下座板、弹性阻尼元件、水平限位装置、上座板、导向摩擦副、球面摩擦副、中座板、上平面摩擦副等几部分组成。

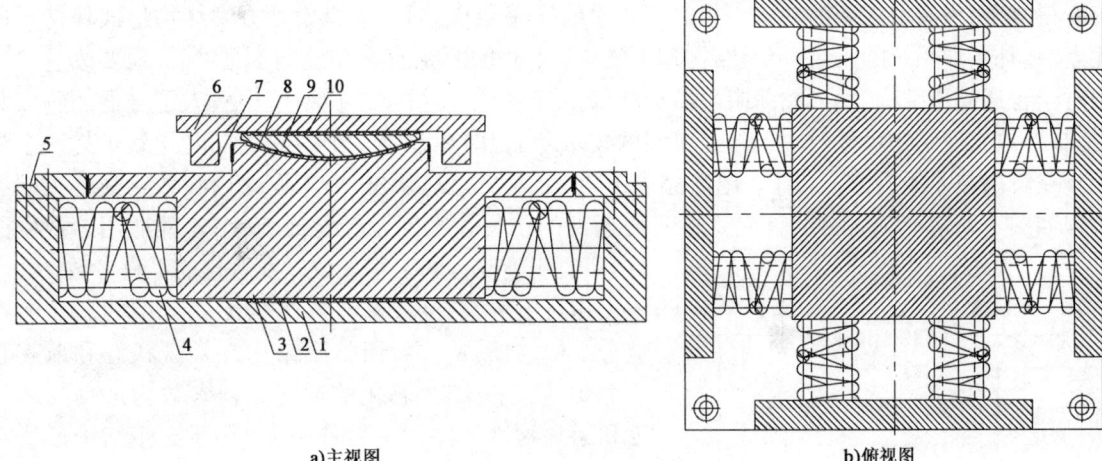

a)主视图　　　　　　　　　　b)俯视图

图1　各向异性新型减隔震支座初始设计方案

1-底座板;2-下平面摩擦副;3-下座板;4-弹性阻尼元件;5-水平限位装置;6-上座板;7-导向摩擦副;8-球面摩擦副;9-中座板;10-上平面摩擦副

方案中刚度和阻尼元件由螺旋钢弹簧和黏弹性阻尼复合而成,可以通过在纵、横桥向不同数量刚度、阻尼元件的布置来满足支座纵横向的刚度和阻尼要求。该方案结构简单、原理清楚,但是黏弹性阻尼器的阻尼力受外界环境影响较大,阻尼力不稳定,同时结构尺寸也较大,较难满足桥梁的接口尺寸要求,因此要对结构进行改进。

为了实现阻尼元件阻尼力可控,在支座中引入黏滞阻尼器,结构如图2所示。通过在支座四周布置黏滞阻尼器和螺旋钢弹簧,来满足支座纵横桥向的刚度和阻尼要求。由于黏滞阻尼器阻尼力相对稳定,且可以进行精准设计,该方案解决了阻尼力不可控的问题,但是支座尺寸依然较大,经济性差,且仍然满足不了桥梁安装接口的要求。

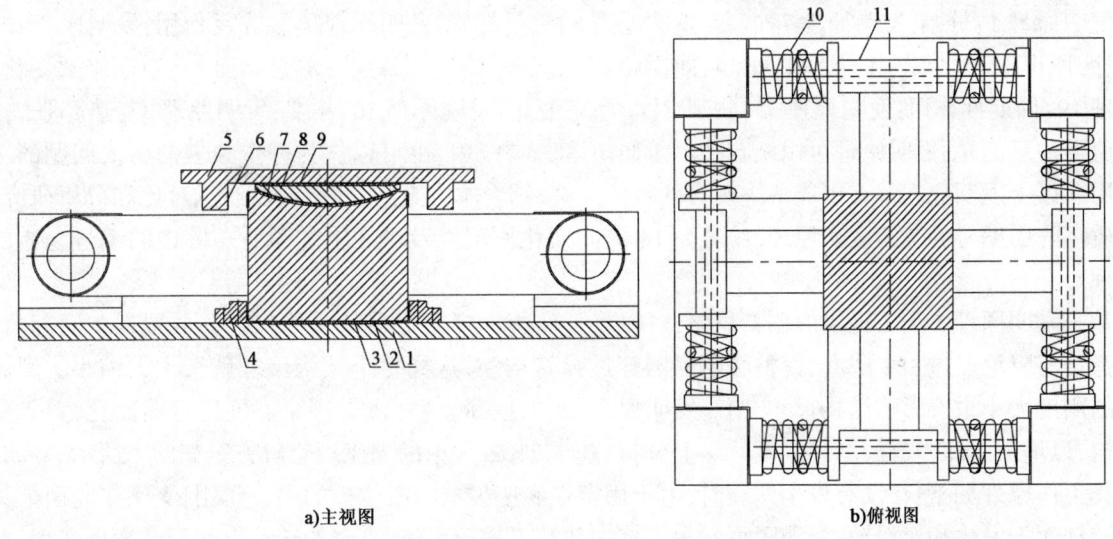

a)主视图　　　　　　　　　　b)俯视图

图2　各向异性新型减隔震支座改进方案

1-底座板;2-下平面摩擦副;3-下座板;4-限位装置;5-上座板;6-导向摩擦副;7-球面摩擦副;8-中座板;9-上平面摩擦副;10-螺旋钢弹簧;11-黏滞阻尼器

四、基于 TRIZ 理论的支座方案理想解

图 2 所示设计方案虽然能够满足支座的功能需求,但是由于结构尺寸过大,很难在桥梁上进行应用。TRIZ 理论中最终理想解告诉我们,一个新的技术系统要能保持原系统的优点,弥补原系统的不足,没有使系统变得复杂,没有引入新的缺陷。相对于普通的支座结构,图 2 支座设计方案结构形式保持了原系统的优点,弥补了原系统的不足,但是结构却更复杂,尺寸也更大,存在明显的不足,因此需要改进。

相对于普通支座结构,引入黏滞阻尼器和螺旋钢弹簧后,在桥梁结构系统中引入了合适的刚度和阻尼,但是却导致支座结构尺寸过大。这是典型的技术矛盾,即在改善一个参数的同时导致了另一个参数的恶化。在解决技术矛盾方面,TRIZ 理论提供了 40 个发明原理和 39 个工程通用参数。其解决问题的大致流程如图 3 所示[5,6]。因此,首先要将我们遇到的工程技术问题转化成 39 个工程通用参数中的项目,即要明确改善的工程参数以及恶化的工程参数。

相对于普通支座,新支座结构形式典型的恶化参数为整个结构的长、宽、高,而整个结构在常规状态和地震状态下都要动起来,因此恶化的通用工程参数为运动物体的长度和运动物体的体积。另外一方面,新支座结构形式在整体系统中引入了刚度和阻尼,在地震来临时,可以减震耗能,因此改善了整体结构的力、强度和梁部结构的能量消耗,改善的通用工程参数为力、强度和运动物体的消耗。

综合以上分析,可得出矛盾矩阵表如表 2 所示。

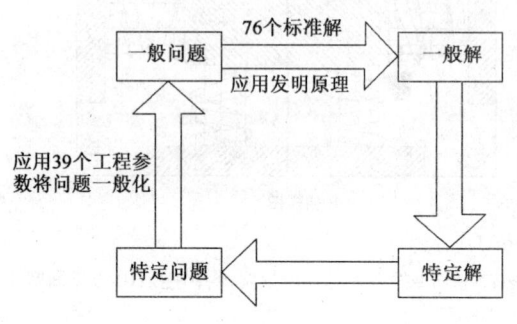

图 3 TRIZ 理论解决技术冲突的流程图

矛 盾 矩 阵 表 2

改善的工程参数	恶化的工程参数	11	14
		运动物体的长度	运动物体的体积
10	力	17,19,9,36	15,9,12,37
14	强度	1,15,8,35	10,15,14,7
19	运动物体的能量消耗	12,28	35,13,18

由矛盾矩阵可以得出以下发明原理:

发明原理 1:分割;发明原理 7:嵌套;发明原理 8:重量补偿;发明原理 9:预先反作用;发明原理 12:等势;发明原理 13:反向作用;发明原理 14:曲面化;发明原理 15:动态特性;发明原理 17:空间维数变化;发明原理 19:周期性作用;发明原理 35:物理/化学状态变化;发明原理 36:相变;发明原理 37:热膨胀。

值得注意的是,发明原理可以结合技术矛盾矩阵工具应用,也可以作为一个独立的解决问题的工具来应用。以上发明原理都有可能解决现有的技术冲突,结合本方案的实际情况,经过对比和分析研究,采用矛盾矩阵中编号为 7 的嵌套原理、编号为 14 的曲面化原理以及不在上述矛盾矩阵中的编号为 5 的组合原理。

基于发明原理 5 和 7 提供的创新思路,可以将下座板支撑阻尼器的支撑架合并放置在中间部位,然后将弹簧与阻尼器进一步嵌套,使整个阻尼器穿过弹簧空腔,这样整个结构尺寸就会大大缩小。螺旋钢弹簧的刚度大小也会影响结构尺寸,给予发明原理 14 的创新思路,将支座摩擦副进行曲面化,引入双曲面结构,以增大支座本身的滑移刚度。综上分析,基于 TRIZ 理论的支座理想解方案如图 4 所示。

其工作原理如下:在没有发生地震时,由于固定在底座板上的限位板的限位作用,支座在曲面上只能发生转动而不发生相对滑动,黏滞阻尼器和螺旋钢弹簧不进行工作,支座的转动由球面摩擦副实现,对于活动支座的正常滑移由平面滑动摩擦副实现,可以保证桥梁的正常运行。在地震发生时,限位销与抗拔螺钉剪断,限位板失去限位作用,球面摩擦副可以进行相对滑动,黏滞阻尼器和螺旋钢弹簧参与工作,整个支座在预先设定的刚度和阻尼下进行滑动,实现了支座的减隔震功能。

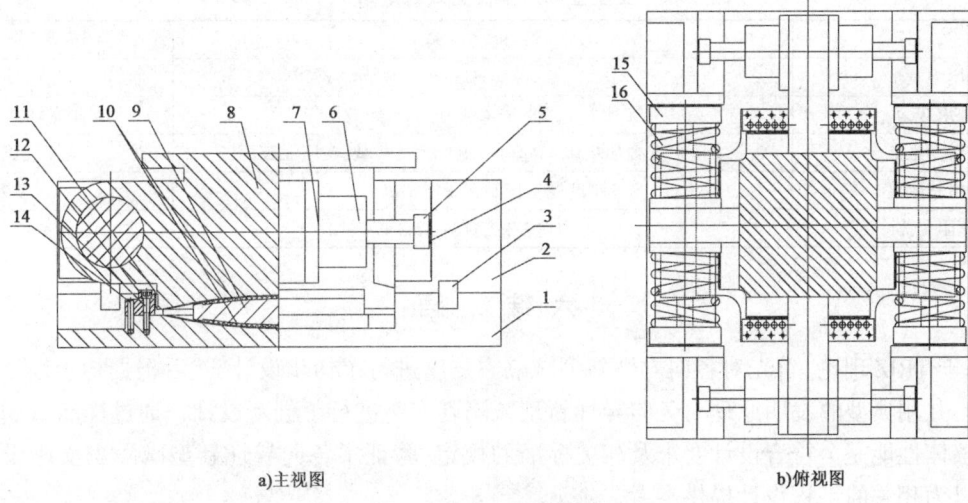

a)主视图　　　　　　　　　　　　　　b)俯视图

图4　基于TRIZ理论的各向异性新型减隔震支座理想解方案

1-下座板;2-反力块;3-剪力键;4-反力块平面摩擦副;5-阻尼器传力头;6-阻尼器;7-阻尼器卡环;8-上座板;9-中座板;10-球面摩擦副;11-限位板摩擦副;12-限位板;13-抗拔螺钉;14-限位销;15-弹簧传力头;16-螺旋钢弹簧

本设计采用的双曲面支座滑移刚度为1200N/mm,在横桥向设置的单个螺旋钢弹簧的刚度为400N/mm,纵桥向不设置螺旋钢弹簧。因此,支座沿横桥向滑动时,总的滑移刚度为2000N/mm,因为纵桥向不设置螺旋钢弹簧,纵桥向滑移刚度为1200N/mm。阻尼方面,纵桥向设置两个350kN的黏滞阻尼器,横桥向设置两个500kN的黏滞阻尼器,可以分别满足纵、横桥向阻尼力的要求。

运动匹配方面,支座沿纵向滑移时,支座横桥向的螺旋钢弹簧和黏滞阻尼器不参与工作,支座纵横桥向的运动相互独立。当支座沿斜向运动时,支座任意方向的运动均可以换算为沿纵向和横向的运动分量,相应的阻尼力和滑移刚度也可以根据倾斜的角度进行耦合计算。

图4所示的各向异性新型减隔震支座设计方案不仅可以满足表1中的设计参数要求,也可以满足其他各向异性的参数设计要求,只需要选择合适刚度的双曲面支座,再匹配设置一定刚度的螺旋钢弹簧和一定阻尼力的黏滞阻尼器即可。

五、样品验证

根据各向异性新型减隔震支座最终创新设计方案,试制样品如图5所示。

为了验证支座的各项功能是否满足设计要求,对支座进行整体性能检测,检测项目主要包括竖向承载力试验、水平承载力试验、转动试验和滞回性能试验,样品试验照片如图6所示,试验结果见表3。

通过试验结果可以看出,试制样品整体力学性能完全符合设计要求及相关标准的规定,验证了各向异性新型减隔震支座设计方法的可行性。

图5　试制样品

图6　样品试验

支座整体力学性能试验结果　　　　　　　　　　表3

项　目	性　能　要　求	试　验　结　果
竖向压缩变形	≤1%	0.07%
水平承载力	加载1.5倍水平承载力,支座无破坏	支座完好,无破坏
支座转动性能	支座上方叠加0.02rad钢板,施加设计荷载,支座无破坏	支座无破坏
支座滑移刚度	刚度偏差控制在±15%以内	−5.9%
支座阻尼力	阻尼力偏差控制在±15%以内	+5%

六、结　语

本文基于TRIZ理论,首先对各向异性新型减隔震支座进行了初步设计,然后根据初步设计方案建立了矛盾矩阵,并用典型的发明原理对各向异性新型减隔震支座进行了创新设计。通过样品试制以及样品试验,支座整体性能完全符合设计要求及相关标准的规定,验证了各向异性新型减隔震支座设计方法的可行性,可以为相关的工程设计提供参考。

参考文献

[1] 石岩,王东升,韩建平,等.桥梁减隔震技术的应用现状与发展趋势[J].地震工程与工程振动,2020,37(5).

[2] 罗华,李志华,王震宇,等.高速铁路桥梁减隔震装置研究进展[J].湖南理工学院学报,2020,33(6).

[3] 杨吉忠,翟婉明.基于动力吸振原理的高墩桥梁抗震特性研究[J].铁道工程学报,2019,10(10).

[4] 李侠.长联大跨连续梁桥减隔震设计方案比选[J].铁道建筑,2014,6.

[5] 孙永伟,谢尔盖·伊克万科.TRIZ打开创新之门的金钥匙[M].北京:科学出版社,2017.

[6] 夏文涵,王凯,李彦,等.基于TRIZ的管道机器人自适应检测模块创新设计[J].机械工程学报,2016,52(5).

14. 兰州市柴家峡黄河特大桥总体分析研究

周　良　彭　俊　吴　勇　庄　鑫　尹志逸

(上海市城市建设设计研究总院(集团)有限公司)

摘　要　兰州市柴家峡黄河大桥主桥采用主跨为364m的双塔双索面六跨连续钢梁大跨度斜拉桥的设计方案;主桥南、北两个主塔采用不同的高度,且其南侧边跨、次边跨以及部分主跨位于平曲线上,使主桥的结构设计增加了难度。本文简要地介绍了主桥结构的设计概况;针对主桥结构设计的难点,着重介绍了主桥结构总体分析中斜拉索成桥目标索力以及支座反力的确定,并详细介绍了主桥的减隔震设计及其效应分析。为了满足主桥结构整体受力以及抗震的需要,在设计中引入了三角形钢阻尼器与熔断型限位装置,值得类似桥梁结构设计的借鉴。

关键词　大跨度斜拉桥　高低主塔　结构总体分析　斜拉索成桥目标索力　减隔震设计

一、工程概况

兰州市柴家峡黄河大桥南起G109国道,起点桩号K8+900.138,与在建两标段程衔接;跨越黄河后向北,在北滨河西延线上处终止,终点与西延线相衔接,终点桩号K10+150.000,工程范围全长1249.862m,其中包括跨越黄河的主桥全长598.862m,其余为两侧引桥。

基金项目:大跨径特殊斜拉桥精细化静力研究(科CK2017130A)。

主桥为双塔双索面六跨连续钢梁斜拉桥，跨径布置(46.8 + 49.2 + 364 + 49.2 + 46.8 + 42.862)m；主桥南侧边跨次边跨位于曲线半径600m路线上，主跨从曲线半径600m过渡到直线段，缓和曲线长度为100m，北侧各边跨均位于直线段。

主桥桥面布置为：0.75m(拉索区) + 4.25m(非机动车道) + 0.5m(防撞护栏) + 12.0m(车行道) + 0.5m(防撞护栏) + 12.0m(车行道) + 0.5m(防撞护栏) + 4.25m(非机动车道) + 0.75m(拉索区) = 35.5m。

主桥桥型布置图如图1所示。主桥桥面布置图如图2所示。

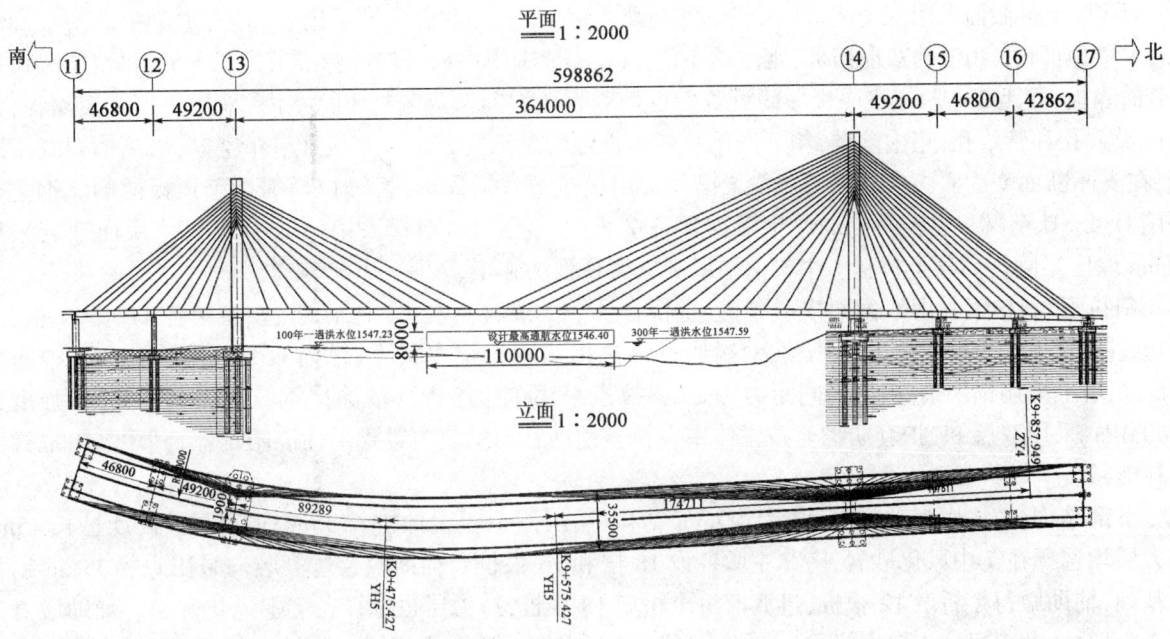

图1 主桥桥型布置图(尺寸单位：mm)

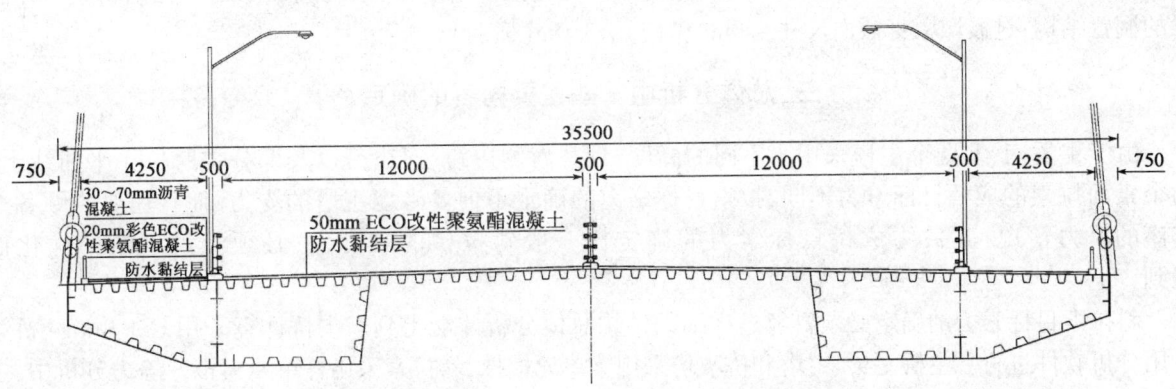

图2 主桥桥面布置图(尺寸单位：mm)

由于桥梁建筑景观的需要并结合主桥所处道路路线平曲线的特点，主桥南、北两个主塔采用了不同的高度，且其南侧边跨、次边跨以及部分主跨位于平曲线上，这样增强了桥梁的建筑景观效果，但也使主桥的结构设计增加了难度。下面简要介绍主桥的结构设计概况，并根据主桥结构设计的难点与特点，主要介绍主桥结构总体分析中一些重要内容的确定，以及能够满足主桥抗震要求的减隔震设计。

二、主桥结构设计概况

关于兰州市柴家峡黄河大桥主桥的结构设计，主要分结构体系、主塔、主梁、斜拉索与下部结构等内容，下面作简要的介绍：

结构体系：主梁在塔墩处、辅助墩及过渡墩均设置纵向活动支座、横向约束装置——辅助墩与过渡墩采用抗剪销、塔墩处设熔断型横向限位装置，横向约束装置在横向力大于一定承载力，进行剪断或熔断。在塔墩及过渡墩设置横向金属板阻尼支座，主塔处设置纵向液压黏滞阻尼器。

主塔：主塔采用高低"A"形桥塔，南主塔高99.9m，北主塔高115.5m，设置一道下横梁。塔柱为带倒角的矩形截面；上中塔柱为等截面，尺寸6.0m（纵）×4.5m（横）、下塔柱为变宽度，横桥向由4.5m变至塔底7.0m。上中下塔柱锚索区前壁厚1.2m，侧壁厚1.0m。主塔混凝土为C50。索塔上斜拉索采用环向预应力和锚块相结合的锚固方式。

主梁：主梁截面采用双箱闭口钢梁截面，主梁顶宽35.5m，主桥全长采用等高度，主梁中心内口高度3m，主梁顶面设2.0%的双向横坡，钢主梁中部14.7m范围内底板开口。标准节段长12m，每个节段设置4道横隔板，间距3m，两道横隔板中间设置一道外侧腹板加劲。两侧封闭箱室内，采用实腹式横隔板，钢箱内设人孔和管线孔，箱内除湿，箱外选用长效高性能防腐涂料。中央底板开口箱室内，采用桁架式横隔板，在支座断面变为实腹式横隔板。索梁锚固采用锚拉板式锚固形式，锚拉板焊接于顶板两侧。钢主梁采用Q345qD钢材。顶板两侧加厚钢板需保证Z向受力要求。钢管采用Q345D钢材。桥面铺装采用50mm厚度半刚性高分子材料。主梁拟采用少支架顶推法施工。

斜拉索：斜拉索采用双索面扇形布置，全桥合计112根斜拉索，其中，南塔边、主跨各11对44根，北塔边、主跨各17对共68根。斜拉索梁端通过锚拉板锚固于钢主梁上，纵向索距锚跨为7.8m，中跨为12m；在塔上采用锚块锚固，竖向间距为2m。斜拉索采用单丝涂敷环氧涂层钢绞线，钢绞线标准强度为1860MPa，采用双层PE护套防护。拉索体系在拉索预埋管内安装内置式高性能阻尼器，利用高阻尼橡胶来耗能减震。

下部结构：主塔墩基础采用直径2500mm钻孔桩，南侧主墩设计桩长35m，北侧主墩设计桩长45m，持力层均选择在⑦中风化砂岩，南北主墩各设18根和16根桩。辅助墩及过渡墩均采用直径1.5m钻孔桩基础，辅助墩每个桥墩12根桩，过渡墩每个桥墩18根桩，持力层也选择在⑦中风化砂岩。辅助墩身为实心矩形柱，截面尺寸3.0m（纵向）×3.0m（横向）。南侧过渡墩由于接引桥连续钢梁，断面和辅助墩一致。北侧过渡墩由于接引桥采用组合小箱梁结构，因此过渡墩墩顶单侧设一根盖梁，作为引桥组合小箱梁的搁置结构；过渡墩墩身截面尺寸4.0m（纵向）×3.0m（横向）。

三、总体分析中一些重要内容的确定

由于主桥南、北两个主塔采用了不同的高度，且其南侧边跨、次边跨以及部分主跨位于平曲线上，两个索面拉索的成桥目标索力不同，拉索目标索力的确定不但要考虑主塔的受力，而且还要兼顾各个支座的反力情况，其最终成桥目标索力的确定比一般斜拉桥的难度大，必须经过不断的优化而得到。

斜拉索目标索力的确定必须要经过详细的结构总体分析才能得到。主桥计算采用CSI Bridge桥梁专用分析软件进行。主桥主梁、主塔和桥墩均采用梁单元模拟，斜拉索采用杆单元模拟。静力分析中，主梁分别采用单主梁和双主梁+板单元两种力学模型进行模拟。计算模型中，斜拉索通过主从约束与主梁相连接；主梁通过弹性连接与墩、塔相连；承台底采用六弹簧模型模拟各群桩基础的影响。主桥计算模型图如图3所示。

图3 主桥计算模型图

主桥成桥索力的确定采用无约束法中的弯矩能最小法，是以结构的弯曲应变能作为目标函数的。据此原则确定斜拉桥的单梁法成桥索力值分布见图4，北塔成桥索力分布见图5；成桥状态下，南塔主跨最大索力为4047kN，边跨最大索力为4364kN；北塔主跨最大索力为4332kN，边跨最大索力为3976kN。主桥代表拉索采用单梁法与双梁法得到的成桥索力比较见表1。

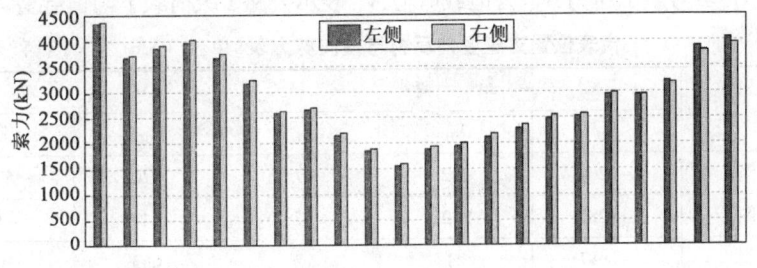

图4 南塔成桥索力图(kN)

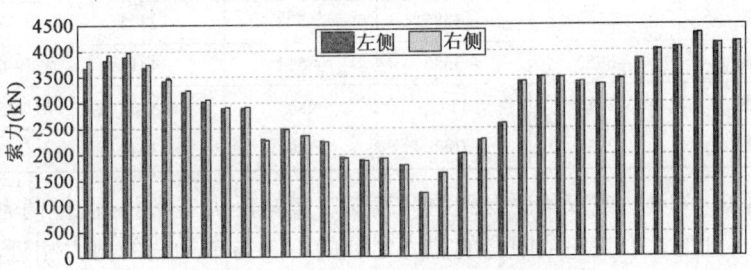

图5 北塔成桥索力图(kN)

代表拉索成桥索力比较表(单位:kN) 表1

拉索编号		SS11	SS6	SS1	SM1	SM6	SM11
单梁	N_L	4339	3170	1549	1871	2518	4047
	N_R	4364	3229	1585	1923	2569	3935
双梁	N_L	4307	3165	1533	1823	2498	4045
	N_R	4323	3206	1565	1879	2526	3931
拉索编号		NS17	NS9	NS1	NM1	NM9	NM17
单梁	N_L	3666	2891	1785	1254	3387	4163
	N_R	3804	2900	1781	1256	3397	4168
双梁	N_L	3611	2868	1741	1264	3389	4137
	N_R	3750	2898	1736	1267	3399	4145

表1中,索力单位为kN,拉索编号中SS、SM、NS、NM分别表示南塔边跨、南塔主跨、北塔边跨与北塔主跨,编号为近主塔处为最小,距离主塔依次增大;N_L、N_R分别为左、右侧索面拉索索力值。由表1的索力数据可知,左右索面一对拉索的索力差别不大,这样有利于控制位于平曲线上南塔的横向弯矩;此外,采用单梁法或双梁法得到的索力值影响不大。

确定了成桥目标索力,可以得到如表2所列的成桥恒载下主塔的内力。表2中,N_Z表示竖向力,单位为kN,负号表示为压力,M_Y、M_X分别为纵桥向弯矩与横桥向弯矩,单位为kN·m。

成桥恒载下主塔的内力 表2

位置	单梁法			双梁法		
	N_Z	M_Y	M_X	N_Z	M_Y	M_X
南塔	−257610	−1095	392631	−257343	−1061	390378
北塔	−306993	−12997	−7548	−306644	−13894	−9087

由表2可得,经过反复优化后的成桥索力使得南塔的顺桥向弯矩、北塔两个方向的弯矩均很小,位于平曲线上的南塔横桥向弯矩也相对合理。此外,采用单梁法或双梁法得到的主塔内力值影响不大。

确定了成桥目标索力,可以计算得到代表位置——位于平曲线的南过渡墩、辅助墩以及南、北主塔的支座竖向反力与横向剪力如表3所列,北过渡墩、辅助墩位于直线段上,其支座反力与横向剪力不再一一列出。表3

中, R_D 为恒载竖向反力,负号表示压力, V_D 为恒载剪力, V_L 表示公路 I 级荷载下与恒载剪力同符号的最大剪力。

代表位置支座竖向反力与横向剪力表（单位:kN） 表3

位 置		单 梁			双 梁		
		R_D	V_D	V_L	R_D	V_D	V_L
南过渡墩	左侧	-1204	212	37	-1202	506	71
	右侧	-1282	212	37	-1445	-130	40
南辅助墩	左侧	-6681	24	12	-6639	108	23
	右侧	-6677	24	12	-6575	-73	14
南塔	左侧	-2394	-3385	-508	-2395	-603	-911
	右侧	-3953	-3385	-512	-4313	-6083	-1548
北塔	左侧	-3016	114	284	-3165	2553	1375
	右侧	-2938	108	289	-3040	-2327	867

由表 3 的数据可知,单梁法或双梁法得到的恒载支座竖向反力非常相近,但两者得到的恒载横向剪力差别很大,双梁法得到的左右支座或限位的剪力之和的 1/2 与单梁法的剪力相近。相比单梁法,双梁法模型应更接近桥梁的真实受力状况,建议在施工过程中先固定一侧支座或限位装置的横向约束,待成桥后再固定另一侧,这样得到的成桥剪力接近单梁法。对于其他可变荷载(例如表 3 中 V_L)作用下的横向剪力应该以双梁法为准。

关于主桥总体分析的其他内容例如主梁的强度与刚度,采用单梁法或双梁法都比较相近,在这里不再一一介绍。

四、主桥的减隔震设计

本桥桥址处于 8 度地震区,地震动峰值加速度为 0.2g。主桥结构受力复杂,引入有效的减隔震措施对主桥的设计非常关键。有效的减隔震设计需要大量的抗震计算分析。本次主桥抗震分析也采用 CSI Bridge 桥梁专用分析软件,采用单梁模型,梁、塔、索的模型同总体静力分析模型,桥墩及承台刚度根据实际截面赋予相应的梁单元,承台底采用六弹簧模型模拟各群桩基础的影响。计算模型中,二期恒载以及附加线荷载以集中质量形式加在梁单元上。由于主桥和引桥共享一个桥墩,为简化分析,建模时只建立主桥模型,通过施加集中质量考虑引桥结构的影响。主桥动力分析模型参考图 3。主桥抗震分析分别采用反应谱法与时程法[1]。

根据主桥的抗震分析结果,如果不采用减隔震措施,主桥的抗震性能无法满足抗震设计要求,经过多次的分析比选,最终采用以下减隔震措施:

（1）纵向抗震措施:在原飘浮体系的基础上,在每个桥塔与主梁之间设置两个阻尼系数为 5000、阻尼指数为 0.2 的黏滞阻尼器。

（2）横向抗震措施:在所有的横向固定支座设抗震剪力销,允许在地震作用下剪断,在塔墩处设置横向熔断型限位装置,并且在南北两侧的两个过渡墩上以及主塔位置均设置三角形钢阻尼器,如表 4 所列,表中屈服力单位为 kN、屈服刚度单位为 kN/m。

三角形钢阻尼器设置参数表 表4

位 置	组 数	力 学 参 数		
		屈服力总和	屈服刚度总和	硬化率
南过渡墩	2	1936	28960	0.121
北过渡墩	3	2904	43440	0.121
南塔	7	6776	101360	0.121
北塔	8	7744	115840	0.121

需要进一步说明的是,在南、北主塔墩处,采用的双向活动球型钢支座、横向锁定装置[2]和横向金属阻尼器都具有顺桥向活动功能,在正常使用状态下可同时保证主梁顺桥向活动和横桥向固定。地震作用下,当横向锁定装置受力超过其承载力以后,熔断环熔断,液压缓冲装置发挥作用,将地震力缓慢地传递给横向金属阻尼器,横向金属阻尼器屈服耗能,减小结构地震响应,避免横向地震力直接传递给金属阻尼器而将其冲断。

根据抗震分析结果,在主塔的纵向设置了黏滞阻尼器之后,明显改善了主塔以及基础在地震作用下的纵向受力性能,但对过渡墩与辅助墩的受力影响不是非常明显。以南、北主塔承台底在 E_2 纵向+竖向地震作用下的纵向剪力 V_X 与纵向弯矩 M_Y 为例,如表5所列,与常规体系相比,纵向剪力减少不明显,最大为南塔的9%,但纵向弯矩减少非常明显,南、北塔分别为63%和56%。南、北塔处常规体系纵向位移分别为1.264m、1.348m,而减震体系分别为0.320m、0.341m;单个阻尼器的水平力约为4500kN。

南、北主塔承台底纵向受力性能对比表 表5

位 置	常规体系(A)		减震体系(B)		B/A-1	
	V_X(kN)	M_Y(kN·m)	V_X(kN)	M_Y(kN·m)	V_X	M_Y
南塔	8.80×10^4	3.52×10^6	8.03×10^4	1.32×10^6	-0.09	-0.63
北塔	8.36×10^4	3.02×10^6	8.18×10^4	1.33×10^6	-0.02	-0.56

主桥在引入了横向抗震措施之后,与常规体系相比,过渡墩、辅助墩在地震作用下的横向受力性能均有明显的改善,而南、北主塔的横向受力性能较为复杂——不同位置的主塔其横向剪力 V_Y 与横向弯矩 M_X 有增有减;然而,最为重要的是,各个支座的横向剪力改善非常明显,如表6所列,表中"—"表示支座横向在地震下剪断。此外,在地震作用下,支座的最大横向位移为北过渡墩处的0.323m,其能力需求比为1.02,能够满足抗震设计要求;北塔处的支座横向位移比南塔的大,为0.265m,其能力需求比为1.25。

支座横向剪力对比表(单位:kN) 表6

位 置	减震体系	常规体系	
		E1 谱	E2 谱
南过渡墩	1243	4817	9634
南辅助墩	—	1563	3126
南塔	4579	10482	20964
北塔	5587	11024	22046
北辅助墩-1	—	4871	9741
北辅助墩-2	—	7690	15380
北过渡墩	1517	5776	11553

最后,通过对主桥结构关键截面的抗震能力验算,采用减隔震措施后的主桥结构基本能够满足抗震设计的要求。

五、结 语

兰州市柴家峡黄河大桥主桥结构设计复杂,在设计过程中进行了的大量的结构分析工作,对斜拉索成桥目标索力进行了多次的优化,最终得到了相对合理的主塔成桥内力与结构体系的支座或限位装置的反力。

此外,通过大量的主桥抗震分析,提出了有效的减隔震措施。相对常规体系而言,在塔梁间设置纵向黏滞阻尼器后,既能有效地控制塔梁、墩梁的纵向相对位移,又能显著降低塔底纵向弯矩;在南北两侧过渡墩以及主塔位置处分别设置横向三角形钢阻尼器后,能够解决常规体系固定支座过大的横向抗力需求问题,保护桥墩和基础,又能将墩梁相对位移控制在可接受的范围。

参考文献

[1] 中华人民共和国行业标准.城市桥梁抗震设计规范:CJJ 166—2011[S].北京:中国建筑工业出版社,2011.

[2] 周良,彭俊,等.适用于斜拉桥、悬索桥的横向减隔震组合装置:中国,CN 208167494 U[P].2018-11-30.

15. 主跨1500m公轨两用钢桁斜拉桥设计

刘吉明　雷俊卿

(北京交通大学土木建筑工程学院)

摘　要　随着国民经济实力和科学技术的进步,数值仿真计算分析与施工技术水平的不断提升,国内外相继建成了多座大跨公轨两用钢斜拉桥。本文旨在讲述设计一座主跨1500m的公轨两用钢桁斜拉桥,利用通用程序建立斜拉桥空间板梁组合模型,并对桥梁结构进行静力计算分析与校核验算,从而验证设计方案的可行性与适用性。从合理成桥状态、运营阶段及施工阶段三方面作计算分析,本文探讨研究斜拉桥基本力学特性。设计结果将为同类型桥梁方案提供技术参考。

关键词　大跨公轨两用斜拉桥　钢桁梁桥　斜拉桥设计　静力分析　结构校核

一、引　言

公轨两用斜拉桥即为公路交通与轨道交通共建的斜拉桥桥梁形式,因其具有节约土地资源、经济效益突出、风动稳定性良好、刚度取值契合于大跨斜拉桥建设等诸多优势,故在桥梁工程实践中占据重要地位[1-3]。钢桁斜拉桥由塔、梁、索共同体构成承载结构体系,各构件受力均能充分发挥材料力学性能,是大跨公轨两用桥梁的首选桥型[4,5]。

近年来,国内公轨两用钢桁斜拉桥迎来发展的黄金时期,据不完全统计近二十年内建成及在建的该类桥梁有15座[1]。为提升大跨斜拉桥方案的适用性与竞争力,追寻主跨跨径的不断突破成为钢斜拉桥设计研究的主流。自芜湖公铁两用长江大桥起,我国相继建成天兴洲长江大桥、沪通长江大桥、平潭海峡大桥等多座公轨两用斜拉桥,主跨跨径从312m到1092m的飞跃凸显的是我国在大跨斜拉桥设计研究领域的强劲实力。本文以沪通长江大桥相关技术标准[6,7]为设计参考,对一座主跨跨径为1500m的公轨两用斜拉桥进行设计并分析校核,论证设计桥型方案的可行性与适用性。

二、工程概况

如图1所示为主跨1500m公轨两用钢桁斜拉桥设计方案,其跨径布置为(225+555+1500+555+225)m,采用塔墩固结、塔梁分离、主塔与主梁间设有竖向支撑的半漂浮体系。本方案主梁采用双主桁箱桁组合截面形式,上层公路桥面使用正交异性钢桥面,下层铁路桥面为与主桁结合成整体的钢箱结构。同时方案以扇形倾斜双索面布置斜拉索,主塔采用气势恢宏的钻石型桥塔。全桥共设384束高强高性能平行钢丝斜拉索,主墩采用沉井基础而辅助墩与边墩则采用钻孔灌注桩基础。

该桥的主要技术标准为:斜拉桥公路铁路分层布置,上层为双向4车道高速公路,设计时速为100km/h;下层为双线城际铁路,设计时速300km/h并预留350km/h提速条件。公路设计荷载为公路Ⅰ级荷载,铁路设计荷载为ZK活载。通航净高不低于62m,单孔双向通航净宽不少于1300m。

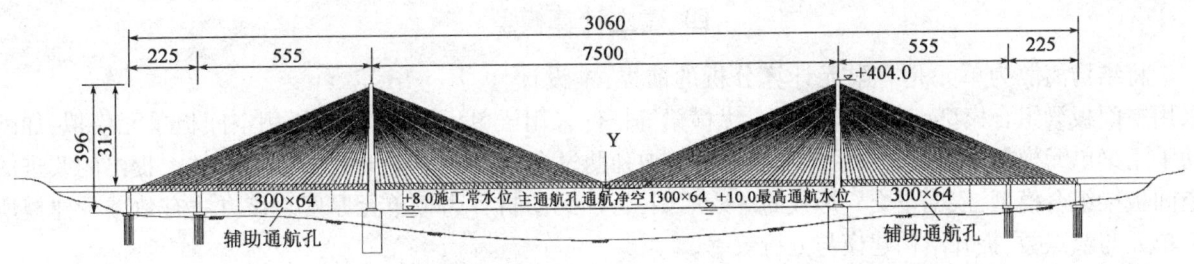

图 1 钢桁斜拉桥立面布置图(尺寸单位:m)

三、桥梁结构设计

1. 主梁

主梁使用 Q500qE 高强钢材,采取双主桁形式,桁高 17m,主桁中心距 20.5m,节间长度 15m;采用高且宽的主桁结构有效提升主梁的竖向与横向刚度。主桁采用 N 形桁架,所有弦杆与腹杆均采用箱型截面,并在主桁节点处设有横向联结系。公路正交异性钢桥面纵向每隔 0.6m 设立 U 形加劲肋,横向每隔 3m 设立倒 T 形横梁,其中节点横梁高 1.5m,节间横梁高 1.2m。铁路钢箱梁上顶板纵向每隔 0.6m 设立 U 形加劲肋,并在轨道正下方布设倒 T 形加劲梁以减少局部变形;横向每隔 3m 设立单板加劲梁以降低单节间内箱梁顶板跨度。横向联结系设立于节点横梁下方,采用桁高 5.25m 的三角形桁架,所有弦杆均采用工字形截面。主梁所有横梁、横联、横隔板均与主桁弦杆相连,共同构成受力整体。斜拉桥主梁横断面如图 2 所示。

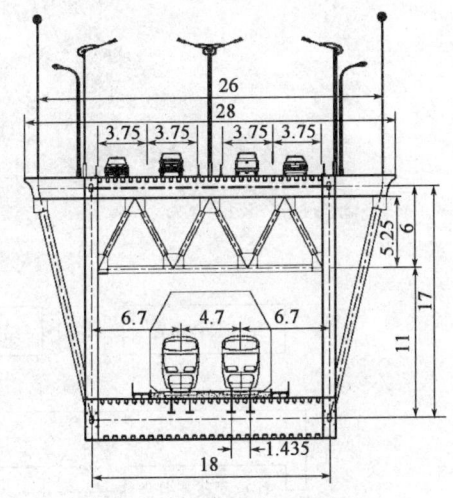

图 2 斜拉桥主梁横断面图(尺寸单位:m)

2. 主塔

主塔的高低关乎拉索的倾角从而直接影响桥梁力学特性,方案采用主塔高度为 396m 的钻石型桥塔,桥面以上主塔高度为 313m;高耸的主塔为拉索提供足够的倾角抵消因跨度增长对拉索倾角带来的负面影响。主塔上塔柱高 118.6m,上中塔柱间过渡段高 30.4m,中塔柱高 187.5m,下塔柱高 53.5m,塔座高 6m;主塔塔柱均采用双室变截面,截面均呈线性变化。主塔横梁采用空腹变截面箱梁,下底板采取二次抛物线变化,跨中梁高 10m。主塔采用 C60 预应力混凝土作为主要材料,在拉索锚固区采用钢锚梁结构,拉索锚固于上塔柱与过渡段,索塔锚固间距为 2.5m。

3. 斜拉索

斜拉索采用直径为 7mm 的平行钢丝拉索,由强度为 2000MPa 的高强高性能钢丝组成。方案选用 PESC 7-367、PESC 7-409、PESC 7-439、PESC 7-475、PESC 7-499、PESC 7-511 共六种规格拉索。

如图 3 所示为半桥拉索编号,其中 S/M48~S/M37 拉索采用 PESC 7-499 截面,S/M36-S/M27 拉索采用 PESC 7-475 截面,S/M26-S/M17 拉索采用 PESC 7-439 截面,S/M16-S/M9 拉索采用 PESC 7-409 截面,S/M8-S/M2 拉索采用 PESC 7-367 截面,S/M1 拉索采用 PESC 7-511 截面。索梁锚固区采用冷铸镦头锚,其采用螺纹调整拉索长度,锚具型号与拉索匹配,分别采用 LM 2000 7-367、LM 2000 7-409、LM 2000 7-439、LM 2000 7-475、LM 2000 7-499、LM 2000 7-511;索梁锚固区拉索间距为 15m。

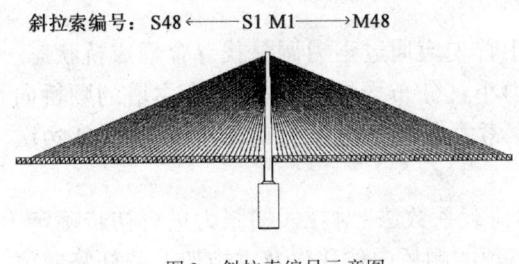

图 3 斜拉索编号示意图

四、建立计算模型

将结构离散为单元是有限元计算分析的前提,本设计采用空间板梁组合模型(SPBM)将主桁、纵横梁等杆件采用梁单元模拟,桥面板用空间板单元模拟,加劲肋采用梁单元模拟同时与桥面系共节点。鉴于加劲肋过多,故采用华南理工大学苏森林[8]提出的改进的空间板梁组合模型,依据正交异形板的等效原则,将加劲肋折算为板单元厚度。该方法有效减少建模所需单元与节点数,提升结构建模与分析效率。

将斜拉桥全桥共离散为 32395 个节点与 32337 个单元,其中包括 384 个桁架单元、19713 个梁单元以及 12240 个板单元,全桥有限元模型如图 4 所示。共使用 6753 个弹性连接用以模拟辅助墩与主桁架、桥塔与主桁架、横向联结系与钢桥面等连接关系;使用 5113 个刚性连接以模拟桥塔上塔柱与中塔柱、下塔柱与塔座、辅助墩与支座等连接关系。最终根据全桥实际受力情况对桥梁整体进行约束。

本设计的静力分析流程如图 5 所示。

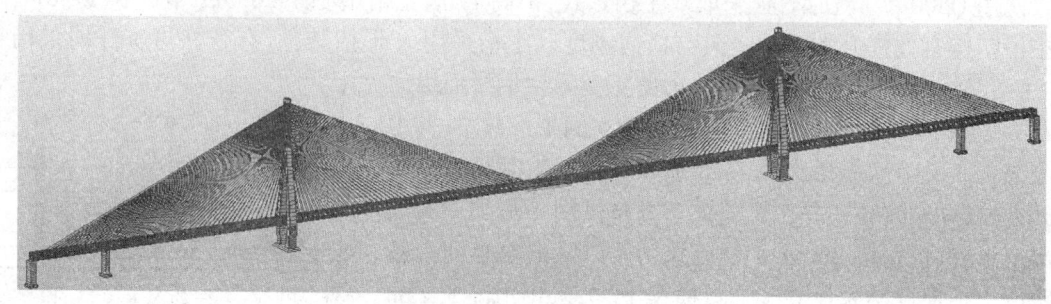

图 4 斜拉桥有限元计算模型

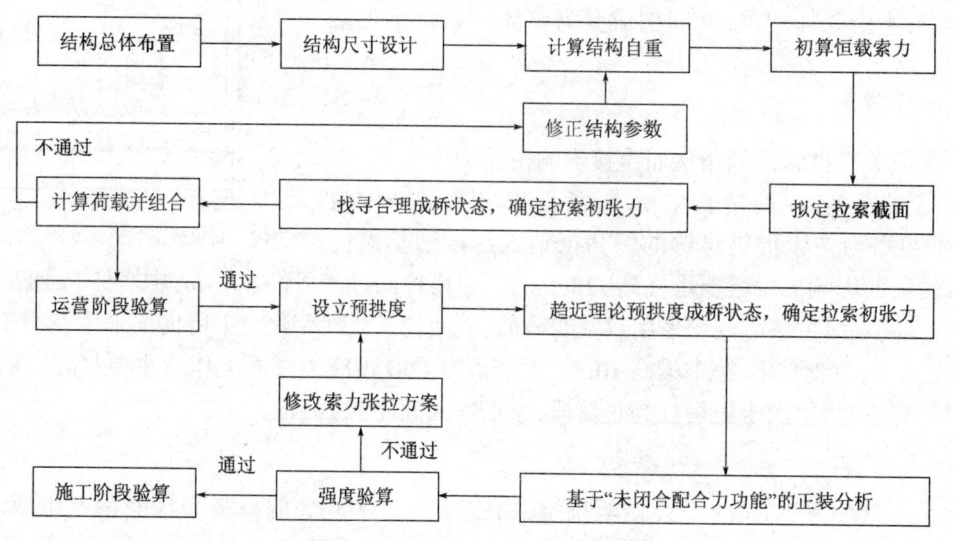

图 5 斜拉桥静力分析流程图

五、合理成桥状态

成桥状态决定斜拉桥整体受力特性,因此在斜拉桥设计中首先应通过索力调整找寻合理成桥状态。确定成桥状态合理性时应遵循:①主梁在恒载作用下弯曲应力小且分布均匀;②恒载状态主塔的顺桥向弯矩较小;③斜索索力总体分布均匀,总体呈短索索力小,长索索力大,局部也允许有较小的突变;④边墩和辅助墩的支座反力在恒载状态下有一定的压力储备。

本设计以零位移法为基础,借助 Midas Civil 内置的"未知荷载系数法"对拉索初张力进行初步确定,所选取的目标函数为索力的平方和,约束条件为拟定了主塔塔顶的顺桥向位移以及主桁架上弦杆竖向位移上下限。其中塔顶顺桥向位移限值为 ±50mm,上弦杆竖向位移限值为 ±150mm。在求解得到荷载系数后再利用调索模块进行局部索力调整,最终确定合理成桥状态。

合理成桥状态拉索张力如图6所示;结果表明桥塔两侧的拉索张力基本呈对称分布,且边跨与中跨索力分布较为均匀,全桥拉索张力符合从边跨向中跨递减,并在桥塔根部位置突增这一基本规律。在该拉索张力及结构自重作用下,主桁竖向最大位移为0.097m,竖向最小位移为-0.157m;主塔顺桥向水平位移为0.023m,拉索应力安全系数均大于2.5,边墩与辅助墩留有足够压力储备。

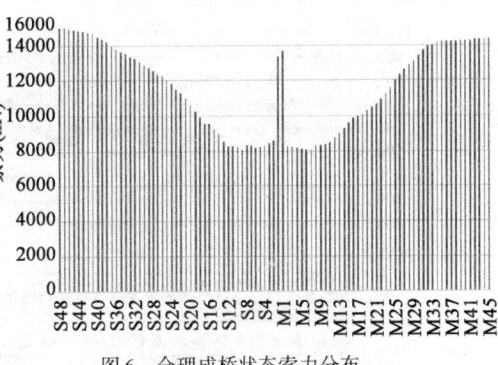

图6 合理成桥状态索力分布

六、运营阶段计算分析

在桥梁运营阶段验算时,考虑了一期恒载、二期恒载、斜拉索初张力、铁路荷载、公路荷载、基础变位等主力,也考虑了风荷载、温度荷载(升降温)、制动力等附加力。其中风荷载作为横向附加力而制动力作为纵向附加力,二者在荷载组合时不予同时考虑。荷载组合时,遵循规范要求分别进行主力强度加载、主力疲劳加载、主力+横向附加力、主力+纵向附加力共计六种荷载组合。

本设计对桥梁结构在运营阶段的结构分析与校核主要包括:主梁强度、疲劳、跨中挠度、主塔强度、塔顶水平位移,斜拉索应力水平等多个类别。根据结果表明主桁杆件强度均满足设计规范要求,而且由主力单独作用控制设计,各类别主桁杆件最大拉压应力见表1。针对主桁的疲劳验算选择斜腹杆4779与7554、上弦杆220与7653进行疲劳验算,验算结果见表2。根据验算结果表明,大跨公轨两用钢斜拉桥主梁疲劳问题比强度问题更为突出,在设计时应该重点关注。

主桁杆件最大应力　　　　　　　　　　表1

构件类别	最大应力(MPa)	安全系数	单元号	构件类别	最大应力(MPa)	安全系数	单元号
上弦杆	142.2	3.52	220	竖腹杆	74.4	6.72	3860
上弦杆	-162.4	3.08	7653	竖腹杆	-103	4.85	4777
下弦杆	220.4	2.27	7828	斜腹杆	111.6	4.48	4779
下弦杆	-103.8	4.82	7170	斜腹杆	-76.3	6.55	7554

主桁杆件疲劳验算　　　　　　　　　　表2

杆件单元号	最大应力(MPa)	最小应力(MPa)	应力幅(MPa)	$\gamma_d \gamma_n (\sigma_{max} - \sigma_{min})$	$\gamma_t [\sigma_0]$	备注
220号上弦杆	243.2	133	110.2	123.42	125.73	拉-拉杆件
7653号上弦杆	-139	-209.7	—	—	125.73	压-压杆件
4779号斜腹杆	118.9	17.9	101	113.12	125.73	拉-拉杆件
7554号斜腹杆	12.6	-86.3	98.9	110.77	125.73	拉-压杆件

本方案主梁挠曲变形较小,跨中最大挠度为1.565m,挠跨比为1/958满足设计规范要求。同时,运营阶段主塔均受压且最大压应力为12.30MPa,受力状态良好;塔顶最大水平位移为400.7mm,均满足设计规范要求。

斜拉索强度校核时,由于拉索过多,对每根拉索强度按影响线布置铁路荷载步序过于烦琐,故在本设计校核中仅讨论跨中对称布置、辅助跨布置以及边跨布置三种铁路车道布置形式,然后分别绘制拉索应力图。图7所示结果主力+横向附加力已按1.2倍安全系数计入,主力+纵向附加力已按1.25倍安全系数计入。根据结果显示时M36拉索应力最大为889.2MPa,其应力安全系数为2.25,虽略低于规范应力安全系数容许值2.5,但较张治成等[9]提出的运营状态下各荷载共同作用拉索应力安全系数取1.7~2.2偏大,故仍满足设计要求。必要时,也可以修改拉索的直径尺寸或者提高斜拉索的材料等级。

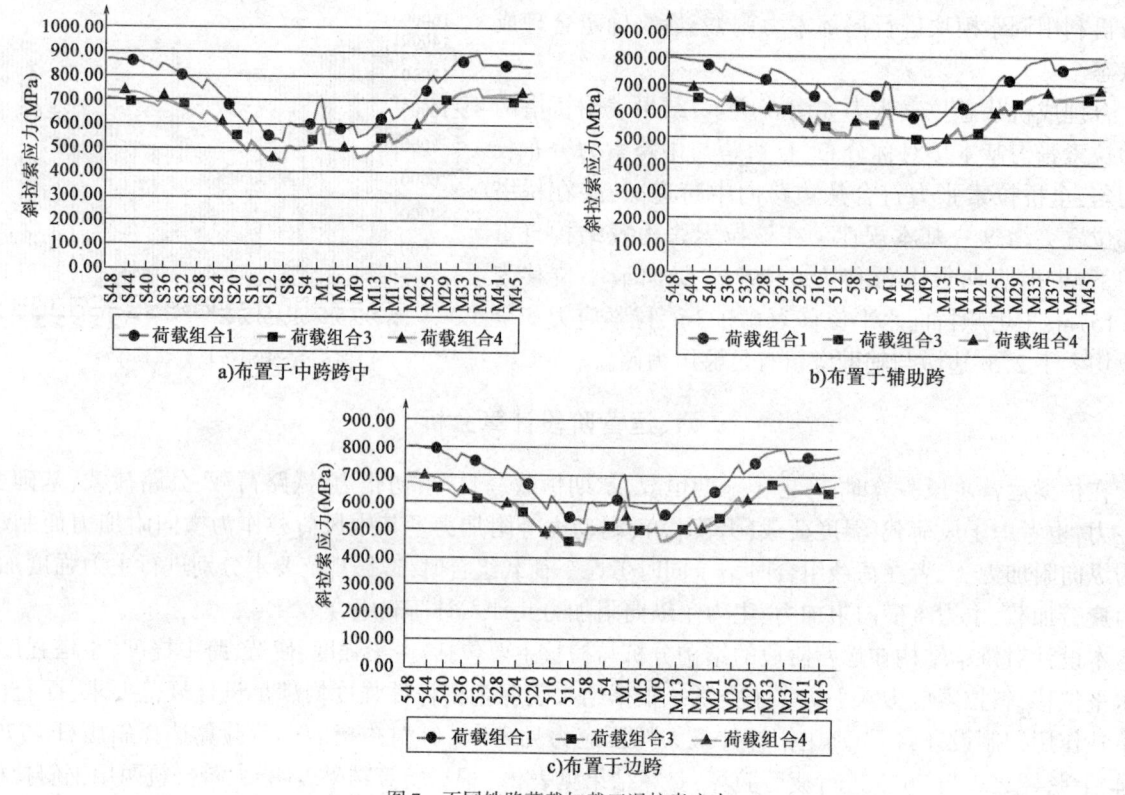

图7 不同铁路荷载加载工况拉索应力

七、施工阶段计算分析

大跨斜拉桥主梁施工多采用分阶段逐步施工,在施工阶段分析时,当前阶段的内力与线形都基于前一阶段的受力状态,因此在桥梁施工过程各施工阶段的内力与变形都具有继承性,故在分析时也需要强调连续性。本设计斜拉桥拟采用悬臂施工,故借助 Midas Civil 内置"未闭合配合力"功能对斜拉桥进行施工全过程正装分析,并以趋近于理论预拱度设立的成桥状态初始索张力作为施工拉索张力。

斜拉桥首先完成基础、桥塔、辅助墩、边墩施工,之后在桥塔主墩处用安装托架并吊装七个单节间钢梁,之后对称悬臂拼装标准节段至辅助墩处合龙,完成第一次体系转换;再悬拼至边墩处合龙,完成第二次体系转换;然后再对跨中进行合龙,完成第三次体系转换。待合龙完成再逐步移除吊机与墩旁托架,最后进行桥面铺装完成全桥施工。施工流程如图8所示。

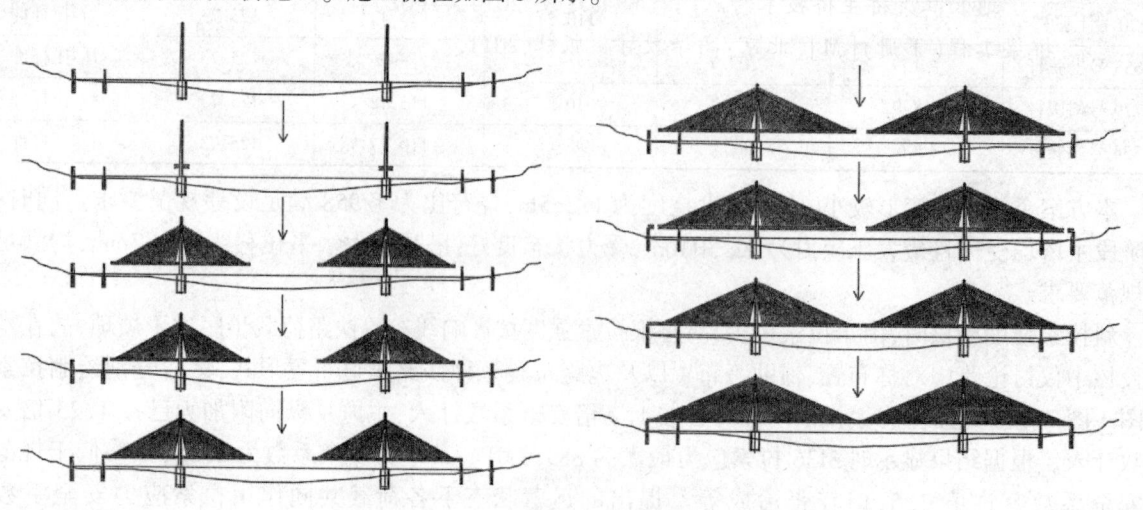

图8 斜拉桥施工流程示意图

由于恒载作用下斜拉桥主梁变形与拉索张力息息相关,因此本设计以静活载作用下最大挠度一半设为预拱度,同时在每一跨均以二次抛物线进行分配得到预拱度曲线。之后通过索力调整使得恒载作用下挠曲线趋近于该预拱度曲线,其差值通过桁架构造调节,并以该索力作为施工阶段拉索初张力。

施工阶段分析共划分为108个施工步骤,对施工全过程进行数值模拟。经过建模计算分析后,首先将计算所得数值与成桥阶段计算结果进行比对,以主梁挠曲线、索力分布拟合度来校验施工阶段计算结果的正确性。之后将施工全过程各拉索最大索力、各主桁杆件最大应力进行分别提取汇总,数据结果显示在施工过程中S7斜拉索的最大应力为所有拉索最大值,其值为941.6MPa、安全系数为2.12,仍高于施工阶段斜拉索应力安全系数2.0,满足设计规范要求。

对于主桁杆件施工阶段强度校核,将各阶段每根杆件的最大应力从结果中提取出来绘制成应力包络图。结果显示主桁各杆件的应力随施工阶段变化明显,因节段拼装、吊机空满载、体系转换等一系列工况使得每根杆件均可能承受拉应力与压应力。所有杆件在整个施工阶段所受最大压应力为393.1MPa,最大拉应力为310.0MPa,均小于容许压应力$[\sigma]$=416.7MPa,满足设计要求。

八、结　语

本文对一座主跨1500m的公轨两用钢斜拉桥进行设计与静力分析,阐述了进行斜拉桥静力分析的基本流程,完成了该钢斜拉桥运营阶段与施工阶段的有限元计算分析与校核验算,从而验证了1500m大跨钢桁斜拉桥方案的可行性与适用性。但本设计仅对设计方案的结构静力进行了计算分析,对于实际桥梁设计方案还需对结构的车桥耦合动力响应、抗风抗震设计等诸多方面进行研究。

随着科学技术日益发展,计算机有限元仿真水平不断提升,人类对跨江越海桥梁超大跨径的工程需求,将来必定会有更多的千米级大跨度斜拉桥展现在世人面前。

九、致　谢

本论文得到国家自然科学基金面上两项项目资助(项目号:51778043,51578047),中交集团重大课题:大跨度公铁两用斜拉桥关键技术研究项目资助(项目编号:2014-ZJKJ-03),在此一并表示感谢!

参考文献

[1] 雷俊卿,黄祖慰,曹珊珊,等.大跨度公轨两用斜拉桥研究进展[J].科技导报,2016,34(21):27-33.
[2] 李卫平.沪通铁路长江大桥公轨两用方案的经济性研究[J].工程造价管理,2009(06):23-24.
[3] 高宗余.沪通长江大桥主桥技术特点[J].桥梁建设,2014,44(02):1-5.
[4] 夏禾.桥梁工程(下册)[M].北京:高等教育出版社,2011.
[5] 雷俊卿.大跨度桥梁结构理论与应用[M].2版.北京:清华大学出版社,北京交通大学出版社,2015.
[6] 白慧明.沪通铁路长江大桥主跨1092m公轨两用斜拉桥方案技术可行性论证[J].铁道建筑,2011(06):1-4.
[7] 高宗余,梅新咏,徐伟,等.沪通长江大桥总体设计[J].桥梁建设,2015,45(06):1-6.
[8] 苏森林,张卓杰.大跨度板桁斜拉桥有限元建模方法[J].中国科技信息,2013(03):62-63.
[9] 张喜刚,陈艾荣,等.苏通大桥设计与结构性能[M].北京:人民交通出版社,2010.
[10] 张喜刚,陈艾荣,等,千米级斜拉桥设计指南[M].北京:人民交通出版社,2010.
[11] 张治成,谢旭,张鹤.大跨度斜拉桥钢和碳纤维拉索设计安全系数[J].浙江大学学报(工学版),2007(09):1443-1449,1456.

16. 主跨1800m公铁两用钢箱梁悬索桥设计

皮福艳　雷俊卿

(北京交通大学土木建筑工程学院)

摘　要　本文对主跨为1800m的公铁两用悬索桥进行了初步设计,拟定了加劲梁、主缆、吊杆、主塔等主要构件的材料和截面尺寸,借助有限元分析软件对其成桥状态的静动力响应进行分析,并对设计荷载组合作用下的应力进行了复核验算,经过验算可知设计结构构件的应力与变形均符合设计规范要求,验证了设计的合理性,可为公铁两用悬索桥同类型的设计提供一些技术指标参考。

关键词　公铁两用悬索桥　大跨度桥梁设计　钢箱梁　合理成桥状态　动力特性

一、概　述

近年来,随着基础设施建设的不断完善和发展,桥梁建设进入了一个建造跨海跨江大桥的新时代。悬索桥由于其跨越能力极强、外形与自然协调、受力明确,是超大跨径桥梁主要考虑的结构形式之一。因悬索桥为典型的柔性结构,当较大的活载作用时,悬索的几何形状容易发生改变,从而引起桥跨结构较大的挠曲变形或振动而发生破坏,因此已建成的大跨径悬索桥多为公路悬索桥,相比于列车而言,公路荷载的重量造成悬索桥的变形是较小的。但对于基础工程较复杂,墩台造价较高的大桥或特大桥,以及靠近城市、铁路公路均较为稠密而需要建造铁路桥和公路桥以连接线路时,为减低造价和缩短工期,往往需要建造一座公路铁路同时共用的桥梁。高速铁路的运行要求道路必须保持相当的刚度,此时采用公路铁路桥梁合建既能增加体系的恒载以提高"重力刚度",又能将公路铁路同层布置来增加加劲梁宽度满足体系刚度及抗风要求。因此,公铁合建悬索桥是大跨度桥梁的发展趋势,如墨西拿海峡大桥就采用了公铁合建的形式。

本文拟对主跨为1800m的钢箱梁公铁两用悬索桥进行试设计,公路铁路采用平层布置。对其一次成桥平衡状态和运营荷载作用下的受力特点以及动力特性进行分析,论证其可行性。

二、桥梁总体布置

本文所述悬索桥为双塔单跨悬索桥,拟定公铁两用桥梁方案,跨径布置为480m+1800m+480m,边跨比约为0.286。采用半漂浮体系,墩塔固结、塔梁分离、主塔横梁设竖向支撑。主跨塔底采用沉箱基础,在边跨设计辅助墩,桥面与山体间建造引桥。桥塔采用双柱式门式框架结构,高为235m,横截面为空腹箱型截面。主缆和吊杆均采用高强度低松弛的钢绞线,主缆采用四主缆形式,垂跨比为1/10,最短吊杆长20m。桥梁结构整体布置情况如图1所示。

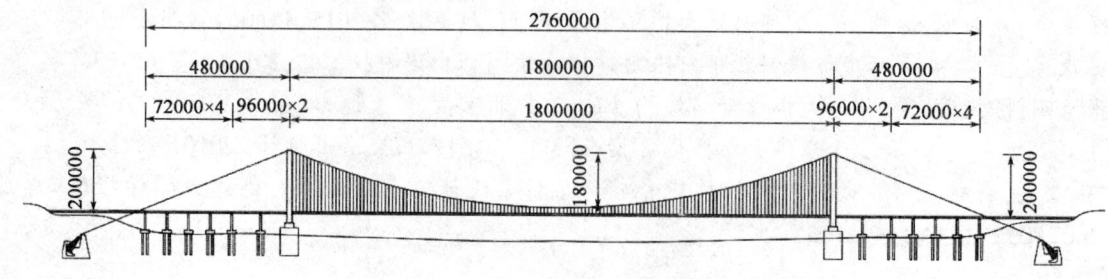

图1　悬索桥立面布置图(尺寸单位:mm)

公路与铁路平层布置，钢箱梁总宽度约为64.13m，桥面宽度约为54.64m，箱梁高5m。中间双车道为铁路，两侧对称布置6车道公路。其主要技术标准为：双线高速铁路设计时速300km/h，预留350km/h提速条件，设计时考虑ZK活载；公路为双向6线Ⅰ级高速公路，设计时速为100km/h。桥面横向布置情况如图2所示。

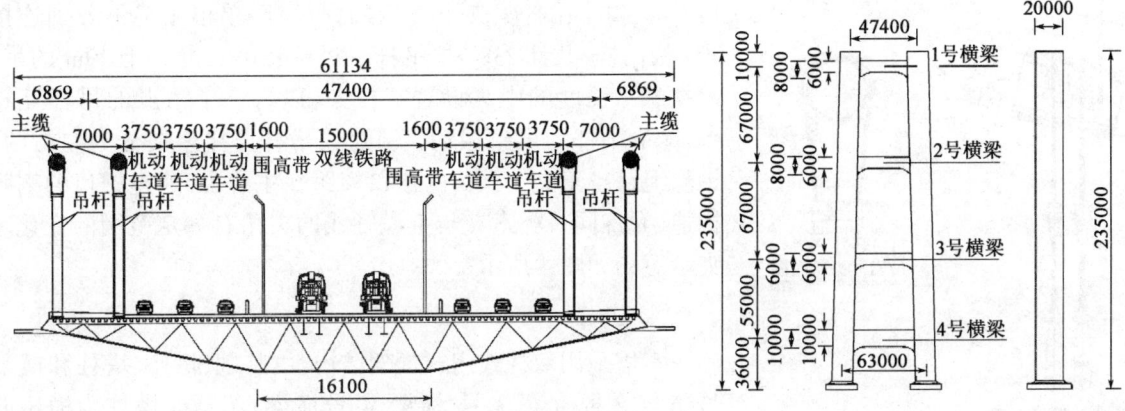

图2　桥面横向布置图及桥塔侧面图（尺寸单位：mm）

三、桥梁结构设计

1. 加劲梁

加劲梁采用Q420钢板制作的钢箱梁，梁高5m、宽54.64m，顶板厚25mm，底板厚16mm，顶底板均设置间距为300mm厚度为8mm的U形加劲肋。每隔4m布置一道空腹桁架式横隔板，每道横隔板包括22根桁架杆。为增加桥梁的抗风稳定性，在风嘴外侧增加了挑板以改善气流条件。加劲梁与桥塔处的连续支承能够较大幅度地减小加劲梁梁端竖向转角、减小主梁横向挠度和梁端横向转角，同时也减小主梁的纵向伸缩量。加劲梁的具体布置如图3所示。

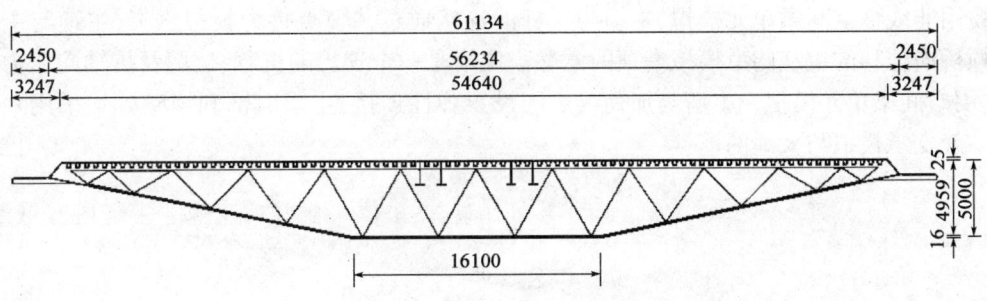

图3　悬索桥加劲梁断面图（尺寸单位：mm）

2. 主缆

主缆是悬索桥的主要承重构件，除承受主缆自重外，还通过索夹和吊杆承受活载和加劲梁自重与二期恒载，除此之外，还承担一部分横向风荷载，并通过索鞍传递至桥塔顶部。

本设计主缆采用弹性模量较大的镀锌高强钢丝，在具有高强度级别的同时，又兼具高扭转、低松弛的性能。共设四根主缆，每侧设置两根主缆，单根主缆等效直径为1.385m，采用217根丝股，每根丝股由127根单丝组成，单缆丝数为27559根，单丝直径为7mm。主缆施工时采用预制平行钢丝索股逐根架设的施工方法（PPWS），架设时竖向排列成尖顶的近似正六边形，紧缆后为圆形，索夹内直径为1385mm，索夹外直径为1405mm。

3. 吊杆

吊杆、索夹及其紧固系统将桥面系荷载传递给主缆，综合考虑其受力特点和材料性能、制造加工、安装维护、后期更换等因素，本设计吊杆采用规格为 PPS7-109-1860-LM 的高强镀锌钢丝绳。钢丝绳公称抗拉强度为 1860MPa，钢丝直径为 2.5mm，单根吊杆的等效直径是 140mm，每个吊杆索夹下连接四根吊杆，单根主缆下分别连接了 596 根吊杆，共计 2384 根吊杆。对于悬吊长度大于 20m 的吊杆，需在悬吊长度的中央设置减振架，以将一个吊点的吊杆互相联系，减少吊杆的风致振动。骑跨式吊杆连接索夹分为左右两半，钢丝绳跨越索夹上预留的槽口骑跨在主缆上，通过槽口的喇叭状构造，允许同一类索夹与主缆轴线的夹角有一定范围的变化。索夹示意图如图 4 所示。

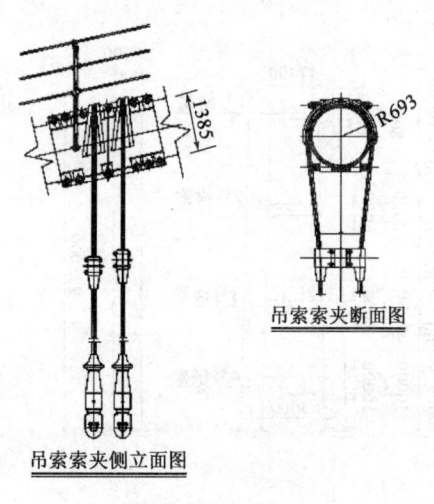

图 4 吊索索夹示意图

4. 主塔

索塔采用双柱式门式框架结构，由基础、塔座、塔柱和横梁（1号横梁、2号横梁、3号横梁、4号横梁）组成。塔柱为横桥向宽 15m，顺桥向长 20m 的空心矩形箱结构，为了满足塔柱受力和横梁预应力锚固，对塔柱局部壁厚进行加厚。在塔柱内横梁顶、底板对应的位置设置横隔板。为了美观和受力的优越性，横梁均采用箱型变截面梁，变高度而不变宽度。1号横梁、2号横梁、3号横梁跨中截面顺桥向宽 6m、高 6m，与立柱连接处截面顺桥向宽 6m、高 8m；4 号横梁跨中截面顺桥向宽 8m、高 8m，与立柱连接处截面顺桥向宽 8m、高 10m。

四、有限元模拟与受力分析

1. 有限元模型

本设计采用 Midas Civil 建立空间有限元模拟，全桥共计 862 个节点，861 个单元，全桥有限元模型如图 5 所示。加劲梁采用梁单元模拟，并将加劲梁通过主从约束与吊杆下端节点连接形成"鱼骨式"模型。吊杆和主缆用非线性空间索单元模拟，主缆与吊杆的连接通过共节点传力模拟索夹，主缆与主塔的连接通过释放顺桥向位移的主从约束模拟塔顶的索鞍。主塔是一个理想的抗弯、抗剪及抗轴向压力的均匀骨架单元，故用空间梁单元模拟。主塔与加劲梁之间设置弹性连接，主塔底部和锚碇处均采用六个方向全部约束的一般支承模拟与大地的连接。

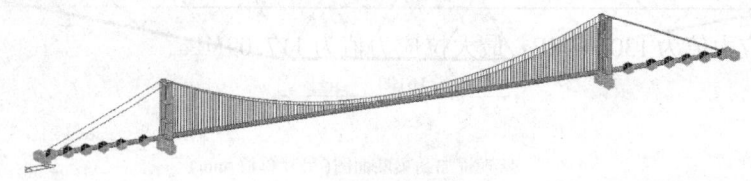

图 5 悬索桥有限元模型

2. 合理成桥状态确定

悬索桥的自重和大部分施工荷载主要由主缆承担，而主缆又是变形性很大的柔性承重构件，施工过程中其几何形状始终在变化，必须通过施加适当的预张力赋予一定的形状，才能使其成为能承受外荷载的结构。因此，悬索桥的空间建模计算应该首先确定初始平衡状态，即确定最合理的初始形状和相应的自平衡预张力系统，然后完成在恒载作用下的成桥阶段分析，使得悬索桥满足行车平顺性和桥梁安全性的要求，也是大桥结构在后期运营阶段健康监测和病害诊断进行线性或非线性结构计算分析的先决条件。

一次成桥状态下加劲梁最大位移为0.00137mm,接近于0,满足行车平顺性要求。加劲梁最大应力值为128.3MPa,主缆最大应力值为424.9MPa,吊杆最大应力值为346.8MPa,为后续进行静力和动力分析提供了模型基础。

3. 静活载效应

根据规范规定与设计需要,本文主要考虑了自重、二期恒载、ZK活载、公路Ⅰ级活载、整体升降温、局部温差和支座沉降七种荷载效应,计算的其中荷载组合见表1,主要构件的计算结果见表2。加载时,考虑最大列车开行长度和到发站时间的限制,ZK活载的加载长度取为550m。计算活载时,公路荷载考虑0.55的横向折减系数,0.93的纵向折减系数,公路与铁路组合时,再考虑0.75的折减系数。

计算荷载组合　　　　表1

荷载组合编号	荷载
荷载组合1	自重+二期恒载+ZK活载+公路Ⅰ级活载
荷载组合2	自重+二期恒载+ZK活载+公路Ⅰ级活载+系统升温40℃
荷载组合3	自重+二期恒载+ZK活载+公路Ⅰ级活载+系统降温30℃
荷载组合4	自重+二期恒载+ZK活载+公路Ⅰ级活载+局部温差10℃
荷载组合5	自重+二期恒载+ZK活载+公路Ⅰ级活载+系统升温40℃+支座沉降
荷载组合6	自重+二期恒载+ZK活载+公路Ⅰ级活载+系统降温30℃+支座沉降
荷载组合7	自重+二期恒载+ZK活载+公路Ⅰ级活载+局部温差10℃+支座沉降

主要构件应力值与桥梁竖向位移　　　　表2

荷载组合	主缆应力(MPa)	吊杆应力(MPa)	加劲梁 压应力(MPa)	加劲梁 拉应力(MPa)	位移(mm)
荷载组合1	475.51	393.22	125.97	88.36	2996.9
荷载组合2	466.17	374.91	124.99	69.83	4270.3
荷载组合3	484.05	408.38	130.07	116.20	2629.3
荷载组合4	475.51	392.77	125.87	88.31	2996.9
荷载组合5	466.33	375.29	129.17	71.90	4270.8
荷载组合6	484.20	408.76	134.27	117.09	2671.5
荷载组合7	475.67	393.15	130.07	89.57	2997.7

加劲梁最大压应力值为130.07MPa,最大拉应力值为117.09MPa,分别发生在第二个和第一个辅助跨跨中位置处。根据《铁路桥涵设计基本规范》(TB 10091—2017)的规定,Q420钢材在主力组合作用时容许应力为240MPa,在主力+附加力组合作用时容许应力为312MPa,故选用Q420钢材满足设计安全要求。主缆最大应力为484.20MPa,安全系数为3.84,吊杆最大应力为408.76MPa,安全系数为4.55,具有足够的安全储备。桥塔下横梁由于承受加劲梁内力,跨中出现最大弯矩值1480376kN/m,塔底最大压应力值为12.16MPa,桥塔应选择高强的混凝土建造,尽量减少下部结构的负担。

五、基本动力特性分析

桥梁的自振频率、振型等基本动力特性是直接影响结构抗风、抗震和车-桥耦合振动等动力性能的基础性参数。利用上述建立的有限元模型,在精确平衡基础上对该悬索桥进行了结构动力分析,得到该桥的自振频率和振型整理见表3。该桥基频计算值为0.09344Hz,对应一阶正对称横弯。主梁和桥塔的扭转振动出现较晚,说明本桥整体扭转刚度较大。由于结构为半漂浮体系,主梁纵飘出现较晚,桥塔在顺桥向地震动激励下可能会产生梁端位移。

桥梁自振频率及振型 表3

振型阶数	自振频率(Hz)	自振周期(s)	振型
1	0.093444	10.701634	主梁一阶对称横弯
2	0.164591	6.075666	主梁一阶正对称竖弯
3	0.198472	5.038505	主梁反对称横弯
4	0.218687	4.572753	主梁对称竖弯
5	0.323659	3.089672	主梁反对称竖弯
6	0.32377	3.088613	主梁对称竖弯
7	0.36363	2.750046	主梁对称横弯
8	0.41695	2.398371	主梁对称竖弯
9	0.427485	2.339261	主梁纵飘
10	0.492011	2.032476	主梁反对称竖弯

六、结　语

综上所述，本文对一座主跨1800m的公铁两用钢箱梁悬索桥进行了初步设计探讨，对加劲梁、主缆、主塔、吊杆等主要构件尺寸进行了具体尺寸设计，通过有限元软件对结构进行模拟，并对成桥状态的静动力特性进行了分析；还进行了设计荷载组合作用下的应力复核验算，经过验算可知：主缆和吊杆的最大应力分别为484.20MPa和408.76MPa，加劲梁最大压应力和拉应力分别为134.27MPa和117.09MPa，均符合设计规范要求，验证了设计的合理性。

本文仅对超大跨径公铁两用钢箱梁悬索桥进行了初步设计，实际大跨径桥梁设计需结合地形地貌条件，考虑实际桥址处抗风、抗震等级、风车桥耦合效应等的计算分析要求，必要时，还要进行相关的试验研究，用以指导超大跨径悬索桥的设计施工与养护维修等工作。

七、致　谢

本论文得到国家自然科学基金面上两个项目资助(项目号:51778043, 51578047)，中国中铁集团科研课题:千米级公铁两用悬索桥关键技术研究资助(合同编号:研2016-32)，在此一并表示感谢！

参考文献

[1] 刘家兵.大跨度公铁两用钢桁梁悬索桥整体静动力特性分析[J].桥梁建设,2020(04):23-28.
[2] 陈东巨.大跨度公轨两用单跨悬索桥研究[J].铁道标准设计,2017,61(05):70-76.
[3] 张喜刚,刘高,马军海,等.中国桥梁技术的现状与展望[J].科学通报,2016,61(Z1):415-425.
[4] 雷俊卿.大跨度桥梁结构理论与应用[M].2版.北京:清华大学出版社,北京交通大学出版社,2015.
[5] 钱冬生,陈仁福.大跨悬索桥的设计与施工[M].成都:西南交通大学出版社,2015.
[6] 宋香城.悬索桥发展中的挑战与对策初探[J].中国西部科技,2014,13(07):1-2.
[7] 罗世东,夏正春,严爱国.超大跨度公铁悬索桥结构体系参数分析[J].铁道工程学报,2014(06):39-45.
[8] 游新鹏.意大利墨西拿海峡大桥施工技术[J].世界桥梁,2012,40(05):17-21.
[9] 李永乐,蔡宪棠,安伟胜,等.大跨度铁路悬索桥结构刚度敏感性研究[J].中国铁道科学,2011,32(04):24-30.
[10] 李晓霞.对悬索桥总体设计思路的探讨[J].今日科苑,2009(12):141.
[11] 郑凯锋,胥润东.琼州海峡超大跨度公铁两用悬索桥方案的提出和初步研究[J].钢结构,2009,24(05):28-32.
[12] 刘大为,潘江波,刘福顺.悬索桥的发展综述与研究[J].山西建筑,2007(23):335-336.

[13] 彭德运,王立新.意大利墨西拿海峡大桥设计概述[J].铁道建筑技术,2003(02):27-30.
[14] 周明,施耀忠.大跨径悬索桥、斜拉桥的发展趋势[J].中南公路工程,2000(03):32-34.
[15] 雷俊卿,郑明珠,徐恭义.悬索桥设计[M].北京:人民交通出版社,2002.

17. 金安金沙江大桥隧道锚设计

陈永亮 刘 斌 夏支贤 武文祥

(云南省交通规划设计研究院有限公司)

摘 要 金安金沙江大桥主桥为1386m的单跨板桁结合加劲梁悬索桥,是中国西部山区最大跨径悬索桥。金安金沙江大桥隧道锚为目前国内缆力最大的隧道锚,设计施工均面临着巨大的挑战。本文首先介绍了锚隧冲突问题的处理方式、复杂地形地质条件下的锚碇选型;然后阐述了锚碇结构、整束挤压钢绞线成品索锚固系统及后锚室排水等设计要点;最后用公式估算了隧道锚的抗拔安全系数并通过数值仿真模型分析了围岩稳定安全系数,均满足规范要求。本文可以为同类建设条件下的山区悬索桥隧道锚设计提供参考。

关键词 悬索桥 隧道锚 整束挤压钢绞线成品索 锚固系统 排水

一、工程概况

金安金沙江大桥位于华丽高速公路K114+695处,丽江市东偏南约20km,金安桥水电站大坝上游1.38km处,为跨越金沙江而设[1]。

在初步设计阶段对各桥型方案进行比选,推荐悬索桥方案,经交通运输部审查,同意主桥采用1386m的单跨板桁结合加劲梁悬索桥方案。华坪岸引桥采用6×41m钢混组合梁,丽江岸引桥采用1×40m钢混组合梁。根据地形、地质条件,两岸均采用隧道式锚碇。金安金沙江大桥总体布置见图1。

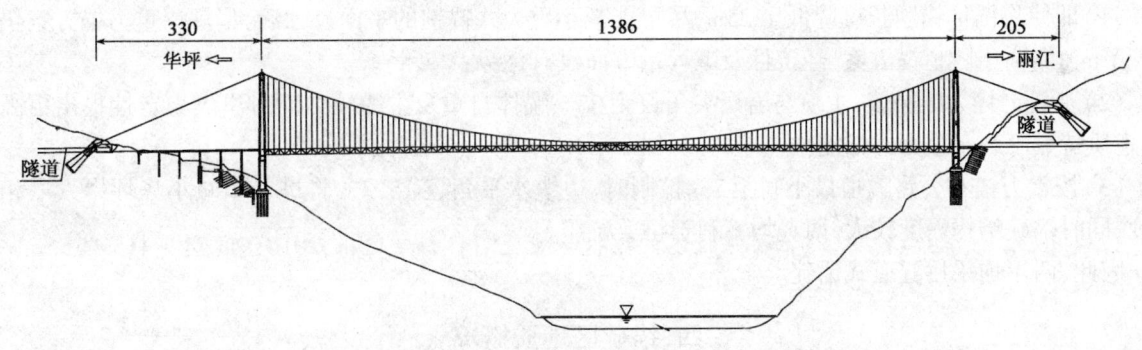

图1 金安金沙江大桥总体布置(尺寸单位:m)

二、锚隧关系处理

金安金沙江大桥两岸引桥均与隧道相接,不可避免地需要处理锚隧冲突的难题。经调研,主要有三种方式:

(1)锚隧交叉方式,在山体中,沿主缆路径设置满足主缆施工及运营阶段空间需求的通道,从整体式隧道两侧下穿后,于公路隧道下方设置隧道式锚碇,公路隧道与隧道式锚碇存在构造交叉;

(2)主缆外偏方式,从主索鞍开始将主缆外偏,仅见于自锚式或小跨径悬索桥;

(3)锚隧避让型方式,使接线公路隧道采用整体平转或分幅平转方式,从平面上实现锚隧的分离设置。

初设阶段,依据多方面研究,并结合专家会议论证结论"选择锚固于中、微风化岩层的非交叉式(整幅偏转)隧道式锚碇结构是适宜的",推荐采用接线隧道整体偏转的锚隧平面分离方案以解决锚隧冲突问题。锚碇与公路隧道的位置关系见图2,可见丽江岸锚碇离公路隧道更近。丽江岸锚碇位于公路隧道右上方,锚塞体到隧道顶面的最小竖直距离为12m。

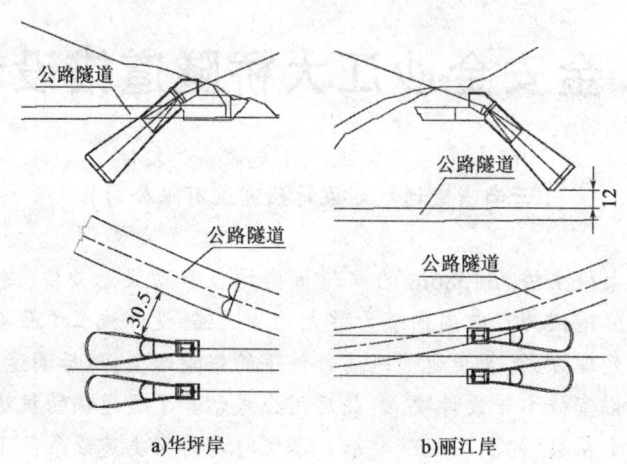

图2 锚碇与公路隧道的位置关系(尺寸单位:m)

三、锚碇选型

隧道式锚碇根植于基岩,可充分发挥岩石岩性,以其开挖量小、造价低、利于环境保护等优点,成为山区悬索桥锚碇的首选形式。从结构安全性来说,重力锚设计施工经验成熟,由于其基底面积巨大,对基底持力层的围岩质量、抗剪断参数、破碎程度、承载力以及参数可靠性的要求相对较低,在复杂的地质条件下安全性高于隧道锚。

丽江岸地形陡峻,不适合采用重力锚。对于岸坡较缓的华坪岸,设计中提出了重力锚方案和隧道锚方案进行比选。如采用重力锚,将存在以下问题:

(1)即使将锚体锚固长度降低至25m,尽可能减小重力式锚锭的平面尺寸后,华坪岸重力锚方案仍达9.2万m^3,略高于隧道锚方案,经济性及工程量方面没有优势;

(2)基岩走势为顺层坡,主缆与岩层夹角仅为33°,锚体自重及主缆拉力均对岸坡稳定性提出更高要求,地质特点不利于重力式锚碇;

(3)按重力锚与公路隧道最小间距7m控制时,边缆水平角仅15.3°,将进一步减小华坪岸索塔相对刚度,同时锚碇结构高度较大,两者均不利于桥梁抗震。

因此,两岸均采用隧道式锚碇。

四、锚碇区地质概况

两岸锚碇区地层岩性类似,锚塞体持力层均为中风化玄武岩,但受地质构造影响丽江岸地质情况更复杂,围岩更破碎,丽江岸锚碇是设计、施工的难点。

(1)华坪岸。

锚塞体位于Ⅲ级围岩。混凝土与岩体剪切强度取值:$c' = 1.1 \sim 1.3$MPa、$\phi' = 40° \sim 45°$。散索鞍基础持力层为中风化玄武岩($[f_{ao}] = 2000$kPa)及中风化火山角砾岩($[f_{ao}] = 1800$kPa)。

(2)丽江岸。

锚塞体主要位于Ⅲ级围岩,少量位于Ⅳ级围岩。混凝土与岩体剪切强度取值:$c' = 0.9 \sim 1.1$MPa、$\phi' = 35° \sim 45°$。散索鞍基础位于中风化玄武岩($[f_{ao}] = 2000$kPa)及中风化杏仁状玄武岩($[f_{ao}] = 2000$kPa)。

丽江岸左侧锚碇地质纵断面见图3，可见：

a. 锚碇中心线与构造面夹角较小，约为30°；

b. 在玄武岩层中存在凝灰岩软弱夹层。

以上两点均对锚塞体抗拔安全性有不利影响。

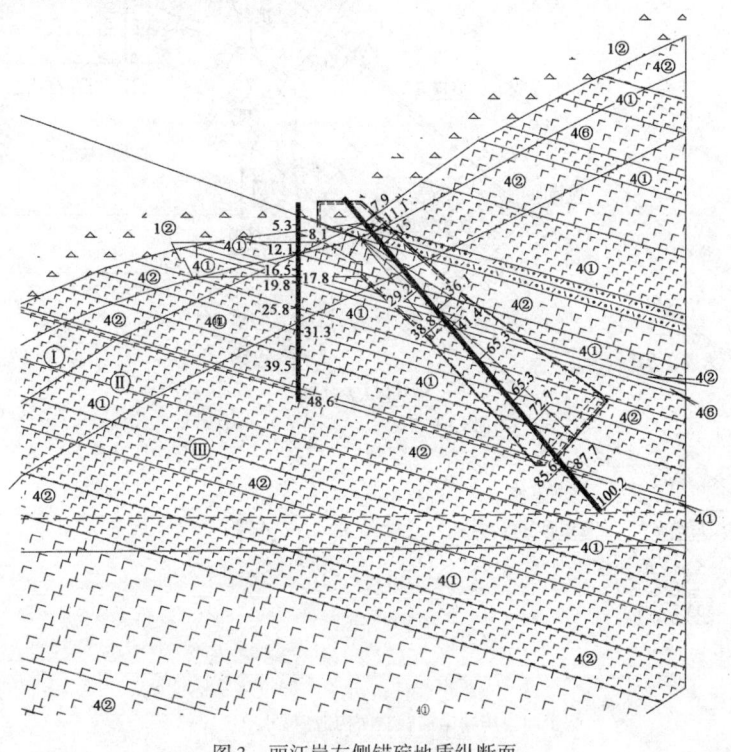

图3　丽江岸左侧锚碇地质纵断面

五、隧道锚设计

1. 锚体结构

隧道锚从结构受力和功能上可分为锚塞体、散索鞍基础、前锚室、后锚室四部分。锚塞体主要承受锚固系统传递的主缆索股拉力；散索鞍基础主要承受由散索鞍传递的主缆压力；前锚室指前锚面到洞门间的部分，为封闭空间，内设除湿系统，对主缆索股起保护作用；后锚室指后锚面之后的空间。

前锚室洞口尺寸为11.6m×10m（宽×高），顶部为圆弧形，圆弧半径5.8m。前锚面尺寸为11.6m×14m（宽×高），顶部为圆弧形，圆弧半径5.8m。后锚面尺寸为17m×24m（宽×高），顶部圆弧半径为8.5m。锚塞体长度为40m，左右锚塞体最小净距为10m。后锚室端部尺寸为17m×21.299m（宽×高），长3m。初期支护厚度为30cm，二次衬砌厚度为45cm。散索鞍基础采用扩大基础，为适应地形地质，两岸锚碇基础采用不同的尺寸。

支护：隧洞初期支护采用C30聚丙烯合成纤维喷射混凝土，二次衬砌采用C30混凝土；

锚塞体：采用C40微膨胀聚丙烯合成纤维抗渗混凝土（抗渗等级P10）；

散索鞍基础：第一部分采用C30混凝土，第二部分采用C40抗渗混凝土（抗渗等级P10）。

锚碇立面构造见图4、图5。

2. 锚固系统

悬索桥锚碇锚固系统主要分为型钢锚固系统和预应力锚固系统两种类型。悬索桥主缆采用预应力锚固系统的工程远远多于采用型钢锚固系统的工程，我国修建的主跨超过800m的悬索桥主缆大部分都采用了预应力锚固系统[2]。对于山区大跨悬索桥，预应力锚固系统具有施工方便、造价经济等优势，故金安金沙江大桥锚碇也采用预应力锚固体系。

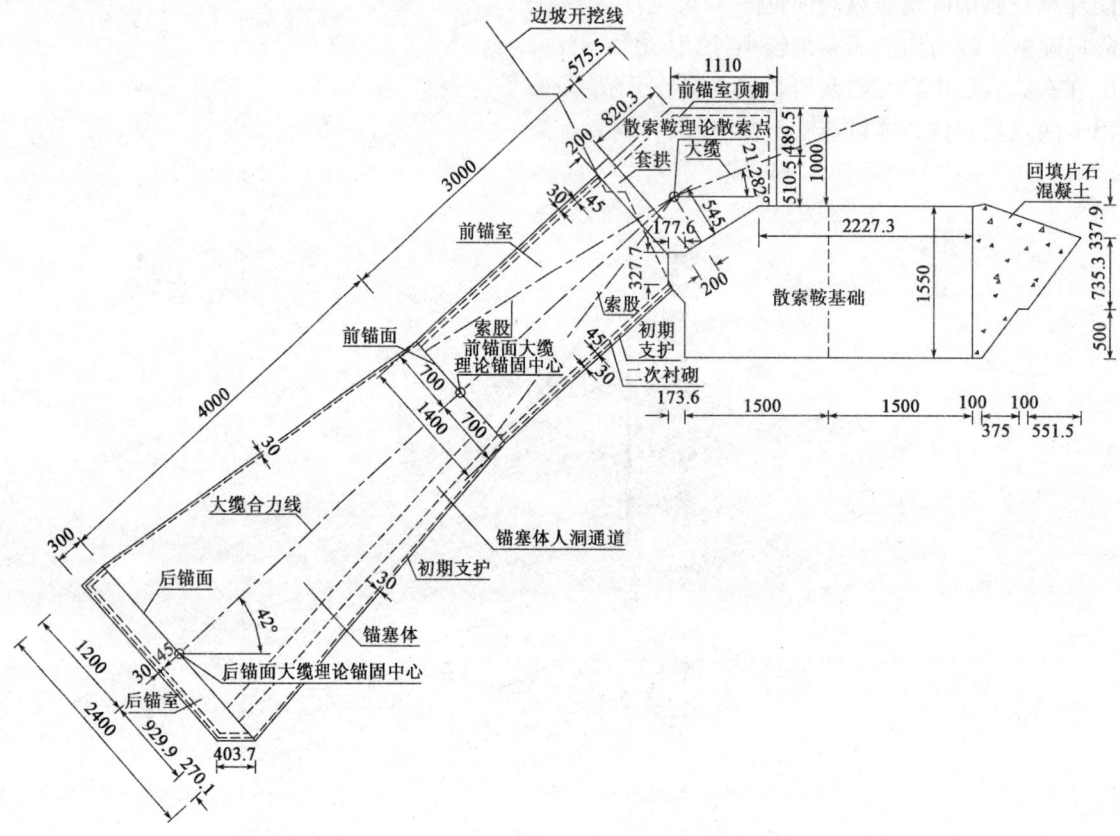

图 4　华坪岸锚碇立面构造(尺寸单位:cm)

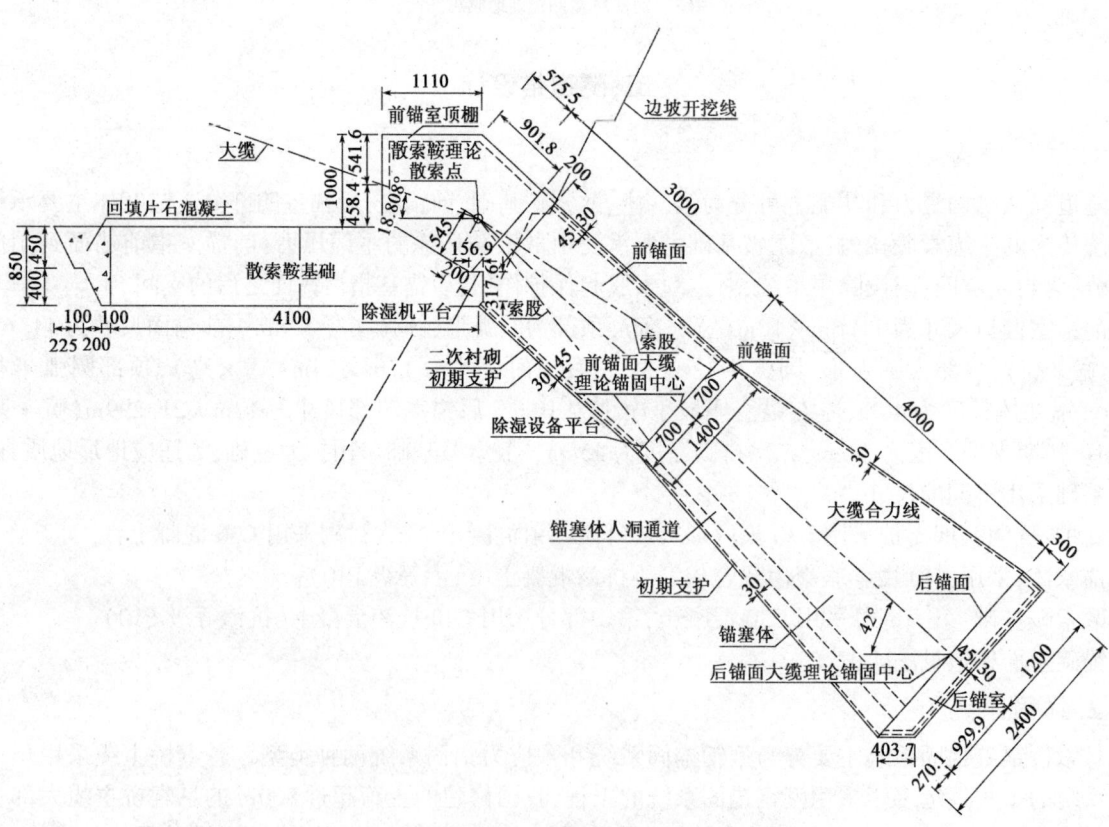

图 5　丽江岸锚碇立面构造(尺寸单位:cm)

预应力锚固体系主要分为预应力钢绞线体系和预应力钢拉杆体系。本桥如采用钢拉杆体系,存在以下问题:

(1)锚塞体长度为40m,每根钢拉杆至少需分成三段制造,接头数量多,施工难度大。

(2)钢拉杆在锚塞体内需保持直线,经过40m长度的扩散,后锚面尺寸需大幅增加;而左右幅锚塞体在后锚面处最近距离仅为10m,考虑到隧道开挖的安全性,后锚面尺寸不具备增加的条件。

受限于建设条件,金安金沙江大桥隧道锚采用预应力钢绞线锚固体系。

隧道锚后锚室深埋于地下,即使采取了防水措施,传统钢绞线锚固系统的耐久性风险依然很高。设计对锚固体系防腐进行了深入研究,最终采用了整束挤压钢绞线成品索锚固系统[3],通过多重防腐措施保障锚固系统和桥梁主体结构同寿命。成品索索体截面见图6。

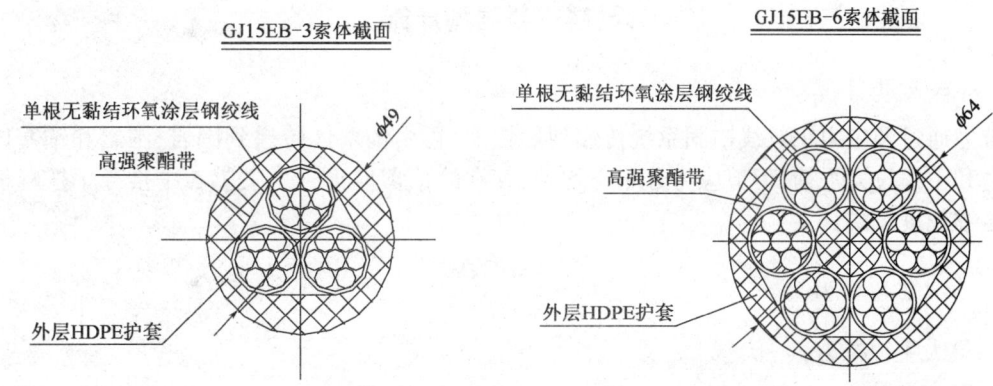

图6 钢绞线成品索索体截面(单位:mm)

锚固系统由索股锚固连接构造和预应力锚固构造组成。在前锚面拉杆一端与索股锚头上的锚板相连接,另一端与被预应力钢束锚固于前锚面的连接器相连接。

索股锚固连接构造分为单索股锚固单元和双索股锚固单元,单索股锚固单元由2根直径为85mm的连接拉杆和单索股连接器平板构成,双索股锚固单元由4根直径为85mm的连接拉杆和双索股连接器平板构成。预应力锚固构造由预应力钢束和锚具组成,单、双索股锚固类型分别采用GJ15EB-21和GJ15EB-42钢绞线整束挤压成品索及其相应的锚具,每根大缆每端设37个单索股锚固连接和66个双索股锚固连接。

每根主缆共有169根通长索股,每根索股含127根直径为5.25mm、抗拉强度为1770MPa的高强度镀锌钢丝。前锚面布置见图7。

3. 后锚室排水兼检修通道

桥位区气候具有干湿季分明的特点,冬干夏雨。5~10月为雨季,平均降雨量890~950mm而降雨多集中在雨水集中于7~9月,占全年降雨量75%,蒸发量2100~2400mm。11月至次年4月为干季,雨雪量少,天晴日暖,日照时数长,光能充足。可见金安金沙江大桥隧道锚在雨季的防排水工作压力巨大。

隧道锚防排水遵循"防、排、截、堵"相结合的原则,保证结构和后期设备的正常使用和结构耐久性。通过布置在初期支护和二次衬砌的防排水设施,将水引入后锚室底部,难点在于如何将积水及时排出后锚室。常规隧道锚后锚室排水采用抽水泵抽水方式,后期维

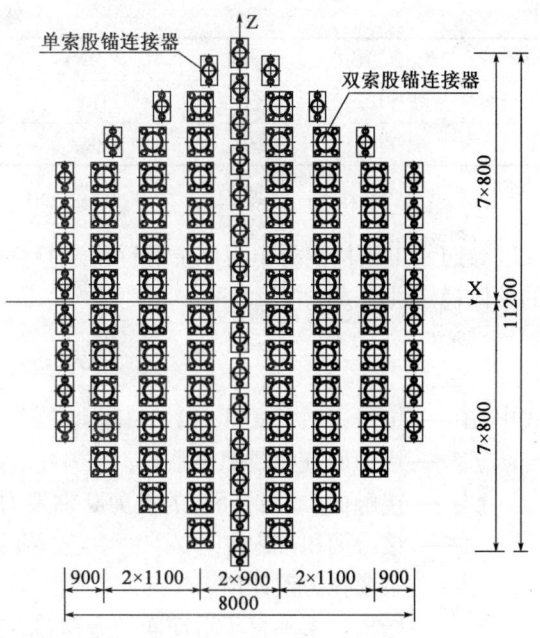

图7 前锚面布置(尺寸单位:cm)

护费用高[4]。万州驸马长江大桥隧道锚采用了一种新型的后锚室自然排水形式[4]。金安金沙江大桥隧道锚后锚室排水设计过程中,借鉴了万州驸马长江大桥的先进理念,也采用了自然排水形式。

丽江岸隧道锚后锚室位于公路隧道右上方,最小竖直距离为12m,可以方便地通过管道将积水引入公路隧道的排水系统,比较容易实现,不再赘述。难点在于华坪岸隧道锚,后锚室位于公路隧道右下方,积水无法自然排入公路隧道。从华坪岸隧道锚到华坪岸主塔之间的岸坡比较平缓,查看地形图并结合现场踏勘可知排水通道出水口至少要到达华坪岸主塔边坡才能实现自然排水,结合边坡设计,最终确定出水口位于一二级边坡之间的碎落台,排水进入截水沟。排水通道纵坡为 -5.57%,总长340m,为净空1.5m×2.0m(宽×高)的小隧洞,兼排水与检修通道的功能。通道底部角落位置采用盖板排水沟明槽排水。

六、隧道锚结构计算

1. 锚塞体长度计算

主缆拉力通过预应力钢绞线锚固系统传递到后锚面,再由锚塞体传递到围岩,围岩和锚塞体之间的剪应力合力和主缆拉力平衡,但剪应力分布不均匀,存在峰值剪应力[5]。文献5中推导了按峰值剪应力确定的隧道锚长度公式:

$$L_\mathrm{m} \geq \frac{3\sqrt{3}PK}{8\sqrt{C}U_\mathrm{P}[\tau]}$$

式中:P——最大主缆拉力;

K——安全系数;

C——常数;

U_P——峰值剪应力处的锚体周长;

$[\tau]$——锚体与岩体间抗剪断强度的推荐值。

C 的取值范围为0.10~0.12,本桥确定为0.11。根据锚固系统构造要求确定前后锚面尺寸,拟定锚塞体长度为 $L_\mathrm{m}=40\mathrm{m}$,则 $U_\mathrm{P}=69\mathrm{m}$。最大主缆拉力 P 由总体计算确定,抗剪断强度 $[\tau]$ 由地勘资料确定,则由上述公式可得安全系数 K,见表1。可见,在锚塞体长度相同时,由于地质条件不同,丽江岸的安全系数更小。

隧道锚安全系数　　表1

位　　置	P(MN)	$[\tau]$(MPa)	K
华坪岸	310	1.1	5.0
丽江岸	306	0.9	4.1

2. 锚体抗拔安全度计算

参照水工结构混凝土坝体抗滑移稳定验算的公式,可按下式估算锚塞体抗拔安全系数,验算隧道锚的整体稳定性[6]。

$$K = \frac{f' \cdot W_\mathrm{F} + C' \cdot A + W_\mathrm{L}}{P}$$

式中:K——抗滑(拉拔)稳定系数;

f'——接触面抗剪断摩擦系数;

C'——接触面(或结合面)的抗剪断黏聚力(kPa);

A——接触面积(m^2);

P——主缆拉力设计值(kN);

W_F——结构自重垂直于滑动面的分量(kN);

W_L——结构自重沿拉拔方向的分量(kN)。

接触面积取为锚塞体底面积，$A = 577m^2$。主缆拉力设计值 P 由总体计算确定，f' 和 C' 由地勘资料确定，则由上述公式可得抗拔稳定系数 K，见表2。锚塞体抗拔安全系数不应小于 2.0[6]，本桥隧道锚满足要求。

隧道锚抗拔稳定系数　　　　　　　　表2

位　置	P(kN)	f'	C'(kPa)	K
华坪岸	310000	0.84	1100	3.1
丽江岸	306100	0.7	900	2.6

3. 围岩稳定安全系数计算

以上用公式估算了隧道锚的抗拔安全系数，但考虑到锚塞体受力较为复杂，且每个工程的岩体参数差异非常大，难以采用统一的公式进行合理估算，围岩稳定安全系数需要通过数值仿真模型进行分析后确定[6]。

计算采用有限差分软件 FLAC3D，考虑到锚碇受拉拔荷载的作用，锚碇周围岩体的破坏类型为拉-剪破坏，故选用考虑拉-剪破坏的摩尔-库伦模型。

华坪岸地质模型尺寸为：沿着桥轴线长度为215m，垂直桥轴线宽度为200m，竖向从锚碇底部向下扩展55m。丽江岸地质模型尺寸为：沿着桥轴线长度为225m，垂直桥轴线宽度为200m，竖向从锚碇底部向下扩展54m。模型中考虑了强风化、中风化岩体以及凝灰岩夹层。数值分析时采用四面体和五面体网格进行剖分，边界条件采用底面固定约束，侧面法向约束，地表自由。

考虑塑性区的贯通时施加的荷载作为极限承载力，参照一般载荷试验的规定，取设计荷载为极限承载力的1/2，得到华坪岸隧道锚的设计荷载为7倍设计缆力，丽江岸隧道锚的设计荷载为6倍设计缆力。即两岸隧道锚的围岩稳定安全系数分别为7.0和6.0。围岩稳定安全系数不应小于 4.0[6]，本桥隧道锚满足要求。

七、结　语

金安金沙江大桥主桥为1386m的单跨板桁结合加劲梁悬索桥，是中国西部山区最大跨径悬索桥。金安金沙江大桥隧道锚为目前国内缆力最大的隧道锚，设计施工均面临着巨大的挑战。从锚隧关系处理、锚碇选型到隧道锚设计、计算，本文详细介绍了金安金沙江大桥隧道锚的设计过程及重要成果，可以为同类建设条件下的山区悬索桥隧道锚设计提供参考。在各方的密切配合下，金安金沙江大桥施工进度正常，两岸隧道锚均已顺利完成，目前正在进行梁段吊装施工，预计2020年底建成，届时将成为横跨金沙江的美丽风景。

参考文献

[1] 刘斌,马健,汪磊,等.云南金安金沙江大桥总体设计[J].桥梁建设:2018,48(1):82-87.
[2] 苏强,王强,曾诚,等.我国悬索桥主缆预应力锚固系统设计探讨[C]//第十六届全国混凝土及预应力混凝土学术会议暨第十二届预应力学术交流会.2013:414-419.
[3] 黄颖,朱万旭,杨帆,等.钢绞线整束挤压式拉索锚具抗滑性能的试验研究[J].预应力技术:2008(6):7-9.
[4] 王茂强,曾宇.万州驸马长江大桥隧道锚防排水系统研究[J].公路:2018(9):181-184.
[5] 朱玉.隧道锚设计体系中的关键问题研究与实践[D].华中科技大学:2005:11-21.
[6] 中华人民共和国行业规范.公路悬索桥设计规范:JTG/T D65-05—2015[S].北京:人民交通出版社股份有限公司,2015.

18. 深圳妈湾跨海通道深开挖大跨异形地下结构设计

阴存欣　王国兴

(北京市市政工程设计研究总院有限公司)

摘 要 地下结构工程中的分叉节点区段由于具有深开挖大跨径且异形的特点,荷载类型多样,设计异常复杂,本文以高深圳妈湾跨海通道高28.5m,宽27.5m的地下异形结构为例,考虑有水和无水的土压力等多种荷载形式工况,建立全结构板单元模型,对结构进行了受力分析,解决了地下通道分叉节点区段在深开挖条件下异形大跨结构的结构受力问题,完成了结构设计并使得结构的板厚大大降低,保证了结构的经济性。

关键词 地下结构　深开挖　异形　分叉节点

一、深开挖异形地下分叉结构概况

地下结构工程中的分叉节点区段由于具有深开挖大跨径而且异形的特点,荷载类型多样,受力异常复杂,需要经过精准的空间受力分析,利用有效的措施获得合理的解决方案。本文以深圳妈湾跨海通道地下交叉节点异形大跨闭合框架设计为例,分析其受力特点和设计过程。

妈湾跨海通道(月亮湾大道~沿江高速)工程位于深圳市西部,途径前海妈湾及宝安大铲湾两区域。道路呈南北向布置,南起于妈湾大道与月亮湾大道相交处,向北穿越前海湾海域,最终止于沿江高速大铲湾收费站及金湾大道与西乡大道相交处,路线全长约8.05km,其中前海段2.5km,海域段1.1km,大铲湾段4.45km。地下道路规划等级为城市快速路,设计速度80km/h,横断面布设为双向6车道,地下隧道全长约6246.8m,其中前海陆域明挖隧道段820m,海域盾构隧道段2060m,大铲湾陆域明挖隧道段3366.8m。地下隧道设计标准:设计行车速度为80km/h。隧道宽度为双向6车道,其中两侧机动车道宽12.25m。道路设计荷载采用城-A级。抗震设防烈度为7度,设计地震加速度为0.1g。桥面横坡1.0%(单向坡)。建筑限界:行车净空>4.5m。抗浮设计水位:自然地面。施工期间基坑周边及隧道顶板施工堆载20kN/m^2。地下隧道防水等级二级。结构安全等级一级。

本文设计计算段桩号S2K0+339.485 ~ S2K0+379.485位置S2-7结构的三层不对称闭合框架,结构横向最大宽度27.5m,结构竖向高度最大28.52m,具有异形大跨深开挖的特点,结构平面及横断面详见图1,图2所示。本文以左侧最复杂的部分的设计为例进行分析。中间为主线,由于有高差使得结构高度不对称,左侧为了减少一层的结构自重,对二三层进行了挖空处理。结构厚度:底层顶板2.0m,底板2.0m,侧墙1.8m,二层侧墙1.2m,二层顶板1m,三层顶板1.2m。由于横向跨径较大,原来未设置墩柱时,板厚需要2.6m,经济性和实用性能差,为了优化设计,采用在一层设置墩柱的方式改善受力,除了在右侧交点设置墩柱外,在底层车道分叉的三角区域,从右端伸缩缝中线往里OFFSET两次,每次6m加设2个直径1.5m墩柱,以改善框架的受力。混凝土采用C40补偿收缩混凝土,钢筋采用HPB300和HRB400。

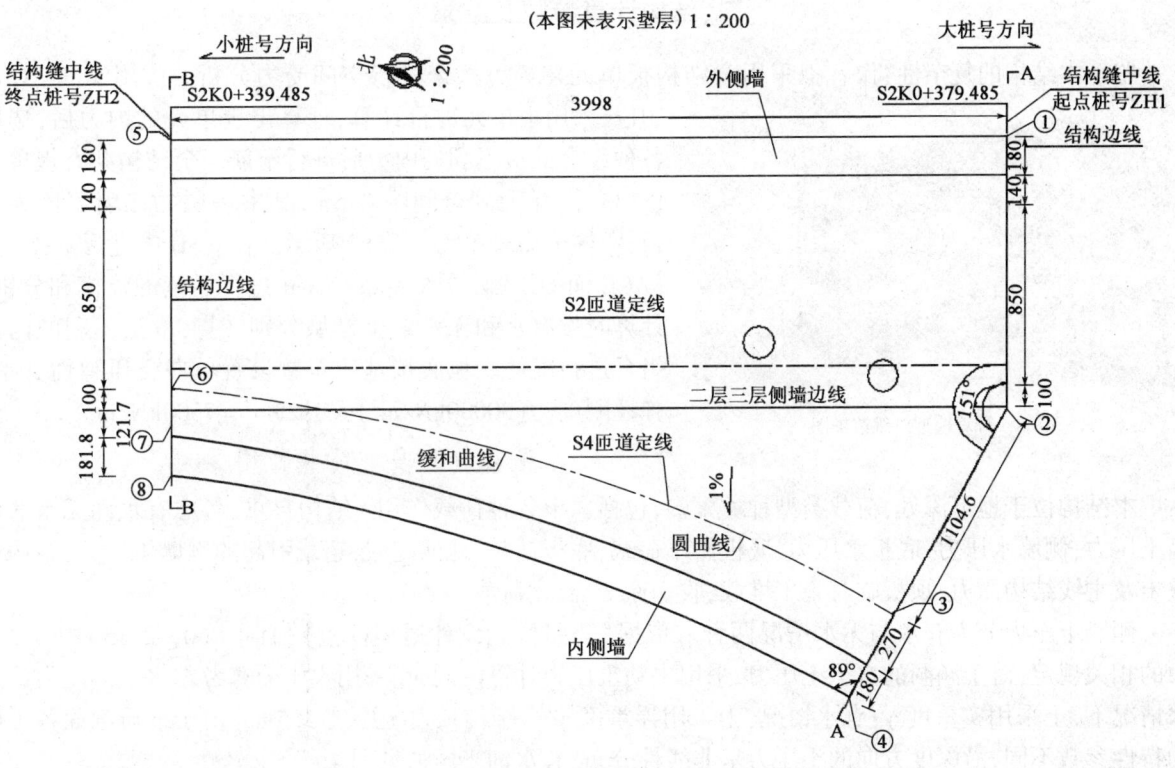

图1 交叉节点平面图(尺寸单位:cm)

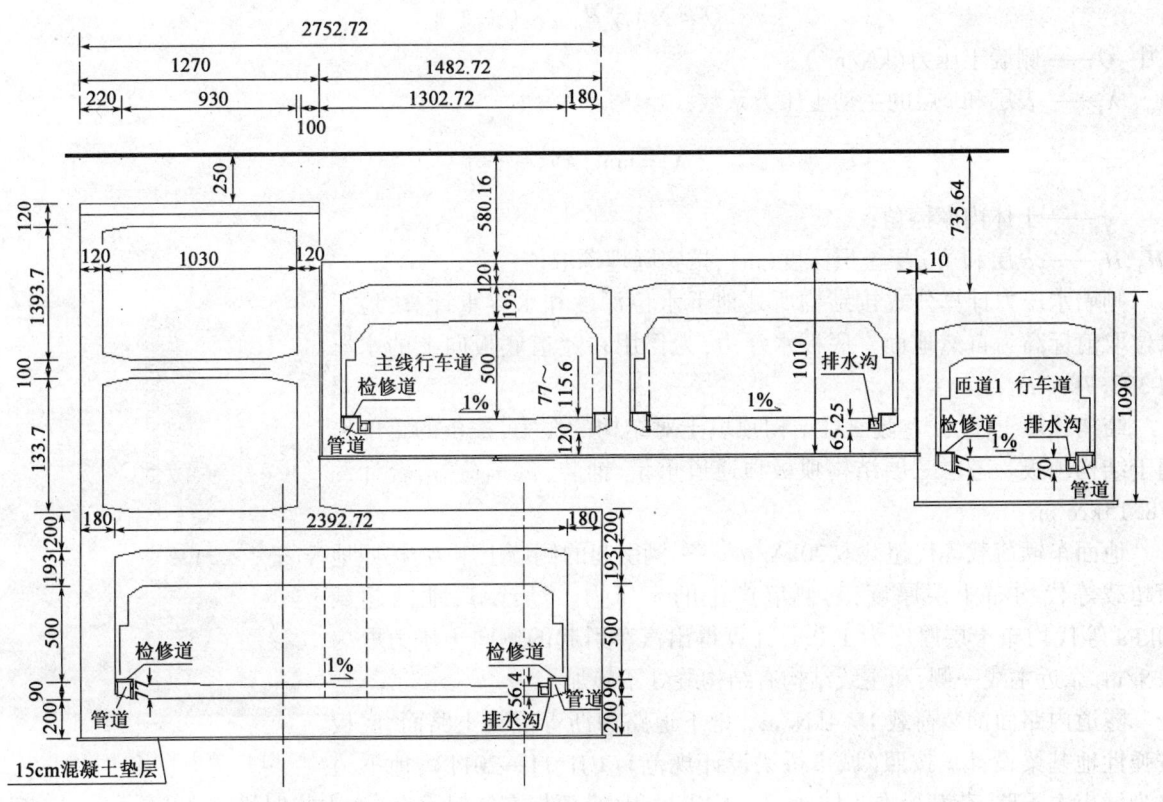

图2 交叉节点横断面图(尺寸单位:cm)

二、结构计算参数及结果

鉴于本结构的复杂性,作者拟采用全结构板单元建模方式来进行空间受力分析。应用 Midas Civil 2017,采用板单元进行计算,计算出板单元的内力后,选取各种组合的最不利的内力后进行配筋。全结构共有板单元 18133 个,单元划分间距 0.5m,其中一层的侧墙墙体为曲板,墩柱采用梁单元,如图 3 所示。在 CAD 中进行主要 3D-FACE 面的绘制,导入 Midas Civil 进行后续的建模和分析。计算时按有水和无水两个模型分别计算,取最不利的内力组合进行配筋。板底按基床系数设置单向受压弹性支承,弹性刚度为 $(30000 \text{kN/m}^3) \times 0.25 \text{m}^2 = 7500 \text{kN/m}$。

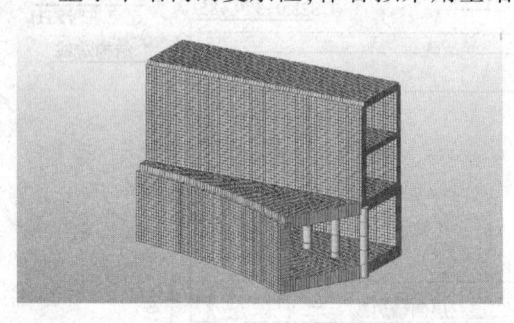

图 3　计算模型三维渲染图

1. 计算考虑的多种荷载作用

本结构位于地下深处,荷载类型种类繁多,包括以下各种荷载作用:结构自重,考虑有水和无水的侧墙土压力,侧墙水压力,底板水压力,底板汽车荷载,底板铺装,地面超载,超载引起的侧墙土压力,结构顶覆土及主线结构压力,顶板临时施工堆载,收缩徐变,温度荷载。

侧墙土压力分为有水与无水情况两种。依据《公路桥涵设计通用规范》(JTG D60—2015)中 4.2.3 中的相关规定,对于涵洞的水平土压力,采用主动土压力计算。同时,采用水土分算考虑水土侧压力。无水情况下,土采用实重度 γ;有水情况,土采用浮重度 γ'。结构顶覆土厚度 2.5m。由于地质剖面各土层的特性参数不同,沿深度方向的土压力呈非线性分布,有水的土压力见图 4。

计算公式为:

$$Q = \lambda_0 \gamma_0 H_0 + \sum \lambda_i \gamma'_i (H_i - H_0) \quad (\text{有水}) \tag{1}$$

$$Q = \sum \lambda_i \gamma_i H_i \quad (\text{无水}) \tag{2}$$

式中:Q——侧墙土压力(kN/m^2);

λ_0, λ_i——表层和 i 层的主动土压力系数;

$$\lambda_i = \tan^2\left(45° - \frac{\varphi}{2}\right)$$

φ——土体内摩擦角;

H_0, H_i——表层和第 i 层土层深度(m),按实际埋深取值。

侧墙水压力计算公式按结构所处地下水位深度和水容重计算,地下水位取值标高为自然地面。底板水浮力,为作用在隧道底板向上的水压力 308.7kN/m。

结构顶填土压力,左侧三层结构顶填土对结构的压力,按土的重度作用于结构顶板。考虑三层结构顶板顶通道重量,铺装,汽车荷载,合计约 278.15kN/m。

地面车辆荷载等代超载取 20kN/m^2。车辆引起的侧墙土压力,按照地面超载等代均布土层厚度,对侧墙产生的土压力。经计算,地面超载 20kPa 等代均布土层厚度为 1.0m,计算得出汽车引起的侧向土压力取为 9kN/m,靠近主线一侧,和主线结构有结构缝处不施加。

隧道内路面铺装荷载 15.4kN/m。地下道路为沥青混凝土路面,底板按弹性地基梁设计。按照《城市桥梁设计规范》(CJJ 11—2011),地下道路为城市主干路,荷载标准为城 A 级。施工过程中,顶板有临时堆载,考虑临时堆载 20kN/m^2。底板、中板临时荷载,施工过程中,内部人员、施工材料、设施等荷载荷载取 10kN/m^2。

温度变化,本工程整体升温按照 ±25℃ 考虑。混凝土收缩和徐变影响力,采用 Midas 程序按混凝土

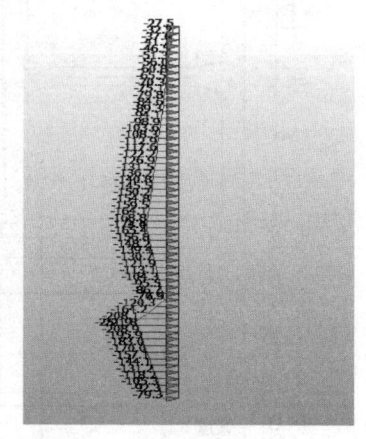

图 4　有水工况的侧墙土压力

收缩和徐变参数进行取值。

2. 施工、使用阶段划分及荷载组合

施工阶段划分：分为浇筑结构，施加施工荷载及洞内铺装，土(水)压力和超载及汽车荷载，完成收缩徐变四个阶段。

荷载组合：按规范程序进行自动组合，包括承载能力基本组合，频遇组合，准永久值永久组合，由于计算过程采用了单向受压弹性支承，荷载采用施工阶段cs荷载，为了满足不同的承载能力组合系数，将部分cs荷载从施工恒荷载cs中提出，以方便按不同组合系数进行组合。

三、分析计算结果

1. 位移结果

有水工况，最大竖向位移2.19cm，最大横向位移3.33cm，最大总位移4.16cm。

无水最大竖向位移3.13cm，无水最大横向位移3.15cm，无水最大总位移4.5cm。图5~图6为有水和无水条件下的竖向位移。结构位移和变形满足要求。

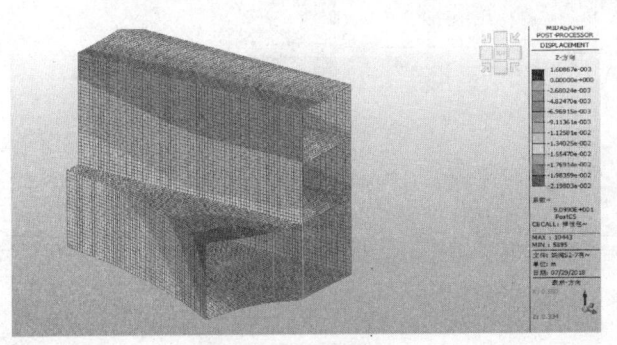

图5 有水最大竖向位移2.19cm

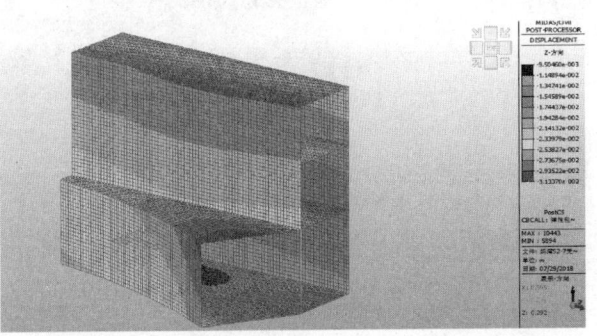

图6 无水最大竖向位移3.13cm

2. 板和侧墙的内力结果

计算结果表明，板和侧墙的内力均为有水条件下控制，并且从内力图可以清楚看出正负弯矩的最不利位置。从主弯矩可以看出底层顶底板上下缘发生最不利弯矩的位置。最大正弯矩发生在无墩柱区域中间跨中位置，底层顶板承载能力组合最大弯矩为6039kN·m，如图7所示。最大负弯矩位置位于分叉左侧三角形区域的上缘，底层顶板承载能力组合最小弯矩为-7070kN·m，见图8。计算结果横向弯矩M_{yy}大于纵向弯矩M_{xx}。底层顶板承载能力组合横向弯矩M_{yy}为6019~-7065kN·m，底层顶板承载能力组合纵向弯矩M_{xx}为4109~-4220kN·m，如图9，图10所示。图11~图14为底层底板在承载能力下的最大主弯矩6576kN·m，最小主弯矩-7258kN·m，横向弯矩6870~-7295kN·m，纵向弯矩4534~-4806kN·m。

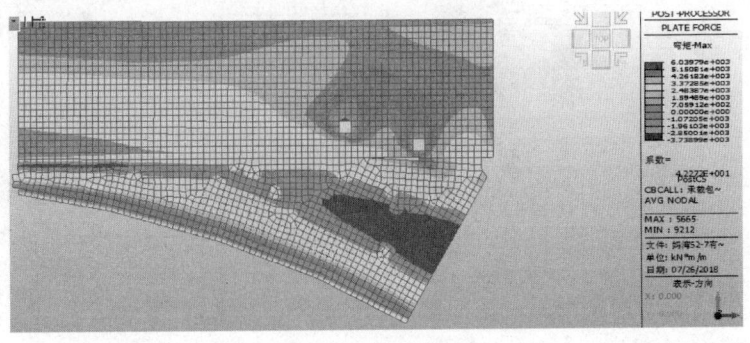

图7 底层顶板承载能力组合最大弯矩

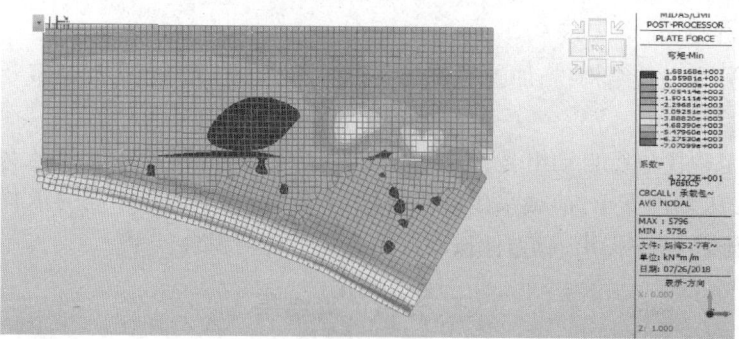

图 8　底层顶板承载能力组合最小弯矩

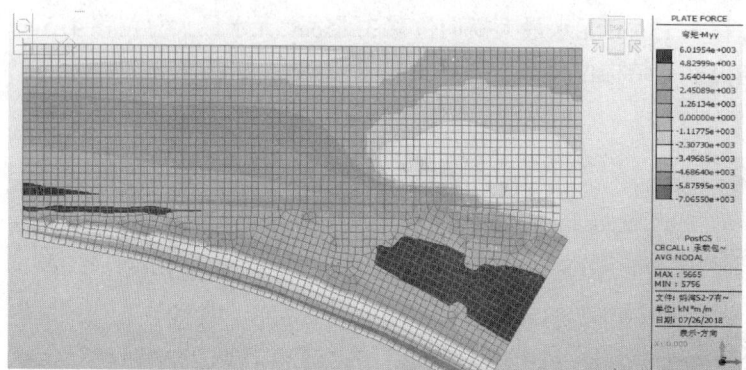

图 9　底层顶板承载能力组合横向弯矩 M_{yy}

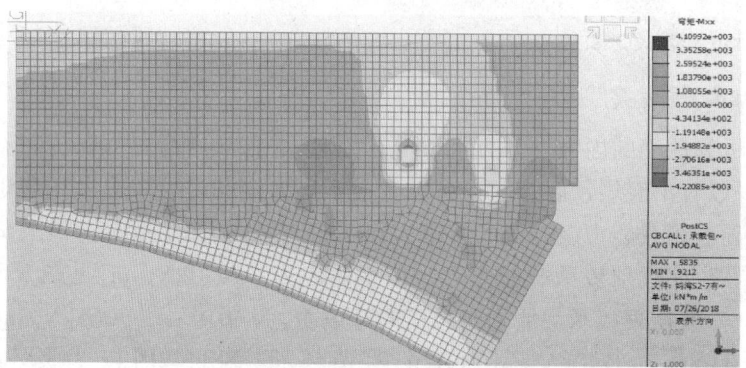

图 10　底层顶板承载能力组合纵向弯矩 M_{xx}

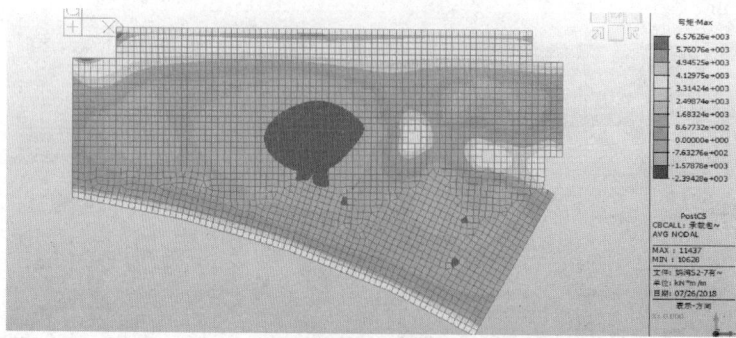

图 11　底层底板承载能力组合最大主弯矩

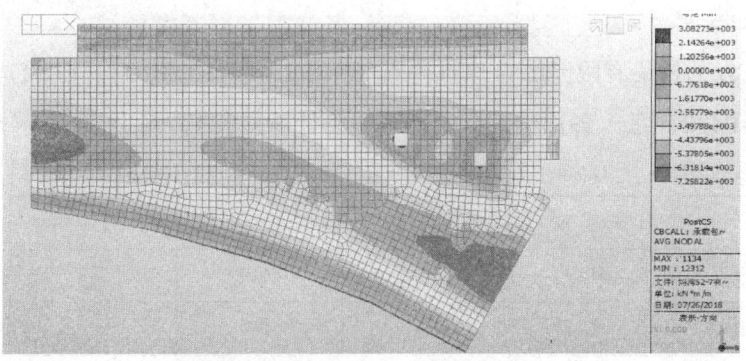

图 12　底层底板承载能力组合最小主弯矩

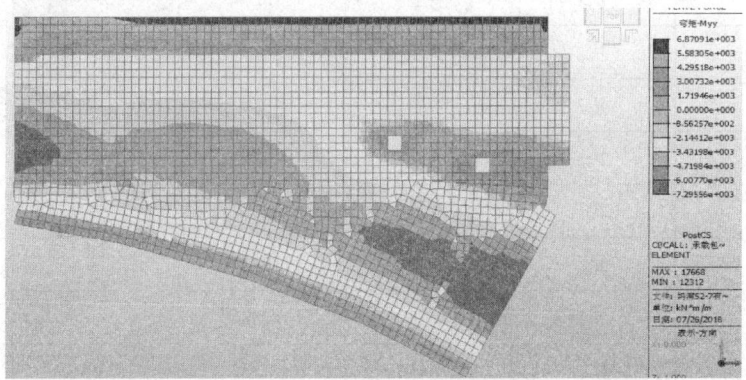

图 13　底层底板承载能力组合横向弯矩 M_{yy}

图 14　底层底板承载能力组合纵向弯矩 M_{xx}

侧墙最不利位置为侧墙墙底,见图 15。侧墙承载能力组合竖向弯矩 M_{xx} 为 3435～−7372kN·m,对应最不利 M_{xx} 的轴力 N 为 2700kN。

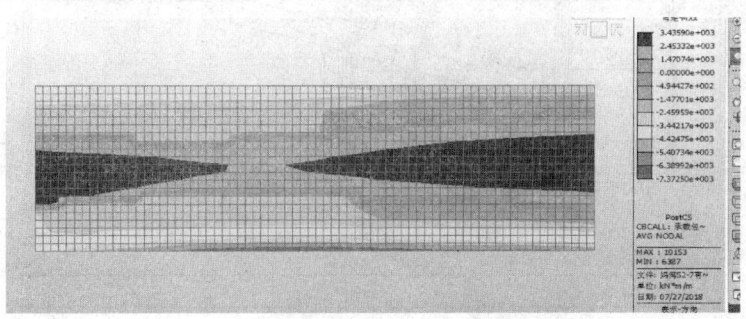

图 15　侧墙承载能力组合竖向弯矩 M_{xx}

3. 配筋计算及构造

采用第一作者开发的桥梁有限元综合软件系统 BRGFEP V 4.0 中的独立配筋模块进行配筋计算。采用 C40 混凝土，HRB400 钢筋。各部位控制内力和配筋计算见表1。

各部位控制内力和配筋计算表　　表1

构　件	方　向	组　合	$M(kN·m)$	$N(kN)$	计算配筋(cm^2)
顶板最大(下缘)	M_{yy}	承载	6019	—	214
顶板最大(下缘)	M_{yy}	频遇	5069	—	
顶板最小(上缘)	M_{yy}	承载	-7065	—	221
顶板最小(上缘)	M_{yy}	频遇	-5269	—	
底板最大(下缘)	M_{yy}	承载	6870	—	211
底板最大(下缘)	M_{yy}	频遇	4960	—	
底板最小(上缘)	M_{yy}	承载	-7295	—	237
底板最小(上缘)	M_{yy}	频遇	-5687	—	
顶底板最不利	M_{xx}	承载	4534	—	198
顶底板最不利	M_{xx}	频遇	-4806	—	
侧墙外侧	M_{xx}	承载	-7372	2700	185
侧墙外侧	M_{xx}	频遇	-5415	2500	

顶板配筋横向 $221cm^2$，底板配筋横向 $237cm^2$，侧墙配筋竖向 $185cm^2$，可配置3层直径32的 HRB400 钢筋。顶底板纵向最不利配筋 $198cm^2$，顶底板纵向非局部区域按最小配筋率构造配筋。侧墙水平方向按最小配筋率构造配筋。墩柱最不利内力 27397kN，3012kN·m，直径1.5m，可以按最小配筋率构造配筋。图16~图17为底层顶板底横向和纵向配筋示意图。

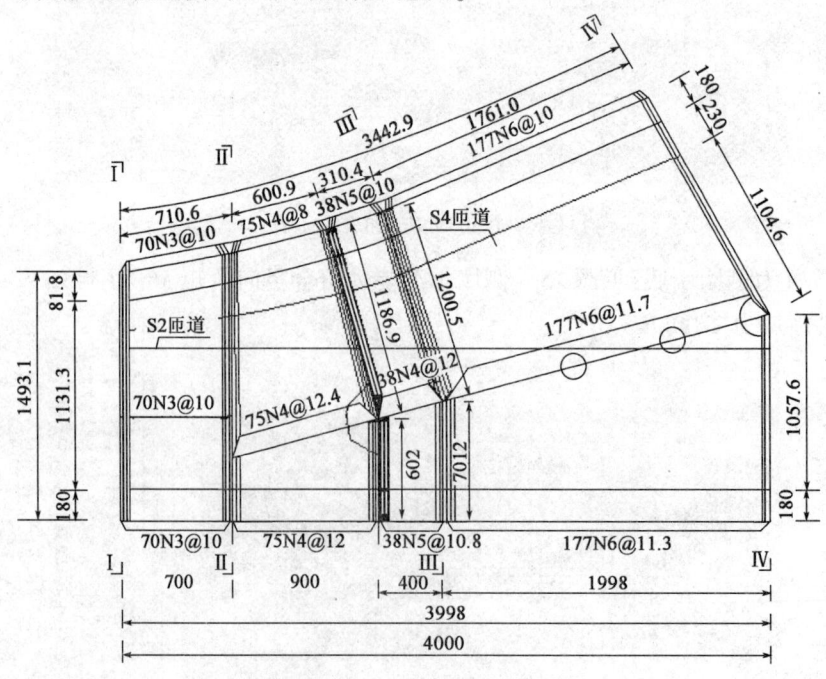

图16　底层顶板底横向配筋示意图(尺寸单位:cm)

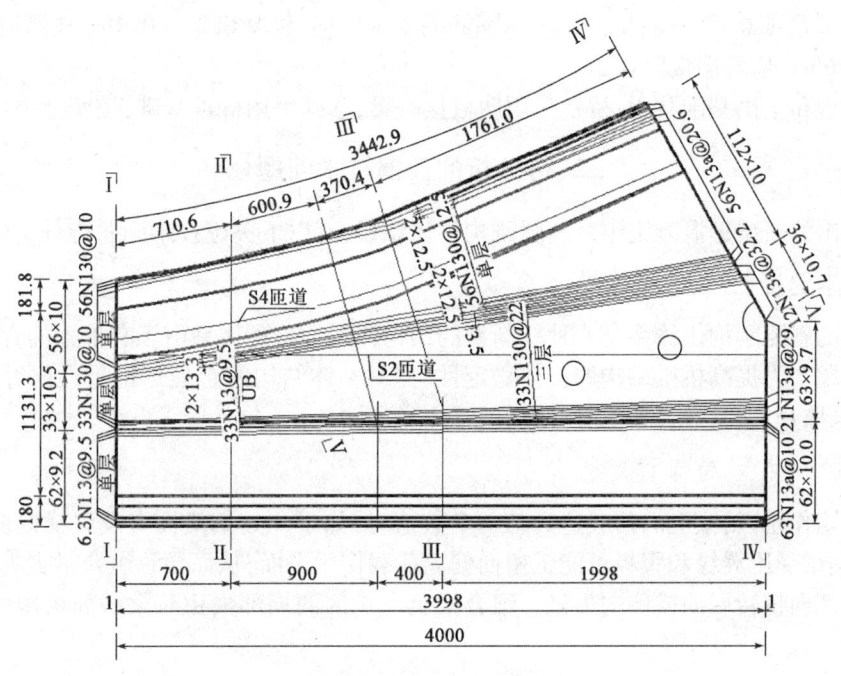

图 17　底层顶板底纵向配筋示意图(尺寸单位:cm)

四、结　语

通过建立全结构板单元模型进行空间分析,考虑多种荷载条件工况,在层间顶底板之间设置多个墩柱,解决了地下通道分叉节点区段在深开挖条件下异形大跨结构的结构受力问题,完成了结构设计并使得结构的板厚大大降低,保证了结构的经济性。

19. 一种新型钢混凝土组合斜腿刚构拱体系桥的创新设计

彭栋木

(深圳市市政设计研究院有限公司)

摘　要　本文研究立足实际工程,提出一种新型的全组合(指上部、下部结构全为组合结构)桥梁形式,并通过计算机模拟仿真研究及理论分析进行分析和研究,证明了该种桥梁结构形式的可行性和合理性。研究成果在背景工程——安徽合肥市某改造桥中的应用,不仅为该桥的合理设计、保质保量按时完工,提供了强有力的技术支持和理论指导,而且保证了成桥阶段的结构安全性和稳定性,阐明了本组合桥梁整体结构完全能够共同工作,整体性能良好。

关键词　全组合桥　超静定刚架拱体系　型钢混凝土　结构有限元计算　组合钢斜腿

一、概　述

合肥市某改造桥,上跨南淝河,按左右两幅设计,左、右幅桥梁全长均为85.2m,上部结构体系为超静定刚架拱体系,主跨56.16m,主梁采用钢—混凝土组合梁,建筑高度较低。

上部结构采用钢—混凝土组合工字梁结构,单幅桥共计7片工字形纵梁,纵梁横向间距3.6m;各纵梁间沿纵向每隔2.6~4.0m设置一道横梁,每片主梁上翼缘宽为0.6m,板厚25mm,下翼缘板宽0.7m,板厚 30~36mm,纵梁高 1.0~3.0m;桥面板采用钢筋混凝土结构,板厚 0.27~0.4m,外侧最大悬臂 2.25m,内侧最大悬臂 1.65m,悬臂端板厚 0.2m。

下部结构桥台和主拱基础共用;桥台采用肋板接盖梁,基础采用群桩基础,按摩擦桩设计。

二、待分析的关键技术问题

针对本文提出的新型钢混凝土组合斜腿刚构拱体系桥,有以下关键技术问题待分析研究:

1. 桥梁整体稳定性及合理构造研究

本桥梁采用的斜腿刚构拱体系是一种较新型的结构体系。这种体系由于有推力的存在,一般会存在整体稳定性的问题。为提高桥梁结构的整体稳定性,需对整体结构的合理构造进行研究,以合理的间距设置横向联系,采取一定的构造措施提高桥梁的整体稳定性。

2. 负弯矩区钢主梁局部稳定性分析

在桥梁负弯矩作用区,梁上的荷载达到某一个数值时,如果此处钢梁没有设置横向联系或横向联系间距较大,工字钢梁受压翼缘和腹板可能歪扭而偏离荷载作用平面,从而导致组合梁丧失承载能力,这种现象称为组合梁侧向扭转屈曲或侧向失稳。组合梁负弯矩区的局部失稳对梁截面极限强度的发挥有很大的限制作用。

3. 型钢混凝土斜腿及结合部受力性能分析

桥梁整体构造为组合梁与型钢混凝土斜腿相组合的超静定刚架拱体系,这种有推力的结构所用材料较省,一定程度上减小了上部组合梁受到的弯矩作用。但相应的由于组合梁传递至斜腿中不仅仅有沿轴向的推力作用并且存在弯矩作用,使型钢混凝土斜腿受力极为复杂,在弯矩及轴力的不同工况作用下,受力的情况有较大的区别。

4. 桥面板受力状态及混凝土抗裂性能

本桥主梁采用的是工字形钢-混组合梁的结构形式,其最大的优点在于跨中附近的正弯矩作用下,截面拉伸区是抗拉强度高的钢材、压缩区是抗压强度高的混凝土桥面板,组合后充分利用这两种材料的受力特性,构件性能进一步得到了提高。但是在中间主梁与斜腿钢构部位,组合梁受到很大的负弯矩作用,截面拉伸区是桥面板、压缩区是钢板,不仅两种材料的性能未能有效地发挥,而且桥面板处于最不利的受拉状态,桥面板混凝土很有可能发生开裂现象。

5. 拱脚结合部连接件受力状态分析

连接件作为钢材与混凝土间结合的部件,通过其抗剪作用,抵抗钢与混凝土两者间的滑移,传递两者之间的作用力。本设计中在钢筋混凝土拱脚与型钢混凝土斜腿之间采用是型钢上布置焊钉连接件插入混凝土拱脚的连接方式,由于型钢混凝土斜腿传递的不仅有轴力,还可能存在弯矩作用,故在轴力弯矩的组合作用下,焊钉连接件受力极为复杂,分布也较不均匀。

三、桥梁结构设计主要特点

本课题背景工程桥主要特点:

本桥结构受防洪、地铁线路、路线走向等各种建设条件的限制而确定的,方案纵向结构体系为超静定刚架拱体系是常规体系,方案横向体系受各种条件的制约由 7 片工字钢梁组成,横向属于多工字形钢梁(图1)。该体系为国内首次采用,并由此引发如下结构创新:

1. 工字钢梁的横向连接构造处理

横向连接方式采用了分段螺栓连接(图2),抗疲劳性好、减少了施工焊接,方便了梁体的运输、安装。

2. 铺装设计

为保证铺装的质量,使用了弓形高强钢丝钢纤维混凝土,提高了铺装混凝土的力学性能。

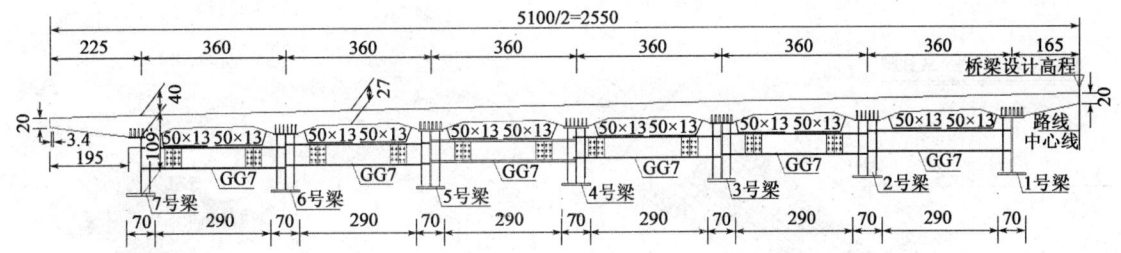

图1 箱梁横断面图(尺寸单位:cm)

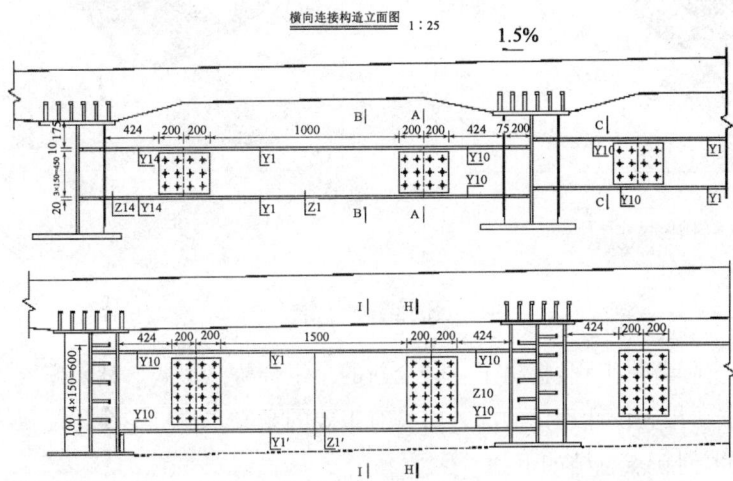

图2 钢梁横向连接(尺寸单位:cm)

3. 高腹板构造设计

斜腿与主梁连接处工字形梁高达4m,远高于常规斜拉桥、悬索桥的钢箱梁,其高腹板稳定问题突出,需要采用措施保证钢梁腹板在弯矩、剪力和局部横向集中力作用下不失稳,是桥梁设计的关键之一(图3)。高腹板立面图如图3所示。

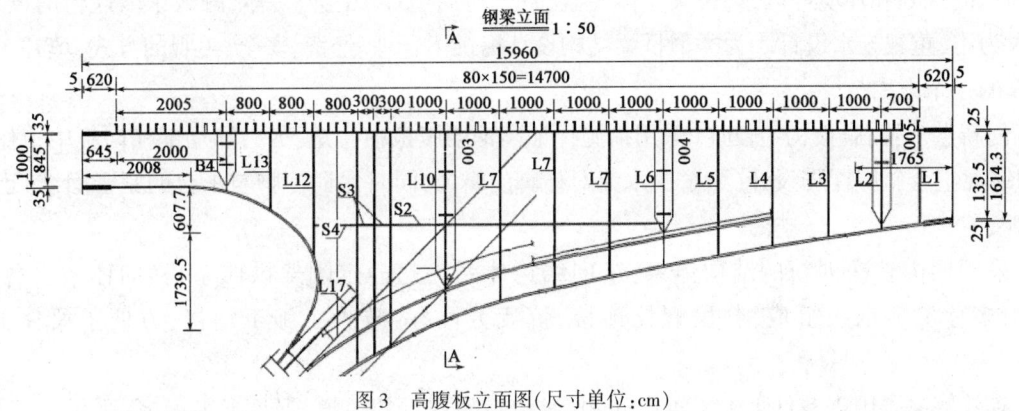

图3 高腹板立面图(尺寸单位:cm)

4. 钢混组合斜腿柱脚设计

为解决水流对柱脚的腐蚀,同时保证柱脚与承台的紧密固结,采用了型钢外包混凝土的构造设计(图4)。

四、主要计算结果

限于篇幅,仅摘录主要计算结果如下:以施工阶段2(正弯矩区混凝土桥面板浇筑)为例,计算结果显示(图5):跨中最大挠度1.2mm,主梁顺桥向应力38MPa。混凝土顺桥向拉应力约1.0MPa。

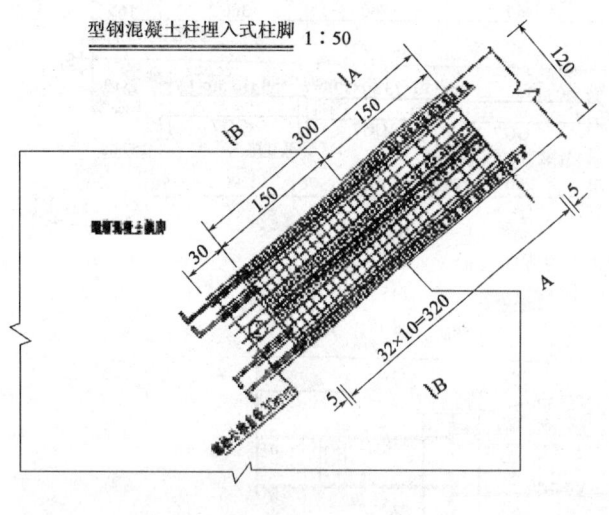

图4 组合钢斜腿(尺寸单位:cm)　　　　图5 计算结果显示

五、结　语

本课题研究立足实际背景工程,提出了一种全新的全组合桥梁形式。其研究成果对促进新型桥梁结构设计的技术进步,推动相关设计理论的深入将具有重要的意义。

本项目的主要技术创新点总结如下:

(1)创新点一:同原预应力混凝土桥面结构体系相比,经济效果良好,组合结构桥面体系的自重减轻38%,结构高度降低35%,节约了钢材和混凝土,减少了相应的碳排放,简化施工,加快施工进度,大大降低了施工造价(比原设计方案节省投资约560万元),实现了现代桥梁结构对"轻型大跨""预制装配"和"快速施工"的要求。

(2)创新点二:相对于笨重桥台和高厚梁体,本桥景观效果良好,兼顾了城市历史文化、建筑风格以及桥位周边的规划和环境等因素,桥梁整体轻盈通透,与周边环境融为一体,融入了人性化的设计理念,强调以人为本,重视亲水设计。为类似桥梁结构设计提供了合理、经济、安全、美观的方式,填补了全组合结构计算的一个空白。

(3)创新点三:高腹板构造设计(采用措施保证高钢梁腹板在弯矩、剪力和局部横向集中力作用下不失稳)和钢混组合斜腿柱脚设计(为解决水流对柱脚的腐蚀,同时保证柱脚与承台的紧密固结)也属国内首次创新。

(4)采用国内首次创新的结构体系:纵向结构体系为超静定刚架拱体系,横向体系受各种条件的制约由多片工字钢梁组成,分段螺栓连接、抗疲劳性好、减少了施工焊接,方便了梁体的运输、安装。

(5)有效解决了困难条件下施工难度问题,避免封闭现行的河道,保证通航通畅,采用工厂预制、运输、吊装、安装成型、充作底模、现浇桥面板,施工工艺简单、经济、安全、高效、优质。

(6)使用弓形高强钢丝钢纤维混凝土,提高了铺装混凝土的力学性能和车辆行驶舒适度。为解决繁忙市区拆旧桥影响群众日常生活的困难。拆桥时采用切割"蚕食",特别注重桥梁的平衡稳定,使用了300t的超级吊车。

20. 基于拉应力域理论的整体式桥台桥梁台梁结合部位的配筋方法

金永学[1]　郑明万[2]　贾栋[2]　于增明[2]　徐栋[1]

(1.同济大学土木工程学院；2.济南市市政工程设计研究院(集团)有限责任公司)

摘　要　整体式桥台桥在桥台处将上部、下部结构浇筑在一起，台梁结合部位的受力较为复杂。作者根据实体有限元模型的计算结果，将待配筋区域划分成顶板、现浇段、背墙及桥台四个部分：对于顶板直接按照二维"拉应力域"方法配筋；对于背墙、现浇段及桥台，按照"拉应力域深度"划分配筋区域，再将实体进行切分。通过积分各"切片"纵剖面及横剖面上的应力，得到两个方向上最大的拉力值，转换成所需钢筋的面积，完成配筋工作。

关键词　整体式桥台桥梁　台梁结合部位　拉应力域　实体有限元模型　配筋

一、工程概况

工程以一座两跨整体式桥台桥梁为依托，跨径布置为40m+40m，桥面宽16.7m，总体布置如图1所示。该桥的上部结构采用40m预应力混凝土预制小箱梁，两端与桥台固结在一起。桥台横断面如图2所示。

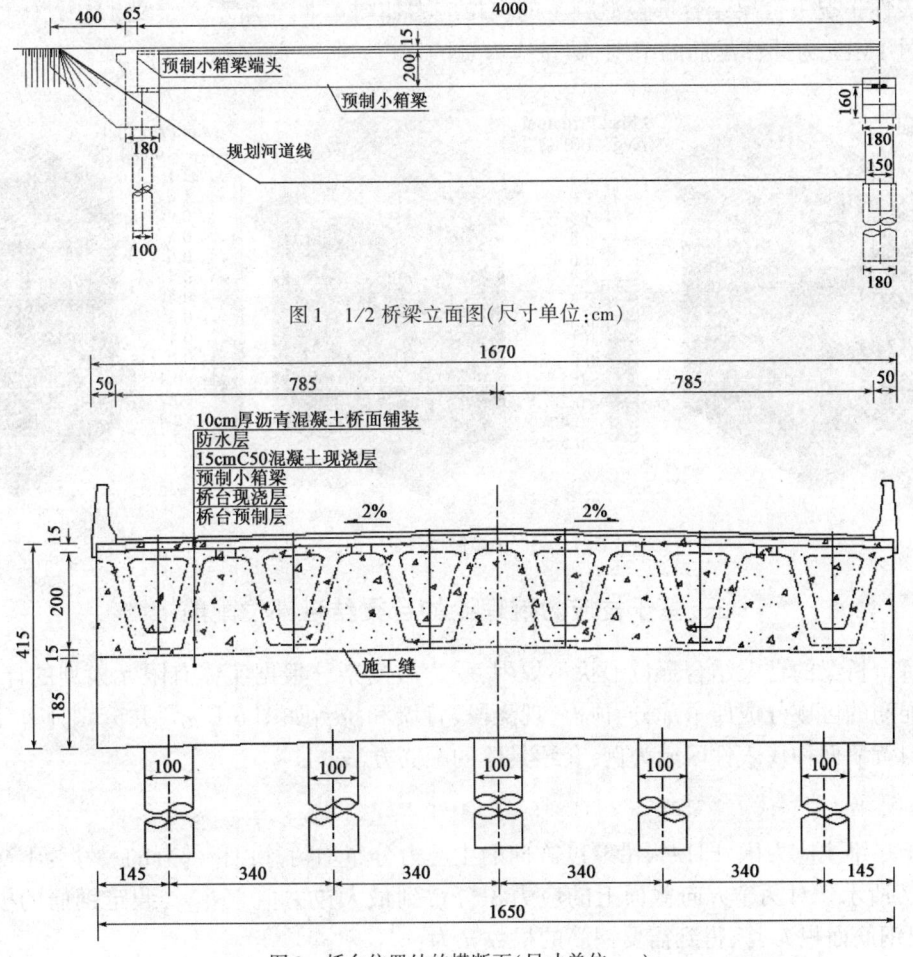

图1　1/2桥梁立面图(尺寸单位：cm)

图2　桥台位置处的横断面(尺寸单位：cm)

二、有限元模型分析

1. 有限元模型及荷载工况

通过实体有限元模型分析结构在主动土压力、二期恒载、活载、温度变化及基础沉降作用下台梁结合部位的应力。混凝土采用弹性的 Solid 单元模拟,结构-土相互作用采用土弹簧进行模拟,弹簧刚度根据"m"法[1]计算,用于计算的"单桩+单梁"模型如图 3 所示。

实体有限元模型的计算考虑以下 4 种工况:

工况1:土侧压力+二期恒载+活载+降温+中支点沉降1cm;

工况2:土侧压力+二期恒载+活载+降温+桥台处沉降1cm;

工况3:土侧压力+二期恒载+活载+升温+中支点沉降1cm;

工况4:土侧压力+二期恒载+活载+升温+桥台处沉降1cm。

整体式桥台桥梁的施工过程涉及由简支梁到连续梁再到整体桥的体系转换,体系恒载对台梁结合部位的影响很小,这里不予考虑。

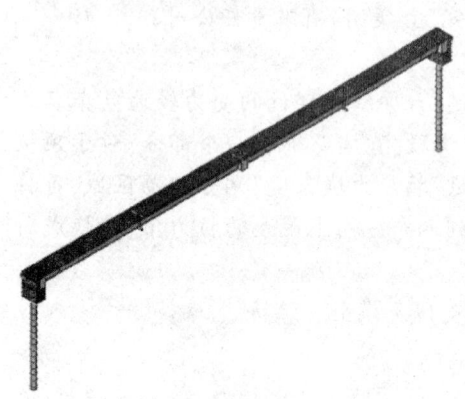

图3 实体有限元模型

2. 计算结果

几种代表性工况下台梁结合部位混凝土的主拉应力如图 4、图 5 所示。定义 1MPa 为主拉应力限值,主拉应力超过 1MPa 为计算配筋的范围,即拉应力域的深度。

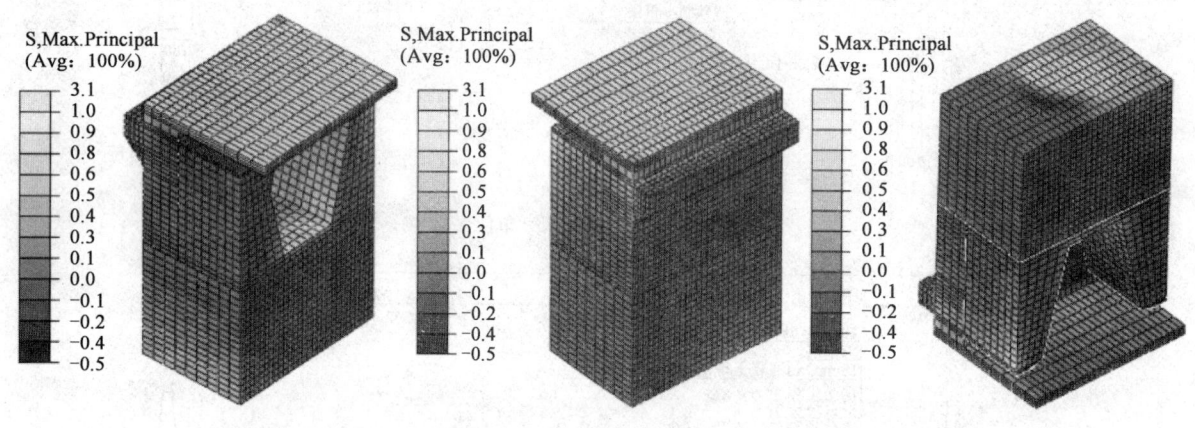

图4 工况1东侧桥台主应力云图

三、基于拉应力域理论的台梁结合部位配筋

整体式桥台桥梁的台梁结合部位形状不规则,受力较复杂。根据实体有限元模型的计算结果,可以将需要计算配筋的区域分成四个部分:顶板、现浇段、背墙和桥台如图 6 所示,并分别计算每个区域的配筋。以顶板与背墙两种代表性区域为例,介绍具体的配筋方法。

1. 顶板配筋

顶板属于二维主应力区,即顶板沿厚度方向的主应力分布均匀。顶板部分的尺寸为 $1.98m \times 2.8m \times 0.15m$,如图 7 所示。对两个方向截面上的应力积分得到最大拉力值 N_1、N_2,假定钢筋的极限拉应力为 150MPa,单根钢筋面积为 A_s,得到需要钢筋的根数 n 为:

$$n_k = N_k/150A_s \quad k=1、2 \tag{1}$$

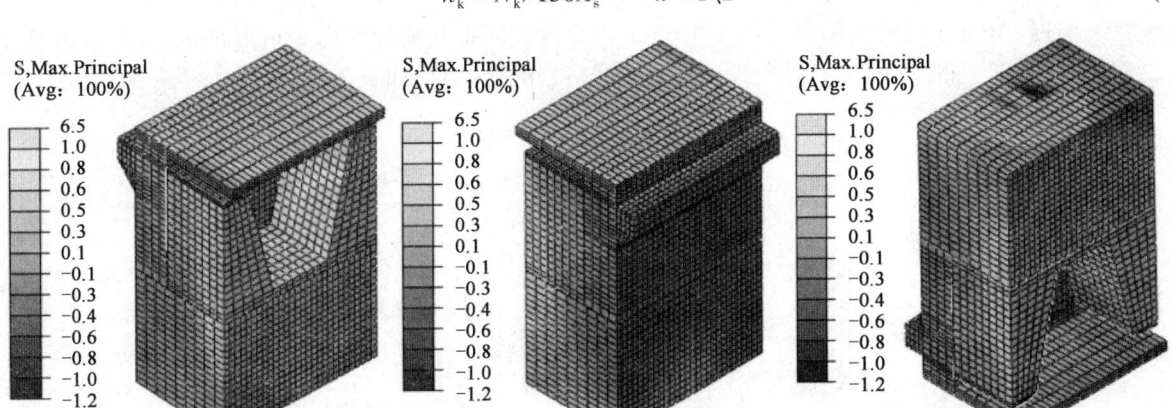

图5 工况2西侧桥台主应力云图

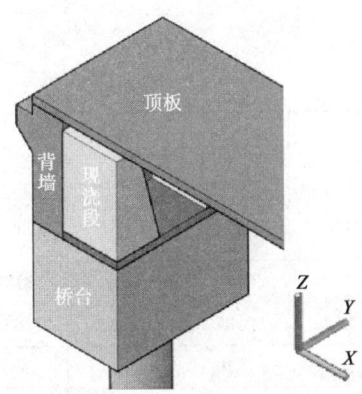

图6 台梁结合部位分区

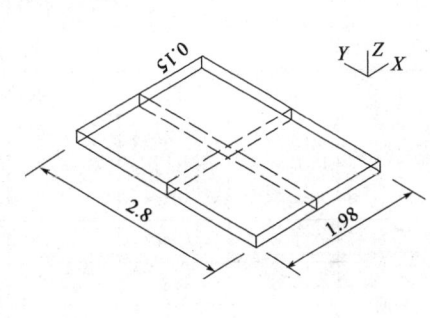

图7 顶板配筋区域（单位：m）

设配筋直径为20mm，顶板配筋计算如表1所示。

顶板配筋计算　　　表1

工况	方向	东侧				西侧			
		最大拉应力均值（MPa）	拉力值（kN）	配筋面积（mm²）	钢筋φ20（根数）	最大拉应力均值（MPa）	拉力值（kN）	配筋面积（mm²）	钢筋Φ20（根数）
工况1	纵桥向	0.72	301	2007	7	0.45	188	1253	4
	横桥向	1.04	308	2053	7	1.04	310	2067	7
工况2	纵桥向	0.52	219	1460	5	0.34	142	947	4
	横桥向	1.03	305	2033	7	1.08	322	2147	7
工况3	纵桥向	1.95	818	5453	18	0.97	408	2720	9
	横桥向	-0.03	-10	-65	-1	-0.03	-10	-67	-1
工况4	纵桥向	1.21	509	3393	11	0.24	100	665	3
	横桥向	-0.03	-10	-67	-1	-0.03	-10	-67	-1

2. 背墙配筋

背墙、现浇段及桥台均属于块体结构，块体结构也存在拉应力域，但在配筋过程中需将其进行切分成二维主应力区域再配筋。整体式桥台桥梁上部结构的弯矩传递至台梁结合部位时，应力由梁截面的竖向规律性分布过渡到桥台水平剖面的规律性分布。背墙块体的受拉区域主要承受 y、z 两个方向的面外梁式弯矩，由这两个弯矩产生的正应力比面外及面内的剪应力大，故块体切面存在类似于纯弯腹板的"拉应力域",并将该区域视为块体配筋设计的主要区域。因此,将背墙沿竖直方向进行拉应力域划分,拉应力域深度[2]根据1MPa主拉应力的限值取为0.65m,沿 x 正方向将其切分成0.17m厚的板,且依次编号为1号、2号、3号、4号,如图8所示。对板式结构进行网格划配筋计算,如表2所示。

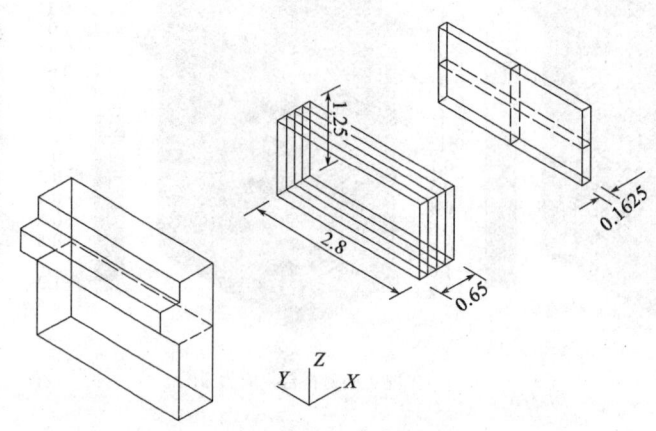

图8 背墙配筋区域(尺寸单位:m)

背墙配筋计算   表2

工况	方向	切片编号	东侧				西侧			
			最大拉应力均值(MPa)	拉力值(kN)	配筋面积(mm²)	钢筋φ20(根数)	最大拉应力均值(MPa)	拉力值(kN)	配筋面积(mm²)	钢筋φ20(根数)
工况3	竖向	1号	2.24	1020	6800	22	0.72	326	2173	7
		2号	1.8	818	5453	18	0.87	398	2653	9
		3号	1.31	598	3987	13	1.19	541	3607	12
		4号	1.03	469	3127	10	1.49	676	4507	15
	横桥向	1号	0.69	141	940	3	0.38	76	509	2
		2号	0.59	120	800	3	0.4	81	541	2
		3号	0.49	100	667	3	0.46	94	627	2
		4号	0.45	92	610	2	0.53	108	720	3

四、拉应力域理论

对钢筋混凝土纯弯梁来说,在荷载作用下混凝土开裂的原因是其截面上的拉应力超过混凝土的抗压强度。对于钢筋混凝土弯剪梁而言,由于剪应力的存在,其在荷载作用下开裂的原因扩展为截面上的主拉应力超过了混凝土的抗拉强度。裂缝形式也由纯弯梁的竖直裂缝变为斜裂缝。实际上,拉应力(正应力)可以看作是主拉应力在剪应力为0情况下的一种特例。广义上,可认为混凝土的开裂都是由二维的主拉应力所引起的[3]。

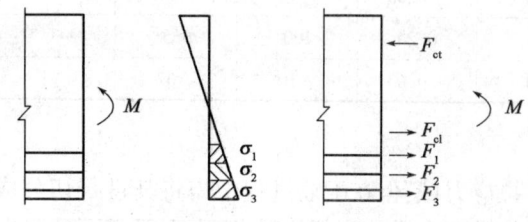

图9 纯弯作用下矩形混凝土截面梁的拉应力域

如图9所示,一个受到纯弯作用的矩形混凝土梁截面,沿梁高方向将其分为多条矩形条带,并假定每个条带 i 中的正应力 σ_i 沿腹板宽度方向及条带厚度方向都是均匀分布的,且条带间的正应力沿梁高方向呈现规律性分布。在混凝土构件中,这样具有相似(主)拉应力分布规律的区域称为"拉应力域"[4]。

将钢筋混凝土构件中需要配筋的范围定义为"拉应力域深度"。更具体地,通常将主拉应力超过混凝土抗拉强度的范围看作拉应力域深度。在拉应力域深度范围内合理地配设钢筋,可以实现在混凝土开裂而丧失承拉能力后,钢筋代替其受拉而截面应力分布不发生明显改变[5]。

对于块体而言,两个面外的梁式弯矩起主要作用,由此产生沿 x 方向的拉应力规律性分布,沿 x 方向切分后的板式单元,受到二维的拉应力作用,即受主拉应力影响。通常采用正交网格状配筋抵抗主拉应力。

五、结　语

(1)整体式桥台桥梁的台梁结合部位在各种荷载工况作用下,顶板、背墙、现浇段及桥台均有出现主拉应力超过混凝土抗拉强度,这些部位也是计算配筋的重要区域。

(2)整体式桥台桥梁上部结构的弯矩传递至台梁结合部位时,应力由梁截面的竖向规律性分布过渡到桥台水平剖面的规律性分布,可以通过拉应力域法指导台梁结合部位的配筋工作。

(3)采用基于拉应力域理论的配筋方法时,假定钢筋屈服强度为150MPa,由此得到的计算结果是偏安全的。

参考文献

[1] 马竞.整体式全无缝桥梁研究与实践[D].长沙:湖南大学,2002.
[2] 徐栋,孙远.体外预应力锚固横梁拉应力域法配筋[J].同济大学学报(自然科学版),2010.
[3] 李会驰.基于"拉应力域"的受扭构件配筋设计方法研究[D].上海:同济大学,2009.
[4] 徐栋,赵瑜,刘超.混凝土桥梁结构实用精细化分析与配筋设计[M].北京:人民交通出版社,2013.
[5] 赵瑜.混凝土结构抗剪配筋设计研究——"拉应力域"方法[D].上海:同济大学,2011.

21. 装配式简支-连续钢-混组合小箱梁桥的设计分析

项贻强　何百达

(浙江大学建筑工程学院)

摘　要　本文针对一座两跨 $2\times40m$ 装配式简支-连续钢混组合小箱梁桥,采用 Midas – civil 软件进行桥梁的建模,通过定义结构的截面结构层、荷载及约束等分步激活实现对桥梁结构成桥状态、设计活载及基本组合的计算分析。并参考有关规范和要求,对其正常使用极限状态和承载力能力极限状态进行了验算,结果表明这类简支-连续组合梁桥受力合理、施工方便可行,适用于跨径在 $25\sim50m$ 的多跨一联的城市或公路桥梁中使用。

关键词　桥梁工业化　简支-连续　钢-混组合梁　设计　计算

一、引　言

多梁式钢-混凝土组合小箱梁桥是组合结构桥的一种类型,其在城市快速路网建设中有非常广泛的应用前景[1-3]。为了适应桥梁的工业化和装配化,作者等曾在2015年提出了一种模块化快速施工钢-混小箱梁桥,并申请了国家发明专利[4],进行了专门的理论与试验研究[5-10]。其主要优点是采用高强高性能混凝土预制混凝土桥面板、桥面板厚度较传统混凝土薄、施工效率高、工程质量易于控制、同时施工时无须在施工现场搭设支架,对周围环境及现有交通路网影响小等。但其缺点是结构简支、伸缩缝较多、结构行车平顺性和舒适性差、结构耐久性还有待提高。

为进一步满足桥梁简支-连续多跨结构建造的需求,改善结构的受力,实现结构的有效连接,本文拟在先前研究的基础上,进一步提出适用于快速施工钢-混组合简支小箱梁桥实现连续化的方法,给出相应简支-连续构造细部的设计方法及施工工序和要点等[11]。在此基础上,针对一座 2×40m 装配化施工的简支-连续钢混组合小箱梁桥,采用 Midas-Civil 软件进行桥梁的建模分析,并依据有关规范和要求,对其正常使用状态及极限承载力进行设计验算,验证此类新型结构及方法的可行性。

二、组合梁桥简支-连续化方法及施工要点

由作者等提出来的一种模块化简支连续钢-混组合小箱梁桥,属于快速施工技术或桥梁工业化的范畴,其设计细节见文献[10],其与简支钢-混组合小箱梁桥设计不同的是:除原先包括的 U 形(或槽型)钢主梁、高性能混凝土桥面板、钢横隔梁、超高性能混凝土接缝、横向预应力钢筋、托板、横隔梁锚固板、预埋混凝土板纵向接缝 U 形钢筋、剪力连接件和加劲肋、简支连续梁中支点临时支座等外,还有底板带拴接孔的连接板件与设计在两 U 形(或槽型)钢梁端部预留好的螺栓孔,U 形(或槽型)钢梁连续端部两侧腹板带拴接孔的连接板件与 U 形钢梁连续端部腹板预留的螺栓孔,以及中支点负弯矩区域上部焊接或拴接连续的连接钢板,各连接板件等应满足结构抗拉压的要求,以及连续端中支点永久支座,这样就可在现场实现两 U 形钢梁的快速连接。

关于装配化简支-连续钢-混凝土组合小箱梁桥的施工,主要包含了工厂预制和加工、存储、吊运及现场安装和连接、简支-连续体系转换等步骤,其具体施工方法为:步骤(1)模块化钢-混组合梁构件的预制及运输;步骤(2)钢-混组合梁吊装拼接;步骤(3)钢-混组合小箱梁简支转连续体系转换,进行各连接板件的钢板连接,形成连续体系;步骤(4)负弯矩区纵向预应力张拉,待负弯矩区浇筑的高性能混凝土强度达到预计强度后,对负弯矩区混凝土进行预应力束筋张拉;步骤(5)对桥面板的纵向接缝进行横向连接,再在其中浇筑超高性能混凝土接缝;步骤(6)桥面铺装及附属设施的施工,开放交通。因此,这种装配化简支-连续钢-混凝土组合小箱梁桥的分析计算应根据施工的顺序步骤及相应的荷载等分步分阶段进行。下面重点讨论其结构的计算分析等。

三、工程应用及计算参数

1. 设计构造尺寸

为对此类简支-连续结构的适用性和受力进行分析,选取一座桥面板宽为 16m、纵向标准配跨为 2×40m 简支-连续钢-混组合小箱桥。其简支结构采用装配化群钉式组合梁结构,梁、横断面及栓钉的布置构造及尺寸见图 1,待简支钢梁加工及吊装至两桥墩后,先铺设非连续段的预制混凝土桥面板,再用简支-连续化方法进行两跨连续段的连接,浇筑桥面连续混凝土,达到强度后张拉预应力钢绞线实现真正的桥梁连续,组合桥简支-连续的连续段设计构造细节及尺寸见图 2。

2. 主要设计参数

本桥设计一期恒载为简支,二期恒载及活载为连续结构。简支计算跨径为 39.2m,由 5 片装配化钢-混组合梁并排放置、铺设桥面板拼接而成。其中,桥面板的厚为 200mm,选用 C60 高性能混凝土,E_c 为 $3.6×10^4$ MPa;钢主梁梁高为 1.5m,腹板厚 18mm,下翼缘板厚 24mm,上腹板与连接栓钉的翼板钢板厚 24mm、宽 350mm;连续段上的钢箱梁上翼板连接钢板长 L_1 为 9m,宽度与单片桥面板宽度保持一致,即 3.2m,厚度为 10mm;焊接钢板 L_2 为 1.5m,宽度及厚度与连接钢板保持一致;在每片梁的两侧腹板采用与腹板等强、等厚的钢板预设螺栓孔用高强螺栓连接,钢板尺寸为长 1000mm(纵向)×高 1420mm、壁厚 18mm,两简支连续段支座底部的钢板用宽为 1400mm、长 300mm、厚 24mm 钢板、预设螺栓孔用高强螺栓连接;通长为 12m 的工字形(高 15cm,宽 10mm,壁厚 10mm)连接钢梁,钢材均采用 Q345,E_s 为 $2.06×10^5$ MPa;钢筋采用 HRB400 钢筋,沿桥面板截面进行 $\Phi20@120$ 双层对称布置,保护层厚度取 30mm;预应力筋采用 $5×15.2$ 强度标准值为 1860MPa 钢绞线,控制张拉应力为 $0.75f_{ptk}$;栓钉连接件采用 ML15AL,规格为 $\phi22×150$,设计群栓钉布置为 $3×2$(相邻栓钉内部间距为 85mm×110mm),具体结构设计细节见图 2 所示。

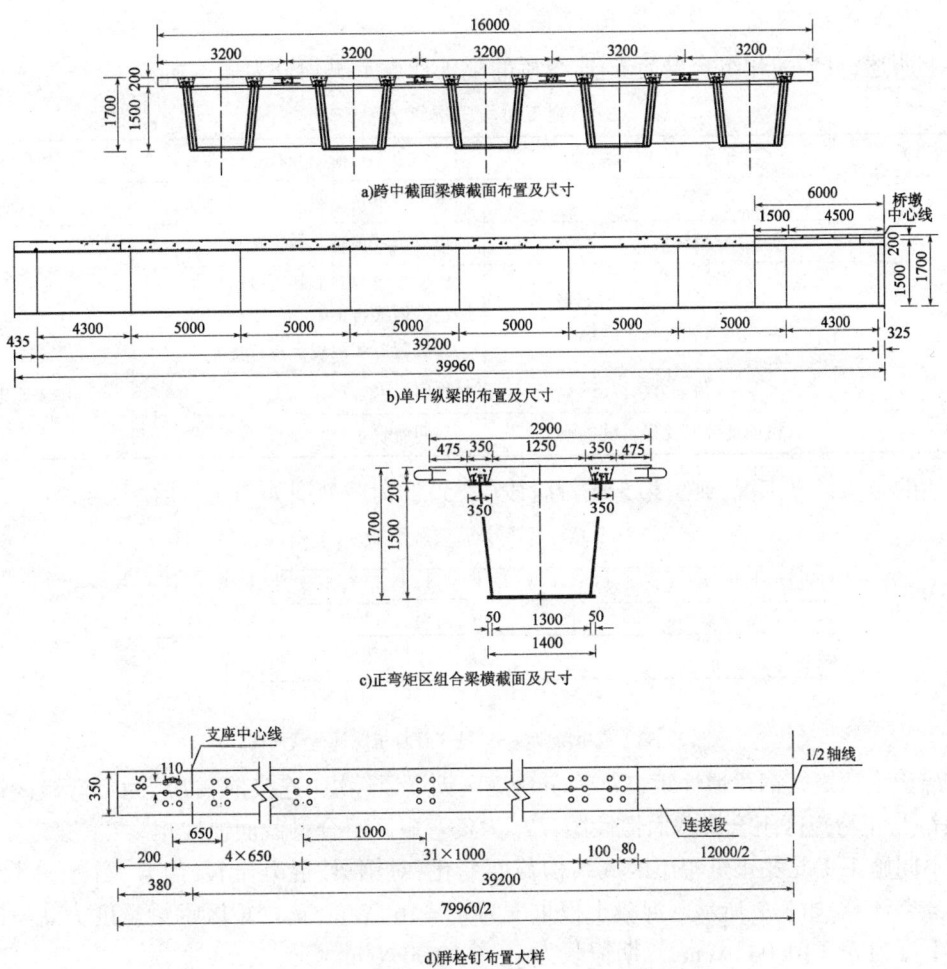

图1 2×40m简支-连续桥梁横截面及纵梁布置图(尺寸单位:mm)

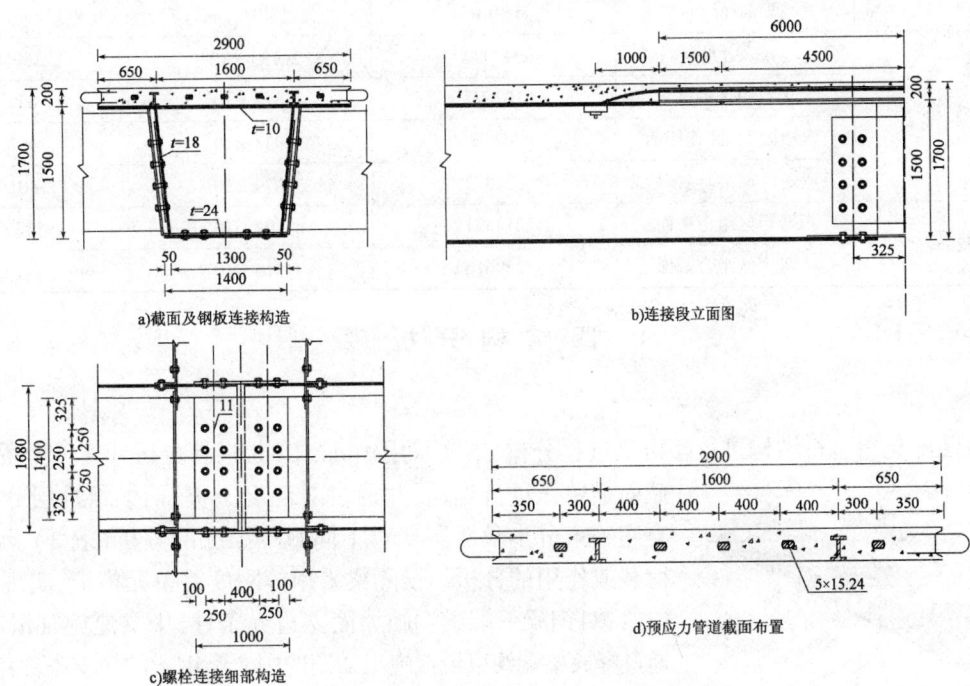

图2 简支-连续组合桥连续段设计构造细节及尺寸(尺寸单位:mm)

3. 设计施工阶段的划分及计算荷载简图

基于以上所述,对装配化组合梁简支-连续桥的施工计算工况划分为表1所示。

施工阶段工况划分 表1

施工阶段	施工内容	荷载	边界约束条件
CS1	钢梁架设	钢梁自重 q_s	简支
CS2	正弯矩区混凝土吊装	正弯矩区预制混凝土板自重 q_c	简支
CS3	连接段钢梁施工形成连续,负弯矩混凝土浇筑	1.连接段钢梁上部连接钢板及工字形连接钢梁自重 q_{s2}; 2.负弯矩区混凝土板自重 q_c	中支座钢梁连续
CS4	预应力张拉	预应力 P_s	中支座钢梁连续
CS5	桥面铺装以及附属设备施工	二期恒载 q_{sec}	组合梁连续

依据所述的施工计算工况,典型第5成桥阶段(CS5)的荷载简图如图3所示。

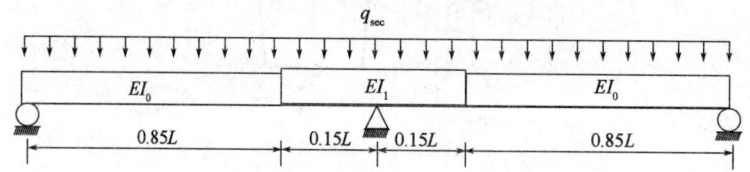

图3 第5成桥阶段(CS5)施工计算工况的荷载简图

图中,EI_{s0}为正弯矩区钢梁惯性矩,EI_{s1}为负弯矩区钢梁惯性矩(连接前),EI_{s2}为负弯矩区钢梁惯性矩(连接后),EI_0为正弯矩区组合梁截面惯性矩,EI_1为负弯矩区组合梁截面惯性矩。

考虑到不同施工工况及正负弯矩区域结构截面变化,对钢梁、混凝土板、组合梁(换算截面法)的截面特性进行分类计算,如表2所示。混凝土板重度为 $q_c = 16 \text{kN/m}$,正弯矩区钢梁重度为 $q_s = 8.06 \text{kN/m}$,连接段钢梁重度为 $q_s = 10.04 \text{kN/m}$,二期恒载为 $q_{sec} = 10.5 \text{kN/m}$。

截面特性计算汇总 表2

截面类型	截面特性	截面积(mm^2)	惯性矩 I(mm^4)	形心轴(mm)
	混凝土板	640000	2.133×10^9	1600.00
钢梁	正弯矩区钢梁	102672	3.514×10^{10}	629.24
	负弯矩区钢梁(连接前)	85872	2.033×10^{10}	461.24
	负弯矩区钢梁(连接后)	127872	5.079×10^{10}	801.78
组合截面	正弯矩区组合截面	214521	8.597×10^{10}	1135.38
	负弯矩区组合截面	239616	8.916×10^{10}	1174.43

四、结构分析

1. 有限元模型

为对该装配化组合桥结构进行整桥全过程分析,本文采用 Midas Civil 进行分析计算。全桥采用组合截面梁单元进行建模,并通过对混凝土板、钢梁结构层分层激活及支座约束分步激活实现对不同施工工况的分析(表3)及成桥相关荷载或作用的分析。横隔梁采用等刚度梁单元模拟,实现主梁横向连接;对钢梁一端梁端施加简支边界条件,中支座施加滑动支座,及通过释放梁端约束模拟施工初期的中支座钢梁的简支条件;其中,混凝土重度为 25kN/m^3,钢梁所用钢材 Q345 重度为 78.5kN/m^3,二期恒载考虑为 10.5kN/m。全桥模型共计225个节点,280个单元,如图4所示。

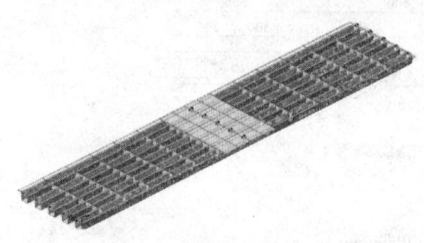

图4 结构分析的 Midas 全桥模型

施工过程模拟步骤   表3

施工阶段	单 元	荷 载	边界约束条件
CS1	激活联合截面钢梁结构层	激活钢梁自重	1. 激活钢梁支座约束; 2. 释放中支点梁端约束(简支)
CS2	同 CS1	施加正弯矩段混凝土板等效自重	同 CS1
CS3	同 CS1	施加负弯矩段混凝土等效自重	钝化中支点梁端约束(变连续)
CS4	激活联合截面负弯矩段结构层	1. 激活预应力; 2. 钝化混凝土负弯矩等效自重	同 CS3
CS5	激活联合截面正弯矩段混凝土结构层	1. 激活二期恒载; 2. 钝化正弯矩混凝土等效自重	同 CS3

2. 施工过程模拟步骤

表3给出了该装配化组合桥施工过程的模拟步骤。

图5给出第5成桥阶段(CS5)的计算弯矩和剪力图。这时组合桥结构跨中最大正弯矩为5580.0kN·m,支座处负弯矩为1789.8kN·m,支座最大剪力为754.8kN。表4进一步列出了有限元计算的各截面内力及应力。

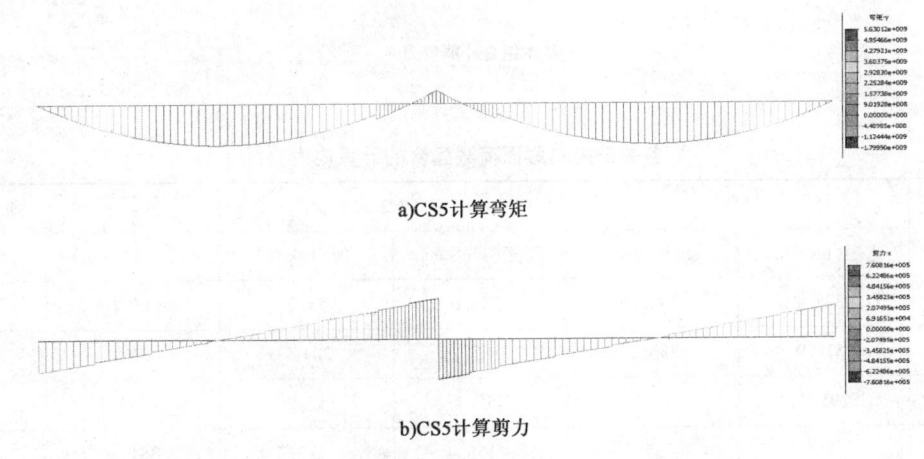

a)CS5计算弯矩

b)CS5计算剪力

图5 CS5 计算内力

施工阶段计算内力汇总   表4

施工阶段	l/4 截面		l/2 截面内力		中支座截面内力	
	弯矩(kN·m)	剪力(kN)	弯矩(kN·m)	剪力(kN)	弯矩(kN·m)	剪力(kN)
CS5 内力	4828.4	330.8	5580.0	53.2	-1789.8	-754.8
CS5 应力	82.11	-1.11	96.38	-1.12	-29.27	-7.02

3. 设计运营荷载下的内力及组合

依据公路桥梁设计通用规范(JTG D60—2015)[12]及钢-混凝土组合桥梁设计规范(GB 50917—2013)[13],考虑运营阶段可能出现的荷载作用,并对其进行荷载组合。本桥结构重要性系数为1.1,表5列出了本简支-连续组合桥梁所考虑的各个荷载作用及组合,其中温度荷载取混凝土桥面板与钢梁温差升降±10℃,支座沉降考虑10mm,汽车荷载采用公路一级,由车道荷载及集中荷载组成,车道荷载采用车道横向布载取其不利车道数布载,并通过采用特征值分析模块中的子空间迭代法(迭代次数20次,收敛误差10^{-10})对桥梁模型的自振频率及振型进行求解计算结构基频为2.67Hz和相应冲击系数为$\mu=$

0.16;图6给出了基本组合下结构内力包络图,表6进一步列出了简支连续组合梁桥关键控制截面的各个荷载及组合下结构内力。

荷载作用组合汇总 表5

组合类型	荷载组合
基本组合	1.2恒载+1.4汽车荷载+1.4×0.75温差作用+1.0收缩徐变+1.0沉降
频遇组合	1.0恒载+0.7汽车荷载+0.8温差作用+1.0收缩徐变+1.0沉降
准永久组合	1.0恒载+0.4汽车荷载+0.8温差作用+1.0收缩徐变+1.0沉降
标准组合	1.0恒载+1.0汽车荷载+1.0温差作用+1.0收缩徐变+1.0沉降

注:基本组合计入结构重要性系数及汽车冲击系数;标准组合计算结构内力计入汽车冲击系数,计算挠度时不计汽车冲击系数。

a)基本组合计算弯矩

b)基本组合计算剪力

图6 基本组合计算内力

各关键控制截面荷载组合的计算内力 表6

荷载工况	l/4		l/2		支座	
	弯矩(kN·m)	剪力(kN)	弯矩(kN·m)	剪力(kN)	弯矩(kN·m)	剪力(kN)
CS5	4828.4	330.8	5580.0	53.2	−1789.8	−754.8
车道荷载	2578.9	237.2	2585.2	204.7	−2465.1	−503.0
温升	295.2	57.7	155.4	57.7	−381.1	57.7
温降	−295.2	−57.7	−155.4	−57.7	381.1	−57.7
收缩徐变	279.4	11.4	67.6	11.4	−138.2	−11.4
沉降	−92.4	8.2	−184.9	8.2	−326.3	8.2
基本组合	10172.1	850.8	11084.3	442.5	−5569.1	−1637.9
频遇组合	7400.8	520.6	7754.5	271.7	−3459.0	−1135.7
准永久组合	6667.4	449.5	7029.7	210.3	−2719.5	−984.9
标准组合	8096.7	−628.9	9281.6	284.7	−4614.4	−1366.2

注:CS5为成桥时有限元内力计算的累计值,其余为各个荷载工况的分项值。

从表6和图6可以看出,最大正弯矩值发生在靠近跨中位置处,其中 l/2 正弯矩值最大为11084.3kN·m;最大负弯矩位于两跨中支座位置,为5569.1kN.m,同时,最大剪力位于支座位置处,为1637.9kN。

为进一步分析该简支-连续结构在正常使用状态下关键控制截面的应力及挠度,表7给出了按照Midas软件给出的 l/4、l/2 及中支座截面的计算应力汇总。

正常使用极限状态下不利组合组合时关键控制截面的应力　　表7

荷载组合	l/4 截面应力(MPa)		l/2 截面应力(MPa)		中支座截面应力(MPa)	
	钢梁下翼缘	混凝土板上翼缘	钢梁下翼缘	混凝土上翼缘	钢梁下翼缘	混凝土板上翼缘
基本组合	143.68	-4.51	171.93	-4.89	-123.65	-0.64
频遇组合	87.67	-1.58	104.76	-1.67	-72.86	-1.52
准永久组合	77.83	-0.68	91.43	-0.72	-66.34	-2.04
标准组合	101.32	-2.69	120.69	-2.76	-83.16	-0.38

由表7可知，各个荷载组合下，钢梁最大拉应力在跨中截面下缘，为171.93MPa，钢梁最大压应力在中支点截面下缘为123.65MPa，混凝土最大压应力在跨中截面上缘，为4.89MPa，中支点截面上缘处混凝土仍受压，不出现拉应力，构件应力均在材料允许范围内；且在正常使用极限状态下，依据标准组合（汽车荷载不计μ）计算的结构跨中最大挠度为56.35mm。

五、极限状态验算

设计验算包括正常使用极限状态及承载能力极限状态。

1. 正截面抗弯极限承载能力验算

承载能力极限状态验算，依据《钢-混凝土组合桥梁设计规范规范》（GB 50917—2013）进行计算。

经有关参数计算，其截面塑性中和轴位于钢梁内。于是，计算得到该组合梁的抗弯承载能力为：

$$k(A_c f_{cd} y_1 + A_{sa} f_d y_2 + A_p \sigma_{pu,d} y_3 + A_r f_{sd} y_4) = 2.31 \times 10^4 \text{kN} \cdot \text{m}$$

而该组合梁的跨中相应的最大组合弯矩计算值约为：

$$\gamma_0 M = 1.22 \times 10^4 \text{kN} \cdot \text{m} < 2.31 \times 10^4 \text{kN} \cdot \text{m}，满足规范要求。$$

负弯矩区组合梁截面满足$h_0/t_w = 40.3 \leq 376/(13\alpha - 1) \times \sqrt{345/f_v} = 62.6$，故负弯矩区组合梁截面抗弯承载力可采用塑性设计方法进行计算，且
$A_r f_{sd} + A_p \sigma_{pu,d} = 1.00 \times 10^4 \text{kN} < A_s f_d = 3.52 \times 10^4 \text{kN}$，故塑性中和轴位于钢梁截面内。

负弯矩区极限抗弯承载力为：

$$A_{st} f_d h_1 + A_{sd} f_{sd} h_2 + A_p \sigma_{pu,d} h_3 = 2.56 \times 10^4 \text{kN} \cdot \text{m}$$

而该组合梁中间支点相应的最大组合负弯矩计算值约为：

$$\gamma_0 M = 6.13 \times 10^3 \text{kN} \cdot \text{m} < 2.56 \times 10^4 \text{kN} \cdot \text{m}，满足规范要求。$$

2. 抗剪承载力验算

根据《钢-混凝土组合桥梁设计规范规范》（GB 50917—2013）[13]条文5.2.1中基于塑性设计方法的用于计算组合结构极限抗剪公式可得，其抗剪承载力需满足：

$$\gamma_0 V \leq A_w f_{vd} \tag{1}$$

式中：V——结构极限抗剪设计值；

f_{vd}——钢梁的极限抗剪设计值；

A_w——腹板截面积。

计算所得负弯矩区截面的极限抗剪承载力为8726.26kN，正弯矩截面极限抗剪承载力为8102.24kN，远大于恒载及活载作用下最大剪力1742.2kN。

3. 栓钉抗剪承载力验算

根据《钢-混凝土组合桥梁设计规范》(GB 50917—2013)[12]第7.2的规定,桥面板采用C60高性能混凝土的组合小箱梁,计算焊钉发生剪断破坏时,单个栓钉连接件抗剪承载力设计值为105.59kN,混凝土压碎破坏时,取$\eta=0.905$,此时:单个栓钉连接件抗剪承载力设计值为144.49kN,故栓钉连接件抗剪承载力设计值应取105.59kN。

根据《钢-混凝土组合桥梁设计规范》(GB 50917—2013)第7.5.1条规定,每个剪跨区内抗剪连接件的数目应满足下式,即:

$n_f \geq V_s/N_v^c = 161$,即每跨需要栓钉个数为322个(全桥需644个),设计采用每个栓钉群为3×2,全桥在两侧布置72×2个栓钉群,共计864个栓钉连接件(详见图1(d)),满足全桥全截面抗剪要求。

六、结　语

本文提出了一种适用于装配化的简支-连续的钢-混组合小箱梁,给出了相应简支-连续构造细部的设计方法及施工工序和要点,设计了一座2×40跨径的钢-混组合小箱梁桥,并依据Midas建立整桥模型,对该结构在各个施工工况及运营状态下的受力进行了分析;给出了在正常使用状态下的应力及挠度验算、以及承载能力极限状态下抗弯抗剪、栓钉抗剪等的强度验算。通过本文研究,可以得到以下结论:

(1)根据本文提出的简支-连续组合梁结构,可以实现多跨装配化的高性能钢-混组合小箱梁的施工,可为此类装配化简支-连续组合桥提供设计及施工理论支持。

(2)依据塑性计算理论所求得的装配化组合梁的极限抗弯、抗剪及栓钉承载力均在规范合理范围以内,且远远大于实际荷载下所受的内力。

参考文献

[1] 聂建国.钢-混凝土组合结构桥梁[M].北京:人民交通出版社,2011.
[2] 刘玉擎.组合结构桥梁[M].北京:人民交通出版社,2005.
[3] 项贻强,竺盛,赵阳.快速施工桥梁的研究进展[J].中国公路学报.2018,31(12):1-27.
[4] 项贻强,郭树海.一种模块化钢-混快速施工小箱梁桥及其施工方法:201510365055.7[P],2016.12.06.
[5] 邱政.快速施工群钉式钢-混组合小箱梁桥动力行为分析与试验研究[D].杭州:浙江大学,2018.
[6] 郭树海.快速施工钢—混组合小箱梁桥静力行为分析与试验研究[D].杭州:浙江大学,2017.
[7] 项贻强,郭树海,邱政,等.群钉布置方式对钢-混凝土组合小箱梁受力性能的影响分析[J].建筑结构学报,2017,38(S1):376-383.
[8] 项贻强,邱政,何百达,等.具有体外预应力索的快速施工群钉式钢-混组合小箱梁自振特性分析[J].中国公路学报.2020,33(01):100-110.
[9] 竺盛.快速施工简支钢混组合小箱梁若干问题分析[D].杭州:浙江大学,2019.
[10] 项贻强,何百达.一种模块化钢-混小箱梁简支连续梁桥及施工方法:201910141326.91[P],2019.2.06.
[11] 中华人民共和国行业标准.公路桥梁设计通用规范:JTG D60—2015[S].北京:人民交通出版社,2015.
[12] 中华人民共和国家标准.钢-混凝土组合桥梁设计规范:GB 50917—2013[S].北京:中国计划出版社,2013.
[13] 中华人民共和国行业标准.公路钢结构桥梁设计规范:JTG 64—2015[S].北京:人民交通出版社,2015.

22. 北京兴延高速公路高品质工程桥梁设计探讨

潘可明　路文发

（北京市市政工程设计研究总院有限公司）

摘　要　兴延高速公路作为2019年世界园艺博览会及2022年北京冬奥会的重要交通保障项目，已于2019年1月正式通车。本项目是国内首条PPP模式建设的高速公路，其不同的管理模式，对项目质量控制提出了新的要求，如何细化、精细化完善桥梁施工图成为确保世园会及奥运会高品工程的重点问题。本文结合设计中易忽视的细节问题进行了分析与总结，可为类似项目提供借鉴。

关键词　兴延高速公路　锚具及预应力　桥梁附属　高品质工程设计

一、工程简介

规划兴延高速公路位于京藏高速公路以西，南北走向，南起海淀区六环路，北至延庆区延康公路，作为连接延庆区2019年世界园艺博览会会址和北六环的南北向重要通道，既是北京西北部客、货运通道的重要组成部分，又是联系延庆与北京中心城的重要防灾减灾通道。本项目为2019年世界园艺博览会及2022年北京冬奥会的召开提供交通保障，同时配合北京市干线公路网建设，兴延高速公路于2015年年底开工，已于2019年1月正式通车。

兴延高速公路路线路全长度为42.204km，全线桥梁共33座，其中互通式立交4座，分离式立交4座，停车区联络线桥1座，隧道管理所联络线立交1座，特大桥3座，大桥5座，中桥1座，14座通道桥，全线共设117道涵洞，桥梁总面积39.71万 m²，主线桥梁长度占线路长度25.5%。兴延高速公路梯子峪特大桥如图1所示。兴延高速公路白羊城沟特大桥如图2所示。

图1　兴延高速公路梯子峪特大桥

图2　兴延高速公路白羊城沟特大桥

二、高品质桥梁设计要求

1. 桥梁锚具及配套产品的设计细化要求

本项目施工图中为进一步控制工程质量，便于施工及质量控制，对桥梁预应力设计提出如下要求：

（1）锚垫板及锚下螺旋筋应符合《预应力筋用锚具、夹具和连接器》（GB/T 14370—2015）和《公路桥梁预应力钢绞线用锚具、夹具和连接器》（JT/T 329—2010）的相应规定。

（2）锚垫板材料采用灰口铸铁时不应低于HT200，采用球墨铸铁时应不低于QT450-10，采用碳素结构钢时，应不低于Q235的要求，并符合GB/T 9439、GB/T 1348或GB/T 3274的有关规定。锚下螺旋钢筋的材料性能应不低于Q235钢的要求，并符合GB/T 700的有关规定。

（3）预应力筋-锚具组装件，除应满足静载锚固性能要求外，尚应满足循环次数为200万次的疲劳性能，疲劳应力幅度不应小于80MPa。

(4)锚垫板和锚下螺旋钢筋规格依据《公路桥梁预应力钢绞线用锚具、夹具和连接器》(JT/T 329—2010)相应要求,具体尺寸详见附件。

(5)各桥梁预应力构造图中均已经明确锚垫板位置及布置间距,同时考虑了千斤顶工作空间等施工要求。锚垫板布置的间距的基本要点是保证混凝土应有足够的局部承压强度,施工方应严格按照图纸进行施工,如张拉作业空间发生矛盾应及时与设计沟通解决。

2. 桥梁预应力施工的细化要求

桥梁预应力施工要求进一步明确如下:

(1)预应力钢束张拉采用伸长值与张拉力双控,以张拉力控制为主,伸长值误差应在±6%范围内。施工时应实测管道摩阻系数,以供设计单位修正锚下张拉控制应力和理论伸长值。

(2)设计图纸中给出的是锚下张拉控制应力,对于后张法构件是指梁体内锚下的钢筋应力。当梁设有锚圈时,体外张拉控制应力为锚下钢筋应力加上锚圈口摩阻损失。当计入锚圈口摩擦损失时,钢束中最大控制应力(千斤顶油泵显示值)对钢丝和钢绞线不应超过$0.8f_{pk}$(f_{pk}为预应力钢绞线抗拉强度标准值)。施工单位应严格按照《公路桥涵施工技术规范》(JTG/T F50—2011)附录C.2 预应力损失测试的相应规定对预应力锚圈口损失进行测试,并按照《公路桥涵施工技术规范》(JTG/T F50—2011)7.6.3 的要求自行考虑。若实测锚圈口损失大于6%,应及时与设计人员联系,重新复核。

(3)桥梁预应力工程施工应使用智能张拉设备。

小结:重点是第二项要求,很多施工对于锚圈口摩擦损失不予重视,施工单位经常对于是否计入该项,或"设计文件是否已经考虑该项"等问题存在疑惑,设计方需要在施工交底时充分说明。

三、高品质桥梁附属工程设计细化要求

桥梁的耐久性是高品质工程全寿命周期的生命线,特别是桥梁附属工程的耐久性,直接影响桥梁主体结构安全、行车安全等。作为北京地区世园会及奥运会保障项目,提高桥梁的耐久性,对于冻融、防排水予以高度重视,在设计中完善细节设计要求,明确各项指标及工艺。

1. 桥梁防撞护栏表面硅烷浸渍保护剂的技术要求

现浇墙式护栏(图3)混凝土内侧表面及顶面采用硅烷和硅氧烷无色渗透型防水剂处理,涂料用量$6m^2/L$。技术指标及性能要求满足《海港工程混凝土结构防腐蚀技术规范》(JTJ 275—2000)。浸渍硅烷质量的验收应以每$500m^2$浸渍面积为一个浸渍质量的验收批。

图3 防撞护栏照片

浸渍硅烷工作完成后,应按《海港工程混凝土结构防腐蚀技术规范》(JTJ 275—2000)规定的方法各取两个芯样进行吸水率、硅烷浸渍深度、氯化物吸收量的降低效果的测试。当任一验收批硅烷浸渍质量的三项测试结果中任意一项不满足下列要求时,该验收批应重新浸渍硅烷:

(1)吸水率平均值不应大于$0.01mm/min^{1/2}$;

(2)对强度等级不大于C45的混凝土,浸渍深度应达到3~4mm;对强度等级大于C45的混凝土,浸渍深度应达到2~3mm;

(3)氯化物吸收量的降低效果平均值不小于90%;

(4)同时,还要确保耐碱性(在15天内不发生变化)和抗冻性(-20°~25°条件下25次无开裂剥落,无明显变化)。

2. 桥面防水层的技术要求

桥面铺装采用改性沥青防水涂料、中央隔离带盖板上采用SBS防水卷材。

1）材料要求

防水等级为Ⅰ级，防水层采用道桥用聚合物改性沥青防水涂料类。为满足本项目桥梁施工阶段及使用阶段的要求，本项目防水层采用纤维增强热熔复合改性沥青防水涂料，其技术指标参考《公路沥青路面施工技术规范》（JTG F40—2004）表4.6.2中有关聚合物改性沥青的要求，见表1。

聚合物改性沥青技术要求　　　　　　表1

项目		指标	试验方法
软化点（℃）		>80	T 0606—2011
180℃旋转黏度（Pa·s）		2.0~4.0	T 0625—2011
弹性恢复（%）		>75	T 0662—2000
25℃针入度（0.1mm）		30~60	T 0604—2011
5℃延度（cm）		>10	T 0605—2011
薄膜烘箱老化后	质量损失（%）	<1.0	T 0609—2011
	25℃针入度比（%）	>65	T 0609—2011
	5℃延度比（%）	>15	T 0609—2011

热熔复合改性沥青防水材料的底涂，混凝土基层处理剂采用聚合物桥面防水涂料，技术指标满足《道桥用防水涂料》（J/C/T 975—2005）中PBⅡ型的有关要求。

碎石采用9.5mm单一粒径石料，技术指标满足《公路沥青路面施工技术规范》（JTG F40—2004）中表4.8.2中表面层的要求。石料宜采用0.3%~0.4%沥青混合料。具体技术指标见表2。

沥青混合料用粗集料质量技术要求　　　　　　表2

检测项目	技术指标	检测方法
集料压碎值（%）	≥26	T 0316
洛杉矶磨耗损失（%）	≥28	T 0317
对沥青的黏附性	5级	T 0616
坚固性（%）	≥12	T 0314
细长扁平颗粒含量（混合料）（%）	≥15	T 0312
水洗法<0.075颗粒含量（%）	≥1	T 0310
软石含量（%）	≥3	T 0320

增强纤维采用2400Tex无碱玻璃纤维无捻粗砂，技术指标满足《玻璃纤维无捻粗砂》（GB/T 18369—2008）的有关要求。

纤维增强热熔复合改性沥青防水层路用性能应符合表3要求。

改性沥青技术要求　　　　　　表3

序号	项目	技术指标	试验方法
1	50℃剪切强度（MPa）	≥0.3	J/CT975
2	50℃黏结强度（MPa）	≥0.1	J/CT975
3	热碾压后抗渗性	0.1MPa，30min不透水	J/CT975

以上材料各项指标均需提供国家级实验室合格报告,桥梁防水施工及质量验收应严格按《城市桥梁桥面防水工程技术规程》(CJJ 139—2010)的要求进行。

2)施工要求

(1)桥面水泥混凝土铺装要求平整,粗糙度0.5~1mm;

(2)基层在做防水前需进行抛丸处理;

(3)基层表面必须干净、结实,不得有浮浆、掉皮、空鼓和严重开裂现象;要保持干燥,含水率小于10%;

(4)基层应喷洒基层处理剂,用量0.5kg/m²;

(5)为保证防水层的施工质量,热熔复合改性橡胶沥青防水层和纤维增强层各层施工应连续同步进行间隔时间尽量缩短,宜采用同步喷洒设备施工;

(6)增强纤维切割长度3~6cm,用量≥120g/m²;

(7)施工环境温度+5℃以上;

(8)防水层施工完应避免施工车辆掉头碾压;

(9)防水层施工完后应尽快实施沥青混凝土桥面铺装;

(10)现浇、预制主梁顶面应进行拉毛处理;

(11)混凝土铺装施工前,应用高压水或气泵清除主梁表面灰尘、杂质;

(12)要求对混凝土铺装层表面进行抛丸铣刨、除尘除湿处理,满足有关设计图纸技术要求。

3. 钢筋混凝土桥面铺装添加工程纤维技术要求

为提高本项目的桥面铺装耐久性能,全线桥梁的钢筋混凝土铺装增加工程纤维材料。

工程纤维的优点主要有:

(1)增强内聚力,抑制塑性收缩裂缝;

(2)增强抗冲击能力和抗破坏能力;

(3)增强延展性和韧性,提高抗折性能;

(4)增强抗渗性能,防止结构加强钢筋的腐蚀;

(5)提高抗磨损和抗疲劳性。

工程纤维材料采用I5型聚丙烯网状纤维,含量为1.2kg/m³。I5型聚丙烯纤维应严格按照设计掺量加入,可由混凝土供应商直接拌和也可在工地现场拌和。

主要检验内容:弯曲韧性指数。检验依据:《纤维混凝土试验方法标准》(CECS 13:2009)6.9。

工程纤维具体技术参数见表4。

工程纤维具体技术参数 表4

材 质	100%聚丙烯	比 重	0.91
颜色	白色(自然色)	长度	12~19mm
初始状态	集束型网状	直径	≤100μm
分布状态	不规则单丝	熔点	160~170℃
抗酸碱性	中	燃点	590℃
弹性模量	3500MPa	泊桑比	0.29~0.46
抗拉强度	700MPa	导电性	极低
安全性	无毒、无刺激	韧性指数	I5≥3.0

4. 桥面铺装层间排水要求

桥面层间排水通过渗水漏管及桥面排水盲沟排水如图4~图6所示。

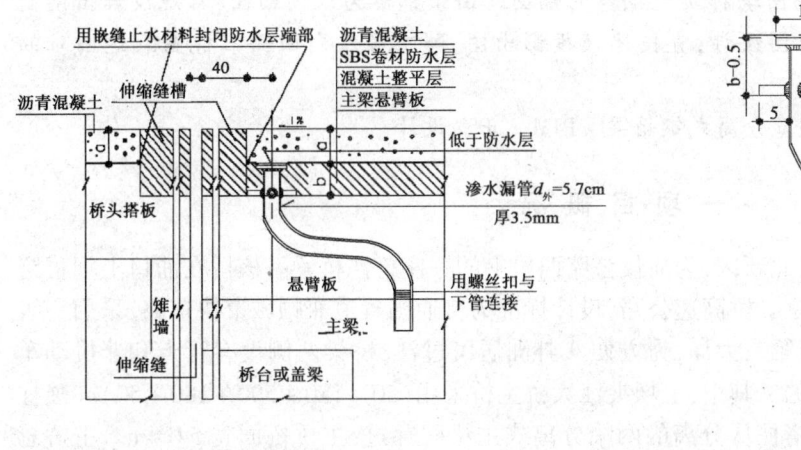

图4 渗水漏管布置图(尺寸单位:mm)　　　　图5 渗水漏管大样图(尺寸单位:mm)

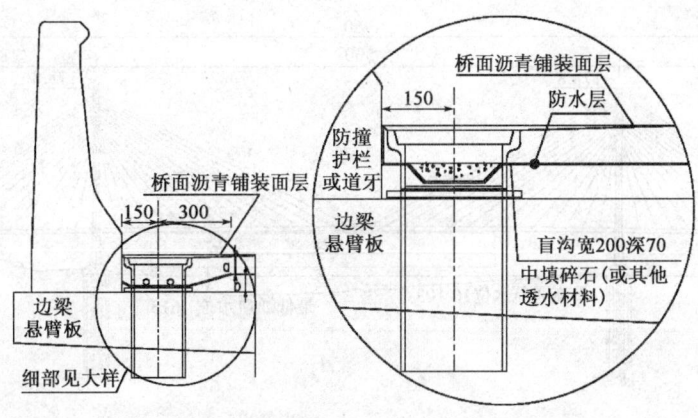

图6 排水盲管布置图及排水盲沟示意图(尺寸单位:mm)

渗水漏管为镀锌钢管,其上的防水层开口盖土工布,设置在伸缩缝的纵桥向高侧处横向低处。

四、结　语

(1)细节决定成败,结合PPP模式下的高品质高速公路建设要求,吸取了传统的"粗放式"桥梁设计经验,兴延高速设计中进不断地优化、完善细节和精细化构造,这为兴延高速成为高质量工程奠定了设计基础。

(2)设计单位应该是高品质程的引导者和奠基者,设计人员应在桥梁各构件的精细化设计方面更多地投入精力,进一步提升设计细节质量。

23. 南京上坝夹江大桥主桥设计

华　新　韩大章　丁　磊
(中设计集团股份有限公司)

摘　要　作为国内首座全钢塔、超宽钢箱梁的斜拉桥,上坝夹江大桥主桥桥面总宽54.4m,是长江上最宽的桥梁之一。主梁由两幅分离式钢箱梁和钢横梁组成,梁高4.0m,标准梁段长16.0m。索塔采用双向曲面独柱钢塔,塔高166m,为减少塔柱节段间拼接缝,塔柱采用了纵向分块设计。拉索在塔上的锚固,采用了拼接缝受力小的钢锚梁。针对独柱钢塔阻尼比低、刚度小的特点,采用了TMD调质阻尼器提高钢塔阻尼比。塔底设置厚钢板和高强锚固螺杆实现钢塔的锚固。由于钢塔为双向曲面,常规设计出图困难,首次在国内采用全桥 BIM 正向出图设计,直接建模投影出图,解决了双向曲面三视图表达困难的问题。

关键词　斜拉桥　独柱钢塔　超宽分离式钢箱梁　BIM　正向设计

一、项目概况

南京上坝夹江大桥位于南京市江北新区,为浦仪公路西段上的一座跨江桥梁。该桥在浦口上坝村跨越长江八卦洲夹江,接八卦洲上的南京二桥高速公路,设计标准为普通国省道兼顾城市快速路,采用一级公路建设标准。由于八卦洲是长江上第三大岛,为方便八卦洲居民过江,桥梁两侧设有行人和非机动车系统,这在国内跨江桥梁中是较少见的。其中,上坝夹江大桥主桥采用(50＋180＋500＋180＋50)m 独柱形钢塔双索面钢箱梁斜拉桥,两个钢塔柱从分离的两幅分离式主梁间穿过,主桥桥面宽 54.4m。主桥总体布置如图 1 所示。

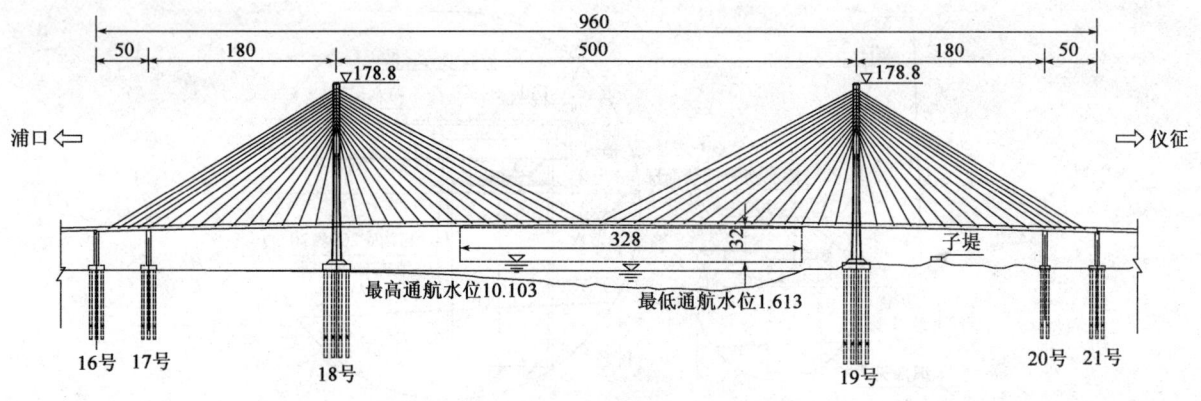

图 1　上坝夹江大桥立面布置图(尺寸单位:m)

二、建设条件

长江在南京主城区北侧,被八卦洲分为左右两汊,分别为主江和夹江,本项目跨越长江夹江,该水道为厂矿企业专用航道,航道通航等级按 I-(1)级航道,设计洪水频率 1/300,代表船型为 1 万吨级海轮,通航净高 32m,单孔双向通航净宽不小于 328m。设计基本风速 28.9m/s,桥位地震基本烈度 7 度。

根据水利主管部门的意见,防洪大堤之间尽量少设桥墩,须尽可能地减小桥墩阻水率。设计过程中对跨径 400～500m 的不同桥型方案,做了定、动床模型试验,结果表明:采用主跨 500m 的桥梁方案,可满足水利主管部门对该处河段的防洪要求,因此本桥主跨跨径为 500m,并尽量减少引桥桥墩。

本项目区属长江下游冲积平原,地势开阔、平坦,地面标高 5.0～7.0m。工程区域分布上更新统中密～密实状粉砂(夹砾石)、白垩系上统浦口组(砂质)泥岩,总体分布稳定,且较厚,力学强度中等～高,工程地质条件较好。基岩埋藏深度,自西向东逐渐加深,持力层为中风化泥岩,桥梁基础宜采用钻孔灌注桩。

三、总体设计

1. 设计构思

根据通航和水利部门的意见,本桥主跨不宜小于 500m。由于江面宽约 2000m,对于主跨 500m 的桥梁,悬索桥的锚碇将有一个置于江中,水利上根本通不过,而梁桥跨度达不到,只有斜拉桥和拱桥可满足本项目的建设条件,但是对于主跨 500m 的拱桥,已经是超大跨度了,技术难度、施工风险和工期风险很大,因此采用斜拉桥方案。在桥跨布置上,由于桥位处深槽偏右岸,设计中将一个主墩设在右岸(八卦洲侧)水边,另一个主墩设在浅水中。主桥为双塔双索面钢塔钢箱梁斜拉桥,采用全漂浮体系,桥跨布置为(50 + 180 + 500 + 180 + 50)m。

目前南京已建有二桥、三桥、五桥等多座斜拉,本桥在塔型和景观上要尽量不雷同于南京的已建桥梁。本桥位于城市边缘,距长江边的幕燕风光带较近,斜拉桥的塔形对全桥景观效果起着至关重要的作用。

本桥采用双向六车道一级公路标准并兼顾城市道路功能建设,综合考虑规划、八卦洲居民出行需求,大桥两侧设置行人与非机动车系统,不含锚索区及风嘴,桥面宽度已达41m。由于主跨500m,桥面以上塔高约125米,在跨径和塔高并不大的情况下,采用常规的A型塔、钻石型塔、倒Y型塔和H型塔,桥塔将显得宽矮,景观效果很差。而独柱塔外观简洁挺拔,个性鲜明,对宽桥有很好的适应性,能取得较好的景观效果。在受力方面,独柱塔施工阶段抗风稳定性较差,但在成桥阶段,塔柱受四根拉索不同角度对称张拉,抗风稳定性优于平行索面的H形塔。

另外,本桥还有一个重要的控制因素,即工期短。浦仪公路西段建成后将与南京二桥、绕城公路、南京五桥、江北大道形成南京绕城高快速一环。作为南京绕城高快速公路一环的最后两处节点,本桥比南京五桥晚开工一年多,但要于2020年底同步建成通车,工期只有两年半,因此决定采用全钢结构桥梁,即双独柱钢塔和分离式钢箱梁斜拉桥。采用独柱钢塔,塔柱吊装块件比双枝的A型或H型塔少一半,工期和造价方面都优于前二者,虽然增加了两幅主梁间横梁用钢量,但钢塔的综合单价比钢箱梁高,且主塔基础也少了一半,独柱塔造价最低。因此本桥虽为双塔斜拉桥,但每个索塔采用独柱结构的钢塔。

2. 梁形方案

采用独柱钢塔,主梁如仍旧是整体断面,桥面须在索塔处开孔使塔柱穿过,桥面部分有较大的浪费。由于柱塔在主梁处的截面尺寸约8～10m宽,两幅主梁将拉开或开孔10m左右,桥面总宽将达到55m左右(含锚索区和风嘴),主梁宜采用分离式钢箱梁。本桥采用左右两幅分离式钢箱梁断面,两幅梁之间用箱形钢横梁连接,可以减轻主梁自重,减少钢材用量。另外,拉索从独柱钢塔上拉到主梁两侧机动车道外侧形成空间双索面,人非系统悬挑于拉索之外,行人与非机动车视野开阔,整个斜拉桥的塔、梁、索、横梁骨架清晰,立体感分明,有较强的美感。

主桥标准横断面总宽54.4m,钢箱梁断面分幅布置在索塔两侧,外腹板外侧设置行人与非机动车道,单幅箱梁(含人非系统挑臂)宽22.05m。分幅式箱梁具有良好的颤振稳定性能,根据主梁节段模型风洞试验表明,颤振临界风速均大于120m/s,满足颤振稳定性检验要求。钢箱梁标准横断面见图2。

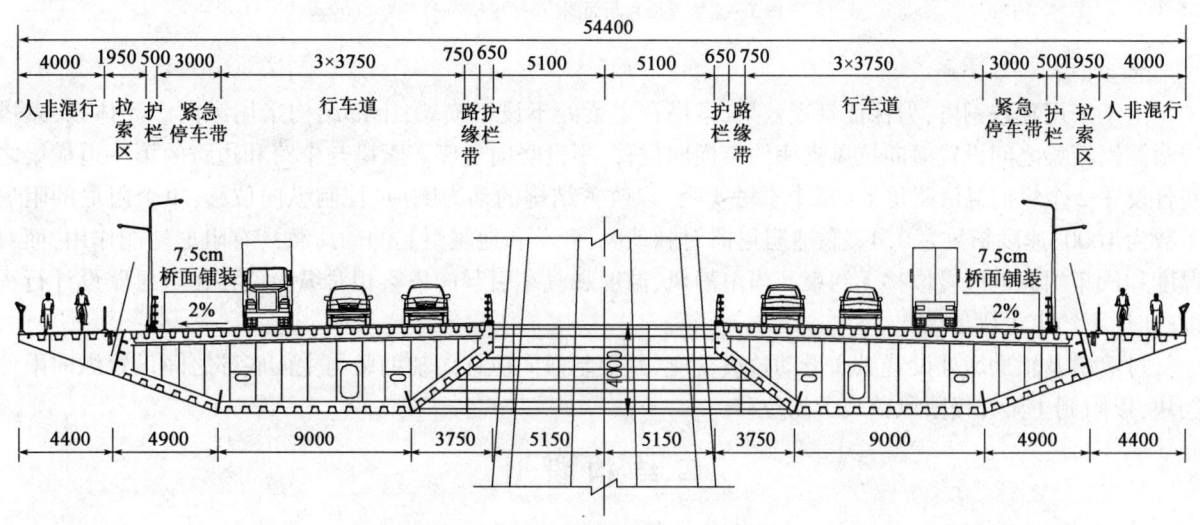

图2 钢箱梁标准横断面(尺寸单位:mm)

3. 塔型方案

索塔为独柱形钢塔,塔高166.0m。索塔采用切角矩形断面,单箱多室布置,由四周壁板和三道腹板(一道横腹板和两道纵腹板)构成。为了减小塔柱截面风阻系数,改善涡振性能,设置尺寸为0.8m×0.8m的切角,将截面进行钝化。塔柱桥面以上基本为等截面,断面尺寸为6.0m(横桥向)×6.5m(顺桥向),自桥面以上开始向下圆弧渐变,至底部断面16.0m(横桥向)×9.5m(顺桥向)。塔柱立面及断面见图3。

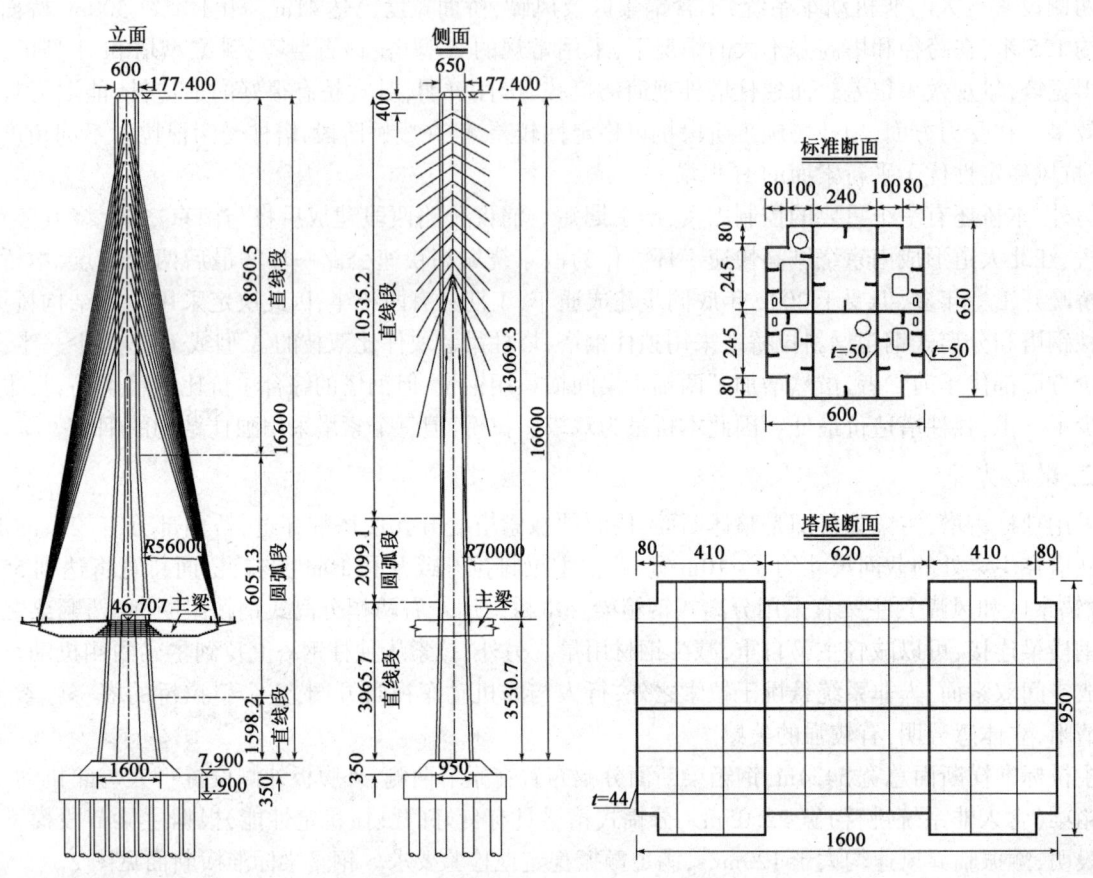

图3 索塔立面和断面图(尺寸单位:cm)

4. 结构支承体系

由于采用独柱钢塔,为保证景观效果,索塔在主梁处不设下横梁,上部结构采用纵向漂浮体系,索塔与两侧钢箱梁之间设置横向抗风支座约束横向位移,不设竖向支座。索塔与中跨和边跨的第一道横梁之间各设置2个纵向黏滞阻尼器(每个索塔4个)以改善结构的动力响应、控制纵向位移,单个阻尼的阻尼系数为1000、速度指数为0.4。黏滞阻尼器对脉动风、刹车和地震引起的动荷载具有阻尼耗能作用,而对温度和汽车引起的缓慢位移无约束。当由静风、温度和汽车引起的塔梁相对纵向位移在阻尼器设计行程以内时,不约束主梁运动。

过渡墩及辅助墩处设置纵向滑动拉拔支座,并限制横向位移。辅助墩与主梁底部之间设置纵向限位挡块,以限制主梁在极限风荷载下的位移。

四、结构设计

1. 钢箱梁设计

钢箱梁正交异性板的参数,对钢桥面板的抗疲劳性能及桥面铺装的耐久性有重要的影响。设计中对桥面板厚度、U肋高度、横隔板间距等参数变化进行了计算分析,最终顶板采用16mm钢板、横向近外腹板锚索区采用20mm板厚,U肋厚8mm;底板根据受力需要,不同区段采用14~28mm四种不同的钢板厚度,底板U肋分6mm和8mm两种。主梁节段标准长度16m、边跨尾索区节段标准长度为9.6m,为提高横隔板的整体受力性能、有利于保障桥面板刚度,横隔板采用整体式,标准间距为3.2m。两幅钢箱梁在拉索对应位置,采用中间箱形横梁连接,箱形横梁宽度为横隔板间距,标准横梁顶底板厚20mm,腹板厚16mm。为设置塔梁间的纵向阻尼器及施工阶段塔梁的临时纵向约束,在近塔处梁段增设一道横梁,其腹板加厚至30mm。主梁节段间均采用全断面焊接。索梁锚固构造采用锚箱。

人非系统挑臂由顶板及挑臂板组成,顶板厚14mm,采用U形加劲肋,在靠近端部及腹板处采用板肋。挑臂板厚12mm,下翼缘板厚14mm。

为确保在正常运营荷载下,过渡墩及辅助墩不出现上拔力,在桥墩附近钢箱梁内施加压重。过渡墩、辅助墩墩顶压重区域单幅为170kN/m(局部120kN/m),全桥共计混凝土压重材料1220m³。压重采用底板钢槽放置重混凝土块方式,混凝土重度要求达到35kN/m³。钢箱梁压重布置如图4所示。

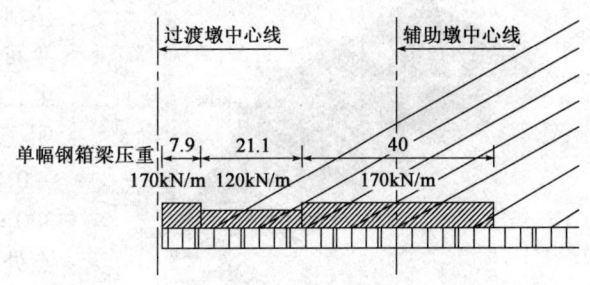

图4 钢箱梁压重布置示意

2. 钢索塔设计

索塔采用独柱结构的钢塔。塔柱采用切角矩形断面,单箱多室布置,由四周壁板和三道腹板(一道横腹板和两道纵腹板)构成。为了减小塔柱截面风阻系数,改善涡振性能,设置尺寸为0.8m×0.8m的切角,将截面进行钝化。塔柱桥面以上基本为等截面,断面尺寸为6.0m(横桥向)×6.5m(顺桥向),自桥面以上开始向下圆弧渐变,至底部断面16.0m(横桥向)×9.5m(顺桥向)。

塔柱壁板和腹板厚度根据受力采用44mm和50mm两种,横隔板的间距为1.6m~3.8m。塔柱共划分为19个节段,T1~T5节段采用浮吊吊装,其余节段采用塔吊安装。为减少塔柱节段间拼接缝数量对景观效果的影响,在起吊重量不变的前提下,对塔柱节段采取了竖向分块的设计。考虑到索塔安装中误差的调整,在浮吊架设的J1~J4和锚索区下方J10接口,设置了调整接头。由于塔柱采用纵向分块,拉索在塔上锚固采用钢锚梁,锚梁平衡了恒载拉索水平力,塔柱壁板和腹板受力很小,有利于简少竖向螺栓拼缝。

独柱钢塔桥面以上塔柱截面较小,易产生风振问题。对于矩形塔柱这种细长的钝体断面,可能的风振是驰振和涡振。通过数值风洞试验和模型试验,证明本桥独柱塔无驰振问题,但在特定风速下,在桥塔自立状态(即塔柱施工完挂斜拉索之前),可能产生较大振幅的涡激共振。进一步的风洞试验研究表明,通过提高独柱钢塔的阻尼比,可以有效地减小涡振振幅。我国公路桥梁抗风设计规范中,钢结构的阻尼比为0.5%,但实测的国内泰州大桥钢中塔及日本的许多钢塔,阻尼比均小于0.5%。日本规范建议对不风的振动频率,采用不同的阻尼比。本桥钢塔的特征振动频率为0.23Hz,对应此频率日本规范建议采用0.15%的阻尼比较合适。模型试验中,对钢塔阻尼比分别为0.1%、0.25%、0.5%、1.0%、1.2%都进行了风洞试验。结果表明,当阻尼比为1%时,涡振振幅小于10cm,当阻尼比为1.2%时,已无涡振现象。在桥塔自立状态时,通过增设TMD的措施来提升结构阻尼比,以抑制涡激共振,当设置30吨TMD时,钢塔阻尼比可达到1.2%。因此,设计采用在塔顶设置TMD的方法来解决钢塔涡振问题。

钢塔底部与混凝土承台的连接,采用高强螺杆的锚固方案,塔柱根部的压应力主要通过塔柱底板传递到承台混凝土中,而拉应力则通过锚固螺杆传递到基础中。由于索塔在成桥后,除裸塔和地震工况外,塔柱基本不出现拉应力,预拉力的数值根据最不利工作状态下塔底截面无拉力出现状况(底板不出现缝隙)来控制。

3. 下部结构设计

根据索塔所处位置的地形、地质、水文和环境等自然因素以及地层情况,设计采用群桩基础,每个索塔承台下共 18 根桩,单桩直径为 φ2.8m,索塔承台顶设置锥形塔座,塔座厚 3.5m,承台厚 6.0m。辅助墩和过渡墩基础,均采用群桩基础,单桩直径为 φ2.2m。西主墩和西边墩位于水中,均进行了防船撞设计。

五、结 构 计 算

采用三维杆系空间模型进行结构总体计算,主梁和桥塔采用空间梁单元模拟,斜拉索采用桁架单元模拟。计算结果表明,在汽车 + 人群活载作用下,主梁主跨向下最大位移值为 580mm,向上最大位移值为 67mm;标准组合下,主梁上下缘最大应力分别为 81.5MPa 和 124.5MPa,塔柱最大压应力为 156.6MPa。

钢箱梁局部计算采用空间有限元软件进行,均采用板单元。为研究钢桥面板盖板体系受力,考察了三种桥面板受力工况,荷载为公路-Ⅰ级车辆荷载后轴的轮压荷载,并偏安全的不考虑铺装层的影响。工况一为后轴车轮作用在 U 肋上,工况二为后轴车轮的一半作用在 U 肋上,工况三为后轴车轮作用在两 U 肋之间。计算结果表明,工况一、二和三的最大相对变形为 - 0.2738mm、- 0.2524mm 和 - 0.1944mm,最小挠跨比 Δ/L = 0.2738/300 = 1/1096。两幅箱梁间的横梁,除横梁与箱梁相交角点处应力较大外,其他大部分应力均在 25MPa 以下,横梁隔板最大应力为 15.1MPa。横梁应力云图见图 5。

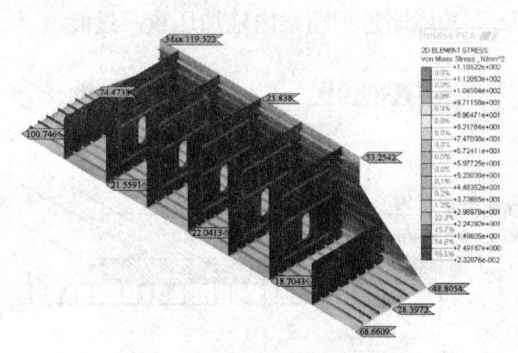

图 5 联系横梁 mises 应力

锚梁计算结果表明,锚固板、加劲板在与承压板相交角点处应力较大,发生应力集中,腹板其他处应力均在 90MPa 以内,加劲板其他处应力均在 60MPa 以内,承压板应力在 200MPa 以内,满足设计要求。

六、全桥 BIM 正向设计

在本项目设计中,在国内大跨桥梁设计中,首次采用了全桥三维 BIM 正向设计技术。所谓正向设计,是相对于过去的 BIM 翻模设计而言的。以前的 BIM 设计,一般是先完成三视图设计,根据设计图纸,建立 BIM 模型,而本桥采用的是"先建模,后出图"的设计方式,即不经过传统的三视图出图阶段,直接利用 Catia 软件建立桥梁结构的三维模型,然后根据出图需要,进行二维平、立、侧面投影出图。正向设计可将 BIM 三维模型与二维三视图相关联,让同类型的图纸能够批量化生成,这就大大简化了出图工作量。BIM 三维模型还可以和局部计算的有限元模型关联起来,将 BIM 模型直接导入有限元软件进行局部分析,根据计算分析结果,修改各个桥梁结构的构件参数,使得二维图纸能够随三维模型的参数变化而变化。另外,完成设计计算分析和出图后的 BIM 模型,可以传递给施工单位和运营养护单位,在施工和运营维护阶段,不断为模型补充后续信息,为桥梁的施工、管养提供可视化的后续服务。

七、结 语

本桥采用了适合桥位处建设条件的独柱钢塔钢箱梁斜拉桥设计方案,解决了宽桥的景观效果问题。采用双向曲面变化的钢塔构造设计、竖向分块的塔柱节段设计、为减少塔壁拉力的钢锚梁设计,均是国内钢塔斜拉桥中首创。同时,本桥是国内第一个采用 BIM 正向出图设计的大型桥梁,解决了传统三视图双向曲面投影出图的难题,并对后续的预制加工、管理养护提供了技术支持。本桥于 2018 年 6 月 1 日开钻第一根钻孔桩,于 2020 年 6 月 1 日实现全桥合龙,并将于 2020 年底前实现通车。

参考文献

[1] 邵长宇,黄少文,卢永成.上海长江大桥总体设计与构思[J].世界桥梁,2009(S1):6-9 + 26.

[2] 曾源,卢永成,蒋彦征,等.上海长江大桥主航道斜拉桥分离式钢箱梁设计[J].世界桥梁,2009(S1):18-21.

[3] 张喜刚,王仁贵,孟凡超,等.多塔斜拉桥分体钢箱梁的设计与施工[J].公路,2013(07):289-293.

[4] 郝翠,曹新垒.芜湖长江公路二桥钢箱梁特殊制造工艺探讨[J].工程与建设,2018,32(03):400-403.
[5] 韩大章,吉林,陈艾荣,等.泰州大桥中塔设计关键技术研究综述[J].公路,2013,58(11):72-77.

24. 福州洪塘大桥自锚式悬索桥设计要点

蔡 亮

(上海市城市建设设计研究总院(集团)有限公司)

摘 要 福州洪塘大桥拓宽改建工程中,上部结构采用预制拼装快速化施工的设计方案。在此基础上,提出了三阶段横向拼接的设计理念,实现了老桥拆除和新建桥梁过程中不中断交通的需求,为城市大型桥梁拓宽改建中的交通组织问题提供了新的解决方案。洪塘大桥主桥采用了一系列的设计创新:钢主梁横向分阶段施工先形成连续梁,再横向拼装、体系转换形成悬索桥,成为国内第一座在改建工程中实现保通车需求的自锚式悬索桥;锚固区主缆采用平弯布置,为运营阶段的锚固区管养提供了便利;主梁横隔板按照较大间距布置,采用正交异性钢桥面-超高性能混凝土组合结构提高了桥面板的抗弯抗扭能力,减小了横隔板数量,降低了现场横向拼装难度。采用通用有限元程序针对桥梁运营及施工过程中的关键工序进行仿真分析,研究了主梁结构受力、主缆及吊杆索力优化、主缆锚固区应力状态等工况。根据分析结果指导施工和施工控制,现场监测数据表明计算值与实测值相符。

关键词 自锚式悬索桥 保通车 三阶段横向拼接 主缆平弯 钢-混组合桥面板

一、概 述

城市桥梁拓宽改建中不可避免地遇到交通组织问题,对于中小跨径的桥梁改建,由于建设速度较快,一般采取拆除后重建的改造方式,不会对交通造成很大问题。然而对于大跨径桥梁而言,拆除并重建需要较长的工期,势必会长期阻断交通,给人们的交通出行带来很大的不便。为此设计师提出了多种可以快速施工的设计方案以及交通组织方案,但是施工期间仍会对现状交通流产生影响,或是降低了桥位处通行能力,或是加重了周边交通负担。随着城市的发展,改建工程与交通组织的矛盾亟待解决。

福州洪塘大桥拓宽改建工程东起妙峰路,对既有洪塘立交进行改造连接三环快速后,跨越乌龙江,随后进入闽侯上街,与国宾大道衔接,路线总长2.2公里。拟建主桥桥位现状主桥为60m+120m+60m预应力混凝土下承式桁架T构,以及西侧江中引桥40m无黏结预应力混凝土连续箱梁,双箱双室;均需拆除新建。新建主桥(图1)为独塔自锚式悬索桥,跨径50m+150m+150m+50m,桥宽46~52m。

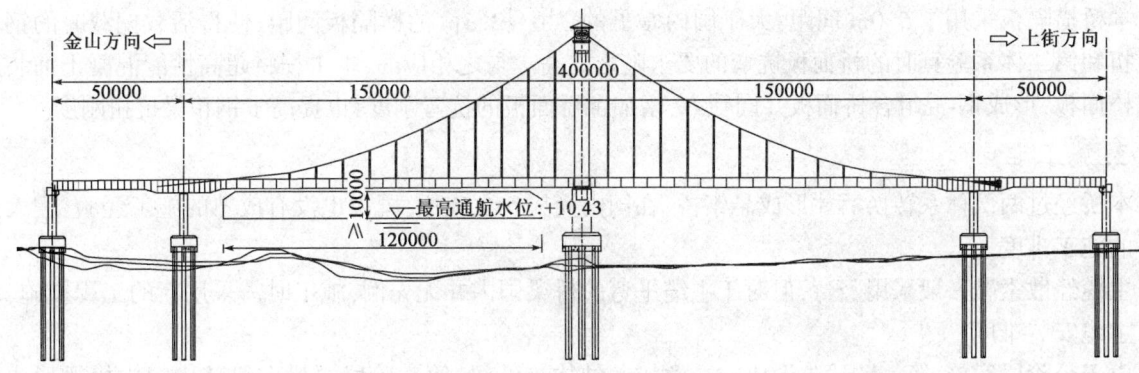

图1 新建洪塘大桥主桥立面图(尺寸单位:mm)

由于是原位改建,如果先拆除老桥(图2)再新建桥梁,将严重影响周边交通,因此市政府对本桥提出"保通车"的民生要求。新建主桥采用三阶段横向拼接[1]的设计理念,在拆除老桥、新建桥梁的整个施工周期内,维持了现状交通不断交,有力支援了福州城市建设。本文结合洪塘大桥改建工程,基于TDV、Midas、Ansys等有限元程序对保通车需求下的自锚式悬索桥施工过程、成桥及运营状态进行仿真分析,为同类工程的设计与施工提供参考。

图2 洪塘大桥老桥照片

二、特点与难点分析

1. 设计特点

(1) 横向分阶段施工

本桥主要的设计特点是主桥横向分阶段施工。常规桥梁的横向分段是指主梁的横向拼装分段,其目的还是先形成主梁。本工程的分阶段施工是先形成左右幅的钢结构连续梁桥,再连接中横梁→主梁形成整体→体系转换→形成悬索桥,在整个施工周期内维持了原桥的交通。除施工过程不同外,新桥成桥后与常规的自锚式悬索桥无异。

(2) 主缆平弯

自锚式悬索桥的锚固区一般布置在主梁外部,管养时需要临时搭设支架,操作不方便。为了改善锚固区的管养条件,本工程将主缆锚固在箱梁内部,主缆经散索鞍后平弯到箱梁内部。

为了降低设计与施工难度,主缆在散索鞍处不设置竖弯,这要求散索鞍处的主缆水平夹角不能太大,本工程按5.966°控制,这也成为主缆成桥线型的控制因素。

每根主缆由37股索股组成,经散索鞍后平弯锚固,需对索股合理排列,使之满足主缆安装需求。

主缆平弯处钢梁的竖向、侧向加劲交错排列,锚固区构造复杂。

(3) 横隔板布置

本桥横隔板采用了5.0m间距,大于国内常见的3.0~3.5m的横隔板间距,使得活载偏载时的钢箱梁抗扭和第二体系验算时的桥面板抗弯的要求随之提高。与之相应的,本工程将超高性能混凝土铺装层计入桥面板,形成钢-混组合桥面板共同受力,增加了桥面板的抗弯刚度,也提高了钢箱梁抗扭刚度。

2. 施工难点

本桥经过两次体系转换后才形成悬索桥,在国内尚属首次应用,国内也没有成熟的施工经验,增大了本桥的施工难度。

主缆经散索鞍一般采用竖弯,但对于主缆平弯的桥梁国内并无先例,施工时需采用新的工程措施,增加了主缆安装难度。

由于分阶段实施,第一阶段先形成左右两幅钢结构连续梁,第三阶段再横向拼装中幅中横梁形成整体,时间跨度大。第一阶段的安装精度及第二阶段的运营通车状态直接影响第三阶段的吊装,对钢梁安装精度要求较高,安装难度较大。

三、设计要点

1. 总体设计

乌龙江航道要求通航净空为120m×10m,最高通航水位+10.43m(罗零高程)。根据航迹线,并结合水深图及上、下游大桥的通航孔跨布置确定主桥悬索桥跨径采用50m+150m+150m+50m。为便于与引桥的平面衔接,悬索桥索区完全置于外侧,主桥主跨全宽为52m,边跨平衡桥跨全宽为46m。

2. 上部及索缆结构设计要点

主桥采用独塔双索面自锚式悬索桥,半漂浮结构体系。主跨与平衡跨均采用分离式扁平钢箱梁,可以工厂预制现场安装,实现快速化施工。主梁高3.5m,在辅助墩处加高至4.2m。钢箱梁为全焊接箱型结构,两钢箱梁间通过支点处的工字形横梁及跨中处的桁架式横梁采用焊接联结。第一阶段先施工两侧的钢箱梁(18.0m宽)形成连续钢箱梁;后续阶段再施工中间的横梁(16.0m宽),通过体系转换形成悬索桥,如图3和图4所示。

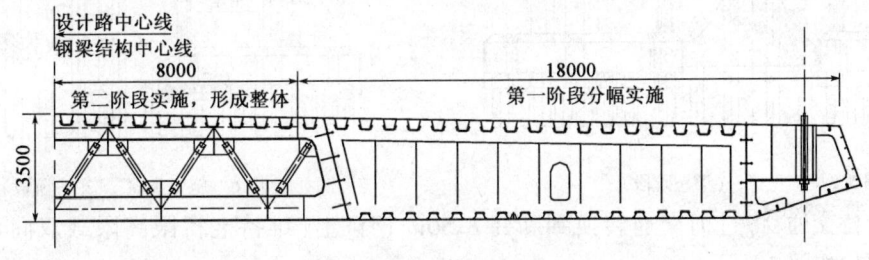

图3 钢梁跨中1/2断面图

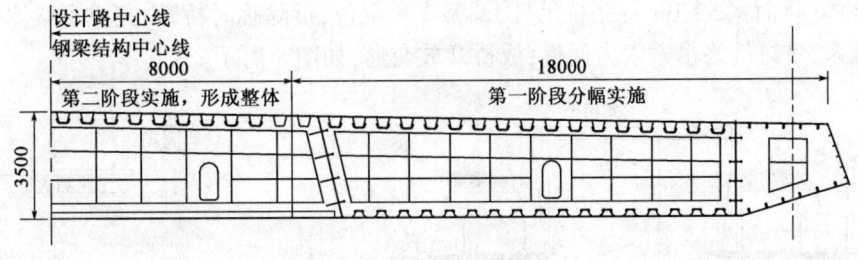

图4 钢梁中支点1/2断面图

桥面采用正交异性钢桥面+超高性能混凝土,形成钢-混组合结构桥面板。钢桥面采用大U加劲,U肋高为330mm。横隔板间距5.0m,在支座附近局部加密。

主缆采用平行竖直布置,跨度为150m,垂度为15.0m,垂跨比1:10。两缆横向相距49.6m。主缆两端经散索鞍平弯15°后散索锚于钢主梁内,两缆锚固点中心在横向相距44.424m。

吊索纵向间距10m,横向间距为49.6m,吊索锚固于钢箱梁外腹板外侧的锚箱上。

抗震采用减隔震体系,在主塔、东西岸辅助墩和边墩分别设置抗拉减隔震支座及纵、横向阻尼器。

3. 下部结构设计要点

主桥采用H型直立柱门式桥塔,桥塔结构总高71.307m。其中上塔柱高55m,采用五边形箱型截面;下塔柱高16.307m,采用六边形箱型截面。上塔柱顶部设置钢结构上横梁,下塔柱顶板设置钢-混凝土混合式下横梁。

辅助墩及边墩均采用双柱式桥墩,立柱截面采用六边形,边墩设盖梁以便于与邻跨预制小箱梁衔接。

主桥桥塔、辅助墩和边墩承台均采用圆端头导流矩形承台以减小阻水影响。

主桥基础均采用冲孔灌注桩。其中,桥塔基础采用直径2.2m冲孔灌注桩,辅助墩和边墩基础均采用直径1.8m冲孔灌注桩。

4. 主桥施工顺序

本工程自锚式悬索桥采用先塔、梁,后缆、索的施工工艺。

(1)桩基承台施工,安装塔吊,立模分段浇筑塔柱混凝土,现浇辅助墩、边墩立柱;老桥暂不拆除,以保证施工期间的公共交通,如图5所示。

(2)在主桥中跨150m+150m范围内、现状老桥左右两侧搭设临时墩,主桥共布置8个临时支墩;纵主梁的两幅钢箱梁(桥面各宽18.0m)在工厂预制,现场焊接成整体。体系转换,形成左右两幅8×50m连续钢箱梁,如图6所示。

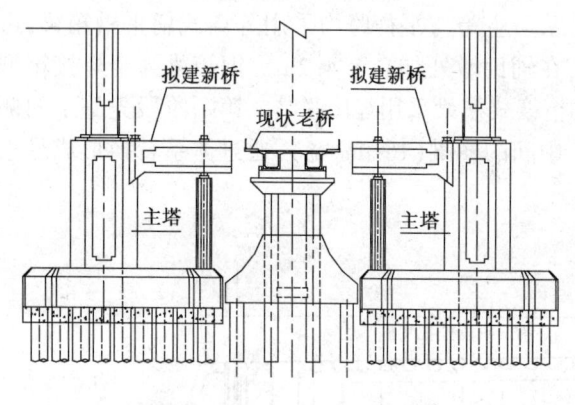

图5 施工步骤一(第一阶段)

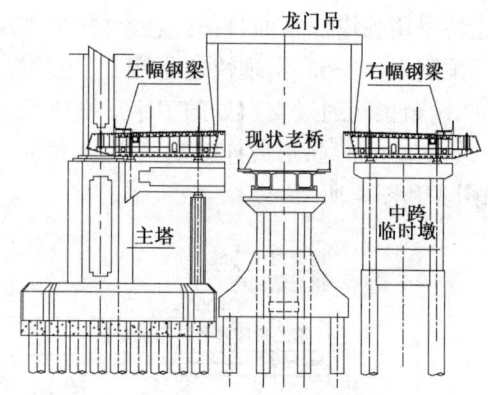

图6 施工步骤二(第一阶段)

(3)封闭老桥交通,将过河交通转换到新建8×50m钢桥上(维持老桥限高限载双向2车道通行标准),拆除老桥同,如图7所示。

(4)选择交通量较低时段或临时封闭交通进行两幅钢箱梁之间横梁(桥面宽16.0m)的连接,将两幅钢箱梁连接成整体(桥面宽52.0m);张拉吊杆,调整支座限位,拆除临时桥墩,完成主梁体系转换,形成悬索桥。施工桥面系,进行最终吊索索力调整;成桥开放交通,如图8所示。

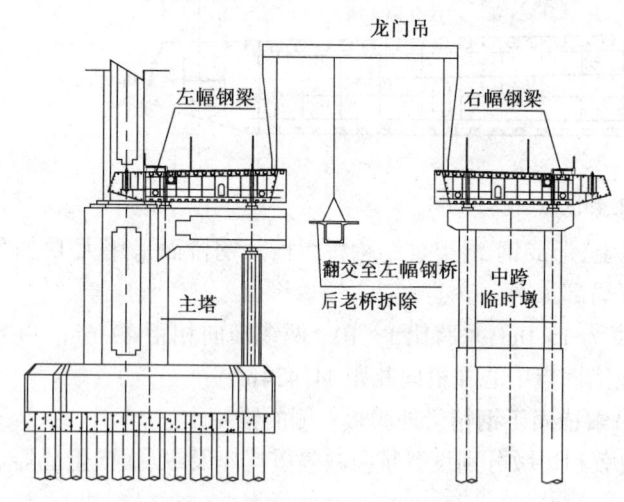

图7 施工步骤二(第一阶段)

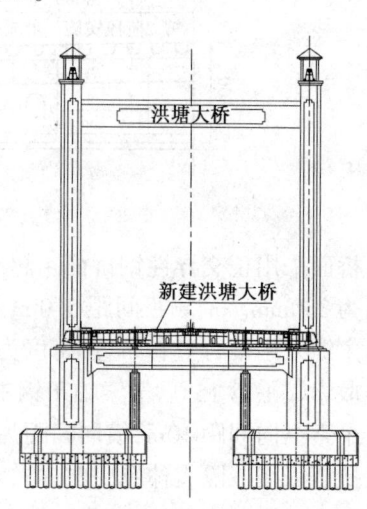

图8 步骤四(第三阶段)

5. 钢梁及桩基耐久性设计

本次钢梁防腐方案按箱内不设置除湿系统考虑,防腐年限不少于25年,采用冷喷锌防腐。

为便于桩基础的施工,同时考虑水流、砂石及漂流物对桩基的冲刷和磨蚀影响,桩基外侧设置一定长度的钢护筒。

6. 主缆锚固区设计

主缆经散索鞍后平弯,锚固在钢梁内部。由于是空间曲线,采用空间三维放样,锚固区内部构造如图9、图10所示。

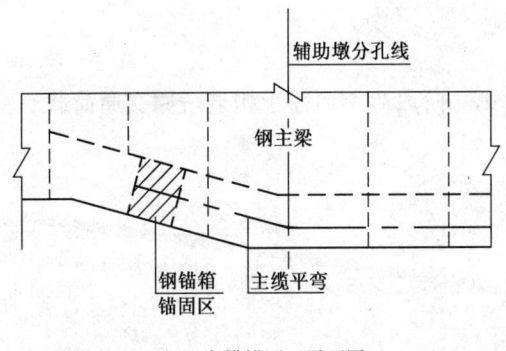

图9 主缆锚固区平面图

图10 主缆锚固区三维图

四、计算分析

1. 双主梁模型

设计采用TDV有限元程序,对主桥横向分段施工全过程模拟,建立双主梁模型,主缆、吊杆采用索单元,其他采用梁单元,桩土作用关系采用弹性约束模拟,建立模型如图11所示。

2. 运营阶段主要计算结果

（1）主缆轴力

基本组合主缆轴力包络图如图12所示。

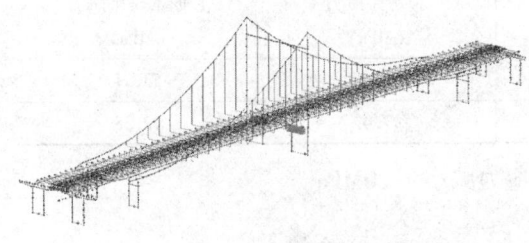

图11 TDV空间整体双主梁模型图

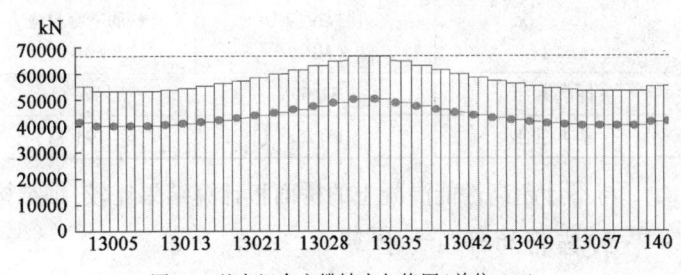

图12 基本组合主缆轴力包络图(单位:kN)

（2）主梁弯矩

基本组合主梁弯矩包络图如图13所示。

（3）主梁应力

基本组合主梁上下缘应力包络图如图14所示。

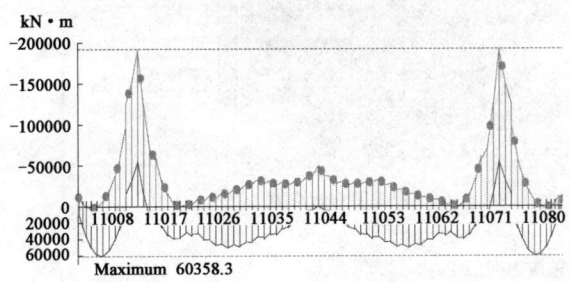

图13 基本组合主梁弯矩包络图(单位:kN·m)

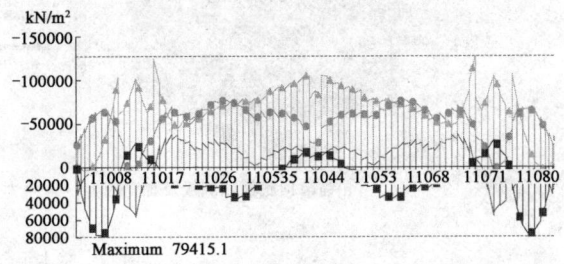

图14 基本组合主梁上下缘应力包络图(单位:kN/m²)

（4）主梁位移

活载位移包络图如图15所示。

（5）主要结论

主梁应力在合理范围内,满足规范要求;

主缆、吊杆的承载能力满足规范要求;

主塔、桥墩等承载能力及抗裂均满足规范要求。

3. 第二阶段 8×50m 连续梁工况验算

主桥先形成左右两幅 8×50m 钢结构连续梁(图16),第二阶段翻交后需承担老桥原交通荷载。验算结果表明,该工况上、下部均可满足要求。

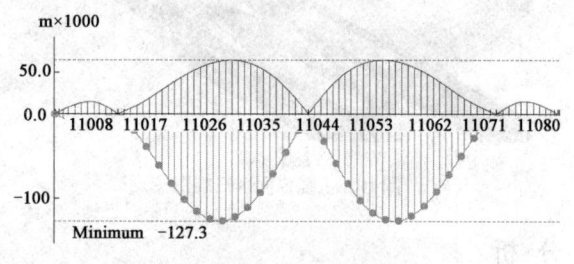

图15 活载位移包络图(单位:mm)　　　　　图16 右幅 8×50m 连续梁模型图

4. 钢-混组合桥面板验算

取单根 U 肋宽度范围内的钢-混组合桥面板建立连续梁模型,分析第二体系汽车荷载作用下的顶板及 U 肋下缘应力,其中横向分布系数为 0.268。将第二体系计算结果与第一体系考虑剪力滞影响的结果组合后,应力见表1。

钢-混组合桥面板钢结构应力计算表　　　　　　　　　　　　　　　　　　表1

工况	支点处 顶板拉应力 (MPa)	支点附近的顶板 U 肋下缘拉应力 (MPa)	主跨跨中处 顶板压应力 (MPa)	主跨跨中处的顶板 U 肋下缘压应力 (MPa)
标准组合	84.69	98.73	65.97	53.71
基本组合	131.58	195.81	97.42	92.38

与不计超高性能混凝土的桥面板计算结果比较,钢结构应力减小了 20MPa。

5. 锚箱局部应力验算

钢锚箱应力如图17所示。

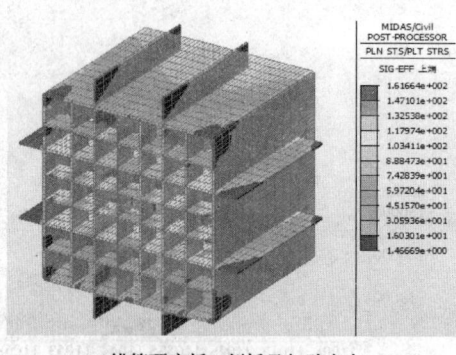

a) 锚箱顶底板、侧板及加劲应力　　　　　　b) 锚箱后锚板应力

图17 基本组合下锚箱应力图(MPa)

锚箱应力控制在 200MPa 以内,满足要求。

6. 施工控制

(1) 单主梁模型

施工控制采用 Midas 建立单主梁模型,主缆、吊杆采用索单元,其他采用梁单元,建立模型如图18所示。

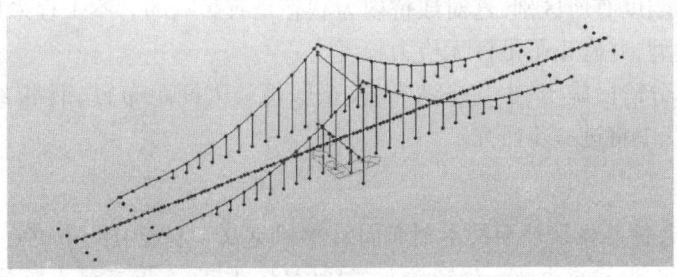

图18 Midas空间整体单主梁模型图

(2)空缆线型

采用Midas模型倒拆后的空缆线型与TDV、Ansys计算结果、实测结果相吻合。Ansys空缆线型如图19所示。

(3)吊杆索力

Midas成桥阶段吊杆索力与TDV结果基本吻合,吊杆索力图如图20所示。

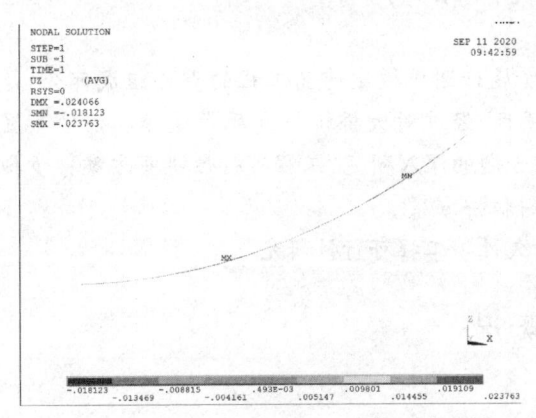

图19 Ansys空缆计算线型

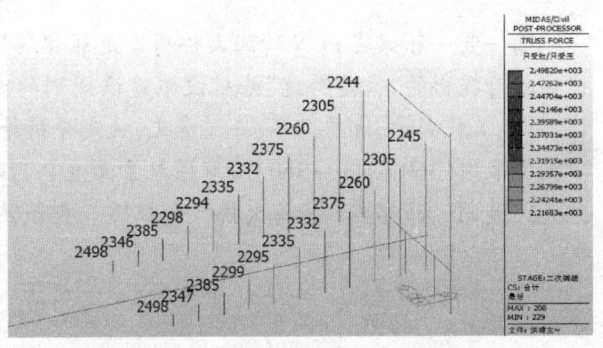

图20 成桥阶段吊杆索力(kN)

五、结　语

本工程属于洪塘大桥拓宽改建工程(图21),在预制拼装快速化施工的基础上,通过横向分阶段施工,实现了施工期间维持现状交通不断交的需求,也是国内第一座实现改建期间不断交的自锚式悬索桥,为城市大型越江桥梁的拓宽改建提供了新的解决方案。

主缆经散索鞍后平弯,锚固在钢箱梁内部,为主缆锚固区的管养提供了便利条件,但也增加了设计与施工的复杂程度。本次锚固区设计采用空间三维放样,其成果直接用于钢厂进行深化设计,为BIM设计积累了经验。

本工程横隔板间距采用了5.0m布置,同时采用了钢-混组合桥面板共同受力,提高了桥面板刚度,也提高了钢箱梁抗扭刚度,提高了结构可靠度。

图21 建设中的洪塘大桥(第二阶段)

本工程采用TDV进行正向设计,在施工阶段,采用Midas、Ansys进行施工控制并与TDV计算结果相互验证,根据分析结果指导施工,确保了桥梁施工顺利进行。

本工程在设计与施工阶段分别采用TDV的双主梁模型及Midas的单主梁模型进行分析,两种方法各有优缺点。单主梁模型不能模拟中幅桥安装时引起的左右两幅桥的位移,而双主梁模型在模拟中幅桥中横梁时也与实际的纵向刚度有所区别,这对成桥内力状态是有影响的。本工程采用的控制方法是根据现场的标高实测值调整模型,并修正了吊杆无应力长度[2]。

本工程设计在横向分阶段施工、主缆平弯布置、横隔板较大间距布置、钢-混组合桥面板构造方面进行了探索,将在后续工程中将进一步研究。

参考文献

[1] 邓玮琳.福州洪塘大桥总体设计和技术创新[J].中国市政工程,2018,第196期:8-12.

[2] 秦顺全.桥梁施工控制-无应力状态法理论与实践[M].北京:人民交通出版社,2007.

25. 菲律宾 PGN 跨海大桥工程可行性方案研究

张江峰　秦建军

(中交公路规划设计院有限公司)

摘　要　菲律宾 PGN 跨海大桥项目是菲律宾国家发展计划中桥梁连岛工程的重要组成部分,是菲律宾政府提出的"大建特建"基础设施建设规划的重点项目,经过对大桥桥位走廊带选择和桥跨布置论证,结合工程测量、地质勘察、海洋水文、抗震分析等多个专题的深入研究,工程可行性研究方案初步拟定了主桥采用(360+680+360)m 双塔双索面叠合钢箱梁斜拉桥方案。

关键词　菲律宾　跨海大桥　斜拉桥　叠合梁　耐久性　工程可行性研究

一、工程概况

1. 项目背景

菲律宾 PGN 跨海大桥项目位于菲律宾西维萨亚区(Ⅵ区),是连接班乃岛(Panay)、吉马拉斯岛(Guimaras)以及内格罗斯岛(Negros)的跨海大桥。该项目是菲律宾国家发展计划中桥梁连岛工程的一部分,也是菲律宾政府提出的"大建特建"基础设施建设计划的重点项目。

项目分为 A 段和 B 段。A 段【班乃岛(Panay)—吉马拉斯岛(Guimaras)】跨海大桥推荐方案路线全长约 13.004km,其中跨海大桥长度约 4.97km,两侧接线长 8.03km;B 段【吉马拉斯岛(Guimaras)—内格罗斯岛(Negros)】跨海大桥推荐方案路线全长约 19.470km,其中跨海大桥长度约 13.11km,两侧接线长 6.36km。

2. 工可方案研究范围

本项目工程可行性研究主要分为专题研究和工程可行性方案研究两部分。

专题工作共分 9 部分,分别为:社会经济及交通经济分析、环境影响分析及评价、社会影响评价、工程地质勘察、工程测量、工程场地地震安全性评价、海洋水文研究、气象环境和风参数研究、通航论证和防船撞研究。

工程方案可行性方案研究将在综合上述专题研究成果及实地调查的基础上,分析论证项目建设的必要性、技术的可行性、经济的合理性和实施可能性。

二、主要技术标准

项目主要技术标准如下:

(1)道路等级:RURAL EXPRESSWAY(菲标,参考中国一级公路)。

(2)设计使用寿命:100 年。

(3)设计行车速度:80km/h。

(4)桥梁标准宽度:A段和B段推荐方案采用双向四车道,桥梁标准宽度为20.2m,如图1所示。

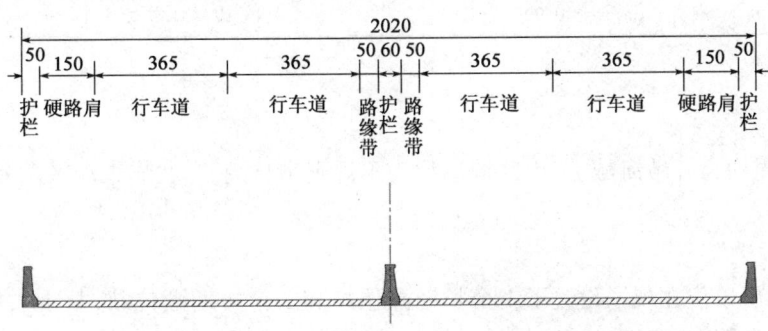

图1 跨海大桥标准横断面(四车道)(尺寸单位:cm)

(5)桥梁设计荷载:DGCS(2015) HL-93设计车道和车辆荷载(菲标)。

(6)桥面横坡:2.0%。

(7)设计基本风速:32.41m/s。

(8)跨海大桥设计高潮位频率:设计高水位采用历时累积频率1%的潮位,设计低水位采用历时累积频率98%的潮位。

(9)通航净空:

A段:单孔双向通航净空480m,净高为50.3m;

B段:单孔双向通航净空440m,净高为57.5m。

(10)抗震设防标准:重现期475年对应的地表峰值加速度为0.3~0.4g,重现期1000年对应的地表峰值加速度为0.34~0.5g。

三、建 设 条 件

1. 地形地貌

菲律宾地貌复杂多样,有山脉、平原、高原、峡谷、湖泊、大河、火山、草原、森林等诸多形态。菲境内山地面积占总面积的三分之二,海陆对比很明显,西侧海域,深达5000m以上;东侧太平洋,深达6000m以上。

项目A段桥位区班乃岛(Panay)西北端的Iloilo岛南岸地势较为平坦,在地貌上属于冲海积平原地貌,地面标高小于2.0m;东南南侧吉马拉斯(Guimaras)岛地势起伏,属于丘陵地貌、冲海积平原及山前平原地貌,地面标高一般在0~90m;中间跨海大桥地势稍低,属于海滩、水下浅滩及浅海堆积平原地貌,地面标高最低在-39m左右。

B段吉马拉斯岛起点和内格罗斯岛终点,地势均较低。吉马拉斯海峡地势稍低,属于海滩、水下浅滩或浅海堆积平原地貌,桥位处海峡最大水深约26m。地形总体上由两岸向海峡中部缓倾,局部见冲刷形成的深槽。

2. 气象

菲律宾属季风型热带雨林气候,高温多雨,湿度大,台风多。

根据Iloilo气象站(IWS)提供的1990年至2009年桥址处气象资料,项目区1—4月为旱季,5—12月为雨季,年平均降雨2016mm,项目区最高温度为32.9℃,最低温度为21.7℃。

根据Iloilo气象站(IWS)在1980年至2009年期间测得的年最大阵风风速(时距3s),结合CFD模拟计算,得到桥位处基本风速见表1。

桥位处基本风速　　　　　　　　　　　　　　　　　　　　　　　　　　　　　表1

重现期(年)	P	3秒阵风风速(m/s)	10分钟平均风速(m/s)
50	0.98	42.17	29.59
100	0.99	46.19	32.41

3. 海洋水文

（1）潮汐。

菲律宾群岛四周均为开敞海域，工程区域潮汐为不规则半日潮，东北靠大洋区潮差小，西部靠大陆边缘潮差较大。

（2）潮位。

工可研期间，可研单位在现场设置了1个长期潮位站和2个短期潮位站，基于大桥桥址选取了2个代表站位，总计5个计算点，进行设计潮位的分析和计算。

（3）流速。

经模拟计算，PGN跨海大桥所在的伊洛伊洛海峡、吉马拉斯海峡内，潮流具有明显的往复流特征，伊洛伊洛海峡内潮流流速总体上比吉马拉斯海峡大。利用经过验证的潮流模型，进行了300年一遇、100年一遇等不同潮型的数值模拟，对PGN跨海大桥A段B线桥位和B段D线桥位对港湾内潮流特性进行了分析，具体分析见表2。

各重现期潮汐条件下桥轴线上最大流速　　　　　　　　　　　　　　　　　　表2

重现期(年)	300	100
A段 推荐方案路线(m/s)	2.09	1.92
B段 推荐方案路线(m/s)	1.29	1.18

（4）波浪。

大桥工程的西南部为苏禄海（Sulu Sea）、东北部为维萨亚海（Visaya Sea），维萨亚海和苏禄海周边岛礁纵横分布，地形急剧起伏，当地的波浪条件较为复杂。专题研究采用缓坡方程模型，依据深水波处波浪要素，在潮位为0m的条件下推算了工程海域9个计算点的100年一遇、50年一遇、20年一遇、10年一遇、5年一遇和2年一遇的波浪要素。

（5）泥沙。

观测海区丰水季含沙量变化不大，含沙量的变化范围为$5.7 \sim 64.6 kg/m^3$，平均含沙量变化范围在$13.5 \sim 31.8 kg/m^3$之间。平均含沙量大潮最大，中潮次之，小潮最小。含沙量垂向上基本是由表至底逐渐增大。从总体上看，近岸浅水站位含沙量较大，离岸越远的深水站位含沙量越小。

观测海区枯水季含沙量变化较大，含沙量的变化范围为$3.1 \sim 153.7 kg/m^3$，平均含沙量变化范围在$16.1 \sim 65.5 kg/m^3$之间。从总体上看，近岸浅水站位含沙量较大，离岸越远的深水站位含沙量越小。

（6）盐度。

丰水季观测期间，工程海区表层日平均盐度在34.28‰~34.55‰之间，中层日平均盐度在34.36‰~34.49‰之间，底层日平均盐度在34.34‰~34.48‰之间。枯水季观测期间，工程海区表层日平均盐度在34.29‰~34.36‰之间，中层日平均盐度在34.30‰~34.36‰之间，底层日平均盐度在34.30‰~34.35‰之间。

工程海区海水平均盐度差异较小，海水盐度变化与潮位变化存在一定规律性，高潮时盐度高，低潮时盐度低。盐度垂向变化不大。

4. 工程地质

根据区域地质资料及现场实际勘察情况，勘区吉马拉斯岛和吉马拉斯海峡西部为渐新世和中新世岩浆岩带；吉马拉斯海峡东部及内格罗斯岛西岸主要位于第四系火山群和火山带。

A段(图2)桥位起点位于伊洛伊洛市滨海冲积平原,出露黏性土层。根据收集的资料及本次钻探资料,在伊洛伊洛岸及伊洛伊洛海峡,地层为第四系全新统冲海积、冲洪积及冲积层,岩性以软黏性土、硬黏性土及砂层为主,其中砂层主要分布在标高-30~-60m区间,-30m以浅砂层仅零星呈透镜体分布,-60m以深仅在局部揭露砂层,本次勘察钻探深度最深达140m,标高达-168.27m,未揭露基岩。

吉马拉斯岛西部出露早上新世Buenavista组灰岩,中部出露早始新世Pandan山火山岩,以及古新世吉马拉斯组闪长岩,东部沿海低地为冲积砂层。东南部出露地层主要为岩浆岩包括古新世的吉马拉斯闪长岩组(GDI)和白垩纪(K)Sibala组。接触关系是GDI侵入Sibala。

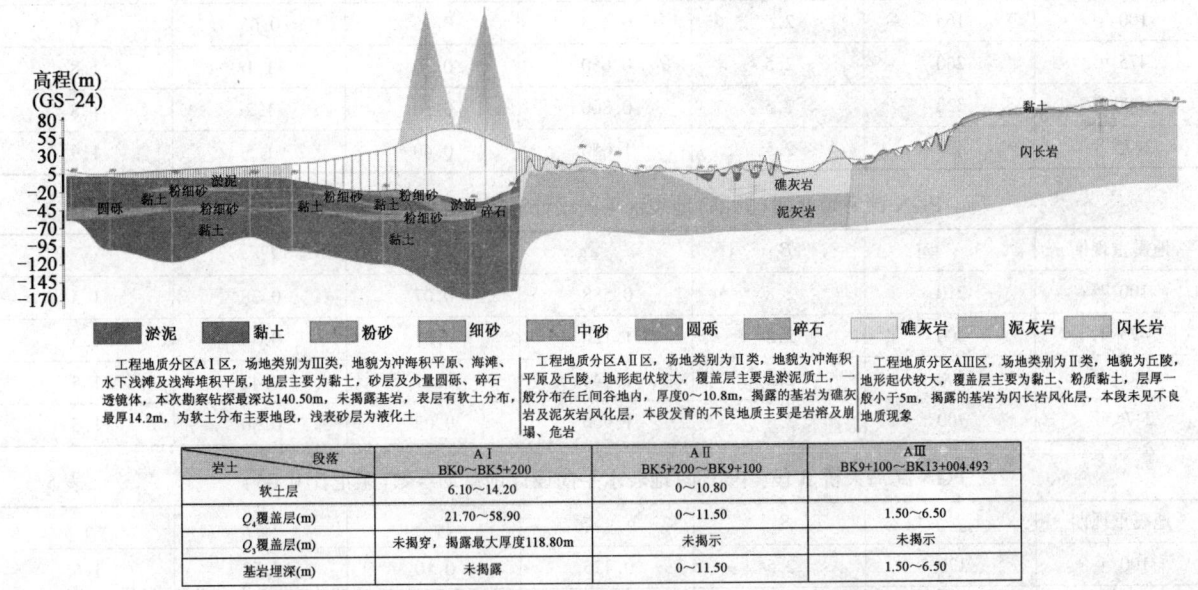

图2 A段B线(推荐方案)地质纵断面图

B段(图3)内格罗斯岛西部表层为第四系海相沉积的砂土,其下为更新世和全新世的坎隆火山综合组(Canlaon Volcanic Complex)。钻孔揭示,松散状砂土或胶结坚硬-半固结状砂土均为火山流堆积而成,因间歇喷发,呈层状分布,具一定沉积韵律,而其下由泥质灰质组成碎石层组,系中新世期形成,富含生物残骸。

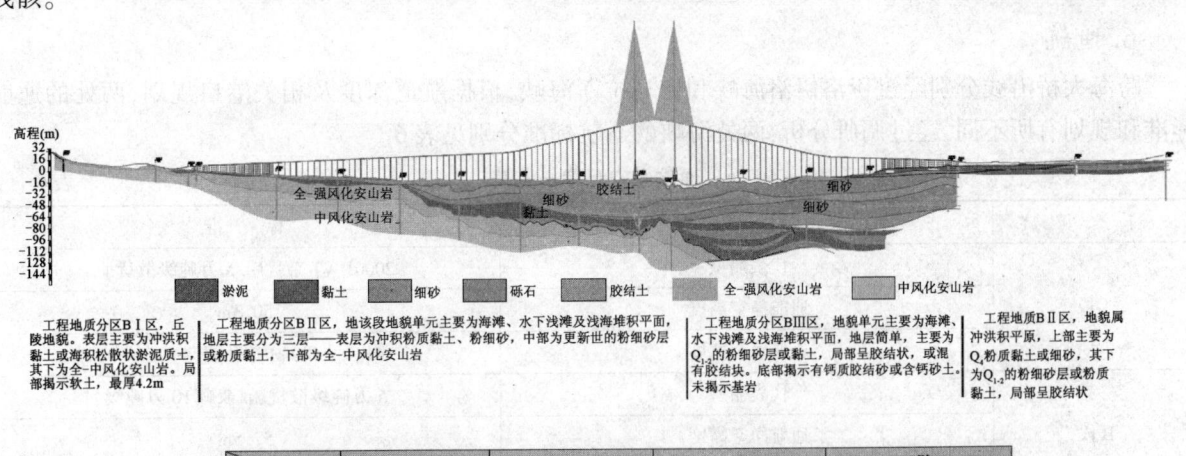

图3 B段D线(推荐方案)地质纵断面图

5. 地震

根据收集到的资料及分析,近场区共记录到 M≥4.7 级地震 39 次,其中最大地震为 1948 年发生的 M7.8 级地震,距离场址最近的距离约为 30km。根据菲律宾跨海大桥工程场地地震安全性专题评价分析结果,本项目 A 段和 B 段跨海大桥工程场址地表水平向设计地震动加速度反应谱及地震影响系数主要结果见表 3 ~ 表 5。

PGN 跨海大桥 A 段 地表水平向设计地震动参数(阻尼比 0.05)　　表 3

地震重现期	A_{max}/gal	β_m	α_{max}/g	T_1/s	T_g/s	γ
100 年	165	2.5	0.413	0.15	0.65	1.6
475 年	260	2.5	0.650	0.30	1.1	1.8
1000 年	320	2.5	0.800	0.30	1.2	1.8
2475 年	420	2.5	1.050	0.40	1.5	1.9

PGN 跨海大 B 段(西部)地表水平向设计地震动参数(阻尼比 0.05)　　表 4

地震重现期	A_{max}/gal	β_m	α_{max}/g	T_1/s	T_g/s	γ
100 年	210	2.8	0.588	0.07	0.38	1.5
475 年	400	2.8	1.120	0.07	0.43	1.5
1000 年	500	2.8	1.344	0.07	0.47	1.5
2475 年	700	2.8	1.960	0.08	0.50	1.5

PGN 跨海大桥 B 段(中东部)地表水平向设计地震动参数(阻尼比 0.05)　　表 5

地震重现期	A_{max}/gal	β_m	α_{max}/g	T_1/s	T_g/s	γ
100 年	170	2.5	0.425	0.10	0.58	1.6
475 年	300	2.5	0.75	0.12	0.75	1.7
1000 年	340	2.5	0.85	0.12	0.95	1.8
2475 年	420	2.5	1.05	0.12	1.25	1.9

上述表中地震重现期 475 年 A_{max} 值,可替换"《公路桥梁抗震设计细则》(JTG/T B02-01—2008)"表 3.2.2 中的水平向设计基本地震动加速度峰值 A。

6. 通航

跨海大桥沿线分别经过伊洛伊洛海峡和吉马拉斯海峡,根据航道深度及相关港口规划,两处的通航标准和规划有所不同,经过调研分析,两处海峡的通航标准分别见表 6。

通航净空尺度一览表　　表 6

桥位	项目	标准
A 段	代表船型	2000DWT 杂货船/5 万吨级散货船
	通航净空高度	50.3m
	通航净空宽度	480m(单孔双向)
B 段	代表船型	5 万吨级散货船/兼顾 10 万吨级
	通航净空高度	57.5m
	通航净空宽度	440m(单孔双向)

四、设 计 理 念

菲律宾为多岛屿国家,多年以来各个岛屿之间的人员及物资来往交通主要依靠船舶和航空运输,在时间成本、经济效益、安全便捷等方面始终存在不足之处,制约了当地经济发展,因此菲政府适时提出了

"大建特建"的岛屿连接工程方案,本项目是菲方政府重点规划实施的项目。设计理念即是紧密贴合实际需求,着力从解决当地交通出行的切实需要而进行,概括下了主要体现在以下几点:

(1)着力打造一条连接贯通班乃岛、吉马拉斯岛、内格罗斯岛的全天候、快捷的运输通道,以确保人员、货物和服务的快速流动。

(2)本项目的建设为伊洛伊洛市、普卢潘丹市、巴科洛德市远期规划提供必要的基础设施,大大提升第六区旅游业整体服务水平,助力第六区经济持续健康发展。

(3)跨海大桥应连接区域内重要公路网,并在起终点处设置互通,方便主要交通流顺畅通行。

(4)跨海大桥项目重要的被交道路位置设置出入口,方便区域内的车辆快速出入,快速疏解区域内的其他交通。

五、桥梁工程总体设计

1. 桥位确定

本项目以社会经济和交通状况调查为基础,通过广泛深入研究,根据当地的路网现状和规划,以工程地质、海洋水文、通航等建设条件专题研究为依据,对项目的工程方案,包括线位、桥位、跨越航道的通航孔桥、非通航孔桥、接线等进行了深入研究,对各桥位及路线方案进行了优化、比选等。

根据桥位方案研究成果,本项目 A 段(图4)跨海大桥拟定了3个可行的桥位方案,即 A 线方案、B 线方案和 C 线方案。其中,A 线方案与 B 线方案位置相近,建设条件基本相近,仅在起点岸的登陆点稍有差异,因此 A 线和 B 线桥位方案的桥梁方案设计基本相同,桥梁方案选择时将统一考虑。

B 段(图5)跨海大桥拟定了3个可行的桥位方案,即 D 线方案、E 线方案和 F 线方案,其中 F 线为定性比较线。定量比较线位 D 线方案和 E 线方案位置相近,处于同一走廊带,建设条件基本相同,仅在起点岸的登陆点稍有差异,因此 D 线和 E 线桥位方案的桥梁方案设计基本相近,桥梁方案选择时将统一考虑。

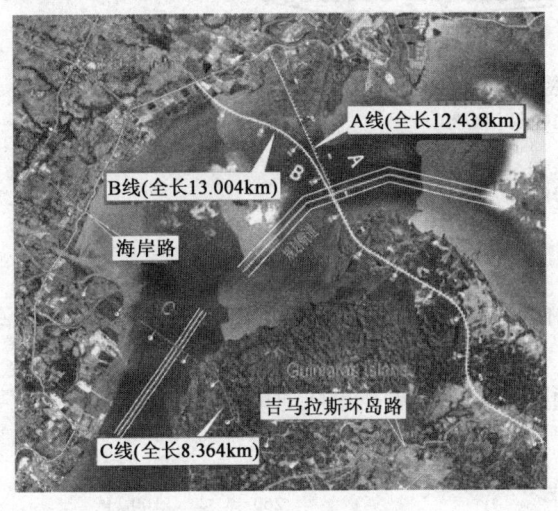

图4 项目 A 段桥位走向示意

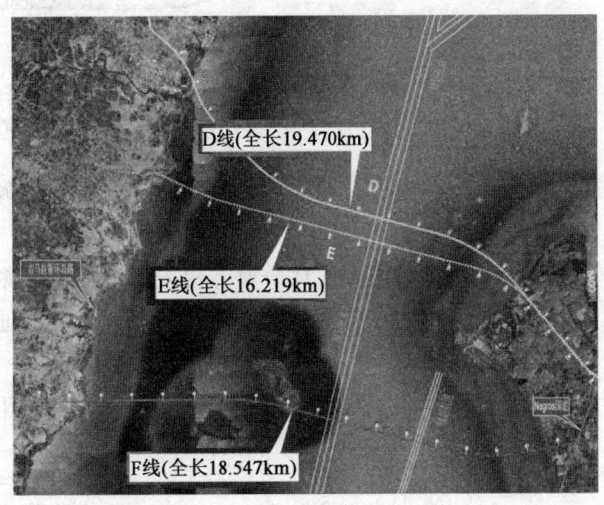

图5 项目 B 段桥位走向示意

2. 路线设计

根据布线原则,分析影响路线方案的控制点及影响因素,确定路线方案的布线方案。纵面线形设计考虑了纵坡的均衡性,平面线形的变化和平纵组合,并重点考虑了平纵指标的搭配以及与公路构造物和通航净空的协调。

A 段推荐路线:路线全长13.004km,全线共设平曲线7个,竖曲线23个,最大纵坡5.0%/4处。竖曲线最小半径凸形4000m、凹形3000m;

B 段推荐路线:路线全长19.47km(含连接线路线长0.87km),全线共设平曲线6个,竖曲线14个,竖曲线最小半径凸形7000m,凹形8000m。

3. 桥型选择与桥跨布置

1)项目A段(Panay-Guimaras)桥梁方案

(1)主要控制因素(图6)。

根据通航要求,若采用单航道即单孔双向通行,主桥主跨不宜小于680m。由于主桥跨径越大造价越高,因此主桥主跨取680m仅覆盖通航区域即可。根据地形及航道位置,结合右侧深水区不设引桥及斜拉桥结构受力要求(边中跨比一般取0.3~0.55)等因素,主桥采用(360+680+360)m双塔斜拉桥方案,左侧深水区设大跨径引桥。

若采用分离航道,设两个通航孔通行,按照既有航道位置不变的要求,结合上述单孔双向通航的布跨,主桥采用(360+680+680+360)m三塔斜拉桥方案,该方案在满足分离通航要求的前提下主桥覆盖所有深水区,从而减少深水基础数量及施工难度。需要说明的是,采用分离航道方案虽然通航净空有所减小,但主桥方案仍采用了主跨680m,主要原因如下:

一方面,由于航道位置不允许改变,根据研究,即使通航净空有所减小,但主桥主跨可减小的距离非常有限,最大仅可减小约90m;另一方面,由于本桥边中跨比取值已接近合理值上限,按边中跨比不变的情况下主桥主跨的减小带来边跨约减少40m,主桥单侧可减少约130m,由于主桥长度减少有限,减少部分只能沿用浅水区30m引桥方案,由此增加9个深水基础(水深均大于20m)。由于深水基础施工难度和风险较大,临时措施投入巨大,方案设计时考虑在主桥规模增加不多的情况下采用主桥覆盖全部深水区域,由此确定主桥采用(360+2×680+360)m跨径布置。

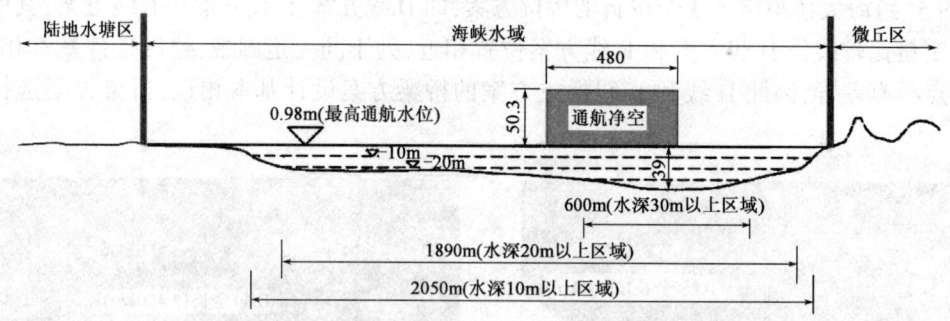

图6　A段大桥主要控制因素示意(尺寸单位:cm)

(2)跨径布置及桥型选择。

根据上述分析,经认真研究并权衡各方面的因素,A段主桥提出如下两个跨径布置方案:

方案一:(360+680+360)m,设1个单孔双向通航孔,在满足通航要求的前提下右侧深水区不设引桥,如图7所示。

方案二:(360+2×680+360)m,设1个单孔双向通航孔和1个单孔单向通航孔,在满足分离通航要求的前提下主桥覆盖所有深水区,如图8所示。

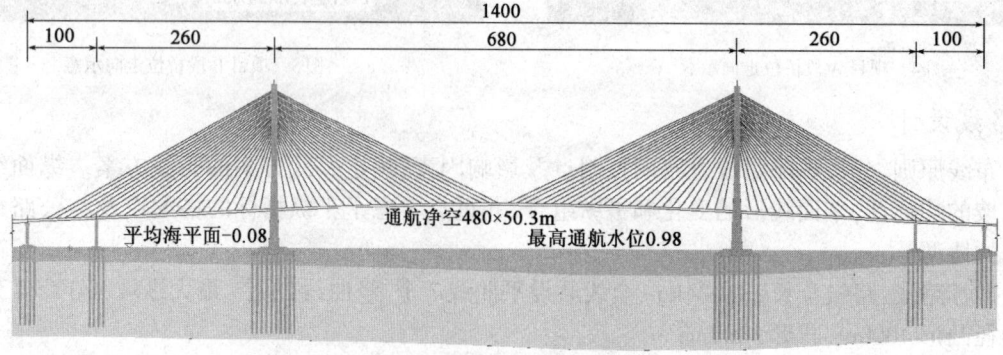

图7　方案一桥跨布置图(尺寸单位:m)

综上所述,拟选择主跨680m的双塔斜拉桥和三塔斜拉桥作为A段主桥桥型方案。

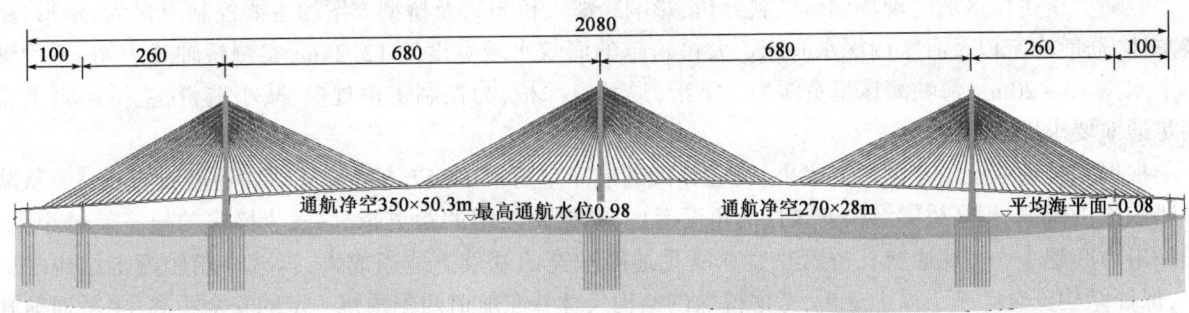

图8 方案二桥跨布置图(尺寸单位:m)

(3)主梁结构形式。

本桥采用双向四车道标准,标准断面宽度20.2m,对于斜拉桥主桥拟定断面如图9所示,主梁断面全宽24.2m。根据经验,采用分幅断面经济性不具有优势,景观效果一般,且本桥宽度不大,因此主梁推荐采用整幅断面形式。

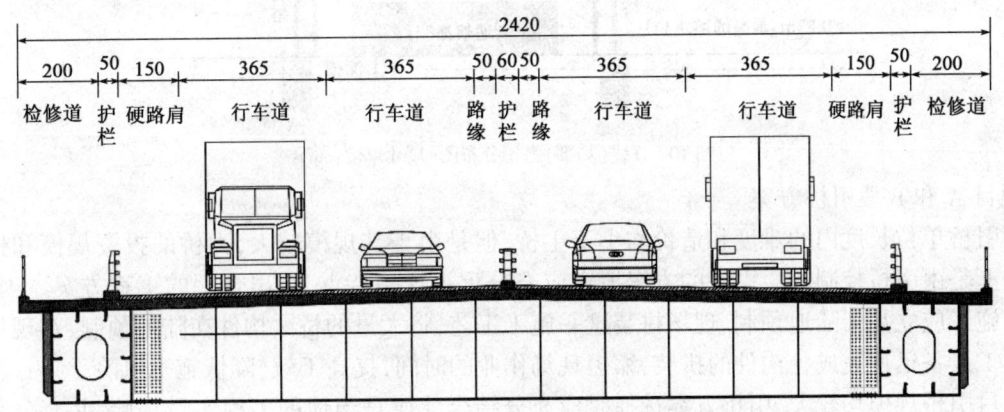

图9 主梁标准横断面(尺寸单位:cm)

(4)斜拉索方案。

斜拉索采用标准强度1770MPa,直径7mm镀锌高强平行钢丝斜拉索,双层PE防护。斜拉索索面按扇形布置,塔端张拉,全桥共设4×52=208根索。主梁上标准索距为12.5m;索塔上标准索距为2.5m。工可阶段推荐采用平行钢丝斜拉索,梁端锚固推荐采用锚拉板锚固。

(5)主桥基础方案。

现场钻孔揭示,本项目A段跨海大桥140m范围内未见基岩,地层主要是黏土层、砂质粉土和砂层,部分砂土存在液化问题,地质条件较差。大桥平均水深在20~36m,因此项目基础方案选择主要受地质条件和水深条件决定。经综合考虑,工可阶段推荐采用高桩承台方案,基础推荐采用钢管复合桩基础。

(6)桥塔及防撞措施。

综合景观、结构受力及主梁断面形式,桥塔推荐采用钻石型。塔身由上塔柱、下塔柱、横梁组成。塔高212.75m,采用空心薄壁截面,单个塔柱截面尺寸由塔底8m(横向)×14m(纵向)线性变化至塔顶7m(横向)×8m(纵向)。塔身沿高度设置一道横梁。

桥塔基础采用整体式倒角矩形承台,承台平面尺寸67.5×95.5m,下设134根直径2.8m变截面的钢管复合桩,桥塔塔身采用f'_c=45MPa海工混凝土,承台采用f'_c=28MPa海工混凝土,桩基础采用f'_c=28MPa海工水下混凝土。

根据通航论证及防船撞措施专题研究成果,主塔在承台上设置钢套箱防撞设施,防撞设施主要由钢结构和橡胶件组成,防撞船型按50000 DWT级设置。

2)B段(Guimaras-Negros)桥梁方案

经对大桥桥位区域的现场调研资料分析,影响跨海大桥布跨及桥型方案的主要控制因素为:地形、路线总体、通航净空以及海峡内深水海床。大桥跨越的海峡水域宽度约12.2km,实测桥轴线表明,平均潮位下水深10~20m。海峡海床呈宽缓"U"字形,局部有深槽,为控制主桥规模、减小造价,主桥原则上仅满足通航要求即可。

根据大桥通航证论专题研究成果,确定D线通航净空为440×57.5m(单孔双向通航)(图10)。从减小船舶撞击概率、提高桥梁结构安全性的角度考虑,结构距航道的距离越远,发生撞击的概率就越小,船舶撞击力亦越小。因此通航孔桥跨径宜在满足通航净宽的基础上适当放大,以减小船舶撞击结构的概率,保证结构安全。基于以上分析,考虑桥墩的结构尺寸并在航道两侧预留一定的安全距离,主桥通航孔跨径宜按不小于600m设置。综合考虑地质勘察和海底局部深槽情况,工可研究主通航孔跨径取680m可避开海底局部深槽比较适合。结合A段的方案设计研究,B段主桥拟采用和A段一样的桥跨布置,主梁断面和斜拉索,主塔和基础形式基本与A段主桥保持类似。

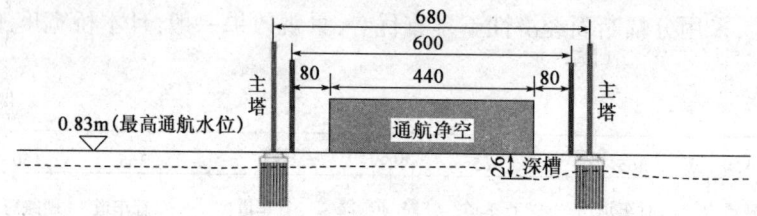

图10 D线(局部)海槽分布图(尺寸单位:cm)

3)项目A和B段引桥方案

尽管引桥单位长度内的难度和造价均小于主桥,但是由于其规模较大,大桥的投资规模和控制工期很大程度上是由引桥控制的。引桥的方案拟定应充分重视这一特点,提出合理的工程方案。因此,引桥的设计和施工应立足于陆地预制、现场拼装这一施工工艺,将大量的桥梁构件在陆地预制,在现场利用高性能的施工设备迅速完成各构件的拼装,缩短现场作业的时间,提高工效,降低施工风险。

本项目引桥规模均较大,引桥方案选择时应充分结合菲律宾当地的工程实践经验,并充分考虑当地的养护技术水平和养护费用投入情况。对于深水区采用100m跨连续箱梁、浅水区采用30mⅠ梁为推荐方案。考虑防腐蚀和耐久性,下部结构和桩基础均采用海工混凝土。

六、桥梁耐久性设计

1. 结构耐久性设计准则

大桥处于海洋性环境,结构耐久性是一个重要课题。工可阶段针对大桥的特点和重要程度提出以下耐久性设计准则:

(1)在最不利作用效应组合下,钢筋混凝土构件裂缝宽度控制在规范允许的范围内;

(2)桥梁梁底标高控制在设计使用寿命内考虑海面上升、梁体下挠及安全富余高度等因素后不受潮水、波浪等侵袭;

(3)结合腐蚀环境的特点,针对不同的区域(水下及泥下区、水位变化区、浪溅区、大气区)、不同的结构(混凝土结构、钢结构)分别按照相关的耐久性设计规范要求进行防腐措施设计;

(4)主桥设防船舶撞击设施,水中区引桥部分设置桥下禁航标志严防船舶撞击桥梁;

(5)禁止超重车辆和载有危险品车辆通过大桥,以确保大桥安全使用;

(6)加强养护措施,大桥运营期间可对各重要结构和关键构件建立健康监测系统,定期检查,发现问题,及时修复,确保大桥正常使用和安全。

2. 腐蚀环境及其作用等级

桥址区属热带海洋性气候,气候温暖、雨量充沛。常年温度较高,平均气温27.8°。年平均降雨量达

2016mm,平均湿度在81%;海水平均盐度高达36.67‰。依据克纽森盐度公式换算,其氯离子含量大约为20.3kg/m³,桥梁结构处于陆域或海域、以及处于水(土)下区、浪溅区或大气区,海洋环境中氯离子引起的钢筋、钢结构锈蚀作用最为严重,工可研究阶段主要基于海洋环境中氯离子侵蚀进行耐久性设计。

3. 混凝土结构防腐措施

根据在建或已建成的项目经验以及对以往工程项目的检测结果表明,仅靠混凝土维持100年的设计使用寿命是远远不够的,因此需要采用其他附加措施。针对全桥的腐蚀特点以及腐蚀环境,工可阶段给出了基本的防腐措施,主要是采用海工高性能混凝土和适当增加混凝土保护层厚度的基本防腐措施,同时针对不同的结构部位增加相应的防腐附加措施。

4. 钢结构防腐措施

钢结构可采用金属热喷涂防护方法或重防腐涂装防护方法,从技术经济的初步比较拟选用重防腐涂装防护方法。

涂装材料按照《公路桥梁钢结构防腐涂装技术条件》(JT/T 722—2008)的要求,选择长效型涂层体系。从结构设计上,在满足结构受力要求的同时,尽量使构造设计简单,排水通畅。双边箱钢主梁两端的端隔板上设密封门。端隔板处预留电力管线孔和检查小车孔,孔洞须在管线安装完成后及时进行密封。

七、结　语

本项目建设条件复杂、技术难度高,拟建跨海大桥将面临将特殊的施工环境,项目海域风大、浪高、流急,航道繁忙,涉及海上作业、大型船机设备调遣、深水桩基承台施工、大构件吊装等,以及对不良地质的处理,高标准耐久性设计的实施等诸多难点,同时,较复杂的地质条件及海洋水文条件,也将给大桥的设计及耐久性带来巨大的挑战。

项目工程可行性研究组通过对地质勘察、工程测量、工程场地地震、海洋水文、气象环境和风参数、通航论证和防船撞等多个专题的综合研究分析,最终推荐A段和B段跨海大桥的主桥方案采用(360+680+360)m双塔斜拉桥方案。引桥采用100m连续梁和30m I梁方案。希望下一步在大桥建设的实施中能够制定合理有针对性的施工方案,科学安排、合理调度设备资源,保证工程顺利实行。

26. 桥梁可康复性设计原则与失效案例

王二强　李美帅　刘　钊

(东南大学土木工程学院)

摘　要　桥梁可康复性是针对极端意外作用和长期耐久性劣化,所提出的安全设计新准则,包括健强性、冗余性和可修复性。在世界各国桥梁设计规范中,桥梁安全性主要通过强度检算加以保证;此外,还有一些定性要求的原则性条款。然而,基于可康复性的桥梁设计原则,应当在未来桥梁设计规范中得到充分体现。本文列举了一些缺乏可康复性的结构体系与构造,结合国内外部分桥梁失效案例,展示桥梁可康复性设计的重要性。

关键词　桥梁结构　可康复性　健强性　冗余性　可修复性　失效案例

一、引　言

从工程全寿命周期观点,桥梁会面临多种不确定作用而遭受意外破坏,一是极端意外事件,如地震、洪水、飓风、海啸、严重超载等,这些作用会对桥梁产生瞬时破坏,导致桥梁倒塌或不可修复破坏。二是来自耐久性劣化,如碳化作用、化学侵蚀、冻融作用等,这些作用必将加速结构性能退化,倘若桥梁难以检测并维修,在设计使用寿命之前即会面临丧失承载力的风险,带来严重后果[1]。

鉴于近年频发的桥梁破坏事故,全球范围内的工程设计人员和决策者逐渐认识到具有可康复性的工程结构的重要性。为达到桥梁结构具有可康复性的目标,需在桥梁设计使用年限内尽可能地考虑到所有极端意外作用和结构劣化影响。

自20世纪80年代以来,可康复性理念及其表征在经济学、环境学、社会学、工程学等领域得到不同程度的研究与发展。在基础设施建设领域,美国里海大学Bocchini等人(2011年)提出将可康复性作为交通网络最优化准则之一[2],研究其在可康复性和灾难管理中的重要作用。印度理工学院Banerjee等人(2019年)[1]在全寿命周期的框架下,系统地阐述了单灾和多灾条件下桥梁可康复性的研究重点和应用前景。

在桥梁工程中,可康复性理念的提出相对较晚。在美国AASHTO公路桥梁设计规范、Eurocodes和中国桥规中均无"可康复性"一词,虽然在这些规范中存在体现可康复性的条款,但仍需要进一步明确和加强。随着世界范围内桥梁逐渐趋于老化,桥梁的冗余性和可修复性问题越发突出。本文力图阐述桥梁可康复性的设计原则,列举一些缺乏可康复性的结构体系与构造。并结合两个典型案例进行深入分析,展示桥梁可康复性设计的重要性。

二、桥梁可康复性的定义

桥梁可康复性是为保障桥梁在长期运营及意外情形下的安全性而提出的新准则,包括健强性、冗余性和可修复性。其中,健强性是指结构在受到意外作用或荷载超出设计值时的安全性,体现在桥梁具有足够的强度、延性和抗倾覆性等方面。冗余性指桥梁在受到局部破坏时,其整体结构抵御连续倒塌的能力,可以理解为结构体系的超静定次数,表现为荷载重分布能力。可修复性指结构在功能劣化或灾后,方便快速恢复使用功能的能力,包括方便检测、加固、修复等方面。在桥梁可康复性中,健强性和冗余性是基础,在满足二者的前提下,可修复性才能表现出其优越性。桥梁可康复性特征,可以借助图1的三角形加以表达[2]。

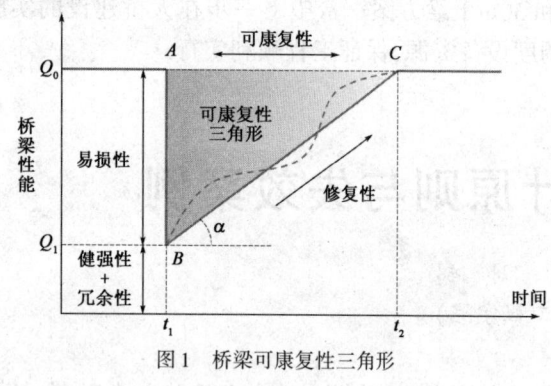

图1 桥梁可康复性三角形

在桥梁可康复性框架下,图1揭示了易损性、健强性和冗余性的内在关系。该三角形的两条直角边,分别为易损性(Q_0-Q_1)和修复时间(t_2-t_1),斜边表征桥梁可修复性,α角可用于表征桥梁修复速度的快慢,α角越大,桥梁的可修复性越好。

$$\alpha = arctan\frac{Q_0 - Q_1}{t_2 - t_1} \quad (1)$$

桥梁可康复性三角形可由下式表示:

$$R_L = \int_{t_1}^{t_2}[Q_0 - Q(t)]dt \quad (2)$$

式中:R_L——桥梁可康复性三角形的面积,即桥梁可康复性损失;

t_1——极端意外作用出现的时间;

t_2——桥梁性能恢复值初始值的时间;

Q_0——桥梁的初始性能;

$Q(t)$——桥梁可修复性时间函数。

可见,三角形面积越小,桥梁可康复性越好。在易损性相同时,缩短修复时间可提高结构可康复性,这要求桥梁结构具有可快速加固或修复的能力。

三、缺乏可康复性的结构体系与构造

桥梁可康复性包含健强性、冗余性和可修复性三项性能。设计人员往往满足于结构的承载能力上,忽略了结构体系、细部构造等方面的问题,造成桥梁自身的可康复性差,缺乏抵御外部极限意外荷载的能力或破坏后难以修复,从而带来很大的安全隐患。结合世界范围的桥梁事故教训,下面讨论一些缺乏可康复性的桥梁结构体系与构造。

1. 倾覆稳定性不足的桥梁

独柱墩桥梁因其可减小土地占用、美观经济等优点,在城市立交、高速匝道中被广泛采用。然而,在车辆偏载的作用下,独柱墩单支点或支座小间距的支撑形式对桥梁结构的整体抗倾覆稳定性非常不利,结构破坏无明显预兆。对于曲线梁而言,还面临独柱墩/小间距支座、超载、爆胎-侧向撞击、支座病害、侧向风荷载、车辆撞击、地震等不利因素。故在桥梁可康复性的设计准则下,应形成该类桥的基本设计合理区间,满足健强性和冗余性的要求。近几年,国内外关于独柱墩的桥梁失稳事故时有发生。2007年包头市民族东路与铁路交叉高架桥的倾覆倒塌现场如图2所示。为了满足桥梁全寿命周期的要求,从可康复性设计的角度,在倾覆模式仍不明确的情况下,宜采用较为保守的计算方法。

图2 桥梁倾覆破坏现场

提高倾覆稳定性的措施包括,墩梁固结、优化跨中独柱单支承体系、增大梁端双支座横向间距、设置限位构造等。

2. 带有梁托与挂孔的桥梁

带梁托与挂孔的桥梁结构整体性差,梁托位置存在应力集中,容易开裂,不易满足结构健强性的要求。梁托位置的拉压杆模型如图3所示,其中虚线为压杆,实线为拉杆,受拉区域通常会布置很多钢筋,但仍难以解决梁托开裂的难题。从另一个角度看,挂梁仅由梁托支撑,倘若梁托破坏会导致整个挂孔的坠落,说明该类型结构在防梁体坠落的设计上,冗余度很低。辽宁盘锦田庄台大桥如图4所示。

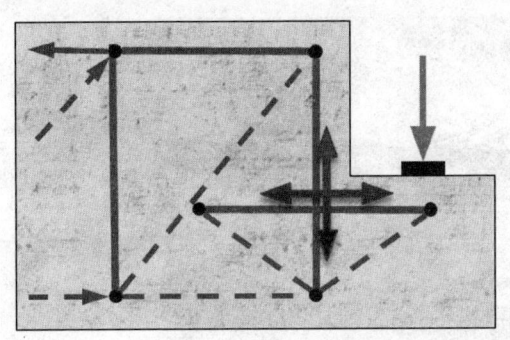

图3 梁托位置的拉压杆模型

图4 辽宁盘锦田庄台大桥

3. 带有断裂敏感构件的钢桥

此类结构以钢桁架桥为代表,其破坏原因主要有杆件承载力不足、杆件失稳、钢材疲劳脆断、节点板破坏等。典型案例为美国I-35W大桥的垮塌,由于该桥在支座位置仅有一个点与桥墩连接,不存在替换传力路径,冗余度不足,当局部杆件破坏后,整个结构无法再抵御外荷载,故当支撑位置的U10节点板破坏(健强性不足)后,导致周围各杆件内力重分布,桥梁结构体系发生改变,从而诱发全桥连续倒塌。美国I-35W大桥节点设计及传力路径如图5所示,支撑结构如图6所示。

4. 悬吊桥面系的拱桥

在长期使用荷载作用下,吊杆易应力腐蚀,短吊杆相比于长吊杆更易损,且缺乏刚性桥面系,使得吊杆成为断裂敏感构件,故该类结构易发生吊杆突然断裂,导致桥面坠落。该类型的破坏主要表现为吊杆与桥面系的健强性差不足,且吊杆腐蚀破坏后不易修复,需进行更换。新疆孔雀河大桥和宜宾小南门大桥的破坏现场如图7和图8所示。

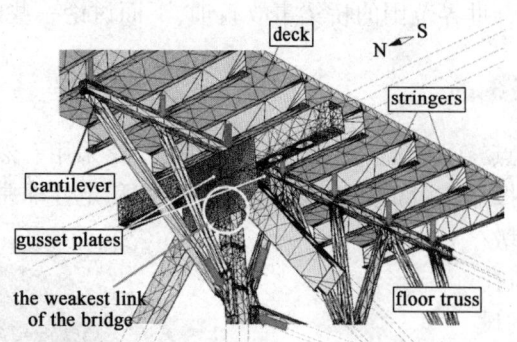

图5　美国 I-35W 大桥节点设计（来自 S. Hao）[3]　　　图6　美国 I-35W 大桥支撑结构

图7　新疆孔雀河大桥　　　　　　　　　　图8　宜宾小南门大桥

台湾南方澳跨港大桥主跨140m，桥宽15m，为系杆拱结构，主拱在端部分叉与主梁连接，钢主梁受拉自平衡拱的水平推力。于1998年6月建成通车，于2019年10月全桥垮塌，垮塌过程如图9所示。

图9　台湾南方澳跨港大桥垮塌过程

由图9可知，该事故属于结构局部失效，引发连锁倒塌破坏问题。出于可康复性设计的冗余度和健强性要求，该桥应保证即使其中一根吊杆失效，其余吊杆应能继续保持结构正常工作，至少应能抵御连续倒塌。桥梁倒塌后，单肋分叉拱设计的合理性值得商榷。

5. 混凝土双曲拱桥

双曲拱桥是在中国特定的历史条件下应运而生的桥型，为中国独创桥型，在其桥梁史上占重要地位。但该桥型组成构件繁多，结构整体性差，主拱圈的截面尺寸和配筋不足，拱波的横向联系较弱，削弱了整体刚度,且桥梁受破坏后,可修复性差。目前,大量的双曲拱桥被拆除,逐渐退出历史舞台。桥梁裂缝示意图如图10所示。

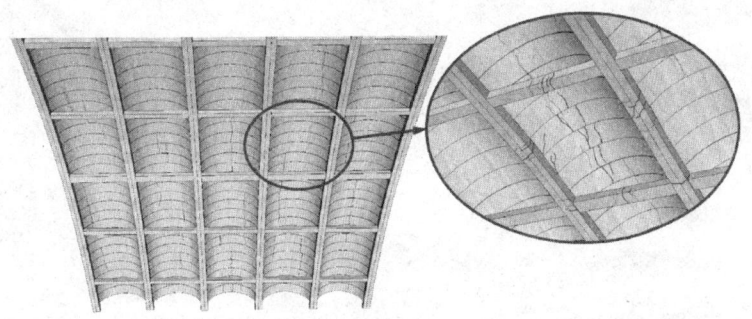

图10 桥梁裂缝示意图

6. 混凝土桁架/刚架拱桥

该类型结构属内部高次超静定结构,连接节点处的次内力复杂,混凝土易开裂,产生纵横向交错的裂缝(图11),拱片顶部系梁与拱片连接薄弱,易损性高,维修加固耗费很多资金和较长时间,且节点连接处破坏后,容易引发桥梁倒塌事故。

典型案例如北京怀柔白河桥,该桥为钢筋混凝土刚架拱桥,跨径布置为4×50m,在运营若干年后,一辆重达160t的严重超载6轴货车通过该桥第一孔时发生连续倒塌,引发4孔连续倒塌,桥梁倒塌现场如图12所示。

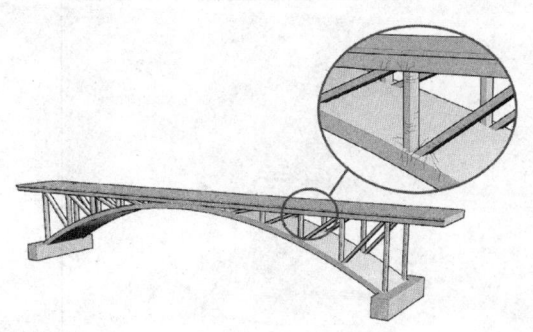

图11 混凝土刚架拱桥节点处裂缝分布　　图12 北京怀柔白河桥倒塌现场

7. 存在竖向负反力的桥梁

斜拉桥边跨处设置辅助墩能有效减少边跨下挠,在活载作用时,端锚索的索力变化会大幅度减小,可大幅度提高全桥的整体刚度。然而,在一些斜拉桥中,将辅助墩处设计成拉压支座,如鄱阳湖九江大桥、金江金沙江大桥、宜宾长江大桥等,拉压支座很容易失效,对超静定斜拉桥而言,支座失效意味着结构体系会发生改变,导致主梁和拉索内力重分布,从而影响桥梁的正常使用。

中承式系杆拱桥是一种自平衡体系,边肋端部坐落于边墩支座上,通过系杆拉力平衡拱的推力,如图13所示。若边中跨长度比等构造参数处理不当,导致边墩支座初始压力太小,边拱肋在汽车或温度荷载作用下会引起上翘,边支座出现负反力,引起伸缩缝和边跨桥面系的破坏,威胁桥梁的运营安全性。

8. 莫兰迪体系混凝土斜拉桥

莫兰迪体系混凝土斜拉桥作为20世纪50年代最具原创性和合理性的桥梁结构之一,在世界范围内影响深远,该体系的基本构造如图14所示。但随着意大利热那亚市波尔塞维拉高架桥的垮塌(2018年8月14日),桥梁工作者对其成因展开深入研究,如Maurizio Morgese等人(2019)[4]、Gian Michele Calvi等人(2019)[5]。除了与外部环境之外,如海风腐蚀、超载等,还与该体系桥梁自身的延性、整体性、冗余度较低,维修困难等因素有关。该类型桥不符合可康复性的设计原则,双拉索的结构体系,使得拉索成为断裂敏感构件,任何一个拉索发生断裂均会导致整孔的垮塌。

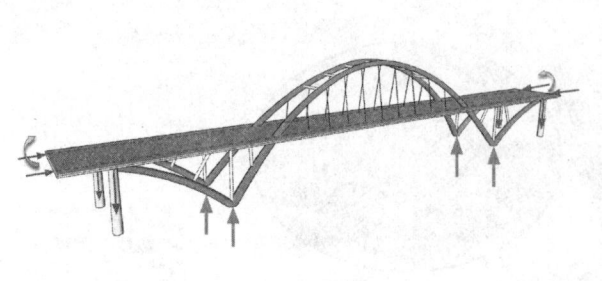

图13　飞燕式拱桥传力体系

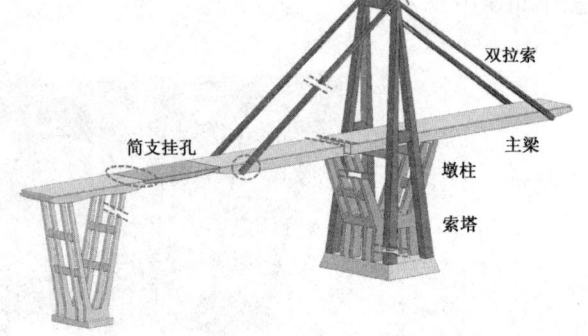

图14　莫兰迪体系混凝土斜拉桥基本构造

9. 可施工性差的构造

在桥梁设计过程中,必须对可能采取的施工方法有充分考虑,一个完备的设计方案,应具有良好的可施工性,使得制造和安装过程中不致出现过分的困难或损坏,且施工引起的永久性内力也应在允许范围内。例如先简支后连续梁桥的可施工性较差,主要表现在:①相邻梁端位置偏差大;②顶板负弯矩筋预留孔道和接头钢筋偏差大;③预应力锚固槽口开裂;④湿接头处混凝土施工质量差;⑤混凝土龄期偏短,致使永久支座陷入梁中。因简支转连续箱梁为工厂预制,出现偏差后,难以进行调整,施工完成后结构的内力重新分布,在梁体内部产生不利的自应力,严重影响其使用寿命。现场实景和施工偏差示意图如图15和图16所示。

图15　实景照片

图16　施工偏差示意图

10. 抗震性能差的构造

不能进行合理设计的桥梁经常会发生剪切破坏(图17)、弯剪破坏(图18),属于脆性破坏,是一种危险的破坏模型,对抗震结构而言,会大大降低结构的延性能力。为了保证结构的延性,同时最大限度地避免地震破坏的随机性,新西兰学者Park等[6]提出抗震设计中能力保护设计的原则。目前,桥梁震后可恢复性的设计理念已得到较多重视与研究。

图17　剪切破坏

图18　弯曲破坏

四、结　语

(1) 可康复性是针对长期运营及意外作用而提出的新准则,由健强性、冗余性、可修复性三部分组成。在全寿命周期的设计框架下,可康复性设计准则将在桥梁设计领域发挥重要作用。

(2) 提出了桥梁可康复性曲线的理念,列举了一些缺乏可康复性的结构体系与构造,结合国内外部分桥梁失效案例,从结构概念设计出发,在桥梁设计中应尽量避免使用,或设计中对这些结构体系或构造加强关注,增强该类结构的可康复性,养成全寿命周期的风险意识。

(3) 可康复性应成为桥梁的性能指标之一。如何量化这一指标,使之对桥梁工程设计有指导作用,满足桥梁全寿命周期的要求,仍有很多工作亟待深化。

参考文献

[1] Banerjee S., Vishwanath B. S., Devendiran D. K. Multihazard resilience of highway bridges and bridge networks: a review[J]. Structure and Infrastructure Engineering, 2019, 15(12): 1694-1714.

[2] Bocchini P, Frangopol D M. Resilience-driven disaster management of civil infrastructure[J]. Computational Methods in Structural Dynamics and Earthquake Engineering, 2011: 1-11.

[3] Hao S. I-35W bridge collapse[J]. Journal of Bridge Engineering, 2010, 15(5): 608-614.

[4] Morgese M, Ansari F, Domaneschi M, et al. Post-collapse analysis of Morandi's Polcevera viaduct in Genoa Italy[J]. Journal of Civil Structural Health Monitoring, 2019: 1-17.

[5] Calvi G M, Moratti M, O'Reilly G J, et al. Once upon a time in Italy: The tale of the Morandi Bridge[J]. Structural Engineering International, 2019, 29(2): 198-217.

[6] Park Y J, Ang A H S. Mechanistic seismic damage model for reinforced concrete[J]. Journal of Structural Engineering, 1985, 111(4): 722-739.

27. 装配式空心桥墩的应用现状与发展探讨

舒泽同　刘钊

(东南大学土木工程学院)

摘　要　装配式空心桥墩具有工业化生产效率高、自重轻节省材料、方便运输和吊装、混凝土质量好等优点。发挥装配式空心桥墩的技术优势,有助于推动桥梁工业化的进步。本文简要分析了国内外装配式空心桥墩的应用现状,列举了欧美规范对装配式空心桥墩的相关规定,总结了装配式空心桥墩与承台连接的两种形式,并对国内的装配式空心桥墩的发展可行性进行了探讨。

关键词　桥梁工业化　装配式　空心桥墩　空心桥墩与承台连接

一、概　述

在钢筋混凝土桥墩中,实心截面远多于空心截面,现浇施工远多于预制装配式。然而,目前桥梁预制装配式大力发展,发挥装配式空心桥墩的技术优势,有助于推动桥梁工业化的进步。相比于传统的现浇桥墩,装配式空心桥墩的优势在于它可以采用工业化预制,施工效率高,节省材料,自重轻,方便运输和吊装。如采用圆形截面墩身,可以采用先张预应力离心法,工厂化施工,混凝土密实,整体质量优于现浇墩。此外,预制装配式桥墩配合预制桩基和节段预制的上部结构,可大幅减少现场的混凝土浇筑,对环境保护极为有益。

二、应用现状

1. 国外应用现状

早在20世纪40年代,预应力混凝土创始人Freyssinet就开始了对预应力混凝土桥梁短线节段吻合预制技术的探索[1]。自20世纪60年代起,法国与美国的公路桥梁建设大范围应用了节段预制施工技术。1989年,美国节段法桥梁协会(ASBI)成立,协助美国各州公路和运输工作者协会(AASHTO)编制了全球第一部节段预制块桥梁设计规范,从而使这项工业化技术得到了极大的发展。

1999年,Sarah L. Billington和Robert W. Barnes[2]针对桥梁下部结构的节段预制技术提出了标准化建议:为配合现有的预制厂房及建筑设备,预制桥墩节段重量应保持70~75t范围内,且应满足以下要求:(1)与预制混凝土梁上部结构相容;(2)与现浇墩相比更具经济性;(3)构造应满足现有工厂和施工设备的制造和安装要求;(4)预制墩应满足耐久性要求;(5)设计应满足现有规范[3-5]要求;(6)预制桥墩构件应广泛适应各种桥型。

美国249号公路中,得克萨斯州休斯敦的路易塔路上,采用了如图1所示的预制装配式施工的梁式桥。

图1 美国得克萨斯州休斯敦路易塔路(249号公路)预制空心桥墩

该区段公路桥设计了四种空心墩节段段尺寸(表1),由此可减轻构件的重量,降低施工难度。其所用混凝土强度等级为C55,节段连接所用预应力筋强度为1860MPa。其桥梁各预制构件及预制墩截面如图2所示。

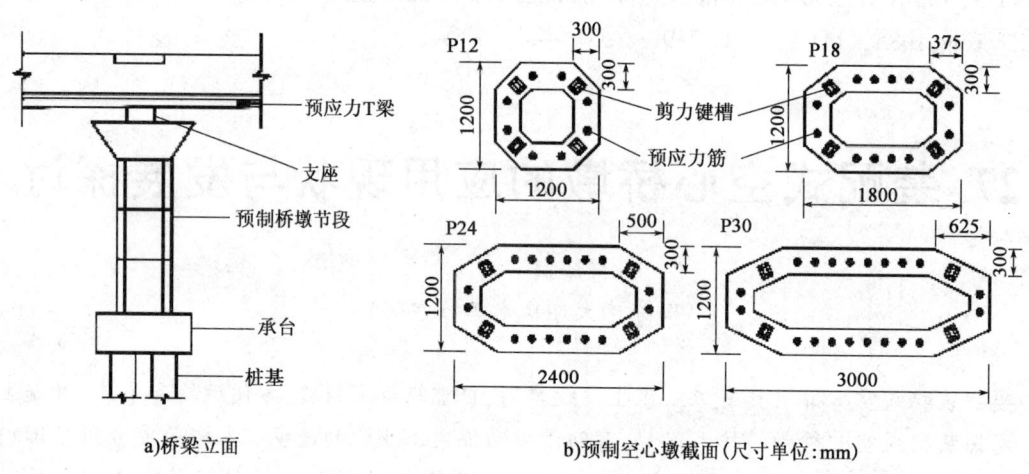

a) 桥梁立面　　　　b) 预制空心墩截面(尺寸单位:mm)

图2 美国249公路桥

四种截面的空心墩节段参数(单位:cm)　　　　表1

节段类型	横桥向尺寸 b	纵桥向尺寸 h	壁厚 t	节段长 l	节段重量(t)	b/t
P12	120	120	30	240	5.8	4.0
P18	180	120	30	240	8	6.0
P24	240	120	30	240	10.2	8.0
P30	300	120	30	240	12.4	10.0

此外,美国得克萨斯州奥斯丁183号公路高架桥(图3),科罗拉多州威尔帕斯公路高架桥(图4),均采用了预制空心墩和预制桩基。

图3 德州183号公路高架桥

图4 威尔帕斯公路高架桥

2. 国内应用现状

我国预制装配式桥墩起步较晚,但随着桥梁工业化整体趋势的推动,我国多座跨江、跨海大桥,以及部分中小跨径桥,都采用了预制装配施工的空心桥墩。著名的有东海大桥、杭州湾跨海大桥、上海长江大桥。

以上海长江大桥为例,根据施工能力,上海长江大桥的墩柱分为1~4节段进行预制,共216节段,其中单节最大高度为13.7m,重量约400t。其中,70m跨中墩的墩柱节段布置及截面如图5所示,各桥墩尺寸见表2。

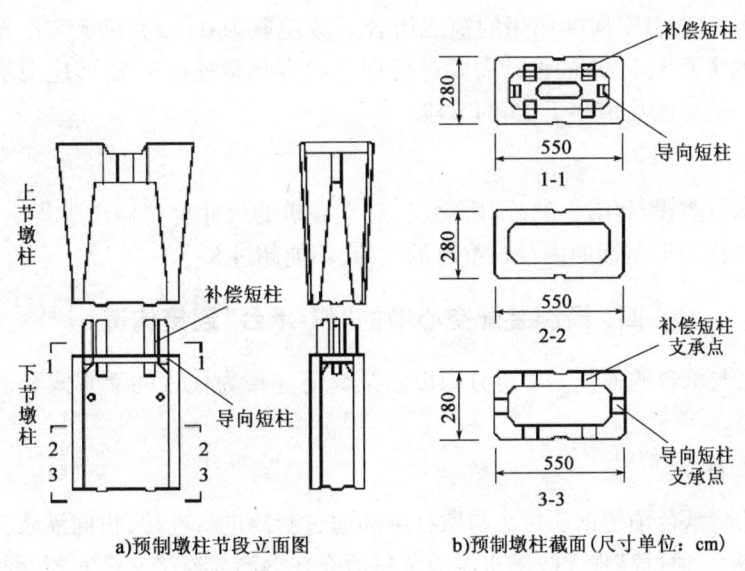

a) 预制墩柱节段立面图　　b) 预制墩柱截面(尺寸单位:cm)

图5 上海长江大桥

上海长江大桥空心墩节段参数(单位:cm)　　表2

墩柱名称		横桥向尺寸b	纵桥向尺寸h	壁厚t	b/t
70m跨	低墩	550	240	50	11.0
	中墩	550	280	60	9.2
	高墩	550	320	60	9.2
105m跨	低墩	700	400	60	11.7
	高墩	700	550	60	11.7

除矩形截面墩以外,多数中小跨径公路桥采用圆形截面,表3统计了圆形截面和矩形截面预制空心墩的节段参数,并针对矩形截面和圆形截面的外尺寸与壁厚的比值做出比较。

圆形与矩形截面预制桥墩尺寸比较(单位:m)　　表3

桥　　名	外径 d	横桥向尺寸 b	壁厚 t	外轮廓最大尺寸与壁厚之比
上海长江大桥	—	7.00	0.60	11.7
港珠澳大桥	—	11.00	1.20	9.2
东海大桥	—	5.25	0.50	10.5
杭州湾跨海大桥	—	6.67	0.50	13.3
合肥至枞阳高速公路高架桥	1.0	—	0.22	4.5
合肥至枞阳高速公路高架桥	1.2	—	0.25	4.8
合肥至枞阳高速公路高架桥	1.4	—	0.30	4.67
济南至祁门高速公路淮河特大桥引桥	1.2	—	0.25	4.8

三、欧美规范对于空心墩设计的相关规范

1. 美国 AASHTO 规范

美国 AASHTO 规范对矩形截面的预制空心墩设计的荷载组合、构造要求等做出了规定。

AASHTO《节段混凝土桥梁设计和施工规范指南》(Guide Specifications for Design and Construction of Segmental Concrete Bridges)要求[5]:(1)矩形截面预制空心墩设计中的强度极限状态(strength)和正常使用极限状态(service),对于温度梯度作用的荷载组合系数应取为0;(2)矩形空心节段截面横桥向尺寸(长边尺寸)与壁厚的比值大于35的设计需要进行理论和实验验证;(3)矩形应力块法适用于截面横桥向尺寸(长边尺寸)与壁厚的比值小于15的节段。

2. 欧洲规范

欧洲规范 8-结构抗震设计-第 2 部分:桥梁[6],对空心墩的尺寸构造做出了规定:空心墩矩形截面的有效宽度(长边尺寸)或圆形截面的内径与壁厚的比值,不能超过8。

四、预制装配空心墩的"墩-承台"连接构造

预制装配空心墩与承台的连接主要可分为以灌浆套筒连接为代表的灌浆式和以啮合式机械连接为代表的机械式两大类。

1. 灌浆套筒连接

灌浆套筒连接法将承台预留钢筋接头与墩柱纵筋通过套筒进行连接,再向灌浆套筒中灌注高强砂浆进行密封,如图 6 所示。通过高强无收缩水泥灌浆料填充在钢筋与连接套筒间隙,硬化后形成接头,从而将一根钢筋中的力传递到另一根钢筋。灌浆套筒材料通常为铸铁或优质结构钢,采用铸造工艺或机械加工工艺制造,套筒设有灌浆口与出浆口,套筒内部加有肋痕;灌浆料通常为高强水泥基,配以适当的细集料、矿物掺和料、外加剂等,加水搅拌后具有较高流动性、超早强、超高强、微膨胀等性能。灌浆套筒连接构造具有较好的延性破坏形态,传力路径明确,是一种可靠高效的连接措施。

2. 啮合式机械连接

啮合式机械连接是指用连接销杆插入连接槽盒内一种可进不可退的机械连接方式。连接槽内藏钢销板和压力弹簧,钢销板为带齿牙的滑块,用优质碳素钢制成,并将其用压力弹簧与连接槽板紧固连接,如图 7 所示。啮合式机械连接本身具有良好的防腐蚀性及耐久性能,增加焊接连接并涂刷沥青涂料的措施,使接头的封闭性、防腐蚀性能大大提高。此外,单根桥墩的啮合式机械接头施工用时 2~3min,与现浇式施工相比,极大节省了施工时间。

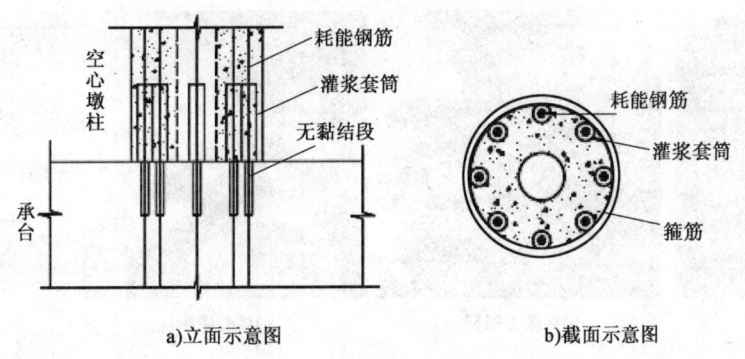

a) 立面示意图　　　　b) 截面示意图

图6　灌浆套筒连接

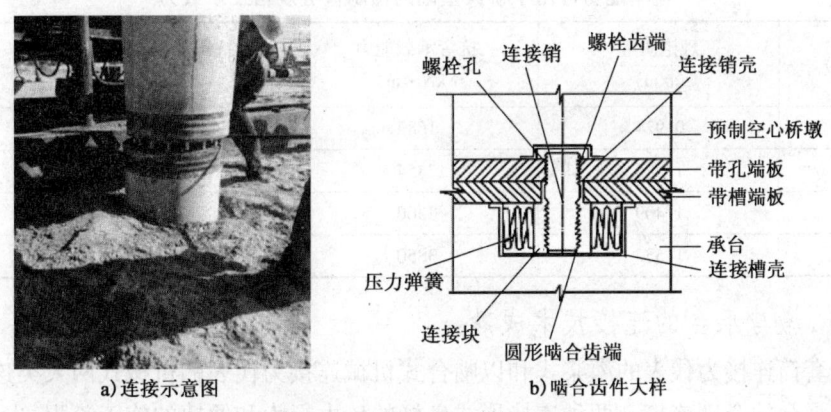

a) 连接示意图　　　　b) 啮合齿件大样

图7　啮合式机械连接

五、发展预制装配式空心墩的可行性探讨

1. 高度契合当前工业化发展的需求

桥梁工业化强调保质保量的对桥梁进行快速施工。对于大跨桥梁,桥墩通常使用爬模体系浇筑,若采用预制装配式空心桥墩,可以减少现场的混凝土作业量,施工器械由爬模转变为吊机,现场作业难度大幅降低。此外,空心墩的质量远比实心墩低,可以降低桥墩对地震反应的质量贡献。对于大量的中小跨径公路桥梁,其桥墩通常为独柱、双柱式圆形截面,桥墩体量小,但规模巨大,若采用预制装配式空心桥墩,工厂化生产,不但可以加快施工的效率,更可以提高桥墩的混凝土质量。

桥梁工业化亦强调桥梁施工的环境友好性。从桥梁施工对环境的影响上来看,预制装配的方式对桥位附近的污染程度可以大幅降低。

2. 预制生产技术成熟

目前我国预制柱形构件技术已趋于成熟,在工厂采用离心法加工成型,实现了标准化流水线生产。其一般制造流程为:钢筋笼骨架用滚焊机滚焊成型后,在装配区进行内、外笼连接。然后采用桁吊将钢筋笼骨架吊入管模,再将管模运至下料处,采用料斗进行混凝土喂料。混凝土浇筑完毕后即安装管模,并将整套管模吊入离心区进行离心成型,随即进行蒸汽养护。待养护结束后,将管模吊入拆模区进行拆模,并将预制构件吊运至存放区。以PHC管桩为例,图8展示了建华建材有限公司PHC管桩的制作流程。

该公司生产的圆形截面空心预制构件,在节段预制拼装的中小跨径公路桥上,十分有应用价值。截面尺寸偏小的预制构件可用于桩基,截面尺寸偏大的预制构件可用于桥墩。表4列出建华建材公司生产的部分预制构件的力学参数。

a) 滚焊成形　　　　b) 混凝土喂料　　　　c) 离心成形　　　　d) 吊装存放

图8　PHC管桩预制流程

建华建材可用于桥梁基础的预制管桩规格及承载力　　　　表4

代号-外径(壁厚)	理论质量 (t/m)	抗弯承载能力 (kN·m)	抗压承载能力 (kN)	抗拉承载能力 (kN)
PHC1000(130)	0.924	1687	12118	4189
PHC1200(150)	1.286	2854	16875	5891
PHC1300(150)	1.409	3360	18482	6283
PHC1400(150)	1.532	3850	20090	6545

3. 预制空心墩与承台的连接技术成熟

通过以灌浆套筒连接为代表的灌浆式和以啮合式机械连接为代表的机械式两大类连接方式,预制空心墩可以实现与承台的合理连接。两种连接形式良好的传力行为和便捷的施工流程,也为预制空心墩的应用与推广创造了有利的条件。

4. 经济技术优势明显

与实心墩相比,空心墩的自重更小,无论是从充分利用材料强度、节约材料方面考虑,还是从预制构件的运输成本考虑,预制空心墩都有显著的经济优势。

再者,预制空心墩的施工流程比现浇实心墩简单,省去了烦琐的立模和混凝土现浇,因此,技术上预制空心墩也更有优势。

六、结　语

(1) 自20世纪60年代以来,国外的预制装配式施工的桥梁便开始大规模推广,数量众多的采用预制空心桥墩的桥梁应运而生。我国预制装配式桥墩的应用起步较晚,但随着桥梁工业化整体趋势的推动,我国多座跨江、跨海大桥,以及部分中小跨径桥,都采用了预制装配施工的空心桥墩。

(2) 欧美桥规对于预制空心桥墩的设计要求侧重于限制桥墩截面最大外轮廓尺寸与壁厚的比值,对于空心截面承载能力以及配筋的相关规定还比较少。

(3) 预制空心墩与承台的连接技术已有多种,在实现墩台合理连接的同时,须保证墩台传力的科学性和施工的便捷性;国内的空心构件预制技术也已快速发展,采用离心法加工成型,实现了预制构件的标准化流水线生产。

(4) 目前国内对于预制空心桥墩应用技术的研究仍处于静动力特性的数值模拟和试验分析,尚未形成可参考的设计规范。在空心桥墩合理设计理论方面,还有待提高。

参考文献

[1] 孙峻岭. 现代桥梁工程工业化技术与代表性桥梁工程[J]. 交通建设与管理,2010(05):56-66.

[2] SL Billington, RW Barnes, JE Breen. A precast segmental substructure system for standard bridges. PCI

journal,1999,pp. 56-73.
[3] AASHTO,Standard Specifications for Highway Bridges,16th Edition,American Association of State Highway and Transportation Officials,Washington,D. C.,1996.
[4] AASHTO,AASHTO LRFD Bridge Design Specifications: Customary US Units,First Edition,American Association of State Highway and Transportation Officials,Washington,D. C.,1994.
[5] AASHTO,Guide Specifications for Design and Construction of Segmental Concrete Bridges,1994 Interim Specifications,American Association of State Highway and Transportation Officials, Washington, D. C.,1999.
[6] BS EN 1998-2: 2005,Eurocode 8-Design of structures for earthquake resistance-Part 2: Bridge[S].
[7] 过震文,黄少文,邵长宇.预制拼装技术在上海长江大桥中的应用[J].世界桥梁,2009(S1):22-26.

28. 英德北江特大桥设计难点分析及应对措施

古金梁[1]　何恒波[2]

(1. 招商局重庆交通科研设计院有限公司;2. 广东省南粤交通龙怀高速公路管理中心)

摘　要　英德北江特大桥主跨采用(108+190+108)m连续刚构桥,墩高仅22.8m,属于典型的矮墩大跨连续刚构桥。利用结构分析软件建立空间有限元模型,根据矮墩桥梁的特点,采取降低桥墩抗推刚度、顶推施工等措施,改善大跨度矮墩连续刚构的受力状态。

关键词　大跨度连续刚构　矮墩　结构受力　顶推　应对措施

一、引　言

大跨度连续刚构桥梁具有结构受力明确、造型美观、施工技术成熟等特点,公路上主跨在100~250m范围内的桥梁普遍采用。由于连续刚构桥的超静定体系受力特点,主跨与桥墩的墩跨比应在合理的范围之内,既体现了结构的美观,又保证了结构受力合理。合理的墩跨比能有效减小主梁对桥墩的约束作用,减小收缩徐变和温度效应对桥墩的影响,但一些特殊地段的连续刚构桥受地形、通航、路线纵坡等因素的影响,桥墩较矮,桥墩的整体刚度提高,下部结构受力较大,对桥墩受力非常不利,需采取必要的措施改善桥墩受力,提高桥梁整体安全性。本文结合实际工程实例,研究了改善矮墩连续刚构桥桥墩受力的一些方法。

二、工程概况

英德北江特大桥位于汕昆高速公路粤境龙川至怀集段,在英德市跨越北江,大桥位于北江白石窑水电站下游1.2km处,航道等级Ⅲ级,水文、通航条件复杂,桥跨方案受控因素多,经多方案充分比选,主桥采用(108+190+108)m连续刚构桥,中支点梁高11.8m,跨中梁高4.0m,主桥墩高22.8m,主墩高跨比仅为1/8.3,收缩徐变及温度效应对桥墩受力非常不利,设计施工难度较大。桥型布置见图1。

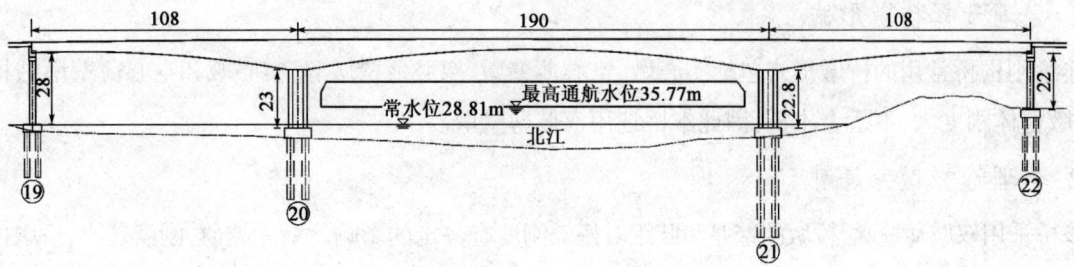

图1　英德北江特大桥桥型布置方案(尺寸单位:m)

主桥上部结构箱梁采用 C55 混凝土,半幅桥宽 12.5m,单箱单室断面,其中箱底宽 7.0m,两侧悬臂翼缘板宽 2.75m;箱梁根部梁体中心线梁高 $H_根=11.8m$,跨中及端头梁体中心线梁高 $H_跨=4.0m$,箱梁梁高采用 1.8 次抛物线变化,$H_根/L=1/16.102$,$H_中/L=1/47.5$,箱梁的腹板厚度 0 号块采用 120cm,端头块腹板厚度采用 50cm 渐变到 200cm,中、边跨合龙段采用 50cm,其余块体腹板厚度从 50~70~90cm 渐变;箱梁 0 号块加厚段底板厚度采用 200cm,端头块从 32cm 变到 100cm,箱梁 1 号块至 24 号块底板厚度采用 1.8 次抛物线变化,由 1 号块的 200cm 渐变到 24 号块的 32cm,其余块段采用 32cm;箱梁的顶板厚度 0 号块加厚段采用 50cm,0 号块由 50cm 渐变至 30cm 以外,其余均采用 30cm。箱梁底板横向保持水平,桥面横坡由腹板高度来调整,顶板斜置设置横坡。

主桥采用挂篮悬臂对称浇筑施工,先合龙边跨,再合龙中跨。挂篮悬臂浇筑示意图见图 2。

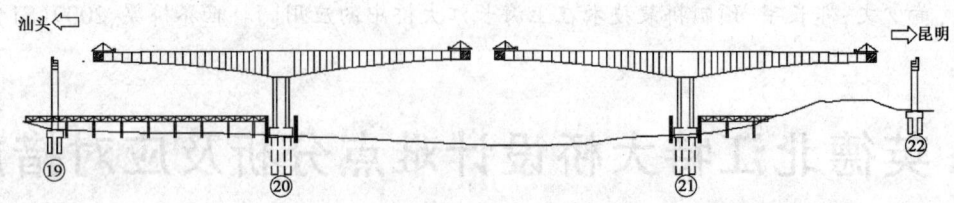

图 2 挂篮悬臂浇筑示意图

三、设计难点分析

英德北江特大桥的特点是桥梁跨度大,主墩墩高矮,主墩抗推刚度大,造成主墩受力过大,墩顶和墩底容易产生过大的拉应力,导致造成桥墩开裂,从而影响到结构安全。因此,适当减小桥墩刚度,减少桥墩内力是该桥的设计难点。针对上述难点,主要采取的措施为:

(1)设计上调整结构参数,如:合理选择桥墩形式、墩身间距、墩身设缝等;
(2)施工过程中调整合龙顺序、增加配重、施加顶推力等措施改善桥墩受力。

根据本桥的特点,过程中主要在桥墩形式选择、墩身尺寸及合龙施加顶推力等方面采取措施,通过合理的计算分析,降低桥墩内力,确保桥梁安全。

本桥采用 Midas Civil 结构软件进行计算分析,按照实际结构形式建立空间模型分析。结构分析模型见图 3。

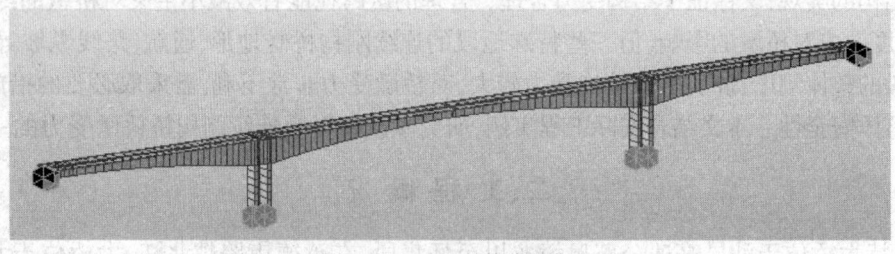

图 3 Midas Civil 结构分析模型

四、针对性措施

1. 合理选择桥墩形式

连续刚构桥常用的桥墩形式包括实心墩、空心薄壁墩、双肢薄壁墩等,实心墩和空心薄壁墩结构尺寸大,桥墩整体刚度大,不适合本桥,因此本桥选用双肢薄壁墩。

2. 合理选择墩身尺寸

该桥采用双肢薄壁墩,桥墩的壁厚和肢距对桥墩刚度有一定的影响。壁厚越薄,刚度越小,桥墩内力越小,但同时桥墩承载能力也会相应降低,因此,需要通过结构计算分析合理确定墩身尺寸,确保墩身受力安全。

结合以往经验,选取厚度分别为1.6m、1.7m、1.8m的桥墩壁厚进行受力分析,根据分析结果选择桥墩尺寸。经Midas建模分析,在正常条件下,3种桥墩的内力分析结果见表1。

桥墩内力分析表　　　　表1

桥墩壁厚	最不利工况	轴向(kN)	弯矩$-y$(kN·m)	最大裂缝宽度(mm)	强度验算
1.6m	弯矩最大	118237	44864	0.165	不满足
	轴力最大	137925	37775		
1.7m	弯矩最大	108352	46100	0.136	满足
	轴力最大	125100	39825		
1.8m	弯矩最大	121105	50370	0.169	满足
	轴力最大	143885	44528		

根据分析结果,壁厚1.6m时,强度验算不满足要求,裂缝宽度0.165mm>0.15mm;壁厚1.8m时,强度验算虽满足要求,但裂缝宽度0.169mm>0.15mm;壁厚1.7m时,强度验算满足要求,裂缝宽度0.136mm<0.15mm,最终确定采用壁厚1.7m、间距4.2m双肢薄壁墩。

3. 施加顶推力改善桥墩受力

由于连续刚构桥的受力特点,混凝土的收缩徐变易引起主梁长期下挠,从而增加桥墩内力。因此,合龙时施加适当的顶推力,能有效改善主梁及主墩的受力特性,明显改善矮墩的受力状态。

根据计算分析,中跨合龙时,施加顶推力4500kN,顶推力对称施加在截面形心处,顶推前后,桥墩内力改善明显改善,详见表2。

顶推前后桥墩内力分析表　　　　表2

内　力	顶　推　前	顶　推　后	减少情况
轴向(kN)	127860	108352	-15.3%
弯矩$-y$(kN·m)	52020	46100	-11.4%

为了确保顶推的顺利施工,施工前采用有限元方法分析顶推力与位移之间的关系(图4),计算时采用分级加载,共分四级:1125kN、2250kN、3375kN、4500kN,每级顶推后持荷时间15min,再进行下一级顶推,全部顶推完成后对合龙劲性骨架进行锁定,浇筑混凝土,全桥合龙。顶推位移比较见图5。

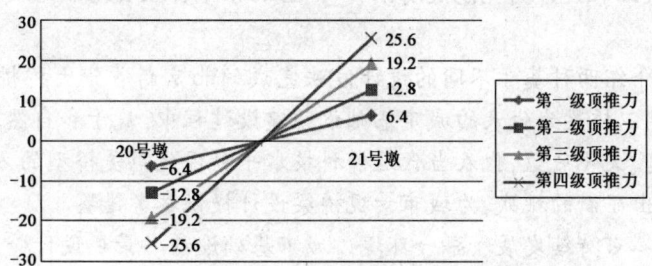

图4　理论计算顶推力与位移关系(单位:mm)

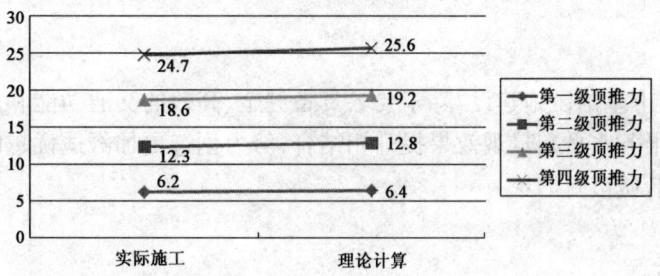

图5　理论计算与实际施工顶推位移比较(单位:mm)

主墩在水平力的作用下,主墩内力进行了重分配,主墩受力得到较大改善,顶推施工采用双控,以位移控制为主,顶推力控制为辅。从分析结果看,顶推力和位移基本为线性关系,施工阶段顶推位移与理论计算基本一致,比理论计算略小,在合理偏差范围内。

4. 施加顶推力改善跨中下挠

连续刚构桥的长期下挠是这种桥型比较典型的病害之一,引起下挠的主要原因包括混凝土的长期收缩徐变、预应力长期效应、合龙施工方式、混凝土开裂等因素,其中混凝土的长期收缩徐变被认为是引起下挠的最主要的原因。英德北江特大桥通过在跨中合龙时对梁体施加顶推力,有效地改善了主墩受力状态,同时,顶推力的施加使桥墩产生一定的预位移,有效减少后期收缩徐变桥墩向跨中的位移,从而大幅度改善长期收缩徐变引起的跨中下挠。

五、结 语

大跨度矮墩连续刚构桥由于墩身较矮,桥墩抗推刚度较大,对墩身内力相当不利,但是通过合理的桥墩形式、合龙方式、施加顶推力等措施,可有效改善桥墩受力状态。通过计算分析,合理降低桥墩刚度,能有效减少主梁内力对桥墩内力的影响;通过顶推,可以大幅度改善连续刚构桥收缩徐变而引起的下挠,同时降低主墩墩顶和墩底位置的弯矩,改善主墩的受力状态。英德北江特大桥的设计施工可为同类桥梁提供一定的参考。

参考文献

[1] 范立础.预应力混凝土连续梁桥[M].北京:人民交通出版社,1998.
[2] 邬晓光,邵新鹏,万振江.刚架桥[M].北京:人民交通出版社,2001.
[3] 刘明虎.改善矮主墩连续刚构结构受力的措施及可行性探讨[J].公路交通技术,2004(1):77-80.

29. 新首钢大桥桥型方案比选研究

杨 冰[1] 魏 炜[2] 付 裕[2] 刘 颖[2]

(1.北京市市政工程设计研究总院有限公司;2.北京市公联公路联络线有限责任公司)

摘 要 本文通过介绍两种基于不同的设计方法完成的北京新首钢大桥桥型方案,以及深化、对比研究过程,介绍了新时期以桥梁为代表的城市基础设施建设过程中,基于和自然环境和谐共生、可持续发展理念,能反映城市历史、文化底蕴,代表当代造桥科技水平和现代审美桥型的方案研究、确定过程,同时对桥梁设计建造技术提出了新的挑战,为城市景观桥梁设计提供参考借鉴。

关键词 桥型设计 可持续发展 融合环境 城市基础设施 景观设计

一、引 言

1. 背景

以桥梁为代表的城市基础设施建设,除了要求具备健全、高效的交通功能和系统,还要和河道生态环境恢复、城市公共空间服务水平和景观效果提升相结合,努力创造更加舒适优越的生活环境,提升城市建设质量,展示国际化和谐城市新形象。

2. 规划要求

1)北京新总体规划

北京作为祖国的首都,坚持世界眼光、国际标准、中国特色、高点定位,把北京建设成为在政治、科技、文化、社会、生态等方面具有广泛和重要国际影响力的城市,建设国际一流的和谐宜居之都,成为人民幸福安康的美好家园,展现大国首都形象和中华文化魅力。

2)长安街延长改造

长安街及其延长线是北京城的东西轴线,距今已有600年的历史,是体现大国首都政治自信和文化自信的代表地区。由于其独特的地理位置,在我国的政治、文化生活中起着极其重要的作用,蕴藏着国家和首都的发展历程,体现着国家和首都的形象。永定河大桥作为长安街西延工程的重要组成部分,其功能和社会意义重大,对桥梁设计方案提出了很高要求。

3)永定河生态恢复

永定河是北京市境最大的一条河流,是"北京的母亲河",见证了北京历史文化和城市的发展。根据《永定河绿色生态发展带综合规划》,永定河是北京西部发展带的重要组成部分,是西南部地区的绿色生态走廊、文化休闲发展带和低碳产业基地,未来将建设成为生态文明、山清水秀、设施完善、经济繁荣、社会稳定的宜居、宜业、宜游之区。

永定河上最有名的当属卢沟桥,它是北京市现存最古老的石造联拱桥。天下名桥各擅胜场,而卢沟桥却以高超的建桥技术和精美的石狮雕刻独标风韵,誉满中外八百余年。

4)首钢地区转型改造

北京市发布《加快新首钢高端产业综合服务区发展建设 打造新时代首都城市复兴新地标行动计划(2019—2021年)》。位于长安街西延长线上、因搬迁而一度沉寂的首钢老厂区,将融合冬奥、文化、生态等元素,变身高端产业综合服务区,在2035年前后建成具有全球示范意义的新时代首都城市复兴新地标。

5)门头沟区域发展

门头沟区定位为首都西部重点生态保育及区域生态治理协作区、首都西部综合服务区、京西特色历史文化旅游休闲区,山水城融合发展。

3. 桥型方案征集

为了选出长安街西延上跨永定河适宜的桥型方案,政府规划部门专门组织了桥型方案国际征集。要求桥型美观、新颖、实用、经济;充分分析周边环境,考虑首都人文景观、文化历史背景等因素,考虑沿线建筑物以及地形、环境保持协调,体现长安街的庄重大气;积极采用先进设计理念和施工工艺;展现石景山和门头沟新城的形象,体现现代城市的发展和活力,成为首都北京的地标性建筑。

最终,来自国内和世界各地的11家设计单位提交了31个桥型方案。主办单位邀请桥梁、规划、建筑、勘察、水务等专业的11位专家组成评审委员会,推选出3项获奖方案。现就其中最有代表性的两个方案具体介绍。

二、获 奖 方 案

1."和力之门"

作为长安街上跨越永定河的一座桥梁,如同长安街周边标志性建筑一样,拥有特殊的寓意,应该是站在世界高度,给人印象深刻的一座标志性建筑,和周围的山水环境和谐共生,体现北京的活力,长安街的底蕴,永定河的胸怀。

1)设计构思

(1)城市和山区的门

长安街作为北京城重要的中轴线,东连通州,西接门头沟,而永定河则是城市的天然边界,如图1所示。这种具有极高象征意义的跨越把桥变成了一扇门:北京城的西大门,北京西山的门,如图2、图3所示。

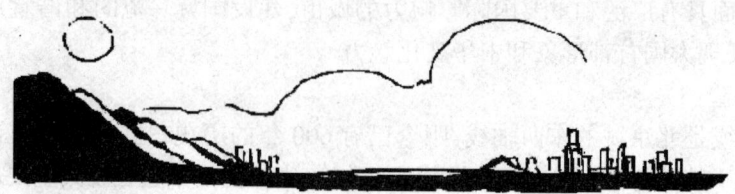

图 1　线位环境剖面示意图

图 2　高塔意向　　　　　图 3　矮塔意向

（2）纽带

东边是现代化的城市，西边是起伏的山峦，永定河将二者天然分割，而这座桥则是一条连接的纽带，放眼未来它还是连接首钢新产业园区和门头沟新区的纽带。

（3）活力和动感

长安街和桥的重要性在于它是城市的重要象征。现代的北京大气、开放、包容，这座桥不应该是平庸而有序的表现，需要一种张力和动感，与山、水、城市的主题紧密结合。常规的大跨桥梁结构通常采用平衡和稳定的一种体系，而长安街的桥要能展现北京的活力，迈向未来的向往和站上国际舞台的能力，需要用一个独一无二的结构，以一种纯粹利落的方式展现跨越河流的这个动势，从桥型结构设计上，利用天然地势通过将桥梁基础和河岸平齐来展现活力同时赋予桥梁的三维视角，总体外观既简洁又富于现代感。

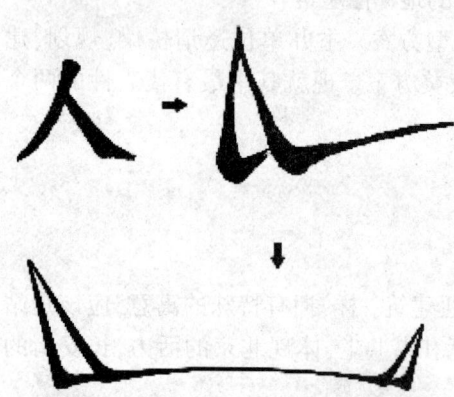

图 4　桥型为"人"字变体，也拟态"行走的人"

这种与地形及桥梁寓意紧密结合的动态的造型设计，使得拱脚的偏心从某些角度看形成了一个"行走的人"的形状，北京这样一个正迈向未来的巨人的形象跃然眼前。如图 4 所示。

（4）纪念首钢

桥梁东侧的首钢旧址见证并且有力推动了北京的现代化发展，所以桥梁的主要材质采用钢材以纪念这段历史，而桥梁色彩的选用则以浅色为主，体现明快和现代感。

综合这些设计理念，一个富于现代化气息、活力动感、与周边环境和谐共生的桥梁方案即将呈现在眼前。如图 5 所示。

（5）方案提出

桥梁的美最直接的是通过结构来实现，本方案整体结构受力明确简洁，比例协调，构思巧妙，纯正、稳定、干净,每一部分都是受力构件,没有多余和累赘,用结构的美展现了长安街上桥梁应有的大气宏伟和现代动感。

图 5　构思形成

通过塔左右两边"脚步"的不同大小巧妙解决了两岸河岸线不平行的问题,这样的设计赋予桥三维空间的变化,展现了桥梁的活力。同时由于塔不同的倾角而左右幅跨度的不一致,一个行走的人的形象被勾画出来,通过巧妙的造型构思赋予了桥梁以生命力。

桥梁结构结合了横跨河道的拱形主梁和为了减轻主梁应力而设置的拱形塔和拉索组成的斜拉桥体系,不同轴的椭圆拱形塔和主梁的纵横梁连为一体,整体结构体系新颖。一边基础采用刚性连接,一边采用可滑动的支座,桥面板则放置在纵横梁体系上。

桥梁的总体内力在桥梁桥面外荷载和外倾的拱形塔所抵消的内力之间取得平衡,塔的倾斜角分别为 $59°$、$76°$,拱塔内填混凝土以增加平衡力和塔的刚度。结构受力简图如图 6 所示。

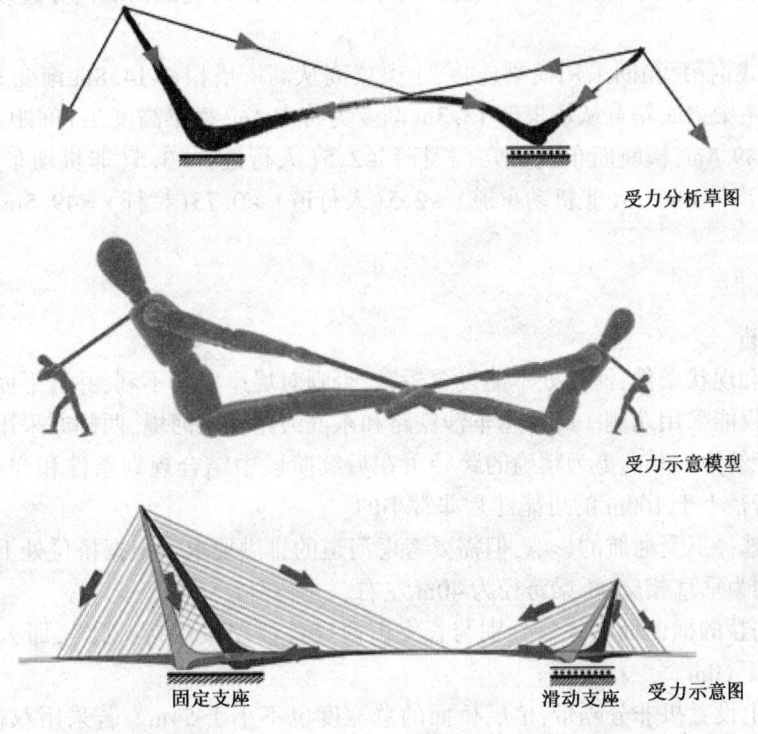

图 6　结构受力简图

2) 桥型方案

桥梁结构形式为双塔斜拉和刚构组合体系桥,详见图 7。高塔处采用塔梁墩固结,矮塔处为塔梁固结在墩底设单向活动支座。桥梁全长 650m,左半桥跨径组合 $(29+126+366+100+29)$m,右半桥跨径组合 $(29+181+339+72+29)$m。

(1) 支承体系

全桥采用斜拉和刚构组合体系,塔梁固结形成受力整体,斜塔可以平衡部分跨中荷载。高塔处采用塔梁墩固结,矮塔处在墩底设置单向活动支座。主梁采用分离式钢箱,拉索锚固在两侧主梁钢箱上,横梁联接两侧分离主梁,桥面板采用正交异性钢桥面板支承在横梁体系上。

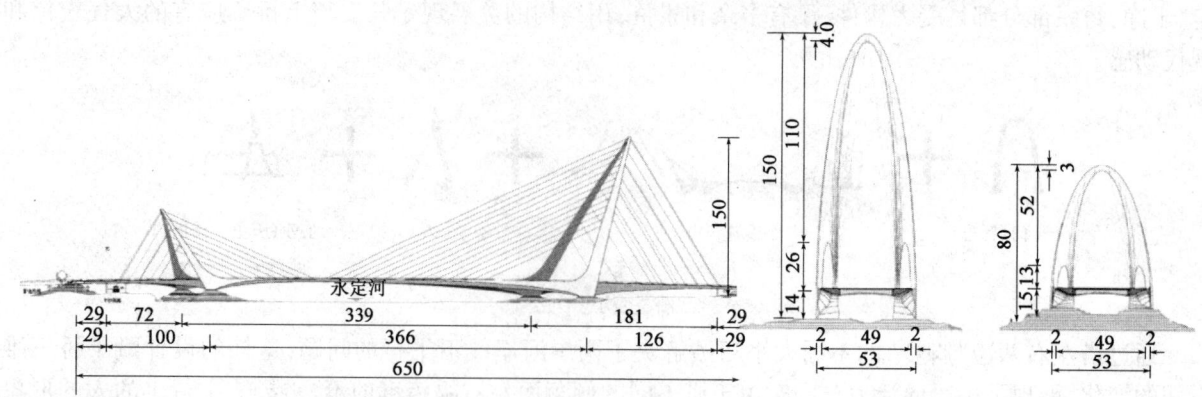

图7 总体布置图、横断面图(尺寸单位:m)

(2)索塔

索塔采用倾斜空间异形门式塔,左幅高塔和矮塔倾角分别为59°、76°,右幅高塔和矮塔倾角分别为76°、59°。高塔高150m,索塔截面从塔底13.8 m(顺桥向)×12m(横桥向)渐变到塔顶3 m(顺桥向)×5m(横桥向);矮塔高76m,索塔截面从塔底9 m(顺桥向)×12m(横桥向)渐变到塔顶2.5 m(顺桥向)×3m(横桥向)。

为了确保桥梁轮廓的纯净,将非机动车道和人行道在塔下部的椭圆拱洞内穿过。

(3)主梁设计

主梁采用分离式钢箱,箱间采用横梁连接,主梁梁高从高塔塔根部14.8m渐变为跨中3m再渐变到矮塔塔根部9.7m,主梁梁底箱宽从塔根部13.3m渐变为跨中4m,横梁高度2m间距3m。

桥梁标准段宽49.5m,横断面布置0.75(栏杆)+2.5(人行道)+3.5(非机动车道)+3(隔离带)+30(车行道)+3(隔离带)+3.5(非机动车道)+2.5(人行道)+0.75(栏杆)=49.5m,在索塔处局部机非隔离带变宽为5m。

2."龙凤呈祥"

1)工程条件分析

根据规划资料和现状条件,河堤处不能设置桥墩,否则对堤岸安全不利,并且平面位置上也没有设置桥墩的空间。因此仅能采用东侧一跨跨越丰沙铁路和东滨河路及东河堤、西侧亦采用一跨跨越西河堤和河堤路,最小的跨径约为120m,更为精确的跨径可在后续阶段中结合规划条件和详细地形图确定,从目前的资料看,这个跨径小于100m的可能性是非常小的。

河道中跨径的选择不受通航的影响,但需要考虑河道的排洪要求。根据桥位处上下游已建桥梁情况来看,道路与河道均为垂直相交,桥梁跨径为40m左右。

根据规划"跨河桥的横断面形式应分别与长安街西延各段路段保持一致",那么若采用单层桥面布置桥面宽度将不小于60m。

即使不考虑桥上设置机非分隔带,单层桥面的总宽度也不小于54m。若采用双幅桥,桥型的选择上限制较多;如120m的跨径采用拱桥,横向四片拱肋景观效果会很差,而横向两片独立的拱肋因需要设置同向交通的分车带而使得交通流不流畅。而采用双层桥面的横断面布置形式,可回避上述问题,同时具有如下优点:

(1)非机动车道、人行道与车行道分离,为与西六环的互通立交的实现提供优越条件;车行道在上层,不会出现与行人流和非机动车流交叉的问题,使得车行交通更加通畅;而如果采用单层桥面的话,互通立交的匝道车流与人流、非机动车流交叉,交通不流畅,也可能会形成路口堵车现象;采用双层桥面,更加人性化设计,对于非机动车和行人过桥也更加安全。

(2)在与规划一路的交叉中,下层的非机动车道、人行道可在规划一路实现道路平交,上层车行道跨越规划一路。

(3) 双层桥面桥梁宽度小,有更多的桥型选择。

另外,采用单层单幅桥面也是可行的,可将拱肋或塔结构至于3m机非分隔带内,辅路和人行道形成大挑臂结构。

2) 概念生成与选择

梁桥、拱桥、斜拉桥和悬索桥是四种基本桥型,均适合在桥位处建造。方案研究共枚举出14个桥型方案涵盖了四种桥型,从桥型布置到结构受力,各具特色,各有千秋。采用综合概念比选的方法,对14个桥型方案从安全、适用、经济、美观、耐久、环保、与周边环境的协调、可设计性和可施工性等方面进行比选。最终选择五跨连续桁架拱桥方案、斜拉桥与梁桥组合方案和斜拉桥与拱桥组合方案共三个方案进行下一步的详细桥梁方案设计,这里仅介绍最终获奖的连拱与斜拉组合桥型方案:

(1) 设计理念

方案寄意龙凤呈祥,兆示石景山和门头沟地区的蓬勃发展、吉祥如意、幸福绵长。方案由恰如游龙腾跃的多跨连拱桥与宛若凤凰飞舞的斜塔斜拉桥组合而成。如图8所示。

图8 方案寓意和效果图

拱桥有着悠久的建造历史,本方案拱跨连续变化,依次放大,跳跃的拱肋构成龙形,曲身扬首,喜庆祥瑞,通过重复、渐变、近似,在形式上实现充分协调,产生强烈的韵律感,使拱桥这一古老桥型洋溢着勃勃的生命力。斜拉桥结构中桥塔向一侧倾斜,视觉上产生倾向性张力,传递着向外发射、发散的动感,塔柱在造型上两端收紧,力度感充足;另一侧两组拉索错落成扭转的空间曲面,像凤凰展翼,翩翩起舞,顾盼生姿。两种桥型一刚一柔,一新一古,对比鲜明,却又完整连贯,浑然天成。二者以倾斜的拉索与悬挑的拱肋自然顺畅的过度,实现了视觉的冲击与力线的畅流。从力学上顺应了结构和力内在的平衡,在更深的层次上体现着结构的力感。

方案巧妙的以斜拉桥主跨和连拱中最大一跨跨越两边堤岸与铁路,以其余小跨跨越不要求通航的河道。如此,既化解了边跨大中跨小带来的造型上的尴尬,又尽可能以较小跨度实现跨越,保证了经济性。限制性的因素成为构思灵感的来源,在约束与反约束的思维中诞生了创新方案。她的独特造型,蕴含着的设计理念,体现了重视创造力的人文精神,彰显着地区发展规划的目标,使之堪当区域标志性建筑的重任,实为难得的方案。

(2) 总体设计

桥型方案分为独塔双跨斜拉桥与中承式多跨拱桥两部分。桥跨布置为120+25+30+40+40+70+

$90+110+125+40=690m$(见图9)。

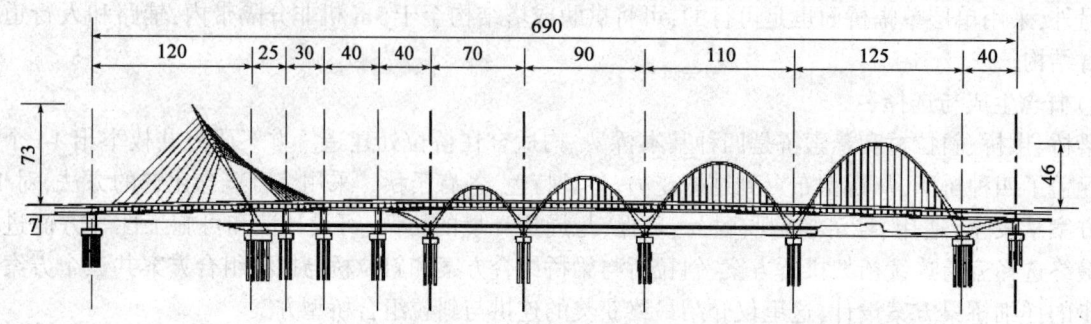

图9 总体布置立面图(尺寸单位:m)

斜拉桥桥塔倾斜(见图10),倾角60°,塔身总长88m,桥面以上高度70m。桥塔截面为圆形,最大截面直径5m,塔顶与塔底截面缩小。桥塔与混凝土基座铰接,主梁与基座固结。斜拉索共40根,锚点在桥塔上间距3.6m,在主梁主跨上间距为8m,边跨上主梁上锚点呈圆弧形布置,形成空间索面。

多跨拱桥拱肋向内收敛(见图11),拱肋倾角79°,桥面以上高度以近似黄金分割比从9.5m扩大到45.4m。拱肋轴线为二次抛物线,在桥面以上为矩形钢箱,宽2.5m,高1.5m,壁厚为40mm。拱肋在桥面以下为混凝土结构,拱肋上缘为三次抛物线变化。吊杆采用单根PE保护层高强钢丝索,全桥共106根,吊杆间距5m,吊杆长度为2.5~45m。

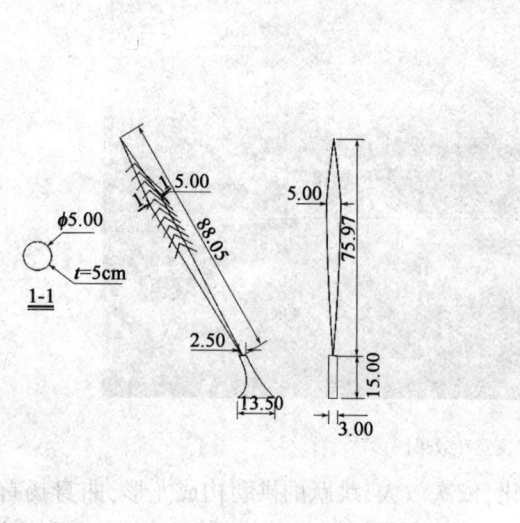

图10 主塔构造示意图(尺寸单位:m)

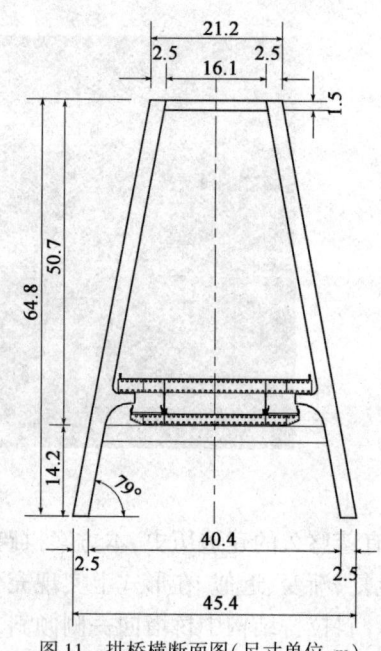

图11 拱桥横断面图(尺寸单位:m)

主梁为双层桥面,上下两层均为扁平钢箱梁。上层桥面通行机动车,箱梁高2m,拱桥部分宽32m,斜拉桥部分宽34m。下层桥面通行非机动车与行人,箱梁高1.5m,全桥宽27m。上下层箱梁间以5m间距的吊杆连接。

主桥结构钢材选用Q345qD,保证结构低温时受冲击荷载作用的断裂安全性。全桥钢结构构件连接均采用焊接连接。

本方案将两种迥异的桥型合二为一,以巧妙的布置弥合结构体系和视觉效果上的差异,是桥梁设计思路和设计概念的全新尝试。技术层面上,以吊杆连接上下两层钢箱梁,兼顾主梁承载能力和下层通行空间的视觉通透性,提出了前所未有的主梁布置解决方案。

3. 方案汇总

专家评审委员会推选出的获奖方案情况,详见表1。

获奖方案一览表　　表1

序号	方案名称	效果图	创意简述	专家评语	工程总造价
1	一等奖"和力之门"		连接城市和自然的和谐之门,用"行走的人"寓意城市发展活力的动感之门	设计理念符合区位特征,造型通过桥塔平面、立面不对称处理具有灵动之美,简洁优雅,细节处理大气	56277万元
2	二等奖"活力之环"		孕育与传承的文明之环,生生不息的动力之环	设计理念较新颖,对主塔形式加以变化形成动感飘带,富有时代感	39627万元
3	三等奖"龙凤呈祥"		兆示石景山和门头沟地区的蓬勃发展、吉祥如意、幸福绵长。	设计理念中国人喜闻乐见,拱桥部分采用渐次变化的尺度产生动感和新意,双层桥构思有一定特色	44750万元

后期,相关工程条件有所调整:河堤东侧的丰沙铁路入地带来桥下净空要求降低、首钢改造方案深入落实对大桥标志性景观效果需求进一步迫切,需要对上述方案进行优化。另外,从工程实施角度,"和力之门"还存在主跨太大,造价偏高;"龙凤呈祥"还存在沿行车方向垂直布置的桥墩与河道水流斜交,局部桥墩位于河堤堤体保护范围等不利于行洪等问题。"龙凤呈祥"桥墩与水流平面布置关系见图12。

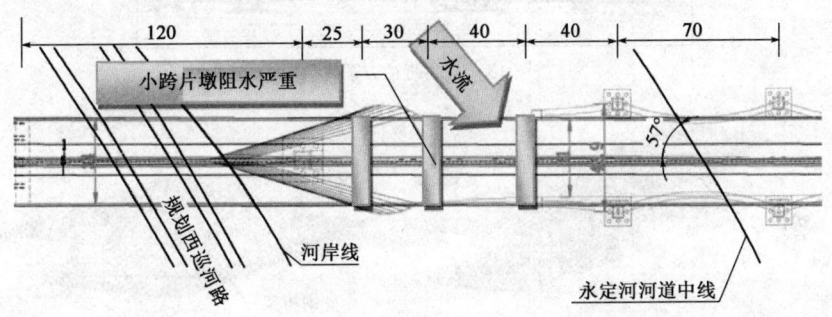

图12　"龙凤呈祥"局部基础平面布置图(尺寸单位:m)

三、方案优化和比选

1."和力之门"

1)减小主跨跨径

根据河道自然条件,对主跨跨度、跨度与拱塔比例尺度进行反复优化,最终确定主跨跨径由方案征集时的366m调整为280m,达到建筑景观效果和降低工程实施难度、节约投资等各方面均衡。优化情况见图13。

2)降低道路纵断

方案征集阶段按照丰沙铁路净空9m控制,桥梁上跨巡河路后向东又跨越了规划二路。优化方案按照丰沙铁路入地,巡河路净空4.5m控制,道路纵断降低4.5m。桥梁跨越巡河路后落地,基本可实现与规划二路平交,缩短了桥梁长度,减少投资。

2."龙凤呈祥"

1)上下层钢箱间吊杆改为桁架。

原方案上下层桥面间吊杆体系存在一定结构缺陷,需改为桁架体系,见图14。

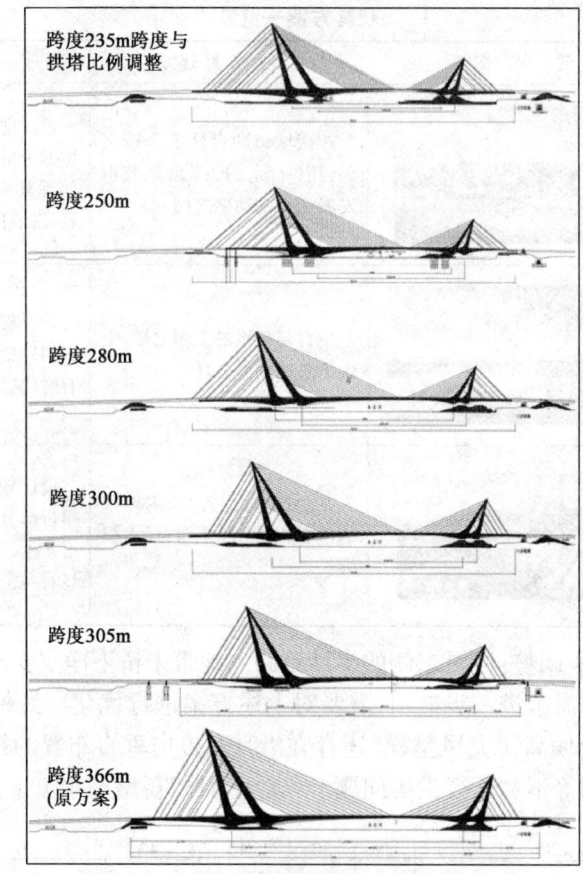

图 13　不同跨径方案优化

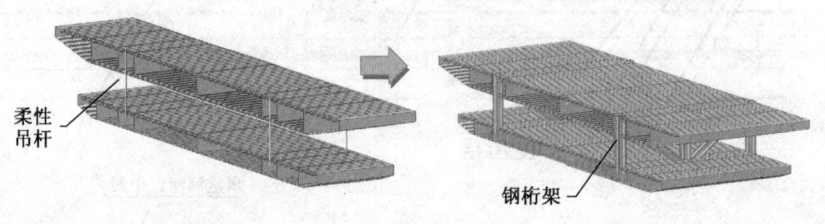

图 14　方案调整主梁节段轴测图

2）桥梁基础挪到东侧河堤范围外，基础正交改为斜交。

永定河河堤涉及中心城区防洪安全，至关重要，水利部门要求桥梁基础不得放置在东侧河堤堤体上。另外，河道中较多正交布置的矩形墩基础对行洪不利，需要对原方案进行调整。调整后桥跨平面布置见图15。

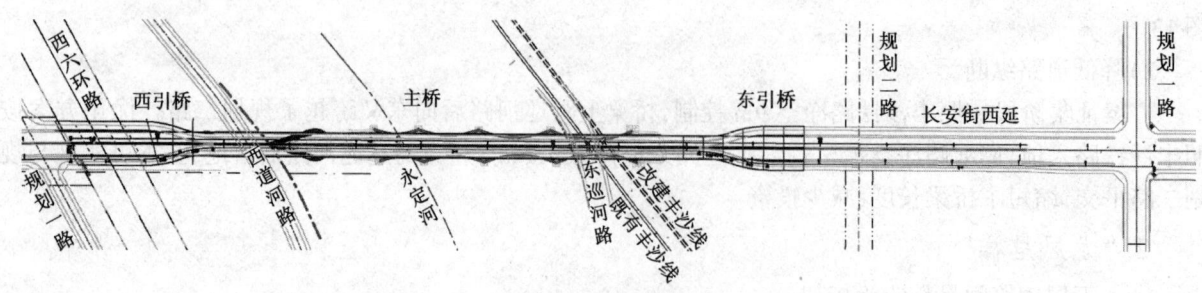

图 15　"龙凤呈祥"基础调整后平面图

3）独塔需设中央隔离带增加桥梁宽度。

独塔设置在中央隔离带上(见图16)，原方案桥梁加宽段长度不满足规范要求，需延长至拱桥部分，加宽3.5m(见图17)，增加桥梁面积、投资。

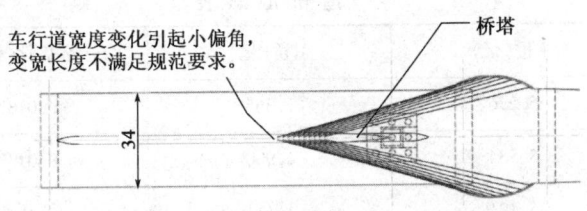

图16　斜拉桥平面布置图(尺寸单位：m)

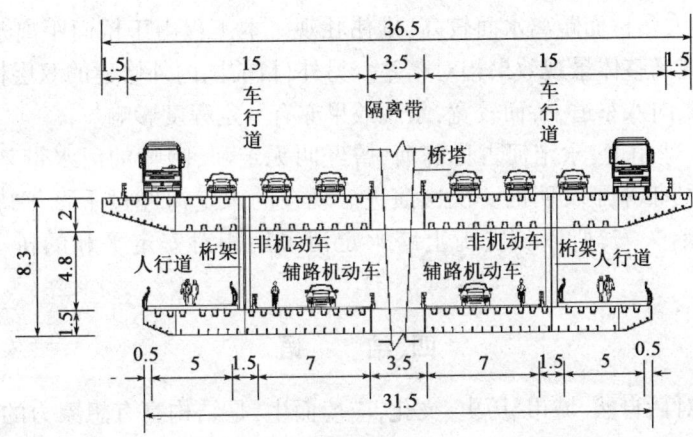

图17　调整后主梁横断面图(尺寸单位：m)

3．方案比较

1）道路纵断、地块使用和交通

双层桥主梁整体较高，桥面较单层桥需提高4m左右，导致整体桥梁长度增加，详见图18。

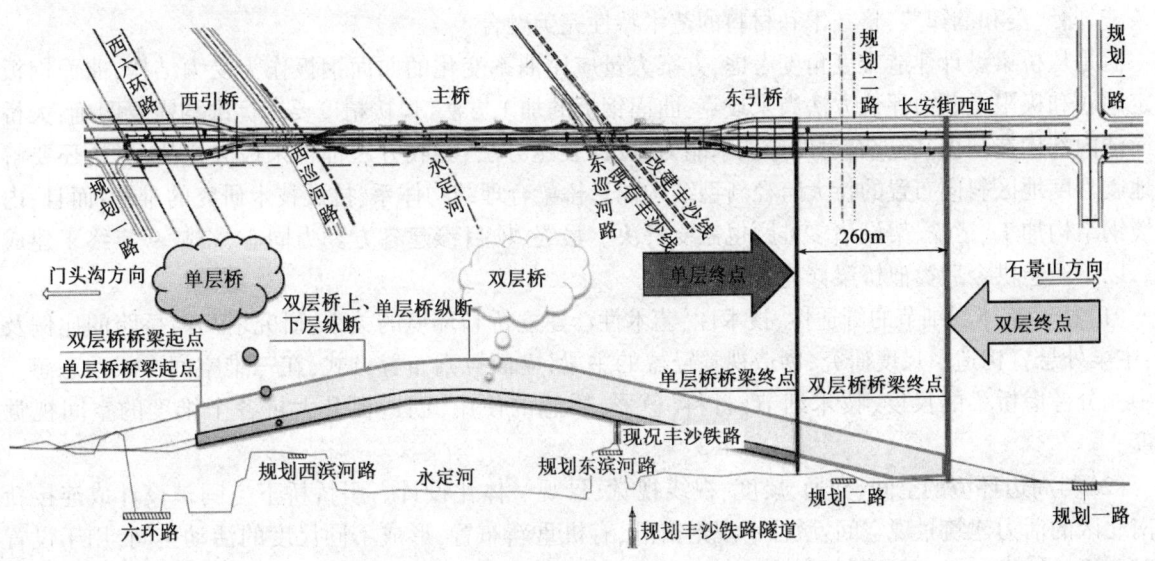

图18　单层桥、双层桥平面及立面比较

单层桥基本可实现与规划二路平交，对首钢两侧用地分割影响较小。双层桥道路起坡点向东延伸较远(至规划一路)，对首钢两侧地块及路网切割较为严重(规划二路被隔断)。

2) 投资估算

为方便工程量比较,选取各方案桥梁总长度最长的1.273km的工程范围进行造价比较,(见表2)。"和力之门"与"龙凤呈祥"二者投资基本接近。

造价汇总表　　　　表2

方案	主桥(亿)	引桥(亿)	路基段(亿)	总造价(亿)
"和力之门"	5.276	1.365	0.0137	6.655
"活力之环"	3.534	1.900	0.0137	5.445
"龙凤呈祥"	5.171	1.411	0	6.582

3) 景观效果和方案寓意

已建成的双层桥梁大多桥面距离水面较高,雄伟壮观。本工程由于桥面距离永定河水面不高,双层桥桁架结构主梁较高,现场整体景观效果相对稍差。另外,目前国内外修建的双层桥多为公铁两用桥,一般桥面较窄,本工程为双向八车道,桥面较宽,景观效果亦有一定程度影响。

从城市历史文化心理角度,永定河古称浑河,曾经叫无定河,咆哮的河水带来了泥沙和水患,也带来了平原的生长和水源,带来了文明的一次次演进。现在的永定河经过千百年持续治理,河道已经稳定,人民希望永定河长治久安,所以长安街上跨永定河采用相对安定平和的桥型方案更容易让大家接受。

四、结　语

"和力之门"方案,对话自然、城市、历史、文化,应境而生,是结构富有想象力的艺术表达。永定河河道上口垂直宽376m,为减小对河道泄洪的影响并保护河堤,需要尽量减少河道中桥墩数量。于是,河道中只设置两座钢塔,并极富想象力的将钢塔与主跨分离式钢箱主梁组成新的空间受力结构,与边跨主梁、斜拉索共同构成斜拉刚构组合结构体系。考虑长安街轴线与河道的交角,桥梁主塔南北侧基座顺应水流方向错位布置,形成"迈步"的态势。以椭圆形构建两个主塔(一高一矮),塔肢南北侧的迈步带来塔身空间的扭曲,形成三维空间内灵动、变化的形体感,叠合平行的竖琴式拉索,大桥从整体结构到细节呈现线条美、曲线美和韵律美,将技术和材料的艺术特性完美融合。

但是从桥梁设计建造难度角度考虑,方案大量应用曲率变化的曲面钢板作为受力结构,曲面钢板的稳定问题和极限承载力评价方法尚未攻克,曲面钢板的加工方法、焊接精度要求标准均需要明确;大桥外观简洁内部构造却极其复杂,对设计技术能力、设计表达方法、验收方法都带来极大挑战;大桥还要解决高地震烈度地区斜向布置的特大跨径新型结构体系桥梁合理结构体系、抗震技术研究的难题;而且,内陆环境钢结构加工、运输、架设诸多难题也需要解决。最终,项目参建各方勠力同心,奋战9年终于建成通车。以下经验供今后类似桥梁修建参考:

(1) 桥梁整体到细节的舒适性、技术性、艺术性。建立桥和环境的关系,研究塔高与桥跨的比例及线形;主梁外悬臂构造及尺度研究,创造视觉轻盈的主梁;立面拉索布置方式,在三维空间形成动态感。设计中充分考虑桥梁的尺度、技术细节、材料、色彩、质感的使用,创造提升大桥各个维度的空间视觉舒适度。

(2) 与周边环境的空间、交通、尺度、视线视觉、景观一体化设计。引桥桥下空间被设计成连接新首钢南北区的活力建筑景观空间:墩柱不规则错落、有机重新布置,形成不同尺度的活动空间,用于设置多种服务设施。设置梯道和吊桥建立桥面、地面、永定河河堤的安全、便捷交通联系。局部改造河道地形,通过改造河岸线,实现水面拓宽,河道内规律的岛屿布置,并为大桥照明提供基础安装条件。构建多处独特的观景点和框景。

(3) 附属设施的精细化设计创造艺术性的桥梁。所有工程管线纳入结构设计中,保证不外露;路灯、夜景照明灯架、隔离带护栏、隔离带格栅铺装、拉索减振器、人行道护栏等充分考虑安全性、人行视觉的通透性、与整体设计理念的一致性。

(4)充分考虑可持续发展要求。项目从主桥桥跨布置开始减少对河道行洪的影响，桥梁主体结构全部采用钢结构工厂预制，现场焊接成为整体，其他所有部件，如人行道板、人行道栏杆、中央分隔带等也都采用工厂预制，现场拼装。不但极大提高加工精度和施工质量，更减少了桥梁施工对自然环境的影响，最大程度实现了城市桥梁建设可持续发展。

30. 新首钢大桥异形钢主梁设计

杨文忠 杨冰 王磊

(北京市市政工程设计研究总院有限公司)

摘 要 长安街西延长线上的新首钢大桥，经过国际方案征集确定为"和力之门"，该桥型结构为中孔280m双塔斜拉刚构组合体系桥。由于桥梁轴线与河道斜交为57°，主梁设计为不对称分离式钢主梁与大横梁组成的空间梁格；由于大桥位于长安街，桥面不得分幅，整幅宽度达50m左右；大桥分离式主纵梁在水平、竖向的外轮廓均为曲线，梁体形成了空间曲面，设计难度极大，故借助CATIA三维正向辅助设计，以确保线形精度满足要求；大桥梁底为韵律排列的变截面大横梁，看似规则，由于总体布置的不对称，导致不同位置大横梁受力差异很大。

关键词 钢箱梁 正交异性桥面板 不对称 正向设计 局部稳定

一、引 言

1. 背景情况

新首钢大桥位于长安街的西延长线上，上跨永定河治理工程"四湖一线"中的莲石湖、丰沙铁路(已入地)和巡河路。大桥主桥采用中孔280m双塔斜拉刚构组合体系桥，高塔塔底采用塔梁墩固结，矮塔塔底为塔梁固结，与下部结构使用支座连接。中孔与边孔主梁采用变截面双主纵梁与大横梁小纵梁组成的梁格体系，辅助孔主梁采用整体断面钢箱梁。由于本桥与河道斜交，主塔塔身倾斜，导致主梁空间不对称效应、扭转效应、横弯效应非常明显，也成为主梁设计重点解决的技术难题。

2. 大桥主要技术标准

(1)道路等级：城市主干路。

(2)设计行车速度：60.00km/h。

(3)机动车道设计荷载：城-A级。

(4)抗震设防标准：地震基本烈度为8度，抗震设防烈度为8度，设计基本地震动峰值加速度0.2g；抗震设防措施等级9级。

二、大桥钢梁设计

1. 大桥钢主梁整体设计

主桥钢梁由辅助孔+边孔+中孔+边孔+辅助孔五孔组成，主孔跨径280m，全长639m，钢梁顶板从结构中心(道路定线)向两侧设置1.5%横坡，总体布置见图1。

主桥中孔与边孔由南北两个分离钢箱主纵梁和中间开口大横梁体系(含正交异性桥面系)组成，辅助孔为整体扁平钢箱断面，见图2、图3。

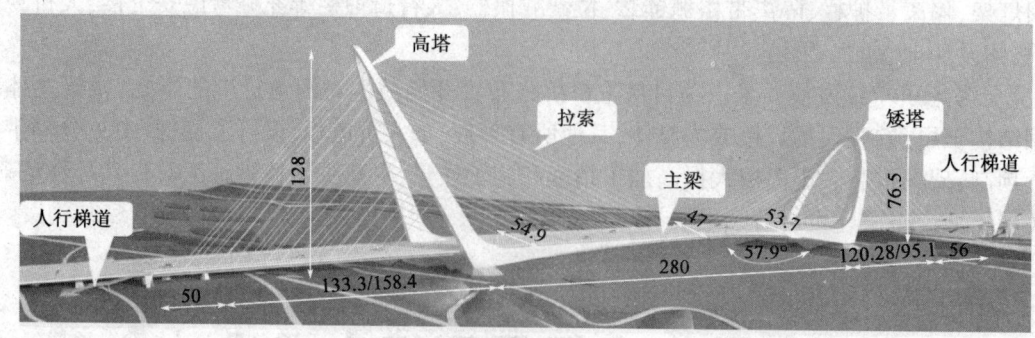

图 1 主桥总体布置图

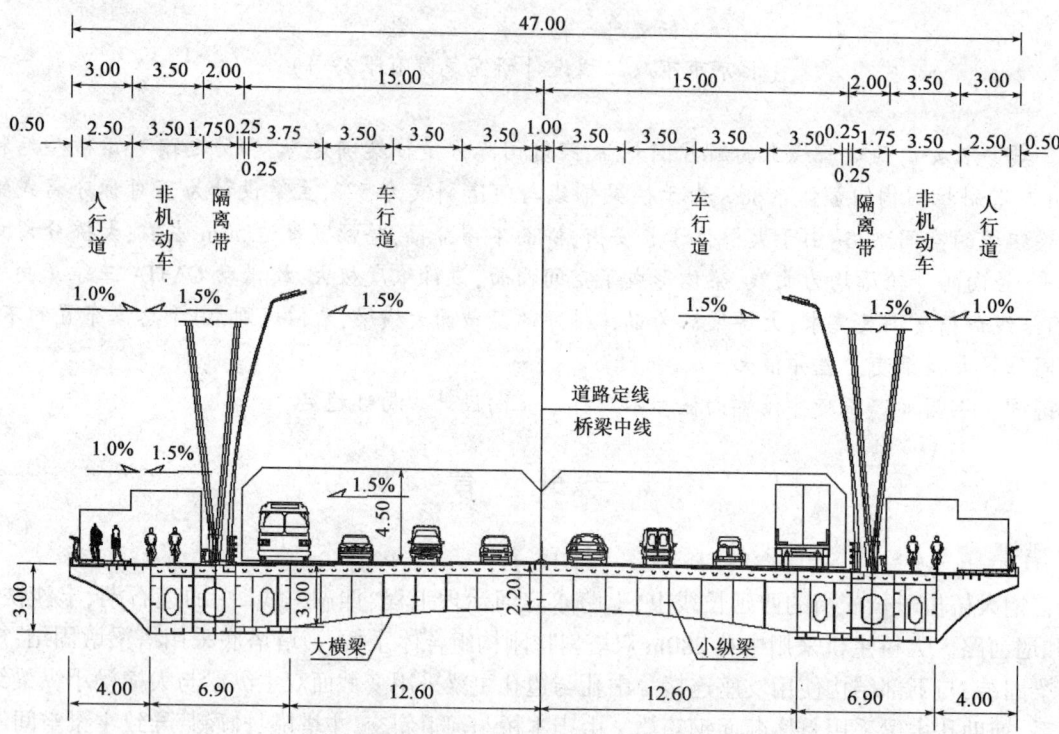

图 2 主桥中孔跨中钢箱标准断面（尺寸单位：m）

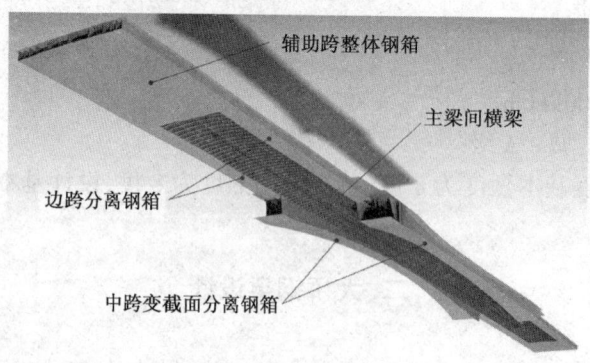

图 3 主桥主梁总体布置

2. 主纵梁设计要点

中孔与边孔主纵梁为南北分离两个钢箱，中孔部分钢箱顶板设置 1.5%横坡，底板横桥向保持水平无横坡，以便于与塔柱底水平承压板对接；梁高由跨中的 3.3m 按圆弧曲线过渡到高塔和矮塔根部 10m；

钢箱宽度由跨中 6.9m 渐变至塔柱处 14.85m。边孔部分钢箱等宽 6.9m,等高 3m,顶底板均设置 1.5% 横坡。

中孔主纵梁宽度变化幅度较大,同时需要兼顾顶底板纵向加劲肋设置、斜拉索锚箱设置、与钢塔柱侧板对应衔接等因素,钢箱由跨中单箱四室变化至塔根部单箱五室,腹板由跨中的 4 腹板变化为根部 6 腹板。边孔主纵梁相对规则,均为单箱四室,仅在根部与钢塔柱侧板接顺,见图 4。腹板中断的端头设置弧形缺口过渡,实现结构刚度渐变,上下延伸的端头分别与顶、底板纵肋相接。

中孔主纵梁钢箱腹板厚度由根部 40mm 分段降低至跨中 16mm,腹板单侧设置纵向和竖向加劲肋。腹板纵向加劲肋尺寸规格和间距随腹板轴向应力不同而调整,腹板竖肋尺寸规格随腹板高度和主梁竖向剪力不同而调整,以确保腹板局部稳定性。

由于塔柱的不对称设置和主纵梁的不对称受力特征,钢梁顶板板厚设置需要统筹结构纵横向受力、节约钢材、避开轮迹线、顶板纵横加劲肋布置、梁体制作段划分等因素,顶板板厚随位置不同而调整,极厚变化分界见图 5。

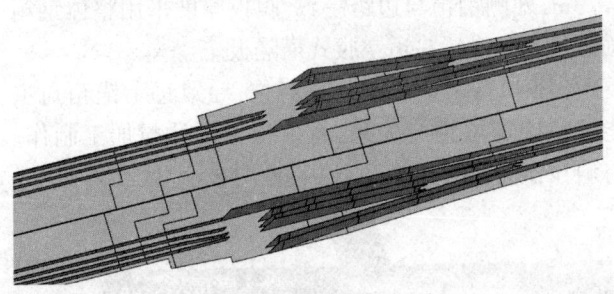

图 4 中边孔主纵梁腹板布置

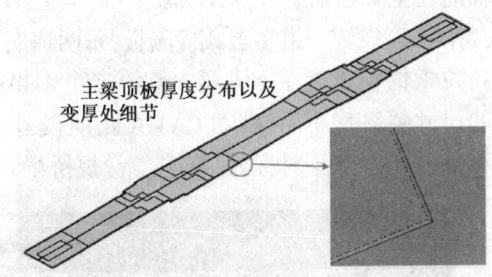

图 5 主梁顶板板厚分界

中孔与边孔主纵梁钢箱隔板的设置与大横梁一一对应,每隔 3m 设置一道,见图 6。钢箱横隔板的主要作用是防止钢箱发生翘曲畸变,本桥钢箱宽度最小 1.5m,最大 5.8m,钢箱高度最低 3m,最高 10 多米,变化幅度大,同时横隔板与中间大横梁连接,作为整体横向受力构件,所以受力状态复杂,为确保稳定性,均采用实腹式隔板,并设置足够的纵横加劲肋。

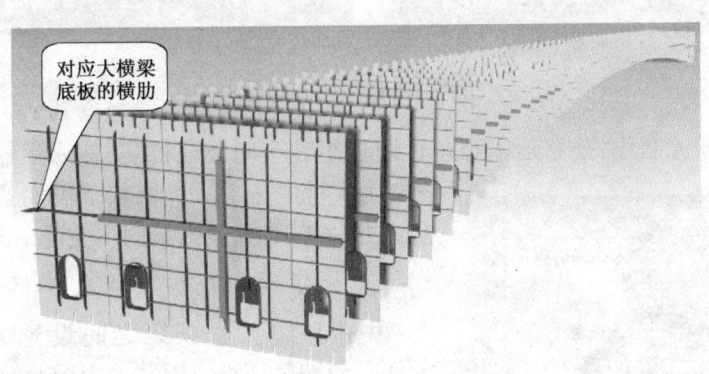

图 6 横隔板示意图

隔板加劲肋分加强型(T形)和普通型,形成合理的大小格构空间。与大横梁底板对应的箱内隔板横肋,规格不低于对应大横梁底板。

主纵梁高塔 0 号块顺桥向与中孔和边孔主纵梁连接,横桥向与大横梁连接,向上与塔柱连接,向下与基座锚固连接,这个区域承接了两个竖向、两个顺桥向以及一个横桥向共五个方向的构件,因此成为全桥构件密度最大、相交关系最繁复、受力最复杂的构造,见图 7。基于保证各方向可靠传递力流的原则,主纵梁腹板、顶板、底板和塔壁板均连续通过该区域,将该区域分隔成多层格构空间。

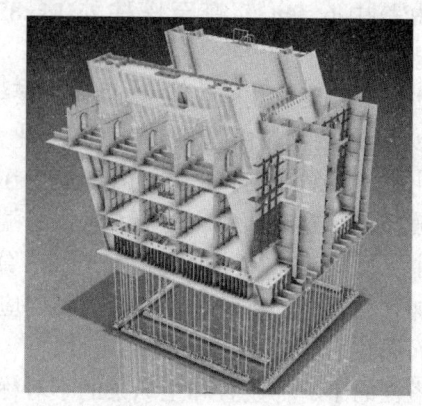

图 7　主纵梁高塔 0 号块

辅助孔主梁为辅助墩至分联墩范围，全宽 47m，梁高 3m，外侧钢箱与边跨一致，腹板厚度采用整体钢箱断面，每隔 6m 设置一道实腹式横隔板，每两道实腹式横隔板之间设置一道空腹式横隔板。

斜拉索锚箱设置在主纵梁内侧第二个钢箱内，由于桥塔和斜拉索的空间不对称，导致每个锚箱与主纵梁的尺寸关系均不同，借助 CATIA 正向设计手段能够精确定位相对关系，有效指导设计与加工制作。钢锚箱受力状态除不对称外，基本与常规桥梁相同，将斜拉索力传递给两侧腹板，见图 8。

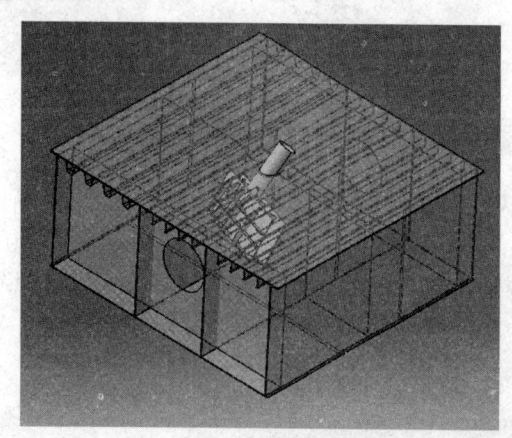

图 8　主纵梁钢锚箱构造

主纵梁采用工厂板元制作，公路运输至桥位附近组装车间节段拼装，然后运输至桥位大节段安装。图 9 为大桥中孔主纵梁根部节段实景照片，其中大横梁的根部 75cm 部分与主纵梁同步完成。

3. 大横梁 + 小纵梁组成梁格体系设计要点

中孔和边孔主纵梁之间设置大横梁，横向跨径为 25.2m，两端与主纵梁固结。大横梁间距 3m，为开口工字梁断面。标准大横梁在与主纵梁连接处梁高 3m，圆弧渐变至跨中 2.2m。大横梁间设置三道工字形小纵梁，标准小纵梁高 1.75m，构件关系见图 10。

大横梁底板在中孔范围内与箱内隔板加强水平肋对应，在边孔范围内与主梁底板直接相接。大横梁为横向主受力构件，U 形肋为桥面板提供纵向刚度。为适应各自主受力方向，大横梁与小纵梁均设置拼接板，将其分为上下

图 9　主梁中孔根部节段

两部分。上下两部分均按各自主受力方向分节段工厂预制,现场先安装拼接板以下部分成梁格后,在安装上部分桥面板。

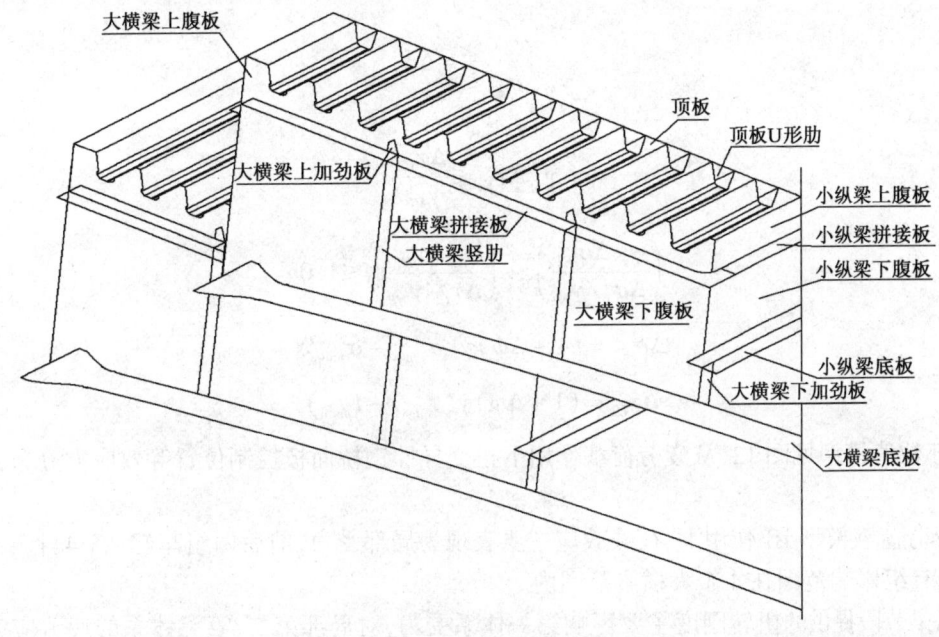

图10 大横梁、小纵梁和桥面系关系图

大横梁两端与钢箱连接部位不仅安装精度要求高,且受力状况复杂,所以大横梁在拼接板以下(含拼接板)部分,其两端0.75m在工厂与主纵梁连接为整体。

大桥边孔为双主纵梁+大横梁小纵梁组成的梁格体系,辅助孔为整体箱形结构,由于断面形式不同,在过渡墩横梁处两侧主梁纵横向刚度差异非常大,力流在此区域传递不均匀,容易引起应力集中,为改善局部受力状态采取如下措施,见图11：

(1)该区域边孔主纵梁和辅助墩横梁为钢-混凝土混合结构,箱内设置剪力钉钢筋网并灌注混凝土。

(2)该区域大横梁钢板厚度增加,并且最后五根大横梁的跨中梁高逐步由2.2m增加至3m。

(3)该区域小纵梁钢板厚度增加,梁高逐渐由1.75m增加至根部3m,并与辅助孔钢箱内腹板严格对齐。

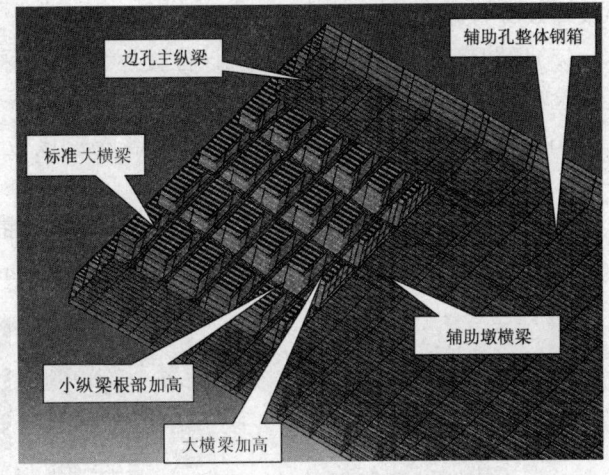

图11 主梁边孔与辅助孔过度区域关系图

4. 正交异性钢桥面板设计要点

正交异性钢桥面板以其自重小、极限承载力大、整体性好、能与主梁共同受力等一系列优点,在国内外现代钢桥中普遍采用。正交异性钢桥面板经过多年发展和改进,其设计越来越完善,但仍然不能完全避免疲劳损坏的问题。

本桥正交异性桥面板分三个层次受力体系:第一体系,以主纵梁为支撑的横向竖弯;第二体系,以横梁为支撑的连续梁,连续梁由桥面板和U肋(小纵梁)构成;第三体系,以U肋和小纵梁为支撑的顶板成连续梁受力模式。

正交异性钢桥面板局部受力构件的疲劳验算采用《公路钢结构桥梁设计规范》疲劳荷载模型Ⅲ,共4

轴,轴载120kN。考虑桥面铺装层对车辆轮荷载的扩散效应,扩散角取45°,每个轮胎的接地面积为0.2m×0.6m,则经铺装层扩散后作用在顶板的分布面积为0.36 m×0.76m。疲劳荷载模型Ⅲ采用以下公式验算:

$$\gamma_{Ef}\Delta\sigma_{E2} \leqslant \frac{k_s\Delta\sigma_C}{\gamma_{Mf}} \tag{1}$$

$$\gamma_{Ef}\Delta\tau_{E2} \leqslant \frac{\Delta\tau_C}{\gamma_{Mf}} \tag{2}$$

$$\left(\frac{\gamma_{Ef}\Delta\sigma_{E2}}{\Delta\sigma_C/\gamma_{Mf}}\right)^3 + \left(\frac{\gamma_{Ef}\Delta\tau_{E2}}{\Delta\tau_C/\gamma_{Mf}}\right)^5 \leqslant 1.0 \tag{3}$$

$$\Delta\sigma_{E2} = (1+\Delta\phi)\gamma(\sigma_{p\max}-\sigma_{p\min}) \tag{4}$$

$$\Delta\tau_{E2} = (1+\Delta\phi)\gamma(\tau_{p\max}-\tau_{p\min}) \tag{5}$$

U肋局部数值模型见图12,从疲劳荷载作用下正交异性钢桥面板控制位置等效应力分布云图可得以下结论:

(1)在疲劳荷载模型Ⅲ作用下,荷载效应主要表现为局部受力,前后两组车轮(各4个车轮)间相互影响可忽略,有组影响范围在4个大横梁范围内。

(2)主纵梁节段提供的扭转刚度主要影响第一体系受力,对局部第二、第三体系的疲劳应力影响可以忽略。

(3)四条车道分别在疲劳荷载模型Ⅲ作用下,差异不大。

(4)大横梁挖孔上缘处局部焊接U肋,纵向应力满足满足疲劳验算要求,但由于隔板顶腰,面外变形导致等效应力偏大,局部构造需要优化。

(5)U肋接头不得在隔板附近,该位置下缘受拉,采用双面全熔透对接焊,无衬条打磨余高,方可满足疲劳验算要求。

(6)U肋与顶板部分熔透焊缝(80%熔透),该位置受拉、压交变应力,应力幅基本满足疲劳验算要求。

(7)顶板车辆荷载局部曲率半径>20m满足桥面铺装对曲率的要求。

(8)U肋间车辆荷载竖向挠曲变形0.26mm≤0.4mm,满足桥面板刚度需求。

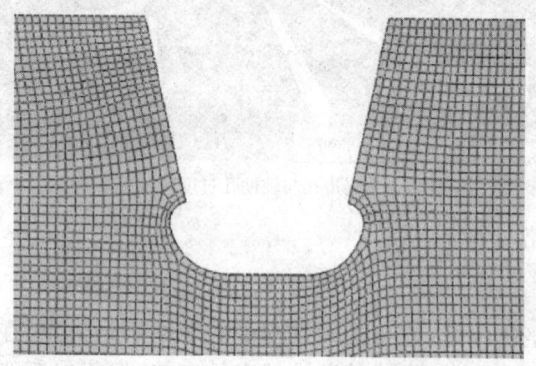 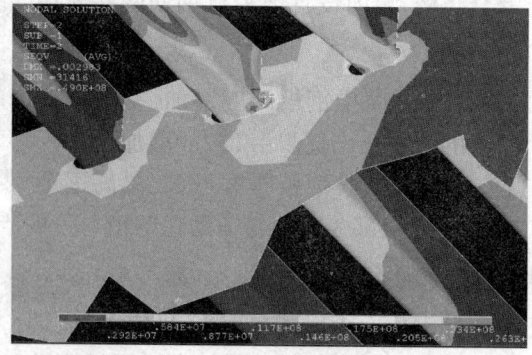

图12　U肋缺口单元化分和等效应力分布云图

依据以上计算结论可知,正交异性钢桥面板抗疲劳设计的核心在于细节设计,尤其是与U肋相接各焊缝的优化处理。基于上述结论,本桥细化设计如下:

(1)U肋统一采用板厚8mm钢板,工厂一次轧制成型。由于桥面钢板厚度变化剧烈,采用了从18~46mm多种规格,所以U肋高度选取从顶板定面至U肋底面等高度298mm的外形尺寸,见图13。

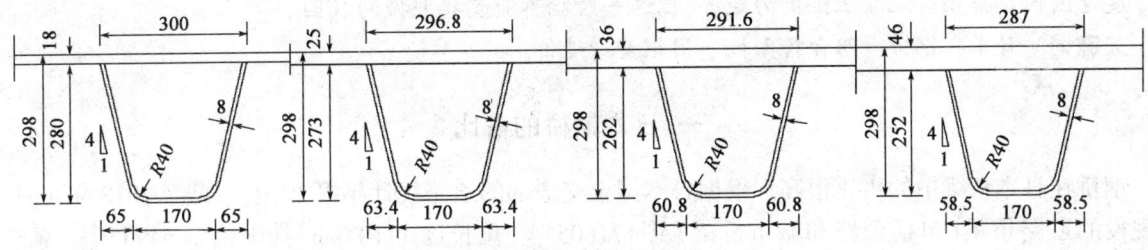

图 13 U 肋外形尺寸(尺寸单位:mm)

(2)U 肋与顶板部分熔透焊缝(80% 熔透),组装间隙<1mm。隔板在 U 肋根部开 5×8mm 孔,隔板与顶板、U 肋焊缝在此连续通过,并把开孔填满.细部构造见图 14。

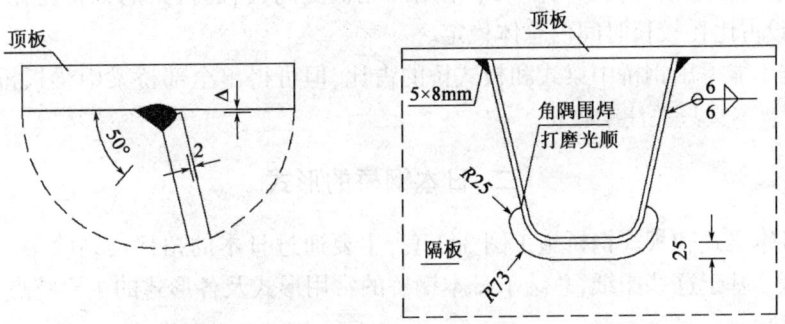

图 14 U 肋焊缝构造(尺寸单位:mm)

注:1. 组装间隙 Δ<1mm。

(3)U 肋在现场采用高强螺栓栓接,避免现场嵌补板焊接质量不高产生疲劳裂缝。

(4)钢主纵箱梁在行车道范围内顶板纵肋同大横梁桥面系采用 U 肋;其他非行车道范围顶板纵肋采用球扁钢肋,以更好适应钢箱宽度的变化。

三、结　语

本桥为全焊接钢桥,构造比较复杂,在设计过程中,笔者深刻体会到钢桥病害多数由应力集中和疲劳损伤等引起,通过细节优化设计能够得到极大改善,因此总结国内外既有研究成果和经验,提高钢结构桥梁细节设计质量是提高钢桥耐久性的有效途径。

正交异性钢桥面板的疲劳损坏作为世界性难题,引发工程技术人员不断探索,国内近两年出现的桥面板和 U 肋全熔透焊技术能极大改善此细节的抗疲劳性能,应积极推广应用。

随着计算机软件、硬件的进步,工程师的设计手段随之丰富、完善。本桥设计中应用的 BIM 正向辅助设计能够大幅提高复杂结构的设计效率和精度,值得深入研究和推广。

31. 日本钢桥应用现状调查

张华敏[1]　韩厚正[1]　卜晓励[2]

(1. 上海同豪土木工程咨询有限公司;2. 云南省交通规划设计研究院有限公司)

摘　要　主要基于 363 套日本近几年的钢桥施工图,并结合日本出版的其他资料,对日本梁式和板式钢桥的应用现状进行了总结。日本钢桥在总长上占比 48.3%,形式丰富,本文收集到的有小间距钢板梁、大间距钢板梁、箱梁、窄箱梁、槽形梁、钢桥面板钢梁、加劲顶板组合梁、预弯组合梁、组合空心板、组合实心板、型钢组合板这 11 种形式,另外配合钢梁使用的钢混组合桥面板也很具有日本特色。在日本,中等跨度范围内钢桥相对混凝土桥更为经济,但这一经验不能直接照搬到我国。

关键词 日本 钢桥 组合桥面板 用钢量 造价

一、日本钢桥的占比

钢桥在日本桥梁中的占比很高。根据日本国土交通部的道路统计年报2019[1],截至2018年4月,日本现役的道路桥梁(包括公路和城市桥梁)共171805座,总长度11183km,其中钢桥64936座,总长度5397km。也即钢桥在数量上占比37.8%,总长上占比48.3%。

比较2019年与2014年的年报[2],5年间桥梁数量增加6483座、总长增加570.9km,其中钢桥数量增加2028座、总长增加306.4km。5年间新建桥梁中钢桥数量占比33.3%,总长占比53.7%。总长占比明显大于数量占比,表明新建钢桥在长大桥梁中采用的比例更高;新建桥梁的钢桥占比与现存桥梁大体相当,表明钢桥的建设占比在较长时间内总体稳定。

根据年报数据不能得出钢桥中梁式和板式桥的占比,但可得出全部桥梁中梁板桥(含梁桥、板桥、刚构桥)占比93.4%。本文只关注梁板桥。

二、日本钢桥的形式

笔者收集到日本梁式和板式钢桥施工图363套,主要通过日本的招标网站收集,大多数图是近5年内施工招标的图纸。基于这些图纸,总结了日本钢桥的常用形式及各形式的主要特点。

1. 小间距钢板梁

图1是茨城县赤法花高架桥的断面,布跨为(30+28+31+31+30)m。

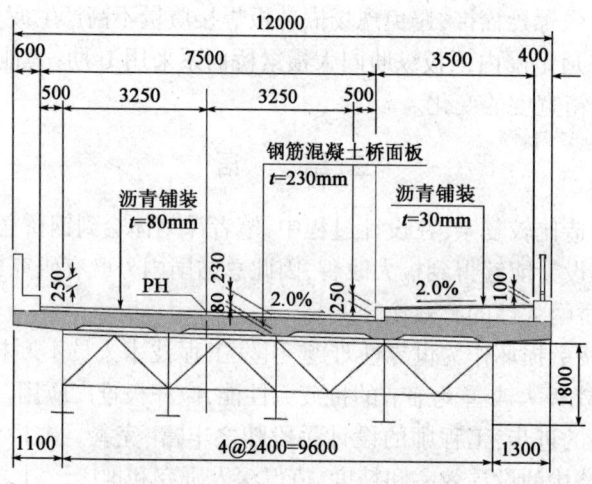

图1 茨城县赤法花高架桥(尺寸单位:mm)

小间距钢板梁是日本钢桥两种主要的传统形式之一,是现役桥梁中最多的一种,在当前新建钢桥中仍占很高比例。主梁间距大多2.0~3.5m,几乎没有超过4m者,配合采用的桥面板形式主要是现浇钢筋混凝土桥面板。桥梁主跨大多30~50m,几乎没有超过60m者。

2. 大间距钢板梁

图2是静冈县桃沢川桥的断面,布跨为34.3m。

大间距钢板梁是日本于2000年前后开始推广的新型钢桥之一,在当前新建钢桥中的占比已与小间距钢板梁相当。主梁间距大多4.5~6m,几乎没有低于4m者。近几年配合采用的桥面板形式主要是组合桥面板,横向预应力桥面板也占一定比例。桥梁主跨大多35~55m,很少超过70m。

日本大间距钢板梁的构造与法国的双主梁十分类似,但日本不强调一定要是双主梁,视桥宽需要三道主梁的实例也非常多。

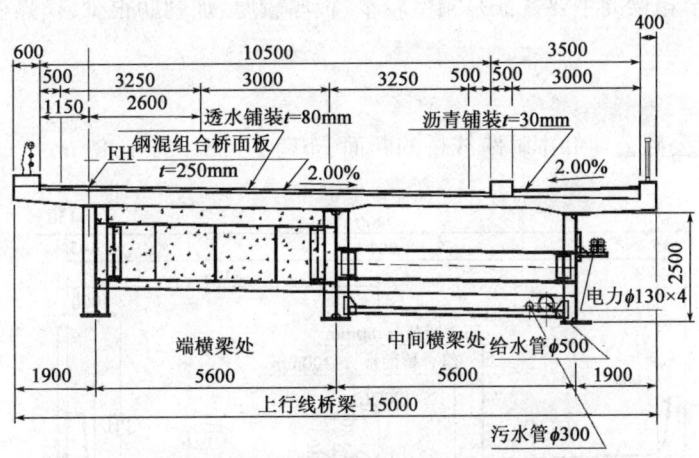

图2 静冈县桃沢川桥(尺寸单位:mm)

3. 箱梁

图3是高知县中筋川桥的断面,布跨为66+50.7m。

箱梁也是日本钢桥两种主要的传统形式之一,在当前新建钢桥中仍占较高比例。箱室宽度一般为2~3m,桥宽较窄时可采用单箱,但一般横向为多箱,箱梁净距较大时会在箱梁之间增加I形小纵梁,将桥面板横向跨度控制在3m以内,配合采用的桥面板形式主要是现浇钢筋混凝土桥面板。桥梁主跨大多40~80m,很少超过90m。

4. 窄箱梁

图4是西日本高速公路公司广川桥的断面,布跨为(38+60+95+68+83.5)m。

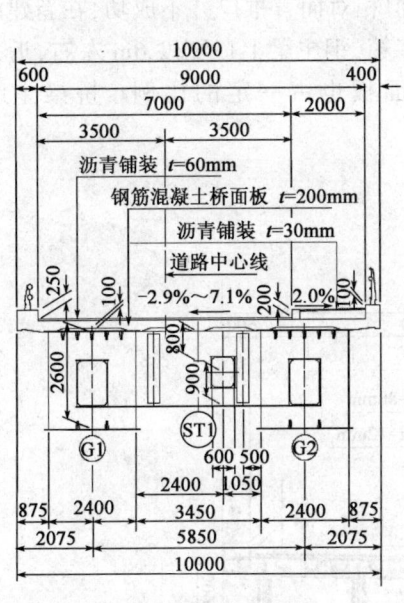

图3 高知县中筋川桥(尺寸单位:mm)

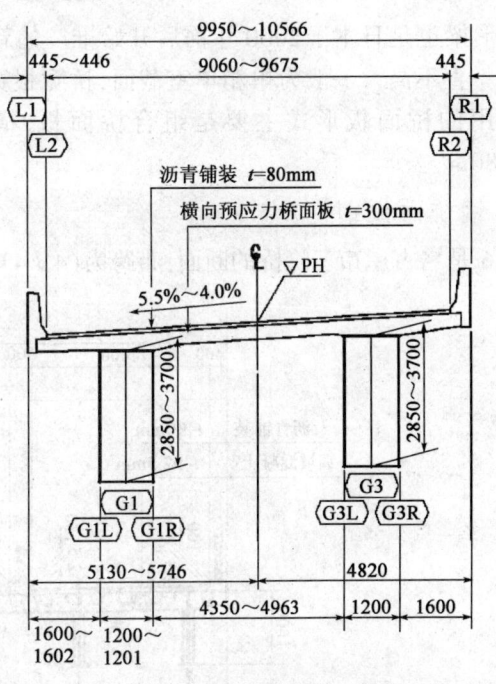

图4 西日本高速公路公司广川桥(尺寸单位:mm)

窄箱梁也是日本于2000年前后开始推广的新型钢桥之一,在当前新建钢桥中占有一定比例。箱室宽度一般为1.2~1.8m,全桥横向为多箱,箱梁净距大多4~6m,当桥梁很窄时净距也可能低于4m。箱梁之间不设小纵梁,近几年配合采用的桥面板形式主要是组合桥面板,横向预应力桥面板也占一定比例。桥梁主跨大多50~100m。

相对于传统箱梁,窄箱梁的主要特征是箱室较窄、板厚较厚、加劲肋很少、横隔板及横梁构造简单、桥面板横向跨度较大。

5. 槽形梁

图5是西日本高速公路公司卸本町跨线桥的断面,布跨为(38+51+38)m。

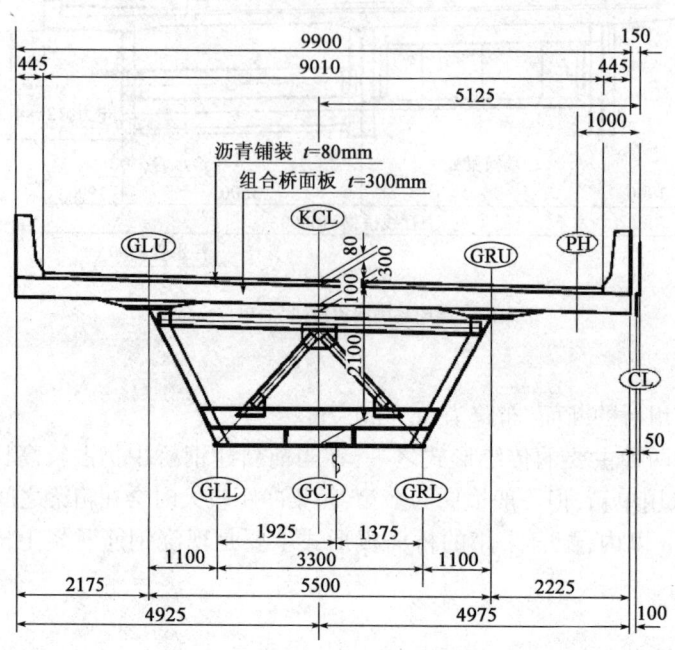

图5 西日本高速公路公司卸本町跨线桥(尺寸单位:mm)

槽形梁也是日本于2000年前后开始推广的新型钢桥之一,但相对而言推广并不成功,在新建桥梁中占比一直不高。一般为单箱单室截面,桥宽很宽时也可以是多箱,钢主梁上口宽度6m左右,近几年配合采用的桥面板形式主要是组合桥面板,横向预应力桥面板也占一定的比例。桥梁主跨大多50~80m。

6. 钢桥面板钢桥

图6是名古屋市三阶桥的断面,布跨为(4×43)m。

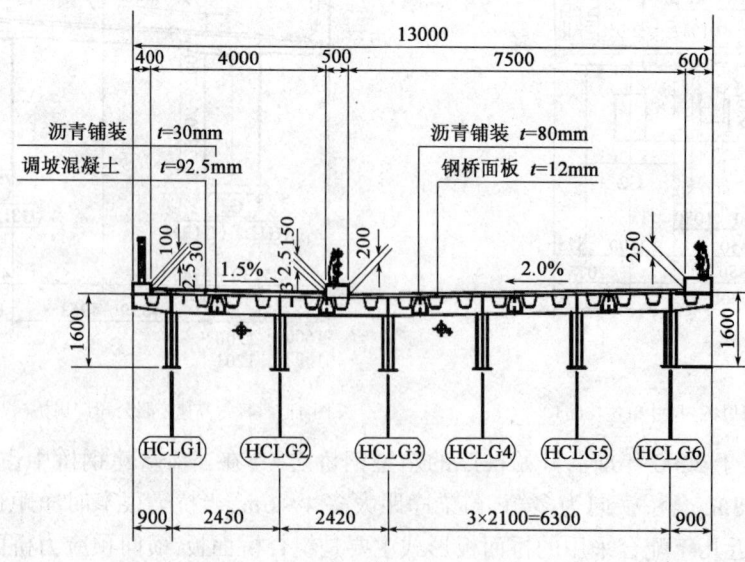

图6 名古屋市三阶桥(尺寸单位:mm)

日本的钢桥大多采用混凝土桥面板(含组合桥面板)。根据文献[3],近年来新建的桥梁中,采用正交异性钢桥面板的桥梁在数量上的比例约为15%,这一比例显著高于美国、德国及法国。在我国,采用钢桥面板的梁桥几乎均为箱梁,但在日本,钢桥面板与上述5种主梁形式搭配的都有。

7. 加劲顶板组合梁

图7是爱知县牧内桥的断面,布跨为31.8m。

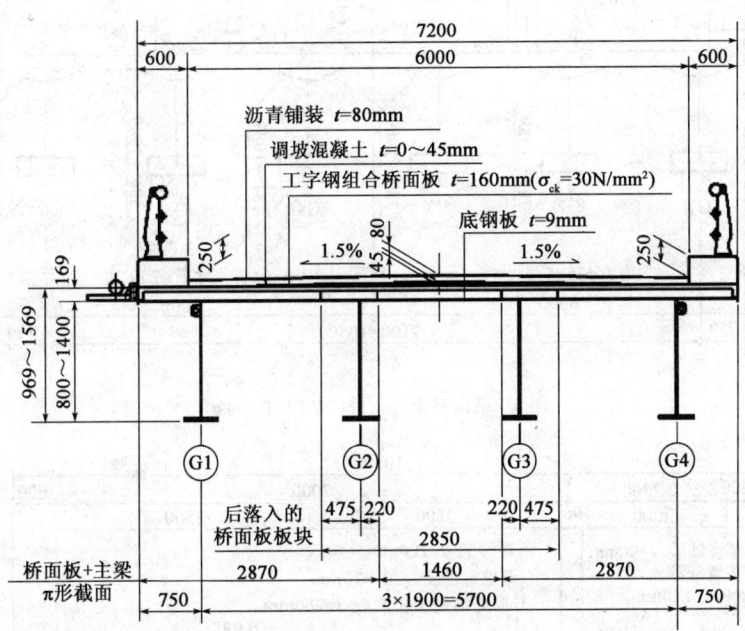

图7 爱知县牧内桥(尺寸单位:mm)

这种主梁的主要优点是无需桥面板模板。吊装单元为π形的钢板截面,顶板钢板较薄,横向设置工字钢加劲肋,成为承载力较强的加劲板,钢梁的顶板作为混凝土的施工模板。

8. 预弯梁

图8是富山县十三石桥的断面,布跨为(27.5+50.4+27.2)m。

预弯梁主要用于梁高受限的情况。其上下翼缘均包裹在混凝土中,相对于小间距钢板梁,预弯梁的刚度较大、振动及噪声问题较小。

9. 组合空心板

图9是千叶县筒之口桥的断面,布跨为30.6m。

组合空心板桥适用于对梁高限制非常严格的情况。底钢板连接成整体,上翼缘包裹到混凝土桥面板之中,腹板较为密集。

10. 组合实心板

图10是新潟县荻曾根川桥的断面,布跨为20m。

组合实心板是组合空心板的一种自然演变,当梁高实在太小时,取消组合空心板的空心,就成为组合实心板。

11. 型钢组合板

图11是千叶县国府关桥的断面,布跨为19m。

型钢组合板桥适用于对梁高限制非常严格的情况。用混凝土包裹密集的型钢共同受力,型钢又作为混凝土浇筑时的支持梁。

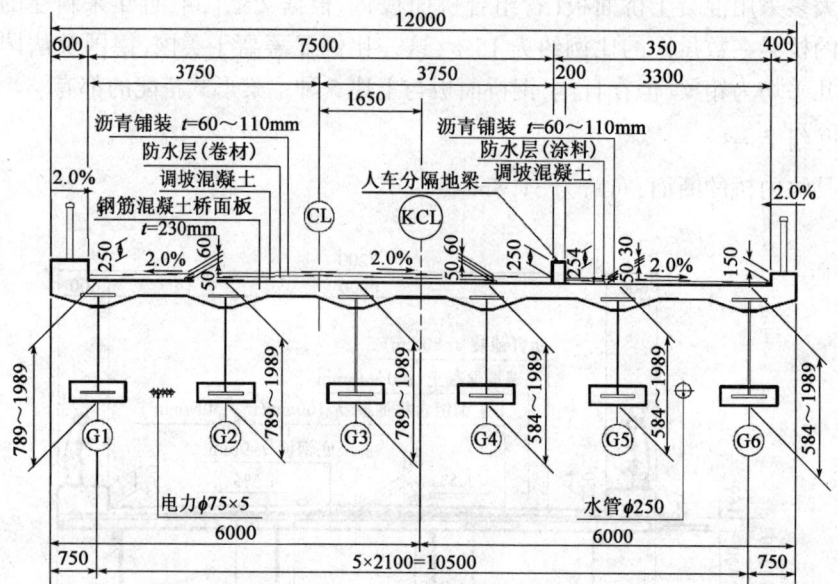

图8 富山县十三石桥(尺寸单位:mm)

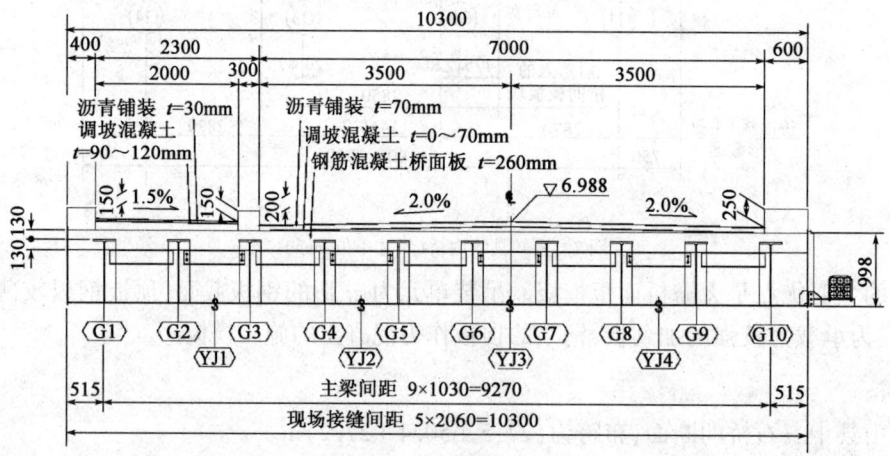

图9 千叶县筒之口桥(尺寸单位:mm)

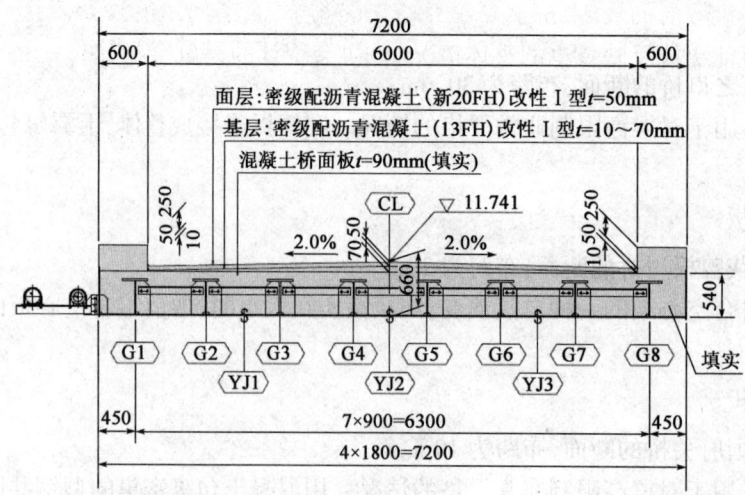

图10 新泻县荻曾根川桥(尺寸单位:mm)

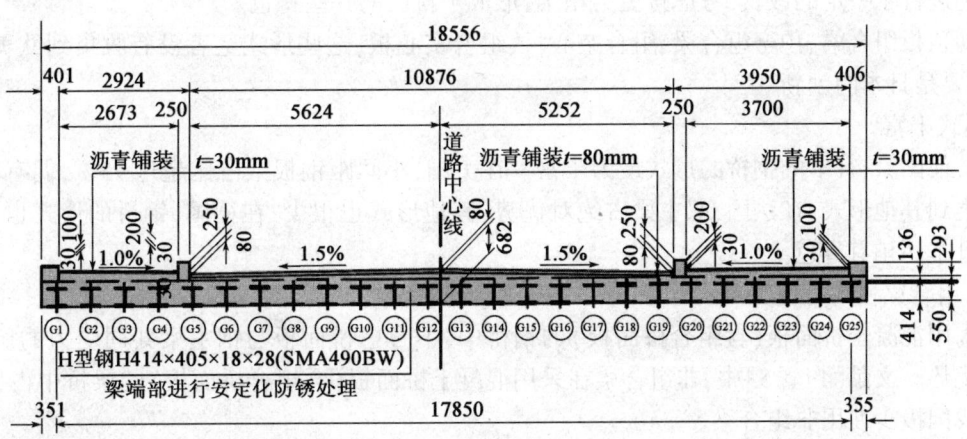

图11 千叶县国府关桥(尺寸单位:mm)

三、各种形式的占比

表1中根据文献[3-5]以及笔者收集的图纸,分析了上述前5种主梁形式的占比。其中,文献[3]依据的也是日本桥梁建设协会的《桥梁年鉴》。

统计时,按《桥梁年鉴》的惯例,将钢桥面板钢梁以其主梁形式归到前5种形式中。

各种主梁形式的占比 表1

主梁形式	桥梁年鉴 2002~2004	桥梁年鉴 2005~2009	桥梁年鉴 2010~2012	桥梁年鉴 2017	桥梁年鉴 2018	笔者收集的图纸
小间距钢板梁	48.2%	36.9%	30.2%	24.0%	23.5%	40.4%
大间距钢板梁	9.6%	21.5%	32.6%	33.4%	26.7%	24.5%
箱梁	40.2%	35.1%	28.9%	28.2%	38.6%	27.6%
窄箱梁	0.7%	4.7%	5.4%	12.0%	10.4%	6.9%
槽形梁	1.2%	1.8%	2.9%	2.3%	0.8%	0.6%
桥梁数量(座)	1705	1831	1168	341	251	319

对上表中的数据作如下说明及总结:

(1)与日本桥梁建设协会的年鉴相比,笔者收集的图纸中小间距钢板梁占比稍高。这可能是由于笔者收集的图纸来自县级政府的较多,桥梁规模平均来说偏小,故小间距钢板梁桥占比较高。日本桥梁建设协会的年鉴资料可能更能反映日本的整体情况(该协会统计的是其会员建设的桥梁,不是日本的全部钢桥)。

(2)根据年鉴中各种主梁形式的占比随时间的变化可以看出,十几年来日本大间距钢板和窄箱梁的推广总体来说比较成功。

此外,笔者收集的图纸中,钢顶板组合梁8套、组合空心板16套、组合实心板4套、型钢组合板8套、预弯组合梁8套,在363套图中的占比依次是2.2%、4.4%、1.1%、2.2%、2.2%。日本桥梁建设协会并不单独收集这几类钢桥。

四、日本钢桥的一些特点

与欧美及我国比较,日本钢桥有以下特点:

(1)引进、改良并创新

日本钢桥中能明显看到对欧美的学习。日本小间距钢板梁与美国很类似,大间距钢板梁、型钢组合板与法国很类似,箱梁、窄箱梁与德国很类似,槽形梁是德国与美国做法的结合。在引进的基础上,日本对这些结构进行了一定的改良,考虑得更为精细,形成了自己的一些特色。

而加劲顶板组合梁、预弯组合梁、组合空心板、组合实心板,这些形式笔者没有收集到欧美的应用实例,可能主要是日本的创新。

(2)形式丰富

相对其他国家,日本的钢桥的形式最为丰富。在美国,小间距钢板梁占比超过95%,偶有槽形梁,笔者尚未收集到其他形式;在法国,双主梁占绝对优势,其他形式也很少;在德国,钢桥的形式也比较丰富,但相对于日本还稍有逊色。

(3)非组合梁占绝对优势

日本采用混凝土桥面板(含组合桥面板)的钢桥中,不考虑桥面板与钢主梁共同受力的所谓非组合梁占绝对优势。文献[4]、[5]中,非组合梁在采用混凝土桥面板(含组合桥面板)的梁桥中占比约80%。而欧美及我国极少使用非组合梁。

日本的非组合梁构造上主要是通过设置较少的抗剪连接来实现,但其桥面板纵向配筋并不弱。日本的非组合连续梁桥面板纵向钢筋,中支点附近区段较典型的是顶底面均为D22@150,而美国组合梁中支点附近区段较典型的配置是顶面D16@100、底面D16@200,也即日本非组合梁的桥面板纵向配筋比美国组合梁的还要多。

日本桥梁的这一特征可能并非先进之处,而是源于日本作为技术引进者的保守。

(4)钢混组合桥面板的广泛应用

根据文献[6],钢混组合桥面板起源于美国及法国,发明该结构时的目的在于减轻大跨桥梁的桥面板重量。据笔者了解,钢混组合桥面板在当前欧美梁式桥中可能还没有应用。

日本钢桥近20年的明显变化是所谓新型钢桥占比的提高,新型钢桥的主梁间距较大,也即桥面板横向跨度较大。在日本,认为钢筋混凝土桥面板的横向跨度不宜超过4m。于是,与新型钢桥配合使用的桥面板主要就成了跨越能力较强且施工方便的组合桥面板。伴随着新型钢桥的普及,组合桥面板得到广泛应用。组合桥面板的一大优势是无需桥面板模板。采用传统主梁形式时出于施工上的考虑偶尔也会采用组合桥面板。

文献[4]中,采用组合桥面板的梁桥在新型钢桥中占比为71.8%,在全部梁桥中占比为37.0%。

图12是冲绳县那霸大桥(大间距钢板梁桥)桥面板。日本组合桥面板的形式比较多,本桥采用的是最为常用且比较简洁的一种,横肋是简单的板肋,不开孔,不穿钢筋。

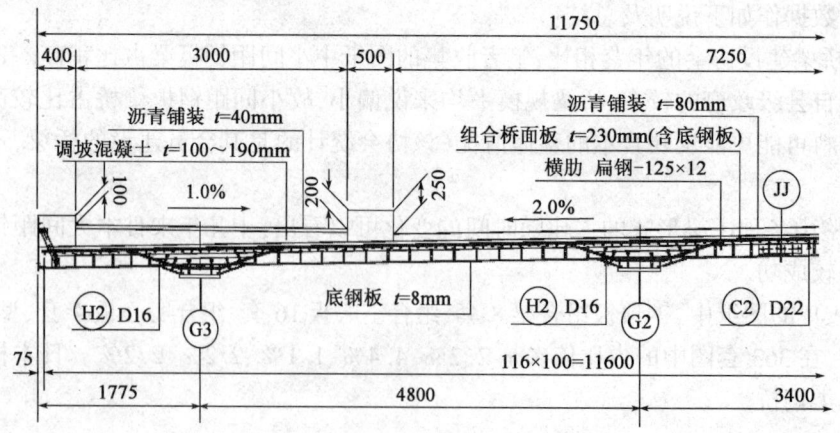

图12 冲绳县那霸大桥桥面板(尺寸单位:mm)

(5)梁高较高

我国设计者经常认为钢桥的梁高较低。但在日本,钢板梁、箱梁、窄箱梁、槽形梁的梁高相对于混凝土T梁、现浇肋梁、现浇箱梁并不低,钢桥的梁高虽然可以做得较低,但这要牺牲经济性。钢桥的经济梁高并不低,日本大量采用钢桥是基于钢桥的经济性,并不是因为钢桥梁高上有优势。

（6）每平方米用钢量较低

日本的钢桥施工图中，都有一张《断面构成图》，给出各断面处的计算应力及板厚选定理由，设计者没有留设"富余度"的概念。设计工作做得比较细致，追求经济性，故日本钢桥的每平方米用钢量较低。根据文献[3]中的统计数据（散点图），笔者大体估计了3种梁的用钢量与平均跨径的对应关系（不含组合桥面板的用钢量），见图13。

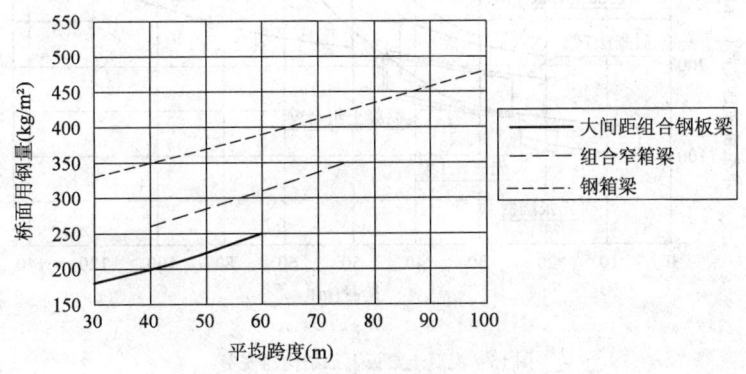

图13 用钢量与平均跨径的关系

五、日本钢桥与混凝土桥的造价比较

文献[7]对一座总长160m的桥比较了50+60+50m的大间距钢板梁桥方案和4×40m混凝土T梁桥方案的造价，相对于T梁桥方案，钢板梁桥方案上部结构造价低约5%，下部结构低约20%，总造价低约10%。

图14是文献[8]中的小间距连续钢板梁上部结构建安费的统计图（2015—2019年招标数据），图15是文献[9]中的关于各种混凝土上部结构造价的一张参考图（基于2007年之前的数据）。

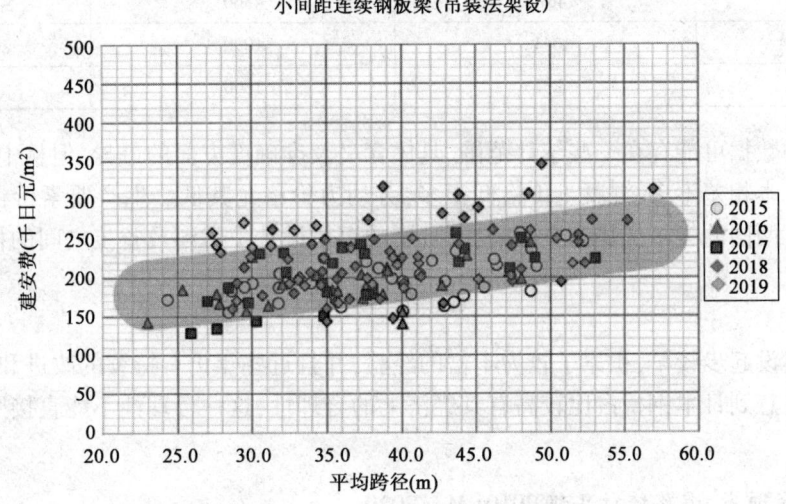

图14 小间距钢板梁上部结构建安费

图14、图15在30~60m范围内每平方米建安费比较接近，例如40m时，小间距钢板梁主要在170~260千日元之间，混凝土桥主要在160~270千日元之间。考虑到图15所基于的数据比图14早10年左右，根据文献[10]，2017年日本公路桥梁造价指数比2007年上涨了11.7%，因此图15的建安费大致应上调11.7%。比较图14与调整后的图15，基本可以推断在30~60m范围内钢桥上部结构总体上比混凝土上部结构要经济。再考虑到钢桥下部结构比混凝土桥要省，则钢桥的全桥经济性就更有优势。

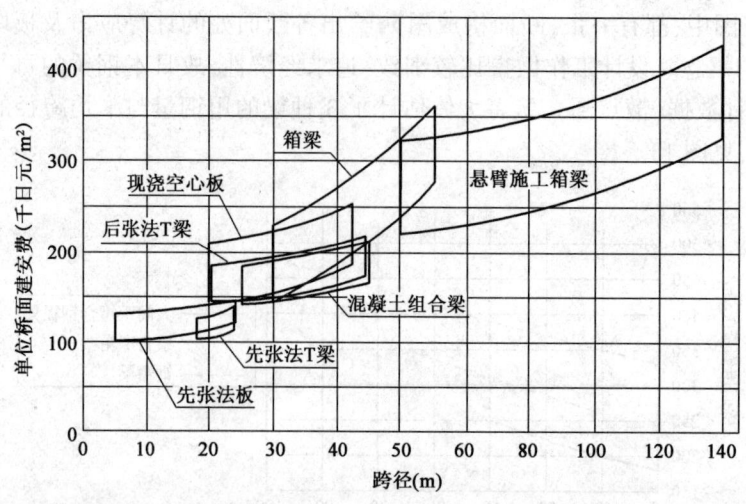

图15　混凝土梁板上部结构建安费

六、中日主要生产要素价格比较

借鉴日本经验时应该注意到,中日两国的建设条件存在一定差异,其中相差较为明显的是两国材料及劳动力的相对价格。根据资料[11]~[14],比较了2020年两国的数据,见表2。其中,钢材为中厚板的估算平均值,混凝土为C30普通混凝土,工日工资为钢筋工及模板工的平均值,日元对人民币的汇率取为0.064。

中日主要生产要素价格比较　　表2

	中国	日本	中/日
钢材(元/吨)	4670	4860	96%
混凝土(元/m³)	641	1090	59%
工日工资(元)	231	1600	14%

上表中两国的数据可能存在一些统计范围、具体含义及准确度方面的差异,但从中仍可以得出结论:我国钢材价格与日本相差不多,混凝土价格低很多,劳动力价格尤其低。生产要素价格上的显著差异可能导致钢桥在中日两国的竞争优势完全不同,并且影响钢桥设计中省料及省工之间的权衡。

七、结　语

日本钢桥的建设起步较早,积累了较为丰富的经验,并且近些年仍有持续的改进和发展,值得我们借鉴。但借鉴时应注意到日本钢桥占比较高有其经济上的合理性,这一合理性不能直接照搬到我国。

参考文献

[1] (日本)国土交通省.道路统计年报2019[M].2020.
[2] (日本)国土交通省.道路统计年报2014[M].2015.
[3] 日本橋梁建設協会.'16 Design Data Book[M].2016.
[4] 日本橋梁建設協会.橋梁年鑑平成29年版[M].2018.
[5] 日本橋梁建設協会.橋梁年鑑平成30年版[M].2019.
[6] (日本)土木学会鋼構造委員会鋼橋床版の調査研究小委員会.道路橋床版の新技術と性能照査型設計[M].2000.
[7] 日本鉄鋼連盟.鋼橋とPC橋のライフサイクルコストの比較例[M].2017.

[8] 日本橋梁建設協会.鋼道路橋の工事費実績　平成30年版[M].2019.
[9] (日本)プレストレスト・コンクリート建設業協会.PC橋のQ&A(暫定版)[M].2009.
[10] (日本)国土交通省.建設工事費デフレーター(2017年度)[M].2018.
[11] 上海市建设市场管理信息平台.2020年9月信息价.2020.
[12] https://www.japanmetaldaily.com/.
[13] (日本)関東地方整備局.令和2年度土木工事設計材料単価(令和2年10月特別調査)[M].2020.
[14] (日本)国土交通省.令和2年3月から適用する公共工事設計労務単価について[M].2020.

32. 桥梁深水基础概念设计

龚维明[1,2]　戴国亮[1,2]　万志辉[1,2]

(1.东南大学混凝土及预应力混凝土结构教育部重点实验室;2.东南大学土木工程学院)

摘　要　桥梁基础是将上部结构的荷载传递至地基的重要结构构件。桥梁深水基础主要有设置基础、桩基础、多柱基础、复合基础及特殊基础等类型,其中桩基础已成为我国最主要的深水基础形式,目前在深水桥梁工程中应用较为广泛的桩基础有摩擦桩、嵌岩桩、钢管桩以及后压浆桩。随着整体科技和工业水平的提高,桥梁深水基础的设计理念、施工设备与技术等方面将得到更大发展。

关键词　桥梁基础　深水基础　摩擦桩　嵌岩桩　钢管桩　后压浆桩

一、引　言

随着我国海洋强国战略及"一带一路"倡议的实施,使得江河湖海上不断地涌现出大跨度的桥梁。目前规划的舟山连岛跨海通道、渤海海峡跨海通道、琼州海峡跨海通道以及台湾海峡跨海通道等,这些超级工程有的水深超过百米,将带来前所未有的挑战。深水桥梁的建设面临着风力大、潮差大、潮流急、冲刷深、腐蚀强、软土厚及浅层气等难题,这对桥梁基础的设计提出了更高的要求。本文主要对桥梁深水基础形式及其发展历程进行概述,重点阐述包括摩擦桩、嵌岩桩、钢管桩以及后压浆桩的桥梁深水桩基础的设计。

二、桥梁深水基础形式及其发展

桥梁深水基础主要有设置基础、桩基础、多柱基础、复合基础及特殊基础等类型[1]。其中,设置基础包括沉箱、沉井等预制基础,通过浮运或浮吊吊装的方式,将基础放置在已整平的海床岩面上,适用于地质条件好的深水基础,采用此法修建桥梁有日本四联络线南、北备赞桥海中基础、明石海峡大桥主塔基础、葡萄牙萨拉扎桥3号墩基础,如图1a)所示。桩基础是最古老的基础形式之一,也是迄今为止应用最为广泛的基础形式,采用大型群桩承台基础的桥梁有苏通长江大桥、日本横滨港湾大桥、委内瑞拉卡罗尼河结合梁桥等,如图1b)所示。多柱基础是在管柱的基础上发展起来的,技术特点是加大管柱的直径,使其能够承受海浪急潮的推力,如日本大鸣门桥主墩基础、横滨湾大桥主墩基础这种基础适用于水深较大、流速较急、有一定厚度的厚覆盖层,柱底一般支撑在岩面上,如图1c)所示。复合基础常采用两种基础形式进行优势互补,使其适应更复杂的水文地质条件,目前应用较为广泛的复合基础类型有管柱-沉井复合基础、桩-箱复合基础、沉箱-垫层-桩复合基础等。特殊基础包括钟形基础、根式基础、浮式基础等,其中钟形基础是一种类似套箱面形状,外形像钟的基础,此类基础适用于地质条件较好的深水基础,如图1d)所示。

a) 设置基础

b) 群桩基础

c) 多柱基础

d) 钟形基础

图 1 桥梁深水基础类型

随着桥梁跨度、承载能力的不断发展,国内外对桥梁深水基础的研究提出了更高的要求。国外的深水基础则主要是沉井基础、沉箱基础等设置基础。1935 年建成的丹麦小海带桥,水深 30m,采用 43.5m × 22m 的钢筋混凝土沉箱;1936 年建成的美国旧金山-奥克兰大桥,水深 32m,采用了 60m × 28m 的沉井基础;1937 年建成的金门大桥也采用了沉井基础;1983 年建成的美国俄勒冈大桥采用双曲线钟形基础,1997 年建成的加拿大诺森伯兰海峡大桥基础采用钟形基础;1998 年建成的丹麦大海带桥主桥主塔基础采用设置基础,2000 年建成的厄勒海峡大桥采用 37m × 35m × 22.5m 的设置基础。1970—2000 年日本建成的大跨深水桥梁主要采用了沉箱基础,如 1988 年建成的南备赞濑户大桥,水深 50m,采用了预制的 75m × 59m × 55m 的矩形设置沉箱基础;1998 年建成的日本明石海峡大桥在水深 57m 的海底基岩上采用了工厂预制的直径 80m,高 70m 的巨型圆筒设置沉箱基础。2004 年建成的希腊 Rion-Antirion 大桥与 2016 年建成的土耳其伊兹米特大桥在均采用预制沉箱-垫层-钢管桩组合基础,预计 2022 年建成的丹麦新 Storstrøm 桥也采用这种深水隔震基础,对深水基础发展产生了深远的影响。

我国的深水桥梁基础形式经历了从管柱基础、沉井基础到钻孔灌注桩的发展过程。1937 年建成的杭州钱塘江大桥,水深 10m 左右,开创了中国桥梁深水基础的先河,基础形式为气压沉箱;1957 年建成的武汉长江大桥,水深近 40m,基础形式为管柱基础;1968 年建成的南京长江大桥,水深 20~30m,首次采用沉井基础,随后沉井基础还相继在襄樊汉江桥、枝城长江大桥、重庆长江大桥、沪通长江大桥中得到应用;1972 年建成的北镇黄河大桥首次采用灌注桩基础,随后灌注桩基础在我国广泛应用,如江阴长江大桥、润扬长江大桥、苏通大桥、南京长江四桥、马鞍山长江大桥[2]。1991 年建成的厦门大桥是我国第一座跨海大桥,水深超过 10m,基础形式为大直径嵌岩钻孔灌注桩;1999 年建成的广东虎门大桥采用钻孔灌注桩基础;2005 年建成的上海东海大桥,水深 8~30m,主通航跨基础采用长 106m 的钻孔灌注桩,而非通航段采用了钢管群桩基础,这也是中国首次在海上桥梁施工中大规模应用钢管桩;随后,2008 年杭州湾跨海大桥、2009年金塘大桥以及在建的宁波舟山港主通道等均采用钢管群桩基础;2018年完工的港珠澳大桥中,采用预制低承台复合钢管桩基础;2019年建成的鱼山大桥全部采用单桩独柱式结构,替代常规的群桩基础,大幅减少了下部结构海上作业的工程量;在建的深中通道主墩基础采用低承台钻孔灌注桩基础,而在建的瓯江北口大桥首次在淤泥土质中应用沉井基础[3]。总体而言,现有的基础形式逐渐在适应水深、浪高、风大、淤泥深厚等更加恶劣的施工环境,相应的对基础承载能力、抗震、沉降及位移控制等方面也提出了更高的要求。

三、桥梁深水桩基础设计分析

1. 摩擦桩

随着大型桥梁等工程不断向着跨度更宽的方向发展,钻孔灌注桩逐渐成为最主要的桥梁深水基础形式。目前,已建成的鱼山大桥采用单桩独柱式结构,桩长达148m。桩长不断增加,而长度超过50m的钻孔灌注桩也越来越普遍。按长度对桩分类还未有统一的标准,文献[4-6]认为:桩长大于50m或长径比大于50的桩可定义为超长桩。因此,深水基础中超长桩的桩顶荷载一般由桩侧摩阻力承担,作为摩擦桩考虑。

摩擦桩根据地质、荷载确定长度,核心思想在于桩端持力层的选择。其设计思路为选择持力层→确定桩长→长细比=50→桩截面→水平力弯矩→截面配筋→优化:截面强度=桩-土界面承载。其施工顺序一般为平台搭设、钻进成孔、安防钢筋笼、浇筑混凝土,其中平台搭设包括平台设计、定位导向架、振动设备选取以及钢护筒沉放。然而,超长桩成孔时间长,质量难控制,沉渣、泥皮厚,土体软化,承载力大幅度下降,一般控制3天。对于加载过程,桩-土的τ-w曲线存在应变软化行为,导致桩承载力显著降低。如图2所示,桩侧摩阻力三个典型的状态:τ-w曲线软化终值(A点)、τ-w曲线软化过程(B点)、τ-w曲线的峰值(C点)。

由于压力浆液上返、下渗充填了桩与土、土与土接触面的缺陷,有效地加固桩侧泥皮和桩侧土体,使得桩身一定长度范围内的桩径和桩侧面积增大,并改善了桩侧与土体的边界条件,从而提高了桩侧土的强度与刚度,如图3所示。因此,可通过后压浆技术可改善超长桩的承载性能,使超长桩在深水基础得到进一步推广使用。实际工程研究表明,大直径超长单桩代替群桩基础,取消承台与围堰临时设施,可减小阻水率。

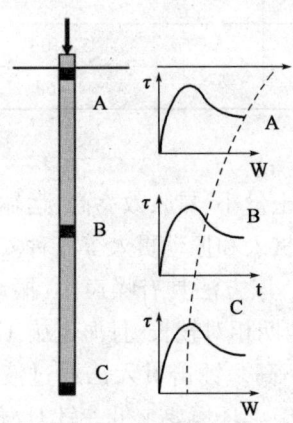

图2 超长桩的渐进破坏模式

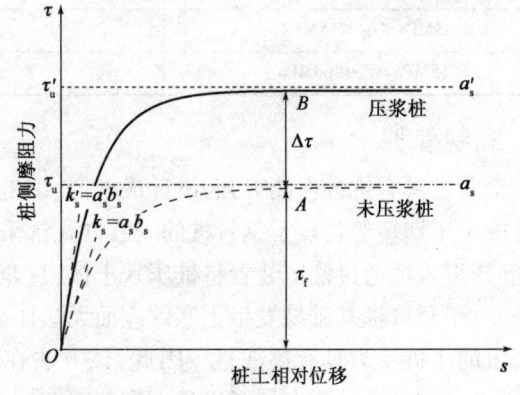

图3 超长桩桩侧荷载传递曲线

2. 嵌岩桩

嵌岩桩是指桩身一部分或全部埋设于岩石中的桩基础,为钻(挖)孔灌注桩的一种重要类型。通常要求嵌入中风化及其以上的岩层中。嵌岩桩的设计思路为选择持力层→最佳嵌岩比→确定嵌岩深度→桩长→根据桩布置→桩顶荷载→桩截面→水平力弯矩→截面配筋→优化:截面强度=桩-土界面承载。

笔者针对嵌岩桩的嵌岩比做了大量的研究[7]（见图4与表1），并给出了嵌岩桩设计方法，相应的成果已纳入中华人民共和国行业标准《公路桥涵地基与基础设计规范》（JTJ 3363—2019）[8]，其表达式如下：

$$[R_a] = c_1 \cdot A_p f_{rk} + u\sum_{i=1}^{m} c_{2i} h_i f_{rki} + 0.5 \zeta_s u \sum_{i=1}^{n} l_i q_{ik} \quad (1)$$

式中：c_1——根据岩石强度、岩石破碎程度等因素而确定的端阻力发挥系数；

c_{2i}——根据岩石强度、岩石破碎程度等因素而定的第i层岩层的侧阻发挥系数；

h_i——桩嵌入各岩层部分的厚度（m），不包括强风化层和全风化层；

m——岩层的层数，不包括强风化层和全风化层；

n——土层的层数，强风化和全风化岩层按土层考虑；

ξ_s——覆盖层土的侧阻力发挥系数，根据桩端f_{rk}确定；

q_{ik}——桩侧第i层土的侧阻力标准值（kPa），宜采用单桩摩阻力试验值。

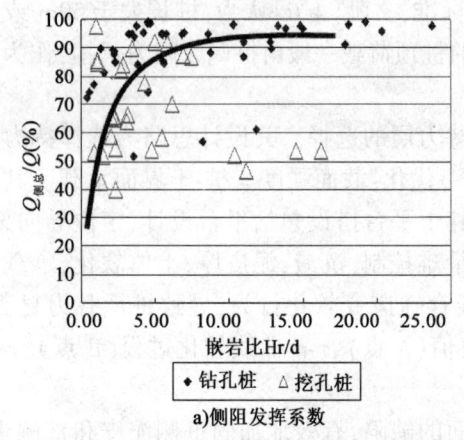
a) 侧阻发挥系数

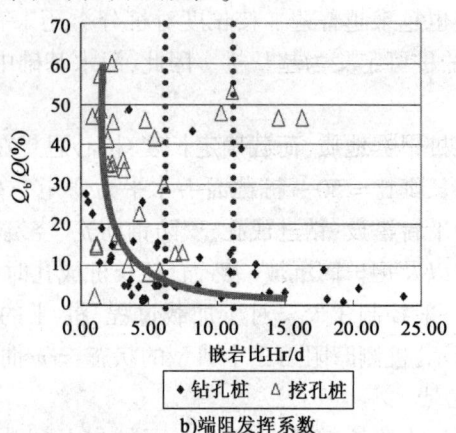
b) 端阻发挥系数

图4 嵌岩桩阻力发挥系数与嵌岩比的关系

无侧限抗压强度与嵌岩深度的关系　　　　　表1

无侧限抗压强度f_{rk}	最佳嵌岩深度		最大嵌岩深度
$f_{rk} \leq 5\text{MPa}$	钻孔桩	6~9d	7~12d,10~15d 特例
	挖孔桩	3~5d	
$5\text{MPa} \leq f_{rk} \leq 15\text{MPa}$	3~4d		5~10d
$15\text{MPa} \leq f_{rk} \leq 60\text{MPa}$	2~3d		4~6d

3. 钢管桩

钢管桩具有抗冲击能力强、设计成本低、接桩工艺简单、贯入排土量小、贯入效率高、运输安装操作方便及施工工期短等特点。钢管桩的安装方式常采用静压贯入、锤击贯入和振动贯入等三种安装方法。其中，静压贯入法通过液压装置将桩压入土体，直至持力层完成安装。该方法具有噪声小、振动小的特点。但是，对于开口桩基础易发生土塞效应而无法压至设计深度，施工周期相对较长，且海上施工环境造成提供稳定的压桩反力具有挑战性。因此，该方法在海上的实用性并不高。锤击贯入法通过液压锤或柴油锤，锤击单桩至设计深度。锤击贯入安装工期短，操作难度低，海上施工环境要求低。针对海上施工窗口期短的特点，对于单桩而言，海上施工采用该方法是较优的选择。但是该方法对于桩锤和桩径的匹配要求高，目前我国最大的桩锤为8m直径[见图5a]，打桩过程中桩土相互作用复杂，可打性分析的精度不高，对设计要求严格。振动贯入法通过振动锤激起的桩身振动消除桩侧摩阻力从而使得桩贯入土体中[见图5b]，该方法适用于砂土。相对于锤击贯入，其噪声低，安装过程中对桩的损害小，但是该方法对桩周土的扰动大，对于砂土甚至会引起桩周土的液化等不利现象，桩周土恢复期长，因此该方法安装的桩基础在设计时对桩基础承载性能的预测误差较大。

a) 锤击钢管桩(8m)

b) 振动钢管桩(28m)

图5 钢管桩现场施工

钢管桩的核心思想在于桩端持力层的选择和贯入度的判断。其中,前期试桩确定承载力及贯入度的方法有高应变初打(初判承载力及贯入度)、高应变复打(判断承载力及时间效应系数)及静载试验(判断承载力、校核高应变)。工程桩施工确定桩长及贯入度的判别方法:①桩长、贯入度均与试桩相同,则承载力满足要求;②桩长与试桩相同,而贯入度大于试桩,则承载力不满足要求;③桩长小于试桩,而贯入度与试桩相同,则承载力满足要求。此外,钢管桩终止锤击符合下列规定:①桩端位于一般土层时,应以控制桩端设计高程为主,贯入度为辅;②桩端达到坚硬、硬塑的黏性土、中密以上粉土、砂土、碎石类土及风化岩时,应以贯入度控制为主,桩端高程为辅;③贯入度已达到设计要求而桩端高程未达时,应继续锤击3阵,并按每阵10击的贯入度不应大于设计规定的数值确认。

4. 后压浆桩

后压浆技术是指在钻孔灌注桩中预设压浆管路,成桩后采用压浆泵压入水泥浆液来增强桩侧土和桩端土的强度,从而提高桩基承载力和减少沉降量的一项技术。后压浆技术因其工艺简练、成本低廉与加固效果可靠,已被广泛应用于超高层建筑、大跨径桥梁和高速铁路等基础工程中,同时也广泛应用于钻孔灌注桩、嵌岩桩,在钢管桩中也逐渐得到了推广应用。

后压浆桩的核心思想在于桩端阻力增强系数、桩侧摩阻力增强系数。笔者[9]收集了139个工程中716根试桩静载试验数据,在统计分析的基础上给出了以土层为分类的侧摩阻力及端阻力增强系数,建立了适用于不同压浆类型的大直径后压浆桩承载力实用计算方法,表2给出了不同土层后压浆侧摩阻力及端阻力增强系数的建议取值范围,其计算公式如下:

$$Q_{uk} = u\sum \beta_{si}q_{sik}l_i + \beta_p q_{pk}A_p \tag{2}$$

式中:Q_{uk}——后压浆桩极限承载力标准值;

u——桩身周长;

q_{sik}、q_{pk}——岩土工程勘察报告提供的普通钻孔灌注桩单位侧摩阻力标准值和单位端阻力标准值;

l_i——桩周第i层土的厚度;

A_p——桩的截面积;

β_{si}——第i层土的侧摩阻力增强系数,可按表2取值,当在饱和土层中桩端压浆时,仅对桩端以上10.0~12.0m范围内的桩侧摩阻力进行增强修正;当在非饱和土层中桩端压浆时,仅对桩端以上5.0~6.0m的桩侧摩阻力进行增强修正;在饱和土层中桩侧压浆时,对压浆断面以上10.0~12.0m范围内的桩侧摩阻力进行增强修正;在非饱和土层中桩侧压浆时,对压浆断面上下各5.0~6.0m范围内的桩侧摩阻力进行增强修正;对于非增强影响范围,$\beta_{si}=1$;

β_p——端阻力增强系数,可按表2取值。

表2　后压浆侧摩阻力增强系数β_{si}、端阻力增强系数β_p

土层名称	淤泥质土	黏土粉质黏土	黄土	粉土	粉砂	细砂	中砂	粗砂砾砂	角砾圆砾	碎石卵石	全风化岩强风化岩
β_{si}	1.2~1.3	1.3~1.4	1.4~1.6	1.4~1.5	1.5~1.6	1.6~1.7	1.7~1.9	1.8~2.0	1.6~1.8	1.8~2.0	1.2~1.4
β_p		1.6~1.8		1.8~2.1	1.9~2.2	2.0~2.3	2.0~2.3	2.2~2.4	2.2~2.5	2.3~2.5	1.3~1.6

为了验证本文给出的后压浆桩竖向极限承载力实用计算公式的合理性与适用性,选取试验资料齐全的190根后压浆桩,根据式(2)计算求得$Q_{uk计}$。其中q_{sik}、q_{pk}取岩土工程勘察报告提供的推荐值,侧摩阻力增强系数β_{si}、端阻力增强系数β_p取表2所列的上限值。后压浆桩极限承载力计算结果如图6所示。结果说明后压浆桩极限承载力按式(2)计算具有较高的可靠性。研究成果已应用于《公路桥涵地基与基础设计规范》(JTJ 3363—2019)的编制,并且纳入了《公路桥梁灌注桩后压浆技术规程》(T/CECS G：D67-01—2018)[10],具有很强的针对性。

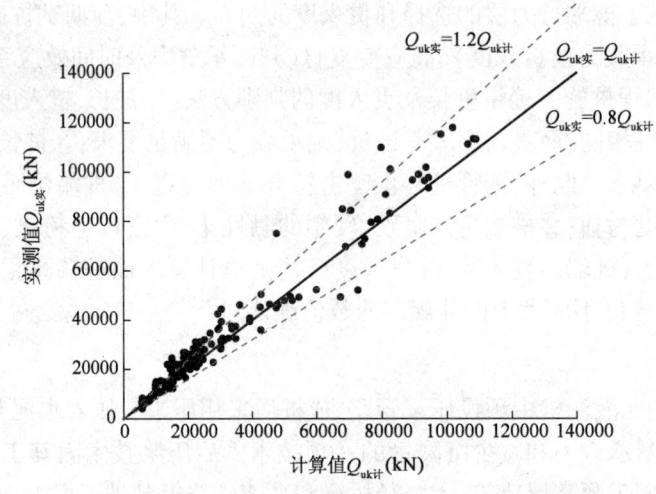

图6　后压浆桩极限承载力计算值与实测值比较散点图

四、结　语

桥梁深水基础的发展促使了桩基础逐步向大直径、超长的方向发展,使得摩擦桩、嵌岩桩、钢管桩以及后压浆桩的应用日益广泛,而桩基础应用于桥梁深水基础取决于现代的设计理念与先进的施工技术,因而进一步系统地研究设计理论与施工设备和技术,才能使桩基础更好地应用于深水桥梁。随着国家"一带一路"倡议的实施,在江河湖海中修建规模更大的桥梁也势在必行,因此进一步研究深水桥梁桩基础具有重要的工程实际意义。

参考文献

[1] 李军堂,秦顺全,张瑞霞.桥梁深水基础的发展和展望[J].桥梁建设,2020,50(3)：17-24.

[2] 龚维明,王正振,戴国亮,等.长江大桥基础的应用与发展[J].桥梁建设,2019,49(6)：13-23.

[3] 龚维明,杨超,戴国亮.深水桥梁基础现状与展望[C]// 中国公路学会桥梁和结构工程分会2014年全国桥梁学术会议论文集.北京：人民交通出版社股份有限公司,2014：116-121.

[4] 方鹏飞.超长桩承载性状研究[D].杭州：浙江大学,2003.

[5] 辛公锋.大直径超长桩侧阻软化试验与理论研究[D].杭州：浙江大学,2006.

[6] 赵春风,鲁嘉,孙其超,等.大直径深长钻孔灌注桩分层荷载传递特性试验研究[J].岩石力学与工程学报,2009,28(5)：1020-1026.

[7] Dai G, Salgado R, Gong W, et al. The effect of sidewall roughness on the shaft resistance of rock-socketed piles[J]. Acta Geotechnica,2017,12(2):429-440.

[8] 中交公路规划设计院有限公司.公路桥涵地基与基础设计规范:JTJ 3363—2019[S].北京:人民交通出版社股份有限公司,2019.

[9] 万志辉,戴国亮,高鲁超.大直径后压浆灌注桩承载力和沉降的实用计算方法研究[J].岩土力学,2020,41(8):1-10.

[10] 东南大学.公路桥梁灌注桩后压浆技术规程:T/CECS G:D67-01—2018[S].北京:人民交通出版社股份有限公司,2018.

33. 驸马长江大桥隧道锚设计及关键技术对策

刘 波 王茂强

(中交公路规划设计院有限公司)

摘 要 通过对驸马长江大桥隧道锚方案的论证,分析了浅埋软岩条件下影响隧道锚方案稳定和成立的控制因素,介绍了隧道锚构思设计、承载力评价、排水及耐久性设计,评估了隧道锚开挖稳定、结构安全度和长期稳定,探讨了隧道锚尺寸效应规律和破坏模式,使得驸马长江大桥在浅埋和软岩条件下的隧道锚得以成功实施,实现了结构利用高效性、经济性的目标。

关键词 悬索桥 隧道式锚碇 软岩浅埋 承载力评估 破坏模式 耐久性

一、概 述

驸马长江大桥是三峡库区跨度最大的桥梁,为重庆万州至湖北利川高速公路跨越长江的控制性工程,双向四车道高速公路标准,设计速度80km/h。大桥2014年7月开工,2017年12月建成通车。

主桥采用主跨1050m的单跨钢箱加劲梁悬索桥。加劲梁采用流线型扁平钢箱梁,主缆采用预制平行钢丝索股(PPWS),吊索采用铰接式平行钢丝吊索,顺桥向标准间距为16m;两岸索塔采用钢筋混凝土门式塔,北锚碇采用重力式锚,南锚碇为框架式隧道锚。

桥址属剥蚀河流侵蚀丘陵地貌,江面水域约900m,河谷岸坡切割深。桥位区域属扬子地层区四川盆地分区,出露为泥岩、砂岩沉积岩层。主桥立面布置见图1。

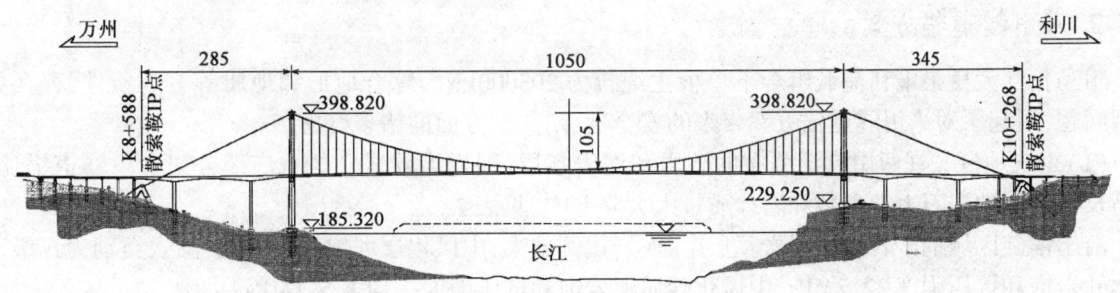

图1 驸马长江大桥主桥立面布置(尺寸单位:m)

隧道式锚碇将悬索桥主缆拉力通过锚碇传递给周围岩体,能够尽量发挥围岩的承载能力。鉴于隧道锚具有减少开挖、节约造价、保护环境等明显优势,当地形、地质等自然条件较好时,隧道式锚碇结构是首选方案。据已有文献[4],国外悬索桥隧道锚多建于地质构造简单的坚硬岩层中,洞身规模小或采用岩锚;而国内的隧道锚工程集中于西南地区,基岩多为灰岩、砂岩或泥岩,岩溶发育或岩体完整性较差,导致锚体规模较大。

另外,不良地质条件带来的防水、结构耐久性问题使得是否采用隧道锚方案存在诸多争议。驸马长江大桥南岸基岩为砂岩和泥岩互层,围岩等级较差,因此综合地形、地质条件适应性、锚体安全度、与引桥范围互通立交的协调、开挖占地及后期养护等方面做了深入比选论证。

二、工程地质条件和锚碇方案争议

1. 锚碇区工程地质条件

南岸锚碇区为丘陵岗地斜坡地貌(高程220~272m),表层为第四系残坡积(Q_4^{el+dl})粉质黏土,基岩为侏罗系中统沙溪庙组(J2s)泥岩和砂岩,互层产出,为IV-V级围岩,岩体完整性为破碎~完整。隧道锚结构与围岩的里面关系如图2所示。结合现场原位试验、反演分析、GSI方法计算及工程类比,给出的宏观岩体力学参数见表1。

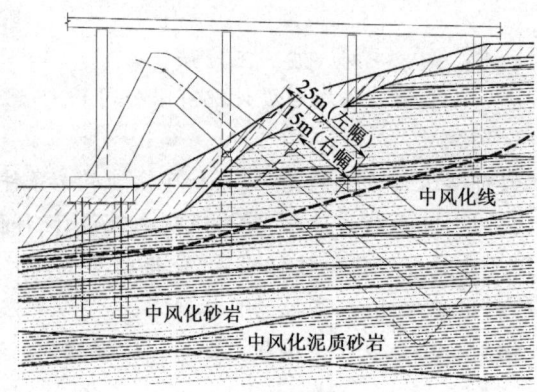

图2 隧道锚地质剖面示意

岩体参数推荐值[2]   表1

地层	重力密度 (kN/m³)	饱和抗压强度 (MPa)	软化系数	抗剪(断)强度 $\Phi°$	抗剪(断)强度 C(MPa)	变形模量 E_0(GPa)	泊松比 μ	抗拉强度 (MPa)
强风化砂质泥岩	25.24			27	0.16	2.0	0.34	0.10
强风化砂岩	24.55			31	0.24	3.0	0.31	0.20
中风化砂质泥岩	25.40	3.7-6.4	0.32	34	0.28	5.0	0.33	0.20
中风化砂岩	25.07	22.7	0.29	44	0.56	6.5	0.30	0.25

2. 采用隧道锚方案的影响因素

驸马长江大桥最不利荷载组合下单根主缆拉力203000kN。综合地形和地质等客观条件,存在如下典型问题,引起了对采用隧道锚方案带来的安全性、耐久性方面的诸多疑虑:

(1)重庆地区长江两岸广泛分布的砂岩和泥岩互层,围岩为软岩。与重庆鹅公岩大桥隧道锚比较,驸马长江大桥的岩石力学参数和岩体质量大大降低[5],见表2。

南岸锚碇区域的砂岩砂质泥岩互层中,泥岩比例偏大,中风化层埋置深度较浅,围岩类别为IV级。中风化砂岩饱和抗压强度22.7MPa,中风化砂质泥岩饱和抗压强度平均为5.1MPa。

隧道锚探硐(右)岩体质量评价[2]   表2

硐深	岩性		围岩类别	BQ	完整程度	坚硬程度
10~19m	强风化	砂岩	V	167-234	破碎~较破碎	
19~21m		砂质泥岩	V	167-172	破碎	
21~38m	中风化	砂岩	IV	240-340	较破碎~较完整	较软岩
38~42.5m		砂质泥岩	IV	253-288	较完整	极软岩
42.5~45m		砂岩	IV	288-318	较完整	较软岩

(2) 在地下水的交替作用下,砂岩和泥岩极易软化变形,表1显示隧道锚区域砂岩和泥岩的软化系达0.29和0.32。而砂岩及砂质泥岩层透水性较强,易成为透水通道,影响围岩开挖稳定和隧道锚安全。

(3) 驸马桥隧道锚具有明显的浅埋特征。受地形限制,右洞埋深约为断面高度的2.5倍,且上覆岩体薄弱,地表渗水导致土体变形大,浅表强风化岩体下限部位可能存在潜在的滑动破碎带[6,7],如图3所示。

(4) 个别已建悬索桥隧道锚存在较为严重的防排水问题,给运营期结构维护和长期耐久性造成巨大压力。

(5) 另外从地形角度,本项目南岸锚碇位置如果采用重力锚方案,土石方开挖量和对周围环境影响很大,也和该位置的互通立交存在一定干扰。

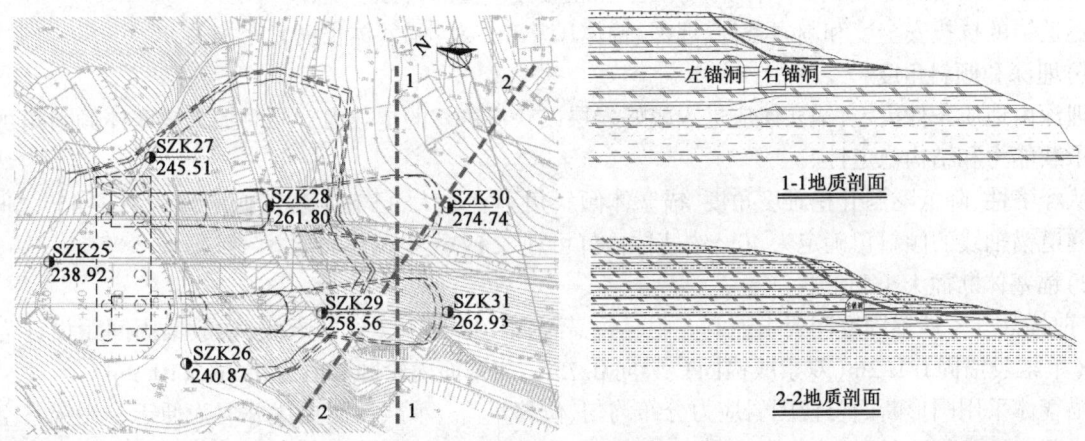

图3 隧道锚地形和浅埋情况示意

鉴于上述问题,在技术方案深化阶段,针对驸马长江大桥到底是采用隧道锚方案还是重力锚方案存在较大分歧。根据国内已建悬索桥隧道锚工程经验,如隧道锚方案可行,土石方开挖量和锚碇混凝土可节约2/3~3/4以上[4,8,9],直接的经济效益明显。因此,有必要进一步深入研究。

三、隧道锚构思设计

南岸隧道锚为框架式支墩与隧道锚结合的结构(图4),按结构受力和功能分为锚塞体、散索鞍支墩、前锚室、后锚室。其中锚塞体与围岩一起承担主缆拉力,散索鞍支墩承受由散索鞍传递的主缆压力,前锚室为封闭空间,对主缆起保护作用。

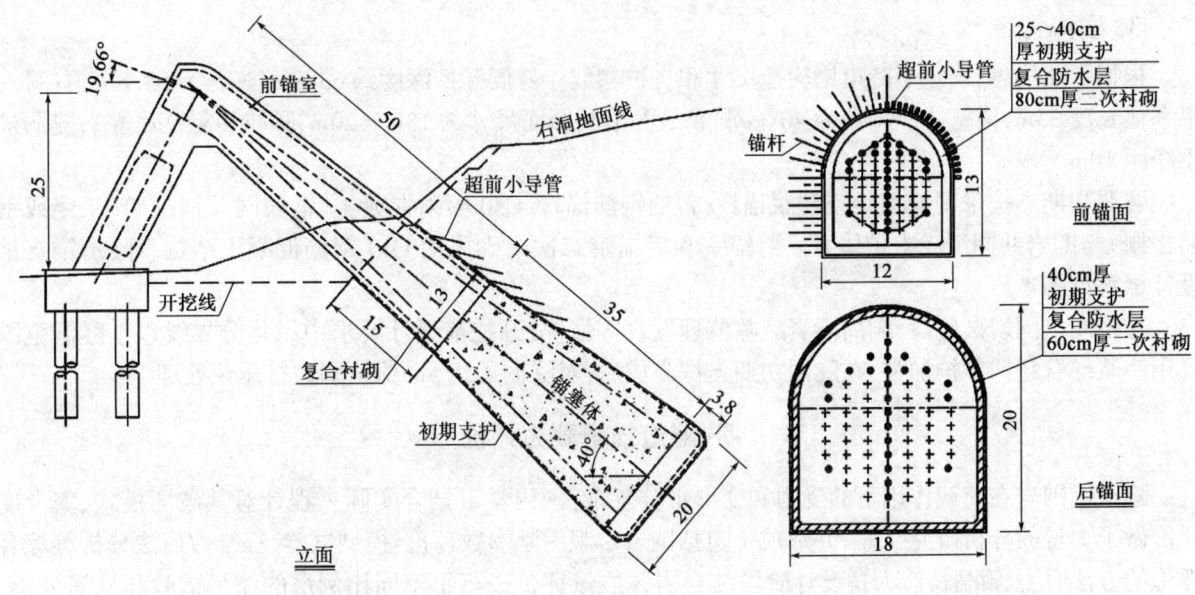

图4 南岸隧道锚立面和剖面布置(尺寸单位:m)

1. 隧道锚位置

受地形和沿江公路的影响,南岸隧道锚布置于南岸斜坡中上部凸丘,沿江公路下缘。从改善受力角度,尽量加大边跨和抬高主缆散索鞍 IP 点高程至 266.0m,以便更易保证 IP 点前后主缆角度差满足索股稳定要求,同时保证江南立交与主缆之间有足够的通行净空。

2. 隧道锚总体设计参数拟定

隧道锚总体设计参数及尺寸是方案设计的关键环节,驷马大桥隧道锚结构设计的出发点是:最大限度的发挥结构效率和降低成本,实现结构安全和经济性平衡的目标。

隧道锚的抗拔安全度和围岩条件、埋深、锚体尺寸和形状、锚塞体长度紧密相关。

1)埋深和倾斜角度

埋深由地质条件决定,锚塞体应进入较好岩层以获得可靠的承载力。同时加大锚塞体倾斜角可有效提高承载能力和结构稳定性。

从经济性、降低隧洞开挖难度角度,锚塞体倾斜角不宜取大,已有工程的倾斜角为 26~45°之间[10]。本桥隧道锚轴线的倾斜角确定为 40°,锚塞体恰好可埋入 IV 类中风化岩层。

2)锚塞体断面大小和形状

f 前锚面受索股锚固空间要求控制。驷马桥需锚固 108 根 127 丝的索股,索股锚固间距设计为横向 1.1m(单索股锚固)/1.2m(双索股锚固)、竖向 0.75m,前锚面内轮廓取值为 9.9m×10.9m。

锚塞体采用圆形断面可使围岩应力分布均匀、位移小[11],承载性能更优。但为便于利用锚室空间和方便隧洞开挖,隧洞断面借鉴隧道的形式,上部形成圆弧形便于支护。

3)锚塞体楔形角度

为更好地发挥围岩承载能力,锚塞体范围一般为前小后大的楔形体。无疑楔形体倾角越大,围岩受力越均匀。但为减小开挖量和施工难度,增大两隧洞间距和成洞稳定性[12],楔形角度不宜过大。

本桥确定锚塞体楔形体角度为 3.26°,构造上做如下考虑:①尽量拉长前锚室内主缆散索长度至 50m,将前锚室大部分至于地面之上;②锚塞体内锚固系统呈直线放射状以简化锚固构造。

4)锚塞体长度

浅埋条件使得锚塞体长度对承载能力的影响更为关键。参照水工混凝土坝体刚体极限平衡抗滑移稳定验算方法[4,10],估算锚塞体长度 35m(对应安全度不小于 2.7,按混凝土和围岩胶结良好考虑计入黏聚力在锚塞体洞周影响,忽略锚塞体围岩压力影响)。详细设计阶段再深入进行承载力评估和设计优化。

3. 结构构造和支护参数

根据上述构思,确定了隧道锚构造尺寸和支护参数。隧洞开挖深度约 63.8m(左洞)/53.8m(右洞),锚塞体长度 35m,锚塞体倾斜角为 40°。洞底最大单洞断面尺寸为 18m×20m,顶拱半径 9m,左右隧洞最小净距 10m。

隧洞初期支护采用 D25 中空注浆锚杆/普通钢筋锚杆、C30 喷射混凝土、钢筋网及钢拱架(工字或钢筋格栅)与围岩共同组成支护体系。前锚室和后锚室二次衬砌采用 C40 钢筋混凝土结构。隧道锚支护设计示意见图 4。

考虑洞口围岩破碎段、洞周围岩裂隙节理发育等情况,开挖前设计要求中风化分界线以上隧洞范围采用注浆导管超前支护加强;在隧洞初期支护完成后,对隧洞周边 5m 深范围进行压浆处理。

四、隧道锚承载力评价

隧道锚围岩在荷载作用下的受力和变形十分复杂,国内学者结合实际工程针对其破坏模式、安全度评价做了大量的分析研究[13-16],并形成了包括围岩宏观力学参数评价、模型试验、三维数值法分析等综合评价的方法[17]。驷马长江大桥设计阶段结合岩体质量评价进行了不同比例尺的缩尺试验和反演分析,确定了围岩力学参数,建立数值模型评估隧道锚承载力、结构及围岩的长期稳定性。

1. 多比例尺试验反演分析

受试验条件和经费限制,在试验斜硐中分别按锚塞体原型 1/12、1/20 和 1/30 缩尺进行原位试验通过试验匹配围岩参数构建其他比例尺的数值模型反演其极限承载力[2]。1/20 模型应力与承压板板上位移关系曲线见图 5。

从图 6 可看出,锚碇缩尺比例与极限承载力呈非线性关系,随着缩尺比例的增大,缩尺锚碇的极限承载力减小,以负幂乘函数曲线拟合数值模拟结果,根据幂函数回归方程外推 1∶1 的原型隧道锚极限承载力为 2.52MPa,为设计应力的 4.1 倍。各缩尺锚塞体计算模型承受的极限荷载如表 3。

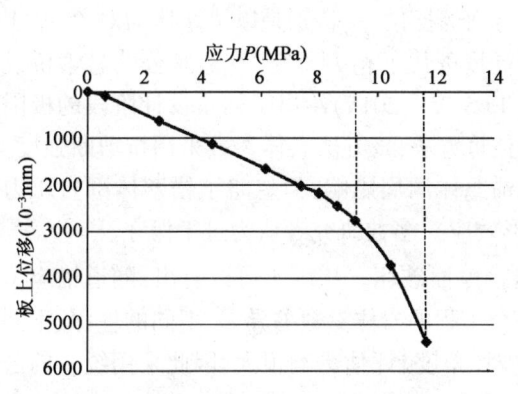

图 5 1/20 模型 应力 P ~ 承压板板上位移 S 关系曲线

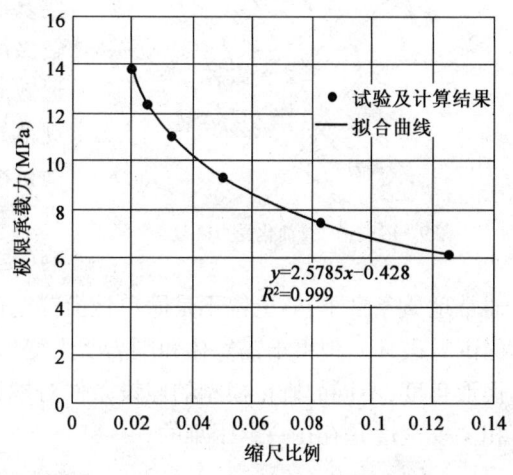

图 6 锚塞体极限承载力与缩尺比例幂函数关系

各缩尺锚塞体计算模型承受的极限荷载表　　　　表 3

缩尺比例	1/50	1/40	1/30	1/20	1/12	1/8
极限承载力(MPa)	13.84	12.45	11.07	9.23	7.60	6.23

上述缩尺效应的反演分析尽管存在试验模型、反演条件上的局限性,但为原型工程设计提供更接近实际的、合理的数据支撑,避免了偏不保守估算承载力。坝陵河大桥设计时联合中科院地质所王思敬院士、中国水电中南院团队也得出了类似结论。

2. 有限元分析验证

为了真实全面地了解锚碇及围岩的应力、变形和塑性区分布,需采用有限元方法对隧道锚结构和工作状态进行数值仿真分析。采用理想弹塑性模型、Mohr-Coulomb 屈服准则,锚塞体与围岩接触模拟,建立考虑开挖卸荷影响的隧道锚地质概化模型,通过锚塞体超载计算,综合分析围岩变形速率和塑性破坏区体积。

从图 7 可看出,5 倍以上缆力作用下,隧洞围岩塑性区体积则呈陡增变化,两隧洞间围岩塑性开始贯通。因此从塑性区体积变化速率的角度判断如图 8 所示,认为 5 倍设计主缆力以内加载是安全的。

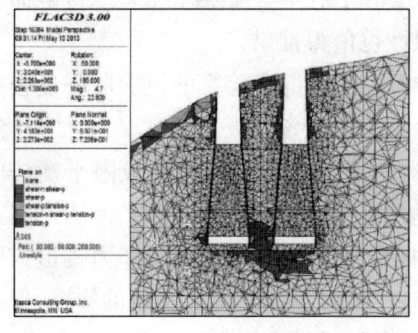

图 7 5 倍加载塑性区分布

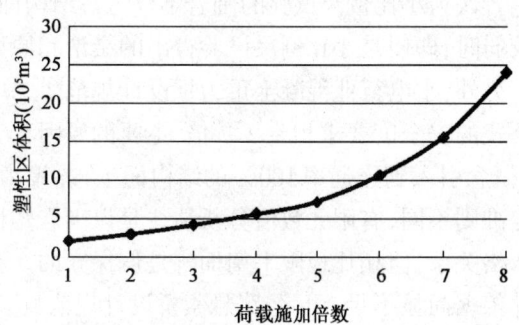

图 8 塑性区体积与荷载倍数关系曲线

在成桥运营状态下,锚塞体前端水平位移为0.8mm,竖向为0.1mm,可以满足大桥运营要求。

3. 破坏模式极限平衡简化计算讨论

目前对隧道锚承载能力的研究以原位模型试验和数值分析为主,隧道锚破坏模式和极限平衡简化计算仍在不断探讨之中。图9为以锚塞体为对象的简化受力模型。

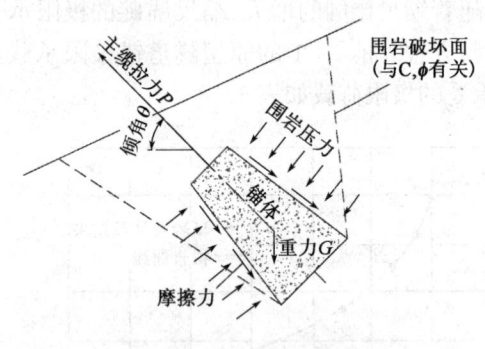

图9 隧道锚二维简化受力模型

汪海滨等针对隧道式复合锚碇承载力研究[18]发现常见的破坏形式为锚碇与岩土体接触面破坏,坝陵河大桥的隧道锚承载能力研究[14]发现锚塞体带动周边一定范围岩体发生倒塞形的整体拉剪复合破坏。国内学者结合实际工程进行了较多简化计算方面的探讨[8],特别是以锚塞体为对象、基于楔形效应隧道锚抗拔进行了相关研究[19-21]。《公路悬索桥设计规范》(JTG/T D65-05—2015)给出了初步设计阶段的极限平衡抗滑移简化估算方法,该方法岩体参数采用抗剪断强度,计入了黏聚力在锚塞体洞周影响,但忽略了锚塞体围岩压力影响(也就是楔形效应),多数研究者认为过于保守。

通常地质条件下,隧道锚不是简单地沿锚塞体和围岩接触面破坏。从表4可以看出,隧道锚应呈倒塞形的围岩破坏。但由于锚塞体和围岩受力变形复杂,每个工程的岩体参数差异大,不同的埋深、不同锚塞体楔形角度、不同的概化模型的假设条件对楔形效应(破坏角度)评估影响很大,因此采用统一的公式计算相关安全度是存在一定困难的。

隧道锚系统破坏简化示意图　　　　　　　　　　　　　　　　　　表4

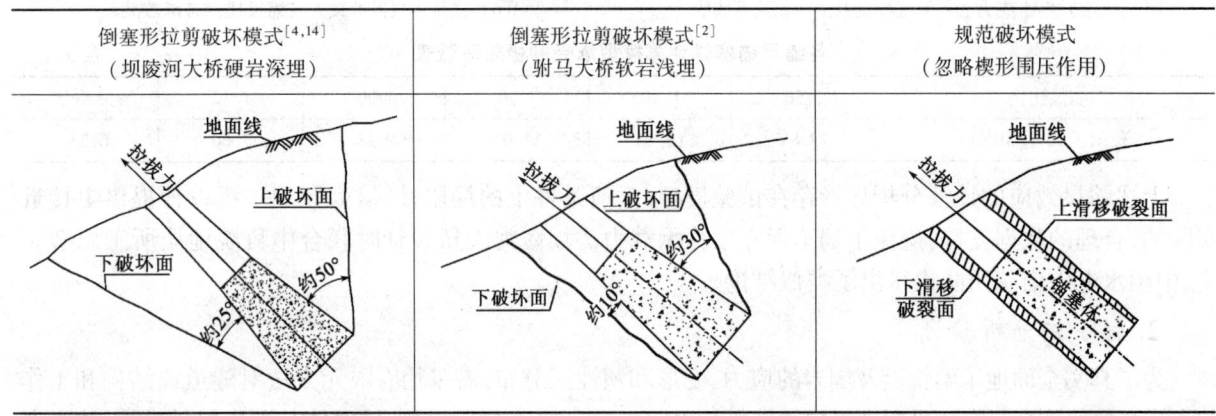

驷马长江大桥基于隧道锚的三维极限承载力计算方法,针对锚塞体—围岩系统的典型破坏模式进行了研究,根据试算,驷马桥的楔形效应为不计楔形效应的30%~40%。云南普立特大桥为揭示隧道锚的围岩夹持效应,进行了圆台形锚体和圆柱形锚体的拉拔对比试验[19],得到了较为可观的夹持效应系数,但笔者认为小比例尺试验的围岩难以考虑结构面、软弱夹层等影响,尤其当锚塞体和岩土接触面交接强度较弱时,即便是小比例尺试验得出的结论和原型之间的相似性也值得推敲。

另外,水电行业混凝土重力坝设计规范[21]中,刚体极限平衡法稳定抗滑验算的抗剪断强度公式和抗滑公式的安全度要求相差2.7倍,主要的原因在于抗剪断强度指标中包含了极大的黏聚力,如果将"抗剪断"概念引入到连通率100%的结构面上,黏聚力就会急剧下降。有限元分析与刚体极限平衡法的破坏判定准则不同,有限元数值分析往往是以围岩塑性区贯通比例为依据的,和刚体极限平衡法之间并不存在严格关系,但相比极限平衡而言是偏保守的。在此前提下,极限平衡分析结果直接作为隧道锚的唯一设计依据尚显不足,而《公路悬索桥设计规范》(JTG/T D65-05—2015)虽没有考虑围压的影响,但考虑了黏聚力影响的抗剪断强度、安全系数取值为2的情况下,很难断定是否过于保守。

综上,极限分析理论的简化方法固然更易于工程师接受和使用,但仍需针对极限平衡法与有限元数值分析法安全度关联性、以及采用极限平衡法时的安全度指标进一步研究,尤其针对浅埋、软岩条件下的安全度、位移控制予以重点关注。

五、耐久性和防排水设计

1. 长期流变计算分析

采用单轴压缩流变试验及直剪蠕变试验获得围岩流变参数、围岩与混凝土接触面的长期强度参数,在 CVISC 弹黏塑流变模型基础上采用有限差分方法(FLAC^{3D})进行了隧道锚流变计算分析[3]。如图 10 所示。

隧道锚围岩长期变形及应力较小,塑性区趋于稳定,运行荷载作用下(一倍设计主缆拉力)100 年内,锚塞体位移最大值约为 0.761mm,围岩最大拉应力 0.18MPa。

2. 浅层边坡稳定措施

隧道锚区域强风化区岩体较破碎,右洞侧面存在浅层滑坡风险。经验对图 3 所示两个不利的剖面进行反演验算,当潜在滑动破碎带区域岩体参数 C,φ 取值较低时,边坡稳定安全系数介于 1.0~1.1 之间。不能满足规范要求。为避免隧道锚右洞侧面边坡雨季防排水不及时造成浅表滑动的风险,对相应位置施加了 4 排共 15 根 15-5 锚索,暴雨下安全系数大于 1.1,确保了侧面边坡永久稳定性。预应力布置平面示意见图 11。

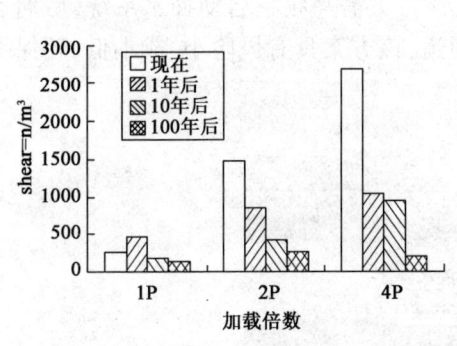

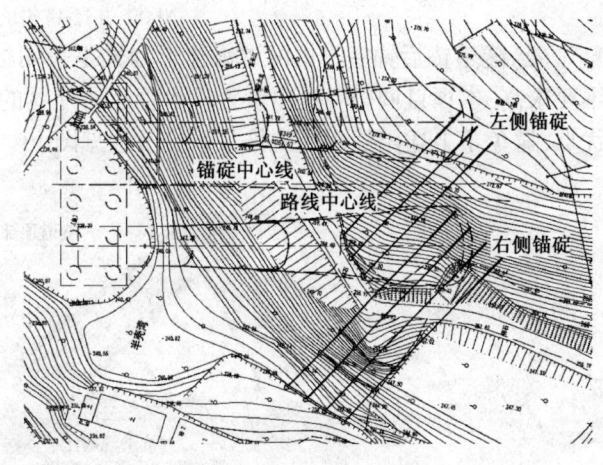

图 10 不同加载倍数及不同时间围岩塑性区体积   图 11 预应力布置平面示意

3. 前锚室抗裂的措施

鉴于本项目隧道锚为框架形式,部分前锚室外露,支墩高度和桩基础自由长度合计近 30m,上述因素导致前锚室在缆力作用下会发生变形。经计算,不利情况下前锚室混凝土最大拉应力约 3MPa,设置双层钢筋后裂缝宽 0.18mm(隧洞口前锚室顶部)。

为增强运营期锚室结构耐久性,避免开裂渗水风险,故在锚室周边布设了 34 根预应力钢绞线(型号 15-16、15-12),最大拉应力减小为 1.5MPa < $0.7f_{tk}$,前锚室基本无横向裂缝产生。前锚室钢束布置见图 12。

4. 隧道锚防排水设计

鉴于已建多数悬索桥隧道锚存在不同程度的渗水情况,个别积水严重,对锚固的缆索耐久性构成了极大威胁。而本项目岩层透水性强,更易形成积水通道,因此驸马长江大桥的防排水方案处理是关键问题之一。

借鉴隧道工程的防排水方案,采取了复合衬砌防水层、洞周渗水盲管,及洞顶薄弱地层的注浆封闭等常规防排水措施。另外突出两项措施[22]:

(1) 在隧洞初期支护完成后,对隧洞周边 5m 深范围进行压浆处理,以封闭渗水通道和加固围岩作用。

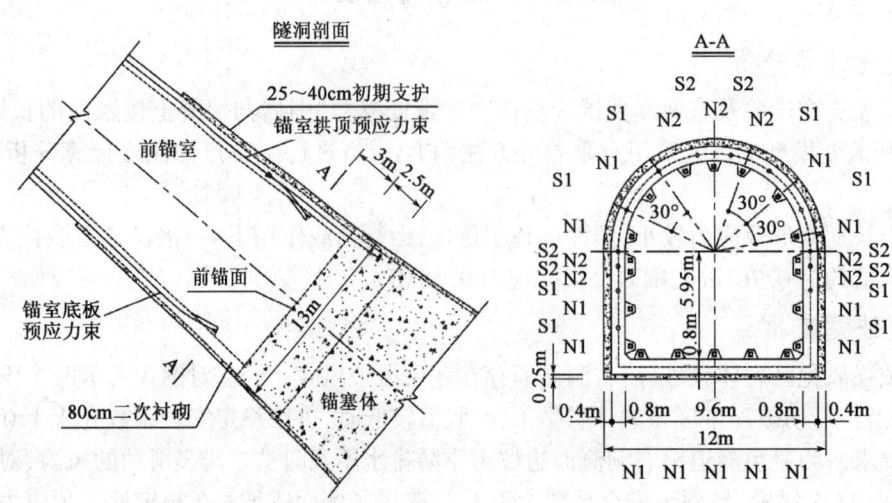

图 12 前锚室预应力环向布置示意

注:N1、S1 为 15-12 钢束,N2、S2 为 15-16 钢束。

(2) 隧道锚后锚室收集的渗水传统方式是采用抽水泵排出,该方案需高频率启动抽水系统,后期运维要求高,本项目调研后提出设置排水管连通外界的自然排水通道,该方案具有风险小、成本低、环保等优点,避免了上述困扰。锚防排水系统示意见图13。

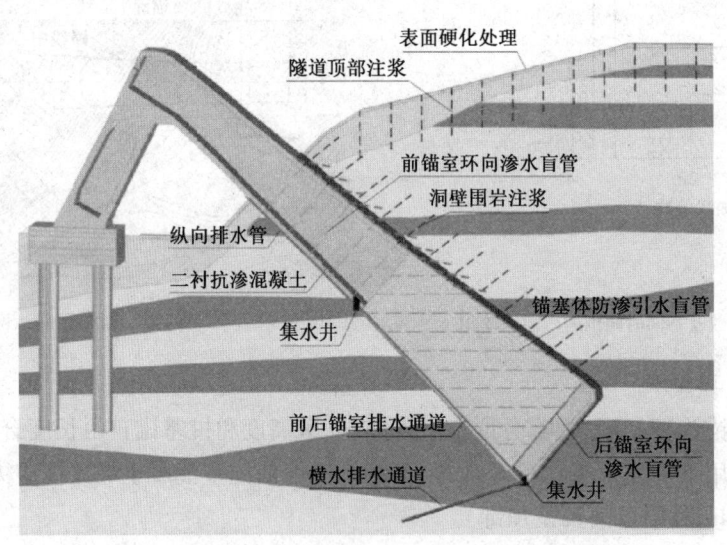

图 13 驸马长江大桥隧道锚防排水系统示意

(3) 另外,锚碇采用了适应性更强的预应力锚固系统。考虑结构耐久性和后期维护的需要,采用无黏结型的单根可更换的镀锌钢绞线 + 填充油脂的锚固体系。

六、材料用量和工期

由表4对比可知,隧道锚方案大大节约了工程量,减小了开挖和对土地资源的占用,工期多两个半月左右。与重力锚方案相比,混凝土量和开挖量节约2/3,经济效益显著(表5)。

表5 隧道锚和重力锚方案工程量对比

工程量	单位	重力锚方案	隧道锚方案
混凝土量	m³	72000	25800
开挖量	m³	218000	43900(洞口) 18000(隧洞)
征地面积	m²	15000	8000
工期	月	16	18.5

七、结 语

通过把握地质条件和岩土力学参数，评估隧道锚开挖稳定、结构安全和长期变形，使得驸马大桥在浅埋和软岩条件下成功实施隧道锚，实现了结构安全和经济性平衡的目标。

(1) 基于原位模型试验，构建了不同缩尺反演数值模型，揭示了泥岩地质条件隧道锚"缩尺效应"定量规律，解决了单一缩尺试验难以真实反映隧道锚承载力，造成不安全评估的问题。

(2) 通过浅表不稳定滑动风险处理、排水措施，及预应力增强了锚室的抗裂性措施，解决了浅表岸坡稳定、防排水及结构耐久性等问题。

(3) 本项目试验反演的局限性：

① 试验模型边界条件和实际差异；

② 三组试验围岩存在差异。1/12 模型围岩主要为中风化砂岩，强度较高，试验 P-S 曲线无明显转折点；1/20 和 1/30 模型围岩主要为中风化砂质泥岩，存在明显破坏点；

③ 构建其他比尺的数值模型的参数存在假定的成分。

(4) 不同地址条件下的隧道锚"楔形效应"差异明显。有必要针对软岩浅埋的隧道锚"楔形效应"和"隧道锚尺寸"效应进行更为深入的分析，以便更合理地确定刚体极限平衡法的安全度指标，探讨可以进一步优化空间。

参考文献

[1] 中交公路规划设计院有限公司.重庆驸马长江大桥施工图设计[Z].北京:2014.

[2] 梅松华,刘波.万州驸马长江大桥隧道锚岩土力学试验和模型试验研究报告[R].中南勘测设计研究院有限公司、中交公路规划设计院有限公司,2014.

[3] 梅松华,刘波.万州驸马长江大桥边坡稳定性专题研究报告[R].中南勘测设计研究院有限公司、中交公路规划设计院有限公司,2014.

[4] 刘波,曾宇,彭运动,等.坝陵河大桥隧道锚设计[A].中国公路学会桥梁和结构工程分会全国桥梁学术会议论文集[C].北京:人民交通出版社,2009,26-33.

[5] 肖本职,吴相超,彭朝全.重庆鹅公岩大桥隧道锚碇围岩稳定性[J].岩石力学与工程学报,2005,24(增2):5591-5597.

[6] 刘波,王茂强.驸马长江大桥隧道锚开挖过程及支护分析评估报告[R].北京:中交公路规划设计院有限公司,2015.

[7] 欧志军.重庆驸马长江大桥隧道锚洞室的开挖效应分析[D].成都:成都理工大学,2016,33-57.

[8] 朱玉,廖朝华,彭元诚.悬索桥隧道锚设计[J].公路,2007(11):21-26.

[9] 卢永成.重庆长江鹅公岩大桥东隧道式锚碇[J].中国市政工程,2003(6):31-34

[10] 中交公路规划设计院有限公司.公路悬索桥设计规范:JTG/T D65-05-2015[S].北京:人民交通出版社,2015.

[11] 江南,冯军.悬索桥隧道式锚碇横断面形状对其承载性能影响[J].重庆交通大学学报(自然科学版),2012,31(4):755-759.

[12] 刘波,曾宇,彭运动.坝陵河大桥隧道锚隧洞稳定及支护优化设计[J].公路,2009(7):212-217.
[13] 汪海滨,高波,朱栓来,等.四渡河特大桥隧道式锚碇数值模拟[J].中国公路学报,2006,19(6):73-78.
[14] 肖本职,吴相超.隧道式锚碇围岩稳定性研究现状及探讨[J].地下空间与工程学报,2006,2(3):495-498.
[15] 胡波,曾钱帮,饶旦,等.锚碇-围岩系统在拉剪复合应力条件下的变形规律及破坏机制研究[J].岩石力学与工程学报,2007,26(4):712-719.
[16] 彭运动,刘波,刘高,等.西部建设科技项目(200531800019):坝陵河特大桥梁建设关键技术研究[R].北京:中交公路规划设计院有限公司,2010.
[17] 邬爱清,彭元诚,黄正加,等.超大跨度悬索桥隧道锚承载特性的岩石力学综合研究[J].岩石力学与工程学报,2010,29(3):434-441.
[18] 汪海滨,高波.悬索桥隧道式复合锚碇承载力计算方法[J].东南大学学报(自然科学版),2005.Vol.35Sup(I):90-94.
[19] 余美万,张奇华,喻正富,等.基于夹持效应的普立特大桥隧道锚现场模型试验研究[J].岩石力学与工程学报,2015,34(2):262-270.
[20] 廖明进,王全才,袁从华,等.基于楔形效应的隧道锚抗拔承载能力研究[J].岩土力学.2016,37(1):185-192,202.
[21] 王东英,汤华,邓琴,等.隧道锚的抗拔安全系数确定方法[J].上海交通大学学报.2018,52(11):1501-1507.
[22] 长江勘测规划设计研究有限公司.混凝土重力坝设计规范:SL319-2018[S].北京:中国水利水电出版社,2018.
[23] 王茂强,曾宇.万州驸马长江大桥隧道锚防排水系统研究[J].公路,2018(9):181-184.

34. 悬索桥主梁梁端伸缩装置病害和设计伸缩量探讨

刘 波 袁 洪

(中交公路规划设计院有限公司)

摘 要 本文依托重庆驸马长江大桥设计,结合大量的调研和评估,明确提出了以释放温度位移为主设计伸缩量的指导思路,以减小了伸缩缝规模、避免传统设计思路造成保守设计而加剧损伤的情况。同时建议进一步开展车辆激励的频谱分析和随机车流下的车桥耦合分析,探讨进一步优化减震措施、减少伸缩缝病害的可能性。

关键词 悬索桥 伸缩缝 病害及措施 设计伸缩量 纵向支撑体系

一、引 言

悬索桥加劲梁伸缩缝规模大,服役期间国内外大跨悬索桥的伸缩缝病害屡见不鲜。江阴长江公路大桥(主跨1385m悬索桥)1999年通车,2003年底开始出现伸缩缝病害,并在2006年进行了整体更换;润扬长江公路大桥南汊桥(主跨1490m悬索桥)2005年通车,在2009年也因伸缩缝部分损坏进行了维修[1]。日本明石海峡大桥现场实测数据表明[2],在车辆和风的作用下,伸缩缝连接铰表面涂层出现微裂纹,导致疲劳损伤,计算疲劳寿命仅15年。

万州驸马长江大桥为主跨1050m的单跨钢箱加劲梁悬索桥,是长江上游跨度最大的桥梁,为重庆万州至湖北利川高速公路跨越长江的控制性工程。大桥加劲梁采用流线型扁平钢箱梁,主缆采用预制平行钢丝索股(PPWS),吊索采用铰接式平行钢丝吊索,顺桥向标准间距16m;两岸索塔均采用钢筋混凝土门式塔,北锚碇采用重力式锚,南锚碇采用框架式隧道锚。

与以往同类悬索桥比,驸马长江大桥设计采用了较小的伸缩缝[3],其伸缩量为1360mm(含引桥侧伸缩量160mm),辅以阻尼器+刚性限位的纵桥向支撑体系。基于国内已建悬索桥伸缩缝大小调研和伸缩缝病害教训,项目业主和国际知名供应商均对设计方案提出较大质疑,认为设计伸缩缝远小于大桥所需位移量,存在较大安全隐患。

因此,驸马长江大桥运营期悬索桥伸缩缝是否因伸缩量设计不足造成损坏,更广泛地,对于悬索桥如何合理确定伸缩缝伸缩量,采取何种措施有效解决伸缩缝的病害,就成为值得关注的关键问题之一。

二、伸缩缝病害和改进措施

1. 伸缩缝位移量组成和病害原因

对桥梁结构温度和梁端位移的监测数据研究表明[1,4,5,6]:非极端工况下,悬索桥主梁梁端伸缩缝位移主要由两部分组成,一是由温度变化引起的缓慢位移。基于实测数据,一些学者研究了悬索桥梁端位移与温度的相关性[7-10]。二是汽车荷载引起的短周期激振位移。随机车流作用下伸缩缝的纵向位移时程分析表明[11]:高频波动位移时程主要成分为车辆过桥时因车-桥耦合振动引起的梁端纵向位移波动、车辆过桥后因桥梁自振引起的梁端纵向位移波动,前者位移幅值较大,与上桥车辆类型、车速、车质量等参数密切相关。润扬大桥梁端24小时实时位移曲线见图1。

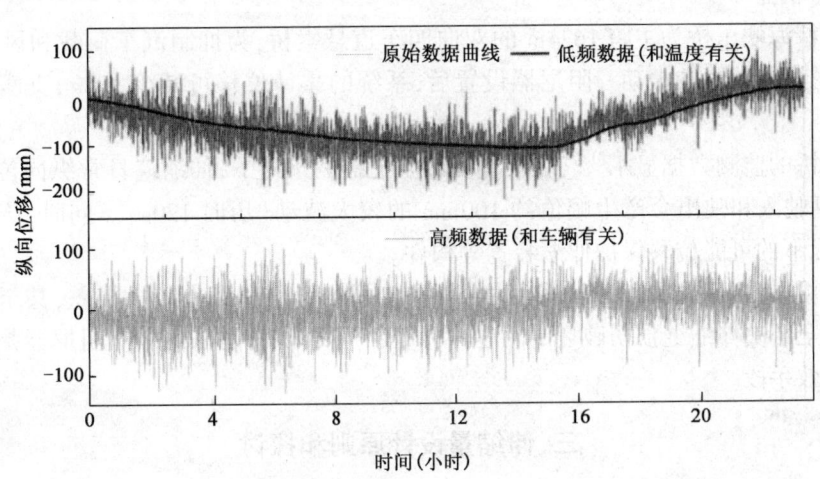

图1 润扬大桥梁端24小时实时位移曲线[4]

矮寨大桥(无梁端阻尼器)的实测表明[6],汽车荷载是引起梁端产生大量累计位移的主要原因,利用统计学、位移功率谱等手段得出车辆振动占比75%以上,振动频率为每分钟平均54次。车辆静荷载影响约为10%,其产生的梁端的振幅最大,平均为20mm。

国内学者针对江阴长江大桥和润扬长江大桥伸缩缝病害做了系统监测和评估[1,4],通过伸缩缝状态和运动特性分析发现:在车辆及风的作用下,伸缩缝在纵桥向的高频反复位移是导致伸缩缝损伤破坏的重要原因之一。荷兰学者对车辆冲击作用下的伸缩缝动力响应分析发现[12],伸缩缝规格D160~D640(伸缩量160~640mm)竖向位移响应动力放大系数1.2~1.7。文献[4,13]针对伸缩缝局部破坏机理及重车影响进行了深入分析研究,发现主梁竖向大变形、重型卡车荷载作用是导致伸缩缝局部破坏的重要因素。

总体上看,车辆振动引起的伸缩缝累计位移过大和较大冲击致使的疲劳损伤,最终导致伸缩缝在远未达到最大行程时发生了损坏。

2. 典型改进措施效果

近年来,国内外学者和桥梁工程师结合大跨悬索桥伸缩缝病害,就如何提高伸缩缝服役寿命开展了大量卓有成效的工作。

宜昌长江大桥的伸缩缝加固时,采用全桥动力数值模型分析了在安装阻尼器前后车辆荷载、车辆制动力作用下的梁端动力时程情况[14],结果显示在行车速度80km/h、车辆纵向间距最小80m的理想情况下可降低梁端最大位移达90%以上(图2、图3)。

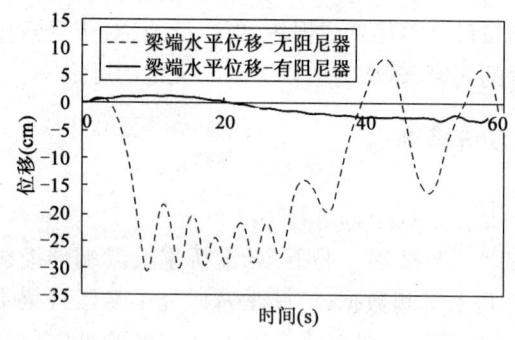 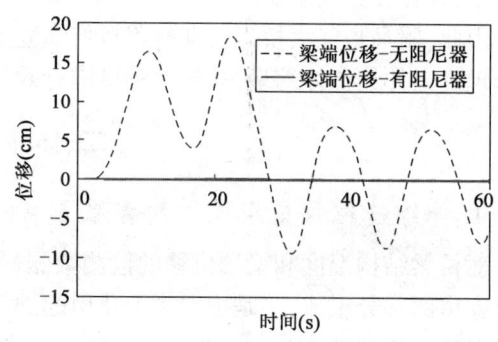

图2　移动车辆荷载作用下梁端位移时程曲线　　　　图3　车辆制动力下梁端位移时程曲线

江阴长江大桥在梁端加设了阻尼器后,伸缩缝纵向位移速度、加速度大大减小。车辆振动条件下实际单次最大位移从34.8mm降到12.5mm减少64%。日累计平均行程从130m降到80m,大大改善了伸缩缝、支座的工作状况[15]。

丹麦大贝尔特海峡东桥为主跨1624m的双向四车道悬索桥,为抑制汽车荷载和风产生的"快速"位移,梁端设有阻尼器缓冲纵向振动。阻尼器设置后,系统的累计位移可减少10%,支座和伸缩缝磨损也相应减少[16]。

南京长江四桥的监测数据显示[17],在梁端安装阻尼器的条件下,伸缩缝日常纵向位移波动幅值约为±5mm,重车车辆驶入和驶出会产生幅值约100mm的较大波动(历时120s)。同时,该桥采用了限位挡块,控制极端工况下的可能位移保护伸缩装置等构件。

从上述数据可看出,理想状态的车桥动力分析和实桥累计位移存在较大误差,甚至江阴大桥在安装阻尼器后仍未完全解决伸缩缝损伤破坏的问题[14]。但不可否认的是采用黏滞阻尼器是减小伸缩缝构疲劳累计损伤的有效手段。

三、伸缩量设计原则和探讨

1. 行业规范相关规定

《公路悬索桥设计规范》[18]的第6.2.3条、14.4条规定了总体静力计算和伸缩装置设计内容。笔者理解汽车荷载是静力模型计算挠度和位移、评价结构体系的荷载作用,并非确定伸缩缝伸缩量时的作用组合。

目前国内习惯以全部车道汽车荷载作用最不利影响线加载产生的纵飘位移为主计算伸缩缝伸缩量(见表1),此时悬索桥活载作用产生的纵飘位移约占梁端总位移70%~80%。梁端位移最不利加载模式见图4。

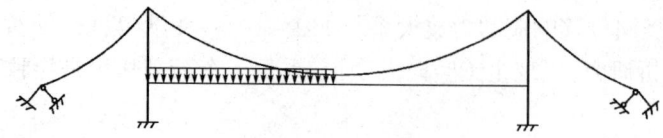

图4　梁端位移最不利加载模式

业主调研部分悬索桥伸缩缝规模   表1

序号	桥名	主梁布跨(m)	伸缩缝伸缩量(mm)
1	重庆鱼嘴长江大桥	616	1360
2	重庆寸滩长江大桥	880	1840
3	四川南溪长江大桥	820	1760
4	湖北四渡河大桥	900	1760
5	江阴长江大桥	1385	2000
6	浙江西堠门大桥	578＋1650	2160
7	广东虎门大桥	888	1500

注：*本列数值含引桥侧伸缩量。

上述极端加载工况导致悬索桥伸缩缝规格过大，实际上不可能发生，不仅造成无谓的造价增加，也会进一步加剧汽车冲击造成的伸缩缝病害。根据文献[12]推断，伸缩缝规模越大，车载作用下的竖向动力响应越大。

2. 国外咨工伸缩量设计

吉姆尼尔森指出[19]：在正常运营状态下缆索桥梁伸缩缝应满足温度位移需求，同时采取阻尼措施消能和降低地震作用下的位移。

香港青马大桥为公铁两用双层钢悬索桥，主跨1377m，主梁为两跨吊结构体系，连续长度2150m。该桥在马湾侧的主梁为固定端，仅在青衣侧的引桥段设置2000mm的伸缩缝，以满足温度变化产生的＋/－835mm的位移要求[20]。青马大桥主梁支撑体系和伸缩缝示意见图5。

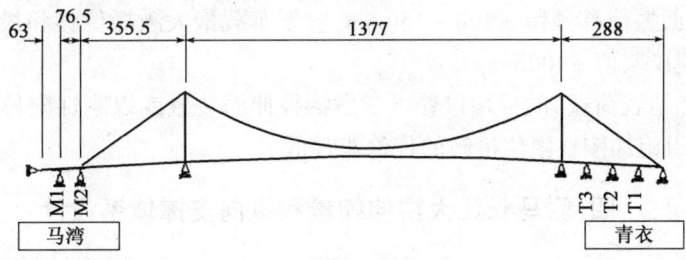

图5　青马大桥主梁支撑体系和伸缩缝示意(尺寸单位：m)

丹麦大贝尔特海峡东桥为三跨漂浮体系悬索桥，连续长度2694m。为使桥面交通更为畅通、减少维护工作量，主梁两端各设伸缩量±1000mm的伸缩缝，以满足温度产生的水平位移需求[16]。

从上述数据可看出，国外咨工设计的悬索桥伸缩缝主要考虑温度的作用，其伸缩量远小于国内类似桥梁值。

3. 运营期位移量监测和活载位移量评估

国内外学者采用桥梁健康监测系统对伸缩缝在温度、车辆荷载作用下实施监测和评估，乃至准确把握大跨桥梁环境作用、结构响应及其累积损伤效应的长期变化规律成为现实[21]。

悬索桥和斜拉桥的伸缩缝位移和主梁温度具有良好的相关性[7-10]，在随机车流作用下，伸缩缝发生不间断往复运动最大幅度不超过±150mm(表2)。四渡河大桥的动态位移时程分析显示，随机车流作用下悬索桥梁端伸缩缝纵向位移变化范围为－45～50mm[11]。

调研实桥监测的伸缩缝位移数据   表2

伸缩缝位移	南溪大桥	虎门大桥	坝陵河大桥	江阴大桥	润扬大桥	西堠门大桥
主跨长或主梁连续长(m)	820	888	1088	1385	1490	2228
主桥设计伸缩量(mm)	1600	1280	1600	2000	2160	2000

续上表

伸缩缝位移	南溪大桥	虎门大桥	坝陵河大桥	江阴大桥	润扬大桥	西堠门大桥
温度作用计算伸缩量(mm)	296[24]	254[26]	320	490	530[27]	654
车辆引起振动位移(mm)	< ±100[10]		±80*	±100[2]	±150[4]	
调研温度位移(mm)	219[10]	240	200[23]	-404~249[2]	536[5]/388[9]	735[25]*

注:(1)润扬大桥和西堠门大桥的数据为在梁端设置阻尼器的情况下采集。
  (2)(*)的数据:因坝陵河无实际针对观测数据,本组位移参考同类桥型主跨1300m的清水河大桥。
  (3)关于调研温度位移:
    ①南溪大桥、坝陵河大桥、西堠门大桥为具体观测数据。虎门大桥为管养中心提供支座处最大位移总量,坝陵河大桥仅为2-4月份间的观测数据(未覆盖全年最高最低温度);
    ②江阴大桥为基于钢箱梁有效温度推测的伸缩极值;润扬大桥包含了实测数据和钢箱梁有效温度推测的伸缩量极值;
    ③*为西堠门大桥北锚碇处伸缩缝年度最大观测位移量。

矮寨大桥2016年3月至2017年11月持续400天的观测结果显示[6]:矮寨大桥在车流和风作用下的往复位移幅度最大(春天)每天变化在150mm以内,梁端位移变化幅值为452mm。

4. 建议的伸缩量设置原则

基于上述已有数据和研究成果,对于正常运营状态下的悬索桥,伸缩缝最大观测变形量远小于最大允许伸缩量。因此,悬索桥主梁梁端设计伸缩量应以释放温度位移为主,不应考虑汽车影响线半跨加载产生的极端纵飘位移。具体表达式为:

$$C = \alpha C_\mathrm{T} + C_\mathrm{L}$$

式中:α——伸缩量增大系数,参照文献[22]取值1.2~1.4;

C_T——温度变化引起的伸缩量;

C_L——随机车流激振位移预留±100~150mm,鉴于车载最大激振位移和最大温度位移组合的概率非常小,建议取值±100mm。

而罕遇条件下(如地震荷载)的极端位移可考虑牺牲伸缩装置或以刚性限位的方式予以解决。悬索桥柔性体系的特征使得施加刚性限位措施的代价非常低。

四、驸马长江大桥伸缩量和纵向支撑体系设计

1. 设计伸缩量

根据伸缩量设置原则计算设计伸缩量见表3。鉴于业主方的顾虑,设计最终采用了1360mm的伸缩量(含引桥伸缩量160mm),较常规设计减小伸缩量约30%。这一伸缩量比以温度控制为主的建议伸缩量仍有约560~640mm的富裕,实际设计依然很保守。

驸马长江大桥荷载作用下的梁端位移统计[1]　　表3

荷载及组合		梁端位移(mm)		
		max	min	合计
活载(纵飘)	汽车	475	-469	941
	人群	136	-142	278
升温			-201	385
降温		184		
与汽车组合风(顺桥向)		55	-55	110
百年风(顺桥向)		139	-139	
温度位移(αC_T)		221~258	241~281	462~539
伸缩量				662~739

2. 梁端纵向支撑体系

结合伸缩缝伸缩量确定,确定了梁端纵向支撑体系(图6)。具体方案为:

(1)在索塔下横梁与梁底间设置限位挡块,纵向限位±600mm,极端情况(含活载纵飘位移)以挡块限位。国内其他悬索桥也采取了类似措施[28]。根据前述分析,笔者认为限位挡块措施是避免伸缩缝、支座等构件在罕遇荷载下破坏的附加措施,非减小伸缩缝设计量的关键因素。

(2)在索塔横梁处设置黏滞阻尼器,释放梁端纵向缓慢位移,对脉动风、汽车和地震的动力响应阻尼耗能,减小了正常运营状态的伸缩缝累计位移和构件疲劳损伤。

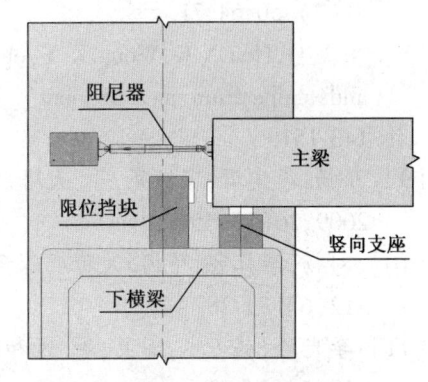

图6 索塔处梁端限位约束示意

五、结　语

伸缩缝作为附属构件,其不合理设计或损坏,不仅导致行车舒适性问题,更将加剧车辆荷载的冲击作用,从而影响桥梁主体结构安全,因此应对伸缩装置、伸缩量的设计予以足够重视。

本文依托驷马长江大桥设计,针对大跨悬索桥的伸缩缝位移量及伸缩缝病害进行了分析和探讨,得出如下结论:

(1)车辆引起伸缩缝短周期往复运动的累计位移过大和较大冲击是导致疲劳损伤的主要原因,致使伸缩缝在远未达到最大行程时发生了损坏。

(2)以汽车作用的极端纵飘工况控制伸缩缝设计导致伸缩量过大,不仅降低了行车舒适性,更加剧了伸缩缝病害的发生。悬索桥梁端伸缩缝设计宜以释放温度作用为主,可叠加随机车流的激振"震荡"位移。

(3)采用黏滞阻尼器可减小伸缩缝往复运动位移和竖向振动响应,减少伸缩缝、支座等结构疲劳损伤,提高大桥服役水平。

(4)建议针对以下问题进一步展开研究:

①已有桥梁资料显示安装阻尼器后,实测伸缩缝位移减少量和计算分析值有明显差异,建议进一步针对低指数、适应快速度的阻尼器进行研究[29],解决阻尼器安装后减振不理想的问题。

②开展随机车流下的车桥耦合响应实测分析,得出梁端纵向车辆产生的累计位移最大的频段,评估结构自振频率、车速、车辆类型和质量、制动力的相互消减和影响,探讨可能的优化设计和减振措施。

参考文献

[1] 张宇峰,陈雄飞,张立涛,等.大跨悬索桥伸缩缝状态分析与处理措施[J].桥梁建设,2013,43(5):49-54.

[2] 奥田基,弓山茂樹,池田秀継.明石海峡大橋伸縮装置の補強[C].日本土木学会第59回年次学術講演会(平成16年9月),2004,657-659.

[3] 中交公路规划设计院有限公司.重庆驷马长江大桥施工图设计[Z].北京:2014.

[4] GUO Tong, HUANG Lingyu, LIU Jie, et al. Damage mechanism of control springs in modular expansion joints of long span bridges[J]. Journal of Bridge Engineering, 2018, 23(7):04018038-1-11.

[5] 邓扬,李爱群,丁幼亮,等.基于长期监测数据的大跨桥梁结构伸缩缝损伤识别[J].东南大学学报(自然科学版),2011,41(2):336-341.

[6] 孙璋鸿.车辆激励下大跨悬索桥梁端位移响应与减振[D].长沙:湖南大学,2018:11-31.

[7] 丁幼亮,周凯,王高新,等.苏通大桥斜拉桥伸缩缝位移的长期监测与分析[J].公路交通科技,2014,

31(7):50-64,71.

[8] Ni Y Q, Hua X G, Wong K Y, et al. Assessment of bridge expansion joints using long-term displacement and temperature measurement [J]. Journal of Performance of Constructed Facilities, 2007, 21 (2): 143-151.

[9] 邓扬,李爱群,丁幼亮,等. 大跨悬索桥梁端位移与温度的相关性研究及其应用[J]. 公路交通科技, 2009,26(5):55-58.

[10] 刘扬,李杜宇,邓扬. 大跨度悬索桥伸缩缝位移监测数据分析与评估[J]. 长沙理工大学学报,2015, 12(6):21-28.

[11] 李光玲,韩万水,陈笑,等. 风和随机车流下悬索桥伸缩缝纵向变形[J]. 交通运输工程学报,2019, 19(5):21-32.

[12] Steenbergen M. Dynamic responses of expansion joints to traffic loading [J]. Engineering Structures, 2004.(26):1677-1690.

[13] Sun Zhen, Zhang Yufeng. Failure mechanism of expansion joints in a suspension bridge[J]. Journal of Bridge Engineering, 2016, 21(10):05016005-1-13.

[14] 北京奇太振控科技发展有限公司. 宜昌长江公路大桥改造加固液体黏滞阻尼器应用[R],北京, 2013.

[15] 饶建辉,吉林,吉伯海. 江阴长江公路大桥养护运营报告(1999-2019)[M]. 北京:人民交通出版社股份有限公司,2019.

[16] 李亚东,等. 大贝尔特海峡:东桥[M]. 成都:西南交通大学出版社,2008.

[17] 中交公路规划设计院有限公司. 南京长江四桥大桥结构监测管理系统2018年度数据分析报告[R]. 北京:2018.

[18] 公路悬索桥设计规范:JTG/T D 65-05—2015[S]. 北京:人民交通出版社股份有限公司,2016.

[19] Niels J. Gimsing. Cable Supported Bridges-Concept and Design, Third Edition. John Wiley & Sons, Ltd,2012.

[20] Polly Pui Yu Ng. The design and construction of Tsing Ma Bridge[A]. Proceedings of Bridge Engineering 2 Conference, University of Bath, Bath, UK, 2007.

[21] 李爱群,丁幼亮桥,王浩,等. 桥梁健康监测海量数据分析与评估–"结构健康监测"研究进展[J]. 中国科学,2012,42(8):972-984.

[22] 中华人民共和国行业标准. 公路钢筋混凝土及预应力混凝土桥涵设计规范:JTG/T D62—2004[S]. 北京:人民交通出版社,2005.

[23] 李苗. 大跨度悬索桥的温度影响分析[D]. 长沙:中南大学,2013,46-48.

[24] 中交公路规划设计院有限公司. 南溪长江大桥施工图设计咨询报告[Z]. 北京:2010.

[25] 中交公路规划设计院有限公司. 舟山大陆连岛工程西堠门大桥结构监测管理系统2018年度数据分析报告[R]. 北京:2018.

[26] 牛和恩,等. 虎门大桥工程-悬索桥[M]. 北京:人民交通出版社,1998.

[27] 吴胜东,等. 润扬长江大桥工程-悬索桥[M]. 北京:人民交通出版社,2007.

[28] 董萌,崔冰,王潇军. 三跨连续弹性支撑体系悬索桥结构体系设计研究[J]. 中国科学,2013,15(8):18-25.

[29] 万田保. 改善桥梁结构耐久性的阻尼器性能要求[J]. 桥梁建设,2016,46(4),29-34.

35. 广东云茂高速公路老屋村大桥钢板组合梁应用

娄 健[1]　邱体军[2]　杨 洋[2]

(1. 广东云茂高速公路有限公司；2. 安徽省交通规划设计研究总院股份有限公司)

摘 要　钢板组合梁桥是指采用剪力连接件将工字钢主梁和钢筋混凝土桥面板结合成组合截面共同工作的一种复合式结构，这种结构具有截面尺寸小而刚度大、结构承载能力高而施工方便快捷等优点，云茂高速公路首次在广东省试点应用钢板组合梁结构。以TJ14标老屋村大桥钢板组合梁为工程背景，对其设计、计算、施工、造价等方面进行了分析，结果表明，老屋村钢板组合梁桥受力安全，节约工期，造价经济，具有推广价值。

关键词　云茂高速　钢板组合梁　有限元分析　钢梁架设　造价分析

一、引 言

钢板组合梁桥是组合梁桥中的一种重要类型，特别适用于中小跨径。早期的组合钢板梁桥纵梁数量较多，且纵梁之间设置多道横梁、水平及竖向横撑及加劲肋，用于保证钢板梁间的整体性。这种钢板组合梁桥构件多而复杂、加工与维修成本高，构件受力及传力不明确。20世纪80年代后法国和日本开始集中力量进行新型钢板组合梁桥的开发研究，新型钢板组合梁桥对传统的结构体系进行了大幅度的简化，并以双主梁或少主梁为主[1,2]。

受限于钢材产量不足和经济发展水平，我国组合梁桥发展相对滞后。随着我国经济实力的快速提升和交通建设的巨大需求，我国科研和工程技术人员在理论和方法上对组合梁桥进行了深入研究，发现这种结构具有多方面的优点。首先，结构的工业化程度高，减少了施工期间对环境特别是城市道路的占用，缩短封闭施工的时间，极大降低工地扬尘污染，减少噪声；其次，由于结构的装配化程度高，工期短，符合快速施工的要求；此外，近年来随着钢材价格的波动，人工、砂石价格的不断上涨，组合梁的经济性越加显著。

二、工程概况

云茂高速公路项目是广东省高速公路网规划的"48联"—云浮罗定至茂名信宜(粤桂界)高速公路，是"纵9线"怀集至阳江海陵岛高速公路与"纵10线"包茂国家高速公路粤境段之间的一条联络线，往西对接广西规划的浦北至北流(清湾)高速公路，是广东省珠江三角地区通往广西新增加的一条出省通道，同时也是粤西山区和北部湾北部地区通往珠江三角地区的一条经济干线。项目根据广东省交通集团的定测评审意见，施工图设计阶段S2、S3设计合同段分别在高台大桥、老屋村大桥试点采用40m跨钢板组合梁。

老屋村大桥桥长448m，跨径组合11×40m，桥面宽度2×12.5m，桥墩采用双柱墩，平均墩高28m，最大墩高42m，位于圆曲线上。三维效果图见图1，现场工程实景图见图2。

三、钢板组合梁桥设计计算

老屋村大桥采用双工字钢板组合梁，钢主梁采用Q345qC工字形直腹板钢梁，钢梁上翼缘宽0.9m，下翼缘宽1.1m，钢梁中心线处的梁高均为2.2m，混凝土桥面板和钢主梁通过剪力钉连接。双主梁之间采用横梁加强横向联系,跨内横梁为小横梁,中支点横梁为中横梁,端支点横梁为端横梁。小横梁梁高0.6m,中横梁和端横梁梁高1.0m。横梁标准间距为8.0m,支点处加密为4.0m。钢主梁与横梁之间采用焊接连接,每2m设置一道竖向加劲肋。

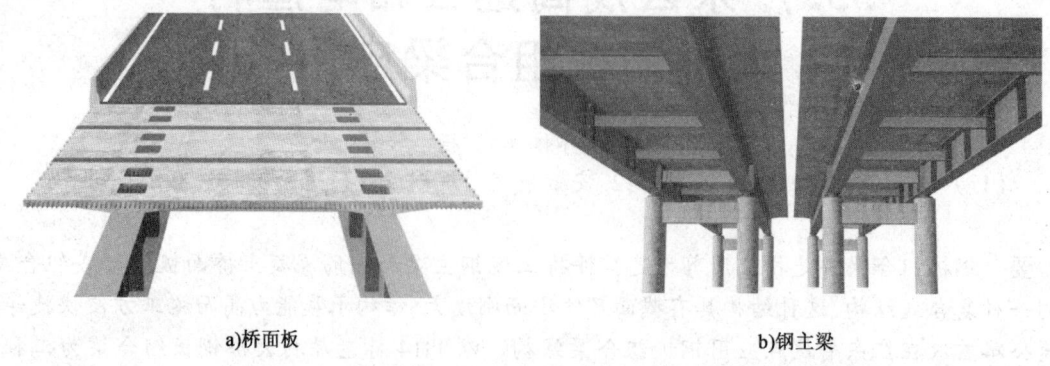

a)桥面板　　　　　　　　　　　　b)钢主梁

图1　三维效果图

图2　现场工程实景图

钢板组合梁桥标准断面图见图3。

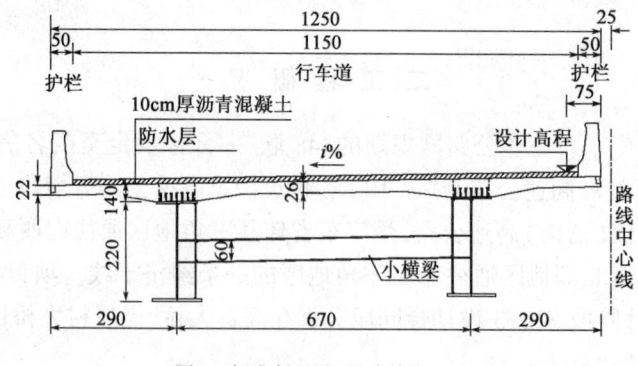

图3　标准断面图(尺寸单位:cm)

1. 纵向计算

根据本桥特点,采用专业桥梁设计软件 Midas Civil2019 选取组合截面采用杆系梁单元建立全桥有限元模型,全桥共1699个单元,1600个节点,如图4所示。为简化计算分析过程,采用如下假定:

(1)钢材与混凝土均视为理想线弹性材料,符合平截面假定。且忽略桥面板与钢主梁之间的滑移,即假定桥面板与钢主梁连接处二者的应变相同。

(2)未考虑桥梁纵坡及横坡影响。
(3)计算中,支点负弯矩区混凝土按开裂处理,即不计混凝土刚度。

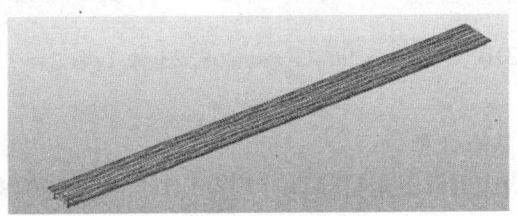

图4 纵向计算有限元模型

1)抗弯承载能力计算

根据《公路钢结构桥梁设计规范》(JTG D64—2015)Q345qC钢材的抗拉、抗压和抗弯强度设计值:当板厚小于或等于40mm时为270MPa,当板厚处于40~63mm时为260MPa[3]。计算所得基本组合上缘应力、下缘应力如图5、图6所示。

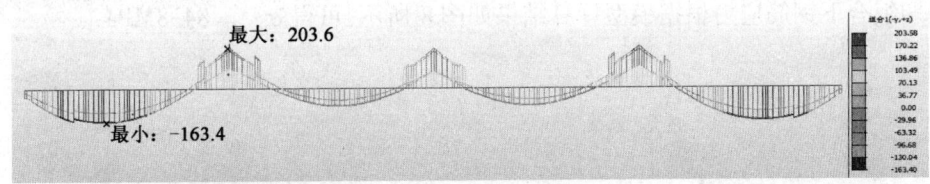

图5 基本组合上缘应力

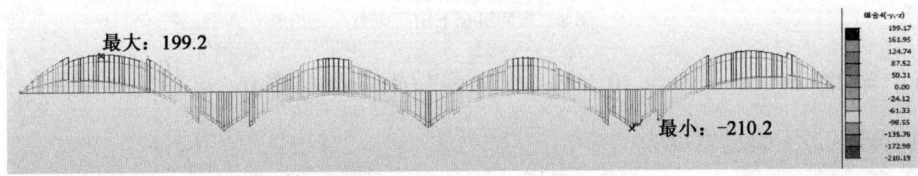

图6 基本组合下缘应力

据图5、图6可知,基本组合上翼缘最大压应力:163.4MPa(边跨跨中);最大拉应力:203.6MPa(墩顶)。下翼缘最大拉应力:199.2MPa(边跨跨中);最大压应力:210.2MPa(墩顶)。最大效应$\gamma_0\sigma = 1.1 \times 210.2 = 231.22$MPa,小于Q345qC钢材的强度设计值:270MPa($t \leq 40$mm),260MPa(40mm $< t <$ 63mm),满足规范要求。

2)抗剪承载能力计算

根据《公路钢结构桥梁设计规范》(JTG D64—2015)Q345qC钢材的抗剪强度设计值:当板厚≤40mm时为155MPa,当板厚处于40~63mm时为150MPa。计算所得钢梁剪力如图7所示。

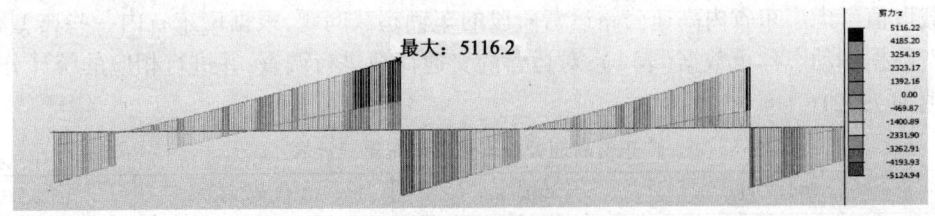

图7 钢梁剪力图

由图7可知,次边支点处为最不利位置,此处剪力为5116.2kN,腹板厚度28mm,腹板高2090mm,则有:

$\gamma_0 V = 5627.8$kN $\leq h_w t_w f_{vd} = 0.028 \times 2.09 \times 155 \times 10^6$N $= 9070.6$kN 抗剪承载力满足要求。

假定剪力全部由钢梁腹板承担,则剪应力:

$$\tau = \frac{\gamma_0 V}{h_w t_w} = \frac{5627.8 \times 10^3}{28 \times 2090} = 96.2 \text{MPa}$$

最大折算应力:

$$\sqrt{\sigma^2 + 3\tau^2} = \sqrt{210.2^2 + 3 \times 96.2^2} = 268.23 < 1.1 f_d = 1.1 \times 270 = 297$$

最大折算应力满足要求。

3)持久状况正常使用极限状态计算

根据《公路钢筋混凝土及预应力混凝土桥涵设计规范》JTG 3362—2018 第 6.4.3 条规定矩形截面钢筋混凝土构件最大裂缝宽度可按下列公式计算[4]:

$$W_{fk} = C_1 C_2 C_3 \frac{\sigma_{ss}}{E_s} \left(\frac{c+d}{0.36 + 1.7\rho_{te}}\right) (\text{mm})$$

其中:钢筋表面形状系数钢筋表面形状系数 $C_1 = 1.0$, $C_2 = 1 + 0.5 \frac{N_l}{N_s} = 1 + 0.5 \times \frac{18887}{20169} = 1.468$, N_l 和 N_s 分别为按作用长期效应组合和短期效应组合计算的弯矩。与构件受力性质有关的系数 $C_3 = 1.1$,短期组合下钢筋应力根据模型计算结果如图 8 所示,可得 $\sigma_{ss} = 84.8 \text{MPa}$。

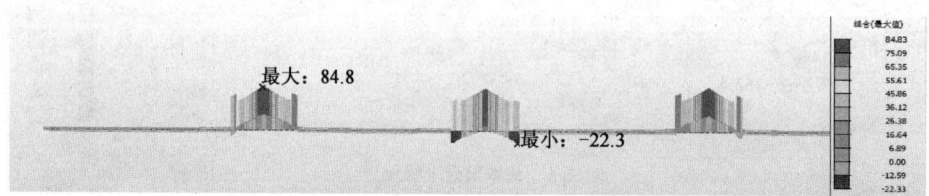

图 8 短期组合下钢筋应力

纵向钢筋 $d = 28\text{mm}$, $E_s = 2 \times 10^5 \text{MPa}$,纵向受拉钢筋配筋率 $\rho_{te} = \frac{103 \times 3.14 \times 14^2 \times 10^{-6}}{3.658} = 1.73\%$。则负弯矩区最大裂缝宽度为:

$$W_{fk} = C_1 C_2 C_3 \frac{\sigma_{ss}}{E_s} \left(\frac{c+d}{0.36 + 1.7\rho_{te}}\right)$$
$$= 1.0 \times 1.468 \times 1.1 \times \frac{84.8}{2 \times 10^5} \times \left(\frac{50+28}{0.36 + 1.7 \times 0.0173}\right) = 0.137 (\text{mm})$$

小于规范容许值,满足规范要求。

2. 桥面板横向计算分析

桥面板横向计算采用 Ansys 14.5 进行建模计算,车辆荷载横向考虑影响线加载,按照三车道进行加载,考虑到实际车道数为三个车道,冲击系数按照规范标准取为 0.3。计算主要考察桥面板加腋上部和跨中下部及加腋下部。

车辆荷载取值考虑广东省内高速公路运营阶段的车辆超载问题,根据广东省内一些典型路段收集得到的计重收费数据和动态称重数据(表 1),对运营的交通荷载进行调查,并进行相应的统计分析,取 95% 分位值最大值即 79.21t。

广东省高速公路五轴货车车重统计表　　表 1

序 号	测 点	均值(t)	最大值(t)	95%分位值(t)
1	佛开谢边	38.47	124.40	63.60
2	佛开九江	45.97	175.31	79.21
3	佛开北江	31.48	102.00	58.33
4	广惠高速	33.80	115.30	60.20
5	云梧高速	34.94	82.28	60.93

续上表

序号	测点	均值(t)	最大值(t)	95%分位值(t)
6	广珠东线	24.15	88.68	50.31
7	广深线	23.43	92.09	43.96
8	虎门大桥	25.06	73.70	43.73
9	广乐高速	35.28	81.61	64.10
10	深汕西	29.95	83.95	54.46

如图9所示,建立四跨横向计算有限元模型,桥面板使用solid45号单元模拟,钢梁使用shell63号单元模拟,预应力钢束使用link8号单元模拟。钢梁与混凝土板连接面采用重节点耦合的方式处理,预应力钢绞线与桥面板之间采用自动耦合的方式处理。

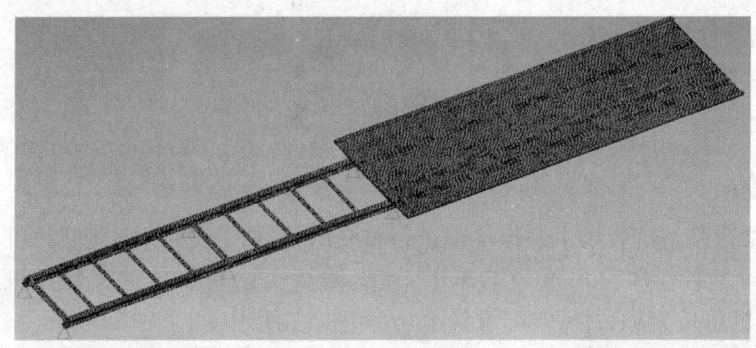

图9 横向计算有限元模型

1)横向悬臂根部的主要计算结果

图10为正常使用状态桥面板横向悬臂根部上缘应力云图。

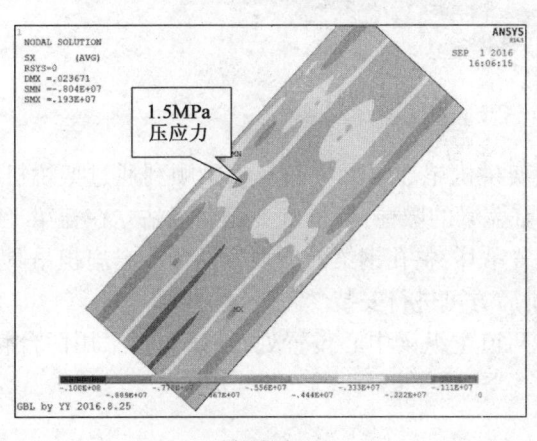

a)频遇组合　　　　　　　　b)准永久组合

图10 正常使用状态桥面板上缘应力云图

从图中可以看出,频遇组合:外侧梗腋端部上缘压应力储备最小,最小压应力为1.5MPa。

准永久组合:跨中上缘压应力储备最小,最小压应力为0.98MPa。

2)横向跨中主要计算结果

图11为正常使用状态桥面板横向跨中上缘应力云图。

频遇组合:跨中下缘最小压应力储备为3.25MPa。准永久组合:跨中下缘最小压应力储备为4.4MPa。

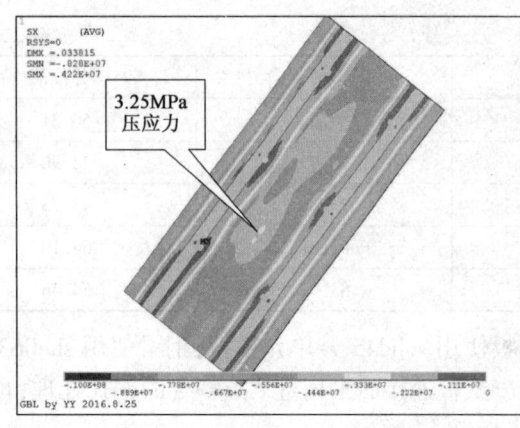
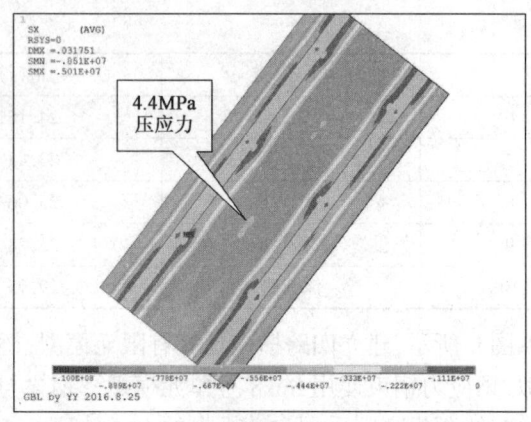

a) 频遇组合　　　　　　　　　　　　　　　b) 准永久组合

图11　正常使用状态桥面板上缘应力云图

四、钢板组合梁施工

1. 主梁加工安装

老屋村大桥主梁在路基拼装场由制作单位进行整孔组拼,拼装完成并由监理验收合格后方可进行安装。钢梁组拼完成后由制作单位吊至运梁车上,并运输至钢梁安装位置。架桥机采用 HDJH40/180Ⅱ(A)型架桥机,架桥机总长度91m,额定起重量180t,如图12所示。

图12　架桥机架设钢梁

钢梁组拼完成后横桥向最大宽度为8m。考虑到架桥机尾部喂梁空间及钢梁顺利通过架桥机,推荐架桥机尺寸为:长度90m,主桁中心间距9.2m。对于有盖梁的墩柱,架桥机支腿直接站立在盖梁上,无须设置临时托架钢梁采用型钢扁担兜底吊装方式,不设置吊耳,整孔钢梁前后端各设置1个扁担吊具,接触面采用橡胶皮包裹。钢梁在台后路基上进行整孔组拼后方可进行安装。

桥面上运输采用定制电动轨道平车,轨道布置在两道主纵梁中心位置处,钢梁运输采用两台轨道平车前后布置。

2. 桥面板安装

如图13所示,天车前移至安装跨,推动桥面板旋转90°,使桥面板呈横桥向状态。同时,安装位置处,在钢梁与桥面板接触面上涂抹环氧砂浆。移动天车将桥面板移动至安装位置,根据桥面板上的中心线及钢梁上标示线,调整桥面板位置并稳定,然后缓慢落钩,使桥面板缓慢下落至稳定状态。按照上述方法,依次完成整跨桥面板安装,中支腿处桥面板暂不安装,待架桥机过孔后进行安装。

3. 施工周期分析

以4孔一联为例,钢板组合梁全幅一联安装时间约33.5d,平均单幅每孔安装周期约3.2d,具体如表2所示。

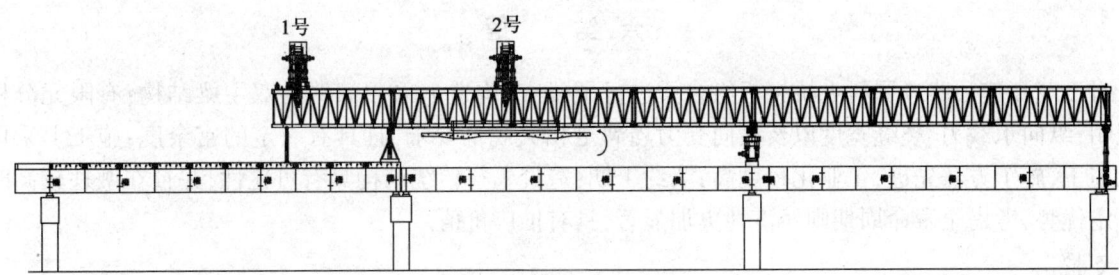

图13 架桥机吊装桥面板

钢板组合梁施工工期分析表 表2

序号	工序	时间(d)
1	架桥机过孔就位	1
2	左幅第1跨钢梁安装	1
3	横移至右幅,安装右幅第1跨钢梁	1.5
4	纵移,安装右幅第2跨钢梁	3
5	安装右幅第一跨桥面板	1.5
6	横移至左幅,安装左幅第2跨钢梁	3
7	安装左幅第1跨桥面板	1.5
8	纵移,安装左幅第3跨钢梁	3
9	安装左幅第2跨桥面板	1.5
10	横移至右幅,安装右幅第3跨钢梁	3
11	安装右幅第2跨桥面板	1.5
12	纵移,安装右幅第4跨钢梁	3
13	安装右幅第3、4跨桥面板	3
14	横移,安装左幅第4跨钢梁	3
15	安装左幅第3、4跨桥面板	3
16	此一联左右幅共8孔安装结束	33.5

五、经济性分析

老屋村大桥40m跨径钢板组合梁上部结构受钢材价格影响较大,比同跨径预制T梁造价稍高,但由于钢板组合梁自重较轻,因此其下部结构造价要低于同跨径预制T梁,而且随着墩高的增加钢板组合梁下部结构的经济性更加明显。40m钢板组合梁与40m预制T梁在不同墩高造价对比如表3所示。

国内砂石料价格近年来持续攀升,且信息价与市场价之间相差较大,地材作为不可重复利用,不可再生的资源,价格基本不会再回落。钢材价格存在周期性波动,若钢价回落,钢梁造价也会降低。从长期来看,在适当的建设条件下,钢板组合梁结构造价控制会优于钢筋混凝土结构,具备推广价值。

不同墩高40m钢板组合梁与40m预制T梁造价对比表 表3

平均墩高	40m钢板组合梁合计(元/m²)			40m预制T梁合计(元/m²)			综合造价对比
	上部造价	下部造价	合计	上部造价	下部造价	合计	
30	2858	1285	4143	1821	1713	3535	17%
40	2858	1755	4612	1821	2291	4112	12%
50	2858	2441	5299	1821	3412	5233	1%
60	2858	3440	6298	1821	4713	6534	-4%

六、结　语

对云茂高速公路老屋村大桥钢板组合梁进行了研究,构造上采用简约的双主梁结构;有限元分析结果表明,纵向承载力、裂缝宽度以及横向受力均满足相关规范要求,且具有一定的富余度;施工上采用架桥机施工,施工方法先进,工业化程度高,节约工期;造价上与传统结构具有可比性,并且在墩柱较高时具有一定优势,考虑全寿命周期则经济性更加显著,具有推广价值。

参考文献

[1] 刘永健,高诣民,周绪红,等.中小跨径钢-混凝土组合梁桥技术经济性分析[J].中国公路学报,2017,30(03):1-13.

[2] 赵艺程,范碧琨,李胜,等.中小跨度钢-混组合梁桥适应性分析[J].公路,2019,64(03):160-164.

[3] 中华人民共和国行业标准.公路钢结构桥梁设计规范:JTG D64—2015[S].北京:人民交通出版社股份有限公司,2015.

[4] 中华人民共和国行业标准.公路钢筋混凝土及预应力混凝土桥涵设计规范:JTG 3362—2018[S].北京:人民交通出版社股份有限公司,2018.

36. 基于 Revit 的桥梁正向设计软件实现混凝土配合比设计

唐准准[1]　刘小辉[1]　王文剑[2]　列宇祥[2]

(1. 重庆市交通规划勘察设计院有限公司;2. 广东星层建筑科技股份有限公司)

摘　要　传统桥梁设计软件都是基于 CAD 模式设计方案、计算分析和统计工程量,但是其二维的、非协同的、非信息化的局限性,渐渐不能满足现代桥梁建设的需求。BIM 的出现为现代桥梁建设提供了新的理念和技术,其中 Revit 是 Autodesk 公司开发的一款主流 BIM 软件,它具有丰富的二次开发接口。鉴于此,本文介绍了基于 Revit 二次开发的桥梁正向设计软件 XCBridge。当前阶段实现了地形数据导入、桥梁方案设计、混凝土箱梁桥 BIM 模型创建、结构分析验算、出施工图和工程量统计六大主要功能。软件生成的混凝土箱梁桥 BIM 模型,可用于三维技术交底、协同工作、信息共享等现代桥梁建设需求,推动 BIM 技术在行业的应用。

关键词　Revit 二次开发　BIM　正向设计　桥梁软件

一、引　言

桥梁工程是交通系统重要的一环,是国家重要的民生基础设施,是经济发展和社会生活安全的重要支撑。根据《2018 年交通运输行业发展统计公报》显示,截至 2018 年底,我国已有公路桥梁总数 85.15 万座、总长 5568.59 万米[1]。任何一座桥梁,无论其规模大小,都要经历前期规划设计,中期施工建造,后期运营维护,直至将其拆除的整个生命周期[2]。

在传统桥梁建设过程中,规划、设计、施工、运营管理大多由独立专业团队负责,且桥梁结构方案主要由 CAD(Computer Aided Design,计算机辅助设计)模式的二维图纸确立,造成工程同一阶段不同专业独立性较高,导致信息孤岛;不同阶段获取信息效率低且往往会造成失真。最终导致难以控制项目投入、工期延长、难以保证工程质量等不利后果[3]。

为了解决上述问题,将 BIM(Building Information Modeling,建筑信息模型)技术充分应用到桥梁工程中非常必要,从二维到三维,甚至四维,彻底突破了之前的局限,而且提高桥梁工程设计、施工、运维阶段的工作效率,把各专业的所用信息融合在一起。技术交底时,施工技术人员看到的不仅是一张二维图纸,而且还有能够包括整个桥梁工程全部信息的三维仿真模型,这让不同专业得以协同工作,不同阶段可以高效沟通。

基于以上背景,广东星层建筑科技股份有限公司(简称"星层科技")和重庆市交通规划勘察设计院有限公司(简称"渝勘院")共同合作研发了一款基于 Revit 平台,适用于混凝土箱梁桥(简支梁、连续梁、连续刚构等类型)的正向设计软件 XCBridge。该软件目前实现了地形数据导入、桥梁方案设计、混凝土箱梁桥 BIM 模型创建、结构分析验算、出施工图和工程量统计六大主要功能模块。

二、Revit 二次开发

Revit 是一款具有开放接口的软件,Autodesk 公司在设计 Revit 系列软件的时候,为用户提供了大量 API(Application Programming Interface,应用程序接口),用户和第三方开发者能够通过 API 对 Revit 进行二次开发,将应用插件集成到 Revit 当中去,成为 Revit 软件中的一个独立模块。随着 Revit 软件版本升级更新,API 的数量不断被增加,能够通过 API 实现的功能也越来越强大。从最开始的仅能实现对文档对象的访问到访问模型的参数数据、族类型和族参数的管理,再到功能区的扩展(Ribbon UI)[4],如图 1 所示。目前,Revit API 已经成为一个完善的系统,通过二次开发能够实现的功能非常多,FamilyItemFactory 类是其中一个核心 API 接口,它提供了多种创建几何图元的方法函数,实现形式分别有拉伸(NewExtrusion)、融合(NewBlend)、旋转(NewRevolution)、放样(NewSweep)、放样融合(NewSweptBlend)等,如图 2 所示。这些功能均适用于各专业建模设计,因此基于 Revit 平台对桥梁模块进行二次开发,为实现桥梁正向设计的各种功能整合提供了可行性。目前,市场上还没有真正基于 Revit 平台的桥梁正向设计软件。

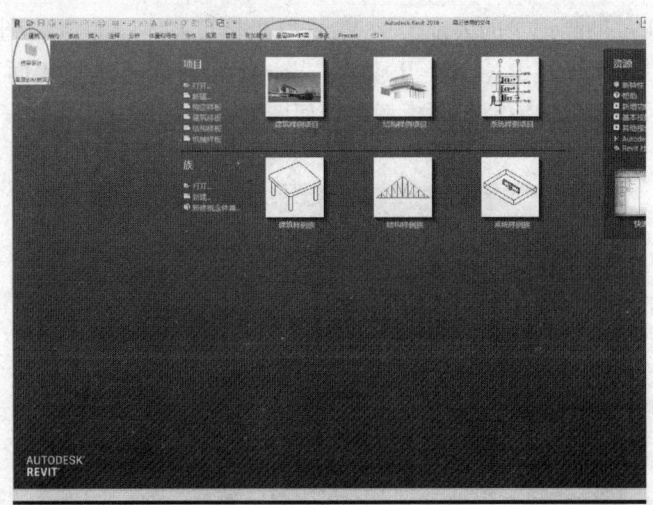

图 1　Revit 功能扩展"星层 BIM 桥梁"

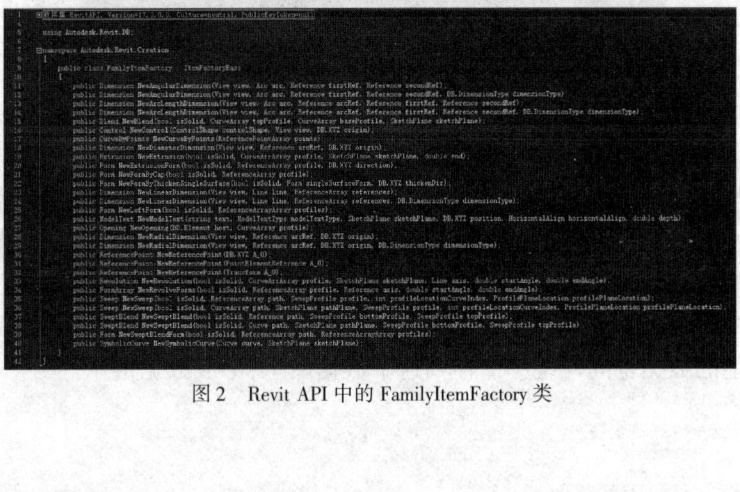

图 2　Revit API 中的 FamilyItemFactory 类

三、桥梁正向设计

当前大多数桥梁工程 BIM 应用都不属于正向设计，它在方案设计、结构计算、出施工图等过程都是基于二维 CAD 模式工作，而 BIM 应用只是“翻模”，即在设计阶段完成后根据需要将二维设计图纸转换为三维 BIM 模型。基本上都是在不同 BIM 平台软件上人工交互创建 BIM 模型，方案变更时要重复创建 BIM 模型。导致 BIM 模型的使用价值低，总体工作效率低，设计成本增加。

XCBridge 软件的正向设计是以 Revit 二次开发平台为基础，设计人员在 Revit 平台中直接调用桥梁设计软件 XCBridge，并以桥梁三维设计数据库为核心完成从方案设计到施工图出图的全过程设计任务，其特点如下：

（1）桥梁方案设计当中，可直接在地面模型上直观建立路线的平纵曲线，可根据设计规范和已有经验自动形成桥梁布孔方案等基本设计信息。

（2）通过 Revit 自适应族的放样融合等功能生成桥梁上部结构，而桥梁下部结构则采用自建族加控制参数来生成。

（3）基于桥梁模型的结构几何信息，自动布置普通钢筋和预应力钢束，根据以上桥梁设计信息形成支撑、载荷、材料结构计算参数，直接调用结构计算程序继续设计验算，并且验算通过时调整好的预应力钢束信息可以反馈给数据库，再按调整好的预应力信息建模出设计图纸。

（4）调用 Revit 内部的注释族和图框族生成施工图和工程量表。

四、软件核心功能

1. 地形导入

地形数据主要是指通过勘测记录的大地坐标点，这些坐标点基本都是 XYZ 坐标系的三维数据点，将这些三维坐标点整理并利用程序集 RevitAPI 开放的 TopographySurface（地形表面）类当中的 Create 函数即可生成地形表面模型，然后通过查询地形表面模型的几何图形信息则可获得地面三角网数据，如图 3～图 5 所示。

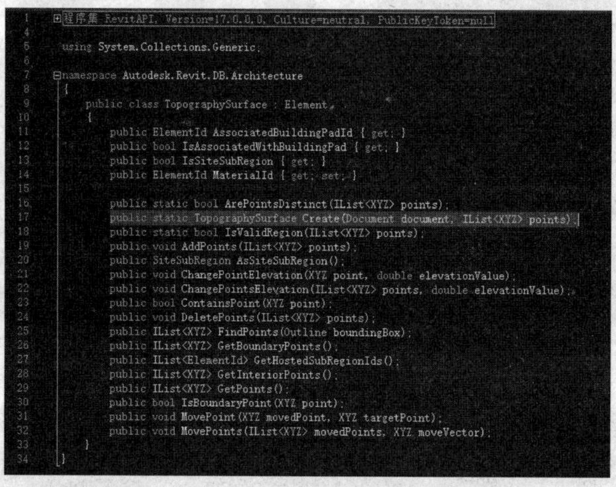

```
⊞程序集 RevitAPI, Version=17.0.0.0, Culture=neutral, PublicKeyToken=null

using System.Collections.Generic;

⊟namespace Autodesk.Revit.DB.Architecture
{
    public class TopographySurface : Element
    {
        public ElementId AssociatedBuildingPadId { get; }
        public bool IsAssociatedWithBuildingPad { get; }
        public bool IsSiteSubRegion { get; }
        public ElementId MaterialId { get; set; }

        public static bool ArePointsDistinct(IList<XYZ> points);
        public static TopographySurface Create(Document document, IList<XYZ> points);
        public static bool IsValidRegion(IList<XYZ> points);
        public void AddPoints(IList<XYZ> points);
        public SiteSubRegion AsSiteSubRegion();
        public void ChangePointElevation(XYZ point, double elevationValue);
        public void ChangePointsElevation(IList<XYZ> points, double elevationValue);
        public bool ContainsPoint(XYZ point);
        public void DeletePoints(IList<XYZ> points);
        public IList<XYZ> FindPoints(Outline boundingBox);
        public IList<XYZ> GetBoundaryPoints();
        public IList<ElementId> GetHostedSubRegionIds();
        public IList<XYZ> GetInteriorPoints();
        public IList<XYZ> GetPoints();
        public bool IsBoundaryPoint(XYZ point);
        public void MovePoint(XYZ movedPoint, XYZ targetPoint);
        public void MovePoints(IList<XYZ> movedPoints, XYZ moveVector);
    }
}
```

图 3　程序集 RevitAPI 的 TopographySurface 类

2. 路线设计

路线设计是在导入的地形表面数据所确定的平面图和立面图里进行操作，每条路线都包含平曲线和竖曲线的导线点参数，可以根据设计方案自由增加或删除导线点，轻松设计对应路线下的弯曲桥梁和桥面纵坡，如图 6 和图 7 所示。桥梁的起始桩号、跨径组合、车道护栏等信息也可以参数化设计。以上地面三角网、路线和桥梁的设计方案都记录到一个项目的数据库里，这个数据库会为后面的设计功能提供所需信息，另外其他功能的数据也同样统一保存到这个数据库里，形成数据链条。

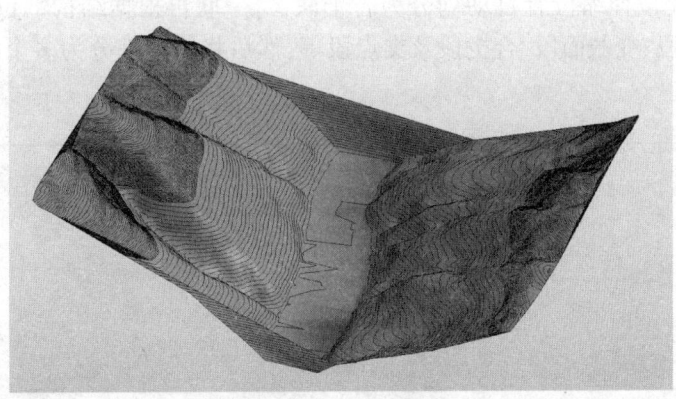

图4 地形表面模型

地面点坐标总数 6380

序号	X	Y	Z
1	615214.4	96712.6	556
2	615218.7	96709.56	556
3	615222.6	96704.7	556
4	615227.35	96696.2	556
5	615228.8	96689.22	556
6	615230.925	96660.155	558
7	615232.1	96660.715	556
8	615232.7	96718.41	552
9	615235.394	96713.634	551.75
10	615236.3	96675.25	556
11	615238.3	96704.8	554
12	615239	96640.6	560
13	615239.1	96671	556
14	615239.425	96684.685	564
15	615240.194	96719.361	546.75
16	615243	96651.49	558
17	615243.025	96696.395	554
18	615243.7	96724.7	544
19	615244	96673.07	554
20	615244.1	96668.225	555
21	615244.6	96635.75	560
22	615245.5	96714.589	547.75

地面三角网总数 12730

序号	地面点1	地面点2	地面点3
1	864	789	790
2	790	789	742
3	812	790	742
4	844	790	812
5	864	844	918
6	812	898	844
7	883	898	812
8	844	864	790
9	812	909	883
10	789	864	803
11	678	742	762
12	812	742	629
13	762	742	834
14	762	757	678
15	803	910	834
16	849	834	968
17	834	849	762
18	803	834	742
19	742	789	803
20	849	757	762
21	910	803	864
22	629	742	678

图5 地面点坐标和地面三角网

平曲线导线点数 3 X-Y换位

编号	Xp	Yp	Rp	H1	H2	CG	JK
1	615359.000	96589.523	0.000	0.000	0.000	0.000	0.000
2	615774.625	96803.547	350.000	50.000	50.000	0.020	0.000
3	615882.813	96811.531	0.000	0.000	0.000	0.000	0.000

竖曲线导线点数 3

编号	桩号(Z)	高程(Y)	半径(Rs)
1	0.000	547.602	0.000
2	294.779	548.907	1400.000
3	574.082	550.148	0.000

图6 平曲线和竖曲线导线点

3. BIM 建模

BIM 模型在设计阶段作为核心设计成果，是工程项目信息化集成的载体，因此，如何建立 BIM 模型是桥梁正向设计软件最为基本也是最为重要的环节。在 Revit 中的 BIM 模型都是基于族(Family)来建立，族就是包含了各种信息的构件，将桥梁拆分成不同类别的桥梁构件，然后通过"搭积木"的方式将适合的桥梁构件拼接成桥梁 BIM 模型，如图 8 所示。

XCBridge 软件主要用于混凝土箱梁桥建模。上部结构主要是箱梁，箱梁是随路线的平纵曲线和桥梁的横坡、结构类型等属性的变化而变化，它并不适合做成一个通用族来直接调用，但是箱梁的构造相对比较单一，所以可以在代码里实现动态创建箱梁 BIM 模型，具体步骤如下：

（1）整座桥梁箱梁先按伸缩位置自动划分为若干联，每一联再根据结构部位特点自动划分成若干段，例如：中支点0号梁段、变截面段、合拢段及支点段等，然后将箱梁细分为多个长度合适的单元块，如图9所示。

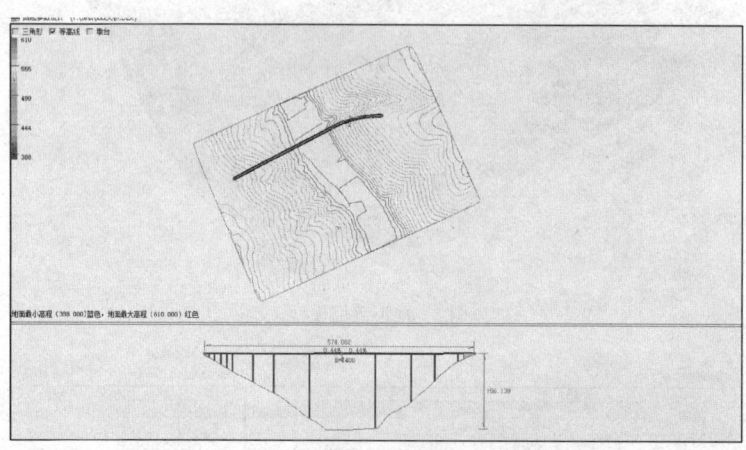

图7　路线平面图和立面图

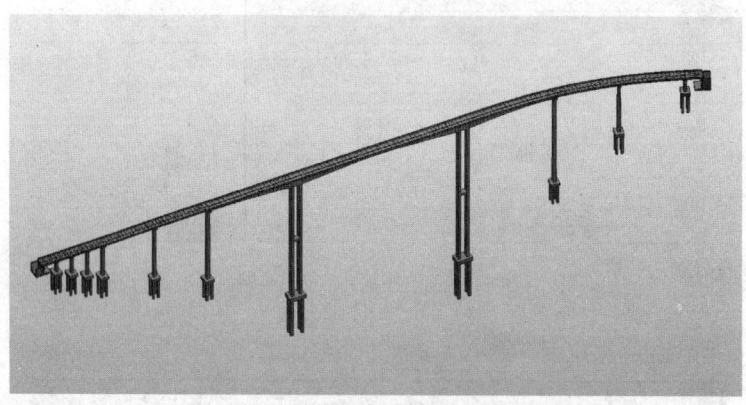

图8　桥梁BIM模型

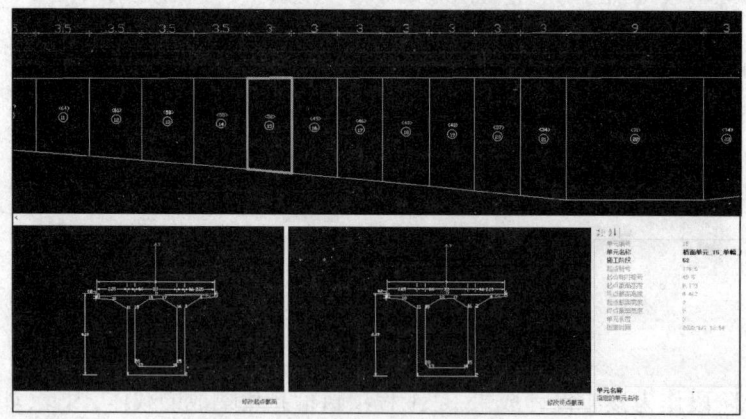

图9　桥面单元纵断面和横截面

（2）用Revit自带的自适应公制常规模型作为箱梁单元族样板。
（3）根据箱梁单元起点横截面和终点横截面的相对位置创建参照平面。
（4）在参照平面上根据截面内外轮廓关键点坐标画好参照点。
（5）通过拉伸、融合、旋转、放样、放样融合、空心放样融合等功能函数动态合成箱梁单元族并创建实例,如图 10 所示。

(6)最后把各箱梁单元的 BIM 模型实例拼接成具体的箱梁。

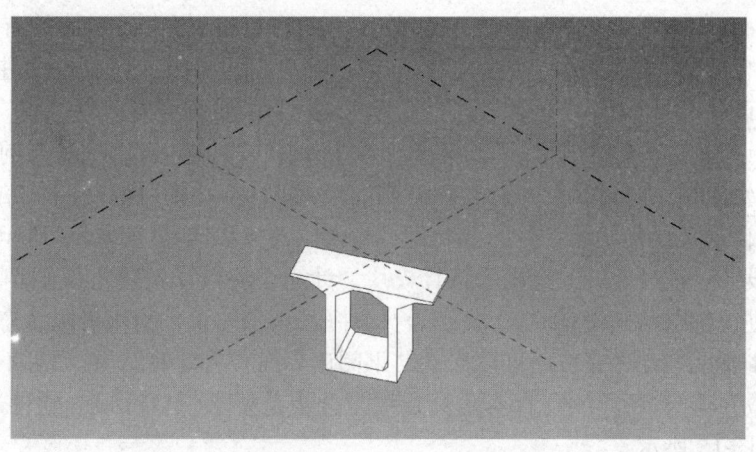

图 10　桥面单元 BIM 模型

下部结构包括桥台、桥墩、基础、支座等构件,这些构件都是独立的,结构比较复杂,类型也多种多样,而且还需要组合使用,和上部结构箱梁相反,下部结构构件并不适合在代码里创建,而是在 Revit 里手动操作创建每一个下部结构的构件族,为了使其应用价值最大化,还在构件族里加入了能控制尺寸的族实例参数,然后把这些构件族都保存在固定的文件夹内形成通用的构件族库。这个构件族库可以按规则自行添加、删除、修改,并在软件中直接选择使用,如图 11、图 12 所示。

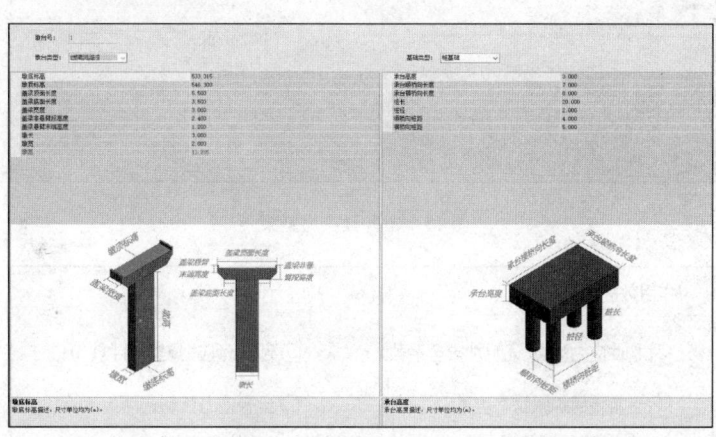

图 11　选择墩台类型界面

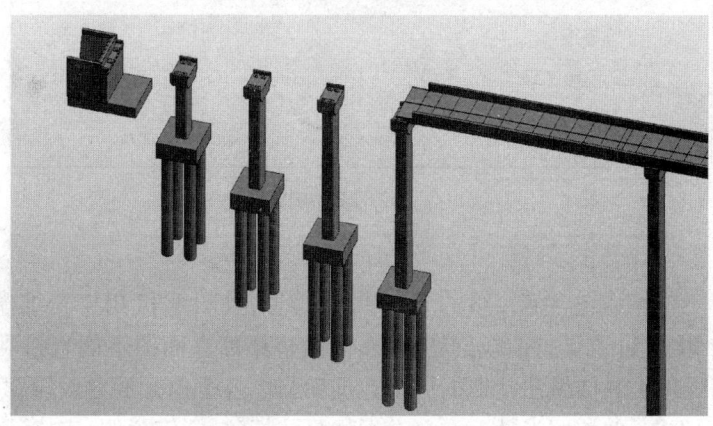

图 12　墩台 BIM 模型

4. 结构分析

桥梁结构设计验算以往的方法是在有限元软件里独立分析,计算数据与出图模型是分开的。现在虽有 Abaqus、Ansys、Midas 等有限元分析软件与 BIM 软件有共享接口,但目前上述的有限元分析软件尚不能实现与 Revit 中的桥梁 BIM 模型进行交互设计,而采用了自己的有限元计算模块进行桥梁结构设计验算,可以较好地解决设计 BIM 模型与有限元设计验算模块之间的数据交互问题。

XCBridge 软件针对预应力钢束布置问题,提供了"自动布筋"功能,可以根据当前联的结构信息自动布置预应力钢筋,并生成相应的导线点集;"整联复制"和"整联粘贴"则可以复制粘贴相同联的整体预应力钢筋组信息;支持自定义配置波纹管类型、钢束类型、张拉设备和锚具,如图 13 所示。预应力钢束布置完成后即可将结构设计参数自动转入有限元计算模块。计算模块默认按公桥规 JTG 3362—2018 分三种作用效应组合方案进行桥梁结构设计验算,分别是:构件应力验算、正常使用极限状态验算和承载能力极限状态验算,如图 14 所示。计算完成后可以启动结果阅读界面查看计算结果,如果不符合规范要求可以修改预应力钢束参数并再次进行计算,直至验算结果符合规范要求。XCBridge 软件还可提供生成 Word 格式计算书文件,如图 15 所示。

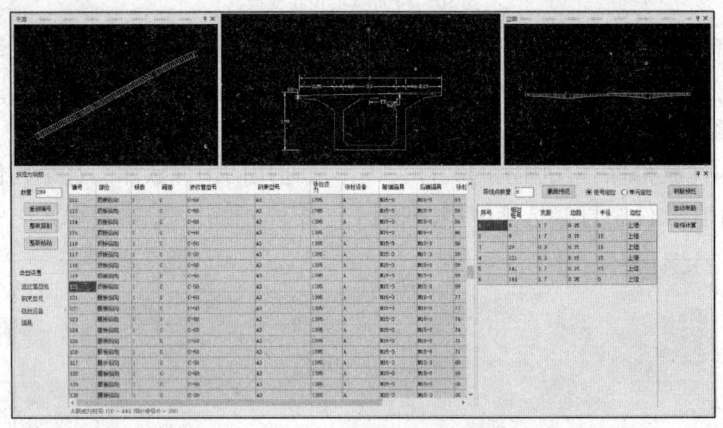

图 13 布置预应力钢束

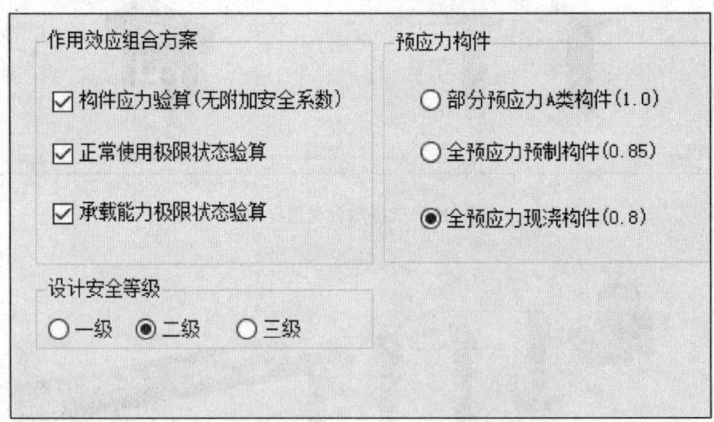

图 14 结构计算选项界面

5. 出施工图

Revit 创建的 BIM 三维模型包含着二维的 CAD 图纸信息,且图纸和 BIM 三维模型的关联性强,修改便利,效率较高。目前 Revit 并不支持曲线剖切,对于曲线桥梁的立面图不能直接利用 Revit 自带的剖切视图功能,需要做特别处理。具体做法是根据桥梁数据库当中各个单元的立面轮廓大小和位置信息来勾画出整体桥梁的纵向立面图,并按照设计习惯自动添加尺寸标注、文字说明、表格、图框等,最终形成二维的施工图纸。图 16、图 17 中所示为主桥箱梁一般构造图和主桥箱梁 0 号梁段普通钢筋布置图部分截图。

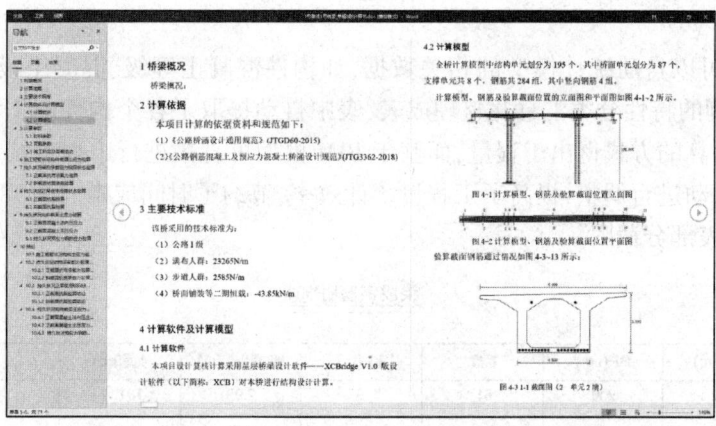

图15 计算书文件示例

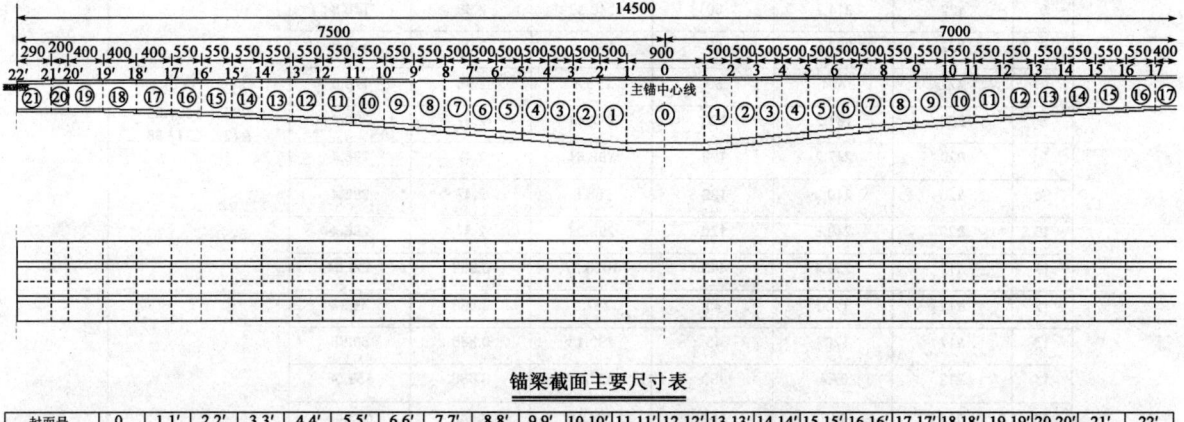

锚梁截面主要尺寸表

截面号	0	1,1'	2,2'	3,3'	4,4'	5,5'	6,6'	7,7'	8,8'	9,9'	10,10'	11,11'	12,12'	13,13'	14,14'	15,15'	16,16'	17,17'	18,18'	19,19'	20,20'	21'	22'
距0号截面距离(cm)	0	450	750	1050	1350	1850	1950	2250	2550	2900	3250	3800	4300	4860	5000	5360	5700	6100	6500	6900	7100	7490
梁高(cm)	820	820	787.6	756	725.1	695.1	666	637.7	610.3	579.5	550.1	522	495.4	470.3	446.6	425.1	405.4	387.7	370.5	357.3	350	350	350
顶板厚(cm)	30	30	30	30	30	30	30	30	30	30	30	30	30	30	30	30	30	30	30	30	30	30	30
底板厚(cm)	82	82	79.6	77.2	74.7	72.3	69.9	67.5	65.1	62.2	59.4	56.6	53.8	51	48.1	45.3	42.5	39.7	38.4	33.2	30	30	30
腹板厚(cm)	80	60	80	60	80	60	80	60	60	60	60	60	60	60	60	60	60	60	60	60	60	60	60

图16 主桥一般构造图(尺寸单位:cm)

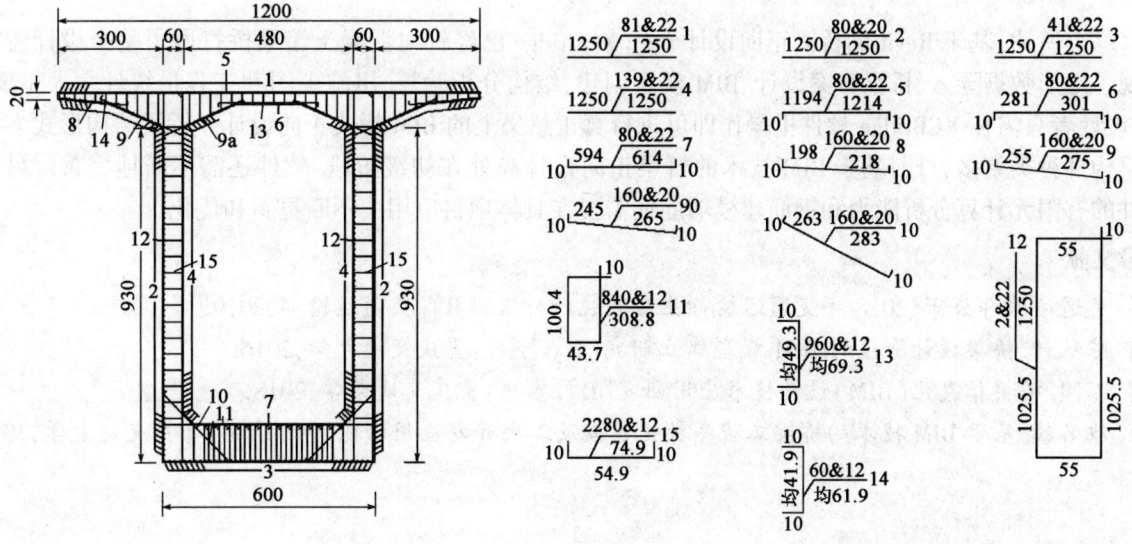

图17 梁段钢筋布置图(尺寸单位:cm)

6. 工程量统计

工程量统计功能可以自动统计模型的相关数据,如构件混凝土等级、混凝土设计方量、钢筋用量等等。通过 Revit 族实例的特性分类汇总并整理成表,表中自动提取了各个构件的工程量。对于复杂的异型构件,很难用人工手算的方式得出工程量,而基于 BIM 模型可直接进行工程量统计。而且一旦模型进行变更,工程量也会自动进行调整,提高了工程量统计效率,节约了时间成本。图18 中所示为主桥箱梁0号梁段普通钢筋明细表部分截图。

梁段钢筋明细表

编号	直径(mm)	单长(cm)	根数	重长(m)	单位重(kg/m)	共重(kg)	合计(kg)
1	&22	950	61	579.5	2.98	181.78	
2	&20	950	67	636.5	2.47	165.49	
3	&22	950	31	294.5	2.98	92.38	
4	&22	950	108	1026	2.98	321.84	
5	&22	914.2	60	548.52	2.98	178.8	
6	&22	227.6	60	136.56	2.98	178.8	
7	&22	464	60	278.4	2.98	178.8	&22:1132.4
8	&20	181.2	120	217.44	2.47	296.4	&20:1351.09
9	&20	247.2	120	296.64	2.47	296.4	&12:2317.68
9a	&20	240.5	120	288.6	2.47	296.4	
10	&20	249.6	120	299.52	2.47	296.4	
11	&12	259.4	405	1050.57	0.888	359.64	
12	&12	1750	45	787.5	0.888	39.96	
13	&12	1767	45	795.15	0.888	39.96	
14	&12	67.4	495	333.63	0.888	439.56	
15	&12	58.1	360	209.16	0.888	319.68	
16	&12	74.7	1260	941.22	0.888	1118.88	

图18 梁段钢筋明细表

五、结　语

综上所述,基于 Revit 的桥梁正向设计软件 XCBridge 已经针对混凝土箱梁桥打通了整个设计流程,实现了地形数据导入、桥梁方案设计、BIM 模型创建、结构分析验算、出施工图和工程量统计六大主要功能,设计者只需在 XCBridge 软件里操作即可进行真正意义上的 BIM 桥梁正向设计。桥梁结构形式多样,桥梁构件种类繁多,目前基于 BIM 技术的桥梁正向设计尚处在初级阶段,软件还需不断地完善。另外,软件的有限元计算分析能力和钢筋建模功能还需要在具体项目应用中不断更新和优化。

参考文献

[1] 交通运输部公布《2018 年交通运输行业发展统计公报》[R].交通运输部,2019.
[2] 陈秋竹.桥梁设计阶段的 BIM 模型建立研究[D].重庆:重庆交通大学,2016.
[3] 万阳.桥梁信息化(BIM)设计技术应用研究[D].重庆:重庆交通大学,2018.
[4] 沙名钦.基于 BIM 技术的桥梁工程参数化建模及二次开发应用研究[D].南昌:华东交通大学,2019.

II 施工与控制

1. 伶仃洋大桥东锚碇基础施工关键技术

李冕[1,2]　王东志[2]

(1. 长大桥梁建设施工技术交通行业重点实验室；2. 中交第二航务工程局有限公司)

摘要　深中通道伶仃洋大桥为580m+1666m+580m的两塔三跨海中钢箱梁悬索桥，东锚碇采用八字形地连墙基础，地连墙直径长107.1m，宽65m，地连墙厚度1.5m，最大深度-63m，嵌入中风化花岗岩深度为5m，覆盖层厚度近50m，80MPa以上基岩深度10m，基坑开挖深度42m。锚碇基础采用"锁口钢管桩+工字形板桩+平行钢丝索"组合式筑岛围堰，岛屿直径150m。地连墙共计79幅槽段，开槽前通过三轴搅拌桩加固槽壁接头和两侧，采用"旋挖钻+铣槽机"交替成槽的工艺。深基坑采用出土门架和伸缩臂挖机共同出土，配合吊模施工内衬，开挖后地连墙止水效果明显，基坑安全可靠。

关键词　海中锚碇　筑岛施工　组合式围堰　地连墙　深基坑

一、概　述

深中通道东起机荷高速公路，跨越珠江口，西至中山马鞍岛，全长24.03km，跨海段长22.39km，是集"桥、岛、隧、地下互通"为一体的系统集群工程。伶仃洋大桥作为其主通航孔桥，是一座跨径为580m+1666m+580m的全漂浮体系两塔三跨海中钢箱梁悬索桥，如图1所示。东锚碇为重力式锚碇，基础采用八字形地连墙结构[1-2]，地连墙长107.1m，宽65m，厚1.5m，基坑顶高程+3.0m，底高程-39m，基坑深度42m，每3m一层，从上至下共分为14层，包括1层帽梁、2层1.5m内衬、6层2.5m内衬和5层3.0m内衬，地连墙底高程在-63.0~-44.6m之间，如图2所示。锚碇施工区域距离海岸10余千米，为全海上施工。施工区域处河床高程-5.15m，底部地质情况依次为10余米厚流塑、软塑状淤泥层、11~18m厚淤泥质粉质黏土及粉砂层，约15m厚中砂层，下卧层为中风化花岗岩，现场实测强度80MPa以上，为较好的持力层地质。综合上述地质和现场实际情况，施工存在以下难点：①锚碇基础施工区域软弱地层较厚，施工水域航道频繁、浪大风急，成岛困难；②回填砂层及淤泥层内摩擦角小、自身黏结力不够，铣槽过程中极易发生坍塌，成槽风险高；③持力层强度较高，成槽工效缓慢，若贸然加压进尺则会降低槽壁精度甚至扰动软弱地层；④锚碇基础位置水系丰富，底部中风化花岗岩裂隙水也较发育，基坑开挖时对地连墙墙身和接头的质量要求更高；⑤施工水域台风频发，夏季雨水多，如何提高开挖工效，赶在台风期之前完成基底封底十分必要。

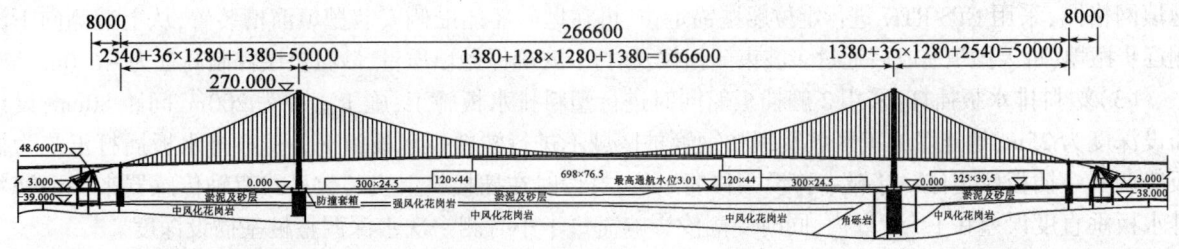

图1　伶仃洋大桥总体布置图(尺寸单位：cm)

伶仃洋大桥东锚碇为全海上施工，总体施工流程为：地基处理→筑岛围堰施工→外围防护→岛内回填→槽壁加固→场地硬化→地连墙施工→基坑降水→基坑开挖→同步施工内衬→基底封底→填芯→顶板浇筑。

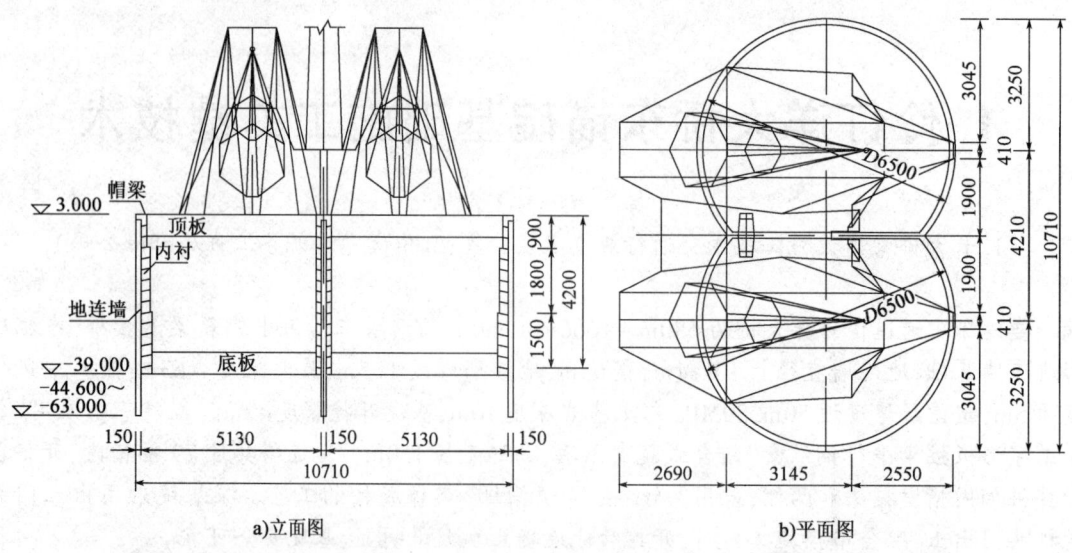

图 2　东锚碇结构图(尺寸单位:cm)

二、筑岛施工

为创建地连墙海上施工平台,加快东锚碇建设进度,转海域施工为陆域施工,首先需进行筑岛施工,圆形岛屿直径150m,筑岛围堰结构采用锁口钢管桩+工字形板桩+平行钢丝索组合式筑岛围堰结构,围堰合龙后吹填中粗砂成岛。锁口钢管桩直径为$\phi 2000 \times 18$mm,桩长38m,钢管桩顶高程+6.50m,桩底高程-31.50m,穿过淤泥层并以中砂层作为持力层,钢管桩中心间距2.95m;工字形板桩的规格为H770×80,腹板及翼缘板厚14mm;锁口采用C形钢管,钢管规格为$\phi 180 \times 14$mm;围堰外侧采用7根187×5mm的平行钢丝索围箍,平行钢丝索竖向间距25cm。围堰合龙后进行岛内中粗砂回填并同步施工外围防护,外围防护共分两层从上到下依次为模袋混凝土和模袋砂。岛内回填砂密实度较低,为保障地连墙施工的安全,需要加快岛内回填地基的稳定速度,减少地基沉降,按2.5m间距梅花形布置点位进行无填料振冲施工,并在场地硬化之前施工三轴搅拌桩和塑性桩加固槽壁。

1. 地基处理

围堰施工前的地基处理主要包括:海床面清淤、砂石垫层施工和塑料排水板插打。

(1)海床面清淤:首先对锚碇围堰区域进行海床地形数据采集,然后通过8m³抓斗式挖泥船配合自航泥驳按1:8进行分段、放坡清淤,通过疏浚装置转运至运泥船后卸至指定点,海床面清淤直径220m,清淤控制高程-7.0m。

(2)砂石垫层施工:在清淤完成后进行砂石垫层试验段抛填施工,确定最终抛填工艺;然后绘制分区抛填网格图,采用GPS-RTK进行定位船抛锚定位,再在抛砂船船舷侧安装抛填溜槽装置,从上游侧向下游侧逐步抛填,每天抛填完成后通过多波束侧扫仪及时扫床,确保抛填质量,砂石垫层控制高程为-6.0m。

(3)塑料排水板插打:采用2艘插板船同时进行塑料排水板施工,施工直径为200m,间距80cm,设计插设深度为25m,地连墙施工区域及锁扣钢管桩区域不进行塑料排水板施工。塑料排水板插打工艺为插板船调平→插板船定位→穿靴→打设→移船定位,打设时在插板机上安装数显式双轴传感器来保证塑料排水板垂直度误差在1.5%以内,同时受潮汐影响需每半小时测一次水深调整桩基插设深度。

2. 围堰施工

锁口钢管桩和工字形板桩均为158根,采用浮式起重机和YZ-300型振动锤逐根下沉,平行钢丝索总长度约471.6m(含接头长度),为减少运输和施工难度,将单根分为6段,其中五段标准节长度为80.66m,一段非标准节长度68.3m,利用135t履带式起重机在周边栈桥吊装就位。锁口钢管桩直径大,数量多,合龙难度高,且不同施工顺序会导致海域水动力变化从而产生局部严重冲刷或淤积的情况[3],在开展围堰冲刷模型试验后,确定了将圆形围堰分为4区8段,先施工上、下游侧,再施工东、西侧锁口钢管桩的施工顺序,且在西侧预留一段距离合龙,供抛沙船驶入施工,施工合龙顺序如图3所示。锁口钢管桩首根施打时需设置三根辅助钢管桩,后续钢管桩只需通过"骑跨式"导向架后支腿上的电动夹钳固定在前两根钢管桩顶,悬臂端设可伸缩千斤顶对钢管桩进行导向定位,骑跨式导向架装置如图4所示,3台浮式起重机施沉钢管桩平均速度为4~5根/d。在施工三根锁口钢管桩之后可以施工第一、二根钢管桩之间的工字形板桩,依次类推,合龙口的工字形板桩则需要根据合龙位置钢管桩的平面位置和倾斜度来特制楔形钢板桩。

图3 筑岛围堰合龙顺序

图4 "骑跨式"导向架施打锁口钢管桩

3. 岛内回填及外围防护

第一次回填在合龙前,抛沙船从西侧预留的缺口处驶入,吹填中心区域,回填高度3m。随后合龙围堰,通过抛砂船皮带机在外围分2次向岛内回填中粗砂,回填高度分别为3m、2.5m[4],待回填砂出水后,通过挖掘机和推土机从四周向围堰边缘摊平。三次回填之间的时间间隔为7d和18d。

围堰内回填砂时同步施工外围防护,首先从围堰外边缘由里向外摊铺模袋,利用砂泵充填模袋砂至模袋饱满,利用泵车浇筑高流动性C25混凝土,依次逐块逐层施工外围防护至设计高程。

4. 振冲施工

根据以往海中筑岛围堰稳定的条件,岛内日均沉降量应小于1mm/d,而中粗砂密实度很低,为加工施工进度,在围堰内按2.5m间距成梅花形布置振冲点位,进行无填料振冲。振冲前后分别进行标贯试验、静力触探试验,对比分析振冲效果[5]。试验结果表明:振冲后平均标贯值由10击提高到21击,密实度提高2.1倍,锥尖阻力平均值由2.56MPa提高至3.88MPa,换算地基承载力由184kPa提高至242kPa,振冲效果显著(图5)。

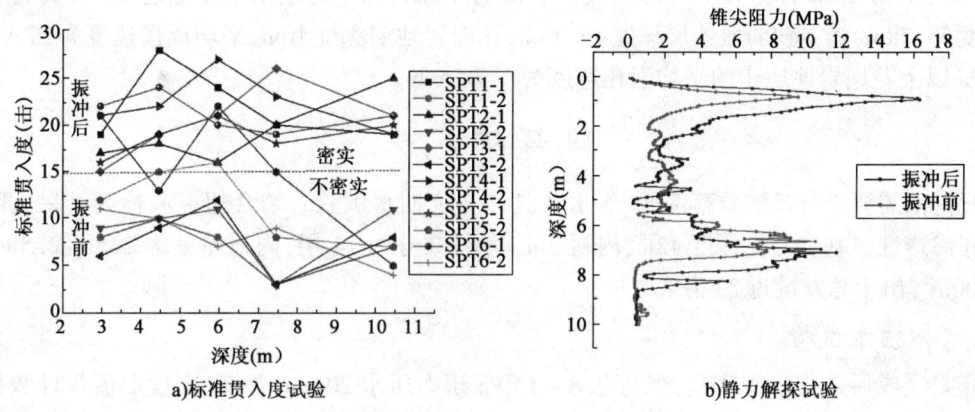

a) 标准贯入度试验　　　　　　　　b) 静力解探试验

图5 振冲前后试验结果对比

三、地连墙施工

八字形地连墙共计分为79个槽段,包括37个6.33m长Ⅰ期槽段,2个Y形槽段,40个2.8m长Ⅱ期槽段,Ⅰ期、Ⅱ期槽之间采用铣接头,搭接长度27cm。墙身厚度1.5m,墙身长度47.6~66m不等。连续一周实测岛内日均沉降量为0.9mm/d,即开始了地下连续墙施工。

1. 槽壁加固

槽壁加固分为三轴搅拌桩施工和塑性桩施工[6]。①为防止成槽过程中软弱地层或相邻Ⅱ期槽段土体发生坍塌,在地连墙两侧和铣接头位置设置2排ϕ85cm间距1.8m的三轴搅拌桩,搅拌桩总长20m,顶高程+3.0m,底高程-17.0m(穿过淤泥层、进入粉砂层),浆液水泥掺量20%。②Y形槽段位于八字形地连墙拱脚位置,槽段形状特殊,受力情况复杂,塌孔风险相对于Ⅰ期槽段更高,因此在Y形槽转角与地连墙净间距为20cm处施工2根直径80cm的塑性桩进行加固处理,施工后测得三轴搅拌桩强度为2~3MPa,加固效果明显。

2. 泥浆制备

前场淡水运输和制造成本较高,地连墙泥浆用量巨大,故考虑直接采用海水进行泥浆配置,施工水域为珠江口区域,涨退潮时海水氯离子浓度差别较大,为准确控制泥浆性能,对淡海水、浓海水两种情况进行配比试验,以确定最后的配合比[7]。根据试验结果,推荐泥浆配比为淡海水时选用水:膨润土:CMC:纯碱 = 1L:150g:2g:1g;浓海水时选用水:膨润土:CMC:纯碱 = 1L:150g:3g:3g,黏度和胶体率分别为24.1Pa·s、97%,22.3Pa·s、100%。

3. 地连墙成槽

地连墙采用"宝娥MC96铣槽机+旋挖钻引孔"复合式成槽的施工工艺,首槽从P19(Ⅰ期槽段)开始,三铣成槽,但铣槽机铣至强风化花岗岩地基后进尺速度降低至10cm/h,此时将铣槽机移位至相邻的Ⅰ期槽段P20,采用旋挖转引孔P19,引孔直径1.2m,一期槽引孔数量为4个,引孔后铣槽速度提高至1m/h,效果显著。待2个Ⅰ期槽段混凝土强度达到75%时即刻进行其间的Ⅱ期槽施工(Ⅰ铣成槽),避免因为混凝土强度过大影响铣槽速度和质量。

4. 钢筋笼吊装

为避免出现空槽待笼情况,根据投入的3台铣槽机和2台旋挖钻,在前场共设置三个笼场,钢筋笼加工采用2段长线匹配法,标准段长度为36m。钢筋笼最大吊重95t,分别采用260t、135t履带式起重机作为主吊和辅吊,配备滑轮组进行翻身,主吊下放后通过直螺纹套筒对接匹配钢筋笼。

5. 成槽工效

从2019年6月27日首槽开工,截至2019年12月12日,深中通道东锚碇地连墙已全部施工完毕,槽段平均深度55.78m,其中软弱覆盖层深度45.78m,花岗岩地层深度10m,平均成槽速度为57.9m/d,旋挖钻在80MPa以上花岗岩地层中的平均引孔速度为0.78m/h。

四、基坑开挖

基坑开挖前需要进行基底帷幕灌浆、压水实验和基坑抽水试验。结合超声波检测结果,评判地连墙墙身和基底渗透性。基坑开挖深度42m,内衬3m一层,共分为14层,内衬厚度为1.5m、2.5m、3m,基坑面积约5400m²,出土总方量近23万m³。

1. 压水和抽水试验

帷幕灌浆完成后进行压水实验,保持0.8~1MPa压力压水20min,每5min读取流量计数据,现场实测平均岩层透水率为0.78Lu<3Lu,满足要求。单侧基坑布置6口直径600mm,深度50.1m降水管井,分3次对基坑内进行了长达22d的降水[8-9],第一次降至砂层顶面-15m高程位置,随后降至砂层底面

−36m 高程处,最后降至井底,稳定后连续观测 12d 基坑的日抽水量,在第三阶段停排后第 7d 日抽水量稳定至 110m³/d,基坑日抽水量变化曲线如图 6 所示。

2. 开挖过程模拟

为避免雨水对内衬施工的影响,内衬采用吊模施工,因此需要进行超挖 4m,为保证基坑开挖安全,采用 FLAC 3D 模拟开挖过程[10],图 7 结果表明按照超开挖 4m 施工,基坑支护结构深层最大水平位移发生在 −24m 高程位置,最大位移 12.03mm < 30mm,满足施工要求。

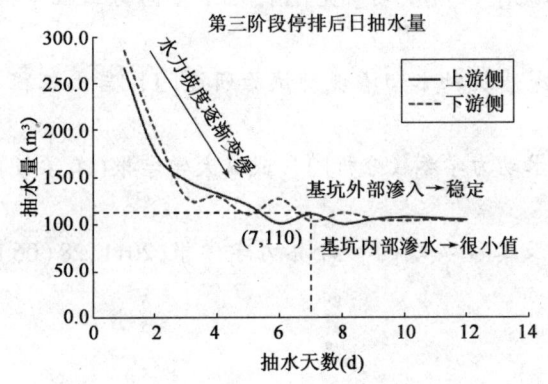

图 6 基坑日抽水量变化曲线(单位:m³/d)　　图 7 开挖至坑底支护结构位移云图(尺寸单位:m)

3. 开挖工效及监测结果

基坑开挖共配备 4 台 QTZ-160 型塔式起重机,4 台出土门架(出土能力约 30m³/h),1 台伸缩臂挖机(出土能力约 60m³/h),日均总出土能力超过 2000m³/d,单侧基坑内衬分为 10 段,单段长度约 20m,双侧共计配备 6 套弧形段不锈钢模板,2 套隔墙段不锈钢模板,端部为收口网模板,上层内衬强度达到 70% 后才能施工下层内衬,截至 2020 年 8 月 5 日,基坑开挖至 −34.0m 处,流水作业情况下内衬平均施工工效达到 10d/层。在地连墙施工时按米字形布置深层水平位移传感器及内衬钢筋、混凝土应变计,基坑开挖超过 15m 时每日进行 3 次监测数据采集,目前最大钢筋应力 89MPa < 210MPa,深层最大水平位移发生在 −25m 高程位置,位移为 9.31mm,与计算值较吻合,基坑支护结构受力满足要求。

五、结　语

伶仃洋大桥东锚碇为八字形地连墙基础,考虑其建设条件采用"锁口钢管桩 + 工字形板桩 + 平行钢丝索"组合式筑岛围堰方案,钢管桩深层水平位移 15.3cm < 20cm,结构安全稳定,成岛迅速。采用无填料振冲法加固回填中粗砂地基,密实度提高 2.1 倍,地基承载力提高近 1.4 倍,加固效果显著。地下连续墙"铣槽机 + 旋挖钻引孔"复合式成槽工艺大大缩短了成槽时间,海水泥浆各项性能指标优异,槽壁加固措施对成槽护壁效果良好,铣接头和灌浆帷幕分别对地连墙墙身及基底有很好的防渗水作用,开挖后表明地连墙止水效果优良,海洋富水系环境下日均渗透量 < 110m³/d,基坑采用门架和伸缩臂挖机复合式出土方式,门架可以用作上构施工时使用,伸缩臂挖机的机动性也有效地弥补了内衬施工时门架下方禁止取土的短板。超开挖 4m 和吊模施工内衬的流水式作业方式,对内衬快速成环和支护结构受力有很好的改善作用,保证了基坑的安全稳定。截至目前,东锚碇已经开挖到 −34.0m 位置,筑岛围堰及基坑支护结构均安全可控,为以后同类型的桥梁建设提供了宝贵经验。

参考文献

[1] 隧道网. 深中通道建设列入粤港澳大湾区发展规划[J]. 隧道建设(中英文),2019(2):316-316.
[2] 徐国平,黄清飞. 深圳至中山跨江通道工程总体设计[J]. 隧道建设(中英文),2018,038(004):109-121.
[3] 杨莉玲,李越,徐峰俊,等. 深中通道工程对伶仃洋水流环境的影响[J]. 水运工程,2018,542

[4] 林早华,李智宇,童平,等.悬索桥锚碇超高人工边坡稳定性分析及控制措施研究[J].中国战略新兴产业(理论版),2019,000(017):1-4.

[5] 邱伟健,杨和平,贺迎喜,等.珊瑚礁砂作地基吹填料及振冲加固试验研究[J].岩土工程学报,2017(8).

[6] 刘美山.地连墙质量优化措施[J].水运工程,2020(8).

[7] 杨振兴,孙振川,游永锋,等.泥水平衡盾构中海水泥浆性质试验研究[J].地下空间与工程学报,2020(2):359-365.

[8] 刘祥勇,宋享桦,谭勇,等.南通富水砂性地层地铁深基坑抽水回灌现场试验研究[J].岩土工程学报,2020,42(07):1331-1340.

[9] 李东炎,戚俊杰,胡睿.基于抽水试验的地下含水层水动力学参数分析[J].武汉大学学报(工学版),2019,52(06):482-488.

[10] 王全凤,潘树来.深基坑开挖全过程的数值模拟及工程实践[J].计算力学学报,2011,28(06):943-948.

2. AGV 喷砂机器人在钢箱梁涂装中的应用

王鑫博

(中铁山桥集团有限公司)

摘 要 在当今工业产业深入推进自动化、智能化的大背景下,涂装行业也在逐步引进机器人设备和智能化附属设备,智能化机器人在面对大批量、重复性施工时大展身手,大幅度地减少了人工成本,同时机器人运行的高精度、稳定性强、不间断作业等特点也在有效提升涂装质量和施工效率,以应对日渐高涨的人工成本和不断提高的技术要求。然而在钢桥梁制造生产行业,智能化涂装面临桥梁分段结构复杂且重复性少、涂装厂房需停产改造、周期长、成本高等问题。本文中采用AGV(自动导引车)技术对智能喷砂设备进行了重新设计研究,依托于G05深中通道的钢箱梁项目,开发出了适用于钢箱梁外表面的AGV喷砂机器人,为现有涂装车间承接G05深中通道的钢箱梁生产任务提供了技术基础。

关键词 AGV 小车 机器人 智能化涂装

深中通道大桥的建造是一个系统工程,防腐涂装对大桥的整体质量和寿命有着深远的影响,而全桥防腐质量在很大程度上取决于施工质量的优劣,其中钢结构表面的喷砂更是影响施工质量的最重要因素。表面处理的好坏会直接影响涂层附着力、防腐性能。目前钢箱梁表面处理通常采用人工喷砂的施工方法,人工喷砂受人员自身因素影响较大,且施工质量不稳定,效率较低,尤其面对体量巨大的大型钢箱梁时,人工喷砂的速度较慢,已喷砂的表面长时间暴露在空气中有返锈风险。而且,喷砂施工中产生的噪声、粉尘对人体危害较大,越来越多的人不再从事此行业,而传统的人工喷砂属于劳动密集型产业,因此人工喷砂产能已无法满足越来越多的大型项目的建设需求。针对上述问题,机器人自动化喷砂技术在优化喷砂施工质量,提高施工效率等方面极具优势,应用前景非常广泛。

深中通道桥梁工程起于西人工岛,向西依次跨越伶仃洋航道、龙穴南航道及横门东航道,终于中山马鞍岛,是连接珠江东西岸的重要通道。主线桥梁长17km,全桥共有钢结构约23万t,体量巨大,标准梁段数量较多,满足开展喷砂自动化研究的必要条件。本文以深中通道项目为契机,通过对AGV技术与智能喷砂机器人的设计改造,开展钢桥自动化喷砂技术的研究。

AGV 喷砂机器人通过编程手段快速准确地进行喷砂施工,集稳定性、安全性、开放性为一体,极大地减少人工成本,排除安全事故隐患,稳步提升涂装质量及生产效率,对提高钢结构桥梁行业防腐涂装施工技术水平,促进涂装向智能化、数字化升级转型有重要意义。

一、AGV 小车简介

Automated Guided Vehicle,简称 AGV,通常也称为 AGV 小车,指装备有电磁或光学等自动导航装置,能够沿规定的导航路径行驶,具有安全保护以及各种移载功能的运输车。工业应用中不需要驾驶员的运输车,以可充电的蓄电池为其动力来源。一般可通过电脑来控制其行进路径以及行为,或利用电磁轨道(electromagnetic path-following system)来设定其行进路径,电磁轨道粘贴于地板上,无人运输车则依靠电磁轨道所带来的信息进行移动与动作。传统 AGV 小车采用麦克纳姆轮设计,通过四个全向轮的速度矢量来实现全向移动,运行原理如图1所示。

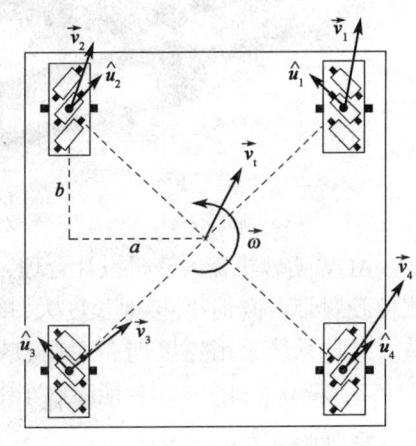

图1 麦克纳姆轮工作原理

传统 AGV 小车是集光、机、电、计算机、信息化系统为一体的移动式工业机器人,综合了当今科技领域先进的应用技术。AGV 不仅能独立工作,而且还更善于与其他生产系统、控制管理系统紧密结合,能够快捷地与各类生产线、装配线、输送线、站台、货架、作业点等有机结合,可根据不同的需求,以不同的组合实现各种不同的功能,具有突出的兼容性和良好的适应性。目前智能 AGV 机器人广泛应用在电子制造、汽车、五金、物流、食品、制药等领域,在工业自动化智能化领域展示强劲的创新技术能力。

基于 AGV 机器人优异的兼容性,通过 AGV 智能小车与喷砂机器人的灵活组合,可以针对钢箱梁的不同结构特点进行喷砂机器人设计,以满足喷砂施工要求。

二、AGV 喷砂机器人在钢箱梁中的应用

1. AGV 喷砂机器人设计

针对深中通道钢箱梁外表面的结构特点,为满足喷砂施工要求,通过 AGV 搭载平台与智能喷砂设备的灵活组合,共设计三种 AGV 智能喷砂机器人,分别为底部智能喷砂机器人、顶部智能喷砂机器人、侧面升降式智能喷砂机器人。

1) 顶部智能喷砂机器人

顶部智能喷砂机器人(图2)外形尺寸为 1350mm×1200mm×900mm,负载能力 10000kN(整车质量已做轻量化设计),爬坡能力不大于 10°,具有前进、后退、左右转弯、喷枪摆动等功能,喷枪摆动 ±90°,另配置 R 轴为绕本体旋转,旋转范围 360°。在行走过程中带动喷枪对工件进行喷砂作业。

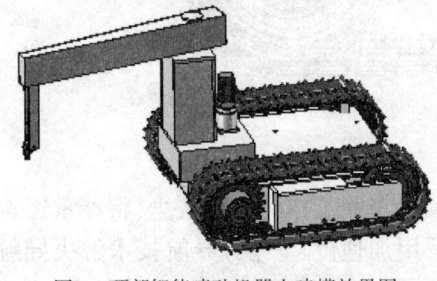

图2 顶部智能喷砂机器人建模效果图

2) 底部智能喷砂机器人

底部智能喷砂机器人(图3)配置了五轴关节臂用于控制喷砂枪的运动,关节臂的五个自由度分别如下:R 轴为机器人本体旋转轴,旋转角度为 ±360°,S 轴为大关节沿垂直方向的转动,转动范围 160°,T 轴为小关节沿垂直方向的转动,转动范围 240°,U 轴为小臂旋转,转动范围 ±180°,W 轴为喷枪摆动运动,摆动范围 ±90°。

3) 侧面升降式智能喷砂机器人

侧面升降式智能喷砂机器人(图4)外形尺寸为 1600mm×1400mm×1900mm,负载能力 18000kN,爬坡能力不大于 10°,升幅 2m,配合机械臂的活动高度足以覆盖工件上风嘴的表面区域,配置 6 个自由度关节臂,具有前进、后退、左右转弯等功能,在行走过程中带动喷枪对工件进行喷砂作业。

 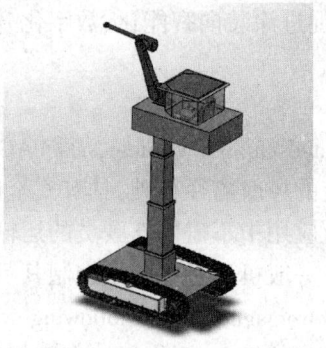

图3 底部智能喷砂机器人建模效果图　　　　图4 侧面升降式智能喷砂机器人建模效果图

AGV喷砂机器人整机设计合理,适应恶劣的工作环境,履带行走方式对地面平整度要求不高,插齿式橡胶履带内嵌钢丝,接地长度大,接地比压小。设备内部富余空间,便于根据需要进行改款或功能改造。悬挂系统采用克里斯蒂轮组,减震效果好;具有涨紧装置,可调履带松紧,悬挂臂采用了结构钢Q345B,综合性能优越。智能喷砂车配六轴关节臂用于控制喷砂枪的运动,施工范围较大。

2.创新优化措施

1)移动方式优化

传统AGV小车通过多组橡胶轮和地面摩擦进行移动,然而此种移动方式完全无法应用在喷砂的高承载、路面起伏、工作路径多变的环境中。为有效地解决上述问题,本文对传统AGV小车的橡胶轮组进行改造,采用履带式底盘来满足喷砂施工环境的要求,如图5所示。将AGV小车的智能智控与履带式底盘的高承载、全地形、全向性的特点相结合,设计出专门用于深中通道项目的AGV机器人,可以完成智能化喷砂施工。

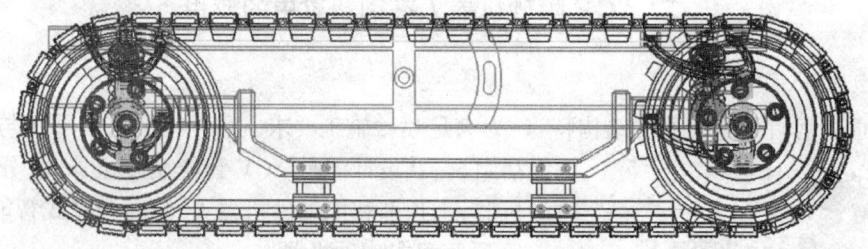

图5 履带式机器人底盘线结构图

2)导航与定位技术优化

传统AVG机器人一般采用激光导航技术进行导航定位,然而喷砂车间工作时布满灰尘,将严重影响脉冲激光扫描精度,使激光导航设备无法正常工作。喷砂机器人采用加速度(惯性)导航技术解决导航问题,通过测量AGV小车的加速度(惯性),并自动进行积分运算,获得其瞬时速度和瞬时位置数据,进而实现计算机自动化导航,同时与人工辅助的定位方式相结合,确保导航的准确性和安全性。由于喷砂房的工作环境较为恶劣,故导航系统的设备都安装在运动载体之内,工作时不依赖外界信息,也不向外界辐射能量,不易受到外部环境的干扰,所以它是一种自主式导航系统。导航原理如图6所示。

3.配套智能化设备

除了主体的AGV智能喷砂机器人外,喷砂自动化生产的实施还需要其他附属设备进行配合,主要包括供砂系统、回砂系统、除尘系统、除湿系统等。

智能化供砂系统:采用双缸体结构,配置了下料仓低料位感应器,上料仓高料位感应器,并与储砂箱加料阀、进气电气控制联动,以保证AGV喷砂机器人施工时,始终能得到磨料补充。

地坪回砂系统:地坪回砂采用扫砂车推至地坑,由皮带输送机送至斗式提升机,并进入尘砂分离器,经筛选分离的磨料进入两台储砂箱。进入储砂箱的磨料采用自流式磨料分配,并设置手工料阀及自动料阀,保证磨料的循环利用。

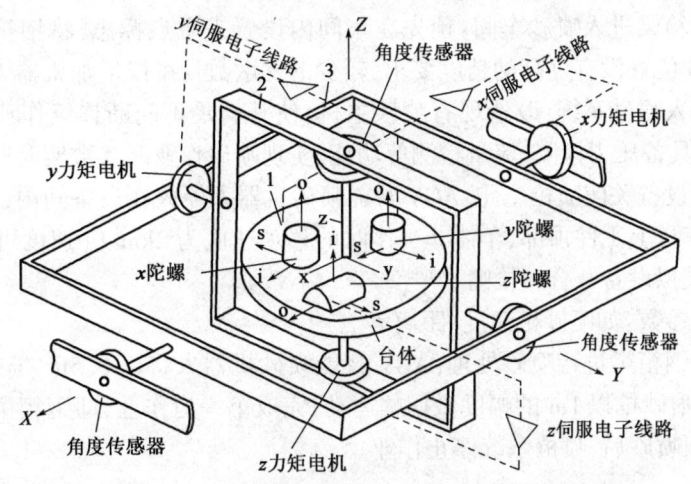

图6 加速度(惯性)导航原理图

磨料除尘系统:钢砂经斗式提升机后,采用二级除尘系统对磨料除尘,第一级为旋风除尘,可除去70%锈尘,第二级为滤筒除尘,过滤后排放的空气净化度可达99.99%,保证磨料满足循环利用的要求。

车间除尘系统:除锈作业时,会在喷砂房内产生大量的粉尘,故对整个除锈房进行通风除尘,以保证除锈房内低于一定的粉尘浓度。为了保证除锈房内有较好的湿度条件,同时节省能源,将经过处理后的空气重新回进除锈房。

除湿系统:喷砂施工时要求环境湿度不高于80%,为保证环境要求达标,采用转轮加冷冻型除湿机构建除湿系统。除湿控制系统中,只要设置出口湿、温度,机器内的电脑控制系统会自动平衡、开启不同的除湿方式,节能、方便。在潮湿季节,当转轮除湿达到最大能率仍未满足湿度要求时,系统会逐渐提升制冷量,以提高冷冻除湿效果;反之,当湿度满足要求时,首先卸载制冷负荷,然后通过微调转轮除湿加热功率,控制湿度;在这里利用少量的制冷量去湿和控制送风温度。

4. 机器人布局

顶部机器人布置:在喷砂房的顶部布置一套顶部智能喷砂机器人,车体无驾驶室,通过电缆供电,履带行走,携带软管及机械臂用于钢桥面的喷砂作业,车身采用轻量化设计,降低自重,在梁段附属件(路缘石等结构)之间作业。

底部机器人布置1:在工件的底部布置一套底部智能喷砂机器人、控制室,通过电缆供电,履带行走,携带软管及机械臂用于钢箱梁底部的喷砂作业,车身加装除锈铲,增加电机动力与配重,降低脱落锈物对行走轨迹的影响。

底部机器人布置2:在工件的底部布置一套侧面升降式智能喷砂机器人、控制室,通过电缆供电,履带行走,携带软管及机械臂用于钢箱梁上下风嘴的喷砂作业,车身加装除锈铲,增加电机动力和升降座的稳定结构,增大底盘规格与举升高度,降低施工时反冲力以及脱落锈物对行走轨迹的影响,用于钢箱梁斜底面及斜顶面的除锈作业。

智能喷砂设备布置图如图7所示。

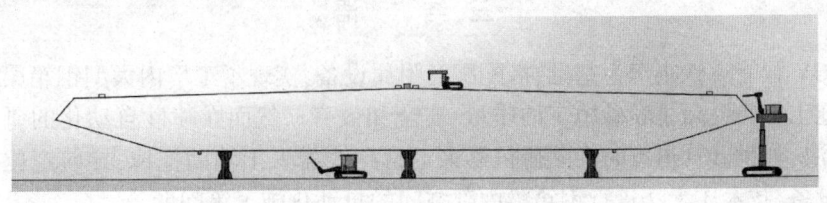

图7 喷砂机器人布置图

5. 智能喷砂施工过程

智能喷砂设备工作流程(图8)如下:

(1)运梁车装载钢箱梁进入喷砂车间:预先在车间内设置支墩点标志,将钢箱梁放置在其上。设备施工过程中对支墩摆放位置没有过高的精度要求,较少的支墩数量可以增加机器人工作效率。

(2)喷砂机器人接入喷砂系统:改造现有喷砂主机,使其满足不间断连续作业。喷砂参数能与机器人的行走速度联动;并具备压力检测、流量检测等功能,实现喷砂作业时参数实时监控。

(3)通过遥控控制设备关闭喷枪空跑:AGV智能喷砂机器人停放在设备间内,准备时将顶部AGV机器人通过便捷式举升车送上工件顶部,车体非工作时的移动速度为2km/h(速度可控),机械臂载入预先设计的行走路径进行模拟设备开合喷枪嘴。

(4)调整喷砂工艺参数:如喷砂枪角度、距离等。

(5)开启喷砂枪对钢箱梁进行喷砂处理:AGV智能喷砂机器人将以0.5m/min的速度,沿着钢箱梁的宽度方向定速行进,喷砂枪以1m的幅度做摆幅运动,完成第一道作业,即钢箱梁底板的边界部位沿钢箱梁宽度方向的作业面喷砂后,喷枪系统停止作业。

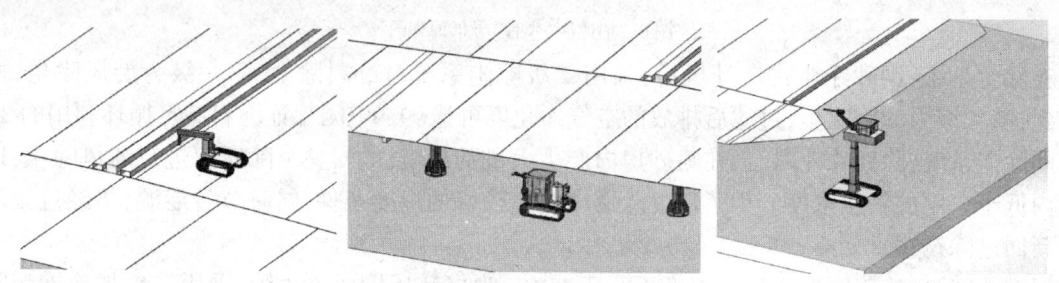

图8 喷砂施工示意图

设备纵向(长度方向)移动0.9m进入第二道行走轨迹,喷砂枪开启,完成第二道行走轨迹的除锈作业,小车在钢箱梁底部行走轨迹为已字形,每道轨迹的间距为1m,纵向搭接宽度为10~20cm。

整个系统从喷砂起始点进行相应的喷砂工作,顶部小车进行桥面喷砂时通过移动举升设备转移至梁上路缘石的另一侧来跨越路缘石等桥面附件。行走的方向如图9所示。配合喷枪系统的运动姿态,完成整个钢箱梁底面的喷砂工作,移动速度初定0.5m/min。

AGV智能喷砂生产线采用智能化机械装备代替人工作业,实现智能自动化作业,在线智能监测,生产过程实时监控,设备故障诊断与预警,系统具有可视化流程及离线编程轨迹规划功能,提升了本身安全。

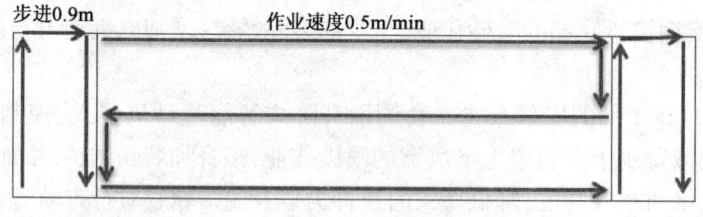

图9 喷砂机器人步进

三、结 语

本项目以AGV智能喷砂小车为基础,搭配配套附属设备,实现了工厂内大型钢箱梁外表面的自动化喷砂,对比传统施工方法提高了喷砂施工的质量、安全和效率。然而在喷砂自动化的研究过程中还存在一些问题尚未解决,如供砂管道有时会阻碍机器人运行路线需人工辅助拖拽,导航定位系统有时仍需人工纠正,当前的设备、技术还无法进行钢箱梁内部空间的自动化施工等问题。

随着中国制造业向着智能化的逐步发展，涂装行业的智能化、自动化施工有着广阔的发展空间，本项目仅仅是在涂装自动化的方向上前进了一小步，希望更多的同行们参与到涂装自动化的研发中，共同推进大型钢桥的防腐涂装由手工施工向自动化、智能化方向发展，由传统的劳动密集型向知识密集型产业转变。

参考文献

［1］全国工业自动化系统标委会.工业机器人产品验收实施规范:JB/T 10825—2008［S］.北京:机械工业出版社,2008.

［2］全国工业自动化系统与集成标准化技术委员会.工业机器人性能试验实施规范:GB/T 20868—2007［S］.北京:中国标准出版社,2007.

［3］全国工业自动化系统与集成标准化技术委员会.工业机器人安全实施规范:GB/T 20867—2007［S］.北京:中国标准出版社,2007.

3. 钢箱梁涂装的智能化工艺设计

李鸿伟[1]　梁　江[2]

(1.镇江蓝舶科技股份有限公司;2.中铁山桥集团有限公司)

摘　要　在现代工业中,自动化设备正逐步地以高效率、低风险的作业方式替代人工。而伴随自动化、机械化的生产方式成为主流,生产工艺也在进行相应的变化。例如厂房内的布局,会从平整空旷的地面转为特定位置的轨道、线槽;工件作业情况,会从人眼观察探照灯照亮的一小块转为视频监控中整个厂房内被照明的全部;作业方式,会从人工携带厚重的防护设备并拖动沉重的喷枪管线转为自动规划的程序路径和自动的管线收束;计划安排,会从人工记录流程进展转为项目导入智能中控系统后自动生成等。引入智能化设备不仅为人改善了恶劣的现场工作环境,而更多地在为提升效率、稳定质量、节约物料、综合管理生产工艺打下基础,通过不断优化的工艺参数和不断完善的工艺流程来实现降本增效,达到现代化、自动化、智能化涂装生产的目标。

关键词　生产工艺　作业方式　智能中控系统　降本增效　智能化涂装

近年来,越来越多厂房增加了机器人及附属设备,但不同工件本身的尺寸大小不同,厂房内部空间需要合理规划和利用才能最大限度地减少动作路径的干涉及运行中触碰到机器人限位。按照初版的机器人设计数据,以工件的2D图纸进行3D建模,导入初步设定的工艺参数进行模拟仿真,确定机器人各轴的极限位置和厂房尺寸及内部固有设施的干涉情况,分析处理完毕后确定厂房改造的相关基础尺寸和承载要求。

当梁段进入厂房后,通过预先模拟的支墩位置进行定点,大致地将工件放入合适的区域内,以预先编写好的程序进行模拟空跑,实地分析碰撞、干涉、限位等情况,分析处理完毕后关闭大门启动供料系统,以调定的工艺参数对工件进行涂装作业,其间通过机器人本身控制器传输的动作路径及运动参数进行仿真显示在监控屏上,与之同步的还有程序的运行情况、附属设备的工作状态,再和视频监控进行实时比对,确保机器人各轴联动、动作路径与附属设备联动、环境监测系统和除湿、除尘系统联动,将涂装作业环境和喷涂效果控制在涂装体系的质量要求中。

当梁段运出厂房后,通过开启各类回料、空气净化等设备,以及人工清理机器人上残余涂料、检修养护等工作,准备进下一个工件。自此循环往复。

在涂装作业前,现场各类环境参数须得到严格的控制,例如喷砂作业前,空气相对湿度须小于80%,钢板的表面温度须大于空气露点温度3℃,否则将产生局部返锈,增加返工作业。因此在涂装房内,设计的环境监测及管理系统须达到室内相对湿度RH<80%(开机两小时内),冬季室内温度(+2~4m高

度)>15℃,除尘系统排尘口粉尘浓度<100 mg/m³,有机溶剂气体排放浓度<100mg/m³。

除了需要在涂装房内安装温湿度、漆雾粉尘浓度等传感器之外,还需要构建智能化环境控制系统对整个除湿、除尘系统进行自动控制;系统首选转轮除湿机承担湿负荷处理;在潮湿季节,当转轮除湿达到最大能率仍未满足湿度要求时,系统会逐渐提升前冷的制冷量,以提高冷冻除湿效果;反之,当湿度满足要求时,首先卸载制冷负荷,然后通过微调转轮除湿加热功率,控制湿度;在这里利用少量的制冷量去湿和控制送风温度。

利用上述方式进行系统的控制,可最大限度地降低制冷负荷,合理配比除湿功率。直接蒸发制冷系统长时间在低负荷情况下运行,能有效节约能耗,延长运行寿命,具有工作易控制、故障发生率低等优点。其控制系统原理图如图1所示。

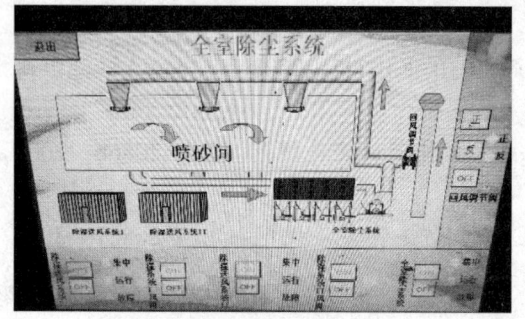

图1 除尘除湿控制系统原理图

一、机器人编程方式

1. 示教编程

示教编程的特点是应用广泛,并可将复杂程序简单化,通过手动移动坐标轴和机器人关节,已达到喷涂工艺。这种编程方式最简单,是针对机器人涂装工艺研究开发的一种特制的编程方式,对操作者编程技巧没有特殊要求,只要会开动设备就可以编程了。只要在编程之前设置摆动轴,摆动轴的摆动次数,摆动轴的摆动角度即可进行示教编程了。操作过程如图2所示。

2. 在线编程

在线编程与示教编程在操作方式上类似,但运行方式却截然不同。在线编程可以引入各类自由开发的宏指令,集成使用C或C++语言编写的功能库,通过2D梁段图纸上读取各类尺寸参数,并结合初版工艺参数设定,对工作路径进行模块化、系统化编程。对操作者的空间思维及计算

图2 示教编程示意图

机语言能力有一定的要求,需要在熟悉整套机器人的运作原理之后才能上手进行编程。

3. 离线编程

离线编程是针对在线及示教编程环境恶劣,工作路径复杂或有曲面等作业面,以及编程工作量庞大所开发出的一种编程方式。其需要在电脑上安装一种特殊的离线编程软件,在电脑上完成程序的生成。离线编程的工作过程如图3所示。

工程过程分为轨迹设计、仿真、后置、真机运行四步。

1)轨迹设计

对厂房环境模拟及机器人设置,通过厂房内部的实地测量和机器人设计数模相结合,建立智能化涂装厂房的模拟环境,同时将机器人的各轴性能、限位等机械、电气性能指标转换为运动参数的调定范围。其设置界面如图4所示。

导入零件模型,将工件的2D图纸转换成3D数模,结合机器人工作环境模拟及机器人仿真搭建离线编程环境,在环境中将工件摆放至合适的位置。其操作界面如图5所示。

生成轨迹,通过操作机器人对工作路径、工艺参数进行预演,查找并分析干涉面、机器人限位、理论无法覆盖面等问题,通过不断地修正工作路径及工艺参数来使得工件的生产节拍到达理论上的最优。其操作界面如图6所示。

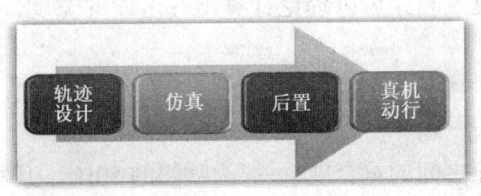

图3 离线编程工作过程图

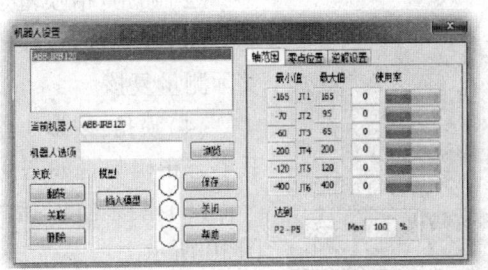

图4 机器人设置界面

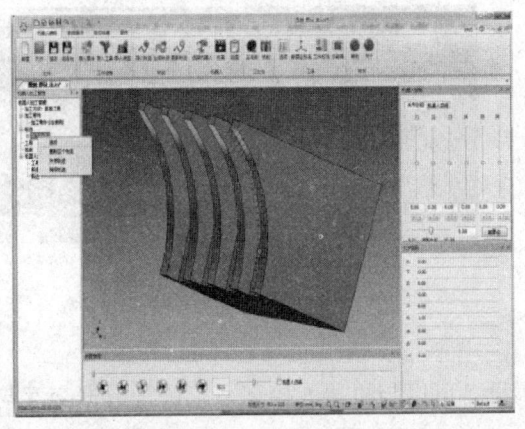

图5 导入零件界面

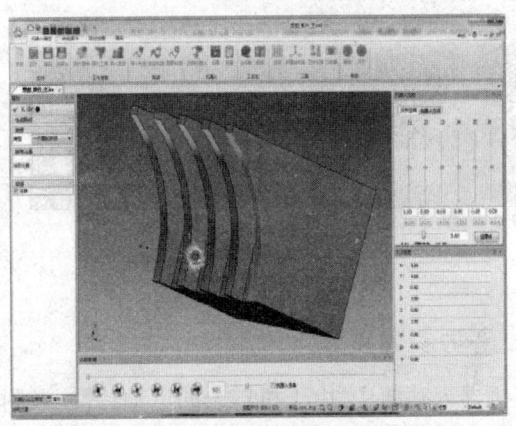

图6 轨迹生成过程图

2) 仿真

通过仿真动画的计算及模拟,最终确定工作路径及工艺参数设置。其控制面板如图7所示。面板上图标功能如下:

(1) 进度:显示加工仿真进度,可任意拖拽。

(2) 停止:点击按钮,仿真过程停止运行。

(3) 下一点:点击按钮,仿真过程运行到下一个点。

(4) 播放和暂停:点击播放,仿真运行。点击暂停,仿真暂停运行。

(5) 上一点:点击按钮,仿真过程运行到上一个点。

(6) 重新运行:点击按钮,仿真过程从头开始运行。

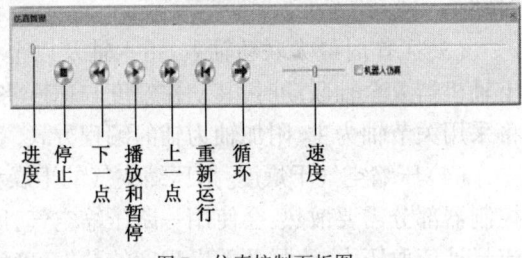

图7 仿真控制面板图

(7) 循环:点击按钮,仿真过程结束后自动从头开始运行。

(8) 速度:显示仿真速度,可拖拽调节。

3) 后置处理

主要是针对所生成的程序进行处理,使生成的程序指令让控制系统可以识别,并能执行。

4) 真机运行

生成的程序可以通过U盘导入到机器人示教器中控制机器人运动。

二、工艺参数设定及优化

1. 喷涂工艺参数

钢箱梁的人工喷漆作业如图8所示,一般的工艺参数有:

(1) 喷枪角度:指喷枪喷出的扇形工作面的夹角,一般在85°~95°。

图8 人工喷漆作业图

(2)喷距:指喷枪点距离作业面的距离,一般在300~450mm。

(3)喷幅:通过喷枪角度及喷距可以理论计算出一道漆的宽度,可以通过实际测量复核。

(4)喷角:扇形工作面与喷枪前进方向的夹角,一般为目测垂直于工件。其姿态正确与否如图9所示。

(5)搭接宽度:指两道漆之间的重合度,一般为喷幅的50%。其示意图如图10所示。

(6)空压机输出参数:指空压机输出的压力和流量,一般压力为0.6MPa,流量为$4m^3/min$左右。

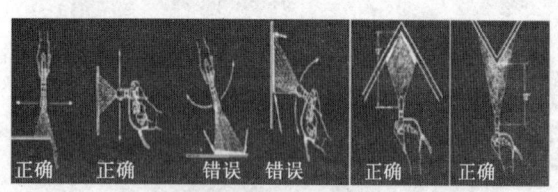

图9 喷角的示范图

图10 搭接宽度示意图

2. 优化参数

在机器人喷漆中,由于机器人的运动特性,及附属设备可以与机器人控制系统进行数据交互与联动,所以还增加了以下参数:

(1)运行速度:指机器人喷涂作业的整体速度,可以通过百分比的形式增减,同时可以设定每道路径的加速度与加加速度。

(2)雾化时间:指喷枪在调定的压力、流量下的油漆雾化时间,以此来确定喷枪外翻的动作规划及时间。

(3)工作时最大联动轴数:指六轴及以上的机器人对复杂面作业时需要联动的最大轴数,当八轴或十轴机器人全轴联动时,其动作幅度与速度将对工作路径产生较大的影响,其平稳度会明显下降,一般地将采用关节轴为主、附加轴为辅的编程方式。

(4)压缩空气干燥度:指压缩空气的干燥程度,一般的压缩空气要求无油无水即可,而机器人由于其控制器部分需要散热,会使用一路压缩空气,所以空压机输出的空气必须经过干燥管、油水分离器,通过流量计读取压力、流量及干燥程度的数据,确认正常后才能输入至机器人管路中。

三、控制和管理

1. 智能化控制

计划在生产现场开辟一个小的监控区域(面积:$X \times Y$),可以设置一个主控工作台(除应用和数据库服务器外,可配置两台主控计算机,专门用于手动运行、参数配置、监视、查询、统计等),墙上有一块幕布,通过投影机将监控计算机屏幕上的内容投影到幕布上,布置如图11所示,可随时监控、调取下述各类信息:

(1)自动运行:能通过智慧决策系统和用户预设的工艺流程、参数、程序(如喷涂程序等)等实现自动安全运行,自动完成工件的喷涂过程;实时控制和调度各设备和各设备间的动作、动作协调、互锁、安全距离、信息交互、暂停/中止运行、关/开机,保

图11 中控室监控

证各涂装房内机器人及其附属设备的正常流畅有序的运行。

（2）手动运行：可远程控制机器人的暂停/中止运行、关/开机。

（3）监测各设备和各设备间的动作、状态、运行参数等，并将其保存在中央监控系统的中央数据库中，以便于管理。

（4）实时图示化（可视化）显示机器人运行状态。

（5）实时显示报警、异常等信息，紧急状态报警时伴有声光报警（也可结合短信系统或邮件系统给相关责任人发送报警、异常信息）。

（6）喷涂机器人根据控制系统要求，实现如下功能：判断工件的信息；判断是否有工件，定位是否准确；根据定位信息和工件信息自动调整喷涂程序和喷涂起点；按照选定的喷涂程序完成自动喷涂；喷涂完成自动反馈信息。

（7）喷涂设备能够根据机器人的需求及时供给或切断供漆；按照控制程序要求及时准确的进行漆种、颜色等转换，并将信号与控制系统通信。

（8）喷涂完毕后，需将作业数据与控制系统进行数据通信，通信内容至少包括：喷涂漆种、涂料黏度、出漆量、喷涂压力、作业开始和结束时间。

（9）工件清洁度自动测量完毕后，自动将作业数据与控制系统进行数据通信，通信内容至少包括：零件基本信息、测量位置图形、测量结果、要求结果、判定结果、作业开始和结束时间。

（10）涂层自动测量完毕后，自动将作业数据与控制系统进行数据通信，通信内容至少包括：零件基本信息、测量位置图形、测量结果、要求结果、判定结果、作业开始和结束时间。

中央监控系统与测量设备、输送系统、机器人、控制系统配合使用，自动记录各工序、工步的作业开始和结束时间、工作温度、相对湿度、施工工艺参数、各项检测结果、判定结果等。信息内容至少包括：零件基本信息、各工序工艺参数、测量位置图形、测量结果、要求结果、判定结果、作业开始和结束时间。

本智能化控制设备组成独立网络，能通过中央控制系统可靠、安全地与上层 ERP、中间层 MES 系统的信息化网络实现互联互通，也能脱离信息网络独立工作。

2. 综合管理

综合管理系统由工业级数据工作站（或服务器）、工业级监控主机、终端机等组成，能实现整条生产线的调度、监测、数据采集和获取、数据储存、数据分发和上传、数据判断和统计分析、涂装房工艺管理、产品信息管理、生产任务和物流信息管理、作业人员管理、设备管理等功能。

1）涂装房管理

（1）控制系统实时监控各设备的工作状态，控制人员通过控制系统可对各设备的作业流程进行设置。单个设备可从生产线分离，用于设备维修和调试，不影响生产线的正常运行。

（2）管理、监测、控制和调度各设备和各设备间的动作、动作协调、互锁、安全距离、信息交互、暂停/中止运行、关/开机。

（3）采集或获取系统内各装置信息，包括但不限于以下内容：装置的名称、作业状态、报警信息，并将上述信息进行管理、保存和查询。

（4）实时图示化（可视化）显示涂装房运行状态、人员状态、作业状态。

2）产品信息管理

（1）控制系统读取工件的信息、检测数据、生产和质量检测人员员工信息、生产时间、质量结论等作业信息。

（2）工件质量控制数据管理。

（3）能在线查询、统计产品信息、跟踪产品位置，能打印产品统计报表。

3）涂装房工艺管理

（1）中央控制系统能接收和查询涂装房各型工件在各工序中的加工和检测电子工艺图、作业指导文件并在本地保存备份文档。

(2)管理和设置各型产品在涂装房上的工艺步骤、流程,控制工件在各涂装房之间的流转路线。

(3)设置、修改、删除等操作应由授权人员实施,生产作业人员只能查看。

4) 涂装房设备管理

(1)采集或获取各设备自身相关运行信息、参数、报警信息,并进行管理、保存和查询,并能将数据上传到用户上层数据服务系统。

(2)通过产品编码,自动调整设备某些部件的位置、某些运行参数。

(3)可视化显示各设备主要运行参数、安全状态、异常(检修、故障)状态。记录故障发生时间、维修人员开始检修时间、设备恢复使用时间。

(4)管理设备的系统等数据备份。

5) 作业人员管理

(1)作业员工应通过"工号 + 密码"的方式人工登录,从事生产线管理、设备操作、数据和设备维护、设备检修等工作。

(2)通过员工编码可向上一级控制系统查询[包含员工工号、员工姓名、工作密码、工作权限(资质)等信息]和确认员工授权权限,限定员工作业范围,非授权用户禁止操作。

(3)员工作业权限管理。

(4)自动记录员工登录时间、下线时间、工作内容简单记录。

6) 生产任务和物流信息管理

(1)通过车间网络接收 MES(制造执行系统)下达的当前班次生产计划、配送产品计划、配送是否到位信息。

(2)判断运梁车送入识别的工件与生产计划下达的工件的相符性,判断机器人程序及相应的环境设定参数的相符性,如有不符合应显示报警信息,并将报警信息同步上传到 MES。自动记录工件进入时间,运梁车运输完成后自动向 MES 报告完成信息。

(3)自动记录工件的运梁车进、出时间,喷涂开始时间、喷涂完成时间、耗材耗能等。记录的信息通过事务驱动上传到用户上层网络管理系统。

(4)涂装房内完成生产任务后时,自动记录并向 MES 报告:工件待检信息、机器人作业量、作业时间、过程参数等。

(5)能通过 MES 远端查询当前涂装房生产情况或某工件在何工位及具体位置。能统计当前涂装房设备故障情况、实际生产时间与核定(或计划)生产时间的差异等。

(6)断网情况下,授权人员可以手工录入或通过约定格式的 EXCEL 文档导入生产计划、物流计划、人员安排等,及导出涂装房实际的生产信息。

在上述整个生产现场,除了在运梁进出工位,检验工位须有人工处理质量检测外,其他工位均无须人工处理,整个生产过程基本实现了无人化。

7) 工件信息管理

(1)建立工件 BOM(物料清单)表[或与用户方的 PDM 系统或 MES 系统集成,从中提取相关产品 BOM(产品数据管理系统)信息],并管理工件 BOM 表。

(2)控制系统能够编辑零件的检测数据的标准范围,能够对接收到的检测数据进行质量判断,能根据工件的编码检测日期、检测设备和工具、作业人员、作业班组、批次号、作业程序等关键信息在线查询、搜索、统计产品信息、跟踪产品位置,能打印产品统计报表和检测质量报告,能够对关键参数(喷漆厚度、清洁度等)进行统计并进行分析。

(3)工件的检测信息能够按照买方指定的格式生成质量表格,并能以 Word 或 Excel、pdf 等格式保存。

(4)同一工件允许存在多个检测数据和结论,每个检测结论均需在控制系统中记录并可查询,质量表格中的数值为最后一次测量数据。

(5) 工件的喷涂作业过程中的所有数据,包括合格、不合格数据需存储至少5年,数据可以通过移动存储设备进行拷贝。

(6) 工件在涂装自动化生产线各设备的生产信息,包括喷涂作业的起止时间,作业时的环境温湿度等信息,在系统内可长时间的保存,能以Excel的格式导出保存、拷贝。

8) 涂装质量管理

将涂装的工艺标准、操作标准、检验标准、异常处理标准、设备维护标准等五项标准进行管理,检验人员和测试人员可以按照标准进行操作,并可以自己采集测试结果或者人工维护录入测试结果,将理论值和实际值进行分析比较,分析结果以直观的画面展示出来,方便用户找出提升质量的关键点,为企业决策提供数据基础。

主要功能模块包括：

(1) 产品质量标准维护。

(2) 现场质量检验数据采集。

(3) 质量问题报警。

四、结　语

用机械装备代替人工作业,实现智能自动化作业,在线智能监测,生产过程实时监控,设备故障诊断与预警,系统具有可视化流程及离线编程轨迹规划功能,提升了本质安全。喷涂系统均采用防爆设计,选用防爆型电机及电器元件,主要电控元件布置在防爆电控箱内,保证喷涂系统运行安全。

控制部分对于喷砂喷涂所产生的危险因素,建立安全隐患预判预警、系统智能运行,提升产品质量,保障安全生产。其采用可编程微电脑控制器和数字矢量变频器,运用数字通信技术实现可编程控制器对变频器的智能控制,定位准确,运行稳定。

智能化中控系统具备对生产过程数据和工艺参数优化、在线监测和故障诊治、制造信息全程跟踪和产品质量追溯、精益生产管理等功能,在中央计算机统一管理下智能协调工作。智能化中控系统有利于过程质量控制、工艺优化,使得机器人涂装在桥梁制造中应用得更加便捷高效。

参考文献

[1] 高正杰,刘建峰,沈新新,等.船舶涂装机器人应用技术分析[J].船舶与海洋工程,2020(03).

[2] 陈欣婷,吴拉,甘正贤.浅谈优化涂装机器人仿形提升外观质量[J].现代涂料与涂装,2020(06).

[3] 褚明,崔普伟,凌泉.涂装喷涂机器人工艺参数及常见问题的解决[J].汽车实用技术,2018(08).

[4] 乔宪光,李欢欢,汤海荣,等.喷涂机器人作业精度提升研究[J].汽车实用技术,2019(18).

4. 伶仃洋大桥海上超深超大地下连续墙施工关键技术

吴　聪　谢幂瀚　吴育剑

(保利长大工程有限公司)

摘　要　伶仃洋大桥西锚碇地下连续墙具有墙体深、厚度大、形状不规则等技术特点,施工难度极大。本文以该工程为背景探讨超大超宽超深地连墙基础施工技术研究。主要介绍了采用旋挖钻和液压抓斗配合铣槽机的复合成槽施工方法,同时解决了"Y"形地连墙槽段的施工技术难题,对类似工程具有重要的参考意义。

关键词　伶仃洋大桥　地下连续墙　复合成槽法　钢筋笼分节吊装

一、工程概况

伶仃洋大桥采用 580m + 1666m + 580m 三跨吊全漂浮体系,门字形索塔高 270m,矢跨比为 1∶9.65,桥面高达 90m,建成后将是全球最高海中大桥。总体布置示意如图 1 所示。

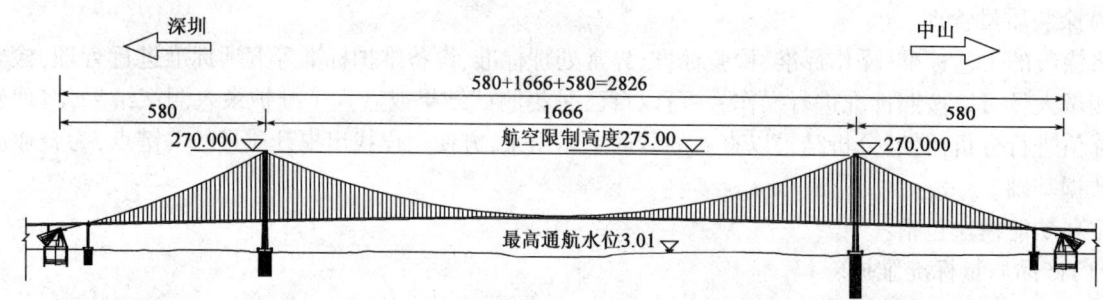

图 1 伶仃洋大桥总体布置示意图(尺寸单位:m)

西锚碇地下连续墙为直径 2×65m 的"8"字形墙,墙厚 1.5m,地连墙槽段共 79 个,墙深 47.3 ~ 52.0m,嵌入中风化花岗岩不小于 4m(图 2)。地连墙共计 39 个 Ⅰ 期槽段,40 个 Ⅱ 期槽段,其中外墙标准 Ⅰ 期槽段 32 个,特殊 Ⅰ 期槽段("Y"形槽)2 个,隔墙 Ⅰ 期槽段 5 个,外墙 Ⅱ 期槽段 34 个,隔墙 Ⅱ 期槽段 6 个。

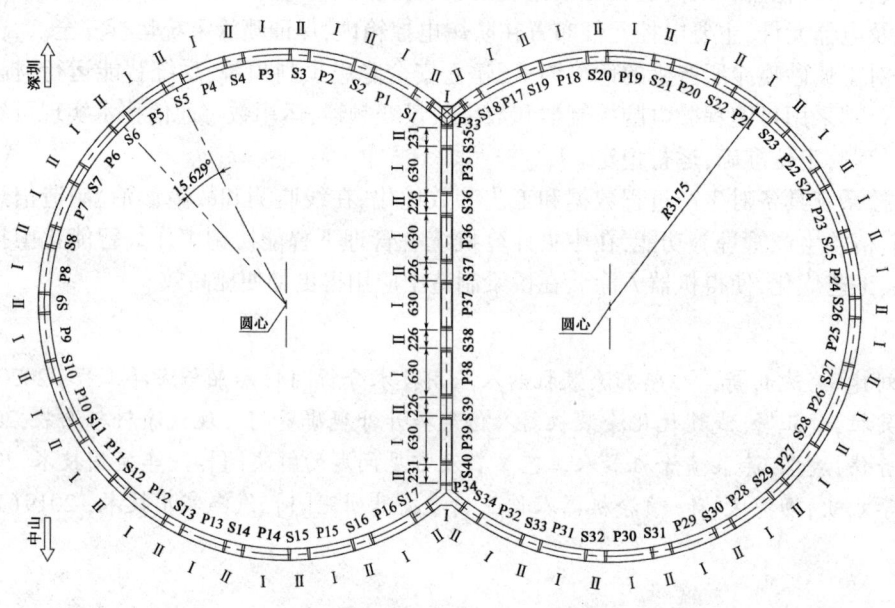

图 2 西锚碇地连墙平面布置图

标准 Ⅰ 期槽最重钢筋笼质量约为 73200kg,最深槽深 51.3m,混凝土 487.8m³;最大"Y"形槽钢筋笼重约 55800kg,槽深 52m,混凝土 525.8m³。地连墙钢筋合计 3904100kg,C40 水下混凝土合计 26674.4m³。

二、工程技术难点

本工程具有技术难度大、施工任务重、地质情况复杂、工期短等特点。
(1)基础规模大:地连墙采用 2×65m 的"8"字形墙,壁厚 1.5m,最深槽段 52m,在国内外实属罕见。
(2)技术标准高:成槽垂直度控制精度为 1/400 墙身高度,高出以往类似桥梁锚碇基础控制标准。
(3)吊装难度高:地连墙钢筋笼超长超重,为保证吊运安全,采用分节吊装,拼接下放的工艺,该吊装工艺对钢筋笼制作及对接安装精度要求极高。
(4)"Y"形非标准槽段成槽垂直度难控制;钢筋笼制作难度大,加固措施要求高。

(5)施工环境恶劣:伶仃洋大桥为海上建设项目,需解决海中大锚碇的水域施工环境转化为陆域的问题;设备材料只能通过船运方式进入施工现场,组织难度大。

三、施工场地平面布置

西锚碇工程区域处常水位水深3~4m,综合考虑防洪、阻水及航道关系等要求,临时人工岛设计为不规则椭圆形状,岛体顺水流方向长210m,垂直水流方向宽150m,岛体围堤结构周长为587m,宽17.55m(图3)。

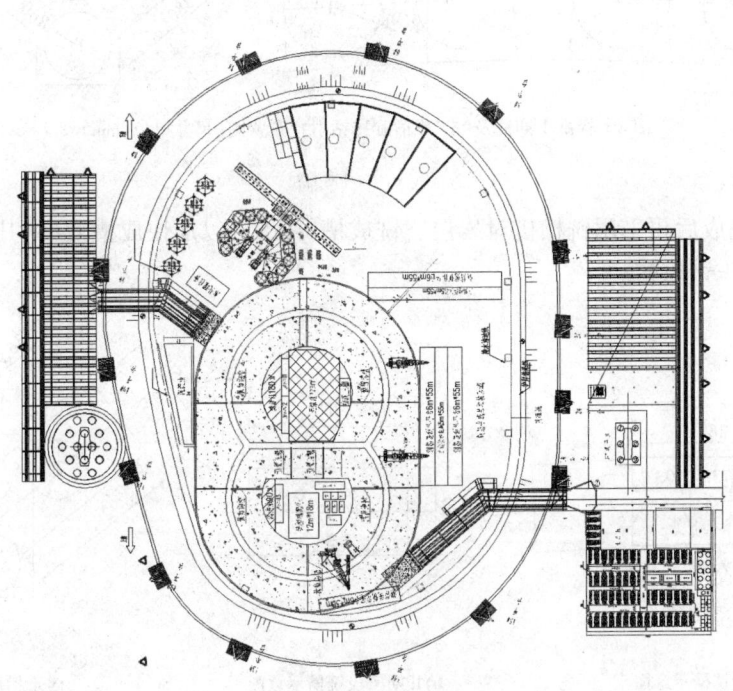

图3 锚碇人工岛整体布置图

锚碇地连墙施工阶段,各功能区均布置在锚碇周边,包括作业平台(内、外环道)、钢筋场地、场内便道、泥浆系统、变压器和电力线路、给水和排水系统等。

外环道主要为大型履带式起重机的作业区域,以及大型履带式起重机、搅拌运输车等的行走通道,内环道主要为成槽设备的作业平台,内、外环道均宽12m,采用40cm厚C25钢筋混凝土路面;泥浆系统包括泥浆池、制浆池、泥浆净化系统、泥浆循环管道、滤渣池、渣土沉淀池;地连墙钢筋场地包括3个钢筋笼长线制作平台和1个短线制作平台,半成品及原材料堆放区与钢筋笼起吊作业便道。

四、地连墙成槽施工

地连墙成槽采用"钻、抓、铣"复合成槽法,先采用旋挖钻机直接开挖基岩成孔,形成岩石破裂面,降低岩石完整性,引孔完成后采用液压抓斗将槽段内覆盖层土体(主要为淤泥层与沙砾层)抓离槽段成槽,待抓斗无法继续进尺后采用双轮铣槽机对岩层进行铣槽施工,直至达到设计槽底高程。

西锚碇地连墙成槽作业配备旋挖钻4台,液压抓斗成槽机1台,双轮铣槽机3台。

1. 旋挖钻引孔

Ⅰ期槽段内采用旋挖钻机形成4个钻孔,Ⅱ期槽段内采用钻机在槽中心形成1个钻孔(图4)。引孔的直径一般为成槽厚度的0.8倍,进入岩层后再更换为1.0倍槽身厚度的钻头,引孔过大可能导致槽段孔型不佳,甚至偏斜,引孔过小导致引孔效果降低。

2. 抓斗成槽机成槽

旋挖钻引孔完成后,用液压抓斗开挖覆盖层成槽。成槽机定位后,平行于导墙内侧面,抓斗下放时自行进入导墙内,不允许强力推入,以保证成槽精度。I期槽段液压抓斗成槽采用三抓成槽,先抓两侧主槽最后抓取中间槽孔,防止抓斗两侧受力不均而影响槽壁垂直度,如此反复开挖直至基岩以上5m,预留5m可避免铣槽机铣槽时直接接触不均匀岩面,造成槽段倾斜。

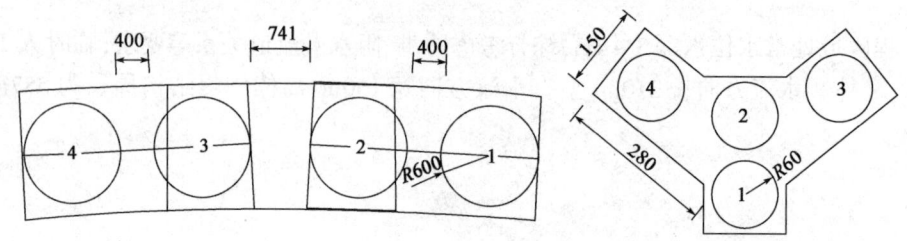

图4 标准I期槽及"Y"形槽旋挖钻引孔布置图(尺寸单位:mm)

3. 铣槽机铣槽

旋挖桩机引孔完成后再采用铣槽机对岩层三铣成槽(图5),以加快成槽效率,其中:I期槽采用三铣成槽,II期槽段直接一铣成槽。

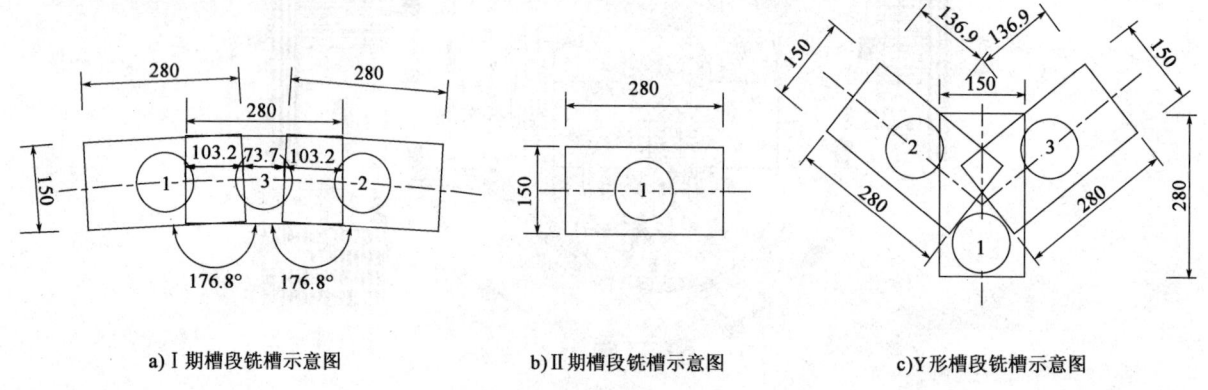

a) I期槽段铣槽示意图　　b) II期槽段铣槽示意图　　c) Y形槽段铣槽示意图

图5 地连墙槽段铣削顺序示意图(尺寸单位:mm)

双轮铣槽机是一种专业的地下连续施工设备,具有成槽深度深、适应地层能力强、能够套铣接头槽段等特点。铣槽机铣轮形式的选择也直接影响到成槽效率,根据现场地质情况决定采用的铣轮主要有两种形式,即标准齿和锥形齿。标准齿具有击碎粒径大、出渣效率、无须频繁换齿等优点,但只适用于软岩或较软岩层,对于强度较高的中、微风化岩层进尺效率低。锥形齿能适用于强度较高的中、微风化岩层,尤其对于II期槽搭接段混凝土的铣切具有明显优势。由于使用锥形齿对于铣头的磨损量较大,需频繁换齿才能保证正常工作。

伶仃洋大桥西锚碇采用"钻、抓、铣"复合成槽法,铣槽机主要用于铣削坚硬地层,因此铣槽机全部采用锥形齿铣轮(图6)。

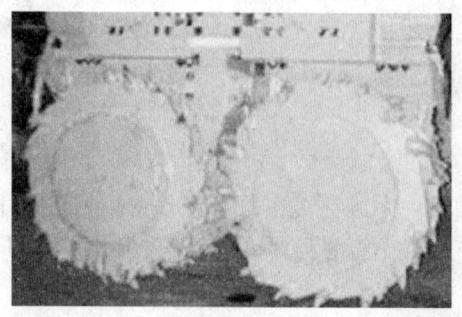 

图6 铣槽机锥形齿铣轮

4. 泥浆护壁及循环

泥浆护壁技术是地下连续墙工程的关键技术之一,其质量好坏直接影响到地下连续墙的施工质量和安全,连墙成槽全部采用优质膨润土泥浆护壁。

地连墙成槽过程中泥浆循环采用泵吸反循环方式,即采用铣槽机自带泵吸设备将槽段内的泥浆(带有渣土)泵吸至除砂器(泵吸反循环),经三级分离系统分别将渣土排至基渣坑内,过滤后的泥浆通过泥浆管路送入槽段内,由此进行泥浆循环。

地下连续墙槽段开挖过程中,液压铣槽机要依靠泥浆将切割的碎小岩块和土体通过反循环带出槽外,因此要连续不断地向沟槽中供给新鲜泥浆,在水下混凝土浇筑过程中,有大量的泥浆排放出来,需要认真做好泥浆管理,及时制备新浆,调整回浆性能指标,及时将废浆外运处理,以确保安全、优质、高效完成连续墙的施工。

地连墙成槽过程中泥浆采用淡水加复合膨润土造浆,泥浆指标可按表1控制。

泥浆性能指标控制标准 表1

性 质	阶 段			检测方法
	新制泥浆	循环再生泥浆	混凝土浇筑前泥浆	
密度(g/m³)	1.05~1.10	<1.20	≤1.15	泥浆比重秤
马氏黏度(Pa·s)	20~24	22~25	18~20	马氏漏斗
胶体率(%)	98	90	90	
pH 酸碱度	8~9	8~10	7~9	试纸
含砂量(%)	<3	<5	≤3	1004型含砂量测定仪

5. 成槽验收

成槽验收主要内容包含槽孔深度、孔底沉渣厚度以及槽段垂直度等三个方面,其中槽段垂直度是成槽质量的控制性因素。

成槽后采用全自动超声成孔成槽检测仪对槽段进行成孔检测,该成槽检测仪具有测孔深度达(最大测孔深度为150m)、抗干扰能力强、下放速度快、成孔影像现场输出、实时查询等特点。

6. "Y"形槽成槽

施工首幅"Y"形槽时因槽段孔形存在问题导致钢筋笼下放受阻(图7),经过铣槽机反复修槽,在使用测壁仪全方位多角度检孔确定孔形满足要求后,重新下放钢筋笼,用时12.5h,成功下放。

原因分析如下:

(1)"Y"形槽形状特殊,中槽引两个直径1.2m的孔、两个边槽分别引一个直径1.5m的孔后槽内土体分布不均匀,易导致铣槽机铣头偏位,超过铣槽机自身纠偏极限。

(2)铣槽机施工完中槽后,边槽土体仅剩图中红色部分,铣槽过程易向箭头方向偏移,导致倒角处难以铣削到位,影响孔形。

(3)测壁次数不足,倒角位置成像不清晰,未能及时发现问题。

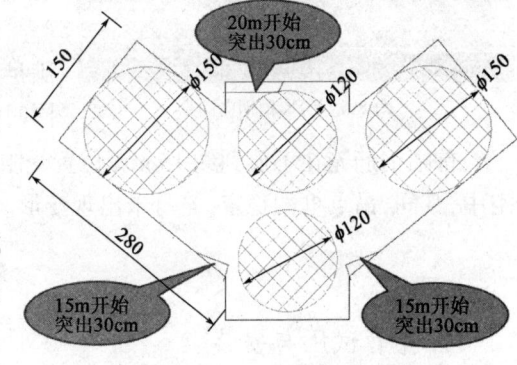

图7 首幅"Y形槽孔形存在问题"

改进措施如下:

(1)旋挖钻引孔将边槽直径1.5m的孔改为1.2m。

(2)严格控制铣槽机进尺速率,保证铣槽速度覆盖层不大于3m/h,岩层不大于1m/h。

(3)增加过程中检孔的步骤,保证每一铣完成后进行测壁,同时测多个位置,若发现问题及时修槽。

第二幅"Y"形槽经过6天成槽作业(包括铣槽与修槽),多次测壁确保孔形合格后,顺利完成后续施工。

五、钢筋笼制作及下放

1. 钢筋工制作

钢筋笼制作所需的半成品均由钢筋加工中心加工制作,制作完成之后由船运至施工现场。

钢筋笼分两节制作,需预先搭设钢筋胎架,现场共设置3个长线、1个短线胎架,皆采用槽钢焊接而成,短钢筋定位加固。短线胎架拟采用定位卡盘进行施工,即在一侧设置卡盘,卡盘上预先钻孔,便于控制主筋间距和端部平齐,且在一节完成后,将其移至临时堆放区。

根据设计的钢筋间距,用短钢筋头作为卡具,以保证钢筋笼钢筋的布设精度。钢筋笼平台定位用全站仪控制,高程用水准仪校正。

2. 钢筋笼下放

地连墙钢筋笼超长超重,最大钢筋笼重达77000kg(包括钢筋笼自身、笼身加强钢筋、吊点钢筋及灌浆管),综合考虑钢筋笼自身刚度、吊车性能(300000kg主吊、180000kg副吊)等因素,决定采用分节起吊,对接安装的方式。

Ⅰ期槽钢筋笼每节设计4排4列吊点,Ⅱ期槽钢筋笼每节设计2排4列吊点。

本工程地连墙钢筋笼分节对接首次使用锥套锁紧钢筋接头进行连接。相较于传统的钢筋连接套筒,锥套接头作为一种新型钢筋机械连接技术,因其钢筋不需要预制加工,对连接钢筋的位置要求不高,连接性能、质量优异,可以有效降低现场作业面的用工量、作业时间、施工成本,提高施工安全性、钢筋连接质量。

3. "Y"形槽钢筋笼制安

Y形槽段钢筋笼结构复杂,制作前先对原用于制作隔墙钢筋笼的水平胎架进行改造,在其上焊接使用[8型钢制作的与Y形槽钢筋笼形状相符的支架(图8)]。

图8 "Y"形槽钢筋胎架

与标准Ⅰ期槽一样,"Y"形槽分节吊装,每节设置4排4列共16个吊点,采用150mm宽δ25mm厚的钢板及I14工字钢焊接成框架,卸扣直接锁住钢板起吊。

为保证"Y"形槽钢筋笼起吊后自身的稳定性,在设计图纸基础上额外每隔2m加设一排水平桁架筋。此外,吊点位置水平箍筋由$\phi20$加强到$\phi32$。

增加充足的加强措施钢筋后,"Y"形槽钢筋笼自身强度完全满足吊运下放要求。合理的吊点设置可以保证4条钢丝绳能够同时受力,保证吊运安全。

首幅钢筋笼在下放到约15m深位置受阻后顺利提起,且在长达近3d的修槽过程一直由主吊吊悬在空中,其间,吊点框架稳定,笼身未出现变形。

六、混凝土浇筑

1. 导管试压与安装

导管在安装前需进行过水密性试验(图9),保证灌注过程中不发生渗水、漏浆现象。根据最大槽深计算现场试验时导管水压力为1.0MPa,且保持该压力下15min内,导管接口处无渗漏出现,表明导管水密性满足要求(图10)。

2. 灌注

Ⅰ槽混凝土灌注采用5台混凝土运输车,双导管("Y"形槽三导管)同时浇筑混凝土,首盘混凝土方量为20m^3。Ⅱ槽混凝土灌注采用3台混凝土运输车,单导管浇筑,首盘混凝土方量为10m^3。灌注过程中双导管同时进行灌注,保证每根导管的灌注量基本相当,进而控制槽段内混凝土液面上升一致。在灌注过程中,随时测量混凝土面的高度,正确计算导管埋入混凝土深度,导管埋深严格控制在 2~6m 范围内,当导管埋深超过此范围时,及时拆卸导管。同时控制各导管均匀进料,混凝土面高差不大于 0.5m。混凝土最终浇筑高程比设计墙顶高 0.5m 左右,当确定混凝土的顶面高程到位后,停止浇筑,及时拆除导管,最后导管拆除必须要慢,防止拔出过快顶面沉渣倒灌导致槽顶夹泥,混凝土灌注过程中按要求认真做好记录。

图 9　导管水密性试验图　　　　　　图 10　导管安装下放

七、结　语

伶仃洋大桥西锚碇地下连续墙于 2020 年 2 月 12 日开始首幅槽段的旋挖钻引孔,2020 年 2 月 24 日正式开始铣槽,共历经 152d,于 2020 年 7 月 12 日完成最后一幅槽段的混凝土浇筑,顺利完工,在质量控制、安全防护方面均能满足实际施工需求,钢筋笼制作安装、槽段孔形、混凝土灌注等均满足各类规范、设计图纸及施工方案要求。其施工工效分析表如表 2 所示。

施工工效分析表　　　　　　　　　　　　　表 2

槽段类型	引孔时间(d)			铣槽时间(d)			钢筋笼制作时间(d)		
	平均	最大	最小	平均	最大	最小	平均	最大	最小
Ⅰ期标准槽	4.8	8	2	4.2	6	2	3.1	4	2
Ⅱ期槽	1.3	3	1	2.2	4	1	1..7	3	1
Y形槽	10			7(修槽4d+修槽3d)			9		
Y形槽	5			6			5		

针对超大直径超厚超深地下连续墙基础施工,采用铣槽机配合旋挖钻和成槽机的复合成槽法对地连墙的质量和成槽效率具有显而易见的优势,主要体现在:施工工期短、成槽质量高、安全可靠性高。该工艺在伶仃洋大桥西锚碇基础工程施工中取得了明显的经济和工期效益,为后续工序顺利开展奠定基础,在今后类似工程中必将得到广泛应用和推广。

5. 深中通道伶仃洋大桥西锚碇新型筑岛围堰施工关键技术

王晓佳　陈　凡　吴　聪　吴育剑

(保利长大工程有限公司)

摘　要　深中通道伶仃洋大桥西锚碇工程海域常水位水深 3~5m,海相淤泥覆盖层平均厚度 12~15m。为建设全球首座大型海中锚碇,解决海中大锚碇的水域施工环境难题,在国内常规的钢结构筑岛围堰方案的基础上提出了"海上深层水泥搅拌桩(DCM)处理水中深厚软基、抗浪砂袋充填成型、吹填中粗砂成岛、岛上塑料排水板"的新型筑岛围堰方案,本文以深中通道海中大锚碇筑岛围堰施工为研究背景,从设计、施工工艺等方面,阐述了在水域环境的新型筑岛围堰施工技术,对类似工程具有重要的参考意义。

关键词 深中通道 海中锚碇 新型筑岛围堰 DCM桩 抗浪砂袋

一、工程概况

伶仃洋大桥采用580m+1666m+580m三跨吊全漂浮体系,门字形索塔高270m,矢跨比为1∶9.65。其中,西锚碇全部位于海中,场址区域平均水深3~5m,下伏12~15m厚海相淤泥,西锚碇基础采用"∞"字形地下连续墙+内衬支护结构,直径2×65m,地连墙厚1.5m,地连墙嵌入中风化花岗岩不小于4m,最大深度约52.5m,内衬厚度1.5m/2.5m/3m,基础顶高程+3.0m,基础底高程:-38.0m,锚碇基坑深度达到41m。伶仃洋大桥面锚碇总体结构图见图1所示。

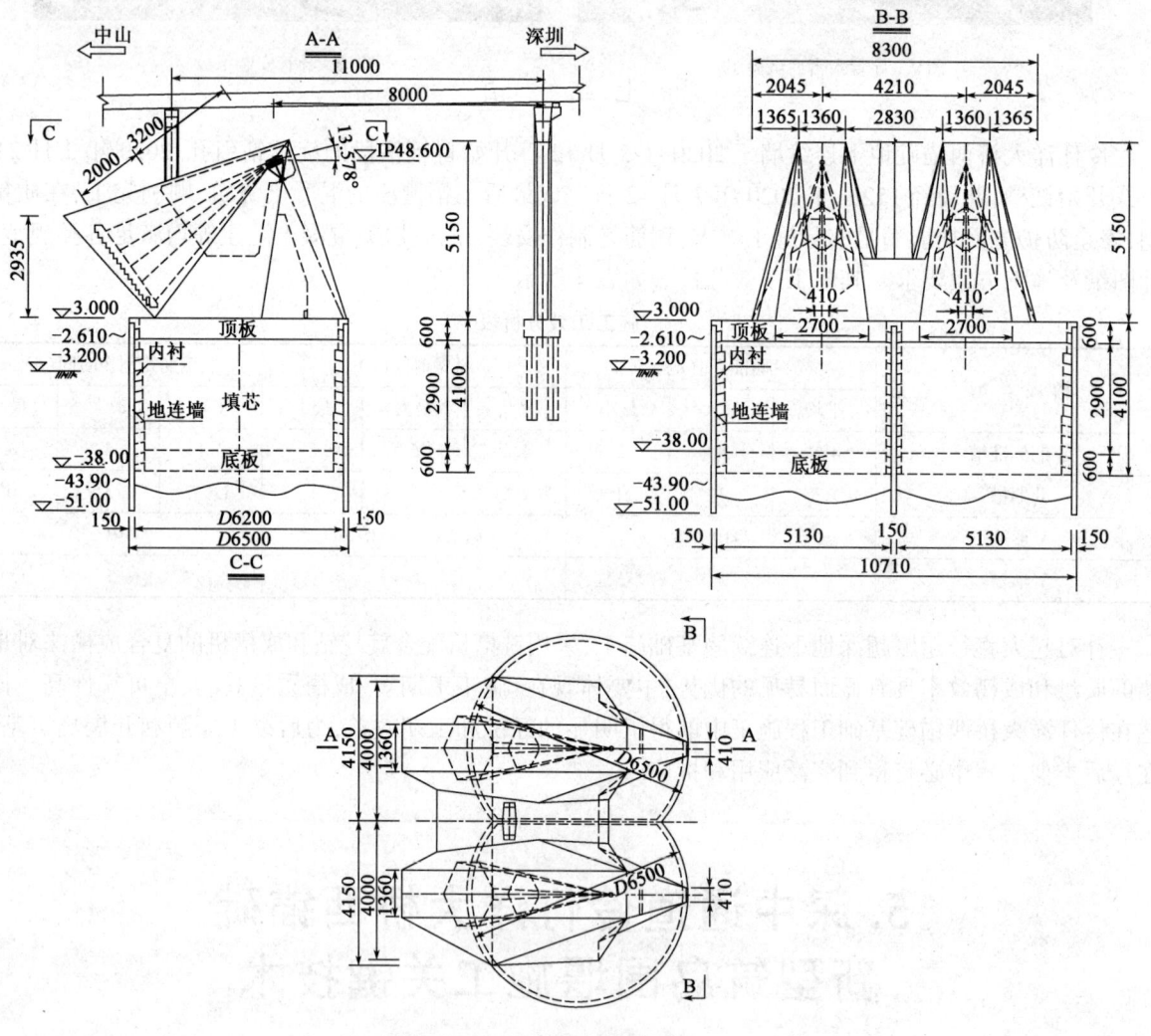

图1 伶仃洋西锚碇总体结结构图(尺寸单位:cm)

二、围堰设计方案

根据桥址处的地质、水文情况,结合伶仃洋大桥海中锚碇基础的实际特点,借鉴港珠澳大桥人工岛建设经验,施工单位提供了锁扣钢管桩围堰的刚性结构筑岛方案。针对原设计方案的施工精度难控制、需另行搭设海上混凝土配送中心钢平台、后期大直径钢圆筒难拆除等问题，施工单位结合自身海上施工技术特点，针对大临结构围堰筑岛提出了"海上DCM桩处理水中深厚软基、抗浪砂袋充填成型、吹填中粗砂成岛、岛上挤密砂桩"的柔性结构筑岛方案。

1. 刚性结构筑岛围堰方案

海中锚碇基础原设计方案采用大直径钢圆筒休筑成圆形围堰形成干作业环境，围堰筑岛直径150m，采用材质为Q345C的130根D2500mm的钢管桩和130根U形钢板桩作为临时围挡结构，堰顶高程为+6.0m钢管桩桩端持力层进入中粗砂，海中锚碇地连墙基础底高程-41.4m，长度47.4m，桩间距3.565m。围堰内回填中粗砂，岛内高程+3.0m，回填砂下淤泥层采用D80cm水泥搅拌桩加固；围堰外侧设高4m，宽1m钢箱围箍局部加劲刚性结构筑岛围堰方案平面图与立面图见图2、图3所示。

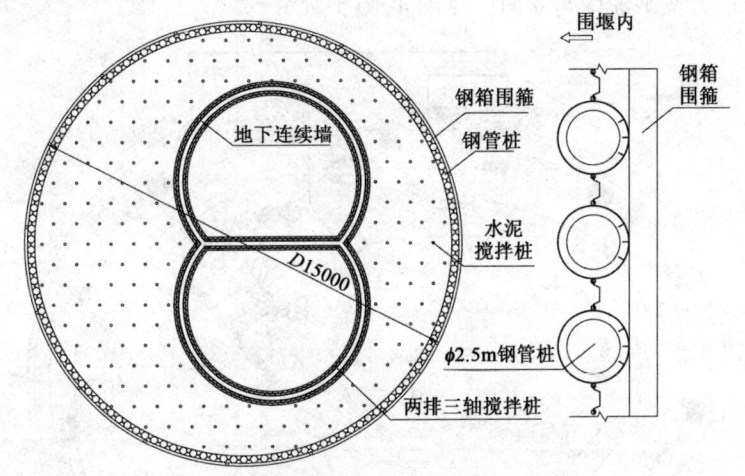

图2 刚性结构筑岛围堰方案平面图(尺寸单位:cm)

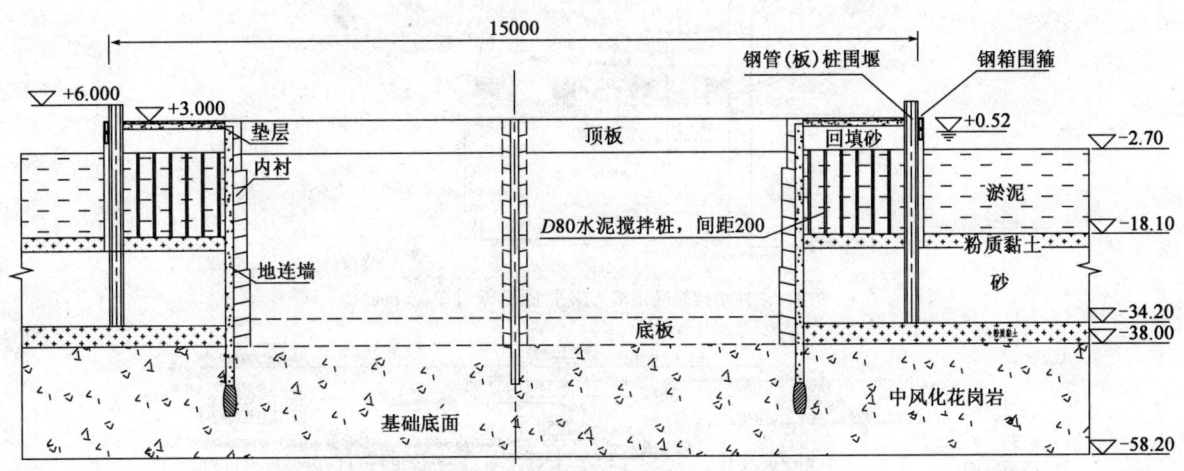

图3 刚性结构筑岛围堰方案立面图(尺寸单位:cm)

2. 柔性结构筑岛围堰方案

随着我国节能减排、提质增效思想实施，综合考虑伶仃洋海域防洪、阻水及航道关系等要求，为了解决锚碇施工材料堆放和施工机械占地等问题，考虑将本标段混凝土配送中心建设至临时人工岛上。原有的人工岛平面形式和围堰结构受到了严重的挑战，需要考虑是否可采用其他的平面形式，椭圆形平面可最大限度地减少筑岛面积(若采用圆形需增大筑岛面积)，节约施工成本。但目前对椭圆形结构临时人工岛的受力特性、稳定性能等一系列问题研究尚少，借鉴高强度耐久性抗浪砂袋在海岸工程的成熟应用经验，考虑将本工程临时人工岛设计为"DCM桩基础+两级抗浪砂袋"的新型柔性结构筑岛围堰，其形状为椭圆形平面，相比原设计150m直径的圆形钢围堰筑岛面积增大约8500m²，以满足工作场地的使用需求。

新型柔性结构筑岛围堰对场址区域海相软弱淤泥层采用先进的水上DCM桩工艺进行软弱地基处理,DCM桩打设完成后铺设一层土工加筋材料进一步提高淤泥层整体稳定性,随后在满足承载力的地基上吹填两级抗浪砂袋形成堰体岛壁结构。其中:第一级抗浪砂袋为水上吹填施工,第二级抗浪砂袋为陆上吹填。第一级抗浪砂袋吹填成型后对堰体分两级吹填中粗砂形成陆域环境,并采用塑料排水板对岛内的吹填砂进行排水固结处理,对堰底采用袋装碎石+雷诺护垫进行反压护底,避免水流对岛壁的掏蚀冲刷以维持稳定,随后进行路面硬化、排水系统等附属工程施工。在筑岛围堰施工期间,根据监测方案科学布置岛体地表沉降、抗浪砂袋沉降、DCM桩深层水平位移、岛体深层水平位移、孔隙水压力、土体试验等关键指标监测点,并根据监测频率动态监测施工过程岛体结构状态,根据监控指令科学指导施工。

柔性结构筑岛围堰方案平面图与立面图见图4、图5所示。

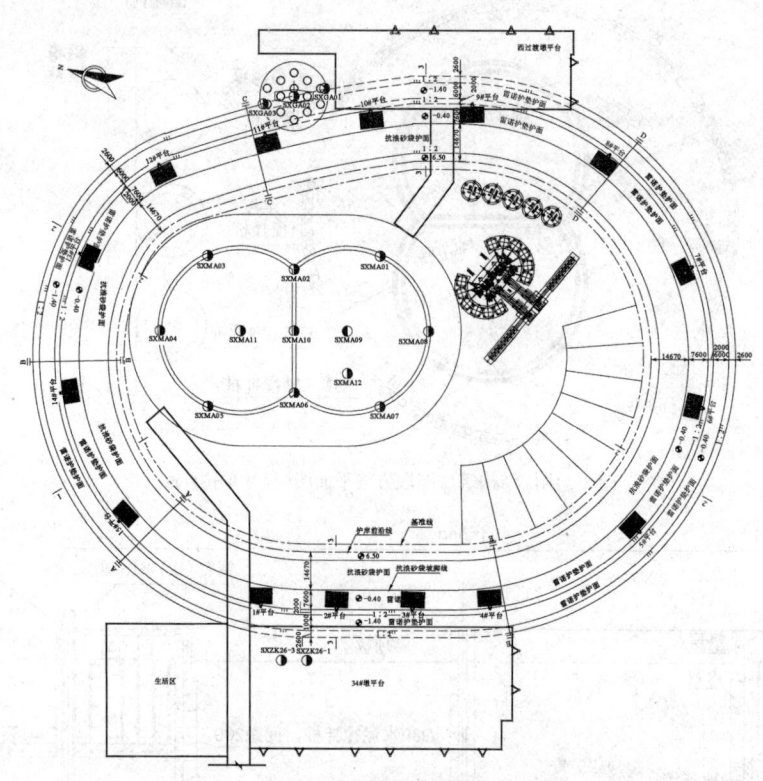

图4 柔性结构筑岛围堰方案平面图(尺寸单位:mm)

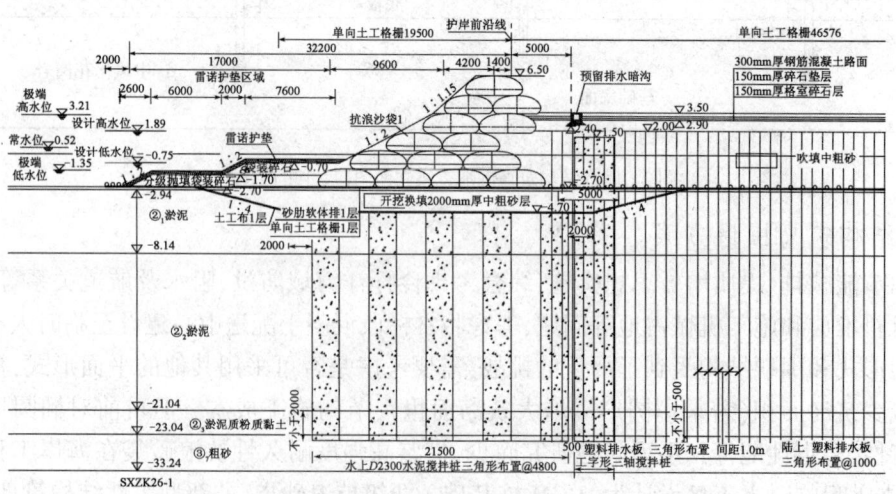

图5 柔性结构筑岛围堰方案典型断面图(尺寸单位:mm)

3. 柔性结构筑岛围堰整体稳定性分析

基于简单条分法理论,选取地勘资料的相关土体试验指标,考虑60%固结度,采用Slide边坡计算软件对抗浪砂袋的分级加载进行围堰整体稳定性分析,其计算结果满足港口工程相关设计规范要求。

第一、二级加载工况下筑岛围堰边坡稳定性立图见图6~图11所示。

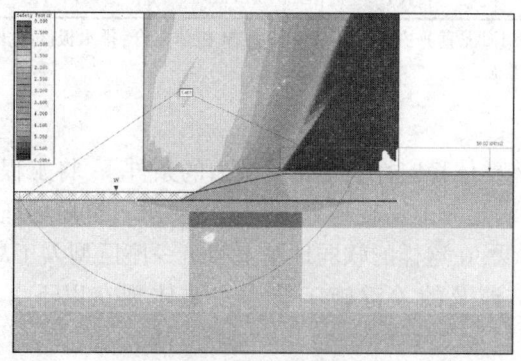

图6 无反压护道计算断面(施工期)

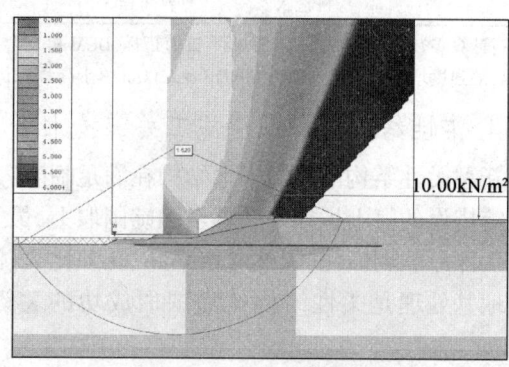

图7 有反压护道计算断面(施工期)

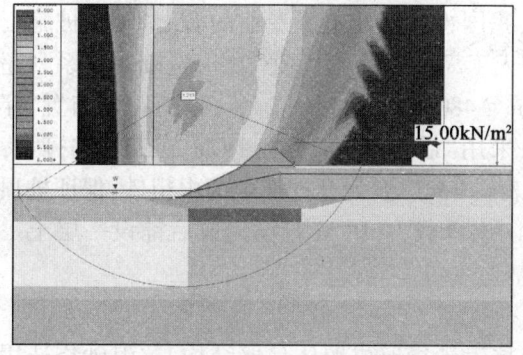

图8 无反压护道计算断面(排水板区)

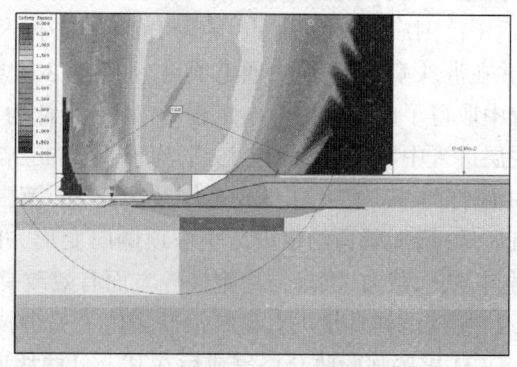

图9 有反压护道计算断面(排水板区)

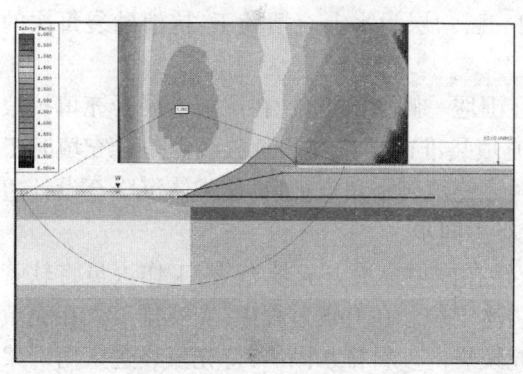

图10 无反压护道计算断面(料仓区)

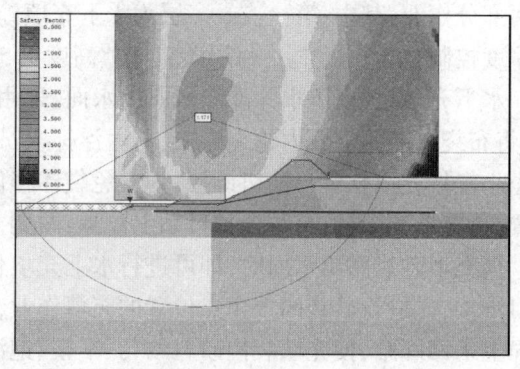

图11 有反压护道计算断面(料仓区)

1) 第一级加载工况(吹填砂高程 +2.4m)
2) 第二级加载工况(吹填砂高程 3.5m)

第一、二级加载工况下筑岛围堰边坡稳定性系数见表1所示。

柔性结构筑岛围堰整体稳定性结果(固结度60%) 表1

加载工况	断面位置	计算状况	计算指标	最小抗力系数		规范规定
				无反压道	反压护道	
第一级	施工期	堆载高程2.4m	十字板剪	1.483	1.52	1.1~1.3

续上表

加载工况	断面位置	计算状况	计算指标	最小抗力系数		规范规定
				无反压护道	反压护道	
第二级	排水板区	堆载高程3.5m	十字板剪	1.213	1.228	1.1~1.3
	料仓区	堆载高程3.5m	十字板剪	1.161	1.172	1.1~1.3

注：计算参数岛外淤泥采用十字板剪抗剪指标，DCM桩复合地基指标采用淤泥直剪快剪折减50%与DCM桩体复合；排水板区域土体的强度增长暂按附加应力60kPa（+2.00m填土高程），固结度60%考虑。

4. 柔性结构筑岛围堰施工关键技术

新型柔性结构的筑岛围堰结构在满足临时人工岛岛体整体稳定性及地基承载力的条件下，将工程建设所需搭设的海上搅拌站转移至锚碇围堰上，最大限度地满足海上锚碇施工所需场地要求。筑岛场址区域下伏深厚软弱淤泥，天然含水率高、孔隙比大、渗透系数低，在这样的软弱地基上修筑一座巨型人工岛，海上地基处理是柔性结构筑岛围堰成功的关键之重，所涉及的关键施工技术主要体现在以下3个方面：

1）海上DCM桩基础施工关键技术

海上深层水泥搅拌桩（DCM）是处理海相软弱淤泥的一种先进处理技术，具有质量稳定、处理深度长、适用范围广、环保等优点，随着DCM核心技术的发展，我国也自主建造了专业的海上DCM桩施工船舶，并在港珠澳大桥、深中通道项目、香港第3机场跑道等人工岛、海底沉管隧道、围海造陆等一系列超级工程中取得了成功应用。本工程DCM桩设计为$\phi 2300mm@4800mm$，置换率24%，呈梅花形布置，穿过淤泥层进入中粗砂层2m以上，平均桩长24m。施工设备采用"砂桩2号"专业DCM施工船舶打设，在DCM施打前，需对DCM处理范围及边侧2m范围区域的表层2m厚淤泥开挖换填为中粗砂，保证桩顶的成桩质量，增加桩顶约束以减小桩顶侧向变形，并提高桩间土承载力，DCM打设完成后铺设一层土工加筋材料，从承载力、沉降与稳定性等方面有效改良海底地基。

2）恶劣海洋环境下大型抗浪砂袋施工关键技术

DCM桩等强验收合格完成后在其上分两级吹填施工抗浪砂袋形成堰体岛壁结构，抗浪砂袋选用抗拉强度高、耐久性高、渗透性好的高韧聚丙烯材料制作。本工程岛壁结构抗浪砂袋分水下充填和水上充填两部分作业，其中：第一、二、三层为水下充填施工，第四、五、六层为水上充填施工，抗浪砂袋每次的充填厚度控制在0.5m左右，每层砂袋充填高度1.5m。

水下充填时，由于水深滩涂未露出水面，采用泵砂船在围堰一侧抛锚定位，在甲板上展开充填抗浪砂袋，将布袋末端用双股丙纶绳连接，再由浮标人员配合将充填袋准确定位在测量放线点位。充填时工人乘坐小艇将充填软管与袖口链接，为避免袋体移位，施工时先充填四个角点袖口，使袋体沉降至设计边线位置，再充填其余袖口，每个袖口系上浮漂，两侧充填进度必须同步。

当充填砂袋露出水面时，即可进行水上充填作业。直接在围堰上展开充填布袋，工作人员将软管与袖口链接，先进行砂袋四个角点位置的充填作业，使大砂袋体定位。在充填过程中，应安排工人在充填袋顶面上来回踩踏，使充填袋内砂料均匀、平整、饱满，加快充填袋内砂料排水固结，待充填袋进入内屏浆阶段，应放缓充填速度，防止布袋爆裂。若充填过程中如一次充填达不到设计高度，可在砂料固结后进行第二次充填，但必须在涨潮前完成。

抗浪砂袋充填施工见图12。

3）柔性结构筑岛围堰大面积吹填砂及软基处理施工技术

第一级抗浪砂袋施工成型后即可对堰体内部吹砂筑岛形成陆域环境，形成流水施工作业线。具体吹砂筑岛工艺为：将吹砂船上的大型吸砂泵从靠泊于船舷旁的运砂船中吸取砂水混合物，再经吹砂船另一侧排砂管线输送到吹填区内，砂水混合物在吹填区内经过沉淀后，砂留在吹填区内，尾水通过排水口排出施工区，排水口采用导管埋深在岛壁结构下。在吹砂筑岛过程中需密切关注海洋气候环境，合理布置运砂船与吹砂船的停泊位置，优化吹砂管线的走向等。

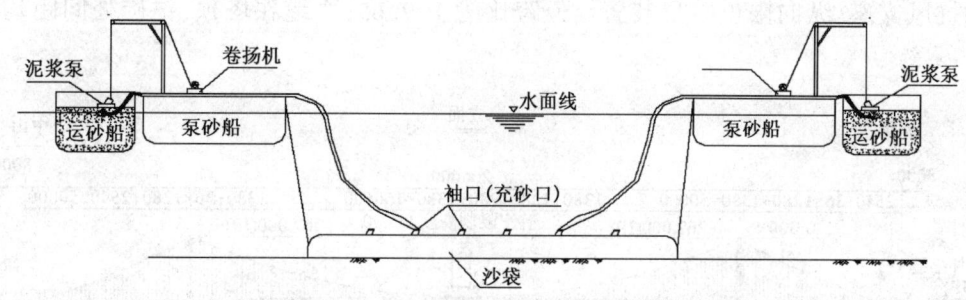

图12 抗浪砂袋充填施工示意图

选用塑料排水板工艺对吹砂筑岛形成的陆域环境进行软基处理,以便快速释放土体间的孔隙水压力,塑料排水板设计间距为1m,平均桩长25.6m,桩体进入粗砂层不小于0.5m,呈梅花形布置。塑料排水板的施工顺序为先插打距离围堰内侧10m范围外的岛体中心区域,待中心区域完成插打后根据沉降和孔隙水压力的监测情况来插打岛壁内侧10m范围内的岛体边缘区域。

三、结 语

本文对深中通道西锚碇柔性结构筑岛围堰的设计和施工技术进行了探讨,结合海洋恶劣环境下深厚淤泥覆盖层的特殊地质条件情况,从多工况开展了柔性结构筑岛围堰的整体稳定性理论分析,阐述了"新型柔性结构筑岛围堰"的相关施工关键技术。鉴于在恶劣海洋环境条件下此类新型柔性筑岛围堰的研究与应用是一项极其复杂的系统工程,相且关领域的研究尚属全新领域,深中通道西锚碇柔性结构筑岛围堰的首次应用在一定程度上有助于推动其后续的研究工作与工程应用,具有一定的创新性及推广价值。

参考文献

[1] 周鹏忠.深层搅拌桩在海堤软基处置中的理论与应用研究[D].长沙:湖南大学,2008.
[2] 麻勇.近海软土水泥搅拌加固体强度提高机理及工程应用研究[D].大连:大连理工大学,2012.
[3] 吴加武.DCM桩在岛体斜坡式围堰地基加固中的应用[J].水利与建筑工程学报,2019,17(3):164-167.
[4] 郭国森.浅谈土工管袋在护岸围堰结构中的设计与应用[J].珠江水运,2018,11:47-48.

6. 伶仃洋大桥西索塔承台钢套箱施工关键技术

吴 聪 任亮亮 王晓佳 张玉涛
(保利长大工程有限公司)

摘 要 深中通道伶仃洋大桥西索塔,为在建设全球海中最高索塔,承台区域河床地势起伏较大,常水位水深3~5m,施工环境恶劣。本文详细介绍了承台钢套箱设计比选及沉放关键技术,考虑多项因素,进行比选设计最终确定采用有底钢套箱,单个总重约1851000kg,钢套箱全部在厂内加工、拼装,由船舶整体运输,大型浮式起重机整体沉放,解决海中深大承台施工支护围堰难题,并在伶仃洋大桥西索塔承台施工中成功应用,对类似工程具有重要的参考意义。

关键词 深中通道 伶仃洋大桥 西索塔承台 钢套箱 施工关键技术

一、工程简介

深中通道伶仃洋大桥采用580m+1666m+580m三跨全漂浮体系钢箱梁悬索桥,加劲梁在两个桥塔处设置横向抗风支座、纵向限位阻尼装置。矢跨比为1:9.65；主缆在塔顶、锚碇处间距均为42.1m（图1）。

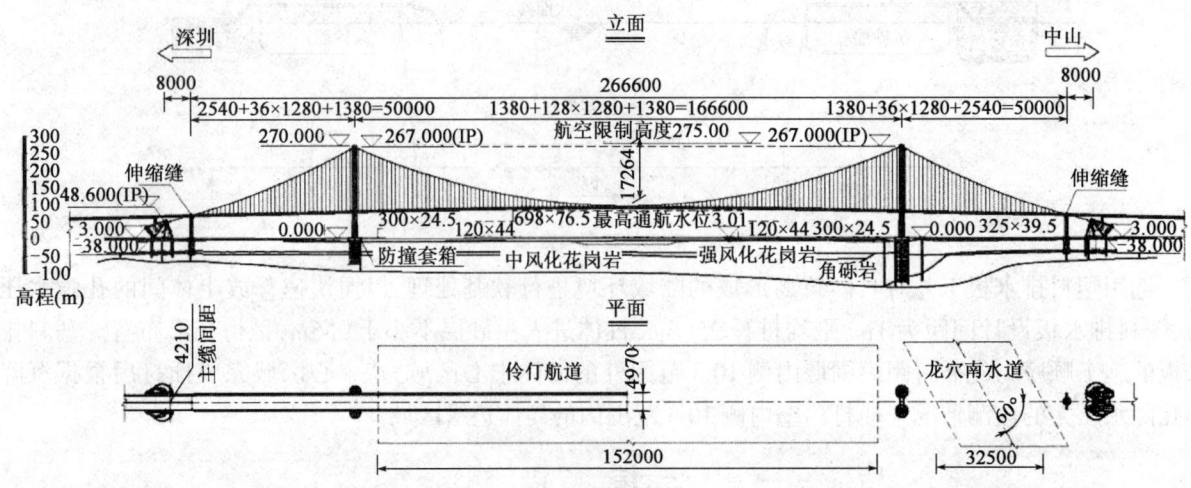

图1 伶仃洋大桥桥型布置图（尺寸单位：cm）

西索塔采用门式塔设计，基础采用56根ϕ3.0m钻孔灌注桩桩基础，承台采用分离式承台，单个承台平面尺寸直径36m（圆形），承台厚8m，封底混凝土厚3m。单个承台总方量约8150m^3，封底约3010m^3，单个承台钢筋总重1297t（图2）。

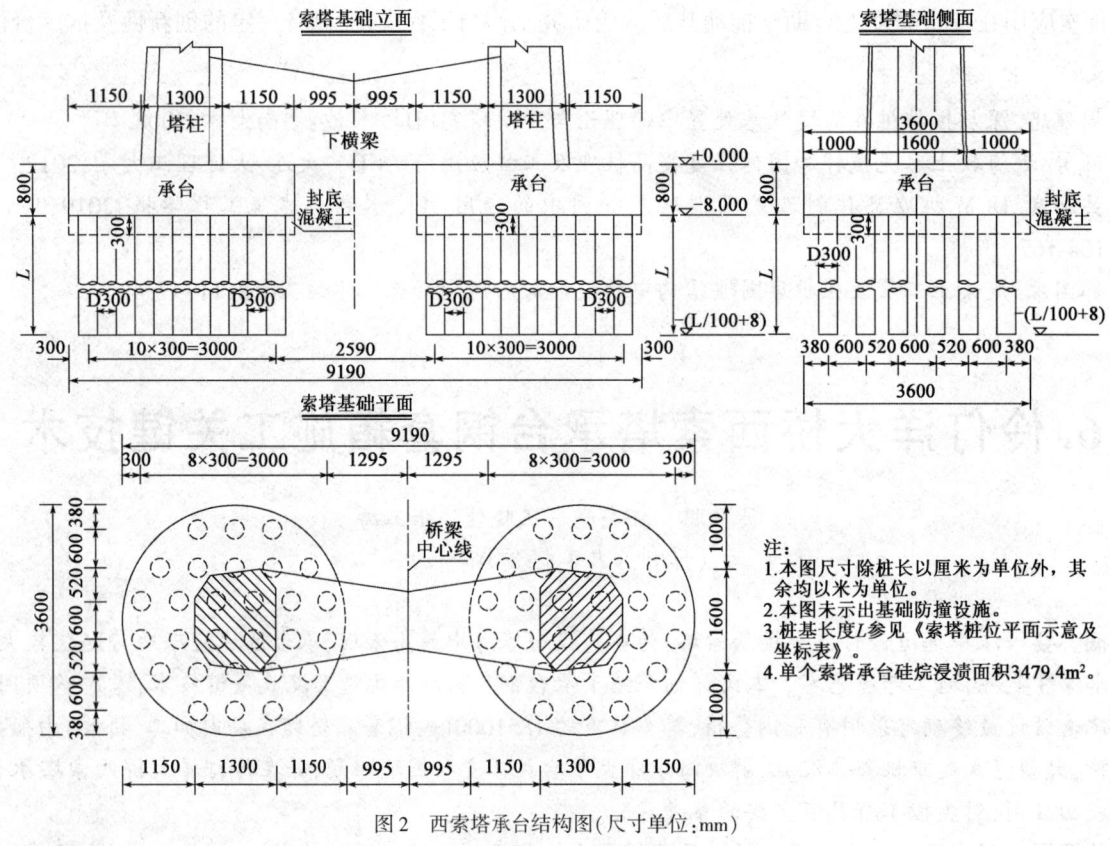

图2 西索塔承台结构图（尺寸单位：mm）

二、钢套箱设计比选

西索塔左幅承台区域存在河床突变段，与设计存在较大差异，对主墩承台施工影响较大。右幅承台地形变化平缓，左幅承台地形起伏较大。对无底钢套箱（左幅采用高低脚钢套箱）与有底钢套箱经过多次比选,最终选定有底钢套箱的形式(图3),右幅承台河床面高出套箱底高程3.2m,左幅承台河床面右侧高出2.2m,左侧低3.4m。

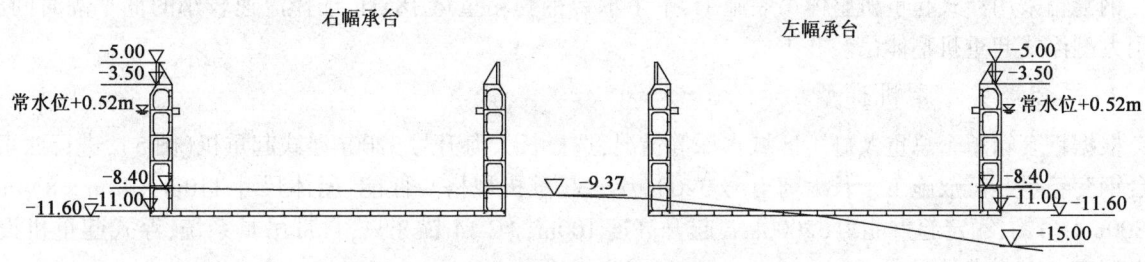

图3 有底钢套箱与河床面关系图(尺寸单位:m)

西索塔承台施工有底钢套箱主要结构包括壁体与底板,为保证承台尺寸,钢套箱直径比承台直径大10cm,钢套箱总高度约17.6m,壁体高度17m(包括2.5m高防浪板),厚度2.5m,内径36.1m,外径41.1m,套箱外壁设连通孔可进水下沉;底板厚度0.596m,在钢护筒位置处预留孔洞,开孔尺寸比钢护筒直径大15cm,承台施工完成后拆除B节段56°范围高出承台部分,下横梁施工完成后拆除整个B节段高出承台部分,拆除位置顶高程比承台顶低1m,钢套箱单个套箱壁体重1403t,单个底板及附属结构重448t,单个套箱总重1851t,钢套箱总重3702t。

套箱总体结构设计见图4。

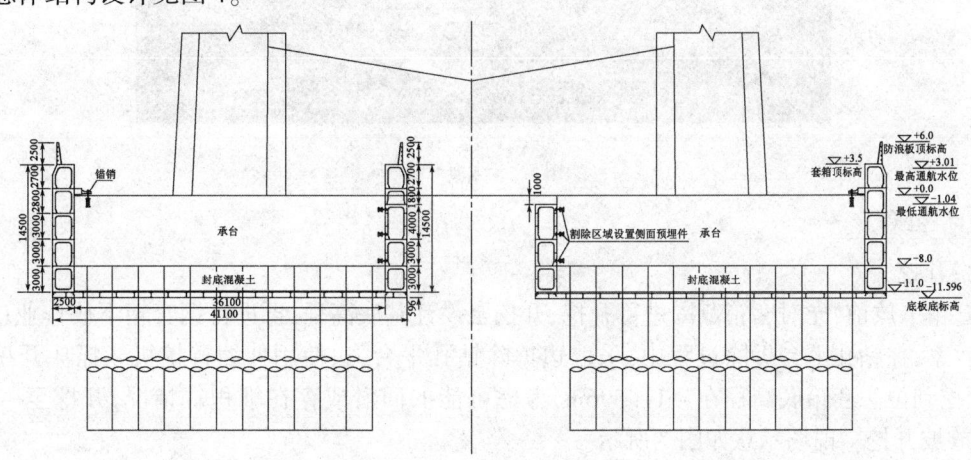

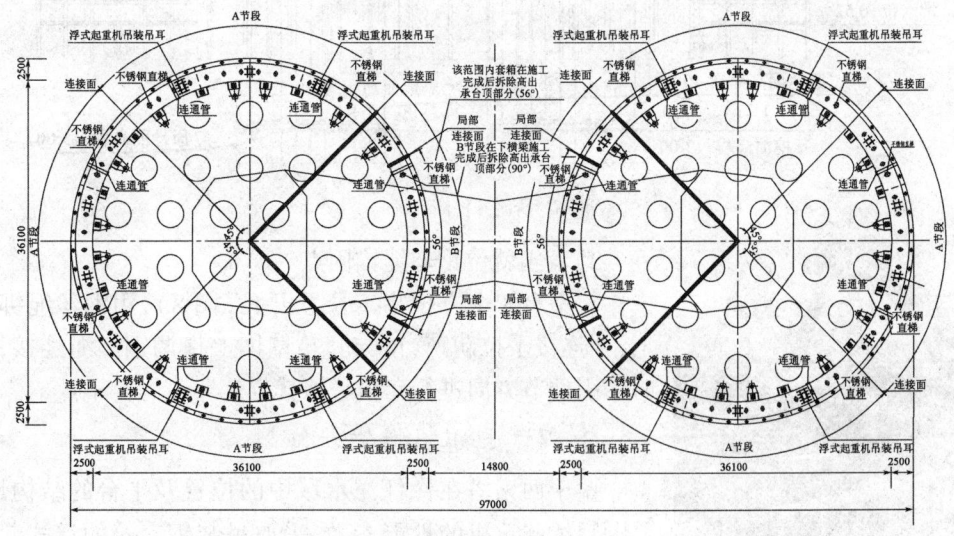

图4 套箱总体结构设计图(尺寸单位:mm)

三、钢套箱沉放技术

钢套箱采用浮式起重机整体吊装施工,单个承台钢套箱重量1851t,选择流速较小的低平潮时间段,采用大型浮式起重机整体吊装并下放。

1. 吊装浮式起重机选型

根据钢套箱单个总重及施工区域水深等情况,选择长大海升号3200t浮式起重机(图5),进行西索塔承台钢套箱吊装沉放施工。长大海升号3200t浮式起重机规格与性能:船体尺寸110m×48m×8.4m,4只800t主吊钩,额定起重能力32000kN,起升高度100m,AC-14锚8只,自带吊具系统,浮式起重机设计吃水深度4.8m,满足要求。

图5 长大海升号

2. 准备工作

1)清淤开挖

在钢套箱下放前,先对套箱范围进行开挖,开挖至设计基底高程,再进行钢套箱下放作业(图6)。为提高开挖效率,在钻孔平台拆除过程中,采取边拆除钻孔平台,边使用伸缩臂挖机+抓斗开挖的方式开挖,确保开挖到位。套箱底高程在-11.596m,考虑可能的回淤或存在堆积等情况,开挖至-13m,按照1/6~1/8放坡开挖。现场示意如图7所示。

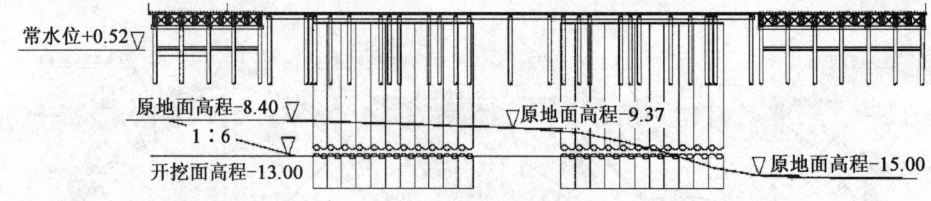

图6 清淤开挖断面图

图7 清淤开挖现场图片

2)套箱就位钢丝绳锚固点

在平台8个方位指定位置开孔(图8),用钢丝绳绑在承重梁上,并连接手拉葫芦,待与套箱壁体上精调钢丝绳连接,用以吊装时牵引调节方向进行套箱平面就位。

3. 浮式起重机抛锚就位

鉴于西索塔在伶仃洋水域中的位置及平台的结构形式,同时兼顾浮式起重机的性能参数,采取吊装钢套箱的浮式起重机抛锚就位于伶仃洋航道侧,横水流方向吊装方式。浮式起重机抛锚定位如图9所示,浮式起重机停靠位置距离平台约86m。

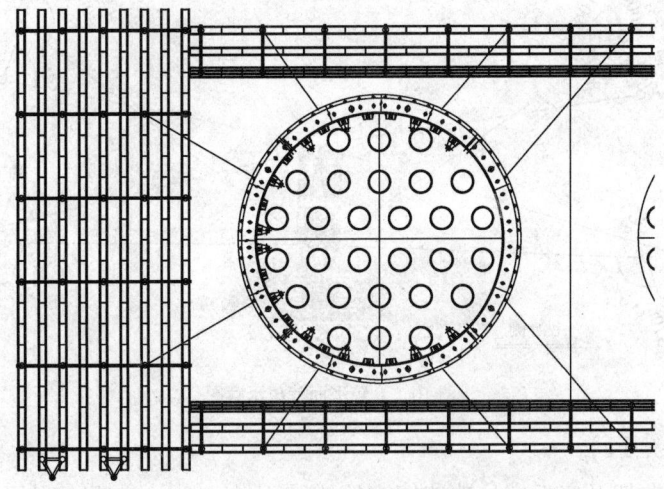

图8　套箱就位钢丝绳锚固点布置图

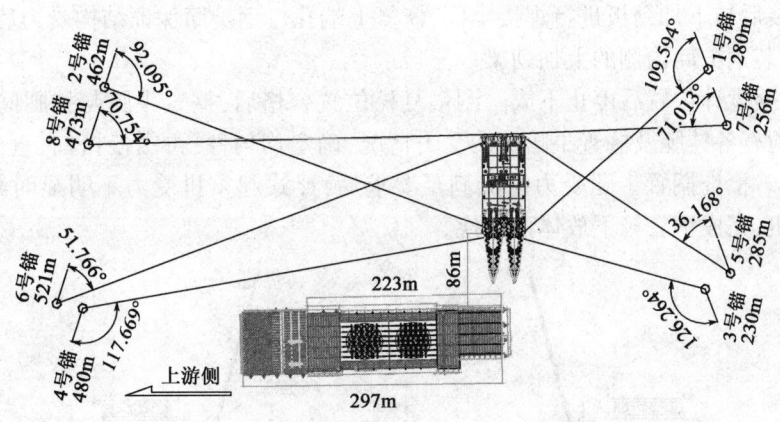

图9　浮式起重机抛锚定位示意图

4. 套箱起吊离船

浮式起重机安装吊具后扒臂至60°角,通过绞锚松锚左右移动浮式起重机来实现吊点的连接,待钢套箱的吊点连接完毕后并检查无误后,浮式起重机开始起钩,使吊索被张紧。此时,起重指挥人员再次检查吊点的连接情况及浮式起重机的吊心与钢套箱的重心是否重合,如果不满足要求,浮式起重机通过绞锚使浮式起重机吊钩位于钢套箱中心的正上方。同时各船专职人员检查锚缆情况,均无任何问题后,解除套箱与驳船的连接,开始起吊。

起吊应缓慢进行,安排专人定岗进行检查。主要检查内容包括各吊点的受力情况、壁体及底板结构的变形情况以及整体结构稳定性,无任何问题后继续起吊,直至钢套箱被吊起,缓慢起吊至距离驳船面20cm后持载10min,测量并调整套箱的平面位置及垂直度,为正式下放做好充分准备。

5. 套箱平面就位(图10)

驳船移出后,保持钢套箱稳定后继续提升起吊高度,当钢套箱被吊起超过平台栏杆50cm高后,浮式起重机通过绞锚松锚操作前进,移动时应缓慢进行,幅度不宜过大。套箱上钢丝绳到平台位置后安装工人即辅助牵拉,当钢套箱的纵、横轴线与平台的纵、横轴线且底板上孔口与钢护筒基本重合时,将钢丝绳通过手拉葫芦锚固于平台上锚固点,通过浮式起重机扒臂及调整手拉葫芦等措施配合测量调整钢套箱的平面位置,必要时在钢护筒边通过千斤顶进行调节,直至钢套箱底板能全部进入钢护筒,浮式起重机缓慢落钩,再经过微调,使钢套箱完全进入所有钢护筒内。

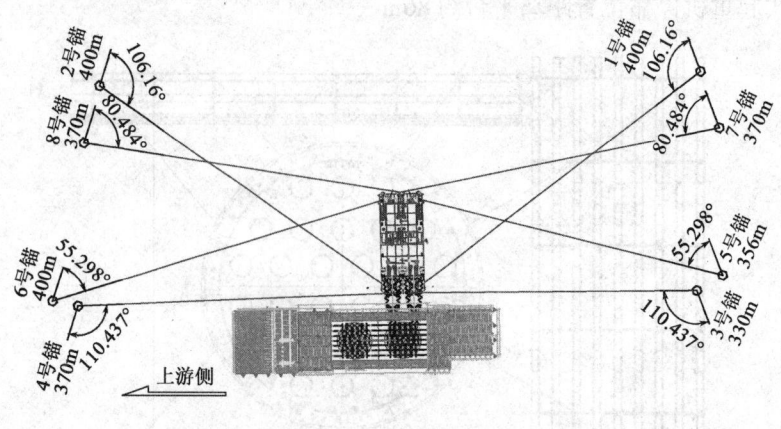

图10　套箱平面就位示意图

6. 钢套箱下放(图11)

平面就位后利用导向架及底板定位功能钢套箱继续下放。下放过程中利用履带式起重机安装搁置牛腿(履带式起重机扒臂受钢套箱影响),采用手拉葫芦牵拉搁置牛腿工字钢穿过预留孔洞的方式进行安装,搁置牛腿安装后与下加劲板进行焊接牢固,恢复上端孔口钢护筒保证结构受力后安装上加劲板,封底混凝土浇筑前安装钢护筒内侧的上加劲梁。

待钢套箱下放至设计位置后停止下放。测量复核位置合格后,搁置牛腿与挂腿间的空隙塞紧垫实,以保证受力传递,检查各挂腿及搁置牛腿结构受力情况,确定均匀性,再缓慢松匀,直至套箱受力完全由临时搁置牛腿承受。检查搁置牛腿受力情况满足要求后,浮式起重机受力不明显时解除浮式起重机连接,移走浮式起重机,完成钢套箱下放体系转换。

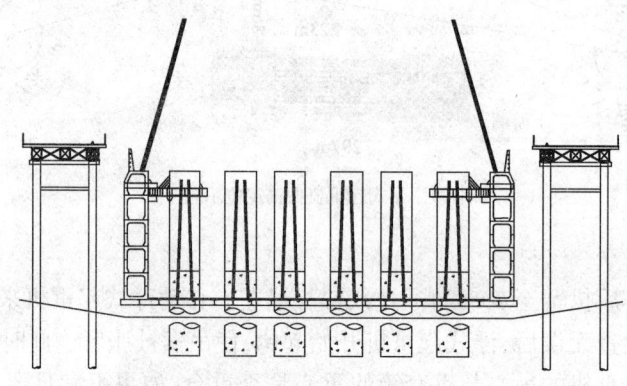

图11　套箱下放示意图

四、钢套箱沉放精度测控

1. 钢套箱下放控制精度

钢套箱平面位置的初步限位,是通过底板开孔顺利通过所有钢护筒来实现,下放过程中通过设在钢护筒上的导向装置以及底板框架梁共同来实现,导向装置与钢套箱内壁净空5cm,底板框架梁与钢护筒外壁净空15cm。

在套箱的壁体上设置若干平面控制点(包括平面坐标及高程),下放过程中监测钢套箱平面、高程及垂直度。在钢套箱距离设计高程20cm时进行精调,通过套箱内设置的手拉葫芦、浮式起重机配合来实现平面位置及高程的调整,测量复核平面坐标、垂直度及高程,如符合精度要求(表1),缓慢下放,落于搁置牛腿上。钢套箱最终定位的高程控制是通过护筒上内嵌搁置牛腿与钢吊箱上挂腿搭接实现,因此搁置牛腿高程在安装完成后需测量复核,相邻搁置牛腿间高差控制在1cm以内。

钢套箱安装精度要求　　　　　　　　　　表1

序号	项目	允许偏差(mm)
1	高程	+20
2	总体平面尺寸	0,+30
3	轴线偏位	15
4	竖向倾斜度	<1/200
5	平面扭转角度	0.1°

下放到位后再次进行测量复核，若存在轻微偏差需浮式起重机轻轻提起钢套箱处于悬空状态，利用手拉葫芦或者千斤顶来调整，调整到位后再次落下。

测量最终复核确认无误后，将挂腿与搁置牛腿塞实焊接，确保套箱能承受水流及波浪作用。

2．钢套箱下放施工测控

钢套箱下放时需定位控制其平面位置、顶面高差、垂直度和下沉各点的同步性。要同时控制这些因素，可以在钢套箱顶口顺桥向和横桥向4个点上布置4个棱镜监测点(图12)。

在钢套箱运送至施工现场后，起吊时采用全站仪置站于平台上，以平台加密多个转点(尽量远离置站点)为后视，实际测量出这4个点的初始三维坐标。

在钢套箱调整姿态之后，正式下放过程中，每下放100cm稍做停顿(5min)，及时测量这4个点的三维坐标，并与基准坐标比较，通过与基准高程比较每个监测点的下放量，可计算出钢套箱的垂直度，根据设计及施工要求进行必要调整，符合要求后，方可继续下放。通过平面坐标比较，可知钢套箱上口的平面偏位，并利用垂直度可计算出钢围堰下口的中心平面坐标及其偏位量，根据设计及施工精度要求进行必要调整。整个钢套箱下放过程必须进行严格监控，实时监测，并及时调整纠偏，保证钢套箱准确下放。

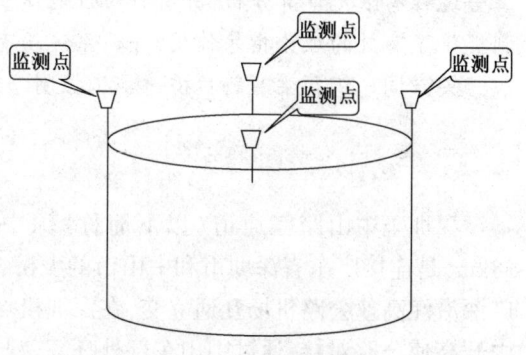

图12　套箱下放监测示意图

钢套箱快到设计高程时，对钢套箱的姿态进行观测，并进行调整，保证钢套箱平面位置和垂直度满足设计施工控制要求，在最接近平面位置设计中心和完全垂直的状态下下放到位。

五、结　语

本文对深中通道伶仃洋大桥西索塔承台钢套箱的设计和沉放技术进行了探讨，结合海洋恶劣环境下，承台区域河床地貌起伏较大，对无底钢围堰和有底钢套箱进行设计、分析、比选，并阐述了有底钢套箱浮式起重机整体吊装沉放的相关施工关键技术。本大型有底钢套箱施工关键技术在伶仃洋大桥成功应用，具有一定的创新性及推广价值。

参考文献

[1] 贺新文.安庆长江大桥主桥2号墩深水承台钢套箱施工技术[J].中外公路,2007.
[2] 张朝强,苏小敏.深水墩高桩承台钢套箱围堰施工技术[J].岩土力学,2009.
[3] 周小亮.深水承台双壁钢套箱围堰结构的力学特性数值分析[D].武汉:湖北工业大学,2012.
[4] 郑流强.跨海大桥主墩承台有底钢套箱施工技术探讨[J].福建交通科技,2016.

7. 深中通道大跨径钢箱梁斜拉桥施工控制关键技术研究

朱 荣 孔 凡 李小祥

(上海同济检测技术有限公司)

摘 要 大跨径钢箱梁斜拉桥不但可以实现更大的通航需求,还可以简化桥梁基础在复杂环境下的施工难度,被广泛应用于跨海大桥的建设中。然而,由于大跨径钢箱梁斜拉桥的结构刚度弱以及海洋大风环境等问题,给施工过程中结构线形和内力控制带来较大难度。为了确定合理的成桥目标状态和建立施工过程中线形和内力的控制方法,本文以深中通道中山大桥主桥为依托,对大跨径钢箱梁斜拉桥的施工控制关键技术进行了研究,通过明确桥梁施工过程若干关键控制要点,借助基于自适应控制原理的施工全过程有限元计算分析,并有针对性地建立现场监测方法和控制策略,为钢梁悬臂施工阶段的线形控制提供了有效的理论指导作用,并为系统而有效的施工控制系统的建立打下坚实的理论基础。

关键词 钢箱梁 斜拉桥 施工控制 自适应控制 有限元分析 线形控制

一、工程概况

深圳至中山跨江通道(以下简称"深中通道")项目,北距虎门大桥约30km,南距港珠澳大桥约38km,是连接广东省深圳市和中山市的大桥,是世界级超大的"桥、岛、隧、地下互通"集群工程,路线起于广深沿江高速公路机场互通立交,在深圳机场南侧跨越珠江口,西至中山马鞍岛,终于横门互通立交,与中开高速公路对接;通过中山东部外环高速与中江高速公路衔接;通过连接线实现在深圳、中山及广州南沙登陆,项目全长约24.0km。

中山大桥是主跨跨径为580m的整幅钢箱梁斜拉桥,大桥全长1170m,位于半径25000m的竖曲线上,两侧桥面纵坡2.0%,桥面宽43.5m,设2.5%双向横坡。大桥为5跨连续结构,采用半漂浮结构体系,跨径组成为110m+185m+580m+185m+110m,边主跨比0.509(图1)。

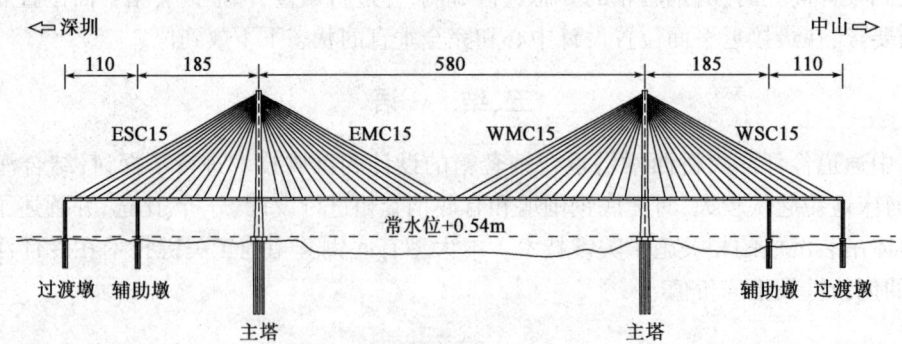

图1 中山大桥总体立面布置图(尺寸单位:m)

大桥先施工主塔、过渡墩及辅助墩,再安装索塔区主梁,标准节段主梁施工采用桥面吊机施工。主梁合龙按照先边跨、后中跨的顺序进行。最后进行桥面附属设施和局部索力调整。

二、施工控制的关键问题

综合大跨径钢箱梁斜拉桥的结构特点和海上施工条件,施工控制中的关键问题分析如下:

(1)大跨径钢主梁斜拉桥在悬臂施工阶段直接控制目标主要是主梁的线形,必须在每个施工状态将主梁的线形调整准确,因为前一段主梁断面法向角度的误差将影响下一节段的拼装高程。要达到成桥线形,必须在每个施工过程中达到预计的施工状态,由于主梁应力在施工阶段的容忍度比较大,按照反馈控制的原理,只要每阶段进行斜拉索索力调整,即可在成桥状态时达到理想值。但是这样将使索力调整的工作量大大增加,而且在索数较多时索力调整有很大困难。为此,在施工前几个节段时,当出现误差后及时分析误差发生的原因,识别设计参数后及时修正计算模型,使理论计算更逼近于实际响应。悬臂施工过程中,线形误差的调整方式主要是修改施工索力计划,根据修正有限元模型后得到的新的索力计划必然比原计划更加合理,因而出现误差的可能性减小,在以后的施工中索力调整的要求将越来越少,这就是自适应控制思路的作用。

(2)斜拉索张拉过程的模拟计算、张拉方案的合理化分析、施工索力的控制与调整是悬臂拼装施工斜拉桥过程控制的重要环节。中山大桥斜拉索倾角变化大,结构空间效应明显,在拉索索力作用下,结构将承受较大的线形和内力变化。因此,要求监控必须准确模拟,制定合理的斜拉索初张力,保证施工过程中主塔柱间受力平衡,并结合理论计算和监测结果进行对比分析,对各阶段斜拉索张拉力进行调整[1]。现场索力测试时要求测控精度满足工程要求,确保索力测试的准确、可靠。

(3)结构自身的参数及环境参数对结构在施工过程中的变形有很大的影响。如对结构自重参数的估计直接影响结构的线形,对施工临时荷载的估计也需要充分考虑现场的实际施工条件等。由于日照作用,昼夜温差影响,对于主塔、主梁、索的线形和应力均会产生较大影响,且考虑到地区日照强度,此温度对施工的影响亦更加明显。如何通过观测测量,了解温度变化及其影响量,并进行修正计算,最大限度地减小温差所带来的影响,是本桥施工监控过程的另一难点。

三、施工控制全过程计算分析内容及方法

施工过程仿真计算是施工监控的重要组成部分,是施工中斜拉索张拉力与制造预拱度的依据,通过施工控制计算,明确斜拉桥施工过程中恒载及施工荷载对结构内力和变形的影响,确保成桥状态结构线形和内力符合设计要求[2]。对于大跨径钢箱梁斜拉桥的施工控制相关计算内容如图2所示,中山大桥施工控制计算采用 Midas Civil 2019 桥梁有限元分析软件。

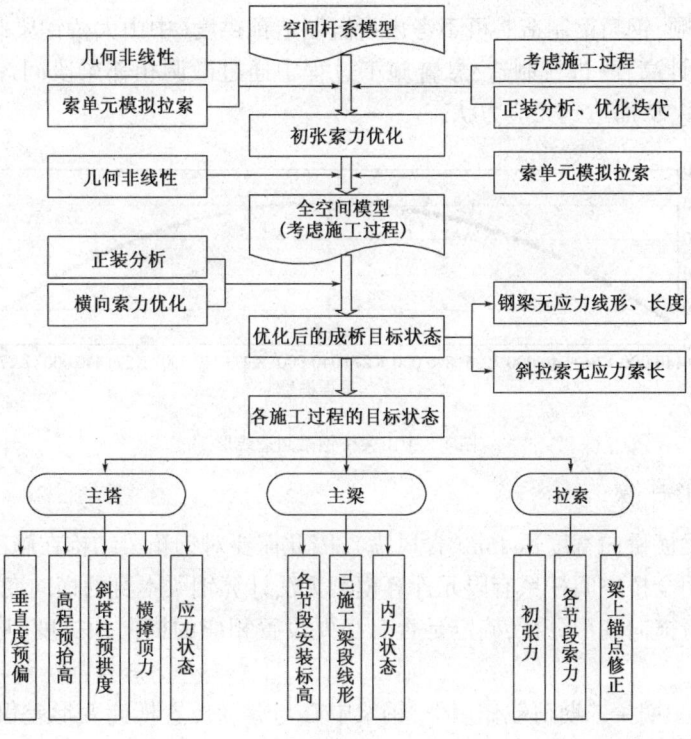

图2 施工全过程计算主要内容

1. 成桥状态和施工过程控制目标的确定

成桥状态确定施工安装索力及构件安装线形的算法从斜拉桥开始建设时就得到研究,如倒退分析、无应力状态法等。无应力状态法从成桥状态确定的每个施工步骤控制数据,在桥梁体系转换时仍然存在倒退法分析的问题,需要施加强迫力才能达到成桥状态。为避免上述问题,必须改变直接按照成桥结构确定理想状态的设计方法,将成桥状态与施工过程同时考虑,通过优化方法可以实现上述目标[3]。

实际上斜拉桥的受力特点是比较明确的,采用最小弯曲能量法,即主梁弯矩较小时接近最优[4]。根据这一特点可以从概念上确定施工过程中的索力方案,中山大桥施工阶段张拉力及成桥索力如图3所示。只要施工过程中斜拉索竖向分力等于悬臂节段重量,由此可以初步确定初张索力,随后对结构进行正装模拟计算,根据结构累计变形和成桥后的内力状态进行调整,调整计算后所得的成桥状态如果与最优状态差别不大,即认为该索力方法可以接受,如果偏差加大,根据力学概念做适当调整即可,正装模拟的结果就作为最终成桥状态。

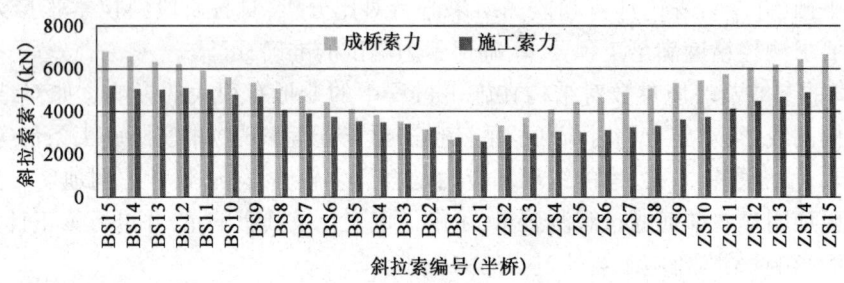

图3 施工索力及成桥索力

2. 关键施工控制数据的确定

对于中山大桥,通过正装迭代优化分析,使成桥时内力最优后,迭代的最后一套施工过程数据,即可得到各施工阶段的初张拉索力、定位高程、已施工节段的线形等数据。而主梁的制造线形由最后一个成桥状态主梁的无应力线形确定,斜拉索下料长度也是成桥状态时的无应力长度。

对于中山大桥,由于通过施工过程斜拉索合理的张拉方案将主梁施工累积变形控制在比较小的范围内,且变形形状较为平顺,钢箱梁制造时可不考虑设置制造预拱度(中山大桥钢梁制造线形如图4所示),即按照竖曲线线形(设计高程)进行制造,悬臂施工过程中通过微调相邻梁段间焊缝宽度的方式来调整相应梁段施工累积位移,从而达到无应力状态。

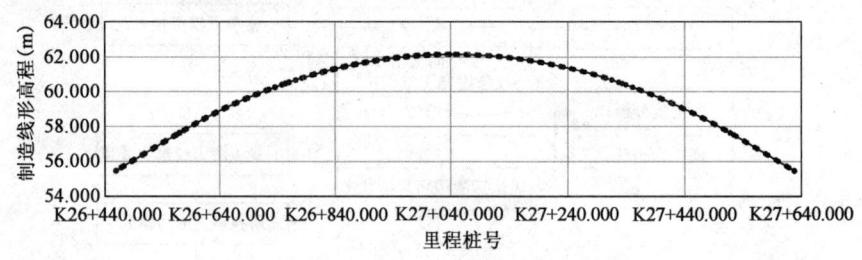

图4 中山大桥钢梁制造线形

3. 钢梁横向变形计算

考虑到本桥钢箱梁横桥向宽度达46m(含风嘴),因此需要对钢箱梁结构在施工全过程中的横桥向变形进行计算。但由于用全桥空间杆系有限元计算模型无法计算钢梁本身的横向变形,因此需建立相应的板壳空间局部模型进行横向变形分析,确定是否有必要设置相应的横向预拱度,从而保证成桥阶段钢梁横坡满足设计要求。

根据计算结果,在一期+二期荷载作用下,钢梁中心与翼缘位置横向变形差仅为23.3mm(无隔板位置)和22.1mm(有隔板位置),如图5所示,对横坡影响约为1/1000,可不设置钢梁横向预拱度。

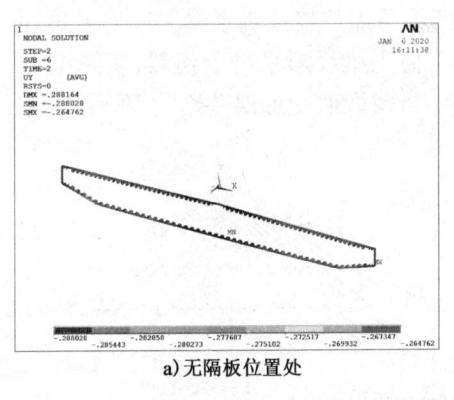
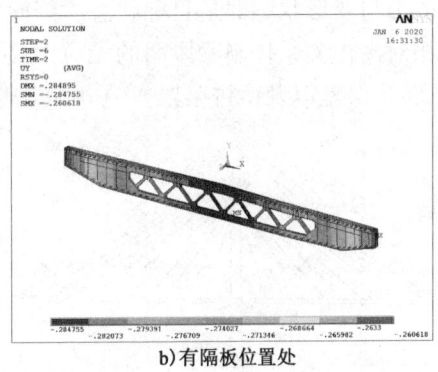

a) 无隔板位置处　　　　　　　　　　　b) 有隔板位置处

图5　恒载作用下梁段横桥向各位置竖向相对变形图(m)

4. 钢梁悬拼阶段计算分析

该阶段计算分析的目的是得到斜拉桥施工过程中各阶段恒载及施工荷载等外力作用下结构的内力和变形并与现场采集数据(包括节段质量、索力、高程、塔偏、应变、温度等)进行对比分析。钢梁节段安装过程中根据当前状态下实际荷载、边界条件、实际参数和误差状况等因素进行结构实时响应分析(表1)。

钢梁安装阶段结构响应分析内容　　　　　　表1

分析参数	关 注 响 应				
	主塔偏位	主梁线形	斜拉索索力	主梁轴偏	梁、塔内力
斜拉索张拉力			√	√	√
悬臂端临时荷载	√	√	√		√
梁段实际质量	√	√	√		
斜拉索实际弹性模量	√	√	√		

根据响应分析对当前梁段进行调整,使实际状态逼近施工阶段理想状态,对当前结构状态进行评估,并对下一梁段的施工和斜拉索张拉进行预测。

四、现场监测与控制技术

施工过程监测是施工控制系统中获取反馈的必要组成部分,施工监测系统的完善与否将直接影响控制系统的精度及结构安全。

1. 常规监测内容

首先,根据现场情况建立的各桥平面控制网和高程控制网点,设立监控高程控制点,在钢结构下料完成后应对结构无应力制造线形进行复核。在后续主梁悬臂拼装阶段中,及时对主塔的基础沉降、主塔线形(偏位、高程、塔柱倾斜度)、主梁各节段线形(主梁高程、轴线、横坡等)以及斜拉索力进行跟踪监测,保证施工过程中的线形与监控指令及时核对,确定理论值与实测值的偏差,并通过自适应原理及时修正拼装误差[5]。图6为中山大桥主梁控制截面应力测点和标准钢梁节段高程测点布置情况示意图。

2. 考虑特殊条件下的主梁线形控制方法

由于大跨径斜拉桥钢主梁刚度较柔,索梁温差和主梁温度梯度对于主梁前端高程有较大的影响,严重影响了钢梁的精确定位和线形测量工作。在实际施工过程中,一般是采取限制钢梁安装定位和测量时间来避免温度效应影响。但是,如果迫于工期压力紧张、海上施工条件等客观因素,不得不选择白天或条件不好的时间段施工时,如何在考虑温度、风等不利自然条件影响下保证下一节段匹配的精度是主梁架设阶段需要解决的问题[6]。

本桥采用无应力线形配合切线拼装的方法,对节段间的夹角进行控制,从而回避温度、风等不利自然条件影响,达到匹配阶段主梁高程控制的目的。主梁安装时只需将制造阶段主梁预拼无应力线形恢复,则成桥后主梁内力与变形状态即是目标状态。因此,匹配时需严格控制主梁无应力夹角、曲率、轴线。通过调整梁段间相对高程关系控制梁段间的无应力夹角,使主梁线形平顺。当然,实际施工中需考虑已拼梁段高程误差、转角误差以及待拼梁段 N 在吊装过程中自重弯曲变形误差影响。

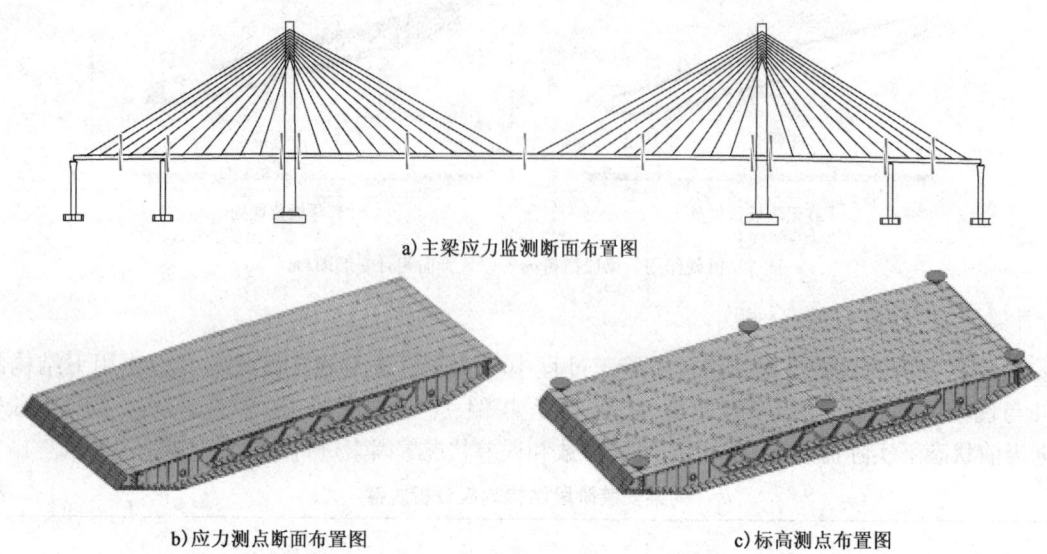

a) 主梁应力监测断面布置图

b) 应力测点断面布置图　　　　c) 标高测点布置图

图 6　主梁结构监测测点布置图

3. 基于"互联网＋"的监控信息系统应用

随着互联网和信息化技术广泛应用,给传统的桥梁施工监控提供远程和智能化控制的发展方向;加上 BIM 技术在工程建设领域已从概念普及进入到全方面的应用发展阶段,为桥梁施工监控信息化提供新的展示平台。基于此,借助中山大桥项目建设,运用信息化技术和桥梁施工监控工作经验,研发了基于互联网的桥梁施工监控系统,弥补传统施工监控工作在数据流转协同、数据信息共享、监控成果展示上的不足。

在监控工作模式上,相对于传统模式中数据信息错综复杂的交叉传统,如图 7a) 所示,转变为以云端系统为平台,整合信息数据流转过程,建立各参建方的信息联通渠道,实现数据的互联互通,产生协同价值,并且将现场技术人员与管理人员通过终端连接起来,实现信息数据的及时传递与快速分享,如图 7b) 所示。

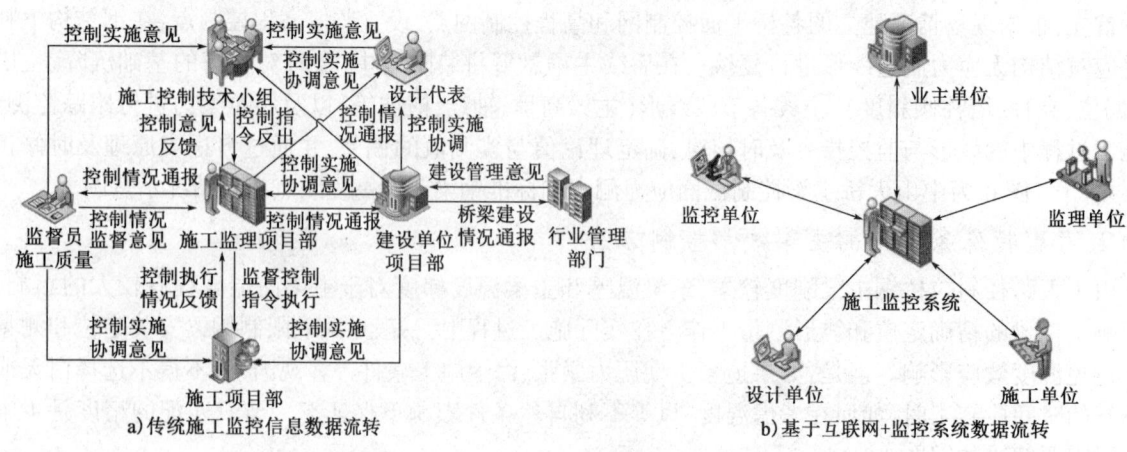

a) 传统施工监控信息数据流转　　　　b) 基于互联网+监控系统数据流转

图 7　施工监控信息数据流转方式对比

在监控流程方面,现场根据预先设定的工序进行施工过程中的监测数据填报与审核。根据监测控制对象,填报的监测数据包括主梁的高程、应力、轴线,桥墩塔柱的线形、应力和基础沉降,斜拉索索力等。监测数据由现场测试人员录入系统,系统平台通过内嵌算法对数据的误差进行分析,若出现逻辑错误或误差过大,经计算分析人员确认后,通过系统消息推送现场,由现场负责人和施工单位共同进行校验,若数据无误,触发预警,由监控项目负责人根据超限等级发布预警信息和处理措施。同时触发存储,将施工监测数据存入数据库。

图 8 展示了各个施工阶段需要填报的施工监控实测数据,系统自动与理论数据进行误差计算,便于计算人员进行误差分析。

图 8　监测数据填报

在监控成果显示方面,将监控的数据信息与结构 BIM 模型进行融合,将以往平面数据管理模式,转变为三维可视化的数据管理模式,并关联结构施工周期内动态的监控数据信息,以直观的图表形式进行显示,形象表示结构在各施工阶段的理论状态、实际状态以及误差情况,展现各构件单元在各施工阶段的变化趋势,实现不同阶段信息的关联查询、追溯管理。图 9 所示为中山大桥模型展示和结构状态显示。

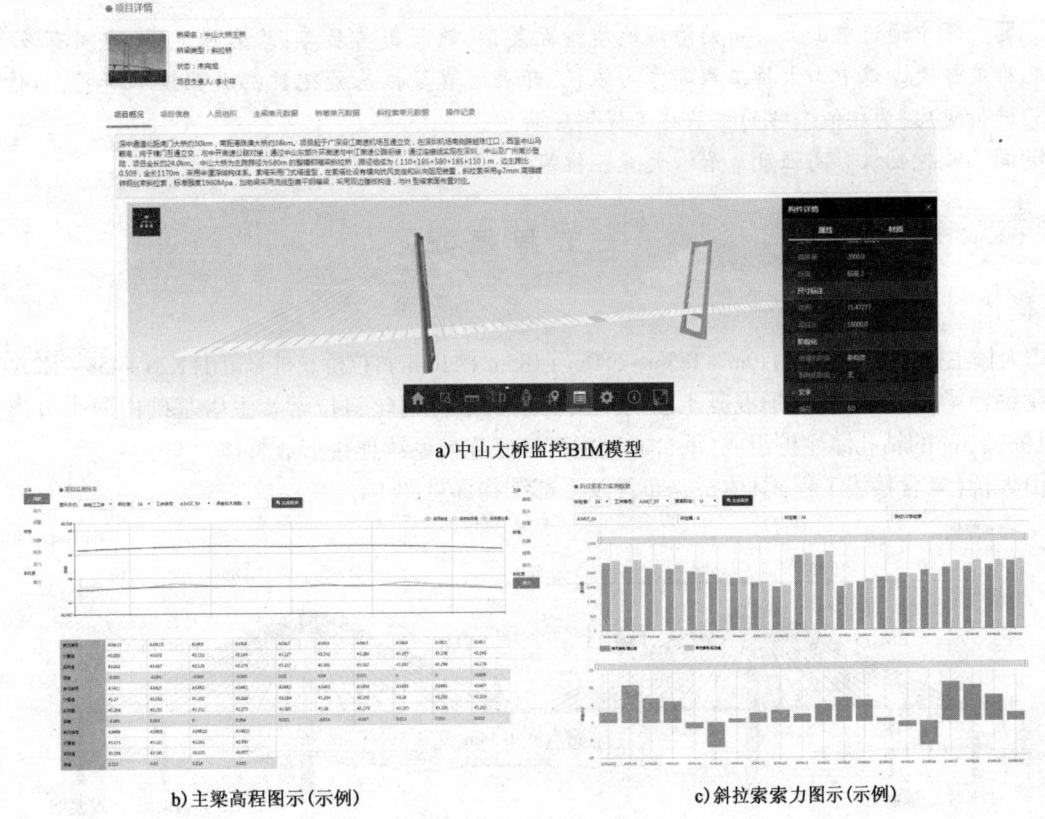

a) 中山大桥监控BIM模型

b) 主梁高程图示(示例)　　　　c) 斜拉索索力图示(示例)

图 9　监控成果可视化显示

五、结　语

本文依托深中通道中山大桥,对大跨径钢箱梁斜拉桥的施工控制关键技术进行了研究。充分考虑了大跨径双塔钢箱梁斜拉桥结构及环境特点,明确了该类桥梁在施工控制中的关键控制要点,借助基于自适应控制原理的有限元计算分析与现场监测手段完善了线形控制策略和施工控制系统。本研究在综合现有理论研究与实践成果的基础上,对大跨径双塔斜拉桥的施工控制策略进行了系统介绍,可指导本项目后续高质量实施,并为类似工程提供参考。

参考文献

[1] 林元培. 斜拉桥[M]. 北京:人民交通出版社. 2004.
[2] 梁鹏,肖汝诚,等. 斜拉桥索力优化实用方法[J]. 同济大学学报,2003(11).
[3] 颜东煌. 斜拉桥合理设计状态确定与施工控制[D]. 长沙:湖南大学,2001.
[4] 向中富. 桥梁施工控制技术[M]. 北京:人民交通出版社,2001.
[5] 尼尔斯J·吉姆辛. 缆索承重桥梁[M] 姚玲森,等,译. 北京:人民交通出版社. 1992(6).
[6] 常英. 大跨钢箱梁斜拉桥施工控制要点分析[J]. 国外桥梁,2000(3).

8. 深中通道大直径桩基旋挖钻机成孔技术应用

李立坤　毛　奎

(中交二公局第一工程有限公司)

摘　要　深中通道中山大桥所处海域地质情况复杂,软弱覆盖层厚,基岩强度高,中间有多个夹层,桩基成孔难度较大。以中山大桥工程实体为依托,开展大直径桩基旋挖钻机成孔技术研究,与传统桩基成孔工艺进行对比,为相似工程的桩基施工提供经验。

关键词　旋挖钻机　高强度基岩　大直径桩基

一、工程概况

1. 概述

中山大桥主桥长1170m,为110m+185m+580m+185m+110m斜拉桥。桩号范围K26+458~K27+628m,主梁采用钢箱梁,索塔采用H形混凝土结构。斜拉索为平行钢丝斜拉索。主塔基础由两个分离式承台和28根桩径3m的钻孔灌注桩组成,承台通过主塔塔底连接系梁连接形成整体。

中山大桥(未含接线工程)具体桥跨布置及下部结构详见图1。

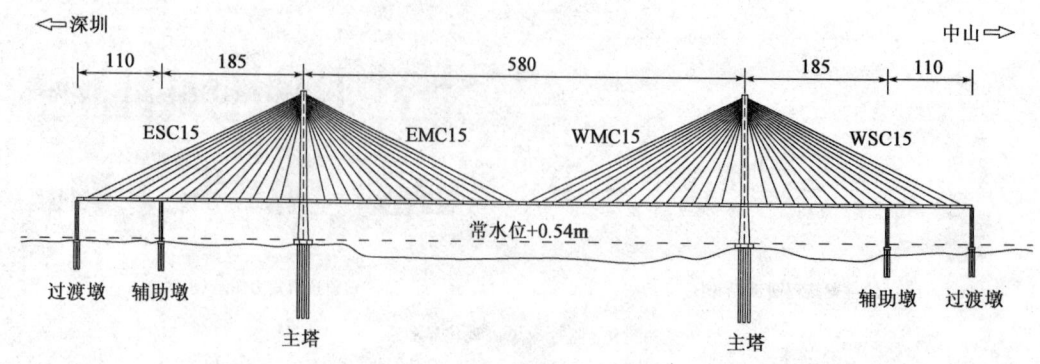

图1　中山大桥桥型立面图(尺寸单位:m)

中山大桥共有桩基92根,桩径3.0m,桩长58~83m,桩基础采用水下C35混凝土,按照嵌岩桩设计,桩底持力层为中风化混合片麻岩(强度60~80MPa,峰值高达170MPa)。

2. 地质情况分析

中山大桥位处地质情况较为复杂,工程场区软土分布范围广、厚度大,其稳定性极差,场区基岩风化差异显著,风化层厚度大,且厚薄不均,地基均匀性总体较差,属抗震不利地段。

岩土层由黏土、淤泥质土、细砂、中砂、粗砂、砾砂、圆砾、全风化混合片麻岩、中风化混合片麻岩、微风化混合片麻岩组成。

覆盖层由流塑—可塑状淤泥组成,厚度约为20m,稳定性极差,成孔过程中易缩径、塌孔,需全护筒跟进。

3. 钻孔工艺的选择

1) 成孔工艺优缺点分析

各类钻机成孔的优缺点,如表1所示。

钻机类型及优缺点一览表　　　　表1

钻机类型	优　点	缺　点
冲击钻	地形适应性好,能满足卵石、砾石、块石、基岩等各类地质条件,在此类地质条件下钻孔效率高	振动大,容易塌孔,扩孔系数大,能耗高,对周围环境污染大,泥浆用量大,且一般需要配置专用供电线路,临时用电投入大
回旋钻	软土地层和砂层中钻进率快,护壁效果好,施工无振动、噪声低,成孔质量较好,机具设备简单,操作方便,费用低	总体成孔速度较慢,泥浆用量大,在卵石、岩石层中钻进效率更低,对周围环境污染大,且一般需要配置专用供电线路,临时用电投入大
旋挖钻	自动化程度高,成孔速率最快,成孔垂直度可主动控制,功效高速度快,无须供电,设备灵活,能自行快速转移,成孔质量好,可直接捞出渣样便于岩层性质的判定	设备自重大(180t),对通道和钻孔区承载力要求较高;因出渣方式为钻斗直接捞取,对泥浆护壁扰动较大,要求泥浆性能高,且在软弱覆盖层中要求护筒跟进,防止塌孔;因钻杆刚度的原因,钻孔长度有局限性

2) 现场条件

中山大桥海上钻孔灌注桩施工均采用搭设钻孔平台进行施工(图2),由于后续承台和墩身施工需要使用到200t履带式起重机进行作业,对通道和作业平台的设计控制荷载均为200kN,旋挖钻机的设备自重大的缺点不会对现场造成影响;而桩长处于58~83m区间,此时仅需用到旋挖钻机4节钻杆,钻杆刚度有保障;项目全线长7.5km,设置专用供电线路支撑桩基施工,成本大,能效低,且回旋钻机相对旋挖钻机占用场地大,工效低,配套设备多。

3) 环保要求

本项目工程基本属于海上施工,穿越横门东航道、万顷沙南航道、临近万顷沙海洋保护区、伶仃洋保留区、中山横门人工鱼礁、珠江口中华白海豚保护区等环境敏感点,环保形势严峻,要求极高。旋挖钻机采用捞渣斗清理钻渣,泥浆仅用于护壁,用量小,可实现对周围环境的零污染,比其他成孔工艺更有利于保护环境(图3)。

4) 钻孔工艺选定

综合以上几点,项目选用徐工XR550D旋挖钻机为成孔设备进行中山大桥桩基施工。

二、钻孔平台

采用型钢装配式平台,由ϕ820钢管桩、HN600×200型钢承重梁以及HW250×250型钢面板组成。

平台可承载180t旋挖钻进行钻孔作业，每个平台的安拆工期为普通平台的一半左右，有效地节约了桩基施工准备工作的工期。

图2　钻孔平台

图3　海上旋挖钻施工

三、施工工艺研究

1. 泥浆护壁

1）泥浆配比与制备（表2、表3）

泥浆配比与制备　　　　　　　　　　　　　　　　　　表2

项目	注意事项
泥浆选取	采用优质PHP（聚丙烯酰胺）膨润土泥浆。该泥浆具有以下优点： （1）可变性好，比重轻，含砂率低，黏度高，不分散，失水量小。 （2）配置合格的PHP泥浆呈嫩白色，由于黏度大，在静止状态时呈果冻状。泥浆从流动到静止时其黏度可恢复其悬浮作用，阻止钻渣下沉；当钻头钻动，泥浆流动时，可改变泥浆的结构使其黏度减小，流动性增加，从而减少钻头阻力。 （3）泥皮薄，实践证明其泥皮厚度仅为1~1.5mm，更能有效地保证桩侧摩阻力。 （4）环保性好，泥浆无腐蚀性无毒性
制浆原料	（1）为保证土具有较好的分散悬浮性和造浆性，采用以蒙脱石为主的钙钠基膨润土制浆，质量等级宜达到二级标准。 （2）分散剂选用Na_2CO_3，可提供Na^+，对钙土进行改性处理，其指标应符合相关标准
聚丙烯酰胺水解	提前2~3d采用常温法对聚丙烯酰胺进行水解，按NaOH：PAM：H_2O = 1.15：10：700的比例配置，采用搅拌筒搅拌，直至PAM全部分散于水中，放置2~3d后即可使用
制备泥浆	根据实际测试的泥浆性能指标确定PHP用量，在原浆中加入一定比例的PHP使两者充分搅拌混合，PHP泥浆性能具体指标如表3所示

PHP 泥浆性能指标(制备时)　　　　　　　　　表3

黏度 (Pa·s)	密度 (g/cm³)	含砂率 (%)	pH 酸碱度	胶体率 (%)	失水量 (ml/30min)	泥皮厚度 (mm/30min)
18~22s	1.1~1.15	<4	7~9	>95	<30	1~3

2)泥浆循环、净化回浆

反循环泥浆系统采用集中制浆、分散净化工艺,其由制浆池、泥浆泵、供浆导管、净化器和沉淀池等组成,同时在制浆池内布置泥浆搅拌机进行泥浆的制备,以不断补充护筒内泥浆,维持泥浆护壁所需水头差。

钻孔施工时,直接将泥浆循环的排渣管与泥浆预筛设施连通,首先通过过滤系统将粒径大于1.0mm的钻渣颗粒过滤掉,然后再通过泥浆净化设备对泥浆进行最终净化处理。净化处理后的泥浆经过回流管道重新注入孔内,过滤后得到的钻渣通过溜槽排出,最终通过集渣箱统一处理。

3)钻渣及残余泥浆的处理

钻孔泥浆在混凝土浇筑过程中,采用泥浆泵抽回沉淀池,经沉淀后排入制浆池调配使用。钻渣采用渣箱收集后,平板车或泥浆船运输指定地点,避免污染环境。

2. 钻进

1)钻头选择及钻孔工艺

采用徐工 XR550D 型旋挖钻成孔,整个施工流程为旋挖钻斗清理覆盖层,进入岩层后换用 $\phi1.5m$ 的牙轮筒斗进行取芯(直至设计桩底高程),然后依次采用 $\phi2.0m$、$\phi2.5m$、$\phi3.0m$ 导正钻筒进行扩孔,最后采用捞渣斗进行钻渣清理,完成钻孔作业,整个成孔周期约为10d。

旋挖钻机自带钻杆垂直度监控及纠偏装置,可更好地保障桩基成孔的垂直度,扩孔施工采用导正钻筒可以保证每次扩孔均为上一孔径的同心圆,持续保障桩基成孔质量。

旋挖钻机可直接将钻孔部位的钻渣掏出,尤其是筒斗取芯施工可将岩样整体取出,直观的与超前地质报告对比,验证桩位的地质情况。旋挖钻钻具配置如表4所示。

旋挖钻钻具配置表　　　　　　　表4

序号	钻头直径(m)	钻头类型	钻头作用
1	3.0	旋挖钻斗	覆盖层清理
2	1.5	牙轮筒斗	岩层取芯
3	1.5	捞渣斗	捞除钻渣
4	2.0	导正钻筒	岩层取芯
5	2.0	捞渣斗	捞除钻渣
6	2.5	导正钻筒	岩层取芯
7	2.5	捞渣斗	捞除钻渣
8	3.0	导正钻筒	岩层取芯
9	3.0	捞渣斗	捞除钻渣

2)旋挖钻钻孔施工要点(图4)

①密切关注钻机仪表,在钻进过程中,应及时对仪表显示的竖直度变化进行调整,调整完成方可继续钻进。

②钻孔过程中密切关注泥浆指标,每进尺5~10m测定一次,及时调整不满足要求的泥浆。

③钻孔施工时密切关注孔内水头差变化,防止泥浆泄露导致塌孔。

④钻进时记录每次的进尺深度并及时填写钻孔施工记录,交接班时应交代钻进情况及下一班的注意事项。

⑤钻孔施工时产生的泥浆通过泥浆循环、净化系统处理后循环使用,施工完成后用采用泥浆船或专用车辆转运至指定地点处理,防止造成环境污染。

⑥钻孔施工中,因故停钻时,应将钻头提升出孔外,并对孔口进行护盖,同时保持要求的泥浆浓度、黏度,保持孔内水头高于地下水位或孔外水位1.0~2.0m,以防坍孔。

⑦设专人在钻进过程中对地质状况进行对比检查,如与地勘报告有出入,及时反馈。

⑧根据地质情况,实时调整钻机的钻进速度,保证成孔质量防止塌孔。

⑨钻孔施工时,严格控制钻杆的提升速度在0.4m/s,防止提升过快产生负压。

a) 牙轮筒斗

b) 导正钻筒

c) 钻渣收集箱

d) 牙轮筒斗取出的岩芯

图4 钻孔

3)钻渣取样

自钻孔深度进入岩层后,平均每2m进行钻渣取样一次,判断岩层情况;对地层变化处,加密取样频率,平均每0.3~0.5m取样一次。判断土层,记入记录表中,并与地质剖面图核对。

3. 成孔检测及清孔

1)成孔检测

终孔验收采用测孔仪对孔径、垂直度、沉淀厚度、孔壁形状进行检测,检测设备采用孔径超声数字成像仪,验收认可后,应立即采用气举反循环清孔(表5)。

钻孔桩成孔质量控制标准　　　　　　　　　　　　　　　　　　　　　　　表5

序　号	检查项目	规定值或允许偏差	检查方法
1	孔的中心位置(mm)	≤100	全站仪或经纬仪
2	孔径(mm)	≥设计值	测孔仪
3	垂直度	<1/100	测孔仪
4	孔深	比设计深度超深不小于50mm	测孔仪、测绳量
5	沉渣厚度(mm)	满足设计要求	沉淀盒或标准测锤

2)清孔

(1)一清:终孔后,采用气举反循环置换泥浆,通过XZ250泥沙分离器分离泥沙,降低泥浆含砂率。

(2)二清:导管安装完成后开始进行二次清孔,二清的清孔方式与一清相同,采用气举反循环清孔,通过XZ250泥沙分离器分离泥沙,降低泥浆含砂率(表6)。

二次清孔后泥浆指标　　　　　　　　　　　　　　　　　　　　　　　表6

工　序	桩　号	二清后泥浆性能指标			
		比重	黏度(Pa·s)	含砂率(%)	沉渣厚度(cm)
二次清孔	152-10号	1.1	18	0.8	3

4. 工效分析对比

同步在深中通道其他部位使用的桩基成孔工艺有旋挖钻机成孔、回旋钻机成孔以及冲击钻机成孔,它们的工效对比如图5所示。在相近桩长、桩径和地质情况下,旋挖钻机成孔工艺的工效较回旋钻机和冲击钻机有明显优势。

5. 桩基质量

分别于桩基成孔和成桩时,对桩基施工质量进行

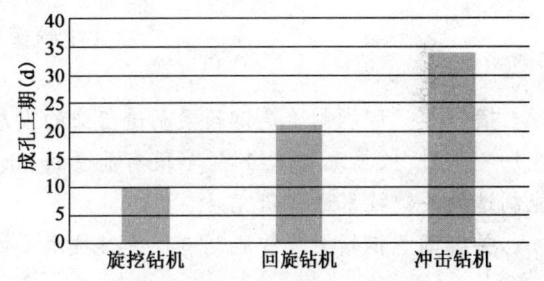

图5　不同钻机成孔工效对比图

检测,检测结果显示旋挖钻机成孔工艺能较好地保障桩基施工的成孔和成桩质量,有利于工程施工质量的控制(图6)。

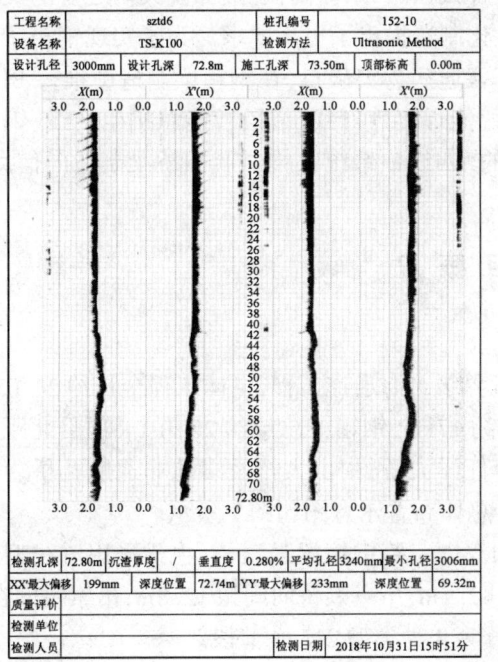 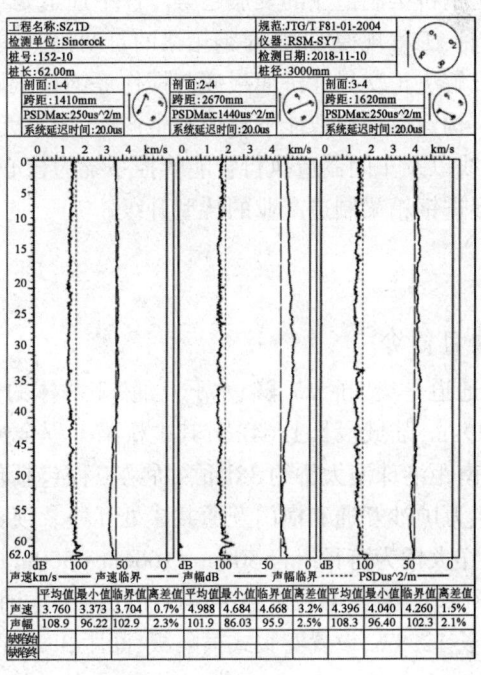

图6　桩基成孔和成桩质量示意图

四、结　语

综上所述,通过在依托工程深中通道中山大桥桩基工程中的实际应用和总结,逐步掌握了较硬岩层上大直径桩基旋挖钻机成孔施工技术。本文针对海上大直径桩基旋挖钻机成孔施工过程,自钻孔设备选型、搭设钻孔平台、制浆及泥浆循环净化、钢筋笼就位、清孔、混凝土灌注等工序进行了详细阐述,并通过全过程监控,得到了大量真实有效的数据。该施工方法可有效保障桩基施工质量,切实提高施工效率。中山大桥共计92根桩基,其中91根桩为Ⅰ类桩,比例高达98.9%,为工程的成功实施和桩基质量控制提供了强有力的技术保障,也为深中通道其他桩基施工及相似地质情况下的桩基施工提供参考。

参考文献

[1] 中华人民共和国交通运输部.公路桥涵施工技术规范:JTG/T F50—2011[S].北京:人民交通出版社,2011.

9. 深中通道钢箱梁智能制造关键技术研究

朱新华　沙军强　薛宏强　孙悦楠

(中铁宝桥集团有限公司)

摘　要　智能制造是钢箱梁制造行业的发展方向,本文主要以深中通道钢箱梁制造为例,从零件智能切割下料、板单元智能组焊、节段智能总拼,钢箱梁智能涂装及智能制造信息化系统等方面对钢箱梁智能制造的关键技术进行研究。

关键词　钢箱梁　智能制造　关键技术　四线一系统　信息化　全熔透

一、引　言

在数字化、网络化、智能化的社会大背景推行钢结构智能制造是桥梁建设领域实现智能制造的方向之一,也是钢桥梁制造业的发展趋势。深中通道是继青藏铁路、京沪高铁、港珠澳大桥之后的又一重大基础设施项目,工程规模宏大,对钢箱梁的自动化、智能化制造提出了更高要求。为了实现钢箱梁制造的提质增效,以解决正交异性桥面板疲劳损伤等钢箱梁病害通病为突破点,在钢箱梁制造中推行BIM技术和智能装备,构建以板材智能下料切割生产线、板单元智能焊接生产线、节段智能总拼生产线、钢箱梁智能涂装生产线以及车间制造执行智能管控系统为核心的"四线一系统",推进我国桥梁制造向信息化、智能化,全面促进钢箱梁制造产业的转型升级。

二、项目概况

1. 项目简介

深中通道是集"桥、岛、隧、水下互通"于一体的世界级跨海通道工程,主体工程全长约24.03km,跨海段长22.39km,陆域段长1.64km,其中桥梁工程全长约17km,钢箱梁总量约28万t。项目北距虎门大桥约30km,南距港珠澳大桥约38km。桥梁工程包括伶仃洋大桥、中山大桥及多孔非通航孔桥。全线设置机场互通、万顷沙互通和横门互通共3处互通。项目总体布置示意图如图1所示。

伶仃洋大桥为跨径组合500m+1666m+500m的双塔三跨钢箱梁悬索桥,主梁采用流线型整体钢箱梁结构(图2)。梁宽49.7m,梁高4m;吊点横向间距42.1m,吊点顺桥向间距12.8m;吊索锚固在风嘴上,标准梁段长12.8m,设置实腹式横隔板,间距3.2m;分为9种类型213个节段。

图1 深圳至中山跨江通道项目总体布置示意图

图2 深中通道伶仃洋大桥钢箱梁标准截面

泄洪区非通航孔桥位于伶仃洋大桥两侧，采用连续钢箱梁体系，主梁采用分幅等截面船形钢箱连续梁，单箱三室截面，单幅梁宽20m，高4.3m，小节段长度为7~13m。标准梁节段长10m，道路设计线处于直线及圆曲线上。钢箱梁接口之间除顶板U肋及板条肋采用高强螺栓连接外，其余均采用焊接连接。

2. 技术特点

(1) 项目规模宏大，建设条件异常复杂，技术难度高，是集超宽超长海底隧道、超大跨海桥梁、深水人工岛、水下互通"四位"一体的集群工程。

(2) 顶板与U肋全熔透焊接：正交异性钢桥面板疲劳问题给桥梁运营带来了极大隐患，已引起业内的高度重视，深中项目钢箱梁U肋与顶板要求采用全熔透焊接，质量要求高。需根据施工需要制订专用检测标准，确保大桥达到安全、优质、智慧、高效、耐久、经济、环保、美观的要求，使得实际使用寿命超过100年。

(3) "自动化、智能化"技术应用：为提升钢箱梁的制造质量，钢箱梁制造过程全面推广"自动化、智能化"技术。

(4) BIM及信息化技术的应用：为加强对钢箱梁制造过程的质量管控，钢箱梁制造过程将应用BIM及信息化技术。

(5) 桥位绿色环保补涂装：深中通道项目位于白海豚保护区，对桥位涂装提出更高要求。钢箱梁外表面接缝部位的表面处理和电弧喷涂作业及环境保护是施工的关键和难点。

(6) 社会意义深远：深中通道项目是在"一带一路"倡议和粤港澳大湾区建设背景下的大型跨海通道，社会各界给予高度关注。它的建成将对我国的全面对外开放、粤港澳融合发展，发挥大湾区对泛珠江三角区域乃至全国的辐射带动作用产生深远影响。

三、钢箱梁智能制造方案概述

基于生产过程自动化、加工智能化、设备数字化、车间网络化和管理信息化的智能制造理念，通过对钢箱梁生产的技术现状分析，对能进行智能化生产的工艺环节进行智能化改造升级。在各生产区关键区域安装视频装置并接入BIM系统，智能设备具有信息数据采集接口，通过无线Wi-Fi方式或固定工控网络，接入生产管理系统网络中，以确保实时提供数据并能够与车间制造执行智能管控系统集成。总体目标为：建立板材智能下料生产线、板单元智能组焊生产线、节段智能总拼生产线、钢箱梁智能涂装生产线以及车间制造执行智能管控系统为核心的"四线一系统"。

四、钢箱梁智能制造技术

1. 板材智能下料生产线

钢板智能切割下料是通过对数控切割机开放DNC接口与套料软件、车间MES系统联网对接，实现切割设备自动接收加工信息和切割程序，形成板材智能切割生产线。实现生产线的数控设备能够通过局域网与车间制造执行系统、BIM系统进行数据交互和视频监测，实现自动接收产品加工信息和自动进行离线切割工艺程序(图3)。

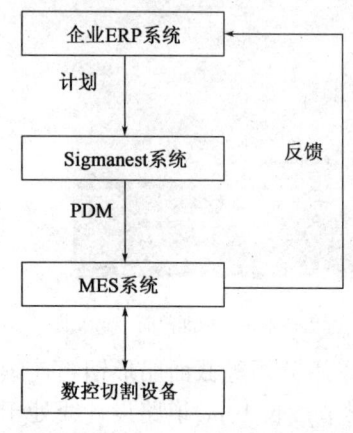

图3　板材智能下料生产工艺流程

2. 板单元智能组焊生产线

钢箱梁板单元以正交异性钢桥面板为主,针对板单元结构特点,依据智能制造理念,构建系统化管理,优化工艺布局,改变常规的生产组织模式,开发板单元智能组焊生产线。智能生产线根据打磨、组装、一次焊接、矫形、二次焊接、检测、切边等工序流水设计,由内焊工位、外焊工位、校正工位、接板焊接工位等组成,实现板单元自动化流水线焊接制造,促使生产效率大幅提升,产品质量稳定可靠。生产线上的各类除尘、组焊、矫正及加工设备可通过局域网与车间制造执行系统、BIM信息化系统进行数据交互和视频监测,自动接收板单元焊接信息。

1) 顶板单元制作

钢箱梁顶板单元采用正交异性钢桥面板,面板与U肋要求采用全熔透焊接,通过加大焊趾处的扩散角,提高疲劳性能。针对板单元制造理念及结构特点,设计板单元自动化生产线,实现从零件划线、打磨、组焊、矫正、流转等环节的自动化、智能化。U肋与顶板全熔透焊缝采用不开坡口双面埋弧焊焊接工艺,顶板单元U肋采用组焊一体设备实现精确定位与内焊,外焊采用"门式多电极焊接专机+液压反变形胎架",通过液压反变形胎架控制焊接变形,确保板单元制作质量满足设计要求。焊接完毕后,采用多头冷矫设备对顶板单元焊接变形进行矫正,可有效提高施工效率及质量。接板与面板及U肋采用焊接机器人进行焊接,焊接完毕后采用激光等离子切割机对面板进行精密切割。顶板单元制作流程如图4所示。

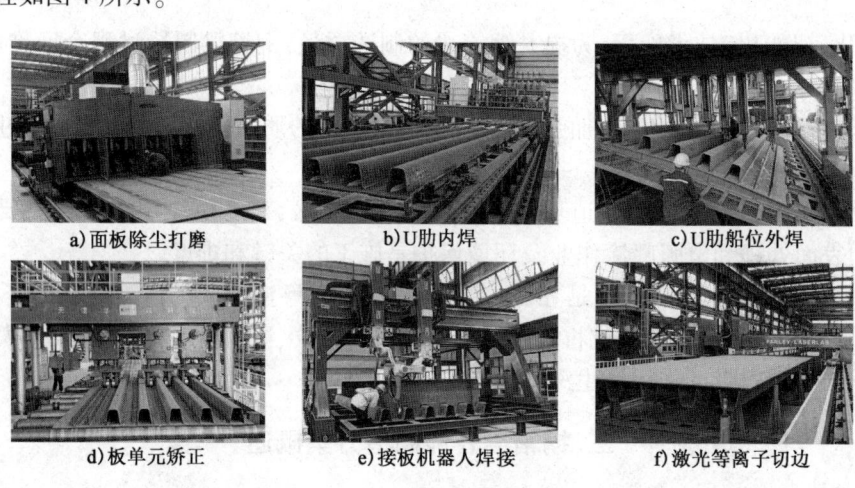

a) 面板除尘打磨　　b) U肋内焊　　c) U肋船位外焊

d) 板单元矫正　　e) 接板机器人焊接　　f) 激光等离子切边

图4　顶板单元制作

顶板单元内焊时采用液压夹具将板单元的边缘使用夹具下压,使其与胎架密贴,减小内焊时的自由形变。外焊时采用船位将两侧焊缝分为2次焊接,减小了单位时间的热输入量,再次控制外焊时的变形。同时在外焊胎架上设置反变形月牙板,在焊前对板单元设置预变形并使用液压夹具下压减小夹具卸力后的热变形量(图5)。

顶板接板及横肋采用机器人焊接,实现了U肋与接板由水平焊到立焊的机器人自动连续焊接,可同时对接板两侧焊缝进行焊接,完成包角焊,进行立焊的跟踪焊接。板单元采用数控激光划线机划线,激光划线设备集自动编程、激光划线、打号于一体。通过数控程序驱动,提高了划线的精度。

图5　顶板单元反变形胎架

2) 底板单元制作

底板单元采用双向定尺板材预处理后,利用激光划线划出板块纵横基准线、U 肋组装位置线。然后在除尘打磨机上对 U 肋组装区域进行打磨,接着使用 U 肋组装机完成底板 U 肋自动组装。在龙门式多电极焊接专机上采用二氧化碳气保焊焊接工艺完成底板单元自动化焊接,最后采用激光等离子切割机精密切割周边及坡口。

3) 横隔板单元制作

横隔板单元作为钢箱梁组装的内胎,制造精度要求很高,它的制作质量直接影响到钢箱梁的断面精度。横隔板单元采用一次焰切成型技术:钢板滚平预处理后在数控火焰切割机上一次性下出横隔板、U 形肋槽口、隔板人孔及过焊孔等,周边预留焊接收缩量,其中相邻 2 个 U 肋之间预留 0.2~0.3mm 收缩量。采用激光划线划出基准线及周边坡口加工线,同时采用小车焰切对接边坡口。划线组装隔板纵横向加劲肋、人孔加强圈及水平板;横隔板单元焊接采用的智能机器人可实现对加劲肋的对称焊接及端部自动包角,并具有电弧跟踪功能,能够自动根据组装偏差调整焊接轨迹(图6)。

图 6　横隔板单元机器人焊接

隔板单元形状为异性件,固定工装胎架不易定位,且加劲肋为单面设置,焊接变形大,焊接过程中的定位和变形量控制至关重要。为满足焊接变形的控制需求,现设计卡兰丝杠,将隔板定位后周圈使用卡兰固定,有效较少了焊后面板周边的翘曲变形。

3. 节段智能总拼生产线

1) 钢箱梁制作工艺

节段整体组装采用立体、阶梯推进方式进行,在总拼胎架上采取"正装法"依次组焊 11 段钢箱梁(总拼装长度约 133m),即以预拼装胎架为外胎,横隔板、内腹板为内胎,将各节段的基准块体、底板单元、斜底板单元、横隔板单元、翼缘块体、顶板单元及其他零部件在胎架上组焊成箱体。箱梁组装通过测量塔和横向基准点即"三纵一横法"控制单元块、板单元就位,在尽可能少的马板约束下施焊。

(1) 底板定位:以中间测量塔为基准定位各节段底板单元。

(2) 以中心底板单元纵、横基线为基准对称组装各节段的两拼底板单元,并用与胎架固接。检查合格后,对称施焊。

(3) 斜底板单元组焊:以已组装的底板单元纵基线和对线墩上的横基线为基准定位组装斜底板单元(在中心底板单元上置镜,以中间测量塔确定方向,转 90°+Δ 对定位进行复核),对称施焊底板与斜底板纵向对接焊缝。

(4) 横肋、横隔板单元组焊:划线组装横肋板和边横隔板,精确定位后,组装内腹板单元和中间隔板单元,最后组装外腹板单元。同时组装箱内支座加劲及其他附属件。组装过程中辅以无损定位工装控制隔板位置精度和垂直度等项点。

(5) 两拼顶板单元组焊:分别以两边侧测量塔和外腹板横基线为基准组装两拼顶板单元,检查合格后,最后配装封箱顶板单元。

(6) 焊接箱内横肋板对接焊缝,组装接板嵌补段及箱内其余附属件。

(7) 制造节段环缝施工:根据图纸要求,施焊制造节段之间的顶底腹板环缝,焊接检测完毕后,组装底板 U 肋嵌补段,并按要求进行焊接。

(8) 节段全面检测合格后,对钢箱梁纵、横基线进行修正。钢箱梁与胎架解马后,全面修磨点焊马板部位,并复查相邻两箱段接口相对差,超差时进行修整,合格后出胎运至存梁区。

钢箱梁节段制作流程如图 7 所示。

a) 底板单元定位

b) 斜底板单元定位

c) 边横隔板定位

d) 腹板单元定位

e) 中横隔板定位

f) 外腹板组焊

g) 顶板单元定位

h) 节段总体预拼装

图7 钢箱梁节段制作

2) 钢箱梁节段智能制造关键技术

节段智能总拼生产线的主要设备均连接制造执行系统(MES)，车间生产制造信息通过 MES 系统与企业资源计划系统(ERP)相连接。总拼生产线在焊接群控、无损伤组焊、便携式智能焊接机器人实现节段制造的智能化。

(1) 焊接群控技术：采用焊接实时信息监控系统，对施焊过程的焊接电流、电压等参数实现在线监控，确保焊缝焊接质量的可控性、可追溯性。

(2) 钢箱梁板单元无损伤组焊：开发模块化的支撑系统，确保施工过程的安全，减少传统支撑杆对钢材损伤，实现总拼标准化作业。

(3) 钢箱梁总拼自动化焊接：为减少人为因素对焊接质量的影响、提高焊缝外观质量，将在横隔板及腹板立位对接焊缝采用轨道式焊接机器人，平位焊缝采用便携式自动焊接小车，提升钢箱梁总拼自动化焊接水平。

(4) 钢箱梁线形数控调整支撑技术：为快速、精确调整钢箱梁大节段制造线形，采用液压数控调整系统，对钢箱梁节段的 X 向、Y 向、Z 向进行调整，达到监控线形要求。

(5) 三维模拟预拼装技术：为确保合拢段钢箱梁顺利安装，开发钢箱梁三维模拟预拼装技术，通过三维激光扫描仪建立钢箱梁模型，然后模拟钢箱梁箱口匹配。

4. 钢箱梁智能涂装生产线

针对深中通道钢箱梁智能防腐涂装要求，建设智能涂装生产线。根据钢箱梁结构特点，本着灵活、适应、通用性强的原则，设计了以轮载搭载平台(AGV 小车)为基础，分别搭载喷砂设备、电弧喷涂设备、喷漆设备的智能涂装系统，以实现钢箱梁底面、斜底面、钢桥面的智能涂装施工。同时建立协同控制集成系统，实现桥梁钢箱梁的喷砂除锈、热喷涂及喷漆作业三道工序的智能涂装。

1) 智能喷砂除锈

钢箱梁梁段外表面喷砂除锈，配置轮载式 AGV 智能小车。喷枪系统采用气动驱动，设置磨料自动供应、筛分及回收系统(图8)。

2) 钢箱梁热喷涂

钢箱梁外表面热喷涂：设计轮载式搭载平台(AGV 小车)，搭载电弧喷涂设备、喷枪往复直线运动系统的智能喷涂设备，用于钢箱梁的底板、斜底板的喷涂锌铝合金施工。

3) 钢箱梁热喷漆

钢箱梁外表面喷漆作业，设计轮载搭载平台(AGV 小车)，搭载喷漆系统的自动喷漆设备，通过人工遥控和激光导航的方式，完成钢箱梁底面、斜底面自动喷漆。顶面采用喷漆机器人，驱动方式为三轮两驱

(图9)。

4)智能涂装控制与监控管理系统

设置总控制室,在总控制室内搭建智能专用监控管理系统平台,可实现对喷砂、热喷涂及喷漆生产作业进行全局监控、关键信息传送/交互、智能设备远程预警、生产及质量检测数据分析等,形成高度协作、个性化的智能涂装生产线(图10)。

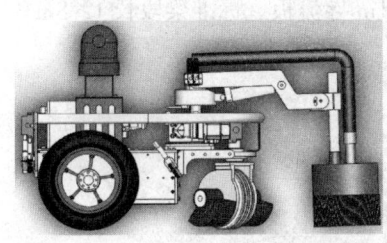  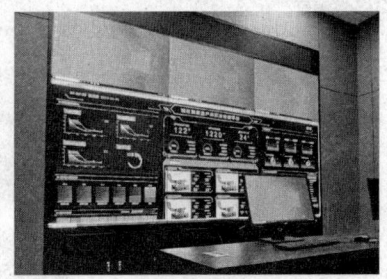

图8　桥面喷砂机器人及磨料回收系统　　图9　钢箱梁热喷涂机器人　　图10　钢箱梁智能涂装中控室及监控系统

5. 钢箱梁智能制造信息化系统

为实现对深中通道钢箱梁制造过程中的材料采购、生产管理、质量控制等方面的管控,建立信息化管理系统,实现生产设备、生产执行、质量管控、资源管理、设计协调等方面管理,同时为施工单位提供生产进度、质量管控、资源管理等方面的信息。

钢箱梁智能制造信息管控系统主要应用于生产计划管理、生产执行管理、质量管理、设备运维管理、材料采购及仓储管理5大生产管理方面。智能管控系统通过各条智能产线的数据采集,将主要生产数据通过车间大屏展示给相关人员,作为业务监控和决策支持的依据。

五、结　语

智能制造技术在钢桥梁建设中的应用刚刚起步,智能化程度还比较低。需要研发的内容很多,首先需要从工艺装备上做进一步研发,先进的高精度加工设备可有效保障钢桥梁加工质量,才有望同时加强设备智能化水平的研发,为钢桥梁智能制造打下坚实基础;其次需要以信息化为导向,以BIM技术应用为平台,加快加工设备与信息化系统的快速融合;另外先进设备及技术的引用,需要更加先进的加工工艺,传统工艺已不再适用,需根据设备特点及制造要求进行合理的优化;最后还需要加强各条生产线之间的有序连接,在数字化、智能化和可视化应用方面进行探索,加快钢箱梁生产与信息化融合,实现板单元自动化、总拼机械化和管理网络化的新模式,提高钢箱梁制造智能化水平。

10. 深中通道伶仃洋大桥钢锚箱制造技术

沙军强　权红烈　谷　杰

(中铁宝桥集团有限公司)

摘　要　深中通道伶仃洋大桥为双塔三跨钢箱梁悬索桥,钢锚箱为钢箱梁风嘴处的全焊结构。本文通过分析钢锚箱结构特点,针对锚箱外形不规则、零部件板厚较大、焊缝密集、施焊空间小、制造精度要求高等重难点,提出板单元—锚箱块体—总拼的总体制造工艺,并设计合理适用的焊接工艺,确保钢锚箱几何尺寸精度满足相关规范要求,为同类结构制造提供借鉴。

关键词　锚箱制造工艺　几何尺寸精度　焊接应力与变形控制

一、概 述

深中通道伶仃洋大桥主桥采用跨径组合 500m + 1666m + 500m 的双塔三跨钢箱梁悬索桥。主塔采用门式混凝土索塔,索塔设置上、中、下三道横梁,塔高 270m。伶仃洋大桥采用流线型整体钢箱梁(图1),梁宽 49.7m,梁高 4m;吊点横向间距 42.1m,吊点顺桥向间距 12.8m;吊索锚固在风嘴上,顶板宽 40.5m,风嘴宽 2.1m,平底板宽 30.3m,斜底板宽 6.7m,风嘴外侧设置宽 1.5m 检修道和 1m 导流板。标准梁段长 12.8m。

图1 伶仃洋大桥标准钢箱梁

二、锚箱结构特点

锚箱设于边侧风嘴处,由斜顶板、锚腹板、锚固耳板等零部件组成,锚箱构造见图2。吊索锚固耳板与钢箱梁顶板、锚腹板焊缝均为重要传力焊缝,为减小焊接变形,确保焊接质量及组装精度,将吊索锚固耳板、斜顶板、锚腹板、纵隔板等构件组成锚箱单元后整体组焊块体并参与钢箱梁总拼与风嘴组焊。

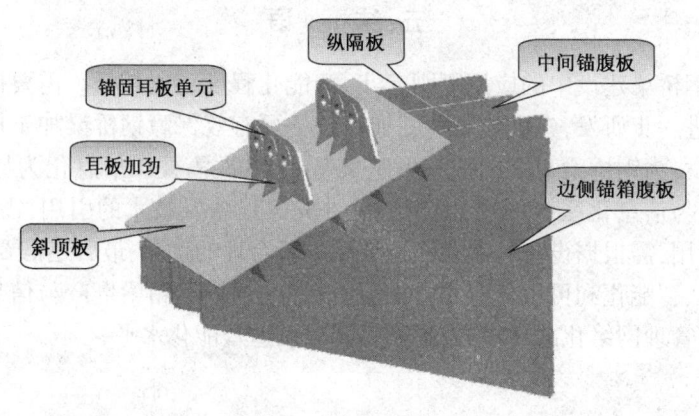

图2 锚箱单元构造

三、锚箱单元制造关键技术

1. 锚箱吊点位置

大桥监控制造(拼装)线形与成桥线形有所不同,因此,在钢箱梁节段整体制造前,需根据监控制造线形对应的各吊点里程、高程、横向位置进行整体放样核对,确定吊点在节段制造阶段过程中所处的位置。锚箱吊点线形及断面如图3所示。

2. 钢锚箱制造工艺

1)锚箱单元总体工艺

锚箱单元采用单元组装块体总拼组焊的方式,即将锚箱单元拆分为锚固耳板单元、斜顶板单元、边(中)侧锚腹板单元、纵隔板分别组焊,依次由内而外、先主(锚固耳板与锚腹板)后次(隔板与锚腹板),

先熔透后坡口的原则组焊完成锚箱块体,最后总拼时整体组焊锚箱块体与边侧风嘴单元,总流程见图4。

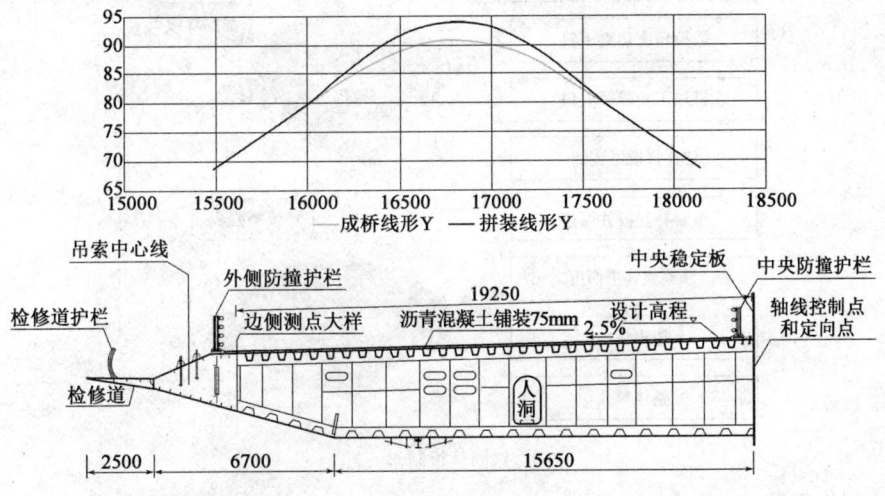

图3 锚箱吊点线形及断面示意(尺寸单位:mm)

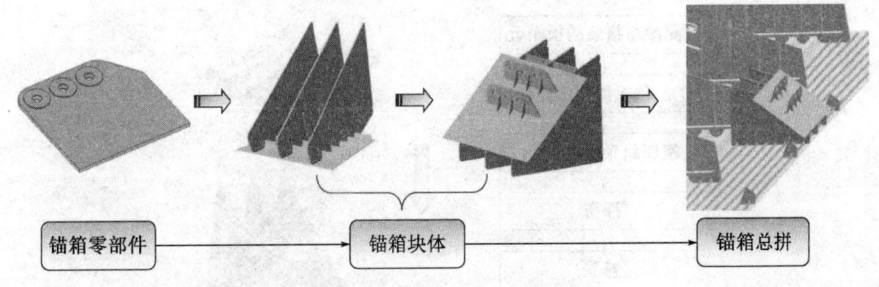

图4 钢锚箱总体工艺流程

2) 锚固耳板制作要点

(1) 耳板下料前作钢板原材超声波探伤检查。

(2) 耳板采用数控切割机精密切割下料,轧制方向与吊索耳板受力方向一致,在补强板与耳板上分别加工底孔(直径比目标孔径小10mm),并在补强板上开10mm的单边V形焊接坡口。

(3) 将补强板与耳板装配在一起,按图纸要求的焊接要求施焊。

(4) 整体加工锚固耳板内孔至图纸要求尺寸和表面粗糙度,满足尺寸精度和形位公差。

(5) 为提高耳板的抗疲劳性能,吊耳补强板与加劲肋角焊缝不应出现咬边,并对角焊缝焊趾进行超声捶击处理,超声功率不低于800W。

(6) 锚固耳板制作工艺:锚固耳板制作工艺见图5。

3) 锚箱单元制作要点

(1) 锚腹板与斜顶板单元:重点控制锚腹板间距及锚腹板与顶板间的熔透焊缝质量,为控制顶板平面度超差,顶板上的锚固耳板槽口在加劲组焊修整后切出。

(2) 锚固耳板与锚腹板:锚固耳板的组焊精度关系到吊索的整体受力,因此,在组焊锚固耳板时,采用定位夹具装置同时组焊内外侧锚固耳板单元,保证吊索平面位置满足制造精度要求。锚固耳板与锚腹板的坡口均开设在便于焊接的工位,由内而外焊接,为防止锚固耳板与锚腹板产生较大角变形,需通过加设支撑装置控制焊接变形。

(3) 锚腹板与纵隔板:通过调整坡口角位置及增设角式加劲的方法控制锚腹板与纵隔板熔透焊缝及控制角变形。纵隔板有较大的人孔与加强圈,为防止纵隔板与锚腹板焊缝引起纵隔板平面度超差,可通过调整加强圈与纵隔板焊缝后焊解决平面度修调难得问题。

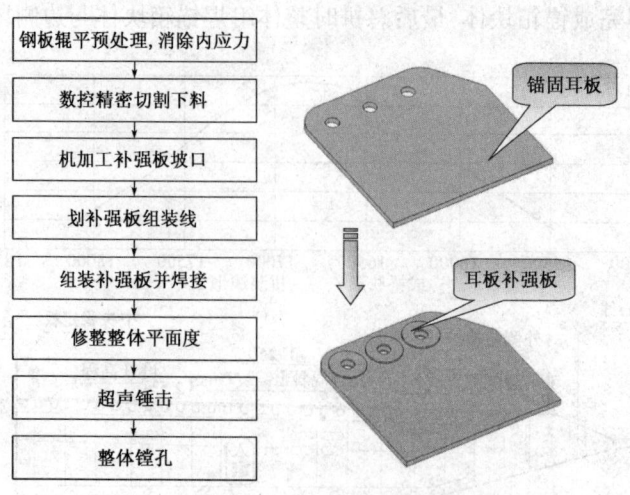

图5 锚固耳板制作工艺

4) 锚箱单元制作工艺

锚箱单元制作工艺见图6。

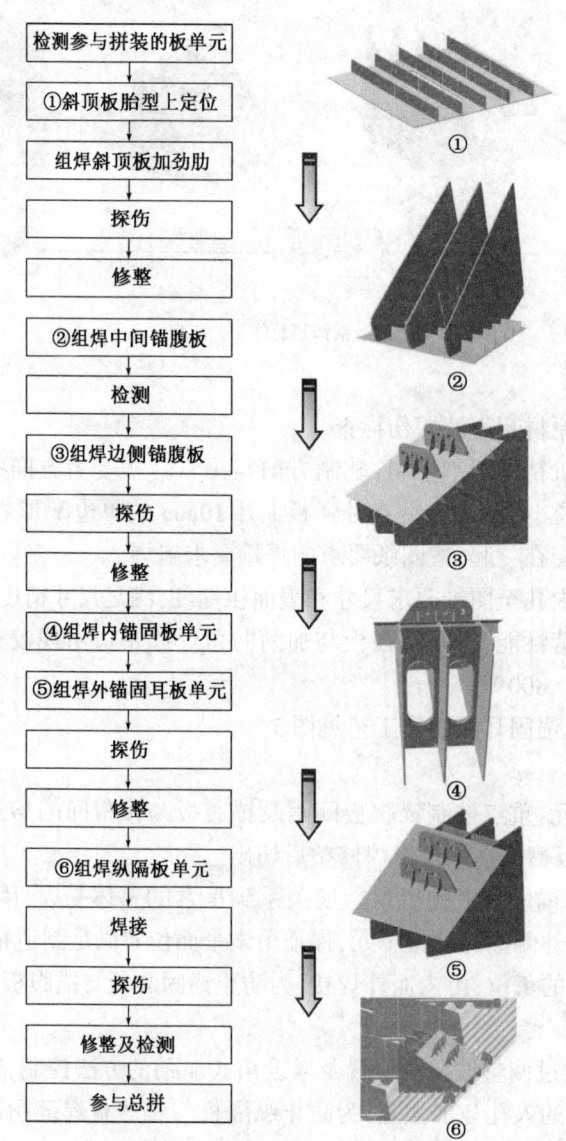

图6 锚箱单元制作工艺流程

3. 几何尺寸精度控制

锚箱部位为非对称不规则结构,针对锚固耳板组装精度要求高、熔透焊缝密集、焊接变形大等特点,主要通过以下措施进行精度控制:

(1)零件精度控制:采用高精度的下料及加工设备进行下料及坡口精加工,根据不同板厚、坡口尺寸、焊接材料、焊接方法预留工艺量,矫正零件变形,保证组焊单元时的零件加工精度满足要求。

(2)组装精度控制:制定合理、适用的零部件组焊工艺流程,设计专用的锚箱组焊工装夹具、组焊调平台,前期跟踪测量确定最佳的组装工艺量,确保满足单元件组装精度。

4. 焊接应力及变形控制

针对锚箱部位受力重要、板厚尺寸大、熔透焊缝要求高、施焊空间有限等特点,主要通过设计合理的焊接工艺、制订适用的焊接工装与反变形等措施来减少降低焊接残与应力、控制焊接变形。焊接顺序示意图如图7所示。

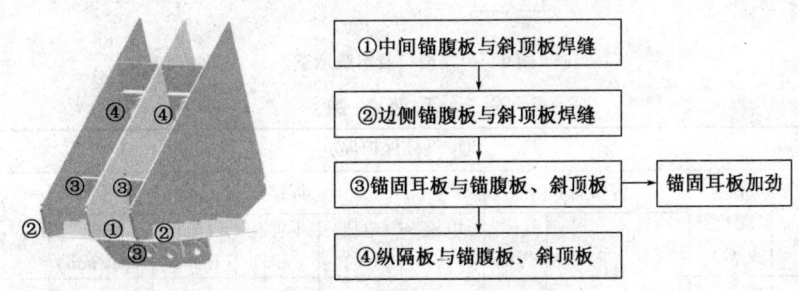

图7 焊接顺序示意图

1)焊接工艺

锚箱部位板厚材质均为Q345qD,最大板厚42mm,合理的焊接工艺(焊接方法、焊接材料、坡口、工艺参数等)是保证焊缝焊接质量的关键。锚箱部位焊缝焊接要求示意见图8,坡口及熔敷示意见图9,焊接工艺参数见表1。

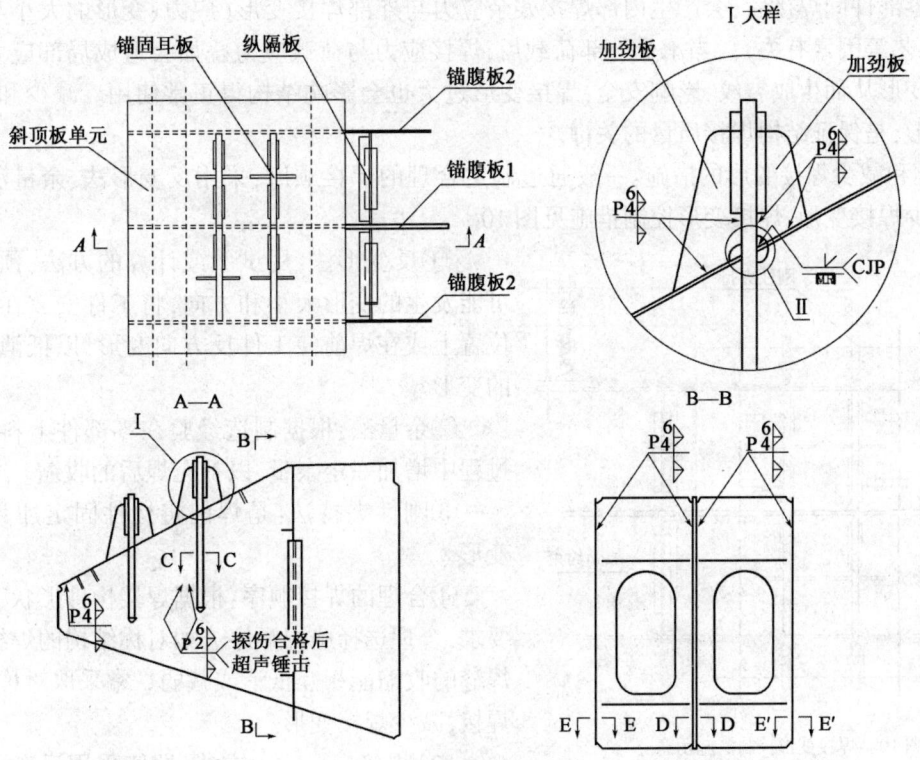

图8 焊缝焊接部位示意

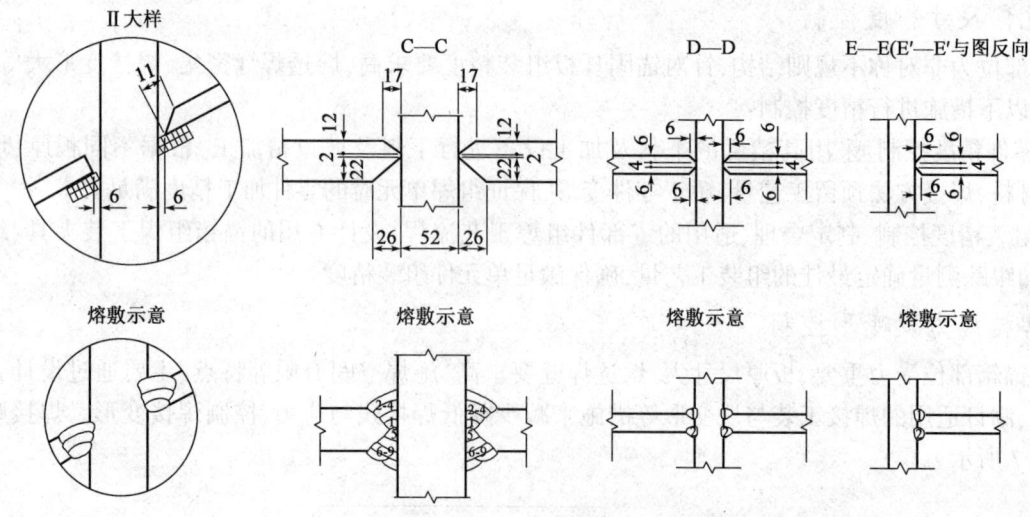

图 9 焊接坡口及熔敷示意

焊 接 工 艺 参 数 表1

项目	定位焊	CO₂ 气体保护焊								备 注
焊接部位	焊条	焊接道数	预热温度（℃）	焊接材料		焊接规范				焊接位置	
				焊丝	气体/焊剂	电流（A）	电压（V）	干伸长（mm）	气流量（L/min）	车速（mm/min）		
坡口焊缝	E5015（φ4.0）	多道	见备注	E501T-1(φ1.2)	CO₂	260±20	26±2	18±3	15~20	300±30	横位	板厚 >36mm 时，定位焊和 CO₂ 气体保护焊预热温度为 60~80℃
						260±20	28±2	18±3	15~20	280±30	平位	
						170±10	24±2	18±3	15~20	130±20	立位	
角焊缝		1 道				170±10	24±2	18±3	15~20	130±20	立位	

2) 焊接残余应力与变形控制措施

钢锚箱零部件间焊接后，会产生内部焊接残余应力与外部焊接变形（应力、变形的大小与板厚、结构刚度、焊接工艺等因素有关）。当承受外部荷载后，焊接应力与荷载应力叠加会造成局部应力过高，使构件产生新的变形从而生成裂纹，影响安全；焊接变形过大也会影响结构得正常使用。减少和降低焊接残余应力与变形，是保证结构焊接质量的关键。

(1) 防止和减少焊接变形的措施：一般通过制定合理的焊接顺序，采用反变形法、余量法、刚性夹持法等措施减少焊接变形，焊接变形控制措施见图10。

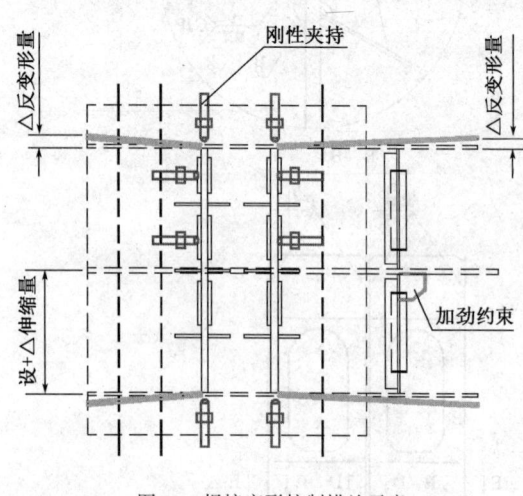

图 10 焊接变形控制措施示意

①反变形法：用试验或计算的方法，预先确定焊后可能发生的变形大小和方向，将工件安放在相反方向的位置上或在焊前使工件反方向变形，以抵消焊后所发生的变形。

②余量法：根据制造经验在零部件下料尺寸或组焊过程中增加一定余量，以补充焊后的收缩。

③刚性夹持法：是焊前将构件固定加紧，减小焊后变形。

④合理的焊接顺序：根据焊接构件形状、板厚及焊缝要求，合理选择施焊顺序。如对称结构的焊缝，应使两侧焊缝的收缩能相互抵消或减弱。常采取对称、同时、分层焊接，减少焊接变形。

(2) 焊接变形矫正方法：即使采用反变形措施，焊后仍会不可避免的产生超差焊接变形。为确保结构形状与几何尺寸精度,常需采用机械矫正法和火焰加热矫正法矫正焊接变形。钢锚箱为非对称不规则结构,因此采取零件机械矫正、板单元与锚箱块体火焰矫正相结合的焊接变形矫正法。常用火焰矫正法见图11。

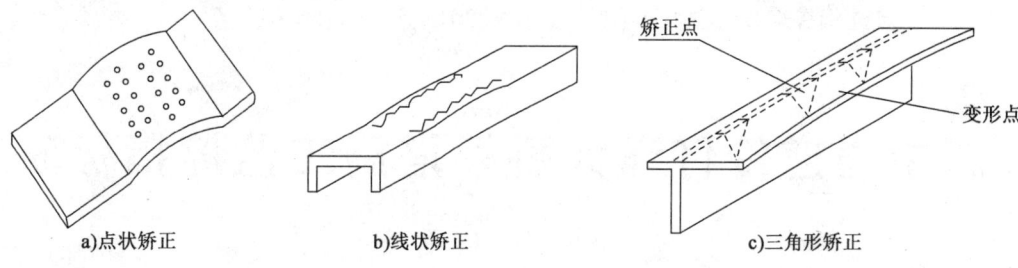

图11 火焰矫正法

(3)减少焊接应力的工艺措施

焊接残余应力会缩短结构的使用寿命,甚至影响到安全,常采用以下工艺措施减少焊接应力。

①焊接顺序:应保证焊缝的纵向和横向自由收缩,若变形受阻焊接应力就要加大。

②预热法:焊接前将焊缝两侧构件预热到一定温度(根据焊接方法、板厚等因素确定)后再进行焊接。预热可减少焊缝区域附近的金属温差,确保焊缝周边同时均匀地缓慢冷却收缩,可显著减少焊接应力。

③焊后退火处理:焊后退火是焊后将构件均匀地加热到一定温度,再保温一定时间,而后缓慢冷却。整体退火一般可消除80%~90%的焊接残余应力。

常见预热方法有火焰加热[图12a)]、电阻设备加热[图12b)]。与火焰预热方式相比较,电阻加热有温度控制准确可靠、能够控制升、降温速度的优点。最重要的是所有采用电阻加热的焊缝受热均匀,避免了火焰加热不均匀和焊接过程中不均匀叠加而产生的附加应力,有效防止了焊接裂纹的产生。

图12 预热示意图

四、结　语

钢锚箱是悬索桥钢箱梁与缆索间承载的重要结构,结合锚箱整体结构形式、焊缝质量等级等要求,编制适用的钢锚箱制造工艺,设计合理的焊接工艺并采取有效的焊接变形与应力控制措施,可大大提高钢锚箱制造效率,确保钢锚箱几何尺寸精度与焊缝质量要求满足验收规范要求。

参考文献

[1] 车平,等.舟山西堠门跨海大桥锚箱制造技术和变形控制[J].工业建筑,2007(37):1128-1130.
[2] 范军旗,等.港珠澳大桥青州航道桥索塔钢锚箱焊接技术[J].钢结构,2015(20):49-51.
[3] 裴雪峰,等.泰州桥钢塔厚板焊接技术[J].电焊机,2011,41(8):56-61.

11. 深中通道伶仃洋大桥桥塔施工监控指标研究

谭沸良　邹勇

(西南交通大学)

摘 要　桥塔是悬索桥的主要承重构件之一,依托深中通道伶仃洋大桥,探讨在悬索桥架设过程中桥塔控制指标,确保桥塔封顶后线形及垂直度满足要求,在后期缆索系统架设阶段、加劲梁施工阶段桥塔受力及偏位满足要求,为此对桥塔施工方案进行分析,利用有限元软件 Midas/Civil 建立桥塔有限元模型,对桥塔施工全过程进行模拟分析,确定裸塔初始状态,在裸塔初始状态基础上通过对桥塔纵向抗推刚度、桥塔纵向偏位指标进行分析并和其他同类型桥梁进行综合比较,确定伶仃洋桥施工监控控制指标。

关键词　悬索桥　桥塔　裸塔状态　有限元　控制指标

一、引　言

悬索桥跨越能力大,是跨越宽阔水域和深切峡谷的理想桥型之一[1-3]。深中通道伶仃洋大桥作为世界第三大跨径跨海悬索桥,为保证合理的裸塔状态,在施工过程中桥塔有横向偏位和横向截面应力控制问题[4-6],同时在悬索桥后期施工过程中,由于荷载的变化,桥塔两侧主缆受力出现差异,这就导致桥塔塔顶在纵向受到较大水平拉力,桥塔塔顶变形又进一步影响主缆力的分布。为保证在施工过程中桥塔应力、主索鞍抗滑能同时满足要求,需设置桥塔在施工过程中的监控控制指标,确保桥塔在悬索桥全施工过程中受力合理、主索鞍顶推方案可行。

二、项目背景

深中通道项目是《粤港澳大湾区发展规划纲要》明确提出的加快建设重要工程项目,是珠江三角洲核心区域新的重要过江通道。伶仃洋大桥作为其中的一部分,采用跨径 580m + 1666m + 580m 的 H 形双塔三跨连续漂浮体系钢箱梁悬索桥,为世界最大跨径的三跨连续梁体系。桥梁立面布置如图1所示。

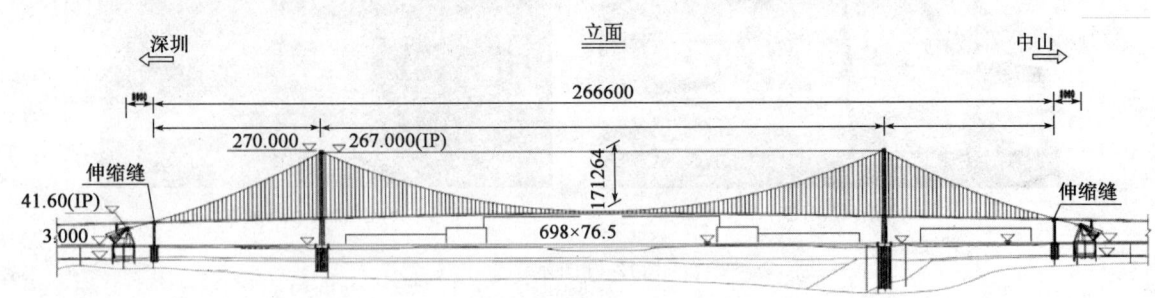

图1　伶仃洋大桥立面布置图(尺寸单位:mm)

1. 塔柱

索塔采用门型结构,塔柱底面高程 0m,塔顶高程 +270m,总高度 270m。索塔共设上、中、下三道横梁,除索塔中横梁和上横梁为预应力混凝土构件外,其他塔柱均为普通钢筋混凝土结构。索塔上、下塔柱均采用八边形截面,下塔柱高程范围为+0m至+79m,截面尺寸由13m×16m(横桥向×纵桥向)过渡到8.4m×12m。

2. 跨径或塔高相近的公路悬索桥桥塔尺寸对比

为方便与跨径相近的悬索桥桥塔对比,表1列出了相关尺寸参数。

桥塔相关参数对比(尺寸单位:m)　　　　　表1

桥　名	主跨跨径	塔高	塔顶尺寸	塔底尺寸
涛源金沙江大桥	636	75	5.5×6.8	5.5×7
万州新田长江大桥	1200	117	6.0×8.0	7.5×10
南沙大桥坭洲水道桥	1688	260	6.5×9.5	9.0×12.0
深中通道伶仃洋大桥	1666	270	8.4×12.0	13.0×16.0

由表1可知,与跨径相近的悬索桥相比,伶仃洋大桥塔柱高、截面大,桥塔施工控制应重点关注。

三、裸塔状态控制

桥塔的裸塔状态控制主要和桥塔施工过程相关,主要关注桥塔横撑顶推及桥塔横梁浇筑时机,对伶仃洋大桥桥塔设置了48个施工节段,每节段高度为2~7m,其中上塔柱16施工节段,下塔柱30个施工节段,分别设置5道临时主动横撑,如图2、图3所示。

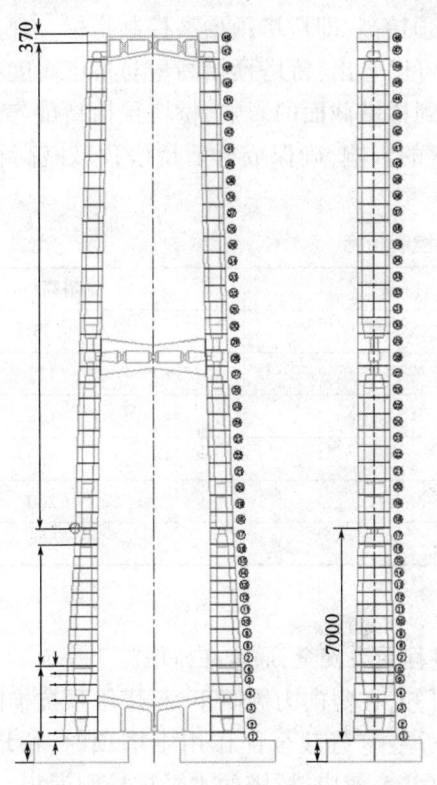
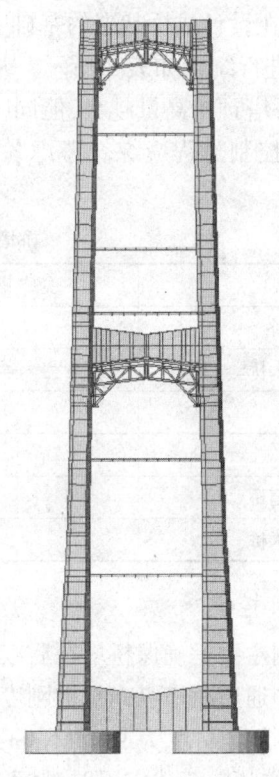

图2　塔柱施工节段划分图(尺寸单位:mm)　　　　图3　塔柱模型结构离散图

对于桥塔施工,在横梁没有浇筑前,桥塔和横梁没有形成体系,桥塔可以通过横向顶撑改变桥塔受力状态,在浇筑横梁并形成强度后使得桥塔应力较均匀。这就需要对桥塔横梁施工之前的横撑进行顶推,以保证桥塔塔柱横向内外应力一致为目标,进行顶推力设置。根据计算,深中通道伶仃洋大桥桥塔主动横撑顶推力设置如表2所示。

桥塔主动横撑顶撑力汇总　　　　表2

主动横撑编号	位置高程(m)	初始顶撑力值(kN)	过程顶撑力最大值(kN)	最大横撑力阶段
横撑1	+57.250	500	1006.2	塔柱35节段安装
横撑2	+100.000	750	2633.8	中横梁支架安装
横撑3	+154.750	750	4290.5	中横梁预应力张拉
横撑4	+178.000	500	4955.2	中横梁预应力张拉
横撑5	+220.000	500	1699.5	上横梁预应力张拉

由表2可知,在初始安装阶段,主动横撑力较小,在施工过程中,横撑内力变大,特别是对于横撑3和横撑4,随着中横梁预应力张拉,横撑力急剧变化,在横梁预应力和横向偏位荷载的共同影响下,横撑力达到最大。

拆除临时支撑,桥塔封顶后塔底压应力内侧为3.8MPa,外侧压应力为3.6MPa,内外侧应力较均衡,裸塔桥塔受力较好。

四、桥塔施工监控控制指标

1. 桥塔预抬高控制

悬索桥的混凝土桥塔在主缆传递下来的竖向荷载作用下,将产生弹性压缩及徐变。另外,混凝土桥塔随时间的变化还将产生收缩。为保证成桥后桥塔塔顶高程满足设计要求,施工时应将桥塔顶(主鞍座底板或格栅顶)的标高在设计成桥状态的基础上进行预抬高,即桥塔预抬高控制指标。现在对多座桥桥塔预抬高量控制指标进行统计如表3所示。从表中可以看出,桥塔预抬高量与桥塔高度有明显的相关性,一般说桥塔越高,桥塔预抬高量越大,但同时又受到桥塔截面的影响,桥塔预抬高量与桥塔高度不是完全线形关系,在实际控制过程应综合考虑各个因素的影响,确保成桥后桥塔顶鞍座高程在设计成桥位置。

桥塔预抬高控制指标　　　　表3

桥　名	塔顶预抬高(mm)	塔高(m)
涛源金沙江大桥	55	75
桥万州新田长江大桥	69	117
大渡河桥	80	188
赤水河桥	84	239
南沙大桥坭洲水道桥	90	260
深中通道伶仃洋大桥	100	270

2. 桥塔纵向偏位控制

桥塔纵向偏位控制主要是确保桥塔在后续施工过程受力安全,通常在桥塔施工完成后会对桥塔抗推刚度进行验算。对深中通道桥塔纵向抗推刚度验算可知,在竖向力影响下,桥塔塔顶抗推刚度有一定变化,在裸塔阶段,桥塔抗推刚度为9174kN/m,当成桥主缆荷载全部作用于塔顶时,桥塔抗推刚度为5494kN/m。即在不同的竖向荷载作用下,由于塔柱的 $P\text{-}\Delta$ 效应,桥塔的水平抗推刚度相差较大,即桥塔结构的抗推刚度和它本身受到的竖向荷载大小有关。

由于桥塔的纵向偏位控制指标会影响到索鞍顶推设置,对施工而言,索鞍能一次性顶推的越多越能早复位就越好,但考虑到桥塔承受能力,桥塔纵向偏位受到限制,各个施工阶段,桥塔可承受的纵向偏位能力有所变化,在刚架设猫道时,对伶仃洋大桥,能承受的纵向偏位为20cm,当成桥所有荷载加载后,桥塔能承受的纵向偏位为38cm,两者相差较大。如果在后续施工过程中,按照一个固定的纵向偏位控制,显然是不合理的。因此,对桥塔纵向偏位的控制,应根据不同的施工阶段设置不同控制指标,具体如表4所示。

桥塔纵向偏位控制指标 表4

施工工况	纵向偏位控制指标(cm)	桥塔抗推刚度换算(kN/m)
缆索系统架设阶段	20	9174
钢梁吊装阶段	20-32	8250
二期恒载施工阶段	32-38	5494

在施工过程中,可以根据桥塔纵向偏位控制指标设置索鞍顶推工况,利用桥塔受力特点,减少顶推次数,索鞍提早复位,对大跨径悬索桥的施工控制是很有意义的。

五、结　语

通过有限元模拟分析伶仃洋大桥桥塔确定施工过程控制指标,得到以下结论:
(1)桥塔施工过程中,裸塔状态的控制目标是设置临时横撑确保塔柱内外侧应力相差较小。
(2)桥塔预抬高控制指标主要和桥塔高度相关性较大,但也需考虑到桥塔截面的影响。
(3)桥塔在后期施工过程的抗推刚度呈现一定的变化趋势,可以利用这一特点分析桥塔纵向偏位控制。
(4)桥塔纵向偏位控制应根据不同阶段设置不同控制指标,以方便施工,提高效率。

参考文献

[1] 孟凡超,王仁贵,徐国平.悬索桥[M].北京:人民交通出版社,2011.
[2] 严国敏.现代悬索桥[M].北京:人民交通出版社,2002.
[3] 周孟波.悬索桥手册[M].北京:人民交通出版社,2003.
[4] 严琨,朱福春,唐茂林.大跨度悬索桥桥塔施工过程的模拟分析[C].第二十届全国桥梁学术会议论文集(上册).2012.
[5] 向学建,孙宪魁,杨昀,等.果子沟大桥桥塔施工过程的模拟分析[J].桥梁建设,2010(2):69-72.
[6] 官保华,黄海勇.主动横撑在钢壳混凝土空心桥塔施工中的应用[J].中国港湾建设,2017,37(2):74-79.

12. 华丽高速公路金安金沙江大桥跨山区峡谷加劲梁悬索桥施工

王定宝　常勇　曹瑞祥

(云南焜耀建设工程有限公司)

摘　要　华丽高速公路金安金沙江大桥是国家高速公路网G4216成都至丽江高速公路华坪至丽江段的控制性工程。主桥为主跨1386m的双塔双索面单跨简支板桁结合加劲梁悬索桥,华坪岸边跨为跨径320m的无悬吊结构,丽江岸为跨径205m的无悬吊结构。金安金沙江大桥是世界在建最大跨径的山区峡谷悬索桥,是世界范围内在"三高地区"(高海拔、高差大、高地震烈度)建设的结构复杂,技术难度高,最大跨径的峡谷悬索桥。大桥上下游共两根主缆,每根主缆直径860mm,由169根长约2046m的通长索股组成,每根索股由127根直径5.25mm的高强度镀锌钢丝组成,每根索股钢丝共长260km,全部主缆钢丝共长8.8万km,可绕地球两圈。每根主缆设计最大承载力为6.2万t,可承载16.4万t。

关键词　金沙江　加劲梁　悬索桥

一、工程概况

金安金沙江大桥位于国家高速公路网 G4216 成都至丽江高速公路华坪至丽江段 SJ-2 标段 K114+695 处，丽江市东偏南约 20km，金安桥水电站大坝上游 1.4km 处，所处地理位置在东经 100°26′～100°27′、北纬 26°49′～26°50′之间，为跨越金沙江而设，是整个项目的控制性工程。

主桥为主跨 1386m 的双塔双索面单跨简支板桁结合加劲梁悬索桥，华坪岸边跨为跨径 320m 的无悬吊结构，丽江岸为跨径 205m 的无悬吊结构。在设计成桥状态下，中跨理论矢跨比为 1/10。全桥共设两根主缆，主缆横向中心距为 27.0m。除两岸端吊索距离桥塔中心为 12.6m 外，其余吊索间距均为 10.8m。在主跨钢梁两端设置液压缓冲阻尼装置。桥面采用 1.0% 的双向纵坡，主桥为 2% 的双向横坡。

二、主塔承台施工

金安金沙江大桥共有两个主塔，丽江侧主塔高 186m，该主塔下两个承台具有面积大、体量大、施工难度大、施工周期长等特点。大桥所处地理位置地势险要，承台处于金沙江悬崖边，整个承台共消耗钢筋约 1050t，共浇筑混凝土近 8000m³。

为确保承台施工顺利进行，建设单位组织各参建单位提前从方案研究、人员组织、物资备料、设备安装、环节把控等多方面精心布局、超前谋划，强化安全及技术交底，采取两班倒作业，严格过程管控，同时根据承台结构分区、分层、平行作业，加快施工进度，整个承台施工用时 35d。该承台为大体积混凝土承台，存在单次浇注混凝土方量大、水化热高等技术难题，加之目前云南滇西地区昼夜温差大等不利因素，对混凝土裂缝控制提出严峻挑战。为解决大体积混凝土散热难关，施工单位通过技术攻关，在每次承台混凝土浇筑时安装 8 层冷却水管系统装置，通过水的循环冷却作用，化解大体积混凝土浇筑施工时产生的巨大热量，确保承台施工质量。

金安金沙江大桥是新建华丽高速公路项目的关键性和控制性工程，2018 年 4 月 4 日主塔承台施工的顺利完成（图 1），为主塔柱、主梁施工争取了时间，为总体工期目标的实现创造了宝贵条件。

图 1　主塔承台施工

三、主塔塔柱施工

金安金沙江大桥地处丽江市和永胜县的交界地带。永胜县是丽江市下辖县，位于金沙江边，长期以来都是纳西族和傈僳族等少数民族聚居区，属于高海拔、高差大、高地震烈度的"三高地区"。

金安金沙江大桥丽江岸主塔为钢筋混凝土门式框架结构，因主塔高 192m，施工过程中"高塔泵送混凝土"难度极大。为了解决"高压泵送混凝土"的难题，施工单位与同济大学合作，强强联合组成研发生力军，多次邀请同济大学专家到工地现场进行试验、研究。施工单位经过反复试验最终确定混凝土最优配合比，同时优化泵管布设，采用高性能拖泵解决超高塔混凝土泵送难题。因施工现场昼夜温差大，对混凝土温度控制提出严峻挑战。通过优化原材级配、强化混凝土加工过程中的质量控制、泵送机械和泵送方式的探索，完成了塔柱的浇筑高度达 230m 以上的施工任务。为确保主塔施工质量，施工单位对大体积混凝土施工进行专项温控设计，在混凝土内埋设温度传感器，对混凝土从生产到入模全过程实行严格监控，保证混凝土温度控制在规范允许值内。自 2018 年 4 月主塔施工开始，项目部历时 7 个月圆满完成主塔封顶（图 2），为大桥全面转入上部结构施工打下坚实基础。

图 2　塔柱封顶

四、隧道锚施工

丽江岸隧道锚分为散索鞍基础、前锚室、锚塞体、后锚室四部分，轴线角度 42°，最大倾角达 49°，深度长 73m，单洞最大断面为 17m×24m，开挖方量 1.5 万 m^3，浇筑混凝土达 1 万 m^3。

在开挖过程中，项目主要面临"三大三难"困境，即角度大、出渣难；断面大、开挖难；围岩破碎大、支护难。常规开挖方法难以实现，特别是如何出渣是摆在建设者面前的一个难题。施工单位做了大量的研究及创新，利用类似煤矿中的侧倾矿车配合大型卷扬机牵引出渣，简单讲就是洞内的土石方坐过山车到达洞外。对于断面大、开挖难问题，不同于常规的三台阶或两台阶开挖，采用了六台阶分级开挖法，多台阶施工。为了提高围岩的整体稳定性，施工单位通过打设锚杆进行围岩注浆，再进行开挖分节段支护。

施工过程中，建设者克服了高山峡谷区地形陡峭、场地狭窄等重重困难，攻克了大倾角开挖、大断面预拱、新奥法爆破以及斜锚洞出渣等课题和难题，摸索和制定了隧道斜锚施工系列工法，创造了一整套大倾角隧道斜锚的施工工艺和工法，攻克了一道道技术难关，使工程得以顺利实施。

五、上横梁施工

金安金沙江大桥丽江岸主塔上横梁为预应力混凝土门式框架结构，由于内倾角的存在，需要及时浇筑横梁混凝土，使得两个独立的塔形成"门"式框架结构，互相支撑，增加稳定性。上横梁高 8m、长 21.7m，宽 8m，分两次浇筑，此次为第二次浇筑，浇筑高度 4m。

施工现场，在高约 200m 的上横梁作业面上，施工支架钢材用料多达 140t，共布置 48 束预应力钢绞线。内部作业面狭小，无法铺开全断面施工，钢筋和模板形式多变，对绑扎和安装的精度要求高，施工难度非常大。为此，项目部提前部署，积极组织好各类物资机械及劳动力资源，召开专项施工交底会，采取分班 24h 跟进作业形式，现场施工人员在"钢筋丛林"里振捣混凝土，确保混凝土由泵车顺利送至高空，通过分料器、布料点对称布置输送到指定浇筑点，此次共浇筑 365m^3 混凝土。待混凝土强度达到张拉要求后，张拉横梁预应力束。

六、结　语

"一桥飞架南北，天堑变通途。"大桥建成通车后，不光能为当地百姓的生活提供便利，也将给当地的旅游业带来更大的机遇和发展。

2018 年 10 月 31 日，随着最后一节塔柱混凝土浇筑完成，云南华丽高速公路项目金安金沙江大桥丽江岸主塔顺利封顶,大桥全面转入上部结构施工阶段,向大桥最终建成通车迈出坚实一步。因项目所在山区多雾,大桥建成后将如同一条穿梭在云雾间的"天路"。

金安金沙江大桥是华丽高速的"卡脖子"工程。华丽高速公路起点位于丽江华坪县,终点为丽江拉市镇,是川西南滇西北唯一一条东西向高速公路。作为中国西南边陲的重要"桥头堡",华丽高速公路项目还被列入丽江南连大理通东盟、国家"一带一路"倡议建设的重点项目。

金安金沙江大桥预计将于2020年竣工,届时,从丽江古城至攀枝花的行车时间会从原来的6h缩短至2h,丽江驾车至成都也将缩短到7h以内,使得滇川通道将更为便捷。同时,该线路将串联起大理、丽江、四川等地,金安金沙江大桥建成通车后,将给当地村民出行、生产生活带来极大的便利,自永胜县到丽江的路程缩短为25min左右。丽江作为著名的旅游胜地,华丽高速公路通车后,将给当地的旅游业带来更大的机遇和发展。因气候宜人、空气质量较高,这里将会因为项目通车带来更多观光旅游的游客,而交通便利更加受自驾游、自由行的游客青睐,促进当地旅游业的发展。

参考文献

[1] 宋志青,陈楠.悬索桥加劲梁施工技术[J].技术与市场,2011,18(5):81.

[2] 郑国荣.山区大跨度悬索桥加劲梁施工工艺分析[J].湖南交通科技,2012,38(2):78-79.

[3] 王定宝.怒江四线特大桥钢桁拱桥施工关键技术[C]// 全国钢结构工程技术交流会,2016.

[4] 王定宝.杭瑞高速公路北盘江大桥钢桁梁纵移悬拼施工[J].建筑,2017(10).

[5] 王定宝,袁伟.锁蒙高速南盘江特大桥斜拉索施工技术研究[J].建筑,2018(6).

[6] 袁伟,王定宝.保腾高速龙江特大桥双塔单跨钢箱梁悬索桥锚碇施工[J].建筑,2018(20).

13. 金沙江大桥非对称独塔单跨地锚式钢桁梁悬索桥施工成套技术

王成恩　王定宝　谌业焜

(云南焜耀建设工程有限公司)

摘　要　香丽高速公路虎跳峡金沙江大桥在上虎跳上游跨越金沙江,是香丽高速公路的控制性工程。大桥位于虎跳峡景区内,桥位处河谷深切,山势陡峭,桥面距江面260m。桥位区域地质情况极其复杂,地震烈度高,下游电站蓄水位高。大桥整体设计创新性地采用了独塔单跨地锚式悬索桥结构,所设计的766m跨径,已属目前世界上此类结构式桥梁中的最大跨径,滚轴式复合散索鞍结构在国内外大跨悬索桥上也是第一次采用。因此,大桥有创新性强、技术难度大、设计要求高等特点。

关键词　独塔　单跨　地锚　悬索

一、工程概况

香丽高速公路虎跳峡金沙江大大桥(图1)总长为1020m,桥面距目前的江面260m,桥跨布置766m+160m,主桥为766m独塔单跨地锚式钢桁梁悬索桥,丽江岸引桥为6×41.5m预应力混凝土箱梁桥,是丽香高速公路控制性工程,也是目前全国山区跨径最大的桥梁。由于大桥地处驰名中外的虎跳峡景区较陡峭险峻的地理位置,桥位区域地质情况极其复杂,地震烈度高,下游电站蓄水位高,整座大桥的规划设计比较特殊严谨,施工难度较大。

主桥加径梁为钢桁架,钢混叠合梁桥面系,主梁宽26m,设计速度80km/h,双向四车道。丽江岸采用扩大基础重力式锚碇,香格里拉岸采用隧道式锚碇,其采用独塔单跨地锚式悬索桥结构为世界首例。大桥共计6个索鞍,分别为2个主索鞍、2个散索鞍和2个复合索鞍。

整座大桥在香格里拉岸直接将主缆锚于岩层中,仅在丽江岸设置一座门形钢筋混凝土大索塔。索塔为矩形截面,上下游塔柱采用不等高的形式,左侧塔柱高134.5m,右侧塔柱高149.5m。全桥共设两根主缆,采用预制平行钢丝束股法(PPWS)制作,缆径680mm,香格里拉岸设置了长达107m的主缆无悬吊区,并采用了能同时起到转索和散索功能的滚轴式复合散索鞍。

图1 虎跳峡金沙江大桥效果图

二、方 案 比 选

因为虎跳峡金沙江大桥所处的位置比较特殊,因此在设计桥梁时存在许多限制及难题。

(1)金沙江两岸旅游公路的保通和安全的制约:桥梁所在的金沙江两岸桥下有通往虎跳峡景区的公路,两岸地势较陡,必须尽量减少施工开挖和爆破,确保道路的保通和运营安全。

(2)景区环保的制约:大桥位于著名的虎跳峡景区内,要重视生态环境保护,避免大开挖,避免破坏植被。

(3)香格里拉岸地形的制约:香格里拉岸地势陡峻,布置引桥对于抗震不利,多处施工,不利环保,布置索塔则场地狭小,施工困难。

(4)锚碇与公路隧道的制约:大桥在两岸均与隧道相接,香格里拉岸采用隧道式锚碇,位于隧道上方,隧道和隧道锚之间需要保持一定的安全距离。

(5)岸坡稳定和不良地质制约:电站蓄水后,丽江岸岸坡稳定性较差,并有不良地质发育,桥位受限。

桥梁最大的设计难点在于如何规避以上制约因素,提出最合理的施工方案。在路线方案比选时设计师们深入大山进行实地勘探,地质钻探设备在冲江河口由汽车运送至赫咱村,再由人力和骡子搬运至桥位现场。

可行性研究评估阶段,根据沿线情况拟定基本可行走廊有两大走廊带。东线走廊:白汉场—松园桥—虎跳峡—冲江河—小中甸—香格里拉走廊,即沿现有白汉场—松园桥—中甸二级公路走廊。西线走廊:白汉场—金江安乐—娥迪河—小中甸—香格里拉走廊。经过综合比较,设计师们发现西线走廊劣势明显,推荐采用东线走廊带。

初步设计阶段结合金沙江两岸地形、地质条件、整体路线走向和平纵设计(主要是香格里拉至桥位的连续长坡平均纵坡限制),综合了工可以及路线的初步设计的成果,在冲江河口上游至丽香铁路金沙江大桥桥位之间共布设三个桥位9个桥轴方案,其中上桥位布设了1、3号桥轴,中桥位布设2、4号桥轴,下桥位布设5~9号桥轴。最终确定的桥位在上虎跳石的上游3.5km处,香格里拉所在的一岸是哈巴雪山,丽江岸所在的是玉龙雪山。

三、方 案 优 化

初步设计阶段在接线总体设计时,结合大桥两岸地形、地质情况等因素,对路线平面设计进行优化;结合桥型方案设计,对路线纵断面线形进行了优化;针对推荐线位建设条件,加强了桥位地质勘察,对桥轴开展了边坡稳定性分析专题研究,对桥梁结构进行抗风、抗震、加劲梁等多方面专题及课题研究。并根据专题研究结论,对主桥悬索桥方案的各构造开展研究对比。

施工图设计阶段结合桥梁总体布置,对路线横断面进行了优化设计;针对线位建设条件,加强了桥位地质勘察,对桥梁结构进行抗风、抗震、加劲梁等多方面专题及课题研究。根据专题研究结论,对主桥悬索桥方案的各构造开展研究对比。对各分项进行了详图设计,对桥梁附属构件进行详图设计。

在桥型方案比选时,设计师们提出了6个方案,经过反复推敲和综合比较最终选出的桥型方案为:主桥为766m独塔单跨地锚式钢桁梁悬索桥,主梁在丽江岸支承于索塔下横梁,主梁在香格里拉岸采用塔梁分离式结构直接支承于桥台上,丽江岸引桥为2×(3×41.5)m预应力混凝土连续箱梁桥。

四、主缆索施工

虎跳峡金沙江大桥主缆索股数量多、温度影响大、控制精度高,每一根索股的线型调整与索力控制是主缆架设的关键工序。项目部通过优化施工工艺,研究索股快速牵引施工方法,实行白天牵引、夜间调索的两班工作制度,利用每日夜间22时至次日早上6时恒温时段进行索股线形精准调整,控制相邻索股间隙及绝对高程,确保施工精度,解决了山区狭小场地牵引系统布置,克服了山区高温差、多强风等不利因素,最后顺利完成索股架设。2019年4月18日,在距离地面260m的猫道系统上,2根基准索股架设就位,拉开了大桥主缆施工的序幕。4月27日,经过10d的调索及稳定观测,开始一般索股架设,索股架设全面展开,大桥共两根主缆,分别由97股索股组成,每根索股又由127根直径5.4mm、公称抗拉强度1770MPa的高强度镀锌钢丝组成,每根索股质量达25000kg。5月30日,最后一根索股横跨金沙江、在隧道锚精准定位,至此,香丽高速虎跳峡金沙江大桥主缆索股架设全部完成。

五、钢桁梁吊装

大桥共计6个索鞍,分别为2个主索鞍、2个散索鞍和2个复合索鞍。钢桁加劲梁跨径为671m,主桁桁高6.0m,桁宽26m,标准节段长度11.5m。全桥钢桁梁总质量为5718000kg,共分59个吊装节段,最大吊装长度为12.5m,最大吊装质量为103000kg。受地形条件限制,预拼场设在桥位上游700m位置,钢桁梁通过运梁台车沿拓宽道路运至桥位下方的吊装平台,再采用2×65t缆索起重机进行吊装架设。首段吊装的索鞍为丽江岸索塔上游右支主索鞍,吊装高度为160.5m,索鞍单件总成90000kg,单次吊装最大质量为31000kg。

为确保大桥结构的稳定性、牢固性和安全性,施工单位在吊装前制定了合理可行且操作性强的吊装方案,经过专家论证,确保了吊装的安全。云南建投集团钢结构公司自主加工制造支撑大桥核心质量的架构钢桁梁,全桥将用到59节钢桁梁,平均每节质量为92140kg,通过组拼钢材、运送至桥位下方吊装平台的环节,在缆索吊机的辅助下,牵引上升至大桥指定位置与主缆相连,最终完成吊装作业。为减轻吊装质量,将主索鞍鞍体分两半制造,吊装过程中采用门架分次进行吊装。在交通运输方面,因大桥位于深切峡谷,地势陡峭,场地狭小,道路曲折、狭窄,给运输带来很大难度,大桥局科学部署,合理置换车辆,通过多次转运的方式将索鞍运达索塔下方吊装位置。

为保证钢桁梁精准架设,项目部架设前建立钢桁梁施工工作清单及责任矩阵,做到分工明确,责任到人,同时进行全员技术交底。拼装架设过程中,严格按照设计与规范要求、施工方案及监控指令执行、落实,克服重重困难,将拼装尺寸误差控制在2mm之内,孔位精准,33万套高强螺栓全部合格,并如期完成施工计划。

大桥首创非对称独塔单跨地锚式钢桁梁悬索桥施工成套技术,该桥建成后将是目前世界上最大跨度的非对称独塔单跨地锚式悬索桥;首创滚轴式复合索鞍成套技术(设计、科研、制造、安装),在国内大跨度悬索桥中也是首次使用;首创山区大截面矩形抗滑桩旋挖成孔技术;首创世界最大直径(130mm)悬索桥高强钢拉杆锚固系统成套技术(设计、科研、制造、安装)。

六、结　语

2020年1月20日,由云南省建设投资控股集团有限公司建设、中铁大桥局集团第八工程有限公司承建的云南香(格里拉)丽(江)高速公路虎跳峡金沙江特大桥顺利合龙,大桥主体结构全部完工。虎跳峡金沙江特大桥建成后将是世界上最大跨度独塔单跨地锚式悬索桥。

虎跳峡金沙江特大桥两岸地势陡峭,距江面260m,工程地质条件极为复杂,是香丽高速公路技术要求最高、施工难度最大的重点控制性工程。自开工建设以来,云南省建设投资控股集团有限公司全力克服塔身结构复杂、混凝土质量控制难度大、重力锚开挖难度大、隧道锚施工难度大、复合索鞍制造安装难度大、钢桁梁架设难度大、主缆架设难度大、环保要求高等诸多困难,不断创新施工方案,历经128d吊装作业,顺利完成全部钢桁梁吊装工程(图2)。

该桥首创世界上最大直径(130mm)悬索桥高强钢拉杆锚固系统成套技术、滚轴式复合索鞍成套技术、山区大截面矩形抗滑桩旋挖成孔技术,它的建设将为国内乃至世界悬索桥施工积累宝贵的经验。

香丽高速公路的建设创下了"两个世界第一":一是今天合龙的虎跳峡金沙江特大桥为独塔单跨地锚式悬索桥,为同类桥型跨度世界第一,滚轴式复合索鞍在国内大跨度悬索桥首次使用;二是虎跳峡地下互通为国内高速公路第一次采用,解决了"世界级"难题,建成后的虎跳峡地下立交实现了"桥、隧、地下互通"相连。

图2 虎跳峡金沙江大桥首段钢桁梁吊装

香丽高速公路2020年将实现全线通车运营。香丽高速公路是云南省2020年"能通全通"工程中唯一一条进藏高速公路,虎跳峡金沙江大桥作为项目主要控制性工程之一,此次取得突破性进展,为2020年香丽高速公路全线通车奠定了基础,也为完成省政府"能通全通"目标提供了有力保障。项目建成后,将对于完善国家和云南省高速公路网、改善西藏地区交通通达条件、加强滇西北旅游资源的联动开发和构筑滇川藏"大香格里拉"旅游圈、促进区域经济社会发展、加强民族团结、增强国防交通保障能力、推动云南、西藏地区实现跨越式发展和同步建成小康社会目标、助力丽江和迪庆打好脱贫攻坚战有重要意义。

参考文献

[1] 王宇华,谢洪涛,陈健翔,等.价值工程在香丽高速公路虎跳峡金沙江大桥施工成本控制中的应用[J].价值工程,2017,36(7):26-28.

[2] 文海,锁沛斯,秦雨樵.地质构造在虎跳峡金沙江大桥桥址比选中的作用[J].土工基础,2017(3):313-316.

14. 预应力竹节桩机械连接施工技术研究

胡世勇 李瑞宏

(保利长大工程有限公司第三分公司)

摘 要 本文为了解决电焊时对桩端混凝土和预应力钢筋墩头再次造成伤害等问题,使桩身连接完整性好,质量可靠,施工快捷,为工程建设质量的提升提供技术支持,依托工程项目对预应力竹节桩机械连接进行施工技术研究。研究结果表明:机械连接预应力混凝土竹节桩是近年来出现的新型的桩基类型,具有坚固、防腐、节能、节材、绿色环保等优点。桩身接头连接采用卡扣式机械连接加环氧树脂填充密封方法;该桩设置有环向或纵向肋,增加桩身跟土体紧密接触面,使侧摩擦力加大,提高了承载能力。因其单桩承载力明确、施工便捷、过程质量可控、施工周期短等优势较为突出,具有良好的推广运用价值。

关键词 预应力竹节桩 卡扣式机械连接 端桩承载力 贯入度

一、工程概况

台州湾大桥及接线工程第 TS15 合同段,全长 6.45km。其中 K189+050~K192+632 段为软土地质,硬壳层为粉质黏土,厚约 0.8~3.3m,下部为海积淤泥质土,厚 13.0~32.1m。根据软土地质的具体情况及路堤填高、位置、要求的不同,共有 23 段采用预应力竹节桩处理,纵向长度约 1099m,单桩处理深度 20~36m,总长度约 33 万 m。对软基分别采用塑料排水板、双向搅拌桩、预应力竹节桩等进行处理。

设计新型竹节预应力竹节桩,外径 400mm,壁厚 60mm,间距有:2.0m×2.0m、2.1m×2.1m、2.2m×2.2m、2.3m×2.3m 四种类型,平面采用正方形布置,中心距离在 5~6 倍桩径之间,路堤高填时取低值;路基与桥头等结构物衔接部位采用不同间距和桩长的路堤桩形成沉降渐变段,避免发生较大的沉降差异。路肩外侧竹节桩采用筒式柴油打桩机施工,路肩内侧采用静力压桩机施工。

二、预应力竹节桩机械连接施工工艺流程

预应力竹节桩机械连接施工工艺流程如图 1 所示。

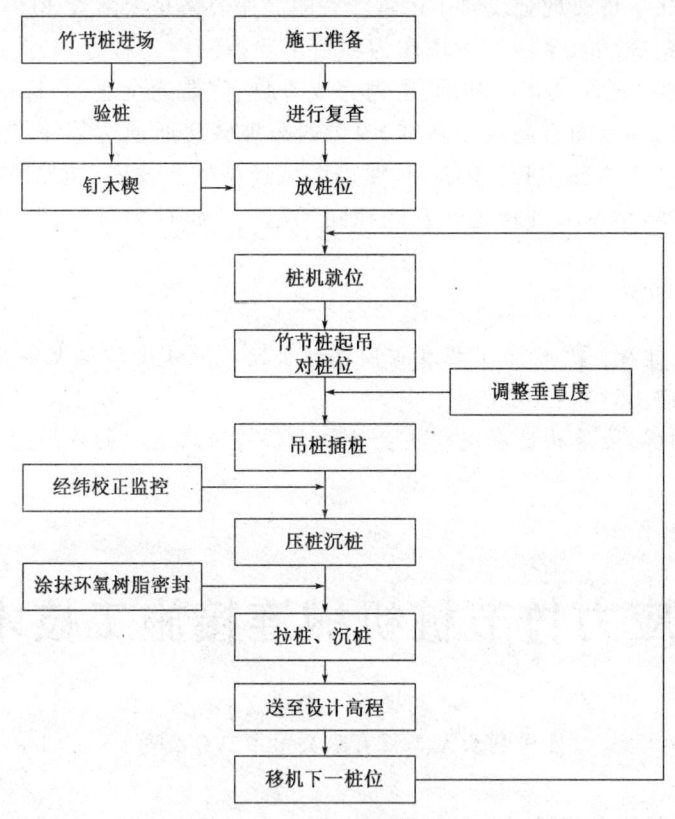

图 1 预应力竹节桩施工流程图

三、预应力竹节桩机械连接工作原理

机械连接件由钢棒、小螺母、插杆、钢套箍中间螺母、大螺母(内装有卡片、基垫、弹簧、卡台)、环氧树脂等组成。

接头机械连接工作原理:在已打入土体的竹节桩顶均匀涂一层环氧树脂,并将插件螺纹端拧进上节竹节桩底端小螺母内,仪器测量对中,人工配合找准螺孔,缓慢下放起吊绳,通过上节竹节桩自身重力将插件头挤压进大螺母(内有锁紧卡片及基垫、弹簧、卡台),环氧树脂将插件和大螺母紧密连接在一起共同受力,其机械连接工作原理图见图 2。

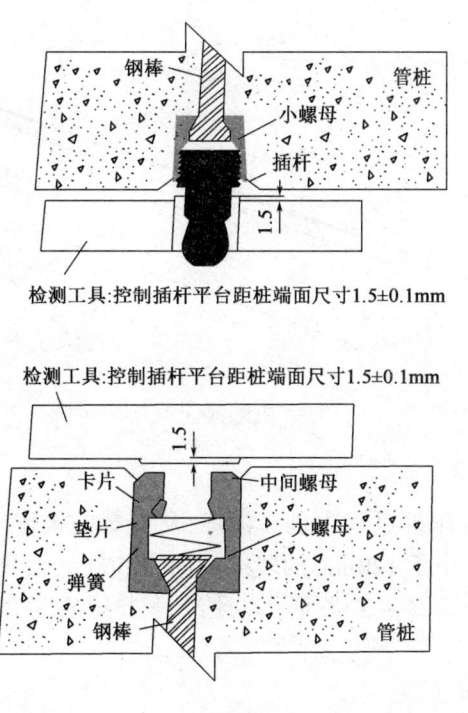 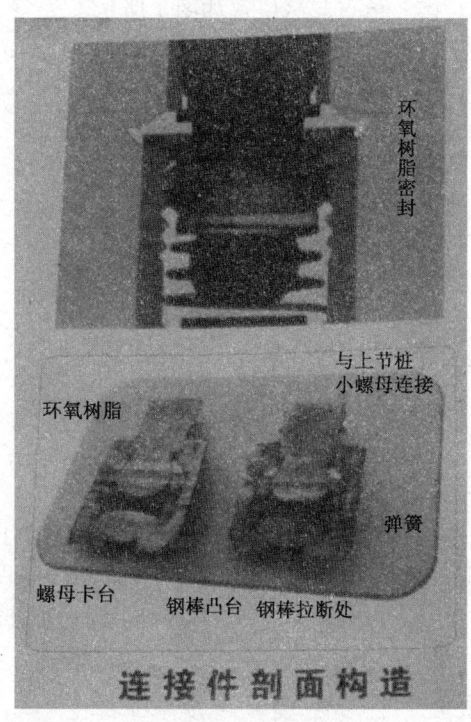

图 2　机械连接件工作原理图

四、预应力竹节桩机械连接施工关键技术

1. 试桩

(1) 试桩的目的：通过试验确定竹节桩持力层、桩长、终压力，动态指导施工；为配桩提供长度参数，减少竹节桩浪费及现场截桩费用，缩短施工时间；确定竹节桩施工的机械组合、人员配置及作业组织，提供保证施工质量的控制措施。

(2) 试桩规定：根据现场地质情况，选择具有典型地质特征的位置（非过渡段）进行试桩，单个工点试桩数不小于 4 根，其中 2 根按照设计桩长打设，2 根按照静压力（锤击数）打设。

(3) 试桩过程：施工前，在桩身上每隔 1.0m 用红色油漆做好标注；施工中，每隔 1.0m 入土深度，对压桩力（锤击数）进行记录并检测竹节桩垂直度；施工后，检测桩深垂直度、桩身完整性，并静置 1 个月后进行单桩承载力试验，连同施工记录形成试桩报告提交设计，以指导设计施工，完善各施工质量控制指标。

2. 施工准备工作

(1) 设备、预应力竹节桩进场并组织验收，并绘制桩位编号图，确保正常作业。

(2) 工作垫层：填料粒径不大于 15cm、找平、初压，保证就位桩机的平稳，不影响桩机行走和打桩质量。

(3) 测定和标出场地上的桩位，用钢筋埋设标记，其偏差不得大于 20mm。

(4) 在桩身上画长度标记（以 m 为单位）。

(5) 进行技术安全质量交底及准备施工资料表格。

3. 预应力竹节桩的堆放防护及吊运

现场堆放场地要求地基坚实、表面平整，堆放时按二点支点法设置垫木，支点位置如图 3 所示，偏差控制 ±20cm。竹节桩在打桩机附近存放，要单层放置及设支垫。在静压桩机附近或距柴油打桩机 15m 以上存放时，不宜超过 4 层（$D400mm$）和 3 层（$D500mm \sim D600mm$），底层必须设支垫。

单节竹节桩吊运可采用两头钩吊法，竖起时可采用单点法，人工收放平衡绳控制竹节桩摆动，确保竹节桩安全对接。单点起吊位置如图4所示。

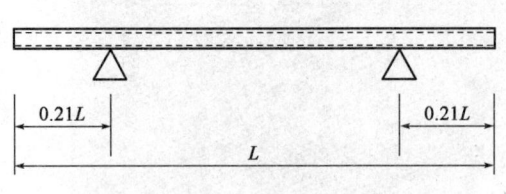

图3 竹节桩堆放示意图

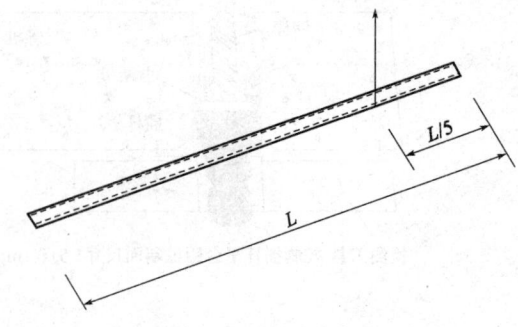

图4 竹节桩吊点示意图

4. 桩头和桩帽间垫层设置

静压法、锤击法打桩(送桩)施工时,为了防止在压桩过程中桩头损坏,从而影响接桩质量及成桩检测,均应在桩头和桩帽(送桩器)之间,使用厚度不小于120mm的竖纹硬质木和硬纸板垫层,并须及时更换。施工中也采用草垫作为垫层,一根桩需要2~3张草垫,且经锤击压实后的厚度不小于12cm。

5. 预应力竹节桩机械连接施工工艺

竹节桩打设顺序应遵循先中间、后两侧,先结构、后路基的原则。桩体施工完毕至开始路基填筑的时间歇期不小于一个月,对于与其他处理方式交界的部位,应先填竹节桩路基,以避免荷载对竹节桩形成挤压导致桩身倾斜。

1) 第一节竹节桩施工要点

(1) 先用吊车将桩送至打桩位置,摆放平顺,保证桩机起吊方便。

(2) 桩机起吊第一节桩垂直对准桩位压入,垂直度偏差不得大于0.3%,必要时拔出重压。

(3) 桩机侧面安装橡胶轮胎作为缓冲材料,人工用麻绳拉扯减少碰撞,竹节桩起吊后与橡胶轮胎发生碰撞,不出现竹节桩损坏。

2) 其余节段竹节桩施工要点

(1) 桩帽和压桩机导向杆与竹节桩中心在同一轴线上。通过压桩机平台上的导向装置保证压桩"三点一线",因地面下沉造成的"三点一线"不垂直时,采取调整机架底平整后,方可继续施工。

(2) 压桩前桩身垂直度偏差控制在0.5%以内,方可继续施工。不得强行扳桩纠偏,禁止采用上下节桩轴线形成夹角的方法调整上节桩的垂直度。

(3) 当下节桩顶压沉至距离地面0.8~1.0m处停止加压,进行接桩。其控制措施如下:

图5 插杆安装图

① 检查桩两端的连接卡扣件,保证卡扣件连接方向准确后方可起吊。

② 用钢丝刷清理竹节桩端面及螺母孔内的杂物;然后用扳手拧紧插杆,安装过程见图5。

③ 用密封材料(由环氧树脂、T-31环氧树脂固化剂按照1:0.2的比例组成)均匀涂抹在竹节桩端面上,不同直径的竹节桩,其涂抹量略有区别,具体见表1。操作时间在2min以内,初凝时间不超过6h,终凝时间不超过12h。当温度低于10℃,环氧树脂、固化剂不能拌和时,加热后进行拌和,温度控制在30~50℃。

专用密封材料涂抹量　　　　　表1

桩最大外径(mm)	400	500	600	700	800
涂抹量(g)	40	50	60	70	80

④桩拼接时,严禁撬动插杆进行对正连接孔,如发现插杆已被撬动应更换插杆;插接后,密封材料宜溢出接口,接口无缝隙。

⑤接桩完毕,自检合格后开始压桩。

(4)每根桩要依次连续打(压)到底,尽量减小中间停歇时间,控制好打(压)桩速率和日打(压)桩量,24h内停歇时间不应小于8h。

(5)出现贯入度反常,桩身倾斜、位移、桩身或桩顶破损等异常情况时,应停止压桩,待查明原因并进行处理后方可继续施工。

(6)严禁桩机桩帽定位采用内三角导向装置。锤击或静压沉桩时,桩帽或送桩器与机械连接竹节桩周围的间隙应为5~10mm。

(7)详细记录每一行程的压力值、贯入度、终压力。

3)竹节桩垂直度控制

采用两台全站仪同时观测竹节桩外边缘测出实测坐标,再根据竹节桩中心坐标计算出实测半径与理论半径比较得出偏差,若发现竹节桩倾斜,停止沉桩,及时调节,保证竹节桩垂直度在允许偏差范围之内。若现场垂直度偏差过大必须拔出重压。

4)成桩贯入度或终压力值的规定

竹节桩具体终压(终锤)施工控制参数如表2、表3所示。静压法压桩反力不大于1000kN;打入桩则按设计桩长结合贯入度进行控制;对于过渡段,原则按照设计桩长控制,但需根据相邻非过渡段的实际桩长进行动态调整。

(1)锤击贯入度控制参考值如表2所示。

打入桩施工终锤控制参考值表　　　　　表2

设计填高(m)	打入桩终孔击数(击/m)		
	2.0m×2.0m	2.5m×2.5m	3.0m×3.0m
≤3.0	—	12~20	25~30
3.5	—	15~25	30~40
4.0	—	20~30	35~50
4.5	15~20	25~35	45~55
5.0	20~25	30~35	50~65
5.5	25~30	35~40	50~70
6.0	30~35	40~50	—
7.0	35~50	50~70	—
8.0	50~70	70~90	—

(2)终压静压力控制要求如表3所示。

终压静压力要求表　　　　　表3

设计填高(m)	不同间距下终压静压力要求(kN)			
	2.0m×2.0m	2.2m×2.2m	2.5m×2.5m	3.0m×3.0m
≤3.0	—	350	430	600
3.5	—	400	480	680
4.0	—	450	540	750

续上表

设计填高 (m)	不同间距下终压静压力要求(kN)			
	2.0m×2.0m	2.2m×2.2m	2.5m×2.5m	3.0m×3.0m
4.5	420	500	600	840
5.0	450	550	650	910
5.5	490	600	71	1000
6.0	530	650	770	—
7.0	600	730	880	—
8.0	700	820	1000	—

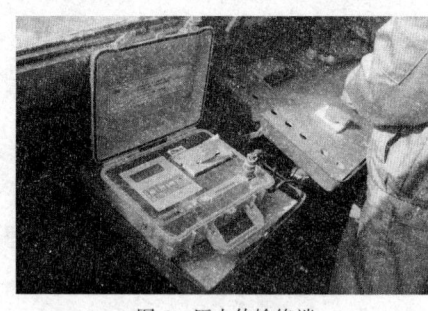

图6 压力传输终端

终孔深度按试桩确定的桩长进行控制,当压入困难且压力增长明显加剧时,可按照终压静压力不小于上表的静压力值进行控制,若出现竹节桩长度已达确定值,但终压静力不满足要求,则应选择不少于3根桩加接短桩进行继续试打,并根据试打情况合理调整桩长和配桩,直到满足表3要求,即可根据设计要求按最终压桩力进行控制。终压力通过传感器传输至终端,可通过终端查看或打印其压力值,压力传输终端见图6。

五、预应力竹节桩成桩质量检测

1. 桩身完整性检测

竹节桩施工完成15d后,采用桩基动测仪进行小应变检测。检测原理:用可发射宽脉冲和窄脉冲的力锤锤击竹节桩顶,发出信号后,测量传感器接收信号,通过接收信号的时间(波速)和信号的频率、谐振峰来确定桩身完整性及桩的长度。本项目竹节桩施工总数为12590根,按照5%检测频率进行小应变检测,Ⅰ类桩比例为95.2%,Ⅱ类桩比例为4.8%,未出现Ⅲ类桩。

2. 单桩承载力试验检测

根据项目要求,竹节桩设计承载力介于420~650(kN)之间,按照0.2%的检测频率进行承载力检测,采用锚桩法进行承载力检测,检测结果均满足要求,锚桩法静载检测见图7。

图7 锚桩法静载检测

六、结　语

(1)试桩必须结合地勘资料且针对不同段落进行,确定软基的处理深度。
(2)注意做好临时排水措施,保证竹节桩的施工质量。
(3)根据工程地质选择配重,配重为单桩极限承载力的1.2倍,还要注意配重(包括桩架本身质量)不得超过桩身的承载极限值,以防桩身破坏。
(4)设备加载反力仪表仪器在检验合格期内使用,确保竹节桩终压时的压力满足设计要求。
(5)严禁重载车辆在已施工的竹节桩处理段落通行。
(6)涵、台背段落竹节桩与结构物施工顺序,先施工竹节桩,再施工桥台或涵洞,基坑开挖前要用钢板桩进行深基坑围堰。
(7)重点控制的项目:工作垫层的厚度及填料粒径、桩身完整性及垂直度、桩长、间距及桩帽的施工。

参考文献

[1] 戴晓芳,史美生,杨俊杰.机械连接增强型预应力混凝土离心桩的耐久性能研究[J].佳木斯大学学报(自然科学版),2015(3):370-372.
[2] 马盛.机械连接的预应力混凝土竹节桩施工技术及其抗拔力研究与分析[J].建筑施工,2016(8):1008-1009.
[3] 陈开利.采用机械式连接技术修复预应力混凝土梁钢绞线[J].世界桥梁,2015(1):95-96.
[4] 史春乐,高明枫,王鹏飞,等.机械连接竹节桩倾斜质量施工的处理[J].工程质量,2014(10):33-37.
[5] 姚江强,王建伟,徐礼.快速接桩法在预应力管桩工程中的应用[J].山西建筑,2010(23):103-105.
[6] 齐金良,周平槐,杨学林,等.机械连接竹节桩在沿海软土地基中的应用[J].建筑结构,2014,44(1):73-76.
[7] 匡红杰,朱群芳,徐祥源.先张法预应力混凝土异型桩的发展概况调研[J].混凝土与水泥制品,2012(12):27-30.
[8] 孙怀均,周玉明,吴永红,等.不同植入工法竹节桩单桩承载力对比试验研究[J].工程勘察,2014(12):33-37.
[9] 董全杨,丁光亚,孙宏磊,等.新型带肋预应力管桩承载性能研究[J].岩土力学,2012,33(6):1809-1815.
[10] 张永辉,胡亦彬.浅析预应力混凝土竹节桩的应用[J].建筑工程技术与设计,2014(10):772.

15. 高架桥交通零干扰建造方案研究

吴志勇

(中铁上海设计院集团有限公司)

摘　要　高架桥在城市中应用非常普遍,近年来预制装配方案在解决桥梁下部结构快速化施工方面发挥了较大作用,避免或减小了地面交通干扰,但大悬臂盖梁吊重大,分段间湿接缝连接需设临时支架,施工期间占用机动车道,对城市交通影响非常大。针对现状大悬臂盖梁施工存在的问题,本文提出了交通零干扰设计方案,即充分利用桥梁基础施工占用的道路分隔带区域,在承台与墩柱之间设置转体装置,并沿道路分隔带狭长方向预拼或现浇施工墩柱和盖梁,将墩柱和盖梁进行90°转体完成下部结构,然后安装上部结构。相对于传统工法,该法具有不占用机动车道、风险小、环保的特点,实现了交通零干扰建造,是城市高架桥建设的新型快速化技术方案,具有很大的实践价值和参考意义。

关键词　快速施工　大悬臂盖梁　交通零干扰　转体　分隔带

一、引　言

近年来,城市高架开始采用桥梁预制装配式方案,结束了多年来城市中满堂支架现浇工艺带来的不文明施工问题,标准化、快速化有了大幅提升,也避免或者减小了地面交通的影响,逐渐得到推广。整体式预制装配盖梁质量轻,采用一次预制、一次吊装工艺,大大提高了施工效率,但由于预制场地、吊装、运输和造价等因素的影响,预制装配式方案在大悬臂盖梁施工中存在一定局限。由于大悬臂盖梁吊重超过300000kg,对吊装设备要求很高,为克服地面交通问题,不得不采用附着式支架等工艺进行现浇[1],但需在机动车道上方安拆支架和模板,工期长。为了解决大悬臂盖梁预制装配施工中的难题,工程中采用了分段湿接缝连接的工艺,较为成熟,但是需在每个预制节段安装时设置临时支撑,需要占用机动车道,对于高架桥位于主干路上的情况,显然对交通影响是非常大的。

目前国内也在尝试采用预制节段干法拼装、倒T盖梁叠合后浇、整体预制装配式超高性能混凝土（UHPC）薄壁盖梁等技术，技术不够成熟，没有得到广泛采用。因此，迫切需要研究大悬臂盖梁的预制装配方案，使得桥梁工业化技术得到推广。

二、现状研究

为解决交通拥堵问题，城市交通繁忙路段上一般采用高架桥，道路等级一般为快速路或主干路，建设部门比较重视，往往为其提供较好的施工条件。但是，当地面道路已经为快速路或主干路时，且交通非常繁忙时，高架桥尤其是大悬臂盖梁施工占用机动车道的方案就显得非常不合理了。

1. 预制节段湿接缝连接工艺

快速路或主干路一般设置双向六车道，城市高架装配式桥梁一般采用双柱盖梁式桥墩，高度一般 8~15m，盖梁宽度约 25m，墩柱间距一般 6~8m，采用装配式预制节段湿接缝连接工艺在解决大悬臂盖梁施工方面[2]，提高了施工速度，但仍存在以下问题：

（1）墩柱间距较大，景观性较差；地面道路需设置约 10m 宽的分隔带，永久占用 2 个机动车道，平面布局不合理。

（2）大悬臂盖梁悬臂采用预制节段湿接缝连接，需设置临时支撑，较传统支架现浇工艺，施工速度虽然较宽，但仍需临时占用 2 个机动车道，施工工艺不合理；预制节段湿接缝连接临时支撑见图1。

（3）为了克服盖梁湿接缝连接的缺点，近来工程盖梁预制节段在靠近湿接缝处利用承台设置的反拉杆进行锚固，节省了临时支撑，但撤销反拉杆后，会改变桥墩的施工阶段内力，引起较大的次内力。

2. 其他工艺

倒T盖梁叠合后浇工艺先将盖梁下层肩部进行工厂预制，上层颈部钢筋绑扎成型，并固定好预应力管道，待下层预制部分安装就位后，安装上层现浇部分的模板，浇筑混凝土，完成盖梁施工[3]。该工艺适用于桥面连续简支梁，不适用于结构连续箱梁，适用范围小，且仍需在机动车道上方安拆模板，现场工作量较大，施工工期较长。同时，由于下层较薄，大悬臂盖梁盖梁上层现浇时仍可能需要临时支撑，受力复杂[4]。由于盖梁较长，吊装一般在夜间进行。倒T盖梁叠合后浇工艺见图2。国内相关设计单位针对门式墩提出了先槽型梁再叠合后浇的工艺，也进行了一定的探索[5]。

图1 预制节段临时支撑　　　　　图2 倒T盖梁叠合后浇工艺

预制节段干法拼装一般将大悬臂盖梁划分为 3 个节段，拼缝一般设置在大悬臂盖梁悬臂端根部附近，通过吊机吊装或盖梁上增设钢横梁悬吊大悬臂盖梁节段，然后进行涂抹拼装胶并张拉预应力完成拼装。上海 S26 公路和 S7 公路均进行了预制节段悬臂拼装盖梁的成功尝试。这种工艺将占用机动车道的临时支撑改进为了吊机或钢横梁，不需要临时占用机动车道，是一种进步，在上部主梁节段预制拼装施工中得到了广泛应用[6,7]，但是施工措施复杂，且结构受力及抗震性能尚缺乏试验研究，还未得到大规模应用。预制节段干法拼装见图3。

湖南大学对整体预制装配式 UHPC 薄壁盖梁在长沙湘府路快速化改造工程中进行了试验研究，主要是将实心盖梁挖空,盖梁材料采用 UHPC 和高强钢筋,实现了盖梁轻型化,可一次整体吊装,但施工需蒸汽养护,造价昂贵,目前正在初步探索中。

图 3　预制节段干法拼装

三、方 案 设 计

1. 方案构思

为了实现高架桥的交通零干扰建造,设计方案构思主要基于以下内容:

(1)桥墩结构不应永久占用机动车道,并满足施工工法要求。

(2)大悬臂盖梁桥墩施工过程应充分利用桥墩结构区域,避开机动车道。

(3)保证施工区域外的交通正常运行。

(4)施工措施应不改变桥墩的内力状态。

依据上述思路,桥墩大悬臂盖梁可以充分利用桥梁基础施工占用的道路分隔带区域,在承台与墩柱之间设置转体装置,并沿道路分隔带狭长方向预拼或现浇施工墩柱和盖梁,将墩柱和盖梁进行 90°转体完成下部结构,然后安装上部结构。方案详见专利,专利号:ZL 2017 2 1083657.4[8]。

2. 方案设计

1)结构设计

为了使桥梁结构尽量少永久占用机动车道,桥墩在满足承载力和使用性能的情况下,结构宽度和高度应尽量优化,在净空上满足行车要求,并具有一定的景观美感。泰国曼纳高速公路桥作为世界上最长及最大预制作业的桥梁,主线桥墩采用了 H 形墩,从承台向墩顶逐渐展宽,转角弧线过渡,细长轻盈,景观优美[9]。同时,桥墩结构应满足各种工法要求,具有较强的工法适用性。

桥梁上部结构采用小箱梁结构,桥墩采用 Y 形。为了体现上述要求,桥墩设置大悬臂盖梁,中间段与大悬臂盖梁段长度之比宜接近黄金分割点;墩柱结构实体与空心段、交叉点下部与上部高度、上墩柱与下墩柱宽度、行车净空与富裕净空之比宜接近黄金分割点。桥墩结构图见图 4。

桥墩墩柱高度 13m,交叉点下部、上部高度分别为 5m、8m,实体段与分岔段高度分别为 8m、5m,Y 墩支点距离 7.5m,实体段宽度 3.6m,分岔段宽度 2.0m,接近黄金分割点比例,不仅具有一定的景观美,还具有一定的力学美。另外,分隔带宽度仅需 5.6m,较常规双柱盖梁式桥墩的分隔带宽度少 5m,大大节省了道路宽度。

2)工法设计

Y 形盖梁式桥墩由于下部宽度小,不仅可以采用现浇、装配式工法,对转体工艺也较为适用,可减小转动球铰的上承台尺

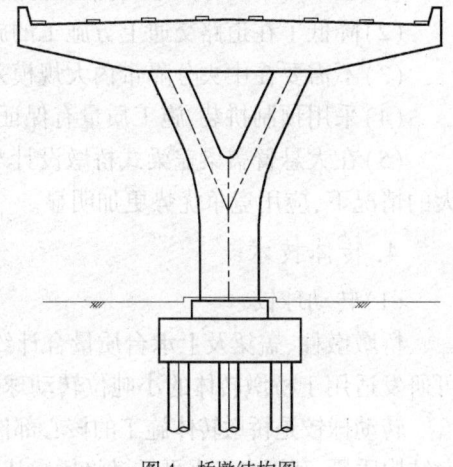

图 4　桥墩结构图

寸,也可减小转动球铰的墩位。

随着国内路网的完善和交叉情况的增加,在跨越铁路、公路和障碍物的桥梁工程中采用转体法施工的日益增多,一般用于主梁的转体施工,转动球铰的设计吨位从几千吨发展到了最大3.3万吨,但是很少应用在桥墩下部结构的单独转体施工中,小吨位转动球铰基本没有应用。桥墩转体用小吨位转动球铰的设计并不存在技术问题,主要考虑的是构造简单和造价便宜。

由于采用了转体工艺,墩柱和盖梁在沿道路分隔带狭长方向进行支架现浇,不占用机动车道,也不影响临近交通,主要缺点是施工周期长、污染大,通过采用钢筋模块化制作与吊装、支架和模板标准化等措施也可以取得较好的经济与社会效益。

为了满足桥梁快速化施工的要求,进一步缩短工期和降低污染,Y形盖梁式桥墩可以采用预制装配式工艺设计。

承台分为上、下承台两部分,上承台(含上转动装置)和墩柱在预制场内一体化预制、安装;为了减小运输、吊装质量,盖梁分节段预制,节段间通过湿接缝并后张预应力连接在一起。

施工步骤是:现浇下承台(含下转动装置),沿着道路分隔带狭长方向吊装上承台和墩柱,再分节段吊装盖梁,在湿接缝处和盖梁端部设置钢支架支承,现浇节段间湿接缝并后张预应力,将桥墩通过上、下承台间的转动支承系统和牵引系统转体90°到位,绑扎钢筋进行封铰。

Y形盖梁式桥墩的预制装配方案立面图和平面图分别见图5、图6。

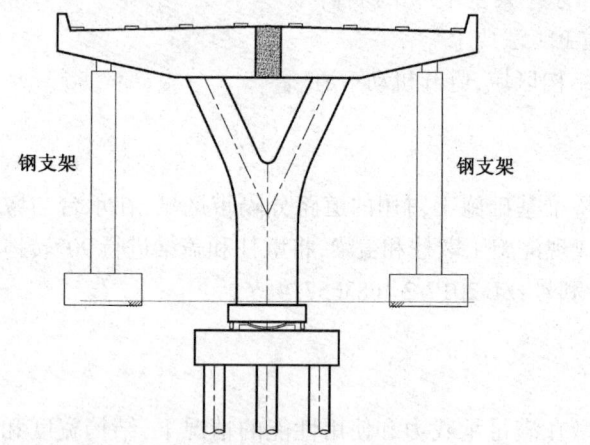

图5　桥墩沿道路方向拼装立面图

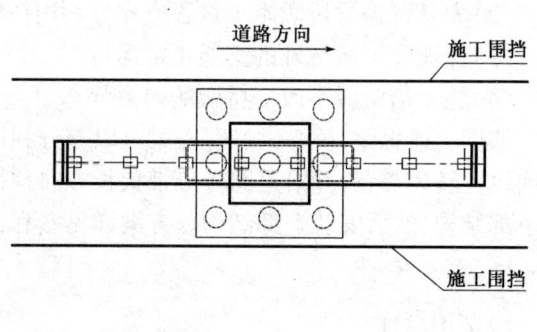

图6　桥墩沿道路方向拼装平面图

3. 方案优点

相对于常规的支架现浇盖梁施工,优点如下:

(1)基本对中央分隔带两侧的道路交通没有影响,实现了交通零干扰,施工速度快。

(2)降低了在道路交通上方施工的施工风险。

(3)不需要在中央分隔带内大规模采用支架。

(4)采用预制拼装,施工质量有保证。

(5)在大悬臂盖梁盖梁式桥墩设计与施工具有非常大的推广应用前景,特别是在受质量、交通影响大的情况下,应用竞争优势更加明显。

4. 转体技术

(1)转动球铰

桥墩墩柱、盖梁及上承台质量合计约600000kg,远小于转体桥梁的吨位,在考虑节省造价的情况下,可研发适用于桥墩转体的小吨位转动球铰,这在国内还没有类似实践,但技术上并不是问题。

转动球铰是桥墩转体施工的核心部件,是确保"转得动、转得稳、转得准"的关键。转动球铰可以传递桥墩结构质量,利用自身水平转动将桥墩从平行道路方向转动到设计位置,从而实现了对邻近交通零干扰。

钢球铰具有承载能力高、安全可靠和摩擦因数小的特点,但是造价昂贵。

RPC球铰在国内进行了部分工程的实践,虽造价有所降低,但是仍相对较高,另外,RPC球铰构造高,增加了承台基坑的深度[10]。

上述两种球铰都采用了价格较贵的材料,一般适用于5000t以上的结构转体施工,不适用于用量较大的桥墩结构。

普通钢筋混凝土球铰早期在国内应用也技术成熟,由于采用预制装配式施工,混凝土球铰的施工质量可以得到足够保证,它的最大特点就是造价便宜,值得推荐采用,但小吨位转动球铰都应进行专门研发和生产。

(2)转体主要参数

以桥墩转体质量600000kg计,主要参数如下[11]:

①球铰球面半径:普通钢筋混凝土球铰不同于钢球铰,下转盘球面上凸,球面半径一般取6m。

②球铰平面直径:根据中心承重C50混凝土容许压应力,并考虑偏心受压增大系数1.4,经计算平面直径约0.9m,偏保守取1.0m。

③轴心:可采用钢轴,直径取15cm。

④润滑材料:采用钢筋混凝土磨心的中心支承转盘结构一般采用黄油作为润滑材料,价格便宜,取材方便[12]。

⑤起动牵引力与牵引设施:根据球铰中心承重、上转盘半径和静摩擦因数,计算起动牵引力约35t。由于牵引力较小,采用轻型千斤顶顶推可以减小转动体系的规模,减小造价。

⑥滑道半径:按照"中心承重"的转体思路,可不考虑撑脚受力,但是为了防止转动过程中桥墩偏心和风荷载等不平衡引起的倾覆[13],设置横撑是必要的,横撑的半径取为2.0m。转动前,应测量上转盘偏心,偏心过大,应进行调整;偏心较小,撑脚不接触滑道,可转体到位后调整偏心。

综上,Y形盖梁式桥墩由于转体重量小,采用钢筋混凝土球铰可以实现转体参数的轻型化,每个转动系统约5万元,相对钢球铰,造价很便宜。

四、结　语

高架桥尤其是大悬臂盖梁过程中对交通影响很大,本文针对目前设计方案存在的问题进行了认真分析,并提出了交通零干扰建造方案,少占用了机动车道,减小了道路宽度,施工对交通影响也很小,为城市高架桥建设提供了一种友好的环境条件,具有很大的实践价值。同时,由于工程实践的需要,可以推动小吨位转动球铰的研发、生产和应用,为推动技术进步起到了推动作用。

参考文献

[1] 查义强.上海S7公路盖梁预制拼装施工工艺[J].城市道桥与防洪,2018(6):152-154.

[2] 叶绿洲.大悬臂盖梁盖梁附着式支架施工技术[J].上海建设科技,2017(2):23-25.

[3] 沙丽新,李国平.典型城市高架倒T盖梁预制装配化设计关键技术研究[J].中国市政工程,2017(3):16-19.

[4] 李建强,孙立山.大悬臂盖梁预应力混凝土倒T盖梁设计与施工过程分析研究[J].城市道桥与防洪,2018(8):141-144.

[5] 杨昀.32m大跨径盖梁预制吊装无支架施工设计[J].中国市政工程,2017(3):34-36.

[6] 何旭辉,马广.预应力混凝土箱梁短线法节段预制线形控制[J].桥梁建设,2009(5):64-67.

[7] 蒙晓莲,梁卫军,邱仕雄,等.桥梁节段预制拼装技术及其在城市轨道交通中的应用[M].广州:华南理工大学出版社,2006.

[8] 吴志勇,陈怀智,王法武,等.一种大悬臂盖梁式桥墩的预制拼装结构:中国,ZL 2017 2 1083657.4[P].2018.

[9] 周一桥,钱建漳.泰国曼纳高速公路桥—世界上最长及最大预制作业的桥梁[J].国外桥梁,2000

(4):10-14.
[10] 郝良秋,杨博婷.RPC球铰的应用[J].筑路机械与施工机械化,2018,35(5):102-107.
[11] 张琪峰.平转施工桥梁中球铰的设计与计算[J].城市道桥与防洪,2017(11):84-87.
[12] 张联燕,程懋方,谭邦明,等.桥梁转体施工[M].北京:人民交通出版社,2001:18-24.
[13] 张天雷.高墩大跨曲线桥梁墩底转体风险分析与控制[J].铁道建筑技术,2018(5):32-35.

16. 全封闭钢混组合箱梁整体吊装纵隔板配置研究

孙 颖

(广东省交通规划设计研究院股份有限公司)

摘 要 本文以某新建钢混组合梁斜拉桥为例,分析了在整体吊装工况下全封闭钢混组合箱梁中设置纵隔板对桥面板受力的影响,同时对比了不同形式的纵隔板对桥面板受力和吊装拼接时错口效应的影响。设置纵隔板可有效减小钢箱梁板件拼接时的错口效应,桁架式纵隔板加劲效果与开口率为0.414的实腹式纵隔板相当。

关键词 全封闭钢混组合箱梁 整体吊装 纵隔板 开口率 错口效应

一、引 言

斜拉桥采用钢混组合箱梁时,桥面板受力为单向板,组合箱梁整体刚度大,成桥阶段从设计角度出发可不设纵隔板[2],但从施工角度看,纵隔板的设置需要考虑施工吊装方式。裴岷山[3]对宽幅扁平钢箱梁设置纵隔板的作用进行了分析,认为纵隔板可提高钢箱梁的整体刚度,改善悬拼时钢箱截面的相对变形。对比钢箱梁,组合箱梁采用节段整体吊装主梁时,质量比钢箱量大得多,同时需要限制桥面板的拉应力避免开裂,应力方面较钢箱梁宽容度小,纵隔板的设置仍有必要。为进一步验证纵隔板在整体吊装对组合箱梁的加劲作用,本文对某钢混组合斜拉桥施工过程中主梁整体吊装进行实体建模分析计算,承吊主梁截取大桥主梁两个拉索间节段,分析在整体吊装下组合箱梁设置纵隔板的必要性,以及纵隔板的结构形式对整体受力的影响。

二、工 程 概 况

某新建钢混组合梁斜拉桥跨径组合为147.5m+296m+147.5m,主梁采用全封闭钢混组合箱梁,其标准断面梁高3.5m,其中混凝土桥面板等厚28cm。断面全宽37.5m,其中混凝土桥面板宽35m。钢箱梁顶板厚20mm,底板厚12mm,斜底板厚16mm,底板处U肋厚8mm。拉索处横隔板厚16mm,一般横隔板厚12mm,拉索处纵隔板厚32mm,纵隔板的纵向加劲肋厚28mm。主梁截面如图1所示。

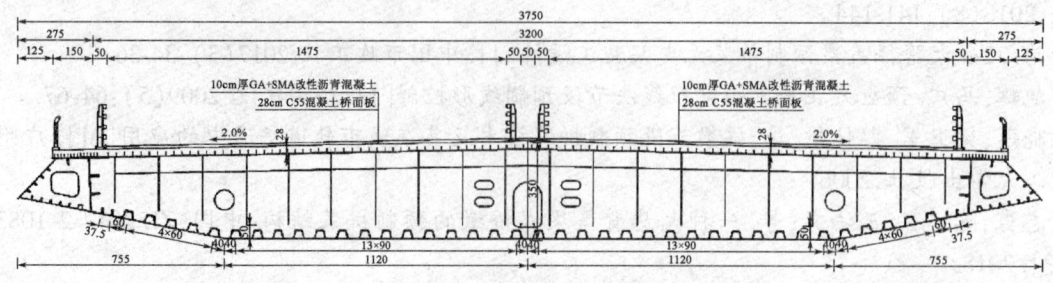

图1 主梁横断面图(尺寸单位:cm)

两个桥梁节段顺桥向共长24m,每个横隔板节段长4m,拉索横隔板纵向位置分别是2m和14m。桥面吊机采用两台吊重500t的吊机,吊机横向间距21.6m,一台吊机有前支点4个,后锚点一个,前后支点间距16m,分别作用在纵向2m和18m的横隔板位置处。主梁节段及吊机平面布置如图2所示。

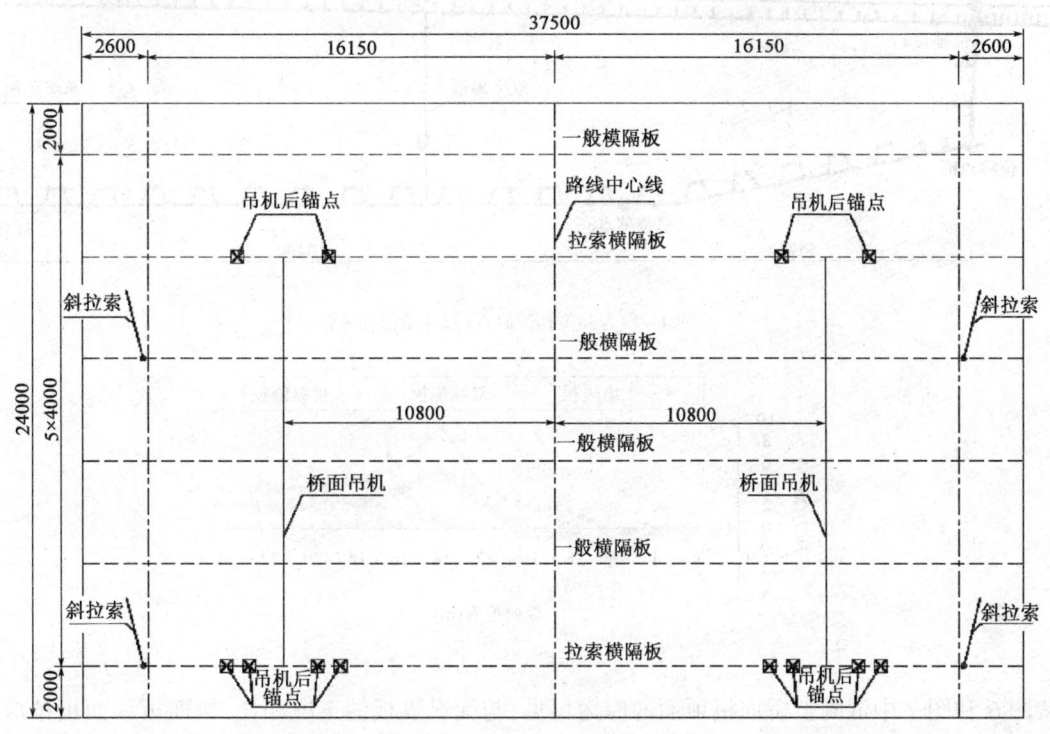

图2 主梁节段及吊机平面布置(尺寸单位:mm)

三、有限元模型建立

实体模型通过通用有限元软件ANSYS建立,承吊主梁截取大桥主梁两个拉索间节段,长度为24m。其中钢板采用SHELL63板单元模拟,混凝土采用SOLID65块单元,钢板与混凝土桥面板通过约束方程连接模拟剪力钉。整体模型如图3所示。

模型考虑结构自重,桥面板预应力及两个节段的拉索力。

起吊梁段自重4550kN,并在计算中考虑0.2的吊装动力系数。桥面吊机自重合计198000kN,经计算,每个前支点的竖向压力为1313.9kN,每个后支点的竖向拉力为767.8kN,以节点力的形式施加于模型相应位置。

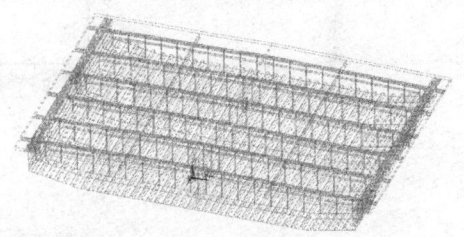

图3 有限元计算模型

四、纵隔板设置位置对整体受力的影响

纵隔板暂定为采用V撑的桁架式,将箱室分为单箱双室(单纵隔板)和单箱三室(双纵隔板)两个方案,与无纵隔板的方案进行对比。

如图4所示,计算选取桥面板三个应力点(应力点A、B、C)观察桥面板顶缘纵向应力。

由图5可以看出,无纵隔板的主梁边腹板处桥面板顶缘拉应力水平较大,在拉索处应力水平达到峰值,而增加纵隔板后,拉应力均有显著减小,其中峰值最大降幅达40%。可见纵隔板的设置起到了横隔板受力的分配梁作用,使各横隔板的受力趋于均匀,从而减少了边腹板顶缘桥面板的拉应力,单纵隔板和双纵隔板作用区别不大。

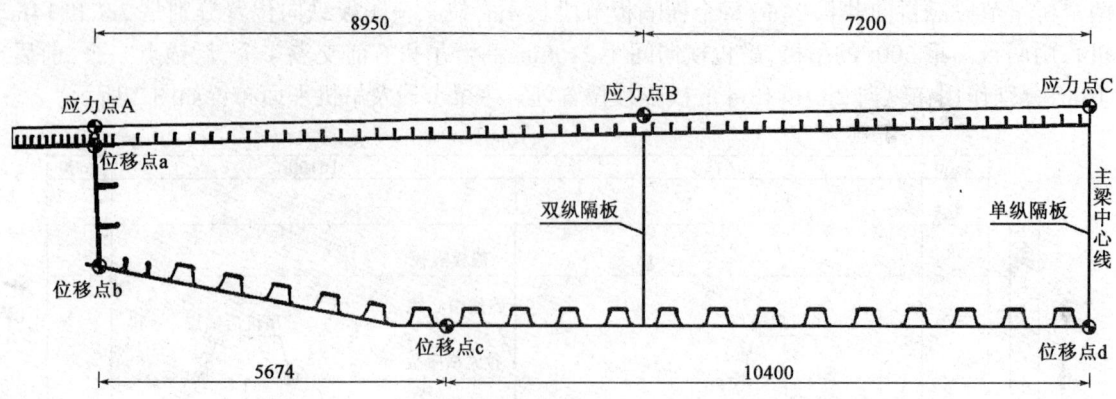

图4 应力和位移读取点(尺寸单位:mm)

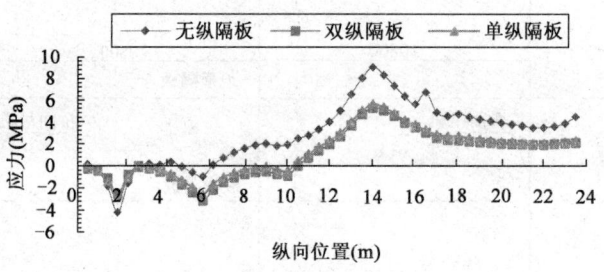

图5 A点应力图

从图6和图7中混凝土桥面板顶面的应力可见,与无纵隔板的工况相比,桥面板顶面板拉应力,在设置纵隔板后拉应力峰值未有改善,但拉应力在对应横隔板位置附近的桥面板顶缘出现应力的急剧变化,拉应力峰值范围很小,属于局部应力集中,分析认为这是因为纵隔板的角点受力引起后,详见本文后续分析。

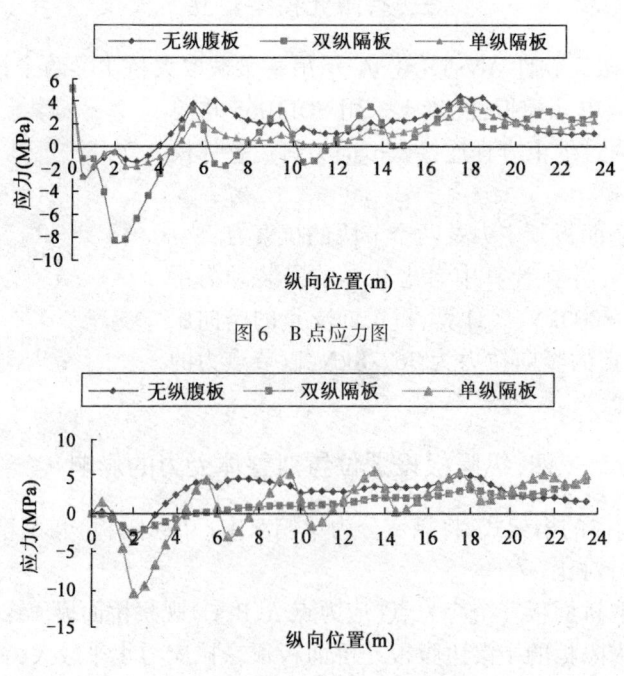

图6 B点应力图

图7 C点应力图

同时,分别读取桁架式纵隔板V撑的杆件受力,单纵隔板和双纵隔板杆件承受的最大压力分别为1990kN和1450kN,从杆件强度和稳定方面看,单纵隔板杆件尺寸要求更高,节点板设计较复杂。

五、纵隔板形式对整体受力的影响

主梁箱梁横断面的畸变,可通过设置横隔板的方式进行控制,对于采用整体吊装的斜拉桥主梁,桥面吊机支点引桥的主梁纵断面箱室的畸变不能忽略,与主梁横隔板类似,控制主梁梁纵断面箱室的畸变也可采用设置纵隔板的形式加以控制。目前纵隔板的形式有实腹式和桁架式两种,纵隔板形式对整体受力的影响实际体现在纵隔板的刚度上。对于采用双纵隔板的单箱三室的断面,参考日本公路钢桥设计指南[1]关于横隔板刚度的计算公式,对比桁架式和不同挖空率的实腹式纵隔板的刚度与纵隔板的最小刚度之比。

由表1的数据可见,桁架式纵隔板刚度最大,实腹式纵隔板的刚度随开口率的增大而减小,满足纵隔板最小刚度的实腹式纵隔板开口率为0.414。

纵隔板刚度对比　　　　　　　　　　　　　　　表1

工　况	桁　架　式	实腹式(开口率)			
		0.315	0.414	0.531	0.646
刚度比	3.845	3.25	1.145	0.618	0.363

对比桁架式和不同开口率的实腹式纵隔板,同样考察图4中桥面板三个应力点(应力点A、B、C)的桥面板顶缘纵向应力(图8~图10),可以看出:

(1)A点应力在桥面吊机的前支点范围不敏感,在后支点范围有所区别,刨除主梁在背塔向端部约束边界的影响,在后一拉索隔板处的桥面板应力差值在1MPa以内,影响较小。

(2)B点位于纵隔板位置的桥面板顶缘,在横隔板的两侧出现应力的急剧变化,拉压应力交替,说明纵隔板斜对角受力,起到了防止横隔板之间箱室畸变的作用,这一点从实腹式纵隔板主应力流可以看出(图11)。另外,由图9可以看出,随纵隔板刚度的增大,B点应力幅值越小,桁架式与开口率0.414的实腹式纵隔板应力水平相当,实腹式纵隔板开口率大于0.414后,应力幅值增大明显。

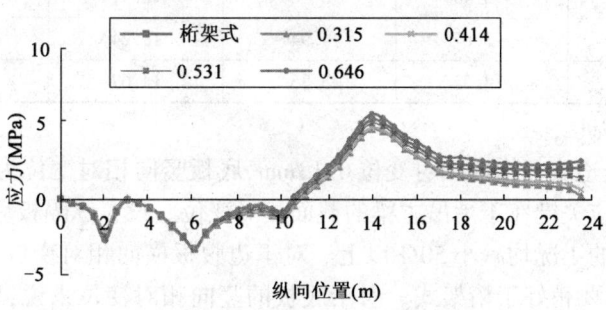

图8　A点应力图

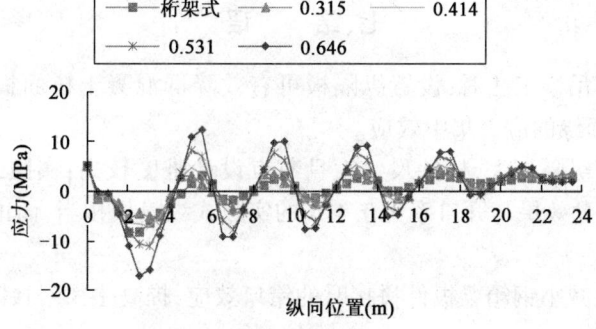

图9　B点应力图

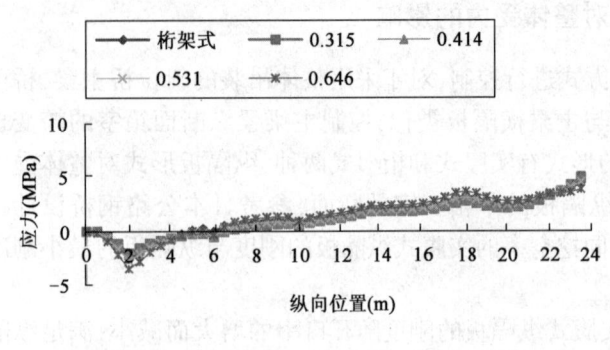

图10 C点应力图

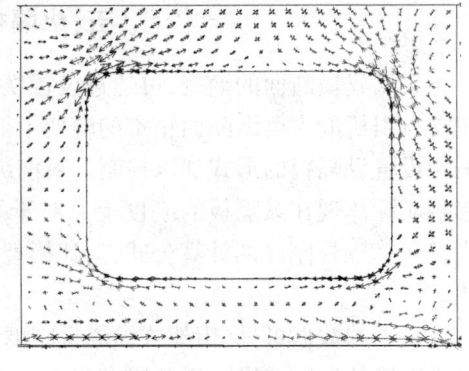

图11 实腹式纵隔板主应力流

(3)C点应力各种形式的纵隔板应力幅值差别不大,均在1MPa以内。

六、纵隔板形式对悬拼接口相对位移的影响

整体吊装主梁时,起吊节段主梁在自重作用下截面向上拱曲,而承吊主梁受桥面吊机前支点压力、起吊主梁重力和自身质量截面向下挠曲,箱梁截面拼接时经常发生箱梁断面钢板错口效应而影响焊接质量,对于自重较大组合箱梁来说更值得关注。为此,计算选取图4中边腹板两个位移点(A、B点)观察横向位移,底板两个位移点(C、D点)观察竖向位移(表2)。

纵隔板位移点位移对比(单位:mm)　　　表2

工况	A点横向	B点横向	A-B	C点竖向	D点竖向	C-D
起吊节段	-0.07	0.06	-0.13	0.66	-0.50	1.16
无纵隔板	3.16	-7.32	10.48	-4.82	-26.56	21.74
单实腹纵隔板	0.45	-4.11	4.56	18.57	16.21	2.36
单桁架纵隔板	0.81	-5.48	6.30	10.51	9.71	0.81
双实腹纵隔板	1.28	-3.67	4.94	18.24	9.23	9.02
双桁架纵隔板	0.63	-4.72	5.35	14.67	2.65	12.02

注:实腹式纵隔板开口率为0.414。

由表2可见,起吊节段边腹板横向相对变位0.13mm,底板竖向相对变位为1.16mm,基本可以忽略,因此主梁拼接中的错口效应关键在于承吊主梁的截面相对变位。设置纵隔板后,承吊主梁的边腹板和底板的相对位移较无纵隔板的工况均减小50%以上。对于边腹板横向相对变位来说,单或双纵隔板相当,均在4~6mm之间,实腹式要稍好于桁架式。对于底板的竖向相对变位来说,单纵隔板主梁相对变位很小,而双纵隔板最大有10mm的相对变位,因拼接过程中先焊接边腹板后拉索卸载,该变位可以恢复,在此仅作为参考。从纵隔板的形式来看,实腹式较桁架式的刚度更大,相对变位更小一些。

七、结　　语

(1)组合箱梁采用整体吊装工法时,设置纵隔板可有效降低混凝土桥面板的应力水平,尤其可以削弱边腹板拉索位置桥面板顶缘的应力集中效应。

(2)单纵隔板受力较双纵隔板大,杆件尺寸大且节点设计难度较高;实腹式纵隔板刚度随开口率增大而减弱,桁架式纵隔板加劲效果与开口率为0.414的实腹式纵隔板相当,而钢材可减少20%以上,因此建议采用双桁架式纵隔板。

(3)设置纵隔板可有效减小钢箱梁板件拼接时的错口效应,提高主梁对接时的钢板焊接质量。

参考文献

[1] 吴冲.现代钢桥(上册)[M].北京:人民交通出版社,2006.

[2] 邵长宇.索承式组合结构桥梁[M].北京:人民交通出版社股份有限公司,2017.
[3] 裴岷山,郝超.宽幅扁平钢箱梁设置纵隔板的作用分析[J].公路,2001,11(11),74-77.
[4] 刘新华.计入边箱约束刚度的斜拉桥主梁索区横隔梁简化计算方法[J].中外公路,2017(5).
[5] 宁立.斜拉桥扁平钢箱梁混合有限元分析[J].中外公路,2009(05).
[6] 彭元诚,刘新华.大跨度混合式叠合梁斜拉桥设计特色与关键技术[J].中外公路,2017(2).

17. AS法在阳宝山大桥中的应用

冯云成 翟晓亮 张延龙 李永庆
(中交第一公路勘察设计研究院有限公司)

摘 要 阳宝山大桥是贵黄高速公路中一座主跨650m的简支钢桁架悬索桥,该桥主缆采用AS法进行架设,是中国内地第一座采用AS法架设主缆的悬索桥,缆索采用恒张力控制法架设。介绍阳宝山特大桥的总体设计特点,重点说明了采用AS法架设主缆时缆索系统设计构造,以及PPWS法架设主缆悬索桥的不同之处。

关键词 悬索桥 AS法 缆索系统 索鞍 锚靴 空隙率

一、引 言

悬索桥主缆的架设方法有空中纺线法(AS法)和预制平行索股法(PPWS法)两种方法。AS法是以钢丝为单元,利用牵引设备往复曳拉主缆钢丝编制索股,直至主缆钢丝全部架设到位的主缆架设方法。该方法在布鲁克林大桥发展成熟,至今已有一百三十多年历史,目前在国外悬索桥建设中AS法依然是主流技术。PPWS法是在工厂或桥址旁的预制场事先将钢丝预制成平行索股,然后利用牵引系统将预制索股在猫道上牵引架设的主缆施工方法。该方法由美国的贝茨莱海姆公司发明,首先应用在美国的新港桥,至今有五十余年的历史,目前PPWS法在国外悬索桥建设中也被大量采用[1]。

从20世纪90年代至今,我国悬索桥的建设取得了巨大的成绩。PPWS法因其工厂化程度高、架设速度快等优点收到我国桥梁建设者的青睐,中国内地修建的悬索桥均采用PPWS法架设主缆,中国香港青马大桥采用AS法架设主缆[2]。

PPWS法在交通受限制的地区存在索股运输困难、索股制作成本高等问题。随着我国山区悬索桥建设需求的增大及超大跨度悬索桥建设项目的总体规划,AS法现场编制主缆的方便性优势得以凸显。同时,采用AS法架设主缆可以减小锚体的规模,在开挖量较大的山区AS法也具有较大的竞争力[3]。本文以中国内地首座采用AS法架设主缆的悬索桥——贵阳至黄平高速公路阳宝山特大桥为例,介绍AS法在国内悬索桥建设中的初步应用。

二、结构设计[4]

1. 总体布置

阳宝山特大桥位于贵定县新巴镇和仙桥乡境内,是贵黄高速公路控制性工程之一。桥位处地势总体南西高,北东低,受溶蚀—侵蚀构造影响,场区地形陡峭,河流深切,地貌类型为溶蚀—侵蚀低中山地貌。相对高差354.4m;桥轴线通过段地面高程为850.8~1187.2m之间,相对高差约316m(至水面)。桥梁横跨独木河,两岸坡面陡峻,坡面坡度约50°,坡面植被发育。

根据地质、地形等条件,阳宝山特大桥主桥采用单跨650m简支钢桁梁悬索桥,垂跨比1/10,贵阳侧主缆边跨为170m,黄平侧主缆边跨为210m。桥型总体布置图见图1,图2为典型横断面。桥梁宽度为

33.5m,双向六车道,计算速度为100km/h,设计荷载为公路-Ⅰ级。

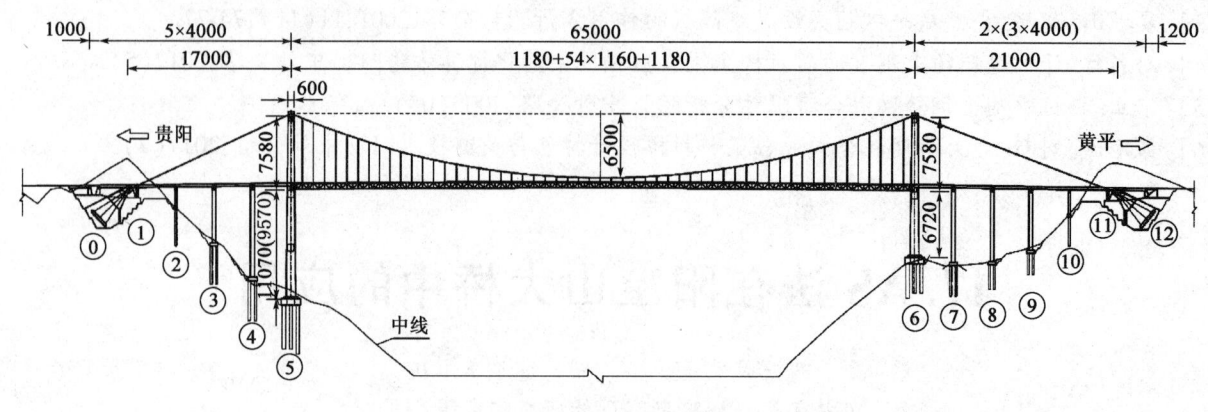

图1 桥型布置图(尺寸单位:cm)

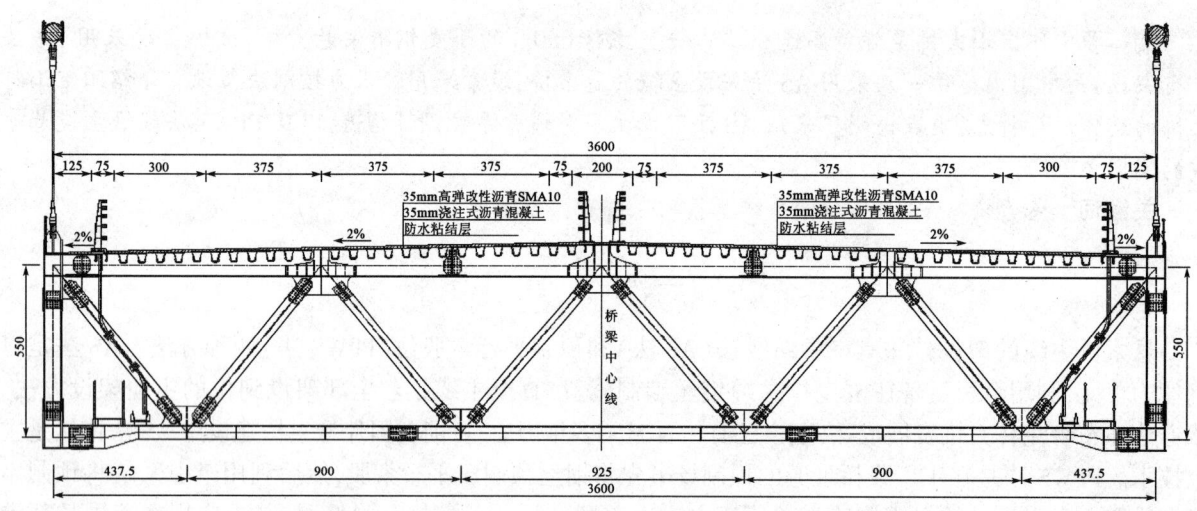

图2 典型横断面(尺寸单位:cm)

主梁的约束体系为在索塔处设置双向活动支座和横向抗风支座,并在每侧索塔处设置2个纵向阻尼器,最大阻尼力为1000kN,冲程±600mm。

引桥采用先简支后结构连续预制T梁,贵阳岸引桥跨径布置为5×40m,黄平岸引桥跨径布置为2×(3×40)m。

2. 主梁

主梁采用板桁结合体系,包括钢桁架和正交异性钢桥面板两部分,主桁架为带竖腹杆的华伦式结构,主桁桁高5.5m,桁宽36m。全桥共划分57个吊装节段,标准节段54个,长11.6m;跨中节段1个,长7m;梁端部节段2个,长8.1m。标准节段由两个节间组成,上弦杆长11580mm,下弦杆长11577.6mm,上下弦杆两个节段的拼接间隙为20mm。标准节段重250t(含桥面板),最大起吊质量210000kN(不含40000kN后吊装桥面板)。

桥面系采用正交异性桥面,桥面板厚16mm,下设U形加劲肋和板式加劲肋。重车道区域U形加劲肋肋高300mm,板厚8mm,行车道其他区域U形加劲肋肋高280mm,板厚8mm。

主横桁架采用单层桁架结构,由上、下弦杆及斜腹杆组成。除梁端部横桁架上弦为闭口箱形截面外,其余上弦均采用工字形截面。下弦采用闭口箱形截面。斜腹杆除端部横桁架部分杆件采用箱形截面,其余均采用工字形截面。

下平联采用K形体系,四个节间设置一道K形平联,相互交叉两个节间布置,梁端部加密布置。平联杆件采用工字形截面。

钢桁梁主体结构除主桁架下弦杆采用 Q420qE,其余采用 Q420qD。

3. 索塔及基础

索塔采用钢筋混凝土框架结构,为适应桥址地形,贵阳岸索塔设计为高低塔。左侧塔柱全高186.5m;右侧塔柱全高171.5m,两侧塔柱高差为15m。黄平侧塔柱总高度143.0m;其中上塔柱高度79.3m,下塔柱高度61.7m,塔座高度2.0m。

索塔两塔柱横桥向倾斜率内侧和外侧一致,均为1/18.45,塔顶中心距离为36.0m;塔柱采用矩形空心截面,塔柱顶平面尺寸为 600×600cm,塔底平面尺寸为 600×1000cm(左)和 600×967.5cm(右),上塔柱壁厚为80cm,中、下塔柱的壁厚为120cm。

索塔承台厚6.5m,平面尺寸为 13.0×20.2m(横桥向×顺桥向),每个承台下方布置6根直径为3.5m的桩基础,为嵌岩桩。

贵阳岸索塔构造如图3所示。

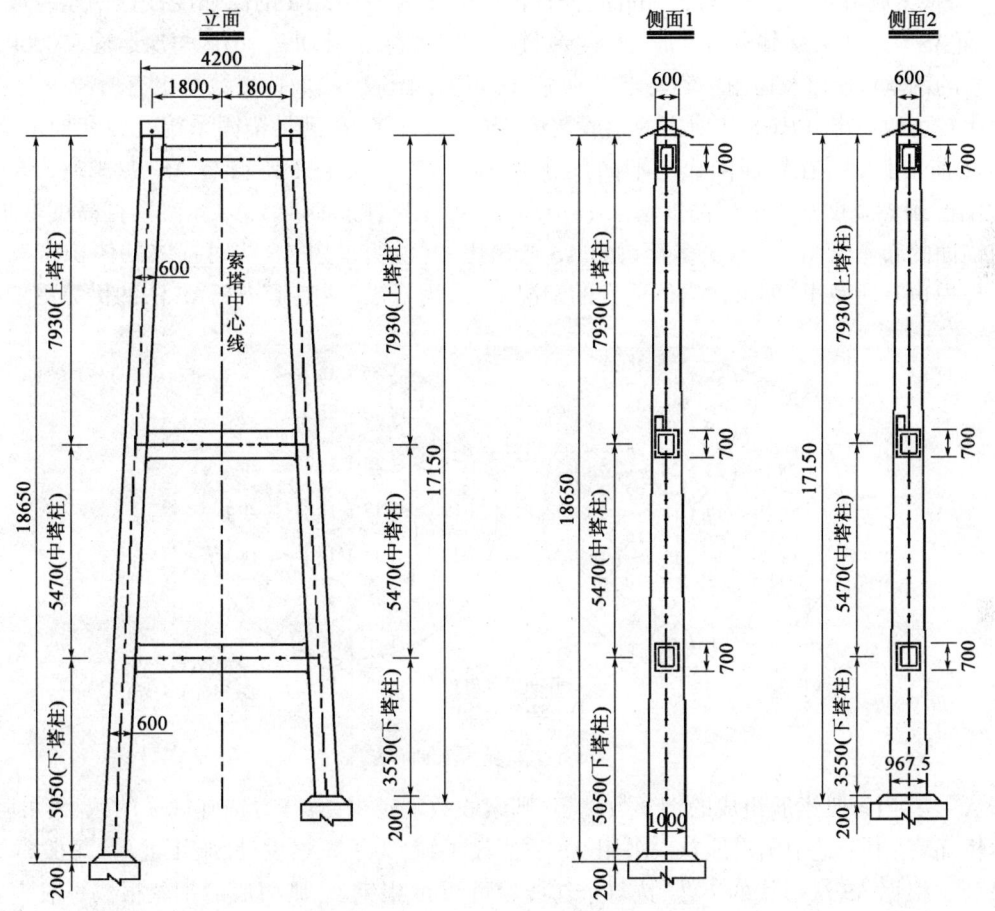

图3 贵阳岸索塔构造(尺寸单位:m)

三、缆索系统设计[4]

1. 主缆总体布置

阳宝山特大桥位于山区,交通条件较差,预制索股运输困难,同时,锚碇位于山坡上,开挖量较大。为方便运输,并考虑减少索股数量、降低锚面尺寸、减小开挖量等因素,本桥主缆采用空中纺线法(AS)架设主缆方法。

阳宝山特大桥主缆计算跨度为170m+650m+210m,主缆垂跨比为1/10。全桥共2根主缆,主缆中心间距36.0m。根据计算,每根主缆由11680根直径5.35mm的镀锌高强钢丝组成。

2. 索股

AS 法是在现场编制索股,基本不受运输条件的限制,因此每根索股的钢丝根数可以达到 500 根以上,一般是在 300～500 根之间。在主缆承载能力(或安全系数)基本相同的情况下,比较了 320 根 $D5.35$、396 根 $D5.28$、496 根 $D5.3$、590 根 $D5.51$ 四种索股,同时也与 PPWS 法进行了比较,如表 1 所示。

索股比较 表1

索股钢丝根数(根)	320(336)	396	496	590	91(PPWS)
每根缆钢丝数(根)	11680	12000	11904	11020	11557
钢丝直径(mm)	5.35	5.28	5.3	5.51	5.38
索股数(股)	10 股 336 + 26 股 320 共 36	30	24	19	127
前锚面索股排列的平面尺寸(m)	65(横)×72(高)	60×65	60×52	56×56	64×86.4

如果采用 PPWS 法架设主缆,每根主缆中从贵阳岸锚碇到黄平岸锚碇通长索股有 127 股,贵阳岸边跨设 4 股背索。每根索股由 91 根直径为 5.35mm、公称抗拉强度为 1860MPa 的高强度镀锌钢丝组成,单股重约 35000kg。而 AS 法不需要运输通常索股,而是要运输钢丝,每卷约 2000kg。山区每次运输 35000kg 的重量和 2000kg 一卷的钢丝对便道及运输车辆要求差别显著;同时,锚碇前锚面锚点数量也有所减少。

通过比较可以看出:PPWS 法所需的索股数比 AS 法多许多,在满足锚固系统受力和构造要求的前提下,PPWS 法前索股中心在锚面围成的平面尺寸为 64(横)×86.4m(高),与 AS 法 320(336) 丝索股的 65×72m 相比,虽然宽度小 1m,但高度增大 14.4.m,考虑主缆倾斜(44°)的影响,垂直高度增加 10.36m。索股在前锚面的布置见图 4。与更多丝数的 AS 法相比,这说明采用 AS 法时锚体的体积将有所减小,锚碇基础的规模也有所减小,如果在岩体适宜的情况下,采用岩锚(或隧道锚),AS 法的优势更加明显。

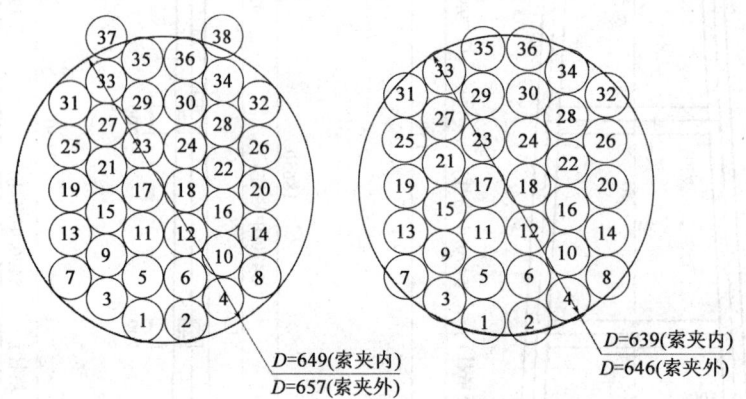

图 4 索股在前锚面的布置

对于 AS 法,当每股索股组成的钢丝数越多,则索股数就越少,意味着锚碇规模的减小,可降低工程造价。就本桥而言,由于是中国内地首次采用 AS 法假设主缆,为了积累设计、施工经验,每股索股按约 320 根钢丝设计。根据 AS 法纺线的工艺,按每个纺线轮可纺 m 根钢丝,则每股的钢丝根数一般为 m 的倍数。本桥按 $m=4$ 设计,从贵阳岸锚碇到黄平岸锚碇通长索股有 36 股,每根索股由 320(336) 公称抗拉强度为 1860MPa 的镀锌高强钢丝组成,其中,1～10 号索股为 336 根钢丝,11～36 号索股为 320 根钢丝。贵阳岸边跨设 2 股背索,每根背索由 192 丝组成。采用 AS 法架设主缆后,主缆索股布置如图 5 所示。

3. 主缆孔隙率

根据国外悬索桥工程实践成果,AS 法孔隙率在 19%～22%,比 PPWS 施工主缆的孔隙率 18%～20% 要大 2 个百分点左右,表 2 给出了部分已建成悬索桥主缆空隙率。《公路悬索桥设计规范》(JTG/T D65-05—2015)规定:PPWS 法一般部位 18%～20%,索夹内 16%～18%;AS 法一般部位 19%～22%,索夹内 17%～20%。经过多方调研,结合目前国内钢丝生产水平、架设能力、成桥主缆钢丝平行度、紧缆工艺等综合考虑,阳宝山大桥空隙率采用索夹处 18%,一般部位 20% 的主缆[1,5,6]。

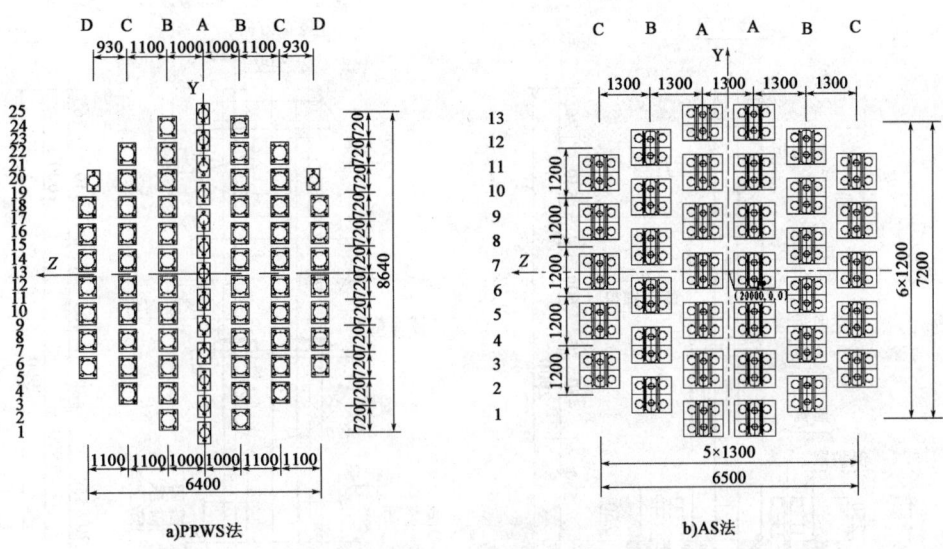

图5 主缆索股布置示意图(尺寸单位:mm)

部分建成的悬索桥主缆的空隙率　　　　表2

桥　名	国　别	主缆直径(mm)	施工方法	成桥实测值(%)	
				一般部位	索夹部位
乔治·华盛顿大桥	美国	914.4	AS	22.7	21.2
金门大桥	美国	909.3	AS	19.4	17.4
福斯公路桥	英国	596	AS	21.7	18.9
丰岛大桥	日本	322	AS	20.6	19.7
下津井濑户大桥	日本	930	AS	19.9	19
平户大桥	日本	368	AS	22.4	19.7
大贝耳特海峡东桥	丹麦	827	AS	21	19
光阳大桥	韩国	1545	AS	20	18

中跨和黄平岸边跨主缆索夹内直径为639mm,索夹外直径为646mm;贵阳岸边跨主缆索夹内直径为649mm,索夹外直径为657mm。

4. 主缆索股锚固

(1)锚固系统

锚固系统由索股锚固连接构造和预应力锚固构造组成。索股锚固连接构造由锚靴、拉杆及其组件、连接垫板组成;拉杆在前锚面位置与被预应力钢束锚固于前锚面的连接垫板相连接,另一端与锚靴相连接。组成索股的钢丝绕过锚靴,通过锚靴把缆力传给拉杆,拉杆通过连接垫板将缆力传给预应力钢束,然后预应力钢束将缆力传给锚体,锚体通过自身的压缩和剪切将缆力传至整个锚碇,最后通过锚碇基础将缆力传至地基,实现锚固功能。锚固系统构造见图6。拉杆直径135mm,永久拉杆长度1850mm;为了便于施工过程索股调整,永久拉杆外漏一侧设置连接构造,可以进行接长,用于接长施工临时拉杆。施工临时拉杆的直径也为135mm,临时拉杆长度1000mm。

索股在锚体中采用预应力锚固体系,每股索股对应设置4束15-15的填充型环氧涂层钢绞线,涂层表面碳砂,张拉完成后采用真空压浆技术在管道内压注水泥浆。

(2)锚靴构造

锚靴是主缆采用AS法架设的悬索桥中特殊构件,将索股与锚固钢拉杆连接起来,起到连接和传力的作用。采用ZG230-450材料。锚靴凹槽底部半径不应小于主缆钢丝直径的70倍。

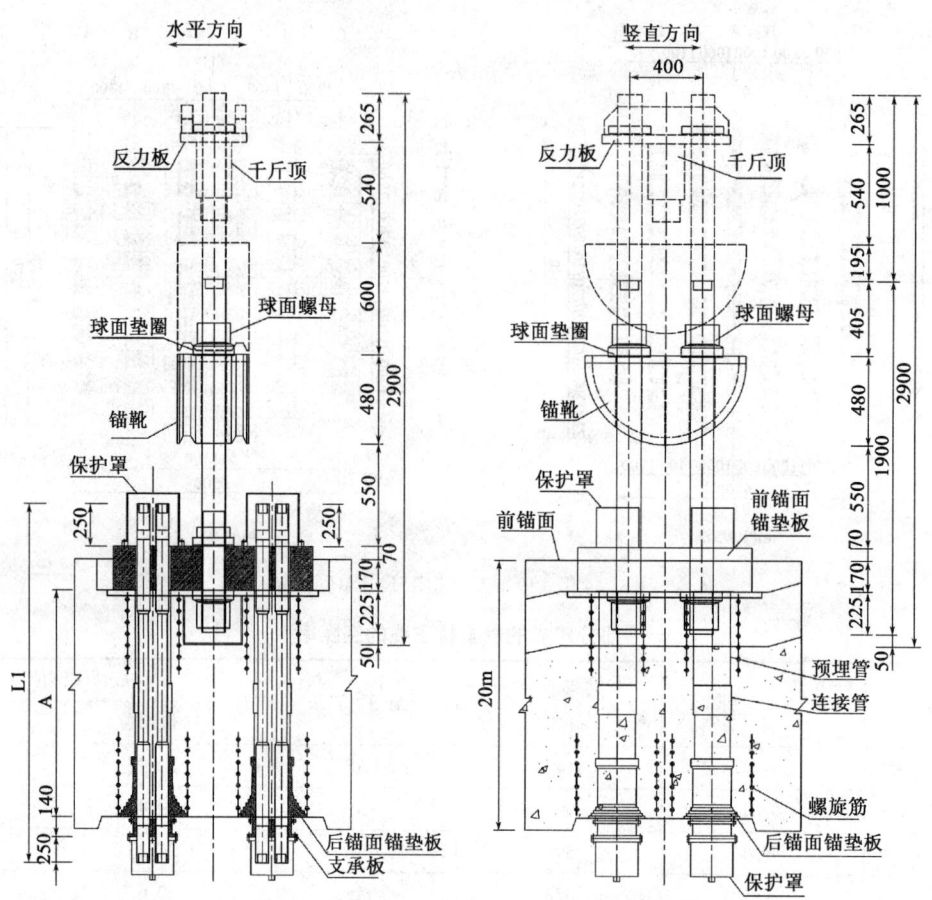

图6 锚固系统构造图(尺寸单位:mm)

锚靴索槽底的半径为 $R400$,凹槽底宽 40.54mm,槽深 40mm,根据计算,底层钢丝的侧向压力为 351.2kN/m。锚靴构造见图7。

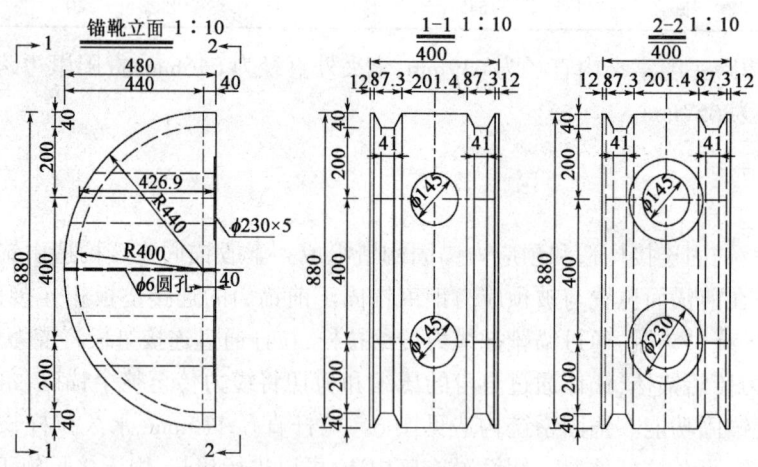

图7 锚靴构造图(尺寸单位:mm)

5. 吊索

吊索采用预制平行钢丝束,钢丝采用 $\phi5.0$mm 镀锌高强钢丝,钢丝标准抗拉强度不小于1670MPa。吊索采用销接式,吊索上端通过叉形耳板与索夹连接,下端通过叉形耳板与钢桁架主梁上弦杆顶面的耳板连接。吊索间距约为1160cm,边吊索至索塔中心线距离约为1180cm,每一吊点设置2根吊索。每根普通吊索由 109 根 $\phi5.0$mm 镀锌高强钢丝组成,最靠近塔侧的每根吊索由 121 根 $\phi5.0$mm 镀锌高强钢丝组成。

设计考虑上、下端叉形耳板与锚杯之间的螺纹共有±40mm调节量,用以调节制造、施工等引起的吊索长度误差。

所有索夹均采用上下对合型结构形式,用高强螺杆连接紧固,为保证在预紧高强螺杆作用下索夹能紧抱主缆,在两半索夹间留有适当的缝隙,接缝处嵌填氯丁橡胶防水条防水。索夹壁厚均为35mm。形耳板采用45号锻钢,索夹采用牌号ZG20Mn的低合金钢铸造。

6. 索鞍

主索鞍鞍体采用全铸分体式结构;两半鞍体通过定位销定位,然后用高强螺栓把合,使其连接成一个成体。鞍体下设不锈钢板—聚四氟乙烯板滑动副,以适应施工中的相对移动。为增加主缆与鞍槽间的摩阻力并方便索股定位,鞍槽内顺桥向设竖向隔板,在索股全部就位并调股后,在顶部用锌块填平,再将鞍槽侧壁用螺杆夹紧。为减轻吊装运输重量,将鞍体分成两半,吊至塔顶后用高强度螺栓拼接,半鞍体吊装质量不超过40000kg。悬索桥采用AS法架设主缆,由于索股钢丝根数多,对索鞍的构造要求也发生变化。国外已建成AS法架设主缆悬索桥索鞍多为焊接结构,阳宝山特大桥设计过程中在研究国外相关桥梁索鞍基础上,结合国内索鞍铸件工艺成熟的现状,采用了宽槽路厚隔板铸造索鞍。索股对应的索鞍槽路宽89mm,隔板厚度为10~16mm。

主索鞍鞍体为铸钢件,材料牌号为ZG270-480H,应符合《一般工程用铸造碳钢件》(GB/T 11352—2009)标准和《焊接结构用铸钢件》(GB/T 7659—2010)标准。主索鞍上、下承板为钢板焊接成,材料牌号为Q235B。贵阳岸侧背索锚梁为铸钢件,用高强螺栓连接到鞍体上。

四、锚 碇

锚碇采用重力式嵌岩锚碇,明挖扩大基础的结构形式,以中风化石灰岩作为持力层,锚碇平面尺寸为58m×54m,贵阳岸锚碇高度为42m,黄平岸锚碇高度为40.5m。锚碇后端底面设置两级平台,锚碇支墩基础底部采用锯齿形斜坡面。贵阳侧锚碇立面布置如图8所示。在锚碇基坑开挖边坡设计时,考虑到边坡高或为顺层(贵阳岸),且大部分边坡为永久边坡,为防止边坡失稳,采用预应力锚索及锚杆等进行边坡加固和防护。

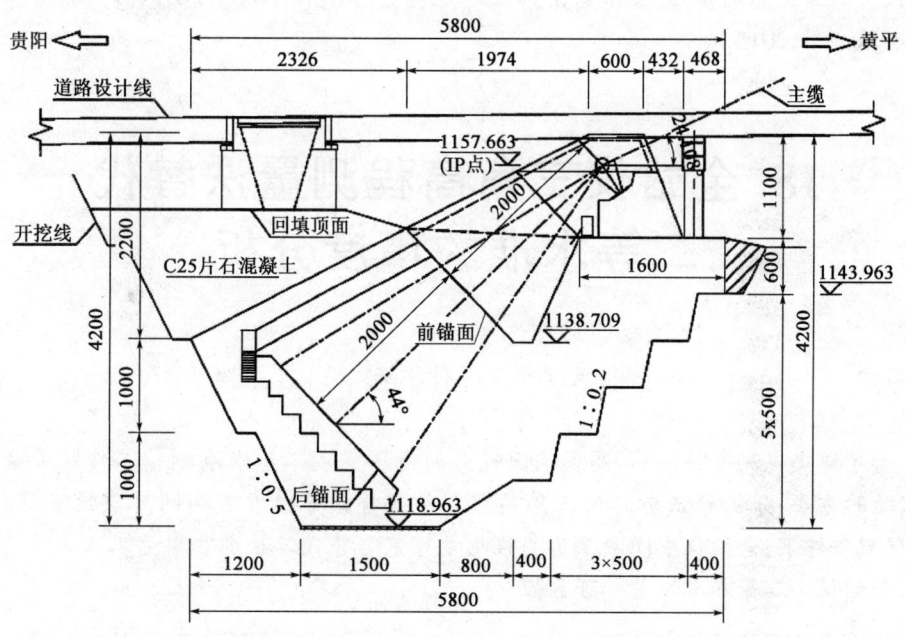

图8 贵阳侧锚碇立面布置图(尺寸单位:cm)

五、总体施工方案

阳宝山特大桥主要的施工方案为：明挖施工两岸重力式锚碇，爬模施工两岸主塔塔柱，采用预埋牛腿搭设桁架支撑模板浇筑塔柱横梁。采用缆索吊装安装主梁节段，提梁平台布置在黄平侧塔前。

主缆采用 AS 法现场架设。AS 法历经早期的自由悬挂钢丝法、高张力法到最新技术的恒张力控制法（也称为等强度控制）[6-8]，施工效率大为提高，并且降低了作业强度。阳宝山特大桥采用了目前最新的恒张力控制法。

六、结　语

AS 法架设主缆具有不用工厂制作索股、可省去索股制造费用且运输方便等优势，对运输条件受限的山区悬索桥建设和超大跨度悬索桥建设具有一定的技术经济优势。贵黄高速公路阳宝山特大桥建设将补充和完善我国悬索桥的设计方法和施工工法，对推动 AS 法在我国悬索桥中的应用有促进作用。

贵阳至黄平高速公路阳宝山特大桥于 2018 元月开工建设，预计 2021 年建成通车。

参考文献

[1] 悬索桥主缆空中纺线法施工技术研究[R].中交第二公路工程局有限公司,2012.
[2] 孟凡超.悬索桥[M].北京：人民交通出版社,2011.
[3] Niels J. Gimsing. 大贝尔特海峡：东桥[M].成都：西南交通大学出版社,2008.
[4] 贵黄高速公路阳宝山特大桥两阶段施工图设计[S].中交第一公路勘察设计研究院有限公司,2018.
[5] 金芝艳.韩国光阳大桥设计[J].世界桥梁,2011(5).
[6] 侯光阳.韩国李舜臣大桥设计与施工方法创新[J].世界桥梁,2013(8),114-116.
[7] 杨宗根.挪威哈罗格兰德大桥 AS 法架设主缆施工方法探讨[J].公路交通技术,2015(5),75-79.
[8] 刘振标.挪威哈当厄尔大桥的设计与施工[J].世界桥梁,2012,40(2).
[9] 林长川.悬索桥主缆的二次应力[C].第十一届全国桥梁学术会议.
[10] 张伟,潘方悬索桥主缆的二次应力分析[J].郑州大学学报(工学版),2005(10).
[11] 聂利芳.悬索桥主缆二次应力分析与研究[D].成都：西南交通大学,2010.
[12] 中华人民共和国交通运输部.公路悬索桥设计规范：JTJ/T D65-05—2015[S].北京：人民交通出版社股份有限公司,2015.

18. 全站仪三角高程测量法替代二等水准的精度分析

王　磊　刘　洋

（天津市交通科学研究院）

摘　要　为了解决观测条件不利,高差范围较大的地区完成二等水准测量工作所带来的问题,通过理论分析和试验的方法,分析验证全站仪三角高程测量代替二等水准观测的可靠性和可行性。结果表明：在合理的观测条件下,全站仪中间法三角高程测量可完全替代二等水准测量。

关键词　全站仪　二等水准测量　可靠性

在地面起伏不大的区域进行高差测量时,几何水准测量是比较合适的测量方法。但是在条件复杂,高差起伏差异大的地方,往往因场地范围小,监测高差比较大,在采用二等水准观测时需要在小范围内进行多站短视距观测。该观测法不但工作量大,而且由于多站观测导致测量误差不断累积。

三角高程测量能够在地形复杂、高差较大的环境中作为高程测量的一种重要、有效的手段,其主要有单向观测法和对向观测法[1-2]。因此,通过理论联系实践提出了全站仪中间法三角高程测量,此方法具有不需观测点之间互相通视,操作灵活,测量效率高,并且不需量取仪器高、棱镜高等优点,提高了三角高程测量精度[3]。本文从三角高程测量原理出发,根据误差传播定律,推导全站仪中间法三角高程测量的误差数学模型,全面分析了全站仪中间法三角高程测量的精度以及与影响因素的相关性。

利用全站仪进行电磁波测距三角高程测量代替二等水准观测是可行的。为保证监测精度,除了要注意遵守二等水准观测的相关要求外,还要采取以下措施:

设站点应设置在已知点与监测点的中间位置或者到两点之间的距离大致相等;尽量采用多个精密水准联测的已知点作为三角高程测量基准的方法减少测站数和转点数;监测点和已知点应尽量设置为强制对中结构,以减少对中等误差的影响。采取以上措施可以有效保证监测精度并提高工作效率。

一、全站仪中间法

三角高程测量原理及数学模型如图1所示,在已知高程点 A 和待测高程点 B 上安置反光棱镜,在 A、B 中间位置选择与两点均通视的 O 点安置全站仪,测得倾斜距离 S_1,S_2,竖直角 α_1,α_2,据三角高程测量原理,O、A 两点间高差 h_1:

$$h_1 = S_1 \sin\alpha_1 + c_1 - r_1 + i - v_1 \tag{1}$$

式中:S_1,α_1——为 O 至 A 点的倾斜距离和竖直角;

c_1,r_1——为 O 至 A 点的地球曲率改正数和大气折光改正数;

i——仪器高;

v_1——A 点的棱镜高。

其中:地球曲率改正数为:$c_1 = \dfrac{S_1^2}{2R} \cos^2\alpha_1$

大气折光改正数为:$r_1 = \dfrac{k_1 S_1^2}{2R} \cos^2\alpha_1$

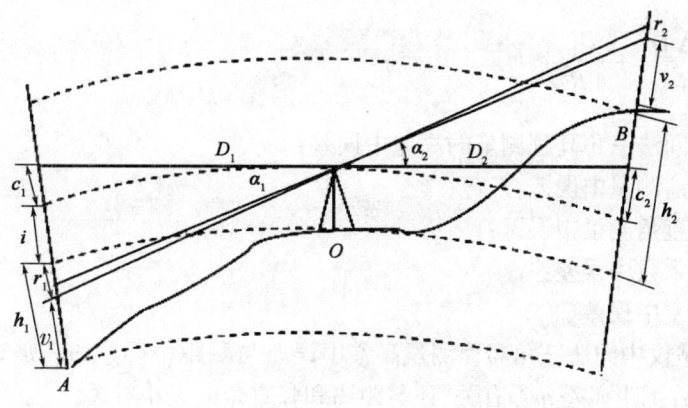

图1 全站仪中间法三角高程测量原理

R 为地球曲率半径($R = 6371 \text{km}$);k_1 为 O 至 A 的大气折光系数。则式(1)可表达为:

$$h_1 = s_1\sin\alpha_1 + c_1 - r_1 + i - v_1 = S_1\sin\alpha_1 + \frac{1-k_1}{2R}S_1^2\cos^2\alpha_1 + i - v_1 \tag{2}$$

同理可得 O,B 之间的高差为:

$$h_2 = S_2\sin\alpha_2 + c_2 - r_2 + i - v_2 = s_2\sin\alpha_2 + \frac{1-k_2}{2R}S_2^2\cos^2\alpha_2 + i - v_2 \tag{3}$$

式中：S_2, α_2 ——为 O 至 B 点的倾斜距离和竖直角；
c_2, r_2 ——为 O 至 B 点的地球曲率改正数和大气折光改正数；
i ——仪器高；
v_2 —— B 点的棱镜高。

则 A, B 两点之间的高差为：

$$h = h_2 - h_1 = S_2\sin\alpha_2 - S_1\sin\alpha_1 + \frac{1-k_2}{2R}S_2^2\cos^2\alpha_2 - \frac{1-k_1}{2R}S_1^2\cos^2\alpha_1 + v_1 - v_2 \quad (4)$$

二、全站仪中间法三角高程测量精度分析

1. 全站仪中间法三角高程测量中误差数学模型

根据误差传播定律[4]，对式(4)进行微分，可得高差中误差 m_h 为：

$$m_h^2 = \tan^2\alpha_2 \cdot m_{D_2}^2 + \tan^2\alpha_1 \cdot m_{D_1}^2 + D_2^2\sec^4\alpha_2 \cdot \frac{m_{\alpha_2}^2}{\rho^2} + D_1^2\sec^4\alpha_1 \cdot \frac{m_{\alpha_1}^2}{\rho^2} + \frac{(1-k_2)^2 \Delta D^2}{R^2}m_{D_1}^2 +$$

$$\frac{(1-k_2)^2 D_1^2}{R^2} \cdot m_{\Delta D}^2 + \frac{D_1^2 \Delta D^2}{R^2} \cdot m_{k_2}^2 + \frac{D_1^2 \Delta k^2}{R^2} \cdot m_{D_1}^2 + \frac{D_1^4}{4R^2} \cdot m_{\Delta k}^2 \quad (5)$$

因全站仪中间法三角高程测量几乎是在相同的条件下进行的，故可认为 $k_1 \approx k_2 = k$，并假定 $m_{k_1} = m_{k_2} = m_{\Delta k} = m_k$。同时由于 $D_1 \approx D_2 = D$，所以，假设

$m_{D_1} = m_{D_2} = m_D, m_{\alpha_1} = m_{\alpha_2} = m_\alpha$。同时，$\frac{(1-k_2)^2 \Delta D^2}{R^2}$ 和 $\frac{D_1^2 \Delta k^2}{R^2}$ 两式的值很小，可忽略不计。故式(5)可变为：

$$m_h^2 = (\tan^2\alpha_2 + \tan^2\alpha_1) \cdot m_D^2 + \frac{D^2}{\rho^2}(\sec^4\alpha_2 + \sec^4\alpha_1)m_\alpha^2 + \frac{(1-k)^2 D^2}{R^2} \cdot m_{\Delta D}^2 +$$

$$\left(\frac{D^2 \Delta D^2}{R^2} + \frac{D_1^4}{4R^2}\right) \cdot m_k^2 \quad (6)$$

式中：m_h ——全站仪中间法三角高程测量的高差中误差；
m_D ——全站仪距离测量中误差；
m_α ——全站仪竖直角测量中误差；
m_k ——大气折光系数中误差；
$m_{\Delta D}$ ——前后视距差中误差。

由式(6)可知：全站仪中间法三角高程测量高差中误差与测距中误差 m_D、竖直角中误差 m_α、大气折光系数中误差 m_k 及前后视距离差 $m_{\Delta D}$ 有关，还与距离和竖直角的大小有关。

2. 全站仪中间法三角高程测量精度分析

在进行全站仪中间法三角高程测量高差精度估算时，为了简便计算，可取 $\alpha_2 = -\alpha_1, m_{\Delta D} = \Delta D, m_D = \pm 3mm, m_k = 0.07$（即大气折光系数的一半），$k = 0.14, R = 637km$，然后按照不同视距、不同竖直角、不同前后视距差、不同测角中误差，根据式(6)可计算出全站仪中间法三角高程单程中误差。根据有关学者研究[5-6]：在全站仪中间法三角高程测量中，若路线单程高差中误差小于 $\pm 4.0\sqrt{D}$ mm 时，就可认为达到二等水准测量的精度。其中，D 为全站仪至立镜点 A 或 B 的距离，以 km 为单位。表1为不同条件下的高差中误差。

全站仪中间法三角高程测量高差中误差(mm)　　　　　　　　　　　　　　　　　　表1

距离 D (m)	测角中差 (″)	高差中误差 m_h (mm)			角中误差 (″)	高差中误差 m_h (mm)			二等水准差 (mm)
		10°	15°	20°		10°	15°	20°	
50	2	1.025	1.351	1.726	0.7	0.786	1.165	1.568	±0.894
	1	0.825	1.192	1.590	0.5	0.768	1.153	1.557	
300	2	4.332	4.580	4.931	0.7	1.733	1.977	2.301	±2.919
	1	2.300	2.527	2.836	0.5	1.387	1.658	1.997	
400	2	5.770	6.050	6.461	0.7	2.291	2.511	2.809	±2.530
	1	3.051	3.271	3.577	0.5	1.825	2.055	2.362	
500	2	7.238	7.561	8.034	0.7	2.927	3.129	3.413	±2.828
	1	3.860	4.082	4.397	0.5	2.361	2.562	2.834	
600	2	8.741	9.107	9.647	0.7	3.645	3.837	4.114	±3.098
	1	4.737	4.962	5.290	0.5	2.995	3.173	3.423	

由表1可知,当测角中误差一定时,全站仪中间法三角高程测量高差中误差随着距离和垂直角的增大而增大,测距误差对高差中误差的影响要小于测角误差对高差中误差的影响;视距差在小于10m范围内,其对高差中误差影响不大。

3. 全站仪中间法三角高程测量精度与影响因素相关性分析

全站仪中间法三角高程测量精度受观测距离、垂直角、测角中误差、前后视距离差等因素的影响。本文主要对三角高程测量精度与影响因素之间相关性、变化趋势进行分析,总结其变化规律[7-8]。高差中误差与影响因素的相关性如图2、图3所示。

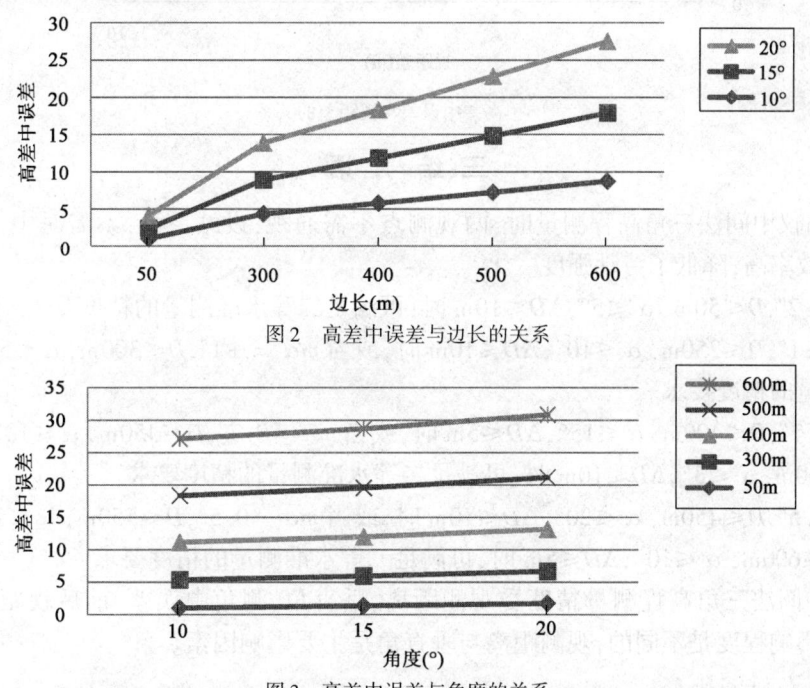

图2　高差中误差与边长的关系

图3　高差中误差与角度的关系

由图2可知:在全站仪中间法三角高程测量中,当测距小于600m时,高差中误差随着距离的增加而增加,其增加幅度较为缓慢,呈缓慢的上升曲线。由图3可知:在全站仪中间法三角高程测量中,在10°~20°范围内,高差中误差随着垂直角的增加而增加,增加幅度较大;在5°~10°范围内,高差中误差随着垂直角的增加而增加的幅度较为平缓;垂直角大于10°后,增加幅度变大,整体变化趋势呈缓慢上升曲线。由于地势的原因,在精密高程测量中,垂直角一般在20°以内,很少能达到15°或20°,所以一般主要分析

20°以内高差中误差与垂直角之间的相互关系。

由图4可知,在全站仪中间法三角高程测量中,在测角中误差为±0.5″~0.7″范围内时,高差中误差随着测角中误差的增大而基本不变;在±0.7″~1.0″范围内时,高差中误差缓慢增加;±1.0″~2.0″范围内时,高差中误差增加幅度变大,在±0.5″~2.0″范围内整体变化趋势为先平缓,后缓慢上升的曲线。

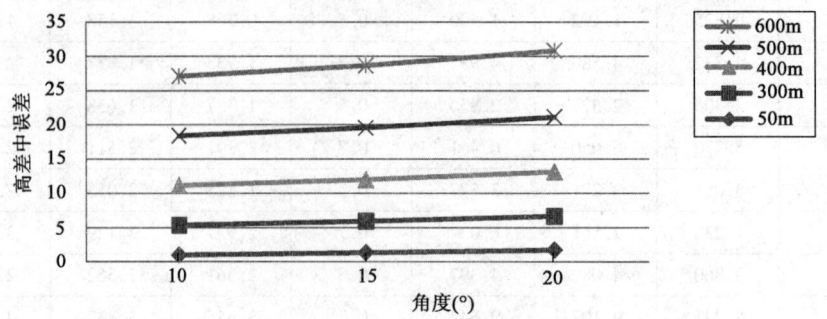

图4　高差中误差与测角中误差的关系

由图5可知,全站仪中间法三角高程测量中,当前后视距离差在10m范围内,高差中误差基本不变,呈一条水平直线。因此在实际观测过程中,将视距差控制在10m以内就可满足精度要求。

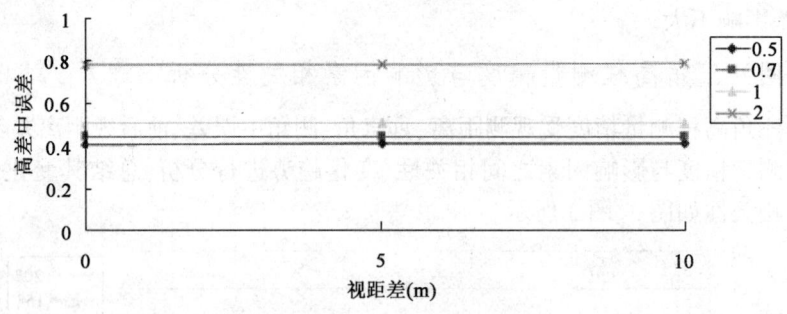

图5　高差中误差与视距差的关系

三、结　语

(1)采用全站仪中间法三角高程测量时,两观测点不需通视,设站灵活,不需对中,也不需量取仪器高、棱镜高,观测效率高,降低了劳动强度。

①当 $m\alpha = \pm 2″, D \leq 50m, \alpha \leq 5°, \Delta D \leq 10m$ 时;可满足二等水准测量的精度要求。

②当 $m\alpha = \pm 1″, D \leq 250m, \alpha \leq 10°, \Delta D \leq 10m$ 时,或当 $m\alpha = \pm 1″, D \leq 300m, \alpha \leq 5°, \Delta D \leq 5m$ 时;可满足二等水准测量的精度要求。

③当 $m\alpha = 0.7″, D \leq 400m, \alpha \leq 15°, \Delta D \leq 5m$ 时,或当 $m\alpha = 0.7″, D \leq 450m, \alpha \leq 10°, \Delta D \leq 10m$,或当 $m\alpha = 0.7″, D \leq 600m, \alpha \leq 3°, \Delta D \leq 10m$ 时,可满足二等水准测量的精度要求。

④当 $m\alpha = 0.5″, D \leq 450m, \alpha \leq 20°, \Delta D \leq 10m$ 时,或当 $m\alpha = 0.5″, D \leq 550m, \alpha \leq 15°, \Delta D \leq 10m$,或当 $m\alpha = 0.5″, D \leq 600m, \alpha \leq 10°, \Delta D \leq 5m$ 时,可满足二等水准测量的精度要求。

(2)全站仪中间法三角高程测量精度受观测距离、垂直角、测角中误差、前后视距离差等因素的影响。但是它们的影响程度是不同的,观测距离与垂直角是主要影响因素。

参考文献

[1] 张智韬,黄兆铭,杨江涛.全站仪三角高程测量方法及精度分析[J].西北农林科技大学学报(自然科学版),2008,36(9):229-234.

[2] 程小龙,高俊强,黄陈.全站仪中点法三角高程测量代替二等水准测量研究[J].地矿测绘,2011,27(1):19-21.

[3] 刘天斯.Python自动化运维:技术与最佳实践[M].北京:机械工业出版社,2014.

[4] 武汉测绘科技大学测量平差教研室.测量平差基础[M].北京:测绘出版社,1996.
[5] 蒋利龙.近地层大气折光系数变化特征分析[J].东北测绘,1999,22(1):3-5.
[6] 杨晓明,杨帆,宋玮,等.中间法电磁波测距三角高程代替精密水准测量的研究[J].测绘科学,2012,37(2):182-184.
[7] 晏红波,黄腾,邓彪.智能全站仪精密三角高程测量替代二等水准测量[J]水电自动化与大坝监测,2007,31(4):43-47.

19. 钢筋最优下料新算法研究

张师定

(上海同豪土木工程咨询有限公司)

摘 要 本文对钢筋下料工艺过程进行了高度抽象,建立了钢筋下料物理模型;进而结合专家经验及数学思维,提出用不等式组模型求解可行切割方案,再用整数线性规划模型求解切割方案最优使用次数,从而建立了新的钢筋最优下料数学模型。该模型创新性地解决了线形材料切割下料最优求解问题,最后,讨论了解的收敛性与切割方案数目、需求钢筋长度种类数目之间的相互影响。

关键词 钢筋下料 优化算法 物理模型 数学模型 整数线性规划 智能制造

一、背 景

在工程建造过程中,钢筋加工必须依据施工设计图提供的钢筋设计大样进行钢筋下料(切割)的施工深化设计。

钢筋加工必然产生废料。欲减少废料量,需要优化加工工艺。

现行钢筋下料数学模型为一线性规划,其缺点是忽略了切割方案之需求,缺乏切割方案的自动求解,不能全面满足实践需求。

因此,必须深度挖掘钢筋下料工艺过程,建立新的物理模型及相应的数学模型,才能更好地满足实践需要,实现智能制造。

二、专家经验与物理模型的建立

目前,对于采购原料为长条状(定尺长)情形,工程上采用"加法"与"混合法"等经验方法,在小范围内选择集中切割方案,进行粗略优化,钢筋浪费现象严重,亟须技术提升。

对钢筋下料工艺过程进行高度抽象,本文提出以下准则:

钢筋最优下料准则:满足钢筋专业规范等要求,依据钢筋设计图(施工设计图),对钢筋原材料进行最优下料,即在生产钢筋产品的同时,要求钢筋残余量(废料)最小,交付下料数据与成果,以便驱动钢筋切割机。

现场钢筋加工工艺安排原则如下:

(1)先加工钢筋根数较多者,后加工根数较少者。

(2)先加工(单根)长度较长者,后加工长度较短者。

(3)尽量减少和缩短废钢筋(头)。

现场钢筋下料经验总结如下:

(1)对于(单根)钢筋长度>定尺者,考虑"长短合理搭配原则"。

(2)对于(单根)钢筋长度≤定尺者,考虑"钢筋相加原则"及"钢筋混合原则"。

从几何上分析,每根设计钢筋属于"一笔画"。其超越定尺长(或定尺长之整数倍)部分需要切割而产生。

钢筋下料物理模型——钢筋下料实质为若干钢筋长度的线性组合。

三、算 法 研 究

1. 数学模型建立

在物理模型的基础上,经数学分析,提出不等式组模型式(1),用来求解切割方案:

$$\begin{cases} h_j l - \sum n_{ij} l_i \geq 0 & (1a) \\ h_j l - \sum n_{ij} l_i \leq a \times \min\{\max\{35d, 500\}, \min\{l_i\}\} & (1b) \\ a \times \min\{\max\{35d, 500\}, \min\{l_i\}\} < \dfrac{1}{2} & (1c) \\ h_j \geq 1, 整数 & (1d) \\ n_{ij} \geq 0, 整数 & (1e) \\ a \geq 1 & (1f) \\ i = 1, \cdots, m(钢筋长度种类数) & (1g) \end{cases}$$

式中:l——钢筋原料定尺(已知);

h_j——切割方案使用定尺数目(整数),当 $\max\{l_i\} \leq 1$ 时,$h = 1$;当 $\max\{l_i\} > 1$ 时,$h = 1$(初值),终值 = $[\max\{l_i\}/l] + 1$,步距 = 1(注:钢筋虽长,切割只有 1 次,残料只在切割时产生);

l_i——第 i 种钢筋设计长度(已知);

d——钢筋规格关键参数(已知);

n_{ij}——第 j 种切割方案生成第 i 种钢筋的根数,其形成切割方案矩阵,为式(1)模型的解,该矩阵的列数为切割方案数目(k);

a——松弛系数(由经验引入),初值 = 1,步距 = 0.01(经验),终值:一旦切割方案数 $k = m + 1$ 时,停止迭代搜索(a 值不再增加)。

式(1b)及式(1c)结合了桥梁钢筋规范要求。该线性不等式组式(1)的非负整数解,将形成切割方案 $C_j = \{n_{ij}\}$,可行解的数目就是切割方案的数目。

当切割方案已知的情况,提出如下整数线性规划模型式(2),求解各切割方案的最优使用次数。

$$\min \sum g_j (h_j l - \sum n_{ij} l_i) \tag{2a}$$

s. t.

$$\sum g_j n_{ij} = n_i^* \tag{2b}$$

$$g_j \geq 0, 整数 \tag{2c}$$

$$j = 1, \cdots, k \tag{2d}$$

式中:g_j——第 j 切割方案使用的次数,其形成切割方案使用次数矩阵,其最优行向量为式(2)模型的解;

n_i^*——第 i 种钢筋(设计长度)需求根数(已知);

k——切割方案的数目(已知)。

$$残料指标 = \dfrac{\sum g_j(h_j l - \sum n_{ij} l_i)}{\sum g_j h_j l} \tag{3}$$

综合模型(1)及模型(2),建立了钢筋下料参数化模型,其参数见表 1 所示。

钢筋下料模型参数表　　　　表1

钢筋种类(设计长度)	切割方案 c_1	切割方案 c_2	切割方案…	钢筋目标根数
l_1	l_{11}	l_{12}	…	n_1^*
l_2	l_{21}	l_{22}	…	n_2^*
l_3	l_{31}	l_{31}	…	n_3^*
…				…
切割方案使用次数	g_1	g_2		

2. 线性规划之整数规划解法

式(1)模型表现为不等式组,通过全局搜索,可得到解。

式(2)模型表现为整数线性规划,可采用单纯形法求解。

3. 对式(2)模型解之讨论

(1)当 $k>m$ 时,约束方程组有多个解,可以求解目标值,得到最优解。

(2)当 $k=m$ 时,约束方程组有一个解(行列式值$\neq 0$)或无解(行列式=0)或无穷多个解(行列式=0),当只有一个解时,目标值谈不上最优,只是唯一可行解。

(3)当 $k<m$ 时,约束方程组无解。

可见,最好要求切割方案数 $k>m$;退而求其次要求 $k=m$;不允许 $k<m$。

四、结　语

本文对钢筋下料问题做了新的探索,提出了新的数学模型,可供理论研究参考。

如果进一步考虑加工工艺损耗、融合专业经验,则可开发有关业务软件,运用软件实现钢筋自动最优下料,从而驱动钢筋加工机自动生产,其有着广阔的市场前景及较高的经济效益与社会效益。

参考文献

[1] 黄红选.数学规划[M].北京:清华大学出版社,2006.
[2] 张师定.桥梁总体设计构思[D].成都:西南交通大学,2017.
[3] 中交公路规划设计院.公路钢筋混凝土及预应力混凝土桥涵设计规范:JTG 3362—2018[S].北京:人民交通出版社股份有限公司,2018.
[4] 尹朝庆.人工智能与专家系统[M].2版.北京:中国水利水电出版社,2009.

20. 平潭海峡大桥移动模架造桥机创新设计

张乐亲[1]　黄伟民[1]　王东辉[2]　胡国庆[2]

(1.武汉通联路桥机械技术有限公司;2.中国中铁大桥工程局集团)

摘　要　针对开合模空间狭小的混凝土梁桥建造用移动模架造桥机,创新设计了一款直接将底模横向分段纵向成三条、而中间梁条形底模独立自动过孔,以及简洁的刚性前承重腿的新型移动模架造桥机。在平潭海峡特大桥首次应用成功,简单高效安全。

关键词　移动模架　造桥机　梁条形中间底模　独立过孔　刚性支腿　底模工作车

一、引　言

平潭海峡公铁两用特大桥中40~50m跨径的混凝土梁桥均是用移动模架造桥机施工建造的。公路桥在上层为双幅、铁路桥在下层为中置单幅,上下两层桥共墩。下层铁路桥的横向空间受公路桥墩的限制,且要求三台移动模架(公路两台、铁路一台)可同断面同时施工。该海峡特大桥桥位凶险风大,是世界上最难修建的大桥之一。全桥已合拢,本文着重论述其49.2m跨铁路简支PC梁桥建造用的移动模架造桥机的创新设计。

二、总体创新方案

1.总体方案的确定

(1)简支桥梁的桥墩前半部是空出的,有利于布置前承重支腿,尤其是铁路桥墩顶面很宽厚。兼顾通用性、选择上行式是最优的方案。

为提高工效,研究设计将钢箱主梁加钢桁导梁的总长略大于两倍桥跨。

(2)进而、前承重支腿采用刚性支腿(与主梁刚性连接),有利于空间布置和承载,简单且安全。

移动模架的承载主梁属中等跨度大荷载,且部分受扭。故主梁选用钢箱梁。

(3)两支座中间的底模采用自成一体、独立过孔的梁条状底模,横桥向不动、边底模(及侧翼模)主动与之开合。

此创新直接解决造桥机开模、避开桥墩过孔的核心难题。

2. 组成描述

整机由辅助前支腿、前刚性承重支腿、后承重支腿、后辅助支腿;外模及其支撑系统、梁条形中间底模、底模工作车;内模系统;由主梁导梁横梁组成的主框架;上部工作车;电液系统和辅助装置组成。

3. 主要技术性能参数

机型:双钢箱主梁两跨上行式。

适应桥跨:简支桥梁35~50m跨。

梁桥坡度:纵横向均为3%。

桥梁曲线:大于2000m。

桥梁质量:小于1600000kg(跨内)。

挠跨比:主梁≤1/600,导梁悬臂≤1/175,外模板≤1/600。

控制风速:过孔≤7级;其他工作≤8级;生存风速≤16级。

动力条件:5AC,380V,50Hz。

过孔效率:小于8h/次。

三、工况原理及过孔步骤

1. 合模浇筑工况

平潭海峡大桥移动模架造桥机用其后承重支腿支撑在已浇梁端头桥面、前承重固定刚性支腿支撑在前墩顶前半部,从而支撑起由两根主梁等组成的造桥机主框架。外模板通过吊挂结构和吊杆传力给主框架(其中相对独立的中间底模条与边侧底模相连)。在外模床上轧制混凝土桥梁钢筋→安装内模系统和端模→轧制梁体顶板钢筋→于是形成了混凝土桥梁的空间、浇注混凝土→等到凝固后对混凝土梁体实施预应力张拉→脱模(图1)。

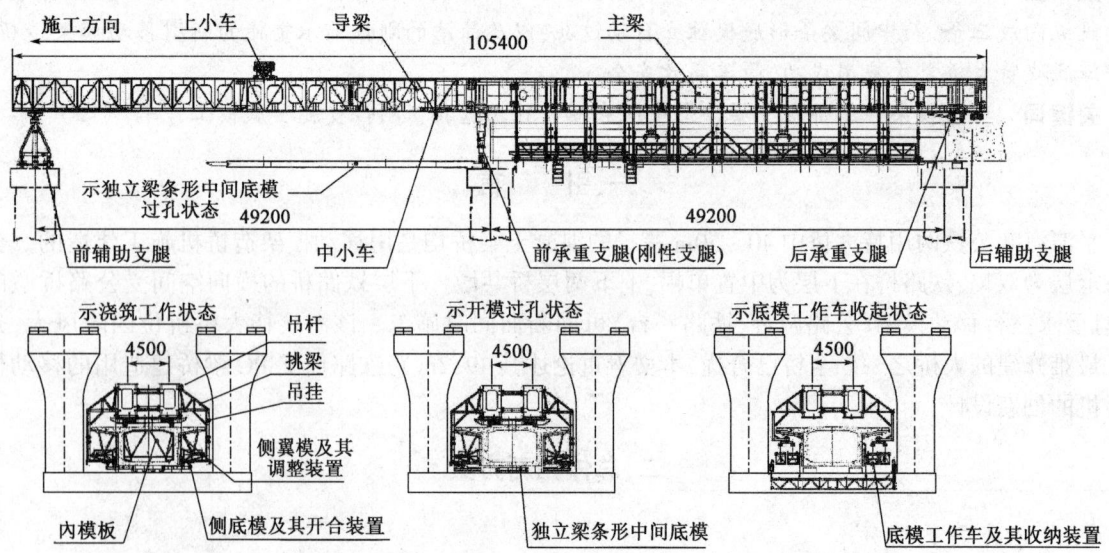

图1 平潭海峡大桥移动模架造桥机总图(尺寸单位:mm)

2. 脱模过孔工况

张拉完成后→整机靠自重下降10~20cm→解除连接螺栓、边侧底模向两外侧仅少量打开→中间梁条形底模落于其小支承上,独立过孔→主梁导梁及外模床过孔→与已到位的中间底模合模。

跨墩过孔的障碍就是底模。创新设计的中间底模梁条的设置,就是大大减少边侧底模的开模距离从而实现简单。具体过孔见下节"过孔步骤"(图2)。

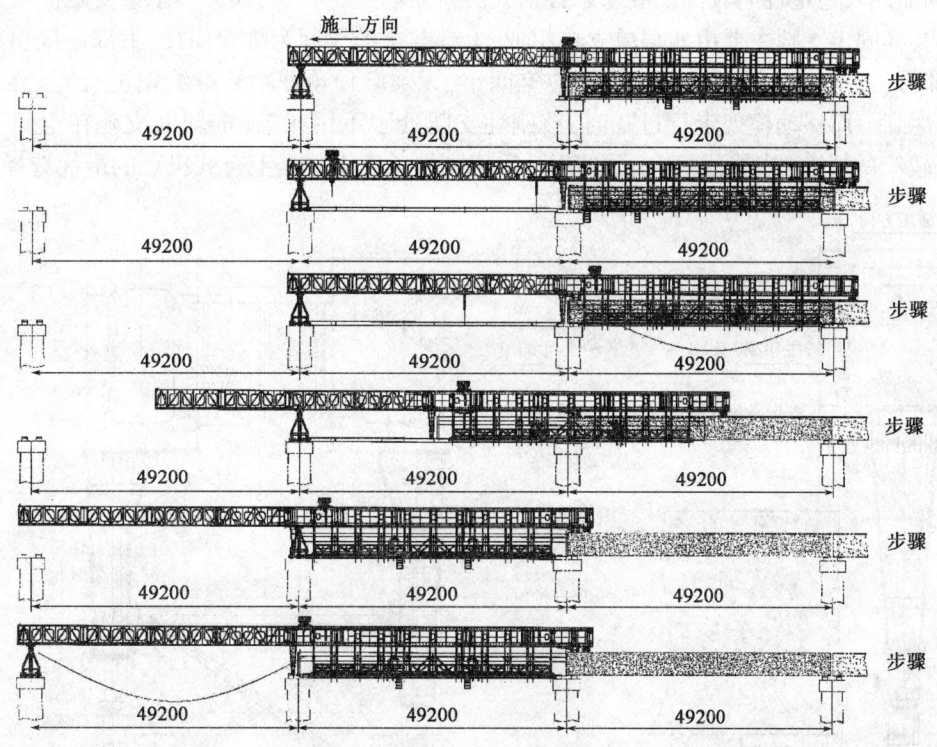

图2　平潭海峡大桥移动模架造桥机过孔步骤图(尺寸单位:m)

步骤1:落模、开模,当前孔完成后,用两承重支腿的顶升油缸将整机垂直下降,靠整机自重脱离混凝土梁贴合面。用开模油缸将边侧底模分别向两侧外推(见图1)。而中间底模梁条落于其支承。

步骤2:运送中间底模,利用上小车、中小车、原前墩的中间底模小支承和底模工作车4者配合将中间底模运送至下一跨等待再合拢。

步骤3:自动倒腿、准备过孔,收缩后承重支腿顶升油缸,使主框架等由后辅助支腿和固定刚性支腿支承。再驱动后承重支腿自身的纵移油缸将其自身倒运至前墩刚成梁的桥面处并安装就位,准备纵移过孔。

步骤4:纵移过孔,顶升刚就位的后承重支腿油缸,并完全收起固定刚性支腿的顶升油缸,以使主框架等由前辅助支腿和刚就位的后承重支腿和后辅助支腿支承受力。驱动纵移油缸,使主框架带着模床向下一孔移动。

步骤5:就位、合模,纵向移动模床等到位。操作开模油缸推动边侧底模向内与中间梁条形底模合拢。驱动各支腿顶升油缸,同时同步顶升主框架高程到位,调整底模、侧翼模板并装吊杆。

步骤6:摆正姿态,利用上小车吊运前辅助支腿至超前墩安装就位。安装预应力混凝土箱梁支座。摆正并验证造桥机模床的各种定位尺寸和姿态。准备进行浇筑工况。

四、主要创新点

1. 简支梁桥模架的机型优选

梁桥的建造装备,不论是架桥机还是造桥机都分为:上行式和下行式两种。下行式因为对桥墩和桥梁曲线要求高,导致其通用性差,所以现实中上行式机型较多。而上行式机型最大的困难是前承重腿的站位(空间)问题。

简支梁桥最突出的特点是前桥墩的前半部分是空出的,这就给前承重支腿的布置提供方便。所以一般情况下简支梁桥的建造装备应采用上行式机型。

移动模架施工时,前承重支腿支撑在待浇梁前墩的前半部分,且预留混凝土梁体张拉空间,故对前承重支腿的结构形式及稳定性有较高的要求。针对此类桥梁的施工特点,模架前承重支腿优选采用固定式刚性支腿结构,其固定支腿主要由两根单立柱组成,上部与主箱梁间为螺栓固接,下部连接顶升油缸支撑在墩顶前半部份(图3)。此支腿的优点为站位空间小,无须墩顶预埋精轧螺纹钢进行复杂锚固,操作极为简单,安全性高。而移动模架走行过孔时,该刚性支腿处于不用状态(前辅助支腿在空间上避开了此腿)。即对于较窄的桥墩(或需预留空间的桥墩)采用刚性承重支腿是上行式机型的最优选择。

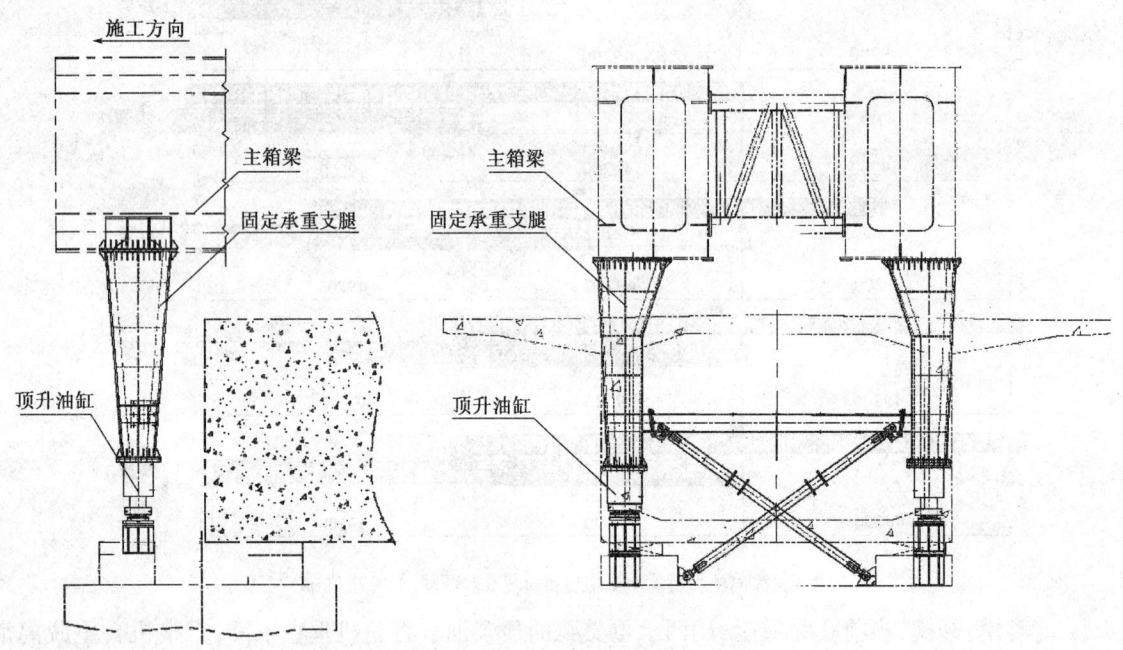

图3 前承重支腿(刚性支腿)桥墩站位示意图

2. 中间(梁条形)底模独立及其过孔的创新技术

平潭海峡大桥为公铁两用桥共用一个上下分层的桥墩,铁路桥梁被夹在两公路桥墩内,间距仅850mm、且底部为整体肥墩。于此,其开模方式无论是平开还是旋开都不可能;除非采用折叠再平开和旋开,但此方案比较麻烦、不安全。

因此本文研究设计了独立的中间底模从混凝土梁下墩顶上的间隙中过孔的解决方案(图1、图4)。

移动模架造桥机自动过孔最核心的困难就是如何开底模以躲开桥墩。针对上述问题,采用朴素的工程哲学观念,创新地直接解决底模开合问题:将桥墩两支座垫石间的底模独立直接从中缝间移位过孔;而桥墩支座垫石及外边的底模(很窄)按常规小距离平开即可。

所以整个底模横桥向分成三段,两侧的侧底模横向开模随整机过孔;中间底模设计成较强结构,单独成梁,由底模工作车、中小车和上小车等配合吊运过孔。参照图4说明如下:

步骤1:起吊中间底模、准备过孔,上小车起吊中间底模前端导向架,两个底模工作车在后端托起中间底模。

步骤2:中间底模过孔,同时启动上小车及底模工作车的驱动装置,使中间底模向前移动,前底模工作车接近超前墩时,两个底模工作车顶升油缸收缩,使中间底模支撑在墩顶上,中小车起吊中间底模中间吊点。

步骤3:继续过孔,中间底模由上小车、中小车、后底模工作车配合吊起继续向前移动,后底模工作车接近前底模工作车时,中小车摘钩、后底模工作车顶升油缸收缩,使中间底模支撑在墩顶上。

步骤4:过孔到位,中间底模被吊起继续向前移动直至就位。待与边底模会合并拴接。

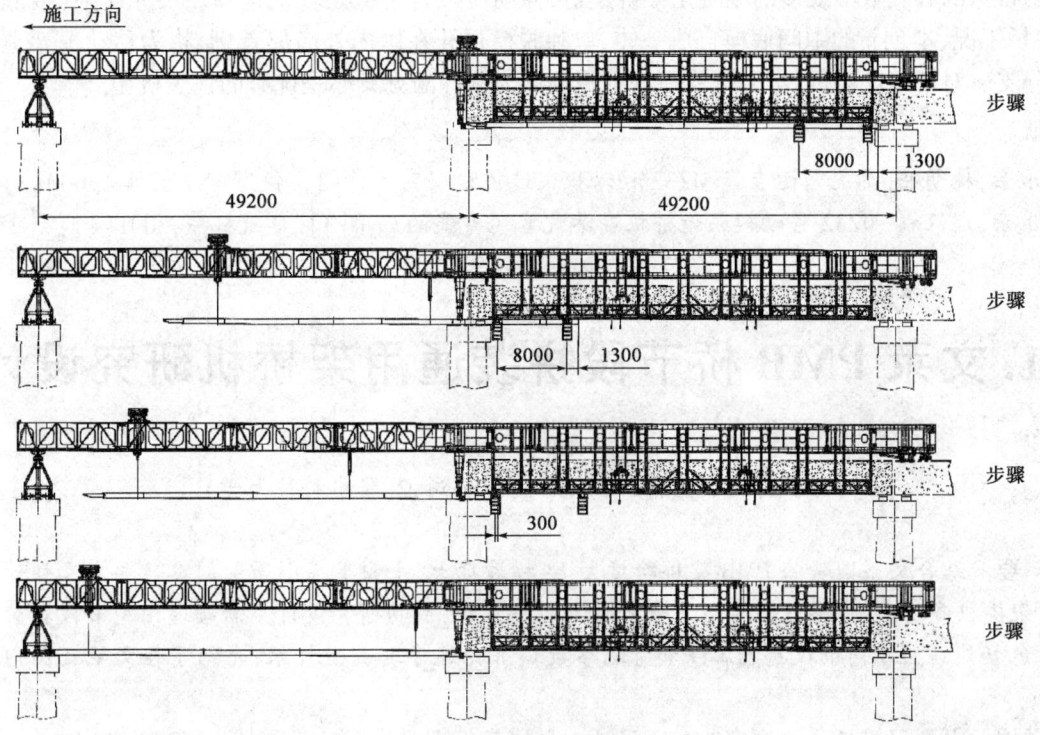

图 4　独立梁条形中间底模过孔步骤图(尺寸单位:mm)

3. 底模工作车

底模工作车主要作用:一是协助运送中间底模过孔;二是连接底模螺栓及吊杆拆装时作为施工人员的操作平台(图5)。

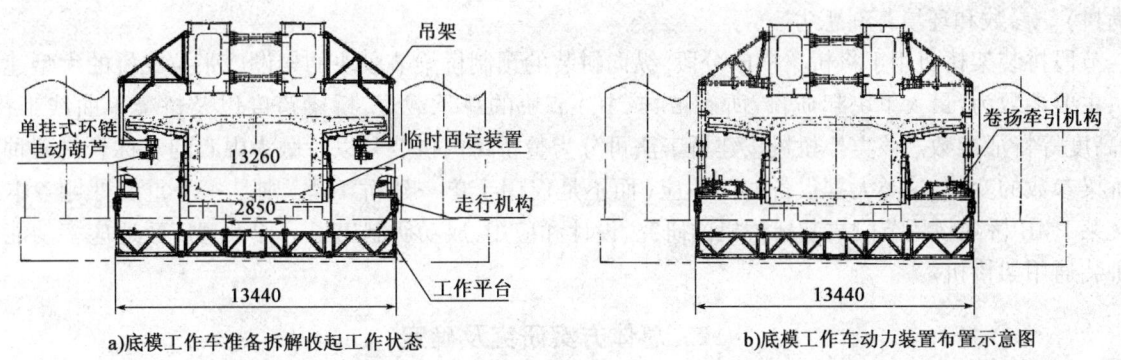

图 5　底模工作车示意图(尺寸单位:m)

底模工作车主要由工作平台、卷扬机牵引机构、走行机构、吊架及临时固定装置等组成。底模工作车设计成可以折叠、旋转的结构形式,展开时可以作为施工人员拆装底模的工作平台;随主机过孔时折叠并旋转藏于侧翼模外围空间处,以方便模架顺利过孔。

五、实践应用情况

平潭海峡特大桥同时使用的移动模架造桥机近20台。就铁路桥而言,使用造桥三孔混凝土梁后,都发现这款创新设计的移动模架是相对好用的、安全高效简洁,明显比其他复杂机型安全好用高效。通过使用实践,各项功能和指标均达到了设计预期。

六、结　语

对于特殊的和孔数不太多的混凝土梁桥建造,移动模架造桥机是较优选择。尺寸受限(或底模特别宽)的建桥工况,本创新的中间底模自成一体、单独脱模过孔在国内外尚属首例,将为移动模架造桥机增添新的分支。对于简支梁桥,本上行式前承重腿设计为刚性的方案亦是优秀的代表机型。

参考文献

[1] 张乐亲,林荫岳.秦沈客运专线 MZ32 移动模架造桥机研究设计[J].铁道标准设计,2000(3):9-11.
[2] 张乐亲,周汉林.MZ32 移动模架造桥机在秦沈客运专线的应用[J].建筑机械,2001(4):23-25.

21. 文莱 PMB 桥节段拼装通用架桥机研究设计

张乐亲[1]　陈　刚[1]　孙庆龙[1]　李振环[2]

(1. 武汉通联路桥机械技术有限公司;2. 华中科技大学)

摘　要　结合文莱国跨海 PMB 梁桥跨度大、纵横坡度大、平曲半径小等苛刻参数要求和快速建设需要,针对架桥机多功能、广泛适用等通用性之技术经济目标,成功研究设计了新颖通用型节段拼装架桥机(通用性包括能适应不同节段拼装工法和苛刻参数);并论述了其关键技术,介绍了在文莱及国内的成功应用。

关键词　大型架桥机　快速建造　通用性　大坡度　小曲线　对称悬拼　满跨吊拼

一、引　言

文莱 PMB 桥是连接文莱陆地与 PMB 岛的一座跨海混凝土梁桥,主桥为 96m 跨连续刚构共三孔。其余均为 60m 跨连续梁桥,最大纵坡 3.5%,最大横坡 8%,最小平曲径 560m,采用对称悬拼(兼每联首末半跨满拼)。参数和环境苛刻恶劣。

节段拼装架桥机用于将桥梁横向分段、纵向拼装的预制桥梁节段块的架设后张拉成桥的大型建桥装备。主要参数为:最大单块起质量、所有被挂(托)节块的总承载量、桥梁跨度以及桥梁平曲线半径、坡度、高度等特征参数。该类架桥机按建桥工法可分为整桥跨内拼装和以桥墩为中心的对称悬拼两种。由于桥梁参数的变化,这类大型设备如何适应(而不是仅用于单一建桥工程)则是一个重要课题。本文结合文莱 PMB 桥建设用节段拼装架桥机的研究、设计和应用,成功研制出了一种大型广泛适应多功能的节段拼装通用架桥机。

二、总体方案研究及确定

(1)既然要通用,有广泛的适应性和多功能,就必须采用上行式。因为下行式对桥墩、桥平曲线、桥宽等要求高不能满足通用性。

(2)由于要兼顾对称悬拼和满跨吊拼,还要兼顾桥下和桥面后喂送梁块方式,主梁加导梁的总长度为两跨半式。

(3)因为荷载大、跨度大,为方便运输,架桥机主梁宜采用上下双层结构。

(4)跨度大、平曲半径小,选择专利技术:将导梁与主梁间设可平转的接头(对应天车亦具备变跨通过弯道的功能)。

(5)设置起重 250t 的小跨门式起重机两台,20t 前辅助行车一台,10t 后辅助行车一台。均为全变频

PLC 控制。

(6) 具备超前墩墩顶块自架功能;适应大坡度;减少对桥梁桥墩复核验算工作。则对前、中、后共四条支腿大幅度增大升降行程。

(7) 创新设计支承梁块吊杆的吊挂孔道。

(8) 根据上述问题研究,设计出如图1方案(具体关键技术见第四节)。

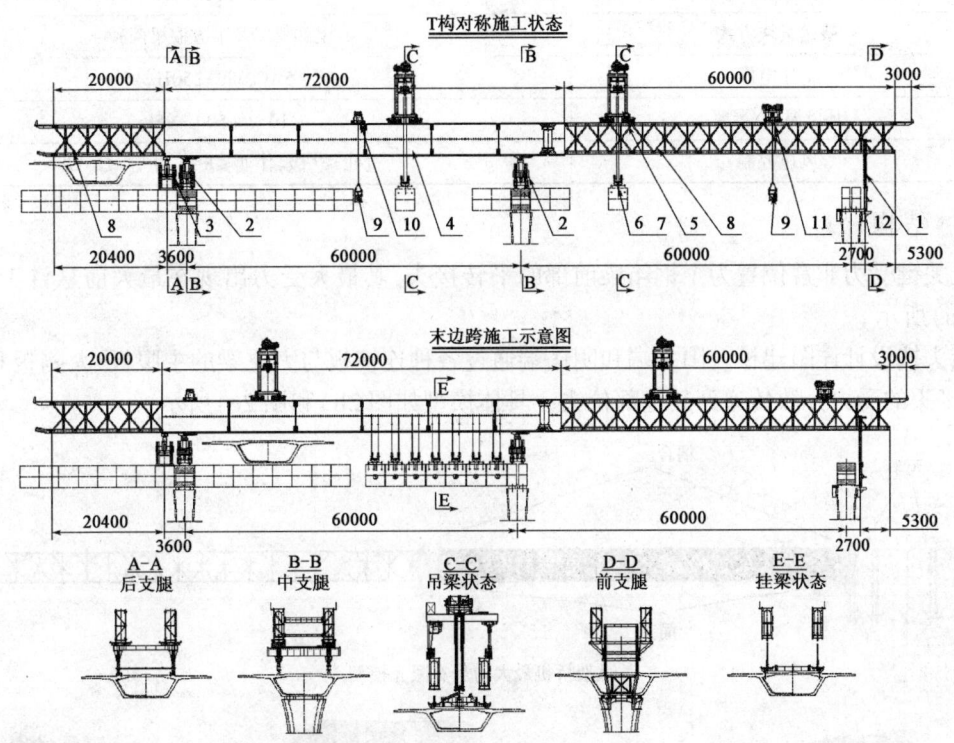

图1 多功能广适应型节段拼装架桥机方案总图(尺寸单位:mm)

1-前支腿;2-中支腿;3-后支腿;4-主梁;5-主天车 6-吊具;7-吊挂;8-导梁;9-张拉平台;10-10t行车;11-20t行车;12-墩前托架

(9) 整机组成

①满足墩顶块自架和过孔辅助功能的"墩前托架"和"前辅助支腿";主承载的中支腿(两套);辅助过孔、可变位的后辅助支腿。

②完成支撑荷载、过孔等最主要的受力体——导梁、主梁、横梁组成的主框架。

③起吊用的两台250t小跨门式起重机及10t和20t辅助行车各一台、及其吊具。

④吊挂及支撑孔道体系;张拉工作活动平台。

⑤电控、液压、监控、人防系统。

三、整机性能参数及关键计算

1. 主要技术性能参数(表1)

性能参数　　　　　　　　　　　　　　　　　　　　表1

序号	性能项目	参数指标
1	架桥机型式	双主梁上行式;A4工作级别
2	架设跨度及最大承载量	(40~75)m/1500000kg 本桥60m/1200000kg
3	工作适宜坡度	纵向≤3.5%,横向≤8%
4	最小工作曲线半径	550m(75m跨时)

续上表

序号	性能项目	参数指标
5	主额定起重和高度	250t 两台,70m
6	主起重天车起升速度	重载 0~2.5m/min,空载 0~4.5m/min
7	吊具调节能力	旋转360°,横调±8%,纵调±4%
8	主梁平弯范围和竖挠跨比	±9°和1/700
9	喂送梁块方式	尾部喂梁及下方取梁两种
10	工作电源	5AC,380V,50Hz
11	环境温度/湿度	−10~+50℃/95%
12	风速控制	过孔≤7级,作业≤8级,生存≤16级

2.关键结构计算

架桥机关键受力非常位置为主钢箱梁前部的平转接头,其最大受力出现在最大前悬臂工况,有限元模型如图2a)所示。

平转接头按设计详图建模。阳头端和阴头端通过各种连接板与大主梁的主腹板、大隔板和主盖板连接,将平转接头的受力分散传递到其他部位去。具体模型如图2b)和图2c)所示。

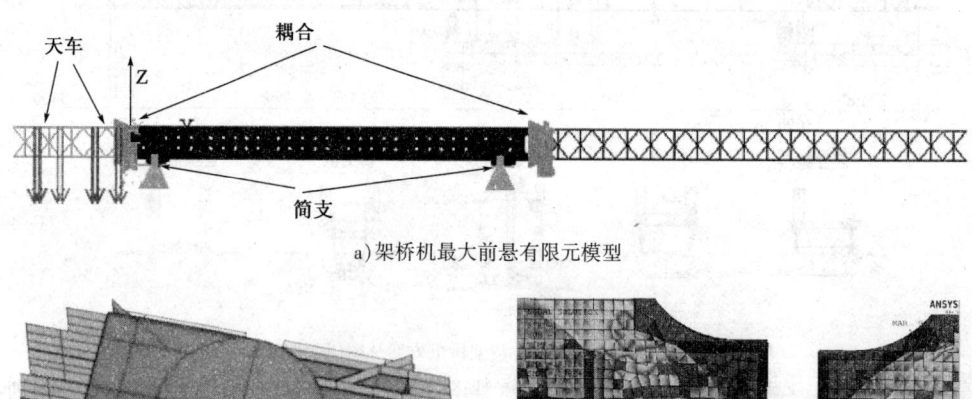

a)架桥机最大前悬有限元模型

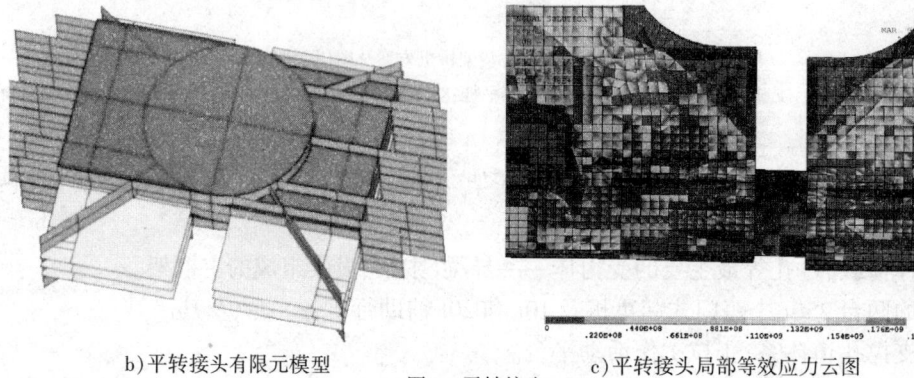

b)平转接头有限元模型 　　图2 平转接头　　c)平转接头局部等效应力云图

经过分析计算,接头处最大应力为198MPa。

在整体模型分析中,平转接头的阳头端、阴头端和销轴按照整体建立实体分析的,并未考虑阳头端、阴头端和销轴的接触应力问题。为了更好地分析阳头端、阴头端及销轴的局部应力分布情况,建立了平转接头的子模型(Submodeling)分析局部接触受力情况。

四、关键技术概论

1.多功能广适应性

(1)适应坡度广

对于大纵坡大横坡桥梁施工:前、中、后支腿均设计很长的伸缩行程;同时中支腿及后支腿两边的伸缩套可单独伸缩,可调整主框架横向水平,适应大纵坡及大横坡桥梁的施工。

(2) 适应平曲线广

小曲线施工：两个中支腿上的支承推进台车可平转；后支腿滑板较宽，可以实现主梁尾部在曲线上的摆动。并且主梁前端设计能平转±9°的接头。起重天车设计为可小量变跨和过折线的特种门机，可以实现最小550m半径曲线上架梁施工(图3)。

吊具设计纵、横向调整，吊挂也设计可移动挂座，方便在曲线桥施工时的挂梁和调梁。

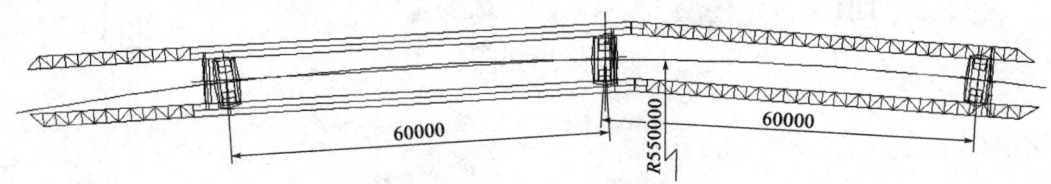

a) 主框架折弯示意图(尺寸单位：mm)

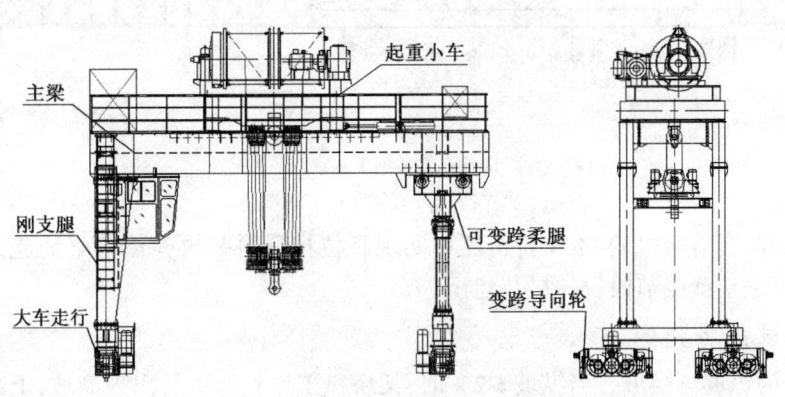

b) 可过折线的起重天车示意

图3 架梁施工示意

(3) 多跨度施工

主梁强度是按照75m跨施工要求设计制造，主梁强度及刚度较大，能施工40~75m跨度的大部分桥梁；对于40跨的桥可同时施工两跨(图4)。

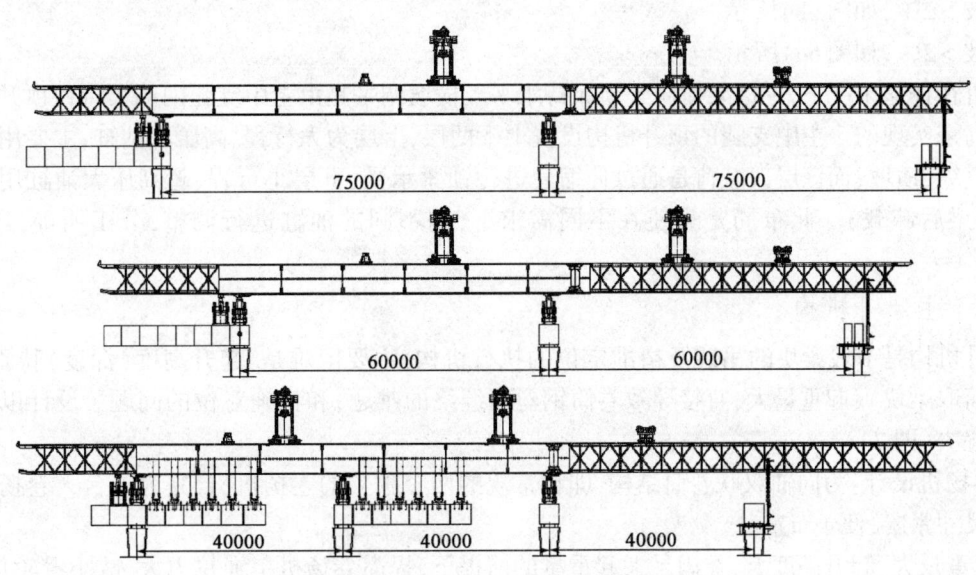

图4 架桥机多跨度施工示意图(尺寸单位：mm)

(4)多工法施工

架桥机设计双天车,每台天车起重量均为250t,满足大部分桥梁的满跨悬挂和对称悬拼施工(图5)。

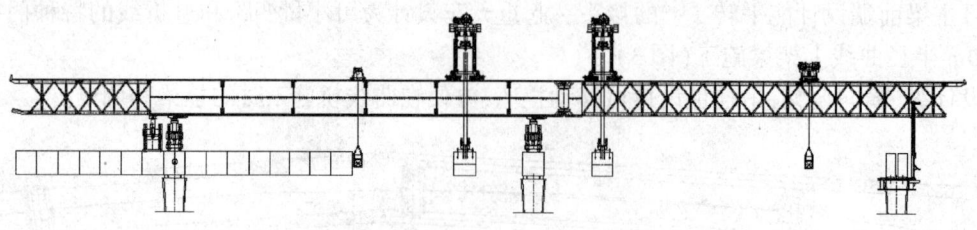

a)对称悬挂施工示意图

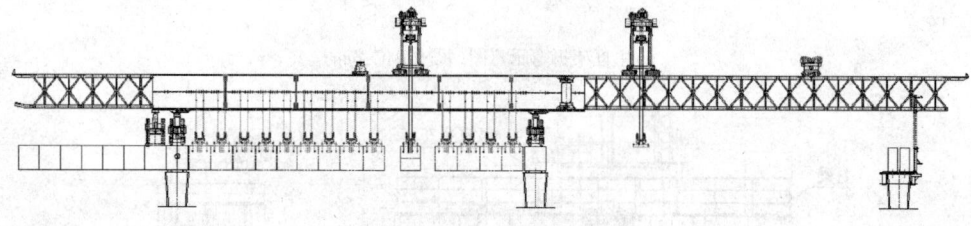

b)满跨悬挂施工示意图

图5 多工法施工示意图

另外,如果增加两套落梁机构,本架桥机还可实现高位挂梁拼装再整体落梁的施工工法。增加湿接缝工作平台,则又可适应湿接节段块的拼装建桥。

2. 关于大坡度的研究

架桥机坡度分为纵坡与横坡。当纵坡>2%时,架桥机工作状态下易出现溜坡,上部起重天车会爬不动、刹不住等安全问题。因此在大纵坡(>2%)时,±2%的纵坡架梁机靠自身来适应,而>2%的部分是通过调节各支腿不同的高程来实现。研究办法为:

(1)对于纵坡≤2%,即架桥机与桥梁面平行,两个中支腿净高6m,如图6a)所示。

(2)当坡度>2%时,以高墩中支腿(上坡以前中支腿、下坡以后中支腿为基准)6m净空作为定位基准,顶升低墩处的中支腿,顶升高度=跨度×(坡度-2%),使得架桥机在架梁过程中坡度等于2%。

①上坡>2%,如图6b)所示。

②下坡>2%,如图6c)所示。

架桥机在任何工况下,主框架横向必须保持水平。横坡调平是由主中支腿两侧大行程顶升油缸顶升到不同标高来实现的。主中支腿的顶升机构设置上下两层,上层为大行程、高压小油缸,主要用于架桥机空载时调整纵、横坡;而该层大载荷是通过伸缩套进行锁紧承受;下层小行程、超高压大油缸用于承受大荷载(如架梁后卸载)。此布局是为使在不同需求下,用不同的油缸进行调整,分工明确,经济、高效[图6d)]。

3. 关于主起升机构

主起升机构是节段梁块的吊装及精准定位的执行机构,主要困难是:起升高度(深度)特别大(桥高以实现地面取梁块)、起重量大,直接导致卷筒钢丝绳缠绕的难题;和精确对位的问题。设计以下特点的起升机构解决(图7)。

(1)卷扬机设计:为同轴双联卷筒结构,即将常规的两个独立的卷扬机,合并为一台大卷扬机。此卷扬机外形尺寸紧凑、便于布置。

(2)起重量大、起升高度大:在满足大起重量的前提下,提高卷扬机单绳拉力大,减小滑轮倍率,并加大卷筒直径来增加容绳量等措施,以实现70m的大起升高度。如此采用同步的两大卷筒直接解决钢丝绳缠绕的难题,无须设置可靠度不高的排绳器,安全可靠。

(3)节段梁吊装精准定位;采用全变频 PLC 控制;并且:通过在起重小车设置横移调油缸以及 ±180° 动滑轮旋转吊具。即可容易实现节段梁三维方向的精准定位。

(4)制动系统安全:不仅在电机高速输出端设有块式制动器,还在低速卷筒端设置带式制动器进行制动。

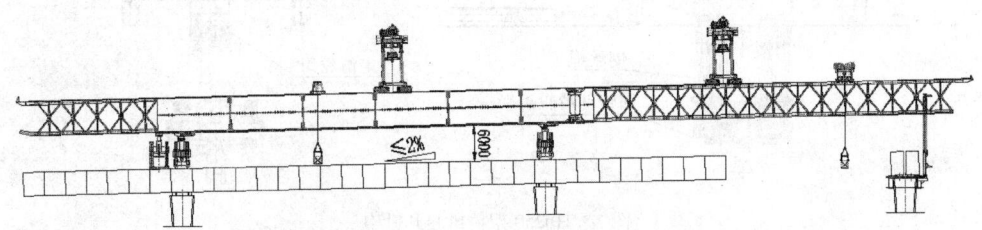

a) 架桥机施工纵坡≤2%的桥梁时的竖向姿态

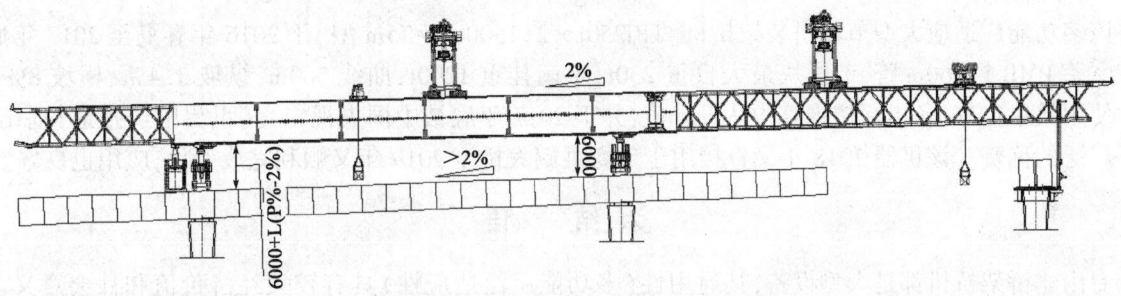

b) 架桥机施工纵坡>2%的上坡桥梁时的竖向姿态

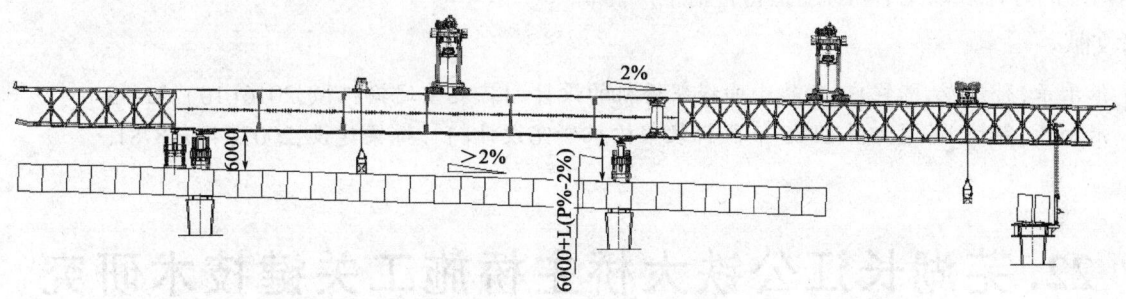

c) 架桥机施工纵坡≤2%的下坡桥梁时的竖向姿态

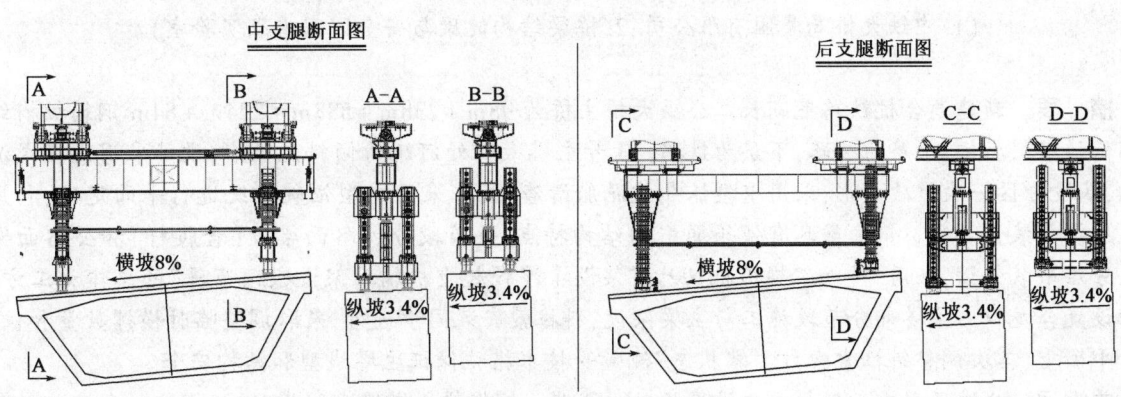

d) TPJ250 架桥机大纵坡及大横坡工况站位示意

图 6　架桥机施工站位示意图

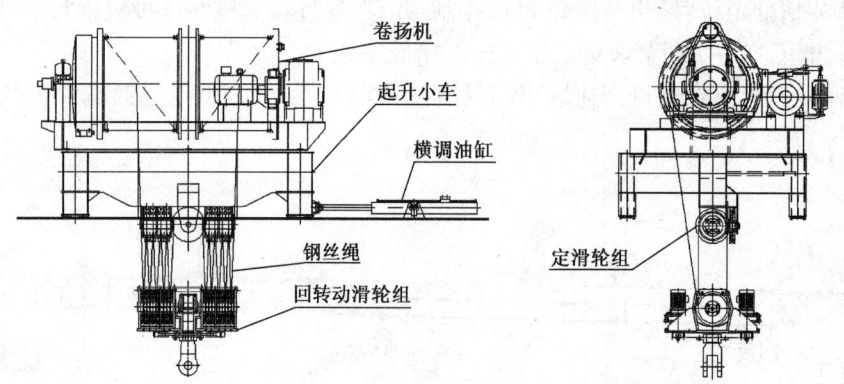

图7　TPJ250架桥机起升机构

五、实践应用情况

该多功能广适应大型节段拼装架桥机[TPJ250t×2(1500t)-75m型]于2016年春夏至2017年底首先在文莱PMB桥(60m跨,节段块最大自重230t,半满挂重1200t,曲线560m,纵坡3.4%,横坡8%)使用。使用效果很好,各指标按推算均达设计值,并于2017年底被中国央视二套《世界财经报道》播出,得到了广泛的称赞。该机器2018年又直接用于珠海洪鹤大桥至2019年又顺利完成架设,应用也良好。

六、结　　语

专用建桥架桥机都是大型设备,其通用性(多功能广泛适应性)具有较大经济价值和社会意义。本研究设计的文莱 TPJ250t×2(1500t)-75m 节段拼装架桥机很好地解决了该类设备的通用性问题,并受到国内外的好评。该技术和经验值得传播推广。

参考文献

[1] 张乐亲,孙庆龙,陈程广.轻轨小曲线架桥机的设计[J].起重运输机械,2016(10):32-35.
[2] 张乐亲,邹燚.苏通大桥TP75节段拼装架桥机研究设计[J].桥梁建设,2007(4):78-81.

22.芜湖长江公铁大桥主桥施工关键技术研究

周外男[1,2]

(1.中铁大桥局集团有限公司;2.桥梁结构健康与安全国家重点实验室)

摘　要　新建商合杭铁路芜湖长江公铁大桥主桥为98m+238m+588m+224m+84m钢箱板桁结合梁高低矮塔斜拉桥,上层为公路,下层为铁路。3号主塔墩位处河床为倾斜光板岩,设计采用设置式沉井基础,基坑分区一次爆破成形,采用重型抓斗挖泥船清渣;沉井采用重型锚碇系统进行平面定位,利用支撑柱式调平装置调平。钢主梁具有强箱弱桁的结构特点,每节段分铁路面梁段(含腹杆)和公路面梁段两次分层吊装架设,采用"桥面架梁吊机双悬臂架设+浮式起重机辅助架设墩顶节段"的总体施工方案,中跨设置合龙口。主塔部分节段施工与主梁架设、斜拉索安装同步进行,采取调整临时横撑数量和位置、设置平衡重、二次调整斜拉索索力、"零状态"测量等技术措施保证主塔线型和结构安全。

关键词　公铁两用桥　斜拉桥　设置基础　沉井　钢桁梁　塔梁索同步

一、工　程　概　况

芜湖长江公铁大桥是新建商(丘)合(肥)杭(州)铁路跨越长江的通道,为双线高速铁路,同时搭载双线城际轨道交通和双向8车道城市主干道过江，上层为公路，下层为铁路。桥址位于芜湖市弋矶山附近，距既有芜湖长江大桥上游约3.5km处。

1. 主桥结构

1）上部结构

主桥为98m+238m+588m+224m+84m钢箱板桁结合梁高低矮塔斜拉桥，全长1234.6m（图1）。主塔及各墩处均设竖向刚性支座，纵向为活动；主塔横梁与钢箱梁底设纵向阻尼支座。主梁上层为板桁结合，下层为钢箱结合钢桁梁，三角形桁架，两片主桁，上层桁中心距33.8m，下层桁中心距为38m，主桁桁高15.0m，节间长度14m。全桥不设横联，只在支点处设板式桥门架，如图2、图3所示。

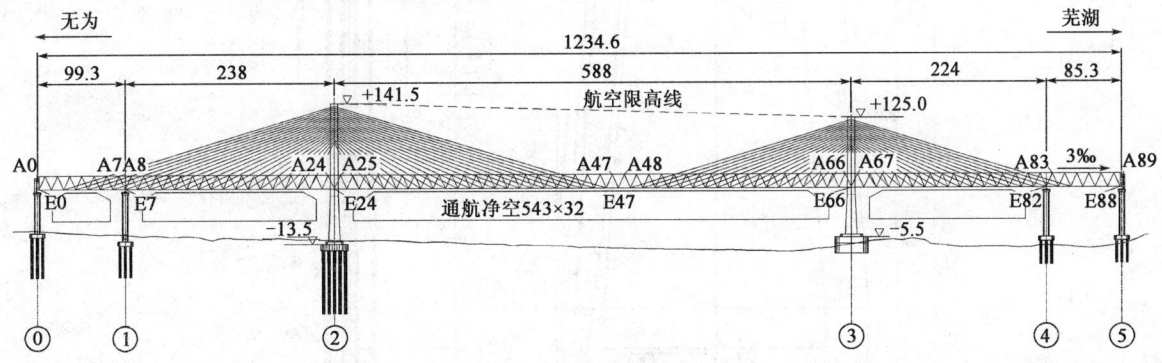

图1 主桥桥式布置（尺寸单位：m）

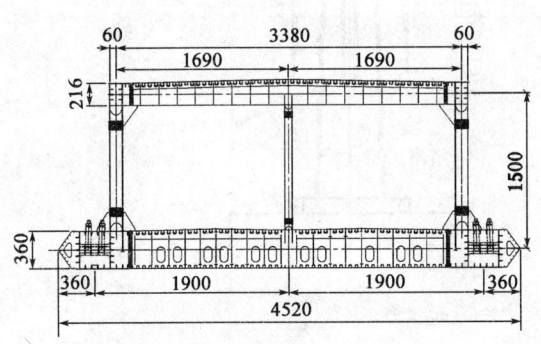

图2 主梁横断面结构（尺寸单位：cm）　　　　图3 主梁空间模型

主桁上、下弦杆均为箱型截面。主桁腹杆采用箱型或H形截面。主桁节点为焊接整体节点，节点外拼接。公路桥面系采用正交异性钢桥面板，与上弦杆之间栓焊连接。铁路桥面系为横隔板+顶、底板结构，横隔板与下弦杆采用高强螺栓连接，顶、底板分别与弦杆上、下翼缘焊接，形成整体箱形结构。斜拉索采用直径ϕ7mm平行钢丝拉索，公称抗拉强度为2000MPa。拉索采用空间双索面布置，每个锚点布置有两根斜拉索。立面上2号主塔两侧各设21对索，3号主塔两侧各设15对索。索梁锚固结构采用内置式钢锚箱的结构形式，同一位置锚固的两根斜拉索并排锚固在下弦杆件箱内，锚拉板焊接于下弦箱型杆件两侧腹板上。索塔锚固结构采用钢锚梁的结构形式，拉索锚固在钢锚梁两侧，钢锚梁与塔壁之间通过牛腿连接。

2）下部结构

主桥由北（无为岸）向南（芜湖岸）依次设置0号至5号六座桥墩，其中0号、5号墩为边墩，1号、4号墩为辅助墩，2号、3号墩为主塔墩。0号、1号、4号、5号墩均采用直径22ϕ2.5m钻孔桩基础，墩身均为矩形空心门式墩。2号墩采用直径44ϕ3.0m钻孔桩基础，3号墩采用设置式沉井基础，均为外轮廓门型主塔,设置上下两道横梁(图4)。由于受航空航行净空限制,2号、3号墩主塔设计高度分别为155m和130.5m。

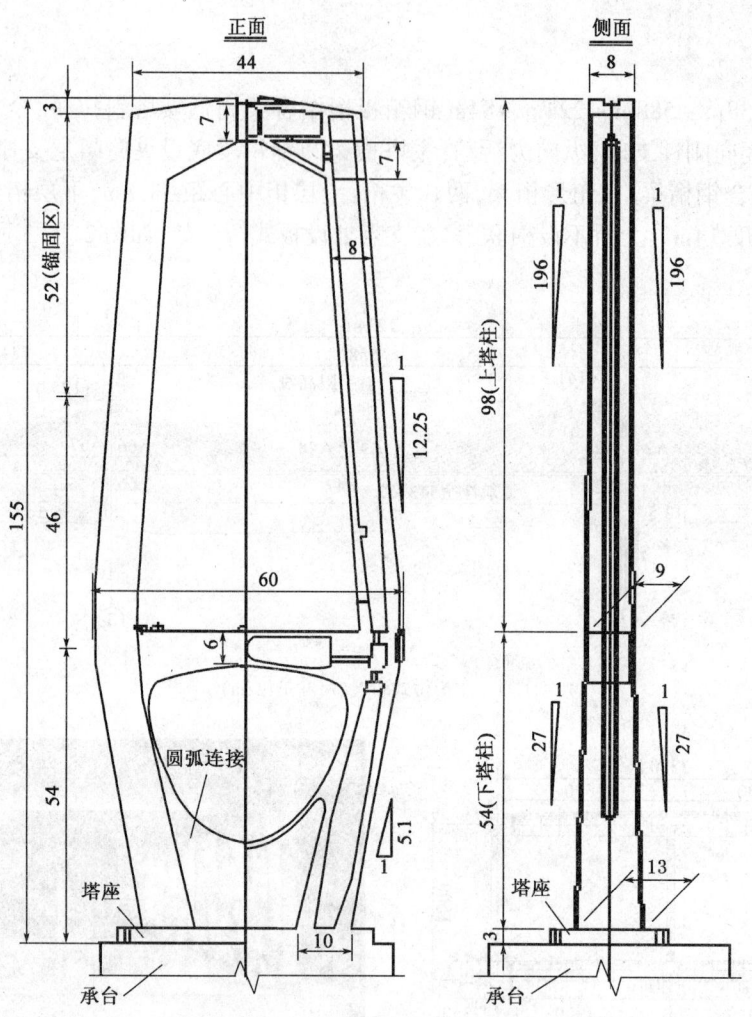

图4 2号主塔墩构造(尺寸单位:m)

2. 水文和地质

1) 水文情况

桥位主要受长江径流控制,一般每年5—10月为汛期,11月—次年的4月为枯季。全桥主墩、辅助墩及边墩河床面高程和水深情况如表1所示。

主桥墩位处河床面标高及水深   表1

墩位	0号墩	1号墩	2号墩	3号墩	4号墩	5号墩
墩中心河床面高程(m)	+0.0	-4.7	-10.0	-15.5	-17.9	-16.2
历史最低水位水深(m)	0.89	5.59	10.89	16.39	18.79	17.09
10%频率高水位水深(m)	10.16	14.86	20.16	25.66	28.06	26.36

2) 地质情况

无为岸河床为漫滩式,覆盖层主要以第四系全新统冲、洪积砂类土为主,表层发育有淤积层,覆盖层厚27~38m。芜湖岸河床面呈"V"形,覆盖层主要为牛轭湖相淤积层,厚度为0~7m。桥址区基岩主要为三叠系中晚期黄马清群陆相沉积碎屑岩类经热液接触变质形成的角岩、角岩化砂岩、角岩化砂质泥岩等,其间多部有燕山期侵入闪长玢岩。

二、3号墩设置式沉井基础施工技术研究

1. 技术难点分析及对策研究

3号墩位处河床为倾斜光板岩,基岩主要为闪长玢岩,设计采用设置式沉井基础。沉井基础总高度19.5m,壁厚2.0m,为钢壳混凝土结构,顶部设7m厚钢筋混凝土盖板。沉井顶部另外接高10.5m双壁挡水围堰。沉井为圆端形结构,平面尺寸为65m(横桥向)×35m(顺桥向),设2道横桥向底隔舱和6道纵桥向底隔舱,形成21个井孔,如图5所示。

由于基岩强度高达90MPa,施工期间正处于高水位,水深25m,最大水流速度达2.6m/s,水下基坑成形和清渣为一大技术难题。经过水下爆破设计研究,基坑分区一次爆破成形;在水深流急条件下,为了提高清渣效率,采用重型抓斗挖泥船清渣。基坑爆破成形后,底部不一定平整,如何保证沉井垂直度是一大难点,通常采用底部抄垫,但由于水太深且浑浊,潜水人员操作不方便,施工质量和人员安全无法保证,为此研究设计支撑柱式调平装置,通过支撑柱顶部设置千斤顶对沉井进行调平操作。

2. 关键技术

1) 水下基坑爆破成形技术

基坑采用水下爆破成形,基坑底平面尺寸按照基础平面尺寸向外扩展1m,即为67m×37m的圆端形,四周按照1:0.75进行放坡,如图6所示。

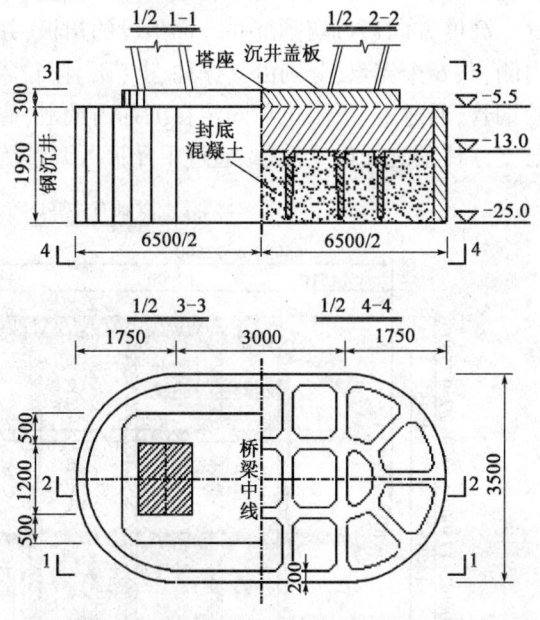

图5 沉井结构(尺寸单位:cm;高程单位:m)

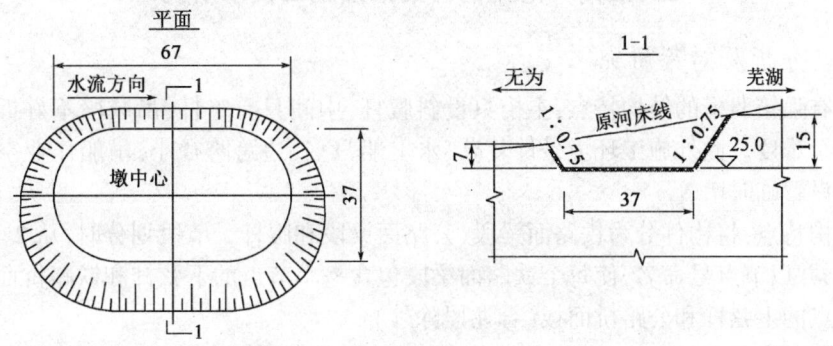

图6 基坑几何形状(尺寸单位:m)

爆破共分23区进行,每区一次爆破成型。爆破孔由钻爆船完成施工,钻孔直径φ115mm,孔位按梅花形布置,纵、横间距均为2m。钻孔采用"一管一钻"法,即钻孔前先下套管,再从套管中下钻具。由于套管在大流速水流作用下容易变形和偏位,因此在钻爆船外侧钻机导轨下方设置钢管排架,排架由10根直径φ630mm的钢管和连接系组成。钢管分内外两层布置,内侧5根钢管为导向钢管,套管可在导向钢管中竖直下放至岩面。爆破孔内每次连续装药3/4孔深,采用特制φ90mm水胶炸药,通过水下微差控制爆破技术控制爆破。为确保清渣后不留"残埂"和基坑平整度,基坑底面高程按超深0.4m考虑。

基坑爆破完成后,利用两艘重型抓斗挖泥船进行清渣。其中一艘配容量8m³、重47t的六瓣抓斗;另一艘配容量8m³、重28t六瓣抓斗,前者清渣效率明显高于后者。挖泥船从江心、上游开始分层挖除岩渣,分层厚度2~3m,清完一层再往下层进行,边坡与基坑同时挖除。挖至最底部时,每次下抓斗时保证前后重

叠2.0m以上、左右与前次重叠1.0m以上,且最后挖渣量小于1/4斗量后,方可转挖下一个挖点。基底残渣采用吸沙船和自制吸泥机清理。

2）沉井定位与调平技术

沉井采用重型锚碇系统进行平面定位。主锚、尾锚和边锚均为200t混凝土娃式锚。定位系统设前、后定位船,沉井与前、后定位船之间分别设置双层和单层拉缆。通过前、后拉缆和边锚绳调整沉井平面位置。高度方向通过切割沉井底部预设的裙板,并铺以调平系统调整标高和垂直度。调平系统设置在井壁内侧,共6个支点,分别由支撑柱、上（下）限位箍、千斤顶、反力座、吊挂等组成。支撑柱采用直径 $\phi1.2m$ 的钢管,通过上、下限位箍固定在沉井内壁上,底部支撑在基岩顶面上。围堰顶部设置反力座,在反力座与支撑柱顶之间设千斤顶,通过千斤顶可调整沉井标高和垂直度,如图7所示。

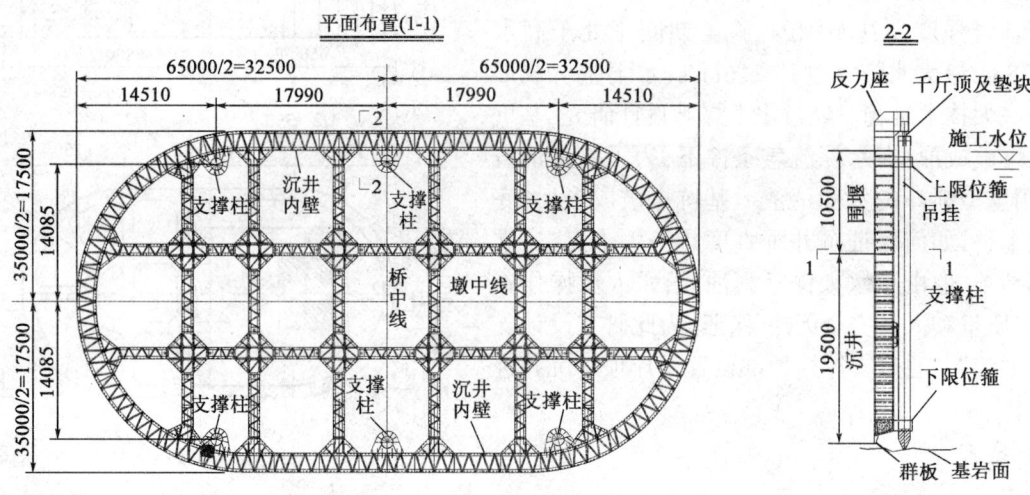

图7　调平系统布置与结构（尺寸单位：mm）

三、强箱弱桁式钢桁梁架设施工技术研究

1. 技术难点分析及对策研究

主桥钢梁具有强箱弱桁的结构特点,主桁只设斜腹杆,中间只有竖杆,吊装段不好拆分,为方案制订和设备选型增加了难度。此外施工环境条件复杂,水上船只多,边跨跨径小,吊船作业空间受限,裸露岩石条件下不容易设置临时墩。

根据钢梁结构特点,将构件分为铁路面梁段、公路面梁段和腹杆。节段划分时,从2号和3号塔中心分别向两侧划分,并以节点号命名,使每个铁路面梁段包含一个节点的下弦杆和铁路桥面板,每个公路面梁段包含一个节点的上弦杆和公路桥面板（合龙段除外）。

通过对"先吊装铁路面梁段+腹杆,再吊装同一节段的公路面梁段""整节段（铁路面梁段+腹杆+公路面梁段）吊装""先吊装铁路面梁段,后回转安装上一节段的腹杆和公路面梁段"三个方案的研究比选,确定采用"先吊装铁路梁段+腹杆,再吊装同一节段的公路梁段"的分层吊装方案。公路面梁段最大吊装重量约3450kN。铁路面梁段与同一节间腹杆组成一个吊装单元,重量控制在8000kN以内。

对无为和芜湖侧边跨钢梁架设分别拟定"桥面架梁吊机悬臂架设"和"浮式起重机提升、支架上滑移架设"各两个方案进行研究。通过对方案的可行性、方便性、经济性和工期等方面的分析和比较,确定主塔墩顶梁段在墩旁支架上采用浮式起重机提升、滑移法架设,两侧梁段采用双悬臂法架设。首先架设主塔墩墩顶梁段,然后分别在主塔两侧公路桥面上各安装一台架梁吊机进行双悬臂架设,最后进行中跨合龙。由于受起吊空间的限制,辅助墩墩顶梁段需利用浮式起重机辅助安装。梁段从水上运输和起吊,桥面架梁吊机采用800t变幅式扒杆吊机,浮式起重机选用1000t吊船。

2. 关键技术

1) 钢梁悬臂分层架设技术

(1) 孔跨间梁段架设

当主塔墩墩顶钢梁节段架设完成后,在公路桥面上安装两台桥面架梁吊机进行双悬臂架设。对于一般梁段,每一节段钢梁分为铁路面梁段+腹杆和公路面梁段两个吊装单元,先吊装铁路面梁段+腹杆[图8a)],再吊装公路面梁段[图8b)],然后架梁吊机前移一个节间,挂设斜拉索并张拉,继续悬臂架设下一节段钢梁。由于E10梁段+全部腹杆的吊装重量大于8000kN,因此先吊装E10梁段+竖杆+后斜杆,再将该节间前斜杆单独吊装。当悬臂架设至中跨合龙口前方时,由于受合龙口空间限制,A48梁段需分为A48a和A48b两个梁段起吊安装。

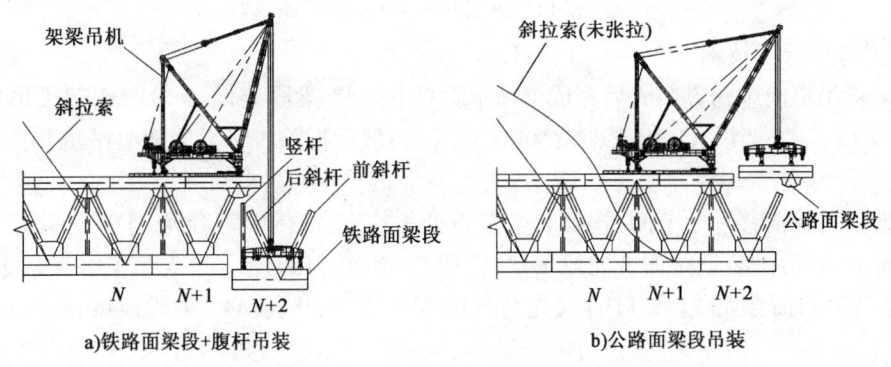

图8 孔跨间梁段悬臂架设

(2) 辅助墩墩顶梁段架设

以1号墩为例。当桥面架梁吊机悬臂架设完E8铁路面梁段(含腹杆)后,浮式起重机斜站位于1号墩旁,将A8梁段吊至墩顶临时存放,再由架梁吊机起吊安装,如图9a)所示。架梁吊机向前移动一个节间,同样浮式起重机将E7+腹杆吊至墩顶临时存放,再由架梁吊机起吊安装,如图9b)所示。架梁吊机再向前移动一个节间,从运输船上起吊并安装A7梁段,如图9c)所示。墩顶设置竖向千斤顶,通过顶落梁安装辅助墩正式支座,架梁吊机前移一个节间,挂设斜拉索,继续向前悬臂架设钢梁。

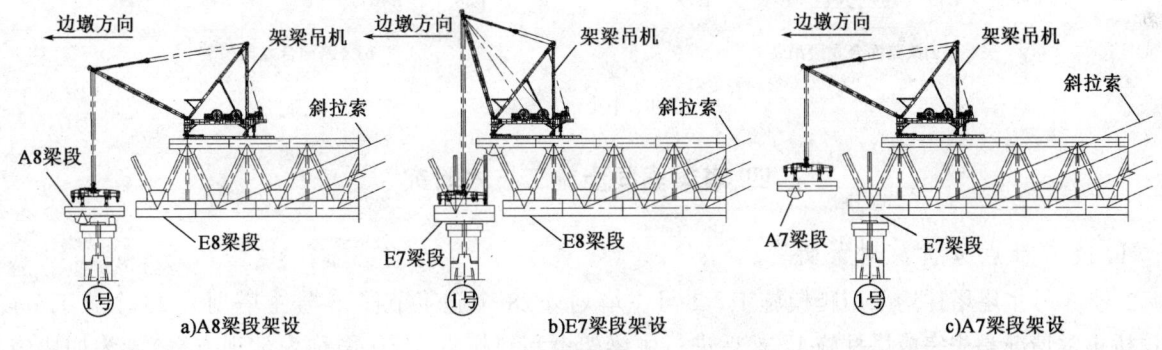

图9 1号辅助墩墩顶梁段架设

(3) 边墩墩顶钢梁架设

由于净空限制,无法利用浮式起重机辅助安装,将钢梁节段拆分后,通过架梁吊机更换不同吊具进行吊装。以0号墩为例:①架梁吊机架设完E2和A2梁段后,拆除吊具;起吊E0梁段在墩顶临时存放,再起吊腹杆平放在E0梁段上,然后依次起吊A0、A1梁段存放在临时支撑架上,如图10a)所示;②安装架梁吊机吊具,架设E1+腹杆和A1梁段;③架梁吊机前移一节间,拆除吊具;起吊A0梁段临时存放在公路引桥箱梁面上,再将腹杆与E0梁段连接;更换吊具,吊装E0梁段+腹杆,如图10b)所示;④更换吊具,架梁吊机吊装A0梁段,如图10c)所示;⑤墩顶千斤顶起顶调整高程,安装正式支座。

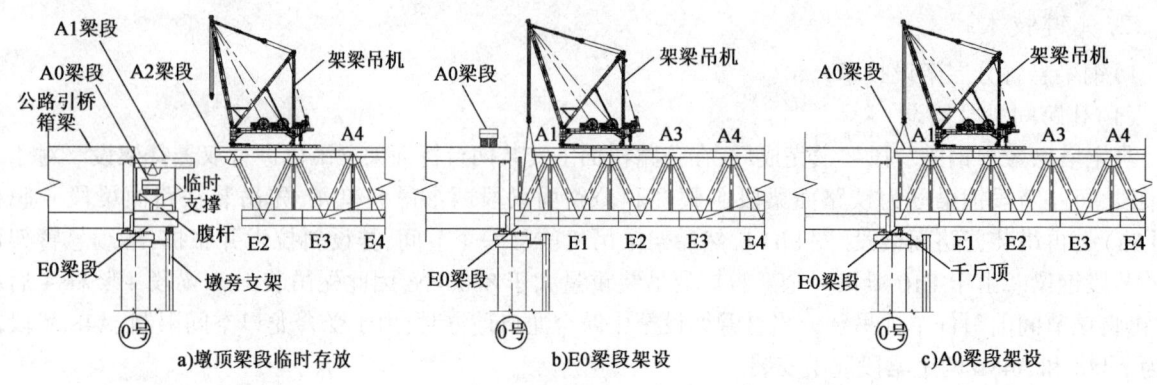

图10　0号边墩墩顶梁段架设

2) 中跨钢梁分层合龙技术

2号墩侧架梁吊机向中跨方向先后完成 E46+腹杆和 A47 梁段架设,3号墩侧架梁吊机向中跨方向架设完成 E48 梁段后,先架设 A48b,再架设 A48a 梁段后,然后拆除3号墩侧架梁吊机并挂设 E48 节点处斜拉索。

2号墩侧架梁吊机前移一个节间,挂设 E46 节点处斜拉索,进行中跨合龙:①提升公路面合龙段并存放在 A48a 梁面上,然后吊装铁路面合龙段 E47[含腹杆,如图 11a)所示],先与 E48 梁段连接,再与 E46 梁段连接;②吊装公路面合龙段[图 11b)],先与 A48 梁段连接,再与 A47 梁段连接,最后连接腹杆,实现全桥合龙。

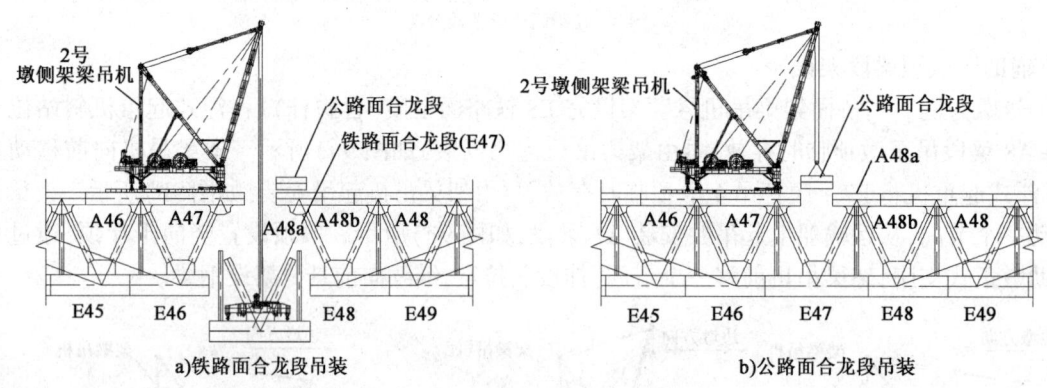

图11　中跨合龙段架设

四、塔梁索同步施工技术研究

1. 技术难点分析及对策研究

2号、3号主塔塔柱均采用爬模施工。2号主塔划分28个施工节段,3号主塔划分23个施工节段。斜拉桥正常情况是先完成塔柱施工,然后进行主梁架设和斜拉索安装(简称为常规方案)。为加快施工进度,本项目2号主塔施工自25号节段开始,3号主塔施工自19号节段开始与主梁悬臂架设、斜拉索安装同步进行施工。塔梁索同步施工期间,由于主塔尚未封顶闭合,上塔柱塔肢处于悬臂状态。不平衡施工荷载、斜拉索理论不平衡张拉力及斜拉索横向分力等对主塔纵、横向变形会造成影响,增加了主塔施工线形及应力控制难度。因此需要通过详细的计算分析,找出塔梁同步施工过程中各因素对塔柱纵横向偏位产生的影响,并提出各项控制、调整措施,从技术上确保塔梁索同步施工质量安全。借助 MIDAS 软件建模计算分析,当对主梁较轻的一侧进行压重,主塔封顶闭合后卸载并进行一次索力调整,且斜拉索张拉力按两侧对称进行控制时,塔梁索同步施工对塔柱受力与变形影响均很小(与常规方案比较)。经过试算,2号、3号主塔在常规方案基础上分别增设2道和1道横撑并调整横撑对顶力,塔梁索同步施工完成后,塔柱最终的横向位移、应力状态与设计理论状态一致。各种不平衡荷载对塔柱纵向线形的影响均是在测量放样时产生,通过选择不平衡荷载消除的"时间窗"(简称为"零状态")进行测量放样,可回避不平衡荷载的影响。"零状态"测量次数太多势必影响塔梁索同步施工优势的发挥,因此采用相对设站法放样尽量减少"零状态"测量次数。

2. 关键技术

1)塔柱纵桥向线形控制技术

塔梁索同步施工时,不平衡荷载作用会使下部已浇筑的塔肢分节顶部产生纵桥向的位移(相对于理论轴线)。如果待施工塔节段立模及钢锚梁定位时的测量放样按常规沿理论轴线进行,那么在不平衡荷载消除后塔柱实际线形相对理论轴线会产生一个反向的偏差。多个塔柱节段累积起来,会使塔柱纵桥向偏差超过允许值。

不平衡荷载主要有三大类:

(1)不平衡的施工荷载:包括两侧悬臂起吊钢梁的不同步、架梁吊机走行的不同步、材料设备的不平衡堆载、斜拉索软硬牵引的不同步。

(2)环境荷载:本桥基本为东西方向,悬臂施工时,南侧弦杆受日光照射强于北侧弦杆,会导致主梁往北侧弯曲,梁体的转动会通过斜拉索带动主塔发生倾斜。同样作用于主梁的不对称风载也可使塔柱产生纵桥向偏移。

(3)斜拉索荷载:由于主跨与边跨钢梁重量不同,两侧索力在理论上即存在不平衡。同时在斜拉索牵引的不对称过程以及斜拉索张拉力误差,也会对塔柱产生不平衡荷载。

针对上述不平衡荷载对塔柱的纵桥向线形影响分析,采取以下技术措施予以消除或控制:

(1)"零状态"测量+相对设站法定位:"零状态"测量选择主桥钢梁节段架设完成、架梁吊机未提梁未走行、斜拉索张拉完成、风力小于3级、温度较均匀的"时间窗"进行。故两侧悬臂起吊钢梁的不同步(原则上钢梁悬臂起吊应对称进行)、架梁吊机走行的不同步、斜拉索牵引过程索力不平衡、环境荷载不平衡对塔柱线形的影响均可以排除。

因"零状态"时间窗的选择或等待影响施工进度,为尽量减少"零状态"测量次数,放样时采用相对设站法。即在已浇筑塔节段顶设置基准点,"零状态"测量时只需通过地面已知控制点获取基准点坐标值,下一塔节段施工时,即可按照常规方法在该基准点上设全站仪,采用相对坐标控制。钢锚梁、模板等关键测量定位在"零状态"下进行。钢筋、预应力管道、预埋件等定位测量在非"零状态"下进行。

(2)主梁配重与斜拉索索力二次调整:塔梁索同步施工阶段,对主梁较轻的一侧进行压重,同时斜拉索张拉力按两侧对称进行控制。待主塔封顶后,再卸除压重,以主梁线形为目标调整一次索力。采用此方法可以消除斜拉索理论索力不平衡对塔柱线形的影响。

(3)控制不平衡施工荷载的大小:除架梁吊机外,其他材料设备的不平衡堆载由于持续时间长、随机性大而无法完全排除对"零状态"测量的影响。因此预设堆载区域将不平衡荷载控制在最小范围(25t)以内。

斜拉索张拉误差通过增加千斤顶标定频率、大小里程侧千斤顶在竖向相邻两道索张拉时交替使用等措施,控制在2%以内。

2)塔柱横桥向应力与变形控制技术

塔梁索同步施工时,主塔尚未形成框架结构。由于斜拉索在横桥向相对于塔柱向内倾斜,上横梁施工前塔柱提前承受斜拉索的横向分力,会使其成桥时的横向位移、应力等状态与设计理论状态不一致。因此需要通过计算找到合适的临时横撑数量、布置位置及对顶力数值来平衡先张斜拉索的横向分力,使塔柱最终的横向位移、应力状态与设计理论状态一致。经过计算分析,2号主塔在上塔柱两肢之间设置5道临时横撑,3号主塔在上塔柱两肢之间设置3道临时横撑。临时横撑的层间距在锚固区加密至7~9m。临时横撑安装时与塔柱间主动对顶后抄垫紧,对顶力的确定原则为:①施工期间塔柱受力满足安全要求;②成桥后塔柱内力和线型状态与设计目标状态一致。

五、结　语

新建商合杭铁路芜湖长江公铁大桥主桥于2019年4月26日顺利合龙,项目部在桥梁建设过程中,针对设置式沉井基础施工、强箱弱桁式钢桁梁架设及塔梁索同步施工中的技术难点进行攻关,总结形成了一系列关键技术,取得良好的经济效益和社会效益,也为今后桥梁工程建设提供了更多技术支持。

23. 五峰山长江大桥节段拼装新工法及其架桥机

张乐亲[1]　孙庆龙[1]　罗　平[2]

(1. 武汉通联路桥机械技术有限公司;2. 中交第二航务工程局)

摘　要　节段拼装混凝土梁桥按施工工法主要分为整跨满拼和逐一对称悬拼两种,本新工法是将这传统的两种工法取长补短、合二为一的新工法:既有对称的方法又有多块半满拼的内涵。特别是对连续梁桥有较大的经济意义。结合五峰山长江大桥主引桥公铁合建段,成功研制了实现这一新工法的架桥机。并阐明了如何进一步优化该新工法及其架桥机。

关键词　节段拼装　新工法　架桥机　对称满拼　减缓峰值

一、工程概述及施工要求

1. 工程概述

五峰山长江特大桥是连镇铁路重点控制性工程,大桥北岸位于镇江市丹徒区高桥镇。五峰山长江特大桥桥梁总长6408 m,其中跨江大桥主桥长1432m,北岸主引桥公铁合建段引桥长758m。合建段N4－N17墩上层公路桥梁为双幅3×(3×40.7)+4×40.7m连续梁。公路桥梁平曲半径为2250m,纵坡为0.3%～2%,设计里程范围为:AK23+244.026～AK23+773.126,总长529.1m,见图1。

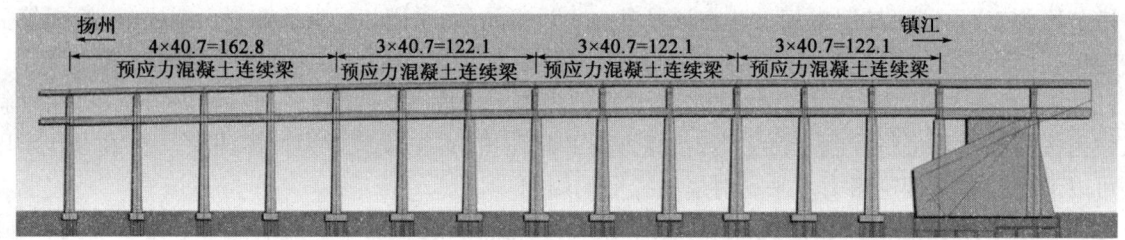

图1　合建段40.7m公路梁立面布置图(尺寸单位:m)

合建段40.7m跨公路梁桥采用预制节段梁,其下部墩身分为门式框架墩与单柱墩两种形式。空间交错复杂,见图2。

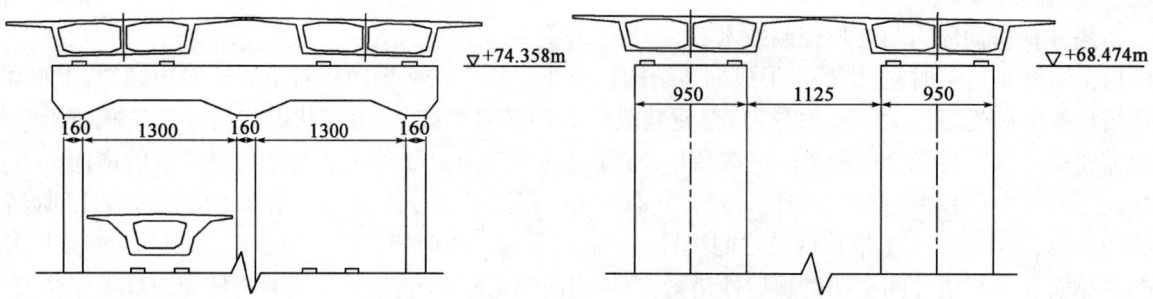

图2　门式墩及单柱墩示意图(尺寸单位:mm)

根据桥梁结构设计及架设需要，公路节段梁共划分为330个预制节段及26个现浇段（即每跨中间设置1个合龙段）。单幅边跨纵向共划分12个预制节段及1个边跨合拢段（编号1'号~13'号块），单幅中跨共划分12个预制节段（编号1号~6号块，呈跨中对称布置）及1个中跨合龙段（7号块）。墩顶0号梁段长度为3m，采用预制、现浇相结合的形式。边跨及中跨合龙段采用统一的湿接缝连接形式。

2. 施工要求

（1）根据桥梁的设计，T构施工需要将全部6+6=12片梁对称满拼悬挂在架桥机上，然后再进行胶接、钢绞线穿束并张拉成桥；之后再进行边跨半跨的悬挂施工以及湿接缝施工。

（2）公路桥下方的一幅铁路桥已架设完成，无法全部进行地面或铁路桥面取梁，一部分需要从在建公路桥面尾部喂梁。

（3）桥墩高度达70多m，墩顶块（含安装位墩顶块）如果依靠外部吊机进行吊装，则成本很高，因此需要架桥机自架墩顶块（含架桥机安装位墩顶块）。

（4）五峰山公路桥为双幅桥，需要架桥机进行横移变幅施工以及后退。

二、新工法概述

传统的对称悬拼施工需要两台天车同时起吊两片梁块（一对）、进行对称逐对悬臂拼装，每拼装一对就需要张拉一对，钢绞线布置比较复杂且用料多。传统的整跨满拼、是在桥跨内将所有节段梁块全部吊挂（或托）好后，涂胶整跨张拉预应力，这种工法要求架桥机主梁承载能力大，不适合大跨度桥；连续梁桥大多要先简支后连续或其他措施。本对称满挂拼装的新工法系将传统的这两种工法取长补短、合二为一首次创新的优秀工法，最直接的优点是减轻了架桥机的自重、也不必配置两台主起吊天车。

通过将整个T构所有梁块（以当前桥墩为中心，前后各半跨的梁块）全部悬挂在架桥机上，即对称满悬挂施工。整个T构只需一次拼接并张拉成桥，工效更好且用料少。

该新工法的边跨半跨悬挂施工同传统对称悬拼工法相同。构想此新工法的理念之一就是：既然传统对称悬拼的控制工况是每联的首末半跨满拼，逐一对称拼装时架桥机的能力反而浪费，所以对称拼时也满挂从而用足架桥机的能力、张拉也简单得多。新工法示意如图3所示。

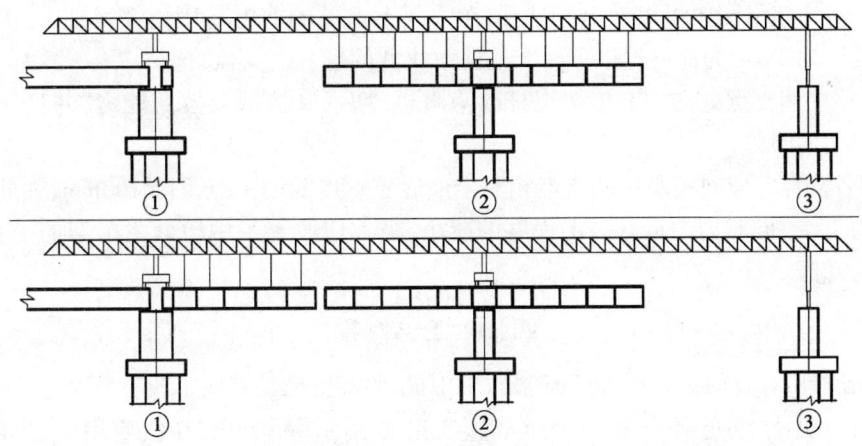

图3 新工法对称悬挂以及边跨悬挂示意图

三、对应关键设备之架桥机的研制

考虑到桥墩结构、施工要求和广泛的适应性，选择上行式。需用架桥机进行T构悬挂、架设墩顶块，且需要尾部喂梁，故选择二跨半式。

本标段施工为T构悬挂后补边跨悬挂施工，吊挂位置复杂，两主梁中间不方便设置横梁，所以要求受载全部居中；若用箱梁而吊挂孔道居中，则其整体性不好、操作视线不佳、接头也不好处理；又因本桥跨度仅一种,支点也好布置,故主桁采用三角桁梁结构。

考虑到安装位墩顶块需要架桥机自架,故将前后辅助支腿均设计为简易式,均可通过墩前托架支撑架设墩顶块。

因为梁块全部悬挂在主桁梁上再进行拼装,故只需要一台主天车即可。

架桥机主要技术参数如下:

工作级别:A4;　　　　　　　桥梁跨度:40.7m;

架桥机型:两跨半双桁梁上行式;　最大起重:150t;

对称挂重:700t+700t;　　　　边跨半挂:700t;

适应坡度:纵横坡3%;　　　　适应曲线:最小 $R1000m$。

进一步针对主桁架进行力学分析:针对新工法的施工要求,必须考虑T构悬挂以及边跨悬挂工况下架桥机主框架的受力,经过分析得到架桥机主梁的剪力、弯矩包络(图4)。

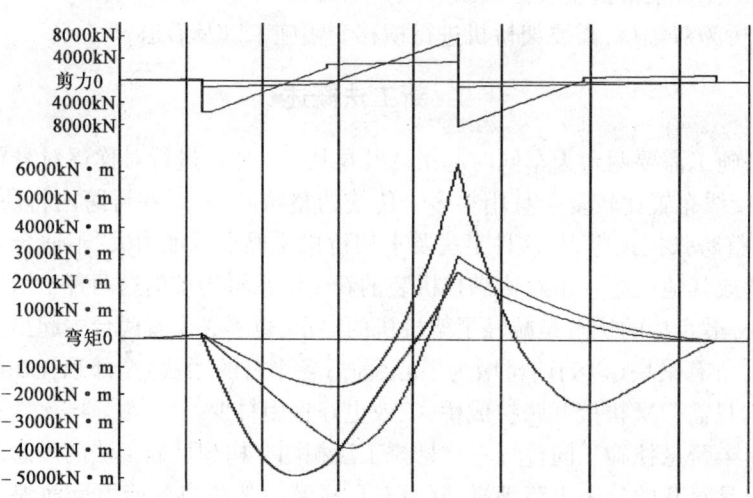

图4　架桥机主桁梁剪力、弯矩包络图

根据弯矩和剪力包络图图可以看出:主桁梁在中间支点处的剪力与弯矩都特别大,因此必须着重考虑中间支点处的结构受力,为此通过以下两个办法解决此问题:

(1)将主桁梁中间支点处的一节桁架腹杆改为腹板,增强其抗剪及抗弯能力,并且还能大大缓解桁架节点应力集中大的问题。

(2)主桁梁各支点定位时控制中间支点相对于前后支点连线的中点下降100mm,如此可减小中间支点处最大弯矩的20%,同时剪力也有一定程度的减小,极大地改善了中墩处主桁架的受力,即大幅削减了弯矩和剪力的峰值。

四、施 工 效 果

目前,针对五峰山合建段公路桥专门研制的TPJ150架桥机已经完成了所有复杂工况的施工任务,包括自架安装位墩顶块、空墩变幅等,也已经全部施工完成26孔桥梁。架桥机应用良好,得到一致认可。施工效果如图5、图6所示。

图5　架桥机T构施工效果图

图6 架桥机边跨施工效果图

五、新工法的优化

该新工法的架桥机负弯矩区的弯矩和剪力峰值太大,成了架桥机新增的控制工况。在今后的推广应用中,提出如下优化方案:

(1)优化方案A:整个T构先对称悬挂部分梁块进行拼装施工,之后架桥机卸载,然后调整姿态后再进行T构剩下梁块的悬挂拼装施工,如图7所示。

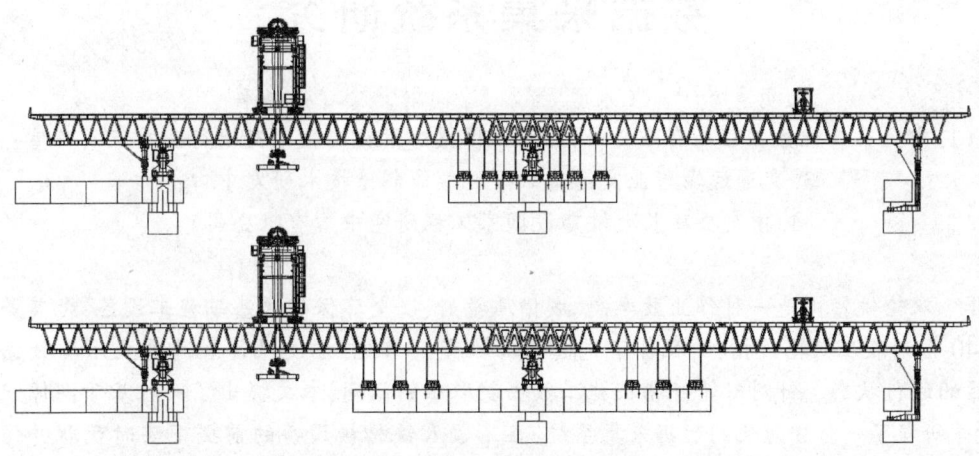

图7 新工法优化方案A示意图

按此优化后,架桥机主框架的受力得到很大的改善,而且钢绞线穿束张拉的工作也比传统对称悬拼工法少很多。是一种更折中的全面考虑的方案。

(2)优化方案B:每次T构悬挂仅悬挂少量几对梁块,T构的跨中的部分节段梁块则进行悬挂施工,如图8所示。

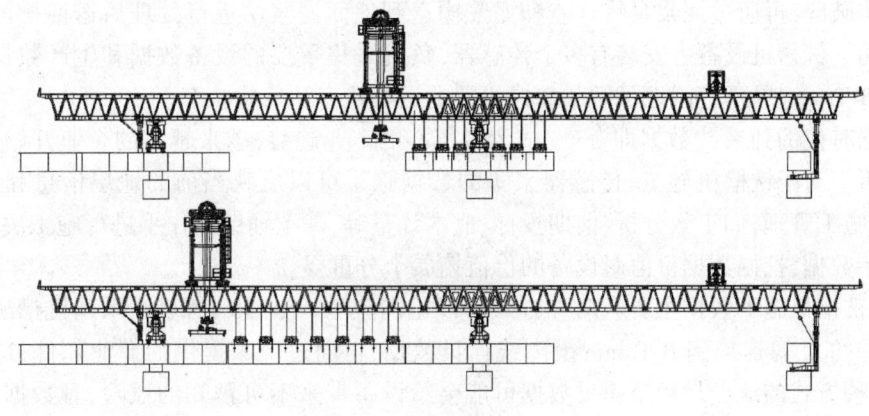

图8 新工法优化提议B示意图

按此优化后，一方面可减小架桥机主框架的受力要求（特别是减小负弯矩和剪力峰值）；另一方面，每跨桥梁的湿接缝都移到桥跨的 1/4 处，对桥梁结构的受力也有好处。

六、结语

将传统的整跨满拼和逐一对称拼装之两种节段拼装工法有机结合的本对称满拼新工法及其架桥机，已成功应用于五峰山长江大桥公铁合建段，并已被两三个梁桥建设工程所借鉴。这种工法对于桥梁设计应该简单；对于施工更高效便捷；相应的架桥机自重更轻配置简单。适合 40~100m 桥跨，尤其对于连续梁桥和大跨度梁桥，其优点更为突出。该新工法及其架桥机为节段预制、桥位拼装张拉成梁的建桥事业增添了一类新的分支。

参考文献

[1] 张乐亲，邹燚. 苏通大桥 TP75 节段拼装架桥机研究设计[J]. 桥梁建设，2007(4)：78-81.

24. 基于图像识别的双轮铣槽机数据采集系统研究

朱明清[1,2,3,4]　王永威[1,2,3,4]　涂同珩[1,2,3,4]　张晓平[1,2,3,4]

(1. 中交第二航务工程局有限公司；2. 长大桥梁建设施工技术交通行业重点实验室；
3. 交通运输行业交通基础设施智能制造技术研发中心；
4. 中交公路长大桥建设国家工程研究中心有限公司)

摘　要　双轮铣槽机是一种作业效率高、成槽质量好、安全环保的深基础施工设备，尤其是德国宝峨生产的 BC40 系列液压双轮铣槽机，配备了先进的人机交互系统，方便操作者通过显示屏数据直观了解和掌握机器的运行状态。针对双轮铣槽机施工数据获取难的问题，本文提出了一种基于图像识别的数据采集方法，并研发了一套智能化的数据采集系统，在不侵入铣槽机设备的前提下实时获取并保存铣槽机施工数据，为建立施工大数据和挖掘数据价值发挥了基础性支撑作用。

关键词　铣槽机　施工数据　图像识别　数据采集系统　大数据

一、引言

双轮铣槽机是一种成槽质量好，自动化，智能化程度高的桩工机械，其主要工作原理[1]是通过两个铣轮转动将地层体破碎，再通过泥浆泵将岩渣和泥浆输送到地面泥浆站进行处理后返回槽段，如此反复循环直至开槽成功。铣槽机设备上安装有多个传感器，负责采集重要的设备数据和生产数据，操作者可以通过驾驶室内 B-Tronic 屏幕直观地了解和掌握机器的运行状态和负载状态。

随着大数据时代的到来，"数据即资产"成为最核心的产业趋势，越来越多的企业开始重视对原始数据的积累和分析。对于铣槽机施工，传感器采集的数据除了可以反映当前的地层信息和设备的健康状态，还可以用于施工管理，如工效分析、前期投标、成本计量等，甚至辅助操作手进行施工决策，因此，不断积累铣槽机原始数据，挖掘数据价值对设备的价值拓展十分重要。

目前，获取铣槽机施工数据主要有两种方式。以德国宝峨[2] BC40 + MC96 系列铣槽机为例，第一种是将制造商允许的 U 盘连接到 B-Tronic 上离线拷贝数据，再通过厂家提供的专业软件打开数据文件进行后续分析，这种方式的缺点是频繁拷贝数据可能会给设备带来不可预知的风险，且数据分析对人员素质要求较高。第二种方式是用户登录厂商指定的网站下载历史数据，但是该方式需要厂家在国内建设基站,目前基站建设未取得实质性进展,且第二年起对用户收费。

基于上述现状和存在的问题,本文依托深中通道项目,以VNC(Virtual Network Control,虚拟网络控制台)和图像识别技术为核心,提出一种数据精度可靠、操作简便、成本经济的铣槽机施工数据获取方法,为后续基于设备的智能决策提供数据积累。

二、铣槽机设备特性研究

铣槽机的驾驶室内有操作面板、B-Tronic屏幕、控制杆等。其中,B-Tronic屏幕(图1)实时了显示铣槽机的关键施工数据,包括泥浆泵流量、铣槽轮压力、转速、进尺速度、温度、质量等。

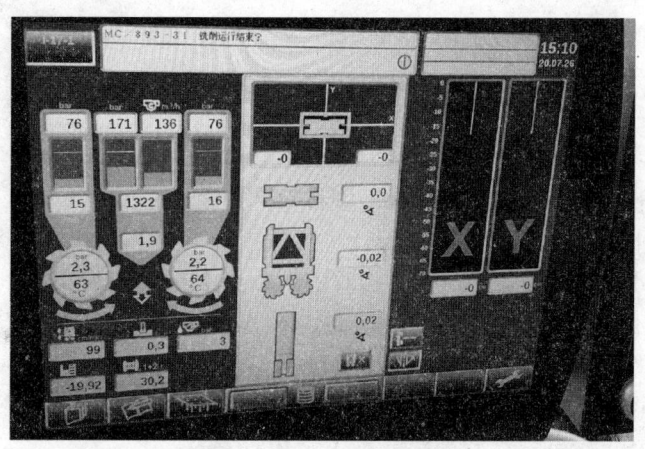

图1　铣槽机 B-Tronic 屏幕

其中屏幕显示数据中需获取的数据主要包括铣轮、泥浆泵和刀架关键部件的工作参数以及偏移参数,如表1和表2所示。

铣槽机屏幕显示数据　　表1

序号	位　置	工　作　屏　幕
1	输送泵:流量	
2	右侧铣槽轮:液压油压力	
3	右侧铣槽轮:转速	
4	环境压力	
5	右侧铣槽齿轮箱:齿轮油压力	
6	右侧铣槽齿轮箱:齿轮油温度	
7	泄漏油压	
8	铣槽机钢丝绳上的重量	
9	铣槽机深度	
10	送进速度	
11	铣槽机:附加载荷重量	
12	左侧铣槽齿轮箱:齿轮油温度	
13	左侧铣槽齿轮箱:齿轮油压力	
14	左侧铣槽轮:转速	
15	输送泵:转速	
16	左侧铣槽轮:液压油压力	
17	输送泵:液压油压力	

铣槽机屏幕显示偏差数据 表2

序号	位置	工作屏幕
1	X方向偏移量	
2	Y方向偏移量	
3	铣槽机的当前旋转方向	
4	铣槽机的当前倾角,X方向上	
5	铣槽机的当前倾角,Y方向上	

通过截取铣槽机屏幕画面分析可知,B-Tronic屏幕有两个特点:
(1)画面像素和背景固定:1024×768像素。
(2)数据位置固定:每个数据在屏幕中位置相对固定。

另外,铣槽机设备还有一个重要的特性就是具备VNC Server属性,用户可以通过VNC Viewer远程访问屏幕数据,获取屏幕镜像。

三、铣槽机屏幕数据采集技术研究

基于上述特性,本文提出利用当前铣槽机自带VNC Server的优势,采用无线传输方式获取无失真的屏幕画面,作为进一步数据分析的素材。

在获取到铣槽机屏幕画面后,有两种方式可以得到数据,一种是将画面数据在本地解析出来后发送到云端,另外一种是将屏幕截图后发送到云端服务器进行解析。由于铣槽机通常工作在偏僻地区,甚至是海上,高速传输图形数据不存在可行条件,因此可以将数据变小,本地将画面中的元数据(参数文本)获取到,通过GPRS/LoRa等远距离低带宽传输方式将数据远传。因此本文提出数据采集技术路线(图2)。下面具体描述每一步的实现方式。

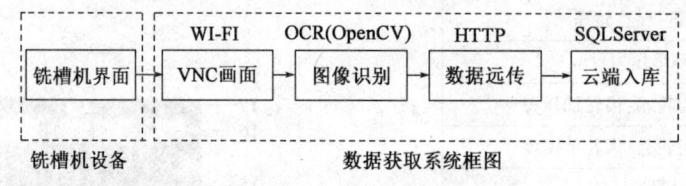

图2 铣槽机数据获取技术路线

1. 通过WI-FI + VNC获取铣槽机的屏幕画面

铣槽机设备内置VNC Server,可通过WI-FI热点接入该Server服务,从而获取屏幕显示画面。

其中一种思路是采用标准化VNC客户端来获取屏幕图像,然后开发软件增加屏幕截取和图像识别功能,该方法有更多的外置依赖,且不利于系统后期更新与维护。因此,本文采用RFB(Remote Frame Buffer,远程帧缓冲)协议[3]的方式直接无损的获取到VNC画面,以1s为周期实时获取到铣槽机画面的图形数据,图像采集为RGB位图格式,作为本地分析处理的图像素材。

2. 图像处理与文字识别

1)ROI提取

当画面实时读取后,开展图像中数据识别工作。数据识别首要要指定"文本的位置",只识别"关心区域的文本数据"会比直接"识别整个画面"效率要提升数倍,并且性价比也更高。

在进行屏幕画面元数据的本地提取前,定义 ROI(Region of Interest,感兴趣区域),如图 3 所示,对图像中含有数据信息的区域进行位置定义,包括数值区域的起始点坐标(X,Y)和数值区域的像素长与高(L,H),如表 3 所示。

2)基于 Tesseract 工具的图像识别技术

铣槽机画面中的参数数据文本是目标元数据,包含数据的数值部分、正负号和小数点,数值又包括英文字符和阿拉伯数字,可以采用 OCR(Optical Character Recognition,光学字符识别)技术[4]进行识别。

国内外有许多开源的 OCR 引擎可以用来识别图像中的数据,其中,Tesseract 是目前最好的用于机器打印字符识别的开源 OCR 工具,该工具具有适用范围广的特点,对印刷文字、显示器显示文字、拍摄文字、手写文字都能识别,Tesseract-OCR[5]还支持训练功能,以提高识别效率或者对新语种的支持。

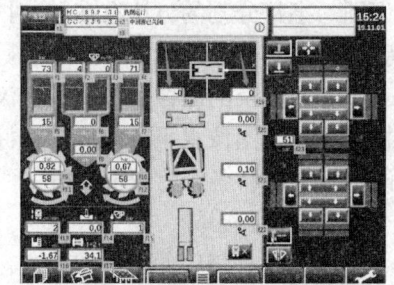

图 3 数值 ROI 定义

数值 ROI 定义区域范围　　　　　表3

标识	参数	区域范围	标识	参数	区域范围
f1	左铣轮压力	32,157,60,25	f13	进尺速度	19,592,88,26
f2	泥浆泵压力	115,157,59,25	f14	附加载荷重量	137,592,91,26
f3	泥浆泵流量	192,157,60,25	f15	漏油压力	258,592,89,26
f4	右铣轮压力	276,157,59,25	f16	进尺深度	19,664,88,29
f5	左铣轮转速	32,303,59,25	f17	钢丝绳重量	137,664,91,29
f6	泥浆泵转速	152,303,61,25	f18	铣轮左偏差	394,225,62,22
f7	右铣轮转速	275,303,61,25	f19	铣轮右偏差	594,225,60,22
f8	漏油压力	153,378,61,25	f20	铣轮旋转方向	568,295,91,27
f9	左齿轮箱油压	40,425,74,26	f21	铣轮 X 方向倾角	568,430,91,29
f10	右齿轮箱油压	252,425,75,26	f22	铣轮 Y 方向倾角	568,566,91,29
f11	左液压油温度	40,459,74,26	f23	纠偏压力	568,566,91,29
f12	右液压油温度	252,459,75,26			

因此,本文首先尝试采用 Tesseract 工具对 ROI 分割的目标数据图像进行识别,从测试结果来看,该方式虽然识别准确率较高,对斜角度拍摄的屏幕数据画面都能准确识别,但是识别的效率较低,在主频 2.6GHz CPU 的计算机上处理一张分割数据图像的时间约 1s,不满足本文每 1s 传输一次数据的频率需求。

3)基于 KNN 的图像识别方法

由于本文研究的屏幕截取图像,其显示字符具有字体标准、轮廓清晰、间隙分明、类型单一,且字符背景无干扰的特点,因此可采用定制化的识别方案,减少对适应面的要求,同时也能降低算法复杂度,提高处理速度。本文按照如图 4 所示的流程开展图像识别研究。

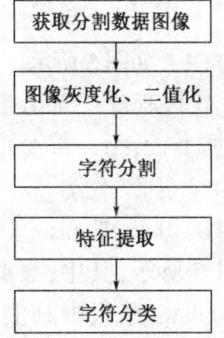

图 4 图像识别流程

(1)图像灰度化、二值化处理

本文分割得到的是 RGB 图像,首先将 RGB 图像转化为灰度图像,灰度转化算法包括平均法[式(1)]、基于人眼感知的 RGB 图像灰度转换算法[式(2)],以及将 RGB 图像转化成 HLS 模型再进行灰度化处理和单通道灰度化算法等。

$$Gray = (R + G + B)/3 \tag{1}$$

$$Gray = (R \times 299 + G \times 587 + B \times 114 + 500)/1000 \tag{2}$$

由于本项目研究的数据图像接近白底黑字,字符颜色与背景色差异较大,基于减少算法复杂度的考虑采用平均法进行灰度转换,然后采用固定阈值方法将灰度图像转换为黑底白字二值化图像。

(2) 字符分割

一张数据图像通常包括多个字符,因此需要将每个字符分割出来,然后对各个字符进行分别处理和识别。字符分割的方法有多种,对于手写文字,要考虑字符空间上的错位和交叠,汉字的分割容易出现偏旁部首被分开的情况,因此不同的识别对象需要构造不同的算法去分割字符。

本文涉及的图像字符中没有汉字,且字符间距明显,因此采用垂直投影的方法进行字符分割。垂直投影法建立图像水平方向像素坐标,记录垂直方向没有白色像素的水平坐标作为字符分隔,以字符分隔的坐标为界将各个字符分割开。

(3) 特征提取

首先将分割后的字符图像进行背景扩充,使每张图像像素数量和比例一致,本文经过ROI切割的数据图像高度为25或26个像素,因此采用30×30背景对字符图像进行扩充。

将扩充后的标准化字符图像按行读取像素值,转化为维度为900的向量,一个字符对应一个向量,向量每一维的数值用0和1来分别表征像素点的黑与白,将这个900维向量作为字符图像的特征。

(4) 字符分类

字符分类是对字符图像的特征进行分析,判定其所属类别的过程,分类算法的选择和训练集的建立对字符识别的结果至关重要。

本文采用K最近邻(KNN, k-Nearest Neighbor)分类器+有监督学习的方式进行识别模型训练,KNN算法[6]的复杂度不高,识别速度快,对于本文要求的每秒识别一次全屏数据的速度要求比较契合。

KNN算法将一个样本与训练集中的样本进行比较,找到与该样本最相似的k个其他样本,将这k个样本所属类别中出现频率最高的类别判定为该样本的类别。本文计算样本间的欧氏距离来衡量样本相似程度。

在具体实现的过程中,本文首先建立了训练集。由于本文涉及的图像中的字体为印刷体,所以笔迹和形态都非常稳定,且仅包含英文字母和数字,这就使得监督学习的效率足够高,基本上每种字符提供5~10个学习样本即可获取到足够稳定的模型。

本文涉及的字符类型包括阿拉伯数字、英文字母、斜线"/"、短横线"-"和逗号",",其中英文字母和斜线"/"只在3个数据框中出现,因此这3个数据框的训练集单独建立,其他数据框则建立一个数据集,每种字符选取了10张字符图像提取其特征作为训练集,然后利用KNN算法比对训练集与需要识别的图像特征,给出识别结果。每个数据框将各个字符识别的结果拼接成一个字符串,即为该数据的识别结果。

四、数据采集系统实现与工程应用

基于以上数据采集技术研究,本系统采用Python语言进行算法实现,并开发了简易的GUI,如图5所示。

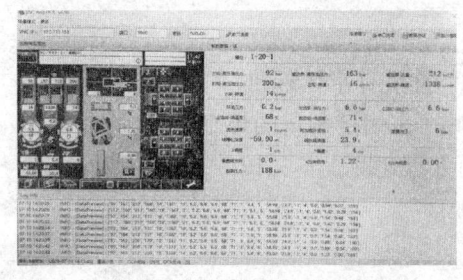

图5 数据采集系统GUI界面

数据采集系统包括软件和硬件两部分,软件程序一部分部署在本地,负责数据的识别、本地存储和数据上云,另一部分部署在云端,负责数据入库。

硬件部分主要包括Windows平板和DTU(Data Transfer Unit,数据传输单元),硬件通信技术路线如图6所示,其中,数据采集程序部署在自带串口模块的工业级Windows平板电脑上,数据被有效识别后,在本地存储一条标记了时间戳的日志,该条数据通过无线通信模块传输到云端,由于此时数据形态已经不是图形,而是纯粹的文本,所以数据尺寸极小,完成秒级传输的带宽可小于5kb/s,现场实测表明4G DTU的传输速率与传输效果均满足预期。

同时,为了应对网络的不稳定性或重连期间的传输断开场景,对本地日志做了7日的回滚保留,确保断联数据可恢复,同时TCP数据服务在云端持续运行,不间断接收通过DTU传输的文本报文,并对帧的完整性进行校验和解析,图像业务化后存储到指定的数据库中。

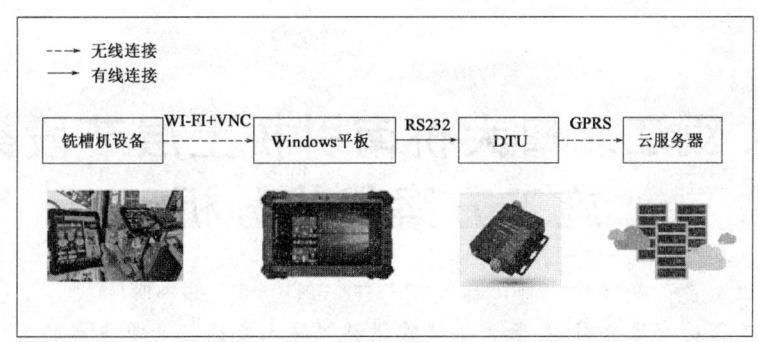

图6 硬件通讯图

2019年11月,本系统正式在深中通道东锚碇地连墙施工中得到应用,深中通道东锚碇地连墙设计总方量30058.3方,开挖尺寸0.64~1.5m×2.8m,地连墙平均深度约60m,基础的连墙为外径65m,壁厚1.5m的8字形结构,墙体顶高程+1.5m,深度46.1~64.5m。地连墙槽段分Ⅰ、Ⅱ期,共计81个槽段,槽段划分见图7。

为了确保数据采集系统24h不间断工作,在设备上配置了50000mAh大容量充电宝对平板电脑和DTU进行持续供电,同时借助设备上的5V、2AUSB接口对充电宝进行充电,硬件安装如图8所示。

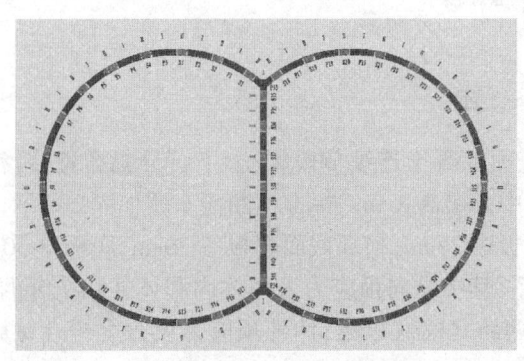

图7 地连墙槽段划分示意图

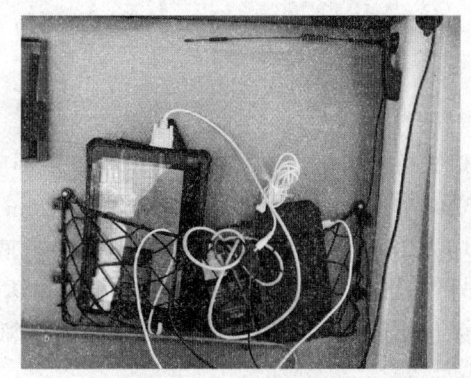

图8 现场硬件安装图

该系统自投入使用以来,成功采集了S17、S18两个槽段的完整数据,为后续的数据处理和分析奠定了坚实的基础。

五、结　语

本文对双轮铣槽机屏显数据采集技术进行了研究,利用铣槽机自身的VNC特性提出了一种基于图像识别的数据采集方法,在深中通道东锚碇地连墙施工中进行了部署应用,验证了该方法的可行性,并且数据精度可靠、采集实时高效、硬件安装简便、成本经济可控。

这种基于图像识别/机器视觉的施工数据自动采集方法,为施工过程中隐性数据的智能化采集提供了新思路,为建立施工大数据和挖掘数据价值发挥了基础性支撑作用。

参考文献

[1] 张绪鹏.双轮铣槽机在硬岩地层地下连续墙施工中的应用[J].长春工程学院学报(自然科学版),2019,20(04):5-7.
[2] 夏永强.高效切削岩石:宝峨BCS 40铣槽机助力东莞地铁建设[J].市政技术,2020,38(04):8.
[3] 钱浩.VNC图像传输关键技术的研究[D].重庆:重庆邮电大学,2017.
[4] 李瑶.基于OCR识别技术的建筑图集检索系统[D].石家庄:河北师范大学,2020.
[5] 郭室驿.基于OpenCV和Tesseract-OCR的英文字符算法研究[J].电脑编程技巧与维护,2019(06):45-49.
[6] 庄园.手写体字符识别的特征提取和分类器研究[D].南京:南京理工大学,2012.

25. 瓯江北口大桥南引桥上层节段梁施工方案优化分析

黄 跃[1,2,3,4]　肖 林[1,2,3,4]　王 敏[1,2,3,4]　郑和晖[1,2,3,4]

(1. 中交第二航务工程局有限公司；2. 长大桥梁建设施工技术交通行业重点实验室；3. 交通运输行业交通基础设施智能建造技术研发中心；4. 中交公路长大桥建设国家工程研究中心有限公司)

摘　要　瓯江北口大桥南引桥上层节段梁原施工方案采用先简支后连续的工艺，为降低主梁及架桥机的安全风险，调整了施工方案，并对主梁及墩顶块的预应力体系和结构进行了优化与计算分析。结果表明：主梁体内束在墩顶块内部布置成交叉锚固的形式，可满足逐跨连续的工艺需求；通过在墩顶块上层新增横向预应力束、下层预应力束锚点下移、减小人孔尺寸等具体措施，可使得墩顶块在最不利工况下受力安全。

关键词　节段梁　隐横梁　施工方案　交叉锚固　优化分析

一、概　述

瓯江北口大桥南引桥上层采用等高单箱单室预应力混凝土连续节段梁，上下行分幅布置，跨径布置为 5×50m，立面布置如图 1 所示。箱梁全宽 16.25m，中心梁高 3.0m，标准横断面布置如图 2 所示。全桥箱梁顶板厚均为 28cm，跨中箱梁截面腹板厚 45cm，底板厚 27cm，根部截面腹板厚 70cm，底板厚 50cm，混凝土强度标号为 C55。箱梁采用纵、横双向预应力体系，其中纵向预应力采用体内和体外相结合的形式，体内预应力束包括腹板束、跨中底板束和一联内相邻两跨之间底板束，体外预应力束为全桥合龙后张拉的合龙束。

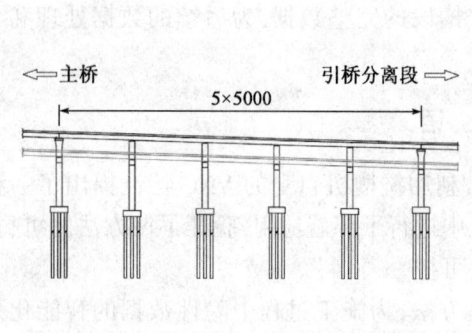

图 1　南引桥上层节段梁立面布置(尺寸单位：cm)

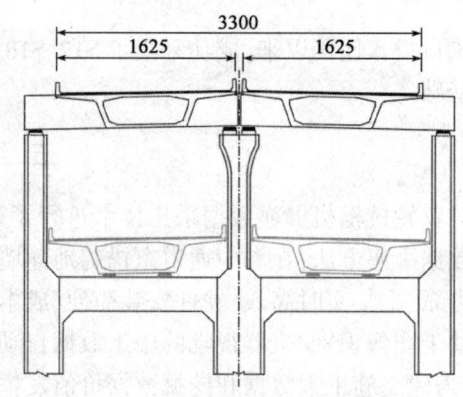

图 2　标准横断面布置(尺寸单位：cm)

箱梁采用隐横梁构造，横梁长 19.2m，与箱梁等高，中横梁宽 2.5m，端横梁 2.2m，均与箱内横隔板位置对应。隐横梁包含预制壳体和现浇两部分，其中现浇部分由箱内横隔板现浇段(含腹板部分)和横梁外伸段组成，隐横梁结构形式如图 3 所示。

原节段梁施工方案主要流程为：①搭设临时支架，架桥机吊装首跨节段，包括横梁预制壳体；②张拉首跨简支状态下体内束，放置在临时支架的临时支座上；③架桥机前移至下一跨安装位置，吊装本跨节段梁并张拉体内束；④重复以上步骤直至本联全部节段安装完毕，形成支撑于临时支架的五跨简支梁状态；⑤浇筑隐横梁现浇部分混凝土，达到设计强度后张拉横梁精轧螺纹钢；⑥张拉整联体外束；⑦逐墩张拉横梁横向预应力束，横梁就位于墩顶永久支座上，拆除临时支架。

原施工方案临时支架的安全风险较高，临时支架除了承受相邻两半跨节段梁自重外，同时还用于前支腿站位，由于临时支架直接支撑于底层梁梁面，施工期底层梁梁面及支座位置开裂风险大；由于临时支架内部净宽有限，运梁车需频繁通过，因碰撞支架引起坍塌的风险较高；台风季节施工时，临时支架受风荷载影响较大，倾覆风险大。此外，原施工方案架桥机的安全风险也较高，由于墩身截面尺寸较小，架桥机支撑架设计难度大，且墩顶人员操作空间狭小，高空作业风险高[1-4]。综上所述，若按原方案施工，临时支架和架桥机的安全风险较高，为保障节段梁按期且安全建设完成，需对其施工方案及结构进行优化。

图3　隐横梁结构形式

二、施工方案及结构优化

1. 优化后施工方案及优化效果

为了降低临时支架和架桥机的安全风险，将原方案先简支后连续的施工工艺变更为逐跨连续工艺。优化后的主要施工流程包括：①搭设临时支架及模板，完成墩顶块的现浇；②混凝土达到设计强度后张拉墩顶块横向预应力束，拆除临时支架；③架桥机悬挂一跨内的节段梁，节段间靠临时预应力拉紧；④浇筑位于墩顶块两侧的湿接缝，待强度形成后张拉本跨体内束；⑤架桥机前移至下一跨安装位置，重复以上步骤直至本联全部节段安装完毕；⑥张拉整联体外束。

优化后的施工方案，临时支架仅用于支撑墩顶块自重，架桥机支腿支撑于张拉后的墩顶块上，大幅降低了临时支架和架桥机的安全风险；此外，逐跨连续的施工工序得到简化，全现浇的墩顶块整体性优于预制壳体+部分现浇，墩顶块两侧设置的湿接缝有利于节段梁安装线形的调整[5,6]。

2. 纵向体内束墩顶块内交叉锚固

墩顶块由于整体现浇，节段梁的腹板束无法在内部锚固，节段梁体内腹板束在墩顶块的锚固形式需重新设计，且由于墩顶块自身预应力体系较复杂，布置空间有限，预应力布置需开展细化研究。基于设计及施工两方面的考虑，提出了如下节段梁腹板束锚固端设计原则：①预应力束竖弯及平弯半径不小于最小弯曲半径限值6m，且预应力束保护层厚度不低于100mm；②穿过墩顶块的腹板束不与墩顶块自身预应力束位置冲突，也不与墩顶块内部体外束孔道位置冲突；③腹板束在墩顶块上的锚点与箱梁内部轮廓应隔开一定距离，以保证预应力张拉设备足够的工作空间。

基于上述原则，提出了如图4所示的交叉锚固方案，相比原锚固形式，做了如下调整：①本跨腹板束锚固在相邻跨箱梁内部墩顶块表面，相邻两跨腹板束在墩顶块内部形成交叉锚固的形式；②ZF1束在横梁内部仅有平弯，使得横梁表面的锚点无仰角，确保了预应力束的张拉空间，其余钢束在横梁内部既有平弯又有竖弯；③墩顶块两侧锚点采用非对称布置，竖向上错开，以避免在两侧腹板束空间位置冲突。

基于CAD三维建模功能分析了墩顶块区域体内束分布情况，体内束分布模型如图5所示，红色的为腹板束，黑色的为一联内相邻两跨底板连接束，蓝色的为墩顶块横向预应力束（包含墩顶块新增横向预应力束）。结果表明各组件之间未发生碰撞干涉，且预应力束保护层厚度均不低于100mm，交叉锚固方案可实现合理布束。

3. 墩顶块体内束布置及人孔尺寸优化

原墩顶块跨中段体内束均靠近下缘布置，在墩顶块现浇完成的施工阶段，一次张拉全部体内束必然会导致墩顶块顶面拉应力超限；由于墩顶块数量多，分次张拉的工艺对缩短工期不利，且操作难度大，需对现浇墩顶块体内束进行优化设计，优化前后体内束布置的对比如图6所示。对于中部墩顶块，在上层增设6根16-15.2体内束，对于端部墩顶块，上层增设4根16-15.2体内束，新增体内束中心距离顶面

30cm；此外墩顶块下部预应力束锚点附近平直段下移47cm，可满足施工全过程及运营期墩顶块上下缘均不出现拉应力的受力需求。

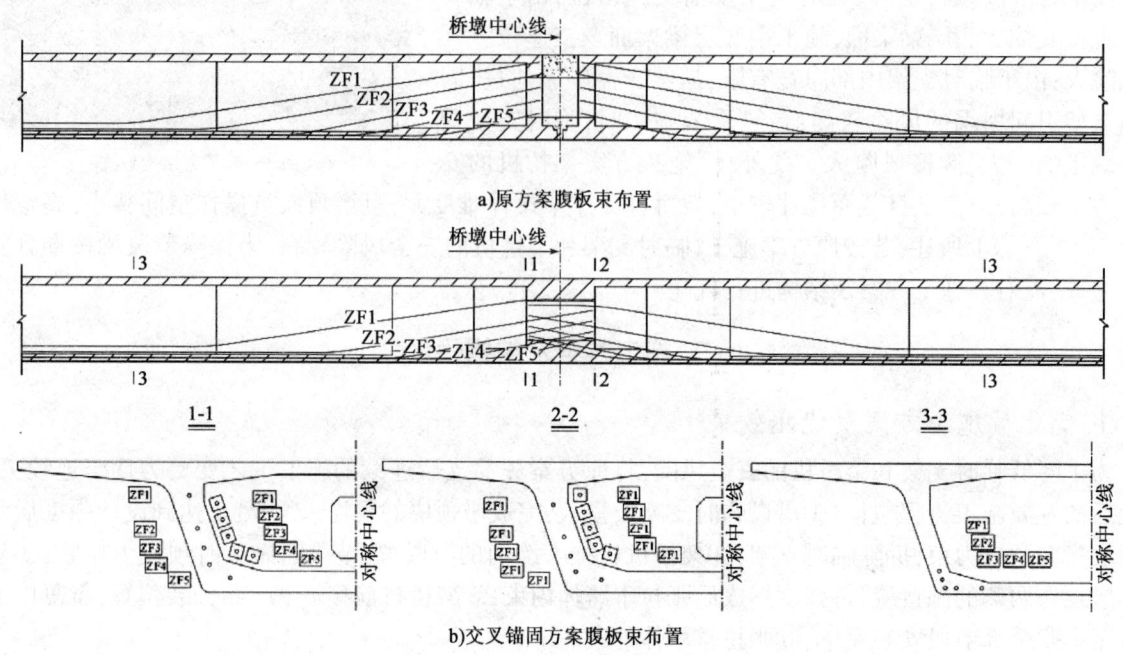

图4 原方案及交叉锚固方案腹板束布置形式对比

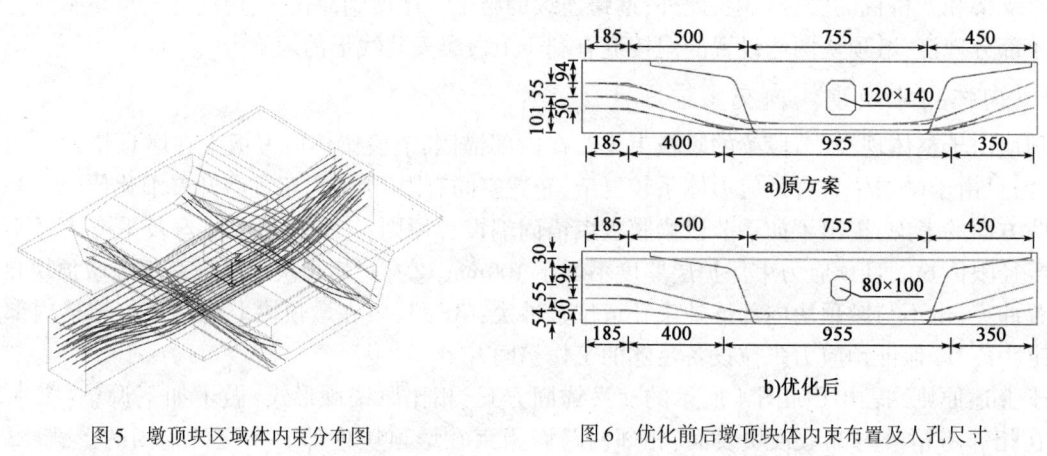

图5 墩顶块区域体内束分布图　　图6 优化前后墩顶块体内束布置及人孔尺寸
（尺寸单位：cm）

施工方案变更后，当一联内相邻两跨体内束张拉完，架桥机前移过程后支腿倒运时，架桥机中支腿传递到墩顶块的竖向力有10050kN，此外墩顶块还承受相邻两半跨节段梁的自重，墩顶块受力较不利。为降低由于人孔处挖空引起的应力集中程度，在满足施工期及运营期人员及设备通行需求的前提下，将人孔尺寸由120cm×140cm减小到80cm×100cm。

4. 墩顶块现浇质量及进度保障措施

墩顶块改为现浇后，为降低现浇墩顶块收缩的不利影响，保障施工进度，提出了以下措施：①墩顶块存放至少3个月后方与架设的节段梁连接；②在现浇作业时加强对原材料、混凝土拌和、入模和浇筑温度的监控，并采取墩顶块内部布设冷却水管，分层浇筑以及拆模后的覆膜养护等措施，解决了温度引起的大体积混凝土开裂问题[7]；③墩顶块的钢筋骨架采用胎架上绑扎+整体吊装入模的工艺，既可以保障钢筋的绑扎质量，又有利于提高工效，降低现场高空作业风险；④为防治预应力管道的线形偏差，按设计线形准确放样，并安装定位钢筋网片，在曲线及接头处加倍设置。

三、优化方案计算分析

1. 主梁应力分析

为分析施工方案及结构优化后主梁在施工过程、成桥状态及恒载+活载+温度组合工况的受力情况,利用 Midas Civil 建立了整联的纵向分析模型,交叉锚方案整联模型如图7所示。

模型中模拟了交叉锚方案的总体施工工艺及体内和体外预应力束布置,其中成桥状态考虑了10年的收缩徐变效应,活载按4车道公路-Ⅰ级荷载标准施加,温度荷载考虑了整体升降温20℃、梁截面正负温差以及上述工况的组合。交叉锚方案主梁在成桥及在恒载+活载+温度组合工况下上下缘应力如表1所示。主梁上下缘在两种工况下均无受拉情形,最大压应力发生在恒载+活载+温度组合工况一跨跨中上缘,约有12.4MPa的压应力,应力值在混凝土抗压强度设计值范围内。

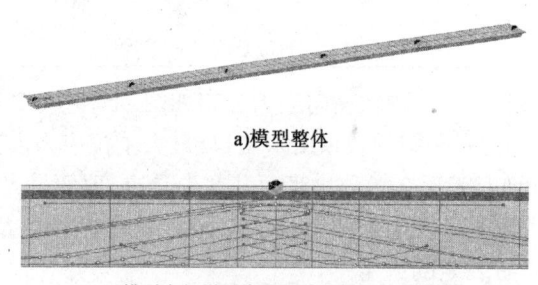

图7 交叉锚方案整联分析模型
a)模型整体
b)模型中部墩顶块附近体内外束布置情况

主梁上下缘应力(单位:MPa)　　　　表1

工况		主梁上缘		主梁下缘	
成桥状态	Max	-0.8	Max	-2.3	
	Min	-7.5	Min	-8.9	
恒载+活载+温度	Max	-0.5	Max	-0.9	
	Min	-12.4	Min	-11.1	

2. 墩顶块应力分析

经分析,墩顶块施工及运营全过程中最不利受力工况有以下两个,分别对应主梁上缘和下缘压应力储备达到最小:

工况1:墩顶块全部预应力束一次张拉完;

工况2:相邻两跨张拉完,架桥机后支腿倒运时,中支腿传递到墩顶块的荷载为10050kN,此外墩顶块还承受相邻两半跨节段梁自重1310t,工况2墩顶块受力状态如图8所示。

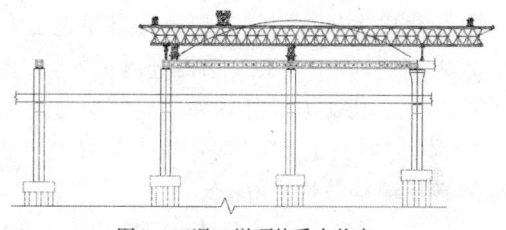

图8 工况2墩顶块受力状态

由于梁单元分析模型无法考虑人孔处挖空对应力分布的影响,也无法考虑墩顶块与两侧已安装节段间的相互作用,故基于 ANSYS 三维实体模型对墩顶块开展相应的数值计算。两工况的有限元模型分别如图9和图10所示。混凝土采用 Solid92 单元模拟,预应力束采用 Link8 单元模拟,采用初始张拉应力施加预应力,预应力束与混凝土采用节点自由度耦合的方式连接,模型的边界条件按相应工况实际边界施加[8]。

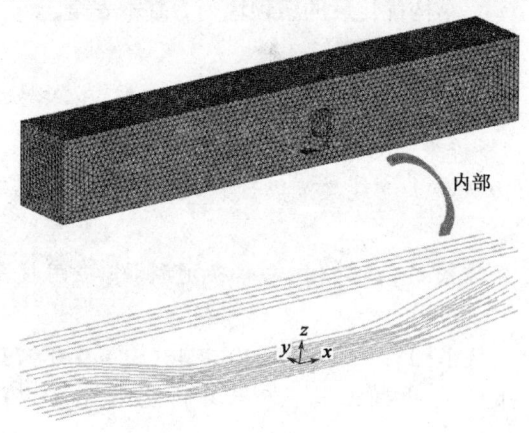

图9 工况1有限元模型

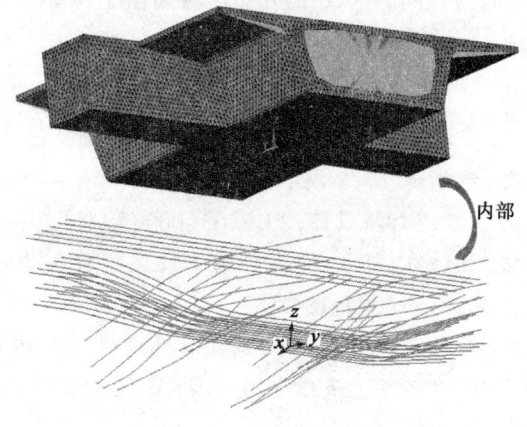

图10 工况2有限元模型

对于工况 1 的模型,施加的荷载包括重力及墩顶块自身的预应力荷载;对于工况 2 的模型,实体模型的范围包括墩顶块以及相邻的 4 个节段(两侧各两个节段),模型中包含了主梁及墩顶块的全部预应力束,在模型两端各设置一个耦合点与端面所有节点自由度耦合,耦合点上施加与同工况梁单元模型相同位置处提取的节点力,提取的节点力如表 2 所示。

工况 2 模型端面内力　　　　　　　　　　表 2

内力	弯矩(kN·m)	轴力(kN)	剪力(kN)
取值	4907	-38175	1413

两工况墩顶块横向应力分布如图 11 和图 12 所示。由图 11 可知,工况 1 墩顶块顶面主拉应力基本为负值,表明墩顶块顶面未受拉,最大主拉应力发生在支座边缘,底面最大主压应力约为 16.6MPa。由图 12 可知,工况 2 墩顶块底面基本未受拉,顶面最大主压应力约为 14.3MPa,人孔周边应力集中程度低,拉应力也基本在限值范围内。锚固区、支座区域以及人孔附近是主拉应力较高的区域,需在该区域加强配筋预防裂缝的产生。

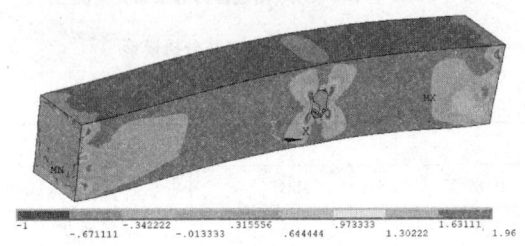

图 11　工况 1 墩顶块主拉应力云图(MPa)

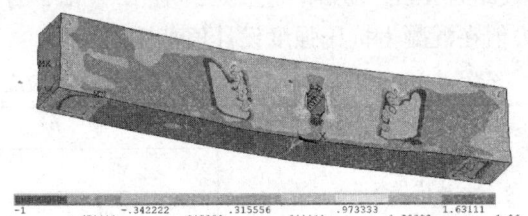

图 12　工况 2 墩顶块主拉应力云图(MPa)

四、结　语

瓯江北口大桥南引桥上层节段梁原施工方案主梁及架桥机安全风险较高,为保障节段梁按期且安全建设完成,对其施工方案及结构进行了优化,并对采用优化方案后主梁及墩顶块的应力进行计算分析,针对墩顶块最不利受力工况开展了局部应力的复核计算,结论如下:

(1)优化后的施工方案,不仅大幅降低了临时支架和架桥机的安全风险,而且施工工序得到简化,全现浇的墩顶块整体性更好。

(2)成桥状态主梁上缘最大压应力为 7.5MPa,下缘最大压应力为 8.9MPa,主梁无受拉情形发生;在恒载+活载+温度组合工况下,主梁上下缘均无拉应力,主梁上缘最大压应力为 12.4MPa,下缘最大压应力为 11.1MPa,均在抗压强度设计值范围内。

(3)通过在墩顶块上层新增横向预应力束、下层预应力束锚点下移、减小人孔尺寸等措施,可使得墩顶块在最不利工况下顶面及底面均不出现拉应力,主压应力基本在限值范围内,锚固区、支座区域以及人孔附近是主拉应力较高的区域,需在该区域加强配筋预防裂缝的产生,结构优化后的墩顶块受力基本安全。

参考文献

[1] 魏林.沪通长江大桥 48m 节段梁架设关键技术[J].铁道建筑,2019,59(11):19-21.
[2] 刘斌.香港东区立交工程短线法节段梁施工技术[J].世界桥梁,2015,43(02):25-28.
[3] 张雷,季伟强,苏伟,等.高速铁路(40+56+40)m 预应力混凝土连续梁节段预制胶拼法建造技术研究[J].铁道标准设计,2019,63(08):79-84.
[4] 吴博,黄胜红,陈磊.跨海桥梁节段梁拼装架桥机安全保障关键措施[J].公路交通科技(应用技术版),2019,15(09):184-187.
[5] 江大全,朱宝君,张苗,等.简支转连续桥梁结构施工控制技术[J].施工技术,2017,46(S1):970-972.
[6] 杨丽红,曾云凤.节段梁支架拼装施工工艺技术方法[J].中国水运(下半月),2016,16(07):308-309.

[7] 陈桂林,姜玮,刘文超,等.大体积混凝土施工温度裂缝控制研究及进展[J].自然灾害学报,2016,25(03):159-165.
[8] 许基厚,王成,唐自航,等.大跨连续刚构桥零号块力学性能分析[J].四川建筑,2018,38(03):159-162.

26. 桥梁支座安装常见病害及预防治理措施

杨卫锋[1,2] 成正江[1,2] 郑娜[1,2] 何平根[1,2]

(1. 中国船舶集团公司第七二五研究所;2. 洛阳双瑞特种装备有限公司)

摘 要 本文论述了桥梁支座安装施工时出现的几种常见病害,并针对出现的安装病害提出相应的预防防及治理措施,为今后同类桥梁支座的安装施工提供借鉴。

关键词 桥梁支座 安装常见病害 预防措施 治理措施

一、引 言

桥梁支座是桥梁上部结构和下部结构的连接点,它能将桥梁上部结构的荷载可靠的传递给桥梁下部结构,同时适应上部结构荷载变化、温度变化及混凝土收缩徐变等因素作用下的自由变形(位移和转角),从而使结构的实际受力情况与理论计算相符合,进而保护梁体及桥墩结构不受损伤。我国桥梁支座的发展始于20世纪60年代,现已发展较为成熟,主要有板式橡胶支座、盆式橡胶支座、球型钢支座、铰轴滑板支座等常规支座以及铅芯隔震支座、高阻尼隔震支座、拉索减震支座、摩擦摆减隔震支座等减隔震支座,此外,还包括如抗风支座、拉压支座、减振降噪支座、调高支座等特殊功能支座。

桥梁支座是桥梁的重要部件,其正确的安装施工是支座功能正常发挥的重要保证,直接影响着桥梁的使用寿命和结构安全。由于桥梁支座在整个桥梁工程中所占成本比例较小,桥梁施工组织、监理人员对桥梁支座的安装要求及其正确安装施工的重要性往往认识不足,造成桥梁支座安装施工经常会出现各种病害。桥梁支座安装施工一旦出见病害,若不能及时发现整改就会对桥梁日后运行带来安全隐患并可能对桥梁结构造成巨大破坏。本文以球型支座和盆式支座为例论述桥梁支座安装过程中出现的常见病害及预防措施。

二、支座安装常见病害

1. 支座安装与设计不符

(1) 支座形式与设计图不符

图1墩顶左侧支座设计图中选用的型号为多向活动支座,在实际施工中安装了单向活动支座,支座实际安装布置与设计图不符,使上部梁体结构的受力状态分布、自由变形方向与设计意图不一致,导致桥梁结构受力状态分布发生改变,威胁桥梁结构安全,如图1所示。

(2) 支座活动方向与梁体活动方向不符

图2中墩顶左、右两侧单向活动支座的活动方向应为横桥向活动,但在实际施工中单向活动支座的活动方向为纵向活动,支座活动方向与梁体实际位移不符,将会使梁体的活动方向受到约束,导致梁体结构或墩身遭受破坏,如图2所示。

2. 支座构件偏位

(1) 支座上座板发生转动

支座安装时上座板发生倾转,支座转动余量不足或无法转动,导致支座转动功能丧失,如图3所示。

a) 支座形式与设计图不符一

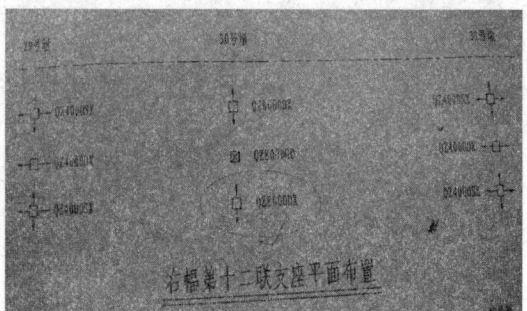
b) 支座形式与设计图不符二

图 1　支座形式与设计图不符

图 2　支座活动方向与梁体实际位移方向不符

a) 支座上座板发生转动一

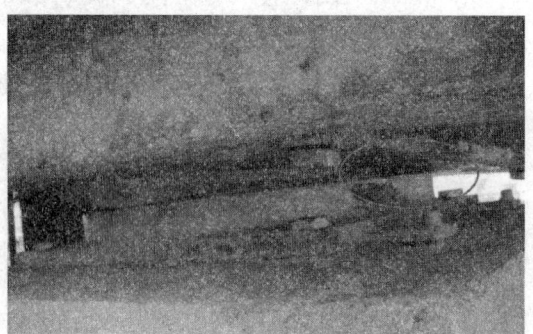
b) 支座上座板发生转动二

图 3　支座上座板发生转动

（2）支座部件上下脱空分离

桥梁施工时由于上部梁体的变形抬升，造成支座上座板与中座板上下分离，从而使支座失去竖向承载的能力，如图 4 所示。

3．支座活动受阻

（1）墩顶垫石阻碍支座活动

墩顶垫石过高阻碍了支座的滑移及转动，使支座丧失转动和滑移功能，导致上部梁体结构无法转动和自由伸缩，如图 5 所示。

（2）废混凝土未清除阻碍运动

墩顶支座周围的垃圾及废混凝土未清除，阻碍支座的正常转动和滑移，如图 6 所示。

（3）支座临时连接螺栓未拆除

支座临时连接螺栓在梁体预应力张拉之后仍未拆除，支座滑移功能受到连接螺栓的约束导致上座板在连接螺栓拉力作用下变形使支座失去承载能力或导致梁体内应力无法释放，如图 7 所示。

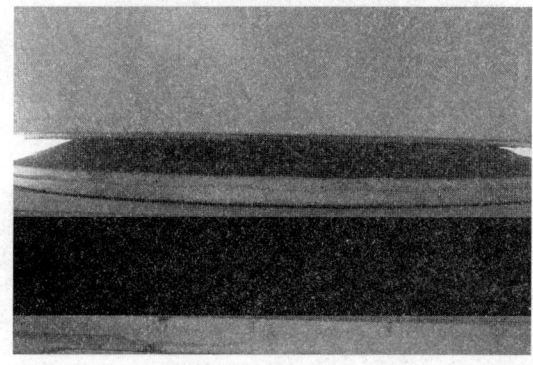

图4 支座部件脱空

图5 墩顶垫石阻碍支座活动

图6 垫石顶及支座周围垃圾及废混凝土未清除

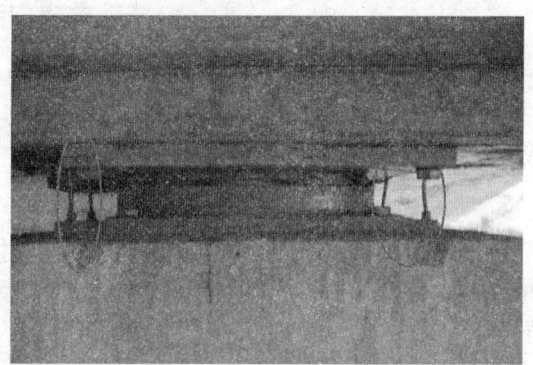

图7 支座临时连接装置未拆除

4. 支座表面污染与破损

（1）不锈钢滑板被泥浆污染

支座不锈钢滑板被泥浆污染，支座活动时摩擦副表面易被砂浆划伤加剧摩擦副磨损，如图8所示。

（2）表面防腐涂装损伤

支座表面防腐涂装在安装时烧伤、碰伤及剥落，影响支座的整体防腐效果，如图9所示。

图8 不锈钢滑板被水泥浆污染

图9 支座表面涂装损伤

5. 支座垫石脱空

（1）支座与垫石灌注不密实

支座与墩顶垫石灌注不密实，将导致支座的下座板易产生屈曲变形，如图10所示。

（2）调平用木质楔块没有拆除

支座安装时调平用楔块没有拆除，随着时间推移要木质腐烂导致支座底部局部脱空，从而造成下部构件变形，如图11所示。

图10 支座与垫石灌注不密实

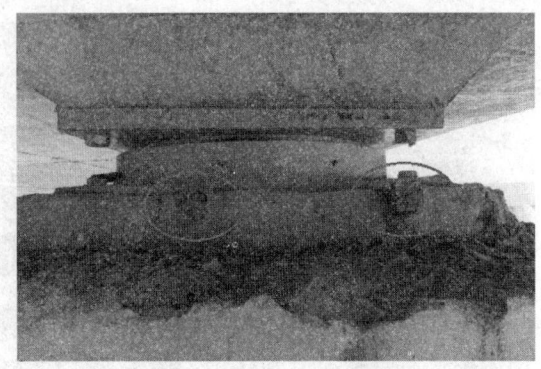
图11 支座调平用楔块没有拆除

三、支座安装病害预防措施

桥梁支座的安装施工质量对于桥梁整体的受力与安全影响较大,支座一旦出现病害,对病害治理付出的代价远超支座本身,且对交通影响较大,因此,需对桥梁支座的安装质量高度重视,防止因施工不当造成支座的病害。

1. 加强产品质量管控

桥梁支座应委托信誉良好、注重品质的厂家进行合作生产,安装施工使用的产品需通过国家权威检测机构按照相关产品标准进行的型式检验,并对支座产品委托第三方进行抽样检查,确保使用产品符合标准要求。支座出厂时应进行出厂检验,杜绝不合格产品在工程中的使用。

2. 重视支座安装培训

支座安装前,应邀请生产厂家对现场技术人员及实施支座安装操作人员进行指导或培训,明确支座安装的要求及注意事项。通过培训使技术人员及操作人员对支座的型号、结构、性能及安装要求熟练掌握,确保支座能够得到正确安装使用。

3. 规范现场施工管理

规范支座现场施工是桥梁支座失效病害预防的重要环节。标准化的施工现场管理可以为支座现场施工起到事半功倍的作用。加强现场质量监督,在桥梁梁体的浇注、预制、安装、支座垫石施工及整个施工过程应严格按照国家和行业规范要求,确保相关施工求得到落实,确保施工的质量符合要求。

在支座的施工过程中严格按照施工图纸及支座安装要求进行施工。现场技术人员应仔细阅读支座安装说明书并查阅施工图确定所安装的支座型号与设计图纸一致。在支座定位过程中保证测量的准确性以确保支座安装位置的正确。对垫石顶高程及梁底平整度进行控制,防止支座上、下座板发生脱空。

4. 重视产品售后服务

支座生产厂家应重视产品的售后服务,积极主动提供安装指导服务,在产品安装使用时委派有经验的技术人员现场指导,使现场工程技术人员及操作人员对产品的安装使用方法及要求真正掌握,确保产品得到正确有效的使用,避免由于安装病害导致的质量事故引起的不必要的责任纠纷及声誉损害。

5. 支座安装质量巡检

现场监理及工程技术人员应按照施工求加强监督检查,或邀请专业人士对支座安装施工质量进行检查,对发现不符合支座安装要求的应及时进行整改,对不合格产品进行更换。同时,施工人员定期巡查支座安装运营情况,及时发现支座存在的病害并及时治理。

四、支座安装病害治理措施

1. 支座更换

对于支座的结构形式与施工图不符的病害,应按照施工图的要求对支座实施更换。支座更换通常需要顶梁,工程量较大,且受施工空间、结构等条件限制,实施难度较大及所需费用较高。支座更换通常包括替代支座准备、控制交通流量、搭建操作平台、顶升梁体、拆除原有病害支座、安装新支座、梁体回落等几个环节。

替代支座一般应为同型号同参数支座,替代支座的设计加工需查找原支座设计资料并结合现场测量结果,确定支座安装接口尺寸,包括支座外形平面尺寸和高度、支座锚固间距和锚固方式,同时确定支座设计和功能参数。

支座更换施工时需根据桥上和桥下交通运营实际情况,合理控制桥梁上部和下部交通流量,避免出现更换过程中的次生事故。

操作平台的搭建需根据现场情况选择合适的方式,主要有如下方式:

(1) 设置临时承重结构作为更换平台。
(2) 利用原有礅台作为基础设置支撑作为平台。
(3) 在墩顶采用千斤顶进行顶升。
(4) 利用相邻跨作为支撑在桥面起吊提梁。

新支座安装时应注意对支座的防护,避免支座各构件位置发生错动,同时防止支座摩擦副受到污染。

2. 支座构件修复

支座的构件发生屈曲、剪断或转动脱空等现象将会导致支座承载功能失效;支座位移超限及转动超限后支座的位移和转动功能失效,使得结构支承和边界条件发生变化,在温度变化、混凝土收缩徐变、基础沉降位移等情况下可能引起不利的结构附加次内力,需对支座进行修复。支座修复时需对受损部件进行更换,同时对各构件的位置进行复位。受损部件修复时其结构尺寸原则上应与原设计一致,构件所用材料的性能指标应不低于原设计选材的性能指标。

3. 支座活动受阻病害处理

(1) 降低墩顶垫石高度

针对墩顶垫石阻碍支座活动的病害,应凿除多余的墩顶垫石,以降低墩顶垫石高度,防止阻碍支座的正常活动。

(2) 清理支座周围杂物

对于支座周围存在较多杂物及废混凝土的病害,应将墩顶及支座周围的杂物及废混凝土清理干净,保持墩顶及支座周围的清洁。

(3) 拆除支座临时连接螺栓

在梁体安装完毕,现浇混凝土梁体形成整体并达到设计强度后,在张拉梁体预应力之前,拆除支座临时连接螺栓。在张拉梁体预应力之后支座临时连接螺栓仍未拆除的,应及时将临时连接螺栓拆除,以防止约束梁体正常运动。

4. 支座表面污染与破损病害处理

(1) 清洗受污染的不锈钢滑板表面

支座不锈钢表面在安装时受到水泥砂浆或油漆污染时,应采用溶剂及时将污染物去除,并防止不锈钢划伤。

(2) 补涂表面涂装

支座安装时表面涂装若被烧伤、碰伤及剥落,在支座安装毕后应采用同样的涂装体系及时对受损部位进行重新补涂。

对于受地理位置和工况条件的限制,不能进行喷砂除锈,或者表面污染物难以完全除去时,建议选用低表面处理涂料,可以在一定程度上规避表面处理不到位所带来的风险。

低表面处理的涂装渗透能力强,能够封闭整个锈面,反应性强可将铁锈钝化成稳定的无害填料;与旧涂层兼容性好,可以带锈涂装,表面处理要求等级低。具有表面要求低、工作效率高、劳动强度低的等优点。低表面涂料耐腐蚀性能优异,采用低表面处理涂的低表面补漆体系,具有表面要求低、工作效率高、耐久性好等优点,特别适用于桥梁支座现场施工维护,能够显著降低劳动强度,提高维护修补效果。

5. 支座脱空处理

对于支座与墩顶垫石及梁底脱空,会严重影响墩台及梁部受力状况,造成支座构件局部承压易产生变形、梁部及墩顶因应力集中发生开裂。对于存在较大缝隙的处理应先采用钢板塞紧,再采用环氧砂浆或高强度专用灌注材料等进行填充密实;对于存在较小缝隙的处理,应直接采用环氧砂浆或高强度专用灌注材料等进行填充密实,达到提高支座构件受力均匀性的目的。

对于调平用楔块没有拆除的病害,在拆除调平楔块后留下的空隙应进行灌浆补强处理。

五、结 语

支座安装施工出现病害若没被及时发现,可能会对桥梁结构产生巨大的破坏,后期修复所需的费用将远远超过支座产品本身的成本,在支座安装时按照施工程序做好相应的预防措施,可以有效降低或避免安装病害的出现。支座安装病害一经发现应综合考虑病害情况、结构形式和治理条件等因素,合理选择治理措施并及时治理,以免对桥梁结构造成进一步的破坏。

参考文献

[1] 庄军生.桥梁支座[M].北京:中国铁道出版社,2008.
[2] 杨璞.桥梁支座病害及更换技术研究[J].山西建筑,2019,9:108-109.
[3] 李振华 桥梁支座病成因分析及防治措施[J].科技创新导报,2019,30:27-28.

27. 黄河特大桥深水区承台钢管桩围堰施工技术

侯奇奇 魏晗琦

(中交一公局第六工程有限公司)

摘 要 我国经济建设发展加快,需要急速提升基础设施建设作为经济快车道的重要保证,为打通山区及跨河、跨海的道路在桥梁建设方面不断提高,运用先进的施工技术及工艺不断更新,钢管桩围堰作为公路桥梁工程施工的重要结构,钢管桩围堰施工技术凭借施工成本和施工工艺上的优势在跨河、跨海桥梁上得到了较为广泛的应用,再加上现在定制的JJ型钢管桩锁口形式,止水效果和安全系数也得到了有效提高,进一步保证了跨河、跨海公路桥梁工程的整体施工安全、进度及质量控制,为深水区桥梁的施工提供了一定的借鉴。

关键词 钢管桩围堰 施工技术 JJ型锁口 围堰封底

一、工程概况

国道207孟州至偃师黄河大桥及连接线工程,路线全长18.39km。设计速度为80km/h,路基宽33m,双向六车道一级公路技术标准。项目施工图预算金额为21.87亿元(不含房建、机电),合同工期36个月。设黄河特大桥一座,该桥为项目关键控制性工程,全长3007m,其中主桥1520m,设计跨径19×80m,上部结构采用钢混组合梁桥。

黄河大桥43号~45号墩位于主河槽内,基坑最大开挖深度达到16.4m,均采用水中钢管桩围堰施工,围堰平面尺寸31.2m×10m,采用锁口钢管桩,长度23m不等。钢围檩长度最长31.2m,分多节预制下放,并在基坑内焊接成整体。承台平面尺寸为12.4m×7.8m,高度为3.5m,每个承台下有6根群桩基础,承台采用C35混凝土。

二、钢管桩围堰施工工艺流程

孟州黄河大桥主墩桩基施工完成后,拆除钻孔平台,进行锁口钢管桩围堰施工。锁口钢管桩施打采用双层导梁制作成导向架。即在钢护筒上焊接双层型钢牛腿,安装第一层围檩,然后安装限位导向框。43号~45号墩钢管桩插入卵石层约5.5m,在钢管桩插打前,应进行试桩工作,先用DZJ-90型振动锤在钢围堰作业区域插打一根,若达不到钢管桩设计高程,则应采用液压冲击锤插打钢管桩,必要时进行引孔。

水下整平完成后,安装封底平台,进行水下封底。封底完成后开始抽水,分层安装围檩,直至完成全部围檩及内支撑,抽水到底进行基底处理,然后浇筑封底找平层,割除钢护筒,进行承台干施工,钢板桩施工工艺流程(图1)。

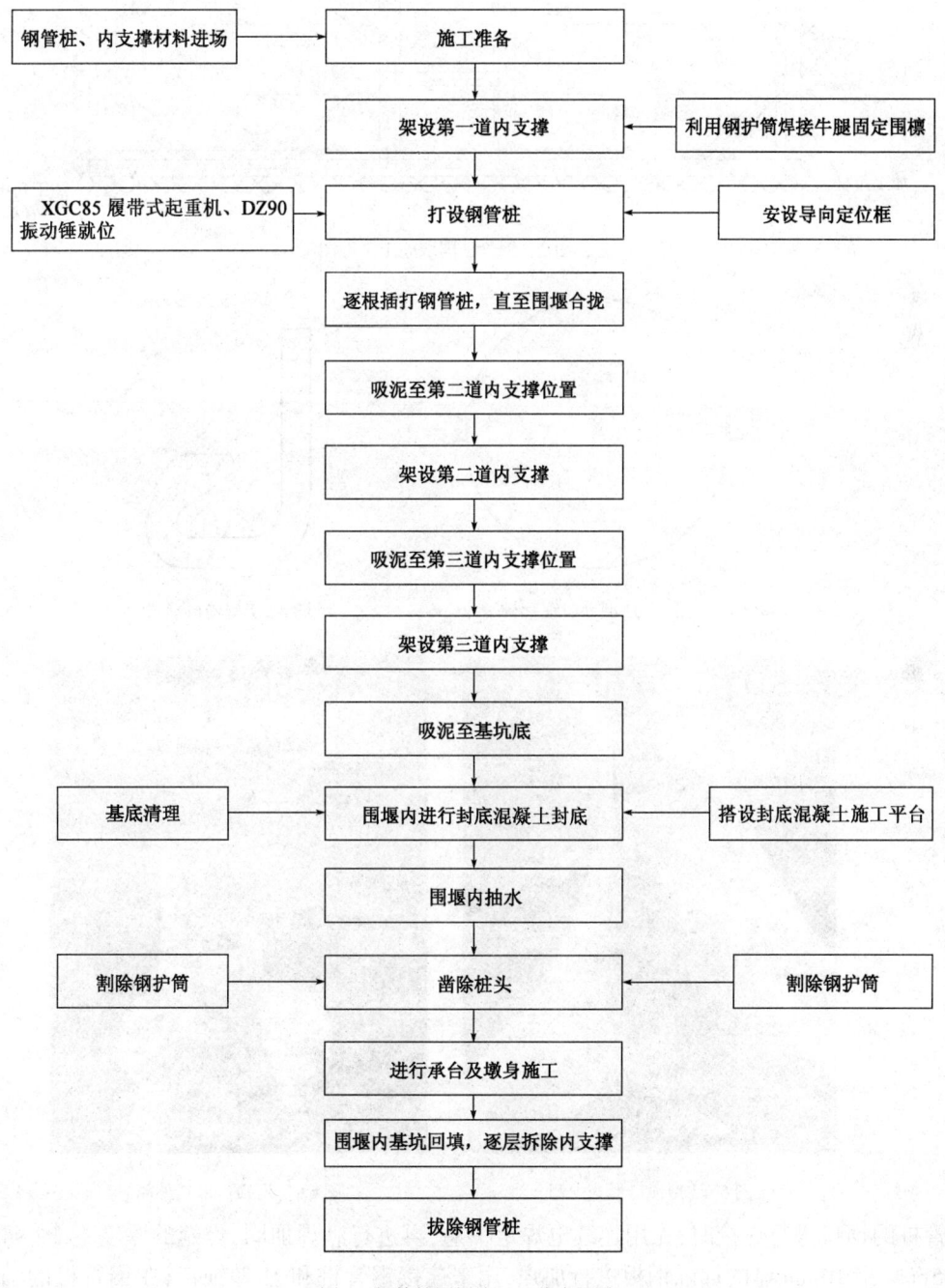

图1 钢管桩围堰施工工艺流程图

三、操作要点

1. 结构说明

43号~45号墩位于黄河主河槽内,枯水期黄河水面高程为107.5m,围堰形式采用钢管桩围堰。围堰采用材质Q235的φ710×10锁口钢管桩,锁口形式为JJ型,平面尺寸为:31.2m×10m,钢管桩设计长度23m,内支撑采用三拼HN700×300工字钢围檩+φ710×10mm钢管内撑,支撑焊接卧置于牛腿上,内支撑数量与水深有关,通过计算得到。钢管桩共计110根,围堰结构尺寸及角桩加工,如图2~图6所示。

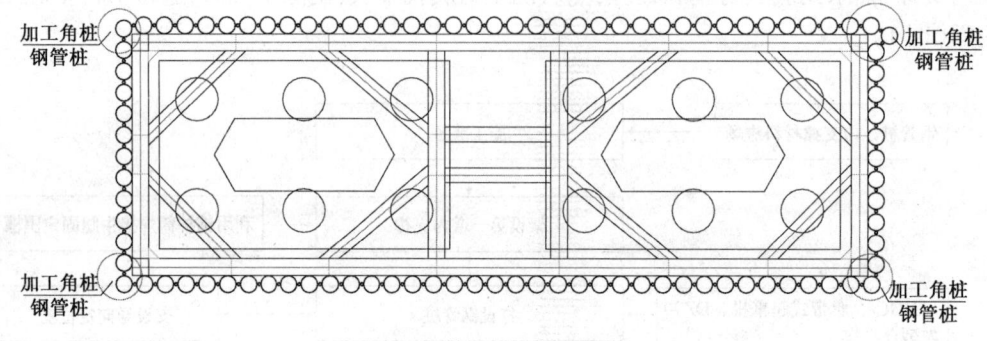

图2　钢管桩围堰施工平面图

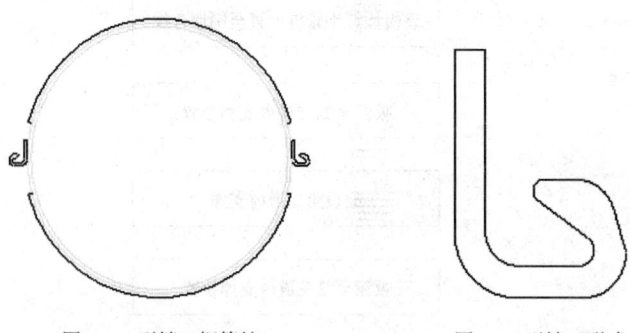

图3　JJ型锁口钢管桩　　　　　图4　J型锁口形式

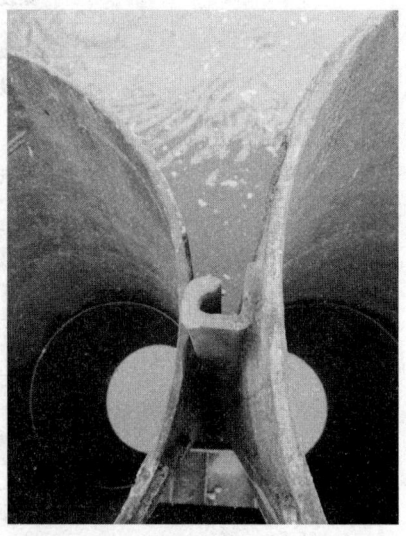

图5　J型锁口形式内侧　　　　　图6　J型锁口形式外侧

钢管桩的锁口进行焊接时,先用连续电焊走一遍,再进行满焊加固,焊缝的厚度不能小于10mm,要每相隔1.5m焊接10mm厚的加强钢板进行加强,用来连接钢管桩和JJ型锁口,在钢管桩的JJ型锁口焊接完成以后,对两侧的锁口进行检验,满足要求方可采用。

JJ型锁口钢管桩构造简单,止水效果好,适用于水深宜控制在15m以内的承台,河床覆盖层含有大量漂、砾石或存在水下障碍物的地质情况。

2. 施工方法

根据本工程特点,采用XGC85履带式起重机和DZ-90振动锤组合进行该钢管桩围堰的施工,特殊情况采用XGC85履带式起重机和上海振中150振动锤组合施工。

3. 施工作业

根据现场实际施工情况和工期要求,采用XGC85履带式起重机、DZ-90振动锤、上海振中150振动锤进行钢管桩围堰施工的方案。

(1)测量队根据承台位置和围堰设计尺寸放线定位,在牛腿上放出钢围檩外侧边缘的位置,做好标记,并在内导框上标出每根钢管桩的位置,便于准确定位钢管桩位置。全站仪放出钢管桩围堰的位置,用鱼线拉直,钢管桩打设过程中始终保证与鱼线及钢围檩在同一平面内。

(2)43号~45号墩桩基施工完成后,拆除钻孔平台,进行锁口钢管桩围堰施工。将钢管桩放在墩位的支栈桥上,在钢护筒上焊接双层型钢牛腿,安装钢围檩及限位导向框,然后利用一台80t履带式起重机和DZJ-90型振动锤从一侧向另一侧插打锁口钢管桩,最后在另一侧中部合龙(只设置一个合龙点)。角桩及合拢桩后场制作,运送到现场插打。首先进行放样设定位桩的插打,然后从黄河上游角点开始插打钢管桩,在其下游中间的部位进行合龙。43号~45号墩钢管桩插入卵石层约5.5m,在钢管桩插打前,应进行试桩工作,先用DZJ-90型振动锤在钢围堰作业区域插打一根,若达不到钢管桩设计高程,则应采用液压冲击锤插打钢管桩,必要时进行引孔。在钢管桩插打的过程中用线锤测量钢管桩的垂直度,保证垂直度控制在1%以内,钢管桩的平面位置不能大于10cm,要保证每一个钢管桩的垂直度和位置在规范要求以内。

(3)围檩及内支撑安装方法如下:

①测量放线,利用水准仪在钢护筒上定出围檩的底高程(牛腿顶高程),做好标记。

②在每个钢护筒外侧焊接三脚架。

③测量队利用全站仪在牛腿上放出钢围檩最外侧位置,做好标记。

④围檩分节吊装就位,进行等强焊接连接,接头处加焊钢板缀板。围檩采用双拼或三拼工字钢(H型钢)制作,围檩制作要求翼缘对齐、平整,其焊接采用间断焊,双拼或三拼构件,每隔0.8m对称加焊两块缀板,以提高双拼或三拼工字钢围檩的整体性。围檩结构属于压弯构件,在拼装时要保证轴线、垂直度及两端水平偏差满足要求,防止围檩出现偏心受压。

⑤围檩端部直角刚性连接,加焊三角板,焊接质量应满足规范要求。

⑥插打钢管桩完成后,在钢管桩上焊接牛腿,必须紧贴钢围檩底部,保证钢围檩的稳定性。

⑦围堰内抽水至牛腿以下50cm,割除钢护筒,根据设计图纸位置尺寸安装内支撑。

⑧在钢围檩顶焊接三角板,将其固定在钢管桩上,使内支撑与钢管桩连接成一个整体,加强稳定性,如图7~图9所示。

(4)内支撑施工完成后,进行吸泥封底施工。吸泥达到封底混凝土底高程,进行封底混凝土施工。根据围堰的安全情况以及漏水情况,确定水下封底还是干封。如果具备干封条件,首先采用干封施工。根据河床覆盖层地质及透水情况采用边抽水边堵漏,在抽水过程中观测钢管桩变形情况和漏水部位,用木屑和细沙一起拌和成团状物陈放到漏水部位,利用水的流淌压力将木屑压吸到漏水的缝隙而起到堵漏作用,木屑为主要堵漏位置,而细沙是帮助锯末下沉装置,如果缝隙较大可用麻絮或塑料等用竹竿帮助下沉通过水压力自动压吸到漏水位置而起到堵漏作用,如此重复即可堵漏。堵漏成功后可变为干处开挖基坑,需要同时配置抽水设施,基坑开挖到位,可以直接硬化基底,硬化厚度需要考虑承受承台混凝土的重力。如果不具备干封条件,只能采取水下封底施工。在利用空压机进行吸泥封施工的过程中,如果遇到大块卵石,可以采用长臂挖机取出,也可以多吸,将其吸至基坑底一下,确定吸泥达到封底混凝土底高程,请潜水员清理护筒周围泥渣以及围堰边角的泥渣,再进行封底混凝土封底水下施工,利用泵车泵送封底混凝土。

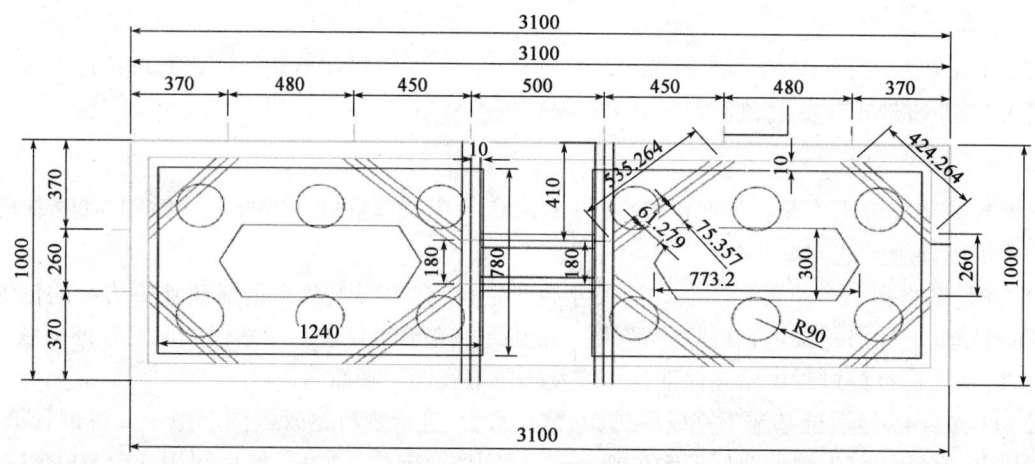

图7　钢管桩围堰内支撑平面图(尺寸单位:mm)

图8　钢管桩与钢围檩连接图

图9　钢管桩内支撑

(5)围堰内水下封底混凝土施工结束后,待封底混凝土强度达到70%后,对围堰内进行降水并堵漏,堵漏材料为木屑和细沙,控制围堰内降水速度。

(6)抽完水堵漏后,露出桩头,凿除超灌得桩头到设计高程。依次安装绑扎承台钢筋,安装支撑好承台侧模,进行C35承台施工,同时制作同条件养生试块。承台施工注意预埋墩身钢筋。施工中的模板、钢筋等材料运送至钢栈桥,混凝土依靠在栈桥上用泵车泵送至墩位。

(7)承台混凝土强度达到70%后进行拆模,养护不得少于7d。承台施工完后,进行水中C40墩身施工,加工施工墩身钢筋,支模板,浇注墩身第一节混凝土,混凝土强度达到70%后进行拆模,养护不得少于7d。

(8)墩身出水后,向钢管桩围堰内注水,逐层拆除内支撑,拔除钢管桩。

四、施工中可能遇到的问题及处理措施

由于河床地质结构复杂,钢管桩打拔施工中常遇到一些难题,常采用如下几点办法解决:

(1)打桩过程中有时遇上大的块石或其他不明障碍物,导致钢管桩打入深度不够时,采用高压射气法补插钢板桩。高压射气的原理是利用高压气体冲散密实地质,使地质情况发生改变,从而保证钢板桩能够正常下沉至设计桩底高程。施工时除了配备常规插打机械、机具:徐工85T履带式起重机,上海振中DZ-90振动锤。还需要配备160SDY-13S螺旋式空气压缩机一台。首先制作"导向钢板桩",需要一根18m钢板桩,一根接长17mDN50无缝钢管,将接长无缝钢管焊接在钢板桩内侧,两端各预留30cm、70cm距离,并在无缝钢管30cm末端焊接"蛇头"型射气装置,"蛇头"装置出气口呈正方形,边长为8mm。并在无

缝钢管70cm端连接气体管,气体管与160SDY-13S螺旋式空压机设备出气端相连。当其定位完成后,用振动锤夹住钢板桩,启动160SDY-13S螺旋式空压机,前期松软地质使用低压,防止"蛇头"装置堵塞即可;后期使用高压,合理控制钢板桩下沉速度,切勿速度过快,避免埋土过深堵塞。当其插打至设计桩底高程后,将其拔出,从而进行常规钢板桩插打,依次循环,完成钢管桩围堰补桩的施工,如图10、图11所示。

图10 高压射气钢板桩　　　　　　　　图11 钢管桩围堰补桩

(2)钢管桩插打过程中受到石块等侧向挤压作用力大小不同容易发生偏斜,采取以下措施进行纠偏:在发生偏斜位置将钢管桩往上拔1.0~2.0m,再往下锤进,如此上下往复振拔数次,可使大的块石被振碎或使其发生位移,让钢管桩的位置得到纠正,减少钢管桩的倾斜度。

(3)钢管桩沿轴线倾斜度较大时或者合拢出现困难时,采用异形钢板桩来纠正,异形桩一般为上宽下窄和宽度大于或小于标准宽度的钢板桩,异形桩可根据实际倾斜度进行切割焊接加工。插打过程中加强测量监控工作,如图12、图13所示。

图12 异形桩内侧　　　　　　　　图13 异形桩外侧

(4)在基础较软处,有时发生施工当时将邻桩带入现象,采用的措施是把相邻的数根桩焊接在一起,并且在施打当桩的连接锁口上涂以黄油等润滑剂减少阻力。

(5)锁口钢管桩在施打接长时相邻两根钢管桩施打时应保证接头错开,不得位于同一断面上。

(6)钢管桩每施打10~15根时应检查桩身垂直度,钢管桩垂直度应控制在1%以内,若超出此范围应及时调整,必要时采用手拉葫芦进行纠偏。

(7)若在施打过程中因桩身锁口不垂直导致下沉阻力加大,振动锤无法施沉到位时必须拔出钢管桩,并对锁口进行处理后方可进行施打,必要时更换锁口钢管桩。

五、封底混凝土施工

43号~45号采用水下浇筑封底混凝土工艺。经过验算可知,封底混凝土厚度为2.6m。施工时先封

2.3m,待封底混凝土强度达到设计强度的 80% 后,围堰进行抽水清基,同时再浇筑 30cm 左右的混凝土调平层,以保证封底混凝土面的平整性。

1. 封底准备

(1)施工前根据潮汐表并结合现场实际潮汐情况,了解水文动态,选择在最低潮位时开始封底工作,并提前通知拌和站进行备料。

(2)测量放线:测量队放出围堰十字线及边线,精确探明基底各部位的高程。

(3)基底处理:对于水中钢管桩围堰,基底清除后回填找平,并同时对围堰外侧采用砂袋进行回填。

2. 封底施工

钢管桩围堰施工完成后,焊接 7 组支撑架,支撑架用型钢拼装而成,并将支撑架悬挂于围堰内支撑和内圈梁上,作为围堰封底的浇筑平台。混凝土的水下流动半径为 3.5m～5m,因此需要在每组支撑架布置 2 个浇筑点。

水封导管使用前应试拼、试压和进行水密试验,并按试验时顺序编号标注;每个导管在砍球之前必须复测导管悬空,以确保砍球成功。封底混凝土的坍落度为 18～22cm,初凝时间不小于 12h,混凝土在岸上混凝土工厂拌制,混凝土搅拌车运至墩旁,泵车泵送浇筑。灌注混凝土过程中,利用测绳加大导管埋深监测频率和密度。围堰水封按照一边向另外一边的方向进行,水封时先封 2.3m 厚度,并现场取混凝土试件养护,当试件试验强度达到设计强度的 80% 以后,才能进行抽水。抽水完毕,再用 30cm 混凝土垫层进行找平,垫层顶面要求达到承台底面设计高程。切割多余钢护筒,将桩头超高部分混凝土凿除,将桩顶混凝土面凿毛,清理干净,准备开始绑扎承台钢筋。

混凝土的浇筑要保证连续作业,中间不能间断,避免任何原因的中断灌注。在浇筑的过程中,及时测量和记录钢围堰内混凝土的高程。

3. 施工要点

(1)浇筑平台及导管布设

由于封底面积较大,约为 354m³,封底时设置大体积的中心集料斗。

浇筑平台主梁采用 I40a 工字钢,分配梁采用 I20a 工字钢。导管上料斗底部支撑做成方形卡住,大料斗连导管直接放在浇筑平台上,浇筑封底混凝土时分成了 12 个区域,利用吊车分灌注点进行封底混凝土的浇筑。浇筑平台及导管布置点(图 14)。

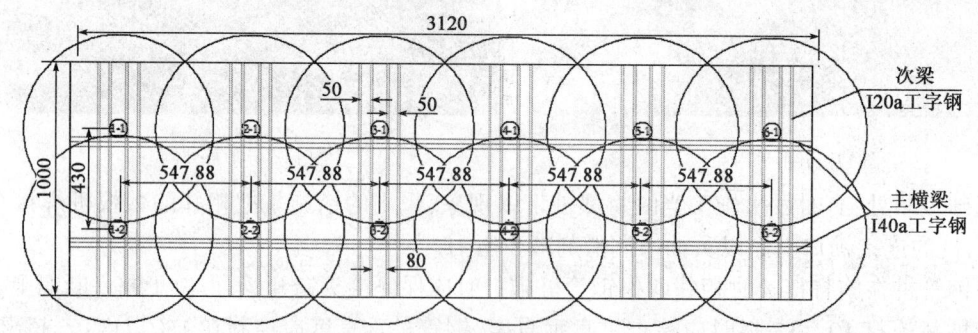

图 14 封底混凝土导管及支架平面布置(尺寸单位:mm)

(2)导管在布设原则

① 每根导管的作用半径按照 3～4m 考虑,布设导管位置点,将导管的作用范围覆盖到整个钢围堰底部区域。

② 导管与钢围堰内壁要保证相距 30～50cm,使混凝土均匀扩散到钢围堰的根部。

采用单根导管同时来灌注封底混凝土,各配一个体积为 2m³ 的料斗,共设 6 个导管布置点(图 15)。

4. 堰内清淤、封闭

当封底混凝土强度达到设计强度后,以高压水枪对围堰钢管桩基底进行清理。

5. 围堰内堵漏及加固

封底混凝土达到强度后进行抽水,为减少钢围堰锁口变形和改善导梁的受力状况,对钢管桩与导梁之间所有空隙用钢板填塞。钢管桩围堰准备4台高压水泵进行抽水,利用1台水泵从里向外抽水,2台水泵放在围堰外进行回水使用,1台水泵进行备用。在抽水过程中,派专人对钢管桩围堰的变形进行监测,如果发现钢围堰变形超出预警范围,立刻关闭水泵,向钢围堰内注水,等到内外水面平衡后,进行加固以后再进行抽水。在抽水过程

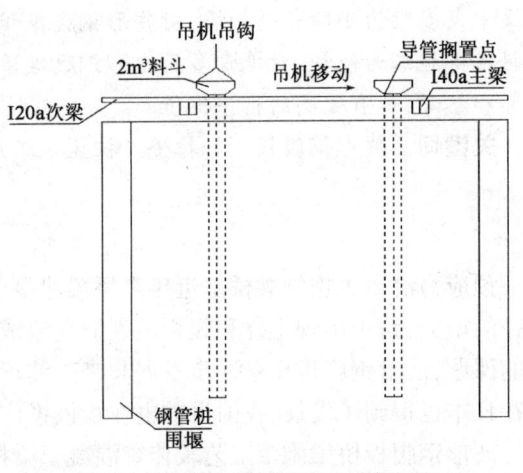

图15 封底混凝土导管安装立面布置图

中,观察钢围堰的渗水速度,一般情况下,钢围堰外用木屑和细砂混合物倒入漏水的位置,围堰内用棉絮堵塞进行止水。

六、钢管桩围堰拆除

在钢围堰具备拆除的条件以后,先拆除最下层的内支撑,依次向上拆除,边回水边拆除,将内支撑全部拆完以后,最后再拔除钢管桩。在钢围堰拆除的过程中要时刻保证钢围堰的安全。

在拆除钢管桩时,先用DZ-90振动锤将钢管桩的锁口振活从而来减小砂和土的阻力,加强振动将钢管桩拔出,调整DZ-90振动锤的振幅为10~20min;在拔桩的过程中,会有拔阻力较大的钢管桩,在原位置持续振动一段时间,待松动以后再向上拔起。

在遇到很难拔起的钢管桩时,可以采用高压射水装置,将周围土质冲松动,然后再拔,一定不能硬拔。拔钢管桩时要先将DZ-90振动锤振动1~2min,在有松动以后,一边振一边拔,顺利将钢管桩拆除。

七、结　语

钢管桩围堰深水区的施工技术,在国内桥梁施工中已经积累了丰富的施工经验,总结如下:
(1)钢围檩在墩位处散拼减少了大型的运输吊装机械的租赁,更加经济合理。
(2)钢围堰利用JJ型锁口形式,止水效果好,安全可靠。
(3)钢管桩围堰可以利用钢栈桥进行围堰施工,变水上施工为陆地施工,施工简便。

参考文献

[1] 李亚民.钢筋混凝土和钢板桩组合式围堰设计与施工关键技术研究[D].武汉:武汉工程大学,2016.
[2] 张坤,刘世礼,张超凡.CT型锁口钢管桩围堰在基础施工中的应用[J].山西建筑,2017.
[3] 侯福金,张志刚,李茂政,等.锁口钢管桩插板围堰设计与施工技术要点[J].公路,2009.
[4] 亓守臣.深基坑锁口钢管桩围堰设计与施工[J].国防交通工程与技术,2015.

28. 波形钢腹板组合梁斜拉桥施工挂篮研究

李拔周[1,2]　李　阳[1,2]

(1. 中交武汉港湾工程设计研究院有限公司;2. 海工结构新材料及维护加固技术湖北省重点实验室)

摘　要　波形钢腹板桥梁因其具有良好的受力性能和经济效益而广泛应用,目前建成的波形钢腹板

桥梁中大多数为小跨径刚构桥,对波形钢腹板组合梁斜拉桥的技术研究尚存在不足。本文以波腹板组合梁斜拉桥施工为依托,对单索多箱波形钢腹板桥梁的施工挂篮进行系统研究,为后续同类桥梁施工提供借鉴和参考,具有较高的指导价值。

关键词 波形钢腹板 斜拉桥 挂篮 工厂化

一、引　言

预应力混凝土连续梁桥是近年来桥梁建设中普遍采用的结构形式,由于混凝土桥梁自重较大,虽这跨径的增大,跨中出现下挠和腹板斜裂缝现象成为普遍的问题。因此减轻上部结构自重就成了工程界关注的课题,波形钢腹板桥梁逐步发展起来。波形钢腹板桥梁于20世纪90年代最早在法国开始修建,而后在日本也得到了发展,我国目前也在积极推广。

波形钢腹板桥梁施工工艺较传统混凝土梁桥有较大差异,主要是增加了波形钢腹板的安装工序,而波形钢腹板的安装又根据施工环境的不同,对施工工艺的要求也不相同。波形钢腹板根据运输情况大致可分为桥下运输和桥面运输两种,分别需要对应的施工装备除具备混凝土浇筑的能力外,还应具备桥面或者桥下起吊波形钢腹板的能力。国内外波形钢腹板桥主梁施工目前主要方案有:支架施工、顶推施工、悬臂施工。其中悬臂施工较为常见,主要采用主桁架抬高挂篮,但因工艺需要,该类挂篮一般质量大、重心高、稳定性差、行走及回退风险较大。

二、依托工程概况

运宝黄河大桥位于山西省芮城县陌南镇柳弯村和河南省灵宝市老城村之间,是山西省的重点公路工程,是沟通晋西南和豫西北的重要公路桥梁。项目跨越山西运城湿地自然保护区、河南黄河湿地国家级自然保护区、圣天湖鲶鱼黄河鲤鱼及黄河中游禹门口至三门峡段国家级水产种资源保护区等多处环境影响敏感区域。

主桥桥跨布置为110m + 2×200m + 110m波形钢腹板矮塔斜拉。波形钢腹板采用1600型Q345qCNH耐厚钢材,直板段长度430mm,斜板段水平投影长度370mm,直线长度430mm,波高220mm,板厚16~18mm。波形钢腹板与主梁混凝土顶板采用T-PBL(双开孔板)连接,边腹板波形钢腹板与底板混凝土采用外包式连接,次边腹板波形钢腹板与底板混凝土采用插入式连接。为了提高整个结构的横向抗变形能力,同时能将斜拉索的索力有效传递至整个截面上的所有腹板,在斜拉索对应位置均设置了混凝土横隔梁(图1)。

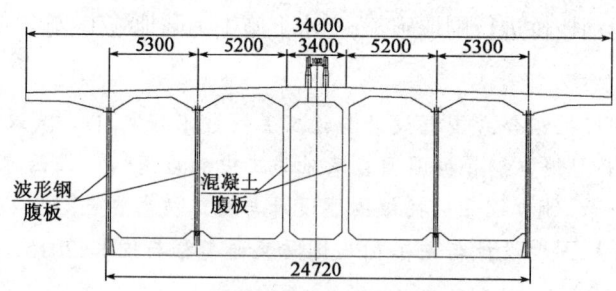

图1　主梁结构图(尺寸单位:mm)

该工程的主要特点如下:

(1)主跨跨度大,主跨跨径200m,是目前跨径最大的波形钢腹板桥梁,且目前国内外波形钢腹板梁桥可借鉴的施工技术较少。

(2)主梁腔室多,腹板为波形钢腹板和混凝土腹板组合形式。

(3)斜拉索间距1m,且布置在主梁中间,需考虑挂篮的通过性。

(4)项目段黄河不通航,跨越环境影响敏感区,无法使用大型水上起重设备,对施工工艺、设备要求严格。

三、主梁施工挂篮总体研究

根据施工需要，运宝黄河大桥主梁采用挂篮悬臂施工，挂篮需具备以下功能：
(1) 满足顶、底板及中腹板混凝土浇筑需要。
(2) 具备波形钢腹板从后方起吊安装的能力。
(3) 能够满足斜拉索即时挂设的需要。
(4) 施工完成后可退回主塔根部拆除。

挂篮的总体构造如图 2 所示，挂篮总体由主桁结构、底篮系统、吊装系统、行走机构、悬吊及锚固系统等组成。

主桁是挂篮支承悬浇荷载及模板体系的主体结构。根据主梁横断面结构形式，为了在空间上更好地满足波形钢腹板从尾部运输和安装的需要，在桥面设置 4 片菱形主桁结构，主桁各杆件通过节点采用销轴连接。主桁中部设置支点装置，尾部设置锚固装置，前端设置横梁以供悬吊底篮。

两主桁间设置起升系统来满足波形钢腹板的起吊安装要求，主桁尾部设置撑杆支撑轨道保证波形钢腹板尾部抓取的需要。主桁中间通过后横梁将 4 片主桁连接为整体，后横梁同时作为挂篮行走时的后悬吊承重结构。在桁片和前横梁上都设置了开合装置交替开合以避免挂篮回退时与斜拉索的干涉。在主桁前端还设置了支撑杆件，下方可以安装滑靴，为挂篮回退提供前部支点。

吊装系统的主要功能是起吊波形钢腹板并调位进行安装。吊装系统主要由上下两层轨道、轨道间的运行机构及电动葫芦组成，如图 3 所示。上层轨道设置为顺桥向，固定于主桁结构上，轨道长度可以保证能够从后方抓取波形钢腹板，下层轨道设置为横桥向，轨道长度能覆盖波形钢腹板及横联的安装范围。下层轨道挂设在上层轨道上，通过运行机构下层轨道可相对上层轨道顺桥向运动。下层轨道上挂设 5t 电动葫芦作为主要的起吊设备。每组轨道上设置 2 台电动葫芦，可水平抬吊波形钢腹板，从而有效减小主桁结构的高度，增强整体稳定性。波形钢腹板运行至待装位置后，由 2 台葫芦共同翻身改为竖直吊装状态，由一台电动葫芦进行安装，另一台电动葫芦运行到安装的另一侧作配重使用。吊装系统除可进行波形钢腹板的吊装外，还可以在施工期间进行很多小型机具和材料的转运，极大地提高了施工效率。

为改善工人的施工环境，同时改善混凝土的养护条件，在挂篮顶部还设置了遮阳棚，使挂篮形成小型的主梁制作工厂，初步实现了主梁施工的工厂化，如图 4 所示。

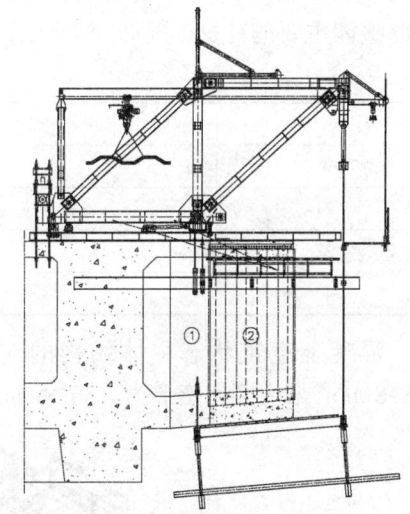

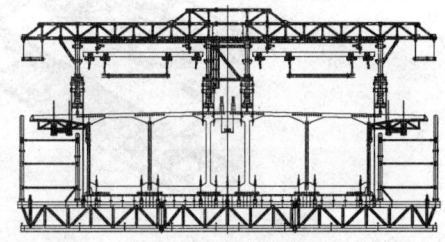

图 2 挂篮总体布置图

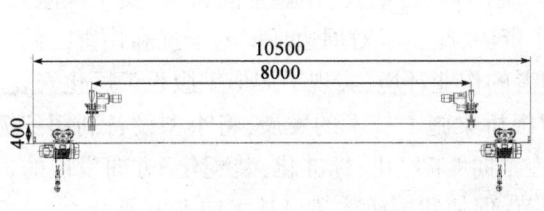

图 3 吊装系统(尺寸单位：mm)

图 4 工厂化建造条件

四、整体计算分析

采用有限元软件 ANSYS 进行挂篮主体结构的计算分析。计算中,结构采用 Beam188 单元模拟,吊杆采用 link10 模拟。约束按照挂篮实际使用状态进行模拟添加。9 号节段施工是挂篮施工最危险的工况,因此整体主要的计算工况如表 1 所示。

计算工况　　表 1

序号	工况	
1	浇筑	混凝土浇筑
2	吊装	波形钢腹板吊装
3	行走	标准状态行走
4	回退	底篮回退

混凝土浇筑状态主体结构的应力云图和变形云图如图 5、图 6 所示。主体结构最大应力为 148.8MPa,最大竖向变形为 -36.8mm。

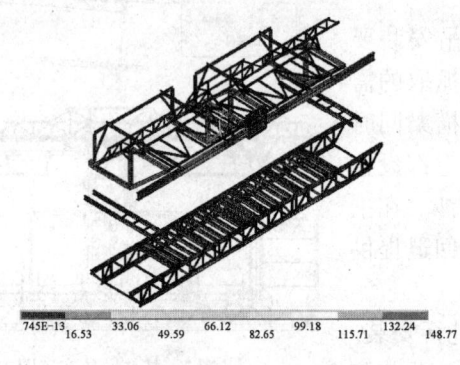 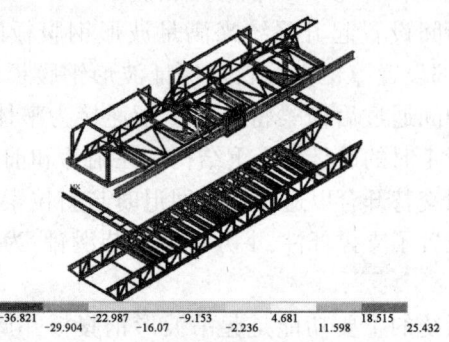

图 5　工况 1 应力云图　　　　　　　　图 6　工况 1 变形云图

吊装波形钢腹板状态,主体结构最大应力为 79.1MPa,最大竖向变形为 -6.6mm,结构吊装波形钢腹板时安全可靠。

此挂篮功能复杂,结构尺寸和自重均较大,挂篮行走时极为重要的工况,经计算挂篮行走时最大变形位于底篮后横梁,变形为 98.4mm,结构刚度满足使用要求。

挂篮回退时主桁增加了前支撑杆件,重点复核结构体系的强度是否满足使用要求。经计算,在挂篮回退过程中,最大应力为 164.4MPa,故强度满足要求。

综上,挂篮主体结构的整体强度、刚度能满足规范和使用要求。

五、结　语

我国正处于"一带一路"建设时期,未来波形刚腹板桥梁在国内会得到越来越多的应用。本文作者立足于全世界跨度最大的波形钢腹板矮塔斜拉桥——运宝黄河大桥的建设,研发了一种新型挂篮,结构简单,安全高效,解决了传统波形钢腹板挂篮结构高、稳定性差、自重大、作业空间狭窄、安全风险大等问题,并通过增设回退功能,优化了挂篮拆除工艺,节约了资源,减少了对周边环境的干扰和伤害。同时,融入了工厂化的建造理念,提升了施工效率,改善了劳动者的作业环境,实现了波形钢腹板工厂化安装。

本文提出的新型挂篮不仅有力推动国内波形钢腹板桥梁施工技术的发展,将小型设备利用到极致,减少额外投入,而且大大推动了多跨波形钢腹板桥梁施工向"工厂化、标准化、装配化"方向发展的进程,可为今后我国同类桥梁建设提供极有价值的参考和示范,促使我国桥梁建设技术向前发展。

参考文献

[1] 王卫,张建东,段鸿杰,等.国外波形钢腹板组合桥梁的发展与现状[J].现代交通技术,2011(12):

[2] 袁智煦,汪元锋.浅谈波形钢腹板PC桥的设计与施工[J].湖南交通科技,2012(9):110-111.
[3] 张东升,付建新.波形钢腹板PC组合箱梁研究现状[J].江苏建筑,2012(4):18-19.
[4] 刘玉擎.波折腹板组合箱梁桥结构体系分析[J].桥梁建设,2005(1):1-4.
[5] 徐君兰,顾安邦.波形钢腹板组合箱梁桥的结构与受力分析[J].重庆交通学院学报,2005(4):1-4.
[6] 中华人民共和国住房和城乡建设部.钢结构设计标准:GB 50017—2017[S].北京:中国建筑工业出版社,2017.

29. 步履式顶推技术在预应力混凝土箱梁施工中的应用研究

吴 睿[1,2,3]　薛志武[1,2,3]　卢 涛[1,2,3]　刘益平[1,2,3]

(1. 中交武汉港湾工程设计研究院有限公司;2. 海工结构新材料及维护加固技术湖北省重点实验室;
3. 交通运输行业交通基础设施智能制造技术研发中心)

摘　要　本文以舟山富翅门大桥引桥箱梁顶推为例,介绍了预应力混凝土箱梁步履式顶推施工工艺,分析了在最不利受力状态下,相邻支垫墩高差、节段超重、内外表面温度差、精轧螺纹钢预应力损失对箱梁应力的影响,提出了预应力混凝土箱梁顶推施工的控制要点,为其他预应力混凝土箱梁的步履式顶推施工提供了借鉴。

关键词　步履式顶推　预应力混凝土梁　施工控制因素　箱梁应力

步履式顶推施工工艺以其顶推水平力较小、临时工程量少、可调节性好、自动化及可视化程度高等诸多优点,自成功应用于杭州九堡大桥以来,逐步取代传统拖拉法,已在国内多座深山峡谷、跨线等钢结构桥梁施工中运用。然而对于混凝土箱梁,步履式顶推也以其极高的顶升、下降频率,导致箱梁极易开裂,成为顶推施工控制的重难点。本文以富翅门大桥引桥预应力混凝土箱梁顶推施工为背景,针对预应力混凝土箱梁步履式顶推施工过程中的敏感性因素进行了详细分析,为今后同类型的桥梁施工提供了技术参考。

一、工程概述

富翅门大桥引桥箱梁为预应力混凝土连续箱梁,桥跨布置为30m+6×50m,全长330m。上部结构主梁采用等高度单箱单室截面,分左右幅布置,单幅箱梁主梁顶宽12.35m。顶板厚度27cm,支点附近加厚至70cm;底板厚度为27cm,支点附近加厚至80cm。箱梁中心线处梁高3.3m,高跨比1/15.2。按照设计图纸,梁体分节为17m+11×25m+11.5m+26.5m,共14个节段,每节段浇筑、养护完成后进行顶推施工。

二、步履式顶推施工工艺

根据富翅门大桥引桥桥跨布置特点,进行箱梁顶推工艺设计,顶推工艺临时结构布置总图如图1所示。

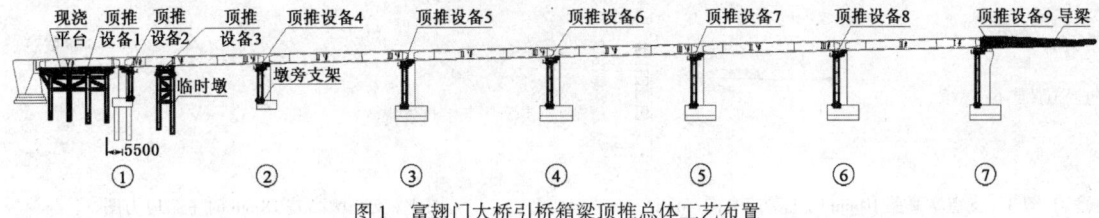

图1　富翅门大桥引桥箱梁顶推总体工艺布置

预应力混凝土梁顶推临时工程主要包括现浇平台及模板系统、墩旁支架、临时墩、导梁组成。现浇平台布置在0号墩与1号墩之间,现浇平台长25.6m。其上布置模板系统,根据箱梁特点,模板系统主要由底模及对应支撑系统、侧模及支撑系统、内模及支撑、端模等部分组成。为减小初始顶推节段的悬臂负弯矩,在1号墩与2号墩之间布置临时墩,临时墩主要由钢管立柱、横向分配梁及纵向分配梁组成。在每个永久墩旁布置由墩旁支架,墩旁支架钢管底部由预埋件与承台相连,墩旁支架横梁通过扶墙件与墩身相连,用以克服混凝土箱梁顶推过程中的水平力。在箱梁头部设计有钢导梁,用以减小顶推施工中的箱梁最大悬臂,钢导梁全长38.6m,重量为80t,由Q345B钢板焊接而成。各临时墩及墩旁支架上布置具有三向运动功能的步履式顶推设备。

具体顶推施工工艺如下:①现浇支架及模板系统安装完成后,进行钢筋绑扎;②安装导梁并调整导梁线型;③浇筑混凝土并进行养护;④启用步履式顶推设备,将箱梁同步顶升,箱梁完全脱离支垫墩后,步履式顶推设备往前顶推一个行程;⑤步履式顶推设备同步下降,直至顶推设备与箱梁脱离,将箱梁搁置在临时支垫墩上,顶推设备回拉;⑥重复第4、5步,将一节箱梁顶推到位,并进行调位;⑦重复第3、4、5、6步,完成钢箱梁顶推施工;⑧调整箱梁线形,完成落梁,浇筑最后一节箱梁混凝土引桥施工完成。

三、顶推施工关键控制因素分析

步履式顶推施工时,箱梁需不停顶起与放下,且在顶推前进过程中,由于支点位置变化,箱梁需要不断承受正负弯矩作用。为防止箱梁在顶推时开裂,需对箱梁敏感性进行分析。选取以下4个变量对箱梁顶推过程进行计算分析:①考虑纵向两相邻支点高差1cm;②根据相关规范,考虑箱梁内外腔温差为5℃;③考虑箱梁混凝土超重3%;④根据相关规范,考虑预应力损失10%。

运用有限元软件MIDAS/Civil建立箱梁空间有限元模型,主梁采用空间梁单元进行模拟。其边界约束条件为:各顶推设备处设置竖向和横向约束,在2号墩处设置纵向约束。分别对顶推初始阶段以及中间阶段进行分析

1. 顶推初始节段

理想状态下的箱梁应力图如图2所示。

顶推过程中,设备回拉时,箱梁需支撑在临时支垫墩上。由于混凝土材料对位移敏感性较大,且箱梁浇筑过程中,底部模板变形将影响箱梁底板平面度,顶推施工中相邻临时墩将产生不平衡支垫高差,分别分析相邻临时支垫墩高差在-2mm、-6mm、-10mm、-14mm、-22mm时的箱梁应力变化情况,计算结果见表1。其中高差为10mm、20mm时的应力云图如图3、图4所示。

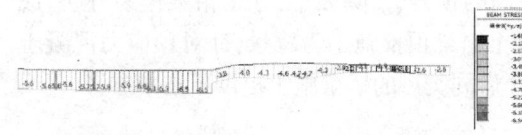

图2 理想状态下箱梁应力图(MPa)

不同支垫墩高差下,箱梁应力情况表 表1

因素条件	应力(MPa)	累计增量(MPa)
基准	-3.8	—
-5mm	-1.6	1.4
-10mm	-0.2	1.4
-15mm	1.4	1.6
-20mm	2.8	1.4

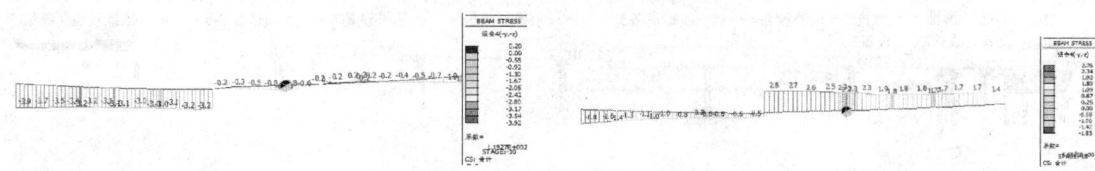

图3 支点墩高差10mm时主梁应力图(MPa)　　　　图4 支垫墩高差18mm时主梁应力图

考虑箱梁浇筑时,存在模板的压缩变形,混凝土实际浇筑方量一般大于理论方量,考虑混凝土超量浇筑对箱梁应力的影响。箱梁超重按3%进行计算,得到箱梁应力图如图5所示。

由于箱梁需在夏季进行顶推施工,箱梁内表面和外表面将出现较大温差,分许箱梁内外温差5℃时的箱梁应力。模型按照+5℃温度梯度进行加载,得到箱梁应力图如图6所示。

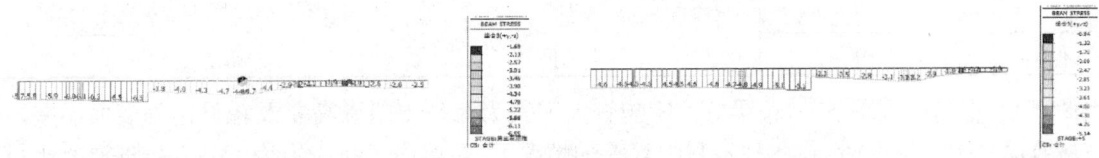

图5　节段超重3%箱梁应力图　　　　　图6　+5℃问题梯度下箱梁应力图

箱梁在施工过程中,因混凝土收缩徐变、预应力钢筋松弛、混凝土弹性压缩及其他因素导致的预应力损失,将使箱梁顶推施中的预应力减小,考虑精轧螺纹钢预应力损失10%,计算得到箱梁应力图如图7所示。

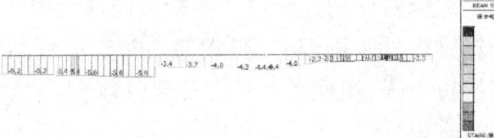

图7　预应力损失10%时箱梁应力图

根据以上分析可知,在理想状态下,主梁下翼缘受压,最小压应力-3.8MPa,位于2号与3号节段连接处。理想状态下,顶推时,主梁结构安全。

当相邻临时支垫墩高差为10mm时,主梁下翼缘受压,最小压应力为-0.2MPa,较理想状态增大3.6MPa;当相邻临时支垫墩高差为20mm时,主梁下翼缘受拉,主梁最小拉应力为2.8MPa,较理想状态下增大6.4MPa。

当箱梁混凝土节段超重3%时,主梁下翼缘受压,最小压应力为-3.8MPa,较理想状态下几乎没有变化。

当箱梁内表面和外表面温差达到5℃时,主梁下翼缘受压,最小压应力为-2.3MPa,较理想状态下增大1.5MPa。

当精轧螺纹钢预应力损失10%时,导梁与主梁连接出下翼缘受压,最大压应力-3.4MPa,较理想状态下增大0.4MPa。

综合以上因素,各种不利因素下,箱梁应力情况如表2所示。

主梁节段连接处梁底应力分析汇总表　　　　表2

因素条件	应力(MPa)	节段超重3%	+5°温度梯度	预应力损失10%	合　计
基准	-3.8				-1.9
-5	-1.6				0.3
-10	-0.2	0	1.5	0.4	1.7
-15	1.4				3.3
-20	2.8				4.7

根据表2数据可以看出,在顶推施工中,相邻支垫墩高差以及箱梁内外温差对箱梁整体应力影响较大。当相邻支垫墩高差达到10mm时,在各种不利因素叠加情况下,箱梁底板拉应力为1.7MPa,达到混凝土材料抗拉极限,箱梁存在较大开裂风险。

2. 顶推中间节段

当顶推中间节段时,箱梁整体处于较大跨度位置,其箱梁分节段处处于跨中最大弯矩位置,分析该工况下不同变化因素对箱梁应力的影响,其不同影响因素下的箱梁应力情况见表3。

通过表3数据可以看出,理想状态下,箱梁底板最小压应力为-1.5MPa;当相邻支垫墩高差为10mm、15mm、20mm时,箱梁底板应力分别增大0.6MPa、0.9MPa、1.2MPa;当箱梁节段超重3%时,箱梁底板应力增大0.1MPa;当箱梁内表面和外表面存在5℃的温差时,箱梁底板应力增大1.5MPa,当箱梁预应力损失10%时,箱梁底板应力增大0.6MPa。

跨中状态下 主梁底板应力分析汇总表　　表3

因素条件	应力(MPa)	节段超重3%	+5°温度梯度	预应力损失10%	合　计
基准	−1.5	0.1	1.2	0.6	0.4
10	−0.9				1.0
15	−0.6				1.3
20	−0.3				1.6

由此可知,在跨中状态下,对箱梁应力影响较大因素为相邻支垫墩高差及箱梁内外表面温差。当相邻支垫墩高差达到10mm时,在各种不利因素叠加情况下,箱梁底板拉应力为1MPa,接近混凝土材料抗拉极限,箱梁存在开裂风险。

综合对比初始阶段顶推阶段以及跨中阶段,可以发现对箱梁应力影响较大因素均为相邻支垫墩高差和箱梁内外表面温差,当相邻临时支垫墩高差为10mm、内外表面温差为5℃时,箱梁底板应力均接近材料抗拉极限,箱梁存在较大开裂风险。

四、结　语

本文结合舟山富翅门大桥预应力混凝土桥梁顶推施工,对顶推施工过程中,导致箱梁应力增大的因素进行了详细分析,分别计算了两种最不利工况下,箱梁在相邻支垫墩高差、节段超重、内外表面温度差、精轧螺纹钢预应力损失影响下的主梁应力情况,主要得出以下结论:

(1)不同因素变化对箱梁应力增大影响不同,其中相邻支垫墩高差和箱梁内外表面温度差是导致箱梁应力增大的主要因素。

(2)当相邻支垫墩高差为10mm、箱梁内外表面温度差为5℃时,箱梁拉应力急剧增大,接近混凝土材料抗拉极限,应严格控制顶推施工过程中的这两项指标。

本文的分析结果为今后预应力混凝土桥梁的顶推法施工提供了基础,具有一定的参考价值。

参考文献

[1] 张鸿,张永涛,周仁忠.步履式自动化顶推设备系统研究及应用[J].中外公路,2012(8).
[2] 谢道平,刘益平,吴明威,等.大跨度钢桁梁顶推技术研究及应用[J].中外公路,2017(8).
[3] 刘殿元,孙悦楠,张兴志,等.预应力混凝土连续梁步履式顶推施工控制仿真分析技术[J].公路交通科技,2018(11).
[4] 赵人达,张双洋.桥梁顶推法施工研究现状及发展趋势[J].中国公路学报,2016(2).
[5] Zhang Hong,Zhang Xiaoping,Guo Qiang,et al. Launching Trajectory Planning for the Variable Cross-Section Steel Box Girder[J]. Int. Conf. Adv. Manuf. Ind. 2015:31-37.

30.超大跨多肋柔性拱竖转关键技术研究

薛志武[1,2,3]　薛帆[1,2,3]

(1.中交武汉港湾工程设计研究院有限公司;2.海工结构新材料及维护加固技术湖北省重点实验室;
3.交通运输行业交通基础设施智能制造技术研发中心)

摘　要　沪通长江大桥天生港专用航道桥为目前世界最大跨径重载公铁两用钢拱桥。针对柔性拱刚度小,拱肋间横向联系弱,转体过程变形量大的特点,开展柔性拱拼装及拱铰安装技术研究。明确了由拱脚往跨中,先拱肋后平联的拱肋拼装方式;提出三轴同心度测量控制工艺及中桁拱脚后装工艺,保证了转铰安装的同轴度。采用有限元分析软件对拱肋竖转合龙敏感性及抗风性进行分析,确定了合龙调位方案及转体施工过程中抗风措施。

关键词 超大跨 柔性拱 拱铰 合龙调位 抗风

一、技术背景

随着我国桥梁建造技术的进步,组合桥式结构得到了广泛的应用。刚性梁与柔性拱的结合,充分发挥了拱与梁各自在受力方面的优点:梁部承担了梁体的自重,二期恒载及活载由梁、拱共同承担。荷载在梁和拱中产生的内力大多转变为它们之间自平衡体系的相互作用力[1],使得主要永久荷载不引起对桥墩的水平推力,改善了桥梁受力性能。柔性拱的施工主要涉及拱肋拼装、钢绞线张拉、拱肋合龙、合龙调位等技术。

连盐铁路灌河特大桥主桥为120m+228m+120m三跨连续钢桁梁柔性拱桥。封仁博等[2]在该桥的拱肋施工中,采用悬臂拼装、先梁后拱、拱脚合龙的施工工艺。施工时首先进行吊杆安装,随后立即安装吊杆间纵横向支撑体系,然后安装拱肋和拱肋平联。合龙调位时利用墩顶和合龙口布置的千斤顶对合龙口线形进行调整。南泗河大桥采用大跨度钢桁梁柔性拱结构,桥梁全长114.75m+229.5m+114.75m,张时利等[3]在国内首次提出了采用"带拱顶推、拱脚合龙"的施工方法。施工时在边跨和主跨分别设置拼装支架及辅助墩,采用单向退步法架设柔性拱,直至拱脚合龙。合龙时通过抄垫等措施,提前控制合龙口状态,配合起顶钢梁实现柔性拱合龙。

在钢绞线张拉技术方面彭成明[4]等在重庆千厮门嘉陵江大桥施工中提出了斜拉桥钢绞线斜拉索张拉法,田唯等[5]在此基础上,依托横琴二桥提出了适用于钢桁拱桥吊索塔架系统扣背索张拉的等值张拉法。该技术可将索力误差控制在±3%之内,实现了扣背索的一次性张拉。在主拱合龙技术方面,周仁忠[6]等提出了预偏位移补偿+顶落梁合龙法,该方法采用预先抬高前端合龙口,以及边跨钢梁向中跨预偏进行位移补偿的思想。避免了复杂调索和整体大吨位移梁施工,简化了主拱合龙工艺。表1列出了几座具有代表性的刚性梁柔性拱桥及其施工工艺。

刚性梁柔性拱结构桥梁　　　　　　　　　　表1

序号	名　　称	跨径组合(m)	施　工　工　艺
1	南屏大桥	48+120+48	悬臂拼装、先梁后拱
2	南泗河大桥	114.75+229.5+114.75	带拱顶推、拱脚合龙
3	榕江特大桥	110+2×220+110	悬臂拼装、先梁后拱
4	宜昌长江大桥	130+2×275+130	先梁后拱、拱肋竖转
5	连盐铁路灌河特大桥	120+228+120	悬臂拼装、先梁后拱
6	银川机场黄河特大桥	2联3×168	悬臂拼装、先梁后拱
7	九江长江大桥	180+216+180	悬臂拼装、先梁后拱
8	西江特大桥	110+2×230+110	先梁后拱、拱肋竖转

通过调研可知,目前刚性梁柔性拱结构桥梁最常见的施工方案主要有:①先梁后拱、拱肋竖向转体工艺;②带拱顶推、拱脚合龙施工工艺;③悬臂拼装、先梁后拱工艺[8]。对于主跨超过300m超大跨多肋柔性拱桥的施工研究还不多,本文将以沪通长江大桥天生港专用航道桥工程为依托,开展超大跨多肋柔性拱竖转关键技术研究。

二、工程背景

沪通长江大桥天生港专用航道桥,采用主跨336m的刚性梁柔性拱桥结构,跨径布置为:140m+336m+140m,为目前世界最大跨径重载公铁两用钢拱桥,如图1所示。天生港专用航道桥上部结构总体采用先建设桥梁后搭建桥拱,最后转体合龙的施工方案。主梁为带竖杆的华伦式桁架,横向采用三片桁架结构,总宽34.5m,两两间距17.25m,中间设K形平联。平联杆件均采用Q345qD钢材的工字形截面,平联及桥门架与拱肋采用现场焊接连接。拱矢高60m,采用强度高、刚度大、韧性强的Q500qE钢材,拱肋共分20节,南北两侧各10节采取全焊接方式连接。

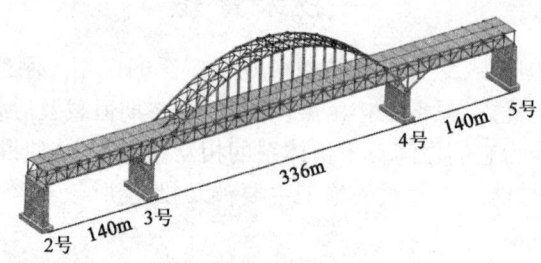

图1 沪通长江大桥天生港专用航道桥

三、总体工艺

天生港专用航道桥采用先梁后拱,主梁悬拼,拱肋转体的施工工艺,在完成墩柱的施工后采用悬臂对称架设的方式进行钢桁梁施工,随后在钢桁梁上拼装拱肋,借助扣塔完成竖转合龙,拱肋中部靠4号墩侧设1000mm合龙段。其竖转布置如图2所示。

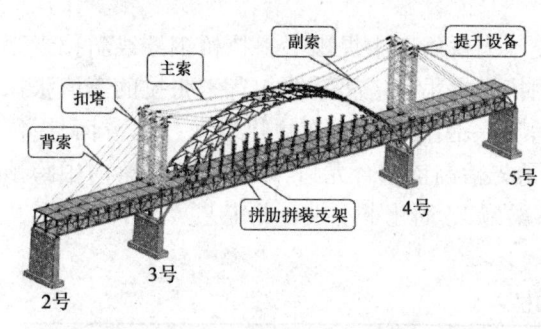

图2 天生港航道桥柔性拱竖转布置

转体专用设施主要包括背索、扣塔、拉索锚箱以及主副牵引索和提升设备,其他辅助设施包括风缆系统和合龙口调位装置。扣塔跨中侧设置两层6组扣索,每层3组,塔顶锚固端拉索锚箱安装提升千斤顶。上层索每组有两台450t提升千斤顶安装在拉索锚箱中,下层索每组安装一台200t提升千斤顶。边跨背索沿用钢梁悬拼施工时扣索。

4号墩侧拱肋拼装完成后,由拱脚向跨中拼装3号墩侧拱肋。竖转施工时,首先竖转3号墩侧拱肋,待转体到位后进行4号墩侧拱肋竖转。转体过程中要同步观测塔顶水平偏移、扣索索力、扣点位移和索力,施工监控以扣索锚点位置三桁高差为主要控制对象,辅以三桁扣塔塔偏控制。转体过程每10个行程进行一次高程测量,对主辅索速度比例进行一次修正,保证扣索单个提升行程误差控制在±10mm,扣索的张拉速度控制在3~5m/h。两侧拱肋转体到位后,通过调整上下层扣索索力以及设置端部合龙调位系统来精确实现合龙口姿态调整。随后对合龙口临时固结,吊装合龙段焊接。然后封固拱脚位置,调整索力安装吊杆,最后拆除竖转设施,完成柔性拱转体。

四、关键技术研究

1. 拱铰安装技术

专用航道桥拱圈每端有三个拱铰,转铰同轴度对拱铰的受力和拱肋结构的应力影响大,偏差过大将引起支点反力增大,引起局部应力集中。针对本工程发明三轴同心转体工艺:采用免棱镜法在两边桁拱铰轴孔外圆上的边缘不同位置测三个点的坐标,多次测设取平均值,用预设程序计算出该两拱铰实际圆心的坐标连线方程,然后在待安装中桁拱铰轴心耳板上设置工艺板,根据两边桁轴心连线方程,利用全站仪测出边桁轴心线与工艺板交点的理论坐标,即找出中桁拱铰的轴心线。根据其与耳座定位基准点连线,即可测量放样出拱铰耳座其他板件的空间位置,如图3所示。

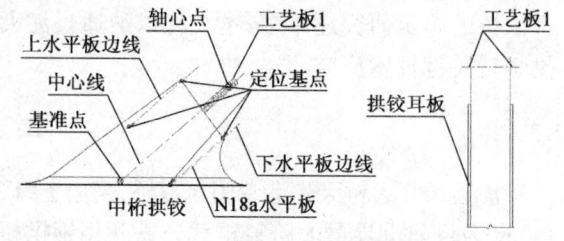

图3 中桁拱脚测量定位控制工艺图

在拱铰装焊过程中,分阶段复测拱铰轴心点坐标。拱铰耳板合件焊接完成后,再进行上加劲弦水平板的正式焊接,接着安装焊接加紧肋,最后安装焊接顶盖板,整个焊接过程中,采用对称焊接控制收缩变形,防止轴心偏位超标。中桁拱铰装焊完成后,根据实测轴心数据,空间位置最大偏差为2mm,同轴度偏差10mm,满足设计及监控要求。

由于上、下游侧的拱脚耳座圆心与设计坐标偏差,最大达到10mm,中桁拱脚耳座由于桥面吊机空间要求采用后装焊工艺,同轴度偏差要求极高。三轴同心度测量控制工艺,为今后类似多轴转体桥梁结构拱铰高精度安装提供了可靠经验。

2. 柔性拱拼装技术

拱肋转体施工部分共划分20个节段(含合龙段),其编号为:SS(MS)13~SS(MS)22。其中SS(MS)13~SS(MS)21关于桥跨中心平面对称布置,合龙段位于4号墩侧与SS(MS)21段连接位置。

由于刚性主梁中跨跨度达到336m,且无其他结构辅助受力,承载力受到严格限制,经过计算,拱肋拼装支架质量应控制在460t以内。支架采用等肢角钢焊接的方形格构式塔架结构,其布置图如图4所示。

拱肋节段采用100t履带式起重机进行拼装,由拱脚往跨中方向进行,拱肋平联滞后拱肋一个节间,即相邻两节间拱肋接缝拼焊完成后,再安装靠拱脚侧节间拱肋平联。首根杆件吊装从4号墩侧SS(MS)13节段开始,先吊装中桁MS13节段。采用钢丝绳吊耳起吊,吊耳提前在厂内预装在杆件上,起吊时尽量按杆件倾斜角度配置吊绳长度。当前端缓慢落在拼装支架临时垫墩上,后端MS13节段上的转铰耳孔与拱铰上耳孔重合后,立即插入销轴固定。利用提前布置在支架顶部的50t三向千斤顶进行精确调位,履带式起重机在调位过程中不松钩,吊绳稍微带力绷紧。待线形及高程满足监控及设计要求后,对支架顶拱肋节段加焊卡板进行临时限位,拱铰与拱肋处采用型钢进行临时固结,履带式起重机松钩,继续拼装其他拱肋节段。拼装支架顶部调整系统如图5所示。

图4 拱肋拼装支架布置图

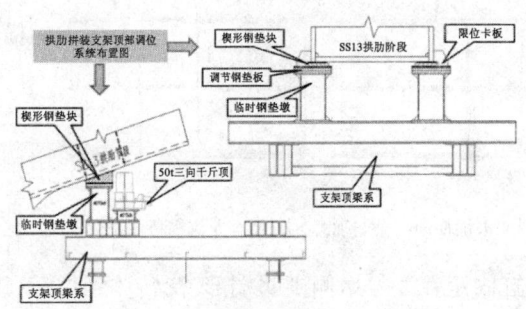

图5 拼装支架顶部调整系统

为了减小拼装时拱肋对支架产生的水平力,支架顶部上放置楔形块。楔形块采用14mm和8mm厚的钢板焊接加工,每一类楔形块分成两个半块,每半块平面尺寸为35cm×50cm,顶面做成异形,能够与拱肋下缘完全吻合。在楔形块的两侧焊接两个拱肋侧向定位挡板,用于拱肋的定位,拱肋调节到位后把楔形块和拱肋焊接以固定拱肋。

履带式起重机在桥面行走时,钢桁梁下挠量随履带式起重机位置变化而变化,将对拱肋拼装线形的影响,考虑1台100t履带式起重机位于桥面跨中时,偏载对三桁拱肋线形和主梁挠度的影响。结果表明,履带式起重机占位在跨中时,影响拱肋轴线偏位最大5mm,影响拱肋里程方向最大2.2mm,影响拱肋高程下挠最大22mm,影响主梁下挠最大13mm。为了将履带式起重机和其他行走设备对拱肋拼装线形的影响降到最低,施工中拱肋在精调位至环缝码板固结时间段,桥面所有起重设备停靠在主墩墩顶处。通过以上措施,拱肋的拼装线形得到了有效控制,实测线形与监控线形基本吻合,里程最大偏差为10mm,轴偏最大为5mm,高程最大偏差为10mm。

3. 柔性拱合拢调位技术

合龙调位过程中，前端索作为主牵引索，承担拱肋竖转和高程调整功能，后端索作为辅助索，用以调整拱肋线形和前端转角，改善拱肋应力状态。对拱肋合龙进行敏感性分析。

结果表明，合拢口高程最大偏差 13mm，里程最大偏差 26mm（合龙口拉开），转角最大偏差 0.004rad；拱肋组合应力：最大拉应力 117.7MPa，最大压应力为 −136.4MPa，如图 6 所示。但该计算是在理想状态下的计算结果，由于拱肋为三主桁结构，横向刚度较大，平面内刚度小，在受到风载、日照温差和临时荷载等外部因素影响时，合龙口很容易产生偏差。因此需要对合龙口调位技术进行研究，确定工装参数和调整方式。

(1) 合龙口横桥向调位

横向调位装置用于调整合龙口横桥向错位，由预先焊接在拱肋端部的耳座和手拉葫芦组成，如图 7 所示。合龙口初定位后，人工利用钢丝绳将横向调位装置对拉张紧，根据测量数据调整手拉葫芦将横向偏差控制在 5mm 以内。

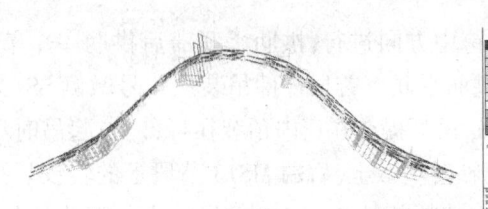
图 6　拱肋转体合龙时应力图

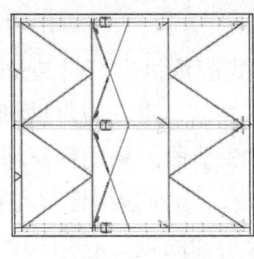

图 7　竖向调位装置

分析时模拟加载 50~200kN 荷载情况下拱肋位移状态，如图 8 所示。由有限元分析可知，50kN 荷载横桥向荷载作用下，合龙口最大错位 85mm；100kN 荷载作用下，合龙口最大错位 170mm；200kN 荷载作用下，合龙口最大错位 334mm。因此通过配置不小于 200kN 的横向调位装置可满足合龙口精确调位。

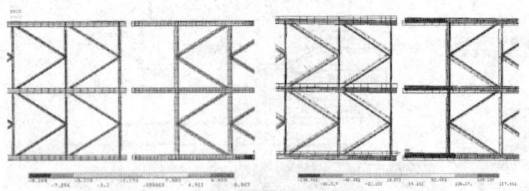
图 8　未加横向荷载与加载 200kN 合龙口横桥向位移

(2) 合龙口顺桥向调位

当合龙口顺桥向空间无法满足嵌补段安装要求时，利用调位装置施加顺桥向荷载，调整合龙间距大小。调位装置由油缸和锁定装置组成。在合龙口两侧腹板中部各安装有一台油缸，油缸行程 600mm，安装距 1000mm。转体前将油缸固定在 3 号墩侧拱肋端部，待转体到位后，用葫芦将油缸端部与 4 号墩侧耳座连接，同步操作两个油缸调整合龙口宽度至 1020~1030mm 范围内，用 4 组带球形螺母的精轧螺丝钢锁定合龙口，安装嵌补段。

为了确定油缸的参数，分别计算拉力 −100kN、−200kN、−300kN、−400kN、−500kN、−600kN、−800kN 作用下合龙口靠拢位移量（合龙口间隙变小为负值）及推力 100kN、200kN、300kN、400kN、500kN、600kN、800kN 作用下中桁合龙口远离位移量（合龙口间隙变大为正值）。有限元分析可知，合龙口在 800kN 顺桥向荷载作用下，可进行 ±200mm 的宽度调整。因此，通过配置两台不小于 400kN 的顺桥向调位油缸可满足合龙口精确调位。

(3) 合龙口竖向调位

合龙口竖向高差的调整通过计算机 PID 调控扣索索力实现，在进行调整时，以拱肋前端高程控制为主，索力控制为辅。粗调到位后再通过竖向调位装置精调高差至 5mm 以内。该装置利用转向滑轮组架体作为调整反力架，如图 9 所示。转体扣索调整锁定后，测量拱肋合龙口两端高程差。如 4 号墩侧拱肋端部高度大于 3 号墩侧，则将架体转下横跨拱肋后锁定 3 号墩侧销轴后，在 4 号墩侧支腿中间装入千斤顶反顶，调整到位后将支腿与拱肋固接。

对竖向调位过程进行有限元分析,分别在合龙口加载竖向50kN和100kN的荷载,合拢口编号如图10所示,合拢口竖向位移结果如表2所示。

图9 竖向调位装置

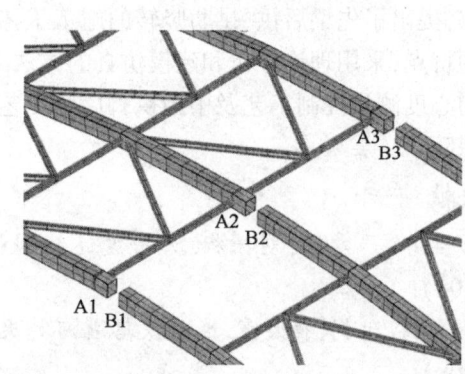

图10 合龙口编号

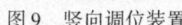

竖向荷载作用下合龙口位移　　　　　　　　　　表2

项　目	Y_{A1} (mm)	Y_{A2} (mm)	Y_{A3} (mm)	Y_{B1} (mm)	Y_{B2} (mm)	Y_{B3} (mm)
初始位移值	508	498	508	509	485	508
合龙口向下50kN荷载	186	177	187	363	339	363
位移变化量	−322	−321	−321	−146	−146	−145
合龙口向下100kN荷载	−135	−145	−135	217	193	217
位移变化量	−643	−643	−643	−292	−292	−291

由计算结果可知,50kN竖向荷载作用下B3合龙口竖向位移变化量145mm,100kN荷载作用下B3合龙口竖向位移变化量291mm。通过配置不小于100kN的千斤顶可满足合龙口精确调位。

4. 转体施工抗风技术

天生港航道桥工程位置常年风速接近6级,转体施工在江面以上130m的高度进行,由于江面天气变化快,转体过程中易遇到突风情况,现场无法快速做出有效响应。需要对无防范措施情况下遭遇突风情况进行研究。对风荷载作用下的转体体系进行有限元分析如下:

(1)工况1:拱肋转体到位合龙前受横桥向突风作用,风缆未锁定,扣塔和拱肋受横桥向11级风荷载,计算扣塔和拱肋的受力和变形。

(2)工况2:拱肋转体到位合龙前受横桥向台风作用,锁定风缆系统,风速41.4m/s,计算扣塔和拱肋的受力和变形及风缆系统受力。

通过仿真分析可知,在遭遇11级突风,未做防风措施情况下,结构最大应力出现在3号墩侧拱脚位置,$\sigma_{max}=161\text{MPa}<[\sigma]=373\text{MPa}$,整个转体体系结构能保证安全;在采取防台风措施情况下,转体体系可抵御最大14级台风风力,最大应力出现在3号墩侧拱肋20号节段拉点位置,$\sigma_{max}=163.6\text{MPa}<[\sigma]=373\text{MPa}$。转体体系的抗风能力满足要求。

风缆系统主要由缆风绳、拱肋上连接端和桥面固定座组成。每侧拱肋共设4根缆风绳,全桥共8根,其布置见图11。在转体过程中桥面端自由,当遇大风时将其锁死。风缆体系的设置,既解决了拱肋转体的抗台风问题,又解决了合龙口的抖动问题,保证转体系统的横向稳定和合龙口稳定。

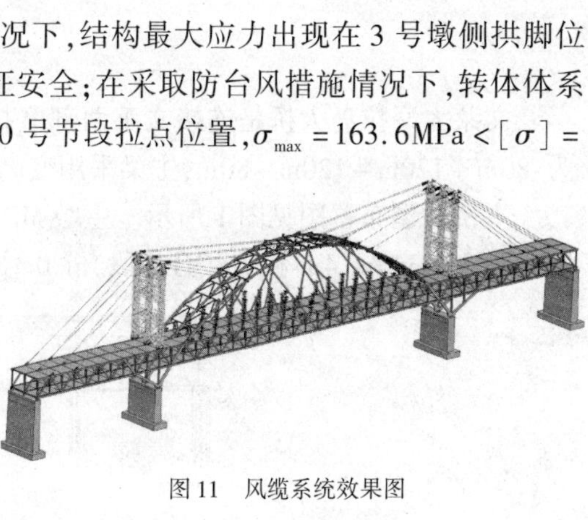

图11 风缆系统效果图

五、结　语

沪通长江大桥天生港专用航道桥为目前世界最大跨径重载公铁两用钢拱桥,针对超大跨多肋柔性拱的特点,提出了先梁后拱、拱肋竖转的施工工艺。基于柔性拱刚度小,拱肋间横向联系弱,竖转过程变形量大的特点,采用理论分析和建模仿真的方法对竖转关键技术开展研究。明确了拱肋的拼装方式;提出三轴同心度测量控制工艺及中桁拱脚后装工艺;确定了合拢口调位及抗风措施,为工程顺利开展提供了理论保障。

参考文献

[1] 罗世东,严爱国,刘振标.大跨度连续刚构柔性拱组合桥式研究[J].铁道科学与工程学报,2004(02).

[2] 封仁博,洪钊,崔太雷.连盐铁路灌河特大桥主桥钢桁梁柔性拱施工关键技术[J].铁道建筑,2017(08).

[3] 张时利,方继,邢文彬.大跨度柔性拱架设及合龙施工新技术[J].安徽建筑,2015(02).

[4] 彭成明,游新鹏,罗锦刚.重庆千厮门嘉陵江大桥超大吨位钢绞线斜拉索安装与张拉控制技术[J].施工技术,2013(12).

[5] 田唯,刘丹,谭浩明.珠海横琴二桥钢桁拱梁合龙技术[J].世界桥梁,2016(06).

[6] 周仁忠,田唯,苟东亮,等.横琴二桥主桥钢桁拱架设施工关键技术[J].桥梁建设,2016(06).

[7] 鄢怀斌,周云,李慧明.厦深铁路榕江特大桥主桥连续钢桁梁柔性拱施工关键技术[J].世界桥梁,2014(04).

[8] 蔺鹏臻,刘应龙,何志刚.高速铁路连续钢桁柔性拱桥的施工线形控制[J].铁道工程学报,2019(11).

31. 超宽翼缘连续梁悬浇挂篮设计与施工

李海方　梁　丰

(中交武汉港湾工程研究院有限公司)

摘　要　本文以文莱大摩拉岛大桥主桥施工项目为依托,创新设计了一种适用于超宽翼缘连续梁悬浇挂篮,文中重点介绍了该挂篮结构特点及施工工艺的先进性,并利用有限元分析验证了设计的可靠性和安全箱梁性。

关键词　超宽翼缘　整体内模　异步行走　挂篮

一、依托工程

文莱大摩拉岛大桥是连接文莱西部摩拉区和东部大摩拉岛的重要桥梁,主桥总长400m,跨径布置为:80m+120m+120m+80m,主梁采用变高箱梁形式,高度变化保持箱梁外形一致。

主桥桥型布置图见图1所示。主墩MP3两侧共17个节段(0号~16号节段),节段长度共4种,分别分为3m、3.5m、4m和2m(合拢段)除0号块外均采用挂篮悬浇施工。

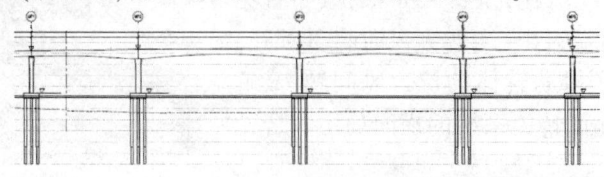

图1　主桥跨径立面图

主桥横断面采用单箱单室,宽23.6m,主梁根部梁高7.0m,跨中梁高4.0m,桥面横坡2.5%,翼缘板宽度5.8m,如图2所示。

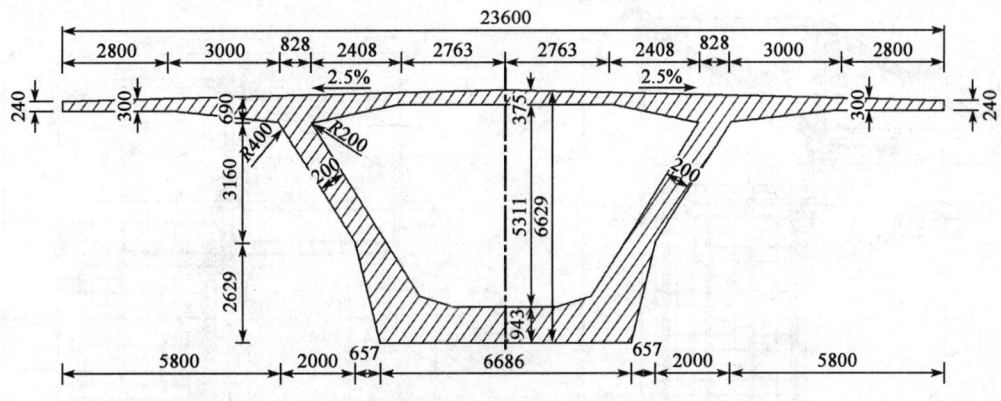

图2 主梁标准横断面图(尺寸单位:mm)

二、技术难点

(1)箱梁翼缘板宽度5.8m,厚度约280mm,现浇施工开裂风险较大,且传统的挂篮行走方式无法满足本项目施工。

(2)箱梁腹板为折线形,斜率较大,且节段重量集中腹板和底板,对挂篮模板的刚度要求很高。

(3)为提高挂篮效率,传统的内腔散拼模板难以满足现场施工的需要,应整体为整体式模板,实现快速脱模。

(4)箱梁底板与腹板交汇处,易出现应力集中,对挂篮设计提出了更高要求。

三、挂篮结构设计

1. 方案设计

为满足本工程施工,挂篮应具有构造简单,受力明确合理,整体刚度大,制作工艺好,操作调整方便,制造成本低等优点。根据业主要求,挂篮设计遵循欧洲设计规范,采用极限状态设计方法。

挂篮初步设计方案如图3所示。

方案中挂篮主要由承重桁架、行走系统、锚固系统、悬吊系统、移动吊架、前支点、模板系统等部分组成。

本方案主要存在以下两个问题:

(1)挂篮外模刚度较弱,内模采用散拼模板,难以满足施工需要。

(2)底模单根吊杆受力较大,箱梁腹板和底板交汇处应力超标,须对吊杆进行优化。

经过讨论对上述方案进行优化和完善。主要体现在以下三点:

(1)为增加外模刚度,采用外模背楞采用桁架片形式,顶口和底口增加横桥向的对拉杆。

(2)内模采用整体式,调节丝杆便于脱模和立模,内模与顶模一起行走,提高挂篮行走效率。

(3)增加底模吊杆,减小单根受力,减低箱梁结构应力。

调整后,挂篮最终设计方案如图4所示。

2. 技术创新

(1)挂篮内模采用调节丝杆,将内模整体悬挂于内顶模滑梁下方,操作简单。

(2)挂篮行走时,内外模板异步行走。先将底模和外侧模行走到位,带底板和腹板钢筋绑扎完毕后,再行走内模,增加了现场工作面,施工效率大大提高。

(3)挂篮行走时,将底模托梁尾部行走吊杆设置在翼缘模板滑梁下方,解决了传统后支点挂篮超宽翼缘箱梁无法行走的问题。

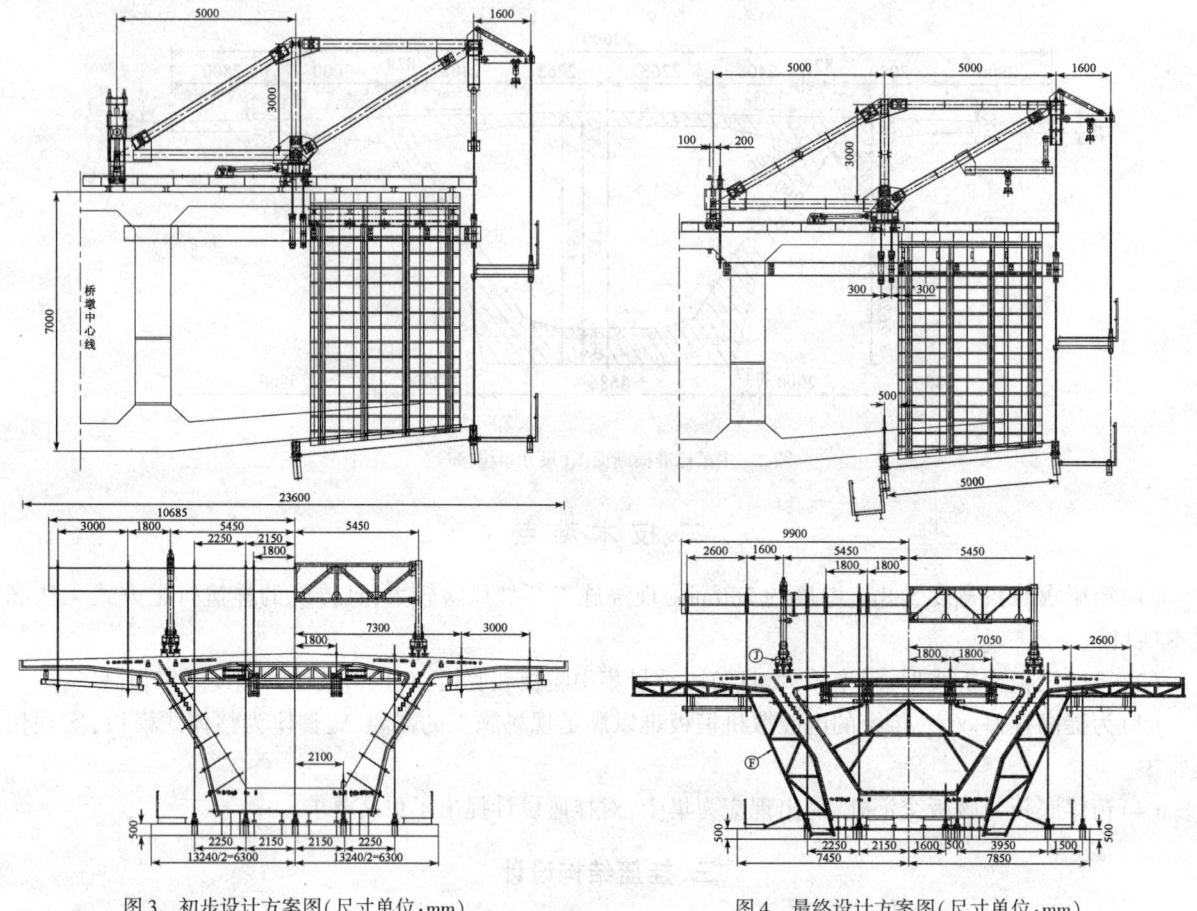

图3 初步设计方案图(尺寸单位:mm)　　　　图4 最终设计方案图(尺寸单位:mm)

3. 主要构造

(1)承重桁架

承重主桁架包含节点1、2、3、后连杆、后拉杆、立柱、前大梁、前撑杆、平联、侧拉杆,为方便集装箱运输和现场安装,杆件采用销轴连接。其功能是承受浇注与行走时的荷载并传至主桁前支点、后锚与行走小车。

(2)悬吊系统

悬吊系统由连接器(图5)、精轧螺纹钢筋及螺帽、千斤顶构成。连接器设置双向铰接,克服桥梁纵坡和横坡对吊杆的影响,保证吊杆始终只承受轴向拉力。

(3)模板系统

外侧模板布置在混凝土箱梁两侧,在浇注混凝土时,侧模板通过顶口与底口两组对拉杆约束。

内模布置在混凝土箱梁内腔,随着挂篮前移及混凝土箱梁高度变小,内侧模板也应相应减小其高度。在浇注混凝土时,侧模板通过内部可调撑杆系统约束。内侧模板与内顶模板之间通过销轴连接,为方便内侧模板开模,设计中将内侧模板分成间隔5cm的上下两块,并且该间隙通过3mm厚钢板覆盖。

(4)移动吊架

移动吊架(图6)由横向承载梁,纵向行走轨道、拉杆、电动葫芦等组成。横向承载梁,纵向行走轨道和拉杆由杆件和销轴构成,主要用于挂篮施工作业过程中吊运钢绞线及张拉千斤顶等,很大程度上降低了现场的劳动强度。

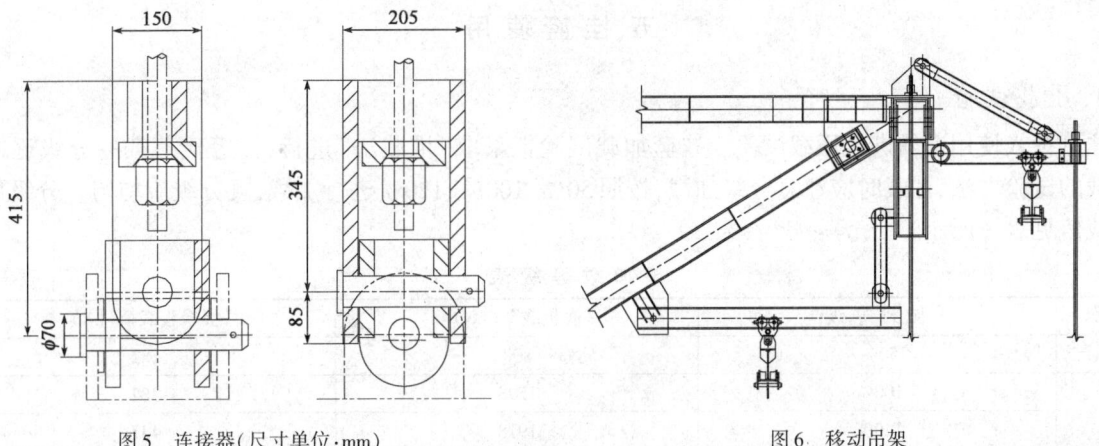

图5 连接器(尺寸单位:mm)　　　　　图6 移动吊架

四、结构计算

1. 计算载荷

挂篮计算考虑的主要载荷如表1所示。

计算载荷　　　　　　　　　　　　　　表1

序号	浇注状态	行走状态	序号	浇注状态	行走状态
1	混凝土荷载		3	人群及施工荷载	$1.5kN/m^2$
2	挂篮自重	挂篮自重	4	风荷载	风荷载

2. 计算工况及结果

挂篮计算控制工况如表2所示。

计算工况　　　　　　　　　　　　　　表2

序号	工　况	序号	工　况
1	浇注3.0m节段	3	浇注4.0m节段
2	浇注3.5m节段	4	挂篮行走

采用有限元软件ANSYS对挂篮承载平台进行整体有限元建模计算,主要采用单元有beam189、link8。

以工况3为例,主要计算结果如图7、图8所示。

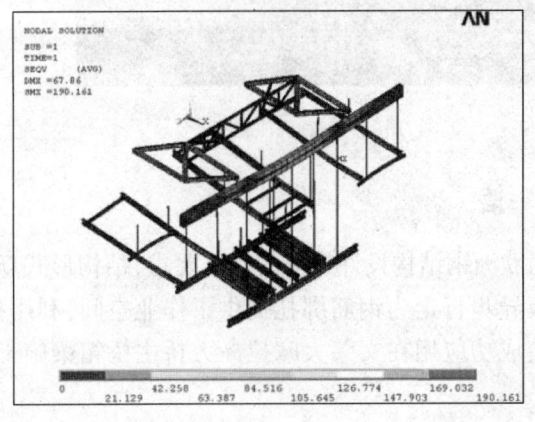
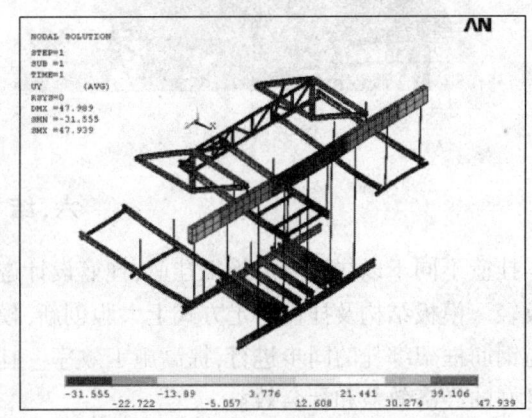

图7　主体结构应力云图　　　　　　　图8　主体结构变形云图

通过计算,结构最大应力190.2MPa,最大变形31.6mm,该挂篮强度和刚度能满足主梁施工要求。

五、挂篮使用

1. 压载试验

挂篮投入使用前须进行压载试验。挂篮加载试验拟采取"堆载法"进行，按等代荷载的分级逐级递增加载的试验方法，加载时应注意分级加载，按照50%、100%、120%进行加载，且分级应均匀。分级加载各荷载值见表3所示。

加载等级表　　　　　　　　　　　　　　　　　　表3

序号	加载等级	底板载荷(kN)	翼缘板载荷(kN)
1	50%	800	182
2	100%	1598	364
3	120%	1918	437

预压材料选取现有的钢绞线，其余部分选用砂袋。每个砂袋重15kN，砂袋加载时尽可能与混凝土布置形式相同(图9)。加载速度不宜过快，以减少支架的早期变形。考虑到下雨对压载重量的影响，应准备彩条布，对土袋进行覆盖。

2. 变形测量

挂篮的后锚上挠值、前支点沉降值、主桁前端销结点处变形、主桁前横梁吊带处和主桁前横梁跨中变形、底篮前托梁吊带处挠度，底板及翼缘板上设置测点。在挂篮上设28个测量点，基准水准点设在主梁0号块上。采用光电数字精密水准仪(精度0.1 mm)观测加载和卸载过程中挂篮各个测点的竖向位移情况。

3. 浇注(图10)

悬臂现浇施工施行流水作业。具体施工流程为：测量放样→调节外侧模、翼缘板模板及安装端模→扎底板及腹板钢筋→布设预应力管道→调整内模→绑扎顶板钢筋及顶板预应力管道束→测量检查模板、钢筋等→混凝土浇筑→拆侧模、内模→穿索张拉→压浆→落底模、内模及侧模→挂蓝纵移行走就位→进行下次循环直到合拢。

图9　现场预压　　　　　　　　图10　对称浇注施工

六、结　语

本挂篮不同于以往后支点施工挂篮，挂篮设计遵循欧洲钢结构设计规范的标准要求，结构形式新颖、自重较轻。模板结构及挂篮行走方式上大胆创新，模板异步行走为钢筋绑扎提供了作业空间，利用挂篮行走与钢筋框架绑扎的同步进行，提高施工效率。挂篮成功应用在文莱大摩拉岛大桥主桥箱梁施工，产生了良好的经济效益和社会效益。

参考文献

[1] 叶新,朱晓明,姜玉龙.城闸大桥主梁挂篮设计与施工[J].城市道桥与防洪,2007.(1).

[2] 宋伟俊.大佛寺长江大桥轻型牵索挂篮设计[J].桥梁建设,2001(1).
[3] 尚勇.复合式牵索挂篮施工技术研究[D].西安:长安大学,2007.
[4] 李钦,许建得,陈锦云,等.斜拉桥特大型牵索挂篮施工技术[J].广东土木与建筑,2010(3).
[5] 鲁军良.后支点三角形分离式挂篮设计[J].公路交通技术,2011(2).

32. 无覆盖层条件码头钻孔桩一体化施工技术

薛志武[1,2,3]　郭强[1,2,3]

(1.中交武汉港湾工程设计研究院有限公司;2.海工结构新材料及维护加固技术湖北省重点实验室;3.交通运输行业交通基础设施智能制造技术研发中心)

摘　要　无覆盖层地质下钻孔灌注桩施工常用的满铺平台法和人造基床法存在成本高、工效低等问题。依托巴基斯坦中电胡布煤码头工程,针对当前工艺存在的问题,提出了基于桩顶支撑步履式顶推平台的钻孔桩一体化施工技术,实现了恶劣海况和无覆盖层条件下钻孔桩高效施工。采用 ANSYS 软件对顶推平台施工全过程进行受力分析,研究了施工过程的关键控制参数和计算方法,为类似项目提供参考和借鉴。

关键词　无覆盖层　钻孔灌注桩　顶推平台　一体化施工　仿真分析

传统的海上无覆盖层地质条件下钻孔桩一般采用满铺平台法或人造基床法施工[1]。满铺平台法是在待沉桩工位处,搭设满铺施工平台,在平台上利用导向结构采用栽桩法进行嵌岩施工,施工平台随钢管桩的沉没依次向前铺设。在外海强涌浪条件下平台搭设施工难度大、拆除风险大、成本高,总体效率较低。人造基床法是在桩位处预先施工满足稳桩条件的较大厚度水下人造基床,在人造基床范围内采用传统打桩方法进行钢护筒沉设,形成施工平台后,再进行嵌岩桩钻孔作业。人造基床法施工水上工程量大、适用范围窄、对环境影响大,适用于波浪较小的无覆盖层区域嵌岩桩施工。

以巴基斯坦中电胡布燃煤电厂煤码头项目为背景,通过以钢炉筒为支撑结构确立以桩顶支撑步履式顶推平台为核心的钻孔桩流水作业,形成了无覆盖层条件下钻孔桩施工新技术。

一、工程概况

巴基斯坦中电燃煤电厂胡布燃煤电厂是中电国际与巴基斯坦 Hubco 公司合资成立的中电胡布发电公司(CPHGC)开发的一座基于进口煤炭的 $2\times660MW$ 燃煤发电项目。电厂煤码头项目位于巴基斯坦俾路支省 HUB 河口附近,为专用煤炭进口码头,有两个 10000t 泊位,年煤炭进口量 440 万 t。工程量主要包括长 488m 引堤、507m 引桥、265m 煤码头和 727m 防波堤[2],如图1所示。

码头采用高桩梁板结构,平面尺寸:$265m\times24m$,基础采用钻孔灌注桩,桩基设计顶高程 +4.65m;共 34 个排架,排架间距 8m,每个排架下设 4 根直径 $\phi1350mm$ 灌注桩,采用直径 $\phi1450\times14mm$ 的护筒,码头桩基总计 136 根;上部结构采用梁板结构,桩基上现浇横梁、安装纵梁、预制面板,现浇面层及磨耗层形成码头平台结构。码头前沿设橡胶护舷、爬梯和系船柱等。

码头施工区域实测 H_s 平均值 3.13m,H_s 最大值为 5.38m,对应波向为 SSW,平均周期平均值为 9.61s,平均周期最大值为 12.7s,是典型的中长周期波浪条件。

码头工程区域地层主要为强风化砾岩、强风化泥质粉砂岩、中风化泥质粉砂岩,强风化砾岩主要厚度在 3~5m 左右,5m 以下为强风化泥质粉砂岩、中风化泥质粉砂岩,无软质覆盖层。通过地形数据和水下摄像分析,码头区域海底表床多处存在高度 0.2m~1.5m 不规则的礁盘,礁盘分布示意见图2。

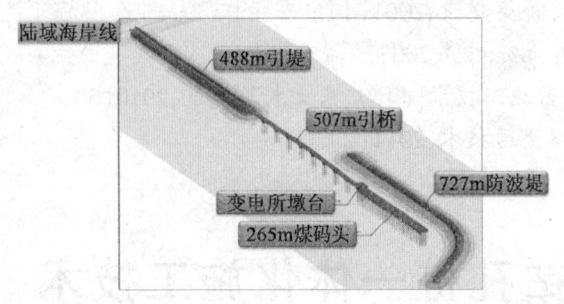
图 1 项目总体布置图

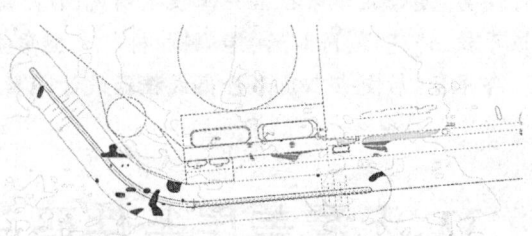
图 2 工程区域礁盘分布图（深色为礁盘分布）

二、桩基施工方案比选

本项目直面阿拉伯海，长周期涌浪海况特征明显，不利于船舶水上作业，常规的自升式平台或打桩船难以施工。码头施工海域地质情况复杂，海床无覆盖层，护筒施打困难，护筒若无法一次沉设到泥岩面，需要钻机跟进，将严重影响进度，直接关系到季风期来临之前卸船机能否安装到位。根据工程结构和环境特点，提出满铺平台法和桩顶支撑步履式顶推平台（以下简称顶推平台）施工两种桩基施工方案。

1. 满铺平台法

依托钢栈桥逐排进行护筒沉设，每排护筒沉设到位后利用布置在栈桥上的吊车进行满铺平台安装。

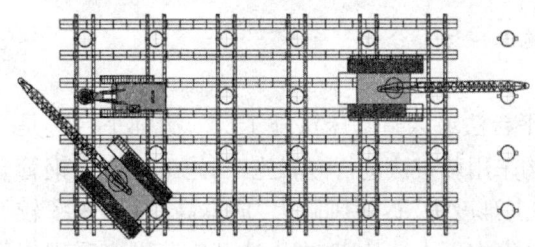
图 3 满铺平台法施工

平台纵横梁支撑在护筒顶口焊接的钢牛腿上[3]。由于钢护筒顶高程低于钢栈桥顶面2.3m，需在前7跨设置斜坡从钢栈桥到达满铺平台。平台搭设完成后，按梅花形分布进行钻孔桩作业。根据设计方案，单跨平台钢结构重量约65t，按40%结构可倒用计算，全码头桩基施工需投入钢结构重量约1310t，方案如图3所示。

满铺平台法技术成熟，工艺简单。但是对于本工程，存在如下问题：①因栈桥宽度有限，满铺平台铺设及灌注混凝土时，对栈桥交通影响较大；②满铺平台与栈桥间存在2.3m的高差，设备上下，钢筋笼起吊和钻渣的转运困难；③对于满铺平台，如前期护筒沉设时护筒底口未进入中风化泥岩，护筒为承重桩，无法进行护筒跟进，钻孔时如发生塌孔，会威胁平台安全；④钻孔后护筒可能发生沉降，增加牛腿焊缝所受荷载；⑤桩基灌注完成后的一定时间内，满铺平台上设备暂时不可移动，平台晃动影响桩基质量。经工效分析，从护筒沉设到平台搭设，最后进行钻孔桩浇注，单个排架施工周期为8d，全部桩基完成约需9.5个月。综合来看，满铺平台法设备和临时措施投入较大，存在较大安全风险，且在工效方面无法满足要求。

2. 桩顶支撑步履式顶推平台施工

依托钢栈桥在1排和34排桩前后打设三排$\phi 800 \times 14mm$钢管桩作为起始平台，在起始平台各拼装一套顶推平台[4]。分别从码头两端开始按顺序逐跨推进施工，平台前端沉设钢护筒，后部进行钻孔桩嵌岩施工和浇注。施工完一个排架后利用桩顶顶推设备顶推前移一个桩间距，循环施工直至两套平台会合。利用顶推平台上履带式起重机完成平台拆除，方案如图4所示。

顶推平台单套重量415t，依托平台上的旋挖钻机，履带式起重机和平台自带的导向装置可完成钢护筒沉设和钻孔桩施工，平台高程与钢栈桥相同，可作为钢筋笼吊装，钻渣存储及罐车自卸车的掉头场地，有利于保持栈桥交通畅通。

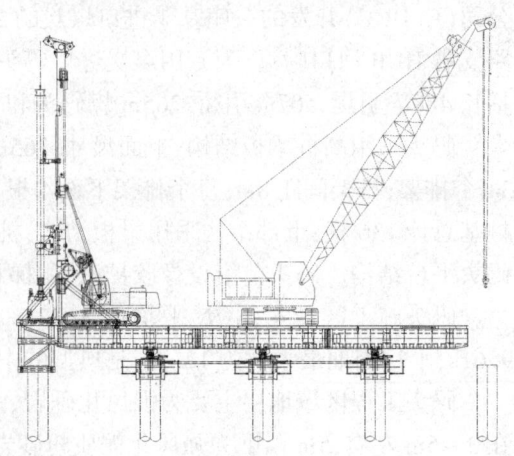
图 4 桩顶支撑步履式顶推平台施工

此外,两套顶推平台的人员和设备投入量较满铺平台法减少约30%。顶推平台作为一种新型施工装备,此前成功应用以色列 Ashdod 港 Q28 码头钢管桩施工,被证明是一种恶劣海况下可靠的沉桩平台。

沉设一个排架的4根钢护筒时间约需1d,4根桩的钻孔灌注时间约3d,平台移位约0.5d,即单个排架钻孔桩施工周期4.5d。该工艺较满铺平台法在工效和成本上均有较大优势,平台桩顶装置可适应±100mm范围的支撑桩高程偏差与沉降,安全性也较好。但是存在一定的技术风险,这是顶推平台首次用于恶劣海况无覆盖层条件下的钻孔桩施工,施工环境和荷载较单一的钢管桩沉设更为复杂和恶劣[5]。经综合比选本项目桩基采用顶推平台法施工。

三、关 键 工 艺

顶推平台由桩顶顶推定位装置、作业平台、导向装置、起重与打桩系统和成孔与成桩系统等主要部件组成,如图5所示。平台支撑在已沉钢护筒桩顶上。其工作原理为:将桩顶顶推定位装置安装于桩顶,作业平台支撑在顶推定位装置上,由高度调节装置、顶推设备和导向装置实现钢护筒的快速、精确定位和沉桩作业。通过控制系统对机构空间运动、支撑装置交替承载过程的控制,使得平台以无水平力方式进行步履前移至下一排沉桩桩位。顶推平台规避了波浪对平台设备的作用,消除了波浪对沉桩作业的影响。

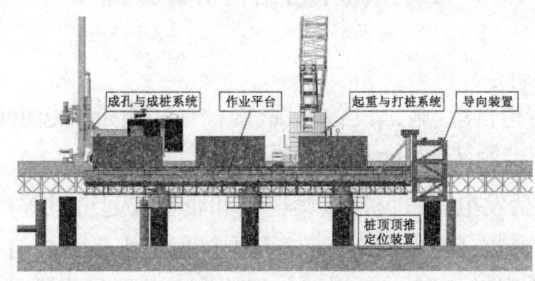

图5 顶推平台系统组成

平台前部为沉桩作业区,后部为桩基钻孔成桩作业区。在无覆盖层条件下,依托顶推平台施工钻孔灌注桩的关键工艺如下:

(1)在栈桥上采用"钓鱼法"施打3排钢管桩作为起始平台,在起始平台上拼装顶推平台。

(2)顶推平台前端设置的下沉式导向装置抱持钢护筒,进行钢护筒初打,初打入土深度不超过20cm,然后旋挖钻进行淘孔跟进。

(3)采用钻打交替工艺将护筒施打至穿透强风化砾岩,然后复打至入泥岩0.5~1m。

(4)平台尾部部利用旋挖钻进行桩基的旋挖,利用装载机等运输弃渣。旋挖到位后在平台上完成清孔等工作。

(5)钻孔完成后,下放钢筋笼,将混凝土罐车开上平台,完成混凝土灌注。钻孔灌注桩施工完成后,平台前移至下一排桩位,如此循环施工,如图6所示。

a)前排钢护筒初打   b)前排钢护筒跟进

图 6

c) 后排钻孔桩成孔

d) 后排钻孔桩建筑

图6 无覆盖层条件钻孔桩一体化施工关键工序

本工艺依托顶推平台,在其前、后区域分别设置钢护筒钻打沉桩区和已沉护筒钻孔成桩区交替平行流水施工,实现了无覆盖层条件下的钻孔桩一体化施工。

四、顶推平台结构仿真分析

1. 平台荷载

平台受到的荷载主要有结构自重、施工设备荷载、旋挖钻和履带式起重机行走产生的水平力、旋挖钻施工产生的扭矩、喂桩撞击力、波浪力、沉桩荷载和风荷载[6]。

(1) 施工设备荷载主要包括发电机、打桩锤、旋挖钻和履带式起重机等自重。

(2) 根据施工经验和设备参数,旋挖钻和履带式起重机行走水平力按自重10%考虑。

(3) 旋挖钻工作时,动力头回转扭矩360kN·m,等效作用到履带支撑位置。

(4) 由于施工海况恶劣,钢护筒借助水深喂入导向装置时晃动较大,易发生碰撞,需要考虑撞击荷载。

(5) 波浪力考虑非季风期及平台使用期270°方向波浪作用。根据《海港水文规范》[7]波浪力荷载标准值按下式计算:

$$p_D = \frac{1}{2}\frac{\gamma}{g}C_D D_u \tag{1}$$

$$p_I = \frac{\gamma}{g}C_M A \frac{\partial u}{\partial t} \tag{2}$$

(6) 钢护筒沉设时,顶部受到激振力作用,需考虑护筒垂直度引起的激振力水平分力对平台的作用。

2. 工况组合

顶推平台施工全过程包含喂桩、钢护筒沉设、旋挖钻钻孔、灌注桩浇注和平台移位等多个动作。施工阶段不同所受荷载差异很大,平台施工各阶段最不利受力工况如下:

(1) 施工准备阶段。

工况1:履带式起重机位于C、D列桩之间带钢护筒行走,旋挖钻机在后端行走至D列桩位置准备施工。

(2) 施工阶段。

工况2:履带式起重机位于C、D列桩之间进行B列桩喂桩,旋挖钻机位于平台后端进行D列桩钻孔施工。

(3) 行走阶段。

工况3:推平台完成第34排钢护筒施工,向前顶推2.88m至平台前端处于最大悬臂状态,履带式起重机位于平台横向中央。

3. 计算结果

应用 ANSYS 有限元软件对平台与钢护筒进行模拟仿真,采用 Beam188 单元建立模型。材料属性为理想的弹塑性本构模型。在建模过程中对结构做了相应简化,甲板平台等没有在有限元模型中进行体现,而是将它们视为分布质量加载到各节点、单元上,各部件连接简化为节点耦合和接触模拟。荷载主要以节点力和加速度方式加载。

各工况计算结果见表1和图7、图8。

顶推平台各工况仿真分析结果　　　　　表1

计算工况	最大应力(MPa)	最大支点反力(kN)		
		F_x	F_y	F_z
工况1	135.6	56	2031	-11
工况2	127.5	12	2033	3
工况3	133.6	0	1720	0

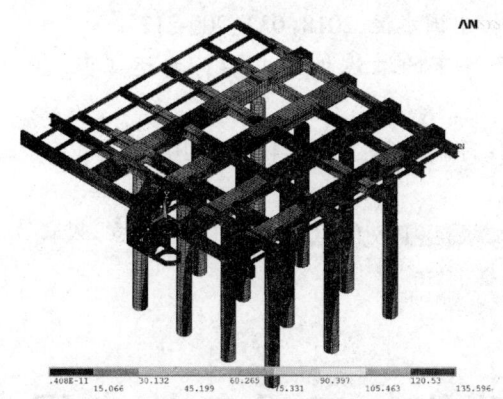 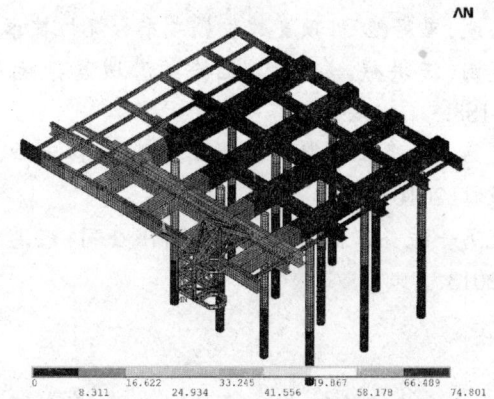

图7　工况1顶推平台综合应力云图(尺寸单位:MPa)　　图8　工况3顶推平台竖向位移云图(尺寸单位:mm)

由表1可知,顶推平台施工全过程最大应力出现在平台上设备行走状态,平台和钢护筒均采用Q345B材质,$f_{max}=135.6$MPa$<f=310$MPa,整体应力水平较低,结构安全可靠,平台移位至最大悬臂状态时,纵梁端头最大下挠38.66mm,顶推设备竖向行程150mm,变形不影响平台移位。

单根护筒桩顶最大水平荷载57.1kN,最大竖向荷载2033kN。钢护筒为打入桩,根据地勘资料,砾岩层平均厚度3.5m,由《港口工程桩基规范》计算,钢护筒入土深度不小于4m,竖向和水平承载力才能满足平台支撑要求。故护筒沉设时,穿透砾岩层后再复打入泥岩层0.5~1m,在满足支撑平台的要求同时,可以防止后续钻孔发生塌孔。

五、实 施 效 果

基于顶推平台的无覆盖层条件钻孔桩一体化施工技术成功应用于巴基斯坦胡布煤码头桩基施工。该技术规避了波浪、水流等复杂海况影响,营造出类似于陆上钻孔桩施工的作业条件。集钢护筒施打、钻孔、钢筋笼下放、桩基浇注功能于一体。施工难度及风险大大降低,精度和施工效率大幅提升。钻打交替的工艺解决了护筒沉设困难和满足平台支撑两方面问题。改变了无覆盖层条件下的嵌岩桩施工技术。

胡布煤码头桩基在4个月内全部完成,钻孔灌注桩施工工效达到1.3根/d,保证施工质量的同时提前2个月完工,创造了显著的经济效益。

六、结　语

(1)基于顶推平台的钻孔桩一体化施工技术适用于中长周期波浪、无覆盖层条件和礁盘等复杂环境下的钻孔桩施工。

（2）在无覆盖层条件下沉设钢护筒时，需要采用钻孔设备同步跟进，为防止护筒卷口，单次施打深度不宜超过200mm。对于类似本工程规模的桩基施工，入土深度不小于4m才能满足平台承载要求。

（3）起重和钻孔设备在平台行走产生的水平力是顶推平台主要的水平荷载，平台操作应严格划定沉桩和钻孔作业区，规定设备行走速度和方向。

（4）钻孔桩施工工艺流程较多，顶推平台上设备种类多，人员集中。顶推平台应制定严格详细的管理规定。

参考文献

[1] 中交第三航务工程勘察设计院有限公司.港口工程桩基规范:JTS 167-4—2012[S].北京:人民交通出版社,2012.

[2] 中交第二航务工程勘察设计院有限公司.中电胡布发电公司燃煤电厂新离岸煤炭进口码头工程施工图设计[R].武汉:中交第二航务工程勘察设计院有限公司,2016.

[3] 方成武,彭琳琳,杜文广.浅薄覆盖层倾斜岩面大直径钢护筒施工方案比选及应用[J].中国港湾建设,2017(11):71-75.

[4] 薛志武,文定旭.桩顶支撑步履式平台沉桩技术[J].中国水运,2018(03):209-212.

[5] 冯建国,汪洪祥,姜宁林.无掩护海域复杂地质条件下的灌注桩施工[J].水运工程,2019(05):184-188.

[6] 中交第一航务工程勘察设计院有限公司.港口工程荷载规范:JTS 144-1—2010[S].北京:人民交通出版社,2010.

[7] 中交第一航务工程勘察设计院有限公司.海港水文规范:JTS 145-2—2013[S].北京:人民交通出版社,2013.

33. 钢筋集中加工场自动化加工设备的应用

费鑫宇

（中交一公局集团有限公司）

摘　要　珠海市鹤港高速公路HGTJ4标全线钢筋均由钢筋场集中加工制作，主筋连接均采用直螺纹套筒连接，为降低钢筋加工作业人数，提高工作效率，增强经济、社会及安全效益，本文对钢筋加工场内自动化流水线作业装置使用原理及适用范围做出了详细的分析，并与传统施工方法进行了比较，提升了钢筋加工场的生产管理工作效率，在不同环节都安装了相应的安全阻隔装置及滑轮导向装置，保证操作人员安全的同时也方便了作业人员的操作。

关键词　现代化　钢筋加工场　自动化　加工设备

一、引　言

随着社会的不断发展以及科学技术水平的不断提高，人们对实现控制自动化的意识逐渐加强，传统的钢筋场加工方式已经很难实现高效率的批量出产。因此，要实现自动化的大批量生产，提高生产的效率，就必须引入现代化钢筋加工场自动化加工设备，尽早地形成钢筋加工场内自动化流水线作业方式。随着自动化控制系统水平的逐步提升，其应用程度也逐渐加深，机械自动化控制系统在现代社会经济发展中占据着非常重要的地位。目前各大行业都相继引入机械自动化控制系统来实现准确而又快速的控制，在降低成产成本的同时提高生产效率，同时还能减少生产事故发生的概率，提高系统在运行过程中的安全性能，确保系统能有较高的工作效率。

二、工程情况简介

珠海市鹤洲至高栏港高速公路(以下简称"鹤港高速")一期工程 HGTJ4 标段起点桩 K17+642.556，沿大门河水道北侧平行布线，与机场高速公路交叉设置大林互通，止于鹤港高速(一期工程)终点 K21+839.150，路线长度 4.197km。本标段共设特大桥 4197m/2 座，互通区 1 处(8 条匝道桥和 1 座拼宽桥)，涵洞 1 道。桥梁上部结构为装配式预应力混凝土小箱梁、现浇箱梁、钢混叠合梁，下部结构桥墩主要为花瓶墩，局部采用圆柱墩、方柱墩，基础均采用桩基础。全线所有钢筋均由钢筋场集中加工制作。主筋连接均采用直螺纹套筒连接，在钢筋加工制作过程中，依靠钢筋加工传送装置，有效地降低了钢筋加工作用人数，提高了工作效率，取得了一定的经济、社会及安全效益。

三、设备原理特点及适用范围

1. 设备简介

参照图 1 所示的钢筋机械连接丝头自动打磨机，包括控制箱 3、机架 1 和齿条 2，机架 1 通过其底部的移动齿轮 11 沿齿条 2 纵向移动，移动齿轮 11 的前侧设置有套设在齿条 2 上的导向块 19，导向块 19 起导向作用，可以使机架 1 在沿齿条 2 移动的时候不发生偏移；丝杠 9 左端与第二电机 10 的输出轴连接，当第二电机 10 工作时会带动丝杠 9 转动，丝杠 9 通过螺纹丝杠连接带动打磨装置沿丝杠 9 作横向移动，打磨装置的定位板 5、打磨刀头 6 和抛光刀头 7 是从左至右并排依次布置的，打磨刀头 6 和抛光刀头 7 在第一电机 4 的驱动下转动工作。

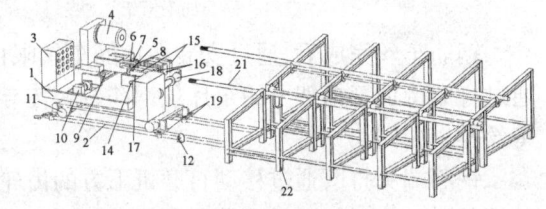

图 1 设备模型

打磨装置前方的机架 1 上设置有夹紧装置，夹紧装置在机架 1 上也是横向布置，夹紧装置包括第三驱动装置、螺杆、两个导向杆、两个夹紧块和两个支撑板，螺杆 14 位于两块支撑板 15 之间，两个导向杆 17 分别位于螺杆 14 的前后两侧，两个夹紧块 16 分别穿过两个导向杆 17 和螺杆 14，并且与螺杆 14 螺纹螺杆连接，螺杆 14 和两个导向杆的中间固定位置设有一个挡板，并且螺杆 14 左右两段的螺纹是反向设置的，这样可以保证在螺杆转动时，两个夹紧块会作对向运动(夹紧钢筋)或者反向移动(松开钢筋)；夹紧板前端的导向滑轮起到控制支撑钢筋和导向的作用。

2. 工作原理

钢筋原材运送至筋原材存放区后，通过龙门吊将钢筋吊至钢筋传送装置上，再由传送装置操控台(图 2)将钢筋通过传送装置输送平台传送至钢筋待加工平台。

传送平台与待加工平台有一定的高差，通过安装在输送平台上的千斤顶，将顶升滑落板(一端由轴承连接钢管固定)升起，钢筋顺势滑落至待加工桁架(图 3)，待加工桁架底部安装安全阻挡杆以防止钢筋由于惯性滚落至钢筋加工平台，影响加工区域人员操作不便。

图 2 钢筋传送装置操控台

图 3 钢筋待加工桁架

钢筋车丝通过控制安装在钢筋车丝待加工桁架上的千斤顶钢筋翻转传导杆,逐根将钢筋翻转滑落至钢筋车丝限位槽内,启动控制千斤顶使限位板夹紧并固定钢筋使其在进行车丝作业过程中不随之转动。钢筋加工桁架如图4所示,钢筋车丝加工桁架如图5所示。

图4　钢筋加工桁架

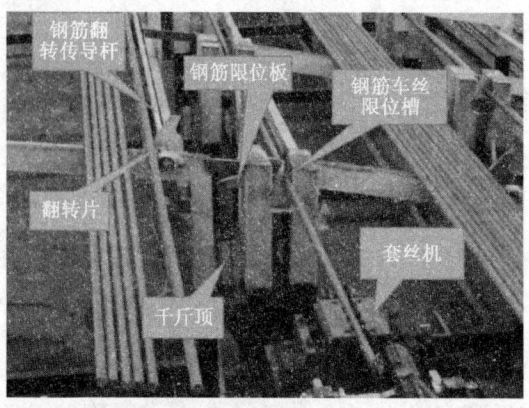
图5　钢筋车丝加工桁架

钢筋车丝完成后,通过安装在钢筋车丝限位槽下的千斤顶将钢筋顶升滑落至钢筋待打磨桁架上,再通过打磨待加工桁架上的千斤顶钢筋翻转传导杆将钢筋翻转滑落至钢筋打磨限位槽内,其原理与上一步车丝操作相同。

钢筋端头打磨通过移动打磨机下方的齿轮触碰到移动轨道上的限位传感器迫使打磨机停止移动,使两端丝头长度相同后进行打磨并进行抛光。钢筋端头打磨机如图6、图7所示。

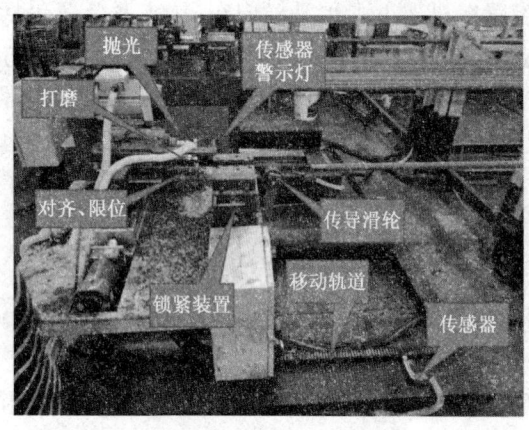
图6　钢筋端头打磨机(一)

图7　钢筋端头打磨机(二)

3. 主要特点

(1)整套加工流水线分为:原材存放平台、控制台、钢筋传送平台、钢筋待加工平台、钢筋加工平台、钢筋端头车丝机、钢筋端头打磨机。

(2)整个钢筋加工过程实现了工厂化、规范化、标准化、区域化,整套流水线作业操作简单,节省人力、物力,大大地提升了钢筋加工场的生产管理工作工作效率。

(3)整套钢筋半成品加工流水线,在各个环节均考虑到了钢筋加工作业人员的操作安全及便利,在不同环节都安装了相应的安全阻隔装置及滑轮导向装置,给操作人员提供了安全的同时也为加工作业人员提供了便利。

4. 适用范围

适用于钢筋加工场内直螺纹套筒连接主筋半成品的加工。

四、应用效果

本套钢筋场内流水线作业装置的创新大大降低了钢筋加工场内钢筋加工人员的投入,降低了人工成本,提高了工作效率以及钢筋丝头的成品质量(图8、图9),具体效益分析对比详见表1。

图8 打磨机打磨的钢筋连接端头

图9 人工打磨的钢筋连接端头

传统施工方法与流水线作业施工方法效益分析对照表　　表1

项　目	效益分析对比
传统施工	1. 常规施工采用人工将钢筋原材从存放区搬运钢筋至加工平台,每次搬运需人员2名,每次搬运1~2根,工作效率低,人员投入大。 2. 传统钢筋端头车丝由工作人员将钢筋放置加工平台后进行人工加固。 3. 常规钢筋丝头打磨采用人工打磨,丝头平整度及套丝长度难以控制,且人工手持电动打磨机存在一定安全风险隐患
采用流水线作业施工	1. 采用流水线作业施工,只需要将原材存放区钢筋吊运至钢筋原材存放平台上,由一人在操控台上就能将待加工的钢筋原材输送至各个钢筋加工平台,有效地提高施工效率,降低施工成本。 2. 流水线作业可以省去人员搬运及人工加固环节,只需操作人员控制液压装置对钢筋进行加固即可。 3. 整套流水线作业最后的加工环节为钢筋丝头打磨,打磨机上装有传感器对丝头及平整度进行控制,大大提高了成品质量

五、结　语

钢筋加工场自动化施工不仅降低了加工中的人为因素,提高了加工人员的安全性,节省了人力、物力,减少了钢筋连接端头打磨的误差,大大地提升了钢筋加工场的生产管理工作,而且真正意义上提高了钢筋加工的精度和效率。

珠海鹤港高速HGTJ4标钢筋加工场自动化设备的成功应用,效益显著,杜绝了传统人工加工的影响,保证了桥梁结构的安全性与整体性,为以后类似工程施工积累了宝贵经验。

参考文献

[1] 李颖欣.桥梁施工安全风险评估与控制研究[D].广州:华南理工大学,2016.
[2] 武永利.机械制造技术新发展及其在我国的研究和应用[J].机械制造与自动化,2003.

34. 深软地基现浇支架设计及应用

刘东旭　曲清新

(中交一公局集团有限公司)

摘　要　本文对鹤港高速公路HGTJ4标段现浇箱梁支架设计及应用进行研究,阐述了深软地基处现浇支架设计及建设方案,并对其进行稳定性验算,通过现场实施及方案可行,为类似工程设计施工提供了参考依据。

关键词　深软地基　现浇箱梁　支架体系　观测　施工安全

一、引　言

随着我国公路事业的飞速发展,桥梁是高速公路及市政道路的重要组成部分,部分区域建设条件受到地理环境及施工条件的限制,在现浇箱梁支架体系选择过程中受到了局限,并且在施工过程中的以往施工经验很难满足施工需要,因现浇支架基础处理要求很高,一般处理难以满足施工需要,如果采用满堂支架进行施工,基础承载力如果想要达标,则需要原有地基进行大面积处理,处理深度要在3m以上,但是以珠海的地址情况来看,3m以上的基坑开挖及地基处理,无论实在经济上和功效上都不适用。所以利用原有承台作为型钢支架基础+预应力管桩+扩大基础+型钢支架+盘扣支架的设计大大地降低了施工难度,节省了施工成本,简化了施工工艺,通过最终对比此项工艺适用于珠海地址,其适用性满足要求。

二、工程简介

珠海市鹤洲至高栏港高速公路一期工程HGTJ4标段起点桩号K17+642.556,沿大门河水道北侧平行布线,与机场高速交叉设置大林互通,止于鹤港高速公路(一期工程)终点K21+839.150,路线长度4.197km。

其中A匝道桥3联、B匝道桥4联、E匝道桥2联、F匝道桥3联,上部结构设计为单箱双室预应力混凝土现浇箱梁。桥墩为花瓶墩,尺寸为2×2m,2.2×2m,盖梁为预应力盖梁,基础均为钻孔灌注桩。结构图如图1所示。

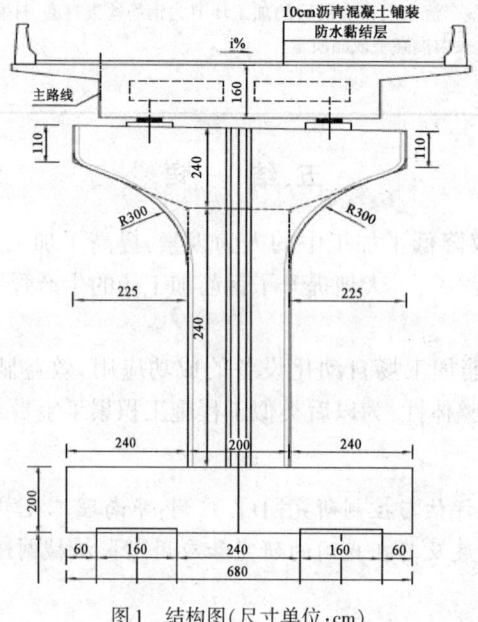

图1　结构图(尺寸单位:cm)

根据地勘资料,土层深度取值如表1所示。

土层深度取值表 表1

地层编号	地质情况	层底高程(m)	层厚(m)
1	填土	−1.78	0.9
2	淤泥	−15.28	13.5
3	淤泥质土	−19.78	4.5
4	粉质黏土	−38.48	18.70
5	全风化	−55.2	16.7

1. 基础设计

根据地勘资料及现场实际情况,现浇支架的基础分为两种形式:一种为预应力管桩基础设计,一种为利用原有承台作为型钢支架基础。

(1)预应力管桩基础设计

桩位布设:根据施工计算内容,预应力管桩在每跨中间布设4根,顺桥向为3m,横桥向为5.7m具体布设如图2所示。

管桩打设采用锤击法进行施工,采用贯入度进行控制,首桩完成后应进行静载试验检测,确保单根管桩竖向承载力达到1447kN。

图2 桩位布设

(2)利用原有承台作为型钢支架基础设计

因为原有墩位的承台面积较大,且桩基础为群桩基础,以墩身两侧承台为基础作为型钢支架的基础,在承台上预埋相应螺栓,确保其与型钢支架连接牢固。

2. 支架设计

(1)墩侧托架设计

托架设计采取承台结合自身的支撑体系构件设计,并采用2根精轧螺纹钢将墩身两侧的托架进行对拉,保证托架的稳定性。顺桥向水平杆与托架进行焊接牢固,水平杆采用双拼I32b工字钢。

为保证托架的整体稳定性,防止其因受力不均而发生倾覆,对中支墩上两侧的2个托架顺桥向采用型钢支撑架进行连接,保证其稳定性。对边墩两侧的单个托架,顺桥向在离墩身顶面50cm的位置预埋200mm×200mm×20mm的钢板,将其与托架立杆进行焊接,保证其稳定性。

因为每个花瓶墩的墩高不同,考虑托架的共用性和可周转性,在架底端设置相应高度的调节段,采用焊接机芯连接,保证循环使用。

托架构造以矩形和三角形组合而成,托架由斜支杆及矩形支架等组成。托架横向水平杆2I45b,纵向水平杆2I32b,主受力斜杆2[40b,竖杆2[40b,水平连接杆2[20,托架内部斜杆2[22b,托架纵向之间采用2[16b 槽钢纵向连接,以增强托架整体的稳定性。托架在现场采用型钢加工制作,加工精度符合施工设计要求。托架型钢之间的连接采用交流电弧焊进行焊接,焊条采用J506。焊缝饱满、焊缝长度及厚度满足计算书中的设计要求,焊接过程中不得烧伤型钢,如图3所示。

跨中托架采用钢管柱,钢管立柱放置在桩顶系梁上,采用$\phi 426 \times 8$mm的螺旋钢管,钢管柱下面的钢板4根钢管呈长方形布置,纵向间距为3m,横向间距为5.7m。均沿跨中及线路的中心位置对称布置。施工时需在桩顶系梁上面提前预埋M25mm的地脚螺栓,以便钢管柱底面钢板进行连接。钢管柱横纵向采用[20槽钢连接保证其稳定性,如图4所示。

贝雷片采用321型,长度选用1.5m、2m、3m,高1.5m,与桁架横梁组合成桁架结构,由具有资质的专业厂家制作。贝雷进场后进行检查,保证表面平直、无脱焊、无挠度变形等,如图5所示。

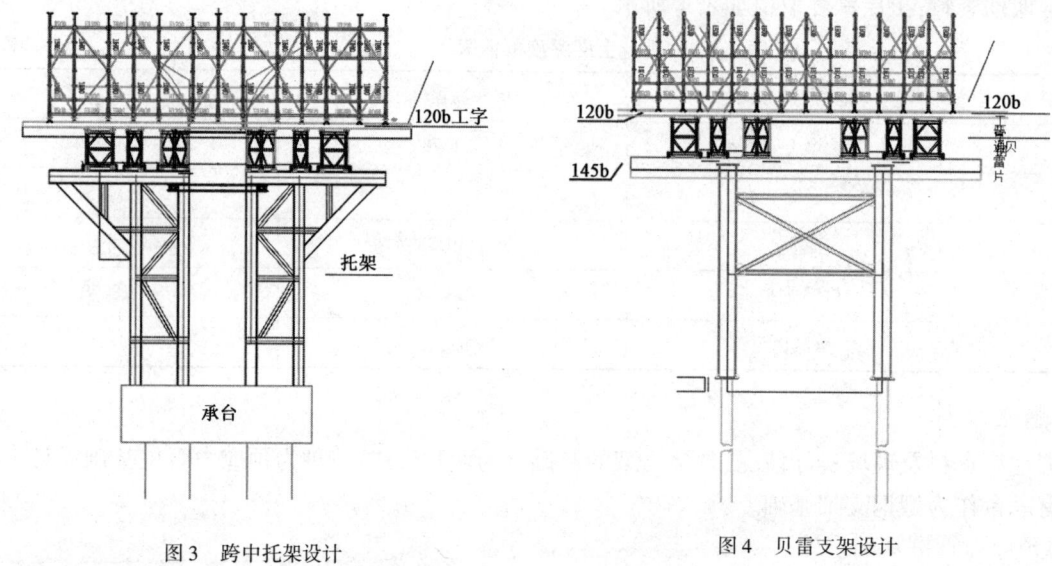

图3 跨中托架设计　　　　　　　图4 贝雷支架设计

10.5m 桥宽使用贝雷数量为14排,具体间距及布置图如图6所示。

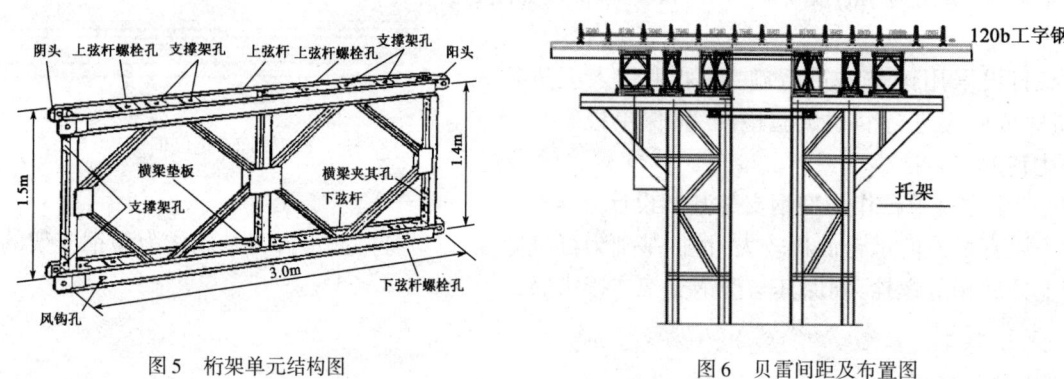

图5 桁架单元结构图　　　　　　图6 贝雷间距及布置图

贝雷梁上安装20b工字钢,工字钢沿横桥向通长布置,纵向间距除墩侧2~3跨外,其余均为120cm,横向长度与桥宽一致。

(2)盘扣支架设计

盘扣支架底托搭设在I20b工字钢上,支架立杆间距纵桥向步距120cm,横桥步距腹板处90cm、翼缘板处120cm、箱室处120cm,层间距1.5m,在顶层对支架横杆间距进行加密布置,横杆间距50cm。

当支架高度不超过8m时,步距不宜超过1.5m,支架架体四周外立面向内的第一跨每层均应设置竖向斜杆,架体整体底层以及顶层均应设置竖向斜杆,并应在架体内部区域每隔5跨由底至顶纵、横向均设置竖向斜杆或采用扣件钢管搭设的剪刀撑。当满堂模板支架的架体高度不超过4个步距时,可不设置顶层水平斜杆;当架体高度超过4个步距时,应设置顶层水平斜杆或扣件钢管水平剪力撑。

墩柱位置,立杆纵向间距按照1.2m布置,若由于立柱影响不能连接,则利用钢管扣件进行连接。

立杆上部自由端高度不大于50cm,可调丝杠外露长度不大于30cm,丝杠插入立杆长度不小于15cm。底托丝杠外露长度小于30cm,第一层水平杆离I10工字钢高度小于55cm,如出现大于55cm情况,必须进行调整,或增设扫地杆。

3. 基础验算

1)计算荷载

根据《建筑施工承插型盘扣式钢管支架安全技术规程》(JGJ 231—2010)相关规定取值。盘扣架用钢管规格为 $\phi60\times3.2$mm。

(1) 支架体系自重

立杆按照 7.5kg/m 计算,翼缘板、底板空箱下和腹板下按照 4m 高度计算;横杆按照 5.83kg/m 计算,翼缘板、底板和腹板下按照 5 层计算。

立杆:0.9m × 1.2m:0.27kN/m² (翼缘板下、底板下)

横杆:0.9m × 1.2m:0.57kN/m² (翼缘板下、底板下)

立杆:0.9m × 0.9m:0.36kN/m² (腹板下)

横杆:0.9m × 0.9m:0.65kN/m² (腹板下)

(2) 脚手架附属设备等自重

脚手板自重标准值统一按 0.35kN/m² 取值;

操作层的栏杆与挡脚板自重标准值按 0.17kN/m² 取值;

脚手架上满挂密目安全网自重标准值按 0.01kN/m² 取值:

0.9m × 1.2m:1.37kN/m² (翼缘板下)

0.9m × 1.2m:1.37kN/m² (底板下)

0.9m × 0.9m:1.54kN/m² (腹板下)

2) 立杆竖向承载力计算

根据《建筑施工承插型盘扣件钢管支架安全技术规程》(JGJ231-2010) 表 5.3.4,横杆步距 1.5m;立杆的计算长度应按下列公式计算,并应取其中的较大值:

$$l0 = \eta h = 1.2 \times 1.5 = 1.8m$$

$$l0 = h' + 2ka = 1 + 2 \times 0.7 \times 0.5 = 1.7m$$

式中:l0——支架立杆计算长度(m);

η——支架立杆计算长度修正系数,水平杆步距为 1.5m 时,取 1.20;

a——支架可调托座支撑点至顶层水平杆中心线的距离(m),为 0.5m;

h——支架立杆中间层水平杆最大竖向步距(m),为 1.5m;

h'——支架立杆顶层水平杆步距(m),宜比最大步距减少一个盘扣的距离;

k——悬臂端计算长度折减系数,可取 0.7。

故按较大者的杆件计算长度计算长细比:

$$\lambda = \frac{1800}{20.1} = 89.6 < 150$$

满足《建筑施工承插式盘口件钢管支架安全技术规范》第 5.1.9 条规定,$\lambda \leq 150$。

(1) 立杆最大受力计算

查图 8-3 上层 I10 分配梁支反力图得,翼板下立杆最大受力 $P = 28.1kN$,底板下立杆最大受力 $P = 34.4kN$,腹板下立杆最大受力 $P = 49.1kN$。

立杆轴心受压稳定系数:由 $\lambda = 89.6$,查附录 D 得 $\varphi = 0.66$

(2) 翼缘板下最大承载力的立杆计算

立杆受力:$P = 1.2 \times 1.37 + 28.1 = 29.7kN$;

立杆应力:$\sigma = N/A = 29.7 \times 1000/571 = 52MPa < \varphi[f] = 0.66 \times 300 = 198MPa$,其中 Q345 级钢材抗拉、抗压和抗弯强度设计值 f 为 300MPa。

翼缘板下立杆强度及稳定满足要求。

(3) 底板下最大承载力立杆计算

立杆受力:$P = 1.2 \times 1.37 + 34.4 = 36kN$;

立杆应力:$\sigma = N/A = 36 \times 1000/571 = 63MPa < \varphi[f] = 0.66 \times 300 = 198MPa$。

底板下立杆强度及稳定满足要求。

(4) 腹板下立杆最大承载力计算

立杆受力：$P = 1.2 \times 1.54 + 49.1 = 51 \text{kN}$；

立杆应力：$\sigma = N/A = 51 \times 1000/571 = 89.3 \text{MPa} < \varphi[f] = 0.66 \times 300 = 198 \text{MPa}$。

(5) 变形验算

立杆竖向变形：取 $L = 5\text{m}$，按腹板处单根立杆承受的最大荷载计算：51kN

$\omega = NL/EA = 51 \times 10^3 \times 4 \times 10^3 / (2.06 \times 10^5 \times 5.71 \times 10^2) = 1.74\text{mm} < L/1000 = 5\text{mm}$，变形满足要求。

(6) 组合风荷载时稳定性验算

$$W_k = \mu_z \cdot \mu_s \cdot W_o = 1.0 \times 0.8 \times 1.0 = 0.8 \text{ kN/m}^2$$

式中：W_o——基本风压(kN/m^2)，按《港口工程荷载规范》计算，$W_o = V^2/1600$，$V = 40\text{m/s}$(珠海地区最大 13 级风的风速)，得 $W_o = 1.0 \text{kN/m}^2$；

W_k——风荷载标准值(kN/m^2)；

μ_z——风压高度变化系数，按现行国家标准《建筑结构荷载规范》(GB 50009—2012)规定采用，取 1.0；

μ_s——风荷载体型系数，按现行国家标准《建筑结构荷载规范》(GB 50009—2012)规定的竖直面取 0.8；

风荷载对立杆产生弯矩：

$$M_w = 0.9 \times 1.4 M_{wk} = \frac{0.9 \times 1.4 w_k l_a h^2}{10} = 0.9 \times 1.4 \times 0.8 \times 1.2 \times 1.5^2 / 10 = 0.27 \text{kN} \cdot \text{m}$$

式中：M_w——风荷载产生的弯矩标准值($\text{kN} \cdot \text{m}$)；

w_k——风荷载标准值(kN/m^2)；

l_a——立杆纵距(m)；

h——步距(m)。

为安全起见单肢立杆轴向力按照恒载和活载分别取 1.2 和 1.4 的分项系数后的计算结果。

单根立杆承受的最大荷载为腹板处，为 51kN。

立杆稳定性计算：

$$\sigma = \frac{N_w}{\varphi A} + \frac{M_{wk}}{W} = \frac{51}{0.66 \times 5.71 \times 10^{-4}} + \frac{0.27}{7.70 \times 10^{-6}} = 135328 + 35065 \text{kPa} = 170.4 \text{MPa} < [f] = 300 \text{MPa}$$

式中：W——立杆截面模量。

组合风荷载时，立杆稳定性满足要求。

3) 下层横向分配梁计算

下层横向分配梁采用 I20b 工字钢(图 7)，查盘扣支架的支反力结果图，计算结果如下(图 8 ~ 图 12)：

翼板立杆最大受力：$P = 1.2 \times 1.37 + 28.1 = 29.7 \text{kN}$；

底板立杆最大受力：$P = 1.2 \times 1.37 + 34.4 = 36 \text{kN}$；

边腹板立杆最大受力：$P = 1.2 \times 1.54 + 49.1 = 51 \text{kN}$；

中腹板立杆最大受力：$P = 1.2 \times 1.54 + 39.2 = 41 \text{kN}$；

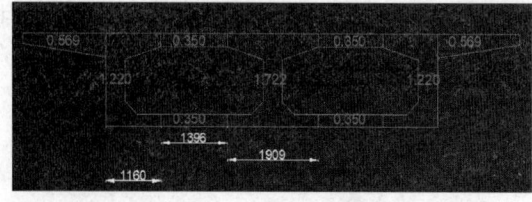

图 7 横向分配梁布置图(m)

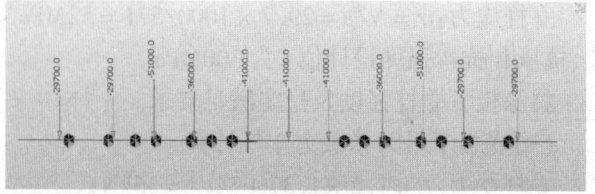

图 8 下层横向分配梁计算简图

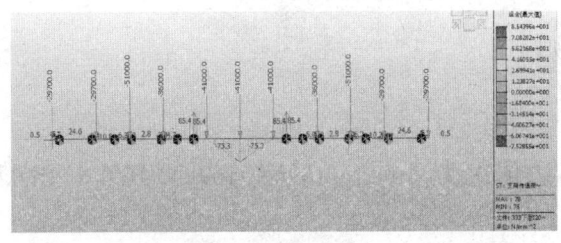

图9 组合应力图(MPa)

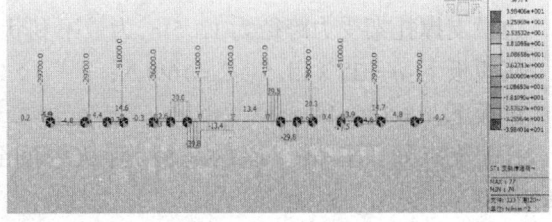

图10 剪应力图(MPa)

最大弯曲应力：$\sigma_{max} = 85.4\text{MPa} < [\sigma] = 205\text{MPa}$；

最大剪应力：$\tau_{max} = 39.8\text{MPa} < [\tau] = 125\text{MPa}$；

最大变形：$1.8\text{mm} < [f] = \dfrac{l}{400} = \dfrac{2500}{400} = 6.25\text{mm}$；

下层I20b横向工字钢分配梁(贝雷梁顶)强度及刚度均满足要求。

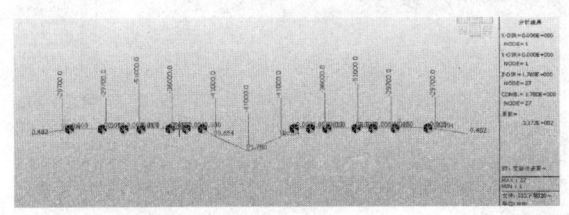

图11 竖向位移图(mm)

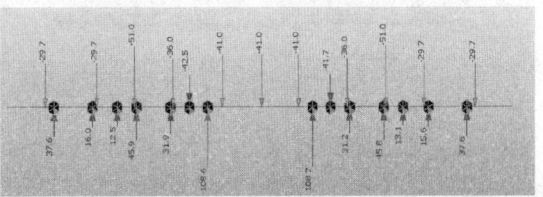

图12 下层I20b工字钢分配梁支反力图

4) 贝雷梁计算(图13)

据支架设计图可知，底腹板下的10片贝雷梁承受箱梁混凝土的面积为 $1.722 + 0.35 \times 4 + 1.22 \times 2 = 5.562\text{m}^2$，则单片贝雷梁承受的混凝土面积为 0.56m^2。

翼板处箱梁混凝土面积为 0.569m^2，由2片贝雷梁承担，则单片贝雷梁承受的混凝土面积为 0.285m^2。则翼缘板处贝雷梁承受的线荷载为 $q = 1.2 \times (0.285 \times 26 + 7 \times 0.285 + 2) = 13\text{kN/m}$。

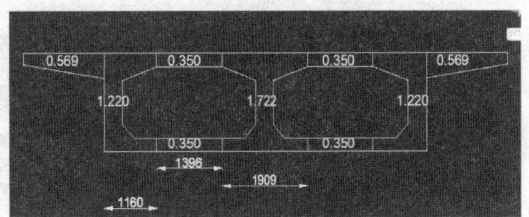

图13 跨中箱梁横断面图

以贝雷梁受力荷载最不利进行计算，上部支架及型钢荷载取 4kN/m^2，施工机具及人员荷载取 3kN/m^2，贝雷梁自重取 2kN/m。故底腹板单片贝雷梁承受的最大线荷载大小为：$q = 1.2 \times (0.56 \times 26 + 7 \times 0.56 + 2) = 25\text{kN/m}$。

贝雷梁的计算跨径为 $l = 15 - 3/2 = 13.5\text{m}$，按单跨简支梁进行计算，查《路桥施工计算手册》静力计算公式及用表，按简支梁进行计算。

$M = ql^2/8 = 25 \times 13.5^2/8 = 570\text{kN}\cdot\text{m} < M_{max} = 788.2\text{kN}\cdot\text{m}$，满足要求。

跨中最大剪力，即 $Q_B = 0.5ql = 25 \times 13.5 \times 0.5 = 169\text{kN} < V_{max} = 245.2\text{kN}$，满足要求。

贝雷梁跨中挠度：

$$f = \frac{5ql^4}{384EI} = \frac{5 \times 25 \times 13.5^4}{384 \times 526044} = 20.6\text{mm} \leq 13500/400 = 34\text{mm} \text{ 满足要求}$$

所以贝雷梁内力和挠度满足要求。

5) 边支点托架计算

(1) 荷载统计

根据支架体系布置图，考虑边墩受力的偏载影响，在边墩墩身的顺桥向中心位置设置1个托架，保证托架支点处承台对称受力均匀，采用精轧螺纹钢PSB830ϕ25mm将墩身2侧托架进行对拉锚固。考虑现浇梁曲线半径及贝雷梁布置方向，中间墩每侧布置2个托架，布置位置距离墩身边缘均为15cm，采用顺桥向水平横杆及精轧螺纹钢进行连接对拉锚固。

边墩支撑托架受力跨径为13.5m,为最不利状态,则

底腹板下:$q = 25 \times 13.5 \div 2 = 169kN$;

翼板下:$q = 13 \times 13.5 \div 2 = 88kN$;

托架支点处贝雷梁传递的荷载为:从中间到两边依次为:169kN、169kN、169kN、169kN、169kN、88kN、88kN。

查规范取偏载系数为1.15,则偏载侧托架荷载为194kN、194kN、194kN、194kN、194kN、101kN、101kN。

(2)托架计算结果(图14)

选取,模型计算结果如图15、图16、图17所示。

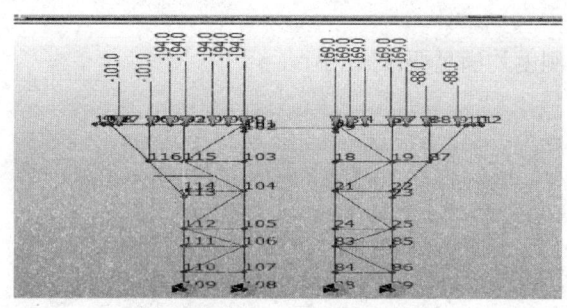

图14　托架受力计算模型图

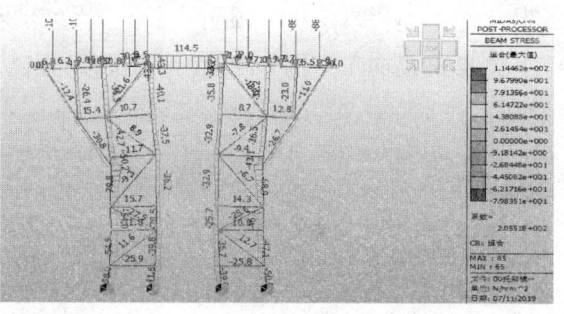

图15　组合应力图(MPa)

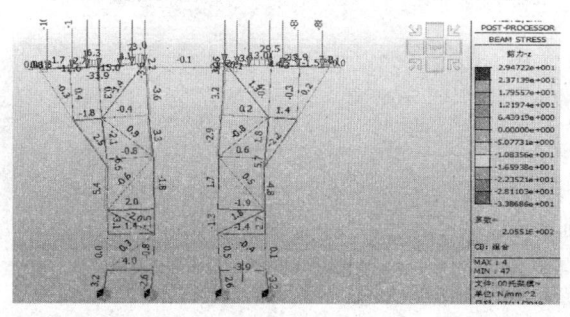

图16　剪应力图(MPa)

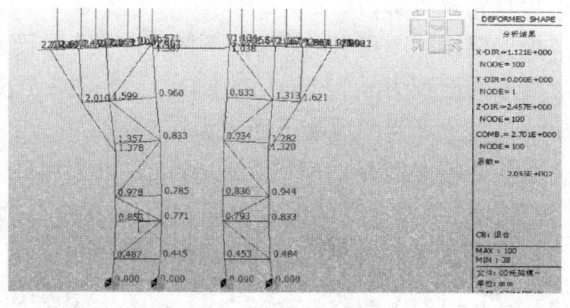

图17　变形图(mm)

托架型钢的最大组合应力为:$\sigma_{max} = 97MPa < [\sigma] = 215MPa$;

最大剪应力:$\tau_{max} = 34MPa < [\tau] = 125MPa$;

最大变形:$2.7mm < [f] = \dfrac{l}{400} = \dfrac{2500}{400} = 6.25mm$;

则托架的强度及刚度均满足要求。

(3)支反力计算

查图18支反力图得,托架的2个支点最大反力分别为694.7kN、477.3kN,合计1172kN。远远小于设计的单桩承载力,单桩容许承载力为9500kN(端承桩,中风化花岗岩)。

托架双拼[40b槽钢支点处下面设置长宽高 = 550×550×20mm 的Q235钢板,槽钢立杆支点处的应力得,$\sigma = P1/A = 1172000 \div (550 \times 550) = 3.9MPa < 35MPa$(承台混凝土强度),满足要求。

在支点下钢板四角对称设置30mm的预留孔,离边缘的距离均为30mm。承台上提前预埋2根L型的直径22mm的HRB400的钢筋,呈对角布置,总长度为25cm,弯钩7cm,直线段长度18cm,外露8cm,且外露部分需提前车丝完成,以便后续钢板安装后用套筒进行连接。单根直径22mmHRB400的钢筋可承受的拉拔力为$400 \times 3.14 \times 22 \times 22 \div 4 = 152kN$。查托架支反力图得,托架的单个支点最大拉力为26kN < 152kN,满足要求。

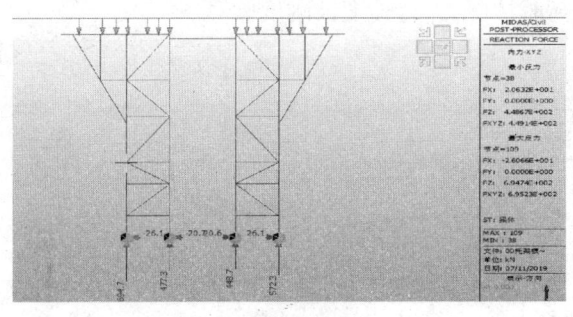
图18 托架支反力图(kN)

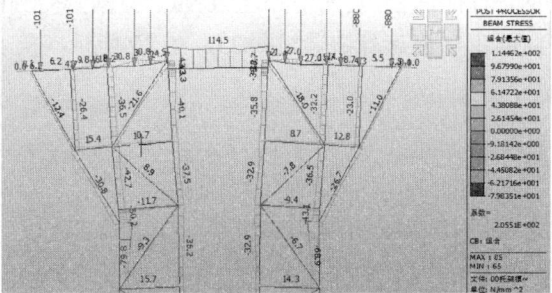
图19 对拉杆组合应力图(MPa)

(4)对拉锚固计算(LTU 19)

单根对拉杆拉应力值为114.5MPa,小于精轧螺纹钢的允许拉拔应力830MPa。为保证托架横桥向的稳定性,确定采用2根PSB830φ25mm的精轧螺纹钢进行对拉,满足对拉锚固的施工要求。

6)连接计算

查托架内力图20、图21可知,最大轴力为$N = 818$kN。焊缝采用手工电弧焊进行焊接,TJ506焊条。

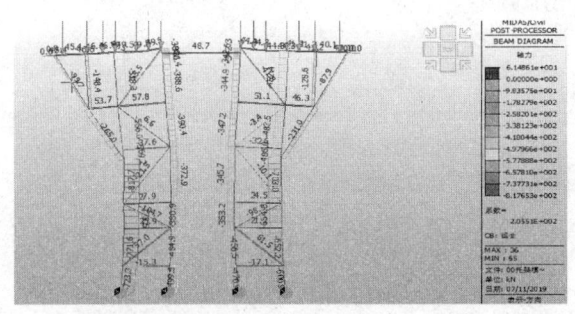
图20 托架轴力图(kN)

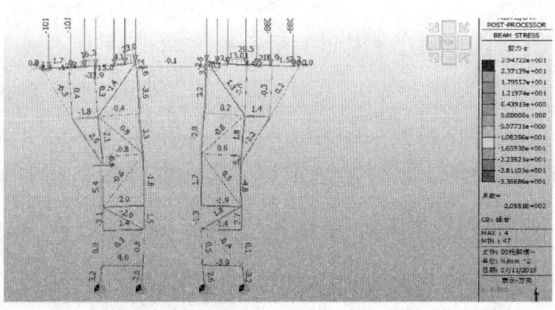
图21 托架剪应力图(MPa)

查《路桥计算手册》第12章节钢结构连接计算得,贴脚焊接连接的抗剪强度计算按下式:

$$\tau = \frac{N}{0.7 h_f \sum L_f} \leqslant [\tau]$$

式中:h_f——贴脚焊缝的厚度;

$\sum L_f$——接头一边焊缝的计长度;

$[\tau]$——125MPa。

考虑到施焊时起弧和落弧处会形成弧坑的缺陷,对连续的焊缝从实际长度中减去10mm,焊缝计算长度为$\sum L_f = L - 10 = 5000 - 10 = 4990$mm。

则,$h_f = \frac{N}{0.7 \sum L_f [\tau]} = 818000 \div (0.7 \times 4990 \times 125) = 1.87$mm,则焊缝长度按通长进行布置,焊缝厚度按2.5mm进行控制。

查应力图得,型钢托架立杆最大组合应力为$\tau = \sqrt{\tau_x^2 + (\tau_y + \tau_p)^2}$,得水平杆$\tau = \sqrt{5.4^2 + 93.7^2} = 94$MPa < 125MPa

则焊缝长度按杆件通长焊接,厚度按2.5mm,满足设计要求。

7)跨中主横梁计算(图22)

跨中双排支墩的主横梁均采用双拼I45b工字钢,放

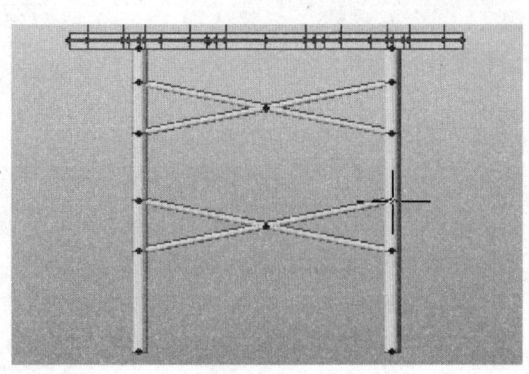
图22 跨中主横梁受力模型图

置于钢管柱的凹槽内,凹槽深度20cm。根据其受到的荷载情况,进行强度及刚度验算。

横向工字钢计算结果如图23~图25所示。

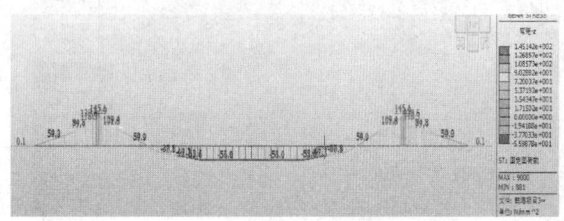

图23 弯矩应力图(MPa)   图24 剪应力图(MPa)

图25 变形图(mm)

抗弯强度计算,横向工字钢最大弯曲应力:

$\sigma = 145\text{MPa} < [\sigma] = 215\text{MPa}$,抗弯强度满足要求。

抗剪强度计算,横向工字钢最大剪应力:

$\tau_{max} = 92.2\text{MPa} < [\tau] = 125\text{MPa}$,抗剪满足要求。

刚度计算,横向工字钢最大变形:$11\text{mm} < [f] = \dfrac{L}{400} = \dfrac{5700}{400} = 14.25\text{mm}$;

跨中主横梁的强度及刚度均满足要求。

8) 钢管立柱计算($\varphi 426 \times 8\text{mm}$)

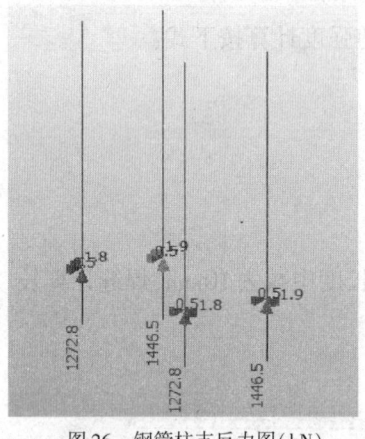

图26 钢管柱支反力图(kN)

钢管立柱采用$\varphi 426 \times 8\text{mm}$的螺旋钢管,4根钢管呈长方形布置,纵向间距为3m,横向间距为5.7m。均沿跨中的中心位置对称布置。横向采用[22槽钢连接保证其稳定性,托架细部设计图见支架设计图。

(1) 钢管柱局部稳定性验算

$$\dfrac{d}{t} = \dfrac{426}{8} = 53.3 < 100$$

满足《钢结构设计规范》第5.4.5条。

(2) 钢管柱整体强度及稳定性

$\Phi 426 \times 8\text{mm}$钢管立柱截面特性:$A = 0.0105\text{m}^2$,$I = 0.230 \times 10^{-3}\text{m}^4$;

$i = \sqrt{I/A} = \sqrt{0.230 \times 10^{-3}/0.0105} = 0.148\text{m}$。

柔度系数:$\lambda = \dfrac{\mu l}{i} = 2 \times 6/0.148 = 81.1 < 150$

一端固定,一端自由,$u = 2$

式中:λ——压杆件允许长细比,对于Q235钢管,$\lambda = 150$。

查《钢结构设计规范》附录D得,稳定系数按B类截面:$\varphi = 0.68$。

查钢管柱支反力图得,钢管柱最大反力为$P_1 = 1447\text{kN}$。

钢管立柱应力:

$$\sigma = P_1/A = (1447 + 6 \times 0.825)/0.0105 = 138\text{MPa} < \varphi[\sigma] = 0.68 \times 215 = 146\text{MPa}$$

钢管立柱的强度和稳定性满足施工要求。

9)桩顶系梁

2个钢管柱顺桥向采用钢筋混凝土系梁进行连接,长宽高为400×70×50cm,采用C25混凝土浇筑。系梁只起连接作用,按照最小配筋率进行配筋。按照顶面和底面最小配筋率0.25%,则需配置1000mm²,故上下面构造钢筋选择5根直径16mm的钢筋,实际配置1005mm²,保护层按50mm控制,并配置相应箍筋,选用ϕ12mm箍筋,箍筋间距为50cm。具体设计见附图。

10)管桩计算

系梁下面桩基础采用ϕ400mmA型PHC管桩(外径$d=400$mm,壁厚$t=95$mm),桩身轴心受压承载力设计值为2288kN,理论重量237kg/m,单节桩长≤12m,混凝土强度等级C80。

查得钢管立柱最大支反力$P_1=1447$kN。

结合施工现场地质条件及打桩机具类型,经综合分析后,决定管桩打设采用锤击法进行沉桩,以下图中承载力标准值为1700kN进行控制。则安全富余系数为1700÷1447=1.17。

参照《预应力混凝土管桩设计施工及应用实例》,决定选取HD6.2型筒式柴油锤机进行沉桩施工。打桩落距取值为2.2m,实际打设长度以施工贯入度指标e进行控制,$e=5$cm/阵,如图27所示。

图27 一般地质条件下建议的桩施工控制参数图

4. 施工

1)管桩施工

(1)桩位放线:桩位放线根据施工图纸进行放样,为防止偏位,将桩中心位置用木桩打入地面以下50cm左右,然后再木桩上放出中心点。同时做好护桩,距离桩中心不小于5m,确保护桩不因震动移位。

(2)钻机就位:打桩机进场后先进行调试,然后移至桩位就位,检查桩架垂直度,使导杆垂直,打桩期间经常检查导杆的垂直度。

(3)吊桩定位:桩机就位后,利用桩本身携带的垂直提升工具将已焊接好的桩尖桩身缓缓起吊,当桩身离开地面并垂直于地面后,将桩帽套入桩上端部,并将桩尖对准施放的桩位木桩,并检查桩身垂直度。

(4)压桩:桩基对中后,由于自身重量,会在自重作用下大量惯入土中,待桩进入地层一定深度后,下沉稳定后,再开始压桩,开始压桩时,先进行间断试压,并随时检查垂直度,如发生偏斜,则拉起修正或拔出重打,待试压稳定后,开始进行压桩。

接桩:当桩打入地面以下剩余50~80cm时,检查桩顶是否损伤,并清除桩顶杂物,然后进行接桩焊接,接桩时,必须检查上节桩身是否与下节桩头中心线重合,并检查上节桩底端与下节桩顶端环衬合缝是否严密,当符合要求时,再按照桩基预留焊缝接口用电弧焊接方式将两桩焊接起来,除去焊渣,检查合格后继续施打。

(5)停止施打:当桩基打入地面以下计算深度后,停止施打,将桩机移位至另一根桩位施工。

2)顶系梁施工

管桩桩帽伸入混凝土系梁内10cm,桩顶的钢筋网片必须与桩顶紧贴,并在桩内斜向插入6根16的钢筋,深入混凝土桩帽内。

混凝土系梁顶高程应高于周边原地面20cm,保证降雨时系梁顶面位置不会发生积水现象,避免因泡水对钢管柱结构造成影响。

3)托架施工

托架是放置在承台上面以承担墩侧现浇箱梁支架、模板、混凝土和施工荷载的重要受力结构,托架设计采取承台结合自身的支撑体系构件设计,并采用2根精轧螺纹钢将墩身两侧的托架进行对拉,保证托架的稳定性。顺桥向水平杆与托架进行焊接牢固,水平杆采用双拼I32b工字钢。

因托架是放置在承台顶面上,经设计变更后的承台顶面高程高于周边原地面,托架底端不会因降雨泡水对其造成影响。但也有部分墩的承台顶面高程低于周边原地面,在施工前需要在承台靠红线的外侧 1.5m 处设置可容纳 2m³ 的集水坑,将承台顶面积水及时引至坑内,并配备抽水泵,将集水坑内的水及时排出,保证托架处的承台顶面不会积水,集水坑四周应设置不低于 1.2m 的专用装配式围挡,保证施工期间作业安全。

为保证托架的整体稳定性,防止其因受力不均而发生倾覆,对中支墩上两侧的 2 个托架顺桥向采用型钢支撑架进行连接,保证其稳定性。对边墩两侧的单个托架,顺桥向在离墩身顶面 50cm 的位置预埋 200mm×200mm×20mm 的钢板,将其与托架立杆进行焊接,保证其稳定性。

4)贝雷梁施工

贝雷片在地面上按设计片数进行试拼,并分组连接好。试拼完成后进行安装。

贝雷支架安装前,首先在承重横梁上将各组贝雷架的位置用油漆做好标记,然后用 25t 汽车吊将已连接好的贝雷架按照先中间后两边依次吊装到位,吊点设置在贝雷梁两端第二片贝雷梁节点上。

贝雷支架安装好之后,在贝雷支架与托架或横梁之间设置 U 型螺栓,使用扭力扳手,按规定规范扭紧,避免扭力过大,同时留意螺栓的头部、导向部分、螺纹各部是否有裂纹或凹痕,螺纹的牙齿形状、螺距是否反常。确保贝雷支架与托架或横梁之间连接稳定。

贝雷片安装完成后,在贝雷片与横向分配梁之间增加限位块,确保整体贝雷片的稳定性。

5)盘扣支架施工

第一步:支架搭设前进行放线定位,并在横梁上做好底托位置标记,确保准确性,布设底托,如图 28 所示。

第二步:将底托立杆套筒套入底托丝杆上,并调整,丝杆高度,确保高度一致,如图 29 所示。

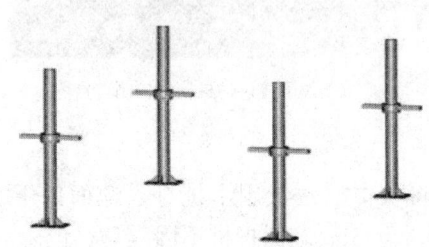

图 28 底托布设图

第三步:搭设第一层水平横杆,将水平杆头套入圆盘小孔位置使水平杆头前端方孔与圆盘孔重合,以斜楔贯穿小孔敲紧固定,如图 30 所示。

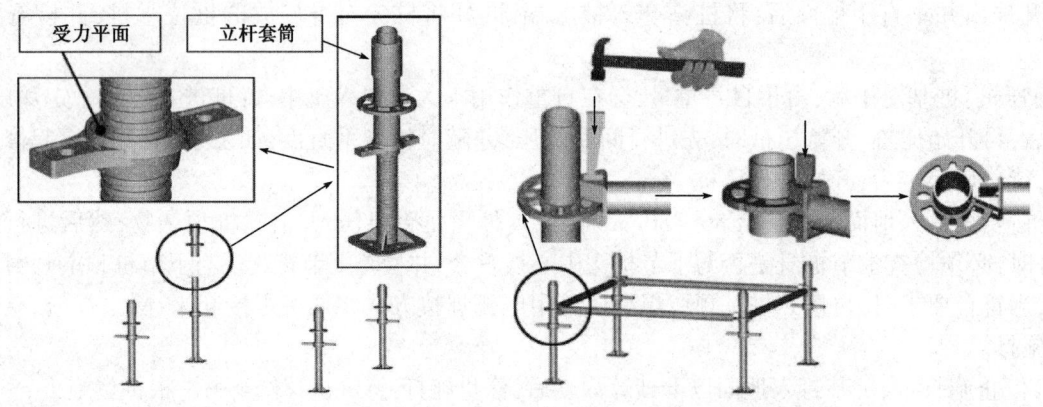

图 29 底托立杆套筒安装　　　　　　图 30 水平横杆安装

第四步:插入基础立杆,将基础立杆插入基座套筒中,并以检查孔位置检查立杆是否插至套筒底部,如图 31 所示。

第五步:依照第三步搭设第二层水平杆,如图 32 所示。

第六步:竖向斜杆搭设,竖向斜杆搭设全部依照顺时针方向搭设,将竖向斜杆套入圆盘孔位置,使竖向斜杆前端抵住立杆圆盘,再以斜楔贯穿圆盘孔敲紧固定,注意搭设方向,避免搭反方向,如图 33 所示。

第七步:依照步骤六搭设第二层竖向斜杆,如图 34 所示。

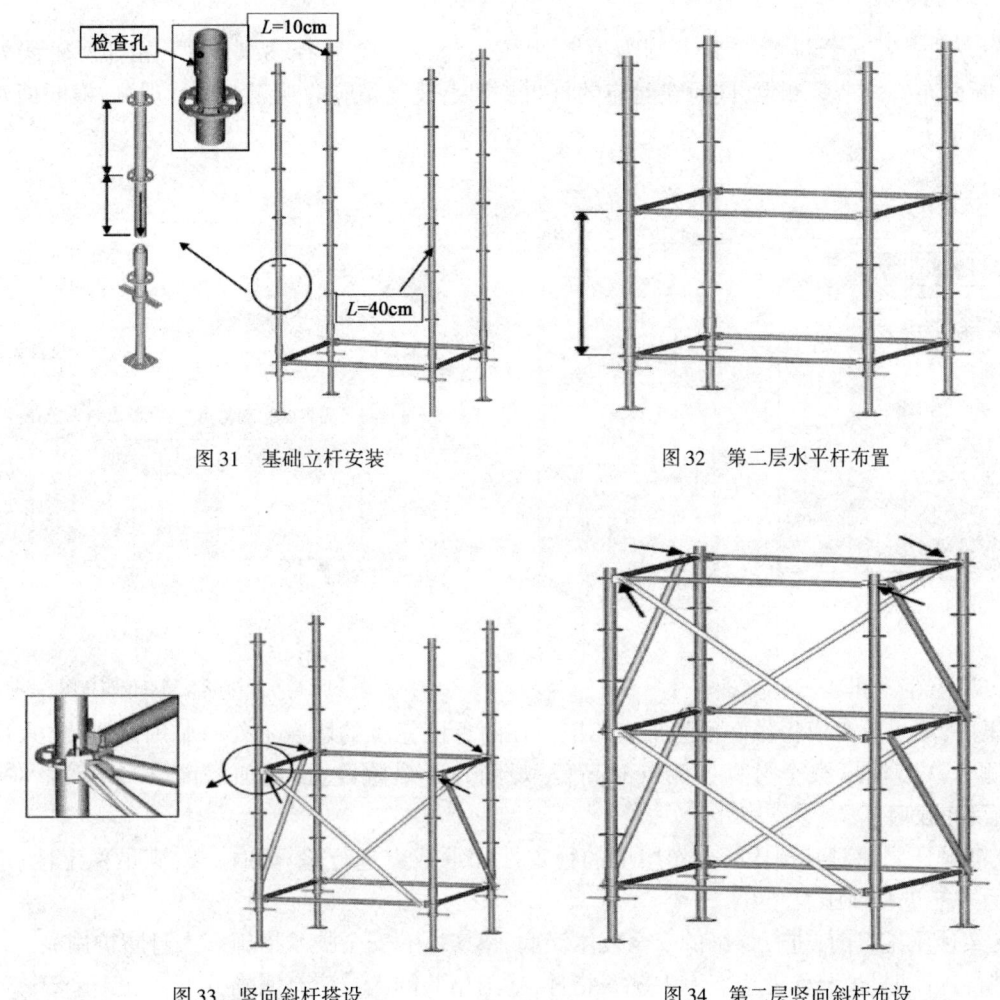

图 31　基础立杆安装　　　　　图 32　第二层水平杆布置

图 33　竖向斜杆搭设　　　　　图 34　第二层竖向斜杆布设

第八步：插入立杆，如图 35 所示。
第九步：依次上述步骤搭设支架，如图 36、图 37 所示。

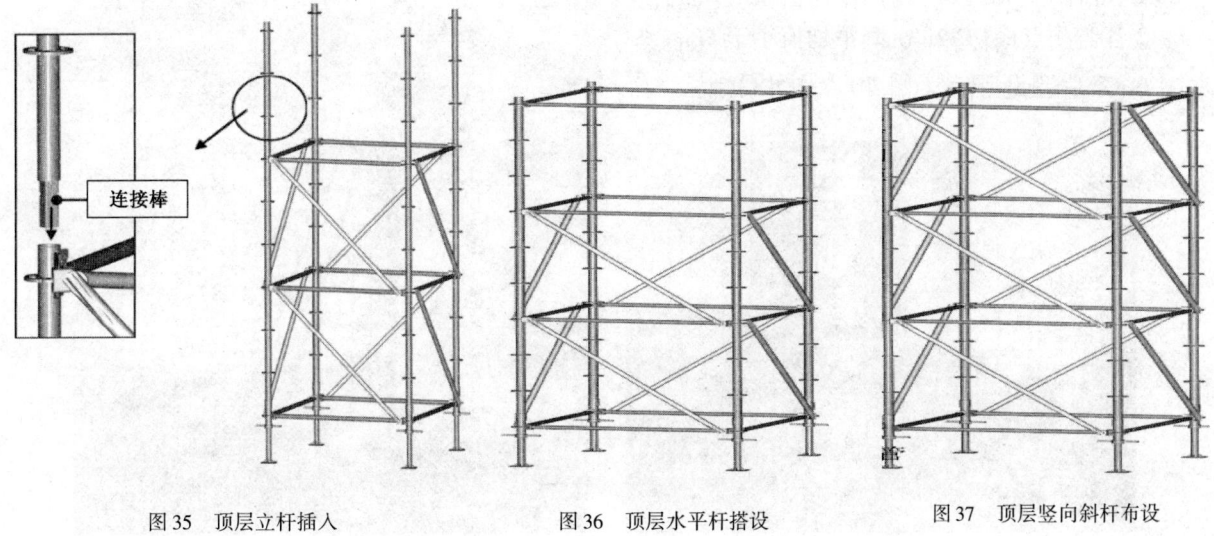

图 35　顶层立杆插入　　　图 36　顶层水平杆搭设　　　图 37　顶层竖向斜杆布设

第十步：安装顶托，如图 38 所示。

5. 工后沉降观测要求

纵断面方向布置五个断面,单跨分别为桥墩处、1/4 跨径、1/2 跨径、3/4 跨径、相邻墩轴线处布置观测断面,每断面布置 5 个观测点,同时在对应的贝雷支架上设置相应的观测点进行观测,横断面观测点布置如图 39 所示。

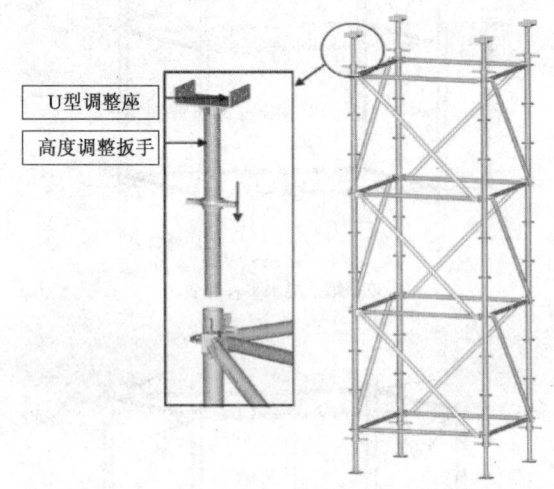

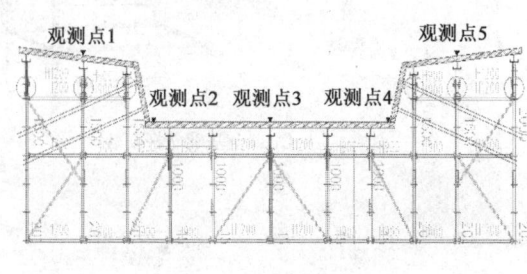

图 38　顶托安装　　　　　　　　　　图 39　横断面沉降观测点位布置图

在预压前,测量员在模板作好预测布点标记。在附近已完工的墩身上作一临时水准点,采用三等水准测量观测方法观测压载全过程各测点的高程,观测分 5 个阶段:预压加载前、50% 荷载、80% 荷载、100% 荷载及卸载后。

(1)支架预压之前对其预压荷载作用下的稳定性和承载力进行验算和检查,满足稳定性、承载力和安全要求后才能进行预压。

(2)支架预压施工前,进行详细的安全技术交底,落实所有安全技术措施和人身防护用品。

(3)进行预压时,吊装作业应有专人统一指挥,参与吊装的人员应有明确分工。

(4)吊装作业人员必须检查起重设备各部件的可靠性和安全性,并进行试吊。

(5)荷载吊装时应采取必要措施防止吊装物撞击支架造成支架破坏。

(6)支架预压合格判定标准:

①各监测点最初 24h 沉降平均值小于 1mm;

②各监测点最初 72h 沉降平均值小于 5mm。

6. 工后现场照片(图 40 ~ 图 48)

图 40　预应力管桩打设(1)　　　　　　图 41　预应力管桩打设(2)

图42 条形基础施工(1)

图43 条形基础施工(2)

图44 支架搭设(1)

图45 支架搭设(2)

图46 支架搭设(3)

图47 支架搭设(4)

图48 支架预压

7. 工后沉降观测数据结果(表2~表4)

工前观测表　　　　　　　　　　　　　　　　　　　　　　　　　　　　表2

点号	工前观测 X(m)	Y(m)	Z(m)	点号	工前观测 X(m)	Y(m)	Z(m)
1	2442878.052	96970.755	0.85	6	2442644.942	96852.665	0.85
2	2442857.577	97007.76	0.85	7	2442581.209	96817.078	0.85
3	2442787.738	96974.248	0.85	8	2442560.267	96853.714	0.85
4	2442812.993	96939.638	0.85	9	2442466.255	96798.595	0.85
5	2442727.488	96896.589	0.85	10	2442488.747	96762.881	0.85

工后观测表　　　　　　　　　　　　　　　　　　　　　　　　　　　　表3

点号	工后观测 X(m)	Y(m)	Z(m)	点号	工后观测 X(m)	Y(m)	Z(m)
1	2442878.052	96970.755	0.85	6	2442644.942	96852.655	0.85
2	2442857.557	97007.76	0.85	7	2442581.209	96817.078	0.85
3	2442787.738	96974.248	0.85	8	2442560.267	96853.714	0.85
4	2442812.993	96939.638	0.85	9	2442466.255	96798.595	0.85
5	2442727.488	96896.589	0.85	10	2442488.747	96762.881	0.85

位移沉降表　　　　　　　　　　　　　　　　　　　　　　　　　　　　表4

位移沉降 $\sqrt{\Delta X_2 + \Delta Y_2}$	ΔZ(mm)	位移沉降 $\sqrt{\Delta X_2 + \Delta Y_2}$	ΔZ(mm)
○	○	○	○
○	○	○	○
○	○	○	○
○	○	○	○
○	○	○	○

三、结　语

经过综合对比分析,深软地基处现浇箱梁支架的设计,解决了常规方法处理基础后,承载力不足短板,同时也解决了大面积开挖、土体转运的难题及深基坑开挖换填的难处,及施工条件的受限的因素,经过验算预应力管桩搭承载力强度、基础的刚度及稳定性均满足规范要求。

参考文献

[1] 周水兴.路桥施工计算手册[M].北京:人民交通出版社,2001.
[2] 中华人民共和国住房和城乡建设部.钢结构设计标准:GB 50017—2017[S].北京:中国建筑工业出版社,2018.

35.浅谈横跨三级航道施工通航条件安全技术措施

白　杨　巨润泽　王　伟

(中交二公局第五工程有限公司)

摘　要　依托鹤港二期HGTJ5标项目横跨鸡啼门水域钢栈桥施工并在充分吸收国内外类似工程施工经验的基础上,研究跨航道施工安全技术,为以后类似工程中提供借鉴。

关键词 跨航道施工 通航 航标 交通 安全保障措施

一、工程简介

鹤港二期鸡啼门特大桥全长 2926.4m(包括桥台长度),起止桩号:K23 + 827.401 ~ K26 + 753.801,该桥分为三个部分,小桩号侧引桥、主桥和大桩号侧引桥。主桥为(60 + 110 + 200 + 110)m 连续刚构,引桥为预制小箱梁。鸡啼门特大桥 44 号墩、45 号墩位于鸡啼门航道中心位置,鸡啼门水道常水位 -0.08m,设计最高通航水位 +2.807m,设计最低通航水位 -0.65m,设计洪水位 +3.44m。工程施工期间,通航净宽 55m,通航净高 10m(通航孔栈桥底高程 +12.807m)。

施工栈桥起于 42 号墩迄于 59 号墩,总长约 1020m。栈桥包括 1 号栈桥、2 号栈桥、3 号栈桥、通航孔(图1)。主栈桥 6m 宽,标准跨径 12m,六跨一联,每一联设置一个制动墩和伸缩缝;通航孔栈桥 6m 宽,单孔跨径 60.75m,满足内河三级通航要求(宽度 55m,高度 10m)。栈桥使用时间 36 个月。

施工栈桥分为平坡段、变坡段、通航孔,42 号-43 号和 46 号-59 号墩为平坡段,高程 +4.9m,43 号-44 号墩和 45 号-46 号墩为变坡段,起点高程 +4.9m,终点高程 +14.12m 坡率 7%;通航孔栈桥高程 +14.12m,整体平面布置图详见图1、整体立面布置图见图2。

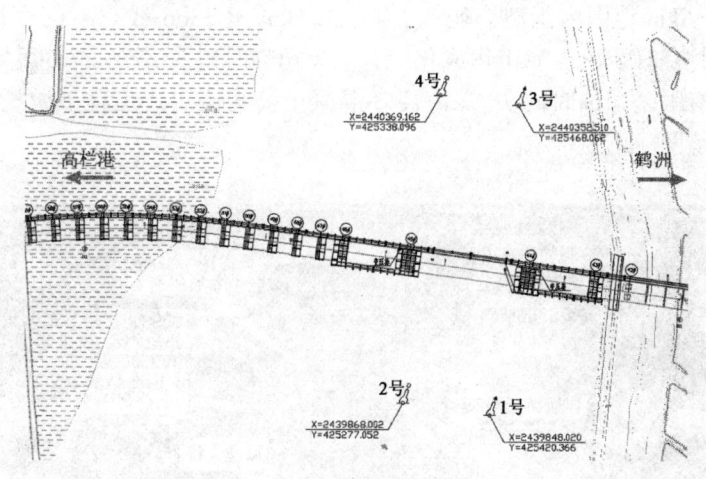

图1 整体平面布置图(尺寸单位:cm)

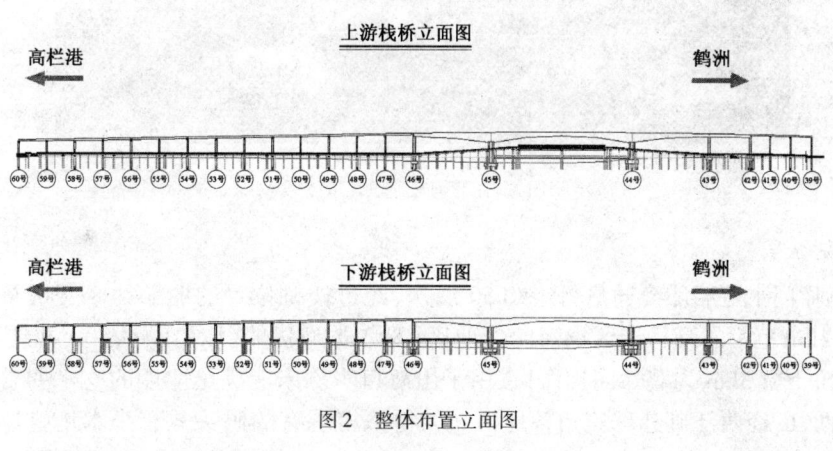

图2 整体布置立面图

二、通航环境

1.航道条件

鸡啼门水道河床稳定,水深条件较好,4.0m 等深线全线贯通,河宽 300 ~ 800m,目前航道按三级航道试运行,全线按一类标配布。

根据《广东省内河航运发展规划(2011—2020年)》《广东航道发展规划(2018—2035年)》,鸡啼门水道由尖峰大桥至小木乃全长19km规划为内河三级航道。

2. 水域环境

1) 跨河建筑物

本工程上游约3.6km为珠海大道鸡啼门大桥,鸡啼门水道现有跨河建筑物的基本参数见表1。

过河建筑物基本参数表　　　　　　　　　　　　　　　　　　　　　　表1

桥梁名称	通航孔数	跨径(m)	净宽(m)	净高(m)
鸡啼门大桥	2	90	79	10
机场高速鸡啼门桥	1	160	138	10
尖峰大桥	1	80	70	8.7

2) 临河建筑物

拟建大桥上游135m、1.37km的左岸分别是红西六围闸和砖厂冲闸,两个水闸均未设通航设施。

拟建大桥上游约1.6km范围内围建有码头,但在1.6km至S366线鸡啼门大桥分布有佳航游艇码头、尼斯游艇码头、恒力游艇码头、珠海市华成化工有限公司临时码头、广东省直属储备粮库500t级自备码头、文冠商品混凝土有限公司临时码头、珠海凌宇混凝土公司码头。工程下游约500m处有一小木乃码头,工程河段通航环境图见图3。

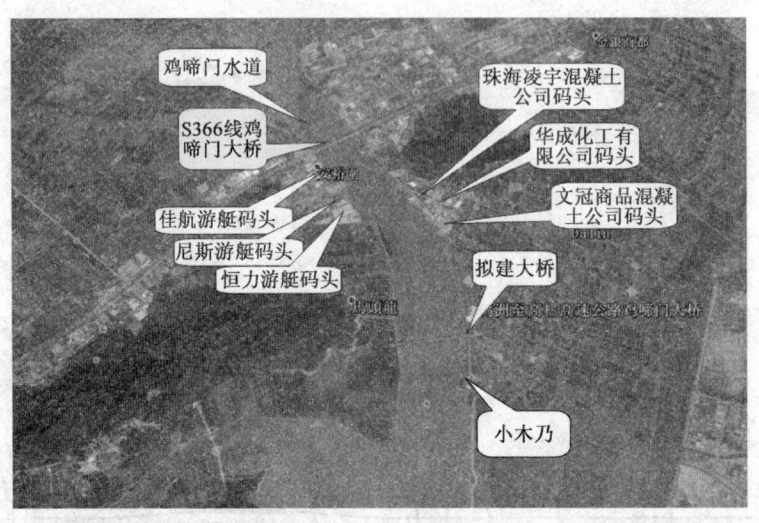

图3　工程河段通航环境图

3. 交通环境条件

根据调查,鸡啼门水道船舶交通量每天约50艘次,经过栈桥位置的船舶约8艘次每天,船舶主要集中拟建大桥上游2km范围的高栏港区鸡啼门作业区,船舶类型货船、沙船、游艇等,主要以1000t级的船舶为主。拟建大桥下游3km为鸡啼门出海口,由于出海口水深未能满足船舶的吃水要求,船舶均往上游经过泥湾门进出西江,经西江到达珠三角各地区。大桥下游现有的码头只有小木迺电厂码头,但该码头目前主要停靠了一艘客船,货船已基本停运。本工程栈桥使用期为3年,由于目前鸡啼门水道按三级航道整治已基本完成,目前正在试运行,航道条件得到了较大的改善。未来3年鸡啼门水道船舶流量预计有所增加,但增加不大。本工程搭设的栈桥已按三级航道标准进行设计,因此船舶流量增加对栈桥的影响不大,工程河段船舶分布图见图4。

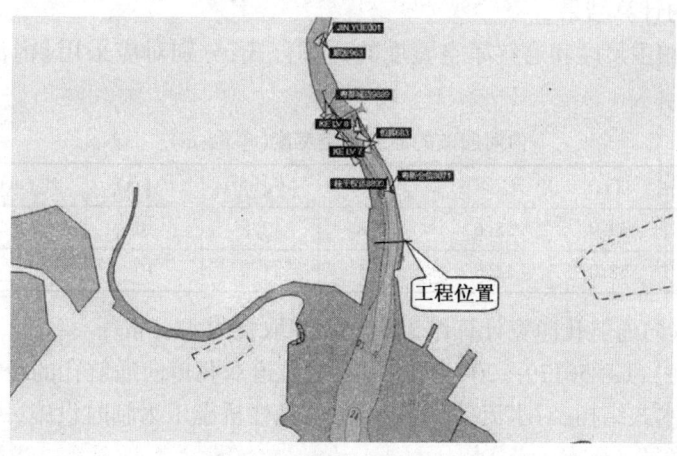

图 4　工程河段船舶分布图

4. 安全保障现状

鸡啼门水道小木乃至尖峰大桥共配布有 10 座航标其中小木乃设 1 号左侧面标,砖厂冲闸设 2 号左侧面标,金斗水闸设 3 号右侧面标,乾务大涌水闸设 4 号右侧面标。各标标身均为 $H5.5m, \phi370$ 钢管灯桩,灯质为双闪 6s。

根据调查,工程下游约 970m 有 1 号左侧标,上游约 960m 有 2 号左侧标,施工期间按规定及时设置施工临时标志。

三、通 航 论 证

1. 代表船型

拟建大桥所跨越的鸡啼门水道为内河三级航道,根据《内河通航标准》和《泥湾门 - 鸡啼门水道航道工程工程可行性研究报告》中研究的船型,本水域通航代表船只型号见表 2。

鸡啼门水道船型表　　　　表 2

序号	代表船型	总长(m)	型宽(m)	吃水(m)	备　　注
1	1000t 珠江干线干货船	49	13.8	2.0 ~ 2.3	
2	1000t 自卸砂船	49	12.8	2.2 ~ 2.4	
3	1000t 液货船	49	13.2	2.8 ~ 3.2	
4	1000t 多用途集装箱船	49	12.8	2.2 ~ 3.6	48 ~ 96TEU

2. 设计通航水位

本工程钢栈桥设计通航水位采用已批复的拟建鸡啼门大桥设计通航水位一致,设计最高通航水位为 2.807m,设计最低通航水位为 -0.65m。

3. 通航尺度论证

1) 通航净宽

根据船型、桥梁设计图纸和实测流速流向等资料,按照有关规范、标准和公式计算通航净空尺度。

(1) 通航净空宽度的计算公式

拟建大桥位于规划等级为内河三级的航道,对应内河船舶,其通航净空宽度按《内河通航标准》规定计算,桥梁通航净空(B_m)可按下列公式计算:

$$B_{m2} = 2B_F + b + \Delta B_m + P_d + P_u$$
$$B_F = B_s + L\sin\beta$$

（2）通航净空宽度的计算结果

根据代表船型的船舶主尺度和通航净空宽度的计算公式，分别对应采用《内河通航标准》计算结果如表3。

内河船舶的通航净空宽度（单位：m） 表3

代表船型	L(m)	B_s(m)	B_F(m)	ΔB_m(m)	P_d(m)	P_u(m)	B_{m1}(m)	B_{m2}(m)
1000t多用途集装箱船	49.9	15.6	20.8	12.5	10	8.5	43.3	88.2
1000t普通货船	58.0	12.6	18.7	11.2	10	8.5	39.9	79.7

根据上表，取单孔双向通航孔净宽计算结果最大值并取整为43.3m。

根据《内河通航标准》(GB 50139—2014)，内河三级航道双孔单向通航孔的净空宽度最小为55m；由于栈桥基础为透水式结构，对水流条件影响不大，且栈桥施工为临时设施，因此不考虑紊流加宽。

（3）栈桥设计通航净宽

根据栈桥设计资料，栈桥桥轴线法线方向与水流主流向交角约13°，通航孔跨径为(60.7+60.7)m，桥墩宽2.82m，通航孔桥墩有效净距57.9m，由下式推算垂直投影后的通航净宽为：

$B_{正交} = B_{斜交} \cos\alpha - L\sin\alpha$

$B_{正交} = 57.9 \times \cos 13° - 2.8 \times \sin 13° = 55.7 (m)$

本工程钢栈桥通航孔跨径为60.7m，设双孔单向通航，通航净宽57.9m（垂直投影后的净宽55.7m），在通过设置助航标志和防撞设施后，栈桥预留的宽度基本满足船舶的通航要求。

2）通航净高

根据《内河通航标准》内河三级航道的通航净高不应小于10m；根据委托方提供的钢栈桥设计图纸及桥梁资料，拟建大桥设计通航净高为10m满足标准的要求。

四、航道安全保障措施

1．航道保障措施

1）区域航标现状

据调查，工程桥址下游约970m有1号左侧灯桩，上游约960m有2号左侧灯桩，具体航标现状索引图见图5。

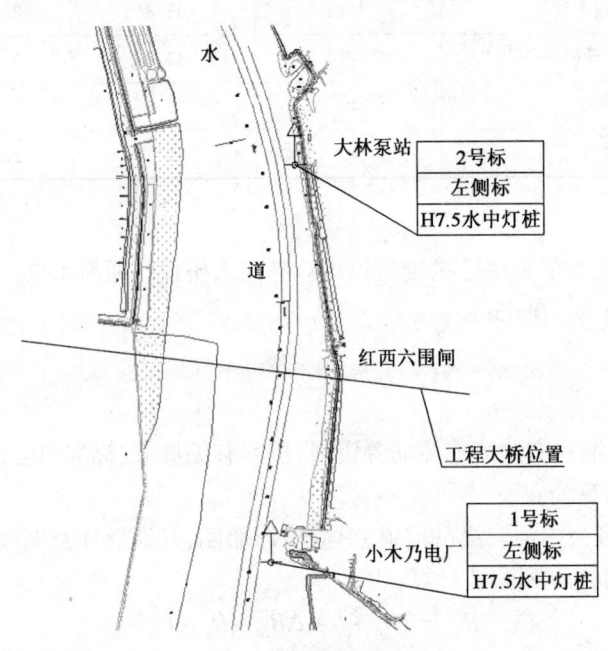

图5 航标现状索引图

2)施工期航标配布方案

钢栈桥通航孔跨径为(60.7+60.7)m,设双孔单向通航,不设承台,在栈桥桥墩上下游约10m处设置独立式防撞簇桩,钢栈桥通航净宽为55.7m,净高10m。本航标配布工程设置的航标有:侧面浮标4座,施工警示牌2座,桥涵标2座,桥柱灯16盏,通航净高标尺4座,甲类警示主标志4座,桥柱爬梯4座,航标配布详见表4,航标配布总平面布置图见图6、图7。

航标配布一览表　　　　表4

序号	标名及类别	岸别	灯 质	标志型号规格	概位(1980西安坐标系)	
1	下行桥涵标	—	红色定光	2.0m×2.0m	X=2440114.468	Y=425358.966
2	上行桥涵标	—	红色定光	2.0m×2.0m	X=2440100.670	Y=425416.126
3	1号侧面浮标	左岸	黑色、单闪绿光4s	HF1.8-D1型浮鼓	X=2439848.020	Y=425420.366
4	2号侧面浮标	右岸	红色、单闪红光4s	HF1.8-D1型浮鼓	X=2439868.002	Y=425277.052
5	3号侧面浮标	左岸	黑色、单闪绿光4s	HF1.8-D1型浮鼓	X=2440352.510	Y=425468.062
6	4号侧面浮标	右岸	红色、单闪红光4s	HF1.8-D1型浮鼓	X=2440369.162	Y=425338.096
7	下游施工警示牌	左岸	—	H5m	X=2439452.681	Y=425542.667
8	上游施工警示牌	左岸	—	H5m	X=2441069.778	Y=425463.708

注:表中坐标为航标的概位,航道管理部门根据航道变化情况可对航标的具体位置进行适当调整。

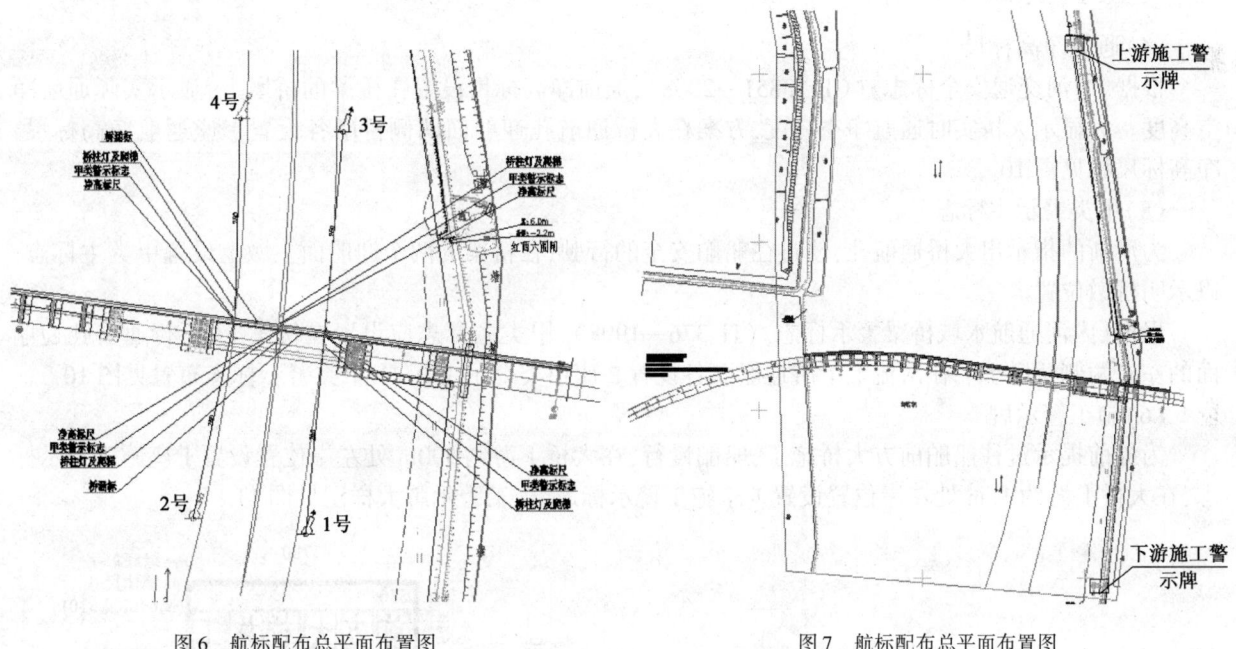

图6　航标配布总平面布置图　　　　图7　航标配布总平面布置图

(1)侧面浮标

桥梁施工期间栈桥及平台会占用部分水域,为引导船舶安全通过施工水域,结合上下游现有侧面灯桩,在钢便桥上、下游约250m处主航道两侧各设置一座侧面浮标,以标示出航道边线,侧面浮标结构图见图8。

(2)桥涵标

根据《内河助航标志》(GB 5863—93)的第4.10节规定,以及参考该河段现有桥梁设置的桥涵标,在钢便桥通航孔上、下游迎船面上方正中央各设置1座桥涵标(发光),标体为2m×2m红色方牌,灯质为红色定光,桥涵标布置见图9。

(3)桥柱灯

根据《内河助航标志》(GB 5863—93)的第4.10节规定以及长江水系航道协会1995年编制的《内河助航标志》。在钢便桥的通航孔两侧桥墩位于水中,会对通航产生影响。钢便桥通航孔净高为10m,因此需在钢便桥通航孔上、下游迎船一面的两侧防撞柱各垂直安装4盏桥柱灯(共16盏),灯质为绿色定光,桥柱标布置见图9。每一侧防撞柱专门设置有供桥梁维护用爬梯通道,航标灯维护人员可从此通道对航标灯进行维护。

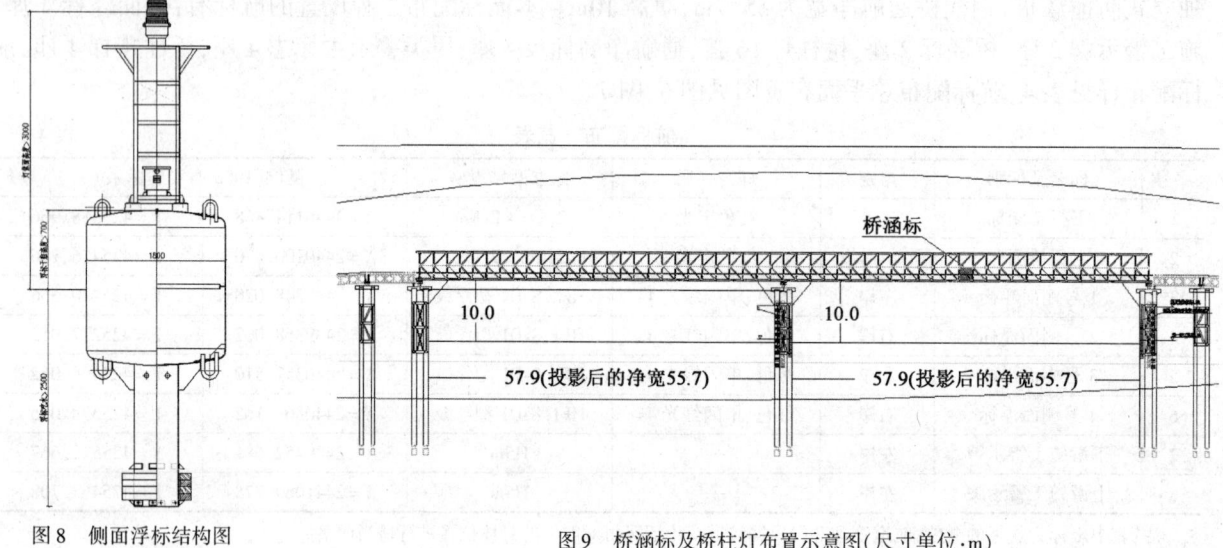

图8　侧面浮标结构图
（尺寸单位：mm）

图9　桥涵标及桥柱灯布置示意图（尺寸单位：m）

（4）通航净高标尺

根据《内河交通安全标志》(GB 13851—2008),通航净高标尺设置在桥梁的桥墩上,显示实际通航净空高度。为显示大桥实时通航净空高度,方案在大桥通航孔迎船面两侧桥墩各设置1座通航净高标尺,净高标尺详见图10。

（5）甲类警示主标志

为清晰的指示出大桥通航孔,使过往船舶安全的行驶,在桥梁的两个迎船面主墩上设置甲类主标志,以示明桥墩位置。

根据《内河通航水域桥梁警示标志》(JT 376—1998),甲类主标志应设置在桥梁上、下行通航孔迎船面的左右两侧桥墩上。在河流上下游迎船面各设置2座甲类警示主标志,甲类警示标志布置见图10。

（6）施工警示牌

为提前提示过往船舶前方大桥施工,船舶慢行,在大桥下游约590m处左岸位置设置1座施工警示标志,在大桥上游约1km处左岸位置设置1座施工警示标志,施工警示牌大样图见图11。

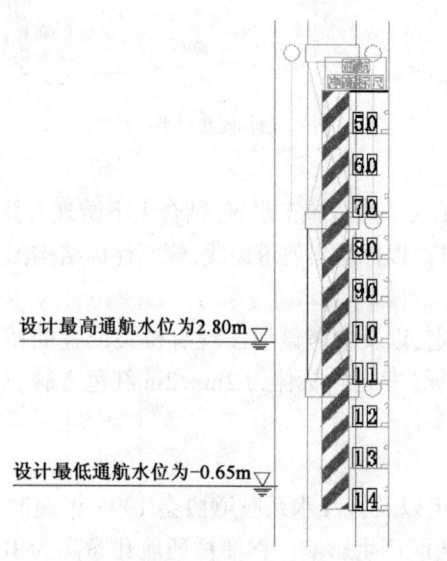

图10　净高标尺及甲类警示标志布置示意图

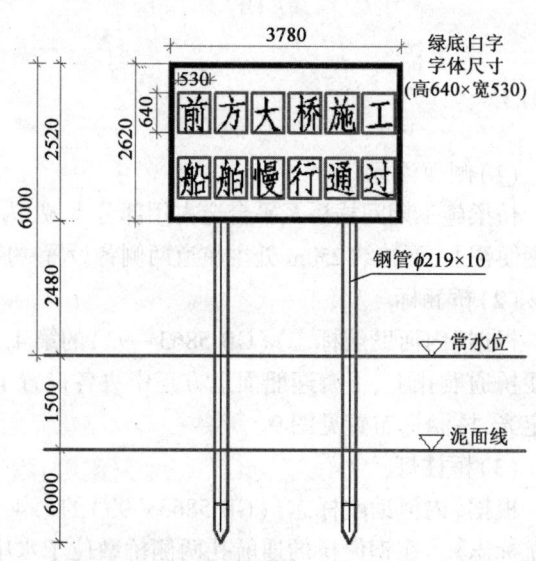

图11　施工警示牌示意图（尺寸单位：mm）

2. 通航安全及应急保障措施

1)栈桥安全通行措施

(1)栈桥两端应设置限速、限载标牌,两侧护栏上应设置"注意安全""当心坠落"等警示标志。

(2)栈桥便道出入口设置值班室和道闸,进行封闭式管理,未经许可,禁止非施工人员通行。

(3)水上栈桥护栏上配置救生圈,两侧错开设置。

(4)设置构建筑物标识、临时过桥航道的助航、警戒标志,在合适的位置设置警示标志,夜间显示警示灯标,便于通航船舶辨识施工便桥位置。

2)栈桥安全管理制度及措施

(1)本栈桥为施工专用,非施工人员严禁进入栈桥的施工区域。

(2)通过栈桥进入施工区域的人员,必须穿戴好安全帽和救生衣等个人劳动防护用品。

(3)对进入栈桥人员进行动态管理。进入栈桥人员一律进行登记管理,确保施工安全。

(4)设置专职安全员,每天对栈桥使用情况进行现场巡查,督促施工人员按照技术管理规定使用栈桥。

(5)每月定期组织技术和管理人员,对栈桥使用安全情况进行检查、评估,对存在的隐患和不足立即采取有效措施进行整改、加强。

(6)组织水上作业救援队伍,定期进行救援演练,熟悉救援预案流程,增强救援作战能力。

(7)经常检查贝雷片销子、螺栓及栈桥个构件连接情况发现松动及时进行处理。

(8)经常检查焊缝,若发现焊缝开裂或脱落要及时进行加强补焊。

3)船舶通航安全措施

(1)按航道管理有关规定,现场需设置航行标志、交通疏导装置、夜间指示灯,根据施工要求,如需对航道进行断航或封堵不得擅自进行需请相关部门进行配合。

(2)做好安全警示,在距离施工现场一定范围内航道岸边设置施工警示牌,并切实做好各项标志牌防护设置。

(3)在施工过程中,严禁向河道内抛任何物品,以防碍航。

(4)积极与航道、海事、水利等部门加强沟通,施工过程中,建立24小时值班制度,加强对施工人员的思想教育,提高安全意识。

(5)施工完毕后将栈桥、平台钢护筒等施工所用临时结构全部清理出场。

4)施工期应急响应

为最大限度地减少工程施工期水域交通事故造成的人员伤亡、财产损失和社会影响,工程水域应建立事故应急预案。发生事故后,应立即启动应急部署,及时处理事故和疏导船舶,防止事故损失扩大。

3. 防撞安全保障措施

本工程拟在栈桥通航孔桥墩上下游各约10m处进行打设防撞簇桩,尺寸为2.8m×2.8m,桩顶高程为4.992m。防撞簇桩与栈桥桩基础对应布置,不影响通航净宽,防撞簇桩设计按1000t级船舶抗撞力进行设防,防撞桩基采用$\phi 630 \times 10$钢管桩,防撞簇桩设计平立面见图12。

4. 施工安全保障措施

(1)提前向海事主管部门报送施工方案和施工作业安全措施,待海事主管部门批准并发布航行通告后方施工。

(2)为了保障船舶和施工作业安全,加强现场管理,与海事部门建立有效联系机制,并在栈桥设置警示标志和警示灯光。

(3)施工期间,6级风以上、能见度低于500m等将停止施工,并对施工平台上所有物品进行撤离。

(4)夜间施工的照明灯光要与航标灯有明确的区分。

(5)施工处于水上作业,存在一定的危险性,施工人员遵守各项安全规章制度(穿带救生衣等),避免事故的发生。

(6)施工期间严禁倾倒任何废弃物,施工器具和船舶产生的污水集中收集处理。

(7)施工期搭设安全网,防止高空坠物,并且设置灭火器。

(8)警戒船舶加强值班及瞭望,引导过往船舶通过桥区水域。

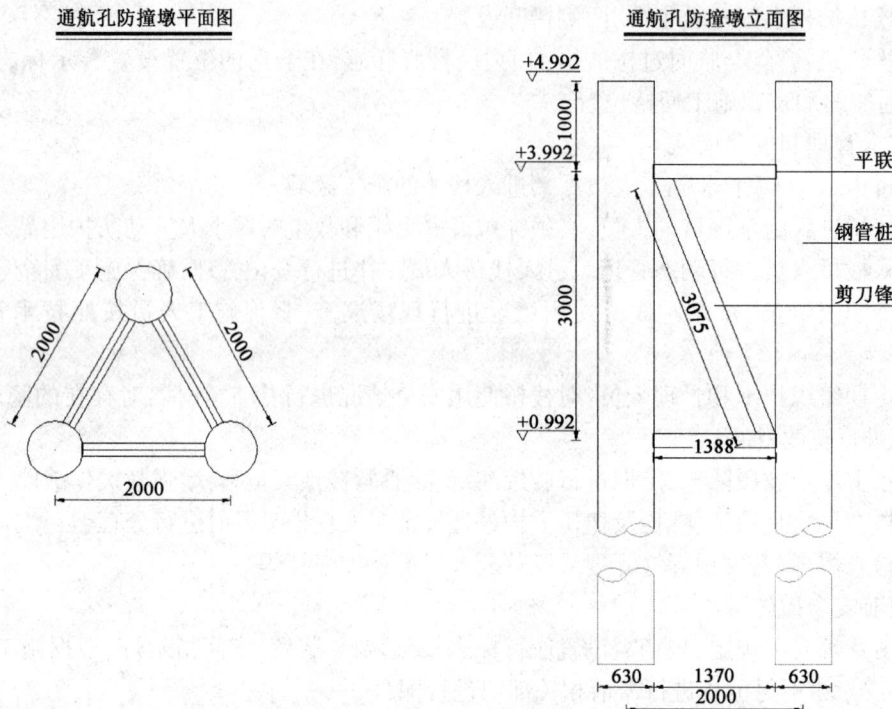

图12 防撞簇桩设计平立面图(尺寸单位:mm)

5. 交通安全保障措施

根据调查,工程河段船舶流量平均每天约50艘次,通过栈桥位置的船舶流量约8艘次每天,在桥梁施工过程中,由于施工占用了部分水域,对过往船舶的通航安全有一定的影响。因此通过制定安全管理措施及预案,实施安全警戒,确保施工期间船舶通航安全。

(1)确定施工水域并提前发布航行通告,包括施工范围、时间、方式、标志及信号显示、航行注意事项等。

(2)在施工区域上下游设置临时助航标志及警戒船,指挥引导过往船舶通过施工区域,船舶航行遵循《中华人民共和国内河避碰规则》。

(3)施工期间要严格按申请批准的方案施工作业,并按有关规定显示正确信号,夜间对灯光妥善遮蔽,不至影响过往船舶。

(4)施工期间注意收听天气预报,做好台风、雷雨大风、雾等灾害性天气的防范工作,特别要重点防范热带气旋、雷雨大风、强风的袭击或影响,适时停止作业,及时撤离施工现场。

(5)实行严格值班制度,并配备必要的通信设备,遇到能见度不良等恶劣天气时,及时采取应急措施。

(6)大桥施工作业期间,在桥轴线上下游50m划分为施工水域,并与航道、海事主管部门取得联系,加强施工现场管理,对过往船舶驶入施工水域非通航处时,立即对其进行拦截警示。

五、结 论

本文主要针对跨航道栈桥施工时所使用的航标布设及安全技术措施进行可行性分析,通过该工程的实践,实际应用效果良好,为今后跨航道施工安全技术措施积累了经验,为今后此类工程施工提供借鉴。

参考文献

[1] 中华人民共和国住房和城乡建设部. 内河通航标准:GB 50139—2014[S]. 北京:中国计划出版社,2014.

[2] 中华人民共和国交通部. 内河助航标志:GB 5863—1993[S]. 北京:中国标准出版社,1994.

[3] 中华人民共和国交通部. 内河助航标志的主要外形尺寸:GB 5864—1993[S]. 北京:中国标准出版社,1994.

[4] 中华人民共和国交通运输部. 内河交通安全标志:GB 13851—2019[S]. 北京:中国标准出版社,2019.

36. 超深串珠式溶洞桩基成孔施工技术

袁爱国

(中铁大桥局洪鹤项目部)

摘　要　洪鹤大桥 HHTJ2 标段桩基地质情况复杂,存在 30 根串珠式溶洞桩基,单桩溶洞位置深、数量多,施工难度大。本标段采用"旋挖钻 + 冲击反循环钻机"组合施工技术,安全而又高效地攻克了超深串珠式溶洞桩基,大大节约了成本和缩短了施工周期。

关键词　溶洞　冲击反循环钻机　旋挖钻　组合施工　桩基成孔

一、引　言

目前国内处理溶洞桩基的施工方法通常都是采用单一的正循环冲击钻进行施工,但由于正循环冲击钻清渣效率低下,钻头不能直接冲击到新鲜岩面钻进速度较慢,且正循环冲击钻是采用单根钢丝绳提引钻头作冲击运动,遇到溶洞容易出现斜孔,掉钻、卡钻等事故,导致工期的拖后,严重影响工程进度。

冲击反循环钻机是一种将传统钢丝绳冲击钻进方法和反循环连续排渣技术相结合的新型大口径钻孔施工设备,采用双绳系统提引阶梯式钻头进行冲击钻孔。冲击反循环钻机在面对溶洞桩基具有施工速度快,施工安全等特点,在超深串珠式溶洞地质下优势更加明显。将冲击反循环钻机与旋挖钻组合接力施工,由旋挖钻钻覆盖层,冲击反循环钻机施工岩层和溶洞地质可以最大化的发挥 2 种钻机的优势,进行了优势互补,使溶洞桩基钻孔施工的工效达到最优。

二、概　述

1. 工程概况

广东省珠海市洪鹤大桥起点位于珠海市香洲区南屏镇洪湾,对接港珠澳大桥连接线、并与广澳高速公路珠海段及横琴二桥形成十字交叉,向西跨越洪湾涌、洪湾水道、磨刀门水道至鹤洲,终点与鹤洲至高栏高速公路相接,路线长 9.654km。

珠海市洪鹤大桥 HHTJ2 标段,起讫里程 K2+659.5~K3+629.5,标段全长 970m,包括 1/2 洪湾水道主航道桥 +1/2 磨刀门水道主航道桥。共有 30 根桩基存在溶洞,占桩基总数的 41.6%。本标段溶洞桩基具有如下特点:①单桩溶洞数量多,呈串珠状发育,单桩溶洞数量最大多达 10 层;②溶洞位置深,钻岩深度大,溶洞呈横向成片发育,存在多根桩基溶洞彼此串通的情况。

2. 地质

溶洞桩基地质主要依次为:淤泥、淤泥质黏土、粉质黏土、全风化砂岩、强风化砂岩、全风化花岗岩、岩溶地质(岩层和溶洞)。

3. 气候水文

珠海市属亚热带海洋性气候,气温适宜、日照充足、湿度较大、雨量充沛。多年平均气温 22℃;极端最高气 38.5℃；极端最低气温 1.7℃；历年日最高气温≥35℃年平均出现天数 2.9 天。夏秋季常受台风影响，风力强、雨量大。桥位跨磨刀门水道处，河宽约 2300m，双向通航等级为 5000 吨级海轮。桥位处磨刀门水道右岸边滩，左岸深槽。桥位处河床高程为 -2.0~-1.0m 左右，滩地面积较小，-2m 以内浅的滩地宽度不到 100m。桥位处潮位常年变化不大，低潮位高程 +0.0m，最高潮位在 +2.0 左右，受浪涌影响较小。

三、施工工艺原理

本标段采用"旋挖钻 + 冲击反循环钻机"组合接力的方法进行超深串珠式溶洞桩基的钻孔施工，首先由旋挖钻进行桩基覆盖层（淤泥、淤泥质黏土、粉质黏土、全风化砂岩、强风化砂岩、全风化花岗岩）钻孔施工；冲击反循环钻机接力进行岩溶地质的钻孔施工直至成孔。

旋挖钻在覆盖层中的钻进速度快、成孔精度好，平均进尺可达 50m/d，在覆盖层中的施工工效远远高于回旋钻和冲击钻，具有得天独厚的优势。但由于旋挖钻钻杆的限制，当钻至孔深大于 70m 的岩层和溶洞地质时旋挖钻钻进效率低下并容易发生机械事故。

对于岩溶地质，冲击反循环钻机相对于别的钻机优势非常明显。回旋钻由于其结构特点在提升钻头时要不断地拆卸钻杆节段，钻头提升速度非常慢，当出现溶洞漏浆等事故时无法进行快速回填和补浆处理，在岩溶地质不适用。正循环冲击钻清渣效率低下，钻头不能直接冲击到新鲜岩面钻进速度较慢，且正循环冲击钻是采用单根钢丝绳提引钻头作冲击运动，遇到溶洞容易出现斜孔、掉钻、卡钻等事故。

冲击反循环钻机钻头形式为阶梯式，底部以扩孔形式破碎岩石，有利于外部岩体的破碎，同时冲击反循环钻机的泵吸反循环排渣效率更高效，使冲锤每次能冲击到新鲜岩面，在岩层中的钻进速率高于普通的正循环冲击钻。面对岩溶地质，冲击反循环钻机的冲反提升系统操作简便，提升速度快，处理溶洞漏浆事故时效率高，可以大大减少漏浆处理时间，同时由于采用双绳提升装置和自动控制系统，可以有效避免掉钻和卡钻问题，处理溶洞特别是超深串珠式溶洞相对于采用单绳系统的正循环冲击钻更安全更高效。因此由冲击反循环钻机接力旋挖钻进行溶洞地质和岩层的施工是最优选择，在不同的地质采用最佳的钻机类型，使溶洞桩基钻孔施工的工效达到最优。冲击反循环钻机如图 1 所示。

图 1 冲击反循环钻机

四、施工方法

1. 旋挖钻就位

旋挖钻就位前，所有零部件须检查及整修，钻头直径必须满足钻孔要求，钻机底座平整牢固，钻机安装后稳定可靠。由于旋挖钻自重大，工作时荷载较大，要求钻机就位时尽量避开平台受力薄弱点，加大施工安全系数。钻机就位后根据测量放样中心点对钻机钻头位置进行校正。

2. 旋挖钻覆盖层钻进

旋挖钻就位到桩位，下放钻杆将底部带有活门的桶式钻头置放到孔位，钻机旋转动力装置为钻杆提供扭矩、加压装置通过加压动力头的方式将加压力传递给钻杆钻头，钻头回转破碎岩土，采用静态泥浆护壁钻斗取土的工艺，直接将破碎岩土其装入钻头内，然后再由钻机提升装置和伸缩式钻杆将钻头提出孔外卸土，这样循环往复，不断地取土、卸土，直至钻至设计深度。

在钻进时孔内要注满优质泥浆，不同地层中钻进符合下列规定：在硬塑层中钻进时应采用快转速钻进，以提高钻进效率；在砂层等松散易坍塌地层中钻进时宜采用慢转速慢钻进，并应相应增加泥浆比重和黏度；在易缩径的地层中钻进时应适当增加扫孔次数，防止缩径；由硬地层钻至软地层时，可适当加快钻进速度,由软地层钻至硬地层时,应减速慢进。

施工过程中通过钻机本身的三向垂直控制系统反复检查成孔的垂直度,确保覆盖层钻孔质量。

3. 更换钻机

旋挖钻行走机动、灵活,在完成覆盖层钻进后,自动快速移至下一孔位进行覆盖层施工。旋挖钻机行走机动、灵活,在完成覆盖层钻进后,自动快速移至下一孔位进行覆盖层施工。用85t履带式起重机吊运冲击反循环钻机至已完成覆盖层施工的孔位,进行岩层和溶洞地质的钻进。复钻前,冲击反循环钻机要保持平稳,不发生倾斜、位移,其下部要用方木垫平,塞牢。

4. 冲击反循环钻机岩溶地质钻进成孔

冲击反循环钻机钻进时需准确控制松绳长度,避免打空锤和钢丝绳承受过大的意外荷载而遭受破坏。不宜用高冲程,以免扰动孔壁,引起坍孔、扩孔或卡钻事故。还要经常检查钢丝绳和冲击钻头的磨损情况和卡扣松紧程度、转向装置是否灵活,以提高钻进效率和防止卡钻等事故。如磨损较大,切削角不符合要求时要及时更换修理。在钻进岩溶地质过程中用小冲程低锤密击,同时保证泥浆的供给,使孔内浆液稳定,当钻基岩时应低锤密击或间断冲击,以免偏斜。如发现钻孔偏斜,立即回填片石至片孔处上0.3~0.5m,重新钻进。

当遇溶腔里的弧石时,适当抛填硬度相似的片石,采用重锤冲击,或中低冲程交替冲击,将大弧石击碎挤入孔壁。遇起伏不平的岩面和溶洞底板时,不可盲目采用大冲程穿过,需投入黏土石块,将孔底填平,用小冲程反复冲捣,慢慢穿过,待穿过该层后,逐渐增大冲程和冲击频率,形成一定深度的桩孔后,再进行正常冲击。

在穿透溶洞顶板时,要用小冲程反复冲击,慢慢击穿岩层,不可猛冲快进。如遇漏浆,可回填片石、黏土块并立即加水利用钻头冲击将黏土块和片石挤入溶洞及其裂隙中形成一个封闭的环形壁,继续冲击钻进。若遇溶洞规模较大,可采用C20混凝土或水泥砂浆封堵(加速凝剂)。封堵时向导管灌注混凝土到溶洞顶板以上1.0m处,上部回填黏土并注入冲洗液至孔口,待混凝土初凝后继续钻进。或采用内护筒跟进的办法穿过溶洞继续钻进成孔。

五、工 艺 优 点

1. 成桩速度快、效率高

旋挖钻在覆盖层中每天钻孔深度可达50m左右。相对于别的钻机在覆盖层中具有成孔速度快,质量好等优势,且泥浆用量比较少,有利于环保和快速化施工。在旋挖钻钻进困难的深岩溶地质换用反循环冲击钻进行接力施工,由于反循环冲击钻带有回旋的功能,能在冲击处形成小平面,同时泵吸反循环排渣效率更高效,冲锤每次能冲击到新鲜岩面,加之冲反提升系统操作简便,提升速度快,处理溶洞漏浆事故时效率高,可以大大减少漏浆处理时间,在深岩溶地质的钻孔效率比别的钻机更高效。

2. 更经济、更环保

由于旋挖钻采用的是直螺旋钻头,钻孔施工时直接将钻渣整桶提出,钻渣中泥浆少,可减少制备泥浆的损失,减少钻渣运输过程中对周边环境的污染,加上旋挖钻自动化程度高,施工人员投入少。在完成一根桩基覆盖层钻进施工后可自行移动至下一根桩基,不需要吊机等机械的配合,减少了其他机械设备的占用时间,减少了施工成本。在桩基覆盖层钻进,较别的钻机具有显著的环保及经济效果。

3. 有利于判断地层变化位置,校正地质情况

钻孔桩覆盖层用旋挖钻钻孔,可以通过筒钻钻取的渣样准确地判断地质情况,特别是不同地层的变化位置。为控制钻机钻进速度提供了依据,可以较好地避免因地层变化位置判断不准确,造成的桩基扩孔、缩径等情况。同时可以与勘探地质图进行比对,校正地质情况,为后续反循环冲击钻施工提供参考。

4. 可以有效减少孔内事故的发生

旋挖钻自动化程度高,在孔壁较脆弱的覆盖层可以较均匀的速度进行钻进取渣,相比别的钻机、其振

动小,对桩基孔壁的扰动小,对泥浆的性能要求低于回转钻、冲击钻,特别是砂层,减少了塌孔的风险。而在岩溶地质钻孔时由于反循环冲击钻采用双绳提升装置,即使遇到溶洞孤石或半岩半虚的情况卡钻时,磨损钢丝绳,导致钢丝绳断裂。而此时仅仅是一根绳先断,钻机的自动控制系统将会停止冲孔,可以有效避免溶洞地质的掉钻和卡钻问题。且反循环冲击钻采可以通过同步卷筒的自动调整使钢丝绳受力相等,面对溶洞倾斜岩面和孤石比传统的单根钢丝绳提引的冲击钻更能保持冲锤平衡,可以有效避免斜孔问题。

5. 成桩质量高

在覆盖层中旋挖钻采用筒钻整体取钻渣,减少了细小颗粒物的产生,泥浆中悬浮的钻渣和含沙量少,对泥浆性能影响较小,减少了后续清孔的时间,从而加快了成孔速度和质量。而在岩溶地质下反循环冲击钻采用泵吸反循环排渣,排渣和清孔效率高。可以有效保证桩基成桩质量。

六、工 艺 效 果

采用该工艺溶洞桩基的成孔速度和成孔质量良好,施工安全性高。经桩基检孔仪检测,桩基垂直度满足要求;经第三方超声波检测桩基全部为Ⅰ类桩。且采用冲击反循环进行串珠式溶洞地质的钻进,较普通的正循环冲击钻施工功效快1.5倍以上。且由于冲击反循环钻机采用双绳提升装置和自动控制系统,可以大大降低溶洞掉钻和埋钻风险,更安全更高效,有效提高了溶洞桩基的施工工效,节省了工期,经济效益明显。

参考文献

[1] 中华人民共和国行业推荐性标准.公路桥涵施工技术规范:JTG/T F50—2011[S].北京:人民交通出版社,2011.
[2] 中华人民共和国行业标准.公路工程质量检验评定标准:JTG F80/1—2004[S].北京:人民交通出版社股份有限公司,2017.

37. 探讨复杂环境下的小半径匝道桥架梁施工技术

胡端礼

(中铁十一局集团洪鹤项目部)

摘 要 随着我国交通建筑行业的发展,各种各样新的施工技术已经被广泛地应用到了我国交通建设施工中。为了能够有效地提高复杂环境下小半径匝道桥架梁的效果,本文结合实际工程,通过斜拼正架的方式进行施工,从而提高施工效果。

关键词 小半径;匝道;桥架梁;施工

一、引 言

对于复杂环境下的小半径匝道桥架梁施工技术来说,在施工过程中,通常采用吨位比较大的汽车吊进行悬吊安装,但是在实际的施工过程中,因为该施工方法受现场地理地形条件的限制而无法采用汽车吊进行安装。为了能够有效地解决这一问题,应该采用斜拼正架的方式对复杂环境下的小半径匝道进行施工,解决施工中存在的相关问题,提高施工安全及质量。

二、工 程 概 况

珠海市洪鹤大桥起点位于珠海市香洲区南屏镇洪湾,对接港珠澳大桥珠海连接线,并与西部沿海高速公路珠海支线延长线及横琴二桥形成十字交叉,向西跨越洪湾涌、洪湾水道、磨刀门水道至鹤洲,终点位于金湾区鹤洲南岛,与鹤洲至高栏港高速公路相接。

拟建项目位于珠江出海口西江流域。项目区为珠江三角洲南部,地貌单元属海陆交互相,地形平坦开阔,现状多为鱼塘、围堰区、海域及种植用地,高程介于 -6.95~4.09m。各大水域水深在 0.40~9.10m;其中鹤洲南围垦区水域大部分在 2.0m 以内。

其中 A 匝道为 20 跨×30m+28m+11 跨×25m+30m+21.797m+8 跨×25m+28+6 跨×30m 的预应力混凝土小箱梁,A22-A34 位于半径为 $R=150m$ 的圆曲径中;H 匝道为 11 跨×30m+11 跨×25m+26.25m+13 跨×30m 预制小箱梁,H12-H22 位于半径为 $R=220m$ 的圆曲径中;C 匝道为 4 跨×30m+(3 跨×30m+27m)+3 跨×25m+3 跨×30m+4 跨×35m+(30m+2 跨×25m)+3×(4×25)m+3×25m+(25+28.488+30)m 预应力混凝土小箱梁,C20-C32 位于半径 $R=156m$ 的圆曲径中,桥面的纵坡沿着架设的方向的 4% 左右下坡,整体桥面的横波是 5% 的单向横坡。

三、斜拼正架的原理

架桥机自身所具有的横向移梁幅度,主要取决于架桥机天车的支腿横向移动轨道和横移幅度的有效长度,具体可以采用如下公式进行表达:

$$S = W - D - \Delta_W$$

式中:S——架桥机横向移动梁的幅度,单位为 m;

W——支腿横移轨道具有的有效长度,单位为 m;

D——架桥机横移轮外轮廓的距离,单位为 m;

Δ_W——外架桥机天车横向移动量和 D 之间的差值,单位为 m。

在这其中,D 和 Δ_W 均为设备的固定值,但是 W 则是和桥梁平面曲线半径相关的变量,具体可以采用如下公式进行表达:$W=L-(1-\cos\phi)gR$。

公式中,L 为待架孔前端盖梁的实际长度,单位为 m;ϕ 为待架孔两端梁缝中间中心线的夹角,单位为°;R 为待架孔两端中梁缝中心线和盖梁外交点之间的半径,单位为 m。

可以将 $(1-\cos\phi)\cdot R$ 理解成为架桥机最大横向移动幅度架设的盖梁外端和外边梁中线共同构成的圆弧形的割距[1]。

对于直线型的桥梁来说,$\phi=0$,而 $R=\infty$,那么也就说明 $(1-\cos\phi)gR=0$。而对于曲线型的桥梁来说,跨度保持特定的值,这也就不难证明 $R\uparrow\phi\downarrow$;$(1-\cos\phi)\cdot R\downarrow$ 具有的特定规律。

通过以上的公式,能够对正拼架桥机架梁横向移动的具体幅度进行计算。而对于斜拼的架桥机来说,主要指的就是把支腿和主桁架横向移动轨道所产生的夹角,从 90°改变为 90°-$\phi/2$ 后,支腿横向移动轨道的有效长度就会增加 $(1-\cos\phi)\cdot R$;那也就说明,$W=L-(1-\cos\phi)gR+(1-\cos\phi)gR=L$,$S=L-D-\Delta_W$。

架桥机横向移动的幅度和桥梁机自身与盖梁的实际长度有直接的关系,而且不会受到曲线半径因素的相关影响。

四、斜拼正架的施工技术

1. 桥机斜拼长度的相关研究

在进行架桥机的斜拼时,必须要对喂梁的实际情况进行充分的考虑,只有将梁使用运梁车运入到桥机双导梁之间,才能够将梁体吊起,所以说,曲线的弧度越大,对喂梁路线所产生的影响业绩会越大,如果桥机导梁比较长,那么就会导致梁车无法及时进入到桥机双导梁之间完成喂梁,或者桥机的导梁比较短,则会导致桥机在过孔时会出现配重不足的情况,进而非常容易发生前倾的情况。因此,在确保桥机过孔配重保持平衡的前提条件下,也要尽可能地降低桥机的长度。

2. 斜拼桥机过孔施工操作的要点

1）配重

通常情况下，都会采用待架梁配重方式进行配重，但是对于曲线梁来说，因为配重的过程中会受到曲率的影响，所以不能使用配重梁完成配重过孔，应该采用后一跨已架设的梁兜底配重过孔。在实际进行过孔前，需要将湿接缝钢筋和横隔梁钢筋进行全部焊接，同时在梁端的实心处将中支腿平行的前盖梁放入其中[2]，具体操作步骤如下：

（1）将后托支腿和前支腿向顶端上升，而后使用天车，将中支腿横梁进行移动，确保其可以位于架梁跨的前端，而后调整好中支的角度，确保其能够与下一跨的盖梁保持平行的状态，最后在支垫好中支腿的横移轨道。

（2）在中支腿的维持，需要将转盘的螺栓松开，而后调整角度，确保其能够满足桥机斜交的角度，将角度调整到特定的位置后，应该将盘螺栓进行固定，继续完成过孔。

（3）将桥机移动到曲线的内测，而后在把梁体天车移动到架桥机的尾部位置，而后使用待架梁体完成配重过孔。

（4）使用已经完成的梁，将其通过吊梁钢丝绳进行兜底，最后将其悬挂于天车之上，完成配重过孔。

2）调整角度

在天车兜底进行配重过孔施工时，应该保持主桁架不动，而后再采用左右横移天车的方法来调整角度，在进行调整时，应该将横移的距离控制在20cm以内，共计分为多次来对角度进行缓慢的调整。对于桥机主桁架进行异步制动时，应该与天车兜底的横向移动同步进行，而后再调整角度。最后，将角度准确地调整到计算角度值后，就可以将盘螺栓进行紧转固定。

3. 确定运梁与喂梁的路径

在确定运梁的路径时，主要存在的难点就是需要使用运梁车来调整方向，所以，最有效的方法就是将运梁车绕过曲线的外侧来行驶，在梁体前端吊梁孔的位置进入到桥机双导梁的尾部位置后，应该通过天车来适当的横移吊梁体，而后再将其与运梁车进行配合，最后缓慢地进行喂梁，在运梁副车沿曲线的外侧缓慢转弯后进入到桥机双导梁之间。

4. 桥机横向移动与纵向移动过程中操作及时

1）桥机的纵向移动

在进行喂梁时，天车需提着梁体进行纵向移动，在梁端达到前端盖梁的位置时，需将天车缓慢下降，确保其与支座之间保持10cm左右，为横向移动做好准备。进行架边梁的过程中，使用天车来带动梁体，而后纵向移动到第一片梁顶的位置，而后进行整体横移，在到达规定好的位置后在完成落梁，一旦完成喂梁，需严格禁止架桥梁的纵向移动。

2）桥机的横向移动

进行横向移动时，在挡块的边缘位置进行标记，在支腿外侧的走行轮到达该位置时需要停止继续移动，并使用楔子固定好走行轮，而后再进行落梁。

五、结 语

综上所述，交通建设工程中，为了能够有效地提高建设质量，解决复杂环境对施工建设带来的影响，应该采用斜拼正架的方法进行施工，拓展桥机的实际使用性能，确保桥架梁施工可以顺利完成，并对其安全及质量做出切实的保障。

参考文献

[1] 游良刚.试论城市互通立交匝道桥梁结构有关设计[J].建材与装饰,2019(34):269-270.
[2] 原国华.某高速公路匝道桥整体下降方案设计分析[J/OL].交通世界,2019(28):78-79.

38. 大跨径斜拉桥叠合梁边跨合龙施工技术

李 密 余 勇 彭 勇

(中交第二航务工程局有限公司)

摘 要 珠海洪鹤大桥主桥为双塔结合梁斜拉桥，主梁由工字钢组合梁及预制桥面板结合，全桥共有两个边跨合龙段，边跨合龙施工采用了顶推强制合龙施工方案，通过三向千斤顶将合龙口增大，吊装合龙段主梁后再缩小合龙口，实现主梁合龙。与常规工艺相比，成桥状态更符合设计理念，施工不受环境条件限制。

本文对斜拉桥叠合梁边跨合龙施工技术进行了研究，参考以往叠合梁边跨合龙施工经验，提出了可行的优化方案及建议，使叠合梁边跨合龙施工的技术水平得到了进一步的提升。

关键词 斜拉桥 叠合梁 整节段吊装 边跨 合龙

一、引 言

斜拉桥合龙施工方法主要有两种：一种是强制合龙法，即在温差与日照影响最小的时段，以设计成桥状态主梁长度为依据，通过顶推装置将合龙口增大，吊装主梁后再缩小合龙口，连接完成后解除临时约束，完成体系转换，施工不受环境温度限制、施工速度快；另一种是温差合龙法，即利用温差对钢梁的影响，在一天中温度相对较低的时段将合龙段梁体安放至合龙口（此时因收缩作用合龙口距离最宽），在温升与日照影响之前，连接完成，解除临时约束完成体系转换。珠海洪鹤大桥主桥为双塔叠合梁斜拉桥，边跨合龙施工成功采用了强制合龙法，实施效果良好。

二、工程概况

珠海市洪鹤大桥磨刀门水道主桥结构形式为(73 + 162 + 500/2)m = 485m 的钢混叠合梁斜拉桥，见图1、图2。主梁为钢混叠合梁，中心处梁高3.5m，主梁顶板宽34.9m(含风嘴梁宽为39.1m)。1/2全桥(单塔)主梁共计42个梁段(不含中跨合龙段)，其中边墩墩顶块85号梁段与84号梁段组成边跨合龙口，84号梁段长8m，梁高为3.5m，84号梁段由两根主纵梁及两根压重横梁组成，主纵梁单根吊装重量约18.1t，压重横梁单根吊装重量约44.7t；边墩墩顶块85号梁段长6.5m，梁高3.5m，梁段由两根主纵梁及一根端部横梁组成，主纵梁单根重量约为14.7t，端部横梁重量约为139.2t。详见图3。

图1 珠海市洪鹤大桥主桥全景

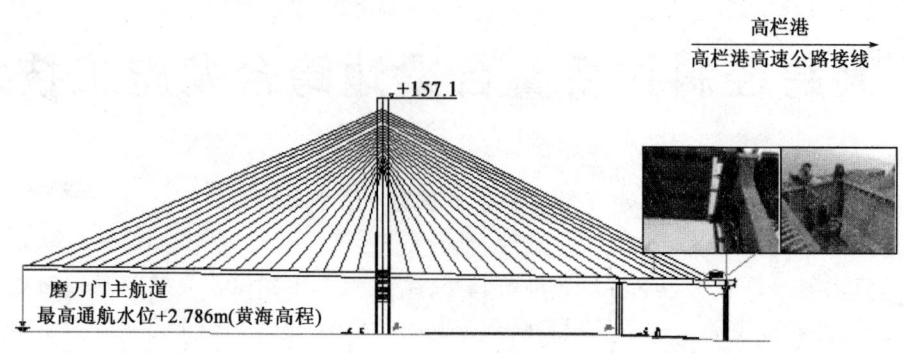

图2 边跨合龙段布置图

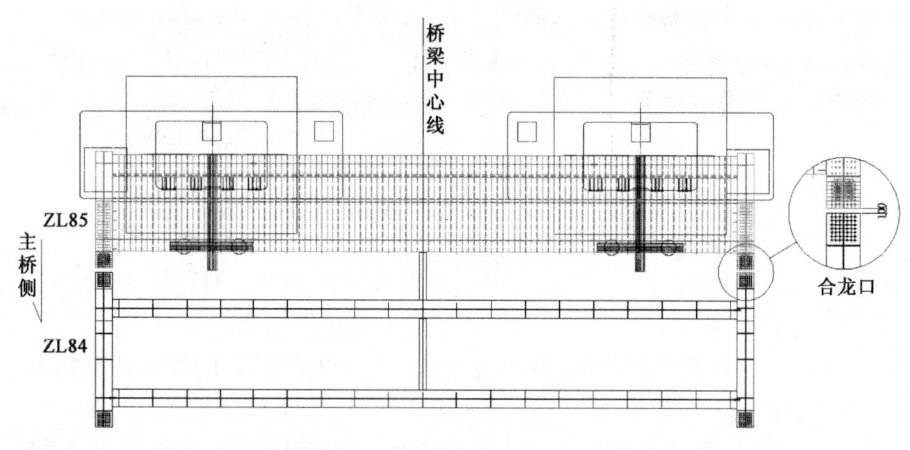

图3 边跨合龙段平面布置图

三、方案选择

边跨合龙施工方案,需充分考虑项目所在地水文、地质、气象条件,同时兼顾工期、经济等因素。通过对本项目现场实际勘探、调研分析,本项目特点如下:

(1)根据洪鹤大桥主桥叠合梁施工计划,预计在5月底悬臂拼装完成,先合龙边跨后合龙中跨,珠海市在5月就进入台风期,为保证结构安全,合龙施工宜尽快完成。

(2)根据总体安排,主桥避免大悬臂渡台,工期紧张,边墩墩顶块采用厂内散件拼装浮吊整体吊装至支架的施工工艺。

(3)梁段之间采用高栓连接,主纵梁板材较厚且高栓数量较多,如采用临时连接匹配钻孔的方式合龙,工期较长且施工质量无法保证。

结合以上分析,洪鹤大桥HHTJ3标叠合梁边跨合龙施工拟定如下方案:

采用在边墩搭设临时支架,钢结构厂内拼装边墩墩顶块整体运至桥位处,利用浮吊整体吊装,节约现场散拼时间;84号梁段采用桥面吊机进行对称悬臂拼装,按照标准节段施工流程依次进行斜拉索一张、压重混凝土浇筑、桥面板安装;边跨合龙时利用边墩墩顶块支架上的三向千斤顶将墩顶块调节至设计状态,同时满足合龙口拼接板与梁段螺栓孔匹配对位,迅速安装对应的拼接板,然后进行高栓施拧,完成叠合梁边跨合龙。在边跨合龙完成后,需立即对过渡墩及边墩的永久支座进行灌浆,在灌浆料达到设计强度后撤除梁底临时支垫并支座解锁,以上工作需在晚上温度恒定的时候进行,在日出之前完成。

四、边跨合龙施工关键技术

1. 施工准备

1) 墩顶块拼装精度控制

墩顶块拼装精度直接影响边跨合龙速度,理论上墩顶块平面线形需拼装为矩形。为了保证拼装精度,在拼装厂内设置了拼装胎架,拼装时采用全站仪及测距仪控制梁段的4个角点及对角线,见图4。

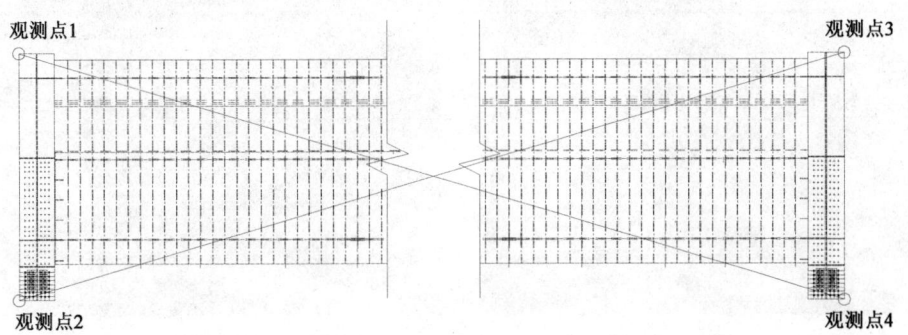

图4 拼装控制点示意图

2) 调位千斤顶布置

边墩墩顶块吊装前将三向调位千斤顶安装至指定位置,根据梁段重量考虑,设置4台100t三向千斤顶。

3) 边墩墩顶块安装

边墩支架搭设完成后,在支架上设置限位装置,这样在浮吊吊装墩顶块时能准确快速的安装完成。

2. 合龙口悬臂端状态调整

在边跨合龙段(ZL84)的前3个梁段施工过程中根据监控的指令逐步调整梁段线形,为确保边跨合龙段(ZL84)与ZL85梁段(墩顶块)的平顺连接,应重点控制好ZL84梁段的轴线及高程偏差,需保证梁段的轴线及高程偏差值满足要求。

ZL84桥面板安装完成后,由第三方监控单位对钢梁温度场进行测量,根据已建立的结构模型对钢梁梁端进行敏感性分析,下达合龙口状态调整指令。

(1) 高程和高差调整。

合龙口钢梁上下游高差根据实测高程情况进行调整,通过张拉和放松斜拉索千斤顶控制锚杯的拔出量和回缩量以调整斜拉索索力,以使合龙口两侧高差控制在5mm以内。

(2) 轴线偏位调整。

为便于合龙口钢梁轴线偏位调整,在合龙口两侧钢梁主梁对角线方向上设置对拉设施(由钢丝绳及多台10t倒链组成),通过拉动设置在ZL84和ZL85钢主梁对角线方向上的对拉倒链,调整合龙口钢梁轴线偏位偏差在5mm以内。

3. 墩顶块状态调整

边跨合龙段(ZL84)高程如若偏差较大,需通过调整斜拉索索力来保证高程满足要求。如若偏差较小,可以通过三向千斤顶微调ZL85梁段(墩顶块)的状态,以此来保证ZL84与ZL85合龙口的拼接板能顺利安装到位,ZL84与ZL85梁段之间高程和线形满足合龙要求。

4. 合龙口拼接板连接

边跨合龙段ZL84状态调整完成后,利用三向千斤顶将墩顶块(ZL85梁段)再顶推至设计位置,精确调整平面位置和高程,等待合龙温度和时机。

边跨钢梁合龙口拼接板连接前,由第三方监控单位确定合龙温度和时机,下达监控指令,根据监控指令在合龙的温度和时机进行合龙施工。

钢梁合龙宜选择夜间温度恒定时段,保证在合龙温度持续时间内能满足合龙口连接及体系转换所需时间,合龙前后对比见图5。

图5　合龙口主梁调整前后位置图

五、结　　语

珠海洪鹤大桥边跨合龙顺利,确保了大桥中跨按时合龙,主梁线形及应力状况完全符合设计要求。

通过合龙口悬臂端索力调整等措施,使悬臂拼装的主梁线形匹配效果良好;采用三向千斤顶调整墩顶块状态,在非"设计合龙温度"条件下实现主动合龙。

此合龙方法免除了现场匹配钻孔作业内容,大大缩短了合龙时间,且施工不受环境条件约束,为今后类似边跨合龙施工提供了参考。

参考文献

[1] 四川省交通运输厅公路规划勘察设计研究院.珠海市洪鹤大桥土建工程两阶段施工图设计第二册第三分册[P].2016.

[2] 中华人民共和国行业标准.公路桥涵施工技术规范:JTG/T F50—2011[S].北京:人民交通出版社,2011.

[3] 田克平.JTG/T F50—2011《公路桥涵施工技术规范》实施手册[M].北京:人民交通出版社,2011.

[4] 陈明宪.斜拉桥建造技术[M].北京:人民交通出版社,2004.

[5] 刘士林,梁智涛,侯金龙,等.斜拉桥[M].北京:人民交通出版社,2002.

39. 深淤泥地质土工布围堰筑岛设计与施工

邓小刚

(中铁大桥局洪鹤项目部)

摘　要　洪鹤大桥HHTJ2标段8号墩承台尺寸42.1m×22.6m,位于磨刀门水道岸边滩地,淤泥深8.80~35.5m不等。钻孔平台采用土工布围堰筑岛的结构形式,施工速度快、成本低,陆地钻孔施工更为方便,大大节约了成本和减小了施工周期。

关键词　土工布围堰　筑岛　钻孔平台　深淤泥　桩基施工

一、概 述

1. 工程概况

广东省珠海市洪鹤大桥起点位于珠海市香洲区南屏镇洪湾,对接港珠澳大桥连接线、并与广澳高速珠海段及横琴二桥形成十字交叉,向西跨越洪湾涌、洪湾水道、磨刀门水道至鹤洲,终点与鹤洲至高栏高速公路相接,路线长9.654km。

珠海市洪鹤大桥HHTJ2标段,起讫里程K2+659.5~K3+629.5,标段全长970m,包括1/2洪湾水道主航道桥+1/2磨刀门水道主航道桥。

8号主塔墩位于磨刀门水道,基础均采用24根$\phi 2.8m$钻孔灌注嵌岩桩,呈行列式布置,桩基横向桩距为7.5m,顺桥向桩距为6.0m;矩形承台轮廓尺寸为42.1m×22.6m,厚6.5m。

2. 地质

8号墩位于磨刀门水道滩地,水浅,低潮时海床裸露,受风浪影响小。表层为淤泥,层厚8.80~35.5m,第二层为淤泥质黏土,层厚1.60~36.8m。墩位距离大堤51m,距离抛石坡脚40m左右。

3. 气候水文

珠海市属亚热带海洋性气候,气温适宜、日照充足、湿度较大、雨量充沛。多年平均气温22℃;极端最高气38.5℃;极端最低气温1.7℃;历年日最高气温≥35℃年平均出现天数2.9天。夏秋季常受台风影响,风力强、雨量大。桥位跨磨刀门水道处,河宽约2300m,双向通航等级为5000t级海轮。桥位处磨刀门水道右岸边滩,左岸深槽。桥位处河床高程为-2.0~-1.0m,滩地面积较小,-2m以内浅的滩地宽度不到100m。桥位处潮位常年变化不大,低潮位高程+0.0m,最高潮位在+2.0左右,受浪涌影响较小。

二、设 计 要 求

(1)项目陆地进场困难,水上位于浅滩,无法进行钢平台施工,需要一个便捷的施工方案,以实现快速施工。

(2)筑岛材料必须从水上运输,施工完成后平台必须满足旋挖钻钻孔施工作业的受力要求。

三、土工布围堰筑岛结构设计

1. 筑岛平台特点

1)结构特点

土工布围堰筑岛平台路面硬化高程为+3m,坡脚最低高程为-0.9m,最高高程为+0.75m,平均填筑高度为3.15m。筑岛顶面尺寸为66m×46.6m,底面尺寸为84.8m×95.0m。边坡外侧坡度为1:3,内侧为3:1,进场便道边坡坡度为1:2。在筑岛外侧单独填筑一条反压带,用于防止筑岛主体被冲刷,保证筑岛主体结构的安全。

筑岛平面分为绿化区、便道区和钻孔区三部分。平台外边缘设置2m宽绿化带。环形便道和进出通道采用20cm厚C25混凝土硬化,路面宽8m,外侧设置栏杆。中间区域为钻孔区,不浇筑混凝土。

相比于普通的筑岛,本次在深淤泥地质上需要克服滑移、沉降等病害;采用土工布砂袋围堰进行筑岛加固,保证岛体稳定;在坡脚采用抛石和覆盖土工布防止冲刷。

2)施工特点

与其他筑岛平台相比本平台主要有三个显著特点:一是本平台所需要的材料均从水上运输,材料到位快,数量大,能快速施工;二是本平台筑岛所用的砂采用远距离泵送,克服了浅滩船只不能靠岸的困难;三是土工布砂袋吹填砂采用泵送速度快,可大大缩短施工周期。如图1所示。

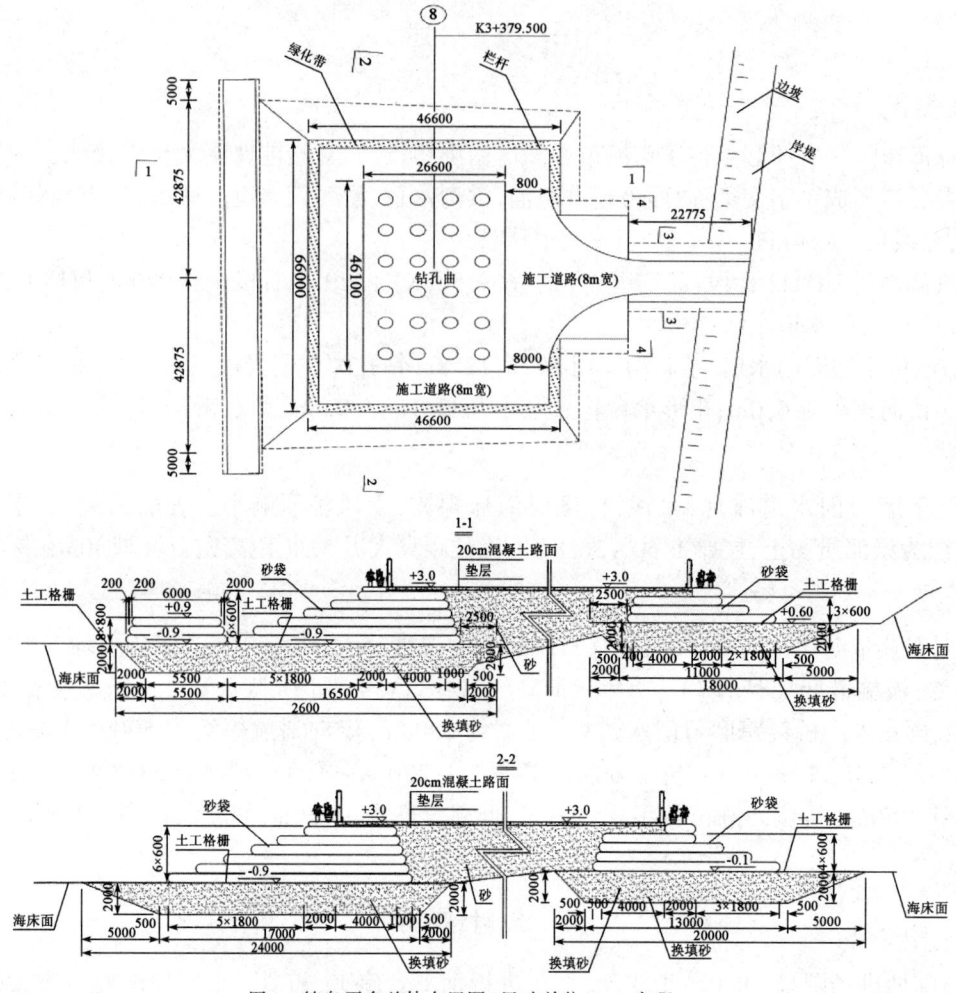

图 1 筑岛平台总体布置图(尺寸单位:mm;高程:m)

2. 基底换填砂层

基底换填砂采用粗海砂,换填深度2m,坡度1:2.5,换填区域每边超出砂袋区域5m以上,保证筑岛平台基底有足够的承载力。

3. 土工格栅层

在基地和土工布砂袋之间设置一层土工格栅,增加整个筑岛的整体性,土工格栅之间搭接长度大于1m,铺设范围为整个换填砂区域。

4. 土工布砂袋层

土工布砂袋是该筑岛的主要承载结构,本工程采用防老化聚丙烯编织土工布,单位面积质量不小于$230g/m^2$,向生产厂家直接订制。编织布的技术指标要求符合国家该产品的质量标准和设计要求。

砂袋厚度每层0.5~0.7m,宽度和长度根据围堰结构的坡度要求缝制,上下层错缝铺设,以避免袋体相对滑动,出现贯通缝隙的现象。

5. 围堰内充填砂

土工布围堰内充填海砂,充填至与砂袋顶齐平。

6. 面层设计

1)垫层

垫层采用含水率小的一类土,填筑范围为每条边距离外缘2m处。面层分层填筑,分层压实,达到设计高程后铺填一层石粉,防止下雨时集泥。

垫层外缘用一层土工布包边,防止填筑土压实的时候边坡坡度过大,如图2所示。

2)行车道、绿化带和栏杆

施工道路采用20cm后C25混凝土硬化,外侧设置栏杆。栏杆采用型钢立柱+钢管的标准形式,刷红白油漆。绿化带为平台栏杆外缘两米带,作为安全防护和面层的水土保持。

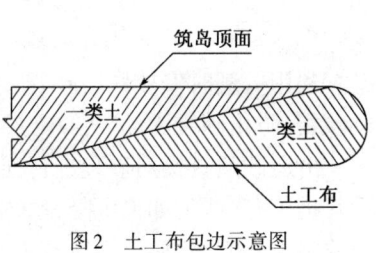

图2 土工布包边示意图

四、结构计算

1. 工程级别

本工程属于临时工程,工程级别按5级考虑,采用瑞典圆弧滑动法进行海堤抗滑稳定计算。

2. 计算软件及方法

1)计算模型及软件

选取4个典型的断面进行分析,根据地勘揭露的地质图层分界线建立计算模型。采用加拿大边坡稳定分析商业软件slide进行岸坡稳定分析,假定坡体沿圆弧滑裂面破坏,采用瑞典圆弧法进行稳定计算,自动搜索最危潜在滑动面。

2)计算荷载

施工期计算荷载考虑两台旋挖钻和一台履带式起重机机作业。每台旋挖钻整机重量按180t考虑。

3)计算工况

工况1:海水涨潮,按高潮位+2.0m考虑。

工况2:海水退潮,按低潮位+0.0m考虑。

工况3:海水由高潮位+2.0m骤降至低潮位+0.0m。

4)计算结果

各个工况计算结果安全系数均在1.6以上,远大于规范要求的1.05,结构稳定满足施工要求。

五、筑岛施工

1. 测量放样

对现状河床面进行测量,定出围堰位置范围,并用竹竿绑上红旗插入水底标记,同时测量出设计围堰位置的河床面高程。按施工要求随时配合放样,明确筑岛施工范围。

2. 海床底清淤整平

采用抓斗式挖泥船对围堰位置进行场地初平,控制整平后高程在-0.9m左右。

抓斗挖泥船左右两侧轮流停靠泥驳,待一侧泥驳装满后,抓斗船继续往另外一侧泥驳进行装驳作业。满驳泥驳按规定航线,航行至卸泥区进行抛卸。

3. 开挖基槽铺设基槽砂及土工栅格

在砂袋基础位置放坡开挖2m深的基槽,换填海砂并铺设一层土工栅格,以保证基础受力的均匀性。如图3所示。

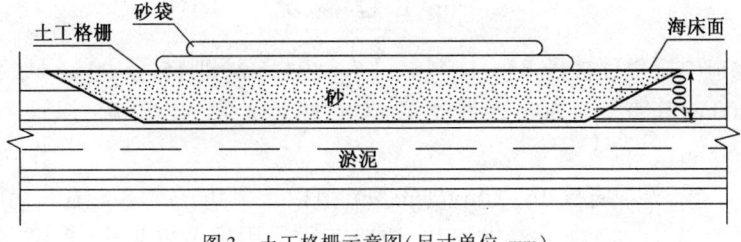

图3 土工格栅示意图(尺寸单位:mm)

4. 围堰砂袋填筑

利用低潮时安放底层砂袋，采用直径50mm、长6m的钢管沿着砂袋四周每隔3m1根插进河床里以定位砂袋，防止砂袋漂动。

由运砂船直接对砂袋进行充灌砂，充至砂袋容积的75%~85%，充完每一层后都要进行测量观测，看其是否有沉降，如果沉降较大需等其沉降稳定才可进行下道工序施工；沉降稳定后才可进行上一层砂袋的施工，如此逐层充灌填筑直到设计高程。

5. 围堰内部吹填砂

每层砂袋填筑完成后，对围堰内部均匀吹填砂至砂袋高程处。循环此工序直至筑岛完成。

6. 绿化和路面硬化

筑岛主体填筑完成后，观察10~15d，待岛体稳定后，用压路机对筑岛平台进行压实，然后做荷载实验。实验合格后对顶面进行绿化和施工道路硬化施工。绿化带宽2m，设置在顶面四周。施工道路采用20cm后C25混凝土硬化，外侧设置栏杆。

六、结　语

（1）深淤泥地质采用传统的筑岛方式需要的材料多，且必须从陆地向外海方向进行施工。本项目陆地进场困难，采用此方案从海上吹填砂筑岛，解决了材料进场和施工困难的双重问题。

（2）对于本项目位于浅滩处，打桩船不能进入；且即使采用钢平台，淤泥地质钢桩入土深，用钢量大，且后期不能重复利用，成本高。本方案采用海砂吹填，成本大大降低。

（3）采用土工布围堰筑岛结构的整体性好，后期沉降、位移小，有利于钻孔桩施工。

参考文献

[1] 中华人民共和国水利行业标准.海堤工程设计规范:SL435—2008[S].北京:中国水利水电出版社,2008.

[2] 中华人民共和国国家标准.堤防工程设计规范:GB 50286—2013[S].北京:中国计划出版社,2013.

40. 珠海市洪鹤大桥节段预制箱梁拼装施工技术

余　勇　刘少华　宋海洋　程　朴

（中交第二航务工程局有限公司）

摘　要　本文以珠海洪鹤大桥引桥小半径曲线节段梁拼装为例，系统地介绍了小半径曲线节段梁拼装施工工艺，同时介绍了本项目施工中运用到的新工艺，如运梁船前移托架的设计改造、临时张拉剪力锥体系的应用等，同时对施工中容易忽视的质量问题提出了对应要求。

关键词　节段梁拼装　运梁船前移托架　提梁站　剪力锥　架桥机

一、工程概况

珠海市磨刀门水道引桥里程桩号K4+604.5~K5+804.5m（即15号~35号墩），上部结构为短线预制节段箱梁，全长1200m，其跨径为60m，5跨1联，左右幅各4联，共20跨；纵坡为1.8%，横坡最大为3%，平曲线半径为1500m。

节段箱梁共计712榀，梁段宽度16.05m，高3.5m，节段长2.0m~3.8m不等，节段最大重量193.7t。中墩梁段采用悬臂拼装，共计8对加一合龙段块，边跨节段采用悬吊拼装，计8榀，悬挂总重883.9t。节段间采用密齿型剪力键、环氧树脂接缝,转向块采用横梁式。预制箱梁采用 C55 混凝土,现浇湿接缝采用 C55 微膨胀混凝土。节段划分详见图 1,施工全景图见图 2。

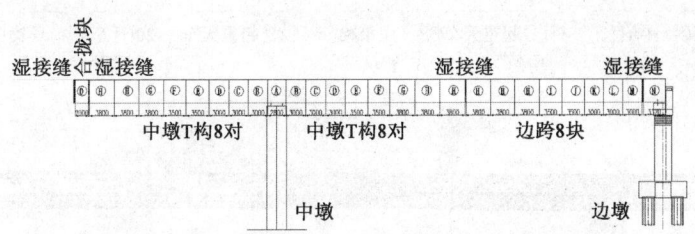

图 1　洪鹤大桥引桥上部结构节段划分

图 2　洪鹤大桥引桥施工全景图

本项目节段梁采用体内、体外结合的预应力体系,T 构对称悬拼时为体内预应力,另外设置有边跨和中跨合龙体内预应力束,体外预应力为单跨设置(为 27 孔镀锌钢绞线),即该跨合龙体内预应力张拉完成后,张拉完成该跨的体外预应力。

工程特点:

(1)平曲线半径为 1500m,需要与之相适应的架桥机进行节段梁的拼装。

(2)本工程除 35 号墩位于岸上外,34~15 号墩均位于水中,其中近岸侧 25 号~35 号墩之间水深较浅,无法满足运输船吃水深度要求,因此需要将浅水区节段梁通过提梁门吊将其吊装至桥面上进行尾部喂梁法的安装。

(3)项目位于珠江口磨刀门水道,附近无遮挡物,每年的 7~9 月为台风活跃期,防台形势严峻。

二、总体施工思路

综合考虑节段梁桥跨跨径、节段重量、节段尺寸、施工条件等影响因素,采用可调节角度的架桥机进行节段梁拼装,性能参数见表 1 所示。

TPJ240 架桥机性能参数及分析表　　　　表 1

项　　目	技术参数或性能要求	本项目适用性分析
架桥机形式	上行式	适合
架设跨度及最大荷载、节段数	60m/1500t/8	本项目桥梁跨度为 60m,最大悬挂重量为 883.9t,悬挂节段为 8 节,适用本项目
主梁结构	箱形梁结构	本项目为箱形梁结构,适用本项目
工作适宜纵坡	<3.4%	本项目桥梁纵坡最大为 1.8%,适用本项目
工作适宜横坡	<8%	本项目桥梁最大横坡为 3%,适用本项目
最小工作曲线半径	550m	本项目桥梁曲线半径为 1500m,适用本项目
起重天车数量和额定起重量	2/250	本项目最大节段重为 193.7t,适用本项目
适宜吊装最大节段尺寸	23.6m×3.7m×4m	本项目节段尺寸最大为 16.05m×3.5m×3.8m,适用本项目
喂梁方式	尾部喂梁和下方取梁功能	本项采用桥下和尾部喂梁结合方式,适用本项目

TPJ240架桥机总体结构见图3所示。

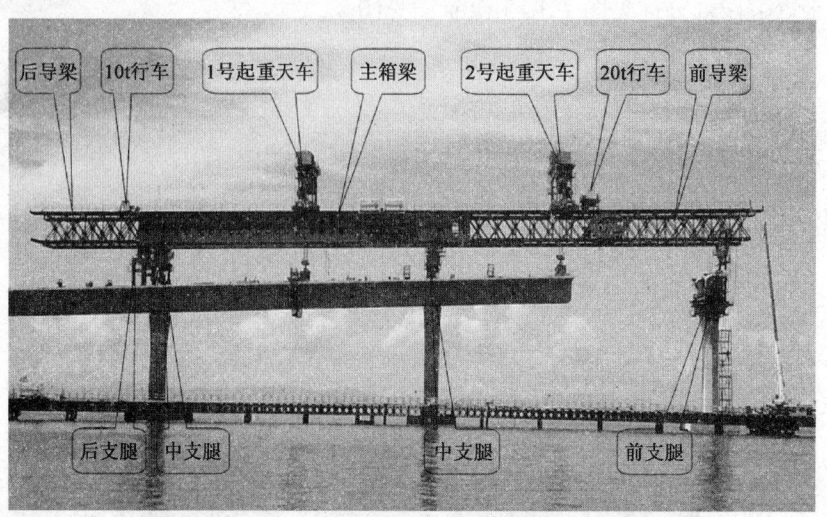

图3 TPJ240架桥机整体结构图

因本工程节段梁从水上运输而来,因此,拟定从水上向陆上进行节段梁的拼装,在起始跨(即15～16号墩之间)设置提梁门吊作为浅水区的提梁上桥设备,具体施工流程如下:

(1)浮吊安装15号、16号墩左、右幅墩顶块。
(2)在右幅15号、16号墩桥跨,利用浮吊拼装架桥机。
(3)采用"桥下喂梁"方式完成右幅(近栈桥侧)15号～20号墩节段梁拼装,架桥机后退至15号～16号墩,横移至左幅。
(4)采用"桥下喂梁"方式安装深水区域左幅15号～25号墩梁段,"桥面运梁、尾部喂梁"方式安装左幅25号～35号墩梁段。
(5)架桥机后退至18号～20号墩,横移至右幅。
(6)利用"桥面运梁、尾部喂梁"方式安装右幅20号～35号墩梁段。
(7)在34号～35号墩右幅桥面利用履带吊拆除架桥机。

三、主要施工技术

1. 墩顶块临时固结

因中墩需进行悬臂拼装,为保证悬臂拼装过程中的结构安全,需对最不利工况进行分析计算,假定单侧悬臂自重增加5%,最大悬臂即第8对节段梁突然坠落,最不利因素叠加计算结构安全。计算模型见图4。

经分析,在墩顶块每侧布置4束U形12-ϕ_s15.2钢绞线,锚固张拉控制应力为$0.65f_{pk}=1209$MPa,能够满足最不利工况下结构安全。

钢绞线在墩身施工时预埋,前后交叉布置,埋深不小于2.4m,锚固于墩顶块底板上,采用25吨千斤顶单根张拉。墩顶块吊装前,布置8处75cm×48cm×80cm预制混凝土块,其和墩身顶面、墩顶块底部预留5cm缝隙,利用高强灌浆料填充找平。临时支座及临时锚固钢绞线施工顺序见图5、图6所示。

图4 悬臂拼装计算模型

图5 临时锚固钢绞线预埋

图6 临时支座布置

2. 墩旁托架设置

根据项目特点，共设计3种墩旁托架，分别为15号墩托架（交接墩）、中间墩托架、中跨边墩托架。对需要支撑架桥机前支腿的托架，因受力大，为确保施工安全，在墩身上开槽；而无需支撑架桥机前支腿的托架，通过精轧螺纹钢锚固及悬挂于墩顶能够满足受力安全需要。

3种托架主要包含三角桁片、纵向分配梁、横向分配梁。上部支点均采用了精轧螺纹钢对拉，见图7所示。

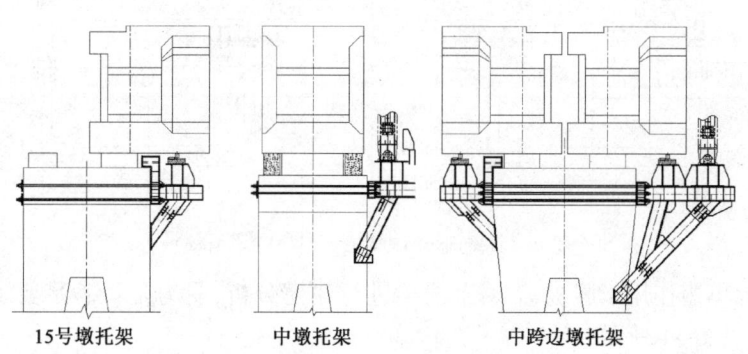
图7 托架整体结构布置图

中间墩托架可随桥机前移，利用桥机10t小车安装，仅需加工1套，随架桥机移动循环使用；边墩托架使用汽车吊超前安装，如图8、图9所示。

图8 中墩托架随桥机前移图

图9 中跨边墩托架超前安装

3. 提梁门吊布置

尾部喂梁需要提梁上桥设备，本工程节段梁从海上运输而来，因此，提梁门吊布置在海中起始跨，而左右幅总宽为33m,如布置跨墩提梁门吊,因跨度大和需海中打入钢管桩,投入大,不考虑;因此将提梁门吊布置在桥面节段梁上,左右幅之间预留槽口方便节段梁上桥,提梁门吊由贝雷片、立柱支撑架、起重天车三部分组成。基础立柱采用三角支撑钢管桁架形式,保证桥面运梁空间,立柱顶部设置横梁,与贝雷片采用销轴铰接,结构设计见图10所示。

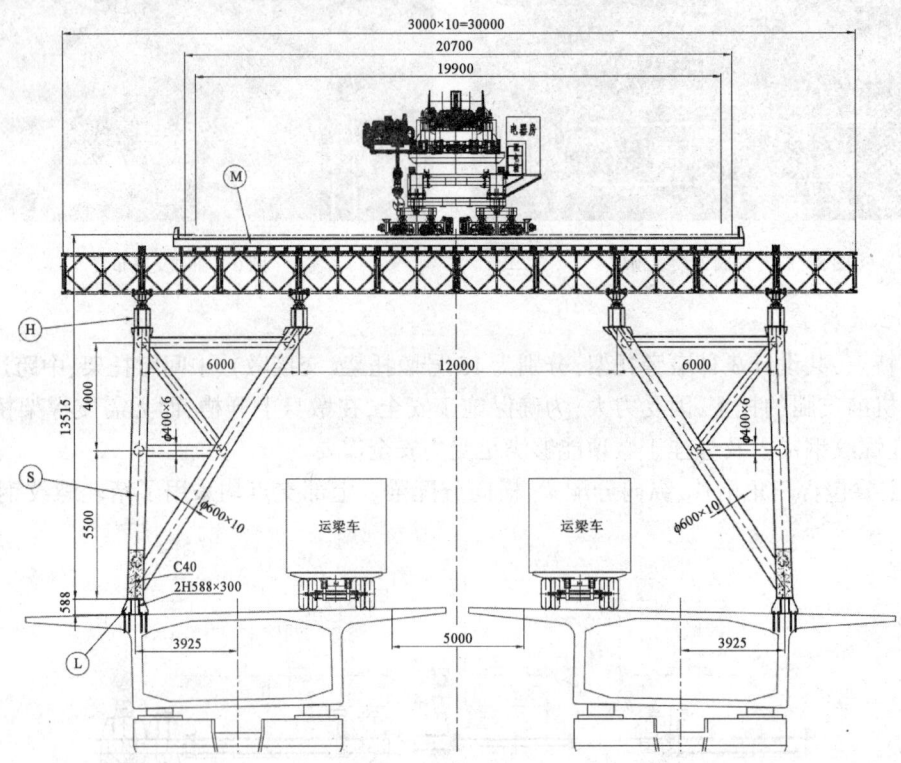

图10 提梁门吊结构布置图(尺寸单位:mm)

因提梁门吊支腿单边作用于腹板,需对节段梁进行建模分析,受力是否满足要求和混凝土是否存在开裂风险,建模计算见图11所示。

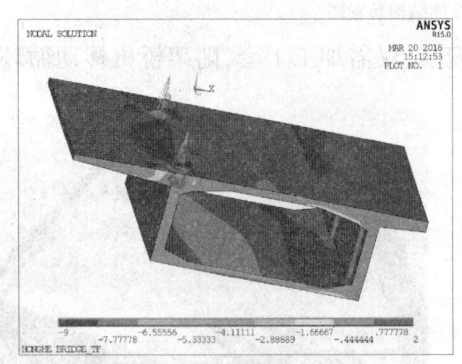
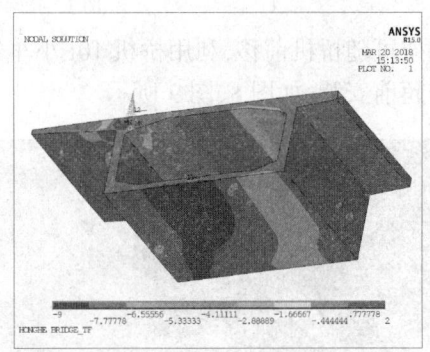

图11 提梁门吊作用于节段梁上受力计算

计算结果显示箱梁在较大偏心荷载作用下出现扭转变形,在立柱作用处的对角区域即另一侧腹板与顶底板相交处以及立柱作用的本侧底板有较大横桥向拉应力(2MPa)。为降低该拉应力,在拉应力较大的区域增加一道隔板,减小箱梁畸变变形。隔板高度为1m,厚度0.5m,增加隔板后拉应力控制在1.2MP以内,见图12所示。

提梁门吊使用需在体外预应力全部张拉完成后才能投入使用,实际使用过程中,箱梁未开裂,现场吊装见图13所示。

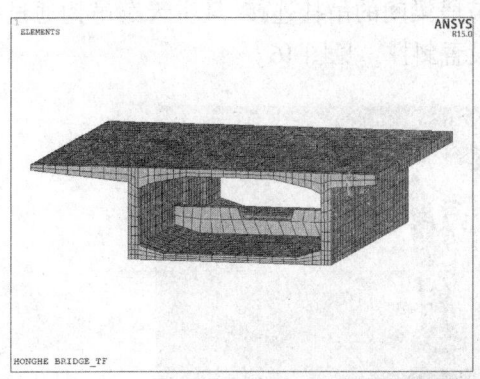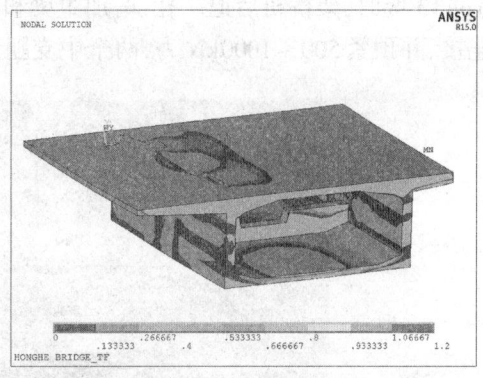

图12 增加隔板后应力图

图13 提梁门吊吊装现场图

4. 架桥机安装及防台措施

起始跨墩顶块安装完成后,即进行架桥机的安装,架桥机安装采用浮吊直接起吊安装,因主梁单钩重量达260t,架桥机设计时未考虑主梁整体吊装工况,经计算分析,对主箱梁通风孔进行局部加强后安装扁担梁作为吊点,可沿通风孔转动,成功解决了主梁的整体吊装难题,见图14、图15所示。

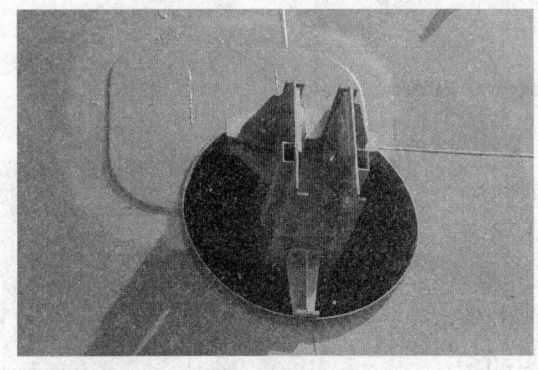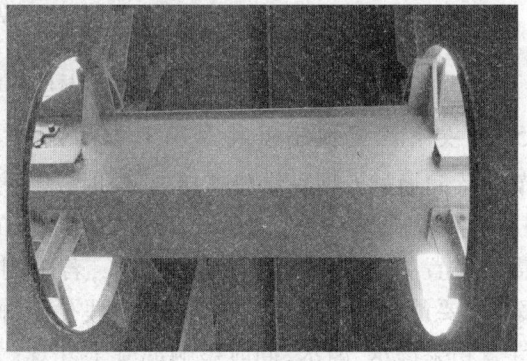

图14 吊装扁担梁布置

架桥机在台风期间安全风险大,为此,专门就架桥机防台进行计算分析,根据台风大小,采用不同的防台措施如下:

(1)11级风以下时,利用原有锚固系统即可,即日常防风。

(2)大于11级时,后中支腿前后用各用一根吊挂连接主框架和节段梁,每根吊杆张拉100kN力,前后辅助行车斜拉锚固,主天车增加一组斜拉锚固。

(3)超过13级时,架桥机后退一孔,增加主梁和节段梁间的吊挂连接,且主天车吊钩通过吊具,吊挂与节段梁连接,并预紧500~1000kN力,两个中支腿设置斜撑。见图16。

图15 架桥机主梁吊装

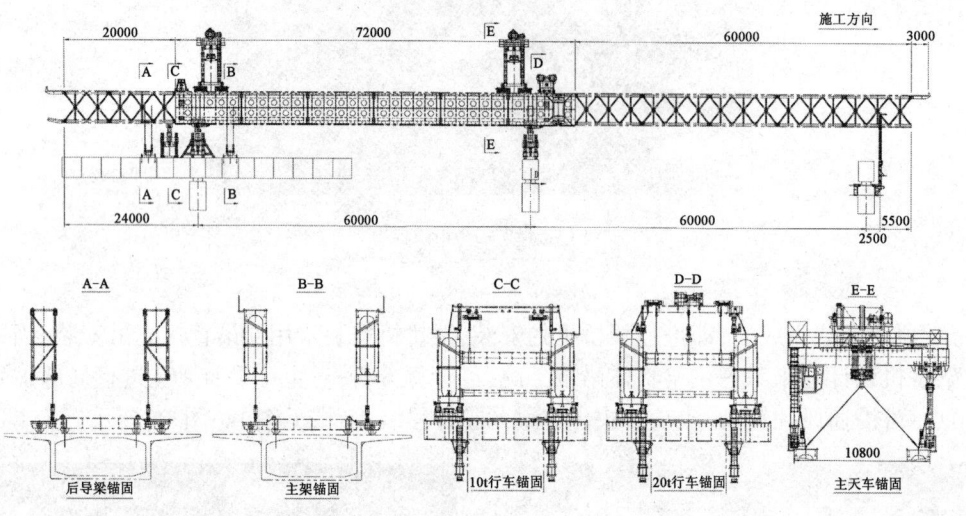

图16 架桥机防台措施(尺寸单位:mm)

5.节段梁匹配预制安装及临时拉力布置

节段梁间通过专用黏结胶连接,拼装时,需要先张拉临时预拉力,以挤压黏结胶,达到设计要求0.3MPa的压应力,因此需要设置临时结构进行预拉力施工,若采用常规钢齿坎方案,需要预留大量贯穿的孔洞,因预埋孔小,修补困难,极易导致箱梁渗水、漏水,同时影响混凝土外观;为此,本工程以不在箱梁外侧预留任何孔洞为原则,采用了内仓底板混凝土齿块+国内首次使用的剪力锥作为临时预拉力结构,剪力锥主要是利用混凝土的抗压能力,将水平方向的拉力通过剪力锥传递到预留孔的混凝土孔壁,见图17~图19所示。

图17 剪力锥图

图18 顶板剪力锥布置

图19 底板钢筋混凝土齿块布置

四、结 语

根据珠海洪鹤大桥磨刀门水道引桥结构特点和施工条件，采用了可调角度的架桥机以适应小半径曲线节段梁的安装，在对称悬臂拼装时设置U形钢绞线作为临时固结，确保最不利工况下的施工安全；此外，提梁门吊布置在桥面上，通过新增隔板减小拉应力防止开裂，较为科学合理；针对架桥机防台，进行了专项分析计算，根据风力大小采用相应的防台措施；同时采用了剪力锥技术满足节段梁间的压应力要求，安全高效，且外观较好；可为类似工程提供借鉴。

参考文献

[1] 中华人民共和国行业标准.公路桥涵施工技术规范：JTG/T F50—2011[S].北京：人民交通出版社，2011.
[2] 富华.逐跨拼装预制节段预应力混凝土桥梁施工技术[J].交通世界，2017(12)：140-141.
[3] 刘亚东，刘景红，戴书学，牟春林.苏通大桥75m跨连续箱梁节段预制高精度控制技术[J].中国港湾建设，2005，(4).

41. 采用超高性能混凝土的新老桥梁快速拼接设计关键技术研究

沙丽新[1]　陆元春[1]　刘 超[2]

(1.上海市城市建设设计研究总院(集团)有限公司；2.同济大学土木工程学院桥梁工程系)

摘 要 本文依托实际工程项目，基于超高性能混凝土材料的特性，提出一种新、老桥梁上、下部结构均不连接，仅通过钢筋混凝土铺装层采用超高性能混凝土进行连接的新型接缝构造，并通过一系列物理模型试验验证了新型接缝的抗裂性能、抗弯性能以及主要设计参数的优化研究。该技术已用于实际工程项目，具有较好力学性能和快速施工特点，取得了良好的效果。

关键词 超高性能混凝土　新老桥梁　快速拼接　设计关键技术

一、引 言

随着城市化进程的加快以及城市建设的不断发展，城市交通运输量不断增加。为缓解交通压力，需要对整体状况良好的既有道路桥梁工程进行拼宽改造。在桥梁拼宽设计过程中，原结构和拼宽结构的合理连接构造成为结构设计的重点。

传统拼宽构造存在行车舒适性较差(如型钢伸缩缝)、耐久性差(如弹塑性伸缩缝)、对新老桥的不均匀沉降适应性较差(如桥面板或桥面铺装层传统材料刚接)、现场施工作业量大、周期较长(如桥面板传统刚接)等问题。因此,合理地进行拼缝构造设计和施工不仅能够实现新建桥梁的快速拼宽,显著提升桥梁的通行能力,同时也可以确保桥梁的良好受力性能,提升桥梁的整体品质。

本文依托某新改建项目,基于超高性能混凝土(包括常温养护的应变强化型 UHPC、应变软化型 UHPC 和超强弹性纤维混凝土)等新型材料,对城市桥梁快速拼接的接缝设计构造、力学性能开展了相关研究,并进行了工程应用。

二、工程概况

根据总体设计方案,由于车道规模的增加需对依托工程部分既有主线高架桥梁进行局部拼宽(图1),单侧拼宽长度约520m,拼宽宽度为5.7~10m。

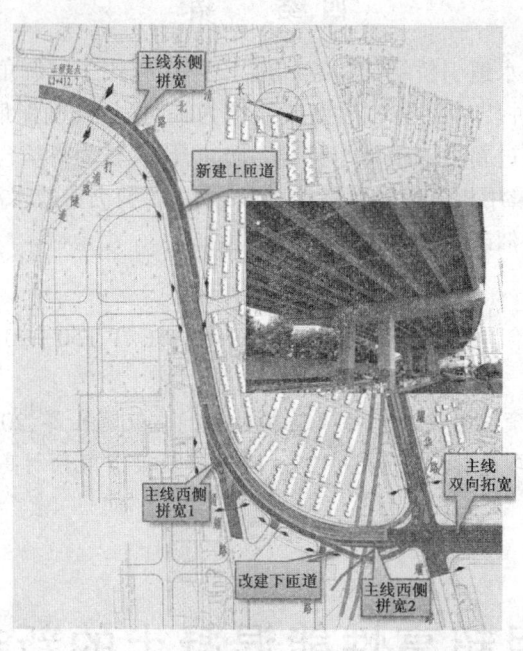

图1 工程拼宽段平面示意

现状桥梁上部结构主要采用跨径30~40m预制简支T梁,桥梁下部结构采用倒T盖梁直立柱式桥墩,桩基主要采用直径800mm钻孔灌注桩。

三、既有桥梁拼接构造的研究应用现状

综合相关文献资料及既有拼宽桥梁工程实例,新、老桥梁拼接主要有三种形式,且三种拼接形式在受力性能及实际使用过程中各有利弊。

(1)新建桥梁上、下部结构与老桥均不连接。该方案在新、老桥梁结构间留一条纵缝,桥面铺装连续或设置纵向伸缩缝。这种拼接方式施工简单,新、老桥各自受力明确、互不影响,但是在活载和新、老桥梁的不均匀沉降作用下,易发生横向错台,在桥面形成纵向通缝或纵向伸缩缝错台等现象,影响桥面美观及行车安全,需要定期维护。

(2)新建桥梁上、下部结构与老桥均构造连接。该方案通过新、老桥梁上部与上部、下部与下部结构之间的构造连接将新、老桥梁连成一个整体。该种拼接方式施工难度大,且容许变形能力差,在不均匀沉降下极易导致连接处开裂,维修也比较困难。

(3)新建桥梁仅上部结构与老桥构造连接、下部结构不连接(图2)。该方案是以上两种方案结合的产

物,一般通过增大桥梁上部结构拼缝处配筋、改善连接构造来适应挠度差、不均匀沉降等荷载。该种拼缝形式下部结构受力影响较小,对不均匀沉降也有一定抵抗力,但是施工复杂,上部拼缝构造处的内力也较大,是目前国内拼宽桥梁较为常用的一种连接方式。

在接缝材料研究方面,针对拼接形式(1),国外应用较多的有 Britflex 系列人造橡胶伸缩缝,变形能力好,但造价较高且需要日常养护;国内有型钢伸缩缝(图3)、弹性沥青混凝土(图4)、高弹性混凝土等几种材料。针对拼接形式(2)与(3),大部分国内拼宽桥仍使用普通混凝土进行新、老桥梁主梁和下部结构的连接。

图2 上部连、下部不连

图3 型钢伸缩缝拼接

图4 弹性沥青混凝土

近几年,随着新材料的不断发展,超高性能混凝土材料(UHPC、ECC等)具有高强、高韧、高耐久性等特点,其良好的材料特性较适于新、老桥梁的拼缝构造,为解决传统桥梁拼缝构造的前述问题提供了良好的条件,但具体的拼接构造及受力性能尚缺乏相关研究。

四、新型拼缝构造设计及试验研究

1. 新型拼缝构造设计

基于超高性能混凝土(UHPC、ECC等)自身的材料特性,提出一种新、老桥梁快速拼接的新型拼缝构造(图5),具体为:新、老桥梁的上、下部结构均不连接,拼缝处新、老桥梁上部结构间预留0.1m空隙,通过横桥向1.5m范围在钢筋混凝土铺装层厚度内浇筑超高性能混凝土,并对跨缝范围铺装层内横桥向钢筋进行加强及连接固定,实现新、老桥梁的连接。

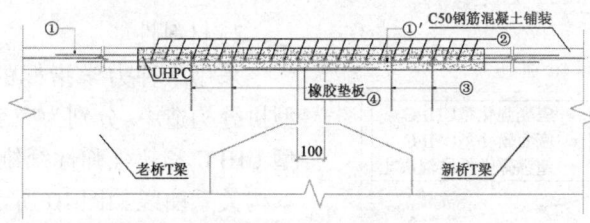

图5 新型拼缝构造示意(尺寸单位:mm)

2. 理论分析

1)计算说明

基于实际工程,采用 midas civil 建立2跨42mT梁拼宽段实体有限元模型,如图6和图7所示。其中,混凝土铺装层厚度0.08m。计算中分别考虑新建桥梁侧桥墩基础整体沉降10mm和20mm两种情况。

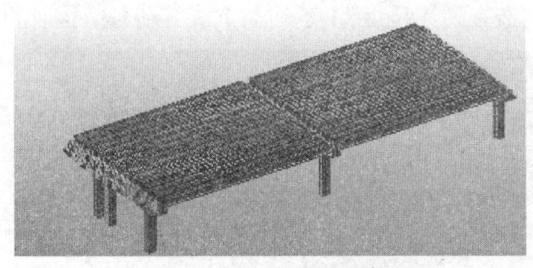
图6 有限元分析模型

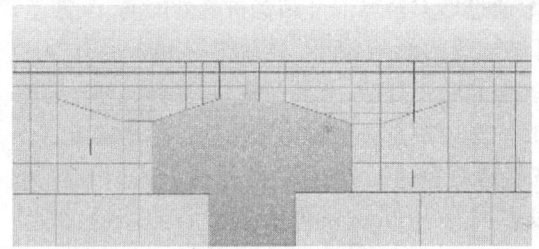
图7 新、老桥拼接缝模型示意

2）主要结果

（1）沉降后新、老T梁支座反力分配情况

新建桥梁发生整体沉降，导致老桥T梁支座反力增加，新建T梁支座反力降低。当新建桥梁发生20mm沉降时，新建桥梁内侧边T梁支座未发生脱空情况，但基本与恒载反力相当。

（2）沉降后结构变形情况（图8）

新建桥梁整体分别沉降10mm和20mm，同时考虑拼缝两侧活载最不利布置时，跨缝超高性能混凝土铺装层近固定端处发生最大转角约0.46%和0.95%。

（3）沉降后结构应力变化情况（图9）

新建桥梁分别沉降10mm和20mm时，跨缝铺装超高性能混凝土横向正应力变化幅值分别为压44.5MPa、39.0MPa和拉77.3MPa和67.8MPa；拉应变最大幅值分别为975$\mu\varepsilon$和1695$\mu\varepsilon$。

图8 超高性能跨缝铺装层竖向位移(m)

图9 沉降1cm跨缝铺装层横向正应力(kPa)

3. 试验研究

1）研究内容及目的

基于超高性能混凝土拼缝方案具有较好的力学性能和快速施工的特点，对采用UHPC和ECC新、老桥梁快速拼接的新型拼缝构造进行试验研究，通过对影响拼缝受力性能的各项参数（拼缝自由长度、拼缝厚度、门筋配筋率、横筋配筋率等）进行敏感性试验分析，并与有限元模型进行对比，指导新型拼缝构造的设计优化，同时验证其受力性能。

2）材料性能

采用三种力学指标的超高性能混凝土用于新型拼缝构造中，分别为应变强化型UHPC、应变软化型UHPC和超强弹性纤维混凝土，三种材料的拉伸本构关系曲线如图10所示。

其中，应变强化型UHPC，有明显屈服平台，最大拉应力12MPa，极限拉应变4000$\mu\varepsilon$；应变软化型UHPC，无明显屈服平台，最大拉应力7MPa，后应力逐渐减小，弹性阶段对应拉应变200$\mu\varepsilon$，小平台段对应拉应变1000$\mu\varepsilon$；弹性纤维混凝土达到弹性阶段末期后有明显屈服平台段，最大拉应力10MPa，极限拉

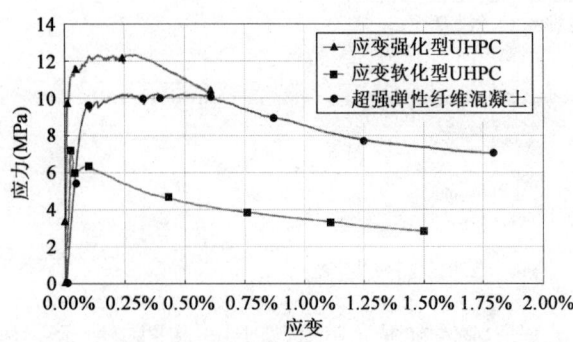
图10 超高性能混凝土拉伸本构关系曲线

应变约 6000με。

3) 试验方案

本次研究共制备新型拼缝模型试件 8 个。其中,采用应变强化型 UHPC 的试件 2 个;采用应变软化型 UHPC 的试件 4 个,采用弹性纤维混凝土的试件 2 个。见表 1。

模型试件参数表　　　　　　　　　表 1

编　号	跨缝材料	板厚(mm)	自由长度(mm)	横筋直径(mm)	横筋直径(mm)
UQ-1	应变强化型 UHPC	80	100	18	12
UQ-2		80	100	18	12
UR-1	应变软化型 UHPC	60	100	18	12
UR-2		60	300	18	12
UR-3		60	100	18	18
UR-4		60	100	12	12
TX-1	弹性纤维混凝土	60	300	18	12
TX-2		80	300	18	12

加载模型采用 700mm × 200mm × (60~80)mm 的条形试件,具体如图 11 所示。其中,C50 混凝土块模拟新、老桥梁边梁桥面板挑臂结构,60~80mm 厚度薄板模拟超高性能拼缝混凝土。

试验模型主要考虑四个影响参数:拼接缝自由长度、横向钢筋直径、门筋直径和高性能混凝土厚度。如图 12 所示。

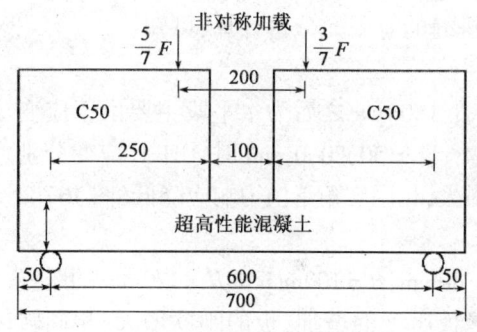

图 11　加载模型图(尺寸单位:mm)

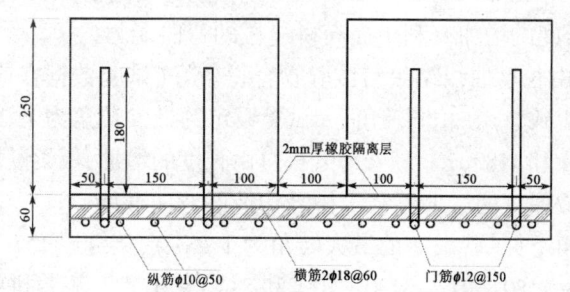

图 12　模型主要影响参数示意图

在跨缝横向钢筋、门式钢筋、超高性能混凝土底面和侧立面设置了应变片。

试验采用四点简支不对称加载,加载比例为 3:7,目的为模拟活载挠度变形和新建桥梁不均匀沉降造成的受力不均匀效果。采用单点静力单调加载,以 5kN 速率加载,直到转角为 2%,之后位移控制速率为 1mm/min 直至压坏。

4) 试验过程

根据模型试件的试验加载结果,可知采用应变强化型和超强弹性纤维混凝土的新型拼缝整个受力破坏过程大致分为 3 个阶段:弹性阶段、裂缝发展阶段、持荷至破坏阶段(图 13、图 14)。

(1) 阶段 Ⅰ:弹性阶段。在试验加载初期,拼缝板弯矩较小,受力形态与均匀弹性体基本一致,荷载—挠度曲线呈直线。

(2) 阶段 Ⅱ:裂缝发展阶段。随着荷载的增加,首先在拼缝板下缘出现裂缝,而后在板侧面出现大量微小裂缝,以微裂缝簇的方式呈现。裂缝宽度发展缓慢,且沿着板厚向上发展。受拉区进入塑性阶段的部分逐渐增多,荷载—挠度曲线斜率逐渐减小。

(3) 阶段 Ⅲ:持荷至破坏阶段。随着荷载的增加,超高性能混凝土板横向钢筋屈服。跨中附近裂缝沿板厚迅速发展且宽度增大。荷载—挠度曲线斜率逐渐趋于零。当荷载—挠度曲线斜率为负时,拼缝板挠度增加迅速,出现明显主裂缝。

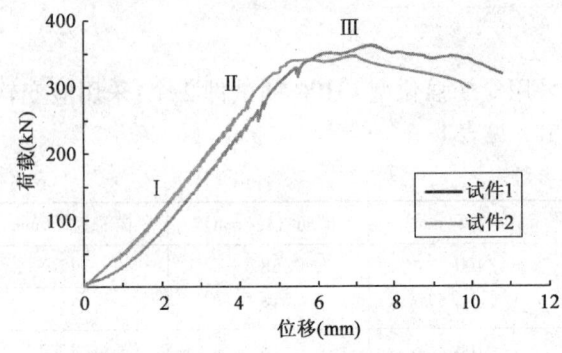

图13 应变强化型UHPC荷载—位移曲线图

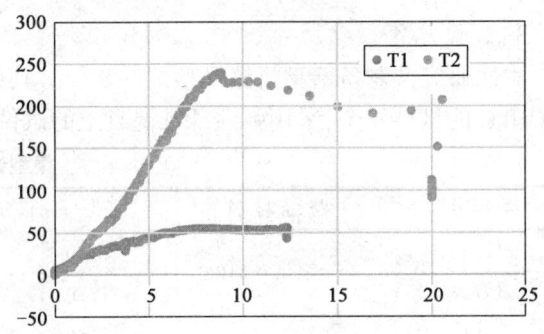

图14 弹性混凝土荷载—位移曲线图

采用应变软化型UHPC的新型拼缝整个受力破坏过程大致分为2个阶段:弹性阶段、破坏阶段(图15)。

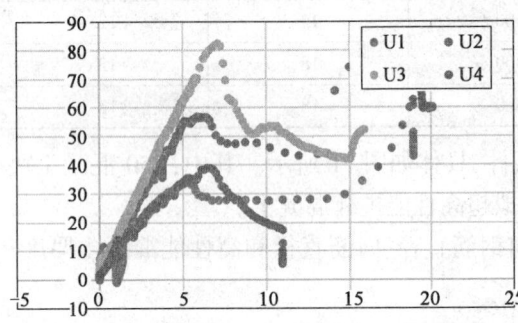

图15 应变软化型UHPC荷载—位移曲线图

(1)阶段Ⅰ:弹性阶段。在试验加载初期,拼缝板在较小的荷载作用下即出现较为集中的裂缝,荷载—挠度曲线呈直线。

(2)阶段Ⅱ:破坏阶段。随着荷载的增加,跨中附近形成主裂缝(未出现多点微裂缝)并沿板厚迅速发展,拼缝板破坏前结构处于弹性阶段。

5)试验结果分析

根据试验结果,并结合采用混凝土塑形损伤模型模拟应变强化型UHPC拼缝的有限元分析计算,可知:

(1)自由长度的增加有利于提高拼缝板的弯曲能力。

$L=0$时自由长度曲线结果与试验吻合得较好(试验数据在应变$1800\mu\varepsilon$之后为水平段主要由于应变片处突然开裂所致)。在相同转角下(试验设定的最大转角为1.2%),$L=50,30,0$ mm时,UHPC应变分别为$520\mu\varepsilon$,$770\mu\varepsilon$和$1180\mu\varepsilon$。随着跨缝板自由长度的增加,板柔度增大,相同转角下内力响应降低(图16)。

(2)拼缝板厚度的增加不利于拼缝构造的弯曲性能。

在相同转角下(试验设定的最大转角为1.2%),接缝厚度$H=80$mm、$H=100$mm 和$H=120$mm 的跨缝材料应变分别为1180×10^{-6},3130×10^{-6}和5110×10^{-6}。随着拼缝板厚度的增加,板的刚度增大,相同转角变形下拼缝板的内力响应随之增加(图17)。

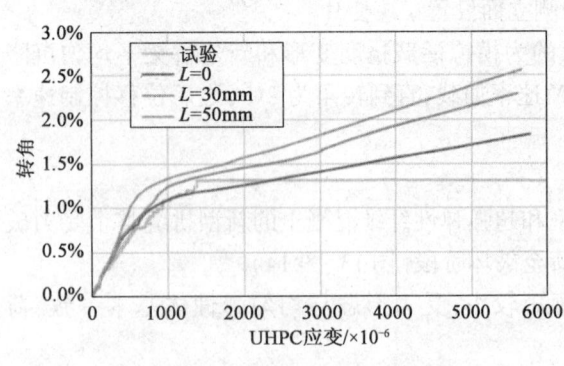

图16 隔离长度参数的转角—应变曲线

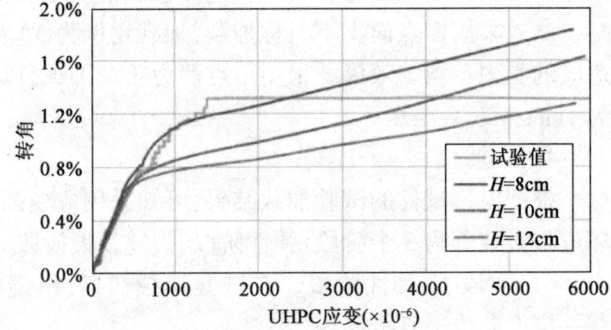

图17 拼缝板厚度参数的转角—应变曲线

(3)有着较好应变强化段的混凝土材料更适合新、老桥梁拼缝处的受力需要。

从对裂缝控制和变形适应能力来看(图18),三种材料的排序为:强化型UHPC>弹性混凝土>应变软化型UHPC。

(4)增加横筋和门筋配筋率均可改善拼缝的受力性能。

从上图也可看出,增加横向钢筋和门筋的配筋率均可以提高拼缝的受力性能。

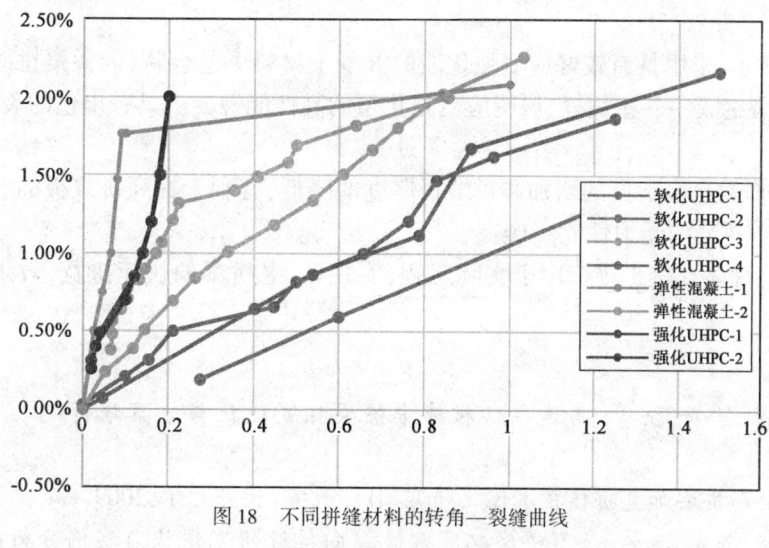

图18 不同拼缝材料的转角—裂缝曲线

五、工程应用

1. 拼缝构造

通过前述的相关试验研究及计算分析,确定依托工程中拼缝采用应变强化型UHPC混凝土,厚度80mm。跨缝钢筋网片布置于拼缝两侧,并与钢筋混凝土铺装层内的钢筋网片搭接进行连接过渡。横向跨缝钢筋通过抗剪门式钢筋进行固定。

为控制新、老桥梁基础不均匀沉降变形,改善拼缝构造的受力,对新拼宽侧桥梁桩长适当加长的基础上,进行桩尖注浆处理。同时预留了拼宽侧桥梁在支座处进行高度调整的措施。

2. 工程实施

在拼宽侧桥梁架设2个月后进行拼缝构造的实施。施工过程中需对拼缝两侧接触面进行凿毛处理,清除缝内杂物,并对既有混凝土接触面进行湿润处理,保湿表干,现场进行UHPC混凝土的搅拌及浇筑。

现场浇筑时需保证混凝土分布均匀,浇筑连续,混凝土浇筑间歇期不宜超过30min。混凝土浇筑过程中边浇筑边抹面收光和洒水覆膜养护作业。施工完毕至少覆膜或土工布保湿养护3天,并封闭作业面。

拼接缝具体实施过程如图19、图20所示。

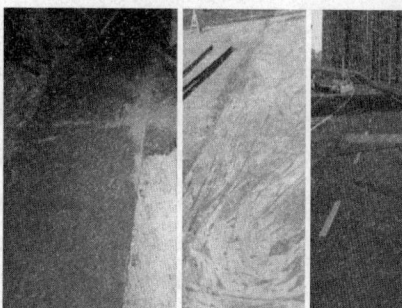

图19 新、老桥间间隙预留、拼缝钢筋施工和UHPC浇筑养护

图20 拼缝实施完成及通车运营

六、结　语

基于超高性能混凝土材料,提出一种具有较好力学性能和快速施工特点的新、老桥梁拼缝构造,并通过一系列物理模型试验验证了新型接缝的抗裂性能、抗弯性能以及主要设计参数的优化研究。该技术已用于实际工程项目,取得了良好的效果。

(1)提出一种新、老桥梁上、下部结构均不连接,仅通过钢筋混凝土铺装层连接的采用超高性能混凝土的新型新、老桥梁拼缝构造,避免了大量现场钢筋凿露及焊接的工作,简化了现场的施工工艺,可实现新、老桥梁快速拼接。

（2）试验结果显示，采用具有较好应变强化段的混凝土材料更适合新、老桥梁拼缝处的受力需要，裂缝的发展方式为微裂缝簇——主裂缝，说明应变强化型的高性能混凝土具有出色的裂缝控制能力和变形适应能力。

（3）根据参数分析，自由长度的增加和拼缝板厚度的降低，有利于提高拼缝板的弯曲性能；增加横筋和门筋配筋率可改善拼缝的受力性能。

（4）将新型超高性能混凝土拼缝用于实际工程，实现新、老桥梁的快速拼宽，效果显著，具有良好的推广前景。

参考文献

[1] 吴文清,叶见曙,鞠金荧,等.高速公路扩建中桥梁拓宽现状与方案分析[J].中外公路,2007,27(6):100.

[2] 王宗华.高速公路桥梁加宽拼接技术优化研究[D].长安:长安大学,2009.

[3] 宗周红,夏樟华,陈宜言,等.既有桥梁拓宽改造纵向接缝研究现状与实例分析[J].福州大学学报《自然科学版》,2009,37(2):248.

[4] 左永辉.新材料在桥梁拼接中的应用研究[D].南京:东南大学,2017.

[5] 王俊颜,郭君渊,肖汝诚,等.高应变强化超高性能混凝土的裂缝控制机理和研究[J].土木工程学报,2017,50(11):10.

[6] 王俊颜,耿莉萍,郭君渊,等.UHPC的轴拉性能与裂缝宽度控制能力研究[J].哈尔滨工业大学学报,2017,49(12):165.

[7] Struenthening of reinforced concrete beams using ultra high performance fibre renforced concrete (UHPFRC)[J].LAMPROPOULOS AP. PASCHALIS S A,TSIOULOU O T. etal. Eneineering Structures,2016,106:370.

[8] 刘超,黄钰豪,陆元春.新老桥见超高性能混凝土拼接接缝性能试验[J].同济大学学报(自然科学版),2019,47(3):322.

42. 钢桥梁智能涂装生产线建设及运用研究

马增岗

（中铁宝桥（扬州）有限公司）

摘　要　相比较汽车等行业，我国桥梁涂装施工智能化、信息化水平还处于空白。本文以温州瓯江北口大桥钢桁梁制造项目为依托，对智能化涂装施工进行研究，建造一条针对钢桁梁桥智能化喷砂、涂装生产示范线，该研究成果在中铁宝桥（扬州）有限公司进行试点研究，并已在温州瓯江北口大桥钢桁梁涂装施工中进行了成功运用，取得良好的经济效益和社会效益，在行业内具有广泛推广价值。

关键词　钢桥　智能涂装　生产线　运用

一、引　言

我国现阶段从造桥总量来说，已成为世界第一，但我国还不是一个造桥强国，无论在精细化方面，还是在工艺装备先进性方面，均落后于美国和日本。近年来，随着港珠澳大桥等超级桥梁工程的建造，使我国桥梁建造在自动化、工厂化、大型化方面取得了重大突破和提升，但作为影响桥梁全寿命周期最关键耐久性的表面涂装施工仍然处于传统的手工作业阶段。尤其随着社会的进步和人民生活水平的提高，鉴于喷砂和涂装施工环境，愿意从事手工喷砂和涂装作业的技术工人越来越少，人工成本逐年上升。2020年春节后,受新冠疫情影响,涂装施工复工复产相比其他产业更加艰难。因此,涂装施工实现机械化、智能化是未来发展的必然趋势。本文通过对钢桥梁智能化喷砂系统和喷漆系统、智能控制、生产功效提升等方面的研究[1],建造一条适合钢桥梁涂装作业的智能化生产线。

二、智能涂装生产线总体设计方案

1. 钢桁梁结构特点

温州瓯江北口大桥是世界首座三塔四跨双层公路钢桁梁悬索桥,系国家"十三五"规划重点工程,是交通运输部首批8个绿色公路建设典型示范项目中唯一一座桥梁工程。主桥钢桁梁采用整节段制造和安装,全桥共计110个制造大节段。

综合考虑钢桁梁大节段整体尺寸特点,制定"分级分步"制造和涂装工艺,将大节段划分为两个主桁桁片及上、下桥面块体分别进行制造和防腐涂装,再进行大节段总拼,有效提高大节段制造效率,如图1所示。

主桁桁片最大外轮廓净尺寸20.2m×14.7m×3.8m,形状不规则,高低落差较大,腹杆与弦杆连接处结构较为复杂,腾挪空间狭小;桥面块体外轮廓净尺寸36.2m×20.2m×2.5m,横向跨度较大,下部U肋数量较多,工件本身支墩数需求多,支墩高度相对较低。

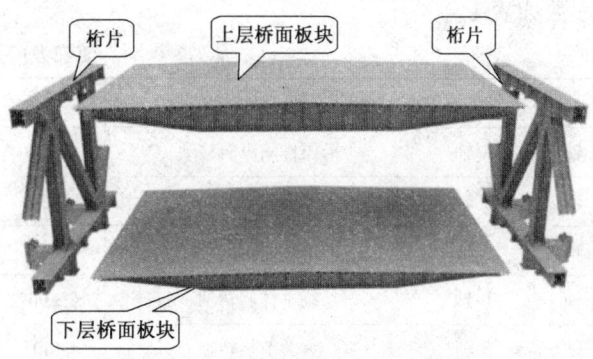

图1 钢桁梁大节段结构及分块图

2. 智能喷砂车间工艺布局设计

根据钢桁梁产品结构特点,经分析研究,拟对中铁宝桥(扬州)有限公司现有4号喷砂车间进行改造,即在现有喷砂车间基础上增加顶部行车喷砂机器人和底部轮式喷砂机器人代替人工,同时通过电气控制系统把喷砂车间的喷砂机、回砂系统、除尘系统等生产设备进行网络集成,实现智能控制。

根据现场勘测,现有喷砂间内部长度约52m,内空宽度23.46m,内空高度7.8m,砂房立柱截面尺寸300mm×400mm,间距7.5m。经计算分析,在砂房两侧钢结构立柱上焊接牛腿支撑机器人行走龙门架,龙门大梁上布置双梁机器人,跨度约23m,大梁行走轨道长度约45m,大梁的支撑高度约5m,大梁及行走轨道总重量约8t,可满足钢桁梁顶部和侧部的喷砂除锈。底部轮式机器人可自行驱动在钢桁梁底部自由行走,实现底部和侧面的喷砂除锈,总体布局如图2所示。

3. 智能涂装车间工艺布局设计

根据钢桁梁产品结构特点,通过对涂装车间设备和系统的智能化研究,拟在中铁宝桥(扬州)有限公司现有5号涂装车间增加两台智能悬臂式喷漆机器人,悬臂机器人采用地面轨道行走方式,在现有的混凝土承载地面上铺设行走轨道,无需对厂房结构进行改造。现有喷漆车间内空长度约56m,内空宽度约32.5m,净空高度约8.1m。机器人轨道纵向长度46.99m,中心间距21.6m。总体布局如图3所示。

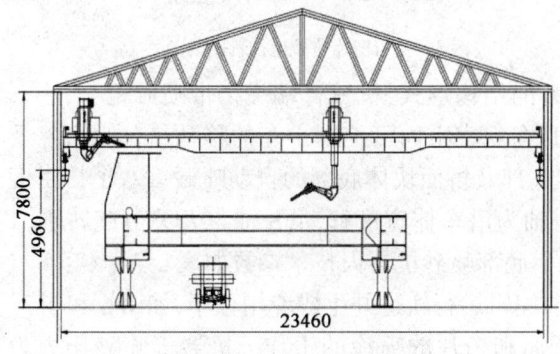

图2 喷砂机器人车间布置图(尺寸单位:mm)

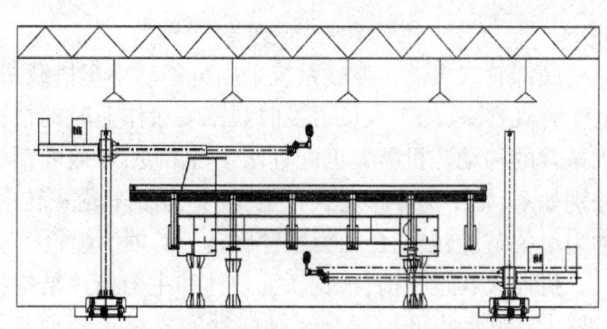

图3 涂装机器人车间布置图

三、智能涂装装备技术研究

1. 智能喷砂系统研发及运用

智能喷砂机器人包括顶部天车机器人和底部轮式机器人两种。

顶部天车机器人喷砂系统采用龙门双梁设计,搭载喷涂机械臂,机械臂端头携带喷砂枪头。机器人共配置八个轴用于控制喷枪的运动,喷枪的8个自由度分别如下:X轴为喷房的纵向空间移动,Y轴为喷房的横向空间移动,Z轴为喷房的高度空间升降,R轴为绕本体旋转,S轴为大关节沿垂直方向的摆动,T轴为小关节沿垂直方向的摆动,U轴为手臂沿手臂轴线的旋转运动,W轴为手腕沿手腕轴线的旋转运动。参数如表1。

顶部龙门八轴机器人　　　　　　　　　　　表1

序号	轴名称	轴功能	运动范围
轴1	X轴	沿操作间纵向移动	42m
轴2	Y轴	沿操作间横向移动	22m
轴3	Z轴	沿操作间高度升降	2.5
轴4	R轴	绕本体旋转轴	±90°
轴5	S轴	大关节旋转轴	160°
轴6	T轴	小关节旋转轴	240°
轴7	V轴	小臂旋转	360°
轴8	W轴	喷枪摆动	±90°

机器人在运行前,根据桥面块体和钢桁片结构特点,编辑运行轨迹并生成专用程序[2],如图4和图5所示。机器人从始点开始,配合8轴联动完成桥面块体和桁片的喷砂除锈工作。喷砂时压力为0.8MPa,流量为40m³/min,喷枪摆动频率为100,喷距为500mm,喷枪与工作面夹角为60°,移动速度1.5~2.5m/min、喷涂幅宽1~1.2m,搭接宽度8~10cm,行走速度设置为最大速度的7%。

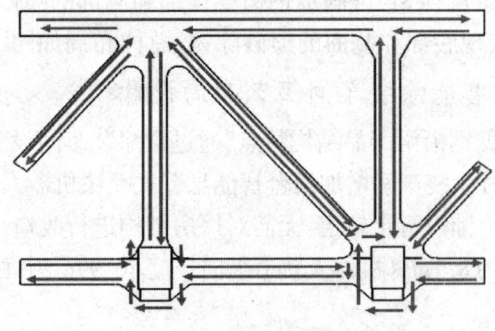

图4　桥面块体喷砂运行轨迹图　　　　　图5　主桁桁片喷砂运行轨迹图

底部轮式机器人喷砂系统采用可移动小车搭载机械臂的结构形式,机械臂端头携带喷砂枪头,小车上配有观察室,施工人员可及时观察喷涂作业时的情况,并在观察室内可控制小车的移动、转向、启停及机械臂的移动。机器人也配置八个自由度,可兼顾钢桁架底部及桥面块体底部的自动喷砂。八个自由度分别如下:轴1为小车轮式行走,轴2为小车轮式转向,X轴为沿车体宽度移动,S轴为大关节旋转轴,T轴为小关节旋转轴,U轴为小臂旋转,W轴为喷枪摆动轴。底部喷砂机器人技术参数如表2。

机器人在运行前,根据桥面块体和主桁桁片结构特点,编辑运行轨迹并生成专用程序,如图6和图7。机器人从起始点开始配合8轴联动完成整个桥面板钢桥面和桁片的喷涂的工作。机器人喷砂压力为0.8MPa,流量为40m³/min,喷枪摆动频率为100,喷距为500mm,喷枪与工作面夹角为60°。

底部喷砂机器人 表2

序号	轴名称	轴功能	运动范围
轴1	车体行走	轮式行走小车	室体内
轴2	车体行走	轮式小车转向	室体内
轴3	X轴	沿车体宽度移动	约2.5m
轴4	S轴	基座转动	180°
轴5	T轴	大关节旋转轴	160°
轴6	U轴	小关节旋转轴	240°
轴7	V轴	小臂旋转	±180°
轴8	W轴	喷枪摆动/转动	±90°

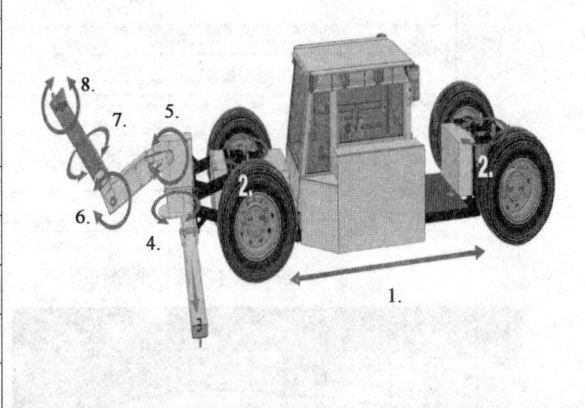

图6 桥面块体底部喷砂作业轨迹图

图7 桁片底面喷砂作业轨迹图

2. 智能化喷漆系统研发及运用

智能化喷漆系统由两台悬臂式机器人构成,悬臂喷漆机器人共配置八个轴用于控制喷枪的运动,喷枪的8个自由度分别如下:X轴为喷房的纵向空间移动,Y轴为喷房的横向空间移动,Z轴为喷房的高度空间升降,R轴为绕本体旋转,S轴为大关节旋转轴,T轴为小关节旋转轴,V轴为小臂旋转,W轴为喷枪转动轴。喷漆机器人技术参数如表3。

悬臂喷漆机器人 表3

序号	轴名称	轴功能	运动范围
轴1	X轴	纵向移动	根据工件长度而定
轴2	Z轴	高度升降移动	根据工件长度而定
轴3	Y轴	横向移动	根据工件长度而定
轴4	R轴	绕本体旋转轴	±90°
轴5	S轴	大关节旋转轴	160°
轴6	T轴	小关节旋转轴	240°
轴7	V轴	小臂旋转	360°
轴8	W轴	喷枪转动	±90°

整个系统从喷涂起始点进行相应的喷涂工作,工作路径的方向如图8和图9所示,工作实况如图10、图11所示。配合8轴联动,完成整个桥面板钢桥面及斜顶面的喷涂的工作,喷漆时移动速度0.5~1/min、喷涂幅宽0.5~0.8m,搭接宽度3~5cm。喷漆时移动速度0.5~1m/min、搭接宽度30~50mm。喷漆压力为0.6MPa,流量为3m³/min,喷距为500mm,扇形工作面的夹角为90°,喷枪与工作面夹角为目视90°。

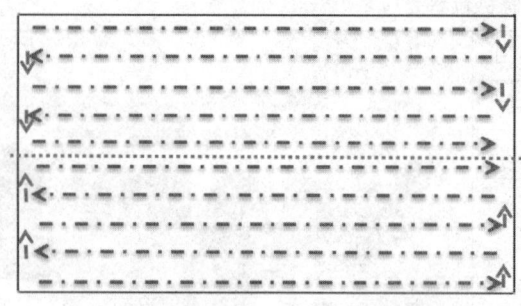
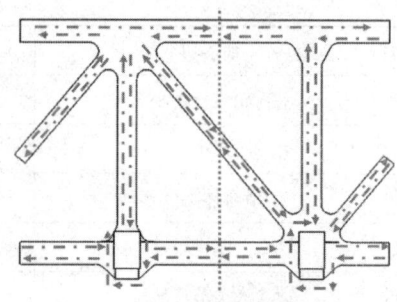

图8 桥面块体喷漆作业路径图　　　　　图9 桁片喷漆作业路径图

图10 桥面块体喷漆机器人工作实况(一)　　图11 桥面块体喷漆机器人工作实况(二)

四、智能监控系统技术

根据智能涂装作业需求,开发实时精细化生产数据管理系统,根据集散控制原则(集中控制与分散控制相结合),用PLC对主要设备、阀门进行全面控制,各个设备的运行状态都会在显示屏上反映(如图12～图14所示)。以显示屏加触摸屏作为系统的操作及监控平台,整个系统分为设备层、控制层、监控层三个层次。

(1)设备层:以PLC远程连接各I/O受控设备。

(2)控制层:以PLC作为系统的控制主机。

(3)监控层:以显示器和彩色触摸屏作为系统的监控平台,动态显示各个I/O设备的运行状态。为操作人员提供一个人性化的操作环境,及时了解现场设备状况(集控室)。

图12 智能涂装控制中心　　　　　　　图13 智能监控大屏

此外,系统集成控制配有管理软件系统,管理系统包括以下内容:动态显示各个I/O设备的运行状态、控制现场设备的运行/停止;对现场智能化涂装系统的作业情况进行视频监控,并归档为施工录像;另外还可对设备产生的报警信息的时间及相关问题(因设备采用模块化设计,所以故障定位的报警信息非常精确)、设备运行情况、设备维护记录、历史操作记录、操作时间(包括相对应的喷涂的梁段号)、操作人员等数据进行统计记录,以上信息均可通过工业5G网传输至BIM系统,使智能施工作业的整体过程具有可追溯性。

同时,涂装房内配备有温湿度传感器、粉尘浓度传感器、漆雾测爆仪等传感报警装置,供料系统中配备有压力传感器,可监测喷砂压力、喷漆压力等数据,以保证涂装施工环境及设备状态满足要求。

图 14 视频监控录像

五、智能涂装生产优势

1. 功效提升

以为温州瓯江北口大桥标准大节段为例进行功效分析,如表 4 所示。

功效分析表　　　　表 4

工作内容	施工面积 (m^2)	智能涂装效率 (m^2/h)	传统涂装效率 (m^2/h)	功效提升 (m^2/h)	提升占比 (%)
上桥面板上表面喷砂	682	100	20	80	500
桥面板下表面+T形梁喷砂	3498	100	20	80	500
桁片竖腹杆,斜腹杆,上弦杆,下弦杆的上表面及吊索牛腿外表面喷砂	158	100	20	80	500
桁片竖腹杆,斜腹杆,上弦杆,下弦杆的下表面喷砂	111	100	20	80	500
桁片竖腹杆,斜腹杆,上弦杆,下弦杆腹板及立面喷砂	630	100	20	80	500
桥面板上表面喷漆	682	400	350	50	114
T形梁喷漆	1200	400	350	50	114
桁片竖腹杆,斜腹杆,上弦杆,下弦杆的上表面及吊索牛腿外表面喷漆	158	400	350	50	114
桁片竖腹杆,斜腹杆,上弦杆,下弦杆的下表面喷漆	111	400	350	50	114
桁片竖腹杆,斜腹杆,上弦杆,下弦杆腹板及立面喷漆	630	400	350	50	114

通过表 4 分析,喷砂功效整体提升 500%,喷漆功效提升 114%,整体提升效果明显,后续将进一步优化工艺参数,提升功效。

2. 质量提升

智能喷砂机器人系统通过系统控制,能够保证钢梁表面喷砂质量均匀一致,喷涂均匀,质量稳定,安全高效。用机械装备代替人工作业,实现智能自动化作业,在线智能监测,生产过程实时监控,减少人工因个人习惯、工作经验等导致的质量缺陷发生,系统具备对生产过程数据和工艺参数优化、在线监测和故障诊治、制造信息全程跟踪和产品质量追溯、精益生产管理等功能,在中央计算机统一管理下智能协调工作。经统计,温州瓯江北口大桥首轮钢桁梁节段涂层厚度均匀一致,厚度偏差控制在 $\pm 30\mu m$ 以内,涂层附着力最低 6.8MPa,平均 8.5MPa,均超过规范要求。

3. 安全提升

用机械装备取代人工作业,实现智能自动化作业,在线智能监测,生产过程实时监控,设备故障诊断与预警,系统具有可视化流程及离线编程轨迹规划功能,大大减少人工作业时间和空间,提升了本质安全。喷漆系统采取防爆设计,选用防爆型电机及电器元件,主要电控元件布置在防爆电控箱内,保证喷涂系统运行安全。针对喷砂、喷漆过程中产生的危险因素建立了安全隐患预判预警、系统智能运行,保障安全生产。

参考文献

[1] 宋袁曾.大型飞机整机涂装自动化实施探讨与展望[J].航空制造技术,2016(10):52-56.
[2] 季晨.工业机器人姿态规划及轨迹优化研究[D].哈尔滨:哈尔滨工业大学,2013.

43. 大跨径装配式波形钢腹板梁厂内预制施工关键技术

王成伟[1] 李思海[1] 赵永忠[2]
(1.中交一公局集团有限公司;2.河南中交鹏程路桥开发有限公司)

摘 要 采用预制装配式成桥工艺的大跨径波形钢腹板组合梁桥作为一种新的桥梁结构形式,其具有自重小、抗震性能好、节约混凝土材料、降低工程成本的优点。同时实现了组拼构件的预制化、标准化、工厂化生产,使之在国内已经得到了相对广泛的应用。现阶段厂内整孔预制大跨径波形钢腹板梁需主要解决以下技术难题:大长度节段波形板制作拼装、钢筋高效绑扎及适用于混凝土浇筑的模板体系。文章基于《50m波形钢腹板梁施工关键技术研究》课题的开展,已优质高效完成波形钢腹板组合梁的整孔预制,现对各施工阶段技术关键点的攻关进行阐述,为同类工程提供参考借鉴。

关键词 大跨径 波形钢腹板 厂内预制 关键技术

一、工程背景

国道207孟州黄河特大桥移民防护堤内北引桥3×(4×50)m+(3×50)m,南引桥(5×50)m均为波形钢腹板组合梁,共计120片。桥梁为双向六车道,标准跨径50m,单幅设3片预制装配式波形钢腹板组合梁(图1)。其中预制边梁宽为4.85m、中梁宽为4.7m,湿接缝宽0.83m,梁高3m预制梁设5道横隔板。梁体截面形式为箱式,斜腹板从常规的混凝土腹板变为厚度为9mm和10mm,材质为Q345qD的波形钢板。波形钢板在加工厂制作成品运输至预制厂,在预制梁厂内进行梁板的钢筋绑扎、波形板安装、混凝土浇筑等各项工序。

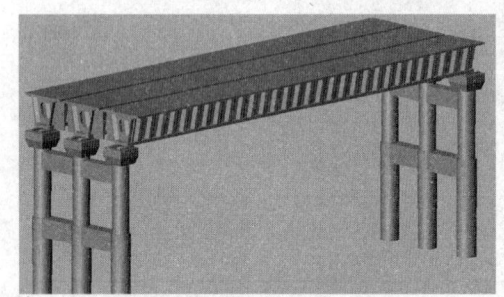

图1 波形钢腹板组合梁模型图

二、波形钢腹板组合梁预制施工关键技术

本工程波形钢腹板梁跨径50m,波形板厚度薄、节段长,且梁板采用厂内顶、底板同步浇筑预制成型工艺,大跨度波形板内部配筋、预应力设计较为新颖,且国内无适用于该工艺的模板,多项关键技术为创新突破。

1.关键技术之一——基于BIM技术的数字化施工应用

围绕新型施工工艺,利用BIM技术作为数字化手段辅助保证加工、拼装、预制各工序环节高质实施,主要包括:

1)波形钢腹板梁内部结构碰撞检查及优化

应用BIM可视化技术针对波形钢腹板梁内部钢筋及预应力体系进行碰撞检查,提出图纸偏差并进行优化(图2)。为保证钢混结构的嵌固结合质量,波形钢腹板内部钢筋设计大样类型多达百种,一些尺寸错误无法通过单张图纸发现。通过BIM技术精确建模,将钢筋尺寸、布设位置错误、预应力束交叉碰撞得以在施工前发现,提前向设计单位进行反馈,针对相关问题进行优化或要求提供更详细的设计说明,能极大提高后续工序的效率。

2)利用BIM技术进行波形板单元分段及排版加工方案设计

通过建筑信息模型进行图纸校核、板单元下料、加工方案的辅助设计(图3),使钢材材料浪费尽可能减少。对波形板进行分解,结合梁厂场地和吊装机械的配置情况,将节段划分成便于运输,且利于提高现场拼装速度的节段,模拟节段拼装顺序及复核拼接精度。

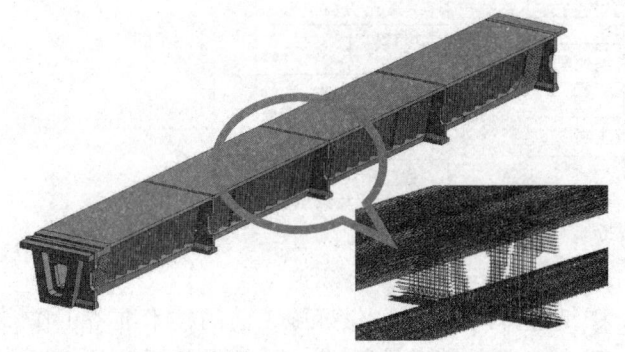
图2 波形梁BIM模型

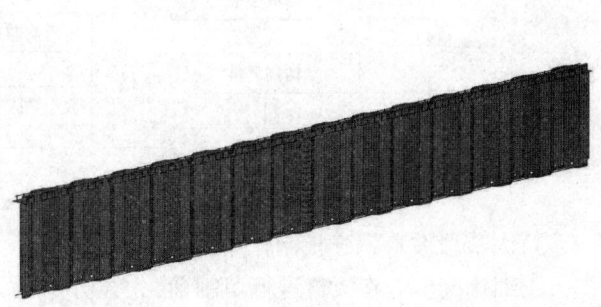
图3 波形板拼接模型

3)厂站设计规划及实景建模技术

通过实景建模技术对梁厂场地进行规划,利用无人机倾斜摄影对原场地进行实景建模,在此基础上进行BIM建模三维梁厂设计(图4),在三维条件下将波形梁信息化中心、安全教育中心、制梁及存梁生产线精细化布设,将台座、供水管线、机械、线路布置科学到位,满足后续施工的需求,过程中进行标准化建设,打造创新型、精细化、智慧化梁厂。

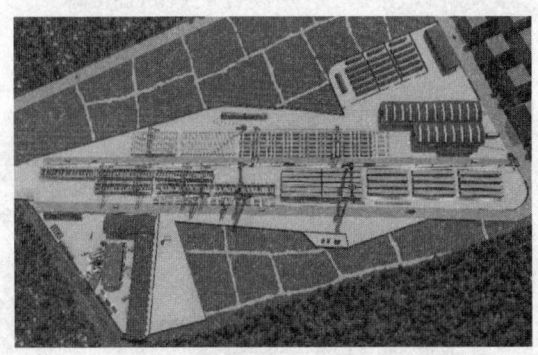

图4 梁厂规划实景建模

2. 关键技术之二——超大节段超薄波形板的加工制作技术

1)波形钢腹板节段优化匹配

本项目波形钢腹板钢板材质为Q345qD,加工波形型号为BCSW1200型,板材高度2.756m,板厚仅为9~10mm。原设计该梁单侧波形钢腹板分为9段,标准节段长度4.8m。波形板之间设计采用高强螺栓进行连接,存在拼接口多、连接质量控制难度大、拼接精度难以控制等问题,对波形钢腹板组合梁的成品质量存在一定隐患。与设计单位探讨后,优化单个节段长度,减少波形板现场拼接口数量,能有效提高成品梁的安全系数储备。

重新设计优化的单节段长度达到16.8m,该长度目前为国内厂内加工超薄波形板板第一长度。单片节段重约为4000kg,单片波形梁钢腹板梁腹板共计6个节段,拼接口由16处减少为4处,减少了现场拼装工程量,提高了成品梁的安全承载储备,同时对于加工、运输和安装等方面节约了成本。

2) 波形钢腹板加工工艺

厂内加工制作并有效控制大节段波形板的生产精度,是保证和提高装配式波形钢腹板组合梁施工质量的主要因素之一。从目前国内加工厂新型设备性能及加工技术考虑,采用先进的生产工艺,制定以下超薄超长波形板制作工艺流程(图5)。

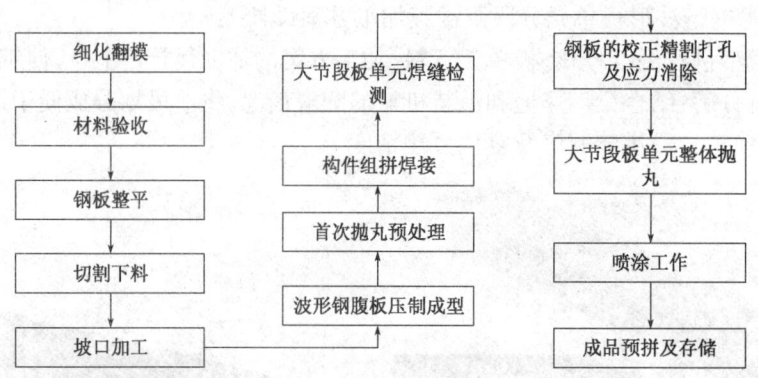

图5 波形钢腹板加工流程图

3) 大节段波形钢腹板制作关键技术

①细化翻模。在板材进行切割前,先充分对设计图纸进行研究分析,做好施工前的技术准备工作。明确各波形板单元的加工尺寸,通过软件进行翻模处理,数控软件精密排版,做到合理利用采购的钢板,减少边角料的产生,并为后续材料数字化处理提供准确数据。

②切割铣边。待钢板原材检测合格后,方可进行正式的加工阶段。运用先进的数控火焰等离子切割机(图6),按前期对板材设计规划进行高精度切割。切割过程中,分考虑后期波形板压模成型所产生的变量,确保在后期焊接整体成型后,其尺寸误差小于规范要求偏差,减少二次精加工的工作量。

③高精度坡口加工。利用桁车吊运钢板放至坡口平台,先利用半自动火焰切割机进行火焰倒割法进行坡口加工,然后翻转钢板,再利用铣边机进行正割法铣边坡口(图7),达到设计坡口断面要求。

图6 数控火焰等离子切割机进行作业

图7 铣边机进行作业

④波形钢腹板压制成型。钢板加工完成后,则要进行整个波形板制作工程中最为重要的一步,波形的压制。目前波形钢腹板成型方式主要分为模压法及冲压法,为了保证大长度波形板的压制质量和工效,本工程采用多排油缸无牵制式连续模压法进行加工(图8),引进性能优越的模压机,配套制作1200波形专用模具,模压效率高,成型效果好,并从源头减少了大节段超薄板的加工误差,为现场拼装施工提高了对接的精度基础。

⑤波形板的应力消除。波形板制作完成后,对产品尺寸进行矫正。对于板单元在加工过程中所存在的应力,采用较为先进的振动时效进行去除,快速的去除板单元中的应力,在第一时间得出结果。

⑥大节段板单元整体防腐。波形板加工完成后,在进行表面涂装前进行一次全面的表面整体抛丸工序,起到除锈的作用,达到喷涂前的Sa2.5级除锈等级以及Rz40-70μm粗糙度要求,即时进行表面涂装工序。

图8 波形钢腹板无牵制式连续模压施工

抛丸完成后,板单元表面需进行底漆、中漆以及面漆三层涂装的喷涂工作(图9)。该工序采用高压无气自动化喷涂设备完成各道防腐涂层,保证了漆膜更加致密,厚度更均匀,确保干膜厚度及附着力等参数达到规范要求。为了确保喷涂工作的密闭性,保证厂内工作人员的身体健康,喷涂工序在指定位置进行集中作业,安排专人对其进行全程监管。

图9 波形钢腹板防腐作业施工

4)关键技术之三——适用于顶底板同步浇筑技术的新型模板系统

保证波形钢腹板梁预制顶底板同步浇筑的关键环节为浇筑方案的制定与实施。

浇筑方式一为先浇筑底板,带底板强度达到后再绑扎顶板钢筋,浇筑顶板混凝土,完成梁板预制。但该工艺通过计算分析因顶底板混凝土龄期不同,产生的收缩徐变效应易产生顶板开裂的病害。浇筑方式二为采用顶、底同步浇筑成型工艺。通过对模板结构系统进行全面研究分析,创新模板设计,制作出满足顶底板同步浇筑工艺的模板。因波形钢腹板组合梁腹板有一定斜度,模板设计是考虑侧模兼具波形板安装定位胎架功能,顶板设内模悬调系统,防止浇筑顶板混凝土时模板塌陷。整个模板系统采用SolidWorks软件中Simulation模块对结构受力进行有限元验算校核(图10),通过模板系统的创新设计保证了国内首创大跨径波形钢腹板梁顶底板同步浇筑成型工艺的实施。

5)关键技术之四——钢筋胎架法、模块化绑扎

(1)底板钢筋移动式胎架绑扎。

由于波形板与混凝土嵌固形式所限及考虑吊装难度,底板钢筋无法采用整体式胎架法。故设计出移动式绑扎胎架,在安装波形钢腹板组合梁底板钢筋时,首先将移动式绑扎胎架安放在台座绑扎位置,然后将底板横向钢筋安放在胎架的定位卡尺内,通过上下卡口固定住底板横向钢筋,然后安装底板纵向钢筋形成整体线性,在完成一个节段的底板钢筋绑扎工作后,移动底板钢筋绑扎胎架到下一个施工节段,以此循环,直到底板钢筋绑扎结束(图11)。波形钢腹板组合梁底板钢筋绑扎胎架定位卡尺上的槽口为上下

两排设计,槽口间距根据实际底板钢筋间距设立,一次性绑扎验收合格率提高。

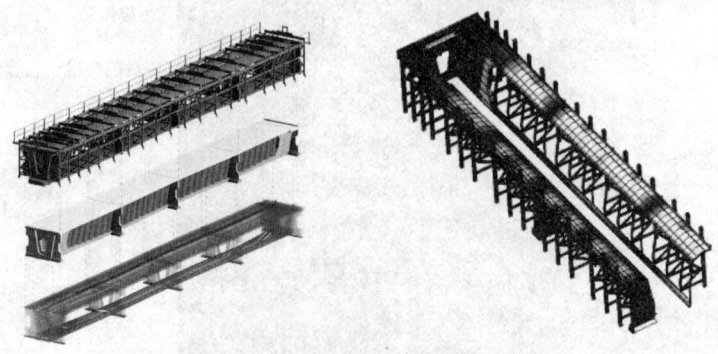

图10 模板有限元建模计算

(2)齿块钢筋胎具法模块化安装。

由于波形梁存在张拉齿块,齿块钢筋尺寸渐变,种类多。现场绑扎齿块钢筋,工人活动空间小,不便于焊接作业,并且焊渣不易清理污染模板,施工效率低下。同时齿块钢筋间距紧密,因齿块有斜度故钢筋尺寸变化大,钢筋定位的准确性难以控制。设计出一种提高波形钢腹板梁齿块钢筋的定位精度和安装效率的齿块绑扎胎具。该胎具设有整体框架、活动槽口,针对不同设计尺寸齿块可快速调整胎具,使齿块钢筋绑扎快速简单、位置精确、线性顺直。通过加工成齿块钢筋模块(图12),整体吊装至台座指定位置安装,模块化施工提高了工效。

图11 底板钢筋移动式绑扎胎架　　　　　　图12 齿块钢筋模块

6)关键技术之五——大节段波形板拼装技术

大节段波形板吊装时易变形,导致拼接口高强螺栓难以传入。通过设计专用吊具与波形钢板上的吊点连接,实现对大长度波形钢腹板的横向及竖向吊装,用于波形钢板的装卸、存放及拼装施工等各工况的需要(图13)。通过不同位置的钢腹板连接点连接吊装绳,进行对大长度波形钢腹板的竖向吊装与拼装作业。

图13 波形板吊装

三、预制装配式波形钢腹板组合梁优势分析

波形钢腹板组合梁与传统混凝土梁比较,有以下特点:

(1)与传统50mT梁相比,双向六车道道路半幅需要7片T梁,6道湿接缝,波形钢腹板梁只需要3片梁,2道湿接缝。T梁架设后桥面系工程量大,应用波形梁则极大减少了桥位处现浇工程量。

(2)预制装配式波形钢腹板梁是50m跨径装配式桥梁的最经济桥型,装配化程度高、混凝土用量低、与传统混凝土T梁相比重量减少约20%,利于下部结构轻量化设计。

(3)传统混凝土梁易发生腹板开裂结构病害,采用波形钢替代混凝土腹板避免了该问题。钢结构需要进行20年一次防腐,为满足后期涂装的需求,在波形钢腹板上设置有"检修肋",可在"检修肋"上挂临时检修平台以进行维养。

四、结　语

孟州黄河大桥工程通过工法创新将大跨径波形钢腹板梁预制全过程工序进行了系统分析及解决。通过一系列关键技术的攻关与实践,完成了大跨度波形钢腹板梁底板、顶板一次浇筑预制成型的先进工艺,为国内类似工程提供参考借鉴。

参考文献

[1] 河南省质量技术监督局.波形钢腹板梁桥技术规程:DB 41/T 1526—2018[S].北京:人民交通出版社股份有限公司,2018.

[2] 陈宜言,王用中.波形钢腹板预应力混凝土桥设计与施工[M].北京:人民交通出版社,2009.

[3] 杜伸云,方继.BIM技术在桥梁钢结构制造和施工中的应用[J].铁道建设,2016(3):71-74.

44. 适用于大跨径钢混梁快速化建造的大型设备应用及优化改进

王成伟[1]　鲁建明[1]　翟晓军[2]

(1.中交一公局集团有限公司;2.中公交通监理咨询河南有限公司)

摘　要　国道207孟州至偃师黄河特大桥主跨为80m钢混组合梁,引桥为50m波形钢腹板组合梁,全桥均为预制装配式。作为内陆地区跨黄河的钢混组合梁大规模应用的典型工程,如何考虑大型设备的合理化应用及采取何种优化改进措施以助力大跨径钢混梁快速化安全建造值得思考。文章围绕钢混组合梁课题攻关,通过提、运、架设备在工程中的实效应用,不断总结经验,望对类似大跨度钢混组合桥梁结构的设计及施工应用提供借鉴意义。

关键词　钢混组合梁　预制装配式　快速化建造　大型设备　优化改进

一、工程背景

国道207孟州至偃师黄河特大桥主桥与跨移民防护堤桥设计图上部结构均为槽形钢混组合连续梁,六车道设计标准,黄河特大桥主桥上部结构为80m跨槽形钢混组合连续梁,共计19孔,双幅钢梁共计两片。槽形钢混组合梁总高4m(钢梁高3.72m、桥面板厚0.28m),高跨比1/20;钢主梁采用开口槽形截面,钢板厚度为16~48mm;槽形钢梁跨中横梁采用空腹式隔板,间距4m;支点采用实腹式横隔板;桥面板采用预制钢筋混凝土桥面板;剪力连接键采用φ22×200mm焊钉。钢梁单片最大重量510t。南、北引桥装

配式波形钢腹板组合梁共计20孔,单幅梁片数3片,梁高3m;波形钢腹板厚9~10mm;顶板混凝土厚18cm,底板混凝土厚25cm;单片梁重380t。桥型图如图1所示。

图1 特大桥钢混组合梁桥型图

二、提运架技术方案与实施

该桥钢混组合梁梁板尺寸及重量在公路工程中较为少见,且设计采用预制装配式成桥指导工艺。波形钢腹板梁架设后续工序和常规混凝土小箱梁类似,进行横隔板、湿接头湿接缝施工,然后进行负弯矩张拉。80m槽形钢混组合梁采用架桥机架设双幅反提力施加的施工工艺(图2),综合考虑吊装钢梁的工况和浇筑桥面板湿接缝时反提拉的工况,利用架桥机对槽形钢梁双幅施加向上的提升力,双幅槽形钢梁进行向上施加13000kN提升力的同时进行桥面板湿接缝施工,待桥面板湿接缝混凝土达到强度后,卸载此提升力。卸载后跨中区域在自重作用下形成压应力,可减小钢梁墩顶上缘拉应力、钢梁跨中上缘压应力,并对钢梁下缘拉应力有改善。极大地改善组合梁受力性能、提高桥面板的抗裂性能,从而降低槽形钢梁的用钢量并提高结构寿命。

图2 钢梁反提力施加现场图

整套施工工法中需用到大型提梁、运梁及架梁设备,基于上述情况,实际施工制定的提运架优化方案如下:

1. 厂内提梁转运作业规划及技术优化

1)便于快速化建造的梁厂选址规划

大型钢混梁制作所需场地较大,厂址规划需充分考虑与桥位的里程,运输通道的横纵坡设置,临时占地的成本、永临结合的经济性等多方案。本工程K8+254~K8+970段落为主线收费站,总长716m,最大宽度达到130m,终点位置距离特大桥引桥桥头约370m,道路设计纵坡0.3%。在该区域进行梁厂建设,充分利用红线内永久征地,极大节约成本。

2)提梁机及通用门吊的轨道设计优化

本工程选用公司自有设备即450t轮轨提梁机进行钢混梁提运作业,大型提梁设备从安全性考虑轨道纵坡设计为0%,其轨道需进行专业化布设。钢混梁类型多,从施工便利性等方面考虑厂区需进行钢混梁构件的拼装、吊运等工作,需应用使用多台小型龙门吊进行施工。规划思路为20t龙门吊与450t轮轨提梁机轨道共用,10t龙门吊单独在内侧设轨道,形成大小门吊能穿插行走的模式,从而保证施工效率,同时节约临建成本。

3）450t 提梁机的供电系统优化

既有450t提梁机设备供电采用传统盘线的方式,本工程钢混梁尺寸大,且制梁、存梁场地面积大,梁厂门吊轨道总长度近700m,若供电仍采用传统盘线方式,盘线线盘尺寸则需特殊改装,尺寸过大,容易搅乱、安全性差、经济性低。通过合理优化,利用收费站处永临结合设置的变压器,在梁厂中心顺线路方向安装滑线(图3),使供电系统高效便捷,提高了安全性,同时提高设备运转的安全性。

4）提梁吊具的通用化设计

80m槽形钢梁吊点设在两侧翼板顶部,钢梁吊装位置设置钢吊耳,横向间距10m。50m波形钢腹板梁需采用钢丝绳兜底吊装的方式,钢丝绳兜底安装后两绳套的间距为3.3m。原大型提梁机为高铁设备,天车卷扬设置的吊具为吊杆形式,对本工程大型钢混梁吊装不适用。故创新设计出了一种连接450t提梁机上吊装钢梁及波形腹板梁的通用吊具(图4),吊具装置采用Q345钢材质,主要由吊装板、吊装横梁、双榀连接板和平衡铰座组成。吊装板用于连接提梁机卷扬钢丝绳、吊装横梁和梁板。整个吊装横梁为箱型弓型结构,顶部设双榀连接板,连接既有提梁机卷扬。底部两侧设双榀连接板,用于连接大跨径宽幅钢梁吊耳,使其牢固稳定。底部中间位置设反方向双榀连接板,用于连接钢丝绳兜底吊装波形钢腹板梁,采用该吊具进行特大型钢梁、波形钢腹板梁整片吊装移梁施工,充分考虑了功能性及经济性。

图3 提梁机卷线改滑线应用

图4 利用通用吊具提运波形钢腹板组合梁

2. 大型钢混梁运输作业设备应用及改进

1）既有模块车组合改装利用

槽形钢梁长80m、重500t,波形钢腹板组合梁长50m,自重380t,针对其运输需考虑运梁车的可实施性、安全性、功能性及便利性。运输采用梁上运梁的方式进行,因梁板自重较大,需对引桥上部结构的T梁及波形梁进行受力验算,运梁车控制单个胎压不能超过7t。

组合式模块运梁车,由厂家既有的4辆6轴线模块车组装改造而成,小模块车单车长15m、宽4m,通过通讯及液压传动管路组合到一起形成大型运输设备。组合式模块车投影组合为前后左右四个点位形式,承载钢混组合梁的主要结构为驮梁,前后车共计2个扁担式驮梁承载重型梁板进行运输,驮梁部分设有球铰及回转梁,以适用于不同大小的横坡、纵坡等路况运输作业。全车模块车由前后两个PPU带动模块车允许,前车设置了激光测距放射板,连接通信线路,保证了前后车行走的一致性。运梁车双机联动,可实现横行、斜行、八字转向和原地90°转向。全车共有192个轮胎,单个轮胎胎压为4t,满足桥梁承载要求,梁车沿着画好的黄色标线行走,受力点是已架设好的T梁和波形梁的梁肋,极大地保证了桥梁的安全性。且驮梁拆卸后,4个模块可通过液压管路接头组合成双车。通过既有模块车组合改装利用解决了槽形钢梁、波形钢腹板梁及桥面板等其他构件的运输工作。

2）基于运梁车的优化改进

(1) 前期运梁车考虑通用性,两种梁型均跨桥梁双幅运输,产生的问题如下:

①为保证桥梁安全性能储备,设计要求主桥钢梁运输前波形梁顶混凝土桥面铺装需提前完成才能进行宽幅槽形钢梁运梁作业。北引桥波形梁共计90片,平均架设速度为1天1片梁。波形梁架设后存在

湿接头、湿接缝施工、负弯矩张拉、桥面铺装等多项工序,采用跨双幅运梁方式时,上述工序无法进行作业,将导致工期延长。

②槽形钢梁因梁板宽度大及架设时喂梁问题,运输必须采取跨双幅作业,模块车液压顶升的高度有限,造成对中分带防撞护栏施工影响较大。

(2)优化措施:

①按小模块车走桥梁单幅两片梁梁肋的横向间距尺寸,制作2套小驼梁,连接法兰与大驼梁一致,将跨双幅的大驼梁进行更换,使波形梁运输时可在单幅行走,左右两幅桥面系作业与梁板运架交错进行(图5),保证主桥槽形钢梁按期架设。

图5 波形钢腹板组合梁跨双幅、单幅运输对比图

②将运梁车横向连接左右两幅小模块车的油路管桥进行加高改进,结合模块车适当液压顶升的功能实现了跨中分带护栏运输大型宽幅槽形钢梁(图6),保证了护栏施工进度。

图6 槽形钢梁跨中分带运输

3. 大型架设设备应用及优化改进

孟州黄河桥应用的LG550桥机,是专门针对本工程研制,也是目前国内最大公路架桥机。整个桥机尺寸大,桥机长169m,宽33m,高21m。靠自重采用步履式进行80m跨度过孔;最大架设能力550t,反提能力1300t。黄河大桥上部结构包括多种梁型,存在多种架设工况:50m钢梁不施加反提工艺、80m施加反提工艺的钢梁,50m波形钢腹板梁。该大型桥机大型架桥机集多功能于一身,满足单孔6片波形钢腹板梁架设和双幅钢梁架设,包括安装桥面板,利用主桁对80m槽形钢梁施加反提力等多项功能。

1)桥机设备研制采用的新型技术

(1)桥机主梁桁架设计。

桥机尺寸大,为减轻自重,降低过孔风险,同时极大程度保证桥梁下部结构受力的安全性。桥机采用双层桁架结构,采用双柱头螺栓连接,便于安拆和运输。桁架钢材质分节段部位应用到的级别分别为Q345、Q390、Q460及Q620;极大减轻自重,降低过孔时主桁80m悬臂状态下前端挠度,保证了安全性。

(2)前辅支腿设计形式。

前辅支腿设计为C型结构,该曲腿设计支撑横梁位于主梁上部,实现与桥机前支腿站位能够重合,避免干涉;实现了在小尺寸盖梁情况下桥机主桁过孔时起到临时支撑的作用。

(3)主桁纵横移机构。

桥机主桁前移通过采用4组纵移油缸推动滑靴机构自动插销,无须人工干预。在前、中支腿横梁与主桁连接位置采用4组同步液压千斤顶组成主桁横移系统,可以实现线路为小曲线带纵坡条件下桥机平稳过孔行走功能,同时横移系统可保证全幅梁板的顺利架设。

2) 桥机设备优化改进

(1) 因该设备在国内首次采用,前期在爬行过孔及架设使用时,发现的问题如下:

①后支腿为双柱垂直连接形式,在进行中支腿前移时需将后支腿支撑到桥面,顶升主梁。因桥梁纵坡的存在,该结构体系不稳固,后支腿持力后易发生纵桥向倾斜变形,存在一定安全隐患。

②前辅支腿为 C 型结构,为利于过孔进行了轻量化设计,其通过上下支点分别与主桁及底部墩顶承载面锚固连接,整体受力体系为二立杆受力结构。该支腿功能为主桁前段过孔至墩顶时,将主桁顶升,使前支腿能够行走至墩顶。前辅支腿理论上与主桁有小幅度倾角,但也因纵坡的存在,持力后易发生纵向倾斜,存在一定的安全隐患。

③桥机为满足双向六车道 33m 宽的桥梁双幅架梁,主桁间距设计较大,主桁间距为 23.5m。单幅钢梁预制桥面板为边板+中板+边板分块组合的形式,主天车运行速度慢,同时因天车卷扬无法行走至桥机主桁外侧,故桥梁外侧的边板均无法利用天车架设到位,工效降低。

④钢梁架设设计要求利用桥机将钢梁的 20 组吊点施加 1300t 反提力,在该工况下进行浇筑桥面板湿接缝混凝土,持荷到混凝土强度 90% 时再释放反提力。前期反提力施加系统的反提吊挂横梁与钢梁之间连接形式为吊耳穿销轴连接,双幅钢梁共计需按照 20 组反提吊耳。因吊耳体积大,20 组吊耳处的湿接缝钢筋无法安装,混凝土易无法浇筑,需后期拆除吊耳后进行填补施工,质量隐患大。

(2) 优化改进措施:

①后支腿因单排钢柱支撑形式,为防止主桁顶升时造成的倾斜隐患,自后支腿上铰座位置向下前后各安装一套斜撑杆,将后支腿优化为三角形受力结构(图7),防扭变形能力极大加强。

图 7 后支腿优化前后对比图

②在前辅支腿上铰座位置增加一套斜撑杆(图8),当前辅支腿顶升到满足前支腿倒运高度后进行支撑,使支腿处于刚性连接。前辅支腿底部垫板后部增加挡块,避免支腿发生倾斜时底部支撑位置滑移,解决了倾斜变形问题。

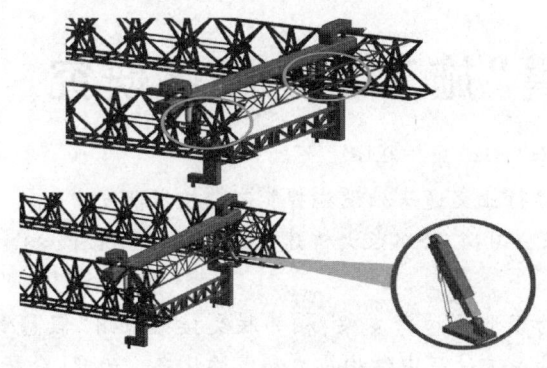 

图 8 前辅支腿斜撑杆安装图

③针对边部预制桥面板吊装问题,在两个大天车承重梁的边部设置 10t 葫芦吊(图9),大天车承重梁

宽度大于桥机主桁间距,故解决了桥梁外侧预制边板的吊装问题。另外在大天车承重梁顶部安装10t门式吊,其行走天车顶部设置的轨道,能够跨过大天车卷扬机,辅助吊装小型机具及中分带处边板,提升了桥梁施工工效。

图9　天车主桁顶门式吊及边部葫芦吊安装对比

④考虑单点反提力值为65t,钢梁上设置的反提吊耳优化为利用反提吊杆实施反提形式。经设计验算,单反提点采用4根直径30mm的PSB930精轧螺纹钢安全系数满足要求。故在钢翼板反提点处对称设置4个圆孔,设加劲肋防止吊点位置钢梁翼板变形,精轧螺纹钢外套PVC套管,可保证重复利用。因吊杆干扰小,反提力施加期间该部位钢筋可安装,所有桥面板湿接缝混凝土一次性浇筑成型,提高了工效,同时提升了整体质量。

三、结　　语

随着国内桥梁提、运、架机械设备厂商研发制作能力的提升,促进了预制装配式梁型的大面积推广应用,同时也助力了大跨径钢混梁机械化快速建造技术不断提升。本文通过对国道207孟州黄河大桥大跨度预制装配式钢混组合梁提、运、架建造方案规划,在施工中不断针对大型设备进行微创新、完善,成功进行了80m大跨径钢梁及50m波形钢腹板梁的架设施工,效益显著,得到业内广泛关注,望总结的经验对类似工程起到借鉴作用。

参考文献

[1] 刘伟,王成伟.黄河区80m跨钢箱梁整孔架设提升力施加方案比选分析[J].公路交通科技,2019(11):163-166.

[2] 刘伟.基于BIM技术的80m跨径钢混组合梁智慧建造应用研究∥全国桥梁学术会议论文集[C].2019:893-899.

45. 多联刚构桥"假悬臂"施工合龙顺序研究

厉勇辉[1,2,4]　黄剑锋[1,3,4]　胡伟[1,2]

(1. 中交第二航务工程局有限公司;2. 交通运输行业交通基础设施智能制造技术研发中心;
3. 中交公路长大桥建设国家工程研究中心有限公司;4. 公路长大桥建设国家工程研究中心)

摘　要　泉州湾跨海9联3×70m连续刚构桥为了取消边跨支架,相邻联交接墩采用"假悬臂"施工,主梁达到最大悬臂状态时,主梁合龙顺序直接影响施工过程中结构应力和成桥状态。为此,分析四种合龙方案对施工过程中结构应力和成桥状态的影响。计算表明,四种合龙方案施工过程中结构最大应力和成桥状态相差较小;环境降温荷载对结构影响较大,考虑环境温度荷载,先合龙每联边跨后合龙中跨为最优合龙方案,并建议主梁选择环境温度较低的时刻进行合龙;施工过程中交接墩交接缝相对变形较小,竖向和横桥向变形不超过1cm。

关键词 合龙顺序 假悬臂 连续刚构桥 环境温度 交接缝变形

一、引 言

海洋桥梁具有桥梁长度超长、受海洋环境影响大、施工有效时间短等特点[1]。国内建成的跨海桥梁中其非通航孔桥绝大多数采用简支预应力混凝土箱梁,梁跨度小、基础数量多、经济性差。连续刚构桥具有跨越能力大、承载能力强、行车平顺性好、经济优势突出等特点[2],可以满足海洋环境下减少基础的要求,安全且经济。

常规连续刚构桥其边跨跨度一般为主跨0.6倍,边跨直线段长度较小,一般采用支架或托架施工[3]。对于处于海洋中多联等跨的连续刚构桥,如果采用常规方案施工,其边跨满堂支架投入量十分巨大。为了取消边跨满堂支架,采用"假悬臂"施工工艺,悬臂浇筑每联边跨主梁。"假悬臂"是通过配置临时预应力筋束来平衡边跨主梁节段重量,实现边墩主梁悬臂浇筑。目前,采用"假悬臂"施工工法应用案例极少,仅仅在某公路高架5匝连续梁桥有所应用[4]。交接墩和中间墩主梁悬臂浇筑达到最大悬臂状态时,合龙口合龙施工过程中结构体系转换次数多、施工线形控制难、工序复杂,施工合龙顺序的合理选择是对结构质量和线形控制的重要保证。

二、工 程 概 况

1. 工程简介

在建泉州湾跨海大桥属于高速铁路桥,位于福建省泉州市内,起于台商投资区,跨越泉州湾后进入晋江市、石狮市,桥梁全长20286.775m,桥梁类型包含斜拉桥、简支梁桥、连续梁桥和连续刚构桥。其中47号~74号墩设计为9联3×70m预应力混凝土连续刚构桥,连续刚构桥编号分别为A1~A9,如图1所示。

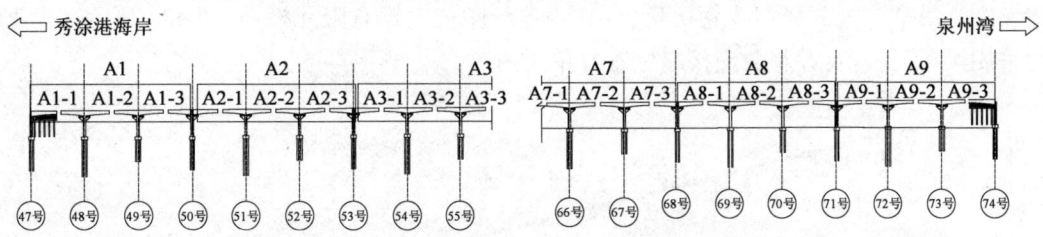

图1 9联3×70m预应力混凝土连续刚构桥布置

为了减少深水中边跨支架搭设,施工过程中除了A1联秀涂港方向和A9联泉州湾方向边跨采用满堂支架现浇外,其他联中墩和相邻联交接墩主梁均采用悬臂法进行施工。交接墩为相邻两联共用桥墩,采用双壁墩结构,箱梁亦在墩中心处断开。中间墩和边墩主梁最大悬臂状态时划分了8个节段,为了平衡节段重量,每个节段位置处配置2束19ϕ15.24临时预应力筋钢绞线。交接墩0号块临时固结,通过在交接缝内填钢板和方木。同时,为了使交接墩内填物储备一定压应力,在交接墩横隔板处张拉了24根ϕ25螺纹钢筋,0号块顶、底板各配置了2束19ϕ15.24预应力筋,如图2所示。

2. 合龙方案

常规连续刚构的合龙顺序十分明确,对于3跨以上的

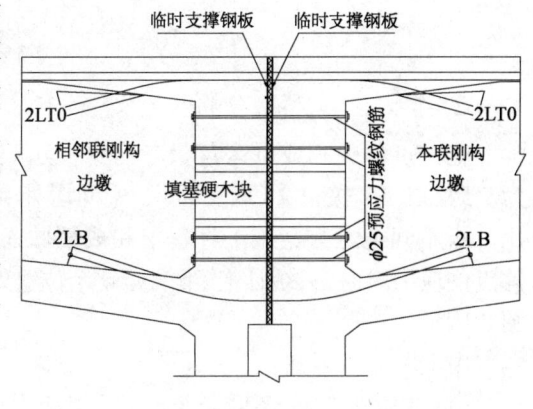

图2 临时固结构造图

多跨连续刚构桥,合龙顺序为:先将各 T 构连成 π 构,然后连接各个 π 构实现全桥合龙;为了缩短施工工期,各联中间墩和相邻联交接墩同时进行悬臂浇筑施工,达到最大悬臂状态时,各联均存在 3 个合龙口。为了便于区分,每联合龙口编号由秀涂港至泉州湾方向编号依次为 1、2、3(例如 A1 联合龙口编号为:A1-1、A1-2、A1-3),如图 1 所示。

根据"先边跨后中跨""先中跨后边跨""中、边跨交替合龙"以及"依次合龙"合龙方式拟定 4 个合龙方案。四种合龙方案均以 A5 联为中心向秀涂港海岸和泉州湾方向同时施工。各个合龙方案中,临时悬臂束预应力筋在交接墩两边合龙口合龙完成后进行拆除。边跨合龙束分两批张拉,第一批是边跨合龙时张拉,第二批是交接墩临时预应力筋拆除后张拉。方案一~方案四合龙顺序简述如下:

方案一(中、边跨交替合龙),逐联完成合龙,先合龙中跨,然后合龙该联边跨。具体步骤如下:合龙中跨(A5-2)→合龙边跨(A5-1 和 A5-3)→合龙相邻联中跨(A4-2、A6-2)→合龙相邻联边跨(A4-3、A6-1)→拆除相邻联临时预应力→合龙相邻联边跨(A4-1、A6-3)→……

方案二(依次合龙),从 A5 联中跨合龙口开始,向秀涂港海岸和泉州湾两个方向依次合龙。具体步骤如下:合龙中跨(A5-2)→合龙边跨(A5-1 和 A5-3)→合龙相邻联边跨(A4-3 和 A6-1)→合龙相邻联中跨(A4-2 和 A6-2)→拆除临时预应力→合龙次联边跨(A4-1、A6-3)→……

方案三(先中跨后边跨),先合龙每联中跨,然后依次合龙每联中跨。具体步骤如下:依次合龙每联中跨(A5-2、A4-2、A6-2、A3-2、A7-2、A2-2、A8-2、A1-2、A9-2)→合龙边跨(A5-1 和 A5-3)→合龙相邻联边跨(A4-3、A6-1)→拆除临时预应力→合龙相邻联边跨(A4-1、A6-3)→……

方案四(先边跨后中跨),先合龙每联边跨,然后依次合龙每联中跨。具体步骤如下:合龙边跨(A5-1、A5-3)→合龙相邻联边跨(A4-3、A6-1)→拆除临时预应力→合龙相邻联边跨(A4-1、A6-3)→合龙 A3、A7 联边跨(A3-3、A7-1)→拆除临时预应力……→合龙 A5 联中跨(A5-2)→……

三、四种合龙方案对比分析

1. 有限元模型建立

采用 Midas Civil 有限元模型建立 9 联 3×70m 连续刚构三维有限元模型,如图 3 所示。模型中交接缝填充物采用梁单元模拟,并释放交接缝位置处单元两端约束。

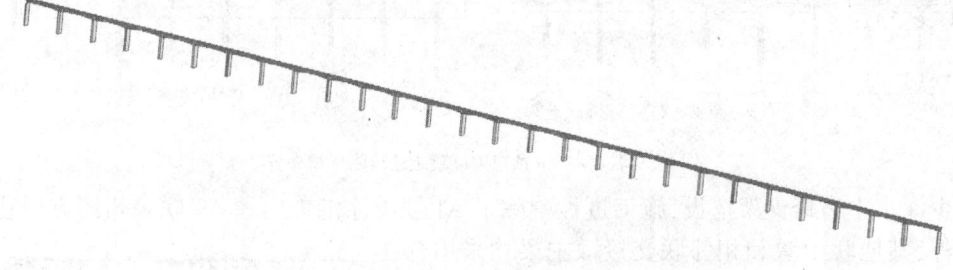

图 3　9 联 3×70m 连续刚构三维有限元模型

2. 结构应力对比分析

施工过程中和成桥运营状态下,桥墩和合龙段梁截面易出现弯曲裂缝。各合龙方案中最大跨数为 7 跨,以 A5 联和 A4 联交接墩、中间墩处和合龙段处主梁以及桥墩顶、底端截面作为应力统计点,对比分析不同合龙方案施工过程中和成桥状态下结构应力,如图 4 所示。在统计不同合龙方案应力统计点的应力时时,只统计上、下翼缘 4 个位置处最大应力(压应力为负,拉应力为正),统计结果如图 5~图 8 所示。

由上图分析可知:

(1)成桥状态下,不同合龙方案主梁应力相差较小,主梁均处于全截面受压状态,四种方案中最大应力差为0.42MPa；不同合龙方案桥墩最大应力相差不大，方案二应力最大，为1.1MPa，方案四应力最小，为0.85MPa，最大差值为0.25MPa。

（2）不同合龙方案合龙施工中主梁最大应力相差较小，最大应力差为0.63MPa，中跨靠近中墩主梁施工过程出现拉应力，这主要和中跨合龙束预应力张拉有关；合龙施工过程中桥墩最大应力相差较小，方案四施工过程中桥墩应力最大，为2.87MPa；方案二施工过程中桥墩最大应力最小，为2.62MPa。成桥状态下桥墩应力状态相差较大，其中方案一～方案三桥墩最大应力出现在中墩，方案四施工过程中桥墩最大应力出现在边墩。

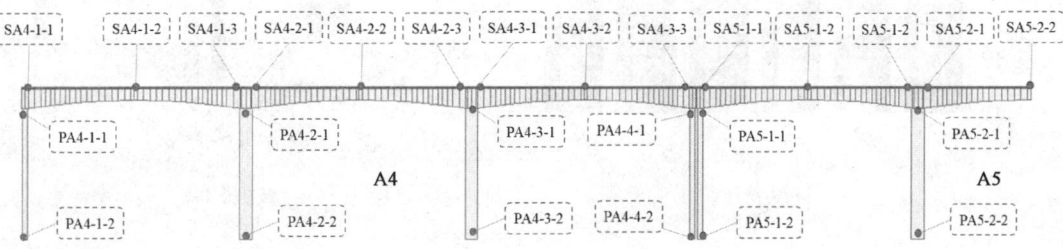

图4 应力统计点示意图

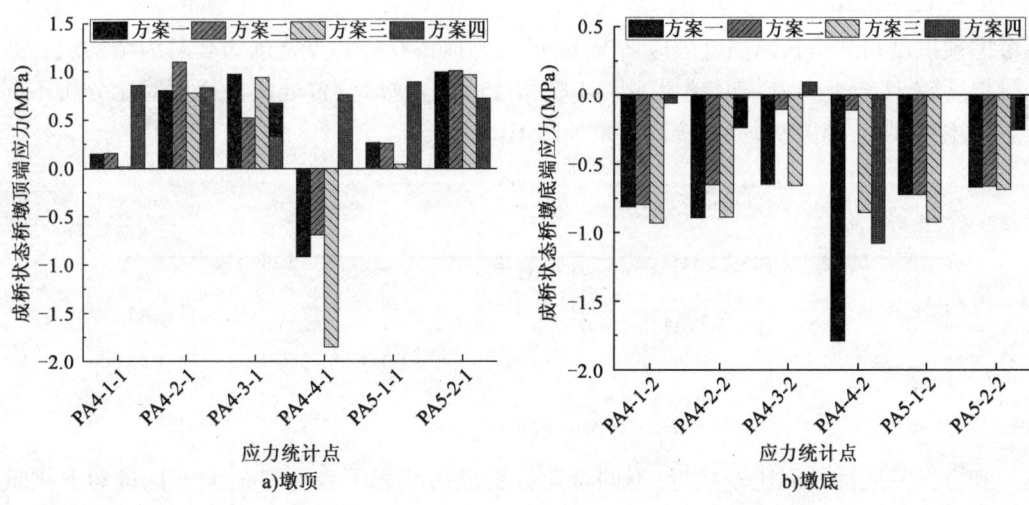

a) 墩顶

b) 墩底

图5 成桥阶段桥墩应力

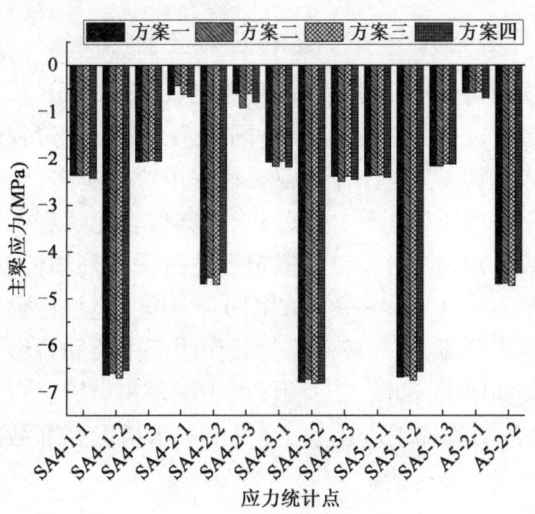

图6 成桥状态下主梁应力

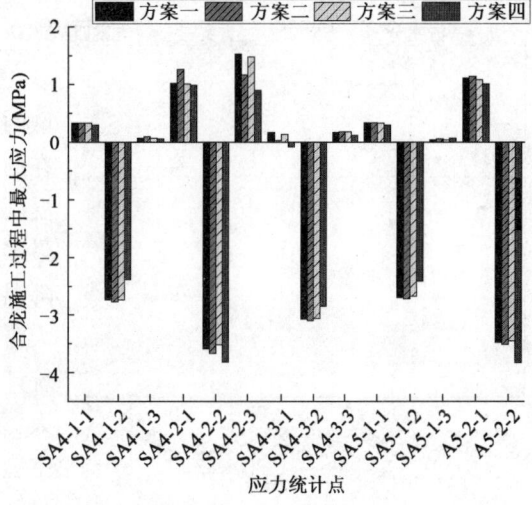

图7 合龙过程中主梁最大应力

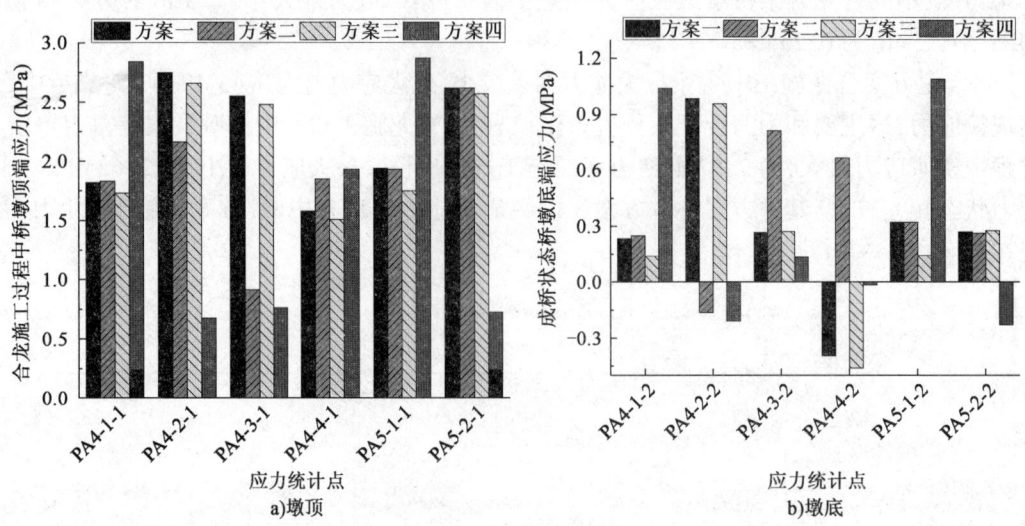

图8 合龙过程中桥墩最大应力

3. 不同合龙方案结构变形分析

在不考虑预拱度和结构长期挠度效应情况下,可认为成桥状态各点挠度为0时为结构成桥线性。由于桥墩处梁挠度较小,合龙口处挠度较大,以A4联和A5联合龙口位置处成桥挠度对比分析不同合龙方案成桥状态下主梁线形,如图9所示,统计结果如图10所示。

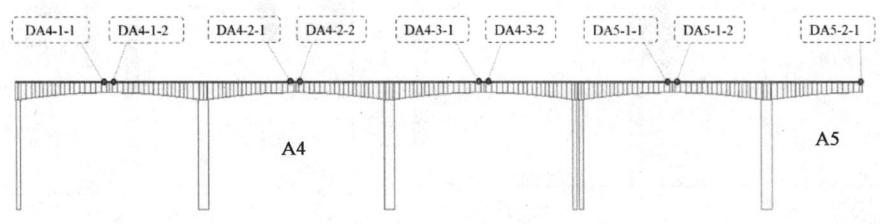

图9 变形统计点

方案一和方案三成桥线形比较接近,不同合龙方案成桥状态下合龙口最大下挠量和上拱量相差不大。各合龙方案成桥状态下最大下挠量均在20mm左右,最大起拱量均在10mm左右;方案四相对于其他合龙方案,各合龙口位移偏离挠度为0的基准线要小,方案四较为接近成桥线形。

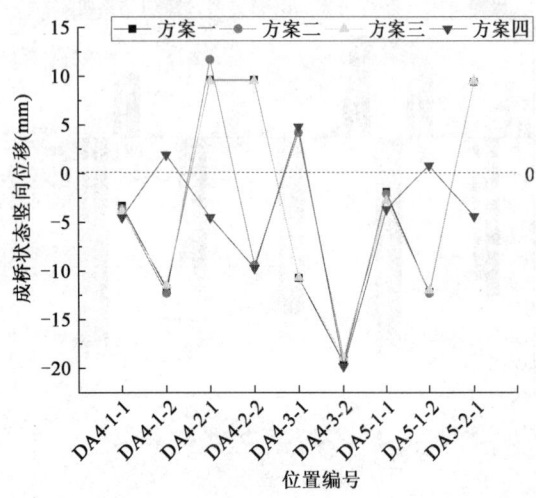

图10 四种合龙方案合龙口竖向挠度

4. 环境温度作用下结构应力分析

连续刚构桥对环境整体升降温比较敏感[5],由于交接墩两侧箱梁进行了临时固结,不同合龙方案合龙过程中存在的最大的跨数不同,合龙施工过程中跨数越多,结构在温度作用下效应越明显;方案一~方案四合龙过程中存在最多跨数分别为7、5、7、3。拟定合龙过程中环境温度升、降温度差为15℃,方案一~方案四合龙施工过程中出现最大跨数施工阶段,在环境温度荷载作用下主梁和桥墩应力统计结果如图11和图12所示(由于墩顶相对墩底应力较大,主梁合龙段处于受压状态,图中未示桥墩底部截面和主缆合龙段截面应力)。

综上分析可知:

(1)施工过程中环境温度变化对主梁和桥墩的应力影

响较大,环境温度荷载对主梁和桥墩应力影响,方案四相对其他三个方案影响较小。四种方案中,方案一和方案三主梁和桥墩最大应力最大,分别为3.6MPa和6MPa;方案二主梁和桥墩最大应力分别为2.3MPa和4.2MPa;方案四主梁和桥墩最大应力为1.4MPa和4.1MPa。由于上述计算结果基于合龙过程中最大跨数,方案二最大跨数为5跨,当临时预应力拆除后为3跨,环境温度荷载作用下,方案二桥墩最大应力和方案四相当。

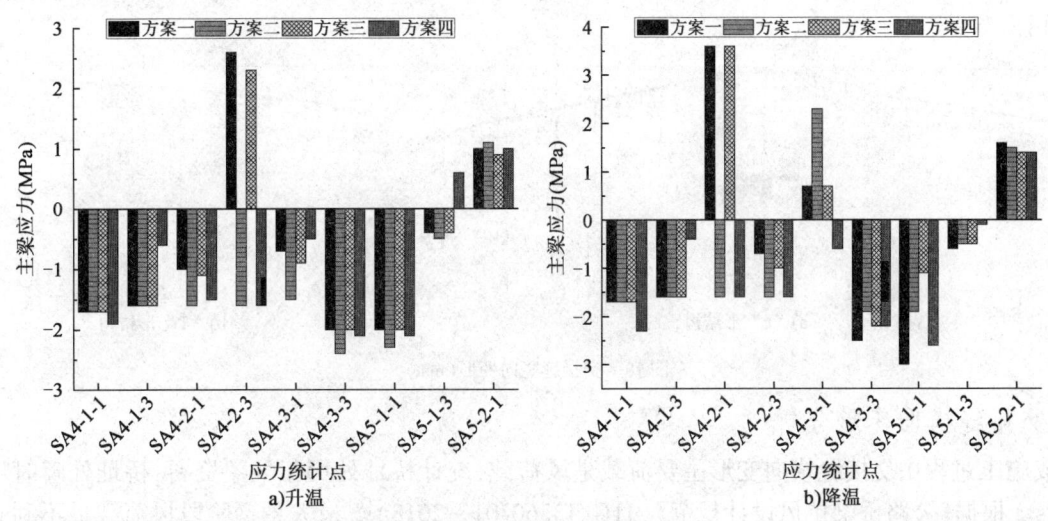

图11 温度作用下主梁应力

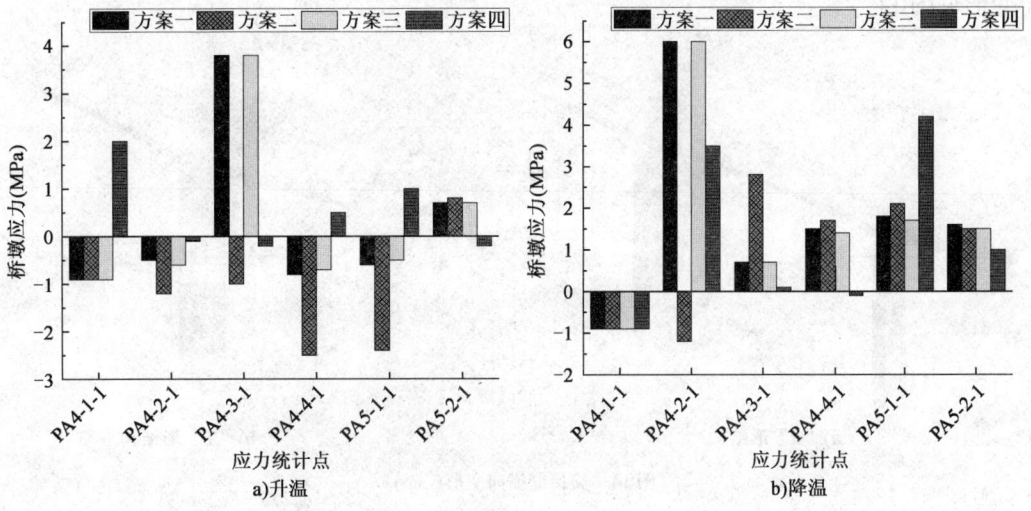

图12 温度作用下桥墩应力

(2)环境温度降温相对于升温对主梁和桥墩应力影响较大,主要因为是环境降温对桥墩变形与合龙束预应力张拉引起的桥墩变形相同。因此,主梁应选择环境温度较低的时候进行合龙。

(3)在不考虑环境温度荷载作用下,不同合龙方案,合龙施工过程中和成桥时主梁和桥墩最大应力以及主梁合龙口下挠量相差较小;综合考虑环境温度荷载对合龙过程中主梁和桥墩应力影响,防止施工过程中主梁开裂,方案四(先边跨后中跨)应为推荐方案。

四、施工过程中交接缝变形分析

交接缝变形过大,可能会造成交接墩临时预应力失效。临时预应力筋失效后对结构产生倒塌性破坏的结构体系有以下两种,一种最大悬臂"T"形结构,另外一种是"π"形结构。在分析交接墩交接缝的相对变形时,忽略交接缝中填充物对墩的约束作用。

1. 交接缝竖向变形分析

由于"T"形悬臂结构左右两边荷载对称,所以此时交接墩交接缝相对位移为零。"π"形结构可能出现在方案四中,此时由于边跨合龙束张拉和边跨合龙段自重以及挂篮荷载会导致交接缝产生变形,此时交接缝竖向相对变形为1.2mm。悬臂施工时,理论宜完全对称浇筑,如混凝土泵送有困难而难以实现,设计单位规定两端灌注不平衡不超过8t,此时"T"形结构交接缝竖向变形相对值为1.0mm。交接缝竖向变形见图13。

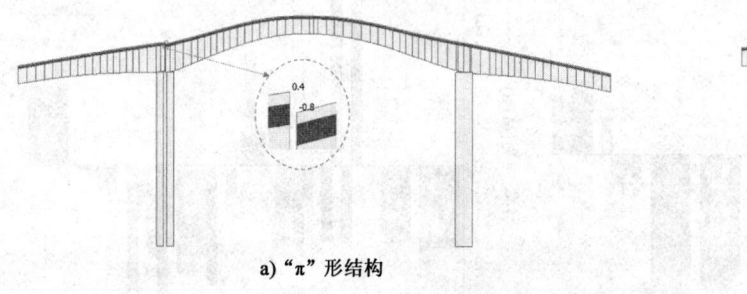
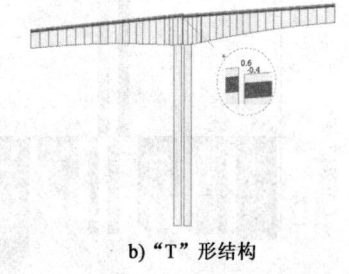

a)"π"形结构　　　　　　　b)"T"形结构

图13　交接缝竖向变形(mm)

2. 交接缝横向变形分析

造成施工过程中交接缝横向变形主要荷载是风荷载,统计桥址处历年气象资料,桥址处瞬时风速可达40m/s。根据《公路桥梁抗风设计规范》(JTG/T3360-01—2018)[6]最大悬臂阶段风荷载最不利布置原则,计算得到"T"形结构交接缝横向相对变形为3.6mm;"π"形结构交接缝最大相对变形为5.6mm。交接缝横向变形见图14。

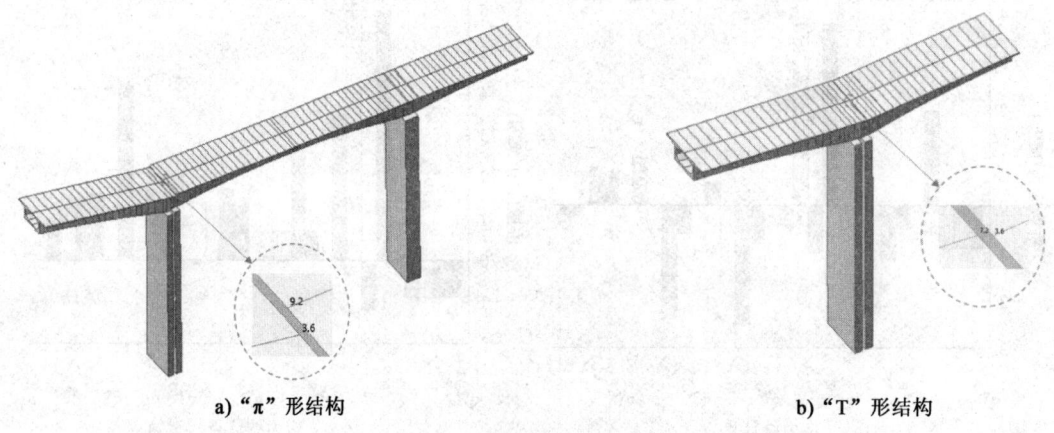

a)"π"形结构　　　　　　　b)"T"形结构

图14　交接缝横向变形(mm)

五、结　语

(1)主梁不同合龙顺序对施工过程中主梁最大应力和成桥时主梁和桥墩应力以及主梁成桥挠度影响较小。

(2)环境温度荷载对不同合龙方案合龙过程中桥墩和主梁应力影响较大,综合考虑环境温度对合龙施工过程主梁和桥墩应力影响,方案四(先边跨后中跨)为最优方案。

(3)环境降温相对于环境升温对结构应力影响较大,因此建议主梁应选择在环境温度较低的时候进行合龙。

(4)悬臂浇筑施工过程中不平衡荷载和风荷载对交接缝相对变形影响较小,交接缝竖向和横向变形相对变形不超过6mm。

参考文献

[1] 贺健.跨海大桥非通航孔桥梁的施工特点[J].中国公路,2005(17):122-124.

[2] 杨高中,杨征宇,周军生,等.连续刚构桥在我国的应用和发展[J].公路,1998(06):1-7.
[3] 刘钊.桥梁概念设计与分析理论(上册)[M].北京:人民交通出版社,2010.
[4] 王鹏.节段梁"假"固结悬拼偏位分析与顶推调整技术[J].铁道建筑技术,2018(8):64-69.
[5] 向木生.连续刚构桥梁施工控制分析[J].武汉理工大学学报,2002,024(006):44-47.
[6] 中华人民共和国行业标准.公路桥梁抗风设计规范:JTG/T3360-01—2018[S].北京:人民交通出版社股份有限公司,2018.

46. 百米哑铃形双壁钢围堰吊挂下沉施工关键技术

陶建山

(中铁大桥局武汉青山长江大桥项目部)

摘 要 武汉青山长江公路大桥主桥主跨为938m双塔双索面斜拉桥,其江中的北主塔基础采用平面整体哑铃形双壁钢围堰施工方案。针对百米整体哑铃形双壁钢围堰下沉过程中上游端冲刷深,下游端淤积高的现象,采用吊挂下沉方案,实现了钢围堰安全平稳下沉和着床,解决了高低不平河床的着床难题。本文重点介绍双壁钢围堰顶推浮运、锚碇定位、挂桩固定、吊挂下放、射水吸泥、压重下沉、冲刷抛石、水下封堵和封底等关键施工技术,确保了深水大承台顺利施工。

关键词 哑铃形承台 双壁钢围堰 顶推浮运 锚碇定位 吊挂下放 射水吸泥 压重下沉 冲刷抛石 水下封堵

一、引 言

1. 项目概述

武汉青山长江公路大桥是武汉市东四环线在天心洲尾部跨越长江的一座大桥,其主桥为(98+120+132+938+132+120+98)m双塔双索面斜拉桥,主跨主梁采用整体式钢箱梁结构,边跨主梁采用钢箱结合梁结构。该桥桥塔为A形混凝土结构,北主塔位于长江中,距天心洲岸边120m,水深24m。北主塔基础[1]采用60根φ2.5m钻孔桩;承台为哑铃形,长99.6m、宽39.2m,承台在江底覆盖层土内,承台底水深29m。北主塔基础采用"先围堰后钻孔"的施工方案,即:

(1)底节双壁钢围堰[2]制造、浮运和锚碇定位。

(2)打设定位钢护筒桩、钢围堰挂桩固定后作为钻孔平台,施工钻孔桩。

(3)接高中节和顶节、吊挂下放、射水吸泥、压重下沉、冲刷抛石、水下封堵和封底抽水。

(4)进行承台施工。

整体哑铃形双壁钢围堰平面长达103.8m,圆筒直径43.4m,壁厚2m,总高度为37m,竖向分为底节、中节和顶节,各节的高度分别为18.2m、14.8m、4m。北主墩哑铃形双壁钢围堰结构如图1。双壁钢围堰由侧板、底隔舱、内支架、撑管组成,其侧板和底隔舱采用双壁封闭结构,侧板平面分28个封闭隔舱,钢围堰总质量7579t。

2. 地质

北主墩处覆盖层顶面高程为0.0m,上层为松散粉细砂,层厚6~8m,中部为中密状粉细砂,层厚5~7m,此细砂容易被水冲刷;下部为密实状圆砾石,层厚5m,围堰底需下沉到此层内;基岩顶面高程为-18m,是软质的泥质粉砂岩夹微胶结砂岩。

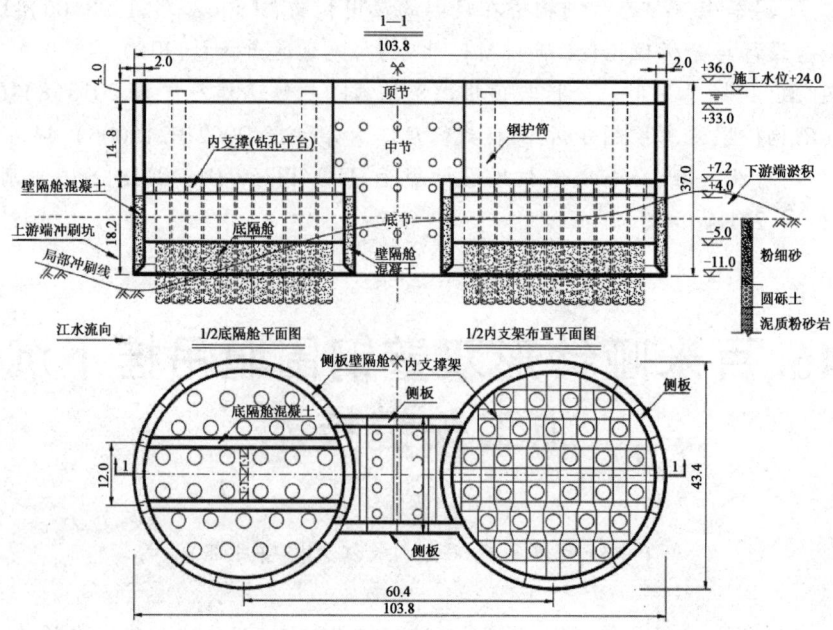

图 1 北主墩哑铃形双壁钢围堰结构图(尺寸单位:m)

3. 水文

桥址处最高洪水位 +26.95m,最低水位 +9.33m,洪水水位与低水位高差达 17.62m,2016 年 7 月洪水位为 +25.8m,流速 2.2m/s。按 10 年一遇的 +25.85m 施工水位,钢围堰顶面达 +26m。

二、底节双壁钢围堰顶推浮运、锚碇定位、挂桩固定及接高

1. 底节双壁钢围堰顶推浮运

底节双壁钢围堰高度 18.2m,浮运重量 3800t,吃水 7.8m。在船厂制造下水后,由拖轮组绑拖浮运到长江南岸江边码头临时锚泊。码头到下游北主墩距离仅 3km,水面宽约 1km,顺水横渡长江且距离短,浮运航线如图 2 所示。钢围堰是对称哑铃形大型浮体,为非流线型结构,运动阻力大,其航向稳定性、旋回性、倒车制动能力等各项操纵性能指标均较差,给实际船舶操纵带来很大风险,为防止浮运时被江水冲到下游 500m 的武汉长江密集船泊锚区,采用 5 艘拖轮总动力 13760 马力(1 马力 = 0.735kW) 逆水顶推浮运。钢围堰拖带采用"两顶两侧推-机动"的顶推方式进行,共设主顶推拖轮为 1 艘 3590 马力和 1 艘 2640 马力;绑拖侧推拖轮为 3 艘,各为 2640 马力,浮运如图 3 所示。

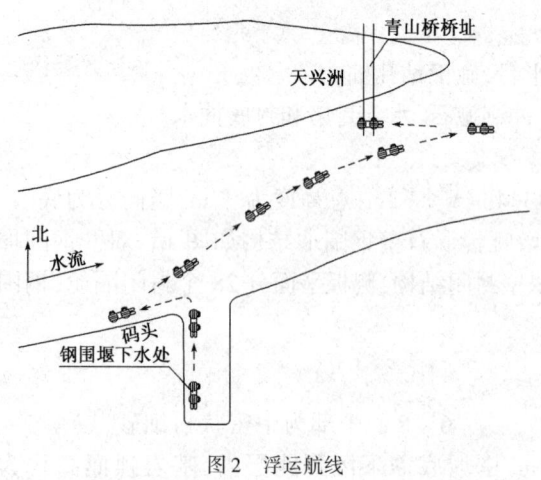

图 2 浮运航线

图 3 浮运

2. 锚碇定位系统

底节双壁钢围堰浮运到达位置后,通过采用能适应水位变化可调整拉索拉力和长度的前、后定位船拉缆霍尔锚的锚碇系统进行精确定位。在主墩上游布置一艘前定位船;在主墩下游布置一艘后定位船。前后定位船各采用1艘400t铁驳布置锚碇钢缆锚固和拉缆钢围堰的卷扬机滑车组。在主墩上游450m抛设6艘10t霍尔铁锚拉缆前定位船,在下游450m处抛设4艘6t霍尔铁锚拉缆后定位船。前、后定位船边锚各抛设4个1t霍尔铁锚。锚链则分别采用$\phi76mm$、$\phi58mm$及$\phi42mm$ AM1有档锚链,锚绳分别采用$\phi60mm$及$\phi48mm$纤维芯钢丝绳,主锚及前定位船边锚锚绳、尾锚及后定位船锚绳分别收锚于前后定位船上。钢围堰和前、后定位船之间采用上下两层拉缆连接,前拉缆共有6根$\phi60$钢丝绳,上层2根拉缆,下层4根拉缆;后拉缆共有4根$\phi60$钢丝绳,上下层各2根拉缆。钢围堰两侧边锚为8个6t霍尔铁锚,边锚锚绳则通过围堰导缆器经转向后,对称收锚于内支架上设置的收锚平台。为提高钢围堰定位精度,锚碇系统考虑预拉。钢围堰在吊挂下放过程中,其平面位置及垂直度主要依靠前、后定位船与钢围堰之间的卷扬机滑车组拉揽进行测力调整。锚碇定位如图4所示。

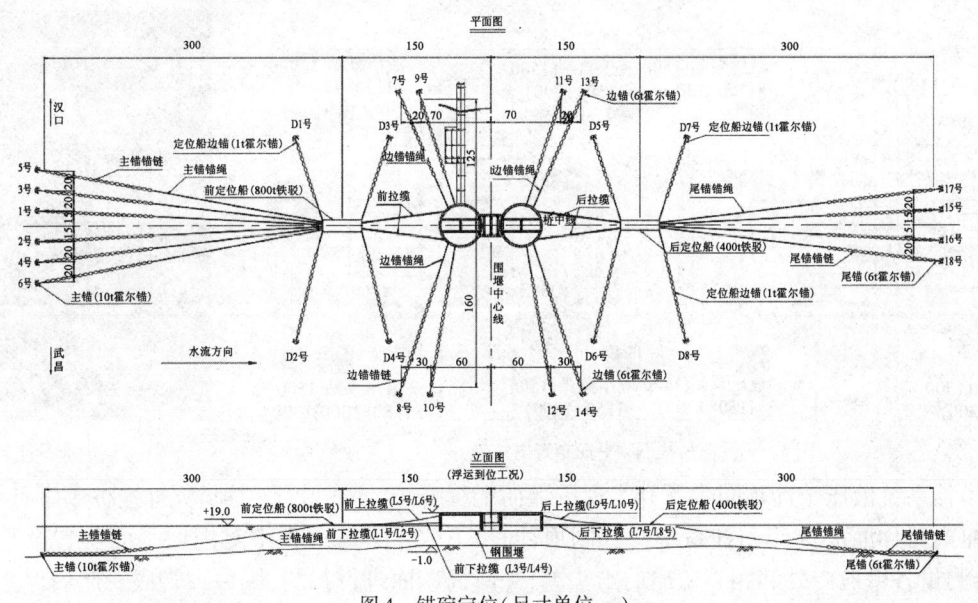

图4 锚碇定位(尺寸单位:m)

3. 底节双壁钢围堰挂桩固定

底节双壁钢围堰锚碇后自浮于江水中,为了使其作为固定的钻孔平台,不随江水涨落而上下变动,需要打设钢护筒,将底节钢围堰支承于钢护筒桩上,压重固定,从而实现钢围堰挂桩。在底节钢围堰内插打24根定位钢护筒,收紧拉缆,调整钢围堰的位置,完成精确定位。在钢护筒上设定的高程开孔,安装十字形伸缩梁,在底节钢围堰壁舱灌水压重,使其下沉,底节钢围堰顶面的内支撑钢梁也下沉并支承于十字形伸缩梁上。底节钢围堰顶面高程达到+24.0m时,进行挂桩。底节钢围堰挂桩后对壁舱内灌注一定量的压重水,确保其不上浮,从而实现固定。对非定位桩的钢护筒进行插打和钻孔桩施工,这部分钻孔桩完成后将十字伸缩梁逐一倒换并支承钢围堰,最后进行定位钢护筒的钻孔桩施工。

4. 钢围堰接高

中节和顶节钢围堰平面分46块,在加工车间制造,运输到工地;在底节顶面内外两侧搭设焊接平台,用浮吊逐一安装中节钢围堰侧板,焊接壁板和壁内桁架;接高中节后再拼装焊接顶节钢围堰侧板,焊缝检测合格后拆除平台。

三、钢围堰吊挂下放及射水吸泥

百米长的整体哑铃形双壁钢围堰,随着下沉入水,阻水也越来越大,上游圆形钢围堰底部的河床细砂冲刷也加剧,两侧面产生流水漩涡也导致河床细砂冲刷,并导致上游端河床细砂全部被冲刷了,下游端反而淤积堆高了,上下游端高差达14m,钢围堰难以平稳下沉着床,需要吊挂下放。吊挂下放与射水吸泥下沉交替进行。

1. 钢围堰吊挂下放

钢围堰如果直接下沉,则容易歪斜并导致产生事故,因此采用吊挂下沉是确保结构安全的合理方案。根据哑铃形双壁钢围堰特点,设置8组吊挂下放及导向装置的吊挂系统(图5),吊挂系统可提供32000kN拉力,在底节钢围堰内支撑钢梁上设下锚固点,同时接高其钻孔桩钢护筒,在钢护筒顶安装十字形型钢支承梁、挑梁和液压千斤顶,采用2根φ32mm高强度精轧螺纹钢筋作吊杆;每组吊挂装置设置2对4个吊点,用于交替吊挂,配备一台EPD2型液压控制泵站(图6)。每个吊点安装1台250t双作用液压千斤顶并配置位移传感器,采用光纤通讯连接8台液压泵站压力传感器和千斤顶位移传感器。其中一台泵站为主泵站,并远程控制其余泵站,对每一台千斤顶进行实时位移及压力监测,并及时自动调整,保证钢围堰下放的同步及安全。

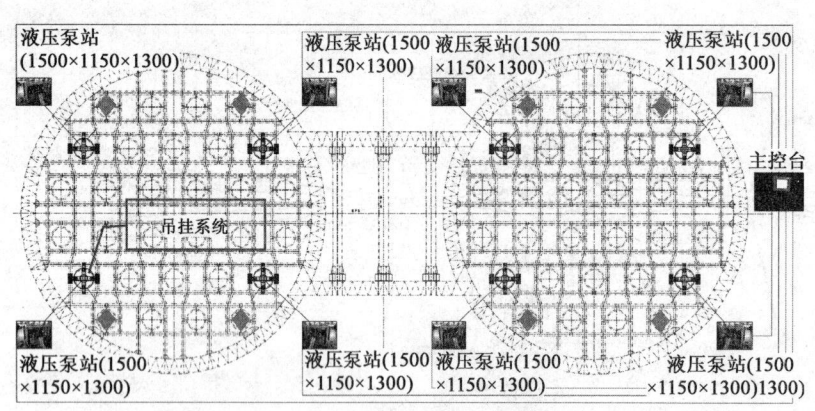

图5 钢围堰吊挂下放平面布置图　　图6 钢围堰吊挂下放图

通过吊挂系统液压千斤顶同步顶升实现围堰向上提升3~5cm,拆除围堰所有挂桩十字伸缩梁,然后钢围堰壁舱内对称灌水,8组吊挂系统交替倒顶,同步下放。下放过程中对围堰平面位置及垂直度进行实时监测,测量各壁舱内外和相邻壁舱的水头差,并对河床面进行扫测,围堰刃脚底着床后停止下放。

2. 钢围堰内射水吸泥[3]

钢围堰内的中间和下游端河床淤积,是吸泥的重点区域。此外钢围堰内不同高度有底隔舱梁、内支撑和吸泥平台,入水后看不见,吸泥空间受到限制,死角多,吸泥效率低,需要潜水工水下高压射水帮助吸泥。

1) 吸泥系统布置

在钻孔桩钢护筒顶面布置吸泥工作平台。为确保钢围堰顺利下沉,布置了18台空气吸泥机及空气压缩机,在钢围堰内吸泥平台上布置6台高压水泵。

2) 吸泥作业

吸泥按照"先中后边、分层对称破土、先高后低、及时纠偏"的原则进行。为了达到下沉进度0.5m/d的要求,吸泥机至少开机4~6台。潜水工轮番下水进行高压射水,冲击河床泥砂,边冲边吸效果好。钢围堰隔舱中部锅底深度控制在0.5~1.5m以内,各隔舱内土面高差宜控制在1m以内。钢围堰刃脚边保留2m宽左右的土堤,挤土下沉,以减少对围堰周边土体的扰动。

3. 钢围堰压重下沉[4,5]

钢围堰总重量约8000t(含平台和机械设备),钢围堰定位采取动态控制法,与围堰壁舱内对称灌水压重与下沉同步进行,配合吊挂系统液压千斤顶循环作业,将钢围堰进行平稳下放。在钢围堰刃脚接近河床面时,暂停下放,分舱分次对称浇筑2m高的刃脚水下混凝土。根据实时水位,计算围堰浮力,通过控制壁舱抽灌水量保证刃脚混凝土浇筑完成后,吊挂系统承载力不超过设计值。通过灌水使钢围堰沿定位钢护筒的上下导向调整姿态,快速着床。

钢围堰着床稳定后,分舱分批次对称浇筑钢围堰壁舱内13m高的水下混凝土。为快速下沉到位,对钢围堰内外侧进行吸泥是有效的办法。通过浇筑壁舱水下混凝土或向壁舱内灌水增加重量,克服钢围堰内外壁与砂层间的摩阻力而使钢围堰下沉。下沉计算见表1。进一步射水吸泥使钢围堰下沉至设计高程。下沉过程中需要对钢围堰壁舱反复大量灌水和抽水,控制各壁舱水头差小于设计值,确保结构安全。

灌水压重下沉计算 表1

序号	名称	吊挂	着床前	到位
1	围堰高度(m)	33	33	33
2	入水深度(m)	12.7	20.5	31.5
3	入土深度(m)	—	—	11
4	吊挂力(向上)(t)	−3200	−800	—
5	钢围堰重量(t)	8000.0	8000.0	8000.0
6	刃脚混凝土重量(t)	—	855.3	855.3
7	底隔舱混凝土重量(t)	—	—	3402.0
8	壁舱混凝土重量(t)	—	—	18978.3
9	浮力(向上)(t)	−7117.1	−9236.7	−17550.0
10	围堰外土阻力(向上)(t)	—	—	−14976.5

四、冲刷抛石

由于底节钢围堰和钻孔桩的存在,阻碍了水流,导致墩位处河床面总体上游端河床被冲刷掏空,下游端则淤积堆高。钢围堰直径43.4m,宽达103.8m,扫测河床面的结果为:上游端河床面已经被冲刷至−12~−14m高程,刃脚底口悬空了,因此对刃脚悬空及嵌入覆盖层较浅部位需要采取抛石回填、水下封堵的控制措施。水深1m时细砂不冲刷流速0.35~0.32m/s,40~60mm中卵石不冲刷流速2.0~2.3m/s,60~200mm大卵石不冲刷流速2.3~3.6m/s[6,7],因此选择中大粒径的卵石有利于采购、抛投和刃脚封堵施工。综合河床面的扫侧结果及抛填一船4200m³卵石的试验,结合此时段长江+23m高水位、流速达到2.2m/s的水文情况,为保证钢围堰封底施工过程中的水下混凝土不从围堰底口流出,抛填后的卵石顶面高出封底混凝土面2m,顶宽2m,边坡1:1.5,最厚达15m,距围堰外壁最远为28m。

1. 施工程序

水下河床地形测量 → 划分网格并计算其抛投卵石体积 → 实测流速和水深,计算冲距 → 选定试抛区并试抛 → 修正抛投参数及方案 → 石料检验量方 → 沙石船测量定位 → 抛投卵石 → 沙石船移位 → 水下测量并与此前地形比较,不合格立即补抛 → 沙石船移至下区域,重复上述抛石过程。

2. 抛投冲距[8]

用流速仪和回声仪测量施工部位的水流流速 v 和水深 h,并对试抛块称重 W,测量出石块的冲距 S。
抛石冲距经验公式:

$$S = 0.8 \frac{hv}{W^{\frac{1}{6}}}$$

式中:S——冲距(m);

v——水面流速(m/s),取2.2m/s;

h——水深(m)，水位按 +23.0m 计，$h = 23$m；

W——卵石重量(kg)，取 1~5kg。

冲距计算结果：$S = 28 \sim 21.4$m。

根据实测冲距进行定位船定位调整。

3. 抛石施工[9]

因长江汛期即将来临，进入高水位，水深流急，抛填采用浮吊抛投袋装卵石（吨包）、浮吊吊运大料斗水下导管定位抛投和沙石船皮带运输机自抛卵石方案进行试验，前两种方案工效低，时间长，难以在长江洪水到达前完成封底工作，此外需要回填的工程量大，因此采用沙石船皮带运输机进行快速抛石工作，如图 7 所示。

图 7　抛投卵石

钢围堰外侧采用沙石船自抛，根据卵石冲距，经测量定位后，再进行定量抛石，并不断移动船泊，使其均匀抛投。抛投卵石后，采用水面双频泥沙测深仪进行水深测量，不足的区域进行补抛。

钢围堰内流速小，采用浮吊吊装料斗导管，将卵石投放到大料斗并沿导管落入江底被冲刷的低凹河床区域，进行定点回填，由潜水员水下整平，并配合测量人员进行回填测量和监控。

五、水下封堵

抛填完成后，潜水员下水对钢围堰周边刃脚进行全面检查，若刃脚底或斜面脱空则由潜水工用沙包水下堆码封堵。钢围堰采用平面分 7 块进行封底，底隔舱距刃脚面有 2m 高。封底需要对钢围堰内的河床面进行扫测和清基，清基完成后，在钢围堰内双壁舱及底隔舱刃脚两侧，也由潜水员水下堆码沙包进行封堵，并在钢围堰内低凹处采用碎石填充并整平。钢围堰封堵能防止周边泥砂流入及新灌水下封底混凝土穿舱而影响封底混凝土质量。

六、结　语

北主塔基础承台平面尺寸大，埋置深，承台采用哑铃形双壁钢围堰施工，针对钢围堰上游冲刷坑深，下游淤积堆高和钢围堰结构的多层平台导致吸泥下沉操作空间小的特点，采用顶推浮运、锚碇定位、围堰挂桩、吊挂下放、射水吸泥、冲刷抛石、水下封堵等施工技术，确保了百米整体哑铃形双壁钢围堰平衡下沉和深水大承台顺利施工。抛石抗冲刷采用沙石船皮带运输机自抛卵石方案，操作方便，速度快，并成功赶在 2016 年夏季的长江大洪水到达之前完成抛石填坑、水下封堵和封底工作，确保了长江中的百米哑铃形双壁钢围堰安全度汛；大洪水过后测量检查并与洪水前结果比对，抛投的卵石没有变化，达到了预期目的，确保了洪水过后能迅速恢复施工。

参考文献

[1] 洪苏科,张敏,张牧,等. 嘉绍跨江大桥桥塔墩承台钢围堰结构设计与施工[J]. 桥梁建设,2010(s1):18-21.

[2] 金红岩. 黄冈公铁两用长江大桥主墩基础围堰施工技术[J]. 桥梁建设,2012,42(4):1-6.

[3] 蒋红振. 大型双壁钢围堰吸泥下沉施工技术[J]. 交通世界,2017(26).

[4] 谭立心,王中文,钟建锋,等. 强涌潮水域埋置式承台双壁钢围堰的下放精度控制[J]. 桥梁建设,2012,42(4):93-99.

[5] 曾亿忠. 南京三桥北主塔承台哑铃形双壁钢围堰施工[J]. 桥梁建设,2005(6):59-62.

[6] 中华人民共和国行业标准.公路工程水文勘测设计规范:JTG C30—2015[S].北京:人民出版社股份有限公司,2015.
[7] 中华人民共和国行业标准.堤防工程设计规范:GB 50286—2013[S].北京:中国计划出版社,2013
[8] 杨文俊,宫平,朱红兵.深水抛投砂砾石料的渡汛保护研究[J].长江科学院院报,2000,17(1):1-4.
[9] 唐晓阳.江河截流中抛体移距及群体抛投石料稳定性研究[D].武汉水利电力学院,武汉大学,1991.

47. 深中通道伶仃洋大桥东索塔工业化建造施工关键技术

袁 航[1,2,3] 黄厚卿[1] 刘建波[1,2,3]

(1.中交第二航务工程局有限公司;2.长大桥梁建设施工技术交通行业重点实验室;
3.中交公路长大桥建设国家工程研究中心有限公司)

摘 要 随着一跨过江、一跨通航的大跨桥梁部署与规划,劳动力需求大、作业条件差等突出问题在大跨、超高索塔桥梁的施工过程中尤为显著。基于深中通道伶仃洋大桥,以"空中垂直工厂"为理念,提出了集混凝土布料、自动振捣、智能养护、自动爬升及实时监控等适用于超高索塔建造的多功能一体化智能筑塔机,在其智能化、多功能的基础上具有良好的安全性与稳定性。在标准化及装配化理念的基础上,自主研发了国内首条钢筋柔性网片生产线,实现了大型、复杂钢筋网片工厂化制作,钢筋部品化成型和装配化施工工艺,有效减少高索塔作业人员数量并降低作业强度,保障高空作业安全;伶仃洋大桥东索塔工业化建造的实施,进一步提高了索塔施工的安全性及建造品质。

关键词 超高索塔 工业化 一体化智能筑塔机 装配化 施工技术

一、引 言

深中通道项目是连接广东省深圳市和中山市的超大型集"桥、岛、隧、地下互通"四位一体的世界级跨海集群工程。深中通道项目全长24km,其中跨海段22.4km,采用双向8车道的高速公路标准,设计速度100km/h,从深圳往中山侧依次为岛隧工程及桥梁工程,其中伶仃洋大桥作为桥梁工程中关键控制性工程跨越伶仃航道,采用580m+1666m+580m的三跨全漂浮体系悬索桥结构形式如图1所示。

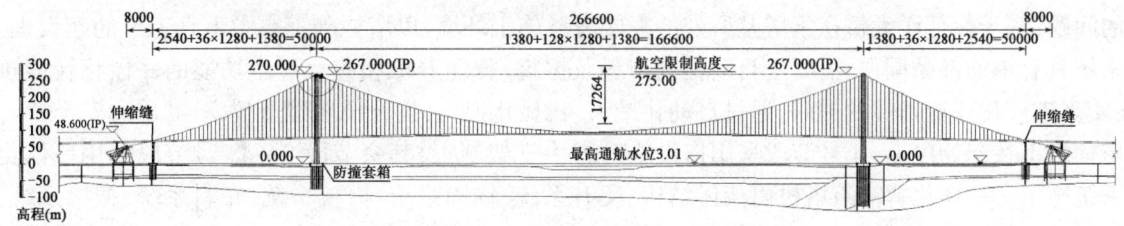

图1 深中通道伶仃洋大桥平面布置图(尺寸单位:cm)

伶仃洋大桥塔柱采用门形结构,高270m,其中混凝土段塔高262.5m,塔冠采用钢结构高7.5m,整个塔肢共设置上、中、下3道横梁,塔柱采用空心八边形截面,截面变化复杂,八个面均随塔柱高度的提升而进行不同程度的收分,尺寸由最大的13m×16m逐渐变化至7.55m×12m。伶仃洋大桥东索塔施工共分为48个节段,标准节段按照高度分为4.5m和6m两种,其中下塔柱为0~79m,塔柱外侧横桥向斜率1:17.174,中塔柱高程为79~149.5m及上塔柱高程为149.5~262.5m塔柱外侧倾斜为1:36.336,塔柱内侧倾斜率为1:44.216,斜率变化复杂,具体结构形式如图2所示。

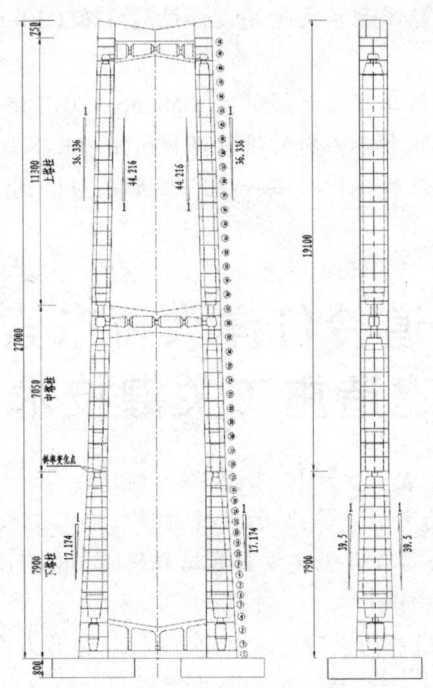

图 2　桥塔立面布置及分节图(尺寸单位:cm)

二、桥塔施工总体方案

伶仃洋大桥位于宽阔海域环境同时处于台风多发地,为提高高塔施工的安全性以及塔柱混凝土施工的品质,整个塔柱施工采用具有集成化程度高、支点少且承载能力大的新型一体化智能筑塔设备施工。该设备同时配合塔柱节段部品钢筋整体成型吊装的施工工艺,有效解决传统施工设备存在的问题,进而有效实现工厂化建造条件。塔柱施工节段根据钢筋部品整体吊装重量分为4.5m及6m两种标准节形式,利用大型起重机械MD—3600塔吊将整体钢筋部品起吊安装,采用新型C55海工混凝土利用高压泵送上塔,利用筑塔机上配置的自动化布料机完成混凝土浇筑。

三、桥塔工业化建造施工关键技术

1. 一体化智能筑塔机施工技术

对比传统液压爬模机位多、整体性不好、承载力小,设置布料和养护系统困难,难以实现工厂化建造条件的问题,基于伶仃洋大桥东索塔基所处的宽阔海域施工环境,以塔柱施工空中垂直工厂的建设理念,提出采用具有钢筋部品调位、混凝土自动辅助布料及振捣、智能养护和应急逃生功能的一体化智能筑塔机;在实现工厂化建造条件的同时,通过自动化减人、机械化换人,提升桥塔建造效率、品质和安全。

塔柱施工在起始段1~4号节段采用搭设临时脚手支架施工,其余节段5~48号节段采用一体化筑塔机系统施工。一体化智能筑塔机由架体结构、爬升系统、锚固系统、模板系统、布料系统、振捣系统、养护系统、抗风系统、类工厂系统、人性化服务设施和智能化控制系统等组成。

一体化智能筑塔机单个塔肢主要由四组架体组成,架体上设置8层操作走道总高度26.7m,从上至下可分为作业层(4层)、养护层(2层)、修复层(2层),架体之间通过收分装置适应主塔复杂截面变化。外侧模板采用不锈钢模板提高索塔混凝土施工品质,基于筑塔机架体上设置的悬吊支撑系统完成合模及脱模操作。爬升系统由锚固系统(预埋件、重型轨道)和爬升机构(爬箱、顶升油缸及调节油缸)等组成,单个塔肢由四组爬升系统组成,布置在八边形截面的四组倒角面处;其中锚固系统采用定制式大型预埋锚锥配合重型轨道作为架体支撑受力体系,单个锚锥最大直径121mm,锚固螺栓高度方向间距1.5m,8个锚锥与轨道组成6m独立节段。养护系统位于待施工节段的下层,由封闭围护幕布系统和热雾养护系统组成,利用智能温湿度检测设备,调节热雾对新浇混凝土节段进行养护,实现索塔高品质建设。东索塔施工位于宽阔海域台风多发地且塔柱施工高度较高,一体化筑塔机设置架体之间连接对拉、架体与塔柱对撑、架体与轨道抱持等多层次防风系统,保障筑塔机结构在台风期的安全性及稳定性。此外,在架体顶部布置2台能覆盖塔柱全断面的布料机,通过智能化控制系统可实现自动布料;智能信息化系统由本地集中监控系统+远程集中监控系统2部分组成,实现对筑塔机爬升系统、养护系统、气象、火灾、人员定位、监控视频等实时监测、自动分析及预警,全方位保障索塔施工安全。

塔柱施工时起始段采用传统翻模施工,标准节起始完成安装一体化智能筑塔机。筑塔机受力点滞后塔柱施工节段两节,待施工节段钢筋施工完成后,筑塔机带模爬升,通过悬吊系统进行模板安装,布料机进行混凝土浇筑,待浇筑节段的下层混凝土此时利用养护系统进行养护;该节段浇筑完成凿毛等待后,安装下节段钢筋部品,混凝土强度达到设计要求时,脱模与筑塔机进行同时爬升,同时进行拆模节段的混凝土养护工作,依次循环进行后续节段塔柱施工,伶仃洋大桥东索塔一体化智能筑塔机现场使用如图3所示。

图3　筑塔机现场总体布置图

2. 部品钢筋施工技术

伶仃洋大桥塔柱塔柱截面为八边形截面,钢筋全部采用HRB400型,标准节段沿外轮廓线布置2层$\phi40mm$主筋,内侧竖向配置1层$\phi32mm$的钢筋,水平配置$\phi20mm$的箍筋;塔柱竖向主筋在承台施工时已预埋,塔柱施工时进行接长。由于伶仃洋大桥跨度大,塔柱高度高,因此塔柱截面大、钢筋布置密集,单个4.5m标准节段钢筋重量达52t,6m标准节段钢筋重量达61t。在常规的施工工艺中,钢筋工程采用单根钢筋现场绑扎法,该方法人员投入多、高空作业量大、作业时间长。因此,在考虑机械化、标准化及装配化的基础上,伶仃洋大桥东索塔采用"钢筋网片+钢筋部品+整体吊装"的塔柱钢筋工业化成型和装配施工工艺。

钢筋网片加工制作基于工业流水线设计理念,对箍筋接长、机械化布料及定位、主筋与箍筋自动绑扎及焊接、立体多次弯折成型以及成型质量控制等研发国内首台钢筋网片柔性制造生产线设备,并利用该设备在钢筋加工厂内完成塔柱标准节段内层及外层"箍筋+主筋"的钢筋网片制作,如图4所示。钢筋网片完成后,通过船舶运输至施工现场,将单个网片分别吊入塔柱底部设置的钢筋部品拼装平台,在胎架内将网片连接成整体并穿插拉钩筋拼装成塔柱节段整体部品钢筋。整体部品钢筋组拼完成后,采用大型起重机械MD—3600利用多边界可调节专用吊具将部品钢筋整体吊装至待施工节段进行上下节段钢筋对接,钢筋部品吊装对接图如图5、图6所示。

图4　钢筋网片柔性制造生产线

图5 钢筋部品吊装图　　　　图6 钢筋部品吊装上塔示意图

3. 大型起重设备施工布置

为满足大型构件的吊装需求，在2个塔肢的中部安装1台MD—3600塔吊，距离桥塔中线15.37m，距离单个塔肢截面中心点最远距离32m。塔吊最大臂长40m，在32m吊幅的情况下最大吊重为80t。塔柱钢筋部品整体吊装标准节段4.5m最大重量为47t，6m节段最大吊重为61t，在配合吊具的情况下满足全部吊装需求。

为保证台风期及重物吊装过程中塔吊的安全性，按照工作风速$v=20.7$m/s（8级风），最大风速$v=39.5$m/s（13级风）进行复核计算，塔吊与主塔之间竖向共设置8道水平扶墙，每层扶墙由4根扶墙杆组成，扶墙杆一端通过铰支座以埋件连接的形式连接到塔柱上；另一端通过铰支座铰接到塔吊扶墙框上，如图7所示。扶墙杆主体部分为钢管，采用$\phi 630$mm×12mm，材质为Q355B级钢材。

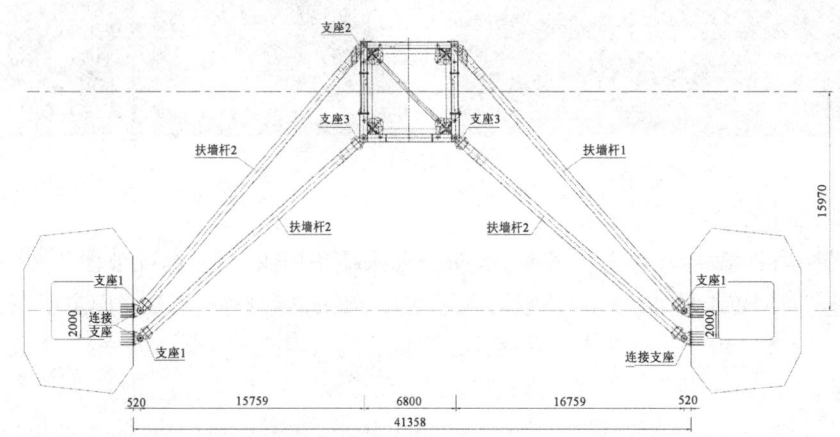

图7 塔吊附墙示意图（尺寸单位：mm）

4. 混凝土施工技术

塔柱混凝土采用高强度、高扬程大体积泵送的C55新型海工混凝土，在常规高性能混凝土配合比的基础上加入一定量的矿渣、石粉和硅灰等材料，具有绝热温升低、收缩量小、耐久性良好、高抗腐蚀性等特点，其7d龄期抗氯离子扩散系数为4.2×10^{-12}m^2/s小于56d设计标准值，同时可有效降低海工混凝土黏度、改善混凝土外观，较常规高性能混凝土更适用于高湿、高盐海洋环境下的混凝土工程，其特性对比如表1。

新型海工混凝土与常规体系混凝土对比　　表1

混凝土强度等级	胶凝材料用量(kg)	水泥用量(kg)	抗氯离子扩散系数($10\sim12$m^2/s)			绝热温升(℃)	收缩值	倒坍时间(s)
			7d	28d	56d			
C55新胶海工混凝土	410	180	4.2	1.2	0.6	39	低	10
C55常规体系混凝土	490	320	10.1	5.7	2.8	47	高	18

整个塔柱混凝土生产由海上混凝土配送中心生产,配置2台HZS180搅拌站、2台制冰机及冷水机最大限度上保证混凝土出机温度不高于26℃。混凝土由罐车从混凝土集中配送中心运至主塔平台浇筑点,拖泵直接泵送入仓。考虑东索塔高度270m,混凝土泵送拟采用2台HBT90C—2122D型拖泵,最大理论混凝土输送量(高速/低速)105/75m³/h,泵管均沿塔身内腔上升至浇筑点。甬管在顶部与筑塔机顶部的2台布料机衔接,布料通过智能化控制系统可实现自动布料,单个布料半径为16m,2台布料机可覆盖塔柱全部范围。同时,在内腔操作平台下方设置自动辅助振捣系统,有效减少施工对人工的需求。混凝土养护采用一体化智能筑塔机附带的养护系统进行养护,该养护系统由封闭围护幕布系统和热雾养护系统组成,利用智能温湿度检测设备,智能可调节热雾对新浇混凝土进行持续养护。

四、结　语

伶仃洋大桥位于宽阔海域环境,施工现场远离陆地,施工期台风频繁,海上施工组织难度大、风险高。此外,该桥跨度大、塔柱高、截面大且复杂,在海洋环境下的高塔混凝土养护条件差,受环境影响大,外观品质不易保证。通过一体化智能筑塔设备在东索塔的安装与使用,其在智能化、多功能的基础上具有良好的安全性与稳定性,整体爬升同步性良好、流畅无碍且速度较快单节6m爬升最快仅需45min,其中智能养护系统较常规索塔工艺提高标准化养护时间7d,可有效解决高塔养护的时间不足、养护条件差的问题,进而保证在恶略海洋环境下的桥塔混凝土品质。

通过塔柱钢筋工业化成型和装配施工关键技术的运用,打破了常规塔柱钢筋单根绑扎的施工工艺,有效增加作业面,将塔柱上钢筋施工时间有效缩短至1 d,大大提高塔柱施工工效并将高塔钢筋施工部分转移至工厂内大大降低高塔施工人员作业的安全风险;通过一体化智能筑塔机配置的布料机、自动振捣系统及信息化控制系统等机械化设备有效减少作业人员的数量15%,同时降低劳动强度。依靠一体化智能筑塔设备与塔柱部品钢筋施工技术融合的高塔工业化建造,深中通道伶仃洋大桥东索塔目前已顺利施工至79m,最快单节段可达5天/节,实现了现代科学技术在桥梁建造过程中的工业化运用。

参考文献

[1] 万瑞,魏春春.液压爬模施工技术在超高层建筑工程中的应用[J].中国港湾建设,2019,39(07):70-73.
[2] 张三鹏,张文光,钟国兴.超高层核心筒液压爬模及布料机一体化施工技术[J].施工技术,2020,49(02):77-79.
[3] 王东辉,韩冰.平潭海峡公铁两用大桥通航孔桥桥塔施工关键技术[J].桥梁建设,2019,49(03):1-5.
[4] 余信言.洛河特大桥高墩液压自爬模施工技术[J].石家庄铁道大学学报(自然科学版),2018,31(S2):149-152.
[5] 孙文,王志珑,蒋国华,等.集成模块化工厂拼装液压爬模快速安拆施工技术[J].施工技术,2019,48(20):43-45,53.
[6] 周翰斌.土耳其伊兹米特海湾大桥施工关键技术[J].施工技术,2020,49(03):29-32.
[7] 宋达,易季爱.荆岳长江公路大桥南索塔施工[J].中外公路,2010,30(05):193-196.
[8] 刘自明.平潭海峡公铁大桥施工关键技术[J].桥梁建设,2019,49(05):1-8.
[9] 李军堂.沪通长江大桥主航道桥桥塔施工关键技术[J].桥梁建设,2019,49(06):1-6.
[10] 徐秋红,李向阳.全智能控制液压钢模板在深中通道箱梁预制中的应用[J].世界桥梁,2019,47(06):36-40.

48. 大跨径大曲率弯桥无支架顶推技术研究

张文龙

(中交二航局第四工程有限公司)

摘　要　针对背景项目建立研究课题,融合智能化顶推千斤顶、BIM 技术以及创新提出承载梁系统,再经过总结提炼形成"大跨径大曲率高墩槽形梁无支架顶推施工方案",对类似跨河流、跨峡谷和高桥墩,曲率不同的弯桥施工具有推广和借鉴意义。

关键词　智能化顶推千斤顶　承载梁　无支架顶推

一、引　言

国内外已有顶推结构桥梁,线性单一,墩高较矮,单次顶推长度均较小(500m 左右),或需要大量临时辅助支架。临时支架的设置增大了顶推施工桥梁的跨度,并且使复核曲线(同时具有竖曲线、平曲线和缓和曲线)连续梁的无应力线性得到很好的控制,但是对临时支架的基础要求较高,同时大量支架投入,给施工成本带来巨大压力[1]。复杂施工条件下,跨度更大,墩身高度更高弯桥无支架顶推施工,可靠有效的方案国内尚未出现。

沙埕湾跨海大桥南引桥采用钢混组合梁桥[2],单幅两联,跨径布置左幅为(6×80)m + (64 + 4×80 + 64)m = 928m,右幅(6×80)m + (64 + 4×80)m = 864m,采用智能步履顶推法安装,如图1所示。单幅顶推距离最长928m,平均墩高近50m,安全风险大。受海水潮汐作用较大,潮差5~7m,最大水深约26m,水下淤泥堆积,深近40m,常规支架顶推无法实现。顶推单跨跨度80m,局部应力和变形控制难度大。顶推竖曲线交替变化,带有1%、2%、2.5%三种纵坡,平面位于 $R_1 = \infty$、$R_2 = 1730$m 的缓和曲线及 $R = 1730$m 的圆曲线段上,整体线性控制难[3]。

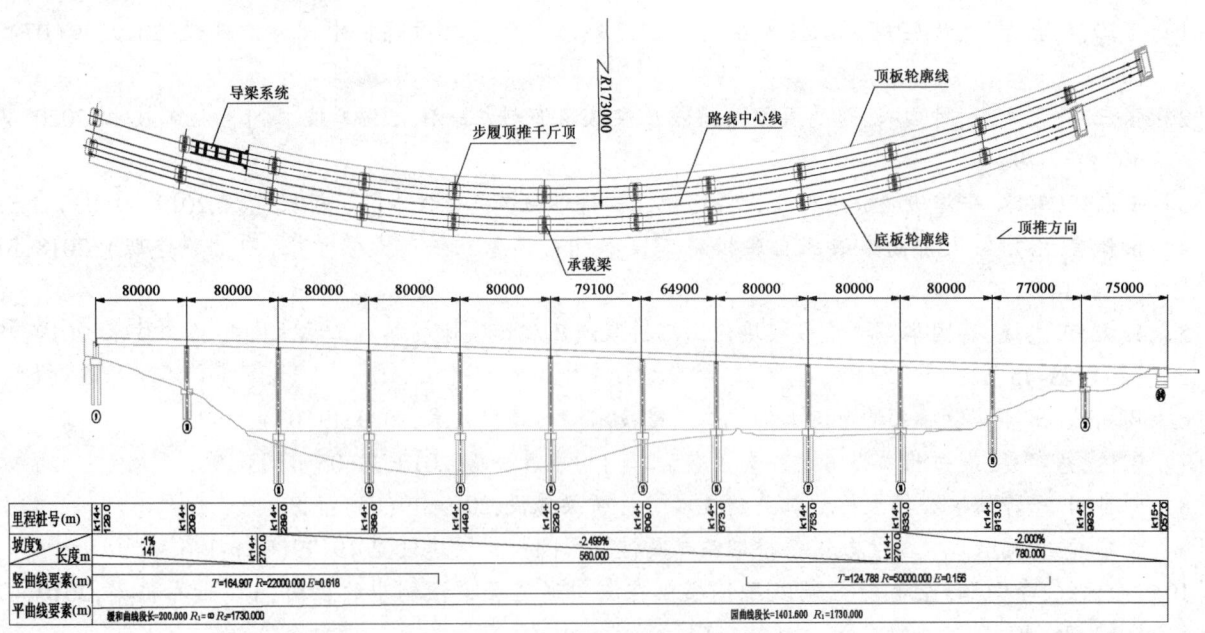

图1　总体平面布置图(尺寸单位:mm)

针对背景项目的施工难点,建立海上大跨径大曲率高墩槽形梁顶推施工技术研究课题,实现了以下创新:

(1) 研发了复合曲线大跨径槽形梁无支架综合顶推技术和无线遥控步履式纵向同步横向差异化纠偏顶推调控系统,形成了大曲率高墩无支架槽形梁施工工艺。

(2) 针对无支架顶推施工,因顶推千斤顶位置和梁底支点位置不在同一铅垂面内,研发了过渡受力的承载梁结构,确保了槽形梁结构安全。

(3) 通过 BIM 等技术,对槽形梁拼装过程中的线形偏差进行预控和多轮次连续调整纠偏,实现了施工信息全覆盖及管理动态可视化。

二、方案综述及工艺流程

1. 方案综述

小节段钢梁在路基段拼装区内组装后,通过在墩顶的步履式千斤顶和承载梁助力下,实现钢梁从一端向另一端顶推。拼装区内的节段梁通过龙门吊实现转场,专用胎架上按"1＋N"模式利用手拉葫芦、螺旋千斤顶、二氧化碳气体保护焊机、打磨机、专用气割等设备按照理论线性,与前段钢梁实现拼装、焊接,并形成整体。槽形钢梁在制造阶段需预拼,且胎架上每轮拼装的节段不小于 3 片,不大于 6(即"1＋N"中的"N")片。

每个墩柱顶端搁置两台千斤顶,一台分控系统。槽形钢梁与墩顶千斤顶不在同一铅锤面内,通过中间的承载梁实现传力。千斤顶油缸设置位移传感器,工作状态下将位移值反馈给分控系统,系统中的无线发射装置将数据传送给中央控制系统。千斤顶油路系统中设置压力传感器,工作状态下将压力值反馈给分控系统,系统中的无线装置将数据再次传送给中央控制系统。各个千斤顶工作状态下的参数清楚显示在总控系统上,操作人员根据数据下达作业指令,达到实时监控,实现顶推同步。

2. 工艺流程

大跨径大曲率弯桥无支架顶推施工工艺流程如图 2 所示。

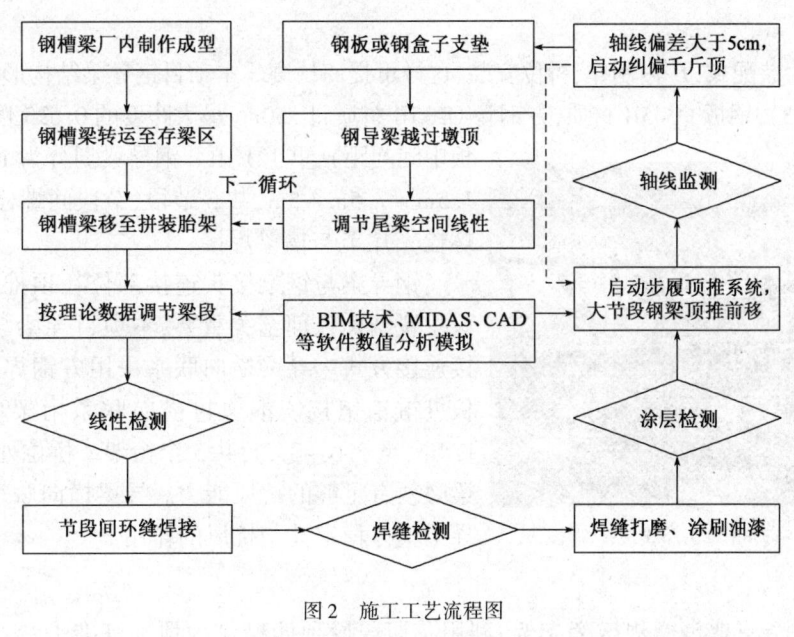

图 2　施工工艺流程图

三、临 时 工 程

1. 存梁区

存梁区利用既有路基段改建,宽度大于钢槽梁宽,需满足横向存放要求。钢槽梁存放间距 30cm,过大则占用过多空间,过小则不方便环口打磨。存放数量应考虑顶推工效,单条生产线不少于 4 轮,每轮 6 片,若左右幅同时顶推,可考虑同时存放 48 片。

存梁区位于桥头,自大里程向小里程存放,分左右双幅。左幅存梁区长84m,宽21.3m,可存梁23片。右幅存梁区长105m,宽20.3m,可存梁26片。运梁车掉头区域长38m,宽21m,接运梁通道,龙门吊配合完成卸除、倒存[4]。本项目存梁台座设计混凝土结构,高30cm,宽80cm,双条台座间距7.5m,左幅存梁区台座长105m,右幅长83.5m,钢梁腹板位置,顶部安装厚10mm橡胶垫。存梁台座采用C30混凝土浇筑成型,每10m竹胶板隔断设一道胀缝。

2. 拼装区

拼装区是钢槽梁小节段组装焊接的场所,80%的工作内容在该区域完成。拼装区长度应根据工期综合考虑。拼装区两侧需搭设可拆卸式脚手架,便于环口打磨、油漆涂刷。地面硬化同时考虑一定数量预埋件,用于加固临时脚手架。配电柜、电焊机、打磨机等用电设备应单独规划区域,走线明确合理。

本项目拼装区受地形条件限制,左幅长43.7m,可同时满足6片钢梁拼装;右幅长27.65m,可同时满足4片钢梁拼装。地面硬化厚30cm,四周设20cm×30cm排水沟。本项目拼装胎架采用Q235材质,型号为φ600×8mm不等高钢管立柱组成,每隔2m设置1个(左幅30个,右幅20个),立柱间用40a型钢连接。立柱上下采用90cm×90cm×1.6cm的封板,局部加劲处理,单个重约390kg,满足人工在工具助力下微移动。拼装胎架应配置若干不等后钢板和30cm×30cm×1cm的四氟滑板。钢板用于微调钢梁高程,四氟滑板便于节段梁纵向滑移。

3. 墩顶支架操作平台

顶推步履千斤顶搁置在墩顶花瓶段凹槽内,受墩顶操作空间的限制,为保证施工安全,在墩顶混凝土浇筑前预埋锚锥,安装钢板,焊接墩顶支架操作平台。墩顶支架操作平台不仅为顶推提供操作空间,同时待顶推结束后,作为承载梁(重达6t)、步履千斤顶(单套设备重2t)拆卸的转移平台,刚度需满足一定承载需要。本项目在墩顶混凝土浇筑前预埋锚锥,单处预埋4根,上下两层,共28处,112根,待模板拆除后,安装预埋钢板。操作平台的悬挑梁、斜撑、分配梁及面板等构件在起重设备的配合下完成安装。

4. 钢导梁

钢导梁设计为装配式,厂内制作,桥位安装,这样可提高精度。本项目钢导梁结构形式为工字形变截面实腹式钢板梁(图3),钢板Q345B材质,方钢管Q235B材质,长50m(最大跨度的0.625倍),宽7.44m(翼缘板中间间距),重121.4t。钢导梁划分为10m+10m+10m+7.5m+7.5m+5m,共6节段,节段间螺栓连接(10.9S高强螺栓),尾节与槽梁焊接。

钢导梁与钢梁接头连接部位在顶推中受力最大,因而该位置结构处理至关重要,本项目导梁与预留接头采取焊接连接方式。导梁横向联系采用方钢焊接制成,与导梁腹板贝雷销销接。本项目横向联系桁架单孔长1.86m,宽1.4m,重2.6~3.3t,共5个桁架。桥位处台风频发,因而导梁必须有足够的抗风能力。导梁横向联系桁架起到了保护导梁整体稳定性与抗风的作用。

图3 钢导梁施工图片

5. 承载梁

本方案主要创新点取消常规墩旁支架,利用花瓶段墩顶凹槽作为顶推基准平台。步履式千斤顶前移、纠偏等均在设备内完成,形成一个内力体系,使高墩受水平推力影响较小。

顶推千斤顶位置和梁底支点位置不在同一铅垂面内,设计过渡受力的承载梁结构(图4),确保了槽形梁顶推过程中的结构受力安全。承载梁结构形式为箱形变截面(图5),Q460材质,长9m,宽3.55m(翼缘最外端间距),重20.08t。承载梁高由40.5cm变化至80cm,腹板厚2.5cm,纵桥向4道,横桥向2道,翼缘板厚3cm。鉴于墩身较高,常规起重设备无法将整个承载梁吊至墩顶,承载梁在厂内分4块制造,起重设备吊至墩顶后工装配合下完成拼装。为保证承载梁在墩顶拼装的线性和后续受力均匀性,拼装相对高程误差不得大于5mm。承载梁与钢梁接触间支垫1cm橡胶垫片,确保钢槽梁油漆不被破坏。本项目承载梁为一次性使用,待顶推结束后,气割割除。

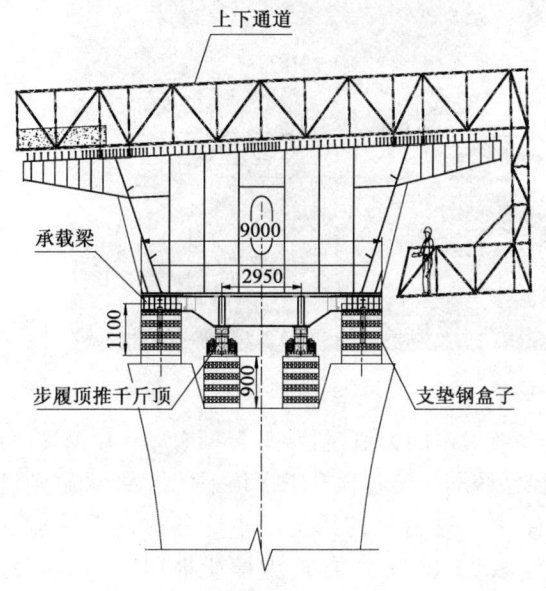

图4 承载梁布置断面图(尺寸单位:mm)　　　图5 承载梁施工图片

四、无支架同步顶推技术

1. 钢槽梁运输

钢槽梁运输可根据项目的情况选择,可陆运或水运。根据本项目钢梁规格尺寸,选择1辆牵引质量60t,发动机功率385马力/286kw/1500~1800rpm,扭矩2000Nm/1050~1450rpm,带爬行挡,最大传动比16.86的运梁车。

根据钢槽梁结构特点,应将吊点纵向设置在梁段重心处,横向设置在梁段腹板所在位置的顶板上。本项目吊点横向间距11m,纵向2.4m。钢槽梁在转运过程中采用专用吊具,能适应重心变化,且具有足够刚度。本项目吊具设计为可调节扁担式,Q345C材质,长1000cm,宽40cm,高50cm,重约3.9t,最大起重荷载500kN。

2. 钢槽梁胎架拼装与焊接

多节段钢槽梁在拼装胎架上按照理论线性定位[5],节段间焊接,形成整体。龙门吊缓慢起吊钢梁,当吊离台座50cm后,静止3min,无异常后缓缓起钩,并行走至拼装区。龙门吊落钩,距胎架5cm后停止,横向小车行走,粗调轴线使偏差在5cm以内。5t手拉葫芦将钢槽梁拉至前轮尾梁,支墩上搁置的四氟滑板实现纵向移动,焊缝控制在6mm左右,完成里程方向调节。摇动钢梁底部的螺旋顶完成高程调节。在底板两钢梁拐角处焊接反力架,摇动螺旋顶完成轴线精确调节。全面检查梁段顶、腹和底板的吻合程度、间隙尺寸及接头坡口尺寸,应满足焊接要求。焊接码板锁定焊缝宽度[6]。环缝焊接按先腹板、后底板、再顶板的顺序依次进行。

3. 步履式顶推施工

智能步履式顶推系统由千斤顶、分控系统及中央控制系统组成(图6),中控通过无线传输控制各分控。本项目单个墩顶搁置2台千斤顶,1台分控系统,额定顶升能力8000kN,最大顶升行程350mm,顶推能力4000kN,最大顶推行程500mm,纠偏能力2000kN,最大纠偏行程60mm。千斤顶顶推时最慢位移距离80mm/min,最快位移距离250mm/min。分控系统工作压力25MPa,电机功率11kW,转速1450r/min,频率50Hz,工作环境温度10~40℃。中央控制系统控制范围不小于10km。

图6 中央控制系统及千斤顶施工图片

顶升前的各项准备工作到位,步履千斤顶通过中央控制系统设定的力值(拼装平台每增加一片钢梁,力值不同)顶升就位,承载梁顶面完全接触主梁底面。通过总控系统同步给各顶升千斤顶下达指令,油缸到设定行程,整个钢槽梁平稳顶起,承载梁底面离开墩顶一段距离。通过总控系统同步给各顶推千斤顶下达指令,推动千斤顶带动承载梁及钢槽梁在滑移槽中向前移动(40cm左右),钢槽梁推移。钢槽梁移动至系统设定的位移量后,顶升千斤顶回程,钢槽梁随着承载梁下降至垫梁上,进行力系转换,一个行程顶推结束[7]。

本项目处在 $R=1730$m 的圆曲线上,钢槽梁在顶推过程中横向偏移较频繁。顶推过程设偏位预警值5cm,每个墩位安排技术人员观测桥梁中轴线是否与设计中轴线一致[8],当监测偏位值大于5cm,先启动竖向千斤顶将承载梁顶起脱离墩顶,再启动横向纠偏千斤顶横移梁体。待梁体偏位值调整至2cm范围内,可停止纠偏,进行顶推工序。重复以上步骤,可使得梁体不断纠偏、前移到位。纠偏工序中可能出现某一个(或若干个)墩偏差值超出5cm,其他墩小于5cm,此时纠偏应保证钢梁在无应力下进行。本项目根据理论计算,每次推移一个行程(40cm),圆曲线上产生的横向偏移量4.4mm,其他因素导致的偏移量约1.6mm(经验值),累计偏移量约6mm,理论上每 $50/6 \approx 8$ 个行程,需纠偏一次。

考虑三种不同纵坡的影响,抄垫高度随着顶推长度不断变化。受墩高及作业空间狭小的限制,支垫搬运只能采用人工进行运作,故需设计合理的抄垫结构,使得既能满足载荷要求,又能满足人工单次搬运的能力。抄垫结构采用钢板制作的钢盒子,Q235B材质,单个重约23kg,方便搬运。抄垫时钢盒子纵横交错码设。钢盒子顶、底板采用厚12mm、宽150mm、长450mm的钢板,腹板两道采用厚16mm、宽126mm、长450mm的钢板,焊接而成。

顶推施工过程中主梁受力复杂,涉及较多的结构体系转变,超静定次数也由少增多,相比其他施工方法而言受力情况更加复杂,逐工况模拟较为困难。但同时本桥结构处于海上环境、为大跨度高墩槽形梁结构,因而必须对钢槽梁在顶推施工全过程的受力进行详细分析。

本项目采用通用有限元分析软件ANSYS进行结构建模,对钢槽梁在顶推施工全过程中的总体受力情况进行研究,模型的主要部件有钢槽梁节段(随着施工过程逐渐激活,采用板单元建模)、钢导梁(包括采用板单元建立的钢板梁和梁单元建立的连接桁架);通过在各墩(含临时墩)、拼装支架所在位置的钢梁节点处施加约束,计算其支反力。模型计算的各墩位处支反力见表1。

顶推过程中各墩支点反力一览表　　表1

工况	桥墩各支点反力(kN)											拼装胎架	总反力(kN)
	10号	11号	12号	13号	14号	15号	16号	17号	18号	19号	20号		
工况1	—	—	—	—	—	—	—	—	—	—	1616	767	2383
工况2	—	—	—	—	—	—	—	—	—	—	1404	2287	3691

工况	桥墩各支点反力(kN)												总反力(kN)
	10号	11号	12号	13号	14号	15号	16号	17号	18号	19号	20号	拼装胎架	
工况3	—	—	—	—	—	—	—	—	—	339	2150	4002	6491
工况4	—	—	—	—	—	—	—	—	—	9566	0	3276	12842
工况5	—	—	—	—	—	—	—	—	10538	2180	2305	4672	19695
工况6	—	—	—	—	—	—	—	9628	5263	5775	747	4865	26278
工况7	—	—	—	—	—	—	7322	6580	6858	5524	716	4775	31775
工况8	—	—	—	—	—	9411	4227	6976	6671	5543	1533	3998	38359
工况9	—	—	—	—	9911	4329	6277	6556	6843	5613	764	4645	44938
工况10	—	—	—	9747	5459	5965	5821	6737	6805	5527	763	4698	51522
工况11	—	—	9786	5253	7035	5555	6022	6678	6783	5602	681	4709	58104
工况12	—	9778	5302	6804	6699	5715	5951	6627	6991	5630	1034	4155	64686
工况13	5443	7633	6459	6574	6733	5867	5650	6938	7001	5529	981	4058	68866
工况14	943	5959	6722	6701	5818	5687	6771	6514	6528	6856	4704	4902	68105
最大反力	5443	9778	9786	9747	9911	9411	7322	9628	10538	9566	4704	4902	

4. 钢导梁越过墩顶

单跨跨径越大，钢导梁大悬臂下挠越大，对钢导梁越过墩的情况需专项研究。本项目经计算在最大悬臂工况下导梁最大挠度1.2m。导梁越墩前对后一个墩顶位置进行抄垫，高度约40cm。钢导梁最前端设计H855×300mm型钢上墩装置，长2m。施工中上墩装置先到达墩顶，摇动搁置在上墩装置下方的螺旋千斤顶，直至导梁下端达到墩顶。上墩装置下方采用钢盒子临时抄垫，最下方四氟滑板实现纵向滑移。当钢导梁底端成功搭上墩顶时，便取消上墩装置下方的临时抄垫，完成越墩。

5. 两联刚性连接

顶推施工可将两联焊接成整体，一次性顶推到位，取消导梁二次投入。第1联尾梁与第2联首梁在伸缩缝位置，顶板、底板、腹板及相应纵向加劲肋在厂内下料时超出设计梁端分界线20cm。待第1联尾梁在拼装平台上就位，完成与前梁段焊接工序并顶推出胎架，第2联首梁便吊至拼装平台；根据理论数据将第2联首梁精确定位，并焊接成整体。待钢梁顶推就位，整体落梁后，解除刚性连接，解除时将顶板、底板、腹板及其纵向加劲肋切割至梁端分界线位置。切割环口应光滑平顺，并及时进行防腐涂装处理。

五、讨　论

工程从2019年5月份拼装首节钢导梁，到2020年6月份顶推到位，历时12个月。项目原设计方案在桥墩之间搭设顶推平台，钢槽梁在顶推平台上拼装，向两边同时顶推，各墩位处设钢管支架辅助。联合设计对主体结构桥墩和槽形梁进行局部优化，千斤顶搁置在墩顶中心，路基段新建顶推场地，顶推从桥头左右幅错节段同步顶推，实现无支架顶推。摒弃常规方案的支架设计，累计节约支架用量3418t，节约成本近2000万元。

六、结　语

海上大跨径大曲率高墩槽形梁无支架顶推施工方案，融合了智能化顶推千斤顶、BIM技术以及创新提出的承载梁系统，填补了目前国内在该领域研究的空白。解决了沙埕湾跨海大桥的施工技术难点的同时，也创造了较大的社会、经济效益。本方案的实施，得到了监理、业主和业内同行的高度赞赏[9]。

参考文献

[1] 丁飞,张光宇,关叶沆.空间曲线钢槽梁在拼装平台上的线性控制[J].工程施工技术,2018,03:209-211.

[2] 曹明明,韩洋洋.组合梁斜拉桥增加辅助墩处桥面板压应力的技术[J].桥梁建设,2019,49(S1):86-91.

[3] 陈宏宝.海上大跨径大曲率高墩槽型梁桥顶推方案优化设计[J].中国港湾建设.2019,12:41-45

[4] 张春新,胡军,谢红跃.武汉青山长江公路大桥主桥边跨结合梁施工技术[J].桥梁建设.2019,49(1):1-6.

[5] 廖贵星,严汝辉,胡辉跃,等.武汉青山长江公路大桥中跨钢箱梁施工控制关键技术[J].桥梁建设.2020,50(s1):126-132.

[6] 刘爱林,李旭,任引亮.商合杭铁路芜湖长江公铁大桥北引桥公路钢箱梁安装技术[J].桥梁建设.2019,49(6):114-119.

[7] 周仁忠,杨炎华,卢勇.福元路湘江大桥整体顶推施工技术研究[C].//中国公路学会桥梁和结构工程分会2013年全国桥梁学术会议论文集.沈阳,2013,08:527-533.

[8] 吴永南,李东,许祥山,等.大跨径拱桥钢箱主梁顶推滑移施工技术[J].世界桥梁.2017,45(7):25-28.

[9] 福鼎.沙埕湾跨海大桥南引桥上部结构安装专项施工方案.2019.05.

49. 快速施工简支-连续钢-混组合小箱梁桥施工过程模拟分析

何百达　项贻强

(浙江大学建筑工程学院)

摘　要　本文在简支快速施工钢-混组合小箱梁结构研究的基础上,进一步提出适用于快速施工钢-混组合简支小箱梁桥实现连续化的方法,给出相应简支-连续构造细部的设计方法及施工工序等。同时,针对一座2×40m两跨简支-连续快速施工钢-混组合简支小箱梁桥,采用Midas梁单元、通过联合截面的结构层及约束分步激活,对结构的施工及成桥状态进行过程的模拟计算分析,这对于桥梁施工过程的控制及后续成桥运营阶段的正常使用和承载能力极限状态的内力组合分析计算,具有重要的指导意义。

关键词　快速施工　简支-连续　钢-混组合梁　施工　计算

一、引　言

多梁式钢-混凝土组合小箱梁桥是组合结构桥的一种类型,它是在钢结构、混凝土结构和薄壁箱梁结构基础上发展起来的一种新型梁格体系组合梁桥形式,在城市快速路网建设中有非常广泛的应用前景[1-3]。近年来,随着桥梁工业化及快速施工技术的研究进步,针对这种新的桥梁体系,涌现了不少新技术。比如,提出了基于灌浆套筒或波纹管套筒连接的预制装配钢筋混凝土桥墩及盖梁、预应力混凝土小箱梁、基于群钉式的具有预留孔混凝土桥面板的快速施工钢-混组合小箱梁[4]等,并对其相关的静动力性能及分析设计方法进行了持续的理论与试验研究[5-9]。又如,将高强高性能混凝土材料引入到快速施工钢-混凝土组合小箱梁桥的预制混凝土桥面板中,减薄桥面板厚度、提高混凝土品质的预制施工质量。再有,引入工厂化的模块化施工技术,将每个梁单元模块在预制场进行加工预制存梁后运送到现场,进行拼装连接及接缝的填充实现桥梁整体化。其无需在施工现场搭设支架,可以最大限度降低桥梁施工对周围环境及交通的影响,并实现简支桥梁的快速施工和架设。但目前这种结构还未解决由简支到连续的过渡,因此,其结构行车的平顺性、舒适性和耐久性还有待提高。

为适应简支-连续多跨结构建造的需求,解决此类快速施工钢-混组合小箱梁结构的简支-连续问题,本文在以往研究的基础上,进一步提出适用于快速施工钢-混组合简支小箱梁桥实现连续化的方法[10],给出相应简支–连续构造细部的设计方法及施工工序等。同时,针对一座 $2 \times 40m$ 两跨简支-连续快速施工钢-混组合简支小箱梁桥,采用 Midas 进行施工过程的模拟计算分析。

二、结构简支-连续化构造及方法

结构的简支-连续化的设计细节见参考文献[10]。该设计基于发明专利《一种模块化钢-混快速施工小箱梁桥及其施工方法》[4],除保留专利中原有的 U 形(或槽形)钢主梁、高性能混凝土桥面板、钢横隔梁、超高性能混凝土接缝、横向预应力钢筋、托板、横隔梁锚固板、预埋混凝土板纵向 U 形钢筋、剪力连接件和加劲肋等结构之外,还进行了一些改进:

(1)在靠近支点附近连续梁段的负弯矩区域用钢板与小箱梁 U 形钢梁上的腹板焊接(或栓接)。该钢板具有足够抗弯、抗拉、抗剪强度,且一端带坡口,以便以后用于平焊连接。

(2)简支梁连续的一侧预留出一段长度,如图 3b)所示的 6000mm,供焊接钢板等,以实现桥面及钢梁连续化。

(3)用底板连接件将两个 U 形钢梁底板相互栓接,用腹板连接件将两个 U 形钢梁腹板相互栓接,上述连接板件满足抗拉和抗压的要求。这样就实现了在现场两 U 形钢梁端部在底板和腹板的快速连接。

(4)用两端带坡口的钢板[长度见图 3b) 的 4500mm]盖在相互连接的 U 形(或槽形)钢梁端部的上方,并用平焊(或栓接)完成对接。该钢板有两个作用:一是在后续浇筑高性能连续桥面混凝土时起模板作用,二是在其上后续施焊若干条小槽形或工字形钢梁,用于加强纵向刚度,确保梁端之间的完全连续。

(5)为增加负弯矩区(简支转连续段)的整体性及混凝土抗裂性能,提高结构耐久性,沿梁的横向布设若干纵向预应力钢筋管道;待布设完毕后,在原先简支梁的预制桥面板基础上,浇筑预留孔、纵横向连接缝及连续钢板上的高性能混凝土[图 3a)、图 3b)],最终实现快速施工桥梁的完美连接。

用于简支-连续的单个模块化钢-混组合小箱梁的施工工序与前述发明专利[4]的梁体施工基本相同,包括模块化钢-混组合梁构件的预制、运输、安装、钢横隔梁拼接、剪力栓钉连接、高性能混凝土接缝浇筑及桥面板横向预应力张拉等。关于正弯矩区(简支段)施工(其结构组成为群钉式快速施工钢-混组合小箱梁结构),在此不予赘述,本文重点讲述简支转连续部分相关的构造、施工方法等。

三、施 工 流 程

快速施工钢-混凝土组合小箱梁桥简支-连续段的施工,包含工厂预制,体系转换等,其具体施工步骤为:

(1)模块化钢-混组合梁构件的预制及运输。

(2)钢-混组合梁吊装拼接。

(3)钢-混组合小箱梁简支转连续体系,进行各连接板件的钢板连接,形成连续体系。

(4)负弯矩区纵向预应力张拉;待负弯矩区浇筑的高性能混凝土强度达到预计强度后,对负弯矩区混凝土进行预应力束筋张拉锚固,释放中支点的简支临时支座,变中支点为永久支座,进一步加强结构连续。

(5)对桥面板的纵向接缝进行横向连接,再在其中浇筑超高性能混凝土接缝。

(6)桥面铺装及附属设施的施工,开放交通。

图 1 给出了快速施工钢-混凝土组合小箱梁简支-连续桥的施工流程图(图 1)。

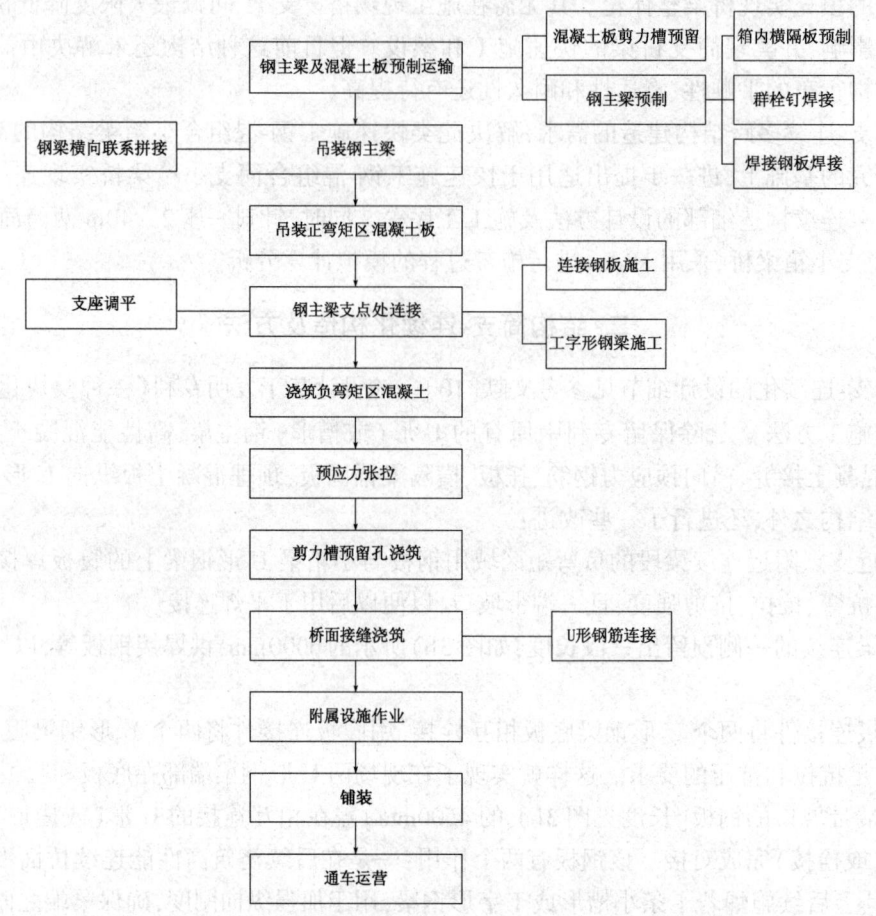

图1 快速施工简支连续钢-混组合桥施工流程图

四、工程背景及构造尺寸

为对此类简支-连续结构及其施工过程进行受力分析,参照有关桥梁设计规范[11-13],选取一座桥面板宽为16m、标准配跨为2×40m简支-连续钢-混组合桥,其简支组合梁及横断面布置构造及尺寸见图2。待简支钢梁加工及吊装至两桥墩后,先铺设非连续段的预制混凝土桥面板,再用本文提出的新型简支连续结构进行两跨连续段的连接,浇筑桥面连续混凝土达到强度后张拉预应力钢绞线实现真正的桥梁连续,组合桥简支-连续的连续段设计构造细节及尺寸见图3。

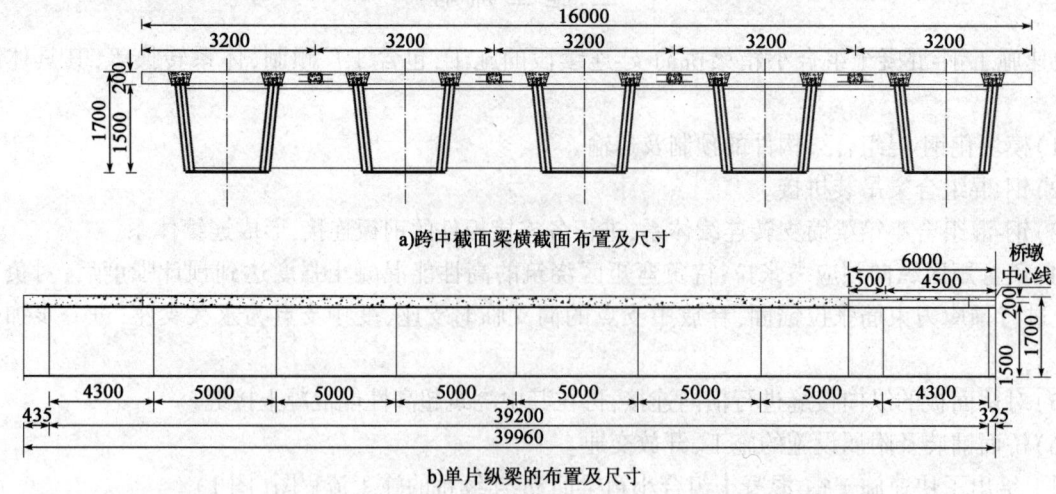

a) 跨中截面梁横截面布置及尺寸

b) 单片纵梁的布置及尺寸

图 2

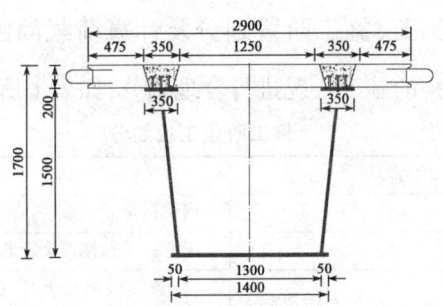

c) 正弯矩区组合梁横截面及尺寸

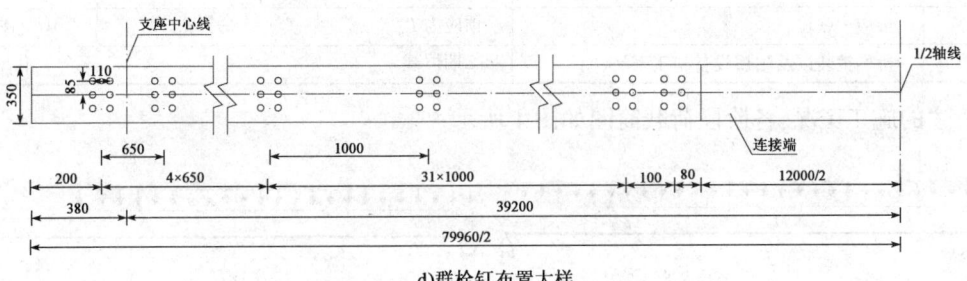

d) 群栓钉布置大样

图 2 2×40m 简支-连续桥梁横截面及纵梁布置图(尺寸单位：mm)

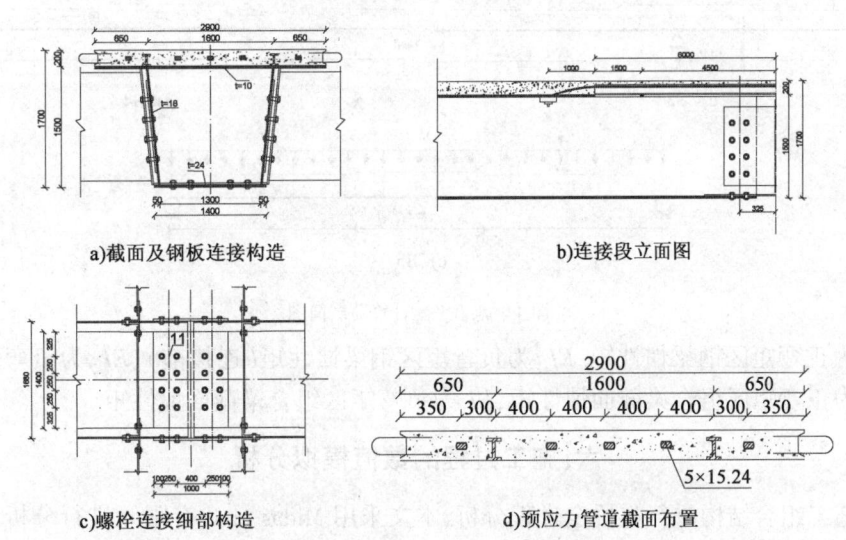

a) 截面及钢板连接构造　　b) 连接段立面图

c) 螺栓连接细部构造　　d) 预应力管道截面布置

图 3 简支-连续组合桥连续段设计构造细节及尺寸(尺寸单位：mm)

由图 2、图 3 可知，本桥设计一期恒载为简支，二期恒载及活载为连续结构。简支跨径为 39.2m，由 5 片快速施工钢-混组合梁并排放置而成。钢主梁梁高 1.5m，腹板厚 18mm，下翼缘板厚 24mm，上腹板与连接栓钉的翼板厚 24mm、宽 350mm。桥面板通过栓钉连接拼接而成。桥面板的厚为 200mm，选用 C60 高性能混凝土，E_c 为 3.6×10^4 MPa。连续段上的钢箱梁上翼板连接钢板长 L_1 为 9m，宽度与单片桥面板宽度保持一致，即 3.2m，厚度为 10mm。焊接钢板长 L_2 为 1.5m，宽度及厚度与连接钢板保持一致。每片梁的两侧腹板采用与腹板等强、等厚的钢板，用高强螺栓连接。钢板长 1000mm(纵向)、高 1420mm、壁厚 18mm。两简支连续段支座底部的钢板采用宽 1400mm、长 300mm、厚 24mm 的钢板，用高强螺栓连接。通长为 12m 的 15 号工字形钢梁，钢材均采用 Q345，E_s 为 2.06×10^5 MPa。钢筋采用 HRB400 钢筋，沿桥面板截面进行 φ20@120 双层对称布置，保护层厚度取 30mm。预应力筋采用 5×15.2 强度标准值为 1860MPa 的钢绞线，控制张拉应力为 $0.75f_{ptk}$；栓钉连接件采用 ML15AL，规格为 φ22×150，设计群栓钉布置为 3×2 (相邻栓钉内部间距为 85mm×110mm)。

五、施工阶段划分及计算荷载简图

对快速施工简支-连续组合桥的施工工况进行合理划分,如表1所示。

施工阶段工况划分 表1

施工阶段	施工内容	荷载	边界约束条件
CS1	钢梁架设	钢梁自重 q_s	简支
CS2	正弯矩区混凝土吊装	正弯矩区预制混凝土板自重 q_c	简支
CS3	连接段钢梁施工形成连续,负弯矩混凝土浇筑	(1)连接段钢梁上部连接钢板及工字形连接钢梁自重 q_{s2}; (2)负弯矩区混凝土板自重 q_c	中支座钢梁连续
CS4	预应力张拉	预应力 P_s	中支座钢梁连续
CS5	桥面铺装以及附属设备施工	二期恒载 q_{sec}	组合梁连续

依据所述的施工工况,各阶段荷载简图如图4所示。

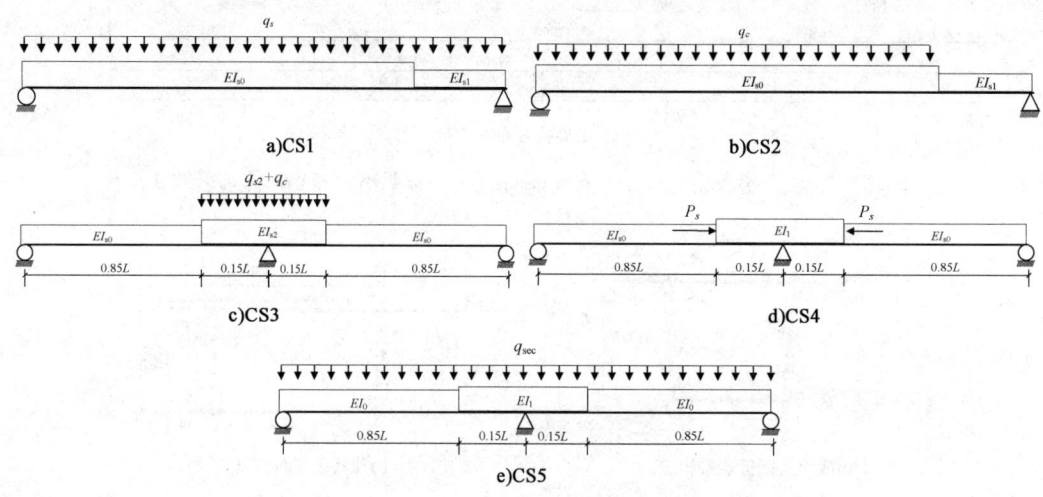

图4 施工工况计算荷载简图

图中,EI_{s0} 为正弯矩区钢梁惯性矩,EI_{s1} 为负弯矩区钢梁惯性矩(连接前),EI_{s2} 为负弯矩区钢梁惯性矩(连接后),EI_0 为正弯矩区组合梁截面惯性矩,EI_1 为负弯矩区组合梁截面惯性矩。

六、施工过程的数值模拟分析

为对快速施工组合结构进行整桥全过程分析,本文采用 Midas civil 有限元进行分析计算。全桥采用联合截面梁单元进行建模,并通过对混凝土板、钢梁结构层分层激活及支座约束分步激活实现对不同的施工工况分析(表2)。采用等刚度梁单元模拟横隔梁,实现主梁横向连接。对钢梁梁端施加简支边界条件,中支座施加滑动支座,释放梁端约束,模拟施工初期的中支座钢梁的简支条件。其中,混凝土容重为 25kN/m³,钢梁所用钢材 Q345 容重为 78.5kN/m³,二期恒载为 10.5kN/m。全桥模型共计 225 个节点,280 个单元,如图5所示。

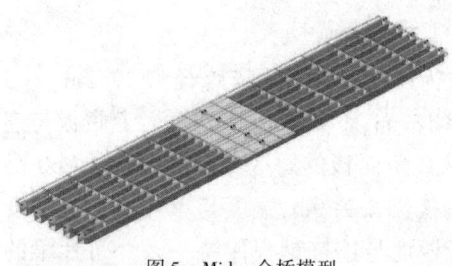

图5 Midas 全桥模型

Midas 施工过程模拟步骤 表2

施工阶段	单元	荷载	边界约束条件
CS1	激活联合截面钢梁结构层	激活钢梁自重	(1)激活钢梁支座约束 (2)释放中支点梁端约束(简支)
CS2	同 CS1	施加正弯矩段混凝土板等效自重	同 CS1
CS3	同 CS1	施加负弯矩段混凝土等效自重	钝化中支点梁端约束(变连续)

续上表

施工阶段	单 元	荷 载	边界约束条件
CS4	激活联合截面负弯矩段结构层	(1)激活预应力； (2)钝化混凝土负弯矩等效自重	同 CS3
CS5	激活联合截面正弯矩段混凝土结构层	(1)激活二期恒载 (2)钝化正弯矩混凝土等效自重	同 CS3

对各施工工况的内力进行了计算，CS4 和 CS5 的结果分别如图6、图7所示。

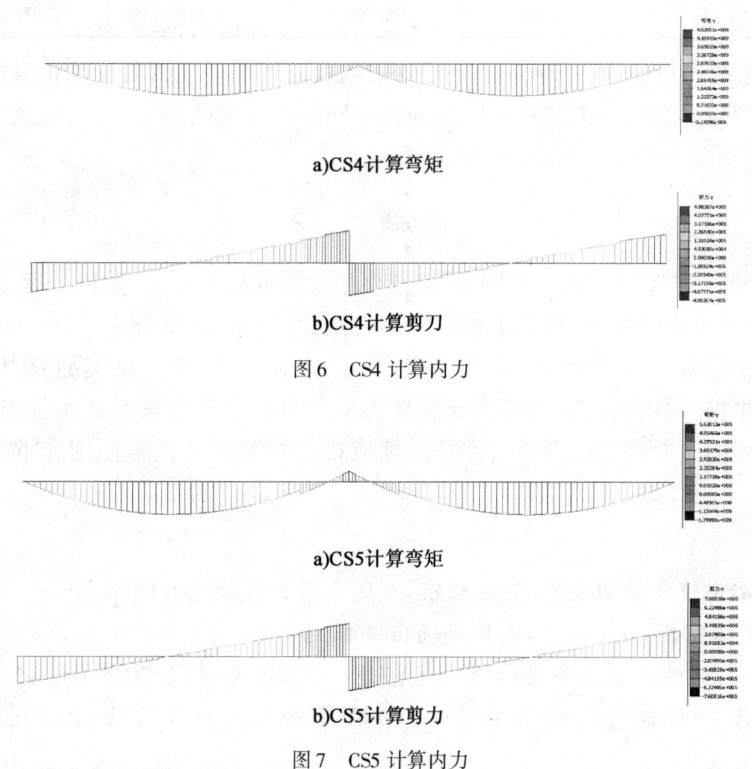

a)CS4计算弯矩

b)CS4计算剪刀

图6 CS4 计算内力

a)CS5计算弯矩

b)CS5计算剪力

图7 CS5 计算内力

1) CS4 计算内力

CS4 连接段钢梁完成拼接，对负弯矩混凝土张拉预应力，其结构发生内力重分布，相应跨中弯矩为 4520.1kN·m，支座处负弯矩调整为 110.8kN·m，其支座剪力为 492.4kN。

2) CS5 计算内力

该工况为结构完成简支连续体系转换，钢梁与混凝土板协同受力形成组合体系，施加二期恒载后，结构跨中最大正弯矩为 5580.0kN·m，支座处负弯矩为 1789.8kN·m，支座剪力为 754.8kN。

将有限元计算结果汇总得到各个施工工况下各截面的内力，如表3所示。

施工阶段计算内力汇总　　　　表3

施工阶段	$l/4$ 截面内力		$l/2$ 截面内力		中支座截面内力	
	弯矩(kN·m)	剪力(kN)	弯矩(kN·m)	剪力(kN)	弯矩(kN·m)	剪力(kN)
CS1	1214.4	87.3	1496.8	—		−157.7
CS2	3734.9	246.2	4551.2	27.2		−388.9
CS3	3744.6	265.0	4568.3	46.3	−253.9	−484.1
CS4	3716.9	262.6	4520.1	45.7	110.8	−492.4
CS5	4828.4	330.8	5580.0	53.2	−1789.8	−754.8

同时，将相应各个施工阶段的关键控制截面的应力进行汇总，如表4所示。

施工阶段计算应力汇总(单位:MPa)　　表4

施工阶段	l/4 截面应力		l/2 截面应力		中支座截面应力	
	钢梁下翼缘	混凝土上翼缘	钢梁下翼缘	混凝土上翼缘	钢梁下翼缘	混凝土上翼缘
CS1	22.43	—	27.68	—		
CS2	69.04	—	84.16	—		
CS3	69.35	—	84.56	—		
CS4	68.72	—	83.58	—	8.68	−8.14
CS5	82.11	−1.11	96.38	−1.12	−29.27	−7.02

上述的施工过程模拟计算,可用于施工过程的控制及后续成桥运营阶段的正常使用和承载能力极限状态的内力组合及校核。如果施工过程需控制分析不同阶段架梁的挠度,则还可进一步输出相应的挠度和位置值等。

七、结　语

本文提出了一种简支-连续快速施工钢-混组合小箱梁桥的施工方法,并以一座 2×40 跨径的钢-混组合小箱梁桥为例,进行了整体设计,给出了相应的施工流程等。在此基础上,依据 Midas 软件建立该桥梁施工过程的整桥数值模型。本文分析的结果表明,采用 Midas 可以建立简支-连续快速施工钢-混组合小箱梁桥整桥的分析模型,利用联合截面特性分层激活及支座分步激活来实现实际施工工况分析,并对施工各阶段及成桥阶段的应力状态进行全过程及后续成桥运营阶段的正常使用和承载能力极限状态的内力组合分析计算。

参考文献

[1] 聂建国. 钢-混凝土组合结构桥梁[M]. 北京:人民交通出版社,2011.

[2] 刘玉擎. 组合结构桥梁[M]. 北京:人民交通出版社.2005.

[3] 项贻强,竺盛,赵阳. 快速施工桥梁的研究进展[J]. 中国公路学报.2018,31(12):1-27.

[4] 项贻强,郭树海. 一种模块化钢-混快速施工小箱梁桥及其施工方法:201510365055.7[P],2016.12.06.

[5] 邱政. 快速施工群钉式钢-混组合小箱梁桥动力行为分析与试验研究[D]. 杭州:浙江大学,2018.

[6] 郭树海. 快速施工钢-混组合小箱梁桥静力行为分析与试验研究[D]. 杭州:浙江大学,2017.

[7] 项贻强,郭树海,邱政,等. 群钉布置方式对钢-混凝土组合小箱梁受力性能的影响分析[J]. 建筑结构学报,2017,38(S1):376-383.

[8] 项贻强,邱政,何百达,等. 具有体外预应力索的快速施工群钉式钢-混组合小箱梁自振特性分析[J]. 中国公路学报.2020,33(01):100-110.

[9] 竺盛. 快速施工简支钢混组合小箱梁若干问题分析[D]. 杭州:浙江大学,2019.

[10] 项贻强,何百达. 一种模块化钢-混小箱梁简支连续梁桥及施工方法:中国,201910141326.91[P],2019.2.06.

[11] 中华人民共和国家标准. 钢-混凝土组合桥梁设计规范:GB 50917—2013[S]. 北京:中国计划出版社2013.

[12] 中华人民共和国行业标准. 公路桥涵设计通用规范:JTG D60—2015[S]. 北京:人民交通出版社,2015.

[13] 中华人民共和国行业标准. 公路钢结构桥梁设计规范:JTG 64—2015[S]. 北京:人民交通出版社,2015.

[14] 北京迈达斯技术有限公司. MIDAS Civil 基础教程[Z].2020.

50. 钢筋集中加工与配送智能化技术研究与应用

程茂林[1,2,3]　朱明清[1,2,3]　夏昊[1,2,3]

(1.中交第二航务工程局有限公司；2.长大桥梁建设施工技术交通行业重点实验室；
3.交通运输行业交通基础设施智能制造技术研发中心)

摘　要　以深中通道S04标钢筋集中加工与配送中心为背景，结合项目特点，对钢筋加工自动化流水线设计、钢筋数字化加工技术、钢筋原材及半成品仓储管理开展研究，实现了钢筋半成品全自动加工，基于BIM技术的钢筋智能下料和弯曲，钢筋原材及半成品高效无纸化管理，有力保障了项目施工进度，推动智能化技术在钢筋集中加工配送中心的应用。

关键词　钢筋　自动化流水线　BIM　智能下料　仓储管理

一、引　言

随着钢筋智能加工设备的使用和钢筋加工产业链的整合，钢筋集中加工、统一配送的方式逐渐成为市场的主导，目前，国外商品化钢筋供应已成规模，基本实现了自动化生产，相关管理软件也已经相当成熟，适合工厂规模化生产，但价格昂贵，且由于技术封锁等各种原因，这些软件目前还没有进入国内。2019年，中国金属流通协会钢筋分会发布了《混凝土结构用成型钢筋加工配送中心建设与管理规范》团体标准，为推动全行业进步提供了指导意见，但是总体来看，当前我国钢筋集中加工配送还是沿用传统的管理模式[1]，主要存在进度不掌控，材料不节省，计划不明确等问题，粗放的管理模式越来越难以满足项目精细化管理的要求。

基于上述行业背景以及存在的问题，为保证钢筋部品和半成品的加工质量，提高钢筋生产管理水平，适应钢筋集中加工和配送要求，本文依托深中通道项目，结合现有钢筋加工业务、工艺流程特点，对钢筋加工各环节展开智能化技术研究，研发出一套集原材料管理、计划管理、钢筋生产管理、钢筋配送于一体的智能钢筋加工管理云平台，实现生产任务通过网络的方式下发至数控生产设备，同时可及时将生产数据采集至云端，并在此基础之上实现相关管理环节的控制，最终实现以节约成本为目标，以支持施工进度为要求，以满足质量为底线的钢筋精细化和集约化生产。

二、钢筋集中加工与供应智能化技术研究

1.钢筋加工自动化流水线设计

深中通道是十三五国家重大工程项目[2]，中交二航局负责S04标段主体工程施工，包括伶仃洋大桥主桥东塔、东锚碇，上游侧主缆架设、钢箱梁安装，东泄洪区非通航孔桥下部构造。该标段所用钢筋主要规格为HRB500、HRB400和HRB300三种，钢筋直径为$\phi 40$、$\phi 32$、$\phi 28$、$\phi 25$、$\phi 20$、$\phi 16$、$\phi 12$、$\phi 10$八种，其中，直径≤20mm的钢筋采用剪切工艺进行下料，采用立式弯曲工艺进行弯折，直径≥25mm的钢筋采用锯切工艺进行下料，采用平式弯曲工艺进行弯折。考虑到直径为40mm、32mm的钢筋加工量比较大，棒材的锯切及剪切加工均占据较大比重，故在锯切、剪切下料方面选用能力更加强劲的智能数控设备[3]，核心钢筋加工设备配置清单如表1所示。物流输送装置配置如表2所示。

为了更好地实现生产过程的自动化以及最大限度地缩减车间内物流的成本，需要对钢筋集中配送中心的规划与布置进行自动化提升，本文提出采用自动输送辊道系统，来解决多步工序生产过程中，上下游工艺衔接的问题，设计了三条自动化流水线：

(1)钢筋笼自动化流水线。钢筋锯切套丝机器人→锯切成品输送辊道→钢筋笼斜坡上料机构→钢

筋笼成型机器人。

（2）剪切弯曲流水线。钢筋自动剪切机器人→联动装置→立式钢筋弯曲机器人。

（3）剪切弯曲流水线。钢筋自动剪切机器人→联动装置→卧式钢筋弯曲机器人。

钢筋加工设备配置表 表1

序号	设备名称	数量	性能要求
1	钢筋笼成型机器人	1	2.5m直径钢筋笼生产，自动焊接，大盘式定位
2	钢筋锯切套丝机器人	1	钢筋笼主筋下料，普通套丝机
3	钢筋自动剪切机器人（主）	1	棒材剪切下料
4	钢筋自动剪切机器人（辅）	1	棒材剪切下料
5	斜面钢筋弯曲机器人	1	大直径钢筋弯曲
6	立式钢筋弯曲机器人	1	直径32mm以下钢筋弯曲

物流输送装置配置 表2

序号	设备名称	设备数量	性能要求
1	锯切成品输送辊道	1套	为钢筋笼生产线输送钢筋笼主筋
2	钢筋笼斜坡上料机构	1套	钢筋笼生产线的钢筋笼主筋斜坡自动上料
3	剪切弯曲联动装置	2套	剪切下料后输送到相应弯曲设备

最终，本项目设备配置图如图1所示。

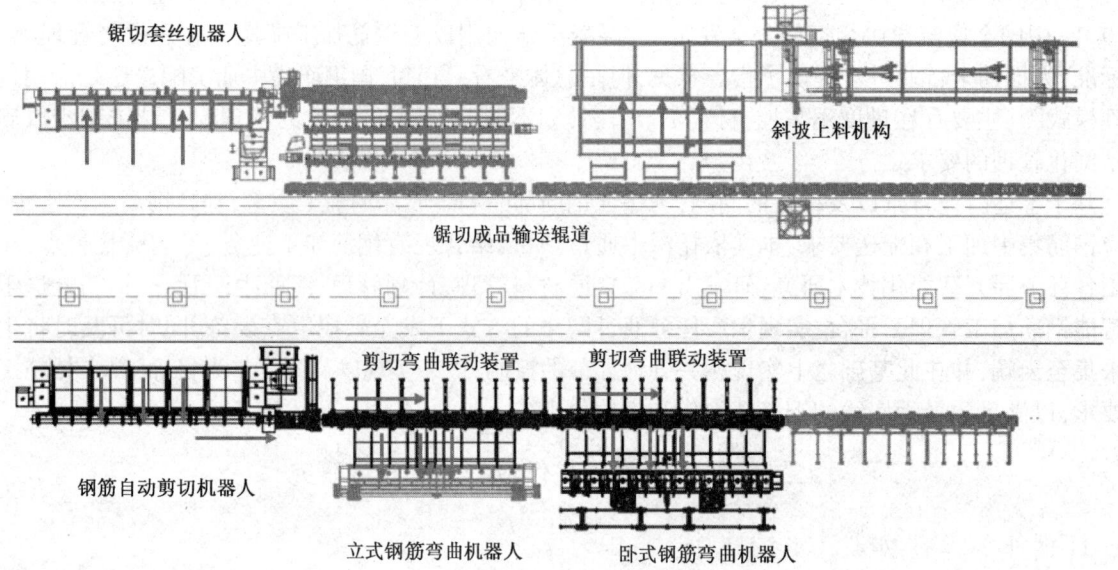

图1　钢筋加工自动化流水线

2. 钢筋数字化加工技术研究

传统的钢筋翻样和加工严重依赖人员经验和劳动力投入，存在下料损耗多、责任追溯难、管理效率低的问题；工人根据纸质的料单在设备上输入所需加工的钢筋边长和角度信息，设备根据设定的程序自动执行加工任务。在工业制造领域，基于CAD/CAM的数字化加工技术已经比较成熟，设计文件可以通过以太网直接下发到数控设备指导生产，省去了人工录入的过程。得益于钢筋加工设备智能化程度的提高，该技术同样可以迁移应用到钢筋加工领域。

要实现钢筋数字化加工，首先要打通钢筋加工数据与钢筋设备之间的数据接口。在工程建设领域，基于BIM的正向设计和数据表达逐渐成为行业趋势，BIM技术的发展会减少钢筋建模难度。目前，国内外有多种标准可以实现对钢筋加工信息的数字化表达。现有的标准中，大部分标准和格式都是专用的，如 ProgressXML 和 Unitechnik，只有 BVBS 是实现 BIM 设计模型和钢筋加工设备信息交互的国际主流标准；Planbar、Tekla、Revit 和 Rebar3D 等 BIM 软件均支持该标准，BVBS 为钢筋加工信息表达提供了一套标准的数据结构[7]，使得钢筋加工数据可以通过 ASCII 编码的文本文件进行交换，非常容易理解和解析，BVBS 文件字段说明如图2。

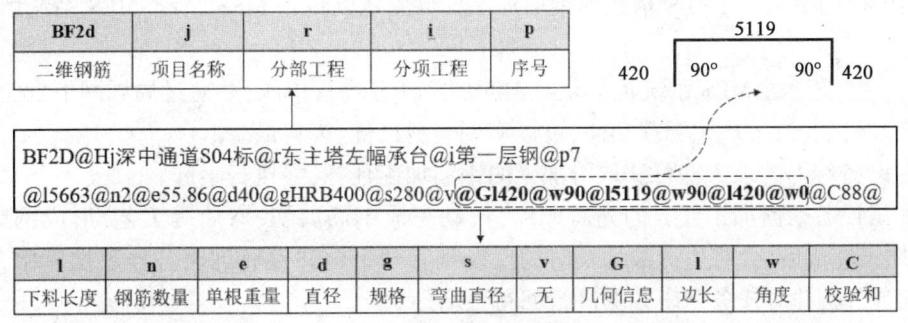

图2 BVBS 字段说明

除了对钢筋加工信息进行标准化数字化表达，还要求钢筋加工设备必须具备任务接收的通信接口，实现设备与服务器之间的网络数据的双向通信，即服务器可以将生产任务通过网络下发到指定钢筋设备，另一方面钢筋设备亦可将生产的数据信息及时反馈到服务器。具体来说，每台设备配置监控主机及光纤宽带物理接口（如 RJ45），方便工作远程获取任务，每台 PLC 主机必须配以太网模块，可以接收来自监控屏的指令。

在钢筋数字化加工方面，目前国内通常的做法都是借助专业设备厂家提供的云平台进行生产任务下发[4-6]，可以在任何地点任意时刻进行加工指令的下发，这种方法对于单一厂家设备的支持效果较好，但是无法实现对不同厂家设备的统一管理，且这种依赖互联网进行数据传输的方法对网络传输的可靠性提出了较高要求，难以满足工业环境下 24 小时不间断生产的需求。为此，本项目提出采用统一的接口服务方式进行数据对接，即以专业厂家 MES 系统作为桥梁，建立上游管理云平台和下游生产设备之间的间接通信。以建科机械的设备为例，该公司为客户提供了一款采用 C/S 架构的轻量级 MES 系统，该系统主要面向车间管理，可以实现计划排产，任务下发，加工进度反馈等功能；同时该软件可以把 BVBS 文件解析成生产设备可识别的数据信息，钢筋加工管理云平台通过调用建科提供的标准 WEB SERVICE 接口，即可把要生产的加工任务信息（BVBS 文件）给到 MES 系统，再由 MES 系统将 BVBS 中的任务解析成 XML 指令发送到指定设备，具体技术路线如下（图3）：

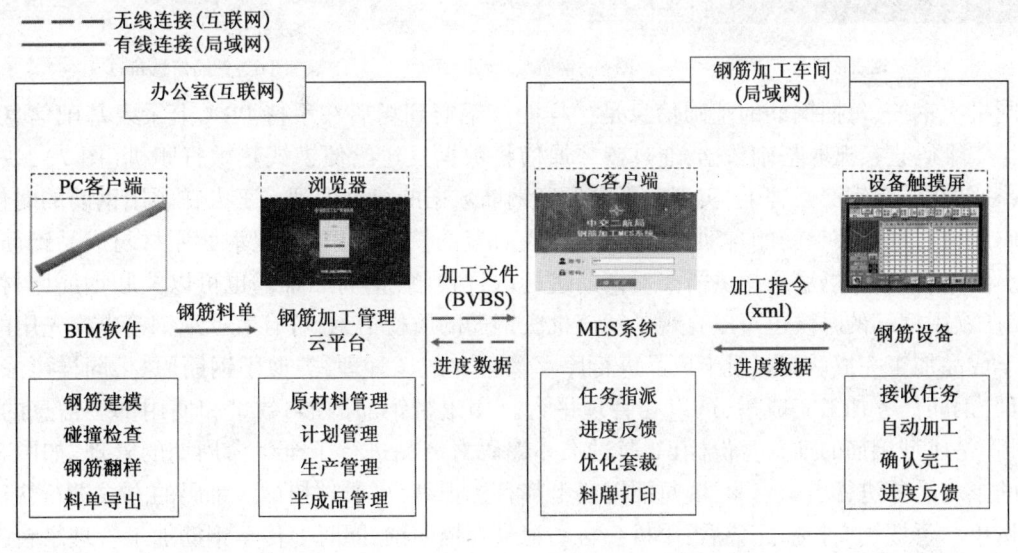

图3 钢筋数字化加工技术路线

(1) 建立 BIM 模型。本项目采用 Planbar 软件建立钢筋 BIM 模型,要求技术人员在钢筋建模时考虑弯曲、弯钩、锚固、搭接等影响下料长度的因素,将高精度钢筋模型导出为 BVBS 格式钢筋加工文件,保证生成的钢筋数据文件可以直接指导钢筋加工。

(2) 钢筋技术员根据主体工程的月度施工计划在钢筋加工管理平台上选择对应的钢筋模型,通过接口程序,以部品构件为单位将 BVBS 格式的钢筋加工文件发送到设备 MES 系统,MES 系统解析该文件得到钢筋加工任务。

(3) 钢筋生产主管通过 MES 系统批量化对钢筋加工任务进行指派,并通过局域网下发至钢筋加工设备,对于棒材剪(锯)切,通过优化套裁功能,可以实现套料最优、废料最少。

(4) 工人在设备端无需录入即可获取待加工的钢筋加工任务,并执行生产。

(5) 钢筋加工设备根据加工任务的先后顺序,自动完成钢筋剪切、弯曲等工艺,形成钢筋半成品;当设备上的任务加工完成后,会将生产数据及时的反馈到管理平台并存储到服务器数据库中,形成对生产数据的及时反馈记录,并对任务列表数据进行回写更新。

3. 钢筋原材及半成品仓储管理

原材料和半成品管理的终极目标是零库存和零损耗,信息技术的发展使得这种设想逐渐成为可能。

目前对钢筋原材的管理主要采用手工录入手段,这种方式需要人工及时每日更新数据,数据维护工作量很大,不仅费时费力,还存在许多漏洞和弊端,也不利于质量追溯。针对上述问题,在原材管理环节,本项目引入了手持式 PDA 和蓝牙热敏打印机,实现钢筋原材进场数据的自动录入和消耗数据的自动采集,便于钢筋库存自动更新和原材质量追溯。

每捆钢筋出厂都自带铭牌,铭牌上记录了生产厂家、规格型号、炉批号等基础信息。通过手机扫描铭牌上的二维码可以查看到该捆钢筋的基础信息,二维码本质上存储的是 URL 地址。采用网络爬虫技术[8]可以获取对应页面的 html 文本,对关键字符串进行解析,获取需要的关键参数,如重量、检验批号、牌号、规格和生产日期,并将其保存到数据库中。(图4～图6)

  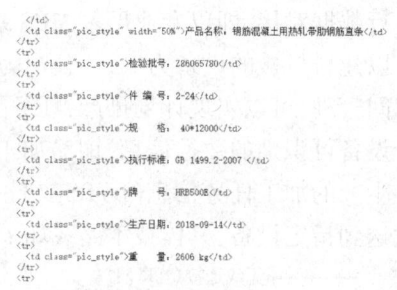

图4 钢筋铭牌　　图5 钢筋二维码网页　　图6 钢筋信息 html 文本

对于同批次钢筋,每捆钢筋的基础信息是一样的。钢筋到场后在手持 PDA 上录入基础信息或者扫描钢筋原始二维码直接抓取基础数据,通过蓝牙通信将数据发送给便携式热敏打印机(图7),快速打印原材料牌,粘贴在原有钢筋铭牌上,实现对不同厂家钢筋数据的统一管理。工人在领用钢筋的时候,直接扫描二维码就可实现该捆钢筋的自动出库,同时选择对应的使用部位,实现钢筋原材与成品钢筋笼或部品的关联。同时,钢筋进场后质检员需要对钢筋进行取样检测,钢筋二维码也可以关联钢筋原材的质检信息,工人在领用钢筋的时候也可以直观了解该批次钢筋的质检信息,可有效杜绝钢筋未检先用的情况。

钢筋半成品加工完成后需要对半成品进行库存管理和配送管理,类似于钢筋原材,同样可采用二维码进行管理,钢筋任务加工完成后,可以在管理平台打印出带钢筋图形、数量和使用部位信息的钢筋料牌,钢筋料牌是成型钢筋的唯一身份标识,通过唯一编码对产品进行了全生命周期的管理,如图8所示。加工完成的半成品要进行出厂点验,因每捆钢筋上都有标识牌,可通过扫描二维码的方式进行快速点验,并形成配送单。每捆钢筋扫描完成后,手机会自动记录扫描明细,同时上传至钢筋加工管理平台,生成带有简图的完整明细表,交由配送人员携带至现场。

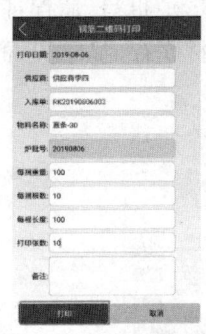 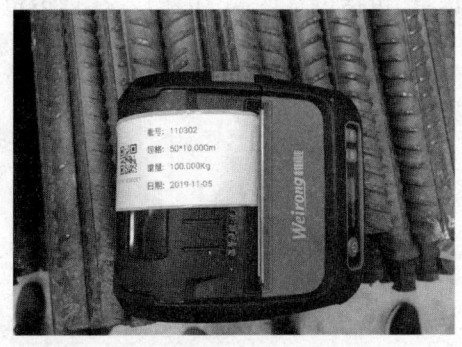 

图7 钢筋原材二维码打印　　　　　　　　图8 钢筋半成品料牌

通过上述技术的应用,可以快速获取原材料的进场数据、原材料消耗数据、半成品加工数据以及半成品领用数据,结合定期的盘点数据录入,可以自动计算出每期的钢筋损耗量,方便进行偏差管理。

三、钢筋加工管理云平台开发

1. 系统总体架构

基于上述钢筋集中加工及配送智能化技术,开发了钢筋加工管理云平台,实现对钢筋加工及配送全过程的信息化管控。主要功能模块包括原材料管理、计划管理、钢筋加工管理和钢筋配送管理,基本流程如图9所示。

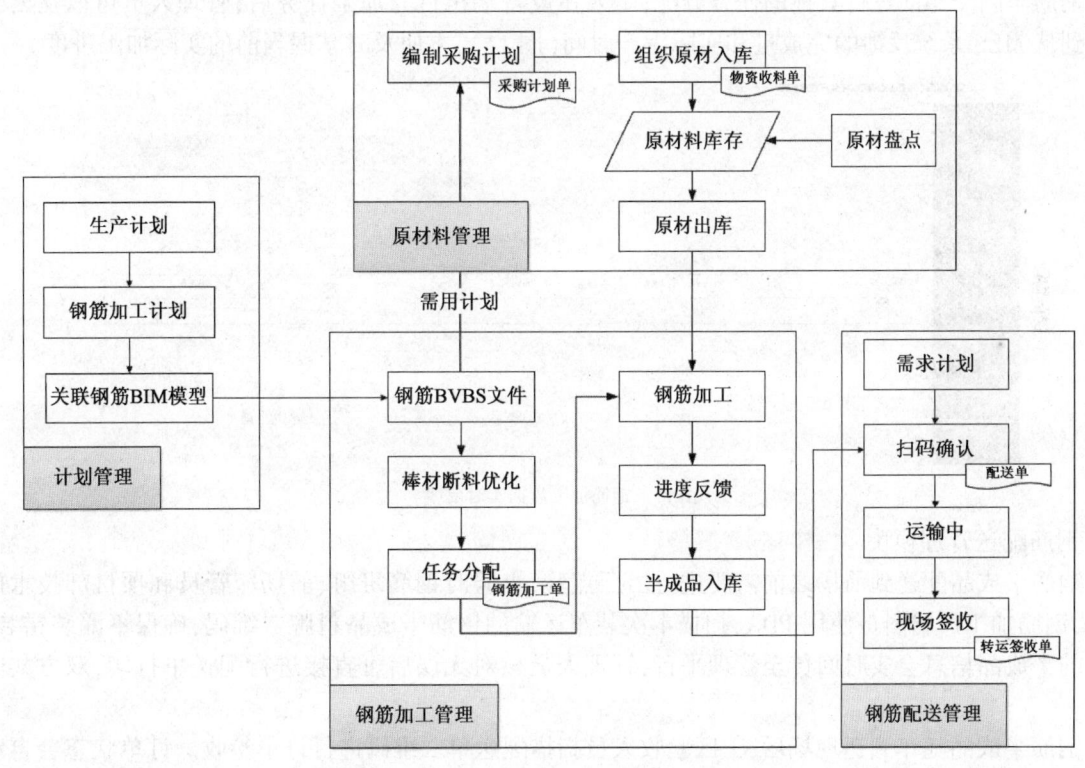

图9 方案架构流程图

2. 系统功能模块

1) 原材料管理模块

钢筋加工前,根据钢筋翻样料单(BVBS文件)可以汇总得到每种规格的钢筋原材料需求量,由物资部编制采购计划并发给供应商。供应商根据进度组织发货;货物到达现场后由物资管理员负责对外观和质量进行检查,使用PDA扫描原始钢筋二维码获取该批次钢筋基础信息,连接打印机发行二维码并粘贴在钢筋铭牌上,从而得到该批次钢筋的入库信息,包括供货厂家、生产厂家、理论重量、炉批号、质保证书等。工人在使用过程中,直接扫描二维码完成钢筋出库操作,从而动态更新钢筋原材库存,显示界面如图10所示。

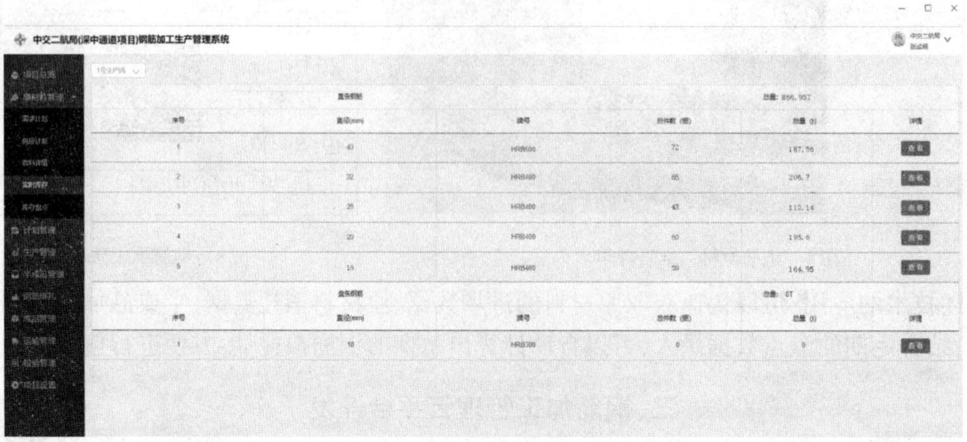

图10 钢筋原材库存界面

2）钢筋加工管理模块

技术员在云平台上按照分部分项结构以部品部件为单位建立生产计划,同时将计划和相应的BVBS料单进行匹配,可以在生产任务界面查看到钢筋加工任务明细,确认无误后将料单直接通过互联网直接下发到钢筋车间。车间进行具体的任务分配,工人在设备端执行完加工任务后,管理人员可以在云平台上可看到从MES系统反馈的完成量和实际生产时间（图11）,方便及时掌握当前的实际加工进度。

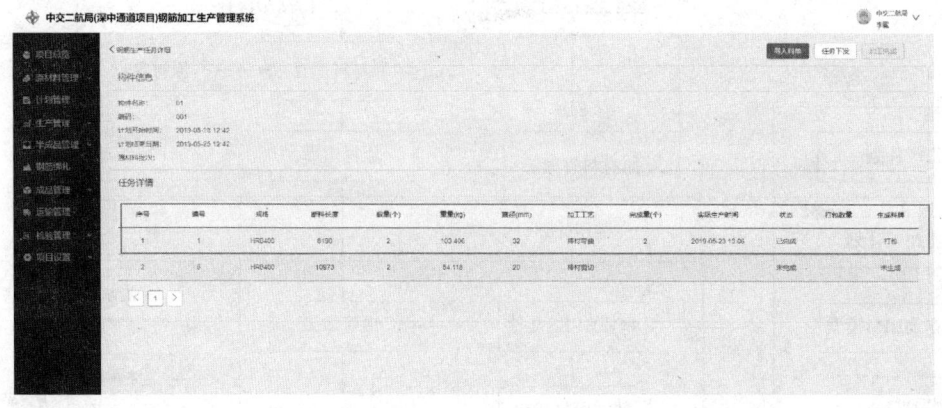

图11 钢筋加工数据实时反馈

3）钢筋配送管理模块

在钢筋半成品配送到前场之前需要进行出厂点验,点验时钢筋班组、前场库管员和项目部技术员三方在场,钢筋加工厂材料员使用PDA,扫描本次装车运输的钢筋半成品料牌二维码,确保不漏装错装,点验装车的半成品信息会实时回传至管理平台,管理人员核对无误后可直接进行配送单打印,双方共同签字确认。

在钢筋半成品随车到达现场后,工区验收人员扫描配送单二维码进行订单签收。订单状态会自动变化。管理人员可在平台实时进行查看配送信息,对于不及时卸车和签收的情况进行及时沟通,避免占用过多的配送物流资源。

四、钢筋加工管理云平台应用

1. 项目概况

深中通道项目是"桥、岛、隧、水下互通"世界级集群工程,也是国家"十三五"重大工程。中交二航局承建深中通道项目S04标段,钢筋总量约为29546t。为满足项目施工的需求,本项目配备了6台数控钢筋加工设备及相关物流装配,并研发了钢筋加工管理云平台,使得工厂内设备自动化、信息化水平程度较高,可以有效采集生产数据,反馈给生产管理平台。

2. 应用效果

目前,钢筋加工管理系统已在深中通道项目应用,主要应用成果如下:

(1)本项目采用BIM软件进行钢筋翻样,直接生成电子翻样单,并将任务发送到数控钢筋设备,避免了手工二次录入,生产效率提升至少20%。

(2)原材料管理模块的应用为物资人员减少至少25%的前场和后场数据填报量。

(3)发现2019年10月份28mm钢筋损耗率大于定额标准,系统及时预警到分管领导,查找原因发现是劳务队伍下料优化不足,后期工程部加大了对钢筋下料的管理,从而确保了损耗率在控制范围内。

(4)本系统可以让各级管理人员掌握实时的生产数据,促进了工程部和劳务队伍的沟通,前场和后场之间的协调。

五、结　语

本文结合现有钢筋加工业务流程,依托深中通道S04标项目,研究了钢筋集中加工与供应智能化技术,提出了一种基于统一接口服务的钢筋自动加工技术并首次在深中通道项目得到应用验证,打破了不同设备厂家数据交换的壁垒,实现了从钢筋BIM模型到数控设备的自动化加工,减轻了工艺人员的劳动强度,降低了生产中出错的几率,提高了工作效率,实现了从钢筋原材进场、钢筋加工、钢筋配送全流程精细化管控,从而大大提升项目管理效率,提升钢筋加工的效率,降低钢筋损耗,保障项目施工进度。

参考文献

[1] 刘晓中,国仕蕾.预制构件厂智能化钢筋加工及管理[J].混凝土世界,2018,113(11):30-35.

[2] 陈伟乐.深中通道智能建造[J].中国公路,2019(17):52-54.

[3] 李显.智能数控钢筋设备在工程施工中的推广应用[J].浙江建筑,2019,36(03):24-26+30.

[4] 胡勇,邱克孟,冯锐.基于BIM技术的钢筋智能化加工技术研究[J].土木建筑工程信息技术,2020,12(03):44-49.

[5] 朱俊武,杨斌,侯宇飞,等.基于BIM技术的铁路智能梁场钢筋加工技术应用[J].铁路技术创新,2020(01):73-77.

[6] 张俊存.京雄城际铁路智能化梁场建设[J].铁道建筑,2020,60(05):47-50.

[7] Maciel Alex R, Fabiano R Correa. Interoperability with IFC in the Automated Rebar Fabrication [C]. // Proceedings of the33rd International Symposium on Automation and Robotics in Construction (ISARC), 2016, pp. 872-880.

[8] 管小卫.网络爬虫探讨及应用[J].科技创新与应用,2020(27):178-179.

51. 汕昆高速公路龙川至怀集段上跨京广高铁转体桥工程设计与施工

蒋　惠[1]　黄光辉[2]

(1.广东省南粤交通龙怀高速公路管理中心;2.中铁武汉勘察设计研究院有限公司)

摘　要　为了不影响既有铁路线的正常运营,常采用转体施工连续梁跨越既有线,本文以汕昆高速公路龙川至怀集段上跨京广高铁转体桥工程为例,着重介绍了转体桥线位比选,转体桥梁设计和施工的要点以及高铁振动施工影响分析,为类似工程的设计和施工提供参考。

关键词 高速公路 高速铁路 球铰 转体施工 桥梁施工 影响分析

公路上跨既有铁路时常采用大跨度连续梁跨越既有线[1-3],为了不影响既有铁路线的正常运营,连续梁采用转体施工。即在既有线影响区域外侧平行于线路方向,先采用挂篮悬灌连续T构,随后进行T构转体,最后在既有线外侧合龙。

一、引　言

汕昆高速公路龙川至怀集段是国家高速公路网规划"7918"布局方案中第17横——汕头至昆明高速公路的重要路段,也是广东省"九纵五横两环"高速公路网规划主骨架中"一横"的重要组成部分。路线起于广东省河源市龙川县,与梅(州)河(源)高速公路相接,经东源县、连平县、韶关市翁源县,清远市英德市、清新区、阳山县,止于肇庆市的怀集县,全长约366.394km。

交叉点铁路里程为K2139+803.989,位于京广高铁马鞍山特大桥广州侧的115号和116号墩之间,公路与铁路斜交,斜交角度为78.14°,交叉处铁路轨顶高程45.062m。交叉处公路桥为英红特大桥,其主桥位于广东省英德市,中心里程左幅为K217+717.57,右幅为K217+798.57。

二、线位比选

为不遗漏有价值的路线方案,合理确定本项目与京广高铁的交叉点位置及交叉方式,方案研究中对京广高铁8个交叉点位置进行了研究,共研究了K、D3、D7、D9、D10、D11、D12、D13共8条线位,京广高铁沿线研究范围达20km,路线方案见图1。

鉴于本路段为北江洪水位倒灌区及泄洪区域,洪水位较高(根据《汕昆高速龙怀A4设计合同段洪水位及桥涵水文分析专题报告》英红特大桥300年一遇设计洪水位为40.52m,需要综合考量受外江洪水倒灌影响以及在外江与内河洪水遭遇情况及桥梁路基壅水的共同影响,洪水漫灌区路基最低点41.692m,高差仅1.17m);同时考虑到区域岩溶极其发育,而高铁对于沉降的要求非常高(为零沉降),提出K线桥跨桥方案上跨京广高铁方案。

D10比较线主要针对K线上跨京广高铁协调难度极大的情况,综合桥下净空、百年一遇洪水位高程、两德园防洪排涝规划、对京广高铁桥墩及承台的影响等因素提出采用D10通道下穿京广高铁(下穿武广高铁U形槽断面100年一遇洪峰流量为1360m³/s)。线位比选如图2所示。

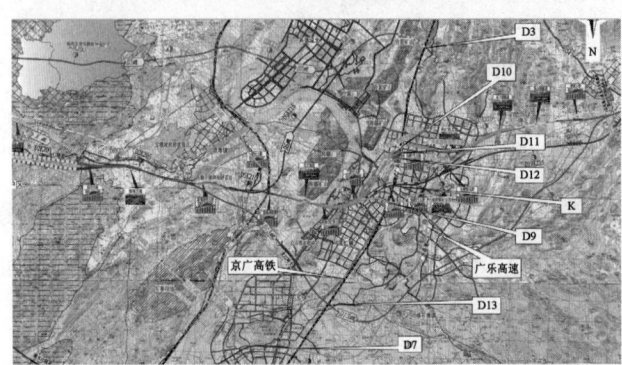

图1　项目与京广高铁交叉位置图

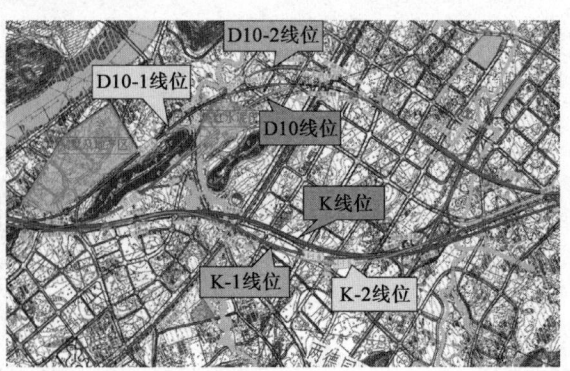

图2　线位比选图

通过对上跨和下穿铁路的多个方案的比选,得到了K、D10和D10-2三个较优方案,再从工程规模和工程费用进行更深层次的综合比选,三个方案比较如表1所示。

主要技术指标比较表 表1

指标名称	单位	K 线	D10 线	D10-2 线
路线长度	km	9.778	10.388	10.684
平曲线最小半径	m/处	2500/1	1500/1	1000/1
最大纵坡	%	1.9	3	3
挖方	×10^4 m³	9.37	37.95	37.95
填方	×10^4 m³	55.63	51.58	92.51
软基处治	km	0.995	2.33	2.98
路基工程	×10³ m³	3.46	15.68	17.35
路面工程	×10³ m²	54.17	69.88	98.01
互通式立交	处	2	2	2
桥梁	m/座	7423.125/5	6724.4/6	5864.4/5
下穿通道	m/座	—	711/1	711/1
地下管网改造	m	—	900	900
占地	亩	1007.5	1127.1	1206.71
造价	亿元	12.14	18.07	15.73

D10方案比对应的K线造价增加5.93亿元(未含两德园三条道路改建费用2650万元),其中建安费2.43亿元。

D10-2方案比对应的K线造价增加3.62亿元(未含两德园三条道路改建费用2650万元),其中建安费2.06亿元。

D10-2方案比对应的D10线造价节约2.31亿元,其中建安费3671万元。

综上,初设阶段采用了上跨京广高铁路基段的方案。

三、上跨高铁桥梁主体工程

本桥采用预应力钢筋混凝土T构,主墩墩梁固结,孔跨布置为2×90m,左右幅分幅布置,两幅之间净距为50cm,桥梁结构宽度为2×15.6m。为顺利实施转体,跨高铁桥梁段左右幅转体主墩错幅布置,分别布置在京广高铁两侧(见图3、图4)。桥梁平面线形位于缓和曲线上。桥下高铁最小净空为13.95m,公路桥墩基础距离高铁桥梁边缘最小距离为25.56m,梁体预制时梁体结构距离高铁桥梁边缘最小距离为26.04m。

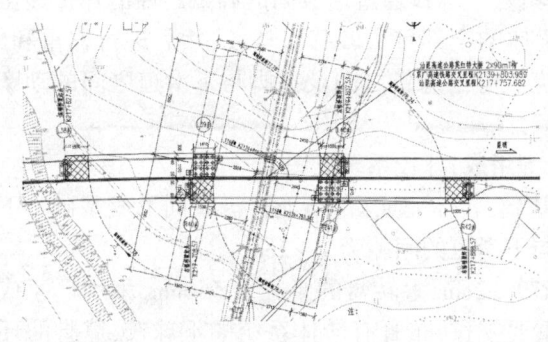

图3 平面布置图(尺寸单位:cm)

图4 转体施工前

主桥上部为(90+90)m全预应力混凝土变截面连续箱梁。主桥箱梁采用直腹板形式的单箱双室结构。箱梁根部梁高9.5m,高跨比为1/9.474;边跨梁高3.0m,高跨比为1/30。单幅箱梁顶板宽15.6m,中间分隔带0.5m,底板宽9.6m,翼缘板悬臂长为3.0m。箱梁高度从距墩中心3.75m处到合龙段处按2.0次抛物线变化,箱梁在主墩墩顶0号块梁段、边直段分别设置了2道厚1.5m和1道厚1.9m的横隔板,以增强桥梁的横向整体性。箱梁采用三向预应力体系(见图5、图6)。

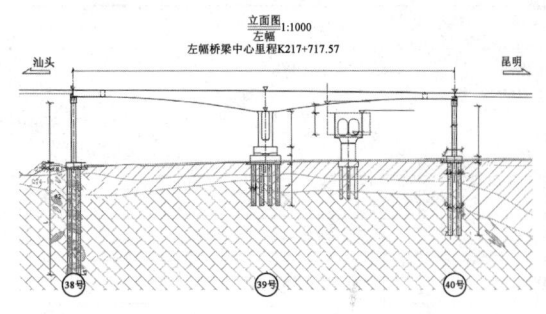

图5 立面布置图(尺寸单位:cm)

图6 转体施工后

主桥连续箱梁采用挂篮悬臂现浇法施工。除0号块外分为20对梁段,箱梁纵向长度分为8×3.0m+6×3.5m+6×4.0m。0号块总长12.0m,合龙段长度为2.0m,边跨现浇段长度为12.94m。悬臂现浇梁段最大重量为278.4t,挂篮自重按800kN考虑(图7)。

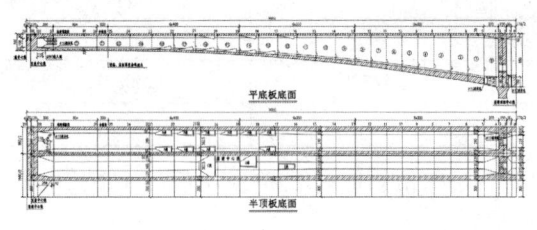

图7 箱梁一般构造图(尺寸单位:cm)

主墩采用双肢薄壁矩形墩身,墩底设4m高实体段;墩身横桥向宽度与主梁箱底同宽为9.6m,顺桥向总宽6.5m,每肢宽度为1.5m,两肢净距3.5m。墩身采用C40混凝土。

主墩顶部与梁体固结,底部与转体结构的上转盘固结。转体结构高3.9m,采用C40混凝土,平面尺寸为10.5m×10.5m,转体结构下为主墩承台主墩承台采用C40混凝土,厚度为4.0m,承台平面尺寸为14.1m×14.1m。基础采用4×4根钻孔灌注桩群桩基础,桩基采用C35混凝土,直径为1.8m,桩间距3.7m。过渡墩采用带盖梁的单肢薄壁墩。盖梁为带高台式的盖梁,盖梁高2.6m,宽2.6m,其上高台高1.4m,宽1.05m,横桥向长度为12.9m。墩身顺桥向宽度为2.0m,横桥向宽度均为6.3m。承台厚度为3.0m,平面尺寸为8.4m×7.2m;承台下设2×2根直径2.0m的钻孔灌注桩群桩基础,桩基顺桥向间距4.0m,横桥向间距5.2m。墩身、盖梁及承台均采用C40混凝土,基础采用C35混凝土。主墩承台及上转盘和过渡墩承台露出地面部分需做护砌保护,先在地面至承台顶以上0.5m范围内用砂石回填形成一个锥台,然后在椎台表面做一个30cm厚的M7.5浆砌片石护面。

四、转体结构

转体的基本原理是箱梁重量通过墩柱传递于上球铰,上球铰通过球铰间的四氟乙烯滑片传递至下球铰和承台。待箱梁主体施工完毕以后,脱空砂箱将梁体的全部重量转移于球铰,然后进行称重和配重。利用埋设在上转盘的牵引索、转体连续作用千斤顶,克服上下球铰之间及撑脚与下滑道之间的动摩擦力矩,使梁体转动到位。

转体结构由下转盘、球铰、上转盘、转体牵引系统等组成,球铰系统见图8。

下转盘及主墩承台为支承转体结构全部重量的基础,转体完成后,与上转盘共同形成基础。下转盘上设有转体结构系统的下球铰和环形下滑道。撑脚与下滑道的间隙为1~2cm。

转动体系采用钢球铰,分上下两片。球体半径$R799.2cm$,上转盘的半径为550cm,采用厂家成套产品。下承台顶面设置下转盘,下转盘是转动体系的重要支撑,布置有转体系统的下球铰、撑脚的环形滑道、转体牵引系统的反力座、助推系统、轴线微调系统等,下转盘半径为725cm(见图9)。布置有局部承压钢筋网以及连接下转盘上下球铰。下承台设置1m宽环形滑道,滑道中心半径390cm。上承台设置预先在厂家加工好的上转盘撑脚,撑脚主要作用是保证转体时结构平稳;上转盘周围对称设置8个撑脚,每个撑脚为双圆柱形。下设20mm厚钢走板,走板的加工精度为3级。双圆柱为两个$\phi900×16mm$的钢管,撑脚内灌注C55微膨胀环氧混凝土混凝土,安装时在撑脚走板下支垫30mm标准砂作为转体结构与滑道的间隙,转体时支撑脚可在滑道内滑动。为保证转体的顺利实施,要求整个滑道面在一个水平面上,其相对高差不大于0.5mm。

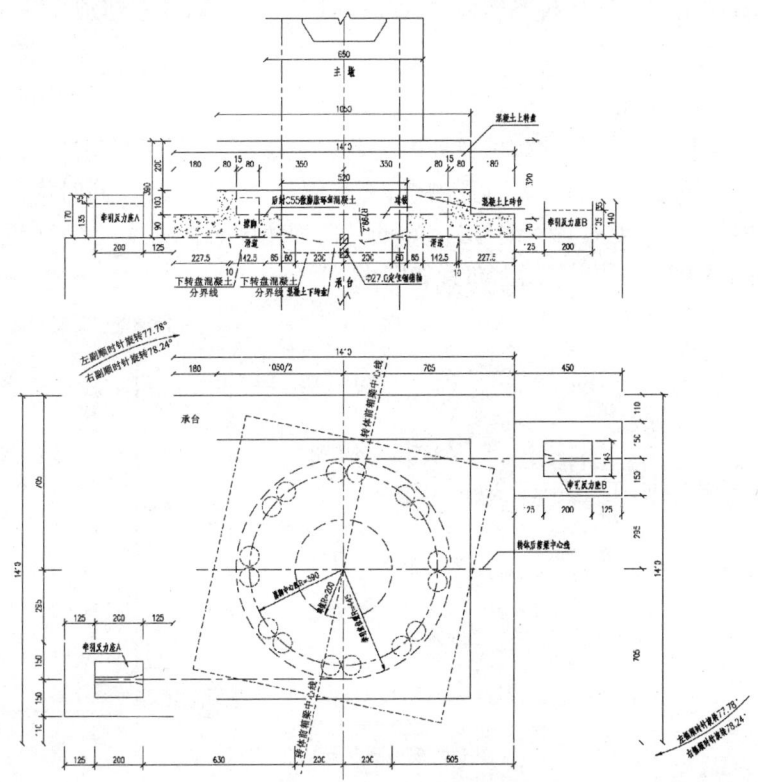

图8 球铰系统示意图(尺寸单位:cm)

转体下转盘是支撑转体结构全部重量的基础,本桥采用平转法施工的转动体系。转动球铰是整个转体的核心,制作和安装要求精度很高,需要精心制作、精心安装。上下球铰安装要保证球面的光洁及椭圆度,球铰安装顶口务必水平;上下球铰间按设计位置镶嵌四氟板,四氟板间涂抹黄油和四氟粉,上下球铰中线穿定位钢销,精确定位。最后上下球铰吻合面外周用胶带缠绕密实以做到防尘、防水、防锈(见图10)。

图9 下转台及下球铰　　　　　　　图10 上球铰及撑脚

上转盘附着在下转盘上安装,上转盘固定成型后,试平转运行,检查无误后在支架上绑扎主墩钢筋、立模板、浇筑上承台及墩身混凝土,完成上转盘施工。

本桥每个转体牵引千斤顶采用ZLD100型连续张拉千斤顶,形成水平旋转力偶,通过拽拉锚固且缠绕于转台上的22-ϕ_s15.2钢绞线,使得转体结构转动。

五、高铁运营所致振动对平转 T 构桥球铰处内力影响分析

项目对跨越高铁线路的平面转体桥梁转体时的安全性进行模拟分析,判别高铁振动、静风荷载对转体施工的影响。

1. 点布置

为研究距高铁线路不同距离下转体桥球铰处内力的响应规律,分别于距离高铁线路 115 号桥墩中心 2m、4m、6m、8m、10m 处布置了三向加速度时程测点,测点编号为 U1～U5。同时为研究 YH 桥球铰的实际响应,于靠近 YH 桥承台位置处布置了编号为 U6 的三向加速度时程测点,于 YH 桥左幅承台上布置了编号为 L1、L2 的三向加速度时程测点,测点布置如图 11 所示。

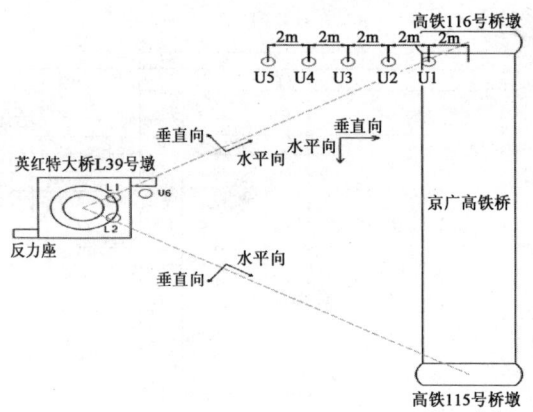

图 11 现场测点布置图

2. 现场振动测试结果

测试现场设置了 U1 至 U6、L1 至 L2 八个位置,总共收集了七十多组高铁驶过时对邻近土地、承台振动加速度的时程数据。限于篇幅原因,选取了 U3 测点的某段实测三向加速度时程曲线,如图 12 所示。同时对 U1～U6、L1～L2 共计 8 个测点的三向加速度时程曲线的加速度时程最大值进行汇总。其中,绘制出测得的六个点的三向加速度最大值,如图 13 所示。

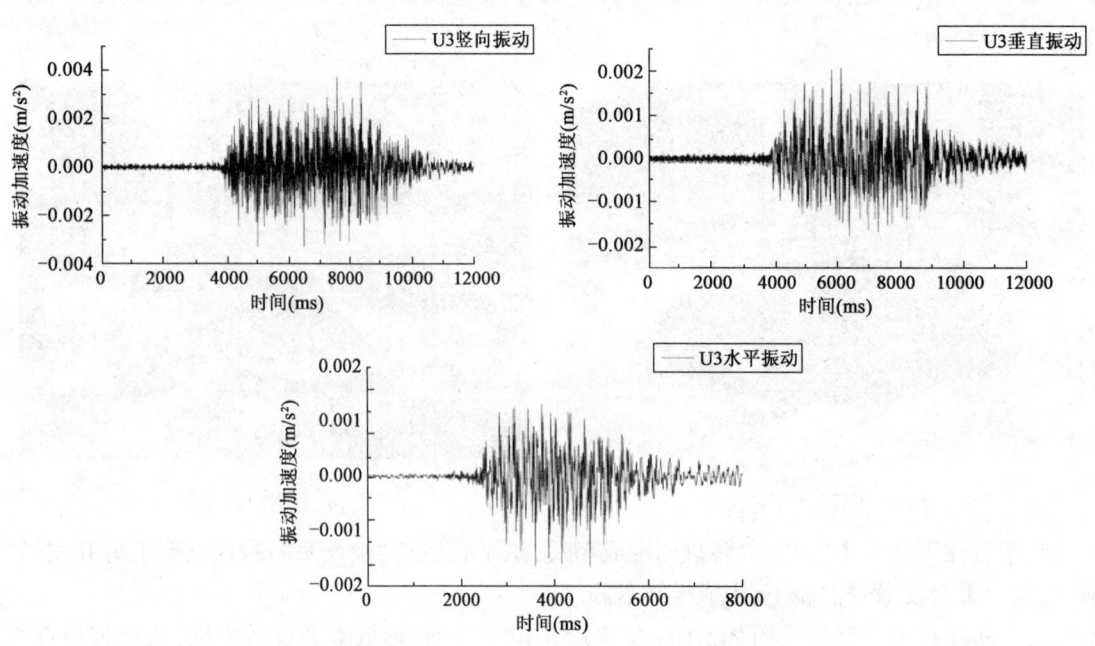

图 12 测点 U3 的某段实测三向加速度时程曲线

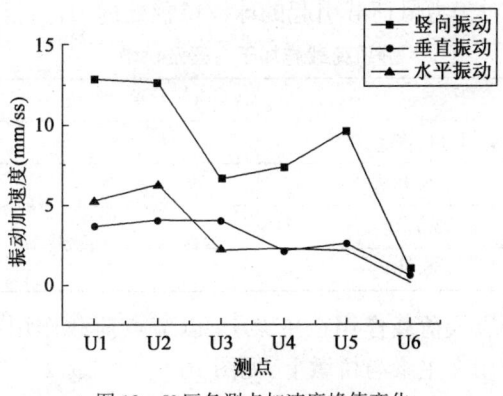

图13 U区各测点加速度峰值变化

图 13 中,在 U 区测定 3 个方向的振动加速度峰值都表现出随着相距越来越远而逐渐减小的趋势。

同时,将现场 L 区测试的 18 段加速度时程曲线的最大值和最小值绘制成图 14,其中:Z—竖向,Y—垂直方向,X—水平方向。

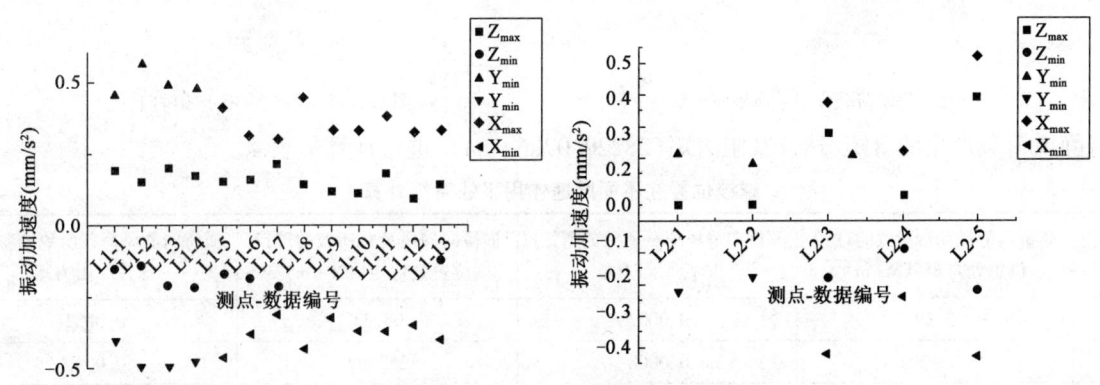

图14 L1、L2 加速度时程最大值、最小值

通过上图及 L 区所测得的数值,得到测点的 3 向振动加速度极值如表 2。

L 区测点 3 向振动加速度极值(mm/s²) 表2

方向	测点1	测点2
竖直	-0.21	0.38
垂直	0.57	-0.23
水平	-0.45	0.51

六、有限元分析

1. 高铁诱发振动单独作用下球铰内力

把实测的 3 向加速度时程导入 YH 桥 Midas/Civil 的模型中。U 区域的测点 1~5 的倾覆力矩都不大于 YH 桥的摩阻力矩,它们占 YH 桥摩阻力矩的比例依次为 17.9%、56.3%、28.6%、18.4%、17.3%,说明在有高速列车行驶所产生的振动情况下,YH 桥不会产生偏转。接着对 U 区域的测点 6 输入其 3 向加速度时程,得到高速列车行驶时产生的振动引起的倾覆力矩只占球铰摩阻力矩的 9.59%,可见在解除临时固结之后,YH 桥球铰处不会偏转。

L 区域 1、2 测点施加 3 向加速度时程后,YH 桥球铰处力矩 $My_{max} = -2995.9 kN \cdot m$,仅占其摩阻力矩 $M_{ZU} = 28220.07 kN \cdot m$ 的 10.6%,因此,在 YH 桥球铰的摩阻力矩远大于高速列车行驶产生的振动引起的倾覆力矩时,是不会发生球铰偏转的。

2. 高铁诱发振动、静风组合作用下球铰内力

YH 桥为悬臂浇筑施工,在平面转体阶段,风荷载产生的影响也要考虑进去,参照公路桥梁抗风设计

规范(JTG/T D60-01—2004)[6]对静力风荷载引起的球铰位置处内力进行计算,见表3。

静风荷载施加于主梁及桥墩　　　　　表3

方　向	q	单　位	位　置
横桥向	$14.88V_Z^2$	N/m	主梁箱梁顶面
	$135.96V_Z^2$	N	桥墩2/3高度处
顺桥向	$3.72V_Z^2$	N/m	主梁箱梁顶面
	$256.20V_Z^2$	N	桥墩2/3高度处

在横桥向分析时,静风荷载以线荷载作用在主梁上,以节点荷载作用在桥墩上,见图15。在顺桥向分析时,静风荷载以节点荷载作用在主梁与桥墩上,见图16。

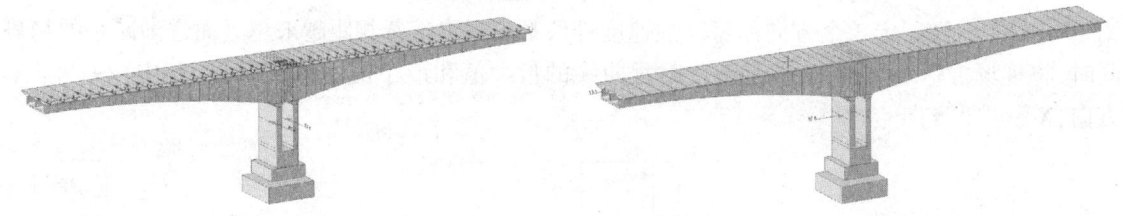

图15　静风荷载作用于横桥向　　　　　　　图16　静风荷载作用于顺桥向

将静风荷载产生的弯矩/球铰摩阻力矩(28220.07kN·m),进行计算见表4。

球铰位置在不同风速作用下的弯矩计算　　　　　表4

桥面风速(m/s)	顺桥向静风荷载所致的球铰位置处弯矩(kN·m)	顺桥向静风荷载所致的弯矩/球铰摩阻力矩	横桥向静风荷载所致的球铰位置处弯矩(kN·m)	横桥向静风荷载所致的弯矩/球铰摩阻力矩
1	5.59	0.0002	63.23	0.0022
2	22.29	0.0008	252.99	0.0090
3	49.90	0.0018	565.14	0.0200
4	89.26	0.0032	1003.84	0.0356
5	139.47	0.0049	1569.06	0.0556
6	200.73	0.0071	2260.71	0.0801
7	273.22	0.0097	3074.86	0.1090
8	356.95	0.0126	4015.48	0.1423
9	451.79	0.0160	5082.53	0.1801
10	557.68	0.0198	6276.20	0.2224
11	674.86	0.0239	7592.17	0.2690
12	803.10	0.0285	9034.69	0.3202
13	942.52	0.0334	10602.90	0.3757
14	1093.11	0.0387	12300.00	0.4359
15	1254.85	0.0445	14572.99	0.5164

结合表4,在$V_Z=14$m/s时,顺桥向的比值为0.0387,横桥向的比值为0.4359,在相同的风速作用下,风荷载产生的弯矩,横桥向是顺桥向的11.26倍。得出横桥向上风荷载引起桥体倾覆的几率高出顺桥向很多。因此,本文对风荷载作用在横桥向上产生的弯矩进行研究。将表4中桥面风速与对应弯矩/摩阻力矩的值绘制成图17。

在图17中,当$V_Z=6$m/s时,横桥向静风荷载产生的弯矩为2260.71kN·m,累加上实测U区测点6的加速度时程作用下YH桥球铰处产生的倾覆力矩1044.9kN·m,总力矩为3305.61kN·m。倾覆力矩/摩阻力矩=3305.61/28220.07=0.117远小于1,可实施转体。当$V_Z=12$m/s时,横桥向静风荷载产生的弯矩为9034.69kN·m,累加上实测U区测点6的加速度时程作用下YH桥球铰处产生的倾覆力矩1044.9kN·m,总力矩为10079.59kN·m。倾覆力矩/摩阻力矩=10079.59/28220.07=0.357远小于1,可实施转体。当$V_z=15m/s$时,横桥向静风荷载产生的弯矩为14572.99kN·m,累加上实测U区测点6的加速度时程作用下YH桥球铰处产生的倾覆力矩1044.9kN·m,总力矩为15617.89kN·m。倾覆力矩/摩阻力矩=15617.89/28220.07=0.553远小于1,可实施转体。

因此,在有风荷载和高速列车行驶产生振动的作用下,$V_z<15m/s$时都可实施转体。

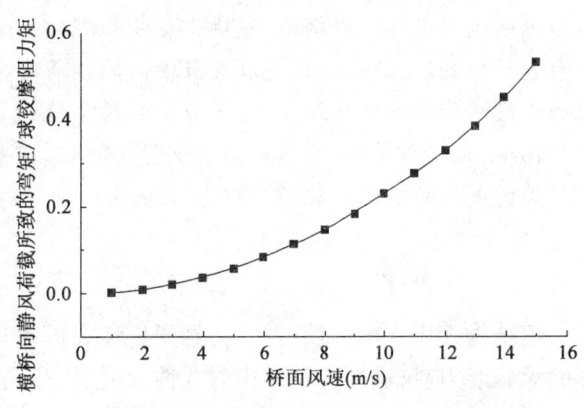

图17 不同风速与对应弯矩/摩阻力矩的关系

七、结 语

(1)本项目的地质条件直接影响线路走向、工程投资和施工工期等,因此项目路线方案拟定及比选工作中,高度重视地质条件对路线方案的影响,充分利用工程地质调绘及勘察成果,积极优化、完善路线方案。

(2)公路和铁路都是服务人民的基础设施项目,虽然铁路相关文规定铁路与公路交叉跨越应满足"铁路优先上跨公路"的原则,但为保障公路运营和施工安全,在特定的条件下,公路上跨铁路也是一种合理的选择。

(3)高铁运营所致振动对平转T构桥球铰处内力影响分析:

①只考虑高铁运营所诱发振动对英红转体桥的作用,英红转体桥的位置可设置于离高速铁路桥仅2m处,高速列车行驶时产生的振动不会影响球铰处的稳定性。

②在项目中,英红转体桥被实际施加3向加速度时程后,其球铰处力矩$M_{y_{max}}=-2995.9kN·m$,仅占其摩阻力矩$M_{ZU}=28220.07kN·m$的10.6%,因此,高速列车行驶产生的振动不会影响YH桥解除临时固结的球铰的稳定性。

③在只有风荷载和高速列车行驶产生振动的作用下,$V_z<15m/s$时都可实施转体。

参考文献

[1] 董琴亮.跨既有铁路线大跨连续梁桥转体施工与控制技术[J].中外公路,2014.34(4):143-147.
[2] 涂杨志.跨武广特大桥转体连续梁设计[J].铁道工程学报,2012,29(11):43-48.
[3] 跨沪宁高速公路大吨位钢球铰转体施工工艺.[J].世界桥梁,2011,39(5):15-18,39.

52. 南京长江五桥钢壳混凝土桥塔施工关键技术

夏 欢[1,3] 种爱秀[2] 康学云[2,4] 王 辉[2,4]

(1.中交第二航务工程局有限公司;2.中交二航局第四工程有限公司;3.长大桥梁建设施工技术交通行业重点实验室;4.中交公路长大桥建设国家工程研究中心有限公司)

摘 要 南京长江五桥跨江主桥为中央双索面三塔组合梁斜拉桥,主跨2×600m,索塔采用钢壳-混凝土组合索塔。结合钢壳-混凝土组合索塔的结构特点和快速施工的要求,围绕索塔桥位施工关键设备选型、精确吊装定位、混凝土浇筑等施工重难点,采用可调节的压杆式吊具,使用一套吊具即满足了全桥索塔不同结构尺寸节段的吊装需要。为钢壳-混凝土索塔的桥位安装和其他施工作业提供了技术支撑。结合钢结构索塔工厂化制造、模块化安装和混凝土索塔结构刚度大、造价较低的优点,南京长江五桥实现了索塔预制装配化施工,钢壳以及节段内的钢筋均在工厂内加工及预拼装,现场整体吊装匹配后,完成与上一节段的连接并浇筑混凝土,形成钢混组合结构。大部分工作在工厂内完成,大幅提高了索塔施工的工厂化率,施工质量好;由于人工减少,使得施工期安全管控更易实施,提高了施工人员的安全性。

关键词 斜拉桥 桥塔 钢壳-混凝土组合结构 施工关键技术

一、引 言

钢结构索塔在南京长江三桥、泰州长江大桥和马鞍山长江大桥等大型项目中均有成功应用,具有较好的承载能力、抗震性能和结构耐久性,并且外观平整光洁,有较好的美学效果。但建造钢结构索塔需要大型机加工设备和大型起重设备,而且造价较高。相比于钢结构索塔,混凝土索塔具有刚度大、经济性好等优点,是最为常用的索塔结构,但其塑性、韧性、抗震性能相对较弱,混凝土开裂及裂缝发展后,将导致内部钢筋锈蚀、混凝土劣化等问题,影响结构的安全性和耐久性。同时,混凝土索塔需在现场安装模板、绑扎钢筋和浇筑混凝土;特别对于大跨径斜拉桥或悬索桥桥塔,在高空条件下完成上述作业,施工风险相对较高,施工质量亦难保证。外包钢壳内浇混凝土的钢壳塔在一些中、小跨径的斜拉桥和悬索桥中有所应用,但大部分钢壳塔未充分发挥钢结构的受力性能,并且其施工方法亦与传统钢筋混凝土桥塔类似,现场作业繁杂,施工质量较难保证。选用钢混组合索塔可充分发挥两种材料的特性和性能,具有承载能力高,塑性、韧性、抗震性能强,耐久性好等特点,并且可以取得良好的经济效益;同时其预制装配化的施工工艺也符合建筑工业化的发展方向。

二、工程概况

南京长江五桥主桥设计为$(80+218+2\times600+218+80)$m的中央双索面三塔组合梁斜拉桥,其立面布置如图1所示。桥塔采用纵向钻石形内外钢壳-混凝土组合结构。下塔柱底部合并,向上逐步分离,中塔柱两塔肢向上逐步靠拢,至中塔柱顶部合并成整体,中、下塔柱结合部设一道横梁。中塔高175.4m,共分为37个节段;边桥塔高167.7m,共分为36个节段。桥塔标准节段高4.8m,最高节段高5.2m。桥塔钢壳由内外壁板、竖向加劲肋、水平加劲肋、连接角钢、剪力钉等组成(图2)。外壁板厚14~20mm,内壁板标准厚度6mm,上塔柱钢牛腿附着壁板厚20mm。钢壳内外壁板及加劲板采用Q345C钢,其余板件采用Q235B钢。塔柱采用C50补偿收缩混凝土。钢壳内钢筋采用HRB400钢筋,竖向钢筋直径36mm,水平钢筋直径22mm。竖向钢筋依次穿过水平加劲肋的钢筋孔,水平钢筋依次穿过竖向加劲肋的钢筋孔,以形成钢筋混凝土榫,实现钢结构与混凝土的协同工作[1,2]。

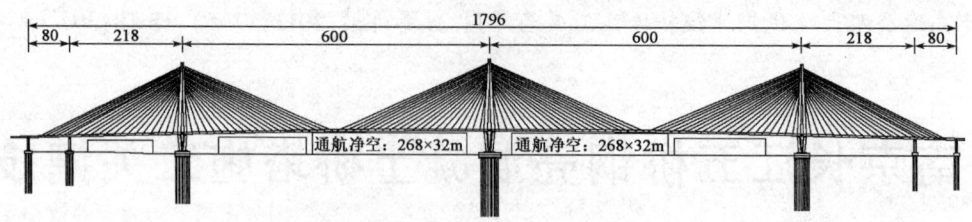

图1 南京长江五桥主桥立面布置(尺寸单位:m)

三、桥塔总体施工工艺及特点

钢壳-混凝土组合索塔是一种永久结构和临时结构相结合的新型索塔结构,钢壳既是索塔受力断面的一部分,又是混凝土浇筑模板,索塔钢筋以附筋的形式在工厂内随钢壳定位组装,省去了现场钢筋绑扎工序,实现了索塔的快速施工。钢壳-混凝土组合索塔的施工工序为:附筋钢壳吊装与匹配、附筋连接、混凝土浇筑,与混凝土索塔明显不同,施工工序的变化必然对施工工艺及施工设备提出新的要求。

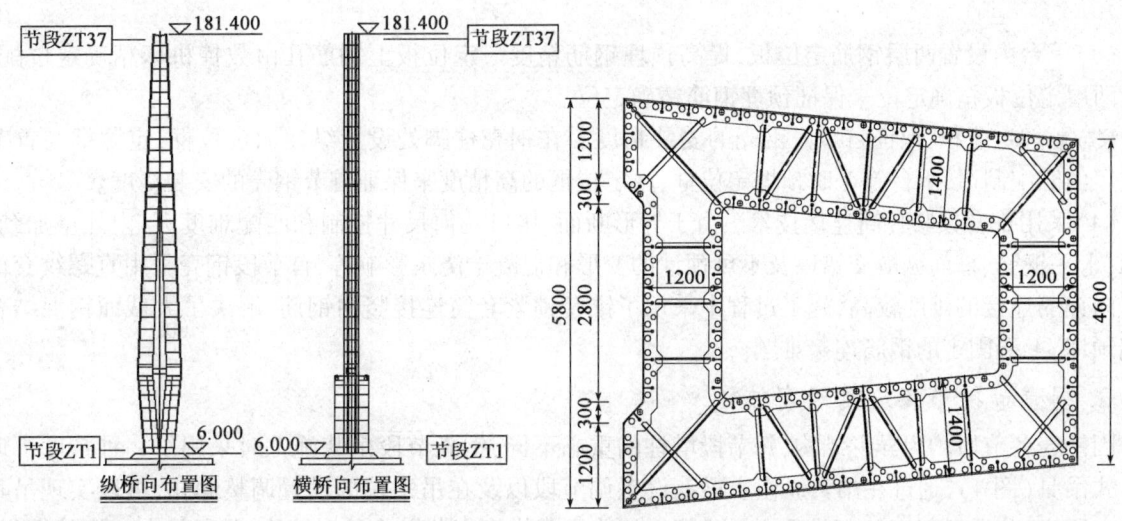

图2 中塔构造及索塔断面图(高程单位:m;尺寸单位:mm)

南京五桥首创了钢壳-混凝土组合索塔的理念,在钢壳中填充混凝土形成索塔结构,工厂制造的钢壳既作为索塔受力结构的一部分,同时也是施工模板,钢壳与混凝土协同受力,承担桥梁荷载作用。

结合钢壳-混凝土组合结构特点,索塔结构分节段建造,节段钢结构加工以及钢筋定位安装在工厂内完成,节段间钢结构与钢筋连接、节段混凝土浇筑在现场完成,形成钢混组合结构。具体施工流程为:①钢壳厂内制造及预拼装;②钢壳节段运输;③标准节段钢壳吊装;④钢壳节段匹配定位;⑤钢壳内钢筋连接、钢壳节段间焊接;⑥钢壳内混凝土浇筑振捣;⑦钢壳内混凝土养护;⑧钢壳内混凝土凿毛清渣;⑨下节标准节段钢壳吊装[3]。根据塔柱分节高度及每个节段的重量,下塔柱钢壳采用浮吊吊装,中上塔柱钢壳采用塔吊吊装。下塔柱安装利用主梁0号块支架作为施工作业平台,中上塔柱安装采用液压自动爬升操作平台系统。

根据该桥技术特点,钢壳混凝土桥塔的施工存在以下技术难点:①钢壳索塔兼有钢塔(大构件吊装、定位、焊接)和混凝土塔(钢筋连接、混凝土浇筑、液压爬架)的施工工艺,对钢壳吊装设备、吊装工艺及混凝土施工工艺要求高;②塔柱施工精度要求高,钢壳节段定位线形控制难度大;③钢筋接头采用直螺纹套筒连接,连接精度及连接质量要求高;④索塔混凝土为C50补偿收缩混凝土,核心温度要求控制在65℃以内,对混凝土绝热温升、入模温度及养护控制等要求高[3]。

四、桥塔施工关键技术

1. 首节段施工关键技术

首节钢壳索塔的精确定位安装(图3)是保证索塔施工线形的基础,其安装精度直接影响整个索塔的安装精度。由于钢壳节段已在工厂内加工好,现场安装只是场内拼装的再现,其空间位置不像混凝土塔柱节段一样可以逐段调节,故钢混结合段底板及顶面空间位置要求必须十分准确。

起始节段的安装精度是保证整个塔柱安装精度的基础。首节段安装施工过程中采用的关键技术有:

(1)利用BIM开展钢筋碰撞及定位分析。建立索塔起始节段定位预埋件与承台、塔座及塔柱预埋钢筋BIM模型,进行碰撞分析;通过BIM模型精确定位每一根竖向预埋钢筋的具体位置,实现承台顶面预埋竖向主筋与工厂提前在钢壳内安装的竖向主筋精确

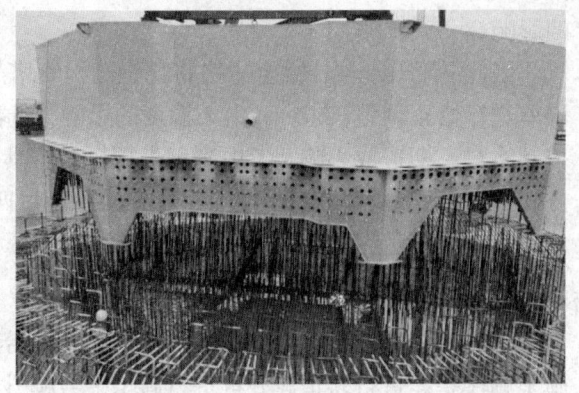

图3 首节段钢壳索塔吊装

对位。

(2) 承台内设置两层钢筋定位板,提高预埋钢筋精度。定位板上钢筋孔由数控机床精确定位配钻,通过两层定位板精确定位来保证预埋钢筋精确定位。

(3) 预埋定位框,保证首节段钢壳的安装精度。在钢壳柱脚处设置纵横向定位框,定位框与首节钢壳在厂内匹配制造,承台施工时预埋定位框,由定位框的高精度来保证首节钢壳的安装精度。

(4) 采用锥套锁紧套筒连接技术。由于异形断面、接口几何尺寸控制和匹配难度大,内外壁加劲板、角钢、水平钢筋、箍筋纵横交错以及不可预计的变形和混凝土浇筑影响等,首节段钢壳采用直螺纹套筒进行竖向钢筋连接的难度较高,施工过程中采用了锥套锁紧套筒连接竖向钢筋,解决了大截面钢混结合段下端预埋,上端固定的钢筋连接难题。

2. 钢壳节段吊装及精确定位

因钢壳各节段均为异形结构,每节段塔柱的重心不同,钢壳节段吊装施工时采用了一种精度可调的压杆式吊具(图4),通过在吊具纵横主梁上设置调节段以及在吊索端部设置调整卸扣,可以实现吊具调节吊点距离、节段倾斜度和起吊重心的功能。解决了索塔钢壳节段为异形结构,节段具有一定的倾斜度,节段断面尺寸不断变化,节段重心不同的难题。该压杆式吊具具有如下特点:①结构简洁。四个吊点通过纵、横联系梁连接成一个整体;②受力明确。通过两个方向的铰接设计,钢丝绳夹角产生水平力分别由横纵联系杆承受;③安装方便。各部件之间均通过销轴连接或法兰连接;④适应性好。通过纵、横梁长度可调设计,采用一套吊具即可满足全桥索塔节段的吊装需要。

图4 精度可调的压杆式吊具

为了使待安装节段能够较容易地与已安装节段定位、对接,在已安装节段与待安节段间安装匹配件,匹配装置在钢壳工厂内预拼时安装到位,现场塔柱节段间完成连装后解除匹配装置。现场精确调位时,优先保证凹槽面测点偏差在设计允许范围内。具体步骤如下:

(1) 根据厂内匹配数据和监控指令,通过对钢壳节段底部8个匹配件支垫钢板进行调整。

(2) 每个塔肢保留1个匹配件锁定点冲钉,取掉其余3个匹配件冲钉及螺栓;利用塔吊对节段进行卸载,同时保持匹配件贴合状态,通过侧面填塞钢板进行扭转纠偏。调整到位后需再次检查,满足设计和监控要求后方可下步工序施工。

钢壳-混凝土组合索塔的钢壳加工未进行端面机加工,其与端面机加工的钢结构索塔相比存在如下问题:①竖基线精度及预拼精度低;②匹配件固定效果远不如端面接触顶紧;③受焊接收缩及混凝土浇筑的影响。

因此,钢壳-混凝土组合索塔将比钢结构索塔架设更容易产生误差,故而需要设置更多的调整段来对误差进行修正调整(图5)。由于温度的影响,钢壳的测量需要夜间进行,而调整需要白天进行,这样逐段控制将对工期造成影响。考虑到钢壳预拼仍然具有较高的精度,因此,钢壳安装采用了滞后一段调整的方式,即在新节段安装时根据上一段的误差通过匹配件及对位线的相对关系来调整上一个节段混凝土浇筑完成后的测量误差,实践证明,该方法有效可靠且不耽误工期。

3. 索塔施工平台研发与应用

现有的高塔施工主要使用液压自动爬升平台进行施工,常规爬升系统包括轨道和爬升平台两部分,施工顺序是先进行轨道爬升再进行施工平台爬升,整套系统的施工工序复杂、施工周期长。轨道与施工平台采用分离式设计,增加了整套系统的空间尺寸和自身重量。轨道和施工平台爬升倒换时,需人工调整爬升装置的换向装置,施工时间长、功效差。

图 5 索塔钢壳桥位现场匹配定位及纠偏调整

本桥施工采用了一种用于钢混组合索塔施工的自动爬升平台(图6),作为钢壳吊装、节段间焊接、外观涂装的操作平台。与传统混凝土索塔施工采用的液压爬升施工平台不同,桥塔施工中结合索塔结构形式、功能需求等进行了专项设计。该自动爬升平台实现了轨道与施工平台同步爬升,减少了操作步骤,降低了爬升装置的整体重量,施工效率高;同时人工操作平台可伸缩,避免了人工的反复拆卸工作。解决了安装临时作业平台进行钢塔施工时,需要借助起重设备进行不断地安拆作业,功效较低,实用性不强,并且高空抗风性差的难题。

图 6 新型液压自动爬升操作平台

4. 钢壳内混凝土浇筑及养护

索塔下塔柱混凝土采用汽车泵进行输送;由于受汽车泵泵送高度限制,中上塔柱混凝土采用大塔吊吊装料斗输送混凝土的工艺,坍落度能够控制在 18~20cm,保证了混凝土施工性能。夏季设置冷库对砂、石料进行降温;碎冰机制碎冰对拌和用水降温,控制入模温度,保证混凝土核心温度不大于65℃。为保证塔壁混凝土浇筑密实,在塔壁水平加劲板上设置了混凝土振捣孔;混凝土浇筑振捣过程中,振捣棒从振捣孔中插入振捣,确保混凝土浇筑密实,保证结构受力。靠近钢壳壁板的混凝土浇筑时,充分利用在环向劲板上开的直径70mm混凝土振捣和排气孔,保证了混凝土浇筑施工质量。

为防止混凝土表层失水过快而引起混凝土与钢壳之间产生裂隙,混凝土初凝后及时对顶面混凝土采用蓄水养护,蓄水深度不小于10cm。养生用水采用江水,利用塔吊吊水箱至钢壳节段顶。浇筑混凝土时,在拐角处设置不大于20cm×20cm的集水坑,以便于后期将养护水抽出。当混凝土终凝48h后,采用电镐对混凝土顶面进行凿毛处理,深度控制在10mm即可以达到要求效果,同时把混凝土表面浮浆及松软层全部剔除掉。为提高清渣效率和效果,凿毛后的混凝土渣采用吸尘器进行清理。图7为钢壳内混凝土浇筑和养护情况。

五、结　语

南京长江五桥在钢壳中填充混凝土形成索塔结构,钢壳制造与现场安装、混凝土浇筑并行作业;将大部分钢筋在工厂内预穿并随钢壳整体吊装装配,施工速度是混凝土索塔的1.5倍,人员投入仅为混凝土索塔的约1/4,有效减少了现场作业强度及难度,提高了工程质量,降低了施工风险。

图 7 钢壳内混凝土浇筑及养护

钢壳-混凝土组合索塔发挥了钢结构工厂化制造、模块化拼装优点,兼具混凝土结构刚度大的优势,充分体现了钢结构和混凝土结构的优势,大幅提升了索塔施工的工厂化水平,是一种力学性能优异、施工快速的新型索塔结构。为缆索承重桥梁由建造型向制造型转变提供一种可行的途径。主要特点如下:

(1) 把钢壳制造和钢筋绑扎等大量复杂工作在工厂内精确且可控地完成,现场仅需完成节段钢筋的连接,环缝焊接和混凝土的浇筑。减少了工地现场及高空作业量,显著提高了施工速度,降低了施工风险;

(2) 索塔施工过程中钢壳可兼作混凝土模板,永临结合,省去了大型爬模设备;塔柱内部提供施工期的人员、水、混凝土等竖向运输通道,省去了外部电梯;减少了外部施工对索塔主体结构的干扰,索塔外部的施工预埋件较常规混凝土索塔减少近75%,极大程度避免事后修复工作;

(3) 钢-混凝土组合索塔将近70%以上的工作放在工厂内高质量完成,大幅度减小了桥位现场作业量,可有效提高工效,提升索塔建造的工业化水平。

参考文献

[1] 中交公路规划设计院有限公司. 南京长江第五大桥工程施工图设计文件[Z]. 北京:2017.
[2] 中交二航局南京长江第五大桥 A1 标项目经理部. 主桥索塔足尺模型试验总结[Z]. 南京:2018.
[3] 彭强. 南京长江五桥钢壳混凝土桥塔足尺模型工艺试验[J]. 桥梁建设,2019,49(3):46-50.
[4] 许颖强. 太原摄乐大桥异型钢-混混合塔柱施工技术[J]. 桥梁建设,2014,48(2):99-104.
[5] 唐勇,张瑞霞. 马鞍山钢-混叠合塔施工技术研究[J]. 铁道工程学报,2011(11):77-81.
[6] 易云焜. 曲线形独塔无背索斜拉桥施工控制关键技术[J]. 桥梁建设,2018,48(2):116-120.

53. 混凝土桥梁下部结构全预制拼装技术探讨

覃忠余 李国平

(同济大学桥梁工程系)

摘 要 混凝土桥梁预制快速装配化施工是一个重要发展方向。从混凝土桥梁下部结构预制拼装体系与预制构件连接技术出发,探讨目前桥梁部分装配化建造技术的不足;为实现桥梁下部结构的全预制拼装,论述高墩柱节段预制拼接关键技术要点,提出了陆域桥梁承台预制及连接构造设计构想,并以梁式桥常用的盖梁-双柱式桥墩-承台-桩基础结构为例,给出全预制下部结构的现场施工方案。

关键词 混凝土桥梁 装配式结构 高墩柱 承台 快速施工

一、引言

传统的混凝土桥梁施工需要占用大面积的场地,以人工为主的现场施工工序繁琐、施工时间过长,给安全、交通、环境及社会带来了不良影响。桥梁快速施工理念(ABC, Accelerated Bridge Construction)的提出使桥梁施工方法发生了巨大的转变。现场快速施工的实现,能够降低施工风险,保障施工安全,同时可以减小对周围自然环境与附近居民的影响,避免了长时间堵塞交通带来的不利后果。预制构件在工厂集中预制,能够保证构件的制作质量,制作的时间也不受现场施工工期的限制。随着工业化制造基础的完善、运输能力和吊装能力的提高以及施工技术的发展,装配化预制施工方法已经在桥梁建设中广泛应用。

目前,我国混凝土桥梁上部结构的装配化施工技术已经较为成熟,下部结构的预制化施工技术在近几年内也发展起来了。然而,由于缺少足够的理论与应用成果的支撑,相应的设计规范、施工标准也没有完善,下部结构的预制拼装技术在桥梁建设中的应用尚有较大发展空间。

二、下部结构预制拼接技术应用现状

在桥梁下部结构建设中,盖梁、桥墩、承台和桩基础工厂化预制技术都可实现。在公路和城市桥梁施工中,墩柱和盖梁在工厂采用一整套标准模板预制,现场通过吊机或架桥机整体安装,预制效率高、安装方便、施工质量也易保证,并提高了桥梁标准化、工业化建造的水平。盖梁和墩柱体积或重量较大,运输安装困难时,可采用节段预制现场拼接的方案。当然,盖梁、墩柱采用节段式后,接缝构造、连接形式、分段位置等都会对其受力性能产生一定影响[1,2]。为了保证结构的受力和耐久性能,以受弯为主的节段式盖梁都采用预应力结构,而受压为主的节段式墩柱则也可采用非预应力结构。承台的预制在陆域桥梁建设中并不多见,而在跨海大桥下部装配式结构中应用较多[3,4]。预制盖梁和墩柱之间、预制墩柱和承台之间的接缝多使用高强砂浆填充、钢筋灌浆套筒连接或波纹钢管锚固连接,也采用插槽式或承插式连接方式[5-8]。桩的预制或现浇施工取决于施工场地的地质条件,而不作为装配式桥梁快速施工的控制部件。桥梁下部结构的预制装配化体系已经较为完整,各种连接技术都已经在工程中得到应用,因此在有需求的工程中下部结构采用全预制拼装是完全可行的。

目前,装配式桥梁建造中,下部结构一般做不到或没有必要全预制,仅仅是一部分构件预制并和相邻预制或现浇构件相连。部分预制的下部结构体系能在一定程度上解决现浇施工存在的问题,但快速施工优势的发挥尚有空间。在结构构件全预制的情况下,各种构件应有机连接组合在一起,设计中既要包含连接构造所需的技术,又要满足构件和结构的性能要求,因此设计存在一些问题。下部结构全预制拼装的实现,主要面临两个设计问题,即高墩柱和承台的设计问题。

三、分段预制高墩柱及其连接构造

城市桥梁中墩柱高度一般在7m左右[9],超过20m的墩柱即为高墩柱,但在公路桥梁中墩柱的高度可超百米。高墩柱的现场施工,工作量大、时间长、施工难度大、高空作业风险大、模板及机械设备投入多,施工质量不易控制。预制墩柱的钢筋笼可用模块化制作、混凝土浇筑在工厂进行,既可以增加施工的安全性,又能保证墩柱的制作质量。标准化的预制技术可实现模板的循环利用,从而降低施工成本。高墩预制节段现场拼接用人少,采用专业化的机械设备安装精度高,连接技术成熟。

下面对高墩柱分段预制需要考虑几个问题进行详细讨论。

1. 墩柱的节段长度

高墩柱节段长度的确定,受预制厂、运输、吊装能力和结构性能要求等因素的共同影响。墩柱分成N个节段,便会有N+1个接缝(包括墩柱-承台与盖梁的接缝)。接缝作为受力和耐久性薄弱的部位,若分段数量过多必然会使结构性能一定程度的降低。高墩柱的分段数量应根据墩柱的总高度确定,一般来说每个节段的长度控制在15m以内并考虑吊运重量的要求。在可选的节段高度范围内,分段数量应尽可能少。分段数量较多时应采取节段种类最少的原则,分为两个节段时宜兼顾与承台相连的下节段与上节段连接操作的便利性。

2. 墩柱的分段位置

墩柱的分段位置和接缝对预制拼接高墩整体受力性能有较大的影响。对于靠近柱底和柱顶(双柱墩横向抗震控制时)区段，因承担的弯矩和轴压力接近、剪力相同，若两道接缝间距过于靠近时，地震作用下可能同时出现塑性铰而失去变形控制。因此，设计时应注意到节段式墩柱的破坏集中于受力控制区段的接缝位置，既要考虑前述的墩柱节段拼接施工的便利性，又要关注接缝对结构受力安全性的影响。

3. 节段墩柱的连接方式

墩柱中间节段之间的连接应以操作方便的快速连接方式为主。节段之间接缝高强砂浆填充、钢筋灌浆套筒连接是一种可行的方案，其便于垂直度调整、容差性良好，配合临时定位措施后施工难度不大。钢筋采用其他机械连接方式时，应避免后浇混凝土接缝；采用钢法兰连接时，应控制预制精度、避免现场采用填塞钢板等调整垂直度。采用环氧胶接缝预应力钢筋连接时，因节段不能采用匹配预制而通过填塞环氧树脂片或钢板调整垂直度是一种不可取的连接方式，现实工程中这种填塞厚度有超过 2cm 的案例，这将对接缝截面受力和耐久性带来很大的不利影响。实际上，即使需要采用预应力钢筋时，也建议接缝采用高强砂浆填充、配少量普通钢筋灌浆套筒(如截面四角区)连接的部分预应力结构，这样既便于调整垂直度又可在普通钢筋连接后方便预应力钢筋张拉；另外，配置普通钢筋对墩柱抗震更有利。无黏结预应力钢筋对高墩柱地震作用变形恢复有较好的作用，因此在墩柱中心留空设后穿无黏结预应力钢束是一种可考虑的方案，其中墩柱的主要受力钢筋仍旧是普通钢筋，接缝处采用高强砂浆填充、钢筋灌浆套筒连接方式或其他可靠的连接方式。

四、预制承台及连接构造

在陆域桥梁建设中，传统的承台现浇施工，需要进行基坑开挖和支护工作，现场作业受天气的影响较大。在雨天，除了不能进行下一步的工作外，还要考虑基坑积水带来的危险。承台现场浇筑的混凝土工程量较大，需要的模板数量也很多。采用承台预制方案，现场施工和工厂预制可同步进行，这就能减轻天气对施工的影响、减少基坑支护时间、减少现场工作量、提高施工速度，从而提高桥梁工业化建设水平。

如前所述，海域桥梁中预制承台的应用较广。海上浮吊起重能力较高，运输不是限制预制承台设计的控制因素，预制承台甚至可以和部分墩柱整体预制。预制承台和桩需要在海上进行安装施工，海上施工风险较大，这就要求尽可能减少海上混凝土现浇量，同时又要求预制承台与桩连接可靠。由于施工条件、运输条件的不同，陆域桥梁的预制承台设计与海域桥梁考虑的因素不同。陆域桥梁预制承台的预制体积需要控制，而现场浇筑数量可适当增大。海域桥梁预制承台设计方案并不完全适用于陆域桥梁，需要根据实际桥梁结构建设情况进行综合考虑。

承台作为联系桩和墩柱的关键构件，不同的下部结构中有着不同的结构构造。在全预制桥梁结构中，预制承台的设计需要根据预制桩或现浇桩及预制墩柱的构造方案确定。若预制承台和预制墩柱、桩的连接作用区域不重合，则可进行各种连接技术的组合；若连接作用区域重合，则需要进行预制承台尺寸、内部构造的精细化设计。下面对此进行详细讨论。

1. 连接作用区域不重合的情况

根据桩和承台的连接特点，承台采用预制施工方式后，可通过插槽式和承插式两种方式方便地建立连接关系。对于预制墩柱和承台的连接，常用连接方式有接缝高强砂浆填充－钢筋灌浆套筒连接(或灌浆波纹钢管锚固连接)、插槽式和承插式连接。在预制承台和预制墩柱、桩的不同连接方式相互不冲突情况下，可组合采用不同的连接技术，最后确定预制承台的构造，概念构造图如图 1 所示(图中结构尺寸、钢筋直径与数量仅作示意)。这种情况下承台尺寸较大，墩柱-承台之间的荷载传递主要在承台中部，而桩-承台间的荷载传递主要在四周。

如图 1a)、图 1b)所示，预制墩柱和预制承台采用承插式连接方式，施工容许误差较大，施工更加便捷,但是承台高度较小时可能会导致锚固不足(包括墩柱底部纵向钢筋的锚固)。对于现浇桩,一般会留出一部分钢筋,用于和承台的锚固连接;对于预制桩,可插入承台空腔中采用现浇混凝土来构建连接关系。预制承台制作时需要通过模板来形成现浇段连接的剪力键,以形成新老混凝土间的互锁作用,增强连接性能。对于上下直通完全开口的空腔,也可通过预埋钢波纹管来形成空腔,新老混凝土之间通过波纹管的黏结和互锁作用建立连接关系。在跨海大桥中,预制承台无法像陆域桥梁一样放置在地面上,因此在预制承台设计时可设置一个临时支撑位置,如图1b)所示。

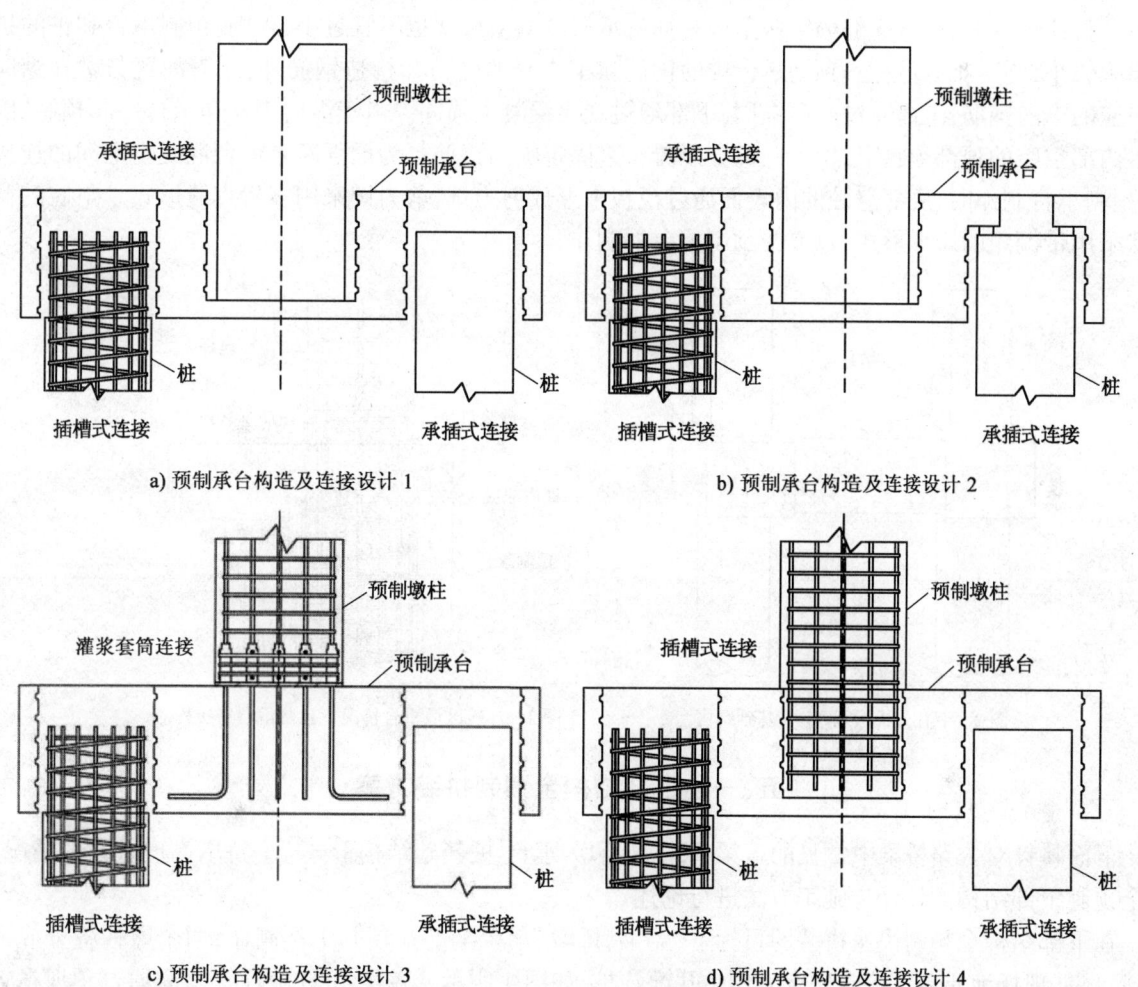

图1 连接区域不重合情况下预制承台构造

预制墩柱-预制承台采用灌浆套筒连接的情况下,承台在工厂制作时中部需要留有与套筒连接的钢筋(图1c),其定位精度容易控制。预留钢筋在承台中需有足够的锚固长度,承台高度不足而平面尺寸较大时可弯曲钢筋或设锚板螺帽锚固。将套筒或钢波纹管埋置预制承台中,预制墩柱纵向钢筋插入承台套筒或波纹管连接的情况也类似,但是这种情况下承台的构造较为复杂。

预制墩柱-预制承台的插槽式连接中,墩柱钢筋伸入承台预留空槽中,在墩柱的次要受力方向上,墩柱部分支撑在预制承台上方(图1d),在主要受力方向上则留有较大空间用于上部混凝土灌注。预制承台内部同样需要形成内部的剪力键或通过波纹管构成粗糙表面增强结构的整体性。

2. 连接作用区域重合的情况

如图2所示,双柱式桥墩结构中,两个墩柱下方连接着两根桩,中间用承台(也称为系梁)过渡,这种情况下预制承台的设计,既要考虑预制承台-桩的连接,又要考虑预制承台-墩柱的连接,两种连接作用区域较小而且作用区域重合。两个部位的连接不可能同时采用插槽连接或承插连接或它们之间的组合,且它们的截面尺寸、形状及配筋等通常不一致,都需要构件在承台建立锚固连接关系,插槽式连接通过钢筋来锚固,承插式连接通过构件自身锚固。承台的锚固空间有限时,只能一侧采用锚固连接,另一侧采用钢筋连接装置连接,如灌浆套筒、波纹钢管等。

对于预制墩柱-预制承台灌浆套筒连接、桩-预制承台插槽式连接的情况,其连接设计构想如图3所示(图中结构尺寸、钢筋直径与数量仅作示意)。预制承台的内空尺寸需要根据承台整体尺寸的大小以及内部锚固空间需求大小进行设计。在承台整体尺寸一定的情况下,内空尺寸过大,会造成预制承台的壁厚较小,预制承台在施工过程中薄壁部分容易开裂或损坏,浇筑内部混凝土形成完整的承台后可能会造成承台整体性变差,原薄壁部分结构薄弱易坏。承台的内空尺寸也不宜过小,否则,预制承台和桩的拼接容错率较小,施工难以进行。预制承台中的钢筋除了本身的受力和构造钢筋外,还需配置与墩柱纵向钢筋对应的纵向钢筋,上部通过套筒锚固,下部通过现浇混凝土锚固。由于纵向钢筋和承台一起预制,因此承台内部空腔的顶部须收窄,留下一部分混凝土来固定纵向钢筋。为增强新老承台混凝土之间的连接性能,预制承台制作时,底部空腔的内表面通过模板来形成剪力键,剪力键采用多齿直缝形式。空腔的截面形状采用带倒角的矩形形式,以方便预制承台的制作。

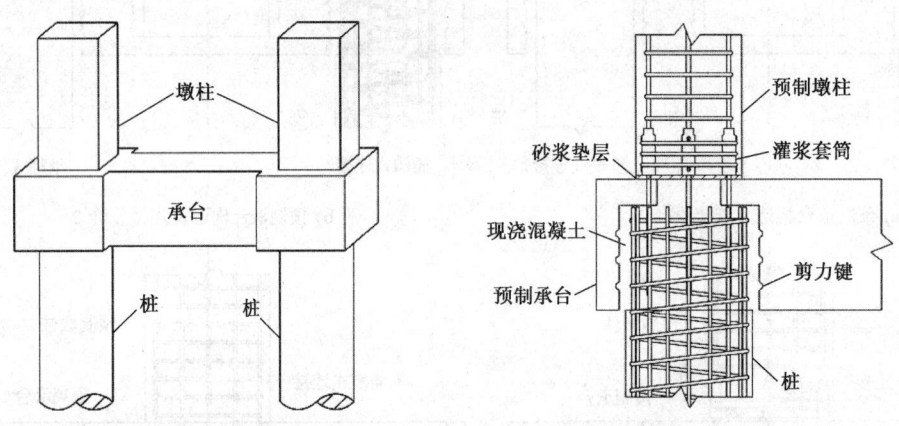

图2 双柱式桥墩-承台-桩基础结构　　　　图3 连接区域重合情况下预制承台连接构造

五、一种下部结构全预制拼装方案

下面将针对公路桥梁中常见的盖梁-双柱式桥墩-承台-桩基础结构形式[10],桥墩高度较大的情况,关于全预制下部结构的设计与施工方法进行论述。

在下部结构全预制快速拼装的目标下,盖梁、桥墩、承台全部在预制工厂制作,两个墩柱各分成两个节段,根据现场地质条件综合确定采用钻孔灌注桩,如图4所示。盖梁-墩柱节段2之间通过预埋在盖梁底部中的灌浆套筒连接,墩柱节段2和墩柱节段1之间通过预埋在墩柱节段2底部的灌浆套筒相连,墩柱节段1通过底部埋置的灌浆套筒与预制承台相连。为了加快墩柱拼接速度,节段1拼接后中心张拉预应力螺纹钢筋,随后紧跟着进行节段2的拼接。预制承台中伸出钢筋和墩柱底部的灌浆套筒连接,桩利用伸出纵向钢筋和螺旋箍筋在承台中锚固建立连接。

下部结构施工采用从下往上拼接方式进行,施工流程如图5所示,具体流程如下:

(1)基坑开挖,浇筑钻孔灌注桩。

(2)预制承台吊装前,在基坑中铺设碎石垫层,调整支承块高程。

(3)预制承台从已建好的上部结构运输到现场,采用架桥机吊装,桩的钢筋与承台预留孔对接到位,完成预制承台的安装。

(4)放置、固定预应力螺纹钢筋L1。

(5)从承台上方开口处灌注混凝土,使用振捣棒进行振捣,注意保护精轧螺纹钢筋上端连接螺牙段,承台空腔填满后养护混凝土。

(6)第一段墩柱试拼,调整垂直度并通过钢垫板形成稳定的支承状态。

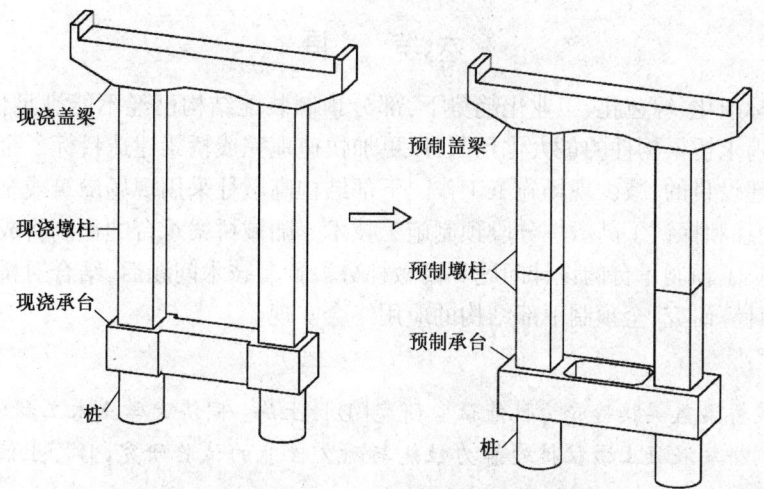

图 4 盖梁-双柱式桥墩-承台-桩基础全预制拼装方案

(7) 精轧螺纹钢筋 L2 与 L1 连接,铺设砂浆垫层,第一段墩柱安装到位,通过措施保证其稳定性。

(8) 张拉第一段墩柱顶的预应力螺纹钢筋并锚固。

(9) 第二段墩柱试拼,调整垂直度。

(10) 铺设砂浆垫层,第二段墩柱安装到位,通过措施保证其稳定性。

(11) 灌注第一、二段墩柱套筒内的砂浆,灌注预应力孔道内的砂浆。

(12) 吊装预制盖梁,对接两个墩柱的钢筋和盖梁内的灌浆套筒,灌注套筒内的砂浆。

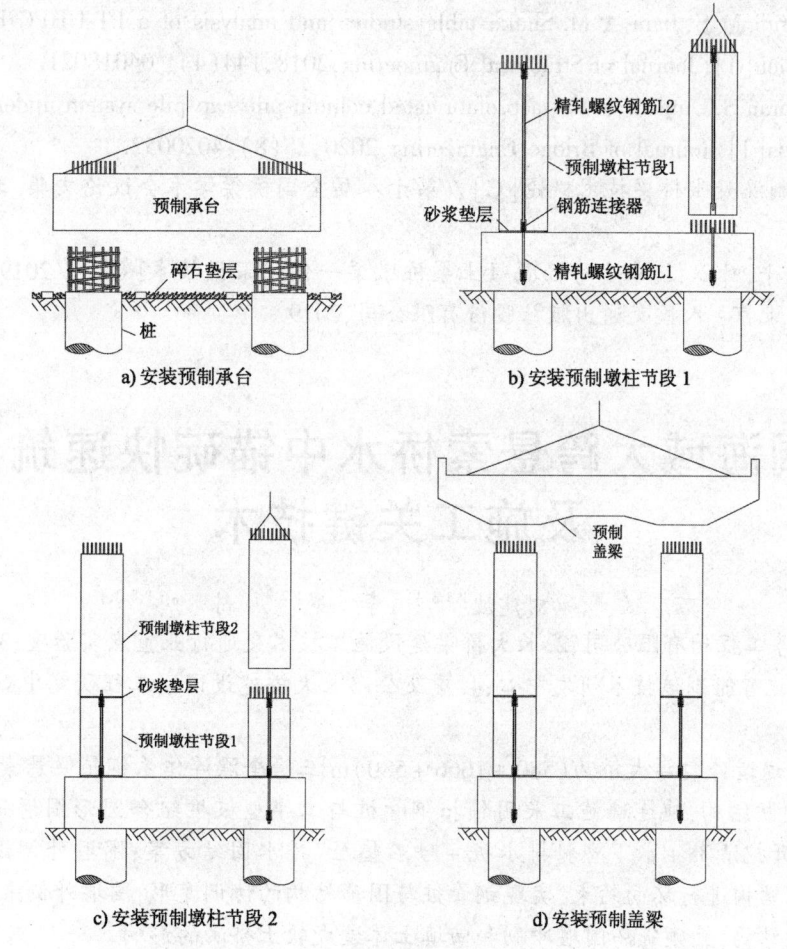

图 5 下部结构全预制拼装施工方法

六、结　语

在桥梁建设的标准化、绿色化、工业化趋势下,部分预制装配结构已经不能满足快速化施工的需求。桥梁建设者们不断追求桥梁构件的最大化预制,以更加快速地完成桥梁建造目标。全预制下部结构能够系统性地完成桥梁建设目的,减少现场施工工作。下部结构高墩柱采用现场浇筑或全预制将面临较大的技术性问题,本文论述和探讨了高墩柱分段预制施工技术。陆域桥梁承台的预制将成为桥梁实现全预制拼装的关键。在解决了预制承台的设计问题和高墩柱分段预制技术问题后,结合对桥梁全预制结构设计方案的详细分析与计算研究,全预制下部结构的应用终会实现。

参考文献

[1] 李梁.预制拼装桥梁盖梁接缝受力性能试验研究[D].上海:同济大学土木工程学院,2018.

[2] 胡皓.节段预制拼装混凝土墩柱接缝静力性能与耐久性能的试验研究[D].上海:同济大学土木工程学院,2018.

[3] 钱开瑞.预制与现浇混凝土相结合在港珠澳大桥中的应用[J].中国市政工程.2019(03):1-3.

[4] Vanek C M, Rudie C, Ryzhikov V. Pensacola Bay Bridge: crown jewel of northwest Florida[J]. PCI Journal, 2018, 63(6).

[5] 王志强,张杨宾,蒋仕持,等.套筒连接的预制拼装桥墩抗剪性能试验[J].同济大学学报(自然科学版).2018,46(06):767-775.

[6] 姜海西,王志强,沈佳伟.灌浆波纹钢管连接预制拼装立柱抗震性能试验研究[J].结构工程师.2016,32(05):132-138.

[7] Mohebbi A, Saiidi M S, Itani A M. Shake table studies and analysis of a PT-UHPC bridge column with pocket connection[J]. Journal of Structural Engineering, 2018, 144(4): 04018021.

[8] Cheng Z, Sritharan S. Outdoor test of a prefabricated column-pile cap-pile system under combined vertical and lateral loads[J]. Journal of Bridge Engineering, 2020, 25(8):4020052.

[9] 李国平.全预制混凝土桥梁技术概论[C]//第十八届全国桥梁学术会议论文集.北京:人民交通出版社,2008.

[10] 梅敬松,李国平,叶以挺.中小跨径混凝土梁桥墩梁一体化架设技术[C].//2019年全国桥梁学术会议论文集.北京:人民交通出版社股份有限公司,2019.

54. 开阔海域大跨悬索桥水中锚碇快速筑岛设计及施工关键技术

万　猛[1,2,3]　刘建波[1,2,3,4]　李冕[1,2,3]　陈　鸣[1,2,3,4]

(1.中交第二航务工程局有限公司;2.长大桥梁建设施工技术交通行业重点实验室;3.交通运输行业交通基础设施智能制造技术研发中心;4.中交公路长大桥建设国家工程研究中心有限公司)

摘　要　深中通道伶仃洋大桥为(580+1666+580)m三跨全漂浮体系钢箱梁悬索桥,东锚碇基础采用"∞"形地连墙支护结构,地连墙施工采用锁扣钢管桩与工字型板桩组合圆形围堰筑岛总体方案。软基处理采用"水下开挖清淤+水下塑料排水板+砂石垫层"排水固结方案;围堰外侧设置平行钢丝索柔性围箍结构对围堰结构进行环向约束,实现钢管桩与围箍结构的协调变形;围堰外侧采用水下模袋砂/模袋混凝土组合防护结构,兼顾筑岛围堰冲刷和回填土体造成软土挤淤的影响。

关键词　海中锚碇　围堰筑岛　结构设计　平行钢丝索　排水固结方案　模袋混凝土

一、引 言

深中通道北距虎门大桥约 30km,南距港珠澳大桥约 38km,东起机荷高速公路,跨越珠江口,西至中山马鞍岛,工程全长 24.03km,其中跨海段长 22.39km,采用 100km/h 设计速度、双向 8 车道高速公路技术标准,是集"桥、岛、隧、地下互通"为一体的系统集群工程。伶仃洋大桥作为桥梁工程的控制性工程,为(580+1666+580)m 三跨全漂浮钢箱梁悬索桥(图1)。伶仃洋大桥东锚碇基础为重力式锚碇,采用"∞"形地连墙基础作为基坑开挖施工阶段的支护结构,锚碇基础顶高程+3.0m,底高程-39.0m。地连墙直径 2×65m,厚1.5m,嵌入中风化花岗岩层 5m,内衬厚度 1.5m/2.5m/3m,地连墙底高程-44.6~-63.0mm。

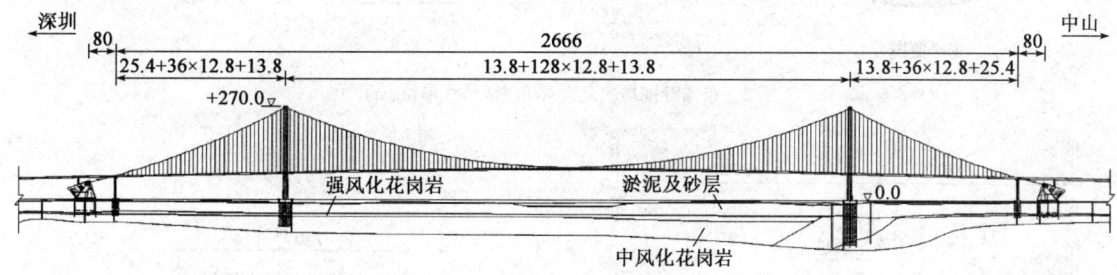

图1 伶仃洋大桥总体布置(尺寸单位:m)

伶仃洋大桥跨越珠江口航运最为繁忙的 10 万吨级伶仃航道,属热带海洋性季风气候区及华南沿海台风区,降水量多且强度大。东锚碇区域平均水深约 5m,平均潮差 0.85~1.70m,常水位高程+0.52m。

根据工程地勘结果揭示,东锚碇区域上部②大层分布连续稳定,地勘揭示层厚 18.8~23.2m 不等,厚度分布不均匀,力学性质差,多分布有②$_2$淤泥、②$_4$粉砂、②$_{22}$粉质黏土;中部③大层分布较为连续,主要以③$_6$中砂层为主,夹③$_5$细砂层,③大层层厚变化较小,但土质不均匀,差异明显,力学性质一般;下伏基岩为花岗岩,埋深起伏较大,全强风化层厚度为 3.8~22.9m,中风化岩面起伏较大,中风化岩顶面高程在-38.84~-59.46m 之间,下伏中风化基岩物理性质较好。

二、围堰筑岛总体方案

伶仃洋大桥东锚碇基础为离岸海中重力式锚碇,东锚碇区域距海岸约 10km,全海上施工难度较大。为保证东锚碇基础施工安全、便捷,东锚碇区域采用围堰筑岛方案,将水上施工环境转换为陆上施工环境。

为减少围堰筑岛施工对桥位处水动力的影响,东锚碇基础选用直立式圆形围堰筑岛结构形式。为实现快速稳定成岛,东锚碇围堰采用锁扣钢管桩/工字形板桩组合圆形围堰结构形式,围堰直径 150m,围堰施工完成后回填砂筑岛快速形成陆域施工环境,筑岛回填高度 8m(图2)。围堰钢管桩采用 Φ2000mm×18mm 无缝钢管,共计 158 根,桩长 38m,桩顶高程+6.5m,桩底高程-31.5m,钢管桩中心间距 2.95m。工字形板桩规格为 H770×80mm,腹板和翼缘板厚度 14mm。钢管桩和工字型板桩通过锁扣连接,锁扣采用 C 型钢管,与钢管桩焊接连接,C 型钢管规格为 Φ180×14mm(图3、图4)。

组合围堰合龙施工完成后,沿钢管桩外侧设置平行钢丝索环向围箍结构,围箍结构由 7 根 Φ5×187 的平行钢丝组成,设计抗拉强度 1760MPa,顶高程+5.0m,底高程+3.5m,竖向间距 25cm。围堰内侧分层回填砂后做硬化混凝土路面,最终路面顶高程+3.5m。围堰外侧冲刷防护采用水下模袋砂/模袋混凝土组合防护结构,模袋混凝土厚度 0.6m,宽度 39.15m,采用分级放坡,设两级斜坡、两级反压护道(图5)。

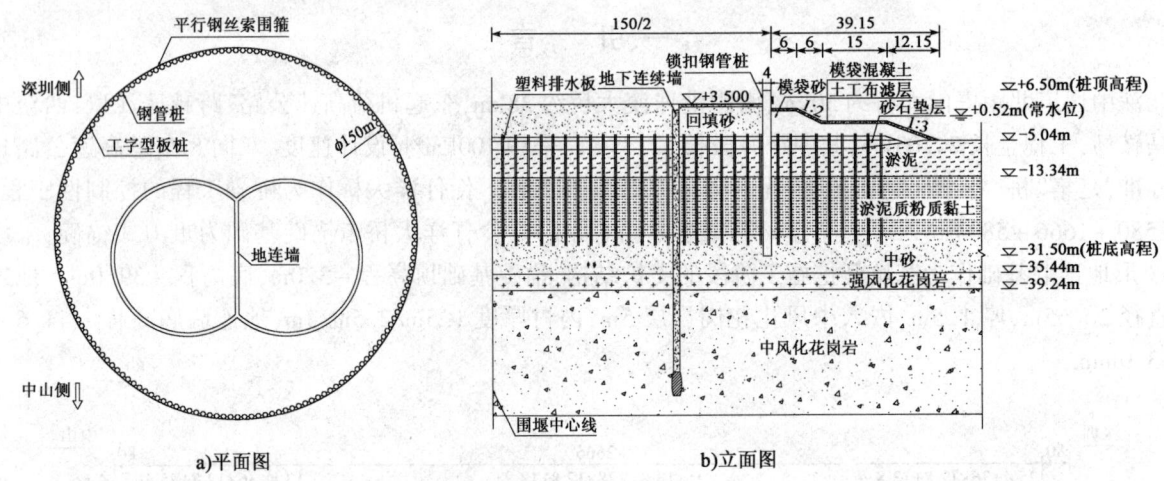

图 2 东锚碇围堰筑岛总体布置(尺寸单位:m)

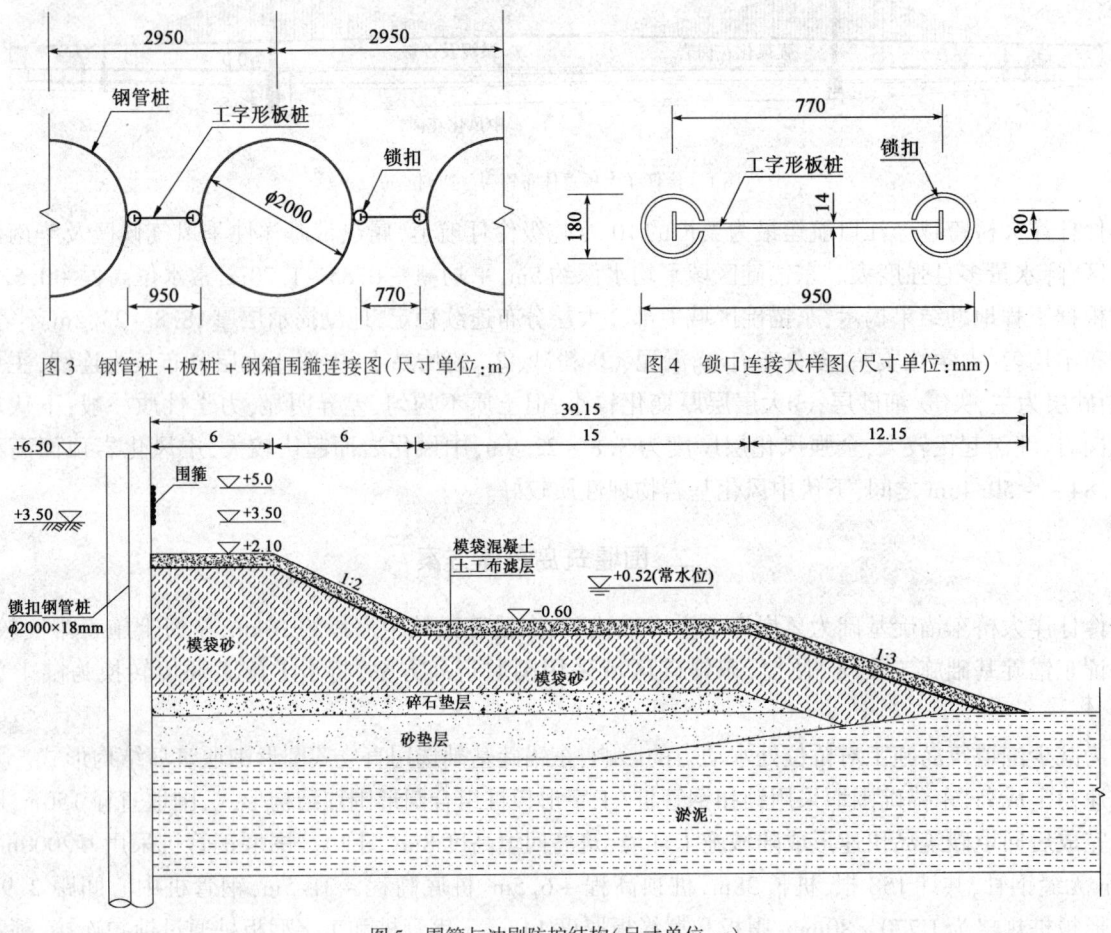

图 3 钢管桩+板桩+钢箱围箍连接图(尺寸单位:m)　　图 4 锁口连接大样图(尺寸单位:mm)

图 5 围箍与冲刷防护结构(尺寸单位:m)

三、施工工艺技术

伶仃洋大桥东锚碇围堰筑岛总体施工工艺流程为:施工准备→锚碇区水下开挖清淤→砂石垫层施工→水下塑料排水板施工→锁扣钢管桩(工字形板桩)施沉→平行钢丝索围箍安装→围堰内筑岛回填(围堰外冲刷防护)施工→岛内回填土地基处理→筑岛路面硬化。

1. 软基处理施工

地勘结果显示,伶仃洋大桥东锚碇区存在厚度不等的淤泥、淤泥质粉质黏土层,淤泥层平均厚度 8~

13m，属欠固结土，呈流塑状，具有含水率高、孔隙比大、高压缩性、强度低等特点。结合工程特点，针对离岸、深厚淤泥软弱土层，提出了水下开挖清淤＋砂石垫层＋水下塑料排水板排水固结方案（图6），借助筑岛围堰回填土体，加快软土地基承载力增长，缩短软基固结等待时间，加快施工工效。相比复合地基方案，具有适用性好、施工快捷、成本较低等优点。

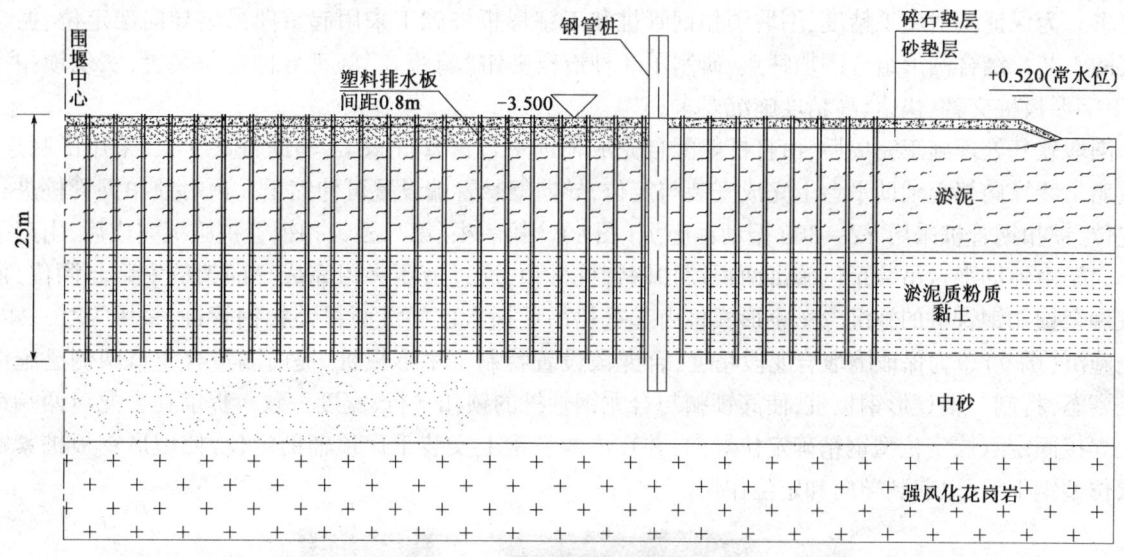

图6　东锚碇筑岛围堰地基处理

为加快深厚、软弱淤泥土层固结，保证水下塑料排水板沿竖向形成顺畅的排水通道，塑料排水板施工前，对锚碇区220m范围水下开挖清淤至-7.0m，开挖坡比1:8。水下清淤采用8m³抓斗式挖泥船分层分段开挖施工，分层开挖深度0.5m，疏浚淤泥由自航泥驳转运至指定堆放位置。

砂垫层、碎石垫层抛填直径240.0m，砂垫层抛填厚度3.0m，碎石垫层抛填厚度0.5m。根据施工工艺及工程量需求，选用1艘650m³开底驳进行砂垫层抛填施工，由皮带船将回填砂运至现场，开底驳通过定位船完成定位后，皮带船将回填砂过驳到开底驳上抛填。抛石前根据设计要求分区并绘制抛石网格图，网格尺寸为30.0m×10.0m，以桥轴线为界分南北两侧，配合潮水涨、落选择抛填北、南侧。碎石垫层采用抛石船自配反铲挖机进行抛填施工，抛石网格宽3m，单个网格抛完后，抛石船沿轴线平移3m开始抛填下一网格，直至抛填施工完成。

塑料排水板采用C型排水板（宽度100mm，厚度≥4.5mm），施工直径200m，间距80cm，设计插设深度25m，排水板底部进入中砂层，地连墙局部区域不进行塑料排水板施工。首先绘制施工范围内所有排水板桩位布点图，划分船舶施工区；插板船定位完成后，依次进行水下塑料排水板穿靴、打设、水下剪板施工。插板船单次驻位可以完成左右两排塑料排水板的打设，打设完成后根据行距要求，绞锚移船至下一打设位置。一个抛锚定位区打设完毕后，锚艇配合重新抛锚至下一定位区域，直至塑料排水板全部打设完成。

2. 组合围堰施工

1）围堰施工顺序分析

圆形组合围堰尺寸较大，锁扣钢管（板）桩按顺序施沉易产生较大累计误差，因而采取分区分段施沉；共设置4个区，每个区分2段，区段间设8处合龙钢管桩（图7）。为降低围堰施工对海域水动力的影响，避免海床发生严重冲刷/淤积情况，开展东锚碇围堰施工期冲刷与防护物理模

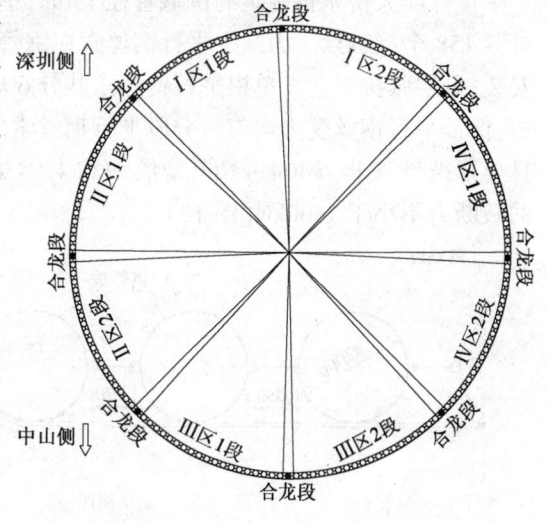

图7　围堰分区（段）布置

型试验；根据冲刷模型试验结果确定围堰施工顺序为：Ⅱ区2段、Ⅳ区2段钢管桩施沉→Ⅱ区1段、Ⅳ区1段钢管桩施沉→Ⅰ区1段、Ⅲ区1段钢管桩施沉→Ⅰ区2段、Ⅲ区2段钢管桩施沉。

2) 锁扣钢管桩/工字形板桩施工

根据设计要求，围堰锁扣钢管桩和工字形板桩施工需满足"平面位置偏差≤±5cm、垂直度≤1/400"的要求。为保证围堰施工精度，围堰锁扣钢管桩和工字形板桩施工采用起重船吊装导向架定位、振动锤施沉的工艺。结合圆形组合围堰特点，研制了一种液压夹钳"骑跨式"施工导向定位装置，实现锁扣钢管桩/工字形板桩交替、快速、高精度施沉要求。

围堰软基处理施工完成后，由打桩船配合完成辅助平台钢管桩施工，辅助桩共9根，采用平联连接。起重船吊装导向架至辅助平台上完成安装与定位，导向架悬臂端设置可伸缩千斤顶对锁扣钢管桩进行导向定位，锁扣钢管桩采用YZ—300振动锤施沉(图8)。第一根、第二根锁扣钢管桩施沉完成后，由起重船将导向架由辅助平台吊装至已施沉两根锁扣钢管桩桩顶，通过液压夹钳完成导向架的安装与调位，依次完成剩余锁扣钢管桩的施沉。工字形板桩由起重船吊装插入已施沉两根锁扣钢管桩，采用DZJ—240振动锤施沉(图9)。为保证围堰合龙精度，合龙段设置特制工字形板桩，提前测量合龙口两侧已施沉钢管桩姿态，特制一根楔形钢板桩，使其锁扣与合龙钢管桩的锁扣平行、宽度一致。提前在合龙口两端钢管桩上焊接固定双层定位型钢精确定位导向，并在内侧型钢上安装千斤顶辅助定位，使楔形钢板桩紧贴外侧限位型钢下沉，以起到导向和定位作用。

图8 锁扣钢管桩施沉

图9 工字形板桩施沉

3) 围箍施工

伶仃洋大桥东锚碇筑岛围堰直径150m，单根平行钢丝索长度约471.6m(含接头长度)，与围堰钢管桩共158个接触点。为减少平行钢丝索在钢管桩表面的摩擦阻力，同时考虑工程施工便利性，采用分段安装、分层张拉工艺。单根平行钢丝索共分6段安装，单段长度约78.6m，与钢管桩接触位置设置四氟滑板，保证平行钢丝受力均匀。分段平行钢丝索之间连接位置设置张拉及锚固系统，张拉及锚固系统由锚具异形螺母、2根Φ40mm精轧螺纹钢和4个Φ40mm精轧螺纹钢套筒组成，直径Φ40mm精轧螺纹钢筋的破断力不小于1500kN(图10)。

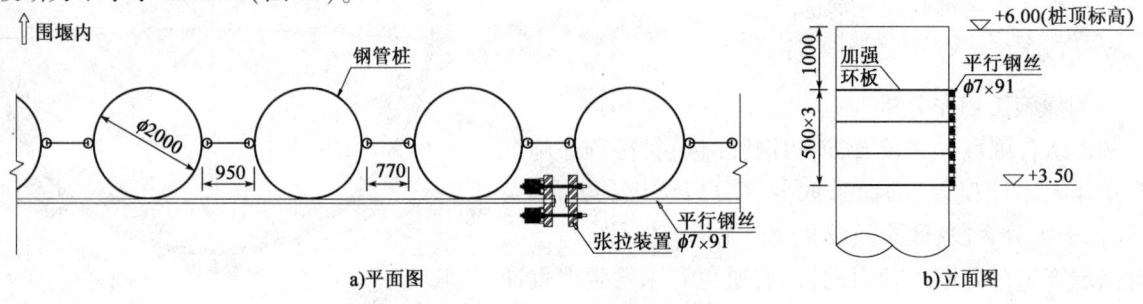
图10 平行钢丝索柔性约束装置(尺寸单位：mm)

平行钢丝索采用自下向上安装,分两次进行预应力张拉。围堰合龙完成后,在钢管桩外侧搭设操作平台,并沿设计位置安装平行钢丝索固定卡槽。平行钢丝索在工厂内分段制作完成后,船舶运输至施工现场,通过拖轮小车、转向轮配合1t卷扬机进行展索施工。从平行钢丝索一端开始,把平行钢丝沿指定方向缓慢抬起,分别安装在每根钢管桩的卡槽上并进行临时固定。通过手拉葫芦将分段平行钢丝索连接件连接固定。平行钢丝索第一次张拉是在单根六段平行钢丝索安装到位后,第一次预应力张拉由1号拉索向7号拉索依次操作;七根拉索全部安装完成且第一次张拉结束后,进行拉索的第二次张拉,第二次预应力张拉的顺序与第一次相同。平行钢丝索设计张拉应力为200kN,采用12台20t液压千斤顶同步张拉,张拉共分三级(40%、70%、100%)张拉,张拉过程中实时监测平行钢丝索张拉应力及伸长量。考虑到平行钢丝处于海洋环境,为满足平行钢丝索使用期防腐要求,选用带有2层PE材料保护层的平行钢丝索,安装过程中设置保护套,张拉前将保护套解除,待拉索张拉施工完成后,清理全部金属表面,并涂刷磷化底漆、环氧复锌底漆两遍,确保围箍结构长期使用安全(图11)。

图11 围堰平行钢丝索围箍结构

3. 筑岛施工

圆形组合围堰合龙、平行钢丝索围箍安装完成后,同步进行围堰内吹填筑岛及外部冲刷防护结构施工。吹填筑岛施工采用皮带船将回填砂输送至岛内,分三层吹填,吹填高度依次为3.0m、3.0m、2.5m。根据设计要求,三层回填砂施工间隔等待时间分别为7d和18d。吹填施工由围堰中心向两端对称进行,吹填施工过程中,使用推土机平整,压路机压实。

吹填施工完成后,进行岛内路面硬化施工,岛内路面采用厚度40cm的C30钢筋混凝土结构层,以满足履带式起重机和铣槽机等重型荷载的行走需求。根据设计要求,在围堰内侧(距锁扣钢管桩约3.0m)均匀设置12个降水井,降水井深度为12m、直径为0.4m。设置降水井的目的一是及时围堰内水抽出围堰外侧,确保淤泥层内孔隙水顺利排出;二是降低围堰内水位高度,增加堆载预压重量,进而加速排水固结效果。

4. 围堰外围冲刷防护施工

伶仃洋大桥东锚碇基础施工期长,受台风影响频繁,为兼顾筑岛围堰冲刷防护和回填土体造成软土挤淤的影响,在围堰外侧设置水下模袋砂和水下模袋混凝土冲刷防护结构。水下模袋混凝土厚60cm,宽39.15m,模袋砂设置在模袋混凝土下部。为减少筑岛回填土体对围堰结构的不利影响,平衡围堰内回填砂荷载,改善结构受力,设两级斜坡、两级反压护道。上层反压护道顶高程+2.0m,宽6.0m,上层斜坡坡度1:2,宽6.0m;下层反压护道顶高程-1.0m,宽15.0m,下层斜坡坡度1:3,宽12.15m。

围堰外围防护施工与围堰内吹填筑岛施工同步进行。潜水人员沿围堰外侧由内向外水下铺设砂袋,利用吹砂泵向砂袋内吹填砂,完成围堰外第一层防护(模袋砂)施工。模袋砂分段铺设完成后,进行土工布滤层施工。模袋混凝土采用水下混凝土泵送、分段施工。

四、结　语

伶仃洋大桥东锚碇基础处于离岸海洋环境,采用水中"∞"字形地下连续墙作为锚碇基础施工的支护结构。综合考虑地连墙施工工期、建造成本、工程质量、施工安全等因素,提出锁扣钢管桩/工字形板桩组合圆形围堰筑岛施工方案,将水上施工环境转换为陆上施工环境。针对离岸、深厚淤泥软弱土层,采用水下开挖清淤+水下塑料排水板+砂石垫层排水固结软基处理方案,借助围堰筑岛回填土体,加快软基承载力增长,缩短软基固结等待时间。借鉴"环箍效应",提出一种适应组合圆形筑岛围堰变位的平行钢丝索柔性"自平衡"约束装置,实现钢管桩与平行钢丝索围箍的协调变形。围堰外侧冲刷防护采用水下模袋砂/模袋混凝土组合防护结构,设两级斜坡、两级反压护道,兼顾筑岛围堰冲刷防护和回填土体造成软土挤淤的影响。相比常规的围堰筑岛方法,伶仃洋大桥东锚碇围堰筑岛工艺可缩短工期、降低工程成本,可为后续类似工程的设计施工提供参考。

参考文献

[1] 姚志安,陈炳耀.深中通道伶仃洋大桥东锚碇基坑支护施工关键技术[J].桥梁建设,2020,50(03):105-110.

[2] 姚志安.深中通道伶仃洋大桥筑岛围堰施工关键技术[J].世界桥梁,2020,48(02):15-19.

[3] 石红.特大海中锚碇围堰及基坑监控检测关键技术[J].公路交通科技(应用技术版),2020,16(03):187-189+196.

[4] 杨兆仁.海域人工岛超深地连墙施工技术研究[J].建筑机械,2019(07):58-61.

[5] 谢江松,王政平,湛杰.某跨海大桥锚碇地下连续墙施工方案探讨[J].水利规划与设计,2019(03):95-100.

[6] 林鸣,林巍,王汝凯,等.人工岛快速成岛技术——深插大直径钢圆筒与副格[J].水道港口,2018,39(S2):32-42.

[7] 董雷.塑料排水板堆载预压法在港口工程软基处理中的应用[D].大连:大连理工大学,2016.

[8] 戴林伟.基于塑料排水板在海岸工程水下软土地基中的应用分析[J].中国水运(下半月),2013,13(05):247-248.

[9] 夏国光,尤乐.水下现浇模袋混凝土施工质量控制[J].水运工程,2011(03):173-176.

55. 组合折腹刚构桥悬臂异步施工技术研究

蔡昊初[1] 王思豪[1] 寇 静[2] 刘玉擎[1] 魏 俊[3]

(1.同济大学桥梁工程系;2.浙江省交通运输科学研究院;3.浙江交工集团股份有限公司)

摘 要 摘要:葛溪大桥左线1号桥为一座跨径(55+100+55)m的组合折腹连续刚构桥,该桥采用新型悬臂异步浇筑施工工法,该工法主要利用波形钢腹板承担施工荷载,施工时第N节段底板、N-1节段顶板浇筑和第N+1节段腹板安装同时进行,工作面增加到3个,且相互之间无干扰,可提高施工效率,缩短工期,具有良好的经济效益。本文介绍了该桥悬臂异步浇筑施工工艺流程,并且建立了施工状态下的三维实体有限元模型,计算施工时混凝土顶板的受力、波形钢腹板的受力及稳定性,基于有限元计算结果给出施工临时措施,从而保证悬臂异步浇筑施工过程的安全性。

关键词 组合桥梁 波形钢腹板 悬臂浇筑 有限元模拟 异步施工

一、引 言

组合折腹梁桥利用折形钢腹板代替混凝土腹板,能够有效减轻桥梁自重,从而减小地震激励作用;纵向刚度小,提高了预应力施加效率,减小了顶底板温差、收缩徐变等引起的次内力;采用钢腹板,可以避免传统预应力混凝土箱梁桥长期存在的腹板开裂和跨中下挠等问题,近年来得到广泛应用[1,2]。

目前国内组合折腹梁桥最常用的施工方法是悬臂浇筑法,即和传统预应力混凝土箱梁桥相同。但传统的悬臂浇筑施工时,作业区仅限某一节段,由于顶模和底模呈相互独立状态,顶、底板同时浇筑会相互干扰,顶、底板先后浇筑会延长施工周期,若先后浇筑时间间隔过短,易导致底板开裂。此外,为了通过挂篮吊装折形钢腹板,挂篮一般设计的较高;为防止挂篮倾覆,需要设置复杂的后锚固体系,使得挂篮构造复杂,用钢量大。

依托工程开发了适用于组合折腹梁桥的新型异步浇筑施工工法,利用折形钢腹板承担挂篮荷载,挂篮简化为简支在上翼缘板上的钢架吊篮形式,用钢量减小且无需设置后锚固体系。挂篮以上翼缘板为行走轨道,行走方便;施工时第 N 节段底板、第 N-1 节段顶板浇筑和第 N+1 节段腹板安装同时进行,三个工作面相互独立,避免了各工序相互干扰。与传统挂篮悬臂浇筑施工相比,可大大缩短工期,节约施工成本,充分发挥折形钢腹板的材料利用率。

本文基于葛溪大桥左线 1 号桥的建设,介绍了悬臂异步浇筑施工的工艺特点,包括新型挂篮的设计、施工流程等。然后建立了该桥施工状态下的有限元模型,分析施工过程中各部分受力情况和稳定性,给出施工时的优化建议,以保证工程的安全性。

二、工程概况

葛溪大桥位于泰顺县筱村镇岩头皮岩头皮村西侧,两次跨越葛溪深切沟谷,地势陡峭,沟谷切割较深,呈 V 字形。左线 1 号桥桥梁中心桩号为 ZK40+510,桥梁配跨为 55+100+55m,共 1 联,桥长 215.08m。桥墩采用矩形双肢薄壁墩,主梁采用单箱单室截面,宽度为 12.05m。

桥梁纵横断面布置如图 1 所示。梁高和底板厚度均以二次抛物线的形式由跨中向根部变化,跨中梁高 300cm,底板厚度 28cm,根部梁高 625cm,底板厚度 70cm。边跨设置 2 道横隔板,中跨设置 4 道横隔板,横隔板厚 40cm。箱梁在主墩附近 1 号、2 号节段波形钢腹板内侧设置内衬混凝土。

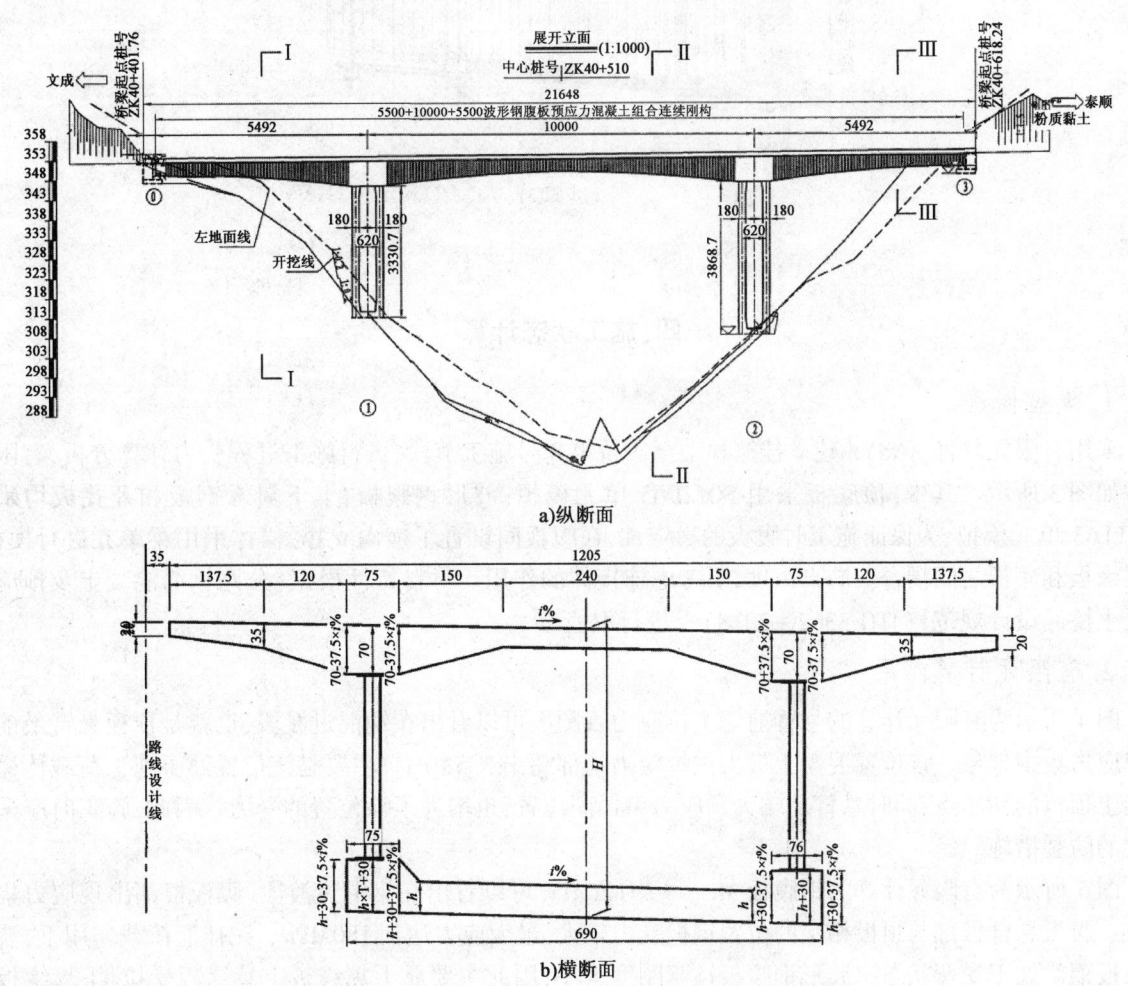

图 1 葛溪大桥左线 1 号桥纵横断面布置图(尺寸单位:cm)

三、施工流程

结合葛溪大桥左线1号桥实桥构造和工程进度情况,制定了主梁悬臂异步浇筑流程。其中标准节段的施工步骤如图2所示,主要包括以下三个步骤[3]:

(1)挂篮行走到N节段,支模绑扎N节段底板钢筋,N−1节段顶板钢筋;
(2)同时浇筑N−1节段顶板和N节段底板混凝土,养生,吊装N+1节段折形钢腹板;
(3)挂篮行走到N+1节段,张拉N−1节段顶板预应力束,进行下一循环。

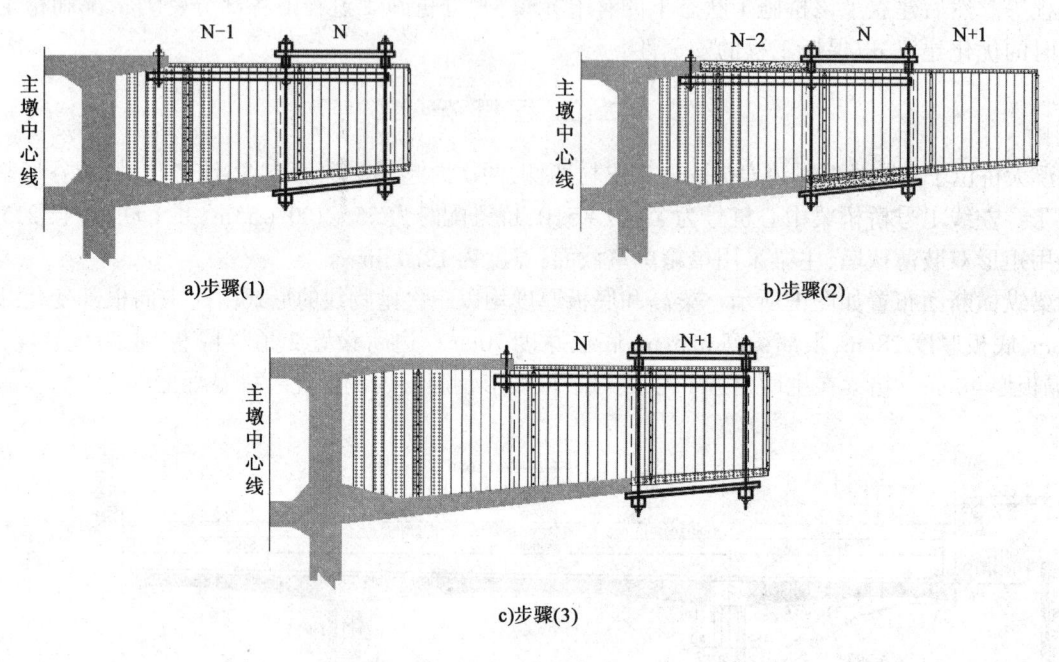

图2 标准节段施工步骤

四、施工状态计算

1. 模型概况

采用有限元软件ANSYS建立挂篮移动至实桥第8号施工节段,进行施工过程受力计算分析,有限元模型如图3所示。其中,顶底板采用SOLID65单元模拟;波形钢腹板、上下翼缘钢板和开孔板均采用SHELL63单元模拟;为保证施工时腹板的稳定性,在腹板间设置了横向支撑,横撑采用梁单元进行模拟。下翼缘板和底板之间耦合三向自由度,不考虑连接件的作用。材料特性根据《公路钢筋混凝土及预应力混凝土桥涵设计规范》(JTG 3362—2018)[4]进行取值。

2. 有限元计算结果

图4所示为有限元计算的悬臂前端主拉应力云图。可以看出在钢混过渡段,也就是顶板悬臂最前端出现应力集中现象。该位置混凝土最大主拉应力局部超出3.5MPa。主要是该位置处于施工荷载传递至混凝土顶板的初始点,同时悬臂前端为预应力束锚固位置,也增大了该位置的受力。因此,施工时应采取一定的防裂措施。

图5所示为有限元计算的钢腹板Mises应力云图。可以看出在钢混过渡段,腹板根部出现应力集中现象。腹板悬臂根部与顶板相交的位置钢板受力较大,最大应力达到180MPa。在挂篮荷载作用下,波形钢腹板钢梁处于受弯状态。波形钢腹板抗弯刚度很小,因此主要靠上翼缘板上翼缘板受拉,下翼缘板受压来抵抗弯矩。在靠近桥梁跨中位置,梁高减小使得上翼缘板拉应力增大。在施工时要保证翼缘板的具有足够的抗拉能力。

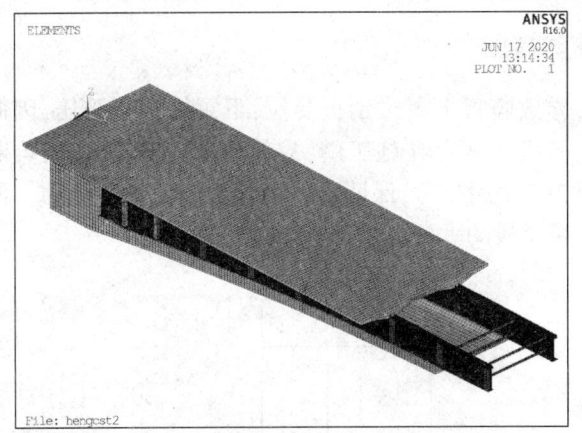

图3 挂篮移动至8号段施工段模型

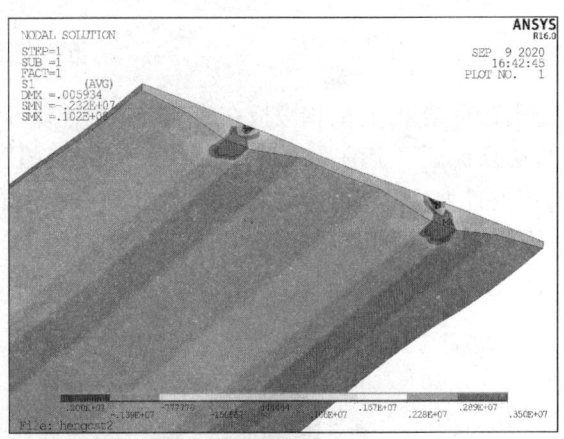

图4 顶板主拉应力云图(单位:Pa)

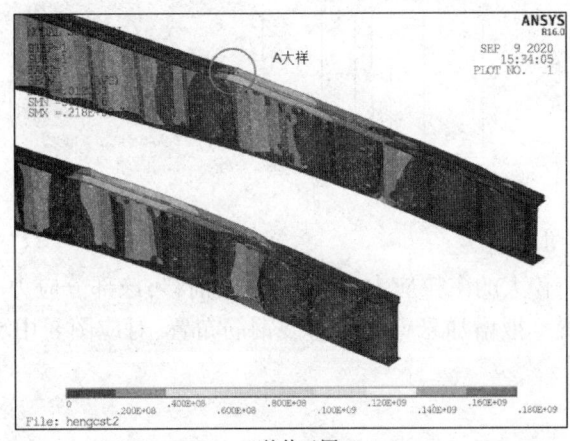

a)整体云图

b)A大样

图5 钢腹板 Mises 应力云图(单位:Pa)

图6所示为有限元计算的波形钢腹板一阶失稳模态,分别计算了腹板之间设置横撑和不设置横撑两种情况。可以看出作用挂篮荷载,未设置横撑时,波形钢腹板最不利的失稳模态为整体侧向倾覆,稳定性系数为17.348;设置横撑时,波形钢腹板未发生整体侧倾,失稳模态为下翼缘钢板的局部屈曲,稳定性系数为30.398。

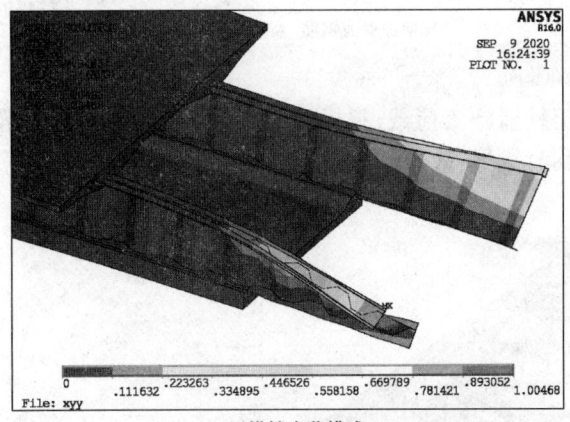

a)无横撑失稳模式

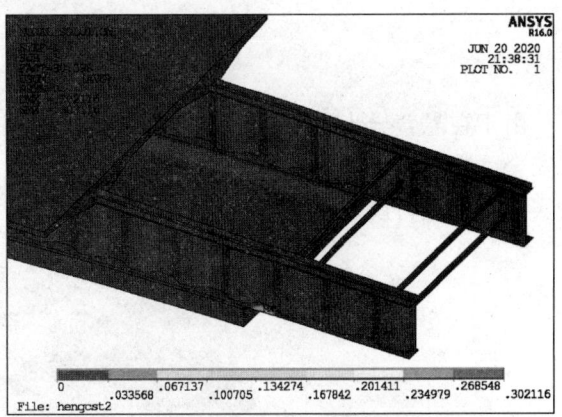

b)设置横撑后失稳模式

图6 波形钢腹板失稳模态

由此可见,施工临时横撑的设置可以有效避免异步浇筑过程中波形钢腹板的整体倾覆失稳,且稳定性系数可提高约2倍。因此,施工过程中两腹板间必须设置横向支撑以保证腹板的整体稳定性。

五、施工临时措施

由计算结果可知,钢腹板在施工时承担挂篮荷载,导致腹板上翼缘钢板受拉,下翼缘钢板受压,因此腹板必须保证一定的受弯能力。在设计时,相邻腹板节段之间存在施工缝,翼缘板和 PBL 开孔板均断开,该位置为梁抗弯的薄弱点,因此施工时必须采取焊接措施(图7),保证波形钢腹板梁的抗弯能力。同样,下翼缘钢板节段焊缝也需要设置临时焊接,保证下翼缘板的承压能力。

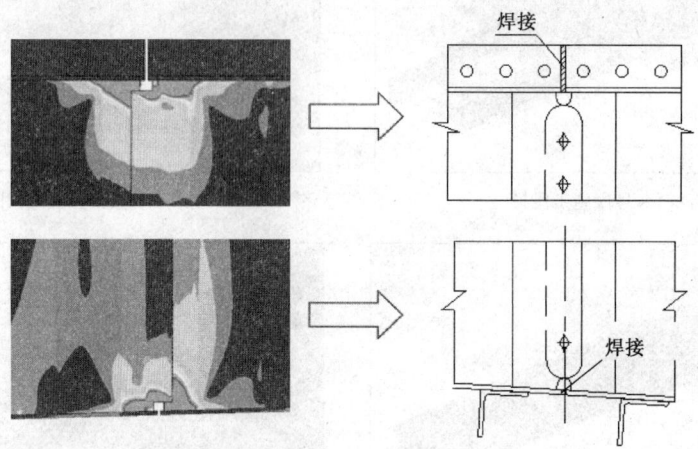

图7 翼缘板和开孔板的焊接

在悬臂异步施工过程中,顶板悬臂端部混凝土存在较大的主拉应力,随着挂篮的前移,该部分应力不会发生卸载。此处,可考虑加强顶板悬臂端的钢筋布置。拟增加悬臂前端防裂钢筋布置,对应图8中5c号和1a号钢筋。

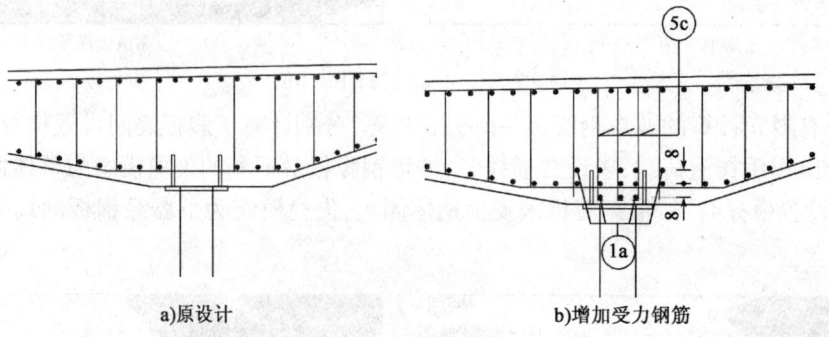

图8 钢筋布置图

由于在悬臂异步浇筑施工工法中,波形钢腹板承担挂篮施工荷载,腹板的不利破坏模式为整体倾覆,且安全系数较低。因此,建议在波形钢腹板之间增加临时横撑,效果图如图9所示,其具体尺寸需根据现场实际情况进行设计。

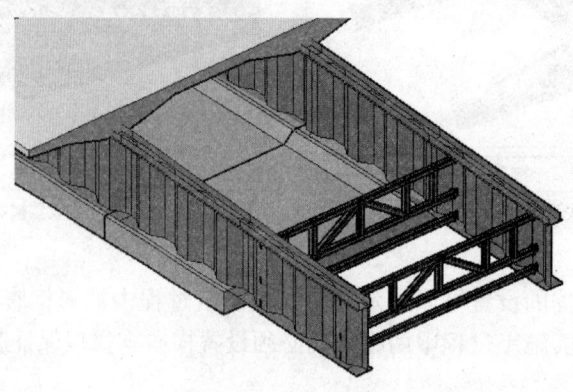

图9 临时横撑设置形式

六、结　语

组合折腹桥梁的悬臂异步浇筑施工方法在传统悬臂浇筑施工的基础上进行改进,利用波形钢腹板承担施工荷载,施工时第 N 节段底板、N-1 节段顶板浇筑和第 N+1 节段腹板安装同时进行,提高施工效率,具有良好的经济效益。通过有限元计算分析可知,在设置一定施工临时措施后,结构受力能够满足安全性要求。因此,可以在组合折腹梁桥施工中进一步推广使用该工法。

致谢: 感谢浙江省交通运输厅科技项目(编号:2019049)对本研究的支持。

参考文献

[1] 刘玉擎.组合结构桥梁[M].北京:人民交通出版社,2005.

[2] 刘玉擎,陈艾荣.组合折腹桥梁设计模式指南[M].北京:人民交通出版社,2015.

[3] 姚红兵,王思豪,刘玉擎,等.组合折腹梁桥钢腹板自承重施工过程分析[J].中外公路,2018,(003):208-212.

[4] 中华人民共和国行业标准.公路钢筋混凝土及预应力混凝土桥涵设计规范:JTG 3362—2018[S].北京:人民交通出版社股份有限公司,2018.

56.深中通道锚碇施工监控管理系统研发与应用

李　浩　王永威　白　佳

(中交第二航务工程局有限公司)

摘　要　深中通道伶仃洋大桥锚碇基础是目前国内首个水中筑岛地连墙锚碇基础。地质条件造成填筑岛体稳定安全风险高,控制难度大;地连墙施工安全风险较大,对施工精度和质量要求高。深中通道锚碇施工监控管理系统采用 B/S 架构,结合云计算和网页 3D 技术,实现锚碇施工监控信息在项目各参建方之间协同共享。系统以动态虚拟施工场景为展示环境,通过云端读取实时采集的数据,再用数据驱动模型运动,将构件实时状态以三维可视化的方式进行展示,并对数据进行实时分析与超限预警,对钢管桩围堰及地连墙施工过程进行实时监控与预警,保障钢管桩围堰与地连墙施工质量与安全。

关键词　深中通道　锚碇施工　施工监控　三维可视化

一、引　言

深中通道北距虎门大桥约 30km,南距港珠澳大桥 38km,项目东接机荷高速,跨越珠江口,西至中山马鞍岛,与规划的中开、东部外环高速对接,实现在深圳、中山及广州南沙登陆。项目全长约 24.03km,其中跨海段长 22.39km,采用 100km/h 设计速度、双向八车道高速公路技术标准,是集"桥、岛、隧、地下互通"为一体的系统集群工程。其中伶仃洋大桥位于珠江入海口,水域开阔,上游距虎门大桥约 30km,下游距港珠澳大桥约 38km,东接深圳侧沉管隧道,西侧连接中山斜拉桥。大桥跨越珠江口伶仃水道,锚碇基础位于水下浅滩。主桥采用 580m+1666m+580m 三跨全漂浮体系和门型结构索塔,锚碇基础为"8"字形地下连续墙+内衬结构。主桥及锚碇结构见图 1 和图 2。

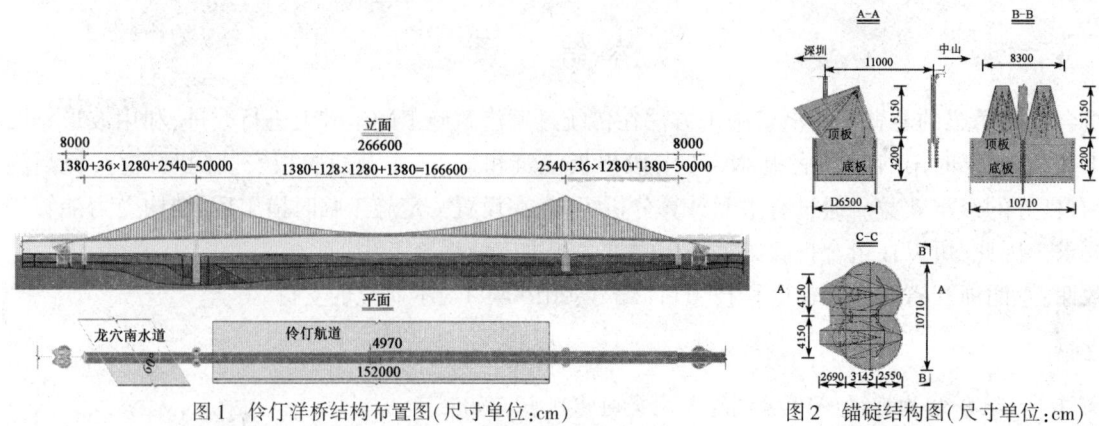

图1 伶仃洋桥结构布置图(尺寸单位:cm)　　　　图2 锚碇结构图(尺寸单位:cm)

二、系统功能设计

1. 功能需求分析

伶仃洋大桥锚碇基础是目前国内首个水中筑岛地连墙锚碇基础,由于深厚淤泥软弱土层且厚度不均匀,岛体填筑过程中挤淤易造成管桩围堰发生滑移、倾覆,填筑岛体稳定安全风险高,控制难度大;筑岛围堰结构、关键工序安排、地基处理对填筑岛体的稳定安全相互制约相互影响;筑岛围堰位于宽阔水域,尺度大,局部流场改变会引起较大冲刷,软弱土层钢管桩施打精度及安全控制是需要解决的技术难题。锚碇所在区域软土覆盖层厚、基岩面起伏较大,软土厚度不均,差异沉降对地连墙施工影响大;地连墙基坑与珠江相连,水头压力大,渗漏及安全风险较大,水中基坑开挖封水性能要求高,地连墙施工精度和质量要求高。因此需要建立一个基于"互联网+"的信息化数据分析与处理平台,对钢管桩围堰及地连墙施工过程进行实时监控与预警,保障钢管桩围堰与地连墙施工质量与安全。锚碇围堰与地连墙示意图如图3和图4所示。

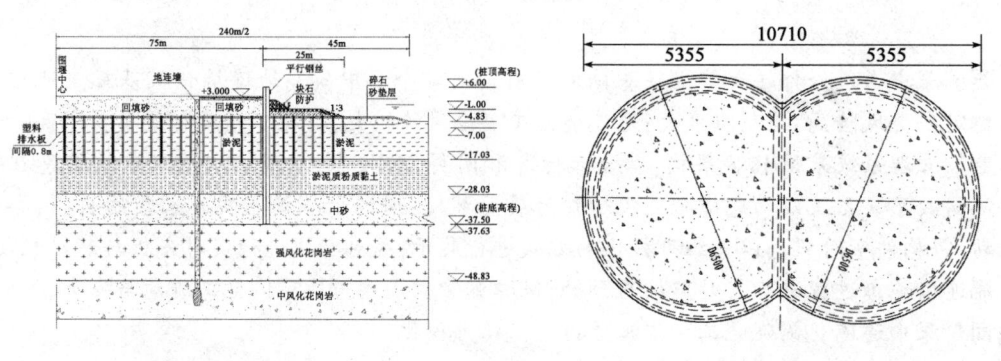

图3 锚碇围堰与基础剖面图　　　　图4 地连墙结构图(尺寸单位:cm)

2. 系统功能设计

1) 钢管桩围堰施工监控功能设计

建立锚碇施工全过程监控系统,监测工程区域水域波浪、流速、河床冲刷、围堰结构、土体固结沉降、土体水平位移、地连墙深基坑应力及变形等指标,为工程施工提供决策依据;结合数值计算分析和反演,研究提出各关键控制参数的阈值,并研发信息化的实时预警技术,可供用户下载自动生成的监测报表、计算报告等文件,实现全过程参数可控、可追溯,确保水中锚碇基础施工过程安全和质量。

2) 地连墙施工监控功能设计

建立筑岛围堰结构三维数值模型,结合施工监测及土工试验反馈的数据,通过正、反演分析研究筑岛过程中的围堰结构安全及人工岛稳定性,并提出确保筑岛施工安全的各项预警指标及动态施工控制措施。开展地连墙深基坑正、反演施工控制分析研究,首先对基坑变形进行正演分析预测,将现场测试基坑变形数据与预测值及变形警戒值进行比较,运用反演分析建立更完善的空间有限元模型进行变形预测,同时调整设计施工参数,实现锚碇基坑施工变形位移的智能预测与控制。

三、系统总体架构设计

深中通道锚碇施工监控管理系统采用 B/S 架构,结合云计算、Web 服务和虚拟现实技术[1-3],实现悬索桥锚碇施工监控信息在项目各参建方之间协同共享。系统以动态三维施工场景为展示环境,通过云端读取实时施工监控数据,再用数据驱动模型运动,将悬索桥锚碇施工过程中各个构件的实时状态以三维可视化的方式进行展示[4-6],实时展示了围堰结构应力、土体深层水平位移、孔隙水压力、平行钢丝索力等施工监测数据,并对数据进行实时分析与超限预警,自动生成施工监测日报与周报,为施工决策提供更为直观与合理的依据。系统结构由实时数据采集模块、云端服务器、综合预警模块、用户界面模块组成,如图 5 所示。

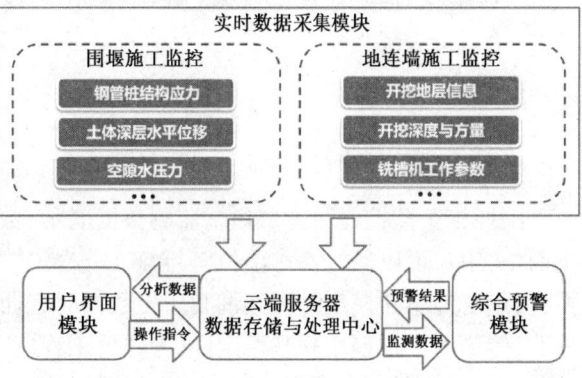

图 5　系统架构图

1. 实时数据采集模块

实时数据采集模块负责传感器信号的采集、调理、预处理和传输。由于锚碇施工环境较为复杂多变,选择的监测仪器设备必须能在复杂环境下长期稳定可靠运行,必须具备温漂小、时漂小和可靠性高等特点,尽可能选择已在大型工程中广泛使用、并证明效果良好的监测仪表及传感设备。传感测试及采集设备选型时,应从技术先进、可靠实用、经济合理以及与自动化系统相适应等方面进行综合分析确定,以便系统集成和调试及自动控制。

2. 云端服务器

通过模块可实现整个安全监测所有数据的平台管理工作,完成数据的归档、查询、存储等操作,在系统全寿命期内统一组织与管理数据信息,为系统维护与管理提供便利,也为各应用子系统提供可靠的分布式数据交换与存储平台,方便开发与使用。建立与各种监测数据的数据类型、数据规模相匹配,并与其采集、预处理、后处理功能要求相适应的分布式数据存储结构,以及相应的数据交换模式,构建系统数据库。

3. 综合预警模块

综合预警模块的中心的任务是将数据采集系统获得的结构响应信息转化为反映围堰结构安全状态及地连墙施工安全状态的信息,当安全风险达到一定级别时向施工管理人员发出预警警报,为锚碇施工的管理与决策提供科学依据。

4. 用户界面模块

用户界面模块提供数据的采集和实时展示的功能,通过接收数据采集和传输子系统上送的数据,实时解算并进行初步分析,对处理结果进行展示,主要包括实时数据的展示、与模型的关联、系统设备工作工况的查看以及监测系统提供的专业专题,同时提供与模型的接口,在模型上可以直接提取到实时数据处理模块解算的数据,并可以在查看实时数据时反向定位到结构模型。

四、系统研发应用展示

1. 系统总览界面

深中通道锚碇施工监控管理系统已应用于伶仃洋大桥锚碇基础工程项目中,对钢管桩围堰和地连墙施工全过程进行了自动化监控管理,实现全过程参数可控、可追溯。系统登录界面和项目工程概况总览界面如图 6 和图 7 所示。

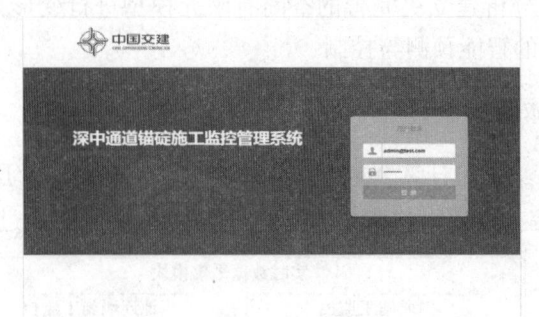 

图6　登录界面　　　　　　　　　　　　　　图7　项目总览信息展示

2. 围堰施工监控界面

围堰施工监控界面主要包括监测数据展示、数据分析、报表系统和预警设置功能。在监测数据展示页面中,用户可以通过操作虚拟三维施工场景中的围堰模型查看各个传感器分布位置及相应的实时数据,当点击传感器模型时可查询其历史数据时程曲线,随时掌握各个关键构件受力状态及周边水文地质情况,监测施工过程中软基稳定性,为评价工程安全提供数据支持,监测施工期围堰内外土体变位情况;监测施工期钢管桩工作状态,如图8和图9所示。为了分析各个参数在施工过程中的关联性及变化趋势,数据分析模块为用户提供了多种数据关联分析界面,可同时选择多个多种类传感器数据进行协同对比分析,并根据其分析结果自动生成报表供用户下载,如图10所示。

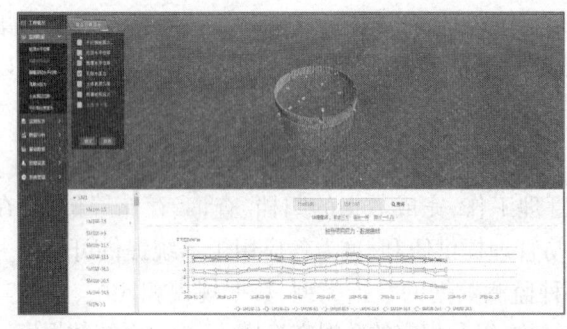 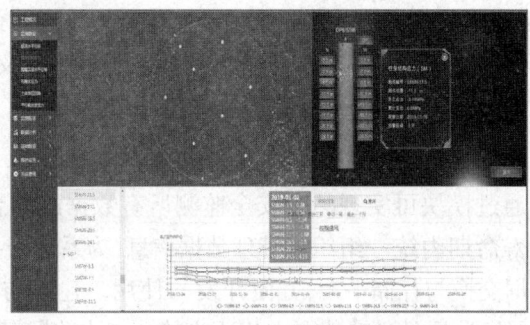

图8　三维虚拟施工场景界面　　　　　　　　图9　传感器数据查询界面

系统中预先针对各类传感器根据相关规范和标准设置了三级预警阈值,在系统运行时会将实时数据与阈值进行实时对比,当有超限情况发生时即向相关施工管理人员发送预警短信。用户也可根据实际情况在预警设置中修改和增加、删除各个传感器的预警值、预警权限、预警人员信息,当有预警事件发生时,可在系统中查询相关的预警记录,确保每次异常信息都能得到处理,达到全程信息化管理的目的,如图11所示。系统还对传感器的实时状态进行监测和管理,若传感器的数据采集情况发生异常时会提醒管理员对其进行查询和处理;当测点位置、种类和数量发生变化时,可以在相应的管理界面对传感器的配置信息进行修改和完善,保障了数据准确性和即时性。在报表系统中用户可根据日期或者分析种类下载各类数据分析报表;报表包括了每天的日报和施工辅助决策指令以及传感器的工作状态报表,为施工监控管理提供了便捷和高效的通道。

3. 地连墙施工监控界面

深中通道伶仃洋大桥锚碇基础为8字形地下连续墙,采用铣槽机分槽段进行开挖施工。地连墙施工监控模块建立了铣槽机施工信息化管理系统,累积不同槽段、不同项目的铣槽机的历史施工数据,形成铣槽机施工数据库和数据资产。功能包括:查看实时施工进度、铣槽机实时和历史运行参数,自动生成施工记录表,记录内容包括时间、深度、地层类别、关键状态参数,方便管理人员进行工效分析;通过铣槽机水平偏差与姿态角度数据,生成成槽形状,并实时更新,一个槽段施工完毕后,形成完整的成槽形状和评价数据,以供施工人员把控成槽质量;统计不同地层下控制参数的分布情况,得出每种地层对应的控制参数范围,为施工提供经验数据支撑。监控界面如图12所示。

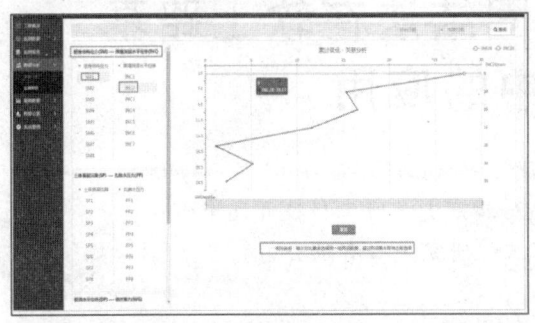
图10 数据关联分析界面

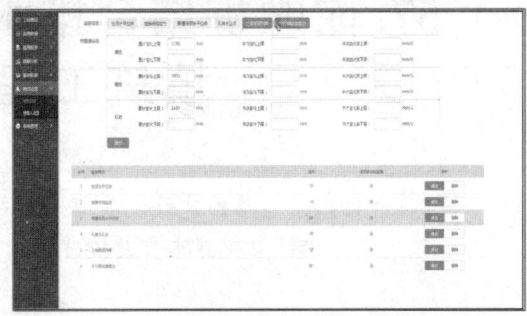
图11 预警设置界面

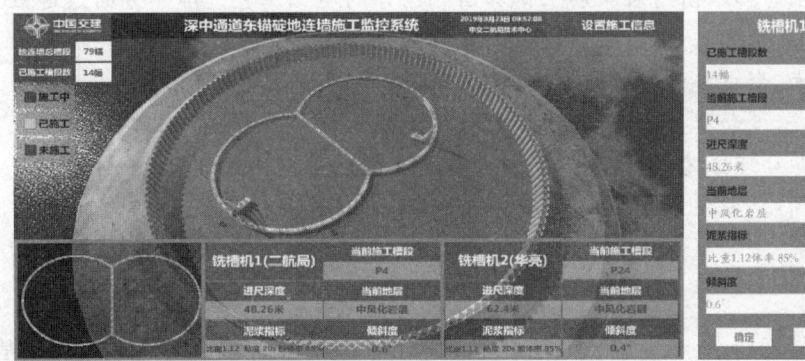

图12 地连墙施工监控界面

系统根据项目地勘资料分析地连墙所处地层情况,筛选与勘探孔位较为接近的地连墙槽段施工数据,分析槽段中地层分布情况,根据分析结果标记地层标签,研究地层识别算法,实现根据设备状态参数对地层的实时分类。将施工状态参数样本数据库中与控制参数明显无关的参数种类剔除,建立输入输出样本数据库,根据铣槽机控制参数预测算法,自动生成控制参数调整自动指令,实现锚碇基坑施工变形位移的智能预测与控制。

五、结　语

深中通道锚碇施工监控管理系统对伶仃洋大桥锚碇基础的施工监控工作内容和流程进行了梳理和整合,实现了施工数据实时、多通道自动化采集与传输,通过云计算功能实现数据误差计算,异常数据预警信息推送,运用反演分析进行变形预测等功能。同时以三维虚拟施工场景为载体,关联了实时施工进度、监测点布置、实时结构状态等信息,为监控工作提供了可视化平台,帮助项目管理人员对施工过程进行信息化全方位管控,提高了生产效率。本研究成果直接为深中通道-伶仃洋大桥工程提供基础数据和技术支撑,优化和节省工程投资,缩短施工工期,确保施工质量和安全。同时还可以为今后类似外海、开阔水域大跨桥梁及海中锚碇施工项目提供借鉴,其推广和应用前景广泛,具有重要的意义。

参考文献

[1] 王楠楠,李一婷.交互式可视化虚拟施工过程技术研究[J].大连民族学院学报,2015(03):248-251.
[2] 许孟建,王允.基于Unity3D二次开发的山地公路三维运行仿真技术研究[J].上海公路,2013(01):69-72.
[3] 唐练.插件式桥梁健康监测三维可视化系统研究[D].重庆:重庆交通大学,2012.
[4] 谢全宁,雷跃明.三维可视化桥梁健康监测系统的架构设计[J].计算机系统应用,2008(01):65-67.
[5] 马永嘉.BIM技术在桥梁工程设计施工中的应用[J].工程建设与设计,2017(20).
[6] 许孟建,王允.基于Unity3D二次开发的山地公路三维运行仿真技术研究[J].上海公路,2013(01).

57. 陀螺桩结合排水固结法在软土路基填筑工程中的应用

李勇[1]　李键[1]　张国梁[2]　付佰勇[3]　石海洋[3]

（1. 广东省路桥建设发展有限公司；2. 北京支盘地工科技开发中心；
3. 中交公路长大桥建设国家工程研究中心有限公司）

摘　要　根据潮汕环线项目制造预制化、设计标准化、施工快速高效化的要求，行业内首次提出采用陀螺桩浅层地基加固处理技术与排水固结法深层土体加固相结合的施工工艺。即一方面通过袋装砂井排水固结，加速深层地基土体固结沉降，提高深部软土地基稳定性和土体强度；另一方面，浅层采用预制装配式的陀螺桩地基加固技术，形成整体受力的刚柔筏，既可以作为强垫层增大荷载扩散范围，又可以改善软基不均匀沉降，提高填土速度和填土高度，避免发生局部开裂和破坏。现场监测结果表明，采用陀螺桩与排水固结法相结合的软基处理工艺，在抵抗沉降和水平变形方面，具有较好的表现。

关键词　陀螺桩　排水固结　软土路基　浅层　地基处理

一、引　言

陀螺桩是一种浅层地基处理技术，在地基表面铺设陀螺状的混凝土块并填充碎石形成筏式基础，作为换填垫层的替代方法。一般在深厚的淤泥以及饱和软黏土地层上修建非高层建筑物时，采用这种地基处理技术，可以避免采用复杂的深基础，具有较好的抵抗不均匀沉降能力。施工时，采用筏式栅网，将陀螺桩安装就位，桩间空隙填充碎石，桩顶采用普通钢筋实现纵横向连接，形成整体受力的强垫层。该技术可广泛应用在工民建、铁路、公路、水利、海岸工程等，应用场合如超软土地基沉降控制、桩基不经济的软土地基、道路或场地的挡土墙、公路、铁路路基等。

早在20世纪90年代，北方交通大学的唐业清教授[1-5]较为全面地从陀螺桩工作原理、受力机理分析、设计计算、施工及工程实例等方面对日本的陀螺桩工艺进行介绍；严驰、孙兴松[6,7]采用有限元数值方法，比较单层陀螺桩基础、混凝土底板基础以及未处理地基在一定荷载条件下的土体应力分布特性、地基表面沉降；在推广应用方面，王扶志等[8]简要介绍过采用陀螺桩作为河北某工商银行大楼地基处理的实例；庞士荣[9]在介绍陀螺桩基础上，同时还提出EPS（膨胀聚苯乙烯）材料制成的人工地基，以降低基底应力。除此之外，陀螺桩在我国应用研究及相关报道均不多。

潮汕环线高速公路项目区域地质情况复杂，线路所在地软基覆盖层普遍深厚，采用常规桩基地基处理方式经济性差，成本较高，且施工工期较长。项目提出制造预制化、设计标准化、施工快速高效化的理念，对此首次在国内提出采用陀螺桩浅层处理技术，与深层土体排水固结法相结合的软基处理工艺，实现软土路基快速、高效施工填筑，并保证工程质量。

二、陀螺桩浅层加固机理

粤东地区软基分布广泛，项目提出采用陀螺桩浅层处理工艺与固结排水法深层软基处理工艺相结合的方法，开展路基填筑。根据软基土体加固理论及固结原理，软土固结时间与排水距离的平方成正比，为加速排水固结，最有效的方法就是增加土体竖向排水通道，缩短排水距离，加速土体固结沉降；随着孔隙水压力消散，土体有效应力及土体承载力逐渐提高。目前一般采用最多的处理方法包括基于袋装砂井、塑料排水板法的固结超载预压。

在深层土体固结的同时，采用陀螺桩加固浅层土体，与碎石、筏垫及筏接头等钢筋协同构成整体受力的刚柔筏结构。竖向填土荷载作用下,陀螺桩以其特殊的形状,对碎石进行挤压,使陀螺桩地基形成一个具有一定强度的整体结构的板块,因此具有较大的扩散角,将应力均匀扩散到深层地基中,降低上部结构附加应力,减小基础沉降。同时由于桩体间碎石的作用,陀螺桩复合地基呈现柔性特点,避免局部应力集中产生开裂或局部破坏,并可以约束抑止下部地基的横向变形,提高承载力并减少沉降。此外,陀螺桩体间填充的碎石,可为深层土体固结提供良好的水平排水通道,有利于加速土体固结速度。

采用陀螺桩浅层处理技术与深层土体排水固结法相结合的软基处理工艺,提高填土速率,缩短工期,是一次全新的克服软基加固困难的路基快速填筑尝试。陀螺桩浅层加固原理如图1所示。

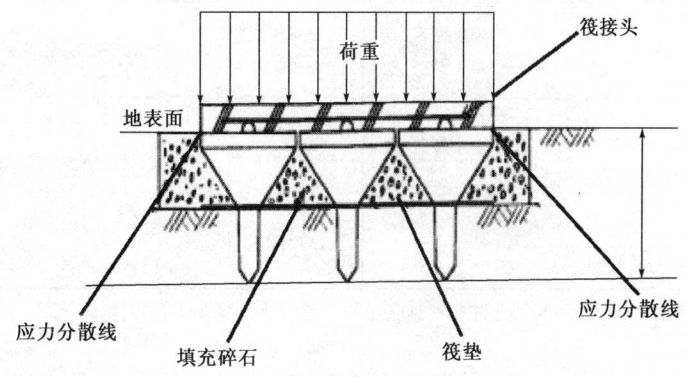

图1 陀螺桩浅层加固工作原理图

作为从日本引进的技术,陀螺桩已经有30多年的工程应用经验,工程应用案例达6000多个,目前已经实现设计标准化,并形成了固定规格尺寸的陀螺桩结构(表1),常用的结构形式根据圆盘直径的不同,可分为代号330型(直径330mm)和代号500型(直径495mm)。根据圆锥受力斜面与水平面的夹角,又可分为代号A型(与水平面的夹角45°)和代号B型(与水平面的夹角60°)。因此,常用的陀螺桩桩结构包括330A型、330B型、500A型、500B型,以潮汕环线五标段鮀西互通为例,设计所采用的陀螺桩为500A型,单桩高度为0.5m,其中圆锥高度0.2m,桩脚高度0.2m,单桩重量为64kg。不同规格的陀螺桩如图2所示。

常用混凝土陀螺桩规格 表1

型号	圆板直径 d_1 (mm)	圆板高度 h_1 (mm)	圆锥高度 h_2 (mm)	桩脚高度 h_3 (mm)	桩脚直径 d_2 (mm)	桩尖高度 h_4 (mm)	桩总高度 h (mm)	重量 (kg)
330A型	330	33	132	132	72	33	330	19
330B型	330	33	253	100	73	33	419	29
500A型	495	50	200	200	109	50	500	64
500B型	495	50	380	150	110	50	630	97

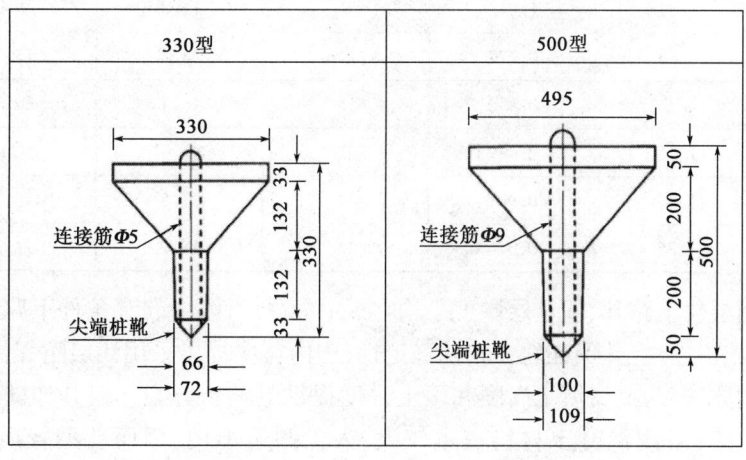

图2 不同规格的陀螺桩(尺寸单位:mm)

在国外大量工程应用经验基础上,陀螺桩浅层地基处理技术已经实现标准化设计,根据地基土体基本性质及工程要求的承载力来进行结构选型,不需要进行结构计算和图纸制作,极大地降低了设计工作量。设计时一般首先开展地质调查,获得浅层土体的标准贯入击数(N 值测量),结合室内土工试验判断砂性土还是黏性土,再结合孔隙比、黏聚力大小,来确定设计适用标准(表2)。

混凝土陀螺桩一般设计适用标准　　　　表2

地基的种类		P(kPa)			
黏性土	砂性土	$20<P\leq40$	$40<P\leq90$	$90<P\leq150$	$150<P\leq200$
$N_{63.5}<4$ ($e>80\%$)	$N_{63.5}<6$	330B型 500A型	330B型双层 500B型	500B型双层	—
$4\leq N_{63.5}<6$ ($80\%\leq e<75\%$)	$6\leq N_{63.5}<10$	330A型	330B型 500A型	330B型双层 500B型	500B型双层
$6\leq N_{63.5}<10$ ($e\leq75\%$)	$10\leq N_{63.5}<15$	—	330A型	330B型 500A型	330B型双层 500B型

注:P-作用在地基上的竖向应力;$N_{63.5}$-铺设混凝土陀螺桩地基平均标贯击数;e-地基土孔隙比。

三、工程应用

1. 工程概括

潮汕环线高速公路工程是广东省高速公路网规划"九纵五横两环"高速公路主骨架网中的加密线,是汕头市、潮州市干线公路网规划中重要环线。项目选取第5标段鮀西互通A匝道AK0+436-AK0+525为陀螺桩试验段,地勘揭露表明,上覆地层主要为第四系全新统冲积粉质黏土、淤泥质粉质黏土、淤泥及砂层等及第四系素填土,第四系全新统下为晚更新统冲积粉质黏土及砂层。

该试验段区域发育两层软土,第一层软土层底深度4.00~4.70m,厚度3.00~3.90m,锥尖阻力0.40~0.56MPa,侧摩阻力5.3~12.4kPa;第二层软土层底深度5.60~7.50m,厚度1.20~3.50m,锥尖阻力0.69~1.32 MPa,侧摩阻力33.2~39.1 kPa。软土层为4-1淤泥质粉质黏土,成灰黑色,流塑状态,主要成分为黏粒,其次为粉粒,黏性较好,含腐植物,具腐臭味,上覆层及下卧层均为粉质黏土,分布长度范围为240m。鮀西互通A匝道陀螺桩试验段土体试验参数如表3所示。

土 体 试 验 参 数　　　　表3

土体名称	湿密度(g/cm³)	孔隙比	标贯值(击)	黏聚力(kPa)	内摩擦角(°)	压缩模量(MPa)
1-2 杂填土	1.81	1.042	4	15.8	9.4	4.52
3-0 粉质黏土	1.85	0.977	8	28.8	15.3	5.08
4-0 粉质黏土	1.9	0.852	15	18.1	20.3	0.58
4-1 淤泥质粉质黏土	1.45	2.499	2	8.4	3.1	1.55
5-1 粉质黏土	1.88	0.901	14	22.5	18.3	5.67
6-0 粉质黏土	1.86	0.974	15	18.2	11.2	4.44

项目区域存在两层软土路基,软土层厚度平均在3m左右,为解决软基条件下路基不均匀沉降,同时提高填土速度,加快施工进度,并保证软土路基稳定性,国内首次提出采用浅层陀螺桩加固技术与深层软基排水固结相结合的方法,为提高填土高度和填土进度提供一种新方案。但其加固机理、结构形式和承载性能尚不明确。此外,常规混凝土材料自重较大,人工搬运不便,因而新型轻质结构的研究非常有必要。

2. 陀螺桩方案设计

本项目第5标段鮀西互通A匝道AK0+436—AK0+525为陀螺桩试验段,为了对比分析处理效果,同时选取AK0+549—AK0+632为对比监测路段。陀螺桩加固试验段设计方案的剖面图如图3和图4所示。

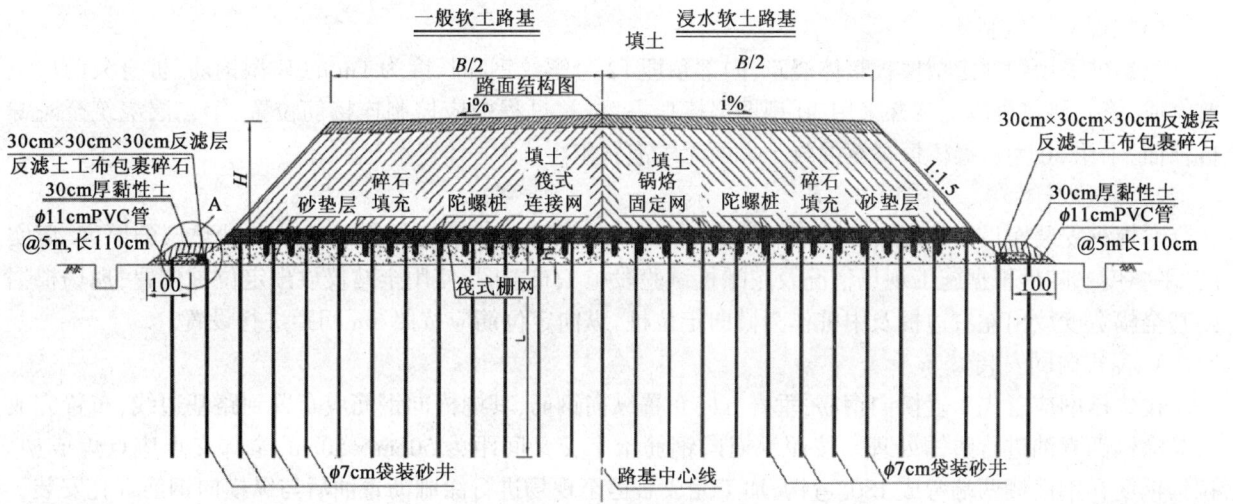

图3 陀螺桩软基加固路段立剖面图

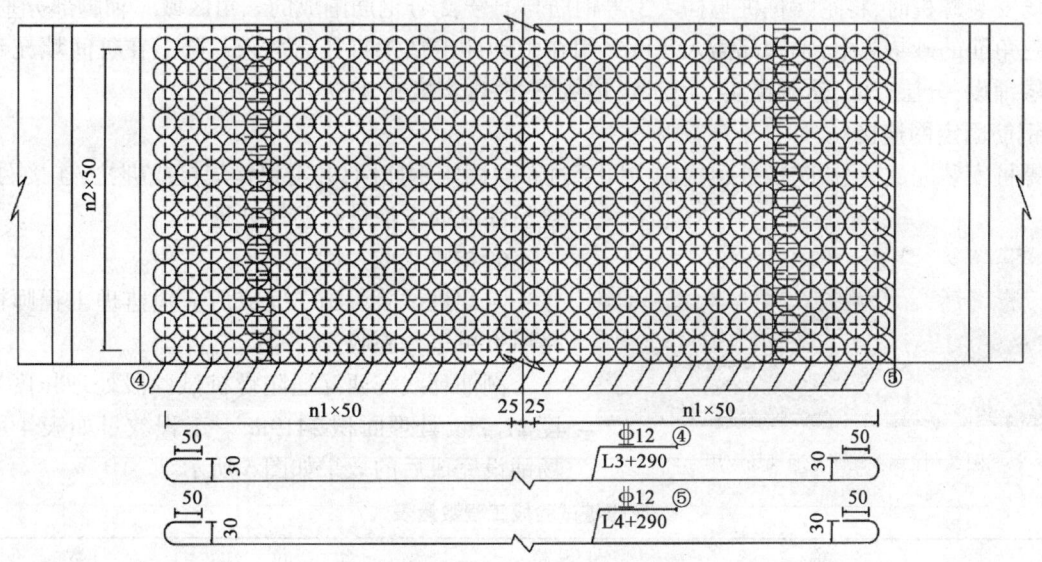

图4 陀螺桩软基加固路段横剖面图

通过对陀螺桩+袋装砂井+超载预压试验路段和袋装砂井+超载预压处理路段的对比监测、分析及研究,探究陀螺桩的受力机理,评判陀螺桩的处理效果,具体包括:

(1)袋装砂井。采用直径7cm的袋装砂井,平均处理深度8m,正三角形布置,间距1.3m,上部铺设0.6m砂垫层作为横向排水通道。

(2)超载预压方案。对比段采用薄层加载法来控制填土速率,填土高度最高为3.5m;陀螺桩加固试验段填土速度按照50cm/d的厚度控制,填土高度为5.5m。填土过程中加强监测,要求沉降速率≤30mm/d,坡脚位移≤5mm/d,地基深层位移≤10mm/d。

(3)陀螺桩。陀螺桩结构采用C20混凝土预制500型,采用标准通用图,圆板直径495mm,圆锥及桩脚高度200mm,桩身间填充5~40mm级配碎石。

(4)加强筋及定位筋。桩身上下布设HRB400钢筋网,其中下层钢筋网横向采用直径20mm带肋钢筋、纵向采用直径14mm带肋钢筋，角部固定筋采用直径12mm带肋钢筋；上层钢筋网，纵横向采用12mm带肋钢筋，所有外露钢筋须在表面涂环氧乳化沥青作为防腐层。

3. 陀螺桩施工工艺

鲐西互通陀螺桩现场施工工艺主要包括原材料准备、模板安装、钢筋加工与安装、混凝土浇筑、养护、搬运、布设场地检查、测量放样、筏式栅网安装、陀螺桩布设、填充碎石、钢筋固定网连接、检查验收工序。

1) 陀螺桩模型制备

陀螺桩采用塑料定型模板整体浇筑，内部预埋12号螺纹钢和长度为1m的U型钢筋，桩身分两层浇筑完成，第一层将桩脚浇筑并采用30型振捣棒振捣，浇筑过程中应控制连接筋位置，第二层浇筑至陀螺桩顶面，采用30型振捣棒振捣至混凝土表面无气泡冒出。

2) 测量放样

陀螺桩安装布设在袋装砂井处理后的砂垫层上，陀螺桩施工前应检查袋装砂井砂垫层的厚度、压实度、平整度。随后根据施工现场情况及陀螺桩试验段施工布置图，使用全站仪放出定位桩位置，现场根据路基全幅宽度放出左右边桩及中桩作为横向定位桩，纵向定位筋应按照5m间距进行设置。

3) 筏式栅网安装

筏式栅网应首先布置横向钢筋，垂直方向布置纵向钢筋，其中横向钢筋应布置到路基边线，布置完成后应涂刷沥青油进行防锈处理。按照纵横向钢筋十字交叉间距为50cm×50cm，全部交点应点焊成型。拉钩钢筋在钢筋棚两端弯成180°弯钩，加工完成后运至现场进行涂刷沥青油后与纵横向钢筋绑扎安装。

4) 陀螺桩布设

现场安装螺桩时，将陀螺桩桩脚插入3号钢筋与1号、2号钢筋围成的三角区域。轴脚部分垂直压入筏垫的三角筋的砂垫层中，轴脚部插入孔可采用在手动冲击钻来打孔后放入。随后在桩间填充碎石，碎石应分层铺设，分层夯实，达到密实、无松散，边线整齐，密实度在95%。

5) 钢筋固定网连接

陀螺桩安装完成后，从陀螺桩顶提钩中间穿过布置固定钢筋网，并与提钩焊接或绑扎，连接网完成布设后涂刷沥青油进行防锈处理。

6) 检查验收

陀螺桩试验段施工完成后应报监理工程师检查，合格后方可进行验收。

潮汕环线鲐西互通陀螺桩试验段处理长度89m，宽度27.2m，处理面积2419m²。工程数量如表4所示，现场铺设完成后的效果如图5所示。

图5 陀螺桩鲐西互通现场应用

陀螺桩试验段工程数量表 表4

序号	名　称	型号规格	单　位	数　量
1	陀螺桩	500型	个	8906
2	螺纹钢	C20	kg	11823
3	螺纹钢	C14	kg	5858
4	螺纹钢	C12	kg	21417
5	碎石	设计级配	m³	203.7
6	沥青油	—	L	1064

四、陀螺桩现场应用效果

为判断陀螺桩加固路段软基处理效果，分别在陀螺桩试验段选择3个监测断面AK0+455、AK0+480、AK0+505，在对比段选择2个断面AK0+605、AK0+620进行长期沉降及深层土体水平变形对比监测。陀螺桩试验段与常规段同步填土，其中陀螺桩试验段填土高度极限值为5.5m，常规对比段填土高度极限值为3.5m,各断面土体竖向沉降监测曲线如图6所示。

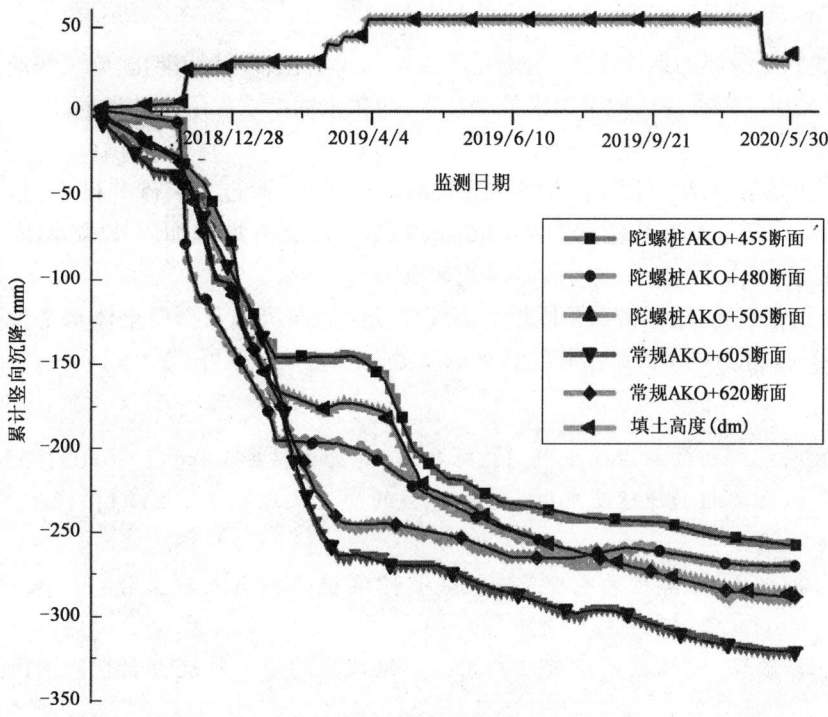

图6 各断面土体竖向沉降监测曲线

其中,地基沉降监测点布设于路基中线及左右路肩处,采用钻孔埋设,测量杆应固定在沉降稳定层中;地基深层水平位移采用测斜管,并布设于路基左右坡脚处,布置时应穿透软土层不小于4m,采用钻孔埋设,管内的十字导槽必须对准路基的纵横方向,上部应高出地面50cm,并注意加盖保护。

竖向沉降监测结果表明,路基竖向沉降随着填土高度的增加而增大,陀螺桩浅层地基处理试验段的地基竖向沉降比常规监测路段的沉降小,AK0+455、AK0+480、AK0+505断面路基平均累计竖向沉降分别为256.50mm、269.55mm、286mm;对比段AK0+605、K0+620监测断面路基平均累计竖向沉降分别为320.6mm、288.7mm。

由于路基的横向变形受到陀螺桩的约束,陀螺桩浅层地基处理试验段的地基平均水平位移比常规监测路段的水平位移小。其中,AK0+455断面累计水平位移最终平均为1.6mm,AK0+480断面和AK0+505断面累计水平位移平均值约为4mm,对比段AK0+605断面和K0+620断面累计水平位移平均为6mm。各断面深层土体水平位移监测曲线如图7所示。

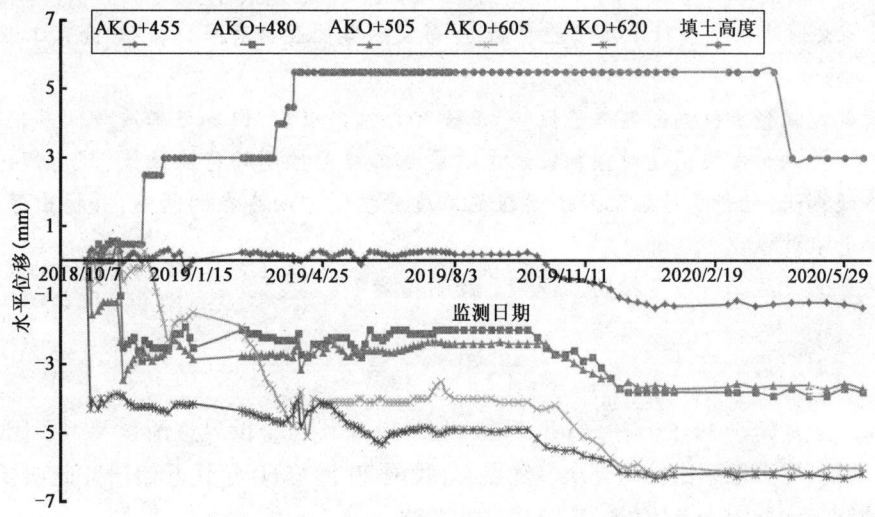

图7 各断面深层土体水平位移监测曲线

五、结　语

针对潮汕环线软基深厚的地质条件，为满足项目产品预制化、设计标准化、施工快速高效化的施工要求，创新性的提出采用陀螺桩浅层地基加固处理技术，与排水固结法深层土体加固相结合的设计方案，结论如下：

（1）初步揭示了陀螺桩结合深层排水固结法软基加固机理，通过袋装砂井排水固结，加速深层地基土体固结沉降，提高深部软土地基稳定性和强度；同时结合陀螺桩地基加固技术，形成整体受力的刚柔筏，作为强垫层增大荷载扩散范围，改善软基不均匀沉降。

（2）现场监测结果表明，陀螺桩试验段填土高度5.5m，竖向沉降及深层土体水平位移均小于对比监测路段，表明采用陀螺桩与排水固结法相结合的软基处理工艺效果较好。

参考文献

[1] 唐业清,唐作华. 陀螺桩的原理及应用[J]. 探矿工程(岩土钻掘工程),1996(03):53-57.
[2] 唐业清,唐作华. 陀螺桩的原理及应用——陀螺桩的受力机理分析(上)[J]. 探矿工程(岩土钻掘工程),1995(06):50-55.
[3] 唐业清,唐作华 编译. 陀螺桩的原理及应用——陀螺桩的特点及其应用[J]. 探矿工程,1995(5):55-56.
[4] 唐业清,唐作华 编译. 陀螺桩的原理及应用——陀螺桩的受力机理分析(下)[J]. 探矿工程,1996(1):53-56.
[5] 唐业清,唐作华 编译. 陀螺桩的原理及应用——陀螺桩的设计[J]. 探矿工程,1996(2):58-61.
[6] 严驰,孙兴松,孙训海,等. 陀螺桩地基土体应力分布有限元分析[J]. 港工技术,2007(04):43-45.
[7] 孙兴松. 陀螺桩基础应力与沉降特性研究[D]. 天津:天津大学,2007.
[8] 王扶志,张心剑. 陀螺桩在近海岸沙土基础中的应用[J]. 西部探矿工程,2004(05):176-177.
[9] 庞士荣. 软土路基加固方法综述[J]. 路基工程,1995(02):6-10.

58. 装配式混凝土桥梁施工现状及现场质量测试分析

郑　洲[1]　冯晓楠[2]　刘　朵[2]　张建东[2,3]

(1. 江苏省交通运输综合行政执法监督局；2. 苏交科集团股份有限公司；3. 南京工业大学)

摘　要　装配式混凝土桥梁因其工艺优势，正被大力推广应用，但其施工质量问题仍被众多工程人员与专家学者广泛关注。本文通过对预制装配式桥梁施工质量控制的行业政策、现有规范标准、工程应用等方面进行广泛调研，分析总结装配式桥梁在施工质量控制方面存在的问题，并提出保障装配式混凝土桥梁施工质量的有效建议。

关键词　装配式　施工　质量控制　调研　检测指标

一、引　言

预制拼装施工工艺始于1945年法国，并于20世纪70年代在全世界逐渐普及[1]。因其具有施工质量宜控制、环保节能、施工效率比较高等众多优点[2]，我国20世纪60年代开始研究此项技术，并于1990年建成了首座预制装配式混凝土桥梁——福建洪塘大桥[1]。

我国对于装配式混凝土桥梁技术的应用仅有三十余年的历史,相对工程经验较为匮乏,且尚未形成设计、制造、施工、验收、养护等成套技术标准体系。目前,在工厂预制及现场拼装过程中存在着许多裂缝变形、蜂窝麻面、混凝土剥离等质量问题及连接构造受力不明确、定位不精确等施工问题。随着我国交通工程的快速发展,预制装配式混凝土桥梁因其技术优势将被大量应用于工程建设中,如何保障其施工质量问题将迫在眉睫[3,4]。

因此,本文通过对预制装配式桥梁施工质量控制的行业政策、现有规范标准、工程等多方面进行广泛调研,分析总结装配式桥梁在施工质量控制方面存在的问题,并提出保障装配式混凝土桥梁施工质量的有效建议。

二、行业推广政策

当前,绿色建造和可持续发展已经成为了世界各国的共识,以预制装配式为代表的桥梁工业化技术也正蓬勃发展。同时,为解决现浇混凝土桥梁施工工艺存在的环境污染严重、交通影响大、劳动力成本高、安全风险大、质量难以保障等问题,我国发布了一系列行业政策,大力推动预制装配式桥梁的发展。据不完全统计,国家及江苏省、上海市、浙江省、江西省、安徽省等地自2016年至2018年,共发布了约40条预制装配式施工技术推广政策,部分政策见表1。

预制装配式桥梁推广政策一览表　　　　表1

序号	时间	政策	主要内容	发布部门或地区
1	2016年	《中共中央国务院关于进一步加强城市规划建设管理工作的若干意见》	提出我国要力争用10年左右时间,使装配式建筑占新建建筑的比例达到30%	国务院
2	2016年	《政府工作报告》	积极推广绿色建筑和建材,大力发展钢结构和装配式建筑,加快标准化建设,提高建筑技术水平和工程质量	国务院
3	2017年	《"十三五"节能减排综合工作方案》	推行绿色施工方式,推广节能绿色建材、装配式和钢结构建筑	国务院
4	2017年	《国务院办公厅关于促进建筑业持续健康发展的意见》	大力发展装配式混凝土和钢结构建筑,不断提高装配式建筑在新建建筑中的比例	国务院
5	2017年	《建筑节能与绿色建筑发展"十三五"规划》	大力发展装配式建筑,加快建设装配式建筑生产基地;完善装配式建筑相关政策、标准及技术体系	住建部、交通运输部
6	2017年	住房城乡建设部建筑节能与科技司印发2017年工作要点	提升装配式建筑产业配套能力,加强装配式建筑队伍建设四个方面全面推进装配式建筑	住建部、交通运输部
7	2017年	《"十三五"装配式建筑行动方案》、《装配式建筑示范城市管理办法》、《装配式建筑产业基地管理办法》	到2020年,全国装配式建筑占新建建筑的比例达到15%以上;培育50个以上装配式建筑示范城市,200个以上装配式建筑产业基地,500个以上装配式建筑示范工程,建设30个以上装配式建筑科技创新基地	住建部、交通运输部
8	2017年	《中共中央国务院关于开展质量提升行动的指导意见》	完善绿色建材标准,促进绿色建材生产和应用。大力发展装配式建筑	国务院

在大力推广预制装配式桥梁发展的同时,人们逐渐发现预制装配式桥梁在工厂预制及现场拼装过程中存在大量质量问题,例如:针对大型预制构件,在预制过程中经常出现裂缝变形;预制构件现场拼装精确定位、体外预应力张拉等操作比较困难。因此,交通运输部在2018年2月发布《品质工程攻关行动试点方案(2018年-2020年)》,将"桥梁预制构件质量提升"作为重点攻关任务之一[5]。并在同年发布了《"平安百年品质工程"建设研究推进方案》,针对桥梁工程提出了"提升桥梁装配化、自动化、智能化,重点提升混凝土预制构件质量水平"的建设目标[6]。

三、现有规范标准

1. 标准编制情况

现有国家及行业标准中,针对预制装配式混凝土桥梁预制构件的产品质量、实体性能、施工质量和验收方法等有部分涉及(相应规范详见表2),但针对一些新型预制结构形式及连接构造,其施工质量控制指标比较缺乏,同时可操作性及适用性不强。

预制装配式混凝土桥梁施工质量相关标准规范　　表2

序号	规范名称	规范编号	规范类别
1	公路工程质量检验评定标准	JTG F80/1—2017	行业标准
2	城市桥梁工程施工与质量验收规范	CJJ 2—2008	行业标准
3	预应力混凝土梁预制节段逐跨拼装施工技术规程	CJJ/T 111—2006	行业标准
4	装配式混凝土结构技术规程	JGJ 1—2014	行业标准
5	城市轨道交通预应力混凝土节段桥梁技术标准	CJJ/T 293—2019	行业标准
6	工厂预制混凝土构件质量管理标准	JG/T 565—2018	行业标准
7	预制拼装桥墩技术规程	DG/TJ 08—2160—2015	地方标准
8	轨道交通预应力混凝土预制施工及验收标准	DBJ61/T 79—2014	地方标准
9	钢筋套筒灌浆连接应用技术规程	JGJ 355—2015	行业标准(征求意见稿)
10	钢筋连接用灌浆套筒	JG/T 398—2019	行业标准(征求意见稿)
11	公路装配式混凝土桥梁施工技术规范	—	交通运输行业标准征求意见稿
12	节段预制拼装混凝土桥梁技术标准	—	住房和城乡建设部行业标准征求意见稿
13	预制拼装桥梁技术规程	—	上海市工程建设规范征求意见稿

通过对现有的预制装配式混凝土桥梁施工质量控制相关标准进行调研分析,发现存在如下不足之处:

(1)针对预制装配式混凝土桥梁工程的工厂预制和现场拼装没有系统完善的施工质量控制指标与标准,例如:预制盖梁、体外预应力、连接构造等预制构件及施工工艺的施工质量。

(2)成桥验收施工质量检测指标及标准与现浇混凝土桥梁施工质量控制一样,适用性有待考证。

(3)针对预制装配式桥梁工程各个施工工序缺乏关键检测指标及相应检测方法不明确,例如:灌浆套筒连接密实度检测方法及检测频率。

2. 既有规范冲突指标统计与分析

通过对现有规范中(主要以表2中规范为主)预制装配式混凝土桥梁在原材料、工厂预制、现场拼装及成桥验收阶段的施工质量控制指标进行统计分析可知,针对装配式混凝土桥梁施工全过程共有200多项检测指标,其中检测指标标准冲突的达到39项;在上部结构预制过程中检测指标最多,达到64项,冲突指标具有20项。冲突指标统计情况如图1所示。

针对预制构件采用的灌浆料,在现有规范中均包括流动度、抗压强度、竖向自由膨胀率及氯离子含量等质量控制指标,但其各个指标的控制标准均存在差异(见表3),例如28d抗压强度要求分别有80MPa、85MPa以及100MPa三种标准值。众所周知,目前装配式桥梁常采用灌浆套筒、波纹管灌浆以及承插式等连接方式,灌浆料施工质量的保证对于连接构造及整个预制装配式桥梁起着至关重要的作用。因此,应根据装配式桥梁的受力特点,制定符合施工需求的质量

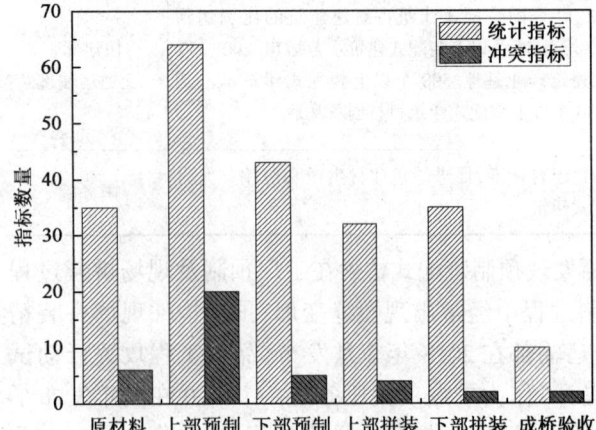

图1　既有规范冲突指标统计分布情况

检验指标及标准。

预制构件灌浆料冲突指标统计 表3

序号	冲突指标		指标标准	来源规范
1	流动度	初始	≥300mm	（上海市地方标准征求意见稿）高强无收缩水泥灌浆料
				（交通运输行业标准征求意见稿）（住房和城乡建设部行业标准征求意见稿）（上海市工程建设规范征求意见稿）
			≥200mm	（JGJ 1—2014）钢筋浆锚搭接连接接头灌浆料
2	流动度	30min	≥260mm	（上海市地方标准征求意见稿）高强无收缩水泥灌浆料
				（交通运输行业标准征求意见稿）（住房和城乡建设部行业标准征求意见稿）（上海市工程建设规范征求意见稿）
			≥150mm	（JGJ 1—2014）钢筋浆锚搭接连接接头灌浆料
3	抗压强度	28d	≥100MPa	（上海市地方标准征求意见稿）高强无收缩水泥灌浆料
				（住房和城乡建设部行业标准征求意见稿）（上海市工程建设规范征求意见稿）
			≥85MPa	（JGJ 355—2015 征求意见稿 2019年9月）灌浆料
				（交通运输行业标准征求意见稿）
			≥80MPa	（JGJ 1—2014）钢筋浆锚搭接连接接头灌浆料
4	竖向自由膨胀率	24h与3h差值	0.02%~0.10%	（上海市地方标准征求意见稿）高强无收缩水泥灌浆料
				（上海市工程建设规范征求意见稿）
			0.02%~0.03%	（JGJ 355—2015 征求意见稿 2019年9月）灌浆料
			0.02%~0.5%	（JGJ 1—2014）钢筋浆锚搭接连接接头灌浆料
				（住房和城乡建设部行业标准征求意见稿）
			0.02%~0.05%	（交通运输行业标准征求意见稿）
5	氯离子含量		≤0.03%	（上海市地方标准征求意见稿）高强无收缩水泥灌浆料
				（住房和城乡建设部行业标准征求意见稿）（上海市工程建设规范征求意见稿）
			≤0.06%	（JGJ 1—2014）钢筋浆锚搭接连接接头灌浆料

四、施工质量现状

针对多个预制装配式混凝土桥梁工程的预制构件外观质量、几何尺寸、拼装质量等进行了大量现场检测[7]（如图 2 所示），以期了解目前预制装配式混凝土桥梁的施工质量现状。

a) 桥墩钢模板组装表面平整度测量　　b) 桥墩钢模板组装相邻两板表面高低差测量　　c) 承插式桥墩波纹（波长）测量

d) 预制盖梁节段高度测量　　e) 桥墩钢筋组装受力钢筋间距测量　　f) 预制桥墩节段平整度测量

图 2　预制构件现场测试照片

1. 构件外观质量

根据预制桥梁构件外观质量检查结果显示，目前预制墩柱、盖梁以及箱梁在预制过程中常常出现裂缝质量问题，如图 3 所示。

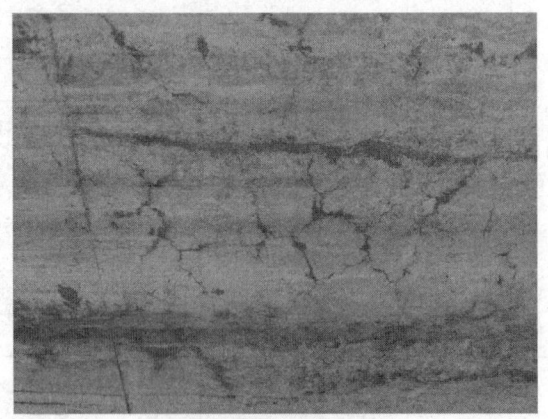

a) 预制墩柱裂缝病害　　　　　　b) 预制盖梁病害

图 3　预制构件外观质量病害

究其原因，主要有如下几点原因：

（1）预制构件属于大体积混凝土结构，在浇筑过程中由于水化热反应容易造成内外温差比较大，导致早期温度裂缝产生。

（2）由于振捣工艺在表面产生浮浆，强度比较低，导致表面容易产生裂缝。

（3）养护工艺或措施采取不当，导致收缩裂缝产生。

(4)存储方式不当,导致变形裂缝产生。

2. 构件几何尺寸

针对预制装配式混凝土桥梁在工厂预制过程中的预制台座、钢模板组装、钢筋安装、钢筋网安装、预制箱梁节段、预制盖梁节段及预制墩身节段等各个工序进行了大量质量检验,对检查结果进行统计分析,详见表4。

构件预制质量现场检测结果统计　　　　表4

项次	预制构件	检查项目		允许偏差	检测次数	合格率(%)
1	预制台座	水平度(mm/m)		±1	38	68
2	钢模板组装	相邻两板表面高低差(mm)		2	32	97
3		表面平整度(mm)		3	33	100
4		轴线偏移量(梁、盖梁)(mm)		2	150	100
5	钢筋安装	受力钢筋间距(mm)	两排以上排距	±5	132	100
6			同排间距	±5	170	97
7		箍筋、构造钢筋、螺旋筋间距(mm)		±10	170	95
8		保护层厚度(mm)		±3	170	51
9	钢筋网安装	网眼尺寸(mm)		±10	16	51
10	预制节段箱梁	节段梁长度(mm)		(-2,0)	180	50
11		断面尺寸(mm)	顶宽	(0,+5)	180	46
12			高度	±5	180	98
13			顶板、底板、腹板、梁肋厚度	(0,+5)	180	93
14	预制盖梁节段	断面尺寸(高)(mm)		±5	48	98
15		表面平整度(mm)		≤3	26	100
16	预制墩身节段	表面平整度(mm)		≤3	150	100

由表4可知,目前预制构件整体的表面平整度检测指标基本满足规范要求,这说明目前我们采用模板的刚度满足现有的施工要求,且在混凝土浇筑过程中变形极小;而断面尺寸、节段梁长度、保护层厚度指标相对控制的不是很好,合格率基本在50%左右,说明我们在预制构件制作过程中还需要提高相应的制作精度,因为节段梁长度的尺寸偏差太大将会影响拼装质量,保护层厚度不满足要求将会影响预制装配式桥梁的耐久性。

3. 现场拼装

针对预制装配式混凝土桥梁在现场拼装过程中预制桥梁及盖梁的定位进行检测,检测项目及统计结果详见表5及图4、图5。

构件预制质量现场检测结果统计　　　　表5

项次	预制构件	检查项目	允许偏差	检测次数	合格率(%)
1	预制盖梁	轴线偏位(mm)	≤5	4	75
2		顶面高程(mm)	(-5,0)	12	33
3		预埋件(轴线)(mm)	≤5	16	100
4	预制桥墩	轴线偏位(mm)	2	12	0
5		顶面高程(mm)	±10	21	100

由表5及图4和图5可知,目前预制桥墩现场拼装轴线偏位控制指标全部不满足规范要求,其允许偏差仅为2mm,说明现有检测指标控制标准适用性还有待研究;而预制盖梁的顶面高程控制合格率仅有33%,可能存在两方面原因:①预制桥墩顶面高程控制不好导致的累计误差比较大;②现有施工工艺技术

还有待提高。

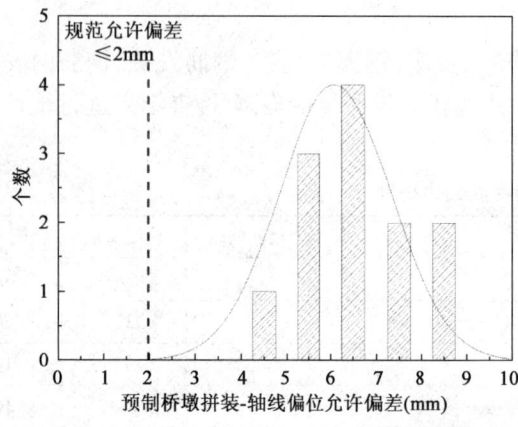

图 4 预制桥墩拼装-轴线偏位允许偏差分布图

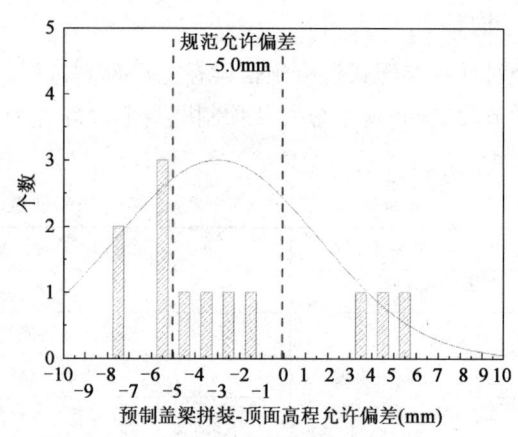

图 5 预制盖梁拼装-顶面高程允许偏差分布图

五、结 语

本文针对预制装配式混凝土桥梁从行业政策、现有规范标准、施工质量现状进行了大量调研,发现预制装配式桥梁施工质量备受国家及行业关注,发布了一系列提升装配式桥梁施工质量的行业政策,但是目前其施工质量仍存在一些问题。因此,为更好的改善预制装配式桥梁施工质量问题,应着重解决以下两个问题:

(1)结合预制装配式桥梁发展现状,编制具有实用性及可操作性的装配式混凝土桥梁施工全过程质量控制标准规范。

(2)针对装配式混凝土桥梁关键施工工序或构造,应从原材料选取、预制工艺、拼装工艺、检测技术等方面建立一套完善的施工质量控制关键技术。

参考文献

[1] 彭向洲.多幅变宽连续箱梁桥逐孔节段拼装施工关键问题研究[D].南昌:华东交通大学,2019.
[2] 张子飚,邓开来,徐腾飞.预制装配式混凝土桥梁结构2019年度研究进展[J/OL].土木与环境工程学报(中英文):1-9[2020-09-13].http://kns.cnki.net/kcms/detail/50.1218.TU.20200901.0948.004.html.
[3] 袁武林.连续箱梁桥短线拼装施工控制方法及程序研发应用[D].长沙:长沙理工大学,2018.
[4] 李侠.预制节段拼装桥梁施工关键技术分析[J].工程技术研究,2019,4(04):66-67.

III 结构分析与试验研究

1. U形肋板单元组装焊接一体化技术研究

范军旗 李华冰

(中铁山桥集团有限公司)

摘 要 U形肋板单元组装焊接一体化专用机床,具有面板打磨、U形肋组装、内侧角焊缝焊接、外侧角焊缝焊接等功能;通过试验制定了U形肋内侧角焊缝富氩气体保护焊和埋弧自动焊工艺参数,解决了埋弧焊焊剂供应困难和多把焊枪同时焊接时焊缝成形差的问题,进行U形肋板单元组装焊接一体化试验,确定了行走状态下对板单元连续定位、压紧,同时进行内侧角焊缝焊接的工艺流程,实现免定位焊施工,消除了定位焊缝对焊接质量的不利影响。

关键词 U形肋 疲劳 定位焊 组焊一体 焊接 自动焊

一、引 言

U形肋正交异性桥面板结构是钢箱梁桥最常见的结构形式,具有质量轻、承载能力好、经济性高等特点,经过多年的发展已经广泛应用于大、中、小型桥梁建设。近年来,国内采用正交异性钢桥面板的桥梁,尤其是钢箱梁桥,不断发现疲劳裂纹问题,有的裂纹数量非常多,已经严重影响了桥梁的使用寿命和运行安全。U形肋角焊缝疲劳有多种,数量最多的是起源于角焊缝焊根,裂向桥面板,根据对某长江大桥裂纹类型和数量的统计,80%以上属于这种裂纹。U形肋双面焊接可以有效降低焊根部位的应力集中,提高接头疲劳强度,因此国内很多项目提出了U形肋角焊缝双面焊的要求。常规的U形肋板单元焊接生产分为两个工序,先组装定位,然后焊接,U形肋侧角焊缝双面焊又增加了内焊工序,工序周转耗费了大量的人力、物力和时间。定位焊的存在增加了正式焊缝焊接的波动性,影响焊接质量,尤其起弧、熄弧位置容易存在缺陷,成为潜在的裂纹源。为提高钢桥焊接质量,国内研究应用了一批先进的自动化、智能化焊接装备,使钢桥制造技术水平得到快速发展,其中板单元自动组装定位焊机床实现了自动行走、定位、压紧与机器人焊接的功能,与手工焊接和简易组装胎相比,大幅提高了定位焊的质量,但没有改变组装和焊接模式,无法彻底消除定位焊对焊接质量的不利影响。

二、研究目标和主要内容

U形肋板单元组装焊接一体化技术研究的目标是在实现U形肋双面焊接的基础上,用内侧角焊缝取代定位焊,取消定位焊工序,消除定位焊缝对焊接质量不利影响,提高组焊效率。

主要内容:

(1)自动组装焊接一体化关键设备研究:改变传统的利用定型卡具步进式组装方式,实现行走状态下连续定位、压紧的功能以及面板打磨、U形肋内侧角焊缝焊接、外侧角焊缝焊接等功能的实现。

(2)U形肋内侧角焊缝焊接工艺的研究:组装焊接一体化是在组装的同时进行焊接,U形肋内侧空间狭小,施焊困难,质量控制难度大,必须采用合理的焊接机构、焊接方法、焊接材料和规范参数,确保焊接稳定性。

(3)板单元连续组装和焊接的协同实施。

三、组装一体化关键装备

研制了一台U形肋板单元组装焊接一体化专用机床(图1),集U形肋面板打磨功能、U形肋组装功能、内侧角焊缝焊接功能、外侧角焊缝焊接功能为一体,实现在行走状态下将U形肋与面板定位、压紧,同时进行内侧角焊缝的焊接。

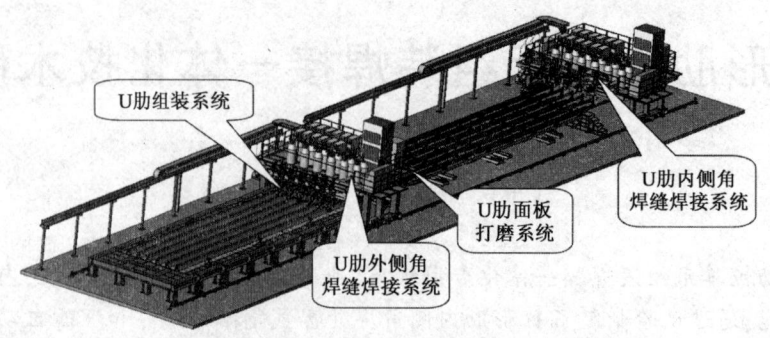

图1 U形肋组装焊接一体化专机示意图

面板打磨系统:12组打磨机构同时对面板进行打磨,提高工作效率。烟尘净化系统自动吸收打磨产生的烟尘,避免环境污染。用改进的千叶轮取代以往的钢丝轮打磨方式,克服钢丝轮打磨压力大易烧损电机、打磨效果差、钢丝易弯曲折断等问题,实现高效、高质量的打磨,彻底清除焊接部位的有害物,使打磨面露出明亮的金属光泽。

U形肋组装系统:设计了可调整间距与尺寸的U形肋连续定位、压紧装置,实现行走状态下对U形肋进行组装。其内撑装置与内焊系统结合,可根据U形肋尺寸手动调整其位置和宽度。工作时内撑装置的滚轮与U形肋内表面接触,起到连续内撑作用。外压装置的侧轮可控制U形肋张口和间距,经过改进的压紧轮可对U形肋上表面施加压力,使U形肋与面板密贴,其结构对U形肋肢高偏差有一定的纠偏能力,避免组装间隙过大,影响焊接质量。

U形肋内侧角焊缝焊接系统:内侧角焊缝焊接系统由行走龙门、伸缩臂装置、支撑平台、焊接机头、送丝装置、气保焊电源、冷却水箱、烟尘净化系统、工件定位装置、焊接平台等组成。可以实现六根U形肋内部两侧同时焊接。有气体保护焊和埋弧焊两套焊接装置,可根据情况采用不同工艺方法焊接。配置了四组螺旋升降装置,可根据工件面板厚度变化,调整伸缩臂装置与支撑平台间高度,保持焊接作业在同一水平面平稳进行。伸缩臂与行走机床的连接装置可快速拆装,当需焊接的U形肋数量变化时,根据需要安装或拆卸,保证与所用伸缩臂的数量与板单元U形肋的数量一致。

U形肋外侧角焊缝焊接系统:可以实现12把气保焊枪同时对6根U形肋两侧角焊缝进行焊接,焊接方式为气体保护焊。外侧焊接机头前端安装了传感式焊缝跟踪装置,利用传感器探头沿工件滑动实现跟踪,不受焊接电弧的干扰,具有初始自动寻找焊缝、焊缝末端定位探测、换向跟踪、强制跟踪等多种功能。

四、U形肋内侧角焊缝焊接工艺

U形肋内侧角焊缝焊接,最初采用实心焊丝富氩气体保护焊,富氩气体保护焊容易实现保护气体的长距离输送,具有焊缝成形好、焊接飞溅小、焊缝力学性能优良的特点,但其对焊缝区域的铁锈、底漆等较为敏感,打磨不彻底时容易出现焊接电弧不稳定、焊缝成形变差、气孔缺陷等问题。由于是明弧焊接,焊接机头部位温度高,保护气及压缩空气体管道防护不好会漏气,造成保护中断或失效。富氩气体保护焊对设备稳定性要求较高,焊前需要较长时间检查准备。另外,富氩气体保护焊焊接U形肋内侧角焊缝时,焊缝熔深较浅,一般不会超过2mm,进行U形肋角焊缝全熔透焊接时质量控制的难度较大。

埋弧焊焊缝保护效果好,焊缝力学性能好,焊接质量稳定,熔深大,有利于U形肋角焊缝熔透焊接。为满足深中通道项目U形肋角焊缝全熔透焊接的技术要求,进行了U形肋内侧角焊缝埋弧焊试验,焊接材料为CJQ-3(ϕ1.6mm)+SJ501U。试验需要确定参数,主要包括焊接电流、焊接电压、焊接速度、焊枪角度、焊枪位置等。焊接试验按照板肋小试件、板肋板单元、U形肋板单元的顺序,从易到难依次进行。

试验过程中遇到的主要问题,一是焊剂铺洒高度不够、铺洒过程中时断时续,造成焊接漏弧、明弧经过排查,原因是焊剂料斗设计不合理,存在出料口的高度不够,出料量过小,料尺寸与U形肋尺寸不匹配,焊接过程中料斗变形等问题,对焊剂料斗进行改进后问题得到了解决;二是多把焊枪同时焊接,个别焊缝成型不良、尺寸偏差较大的问题,主要表现为焊缝余高过大、焊缝不饱满,焊接尺寸过小,焊趾过渡不匀顺等,采取更改焊接电源设置、调整地线连接方式、调整焊接规范参数、排查送丝系统等措施后,该问题得到了解决。

通过试验总结出U形肋内侧角焊缝埋弧焊的特点:

(1)焊接电流与焊缝熔深关系较大,焊接电流在380~420A之间较为稳定,熔透深度可以达到3mm以上,最大电流不宜超过450A,否则容易焊漏。

(2)焊接电压对焊缝外观成型影响大,电压31~33A较为合适,但不能仅根据电源显示数值判断实际电压,二次线过长、地线接触不良会造成压降过大,需要根据焊缝成形进行调整。

(3)焊枪与面板之间的角度较小时可以增加熔透深度,单角度过小时容易造成焊缝底板侧未熔合、U形肋侧与面板侧焊角尺寸偏差多大问题,焊枪角度与面板之间的应以40°左右为宜。

(4)焊枪正对焊缝根部对增加焊缝熔透深度有利,焊丝尖端离开U形肋一定距离有利于改善焊缝成形,应根据电流、电压和具体施焊情况进行调整。

(5)U形肋与面板之间的间隙对焊接稳定性影响较大,U形肋与面板密贴,在电流较大的情况下也不会焊漏,间隙较大容易焊漏,还容易出现根部气孔缺陷。

为检验焊接质量,采用拟定的焊接规范参数(表1)焊接U形肋内、外侧角焊缝,焊后进行焊缝外观质量、无损检测和力学性能试验。力学性能试验结果见表2。断面照片见图2。试验结果满足标准要求。

U形肋角焊缝埋弧焊接规范参数　　　　　表1

熔敷简图	U形肋厚(mm)	焊道	焊接材料	电流(A)	电压(V)	焊速(cm/min)
	8	1	CJQ-3(ϕ1.6) + SJ501U	400 ± 30	32 ± 3	40 ± 4
		2	H10Mn2(ϕ3.2) + SJ1011q	650 ± 30	32 ± 3	42 ± 4

U形肋角焊缝力学性能试验结果　　　　　表2

编号	材质	板厚组合(mm)	焊缝金属拉伸			接头硬度		
			ReL(MPa)	Rm(MPa)	A(%)	焊缝金属	热影响区	母材
S1	Q345qD	16+8	395	506	31	178~231	188~220	176~226
S2	Q345qD	16+8	442	523	26	175~221	190~224	178~216

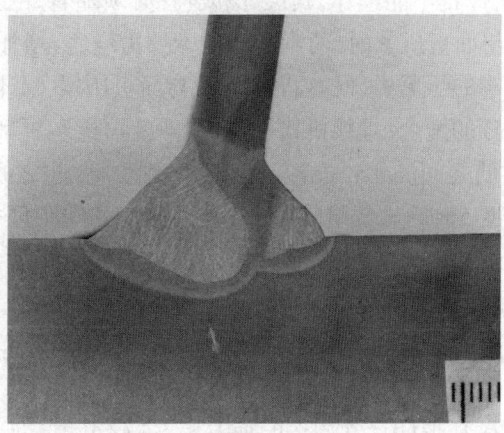

图2　接头断面照片

五、组装焊接一体化试验

模拟生产状态进行 U 形肋板单元组焊一体化焊接试验,试验件长度分别为 5m 和 10m,试件宽度均为 3.6m,包括面板 1 块和 U 形肋 6 条,组焊前测量 U 肋的尺寸,组焊后测量 U 肋张口尺寸和中心距,对焊缝进行外观检查和相控阵超声波探伤。

组装焊接一体化试验步骤:

(1)面板上料、定位与压紧:面板的平面度、位置偏差对组装后的构件尺寸影响很大,必须采取措施予以保证,采用组焊一体方式组装时,面板的水平位置靠平台和卡具保证,用卡具将面板卡固在平台上,平台侧面设置挡块,保持面板与组装台车轨道平行。

(2)面板打磨:采用改进后的千叶轮打磨系统对面板上焊接位置进行自动打磨,12 条焊缝同时打磨,速度可达到 1.5m/min,打磨部位边缘平齐、表面光滑有金属光泽,效果良好。

(3)吊装 U 形肋:在面板上画组装线,将 U 形肋逐根吊装到面板上,调整 U 形肋位置,纵向使 U 形肋上的横基线与面板横基线精确对齐,横向使 U 形肋与面板上的组装线大致对齐。

(4)组装系统调整:调整组装系统外压装置卡具的位置和间距,在卡具作用下 U 形肋张口尺寸和中心距应满足图纸要求。

(5)内焊机头就位:粗略调整内焊机头跟踪装置、内撑装置及焊剂料斗的位置和尺寸,使内焊机头能进入 U 形肋,添加焊剂后将内焊机头移动到板单元焊接起弧端。

(6)内焊机头就位调整:精确调整内撑装置的尺寸和位置,调整焊接跟踪装置到合适的位置,调整焊枪的角度、干伸长和焊丝对准的位置。

(7)组装与焊接:调整好内外机床的相对位置,设置为等速联动,开始连续组装焊接(图3)。

图 3　组焊一体化实施

组装焊接一体化试验主要检验组装与焊接的配合实施,为了精确控制 U 形肋的张口和间距,组装系统设有外压装置和内撑装置,内撑装置和焊接机头集成在一起,组焊前必须确定焊接机头和外压装置的相对位置。行走过程中,内外侧机构行走速度必须保持一致。U 形肋张口尺寸偏小时,内撑装置能将 U 形肋撑开,张口偏大时将 U 形肋收紧,同时将 U 形肋压紧在面板上。焊接机构紧随其后,将 U 形肋和面板焊接在一起。

实施过程中的难点:一是内撑装置与外压装置之间的配合,内撑装置必须有足够的刚度能将 U 形肋撑开,内撑轮不能损坏,其尺寸和位置必须随着外压装置的尺寸和位置的变化作出调整;二是压紧机构将 U 形肋与面板压紧时,两者之间的摩擦力增大,增加了外压装置纠正 U 形肋位置偏差所需力矩,因此需要调整机构的压紧力,既能将 U 形肋与面板压紧,又不会对外压装置纠偏能力造成过大的影响;三是焊接与内撑装置的配合,焊接机构、焊剂料斗及内撑装置都在 U 形肋内侧,为了实现各自的功能,必须确保它们与 U 形肋之间的相对位置,要求调整到位,互相之间不会干扰。

长度 5m 的试件组装后, U 形肋张口和间距尺寸偏差在 1mm 以内,焊接过程中没有出现 U 形肋与面板间隙过大造成的漏弧现象,12m 的试验件组焊后,发现 U 形肋中心距和组装间隙超差。经检查是由于 U 形肋的形状尺寸偏差过大,超出设备的纠偏能力。试验说明严格控制 U 形肋制作的尺寸偏差是实现组焊一体化的必要条件,对此提出了 U 形肋的验收标准(表3)并严格控制,重点控制尺寸是上宽、旁弯和两肢高差。

控制 U 形肋尺寸制作的偏差后,进行组焊试验,焊后张口和中心距尺寸均满足要求,焊接过程中 U 形肋与面板间隙很,焊接过程稳定,没有出现漏弧现象,内侧角焊缝外观良好。

U形肋尺寸允许偏差（单位：mm）　　　表3

序号	简图	说明	允许偏差
1		上宽A	+2.0 / −1.0
2		下宽B	±1.0
3		高度H	+2.0 / −1.0
4		两肢高差$|H_1-H_2|$	≤1.5
5		旁弯	L/2000，且不大于5.0
6		竖弯	L/4000，且不大于2.5
7		扭转δ	≤3.0

六、结　语

板单元组装一体化焊接工艺的适用板单元的宽度1.8～3.6m，长度小于18m，面板厚度14～28mm，能覆盖目前大多数U形肋板单元。其内焊采用富氩气体保护焊或埋弧自动焊，外焊采用CO_2气体保护焊或埋弧自动焊，完成U形肋角焊缝双面焊接。组焊一体化技术应用于深中通道项目钢箱梁制造，实现了顶板U形肋角焊缝双面埋弧焊熔透焊接，焊缝质量满足了该项目对高品质U形肋焊接接头的要求，与常规的组装、焊接工序分开的作业方式相比，效率提高80%以上，具有良好的应用前景。

2. ZG300-500H铸钢与Q345R钢板的焊接工艺研究

李泽锐

（德阳天元重工股份有限公司）

摘　要　悬索桥索鞍通常采用铸钢和钢板焊接而成，作为重要的受力构件，其焊接质量要求非常高。本文以国内某在建特大悬索桥索鞍为例，通过焊接工艺评定，对ZG300-500H铸钢与Q345R钢板异种材质焊接性能进行试验研究，为该类型的产品拟定正确的焊接工艺规程做好技术储备。

关键词　ZG300-500H铸钢　Q345R钢板　焊接工艺评定　力学性能

一、引　言

不断进步和发展的世界桥梁建建设水平，一次次地改写了国内外新建桥梁的跨径记录。伴随着悬索桥跨度的增加，悬索桥上部核心受力部件—索鞍体积和质量日益增大，索鞍采用的铸钢件强度等级也随之提高，钢板厚度也越来越厚，制作难度也进一步加大。2010年以前，国内大多数悬索桥索鞍都选用ZG270-480H材料，近10年以来，越来越多的悬索桥索鞍选用了ZG300-500H铸钢，焊缝的最大厚度也由原来的几十毫米增大到现在的200多毫米。索鞍的受力特征，决定了它的不可更换性，国内外悬索桥索鞍的安全使用寿命通常都在一百年以上，所以焊缝质量的可靠性尤其重要。

二、母材焊接性能分析

1. 化学成分及力学性能指标

试验的母材材质为Q345R钢板、ZG300-500H铸钢，ZG300-500H应符合《焊接结构用碳素钢铸件》（GB/T 7659—2010）；Q345R应符合《锅炉和压力容器用钢板》（GB 713—2014）。其化学成分及力学性能见表 1、表 2。

ZG300-500H 和 Q345R 化学成分要求(质量分数,单位:%) 表 1

牌号	C	Si	Mn	P	S	Ni	Cr	Mo	V	Cu
ZG300-500H	0.23	0.53	1.17	0.019	0.008	0.3	0.27	0.12	0.01	0.3
Q345R	0.18	0.33	1.51	0.013	0.008	0.12	0.1	0.03	0.005	0.02

ZG300-500H 和 Q345R 力学性能要求 表 2

牌号	厚度(mm)	屈服强度(MPa)	抗拉强度(MPa)	延伸率(%)	冲击功 A_{kv}(J)	
ZG300-500H	100	300	500	20	40	常温
Q345R	100	305	490~620	24	34	0℃

2. 母材焊接性能分析

通常我们采用碳当量来判定钢材的焊接性能。碳当量计算公式如下:

$$CE(\%) = C + \frac{Mn}{6} + \frac{Cr + Mo + V}{5} + \frac{Ni + Cu}{15}^{[1]}$$

根据碳当量计算式计算,ZG300-500H 的碳当量为 0.55,Q345R 的碳当量为 0.47,当碳当量在 0.4~0.6 时,钢材具有一定的淬硬性和裂纹倾向性,焊接前要进行预热。

从母材组织状态来看,ZG300-500H 铸钢最终热处理状态为正火 + 回火状态,金相组织为珠光体加铁素体,有良好的组织状态。但由于铸钢件的外形尺寸较大,结构相对比较复杂,尽管经过热处理,但因体积过大,结构不规则,冷却速度差异较大,晶粒大小很难达到一致,可能存在一些晶粒较为粗大的组织和部分残余应力,同时铸件内部可能会存在杂质及成分偏析等微观缺陷,这些都会对焊接造成不利影响。值得庆幸的是:Q345R 钢板组织较为致密,内部缺陷较少,组织状态良好。

从冷裂纹敏感性来看,焊接时,由于母材、焊材及空气中都含有 H 元素,并且构件的刚性较大,本身具有很大的约束度,再加上铸件中的铸造残余应力,会导致焊接冷裂纹敏感性较高[2]。

三、焊接材料

根据等强度匹配及等化学成分匹配原则,接头性能应满足较低母材一侧的性能指标,因此焊丝选择京雷 550MPa 等级且抗低温冲击较好的实心焊丝。焊接工艺评定选择采用京雷 ER55-G 焊丝,满足《气体保护电弧焊用碳钢、低合金钢焊丝》(GB/T8110—2008)要求。焊丝的化学成分及熔敷金属力学性能分别见表 3、表 4。

焊丝的化学成分 表 3

牌号	C	Si	Mn	P	S	Ni	Cr	Mo	V	Cu
ER55-G	0.07	0.66	1.6	0.009	0.012	0.01	0.27	0.002	0.003	0.01

焊缝的熔敷金属的力学性能 表 4

牌号	状态	屈服强度(MPa)	抗拉强度(MPa)	延伸率(%)	冲击功 A_{kv}(J)(0℃)
ER55-G	热处理态	453	580	26	91,98,133

四、焊接工艺评定

1. 总体试验方案

综合产品结构特点,焊接坡口采用带衬垫的单面 V 形坡口接头形式,坡口形式见图 1。焊接采用 CO_2 气体保护焊,焊接位置采用横焊(PC)和立焊(PF)。

根据该项目规范要求,索鞍焊接完成后进行焊后热处理以消除焊接应力,因此焊评试板也需进行焊后热处理。热处理保温温度为540℃,保温时间4h。

2. 试验标准

热处理完成后,焊评试板按《钢、镍及镍合金的焊接工艺评定试验》(GB/T 19869.1—2005)中的规定进行力学性能试验。

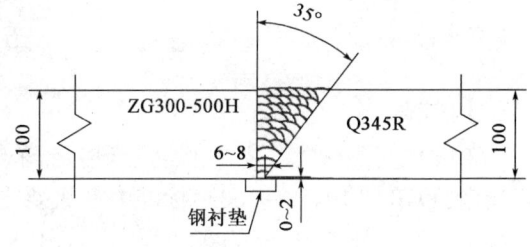

图1 接头形式(尺寸单位:mm)

3. 力学性能指标及合格指标

本文主要针对焊接接头的横向拉伸、侧向弯曲、冲击、硬度进行力学性能分析,其中有冲击和硬度要求时,冲击试样应取自热输入最高的焊缝部位,而硬度试样则取自热输入最低的焊缝部位[3]。

(1)拉伸试验。试板接头截取2组试样(全厚度分层取样),按《焊接接头拉伸试验方法》(GB/T 2651—2008)规定的试验方法测定焊接接头的抗拉强度。要求每个试样的抗拉强度值不小于该母材标准中规定的下限值,对应接头母材为两种钢号组合时,每个试样的抗拉强度值应不小于两种母材标准中规定下限值的较低者。

(2)弯曲试验。试板截取4个试样,根据GB/T 2653—2008规定的试验方法测定焊接接头的完好性和塑性。试样宽度等于试件厚度,试样厚度为10mm,弯心直径应符合母材标准对冷弯的要求($d=40mm$),弯曲角度为180°。要求各试样任何方向裂纹及其他缺陷单个长度不大于3mm(试件边角处的缺陷不计)。

(3)冲击试验。在热输入高的试件上截取6组18个试样(两侧热影响区、焊缝中心各2组),按GB/T 2650—2008规定的试验方法进行测定每个试样的冲击功(试验温度:常温,缺口形式为V形缺口)。要求每组3个试样的冲击功平均值达到母材标准规定值,单个值可以低于规定的平均值,但不得低于该数值的70%。

(4)硬度试验。试板截取1个硬度试样,按GB/T 2654—2008规定的试验方法分别在焊缝、热影响区及母材上测定维氏硬度HV10,要求硬度值不大于320。

4. 焊接工艺

(1)采用CO_2气体保护焊进行焊接。

(2)焊前采用天然气管道加热的方式进行预热,预热温度控制在140~180℃,预热范围为坡口两侧各100mm范围。

(3)焊接采用多层多道焊,控制道间温度≤200℃,CO_2流量20~25L/min。

(4)焊接过程中除第一层和最后一层外,其余各层的每一焊道,都应用平、圆头风铲进行适度锤击。

(5)焊后立即进行热处理消应,热处理保温温度为540℃,保温时间4h。如不能立即进炉,应利用预热设备进行焊后消氢处理,升温至250~300℃,进行消氢处理,保温2~3h,然后缓冷。

(6)分别采用横焊位和立焊位进行试板的焊接。焊接电流、电压等参数见表5、表6。

横焊位焊接参数　　表5

焊　道	电流(A)	电压(V)	行进速度(mm/min)	热输入(kJ/cm)
打底层	200~220	22~24	250~300	≤12.7
中间层	240~260	26~28	300~400	≤14.6
盖面层	240~260	26~28	300~400	≤14.6

立焊位焊接参数　　表6

焊　道	电流(A)	电压(V)	行进速度(mm/min)	热输入(kJ/cm)
打底层	140~180	16~20	140~200	≤15.5
中间层	180~220	20~24	210~260	≤15.1
盖面层	180~220	20~24	210~260	≤15.1

五、试验结果

1. 焊缝无损检测

未发现气孔、夹渣、裂纹、咬边、未熔合、未焊透等缺陷。焊缝外观符合《钢的弧焊接头 缺陷质量分级指南》(GB/T 19418—2003)标准中 B 级要求。焊缝进行 100% 超声波检测合格,符合《焊缝无损检测 超声检测 技术、检测等级和评定》(GB/T 11345—2013)、《焊缝无损检测 超声检测 验收等级》(GB/T 29712—2013)标准中 B2 级要求。

2. 力学性能

(1) ZG300-500H 要求抗拉强度≥500MPa,厚度为 100mm 的 Q345R 钢板抗拉强度为 490~620MPa。对于异种母材接头,拉伸强度一般不得低于较低强度母材的下限值[3]。由表 7 可知,接头的横向拉伸试样断于 Q345R 钢板侧,且强度均大于 Q345R 的最低抗拉强度 490MPa,结果合格,见图 2。

(2) 180°侧弯试样无裂纹出现,结果合格,见图 3、表 7。

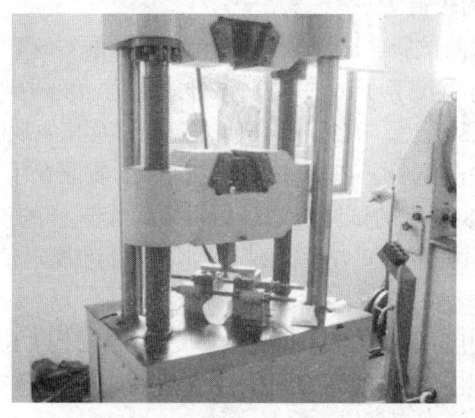

图 2 横向拉伸试验照片　　　　图 3 侧向弯曲试验照片

对接接头的横向拉伸试验、侧向弯曲试验结果　　表 7

钢材/规格	横向拉伸		侧向弯曲180°
	R_m (MPa)	断裂位置	
ZG300-500H + Q345R σ = 100mm	537,528,530,498 517,504,523,517	断于 Q345R 侧	无裂纹

(3) 根据母材标准要求,所有试样的常温冲击功平均值应不小于 40J(允许一个值小于 40J,但不得小于 27J)。立焊位的热输入高于横焊位,因此对立焊位的焊接试板的焊缝中心、Q345R 钢板侧热影响区、ZG300-500H 铸钢侧热影响区分别进行取样,并进行 V 形缺口的夏比冲击试验(图 4),试验结果见表 8。所有结果均符合该项目技术规范要求,结果合格。

对接接头的冲击试验结果　　表 8

位　置	温　度	冲击功 A_{KV} (J)	平　均　值
焊缝中心	20℃	130,125,163 182,94,164	139 147
Q345R 侧热影响区	20℃	203,202,165 180,206,192	190 193
ZG300-500H 侧热影响区	20℃	121,120,104 102,116,117	115 112

(4) 对热输入较小的横焊位的焊评试板进行硬度检测。为了测量和记录焊接接头的硬度分布，压痕应打在焊缝、热影响区和母材上[3]，见图5～图7。由表9可知，硬度值（HV10）在140～210，满足规范中经热处理后的硬度小于320（HV10）的要求。

图4　冲击试验照片

图5　硬度试验照片

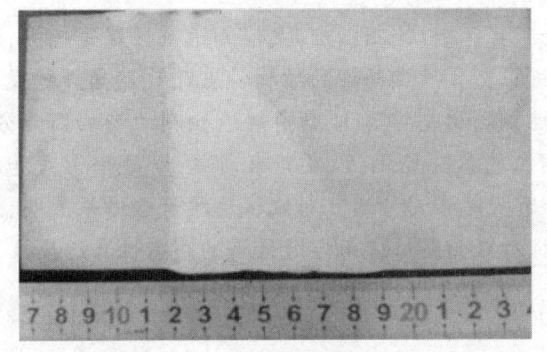

图6　硬度试样

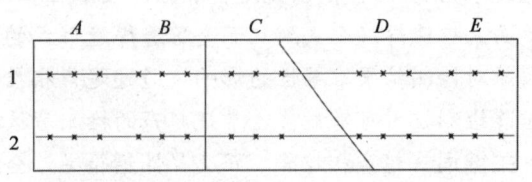

图7　硬度检测点位分布图

接头的硬度试验结果　　　　　　　　　　　　　　　　　　　　表9

项　目	位　置	线　1	线　2
母材	A	142,166,179	156,159,157
	E	145,147,148	163,160,161
热影响区	B	149,169,191	184,184,192
	D	166,174,189	187,203,197
焊缝	C	179,174,177	191,190,185

六、结　语

本文针对ZG300-500H铸钢和Q345R钢板低合金高强度钢的焊接性能进行研究，焊丝选择ER55-G，分别对焊接接头进行力学性能试验，其结果表明：

(1) Q345R钢板的抗拉强度、横向弯曲、冲击和硬度结果均满足标准要求，材料的焊接性能优良。

(2) ZG300-500H碳当量较高，焊接性相对较差，且板厚较厚，约束大，焊接时易产生冷裂纹，要求的预热温度较高（150℃），并应严格控制焊缝的层间温度。

(3) 对于100mm以上的厚板采用焊后热处理或消氢处理，可有效防止氢致裂纹的产生。

(4) 本文研究的焊接工艺可用于指导产品焊接。

参考文献

[1] 中华人民共和国国家质量监督检验检疫总局.焊接结构用铸钢件:GB/T 7659—2010[S].北京:中国标准出版社,2010.
[2] 张文钺.焊接冶金学[M].北京:机械工业出版社,2004.
[3] 中华人民共和国国家质量监督检验检疫总局.钢镍及镍合金的焊接工艺评定试验:GB/T 19869.1—2005[S].北京:中国标准出版社,2005.

3. 超声相控阵技术在正交异性钢箱梁全熔透 U 肋角焊缝检测的应用初探

陈华青　孙　杰　赵　敏　梁云家　薛　磊
(无锡金诚工程技术服务有限公司)

摘　要　本文阐述了超声相控阵检测技术具有检测盲区小、检测精度高、检测适应性强等优点,以及超声相控阵检测技术在很多领域的应用研究情况,分析正交异性钢箱梁的结构特点及 U 肋角焊缝设计及制造要求的变化趋势,研究超声相控阵技术在正交异性钢箱梁全熔透 U 肋角焊缝检测的影响因素分析,从单面未熔透焊缝形式到双面全熔透焊缝形式的检测工艺参数优化,以及声束覆盖性、缺陷形式和缺陷定位等对检测结果准确性的影响。通过超声相控阵和常规超声对横通孔对比试块的试验结果表明,超声相控阵检测技术可有效覆盖常规超声的检测盲区,保证对双面全熔透角焊缝区域的覆盖性和适应性。

关键词　超声相控阵　正交异性钢箱梁　全熔透　U 肋角焊缝　熔深

超声相控阵检测技术的原理是利用程序控制多阵元探头的声束延迟、偏转等,使得超声相控阵检测技术比常规超声具有检测盲区小、检测精度高、检测适应性强等优点,因此在众多工业领域获得了广泛的应用[1,2]。正交异性钢箱梁由于其质量轻、承载力大、建设周期短、易装配式施工等特点,在大跨径桥梁结构中得到了广泛的应用,但正交异性钢箱梁在服役一段时间后会出现疲劳裂纹。国内外研究针对正交异性钢箱梁的疲劳裂纹进行了大量的研究工作[3-6],对于 U 肋的设计要求也从单面未熔透提高到双面全熔透,也提出了双面全熔透 U 肋角焊缝的缺陷形式和缺陷位置的无损检测要求,笔者进行了超声相控阵检测技术在正交异性钢箱梁全熔透 U 肋角焊缝检测的应用研究。

一、超声相控阵检测技术及其应用

超声相控阵检测技术通过程序控制,通过对探头中多个阵元的声束的相位和时序控制,在待检工件中形成相互干涉、形状可控的超声场。由于超声相控阵的声束聚焦、声束偏转、动态聚焦等特点,使得超声相控阵检测技术具有更高的检测准确性和灵敏度,因此在工业领域得到了广泛的应用。

1. 超声相控阵检测技术的优点

与常规超声相比,超声相控阵检测技术具有更高的检测准确度、检测覆盖性和适应性。与仅能确定声束方向是否有缺陷的常规超声检测技术相比,超声相控阵通过对多阵元探头晶片的声束相位和时序程序控制,在待检工件形成一个扇形区域的超声场,并通过二维图像实时显示检测区域的缺陷情况。与常规超声的线检测相比,超声相控阵的检测范围是二维扇形区域,且超声相控阵的声束宽度更小,因此超声相控阵检测技术具有更高的检测准确度。

超声相控阵的探头由多个阵元的晶片组成,但探头尺寸较常规超声探头更小,在一定程度上降低了对待检构件检测面面积的要求,同时由于超声相控阵的检测范围为二维扇形面,因此超声相控阵检测技术对待检区域的检测盲区更小,具有更好的覆盖性和适应性。

2. 超声相控阵检测技术的应用

超声相控阵无损检测技术,随着电子发展水平、数字信号处理技术、计算机模拟等技术的发展,逐渐在工业领域应用。超声相控阵检测技术在核工业、航空工业等高质量要求的行业的应用[2]包括:沸水反应堆堆芯壳体异种钢焊缝的相控阵检测,工件几何形状和焊缝位置特殊;紧固件孔眼接触面周围的疲劳裂纹检测;飞机起落架在起飞和着落时强应力作用的影响;飞机机翼表面搭接接头的腐蚀老化的检测等。

清华大学无损检测实验室施克仁教授的研究团队对相控阵超声声场、阵列探头设计、自适应聚焦、提高检测分辨率、柔性阵列相控阵等方面做了深入的研究[7],有效地推动了超声相控阵检测技术在国内工业领域的应用。单宝华[8]采用超声相控阵技术进行海洋平台结构管节点焊缝的检测,并指出了超声相控阵检测技术在海洋平台结构、压力容器、航空航天等工业无损检测领域将具有良好的应用前景。超声相控阵检测技术在西气东输工程输油管道的检测、法兰密封面的检测以及小径管焊接接头的检测[9],有效地提高了检测效率和运行可靠性。超声相控阵检测技术在大型风电机组的在役螺栓的应用[10],通过在螺栓端部的检测,可准确检测出螺纹部位的缺陷,改善了原来磁粉检测必须拆下螺栓方可实施检测、且螺纹区域容易出现漏检的情况,有效地提高了螺栓的使用安全性。张海兵探索了超声相控阵检测技术在碳纤维层压复合材料的应用[11],碳纤维复合材料在生产及使用过程中,尤其是由于所处环境因素和外界载荷的影响,会产生分层缺陷。通过对碳纤维层板复合材料的检测结果表明了超声相控阵检测技术可准确定位分层的位置,也可以进行分层面积的大致测量,很适合对于机翼等复合材料构件的服役维护检测。

赵敏[12]等将超声相控阵检测技术应用到正交异性钢箱梁 U 肋角焊缝熔深检测,有效地提升了港珠澳大桥主体工程正交异性钢箱梁的建造质量,提升了桥梁运行安全性、可靠性和运行寿命。孙杰[13-15]等将超声相控阵检测技术应用到桥梁锚具的检测,分析了锚具表面曲率、探头频率、探头类型、缺陷直径和缺陷深度对缺陷检测能力的影响,有效地提升了锚具的制造质量。

二、正交异性钢箱梁及 U 肋角焊缝

正交异性钢箱梁由于具有质量轻、承载力、建设周期短、易装配式施工等特点,在大跨径桥梁结构中得到了广泛的应用。但由于正交异性钢箱梁的超静定结构形式和焊接工艺不可避免地存在残余应力,疲劳裂纹问题一直困扰着正交异性钢箱梁的应用。随着对正交异性钢箱梁结构特点及 U 肋角焊缝研究的深入、焊接技术的进步及智能机器人的应用,对正交异性钢箱梁的设计、制造及检测的要求也在逐渐提高。

1. 正交异性钢箱梁的特点

由于钢材的比强度和比刚度更大,使得大跨径桥梁的设计和建造成为可能。随着科学技术和冶炼技术的发展,钢材的抗拉强度、屈服强度等力学性能的提高,所用钢材从 Q235 发展到 Q345,以及 Q370、Q420 等更加优质钢材的出现,也不断刷新了我国大跨径桥梁的记录,如主跨为1088m 的苏通大桥、主跨为1092m 的苏通沪大桥、主跨为1650m 的舟山西堠门大桥、主跨为1688m 的虎门二桥、主跨为1700m 的武汉杨泗港长江大桥等,以后桥梁跨度的记录还会不断刷新。

正交异性钢箱梁的建造可通过板单元、小节段、大节段等从制造厂及桥位的异地同时施工,其装配式施工与目前建筑行业的装配式、快速高效的理念相吻合。从钢板的原材料切割、单元件制作、板单元制作、小节段拼装、大节段拼装、桥位拼装等正交异性钢箱梁的制造过程,不需要类似混凝土构件较长的养护时间,因此,通过合理地安排场地和工序,可有效地缩短建设周期。

2. U 肋角焊缝设计要求的变化

随着对正交异性钢箱梁研究深入和焊接技术的发展,对 U 肋角焊缝的设计要求也在逐步提升,从初

期对 U 肋角焊缝的熔深无明确检测要求,到港珠澳大桥主体工程的正交异性钢箱梁建造时提出了 U 肋角焊缝熔深要达到肋板厚度 80% 的要求[12],通过超声相控阵检测(图 1)技术,在生产试验阶段提供精确可靠的 U 肋角焊缝熔深数据,经多次反馈改进,逐步优化了桥面板 U 肋板单元的焊接工艺和技术,确保熔深满足设计要求,也解决了 U 肋角焊缝熔深无法精确测量的行业难题。在港珠澳大桥正交异性钢箱梁桥面板的制造过程中,共进行了约 26 万个 U 肋角焊缝熔深的测量,如图 2 所示,首次检测合格率达到99.37%。

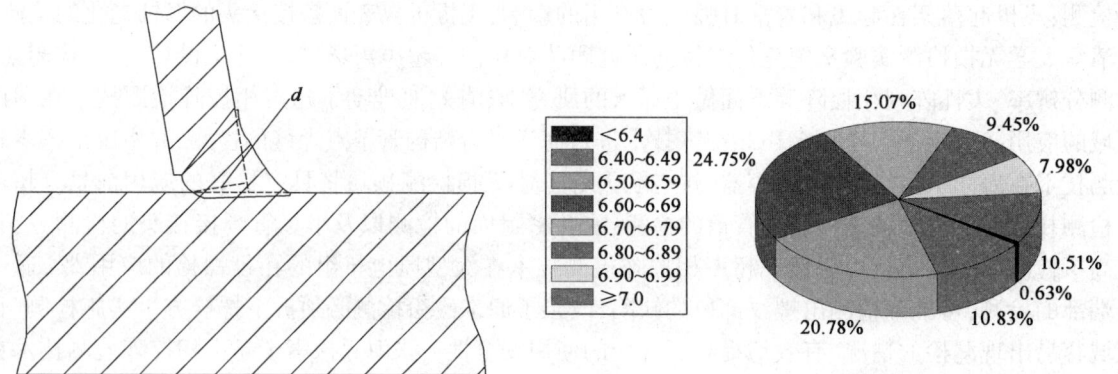

图 1　桥面板 U 肋角焊缝的熔深检测　　　　图 2　桥面板 U 肋角焊缝熔深统计情况

为了进一步减少或避免 U 肋角焊缝疲劳裂纹的出现,国内研发了 U 肋内焊技术和装备,借助内焊技术及智能焊接机器人,与原有的外焊技术结合,实现了顶板 U 肋双面全熔透焊缝形式,如图 3 所示。由于焊缝尺寸及成本原因,内焊后没有清根,加上 U 肋板本身存在的旁弯、不等肢等问题造成的焊枪偏离,双面角焊缝内不可避免地会存在一些如夹渣、未熔合、未焊透等缺陷,也有专业人士将部分缺陷称之为"锐缺陷"。基于以上原因,目前的实践中,U 肋双面全熔透焊缝的技术要求不同于传统的全熔透焊缝形式,在满足一定的全熔透比例(如 96%)的前提下,允许存在少量的缺陷,但对缺陷本身的大小和位置进行了量化规定(如深中通道试行标准中要求焊缝外侧肋板板厚的 1/2 范围内和内测板厚的 1/4 范围内不允许有缺陷),对要求精确定量和定位的检测要求,常规超声检测存在很大局限性,其测量误差本身(A 超的定量误差超过 1mm)已超过了标准对缺陷的定量尺寸要求。

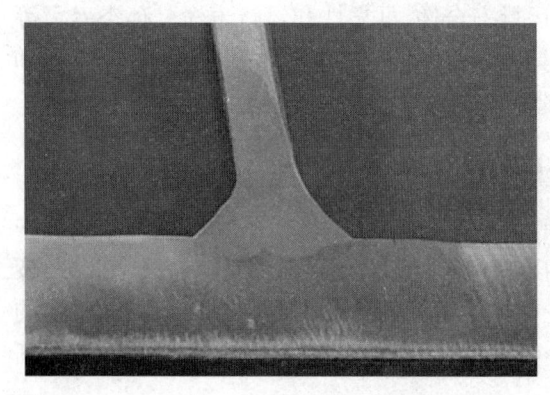

图 3　双面全熔透的 U 肋角焊缝

三、全熔透 U 肋角焊缝的超声相控阵检测试验研究

探索将超声相控阵检测技术应用到双面焊接全熔透 U 肋角焊缝,分析了对检测结果的影响因素和检测工艺优化措施。以横通孔对比试块为例,分析了超声相控阵检测技术和常规超声在全熔透 U 肋角焊缝区域的检测覆盖性和适应性。

1. 全熔透 U 肋角焊缝的检测难度

根据对正交异性钢箱梁双面全熔透 U 肋角焊缝的设计要求及焊接工艺分析,其缺陷形式如图 4 所示,即在肋板与母版的中间存在外焊和内焊均未覆盖的区域,却该区域是一个不规则的复杂形状,对线检测的常规超声而言,很难确定缺陷的形状和位置。射线检测、磁粉检测和渗透检测均很难对全熔透 U 肋角焊缝的内部缺陷实施检测,射线检测由于肋板倾斜引起的黑度差异很难确认是否有缺陷且无法确定缺陷的位置,磁粉检测和渗透检测均属于表面检测手段,无法进行 U 肋角焊缝内部区域缺陷的检测。

超声相控阵检测技术通过对待检构件的扇形超声场的实时图像显示,可以进行全熔透U肋角焊缝的缺陷形式及缺陷位置的检测,要获得准确有效的检测结果,还需要进行检测影响因素分析及检测工艺优化。

2. 横通孔对比试块的试验研究

以全熔透U肋角焊缝的直径为φ1mm的对比试块为研究对象,分析超声相控阵检测技术和常规超声检测技术对双面全熔透U肋角焊缝检测的有效性。

全熔透U肋角焊缝横通孔对比试块是在常规制造工艺的产品实验件上截取后,在熔合区的不同位置制备直径为φ1mm的横通孔,制作的包含横通孔缺陷的对比试块分别如图5所示,图5a)中的2个横通孔位于熔合区的中部,图5b)中有5个横通孔,其位置覆盖了双面熔合区。

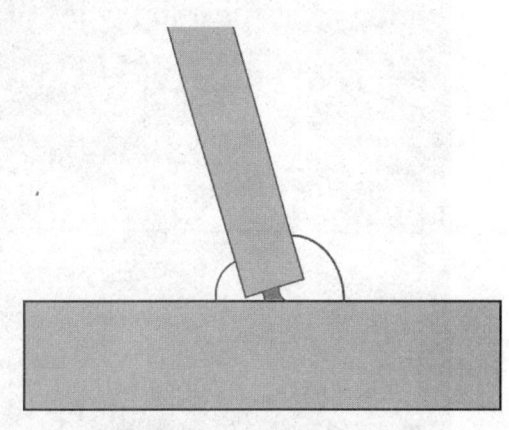

图4 双面全熔透U肋角焊缝的未熔合示意图

a) 1号

b) 2号

图5 横通孔缺陷对比试块

常规超声可检测出图5a)中的2个横通孔,在但由于几何形状的复杂性,需要在不同位置分别采用一次波和二次波来确定缺陷的位置,如图6、图7所示,对于图5a)所示的2个横通孔缺陷试块,常规超声需要分别确定其缺陷位置。

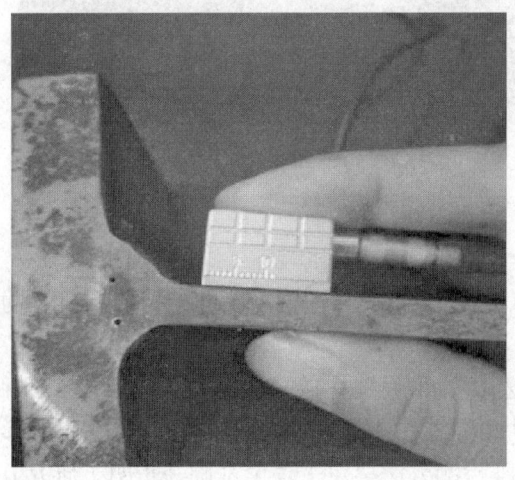
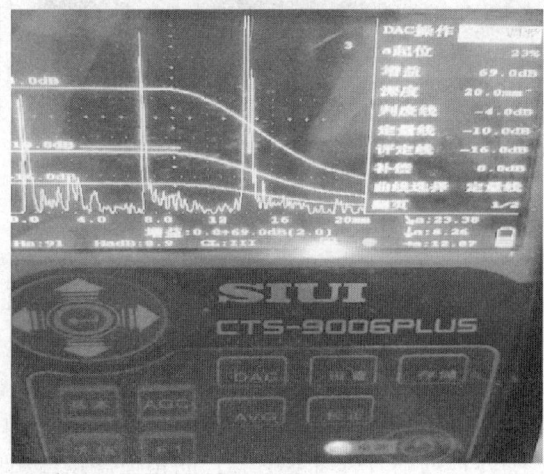

图6 1号试块的一次波探头位置和波形图

 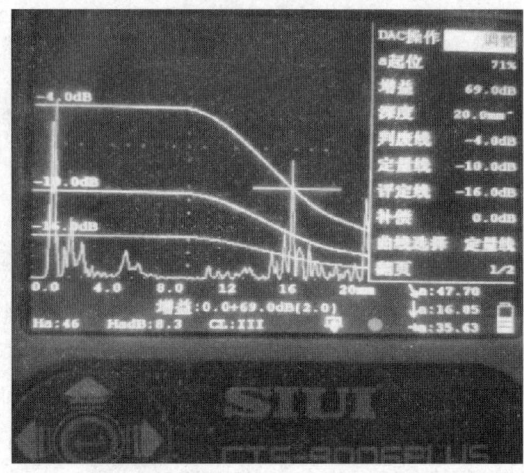

图7 1号试块的二次波探头位置和波形图

采用相控阵检测技术可实时地显示对比试块中的2个横通孔,如图8所示,且超声相控阵探头在一定范围内移动,均能同时显示2个横通孔的缺陷图像,表明了超声相控检测技术在双面全熔透U肋角焊缝优于常规超声的检测覆盖性和适应性。

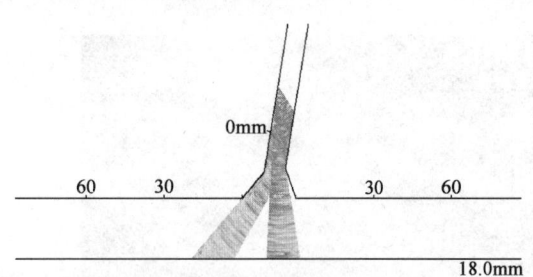

图8 1号试块的超声相控阵检测图像

对于图5b)所示的2号试块,常规超声仅能在2个不同位置检测出2个横通孔,而超声相控阵检测技术可在一定的区域同时显示5个孔的缺陷图向,如图9所示,表明了超声相控检测技术在双面全熔透U肋角焊缝优于常规超声的检测覆盖性和适应性。

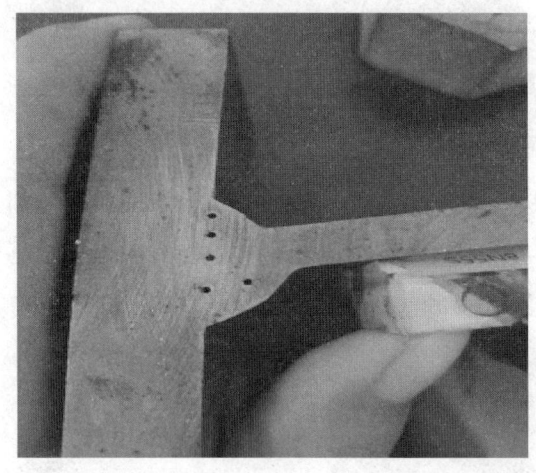 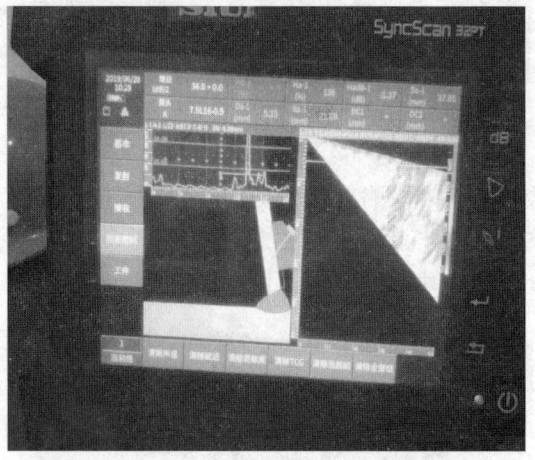

图9 2号试块的超声相控阵检测图像

四、结 语

本文阐述了超声相控阵检测技术的基本原理及优点,分析了正交异性钢箱梁的结构特点及U肋角焊缝设计要求的变化,进行了相控阵检测技术试验研究。

在非熔透U肋角焊缝超声相控阵检测技术和全熔透U肋角焊缝焊接工艺分析的基础上,分析了采用超声相控阵技术进行正交异性钢箱梁双面全熔透U肋角焊缝检测的有效性,并进行检测结果的影响因素分析,为获得准确有效地全熔透U肋角焊缝超声相控阵检测方法奠定了理论基础并指明了研究方向。

常规超声和超声相控阵检测技术对横通孔缺陷对比试块的检测结果表明了超声相控检测技术在双

面全熔透 U 肋角焊缝优于常规超声的检测覆盖性和适应性。

参考文献

[1] 李衍.超声相控阵技术 第一部分 基本概念[J].无损探伤,2007,31(4):24-28.

[2] 李衍.超声相控阵技术 第四部分 工业应用实例[J].无损探伤,2008,32(3):31-36.

[3] John W. F. 钢桥疲劳设计解说[M].钱冬生,译.北京:人民铁道出版社,1980.

[4] 万鹏,郑凯峰.铁路桥梁正交异性钢桥面的疲劳特征[J].世界桥梁,2004,(1):44-48.

[5] Sim H. B., Uang C. M., Charles S. Effects of fabrication procedures on fatigue resistance of welded joints in steel orthotropic decks[J]. Journal of Bridge Engineering,2009,14(5):366-373.

[6] Ya S., Yamada K., Ishikawa T. Fatigue evaluation of rib-to-deck weld joints for orthotropic steel bridge deck[J]. Journal of Bridge Engineering,2011,16(4):492-499.

[7] 施克仁.无损检测新技术[M].北京:清华大学出版社,2007.

[8] 单宝华,喻言,欧进萍.海洋平台结构超声相控阵检测成像技术的发展及应用[J].海洋工程,2005,23(3):104-107.

[9] 张磊.超声相控阵技术在石油化工领域中的应用进展[J].化工设计通讯,2020,46(8):48+59.

[10] 王磊.在役风螺栓的相控阵超声检测[J].机械工程与自动化,2020,(4):138-139+142.

[11] 张海兵,杜百强.相控阵超声检测技术在碳纤维结构分层缺陷检测中的试验[J].无损检测,2020,42(4):46-49+55.

[12] 刘吉柱,赵敏,杨洪志.超声相控阵探缝寻暇 港珠澳大桥钢箱梁 U 肋超声相控阵检测焊缝内部治理[J].桥梁,2013,(6):60-63.

[13] 孙杰,徐静,孙文,等.超声相控阵在锚具检测中的影响因素分析[J].世界桥梁,2017,45(3):60-64.

[14] 徐静,孙杰,周一亮,等.超声相控阵技术在桥梁锚具检测中的应用[J].无损探伤,2017,41(3):45-46.

[15] 孙杰,孙文,徐静.超声相控阵探头楔块优化及其在锚具检测中的应用[J].公路,2020,(3):101-105.

4. 钢管桩/钢板桩组合围堰在软塑状淤泥地质中的应用

徐冬生 李立坤

(中交二公局第一工程有限公司)

摘 要 深中通道中山大桥泄洪区非通航孔桥所处海域地质情况复杂,软弱覆盖层厚,覆盖层由流塑—可塑状淤泥组成,厚度约为20m,稳定性极差,无支护开挖困难。本文以中山大桥工程实体为依托,开展深基坑围堰施工技术研究,为相似工程的基坑施工提供经验。

关键词 组合围堰 淤泥地质 深基坑

一、工程概况

1. 概述

154 号桥墩位于水中,基础采用整体式承台、群桩基础形式,布置了6根直径2.5m 钻孔灌注桩,桩基础呈行列式布置,纵向2排,横向3排,纵向间距6.25m,横向间距6.25m,桩基础采用水下C35混凝土,按照嵌岩桩设计,桩底持力层为中风化混合片麻岩。结合桩基布置形式,承台设计为矩形,16.5m×10.5m,厚4.5m。承台采用C40混凝土(图1)。

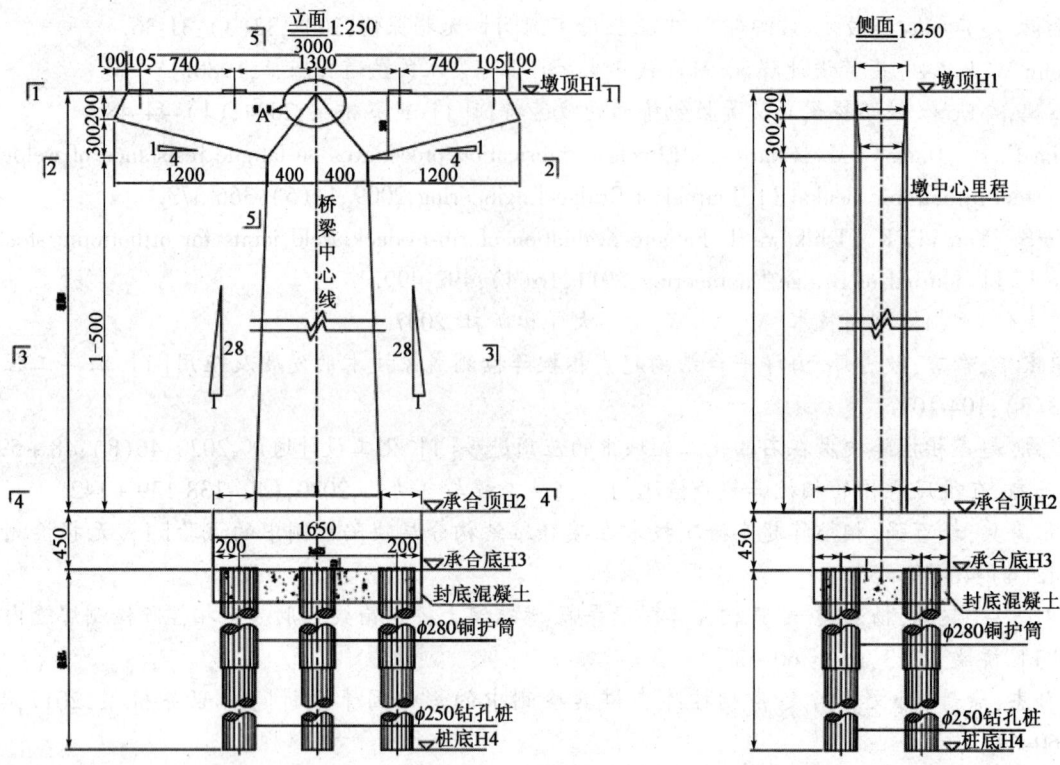

图1 154号墩基础及下部结构立面布置图(尺寸单位:mm)

2. 水位、地质情况分析

154号墩处覆盖层由流塑—可塑状淤泥组成,厚度约为20m,稳定性极差,无支护开挖困难。承台尺寸为16.5m×10.5m×4.5m,底高程-12.5m,顶高程-8.0m,海床高程-6.0m,常水位+0.54m,设计水位+3.22m。承台全部埋置于淤泥覆盖层内,施工时最大水头差可达15.72m(图2)。

3. 围堰形式的选择

1)各类围堰优缺点分析

各类围堰的优缺点,如表1所示。

常见围堰优缺点一览表　　　表1

围堰类型	优　点	缺　点
填土围堰	一般可就地取材,投入较小	对施工环境要求较高,一般适用于水头差较小,且靠近岸边的基坑施工。填土方量大时成本也较高,对周围环境的影响也较大
钢板桩围堰	灵活多变,制作简单,难度较小,材料用量较少,分散安装,对起重设备的要求较小	自身刚度较小,一般适用于水流速度小于2m/s,水深小于10m,覆盖层较厚的浅水水域
锁扣钢管桩围堰	适用于河床覆盖层含有大量漂、砾石或存在水下障碍物,其他类型钢围堰下沉困难;并适用于河床为砂类土、黏性土、碎(卵)石类土和风化岩等水中深基坑开挖防护施工,地质情况适用范围广于钢板桩围堰,且自身刚度大,能承担更高的水流速度和水头差压力	材料用量较大,对起重设备的要求较高,且锁扣钢管桩间间隙较大,止水处理较为麻烦

续上表

围堰类型	优　点	缺　点
钢吊箱围堰	自身刚度大,能承担更高的水流速度和水头差压力,且一般用于高桩承台施工,对河床或海床地质条件依赖小	制作复杂,难度相对较大,材料用量大,且一般为整体吊装,对起重设备要求高,安装困难
钢套箱围堰	自身刚度大,能承担更高的水流速度和水头差压力	制作复杂,难度相对较大,材料用量大,且一般为整体吊装,对起重设备要求高,安装困难
钢管桩/钢板桩组合围堰	兼具锁扣钢管桩围堰和钢板桩围堰的优点,且因连接接头为钢板桩定制接头,精度较高,便于围堰止水处理	材料用量较钢板桩围堰大,且为组合钢围堰,对施工精度要求较高

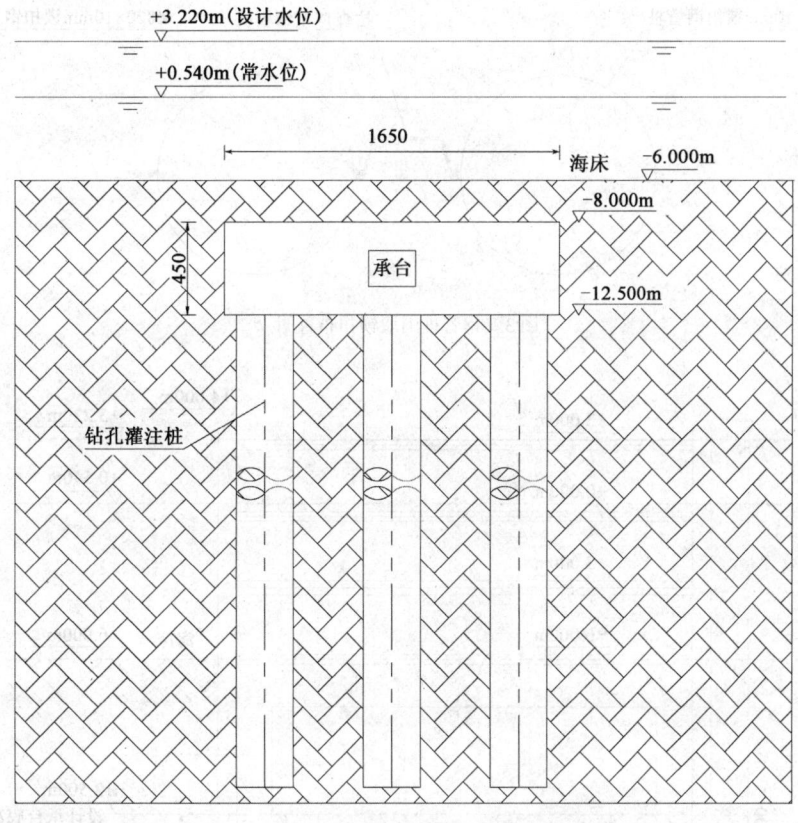

图2　154号墩承台与海床相对位置示意图

2)围堰形式选定

(1)因地处海域,覆盖层承载能力较差,且水深较大(常水位时水深6.5m)。若采用填土围堰,填土方量无法估算,成本极高,且对环境影响大,排除填土围堰方案。

(2)基坑使用时最大水头差为15.72m,且基坑周围土体稳定性较差,钢板桩围堰的自身刚度较小,承载不均衡水土压力的能力较弱,不适用于此承台基坑的施工。

(3)锁扣钢管桩围堰可实现此承台的基坑施工,预计使用钢材为800t(可周转),另因锁扣间隙较大,维持围堰内干作业面预计花费费用10万元。

(4)钢套箱和钢吊箱围堰方案预计使用钢材650t(不可周转,预计可拆除300t),另套箱下放需800t浮吊一艘(费用约70万元),且因承台为埋置式承台,围堰下放前的开挖方量较大(约5000m^3,考虑到淤泥的稳定性较差,开挖方量可能继续扩大)。

(5)采用钢管桩/钢板桩组合围堰可以满足围堰刚度上的需求,预计使用钢材630t,另因连接接头精度较高,止水处理较为便利,维持围堰内干作业面预计花费费用3万元。

综合以上几点,项目选用钢管桩/钢板桩组合围堰进行154号承台施工。

二、围堰设计

结合现场施工条件、承台基础平面尺寸及施工工艺流程,154号承台围堰的结构平面尺寸为21.6m×14.4m,围堰顶高程+4.0m(锁口钢管桩底高程-30.0m),采用水下封底工艺,封底采用C25混凝土,厚度300cm,底部为换填50cm碎石垫层。

围堰主管采用 $\phi820 \times 10$mm 钢管桩,锁口为钢板桩锁口形式,两根钢管桩之间打设一根拉森Ⅳ型钢板桩作为止水和止土联系(钢板桩长28m)。设两层内支撑系统,内支撑系统采用 HN600×200/HW400×400型钢做围图,2[40a 型钢/HW400×400 钢管做围堰支撑,对应支撑位置设置加劲板。内支撑中心高程分别为+3.0m,+0.0m,-3.0m,-6.0m,见图3~图5。

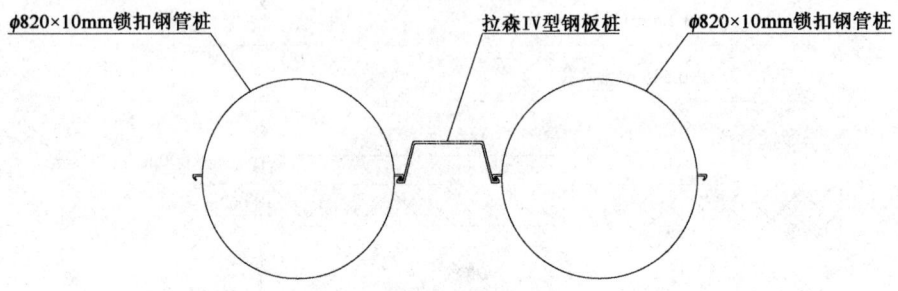

图3 钢管桩围堰锁扣布置图

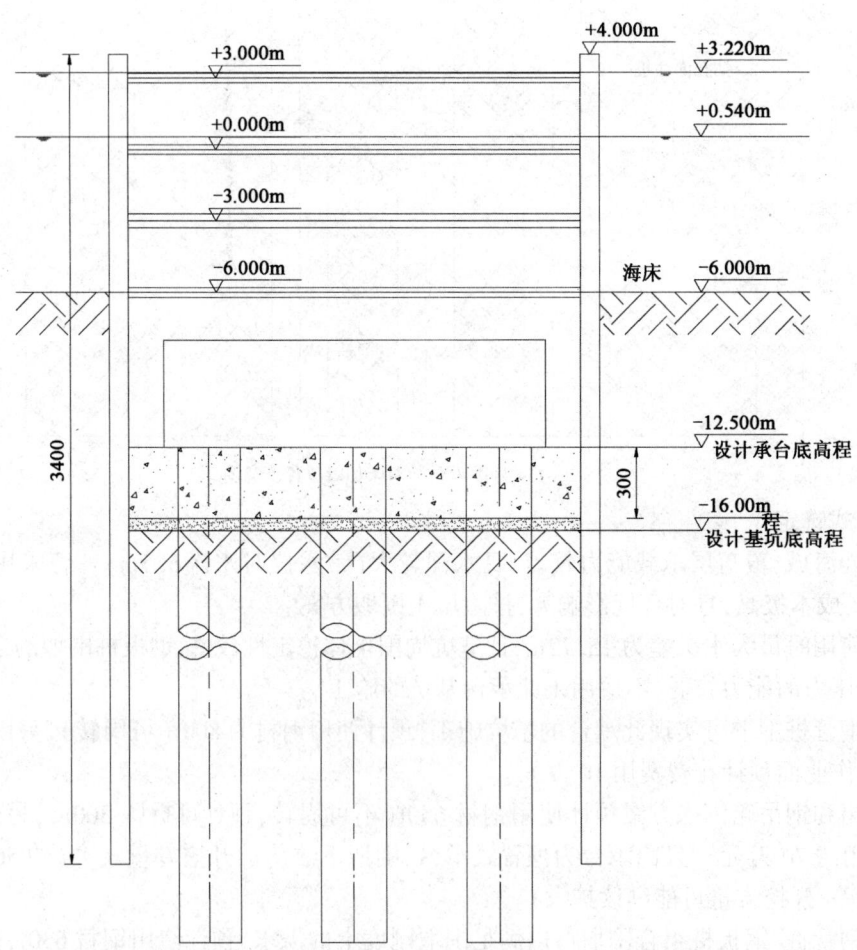

图4 钢管桩围堰立面布置图(尺寸单位:mm)

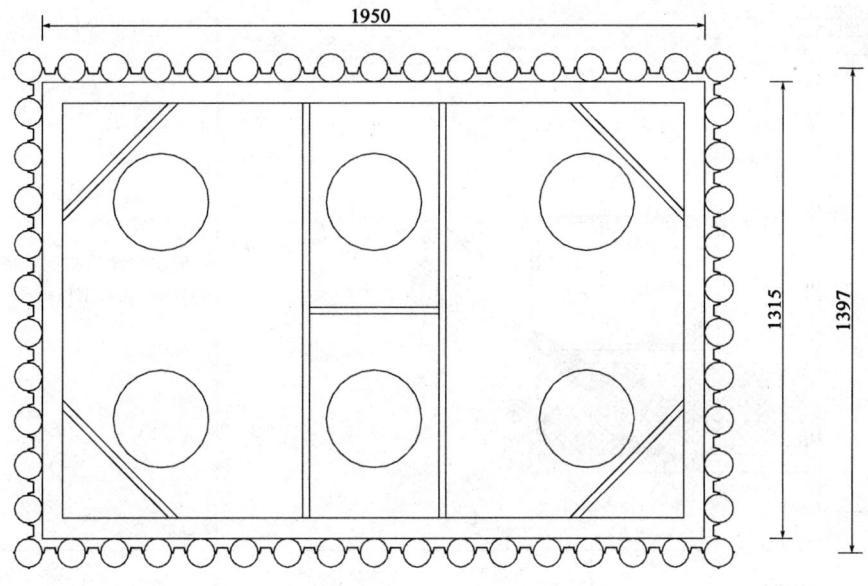

图5 钢管桩围堰平面布置图(尺寸单位:mm)

三、围 堰 施 工

1. 围堰施工流程

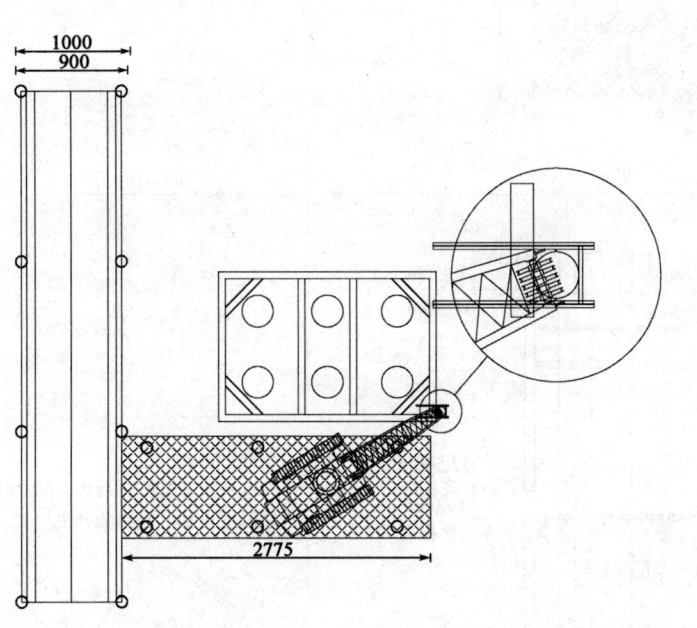

步骤1：
利用钻孔平台钢管桩或钢护筒作为支撑设置围檩,第一、二、三道内支撑同时下放。以围檩作为定位,设置型钢简易导向架,精确定位,打设首根钢管桩

续上表

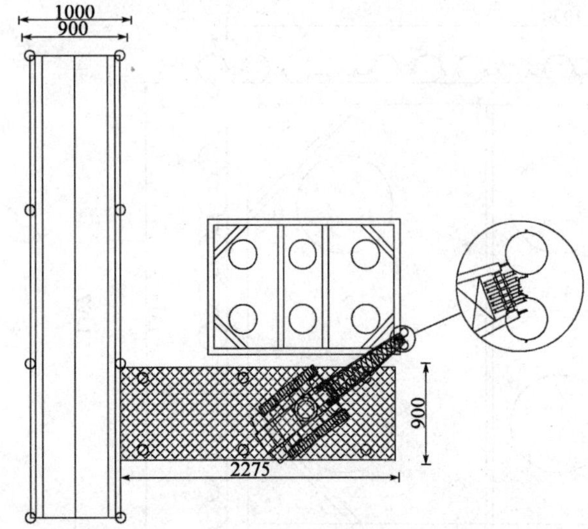	步骤2： 同法打设锁扣钢管桩，再以两根钢管桩为导向，插打钢板桩
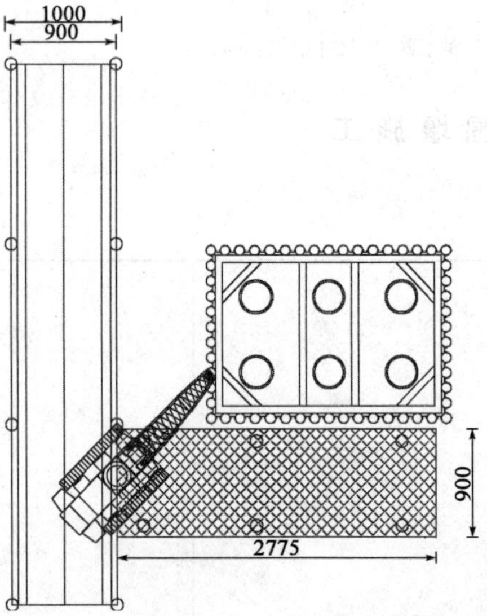	步骤3： 循环上述工序，按照从远栈桥侧短边分两头向近栈桥方向，逐步完成围堰短边方向和长边方向的钢管桩和钢板桩插打，实现围堰封闭
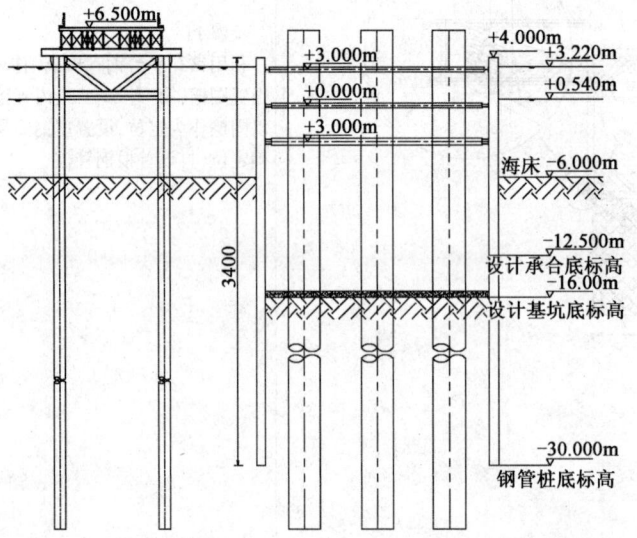	步骤4： 带水开挖至基坑底高程，换填50cm厚碎石垫层进行基坑底部的调平

续上表

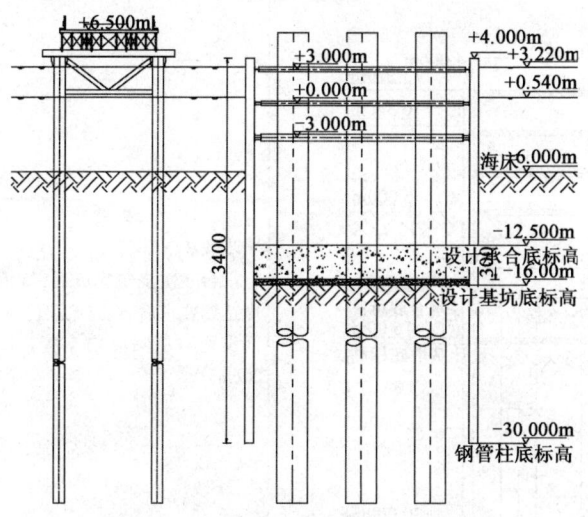

步骤5：
完成承台围堰水下封底混凝土施工，并等强

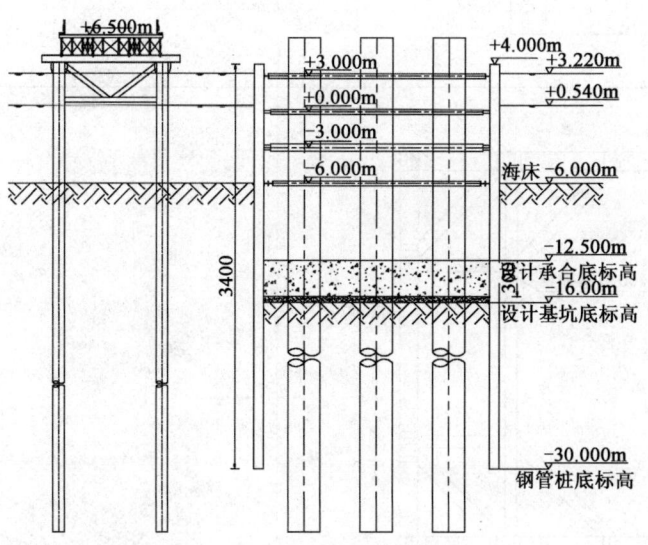

步骤6：
持续抽水，当水位到达第四道内支撑高程以下时，安装第四道内支撑。继续持续抽水，形成围堰内干作业面

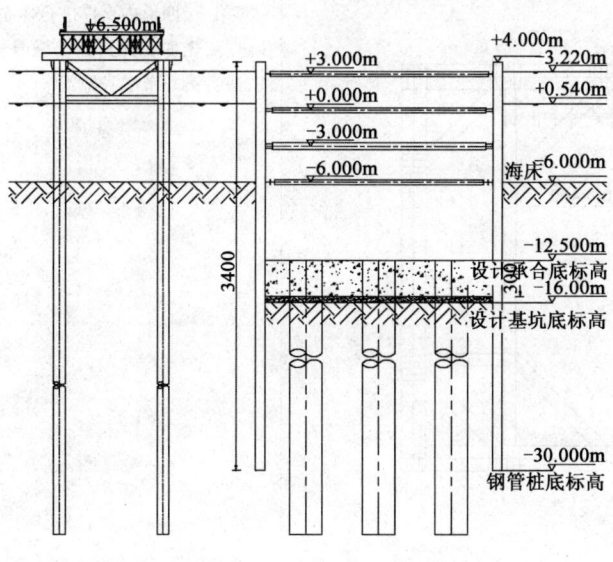

步骤7：
割除措施钢护筒，破桩头，完成围堰内清理，施工封底调平层，准备承台施工

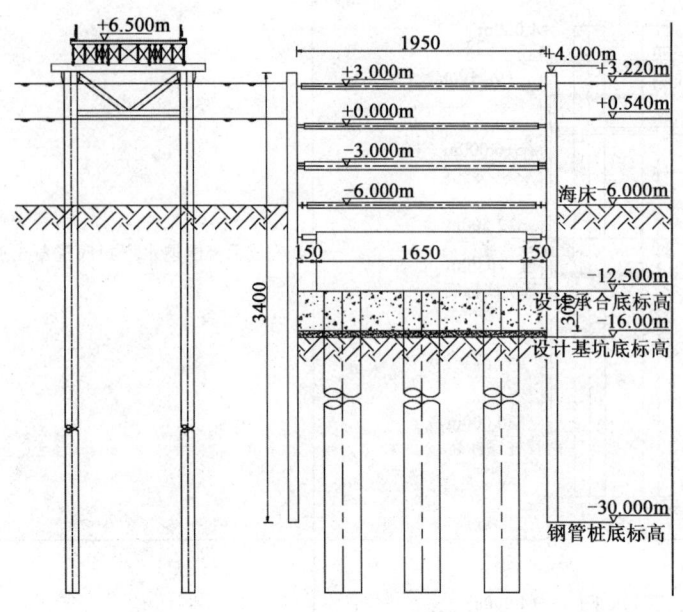	步骤8： 承台一次浇筑完成后，待承台混凝土强度达到要求后，选择低潮位，在承台和围堰间设置一道临时内支撑（承台顶口向下20cm）
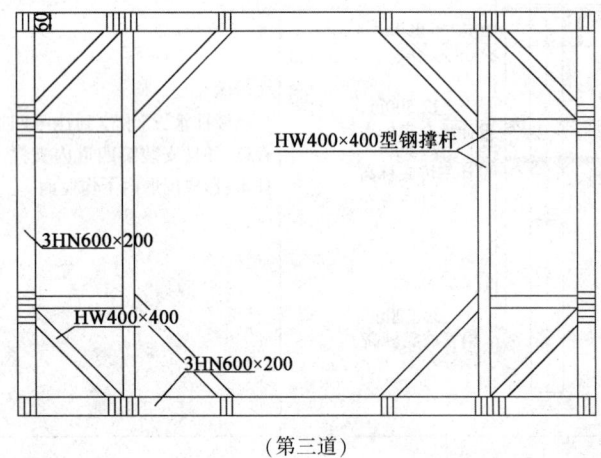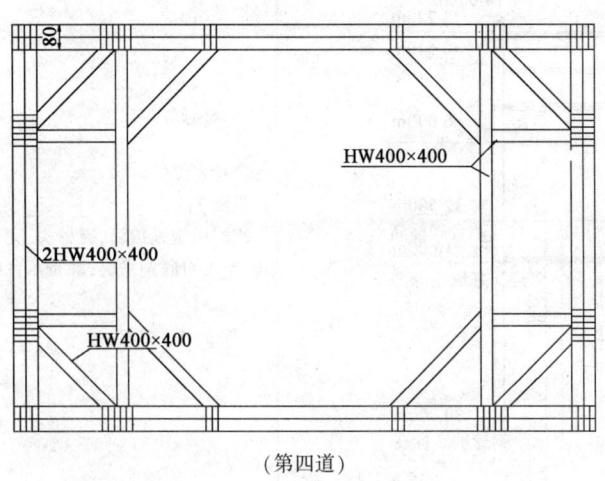	步骤9： 对第三、四道内支撑进行体系转换（低潮位进行，先加后拆），让出墩身施工作业空间，进行第一节墩身施工

续上表

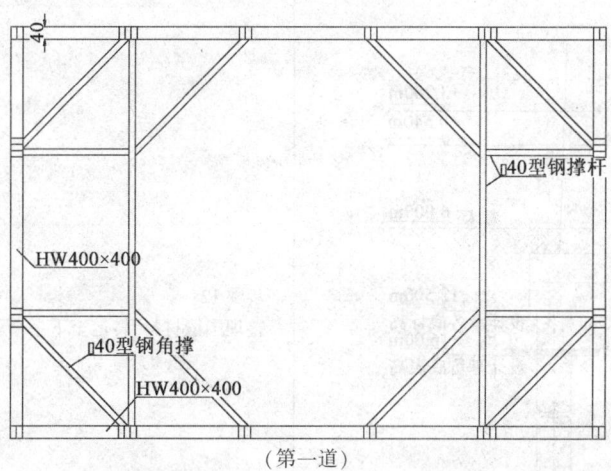

（第一道）

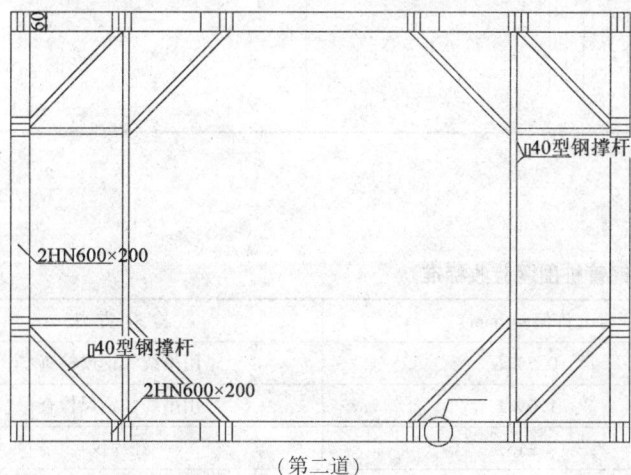

（第二道）

步骤10：
第一节墩身施工完成后，对第一、二道内支撑，进行体系转换（低潮位进行，先加后拆），让出第二节墩身施工作业空间，进行下一节墩身施工

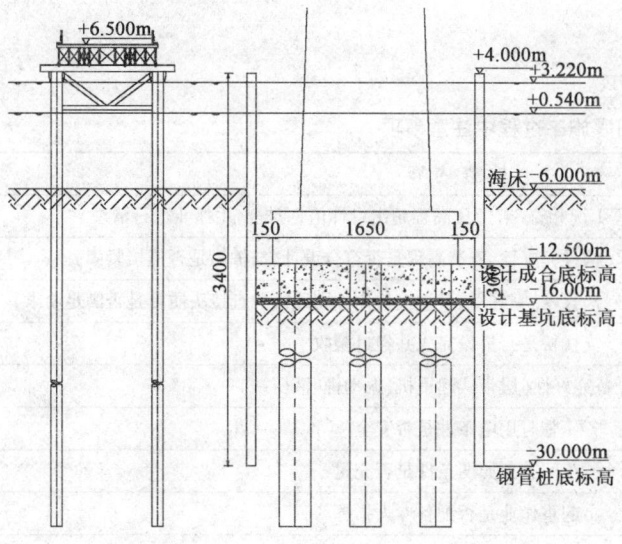

步骤11：
待墩身施工至出水面，低水位拆除第五道临时内支撑。逐步回水到每层围檩的位置依次逆序拆除其他内支撑

	续上表
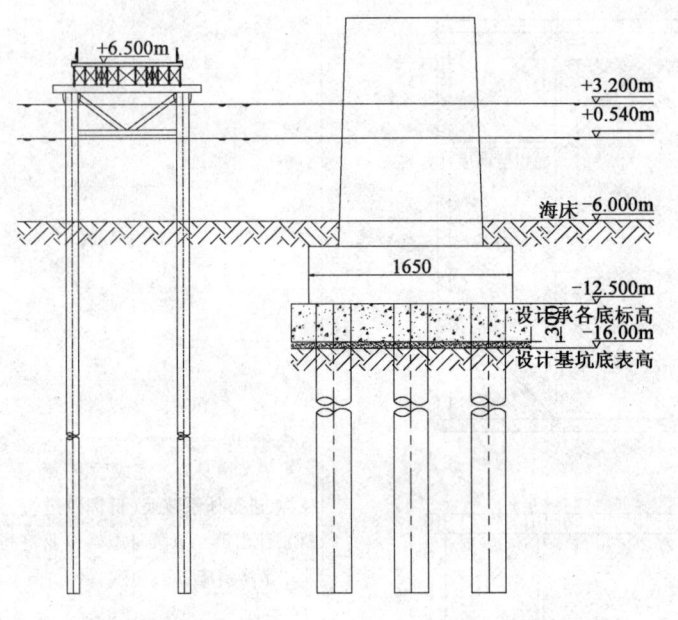	步骤12： 整理围堰材料，转运至下一个承台施工

2. 围堰验收标准

围堰的验收标准如表2所示。

钢管桩围堰验收标准　　　　　　　　　　　　　　　表2

项 目	允许偏差(mm)	检验方法
首节桩身直度	$0.5\%L$	用吊线和钢尺检查
桩身垂直度	$1.0\%L$	用吊线和钢尺检查
钢管桩桩位	±15	经纬仪
桩顶高程	不低于设计要求	水准仪量测
齿槽平直度及光滑度	无点焊渣或毛刺	用2~3m长桩段作通过试验
桩长度	不小于设计长度	用尺量

3. 围堰施工注意事项

围堰施工过程中的注意事项如表3所示。

围堰施工过程中注意事项　　　　　　　　　　　　　　　表3

序号	检查内容
1	海床高程是否和设计计算工况相符（若海床高程超出设计值，应提前用抓斗进行清理）
2	内支撑是否符合设计要求（构件完好性，安装高程是否符合设计，与护筒是否连接紧固）
3	钢板桩/钢管桩是否符合设计（型号、长度、完好性，若为接长构件则还需检查接头质量是否满足要求）
4	支栈桥是否搭设完成并经过验收
5	打设设备完好性（履带式起重机、振动锤、液压站）
6	临时用电条件是否安全
7	夜间施工照明条件是否充足
8	起重作业是否配备专人指挥
9	临边防护措施是否及时跟进
10	围堰是否封闭完成

续上表

序号	检查内容
11	围堰封底是否满足要求(厚度、强度)
12	围堰外水位日常监测(设计水位+3.22m,如逼近最高水位,请立即疏散作业人员,并反馈工程部)
13	围堰变形、应力日常监测(按专项方案执行)
14	围堰内水位控制(承台作业时有干作业面,墩身作业时不得淹没墩身)
15	逃生通道是否标准化设置
16	内支撑转换是否符合设计(低水位进行,构件先装后拆)
17	施工人员防护措施是否到位
18	围堰内墩身是否出水
19	水位影响区域硅烷浸渍是否已施工完成
20	盖梁支架钢管立柱是否完成安装
21	施工通道设置是否完善
22	需解除约束的杆件是否已经固定于吊钩或链条葫芦
23	拆除人员的救生衣、安全帽、安全带是否按规定穿戴好
24	是否按照方案要求回水至内支撑下50cm
25	内外水头差是否小于3m
26	各吊装设备吊装范围和吊具强度是否满足作业要求
27	所拆除杆件重量是否低于吊车吊装能力

四、结　语

综上所述,钢管桩/钢板桩组合围堰在地形适应能力、成本投入以及设备需求方面均有一定的优势,本文通过在依托工程深中通道中山大桥桩基工程中的实际应用和总结,逐步掌握了淤泥地质中钢管桩/钢板桩组合围堰施工技术,为工程的成功实施和承台施工安全、质量控制提供了强有力的技术保障,为相似地质情况下的承台围堰施工提供参考。

参考文献

[1] 中华人民共和国交通运输部.公路桥涵施工技术规范:JTG/T F50—2011[S].北京:人民交通出版社,2011.
[2] 中华人民共和国住房和城乡建设部.钢围堰工程技术标准:GB/T 51295—2018[S].北京:中国计划出版社,2018.

5. 钢桥梁热轧变截面U肋焊接试验研究

张　华　阮家顺　伍鲲鹏
(武船重型工程股份有限公司)

摘　要　热轧变截面U肋是一种新型的钢桥梁正交异性钢桥面板纵向加劲肋,可根据桥面板受力状况调整U肋的截面尺寸,在U肋端部变厚,有利于提升焊趾起裂疲劳失效模式的疲劳性能。对于端部厚度10mm与16mm的热轧变截面U肋进行了焊接试验研究,针对常规工艺生产效率低问题,提出了一种钢桥梁桥面板U肋双面焊接新方法,即U肋内焊采用单丝埋弧焊,外焊采用双丝双弧埋弧焊。研究结果表明:端部10mm厚热轧变截面U肋,内外均采用单丝埋弧焊,可实现免清根熔透焊;端部16mm厚热轧变截面U肋,内焊采用细丝埋弧焊,焊丝直径φ1.6mm,外焊采用双丝双弧埋弧焊,焊丝直径φ4.0mm,可实现免清根熔透焊,优化的焊接坡口为V形坡口,钝边尺寸6mm,坡口角度47°。

关键词 热轧变截面U肋 双面焊 双丝双弧埋弧焊 免清根 熔透焊

一、引　言

正交异性钢桥面板因结构质量轻,施工周期短,在大跨径桥梁中得到广泛应用。由于车轮载荷引起桥面结构连接焊缝细节处应力集中,钢桥面板结构疲劳开裂的问题突出;特别是纵向U肋加劲与桥面板连接焊缝,其焊根处疲劳裂纹隐蔽,不易察觉,且难以维修。早期建成的桥梁陆续出现疲劳开裂,与之俱来的是桥梁维护成本的大幅增加。

武船重型工程股份有限公司首次将U肋内焊技术应用于沌口长江公路大桥正交异性钢桥面板制造中[1],利用专用焊接设备在U肋内侧进行角焊缝的焊接,将U肋与桥面板之间的连接焊缝由传统的单面焊改进为双面焊,解决了U肋单面焊的焊根易产生疲劳开裂的问题,从而有效提高钢桥面板的抗疲劳性能。

U肋与桥面板连接焊缝的焊接工艺从传统常用的单面气体保护焊,发展到双面气体保护焊,再发展目前推广应用的双面埋弧焊,传统的桥面板U肋板厚为8mm,采用双面埋弧焊工艺可实现U肋免开坡口熔透焊接。张清华[2]等人研究表明,焊脚尺寸是纵肋与顶板新型双面焊构造细节是疲劳抗力的一个关键影响因素,适当增大脚尺寸可有效降低焊趾起裂疲劳失效模式的等效结构应力幅值,进而提升焊趾起裂疲劳失效模式的疲劳性能。近来,正交异性钢桥面板构造中开始设计使用热轧变截面U肋,其一大特点是相比冷弯U肋可减少加工阶段产生的残余应力,另一大特点是U肋壁厚尺寸在端部处变厚,等效于增大焊脚尺寸,有利于进一步提高焊趾起裂疲劳失效模式的疲劳性能。该类型U肋的端部板厚达10~16mm,如深中通道钢箱梁项目拟采用端部厚度为10mm的热轧变截面U肋,厦门第二东通道钢箱梁项目采用端部厚度为16mm的热轧变截面U肋,均要求采用双面焊且熔透焊接。热轧变截面U肋双面焊尚无工程经验,因此亟须开展端部厚度10mm与16mm的热轧变截面U肋焊接试验研究,确定合理的焊接工艺,满足工程项目技术需求。

二、端部10mm厚热轧变截面U肋焊接试验

1.试验条件

深中通道钢箱梁桥面板纵向加劲采用8mm厚U肋,U肋宽度和高度均为300mm,材质为Q345qD,常规加工工艺为轧制钢板切割下料后冷弯成U型。该项目推荐采用热轧U肋,拟定的热轧U肋截面尺寸见图1。U肋端部厚度尺寸由8mm变厚至10mm,焊接坡口经铣边加工,钝边尺寸6~7mm,钝边侧与面板密贴。准备了两根热轧U肋试验件,每根长为1m,配套的面板试件板厚为18mm,共焊接4条焊缝,热轧U肋焊接试件实物见图2。

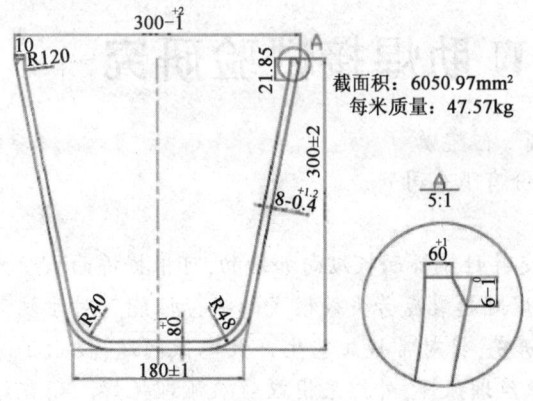

图1　深中通道热轧U肋截面尺寸图(尺寸单位:mm)

图2　深中通道热轧U肋焊接试件

焊接方法为双面埋弧焊工艺，内焊埋弧焊丝 H10Mn2，直径1.6mm，焊剂 SJ101q，面板平位摆放；外焊埋弧焊丝 H10Mn2，直径3.2mm，焊剂 SJ101q，面板斜位摆放。

2. 试验结果与分析

试验件焊缝采用的焊接参数见表1。

焊 接 参 数　　　　　　　　　　表1

焊缝序号	内、外焊	焊丝直径(mm)	电流(A)	电压(V)	焊速(mm/min)
焊缝1	内焊	1.6	430	34	420
	外焊	3.2	650	36	500
焊缝2	内焊	1.6	430	34	420
	外焊	3.2	650	36	500
焊缝3	内焊	1.6	430	34	420
	外焊	3.2	590	33	500
焊缝4	内焊	1.6	450	34	420
	外焊	3.2	650	36	500

焊后对试件焊缝进行100%超声波探伤，采用常规A超方式，执行标准为《焊缝无损检测　超声波检测　技术、检测等级和评定》(GB 11345—2013)，安排三个人分别采取不同的超声波探伤设备，检测结果显示焊缝1、焊缝2、焊缝4达到了全熔透状态，焊缝3未熔透，三个人的检测结果一致。

图3～图6分别为焊缝1～4对应的宏观断面照片。

图3　焊缝1宏观断面

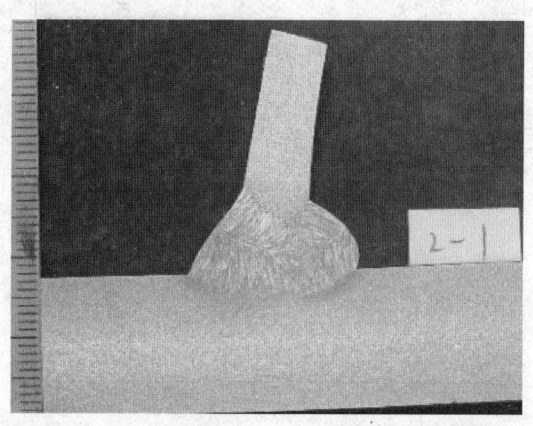

图4　焊缝2宏观断面

图5　焊缝3宏观断面

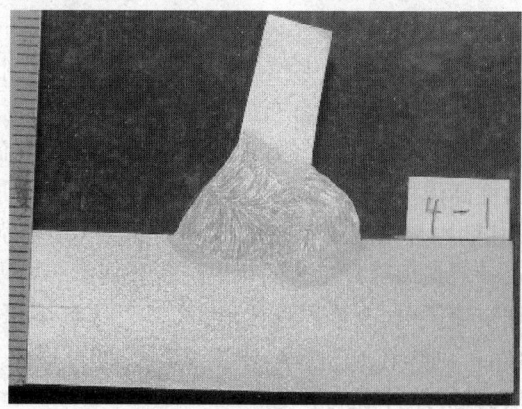

图6　焊缝4宏观断面

从宏观断面检测结果来看,焊缝1、焊缝2、焊缝4达到了全熔透状态,焊缝3未熔透,与超声波探伤结果相一致,说明常规超声波探伤对于此焊缝的熔透状态具有较高的识别性和检出率。参照表1中的焊接参数,发现焊接参数对于焊缝熔透状态有较大影响,其中焊缝3的外焊电流为590A,焊缝未熔透,其余焊缝外焊电流650A,为熔透焊缝。相比较传统的8mm等边U肋,端部10mm厚热轧U肋焊缝要达到熔透状态,需适当加大焊接电流,特别是外焊侧焊接电流需达到650A(8mm等边U肋外焊电流600A左右)。

由于U肋外焊侧开制了一定尺寸的焊接坡口,外焊侧焊缝外观成形较为平顺美观;内焊侧未开制焊接坡口,焊缝外观成形不够平顺,需要进一步优化焊接参数,以改善焊缝外观成形。在试验过程中发现,热轧变截面U肋铣边加工的坡口钝边侧与面板平行,无自然坡口,组装后可与面板密贴,在同一坡口钝边尺寸条件下,可有效避免内焊烧穿缺陷。

三、端部16mm厚热轧变截面U肋焊接试验

1. 焊接方法选择

图7为厦门第二东通道项目钢箱梁桥面板结构设计图,采用新型热轧变截面U肋加劲,U肋顶部厚度16mm,侧壁厚度12mm,在端部区域U肋向内侧变厚至16mm,U肋与面板双面焊接,要求焊缝熔透。图8为热轧变截面U肋实物断面。

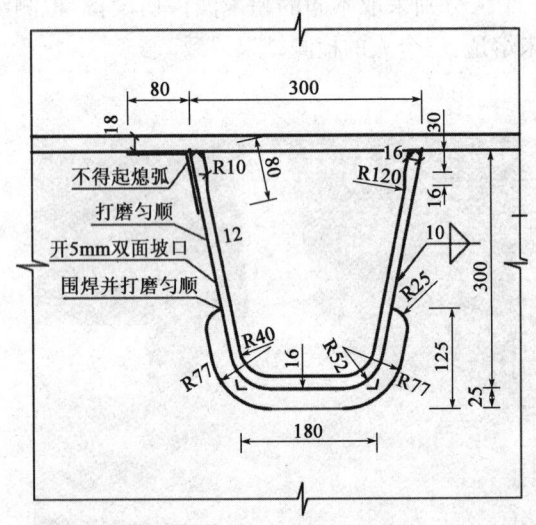
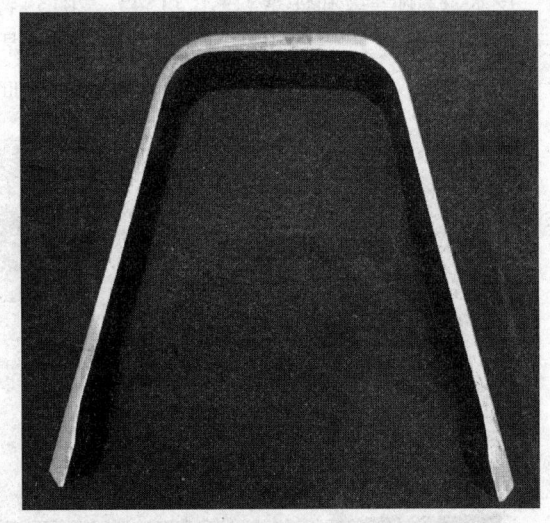

图7 厦门第二东通道桥面板结构设计图(尺寸单位:mm)   图8 热轧变截面U肋实物断面

在深入分析新型热轧U肋技术要求与工艺特点后,先期提出在U肋外侧坡口内预焊一道气保焊,再进行内、外双面埋弧焊(单丝)的工艺方案,内焊采用φ1.6mm埋弧焊丝,外焊采用φ4.0mm埋弧焊丝,实现端部16mm厚热轧U肋免清根全熔透焊接,内侧焊接一道焊缝,外侧焊接共需焊接三道焊缝。该方案结合了气保焊与埋弧焊各自的工艺特点,在保证免清根熔透焊方面具有明显的技术优势,焊缝探伤合格率高,外观成形良好,能较好地满足质量要求。然而,该工艺方案存在工序多、生产效率低的问题。

为提高焊接效率,降低焊接成本,满足焊缝质量要求,提出一种新型钢桥梁桥面板U肋双面焊接方法,即U肋内焊采用单丝埋弧焊,外焊采用双丝双弧埋弧焊,适用于端部板厚12mm以上的热轧变截面U肋。双丝双弧埋弧焊工艺的每根焊丝分别由一台埋弧焊电源独立供电,前丝用直流反接获得较大熔深,后丝用交流供电,改善焊缝成形,该工艺具有熔深大、熔敷速度高、焊接速度快的特性。对于端部厚度12~16mm的热轧U肋,内、外各一道焊,即可完成U肋与桥面板连接接头的焊接,可免清根达到熔透焊接要求,且焊缝外观成形良好。

2. 试验条件

采用16mm板肋模拟热轧U肋进行焊接试验,内侧焊缝采用单细丝埋弧焊工艺,在U肋内焊专机上

进行焊接,面板平位摆放,焊接电源为 MZ-630 型,埋弧焊丝型号 H10Mn2,直径 1.6mm,焊剂 SJ101q;外侧焊缝采用双丝双弧埋弧焊工艺,面板斜位摆放,焊接电源为林肯牌 DC-1500/AC1200 型,埋弧焊丝 H10Mn2,直径 4.0mm,焊剂 SJ101q。

试件的焊接坡口尺寸分 V 形坡口与 K 形坡口,V 形坡口尺寸见图 9,在 U 肋外侧开制坡口,根据不同的钝边尺寸及坡口角度,共分 3 种,钝边尺寸 p 分别为 4mm、6mm,坡口角度 α 分别为 45°、50°;K 形坡口尺寸见图 10。

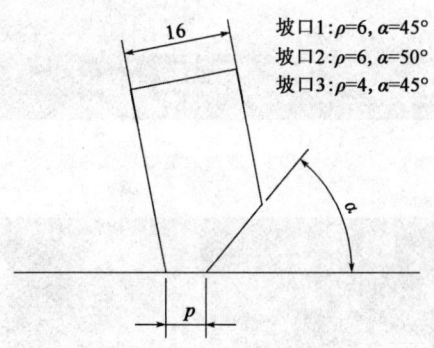 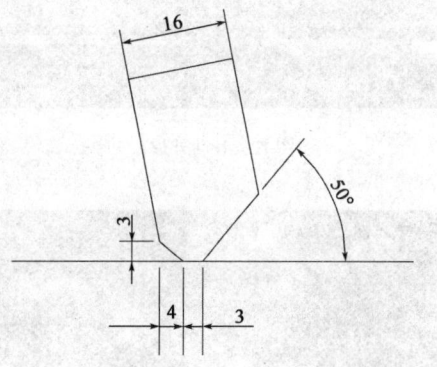

图 9　V 形焊接坡口尺寸图(尺寸单位:mm)　　　图 10　K 形焊接坡口尺寸图(尺寸单位:mm)

3. 试验结果与分析

先后分别采用了三组焊接参数进行试件的焊接试验,见表 2,其中内焊的焊接参数一致。

焊 接 参 数　　　　表 2

序号	内、外焊	焊丝直径(mm)	电流(A)	电压(V)	焊速(mm/min)	质量状况
1	内焊	1.6	430	34	380	熔透 外焊侧咬边
1	外焊	4.0	前丝:800 后丝:720	前丝:36 后丝:40	660	熔透 外焊侧咬边
2	内焊	1.6	430	34	380	未熔透 成形良好
2	外焊	4.0	前丝:900 后丝:680	前丝:38 后丝:34	850	未熔透 成形良好
3	内焊	1.6	430	34	380	熔透 成形良好
3	外焊	4.0	前丝:900 后丝:680	前丝:38 后丝:34	660	熔透 成形良好

采用多种焊接坡口尺寸进行焊接试验,试验结果表明,该工艺方案具有较强的适应性,对于坡口尺寸精度要求并不严苛,在合适的焊接参数条件下,即可实现良好的焊缝外观成形,达到熔透焊接要求。图 11 为 U 肋试件内焊过程(单丝埋弧 $\phi 1.6$mm)。图 12 为 U 肋试件外焊过程(双丝埋弧 $\phi 4.0$mm×2)。图 13 为双丝埋弧焊焊缝外观,成形较为美观。

图 14 为其中三种不同坡口尺寸的 U 肋试件焊缝宏观断面金相,采用第三组焊接参数,可以看出焊缝达到了全熔透要求,内、外两侧焊脚尺寸适中。此外,通过对焊接试件的超声波检测,也验证了其焊缝内部达到了熔透状态。根据试验结果,综合考虑坡口加工及工艺适应性,U 肋焊接坡口可优化为在外侧开制 V 形坡口,钝边尺寸 6mm,坡口角度 47°。

图 11　U 肋内焊

图 12 U 肋外焊

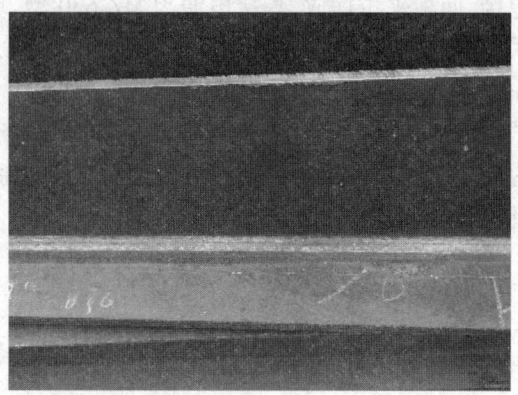

图 13 双丝埋弧焊焊缝外观

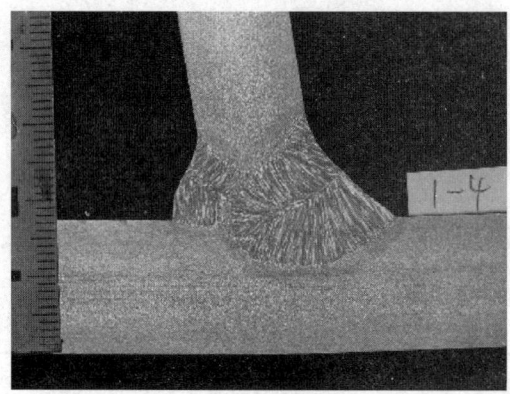

a) V 形坡口 1 试件

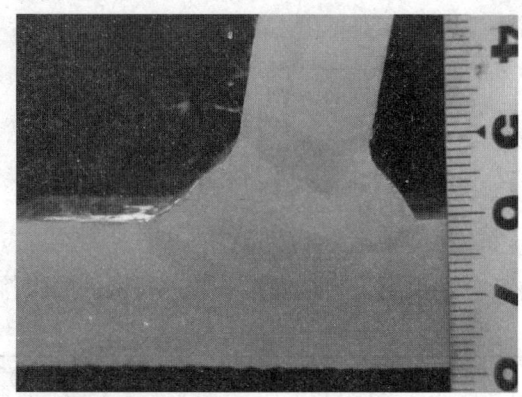

b) V 形坡口 3 试件

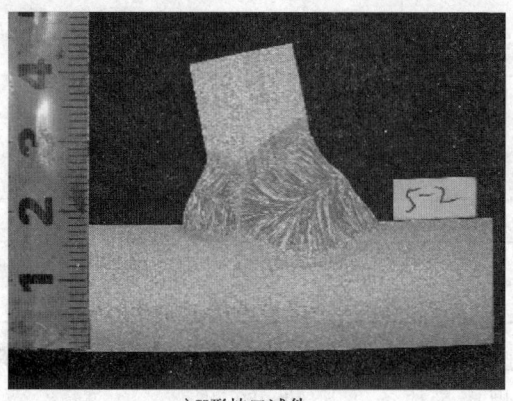

c) K 形坡口试件

图 14 U 肋试件宏观金相

当焊接参数选择不当时，会发生焊缝成形不良或焊缝熔深不足的情况。在 V 形坡口 2 中，采用第一组焊接参数焊接，外焊缝有咬边缺陷，如图 15 所示，分析认为主要是前丝焊接电流较小，焊缝金属填充不足引起的，当前丝焊接电流增加至 900A 时，咬边缺陷消失；同样在 V 形坡口 2 中，采用第二组焊接参数焊接，焊缝未达到熔透要求，如图 16 所示，分析认为焊接速度过快，热输入减少造成熔深不足。试验中发现，后丝的焊接参数对焊缝表面粗糙度有较大影响，当后丝的焊接电流、电压较小时，焊缝表面纹路比较细密美观。

此外，为保证焊缝熔深及外观成形要求，试件面板与水平面的倾斜角需达到 38°左右，双丝埋弧焊前后丝的纵向间距 20～25mm，且需在横向上错开间距 4～5mm，前丝偏向 U 肋侧，对准坡口根部，保证足够的焊缝熔深，后丝偏向面板侧，有利于改善焊缝外观成形。

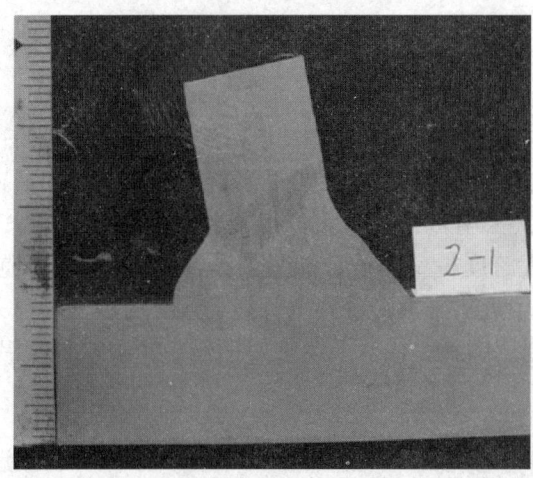
图15 焊缝咬边缺陷

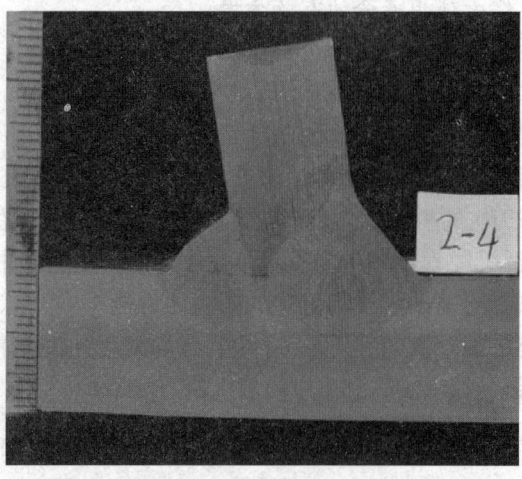
图16 焊缝未熔透

对双丝双弧埋弧焊的焊缝金属取样进行拉伸试验,屈服强度为458MPa,抗拉强度557MPa,断后伸长率为24.0%,试验结果符合相关规范要求。

四、结　语

(1)对端部厚度10mm热轧变截面U肋,外侧开制V形坡口,钝边6mm,采用双面埋弧焊工艺,内焊采用φ1.6mm埋弧焊丝,外焊采用φ3.2mm埋弧焊丝,内、外各一道焊成形,当外焊的焊接电流不低于650A时,可实现免清根熔透焊接,内侧的焊缝外观成形需进一步优化。

(2)本文提出了一种钢桥梁桥面板U肋双面焊接新方法,即U肋内侧焊接采用单丝埋弧焊,外侧焊接采用双丝双弧埋弧焊,对于端部厚度12~16mm的热轧变截面U肋,内、外各一道焊成形,免清根可达到熔透焊接要求,焊缝外观成形良好,可大幅提高焊接生产效率。

(3)对端部厚度16mm热轧变截面U肋,内焊采用细丝埋弧焊,焊丝直径φ1.6mm,外焊采用双丝双弧埋弧焊,焊丝直径φ4.0mm,优化的焊接坡口为外侧开制V形坡口,钝边尺寸6mm,坡口角度47°。

参考文献

[1] 张华,孙雅洲,舒先庆,等.正交异性钢桥面板U肋内焊技术[J].公路.2018,63(9):115-120.
[2] 张清华,袁道云,王宝洲,等.纵肋与顶板新型双面焊构造细节疲劳性能研究[J].中国公路学报.2020,33(5):79-91.

6. 高耐腐蚀高强度的新一代桥梁缆索用钢丝

胡东辉　母俊莉

(宝钢集团南通线材制品有限公司)

摘　要　我国大跨径桥梁建设的技术水平不断进步,桥梁缆索用钢丝的强度从1670MPa,发展到目前2060MPa并还有提升的空间。但是桥梁缆索的耐腐蚀性能正面临严峻挑战,钢丝强度的提高带来钢丝现有镀层的腐蚀保护性能不断下降。纯锌镀层已经不能满足更高强度钢丝使用寿命的要求,强度1860MPa以上桥梁缆索钢丝需要新一代的锌铝镁三元合金镀层与之匹配。锌铝镁合金镀层的耐腐蚀性能,已达到纯锌镀层的5倍,锌铝合金镀层的2倍,并且耐腐蚀性能还可以继续提高。强度2060MPa的锌铝镁合金镀层钢丝作为新一代桥梁缆索用钢丝,已经成功应用在大跨度桥梁项目上,是确保大跨距高强度桥梁缆索使用寿命的有效方案。

关键词 桥梁缆索用钢丝 锌铝镁合金镀层 耐腐蚀性 高强度

随着我国基础建设的蓬勃发展,大跨径桥梁建设正处于一个井喷期,对桥梁缆索用钢丝需求日益增长。根据《长江干线过江通道布局规划(2020—2035年)》,到2035年长江干线新增166座跨江通道,超过200万t的桥梁缆索钢丝需求。同时广东、浙江沿海,云南贵州均有大量桥梁建设规划。预计未来15年,对桥梁缆索钢丝的需求量不少于300万t。同时,大跨度桥梁的设计能力不断提高,要求桥梁缆索用钢丝具有更高的强度和更优的耐腐蚀性能。本文综述了近年来大跨度斜拉桥和悬索桥用钢丝的盘条、钢丝及镀层的开发情况,重点介绍具有高耐腐蚀性能高强度的新一代桥梁缆索用钢丝-2060MPa锌铝镁合金镀层钢丝。

一、桥梁缆索用钢丝强度的发展

桥梁缆索用高强度镀锌钢丝主要通过索氏体化盘条冷拔生产,20世纪80年代前,国内使用的桥梁缆索用热镀层钢丝强度级别主要为1570MPa到1670MPa。但随着世界上许多大径度桥梁的建设,其中包括我国的苏通大桥、日本的明石海峡大桥和东京湾海峡大桥等,这种状况发生了巨大的变化,主要体现在镀锌钢丝强度指标的大幅度提高,随着桥梁跨度的增加,所使用的热镀锌钢丝强度也在增加。2008年建成的世界最大跨径斜拉桥——苏通大桥(主跨1088m)首次采用宝钢生产的1770MPa级φ7.0mm热镀锌钢丝,昭示我国在桥梁缆索用热镀锌钢丝研究及产业化方面已走在了世界前列。近几年随着钢丝生产技术的发展,大桥缆索用镀锌钢丝抗拉强度有了大幅提高,从1770 MPa级迅速跨越了1860 MPa级,快速进入1960 MPa级直至目前最高的深中通道伶仃洋大桥的2060 MPa级,并继续向2160 MPa级研究发展,如图1所示。

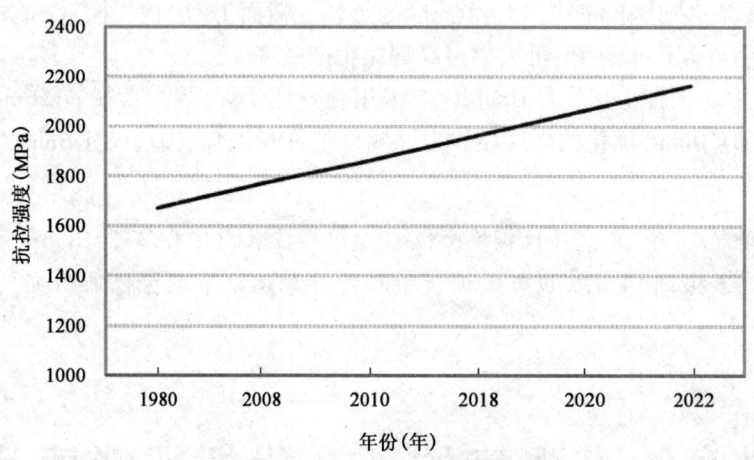

图1 桥梁缆索用钢丝强度的发展

与此同时,在保持高强度的前提下扭转性能也有了颠覆性的改变,从之前的几圈到目前的十几圈。

二、桥梁缆索用钢丝盘条的发展

盘条是生产高强度桥梁缆索用钢丝的原料,大规格盘条通过拉拔、镀锌、稳定化等工艺过程最终加工成缆索钢丝。桥梁缆索用钢丝抗拉强度的提高主要来源于两个方面:

(1)原料盘条抗拉强度。

(2)大减面率拉拔。

因此,作为生产高强度桥梁缆索用钢丝的原料盘条,不仅要达到高抗拉强度,而且还需要具备良好的可拉拔性能以完成大减面率拉拔过程。

桥梁缆索钢丝强度等级的提高推动盘条强度不断提升,提高碳含量和合金强化是提高盘条强度的两种最有效手段。对于盘条的合金强化方法,世界先进钢铁企业开展了一系列的研究工作。如日本神户制钢加古川厂开发的KKP盘条,就是在常规SWRS82B基础上,添加0.1%~0.3%的铬,经斯太尔摩冷却后,取得性能良好的高强度索氏体化盘条。又进一步添加约0.08%的钒,并使用冷床处理,制造强度更高、离散性更小的盘条称为超级KKP(KKP-Super)盘条。欧洲也有不少钢厂采用此方法生产高强度桥梁缆索用盘条。碳元素是保证盘条及镀锌钢丝高强度所必需的化学成分,碳元素含量决定了高碳盘条索氏体组织中渗碳体体积分数,提高盘条中碳含量直接提升盘条强度,同时有利于形成更多渗碳体片层,细化的索氏体片层组织具有更好的变形性能和加工硬化性能,有利于后续加工过程中钢丝强度的提升。但随着材料中碳含量的增加,会造成冶炼连铸过程中偏析控制难度加大,特别是形成沿晶界析出的网状渗碳体将使材料塑韧性急剧降低(表1)。

不同盘条钢种对应的含碳量及抗拉强度　　　　　　　　　　表1

钢　种	碳含量(%)	盘条抗拉强度(MPa)	镀锌钢丝强度等级(MPa)
QS77Mn	0.75~0.80	1130~1250	1770
QS82Mn	0.80~0.85	1210~1370	1860
QS87Mn	0.85~0.90	1260~1420	1960
QS90Si	0.90~0.96	1310~1470	2060
QS96Si	0.95~1.00	1450~1600	2160

高碳盘条索氏体化目前主要通过轧后控制冷却来实现,常见的方法包括斯太尔摩冷却(Stelmor)和介质热处理(盐浴处理—DLP法、水浴处理法、流动粒子处理—KP法等)。我国目前95%的盘条生产采用的是斯太尔摩风冷工艺,是把终轧后的盘条通过水冷成过冷奥氏体再在风冷段中实现索氏体相变。斯太尔摩冷却工艺在生产大规格盘条时存在冷却能力不足及温度均匀性较差的问题。目前强度高于1860MPa以上钢丝用盘条,均需要经过铅浴或盐浴等温索氏体热处理来获得盘条的目标强度,及其盘条性能的均匀性要求。

三、高强度桥梁缆索面临的耐腐蚀问题

桥梁缆索系统作为悬索桥和斜拉桥的主要承载构件,其使用寿命直接影响桥梁安全寿命,主缆寿命即悬索桥使用寿命。各国对缆索承重体系桥梁的运营观测表明,桥梁拉吊索正面临耐久性问题的威胁和严峻挑战,国内外数十座大桥在服役20年左右开始换索,换索过程耗时长达半年,耗资千万元以上[1],如图2所示。

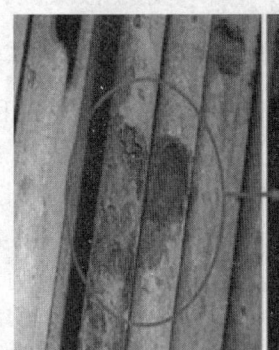

图2　国内某斜拉桥换索工程的施工照片

根据经典的电化学腐蚀原理,当镀锌钢丝被放置在潮湿的大气中,金属表面会形成一种微电池,也称腐蚀电池。腐蚀电池的形成原因主要是由于钢丝表面吸附了空气中的水分,形成一层水膜,因而使空气中CO_2,SO_2,NO_2等溶解在这层水膜中,形成电解质溶液。镀层中的锌由于电极电位比铁低成为阳极,阳

极上发生氧化反应,使阳极发生溶解;钢丝作为阴极,发生还原反应,一般只起传递电子的作用,不会发生腐蚀。但是,在对锈蚀的镀锌钢丝进行检测分析后,发现实际情况要复杂得多。锈蚀钢丝发生了严重的点蚀,钢丝镀锌层重量却没有发生较大变化,依旧在 $300g/m^2$,钢丝的抗拉强度没有显著变化,但是疲劳性能从大于200万次急剧下降到不足20万次。

高碳钢丝在大气环境中主要发生的是吸氧腐蚀,生成的 $Fe(OH)_2$ 被氧所氧化,生成 $Fe(OH)_3$ 脱水生成 Fe_2O_3 铁锈,如图3所示。

阳极(Fe): $2Fe - 4e^- = 2Fe^{2+}$

阴极(C): $O_2 + 2H_2O + 4e^- = 4OH^-$

总反应: $2Fe + O_2 + 2H_2O = 2Fe(OH)_2$

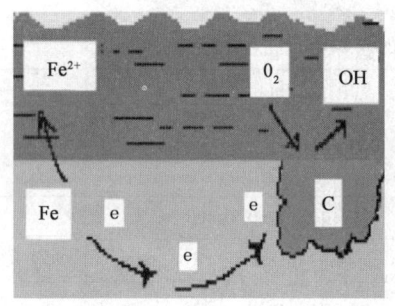 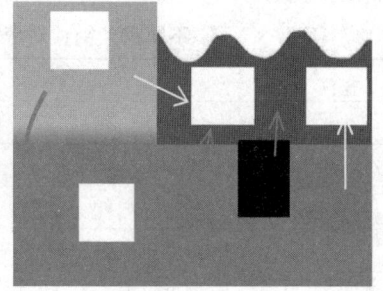

图3 高碳钢丝及镀锌高碳钢丝电化学腐蚀原理示意图

镀锌高碳钢丝在大气环境中,当铁锌合金层、钢丝基体没有暴露时,锌层发生氧化反应;当钢丝基体开始暴露时,发生电化学反应。铁和碳可以成为一对腐蚀电池,锌和铁也是一对腐蚀电池,锌铁碳也可以组成腐蚀电池,三种腐蚀电池组成并联关系,如图4所示。由于高碳钢中碳原子的比例大于0.8%,这种并联腐蚀电池的作用明显。随着钢丝中碳含量的增加,并联腐蚀电池的作用更加显著。

阳极1(Zn): $Zn - 2e^- = Zn^{2+}$

阳极2(Fe): $Fe - 2e^- = Fe^{2+}$

阴极(C/Fe): $O_2 + 2H_2O + 4e^- = 4OH^-$

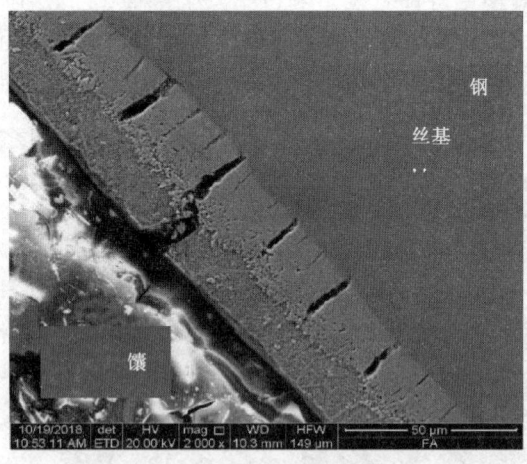

并联腐蚀电池的机理,很好地解释了为什么低碳镀锌钢丝不易锈蚀,而高碳镀锌钢丝在镀层重量损失不大的情况下,只要钢丝基体暴露,就极易发生点蚀的现象。而随着桥梁缆索用钢丝强度的提高,钢丝碳含量不断提高,导致镀锌钢丝更容易锈蚀。

通过进一步对镀锌钢丝腐蚀进行研究发现,应力腐蚀和疲劳腐蚀会显著降低桥梁缆索钢丝的使用寿命;对桥梁缆索镀锌钢丝的镀锌层进行的电镜分析表明,由于脆性的铁锌合金层的存在,镀层在应力作用下开裂,如图4所示,水汽顺着镀层裂纹能够更快地到达钢丝基体,因此腐蚀速度显著高于均匀腐蚀;钢丝疲劳强度会在镀锌层下的钢开始发生锈蚀后显著降低。

图4 镀锌钢丝镀层开裂的SEM照片

四、全新一代的桥梁缆索用钢丝的锌铝镁合金镀层

热浸镀是当今世界应用最广泛,同时也是性价比最优的钢铁表面处理防腐方法。锌铝镁合金作为最新一代耐腐蚀合金镀层,逐步替代纯锌和锌铝镀层,广泛运用在包括桥梁缆索用钢丝在内的各种钢材上,如图5所示。

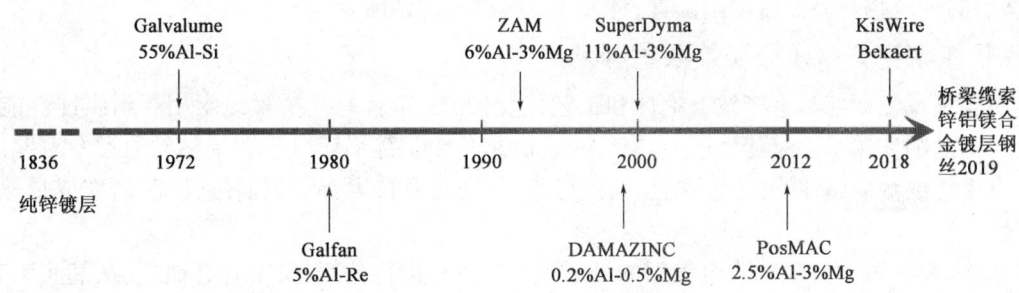

图5 热镀锌基合金工艺的发展

1. 锌铝镁合金镀层的特性

锌铝镁镀层最大的优点是耐蚀性高。腐蚀实验条件不同(如实验室加速实验、户外暴露实验等),耐蚀性对比结果会有较大差异。总的来说,一定范围内 Al、Mg 含量增加会提高耐蚀性几倍到十几倍。国际锌协会的比较结果如图 5 所示,Galvalume(AZ)、ZAM、SuperDyma(SD) 的耐蚀性最好;少量添加 Al、Mg 的锌铝镁镀层(HD ZnAlMg)耐蚀性与 Galfan 接近,且明显优于 GI 镀层[2]。

纯锌镀层的防腐蚀过程中,覆盖的锌镀层对钢丝基体施行物理性防护和阴极保护作用。由于铁、铁锌合金和锌的电极电位依次降低,优先是锌,然后是铁锌合金,对钢基体发挥阴极保护作用。Galfan 锌铝合金镀层,存在富 Zn 相、Zn-Al 二元共晶组织。Zn-Al 二元共晶组织提供了比纯锌更低的电极电位(-0.8~-1.0V),具有优先牺牲阴极的保护作用。镀层表面铝离子与空气或水中的氧离子或氢氧根离子发生电化学反应,生成 Al_2O_3 或 $Al(OH)_3$,形成高密度、稳定性强的氧化铝层,是锌铝合金镀层耐腐蚀性优于纯锌镀层的关键。

镁具有更低的电极电位 -2.38V。锌铝合金中添加镁,能够显著提升防腐性能。锌铝镁合金镀层中,包含富 Zn 相、Zn-Al 二元共晶相、Zn-Al-Mg 三元共晶相。其中,Zn-Al-Mg 三元共晶相的电极电位为 -1.3~-1.5V,具有比 Zn-Al 二元共晶相更佳的阴极保护性能。在含氯体系中,Zn-Al-Mg 镀层的腐蚀由溶解和扩散共同控制,其极化阻力 Warburg 阻抗均大于 Zn。Mg 优先腐蚀后形成 $Mg(OH)_2$,$Mg(OH)_2$ 吸收 CO_2 形成 $MgCO_3$,对 pH 值具有缓冲作用,降低了阳极区 Zn 的溶解速度,抑制了 ZnO 的生成,Mg 促进致密性腐蚀产物的形成,降低了溶解氧的扩散速度,从而降低阴极区还原速度,如图6所示。

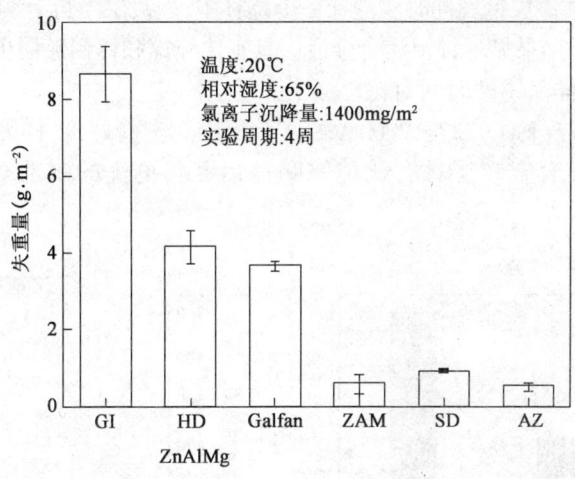

图6 不同镀层成分的耐腐蚀性能对比

锌铝镁镀层的另一主要优点是镀层具有一定的自愈性,在镀层有破损的情况下或者是在切口位置,镀层的腐蚀产物会覆盖到破损或切口表面,与不含 Mg 的镀层相比,含 Mg 镀层所形成的腐蚀产物更致密、有序,从而具有更优异的耐切口腐蚀性和耐膜下腐蚀性。[3]

锌铝镁镀层的自愈性对于高强度桥梁缆索用钢丝具有重要作用,当镀层发生开裂、破损,或点蚀开始的时候,镀层腐蚀产物自动覆盖缺陷位置,将大大延缓钢丝的锈蚀。

2. 桥梁缆索用锌铝镁合金镀层的开发

经过实验室反复研究和生产线上论证和工艺优化,2019年新一代桥梁缆索用高耐腐蚀性能的锌铝镁合金镀层钢丝的实现了工业化生产。同年,φ6mm/2060MPa锌铝镁合金镀层钢丝通过专家鉴定,比锌铝合金具有更优的耐腐蚀性能,工艺先进、质量可靠,显著提升桥梁钢丝耐腐蚀性能,研究成果达到国际先进水平。

通过SEM和EDS对锌铝镁合金镀层的显微组织与成分进行分析,整个合金镀层,从基底到表面,都均匀分布Mg元素,如图7所示。镀层基底有一层较薄的锌铝镁铁合金层,Fe百分比不大于10%,镀层塑形良好。

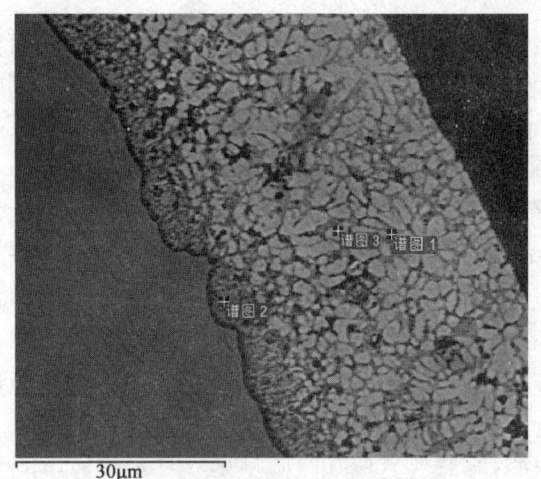

元素	图谱1 质量百分比	图谱1 原子百分比	图谱2 质量百分比	图谱2 原子百分比	图谱3 质量百分比	图谱3 原子百分比
Ck	0.52	2.35	0.53	1.96	048	2.45
Ok	1.94	6.63	0.27	9.17	0.94	3.57
Mgk	1.54	3.53	1.57	2.89	—	—
Alk	6.22	12.57	20.34	33.81	1.43	3.22
Fek	0.48	0.47	10.34	8.30	0.77	0.84
Znk	89.27	74.46	63.95	43.87	96.39	89.92
总量	100.00		100.00		100.00	

图7 锌铝镁合金镀层的SEM照片和EDS成分分析

3. 锌铝镁合金镀层钢丝与锌铝镀层钢丝、纯锌镀层钢丝的耐腐蚀性能对比

对比样品:纯Zn镀层、Zn-Al镀层、Zn-Al-Mg钢丝,镀层质量约$290g/m^2$。

(1)弱酸溶液镀层退镀时间对比。

方法:5% HCl溶液,三种镀层钢丝同时浸泡在一个烧杯中,当镀层不再有明显气泡产生时,认为镀层已经完全溶解,记录时间。实验结果显示锌铝镁合金镀层具有比纯锌和锌铝镀层更优的耐酸性,如图8所示。

(2)乙酸盐雾腐蚀实验样品锈蚀时间对比。

方法:BG/T 10125—1997(ISO 9227:1990)ASS实验标准。实验评价:样品外观开始出现红褐色锈斑时间。实验结果显示锌铝镁合金镀层具有比纯锌和锌铝镀层更优的耐乙酸盐雾腐蚀的能力,如图9所示。

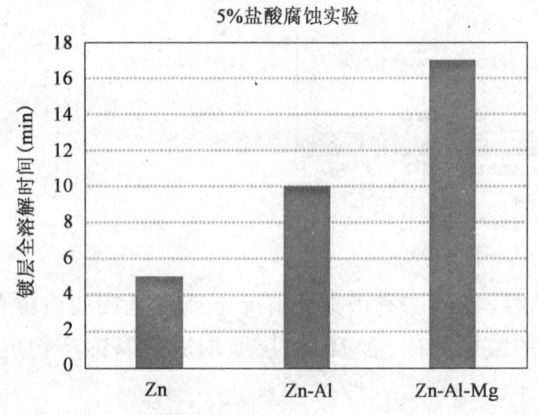

图8 纯锌、锌铝、锌铝镁镀层钢丝退镀时间对比

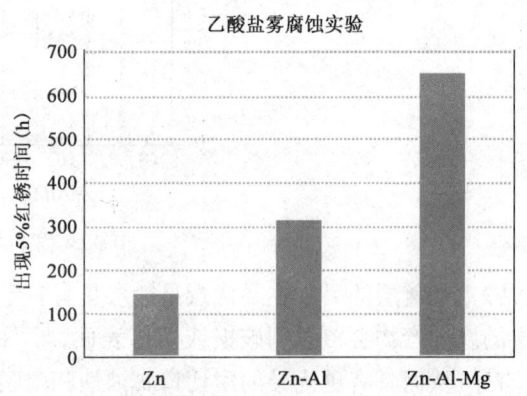

图9 不同镀层乙酸盐雾腐蚀实验对比

(3)疲劳试样电化学测试。

测试了锌铝、锌铝镁合金镀层钢丝,经过疲劳测试后的电化学极化曲线,从另一个角度验证锌铝镁合金镀层的耐腐蚀能力。实验结果显示,锌铝镁合金镀层的电流密度对数,比锌铝镀层的低了一个数量级,如图10所示,显示锌铝镁合金镀层更优良的耐腐蚀能力。

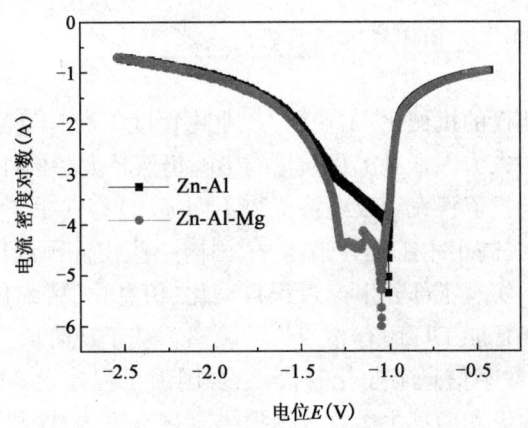

图10 锌铝、锌铝镁镀层疲劳样品在3.5w% NaCl 溶液中的极化曲线

五、结 语

(1)锌铝镁合金作为最新一代耐腐蚀镀层,已经成功应用在大跨径桥梁缆索用钢丝上。

(2)桥梁缆索用锌铝镁合金镀层钢丝的耐腐蚀性能,显著优于纯锌镀层钢丝、锌铝合金镀层钢丝。

(3)纯锌镀层已经不能满足更高强度钢丝使用寿命的要求。强度1960MPa以上桥梁缆索钢丝需要锌铝镁合金镀层与之匹配。

(4)锌铝镁合金镀层钢丝是确保大跨距高强度桥梁缆索使用寿命的有效方案。

参考文献

[1] 林安邦.热浸镀Zn-6Al-3Mg合金镀层组织结构与性能的研究[D].河北:河北工业大学,2014.
[2] Larche N,Prosek T,Nzarov A,et al. Zn—Mg Automotive Steel Coatings Final Report[R].[S.l.]:IC Report,2008:3.
[3] 谢英秀,金鑫焱,王利.热浸镀锌铝镁镀层开发及应用进展[J].钢铁研究学报,2017,139(3):168-172.

7. 基于BIM的钢筋智能加工研究

张振乾

(中铁大桥局第九工程有限公司)

摘 要 目前国内钢筋加工过程仍然严重依赖专业技术工人的经验和判断,并且在加工精度上慢慢已经难以满足日益严格的技术要求,且劳动力需求大、效率低下。本文针对以上问题以深中通道项目S07标段钢筋加工厂为背景,研究了一种基于智能化设备+物联网技术+BIM技术应用的智能加工技术,该加工技术是采用BIM软件完成钢筋建模、通过分析和优化建模解决碰撞及变形问题,通过开发的接口导入钢筋智能加工管理信息平台,生成含有二维码的钢筋加工下料任务单,钢筋加工设备可通过扫描钢筋下料单上的二维码自动识别并生成钢筋加工信息,实现钢筋智能化加工。该技术可以极大地提高钢筋下料精度,提高加工效率,降低人员使用带来的人工成本,避免钢筋安装时因不适用产生的返工现象,并且可以利用程序优化下料来节约原材。该技术有利于提高我国钢筋工程的科学技术进步,推动施工工艺创新。

关键词 钢筋工程 智能加工 BIM技术 物联网技术

目前,我国交通基础设施建设的机械化、工业化、产业化程度不高,工程技术人员对混凝土结构工业化生产的理解认识也有待提高,人为因素对工程质量的影响仍然较大。构件预制场建设在整个工程投资规模中占据了很大的比重,初期投资很大导致经济优势不明显,且存在手工操作居多、生产效率低下、通用性不强及安全性等问题。为提高土木工程建造水平,国内一些构件预制厂结合BIM和二维码等技术研发了预制工厂信息管理平台,实现了部分生产过程自动化、信息化、精细化。从应用水平上来看,我国尚处于探索和初步应用阶段,离智能工厂还有相当长的距离。基于现阶段人工智能的快速发展,部分发达国家已经快速步入建筑工程数字信息工业化时代,结合国内工程建设各方面存在生产效率低下等问题,以深中通道项目的高质量建设和信息化运营管理提供直接支撑为首要目标,以装配式桥梁中的混凝土预制梁智能化预制及信息化系统的研发应用为切入点,通过信息化工程技术引进和研究,提出智能化生产、信息化管理,有效控制预制构件制造过程的品质缺陷和信息管理混乱等问题,全面提高工程技术的工业化应用。研究成果可为深中通道项目的高质量建设和信息化管理提供直接支撑,对于土木工程建造技术向工厂化、自动化、信息化、智能化方向发展具有重大意义。本文以BIM三维模型为基础,基于BIM管理平台,集成梁场智能施工设备系统,实箱梁预钢筋加工过程中的信息交换、共享和协同,探索智能建造技术与梁场管理流程的融合,提升项目建设管理水平;通过集成现场各类传感器及视频监控系统、人员、设备管理系统,实现项目生产过程安全监测和监控;整合、总结出一套成熟的钢筋加工全过程信息化、智能化的混凝土预制梁钢筋施工技术。

一、基于BIM的智能加工与深化设计

深中通道项目本着高标准、严要求的原则,因为作业复杂、施工组织难度大,所以通过运用BIM技术辅助施工方案设计,合理进行施工组织。通过预制箱梁钢筋工程全过程网络化、信息化、智能化加工技术的研究,整合、总结出一个成熟的基于BIM的建设管理平台。为提高钢筋生产管理水平,适应钢筋集中加工和配送要求,深化项目信息化与智能建造水平,本标段将采用国内先进的自动化钢筋加工机械设备,打通钢筋BIM模型数据标准化格式与数控机床设备之间数据接口,实现钢筋半成品数控加工的自动化和一体化。

本文提出的智能加工与深化设计路线如图1所示。首先,根据施工图纸应用BIM建模软件创建钢筋模型,完成基于BIM的钢筋深化设计;通过对BIM建模软件二次开发,形成钢筋数据接口,根据钢筋模型导出钢筋翻样单,用于确认钢筋加工订单;工厂管理平台通过导入钢筋翻样单,自动生成钢筋加工单,用于录入加工设备进行钢筋加工。最后,钢筋加工设备直接读入钢筋信息自动形成钢筋成品,用于绑扎钢筋模块。以下将详细介绍各项技术和系统的实现方法。

二、钢筋全自动生产加工管理系统

1. 整体业务流程

钢筋自动加工管理系统从施工需求方发起需求订单,经过加工中心的翻样,确定需要生产的成品参数信息。经过计划排产,生成待加工的生产数据,最后服务器通过网络自动和智能加工生产设备通信,把

待加工的生产数据下发到加工设备,同时及时把任务的加工结果反馈给加工中心。生产设备加工完成后,借助二维码和4D-BIM扫码技术,把所有的成品存放到具体的仓库。成品出库就可以精确定位每种货物,达到快速查找、快速出库的目的。

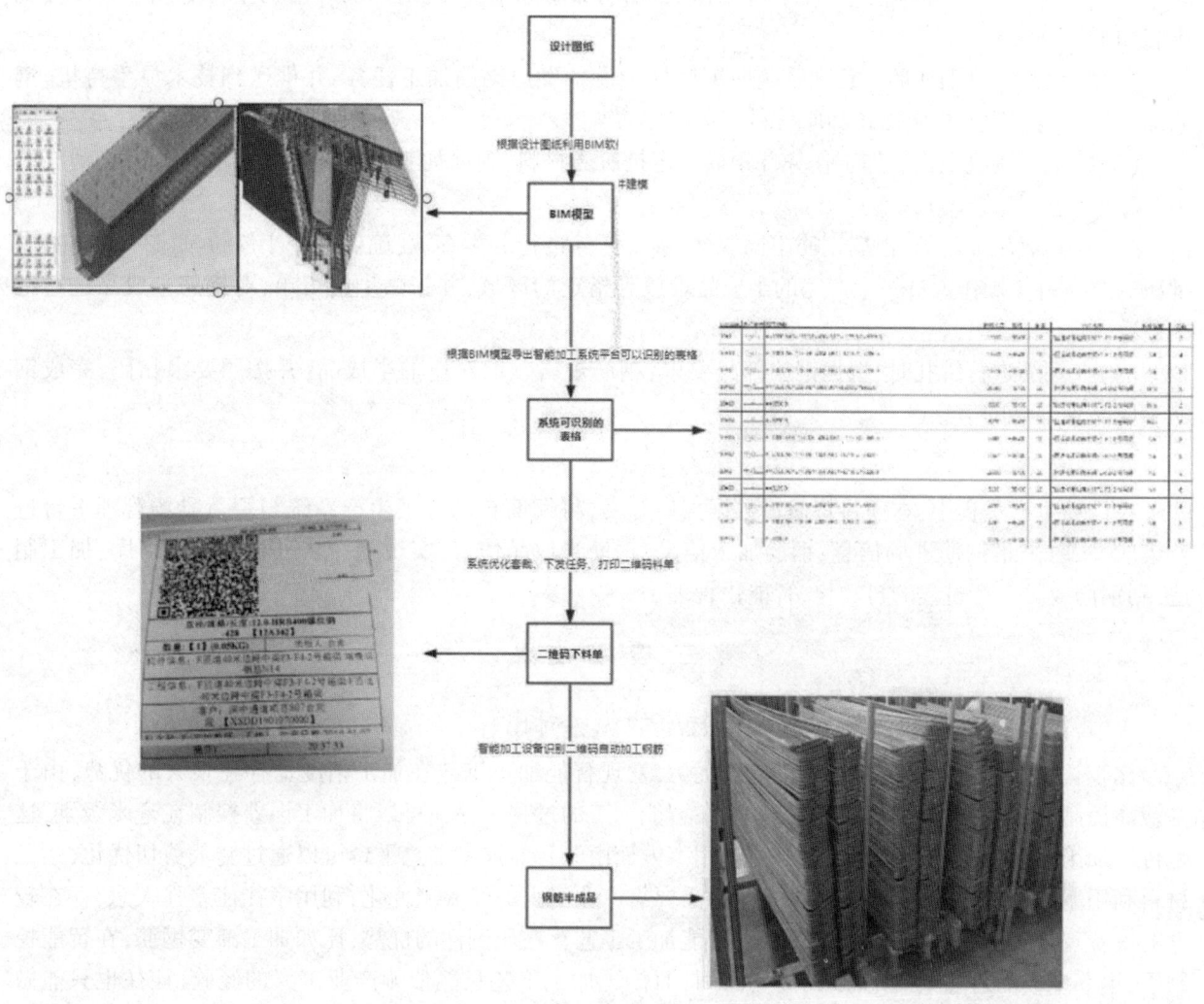

图1 智能加工与深化设计路线

生产设备加工完成后,借助二维码和4D-BIM扫码技术,把所有的成品存放到具体的仓库。成品出库就可以精确定位每种货物,达到快速查找、快速出库的目的。同时实现棒材的套裁优化,优化套裁是针对原材料为棒材,成品为棒材剪切、棒材弯曲类型的数据。

2. 钢筋深化设计

钢筋BIM模型深化设计,针对本标段预制箱梁通过Planbar软件建立钢筋三维模型,根据现场钢筋长度情况进行钢筋深化设计,碰撞检查,优化钢筋配置。

3. 钢筋自动加工

根据建设单位要求,本项目采用天津建科和意大利Schnell钢筋自动加工设备,通过与设备厂家沟通,两个厂家的设备均可以识别BVBS格式的钢筋文件。

通过将Planbar建立的BIM钢筋加工模型导出BVBS数据文件,然后将其传输至钢筋加工生产管理系统,通过对BVBS钢筋文件的解析实现钢筋自动化加工。

4. 钢筋材料管理

本项目将采用以二维码或RFID作为产品的唯一标识,记录产品生产过程中的人员设备以及质量信息。工人在每进行一个工序时通过刷卡方式划过RFID自动打印机,系统自动记录识别工人信息、工作时间、当前工位钢筋部品基础信息,打印相应RFID钢筋部品标签,实现对产品质量的全程追溯。具体实施步骤如下:

(1) 工程师通过钢筋加工管理系统向钢筋加工设备发送钢筋加工任务,并推送到技术员手持机,钢筋加工任务包括钢筋规格信息和原材料信息。

(2) 技术员接收到钢筋加工任务并领取指定批次原材料,钢筋加工设备执行完当前任务后自动打印生产工单(包含二维码)。

(3) 在半成品堆放处,根据钢筋不同规格、加工任务进行分类存放,确保每个小库位都唯一对应一个批次的原材料。操作人员将生产完的半成品堆放到指定的区域,并张贴生产工单,对钢筋半成品进行批次追踪。

(4) 在钢筋进行绑扎时,根据钢筋部品要求,钢筋规格领取对应的半成品,并按照要求扫码,完成钢筋半成品到部品的信息追溯。

5. 钢筋加工信息集成

在钢筋生产过程中,本项目将通过数据接口开发,将钢筋自动加工生产系统与智慧梁场管理平台进行集成,实时采集钢筋进场信息、钢筋加工信息、钢筋半成品信息,实现钢筋从进场、入库、出库、加工制造,到钢筋成品生产过程的自动化、智能化管理。

三、应 用 效 果

1. 智能钢筋加工技术与传统加工技术的优劣对比

比较智能加工工艺与传统加工工艺的优劣,发现智能加工工艺在加工精度上存在很大的优势,由于是智能控制,不存在人为操作误差的因素,在智能加工的过程中往往可以将加工误差控制在毫米级别,这是传统加工工艺所不能达到的。在原材利用率方面由于智能加工信息平台可以通过套裁剪切优化,达到材料利用率提升的目的,在传统加工工艺中需要靠产业工人的经验来优化,利用率往往差强人意,存在较大的浪费现象。在复杂钢筋加工过程中,智能加工工艺存在压倒性的优势,比如加工渐变钢筋,在智能控制下,钢筋半成品可以做到1mm的渐变区间,而传统加工工艺只能依赖产业工人的经验,往往也只能做到厘米级别的渐变,加工精度差,甚至会不满足设计要求。在加工灵活性上传统加工工艺则具备一定的优势,在突然有新的需求时,传统加工工艺往往可以马上响应,快速完成任务,而智能加工工艺则反应迟钝,无法胜任较为突然的临时任务,见表1。

智能加工工艺与传统加工工艺优劣对比 表1

项 目	优 势 方	劣 势 方
加工精度	智能加工工艺	传统加工工艺
原材利用率	智能加工工艺	传统加工工艺
复杂钢筋加工	智能加工工艺	传统加工工艺
灵活性	传统加工工艺	智能加工工艺

2. 经济效益分析

由表2、表3可知,传统钢筋加工工艺在剪切方面单价是智能加工工艺的7.6倍,相同条件下智能加工工艺更能节约资源。在钢筋弯曲方面传统加工工艺比智能加工工艺单价高30倍,相当于在相同工效下可以节约30名钢筋产业工人。

		钢筋剪切工效分析					表2
序号	钢筋加工方法	钢筋剪切速度（m/min）	所需工人（个）	产量（m/d）	工费（元）	加工单价（元/m）	长度精度（mm）
1	传统剪切工艺	37	2	17760	400	0.023	±15
2	智能剪切工艺	130	1	62400	200	0.003	±1

		钢筋弯曲工效分析					表3
序号	钢筋加工方法	钢筋弯制速度（m/min）	所需工人（个）	产量（个/min）	工费（元）	加工单价（元/个）	弯曲精度（°）	检查项目合格率（%）
1	传统剪切工艺	30	4	2	800	0.833	±2	85
2	智能剪切工艺	900	1	15	200	0.027	±1	100

3. 社会效益分析

以钢筋加工智能化为切入点，研究全过程的信息化、智能加工技术，对于提升管理水平、提高工程质量、建设智慧工地、打造品质工程，以及推动土木工程建设技术向工厂化、自动化、信息化、智能化的方向发展具有重大意义。

四、结　语

针对预制件人工钢筋加工存在的问题，研发了一种基于BIM的钢筋深化设计与智能加工技术和系统，应用实践表明：

（1）应用BIM建模软件对钢筋模型进行碰撞检测和绑扎模拟，可以提前发现设计方案中存在的问题，避免绑扎过程中的二次加工，提高绑扎效率。

（2）利用智能加工平台计算机运算进行套裁优化，可以大大提高原材利用率，减少废料的产生，从而达到节约成本的目的。

（3）通过打通BIM模型与钢筋加工设备的对接，可实现钢筋智能加工，减少了人工录入工作，避免了人工操作误差，降低了人工成本，加工质量得到保障。

参考文献

[1] 刘洋.基于BIM技术的高速铁路钢筋工程智能制造关键技术研究[J].铁路技术创新,2019(4):106-109.
[2] 余芳强.基于BIM的钢筋深化设计与智能加工技术研究[J].上海建设科技,2017(1):32-35.
[3] 李显.智能数控钢筋设备在工程施工中的推广运用[J].浙江建筑,2019(3):24-27.

8.悬索桥索夹密封性能研究

宋神友[1]　邹威[1]　董小亮[2]　刘梆[2]
(1.深中通道管理中心；2.武汉船用机械有限责任公司)

摘　要　本文分析了现有悬索桥索夹的密封情况以及存在的密封缺陷，以深中通道伶仃洋大桥索夹为依托，开展了索夹密封性能研究并对索夹结构进行了初步优化设计，同时通过试验验证了索夹密封效果，取得了密封性能的试验数据，完成了索夹密封结构的最终设计，保证了索夹在使用寿命期间的密封效果。

关键词　悬索桥索夹　索夹密封　密封试验

一、引　言

悬索桥中,索夹是连接主缆与桥面的重要受力部件,其主要作用是夹紧主缆并连接桥面吊索,目前悬索桥索夹结构主要有销接式和骑跨式两种,两种形式的索夹均分两半组合结构,通过高强螺杆将两半索夹锁紧。为保证两半索夹能够夹紧主缆并适应主缆的空隙率变化,在两半索夹之间预留有间隙。

目前国内悬索桥主缆防护主要采用钢丝镀锌预处理,然后在施工现场使用S形钢丝缠丝+热熔包裹缠包带进行防护处理。为了保证成桥后索夹的密封不影响到主缆的防护效果,在两半索夹轴向方向间隙处一般采用预设橡胶条来进行密封,索夹两端面与主缆环形间隙采用缠包带加密封胶来进行密封,在两半索夹连接螺杆孔及螺杆、螺母、垫圈连接副处,通常仅在垫圈附近涂抹密封胶水,并未对螺杆组件进行整体密封。当前,在索夹安装过程中,由于两半索夹实际间隙常比理论间隙小,导致直缝间隙处的密封条过压后容易产生鼓起和爆裂现象,此时橡胶无法进行隔绝防护,加速了橡胶老化,最终导致密封失效。索夹密封一旦失效,会严重危害到整个缆索系统的防护效果,进而提高大桥的维护成本,甚至会缩短大桥的运行寿命。

二、索夹密封结构研究

深中通道伶仃洋大桥位于高温、高湿、高盐的珠江口岸,对索夹密封性能提出了很高的要求,针对当前国内悬索桥存在的索夹密封效果不佳导致的漏气问题,分析索夹密封主要失效点,开展索夹结构密封性能研究,提升索夹密封性能。通过调研国内现有悬索桥索夹密封泄漏位置,发现索夹容易产生泄漏的三个位置主要在:①两半索夹结合面轴向方向,即直缝位置;②索夹两端面与主缆缠丝结合处,即环缝位置;③索夹螺杆螺母外露处。本文将介绍通过改进索夹密封结构或优化密封方式改善索夹密封性能的研究工作。

1. 索夹环缝密封处结构设计

针对索夹与主缆缠丝结合处环缝处的密封,设计了以下两种方案。

1) L形板方案

该方案是在索夹两端面增加两半环向L形板,主缆防护用缠包带可通过L形板直接缠绕到索夹端部,同时在索夹与L形板对接位置开20mm×10mm的环向槽填充密封胶,以达到索夹环缝密封效果。方案如图1所示。

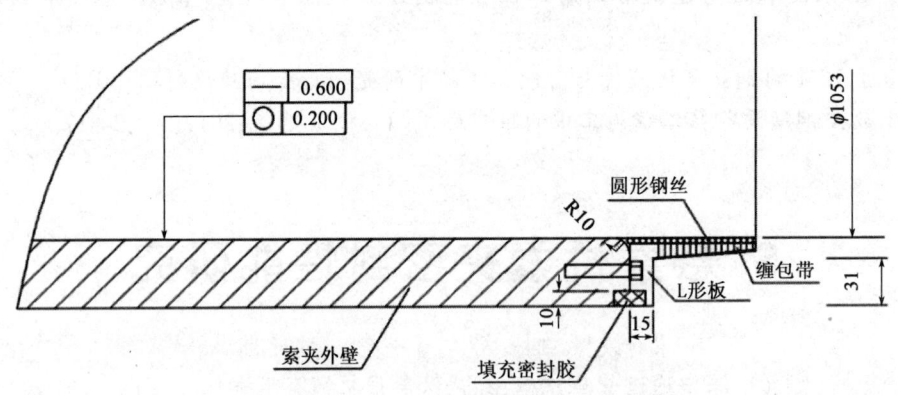

图1　索夹端部增加L形半圆板结构图(尺寸单位:mm)

2) 索夹端部延长方案

在索夹两端面增加延长部分,该结构与索夹一起整体制造。在主缆防护过程中,该结构可使主缆缠包带直接缠绕到索夹端部,同时该结构设有锯齿形槽,可保证钢带可靠固定,实现索夹与主缆无缝对接,达到完全密封效果。该延长段与半索夹一起加工,具有加工工艺简单、无须现场安装及结构刚性好的特点,不会因为索夹夹紧间隙的影响。具体方案图如图2所示。

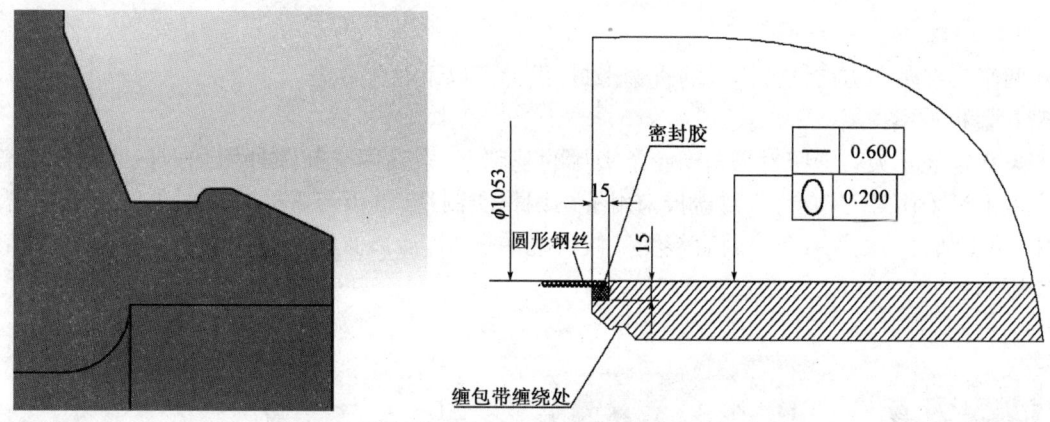

图 2　索夹端部加长结构图(尺寸单位:mm)

2. 索夹螺杆处密封结构设计

索夹螺杆处的密封,常规密封方法主要是直接在螺杆与索夹贴合面周围涂抹密封胶,该方法无法密封螺杆与螺母、垫圈之间的间隙。本文主要介绍怎样通过增加密封构件来达到密封的目的。密封构件分为整体式防水帽和分体式防水帽。下面具体介绍两者的结构。

1) 整体式防水帽

该结构内部带有螺纹,通过螺纹连接方式固定在螺杆端部,外部将螺母、垫圈、螺杆整体罩住,其与索夹凸台接触面设计密封圈槽,采用镶嵌橡胶 O 形密封圈,螺帽拧紧后,用螺帽与索夹接触处涂密封胶进行密封,起到冗余密封的作用。整体式防水螺母结构如图 3 所示。

2) 分体式防水帽

该分体式防水帽分为上、下两部分,上、下两部分均带有螺纹,同样通过螺纹连接方式固定在螺杆端部,也可全部罩住螺母、垫圈、螺杆。与整体式防水帽不同地方在于下半部分防水帽必须在垫圈安装前先安装到位。分体式防水帽具体结构如图 4 所示。

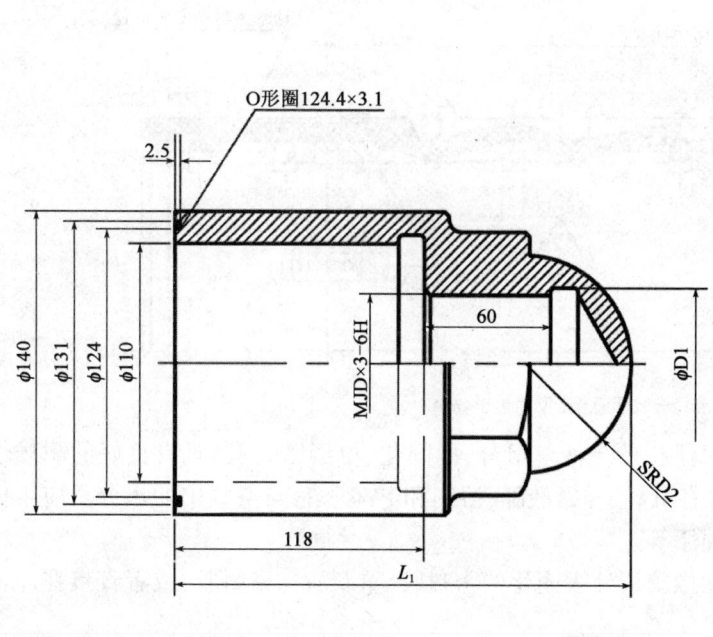

图 3　整体式防水帽结构图(尺寸单位:mm)

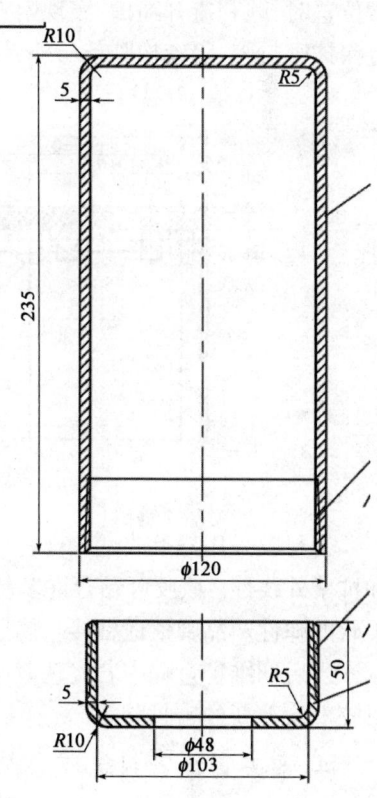

图 4　分体式防水帽结构图(尺寸单位:mm)

3. 索夹直缝密封处结构设计

针对两半索夹轴向方向结合面处的直缝密封,设计了以下两种方案。

1)密封盖板方案

该方案在常规索夹直缝密封采用橡胶条密封的基础上,索夹两半间隙外增加内嵌入型密封盖板,盖板与索夹上下半采用螺钉锁合,密封盖板采用不锈钢材质制造,盖板与索夹结合面处间隙采用密封胶填充密封住,防止结合面处橡胶条密封直接受气候及光照影响,延长橡胶条使用寿命。密封盖板结构示意图如图5所示。

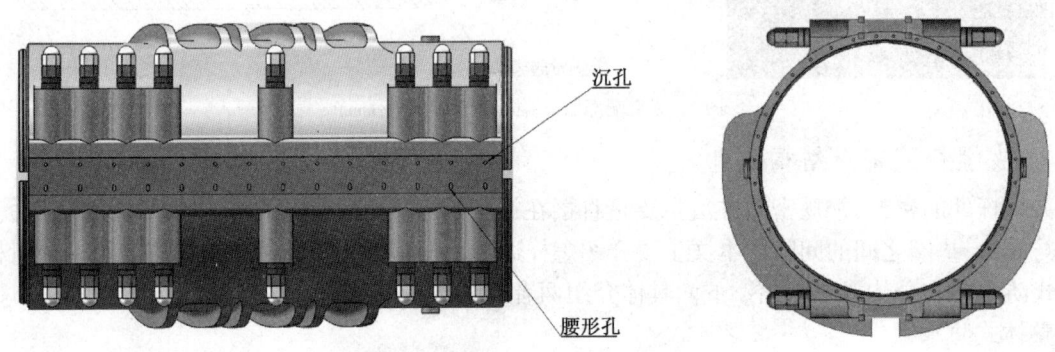

图 5 密封盖板结构示意图

2)橡胶条 + 密封胶方案

该方案在常规索夹直缝密封采用橡胶条这种单一介质来密封的基础上,在橡胶条外侧补充涂抹密封胶水。可在加强密封效果的同时,防止橡胶条直接受气候及光照导致寿命的降低。

在骑跨式索夹传统密封方案中,橡胶条仅能密封直缝外侧,在索槽位置处因吊索在此穿过,此处橡胶条变形较大无法形成有效密封。在改进方案中,在索夹中分面加工密封条安装槽,可使密封条在遇到吊索位置时,顺利避开绳槽,实现索夹轴向方向的有效密封。最后,在两半索夹锁合完后,在橡胶条外侧进行涂抹密封胶,隔绝橡胶条与外界直接接触,减缓橡胶老化现象。具体方案示意图如图6所示。

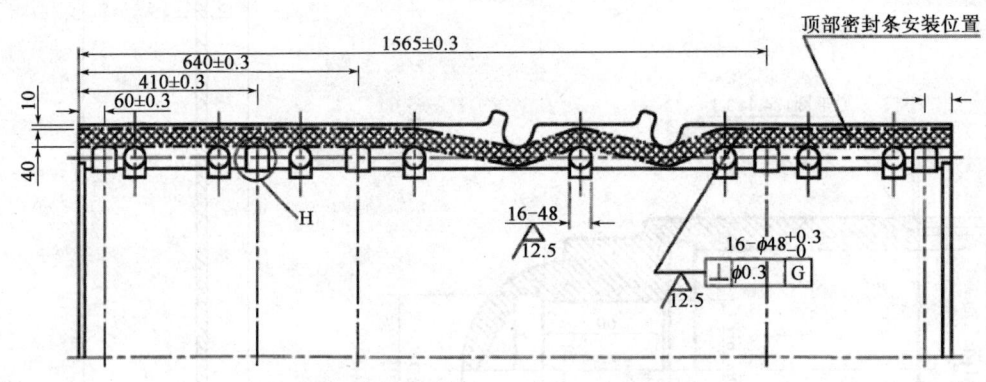

图 6 密封橡胶示意图(尺寸单位:mm)

密封胶采用硅烷改性聚合物(SMP)密封胶,是一种单组分、湿固化、枪级密封胶,具有良好的耐候性和抗紫外线性。该胶可黏合许多基材,不含有机硅、异氰酸酯、溶剂和PVC。它与空气中的水分反应生成柔软的弹性产品弹性地粘接金属、橡胶和油漆等。

当后期维护过程中若发现泄漏,可铲除橡胶板外表固化的密封胶,重新涂抹密封胶,或者直接在原密封胶上涂上新的密封胶。

4. 索夹直缝密封橡胶条结构设计

目前国内悬索桥索夹直缝密封所使用的橡胶条均为实心型密封条,其最佳压缩范围一般只有3~

5mm。为了适应深中通道伶仃洋大桥两半索夹密封间隙在15~35mm区间范围,需要研究新型橡胶条结构。下面具体介绍组合式密封条和空心型密封条两种密封条的结构以及在此基础上开展的有限元仿真分析。

1)组合式密封条

该密封条由上密封条、中密封条及下密封条组成,具体结构见图7,其主要通过调整中密封条数量来满足15~35mm索夹密封间隙范围。

根据图7所示组合式密封条结构尺寸,为了满足索夹密封间隙最大35mm,最小15mm的范围,理论上可参照表1来选用适当的密封条来安装。

密 封 条   表1

索夹间隙(mm)	上密封条数量(条)	中密封条数量(条)	下密封条数量(条)	密封条总高度(mm)
15~26	1	0	1	38
25~36	1	1	1	48

为了验证组合式密封条在压力下抗偏转保持有效密封的能力,进行了有限元仿真分析,图8为组合式密封条有限元仿真分析结果。

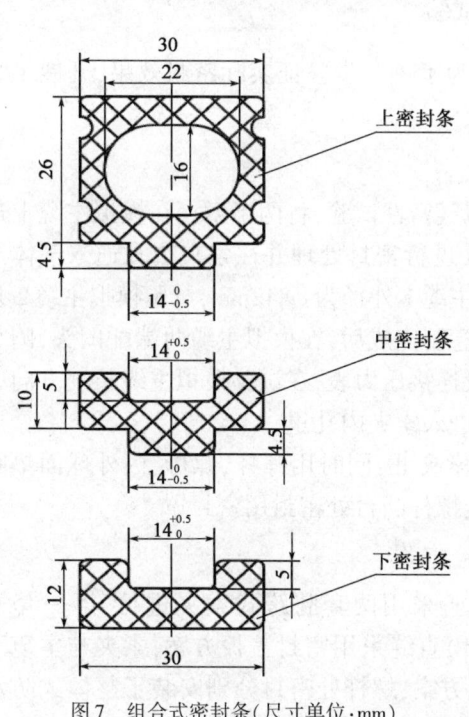

图7 组合式密封条(尺寸单位:mm)

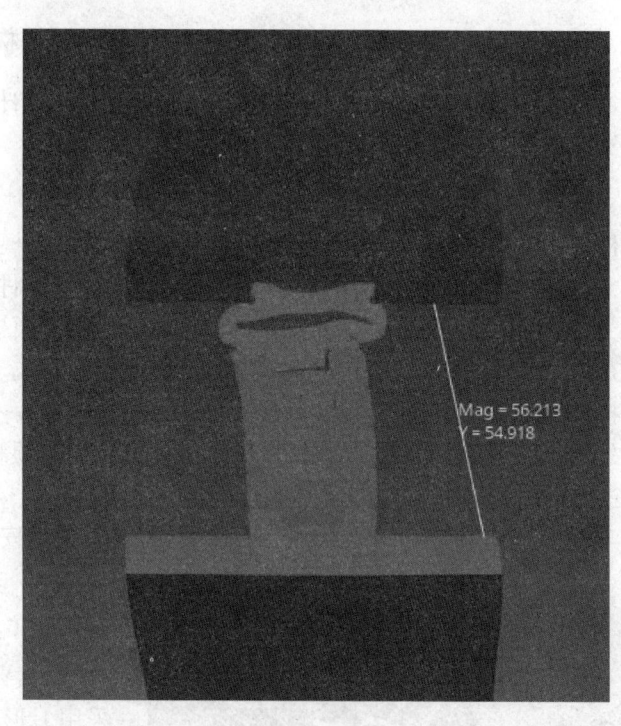

图8 组合式密封条仿真分析结果

从图8可以看出,当压力加大到可使组合式密封条压缩量在5mm时,该密封条就开始发生偏转,进一步加大压力,偏转现象会进一步加大,最终导致密封条被压翻,无法保证有效密封。

2)空心型密封条

为了满足深中通道伶仃洋大桥索夹结合面15~35mm的间隙范围,同时又要在保证密封效果的前提下,提高密封条使用寿命,在此基础上完成了空心型密封条结构初步方案,并且经过有限元分析计算,得出其最佳压缩范围即最佳适应索夹间隙范围值。空心型密封条截面图见图9。

密封条设计后进行了有限元仿真分析,具体见图10。从图10可以看出,空心型密封条在压缩量为8mm范围内,其压缩量与压力几乎呈线性关系,表示空心型密封条未偏转。当压缩量超过8mm密封条开始偏转,此时压力逐渐变小。但是由于密封条偏转方向可能朝向索夹外侧,如索夹宽度方向空间不够大,可能会影响到后期外侧面没有空间涂密封胶水。因此,建议适当加大索夹宽度尺寸,保证在密封条因压缩导致偏转时，索夹外侧仍有足够空间涂抹密封胶水。同时，在索夹直缝方向机加工密封橡胶条安装槽，可以准确定位橡胶条，实现索夹直缝有效密封。

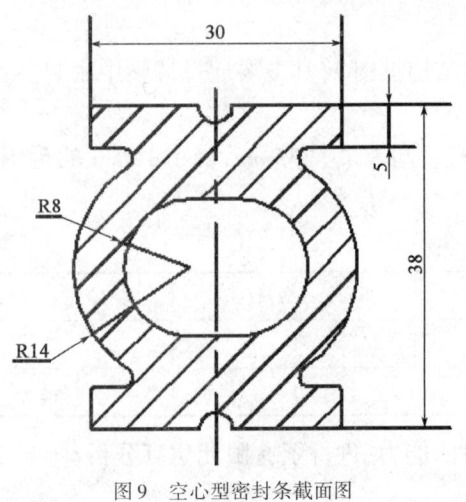

图9 空心型密封条截面图

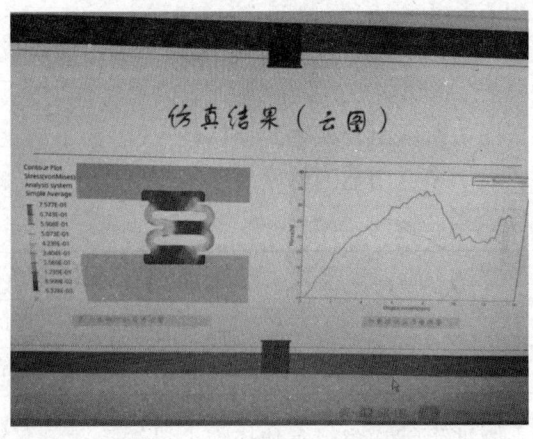

图10 空心型密封条仿真分析

三、索夹密封结构试验

针对上述讨论的索夹三个位置处的密封结构方案设计，为了进一步验证实际密封效果，开展了索夹密封结构试验。下面具体介绍索夹密封试验内容。

1. 试验总体原则

模拟实际使用工况对索夹密封结构及密封介质进行模拟气密性试验，将两半索夹在模拟主缆上进行锁合，对索夹与主缆环缝、两半索夹直缝及索夹螺杆紧固件处进行密封处理并往索夹内孔通入气体至设定压力，关闭进气阀，验证索夹的密封性能。其中，试验模拟主缆1外径为φ842mm，试验模拟主缆2外径为φ839mm，均采用厚度为10mm的Q235B钢板卷制而成。卷制完成后，在模拟主缆两端配闷头，闷头中心焊接螺纹连接口，一段设置气阀开关与气源相连接，另一段连接压力表，在试验模拟主缆长度方向中心处的外圆上氧割数个出气口，保证试验时气体可以均匀顺利进入索夹内孔里。

试验前，按照试验用索夹装配图，依次安装半索夹Ⅰ、半索夹Ⅱ，同时用螺杆、螺母、内外球面垫圈锁紧两半索夹，保证直缝处索夹橡胶密封带有效压紧，最后安装螺杆凸台处密封用密罩。

图11 试验索夹

2. 试验方案

本次试验采用两套骑跨式索夹进行，第一套索夹（试验索夹1）直缝采用密封盖板方案，索夹与主缆环缝采用L形板方案，螺杆处密封分别安装了整体式防水帽及分体式防水帽。图11为两套试验索夹。

试验索夹1具体安装步骤如下：

(1)将模拟主缆1穿过索夹内孔，同时将2根气管分别接入模拟主缆1两端闷头上，其中一端闷头连接上压力表。

(2)在索夹直缝处放置密封条，并加压螺母螺杆压缩密封条，压缩量大于5mm，在直缝处密封条外侧涂密封胶密封橡胶条与索夹。

(3)在模拟主缆1环缝位置处打密封胶密封索夹端部与主缆间隙。

(4)在试验索夹1两端安装L形板，并用螺钉将L形板锁紧在索夹两端，在外侧再打密封胶密封L形板与索夹缝隙。

(5)在索夹直缝安装侧板并在侧板边缘处涂密封胶。

(6)待各密封处密封胶干燥后,在各密封处刷涂泡沫水。

(7)启动空压机,调节空压机出口处球阀开度,观察压力表读数,试验时压力应缓慢逐级上升,达到设计压力6kPa后关闭空压机出口处球阀,保压不少于30min。

第二套索夹(试验索夹2)直缝采用橡胶条加密封胶的密封方案,索夹与主缆环缝采用索夹端部延长方案,螺杆处密封也分别安装了整体式防水帽及分体式防水帽。

试验索夹2具体安装步骤如下:

(1)将模拟主缆2穿过索夹内孔,同样将2根气管分别接入模拟主缆2两端闷头上,其中一端闷头连接上压力表。

(2)在索夹直缝处放置密封条,并加压螺母螺杆压缩密封条,压缩量大于5mm,在直缝处密封条外侧涂密封胶密封橡胶条与索夹。

(3)在试验索夹2两端内孔止口处涂密封胶密封索夹端部与主缆间间隙。

(4)待各密封处密封胶干燥后,在各密封处刷涂泡沫水。

(5)启动空压机,调节空压机出口处球阀开度,观察压力表读数,试验时压力应缓慢逐级上升,达到设计压力6kPa后关闭空压机出口处球阀,保压不少于30min。

3. 试验过程

按上述安装步骤分别对试验索夹1和试验索夹2进行装配,索夹装配完成后,待密封胶固化后,通气进行压力测试。索夹内气体压力达到设定要求值6kPa后,关掉进气阀门,进行保压,时间为30min。保压过程中,检查压力表是否有压降,若有压降,检查所有已刷涂肥皂水处的密封情况,查找漏气点。在近一周的泄漏点反复检查过程中,发现主要泄漏点是两半索夹结合面处密封条端面处和分体式密封罩螺纹处。对泄漏点重新进行密封,待胶固化后重新进行压力试验,直至无法查找出泄漏点后,再进行最终状态下压力试验,结果见表2。

试 验 结 果 表2

索夹名称	保压试验情况					
试验索夹1	30min无压降	3h压降0.5kPa	5h压降2.5kPa	8h压降4kPa	14h压降5.5kPa	24h压降6kPa
试验索夹2	30min无压降	3h无压降	5h无压降	8h无压降	14h无压降	24h无压降

注:1. 试验索夹1早上9点时开始加压6kPa,经过30min无压降后,后续压力不断下降,直到24h表压归零。

2. 试验索夹2早上9点时开始加压6kPa,3h后中午1点-8h后下午6点温度升高时,压力略有升高,14h后晚间23点压力又恢复到设定值,然后随着下半夜温度下降压力略有降低,至早上9点压力又恢复设定值,随着温度升高及降低压力波动幅度小于0.5kPa。

4. 试验总结

通过多次反复试验,试验索夹2可以保持24h不降压,而试验索夹1在保压3h后开始出现明显压降,通过反复查找泄漏点均无法确定泄漏点位置,表明采用试验索夹2密封方式对索夹的整体密封效果更佳。在试验过程中也发现试验索夹1和试验索夹2同时出现2处相同可查到泄漏点,其一是两半索夹结合面处密封条端部与主缆接触处存在泄漏,说明该处为索夹密封的薄弱环节。其二是螺杆螺母处分体式密封罩两半螺纹连接处存在泄漏,说明分体式密封罩密封性能较整体式密封罩差。

四、结　语

通过以上分析及试验的进一步验证,索夹螺杆处密封方式建议采用整体式密封罩进行密封,同时整体式密封罩相对于分体式密封罩更加便于索夹螺杆的张拉操作;索夹环缝处密封方式建议采用延长连体结构,该结构可进一步优化采用多个锯齿形槽结构,便于索夹端部密封条及主缆缠包带的箍紧与牢固,同时楔形密封条外表面可用缠包带直接缠绕到索夹端部,索夹与主缆实现无缝对接,达到完全密封效果。

9. 深中通道伶仃洋航道桥东锚碇基坑开挖支护精细化数值模拟分析

陈占力[1] 何潇[2] 付佰勇[2]

(1. 中交公路规划设计院有限公司;2. 中交公路长大桥建设国家工程研究中心有限公司)

摘 要 深中通道伶仃洋大桥为全飘浮钢箱梁悬索桥,东锚碇采用8字形地下连续墙基础作为基坑开挖施工的支护结构,目前的深基坑工程采用半经验半理论的方法解决问题,制约了深基坑工程的发展。本文采用PLAXIS 3D软件对深中通道东锚碇进行精细化建模,分析锚碇基坑开挖过程中围护结构的受力变形特性,并且与监测数据进行对比分析,验证所建立模型的可行性与准确性,为后期项目的建设提供指导与参考。

关键词 深中通道 悬索桥 碇 坑工程 精细化 受力变形

一、引 言

深基坑工程既是土力学基础工程中一个古老的传统课题,同时又是一个综合性的新型岩土工程问题,涵盖学科众多,如土力学、水力学、结构力学、材料力学、地质、施工等,既涉及土力学中典型的强度、稳定与变形问题,又涉及水、土与支护结构的共同作用问题[1]。

在桥梁建设领域,一跨可逾千米的悬索桥是一个重要的桥型结构,而锚碇是悬索桥主要的承力结构物,将主缆拉力传递给地基基础,承受着较大的主缆拉力,是支承主缆、保证全桥主体结构受力稳定的关键部位[2]。重力式锚碇基础是悬索桥锚碇的一种常用的形式,目前重力式锚碇施工中主要有沉井法和排水明挖两种施工方法,沉井法施工对持力层的平整性要求很高,并且在下沉过程中容易出现偏斜,施工精度局限较大,而排水明挖施工方法施工精度较高,对周围环境的影响也较小,是该类基础的首选方案。日本在修建明石海峡大桥时,采用了直径85m、深75.5m的地下连续墙锚碇基础。我国自1997年建成通车的虎门大桥西锚碇采用地下连续墙围护结构开始,地下连续墙围护结构在我国桥梁工程上的应用越来越多,21世纪以来,我国先后建成了润扬大桥冻结法地下连续墙锚碇支护结构、阳逻长江大桥直径73m的圆形地下连续墙锚碇支护结构、珠江黄埔大桥直径73m圆形地下连续墙锚碇支护结、南京长江四桥∞字形地连墙锚碇基础支护结构、武汉鹦鹉洲大桥直径68m的地下连续墙锚碇支护结构。在地下连续墙围护结构的工程实践方面,积累了大量的工程经验。20世纪80年代以来国内外桥梁锚础采用地下连续墙围护结构的工程实例见表1。

国内外桥梁地下连续墙围护结构实例统计[3-10] 表1

桥 名	年代	国家	建设条件与上部结构情况	基础结构形式
白鸟大桥	1987	日本	330m+720m+330m悬索桥水深13m	索口钢管桩围堰筑岛,修筑直径37m、壁厚1.5m、深106m的圆筒地连墙
虎门大桥	1997	中国	302m+888m+348.5m悬索桥	外径61m、壁厚0.8m地下连续墙

续上表

桥　名	年代	国家	建设条件与上部结构情况	基础结构形式
明石海峡大桥	1998	日本	960m+1991m+960m悬索桥	1号锚墩采用直径85m、深75.5m地下连续墙围堰
润扬长江大桥	2002	中国	470m+1490m+470m悬索桥	锚碇基础采用直径65m、壁厚1.2m、深30m地连墙
阳逻长江大桥	2007	中国	250m+1280m+440m悬索桥	北锚:重力式深埋扩大基础;南锚:地连墙重力锚基础,外径73m,深61.5m
珠江黄埔大桥	2008	中国	南汊290m+1108m+350m钢箱梁悬索桥,花岗岩地层	圆形地连墙,外径73m,深度31.9~39.7m
南京长江四桥	2012	中国	北锚:密实卵砾石层;南锚:砂砾岩层。主跨1418m双塔悬索桥,主缆拉力:5.6万吨	南锚碇:8字形地连墙,平面尺寸82m×59m、总深度40~50m,嵌岩4m
武汉鹦鹉洲大桥	2014	中国	200+2×850+200m三塔四跨悬索桥;覆盖层厚度较薄,基岩为白云质灰岩	南锚碇:外径68m、壁厚1.5m、深度不小于27.5m

目前的深基坑工程仍处于边实践边摸索阶段,尚缺乏成熟技术规范的指导,主要是用半经验半理论的方法解决问题,导致深基坑事故时有发生,从而制约了深基坑工程的发展。因此,加强对深基坑计算理论及数值模拟方法的研究,提高深基坑工程实践指导的科学性尤为重要。

二、锚碇基坑支护结构计算理论

在确定了锚碇基坑的支护结构形式后,选择正确的计算模型进行设计计算就成为至关重要的问题。基坑支护设计计算方法大体可分为静力平衡法、土抗力法、连续介质有限元方法三类[11]。

1. 经典法

经典计算方法是在挡墙入土深度满足基坑整体稳定、抗隆起和抗渗的前提下,通过经典土力学理论如朗肯理论或库仑理论来计算挡墙上的主动或被动土压力,最后通过静力平衡条件来计算挡墙的受力并以此设计挡墙截面,如等代梁法。

由于挡墙上的荷载是通过传统土压力理论确定的,但主动土压力和被动土压力都是从土体的极限状态推导而来,没有考虑土体与支护结构的相互作用以及施工时对土体的扰动所造成的强度变化。以朗肯理论为例,把挡墙假想成刚性,整体移动,墙前后土压力假定为限定的状态,严格来说仅与重力式挡墙有足够刚度、整体移动的受力状态相吻合。尽管朗肯理论提供了简单的可接受的估算土压力的方法,但其内在的假定忽略了土与结构的相互影响以及结构的建造过程,在某些采用弹性挡土结构的情况下这些限制很成问题,墙与支撑的弹性特征影响了变形的形式与数量,导致相应的土压力的复杂分布,与从理想化的朗肯理论得来的土压力有很大不同。

经典法在基坑支护设计发展的早期一直被广泛应用,虽然目前的已经有被弹性地基梁法取代的趋势,但是对空间效应较小的三级基坑、重力式挡土墙、开挖深度较小一般为一道支撑的钢板桩的计算还是比较成熟。但是难以应用在开挖深度大、内支撑数量多的基坑中,特别是应用在软土地区的弹性挡墙时,误差会变得难以接受,目前经典法已经很少在深基坑支护结构计算中应用。

2. 土抗力法[11]

经典法假定了基坑内侧的土抗力为被动土压力状态,对于有内支撑的支护结构,采用经典法计算时,常假定支撑力与支撑刚度系数无关,在使用上受到了较大限制,从理论上也无法反映支护结构的真实工作性状,因此,逐渐被土抗力法所替代。

弹性地基梁法计算要点由于挡墙位移有控制要求,基坑内侧不可能达到完全的被动状态,实际上仍处于弹性抗力阶段,因此引用承受水平荷载桩的横向抗力的概念,将外侧主动土压力作为水平荷载施加在墙体上的,用弹性地基梁理论计算挡墙的变形与内力。土对墙体的水平向支撑用弹性抗力系数来模拟,同时支锚结构也用弹簧模拟。

由于计算手段的局限,早期的弹性地基梁法对实际情况做了很多简化,以便采用解析方法求解,现在随着计算机技术的进步,数值方法已经成为主导的计算手段。

3. 连续介质有限元方法[11]

经典法和 m 法都属于二维方法,然而实际基坑施工时,深基坑的变形受到时间和空间因素的影响,这是上述方法所无法考虑的。对于矩形或多边形基坑,基坑中部的变形就会大大高于角部,并且支护的变形差异又决定了作用其上的土压力分布的不同。对于圆形基坑,由于支护结构的拱作用影响,使得二维方法就更加受到质疑。此外,深基坑在施工过程中的时间因素也不能忽略,尤其是在流变性软土中,值会随着开挖的进程有较大的变化。

连续介质有限元法可以有效考虑基坑开挖和成撑过程中的诸多因素,因此成为目前深入研究深基坑工程的主要计算理论。三维有限元分析可以将包括坑外、坑底土体在内的整个深基坑作为一个空间结构体系,考虑基坑开挖和成撑过程、支护结构与土体相互作用、地下水渗流和时间参数的影响,以达到综合分析支护结构内力、变形及开挖引起的周围环境的变化的目的,为深基坑工程的安全性评估提供理论依据。

与其他岩土工程问题一样,有限元方法得出的解的准确性与采用的土体本构模型有很大关系。国内外经常应用于深基坑有限元分析的土体本构关系有线弹性模型、非线性模型和黏弹塑性模型。关于岩土材料本构关系、破坏准则和屈服函数有近百种之多,常用的有 Ducan 提出的双曲线模型、修正的剑桥模型、帽盖模型、D-P 模型等。Clough 认为对于临时开挖问题,采用非线性弹性模型和弹塑性模型具有足够的精度,但是考虑到土体本构关系的特殊性,影响土体尤其是软土应力应变关系的因素主要有应力路径、施工扰动、自然条件变化等,因此在深基坑有限元分析时,这些问题是应该考虑的[12]。侯学渊[13]针对 Ducan-Chang 非线性弹性模型不能真实反映基坑开挖过程中应力路径的缺陷,从试验结果出发,给出了能反映基坑开挖典型应力路径影响的非线性模型。

本文采用 PLAXIS 3D 软件对深中通道东锚碇进行精细化建模,分析锚碇基坑开挖过程中围护结构的受力变形特性,并且与监测数据进行对比分析,验证所建立模型的可行性与准确性。

三、深中通道伶仃洋航道桥东锚碇工程概况[14]

深圳至中山跨江通道项目(以下简称深中通道)位于珠江口开阔水域,北距虎门大桥约 30km、南距港珠澳大桥约 38km,东接深圳机荷高速公路、西接中山中开高速公路,并可通过互通实现在广州南沙登陆。该项目全长约为 24km,其中跨海段长为 22.4km,采用 100km/h 设计速度、双向 8 车道的高速公路技术标准,为"桥、岛、隧、水下互通"四维一体的系统性集群工程。伶仃洋大桥为深中通道的主通航孔桥,跨径布置为(580 + 1666 + 580)m,采用全飘浮钢箱梁悬索桥结构,如图 1 所示。

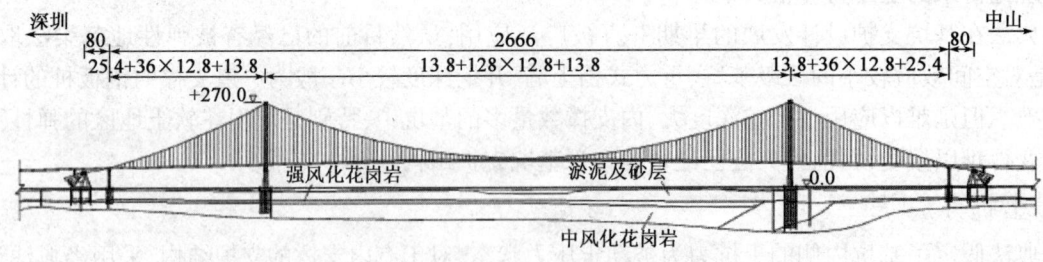

图 1 伶仃洋大桥总体立面布置(尺寸单位:m)

东锚碇区域河床软弱覆盖层(厚 21.1 ~ 28.5m)分布连续稳定,依次为淤泥、淤泥质黏土及粉砂,主要为淤泥质黏土层及粉砂层;中部地层(厚 8.8 ~ 15.5m)分布较为连续,主要以中砂为主,部分区域夹细砂层;下伏基岩为花岗岩(全、强风化层厚 3.4 ~ 22.9m),中风化岩面起伏较大,其岩顶面高程为 -59.46 ~ -38.84m。

下伏中风化基岩物理性质较好,饱和抗压强度达43MPa,是理想的锚碇地下连续墙基础持力层。

与常见的一跨过江、陆域锚碇悬索桥不同,伶仃洋大桥东锚碇为海中离岸锚碇,且该区域水深较深,在最低潮位时无法露出河床面,地下连续墙直接施工难度大。针对该桥施工环境及结构特点,东锚碇基坑支护采用海中筑岛围堰的总体方案施工。在该桥东锚碇基坑支护施工前,需在海中利用围堰筑岛形成施工陆域(以提供作业面及平台),对筑岛陆域进行地基处理,待地基沉降稳定后进行地下连续墙及后续基坑开挖、内衬施工。东锚碇基坑支护施工的关键工序为施工准备→筑岛围堰(含地基处理)施工→地下连续墙施工→基坑开挖→内衬施工。

东锚碇围堰采用锁扣钢管桩及工字型钢板桩组合方案施工。在圆形围堰(直径150m)平面内吹填砂,筑岛形成海中陆域,快速将海上施工转化为陆上施工。在施打锁扣钢管桩前,提前对筑岛区域地基进行处理。筑岛地基处理主要包括河床表层清淤、砂石垫层换填及塑料排水板插打等,如图2所示。

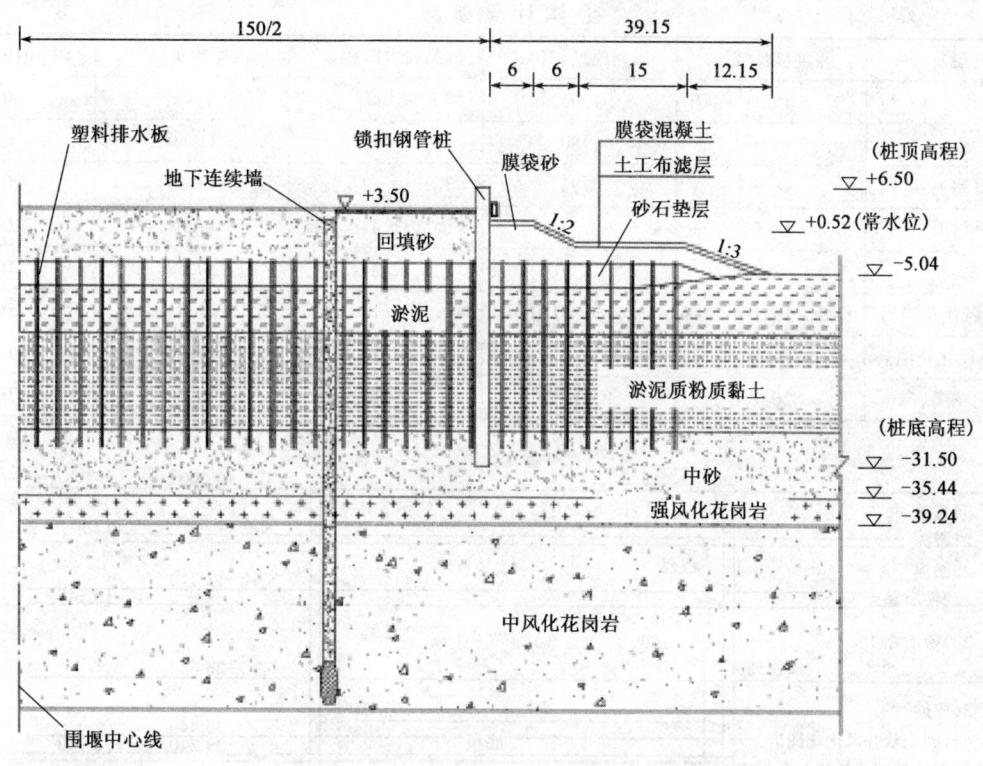

图2 东锚碇筑岛围堰地基处理(尺寸单位:m)

伶仃洋大桥的东锚碇为重力式锚碇,采用8字形地下连续墙基础作为基坑开挖施工的支护结构,基坑深42m,如图3所示。东锚碇基础顶高程+3.0m、底高程-39.0m。地下连续墙外直径为65m,墙厚1.5m,墙底嵌入完整中风化花岗岩5m,内衬厚度有1.5m、2.5m、3m三种。地下连续墙底高程-63~-44.6m。

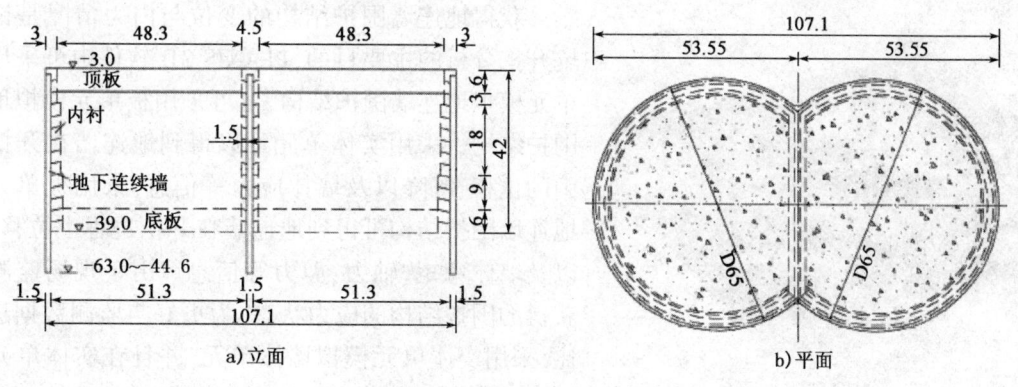

图3 东锚碇支护结构构造(尺寸单位:m)

四、东锚碇精细化模型建立

本文采用大型三维有限元分析软件 PLAXIS 3D 对东锚碇基坑进行计算分析，PLAXIS 3D 是岩土工程针对变形和稳定问题的三维分析有限元软件包，具有各种复杂特性功能来处理岩土工程中的结构和建造过程，其核心分析程序在理论上是可靠的，得到了国际上学术界和工程界长期的验证和考核。PLAXIS 3D 中复杂的土体和结构可以定义为两种不同的模式，分别是土体模型和结构模型，独立的实体模型可以自动进行分割和网格划分。施工顺序模式可以对施工过程和开挖过程进行真实模拟，通过激活/非激活土体、结构对象、荷载、水位表等来实现。

在土模块中设置东锚碇位置处地质情况，土体单元采用实体单元，地层选取锚碇基础位置处最不利地质，土体本构模型采用莫尔库伦模型，地质参数见表2，地层断面与三维地质模型如图4与图5所示。

土体计算参数　　　　表2

地层	重度(kN/m³)	压缩模量(MPa)	黏聚力(kPa)	内摩擦角(°)	泊松比ν
21 淤泥	15.1	1.66	6.80	7.48	0.2
22 淤泥	15.8	1.80	8.40	11.60	0.2
222 粉质黏土	18.9	3.93	10.37	19.20	0.2
223 粉质黏土	18.5	3.74	11.44	17.68	0.2
36 中砂	20	13.70	12.24	30.58	0.2
611 砂土状强风化花岗岩	19.1	30.00	18.13	29.73	0.2
6122 碎块状强风化花岗岩	19.2	333.33	14.50	29.60	0.2
613 中风化花岗岩	26.2	1000.00	8.00	28.00	0.2

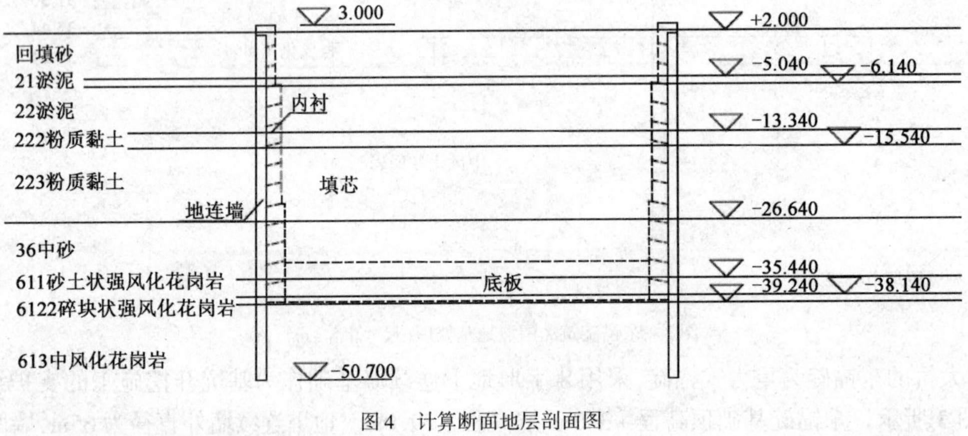

图4　计算断面地层剖面图

在结构模型建立地连墙、内衬、锁扣钢管桩围护结构、回填砂、筑岛围堰、开挖土体等结构。

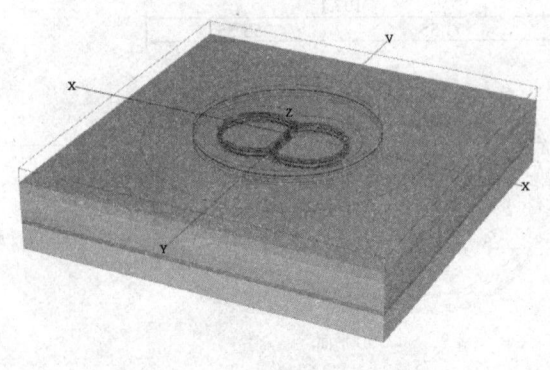

图5　计算断面地层剖面图

获得地连墙围护结构的变位与内力情况是锚碇基坑开挖分析的主要目的，PLAXIS 3D 软件中可采用实体单元模拟地连墙围护结构，也可采用板单元模拟地连墙围护结构。采用实体单元可以得到地连墙在开挖过程中的位移、沉降以及墙体应力等信息，采用板单元模拟地连墙围护结构可得到地连墙在开挖过程中位移、沉降以及墙体弯矩、轴力、剪力等信息。由于现场监测都是获得的围护结构的应力状态，为更好与监测数据进行对比，采用实体单元模拟墙体单元，并且在实体单元与土体相交的位置处设置界面单元，用以模拟墙体与周围土体之间的接触效应。

内衬、回填砂以及岛壁防护结构采用实体单元进行模拟。锁扣钢管桩筑岛围护结构钢管桩的直径为2m,壁厚为18mm,若采用实体单元模拟锁扣钢管桩,模型中存在细小单元,剖分网格比较困难。锁扣钢管桩不是主要分析的对象,根据刚度等效原则,采用板单元模拟锁扣钢管桩筑岛围护结构,如图6所示。

模型水位采用平均水位+0.52m,约束条件为四周水平约束,底部固定,在网格模块对模型进行网格剖分,共剖分149663个节点、96909个单元,最大单元尺寸为36.32m,最小单元尺寸为1mm,剖分后的模型如图7所示。

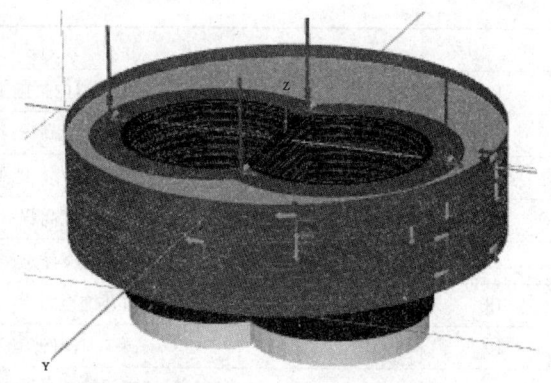

图6 模型结构单元

在分步施工模块模拟基坑开挖过程中,每层基坑的开挖深度为3m,水位在基坑以下1m,共分14层进行开挖,开挖至基坑底部时的模型如图8所示。

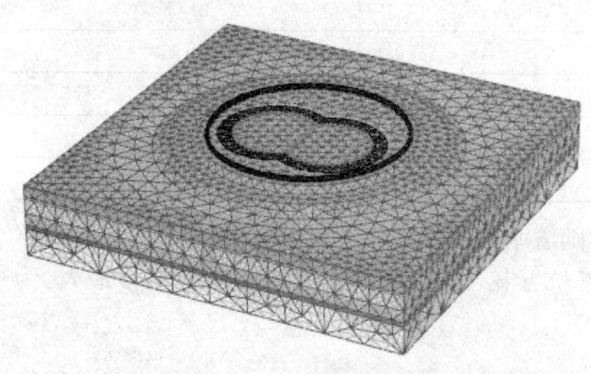

图7 网格剖分

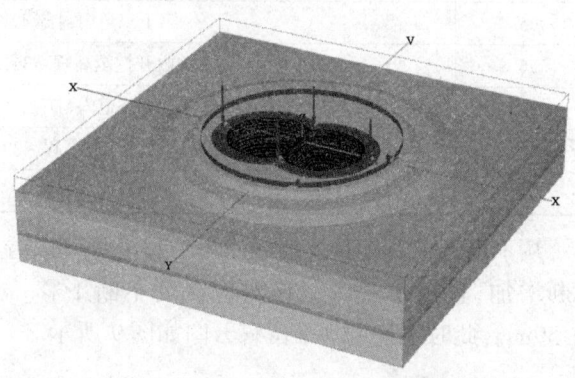

图8 基坑开挖至底部时模型图

五、计算结果对比分析

1. 地连墙水平位移

各施工阶段地连墙的最大水平位移如表3所示。

各施工阶段地连墙最大水平位移一览 表3

工 序	工序名称	最大水平位移(mm)
1	地连墙施工	0
2	基坑内开挖至高程-0.5m	1.18
3	第一道内衬施工	1.14
4	基坑内开挖至高程-3.5m	2.44
5	第二道内衬施工	2.41
6	基坑内开挖至高程-6.5m	3.59
7	第三道内衬施工	3.55
8	基坑内开挖至高程-9.5m	4.60
9	第四道内衬施工	4.55
10	基坑内开挖至高程-12.5m	5.55
11	第五道内衬施工	5.49
12	基坑内开挖至高程-15.5m	6.43

续上表

工 序	工 序 名 称	最大水平位移(mm)
13	第六道内衬施工	6.38
14	基坑内开挖至高程 -18.5m	7.25
15	第七道内衬施工	7.19
16	基坑内开挖至高程 -21.5m	8.04
17	第八道内衬施工	7.98
18	基坑内开挖至高程 -24.5m	8.79
19	第九道内衬施工	8.73
20	基坑内开挖至高程 -27.5m	9.34
21	第十道内衬施工	9.30
22	基坑内开挖至高程 -30.5m	9.76
23	第十一道内衬施工	9.75
24	基坑内开挖至高程 -33.5m	10.07
25	第十二道内衬施工	10.08
26	基坑内开挖至高程 -36.5m	10.30
27	第十三道内衬施工	10.31
28	基坑内开挖至高程 -39m	10.59
29	第十四道内衬施工	10.59

从不同开挖深度地连墙的水平位移变化可以看出,随着基坑开挖深度不断增大,地连墙的水平位移不断增加,且水平最大位移对应深度不断下移。当基坑开挖至 -39m 时,地连墙水平位移最大,为 10.59mm,此时地连墙水平位移云图如图9所示。

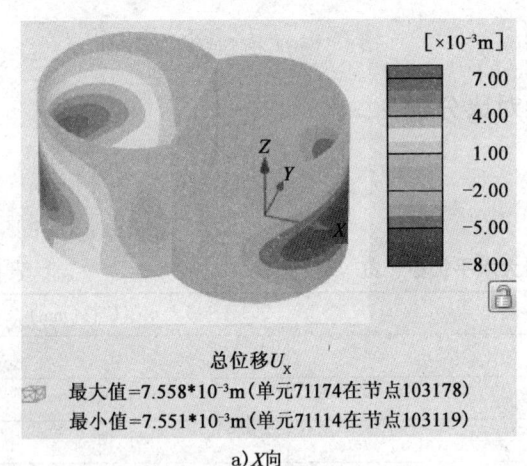
a) X向

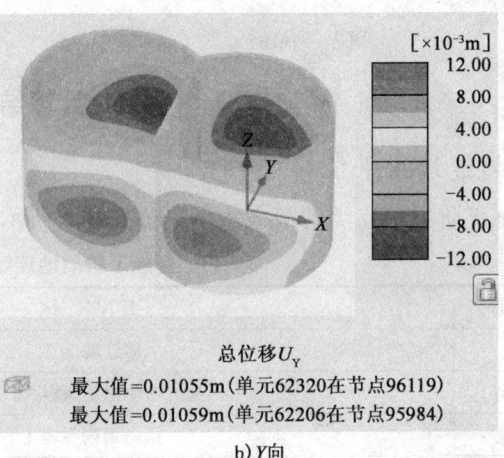
b) Y向

图9 围护结构水平位移云图

2. 地连墙混凝土应力

各施工阶段地连墙的最大拉应力以及压应力如表4所示。

各施工阶段地连墙最大应力一览　　　　表4

工序	工序名称	拉应力(MPa)	压应力(MPa)
1	地连墙施工	0	0
2	基坑内开挖至高程 -0.5m	0.16	0.09
3	第一道内衬施工	0.05	0.04

续上表

工序	工序名称	拉应力(MPa)	压应力(MPa)
4	基坑内开挖至高程 -3.5m	0.04	0.8
5	第二道内衬施工	0.15	0.86
6	基坑内开挖至高程 -6.5m	0.13	1.75
7	第三道内衬施工	0.57	1.79
8	基坑内开挖至高程 -9.5m	0.53	2.41
9	第四道内衬施工	0.99	2.43
10	基坑内开挖至高程 -12.5m	1.34	3.09
11	第五道内衬施工	1.3	3.04
12	基坑内开挖至高程 -15.5m	1.63	3.95
13	第六道内衬施工	1.61	3.81
14	基坑内开挖至高程 -18.5m	1.58	4.88
15	第七道内衬施工	1.21	4.4
16	基坑内开挖至高程 -21.5m	1.87	4.9
17	第八道内衬施工	1.77	4.89
18	基坑内开挖至高程 -24.5m	2.62	5.24
19	第九道内衬施工	2.6	5.25
20	基坑内开挖至高程 -27.5m	3.07	5.58
21	第十道内衬施工	3.09	5.54
22	基坑内开挖至高程 -30.5m	3.29	5.9
23	第十一道内衬施工	3.33	5.91
24	基坑内开挖至高程 -33.5m	3.35	6.16
25	第十二道内衬施工	3.38	6.18
26	基坑内开挖至高程 -36.5m	3.31	6.34
27	第十三道内衬施工	3.36	6.36
28	基坑内开挖至高程 -39m	3.39	6.83
29	第十四道内衬施工	3.42	7.12

从不同开挖深度地连墙的应力变化可以看出,随着基坑开挖深度不断增大,地连墙的应力不断增加。当基坑开挖至 -39m 时,地连墙应力最大,最大拉应力为 3.42MPa,最大压应力为 7.12 MPa,此时地连墙应力云图如图10所示。

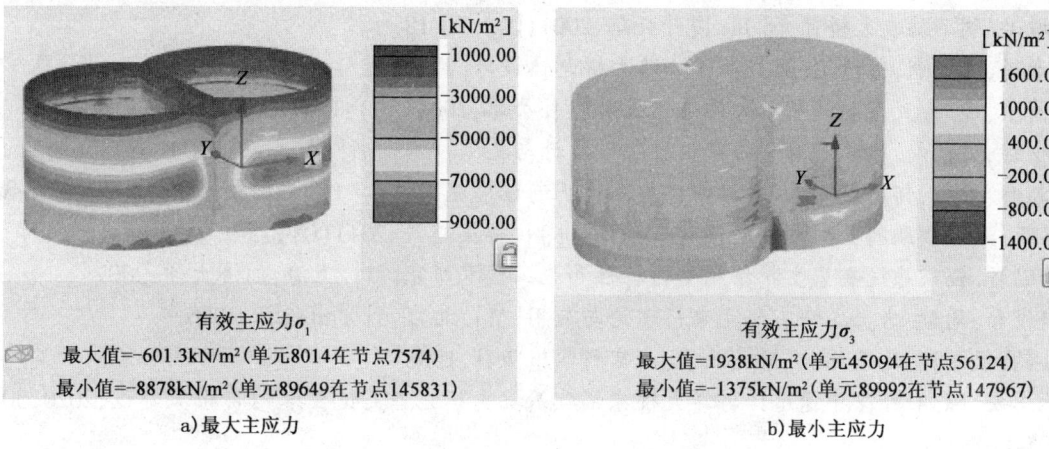

a) 最大主应力   b) 最小主应力

图10 开挖至 -39m 时地连墙应力云图

3. 与监测数据对比分析

根据2020年5月30日提供的监测数据,基坑开挖深度为19.5m、第6层内衬施工时锚碇基坑围护结构最大水平位移为4.68mm,比计算结果6.34mm略小,围护结构最大应力为2.15MPa,比计算结果3.81MPa略小,分析其原因是,模拟时地质选择的是最不利地质,因此围护结构的最大水平位移与压力比实际监测值略大,见表5。

深中通道 S04 东锚碇基坑施工监控汇总表　　表5

工作内容	累计最大值		单次增量最大值		预警控制		
	数值	位置	数值	位置	预警状态	控制值	是否预警
地连墙钢筋应力	21.1MPa	GT-1A,距墙顶7m	1.9MPa	GT-6A,距墙顶7m	10.0%	210MPa	否
地连墙混凝土应力	-2.15Pa	GT-7B,距墙顶22m	0.24MPa	GT-1B,距墙顶12m	19.5%	11MPa	否
内衬钢筋应力	30.8MPa	NC-12G,距墙顶7m	1.7MPa	NC-8G,距墙顶7m	14.9%	210MPa	否
内衬混凝土应力	-2.62MPa	NC-1H,距墙顶7m	-0.30MPa	NC-13H,距墙顶7m	23.8%	11MPa	否
地连墙深层水平位移	1.64mm	P4,距管顶19.5m	0.18mm	P5,距管顶9.5m	6.5%	25mm	否
地连墙墙顶径向水平位移	4.68mm	JK1	0.32mm	JK6	18.7%	25mm	否
地连墙墙顶竖向位移	-1.02mm	JK11	-0.04mm	JK11	5.1%	20mm	否
工况	基坑开挖深度19.5m,第6层内衬施工						

六、结　语

本文采用大型三维有限元分析软件PLAXIS 3D对东锚碇基坑进行了计算分析,详细介绍了精细化建模过程以及建模时需注意的对象,并且与监测结果进行了对比,由对比结果可知,数值模拟时模型的地质选取的为最不利地质,因此围护结构的最大水平位移与压力比实际监测值略大。

目前的深基坑工程仍处于边实践边摸索阶段,尚缺乏成熟技术规范的指导,本文对深基坑计算理论及数值模拟方法进行了详细的介绍,提高深基坑工程实践指导的科学性,对后期基坑工程的计算与分析提供了有效的参考。

参考文献

[1] 黄茂松,王卫东,郑刚.软土地下工程与深基坑研究进展[J].土木工程学报,2012,45(06):146-161.
[2] 彭波.虎门二桥锚碇复合基础设计及施工技术研究[D].广州:华南理工大学,2018.
[3] 陈开御,周璞.地下连续墙基础在桥梁工程上的应用[J].桥梁建设,1995(01):48-51.
[4] 戴竞.虎门大桥设计与施工[J].土木工程学报,1997(04):3-13.
[5] 金增洪.明石海峡大桥简介[J].国外公路,2001(01):13-18.
[6] 吴寿昌,王立新,彭德运.润扬长江公路大桥总体设计[J].铁道标准设计,2003(03):1-5+0.
[7] 徐国平,邓海.武汉阳逻长江大桥总体设计[J].公路,2004(10):1-6.
[8] 张少锦,孟凡超.珠江黄埔大桥悬索桥锚碇设计与施工技术创新[J].公路,2008(08):56-62.
[9] 段朝静,徐伟,何超然.南京长江四桥超深地下连续墙施工技术[J].施工技术,2010,39(02):39-42.
[10] 罗昕.武汉鹦鹉洲长江大桥南锚碇基础设计[J].桥梁建设,2011(04):5-9.
[11] 李劲晖.锚碇基坑嵌岩支护结构受力特性和施工技术研究[D].上海:同济大学,2007.
[12] 谢康和,周健.岩土工程有限元分析理论与应用[M].北京:科学出版社.2000.
[13] 孙钧,侯学渊.地下结构[M].北京:北京科学出版社,1988
[14] 姚志安,陈炳耀.深中通道伶仃洋大桥东锚碇基坑支护施工关键技术[J].桥梁建设,2020,50(03):105-110.

10. 深中通道正交异性钢桥面板智能制造技术及质量控制方法研究

邢 扬

(中铁山桥集团有限公司)

摘　要　正交异性钢桥面板因其自重较轻、极限承载力大、跨越能力强等特点,经常被广泛应用于大跨径桥梁中。为了更加全面地了解正交异性钢桥面板的制作工艺,提高产品质量。本文以深中通道正交异性钢桥面板为工程背景,对正交异性钢桥面板智能制造技术及质量控制方法进行了系统分析与论述。首先,对正交异性钢桥面板的结构形式进行介绍;然后,通过对钢板智能下料、U形肋加工、U形肋板单元自动化组焊、板单元自动化机械矫正、焊缝智能检测等方面的分析研究,提出正交异性钢桥面板智能制造技术及质量控制方法;最后,通过对板单元检测数据进行分析,验证了本文所提出的智能制造技术及质量控制方法科学、合理,可为今后类似工程的制作提供重要参考。

关键词　深中通道　正交异性钢桥面板　U形肋　智能制造　质量控制

近年来,正交异性钢桥面板因其自重较轻、极限承载力大、跨越能力强等特点,已被广泛应用于大跨径桥梁中[1]。常见的正交异性钢桥面板,其加劲肋通常由分布较密的纵向U肋与分布较疏的横肋组成[2],因此,通过这两种形式的加劲肋组合后的桥面板,在横纵两个相互垂直方向上的刚度、弹性性能等均不相同,将上述特性认为是各项异性(anisotropy)后,欧美、日本等便把此类钢桥面板命名为正交异性板(orthogonal-anisotropic plate,简写成 orthotropic plate)[3,4]。

因为正交异性钢桥面板纵向和横向刚度差异大、结构及受力形式复杂、焊缝繁多、应力集中问题突出,所以其疲劳开裂病害问题不断出现,已成为阻碍桥梁工程可持续发展的重大难题[5-7]。而零件下料精度、加劲肋组装精度、焊缝质量等制造因素是影响正交异性钢桥面板质量的关键因素[8]。

本文结合深圳至中山跨江通道正交异性钢桥面板制作的工程实例,对正交异性钢桥面板的智能制造技术及质量控制方法进行系统研究。

一、工程概况

深圳至中山跨江通道工程是连接珠江口东、西两岸深圳和中山两市的一条跨越珠江口内伶仃洋的通道,直接连接深圳经济特区与中山市。其东接机荷高速公路,跨越珠江口,西至中山马鞍岛,与规划的中开、东部外环高速公路对接,实现在深圳、中山及广州南沙登陆。项目全长约24.03km,其中跨海段长22.39km,是集"桥、岛、隧、地下互通"为一体的系统集群工程。

钢结构桥梁包括伶仃洋大桥东泄洪区24×110m钢梁、主跨1666m伶仃洋大桥主桥、伶仃洋大桥西泄洪区22×110m钢梁、主跨580m中山大桥主桥、9×110m引桥以及浅滩区(18+5)m×60m非通航孔桥及万顷沙互通立交匝道桥,钢结构桥梁合计27.99万t,项目路线如图1所示。

中山大桥为110m+185m+580m+185m+110m双塔双索面钢箱梁斜拉桥。主梁采用流线型扁平钢箱梁断面,索塔采用门型主塔,斜拉索采用扇形布置,在外侧通过锚拉板锚固。桥梁位于半径25000m的竖曲线上,竖曲线中心位于主跨中心位置,桥梁两侧设2%的纵坡。主桥平面位于直线段。中山大桥效果图如图2所示。

中山大桥主桥钢箱梁梁高4m,桥梁全宽46m(含风嘴),桥面宽度43.5m,桥面横向设2.5%双向排水坡。钢箱梁由顶板、底板、斜底板、边腹板、锚箱及风嘴等板单元组成(图3)。

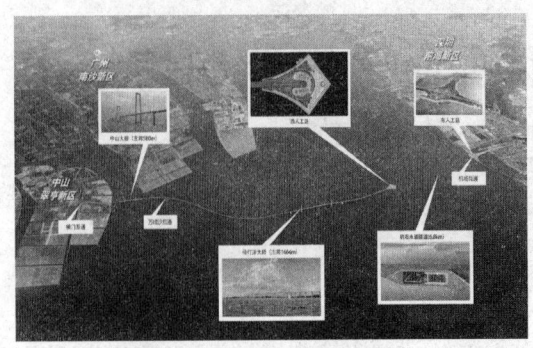

图 1 深中通道路线图

图 2 中山大桥效果图

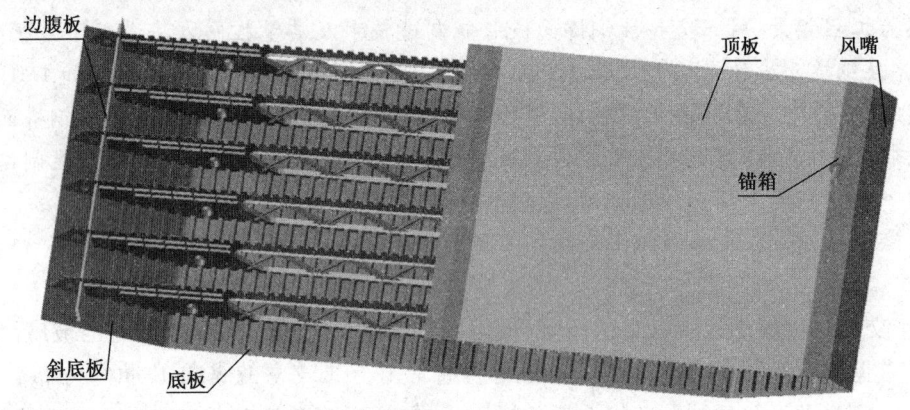

图 3 中山大桥钢箱梁节段直观图

二、正交异性桥面板智能制造技术及质量控制方法

1. 钢板智能下料技术

改变传统热切割的加工方式，钢桥面板下料、坡口为铣削加工，可大幅提高坡口表面质量和生产效率，降低表面粗糙度，确保后续焊接质量更加稳定，同时减少钢板订货尺寸余量，节省原材料；U 形肋钢板下料采用效率高、切割面质量好、零件尺寸精度的空气等离子切割设备。所有设备实现联网管控，可实现数控切割机联网管控，主要功能包括切割设备运行状态监控、人员作业任务管控、工时物量统计分析、相关电子看板以及报表打印等。同时，钢板信息、切割零件信息、工作状态等信息通过无线组网传递至车间制造执行智能管控系统，实现零件信息追踪。

2. U 形肋加工技术

按传统的制造工艺，U 形肋两边两头需分别铣或刨加工制作，不仅变形大、效率低下，且 U 肋质量很难保证，工人劳动强度大，不太适合大批量制造。为了解决这些技术上的问题，中山大桥 U 形肋采用全新的生产线，全面提升了 U 形肋的加工精度和生产能力（图 4）。

（1）U 形肋边缘应用配备了新型直线导轨和加工刀具的铣床，通过提高动力头功率和轨道改进，加工效率提高了 30%，边缘加工粗糙度达到 Ra12.5，加工后板边直线度和尺寸精度更加稳定，直线度偏差不超过 1mm，宽度偏差不超过 0.5mm。

（2）采用"先孔法"工艺，用大型覆盖式机械样板钻制 U 形肋两头孔群，保证极边孔距偏差控制在 ±2mm 以内。

（3）U 形肋坡口加工采用数控铣削加工方式，钢板压紧机构有效地控制了加工过程中钢板的振动，避免了坡口钢板撕裂和微裂纹，坡口面的粗糙度达到 Ra12.5，钝边尺寸偏差全部控制在 ±0.5mm 以内，坡口角度偏差全部控制在 ±0.5°以内。

(4) U形肋数控折弯机床的液压油缸压力为 4×5000kN,使折弯质量更加稳定,机床折弯"虎口"尺寸达到 1250mm。

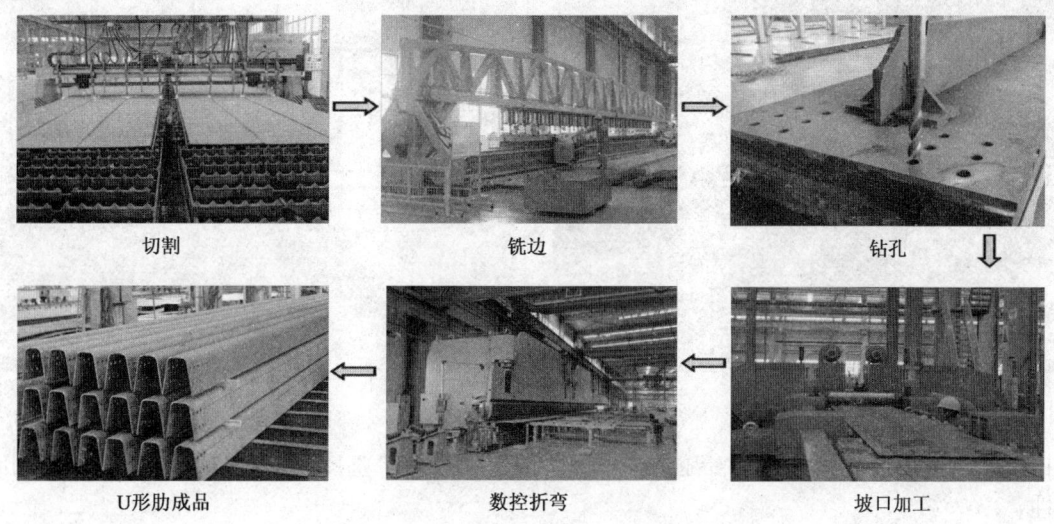

图 4　U形肋加工流程

3. 正交异性钢桥面板单元自动化组装与内焊技术

传统制造工艺中U肋与面板组装、定位与焊接三道工序相对独立,工序分散,效率较低,而且U肋组装时要进行定位焊,定位焊起、熄弧处出现缺陷的风险大,影响焊缝熔深效果,且外观成型差。

深中通道项目正交异性钢桥面板单元组装与焊接将采用我公司自主开发的板单元自动组装、焊接一体式机床(图 5)。机床包括面板打磨系统、U肋组立系统、U肋内侧埋弧焊缝焊接系统、U肋外侧角焊缝焊接系统和电气控制系统。面板打磨系统首先对面板进行打磨;打磨完成后,U肋组立系统将U肋的位置固定并将其与面板压紧在一起,U肋内侧埋弧焊缝焊接系统伸入U肋内部实施内侧焊缝的焊接,U肋组立系统与U肋内侧埋弧焊缝焊接系统协同工作,不仅取消了U形肋与面板的定位焊,而且将U肋定位卡紧、U肋焊接整合为一道工序。本设备集面板打磨、U肋连续组立、U肋内侧角焊缝焊接及U肋外侧角焊缝焊接等多功能于一体,实现U肋组装与焊接同时进行,极大地提高了生产效率。

图 5　板单元组装与内焊一体机床

4. 正交异性钢桥面板单元自动化外焊技术

U形外侧角焊缝采用反变形船位埋弧自动焊焊接专机焊接(图 6),将自动焊接技术与反变形船位焊接技术结合,使U形肋与面板的焊缝达到理想的"凹"形焊缝外观,从而增强焊趾处的抗疲劳性能。板单元焊接专机主要由行走龙门、可升降焊臂横梁、焊臂装置、单丝埋弧焊机头、焊剂输送回收系统、焊接渣壳清扫装置、焊缝跟踪装置和电气控制系统等组成。焊接专机配置板单元反变形胎,可以实现 6 把焊枪同时对U肋外侧坡口角焊缝进行船位埋弧自动焊接。外焊专机采用接触式焊缝跟踪装置,跟踪性能稳定、可靠,可精确跟踪焊缝位置。

5. 板单元自动化机械矫正技术

以往正交异性钢桥面板单元焊接完成后一般采用火工矫正,对操作人员的技能有较高要求的同时,还要消耗大量氧气、乙炔等气体。由于人工操作,温度控制难度大,而温度过高后,会使母材晶体发生变化,影响木材质量。为降低因火矫对板单元力学性能的影响,我们采用数控矫正机床可对板单元进行自动检测,自动矫正,实现智能化变形矫正(图7)。

图6 U形肋板单元埋弧自动焊专机　　　　　图7 数控矫正机床

数控矫正机床可通过图像识别,智能感知,检测板单元焊后平整度,进行自动化机械矫正,同时具有以下特性:

(1)通过压轮仿形设计确保板单元滚压处无压痕。

(2)通过多套激光位移传感器对底板不平度自动检测,避免人工检测麻烦;另外在矫正机底部下矫正轮安装监控,操作者能够直观看到工件矫正时下面的工作状态。

(3)辊道为初检平台,便于人工判断其不平度。

(4)辊道有防砸装置,便于吊装工件,利于安全生产。

(5)液压系统使用比例阀,可精确定位。

(6)控制系统具有人机交互功能,可设置和调用参数进行自动控制,自动设置压力参数保护。

6. 横隔板上接板(齿形板)与正交异性钢桥面板单元焊接技术

横隔板上接板(齿形板)与钢桥面板及其U形肋之间焊缝采用龙门式智能焊接机器人系统,焊前自动传感定位,双焊枪两侧对称施焊(图8),焊接时自动从平位转到立位,两种不同位置连续施焊,中间无须停弧,端头自动连续包角焊(图9)。

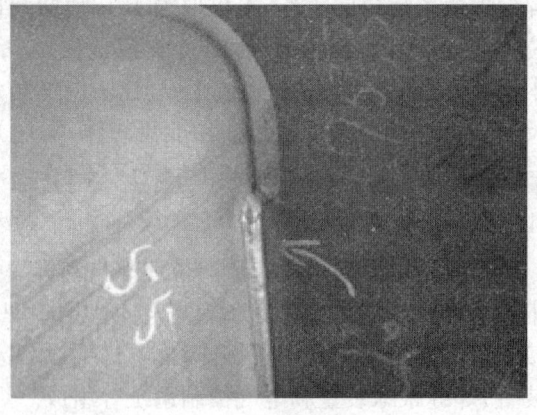

图8 齿形板焊接　　　　　　　　　　　图9 自动包角焊

7. 焊缝智能检测技术

顶板与U形肋熔透角接焊缝,直接承受轮载作用,受力情况复杂,轮载在接头位置产生的应力复杂,加强该类焊缝焊接质量控制,对桥梁的耐久性至关重要。但普通A型脉冲反射式超声波探伤系统对此类焊缝的检测结果与实际情况符合性较差,难以实现该类焊缝的焊接质量控制。为此,我公司特引进以色列的ISONIC-UPA型相控阵超声波探伤仪(图10)。

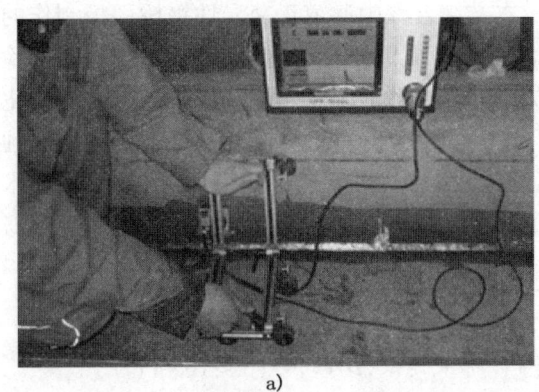 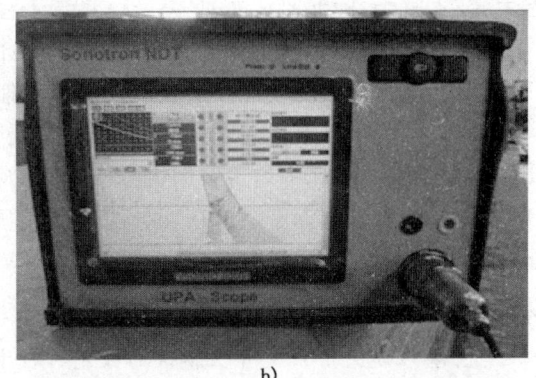

图 10 相控阵超声波探伤仪

该探伤仪具有以下技术特点和优势：

(1) 具有 A、B、C、P 扫描,TOFD 衍射成像功能。

(2) 具有声定位系统,定位精度 0.25mm,频率范围 0.25～35MHz,灵敏度精度 0.5dB。

(3) 可任意设定声束的聚焦深度、偏向角等参数,从而将检测条件调整为最佳。

(4) 缺陷三维定量和相应实时彩色显示。

(5) 高效率、直观、可靠,检测人为因素减至最低;抵抗环境噪声达 60 分贝;宽的温度范围;超声速度的温度修正。

(6) 可对探头和检测件的相对位置进行连续的三维跟踪,并可对探头移动间距和角度进行跟踪。

(7) 可对探头和检测表面的耦合状态进行跟踪。

(8) 具有自动检测结果处理和报告系统。

(9) 可存储大量检测设定和数据,并可由网络传输。

三、应 用 效 果

相比以前的桥梁生产工艺,深中通道板单元生产线在质量精度方面增加了许多新设备加强控制,在质量控制方法上更注重细节的处理,因此正交异性桥面板的组装、焊接等精度控制水平及工作效率均得到了大幅提高,具体检测结果见表 1、表 2,满足《深圳之中山跨江通道项目制造验收规则》的要求[9,10],在深中通道近乎苛刻的质量标准面前,交出了满意的答卷。

板单元组装精度对比　　　　表 1

板单元组装精度	项　目	验收标准(mm)	合格率(%)	工作效率(块/班)
U 形肋组装间隙	本项目	≤0.5,局部允许 1	100	9
	之前项目		96	6
U 形肋组装间距	本项目	端部及横隔板处 ±1,其他部位 ±2	100	9
	之前项目		94	6

板单元制作精度检测数据　　　　表 2

检测项点	验收标准	板单元检测数量	板单元合格数量	合格率(%)
U 形肋熔透角焊缝	100% 熔透	100	100	100
板单元平面度	横向≤2,纵向≤4/4m	100	100	100
板单元四角不平度	≤5	100	100	100

四、结　　语

深圳至中山跨江通道是继港珠澳大桥之后又一世界级超大"隧、岛、桥、地下互通"集群工程。工程规模宏大,技术复杂,标准要求高,是复杂巨系统工程。本文结合深中通道正交异性钢桥面板制作的工程实例,从钢板智能下料、U形肋加工、U形肋板单元自动化组焊、板单元自动化机械校正、焊缝智能检测等方面,对正交异性桥面板的智能制造技术及质量控制方法进行系统研究。通过采用智能化、自动化制造设备,并在质量控制方法上更注重细节的处理,降低了人工因素对产品质量的影响,提高了正交异性桥面板的质量及稳定性。从深中通道中山大桥板单元的精度控制结果来看,本文所阐述的智能制造技术及质量控制方法科学、合理。深中通道正交异性桥面板智能制造及质量控制的成功经验,可为今后类似工程的制作提供重要参考。

参考文献

[1] 韩小义.港珠澳大桥正交异性钢桥面板制作技术[J].桥梁建设,2015,45(5):105-111.
[2] 叶翔,叶觉明.正交异性钢桥面板结构加工技术工艺[J].钢结构,2010,25(5):53-55.
[3] 车平,李军平,张梁,等.大型钢桥梁正交异性桥面板制作工艺研究[J].钢结构,2014,29(12):53-57.
[4] Wolchuk R. Design manual for Orthotropic Steel Plate Deck Bridges[M]. American Institute of Steel Construction,1963.
[5] Junhyeok Choi, Dohwan Kim. Stress Characteristics and Fatigue Crack Behavior of the Longitudinal Rib-to-Cross Beam Joints in an Orthotropic Steel Deck[J]. Advances in Structural Engineering,2008,11(2):189-197.
[6] Pfei M S, Battista R C. Stress concentration in steel bridge orthotropic decks[J]. Journal of Constructional Steel Research,2005,61(8):1172-1184.
[7] 周建林,刘晓光,张玉玲.苏通大桥钢箱梁桥面板关键构造细节疲劳试验[J].桥梁建设,2007(4):17-20.
[8] 王庆曾.港珠澳大桥钢箱梁板单元制造工艺及质量控制[J].世界桥梁,2016,44(2):25-29.
[9] 中国铁路总公司.铁路钢桥制造规范:Q/CR 9211—2015[S].北京:中国铁道出版社,2015.
[10] 中华人民共和国交通运输部.公路桥涵施工技术规范:JTG/T F50—2011[S].北京:人民交通出版社,2011.

11. 一种景观型桥梁中分带护栏研发

杜艳爽[1]　宋神友[2]　陈焕勇[2]　刘恩惠[1]　郑允康[1]　王翔[1]

(1.北京深华达交通工程检测有限公司;2.深中通道管理中心)

摘　要　在保证桥梁护栏的安全防护功能的前提下,为达到景观需求,本文开发一种新型景观型桥梁护栏。以调研数据为基础,拟定横梁和立柱方案,然后对横梁和立柱进行比选,确定横梁和立柱方案,将确定的横梁和立柱方案进行组合,确定3种护栏方案,对3种护栏方案进行计算机仿真分析,根据仿真分析结果,确定钻石型立柱-圆形横梁为最终方案。该护栏方案满足SA级防护需求,美观大方。

关键词　景观型　桥梁中分带护栏　钻石型立柱　圆形横梁　计算机仿真分析

一、引　言

桥梁护栏作为高速公路重要附属设施,不仅是交通事故的最后一道防线,也是公路上一道靓丽的风景线,因此应兼备良好的防护性能和景观效果。文献[1]中桥梁护栏有三种形式:金属梁柱式护栏、混凝土护栏、组合式护栏。对比三种护栏形式,可以确定金属梁柱式护栏美观通透、强度高、变形小,因此笔者以金属梁柱式护栏为基础研发。新型景观型桥梁中分带护栏的研发是以深中通道项目为依托工程,深中通道项目建筑美学设计基于整体工程一体化的设计理念,通道的所有组成元素都共享一个平衡、和谐的设计,在功能、尺度和比例上相互呼应,形成一个美学和现代工程学完美融合的整体。护栏作为其组成部分,其设计理念与深中通道项目设计理念保持一致。

二、横梁方案选定

横梁方案拟定步骤是首先考虑景观性,结合调研数据和经验确定不同的横梁断面形式;结合根据确定的断面形式,考虑规范要求和安全性要求,确定不同横断面形式下的不同构造尺寸方案,构造尺寸方案包括横梁的厚度和外观尺寸,进而确定方案。

横梁方案的比选的原则包括三方面:安全性、经济性、景观性,其中安全性主要是考虑横梁的抗弯性能、经济性主要考虑横梁的用钢量。

1. 调研数据分析

项目组根据项目需要调研日本以及国内特大桥护栏的型式、构造等参数,对调研数据整理分析可知,目前桥梁护栏常用的横梁截面有矩形截面、圆形截面、椭圆形截面,见图1~图3。

a) 东京湾跨海大桥

b) 港珠澳大桥

图1 矩形截面

图2 圆形截面:观音大桥桥梁

图3 椭圆圆形截面:日本中川桥

2. 横梁断面形式的确定

根据调研数据,结合其他桥梁护栏项目研究经验,深中通道护栏横截面形式拟定5种方案,包括有矩形、圆形、面包形、椭圆形、异形,横梁截面形式构造见图4。

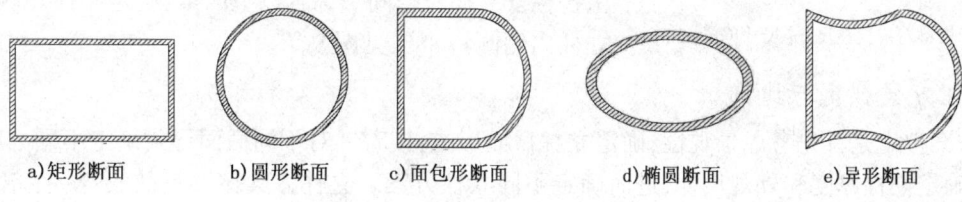

a) 矩形断面   b) 圆形断面   c) 面包形断面   d) 椭圆断面   e) 异形断面

图4 深中通道桥梁护栏横梁截面形式

3. 方案拟定与比选

对不同横梁截面形式进行方案拟定时,主要考虑安全性拟定同一截面形式下不同厚度下对应的外观尺寸。进行横梁构造尺寸确定时,要考虑规范要求,同时考虑横梁应力验算,最终确定横梁方案:矩形截面横梁有5种方案、圆形截面横梁有5种方案、面包形截面横梁有2种方案、椭圆形截面横梁有3种方案、异形截面横梁有3种方案。对确定的方案从安全、经济、景观三方面进行比选,最终确定3种横梁方案,见图5。

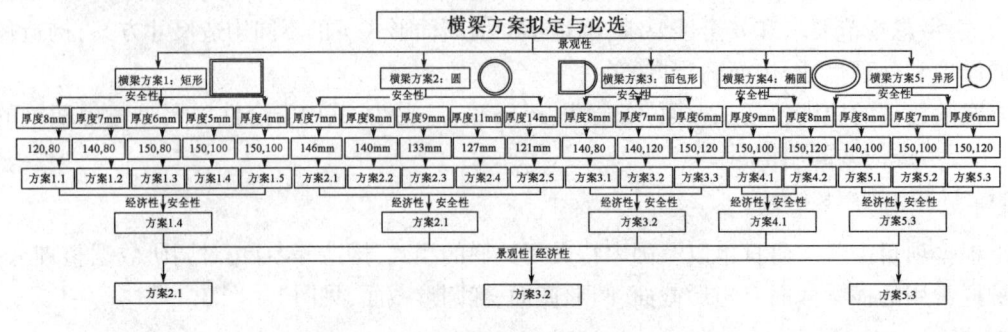

图5 横梁方案比选

三、立柱方案选定

1. 立柱高度确定

参考相关规范条文[1],结合确定的横梁方案,确定横梁设置位置及立柱高度。根据以上原则,确定不同截面形式下横梁对应立柱高度:SA级护栏高度为1300mm,以圆形横梁对应立柱为例,见图6。

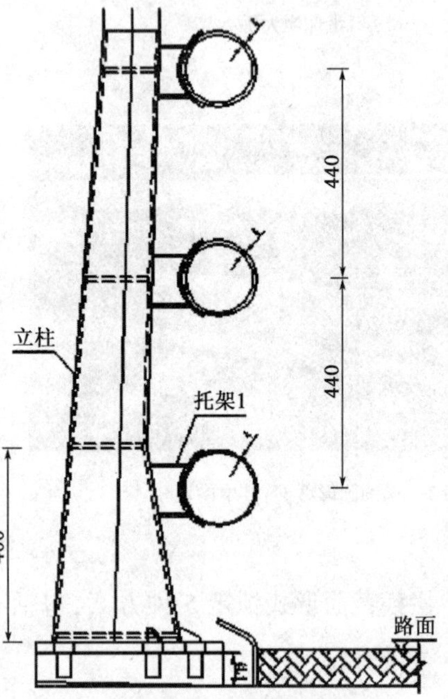

图6 圆形横梁对应立柱尺寸(尺寸单位:mm)

2. 立柱倾斜分析

立柱的倾斜形式为外倾、直立、内倾三种。调研现有桥梁护栏立柱形式,发现立柱主要采用直立和内倾两种,分析原因可以确定,外倾视野开阔,容易诱导驾驶员加速,不适合在高速条件下设置,因此深中通道项目立柱考虑采用直立或内倾。

对比立柱采用内倾和直立两者区别,可以确定:当立柱采用内倾时,车辆碰撞护栏时,护栏上部优先受力,可有效控制车辆的侧倾,降低对吊杆的威胁;同时内倾比直立景观效果会更好,因此立柱考虑采用内倾方式。

确定立柱选用内倾形式后,需确定立柱内倾角度。倾斜角度有两种方案:内外侧采用同角度倾斜或内外侧采用不同角度倾斜,对比这两种方案,采用不同角度倾斜时底截面受力面积更大,安全性更高,因此采用这种形式,见图7。

确定立柱采用内外侧不同角度倾斜方案后,需要确定内外侧倾斜角度。倾斜角度的确定需要考虑护栏的容许空间,立柱和横梁在垂直行车道方向宽度不能超过路缘石宽度,同时要预留护栏安装操作空间。综合以上因素,确定立柱外侧倾斜85°,立柱内侧倾斜88°,见图8。

3. 立柱方案拟定与比选

立柱方案拟定是首先考虑景观性,确定立柱截面形式;接着针对不同截面形式确定不同方案,主要考虑安全性,确定立柱厚度和外观尺寸,进而确定不同立柱方案。立柱方案比选是从安全、经济、景观三个方面考虑确定立柱推荐方案。

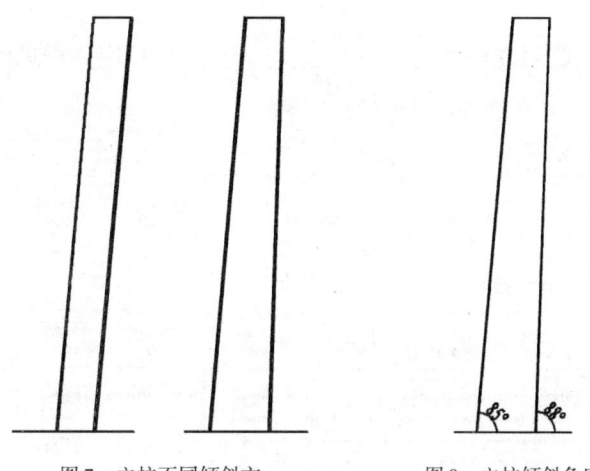

图7 立柱不同倾斜方 　　　　图8 立柱倾斜角度

1）方案拟定

(1) 调研数据分析。

通过对调研数据分析可知,目前桥梁护栏常用的几种立柱截面有矩形截面、工字形截面,见图2。

(2) 伶仃洋大桥设计理念。

伶仃洋大桥效果见图9。从图9可以看出,伶仃洋大桥设计简洁、和谐、识别性强,与周围景观相协调。从美学来讲,伶仃洋大桥设计理念以三角形为基础,采用晶体切面的几何构造,美观大方。

为了保证深中通道整体设计一体化,护栏的设计参考伶仃洋大桥其他部件的设计,从中得到启发。从图9中可以看出,伶仃洋大桥主塔的塔柱采用不规则六边形的构造,主缆同样采用六边形构造,锚碇采用由三角形组成的不规则多边形,见图10。护栏立柱的设计可以考虑以三角形为基础,结合伶仃洋大桥其他部件设计,拟定立柱截面。

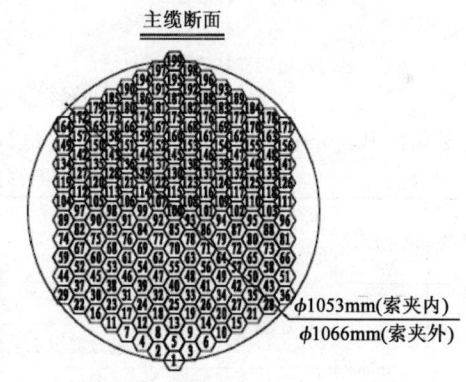

图9 伶仃洋大桥效果图 　　　　图10 伶仃洋大桥主缆设计图

(3) 立柱截面形式方案。

结合调研数据、经验以及伶仃洋大桥设计,拟定五种截面形式:工字形截面、外包工字形截面、正六边形截面、不规则六边形截面、工字六边形截面,见图11。

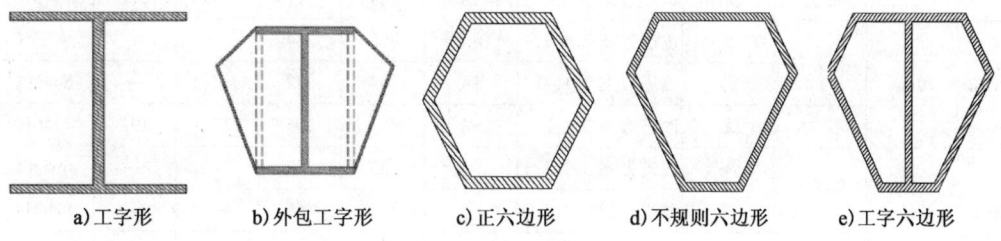

a) 工字形　　b) 外包工字形　　c) 正六边形　　d) 不规则六边形　　e) 工字六边形

图11 立柱截面方案

(4)立柱方案拟定。

根据拟定的立柱截面形式,对立柱的构造方案进行拟定,具体拟定流程见图12。

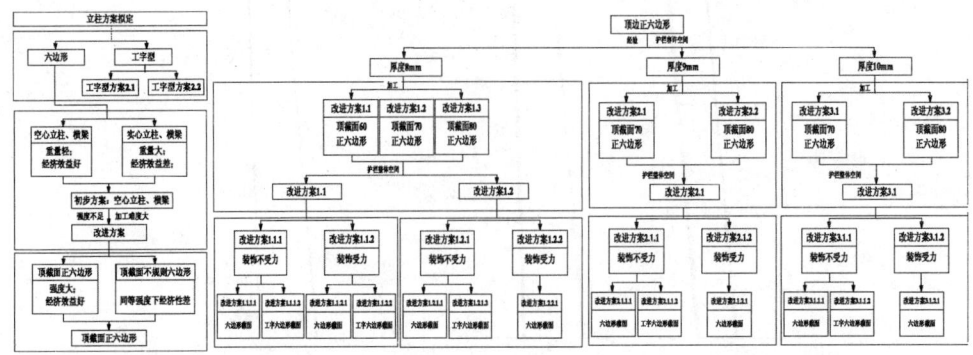

图12 立柱方案拟定

2)方案比选

(1)六边形截面与工字形截面方案比选。

对比六边形截面立柱与工字形截面立柱,见图13,可以看出六边形截面立柱景观效果更好,同时六边形立柱截面状似钻石,象征着深中通道项目的璀璨夺目;钻石质地坚硬,象征深中项目建设质量高,品质好;六有"顺"的意思,象征车辆在深中通道上行驶平平安安,顺顺利利;六边形立柱简洁、和谐、大气、识别性强,与主塔、锚碇等相呼应,并与周围环境和谐,符合深中整体工程一体化的设计理念。综合分析,立柱截面形式方案选择六边形截面,并将六边形立柱命名为钻石形立柱。

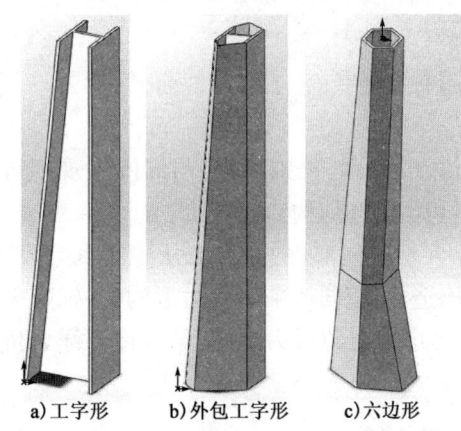

a)工字形　b)外包工字形　c)六边形

图13 工字形立柱与六边形立柱效果图

(2)钻石形立柱方案比选。

通过上文比选,确定了立柱选择钻石型立柱。考虑安全和经济两方面,对钻石型立柱拟定不同的构造方案。对钻石型立柱方案从安全性和经济性两个方面进行对比,最终确定改进方案1.2.2.1为立柱推荐方案,见表1。

钻石形立柱方案比选　　　　表1

立柱形式	厚度	顶边边长	突出部分是否受力	是否有腹板	方案	等级	底截面应力(MPa)		变截面应力(MPa)		表面积(mm^2)	用钢量(kg)
							抗弯	抗弯扭	抗弯	抗弯扭		
六边形	8mm	60mm	不受力	无	改进方案1.1.1.1	SA	272	283	—	—	682910	42.89
				有	改进方案1.1.1.2	SA	244	257	—	—	825607	51.85
			受力	无	改进方案1.1.2.1	SA	228	252	231	264	644092	40.45
				有	改进方案1.1.2.2	SA	—	—	—	—	—	—
		70mm	不受力	无	改进方案1.2.1.1	SA	288	305	—	—	708187	44.47
				有	改进方案1.2.1.2	SA	243	264	—	—	866645	54.43
			受力	无	改进方案1.2.2.1	SA	194	211	186	211	714610	44.88
	9mm	70mm	不受力	无	改进方案2.1.1.1	SA	265	284	—	—	695350	49.37
				有	改进方案2.1.1.2	SA	244	272	—	—	844796	59.98
			受力	无	改进方案2.1.2.1	SA	182	205	170.2	197	714610	50.74
	10mm	70mm	不受力	无	改进方案3.1.1.1	SA	253	277	—	—	695306	54.48
				有	改进方案3.1.1.2	SA	230	265	—	—	829416	64.99
			受力	无	改进方案3.1.2.1	SA	167	191	157.36	186	708526	55.52

四、护栏方案拟定与比选

1. 护栏方案拟定

通过分析,对护栏的各部件进行了方案拟定和比选。对通过比选确定的横梁方案和立柱方案进行组合,最后确定三种护栏方案,分别是圆形—钻石形护栏、面包形—钻石形护栏、异形—钻石形护栏,见图14。

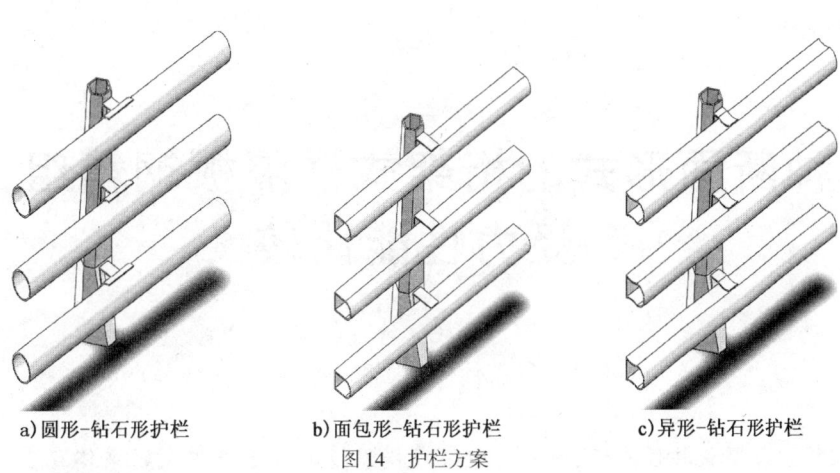

a) 圆形-钻石形护栏　　b) 面包形-钻石形护栏　　c) 异形-钻石形护栏

图14　护栏方案

2. 护栏方案比选

依据文献[2]对确定的三种护栏方案进行计算机仿真分析,应用于仿真的车辆模型均参照标准车辆1∶1模型[3-5]。根据计算机仿真分析结果进行比选,得到表2。通过表2数据可知,圆形—钻石形护栏较其他两种护栏方案安全性更好,同时此方案的景观性更好,因此深中通道项目推荐采用圆形—钻石形护栏。

护栏方案对比表　　表2

防护等级	方案	车型	运行轨迹	护栏破坏情况	车辆破坏情况	乘员碰撞速度(m/s)		乘员碰撞加速度(m/s²)		护栏最大横向动态变形(mm)	车辆最大动态外倾值(mm)
						纵向	横向	纵向	横向		
SA	圆形—钻石形护栏	小客车	正常	可接受	可接受	5.06	7.94	28.5	174	—	—
		大客车	正常	可接受	可接受	—	—	—	—	213	569
		大货车	正常	可接受	可接受	—	—	—	—	231	393
	面包形—钻石形护栏	小客车	正常	可接受	可接受	5.35	7.96	38.8	148	—	—
		大客车	正常	可接受	可接受	—	—	—	—	212	603
		大货车	正常	可接受	可接受	—	—	—	—	252	321
	异形—钻石形护栏	小客车	正常	可接受	可接受	5.9	7.81	34.1	152	—	—
		大客车	正常	可接受	可接受	—	—	—	—	239	606
		大货车	正常	可接受	可接受	—	—	—	—	288	320

五、结　语

笔者以金属梁柱式护栏为基础,结合深中通道设计理念,拟定护栏方案,并从安全、经济、景观三方面对方案进行比选,最终确定新型景观型桥梁中分带护栏。该护栏既能满足SA级防护需求,又达到美观通透的效果。

参考文献

[1] 中华人民共和国交通运输部. 公路交通安全设施设计规范:JTG D81—2017[S]. 北京:人民交通出版社股份有限公司,2017.

[2] 中华人民共和国交通运输部.公路护栏安全性能评价标准:JTG B05-01—2013[S].北京:人民交通出版社,2013.
[3] 张振宇,杨鄂川,吴祖兴.基于车辆及乘员安全的汽车护栏碰撞仿真分析[J].重庆理大学学报,2012,26(9):20-24.
[4] 闫书明,惠斌,李巍,等.基于碰撞分析的特高防撞等级桥梁护栏安全评价[J].特种结构,2010,(1):66-70.
[5] 张振宇,杨鄂川,吴祖兴.基于车辆及乘员安全的汽车护栏碰撞仿真分析[J].重庆理大学学报,2012,26(9):20-24.

12. 两种断面形式的桁架式横隔板钢箱组合梁桥受力性能比较

施江涛

(上海市政工程设计研究总院(集团)有限公司)

摘　要　钢箱组合梁抗扭性能好,当采用桁架式横隔板时可进一步减轻梁体自重,因而在桥梁工程中得到越来越广泛的应用。本文对深中通道初步设计阶段泄洪区引桥拟采用的两种断面形式的桁架式横隔板钢箱组合梁桥进行纵向和横向杆系和实体有限元分析,比较两者在纵、横向及局部受力上的差别,为工程中选择合适的断面形式提供科学的依据。

关键词　深中通道　钢箱组合梁　桁架式横隔板　子结构法　有限元法

一、引　言

钢-混组合梁由钢梁和钢筋混凝土桥面板形成组合截面共同受力,充分发挥钢材受弯性能好和混凝土受压性能好的特点,在受力上具有承载能力高、刚度大、延性好等优点,在使用上具有轻型大跨、预制装配、快速施工、施工期间对交通影响小等优点[3]。而钢箱组合梁相对钢板组合梁,其抗扭性能更好,桁架式横隔板的采用可进一步减轻梁体自重。近年来,这种结构形式在城市桥梁甚至跨海桥梁中都有越来越广泛的应用。

本文以深中通道初步设计阶段为背景,以泄洪区引桥拟采用的两种断面形式的桁架式横隔板钢箱组合梁桥为研究对象,对这两种断面形式从纵向和横向受力方面分别进行分析比较,研究其受力性能的优、缺点,对两种断面形式的采纳提供科学的参考意见。

二、概　述

深中通道东接机荷高速,跨越珠江口,西至中山马鞍岛,与规划的中开、东部外环高速对接,主体工程全长约23.879km,包括6.845km的沉管隧道、东西两座人工岛、约17.034km的桥梁,是集"隧、岛、桥、地下互通"于一体的超级集群工程。

深中通道初步设计阶段,泄洪区引桥拟采用主跨110m桥宽20.2m的桁架式横隔板钢箱组合梁,其中方案A[1]是三腹板桁架式横隔板钢箱组合梁(断面A,图1),主梁梁高5.5m,其中钢箱部分梁高5.0m,结合面处桥面板厚0.5m,桁架式横隔板间距4m;方案B[2]是双腹板+中间小纵梁的桁架式横隔板钢箱组合梁(断面B,图2),主梁梁高5.0m,其中钢箱部分梁高4.5m,结合面处桥面板厚0.5m,桁架式横隔板间距4m。

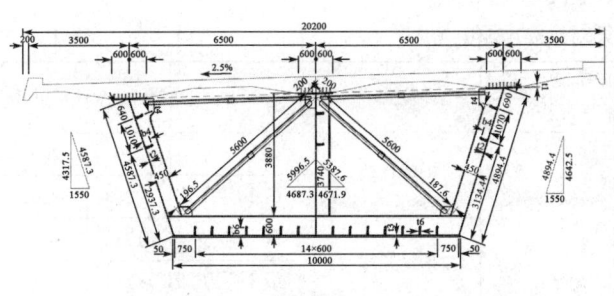

图1 组合梁断面A(尺寸单位:mm)

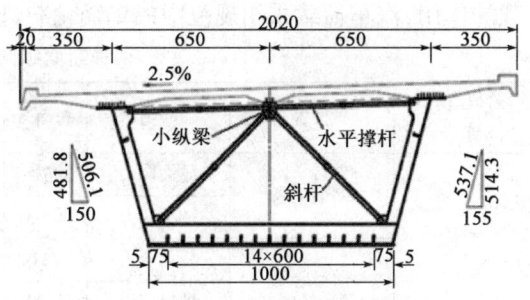

图2 组合梁断面B(尺寸单位:cm)

为比较两种组合梁断面形式对桥梁纵向和横向受力性能的影响,用 MIDAS 和 ANSYS 分别建立杆系和实体有限元模型,对比分析其计算结果,评价两种断面形式的受力性能,为钢箱组合梁断面形式的选择提供科学的依据。

三、计算和结果

1. 向受力计算和结果比较

两种断面的纵向受力性能计算均采用 5×110m 一联进行计算。考虑钢梁预制、组装混凝土桥面板、撤除胎架、吊装梁段、简支变连续、顶升中墩、墩顶现浇混凝土、张拉预应力、回落钢梁、二期铺装、徐变十年等11个施工阶段。使用阶段仅考虑恒载(自重、二期、沉降)和车辆荷载的作用(图3、图4)。

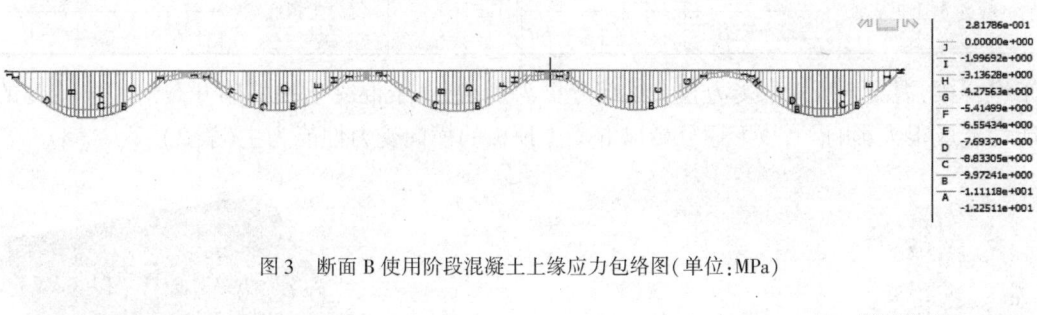

图3 断面B使用阶段混凝土上缘应力包络图(单位:MPa)

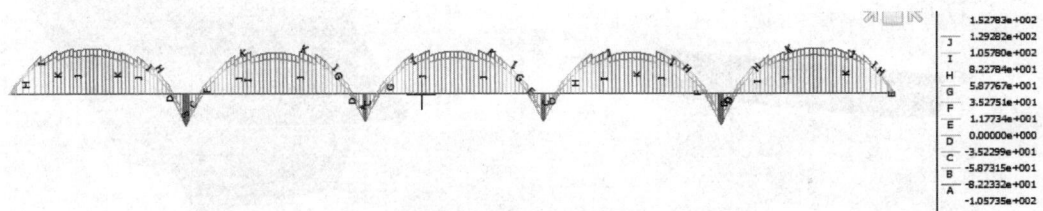

图4 断面B使用阶段钢梁下缘应力包络图(单位:MPa)

由表1可知,上述两种方案均满足规范要求。在不开裂状况下,施工阶段,断面A钢结构应力状态较断面B高,混凝土应力与断面B比较相近。而在使用阶段,断面A钢结构应力状态较断面B低,混凝土应力与断面B比较相近;断面A由于比断面B多一道腹板,其抗剪能力比断面B大。对断面A和断面B,汽车荷载产生的最大挠度值分别为26mm、27mm,刚度也相差不大。

2. 横向受力计算及结果比较

两种断面的横向受力计算采用 ANSYS 子结构法[4],均采用 5×110m 一联进行计算。由于在最不利情况下,边跨跨中附近是纵向挠度最大的位置,故取边跨跨中长60m(3倍梁宽)的梁段采用实体板壳模型,其余梁段采用 BEAM4 梁单元模型。实体板壳梁段中,混凝土顶板采用 SOLID45 实体单元,箱梁钢顶板、腹板、底板均采用 SHELL63 壳单元,桁架式横隔板的支承水平杆和斜杆均采用 LINK8 杆单元,顶板下缘的小纵梁采用 BEAM4 梁单元。模型中考虑恒载(自重、二期、沉降、混凝土顶板横向预应力)和汽车荷载的作用,汽车荷载采用规范中的车辆轮载进行模拟(图5~图8)。

两种断面纵向计算结果对比表(单位:MPa)　　　　　　　表1

阶段/荷载组合	位置	应力	断面A	断面B	阶段/荷载组合	位置	应力	断面A	断面B
顶升回落后	钢梁顶缘	最大应力	170	161	施工阶段包络	钢梁顶缘	最大应力	210	200
		最小应力	-95	-93			最小应力	-208	-202
	钢梁底缘	最大应力	137	150		钢梁底缘	最大应力	178	197
		最小应力	-29	-31			最小应力	-119	-118
	混凝土板顶缘	最大应力	0	0		混凝土板顶缘	最大应力	2	1.9
		最小应力	-12	-12			最小应力	-16	-15
	混凝土板底缘	最大应力	0	0		混凝土板底缘	最大应力	0.5	0.5
		最小应力	-10	-10			最小应力	-13	-13
徐变十年后	钢梁顶缘	最大应力	155	146	恒载+汽车	钢梁顶缘	最大应力	151	153
		最小应力	-139	-138			最小应力	-145	-145
	钢梁底缘	最大应力	135	135		钢梁底缘	最大应力	153	153
		最小应力	-77	-84			最小应力	-98	-106
	混凝土板顶缘	最大应力	0.2	0.3		混凝土板顶缘	最大应力	0.2	0.3
		最小应力	-11	-10			最小应力	-12	-12
	混凝土板底缘	最大应力	0.5	0.6		混凝土板底缘	最大应力	0.5	0.6
		最小应力	-9	-9			最小应力	-10	-10

对于组合梁,混凝土顶板的受力较钢梁部分更为复杂,由于混凝土顶板的开裂对桥梁结构的使用和承载性能均造成很大影响[5],故下述分析以混凝土顶板的横向受力性能为主(表2)。

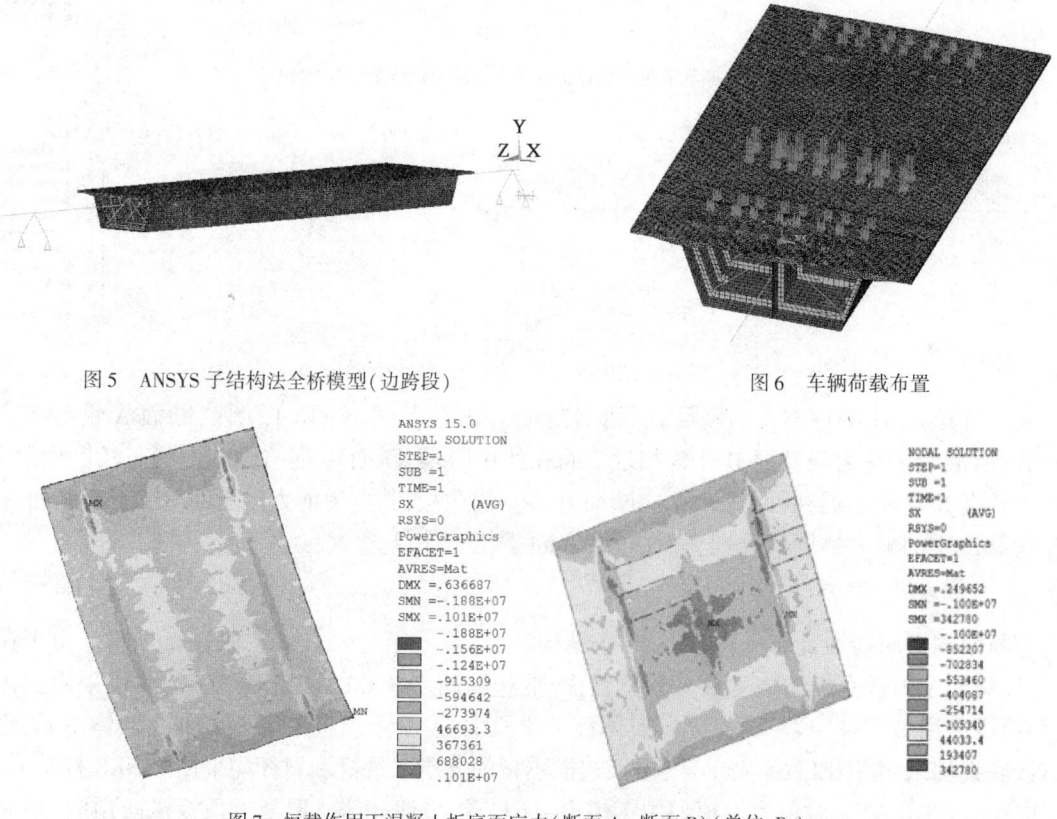

图5　ANSYS子结构法全桥模型(边跨段)　　　　　　　图6　车辆荷载布置

图7　恒载作用下混凝土板底面应力(断面A、断面B)(单位:Pa)

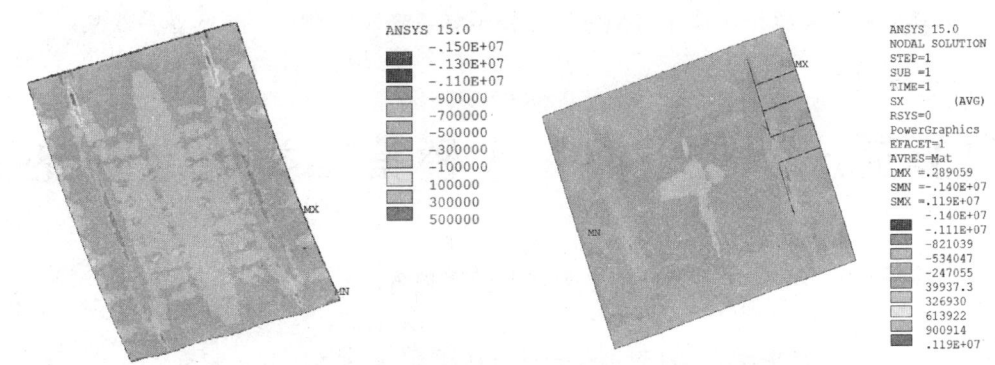

图8 频遇组合下混凝土板底面应力(断面 A、断面 B)(单位:Pa)

两种断面横向计算结果对比表(单位:MPa) 表2

断面种类	荷载/组合	顶板中心顶面	顶板中心底面	1/4 腹板间距处的顶面	1/4 腹板间距处的底面
断面 A	恒载	0.37	-0.05	-0.27	0.37
	车辆	-0.05	0.04	-0.14	0.10
	预应力	-0.40	-0.15	-0.45	-0.38
	短期组合	-0.07	-0.17	-0.82	0.06
断面 B	恒载	-0.40	0.30	-0.40	0.20
	车辆	-0.07	0.13	-0.10	0.55
	预应力	-0.33	-0.28	-0.35	-0.31
	短期组合	-0.78	0.11	-0.82	0.28

由计算结果知,断面 A 由于存在中腹板,中腹板处混凝土顶板的上缘在恒载、车辆荷载作用下存在拉应力,而断面 B 虽然存在小纵梁,但由于小纵梁竖向刚度不如中腹板大,在小纵梁处的混凝土底板在恒载、车辆荷载作用下存在拉应力。综合来看,断面 A 混凝土顶板中间区在域频遇组合下基本处于受压状态;而断面 B 混凝土顶板中间区域在频遇组合下板底存在少量拉应力,但也满足 A 类构件抗裂要求(表3)。

两种断面斜撑受力和挠度对比表 表3

断面种类	桁架式横隔板斜撑受力(kN)	顶板车辆荷载下的相对挠度(mm)
断面 A	252	1.5
断面 B	460	3.0

断面 A 由于存在中腹板,其桁架式横隔板斜撑受力较断面 B 小很多,顶板在车辆荷载下的相对挠度也较断面 B 小。两个断面的斜撑对混凝土顶板均能提供足够的竖向支撑。

四、结 语

本文对深中通道初步设计阶段泄洪区引桥两种断面的桁架式横隔板钢箱组合梁进行了较为全面的比较。通过纵向的杆系有限元整体分析,两个断面在纵向抗弯能力上相差不大,但由于断面 A 比断面 B 多一道中腹板在抗剪能力上断面 A 优于断面 B;通过对局部梁段的实体有限元横向分析,断面 A 混凝土顶板由于中腹板的强支撑,其中间区域顶底面基本处于受压状态,而断面 B 混凝土顶板中间区域板底仍存在少量拉应力,但两个断面混凝土顶板均能满足抗裂要求,其桁架式横隔板斜撑对混凝土顶板均能提供足够的竖向支撑。在实际工程中,应结合经济性、施工性等因素选择合适的断面。

参考文献

[1] 中交公路规划设计院有限公司.深圳至中山跨江通道初步设计文件(A 合同段)[Z].北京:2017.
[2] 中铁大桥勘测设计院集团有限公司.深圳至中山跨江通道初步设计文件(B 合同段)[Z].武汉:2017.
[3] 孔璞.蒲丹快速路分离式钢箱组合梁桥结构设计[J].中国市政工程,2018 年4月第2期(总第197期).
[4] 吕彭民,李燕.大跨径斜拉桥钢锚箱有限元分析的子模型技术法[J].桥隧机械&施工技术,2012.

[5] 谢银.钢板组合梁桥面板横向计算分析研究[J].工程与建设,2019年第33卷第6期.

13. 道庆洲公轨两用大桥第二类稳定研究

汪 威 杨光武

(中铁大桥勘测设计院集团有限公司)

摘 要 稳定是大跨径桥梁设计过程中不可忽视的问题,与强度问题有着同等重要的意义。本文运用大型有限元分析软件 ANSYS 建立了道庆洲公轨两用大桥的有限元模型,分析了其第一类和第二类稳定安全系数,研究了结构的失效路径及不同参数对稳定安全系数的影响。分析结果可为大桥设计提供理论依据,并可为同类型桥梁的稳定分析提供参考。

关键词 公轨大桥 稳定 有限元 几何非线性 材料非线性

一、工程概况

道庆洲公轨两用大桥跨江段长2.7km,主桥按双线轻轨、八车道高速公路设计。主桥为变高度钢桁连续梁,跨径组成为(120+276+120)m,跨中桁高9.5m,支点桁高23m。主梁采用双片华伦桁式结构,主桁系统线间距15m。上层公路桥面采用密横梁体系的预制混凝土板组合结构,下层轻轨桥面采用整体正交异性板桥面,主桥结构布置见图1~图3。

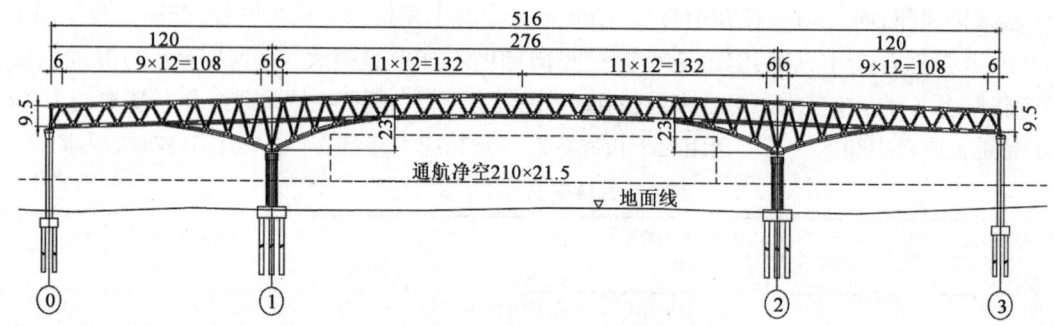

图1 立面布置图(尺寸单位:m)

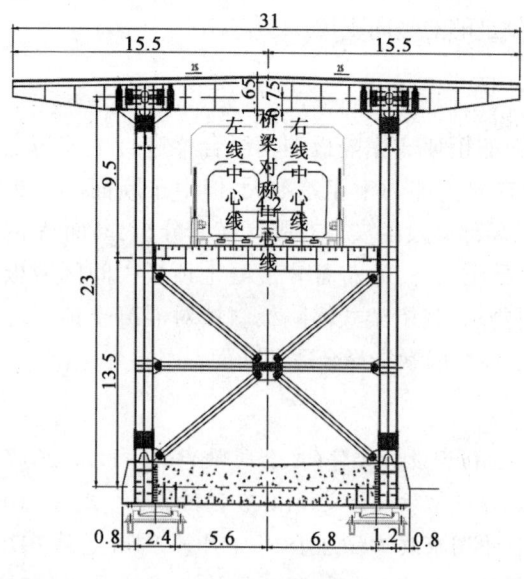

图2 支点截面图(尺寸单位:m)

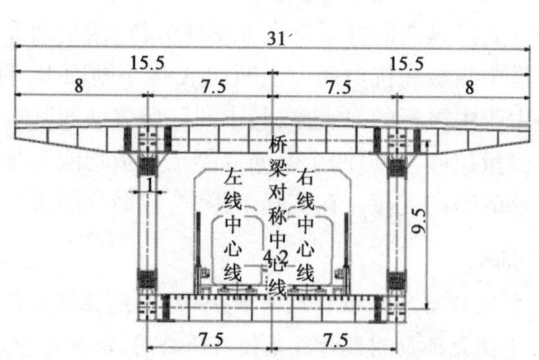

图3 跨中截面图(尺寸单位:m)

二、稳定理论概述

稳定问题是力学问题中一个重要的分支,也是桥梁工程中经常遇到的问题,有着十分重要的意义。随着桥梁跨径和杆件长细比的增大,稳定问题在桥梁设计中的重要性愈加凸显。稳定问题通常分为两种形式:第一类稳定和第二类稳定。

第一类稳定也称为分支点失稳,表现为构件的平衡状态出现分枝现象,使原有的平衡状态失去稳定性而转向新的平衡状态。第一类稳定问题本质是特征值问题。结构失稳时,通过求解特征值所得到的荷载可以称为临界荷载、平衡分枝荷载、屈曲荷载或者压屈荷载。应该强调的是只有理想结构才会产生分枝点失稳,即假定结构失稳时是处于线性小挠度变形范围内。实际工程结构由于制造、运输、安装等原因不可避免地存在一些初始缺陷,如初始弯曲、残余应力及荷载作用位置的偏差等,因此大多数结构的失稳问题属于极值点失稳,但由于第一类稳定求解过程简单,在实际工程中得到了应用广泛,如著名的欧拉临界荷载问题。

第二类稳定问题又称极值点失稳。从数学的角度看,即荷载与变形关系特征曲线是一条连续的图形,存在极值点。极值点失稳只有平衡稳定性状态的变化,没有工作状态的变化,不会出现新的变形形式,即平衡状态不发生质变。结构失稳时,对应的荷载称为极限荷载或压溃荷载。第二类稳定计算的过程中需要计入几何非线性刚度方程,如果结构中的部分应力超过了材料的屈服强度时还需要计入材料非线性刚度方程,因此对结构第二类稳定极限承载力分析的过程实质上是通过不断求解计入几何非线性和材料非线性刚度矩阵寻找其极限荷载的过程。由于结构在不断增加的外荷载作用下其结构的刚度不断发生变化,当外荷载产生的压应力或剪应力使得结构的切线刚度矩阵趋于奇异时,结构的承载力就达到了极限,此时的外荷载即为极限荷载。所以第二类稳定问题的实质是一个极限承载力问题。

三、桥梁结构第二类稳定的有限元法

1. 理论分析模型

根据已有的分析经验,求解结构第二类稳定通常应同时计入结构的几何和材料非线性。考虑结构几何非线性和材料非线性的增量平衡方程可以表达为:

$$(K_{ep} + K_{\sigma})\Delta u = \Delta F \tag{1}$$

式中:K_{ep}——结构的弹塑性刚度矩阵;

K_{σ}——结构的几何刚度矩阵,该非线性增量方程可以采用荷载增量的 Newton-Raphson 迭代法求解。

2. 几何非线性

大跨度桥梁的极限承载力分析应考虑结构的几何非线性的影响,一般包括:

(1)结构大位移产生的结构几何形状变化引起的非线性效应,这种非线性可以采用带动坐标迭代法求解。

(2)主梁、索塔的弯矩和轴力相互影响而产生的梁柱效应。

(3)缆索自重垂度引起的缆索拉力与变形之间是非线性的关系。本文中,对于大位移引起的非线性效应通过 ANSYS 软件自带的大变形开关来实现;对于梁柱效应引起的几何非线性通过 ANSYS 应力刚化功能来实现。

3. 材料非线性分析方法

在正常使用阶段,材料一般表现为线弹性特性,此时不需要考虑材料非线性问题。但超载时,尤其是涉及极限承载力问题时,加载过程中部分构件可能屈服甚至退出工作。如果仅仅考虑结构的几何非线性,必然会高估整个结构的极限承载能力,因此必须要考虑材料非线性问题。本论文中采用的混凝土本构关系、钢材本构关系如图4、图5所示。

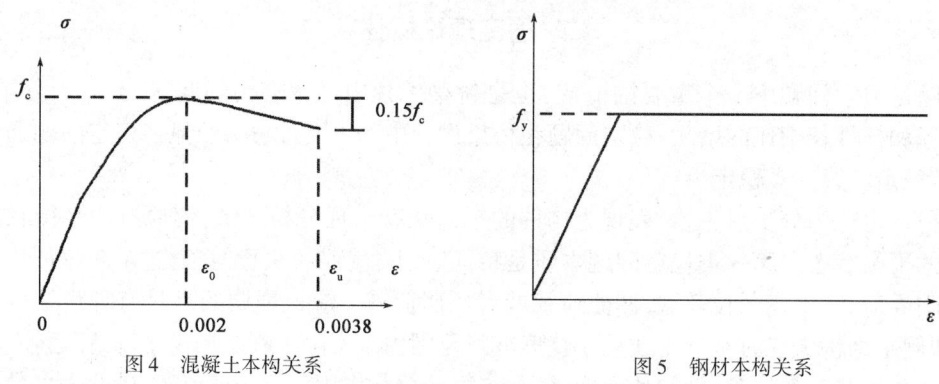

图4 混凝土本构关系　　　　图5 钢材本构关系

1) 混凝土材料

材料非线性本构关系是进行二类稳定计算的重要依据，尤其是极限阶段混凝土的强化过程。研究中只考虑了混凝土抗压部分，选用美国学者 Hongnestad 提出的本构曲线（图4）。具体表达式为：

$$\sigma = \begin{cases} \sigma_0 \left[2\left(\dfrac{\varepsilon}{\varepsilon_0}\right) - \left(\dfrac{\varepsilon}{\varepsilon_0}\right)^2 \right] & \varepsilon \leqslant \varepsilon_0 \\ \sigma_0 \left[1 - 0.15\left(\dfrac{\varepsilon - \varepsilon_0}{\varepsilon_u - \varepsilon_0}\right) \right] & \varepsilon_0 < \varepsilon \leqslant \varepsilon_u \end{cases} \quad (2)$$

式中：σ_0——棱柱体极限抗压应力；

ε_0——对应于 σ_0 的应变，取 0.002；

ε_u——通常取 0.0038。

2) 钢材

道庆洲公轨两用大桥钢主梁主体结构采用牌号为 Q420qE 和 Q345qD 的钢，其中主桁上弦、下弦及腹杆、变高位置横向联结及主跨跨中的下层桥面系部分节段等结构采用 Q420qE，上层桥面系钢横梁和下层整体钢桥面系结构采用 Q345qD。

钢材本构关系均采用图5所示的理想弹塑性模型。Q345D 钢弹性模量取为 206GPa，屈服应力为 345MPa。Q420qE 钢弹性模量取为 206GPa，屈服应力取为 420MPa。本论文中，均采用 Mises 屈服准则作为材料进入塑性的判别标准。

4. 加载方法

假设主梁自重为 P_d，活载设计值为 P_l，总设计荷载为 $P_d + P_l$。本文采用的加载方法为：首先通过影响线分析，确定活载 P_l 的加载位置，并在对应位置施加活荷载。然后在成桥恒载状态下，沿主梁施加竖向均布荷载 $P = (L-1)P_d$，L 称为荷载系数，表示所施加的总荷载为主梁自重的倍数。在荷载系数 L 由 1 开始逐渐增加的过程中，在荷载施加过程当中，如果上层桥面的混凝土桥面板压应变达到极限应变而压碎，或者结构整体刚度下降到无法继续加载而失稳，则认为结构已经破坏，此时结构所能承担的最大荷载 $L_{max}P_d$ 为结构的弹塑性极限承载力，并定义结构的弹塑性极限荷载安全系数 n 为：

$$n = L_{max} \cdot P_d / (P_d + P_l) \quad (3)$$

5. 极限破坏判别准则

结构失稳判别准则较多，主要有边缘应力屈服准则、结构刚度矩阵奇异准则。按照边缘应力屈服准则，结构截面边缘进入塑形，判定结构失稳，这种方法偏于保守，没有考虑塑性阶段的承载能力，计算结果偏于安全。

结构刚度矩阵奇异准则是基于有限元计算提出的，在加载过程当中，由于几何和材料双重非线性的影响，结构的刚度逐渐变小，体现为荷载位移曲线的斜率逐渐较小，当曲线斜率为零时，结构刚度矩阵奇异,结构达到极限承载力状态。采用结构刚度矩阵奇异判别准则,计算结果更加接近实际失稳荷载,如图6所示。

在实际的有限元计算过程中发现,曲线斜率为零那一点是难以达到的,也就是刚度矩阵奇异的那一点是难以试探出来的。往往结构在加载到接近临界状态时,需要将荷载步细分到非常细,才能够勉强计算一个子步。而这将大大提高对于计算时间和计算机内存的要求。因此,为了兼顾计算效率和计算精度,本文所有工况的加载在接近临界状态时做以下处理:

(1)如果能够轻松计算到荷载位移曲线斜率为零的点,就以此点为其极限承载力的最终点,也就是结构的破坏点。

(2)如果荷载位移曲线斜率为零的点很难试探出来,那么就以关键点荷载位移曲线上最终斜率K_{end}小于初始斜率K_0的1%作为结构的破坏点。即$K_0/K_{end} \leq 0.01$,为结构的破坏标准。

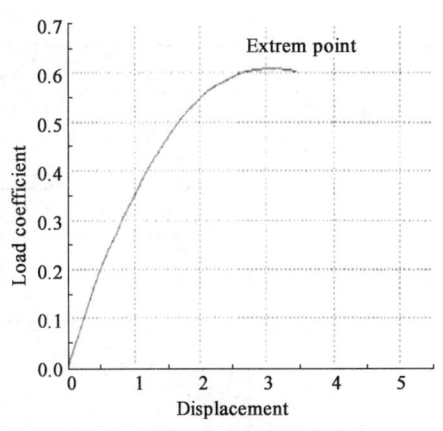

图6 失稳过程荷载位移曲线

四、实桥分析

采用大型通用有限元软件 ANSYS R17.0 建立空间模型,采用 BEAM188 梁单元和 SHELL181 壳单元等两种单元模拟全桥结构,其中主桥公路面和铁路面桥面采用 SHELL181 壳单元模拟,其余构件均采用 BEAM188 单元模拟,如图7、图8所示。

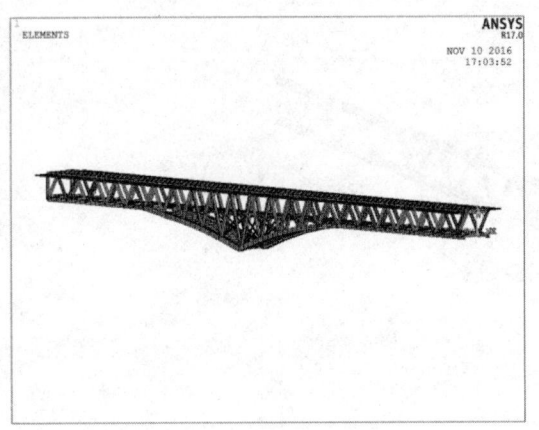

图7 全桥1/2有限元模型

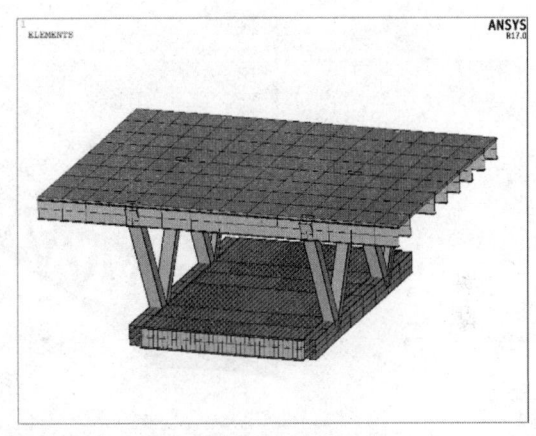

图8 钢梁跨中节段有限元模型

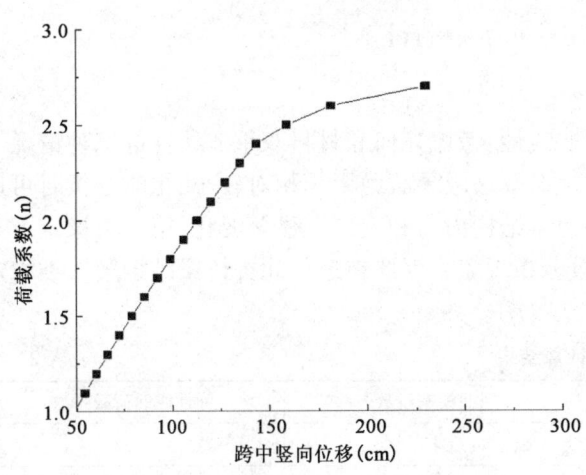

图9 跨中竖向位移荷载位移曲线

1. 加载全过程分析

结构从初始状态开始,一开始处于弹性状态,加载到一定程度后,部分构件开始进入塑性。随后越来越多的构件屈服,逐渐形成塑性铰。当结构的塑性铰多到一定程度时,结构整体刚度下降到不能再继续承载,最终结构破坏。图9为结构跨中竖向位移的荷载位移曲线。

从荷载位移曲线可以直观明显地看出结构由弹性逐渐进入塑形,最后突然丧失承载力的过程。而宏观上结构整体刚度减小的过程实质上是微观上结构构件逐渐屈服退出工作的过程。表1描述了随着加载的进行主桁杆件屈服的过程。

加载过程描述 表1

荷载系数 n	新增屈服构件
1.7	E15号节点处下弦杆开始屈服
2.1	A16E16腹杆开始屈服
2.2	E17A18号腹杆开始屈服
2.3	E12A13、A12E12号腹杆开始屈服；A18节点附近上弦杆开始屈服；E10E11下弦杆开始屈服
2.5	A19A20、A20A21、A21A22上弦杆开始屈服；A6E6、E6A7、E8A9腹杆开始屈服；
2.6	A19E19、E18A19、A18E18腹杆开始屈服
2.7	E12E13下弦杆开始屈服
2.7072	结构整体失效

从上表可以看出结构的第二类稳定安全系数为2.7072,满足《公路斜拉桥设计细则》中对钢主梁第二类稳定安全系数的规定;主跨下弦杆E15E16(下弦变高段与直线段交接处)在加载过程中最先屈服,是全桥稳定计算的薄弱环节,设计时应重点关注。图10为荷载系数 n = 2.7 时主桁部分杆件的应力状态,从图中可以看出临近结构整体屈曲时,中跨大部分腹板都发生屈服,主桁上、下弦杆也有不少构件屈服,形成了多个塑性铰。

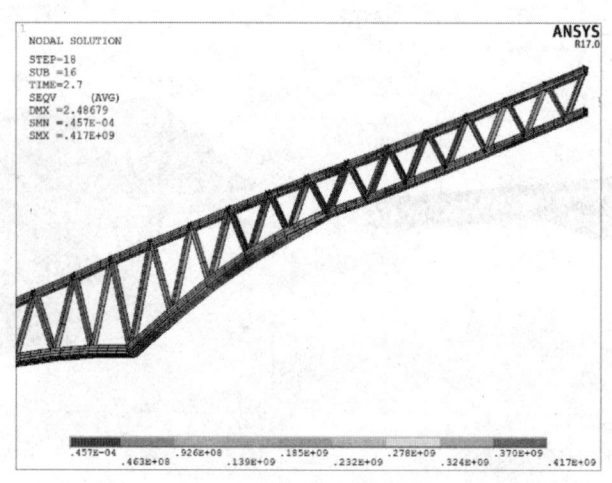

图10 n = 2.7时主桁弦杆和腹杆的应力状态(单位:Pa)

2. 对比弹性稳定计算结果

对比分析道庆洲公轨大桥在线弹性、仅考虑几何非线性、考虑几何和材料双重非线性等三种情况下的全桥稳定计算结果,发现道庆洲公轨大桥几何非线性对其极限承载力影响相对较小,粗略分析时可以不考虑。但极限荷载作用下,考虑材料的非线性后将使得结构内力和变形有显著变化,第二类稳定系数也有显著变化,表明该桥进入弹塑性阶段,存在内力重分布现象。因此在进行此类桥梁结构第二类稳定分析时必须考虑材料的非线性影响,见表2。

弹性稳定计算结果 表2

屈曲模态阶数	弹性屈曲荷载系数	屈曲模态阶数	弹性屈曲荷载系数
1	18.3	4	36.2
2	27.9	5	37.2
3	35.8		

五、结　语

通过对道庆洲公轨两用大桥的极限承载力分析,得出以下结论:

(1)道庆洲公轨两用大桥的弹性稳定安全系数为18.372,第二类稳定安全系数为2.7072,均满足规范要求,表明本桥设计具有较高的安全储备。

(2)主跨下弦杆E15E16(下弦变高段与直线段交接处)在加载过程中最先屈服,是全桥稳定的薄弱环节,设计时应重点关注。

(3)计算结果表明,本桥结构进入塑性后具有明显的应力重分布现象,材料非线性对第二类稳定计算结果具有较明显的影响,因而进行此类桥梁结构第二类稳定分析时须考虑材料的非线性影响。几何非线性的影响相对较小,在进行粗略分析可不考虑。

参考文献

[1] 李国豪.桥梁结构振动与稳定[M].北京:中国铁道出版社,1992.
[2] 中华人民共和国行业标准.公路斜拉桥设计细则 JTG/T D65-01—2007[S].北京:人民交通出版社,2007.
[3] 颜全胜.大跨度钢斜拉桥极限承载力分析[D].长沙:长沙铁道学院,1992.
[4] 潘家英,张国正,程庆国.大跨度桥梁极限承载力的几何与材料非线性耦合分析[J].土木工程学报,2000,33(1):5-8.
[5] REN W X Ultimate behavior of long-span cable-stayed bridges [J]. Journal of Bridge Engineering,1999,4(1):30-37.
[6] MCCARTHY W C,MELHEM A Q. Elasto-plastic Analysis of Steel-Concrete Superstructures Compute & Structure 1998,29(3):601-610.
[7] 沈祖炎,张其林.薄壁钢构件非线性稳定问题的曲壳有限单元法[J].土木工程学报,24,1,1991.
[8] 叶英华,刁波.钢筋混凝土结构非线性理论综述[J].哈尔滨建筑工程学院学报,1995,28(1).
[9] 程庆国,潘家英,高路彬,等.关于大跨度斜拉桥几何非线性问题[C]//全国桥梁结构学术大会论文集(下册).上海:同济大学出版社,1992.
[10] 张翔,黄赤,贺栓海.大跨径混凝土桥梁结构的极限承载力分析[J].华东公路,1996,6.
[11] 任伟新.钢析架桥压杆局部与整体相关屈曲极限承载力研究[D].长沙:长沙铁道学院,1992.
[12] 程进,肖汝诚,项海帆.超大跨径缆索承重桥梁极限承载力分析的现状与展望[J].中国公路学报,1999.12(4):59-63.

14. 船式叠合盖梁关键技术研究

吴志勇

(中铁上海设计院集团有限公司)

摘　要　大悬臂盖梁在城市高架中应用非常普遍,因其整体吊装重量大,预制装配式盖梁一般采用分段预制湿接缝连接、倒T盖梁叠合后浇等工艺,虽一定程度提高了装配化水平,但临时措施较多,快速化水平不高,施工较为复杂。目前国内规范仅对水平和竖向叠合后浇构件进行了规定。结合船式结构,本文提出了一种适用于大盖梁整体预制拼装的船式叠合盖梁结构,主要有底板、阶梯形腹板和横隔板组成并相互围合形成格式空心舱结构,腹板设有预应力钢束,预留空心舱对应墩顶处设置有承力板,腹板内壁上设置有剪力键,并利用空心舱内预留的钢筋接头,在预制厂内将空心舱内的钢筋绑扎完成,整体吊装后,现场叠合后浇空心舱内混凝土。该技术具有预制结构简单、运输和吊装质量轻、无须临时支架和模板、无须现场绑扎钢筋、节约造价,缩短工期,整体受力性能与现浇盖梁一致的特点,为大盖梁的工业化预制装配技术提供了一种新型方案,并具有一定的实践意义和参考价值。

关键词 大悬臂盖梁 船式叠合 格式空心舱 剪力键 钢筋接头

一、引　言

近年来,随着桥梁工业化建造技术向纵深发展,桥梁工程师在不断探索大盖梁的预制装配式方案,但是装配化和快速化水平不够高[1,2],如嘉闵高架探索了分段湿接缝连接和倒T盖梁叠合后浇方案,虽技术较为成熟,但施工临时措施较多[3,4];上海S26公路探索了盖梁节段预制干法大悬臂拼装和悬吊拼装方案,尚未大规模应用;长沙湘府路快速化改造探索了整体预制装配式UHPC薄壁盖梁,并进行了试验研究。

美国纽约2018年竣工的New NY Bridge桥墩大盖梁采用了钢筋混凝土预制空心盖梁叠合后浇的方案,整体吊装重量轻,后浇混凝土不需模板。The New NY Bridge桥墩钢筋混凝土预制空心盖梁运输、整体吊装分别见图1和图2。

图1　钢混凝土预制空心盖梁运输　　　　图2　钢混凝土预制空心盖梁整体吊装

文献[5,6]介绍了新加坡大士西延长线公路大盖梁按3节段预制壳体,采用边拼装、边张拉、边内部现浇的工艺进行施工。

文献[7]探索了用于框架墩大盖梁的方案,即先槽型梁预制,再现浇凹槽,然后后浇上层混凝土。

借鉴国内已探索的经验和国外类似成功经验,本文对一种适用于整体吊装的大盖梁预制装配式方案进行了研究。

二、设计方案

1. 方案构思

桥墩大盖梁一般为实体结构,刚度大,承载力较高,为了实现预制装配式盖梁的整体吊装,主要有以下两种思路:

1)空心薄壁盖梁

桥梁梁部结构多为空心箱形截面,结构自重较轻,也使跨径有所增大,在活载作用下需满足刚度、强度和稳定的要求。结合箱梁结构的特点,将大盖梁挖空,形成空心截面,只要采用材料合适,满足强度要求是不难的,但是在上部结构质量是其自身质量的至少2倍以上时,其刚度和稳定性的满足就比较困难,尤其是对大悬臂盖梁,这与"人的手臂伸开提重物"道理是一样的。

2)叠合盖梁

倒T盖梁通过水平叠合后浇工艺,下部预制构件和上部现浇层分别张拉对应的预应力钢束,既满足了受力要求,又实现了快速化施工,但是上层现场浇筑仍需要模板,且对连续箱梁结构适应性较差。

传统木船一般由船底、船邦和隔舱板组成,可以承载人员或货物在水中划动。以"船式结构"为出发点,将盖梁挖空,底板作为"船底",腹板作为"船邦",腹板间设置横隔板作为"隔舱板",这样就形成船式开口预制构件,可以在预制工厂内完成,并控制吊装质量在150t以内,整体吊装后,叠合后浇空心舱内混凝土,如此形成实体盖梁。

综上所述,预制构件既是临时结构,又是主要受力永久结构,利用这一理念,就可以将大体积混凝土构件采用先预制、后叠合的技术采用预制装配工艺进行施工。

2. 结构设计

一种适用于大盖梁整体预制拼装的船式叠合盖梁结构,主要有底板、阶梯形腹板和横隔板组成并相互围合形成格式空心舱结构,腹板设有预应力钢束,预留空心舱对应墩顶处设置有承力板,腹板内壁上设置有剪力键,并利用空心舱内预留的钢筋接头,在预制厂内将空心舱内的钢筋绑扎完成,整体吊装后,现场叠合后浇空心舱内混凝土。方案详见专利,专利号:ZL 2018 2 2023627.5[8]。

根据受力情况,腹板可设置2~3道,大悬臂盖梁建议设置3道,为预应力钢束布置提供足够空间。船式叠合盖梁构造见图3。

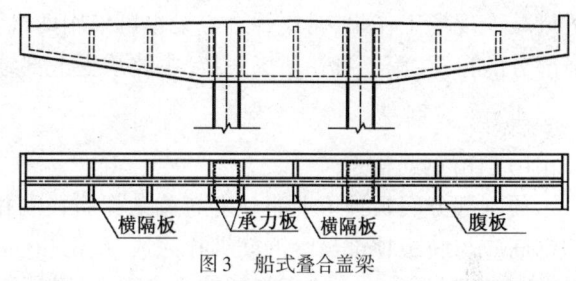

图3 船式叠合盖梁

3. 主要优点

一种适用于大盖梁整体预制拼装的船式叠合盖梁结构,主要有底板、阶梯形腹板和横隔板组成并相互围合形成格式空心舱结构,腹板设有预应力钢束,预留空心舱对应墩顶处设置有承力板,腹板内壁上设置有剪力键,并利用空心舱内预留的钢筋接头,在预制厂内将空心舱内的钢筋绑扎完成,整体吊装后,现场叠合后浇空心舱内混凝土。

相对于其他工艺,本方案的优点是:

(1)大盖梁质量大,将工厂预制和现场无模板浇筑相结合,解决了吊装和运输困难的问题,是一种交通零干扰施工工艺;"船式"预制构造大大减轻了运输和吊装重量,并且可作为预留空心内现浇混凝土的模板,受力性能与现浇一致。

(2)相对于现浇,节省了现场支架和模板,大大减少了对地面交通的干扰;相对于盖梁节段预制拼装,避免了现场穿预应力钢束而采取的临时措施。

(3)相对于纵向湿接缝方案,节省了临时支架和模板;相对于下层预制上层现浇方案,节省了模板,同时避免了预制部分高度不低于全截面高度40%的限制。

(4)相对于钢盖梁,大大节省了工程造价,提高了刚度,减少了了后期维修养护。

(5)有利于标准化设计和标准化施工,进一步提升了大盖梁的预制装配化水平。

三、关 键 技 术

1. 结构设计

船式叠合盖梁在预制工厂内主要完成底板、腹板、横隔板的预制及空心舱内钢筋的绑扎成型,在现场浇筑空心舱内混凝土,从而形成实体盖梁。

船式预制盖梁结构底板厚度采用40~60cm,阶梯形腹板厚度由40cm过渡到60cm。横隔板包含承力板、隔舱板和端隔板,承力板设置在墩顶处,可保证预制格式盖梁在后浇混凝土的自重作用下满足受力要求,厚度宜比墩柱宽30cm,高度与盖梁平齐;隔舱板主要保证开口截面的整体稳定,厚度宜采用20cm,为了保证后浇混凝土的连续性和盖梁顶部受力主筋的连续性,隔舱板高度比盖梁顶低20cm;端隔板主要保证腹板钢束的张拉端锚固传力,厚度宜采用50cm,高度与盖梁顶部平齐。

为充分考虑空心舱内后浇混凝土与预制盖梁的结合,空心舱内壁可设置剪力键,也可做成凹凸差不小于4mm的粗糙面[9]。

2. 结构计算

船式叠合盖梁应按无支撑的叠合受弯构件进行计算,内力按两阶段受力计算,第一阶段是后浇混凝土未达到设计强度前按预制构件计算,第二阶段是后浇混凝土达到设计强度后按整体盖梁计算[10]。

采用 Midas Civil 2018 对盖梁进行了模型计算,计算模型1:整体现浇盖梁;计算模型2:船式叠合盖梁。经计算,计算模型1和2的刚度、悬臂端挠度、内力和应力基本一致,其受力与现浇是一致的。

3. 预应力张拉

大盖梁的预应力钢束设置在腹板内,锚固于盖梁端部。现浇盖梁预应力一般采用两批张拉,分为裸盖梁阶段和上部结构荷载施加阶段。不同于现浇盖梁,船式预制盖梁由预制部分和现浇部分组成,为了尽量减少现场工作量,船式叠合盖梁也可采用两批张拉,第一批在预制厂内张拉,主要承受预制部分和后浇部分的自重;第二批在现场张拉,主要承受上部结构荷载。

4. 预留钢筋

1) 预留钢筋构造

预制部分底板预留钢筋长度与盖梁箍筋长度相同,直径应在16mm以上,间距60~80cm;隔舱板内的钢筋应与腹板顶部预留钢筋绑扎完成,预留20cm后浇混凝土高度;腹板预留钢筋接头,接头钢筋为倒U形,应保证预留空心舱顶部钢筋形成网状骨架。

2) 空心模板技术

预制模板预留孔应与预留钢筋接头位置相适应,并尽量标准化。为了适应空心舱内的预留钢筋,内膜板对应预留钢筋部位设置凹槽,凹槽大小与预留钢筋外轮廓相同,凹槽内在钢筋间进行实体填充。脱模后,预留钢筋包裹的混凝土可采用机械或水压破除。为了节约内模板造价,可采用图4b)直接在内模板对应预留钢筋位置开孔,然后在开孔设置封板。

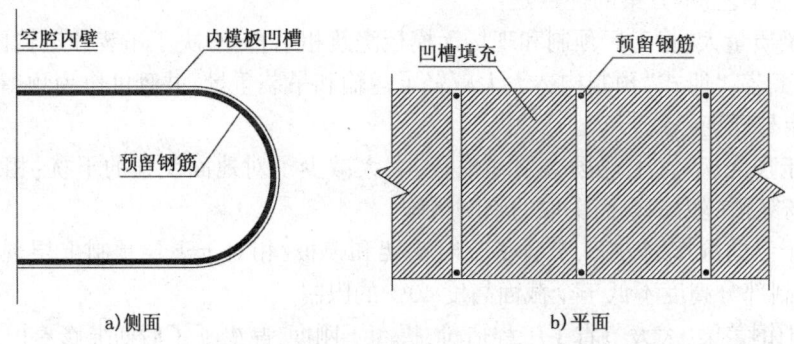

图4 空心模板构造

5. 吊装与安装

船式叠合盖梁的吊装点设置承力板位置,整体吊装就位后,通过墩柱顶预留的锚固钢筋穿过承力板处预留的金属波纹管道,灌注高强水泥灌浆料与墩柱连接在一起。

6. 叠合后浇混凝土

1) 技术要求

预留格式空心舱内后浇混凝土的技术要求除应满足相关技术规范要求外,还应具有水化热反应低、无收缩的特性。

大体积混凝土(厚度超过2.0m)浇筑之后由于水泥水化放热,使格式空心舱内壁温度升高,外壁温度低,容易使预制盖梁在梯度温度作用下发生裂缝。施工中应尽量选择水化热低的水泥品种,并符合相关规范要求[11]。

混凝土收缩徐变容易使预制和后浇部分混凝土剥离,影响整体受力性能,应尽量选择无收缩混凝土。

2)浇筑顺序

预留空心舱内混凝土浇筑顺序,应按照"先下后上、先中间后两边、先悬臂后根部"的顺序进行。严控分层的浇筑时间差,可一定程度上避免竖向裂缝,切忌在下层混凝土初凝后再在上层浇筑混凝土,即浇筑不能中断[12]。

四、应用前景

船式叠合技术可在大体积混凝土构件中有广泛应用,如桥墩基础承台。承台也是大体积混凝土构件,若采用整体预制,吊装重量很大,施工成本很高。本文为承台预制装配提出了一种新方案:一种盆式叠合预制承台,其特征在于:

桥梁实心承台由预制的带底板外壳和后浇的槽内混凝土组成,预制外壳壁厚约18cm,外壳壁布置承台钢筋笼外侧钢筋,外壳壁于槽内设置环形剪力筋,间距约0.6m;底板厚30cm,外壳壁处设倒角,底板底对应桩顶设置10cm深槽口套在桩顶。槽内设置横隔板,并对应桩顶主筋设置预留孔让其穿过。桩基主筋穿过外壳底板后,在主筋端部预留的螺纹上施拧螺母,螺母的尺寸约为主筋直径的3倍。

小型承台一般在预制厂内将承台钢筋笼槽内钢筋绑扎成整体,质量控制在100t以内。大型承台的带底板预制外壳为分节段预制安装,节段间通过外壳壁和钢筋实现连接。

相对目前承台现浇施工工艺,本方案优点:

(1)因预制外槽与承台尺寸相同,不需设置模板,解决了国内桥梁承台长期不能预制装配的工艺难题,缩短了施工工期,加快了施工速度。

(2)预制外槽大大减轻了运输和吊装质量,并且可作为预留空心内现浇混凝土的模板,受力性能与现浇一致。

(3)避免了现场绑扎承台钢筋笼,承台钢筋笼全部或大部分在预制厂内完成。

(4)相对于现浇,节省了现场支架和模板,大大减少了对地面交通的干扰。

(5)减小了承台基坑规模和基坑土方外运。

(6)有利于标准化设计和标准化施工,进一步提升了桥梁预制装配化水平。

上述方案为桥梁承台预制装配提出了一种方案,也适用于其他大体积混凝土构件,在桥梁工程设计和施工领域具有特别大的应用前景。

五、结论与建议

目前国内交通基础设施正在大力推广预制装配式施工,桥梁上部结构、桥墩墩柱、软土地区的桩基等的预制装配化水平都有了显著提高,但是作为直接支承上部结构的大盖梁由于质量大,尤其是城市双立柱桥墩盖梁采用预应力结构,使得大盖梁的预制装配化一直难以实现。本文提出的船式叠合盖梁,技术较为成熟,解决了运输和吊装的难题,尤其适用于城市大悬臂实体盖梁的预制装配,在桥梁工程设计和施工领域具有特别大的应用前景。

参考文献

[1] 叶绿洲.大悬臂盖梁盖梁附着式支架施工技术[J].上海建设科技,2017(2):23-25.

[2] 查义强.上海S7公路盖梁预制拼装施工工艺[J].城市道桥与防洪,2018(6):152-154.

[3] 沙丽新,李国平.典型城市高架倒T盖梁预制装配化设计关键技术研究[J].中国市政工程,2017(3):16-19.

[4] 李建强,孙立山.大悬臂盖梁预应力混凝土倒T盖梁设计与施工过程分析研究[J].城市道桥与防洪,2018(8):141-144.

[5] 漆玉祥.巨型预制盖梁壳边段安装调整及测量监控技术[J].铁道建筑技术,2018(8):56-59.

[6] 赵亮.预制巨型薄壁壳体架设施工[J].科技与创新,2017(21):110-111.

[7] 杨昀.32m 大跨径盖梁预制吊装无支架施工设计[J].中国市政工程,2017(3):34-36.
[8] 吴志勇,宋广林,沈伊楠,等.一种采用船式构造的预制盖梁:中国,ZL 2018 2 2023627.5[P].2018.
[9] 中华人民共和国住房和城乡建设部.混凝土结构设计规范:GB 50010—2010[S].北京:中国建筑工业出版社,2018.
[10] 王银桥,李朝晖,陈泉,译.大悬臂预应力混凝土盖梁受力特性分析[J].城市道桥与防洪,2007(5):100-102.
[11] 中华人民共和国交通运输部.公路钢筋混凝土及预应力混凝土桥涵设计规范:JTG 3362—2018[S].北京:人民交通出版社股份有限公司,2018.
[12] 中华人民共和国交通运输部.公路桥涵施工技术规范:JTG/T F50—2011[S].北京:人民交通出版社,2011.

15. 异型 PC 梁拱组合桥自振特性及其敏感性分析

胡元宏 冯腾达 杨大雨 张波

(郑州大学土木工程学院)

摘要 为明确某异型 PC 梁拱组合桥自振特性,本文采用 Midas/Civil 建立有限元模拟分析结构自振特性,分别改变长拱钢板厚度、梁拱刚度、横撑刚度等结构参数,分析结构参数对自振频率影响。分析表明:结构面外刚度大于面内刚度,说明 PC 主梁横向刚度较大,该组合结构整体振动模态与普通的梁结构振动相似;结构面内振动频率主要与主梁刚度相关;长拱钢板厚度对结构面外振动影响较小;立拱钢拱肋和横撑刚度的变化对频率影响较小。

关键词 异形梁拱组合桥 动力特性 频率 敏感性分析 有限元分析

一、引 言

桥梁结构的动力特性是对抗震、抗风等常见问题进行研究的重要参数,更是判断结构在正常使用阶段是否存在损伤的一个重要依据[1]。梁拱组合桥由于造型优美,结合了普通拱桥和传统梁桥的优点,在城市和景观要求较高的地区越来越多地被采用[2]。在梁拱组合桥研究方面:肖雄杰等[3]采用 Midas/Civil 建立空间有限元模型,研究其使用阶段静动力特性及稳定性。朱亚飞[4]等以习营下承式钢管混凝土拱桥为工程实例,采用 ANSYS 建立三维有限元模型,采用子空间迭代法求解桥梁结构自振特性,得出低阶振型主要以拱肋的横向振动或桥面系的竖向弯曲为主,说明该桥拱肋横向刚度明显小于竖向刚度,桥面系横向刚度远大于竖向刚度。鹿立好[5]以广宁路连续梁拱组合桥为研究对象,得到结构的拱梁刚度比和矢跨比对梁拱的稳定性影响较大。虽然之前许多学者对梁拱组合桥做了一些研究,但是对异型梁拱组合桥的自振特性及其敏感性研究较少。由于近年来异型梁拱组合桥的逐渐推广,因此有必要对此类结构自振特性进行研究。本文以某异型 PC 梁拱组合桥为例,采用子空间迭代法进行桥梁自振特性分析,并探讨参数变化对桥梁振动频率影响。

二、工程概况及有限元模型

依托工程为四跨下承式变宽 PC 连续梁拱组合桥,跨径布置为(44 + 88 + 88 + 44 = 264)m。主梁为变宽度、变高度预应力混凝土双箱多室双主梁结构,采用 C50 混凝土,中跨横桥向宽44m。梁底曲线为二次抛物线,横桥向底板水平,主桥立面见图1。

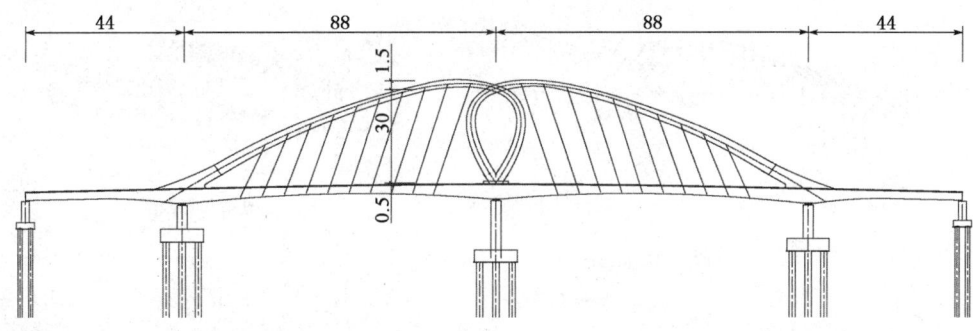

图 1 主桥立面(尺寸单位:m)

主拱采用 Q345qD 钢箱空间布置,平面拱为 X 形状的对称曲线,立面为两条椭圆线。主拱通过边墩和中墩的锚固与主梁进行相连,并且与主梁共同受力。全桥共 40 根吊杆,横桥向、顺桥向对称布置。吊杆采用 PES7-73 和 PES7-55 高强镀平行钢丝束吊杆,抗拉强度为 1670MPa。基础采用直径 1.8m 和 1.2m 的钻孔灌注桩群基础。

采用 MIDAS/Civil 建立空间有限元模型,桥墩、主梁、主梁横隔板、长拱拱座、立拱拱座、钢箱拱肋、横撑均采用梁单元模拟;吊杆采用桁架单元模拟。吊杆与主拱、吊杆与主梁、边拱拱座与主梁、立拱与立拱拱座均采用弹性连接中的刚性连接;桥墩底部固结;边墩、中墩与主梁均采用弹性连接中一般连接;过渡墩采用一般支承模拟。全桥有限模型共 842 个节点,741 个梁单元,40 个桁架单元。全桥有限元模型如图 2 所示。

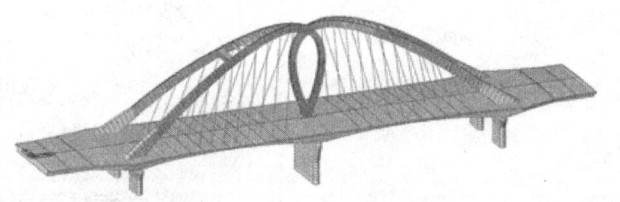

图 2 全桥有限元模型

三、原结构自振频率和振型

采用子空间迭代法进行自振特性求解,表 1 给出了前五阶结构自振特性,图 3 为相应的振型模态。

大桥前五阶自振特性和振型特点 表 1

模态阶数	自振频率 f(Hz)	振型特点	模态阶数	自振频率 f(Hz)	振型特点
1	0.7975	主梁纵飘 + 梁拱反对称竖弯	4	1.4587	拱肋反对称横弯
2	0.9747	拱肋横向侧弯	5	1.7377	梁拱对称竖弯
3	1.1344	梁拱反对称竖弯			

由表 1 和图 3 前五阶自振特性和振型特点可以看出,该异型梁拱组合桥的振型较为复杂,总体来看,具有以下几个特点:

(1)结构基频为 0.7975Hz,表明该桥梁的振动基频较小,小于传统的梁拱组合桥(如孙向波[6]以某主跨 75m 的梁拱组合桥为例,计算所得桥梁基频为 1.227Hz;贺小强[7]以某主跨为 108m 的梁拱组合桥计算其自振频率为 1.339Hz)。主振型表现为主梁纵飘 + 梁拱反对称竖弯,表现出此异型梁拱组合桥不同于常规拱桥的动力行为特点,由于 PC 主梁较大的横向刚度使得梁拱组合结构整体横向刚度相对较大,结构整体振动模态与普通的梁结构振动相似;同时一阶振型说明结构纵向水平抗推刚度较小,即主梁纵飘是由于纵桥向仅中墩设置纵向约束的单向活动支座限制主梁纵桥向位移,而其他墩纵桥向约束均为活动。

(2)由振型可以看出,各阶振型梁拱竖向振动基本同步,这是因为吊杆作为梁拱之间传力构件,使梁拱相互联系,在竖向共同受力,形成统一整体结构受力体系,梁拱振动相对协调。

(3)结构振动模态主要表现为梁拱竖向弯曲振动、拱肋横向弯曲振动;在拱肋发生面外振动时,主梁不随其振动,表明低频范围内连续梁不影响主拱面外振型。

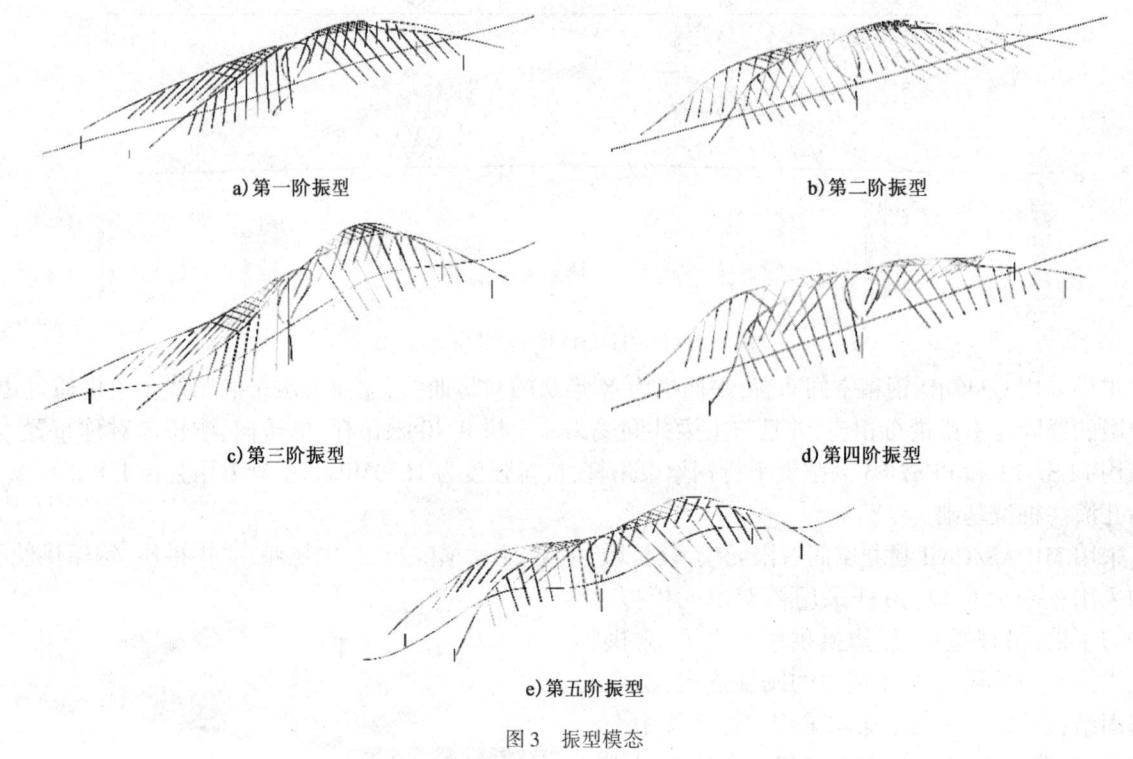

a) 第一阶振型　　　　　　　　　b) 第二阶振型

c) 第三阶振型　　　　　　　　　d) 第四阶振型

e) 第五阶振型

图 3　振型模态

四、自振特性参数敏感性分析

桥梁结构动力特性主要包括结构自振特性以及动荷载作用下结构动力响应等,其主要由结构组成体系、构件刚度、质量分布等决定;它与桥梁的刚度、约束条件、质量及其分布有关,是评估桥梁结构整体状态性能的重要指标[8]。本文选取结构自振频率、振型特点作为动力特性参数分析指标,改变长拱钢板厚度、主梁抗弯、长拱钢拱肋刚度、立拱钢拱肋刚度、横撑刚度等参数,分析结构自振频率和振型特点变化规律。

1. 长拱钢板厚度分析

在保持长拱钢箱截面尺寸不变基础上,将长拱钢板厚度按设计厚度0.8倍、0.9倍、1.1倍、1.2倍调整,分析结构自振频率、振型特点变化情况。长拱钢板厚度变化对各阶模态自振频率影响见图4。

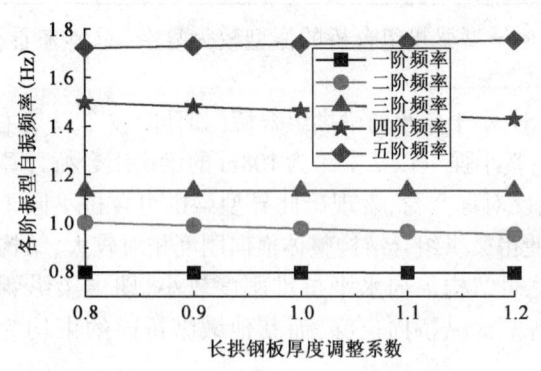

图 4　各阶振型自振频率随长拱钢板厚度变化趋势

由图4可知,随长拱钢板厚度增大时,结构基频有微小程度减小,结构面内振动自振频率稍有减小;结构面外振动自振频率逐渐减小。这是因为结构自振频率与质量负相关,与刚度正相关,长拱钢板厚度增大时,增大了长拱刚度,但同时增加整体结构质量,最终降低了一阶自振频率;长拱钢板厚度调整系数在0.8~1.2区间变化时,第4阶面外振动自振频率减小幅度最大,减小4.5%,第5阶面内振动自振增大幅度最大,增大1.8%。可以得出长拱钢板厚度主要影响结构面外振动频率,结果表明增大长拱钢板厚度主要有利于结构面外刚度提高,但提高程度较小。

2. 梁拱刚度分析

由于结构自振频率与结构刚度正相关;由于梁拱组合体系桥拱的刚度为拱肋的抗弯刚度 $E_拱 I_拱$,梁的刚度为主梁参与作用的抗弯刚度 $E_{梁}I_{梁}$[9]，拱肋按统一理论等效为混凝土截面[10]，主梁按挠度理论换算为等截面；经计算：$E_{拱}I_{拱}/E_{梁}I_{梁}=7.5$；说明该桥属于刚梁刚拱体系。因此，梁、拱刚度变化对于结构自振特性都有很大影响，本节通过改变梁拱截面特性从而实现改变截面惯性矩的大小，最终达到改变刚度的目的，以下分别调整主梁抗弯刚度、长拱钢拱肋刚度、立拱钢拱肋刚度，分析结构自振频率和振型特点变化规律。

1) 主梁抗弯刚度

将主梁抗弯刚度分别按 –10%、–5%、5%、10% 幅度改变，分析结构自振频率、振型特点变化情况。主梁抗弯刚度变化对各阶模态自振频率影响见图5。

由图5可见，当主梁抗弯刚度增大时，结构基频增大程度较小；面内振动自振频率逐渐增大，面外振动自振频率保持不变。这是因为结构刚度增大可提高自振频率，主梁抗弯刚度主要影响结构面内刚度，所以主梁抗弯刚度的增大使结构面内刚度增大；当主梁抗弯刚度增大10%时，第5阶自振频率增长幅度最大，增长3.3%；这是由于第5阶振型为对称竖弯。由分析结果知，主梁抗弯刚度对结构面内振动影响较大，对结构面外振动无影响。

2) 长拱钢拱肋刚度

将长拱钢拱肋刚度调整为设计刚度0.8倍、0.9倍、1.1倍和1.2倍，分析结构自振频率、振型特点变化情况。长拱钢拱肋刚度对各阶模态自振频率影响见图6。

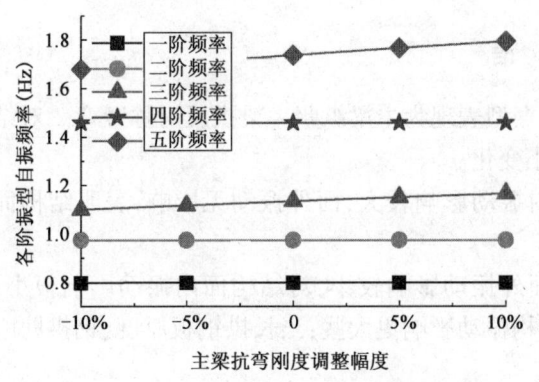
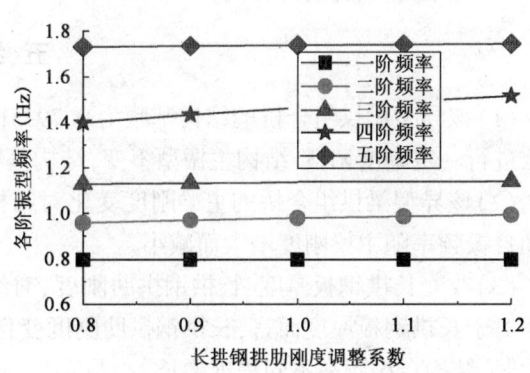

图5　各阶振型自振频率随主梁抗弯刚度变化趋势　　图6　各阶振型自振频率随长拱钢拱肋刚度变化趋势

由图6可以看出，随长拱钢拱肋刚度增大，结构各阶自振频率有不同程度增大；由于结构刚度与自振频率正相关，长拱钢拱肋刚度增大时，结构自振频率随之增大；当长拱钢拱肋刚度增大20%时，结构面内振动自振频率增长幅度不超过0.3%；面外振动频率最大增长幅度为3.6%。结果表明，长拱钢拱肋刚度增大对结构面内振动影响很小，主要影响结构面外振动。

3) 立拱钢拱肋刚度

将立拱钢拱肋设计刚度按0.8倍、0.9倍、1.1倍、1.2倍进行调整，分析结构自振频率、振型特点变化情况。立拱钢拱肋刚度变化对各阶模态自振频率影响见图7。

由图7可以得出，随立拱钢拱肋刚度增大，结构各阶振型自振频率微小程度增大；主要因为结构刚度增大提高结构自振频率，当立拱钢拱肋刚度调整系数为1.2倍时，第三阶自振频率增长幅度最大，增长0.55%。分析表明，立拱钢拱肋刚度对结构面内、面外振动影响程度微小，立拱钢拱肋刚度调整以满足结构静力特性为主。

3. 横撑刚度分析

由于横撑将拱肋连接成为整体结构，以便拱肋结构更好地工作，在实际工程中，为保证拱肋横向刚度，常常在两榀拱肋之间设置横撑。在保持横撑尺寸不变基础上，通过改变横撑截面特性来改变横撑刚度，将所有横撑设计刚度以 –20%、–10%、10%、20% 幅度进行调整，分析结构自振频率、振型特点随横撑刚度变化规律。横撑刚度对各阶模态自振频率影响见图8。

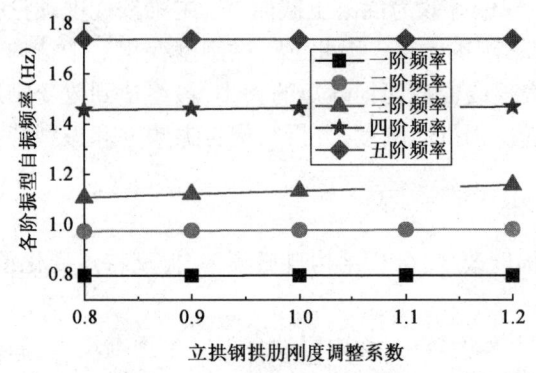 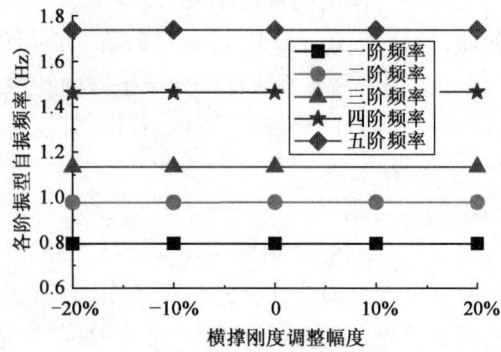

图7　各阶振型自振频率随立拱钢拱肋刚度变化趋势　　　图8　各阶振型自振频率移随横撑刚度变化趋势

由图8可以看出,当横撑刚度增大时,结构基频保持不变;第1、3、5阶结构面内振动自振频率保持不变;第2、4阶面外振动自振频率在增加但增幅微小,各阶振型自振频率仅增大0.1%;可以得出横撑刚度的变化,对结构面内、面外振动影响微小,表明增大横撑刚度基本不提高结构面内刚度,对结构面外刚度提高幅度微小。这是由于横撑主要影响结构的横向联系,对结构的自振特性影响较小;但是设置较多或较重的横撑可能影响拱的重心和质量,使得横向地震波对拱的影响增大;因此,在实际的工程中,应综合考虑横向稳定和地震波的影响。

五、结　语

(1)该异型梁拱组合桥的结构基频为0.7975Hz,主振型表现为主梁纵飘+梁拱反对称竖弯。对结构参数进行一定幅度调整,结构主振型不变,结构基频微小变化。

(2)该异型梁拱组合桥的主梁刚度变化对结构面内振动影响较大,面外振动无影响;表明结构面内振动自振频率随主梁刚度增大而减小。

(3)改变长拱钢板厚度、长拱钢拱肋刚度,对结构面外振动影响较小,对结构面内振动影响很小;并且相对于长拱钢板厚度而言,长拱钢拱肋刚度变化对结构振动影响更大些;当长拱钢板厚度、钢拱肋刚度增大时,结构自振频率不同程度增长。

(4)立拱钢拱肋刚度、横撑刚度变化对结构面内、面外振动影响微小。表明立拱钢拱肋和横撑主要影响结构的静力特性,对频率影响较小。

参考文献

[1] 李国豪.桥梁结构稳定与振动[M].北京:中国铁道出版社1992.
[2] 张伟,郑国华,朱文正.异型拱桥稳定性及自振特性参数研究[J].公路,2020,(2):115-119.
[3] 肖雄杰.某异型系杆拱桥空间力学特性分析[J].桥梁建设,2012,42(01):60-66.
[4] 朱亚飞,何伟,陈桥阳,等.习营钢管混凝土拱桥动力特性分析[J].河南大学学报(自然科学版),2016,46(04):482-486.
[5] 鹿立好.梁拱组合桥梁稳定性对于重要设计参数的敏感性研究[J].工程与建设,2016,30(03):322-324.
[6] 孙向波.梁拱组合桥动力特性研究[C].浙江省公路学会2005年年会论文集,2006.
[7] 贺小强.梁拱组合体系桥动力特性及地震响应研究[D].成都:西南交通大学,2016.
[8] 成凯,叶锡钧,梁伟.大跨度异型拱桥动力特性分析[J].中外公路,2019,39(04):64-67.
[9] 李晓峰.大跨度铁路连续梁-拱组合桥梁施工技术及质量控制[J].铁道科学与工程学报,2018(8):2047-2054.
[10] 韦建刚,陈宝春.钢管混凝土哑铃形拱肋设计刚度取值问题研究[J].福州大学学报(自然科学版),2007.

16. 异型PC梁拱组合桥静力参数敏感性分析

冯腾达 胡元宏 杨大雨 张 波

(郑州大学土木工程学院)

摘 要 为了分析结构参数对某异型PC梁拱组合桥静力行为影响,识别敏感性设计参数,本文采用数值分析方法建立大桥有限元模型,详细分析恒载作用下梁拱抗弯刚度比、长拱钢板厚度、吊杆张拉力等参数变化对结构主要截面的轴力、弯矩和挠度影响,进一步对构件内力和变形进行评价。分析表明:梁拱刚度比对内力和挠度影响较大,且决定梁拱组合体系弯矩分配;长拱钢板厚度对结构影响主要表现在拱肋轴力;吊杆张拉力对跨中弯矩和挠度影响较大。

关键词 梁拱组合桥 有限元分析 敏感性分析 梁拱刚度比 弯矩分配

一、引 言

梁拱组合桥是由梁和拱组合而成,综合主梁抗弯和拱肋抗压受力特点,依靠主梁预压应力或水平系杆平衡拱肋水平推力,结构下部不产生或仅有很小水平推力的结构体系。该类桥梁线条简明,结构轻盈,有较好观赏性[1]。由于水平推力较小甚至没有,所以对地基要求不高,有效解决了土质不好,地基较差地区修建桥梁的难题。梁拱组合桥整体造价相对不高,且施工工艺成熟,经验充足,是60~200m跨径范围内最具竞争力的桥型之一。异形梁拱组合桥由于构件异型化形式多样,组合形式千变万化,涌现出众多造型优美桥梁[2]。国内外学者针对异型梁拱组合桥静力力学性能及参数敏感性进行了大量研究[3-7],取得重要成果,如陈宝春指出了拱肋内倾角度对于横向稳定和面内承载能力的重要性,总结出拱肋的内倾角一般在3°~15°,以10°附近为最佳[8]。但研究大都集中在拱肋倾角、矢跨比等结构构造方面,对于细部组成参数的分析还有待完善。又因为异型PC梁拱组合桥造型差异大,结构复杂,相互借鉴性小,且均为超静定结构,解析法求解难度大,所以有必要对特定桥梁展开有限元分析,研究结构参数对静力力学性能的影响。本文以某异型PC梁拱组合桥为依托,采用数值分析方法,对梁拱抗弯刚度比、长拱钢板厚度、吊杆张拉力等结构参数变化时结构主要截面轴力、弯矩和挠度详细分析,进一步对内力和变形进行评价,并对异型梁拱组合桥结构静力参数敏感性进行分析。

二、依托工程及有限元模型

1. 工程概况

依托工程为四跨下承式变宽PC连续梁拱组合桥,跨径布置为44m+88m+88m+44m=264m,主桥立面布置如图1所示。

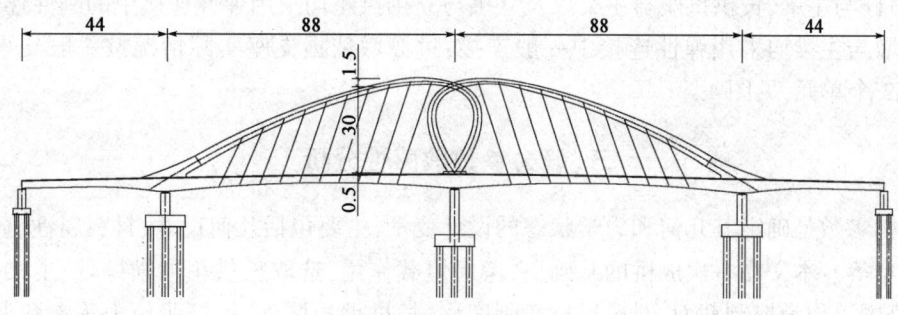

图1 主桥立面布置(尺寸单位:m)

主梁为变宽度、变高度 PC 混凝土双箱多室双主梁结构，采用 C50 混凝土。箱梁顶板横坡坡度双向 2%，梁底曲线为 2 次抛物线，横桥向底板水平。箱梁中支点梁高 4.5m，边支点与中跨跨中梁高 2.5m，箱室净宽 4.1～4.15m。箱梁顶板厚度为 250mm，跨中处底板厚度为 250mm。外边腹板跨中处厚度 650mm，支点厚度 1250mm，中腹板和内边腹板跨中处厚度 500mm，支点厚度 850mm。一般位置横隔板厚度 300mm，边拱脚前后两道横隔板厚 800mm，吊杆锚固边箱横隔板厚度 500mm。主梁中跨跨中箱室构造见图 2。

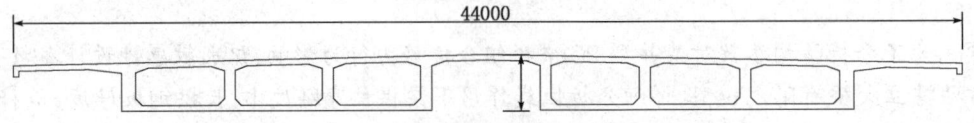

图 2　主梁中跨跨中箱式构造（尺寸单位：mm）

主拱采用 Q345qD 钢箱空间布置。在立面上，拱轴线为两对相互对称的椭圆线；在平面上，拱轴线为横放的两段 X 形对称直线，见图 3；钢箱拱在主桥中支点交汇而成，长拱顺桥向跨径 79m，两榀长拱横桥向对称布置，通过横撑连接；长拱轴线在拱座处横桥向岔开 32.5m，在拱顶点位置，两榀长拱合并成为一整断面，拱轴线横向距离 3m；立拱拱顶顺桥向距离中墩 9m，立拱拱顶竖桥向距离主梁顶面 32m；立拱上部交叉点、下部交叉点分别距离拱顶 1.5m、31.5m。

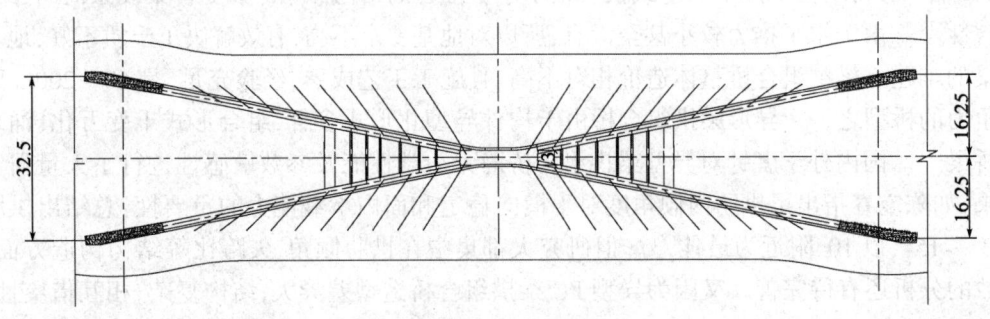

图 3　主拱平面布置（尺寸单位：m）

全桥共 40 根吊杆，横桥向、顺桥向均对称布置。吊杆采用 PES7-73 和 PES7-55 高强镀锌平行钢丝束吊杆，抗拉强度为 1670MPa。吊杆定位点：在梁上顺桥向间距 6m，横桥向距离桥梁中心线 15.5m，距离箱梁顶面 1.25m；在拱上定位点为：顺桥向间距 6.4m，并通过拱轴线中心。吊杆采用单端张拉，在钢箱拱肋内部为固定端，在梁体内为张拉端，设计采用的安全系数 $k \geq 2.5$。

2. 有限元模型建立

利用 MIDAS/Civil 建立大桥空间有限元模型，分别以顺桥向、横桥向、竖向为 X 轴、Y 轴和 Z 轴。桥墩、主梁、主梁横隔板、长拱拱座、立拱拱座、钢箱拱肋、横撑均采用梁单元模拟；吊杆采用桁架单元模拟；吊杆与主拱、吊杆与主梁、长拱拱座与主梁以及立拱与立拱拱座均采用弹性连接中的刚性连接；桥墩底部固结；边墩、中墩与主梁均采用弹性连接中一般连接；过渡墩依据支座实际情况按一般支承模拟。共计 843 个节点，762 个单元，见图 4。

三、静力参数敏感性分析

桥梁的结构参数是确定其几何和力学状态的设计变量，主要包括几何尺寸、材料属性、荷载值以及与随时间变化的量等。本文在一次成桥的基础上，考虑恒载作用，选取长拱箱形横撑处、主梁中跨跨中、立拱拱顶、拱肋跨中等作为控制截面，对梁拱抗弯刚度比、长拱钢板厚度、吊杆张拉力等参数调整前后结构内力和变形进行分析评价，总结结构参数变化对静力特性影响规律。

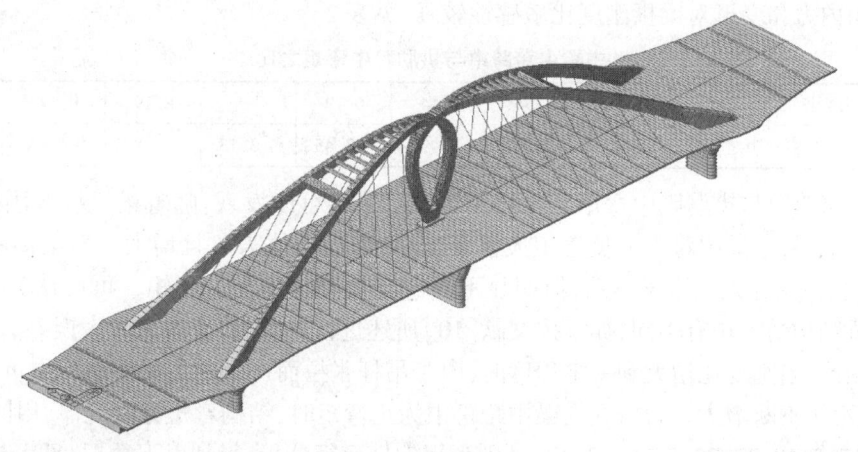

图 4　主桥有限元模型

1. 梁拱组合桥体系界定

通过改变梁拱截面抗弯刚度比,分析不同抗弯刚度比值下的受力特性。根据《铁路桥涵设计规范》(TB 10002—2017)[9]条文说明第 5.3.7 条:当拱截面惯性矩变化不大时,可直接采用跨度 1/4 处的截面惯性矩及截面积进行检算。故取距离拱脚处 1/4 拱肋长度的截面计算拱肋抗弯刚度[9]。通过调整拱肋和主梁的弹性模量来改变梁拱的截面刚度比值,分析不同截面刚度比值下的受力特性。该桥拱肋截面惯性矩 $I_a = 7.8 \times 10^{11} \text{mm}^4$,弹性模量 $E = 2.06 \times 10^5 \text{MPa}$。主梁截面惯性矩 $I_b = 3.6 \times 10^{13} \text{mm}^4$,弹性模量 $E = 3.45 \times 10^4 \text{MPa}$。拱肋刚度 $EI_a = 1.6 \times 10^8 \text{kN} \cdot \text{m}^2$,主梁刚度 $EI_b = 1.2 \times 10^9 \text{kN} \cdot \text{m}^2$,梁拱刚度比为 $EI_b/EI_a = 7.5$。根据文献[10],梁拱刚度比 $EI_b/EI_a \leq 1/10$ 时,可不计梁的刚度,弯矩全部由拱承担,即系杆拱;当梁拱刚度比 $EI_b/EI_a \geq 10$ 时,可不计拱的刚度,弯矩全部由梁承担,即朗格拱。说明该梁拱组合桥为刚拱刚梁体系,弯矩由梁和拱按刚度分担,受力较均匀。通过调整梁拱刚度,每次一者增加 5%,另一者减小 5% 的方法,使梁拱抗弯刚度比为 5、5.54、6.14、6.79、7.5、8.29、9.17、10.15、11.25。利用软件运行分析,得到以下数据,见表 1。

关键截面内力和挠度随梁拱刚度比变化　　表 1

梁拱刚度比	轴力(kN)		弯矩(kN·m)			挠度(mm)	
	长拱箱形横撑处	主梁中跨跨中	主梁中跨跨中	立拱拱顶	拱肋跨中	长拱箱形横撑处	主梁中跨跨中
5	-20144	-207667	-33506	-18519	7599.7	-37.7	26.88
5.54	-19410	-209032	-30512	-18116	7457.2	-39.9	23.56
6.14	-18677	-210395	-27483	-17666	7288.6	-41.9	20.48
6.79	-17959	-211730	-24447	-17172	7093.6	-44.0	17.79
7.5	-17288	-212980	-21577	-16674	6891.9	-45.9	15.44
8.29	-16628	-214208	-18724	-16150	6674.9	-47.8	13.3
9.17	-15926	-215518	-15634	-15551	6423.1	-49.8	11.2
10.15	-15281	-216719	-12770	-14971	6200.0	-51.6	9.42
11.25	-14638	-217917	-9883	-14365	5914.6	-53.5	7.77

随着梁拱刚度比的增大,拱肋轴压力减小,主梁轴压力小幅增大;主梁中跨跨中弯矩、立拱拱顶弯矩、拱肋跨中弯矩均减小,但减小幅度不同;拱肋下挠不断增大,主梁上挠大幅度减小。与弯矩和挠度相比,结构的轴力变化幅度很小,或者说结构的弯矩和挠度对刚度比变化很敏感。由于梁拱刚度比增大,拱肋刚度减小,其在自重作用下的下挠增大,同时导致由吊杆与之连接的主梁跨中上挠和负弯矩大幅减小。当 $EI_b/EI_a = 11.25$ 时,两处截面轴力分别减小 15.3%、增大 2.0%,主梁中跨跨中、立拱拱顶、拱肋跨中弯矩分别减小 54.2%、13.8%、22.2%,长拱箱形横撑处下挠增大 16.6%,主梁中跨跨中上挠减小 98.7%,

说明整体上结构内力和变形对梁拱刚度比敏感性较强,见表2。

主梁中跨跨中与拱肋跨中弯矩之比 表2

梁拱刚度比	5	5.54	6.14	6.79	7.5	8.29	9.17	10.15	11.25
主梁中跨跨中与拱肋跨中弯矩之比	-4.41	-4.09	-3.77	-3.45	-3.13	-2.81	-2.43	-2.06	-1.67

通过主梁中跨跨中与拱肋跨中弯矩之比的变化(见表2)可以发现:随着梁拱抗弯刚度比的增大,拱肋跨中弯矩不断减小,主梁中跨跨中负弯矩大幅度减小,弯矩比值为负且增大。当梁拱刚度比达到10.15、11.25时,结构体系为柔拱刚梁体系,但明显不可忽略拱肋所承受的弯矩。可以认为,该异型桥与常规的梁拱组合桥结构受力稍有不同,如果按文献[10]所述进行计算,将会带来较大误差。

而且可以预测,当刚度比增大到一定程度时,由于吊杆张拉而产生的主梁中跨跨中负弯矩会消失,出现正弯矩,且正弯矩不断增大。为研究主梁中跨跨中为正弯矩时,结构弯矩分配规律,用同样方法使梁拱抗弯刚度比为17.5、19.77、22.5、25.83、30,分别利用软件运行分析,得到以下数据,见表3。

主梁中跨跨中与拱肋跨中弯矩及比值 表3

梁拱刚度比	弯矩(kN·m)		拱梁弯矩比
	拱肋跨中	主梁中跨跨中	
17.5	4707.6	3198.2	1.47
19.77	4371.2	6419.3	0.68
22.5	4019.3	9764.2	0.41
25.83	3649.0	13258.0	0.28
30	3269.0	16939.3	0.19

当结构为柔拱刚梁体系且主梁中跨跨中弯矩为正弯矩时,随梁拱刚度比的继续增大,拱肋趋于柔性结构,拱肋跨中正弯矩不断减小,主梁在结构中重要性越来越强,且主梁中跨跨中弯矩大幅增大,拱梁弯矩比不断减小,主梁所承受弯矩比例越来越大。说明梁拱抗弯刚度比对结构弯矩分配起决定性作用。

2. 长拱钢板厚度

拱肋钢板厚度变化影响拱肋刚度的同时也改变其质量。大桥长拱拱肋钢板厚度在不同节段有所不同,所以在保持长拱箱形外轮廓截面尺寸不改变的基础上,将长拱钢板厚度设计值进行0.8倍、0.9倍、1.1倍、1.2倍的调整,分析不同情况下主梁以及拱肋受力和变形规律,见表4。

关键截面内力和挠度随长拱钢板厚度变化 表4

长拱钢板厚度调整系数	轴力(kN)		弯矩(kN·m)			挠度(mm)	
	长拱箱形横撑处	立拱拱顶	长拱箱形横撑处	立拱拱顶	主梁中跨跨中	长拱箱形横撑处	主梁中跨跨中
0.8	-16140	-27641	7692	-15743	-17250	-50	13.7
0.9	-16724	-28675	8080	-15933	-18934	-48	14.5
1	-17345	-29784	8408	-16677	-20790	-45.7	15.4
1.1	-17892	-30759	8729	-17123	-22295	-43.8	16.1
1.2	-18408	-31682	9029	-17559	-23652	-42.2	16.8

长拱钢板厚度增大时,长拱自重增大,导致拱肋轴力随之增大;同时所选三处截面的弯矩值均增大,因为长拱钢板厚度增大引起结构刚度增大,梁拱刚度比发生变化,影响梁拱荷载分配;长拱箱形横撑处截面下挠减小,主梁中跨跨中截面上挠增大,因为长拱钢板厚度增大引起拱肋刚度增大,导致拱肋下挠减小,长拱与主梁通过吊杆连接,当吊杆张拉力作用引起吊杆伸长量的变化不大时,主梁上挠随长拱下挠减小而增大。当长拱钢板厚度达到设计厚度的1.2倍时,两处截面轴力分别增大6.1%、6.4%,长拱箱形横撑处、立拱拱顶、主梁中跨跨中截面弯矩分别增大10.6%、5.3%、13.8%,长拱箱形横撑处截面下挠值减小7.7%,主梁中跨跨中截面上挠值增大9.1%,可知结构内力和变形对长拱钢板厚度变化敏感性一般。

3. 吊杆张拉力

吊杆张拉力可以调整拱梁荷载分配,是影响梁拱之间内力分布以及变形的重要传力构件。在保证其它结构参数不变,吊杆张拉力分别按 –20%、–10%、10%、20% 幅度进行整体调整,分析成桥阶段结构静力特性变化规律。各个截面内力和挠度的变化见表5。

关键截面内力和挠度随吊杆张拉力变化　　　　表5

吊杆张拉力调整幅度	轴力(kN)		弯矩(kN·m)			挠度(mm)	
	长拱箱形横撑处	立拱拱顶	长拱箱形横撑处	立拱拱顶	主梁中跨跨中	长拱箱形横撑处	主梁中跨跨中
–20%	–16496	–28401	7993	–15791	–16725	–41.9	13.1
–10%	–16916	–29093	8200	–16234	–18758	–43.8	14.2
0	–17345	–29784	8408	–16677	–20790	–45.7	15.4
10%	–17769	–30476	8616	–17120	–22823	–47.6	16.5
20%	–18194	–31167	8823	–17563	–24856	–49.5	17.7

当吊杆张拉力整体增大时,长拱箱形横撑处、立拱拱顶截面轴力增大,主拱作为承压构件,受到自重和吊杆张拉力共同作用,吊杆张拉力使拱肋下侧受拉,当吊杆张拉力增大时,引起拱肋轴力增大;同时三处截面弯矩均增大,因为吊杆倾斜布置,从横向和竖向来看,吊杆张拉力让拱肋下侧、外侧受拉且抑制主梁下挠;长拱箱形横撑处截面下挠值、主梁中跨跨中截面上挠值均增大,因为主拱下侧受吊杆张拉力竖向分力作用,随吊杆张拉力的增大,其竖向分力增大引起拱肋下挠增大,吊杆张拉力竖向分力作用方向与主梁自重作用方向相反,导致主梁下挠减小。当吊杆张拉力增大20%时,两处截面轴力分别增大4.9%、4.6%,长拱箱形横撑处、立拱拱顶、主梁中跨跨中截面弯矩分别增大4.9%、5.3%、19.6%,长拱箱形横撑处截面下挠值增大8.3%,主梁中跨跨中截面上挠值增大14.9%,可知吊杆张拉力对内力的影响主要表现在主梁中跨跨中弯矩,结构变形对其敏感性较强。

四、结　语

(1)梁拱截面抗弯刚度比对梁拱组合桥的弯矩分配和挠度影响较大,对其轴力影响较小;结构内力和变形对梁拱截面抗弯刚度比敏感性较强;与普通梁拱组合桥不同的是,该异型桥在柔拱刚梁体系下但梁拱刚度比不是很大时,拱肋还承受一定比例弯矩,不能忽略;当刚度比较大时,主梁对结构整体起决定性作用。

(2)长拱钢板厚度变化由于会改变自身质量和刚度,也会对结构的弯矩分配产生一定的影响;当其增大时,结构整体所受弯矩会增大,中跨跨中弯矩增大最明显;但对结构轴力和挠度的影响不大。

(3)吊杆张拉力的整体变化对结构轴力影响较小,对中跨跨中弯矩和结构挠度影响敏感性相对较强。

(4)总体上该桥结构内力和变形对长拱钢板厚度敏感性一般,对吊杆张拉力敏感性较强,对梁拱抗弯刚度比敏感性相对更强。

参考文献

[1] 陈文明,赵桉.田安大桥方案设计[J].公路,2018,(6):151-154.
[2] 秦焕城.异型梁拱组合桥参数敏感性分析[D].郑州:郑州大学,2017.
[3] 龙汉,刘剑.钢管混凝土系杆拱桥静力参数敏感性分析[J].铁道科学与工程学报,2019,16(2):419-425.
[4] 关伟,米思颖.下承式梁拱组合连续梁桥结构敏感性参数分析[J].山西交通科技,2019,(1):43-47.
[5] 李龙,梁长海,周伟明,等.小边跨梁拱组合体系桥梁结构性能分析与成桥荷载试验验证[J].公路,2019,(4):151-155.
[6] 易云焜.梁拱组合体系设计理论关键问题研究[D].上海:同济大学,2007.

[7] 鹿立好.梁拱组合桥梁稳定性对于重要设计参数的敏感性研究[J].工程与建设,2016,30(03):322-324.
[8] 陈宝春.钢管混凝土拱桥设计与施工[M].北京:人民交通出版社,1999.
[9] 国家铁路局.铁路桥涵设计规范:TB 10002—2017[S].北京:中国铁道出版社,2017.
[10] 金成棣.预应力混凝土梁拱组合桥梁设计研究与实践[M].北京:人民交通出版社,2001.

17. 提篮式系杆拱桥稳定性分析

金成棣[1] 陈建华[2] 钱阳[2]

(1.同济大学;2.上海兰德公路工程咨询设计有限公司)

摘要 提篮式系杆拱桥是双榀拱肋横断面布置的一种形式,它的作用是提高组合拱的面外稳定性。通过下述几方面研究:纵向联结系的形式与提篮式布置的关系及适用条件与效应;面外失稳时拱肋、吊杆及系梁三者共同作用的机理;斜吊杆力的非保向效应;框架式联结系横系梁的剪力附加水平分力的扶正作用,以及系梁在吊杆附加力作用下,横向挠曲与扭转对拱肋附加扶正力消减影响等等,论文揭示了提篮式系杆拱对拱肋面外稳定性的关键技术。算例对上述影响作出数值表述。

关键词 提篮式系杆拱 纵向连接系 非保向效应 扶正力影响

一、概述

系杆拱桥是一种古典桥型,由于设计与施工技术进步,使这种桥型得到广泛采用,该种桥型的横断面布置由双榀拱肋发展多榀拱以适应宽桥的需要,为了节省材料,降低造价,改善桥面视野,也有设计成独榀拱肋。总起来说,该种桥型是多样,拱系梁吊杆三种主要构件有机组成,结构越来越轻型,拱肋的稳定性问题必须予以充分重视,对于拱肋稳定性分面内面外。根据研究资料揭示,由文献[1]桥梁设计规范条文作出相应规定,把系杆拱桥的拱肋作为拉直受压曲杆来验算稳定性,面外稳定性远低于面内稳定性,因此在两榀拱肋间设置纵向联结系,以及采取多种结构措施,诸如设置边跨系梁或采取中承式系梁以提高拱肋面外稳定性。把拱肋面倾斜在具有联结系条件下形成提篮式,用以提高双榀拱肋的组合刚度,即提高拱肋组合惯性效应系数α_i,采取提篮式框架联结系的横系梁弯曲长度缩短了,减少了横系梁的剪切变形;但同时两榀拱肋中心距缩短了,组合惯性矩将有所降低,得失相抵。研究当拱肋倾斜i变化时的影响;同时,连接系形式选择,一般设计中常采用的框架式连接系与较少采用的K式桁架连接系,在提篮式条件下的效应比较,将是本文首先需研究的问题。

在此将研究提篮式系杆拱桥在拱肋面外失稳条件下,吊杆及系梁与拱共同作用下,对提高拱肋稳定性影响。以下将根据拱肋面外失稳的变形模态,假设横向挠曲垂直拱肋的主轴$z\sim z$,即沿$y\sim y$轴方向发生,基于拱肋二次变形理论,即吊杆依靠系梁的抗弯,抗扭刚度,以及拱肋自身抗扭刚度对拱肋提供扶正力,使拱肋反挠,从而提高拱肋面外稳定性,其中包括框架式联结系的横系梁因两榀拱肋位移差引起的剪切力对拱肋产生水平附加力,以及拱肋偏移时,吊杆原张力的非保向效应,即产生吊杆力的附加水平力。这两部分影响将通过实例计算,以提供读者参考。

二、提篮式系杆拱桥的稳定性

提篮式系杆拱稳定性研究的基础理论主要有以下几个方面,对拱肋不同倾斜度影响,其中包括两种连接系形式;框架式连接系以及K式桁架连接系。其中常用形式是框架式连接系,它的连接件主要是横系梁,在不同的横截面尺寸条件下对两榀拱肋组合效应的影响。

提篮式系杆桥的两榀拱肋组合惯性矩等于：

$$I_{yi} = A_a \frac{h_i}{2} \tag{1}$$

式中：A_a——单榀拱肋面积，cm；

h_i——在 i 截面两榀拱肋中心距。

$$h_i = h_0 - 2 \cdot iy \tag{2}$$

式中：h_0——拱脚截面两榀拱肋中心距；

i——拱肋面倾斜度；

y——拱轴线纵坐标，如采用抛物线则：

$$y = \frac{4fx}{l^2}(l-x)$$

拱肋面外失稳时，拱肋组合效应系数 α_i，对于框架式联结系，文献[1]公路桥涵设计规范条文说明 4.3.8；式(4-23)、式(4-24)、式(4-25)及式(4-26)，结合系杆拱的结点特点表述如下：

$$\alpha_i = \frac{1}{1 + \frac{E_a I_{yi}}{(\mu l_a)^2}\left(\frac{ah_i}{12 E_p I_{py}\cos\varphi_i} + \frac{a^2}{24 E_a I_{ay}\cos^2\varphi_i} \times \frac{1}{1-\beta} + \frac{na}{b A_p G\cos\varphi_i}\right)} \tag{3}$$

式中：μ——拱肋失稳曲屈模态系数，验算面外稳定性，对于二铰拱 $\mu = 1.0$；对于无铰拱 $\mu = 0.5$；

l_a——拱轴长度，cm，$l_a = \eta \cdot l$，对于抛物线拱 $\eta \cong 1 + \frac{8}{3}\left(\frac{f}{l}\right)^2$；

$\cos\varphi_i$——拱轴线在点 i 的切角余弦；

a——框架式横系梁的水平间距，cm；

h_i——见公式(2)，cm；

E_p、I_{py}——横系梁材料弹性模量及截面对竖轴 $y\sim y$ 轴惯性矩，kN/cm² 及 cm⁴；

E_a、I_{ay}——拱肋材料弹性模量及单榀拱肋自身对竖轴 $y\sim y$ 惯性矩，kN/cm² 及 cm⁴。

对于系杆拱桥，根据构造特点，一般 β 可以忽略，而分母第三项反映横系梁剪切变形影响，所占份额较小，可以忽略。分母中第一项是横系梁剪弯变形的影响，它是组合系数主导者；而第二项属于拱肋在节间局部弯曲影响，对于箱形拱肋可以忽略。

对于 K 式桁架联结系的组合效应系数，按广义位移推导得到：

$$\alpha_i = \frac{1}{1 + \frac{E_a I_{yi}}{(\mu l_u)^2} \times \left(\frac{2l_d^3 \cos\varphi_i}{h_i^2 a E_s A_d} + \frac{h_i \cos\varphi_i}{E_s A_c a}\right)} \tag{4}$$

式中：l_u、E_s、A_d——分别为斜杆长度、材料弹性模量及面积，cm、kg/cm² 及 cm²；

其余符号同公式(3)说明。

拱肋横向失稳的挠度曲线近似地表达为：

$$v_i(x) = v_0 \sin\frac{\pi x}{l} \tag{5}$$

式中：l——拱肋设计跨径。

由于拱轴压力 N_d 沿拱轴线是变化的，而设计水平推力 H_d 是不变化的，其间关系式是 $N_d = H_d/\cos\varphi_i$，由拱轴压力的横向挠度 v_i 引起偏心弯矩：$M_i(x) = H_d v_i(x)/\cos(x)$ 考虑拱肋横向失稳初始阶段按小挠度理论处理，$ds = dx/\cos\varphi_i$，则横向挠度的曲率变化与轴力引起偏心弯矩存在下列关系：

$$\frac{d^2 v}{dx^2} = -\frac{M_i(x)\,dx^2}{E_a \alpha_i I_{yi} \cos^2\varphi_i} = -\frac{H_d v_0 \sin\frac{\pi x}{l}\,dx^2}{E_a \alpha_i I_{yi} \cos^3\varphi_i} \tag{6}$$

上列式最后项为变数,在此按差分法求解得到:

$$v_{ai-1} - 2v_{ai} + v_{ai+1} = -\frac{H_d v_0 \Delta x^2_i \sin\frac{\pi x}{l}}{E_a \alpha_{ji} I_{aj} \cos^3 \varphi_i} = -\frac{H_d v_0 l^2 \sin\frac{\pi x}{l}}{m^2 E_a \alpha_{ji} I_{aj} \cos^3 \varphi_i} \tag{7}$$

式中:m——计算分段数,$\Delta x = \frac{l}{m}$。

式(7)分母$\alpha_{ji} I_{aj}$,它由$I_{yi} = \beta_i I_{ay}$,$\alpha_{ji} = \beta_i \alpha_i$,即$\alpha_i I_{yi} = \alpha_{ji} \cdot I_{ay}$。

求解方程组,得到跨中最大挠度$v_a\left(\frac{l}{2}\right)$等于:

$$v_a\left(\frac{l}{2}\right) = \frac{\alpha_a l^2}{E_a I_{ay}} H_d v_0$$

当H_d增大达到临界水平力H_{cr}时,则$v_a\left(\frac{l}{2}\right) = v_0$,得到:

$$H_{cr} = \frac{E_a I_{ay}}{\alpha_a l^2} \tag{8}$$

将临界轴压力验算连接到文献[1,2]公路桥规按长细比λ确定承载力或容许应力折减系数ϕ,在此将式(8)表达为:

$$\frac{E_a I_{ay}}{\alpha_a l^2} = \frac{\pi^2 E_a \bar{I}_y}{\mu^2 \eta^2 l^2}$$

式中:$\bar{I}_y$——定义为综合惯性矩,它由各种结构措施改善拱肋抗侧移的影响所确定。

$$\bar{I}_y = \frac{\mu^2 \eta^2 I_{ay}}{\alpha_a \pi^2} \tag{9}$$

在此,α_a由公式(7′)得到,$\mu = 1.0$或0.5,η由拱的矢跨比得到,抛物线$\eta = 1 + \frac{8}{3}\left(\frac{f}{l}\right)^2$。

I_{ay}为单榀拱肋自身惯性矩(对$y-y$轴),均为已知条件。

$$i = \sqrt{\frac{\bar{I}_y}{2A_a}} \tag{10}$$

$$l_0 = \mu \eta l \tag{11}$$

$$\lambda = \frac{l_0}{i} \tag{12}$$

按桥规查得相应φ值,进行承载力或容许应力验算。

三、不同倾斜度及不同联结系的下承式系杆桥优化分析

主跨径$l = 100$m的下承式系杆拱桥;桥宽$B = 25.0$m;拱脚位置,拱肋中心距$h_0 = 20.0$m,拱肋钢箱轮廓尺寸$b \cdot h = 200$m $\times 250$m。拱轴线抛物线,矢跨比$\frac{f}{l} = \frac{1}{4.8}$,$f = 2083$cm,吊杆间距$a = 10$m,如图1所示,系梁为钢与钢筋混凝土结合梁。桥面板宽$B = 2500$cm,钢箱底宽$b = 2200$cm,高度$h = 180$cm。横断面布置:平行拱肋$i = 0$;提篮式$i = 0.1, 0.2$;连接系、框架式、k式桁架,按二铰拱计算图式比较组合效应系数及临界水平力。

各构件弹性模量,几何特征见表1。

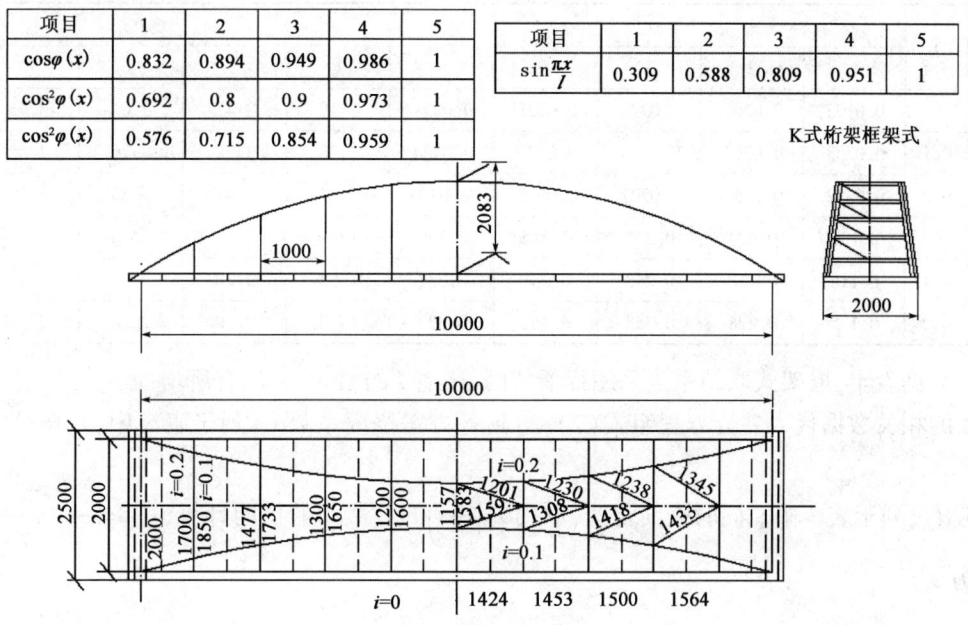

项目	1	2	3	4	5
$\cos\varphi(x)$	0.832	0.894	0.949	0.986	1
$\cos^2\varphi(x)$	0.692	0.8	0.9	0.973	1
$\cos^3\varphi(x)$	0.576	0.715	0.854	0.959	1

项目	1	2	3	4	5
$\sin\dfrac{\pi x}{l}$	0.309	0.588	0.809	0.951	1

图1 跨径 $l=100\mathrm{m}$ 下承式系杆拱桥示意图

构件的弹性模量、几何特性　　　　表1

项目	尺　寸	$E(\mathrm{kN/cm^2})$	$A(\mathrm{cm^2})$	$I_Z(\mathrm{cm^4})$	$I_y(\mathrm{cm^4})$
拱肋	$b\times h=200\mathrm{cm}\times250\mathrm{cm}$　$t=30\mathrm{cm}$	2.1×10^4	2664	4.42×10^7	3.24×10^7
系梁	$b\times h=2000\mathrm{cm}\times180\mathrm{cm}$(换算混凝土)	3.45×10^3	6.75×10^4	5.91×10^8	2×10^{10}
横系梁	第一方案　箱形截面 $100\times80\mathrm{cm},t=2.0\mathrm{mm}$	2.1×10^4	720	5.11×10^5	1.08×10^6
	第二方案　箱形截面 $120\times80\mathrm{cm},t=2.0\mathrm{mm}$	2.1×10^4	784	8.76×10^5	1.634×10^6
斜杆	$\phi600\times16$	2.1×10^4	294		
支撑	$\phi800\times16$ * 第一档箱形截面	2.1×10^4	490	5.11×10^5	1.08×10^6

估算水平推力:$H_\mathrm{d}=\dfrac{1}{8}q\dfrac{l^2}{f}=1.72\times10^4\mathrm{kN}$

吊杆力:$F_\mathrm{v}=8\gamma\dfrac{H_\mathrm{d}f_\mathrm{a}}{l^2}=2600\mathrm{kN}$

式中:γ——扣除拱肋自重的折减系数。

横系梁、斜杆及支撑长度表示在图1的平面图上,在横系梁长度近似地等于拱肋中心距离 h_i,拱肋组合惯性(面外)I_y 及折算 I_{ay} 的系数 $\beta_i=I_y/I_{ay}$,表示于后。

$\beta_i=(113;92;72;61;59)$

将上列表1数据代入式(3)及式(4),得到相关方案的修正效应系数,见表2。

各种方案组合效应系数 α_{ji} 比较表(拱肋各计算点)　　　　表2

联结系	i	α_i					α_{ji}				
		1	2	3	4	5	1	2	3	4	5
第一方案框架式	0	0.0129	0.0138	0.0147	0.0152	0.0154	2.13	2.28	2.43	2.51	2.54
	0.1	0.0156	0.0202	0.0235	0.0274	0.0292	2.22	2.53	2.68	2.94	3.06
	0.2	0.0215	0.0325	0.436	0.0635	0.0698	2.48	2.99	3.14	3.87	4.05

续上表

联结系	i	α_i					α_{ji}				
		1	2	3	4	5	1	2	3	4	5
第二方案框架式	0	0.0193	0.0207	0.0220	0.0228	0.0231	3.19	3.42	3.63	3.76	3.82
	0.1	0.0238	0.0302	0.0373	0.0422	0.0434	3.38	3.78	4.26	4.52	4.57
	0.2	0.0322	0.0483	0.0727	0.0937	0.1020	3.64	4.44	5.23	5.71	5.91
K式桁架	0	0.109	0.204	0.206	0.215	0.220	17.9	33.7	34.0	35.6	36.3
	0.1	0.116	0.216	0.242	0.286	0.333	16.5	27.0	27.6	30.6	34.9
	0.2	0.135	0.228	0.358	0.362	0.377	15.3	21.0	25.8	22.1	21.9

从表2数据看出,框架式联结系当采用提篮式时,随着 i 的增大, α_{ji} 均有所增加。

将表2的相关数据代入差分方程组式(7),得到各方案挠度系数 α_a,列于表3中,并按公式(8)确定临界水平力 H_{cr},列于表3中。同时按简化法,取用 $\alpha_{ji}\left(\dfrac{l}{2}\right)$ 的等截面的拱肋计算, $H_{cr} = \dfrac{\pi^2 E_a \alpha_{ji}\left(\dfrac{l}{2}\right) I_{ay}}{\eta^2 l^2}$ 列于表3 H_{cr} 下方。

系杆各种方案的拱肋跨中横向挠度 $v_a\left(\dfrac{l}{2}\right)$ 及临界水平力 H_{cr} 表3

联结系形式		$i = 0$		$i = 0.1$		$i = 0.2$	
		$v_a\left(\dfrac{l}{2}\right) = \dfrac{\alpha_a H_d v_0 l^2}{E_a I_{ay}}$	$H_{cr} = \dfrac{1}{\alpha_a} \cdot \dfrac{E_a I_{ay}}{l^2}$	$v_a\left(\dfrac{l}{2}\right) = \dfrac{\alpha_a H_d v_0 l^2}{E_a I_{ay}}$	$H_{cr} = \dfrac{1}{\alpha_a} \cdot \dfrac{E_a I_{ay}}{l^2}$	$v_a\left(\dfrac{l}{2}\right) = \dfrac{\alpha_a H_d v_0 l^2}{E_a I_{ay}}$	$H_{cr} = \dfrac{1}{\alpha_a} \cdot \dfrac{E_a I_{ay}}{l^2}$
框架式	第一方案	0.04699	$\dfrac{21.3}{20.5}$	0.04111	$\dfrac{24.3}{24.7}$	0.03307	$\dfrac{30.2}{32.6}$
	第二方案	0.03139	$\dfrac{31.9}{30.8}$	0.0268	$\dfrac{37.3}{36.8}$	0.02175	$\dfrac{46.0}{47.6}$
K式桁架		0.00341	$\dfrac{293.0}{292.7}$	0.003969	$\dfrac{252.0}{281.3}$	0.005164	$\dfrac{193.6}{176.5}$

注: H_{cr} 值为二根拱肋之和, ** 由 $H_{cr} = \dfrac{\pi^2 E_a \alpha_{ji}\left(\dfrac{l}{2}\right) I_{ay}}{\eta^2 l^2}$ 得到。

临界水平力对于框架式连接系而言,随着 i 的增大而增加。当 $i = 0.2$ 时, $H_{kp} = 30.2 \dfrac{E_a I_{ay}}{l^2}$,而第二方案增大横系梁尺寸,当 $i = 0$ 时, $H_{kp} = 31.9 \dfrac{E_a I_{ay}}{l^2} > 30.2 \dfrac{E_a I_{ay}}{l^2}$,就算例而言,增大横系梁的截面尺寸比提篮式更为有利。

比较二种联结系对提高临界水平力,K式桁架显然比框架式有利得多,但对K式桁架联结系条件是否采用提篮式还需从总体布置的具体尺寸作出研究。就算例而言,随着拱肋倾斜度的增加,临界水平力反而降低。

按容许应力验算拱肋,在此取 $i = 0$ 的平行拱肋为例,临界荷载系数 K 等于:

$$K = \dfrac{H_{cr}}{H_d}$$

$$H_{cr} = \dfrac{21.3 \times 2.1 \times 10^4 \times 3.24 \times 10^7}{1.0 \times 10^8} = 1.431 \times 10^5 \text{(kN)}$$

$$k = \dfrac{1.431 \times 10^5}{2 \times 1.72 \times 10^4} = 4.16$$

根据式(9)计算综合矩 $\bar{I}_y$ 等于:

$$\eta = 1 + \frac{8}{3}\left(\frac{1}{4.8}\right)^2 = 1.116, \mu = 1.0$$

$$\bar{I}_y = \frac{1.116^2 \times 3.24 \times 10^7}{0.047 \times \pi^2} = 8.69 \times 10^7 (cm^4)$$

$$i = \sqrt{\frac{\bar{I}_y}{2A_a}} = \sqrt{\frac{8.69 \times 10^7}{2 \times 2664}} 127.4(cm)$$

$$\lambda = \frac{1.116 \times 1.0 \times 10^4}{127.4} = 89.9 < 100 \text{ 查钢结构折减系数 } \phi = 0.529$$

$$N_d = \frac{1.74 \times 10^4}{\cos\varphi_m} = \frac{1.74 \times 10^4}{0.949} = 1.83 \times 10^4(kN)$$

$$\sigma_s = \frac{1.83 \times 10^4}{2664} \times 10 = 68.70 MPa < 200 \times 0.529 = 105.8(MPa)$$

由于H_a是估算的,以上数据只是为了说明计算及过程,不能作为实际设计采用依据。

四、提篮式系杆拱计进二次挠度影响的面外稳定性

提篮式系杆拱桥拱肋向内倾侧,转动后拱面与沿垂线的坡度为i,夹角为θ。

拱肋侧移Δ_i,它垂直于拱面发生,水平位移近似地,$v_a(x) = v_i \cong \Delta_i \cos\theta$,由于$\theta$是微小的,$\cos\theta \cong 1$,$v_i = \Delta_i$。

v_i使吊杆原张力F_v改变方向,对拱引起附加水平分力$F(x)$,它同时作用于系梁,$F(x)$的大小由拱与梁的水平位移差K所决定,$F(x) = F_v \cdot \gamma(x)$,$\gamma B(x) = \frac{k}{y(x)}$;它扶正拱肋。

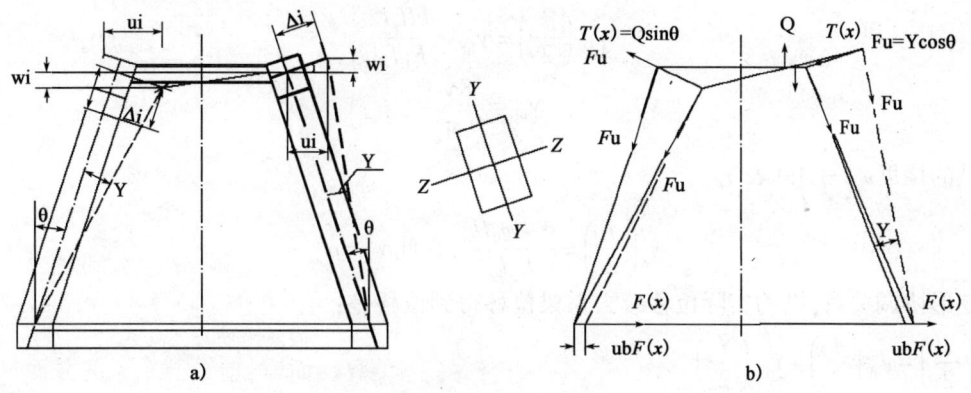

图2 提篮式方案 I 工作机理

同时考察横系梁受到两端错切位移$2w_i$,它引起剪力q,其大小与拱肋抗扭刚度有关;将q移置于拱肋,产生附加水平分力$T(x)$,它同时扶正拱肋。

1)吊杆力F_v的非保向效应

根据图2拱肋面外失稳模态,拱肋与系梁侧向跨中位移差为K。使吊杆力F_v产生偏移角:

$$\gamma(x) \cong \frac{k\sin\frac{\pi x}{l}}{y(x)}$$

式中:$y(x)$——拱轴线纵坐标。

吊杆力产生的附加水平分力:

$$F(x) = F_v \cdot \sin\gamma(x) \cdot \gamma(x) \cong \sin\gamma(x)$$

对于抛物线拱:

$$H_{\mathrm{d}} \cong \frac{1}{8} q \frac{l^2}{f}$$

式中:q——系杆拱桥设计荷载,kN/cm。

$$q = \frac{8 H_{\mathrm{d}} f}{l^2}$$

上述荷载扣除拱肋及纵向联结系等的重量,引进折减系数 γ,则:

$$\frac{F_{\mathrm{v}}}{d} = \frac{8 H_{\mathrm{d}} f \gamma}{l^2} \cdot \frac{k}{f} \cdot \frac{\sin\frac{\pi x}{l}}{\eta(x)} = \frac{8 H_{\mathrm{d}} \gamma}{l^2} \cdot \frac{\sin\frac{\pi x}{l}}{\eta(x)}$$

式中:$\eta(x)$——拱轴线纵坐标系数,$y(x) = \eta(x) f$。

上式所引起简支梁(基本结构)跨中截面弯矩,考虑到上述荷载引起的弯矩系 m 介于:

$$\frac{1}{8} \leqslant m \leqslant \frac{1}{\pi^2}$$

为简化计算,假设 $m = \frac{1}{9}$,则:

$$M_{\mathrm{F}}\left(\frac{l}{2}\right) = \frac{8}{9} H_{\mathrm{d}} k \gamma$$

把二铰系杆拱作为拉直曲杆,近似地取 $M_{\mathrm{F}}(x)$ 按正弦曲线分布,则拱肋及系梁的跨中侧向挠度分别等于:

$$v_{\mathrm{aF}}\left(\frac{l}{2}\right) = \beta_{\mathrm{aF}} \cdot \frac{k H_{\mathrm{a}} l^2}{E_{\mathrm{a}} I_{\mathrm{ay}}} \tag{13}$$

$$\beta_{\mathrm{aF}} = \frac{8\gamma \left[1 + \frac{8}{3}\left(\frac{f}{l}\right)^2\right]^2}{9 \pi^2 \alpha_{ji}\left(\frac{l}{2}\right)} \tag{14}$$

$$v_{\mathrm{bF}}\left(\frac{l}{2}\right) = \gamma_{\mathrm{bF}} \cdot \frac{k H_{\mathrm{a}} l^2}{E_{\mathrm{b}} I_{\mathrm{by}}} \tag{15}$$

$$\gamma_{\mathrm{bF}} = \frac{8\gamma}{9 \pi^2} \tag{16}$$

组合拱的挠度 $\bar{v}_{\mathrm{a}}\left(\frac{l}{2}\right)$ 见表3。

$$v_{\mathrm{a}}\left(\frac{l}{2}\right) = \frac{\bar{\alpha}_{\mathrm{a}} l^2 v_0 H_{\mathrm{d}}}{E_{\mathrm{a}} I_{\mathrm{ay}}}, 在此 \bar{\alpha}_{\mathrm{a}} = \alpha_{\mathrm{a}} \tag{17}$$

根据变形协调关系,拱肋实际位移减去系梁位移得到位移差:

$$k = v_{\mathrm{a}}\left(\frac{l}{2}\right) - v_{\mathrm{aF}}\left(\frac{l}{2}\right) - v_{\mathrm{bF}}\left(\frac{l}{2}\right)$$

$$k = \frac{\bar{\alpha}_{\mathrm{a}} v_0}{\frac{E_{\mathrm{a}} I_{\mathrm{ay}}}{H_{\mathrm{cr}} l^2} + \beta_{\mathrm{aF}} + \gamma_{\mathrm{bF}} \frac{E_{\mathrm{a}} I_{\mathrm{ay}}}{E_{\mathrm{b}} I_{\mathrm{by}}}} \tag{18}$$

在此,H_{d} 达 H_{cr} 时上式成立条件。$H_{\mathrm{cr}} = \frac{E_{\mathrm{a}} I_{\mathrm{ay}}}{\alpha_{\mathrm{aF}} l^2}$,式(18)改写为:

$$k = \frac{\bar{\alpha}_{\mathrm{a}} v_0}{\alpha_{\mathrm{a}} + \beta_{\mathrm{aF}} + \gamma_{\mathrm{bF}} \frac{E_{\mathrm{a}} I_{\mathrm{ay}}}{E_{\mathrm{b}} I_{\mathrm{by}}}} \tag{19}$$

$$\alpha_{\mathrm{a}} = \bar{\alpha}_{\mathrm{a}} - k \beta_{\mathrm{aF}}$$

取 $b = \alpha_{\mathrm{a}} + \beta_{\mathrm{aF}} + \gamma_{\mathrm{bF}} \frac{E_{\mathrm{a}} I_{\mathrm{ay}}}{E_{\mathrm{b}} I_{\mathrm{b}}}$,公式(19)是 k 的 $\beta_{\mathrm{aF}} \cdot k^2 - bk + \bar{\alpha}_{\mathrm{a}} = 0$,二次方程式的最小根;当系梁刚度无限大时,$\gamma_{\mathrm{bF}} \frac{E_{\mathrm{a}} I_{\mathrm{ay}}}{E_{\mathrm{b}} I_{\mathrm{by}}} = 0$,$k = 1.0$。

考虑吊杆力非保向效应的临界水平力等于：

$$H_{cr} = \frac{E_a I_{ay}}{(\bar{\alpha}_a - k\beta_{aF})l^2} \tag{20}$$

2) 横系梁抗剪垂直错剪效应

当拱肋面外偏移时，根据图2显示，拱肋错动变形为$2w_i$，当拱肋抗扭刚度无限大时，它引起错动剪力Q_i等于：

$$Q_i = 2v_0 \sin\theta \frac{12 E_s I_{pz} \sin\frac{\pi x}{l}}{h_i^3}$$

当$v_i = v_0 \sin\frac{\pi x}{l}$，$q$对组合拱引起的附加水平分力等于：

$$T_i = q_i \sin\theta = 24 E_s I_{pz} \frac{\sin^2\theta \sin\frac{\pi x}{l}}{h^3} \tag{21}$$

当拱肋有限抗扭刚度时，根据变形协调关系，上式应乘以系数k_t，则：

$$T_i = 24 E_s I_{pz} \sin^2\theta \sin\frac{\pi x}{l} \cdot \frac{k_t}{h^3} v_0 \tag{22}$$

横系梁抗弯劲度：沿拱跨度各横梁两端同转动$\phi = \sin\frac{\pi x}{l}$时，位于跨中的横系梁固端弯矩即为抗弯劲度等于：

$$\gamma_p\left(\frac{l}{2}\right) = \frac{6 E_s I_{pz}}{ah\left(\frac{l}{2}\right)} \tag{23}$$

拱肋沿跨度作用扭矩$m_k = \gamma_{ak}\left(\frac{l}{2}\right)\sin\frac{\pi x}{l}$，使跨中产生单位转角$\phi = 1$，此时拱肋跨中的抗扭刚度等于：

$$\gamma_{at}\left(\frac{l}{2}\right) = \frac{\pi^2 G_a I_{ak}}{l_a^2} \tag{24}$$

$$k_t = 1 - \frac{\gamma_p\left(\frac{l}{2}\right)}{\gamma_p\left(\frac{l}{2}\right) + \gamma_a\left(\frac{l}{2}\right)} \tag{25}$$

由T_i引起基本结构（简支梁）的弯矩按差分法计算得到$\bar{M}_t(x)$，然按差分法计算挠度$v_{at}(x)$，得到挠度等于：

$$v_{at}\left(\frac{l}{2}\right) = \beta_{aF} \frac{H_d l^2 v_0}{E_a I_{ay}} \tag{26}$$

$$v_a\left(\frac{l}{2}\right) = (\bar{\alpha}_a - \beta_{at}) \frac{H_d l^2 v_0}{E_a I_{ay}} \tag{27}$$

当

$$H_{cr} = \frac{E_a I_{ay}}{(\bar{\alpha}_a - \beta_{at})l^2} \tag{28}$$

同时考虑吊杆力的非保向效应与横系梁的错切影响，在此，应将$\bar{\alpha}_a$改为$\bar{\alpha}_a - \beta_{at}$，而由公式(14)得到：

$$k = \frac{(\bar{\alpha}_a - \beta_{at})v_0}{\alpha_{aF} + \beta_{aF} - \gamma_{bF}\frac{E_a I_{ba}}{E_b I_{by}}} \tag{29}$$

$$v_a\left(\frac{l}{2}\right) = (\bar{\alpha}_a - \beta_{at} - k\beta_{aF}) \frac{H_d l^2 v_0}{E_a I_{ay}} \tag{30}$$

当 H_d 达到 H_{cr} 时，$v_a\left(\dfrac{l}{2}\right) = \bar{\alpha}_a - \beta_{at} - k\eta\beta_{aF}$，则：

$$H_{cr} = \dfrac{E_a I_{ay}}{(\bar{\alpha}_a - \beta_{at} - k\beta_{aF})l^2} \tag{31}$$

五、续算例

1）吊杆力的非保向影响

根据表 1 数据：$E_a = 2.1 \times 10^4 \text{kN/cm}^2$，$I_{ay} = 3.24 \times 10^7 \text{cm}^4$；

$E_b = 3.45 \times 10^3 \text{kN/cm}^2$；$I_{by} = 2 \times 10^4 \text{cm}^4$；$\dfrac{E_a I_{ay}}{E_b I_{by}} = \dfrac{1}{101.4}$。

吊杆力，考虑扣除拱肋恒载影响：$H_d = 1.72 \times 10^4 \text{kN}$，$A_a = 2664 \text{cm}^4$，得到 $\gamma = 0.906$，代入公式（14）等于：

$$\beta_{aF}\left(\dfrac{l}{2}\right) = \dfrac{8 \times 0.906}{9\pi^2} \times \dfrac{1.116^2}{\alpha_{ji}\left(\dfrac{l}{2}\right)} = \dfrac{0.1098}{\alpha_{ji}\left(\dfrac{l}{2}\right)}$$

$$\gamma_{bF}\left(\dfrac{l}{2}\right) = \dfrac{8 \times 0.906}{9\pi^2} = 0.0816$$

将上述结果代入式（19），同时代入表 2 中 $\alpha_{ji}\left(\dfrac{l}{2}\right)$ 的数值，得到下列计算表达式：

$$k = \dfrac{\bar{\alpha}_a}{\alpha_{aF} + \beta_{aF}\left(\dfrac{l}{2}\right) + 0.00082}；\alpha_{aF} = \bar{\alpha}_a - k\beta_{aF}\left(\dfrac{l}{2}\right)。$$

计算 α_{aF}，将其结果列于表 4。

α_{aF} 计算　　　　　　表 4

项目	框架式联结系						K 式桁架联结系		
	第一方案			第二方案					
	$i=0$	$i=0.1$	$i=0.2$	$i=0$	$i=0.1$	$i=0.2$	$i=0$	$i=0.1$	$i=0.2$
$\alpha_{ji}\left(\dfrac{l}{2}\right)$	2.54	3.06	4.05	3.82	4.57	5.91	36.3	34.9	21.9
$\beta_{aF}\left(\dfrac{l}{2}\right)$	0.0357	0.0295	0.0224	0.0237	0.0198	0.0153	0.0025	0.0026	0.0041
$\bar{\alpha}_a$	0.0470	0.0411	0.0331	0.0134	0.0268	0.0217	0.0034	0.004	0.0052
α_{aF}	0.014	0.0125	0.01	0.0095	0.0082	0.0074	0.0007	0.001	0.0017
$H_{cr}\dfrac{E_a I_{ay}}{l^2}$	71.13	80	100	105.3	122.0	135.1	1388.9	980.4	598.2

考虑吊杆力的非保向力影响，由此发生的临界力比具有联结系的二铰系杆拱的临界水平力提高约 3 倍以上。

2）横系梁受拱肋上、下错动影响

根据组合拱面外失稳的变形模态，只有提篮式框架系杆拱桥的横系梁，在拱肋横向失稳时横梁两端错动，产生剪力 q，它对拱肋产生附加水平分力 $T(x) = 24 E_s I_{pz} \dfrac{\sin^2\theta}{h_i^3} \sin\dfrac{\pi x}{l} v_0 k_t$。因此，算例中 $i=0$ 的框架联结系及 K 式桁架联结系的 $T(x) = 0$。在此，只需计算四种方案，分别是 $i=0$，$i=0.2$ 及第一、二方案。

按简化计算，由 $T(x)$ 计算基本结构的跨中弯矩，考虑到 $T(x)$ 沿跨度分布与 h_i^3 及 $\sin\dfrac{\pi x}{l} v_0$ 有关，跨中弯矩

系数 $<\frac{1}{\pi^2}$,近似地取用如下:

$$M_t\left(\frac{l}{2}\right) = \frac{F_t\left(\frac{l^2}{2}\right)}{11.0} \times \frac{l^2}{a}$$

由 $M_t\left(\frac{l}{2}\right)$ 计算挠度,近似地取弯矩按正弦曲线分布的关系,得到:

$$v_{at} = \frac{M_t\left(\frac{l}{2}\right)l^2 H_d \eta^2 v_0}{\pi^2 E_a \alpha_{ji}\left(\frac{l}{2}\right)I_{ay}}; \beta_{at} = \frac{\eta^2 M_t\left(\frac{l}{2}\right)}{\pi^2 \alpha_{ji}\left(\frac{l}{2}\right)}$$

计算横系梁的附加水平力 $T\left(\frac{l}{2}\right)$ 及相应拱肋的跨中弯矩 $M_t\left(\frac{l}{2}\right)$ 可按差分得到,或按简化得到,各方案相关数据见表5。

各 方 案 数 据 表5

$i = 0.1$	第一方案	$I_{pz} = 5.11 \times 10^3 \text{cm}^4$	$h_i = 1583\text{cm}$
	第二方案	$I_{pz} = 8.76 \times 10^5 \text{cm}^4$	$h_i = 1583\text{cm}$
$i = 0.2$	第一方案	$I_{pz} = 5.11 \times 10^5 \text{cm}^4$	$h_i = 1175\text{cm}$
	第二方案	$I_{pz} = 8.76 \times 10^5 \text{cm}^4$	$h_i = 1175\text{cm}$

$G_a = 0.81 \times 10^4 \text{kN/cm}^2; I_{ak} = 3.33 \times 10^7 \text{cm}^4$

将上列相关数值,代入式(23)、式(24)及式(25)得到:横系梁剪弯劲度:

$i = 0.1$:

第一方案:$\gamma_p\left(\frac{l}{2}\right) = \frac{6 \times 2.1 \times 10^4 \times 5.11 \times 10^5}{1583 \times 1000} = 4.067 \times 10^4 (\text{kN} \cdot \text{cm/cm})$

第二方案:$\gamma_p\left(\frac{l}{2}\right) = \frac{6 \times 2.1 \times 10^4 \times 8.76 \times 10^5}{1583 \times 1000} = 6.973 \times 10^4 (\text{kN} \cdot \text{cm/cm})$

$i = 0.2$:

第一方案:$\gamma_p\left(\frac{l}{2}\right) = \frac{6 \times 2.1 \times 10^4 \times 5.11 \times 10^5}{1157 \times 1000} = 5.565 \times 10^4 (\text{kN} \cdot \text{cm/cm})$

第二方案:$\gamma_p\left(\frac{l}{2}\right) = \frac{6 \times 2.1 \times 10^4 \times 8.76 \times 10^5}{1157 \times 1000} = 9.540 \times 10^4 (\text{kN} \cdot \text{cm/cm})$

拱肋抗扭劲度:

$$\gamma_a\left(\frac{l}{2}\right) = \frac{\pi^2 \times 0.81 \times 10^4 \times 3.33 \times 10^7}{1.116^2 \times 10^8} = 2.14(\text{kN} \cdot \text{cm/cm})$$

$$k_t = 1 - \frac{\gamma_p\left(\frac{l}{2}\right)}{\gamma_p\left(\frac{l}{2}\right)\gamma_a\left(\frac{l}{2}\right)} = (0.345; 0.278; 0.238; 0.183)$$

横系梁错切的剪力对拱肋作用水平附加力影响相关计算成果列于表6中。

$T(x)$ 作用拱肋面外临界水平力计算 表6

项 目	$i = 0.1$		$i = 0.2$	
方案	第一方案	第二方案	第一方案	第二方案
$T\left(\frac{l}{2}\right) = 24 E_s I_{pz} \sin^2\theta\, k_t \frac{H_d v_0}{h^3}$ *	$1.302 \times 10^{-5} H_d v_0$	$1.80 \times 10^{-5} H_d v_0$	$8.75 \times 10^{-5} H_d v_0$	$1.179 \times 10^{-4} H_d v_0$
$M_t\left(\frac{l}{2}\right) = \frac{T\left(\frac{l}{2}\right)}{11.0} \times \frac{l^2}{a} H_d v_0$ **	0.12	0.168	0.795	1.07

续上表

项 目	$i = 0.1$		$i = 0.2$	
方案	第一方案	第二方案	第一方案	第二方案
$v_{at} = \dfrac{M_t \left(\dfrac{l}{2}\right)^2 \eta^2}{\pi^2 E_a \alpha_{ji} \left(\dfrac{l}{2}\right) I_{ay}}$; $\left(\beta_{at} \dfrac{H_d l^2 v_0}{E_a I_{ay}}\right)$	0.00397	0.00371	0.0199	0.0228
$v_a\left(\dfrac{l}{2}\right) = (\bar{\alpha}_a - \beta_{at})\dfrac{H_d l^2 v_0}{E_a I_{ay}}$	0.03714	0.02308	0.01317	0.00105
$H_{cr} = \dfrac{E_a I_{ay}}{(\alpha_a - \beta_{at})l^2}$	26.93	43.33	75.93	不失稳

* $\bar{\alpha}_a$ 见表3的 α_a ；

** 用 H_d 表达，即除以 $H_d = 1.72 \times 10^4 \text{kN}$。

3) 考虑吊杆力的非保向效应及横系梁的抗剪弯效应

共同作用：由试算 α_{aF} 得到 k。

$$k = \frac{0.03714 v_0}{\alpha_{aF} + 0.0295 + 0.00082} = 0.8988 ; \alpha_{aF} = 0.03714 - 0.8988 \times 0.0298 = 0.0196$$

$$H_{cr} = 94.11 \frac{E_a I_{ay}}{l^2} \ (i = 0.1, 第一方案)$$

$$k = \frac{0.02308 v_0}{\alpha_{aF} + 0.0229 + 0.00082} = 0.818 ; \alpha_{aF} = 0.02308 - 0.818 \times 0.0229 = 0.0048$$

$$H_{cr} = 208.3 \frac{E_a I_{ay}}{l^2} \ (i = 0.1, 第二方案)$$

$$k = \frac{0.01317 v_0}{\alpha_{aF} + 0.0198 + 0.00082} = 0.604 ; \alpha_{aF} = 0.01317 - 0.604 \times 0.0198 = 0.00012$$

$$H_{cr} = 825 \frac{E_a I_{ay}}{l^2} \ (i = 0.2, 第一方案)$$

从以上结果看出，只有当 $i = 0.2$ 时，横系梁的错动效应与吊杆力非保向效应共同作用，大大地提高了面外稳定性

六、结　语

提篮式系杆拱桥，结合框架式连接系，在大跨径系杆拱桥设计中经常采用的一种横断面布置，以提高拱肋面外稳定性，论文重点研究了以二铰拱为对象，在拱肋平行或倾侧，不同的倾斜度 i 以及横系梁尺寸变化作出了研究，说明提篮式系杆拱桥与框架连接系相结合，在倾斜度 i 增加条件下，临界水平力 H_{cr} 相应增大，但不同刚度横系梁对提高拱肋面外稳定性效果差异也是显著的。因此，在具体设计中应对二种因素作出优化分析，决定取舍。提篮式系杆桥一般不宜布置K式桁架连接系，K式桁架连接系斜杆应以斜度45°为最优状态，只有在连接系为变间距以满足斜杆在45°左右的布置时才有意义。但平行拱肋采用K式桁架临界水平力远高于框架式连接系。单纯从结构布置的合理性方面，K式桁架应当是首选的，这样建议有违于当前国内对系杆拱桥常用框架式连接系的状态。

对于框架式连接系在提篮式条件下，横系梁布置横截面长边平行或竖放，这个问题应该是：当拱肋具有强大抗扭刚度条件下，如拱肋采用钢箱，对横系梁竖向错动提供两端钳固边界条件时，并且拱肋倾斜度 $i \geq 0.2$ 时，横向梁截面长边以竖放为宜，否则，还应是以考虑组合拱面拱抗剪切效应，加大惯性矩 I_y 组合效应为主。

吊杆力的非保向效应,在一般情况下,它提高拱肋面外稳定性效果略胜于横系梁的错动影响,只有提篮式拱肋倾斜度 $i=0.2$ 时,横系梁的抗错切影响占主导地位。

参考文献

[1] 中华人民共和国行业标准.公路钢筋混凝土及预应力混凝土桥涵设计规范:JTG 3362—2018.北京:人民交通出版社股份有限公司,2018.

[2] 中华人民共和国行业标准.公路桥涵钢结构及木结构设计规范:JTJ 025—86[S].北京:人民交通出版社,1986.

[3] 金成棣.结构力学(上、下册)[M].北京:人民交通出版社,1982.

[4] 金成棣,张洁,王溢华.系杆拱桥稳定性分析[J].上海公路,2018,2.

[5] 金成棣,安静洁,陆聪.系杆拱桥框架式纵向联结系设计的优化研究[J].中国市政工程,2019,202(1).

18. 验算系杆拱桥拱肋稳定性实用方法

金成棣[1]　陈建华[2]　赵天麟[2]

(1. 同济大学;2. 上海兰德公路工程咨询设计有限公司)

摘　要　系杆拱桥拱肋稳定性验算目前主要通过主要通过临界荷载系数及临界轴力来实现,但确定限额以保证结构安全的额度具有一定难度。本文从连接现行桥梁设计规范的相关规定,提出了三种实用方法;同时考虑吊杆力的非保向效应,提出相应的简化方法,并通过三座已建成系杆拱桥实例进行验算,以说明研究研究成果的可操作性,提供桥梁设计人员参考。

关键词　临界应力　综合惯性矩　吊杆力非保向效应　临界荷载系数　组合拱

一、概　述

系杆拱桥由拱肋、系梁及吊杆三者有机组成,在结构自重活载及温度影响下,拱肋产生轴力,当作用的荷载超越了某种限度,拱肋会偏离原来平衡状态,产生失稳现象,在拱平面内失稳称面内稳定性,平面外失稳称面外稳定性,相应的荷载称临界荷载,相应的轴压力称临界压力。由于拱轴压力 N 沿跨径是变化的,而拱水平力 H 沿轴线是不变的,因此,计算中采用临界水平力来表示拱的临界压力。临界轴压力与拱肋截面抗弯刚度变形模态,拱计算跨径矢跨比、材料物理特征,构件的几何尺寸等等有关。临界轴压力除以拱肋面积,得到临界压应力,它的大小决定于弹性 E_a 及截面惯性矩 I_a(面内 I_z,面外 I_y),以及跨度 l,并与失稳时拱肋变形模态有关。但是弹性模量 E_a 不是常量,随着应力大小变化而变化。而且,根据实验认识到影响临界应力与诸多因素有关。诸如截形状、构件制造误差、材料受持久荷载的徐变等,这些都能导致结构的提前破坏,稳定归根还是结构构件的材料强度问题。从临界应力公式中的 I_a 及 A_a,得到截面回转半径 $i=\sqrt{\dfrac{I}{A}}$,由变形模态定义验算稳定性的计算长度:

$$l_0 = \mu l_a$$

式中:μ——变形屈曲系数根据边界约束条件来确定;

l_a——拱肋弧长。

反映拱肋刚度长细比 $\lambda=\dfrac{l_0}{i}$,对不同材料的构件承载力或容许应力根据 λ 确定折减系数 φ,φ 的大小考虑上述诸多随机的不利因素,并考虑结构的安全储备,桥梁设计规范制订了由 λ 确定 φ 的表值。同时对受压构件提出了刚度要求,钢结构规定主要受压构件 $\lambda \leq 100$ 等。根据以上所述,无论临界荷载系数

K，临界轴力N_{cr}都不能直接评定拱肋稳定性的安全性，而是长细比λ。为此，经过探索，提出了由K或H_{cr}确定λ的实用方法。

由于系杆拱桥的特点，一般拱肋面内稳定性高于面外，论文限于篇幅，所举算例，仅限于面外稳定性的验算。

二、拱肋面外稳定性验算

中心受压柱的欧拉公式：

$$P_{cr} = \frac{\pi^2 EI}{(\mu l)^2} \tag{1}$$

式中：μ——屈曲系数，根据支承的边界条件得到：两端铰支承，$\mu = 1.0$；一铰铰支另一端固定$\mu = 0.7$，两端固定$\mu = 0.5$。

以上支承中有一端可以自由沿轴线方向移动，即失稳时两端会靠拢。

公路桥规对拱肋稳定性，把拱肋比拟为拉直曲杆，但是拱肋轴压力N_a沿轴线是变化的；而拱截面的水平力H_a沿轴线是不变的，其间关系$N_a = \dfrac{H_a}{\cos\varphi(x)}$，$\cos\varphi(x)$——拱轴线在点$x$的切角余弦，临界水平力等于：

$$H_{cr} = \frac{\pi^2 E_a I_a}{\mu\, l_a} \tag{2}$$

式中：μ——拱肋失稳时屈曲系数，对于面内稳定性，二铰拱$\mu = 0.54$，无铰拱$\mu = 0.36$；对于面外稳定性：二铰拱$\mu = 1.0$，无铰拱$\mu = 0.5$；

l_a——拱肋弧长，对于抛物线拱$l_a \cong \eta l$，$\eta = 1 + \dfrac{8}{3}\left(\dfrac{f}{l}\right)^2$；

E_a、I_a——拱肋材料弹性模量及惯性矩：

对于在面内稳定性，$I_a = I_{az}$；对于面外$I_a = I_{ay}$。

公路桥规对验算截面位置规定：

$$N_d = \frac{H_d}{\cos\varphi_m},\quad \varphi_m = \frac{f}{2l} \tag{3}$$

对于抛物线拱φ_m落在拱的四分点，相应的临界荷载：

$$N_{cr} = \frac{H_{cr}}{\cos\varphi_m} \tag{4}$$

对于跨中断面$H_{cr} = N_{cr}$；

临界应力等于：

$$\sigma_{cr} = \frac{H_{cr}}{A_a} = \frac{\pi^2 E_a I_a}{\mu^2 \eta^2 l^2 A_a} \tag{5}$$

引用下述具有几何特征意义的符号：

回转半径$i = \sqrt{\dfrac{I_a}{A_a}}$，对于面内稳定性，$i_z = \sqrt{\dfrac{I_{az}}{A_a}}$；对于面外$i_y = \sqrt{\dfrac{I_{ay}}{A_a}}$，对于具有纵向连接系的组合拱：$i = \sqrt{\dfrac{\bar{I}_y}{2A_a}}$，$\bar{I}_y$——综合惯性矩。

计算长度（比拟两端铰支承压杆）：

$$l_0 = \mu \eta l \tag{6}$$

长细比$\lambda = \dfrac{l_0}{i}$，λ分别为λ_z（面内）；λ_y（面外）。

由λ确定抗压承载力或容许应力折减系数ϕ，对于不同材料，桥规提供不同的λ与ϕ相关表值。

钢筋混凝土构件的承载力等于：

$$\lambda \frac{H_d}{\cos \phi_m} \leq 0.9\phi(A_c \cdot f_{cd} + A_s^1 f'_{su}) \tag{7}$$

式中：H_d——设计水平力。

钢结构：

$$\sigma_s = \frac{H_d}{\cos \phi_m} \cdot \frac{1}{A_a} \leq \phi[\sigma] \tag{8}$$

式中：$[\sigma]$——根据钢材型号制定材料容许应力。

根据公路桥规上述规定，系杆拱桥拱肋稳定性验算，由现行结构稳定性计算通用程序得到临界荷载系数 $k = \frac{N_{cr}}{N_d} = \frac{H_{cr}}{H_d}$，或由作者在系杆拱桥稳定性研究的论文中所推荐临界荷载 $H_{cr} = \frac{E_u I_a}{d_u l^2}$ 相关公式决定 λ。以下所提方法重点在面外稳定性。

三、验算拱肋稳定性实用方法之一

根据通用程序提供的临界荷载系数 K 计算长细比 λ，临界荷载系数 K 等于：

$$K = \frac{N_{cr}}{N_d} = \frac{H_{cr}}{H_d} \tag{9}$$

根据拱桥特点及公路桥规相应规定：

$$N_{cr} = \frac{H_{cr}}{\cos \phi_m}$$

式中：H_d——设计轴力，km。

把拱作拉直曲杆，按中心受压杆计算，计算长度：
$l_0 = \mu \eta l$，$l_a = \eta l$，对于抛物线拱：
$\eta \cong 1 + \frac{8}{3}\left(\frac{f}{l}\right)^2$。

$$H_{cr} = \frac{\pi^2 E_a \bar{I}_y}{\mu^2 \eta^2 l^2} = kH_d$$

式中：$\bar{I}_y$——综合惯性矩，假设 H_d 为已知，则：

$$\bar{I}_y = \frac{kH_d \mu^2 \eta^2 l^2}{\pi^2 E_a} \tag{10}$$

在此，μ、η、l 及 E_a 由系杆拱桥的拱肋设计所确定；K 通过结构稳定性通用程序对结构稳定性验算得到，一般取用最低临界荷载系数；H_d 可从拱肋结构计算中得到，取用满载条件的设计水平推力，或者近似地按下式确定：

$$H_d = \frac{q}{8} \cdot \frac{l^2}{f} \tag{11}$$

式中：q——系杆拱桥，拱肋延长度单位总荷载。

拱肋计算截面的回转半径：

$$i = \sqrt{\frac{\bar{I}_y}{nA_a}} \tag{12}$$

式中：A_a——单根拱肋面积（计算截面）；对于面外稳定性取拱跨中截面；

n——具有纵向联结系的组合拱，如为两楹组合 $n=2$，独楹拱肋 $n=1$。

由于，μ、η 为已知条件，μ 根据拱脚边界约束条件取值。对于面外稳定性，二铰拱 $\mu = 1.0$，无铰拱 $\mu = 0.5$。得到：

$$\lambda = \frac{\mu \eta l}{i} \tag{13}$$

四、验算拱肋稳定性实用方法之二

根据系杆拱桥的实际结构措施,例如:裸肋,二铰拱,无铰拱,设置纵向联结系,采用提篮式考虑斜吊杆影响,以及计算二次变形影响的吊杆力非保向影响等,采用差分法,纵向挠曲计算公式为:

$$v_{ai-1} - 2v_{ai} + v_{ai+1} = -\frac{H_d l^2 v_0}{m^2 E_a \alpha_{ji} I_{ay} \cos^3 \varphi(x)} \tag{14}$$

式中:α_{ji}——具有纵向联结系的组合系数α_i,与β_i乘积,$\alpha_{ji} = \alpha_{ji}\beta_i$,其中$I_{yi} = \beta_i I_{ay}$;$\alpha_{ji} = \alpha_i \cdot \beta_i$。对于裸拱$\alpha_i = 1$;等截面拱$\beta_i = 1$。

用差分方程组得到面外失稳的跨中挠度$v_a\left(\dfrac{l}{2}\right)$等于:

$$v_a\left(\frac{l}{2}\right) = \frac{\alpha_a l^2 H_d v_0}{E_a I_{ay}} \tag{15}$$

对于各种措施条件下的面外失稳的挠度计算以二铰拱为基本结构,由H_d作用引起跨中挠底度等于:

$$\bar{v}_a\left(\frac{l}{2}\right) = \bar{\alpha}_a \frac{l^2 H_d v_0}{E_a I_{ay}} \tag{16}$$

改变拱脚边界条件,引起固端弯矩,对跨中挠度影响:

$$\alpha_a\left(\frac{l}{2}\right) = \bar{\alpha}_a\left(\frac{l}{2}\right) - \alpha_{am} \tag{17}$$

其他各种影响α_{am}:如吊杆力的非保向效应m改为F,斜吊杆影响m改为t等,参考相关文献计算确定。

拱肋面外失稳的最终挠度$\left(\dfrac{l}{2}\right)$等于:

$$v_a\left(\frac{l}{2}\right) = \alpha_a\left(\frac{l}{2}\right) = \frac{H_d l^2 v_0}{E_a I_{ay}}$$

形式同式(15),但含义不相同。当H_d达到H_{cr}时,$v_a\left(\dfrac{l}{2}\right) = v_0$,则:

$$H_{cr} = \frac{E_a I_{ay}}{\alpha_a\left(\dfrac{l}{2}\right) l^2} \tag{18}$$

将上式比拟为中心受压柱,则:

$$\frac{n\pi^2 E_a I_{ay}}{\mu^2 \eta^2 l^2} = \frac{E_a I_{ay}}{\alpha_a\left(\dfrac{l}{2}\right) l^2}$$

式中:n——二榀拱肋组合拱$n = 2$,单榀拱肋$n = 1$。

由此得到:

$$\mu = \frac{\pi}{\eta}\sqrt{n\alpha_a\left(\frac{l}{2}\right)} \quad \text{及} \quad l_0 = \mu \cdot l_a = \mu\eta l \tag{19}$$

$$i = \sqrt{\frac{I_{ay}}{A_a}} \tag{20}$$

由此得到$\lambda = \dfrac{\mu\eta l}{i}$。

本方法计算方便,但是μ对应于屈曲形态,不如第一种方法清楚。在此i是以裸拱条件,面外稳定性采用跨中截面几何特征。

五、验算拱肋稳定性实用方法之三

根据上述方法,利用综合惯性矩$\bar{I}_y$得到:

$$\frac{E_a I_{ay}}{\alpha_a \left(\frac{l}{2}\right) l^2} = \frac{\pi^2 E_a \bar{I}_y}{\mu^2 \eta^2 l^2}, \text{令} \beta = \frac{\bar{I}_y}{I_{ay}}, \text{则:}$$

$$\beta = \frac{\mu^2 \eta^2}{\alpha_a \pi^2} \tag{21}$$

式中，α_a 根据方法 2 所述得到，而 μ 根据边界条件，分别为二铰拱 $\mu = 1.0$；无铰拱 $\mu = 0.5$；η 决定于矢跨比，从而得到 $\bar{I}_y = \beta I_{ay}$；代入式（12）得到回转半径 $i_y = \sqrt{\frac{\bar{I}_y}{nA_a}}$。

总的说来，不论采用上述何种方法，最后得到的长细比 λ 应该是唯一的。但由于计算临界荷载的方法不同，通用程序立基于有限元法，而后者立基于失稳阶段挠曲变形微分式差分解法，其结果可能发生一定的差异，经过计算验证，一般说来结果在容许范围内，说明上述方法可供实用。

六、吊杆力的非保向效应

系杆拱桥拱肋面外失稳时，拱肋及系梁均发生横向偏移，吊杆上、下端偏移差为 $k\sin\frac{\pi x}{l}$，它的偏转角等于：

$$i(x) = \frac{k\sin\pi x}{y(x)}, y(x) = \eta f, \eta = (1 - \zeta^2), \zeta = \frac{2x}{l}$$

在此 x 是以跨中拱顶为坐标原点。

吊杆的附加水平力 $F(x)$ 等于：

$$F(x) = F_v \cdot i = F_v \frac{k}{\eta f} \sin\frac{\pi x}{l} \tag{22}$$

水平推力 H_d 与设计总荷载 q（延单位水平长度）关系，对于抛物线拱 $H_d = \frac{ql^2}{8f}$，吊杆力考虑到拱肋自重影响，折减系浸透为 γ，则 $q\gamma = \frac{F_v}{a} = \frac{8H_d f \cdot \gamma}{l^2}$，从而得到 $\bar{F}(x)$ 以 H_d 的表达式：

$$\bar{F}(x) = \frac{8H_d f \cdot \gamma}{l^2} \cdot \frac{k\sin\frac{\pi x}{l}}{f\eta} = \frac{8H_d f \cdot \gamma}{l^2} \cdot \frac{k\sin\frac{\pi x}{l}}{\eta} \tag{23}$$

由于 $\bar{F}(x)$ 分布介乎均布与正弦曲线规律之间，对于简支基本结构弯矩系数 m：

$$\frac{1}{8} > m > \frac{1}{\pi^2}$$

近似地取 $m = \frac{1}{9}$，则由吊杆附加水平力引起的跨中弯矩 $M_F\left(\frac{l}{2}\right)$ 等于：

$$M_F\left(\frac{l}{2}\right) = \frac{8}{9} H_d k\gamma \tag{24}$$

$M_F(x)$ 沿跨度近似假设为半坡正弦曲线分布，它对拉直曲杆引起侧向跨中挠度：

$$v_{aF}\left(\frac{l}{2}\right) = \frac{8}{9} \frac{H_d k\gamma}{\pi^2} \frac{l^2 \cdot \eta^2}{E_a \bar{I}_y} \tag{25}$$

式中：$\bar{I}_y$——由基本结构所确定组合拱综合惯性矩 cm^4。

$\frac{8}{9}\frac{\gamma \eta^2}{\pi^2 \beta_c}, \beta_c I_{ay} = \bar{I}_y$，基本结构为二铰组合拱，它的挠度等于：

$$v_a\left(\frac{l}{2}\right) = \frac{\bar{\alpha}_a H_d v_0 l^2}{E_a I_{ay}} \tag{26}$$

$\bar{\alpha}_a$ 由差分法得到，或取用拱顶截面修正效应系数：

$$\alpha_{ji}\left(\frac{l}{2}\right) = \beta_c, \bar{\alpha}_a = \frac{1}{\pi^2 \alpha_{ji}\left(\frac{l}{2}\right)} \tag{27}$$

假设系梁惯性矩等于 $I_{by} = \frac{1}{12}Bt^3$，计算系梁由 $M_F(x)$ 引起挠度等于：

$$v_{b,F}\left(\frac{l}{2}\right) = \frac{8}{9}H_d k\gamma \cdot \frac{l^2}{\pi^2 E_b I_{by}} = \gamma_{bF}\left(\frac{l}{2}\right)\frac{H_d k l^2}{E_b I_{by}} \tag{28}$$

$$\gamma_{bF}\left(\frac{l}{2}\right) = \frac{8\gamma}{9\pi^2} \tag{29}$$

研究拱顶截面，横向挠度关系：

$$k\left(\frac{l}{2}\right) = \bar{\alpha}_a \frac{H_d l^2 v_0}{E_a I_{ay}} - k\left(\frac{l}{2}\right)\beta_{aF} \cdot \frac{H_d l^2}{E_{ay}} - k\left(\frac{l}{2}\right)\gamma_{bF}\frac{H_d l^2}{E_b I_{by}};$$

$$k\left(\frac{l}{2}\right) = \frac{\bar{\alpha}_a \dfrac{H_d l^2 v_0}{E_a I_{ay}}}{1 + \beta_{aF} \cdot \dfrac{H_d l^2}{E_a I_{ay}} + \gamma_{bF}\dfrac{H_d l^2}{E_b I_{by}}} = \frac{\bar{\alpha}_a v_0}{\dfrac{E_a I_{ay}}{H_d l^2} + \beta_{aF} + \gamma_{bF}\dfrac{E_b I_{by}}{H_d l^2}} \tag{30}$$

根据 $k\left(\frac{l}{2}\right)$ 定义为系杆拱面外失稳时吊杆上、下端位移差，此时 H_d 应该是 H_{cr}，取用 H_d 的设计水平力计算，使 $k\left(\frac{l}{2}\right)$ 减少，这是一种偏于安全的实用计算，正确的 H_d 表达为 H_{cr}，即考虑吊杆力非保向效应的拱肋面外换稳时的临界水平力，就等于：

$$H_{cr} = \frac{E_a I_{ay}}{\alpha_{aF} l^2}, \alpha_{aF} = \bar{\alpha}_a - k\beta_{aF} \tag{31}$$

$$k\left(\frac{l}{2}\right) = \frac{\bar{\alpha}_a v_0}{\alpha_{aF} + \beta_{aF} + \gamma_{bF}\dfrac{E_a I_{ay}}{E_b I_{by}}} \tag{32}$$

α_{aF} 为未知量，只能通过试算，逐次逼近得到。

对于组合拱，H_d 及 H_{cr} 应属二榀拱肋之和。考虑拱肋 I_y 的组合效应，框架式连接系 α_i 值，按参考文献[1]条文说明式(4-25)及式(4-26)进行计算或按算例1所举公式(22)进行；由于 α_i 及 I_{yi} 沿拱轴线变化，为计算方便，取用修正 $\alpha_{ji}, \alpha_{ji} = \beta_i \alpha_i, \beta_i = \dfrac{I_{yi}}{I_{ay}}$。采用差分法计算得到 $\bar{\alpha}_a, \beta_{aF}$；或者采用简化法，见式(27)。

七、算 例

1. 算例1：浙江嘉兴菜花泾系杆拱桥（二铰拱）（图1）

跨径：$l = 6200\text{cm}$；$\dfrac{f}{l} = \dfrac{1}{5}$；拱轴线抛物线。拱肋四榀，单拱肋断面形状圆端形，钢管混凝土，轮廓尺寸 $b \cdot h = 80 \times 140 \text{cm}$，设框架联结系，两俩组合，中央敞开，横系梁圆端形钢管，外形尺寸 $b \cdot h = 40 \times 80 \text{cm}$。长边平卧，沿跨径布置第一档 $2a = 2 \times 516.7 \text{cm}$，其余 $a = 516.7 \text{cm}$。拱肋中距 $(800+1700+800)\text{cm}$，联结系横系梁理论长度 $h = 800\text{cm}$。系梁预应力钢筋混凝土，桥面板宽 $B = 3500\text{cm}$，连续整体，厚度 $t = 25\text{cm}$。

图1 浙江嘉兴菜花泾系杆拱桥

各构件主要几何特征：

拱肋单根：$A_a = 1.1 \times 10 \text{cm}^4$，换算混凝土 C50，$E_c = 3.45 \times 10^3 \text{kN/cm}^2$；

裸肋：$I_{ay} = 4.09 \times 10^6 \text{cm}^4$（面外）；

组合：$I_y = A_a \dfrac{h^2}{2} = 3.53 \times 10^9 \text{cm}^4 = \beta \times I_{ay} = 863 I_{ay}$；

横系梁：$I_{py} = 1.45 \times 10^5 \text{cm}^4$；$A_p = 142 \text{cm}^2$；钢 $E_s = 2.1 \times 10^4 \text{kN/cm}^2$；$G = 0.8 \times 10^4 \text{kN/cm}^2$。

设计轴力：$H_d = 1.1 \times 10^5 \text{kN}$，吊杆力 $F_v = 1.0 \times 10^3 \text{kN}$。[8]

拱作为拉直曲杆，按组合柱计算组合效应系数α_i等于：

$$\alpha_i = \cfrac{1}{1 + \left[\cfrac{A}{\cos^2\varphi(x)} + \cfrac{B}{\cos\varphi(x)} + \cfrac{C}{\cos\varphi(x)}\right] \times D} \tag{33}$$

$$A = \frac{a^2}{24 E_a I_{ay}}; B = \frac{ab}{12 E_s I_p}; C = \frac{a}{GhA_p}; D = \frac{\pi^2 E_a I_y}{l^2}$$

$\alpha_i = (0.0167; 0.0216; 0.0228; 0.0233; 0.0244; 0.0246)$ 代入式(14)，$m=12$，解方程组得到：

$$v_a\left(\frac{l}{2}\right) = \frac{0.00559 H_d v_0 l^2}{E_a I_{ay}}, H_{cr} = \frac{E_a I_{ay}}{0.00559 l^2} = \frac{178 E_a I_{ay}}{l^2} = 6.273 \times 10^4 \text{kN}_o$$

方法之二：

$$K = \frac{6.273 \times 10^4}{2 \times 1.1 \times 10^4} = 2.85, \mu = \frac{\pi}{\eta}\sqrt{2 \times 0.00559} = \frac{0.334}{\eta}, l_0 = \mu\eta l = 0.334 \times 6200 = 2058(\text{cm})$$

$$i = \sqrt{\frac{4.09 \times 10^6}{1.1 \times 10^4}} = 19.3(\text{cm}); \lambda = \frac{2058}{19.3} = 106.6 > 100_o \text{ 根据参考文献[1]查表}\phi = 0.5_o$$

方法之三：

$$\beta = \frac{\mu^2 \eta^2}{\alpha_a \pi^2} = \frac{1.0 \times 1.1067^2}{0.00559 \times \pi^2} = 22.2; \bar{I}_y = \beta \cdot I_{ay}$$

$$i = \sqrt{\frac{22.2 \times 4.09 \times 10^6}{2 \times 1.1 \times 10^4}} = 64.24, l_0 = 6200 \times 1.1067 = 6861.0(\text{cm})$$

$\lambda = \frac{6861}{64.24} = 106.8 > 100$，两种方法基本接近。

考虑吊杆力的非保向效应：

吊杆力$F_v = 1.0 \times 10^3 \text{kN}, H_d = 1.1 \times 10^4 \text{kN}, a = 516.7 \text{cm}_o$ 扣除拱肋自重影响。

总分布荷载：$q = \frac{8 H_d f}{l^2}, \frac{f}{l} = \frac{1}{5}, q = 2.838 \text{kN/cm}, q_v = \frac{1.0 \times 10^3}{516.7 \times 10^2} = 1.835 \text{kN/cm}$；

$$\gamma = \frac{1.835}{2.838} = 0.647, q_v(x) = 0.647 \times \frac{8 H_d f}{l^2} \times \frac{v_0 \sin\frac{\pi x}{l}}{y(x)}; y(x) = \eta(x) \cdot f$$

由q_v引起基本结构跨中弯矩等于：

$$M_F\left(\frac{l}{2}\right) = \frac{8}{9} \times H_d v_0 \times 0.647 = 0.575 H_d v_0$$

具有纵向连接系综合惯性矩系数$\beta_c = \frac{\mu \eta^2}{\alpha_a \pi^2} = \frac{1.0 \times 1.1067^2}{0.00559 \pi^2} = 22.2$

或由简化法得到：$\beta_{ji}\left(\frac{l}{2}\right) = 863 \times 0.0246 = 21.63$；

上述$M_F\left(\frac{l}{2}\right)$引起拱肋反挠系数：$\beta_{aF}\left(\frac{l}{2}\right) = \frac{0.575 \times 1.1067^2}{\pi^2 \times 22.2} = 0.00321$

$\alpha_{aF}\left(\frac{l}{2}\right) = (\alpha_a - \beta_{af}) = 0.00559 - 0.00321 = 0.00238, \beta_F = \frac{1.1067^2}{0.00238 \pi^2} = 52.17$

$i = \sqrt{\frac{52.17 \times 4.09 \times 10^6}{2 \times 1.11 \times 10^4}} = 99.8; \lambda = \frac{6200 \times 1.1067}{99.8} = 68.76$，查表$\phi = 0.79_o$

当$\phi = 0.5, \frac{\gamma H_d}{\cos\varphi_m} = 1.3 \times 10^4 < 0.9 \times 0.5 \times (9.1 \times 10^3 \times 2.24 + 742 \times 28) = 2.05 \times 10^4 (\text{kN})_o$

当$\phi = 0.79, \frac{\gamma H_d}{\cos\varphi_m} = 1.3 \times 10^4 < 0.9 \times 0.79 \times (9.1 \times 10^3 \times 2.24 + 742 \times 28) = 2.90 \times 10^4 (\text{kN})_o$

通过本例验算结果,双榀拱肋平等布置,在不计吊杆力非保向效应条件下,按二铰拱验算刚度 $\lambda \geq 100$,但承载力满足规范要求;当考虑吊杆力的非保向效应时,拱肋的侧向刚度以及承载力均能满足规范要求,该桥有较宽桥面,并且连续整体桥面板,能够为吊杆力的非保向效应在结构上得到保证。

2. 算例2:上海曹安路24号桥(图2)

下承式系杆拱桥:跨径 $l = 111.0 \mathrm{m}$;矢跨比 $\dfrac{f}{l} = \dfrac{1}{5}$。

图2 上海曹安路24号桥

拱肋钢箱截面,轮廓尺寸 $b \cdot h = 180 \mathrm{cm} \times 240 \mathrm{cm}$,$t = 30 \mathrm{mm}$,钢材16Mn。弹性模量 $E_s = 2.1 \times 10^4 \mathrm{kN/cm^2}$;$A_a = 2570 \mathrm{cm^2}$;$I_{ay} = 1.13 \times 10^7 \mathrm{cm^4}$;$I_{az} = 2.16 \times 10^7 \mathrm{cm^4}$。

拱肋中距:$h = 2370 \mathrm{cm}$。

系梁钢筋混凝土分列式箕形梁 $2 \times b \times h = 2 \times 2.0 \mathrm{m} \times 2.28 \mathrm{m}$,连续桥面板 $t = 25 \mathrm{cm}$,桥面宽度 $B \cong 28.0 \mathrm{m}$,$I_{by} = 4.57 \times 10^{10} \mathrm{cm^4}$。

吊杆成品索冷铸锚 LZM-7-109,$A_y = 42 \mathrm{cm^2}$;$E_y = 2.05 \times 10^4 \mathrm{kN/cm^2}$。

吊杆间距第一档 $a = 7.5 \mathrm{m}$;第二档及其余 $a = 6.0 \mathrm{m}$。

框架式连接系:横系梁尺寸 $A_p = 750 \mathrm{cm^2}$;$I_{py} = 1.29 \times 10^6 \mathrm{cm^4}$;$E_s = 2.1 \times 10^4 \mathrm{kN/cm^2}$。

拱肋设计水平力(估算)$H_d = 2.1 \times 10^4 \mathrm{kN}$;吊杆力(估算)$F_v = 1800 \mathrm{kN/}$根。

联结系惯性矩 I_y 的组合效应系数 α_i 及 $\beta_i = \dfrac{I_y}{I_{ay}}$,得到:

效应修正系数 $\alpha_{ji} = (3.78;4.62;4.87;4.62;3.78)$。根据式(14)建立面外挠曲微分方程的差分法方程解得:

$$v_a\left(\dfrac{l}{2}\right) = 0.025 \dfrac{l^2 H_d v_0}{E_a I_{ay}}; H_{cr} = \dfrac{40 E_a I_{ay}}{l^2}; k = 1.834$$

根据双榀组合压杆,按式(19)计算屈曲系数 μ 等于:

$$\mu = \dfrac{\pi}{\eta}\sqrt{2\alpha_a\left(\dfrac{l}{2}\right)} = \dfrac{0.702}{\eta}; l_0 = \mu\eta l = 0.702 \times 11100 = 7792(\mathrm{cm});$$

$$i = \sqrt{\dfrac{I_{ay}}{A_a}} = \sqrt{\dfrac{1.13 \times 10^7}{2570}} = 66.3;\lambda = \dfrac{7792}{66.3} = 117.5 > 100,\varphi = 0.35。$$

如按式(21)计算 β 等于:

$$\beta = \dfrac{\mu^2 \eta^2}{\alpha_a\left(\dfrac{l}{2}\right)\pi^2} = \dfrac{1.02 \times 1.1067^2}{0.025 \times \pi^2} = 4.963;\bar{I}_y = 4.963 \times 1.13 \times 10^7 = 5.608 \times 10^7(\mathrm{cm^4})。$$

$$i = \sqrt{\dfrac{5.608 \times 10^7}{2 \times 2570}} = 104.45(\mathrm{cm});\lambda = \dfrac{1.1067 \times 11100}{104.45} = 117.61 \text{ 二者接近。}$$

$$N_d = \dfrac{2.1 \times 10^4}{0.928} = 2.26 \times 10^4(\mathrm{kN});\sigma_s = \dfrac{2.26 \times 10^4}{2570} = 8.79(\mathrm{kN/cm^2}) > 0.35 \times 20 = 7.0 \mathrm{kN/cm^2}。$$

如采取 $\beta_c = \alpha_{ji}\left(\dfrac{l}{2}\right) = 4.87,\bar{I}_y = 4.87 \times 1.13 \times 10^7 = 5.5 \times 10^7(\mathrm{cm^4})$;

$$i = \sqrt{\dfrac{5.5 \times 10^7}{2570 \times 2}} = 103.4(\mathrm{cm})$$

考虑吊杆原张力 F_v 的非保向效应:

$$q = \frac{8 \times H_d f}{l^2} = \frac{8}{5} \times 2.1 \times 10^4 \times \frac{1}{11100} = 3.027 (\text{kN/cm})$$

$$q_v = \frac{1600}{600} = 2.67 (\text{kN/cm}), \gamma = \frac{2.67}{3.027} = 0.88$$

基本结构跨中弯矩：$M_F\left(\frac{l}{2}\right) = \frac{8}{9} \times H_d v_0 \times 0.88 = 0.782 H_d v_0$；

具有纵向联结系的综合惯性矩系数：$\beta_c = \frac{\mu \times 1.1067^2}{0.025 \times \pi^2} = 4.963$

由 $M_F\left(\frac{l}{2}\right)$ 引起系杆面外跨中挠度系数：

$$\beta_{aF}\left(\frac{l}{2}\right) = \frac{0.782 \times 1.1067^2}{4.963 \times \pi^2} = 0.020$$

假设 I_{bF} 无限大，$v_{aF}\left(\frac{l}{2}\right) = (0.025 - 0.02) \times \frac{l^2 H_d v_0}{E_a I_{ay}} = 0.005 \frac{l^2 H_d v_0}{E_a I_{ay}}$

$$H_{cr} = \frac{200 E_a I_{ay}}{l^2} = \frac{200 \times 2.1 \times 10^4 \times 1.13 \times 10^7}{1.11^2 \times 10^8} = 3.85 \times 10^5 (\text{kN})$$

$$\mu = \frac{\pi}{\eta} \sqrt{2 \times 0.005} = \frac{0.31}{\eta}, l_0 = 0.315 \times 11100 \cong 3500 (\text{cm})$$

$$i = 66.3 \text{cm}; \lambda = \frac{3500}{66.3} = 52.8 < 100, \phi = 0.8$$

$$\sigma_s = \frac{2.26 \times 10^4}{2570} = 8.8 (\text{kN/cm}^2) < 0.8 \times 20 (\text{kN/cm}^2)。$$

采用简化法，吊杆力 F_v 由扣除拱肋自重后按 $\gamma = 0.88$，考虑附加水平分布力分布关系，弯矩折减系数在 $\frac{1}{8} \sim \frac{1}{\pi^2}$，在此取系数 $\frac{8}{9}$，则附加水平力引起弯矩：

$$M_F\left(\frac{l}{2}\right) = \frac{8}{9} H_d v_0 \gamma = 0.782 H_d v_0; \bar{I}_y = \rho_c I_{ay}, \rho_c \cong \alpha_{ji}\left(\frac{l}{2}\right) = 4.87,\text{近似地正弦曲线分布，侧向跨中挠度：}$$

$$v_{aF}\left(\frac{l}{2}\right) = \frac{0.782 H_d v_0 \times 1.1067^2 l^2}{\pi^2 \times 4.78 E_a I_{ay}} = 0.020 \frac{H_d v_0 l^2}{E_a I_{ay}}$$

$$v_a\left(\frac{l}{2}\right) = (0.025 - 0.020) \frac{H_d v_0 l^2}{E_a I_{ay}} = 0.005 \frac{H_d v_0 l^2}{E_a I_{ay}}$$

$$H_{cr} \cong 200 \frac{E_a I_{ay}}{l^2}$$

按系梁有限侧向刚度考虑：

$$\gamma_{bF} = \frac{0.8}{\pi^2} = 0.081; \frac{E_a I_{ay}}{E_b I_{by}} = \frac{2.1 \times 10^4 \times 2.16 \times 10^7}{3.45 \times 10^2 \times 4.57 \times 10^{10}} = 0.00288$$

$$k = \frac{0.025}{\alpha_{at} + 0.020 + 0.08 \times 0.0028} = \frac{0.025}{0.0052 + 0.020 + 0.00023} = 0.983$$

$$\alpha_{at} = 0.025 - 0.020 \times 0.983 = 0.0058$$

两者基本接近，$H_{cr} = 188.68 \frac{E_a I_{ay}}{l}$，临界水平力降低了 5.6%。

3. 算例3 上海浦东新区轨道交通6号线赵家沟大桥❶（图3）。

主桥跨径 $l = 88.0\text{m}$，桥宽 $B = 51.6\text{m}$，桥型：下承式简支系杆拱桥，横断面布置，四榀双提篮纵向联结

---

❶ 资料来源：上海市浦东新区交通建设发展有限公司研究报告。

系,$i=0.1$,中央区域供轨道交通畅开布置。拱肋矢跨比$\frac{f}{l}=\frac{1}{5}$,轴线抛物线。拱肋材料及形状,钢筋混凝土矩形截面,尺寸$b \times h = 130 \times 230 \text{cm}$;$A_a = 6500 \text{cm}^2$;$I_{az} = 1.22 \times 10^8 \text{cm}^4$;$I_{ay} = 2.98 \times 10^7 \text{cm}^4$。

系梁轮廓尺寸:$b \times h = 130\text{cm} \times 180\text{cm}$;$I_{bz} = 6.32 \times 10^7 \text{cm}^4$;$I_{by} = 1.18 \times 10^{11} \text{cm}^4$。

框架式联结系,横系梁全桥设7档,间距$24\text{m} + 4 \times 10\text{m} + 24\text{m}$。材料钢筋混凝土,矩形截面$b \times h = 120\text{cm} \times 139.3\text{cm}$;$I_{py} = 2.0 \times 10^7 \text{cm}^4$;$I_{pz} = 2.7 \times 10^7 \text{cm}^4$。

拱肋中心距离(联结系范围)$h_i = (1202;1148;1130)\text{cm}$。

拱肋估算水平力$H_d = 2.0 \times 10^4 \text{kN}$。

图3 轨道交通6号线赵家沟大桥

由课题报告提供稳定性计算,由SAP2000得到:

面内临界荷载系数$k=10.1$,面外临界荷载系数$k=7.27$。报告认为满足安全要求$k=4\sim5$。未计吊杆力的非保向效应及相应承载力验算。

按第一种方法进行承载力验算,根据式(9)

$$\mu = 1.0; \bar{I}_y = \frac{7.27 \times 2.0 \times 10^4 \times 1.0 \times 1.1067^2 \times 8800^2}{\pi^2 \times 3.45 \times 10^3} = 4.05 \times 10^8 \text{cm}^4;$$

$$i = \sqrt{\frac{4.05 \times 10^8}{2.65 \times 10^4}} = 123.6\text{cm}; \lambda = \frac{1.1067 \times 8800}{123.6} = 78.8, 查表\phi = 0.68。$$

假设含筋率1.0%。

$$N_d = \frac{1.1 \times 2.0 \times 10^4}{0.94} = 2.3 \times 10^4 < 0.9 \times 0.68 \times (265 \times 28 + 26500 \times 2.24) = 4.1 \times 10^4 \text{kN/cm}^2。$$

无论刚度与承载力均能满足要求。如取$k=4$,按上述步骤,得到$\lambda = 100.7 > 100$。

根据上述资料,验算面内稳定性:

$$H_{cr} = \frac{\pi^2 E_a I_{az}}{\mu^2 l_a^2} = \frac{\pi^2 \times 3.45 \times 10^3 \times 1.22 \times 10^8}{0.54^2 \times 1.106^2 \times 8.8^2 \times 10^6} = 1.50 \times 10^5 \text{kN}。$$

考虑拱梁共同作用,拱梁刚度比$\frac{E_b I_{bz}}{E_a I_{az}} = 0.4 < 5.0$;

按简化公式刚度叠加法得到:

$$H_{cr} = 1.4 \times 1.5 \times 10^5 = 2.1 \times 10^5 \text{kN}。$$

$$k = \frac{2.1 \times 10^5}{2.0 \times 10^4} = 10.5 > 10.1 \text{ 两者接近}。$$

按有限差分法验算面外稳定性:

提监式框架联结系的组合效应,按式(23)进行。

在此$h_i = (1202;1148;1130)$,$I_{yi} = (1.91;1.75;1.69) \times 10^{10} \text{cm}^4$,得到:

$$\alpha_i = (0.045;0.081;0.086); \alpha_{ji} = \beta_i \cdot \alpha_i; \beta_i = \frac{I_{yi}}{I_{ay}}。$$

$\alpha_{ji} = (14.5;23.5;24.4)$;其中$\alpha_i$为左右平均值。

按公式(14)跨中最大挠度由差分方程组得到:差分方程载常数等于:

$$Q_i = \frac{H_d l^2 v_0 \sin\frac{\pi x}{l}}{m^2 E_a \alpha_{ji} I_{ay} \cos^3 \varphi(x)} = (0.337;0.674;0.53)\frac{H_d v_0 l^2}{E_a I_{ay}};对称有关系数只列其半。$$

$v_{ai-1} - 2v_{ai} + v_{ai+1} = -Q_i; i = 1,2,3,4,5 (对称点3)

$$v_a\left(\frac{l}{2}\right) = 4.534 \times 10^{-3}\frac{H_d v_0 l^2}{E_a I_{ay}}$$

$$H_{cr} = \frac{221 E_a I_{ay}}{l^2} \text{（两榀拱肋）}$$

$$k = \frac{2.97 \times 10^5}{2 \times 2.0 \times 10^4} = 7.42 > 7.27 \text{ 接近。}$$

$$\mu = \frac{\pi}{\eta}\sqrt{4.53 \times 10^{-3}} = \frac{0.212}{\eta}; l_0 = \mu\eta l = 0.212 \times 8800 = 1862(\text{cm})\text{。}$$

$$i = \sqrt{\frac{2.98 \times 10^7}{2 \times 2.65 \times 10^4}} = 23.7; \lambda = \frac{1862}{23.7} = 78.6 \cong 78.8\text{。}$$

采取不同计算方法（前者为有限元法，后者为差分法），两者结果接近。

吊杆力的非保向影响：

由估算水平推力H_d及拱肋面积，考虑横系梁影响取构造系数1.1，推算折减系数$\gamma = 0.736$。由$\bar{\alpha}_a = 0.004534; \beta_c = \frac{1.1067^2}{\pi^2 \times 0.004534} = 27.3$。

$$\beta_{aF}\left(\frac{l}{2}\right) \cong 0.736 \times \bar{\alpha}_a;$$

$$\alpha_{aF}\left(\frac{l}{2}\right) = (1 - 0.736)\alpha_a = 0.264 \times 0.004534 = 0.001197;$$

$$\mu = \frac{\pi}{\eta}\sqrt{2 \times 0.001197} = \frac{0.194}{\eta}; l_0 = 0.194 \times 8800 = 1355(\text{cm});$$

$$i = 23.7\text{cm}, \lambda = \frac{1355}{23.7} = 57.2, \phi = 0.83;$$

$$N = 5.13 \times 10^4 > 2.3 \times 10^4\text{。}$$

八、结　语

通过算例，对三座已建成桥梁，拱肋采用不同横截面钢管混凝土圆端形，薄壁矩形钢箱及钢筋混凝土矩形拱肋，按所提供的拱肋面外稳定性，按参考文献[1]及[2]公路桥规相关规定进行验算得到结果是：菜花泾桥、曹安路24号桥，具有纵向联结拱肋，长细比λ低于钢桥设计要求，超过λ(100)，但承载力或容许应力均能满足；考虑吊杆力的非保向效应，无论刚度要求承载力或容许应力均能满足，从安全角度来分析，只要桥面板保持整体，桥面宽度均接近或超过$B \geq 30$m，侧向具有强大侧移刚度，在吊杆力的附加水平分力作用下，系梁的横向变形基本上可以忽略，拱肋依靠吊杆力的非保向效应，横肋面外稳定性得以保障。这种先进设计理念，依靠二次变形理论来提高设计水平，得到了实桥建成后，已运营近二十年的实证。

在验算稳定性方法上也有报突破，以往桥梁设计中如何从临界荷载系数K来评定结构的安全性缺乏统一的标准。上海市浦东新区交通建设发展有限公司所提供的公铁合一下承式钢筋混凝土双提篮系杆拱桥设计与施工优化研究专题报告，提出了$K = 4 \sim 5$的建议，论文中根据$K = 4$作了验算，所得计算结果$\lambda \cong 100$，基本满足公路钢桥所规定$\lambda \leq 100$要求。

论文所提供的实用验算公式，可以推广到各式系杆拱桥。论文中建议以组合拱跨中截面的修正惯性矩效应$\alpha_{ji}\left(\frac{l}{2}\right)$替综合惯性矩系数$\beta_c$，对于平行式框架联结系得到较好的结果，可以避免解差分议程组。

参考文献

[1] 中华人民共和国交通部.公路钢筋混凝土及预应力混凝土桥涵设计规范:JTG D62—2004[S].北京：人民交通出版社,2004.

[2] 中华人民共和国交通部.公路桥涵设计规范　钢结构:JTJ 025—86[S].北京:人民交通出版社,1986.

[3] A、C伏卢米尔. 弹性体系稳定性. 苏联:国家物理数学出版社,1963.
[4] 金成棣. 结构静力学. 北京:人民交通出版社,1982.
[5] 金成棣,张洁,王溢华. 系杆拱桥稳定性分析[J]. 上海公路,2018.
[6] 金成棣,古晓松,陈琛. 系杆拱桥稳定性探索——考虑拱梁共同作用[J]. 上海公路,2019(1).
[7] 金成棣,安静洁,陆聪. 系杆拱桥框架式纵向联结系设计的优化研究[J]. 中国市政工程,2019,1.
[8] 金成棣. 预应力混凝土梁拱组合桥梁——设计研究与实践[M]. 北京:人民交通出版社,2001.

19. 特大跨径斜拉桥桥塔的弯矩二阶效应计算与分析

郑兴[1]　黄侨[1]　苑仁安[2]　任远[1]

(1. 东南大学交通学院;2. 中铁大桥勘测设计院集团有限公司)

摘　要　为研究特大跨径斜拉桥空间钻石型桥塔的弯矩二阶效应,本文以主跨1176m、桥塔高340m的江苏常泰长江大桥为工程背景,采用MIDAS/Civil专业有限元软件,建立全桥有限元模型。随后分别进行了考虑和未考虑施工时倾斜塔柱的变形、施工误差、P-Δ效应和混凝土收缩、徐变等因素的结构静力计算分析,得到了各因素对桥塔控制断面的弯矩增大系数的影响,并与《公路钢筋混凝土及预应力混凝土桥涵设计规范》(JTG 3362—2018)相关条文中的计算结果进行了对比分析,对规范计算方法的适用性进行了讨论。

关键词　斜拉桥　空间钻石型桥塔　弯矩增大系数　有限元　规范计算

一、研究背景

斜拉桥作为现代大跨径桥梁中最常见的桥型之一,具有受力合理、跨越能力强等特点。随着交通需求日益增长,我国在桥梁建设水平上不断进步,斜拉桥呈现出向大跨径的发展趋势。在特大跨径斜拉桥的建设中,高耸的钻石型桥塔由于其优秀的静、动力性能受到了桥梁工程师的青睐。作为压弯构件的塔柱及其各肢,承受的弯矩大小是评价桥塔受力状态的重要指标之一。

本文针对目前在建的江苏常泰长江大桥的桥塔进行研究。常泰长江大桥主跨1176m,桥塔采用了340m高的空间钻石型桥塔,跨径大、桥塔高、空间钻石型塔柱的受力也更加复杂[1]。在斜拉桥施工到运营的全过程中,钻石型桥塔从施工到运营过程中,存在着多种因素影响其受力,导致桥塔的弯矩可能比一次成塔的情况有所增大,其主要影响因素包括:施工时倾斜塔柱自重作用下的变形[2-4]、施工误差[5]、P-Δ效应[6,7]和混凝土收缩、徐变[8]等,在设计时应对其给予充分考虑。

现有的研究大多仅针对了单个因素,分析其对结构受力的影响,且在桥塔形式上,对平面钻石型、A型等桥塔形式研究较多,而空间钻石型桥塔受力更为复杂。本文采用有限元数值模拟方法,针对常泰长江大桥的桥塔,对其塔柱考虑施工时倾斜塔柱的变形、施工误差、P-Δ效应和混凝土收缩、徐变等引起的弯矩增大系数进行研究,为设计塔柱的配筋提供参考。此外,将有限元数值模拟得到的桥塔各控制断面弯矩增大系数与《公路钢筋混凝土及预应力混凝土桥涵设计规范》(JTG 3362—2018)[9](下文中简称《公桥规》)相关条文的计算结果进行了对比分析,由此对规范中相关条文的适用性进行讨论。

二、工程概况

常泰长江大桥是一座双塔双索面双层公铁两用斜拉桥,其跨径组合为142m+490m+1176m+490m+142m,全桥结构总体布置如图1所示。主梁采用钢箱-桁架双层组合钢梁结构,桁宽35m,桁高15.5m,上层桥面布置双向6车道高速公路,下层桥面上游侧布置两线城际铁路,下游侧布置4车道一级公路。主梁标准横断面如图2所示。全桥为半漂浮体系,在桥塔、辅助墩和过渡墩处设有竖向支座和横向支座。该桥由中铁大桥勘测设计院集团有限公司设计。

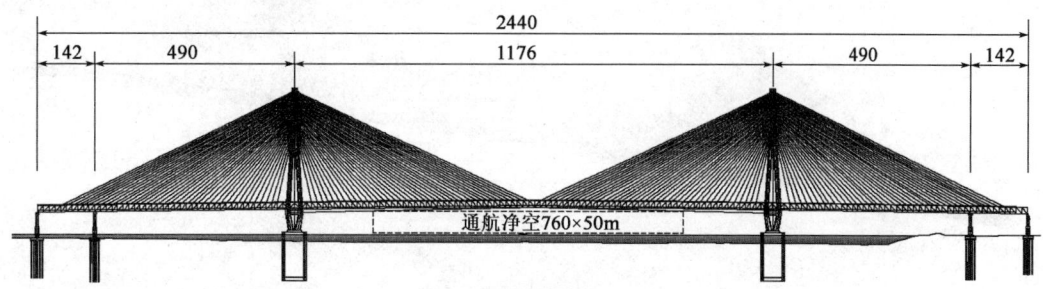

图1 常泰长江大桥总体布置图(尺寸单位:m)

常泰长江大桥的桥塔为空间钻石型主塔,总高度340m。桥塔分为上塔柱、中塔柱和下塔柱三部分,其上塔柱为具有核心混凝土的钢-混凝土组合截面,中塔柱和下塔柱各有四个塔肢,均为壁厚1.4～3.5m的空心八边形截面。下塔柱施工时临时设置受拉钢绞线以减小塔柱外倾,下横梁施工完成后拆除;中塔柱设置主动式横撑以限制塔柱的内倾,中塔柱上部合龙后拆除。桥塔布置如图3所示。

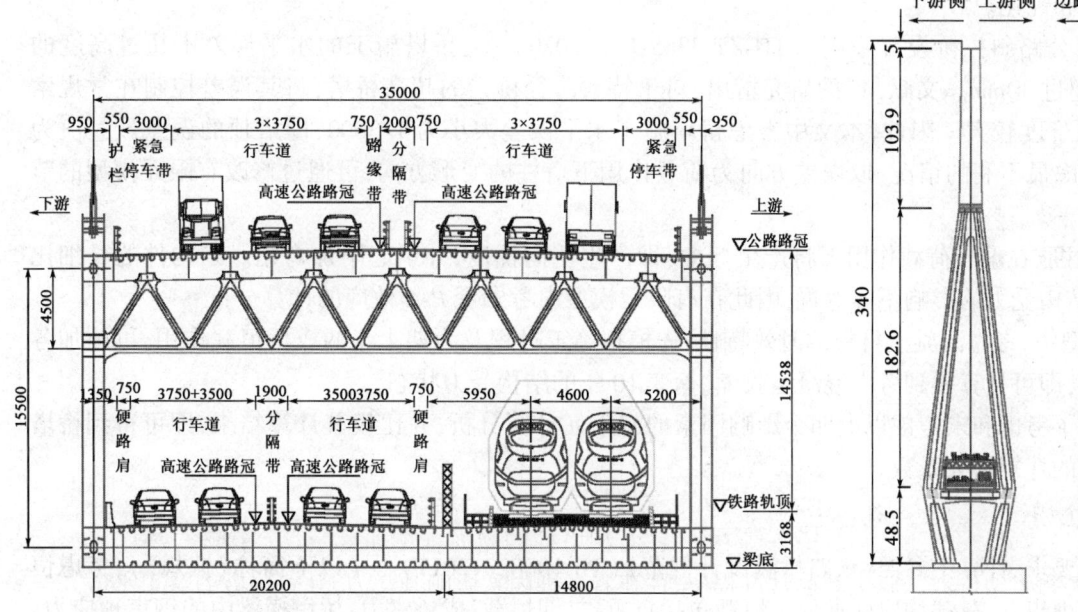

图2 常泰长江大桥主梁标准横断面图(尺寸单位:cm)　　图3 常泰长江大桥桥塔布置图(尺寸单位:m)

三、研究方法

1. 全桥有限元模型

根据常泰长江大桥初步设计图纸,采用专业有限元软件MIDAS/Civil建立全桥有限元模型,如图4所示。模型中,桥塔和主梁均采用梁单元模拟,斜拉索、上塔柱体外索和CFRP拉杆则采用桁架单元模拟。

对MIDAS全桥模型分别进行了考虑和未考虑各影响因素的静力计算分析,并提取桥塔各梁单元的弯矩计算结果,按照下式对各工况下各塔肢控制断面的弯矩增大系数进行计算。

$$\eta = \frac{M'_{Gk}}{M_{Gk}} \tag{1}$$

式中:η——弯矩增大系数;

M'_{Gk}——考虑单个或多个影响因素的塔柱断面弯矩值；

M_{Gk}——未考虑任何影响因素的塔柱断面弯矩值。

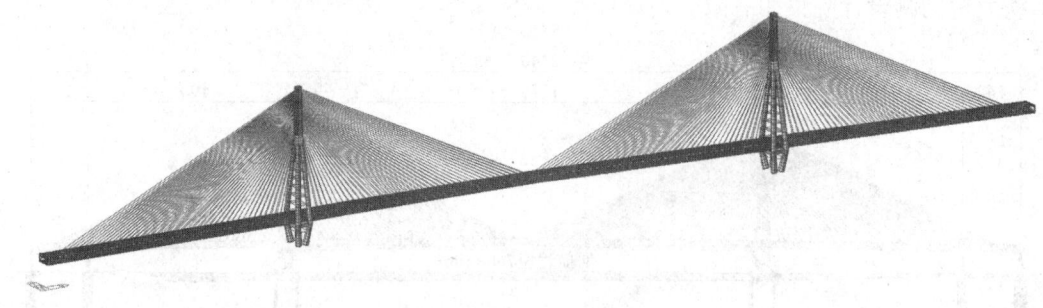

图 4 MIDAS 全桥梁单元模型

2. 影响因素

在常泰长江大桥施工和运营的过程中,钻石型桥塔塔柱弯矩的影响因素包括:施工时倾斜塔柱变形、施工误差、$P\text{-}\Delta$ 效应和混凝土收缩、徐变。

(1)施工时的倾斜塔肢变形可通过在 MIDAS 有限元模型中模拟桥塔节段施工加以考虑,对桥塔施工中的临时钢绞线、临时主动式横撑和横梁的临时支架均可进行模拟,并可按照施工工序对相应的单元和荷载进行激活和钝化。

(2)根据《公路斜拉桥设计细则》(JTG/T 3365-01—2020)[10],桥塔施工的水平误差不超过高度的 1/3000,且不超过 30mm。文献[4]的研究指出,对于特大跨径桥梁的超高桥塔,将其误差控制在常规索塔的误差标准难度较大。因此,本文中考虑桥塔施工水平误差大小为 1/3000,即塔顶的误差最大值为 113mm。为考虑最不利的情况,取误差方向为荷载作用下塔柱的变形方向,可通过修改有限元模型的节点坐标进行考虑。

(3)受压柱肢在偏心荷载作用下将产生弯曲,即产生侧向挠度,并引起附加弯矩。当构件的长细比较大时,其对结构受力的影响不容忽视,因此在有限元模型中考虑了 $P\text{-}\Delta$ 效应的计算分析。

(4)在模型中,考虑混凝土材料的时效特性,先模拟施工过程及为期十年的成桥恒载作用,再施加各不利活载工况,即可计算得到考虑混凝土收缩、徐变 10 年的结构受力状态。

分别进行了考虑和未考虑以上四个影响因素的有限元计算分析,并比较其计算结果,即可得到桥塔各肢控制断面的弯矩增大系数。

3. 荷载工况

根据设计要求,计算中参照《铁路桥涵设计规范》(TB 10002—2017)[11](以下简称《铁规》),考虑恒载+活载的主力组合,荷载均取标准值。恒载包括自重、二期恒载、成桥索力、桥塔横梁中的钢束预应力、CFRP 拉杆初拉力和上塔柱体外索初拉力。取桥塔上塔柱底部断面、中塔柱顶部断面、中塔柱底部断面、下塔柱顶部断面和下塔柱底部断面作为桥塔控制断面,活载根据各控制断面的纵桥向弯矩影响线加载。在钻石型桥塔的中、下塔柱分析时,四个塔柱的断面中仅针对内力值最大的一个塔肢断面进行弯矩增大系数的计算分析。计算中荷载工况见表1。

计算荷载组合表　　　　　　　　表1

工况	荷载组合	活载加载位置
1	恒载+活载	上塔肢底纵向弯矩最大
2		中塔肢顶,铁路、江侧塔肢纵向弯矩最大
3		中塔肢底,公路、江侧塔肢纵向弯矩最大
4		下塔肢顶,铁路、岸侧塔肢纵向弯矩最大
5		下塔肢底,公路、江侧塔肢纵向弯矩最大

4. 规范计算

按照《公桥规》计算弯矩增大系数前，首先应根据构件的边界约束条件进行计算长度取值。考虑构件端部受到的约束条件，将其理想化为刚度为 K_A 和 K_B 的水平弹簧和刚度为 K_F 的转动弹簧。刚度由有限元分析或力学方法计算得到。构件的计算长度按照《公桥规》附录 E 计算如下，式中，$k_A = K_A l/EI$，$k_B = K_B l/EI$，$k_F = K_F l^3/EI$。

$$\left\{1 + \frac{\left[k_F - \left(\frac{\pi}{k}\right)^2\right]}{(k_A + k_B)}\right\}\left(\frac{\pi}{k}\right)^2 + \left[k_F - \left(\frac{\pi}{k}\right)^2 + \frac{2k_A k_B}{k_A + k_B}\right]\left[1 - \frac{\pi/k}{\tan(\pi/k)}\right] + \frac{2k_A k_B}{k_A + k_B}\left[\frac{\pi/k}{\sin(\pi/k)} - 1\right] + \frac{k_A k_B}{k_A + k_B}\left[k_F - \left(\frac{\pi}{k}\right)^2\right]\left[\frac{2\tan(\pi/2k)}{\pi/k} - 1\right] = 0 \quad (2)$$

对于不同的极限状态，《公桥规》提供了不同的弯矩增大系数计算方法。由于荷载组合时参照《铁桥规》进行了荷载标准值组合的弹性计算，故相应的宜采用《公桥规》正常使用极限状态的弯矩增大系数计算方法，按式(3)对弯矩增大系数进行计算。

$$\eta_s = 1 + \frac{1}{4000 e_0/h_0}\left(\frac{l_0}{h}\right)^2 \quad (3)$$

式中：e_0——轴向力作用点至截面重心的距离；

h_0——截面有效高度；

h——弯曲平面内的截面高度；

l_0——构件的计算长度。

四、计 算 结 果

1. 考虑所有因素的有限元计算结果

在全桥模型中建立桥塔施工阶段以模拟桥塔分节段施工。考虑施工误差大小为节点与塔底的高度差乘以 1/3000，同时考虑 P-Δ 效应和混凝土收缩、徐变，计算桥塔控制断面上增大后的弯矩值。各控制断面纵向弯矩增大的影响见表 2。表中加粗部分为该控制断面在自身弯矩最大时的纵向弯矩增大系数。

考虑所有影响因素的控制断面弯矩增大系数 表2

控制断面	工况1	工况2	工况3	工况4	工况5
上塔柱底	1.031	5.318	1.203	1.029	0.985
中塔柱顶江侧	1.034	1.120	1.087	1.053	1.103
中塔柱顶岸侧	0.946	1.696	0.972	0.935	0.350
中塔柱底江侧	1.361	4.172	1.211	1.373	1.760
中塔柱底岸侧	1.557	1.374	−7.836	1.531	1.377
下塔柱顶江侧	1.441	2.372	2.729	1.438	1.479
下塔柱顶岸侧	0.735	0.351	0.399	0.734	0.679
下塔肢底江侧	1.135	1.212	0.090	1.133	1.127
下塔柱底岸侧	0.901	0.899	1.497	0.905	0.931

表 2 中所列纵向弯矩增大系数对应的增大前纵向弯矩值见表 3。

未考虑任何因素的各工况下控制断面纵向弯矩值（单位：10^5 kN·m） 表3

控制断面	工况1	工况2	工况3	工况4	工况5
上塔柱底	21.9	0.328	1.76	21.8	16.9
中塔柱顶江侧	0.473	3.65	0.516	0.604	2.22
中塔柱顶岸侧	2.22	0.823	3.14	2.09	0.547

续上表

控制断面	工况1	工况2	工况3	工况4	工况5
中塔柱底江侧	2.12	0.0959	3.89	2.00	0.696
中塔柱底岸侧	1.69	3.67	0.099	1.80	3.10
下塔柱顶江侧	2.21	0.583	0.553	2.21	1.87
下塔柱顶岸侧	3.02	1.48	1.35	3.02	2.74
下塔肢底江侧	12.0	9.02	1.55	12.3	14.2
下塔柱底岸侧	10.2	7.38	2.43	10.5	12.3

从表3可以看到,采用全桥模型计算弯矩增大系数时,各控制断面在纵向弯矩最大的工况下,除中塔柱底部的弯矩增大系数达到了1.211以外,其余下塔柱底和中塔柱底各断面的纵向弯矩增大系数均在1.12左右,而上塔柱底的弯矩增大系数较小,仅有1.031。其余弯矩增大系数较大处,如工况2的中塔柱底江侧断面等,由于增大前的弯矩值基数较小,对桥塔不起控制设计作用。

2. 各因素的影响分析

为分别研究各因素对于桥塔弯矩增大系数的影响,将四个影响因素分别考虑并进行计算,再与未考虑影响因素的计算结果进行对比,得到计算结果见表4。计算结果表明,模拟节段施工与考虑收缩、徐变对弯矩增大系数的影响具有较强的耦合作用,因此也列出了同时考虑模拟施工阶段和收缩、徐变的计算结果。表中仅给出各个控制断面在其弯矩最不利工况下的计算结果(对应表2中加粗数值)。

各控制断面在其最不利工况下考虑单个或多个因素的弯矩增大系数值 表4

控制断面	不利工况	节段施工	施工误差	P-Δ效应	收缩徐变	施工+收缩徐变	全影响因素
上塔柱底	工况1	0.981	0.997	1.095	1.067	1.044	1.031
中塔柱顶	工况2	0.935	1.039	1.044	1.000	0.958	1.120
中塔柱底	工况3	1.363	0.972	1.091	0.981	1.199	1.211
下塔柱顶	工况4	0.551	0.993	1.007	1.028	0.771	0.734
下塔柱底	工况5	1.169	1.016	0.988	1.035	1.113	1.127

由表4数据可以看出,考虑模拟桥塔的节段施工的影响相对较大,尤其是对中、下塔柱的计算,最大弯矩增大系数可达到1.363,但该系数在考虑真实的施工阶段的收缩、徐变后,能够明显减小至1.199,说明在模拟施工阶段时混凝土收缩、徐变使结构或构件截面上的受力趋于均匀,进而减小了节段施工对弯矩增大的影响。而施工误差对桥塔各个断面的影响均相对较小。P-Δ效应对塔柱弯矩的作用则不可忽视,其最大影响值可达到1.095。混凝土收缩、徐变的影响较为复杂,虽然单独考虑混凝土收缩、徐变时影响较小,但将其与桥塔的节段施工同时考虑时,二者对塔柱弯矩的影响相互耦合,对不同断面可能分别产生有利或不利的影响,如在工况3中,收缩、徐变导致的内力重分布能够显著减小中塔柱底的弯矩。

3.《公桥规》计算结果

根据《公桥规》中第6.4.4条规定,按照2.4节中计算方法,对偏心受压构件的弯矩增大系数进行理论计算,并与有限元计算得到的弯矩增大系数进行对比,结果如表5所示。由于在设计配筋时,通常根据控制断面的计算结果对塔柱统一配筋,表中的桥塔中、下塔柱的有限元计算结果选取了顶端断面和底端断面弯矩增大系数的较大值。

弯矩增大系数有限元计算和规范计算结果 表5

塔柱构件	荷载工况	计算长度系数	《公桥规》系数 η_s	有限元计算系数 η	《铁桥规》系数 η
上塔柱	工况1	0.620	1.059	1.031	1.102~1.232
中塔柱	工况1	0.542	1.225	1.211	1.503
下塔柱	工况5	1.167	1.037	1.127	1.005~1.023

由表5可知,上塔肢、中塔柱和下塔柱的弯矩增大系数按照《公桥规》公式的计算结果分别为1.059、

1.225和1.037。表中最后一列《铁桥规》上、下塔柱的计算中,根据构件边界条件,按照《铁桥规》中规定的计算长度系数的范围取值,因此计算结果存在最大和最小值。相对《铁桥规》,《公桥规》的计算结果与有限元计算结果更为接近。上塔柱和中塔柱分别比有限元计算结果偏大2.8%和1.4%,即按照规范公式计算结果将会过于保守,若参考有限元模型计算结果进行配筋设计似将更为经济和合理。下塔柱的有限元模型计算结果略偏大,其原因在于:空间钻石型桥塔下塔柱的边界条件复杂,规范计算时计算长度的取值存在误差;下塔柱的长细比l_0/i较小,仅为21.957,导致规范中弯矩增大系数计算公式适用性较差。

五、结　语

根据对常泰长江大桥空间钻石型桥塔的弯矩增大系数进行的有限元数值模拟和《公桥规》规范公式计算,并对计算结果进行了对比分析,可以得到以下结论:

(1)常泰长江大桥的空间钻石型桥塔从施工到运营过程中,存在着多种因素影响其受力,导致桥塔的弯矩与一次成塔的情况有所不同,其主要影响因素应包括:施工时倾斜塔柱变形、施工误差、$P-\Delta$ 效应和混凝土收缩、徐变。

(2)考虑上述诸因素,并基于有限元方法计算时,空间钻石型桥塔上、中、下塔柱的弯矩增大系数最大分别为1.031、1.211和1.127。中塔柱由于长细比最大,弯矩增大系数也相应较大,在桥塔设计时应综合考虑各因素后进行配筋。

(3)是否模拟桥塔节段施工会对弯矩增大系数的有限元计算结果产生显著影响,尤其会使中塔柱底的弯矩明显增大;施工误差对塔柱弯矩的影响不超过4%,相对较小;$P-\Delta$ 效应对弯矩增大的作用最大可达到9.5%;混凝土收缩、徐变会导致构件及断面的应力重分布,对桥塔各断面弯矩的影响较为复杂,且与模拟节段施工具有较强的耦合作用。

(4)根据《公桥规》中相关条文计算,上塔柱、中塔柱和下塔柱的弯矩增大系数分别为1.059、1.225和1.037。其与有限元的计算结果相比存在一定误差。分析其原因在于:空间钻石型桥塔的结构较为复杂,约束条件并不清晰,各参数取值也与桥塔实际情况存在一定差异,故空间钻石型桥塔的各塔肢不宜作为简单构件单独计算,尤其是计算公式对于下塔柱的适用性较差。因此建议采用有限元计算方法,能够更好地模拟实际情况,并获得更为合理的塔柱二阶效应。

参考文献

[1] 黄侨,宋晓东,任远,等.常泰大桥主塔结构形式及设计施工方法研究[R].南京:东南大学,2020.
[2] 彭晓彬,陈杏枝.鄂东长江公路大桥桥塔设计[J].桥梁建设,2009(05):40-43+48.
[3] 代皓,张瑞霞,张敏.黄冈公铁两用长江大桥桥塔施工技术及分析[J].桥梁建设,2012,42(05):9-14.
[4] 李毅.斜拉桥双向倾斜桥塔主动横撑设计及施工控制[J].桥梁建设,2013,43(03):109-113.
[5] 罗承斌,游新鹏,张永涛.超大跨斜拉桥索塔施工误差影响研究[J].公路交通科技,2009,26(07):69-74+79.
[6] 尼颖升,徐栋.长柱偏心距增大系数及有侧移时的计算长度确定[J].中外公路,2014,34(02):113-120.
[7] 陈永亮,陈孔令,夏支贤.连续刚构高墩横向计算偏心距增大系数探讨[J].中外公路,2015,35(04):166-169.
[8] 陈亮,邵长宇.结合梁斜拉桥混凝土收缩徐变影响规律[J].桥梁建设,2015,45(01):74-78.
[9] 中华人民共和国行业标准.公路钢筋混凝土及预应力混凝土桥涵设计规范:JTG 3362—2018[S].北京:人民交通出版社股份有限公司,2018.
[10] 中华人民共和国行业推荐性标准.公路斜拉桥设计规范:JTG/T 3365-01—2020[S].北京:人民交通出版社股份有限公司,2020.
[11] 中华人民共和国行业标准.铁路桥涵混凝土结构设计规范:TB 10092—2017[S].北京:中国铁道出版社股份有限公司,2017.

20. 斜拉桥主塔偏心距增大系数的桥规计算方法研究

黄义理[1]　黄侨[1]　张金涛[2]　宋晓东[1]

（1. 东南大学交通学院；2. 中铁大桥勘测设计院集团有限公司）

摘要　为保证斜拉桥桥塔塔肢构件配筋合理，本文基于有限元分析和中美欧桥梁设计规范中的计算方法对塔肢构件偏心距增大系数进行计算，并对有限元计算结果和规范计算结果进行了对比分析。研究表明：中、美、欧桥梁设计规范中的计算方法均有差异，根据不同规范得到的计算结果相差较大；对于长细比较大的中塔肢，规范计算结果均大于有限元计算结果，对于长细比较小的下塔肢和受斜拉索锚固影响的上塔肢，不同规范计算结果趋势不同；建议采用有限元方法对复杂桥塔构件偏心距增大系数进行分析，规范方法可作为辅助手段，从而使塔肢构件配筋设计更合理、经济。

关键词　斜拉桥桥塔　规范对比　有限元　偏心距增大系数　常泰长江大桥

一、引　言

二阶效应是轴向力作用于产生挠曲的结构或构件上引起的附加效应，也可称为轴力效应。结构或构件中的附加变形或附加内力往往是由于几何非线性产生的，因此对二阶效应的分析也可作为解决几何非线性问题的方法。虽然从理论上说，并不是所有受力结构或构件中都存在二阶效应，但这种现象普遍存在于大多数受压构件中，故进行桥塔结构分析时必然要考虑二阶效应[1]。在设计中，通常采用偏心距增大系数来计入结构或构件中的二阶效应。

江苏在建的常泰长江大桥为具有空间钻石型桥塔及扇形双索面的斜拉桥，两侧桥塔塔高均为340m。由于塔肢较长且塔肢截面较大，在设计阶段为保证构件配筋合理，避免造成钢筋浪费，对塔肢偏心距增大系数进行了计算与分析。本文以该桥为工程背景，通过有限元分析和中美欧桥规计算方法计算各塔肢偏心距增大系数，同时对有限元计算结果和规范计算结果进行了对比研究，为该桥塔肢配筋设计提供参考，以保证桥塔配筋设计的合理性和经济性。

二、工程概况

常泰长江大桥为公铁两用斜拉桥，跨径组合为142m+490m+1176m+490m+142m，全桥结构总体布置如图1所示。主梁采用钢箱—桁架双层组合钢梁结构，桁宽35m，桁高15.5m。公路桥面采用6cm厚铺装层，铁路桥面采用道砟桥面。主塔为空间钻石型桥塔，两侧塔高均为340m，中下塔柱塔身采用箱形截面，上塔柱为钢混组合截面，桥塔立面图及侧面图如图2所示。斜拉索采用扇形双索面布置，梁上标准索距为14m，塔上标准索距为2.2m。边墩和辅助墩采用空心双柱门式框架墩。该桥由中铁大桥勘测设计院集团有限公司设计。

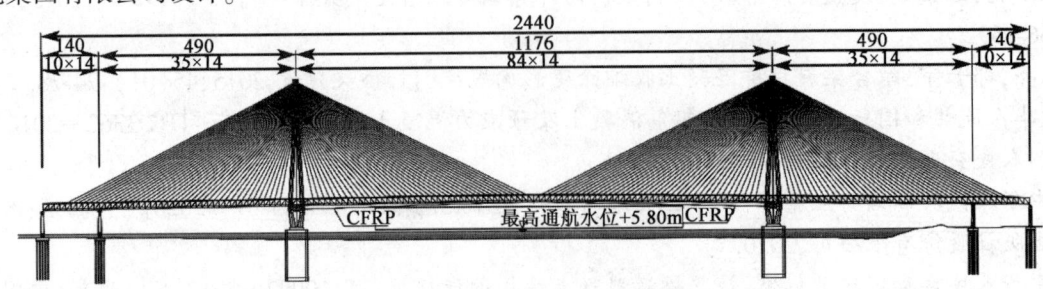

图1　主桥总体布置示意图(尺寸单位：m)

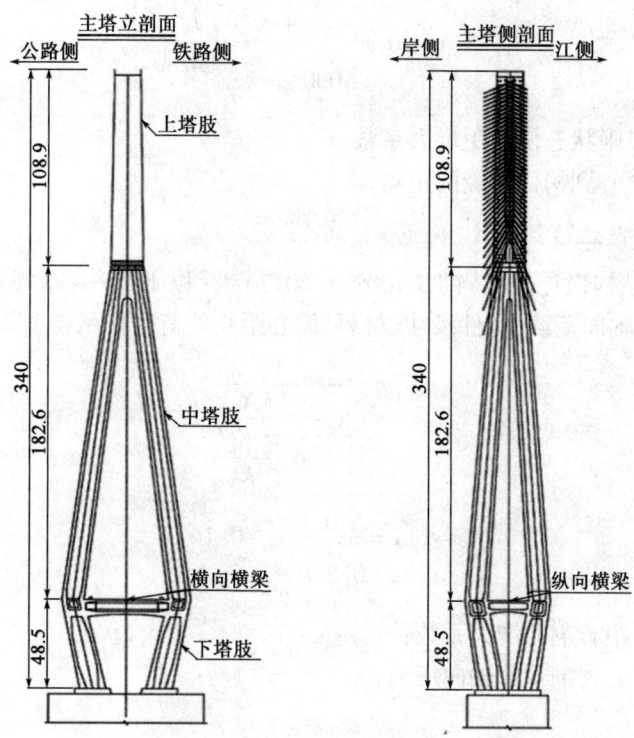

图 2 桥塔立面图及侧面图(尺寸单位:m)

三、偏心距增大系数的《规范》计算方法

1.《公路钢筋混凝土及预应力混凝土桥涵设计规范》计算方法

《公路钢筋混凝土及预应力混凝土桥涵设计规范》(JTG D3362—2018)[2](以下简称《公规》(2018))中采用基于曲率的计算方法,该方法规定的偏心距增大系数与偏心距大小、截面尺寸以及构件约束情况相关,同时规范对于不同极限状态给出了不同的计算公式。

1) 承载能力极限状态

根据《公规》(2018),矩形、T 形、I 形和圆形截面偏心受压构件在承载能力极限状态下的偏心距增大系数按式(1)计算:

$$\eta = 1 + \frac{1}{1300 e_0/h_0}\left(\frac{l_0}{h}\right)^2 \zeta_1 \zeta_2 \tag{1}$$

$$\zeta_1 = 0.2 + 2.7 \frac{e_0}{h_0} \leqslant 1.0 \tag{2}$$

$$\zeta_2 = 1.15 - 0.01 \frac{l_0}{h} \leqslant 1.0 \tag{3}$$

式中：h_0——截面有效高度;

ζ_1——荷载偏心率对截面曲率的影响系数;

ζ_2——构件长细比对截面曲率的影响系数。

2) 正常使用极限状态

矩形、T 形、I 形截面的钢筋混凝土偏心受压构件在正常使用极限状态下的偏心距增大系数按式(4)计算:

$$\eta_s = 1 + \frac{1}{4000 e_0/h_0}\left(\frac{l_0}{h}\right)^2 \tag{4}$$

圆形截面偏心受压构件在正常使用极限状态下的偏心距增大系数按式(5)计算:

$$\eta_s = 1 + \frac{1}{4000 \frac{e_0}{2r - a_s}} \left(\frac{l_0}{2r}\right)^2 \tag{5}$$

式中:η_s——正常使用极限状态偏心距增大系数;

a_s——单根钢筋中心到构件边缘的距离。

2.《铁路桥涵混凝土结构设计规范》计算方法

《铁路桥涵混凝土结构设计规范》(TB 10092—2017)[3](以下简称《铁规》(2017))中的偏心距增大系数计算方法需要考虑轴向荷载、构件尺寸、材料、偏心距及外荷载作用类型等因素,计算公式如下:

$$\eta = \frac{1}{1 - \frac{KN}{\alpha \frac{\pi^2 E_c I_c}{l_0^2}}} \tag{6}$$

$$\alpha = \frac{0.1}{0.2 + \frac{e_0}{h}} + 0.16 \tag{7}$$

式中:η——挠度对偏心距影响的增大系数;

N——换算截面重心处的计算轴向压力;

K——安全系数;

E_c——混凝土的受压弹性模量;

α——考虑偏心距对 η 值的影响系数;

e_0——轴向力作用点至截面重心的距离;

h——弯曲平面内的截面高度;

l_0——压杆计算长度;

I_c——混凝土全截面的惯性矩。

3.欧洲规范《EN 1992-1-1》计算方法

欧洲规范《EN 1992-1-1》[4](以下简称《欧规》(1992))中提供基于名义刚度分析和基于曲率估计两种方法。基于名义刚度计算方法是考虑构件开裂后刚度的降低对构件进行刚度折减,并按弹性方法分析;基于曲率计算方法是直接按弹塑性方法进行分析。

1)基于名义刚度分析法

对于任意截面长细受压构件的名义刚度按下式计算:

$$EI = K_c E_{cd} I_c + K_s E_s I_s \tag{8}$$

式中:I_c——混凝土截面名义惯性矩;

E_{cd}——混凝土弹性模量设计值;

I_s——钢筋面积对混凝土面积中心的二阶矩;

K_c——裂缝、徐变等的影响系数;

K_s——钢筋影响系数。

考虑二阶弯矩的总设计弯矩按下式计算:

$$M_{Ed} = M_{0Ed}\left[1 + \frac{\beta}{(N_B/N_{Ed}) - 1}\right] \tag{9}$$

式中:M_{0Ed}——一阶弯矩;

β——与一阶弯矩和二阶弯矩分布有关的系数;

N_B——按名义刚度计算的压屈荷载;

N_{Ed}——构件轴力设计值。

2) 基于名义曲率分析法

基于名义曲率分析法的构件设计弯矩为

$$M_{Ed} = M_{0Ed} + N_{Ed}e_2 \tag{10}$$

式中：e_2——构件的变形，由式(11)计算得到。

$$e_2 = \frac{1}{r}\frac{l_0^2}{c} \tag{11}$$

式中：c——与曲率分布有关的系数；

$1/r$——构件的曲率。

4.《美国公路桥梁规范》(AASHTO)计算方法

《美国公路桥梁规范》(AASHTO)(2007)[5]（以下简称《美规》(2007)）中的偏心距增大系数不仅和截面尺寸以及构件约束情况相关，还与轴向荷载的大小有关，并且考虑了材料的刚度折减系数，属于基于刚度计算方法。考虑二阶效应后的截面弯矩按式(12)计算：

$$M_c = \delta_b M_{2b} + \delta_s M_{2s} \tag{12}$$

弯矩放大系数 δ_b 和 δ_s 按照式(13)和式(14)计算：

$$\delta_b = \frac{c_m}{1 - \dfrac{P_u}{\varphi_K P_e}} \tag{13}$$

$$\delta_s = \frac{1}{1 - \dfrac{\sum P_u}{\varphi_K \sum P_e}} \tag{14}$$

式中：M_{2b}——根据常规一阶弹性框架分析，计算由乘系数的重力荷载引起微小侧倾时受压构件的弯矩；

M_{2s}——按上述分析，计算由乘系数的侧向荷载或重力荷载引起侧向倾斜 Δ_c（$\Delta_c \geq l_u/1500$）时的受压构件弯矩；

l_u——受压构件无支撑长度；

c_m——有效弯矩图等效为均布弯矩图的系数；

P_u——乘荷载系数的轴向荷载；

φ_K——刚度折减系数；

P_e——欧拉压屈荷载。

四、偏心距增大系数有限元法计算结果

1. 有限元模型

偏心距增大系数主要用于桥塔构件的配筋设计。本文基于在建常泰长江大桥初步设计图纸进行有限元建模分析。采用 MIDAS/Civil 软件建立常泰长江大桥有限元模型[6]，主梁、桥塔部分均采用梁单元模拟，斜拉索（考虑 Ernst 公式修正）、体外索及 CFRP 拉杆均采用桁架单元模拟。成桥后塔底边界条件采用固接方式；边墩及辅助墩在铁路侧设置横向支座及竖向支座；在公路侧仅设竖向支座，支座采用弹性连接模拟。成桥阶段有限元模型如图3所示。

2. 控制截面及计算工况选取

基于 MIDAS/Civil 全桥模型得到成桥状态的恒载和活载标准值组合作用的桥塔内力包络图。由于横桥向桥塔结构及其受力不对称，取上、中、下塔肢交汇处正负弯矩绝对值最大的截面作为研究对象，并将对应最大弯

图3 常泰长江大桥全桥有限元模型

矩的荷载组合定义为最不利工况。工况中荷载包括自重、二期恒载、钢束预应力、索力、CFRP拉杆力、体外索力和移动荷载。桥塔塔肢的主要构造见图2,各控制截面及对应弯矩绝对值见表1。

主要控制截面及对应弯矩绝对值　　　　　　　　　　　　　　　　表1

工况	工况含义	控制断面	塔肢位置	弯矩绝对值
1	上塔肢底纵向弯矩最大	上塔肢底	—	2.19×10^6
2	中塔肢顶,江、铁路侧塔肢纵向弯矩最大	中塔肢顶	江、铁路侧	3.65×10^5
3	中塔肢底,江、公路侧塔肢纵向弯矩最大	中塔肢底	江、公路侧	3.89×10^5
4	下塔肢顶,岸、铁路侧塔肢纵向弯矩最大	下塔肢顶	岸、铁路侧	3.02×10^5
5	下塔肢底,江、公路侧塔肢纵向弯矩最大	下塔肢底	江、公路侧	1.42×10^6

3. 有限元法计算结果

基于前述全桥有限元模型,对桥塔划分施工阶段以模拟桥塔节段施工,并考虑桥塔初始缺陷大小为节点与塔底高度差的1/3000,同时计入 $P\text{-}\Delta$ 效应和混凝土收缩、徐变,计算得到各截面增大后的弯矩值(M_h)。将各截面增大后的弯矩值(M_h)除以各截面增大前的弯矩值(M_q)即可得偏心距增大系数有限元计算结果。各控制截面有限元计算结果如表2所示,有限元计算结果已隐含了前述各公式中计算参数的影响。

桥塔控制截面在主要工况下的偏心距增大系数　　　　　　　　　　表2

控制断面	工况1	工况2	工况3	工况4	工况5
上塔肢底	**1.031**	5.318	1.203	1.029	0.985
中塔肢顶江侧	1.034	1.120	1.087	1.053	1.103
中塔肢底江侧	1.361	4.172	**1.211**	1.373	1.760
下塔肢顶岸侧	0.735	0.351	0.399	0.734	0.679
下塔肢底江侧	1.135	1.212	0.090	1.133	**1.127**

上表中加粗数字为控制截面在相应最不利工况时的偏心距增大系数。部分截面偏心距增大系数较大的原因是其在相应工况下的弯矩基数较小,不控制相应的塔肢设计。桥塔中、下塔肢构件的偏心距增大系数取顶、底截面系数的较大值。故上、中、下塔肢偏心距增大系数分别取1.031、1.211和1.127,对应工况分别为工况1、工况3和工况5。

五、有限元结果与理论结果对比分析

偏心距增大系数有限元计算结果与中美欧规范计算结果见表3。

偏心距增大系数的规范结果和有限元结果对比　　　　　　　　　　表3

规范		构件位置				
		上塔柱		中塔柱	下塔柱	
		最小值	最大值	数值	最小值	最大值
《铁规》(2017)		1.102	1.232	1.503	1.005	1.023
《公规》(2018)	承载能力极限状态	—	1.106	1.395	—	1.085
	正常使用极限状态	—	1.059	1.225	—	1.037
《欧规》(1992)	名义刚度法	—	1.028	1.351	—	1.015
	名义曲率法	—	1.164	1.618	—	1.025
《美规》(2017)	理论K值	1.006	1.012	1.357	1.000	1.001
	推荐K值	1.007	1.012	1.713	1.001	1.001
有限元数值分析结果		1.031		1.211	1.127	

注:1. 对于上、下塔肢构件,《铁规》(2017)、《美规》(2017)均按规范中要求的计算长度系数范围取值,故偏心距增大系数会存在最大值与最小值;而《公规》(2018)及《欧规》(1992)均按相关公式计算得到计算长度系数,故只有一个数值。

2. 对于中塔肢构件,《铁规》(2017)和《美规》(2017)均认为边界约束近似于一端固定一端为不移动铰,只取一个计算长度系数值;而《公规》(2018)及《欧规》(1992)均按相关公式计算得到计算长度系数,故中塔肢偏心距增大系数均只有一个数值。

由表3规范计算结果与有限元计算结果对比可知,上述各规范计算结果难以完全符合有限元计算结果,且各国规范计算结果也不尽相同,有限元计算得到的偏心距增大系数相对更为可信。

上述规范计算结果与有限元计算结果之间误差的主要原因在于:规范公式一般只适用于独立简单构件,对于复杂的桥塔结构,构件两端边界条件难以确定,此时计算结果或将产生较大误差;由于下塔柱构件较短且边界约束较强,故下塔柱构件长细比较小,按中、美、欧桥规均不需要考虑构件二阶效应,此时规范公式适用性较差;上塔肢构件受多根斜拉索锚固约束的影响,故确定有效长度更为困难。

本文计算的常泰大桥桥塔构件的上、下塔肢构件边界约束较为复杂,同时因为下塔肢长细比较小,故取中塔肢作为主要分析对象。对中塔肢而言,各国规范计算结果与有限元计算结果相比均偏大,后者更符合实际约束情况且较为经济。采用简化后的规范计算结果理应具有一定的安全储备,所以结果偏于安全甚至有些保守。对工程设计而言,在保证结构安全的前提下,采用规范简化公式求解是正确的。但设计时整个结构均采用统一的偏心距增大系数来考虑长柱的二阶效应,势必造成结构配筋过多,进而造成浪费。因此,在复杂的桥塔结构设计时,在条件允许的情况下,建议采用有限元模拟的方法来求解结构的偏心距增大系数,可计算得到整个结构中各控制截面(或指定截面)的偏心距增大系数来计入桥塔结构的二阶效应,如此可使得混凝土构件配筋更为合理,造价更为经济。

六、结　语

本文基于有限元分析和中美欧桥规中的计算方法对塔肢偏心距增大系数进行计算,并通过有限元计算结果和规范计算结果对比研究得到以下结论:

(1)常泰大桥塔肢构件复杂且约束条件并不清晰,同时各国规范公式中的参数取值与构件实际情况存在一定差异,故不宜作为简单构件计算塔肢构件偏心距增大系数。

(2)《公规》(2018)、《铁规》(2017)、《欧规》(1992)和《美规》(2007)中计算公式参数各有差异,按不同规范方法得到的偏心距增大系数相差较大;当长细比较大时,规范计算结果均大于有限元计算结果。

(3)在进行复杂桥塔结构设计时,在条件允许的情况下,宜采用有限元方法计算结构的偏心距增大系数。计算塔肢各个控制截面的偏心距增大系数时,规范方法可作为辅助校验手段,使混凝土塔柱构件配筋设计合理、造价经济。

参考文献

[1] 赖明宇.钢筋混凝土框架结构二阶效应若干问题的探讨[D].成都:西南交通大学,2011.
[2] 中华人民共和国行业标准.公路钢筋混凝土及预应力混凝土桥涵设计规范:JTG 3362—2018[S].北京:人民交通出版社股份有限公司,2018.
[3] 中华人民共和国交通运输部.铁路桥涵混凝土结构设计规范:TB 10092—2017[S].北京:中国铁道出版社,2017.
[4] 欧洲标准.Eurocode2:Design of Concrete Structures—Part1-1:General Rules and Rules for Buildings:BS EN1992-1-1[S].布鲁塞尔:欧洲标准化委员会,2004.
[5] 美国标准.AASHTO LRFD Bridge Design Specifications(8th Edition)[S].华盛顿:美国国家公路与运输协会,2017.
[6] 黄侨,宋晓东,任远,等.常泰大桥主塔结构形式及设计施工方法研究[R].南京:东南大学交通学院,2020.

21. BIM 智能软件系统结构研究

张师定

(上海同豪土木工程咨询有限公司)

摘 要 本文基于软件四耳图,提出了软件系统神经网络,并以桥梁设计系统为例,提出了其 BIM 架构及神经网络,梳理了 BIM 技术之关键技术清单。其为促进 BIM+AI 融合发展提出了一条技术路线,可供其他专业 BIM 软件研发参考。

关键词 软件四耳图 软件系统 软件系统神经网络 软件系统共享平台 桥梁建模流程 BIM 关键技术

如果把知识之公理化体系作为第一次知识革命的话,那么,把知识(概念、定义、原理、定理、规则、流程)进行模型化、建立数学模型/系统模型则可称为知识的第二次革命。"信息模型+人工智能"掀起第四次工业革命。

万物皆系统,此系统与彼系统相关联,需交换信息;系统由模型组成,不论是几何物体还是表格,表格可以看做模型;其参数便是表头;表格(列表)也可以分解,分解为叶子级表;各列表也可装配或匹配。

一、业务软件之人工神经元

BIM 系统之软件系统常由若干 BIM 软件(平台)组成,软件之间根据专业需要应可进行数据流转或 BIM 模型传递。

模型需要输入信息;模型应产生输出信息。软件即系统,此软件与彼软件相关联,需要信息共享。将软件输入信息划分为共享输入与自输入,将输出信息划分为共享输出及自输出,形成软件四耳图[1],恰似"人工神经元"。

对于其中一个软件而言,必须有输入及输出。可将输入划分为共享输入与自输入,将输出划分为共享输出及自输出(领域模型),如图 1 所示。

图 1 BIM 软件四耳图

可将此图形象地称为 BIM 软件四耳图(BIM Software with Four Ears)。其共享输出数据应传递给其紧后软件之共享输入,该软件恰似人工神经元。

二、业务软件之神经网络

通过软件四耳图就可以建立软件系统,从而完成较为复杂的任务。不失一般性,假设子系统 I 包含软件 A、软件 B 与软件 C,且软件 A 是软件 B 的紧前(上游/前件)工作,软件 A 是软件 C 的紧前(上游/前件)工作,则该子系统之神经网络可按如图 2 所示进行组织。其中,子系统 I 共享接收其他上游子系统之共享输入,分发数据(模型)给本子系统软件 A,收集本系统共享数据(模型),集成装配,将集成模型共享交付给下游子系统平台,如图 3 所示。

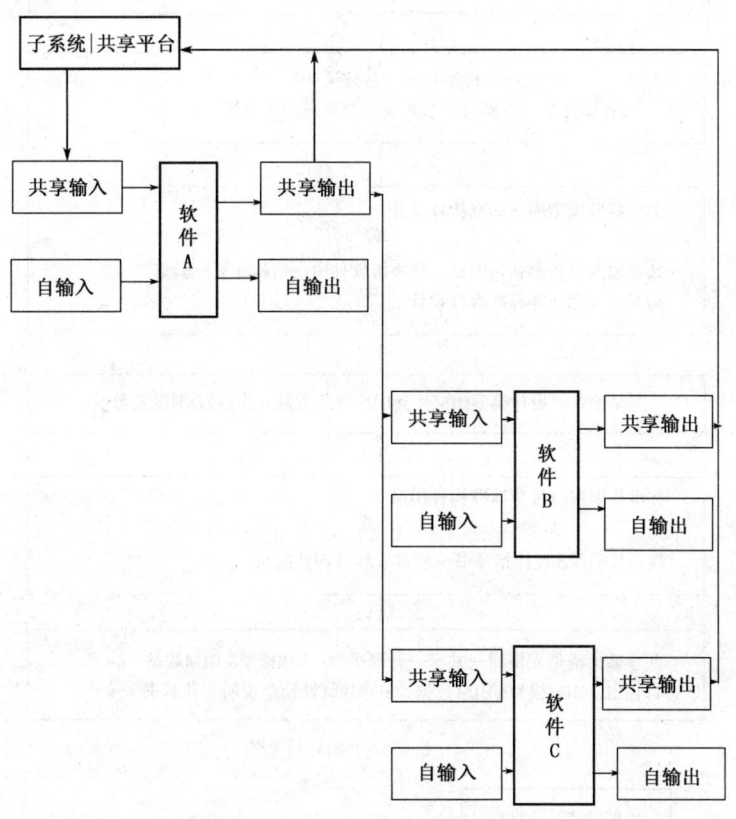

图 2　智能软件系统之神经网络

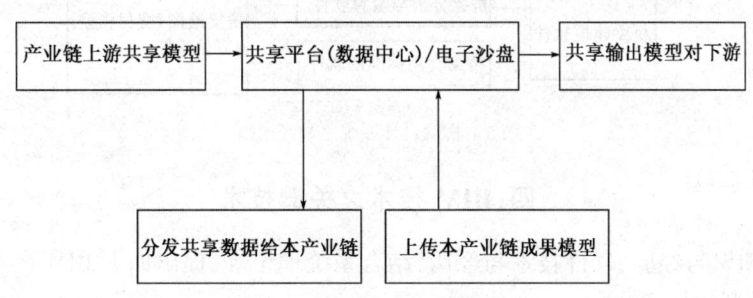

图 3　产业链共享平台之数据(模型)流

三、桥梁设计系统之神经网络

如果把桥梁设计 BIM 系统看做一个系统的话,其可分解为桥梁建模(总体设计)子系统、标准设计信息库子系统、非标准设计计算与验算子系统(即桥博)、智能绘图与算量子系统(BIM 智绘大师),而总系统应实现协同—共享—管理功能。

其 BIM 总架构如图 4 所示。其神经网络如图 5 所示。

笔者深挖桥梁结构构思(即建模)之过程,提出 13 个主要环节,如图 6 所示。

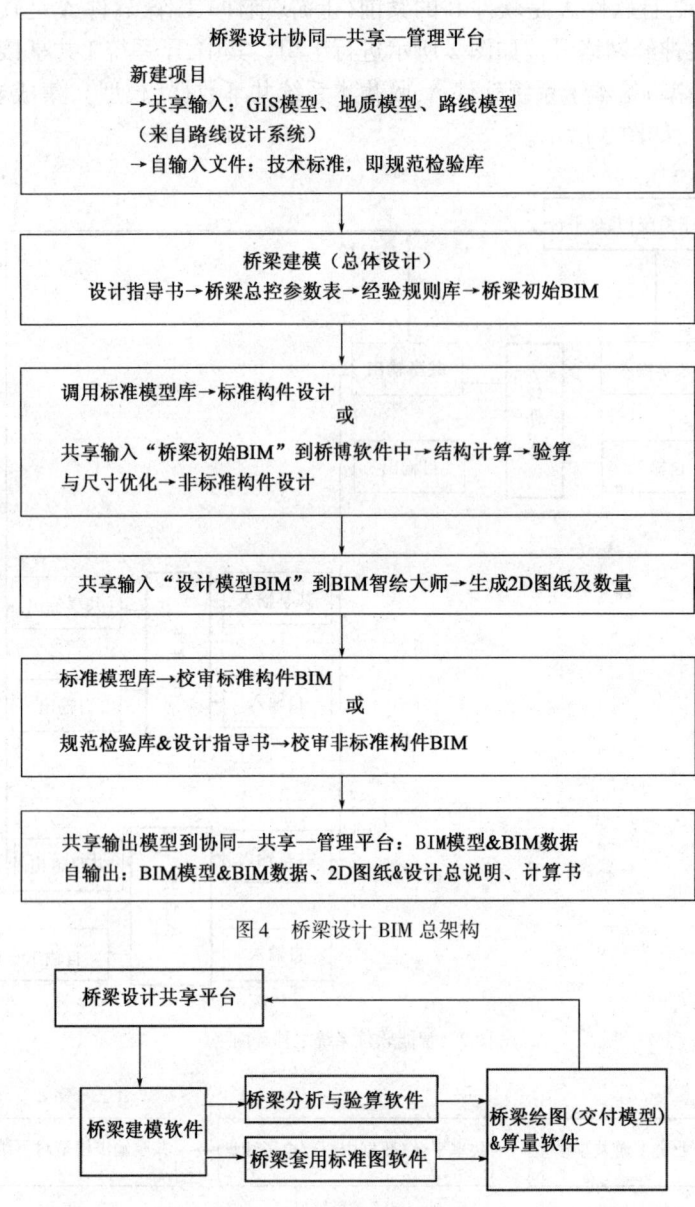

图 4　桥梁设计 BIM 总架构

图 5　桥梁设计系统之神经网络

四、BIM 技术之关键技术

笔者依托领域知识与经验、软件技术与经历,结合系统理论等,提出如下 BIM 技术之关键技术:
(1)领域知识模型化技术;
(2)维度资源装配模型技术;
(3)基于信息模型之图形平台技术;
(4)模型约束求解通用平台技术;
(5)智能模型之经验规则库技术;
(6)模型功能评价与决策技术;
(7)动态模型控制技术;
(8)BIM 软件系统神经网络技术;
(9)基于 BIM 的协同—共享—管理平台技术;
(10)事物 BIM + GIS + 地质 BIM + AI + 物联网综合技术。

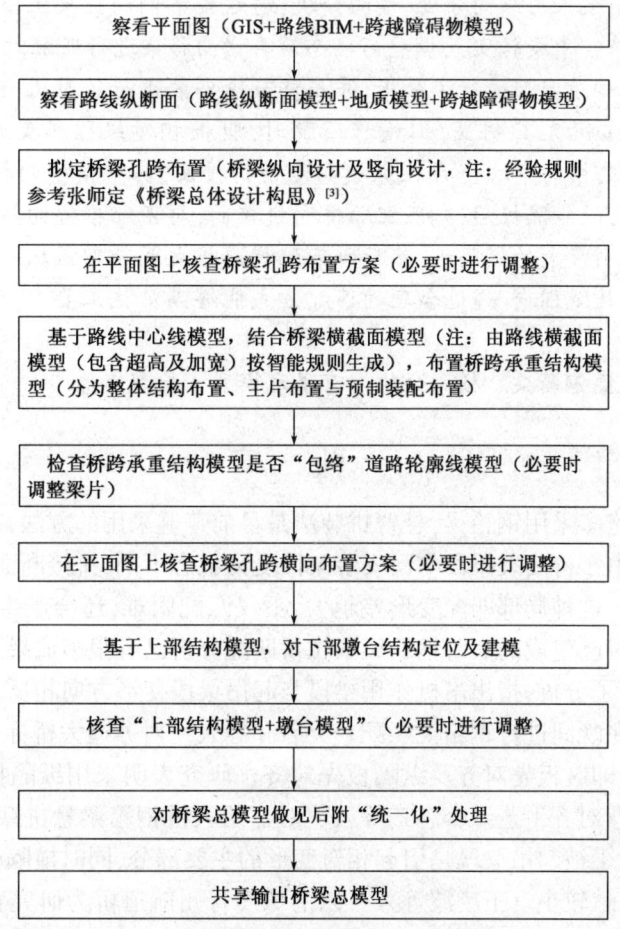

图 6 桥梁建模(总体构思)流程

本文基于软件四耳图,提出了软件系统神经网络概念,并以桥梁设计系统为例,提出了桥梁设计 BIM 架构及神经网络。其为"软件功能与数据传递"标准的建立提供了理论基础与操作方法,为促进 BIM + AI 技术融合发展提出了一条技术路线,可供其他专业 BIM 软件研发参考,同时也供超级系统(区块链)研发参考。

参考文献

[1] 周宗泽.张师定.BIM 技术原理研究[J].//中国公路学会桥梁和结构工程分会.中国公路学术桥梁和结构工程分会 2018 年全国桥梁学术会议论文集[C].北京:人民交通出版社股份有限公司,2018.

[2] 周宗泽,张师定,申俊昕.BIM 软件系统模型间智能联动机理探究[J].中国公路.2020,11.

[3] 张师定.桥梁总体设计构思[M].成都:西南交通大学出版社,2020.

[4] 尹朝庆.人工智能与专家系统[M].2 版.北京:中国水利水电出版社,2009.

22. 超宽钢箱梁纵横向分块安装局部相对变形分析

刘 力[1,2,3] 彭成明[1,2,3]

(1. 中交第二航务工程局有限公司;2. 长大桥梁建设施工技术交通行业重点实验室;
3. 交通运输行业交通基础设施智能制造技术研发中心)

摘 要 巴拿马四桥为巴拿马国内第一座公轨合建斜拉桥,桥面宽 51m,中跨钢箱梁标准节段长 13m,重约 370t,为典型超宽超重结构。桥位处通航要求高,施工期间不得占用航道。针对该问题提出了一种创新的施工方案:钢箱梁采用纵向分段、横向分块,通过索塔侧向提梁上桥面,梁上运梁至悬臂端桥面吊机处,尾部提梁前移并空中旋转90°,调整好姿态后再横向移梁进行匹配对位。本文采用有限元软件对横向分块钢梁安装局部相对变形进行了分析,并与整节段安装进行了对比,结果表明该方法存在明显横向偏载效应,中间起吊工况尤其明显,但横移匹配时,腹板相对纵隔板变形会明显减小,错缝高差4.2mm;与整节段安装相比,横向分块会存在纵横向两个拼接面,其中横桥向拼接面变形较顺桥向变形大,故建议匹配完刚度较大的纵隔板后,先匹配顺桥向拼接面,再匹配横桥向拼接面剩余区域,顺桥向拼接面匹配也按照优先匹配刚度大的横隔板,然后再匹配横隔板之间局部区域。总体来说,提出的横向分块方案局部相对变形在可控范围内,通过合理的匹配方式能够满足施工要求,研究结论可为同类桥梁的架设提供参考。

关键词 斜拉桥 宽幅钢箱梁 横向分块 有限元模型 局部变形

一、引　言

大跨径斜拉桥中,主跨多采用钢箱梁,悬臂拼装法是目前普遍采用的方法,待安装梁段在悬吊状态下与已拼装梁段对接就位,由于待安装梁段与已安装梁段受力状态不同,拼接断面往往存在横向变形偏差。随着钢箱梁横向宽度越宽,这种局部匹配变形差越大,不仅匹配困难,还会产生较大的残余应力,影响结构疲劳寿命。目前,国内对已建成的大跨钢箱梁斜拉桥匹配分析已有很多成果。郝超等人[1]对南京长江二桥钢箱梁悬拼变形进行了分析,指出吊机作用梁段与起吊梁段变形方向相反,分析得到顶、底板负温差对变形的影响较小,建议在晚间进行钢箱梁匹配。吴启和等人[2]对苏通大桥标准梁段匹配技术进行了研究,对比了两种匹配工艺,即腹板先对齐及纵隔板先对齐。研究表明采用纵隔板对齐工艺接缝两侧梁段之间的变形差较小,为推荐对齐工艺。李忠三等人[3]对嘉绍大桥钢箱梁悬拼截面变形进行了研究,指出吊机作用梁段的变形远大于被起吊梁段是引起相对变形的主要部分,同时横隔板本身刚度的提高对减小拼接面相对竖向位移的贡献较小。王凌波等人[4]以港珠澳青州航道桥为研究背景,分析了斜拉索索力、悬臂梁段自重、吊机自重与起吊梁段引起的吊机前支点反力的影响程度,研究表明起吊梁段引起的吊机前支点反力是引起悬臂梁段和起吊梁段横向错缝过大的最主要因素。总体来说,我国近年来大跨桥梁发展迅猛,整节段钢箱梁匹配分析已经十分成熟,所得到的一些研究成果已成功应用到实际工程中。本文的依托工程为巴拿马四桥,为公轨两用混合梁斜拉桥,桥跨布置为(68+72+72+77+510+77+72+72+68)m。钢混结合面距索塔中心32.5m,巴拿马四桥立面布置图见图1。中跨钢箱梁截面全宽51m,中心梁高5m,斜拉索桥面横向距离15.7m。钢箱梁标准断面见图2。

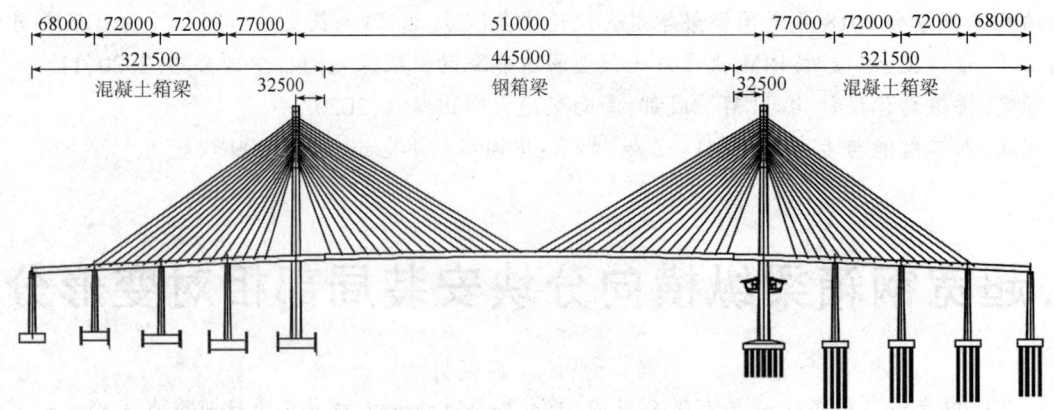

图1　巴拿马四桥立面布置图(尺寸单位:mm)

巴拿马四桥横跨世界最繁忙航道——巴拿马运河,施工期间不得占用航道,无法水上垂直起吊。同时主桥东岸为巴拿马城主城区,交通拥挤且车流量大,道路超载限制严格。巴拿马四桥中跨钢箱梁标准节段长13m,重约370t,宽51m,为典型的超宽超重结构,节段需横向分块运输、架设[5,6]。而前文所述钢箱梁基本采用横向全截面、纵向分段垂直起吊，这种横向分块架设鲜有研究。前文所述常规的全截面的匹配研究成果可能并不完全适用，值得重点研究。

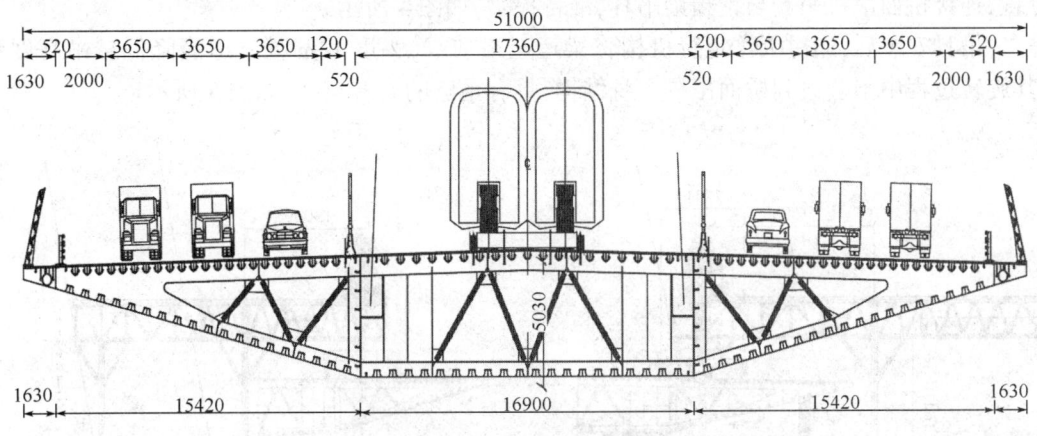

图2 钢箱梁标准断面图(尺寸单位：mm)

二、纵横向分块安装工艺及设备

为解决跨繁忙航道超宽超重钢箱梁架设问题，提出了将钢箱梁节段横向对称分两块，再通过索塔侧面设置提梁桁吊将钢箱梁节段提升上桥面，采用运梁小车运至悬臂端，通过桥面吊机进行悬拼架设[7,8]。根据钢箱梁分块尺寸和质量，结合索塔处空间位置，拟采用200t的提梁桁吊。后锚点距索塔中心线7.5m，前后支、锚点间距14.5m。顺桥向两侧支腿间距30.55m，具体布置如图3所示。钢箱梁节段沿长度方向提升至桥面，不进行姿态调整，直接落在运梁小车上，纵向直线运输至悬臂端。在悬臂端对称布置两台桥面吊机，桥面吊机性能与侧面提梁桁吊一致，桥面吊机设计考虑了起吊旋转和移梁匹配两个工况。

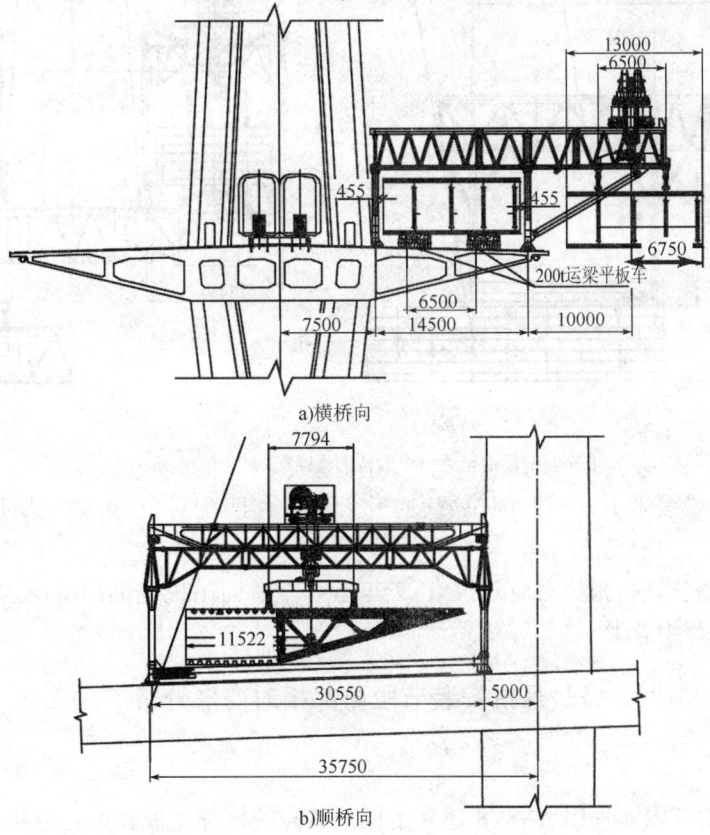

图3 侧向提梁桁架总体布置图(尺寸单位：mm)

节段钢箱梁通过悬臂端桥面吊机提梁、前移、旋转及对位的具体施工步骤如下：

步骤一：节段钢箱梁通过塔侧提梁桁吊提升至桥面，通过运梁小车将所要架设的梁段运至桥面吊机内指定位置，连接桥面吊机吊具与钢箱梁吊耳，准备提梁，如图4所示。

步骤二：吊具安装后，通过天车走行机构将梁运至最前端，幅度13m处。适当降低悬吊高度到合适位置，使其旋转过程中不会碰到桥面吊机本身结构，具有足够的旋转空间，如图5所示。

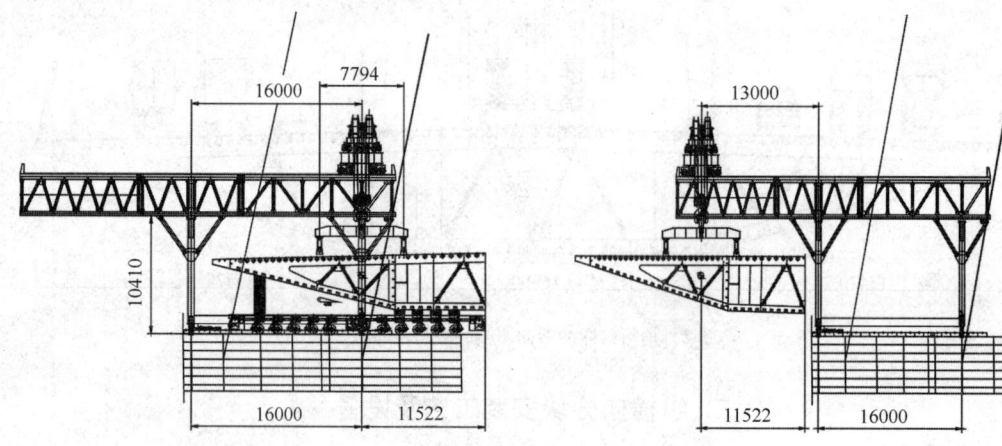

图4 桥面吊机开始提梁(尺寸单位：mm)　　　图5 节段钢箱梁移动至最前端(尺寸单位：mm)

步骤三：通过旋转吊具将梁段旋转90°，并通过起重小车横向移梁到匹配位置，通过吊具可调丝杆调整钢箱梁姿态，如图6所示。

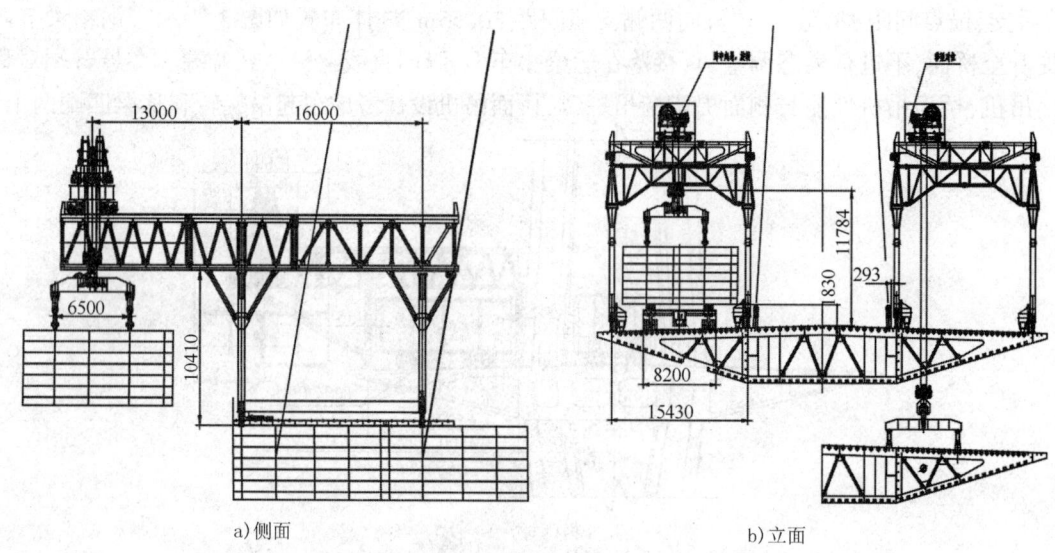

a) 侧面　　　　　　　　　　　　　　　　b) 立面

图6 节段钢箱梁空中旋转横移匹配(尺寸单位：mm)

步骤四：节段钢箱梁缓缓下方至匹配位置，起升天车后移匹配对位，落梁完毕后，进行焊接工作，如图7所示。

步骤五：焊接工作完毕后，张拉对应斜拉索，天车运行至桥面吊机尾端(16m处)，准备下一梁段的架设工作，如此循环直至跨中合龙。

三、悬拼安装节段局部相对变形分析

1. 有限元模型

本文采用大型通用有限元程序ANSYS建立了标准节段的精细化板壳单元分析模型。几何模型严格按照实际结构的尺寸和板件的几何关系建立，能较为精确地反映出悬臂梁段与起吊梁段真实的受力及变形状况。全桥模型在建立的过程中细化处理了横隔板、加劲肋、纵隔板、边腹板的几何关系,钢箱梁各构件均采用shell63单元模拟,既能确保仿真分析模型贴近结构的真实状况,又要保证结构在网格划分时不出现歪扭、奇异单元[4]。几何模型如图8所示。根据圣维南原理,实际计算中选取悬臂前端4块标准梁段进行分析,将梁段后端固结,以减少后端约束对匹配端相对变形的影响[1]。斜拉索一端与箱梁锚固,另一端直接固结约束。起吊梁段直接在吊点位置进行固结处理,吊点纵向布置在横隔板上,横向根据梁段重心位置对称布置。

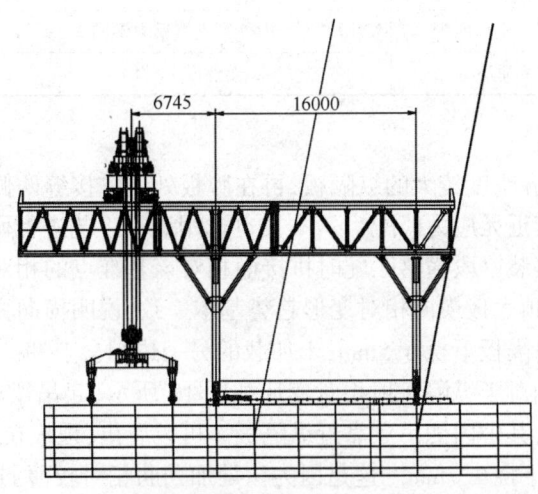

图7 节段钢箱梁匹配对位(尺寸单位:mm)

a) 已安装标准节段几何模型

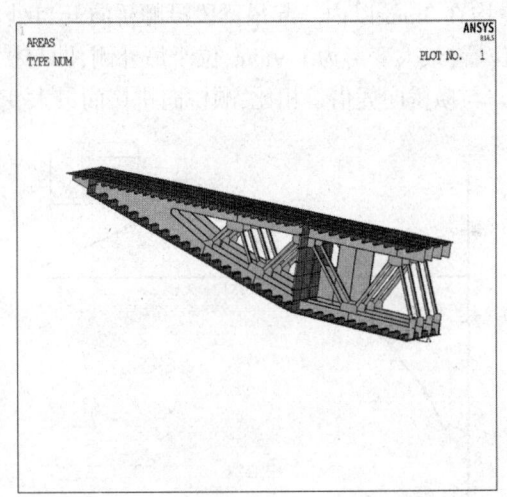

b) 待匹配梁段几何模型

图8 几何模型图

2. 荷载及分析工况

悬臂梁段在施工的过程中,主要受到桥面吊机前支点反力、斜拉索拉力和梁体自重的作用。其中,桥面吊机前支点反力主要包括桥面吊机自重引起的反力和起吊梁段引起的桥面吊机反力。通过集中力的方式反映于局部分析模型中。斜拉索索力根据Midas杆系模型中,该施工阶段对应的索力,以集中荷载的方式施加在模型中。起吊梁段在悬拼起吊过程中,主要受到自重及吊臂拉力的作用。由于钢箱梁的安装调位多选在夜晚温差变化较小的时间区间内,因此在横向变形分析时可假定钢箱梁顶、底板间温度接近一致,忽略钢箱梁横、纵、竖向的温度梯度影响。

本文的计算工况如表1所示,横向分两块安装时,跨中起吊、旋转工况,前支点及后锚点受力左右对称,其中前支点压力为2990kN,后锚点拉力为940kN;横移匹配对位工况,前支点及后锚点左右受力将不对称,按最不利偏载情况计算,前支点内侧压力为5480kN,外侧压力为50kN,后锚点内侧拉力为1720kN,

外侧拉力为160kN。整节段安装,前支点内外侧压力为5980kN,后锚点内外侧拉力为1880kN。

计算工况　　　　表1

名　　　称		计算工况	工况描述	匹　配　面
分块安装	首半块安装	中间起吊	支点反力对称	—
		横移匹配	内外侧支点反力不同	横向一个匹配面
	另半块安装	中间匹配	支点反力对称	—
		横移匹配	内外侧支点反力不同	纵、横向两个匹配面
整节段安装		垂直起吊	支点反力对称	横向一个匹配面

3. 计算结果分析

根据以往研究成果,先对齐刚度较大的纵隔板,再在腹板处调整接缝两侧相对变形的方法,梁段匹配端变形平顺,残余变形小,更接近无应力匹配[2]。本文也选用该种工艺进行研究,接缝两侧梁段以纵隔板顶面为基准点对齐、固定,已安装梁段横移匹配时拼接面相对该基准点的相对变形如图9所示,可以看出除桥面吊机作用局部区域外,顶底板横向相对变形趋势基本一致,说明横向变形以横向弯曲为主,畸变等扭转变形较小。腹板相对于纵隔板下挠6.5mm,未加载的另一边则会上翘。

起吊梁段横桥向拼接面相对于纵隔板顶相对变形如图10所示,起吊梁段吊点沿纵向布置在横隔板处,横向按节段重心对称布置,其中内侧吊点靠近纵隔板。可以看出,顶板在腹板外沿部分下挠相对来说更明显,最外缘相对于纵隔板下挠9.7mm。这是因为该处加劲肋相对较薄弱,而且是开口截面,最近的横隔板也有2.75m,相当于2.75m长度方向是悬臂状态。起吊过程中可以考虑临时加固措施。除此部分外,下挠均在3mm以内。起吊梁段沿顺桥向开口处相对变形如图11所示,参考点为第一块横隔板与纵隔板相交位置,最大变形为1.9mm,位于最外侧,即与横向匹配面交点位置,该处离横隔板距离2.75m,悬臂长度较大。与横桥向凭借口相比,顺桥向拼接面最大变形小7.8mm,且在横隔板范围内变形均在1mm以内。

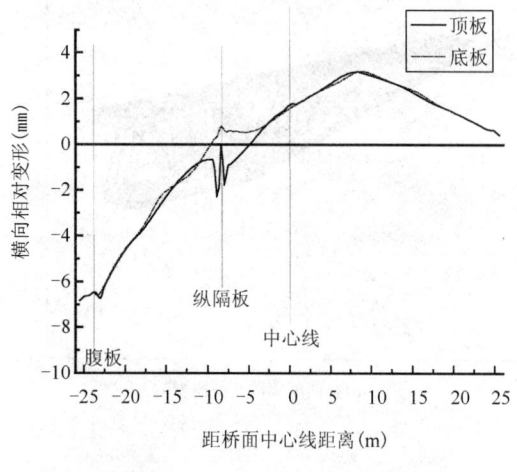
图9　横移匹配时已安装梁段横向相对变形情况

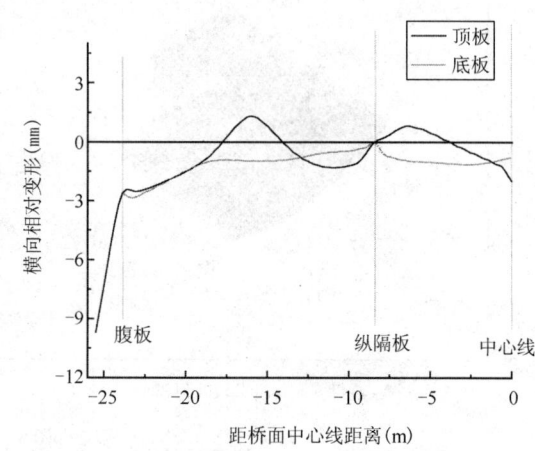
图10　起吊梁段横桥向拼接面相对变形情况

对比整节段安装的方案,由于整体起吊,桥面吊机布置在两侧纵隔板。整体起吊时已安装梁段拼接面相对变形如图12所示。可以看出腹板相对纵隔板下挠仅0.6mm,不存在偏载效应。对比分析表明横向分块后钢箱梁匹配焊接较整节段安装复杂,工作量增多。

值得注意的是,本文所述横向分块的方法,横移匹配前还有跨中起吊工况,桥面吊机外侧是作用在腹板上,该处相对于纵隔板处来说刚度较小。两个工况的变形情况如图13所示,外腹板的变形差达到了29mm。实际施工过程中,该变形差随着横移匹配(桥面吊机支反力偏移到刚度较大的纵隔板处)能否恢复值得关注。匹配对齐时已安装悬臂梁段与吊装梁段拼接面变形如图14所示,可以看出腹板错缝高差为4.2mm,中心顶板错分高差为3.7mm。该错缝高差在工程可操作范围内,可通过千斤顶局部调整,纵隔板对齐后,可采用桥面吊机卸载的方式辅助调整腹板错缝。

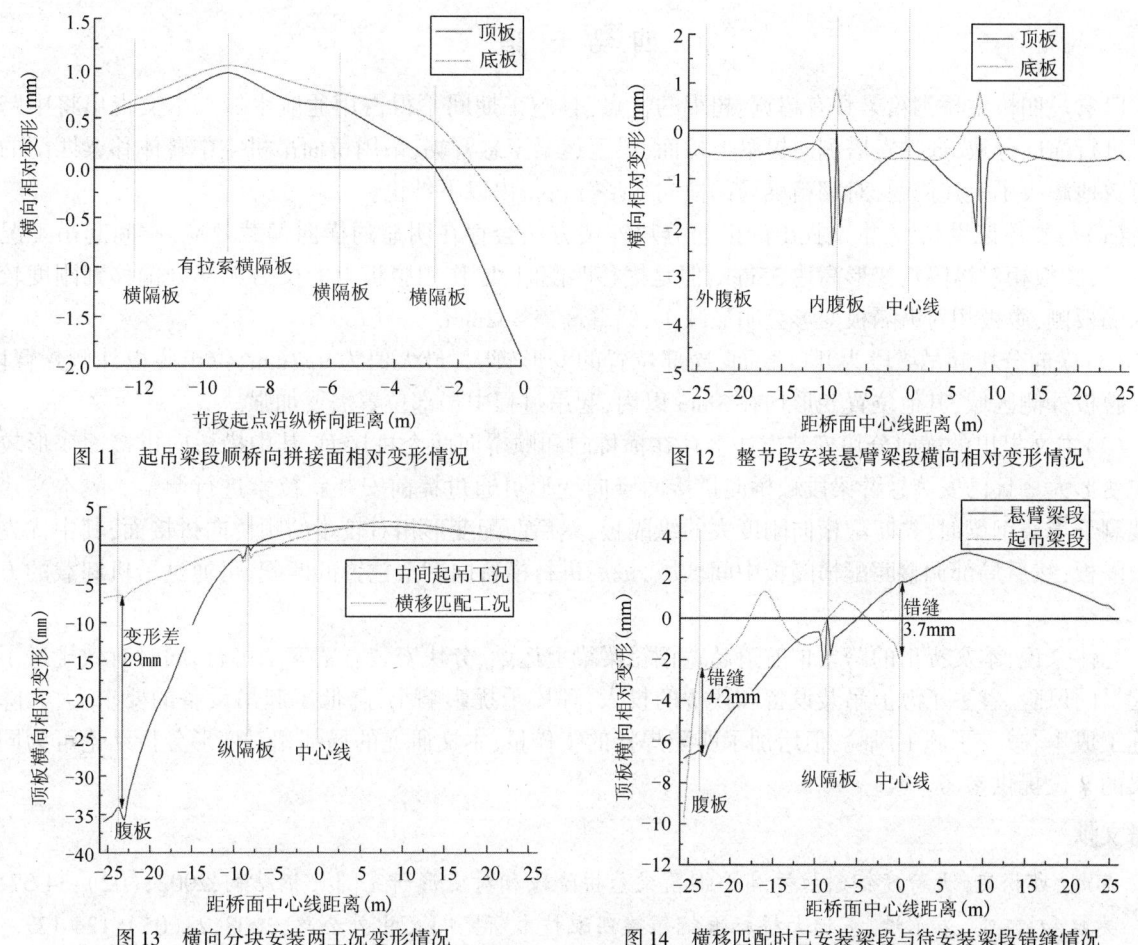

图 11 起吊梁段顺桥向拼接面相对变形情况

图 12 整节段安装悬臂梁段横向相对变形情况

图 13 横向分块安装两工况变形情况

图 14 横移匹配时已安装梁段与待安装梁段错缝情况

当左半块钢箱梁匹配完成后,进行另半块钢箱梁的匹配,此时存在两个拼接面,即顺桥向和横桥向,横桥向同样以刚度较大的纵隔板为参考点,顺桥向则以第一块横隔板为参考点,具体相对变形情况如图 15、图 16 所示,可以看出横桥向拼接面腹板缝差为 3.4mm,较左半块钢梁安装时略有减小。顺桥向拼接面最大缝差为 4.3mm,这主要是由于已安装梁段自由悬臂状态导致下挠,最远端达到了 4mm,该整体竖向位移可通过提前挂设该侧斜拉索来调节。综合来讲,安装剩下半块时,先将已安装完半块钢箱梁处的斜拉索挂设张拉,来调节已安装半块钢箱梁的竖向变形。再匹配横桥向拼接面刚度较大的纵隔板,然后匹配顺桥向拼接面,再匹配横桥向拼接面剩余区域,顺桥向拼接面匹配也按照优先匹配刚度大的横隔板,然后再匹配横隔板之间局部区域。

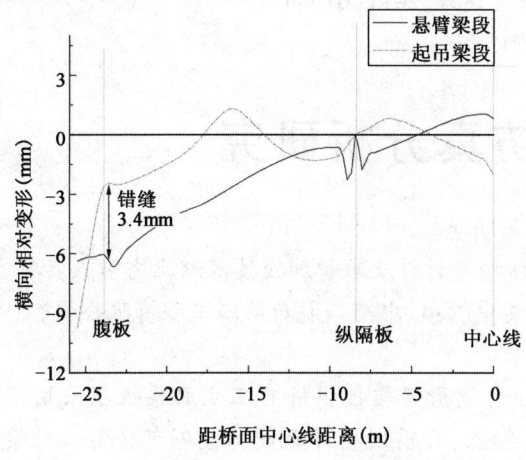

图 15 横移匹配时横桥向拼接面相对变形情况

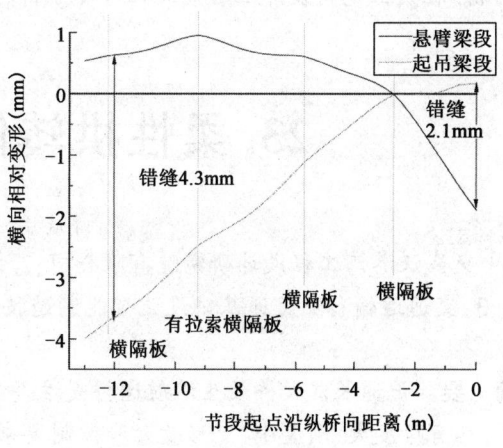

图 16 横移匹配时顺桥向拼接面相对变形情况

四、结　语

巴拿马四桥主桥钢箱梁具有超宽、超重的特点,且施工期间不得占用通航水域。本文提出将中跨钢箱梁进行横向分块,通过索塔侧向提梁上桥面,梁上运梁至悬臂端,采用桥面吊机空中转体移梁匹配的方法有效地解决了上述问题,对钢箱梁局部横向变形分析得出以下结论:

(1) 与整体架设相比,本文提出的横向分块安装方法会存在明显的横向偏载效应,中间起吊工况尤其明显,腹板相对纵隔板变形高达35mm,但是横移匹配时,原作用腹板上的反力大部分偏移到刚度较大的纵隔板侧,腹板相对纵隔板变形会明显减小,错缝高差4.2mm。

(2) 横向分块起吊梁段为开口截面,局部位置的变形较大,最大值为9.7mm,位于腹板外侧悬臂段,除了腹板外侧区域,其他位置变形均在3mm以内,起吊过程中局部位置需要加强。

(3) 本文提出的横向分块安装方法会存在横桥向和顺桥向两个拼接面,其中横桥向拼接面变形较顺桥向变形大。且已安装悬臂梁段顺桥向拼接面竖向变形可通过提前安装斜拉索进行调整。故本文建议安装剩下半块钢梁时,先匹配横向刚度大的纵隔板,然后匹配变形相对较小的顺桥向拼接面,其中优先匹配横隔板,然后局部调整匹配横隔板中间区域,最后进行横桥向剩余位置的匹配,可通过吊机卸载的方式辅助调整。

总体来说,本文提出的跨繁忙航道超宽钢箱梁梁上运梁、分块安装方案安全可行,同时有效规避了海上起吊的风险,省去了海上吊装设备和栈桥的投入,环境干扰影响小,降低了起吊设备的要求,大大降低了施工成本,减少了施工风险,但增加了匹配焊接的工作量,本文研究的局部相对变形分析结论可为同类桥梁的架设提供参考。

参考文献

[1] 郝超,邱松定.大跨度钢斜拉桥扁平钢箱梁悬拼阶段相对变形研究[J].钢结构,2002,(02):34-37.
[2] 吴启和,陈鸣,罗承斌.苏通大桥标准钢箱梁匹配技术研究[J].中外公路,2008,28(05):124-127.
[3] 李忠三,雷俊卿,林道锦.嘉绍大桥钢箱梁悬臂拼装截面变形分析[J].桥梁建设,2014,44(01):31-36.
[4] 王凌波,刘鹏,李源,等.宽幅钢箱梁斜拉桥悬拼匹配技术研究[J].中国公路学报,2016,29(12):102-108.
[5] 汪劲丰,乌添媚,王建江,等.基于部分抗剪的钢箱梁横向分块施工效应分析[J].浙江大学学报(工学版),2019,53(07):1380-1388.
[6] 汪劲丰,张良,向华伟,等.城市钢箱梁桥横向分块施工分析[J].桥梁建设,2017,47(01):109-113.
[7] 王道义.混合梁斜拉桥钢箱梁梁上运梁法架设关键技术[J].安徽建筑,2014,21(03):121-124.
[8] 马耕.混凝土宽箱梁桥上运梁过程仿真分析[J].铁道建筑,2011(01):1-3.

23. 柔性拱转体仿真分析研究

薛志武[1,2,3]　周明生[4]

(1.中交武汉港湾工程设计研究院有限公司;2.海工结构新材料及维护加固技术湖北省重点实验室;
3.交通运输行业交通基础设施智能制造技术研发中心;4.中交二航局第二工程有限公司)

摘　要　沪通长江大桥天生港航道桥是主跨336m的钢桁梁柔性拱桥其三主肋柔性拱采用竖转工艺施工,具有跨度大、刚度小、变形量大和控制要求高等特点,目前国内外无成功案例可借鉴。对柔性拱从拼装到竖转到位全过程进行有限元仿真分析,确定边跨压载,拱肋提前预张的拼装方案,能够有效降低钢桁梁应力峰值,明确了竖转过程索力控制参数,为施工控制提供了理论参量。对转体体系进行模态分析,确定低阶稳态系数和整体稳定性。对转体结构进行了在不平衡荷载和施工误差下的敏感性分析,确定了施工误差控制指标。

关键词 超大跨度 多主肋 柔性拱 竖向转体 全过程分析 误差控制

一、工 程 概 况

沪通长江大桥天生港专用航道桥是沪通大桥控制性工程之一,主桥采用刚性梁柔性拱桥结构形式,跨径布置 (140+336+140)m,上层为六车道高速公路,下层为四线铁路。主梁采用带竖杆的华伦式桁架,横向为 3 片主桁结构,桁间距 2×17.25m,边桁桁高 15.7m,中桁桁高 16m,节间距 14m,全桥共 44 个节间。拱肋为钢结构箱型截面,内宽 1200mm,内高 1400~2004mm,柔性拱矢高 60m。公路和铁路层均采用正交异性钢桥面板的整体桥面。主梁在所有桥墩上均设竖向和横向约束,3 号墩设纵向水平约束,4 号墩与钢主梁间使用带限位功能的黏滞阻尼器。

钢桁梁和钢拱肋均采用 Q500qE 钢,拱肋平面设置联结系,加劲弦之间设置交叉形平联,拱肋之间设置 K 形平联,在 A12S13 处拱肋之间设置桁式桥门架。横联杆件截面均为工字形。平联材质为 Q345qD,拱肋拼接采用现场焊接连接[1]。

二、总体施工工艺

天生港专用航道桥采用先梁后拱的施工方法,在完成墩柱施工后,首先架设钢桁梁,采用斜拉扣挂系统辅助从主墩顶开始向中跨和边墩双悬臂对称架设,边跨上墩后单悬臂架设至中跨合龙。钢桁梁架设完成后,柔性拱肋在钢桁梁上组拼成半拱,然后利用扣塔竖向转体到位后合龙,最后安装吊杆完成体系转换,如图 1 所示。

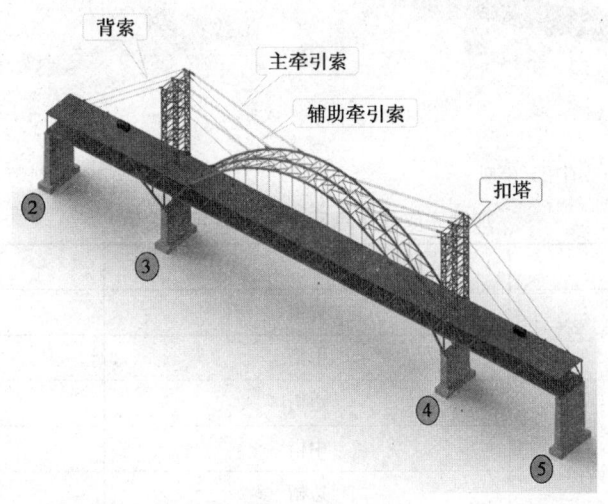

图 1 柔性拱竖转系统布置

在 3 号、4 号墩正上方钢桁梁节点上各设置一套 88m 高扣塔,以满足钢桁梁悬拼和柔性拱竖转需要。钢桁梁合龙后,对称放松扣塔扣索,张拉风缆系统。扣索放松后拆除中跨钢绞线及两端扣索锚箱。边跨拆除下层扣索,上层扣索单束保留 52 根 φ17.8mm 钢绞线作为转体背索。因钢桁梁承载力限制,采用一台 100t 履带式起重机由拱脚处向跨中拼装拱肋。平联滞后主肋一个节段拼装。拼装过程中,同步安装转体索和竖转塔顶竖转设备。

拼装完成后,解除塔吊与扣塔连接,对背索和转体主副牵引索进行预紧,为了改善钢桁梁应力峰值,对 2 号和 5 号墩位置进行配重和支垫。背索采用 25t 张拉千斤顶分 26 组张拉预紧,索力由 123.1kN 逐级递减至 107.7kN。主副牵引索由于预紧前钢绞线处于松弛状态,采用转体设备预张拉难以实现准确张拉和索力均匀,故需采用张拉千斤顶在锚固端被动预紧,单根钢绞线预紧力由70kN逐级递减至50kN。预紧过程以塔偏为主要控制指标,始终保持塔顶偏向中跨100~200mm。待转体索全部预紧完成后,通过转体设备张拉读取整束索力,确定当前转体索力对应的背索预紧级别。然后背索单根预紧,转体索整束逐级预紧[2],直至背索全部张拉完成后,锁定背索。

拱肋首先进行试转体,空中停滞30min后进行正式转体,转体过程位移控制为主,索力控制为辅,为保证转体过程中拱肋按理论线形受力,主副索行程按相应比例关系协调动作,转体过程中重点控制各桁之间高差,同时对比各索索力与理论值差值和各索之间差值,以及塔顶偏移量,作为施工控制的边界条件。

转体基本到位后采用转体设备与端部工装相结合进行合龙口位移与转铰调整,精调到位后吊装合龙段焊接,完成拱肋竖转[3]。

全桥单边拱竖转质量约1400t,拱肋为三主肋柔性结构,刚度小,横向连接弱,变形量大,跨度达到336m,竖转过程悬臂结构对风荷载等外部荷载极为敏感[4],同步性与均衡受力要求高,竖转难度大。需要对转体全过程进行精确分析,以确定竖转过程控制参量,如图1所示。

三、拱肋拼装与转体过程仿真分析

柔性拱竖转有限元模型如图2所示。采用桥梁分析软件MIDAS/Civil建立专用航道桥整体有限元模型如图3所示,模型中墩身底部固结,墩身与钢桁梁采用弹性连接,根据支座类型,主梁边界约束情况见表1。

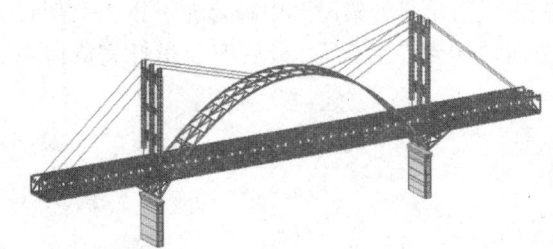

图2 柔性拱竖转有限元模型

图3 方案1拱肋拼装完成后钢桁梁应力云图

加载完成后各点应力测量值与理论值 表1

墩编号	位置	边界约束
2号和5号	边桁	Z
	中桁	Y、Z
3号	边桁	X、Z
	中桁	X、Z、Y
4号	边桁	Z
	中桁	Y、Z

注:表中X为顺桥向线位移,Y为横桥向线位移,Z为竖向线位移。

钢桁梁中跨合龙完成后,拱肋拼装支架安装前主梁最大竖向位移达到-455.8mm,主梁最大压应力为-202.7MPa,位于跨中处,最大拉应力为249.1MPa,位于墩顶处附近。应力水平较高,因此限定拱肋拼装支架总重量不应超过500t。拱肋按每3个节段进行一次调位焊接,每次焊接前需进行一次整体调位,满足控制要求后进行焊接。对拱肋拼装进行两个方案的工况的分析。

方案1:不对钢桁梁做任何处理,完成拱肋拼装后再进行扣索挂设和张拉。

方案2:4号墩侧拱肋拼装完成,3号墩侧拱肋拼装完成50%后,对2号和5号墩位置进行压重,预张拉4号墩侧扣索索力至试转索力50%,再完成拱肋拼装。

按方案1实施,拱肋拼装完成后,钢桁竖向最大位移为-796mm,边跨支座处脱空,脱空高度达到203mm。钢桁梁最大压应力为-284.2MPa,位于跨中上弦杆;最大拉应力达到289.8MPa,位于墩顶附近上弦杆,如图3所示,小于计算允许应力353MPa。

拱肋在支架上拼装完成后的工况为钢桁梁施工期间应力控制工况,分析时考虑最不利荷载组合,包含结构自重、施工机械荷载、正常风荷载$v_g = 32.6$m/s和极限风荷载$v_{10} = 38.2$m/s。在正常施工组合最不利荷载组合下,钢桁梁最大竖向位移为-855.9mm,最大拉压应力分别达到-299.8MPa和297.5MPa;在极限施工组合最不利荷载组合下,钢桁梁最大竖向位移为-820.3mm,最大拉压应力分别达到-293.5MPa和304.9MPa,考虑压杆折减系数,整体应力水平较高,下挠量偏大[5]。

按方案2实施时,当4号墩侧拱肋拼装完成,3号墩侧拱肋拼装完成50%,扣索和压重为施加前,现场实测下挠量与理论值见表2。

拱肋拼装至预张拉前各点变形测量值与理论值　　　　表2

测点位置	3号墩A20节点	3号墩A21节点	跨中A22节点	4号墩A21节点	4号墩A20节点
测量值(mm)	-590	-603	-612	-603	-583
理论值(mm)	-637	-663	-675	-669	-646
相对误差(%)	7.97	9.95	10.29	10.94	10.81

由表1可知,加载后各测点实测下挠值与有限元计算所得理论值最大相对误差10.81%,理论计算变形趋势与实际一致,模型刚度分布与实际结构刚度分布吻合。

在2号、5号墩位置钢桁梁不进行压重情况下对4号墩侧扣索进行预张,预张索力为试转索力50%(背索3032kN,主牵引索2260kN,辅牵引索830kN),全拱拼装完成后,2号、5号墩支座将脱空,钢桁梁最大拉应力达到290.1MPa,跨中挠度达到810mm,钢桁梁应力峰值得不到改善,跨中挠度将增加。

对边跨两端支座位置各压重600t后再进行4号墩扣索预张,钢桁梁跨中应力和4号墩顶区拉应力将得到改善,分析结果如图4所示。

相较方案1,方案2拱肋拼装后的钢桁梁受力状态情况得到改善:跨中上弦杆最大压应力减小16.7MPa,3号墩墩顶最大拉应力减小1.8MPa,4号墩墩顶最大拉应力减小56.9MPa,跨中挠度减小82.8mm。实际实施应按方案2进行,可有效减小结构安全风险。

拱肋拼装完成后,先竖转3号墩侧拱肋,按逐级加载方式完成3号墩侧拱肋试转体,拱肋除前端和根部支点未脱离外其余均脱离拼装支架,未脱离支点可采用千斤顶顶升方式主动脱离[6]。

此时钢桁梁跨中下挠559mm(图5),较方案1方式同工况下下挠量减少185.5mm。

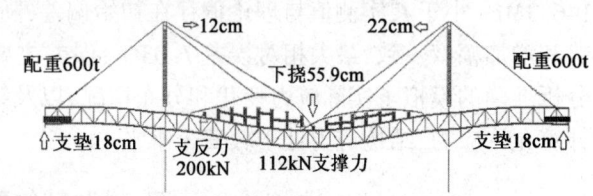

图4　方案2拱肋拼装完成后钢桁梁应力云图　　　　图5　3号墩侧拱肋试转后整体变形

3号墩侧拱肋竖转到位后,继续将4号墩拱肋扣索张拉至试转索力,索力值见表3。

拱肋试转体扣索索力(单位:kN)　　　　表3

位置		背索	主牵引索	辅牵引索
3号墩	中桁	5753	4311	989
	边桁	5673	4429	929
4号墩	中桁	5132	4523	935
	边桁	5118	4513	926

对竖转全过程进行分析,读取不同角度各索索力作为施工控制参量。竖转过程中,牵引索索力随竖转角度增加逐渐减小,扣塔顶部将向边跨偏移[7],因塔顶初始状态向跨中预设有100~200mm偏移,拱肋竖转到位后塔偏量可控制在±100mm范围内。

当4号墩侧拱肋竖转到位后,进行合龙口精确调位。主要以位移控制为主,调整主牵引索控制合龙口高差,调整辅牵引索控制合龙口转角差。轴偏主要通过拱端横向对拉装置和横向交叉风缆调整。转体到位索力和整体变形见表4和图6。

拱肋转体到位扣索索力(单位:kN)　　　　　表4

位置		背索	主牵引索	辅牵引索
3号墩	中桁	4473	3717	261
	边桁	4572	3627	267
4号墩	中桁	4088	3099	528
	边桁	4323	3225	553

合拢口高程最大偏差13mm,里程最大偏差26mm,转角最大偏差0.004rad,满足规范要求[8]。

3号墩拱肋试转脱离时最大应力130.1MPa。转体到位时拱肋最大应力136.6MPa。4号墩侧拱肋试转脱离时最大应力114MPa,转体到位时拱肋最大应力121MPa,出现在主牵引索锚固端位置。合龙前钢桁梁最大轴向应力201.9MPa。拱肋应力增加主要影响因素是随着转体角度增加,横向风荷载相应增加。

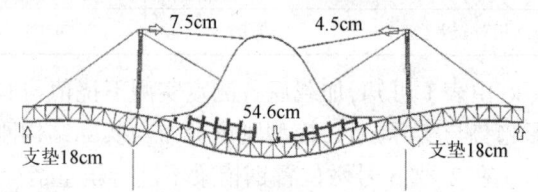

图6　拱肋合龙时结构整体变形

根据理论分析的拱肋应力分布情况,在拱肋全长设置光纤光栅应变传感列阵,对转体全过程拱肋应力数据进行采集。拱肋主牵引索锚固端节点位置应力实测值与理论值见表5。

拱肋测点应力测量值与理论计算值　　　　　表5

转体角度(°)	0	4.84	9.68	14.52	19.35
测量值	131.8	134.4	138.3	142.8	146.3
理论值	122.4	126.4	130.1	133.4	136.6
相对误差(%)	7.03	5.95	5.93	6.58	6.63

结合理论分析与实测数据可知,拱肋试转时测点应力值为131.8MPa,转体到位后实测最大应力为146.3MPa小于f,实测值与理论值存在初始偏差,随着施工时间和转动角度增加,实测值与理论值变化趋势和增加幅度一致,最大相对误差7.03%,误差主要是由施工误差、仪器偏差和荷载偏差引起的。理论分析准确的模拟了实际应力变化和分布情况,以及结构在荷载作用下的响应。实测值与理论值均远小于计算允许应力,结构应力处于较安全水平。

四、拱肋转体整体稳定性分析

在结构动力响应中,低阶模态占主要地位,高阶模态对响应影响较小,阶数越高影响越小。而且由于结构阻尼作用,响应中的高阶部分衰减也很快。拱肋转体过程中,稳定性最低的为拱肋转体到位时,钢桁梁已安装完毕,结构稳定可靠,计算时考虑钢桁梁上部拱肋竖向转体,稳定计算的组合采用系数×(自重、扣索力和横向风载)。

计算的前三阶模态如图7所示,第一阶模态稳定系数7.85,为3号墩侧拱肋扭转;第二阶模态稳定系数8.48,为4号墩侧拱肋扭转;第三阶模态稳定系数11.89,为3号墩侧拱肋扭转。

由模态分析可知,拱肋转体到位合龙前一阶稳态系数大于2,整体稳定性满足规范要求。计算数据显示拱肋转体过程易受扭转破坏,数据意味着当外部激励接近表中的频率时竖转体系有可能因共振产生较大振幅,使结构受到损害。所以在拱肋竖转过程中应该尽量避免相近频率载荷的发生。

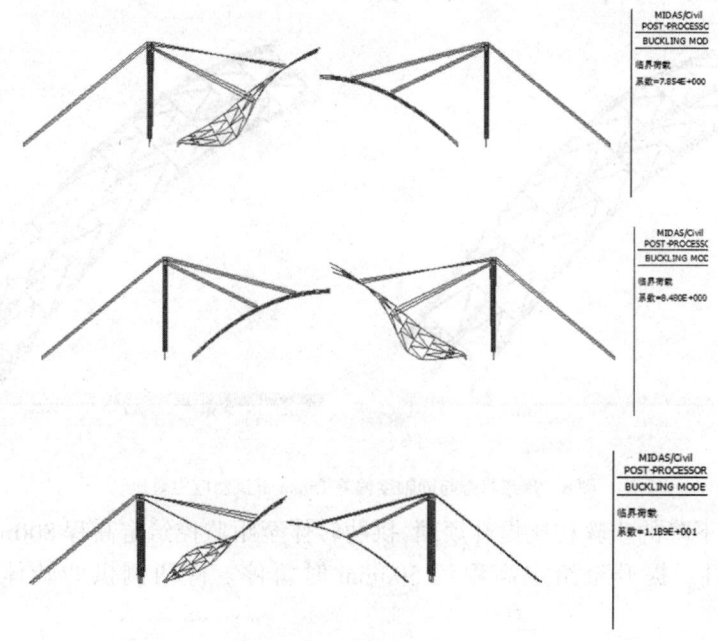

图7 转体到位后整体结构前三阶模态

五、转体过程敏感性分析

多肋柔性拱整体平面刚度小,在受不平衡荷载时联结系易破坏,故对转体过程进行敏感性分析,确定施工过程的允许偏差,对确保施工过程和结构的安全性具有重要指导意义。

转体过程的关键偏差控制参量主要有塔顶水平偏移、拱肋各扣索锚点相对高差、扣索索力偏差等。各参量相互关联影响,敏感性分析主要从牵引索索力偏差、背索索力偏差和转铰同轴度偏差三个方面进行。

当三组主牵引索牵引不同步时,可能会造成横联受扭破坏,分别分析中肋和边肋主牵引索增加或减小5%~10%索力对扣锚点位移量影响,同时比较不同索力变化造成的拱肋横联应力变化。当索力相对偏差值达到10%时,拱肋21号节段中桁横联位置出现最大应力149MPa,超过主肋应力,三主肋之间两两高差最大为100mm。

背索张拉力与设计值偏差会造成扣塔平联局部应力增大及扣塔结构扭转[9]。分别分析两侧背索和中间背索索力与初值差值从±5%到±10%对扣塔横联引起的应力变化和塔顶的最大位移差(反映扣塔扭转情况)。当背索索力值与设计值相对误差达到10%时,塔顶最大位移差达到66mm,扣塔综合塔偏达到231.8mm。扣塔平联应力达到102.3MPa。

对于多肋拱结构转体,转铰的同轴度偏差将引起支点反力增大,局部形成应力集中。分析时,以强制位移方式模拟转铰同轴度偏差5~15mm情况下拱肋受力状态。在15mm同轴度偏差情况下,拱肋应力由136.6MPa增大至155.5MPa,最大支点反力增加735kN,增加13.3%,如图8所示。可见,同轴度偏差对结构应力和支点反力影响均较大,需要严格控制。

根据敏感性分析结果,拱肋三转铰同轴度偏差应小于15mm,以控制在10mm内为宜。背索张拉预紧时,各索索力与设计初值偏差不得超过10%,同时,塔偏相对差值为关键控制参数。转体时须严格执行各个施工阶段连续千斤顶的设计张拉行程,保证扣索单个提升行程误差控制在±10mm,扣索的张拉速度控制在3~5m/h;转体过程中,施工监控以扣索锚点位置三肋高差为主要控制对象,相对高差可按100mm,即主肋横向间距的1/175同步要求来控制两肋之间高差。转体过程辅以三桁扣塔塔偏控制,转体过程分阶段高程测量,对主辅索速度比例进行修正。

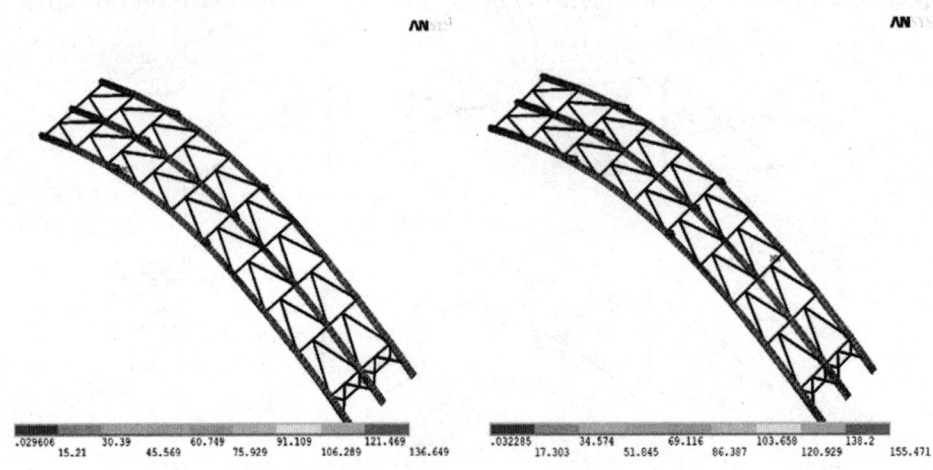

图 8 理想状态与同轴度偏差 15mm 下拱肋应力对比

考虑到控制系统下降的步骤相比提升烦琐,拱肋转体至距监控给定高程 800mm 左右时,辅助索暂停工作,主索继续提升。提升至给定高程约 500mm 时暂停。待两侧拱肋转体到位后进行精确定位,合龙。

六、结　语

沪通长江大桥天生港航道桥是目前世界最大跨度的公铁两用钢拱桥,其柔性拱具有跨度大,刚度小,竖转控制难度大等特点[10]。根据该桥结构特点,确立了拱肋拼装过程边跨压重、单边拱提前预张扣索的施工方法,有效降低了钢桁梁应力峰值和下挠量,提高了施工安全;通过分析研究,确定了背索初张索力和转体过程主副牵引索不同角度下索力值,为转体控制提供了理论参量;在稳定性分析中,明确了拱肋转体的低阶稳态系数,拱肋转体到位整体稳定性满足要求;对拱肋转体过程进行了敏感性分析,确定了相对高差、索力偏差和塔偏量等关键参数,为类似结构桥梁转体提供了重要依据。天生港航道桥拱肋转体是世界首次超大跨度多肋柔性拱竖转施工,该桥提出的转体过程位移控制为主,索力控制为辅,主副索协调动作的控制策略成功实现拱肋顺利竖转和高精度合龙,极大地推动了桥梁转体技术的进步。

参考文献

[1] 中铁大桥勘测设计院集团有限公司.新建上海至南通铁路沪通长江大桥工程施工图设计[R].武汉:中铁大桥勘测设计院集团有限公司,2014.

[2] 王东辉.宜万铁路宜昌长江大桥钢管拱转体施工设计[J].铁道标准设计,2009(6):31-35.

[3] 庄卫林,黄道全,谢邦珠,等.丫髻沙大桥转体施工工艺设计[J].桥梁建设,2000(1):37-41.

[4] 刘应龙,蔺鹏臻,梁新礼.高铁大跨度钢桁梁柔性拱安装抗风措施研究[J].桥梁建设,2018(3):40-44.

[5] 国家铁路局.铁路桥梁钢结构设计规范:TB 10091—2017[S].北京:中国铁道出版社,2017.

[6] 邵明春.钢管混凝土拱桥转体施工技术[J].桥梁建设,2003(S1):31-33.

[7] 张帆琦.大跨度钢管拱桥竖向转体施工技术[J].桥梁建设,2001(6):38-41.

[8] 国家铁路局.高速铁路桥涵工程施工质量验收标准:TB 10752—2010[S].北京:中国铁道出版社,2010.

[9] 沈涛.南京大胜关长江大桥吊索塔架设计与施工[J].世界桥梁,2010(3):1-2,22.

[10] 侯健,彭振华,张燕飞.沪通长江大桥天生港专用航道桥设计[J].桥梁建设,2015(6):53-57.

24. 采用最大压应力控制的钢筋混凝土梁抗弯承载力的通用计算方法

何家学 徐栋 张宇
(同济大学 土木工程学院)

摘 要 平截面假定相当于是对于浅梁的"外部约束",即截面各纤维变形受到整体截面的约束,而这个"外部约束"在深梁中不存在。目前缺乏一种将浅梁和深梁统一的计算方法。本文采用Matlab进行编程计算,与最大压应变准则对比,验证了采用最大压应力控制的浅梁抗弯承载力计算方法的正确性,并提出了采用最大压应力控制的钢筋混凝土深梁及浅梁抗弯承载力的统一计算方法。

关键词 钢筋混凝土 抗弯承载力 深梁 最大压应力 Matlab

一、概 述

钢筋混凝土梁是桥梁工程乃至土木工程领域中常见的承受弯曲作用的构件,在我国混凝土规范[1]中,钢筋混凝土深受弯构件是指跨高比$l_0/h \leq 5$的受弯构件,其中,$l_0/h \leq 2$的简支梁和跨高比≤ 2.5的连续梁定义为深梁,跨高比$l_0/h > 5$定义为浅梁,而将介于两者之间的$l_0/h = 2(2.5) \sim 5$的受弯构件称为短梁。

浅梁受弯时截面满足平截面假定,而深梁和短梁由于其受弯时的剪切变形不能忽略,在计算其抗弯承载力时平截面假定不再适用。目前工程中常见的梁结构大多为浅梁结构,我国目前的混凝土以及桥梁规范中所采用的抗弯承载力计算公式仍为采用平截面假定的浅梁计算公式。

浅梁受弯时截面满足平截面假定,即混凝土结构构件受力后沿正截面高度范围内混凝土与纵向受力钢筋的平均应变呈线性分布,如图1所示。对于受拉钢筋配置适当的适筋浅梁,在达到受弯承载力极限状态时,受拉钢筋的应力达到屈服强度f_y,受压区混凝土压碎,我国规范中破坏准则采用受压边缘混凝土达到极限压应变来控制,抗弯承载力可用下面的公式表示[1]:

$$M_u = f_y A_s \left\{ h_0 - x \left[1 - \frac{\frac{1}{2} - \frac{1}{12}\left(\frac{\varepsilon_0}{\varepsilon_{cu}}\right)^2}{1 - \frac{1}{3}\frac{\varepsilon_0}{\varepsilon_{cu}}} \right] \right\} \tag{1}$$

$$f_c b x \left(1 - \frac{1}{3}\frac{\varepsilon_0}{\varepsilon_{cu}}\right) = f_y A_s \tag{2}$$

而对于钢筋混凝土深梁和短梁这类非长梁构件,梁承受弯矩时的剪切变形不能忽略,故平截面假定不再适用,如图2所示,因而截面分析方法与实际受力特点并不符合。

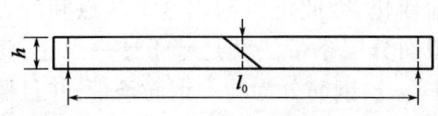

图1 浅梁($l_0/h > 5$)受弯截面应变分布

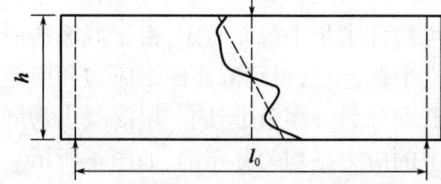

图2 深梁($l_0/h \leq 2$)受弯截面应变分布

由于钢筋混凝土深梁和浅梁在受力阶段的特点各自不同,各国规范采取的分析计算方法也各不相同。目前针对钢筋混凝土深梁的设计主要采用拉压杆模型(STM)方法和截面法。对于深梁的抗弯承载力计算我国采用截面法,这种方法实质上是将浅梁公式进行修正的一种近似方法。

钢筋混凝土浅梁和深梁承载力计算方法的不协调是目前的一个主要问题，目前缺乏一种将浅梁和深梁统一的计算方法。本文针对目前规范中采用的浅梁抗弯承载力计算公式，对比分析了采用极限压应变和极限压应力控制两种方法的差别，并讨论了对于同时适用浅梁和深梁承载力的统一分析方法。

二、浅梁抗弯承载力计算方法

我国现行规范及大多数教材中，对于浅梁受弯构件的抗弯承载力计算建立在以下三个基本假定上[2]：

(1) 平截面假定。

即混凝土结构构件受力后沿正截面高度范围内混凝土与纵向受力钢筋的平均应变呈线性分布，为抗弯承载力的计算提供了变形协调的几何关系。

(2) 不考虑混凝土的抗拉强度。

在产生裂缝截面，受拉区混凝土大多数已退出工作，仅在中性轴附近有小部分混凝土承受拉应力，由于拉应力和内力臂均较小，对承载力贡献可忽略不计。

(3) 材料应力—应变物理关系。

混凝土受压应力—应变关系采用《混凝土结构设计规范》(GB 50010—2010)[3]建议曲线，如图3a)所示，混凝土受拉应力—应变关系采用图3b)简化图示，钢筋受拉本构关系假设为理想弹塑性。

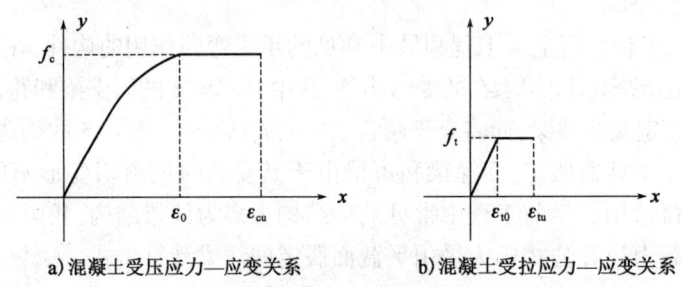

a) 混凝土受压应力—应变关系　　　b) 混凝土受拉应力—应变关系

图3　混凝土材料应力-应变关系

对于常见钢筋混凝土适筋浅梁，其受到纯弯曲作用时，整个梁的受力变形可分为三个阶段：第一阶段，梁全截面参与工作，混凝土处于弹性工作阶段，应力应变成正比；在第一阶段末，受拉区混凝土应变增长迅速，受拉区应力图形变为曲线，受拉边缘接近最大拉应变。第二阶段，有裂缝截面混凝土退出工作，中和轴上升，拉应力由钢筋承担；在第二阶段末，受拉钢筋应力达到其屈服强度。第三阶段，钢筋应变迅速增加，裂缝急剧开展，中和轴继续上升，受压区压应力图形逐渐丰满。在第三阶段末，目前国内规范及教材采用最大压应变作为钢筋混凝土梁破坏的标准，即当受压区上缘混凝土达到最大压应变时，认为梁构件破坏，此时的加载弯矩为梁的极限承载力。

但根据混凝土材料受压时的应力应变关系，受压上缘混凝土在达到最大压应变前，先达到了最大压应力，若采用最大压应力计算钢筋混凝土浅梁的抗弯承载力是否更加保守，更偏于安全。本文采用分层条带法使用Matlab语言编程进行最大压应变及最大拉应力控制抗弯承载力的对比分析。

1. 分层条带模型[4]

浅梁构件满足平截面假定，由于截面的应变沿梁高是线性变化，因此可以利用这一特点和应力应变关系建立平衡方程，得到截面的正应力和剪应力分布情况。截面分层条带法就是基于这一思想，将钢筋混凝土截面分为许多条带，同一层混凝土为同一混凝土条带，同一层钢筋分为同一钢筋条带，并且假定每一条带上的应力是均匀分布的，如图4所示。

截面正应力计算时，可假定截面顶缘应变 ε_{ct} 和截面曲率 φ，由平截面假定可知，第 i 层条带的应变为：

$$\varepsilon_i = \varepsilon_{ct} + y_i \cdot \varphi \tag{3}$$

$$\varphi = -\varepsilon_{ct}/x \tag{4}$$

根据应力应变关系可以得到各层混凝土条带的应力和钢筋应力:

$$\sigma_{ci} = E_c \varepsilon_i \quad (5)$$
$$\sigma_{si} = E_s \varepsilon_i$$

则每层条带的轴力为:

$$N_{ci} = \sigma_{ci} A_{ci} \quad (6)$$
$$N_{si} = \sigma_{si} A_{si}$$

进而可求得截面轴力及弯矩为:

$$N = \sum_{i=1}^{n} \sigma_{ci} A_{ci} + \sum_{i=1}^{k} \sigma_{si} A_{si} \quad (7)$$
$$M = \sum_{i=1}^{n} \sigma_{ci} A_{ci} \cdot y_i + \sum_{i=1}^{k} \sigma_{si} A_{si} \cdot h_i$$

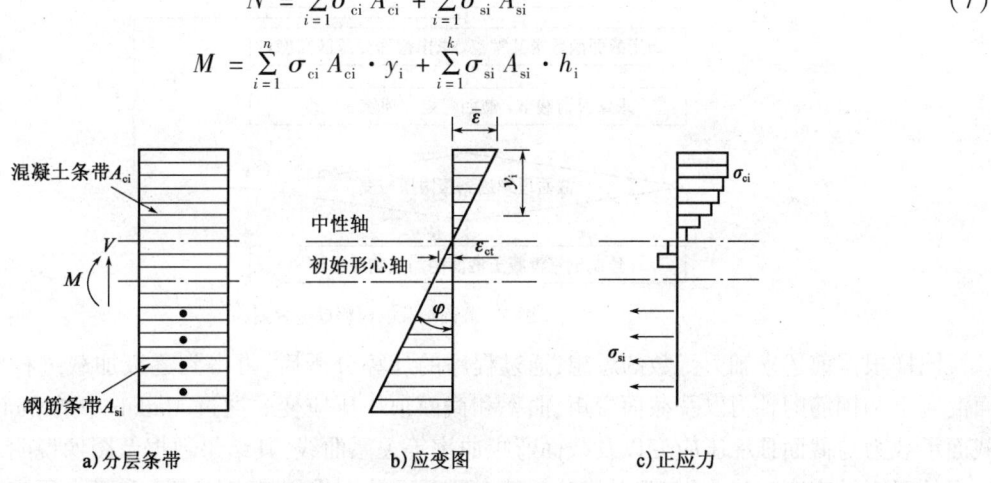

图 4 截面分层条带

2. 加载响应曲线程序

对于教科书中采用的抗弯承载力计算方法,认为钢筋混凝土适筋梁受弯时在第三阶段末,当受压区上缘混凝土达到最大压应变时,达到受弯承载力的极限,构件发生受弯破坏。实质上,采用最大压应变作为混凝土破坏准则的方法属于第二强度理论,认为最大线应变 ε 是引起材料破坏的因素,当材料的最大线应变达到了材料的极限值 ε_u,材料发生破坏。

对于最大拉应变理论,实验表明,其理论与混凝土等脆性材料在压缩时纵向开裂的现象是一致的。相对于最大拉应力理论更为完善。虽然一般来说,最大拉应变理论更适用于以压应力为主的情况,最大拉应变理论更适用于以拉应力为主的情况。但最大拉应变理论同属于第一类强度理论,认为最大应力是引起材料破坏的因素,讨论采用最大压应力作为控制受弯构件破坏准则是必要的。

为对比采用最大压应力控制和最大压应变控制计算得到的钢筋混凝土抗弯承载力,需要采用 Matlab 语言进行编程计算,主程序流程图如图 5 所示。混凝土应力—应变关系采用《混凝土结构设计规范》(GB 50010—2010)建议曲线,如图 3 所示,钢筋受拉本构关系假设为理想弹塑性。

进行程序计算时,需编写一个计算主程序以及一个调用所需函数,程序的主要思想为上述分层条带的方法。对于调用函数,通过混凝土顶缘压应变及混凝土受压区高度的关系,得到截面受弯时的曲率及每一层条带中心处的应变,进而根据所采用的混凝土材料的应力应变曲线模型,判断每一层条带应变所处曲线位置,可以得到每一层条带的应力 σ_c 及轴力 F_c,以及混凝土轴力之和 F_{sc}。

同样,可根据钢筋的理想弹塑性模型得到钢筋所在层的钢筋应力 σ_s 以及钢筋的轴力 F_s 及整个截面轴力之和:

$$F_x = F_{sc} + F_s \quad (8)$$

主程序的主要结构由两个循环结构组成。通过循环语句将整个截面分为 n 层条带,将每层条带的中心距截面上缘的距离 $y(i)$ 存储成向量。在进行截面承载力时,采用逐级加载的方法,直到截面顶缘达到混凝土的极限压应变。在求解每级荷载下受压区高度时,采用 Matlab 中的 fzero 函数进行调用,在截面轴力之和 F_x 接近零时采用逐步搜索。

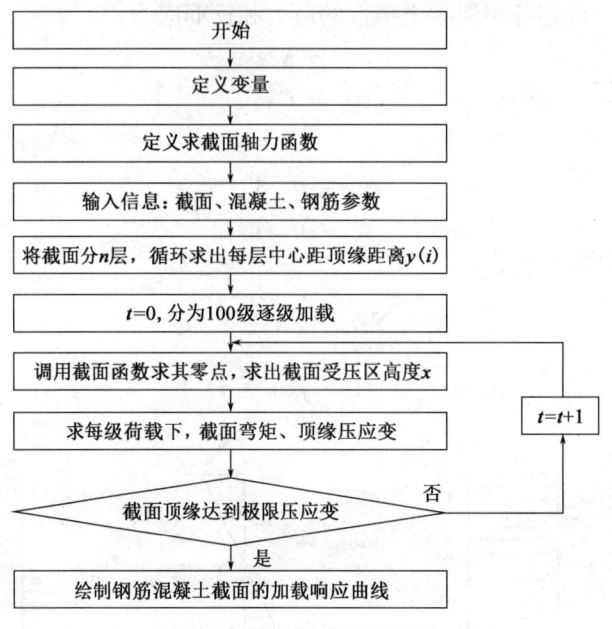

图5 截面加载响应程序流程图

同样根据前述求轴力函数的思想,通过程序的计算分析后,可得到逐级加载过程中每一级荷载下截面混凝土和钢筋的轴力以及截面弯矩、曲率和截面顶缘压应变。通过 Matlab 中的 plot 函数,可得到包括截面承载力与截面顶缘压应变以及截面弯矩曲率等关系曲线,其结果数据及图像说明了整个梁截面加载过程的弯矩及应变变化,可作为对比分析整个梁截面分别采用最大压应力和最大压应变准则计算其抗弯承载力的依据。

三、钢筋混凝土梁算例

根据前述 Matlab 编程思想,本文采用两个算例进行说明,分别计算了矩形截面和T形截面的加载响应,并绘制了两种不同截面加载响应以及弯矩-曲率曲线。同时,将采用教科书中传统的截面法与分层条带法进行比较,以此来对比分析不同截面最大压应力与最大压应变控制的极限承载力计算方法区别。

1. 算例1:矩形钢筋混凝土梁截面

钢筋混凝土梁的截面如图6所示。已知截面尺寸 $b=240mm$,$h=500mm$,底部配有4根直径为18mm的普通钢筋,混凝土保护层厚度 $c=36mm$,如图1所示。混凝土和钢筋的性能指标为:混凝土 $f_c=30MPa$,$f_t=3.3MPa$,$E_c=2.74\times10^4 MPa$,混凝土达到极限压应力 f_c 时对应的应变 $\varepsilon_0=0.002$,极限压应变 $\varepsilon_{cu}=0.0033$;钢筋 $f_y=400MPa$,$E_s=2\times10^5 MPa$。

矩形钢筋混凝土梁截面的加载结果如图7和图8所示。现有的钢筋混凝土浅梁的抗弯承载力计算方法已经相当成熟,而采用截面分层条带法计算时,该截面划分为50层条带。表1比较了采用截面法手算的抗弯承载力结果以及分层条带法的计算结果。其中,截面法是传统教科中采用的钢筋混凝土梁抗弯计算方法,如式(9)及式(10)所示。

$$x = \frac{f_{sd}A_S}{f_{cd}b} \tag{9}$$

$$M_u = f_{cd}bx\left(h_0 - \frac{x}{2}\right) \tag{10}$$

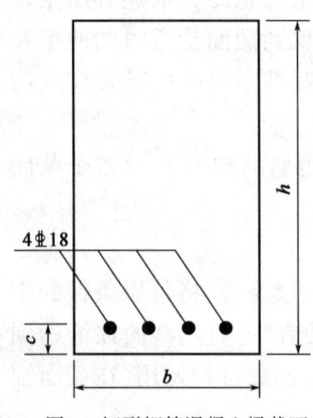

图6 矩形钢筋混凝土梁截面

图7及图8得到的程序计算结果显示,采用极限压应力控制与极限压应变控制极限承载力的计算结果并无明显差异;而弯矩—曲率曲线也显示

采用条带法计算得到的两种情况仅在应变上有差别,抗弯承载力并无明显差异。根据这两种方法得到的梁承载力结果(表1)显示,传统截面法与条带法得到的抗弯承载力结果趋于一致,仅有细微差别,可忽略不计。

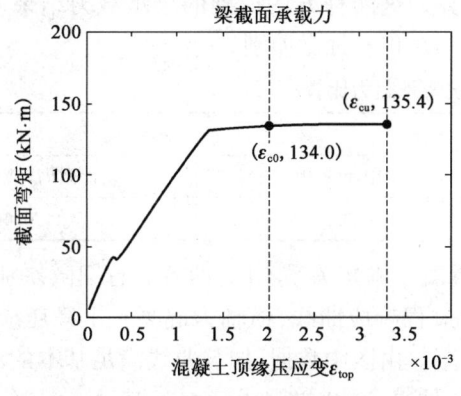

图7 矩形钢筋混凝土梁弯曲加载响应曲线

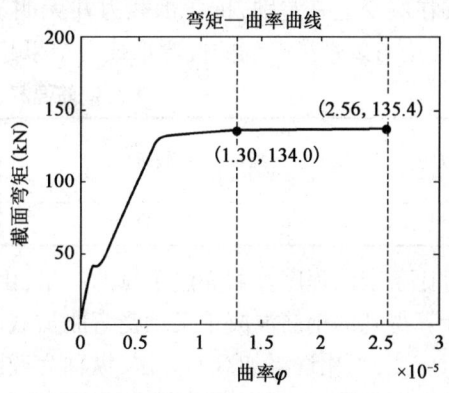

图8 矩形钢筋混凝土梁弯矩—曲率曲线

矩形钢筋混凝土梁抗弯承载力比较 表1

方法	截面法	条带法	
		极限压应力	极限压应变
抗弯承载力(kN·m)	135.8	134.0	135.4

2. 算例2:T形钢筋混凝土梁截面

钢筋混凝土梁的截面如图9所示。已知截面尺寸 $b=350\text{mm}$,$h=1350\text{mm}$,$b_f=2100\text{mm}$,$h_f=120\text{mm}$。底部配有12根直径为18mm的普通钢筋,分两层布置,混凝土保护层厚度 $c=36\text{mm}$,如图1所示。混凝土和钢筋的性能指标为:混凝土 $f_c=30\text{MPa}$,$f_t=3.3\text{MPa}$,$E_c=2.74\times10^4\text{MPa}$,混凝土达到极限压应力 f_c 时对应的应变 $\varepsilon_0=0.002$,极限压应变 $\varepsilon_{cu}=0.0033$;钢筋 $f_y=400\text{MPa}$,$E_s=2\times10^5\text{MPa}$。

对于T形钢筋混凝土梁截面,在矩形截面的程序计算基础上,在主函数进行逐级加载循环以及求轴力函数中,需对T形截面进行判断。通过比较受压区高度 $z(i)$ 与T形截面翼缘高度 h_f 来判断T形截面类型。若受压区高度小于翼缘高度,则属于第一类T形截面,否则为第二类T形截面。

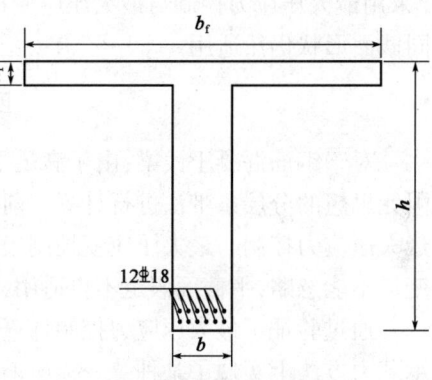

图9 T形钢筋混凝土梁截面

T形钢筋混凝土梁截面的加载结果如图10、图11所示。在采用截面分层条带法计算时,同样将该截面划分为50层条带。相似地,表2比较了采用截面法手算的抗弯承载力结果以及分层条带法的计算结果。

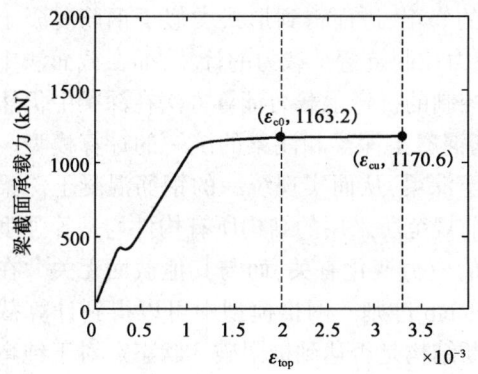

图10 T形钢筋混凝土梁弯曲加载响应曲线

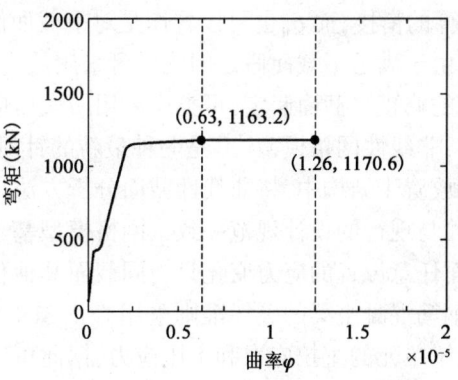

图11 T形钢筋混凝土梁弯矩—曲率曲线

图 10 及图 11 得到的程序计算结果显示,对于 T 形截面而言有同样的结论:采用极限压应力控制与极限压应变控制极限承载力的计算结果并无明显差异;而弯矩—曲率曲线也显示采用条带法计算得到的两种情况仅在应变上有差别,抗弯承载力并无明显差异。这两种方法得到的梁承载力结果(表 2)也显示,传统截面法与条带法得到的抗弯承载力结果趋于一致,仅有细微差别。

T 形钢筋混凝土梁抗弯承载力比较　　　　表 2

方法	截面法	条带法	
		极限压应力	极限压应变
抗弯承载力(kN·m)	1262.0	1163.2	1170.6

通过对比条带法程序及截面法手算的结果,由于混凝土本构关系不同,两者有着细微差别,但差距不大。程序计算得到的钢筋混凝土梁承受弯曲加载的全过程响应曲线,横轴为混凝土上缘压应变,从零加载至最大压应变,采用逐级加载的方法,纵轴为截面弯矩。由图中数据,加载曲线满足基本的混凝土的本构关系及受弯过程特点,绿点为以极限压应力为判定条件得到的"极限承载力",其对应混凝土压应变为 0.002;红点为传统教科书中以极限压应变为判定条件得到的极限承载力,其对应混凝土压应变为 0.0033。从数值上可见,正如混凝土受压时的应力应变曲线一样,梁截面受弯时,最大压应力优先于最大压应变达到,梁截面达到最大压应力时的应变较最大压应变更小,相应地其弯矩,即抗弯承载力更小,按照最大压应力得到的计算结果更小、更加保守,但二者相差非常有限。实际上,在钢筋屈服以后,随着混凝土顶缘压应变继续增长,即曲率的增长,只有截面"延性"的提高,并无承载力的明显提升。因此,对于适筋梁而言,采用最大压应力控制与最大压应变控制极限承载力的计算方法并无明显差异。同时,两算例分别计算了矩形钢筋混凝土截面以及 T 形钢筋混凝土截面的极限承载力状态;计算结果均表明:上述"采用最大压应力控制与最大压应变控制极限承载力的计算方法并无明显差异"的结论,相对于两种不同截面形状仍然适用。

四、深梁抗弯承载力计算方法

对于钢筋混凝土浅梁,由于满足平截面假定,其抗弯承载力可采用传统教科书中的截面法,或采用有限元思想的分层条带法进行计算。前面的讨论及算例已充分证明,对于钢筋混凝土适筋浅梁而言,采用最大压应力控制与最大压应变控制极限承载力的计算方法并无明显差异。但对于深梁而言,由于其剪切变形不能忽略,平截面假定不再适用,目前需要一种将浅梁和深梁统一的计算方法。

通过验证了最大压应力控制计算浅梁极限承载力的适用性,使得钢筋混凝土浅梁及深梁在计算抗弯承载力方法上实现了某种统一。所谓统一,是指二者的抗弯承载力计算方法统一在按照最大压应力基准上的,以最大压应力控制抗弯承载力进行计算。

如前所述,对于深梁的抗弯承载力计算,目前我国规范中仍采用截面法,这种方法实质上是将浅梁公式进行修正的一种近似方法[5,6]。后为补充规范中短梁空缺,解决短梁受弯承载力计算的过渡问题,从常见的浅梁受弯承载力计算公式出发,引入了与跨高比有关的内力臂的修正系数 α_d,以此来实现深梁和浅梁受弯承载力计算的衔接,而 α_d 也可以看作是对平截面假定的修正,进而得到形式类似于钢筋混凝土浅梁的计算公式。由于满足平截面假定的浅梁可采用最大压应力控制抗弯承载力的计算,而在截面法中对于采用修正系数的修正平截面假定,可类比采用最大压应力控制的抗弯承载力计算方法在深梁中仍然适用。

目前,非线性网格模型[7,8]是一种最新的针对钢筋混凝土深梁和浅梁的统一的计算模型。其通过将计算截面放置于结构中,将非线性截面分析方法拓展至深梁,从而实现统一的钢筋混凝土深梁和浅梁分析模型,并与现行的设计规范一致。网格模型基于目前规范所采用的结构所有构件均是等强度破坏的前提,即截面任意位置的应力变化只与同截面其他位置的应力变化有关,而与其他截面无关。在采用程序计算时,钢筋混凝土梁的破坏准则采用修正 Mohr Coulomb 准则。网格模型中可以得到计算截面上任意一组正交梁单元的主拉应力和主压应力,据此可以判断结构是否达到极限破坏状态。对于纯弯段构件而言,其截面上的主应力即为受拉区的拉应力或受压区的压应力,故其在判断截面是否达到抗弯承载力时,仍可认为是采用最大压应力准则控制达到极限抗弯承载力的标准。

综上,对于钢筋混凝土浅梁及深梁而言,虽然浅梁满足平截面假定而深梁不满足,但二者的抗弯承载力计算仍有一定的统一性,存在统一、通用的抗弯承载力计算方法,即二者在进行抗弯承载力计算时,均可采用最大压应力的准则来控制其抗弯承载力的计算。

五、结　语

对于浅梁的承载力计算,满足平截面假定;而深梁由于其剪切变形不能忽略,平截面假定不再适用。事实上,平截面假定相当于是对于浅梁的"外部约束",即截面各纤维变形受到整体截面的约束,而这个"外部约束"在深梁中不存在。目前,各国规范所采用的计算方法尚不统一,尚未有统一的分析计算理论。本文对分别采用最大压应变及最大压应力控制计算钢筋混凝土浅梁抗弯承载力的方法进行对比分析,并提出了采用最大压应力控制计算抗弯承载力的统一计算方法,主要结论如下:

(1)矩形及T形钢筋混凝土截面算例表明,在计算钢筋混凝土浅梁截面抗弯承载力时,采用最大压应力和最大压应变控制得到的结果仅有细微差别,同时计算结果与按照传统教科书中的计算结果非常接近。在钢筋应力达到屈服强度以后,随着混凝土顶缘压应变继续增长,仅仅是截面"延性"的提高,并无承载力的明显提升。因此,对于适筋梁而言,采用最大压应力控制与最大压应变控制极限承载力的计算方法并无明显差异。同时,对于非闭口截面(矩形、T形),对于不同截面形状上述结论仍然成立。

(2)钢筋混凝土浅梁有平截面假定,而深梁受弯时的剪切变形不能忽略,平截面假定不再成立,传统浅梁的抗弯承载力计算公式在深梁中不再成立。结合浅梁采用最大压应力控制抗弯承载力的计算方法,同时根据分析目前深梁抗弯承载力计算方法,包括采用修正平截面假定的截面法,以及网格模型等深梁的抗弯承载力计算方法,均可采用最大压应力准则来控制截面抗弯承载力的计算,深梁与浅梁之间存在统一的抗弯承载力计算方法。

参考文献

[1] 顾祥林.混凝土结构基本原理[M].上海:同济大学出版社,2007.
[2] 叶见曙.结构设计原理[M].北京:人民交通出版社股份有限公司,2018.
[3] 中华人民共和国住房和城乡建设部.混凝土结构设计规范:GB 50010—2010[S].北京:中国建筑工业出版社,2010.
[4] 王伟.基于"拉应力域"法的钢筋混凝土构件弯剪配筋设计新方法[D].上海:同济大学,2016.
[5] 深梁专题组.钢筋砼深梁的试验研究[J].建筑结构学报,1987(4):23-35.
[6] 谢丽丽,刘立新,崔俊.钢筋混凝土深受弯构件的受弯承载力计算[J].郑州工业大学学报.2000.21(2):15-17.
[7] 徐栋,徐方圆.深梁的非线性网格抗弯配筋设计方法[J].土木工程学报.2014.47(8):56-62.
[8] 徐方圆,徐栋.钢筋混凝土深梁和浅梁的统一非线性网格模型[J].同济大学学报.2014.42(7):998-1005.

25. 桥梁施工过程状态索力计算的等效力位移法研究

彭世杰　梁家熙　王　强

(珠海交通集团有限公司)

摘　要　本文介绍了基于结构力学和材料力学基本原理,在工程实际应用中开展对于索体系桥梁拉索计算方法的研究。该方法将拉索替换为等效力,通过等效力计算出上、下锚点间在初始状态与目标状态的相对位移量,在张拉顺序明确的前提下即可确定拉索从初始状态到目标状态的拉索总内力增量,再将拉索总内力增量代入有限元软件中计算出需要达到拉索目标状态的张拉力,初步探索一种简便高效的施工状态索力计算方法。

关键词 小变形索体系 拉索索力 施工计算 等效力位移法

我国目前已是世界上的桥梁大国,斜拉桥、系杆拱、连续梁拱等小变形索体系桥梁已在全国范围内得到广泛的应用。小变形索体系桥梁均属于高次超静定结构,"牵一索而动全桥",而且在施工过程中结构体系在不断转换,能否准确计算施工状态的拉索索力将决定成桥状态是否合理。经国内外学者和工程师多年的探索和研究已形成了多种施工状态拉索索力计算方法,如倒拆法、正装—倒拆迭代法、正装迭代法、无应力状态控制法等[1-5],但这些方法仍存在一定的不足。由于拆除合龙段或支座时存在不平衡杆端力或反力以及结构非线性,倒拆法、正装—倒拆迭代法和无应力状态控制法在不同程度上都存在不闭合问题;正装迭代法虽解决了不闭合问题,但需多次反复迭代计算,对于复杂桥梁计算工作量十分庞大。为此,本文提出了一种等效力位移法的施工状态拉索索力计算新方法。

一、适用范围及方法原理

1. 适用范围

本文提出的计算方法适用于常规的斜拉桥拉索索力、系杆拱桥吊杆索力、连续梁拱吊杆索力等小变形拉索体系结构的施工状态索力计算。

2. 方法原理

该计算方法是以单一拉索在等效力替换作用下拉索上下节点位移相等方法为基本原理,将拉索替换成多对等效拉力,使高次超静定结构转化为低次超静定结构或静定结构,通过改变等效拉力使结构达到任一施工状态。当施工状态改变时拉索上、下锚点间相对位移的变化量与等效拉力的变化量存在一一对应关系,根据结构内部构件的变形协调关系,推导出任一施工状态下关于拉索几何长度、拉索内力以及拉索锚点间相对位移的关系式。在初始施工状态与目标施工状态明确的前提下,通过简单的力学计算便能求拉索从初始施工状态到目标施工状态的总内力增量,从而得到施工状态改变时拉索所需的过程张拉力。

二、方 法 推 导

假设结构有 n 根拉索,拉索的无应力长度为 $L_{0i}(i=1,2,\cdots,n)$、横截面面积为 $A_i(i=1,2,\cdots,n)$、考虑垂度效应的弹性模量为 $E_i(i=1,2,\cdots,n)$,其中拉索的无应力长度为未知量。

由于初始施工状态和目标施工状态已知,这两个施工状态下拉索内力值也是已知的,在不改变结构平衡的前提下,可将拉索替换成与拉索内力值相等的等效拉力,初始施工状态下的等效拉力为 $F_{i(初始)}(i=1,2,\cdots,n)$,目标施工状态下的拉索索力为 $F_{i(目标)}(i=1,2,\cdots,n)$。

由胡克定律可知,目标施工状态下的拉索长度 $L_{i(目标)}(i=1,2,\cdots,n)$ 为:

$$L_{i(目标)} = L_{0i} + \frac{F_{i(目标)} L_{0i}}{E_i A_i} = \left[1 + \frac{F_{i(目标)}}{E_i A_i}\right] L_{0i} \tag{1}$$

整理后得:

$$L_{0i} = \frac{1}{1 + \frac{F_{i(目标)}}{E_i A_i}} \tag{2}$$

先从结构的无拉索状态进行推导,将等效拉力 $F_{i(初始)}$ 和 $F_{i(目标)}$ 分别添加至拉索的上、下锚点处,可分别计算出等效初始施工状态和等效目标施工状态下的拉索上、下锚点间的相对位移变化量 $\Delta L_{i(初始)}$、$\Delta L_{i(目标)}(i=1,2,\cdots,n)$。

再从初始施工状态到目标施工状态的变化过程进行推导。在初始施工状态下将拉索的上、下锚点全部断开,同时将等效拉力 $F_{i(初始)}$ 添加至拉索的上、下锚点处,此时结构仍处于初始平衡状态(初始施工状态)。然后将拉索的索长拉长至 $L_{i(目标)}+(\Delta L_{i(目标)}-\Delta L_{i(初始)})$,拉长后重新挂设于结构中,同时卸除等效拉力 $F_{i(初始)}$。由于拉索拉长,结构的初始平衡状态发生改变,重新挂索后,结构与拉索相互协调变形,拉索缩短 $(\Delta L_{i(目标)}-\Delta L_{i(初始)})$,拉索索长变为 $L_{i(目标)}$,拉索的上、下锚点间发生相对位移量 $(\Delta L_{i(目标)}-\Delta L_{i(初始)})$,结构处于目标平衡状态(目标施工状态)。由胡克定律可知,拉索从初始施工状态到目标施工状态所需的总内力 $F_{i(总内力)}$ 为:

$$F_{i(总内力)} = F_{i(目标)} + \frac{[\Delta L_{i(目标)} - \Delta L_{i(初始)}]E_i A_i}{L_{0i}} \tag{3}$$

将式(2)代入式(3)整理后得:

$$F_{i(总内力)} = F_{i(目标)} + \frac{(E_i A_i + F_{i(目标)})[\Delta L_{i(目标)} - \Delta L_{i(初始)}]}{L_{0i}} \tag{4}$$

实际施工中的调索一般需要按照一定的张拉顺序分步进行。将一轮调索中第 i 根($i=1,2,\cdots,n$)拉索张拉前的施工状态定义为当前施工状态,此状态下的拉索内力为 $F_{i(当前)}$,拉索上、下锚点间的相对位移变化量为 $\Delta L_{i(当前)}$。根据式(4)进行推导,拉索从当前施工状态到目标施工状态所需的总内力增量 $F_{i(总内力增量)}$ 为:

$$F_{i(总内力增量)} = F_{i(总内力)} - F_{i(当前)} \tag{5}$$

$$F_{i(总内力增量)} = F_{i(目标)} - F_{i(当前)} + \frac{[E_i A_i + F_{i(目标)}][\Delta L_{i(目标)} - \Delta L_{i(当前)}]}{L_{0i}} \tag{6}$$

最后,将总内力增量 $F_{i(总内力增量)}$ 以体外力增量的方式代入至有限元分析软件中,经平衡分析后,即可得到当前施工状态到目标施工状态第 i 根拉索所需的过程张拉力。

三、算 例

本算例选取了一座跨径组合为 $(64+136+64)$ m 连续梁拱桥。该桥采用"先梁后拱最后吊杆"的施工方式,主梁采用悬臂浇筑施工,合拢后在主梁上搭设支架架设拱肋,吊杆分三次进行张拉,三次张拉后达到目标成桥状态。吊杆张拉顺序及吊杆目标力值见表1。

吊杆张拉顺序及吊杆目标力值 表1

张拉顺序	1	5	2	6	3	7	4
吊杆编号	D1	D2	D3	D4	D5	D6	D7
一次张拉力(kN)(按照150kN依次张拉)	150.00	150.00	150.00	150.00	150.00	150.00	150.00
二次张拉施工桥面前调整吊杆目标力值(kN)	150.00	150.00	150.00	150.00	150.00	150.00	150.00
三次张拉施工桥面后调整吊杆目标力值(kN)	550.00	600.00	650.00	675.00	700.00	700.00	700.00

1. 吊杆张拉力计算

本算例采用有限元分析软件 Midas/Civil 进行建模计算,计算模型如图1所示。一次张拉的过程张拉力已确定,主要计算二次张拉和三次张拉的过程张拉力。计算步骤如下:

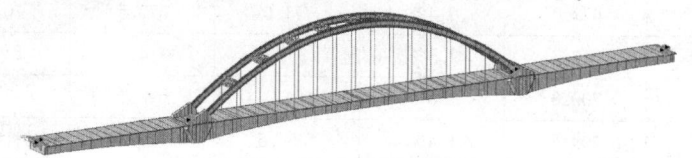

图1 Midas/Civil 计算模型

(1) 以吊杆挂设前的状态为初始状态,进行初始状态分析,计算出吊杆上、下锚点间的直线距离 $L_{Di(初始)}$ ($i=1,2,\cdots,7$)。

(2) 以达到二次张拉目标力值为目标状态,进行目标状态分析,在初始状态模型中施加等效荷载 150kN,计算出达到目标状态时的吊杆上、下锚点间的直线距离 $L_{Di(目标)}$ ($i=1,2,\cdots,7$), $\Delta L_{Di(目标)} = L_{Di(初始)} - L_{Di(目标)}$。

(3) 以一次张拉后状态为吊杆 D1 二张前的当前状态,计算出吊杆 D1 当前状态内力 $F_{D1(当前)}$ 和上、下锚点间的直线间距变化量 $\Delta L_{D1(当前)}$。

(4) 吊杆 D1 的弹性模量 E_{D1}、截面面积 A_{D1}、$F_{D1(目标)}$ 已知,将 E_{D1}、A_{D1}、$F_{D1(目标)}$、$\Delta L_{D1(目标)}$、$\Delta L_{D1(当前)}$、$L_{D1(目标)}$、$F_{D1(当前)}$ 代入公式(6)中,计算出吊杆 D1 达到目标状态所需的总内力增量 $F_{D1(总内力增量)}$;再将 $F_{D1(总内力增量)}$ 代入当前状态模型中计算出吊杆 D1 达到目标状态所需的过程张拉力 F_{D1}。

(5) 以吊杆 D1 二张后状态为吊杆 D3 二张的当前状态,计算出吊杆 D3 当前状态内力 $F_{D3(当前)}$ 和上、下锚点间的直线间距变化量 $\Delta L_{D3(当前)}$;将已知参数代入式(6)中计算出总内力增量 $F_{D3(总内力增量)}$,再将总内力增量 $F_{D3(总内力增量)}$ 代入吊杆 D1 二张后的模型中计算出吊杆 D3 达到目标状态所需的过程张拉力 F_{D3}。

(6) 重复上述步骤即可,按照张拉顺序,依次计算出吊杆 D5、D7、D2、D4、D6 的过程张拉力值,二次张拉的过程拉力计算结果见表4。

(7) 三次张拉的过程张拉力计算步骤与二次张拉的基本一致,以达到三次张拉目标力值为目标状态,仅需在计算吊杆 D1 当前状态的内力和锚点间位移时考虑二期恒载施加、跨中二期预应力张拉以及边跨配重移除等影响,因此本文在此不再赘述,三次张拉的过程拉力计算结果如表5所示。

2. 结果验证及计算效率对比

将等效力位移法和正装迭代法的算例计算结果见表2和表3,表中体外力为吊杆施工状态的过程张拉力,实际目标值为采用过程张拉力一轮张拉后的吊杆力。

二次张拉的本文方法计算结果与正装迭代法结果(单位:kN) 表2

吊杆号	正装迭代法(7次迭代计算)			等效力位移法(1次计算)			目标值
	体外力	实际目标值	偏差	体外力	实际目标值	偏差	
D1	221.2	147.8	-1.5%	223.6	149.2	-0.5%	150.0
D2	171.0	150.0	0.0%	170.2	149.5	-0.5%	150.0
D3	303.5	146.0	-2.7%	314.5	154.1	2.7%	150.0
D4	171.4	150.0	0.0%	168.4	147.1	-1.9%	150.0
D5	360.9	147.1	-1.9%	371.2	155.2	3.5%	150.0
D6	150.0	150.0	0.0%	146.1	146.1	-2.6%	150.0
D7	226.4	150.1	0.1%	228.5	154.1	2.7%	150.0

三次张拉的本文方法计算结果与正装迭代法结果(单位:kN) 表3

吊杆号	正装迭代法(7次迭代计算)			等效力位移法(1次计算)			目标值
	体外力	实际目标值	偏差	体外力	实际目标值	偏差	
D1	746.2	553.1	0.6%	739.9	554.5	0.8%	550.0
D2	694.6	602.1	0.4%	694.2	600.7	0.1%	600.0
D3	1120.4	660.3	1.6%	1100.0	660.1	1.6%	650.0
D4	771.9	678.0	0.4%	771.0	672.5	-0.4%	675.0
D5	1401.0	716.3	2.3%	1362.5	714.1	2.0%	700.0
D6	700.0	700.0	0.0%	691.1	691.1	-1.3%	700.0
D7	1050.7	709.6	1.4%	1064.5	712.4	1.8%	700.0

由表2和表3可知,在二次张拉和三次张拉的过程张拉力计算中,位移法的目标值偏差在[-1.3%,3.5%]的范围内,可说明位移法的计算精确度高,能满足施工过程的控制要求。

正装迭代法的计算精度与迭代次数有关,提高计算精度就需要增加迭代次数。在本算例中,采用正装迭代法迭代7次计算后,才能将目标值偏差控制在[-2.7%,2.3%]的范围内,接近位移法1次计算的计算精度。由此可见,位移法的计算效率明显高于正装迭代法。

四、结 语

(1)本文介绍了一种等效力位移法的施工状态张拉索力计算方法,该方法适用于小变形拉索体系结构的施工状态张拉索力计算。

(2)该方法是将拉索替换为等效拉力,计算出上、下锚点间在初始状态与目标状态的相对位移量,再根据结构内部的变形协调关系,计算出拉索从初始施工状态到目标施工状态的总内力增量,再将拉索总内力增量代入有限元软件中计算出拉索的张拉索力。

(3)通过实际算例验证与对比分析,该计算方法计算精度高,在初始状态和目标状态明确的条件下,该方法计算效率明显高于目前工程中常用的正装迭代法。

参考文献

[1] 秦顺全,林国雄.斜拉桥安装计算——倒拆法与无应力状态控制法评述//中国土木工程学会桥梁及结构工程学会第九届年会论文集[C].上海:同济大学出版社,1992:569-573.
[2] 秦顺全.斜拉桥安装无应力状态控制法[J].桥梁建设,2003,(2):31-34.
[3] 肖汝诚,林国雄.斜拉桥索力优化及其工程应用[J].计算力学学报,1998,(1):118-126.
[4] 钟万勰,刘元芳,纪峥.斜拉桥施工中的张拉控制和索力调整[J].土木工程学报,1992,(3):9-15.
[5] 颜东煌,刘光栋.确定斜拉桥合理施工状态的正装迭代法[J].中国公路学报,1999,12(2):59-64.

26. 浅谈梁场建设及运营对真空预压处理条件下深厚软土地基带来的影响

刘小强[1] 聂勇[2]

(1.中交一公局第七工程有限公司;2.珠海香海大桥有限公司)

摘 要 沿海地区受软土、滩涂地质条件影响,公路设计中多采用桥梁形式,桥梁工程占比较大,而桥梁上部结构中预制箱梁具有低成本、高效率、可工厂化预制特点,在桥梁设计中应用广泛。箱梁工厂化预制场建设需要进行基础处理,真空预压在处理深层软基中较为常见。梁场建设及运营情况下对真空预压软基处理后的沉降影响,直接关系到预制梁及台座抗沉降措施的选择及实施,显得尤为重要。

关键词 梁场建设 荷载 深厚软土地基处理 软基影响分析

天然土由颗粒+水+气组成,外力作用使孔隙比减小而压密,提高强度。饱和土结构伴随孔隙水的挤出,孔隙水压力逐步转变为由土骨架承受的有效应力,从而使土体达到挤密效果,承载能力提高。真空预压软基处理法是通过利用大气压力将软基处于一定负压条件下,通过负压作用,将软土中的水、气通过塑料排水体引流排出,从而达到固结软土的目的,提高地基承载力。在真空预压处理的软基上进行预制梁场建设,是一个荷载加载及循环卸载的过程,会对软基的处理效果带来一定影响,探寻循环荷载作用下对真空预压处理软基的影响有一定意义。

一、概况

香海大桥项目位于广东珠海,属于珠江三角洲南部、西江出海河口地区,主要分布有第四系海陆交互相沉积层,软土分布广,厚度为40~60m,软土主要为淤泥及淤泥质黏土,土质松软,易沉降,地基采用真空预压+竖向排水体进行软基处理,如图1~图4所示。

图1 区域地貌

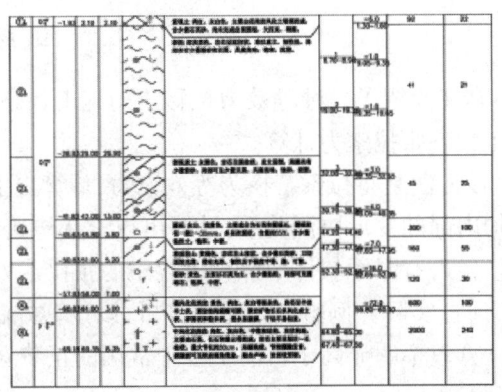

图2 典型地勘柱状图

图3 铺设真空膜

图4 抽真空

二、研究

1. 沉降观测点的布设

拟建梁场位于K17+695~K18+540路基上,软基处理方式为真空预压+路堤填土+泡沫轻质土处理,真空预压膜下真空度为80kPa,设计沉降值3.1m,泡沫轻质土路堤高度为1.8m。分为4个区域进行抽真空施工,分区桩号分别为:K17+695~K180+000、K18+000~K18+191.9、K18+191.9~K18+335.6、K18+335.6~K18+540。各个区域设置沉降观测断面如图5所示。

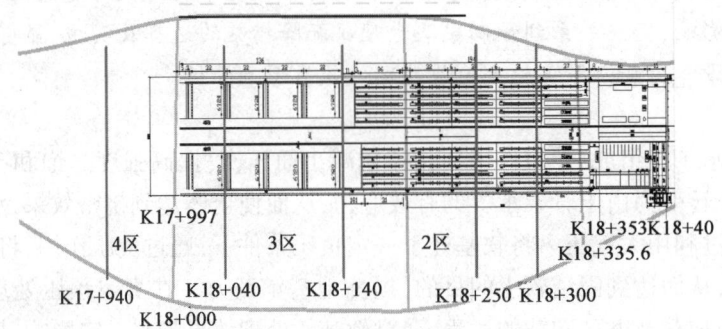

图5 观测点布设

2. 数据采集及分析

1) 数据采集统计

对梁场建设、运营期间沉降依照时间顺序进行观测统计,并形成统计结果,见表1~表4。

K18+300 沉降(制梁区)数据　　　　表1

观测日期	间隔天数(d)	累计天数(d)	左			中			右			备注
			本期沉降(mm)	累计沉降(mm)	沉降速率(mm/d)	本期沉降(mm)	累计沉降(mm)	沉降速率(mm/d)	本期沉降(mm)	累计沉降(mm)	沉降速率(mm/d)	
2019年1月16日	4	432	-14.0	1808.0	-3.5	-11.0	1987.0	-2.8	-16.0	1747.0	-4.0	停止抽真空
2019年1月20日	4	436	-4.0	1804.0	-1.0	-8.0	1979.0	-2.0	-10.0	1737.0	-2.5	
2019年1月24日	4	440	-3.0	1801.0	-0.8	-2.0	1977.0	-0.5	-3.0	1734.0	-0.8	填土第10层,摊平
2019年1月28日	4	444	-2.0	1799.0	-0.5	-2.0	1975.0	-0.5	-3.0	1731.0	-0.8	
2019年2月14日	17	461	-2.0	1797.0	-0.1	-3.0	1972.0	-0.2	-2.0	1729.0	-0.1	梁场基础施工
2019年2月18日	4	465	-1.0	1796.0	-0.3	-2.0	1970.0	-0.5	-2.0	1727.0	-0.5	
2019年2月22日	4	469	-1.0	1797.0	0.3	1.0	1971.0	0.3	2.0	1729.0	0.5	
2019年2月26日	4	473	2.0	1799.0	0.5	4.0	1975.0	1.0	4.0	1733.0	1.0	
2019年3月3日	5	478	5.0	1804.0	1.0	1.0	1976.0	0.2	-2.0	1731.0	-0.4	
2019年3月8日	5	483	6.0	1810.0	1.2	-1.0	1975.0	-0.2	-4.0	1727.0	-0.8	
2019年3月12日	4	487	6.0	1816.0	1.5	-1.0	1974.0	-0.3	-2.0	1725.0	-0.5	总填土第11层梁场填1层土
2019年3月16日	4	491	5.0	1821.0	1.3	4.0	1978.0	1.0	9.0	1734.0	2.3	
2019年3月20日	4	495	2.0	1823.0	0.5	0.0	1978.0	0.0	2.0	1736.0	0.5	
2019年3月24日	4	499	1.0	1824.0	0.3	0.0	1978.0	0.0	1.0	1737.0	0.3	
2019年3月26日	2	501	2.0	1826.0	1.0	16.0	1994.0	8.0	0.0	1737.0	0.0	总填土第12层梁场填2层土
2019年4月1日	6	507	2.0	1828.0	0.3	0.0	1994.0	0.0	-11.0	1726.0	-1.8	
2019年4月6日	5	512	9.0	1837.0	1.8	9.0	2003.0	1.8	9.0	1735.0	1.8	
2019年4月10日	4	516	2.0	1839.0	0.5	2.0	2005.0	0.5	2.0	1737.0	0.5	
2019年4月15日	5	521	0.0	1839.0	0.0	0.0	2005.0	0.0	3.0	1740.0	0.6	
2019年4月21日	6	527	2.0	1841.0	0.3	3.0	2008.0	0.5	5.0	1745.0	0.8	
2019年4月25日	4	531	4.0	1845.0	1.0	4.0	2012.0	1.0	4.0	1749.0	1.0	雨后
2019年4月28日	3	534	8.0	1853.0	2.7	5.0	2017.0	1.7	3.0	1752.0	1.0	雨后
2019年5月2日	4	538	-12.0	1841.0	-3.0	-9.0	2008.0	-2.2	3.0	1755.0	0.8	雨后
2019年5月8日	6	544	2.0	1843.0	0.3	1.0	2009.0	0.2	2.0	1757.0	0.3	雨后
2019年5月11日	3	547	2.0	1845.0	0.7	2.0	2011.0	0.7	3.0	1760.0	1.0	雨后
2019年5月16日	5	552	3.0	1848.0	0.6	2.0	2013.0	0.4	2.0	1762.0	0.4	
2019年5月21日	5	557	4.0	1852.0	0.8	4.0	2017.0	0.8	3.0	1765.0	0.6	中间修复
2019年5月25日	4	561	0.0	1852.0	0.0	0.0	2017.0	0.0	2.0	1767.0	0.5	
2019年5月29日	4	565	0.0	1852.0	0.0	0.0	2017.0	0.0	1.0	1768.0	0.2	

K18+250 沉降(制梁区)统计　　　　　　表2

观测日期	间隔天数(d)	累计天数(d)	左			中			右			备注
			本期沉降(mm)	累计沉降(mm)	沉降速率(mm/d)	本期沉降(mm)	累计沉降(mm)	沉降速率(mm/d)	本期沉降(mm)	累计沉降(mm)	沉降速率(mm/d)	
2019年1月16日	4	432	-14.0	1808.0	-3.5	-11.0	1987.0	-2.5	-16.0	1747.0	-4.0	停止抽真空
2019年1月20日	4	436	-4.0	1804.0	-1.0	-8.0	1979.0	-2.0	-10.0	1737.0	-2.5	
2019年1月24日	4	440	-3.0	1801.0	-0.8	-2.0	1977.0	-0.5	-3.0	1734.0	-0.8	填土第10层,推平
2019年1月28日	4	444	-2.0	1799.0	-0.5	-2.0	1975.0	-0.5	-3.0	1731.0	-0.8	
2019年2月14日	17	461	-2.0	1797.0	-0.1	-3.0	1972.0	-0.2	-2.0	1729.0	-0.1	现场基础施工
2019年2月18日	4	465	-1.0	1796.0	-0.3	-2.0	1970.0	-0.5	-2.0	1727.0	-0.5	
2019年2月22日	4	469	1.0	1797.0	0.3	1.0	1971.0	0.3	2.0	1729.0	0.5	
2019年2月26日	4	473	2.0	1799.0	0.5	4.0	1975.0	1.0	4.0	1733.0	1.0	
2019年3月3日	5	478	5.0	1804.0	1.0	1.0	1976.0	0.2	-2.0	1731.0	-0.4	
2019年3月8日	5	483	6.0	1810.0	1.2	-1.0	1975.0	-0.2	-4.0	1727.0	-0.9	
2019年3月12日	4	487	6.0	1816.0	1.5	-1.0	1974.0	-0.3	-2.0	1725.0	-0.5	总填土第11层 梁场填1层土
2019年3月16日	4	491	5.0	1821.0	1.3	4.0	1978.0	1.0	9.0	1734.0	2.3	
2019年3月20日	4	495	2.0	1823.0	0.5	0.0	1978.0	0.0	2.0	1736.0	0.5	
2019年3月24日	4	499	1.0	1824.0	0.3	0.0	1978.0	0.0	1.0	1737.0	0.3	
2019年3月26日	2	501	2.0	1826.0	1.0	16.0	1994.0	8.0	0.0	1737.0	0.0	总填土第12层 梁场填2层土
2019年4月1日	6	507	2.0	1828.0	0.3	0.0	1994.0	0.0	-11.0	1726.0	-1.8	
2019年4月6日	5	512	9.0	1837.0	1.8	9.0	2003.0	1.8	9.0	1735.0	1.8	
2019年4月10日	4	516	2.0	1839.0	0.5	2.0	2005.0	0.5	2.0	1737.0	0.5	
2019年4月15日	5	521	0.0	1839.0	0.0	0.0	2005.0	0.0	3.0	1740.0	0.6	
2019年4月21日	6	527	2.0	1841.0	0.3	3.0	2008.0	0.5	5.0	1745.0	0.8	
2019年4月25日	4	531	4.0	1845.0	1.0	4.0	2012.0	1.0	4.0	1749.0	1.0	雨后
2019年4月28日	3	534	8.0	1853.0	2.7	5.0	2017.0	1.7	3.0	1752.0	1.0	雨后
2019年5月2日	4	538	-12.0	1841.0	-3.0	-9.0	2008.0	-2.2	3.0	1755.0	0.8	雨后
2019年5月8日	6	544	2.0	1843.0	0.3	1.0	2009.0	0.2	2.0	1757.0	0.3	雨后
2019年5月11日	3	547	2.0	1845.0	0.7	2.0	2011.0	0.7	3.0	1760.0	1.0	雨后
2019年5月16日	5	552	3.0	1848.0	0.6	2.0	2013.0	0.4	2.0	1762.0	0.4	
2019年5月21日	5	557	4.0	1852.0	0.8	4.0	2017.0	0.8	3.0	1765.0	0.6	中间修复
2019年5月25日	4	561	0.0	1852.0	0.0	0.0	2017.0	0.0	2.0	1767.0	0.5	
2019年5月29日	4	565	0.0	1852.0	0.0	0.0	2017.0	0.0	1.0	1768.0	0.2	

K18+140 沉降(存梁区)统计　　　　　　表3

观测日期	间隔天数(d)	累计天数(d)	左			中			右			备注
			本期沉降(mm)	累计沉降(mm)	沉降速率(mm/d)	本期沉降(mm)	累计沉降(mm)	沉降速率(mm/d)	本期沉降(mm)	累计沉降(mm)	沉降速率(mm/d)	
2019年1月16日	4	311	0	1828	0.00	1	1905	0.25	3	1596	0.75	
2019年1月20日	4	315	0	1828	0.00	1	1906	0.25	3	1599	0.75	

续上表

观测日期	间隔天数(d)	累计天数(d)	左			中			右			备注
			本期沉降(mm)	累计沉降(mm)	沉降速率(mm/d)	本期沉降(mm)	累计沉降(mm)	沉降速率(mm/d)	本期沉降(mm)	累计沉降(mm)	沉降速率(mm/d)	
2019年1月24日	4	319	6	1834	1.50	1	1907	0.25	9	1608	2.25	
2019年1月28日	4	323	2	1835	0.50	1	1908	0.25	1	1609	0.25	
2019年2月14日	17	340	1	1837	0.06	0	1908	0.00	2	1611	0.12	
2019年2月18日	4	344	1	1838	0.25	0	1908	0.00	2	1613	0.50	
2019年2月22日	4	348	5	1843	1.25	16	1924	4.00	8	1621	2.00	
2019年2月24日	2	350	7	1850	3.50	5	1929	2.50	8	1629	4.00	
2019年3月3日	7	357	3	1853	0.43	2	1931	0.29	1	1630	0.14	
2019年3月8日	5	362	1	1854	0.20	1	1932	0.20	0	1630	0.00	
2019年3月12日	4	366	3	1857	0.75	0	1932	0.00	1	1631	0.25	
2019年3月16日	4	370	2	1859	0.50	3	1935	0.75	2	1633	0.50	左中接管右侧填土撞断1节
2019年3月20日	4	374	9	1865	2.25	15	1950	3.75	8	1641	2.00	
2019年3月24日	4	378	8	1876	2.00	16	1966	4.00	9	1650	2.25	
2019年3月26日	2	380	18	1894	9.00	23	1989	11.50	18	1668	9.00	
2019年4月1日	6	386	1	1895	0.17	13	2002	2.17	18	1686	3.00	填土第3层推平后-0.084
2019年4月6日	5	391	3	1898	0.60	3	2005	0.60	2	1688	0.40	
2019年4月10日	4	395	14	1912	3.50	13	2018	3.25	3	1691	0.75	中填土第4层
2019年4月15日	5	400	6	1918	1.20	2	2020	0.40	1	1692	0.20	
2019年4月21日	6	406	3	1921	0.50	32	2052	5.33	2	1694	0.33	雨后地面0.487
2019年4月25日	4	410	3	1924	0.75	3	2055	0.75	3	1697	0.75	
2019年4月28日	3	413	22	1946	7.33	31	2086	10.33	17	1714	5.67	中间填土
2019年5月2日	4	417	5	1951	1.25	40	2126	10.00	7	1721	1.75	中间填土第5层
2019年5月8日	6	423	4	1955	0.67	23	2149	3.83	3	1724	0.50	
2019年5月11日	3	426	3	1958	1.00	2	2151	0.67	4	1728	1.33	
2019年5月16日	5	431	5	1963	1.00	0	2151	0.00	2	1730	0.40	
2019年5月21日	5	436	23	1986	4.60	43	2194	8.60	12	1742	2.40	左右填土第3层
2019年5月25日	4	440	5	1991	1.25	19	2213	4.75	5	1747	1.25	
2019年5月29日	4	444	4	1995	1.00	7	2220	1.75	4	1751	1.00	
2019年6月6日	4	452	3	2002	0.75	23	2249	5.75	4	1759	1.00	中间倒混凝土
2019年6月10日	4	456	3	2005	0.75	22	2271	5.50	4	1763	1.00	
2019年6月14日	4	460	4	2009	1.00	3	2274	0.75	4	1767	1.00	
2019年6月19日	5	465	4	2013	0.80	0	2274	0.00	2	1769	0.40	
2019年6月24日	5	470	3	2016	0.60	25	2299	5.00	2	1771	0.40	存梁区形成
2019年6月28日	4	474	3	2019	0.75	4	2303	1.00	4	1755	1.00	
2019年7月1日	3	477	3	2022	1.00	4	2307	1.33	4	1779	1.33	
2019年7月5日	4	481	1	2023	0.25	15	2322	3.75	1	1780	0.25	放二层梁
2019年7月8日	3	484	1	2024	0.33	14	2336	4.67	1	1781	0.33	

续上表

观测日期	间隔天数(d)	累计天数(d)	左			中			右			备注
			本期沉降(mm)	累计沉降(mm)	沉降速率(mm/d)	本期沉降(mm)	累计沉降(mm)	沉降速率(mm/d)	本期沉降(mm)	累计沉降(mm)	沉降速率(mm/d)	
2019年7月13日	5	489	6	2030	1.20	18	2354	3.60	1	1782	0.20	
2019年7月17日	4	493	1	2031	0.25	15	2369	7.75	1	1783	0.25	
2019年7月23日	6	499	1	2032	0.17	11	2380	1.83	1	1784	0.17	
2019年7月27日	4	503	1	2033	0.25	2	2382	0.50	1	1785	0.25	
2019年7月31日	4	507	1	2034	0.25	2	2384	0.50	1	1786	0.25	左边损坏,修复
2019年8月4日	4	511	1	2035	0.25	2	2386	0.50	1	1787	0.25	
2019年8月8日	4	515	7	2042	1.75	3	2389	0.75	10	1797	2.50	
2019年8月11日	3	518	4	2046	1.33	4	2393	1.33	4	1801	1.33	
2019年8月15日	4	522	4	2050	1.00	4	2397	1.00	4	1805	1.00	
2019年8月20日	5	527	2	2052	0.40	3	2400	0.60	2	1807	0.40	
2019年8月24日	4	531	0	2052	0.00	1	2401	0.25	0	1807	0.00	
2019年8月28日	4	535	−4	2048	−1.00	−12	2389	−3.00	−13	1794	−3.25	
2019年8月31日	3	538	−9	2039	−3.00	−2	2387	−0.67	−11	1783	−3.67	
2019年9月3日	3	541	−22	2017	−7.33	−4	2383	−1.33	−9	1774	−3.00	
2019年9月7日	4	545	1	2018	0.25	0	2383	0.00	−1	1773	−0.25	
2019年9月10日	3	548	0	2018	0.00	−1	2382	−0.33	−1	1772	−0.33	
2019年9月13日	3	551	0	2018	0.00	−8	2374	−2.67	−7	1765	−2.33	
2019年9月16日	3	554	−1	2017	−0.33	−8	2366	−2.67	−7	1758	−2.33	
2019年9月20日	4	558	1	2018	0.25	3	2369	0.75	1	1759	0.25	
2019年9月24日	4	562	1	2019	0.25	4	2373	1.00	1	1760	0.25	
2019年9月27日	3	565	0	2019	0.00	−1	2372	−0.33	2	1762	0.67	
2019年9月30日	3	568	1	2020	0.33	−1	2371	−0.33	2	1764	0.67	
2019年10月3日	3	571	0	2020	0.00	1	2372	0.33	0	1764	0.00	
2019年10月6日	3	574	1	2021	0.33	2	2374	0.67	0	1764	0.00	

K18+040 沉降(存梁区)统计 表4

观测日期	间隔天数(d)	累计天数(d)	左			中			右			备注
			本期沉降(mm)	累计沉降(mm)	沉降速率(mm/d)	本期沉降(mm)	累计沉降(mm)	沉降速率(mm/d)	本期沉降(mm)	累计沉降(mm)	沉降速率(mm/d)	
2019年1月16日	4	311	9	1821	2.25	4	2033	1.00	2	1897	0.50	
2019年1月20日	4	315	10	1831	2.50	3	2036	0.75	2	1899	0.50	
2019年1月24日	4	319	3	1834	0.75	11	2047	2.75	6	1905	1.50	
2019年1月28日	4	323	3	1837	0.75	1	2048	0.25	2	1907	0.50	
2019年2月14日	17	340	12	1849	0.71	11	2059	0.65	9	1916	0.53	
2019年2月18日	4	344	9	1858	2.25	11	2070	2.75	3	1919	0.75	
2019年2月22日	4	348	12	1870	3.00	7	2077	1.75	1	1920	0.25	
2019年2月26日	4	352	5	1875	1.25	2	2079	0.50	1	1921	0.25	左侧堆砂未运走
2019年3月3日	5	357	2	1877	0.40	5	2084	1.00	0	1921	0.00	
2019年3月8日	5	362	3	1880	0.60	2	2086	0.40	0	1921	0.00	

续上表

观测日期	间隔天数(d)	累计天数(d)	左			中			右			备注
			本期沉降(mm)	累计沉降(mm)	沉降速率(mm/d)	本期沉降(mm)	累计沉降(mm)	沉降速率(mm/d)	本期沉降(mm)	累计沉降(mm)	沉降速率(mm/d)	
2019年3月12日	4	366	3	1883	0.75	3	2089	0.75	0	1921	0.00	
2019年3月16日	4	370	3	1886	0.75	5	2094	1.25	0	1921	0.00	左侧堆砂未运走
2019年3月20日	4	374	12	1898	3.00	12	2106	3.00	8	1929	2.00	左侧堆砂未运走
2019年3月24日	4	378	7	1905	1.75	12	2118	3.00	8	1937	2.00	填土第3层摊平
2019年3月26日	2	380	22	1927	11.00	21	2139	10.50	10	1947	5.00	
2019年4月1日	6	386	13	1940	2.17	4	2143	0.67	10	1957	1.67	砂运走
2019年4月6日	5	391	9	1949	1.80	2	2145	0.40	5	1962	1.00	
2019年4月10日	4	395	9	1958	2.25	6	2151	1.50	6	1968	1.50	
2019年4月15日	5	400	8	1965	1.60	3	2154	0.60	7	1975	1.40	
2019年4月21日	6	406	13	1979	2.17	4	2158	0.67	10	1985	1.67	雨后
2019年4月25日	4	410	5	1984	1.25	4	2162	1.00	4	1989	1.00	
2019年4月28日	3	413	20	2004	6.67	29	2191	9.67	10	1999	3.33	
2019年5月2日	4	417	13	2017	3.25	13	2204	3.25	12	2011	3.00	
2019年5月8日	6	423	2	2019	0.33	6	2210	1.00	2	2013	0.33	
2019年5月11日	3	426	0	2019	0.00	1	2211	0.33	1	2014	0.33	
2019年5月16日	5	431	0	2019	0.00	1	2212	0.20	1	2015	0.20	
2019年5月21日	5	436	33	2052	6.60	44	2256	8.80	26	2041	5.20	中间填土第4层
2019年5月25日	4	440	6	2058	1.50	7	2263	1.75	4	2045	1.00	
2019年5月29日	4	444	6	2064	1.50	9	2272	2.25	5	2050	1.25	
2019年6月2日	4	448	6	2070	1.50	10	2282	2.50	5	2055	1.25	
2019年6月6日	4	452	4	2074	1.00	5	2287	1.25	10	2065	2.50	
2019年6月10日	4	456	3	2077	0.75	6	2293	1.50	10	2075	2.50	
2019年6月14日	4	460	3	2080	0.75	3	2296	0.75	3	2078	0.75	
2019年6月19日	5	465	0	2080	0.00	0	2296	0.00	0	2078	0.00	中间填土第5层
2019年6月24日	5	470	-14	2066	-2.80	-14	2282	-2.80	-22	2056	-4.40	
2019年6月28日	4	474	12	2078	3.00	17	2299	4.25	7	2063	1.75	
2019年7月1日	3	477	12	2090	4.00	16	2315	5.33	6	2069	2.00	
2019年7月5日	4	481	-5	2085	-1.25	-1	2314	-0.25	-2	2067	-0.50	
2019年7月8日	3	484	-4	2081	-1.33	-2	2312	-0.67	-3	2064	-1.00	
2019年7月13日	5	489	12	2093	2.40	22	2334	4.40	16	2080	3.20	
2019年7月17日	4	493	5	2098	1.25	6	2340	1.50	2	2082	0.50	
2019年7月23日	6	499	-31	2067	-5.17	-21	2319	-3.50	-19	2063	-3.17	
2019年7月27日	4	503	6	2073	1.50	4	2323	1.00	4	2067	1.00	
2019年7月31日	4	507	6	2079	1.50	4	2327	1.00	4	2071	1.00	
2019年8月4日	4	511	5	2084	1.25	1	2328	0.25	3	2074	0.75	
2019年8月8日	4	515	5	2089	1.25	13	2341	3.25	3	2077	0.75	中间填土
2019年8月11日	3	518	4	2093	1.33	4	2345	1.33	4	2081	1.33	

续上表

观测日期	间隔天数(d)	累计天数(d)	左			中			右			备注
			本期沉降(mm)	累计沉降(mm)	沉降速率(mm/d)	本期沉降(mm)	累计沉降(mm)	沉降速率(mm/d)	本期沉降(mm)	累计沉降(mm)	沉降速率(mm/d)	
2019年8月15日	4	522	4	2097	1.00	4	2349	1.00	4	2085	1.00	
2019年8月20日	5	527	2	2099	0.40	2	2351	0.40	2	2087	0.40	中间撞坏,修复
2019年8月24日	4	531	2	2101	0.50	2	2353	0.50	1	2088	0.25	
2019年8月28日	4	535	-14	2087	-3.50	-2	2351	-0.50	-16	2072	-4.00	
2019年8月31日	3	538	-14	2073	-4.67	-3	2348	-1.00	-13	2059	-4.33	
2019年9月3日	3	541	-14	2059	-4.67	-2	2346	-0.67	-12	2047	-4.00	
2019年9月7日	4	545	-2	2057	-0.50	1	2347	0.25	-1	2046	-0.25	
2019年9月10日	3	548	-3	2054	-1.00	1	2348	0.33	-2	2044	-0.67	
2019年9月13日	3	551	-7	2047	-2.33	-9	2339	-3.00	-8	2036	-2.67	
2019年9月16日	3	554	-8	2039	-2.67	-10	2329	-3.33	-8	2028	-2.67	
2019年9月20日	4	558	2	2041	0.50	3	2332	0.75	3	2031	0.75	
2019年9月24日	4	562	3	2044	0.75	2	2334	0.50	3	2034	0.75	
2019年9月27日	3	565	0	2044	0.00	1	2335	0.33	3	2037	1.00	
2019年9月30日	3	568	-1	2043	-0.33	2	2337	0.67	2	2039	0.67	
2019年10月3日	3	571	0	2043	0.00	2	2339	0.67	8	2047	2.67	
2019年10月6日	3	574	1	2044	0.33	1	2340	0.33	8	2055	2.67	
2019年10月9日	3	577	1	2045	0.33	1	2341	0.33	8	2063	2.67	
2019年10月13日	4	581	1	2046	0.25	-2	2339	-0.50	0	2063	0.00	
2019年10月16日	3	584	0	2046	0.00	-1	2338	-0.33	0	2063	0.00	

根据上述数据,各区统计见表5。

各区沉降数据统计表 表5

桩号	卸载日期	回弹期(天)	回弹量(mm)			建设期沉降(mm)			运营期沉降(mm)			备注
			左	中	右	左	中	右	左	中	右	
K17+940	2019.8.20	27	-36	-31	-22	—	—	—	31	20	39	填筑区
K18+040	2019.8.20	27	-62	-24	-60	11	18	21	9	1	13	存梁区
K18+140	2019.8.20	27	-35	-35	-49	14	20	19	11	-8	2	存梁区
K18+250	2019.1.16	33	-32	-35	-42	40	66	80	-26	11	-36	制梁区
K18+300	2019.1.16	33	-26	-28	-36	56	47	40	-3	-11	-24	制梁区

2)数据分析

经分析,真空预压卸载期:真空预压卸载后,在为期一个月之间沉降观测数据出现负值,即路基产生向上"回弹"现象,回弹值为持续时间为30d左右,其原因为真空预压卸载后,软基承受荷载卸载;同时负压卸载后,在塑料排水板的作用下,真空膜下砂垫层内存水产生回流,地下水位上升,塑料排水板周围出现水浸反弹现象,导致沉降数据出现负值,但是在持续真空预压作用下,软土已产生固结,故回弹是阶段性现象,伴随着时间的推移,"回弹"数值慢慢变小,最终变为0。

梁场建设期:在梁场建设施加的荷载下软基继续沉降,在梁场不断加载直至台座全部使用且存梁数量达到最大值时间段内为不断加载的过程,此过程中路基均发生向下沉降,存梁区双层存梁产生的荷载大于制梁区制梁所产生的荷载,由统计数据可知,制梁区沉降值40~80mm,存梁区沉降值11~21mm,存梁区大于制梁区，与荷载情况相吻合。

梁场运营期：在运营期间，混凝土浇筑加载及提梁架梁卸载的过程，为一个不断加载、卸载交替的过程，路基沉降会出现向上回弹和向下沉降的沉降反复现象，回弹值和沉降值均较小，总体趋势趋于平稳，沉降曲线处于收敛状态。

绘制加载-沉降-时间曲线如图 6 ~ 图 8 所示。

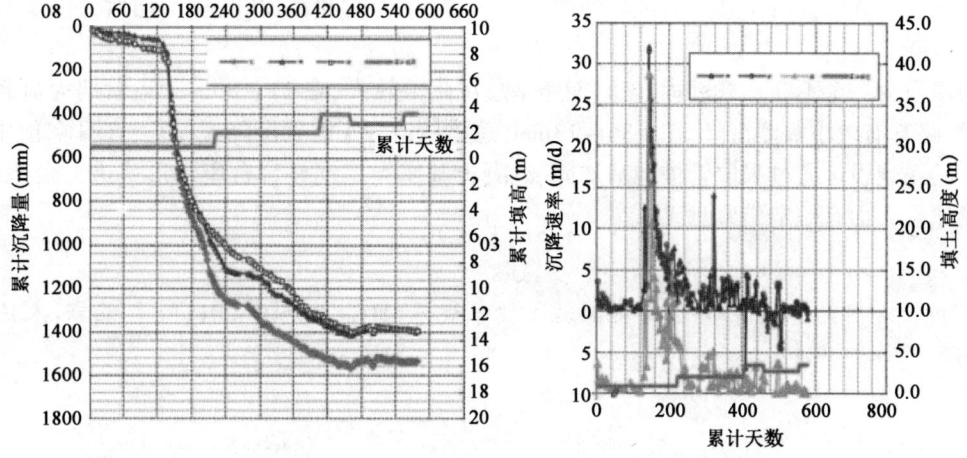

图 6　第 4 合同段 K17 + 940 断面填土—沉降—时间关系曲线

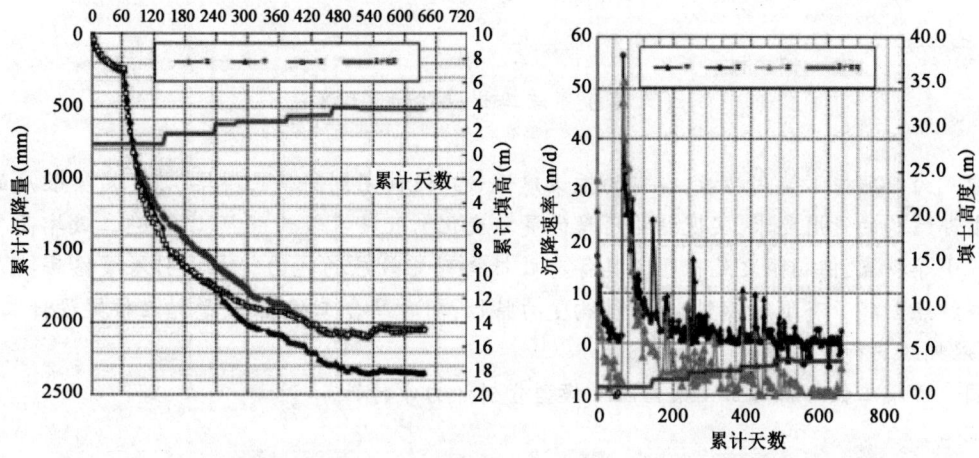

图 7　第 4 合同段 K18 + 040 断面填土—沉降—时间关系曲线

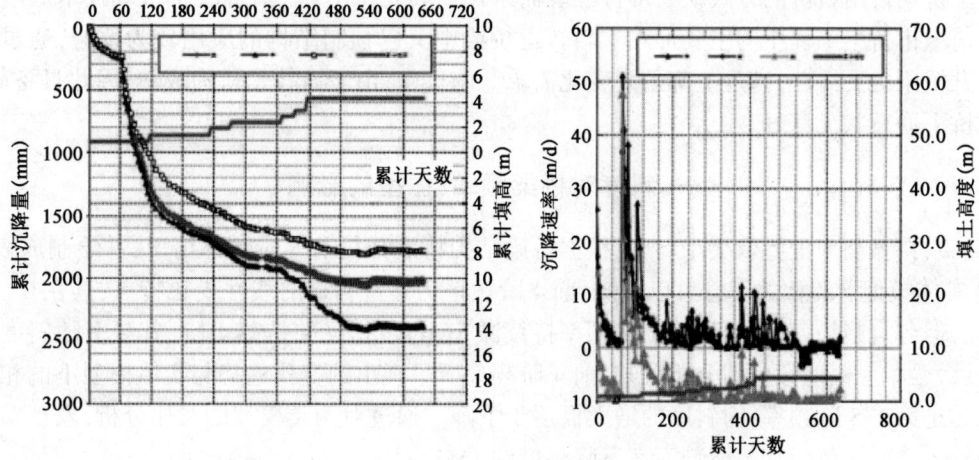

图 8　第 4 合同段 K18 + 140 断面填土—沉降—时间关系曲线

由上述荷载-沉降-时间关系曲线可知,在运营期间,软基所承受的荷载处于一个相对稳定的状态,路基沉降趋于稳定。真空预压所带来的软基固结效果稳定,在梁场整个建设及运营期间沉降曲线趋于收敛,处于稳定状态。

三、结　语

真空预压在卸载后会由于真空荷载取消而产生反弹,反弹时间在 30d 左右,随后会由于荷载的增加而继续产生沉降。

梁场的建设为一个不断加载过程,该时期路基总沉降值较大,在 11～80mm,运营期为荷载加载及卸载更替节段,路基有较小幅度沉降,在 -36～13mm,总体稳定。了解到沉降规律后,在真空预压处理后的软基上进行梁场建设可通过采取管桩地基加固、混凝土基座+型钢叠合台座等形式进行台座设计,在深厚软基梁场建设方面有一定借鉴意义。

参考文献

[1] 中华人民共和国交通运输部.公路桥涵施工技术规范:JTG/T F50—2011[S].北京:人民交通出版社,2011.

27. 斜转正连续箱梁桥的力学特性分析

吴　刚

(天津市市政工程设计研究院)

摘　要　为兼顾桥下使用功能,当前的桥梁建设领广泛使用到斜转正桥梁,基于对梁长度的调整,可满足桥梁上部结构的使用要求,实现结构角度的灵活变化。此技术较为成熟,具备施工效率高、对周边正常交通干扰小等特点,但局限之处在于不具备有效抵御弯矩效应的能力。本文引入梁格法,根据斜转正桥梁的构成特点创建了有限元模型,总结结构受力特性,同时结合工程经验,总结在桥梁设计工作中应注重的问题,以期给同行提供参考。

关键词　桥梁工程　斜转正　梁格法　模型分析　力学特性

城市土地资源有限,道路以高密度布设形式居多,被交路与主线斜交的情况尤为普遍。若桥梁建设规模较大,全桥均使用斜桥的方式缺乏可行性。而采用斜转正的方式,则解决了常规技术局限性较强的问题,是当前城市桥梁工程中的主要形式。斜转正桥梁中又以预制结构的应用较为普遍,通过对梁长的调节,可提升桥梁的灵活性,满足上部角度变化需求。施工中,由于该技术较为成熟,因此具备高效、安全的特点,且桥下通行状况良好。

一、斜度对桥梁频率、振型的影响

根据经验,自振频率主要取决于斜度,根据桥梁结构特点分析前 5 阶频率情况,并绘制成表,见图 1、图 2。结合实体模型下的相关信息可以得知,前 4 阶频率均具备明显的线性变化特点,其在 0°～45°区间内均是如此,但各自趋势存在差异,第 2 阶频率持续减小,与之相反的是第 4 阶,其频率随斜度的加大而提升。通过对梁单元模型频率的分析可知,前 4 阶频率所呈现出的变化趋势与实体模型下的相关曲线一致,较特殊的是第 1、5 阶频率,因斜度的增大而逐步下降。通过对两类模型的对比分析,发现实体模型频率偏低,相较于空间梁单元相关模型而言下降幅度约 15%。

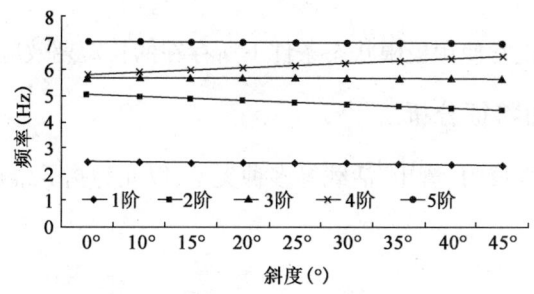

图1 实体模型各斜度下前5阶频率

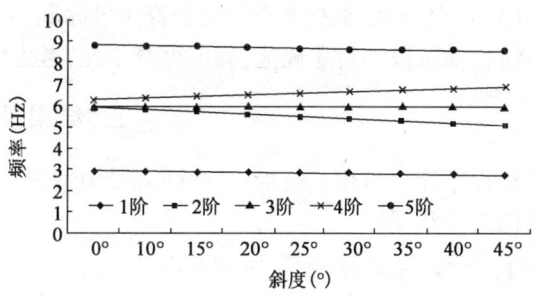

图2 空间梁单元模型各斜度下前5阶频率

二、结构建模

本次分析使用到梁格法,其基本理念在于将桥梁整体划分为若干个梁格单元,具体含纵梁与横梁两部分,上部结构所具备的抗弯能力统一归集到周边梁格中,横、纵向刚度则分别对应至特定的构件(横向、纵向两类)中,由此创建了等效梁格体系,可以发现其与原型结构在弯矩等方面的结果具有较高的相似性。在此基础上,若提高单元划分精度,此法在一般结构计算工作中则具有可行性。

1. 桥梁概况

某桥梁工程中,上部结构主要由斜转正预制连续箱梁构成,半幅桥宽12.15m,横向布梁,间距2.95m,高1.4m,单幅桥所用梁结构的总量为4片。0号至3号支点各自形成交角,具体为0°、10°、20°30°,基于对预制梁长的调整,可满足桥墩交角变化需求。

2. 分类计算模型对比

桥梁建设领域,梁格理论取得广泛应用,其中又以正交桥梁的使用频率最高。本桥梁工程中,采取的是逐孔渐变斜交的方式,相比于正交桥梁而言存在诸多特殊之处,为检验梁格法在此类桥梁中是否具有适用性,引入多种方法建模,即简化平面杆系、简化梁格法及空间实体法,并对比分析。单梁模型的创建基于 Midascivil 程序而实现,实体则选用 Midasfea 程序,梁格法将全桥拆分为多个部分,主要有纵梁与横梁两类,用于模拟桥梁受力情况;实体模型按小箱梁截面建模。为满足分析要求,对三种模型采取了简化处理,仅考虑自重与铺装效应两方面因素,如温度、收缩等方面均不在本次分析的范围内。对比分析支点反力结果:根据单梁模型可以得知,在斜交角度加大的条件下,各支点与实体模型的情况存在不同程度的差异,以支点3处最为明显,偏差达13.8%,同时该处无法反映斜桥的反力特性;相比之下,梁格法中各支座反力都较为明确,既表现出斜桥效应,又以支点0、各支座最为特别,其反力偏差明显减小,与实体模型对比分析得知,最大偏差仅为6.1%。鉴于此,选用简化梁格法具有可行性。

3. 梁格模型

以起始支点作为基准点,实现由0°向30°的转变,以产生斜交关系,对应结构具有特殊性,明显区别于常规斜交桥。通过对构造的分析可知,两端各不相同,分别对应为正交与斜交,各自的梁长也存在差异,产生的预应力作用区并不一致。针对此特点,引入梁格法,将边梁与中梁划分为多个部分,形成大量纵梁结构单元;根据中横梁与端横梁的结构特点,按实际截面模拟为横梁单元;通过正向划分的方式拆分桥面板,使其形成若干个无重虚拟横梁。

4. 荷载及组合工况

以以下几点为参考,合理设计荷载:
(1)结构自重荷载,张拉弯矩预应力荷载。
(2)收缩徐变荷载,此处以混凝土实际用量加载。
(3)桥面二期铺装荷载以护栏荷载,后者方式特殊,按偏心荷载的方式处理,加载至边梁处。
(4)支座不均匀沉降,结合桥梁结构特性,各支点沉降值均设置为5mm。

(5)道路荷载,此处考虑的是公路Ⅰ级标准。

结合现阶段的行业规范,确定组合工况,考虑的是正常使用极限状态条件下所存在的长短期效应。

三、结果及受力特征分析

经程序计算后生成结果,从中明确受力情况,如支点反力、弯矩、活载等多种类型,以此为指导准确认知结构受力状况。

1. 汽车荷载作用下支座反力

总结各支座反力情况,见表1。通过对反力值的分析得知,由于存在恒载作用,钝角反力明显加大,相比之下锐角反力偏小,表明存在反力分布不均的问题。从成因来看,与纵梁扭矩有密切关联,而此类型扭矩的产生又源自多个方面:边梁形心的位置不当,与支点平面未形成重合的关系;梁的跨径存在差异,由此产生竖向挠曲偏差等。当然,斜转正桥梁反力的特殊性并不局限于上述原因,如支座约束形式也会对其带来直接影响,因此在模型分析工作中,还要注重对支座约束方式的选择,尽可能消除对模型的不良影响。

汽车荷载作用下支座反力表 表1

支 点	横向支座位置(kN)			
	1	2	3	4
支点0	515	558	560	558
支点1	791	803	804	821
支点2	785	803	825	898
支点3	617	596	575	443

2. 弯矩分布特征

斜转正桥梁除了上述提及的受力特性外,还体现在竖向最大弯矩这一层面,其表现出向钝角方向偏移的特点;跨中处受力特性也较特殊,于该处产生了最大横向弯矩。因恒载的作用将形成竖向最大弯矩,其特殊性体现在第三跨处,即大幅度向钝角端偏移;与之不同的是横向最大弯矩,则集中在钝角侧边梁墩顶处,于该处形成了向外的横向弯矩极值,加之温度荷载等多方面作用,最终边梁支点截面处形成了横向弯矩峰值。从横向弯矩值的分布情况来看,其并未出现在单梁模型中,因此在竖向、横向弯矩的双重作用下,使得该截面产生了应力峰值。而从变化规律来看,负弯矩张拉前的整个阶段内,横向弯矩峰值几乎不存在,约为零;而受到负弯矩钢束张拉的作用,该值将迅速产生,并直接受到收缩徐变二次效应影响,呈持续增加的趋势。基于上述分析,总结横向弯矩峰值的成因:与负弯矩的布置形式有关,若为平面斜向平行的方式,则无法与纵梁形心保持一致,二者存在平面偏差,通过对钢束的张拉处理,经由横梁实现平面弯矩的传递;后续由于施加了二期恒载,致使结构受力发生改变,但此时中横梁截面刚度处于较大水平,可将其视为横向刚性约束,存在最为明显的荷载效应,最终在该处产生峰值。通过对计算结果的分析得知,在短期效应组合下,纵梁墩顶支点由于存在明显的横向弯矩,因此其带来的效应峰值将提升至235kN·m,并且直接改变了截面顶点左右侧应力分布状况;相较之下,单梁模型所反馈的信息较为缺乏,无法得到该值。

3. 扭矩分布特征

斜转正桥梁的结构特点更为特殊,各梁跨径存在差异,截面形心高度各不相同,若梁截面处出现竖向弯曲问题,在各梁曲率差异化的作用下,则会形成扭矩,横梁可通过横向传递的方式达到平衡扭矩的效果,与此同时,纵梁处的弯矩分布状况发生变化,伴随较明显的弯扭耦合效应。在斜交角度不断加大之下,各梁扭矩都表现出提升的趋势。因活载的存在,也将形成纵梁扭矩,其在分布上与恒载扭矩并无过多差异;从扭矩峰值的分布来看,主要集中在支点2右边梁墩顶处。因此,在结构分析工作中应重点关注截面形心以及预应力钢束所处的具体位置,并选取合适加载方式,从而起到改善纵梁扭矩效应的效果。

4. 应力结果

长期效应组合下,通过对此时纵梁横截面的分析得知,该处的最小压应力为0.34MPa;若处于荷载短期效应组合下,将存在最大拉应力,即-1.76MPa。从极限状态来看,通过对此时正截面的分析可知,其最大压应力为16.06MPa,斜截面该值为16.09MPa。伴随有明显的截面正应力峰值,集中分布在斜交墩顶处。此外,产生的主拉应力峰值则主要集中在墩顶处。根据此特点,在斜转正桥梁设计工作中要充分关注墩顶处,基于合理的控制措施确保该处截面应力的合理性。

5. 结构抗力验算

斜转正预制桥所使用到的梁相对较长,其明显区别于常规跨径桥梁。根据此特点,在此类桥梁中要注重对梁上纵向主筋的处理,以合理的手段实现加强,从而提升全桥结构的抗弯矩与抗剪能力。通过对结构竖向弯矩抗力与剪力的分析得知,极限状态下该值明显更大,且均超过荷载基本组合条件下的抗弯矩与抗剪力。

四、斜转正桥设计探讨

根据上述的分析,提出如下几点有关于斜转正桥的设计建议:

(1)建模时注重对湿接缝宽度的控制,提升边梁形心的合理性,使其与钢束作用中心尽可能达到重合的关系,从而缓解横向弯矩作用;
(2)边支点宜选用滑板支座,其具备控制收缩徐变的效果;
(3)模拟时要注重对各龄期混凝土状况的分析,明确收缩徐变的影响;
(4)对抗剪箍筋采取加强处理措施,确保结构具有优良的抗剪性能;
(5)加强腹板侧面钢筋,从而抵御墩顶截面横向弯矩。

五、结　语

基于本文对斜转正桥梁的分析,明确了该桥梁受力特点,分析受力特性的具体成因,并结合工程实例,从中总结设计要点,以期给斜转正桥梁的设计工作提供参考。

参考文献

[1] 魏志峰.预应力混凝土连续箱梁桥成桥施工方案比选[J].甘肃科学学报,2020,32(01):100-104,115.
[2] 杨杰平.某现浇连续箱梁桥裂缝原因及加固技术分析[J].公路与汽运,2020(01):118-120.
[3] 吴腾飞.不等跨预应力混凝土单箱双室连续箱梁桥荷载试验分析[J].福建交通科技,2019(06):105-108.

28. 预制节段桥梁钢榫键接缝直剪力学行为研究

邹　宇[1]　宋冰泉[2]　裘松立[2]　谢正元[3]　雷　欢[3]　柳惠芬[1]　徐　栋[1]

(1.同济大学;2.宁波交通工程建设集团有限公司;3.柳州欧维姆机械股份有限公司)

摘　要　钢榫键接缝是一种构造简单、施工方便的新型接缝形式在日本得到广泛的应用,但在国内尚无应用和相关研究。本文利用实体有限元软件对钢榫键接缝的力学行为和破坏模式展开非线性计算分析研究。研究表明,钢榫键接缝荷载—位移曲线在加载初期呈线弹性随后进入强化段,随着继续加载接缝承载能力在达到极限承载能力后突然降低,呈脆性破坏;加载过程中由于局部杠杆效应,握裹凸键部分的混凝土早于握裹凹键部分的混凝土受压屈服。

关键词　预制节段　钢榫键　接缝　力学行为　有限元

一、引言

预制节段桥梁满足桥梁标准化、工厂化、快速化的施工要求,同时又具有安全、经济、对周围环境干扰少和施工质量易控制等优点,在国内外得到广泛的应用[1]。接缝处钢筋和混凝土均不连续,是预制节段混凝土桥梁结构的重要部位,同样也是薄弱环节[2]。因此,接缝成为整个桥梁的关键部位,非常有必要对其抗剪性能开展分析研究。

Buyukozturk[3]、Roberts[4]、RombachG[5]、J. Turmo[6]、Jiang[2]、Zhou[1]、袁爱民[7]等人为获得不同参数变量对齿键接缝力学性能的影响以及改善齿键接缝局部受力性能开展了大量实验研究。这些实验表明:胶接齿键接缝抗剪强度高于干接缝[3,4]随着正应力的增加,接缝抗剪强度也随之增加[1,5];AASHTO 规范低估了单键齿干、胶接缝的抗剪承载力,但又高估了多键齿干接缝的抗剪承载力[1];钢纤维可以增加齿键接缝的延性[2,6]。

综上所述,从 1950 年至今预制节段桥梁通常采用齿键接缝作为传力构造。但随着快速桥梁施工在国内外的逐步推广,更加需要一种制作简易、施工方便、质量易控的接缝形式。钢榫键接缝(图 1)作为一种构造简单、拼装方便的新型接缝形式在日本国内得到广泛的应用,但有关钢榫键接缝的力学行为、破坏模式对外公开的资料极少,且有关预制节段钢榫键接缝的研究在国内还是空白。

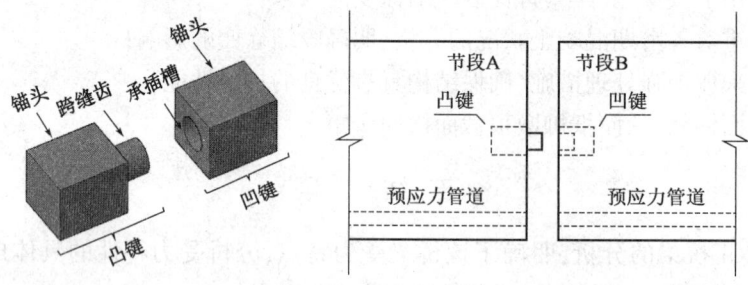

图 1 钢榫键接缝示意图

本文利用非线性有限元针对钢榫键接缝开展数值计算研究,介绍了钢榫键接缝有限元的建模过程,通过有限元计算获得了钢榫键接缝的荷载-位移曲线,并对钢榫键接缝在加载过程中的力学行为进行详细分析,获得了钢榫键接缝的破坏模式。本文的研究弥补了钢榫键接缝在国内研究的空白。

二、钢榫键构造形式

本文研究中所涉及的钢榫键均采用 Q235 钢材。钢榫键中凸键跨缝齿长为 40mm、直径为 40mm;凹键和凸键均采用边长为 60mm 的方形锚头,锚头长为 90mm。依据跨缝齿直径对钢榫键进行命名,后续简称该钢榫键为 40 型钢榫键,其几何详细尺寸如图 2 所示。

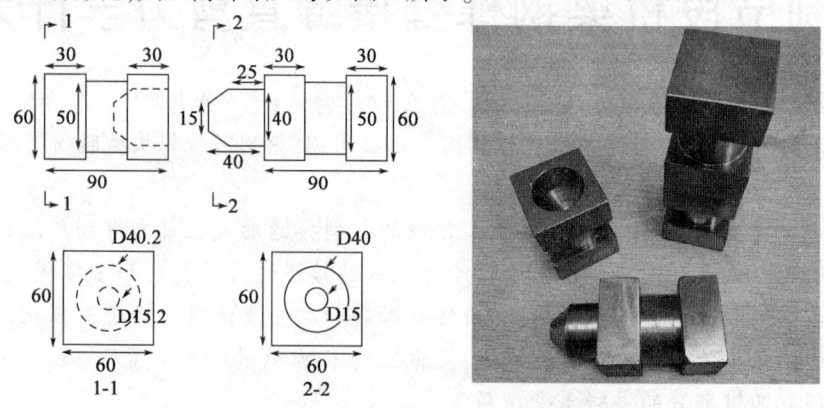

图 2 钢榫键构造形式(尺寸单位:mm)

三、几何模型

预制节段接缝的力学行为及承载能力通过设计"Z"形接缝推出实验获得[14],实验模型的几何构造设计如图3所示,其中钢榫键的尺寸如图2所示。加载过程中,为避免非研究对象的破坏,相应位置设置构造钢筋以增强构件的刚度,构造钢筋采用直径为16mm的HRB400钢筋;同时加载位置设置预埋钢板以减小应力集中对实验结果的影响,预埋钢板采用200mm×100mm×25mm的Q235钢板。考虑到成桥状态接缝位置存在预压力,且避免体内筋对钢榫键接缝承载能力的干扰,模型设计时通过设置体外钢筋和预压钢板来实现接缝之间的预压力,体外钢筋采用直径为20mm的HRB400钢筋,预压钢板采用450mm×300mm×40mm的Q235钢板,实验几何模型如图4所示。

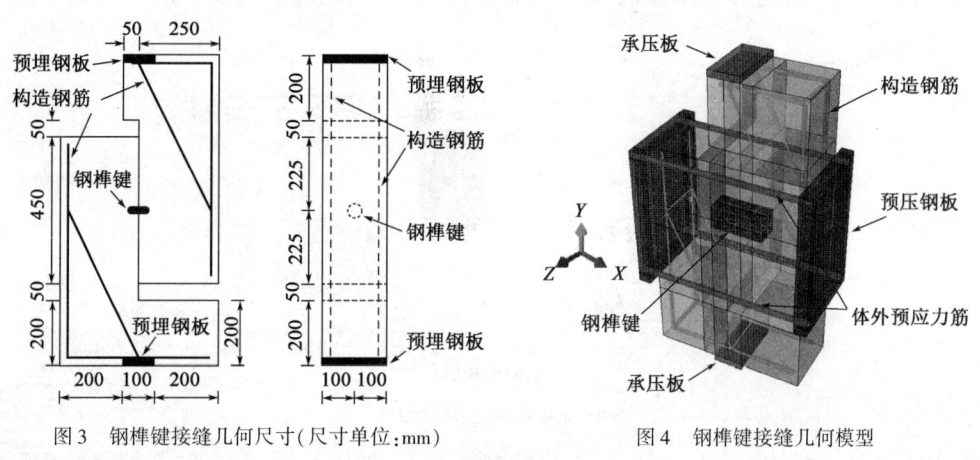

图3 钢榫键接缝几何尺寸(尺寸单位:mm)　　图4 钢榫键接缝几何模型

四、有限元模型

1. 单元

有限元模型采用ABAQUS实体有限元分析软件进行非线性分析,为确保计算的准确性兼顾计算的时间成本,钢榫键及附近混凝土的网格尺寸进行细化处理。模型中混凝土采用收敛性较好的八节点六面体线性减缩积分实体单元(C3D8R)来模拟,共计30729个单元;钢筋采用两节点线性三维空间桁架单元(T3D2)来模拟,共计245个单元。有限元模型如图5所示。

2. 接触关系

接缝法向行为采用硬接触,切向行为取0.6的摩擦系数,允许接缝出现弹性滑移。构造钢筋与混凝土的黏结利用ABAQUS提供的嵌入(Embedded)技术来模拟。钢榫键与混凝土采用绑定(Tie)约束,钢榫键凸键与凹键切向行为取0.15的摩擦系数。预压钢板与混凝土构件切向行为取0.6的摩擦系数。体外筋与预压钢板采用多点约束中的刚性梁约束(MPC-BEAM),即约束第一个节点和第二个节点的位移和旋转。承压板与混凝土构件相应位置采用绑定(Tie)约束。同时,为便于后处理过程中抗剪承载力和构件竖向相对位移的提取,将试件顶部与预先设定的参考点进行耦合(Coupling),并通过参考点向构件施加竖向力,加载采用位移控制加载。

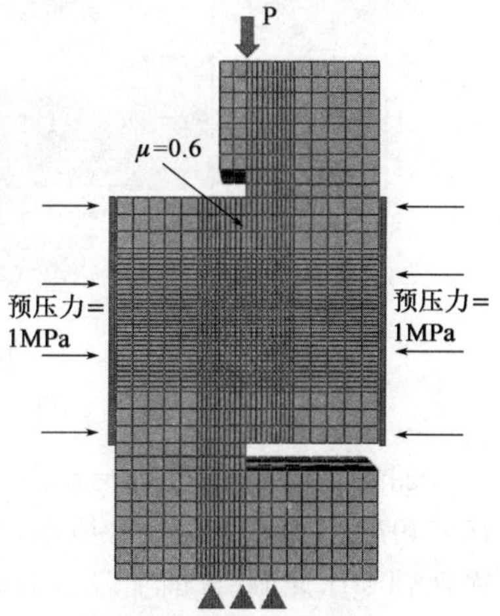

图5 钢榫键有限元模型

3. 边界条件与加载

在有限元模型中限制模型底部相应位置所有单元平动自由度。建立两个通用静力分析步来完成对模型水平预压力和竖向力的加载。第一个分析步施加水平预压力,对体外预应力钢筋建立预定义温度场,通过降温实现对钢榫键接缝施加1MPa预压应力。第二个分析步施加竖向力,通过施加竖直向下的边界条件来模拟位移加载。

4. 本构关系

分析考虑几何非线性和材料非线性,其中材料非线性采用ABAQUS提供的CDP模型[8],C50混凝土和Q235钢材本构关系依据《混凝土结构设计规范》(GB 50010—2010)[9]。

五、钢榫键接缝力学行为

根据钢榫键接缝的受力特征,加载过程中凸键跨缝齿和凹键承插槽相互挤压,且凹凸键锚头与混凝土在 Y 方向相应位置相互接触受压。在整个加载过程中,钢榫键和混凝土的破坏均由 Y 方向的应力所决定。因此,在加载过程中钢榫键和混凝土的力学性能,均以 Y 方向的应力表示。应力方向坐标系如图6所示。

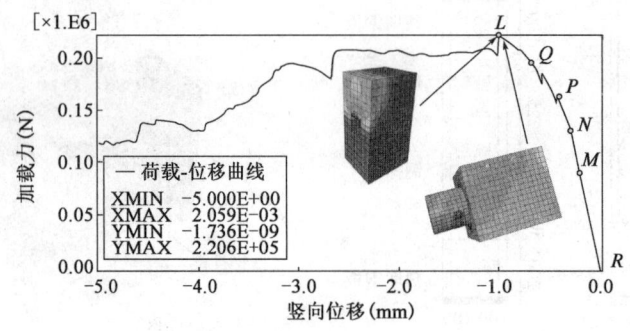

图6 钢榫键接缝力学行为

加载过程中钢榫键接缝的力学行为用荷载-位移曲线表示,如图6所示。加载过程中,RM 为线弹性阶段。加载至荷载-位移曲线 M 点时,钢榫键凸键跨缝齿下缘根部(跨缝齿下缘与凹键承插槽接触部位)初次受压屈服,此时加载力为76360.4N。应力云图如图7所示。加载至荷载-位移曲线 N 点时,钢榫键凹键(凹键承插槽与凸键跨缝齿接触部位)初次受压屈服,此时加载力为136343N。应力云图如图8所示。

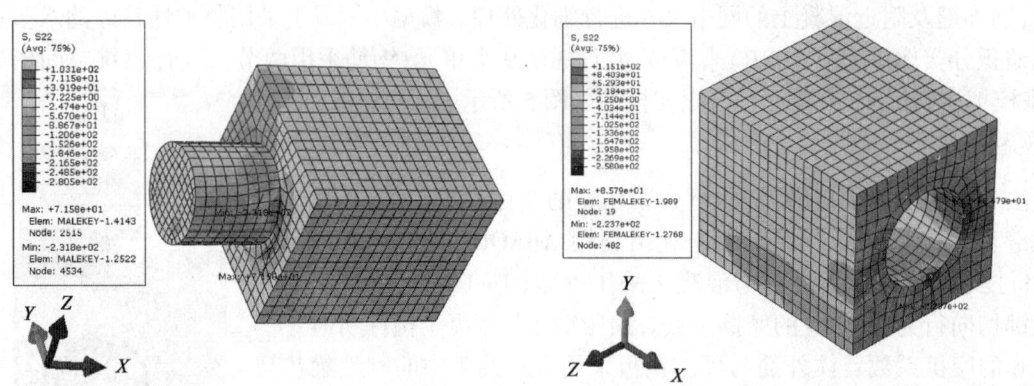

图7 凸键初次受压屈服应力云图　　　　图8 凹键初次受压屈服应力云图

加载至荷载-位移曲线 P 点时,凸键所在混凝土构件上缘局部混凝土初次受压屈服,此时加载力为165549N,应力云图如图9所示。加载至荷载-位移曲线 Q 点时,凹键所在混凝土构件下缘局部混凝土初次达到受压屈服,此时加载力为189966N时,应力云图如图10所示。可见由于杠杆效应,上部混凝土构件早于下部混凝土构件达到混凝土抗压强度。

随着继续位移加载,加载至荷载—位移曲线 L 点时,钢榫键接缝达到极限承载能力,此时加载力达到220553N时。由于混凝土呈脆性,加载力达到钢榫键接缝极限承载能力之后,承载能力呈突然降低。钢榫键接缝在极限状态时,凸键和凹键最大压应力为324.8MPa,早已受压屈服;此时,与钢榫键锚头受压面接触的混凝土大面积受压屈服而退出工作。

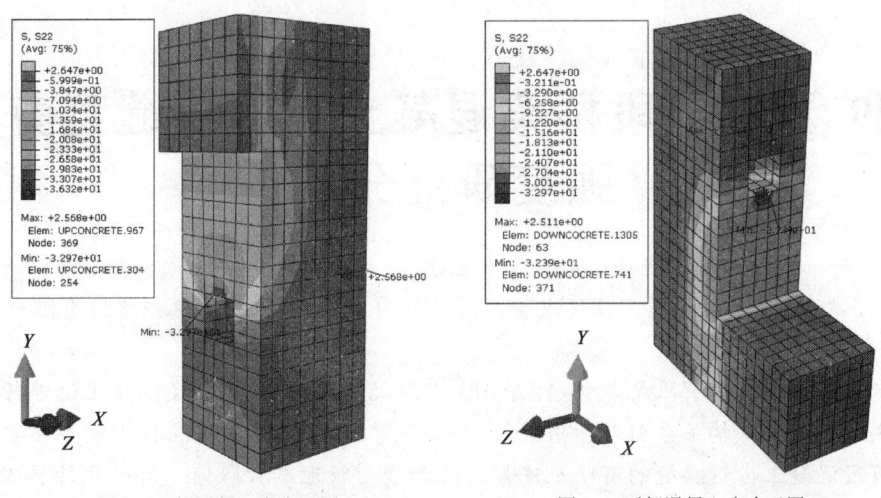

图9 上部混凝土应力云图　　图10 下部混凝土应力云图

六、结　语

钢榫键接缝作为一种新型预制节段接缝形式引入国内,有关钢榫键接缝的力学行为尚不明确,本文基于40型钢榫键,利用非线性有限元对钢榫键接缝的力学行为展开研究。通过研究得到以下结论:

(1)加载初期,钢榫键接缝荷载-位移曲线呈线弹性;随着继续加载,钢榫键和混凝土先后受压屈服进入强化段;接缝达到极限承载力后,接缝承载能力突然降低,破坏显脆性。

(2)钢榫键接缝破坏模式:钢榫键接缝在极限状态时,钢榫键受压屈服,同时钢榫键周围混凝土大面积受压屈服。

(3)加载过程中,由于局部杠杆效应握裹凸键部分的混凝土早于握裹凹键部分的混凝土受压屈服。

本文基于有限元计算对钢榫键接缝的力学行为开展了计算研究。后续将规划模型实验,利用模型实验对钢榫键接缝的力学行为、裂缝发展、破坏模式开展进一步研究,以对现有结论进行补充和完善。另外,对钢榫键在结构中的弯剪力学性能在本文暂未涉及,这也是课题后续研究重点。

参考文献

[1] Zhou X,Mickleborough N,Li Z. Shear strength of joints in precast concrete segmental bridges[J]. ACI Structural Journal,2005,102(1):901-904.

[2] Jiang H,Wei R,Ma Z J,et al. Shear Strength of Steel Fiber-Reinforced Concrete Dry Joints in Precast Segmental Bridges[J]. Journal of Bridge Engineering,2016,21(11):04016085.

[3] Buyukozturk O,Bakhoum M M,Michael Beattie S. Shear Behavior of Joints in Precast Concrete Segmental Bridges[J]. Journal of Structural Engineering,1990,116(12):3380-3401.

[4] CL Roberts,E Breen,ME Kreger. MEASUREAENT BASED REVISIONS FOR SEGMENTAL BRDGE DESIGN AND CONSTRUCTION CRITERIA 6. Performing Organization Code[J],1993.

[5] ROMBACH G J I R S B. Precast segmental box girder bridges with external prestressing-design and construction[J]. 2002,1-15.

[6] Turmo J,Ramos G,Aparicio A C. Shear strength of dry joints of concrete panels with and without steel fibres:Application to precast segmental bridges[J]. Engineering Structures,2006,28(1):23-33.

[7] 袁爱民,符俊冬,程磊科,等.节段预制桥梁胶接缝配筋剪力键剪切性能试验[J].中国公路学报,2018,31(12):85-91.

[8] 石亦平,周玉蓉.ABAQUS有限元分析实例详解[M].北京:机械工业出版社,2006.

[9] 中华人民共和国住房和城乡建设部.混凝土结构设计规范:GB 50010—2010[S].北京:中国建筑工业出版社,2011.

29. 预制节段桥梁混凝土齿键接缝直剪强度研究分析

邹 宇[1] 宋冰泉[2] 王毓晋[2] 裘松立[2] 刘 超[1] 王志超[3] 徐 栋[1]

(1.同济大学;2.宁波交通工程建设集团有限公司;3.柳州欧维姆机械股份有限公司)

摘 要 本文对大型通用有限元软件 ABAQUS 中的混凝土塑性损伤(CDP)理论进行了详细介绍,并基于规范提供的混凝土本构关系引入损伤因子,确定了本文建模所需的混凝土塑性参数值。然后,详细介绍了预制节段混凝土齿键接缝的有限元建模过程和模型物理参数取值。有限元计算以混凝土强度、接缝间预压力为参数变量,对混凝土齿键接缝直剪承载能力开展计算分析。计算结果显示,有限元计算结果与实验结果偏差在10%以下,与 AASHTO 接缝抗剪计算公式偏差6.23%,最后分析了偏差原因。对比结果说明本文所建有限元模型是可靠的,为预制节段混凝齿键接缝非线性有限元分析提供了参考。

关键词 预制节段 齿键 接缝 直剪 有限元

一、引 言

ABAQUS 作为大型非线性有限元分析软件被广泛应用于土木工程结构计算。张劲[1]在规范提供的混凝土本构关系的基础上引入损伤因子的概念,对混凝土塑性损伤模型本构关系参数的确定方法进行了研究,并用一混凝土剪力墙试验的模拟分析,验证本构关系参数用于结构分析情况下的可靠性。聂建国[2]得到了分析实际结构构件时不同混凝土材料本构模型的适用情况。刘巍[3]通过对一配置弯起钢筋的混凝土简支梁进行精细化建模,验证 CDP 模型在混凝土结构非线性分析中的可靠性。截至目前,众多科研人员针对 ABAQUS 或基于 ABAQUS 的模型研究已获得较多研究成果。但利用 ABAQUS 针对预制节段混凝土齿键接缝的直剪力学性能研究相对较少。本文介绍了 ABAQUS 中混凝土塑性损伤模型(CDP)理论,并基于 CDP 模型结合《混凝土结构设计规范》中混凝土本构关系引入损伤因子的概念。列出了有限元模型中各参数的计算过程及取值,并详细介绍了预制节段混凝土齿键接缝的有限元建模过程。有限元分析以混凝土强度、预压应力为参数变量,计算得到了不同条件下预制节段混凝土齿键接缝的直剪承载能力,并和实验结果进行对比。同时,将计算结果与 AASHTO 接缝抗剪理论计算结果进行了对比。对比结果说明本文所建立的有限元模型及参数取值对预制节段混凝土齿键接缝直剪强度的计算模拟分析是可靠的,为预制节段混凝齿键接缝非线性有限元分析提供了参考。

二、材 料 参 数

1.混凝土塑性损伤模型理论

ABAQUS 中混凝土塑性损伤模型(CDP)是在 Lubliner[4] 和 Lee and Fenve[5] 模型的基础上建立的,如图1所示。本文取 $\omega_c = 1, \omega_t = 0$。

CDP 模型假定混凝土材料主要因为拉伸开裂和压缩破碎而破坏。屈服或破坏面的演化由两个硬化变量 $\tilde{\varepsilon}_t^{pl}$ 和 $\tilde{\varepsilon}_c^{ck}$ 控制, $\tilde{\varepsilon}_t^{pl}$ 和 $\tilde{\varepsilon}_c^{ck}$ 分别表示拉伸和压缩等效塑性应变。混凝土材料由于损伤引起刚度退化在宏观上主要表现在拉压屈服强度不同,拉伸屈服后混凝土材料表现为软化,压缩屈服后混凝土材料先硬化后软化,CDP 模型中拉伸和压缩采用不同的损伤

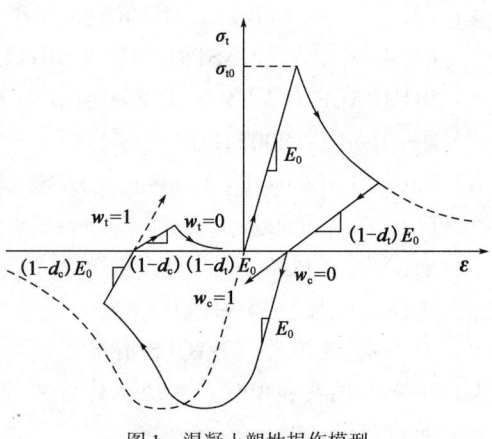

图1 混凝土塑性损伤模型

因子来描述这种刚度退化。图2、图3分别为混凝土单轴受拉损伤和受压损伤行为,可用式(1)、式(2)来描述混凝土的变形特征。

$$\sigma_t = (1-d_t)E_0(\varepsilon_t - \tilde{\varepsilon}_t^{pl}) \quad (1)$$

$$\sigma_c = (1-d_c)E_0(\varepsilon_c - \tilde{\varepsilon}_c^{pl}) \quad (2)$$

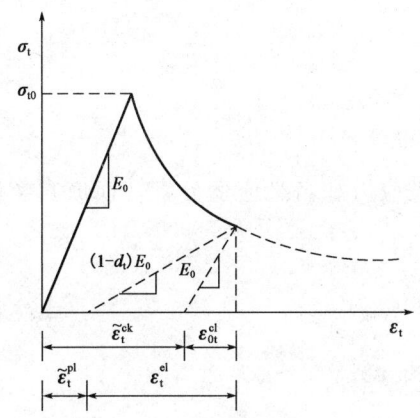
图2 混凝土塑性损伤模型受拉-应力应变关系

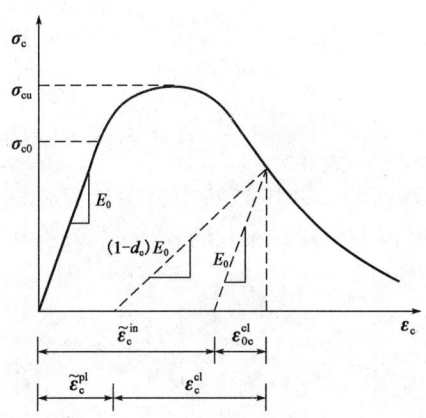
图3 混凝土塑性损伤模型受压-应力应变关系

同样由图2、图3可得塑性应变 $\tilde{\varepsilon}_t^{pl}$ 和开裂应变 $\tilde{\varepsilon}_t^{ck}$ 关系,等效塑性应变 $\tilde{\varepsilon}_c^{pl}$ 和非弹性应变 $\tilde{\varepsilon}_c^{in}$ 的关系,见式(3)、式(4)。

$$\tilde{\varepsilon}_t^{pl} = \tilde{\varepsilon}_t^{ck} - \frac{d_t}{(1-d_t)}\frac{\sigma_t}{E_0} \quad (3)$$

$$\tilde{\varepsilon}_c^{pl} = \tilde{\varepsilon}_c^{in} - \frac{d_c}{(1-d_c)}\frac{\sigma_c}{E_0} \quad (4)$$

2. CDP模型参数确定方法

1) CDP模型中的应力应变关系

结合《混凝土结构设计规范》[6]给予的应力应变关系来确定CDP模型中受拉时 $\sigma_t - \tilde{\varepsilon}_t^{ck}$ 关系和受压时 $\sigma_c - \tilde{\varepsilon}_c^{in}$ 关系。考虑到CDP模型采用的是等向强化模型,线弹性阶段的无损伤弹性模量 E_0,非弹性阶段的应力应变关系采用混凝土结构设计规范推荐的关系。

受拉时:

$$\rho_t = \frac{f_{t,r}}{E_c\varepsilon_{t,r}} \quad (5)$$

$$d_t = \begin{cases} 1 - \rho_t[1.2 - 0.2x^5], & x \leq 1 \\ 1 - \dfrac{\rho_t}{\alpha_t(x-1)^{17} + x}, & x > 1 \end{cases} \quad (6)$$

$$\varepsilon = x\varepsilon_{t,x} \quad \sigma = (1-d_t)E_c\varepsilon \quad (7)$$

$$\alpha_t = 0.312f_{t,r}^2 \quad (8)$$

其中:$\varepsilon_{t,r} = 65 f_{t,r}^{0.54} \times 10^{-6}$

受压时:

$$\rho_c = \frac{f_{c,r}}{E_c\varepsilon_{c,r}} \quad n = \frac{E_c\varepsilon_{c,r}}{E_c\varepsilon_{c,r} - f_{c,r}} \quad (9)$$

$$d_c = \begin{cases} 1 - \dfrac{\rho_c n}{n-1+x^n}, & x \leq 1 \\ 1 - \dfrac{\rho_c}{\alpha_c (x-1)^2 + x}, & x > 1 \end{cases} \quad (10)$$

$$\varepsilon = x\varepsilon_{c,r} \quad \sigma = (1-d_c)E_c\varepsilon \quad (11)$$

$$\alpha_c = 0.157 f_{cx}^{0.785} - 0.905 \quad (12)$$

其中：

$$\varepsilon_{c,r} = (700 + 172\sqrt{f_c}) \times 10^{-6}$$

最后根据式(13)、式(14)，将由规范计算得到名义应力和名义应变分别转换成真实应力和真是应变，也就是 CDP 模型中需要输入的 $\sigma_t - \tilde{\varepsilon}_t^{ck}$ 关系和 $\sigma_c - \tilde{\varepsilon}_c^{in}$ 关系。

$$\varepsilon = \ln(1 + \varepsilon_{nom}) \quad (13)$$

$$\sigma = \sigma_{nom}(1 + \varepsilon_{nom}) \quad (14)$$

2) CDP 模型中的损伤因子

由于混凝土的受拉受压性能差别较大，损伤因子 d 的计算按受拉受压两种情况分别计算，并在 CDP 模型中指定 $d_t - \tilde{\varepsilon}_t^{ck}$ 和 $d_c - \tilde{\varepsilon}_c^{in}$ 关系。由图 2 知：

$$\tilde{\varepsilon}_t^{ck} = \varepsilon_t - \frac{\sigma_t}{E_0} \quad (15)$$

将式(15)带入式(3)，反算得到：

$$d_t = \frac{(1-\eta_t)\tilde{\varepsilon}_t^{ck} E_0}{\sigma_t + (1-\eta_t)\tilde{\varepsilon}_t^{ck} E_0} \quad (16)$$

同理得到：

$$d_c = \frac{(1-\eta_c)\tilde{\varepsilon}_c^{in} E_0}{\sigma_c + (1-\eta_c)\tilde{\varepsilon}_c^{in} E_0} \quad (17)$$

式中：η_t——塑性应变与开裂应变的比值，取 0.5~0.95；

η_c——塑性应变与非弹性应变的比值，取 0.35~0.7。

3) 混凝土塑性参数定义

综上所述，将受拉损伤数据以 $\sigma_t - \tilde{\varepsilon}_t^{ck}$、$d_t - \tilde{\varepsilon}_t^{ck}$ 的形式输入到 ABAQUS；将受压损伤数据以 $\sigma_c - \tilde{\varepsilon}_c^{in}$、$d_c - \tilde{\varepsilon}_c^{in}$ 的形式输入 ABAQUS。本文中混凝土塑性参数取值见表 1。

塑性参数值　　　　表1

膨胀角	偏心率	单轴与双轴抗压强度比值	K 系数	黏性参数
38	0.1	1.16	2/3	0.005

三、几何模型

本文中所涉及预制节段混凝土齿键接缝有限元模型的具体尺寸主要参考 Zhou[7] 的实验模型，模型尺寸如图 4 所示。关于试件的编号 $M_i - D - K_m - n$，M 表示单调加载，i 表示预压应力，D 表示干接缝，K 表示齿键接缝，m 表示齿键的数量，n 代表同类试件的序号。

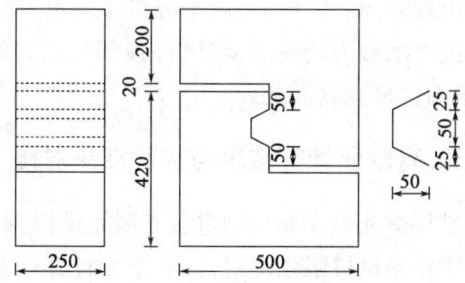

图 4 Zhou 的实验模型尺寸(尺寸单位:mm)

四、有限元模型

1. 单元

有限元模型采用 ABAQUS 实体有限元分析软件进行建模分析,模型中齿键根部面积为 100mm × 250mm,齿键顶部面积为 50mm × 250mm,尺深 50mm。根据 Zhou[7] 的实验结果显示,开裂区域主要集中在齿键及附近,为确保计算的准确性兼顾计算成本,网格划分时将距齿键 20cm 区域范围内的网格尺寸进行细化处理。为避免加载过程中非研究对象的破坏,在非研究对象区域布置构造钢筋,并且构造钢筋与混凝土的黏结利用 ABAQUS 提供的嵌入(Embeded)技术来模拟,钢筋直径为 12mm,几何模型如图 5a)所示。模型中混凝土采用收敛性较好的八结点六面体线性减缩积分实体单元(C3D8R)来模拟,钢筋采用两节点线性三维空间桁架单元(T3D2)来模拟,有限元模型如图 5b)所示。

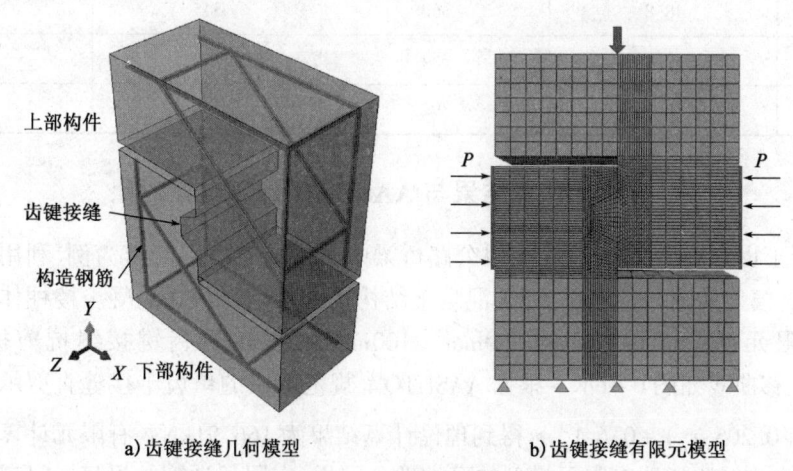

a)齿键接缝几何模型　　　　b)齿键接缝有限元模型

图 5　齿键接缝模型

2. 接触关系

接缝法向行为采用硬接触,切向行为取 0.6 的摩擦系数,允许接缝出现弹性滑移。接缝表面接触状态的跟踪方法采用 ABAQUS 提供的"有限滑移",它允许接触面之间出现任意大小的相对滑动和转动,在分析过程中 ABAQUS 将会不断地判断各个从面节点与主面的哪一部分发生了接触。为保证计算收敛采用"点到面"的离散化方法,主面平滑系数取 0.2。该模型不允许一个表面被另一个表面穿透,接缝表面没有拉应力的传递。

3. 边界条件与加载

Zhou[7] 的实验直接将构件底部与地面接触,因此在有限元模型中限制模型底部所有单元平动自由度。在有限元模型中建立两个通用静力分析步来完成对模型水平预压力和竖向力的加载。第一个分析步施加水平预压力,通过在模型两侧 200mm × 250mm 区域施加恒定均匀的压应力来实现,预压应力分别为 1MPa、2MPa。第二个分析步施加竖向力,通过施加竖直向下的边界条件来模拟位移加载。为避免局部稳定引起的计算不收敛及跟踪出现峰值后的响应,两个分析步均设置阻尼系数为0.0002,以确保分析自动稳定。为便于后处理过程中最大承载力的提取,将试件顶部与预先设定的参考点进行耦合,并通过参考点向构件施加竖向力,加载采用位移控制加载。

五、有限元计算结果与实验结果对比

对 Zhou[7] 9 个传统混凝土齿键接缝实测实验模型进行有限元模拟,不同混凝土标号所对应齿键接缝的计算极限强度见表2所示。与实验测试极限强度对比,有限元计算最大误差控制在10%以下,说明前述建立的有限元模型是稳定可靠的,有限元模型中的边界条件、接触关系、荷载、Abaqus/CDP、材料本构等参数对实验模型都能有较好的模拟,对接缝的抗剪极限强度能有较好的预测。

有限元计算结果与实验结果对比　　　　　　　　表2

试件编号	f_{cm} (MPa)	实验测试极限强度 V_e (kN)	数值计算极限强度 V_n (kN)	误差值 $\left(\dfrac{V_e - V_n}{V_e}\right) \times 100\%$
M1-D-K1-1	38.7	193	185	4%
M1-D-K1-2	50.0	211	199	6%
M2-D-K1-1	56.2	335	310	7%
M2-D-K1-2	59.6	337	316	6%
M3-D-K1-1	80.1	448	401	10%
M3-D-K1-2	48.8	360	345	4%
M4-D-K1-1	37.1	354	360	-2%
M4-D-K1-2	36.7	392	356	7%

六、有限元计算结果与 AASHTO 计算结果对比

关于传统混凝土齿键接缝的力学行为,以公路桥梁中常用的 C50 混凝土为例,利用前述已验证的有限元模型开展研究,模型如图5所示。根据《混凝土结构设计规范》,C50 混凝土棱柱体标准抗压强度为 32.4MPa,通过有限元计算得到 C50 的 250mm × 100mm × 50mm 单齿键接缝抗剪极限承载能力为 156.5kN,荷载—位移曲线如图6所示。根据 AASHTO[8] 规范提供的单齿干接缝直剪承载能力计算公式 $V_j = A_k \sqrt{f_c}(0.996 + 0.205\sigma_n) + 0.6 A_{sm}\sigma_n$ 得到理论计算结果为 166.91kN。有限元计算结果与理论计算结果相差 6.23%,也进一步说明有限元模型的可靠性。同样,有限元计算结果显示,齿键裂缝的开展、破坏模式与 Zhou[7]、Buyukozturk[9] 的实验结果相似,如图6所示。

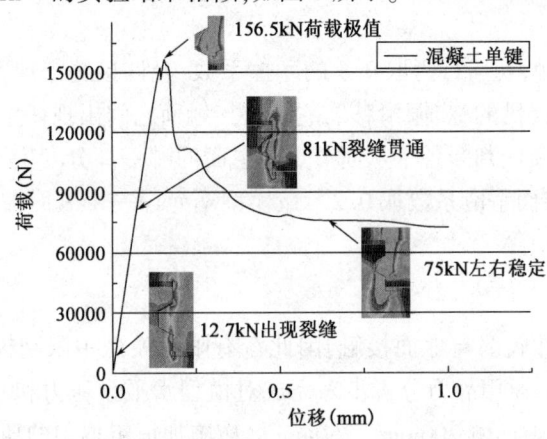

图6　传统混凝土齿键接缝力学行为

七、结　语

本文基于《混凝土结构设计》规范提供的混凝土本构模型引入塑性损伤因子，将规范提供的混凝土本构模型用于 ABAQUS 的 CDP 模型，且给出了混凝土详细的塑性参数取值。本文详细介绍了预制节段混凝土齿键接缝的有限元建模过程及模型物理参数取值。计算结果显示，有限元计算结果与实验结果偏差在10%以下，与 AASHTO 规范接缝抗剪理论计算值偏差6.23%。并且通过有限元获得的荷载－位移曲线、裂缝的发展、破坏模式与 Zhou、Buyukozturk 的实验结果相似。

实验结果和理论计算结果均略微大于有限元计算结果的主要原因在于水平预压力的刚度模拟。Zhou 实验时预压力的施加是设置预压钢板和对拉螺杆借助千斤顶进行水平加载。而本文有限元计算时为简化模型，水平预压力的施加是通过对接缝直接施加均布荷载。因此，实验时接缝的侧限刚度明显高于有限元模型，而 AASHTO 公式是借助实验数据和有限元计算结果回归得来，所以实验结果和 AASHTO 公式理论计算结果略微大于有限元计算结果。

参考文献

[1] 张劲,王庆扬,胡守营,等. ABAQUS 混凝土损伤塑性模型参数验证[J]. 建筑结构,2008,038(008):127-130.

[2] 聂建国,王宇航. ABAQUS 中混凝土本构模型用于模拟结构静力行为的比较研究[J]. 工程力学,2013,30(004):59-67.

[3] 刘巍,徐明,陈忠范. ABAQUS 混凝土损伤塑性模型参数标定及验证[J]. 工业建筑,2014(S1):167-171.

[4] Lubliner J,Oliver J,Oller S,et al. A plastic-damage model for concrete[J]. International Journal of Solids & Structures,1989,25(3):299-326.

[5] Lee J,Fenves G L. Plastic-Damage Model for Cyclic Loading of Concrete Structures[J]. Journal of Engineering Mechanics,1998,124(8):892-900.

[6] 中华人民共和国住房和城乡建设部. 混凝土结构设计规范:GB 50010—2010[S]. 北京:中国建筑工业出版社,2011.

[7] Zhou X,Mickleborough N,Li Z. Shear strength of joints in precast concrete segmental bridges[J]. ACI Structural Journal,2005,102(1):págs. 901-904.

[8] AASHTO I J S. Guide specifications for design and construction of segmental concrete bridges[J]. 1999.

[9] Buyukozturk O,Bakhoum M M,Michael Beattie S. Shear Behavior of Joints in Precast Concrete Segmental Bridges[J]. Journal of Structural Engineering,1990,116(12):3380-3401.

30. 大跨度公铁两用三塔斜拉桥纵向约束影响分析

马政辉　沈锐利

(西南交通大学土木工程学院)

摘　要　为研究大跨度公铁两用三塔斜拉桥合理的纵向约束体系，本文利用有限元计算软件 BNLAS 建立了一座主跨1000m 的公铁两用三塔斜拉桥有限元模型，计算分析了半飘浮体系、中塔纵向约束体系、三塔纵向约束体系与中塔弹性索约束体系在纵风荷载、温度荷载与活载下的作用效应，并对部分荷载进行了详细的机理分析。结果表明，不同约束体系改变了梁、索上作用荷载的传力路径。半飘浮体系在纵向风荷载作用下的内力位移远超其他体系，三塔纵向全约束体系由于两主跨主梁纵向变形受约束会产生很大的温度力,因此两者均不适合用于大跨度公铁两用三塔斜拉桥;在中塔处设置纵向约束对减小桥塔内力、结构纵向位移比较有利,但约束力非常大;设置弹性索约束的效果略低于纵向固定约束,但设计更容易实现。

关键词　三塔斜拉桥　公铁两用　约束体系　纵风荷载　活载　机理分析

一、引　言

从20世纪90年代开始,我国开始设计建造多塔斜拉桥,早期的有岳阳洞庭湖大桥、夷陵长江大桥、香港汀九大桥等,近年来已经建成和正在建设的有多座,如武汉二七长江大桥、南京长江五桥等。如何确保多塔斜拉桥的整体刚度是多塔斜拉桥设计中的关键环节[1]。约束体系是影响多塔斜拉桥整体刚度的重要因素之一,应与结构总体布置、结构特性相匹配[2],选择合适的纵向约束能够有效改善结构受力[3]。

大跨度公铁两用斜拉桥的梁塔约束体系形式主要有飘浮体系、支承体系、固结体系和刚构体系等[4]。香港汀九大桥[1]采用了墩塔固结,连续主梁支承于墩上的结构体系;洞庭湖大桥[5]则采用了墩塔固结,主梁全飘浮的约束体系。喻梅[6]指出,墩塔固结,塔梁分离而主梁连续的支承体系或飘浮体系非常适用于多塔斜拉桥。彭伟[7]等人研究表明,塔梁纵向全固结体系和全飘浮体系有助于减小结构地震反应在各塔的分配差异。文望青[8]通过对金海特大桥的对比分析,推荐采用刚构－连续体系,即中塔墩梁固结,两边塔梁固结、塔墩分离,可有效提高结构刚度。奉成龙等人[9]研究指出,多塔斜拉桥采用纵向弹性索体系可以有效提高结构刚度,减小墩塔弯矩。

多塔斜拉桥的既有研究其主跨多集中在200～600m内,以活载刚度[10]、温度效应和抗震减震[11,12]的分析内容为主,对主跨跨度接近千米的、公铁两用的斜拉桥,及其受纵风荷载、活载的影响和机理分析研究较少。本文依据已有文献资料,建立一座主跨1000m的公铁两用三塔斜拉桥计算模型,计算分析不同约束体系在纵风荷载、温度荷载和活载下的作用效应,对部分荷载的作用机理进行详细分析,研究纵向约束对大跨度公铁两用三塔斜拉桥的影响。

二、结构体系与计算方法

为研究大跨度公铁两用三塔斜拉桥适宜的纵向约束体系,本文建立一座主跨跨度为1000m的三塔双索面双层公铁两用斜拉桥模型,其桥跨布置如图1所示,边中跨比取0.45。主塔采用纵向I形桥塔,边中塔高278m、300m;主梁采用双层桥面板桁组合钢梁结构,桁宽30m,桁高15.5m;斜拉索梁上标准索距为14m,塔上标准索距为1.5m,采用2000MPa级高强度耐久平行钢丝。

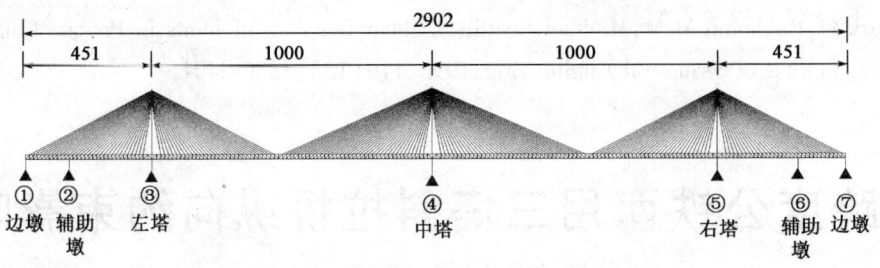

图1　主跨1000m三塔斜拉桥桥跨布置图(尺寸单位:m)

本文采用西南交通大学"桥梁结构静动力非线性分析系统BNLAS"建立平面模型进行计算,模型考虑成桥状态梁与索单元初始内力影响,全面计及结构几何非线性影响。模型中纵向风荷载取值按照《公路桥梁抗风设计规范》(JTG/T 3360-01—2018)计算。控制工况为纵向极限风荷载的作用结果。温度荷载:桥塔混凝土部分升降温18℃,桥塔钢材部分、主梁及斜拉索升降温33℃。活载按照双层考虑:上层双向6车道市政快速路,下层双线高速铁路和双线城际铁路。

本文共比较4种塔梁纵向约束体系对结构受力和变形的影响:

(1)半飘浮体系(塔梁间无纵向约束)。

(2) 中塔处纵向约束体系,其他位置无纵向约束。

(3) 三桥塔处都设置塔梁间纵向约束体系。

(4) 纵向弹性索体系(中塔塔梁间设置弹性索,索长100m,采用2000MPa级高强度平行钢丝索,单根索面积$0.049m^2$,索初拉力$3×10^4kN$)。结构在纵桥向共有7处梁—塔(墩)支承,以位置①~⑦进行编号,如图1所示。各体系在所有塔(墩)处均设置梁-塔(墩)间竖向支承,在所有边墩和辅助墩处梁-墩间纵向无约束,仅在三个桥塔处纵向约束存在差异,各体系约束情况见表1。

主 梁 支 座 布 置　　　　　　　　　　　　　表1

约束体系	左边塔	中塔	右边塔
半飘浮体系	0	0	0
三塔纵向约束体系	1	1	1
中塔纵向约束体系	0	1	0
纵向弹性索体系	0	▲	0

注:0表示纵向不设约束,1表示约束纵向位移,▲表示采用弹性拉索约束。

三、不同约束体系内力位移

本文主要研究不同纵向约束体系下主塔、主梁、弹性索或支座的作用效应,通过对比纵向极限风荷载、温度荷载、活载(0.75汽车荷载+1.0列车荷载)作用下的结构受力响应,分析不同约束体系的适用性。由于结构关于中塔完全对称,边塔计算结果取左塔塔柱结果。

1. 主塔塔底弯矩

在不同的荷载工况下,各约束体系主塔塔底弯矩计算结果见表2。

不同约束体系主塔塔底纵向弯矩(单位:$×10^4kN·m$)　　　表2

工 况	③ 左 塔			④ 中 塔		
	纵向极限风	整体升温	活载	纵向极限风	整体升温	活载
半飘浮体系	739.66	-118.73	370.54	1612.80	0.00	392.09
三塔纵向约束体系	198.01	-1111.42	206.50	295.15	0.00	643.63
中塔纵向约束体系	104.04	-118.73	169.45	607.05	0.00	846.24
纵向弹性索体系	168.78	-118.49	176.34	684.75	0.00	821.07

从表2可见,在纵向极限风荷载作用下,半飘浮体系边中塔产生的塔底弯矩均远大于其他体系;三塔纵向约束体系三个塔柱产生的塔底弯矩平均水平最小;纵向弹性索体系相对于中塔纵向约束体系塔底弯矩水平均有所增大,但增大幅度有限。

在温度荷载作用下,三塔纵向约束体系将产生较大的边塔底弯矩,其余体系边塔塔底弯矩无明显差异。

在活载作用下,半飘浮体系中塔塔底弯矩只有392.1万kN·m,明显小于其他体系;边塔塔底弯矩为370.5万kN·m,明显大于其他体系。半飘浮体系的三个塔柱弯矩分配水平相当,而其余体系边塔弯矩远远小于中塔弯矩。

2. 结构纵向位移

在不同的荷载作用下,各约束体系主塔塔顶水平位移计算结果见表3。

不同约束体系主塔塔顶水平位移(单位:cm)　　　表3

工 况	左 塔 塔 顶			中 塔 塔 顶		
	纵向极限风	整体升温	活载	纵向极限风	整体升温	活载
半飘浮体系	215.01	-38.37	136.20	163.76	0.00	30.40

续上表

工况	左塔塔顶			中塔塔顶		
	纵向极限风	整体升温	活载	纵向极限风	整体升温	活载
三塔纵向约束体系	2.06	-1.05	44.20	7.28	0.00	81.10
中塔纵向约束体系	6.12	-38.37	45.20	10.90	0.00	83.70
纵向弹性索体系	27.26	-38.28	50.30	27.69	0.00	77.70

从表3可见,在纵向极限风荷载作用下,半飘浮体系产生的塔顶水平位移远大于其他体系,其边塔顶水平位移超过了中塔顶水平位移,为2.15m;三塔纵向约束体系由于三个塔柱主梁处均设置了纵向约束,其边中塔塔顶水平位移都最小;中塔纵向约束体系塔顶位移水平仅次于三塔纵向约束体系,弹性索体系由于纵向约束刚度减小,塔顶水平位移较中塔纵向约束体系大。

在温度荷载作用下,边塔塔顶水平位移三塔纵向约束体系最小,其余体系相当。

在活载作用下,半飘浮体系塔顶位移明显区别于其他体系:边塔位移显著大于中塔位移(边塔最大位移为1.36m,中塔最大位移仅0.30m);其余体系中,三塔纵向约束体系边中塔塔顶位移都最小,中塔纵向约束体系的中塔塔顶位移最大,边塔塔顶位移仅次于三塔纵向约束体系。

不同约束体系在不同荷载作用下的梁端纵向位移见表4。

不同约束体系主梁梁端位移(单位:cm)　　　　　表4

约束体系	荷载工况		
	纵向极限风	整体升温	活载
半飘浮体系	188.86	-56.99	92.80
三塔纵向约束体系	1.34	-22.38	7.70
中塔纵向约束体系	5.57	-56.99	8.60
纵向弹性索体系	24.33	-56.92	11.00

从表4可见,纵向极限风荷载与活载作用下,梁端位移大小与结构纵向约束刚度成反比,三塔纵向约束体系梁端位移最小,半飘浮体系最大,极限风荷载下半飘浮体系的梁端位移可达中塔纵向约束体系的34倍,纵向弹性索体系梁端位移比纵向约束体系大,但远小于半飘浮体系。在温度荷载作用下,三塔纵向约束体系由于主梁纵向变形受到边塔处纵向约束,梁端位移较小,只有中塔纵向约束体系的39.3%,而其余体系梁端位移基本无差异。

3. 结构竖向刚度

在活载作用下,各约束体系的主梁挠度结果如图2所示,挠度以向下为正。

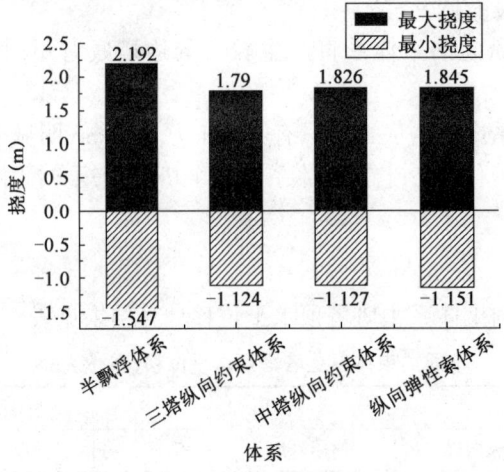

图2　各体系活载作用下主梁挠度

可以看出,活载作用下半飘浮体系主梁挠度最大,为2.19m,而其余体系基本相当。

4. 主塔处纵向约束反力

在不同的荷载作用下,各约束体系主塔处纵向约束反力见表5、表6,纵向弹性索体系为两侧索力变化之和。活载结果为约束反力包络值,纵向弹性索体系为单侧索内力之和。

三塔纵向约束体系左塔处纵向约束反力(单位:kN) 表5

工况	纵向极限风	整体升温	活载
三塔纵向约束体系	-30835.0	317445.8	6522.6/-51542.4

不同约束体系中塔处纵向约束反力(单位:kN) 表6

工况	纵向极限风	整体升温	活载
三塔纵向约束体系	-30747.8	0.0	88352.2/-88352.2
中塔纵向约束体系	-85662.2	0.0	44607.2/-44607.2
纵向弹性索体系	75385.2	13993.6	16625.7/-21021.2

从表5、表6可见,在纵向极限风荷载作用下,各约束体系的纵向约束反力差异明显。中塔纵向约束体系在中塔支座处将产生约9000t的纵向力;三塔纵向约束体系三个主塔处支座纵向反力较均匀,约3100t;纵向弹性索体系的弹性索将产生较大的内力幅。在温度荷载作用下,三塔纵向约束体系由于主梁无法自由伸缩,边塔处支座将产生约3.2万t的纵向力;纵向弹性索体系单根索产生的内力幅约357t。在活载作用下,设置支座的各体系中塔处产生的纵向约束反力差异不突出,也不控制设计。

由前文分析可知,仅在中塔设置纵向约束是比较适宜的体系。与小跨度三塔斜拉桥不同,除"应处理好结构在活载作用下的位移与温度效应的关系[1]"外,大跨度三塔斜拉桥应注意纵风荷载引起的效应,随塔柱的高耸化、梁长的增加,纵向极限风荷载成为控制荷载,半飘浮体系不再适宜;对解决小跨度多塔斜拉桥刚度问题,可以采用的塔梁均固结体系[13],对大跨度三塔斜拉桥也是不适宜的。

四、不同约束体系荷载作用机理分析

上一节的分析表明,温度荷载作用下,除三塔都设纵向约束的体系外,其余体系内力位移差异较小,因此本文仅探讨不同约束体系纵风荷载和活载的作用机理,探究纵向约束对荷载传力途径的具体影响。

1. 纵风荷载传力机理

各体系纵风荷载作用效应的差异主要体现在塔底弯矩和结构纵向位移上。作用于半飘浮体系索及梁上的风荷载将全部经由塔上斜拉索传到上塔柱,而其他体系传力途径和传递比例将发生变化。为探究不同体系纵风荷载传力区别,以主塔塔底弯矩为例,分别将主塔、主梁、斜拉索三类构件风荷载作用下的塔底弯矩及占比提出,如图3所示。

从上节风荷载作用计算结果和图3可以看出:

(1)半飘浮体系的边、中塔由主梁、斜拉索上的纵风引起的塔底弯矩都显著超过了塔柱本身风荷载引起的弯矩。

(2)在半飘浮体系的基础上增加额外的纵向约束后,主梁和斜拉索纵风引起的主塔塔底弯矩和其所占的比例都大幅下降,这说明纵向约束的存在可以降低主梁和斜拉索纵风引起的结构内力。

(3)仅在中塔处设置纵向约束后,主梁纵风

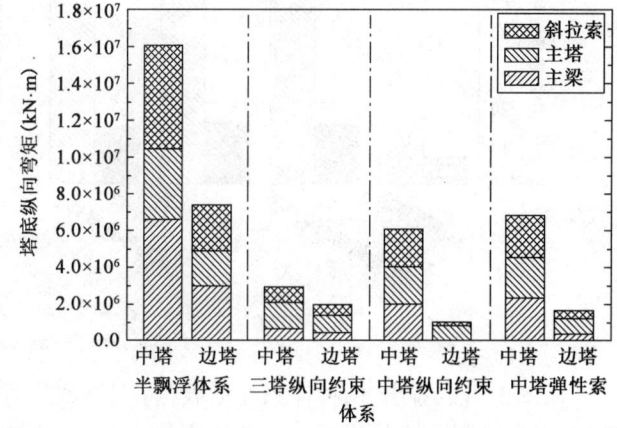

图3 不同体系各构件风荷载作用塔底弯矩堆叠图

荷载引起的边塔弯矩和弯矩占比下降程度大于中塔,中塔纵向约束体系由梁和索风荷载引起的边塔弯矩仅占整个边塔塔底弯矩的6%、16%,这说明中塔较两个边塔承担了更多的梁和索上风荷载内力。

(4)在三个塔处均设置纵向约束后,中塔和边塔风荷载引起的塔底弯矩效应占比趋于一致,边塔较仅在中塔设置纵向约束而言,分配了更多的内力。

(5)在中塔处设置弹性约束,各构件纵风荷载作用机理与中塔纵向约束体系接近。

设置纵向约束的结构体系风荷载传递路径将发生改变,各体系主梁、斜拉索纵风荷载的传递分配如图4所示。对于半飘浮体系,作用在主梁和拉索上的纵风荷载全部经由斜拉索传递到上塔柱;而设置纵向约束后,荷载绝大部分由支座或弹性索承担,支座或弹性索将荷载传递到了桥塔较低的位置,因而塔底弯矩显著降低。对塔顶位移来说,其机理和塔底弯矩是相同的。

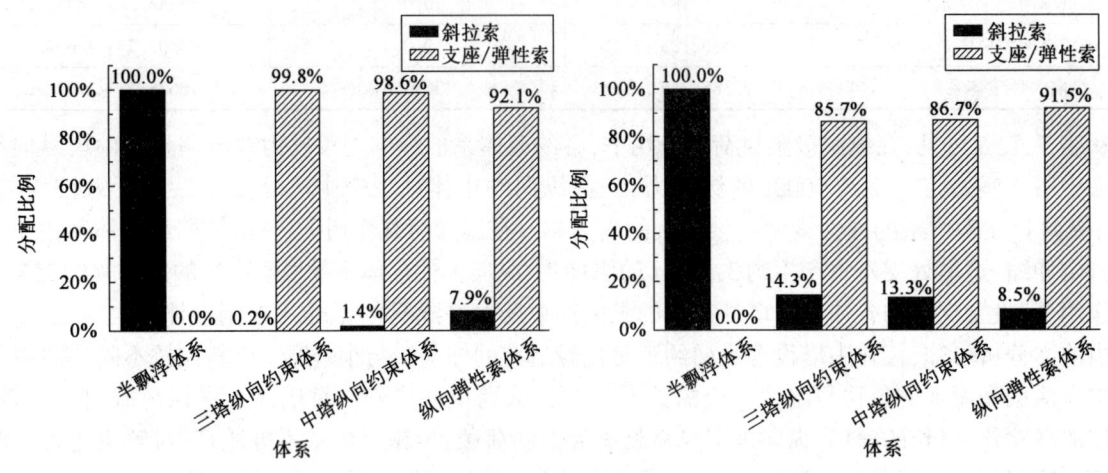

图4 纵向极限风荷载分配比例

2. 活载作用机理

不同约束体系公路、铁路荷载作用下主塔塔顶位移如图5所示。可以看出,设置纵向约束的各体系活载效应差异较小,本文取中塔纵向约束体系为代表与半飘浮体系进行对比分析,进行活载作用的机理探究。

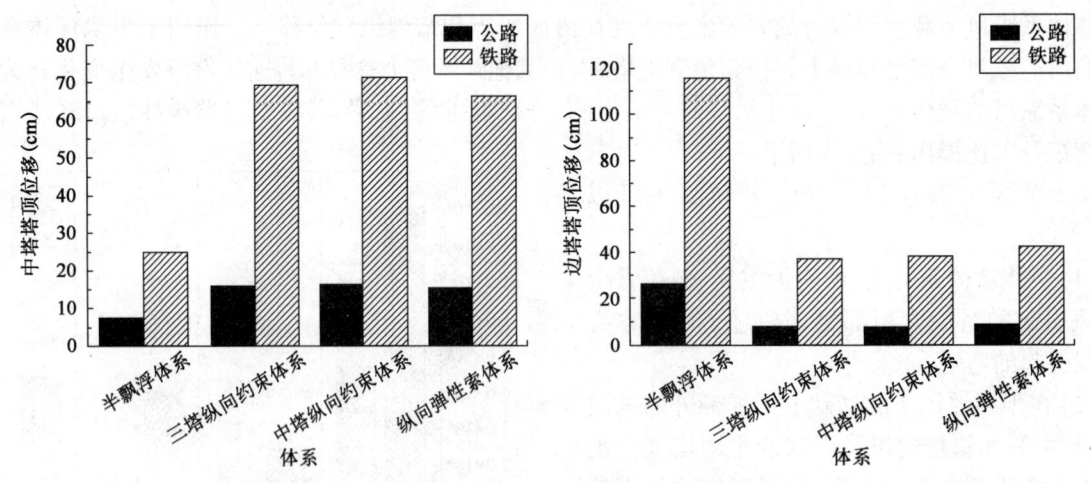

图5 公路、铁路荷载下主塔塔顶位移

从图5可以看出,两种体系在活载(特别是铁路荷载)作用下的主塔塔顶位移存在明显差异。分别将活载作用下中塔、左塔塔顶水平位移影响线提出(影响线正区间位于横轴上方),如图6所示。塔顶位移以向右为正,即沿着主梁坐标增加的方向为正。

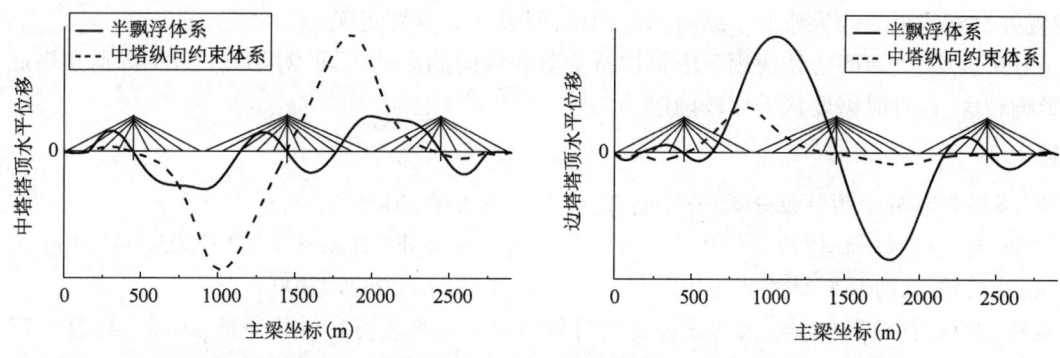

图6 塔顶水平位移活载影响线

从中塔塔顶水平位移影响线可以看出：

(1)中塔纵向约束体系的影响线纵坐标值远大于半飘浮体系，而半飘浮体系的影响线正负区间变化远多于中塔纵向约束体系。

(2)中塔设置纵向固定约束后，边跨位置荷载引起的中塔塔顶位移将显著减小。

铁路荷载的加载长度固定，其加载区间位于结构的右中跨区域，由于中塔纵向约束体系影响线纵坐标值远大于半飘浮体系，因此铁路荷载作用下的中塔塔顶位移前者远大于后者；公路荷载加载在所有影响线正区间内，由于公路荷载大小较铁路荷载而言小很多，且半飘浮体系影响线正区间数多于中塔纵向约束体系，因此两种体系在公路荷载作用下的中塔塔顶位移差异没有铁路荷载明显。

从左塔塔顶水平位移影响线可知，由于半飘浮体系影响线纵坐标值大，影响线正区间数又多于中塔纵向约束体系，所以两种体系活载下的边塔塔顶位移均有较大差异。边中塔塔底弯矩影响机理与塔顶位移类似。

产生上述差异的根本在于半飘浮体系的主梁缺少纵向约束，其纵向位移过大，影响了主塔力的传递和分配。当铁路荷载作用下中塔纵向约束体系的中塔发生最大正向塔顶位移时，取两种体系主梁节点的纵向位移进行对比，见表7。纵向位移以向右为正，即沿着主梁坐标增加的方向为正。

铁路荷载作用下主梁节点纵向位移(单位:cm)　　　表7

约束体系	主梁节点位置				
	③左塔处	左中跨	④中塔处	右中跨	⑤右塔处
半飘浮体系	-67.72	-71.13	-65.18	-76.56	-75.07
中塔纵向约束体系	4.63	3.36	7.19	-1.70	-2.08

从表7结果可知，当活载产生较大的中塔塔顶位移，半飘浮体系的主梁产生约-70cm的纵向位移，受此影响中塔会产生与原本方向相反的位移和弯矩，因此中塔的内力位移将减小；同样的，当活载产生较大的边塔塔顶位移时，半飘浮体系受主梁纵向飘移的影响，边塔将产生与原本方向一致的位移和弯矩，边塔内力位移将增加。因此主梁处的纵向约束会对活载作用下边中塔力与位移的分配产生影响。

五、结　语

通过对不同约束体系的大跨度三塔斜拉桥在不同荷载作用下结构受力响应的对比分析，以及对纵风荷载、活载的作用机理分析，可以得到以下结论：

(1)在纵风荷载与活载作用下，缺少纵向约束的半飘浮体系将产生远超其他体系的塔底弯矩、塔顶水平位移和梁端纵向位移，产生上述结果的原因是在这种体系中，作用于梁和索上的纵向荷载通过斜拉索传到了塔的上部，增大了力臂；因此在大跨度公铁两用三塔斜拉桥中，不适合采用半飘浮约束体系。

(2)大跨度公铁两用三塔斜拉桥的桥梁截面大，三个桥塔处塔梁都设置纵向约束的方式，将由于主梁纵向变形受约束而产生非常大的温度力，因此也不适合采用。

(3)在中塔处塔梁之间设置纵向固定约束或弹性约束，对于减小桥塔底内力、减小结构纵向位移比较有利；但是设置纵向固定约束，纵向极限风作用下支座上的纵向约束力相当可观，对支座的设计有一定难度;设置弹性索约束的效果略低于纵向固定约束,但设计更容易实现。

上述分析表明,大跨度公铁两用三塔斜拉桥主梁处纵向约束的不同,对结构内力(特别是塔底)和结构变形影响较大,设计时需要深入比较确定。

参考文献

[1] 喻梅.多塔斜拉桥结构特性分析[D].成都:西南交通大学,2003.
[2] 徐利平.超大跨径斜拉桥的结构体系分析[J].同济大学学报(自然科学版),2003(04):400-403.
[3] 朱斌,林道锦.大跨径斜拉桥结构体系研究[J].公路,2006(06):97-100.
[4] 雷俊卿,黄祖慰,曹珊珊,等.大跨度公铁两用斜拉桥研究进展[J].科技导报,2016,34(21):27-33.
[5] 易伦雄.洞庭湖主跨406m三塔铁路斜拉桥设计关键技术[J].桥梁建设,2018,48(05):86-90.
[6] 喻梅,廖海黎,李乔,等.多塔斜拉桥的结构体系研究[J].铁道建筑,2015(03):12-15.
[7] 彭伟,彭天波,李建中.多塔斜拉桥纵向约束体系研究[J].同济大学学报(自然科学版).2009,37(08):1003-1009.
[8] 文望青,李的平,严爱国,等.3×340m公铁合建多塔斜拉桥结构体系研究[J].铁道标准设计,2020,64(03):86-90.
[9] 奉龙成,李鹏程,刘小明.下拉索多塔斜拉桥结构体系分析研究[J].世界桥梁,2009(03):29-32.
[10] 易伦雄.三塔双主跨双线铁路斜拉桥竖向刚度问题的研究[D].长沙:中南大学,2011.
[11] 周永军.不同结构体系下大跨三塔斜拉桥地震响应研究[J].江西建材,2017(02):181-182.
[12] 姜哲勋.大跨度多塔公铁两用斜拉桥地震响应分析[D].成都:西南交通大学,2018.
[13] 林道锦,李忠三,王仁贵.多塔斜拉桥力学性能研究[J].公路,2013(07):317-320.

31. 大跨度预应力混凝土连续梁桥长期下挠原因分析

刘鲜庆

(上海市城市建设设计研究总院(集团)有限公司)

摘 要 跨中下挠是大跨度预应力连续梁桥主要病害之一,本文对跨中下挠过大的主要原因进行分析,然后以主跨129m的预应力混凝土连续梁为工程背景,基于桥梁施工全过程建立数值模型,根据实际可能情况(混凝土收缩徐变系数、预应力钢束损失、支座摩阻)进行多参数比较,分析其运营以来跨中挠度过大的原因,并预测其挠度发展的趋势和结构的受力性能,最后提出一些下挠过大的控制措施。

关键词 连续梁桥 大跨度 长期下挠 挠度控制

预应力混凝土连续梁桥在我国始建于20世纪60年代,当时仅限于中小跨径,它有着具有结构刚度大,变形小,行车平顺,经济性好等特点。20世纪末开始,我国交通事业的迅速发展,大跨径混凝土连续梁桥在公路、城市建设中大量运用,跨度也不断增大,最大跨径达到了165m。近年来,大跨度连续梁桥的病害逐渐暴露出来,对大跨度桥梁病害原因分析,提前采取措施预防及控制,对我国桥梁建设有重要的意义。

一、大跨度预应力连续梁桥主要病害

跨中下挠及裂缝是大跨度预应力连续梁桥主要病害。

下挠问题是指建成后桥梁跨中下挠长期增长,长期挠度远大于设计计算的预计值,影响行车舒适性及安全性。持续下挠会伴随箱梁开裂,进一步降低结构刚度,两者相互影响形成恶性循环。

大跨度预应力混凝土桥梁的跨中下挠是一个较普遍的现象。仅由徐变引桥的下挠经过5～10年的运营,挠度一般趋于稳定。但若跨中下挠伴随梁体跨中段垂直裂缝或主拉应力斜裂缝,挠度变化一般较难收敛,可达到相当大的数值,甚至影响可到线路的线形,造成桥梁交通功能下降,严重影响了结构的使用性能和使用寿命。因此,关键部位的主拉应力斜裂缝和垂直裂缝的出现是可以看做结构明显裂化的起始点。

病害其主要的原因有:

(1)材料的时随性能与加载的龄期。

主梁混凝土强度高、水灰比大,添加剂多,对混凝土的收缩徐变特性有较大的影响。从结果上看,收缩徐变呈正相关,收缩大的混凝土徐变也大。设计规范中的徐变模型与实际材料的性能会有一定的差异。加载龄期越短,徐变变形也越大。

(2)预应力度对混凝土徐变的影响。

下挠徐变变形随预应力度增大有明显减小的趋势,反之亦然。无论是在桥梁的建设阶段还是使用阶段,纵向预应力筋都发挥着重要的作用。如果悬臂阶段的顶板预应力及合龙后的跨中段预应力存在预应力不足,将对整个结构的内力产生很大的影响,主梁的长期挠度也会受到相应的影响。

上述原因中,与设计相关的是预应力度的设置。与施工相关的是材料选用及预应力施工的工艺。

二、已建连续梁下挠原因模拟分析

本文将以一大跨预应力混凝土连续梁为背景,分析造成其下挠的原因,并结合模拟计算进行分析,预测挠度发展的趋势。

1. 工程概况

某城市轨道交通桥梁跨越高速公路采用预应力混凝土连续梁桥,于2013年10月建成运营,跨径布置为75.5m+129m+75.5m,斜交约46°。上部结构纵向采用变高度:中支点梁高8.0m,边支点梁高4.0m,跨中梁高4.0m,梁底按1.8次抛物线线形变化。箱梁采用单箱单室直腹板形式,箱梁顶宽9.5m,底宽5.4m,悬臂板长度2.05m。箱梁顶板厚度0.25m,底板厚度0.25～0.8m,腹板厚度0.45～0.7m。在墩顶0号块内设厚度为2m的横隔墙,跨中设0.3m厚横隔板(图1)。

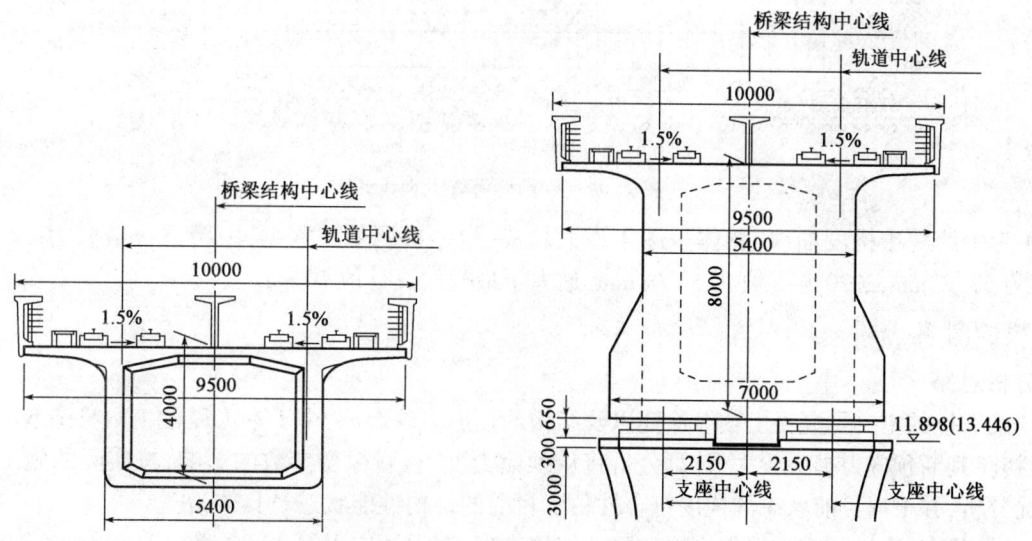

图1 上部结构断面图(尺寸单位:mm)

为避免上部结构施工对交通繁忙的高速公路运营的影响,上部结构采用转体施工工法。中支点上127m箱梁沿高速采用满堂支架施工,落架后转体施工到位。两边跨各有10m的支架现浇段与2m边跨合龙段,中跨跨中设置2m合龙段(图2)。

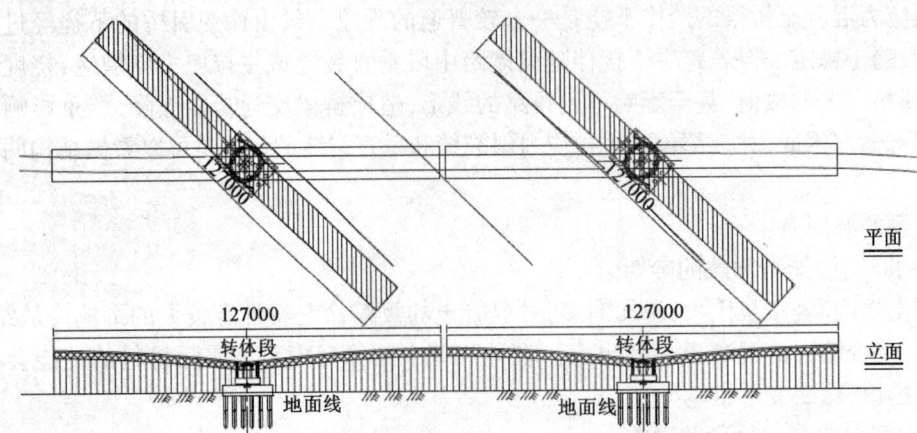

图 2 支架现浇施工转体段

施工中,在转体段支架拆除后,T 构悬臂端出现挠度过大情况,东侧转体段 T 构最大挠度 90mm,西侧转体段 T 构最大挠度 96mm,与原设计(上抬 20mm)不符合,针对这一情况,经过专家评审,合拢后,在箱梁中支点顶板,中央疏散平台下部及电缆沟两侧进行加索,加索后引起的上拱约 32mm。

2. 观测情况

成桥后对桥梁道床标高情况进行了观测记录,如图 3 所示,通车后 6 年,边跨出现上拱,中跨出现下挠,中跨最大累计标高变化值约为 65mm(未扣除墩沉降),为 2018 年 12 月。

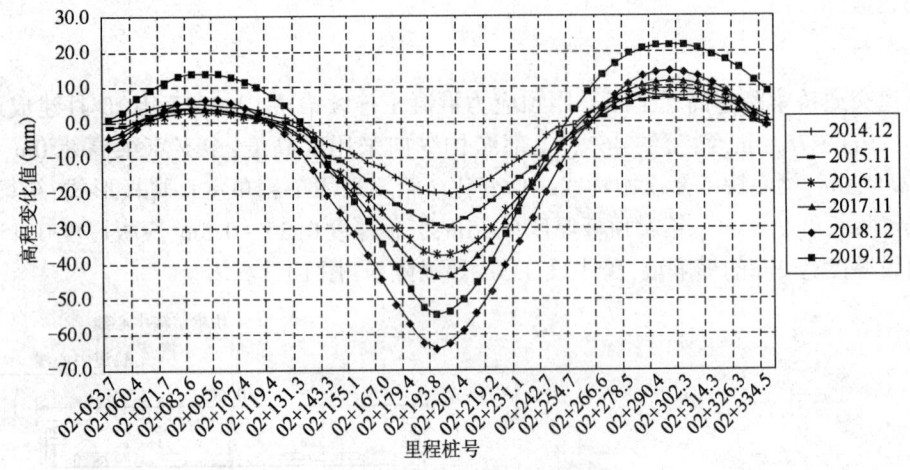

图 3 成桥后道床高程变化曲线

图 4 为中跨跨中挠度曲线,总体呈逐年增大趋势,根据检测单位数据,中跨下挠最大为 2018 年 12 月,数值为 57.23mm,2020 年 5 月为 53.08mm,远大于最初的设计值 10mm。

3. 模拟计算分析

1)分析思路

连续梁下挠的主要受混凝土收缩徐变以及结构的预应力的影响,由于本工程在 T 构状态下已出现较大下挠,初步判断预应力损失较大,计算分析将从预应力度、材料徐变参数的影响,按实际的施工阶段进行多工况分析,并根据目前状态的挠度符合性估计目前的结构性能状态。具体为:

(1)T 构状态:通过预应力损失模拟实际的挠度变形,获得预应力损失的参数。

(2)后续状态以初始 T 构状态为基础,加载过程按照实际施工过程,通过徐变系数的调整,模拟连续梁运营期至今实际的下挠情况。

(3)获得最接近实际下挠情况的预应力损失参数和徐变系数。以此为基础对未来的结构受力情况和结构下挠的发展进行模拟预判。

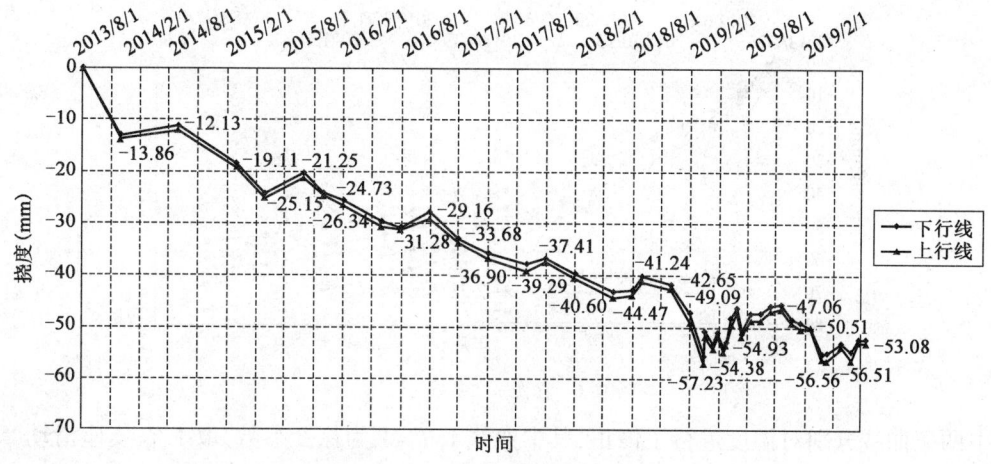

图 4 成桥后中跨跨中挠度曲线

2) 分析假定

(1) 假定在 T 构状态下,通过预应力损失,挠度达到施工实测值。在此基础上,进行后续施工阶段的计算分析。

(2) 收缩徐变:本次计算模拟中混凝土的基本收缩、徐变参数参考了《公路钢筋混凝土及预应力混凝土桥涵设计规范》(JTG D3362—2018)规定计算,根据当地气候条件,年平均相对湿度取 80%。假定截面不开裂,材料均处于弹性状态,以混凝土的徐变系数的取值为参数,进行分析。

(3) 预应力损失计算:由于 T 构状态下悬臂端的挠度影响因素主要为自重、结构刚度及预应力。当实际的自重及结构刚度与计算差异较小时,挠度变化主要是预应力损失引起,为准确模拟桥梁的受力情况,通过调整预应力损失相关系数 μ, k(根据规范,μ 最大取 0.55),使 T 构状态悬臂端挠度和施工实测值相对应。

(4) 转体合龙后的跨中钢束预应力损失按设计值进行分析。

(5) 活动支座摩擦系数取 0.03,计算中考虑支座刚度。

3) 计算结果

假定实际施工管道的偏差沿长度均匀分布,经过计算比较,当 $\mu = 0.55$,$k = 0.055$ 时,T 构悬臂端挠度为 90mm,和施工状态下基本一致,如图 5 所示。

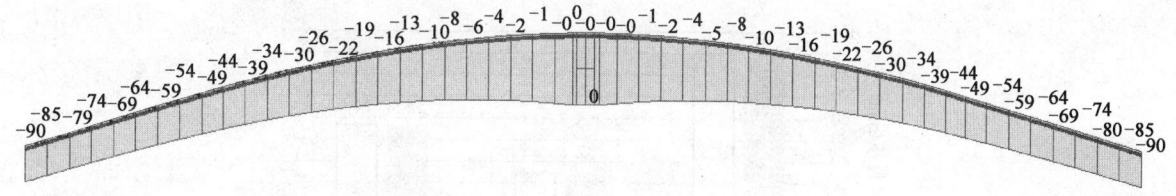

图 5 转体前 T 构状态下悬臂挠度

在此基础上,分别取混凝土徐变系数为规范基准值的 1.7~2.2 倍进行计算,中跨跨中挠度曲线和实测值对比如图 6 所示。

从图中可知,实测值的挠度曲线基本落在徐变参数曲线 1.7~2.0 的包络范围内,徐变参数 1.7 时,计算值曲线为实测值的上限,徐变参数为 2.0 时,计算值曲线为实测值的下限。实测的挠度值表现为震荡下行,从测量数据看,主要是由于季节性的温差引起,冬季夏季测量的温度相差 20~25℃,冬季温度较低,跨中挠度大,夏季升温,跨中挠度减小。为此,引入了温度产生的挠度变化,计算得知,在考虑滑动支座摩阻系数 0.03 的情况下,降温 20℃ 引起的跨中下挠值为 5.2mm,当摩阻系数增大为 0.06 时,降温 20℃ 引起的跨中下挠值为 9.8mm。

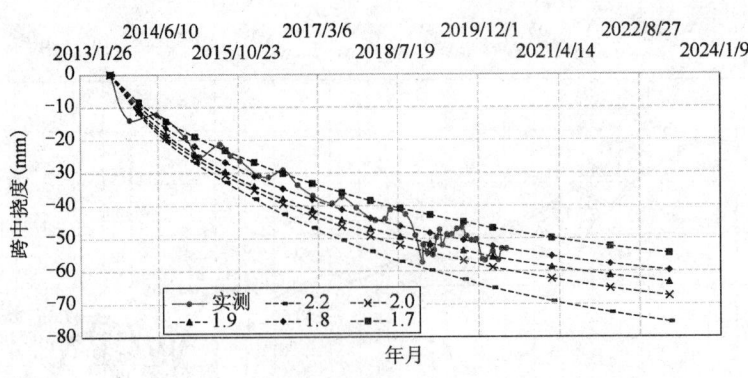

图6 徐变系数参数比较

图7中两条曲线分别对温度进行了修正,其中曲线1.7~1为徐变参数,取1.7,支座滑动摩阻取0.03不变,从图中可以看出,成桥后到2018年中,计算值和实测值曲线基本重合,而2018年底和2019年底的数据相差较大,实测挠度明显大于计算挠度;针对这一情况,对支座摩阻系数进行了修正,从2018年底开始调整为0.06,修正后曲线为图7中1.7~2,和实测曲线基本吻合。

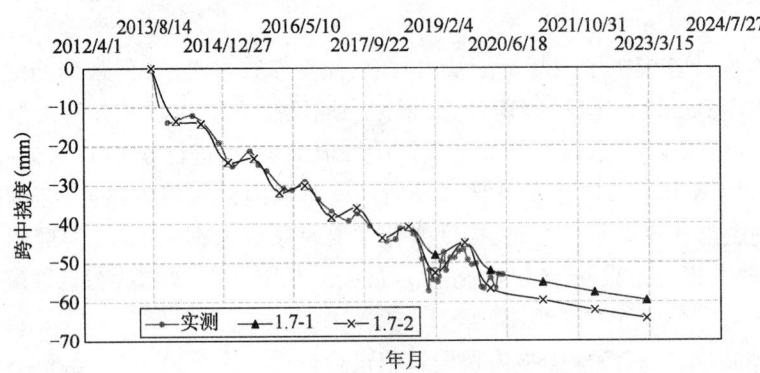

图7 计入温度影响的挠度拟合

图8为本工程中3个关键工况的实测值与计算值对比,理论计算中,初始状态的悬臂端挠度,加索后的上拱度,以及后续跨中挠度的发展情况均与实测值吻合度较高,可认为该模拟结果能较好地反应结构的真实情况,故采用该模型对结构未来挠度的发展进行预测。

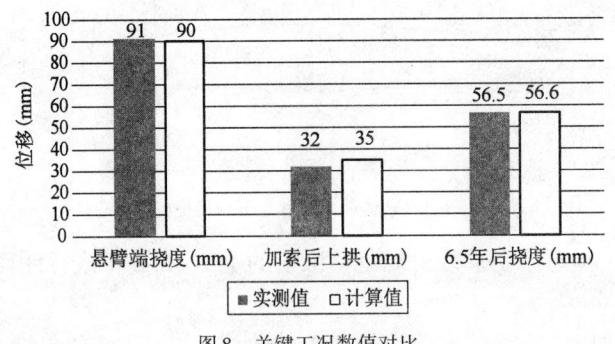

图8 关键工况数值对比

图9为根据上述模型,计算的30年内跨中挠度变化曲线,其中已计入温度产生的挠度影响,每年均按挠度最大值考虑,故并无波折形变化。从图中可知,跨中挠度将逐渐收敛,目前挠度约为56.6mm,在未来10年内将下挠约16mm,而后逐渐收敛,跨中下挠累计最大值约为76mm。

结构的极限状态承载能力,因与预应力损失关系不大,仍满足规范与设计的要求。对于跨中截面的抗裂性能,根据设计时采用的规范《铁路桥涵钢筋混凝土和预应力混凝土结构设计规范》(TB 10002.3—

2005)进行验算,结果如图10所示。

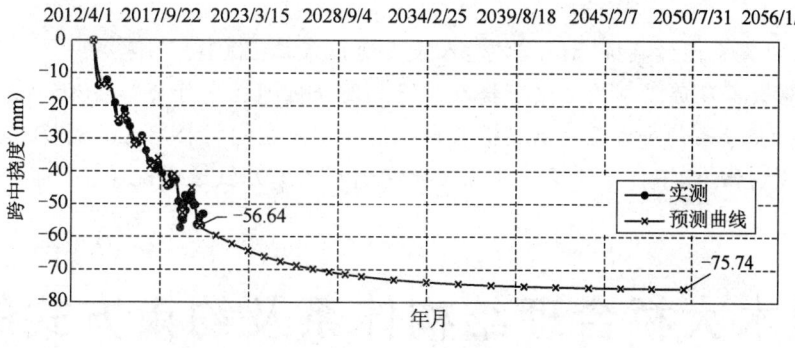

图9 挠度发展预测

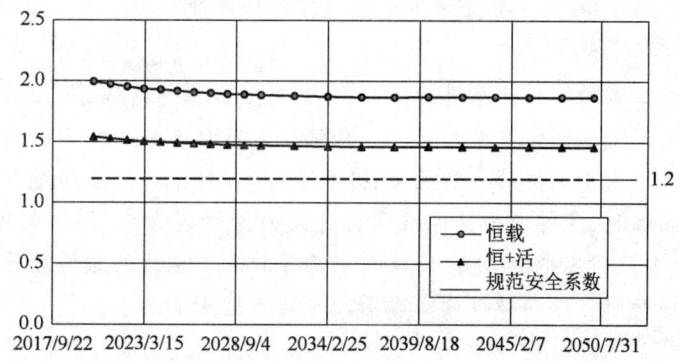

图10 跨中抗裂验算

由图可知,跨中截面抗裂安全系数满足规范值要求,并且在未来30年内,恒载单独作用下、恒载+活载作用下,跨中截面抗裂安全系数均大于规范值1.2,结构安全。

三、结　语

本文对大跨度连续梁跨中下挠过大的主要原因进行分析,并基于桥梁施工全过程,对大跨径连续梁桥进行数值模拟分析,根据实际可能情况(混凝土收缩徐变系数、预应力钢束损失)进行多参数比较,分析该连续梁下挠过大的原因,并模拟结构在后续运营期及预测期的变形及受力情况。

(1)结构运营6年多来,中跨跨中产生较大挠度,主要原因是施工过程中T构状态下预应力不足,造成过大的初始挠度,而采用的混凝土收缩徐变系数较大,在后续过程中使挠度迅速增大,此外,支座摩阻力使跨中挠度随季节周期性变化,约为5mm,在运营5年后,支座摩阻力增大,使跨中挠度冬夏季变化达10mm。

(2)结构的极限状态承载能力计算值,因与预应力损失关系不大,仍满足规范与设计的要求,徐变后的中跨跨中抗裂性能也能满足规范要求。

(3)初始挠度是影响大跨度连续梁桥跨中挠度过大的重要因素,混凝土的收缩徐变将放大结构的初始挠度。在设计时,由于混凝土的收缩徐变的不确定性,应优化预应力设置,控制初始下挠,减小混凝土收缩徐变产生的影响;同时考虑备用措施,在挠度过大时可及时补救;在施工上,施工时应确保预应力孔道的位置定位准确,保证预应力孔道的通畅性,避免张拉时由于孔道堵塞变形而造成的预应力损失;此外,适当推迟混凝土加载的龄期,减小收缩徐变产生的影响。

(4)支座摩阻力使预应力混凝土连续梁的挠度有着季节性的反应,升温时,挠度减小,降温时挠度增大,总体上并不影响挠度的变化趋势。但当支座摩擦系数发生改变时,温度产生的挠度变化幅度将增大,在桥梁养护过程中,应加强对支座的养护工作,保证活动支座的滑动性能。

参考文献

[1] 范立础.预应力混凝土连续梁桥[M].北京:人民交通出版社,2001.
[2] 詹建辉,陈卉.特大跨度连续刚构主梁下挠及裂缝原因分析[J].中外公路,2005,(2).
[3] 王法武,石雪飞.大跨径预应力混凝土梁桥长期挠度控制研究[J].公路,2008,(08).
[4] 石雪飞,陈辉,沈炯伟.已下挠连续梁加固方案研究[J].石家庄铁道学院学报(自然科学版),23,1.

32. 塔里木大桥合理结构体系及约束方式的研究

刘志才 张学义 刘 聪

(天津市市政工程设计研究院)

摘 要 本文对背景工程的结构体系进行了分析,比较了独塔双跨体系、辅助墩体系及协作体系,计算结果表明静力荷载作用下辅助墩体系受力最好。介绍了北背景工程的纵横向约束方式,并采用时程分析的方法研究了不同约束方式下主桥的地震响应;分析表明,弹性索与黏滞阻尼器同时布置的方式,显著降低了梁端及塔顶顺桥向位移、主塔内力及弹性索自身索力等地震响应;弹性索可同时作为主桥正常使用状态下的顺桥向约束,避免了不平衡索力、汽车制动力等作用下主梁的顺桥向移动。

关键词 斜拉桥 辅助墩 纵向弹性索 黏滞阻尼器 地震响应

一、引 言

独塔斜拉桥作为造型美观的桥型,在100～300m跨径范围内的城市桥梁上广泛采用[1,2],其常用的布跨方式为独塔双跨式;为了改善独塔双跨式斜拉桥的受力性能,避免过渡墩压重偏大,常采取在斜拉桥范围内增设辅助墩或主梁延伸一跨,形成协作体系的方式,在防洪或通航容许的情况下,可优先采用辅助墩体系。在中、高烈度地区的中等跨度斜拉桥常采用半漂浮体系,其主梁的纵横向约束体系有多种:对于纵向约束,常用的有弹性索、黏滞阻尼器以及减隔震支座;对于横向约束,常用的有抗风支座和弹塑性横向钢阻尼支座。弹性索与粘滞阻尼器同时使用的工程案例相对较少,已查到的资料中主要有珠江黄埔大桥北汊主桥[3]及宁波象山港大桥[4]等。结构支撑体系及约束方式的选择是斜拉桥设计中的关键性问题,部分桥梁因支撑体系及约束方式布置不当,出现了一些病害,如某全漂浮体系的斜拉桥未设置顺桥向静力约束,通车运营后梁体发生了显著的顺桥向位移,黏滞阻尼器被拉坏。本文基于背景工程塔里木大桥,对独塔斜拉桥的支撑体系、约束方式进行了研究,针对辅助墩的作用、弹性索与黏滞阻尼器组合使用后的减隔震效果进行了一些探索。

二、工 程 简 介

塔里木大桥项目位于新疆维吾尔自治区阿拉尔市,上跨塔里木河,是两岸连接的重要通道,桥梁全长1418m。主桥采用独塔双跨斜拉桥,跨径布置为(41+168+168+41)m,即两主跨均在距离过渡墩41m处设置了一个辅助墩,桥宽36.5m。主塔为景观性弧线形混凝土塔,桥面以上塔高106.6m,桥面以下塔高18.4m,总高为125m,设置了两道横梁,塔柱及塔上横梁均采用空心薄壁箱形截面;主梁采用流线型扁平钢箱梁,梁高3m,钢桥面铺装采用5cm厚UHPC超高性能混凝土+3cm厚SMA10磨耗层;拉索为平行钢丝拉索,扇形空间双索面,主梁上拉索间距为9m,主塔上索距为2.3～2.5m,全桥单侧采用了21对斜拉索,共四种规格分别为PES7-109、PES7-121、PES7-139、PES7-151,见图1。

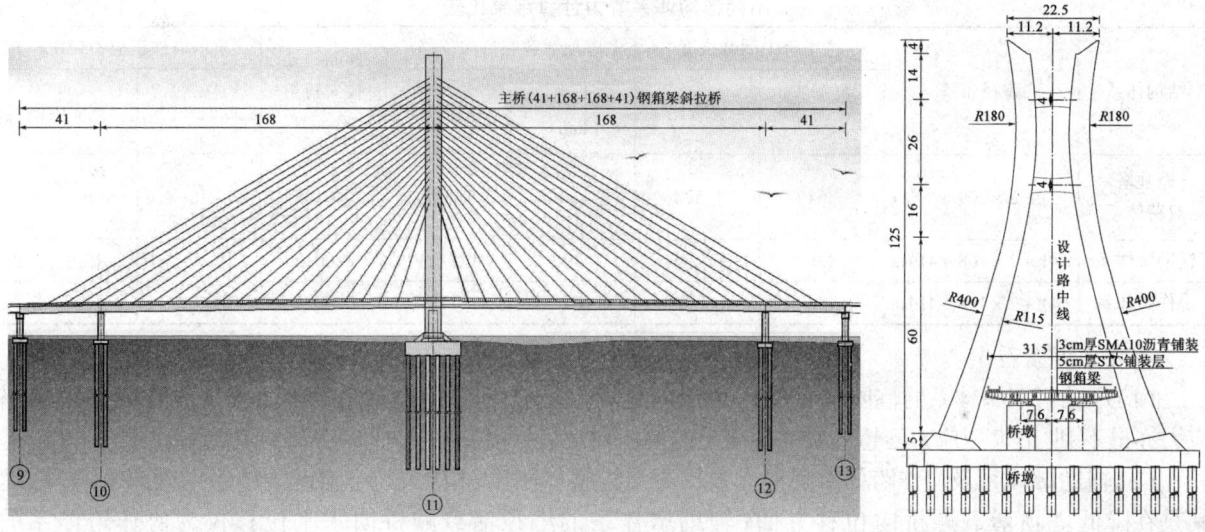

图1 主桥总体布置(尺寸单位:m)

三、主桥合理结构体系研究

在本项目前期研究阶段,主桥结构体系为独塔双跨半漂浮体系,跨径布置为 $2\times209m$。在施工图设计阶段,维持主桥总跨径基本不变的前提下,对主桥结构体系进行了较深入的研究,对比了原独塔双跨体系、辅助墩体系、协作跨体系共三种不同结构体系的静力分析结果,见表1。

主桥的集中结构体系 表1

编 号	结 构 体 系	计 算 简 图
体系1	原独塔双跨体系	
体系2	辅助墩体系	
体系3	协作跨体系	

对上述三种体系均进行了结构计算,重点对比了主梁跨中挠度、塔顶水平位移、梁端转角及索塔受力情况,结果见表2。

不同结构体系静力计算结果比较 表2

结构体系	跨径布置	主梁跨中活载挠度		塔顶活载顺桥向位移		伸缩缝处最大转角(rad)	索塔塔柱正应力(MPa)	
		最大值(mm)	挠跨比	最大值ux(mm)	ux/塔高H		截面外侧	截面内侧
原独塔双跨体系	2×209m	364	1/574	148	1/821	0.0132	-14.0~8.7	-16.4~3.3
辅助墩体系	(41+2×168+41)m	138	1/1219	39	1/3123	0.0015	-10.9~6.0	-13.1~1.3
协作跨体系	(41+2×168+41)m	158	1/1063	64	1/1781	0.0026	-10.7~6.5	-13.0~2.3

从表2可以看出:

(1)原独塔双跨体系的整体刚度最小,虽然满足规范要求,但在同类型项目中活载位移值偏大;其索塔应力亦最不利,最大压应力已超过C50混凝土的抗压强度设计值;因此非常有必要对原体系进行适当改进。

(2)辅助墩体系及协作跨体系均能有效提高结构整体刚度;相比之下,辅助墩体系的效果更显著,尤其是在降低塔顶活载顺桥向位移方面(辅助墩体系的塔顶活载顺桥向水平位移仅为协作跨体系的约60%)。

(3)辅助墩体系及协作跨体系均能有效降低主塔拉、压应力水平;辅助墩体系综合效果更好。

(4)辅助墩体系及协作跨体系均能有效降低连接墩位置的伸缩缝最大转角:辅助墩体系伸缩缝处最大转角仅为原独塔双跨体系的11.4%;协作跨体系伸缩缝处最大转角仅为原独塔双跨体系的19.7%;辅助墩体系的效果更优。

综上所述,在结构受力方面,辅助墩体系及协作跨体系均对原独塔双跨体系有较大改善;辅助墩体系在提高结构整体刚度、降低主塔应力及减小伸缩缝处最大转角均优于协作跨体系;辅助墩体系主塔更高更挺拔,拉索布置范围大,整体气势宏伟,其景观效果要优于协作跨体系;另外主跨168m已满足水利要求;故本桥最终择优选择了带辅助墩的结构体系。

四、主桥支撑及约束体系设计

塔里木大桥主桥由于桥面较低,桥塔未设置下横梁,主梁通过设置在承台上的墩柱进行支撑,与主塔不直接联系。在桥塔位置,无论哪种结构体系,常规斜拉桥主梁的荷载均最终传递给桥塔;但对于本桥,主梁的支座反力直接传递给了主墩墩柱,减少了主塔承担的荷载,有利于结构设计[5]。

主桥采用半漂浮结构体系,主桥支撑及约束系统概要见表3,平面布置如图2所示。

主桥支撑及约束系统概要 表3

约束方向	主墩位置(11号墩)	辅助墩位置(10号、12号)	过渡墩位置(9号、13号)
竖向	约束	约束	约束
顺桥向	静力弹性约束,动力阻尼	静力滑动,动力阻尼	滑动
横桥向	弹塑性约束	弹塑性约束	主从约束

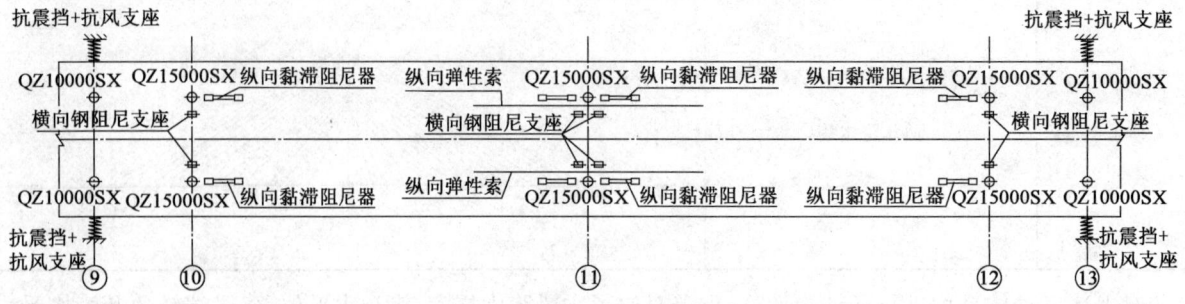

图2 主桥支撑及约束体系平面布置图

竖向支撑及约束：主墩、辅助墩及过渡墩均采用双向滑动球型钢支座支撑主梁；球型钢支座在主墩及辅助墩位置均布置在墩柱上，过渡墩位置布置在盖梁上。

顺桥向约束：过渡墩位置无顺桥向约束；辅助墩及主墩位置均设置了纵向黏滞阻尼器，主墩位置布置4个，每个辅助墩位置2个。黏滞阻尼器对瞬时阵风、制动和地震等引起的动荷载具有阻尼耗能作用，但对温度、汽车和一般风荷载引起的缓慢位移无约束。故为了限制活载、一般风荷载等作用下主梁的纵向飘移，并辅助结构抗震，在主墩位置设置了纵向弹性索。

横桥向约束：主墩及辅助墩均设置了弹塑性横向钢阻尼支座，既可约束主梁受到一般风荷载等作用下的横向变位，又可减少主梁在横桥向地震、阵风等瞬时作用下横向位移及结构整体内力响应。过渡墩位置为了降低伸缩缝的横向反复变形，采用了横桥向抗震挡+抗风支座的形式（图3、图4）。

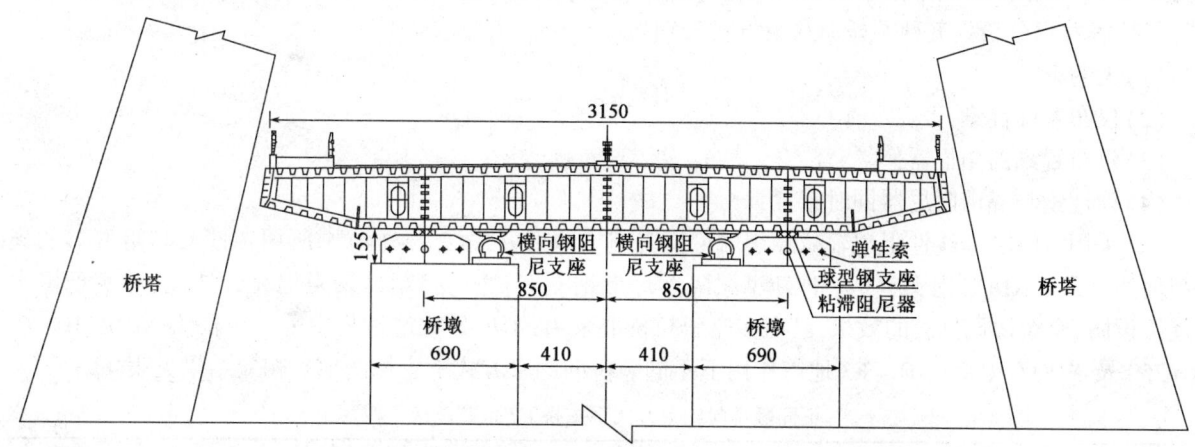

图3 主墩支撑及约束体系断面布置图（尺寸单位：mm）

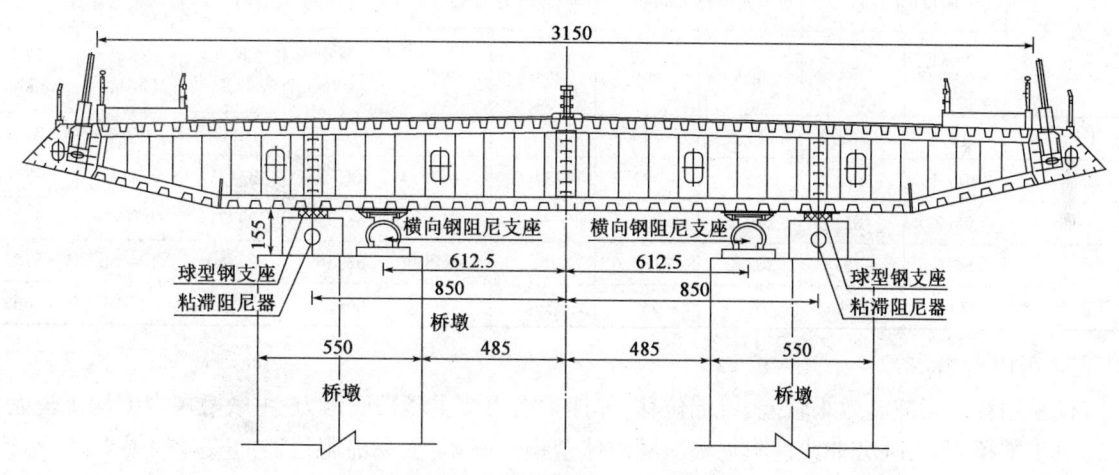

图4 辅助墩支撑及约束体系断面布置图（尺寸单位：mm）

支撑及约束体系的规格与连接方式如下：

（1）主桥纵桥向在主墩和辅助墩处均设置了同一型号的黏滞液体阻尼器，主墩位置设置了4个，每个辅助墩位置设置了2个，主桥共设置黏滞阻尼器8个；单个阻尼器设计最大阻尼力为3000kN，设计行程为400mm，阻尼指数为0.3，并要求能适用横桥向±5°的反复变形；黏滞阻尼器一端固定在主墩或辅助墩墩柱的支座垫石上，一端固定在钢箱梁上。

（2）弹性索采用整束挤压钢绞线拉索，型号为GJ15-19，单根长度49.5m，从主墩位置向两侧主梁各布置8根弹性索，主桥共16根弹性索；弹性索的张拉端布置在主墩墩柱的支座垫石上，固定端锚固在钢箱梁外置的钢锚箱上。

（3）主墩及辅助墩均设置了同一型号的弹塑性横向钢阻尼支座，主墩布置了4个，每个辅助墩布置2个，主桥共8个横向钢阻尼支座，其技术参数为：高度1200mm，屈服力1750kN，纵向水平位移±400mm，横向水平位移±240mm。横向钢阻尼支座上端与钢箱梁栓接,下端通过预埋螺栓与墩柱及垫石连接。与抗风支座相比,横向钢阻尼支座刚度小,位移大,耗能能力更好,传递到墩柱的横桥向地震力也明显降低。

五、主桥顺桥向约束方式的比选过程

主桥顺桥向约束方式主要影响其动力及地震响应,同时也需要考虑桥梁正常使用状态下的性能,尤其需要防止顺桥向位移过大导致的系列问题。根据本项目工程场地地震安全性评价报告,桥位处场地地表设计地震动参数结果为:50年超越概率10%(E1)水平下,地震动峰值加速度为0.135g,地震动反应谱特征周期为0.55s;100年超越概率5%(E2)水平下,地震动峰值加速度为0.220g,地震动反应谱特征周期为0.60s。根据地震安评报告提供的E1、E2各三条地震时程波,考虑了五种不同的顺桥向约束体系,进行了抗震时程分析。五种顺桥向约束方式分别为:

(1)无约束;
(2)仅布置弹性索;
(3)仅布置黏滞阻尼器;
(4)弹性索与黏滞阻尼器同时布置;
(5)采用NDQZ非线性阻尼辐减隔震球型钢支座。约束方式(2)~(4)中所用弹性索与阻尼器的规格与前述一致。NDQZ钢支座是一种新型减隔震球形钢支座,通过弹塑性钢阻尼元件耗能,可实现多水准逐级设防、全桥协同抗震的效果,已在多座斜拉桥上采用,本项目比选过程中采用规格为NDQZ-10000-ZX-e250及NDQZ-10000-GD。E2地震作用下不同顺桥向约束方式下主桥的地震响应结果见表4。

不同顺桥向约束方式下主桥E2地震响应　　　表4

约束方式	E2作用下梁端顺桥向位移(mm)		E2作用下塔顶顺桥向位移(mm)		E2作用下弹性索内力(kN)		E2作用下塔底弯矩及剪力		E2作用下主墩立柱底弯矩及剪力	
	max	min	max	min	max	min	弯矩(kNm)	剪力(kN)	弯矩(kNm)	剪力(kN)
①	719.5	-763.1	711.2	-745.8	—	—	1422273	32860	49163	5700
②	406.1	-412.6	526.4	-487.3	4734.0	-4675.4	1067500	33431	271182	19153
③	95.2	-85.1	240.0	-203.1	—	—	681392	24771	90187	7681
④	84.0	-75.8	203.2	-185.6	915.2	-948.1	633569	23980	104056	8153
⑤	314.4	-271.3	369.9	-336.2	—	—	864247	29252	49410	5662

从表4可以看出:
(1)仅采用弹性索减震效果较差,梁端位移、弹性索内力及主塔塔底内力、主墩墩柱内力均比较大。
(2)对于本桥,与NDQZ非线性阻尼辐减隔震球型钢支座相比,黏滞阻尼器的减震效果更好,尤其在顺桥向地震位移控制上。
(3)与仅布置弹性索相比,比弹性索与黏滞阻尼器同时布置的方式也明显降低了弹性索本身的内力。
(4)与仅布置黏滞阻尼器相比,弹性索与黏滞阻尼器同时布置的方式,对梁端地震位移的控制略好,主塔塔底内力有所降低,主墩墩柱内力则有所增大,但总体上差别并不显著,说明起到减隔震作用的主要还是黏滞阻尼器,弹性索仅为辅助作用。

设计最终采用了弹性索与黏滞阻尼器同时布置的方式,其理由在于:
(1)弹性索可以辅助抗震,有一定的减震效果。
(2)在正常使用阶段,本桥顺桥向需要约束,以抵抗主塔两侧顺桥向的不平衡索力以及汽车制动力等顺桥向荷载,可采用的方法有两种:
①设置固定支座,固定支座的螺栓一般建议在E1地震作用下不剪断(或取E1地震作用与正常使用

要求的水平承载能力二者之间的某一中间值),E2 地震来临时剪断;

②设置弹性索。对于本桥,桥塔位置主梁直接支撑在墩柱上,设置固定支座将导致主墩墩柱在 E1 地震作用下受力显著增大,而弹性索为柔性装置,在 E1 地震下也可与黏滞阻尼器共同作用,大大降低了地震响应。需要说明的是,斜拉桥应考虑正常使用阶段的顺桥向约束,若无此约束,则可能在汽车和温度等作用下梁体滑动,甚至出现梁体滑动后继续拖拽黏滞阻尼器,最终阻尼器损坏、主梁局部变形的病害。

六、结　语

对塔里木大桥主桥的 3 种结构体系、5 种纵横向约束方式进行了研究,可以得出以下结论:

(1)对于独塔双跨斜拉桥,在满足水利的前提下,布置协作跨或设置辅助墩均能改善结构的构静力反应结果,且辅助墩体系改善更为明显。

(2)对于独塔双跨斜拉桥,黏滞阻尼器的减隔震效果较好,显著降低了梁端及塔顶顺桥向位移、主塔内力及弹性索自身索力等地震响应。

(3)仅设置弹性索约束的减隔震效果不明显,高地震地区不宜单独使用。

(4)对于背景工程,弹性索与黏滞阻尼器同时布置的方式,减隔震效果最佳;且弹性索可同时作为主桥正常使用状态下的顺桥向约束,增加了桥梁的稳定性。

塔里木大桥已于 2019 年 10 月竣工通车,景观效果良好,为当地的标志性建筑之一。

参考文献

[1] 胡盛,杨华振,罗嗣碧,等.海南铺前大桥总体设计[J].桥梁建设,2016,46(1):94-99.
[2] 华龙海,熊刚,宋广君.天津海滨高速新建海河斜拉桥总体设计[J].城市道桥与防洪,2012,(8):55-57.
[3] 刘士林,宋松林,冯云成.珠江黄埔大桥北汊主桥支撑体系的分析[J].中外公路,2009,29(4):316-320.
[4] 高永,刘慈军,彭天波,等.阻尼器和弹性索组合使用对大跨斜拉桥地震反应的影响[J].结构工程师,2008,24(5):71-76.
[5] 刘聪,王艳宁.独塔斜拉桥纵向抗震设计研究[J].天津建设科技,2019,29(2):50-52.

33. 基于塑性理论的预弯组合梁桥抗弯承载力研究

钱建奇[1]　张海龙[2]　杨　明[1]　黄　侨[1]　田林杰[1]

(1. 东南大学　交通学院;2. 深圳市市政设计研究院有限公司)

摘　要　本文基于简化预弯组合梁极限承载能力计算公式及与现行规范中计算理论相统一的原则,从塑性理论出发,通过对预弯预应力组合梁自身构造特点和力学特性的分析与推导,提出了一种实用截面塑性抗弯承载力计算方法,并基于上述方法对一试验抗弯破坏梁的理论塑性极限抗弯承载力进行计算,并与原实测值及理论弹塑性极限抗弯承载力进行对比。结果表明:本文提出的实用截面塑性抗弯承载力计算方法计算公式比原标准中所给出计算公式减少一项,更加简便;计算结果始终低于试验实测值,并与其吻合较好,可满足实际工程计算精度需要,方法简单且实用,与现行规范计算理论相统一,可用于公路桥梁的截面抗弯承载力计算。

关键词　桥梁工程　预弯预应力组合梁桥　塑性理论　抗弯承载力　实用截面塑性

一、引　言

预弯组合梁主要是由钢梁、一期混凝土、二期混凝土和剪力连接件组合而成,是利用钢梁的反弹作用对处于受拉区的一期混凝土施加预压应力,由此所得到的组合梁[1,2]。由于这种结构具有建筑高度小,单孔跨越能力大、现场施工量少、吊装质量轻,适用于工厂化施工,且预弯预应力组合梁与钢结构、钢筋混凝土结构以及预应力混凝土结构相比,有其独特的优越性,并考虑其在桥梁经济性方面的优势,故其可被广泛用于多层以上立交或公路城市高架桥[2-6]。

近年来,中国对预弯组合梁的使用性能研究工作较多[6-10]。中国住房和城乡建设部与相关单位合作,在2018年,共同颁布了《预弯预应力组合梁桥技术标准》(CJJ/T 276—2018),规范中给出了弹塑性抗弯承载力的具体计算方法。但在中国住房和城乡建设部所颁布的《钢-混凝土组合桥梁设计规范》(GB 50917—2013)和《钢结构设计规范》(GB 50017—2017)中对于钢混组合桥梁截面抗弯承载能力均使用塑性理论进行计算,并对钢梁尺寸进行限定。基于此,为保证规范理论统一,简化计算公式,并便于用户的理解,本文从塑性理论出发,结合新颁布的行业规范《预弯预应力组合梁桥技术标准》(CJJ/T 276—2018),对预弯预应力组合梁桥的塑性抗弯承载力计算方法进行了相关探讨与研究。

二、预弯预应力组合梁桥的截面抗弯承载力的基本表达式与计算方法

目前,在《预弯预应力组合梁桥技术标准》(CJJ/T 276—2018)中列出了预弯预应力组合梁桥的极限承载力计算表达式。CJJ/T 276—2018中采用弹塑性抗弯承载能力对截面的抗弯承载力进行验算[11]。该规范给出的验算公式为:

$$\gamma_0 M_d \leq M_{ud} \tag{1}$$

式中:M_d——承载能力极限状态下作用效应基本组合的截面弯矩设计值;

M_{ud}——截面按照弹塑性理论方法计算的抗弯承载力设计值;

γ_0——桥梁结构重要性系数。

该计算方法是基于预弯组合梁从加载到破坏的全过程进行推导,并给出以下假定[11]:

(1)截面符合平截面假定,钢梁与混凝土间抗剪连接件连接良好且无滑移,混凝土的极限压应变可取为 $\varepsilon_u = 3500\mu\varepsilon$。

(2)一期混凝土及二期混凝土的受拉区开裂均退出工作,全部拉力由钢梁承担。

(3)钢梁上下翼板厚度相等且均可达到屈服,近似认为钢腹板上部处于弹性工作区,其应力分布为三角形。腹板下部部分钢板达到屈服,截面应力分布均为矩形,且应力均达到钢材的抗拉、抗压和抗弯强度设计值。

(4)二期混凝土的受压区应力分布为矩形,其应力图高度为 x。

由基本假定及图1所示弹塑性强度计算可得:

$$\Delta b_s = b_{sL} - b_{sU} \tag{2}$$

$$h_y = \frac{x}{0.8} - c - t \tag{3}$$

$$h_u = h_g - 2h_y - 2t = h_g - \frac{2x}{0.8} + 2c \tag{4}$$

$$x_s = \frac{x}{0.8} \tag{5}$$

式中:h_y——钢梁腹板弹性区高度;

h_u——钢梁腹板塑性区高度;

b_{sL}、b_{sU}——分别为钢梁上、下缘宽度;

h_g——预弯钢梁高度;

t——钢梁翼板厚度；

$x 、 x_s$——分别为混凝土矩形应力块高度、实际受压区高度；

c——上缘混凝土保护层厚度。

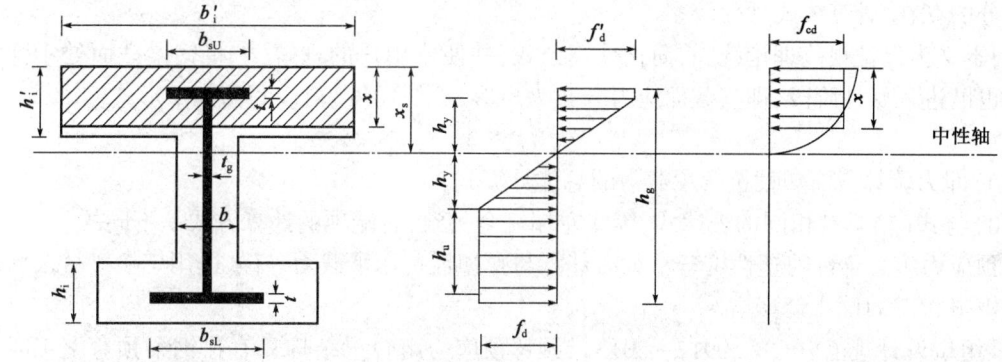

图 1　弹塑性抗弯承载能力计算图式

由于混凝土实际受力的不同，需要考虑两种情况：

(1) 混凝土等效矩形块高度位于二期混凝土上翼缘 ($x \leq h'_i$)。

由 $\sum N = 0$，得：

$$f_{cd} b'_i x = f_d h_u t_w + f_d \Delta b_s t \tag{6}$$

由 $\sum M = 0$，得：

$$\gamma_0 M_d \leq M_{ud} = f_d b_{sU} t \left(\frac{x}{0.8} - c - \frac{t}{2} \right) + f_d b_{sL} t \left(h_g - \frac{x}{0.8} + c - \frac{t}{2} \right) +$$

$$f_d h_u t_w \left(\frac{h_u}{2} + \frac{x}{0.8} - c - t \right) + \frac{2}{3} f_d t_w \left(\frac{x}{0.8} - c - t \right)^2 + f_{cd} b'_i x \left(\frac{x}{0.8} - \frac{x}{2} \right) \tag{7}$$

(2) 混凝土等效矩形块高度位于二期混凝土腹板内 ($x \geq h'_i$)。

由 $\sum N = 0$，得：

$$f_{cd} h'_i (b'_i - b) + f_{cd} b x = f_d h_u t_w + f_d \Delta b_s t \tag{8}$$

由 $\sum M = 0$，得：

$$\gamma_0 M_d \leq M_{ud} = f_d b_{sU} t \left(\frac{x}{0.8} - c - \frac{t}{2} \right) + f_d b_{sL} t \left(h_g - \frac{x}{0.8} + c - \frac{t}{2} \right) +$$

$$f_d h_u t_w \left(\frac{h_u}{2} + \frac{x}{0.8} - c - t \right) + \frac{2}{3} f_d t_w \left(\frac{x}{0.8} - c - t \right)^2 +$$

$$f_{cd} h'_i (b'_i - b) \left(\frac{x}{0.8} - \frac{h'_i}{2} \right) + f_{cd} b x \left(\frac{x}{0.8} - \frac{x}{2} \right) \tag{9}$$

三、预弯预应力组合梁桥塑性抗弯承载力的概念与计算方法

1. 塑性抗弯承载能力的基本概念

在国内规范中，对于钢结构及钢-混凝土组合结构既有使用弹性理论进行计算截面抗弯承载力，也有使用塑性理论进行计算。而由住建部颁布的现行《钢结构设计规范》（GB 50017—2017）给出了基于塑性理论的建筑钢—混凝土组合梁的承载力，虽然桥梁结构不同于建筑结构，但是可以参照建筑结构梁承载力计算的基本原理及限制条件，建立本结构下塑性抗弯承载能力计算公式[2]。

在住建部颁布的现行《钢—混凝土组合桥梁设计规范》（GB 50917—2013）中，也采用了基于塑性理论计算抗弯承载力。在此规范中，对使用塑性方法设计的钢—混凝土组合梁进行尺寸条件限定。

《组桥设计规范》（GB 50917—2013）认为[12]：

(1) 钢梁必须为软钢，且其力学性能应符合一定的条件。

(2) 要求组合截面的受压翼板及腹板在进入全塑性状态之前，不会出现局部失稳，因此规范规定了

板件宽厚比的要求。

《预弯预应力组合梁桥技术标准》(CJJ/T 276—2018)所给出的承载能力计算公式是认为钢梁腹板局部仍处于弹性工作区[8],对于预弯预应力梁截面可直接计算截面承载力设计值,但是该公式由于钢腹板弹性部分的存在,计算公式项数较多。

因此,本文为保证规范理论统一,简化计算公式,并便于用户的理解,先将钢梁截面处于弹性部分的腹板假设也已进入塑性阶段,即其截面应力分布为矩形,于是式(1)可改写为如下形式:

$$\gamma_0 M_d \leq M_{pud} \tag{10}$$

式(10)即为验算截面塑性抗弯承载力的总体计算式。

式(10)与式(1)具有相同的表达式:等式左端完全一致,右端项的计算方式是不同的。

预弯预应力组合梁桥的塑性抗弯承载力计算与弹塑性抗弯承载力一样,适用于桥梁持久状况下截面承载能力极限状态的设计验算。

参照《组桥设计规范》(GB 50917—2013),预弯预应力组合梁结构只有在钢梁预弯施工时会发生局部及整体失稳,而在使用阶段,钢梁由混凝土外包,因此无须考虑钢梁发生局部失稳,因此在对预弯预应力组合梁使用塑性理论计算时,只需保证其钢材是软钢。

2. 极限抗弯承载力计算方法

在预弯组合梁塑性极限抗弯强度计算中引入基本假定,除假定(3)外,其余假定与第1节弹塑性承载能力计算假定(1)(2)(4)一致,结合塑性理论,假定钢梁腹板全达到塑性,那么假定(3):钢梁上下翼板厚度相等且均可达到屈服,其压应力达到钢材设计强度值,近似认为钢腹板也全进入塑性工作区,截面应力分布均为矩形,且应力均达到钢材的抗拉、抗压和抗弯强度设计值。

由基本假定和如图1所示塑性抗弯强度计算可得(图2):

$$h_1 = x_s - c = \frac{x}{0.8} - c \tag{11}$$

$$h_2 = h_g - h_1 = h_g - \frac{x}{0.8} + c \tag{12}$$

式中:h_1、h_2——分别为钢梁受压区高度、钢梁受拉区高度。

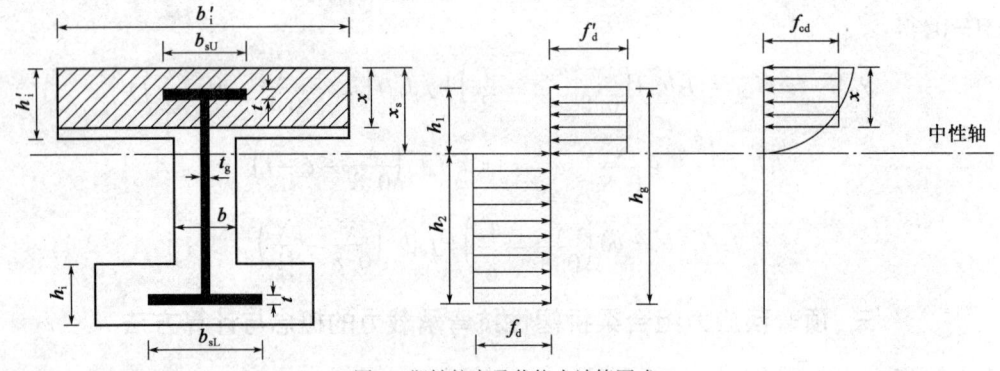

图2 塑性抗弯承载能力计算图式

由于混凝土实际受力的不同,需要考虑两种情况:

(1)混凝土等效矩形块高度位于二期混凝土上翼缘($x \leq h'_i$)。

由$\sum N = 0$,得:

$$f_{cd} b'_i x = f_d (h_2 - h_1) t_w + f_d \Delta b_s t \tag{13}$$

由$\sum M = 0$,得:

$$\gamma_0 M_d \leq M_{pud} = f_d b_{sU} t \left(\frac{x}{0.8} - c - \frac{t}{2}\right) + f_d b_{sL} t \left(h_g - \frac{x}{0.8} + c - \frac{t}{2}\right) + \frac{1}{2} f_d t_w \left(\frac{x}{0.8} - c - t\right)^2 + \frac{1}{2} f_d t_w \left(h_g - \frac{x}{0.8} + c - t\right)^2 + f_{cd} b'_i x \left(\frac{x}{0.8} - \frac{x}{2}\right) \tag{14}$$

(2)混凝土等效矩形块高度位于二期混凝土腹板内($x \geq h'_i$)。

由 $\sum N = 0$,得:

$$f_{cd} h'_i (b'_i - b) + f_{cd} bx = f_d (h_2 - h_1) t_w + f_d \Delta b_s t \tag{15}$$

由 $\sum M = 0$,得:

$$\gamma_0 M_d \leq M_{pud} = f_d b_{sU} t \left(\frac{x}{0.8} - c - \frac{t}{2} \right) + f_d b_{sL} t \left(h_g - \frac{x}{0.8} + c - \frac{t}{2} \right) +$$

$$\frac{1}{2} f_d t_w \left(\frac{x}{0.8} - c - t \right)^2 + \frac{1}{2} f_d t_w \left(h_g - \frac{x}{0.8} + c - t \right)^2 +$$

$$f_{cd} h'_i (b'_i - b) \left(\frac{x}{0.8} - \frac{h'_i}{2} \right) + f_{cd} bx \left(\frac{x}{0.8} - \frac{x}{2} \right) \tag{16}$$

基于以上推导并与弹塑性计算方法式(7)和式(9)对比,按式(14)和式(16)对应的完全塑性(以下简称全塑性)计算方法计算,可发现:计算公式虽更易理解,但计算项数与弹塑性相比并未减少。另外根据理论分析可知,采用上述全塑性计算方法计算所得截面抗弯承载力大于现行规范的弹塑性计算方法所得值,安全储备减少,对于工程使用偏于不安全。

结合以上推导及弹塑性计算方法,笔者提出以下一种便于理解的、实用的截面塑性抗弯承载力简化计算方法(以下简称简化塑性计算方法)。

此简化塑性计算方法的计算假定除假定(3)外,其余假定与上述推导计算方法假定基本一致。假定(3)简化为忽略钢梁腹板中原弹性核高度内承载能力,腹板其余部分认为均达到屈服,上下翼板厚度相等且均可达到屈服,其压应力达到钢材设计强度值。图3为简化塑性计算方法的应力图示。

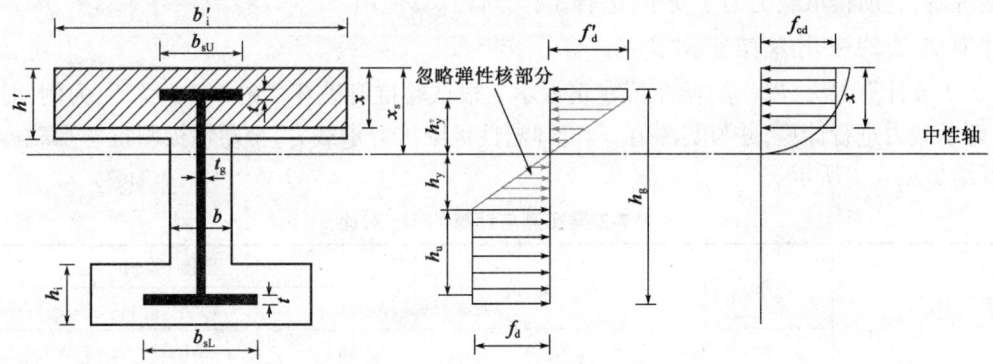

图3 简化塑性计算方法应力图式

相同地,由于混凝土实际受力的不同,也需要考虑两种情况:

(1)混凝土等效矩形块高度位于混凝土上翼缘($x \leq h'_i$)。

由 $\sum N = 0$,得:

$$f_{cd} b'_i x = f_d h_u t_w + f_d \Delta b_s t \tag{17}$$

由 $\sum M = 0$,得:

$$\gamma_0 M_d \leq M_{pud} = f_d b_{sU} t \left(\frac{x}{0.8} - c - \frac{t}{2} \right) + f_d b_{sL} t \left(h_g - \frac{x}{0.8} + c - \frac{t}{2} \right) +$$

$$f_d h_u t_w \left(\frac{h_u}{2} + \frac{x}{2} - c - t \right) + f_{cd} b'_i x \left(\frac{x}{0.8} - \frac{x}{2} \right) \tag{18}$$

将式(4)代入式(17)有:

$$x = \frac{(h_g + 2c) t_w + \Delta b_s t}{f_{cd} b'_i + 2.5 f_d t_w} f_d \leq h'_i \tag{19}$$

(2)混凝土等效矩形块高度位于二期混凝土腹板内($x \geq h'_i$)。

由 $\sum N = 0$,得:

$$f_{cd} h'_i (b'_i - b) + f_{cd} bx = f_d h_u t_w + f_d \Delta b_s t \tag{20}$$

由 $\sum M = 0$,得:

$$\gamma_0 M_d \leq M_{pud} = f_d b_{sU} t\left(\frac{x}{0.8} - c - \frac{t}{2}\right) + f_d b_{sL} t\left(h_g - \frac{x}{0.8} + c - \frac{t}{2}\right) +$$
$$f_d t_w h_u \left(\frac{h_u}{2} + \frac{x}{0.8} - c - t\right) + f_{cd} h'_i (b'_i - b)\left(\frac{x}{0.8} - \frac{h'_i}{2}\right) + f_{cd} b x \left(\frac{x}{0.8} - \frac{x}{2}\right) \quad (21)$$

将式(4)代入式(20)有:

$$x = \frac{f_d t_w (h_g + 2c) + f_d \Delta b_s t - f_{cd} h'_i (b'_i - b)}{f_{cd} b + 2.5 f_d t_w} \quad (22)$$

在此两种情况下,其所求得的中性轴位置 x_s 还应满足以下条件[11]:

(1)按式(19)所求的 x 所得到的中性轴位置 x_s 应满足 $x_s > c + t$ 的条件,从而满足钢梁上翼缘板应力可达到其抗压设计强度 f'_d。

(2)按式(22)所求的 x 所得到的中性轴位置 x_s 应满足 $x_s \leq \xi_{js}(h_s + c)$ 条件,从而满足钢梁下翼缘能够进入屈服阶段,式中 ξ_{js} 为截面界限受压区高度系数,其可按推导式(12)进行计算:

$$\xi_{js} = \frac{\beta \varepsilon_u}{\frac{f_d}{E_s} + \varepsilon_u} \quad (23)$$

在式(6)~式(23)中,其他符号意义为 M_{pud} 为预弯组合梁的塑性抗弯承载力设计值;f_{cd}、f_d 分别为混凝土和钢材的材料强度设计值;h_i、b_i、h'_i、b'_i 分别为一期和二期混凝土板的厚度及宽度。

将式(18)及式(21)与全塑性计算公式(14)及式(16)对比,可以看到,计算项均减少一项,计算得以简化,方便理解,且所得承载力偏于安全,适合工程设计计算使用。

3. 计算方法的应用及结果对比

利用2.2节计算方法,以(原)哈尔滨建筑大学7根试验抗弯破坏梁的W7-2梁[11]为例,对其简化塑性极限抗弯承载力进行计算,并与实测值、理论弹塑性极限抗弯承载力、全塑性极限抗弯承载力进行对比分析,计算结果见表1所示。

W7-2梁实测与计算的 M_u 对比 表1

对比	项 目	实 测 值	理论计算值		
			弹塑性	全塑性	简化塑性
	承载能力	270550	260076	261609	257011
与实测值相比	相对差	—	-10474	-8941	-13539
	相对差比值	—	-3.87%	-3.30%	-5.00%
与弹塑性值相比	相对差	—	—	1533	-3065
	相对差比值	—	—	0.59%	-1.18%

注:弹塑性计算值为采用预弯组合梁弹塑性极限抗弯强度计算方法重新求得的结果;全塑性计算值为采用全塑性极限抗弯强度计算方法求得的结果;简化塑性计算值为采用本文提出的简化塑性计算方法求得的结果。

W7-2梁实测实际受压区高度为104mm,而三种计算方法对应的受压区计算高度均相同,均为96.54mm,实测值与计算值比值为1.08,吻合较好。

根据表1中的对比可以发现:三种理论计算值均小于实测值,且吻合较好,均能满足理论承载能力的计算;各计算方法计算所得结果对比可知,全塑性计算值>弹塑性计算值>简化塑性计算值,且简化塑性方法计算值具有充足的安全储备,计算方法公式计算项数减少,易于理解,可行、可靠,可用于公路桥梁承载力计算。

四、结　语

(1)本文基于塑性理论和预弯预应力组合梁桥技术标准中的抗弯承载力计算方法进行理论分析,推导了预弯预应力组合梁桥的全塑性抗弯承载力计算公式。结合预弯预应力组合梁自身的力学特性进一步提出一种简化塑性计算方法,并给出了使用塑性理论计算时对钢梁的构造要求。

(2)本文结合所给出的计算公式,以(原)哈尔滨建筑大学7根试验抗弯破坏梁的W7-2梁为例,对其实用塑性极限抗弯承载力进行计算,并与实测值、理论弹塑性极限抗弯承载力、全塑性抗弯承载力进行对比分析,发现简化塑性抗弯承载力与实测值吻合较好,且简化塑性承载力计算值具有充足的安全储备。

(3)本文简化塑性计算方法所用塑性理论与住建部颁布的相关规范所使用的理论相统一,并且该方法较现行规范计算公式有所简化,便于理解、易用。可供公路桥梁的预弯组合梁桥抗弯承载力计算参考。

参考文献

[1] 张士铎. 预弯预应力混凝土梁介绍[J]. 公路,1987(3):4-7.
[2] 黄侨. 桥梁钢-混凝土组合结构设计原理[M]. 2版. 北京:人民交通出版社股份有限公司,2017.
[3] 陆亚芳,张士铎. 预弯梁及其正截面强度[J]. 土木工程学报,1989,22(3):84-88.
[4] 黄侨. 预弯组合梁桥的设计理论及试验研究[D]. 哈尔滨:哈尔滨工业大学,2000.
[5] 郑一峰. 预弯预应力砼梁的非线性理论及实验研究[D]. 哈尔滨:哈尔滨建筑大学,1995.
[6] 黄侨. 预弯组合梁桥综述[J]. 东北公路,1993(1):92-94.
[7] 郑一峰,黄侨,冷曦晨,等. 预弯组合梁桥的弹塑性极限承载能力研究[J]. 中国公路学报,2005,18(4):54-58.
[8] 杨明,黄侨. 预弯组合梁收缩、徐变计算方法解析. 公路交通科技应用技术版. 2005,(8):119-121.
[9] Yang Ming, Huang Qiao, Wang De-jun. Equivalent Bending Stiffness of Simply Supported Preflex Beam Bridge with Variable Cross-Section. Journal of Harbin Institute of Technology. 2010,17(1):13-17.
[10] 周志祥. 对"预弯梁及其正截面强度"的讨论[J]. 土木工程学报,1990(2):79-82.
[11] 中华人民共和国住房和城乡建设部. 预弯预应力组合梁桥技术标准:CJJ/T 276—2018[S]. 北京:中国建筑工业出版社,2018.
[12] 中华人民共和国住房和城乡建设部. 钢-混凝土组合桥梁设计规范:GB 50917—2013[S]. 北京:中国计划出版社,2013.
[13] 中华人民共和国住房和城乡建设部. 钢结构设计规范:GB 50017—2017[S]. 北京:中国建筑工业出版社,2017.

34. 纳入国标的专利钢的特性及其广泛用途
——高性能、高性价比 40SiMnVBE 钢

韩建中[1]　韩卫[1]　马周成(顾问)[1]　王章友[2]

(1. 河南省生产力促进中心;2. 上海金马高强紧固件有限公司)

摘　要　40SiMnVBE 钢纳入国标,从技术上,它是在 38SiMnVBE 专利钢 10 多年应用基础上,优化创新的一种高力学性能、高性价比、广泛用途的专利钢。从设计者、制造者、市场用户需求上,它在国标上具有可方便选择的钢的技术数据平台。从国家标准法规改革、制度创新、国标创新上,在国标委、国家知识产权局、全国钢标准化技术委员会贯彻执行以及中交公路规划设计研究院有限公司、上海振华重工股份有限公司、钢铁研究总院、《桥梁》杂志等单位支持帮助下,上述各种创新成果,已在国标中实现。本论文就是在上述成果的基础上,与参会领导、专家、用户单位、设计者、制造者、共同交流、探讨、合作。根据研究的技术水平,共同申请国家级、省市级重大科技创新项目;经批准后,进行研究、试验、鉴定、实施应用。

关键词　40SiMnVBE　高强度　高韧塑性　特级优质钢　高疲劳性　高性能稳定性　高淬透性　高性价比　广泛用途

一、40SiMnVBE 钢在国标中的制度创新与编写方法上的创新

1. 专利钢能保持专利权利纳入弹簧钢国标。

我国建立申请授权专利以来,国标法规定,必须放弃专利权利才能纳标。发达国家早已实施专利保持权利纳入标准的法规制度,并将含有专利的标准,作为企业或国家竞争的制高点。我国的用户、设计者、制造者大多数都依据国标来选择它列出的钢号;他们希望性能、性价比好并已应用的专利钢,要尽早纳入国标,以利于放心选择应用。又鉴于我国已加入 WTO,发达国家正用他们拥有含有专利的标准,组成"技术壁垒"卡压我们,每年给我国都造成巨大的经济损失。当时本文作者韩建中在 2005 年 11 月 18 日,向吴仪副总理写建议信,请她解决我国专利保持权利纳入国标及促进专利产业化问题。想不到的是,她很快批示给国家标准委和国家知识产权局。国家标准委很快要韩建中到他们那里,听取其对国家标准法规改革的意见。国家知识产权局复函韩建中,表示与国家标准委一起进行国家标准法规改革工作。国家标准委和国家知识产权局在 2013 年 12 月 19 日共同以第一号文发布联合公告。

国家标准委 国家知识产权局关于发布《国家标准涉及专利的管理规定(暂行)的公告》。该公告规定,允许专利保持权利纳入国标。该法规 2014 年 1 月 1 日实施。新法规实施后,在钢铁行业 40SiMnVBE 专利钢首先被纳入 GB/T 1222—2016 弹簧钢标准。

2. 在国标资料性附录中有最受市场用户、设计者、制造者欢迎的该钢的技术数据平台

为了促进我国从钢铁大国变成钢铁强国,为了专利钢的技术数据平台能够纳入国标,2011 年 9 月 18 日韩建中向温家宝总理写了《以具有知识产权的高性能钢与创新的钢标准为基础,把我国建设成钢铁强国的建议》。建议中主要提出北京钢铁研究总院授权的级超高强度螺栓用钢具有世界一流水平,虽有应用,但是没有像当时我国 4G 一样,纳入世界标准。希望钢铁行业向电子通信行业学习。建议中也包括将专利钢技术数据平台纳入国标中,实现国标编写结构性创新。国家标准委相关处长,给韩建中打电话说,他已看到这封建议信,国标委是很支持这个建议的。在国标委、全国钢标准化技术委员会贯彻这一批示精神要求指引下,在弹簧钢国标修订讨论会上海振华重工股份有限公司派的用户代表支持下,这一技术数据平台纳入了国标。

这是我国钢国标中任何一个钢号都没有的完整的技术数据平台。市场用户、设计者可以根据产品的直径(或厚度)、性能要求,方便的对照选择;制造者可以根据对应产品的直径(或厚度)、性能要求参照(或调整)对应热处理工艺,满足市场用户、设计者要求。材料工艺科技人员,还可以参照本钢奥氏体连续冷却曲线(CCT 曲线)编写正火、退火、淬火、亚温淬火,以及正确选择淬火冷却剂等进行工艺创新,获得更需要、更广泛的力学性能,满足不同市场用户、设计者的需要。

二、40SiMnVBE 钢的优良特性及其典型创新研究、试验、应用产品

利用钢的高淬透性、高性价比、高强塑性配合,研究、试验大直径钢锚杆和预应力混凝土用螺纹钢筋。中交公路规划设计研究院有限公司有关设计人员,远在专利钢未被纳入国标前,就认真听取、仔细询问我们提供 31 组不同直径、不同热处理工艺对应的力学性能的汇报,赞赏专利钢的高性能、高性价比,并向我们提出研究试验专利钢替代贵重合金钢,用在设计人员设计的重要产品上。如大直径钢锚杆和大直径预应力混凝土用螺纹钢筋、钢拉杆的相关需求。

1) 大直径钢锚杆与替代不同贵重钢号可制造的产品

我们了解到桥梁用的最大钢锚杆主体直径 130mm,要求抗拉强度不小于 1030MPa,屈服强度不小于 830MPa,设计用的钢号是 40CrNiMo。该钢的奥氏体连续冷却曲线与弹簧钢国标上专利钢的这种曲线(图 1)相比(两图的鼻尖下端的时间),相近或小一点,因此,淬透性也是相近或小一点。但是,专利钢的价格要比 40CrNiMo 每吨低 2000 元以上。本项目有专题论文(表 1)。

40CrNiMoA 表1

C	Si	Mn	P	S	Cr	Ni	Mo	Cu
0.38	0.24	0.69	0.020	0.007	0.76	1.44	0.19	0.10

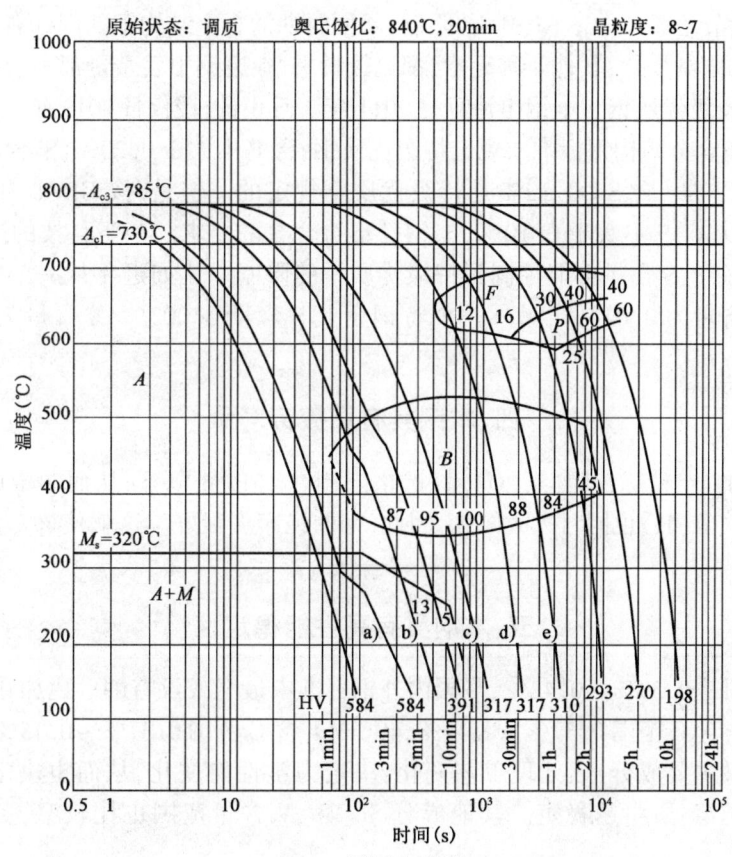

图1 连续冷却曲线

2）大直径高强度预应力混凝土用螺纹钢筋

（GB/T 20065—2016）《预应力混凝土用螺纹钢筋》于2016年12月13日发布，2017年9月1日实施。新国标的最大直径75mm，最高级别PSB1200，对应最高抗拉强度不小于1330MPa，最高屈服强度不小于1200MPa。比老国标PSB1080级增加提高一个等级。国标最高屈服强度PSB1200对应配合的塑性延伸率不小于6%。弹簧钢国家标准表D.4工艺编号12对应的直径75mm，力学性能屈服强度1320MPa，抗拉强度1565MPa，延伸率8%；从对比中可看出，用专利钢材料可将国内外用的直径75mm钢筋从PSB830级提高到国标上的PSB930级，PSB1080级，PSB1200级，都是可以实现的。对小直径更是可以提级。

鉴于该产品是桥梁和结构工程用量特别大的产品，依据国家供给侧结构改革，鼓励创新研究、试验、生产高质量、高效益产品供应国内外，我们已经联系中冶建筑研究总院有限公司（GB/T 20065—2016标准第一起草单位）、中交公路规划设计研究院有限公司（设计应用产品单位）大连理工大学桥隧研究所（有全国最大的拉力、疲劳试验机）、该产品生产企业、特钢企业等单位。申请国家支持、资助的重大科技创新项目，鉴定后实现产品大规模产业化应用及申请制定升级的新国标；使产品升级、国标升级领先世界。现在最缺少的是桥梁与结构工程将用的，高强度预应力混凝土用螺纹钢筋供本项目的研究、试验、应用。我们欢迎参会的单位、设计者参与这个项目。凡有设计单位、设计者目前或今后设计高强度、大直径这种产品，愿意参加研制、试验、应用的，我们欢迎参加申请国家支持资助的这项重大科技创新项目。每个设计单位可参与不同直径、不同屈服强度级别的子项目。我们共同提高强度等级或增大直径是为市场今后发展需要，如果现在不需要那么高，比如，研究水平达到屈服强度1320MPa，我们可作为设计等级

1080MPa 或更低屈服强度应用;富余量可起到提高产品安全系数的作用。本创新产品,有专题论文。

三、本钢是特级优质钢

按应用面最大的我国基础钢 GB/T 3077—×××合金结构钢规定了钢的质量等级。依据有害元素钢中 P、S 含量及残余元素 Cu、Cr、Ni、Mo 的限制,不同时期的合金结构钢的国标有不同的限制。其中主要是有害元素 P、S 的限制变化;其他 4 种元素,都比较贵重,在废钢中残余量都不会超过。只要有害元素不超过规定,就属于特级优质钢。本钢申请日是 2011 年 7 月 8 日,授权日 2013 年 3 月 6 日。当时依据的是 GB/T 3077—2007 合金结构钢标准。规定特级优质钢,含 P 不大于 0.20%,S 不大于 0.15% 就符合特要求。本钢含 P≤0.20%,含 S≤0.12% 是特级优质钢规定的。但是,按 GB/T 3077—2015 合金结构钢限制 P 不大于 0.20%,S 不大于 0.10%,本钢已不符合 S 的要求。基于科技的进步与现实生产中本钢必须采用真空精炼,P、S 含量都能控制到特级优质钢的限制。比如近年从一个特钢企业订购的钢 S 含量为 0.004%,P 含量为 0.014%;另外一个特钢企业 S 含量 0.003%,P 含量为 0.14%。特级优质钢号后加 E。

四、本钢具有高疲劳寿命

本专利钢是采用真空精炼,其含氧(O)量,严格限制在 15PPM 以下,从而非金属夹杂物很少。真空精炼时有害的氮(N)、氢(H)也同时大大减少,因此,钢的纯净度很好。这就使该专利钢制造的产品具有高疲劳寿命的效果。

五、本钢具有高性能稳定性

本钢的含 C 范围是 0.39%~0.42%,是国内外钢标准中最窄或没有的。比如在合金结构钢国标中,钢号前有 40 的 40Cr,含 C 范围 0.37%~0.44%,40CrMn,含 C 范围 0.37%~0.45%,含碳量多少是影响热处理工艺变化的最主要成分,热处理工艺变化,决定力学性能变化,从而也决定钢产品质量的稳定性。也就是碳范围越窄,质量越稳定。其他成分 Si、Mn、V 含量范围也比较窄,更加强了钢的性能稳定性。

35. 矩形沉井着床过程水流力实验研究

杨汉彬　杨万理　李乔

(西南交通大学　土木工程学院)

摘　要　沉井是重要的深水基础之一,被广泛运用到桥梁建设之中。目前对沉井着床过程的水流力特性仍缺乏深入的认识。本文采用模型试验的方式研究了不同淹没深度、不同来流速度下矩形沉井模型的阻力、横向力以及竖向力受力特征。实验考虑了自由液面、自由端以及底部边界共同存在时对沉井模型水流力的影响。实验中长细比 $AR=0.2\sim1$,速度范围 $0.246\sim0.503$ m/s。实验结果表明:阻力系数以及横向力均方根系数随着 AR 的增加,并且当自由端消失时($AR=1$)均发生大幅度的增加。在着床的过程中,沉井的浮力并不等于静水浮力,在流速增加的情况下其吃水深度会进一步的增加,浅水效应(底部边界条件影响)可能引发的深蹲、纵倾现象值得在实际工程中格外关注。

关键词　实验　矩形沉井　水流力　自由液面　自由端　底部边界

一、引　言

浮式沉井是保证深水大跨度桥梁基础安全建设的重要措施,在施工的过程中通过排出内部的水体,从而提供干燥的施工环境。正如文献[1]归纳,沉井的建设和安装通常包含以下几个阶段:在拖航到施工地点前先在码头进行部分建设;拖运到现场;安装缆索系统;沉井着床,此过程中沉井逐渐下降,直到触底;下沉。在触底的过程中需要精确地进行定位到目标位置。通常情况下,沉井尺寸可达几十米甚至接近100m,沉井的高度可达几十米,桥址处水深可到十几米甚至几十米,桥址处水流速度通常可达1~3m/s。因此,沉井遭受的水流力非常巨大。更为重要的是,在沉井着床的过程中,沉井的淹没深度不断地增加,这极可能会导致大幅度的摆动,从而可能引发缆索系统发生疲劳破坏。

方形或者矩形柱体被广泛应用于实际工程,包括建筑工程、水利工程、桥梁工程、海洋工程等领域。经典的钝体绕流问题通常有着较大的长细比,因此常常被简化为无限长钝体绕流问题而不考虑自由液面、自由端的影响。众多文献对无限长矩形柱体或者方柱绕流进行了深入的研究。柱体旋涡脱落频率、阻力大小以及尾迹特征是工程领域最为关注的重要参数。如文献[2]采用模型实验的方式详细研究了矩形柱体的旋涡脱落频率。文献[3]通过实验模型详细研究了方柱的受力特性以及尾迹频率。其他的方柱数值模拟文献可以参考文献[4-6],实验研究可以参考文献[2,3,7,8]。

不同于经典的钝体绕流问题,沉井绕流受到自由液面、自由端以及底部边界(河床)的影响。目前这方面的研究仍非常少。最近Yang等人[9]详细研究了同时包含自由液面、自由端、以及底部边界条件的共同作用下圆柱的水动力系数。实验的雷诺数 $R_e = 2 \times 10^4 \sim 1.2 \times 10^5$,长细比 $AR = 0.25 \sim 1.5$。研究结果表明:圆柱的阻力系数明显受到长细比的影响;在圆柱触底时候,圆柱的阻力系数、横向力均方根系数以及旋涡脱落频率发生显著的增加,这些水动力特性这在实际工程中应该值得额外的关注。另外,Yang等人[10]研究了包含自由液面、自由端共同作用下方柱的水动力特性。试验中长细比 $AR = 0.033 \sim 1$,雷诺数范围 $R_e = 5.4 \times 10^4 \sim 23.1 \times 10^4$。实验结果表明:$AR = 0.167$ 为临界长细比。在 $0.167 < AR \le 1$ 范围内,阻力系数随着长细比的增加而增大;在 $0.033 \le AR < 0.167$ 范围内阻力系数随着长细比的增加而降低。阻力均方根系数随着长细比的增加而降低,而横向力均方根系数随着长细比先减小后增加。总体上竖向力均方根系数随着长细比的增加而增加。

目前,同时考虑自由液面、自由端以及底部边界共同存在时对矩形沉井的受力影响的相关研究还很少见。在实际工程中,河床或者海床的影响不可忽略。在沉井下降的过程中,沉井底部到河床或海床的距离逐渐减小,需要考虑底部边界对沉井水流力的影响。在沉井下降阶段,相对于水流的速度沉井着床的过程是比较慢的,因此本文将对着床过程中不同时刻(不同淹没深度)沉井水流力进行分析,以研究沉井着床过程中的水流力变化情况。因此本文的工作目的就是要研究当自由液面、自由端以及底部边界共同存在时,不同的淹没深度,不同的来流速度下矩形沉井的受力特性。

二、实验设置

在实际工程中沉井的横截面尺寸可以达到几十米甚至100m,一般情况下桥址处流速可以达到1~3m/s,极端条件下如洪水时期,甚至可以超过10m/s。本文以迎水宽度为60m的沉井以及桥址流速7m/s为原型,采用合理的缩尺比例,研究对应缩尺沉井模型绕流的水流力特性。

阻塞比是影响水流力的一个关键参数,目前还没有相关的文献探讨半淹没状态的柱体在不同阻塞比下的水流力修正计算方法。文献[11]在研究圆柱绕流时建议的临界阻塞比为0.2,为了进一步减小阻塞效应的影响,本文将选取0.15作为模型沉井绕流的阻塞比。模型试验在西南交通大学深水大跨桥梁实验室中型波流水槽开展,该水槽长60m,宽2m,深2m,最终的沉井模型宽度 $W = 0.15 \times 2m = 0.3m$。因此可得本试验的长度缩尺比 $\lambda_L = 0.3/60 = 1/200$,相应的速度缩尺 $\lambda_u = \sqrt{\lambda_L} = 1/\sqrt{200}$,即最大的速度大约为0.5m/s。另外,试验中如果水流速度太小,既不利于水流速度的精确测量,也不便于模型沉井水流力的测量。因此,模型试验中选取最小流速为0.25m/s。图1中展示了模型试验的示意图以及实验的详细连接方式。沉井模型边长 $L = 0.3m$,高0.34m,采用有机玻璃制作,放置在距离造流端30m处的水槽中部,水槽中部流场稳定。试验中蓄水深度 $h_1 = 0.71m$,流速范围0.246~0.503m/s,水流湍动能强度小于6%。相应地,雷诺数范围 $R_e = 7.4 \times 10^4 \sim 15 \times 10^4$,处在亚临界区域;弗洛德数($F_r = U/\sqrt{gD}$)变化范围

$F_r = 0.14 \sim 0.29$,小于1;雷诺数与弗洛德数的比值等于$R_e/F_r = 5.1 \times 10^5$;模型试验中沉井最大入水深度为0.3m,长细比的范围$AR = 0.2 \sim 1$。沉井模型水流力由六自由度测力天平(型号 ATI Gamma SI-32-2.5,精度1/160N,量程范围±32N,本文采频率设置为50Hz)测量,流速由多普勒流速仪(精度为±0.5‰ mm/s,量程范围0~4m/s,数据采样频率设定为50Hz)测定。

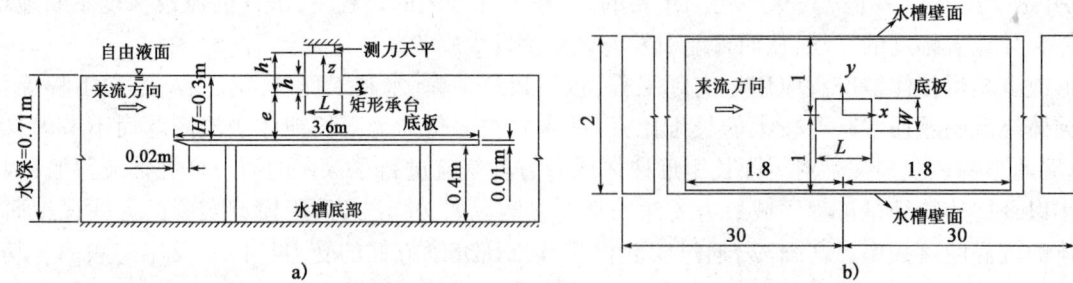

图1 实验测试示意图(尺寸单位:m)

为方便开展研究,定义顺流向阻力系数C_d,横向力升力均方根系数C_{lrms},如下:

$$C_d = 2\overline{F_x}/\rho A U^2 \tag{1}$$

$$C_{lrms} = \frac{2\overline{[(F_y(t) - \overline{F_y})^2]}^{\frac{1}{2}}}{\rho A U^2} \tag{2}$$

式中:$\overline{F_x}$、$\overline{F_y}$——分别为$F_x(t)$,$F_y(t)$的平均值;

ρ——水的密度。

$A = Wh$ (为静水面以下迎水面面积)

式中:W——模型的宽度;

U——自由来流速度。

图2中给出$AR = 0.8$,$U = 0.246$m/s沉井模型三个方向的原始水流力时程曲线,即阻力$F_x(t)$,横向力$F_y(t)$,竖向力$F_z(t)$。值得注意的是,测力天平在水流静止状态时候已经置零,因此$F_z(t)$不包括沉井模型的自重以及在静水中产生的浮力。水流力$F_y(t)$和$F_z(t)$存在明显的周期性波动,可以确信这些有规律的周期性的波动是不同的旋涡脱落引起的。$F_z(t)$的水流力为正值意味着沉井底部表面的压力小于水流静止状态的压力,表明在流动状态下沉井模型实际所受到的浮力值要小于静止状态中所受到的浮力。

图3给出了不同长细比下平均阻力系数C_d来流速度的关系曲线。平均阻力系数主要受到长细比的影响。在$0.2 \leq AR \leq 0.4$范围内,C_d随着长细比的增加而降低;在$0.4 \leq AR \leq 1$范围内,C_d随着长细比的增加而增加,并且当$AR = 1$时,此时沉井模型刚好要触底,C_d数发生明显的增加。由于矩形沉井模型具有锐利的角边,因此具有固定的分离点,因此阻力系数C_d受到来流速度的影响较小。

图4给出了横向力均方根系数与长细比的关系曲线。可以观察到C_{lrms}基本不受来流速度的影响,但是显著受到长细比的影响。C_{lrms}随着长细比的增加而增加,并且当自由端消失时,发生大幅度的增加。说明当自由端消失时,沉井模型的展向涡得到了充分发展,从而导致沉井产生交替的横向力。此现象值得在工程中格外关注,避免在触底的过程发生因突然增大的横向力而导致锚索系统的破坏。

图5给出了沉井模型实际受到的竖向力均值与静水浮力的比值$\beta = (F_f - \overline{F_z})/F_f$($F_f$为水流静止时沉井模型受到的浮力,$F_f = \rho g h D^2$)。实际上,该比值反映了沉井模型在水体流动状态下的竖向力与静止状态下浮力的比值。在相同长细比下,β值整体上随着流速的增加而降低,说明在流动状态中,沉井实际上受到的浮力小于静水浮力。当$0.2 \leq AR \leq 0.8$时,β值随着长细比的增加而减小,说明沉井底部靠近底部边界(河床/海床),沉井实际浮力相对于其静水浮力就越小,有可能会出现船舶中在浅水中的深蹲现象。此外,由于沉井底部的压力分布不均匀,沉井将产生不平衡的横向弯矩,从而致使发生类似于船舶的

纵倾现象[12]。因此,浅水效应(底部边界条件)可能引发的沉井的深蹲、纵倾现象值得在实际工程中格外关注。

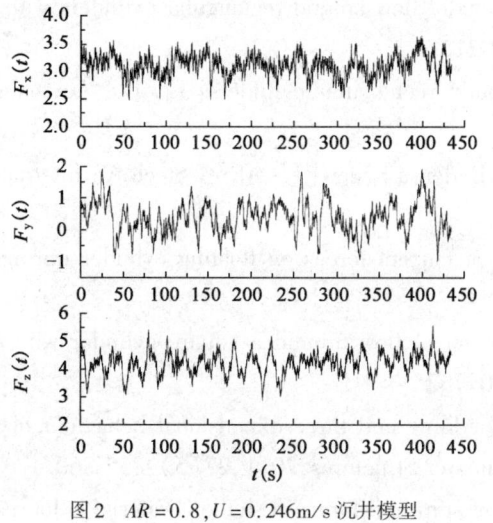

图 2　$AR=0.8$,$U=0.246$m/s 沉井模型三个方向的原始水流力曲线

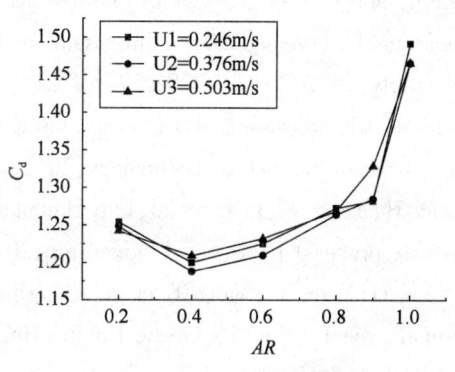

图 3　阻力系数 C_d 随 AR 的变化规律

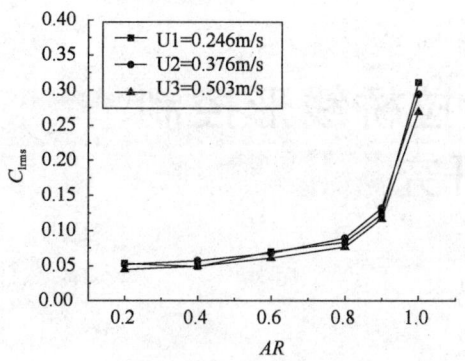

图 4　横向力均方根系数 C_{lrms} 随 AR 的变化规律

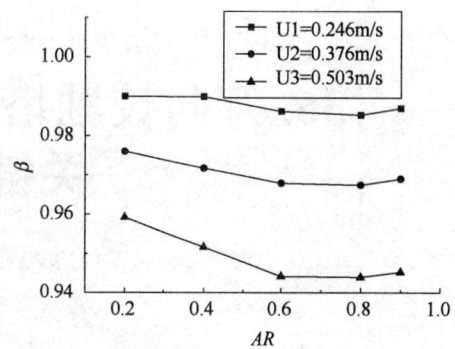

图 5　在流动状态中沉井模型竖向力与静水中浮力的比值

三、结论和展望

本文对沉井模型水流力开展了实验研究。实验的长细比 $AR=0.2\sim1$,来流速度流速范围 $0.246\sim0.503$m/s。根据实验结果发现:阻力系数以及横向力均方根系数随着 AR 的增加,并且当自由端消失时 ($AR=1$)发生大幅度的增加。在着床的过程中,沉井的浮力并不等于静水浮力,在流速增加的情况下其吃水深度会进一步的增加,浅水效应(底部边界条件影响)可能引发的深蹲、纵倾现象值得在实际工程中格外关注。

参考文献

[1] Krishna M S, Chakrabarti P, Chakrabarti S K, et al. Overview of Tacoma Narrows Bridge Floating Caisson Design[J]. 23rd International Conference on Offshore Mechanics and Arctic Engineering, 2004(37432): 465-478.

[2] Okajima A. Strouhal numbers of rectangular cylinders[J]. Journal of Fluid Mechanics, 1982, 123: 379-398.

[3] Norberg C. Flow around rectangular cylinders: Pressure forces and wake frequencies[J]. Journal of Wind Engineering & Industrial Aerodynamics, 1993, 49(1-3): 187-196.

[4] Bruno L, Fransos D, Coste N, et al. 3D flow around a rectangular cylinder: A computational study[J]. Journal of Wind Engineering & Industrial Aerodynamics, 2010, 98(6): 263-276.

[5] Mannini C, Šoda A, Schewe G. Unsteady RANS modelling of flow past a rectangular cylinder: Investigation of Reynolds number effects[J]. Computers & Fluids, 2010, 39(9):1609-1624.

[6] Tian X, Ong M C, Yang J, et al. Unsteady RANS simulations of flow around rectangular cylinders with different aspect ratios[J]. Ocean Engineering, 2013, 58:208-216.

[7] Bearman P, Trueman D. An investigation of the flow around rectangular cylinders[J]. The Aeronautical Quarterly, 1972, 23(3):229-237.

[8] Odesola I F, Olawore A. 3D Flow around a Rectangular Cylinder: a review[J]. Afrrev Stech An International Journal of Science & Technology, 2012.

[9] Yang H, Yang W, Li Q, et al. Experimental investigation of current forces on floating cylinder during the sinking process[J]. Ocean Engineering, 2019, 178:134-144.

[10] Yang H, Yang W, Yang T, et al. Experimental investigation of flow around a square cylinder with very small aspect ratios[J]. Ocean Engineering, 2020, 214:107732.

[11] Griffith M D, Leontini J, Thompson M C, et al. Vortex shedding and three-dimensional behaviour of flow past a cylinder confined in a channel[J]. Journal of Fluids & Structures, 2011, 27(5):855-860.

[12] Saha G K, Suzuki K, Kai H. Hydrodynamic optimization of ship hull forms in shallow water[J]. Journal of Marine Science and Technology, 2004, 9(2):51-62.

36. 万向铰独塔异形斜拉桥线形控制关键技术研究

万俊彪　周勇军　赵　煜　张亚军

（长安大学公路学院）

摘　要　三亚海棠湾景观桥为斜独塔空间索面万向铰接体系异形斜拉桥。钢主塔采用工厂节段预制，现场拼装后，采用竖转施工法；钢主梁采用工厂制造，满堂支架拼装焊接施工。为了实现主塔与主梁成桥线形控制目标，采用有限元软件建立分析模型，对该桥拉索张拉过程中线形控制措施及安全性、塔与梁的无应力制造线形、结构刚度变化等进行了仿真分析。结果表明：通过索力调整，可以实现主塔成桥线形与设计基本保持一致；基于背索张拉力的线形敏感性分析能有效实现成桥线形控制目标，对主塔在施工过程中产生的线形偏差采用索力微调的方法进行调节，能达到斜塔线形与设计线形匹配的目的；最终桥塔的角度与设计偏差0.02°，主梁标高与设计最大偏差1.9cm，斜拉索的安全系数均大于2.5，满足规范要求。

关键词　独塔异形斜拉桥　施工控制　无应力制造线形　线形控制　万向铰铰接

一、引　言

斜拉桥是高次超静定结构，其设计与施工需高度耦合，理想的几何线形与合理的内力状态不仅与设计有关，而且还依赖于科学合理的施工方法。如何通过施工过程中斜拉索索力的张拉控制以及主梁标高调整来获得预先设计的应力状态和几何线形，是斜拉桥施工中非常关键的问题。斜拉桥所采用的施工方法、材料性能、主塔、主梁安装标高以及斜拉桥的安装索力等都直接影响成桥后的主梁线形与受力状态。并且斜拉桥的结构内力和变形随着不同施工阶段结构体系和荷载工况的变换而变化，因此，在施工过程中斜拉桥是一个复杂的多输入多输出的高阶时变系统。由于系统内外各种因素对系统的直接或间接的影响，使得施工的实际状态与设计状态不可能完全一致。

三亚海棠湾河心岛景观桥结构跨径虽然不大，但结构新颖复杂，体系轻盈，施工难度大，精度要求高。由于塔底设置了万向铰结构，其中一根拉索索力发生变化会导致梁、塔及其他索力也发生显著变化，即所谓牵一发而动全身，由此导致其施工监控过程比普通斜拉桥的监控更为复杂，其监控难度不亚于其他大跨径斜拉桥。

对该桥施工监控主要是确保竣工成桥时结构的线形、应力状态和支反力与设计成桥状态保持一致，使其满足《公路工程质量检验评定标准》JTG F80/1—2017 的相关规定。

三亚海棠湾景观桥监控主要是确保钢梁、主塔应力水平满足设计要求的前提下，以"主梁几何线形和主塔偏位为基本控制目标、索力为主要调控手段"的原则进行桥梁的施工监控工作。

二、工程概况

三亚海棠湾景观桥为斜独塔空间索面双边工字钢曲梁异形斜拉桥，桥跨布置为(99.8+51.0+25.0+27.4+30.2)m=233.4m，塔底为万向铰支撑体系，桥型布置如图1所示。斜塔长度为84.59m，在垂直高度为45.58m处设有观景平台；主梁为双边工字钢梁，斜拉索为空间不规则布置，共有背索4对，前锚索4根，主梁索9对，拉索布置如图2所示。

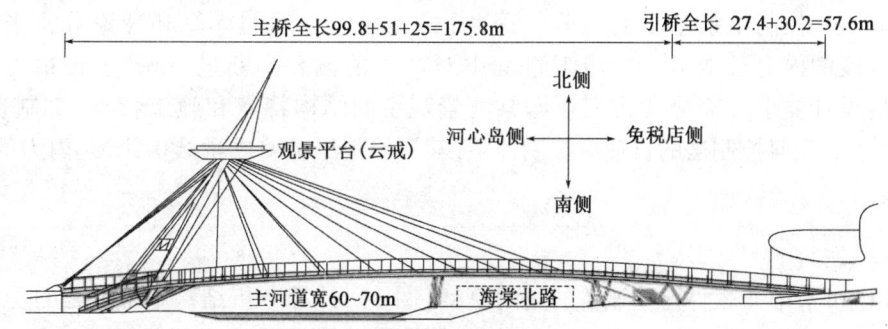

图 1 三亚海棠湾景观斜拉桥桥型布置图(尺寸单位:m)

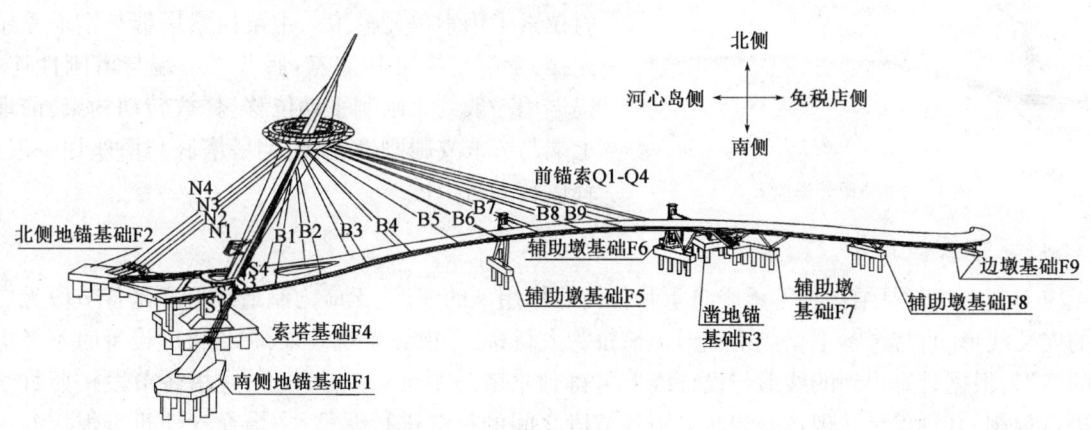

图 2 三亚海棠湾景观斜拉桥拉索布置图(尺寸单位:m)

本桥施工顺序为：桥塔工厂节段预制运输至桥位，在满堂支架上进行桥塔节段拼装，然后竖转桥塔就位，再依次张拉背索N1、S1和前锚索Q1-Q4、N2、S2、N3、S3、N4、S4；工厂预制钢主梁，运至桥位处进行满堂支架施工拼装，随后张拉主梁斜拉索，支架根据张拉情况进行适时脱架；由于工期紧张，桥面铺装和主梁拼接同步施工，全部斜拉索张拉完成后，最后进行补张前锚索。

三、线形控制特点

三亚海棠湾景观桥结构跨径虽然不大，但结构新颖复杂，施工难度大，其中一根拉索索力发生变化会导致梁、塔的线形发生显著变化,因此塔和梁的成桥线形为该桥的主要控制目标。与一般的斜拉桥相比,万向铰独塔异形斜拉桥具有以下特点:

(1)塔和梁均在工厂制造,在支架上拼装焊接施工,工厂制造线形与安装线形的精度对最终成桥线形影响明显,特别是细微的转角误差对标高误差有很大的累积性影响效应。

(2)主塔采用竖转法施工,其竖转位置难以精确控制,在拆除竖转临时设备前边界条件复杂,主塔位置难免会与目标位置发现偏离,必须采取合理的措施对竖转位置的偏差进行调整。

(3)塔底采用万向铰支撑,其制造允许转角为:顺向和横向竖平面内转动±5.0度。自转平面(绕塔轴)±3.0度,主塔的线形受索力的影响较为敏感,同时最终既需要保证塔的线形又需要保证梁的线形。

(4)桥址处海风大,雨多,阳光直射,会出现各维度几何状态的变化,从而加大了精准控制的难度。

四、线形控制分析

斜拉桥在施工过程中,结构须经历一系列的体系转换过程。确定斜拉桥成桥状态及施工阶段状态的内力和线形是施工控制中最基本的内容。因此,必须通过合理的计算和理论分析来确定桥梁结构在每个施工阶段的内力及线形。在施工过程中对产生的偏差不断进行调整,使最终的成桥线形和受力状态满足设计要求。充分考虑三亚海棠湾景观桥的结构特点和施工特点,对制造、安装的全过程控制,建立基于几何控制法的自适应控制体系,其目的是尽量使成桥结构线形、内力的大小和分布与设计目标相吻合。

1. 有限元模型

利用 Midas Civil 有限元软件建立该桥的空间模型(图3),计算分析结构施工过程的受力状况、无应力制造线形、线形随索力变化的敏感性等。全桥共1182个节点,1885个单元。主塔、主梁、支墩采用梁单元模拟,斜拉索采用索单元模拟。主梁拉索塔端与钢塔采用刚性连接,梁端与主梁共节点;后背索塔端与塔刚性连接,地锚端用一般约束限制平动位移,释放转动约束,前地锚索上端与云戒支腿刚性连接;钢塔塔底与塔座用一般约束,释放转动自由度。

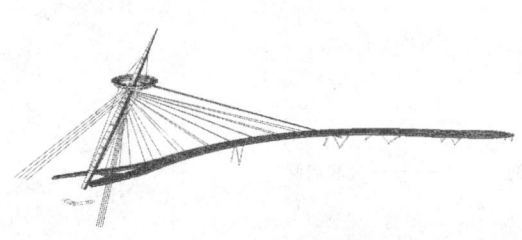

图3 全桥有限元模型

2. 制造和安装线形

无应力制造线形是结构在不承受自重和外荷载作用下的线形,无应力制造线形亦是各节段无应力状态下的安装线形,直接影响主梁成桥线形。该桥为人行桥,考虑到景观效果,在预拱度设置时不考虑人群活载的变形,根据计算得到的线形与设计线形可得到主塔与主梁的制造线形,主塔各节段按照直线段在工厂进行预制,其预偏量在现场安装时采用各节段之间的接缝进行调整,主塔在支架拼装焊接的预偏量如图4所示。

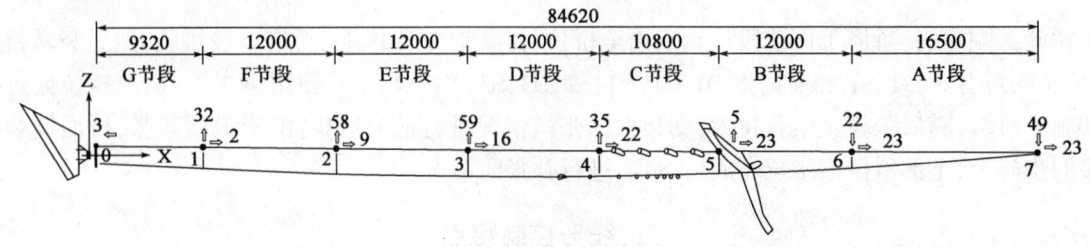

图4 主塔安装时预偏量的设置(尺寸单位:mm)

有限元模型分析结果表明,主塔在索力和自重作用下,主塔1~5节段将产生向下(垂直塔背向免税店方向)的弯曲变形,6、7节段将产生向上(垂直塔背向河心岛方向)的弯曲变形,在塔轴线方向产生轴向拉压变形。为保证主塔成桥线形与设计一致,通过对各节段接缝间设置的相应预偏量,1~5接缝间分别设置32mm、59mm、59mm、35mm、5mm向上的预偏量;6、7位置处分别设置22mm、19mm向下的预偏量。塔轴线方向分别设置-3mm、2mm、9mm、16mm、22mm、23mm、23mm、23mm预偏量("-"为压缩方向,"+"为拉伸方向),以上预偏量均为基于原点的累计预偏量。

3. 索力对结构线形的敏感性

由于塔和梁均采用钢结构,且塔底采用万向铰支撑,结构极为轻柔,线形变化幅度较大,施工过程(图5)中各种因素产生的偏差可通过微调张拉力来调整,并且随着斜拉索的张拉结构的刚度也在不断变化,因此分析各拉索对结构线形的变化极其重要。本工程背索索力增大和减小2%、5%对主塔线形产生的偏差如表1所示。

图5 斜拉索张拉施工现场照

索力变化对结构位移的影响   表1

索号	索力增大2%			索力减小2%			索力增大5%			索力减小5%		
	索力变化量(kN)	横桥向位移变化量(mm)	纵桥向位移变化量(mm)	索力变化量(kN)	横桥向位移变化量(mm)	纵桥向位移变化量(mm)	索力变化量(kN)	横桥向位移变化量(mm)	纵桥向位移变化量(mm)	索力变化量(kN)	横桥向位移变化量(mm)	纵桥向位移变化量(mm)
S1	125	-40	-45	-125	39	42	313	-117	-116	-313	115	114
N1	152	41		-152	-39		380	120		-380	-113	
S2	116	-12	-17	-116	13	15	291	-34	-48	-291	36	44
N2	142	14		-142	-14		355	39		-355	37	
S3	110	-5	-10	-110	4	9	275	-14	-26	-275	11	23
N3	122	5		-122	-4		305	13		-305	-10	
S4	96	-3	-4	-96	2	4	240	-8	-11	-240	7	11
N4	108	2		-108	-2		270	7		-270	-6	

注:横桥向"-"为S(南)侧方向,顺桥向"-"为河心岛侧(塔背后)方向。

由上表数据可知,第一对背索索力变化对主塔位移敏感性极大,一侧索力增大2%,就可以使得主塔在横桥偏离4.1cm,且南北索分别增大2%时,主塔在纵桥向位移将偏离4.5cm。同时,由图6可以发现随着后背索的张拉,结构的刚度在不断增大,南北侧索力均增大2%时,纵桥向位移变化量依次分别为-45mm、-17mm、-10mm、-4mm;南北侧索力均增大5%时,纵桥向位移变化量依次为-116mm、-48mm、-26mm、-11mm。

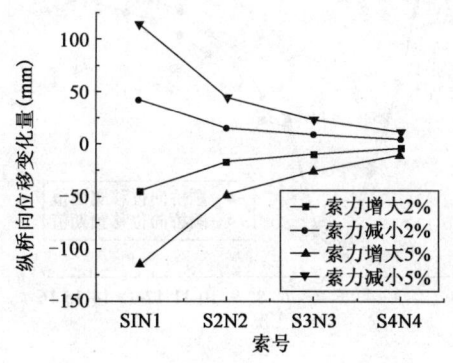

图6 顺桥向位移变化量随索力的变化

4. 主塔线形调整

通过有限元软件对该桥的施工阶段分析发现,后背索张拉的过程中主塔在顺桥向一直往河心岛侧(塔背后方向)发生位

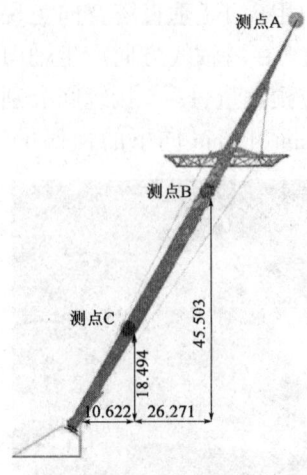

图7 主塔线形观测点示意图（尺寸单位：m）

移,而在主梁索张拉的过程中,主塔逐渐向设计位置逐渐靠近。为了同时保证塔和梁的成桥线形,采用先确定4对背索张拉结束时主塔位移量的目标值。通过计算分析发现,4对背索张拉结束,主塔主要测量控制点B(该测点为成桥时不发生位移的点,具体位置如图7所示)在顺桥向的位移量为-328mm,横桥向位移量为北偏24mm,以此为控制目标,通过逐步调整背索张拉力的大小达到目标控制值。

由于主塔在竖转定位时施工难度大,精准到达设计位置极其困难,以此导致体系转换结束主塔线形与预期产生了较大偏差,实际与预期在顺桥向偏离了-55mm,横桥向偏离了-40mm。对于该偏差采取S1张拉力增大10t、N1张拉力增大15t的措施,随后根据现场实测情况将S2的张拉力增大10t,N2的张拉力增大20t,使得横向与纵向位移与预期值逐步接近。整个施工过程主塔的位移如表2、图8、图9所示,主梁的成桥线形如表3所示。

各施工过程中主塔位移   表2

工况	顺桥向位移(mm)			横桥向位移(mm)		
	实测值	预期值	实际偏差值	实测值	预期值	实际偏差值
1	-55	0	-55	-40	0	-40
2	21	5	16	-25	-3	-22
3	-128	-127	-1	5	-3	8
4	-223	-230	7	16	19	-3
5	-315	-328	13	28	24	4
6	-297	-303	6	23	21	2
7	-178	-170	-8	15	17	-2
8	-170	-144	-26	10	15	-5
9	-107	-88	-19	4	10	-6
10	-94	-71	-23	3	8	-5
11	-74	-46	-28	1	5	-4
12	-55	-30	-25	1	4	-3
13	-47	-17	-30	1	2	-1
14	-37	0	-39	3	4	-1
15	-16	0	-16	3	0	3

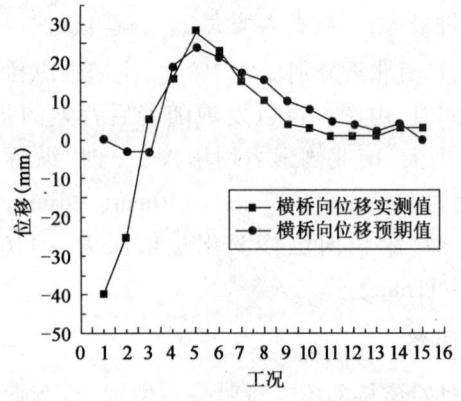

图8 各工况主塔横桥向位移

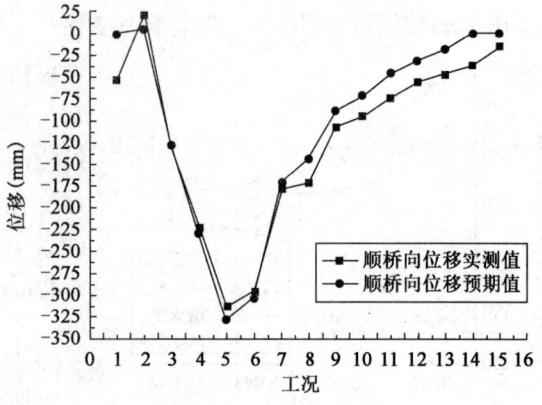

图9 各工况主塔顺桥向位移

主梁的最终线形　　　　　　　　　　　　　　　　表3

测点编号	实测高程(m)	标高设计值(m)	差值(mm)
B1-N	13.29	13.274	16
B2-N	14.267	14.252	15
B3-N	14.921	14.907	14
B4-N	15.667	15.656	11
B5-N	16.139	16.134	5
B6-N	16.505	16.504	1
B7-N	16.416	16.404	12
B8-N	16.308	16.289	19
B9-N	15.995	15.987	8
B1-S	13.053	13.043	10
B2-S	14.226	14.216	10
B3-S	14.963	14.954	9
B4-S	15.664	15.652	12
B5-S	16.097	16.093	4
B6-S	16.313	16.311	2
B7-S	16.523	16.511	12
B8-S	16.406	16.387	19
B9-S	16.148	16.132	16

由上述结果可知，成桥时主塔的顺桥向偏位为1.6cm，横桥向偏位为3mm，主塔角度与设计偏差0.02°，主梁的标高与设计标高最大偏差为1.9cm，斜拉索的索力安全系数均大于2.5，满足规范要求。

五、结　语

本文以三亚海棠湾景观桥为研究对象，结合施工方案，采用有限元分析模型，对该桥拉索张拉过程中线形控制措施及安全性、塔和梁无应力制造线形、各背索索力对结构线形的参数敏感性等进行了精确的分析，并得到如下结论：

(1)主塔和主梁的制造线形和安装线形由计算和设计线形得到，安装时通过各节段接缝间调整架设标高对成桥线形的平顺性具有较好的效果。

(2)为了同时保证塔和梁的成桥线形，先确定主梁拉索张拉前主塔的位移，背索张拉结束主塔在顺桥向的位移控制目标值为 -328mm，横桥向位移量为24mm。

(3)主塔线形在施工过程中产生的偏差，可通过背索索力多级增减法逐步调整，横桥向偏差可采用调整南侧与北侧索张拉力的差值进行调整，顺桥向的偏差可通过增加或较小背索张拉力进行调整；

(4)随着后背索的张拉，主塔的刚度不断增大，N1、S1的索力变化对主塔位移变化影响极大，在施工过程中，S1、N1张拉力均增大2%，可使主塔位移在顺桥向产生 -45mm 的位移变化量，而S2N2、S3N3、S4N4 三对背索索力增大2%产生的位移变化量分别为 -17mm、-10mm、-4mm。南北侧索力均增大5%时，纵桥向位移变化量依次分别为 -116mm、-48mm、-26mm、-11mm。

参考文献

[1] 郑建新,于哲,翁方文.大跨宽幅钢箱梁斜拉桥主梁线形控制[J].中国港湾建设,2016,36(12)：35-39.

[2] 汤少青,马虎.扭背索独塔斜拉桥钢箱梁施工线形控制研究[J].中外建筑,2019(04)：213-214.

[3] 周勇军,田瑞欣,吴领领,等.塔底铰接型独塔斜拉桥施工阶段力学特性分析[J].科学技术与工程,

2020,20(21):8785-8790.
[4] 周勇军,田瑞欣,吴领领.异形人行景观斜拉桥力学分析[J].科学技术与工程,2020,20(12):4909-4915.
[5] 赵煜,李畅畅,吴领领,等.地锚式独塔单跨空间双缆面悬索桥结构体系分析[J].科学技术与工程,2020,20(22):9202-9209.
[6] 岳青,等.大跨度钢箱梁斜拉桥施工控制[J].桥梁建设,2013,43(4).
[7] 梅晓亮,张志强.港珠澳大桥深水区非通航孔桥钢箱梁架设线形分析[J].桥梁建设,2016,46(1):106-110.
[8] 孙远,徐栋.基于空间梁格模型的异形斜拉桥体系转换施工模拟[J].中国公路学报,2010,23(01):66-72.
[9] 尹豪君.空间异型钢结构人行斜拉桥力学性能研究[D].南京:东南大学,2018.
[10] 吴建中.杭州湾跨海大桥钢箱梁安装线形控制中的几个问题[J].桥梁建设,2009(S2):118-121.
[11] 郭飞,李沛洪,朱育才.斜拉桥异型钢塔线形控制技术研究[J].特种结构,2020,37(04):102-106.

37. 缆索吊装系统中主索无应力索长的计算及修正

廖 悦 裴宾嘉

(四川公路桥梁建设集团有限公司大桥工程分公司)

摘 要 本文通过对缆索吊装系统中的主索无应力长度进行精确计算,得到主索无应力长度的精确解,为同类主索长度计算提供参考。

关键词 缆索吊装 无应力索长 计算 修正

一、引 言

缆索吊装施工,是我国70年代安装拱桥节段独创的一种施工工艺,一直沿用至今,并在桥梁施工中得到广泛的应用。缆索吊装系统按其工作性质可分为:主索、工作索、塔架及锚固装置等四个基本组成部分。其中主索的精确安装长度的确定是确保主索精确下料以及主索安装垂度能否满足施工要求的前提。所以确定缆索系统中主索的无应力长度的精确解十分重要。本文在对无应力索长的推导中,相比于传统的无应力索长推导,更注意对无应力索长在索鞍处的修正。

二、无应力索长计算方程

主索安装后,主索近似于两端塔架固定的一根根链条状受重力作用下的悬链线,通过对于悬链线的分析,如图1所示,主索在自重作用下,沿索长受到均布的荷载 q 的作用。由悬索微段的静力平衡的原理,选择如下图的坐标系后,得到以下方程。

$$H\left[\frac{\mathrm{d}^2}{\mathrm{d}x^2}y(x)\right] - g\left\{1 + \left[\frac{\mathrm{d}}{\mathrm{d}x}y(x)\right]^2\right\}^{0.5} = 0 \qquad (1)$$

式中:H——主索水平张力;

g——主索自重作用下的均布荷载。

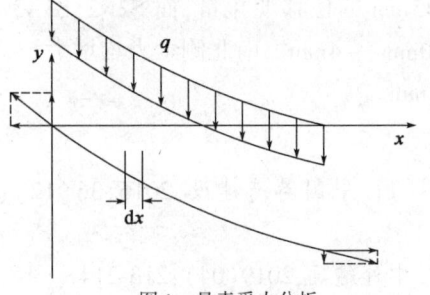

图1 悬索受力分析

求解该微分方程得:

$$y(x) = \frac{H\cosh\left(\frac{q \cdot x}{H} + \frac{q \cdot C1}{H}\right)}{q} + C2 \tag{2}$$

式中：$C1$、$C2$——常数。

如图1坐标系下，由边界条件，$(y(0)=0, y(l)=-h)$代入$y(x)$方程得

$$\frac{H\cosh\left(\frac{q \cdot l}{H} + \frac{q \cdot C1}{H}\right)}{q} - \frac{H\cosh\left(\frac{q \cdot C1}{H}\right)}{q} = -h \tag{3}$$

式中：l——两塔架索鞍理论交点之间的水平距离；

h——两塔架索鞍理论交点之间的高差。

求解该方程得可得常数$C1$。

对(2)式求导得到悬索曲线切线斜度方程

$$y' = \sinh\left(\frac{q \cdot x}{H} + \frac{q \cdot C1}{H}\right) \tag{4}$$

三、无应力索长计算

任意取长为ds悬索微段，并假定无应力索段长为ds_0，则有虎克定律得：

$$ds_0 = \frac{ds}{1 + \frac{T}{EA}} \tag{5}$$

式中：E——主索弹性模量；

A——主索无应力时的截面面积；

T——主索张力。

微段弧长： $$ds = \sqrt{1 + y'^2} \cdot dx \tag{6}$$

悬索张力： $$T = H \cdot \sqrt{1 + y'^2} \tag{7}$$

将(4)、(6)、(7)式代入(5)得：

$$ds_0 = \frac{\sqrt{\sinh\left(\frac{q \cdot x}{H} + \frac{q \cdot C1}{H}\right)^2 + 1}\, dx}{1 + \frac{H\sqrt{\sinh\left(\frac{q \cdot x}{H} + \frac{q \cdot C1}{H}\right)^2 + 1}}{EA}} \tag{8}$$

对(8)积分得悬链线索长：

$$S_0 = \int_0^l \frac{\sqrt{\sinh\left(\frac{q \cdot x}{H} + \frac{q \cdot C1}{H}\right)^2 + 1}}{1 + \frac{H\sqrt{\sinh\left(\frac{q \cdot x}{H} + \frac{q \cdot C1}{H}\right)^2 + 1}}{EA}} dx \tag{9}$$

四、索鞍处无应力索长修正

1. 单索鞍修正

对单个索鞍处索的无应力长度进行修正。索的路径如上图所示，ΔC为圆弧中心与理论中点的水平距离。

由图2可得圆弧中心与理论中点的水平距离

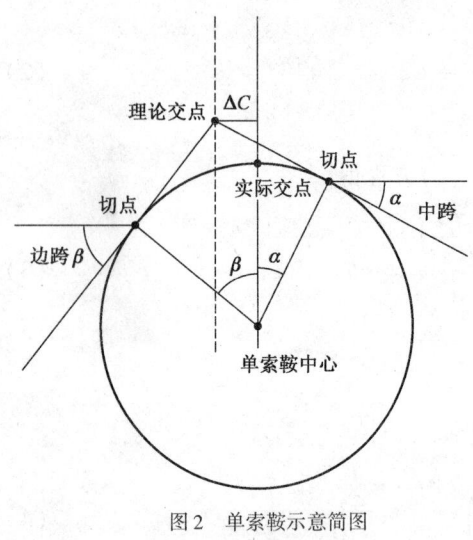

图 2 单索鞍示意简图

$$\Delta C = \frac{R \cdot \sin\left(\frac{\beta - \alpha}{2}\right)}{\cos\left(\frac{\beta + \alpha}{2}\right)} \quad (10)$$

式中：R——索鞍半径；

α、β——水平线与中跨主索切线、边跨主索切线的夹角。

索鞍处中跨切点至理论交点长度：

$$L_z = 2R \cdot \tan(\alpha) + \frac{\Delta C_z}{\sin\left(\frac{\pi}{2} - \alpha\right)} + \frac{\Delta C_y}{\sin\left(\frac{\pi}{2} - \alpha\right)} \quad (11)$$

索鞍处左边跨切点至理论交点长度：

$$L_{bz} = R \cdot \tan(\beta_z) - \frac{\Delta C_z}{\sin\left(\frac{\pi}{2} - \beta_z\right)} \quad (12)$$

索鞍处右边跨切点至理论交点长度：

$$L_{by} = R \cdot \tan(\beta_y) - \frac{\Delta C_y}{\sin\left(\frac{\pi}{2} - \beta_y\right)} \quad (13)$$

中跨、左右边跨增长索段的弹性伸长，计算公式如下：

$$\Delta L_z = \frac{F_z \cdot (L_z - 2R \cdot \alpha)}{E \cdot A} \quad (14)$$

$$\Delta L_{bz} = \frac{F_{bz} \cdot (L_{bz} - R \cdot \beta_z)}{E \cdot A} \quad (15)$$

$$\Delta L_{by} = \frac{F_{by} \cdot (L_{by} - R \cdot \beta_y)}{E \cdot A} \quad (16)$$

中跨、左右边跨无应力索长应力修正公式如下：

$$S_z = S_{z0} - (L_z - 2 \cdot R \cdot \alpha - \Delta L_z) \quad (17)$$

$$S_{bz} = S_{bz0} - (L_{bz} - R \cdot \beta_z - \Delta L_{bz}) \quad (18)$$

$$S_{by} = S_{by0} - (L_{by} - R \cdot \beta_y - \Delta L_{by}) \quad (19)$$

式中：ΔC_z、ΔC_y——左岸、右岸索鞍圆弧中心与理论中点的水平距离；

α、β_z、β_y——水平线与中跨主索切线、左边跨主索切线、右边跨主索切线的夹角；

ΔL_z、ΔL_{bz}、ΔL_{by}——中跨、左右边跨增长索段的弹性伸长值；

F_z、F_{bz}、F_{by}——中跨、左边跨、右边跨主索索力；

S_{z0}、S_{bz0}、S_{by0}——中跨、左边跨、右边跨段理论计算得出的无应力索长，以理论交点作为三段分界点，并通过(9)式分别计算得出。

2. 双索鞍修正

对于大型吊装作业，为满足吊装的需要，索塔纵横向的尺寸都比较大，如采用单个索鞍，由于高度的限制，主索鞍上的承重绳可能对索塔局部产生位置干涉，因此常采用双索鞍来适应塔宽的变化。双索鞍示意简图如图 3 所示。

内侧索鞍处两切点至理论交点长度：

$$L_z = R \cdot \tan\left(\frac{\alpha + \gamma}{2}\right) \quad (20)$$

外侧索鞍处两切点至理论交点长度：

$$L_b = R \cdot \tan\left(\frac{\beta + \gamma}{2}\right) \quad (21)$$

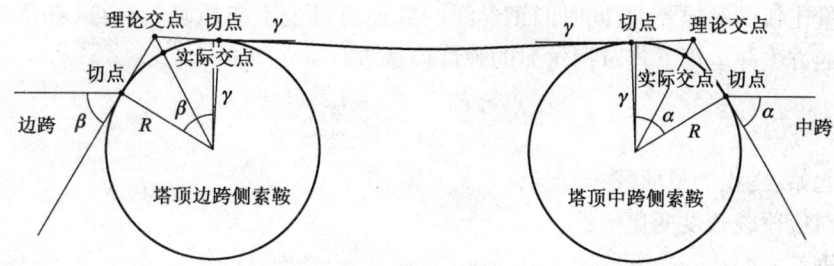

图3 双索鞍示意简图

中跨、边跨及双索鞍之间增长索段的弹性伸长,计算公式如下:

$$\Delta L_z = \frac{2 \cdot F_z \cdot \left(L_z - R \cdot \frac{\alpha + \gamma}{2}\right)}{E \cdot A} \tag{22}$$

$$\Delta L_b = \frac{F_b \cdot \left(L_b - R \cdot \frac{\beta + \gamma}{2}\right)}{E \cdot A} \tag{23}$$

$$\Delta L_j = \frac{F_z \cdot \left(L_z - R \cdot \frac{\alpha + \gamma}{2}\right) + F_b \cdot \left(L_b - R \cdot \frac{\beta + \gamma}{2}\right)}{E \cdot A} \tag{24}$$

中跨、边跨及双索鞍之间无应力索长应力修正公式如下:

$$S_z = S_{z0} - \left(2 \cdot L_z - 2 \cdot R \cdot \frac{\alpha + \gamma}{2} - \Delta L_z\right) \tag{25}$$

$$S_b = S_{b0} - \left(L_b - R \cdot \frac{\beta + \gamma}{2} - \Delta L_b\right) \tag{26}$$

$$S_j = S_{j0} - \left(L_z + L_b - R \cdot \frac{\alpha + \gamma}{2} - R \cdot \frac{\beta + \gamma}{2} - \Delta L_j\right) \tag{27}$$

式中:$\alpha、\beta、\gamma$——水平线与中跨主索切线、边跨主索切线、双索鞍中间段主索切线的夹角;

$\Delta L_z、\Delta L_b、\Delta L_j$——中跨、边跨以及两索鞍增长索段的弹性伸长值;

$F_z、F_b$——中跨、边跨段主索索力;

$S_{z0}、S_{b0}、S_{j0}$——中跨段、边跨段、双索鞍中间段理论计算的无应力索长,以理论交点作为各段分界点,并通过(9)式分别计算得出。

3. 温度的修正

由于钢丝绳材质的原因,受温度变化,会使钢丝绳发生膨胀和收缩,所以钢丝绳无应力长度会受到温度变化的影响。

$$\Delta L_t = \xi \cdot L \cdot \Delta t \tag{28}$$

$$S' = S + \Delta L_t \tag{29}$$

式中:ΔL_t——温度变化引起的长度伸缩量;

L——温度变化前的材料长度;

ξ——钢丝绳的线性膨胀系数;

Δt——温差,常温一般情况取20℃;

S——索鞍修正后的主索无应力长度;

S'——索鞍修正后并考虑温度影响的主索无应力长度。

4. 弹性模量的修正

在缆索吊装中主索会使用到旧的钢丝绳,那么在使用旧的钢丝绳时,此时的钢丝绳与新钢丝绳的弹性模量就会有所不同,钢丝绳在刚开始使用时,它的弹性大,容易随着拉力的增减变化而发生伸缩,然而在随着钢丝绳使用时间的增长,钢丝绳发生弹性变形逐渐减小,由弹性模量计算公式 $E = \Delta\sigma/\Delta\varepsilon$ 可知,旧钢丝绳的弹性模量比新钢丝绳要大,同时旧钢丝绳的弹性模量也不能精确的计算,在条件允许的情况下可通过试验检测的方法并运用下式对钢丝绳的弹性模量进行确定。

$$E = \frac{F_1 - F_2}{\Delta L} \times \frac{L_0}{A} \tag{30}$$

式中:F_1、F_2——起始、终止测量荷载;

ΔL——对应荷载长度变化值;

A——钢丝绳面积;

L_0——测量标距。

通过对主索弹性模量的修正后,将修正后的弹性模量带入到主索的推导公式中,能得出更为精确的无应力索长。

五、结　语

通过利用缆索吊装中主索张力普遍方程对空索工况下主索水平安装张力进行确定,并利用本文推导的公式在Maple数学软件中运算,可得到主索在自重状态下的无应力索长。该方法能够较快、较为精确的得出主索的无应力索长,并且已通过试算在西双版纳澜沧江黎明大桥和奉节刘家河大桥得到应用。

参考文献

[1] 胡娜,等.涪陵青草背长江大桥主缆无应力长度计算[J].重庆交通大学学报:自然科学版,2011,30(4):709-711.

[2] 张志国,等.悬索无应力索长精确解[J].东北公路,2003,26(4):86-87.

[3] 张志国,等.悬索桥主缆线形解析方程解及应用[J].工程力学,2005,22(3):172-176.

[4] 谭红梅,肖汝诚.悬索桥主缆索股无应力索长计算分析[C].//第十六届全国桥梁学术会议论文集.北京:人民交通出版社,2004.

[5] 刘志东,刘方根,陈文娟.钢丝绳索弹性模量及其测试方法[C].//第六届全国现代结构工程学术研讨会论文集.工业建筑增刊,2006.

[6] 黄平明,梅葵花,徐岳.大跨径悬索桥主缆系统施工控制计算[J].西安公路交通大学学报,2000,20(4):19-28.

[7] 魏建东,刘忠玉.四种不同形式的弹性悬索静力解答[J].空间结构,2005,11(2):42-45.

[8] 张志国,靳明君,邹振祝.自重荷载作用下悬索静力解析解[J].中国铁道科学,2004,25(3):67-70.

38. 大直径钢缆索电磁弹索力传感器研发

魏巍[1]　段元锋[1]　段元昌[2]　胡孝阳[3]　罗艳丽[4]

(1.浙江大学建筑工程学院;2.杭州健而控科技有限公司;

3.中交公规土木大数据信息技术(北京)有限公司;4.上海巨一科技发展有限公司)

摘　要　钢缆(索)作为缆索承重桥梁的主要承载构件,在桥梁施工和运营过程中,其应力状态直接影响着桥梁结构的安全性。因此,高效、准确地监测钢缆索所受荷载对桥梁结构的安全评估具有重要意义。传统的索力测量方法,例如应变法、振动法,难以实时、准确测量绝对索力;传统的磁通量法测量精度低(尤其应用于大直径拉索时)。因此,本文基于磁弹效应和磁电原理,研制了用于测量钢缆索绝对索力的电磁弹索力传感器,介绍了针对181mm大直径钢缆索索力监测的电磁弹索力传感器的实验研究和工程应用。实验结果表明,该大直径钢缆索电磁弹索力传感器能够实现长期、无损、高精度的应力监测,相对误差小于2%。

关键词 大直径钢缆索 电磁弹索力传感器 索力监测 磁弹效应 磁电原理

一、引 言

随着桥梁设计技术以及高强度缆索材料的快速发展,为满足大跨度工程需要,索承体系桥梁的数量显著增加。作为索承体系桥梁的关键承载构件,缆索的受力状态直接影响桥梁的安全性能。特别是风、雨、行车等动荷载引起的索体振动会导致缆索的疲劳损伤,对桥梁的运行安全造成严重的潜在危害。若缆索发生断裂,则可能会造成非常严重的桥梁事故。例如,2018年哥伦比亚希拉克哈拉大桥垮塌和2011年中国武夷山大桥吊杆断裂导致桥面垮塌,造成了严重的经济损失和社会负面影响。一般情况下,可以通过缆索应力反映桥梁结构的受力形态,因此,实时、准确地监测缆索索力已经成为桥梁结构健康监测的重要课题。传统的索力测量方法通常通过施加外荷载引起的结构物理参数变化来间接评估索力,这些方法存在一系列不足和缺陷,如无法长期监测、对温度敏感等,如表1所示。

传统索力测量的缺点 表1

方 法	缺 点	方 法	缺 点
应变传感器	只能测量相对值,安装稳定性差	光纤光栅传感器	解调设备费用高,只能测量相对值
振动频率法	精度低,对温度敏感		

众所周知,钢构件等铁磁材料在不同的外力作用下具有不同的磁特性参数[1,2],即磁弹效应。基于磁弹效应,许多学者研究了磁通量传感器实现索力监测[3,9]。然而,作为磁通量传感器中的检测元件,感应线圈产生的检测信号相对较弱,限制了其测量精度和工程应用。目前大部分磁通量传感器(EM Sensor)仅应用在中小直径钢缆索、预应力束的索力监测工程中。例如,磁通量传感器应用于Adige桥的128mm钢索,相对误差为5%[10]。

鉴于传统磁通量传感器的不足,研发了一种利用智能磁电(magneto-electric)元件代替传统感应线圈的新型电磁弹索力传感器[11,17]。与传统感应线圈相比,智能磁电元件具有更高的磁电转换系数及更快的磁场响应速率[11],这使得索力传感器能够对大直径钢缆索实现更快速、更便捷地索力监测。此外,文献[12,14]建立了电磁弹索力感器的ANSYS模型,验证了全应力条件下索力监测的可行性。本文从磁弹效应和磁电元件出发,介绍了监测大直径钢缆索绝对索力的电磁弹传感器的原理、设计、实验标定以及工程应用。

二、电磁弹索力传感器基本原理

1. 应力对铁磁材料磁性性能的影响

当铁磁材料受到外力作用时,结构产生的应变会使其本身磁特性发生改变,如磁导率。这种现象被称为逆磁致伸缩效应[18],可以通过磁畴理论得到解释[19]。由磁畴理论及铁磁体分子场论[19],可知铁磁材料是由大量的微观磁畴构成的。当不施加外部磁场时,铁磁材料内部磁畴磁化方向各不相同,磁畴磁性相互抵消因而宏观上对外不显示磁性(图1a));当施加外部磁场时(图1b)),磁畴方向会逐渐与外部磁场方向相同(图1c))。由此可以得到,当所有磁畴方向统一后,铁磁材料自身磁化率χ不会随外磁场继续增加,因此表现出工程上的"饱和"行为。与外部磁场作用类似,应力同样会对磁畴方向产生影响[20],当在铁磁材料上施加拉力或压力时,磁畴方向会产生转动,受力方向的磁化强度会改变。

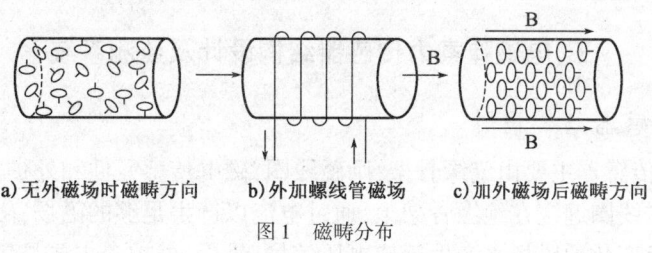

a) 无外磁场时磁畴方向　b) 外加螺线管磁场　c) 加外磁场后磁畴方向

图1　磁畴分布

由此可见，基于铁磁材料的逆磁致伸缩效应，可以利用构件磁特性参数的改变量来推导施加于构件上的外荷载[21]，如式(1)所示：

$$\Delta B = \frac{3\lambda_s M_s}{2K_u}\Delta\sigma \sin^2\theta_0 \cos\theta_0 \tag{1}$$

式中：λ_s——饱和磁致伸缩系数在工程饱和时是一个稳定值；

σ——所受应力；

θ_0——应力方向与磁化轴的夹角(若荷载方向与构件磁化方向一致时；θ_0——定值)；

K_u——单轴各向异性常数；

M_s——饱和磁化强度。

因此，当磁化强度达到饱和值M_s时，外力作用下的磁感应强度B可以表示为[22]：

$$\frac{\partial B}{\partial \sigma} = \varphi_1 f(\lambda_s, \theta_0, M_s, k_u) \tag{2}$$

其中φ_1为应力σ与磁感应强度B之间的转换关系式，呈现单调性。公式(2)表明可以通过铁磁材料磁感应强度来表征应力。

2. 智能磁电元件工作原理

本文采用一种新型智能磁电层合材料 Terfenol-D/PMN-PT/Terfenol-D(TD/PMNT/TD)作为检测元件，代替传统磁通量传感器的测量线圈。其中 Terfenol-D 为稀土超磁致伸缩材料；PMN-PT 为铌镁酸铅晶体，是一种新型压电材料。置于磁场中时，磁致伸缩材料产生应变，传递给压电材料，产生电信号。研究表明，该层合材料具有较高的磁电转换系数[23,24]并且可将外界荷载影响下的铁磁性材料的磁特性参数变化通过电信号表征。磁电转换公式可以表示为[12,13]：

$$\alpha_V = \left(\frac{dV_{ME}}{dB}\right)_{com} = K\left(\frac{dV_{ME}}{dS}\right)_{mags} \cdot \left(\frac{dS}{dB}\right)_{piezo} \tag{3}$$

式中：α_V——磁电层合材料的磁电电压系数；

$\left(\frac{dV_{ME}}{dS}\right)_{mags}$——此磁伸缩系数；

$\left(\frac{dS}{dB}\right)_{piezo}$——压电系数；

K——常数值(在两者材料和体积分数确定时)。

由式(2)、式(3)可以得到传感器磁电元件感应电压信号与应力之间的表达式：

$$\frac{\partial V_{ME}}{\partial \sigma} = \alpha_V \varphi_1 f(\lambda_s, \theta_0, M_S, K_u) \tag{4}$$

当磁场强度一定且磁化强度达到饱和时，传感器磁电元件感应电压信号V_{ME}与应力σ的关系式可以进一步表达为：

$$V_{ME} = g(\sigma) \tag{5}$$

对于已知的智能磁电元件，$g(\sigma)$为应力σ与磁特征信号V_{ME}的转换关系式，只与被测构件性质有关。当被测构件仅受轴向荷载时，经过信号调理，电磁弹索力传感器将输出磁特征量V_{EME}，并结合被测铁磁构件几何特性，得到二者之间的关系$F = f_F(V_{EME})$，即可将磁特征值转换为实际外力F。

三、电磁弹索力传感器结构设计及监测系统

1. 电磁弹索力传感器结构设计

现阶段电磁弹索力传感器主要由绝缘骨架、励磁线圈、磁电传感元件和外护套组成，如图2所示。作为主要的励磁部分，励磁线圈缠绕在绝缘骨架上，通过电流以产生足够的磁场；磁电传感原件则插入骨架的预设插槽中，通过转换变化的磁场来产生感应电压信号；最后，外护套主要是用来防止传感器受到外部

电磁场的影响,同时要起到防水隔雨的作用。此外,传感器各层之间如有空隙,需要用树脂等材料填充,以防止传感器内部的腐蚀与损坏,保证其使用寿命。

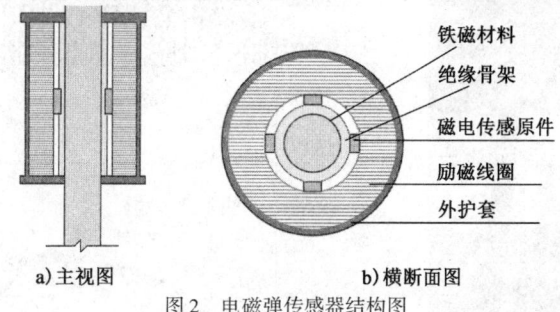

图2 电磁弹传感器结构图

2. 索力监测系统

电磁弹索传感器索力监测系统包括单(多)个电磁弹索力传感器、磁电信号解调仪(磁弹仪)、多通道采集仪及上位机,如图3所示。多通道采集仪可以将多个传感器连接到同一台磁弹仪,而上位机程序实现数据存储和显示最终结果。其中磁弹仪是监测系统的核心设备,包括数据采集、数据处理和数据保存三大模块;最终测量数据可以通过网线(或者无线)上传至服务器,实现针对索力的在线监测。

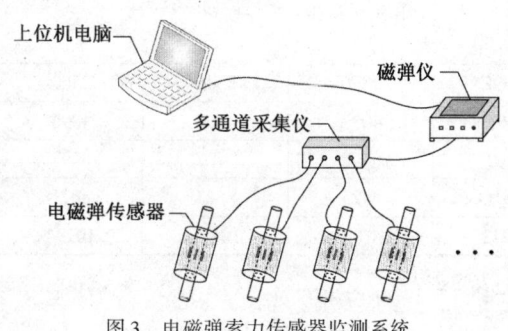

图3 电磁弹索力传感器监测系统

四、工程应用

1. 实验室标定实验

为了验证本文所介绍的电磁弹传感器对于大直径钢缆索应力监测的可行性与稳定性,在实验室进行了基于PES(C)7—421钢索(图4)的足尺构件标定实验,该索由双层PE覆盖,主缆主体由421根镀锌Φ7线组成,索体直径达到181mm。该实验索与工程使用索型号相同。如图5所示,钢索被固定在标定加载装置中,液压预应力千斤顶设置在顶部;两端采用特殊设计,确保主缆沿直线方向拉动;电磁弹传感器安装在主缆的中间,可以在驱动电路激励初级线圈中的电流之后通过输出电压信号来测量磁场的变化。然后通过NI数据采集(DAQ)设备(USB—6211)收集信号,所有的相关操作都可以在主机上完成。

在四个不同的温度(0℃、20℃、30℃、40℃)下,该标定试验加载荷载范围为300~12000kN,加载步长近似1500kN,每级荷载保持10min,进行5次测量,并对结果取平均值。经过数据处理后,可以计算最终磁特征量V_{EME}。图6显示了4种不同温度下的标定曲线,可以发现磁特征值V_{EME}随着外荷载呈现单调增加的趋势。对结果进行曲线拟合,可以得到4个不同温度下的二次标定方程,相关系数达到$R^2=0.999$。

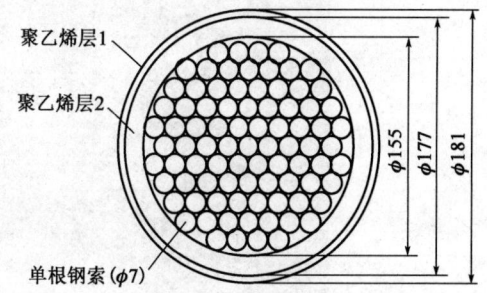

图4 PES(C)7—421型钢索横断面(尺寸单位:mm)

标定完成后,进行精度校核试验对该电磁弹索力传感器进行验证。在室温26℃下,拉索从2500kN加载到10000kN。在每级荷载上,依旧进行5次测量并将结果取平均值。所有验证数据如表2所示,结果表明测量值与张拉力吻合度良好,电磁弹索力传感器的最大测量误差为1.77%。

图5 实验室标定装置

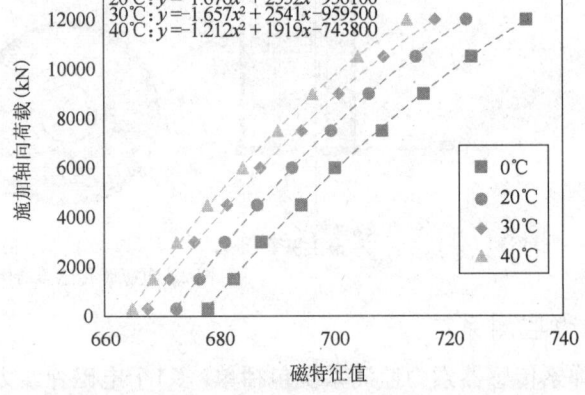

图6 四个温度点下标定曲线

26℃时测量值与标定荷载比较(kN)　　　　　　　　　　　　　　　　　　　　表2

标定荷载 T	单次测量值 (kN)					平均值 A (kN)	相对误差 [(A-T)/T]
2500	2412	2564	2596	2546	2569	2538	1.52%
4000	4035	3897	4037	4060	4096	4025	0.63%
6500	6496	6562	6408	6422	6397	6457	0.66%
8500	8512	8601	8425	8528	8621	8538	0.44%
10000	10189	10212	10115	10175	10194	10177	1.77%

2. 电磁弹索力传感器在拱桥上的应用

本次传感器应用于中承式钢拱桥——上海卢浦大桥。为了平衡水平推力,在主桥两侧之间的主梁上布置了16根水平索,如图7a)和图7b)所示。桥梁健康监测系统中,采用了4个电磁弹索力传感器安装在水平索上,分别标记为SSZ1301、SSZ1302、SSZ1303和SSZ1304。图7c)和图7d)显示了带有电磁弹索力传感器的两根水平索和磁弹仪。

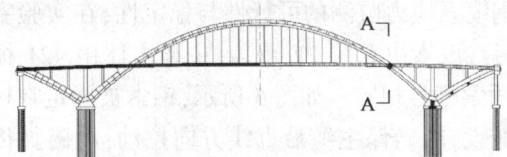

a)拱桥设计图立面图

b)A-A横断面图

c)电磁弹传感器位置示意图

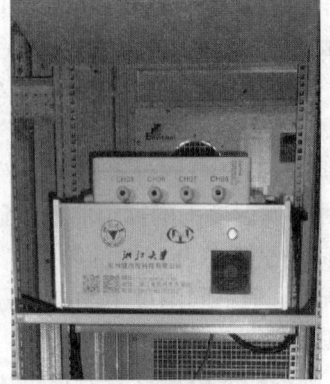

d)磁弹仪

图7 电磁弹传感器布置图

该索力监测系统于2018年10月正式开始运行,系杆张力每隔1h测量一次。选取2019年1月至2019年4月的长期监测结果进行分析(图8),结果为4根系杆的最大张力不超过11400kN,所有系杆张力变化幅度低于600kN,符合实际工程中的设计要求。4根系杆张力的变化趋势基本相同,表明所有系杆处于相同的工作状态。数据波动不大,可以推断在过去3个月内没有台风等特殊事件的发生。此外,在4根系杆中,SSZ1301的张力最大,但SSZ1302的张力最小,SSZ1303和SSZ1304的张力基本接近,表明力的分布在梁的右侧更均匀。通过计算可以发现梁的左侧和右侧上的组合力基本相等,因此主梁上没有出现额外的横向扭矩,桥梁工作状况良好。

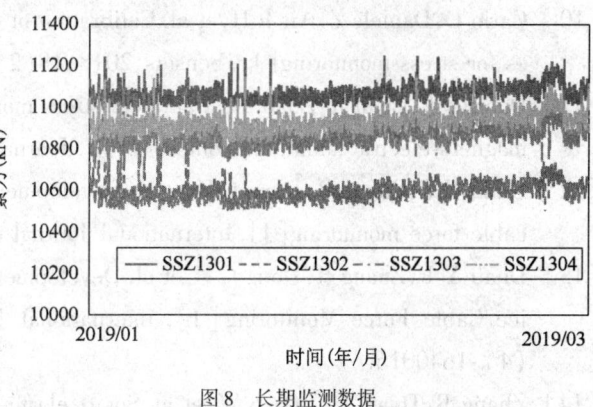

图8 长期监测数据

五、结　语

本文研发了一种新型电磁弹索力传感器,实现了对于181mm大直径钢缆索的自动数据采集和长期荷载监测。利用铁磁材料固有的磁弹效应及智能磁电元件,电磁弹索力传感器可以为桥梁结构健康监测提供可靠的荷载监测数据,保证了桥梁的安全运行。本文主要介绍了电磁弹式传感器的理论基础、结构设计、实验室标定及实际工程应用,得到以下结论:

(1)电磁弹索力监测系统可以实现对大直径钢缆索进行长期、无损的应力监测,相较于传统索力测量方法,可以直接测量钢缆索的实际受力且无需得知初始荷载。

(2)结合多通道采集仪,电磁弹索力监测系统可以同时对多根钢缆索进行实时监测,大大提高现场监测效率。

(3)在多个温度点下进行的全量程实验室标定和实际拱桥索力监测应用表明,基于电磁弹索力传感器的索力监测系统可以得到较高精度的监测结果(相对误差小于1.8%),在不同温度下具有较强的稳定性,可以满足实际工程需求。

致谢:本研究得到国家重点研发计划(项目号:2018YFE0125400、2017YFC0806100)和国家自然科学基金(项目号:U1709216、51522811)支持。

参考文献

[1] Kvasnica B, Fabo P. Highly precise non-contact instrumentation for magnetic measurement of mechanical stress in low-carbon steel wires[J]. Measurement Science and Technology, 1996, (7):763-767.

[2] 王社良,王威,苏三庆,等.铁磁材料相对磁导率变化与应力关系的磁力学模型[J].西安科技大学学报,2005(03):22-25+39.

[3] Kim J, Kim J W, Park S. Investigation of Applicability of an Embedded EM Sensor to Measure the Tension of a PSC Girder[J]. Journal of Sensors, 2019, 2019(6):1-12.

[4] Ren L, Xiu C Z, Li H N, et al. Development of elasto-magnetic(EM) sensor for monitoring cable tension using an innovative ratio measurement method[J]. Smart Materials and Structures, 2018, 27.

[5] 王威.钢结构磁力耦合应力检测基本理论及应用技术研究[D].西安:西安建筑科技大学,2005.

[6] Wang M L, Wang G, Zhao Y. Application of EM stress sensors in large steel cables[M]. Sensing Issues in Civil Structural Health Monitoring. Springer Netherlands, 2005.

[7] Wang G D, Wang M L. The utilities of U-shape EM sensor in stress monitoring[J]. Journal of Structural Engineering and Mechanics. 2004, 17:291-302.

[8] 逯彦秋,安关锋,程进.基于磁弹效应的索力测试系统在斜拉桥上的应用[J].建筑技术,2014,045(012):1119-1122.

[9] 唐德东,黄尚廉,陈伟民.基于磁弹效应的斜拉桥索力传感器研究[J].传感器与微系统,2006(10):28-30.
[10] Carlo C,Daniele Z,Ait L H,et al. Calibration of elasto-magnetic sensors on in-service cable-stayed bridges for stress monitoring[J]. Sensors,2018,18(2):466-.
[11] Duan Y F,Zhan R,Zhao Y,et al. Steel stress monitoring sensor based on elasto-magnetic effect and using magneto-electric laminated composite[J]. Journal of Applied Physics,2012,111(7):07E516.
[12] Duan Y F,Zhang R,Dong C Z,et al. Development of elasto-magneto-electric(EME) sensor for in-service cable force monitoring[J]. International Journal of Structural Stability and Dynamics,2016,16(04).
[13] Duan Y F,Zhang R,Dong C Z,et al. Development of Elasto-Magneto-Electric(EME) Sensor for In-Service Cable Force Monitoring[J]. International Journal of Structural Stability and Dynamics, 2015, 16(4):1640016.
[14] Zhang R,Duan Y F,Or S W,et al. Smart elasto-magneto-electric(EME) sensors for stress monitoring of steel cables:design theory and experimental validation[J]. Sensors,2014,14(8):13644-13660.
[15] 田章华,张海东,罗云,等.基于磁弹效应的螺纹钢筋全量应力监测[J].结构工程师,2017,33(04):111-116.
[16] 张海东,田章华,段元锋,等.基于磁弹效应的拱桥吊杆索力监测[J].结构工程师,2016,32(04):80-84.
[17] 尹文霞,周仙通,段元锋,等.基于磁弹效应的高强钢丝应力监测实验研究[J].结构工程师,2013,29(05):113-118.
[18] 文西芹,赵明光,杜玉玲,等.铁磁材料的逆磁致伸缩效应实验研究[J].淮海工学院学报(自然科学版),2005(01):16-18.
[19] 严密,彭晓领.磁学基础与磁性材料[M].杭州:浙江大学出版社,2006.
[20] Bozorth R M. Ferromagnetism[M]. New York:Van Nostrand,1951.
[21] 田民波.磁性材料[M].北京:清华大学出版社,2001.
[22] 张茹.基于磁弹效应和磁电层合材料的在役钢结构应力监测研究[D].杭州:浙江大学,2014.
[23] Dong S X,Li J F,Viehland D. Ultrahigh magnetic field sensitivity in laminates of TERFENOL-D and Pb(Mg1/3Nb2/3)O3-PbTiO3 crystals[J]. Applied Physics Letters,2003,83(11):2265-2267.
[24] Wang Y J,Or S W,Chan,et al. Enhanced magnetoelectric effect in longitudinal-transverse mode Terfenol-D/Pb(Mg1/3Nb2/3)O3-PbTiO3 laminate composites with optimal crystal cut[J]. Journal of Applied Physics,2008,103(12):124511/1-4.

39. 超大跨度钢管混凝土拱桥稳定性分析

刘展行　葛耀君　杨詠昕　孙利民
(同济大学桥梁工程系)

摘要　本文以一座超大跨度钢管混凝土拱桥作为背景,利用ANSYS有限元软件,建立全桥有限元模型,进行桥梁的两类稳定性分析。针对第一类稳定性问题,该桥验算结果偏低,因此提出了初步的改善措施并进行了验算。针对第二类稳定性问题,该桥验算结果满足要求。通过对本桥的计算分析,对该桥在成桥阶段的稳定性问题有了初步的了解,同时也为相似结构的大跨度拱桥计算分析提供了参考。

关键词　大跨度　拱桥　钢管混凝土　稳定性分析　有限单元法

一、引言

钢管混凝土利用钢管和混凝土两种材料在受力过程中的相互作用,即钢管对混凝土的约束作用使混凝土处于复杂应力状态之下,从而使混凝土的强度得以提高,塑性和韧性性能大为改善。同时,由于混凝土的存在可以避免或延缓钢管发生局部屈曲,可以保证其材料性能的充分发挥。通过钢管和混凝土组合而成为钢管混凝土,可以充分发挥两种材料的优点[1]。钢管混凝土拱桥具有结构性能好、施工性能好,施工风险低,造价较低等优点,因而在城市、公路桥梁上具有很强的竞争力[2]。但钢管混凝土拱桥自重较轻,跨径较大,因而刚度较小,因此需要对稳定性进行分析。

本文以一座拱桥为例进行分析。该桥主跨575m,为中承式钢管混凝土拱桥。主拱采用钢管混凝土桁式结构,整束挤压钢绞线吊索体系,钢格子梁上设置钢-混凝土组合桥面板的主梁结构,该桥的布置图如图1所示。

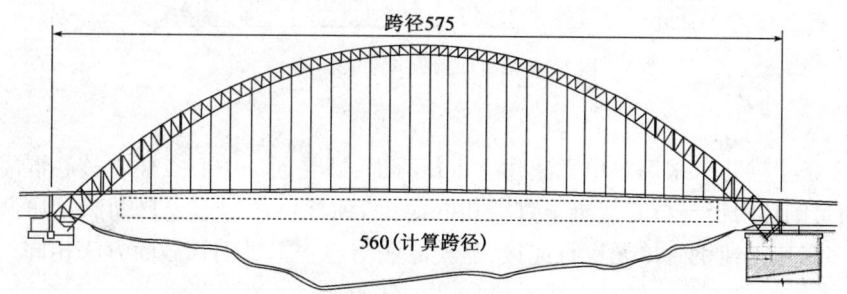

图1 主桥布置图(尺寸单位:m)

很多学者对钢管混凝土拱桥的稳定性分析进行了一定的研究。郭杰[3]、徐子杰等[4]分别分析钢管混凝土拱桥的第一类稳定性和动力特性。董锐等[5]讨论了不同横撑类型参数下的拱桥稳定性问题。陈佳等[6]对上承式大跨度钢管混凝土拱桥的两类稳定性问题进行了详细的分析,且对初始缺陷、核心混凝土强度和拱肋截面含钢率对结构极限承载力的影响进行了分析。

第一类稳定属于线性稳定,要以完善的理想结构为基础进行研究。结构处于这种状态下的失稳称为分支点失稳。分析分支点的失稳问题可以转化为求解特征值,得到的最小特征值就是失稳的临界荷载。这种方法在计算中不考虑结构的各种初始缺陷、变形,只能用于理想结构,在实际工程中难以达到好的效果。因此,考虑第二类稳定问题对钢管混凝土拱桥的研究有非常重要的意义。

本文对该拱桥的两类稳定性进行分析。针对第一类稳定安全系数偏低的问题,提出了提高材料强度等级和增加钢管厚度两种初步的解决方法,并进行参数分析。讨论了两种解决方法对拱桥稳定性能的影响。

二、桥梁建模与加载

1. 桥梁建模

为方便后续修改分析,使用APDL命令流建模。主拱和主梁部分的横截面布置图如图2所示。为表述方便,将8条钢管混凝土主拱肋按照图2中所示进行编号。

1)单元选用

单元选用如表1所示。

ANSYS单元选用 表1

序号	构件	单元选用
1	梁单元	Beam188
2	板单元	Shell181
3	吊杆单元	Link10
4	二期恒载	Mass21

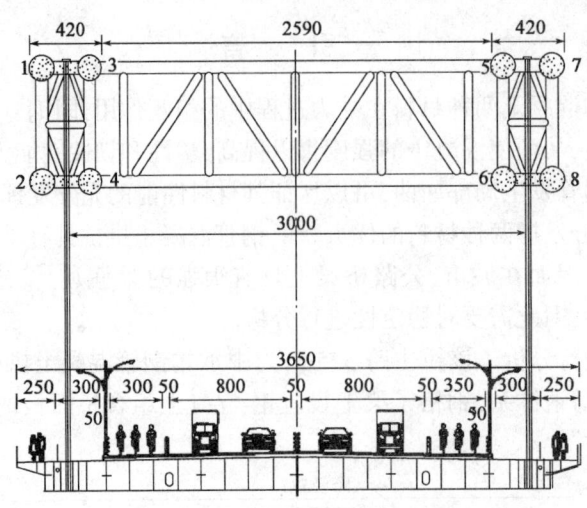

图2 横截面布置图(尺寸单位:cm)

2)截面属性

该拱桥共有8条主拱肋。采用双单元法建立主拱截面,即在同一中心点建立核心混凝土圆截面和钢管圆环截面,当满足圆环内径与核心混凝土直径相同时,两种材料在变形上自动满足协调变形规律。拱间的横联部分大多采用了纯钢管单元进行连接,建模方法与建立主拱钢管截面方法相同。拱肋部分建模如图3所示。

桥面中主梁使用格子梁,根据设计要求采用工字梁截面连接纵梁和横梁。其中每种纵横梁截面均为变截面纵横梁,通过端点截面和跨中截面控制变截面结构。桥面系部分建模如图4所示。

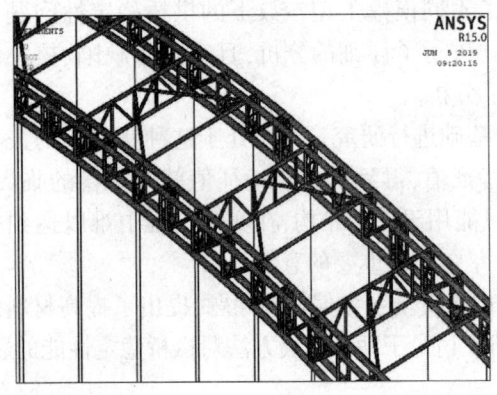
图3 拱肋细部

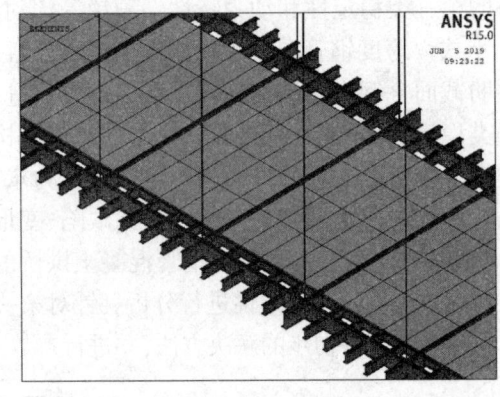
图4 桥面系细部

除钢管、混凝土截面和主梁截面外,在建模过程中也进行了桥面板截面和吊杆截面的建立。

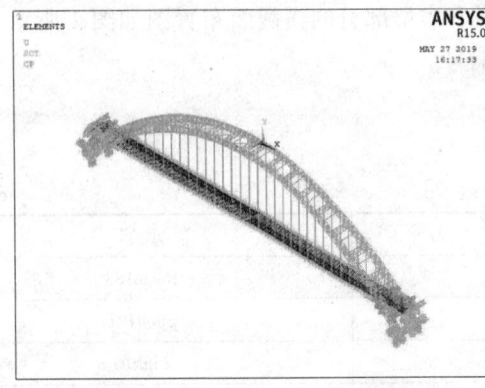

图5 全桥有限元模型

3)全桥建模

由于主要考虑桥梁拱肋和桥面板的稳定性,这与桥墩桥台等关系不大,因此全桥建模建立拱肋和桥面部分,其中拱肋和桥面连接点通过CP命令连接,在桥梁墩台位置设置约束条件。最终全桥有限元模型如图5所示。

2. 计算荷载

1)恒载施加

桥梁恒载分为一期恒载和二期恒载。一期恒载是自主混凝土结构所产生的永久荷载。在ANSYS计算模型中可通过施加与自重方向相反的加速度实现。二期恒载是防撞墙、道板、轨道及声屏障等所产生的永久荷载。按照 2.36kN/m² 进行加载。

2)活载施加

按照规范要求,汽车荷载按照车道荷载计算。按照设计要求,采用公路I级汽车荷载。车道荷载均布荷载 $q_k=10.5$kN/m;集中荷载标准值 $P_k=360$kN。人群荷载取值为 2.5kN/m²。因该桥含有非机动车道,按照规范要求,非机动车荷载标准值按照 1.15 倍人群荷载取值,即 2.875kN/m²。

3)风荷载施加

桥梁构件断面上的静力三分力为静风阻力 F_D,静风升力 F_L 和静风升力矩 M_T。其中,基本风速在桥梁勘察资料中已经给出,为 24m/s。拱肋和桥面板的静力三分力系数可以通过节段模型测力风洞试验来识别,再计算出相应的荷载进行施加。

三、第一类稳定分析

1. 第一类稳定分析计算

分别计算一期恒载、一期恒载+二期恒载、一期恒载+二期恒载+活载三种荷载作用下该桥的前10阶稳定安全系数并且分析所得到的失稳形态,三种荷载作用下前10阶失稳形态相同,结果如表2所示。

一类稳定分析结果　　　　表2

阶次	稳定安全系数			失稳形态
	一期恒载	一期恒载+二期恒载	一期恒载+二期恒载+活载	
1	3.7341	3.3472	3.1896	拱肋一阶对称侧倾
2	3.7597	3.4274	3.2829	拱肋一阶反对称侧弯
3	5.2525	4.7055	4.4842	主梁一阶反对称竖弯
4	6.2427	5.4816	5.1828	主梁一阶对称侧弯
5	7.1533	6.3086	5.9845	拱肋二阶正对称侧弯+主梁二阶正对称竖弯
6	7.2705	6.3466	5.9873	拱肋一阶正对称竖弯+主梁二阶正对称竖弯
7	7.7943	6.8173	6.4493	拱肋二阶反对称侧弯+主梁一阶反对称扭转
8	8.3011	7.2146	6.7902	拱肋一阶正对称竖弯+主梁二阶反对称扭转
9	9.2580	8.0238	7.5406	主梁二阶反对称竖弯
10	9.4293	8.2541	7.8100	拱肋一阶反对称侧弯+主梁一阶反对称扭转

根据规范规定,桥梁第一类失稳的一阶稳定安全系数应大于4.0。通过表2可知,三种荷载下该桥的稳定安全系数分别为3.74,3.35,3.19,均小于规范规定值。可见,计算出该桥的稳定安全系数偏低。

2. 针对第一类稳定改进

由于该桥的稳定安全系数小于规范要求,因此通过参数设计的方法对本桥进行初步改进。参数设计主要通过两个方面进行设计:第一,采用更高强度等级的混凝土材料和钢管材料,通过增加材料的等级以提高材料的性能,最终增加全桥稳定安全系数;第二,增加8根钢管混凝土主拱的钢管部分厚度,提高拱结构的稳定性以增加稳定安全系数。

1)提高材料强度等级

按照《公路钢管混凝土拱桥设计规范》(JTG/T D65-06—2015),钢管内灌注的混凝土应采用自密实补偿收缩混凝土,其强度等级宜为C30~C80,因此将混凝土材料强度等级更换为C80。钢材常用应力强度为Q235、Q345、Q390,因为在该桥中钢管已经选用Q420钢材,故钢管材料强度等级保持不变,主梁部分钢材改用Q390,更改材料强度等级后重新计算全桥稳定安全系数。因为最不利情况发生在一期恒载+二期恒载+活载条件下,因此主要分析该荷载作用下的全桥稳定安全系数。通过计算分析,提高材料强度等级后的稳定安全系数如表3所示。

改进后稳定安全系数　　　　表3

阶　数	稳定安全系数	失稳形态	增长率(%)
1	3.2197	拱肋一阶对称侧倾	0.94
2	3.3125	拱肋一阶反对称侧弯	0.90
3	4.5340	主梁一阶反对称竖弯	1.11
4	5.2480	主梁一阶对称侧弯	1.26
5	6.0667	拱肋二阶正对称竖弯+主梁二阶正对称竖弯	1.37
6	6.0801	拱肋一阶正对称竖弯+主梁二阶正对称竖弯	1.55
7	6.5403	拱肋二阶反对称侧弯+主梁一阶反对称扭转	1.41
8	6.8916	拱肋一阶正对称竖弯+主梁二阶反对称扭转	1.49
9	7.6595	主梁二阶反对称竖弯	1.58
10	7.9117	拱肋一阶反对称侧弯+主梁一阶反对称扭转	1.30

如表3所示,在提高材料强度等级后该桥第一阶稳定系数从3.19提高到3.22,提升程度较小,且前10阶失稳形态并没有发生变化。说明提高材料强度等级对第一阶稳定作用的影响较低。

在材料选用时,材料强度等级不同的最大影响是材料容许设计值的不同,更改高强度等级的材料其最大承载能力会有所提升。但材料在未达到极限承载力之前的各项属性如弹性模量、泊松比、密度等不同强度等级材料之间差别较小。在第一类稳定性的分析中,并不涉及材料极限承载力的分析,因此材料强度等级的增加对第一类稳定安全系数的影响较小。

2）增加钢管厚度

在钢管混凝土拱肋截面中,同等面积的钢材性能要显著优于混凝土性能。因此考虑提高钢管混凝土主拱肋中钢管的厚度,计算提高钢管厚度对该桥第一类稳定性的影响。

将8条主拱内径每次增加5mm厚度。求得的第一阶稳定安全系数如表4所示。

改进后第一阶稳定安全系数　　　　表4

钢管增加厚度(mm)	第一阶稳定安全系数	第一阶失稳状态	增长率(%)
0	3.3472	拱肋一阶反对称侧弯	—
5	3.3587	拱肋一阶反对称侧弯	0.34
10	3.3673	拱肋一阶反对称侧弯	0.60
15	3.3735	拱肋一阶反对称侧弯	0.79
20	3.3776	拱肋一阶反对称侧弯	0.91
25	3.3800	拱肋一阶反对称侧弯	0.98
30	3.3809	拱肋一阶反对称侧弯	1.01

增加钢管厚度对于第一类稳定安全系数的增长起到一定的作用,但其作用仍然比较小,无法达到规范要求。并且随着钢管厚度的增加,稳定安全系数的增长趋于放缓,因此继续增加钢管厚度对提高稳定安全系数没有太大的意义。

综上,提高主拱材料强度等级和增加主拱钢管混凝土中钢管厚度均能起到一定增加该桥稳定安全系数的作用。但是作用较小,与规范要求相比还有较大差距。因此,针对提高第一类稳定安全系数仍需要进一步的研究。

四、第二类稳定分析

由于初始缺陷和非线性使得很多实际结构都不是在其理论弹性强度处发生屈曲。因此,第一类稳定的特征值屈曲分析经常得出非保守结果,通常不能用于实际的工程分析,第二类稳定问题更接近工程实际一些。因为,第一类稳定问题是理想状态,而在实际工程当中,理想状态是不存在的,因为拱肋安装时的初始偏差、材料的初始缺陷、荷载作用位置的偏离，都是随时可能存在的误差，从而可以说所有的稳定问题都属于第二类稳定问题。

1. 失稳状态分析

考虑实际工程中三种极端情况下的第二类失稳状态。

第一种失稳状态为设计恒载+活载不断增大引起的第二类失稳。这种失稳状态对应的工程状况是桥梁承担较大车辆荷载引起的失稳状态。通过计算可以得到这种状态下活载的安全系数。

第二种失稳状态为设计恒载+设计风荷载+活载不断增大引起的第二类失稳。其中运营风荷载取基准风速为25m/s时的情况，风荷载可由实验得到的三分力系数算出。这种失稳状态除考虑较大的车辆荷载外，也考虑了较大风速的影响。通过计算可以得到该状态下活载的安全系数。

第三种情况为设计恒载+风荷载不断增大引起的第二类失稳。该状态对应工程状况为当风速超过25m/s时，桥上已经不允许车辆通过，因此忽略活载作用。不断增大风速取值，直至发生失稳，计算得到最大风速值。

2. 计算步骤

首先，通过不断增加活载或风速值，达到第一个极限状态，即拱的弹性极限状态。此时钢管混凝土中管内混凝土出现了第1个铰接点，但钢管仍在弹性阶段。继续加载直至第2个极限状态，即一条拱肋中混凝土失稳。此时一根钢管混凝土中的混凝土出现了4个铰接点，因此该拱肋中混凝土无法继续承担荷载，成为机构，该拱肋中的应力重新分布到钢管和其他拱肋上。再次继续加载，达到第三个极限状态，即一条拱肋失稳。此时一条拱肋中的钢管也出现了4个铰接点，即整条拱肋发生失稳，此时应力重分布到同一侧的其他3根拱肋。最后加载至第四个极限状态，即一侧4条拱肋全部失稳。这种情况下正桥都无法再继续承担荷载，发生垮塌，完全破坏。

计算流程如图6所示。

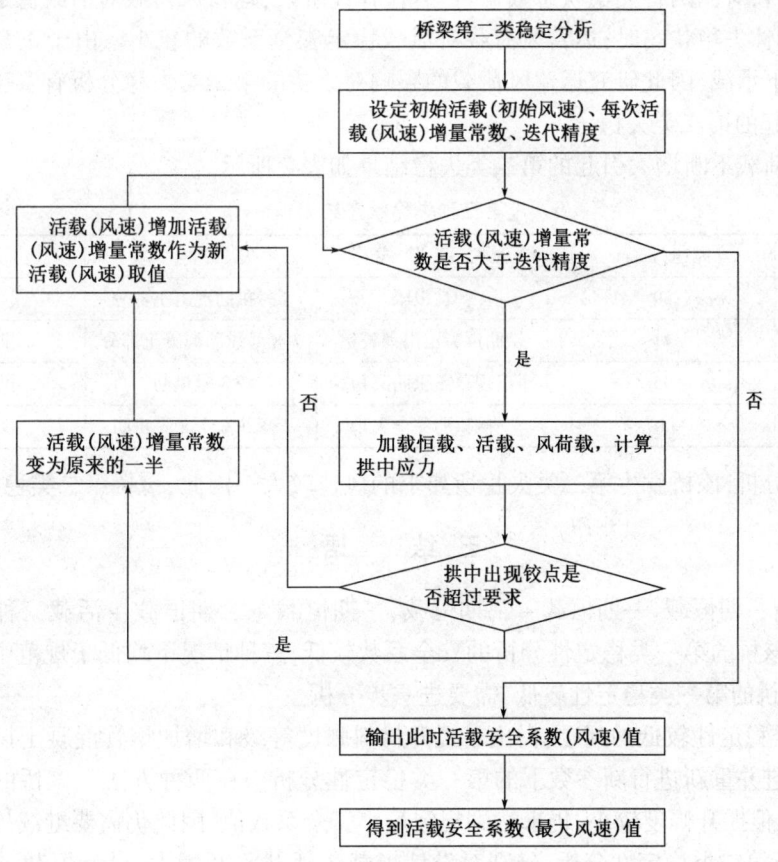

图6 第二类稳定安全系数计算流程图

3. 结果分析

1) 活载增大引起的第二类失稳

在以上三种情况中,第一种和第二种失稳状态均为活载增大引起的第二类失稳。其中第一种失稳状态结果如表 5 所示,第二种失稳状态结果如表 6 所示。

第一种失稳状态 表 5

加载阶段	活载稳定安全系数	失稳形式	失稳构件	失稳部位
1	15.8	弹性极限	3 号拱肋混凝土部分	拱梁交界处
2	15.9	拱肋混凝土出现失稳	2、4 号拱肋混凝土部分	拱梁交界处
3	22.5	出现单条拱肋失稳	1、3 拱肋	拱顶、拱梁交界处
4	22.6	拱肋完全失稳	全部构件	拱顶、拱梁交界处

第二种失稳状态结果 表 6

加载阶段	活载稳定安全系数	失稳形式	失稳构件	失稳部位
1	9.2	弹性极限	4、6 号拱肋混凝土部分	拱梁交界处
2	13.8	拱肋混凝土出现失稳	7、8 号拱肋混凝土部分	拱梁交界处
3	20.2	出现单条拱肋失稳	5 号拱肋	拱梁交界处
4	21.2	一侧拱肋完全失稳	5、6、7、8 号拱肋	拱梁交界处

表 5 和表 6 两个表格的数据说明了在逐步加载过程中该桥失稳的形式以及承载力的大小。对于不施加风荷载,只施加恒载和逐步增加的活载的第一种失稳状态,其弹性极限状态的活载稳定安全系数为 15.8,全桥完全丧失承载能力的活载稳定安全系数为 22.6。而对于第二种情况,其弹性状态的活载稳定安全系数为 9.2,全桥完全失稳的活载稳定安全系数为 21.2。因此,可以说明全桥的安全冗度较高,第二类稳定性较好。同时,对比两种失稳状态数据可知:在弹性阶段,运营风荷载对活载稳定安全系数的影响较大,但是在全桥整体失稳状态时,运营风荷载对活载稳定安全系数的较小。由于正常使用过程中桥梁结构均在弹性状态下承载,因此研究运营风荷载的影响对该桥的第二类失稳分析有着比较重要的意义。

2) 风速增大引起的第二类失稳

设计恒载 + 风荷载不断增大引起的第二类失稳结果如表 7 所示。

第三种失稳状态结果 表 7

加载阶段	风速(m/s)	失稳形式	失稳构件	失稳部位
1	59	弹性极限	8 号拱肋混凝土部分	拱梁交界处
2	71	拱肋混凝土出现失稳	7、8 号拱肋混凝土部分	拱脚、拱梁交界处
3	95	出现单条拱肋失稳	7、8 号拱肋	拱脚、拱梁交界处
4	114	一侧拱肋完全失稳	1、4、5、6、7、8 号拱肋	拱脚、拱梁交界处

由表 7 中数据分析,该桥发生第二类失稳所要求的风速较大。因此,该桥第二类稳定性较好。

五、结 语

(1)对该桥进行一期恒载、一期恒载 + 二期恒载、一期恒载 + 二期恒载 + 活载三种情况下的桥梁第一类稳定性分析。该桥的第一类稳定性分析的安全系数较低,三种情况下均低于规范中的最小安全系数值 4.0。因此,该拱桥的第一类稳定性较低,需要进一步分析。

(2)针对第一类稳定性较低的问题,提出了提升材料强度等级和增加钢管混凝土拱肋中钢管厚度两种解决方法进行改进并重新进行新参数下的第一类稳定性分析。在两种方法下该桥的第一类稳定性都有一定程度的提升,但提升幅度较小,仍未达到规定最小安全系数值,因此仍需要继续提出改进措施。

(3)对该桥进行第二类稳定性分析,分别对设计恒载 + 活载不断增大、设计恒载 + 设计风荷载 + 活载不断增大、设计恒载+风荷载不断增大三种情况下计算活载稳定安全系数或风速值。分析结果表明,当考虑运营风速下活载的影响时,运营风荷载的施加对该桥的弹性极限状态的活载稳定安全系数有较大的影响,但计算全桥承载能力极限状态时,运营风荷载对活载稳定安全系数影响比较小。通过以上三种分析,证明在桥梁运营状况的三种极端情况下,桥梁的第二类稳定性较好。

参考文献

[1] 葛耀君.大跨度拱式桥抗风[M].北京:人民交通出版社,2014.
[2] 郑皆连.我国大跨径混凝土拱桥的发展新趋势[J].重庆交通大学学报:自然科学版,2016,35(A01):8-11.
[3] 郭杰.大跨度上承式钢管混凝土拱桥结构稳定性分析[J].城市建设理论研究(电子版),2018(12):75-76.
[4] 徐子杰,冯亮洪,龚梦琦,等.钢管混凝土拱桥动力效应研究[J].北方交通,2020(08):1-3+8.
[5] 董锐,陈亚钊,郑穆然,等.带L形横撑的大跨CFST桁式拱桥稳定性分析[J].土木工程学报,2020,53(05):89-99+128.
[6] 陈佳,胡文军.大跨度上承式钢管混凝土拱桥整体稳定性研究[J].铁道建筑,2020,60(08):16-19.

40. 基于空间网格模型的钢板组合梁桥主梁间距影响分析

俞承序[1]　焦明伟[2]　杨忠[2]　徐栋[1]

(1.同济大学;2.吉林省交通规划设计院)

摘　要　标准化、工业化建造是目前我国桥梁建设的热点,装配式钢板组合梁桥因其优良的结构性能、简洁的构造和良好的经济效益,在中小跨径桥梁中具有较好的竞争力。本文基于空间网格模型,分别对二、三、四主梁形式的装配式钢板组合梁桥进行精细化分析。探究了主梁间距对不同截面形式钢板组合梁桥钢梁受力性能的影响。

关键词　钢板组合梁　装配化施工　空间网格模型　主梁间距　数值分析

一、引　言

随着我国桥梁标准化、工业化建设进程的不断推进,装配式桥梁在国内的应用日渐增加。装配式钢板组合梁桥因其结构性能优良、造型简洁美观、施工快捷便利和经济效益良好等优点,在中小跨径桥梁中具有较好的竞争力,目前在我国各省均有较广泛的应用。

虽然我国目前钢板组合梁桥的建设量不断增加,标准化设计的相关研究成果也逐渐丰富,但各省所采用的截面形式、主梁间距等总体结构参数的取值仍不尽相同。主梁数和主梁间距对钢板组合梁的纵、横向受力性能都有较为显著的影响。主梁间距的大小将影响偏心恒载和汽车荷载在各片钢梁间的分配。主梁间距的变化改变了边、中梁的宽跨比,还对剪力滞效应有一定的影响,使得纵向弯曲正应力在桥面板中的横向分布发生变化。主梁间距的变化还将直接影响桥面板的横向跨度,改变其横向弯曲效应的大小。由以上分析可见,确定合理的主梁间距对一座钢板组合梁桥的标准化设计是至关重要的,它将极大程度地影响各组成构件的受力状态以及结构整体受力的合理性,是提高钢板组合梁桥综合效益的关键,也是研究的重点。

本文将基于空间网格模型,对一桥宽12.75m,跨径35m的四跨连续钢板组合梁进行精细化分析。采用2、3、4主梁这三种截面形式,探究在不同的截面形式下,主梁间距对工字钢梁受力性能的影响。

二、计算模型与分析方法

1. 结构形式

计算分析中所采用的结构形式参考某实际工程中的双主梁钢板组合梁桥拟定。主梁计算跨径为$(34.2+2\times35+34.2)$m,桥面宽度12.75m,梁高2.2m,结构布置及各部件尺寸如图1~图5所示。

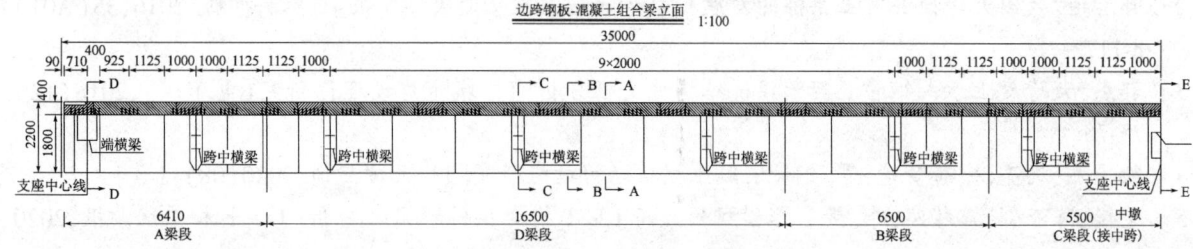

图1 边跨钢梁立面图(尺寸单位:mm)

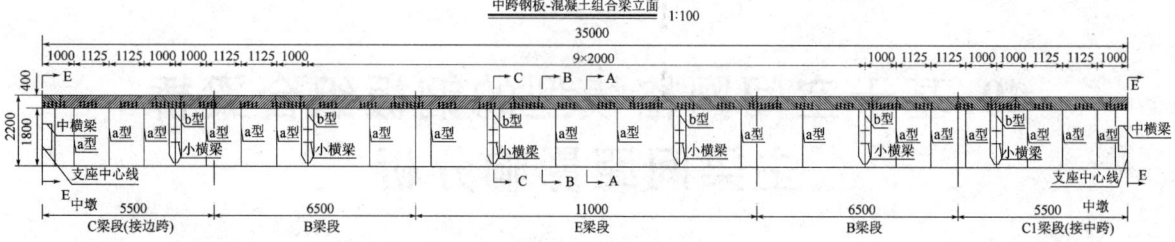

图2 中跨钢梁立面图(尺寸单位:mm)

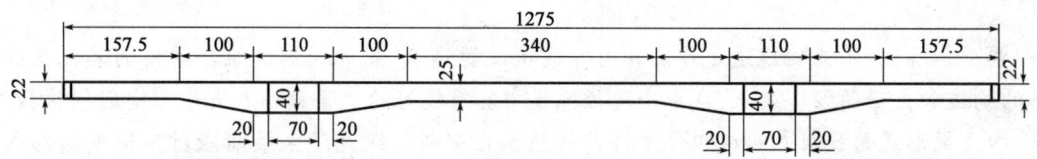

图3 变厚段混凝土桥面板(尺寸单位:cm)

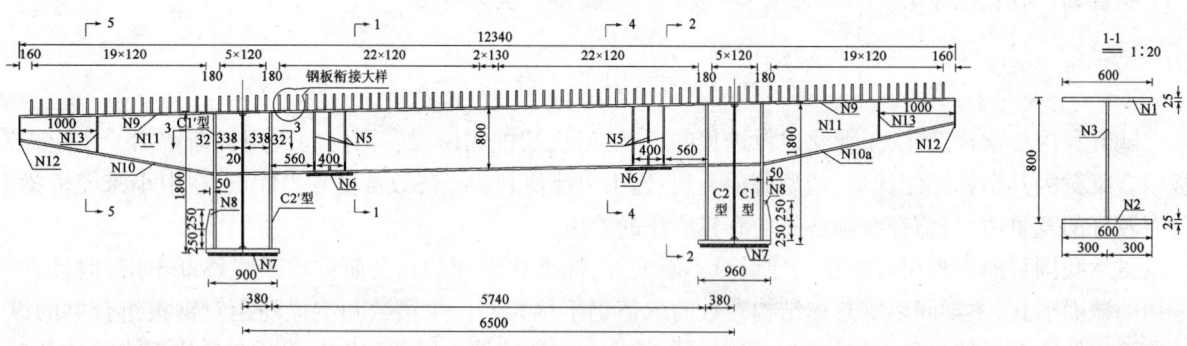

图4 边支点端横梁结构示意图(尺寸单位:mm)

(1)混凝土桥面板:采用C50混凝土,横向通长预制。在起、终点两端1m(含0.09m伸缩缝宽度)范围内为等厚段,厚度0.4m。其他位置桥面板横向变厚,悬臂端厚0.22m,梁顶加腋位置厚0.4m,梁间厚0.25m。

(2)钢主梁:钢主梁为工字钢梁,采用Q345钢。梁高1.8m,间距6.5m。上翼缘板宽0.8m,厚度20~44mm;腹板厚度20~28mm;下翼缘板宽0.96m,厚度32~60mm。

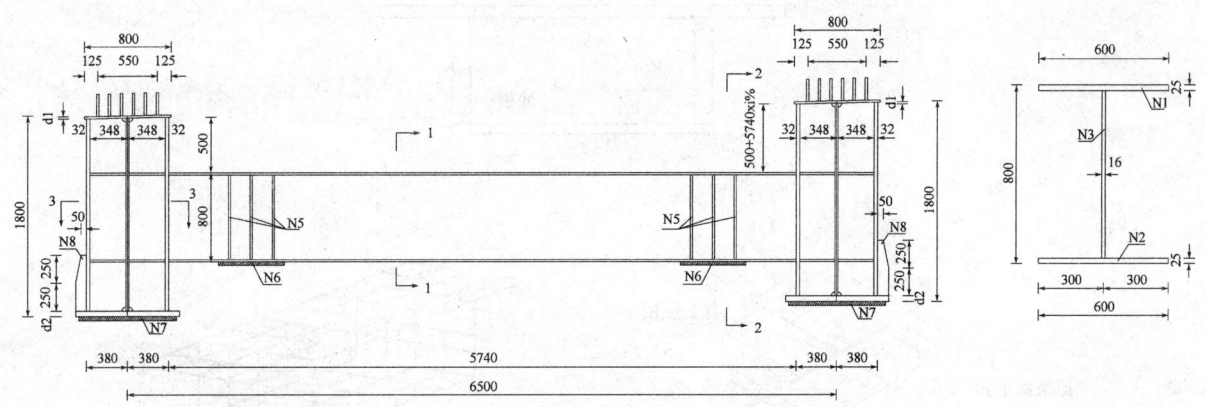

图 5 中支点端横梁结构示意图(尺寸单位:mm)

(3)钢横梁:各跨设置 2 道端横梁和 6 道中横梁,均为工字钢梁,采用 Q345 钢。仅桥梁起、终点位置处的端横梁为大横梁,横向通长,通过剪力钉与桥面板相连。其余位置横梁均为小横梁,不与桥面板相连。中支点处横梁梁高 0.8m,上下翼缘宽 0.6m。跨中横梁梁高 0.4m,上下翼缘宽 0.3m。

分析中采用的 3 主梁、4 主梁形式的钢板组合梁桥结构形式与 2 主梁保持一致,仅改变主梁间距及钢梁梁高。双主梁钢板组合梁通常需要设置横向预应力钢绞线以提高结构的使用性能,预应力钢绞线的线形通常也与结构的受力情况相关。本文中为了更好地控制变量,使对比结果更清晰,在合理主梁间距分析过程中,不同截面形式的钢板组合梁中均不设横向预应力。本文中涉及的计算模型及其主要结构参数汇总于表 1。

计算模型参数汇总表　　　表1

主 梁 数	主梁间距 d_1 (cm)	悬臂长度 d_2 (cm)	梁高(m)	是否施加横向预应力
2	425	425	1.80	否
	545	365	1.80	否
	650(实际工程)	312.5	1.80	否
	710	282.5	1.80	否
	765	255	1.80	否
3	320	317.5	1.80	否
	385	252.5	1.80	否
	430	207.5	1.80	否
	455	182.5	1.80	否
	480	157.5	1.80	否
4	255	255	1.80	否
	295	195	1.80	否
	320	157.5	1.80	否
	335	135	1.80	否
	350	112.5	1.80	否

2. 计算分析方法

本文将采用空间网格模型对钢板组合梁桥进行分析。《公路钢筋混凝土及预应力混凝土桥涵设计规范》(JTG 3362—2018)[1]中提出了桥梁结构的实用精细化模型,空间网格模型即是其中一种。空间网格模型的原理是将复杂的桥梁结构离散成多块板元,每一个板元再离散成十字交叉的正交梁格,以十字交叉的纵横梁的刚度等代成板的刚度[2]。通过图 6 所示的离散方式即可通过空间上的正交网格来表达实际桥梁结构。

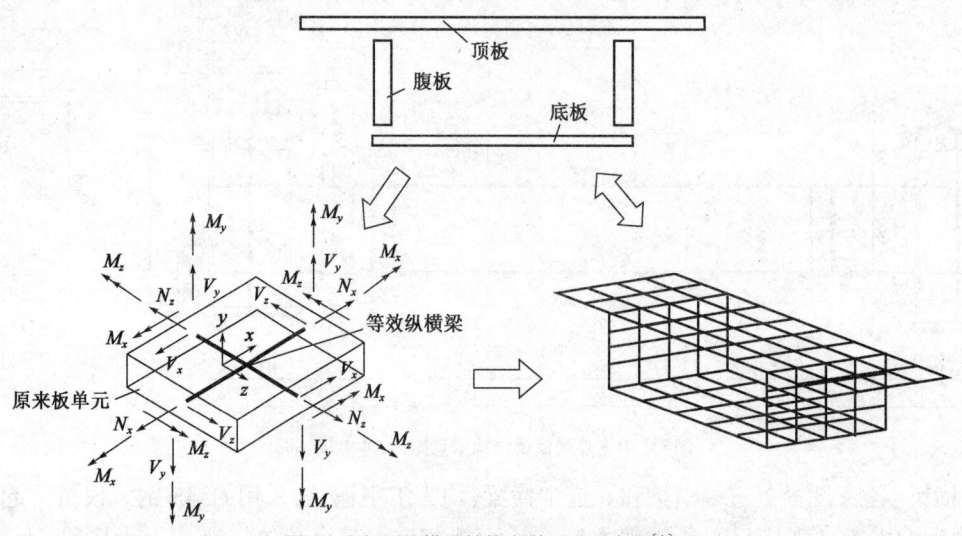

图 6 空间网格模型结构离散原理示意图[1]

参考文献[2]中对空间网格模型分析方法在混凝土箱梁中的应用进行了较深入的研究。参考文献[3]将空间网格模型、平面梁格模型与实体板壳有限元模型的计算结果进行了对比。结果表明,空间网格模型具有较好的计算精度,是一种可靠的实用精细化模型。相较于单梁、平面梁格有限元模型,空间网格模型能够更全面地考虑及计算组合结构桥梁中空间效应,能够有效提取出每个混凝土板单元与钢板单元中的受力情况。相较于实体板壳有限元模型,能够更方便地考虑收缩徐变效应对结构产生的影响,并且能够清晰地获取结构的整体和局部效应,而非整体效应和局部效应混合的结果。

三、主梁间距对工字钢梁受力性能的影响

对于钢纵梁,在特定的桥宽下,汽车荷载的最不利布载位置基本是确定的。随着主梁间距的变化,加载点处的影响面竖标值也将发生变化,从而影响各梁的横向分布系数大小,即影响活载在各梁间的分配。同理,主梁间距也将影响护栏这类偏心恒载在边、中梁间的分配。

装配式的桥梁结构中,为了方便预制,提高施工效率,通常需要尽可能减少不同尺寸构件的种类。在装配式的钢板组合梁桥中,通常也采用同样截面尺寸的钢主梁。对于这样的设计,若能使各片钢主梁的内力、应力设计值较为接近,就可以提高钢主梁的材料利用率,显然是更合理的设计。为此,在后续分析中将主要关注边、中主梁下侧的拉压应力差值。当应力差值越小时,对应的主梁间距即是更合理的。

对于双主梁形式的钢板组合梁桥,根据对称性,两片钢纵梁在承载能力极限状态下的正应力设计值总是相等,与主梁间距无关。仅从钢梁受力的均匀程度上看,双主梁截面的钢板组合梁是非常合理的结构形式。

后文的计算结果中,根据对称性,均只列出半桥跨的结果。以负值为压应力,以正值为拉应力。钢梁应力均取基本组合值的结果。由于双主梁截面钢板组合梁的钢梁应力差总是为0,因此在后文中将不列出具体的计算结果。

1. 三主梁截面边、中梁纵向应力差变化规律

计算结果表明,各主梁间距下,钢梁底板的最大拉、压应力均位于次边墩位置处。表2中列出了全桥钢梁底板最大拉压应力。图7、图8中分别绘制了半桥跨中、边、中梁纵向拉压应力差值沿桥纵向的分布情况。纵坐标负值表示边梁应力小于中梁应力,正值反之。

由表2可知,随着主梁间距的增加,边梁最大拉、压应力均呈下降趋势;中梁最大拉、压应力均逐渐增加。即边梁承担的荷载随主梁间距的增加而减小,中梁反之。从图7、图8中可以看出:在墩顶位置处,随着主梁间距的增加,边—中梁的底板压应力差值逐渐减小,拉应力差值先减小后增加。在各跨跨中位置附近,随主梁间距的扩大,底板压应力差值先减小后增大,拉应力差值逐渐减小。主梁间距在4.3~4.55m之间时,边—中梁底板压应力差值较小,主梁间距在4.55~4.8m之间时,边-中梁底板拉应力差值较小。

三主梁截面钢梁底板最大应力表　　　表2

主梁间距(m)	边梁底板最大拉应力(MPa)	中梁底板最大拉应力(MPa)	边梁底板最大压应力(MPa)	中梁底板最大压应力(MPa)
3.2	145.5	100.9	-215.5	-153.0
3.85	140.2	108.2	-204.9	-161.4
4.3	135.7	115.2	-196.6	-174.3
4.55	132.9	119.6	-191.8	-181.8
4.8	129.7	124.5	-187.4	-189.8

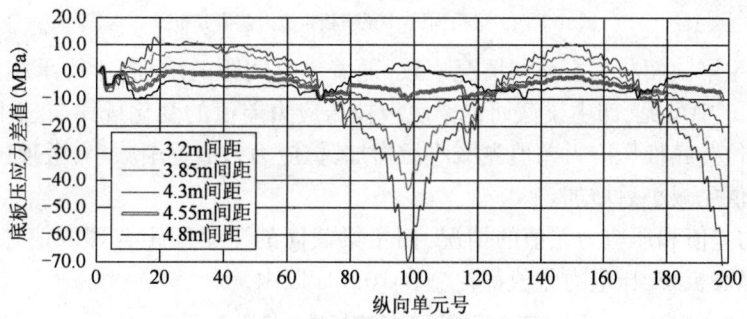

图7　三主梁截面边—中梁底板压应力差值分布图

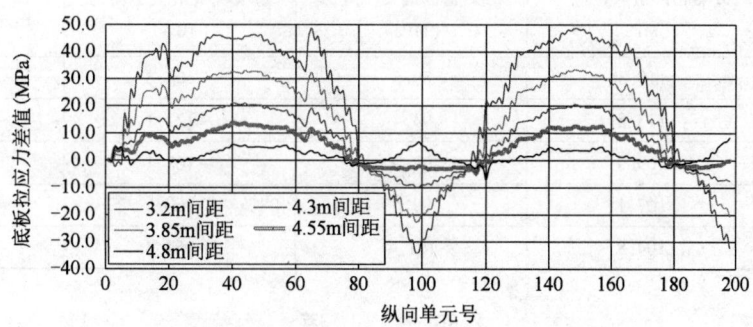

图8　三主梁截面边—中梁底板拉应力差值分布图

综合底板拉应力差值和压应力差值的情况，三主梁截面的主梁间距合理取值在4.55~4.8m之间。此时能使全桥各截面底板拉、压应力差值都控制在10MPa以内。

2. 四主梁截面边、中梁纵向应力差变化规律

同三主梁截面，四主梁钢板组合梁在各主梁间距下，钢梁底板的最大拉、压应力也均位于次边墩位置处。表3中列出了全桥钢梁底板最大拉压应力。图9、图10中分别绘制了半桥跨中，边、中梁纵向拉压应力差值沿桥纵向的分布情况。

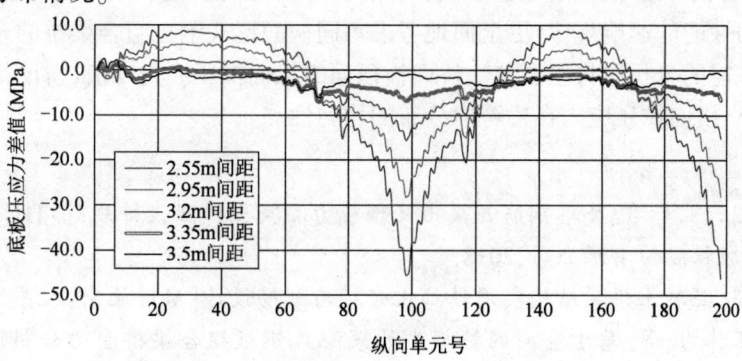

图9　四主梁截面边—中梁底板压应力差值分布图

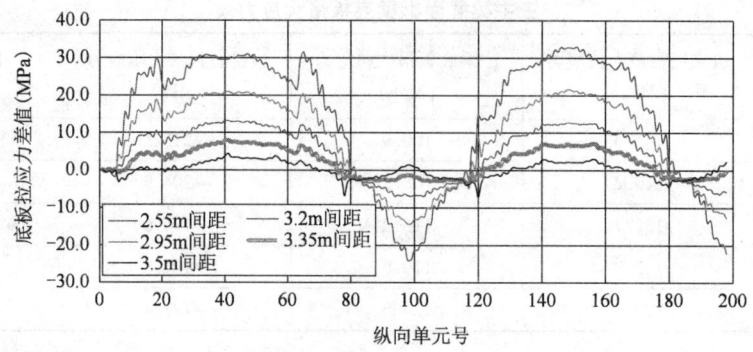

图10 四主梁截面边-中梁底板拉应力差值分布图

由表3可知,四主梁截面与三主梁的情况一致,随着主梁间距的增加,边梁承担的荷载逐渐减小,中梁反之。从图9、图10中可见,四主梁截面钢梁底板拉压应力差值的变化规律与三主梁情况类似。随主梁间距的增加,跨中位置底板压应力差值先减小后增加,拉应力差值逐渐减小,墩顶位置底板压应力差值逐渐减小,拉应力差值先减小后增加。

综合底板拉应力差值和压应力差值的情况,四主梁截面的主梁间距合理取值在3.35~3.5m之间。此时能使全桥各截面底板拉、压应力差值都控制在10MPa以内。

四主梁截面钢梁底板最大应力表　　　　表3

主梁间距（m）	边梁底板最大拉应力（MPa）	中梁底板最大拉应力（MPa）	边梁底板最大压应力（MPa）	中梁底板最大压应力（MPa）
2.55	119.3	89.5	-182.3	-136.6
2.95	113.8	93.4	-172.1	-143.9
3.2	109.9	97.0	-165.1	-149.5
3.35	107.1	99.5	-160.5	-153.6
3.5	104.8	101.4	-157.4	-156.2

四、结　语

(1)主梁间距对边—中钢梁荷载分配的影响在三、四主梁的情况中呈现相同的趋势。随着主梁间距的增加,边梁承担的荷载降低,中梁承担的荷载增加。而对于双主梁截面,无论主梁间距如何变化,两片主梁的内力、应力设计值总是相同。对于三主梁截面,主梁间距在4.55~4.8m之间时,边-中梁下侧的拉压应力差值均较小,可控制在10MPa以内。对于四主梁截面,主梁间距在3.35~3.5m之间时,边-中梁下侧的拉压应力差值均较小,可控制在10MPa以内。对于边、中梁尺寸一致的装配式桥梁,主梁间距在以上范围内时,材料的利用率更高。

(2)以上分析内容仅考虑了主梁间距对工字钢梁受力性能的影响。后续还将进一步分析主梁间距对混凝土桥面板受力性能的影响规律,更全面地考虑不同截面形式钢板组合梁桥的合理主梁间距取值范围。在桥面板受力性能的分析中将主要关注桥面板顶面的纵向拉压应力峰值,桥面板顶底面的横向弯曲应力峰值和桥面板纵、横向拉压应力在桥跨中分布的均匀性。

参考文献

[1] 中华人民共和国行业标准.公路钢筋混凝土及预应力混凝土桥涵设计规范:JTG 3362—2018[S].北京:人民交通出版社股份有限公司,2018.

[2] 徐栋,赵瑜,刘超.混凝土桥梁结构实用精细化分析与配筋设计[M].北京:人民交通出版社,2013.

[3] 曾思清,杨凯,王伟力,等.基于空间网格模型的装配式钢板组合梁桥受力分析[J].广东公路交通,2020,46(02):46-49+60.

41. 单索面组合梁斜拉桥考虑施工龄期差异剪力滞效应精细化分析

贾勤龙 徐栋

(同济大学 桥梁工程系)

摘 要 组合梁结构混凝土桥面板存在横向湿接缝时,整体截面的剪力滞效应在考虑湿接缝龄期差异带来的徐变影响时与常规组合梁有较大不同,在单索面斜拉桥中因索力的局部集中这一不同更是不容忽视。对杆系理论的局限性,本文将一种空间网格精细化分析方法应用于单索面组合梁斜拉桥在施工过程中考虑桥面板湿接缝龄期差异的剪力滞效应分析中。本研究可为同类型工程的设计提供参考。

关键词 单索面斜拉桥 剪力滞效应 空间网格分析方法 组合梁

一、引 言

剪力滞效应是薄壁箱梁中必须考虑的问题。斜拉桥中由于斜拉索的存在,拉索锚固区的局部集中力对组合梁混凝土桥面板的剪力滞影响不可忽视。此外当组合结构中混凝土桥面板存在施工横向湿接缝时,预制板与现浇板龄期差异明显,形成整体截面后的时变效应(徐变及收缩)较常规组合梁截面要更为复杂,对应桥面板剪力滞效应也相对不同。

目前有关组合梁剪力滞的研究,已有一些文献相继出现[1],对单索面组合梁斜拉桥一次成桥下的剪力滞效应分析也有不少的研究,但均未涉及混凝土桥面板本身龄期的差异对剪力滞效应的影响。因此有必要对单索面组合梁斜拉桥考虑施工龄期差异时的剪力滞效应进行精细化分析模拟,为此类结构的空间受力特性分析提供技术支持。

本文以一实际工程为背景,利用空间网格模型进行模拟,考虑施工过程中混凝土桥面板横向湿接缝龄期的差异性,分析结构在施工过程中关键截面的剪力滞及其随施工过程的变化趋势等空间效应。

二、空间网格模型及其剪力滞效应的体现

针对组合梁现有计算理论的不足(空间杆系、平面梁格、实体均有各自局限性),引入桥梁实用精细化分析理论的空间网格分析方法。空间网格模型将组合梁截面视为由若干块板组成,对每一块板进行梁格划分,用划分后的梁格来等效代替每块板的受力,如图1所示。相比梁格法,空间网格划分更细。由于将顶板划分的更密,可以分析出不同顶板在剪力滞效应下的应力,且不用计算有效宽度,同时可以考虑不同顶板之间的龄期差异。箱形截面的刚性扭转通过空间网格之间的相互共同作用反映在各个梁格的剪应力上,同样可以实现在荷载作用下截面的畸变分析及截面各个板件的横向弯曲分析。如图2所示单箱单室箱梁截面,空间网格分析方法可以获得结构每个板元三层(即外、内和中面)共27个完整应力指标。

在网格模型中,剪力滞系数的计算是根据截面划分后顶底板正应力图形下的面积除以顶底板的宽度,得到一个相似于按初等梁理论求得的应力平均值,再用这个应力平均值去除顶底板不同板元的实际应力,即得到顶底板上不同位置处的剪力滞系数,如图3所示。

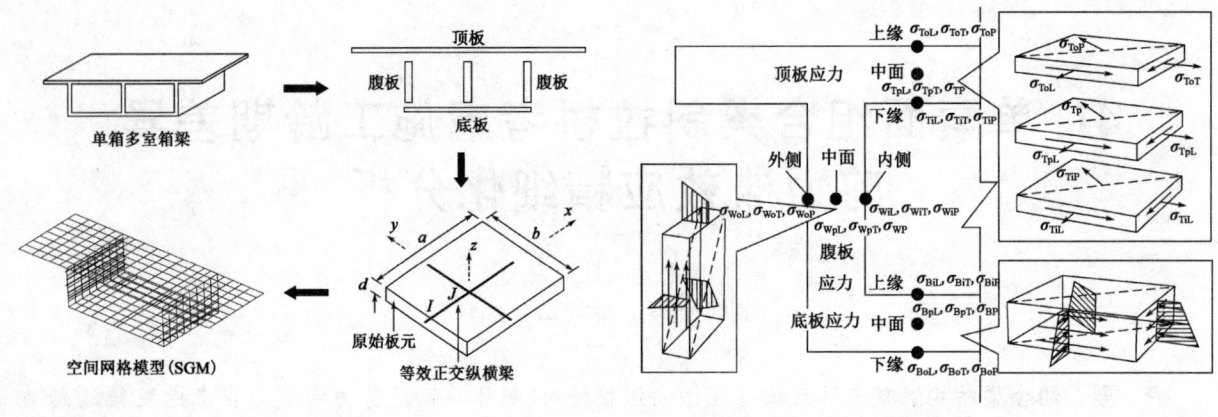

图1 空间网格模型原理示意图

图2 空间网格27项完整应力指标

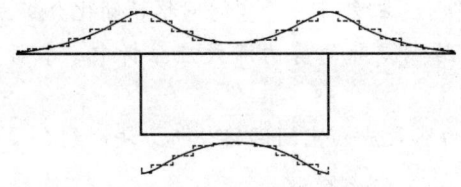

图3 剪力滞效应在网格模型中的体现

三、工程背景及计算模型

1. 工程背景

本文工程背景为某(50+220+220+50)m单索面斜拉桥,桥型布置如图4所示。采用单箱三室组合梁,双向横坡2%,标准断面如图5所示。

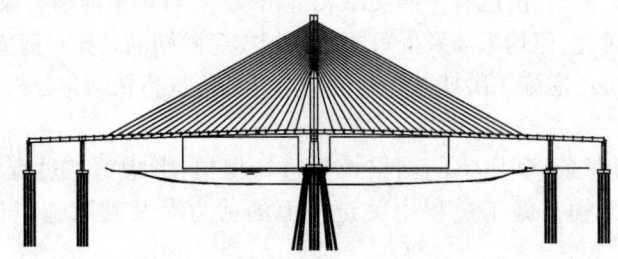

图4 桥型布置图

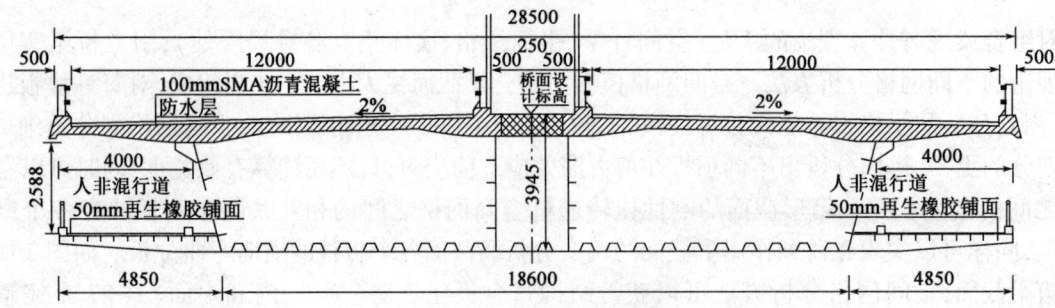

图5 标准断面图(尺寸单位:cm)

该桥共划分29个施工节段,单段长9m。其中0号~18号节段为悬臂施工段,边跨采用满堂支架滑移施工。在每个施工节段内,桥面板横向设有3.5m宽中央现浇段。

2. 计算模型

采用6自由度空间网格模型进行结构空间受力特性分析,最终计算模型共14787个节点和29638个单元,如图 6 所示。

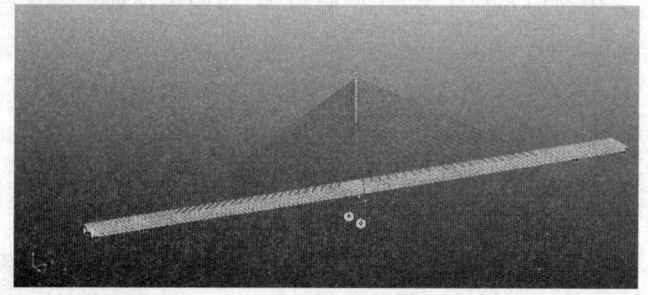

图 6 计算模型

断面划分和节点情况如图 7 所示,其中混凝土桥面板划分为 13 根纵梁单元(纵梁 7 为混凝土桥面板横向湿接缝单元);钢箱梁划分为 30 根纵梁单元,9 根为顶板纵梁单元,8 根为边、中腹板纵梁单元(在高度方向上划分为 2 根纵梁),4 根为两侧悬挂人行道纵梁单元,9 根为底板纵梁单元。

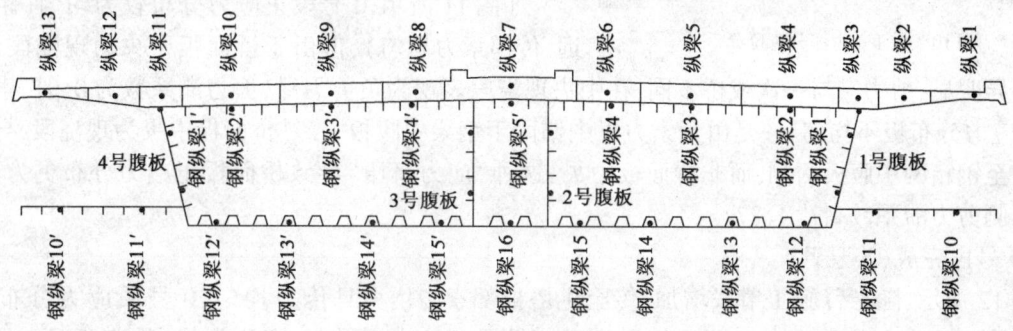

图 7 空间网格截面划分示意图

四、考虑施工龄期差异桥面板剪力滞分析

1. 一次成桥剪力滞分析

便于后续对比,分析一次成桥全桥关键截面剪力滞效应,不考虑结构龄期差异。选取全桥无索区及有索区关键截面,如图 8 所示,对这些截面混凝土桥面板剪力滞效应进行分析,如图 9 所示。

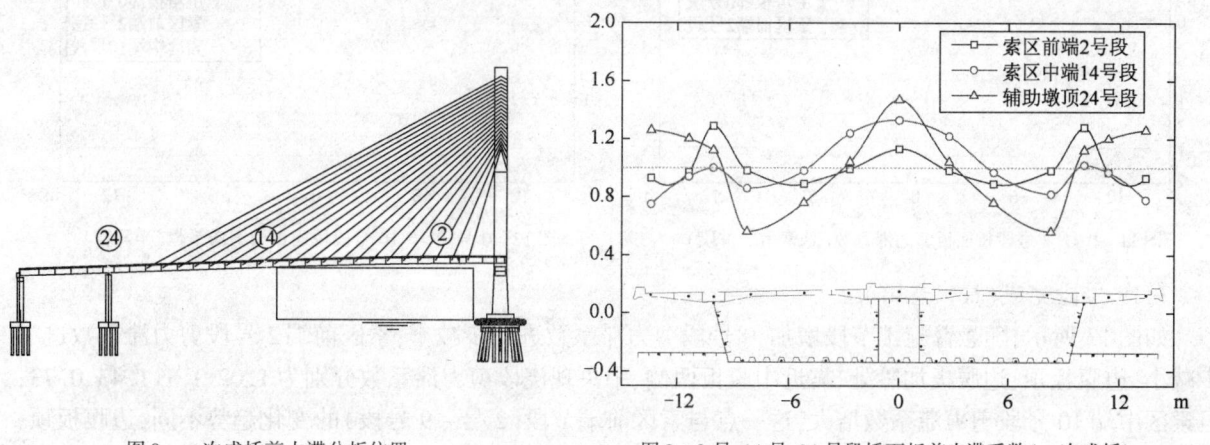

图 8 一次成桥剪力滞分析位置　　图 9 2 号、14 号、24 号段桥面板剪力滞系数(一次成桥)

经分析,全桥不同位置混凝土桥面板正应力分布都不均匀,存在剪力滞效应。其中 2 号段和 24 号段桥面板受压,14 号段桥面板受拉。对 2 号段,桥面板在边腹板顶处剪力滞系数较中腹板顶大,主要是由

于索力传递在索区前端较均匀,不体现拉索局部集中效应;对14号段,桥面板明显体现出在中腹板顶处最大、边腹板较小的剪力滞特点,体现拉索局部集中效应;对24号段,中腹板顶、边腹板顶剪力滞系数分别为1.47、1.12。

2. 施工阶段剪力滞分析

该桥0号~18号节段采用对称悬臂施工法,其中混凝土桥面板预制板与现浇板的龄期分别为180d、3d,存在明显龄期差异。

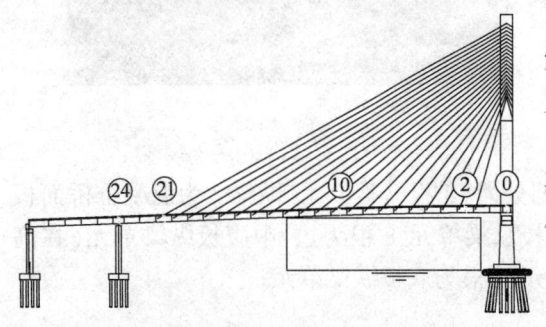

图10 施工剪力滞分析位置

选取无索区0号块、索区2号块、10号块、21号块、无索区24号块,对这5个关键截面(如图10所示)桥面板剪力滞效应进行施工跟踪分析。

选取5个施工阶段,作为计算各截面剪力滞系数的工况。分别为:2号段完成(吊装首段)、10号段完成(半悬臂)、18号段完成(最大悬臂)、二期完成、徐变10年。

1) 2号段完成(悬臂吊装首段)

如图11所示,0号段正应力分布较为均匀(距索区够远,传递索力均匀),但由于桥面板中央为现浇段,与预制板龄期差异明显,剪力滞与一次成桥不同,在中央现浇段表现为负剪力滞,剪力滞系数为0.91;索区前端2号段正应力分布极不均匀,一是由于索力集中锚固于钢梁中腹板,二是桥面板中央为现浇段,导致索力集中传递至钢箱两中腹板两侧,而非桥面板中央,这种"应力挤压"导致桥面板正应力分布更为不均匀,中腹板两侧剪力滞系数高达1.87。

2) 10号段完成(半悬臂)

如图12所示,随悬臂施工节段增加,传至主塔根部索力增大且传力均匀,0号段应力分布更为平滑,中央现浇段剪力滞系数为0.94;索区前端2号段正应力分布也趋向均匀,边腹板顶、边腹板加腋处、靠近中腹板两侧、中央现浇段剪力滞系数分别为0.92、1.13、1.65、0.7;索区中端10号段剪力滞分布更加不均匀,边腹板顶、边腹板加腋处、靠近中腹板两侧、中央现浇段剪力滞系数分别为0.71、1.36、1.85、0.21。

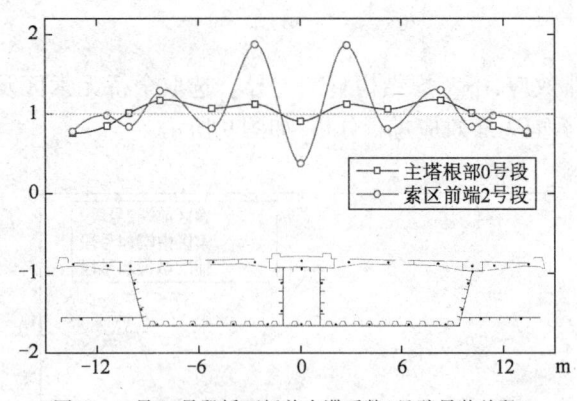

图11 0号、2号段桥面板剪力滞系数(悬臂吊装首段)

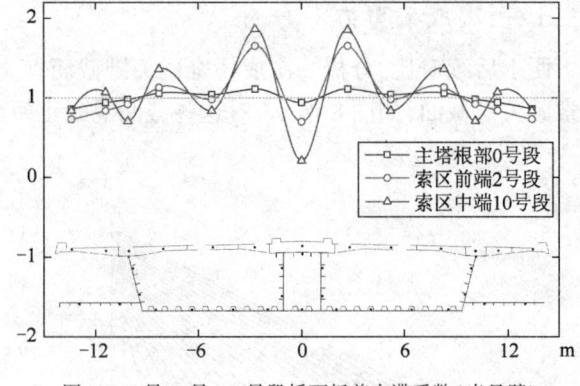

图12 0号、2号、10号段桥面板剪力滞系数(半悬臂)

3) 18号段完成(最大悬臂)

如图13所示,随悬臂施工节段增加,0号段剪力滞系数进一步减小;索区前端2号段剪力滞系数进一步减小,边腹板顶、边腹板加腋处、靠近中腹板两侧、中央现浇段剪力滞系数分别为1.02、1.1、1.43、0.73;但索区中端10号段剪力滞系数增大,这一点与索区前端节段(2号~9号段)的变化趋势不同,边腹板顶、边腹板加腋处、靠近中腹板两侧、中央现浇段剪力滞系数分别为0.71、1.31、1.97、0.24。

4) 二期完成

如图14所示,二期铺装施工,无索区0号段(主塔根部)剪力滞系数增大,中央现浇段剪力滞系数为

0.71;对索区前端、中端、末端节段,剪力滞系数均有一定减小。

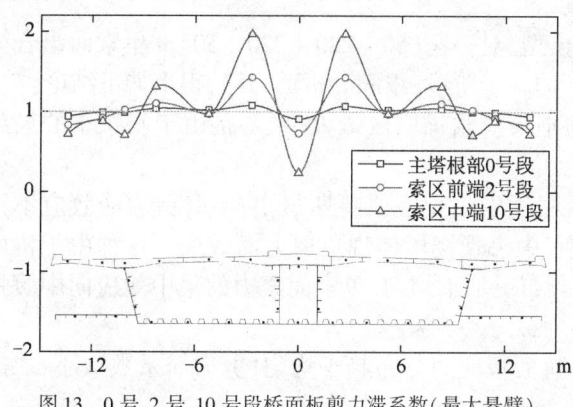

图 13　0 号、2 号、10 号段桥面板剪力滞系数(最大悬臂)

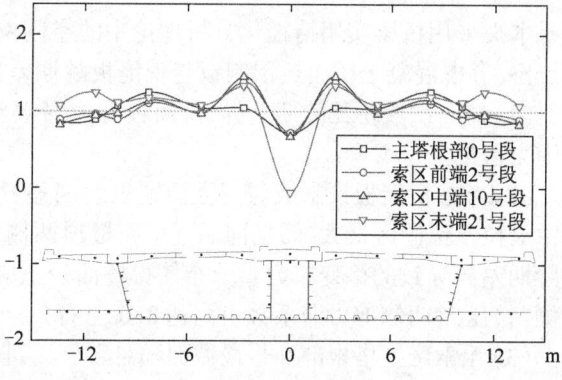

图 14　0 号、2 号、10 号、21 号段桥面板剪力滞系数(二期完成)

5) 施工剪力滞趋势

如图 15～图 18 所示,跟踪分析全桥同一位置不同施工阶段的剪力滞效应后,纵向对比如下:

(1) 对无索区主塔根部 0 号段,随悬臂施工推进,传到主塔根部索力逐渐增大且趋于均匀,正应力分布趋于均匀,剪力滞系数减小;二期施工、成桥徐变十年均增大 0 号段剪力滞系数,应力分布趋于不均匀。

(2) 对悬臂施工前半段(2 号～9 号段),随悬臂施工推进,应力分布趋于均匀,剪力滞系数减小;二期施工进一步使剪力滞系数减小;徐变十年又使剪力滞系数增大。

(3) 对悬臂施工后半段(10 号～18 号段),随悬臂施工推进,应力分布趋于不均匀,剪力滞系数增大;二期施工减小了桥面板剪力滞系数;徐变十年使剪力滞系数再次增大。

(4) 对无索区辅助墩墩顶 24 号段,徐变十年减小了桥面板剪力滞系数。

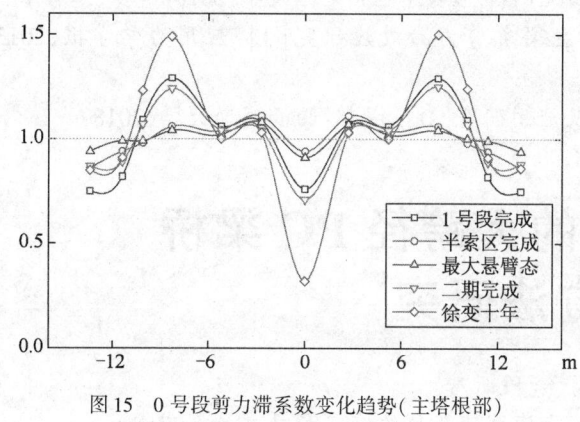

图 15　0 号段剪力滞系数变化趋势(主塔根部)

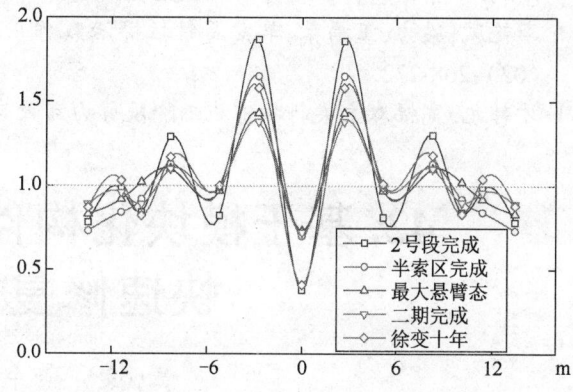

图 16　2 号段剪力滞系数变化趋势(索区前端)

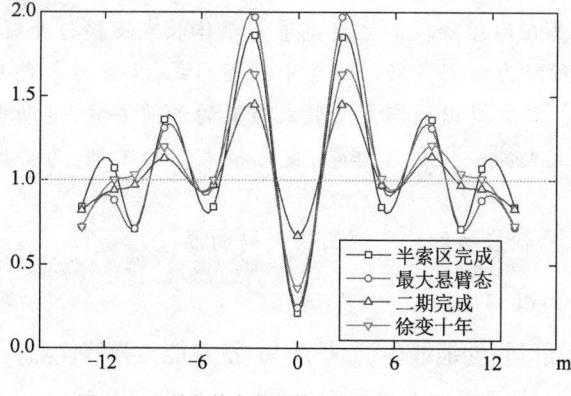

图 17　10 号段剪力滞系数变化趋势(索区中端)

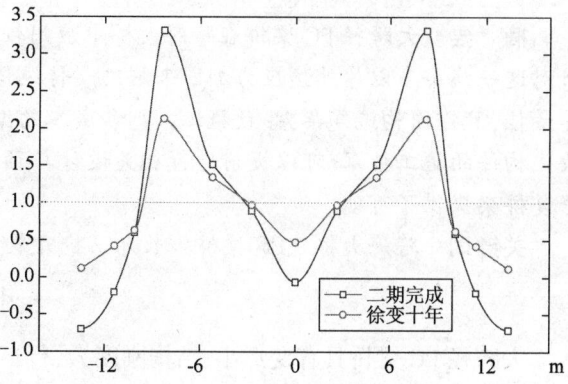

图 18　24 号段剪力滞系数变化趋势(辅助墩墩顶)

五、结　语

本文采用桥梁实用精细化分析理论中的空间网格模型,对一座(50+220+220+50)m单索面组合梁斜拉桥,考虑混凝土桥面板预制板与现浇板龄期差异下的施工阶段,跟踪分析剪力滞,得出如下结论:

(1)对一次成桥无龄期差异,桥面板剪力滞效应在中央拉索锚固区最大,主要是由于斜拉索的局部集中力造成。

(2)考虑桥面板预制板与现浇板施工龄期差异时,由于中央现浇段龄期很小,此时剪力滞效应不再在中央拉索锚固区最大,而是向靠近中腹板顶两侧传递,中央现浇段体现负剪力滞效应。这种由于桥面板龄期差异导致的徐变应力重分布使得桥面板正应力分布更加不均匀,单索面索力的集中效应向中腹板两侧"挤压",两侧剪力滞系数可高达2.0左右。

(3)无索区主塔根部0号段截面随悬臂施工进行,桥面板应力分布趋于均匀,剪力滞系数减小;二期完成、徐变十年均使桥面板剪力滞系数再次增大。

(4)悬臂施工期,索区前半段(1号~9号段)桥面板剪力滞系数随施工阶段逐渐减小,应力分布趋向均匀,二期施工使剪力滞系数进一步减小,徐变10年后剪力滞效应再次增大;索区后半段(10号~18号段)桥面板剪力滞系数随施工阶段逐渐增大,二期施工使剪力滞系数减小,徐变10年后剪力滞效应再次增大。

(5)边跨支架滑移施工区,无索区辅助墩墩顶24号段在徐变10年后剪力滞系数减小。

参考文献

[1] 肖湘,黄恩厚,尼颖升.预应力混凝土梁板体系有效翼缘的理论分析及试验[J].吉林大学学报工学版,2015,45(6):1784-1790.

[2] 徐栋,赵瑜,刘超.混凝土桥梁的实用精细化分析与设计[M].北京:人民交通出版社,2013.

[3] 董浩.超宽组合梁斜拉桥主梁剪力滞效应研究[J].上海公路,2017,146(04):25-27.

[4] 万鹏.单索面斜拉桥超宽断面主梁空间受力性能研究[D].重庆:重庆交通大学,2018.

[5] 李艳凤,梁力,王福春.单索面斜拉桥活载作用下主梁负剪力滞效应研究[J].应用力学学报,2013(02):268-272.

[6] 牙韩元.宽幅双主梁斜拉桥施工阶段剪力滞效应及应用研究[D].成都:西南交通大学,2018.

42. 基于模块化构件的大跨径PC梁桥快速修复方法研究[①]

黄少文[1]　白午龙[1,2]　段昕智[1,2]

(1.上海市市政规划设计研究院有限公司;2.上海城市路域生态工程技术研究中心)

摘　要　大跨径PC梁桥在跨海大桥中应用较多,其在运维阶段的主要病害是梁体长期下挠与开裂,针对这一病害多以体外预应力加固来解决。传统体外预应力加固多采用的集中布置形式,其传力方式并非最佳,且锚固构造复杂,导致施工工期和成本的增加。本文提出预应力分散式布置的加固方案,借助模块化构件的施工技术,可以提前进行相关设计与预制,大大减少设计工作量,更可极大缩短工期,为快速修复桥梁提供了可能。

关键词　跨海大桥　PC梁桥　长期下挠开裂　体外预应力加固　锚固块　转向器

一、引　言

大跨径PC梁桥具有变形小、结构刚度大、行车平顺舒适、伸缩缝少、养护容易、抗震能力强等优点,在

[①] 基金项目:上海市2019年度"科技创新行动计划"社会发展领域项目(19DZ1203001)

国内外桥梁建设中被广泛采用;特别在海洋环境中,由于混凝土对钢筋的保护作用使得其成为跨海大桥中的主要桥型。但在工程实践中,大跨径PC梁桥跨中长期下挠、开裂等病害在国内外类似桥梁中普遍出现。跨中过量下挠造成梁体大量裂缝;裂缝的持续发展,不但产生了高额的养护费用,还导致桥梁线形发生变化,降低行车舒适与安全度,给桥梁安全运营造成威胁[1]。特别是作为交通要道的桥梁,如东海大桥中的大部分桥梁,每天通车流量从通车时每天的5000辆(2005年)增长到21000余辆(2011年),直接决定每天90%集卡车的通行安全和经济动脉的畅通。

大跨度PC梁桥的持续下挠和后期危害引起了桥梁界专家学者们的广泛关注[2]。CEB第24工作小组"Serviceability Models"曾经做过对混凝土悬臂桥的变形的调查,收集了建于1955—1993年之间的27座桥的下挠观测数据,主跨跨径为53~195m,其中一些桥梁即使在8~10年后仍然显示出很明显的下挠趋势,另有2座桥的挠度在成桥后的16~20年下挠速度仍一直增加。说明即使设计理论比较完善、施工质量有保障的情况下仍然无法避免问题的出现。国内外典型大跨度混凝土梁桥下挠情况见表1。

国内外典型大跨度混凝土梁桥下挠情况   表1

桥 名	桥 型	属国	主跨(m)	竣工年	测量时成桥年数	下挠量(mm)
Kingston桥	跨中带铰的连续刚构	英国	143.3	1970	28	300
Urado桥	连续刚构	日本	230	1972	36	430
GrandOmèr桥	连续梁	加拿大	181.4	1977	9	300
Parrotts桥	连续刚构	美国	195	1978	12	635
Koror-Babeldaob桥	跨中带铰的连续刚构	帕劳	241	1978	12	1200
Tsukiyono桥	连续刚构	日本	84.5	1982	26	150
Koshirazu桥	连续刚构	日本	59.5	1987	10	70
Konaru桥	连续刚构	日本	101.5	1987	21	230
三门峡黄河公路大桥	连续刚构	中国	140	1992	10	220
Stovset桥	连续刚构	挪威	220	1993	8	200
南海金沙大桥	连续刚构	中国	120	1994	6	220
黄石大桥	连续刚构	中国	245	1995	7	305
虎门大桥辅航道桥	连续刚构	中国	270	1997	7	223
Stolma桥	连续刚构	挪威	301	1998	3	92

统计分析表明,大跨径预应力混凝土梁桥持续下挠的特点为:随时间增长,往往呈现出加速持续下挠的趋势,并不趋于稳定[2];桥梁长期挠度远大于设计计算值[3];采用悬臂灌筑施工的大跨径桥梁的下挠比采用节段预制施工的桥梁更为严重。跨中下挠已成为当前制约大跨径预应力梁桥发展的一个亟待解决的问题。

预应力混凝土梁桥的主梁下挠,不仅导致养护费用的大幅增加,破坏桥梁的美观,更重要的是造成桥梁结构安全度的降低。大跨径预应力混凝土梁桥已不乏长期变形失控而引起塌桥事故的例子,帕劳共和国Koror-Barbeldaob桥(主跨241m),1978年建成通车,通车后不久就产生了较大的挠度,到1990年,其挠度达到1.2m[4]。通过采用体外束施加预应力,使主跨中央挠度减小。但在1996年7月加固结束,加固处理后不到3个月就发生倒塌事故,也给工程界带来沉重的思考。

大跨度预应力混凝土梁桥的下挠问题,具有普遍性和长期难以稳定的特点,对大跨度预应力混凝土梁桥的结构安全和使用性能均构成很大威胁。寻求行之有效的克服预应力混凝土梁桥下挠的设计、施工对策及控制措施、施工技术已经迫在眉睫。特别是要防患于未然,提前布置相关预防措施,以便在发现超出控制变形限值或不利变形时,及时进行快速修复,避免桥梁病害进一步积累,以减少对桥梁结构安全和耐久性的影响。

本文针对世界大跨径预应力混凝土梁桥普遍下挠的现状,特别关注处于复杂恶劣环境的跨海桥梁,结合现有的下挠影响因素研究成果,专注大跨径箱梁下挠的处置方法和施工措施,提出一种基于预制装配模块化构件的快速修复技术。从而实现下挠变形预防性控制,在出现这一病害时快速修复,从而保证混凝土梁桥的抗裂性和耐久性。

二、既有处理技术分析

在处置大跨径预应力混凝土箱梁桥长期挠度的技术方面,目前国内外的应用方法主要包括:预压重置换法、悬臂施压法、成桥拆除预压法、体外预应力技术、增加斜拉索、增高截面、竖向增加预应力等[4,5]。但总体来看均与改变截面刚度或利用截面刚度相关。

预压重置换法是用一种跨中预压重的措施来控制跨中的高程,配重的施加与张拉下缘后期索相配合。预压工序:先将设计梁体内预留一年后补拉的体内预应力索或体外预应力索提前进行张拉。当梁体产生上挠后再在箱内预压砂袋,使跨中挠度回到张拉前高程。随着时间推移,当跨中开始发生较大挠度时,及时将箱梁内的砂袋抛出,从而使桥面的高程与设计高程不发生变化。

为改变成桥时的内力状态,有专家提出在桥梁悬臂施工达到最大悬臂状态时,在悬臂端部施加压重,在成桥后拆除压重。这种方法需要在悬臂阶段增加顶板预应力配束量,当跨径超过200m时很难实现,如图1所示。

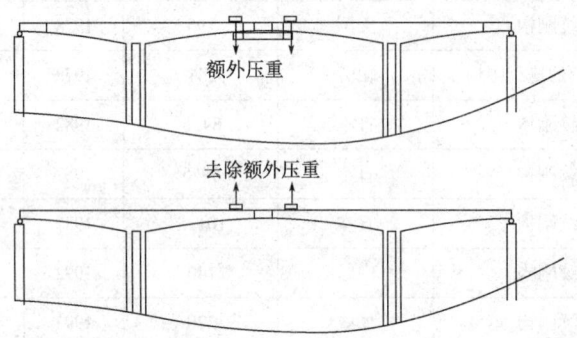

图1 悬臂施压、成桥拆除预压法示意图

在众多解决混凝土桥梁下挠或受力开裂的方案中,最多和最有效的方法是体外预应力技术。其原理是采用预应力减小或消除截面拉应力或主拉应力,使裂缝闭合;提高压应力储备,恢复结构刚度。由于体外预应力技术相对成熟,施工影响相对较少,因而也是目前最常见的技术方案[6]。

但这一方法存在多方面问题,主要表现如下:

设计方面,除了需要对全桥的结构进行设计外,更复杂的是不同锚固和转向都需要一点一设计(锚固点和转向点)。

对于大跨径桥梁来说,基于已有桥梁的设计成果进行后期预应力进行设计计算目前不存在难度,甚至可以完全采用软件完成,而相对于整体受力分析,预应力施加效果却会因为设计人员的理念不同而有很大差异。主要体现在体外索分布与锚固点布置的不同。

一方面采用通长索设计理念将正弯矩和负弯矩连通,形成的通长索,可以兼顾正负弯矩,同时也可以节省锚固点成本。但相应带来的问题是,锚固点和转向点过于集中,施工空间和锚固点设计复杂。另一方面则是转向块布置在不同位置,会因为桥梁线型不同而受力不同,相应地,体外索转向器构造和尺寸、转向块构造和尺寸都会不同,如图2所示。

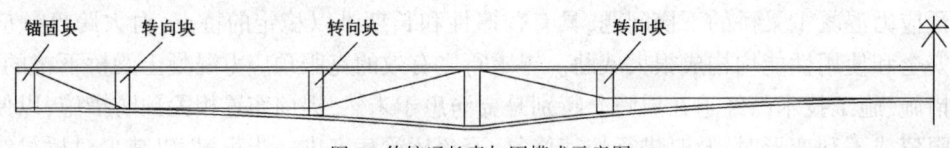

图2 传统通长索加固模式示意图

这就要求设计人员除了确保全桥整体分析外,还要对端部集中锚固块进行分析,同时还要对每一个转向块进行分析。每个转向器也需要分别设计、定制加工,因其转向角度存在明显的不同。

虽然也有采用通长索和短索配合使用的,但在设计时,大部分是通长索作为主体,短索起配合作用。在短索锚固时,由于需向底板、顶板传力,使得各锚固点按竖平面方案设计。因设计索的分布量不同,故各束索力 T_i 不同,采用的锚具孔数自然不同,这给锚固块设计带来过多重复性分析与计算,如图3所示。

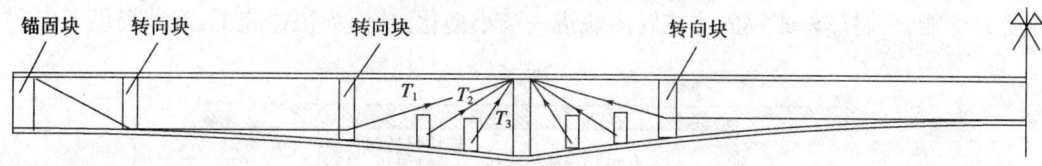

图3　传统通长索和分散索模式示意图

施工方面,现场工程量大,加之由于一点一施工,而现场的工作面较小,施工工期较长,交通影响较大。

对应上述的布索方面的问题,给施工方面带来的问题是,除了转向器在工厂定制加工外,锚固块和转向块只能是现场施工,现场施工还包括模板、钢筋、锚具和转向器固定以及最后的混凝土浇筑。考虑到既有桥梁现场工作面受到限制,加上现场工作环境复杂,尤其是箱内作业条件恶劣,给施工进度和安全,甚至对桥梁通行带来不利影响,有时不得不中断交通进行施工。

实际上,设计、施工带来的直接成本问题,在目前来看,并不是最令人担心或关注的。在我国经济快速发展阶段,类似东海大桥这类重要经济命脉,其交通中断带来的社会影响是巨大的;若因不进行及时修复导致桥梁病害加深引发桥梁事故带来的灾难性损失更是不可想象的。

三、快速修复方法分析

基于上述现有方案存在的缺点和问题,本文提出一种快速修复技术方案。主要要点包括:

1. 多点分散式体外预应力变形调整机理研究

根据体外预应力技术原理,现有的设计中,体外预应力索更多的是采用连续索,因而,在一定程度上,受到连续梁变截面或梁高的限制,部分连续索无法获取有利的偏心作用。

作者在此提出多点分散式体外索设计理论,即改变以连续索为主的设计理念,变为以短索为主。将更多集中锚固或转点的拉索变为分散式拉索,减少局部受力过大带来的负面影响,同时可克服安装空间过小等不利因素。

由于原有结构截面受力状态因新增体外预应力而改变,需要通过优化设计,将拉索作用力分散或布置在最有利位置,从而保证预应力性能的充分发挥,也保证结构后期性能的稳定性。因为拉索分散后,更容易适应结构沿跨度方向的受力变化(包括弯矩和剪力分布规律)以及截面正应力和主应力方向的改变,因而对结构受力更有利。

由于大跨径桥梁结构设计会由于多因素影响导致内部结构出现几何差异性,特别是受力状态存在不确定性,因而需要分析模块化结构的不同跨径、截面构造等特点,划分不同规格进行优化设计。

为此,对多点分散式体外预应力的变形调整机理研究,是确保本技术方案成功的关键。为了简化设计与施工难度,作者提出的方案是将各点锚固统一或分类,尽可能布置相同拉索,使对应拉索力都为 T,即使得对应锚固点受力相同,带来的好处是锚固块受力相同,从而使模块化结构通用性成为可能,如图4所示。

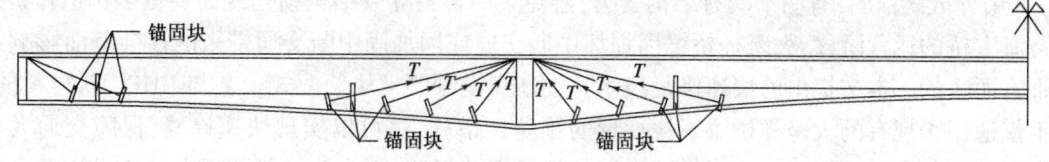

图4　分散的相同锚固索模式示意图

2. UHPC 材料的轻型预制模块化转向块及锚固块构造与设计

在解决了(1)中的分散锚固或转向受力前提下,各点锚固布置需要有针对性设计。但结合转向块可能存在的位置(箱梁底部、顶部、侧壁、中间),需要优化设计转向块和锚固块合理构造与适应范围,在此,作者提出相应的模块化结构与设计方法。

在已有受力点分散后,相应的锚固块和转向块自然也会小型化,如图 5 所示。此时再借助 UHPC 材料的优良受力性能,可将体外索锚固块或转向块进一步小型化,从而为快速施工、安装提供了便利。

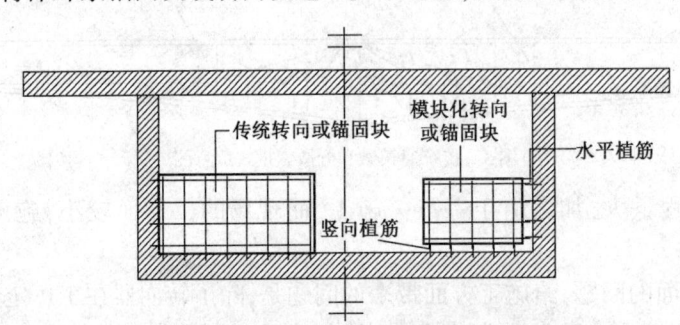

图 5 传统锚固或转向、分散锚固或转向示意

更有意义的是,由于提前将转向块进行了归类和统一受力,相关转向块或锚固块可以提前做到工厂预制,这对于有转向要求的转向器,不仅因为采用了相同转向器,节省加工时间和经费,同时可以提前进行预埋。

在这一阶段,标准化的锚固和转向块,简化了设计人员工作难度,同时减少了施工难度和施工成本,节省了转向器成本和加工时间,更为后续的现场安装提供了便利,缩短了施工工期,提高了施工质量。

3. 基于湿接缝转向块受力分析

传统加固与既有箱梁的连接是集中受力传递的关键部位,如何保证转向力有效安全传递,特别是对原有结构的影响需要进行充分研究。

模块化的转向块和锚固块构造对应受力传递性能分析,需要通过与桥梁主体的固定借助装配式桥梁结构拼接缝施工工艺与方法,可实现在最小影响前提下,将转向力和锚固力向结构上传递。这是基于分的分散效果,局部受力也有利于既有梁体局部受力影响。

四、结 语

采用模块化构件,针对可能或有一定下挠迹象的大跨径 PC 梁桥进行预防式控制,结合装配式施工方案,以及把 UHPC 可减轻重量、降低施工难度、加快施工速度、保证结构耐久性等特点结合起来,对比损坏后的修补或完全损坏后拆除重建,快速修复技术具有明显的经济效益和社会效益。总结相关技术,具体优点如下:

(1)采用模块化设计方法,简化设计过程。

(2)预制模块化结构加工,有利于工厂标准化预制,保证质量的同时,实现成本节约。

(3)预制构件及预埋件尽可能的单一化,减少可能的施工偏差,从而方便安装施工。

(4)采用装配式安装,实现标准化安装作业,容易控制施工质量。

(5)采用分散式锚固,有利于既有结构受力,避免集中传力导致结构损伤或需要更多构造代价。

在跨海大桥的运营阶段,大跨径桥梁因损坏中断交通或因加固中断交通带来的社会负面影响或经济影响是不言而喻的。本文提出的快速修复技术其创新点是预制模块装配式工艺与 UHPC 新材料的结合。本方案不仅适用于现有的大跨径桥梁下挠变形的预防性措施,更可以实现快速修复,保障交通大动脉的通畅。本方案不仅为桥梁管理单位提供了全新的桥梁管养思路,更为施工单位提供了技术方案和理论支撑,也为设计单位在设计过程中进行桥梁全寿命的可能变化提供设计参考。

参考文献

[1] 吕志涛,潘钻峰.大跨径预应力混凝土箱梁桥设计中的几个问题[J].土木工程学报,2010,43(01):70-76.

[2] 谢峻,王国亮,郑晓华.大跨径预应力混凝土箱梁桥长期下挠问题的研究现状[J].公路交通科技,2007(01):47-50.

[3] 姜天华,龚杰.预应力混凝土桥梁挠度的敏感性分析[J].中外公路,2015,35(05):135-138.

[4] 叶华文,王力武,曲浩博,Bazant Z P,Yu Q,Li G H.帕劳国预应力连续箱梁长期下挠分析[J].中外公路,2017,37(05):81-87.

[5] 黄志斌,罗旗帜,吴有俊.连续箱梁桥下挠分析及体外预应力加固评价[J].水利与建筑工程学报,2016,14(05):75-79.

[6] 蒋含莞,程寿山,左新黛.预应力混凝土连续刚构桥开裂下挠成因分析及维修加固技术[J].公路交通科技(应用技术版),2011,7(03):43-45.

43. 伶仃洋大桥风场数据智能预测与抖振效应分析

柳成荫[1]　晏铖[1]　郭凯[1]　刘汉勇[2]　闫禹[3]

(1.哈尔滨工业大学(深圳);2.交通运输公路科学研究院;3.港珠澳大桥管理局)

摘要　当桥址处的风场数据不足以进行疲劳分析时,如何进行风引起的主梁抖振作用下吊杆疲劳寿命的估算是亟待解决的难题。为解决这一难题,本文提出了一种基于长短期记忆神经网络的风场数据智能预测方法,该方法利用桥址邻近监测点(例如附近气象站)的风场数据,通过长短期记忆神经网络预测出桥址处的风场数据。为验证该方法的有效性,本文以伶仃洋大桥为例,通过大桥邻近位置处的已有风场数据,建立智能算法模型预测桥址处的风场数据,然后通过有限元分析软件对风引起的主梁抖振作用下吊杆疲劳寿命进行了估算。这一方法可为伶仃洋大桥风数据的深度挖掘和重要构件风致疲劳的计算提供参考依据。

关键词　悬索桥　吊杆　疲劳寿命　风场数据　长短期记忆网络

一、引　言

悬索桥由于其独特的荷载传递机制,成为大跨度桥梁中最具竞争力的候选桥型[1,2]。由于许多悬索桥处于风多发地带且对风作用的敏感性高,因此在新建悬索桥的设计中应认真考虑风引起的振动。Davenport[3]和Scanlan[4]提出的抖振理论已经成为计算悬索桥在风紊流下的响应的标准方法。吊杆是悬索桥的主要载荷传递部件,它们将载荷从加劲梁传递到主缆上[5]。主梁在脉动风作用下的抖振作用被认为是吊杆疲劳损伤的一个重要来源,因其在桥梁使用寿命中出现的频率很高且能够引起较高振幅的振动响应[6,7]。

桥梁现场风场数据对风致疲劳分析至关重要,风致疲劳通常以年为基础进行评估,因此需要长期的风数据(例如一年)[8]。由于新实施的桥梁的风和结构健康监测系统需要时间来积累所需的数据量,且监测过程中常见的长期风的不稳定和结构健康监测系统传感器故障导致的数据丢失,都可能成为获取连续一年数据的障碍[9]。由于桥位处的风数据(即风速和风向)与在其相邻位置处的风数据相关,因此当桥位处的风数据有限时,可以使用长短期记忆神经网络方法通过桥位附近的风监测系统获得的风数据来预测桥位处的风数据。

在本文中,提出了一种基于长短期记忆神经网络的风数据预测方法,然后利用该方法得到的风数据估算了伶仃洋大桥的主梁抖振引起的吊杆疲劳寿命。该方法的创新之处在于,当桥位处的风数据无法直接获得时,可充分利用桥位相邻处的风数据对桥位处的风数据进行预测。

二、伶仃洋大桥简介

伶仃洋大桥是一座主跨为 1666m 的大跨度跨海悬索桥,主塔高为 270m(图 1a))。主缆直径约 1.1m,间距 42.1m。吊杆均匀分布在跨度内,相邻吊杆间距为 12.8m。主跨主缆的垂跨比为 1:9.65。主梁大约高出海平面 90m。钢箱梁的宽度为 49.7m,高度为 4m,如图 1b)所示。

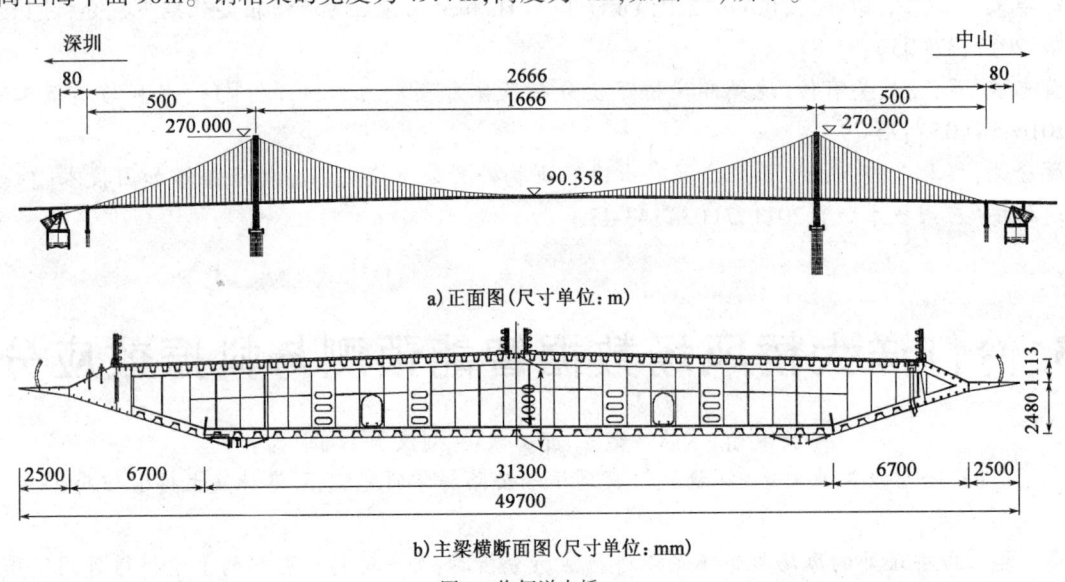

a) 正面图(尺寸单位:m)

b) 主梁横断面图(尺寸单位:mm)

图 1 伶仃洋大桥

三、基于长短期神经网络的风数据智能预测

1. 邻近风场

进行主梁抖振引起的吊杆疲劳寿命计算,必须要先得到桥梁现场长期的风数据(即风速和风向)。

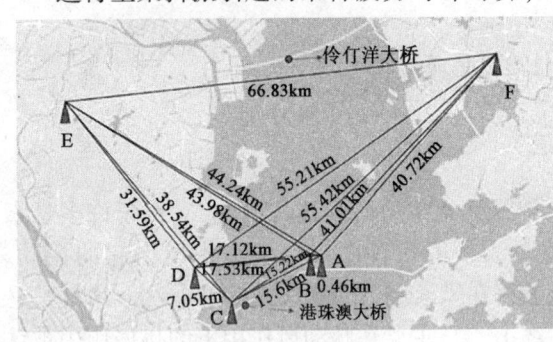

图 2 邻近风场位置示意图

由于伶仃洋大桥仍在建设中,桥址处的风数据监测站 E(如图 4 所示)仅监测了在 2018 年 6 月 16 日至 12 月 31 日之间的桥址处的风数据。如前所述,进行风致疲劳分析通常需要桥址处一年的风数据,因此需要通过临近位置在 2018 年 1 月 1 日至 6 月 15 日之间的风数据预测同一时期桥址处的风数据。本文选取了 5 个相邻位置的风数据,该数据可分为两类——两个本地气象站(即位置 D 和 F)和安装在港珠澳大桥上的三个风速仪的风数据,见图 2 所示位置 A,B 和 C。

2. 长短期记忆神经网络

与标准的前向神经网络相比,递归神经网络(RNN)利用每一个时间步长的递归关系对序列数据进行处理,并采用梯度时间反向传播,利用每一个时间步长的递归关系对序列数据进行处理,并采用梯度时间反向传播(BPTT)算法进行训练。然而,递归神经网络(RNN)在处理长期数据时存在梯度消失和梯度爆炸(也称为长期依赖)问题[10]。为了解决这些问题,我们在递归神经网络(RNN)的基础上开发了长短期记忆神经网络,引入门控机制来控制信息流[11]。更重要的是,长短期记忆神经网络具有横向信息交换的特点,有利于挖掘不同位置的时间序列风数据之间的关系。

3. 风数据智能预测

为了利用相邻风数据预测桥址处的风数据,建立了由一个输入层、三个长短期记忆层和一个输出层组成的多层长短期记忆神经网络,如图 3 所示。本文提出的风数据预测方法的开发和利用过程包括三个阶段,即培训阶段、测试阶段和实施阶段。以桥梁现场风速预测过程为例,说明了该方法的可行性和性能。选取 2018 年 6 月至 12 月中的 36 天内 6 个位置(位置 A ~ F,如图 2 所示)的每小时平均风速记录,以训练和测试设计的长短期记忆神经网络。来自每个位置的风速数据形成一个数据集,其中数据集 E 代表伶仃洋大桥站点的风速。每个数据集包含 864 行风速记录,共 5184 个数据。每个数据集的前 400 行用作训练数据,其余 464 行用作测试数据。

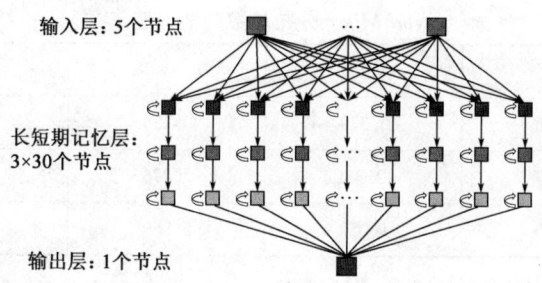

图 3 长短期记忆神经网络

在训练和测试完成后,桥址处 E 在 2018 年 1 月 1 日至 6 月 15 日风数据就可以利用相邻位置 A、B、C、D 和 F 的风数据通过预测得到,从而获得伶仃洋大桥 2018 年全年风数据。

四、风速和风向的联合概率密度函数

1. 联合密度函数的建立

对于风速和风向联合概率密度函数的构建,本研究采用基于风速和风向的边缘概率密度函数(PDF)构建的 FGM(Farlie-Gumbel-Morgenstern)模型。其关系表达式如下:

$$f_{U,\Theta}(u,\theta) = f_U(u) \cdot f_\Theta(\theta)\{1 + \alpha[1 - 2f_U(u)][1 - 2f_\Theta(\theta)]\} \quad (1)$$

式中:$f_{U,\Theta}(u,\theta)$——风速风向联合概率密度函数;

U、Θ——风速和风向;

$f_U(u)$——风速的概率密度函数;

$f_\Theta(\theta)$——风向的概率密度函数;

α——风速与风向的相关系数。

如(1)式所示,要想得到风速风向联合概率密度函数,须先得到风速、风向的概率密度函数。在这项研究中,风速的概率密度函数采用双参数威布尔分布[7];风向的概率密度函数采用 von Mises 分布。分别如式(2)、式(3)所示:

$$f_U(u) = \frac{k}{c} \cdot \left(\frac{u}{c}\right)^{k-1} \cdot \exp\left[-\left(\frac{u}{c}\right)^k\right] \quad (2)$$

$$\begin{cases} f_\Theta(\theta) = \sum_{j=1}^{N_0} \frac{w_j}{2\pi I(\kappa_j)} \exp[\kappa_j \cos(\theta - \mu_j)] \\ I_0(\kappa_j) = \frac{1}{\sqrt{2\pi}} \int_0^{2\pi} \exp(\kappa_j \cos\theta) d\theta = \sum_{k=0}^{\infty} \frac{1}{(k!)^2}\left(\frac{\kappa_j}{2}\right)^{2k} \end{cases} \quad (3)$$

式中: $c(>0)$——尺度参数;

$k(>0)$——形状参数;

N_0——各组分的数量(在本研究中为 5);

w_j——j 组分在模型中的权重;

$\mu_j(0 \leq \mu_j < 2\pi)$——平均方向；

$\kappa_j(\kappa_j \geq 0)$——集中参数；

$I_0(\kappa_j)$——形状参数 0 阶修正的第 1 类 Bessel 函数。

2. 基于遗传算法的模型参数估计

为了反映实际的风特性，每个概率密度函数中的参数应根据三、3 节中得出的桥梁现场一年的风数据进行估算。本研究采用一种启发式优化算法——遗传算法[12]，该算法受到自然进化理论的启发，涉及一系列仿生学操作（即变异、交叉和选择），来寻找四.1 节所述参数的最优解。通过遗传算法，双参数威布尔分布中参数 c 和 k 的值分别为 3.66m/s 和 2.43。von Mises 分布各分量参数的最优解如表 1 所示。

von Mises 分布参数的估计值　　　　　表 1

j	1	2	3	4	5
w_j	0.066	0.329	0.154	0.177	0.274
κ_j	3.067	12.380	7.476	8.415	18.370
μ_j	2.555	1.050	5.869	4.070	1.982

基于 FGM 模型推导出的伶仃洋大桥桥址处的风速风向联合概率密度函数如图 4 所示。从图中可以看出，风速集中在 0～7m/s 的范围内，风向在 90°左右出现的概率最大。本研究分别选取风速为 5m/s、10m/s、15m/s、20m/s、25m/s、30m/s 等 6 种不同情况，用于后续的疲劳分析。

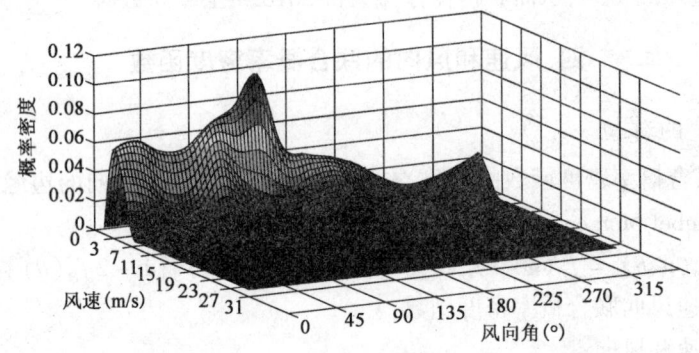

图 4　伶仃洋大桥一年内风速风向的联合概率密度函数

五、吊杆疲劳寿命估算

1. 主梁断面的三分力系数的确定

本文采用 CFD 方法对主梁周围的风场进行模拟，得到主梁截面的三分力系数。首先，采用 Gambit 划分主梁模型的网格（图 5），然后将划分好网格的 CFD 模型导入到 ANSYS Fluent 中进行分析。

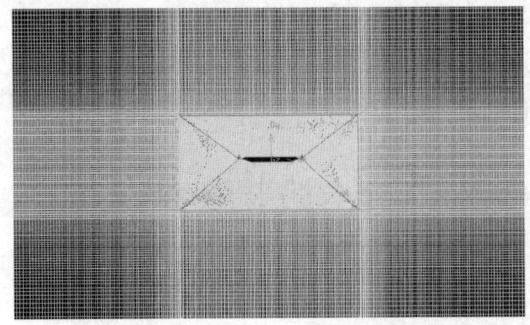
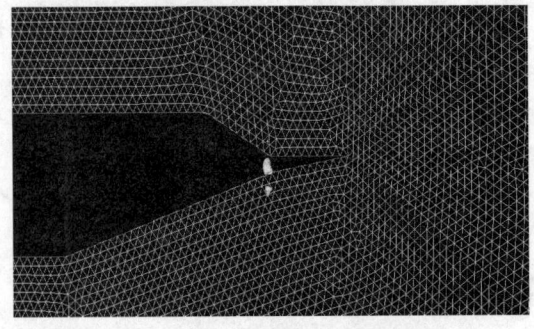

a) 在 Gambit 划分网格后主梁标准截面的 CFD 模型　　　　　b) 主梁转角的网格细节放大图

图 5　CFD 模型

考虑到沿桥纵轴方向的主梁很长,在 CFD 模型中采用了二维流体单元。将流体边界条件的入口边界以及流体域的外部边界条件的上下边界都设置为速度边界条件。将流体域的出口边界的边界条件设置为压力边界条件,使流体域的入口边界处的速度与上下边界处的速度相同。将流体域的边界条件设为速度边界条件。将流体域出口边界压力、内边界流体速度、内边界湍流动能、内边界湍流动能耗散率均设为 0。

由阻力系数、升力系数和扭矩系数组成的三分力系数如下:

$$\begin{cases} C_D = \dfrac{F_H}{\dfrac{1}{2}\rho U^2 H} \\ C_L = \dfrac{F_V}{\dfrac{1}{2}\rho U^2 B} \\ C_M = \dfrac{M'}{\dfrac{1}{2}\rho U^2 B^2} \end{cases} \quad (4)$$

式中:C_D、C_L、C_M——阻力系数、升力系数、扭矩系数;
　　　F_H、F_V——单元长度的阻力荷载和升力荷载;
　　　M'——单位长度的扭矩;
　　　B、H——截面的宽度和高度;
　　　ρ——空气密度;
　　　U——平均风速。

基于 CFD 分析,随风吹入角变化的三分力系数分别绘制在图 6a)、图 6b)和图 6c)。

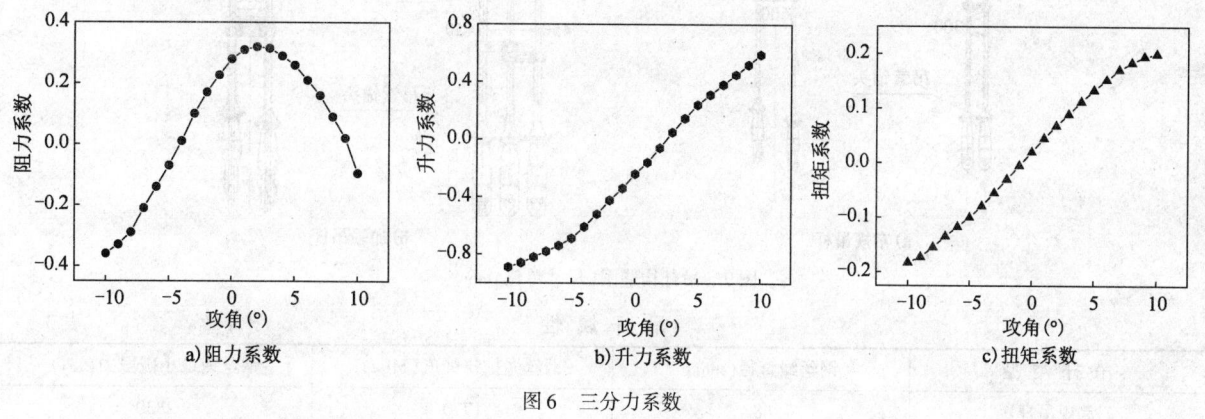

a)阻力系数　　　b)升力系数　　　c)扭矩系数

图 6　三分力系数

2. 伶仃洋大桥有限元分析

伶仃洋大桥的 ANSYS 有限元模型由主梁、主缆、吊杆和主塔系统组成(图 7)。主缆和吊杆采用 LINK10 单元模拟,单元的受力形式设置为不可受压,只可受拉。主梁和主塔采用 BEAM4 单元模拟,主梁和所有吊杆之间采用刚性连接。表 2 列出了每个组件中的约束条件。

伶仃洋大桥有限元模型各部件的约束条件　　　表 2

部件	Δ_x	Δ_y	Δ_z	θ_x	θ_y	θ_z
主塔的承台底部	1	1	1	1	1	1
主缆与塔顶连接处	1	1	1	0	0	0
主缆与锚碇连接处	1	1	1	0	0	0
主塔与梁	0	1	0	0	0	0
桥头、桥尾	0	1	1	1	0	0

注:1 表示约束,0 表示自由。

表中,Δ_x表示沿顺桥向的位移,Δ_y表示沿横桥向的位移Δ_z表示竖向的平动位移,θ_x表示绕纵桥向的转角位移,θ_y表示绕横桥向的转角位移,θ_z表示绕竖向的转角位移。

伶仃洋大桥的吊杆(图8)可分为加固吊杆(即塔附近的38号和39号吊杆)和常规吊杆两种。常规吊杆和加强吊杆分别由两根钢丝绳和三根钢丝绳组成,构造如图9所示。关于吊杆的详细信息列在表3中。

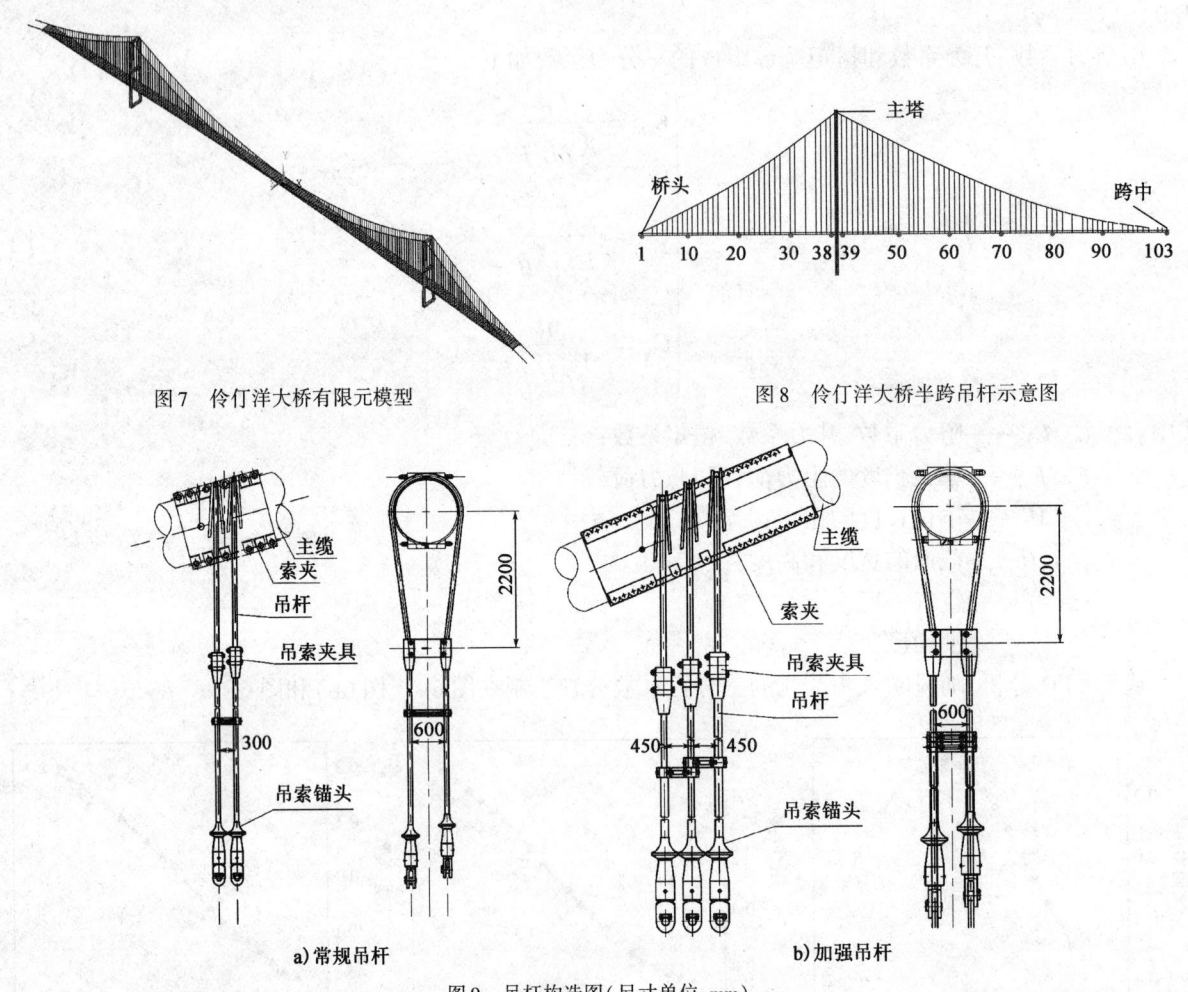

图7 伶仃洋大桥有限元模型　　　　图8 伶仃洋大桥半跨吊杆示意图

a)常规吊杆　　　　b)加强吊杆

图9 吊杆构造图(尺寸单位:mm)

吊 杆 属 性　　　　表3

吊 杆 类 型	钢丝绳直径(mm)	钢丝绳抗拉强度(MPa)	钢丝绳最小破段力(kN)
常规吊杆	68	1770	2830
加强吊杆	88	1870	5240

由于伶仃洋大桥的对称性,因此在疲劳分析中仅考虑半跨的代表性吊杆。由于加强吊杆与常规吊杆相比通常要承受更大的荷载,有更大的机会遭受疲劳损伤,因此所有的加强吊杆都需进行疲劳分析。同时,选择跨中吊杆(103号)和桥端吊杆(1号)以及其之间的10、20、30、50、60、70、80、90号吊杆进行疲劳分析。

本节采用有限元分析方法在风速为5m/s、10m/s、15m/s、20m/s、25m/s、30m/s情况下,对主梁的抖振和静荷载进行了计算。所有的风被分解成两个部分,一部分垂直于桥梁轴向,一部分平行于桥梁轴向,有限元分析中只考虑垂直于桥梁轴向的风荷载。在进行有限元分析后,提取了前文所选吊杆的应力响应用于估算吊杆的疲劳寿命。

3. 吊杆疲劳寿命估算

Miner线性疲劳累积损伤理论[15]用于估算吊杆的疲劳寿命,由具有不同应力幅值S_i的n个加载循环引起的损坏由下式给出:

$$D = \sum_{i=1}^{n} \frac{1}{N_i} \tag{5}$$

式中:D——疲劳损伤;

N_i——当前荷载水平 S_i 的最大循环次数。

基于式(5),吊杆在循环应力作用下的疲劳寿命可表示为:

$$T = \frac{1}{D_{annual}} = \frac{1}{n_{t1}\frac{1}{N_1} + n_{t2}\frac{1}{N_2} + \cdots + n_{ti}\frac{1}{N_i}} \tag{6}$$

式中:T——吊杆疲劳寿命的年数;

D_{annual}——吊杆每年的疲劳损伤;

n_{ti}——一年中应力振幅 S_i 的数量。

n_{ti} 和 S_i 都是基于应力幅值柱状图,通过雨流计数法[16]结合风速风向的联合概率密度函数求得;N_i 可以通过把 S_i 带入吊杆的 S-N 曲线求得[17]:

$$\log N = 14.36 - 3.5\log S \quad S > 200\text{MPa}$$

$$\log N = 37.187 - 13.423\log S \quad S < 200\text{MPa} \tag{7}$$

图 10 为采用雨流计数法推导的统计结果,包括应力循环次数、应力幅值和应力均值。同样,在每个风速范围内,每个选择的吊杆在抖振荷载作用下的应力时程也可以通过雨流计数法得到并处理。

借助风速和风向的联合概率密度函数,确定了一年内各风速和风向作用于桥梁的概率。得到了 6 种特定风速和风向下吊杆的疲劳损伤后,通过联合概率密度函数的积分得到了年损伤总量。图 11 给出了 12 个代表性吊杆的年损伤和疲劳寿命估计。其中,普通吊杆的使用寿命为 65.9~106.2 年,加强吊杆的使用寿命为 89.2~89.5 年。在所有分析的吊杆中,位于主塔与跨中之间的 50 号吊杆疲劳寿命最短(65.9 年)。桥端 1 号吊杆的疲劳寿命最长,达到 106.2 年。其他吊杆,疲劳寿命大致相同(约 80 年)。38 号和 39 号吊杆虽然承受的荷载最大,但吊杆横截面最大,因此其寿命不是最短的。

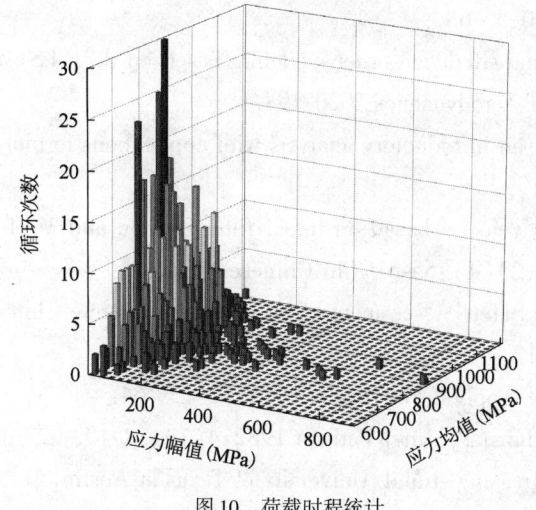

图 10 荷载时程统计

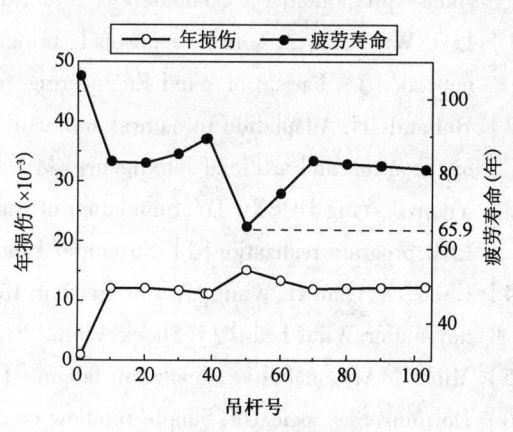

图 11 所选吊杆的年损坏量和疲劳寿命

六、结 语

本文提出了一种新的基于长短期记忆神经网络的风场数据智能预测方法。该方法选取桥址相邻监测点的风数据,建立了基于长短期记忆神经网络的风数据预测模型,从而获得了桥址处连续一年的风数据;通过有限元分析提取出主梁抖振作用下吊杆的循环应力时程,并根据线性疲劳损伤理论对典型吊杆的疲劳寿命进行了估算。该方法可应用于桥址处风数据有限且风荷载影响较大时,进行风数据预测和桥梁关键构件的疲劳寿命估算,为伶仃洋大桥吊杆的设计和施工以及制定可行的检查策略提供必要的指导。

致谢:感谢国家重点研发计划课题(2018YFC0809606)、国家自然科学基金面上项目(51978215)以及深中通道管理中心、港珠澳大桥管理局对本文研究工作的支持。

参考文献

[1] Xu YL, Xia Y. Structural health monitoring of long-span suspension bridges[M]. London: Spon Press, 2012.

[2] Zhou Y, Xia Y, Chen B, et al. Analytical solution to temperature-induced deformation of suspension bridges[J]. Mech Syst Signal Pr 2020;139.

[3] Davenport AG. The application of statistical concepts to the wind loading of structures[J]. Proceedings of the Institution of Civil Engineers;1961. p. 449-72.

[4] Scanlan R. The action of flexible bridges under wind, II: Buffeting theory[J]. J Sound Vib 1978;60(2):201-11.

[5] Deng Y, Li AQ. Structural Health Monitoring for Suspension Bridges Interpretation of Field Measurements[J]. Singapore: Springer; 2019.

[6] Chen ZW, Xu YL, Xia Y, et al. Fatigue analysis of long-span suspension bridgesunder multiple loading: Case study[J]. Eng Struct 2011;33(12):3246-56.

[7] Xu YL, Liu TT, Zhang WS. Buffeting-induced fatigue damage assessment of a long suspension bridge[J]. Int J Fatigue 2009;31(3):575-86.

[8] Petrini F, Olmati P, Bontempi F. Coupling effects between wind and train transit induced fatigue damage in suspension bridges[J]. Struct Eng Mech 2019;70(3):311-24.

[9] Wan HP, Ni YQ. Bayesian multi-task learning methodology for reconstruction of structural health monitoring data[J]. Struct Health Monit 2018;18(4):1282-309.

[10] Zhang R, Chen Z, Chen S, et al. Deep long short-term memory networks for nonlinear structural seismic response prediction[J]. Computers & Structures 2019;220:55-68.

[11] Li T, Wu T, Liu Z. Nonlinear unsteady bridge aerodynamics: Reduced-order modeling based on deep LSTM networks[J]. Journal of Wind Engineering and Industrial Aerodynamics 2020;198.

[12] Holland JH. Adaptation in natural and artificial systems: an introductory analysis with applications to biology, control, and artificial intelligence[M]: MIT press; 1992.

[13] Yuan B, Ying HQ, Xu JW. Simulation of turbulent wind velocity based on linear filter method and MATLAB program realization[J]. Structural Engineers 2007;23(4):55-61. (in Chinese)

[14] Cheng X, Qian H, Wang C, et al. Seismic Response and Safety Assessment of an Existing Concrete Chimney under Wind Load[J]. Shock Vibrat 2018;2018:1-12.

[15] Miner MA. Cumulative damage in fatigue[J]. Journal of Applied Mechanics 1945;12:159-64.

[16] Downing SD, Socie DF. Simple rainflow counting algorithms[J]. Int J Fatigue 1982;4(1):31-40.

[17] Paulson C, Frank KH, Breen JE. A fatigue study of prestressing strand. University of Texas at Austin[M]. Center for Transportation Research; 1983.

44. 大矢跨比椭圆形钢桁架拱桥精细化计算分析

陈梦成　杨　超

（华东交通大学土木建筑学院）

摘　要　依托某矢跨比约11:18的大矢跨比椭圆形钢桁架拱桥实际工程,采用国内自主研发的桥梁精细化分析软件——慧加软件,对全桥进行设计阶段精细化静力计算分析。基于计算结果给出设计阶段修改意见,并建立设计阶段更新后的有限元模型,然后对设计阶段及设计阶段更新之后的计算结果进行对比分析。分析结果主要包括大矢跨比椭圆形钢桁架拱桥的钢主梁强度和整体刚度、钢箱拱肋强度和整体刚度、拱肋间连接件强度及吊杆力,最后将计算结果与行业规范进行对比分析,为桥梁设计提供优化建议。

关键词　大矢跨比　钢桁架拱桥　精细化计算　慧加软件　设计优化

一、项目概况

月湖大桥位于江西省鹰潭市,为余信贵大道跨越信江的关键性节点工程之一。月湖大桥水面宽度1115m左右,常水位24.0m,设计通航水位32.53m,设计洪水位34.67m。主桥为下承式拱桥与连续梁桥的组合结构,跨度布置为20m+180m+20m+25m,总体布置立面如图1所示。

大桥工程全长约2.8km,由主线及匝道两部分工程组成,按城市快速路标准设计。主线道路标准宽度60m,主路设计行车速度为80km/h,辅路为40km/h;跨信江河道桥梁全长1165m,桥梁标准宽度47m。匝道由A、B、C、D、E、F共6个部分组成,设计行车速度为30km/h。

主拱拱顶距桥面110.91m,宽度6m。左侧半拱为变截面钢箱形式,宽度不变,高度变化复杂。从主梁往上,拱箱高度由11.586m逐渐降低到7.5m,然后再逐渐增大到拱顶的12m。右侧半拱由上下双肢钢箱连接形成变截面桁式结构。上肢高度6m,下肢高度由6m过渡到8.11m,双肢净间距由4.49m过渡到14.84m。拱肋顶底板厚度40mm,中间水平板厚20mm,腹板厚36mm,I型肋厚20mm,长240mm。

桥面系采用槽型钢-混凝土桥面板组合梁,为横向受力复杂的钢混叠合梁结构。组合梁高4.07m（包括铺装层）,桥面总宽47.0m,布置双向六车道公路车辆+双向非机动车车道+两侧人行道。主梁底板水平,顶板横向倾斜形成2%的双"人"字横坡。主跨内吊杆区域组合梁形成8m标准段。槽型钢顶板厚度为20mm,腹板和底板厚度为16mm,腹板加劲肋厚度10mm。

设置双排钢丝（钢绞线）吊杆,吊杆间距为8m,为高应力拉杆结构;吊索由139根直径7mm钢束组成;双排吊杆在拱肋位置间距3m,主梁位置间距6m,空间上形成一定角度。

月湖大桥主桥孔跨布置为(25+180+20+20)m,主拱拱顶距桥面110.91m,矢跨比约为11:18,属于大矢跨比拱桥[1-5]。采用椭圆形钢桁架拱桥跨越信江航道。全桥结构造型新颖、受力复杂,集大跨、深水、组合钢结构于一体。

二、有限元分析

1. 分析方法

本研究根据设计资料,采用慧加（WISEPLUS）有限元分析软件[6,7],建立空间杆系有限元模型对月湖大桥的全桥静力特性进行计算分析,可提供完全的空间分析。空间网格有限元模型中主要对钢混组合梁进行空间网格划分,空间网格分析能解开包括剪力滞、薄壁效应以及各道腹板受力差异的桥梁的全部空间效应,是一种完全的精细化分析方法。慧加软件不同于一般的通用有限元程序,他真正源于世界先进

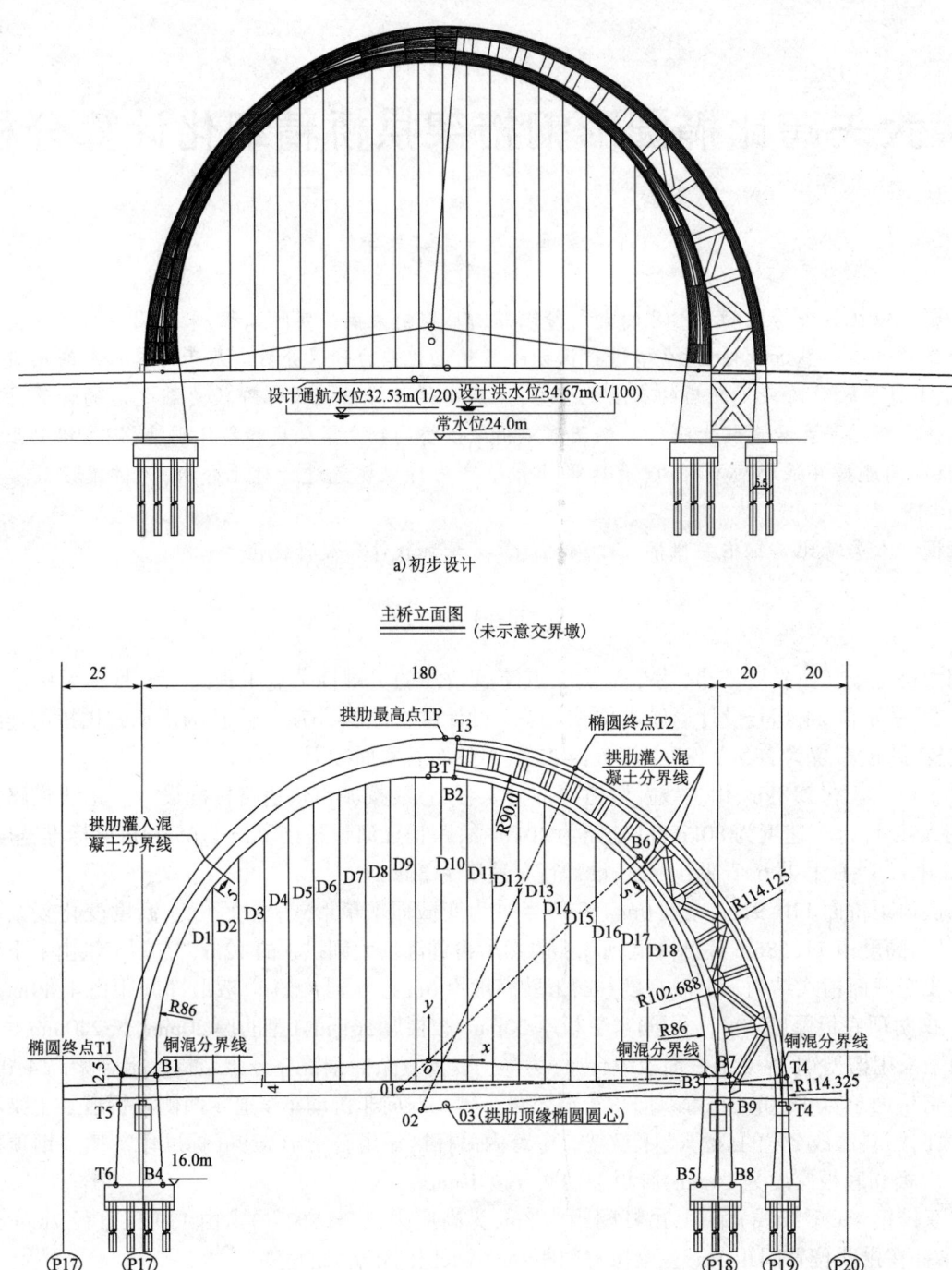

a) 初步设计

主桥立面图 (未示意交界墩)

b) 初步设计更新

图 1 月湖大桥主桥立面布置(尺寸单位:m)

的、全面的桥梁分析理论,因而对于桥梁结构的分析显得更加专业和全面,其专注的方面包括:七自由度梁单元分析、折面梁格分析、空间网格分析、索力优化与调整、体外预应力分析、活载影响面动态规划加载法、空间配筋等,从而实现全面解决各种异型桥梁(宽桥、弯桥、斜桥、变宽桥、分叉桥、组合梁桥等)的空间问题(剪力滞效应、薄壁效应与各腹板的受力分配)。

2. 模型简介

本文采用慧加软件建立空间网格精细化模型,结构模型共有 9664 个节点和 16754 个单元,全桥有限元模型渲染图如图 2 所示。

a) 初步设计

b) 初步设计更新

图 2　全桥空间有限元模型

采用慧加软件中自带的组合梁桥模块,输入组合梁几何尺寸,对横断面进行网格划分,自动生成组合梁桥面系,生成后的组合梁截面网格划分如图 3 所示。

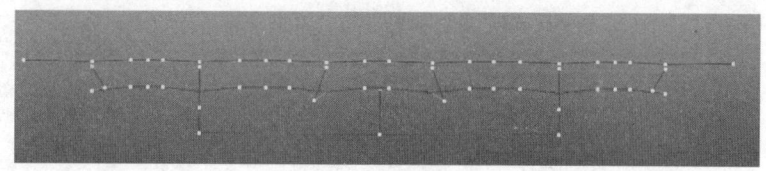

图 3　组合梁网格划分

拱肋截面根据图纸进行编号,根据设计图纸提供拱肋线型,在模型中考虑不同截面的变化。

吊杆与拱肋连接、吊杆下端与钢横梁连接,拱顶单/双肢之间连接以及拱脚与桥面系连接均采用带刚臂单元方式连接;边跨支座仅约束竖向位移,拱脚节点 6 自由度全部约束。

一次成桥后考虑混凝土收缩徐变,混凝土加载龄期取 28d,环境相对湿度取 70%。

最后形成全桥有限元模型杆系单元如图 4 所示。

3. 设计荷载及荷载组合

单侧护栏宽度取 0.5m,护栏荷载取 14.00kN/m²;单侧人行道宽度取 7m,人行道铺装荷载取 5kN/m²;车行道铺装荷载取 5kN/m²。

铺装类别采用沥青混凝土铺装,铺装厚度 10mm;整体温度 ±20℃;支座沉降按 10mm 计算。

按城市规范计算,汽车等级为城市 A 级;人群荷载取 3.5kN/m²;汽车列数为 6 列;冲击系数取值 0.05。

荷载组合均按照公路桥涵通规 2015 规定自动生成极限承载能力组合、频遇组合、准永久组合以及标准组合。

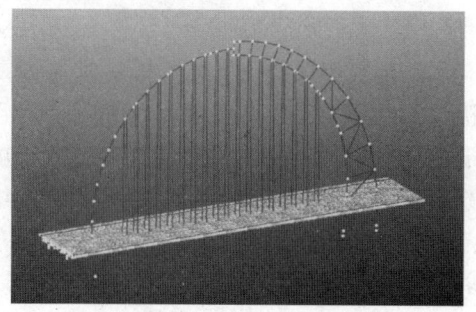

图 4　全桥有限元模型杆系单元

本文建立的有限元模型在以上荷载作用下得到相关结果进行分析,并与相关规范进行对比分析,由此判断该桥梁设计是否满足规范要求[8-10],并提出合理优化意见。

三、结果分析

1. 承载能力极限状态基本组合应力验算

钢梁在有限元模型中由 6 根纵梁组成,通过对结果进行分析,本文选取 6 根纵梁中应力值最大的钢纵梁 6 进行分析,初步设计与初步设计更新之后的结果如图 5 所示。计算结果应力值取拉正压负。

从计算结果可知:在承载能力极限状态基本组合下,钢纵梁 6 最大正应力为 148.81MPa,初步设计更新后 133.07MPa;最小正应力 −325.26MPa,初步设计更新后 −265.30MPa。钢纵梁 6 最大正应力与最小应力均出现在支座位置处,对该位置进行削峰,根据《公路钢混组合桥梁设计与施工规范》第 7.2.1 条公式(7.2.1-2),满足规范要求。

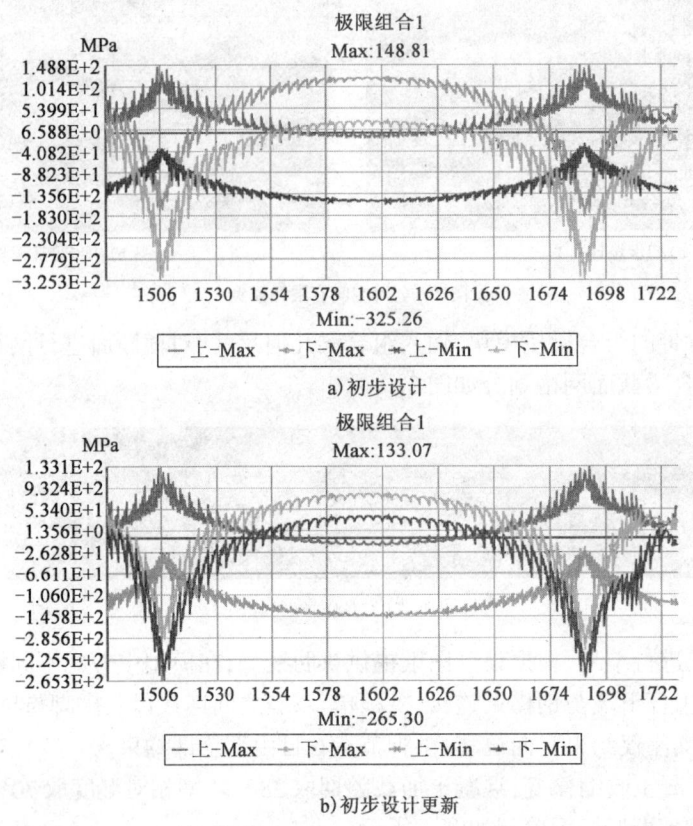

图 5 钢纵梁 6 正应力结果(MPa)

2. 主梁剪应力验算

从钢纵梁剪应力结果分析发现,钢纵梁 5 剪应力值在 6 根纵梁中最不利,本文选取钢纵梁 5 进行分析。钢纵梁 5 腹板最大、最小剪应力图如图 6、图 7 所示,从计算结果可知:在承载能力极限状态基本组合下,钢纵梁 5 最大剪应力为 262.76MPa,初步设计更新后 211.14MPa;最小剪应力为 -257.38MPa,初步设计更新后 -180.42MPa。根据《公路钢混组合桥梁设计与施工规范》第 7.2.2 条公式(7.2.2-1),满足规范要求。由于该钢纵梁出在支座位置,剪应力比较大,实际中在支座位置考虑加斜撑和横梁方式提高抗剪能力,但模型中为考虑,因此该计算结果可忽略。

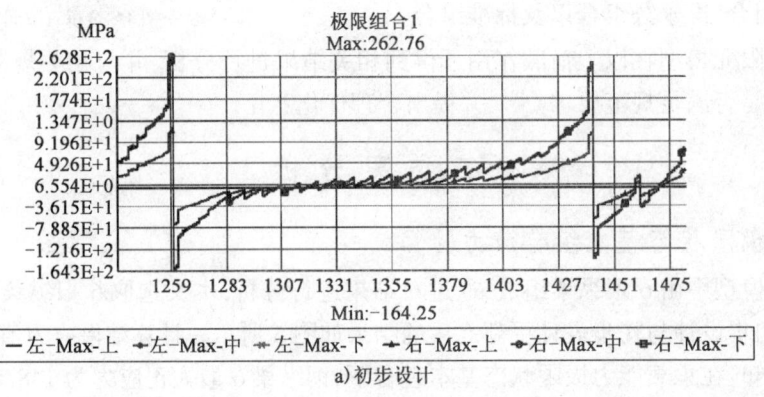

图 6

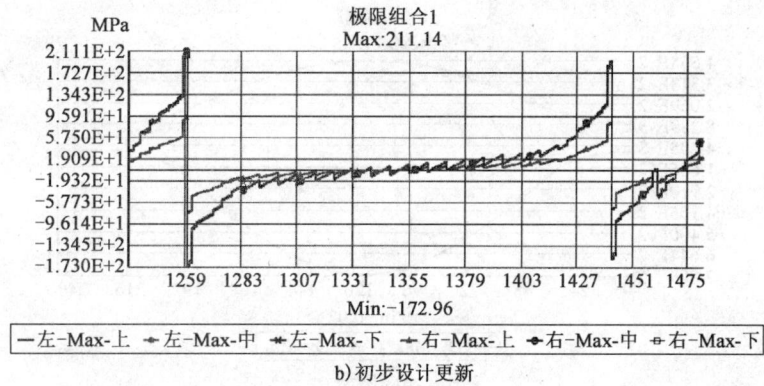

b) 初步设计更新

图6 钢纵梁5腹板最大剪应力结果(MPa)

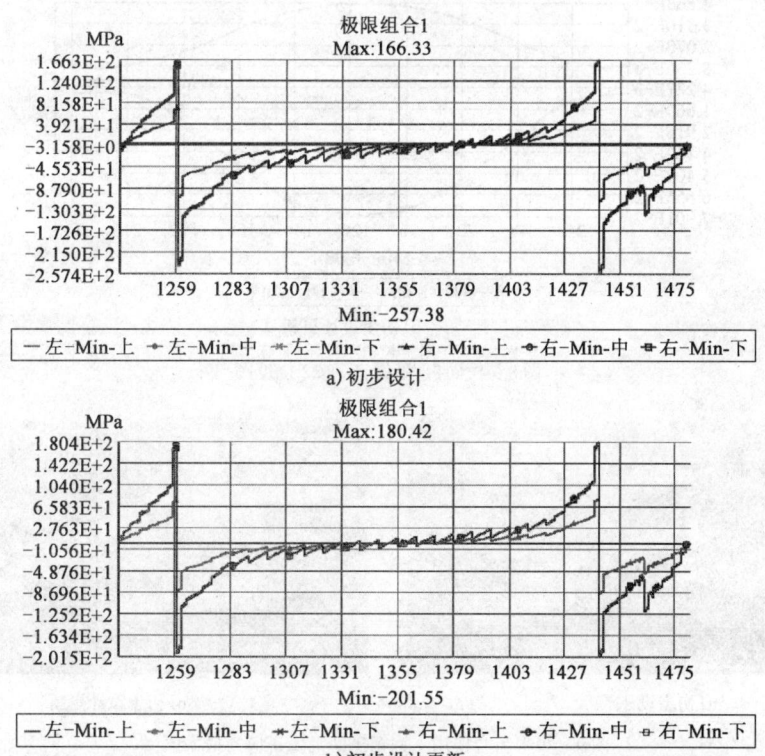

图7 钢纵梁_5腹板最小剪应力结果(MPa)

3. 刚度验算

混凝土桥面板在有限元模型中由22根纵梁组成,通过对22根纵梁在车道荷载作用下作用下主梁挠度结果进行分析,得到桥面板纵梁1和22处最不利状态。本文选取车道荷载作用下作用下22根桥面板纵梁1和22挠度结果分析,初步设计与初步设计更新之后的结果如图8所示。

由图可知,车道荷载作用下作用下桥面板_纵梁_1最大计算挠度在初步设计前后均为50+80=130mm,小于《公路钢管混凝土拱桥设计规范》(JTGT D65—2015)第6.2.1条规定的最大挠度值L/800=0.225m,桥面板_纵梁_1刚度满足规范要求。

4. 钢箱拱肋抗弯验算

如图9所示,极限组合作用下钢箱拱肋上缘正应力最大值数值最大点出现在拱顶附近,数值为185.462MPa;初步设计更新后数值为151.498MPa,左右拱肋在约1/4拱肋以下灌注混凝土后,受力更为均匀,不过在灌注与不灌注混凝土分界点处应力存在应力集中。

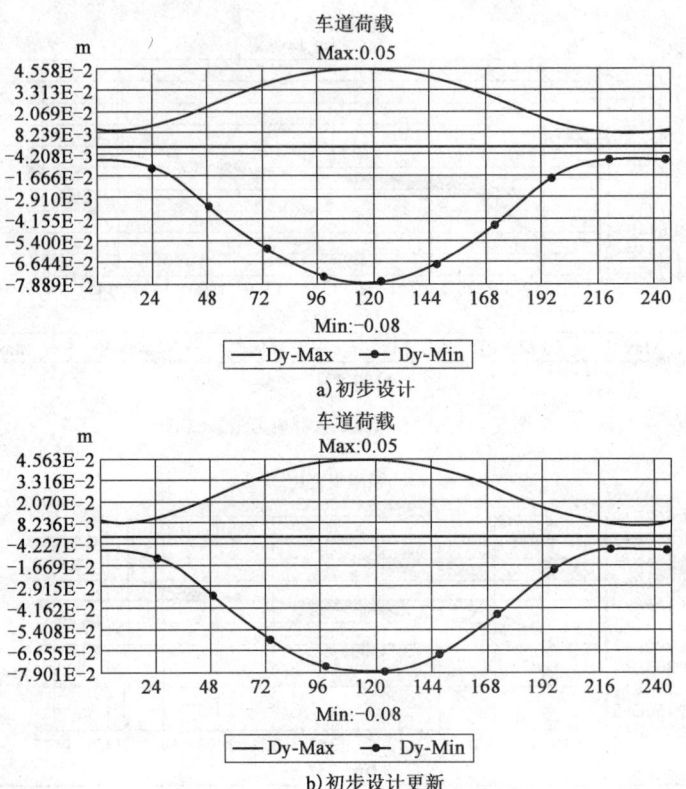

图8 桥面板_纵梁_1 和 22 挠度图

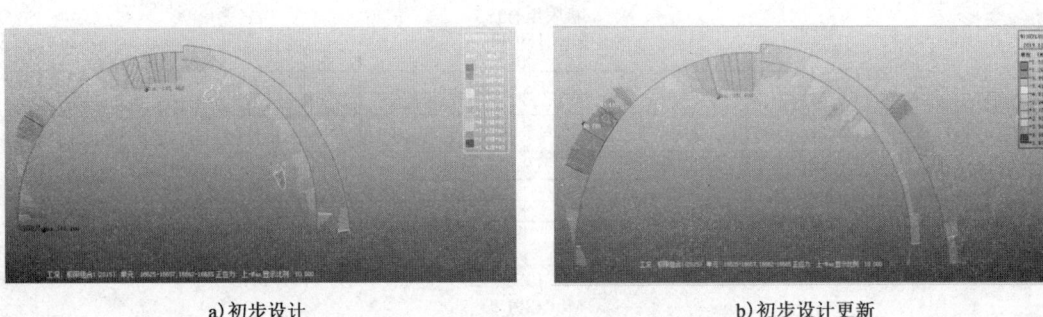

图9 极限组合作用下钢箱拱肋上缘正应力最大值

如图10所示,极限组合作用下钢箱拱肋上缘正应力最小值数值最大点出现在左拱肋拱脚,数值为 215.635MPa;初步设计更新后最大点出现在左拱肋拱脚,数值为 164.233MPa,左右拱肋在约 1/4 拱肋以下灌注混凝土后,受力更为均匀,不过在灌注与不灌注混凝土分界点处应力存在应力集中。

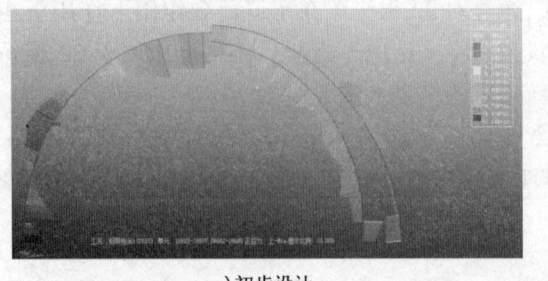 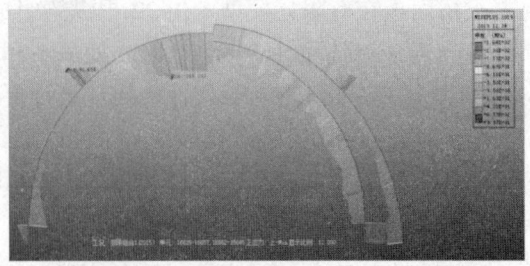

a)初步设计 　　　　　　　　　　　　　　b)初步设计更新

图10 极限组合作用下钢箱拱肋上缘正应力最小值

如图11所示,极限组合作用下钢箱拱肋下缘正应力最大值数值最大点出现在左拱肋拱腰附近,数值为 270.284MPa;初步设计更新后最大点出现在灌注混凝土分界点处,数值为 222.989MPa,左右拱肋在约

1/4拱肋以下灌注混凝土后,受力更为均匀,不过在灌注与不灌注混凝土分界点处应力存在应力集中。

a) 初步设计　　　　　　　　　　　　　　b) 初步设计更新

图11　极限组合作用下钢箱拱肋下缘正应力最大值

如图12所示,极限组合作用下钢箱拱肋下缘正应力最小值数值最大点出现在左拱肋拱腰附近,数值为289.5MPa;初步设计更新后最大点出现在灌注混凝土分界点处,数值为230.753MPa,左右拱肋在约1/4拱肋以下灌注混凝土后,受力更为均匀,不过在灌注与不灌注混凝土分界点处应力存在应力集中。

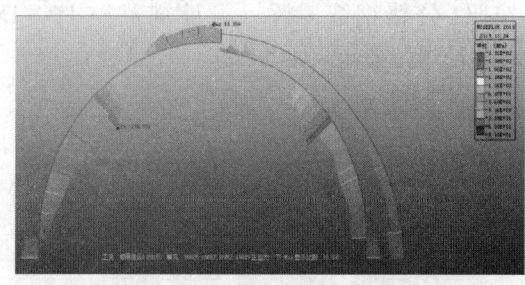

a) 初步设计　　　　　　　　　　　　　　b) 初步设计更新

图12　极限组合作用下钢箱拱肋下缘正应力最小值

综上,钢结构主拱最大压应力为289.5MPa;初步设计更新后,钢结构主拱最大压应力为230.753MPa,出现在灌注与不灌注混凝土分界点处,存在应力集中现象;主拱肋顶底板钢材厚度=40mm,按照《公路钢结构桥梁设计规范》(JTG D64—2015)第3.2.1条规定,取Q345qD抗压强度270MPa,初步设计更新后满足规范要求。

5. 拱肋剪应力验算

如图13所示,极限组合作用下钢箱拱肋剪应力最大值数值最大点出现在左拱脚位置,力值为48967.35kN,该位置截面腹板面积为0.7478m²,计算得到最大剪应力约为65.48MPa;初步设计更新后,钢箱拱肋剪应力最大值数值最大点出现在拱顶左边区域,数值为23704.151kN,计算得到最大剪应力约为31.70MPa。

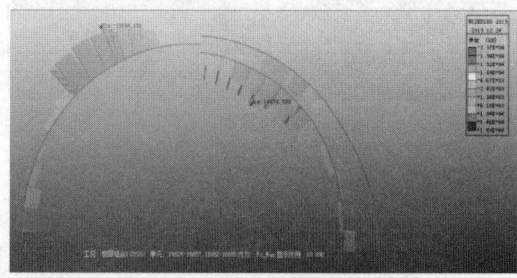

a) 初步设计　　　　　　　　　　　　　　b) 初步设计更新

图13　极限组合作用下钢箱拱肋剪应力最大值

如图14所示,极限组合作用下钢箱拱肋剪应力最大值数值最大点出现在左拱脚位置,力值为55515.28kN,该位置截面腹板面积为0.7478m²,计算得到最大剪应力约为74.23MPa;初步设计更新后,钢箱拱肋剪应力最大值数值最大点出现在拱顶左边区域,数值为24660.951kN,计算得到最大剪应力约为32.98MPa。

a) 初步设计　　　　　　　　　　　　　　b) 初步设计更新

图14　极限组合作用下钢箱拱肋剪应力最小值

综上,钢结构主拱最大剪力出现在右拱拱脚位置,计算得到最大剪应力约为74.23MPa;初步设计更新后,力值为120496.308kN,计算得到最大剪应力约为161.134MPa;初步设计更新后,钢箱拱肋剪应力最大值数值最大点出现在拱顶左边区域,计算得到最大剪应力约为32.98MPa;主拱肋顶底板钢材厚度＝40mm,按照《公路钢结构桥梁设计规范》(JTG D64—2015)第3.2.1条规定,取Q345qD抗剪强度155MPa,满足规范要求。

6. 拱肋整体刚度

拱肋整体刚度如图15和图16所示。

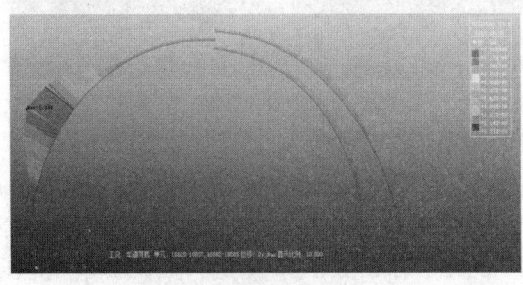

a) 初步设计　　　　　　　　　　　　　　b) 初步设计更新

图15　车道荷载作用下主拱最大位移等值线图

a) 初步设计　　　　　　　　　　　　　　b) 初步设计更新

图16　车道荷载作用下主拱最小位移等值线图

车道荷载作用下钢结构主拱最大位移竖向挠度在初步设计前后均为 $0+9=9$ mm,小于《公路钢管混凝土拱桥设计规范》(JTGT D65—2015)第6.2.1条规定的最大挠度值 $L/1000=0.18$ m,满足规范要求。

7. 拱肋间连接强度验算

如图17所示,极限组合作用下钢拱肋连接杆上缘正应力最大值数值最大点数值约为434.087MPa,初步设计更新后数值为410.354MPa,均出现在右拱肋拱腰上方。

如图18所示,极限组合作用下钢拱肋连接杆下缘正应力最小值数值最大点数值约为433.815MPa,

初步设计更新后数值为410.503MPa,均出现在右拱肋拱腰上方。

a) 初步设计

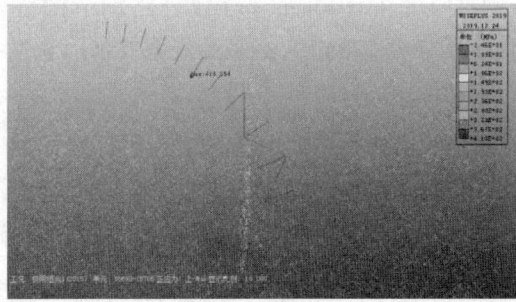
b) 初步设计更新

图17　极限组合作用下钢拱肋连接杆上缘正应力最大值

a) 初步设计

b) 初步设计更新

图18　极限组合作用下主拱肋斜杆下缘正应力最大值

如图19所示,极限组合作用下钢拱肋连接杆上缘正应力最小值数值最大点数值约为435.934MPa,初步设计更新后数值为415.528MPa,均出现在右拱肋拱腰上方。

a) 初步设计

b) 初步设计更新

图19　极限组合作用下主拱肋斜杆上缘正应力最小值

如图20所示,极限组合作用下钢拱肋连接杆上缘正应力最小值数值最大点数值约为436.140MPa,初步设计更新后数值为415.878MPa,均出现在右拱肋拱腰上方。

a) 初步设计

b) 初步设计更新

图20　极限组合作用下主拱肋斜杆上缘正应力最小值

综上,极限组合作用下钢拱肋连接杆最大应力为436.14MPa,初步设计更新后为415.878MPa,主拱肋斜杆钢材厚度在=40mm,按照《公路钢结构桥梁设计规范》(JTG D64—2015)第3.2.1条规定,取Q345qD抗压强度270MPa,不满足规范要求。

8. 吊杆力大小及吊杆力验算

单排吊杆力如表1所示,单位kN,吊杆编号顺序按图纸从左到右排序,其中吊杆编号16711~16728为一排,16729~16746为一排。

吊杆力大小与吊杆力验算结果　　　　表1

吊杆编号	恒载作用	活载作用		温度作用		沉降作用		标准组合作用		破断力	应力安全系数
		最大值	最小值	最大值	最小值	最大值	最小值	最大值	最小值		
16711	2267	170.6	-4.197	30.48	-30.48	69.36	-35.63	2437.6	2262.803	8933.4	3.664834
16712	2643	196	-4.928	33.1	-33.1	67.34	-33.98	2839	2638.072	8933.4	3.146671
16713	2932	216.1	-5.534	31.89	-31.89	61.62	-30.48	3148.1	2926.466	8933.4	2.837712
16714	3169	232.3	-6.228	28.75	-28.75	54.28	-26.29	3401.3	3162.772	8933.4	2.626466
16715	2926	244.9	-6.814	25.2	-25.2	46.31	-21.97	3170.9	2919.186	8933.4	2.817307
16716	3002	254.5	-6.938	21.43	-21.43	38.54	-17.91	3256.5	2995.062	8933.4	2.743252
16717	3070	261.5	-6.601	17.47	-17.47	31.4	-14.31	3331.5	3063.399	8933.4	2.681495
16718	3115	265.6	-5.87	14.09	-14.09	24.96	-11.18	3380.6	3109.13	8933.4	2.642549
16719	3121	266.4	-5.221	11.93	-11.93	19.21	-8.515	3387.4	3115.779	8933.4	2.637244
16720	3086	264	-5	10.82	-10.82	14.16	-6.311	3350	3081	8933.4	2.666687
16721	3136	269.3	-5.639	11.18	-11.18	10.24	-4.737	3405.3	3130.361	8933.4	2.623381
16722	3069	263.3	-6.279	9.335	-9.335	7.111	-3.479	3332.3	3062.721	8933.4	2.680851
16723	2974	254.6	-6.713	8.401	-8.401	4.979	-2.625	3228.6	2967.287	8933.4	2.766958
16724	2846	242.7	-6.797	7.569	-7.569	4.334	-3.182	3088.7	2839.203	8933.4	2.892285
16725	3169	227.3	-6.714	6.5	-6.5	5.449	-4.214	3396.3	3162.286	8933.4	2.630333
16726	2932	208	-6.384	4.778	-4.778	6.839	-5.469	3140	2925.616	8933.4	2.845032
16727	2643	184.5	-5.841	1.929	-1.929	8.656	-6.976	2827.5	2637.159	8933.4	3.159469
16728	2267	155.3	-4.915	1.538	-1.538	11.46	-8.735	2422.3	2262.085	8933.4	3.687982
16729	2267	165.8	-3.854	31.21	-31.21	67.83	-35.51	2432.8	2263.146	8933.4	3.672065
16730	2643	190.6	-4.23	33.93	-33.93	65.67	-33.84	2833.6	2638.77	8933.4	3.152668
16731	2932	210.4	-4.598	32.79	-32.79	59.87	-30.32	3142.4	2927.402	8933.4	2.842859
16732	3169	226.4	-5.024	29.7	-29.7	52.51	-26.13	3395.2	3163.976	8933.4	2.63103
16733	2926	239.2	-5.816	26.16	-26.16	44.58	-21.82	3165.2	2920.184	8933.4	2.822381
16734	3002	249.3	-6.369	22.35	-22.35	36.89	-17.77	3251.3	2995.631	8933.4	2.747639
16735	3070	257.1	-6.195	18.33	-18.33	29.87	-14.17	3327.1	3063.805	8933.4	2.685041
16736	3115	262.2	-5.572	14.87	-14.87	23.56	-11.05	3377.2	3109.428	8933.4	2.645209
16737	3121	263.9	-4.866	12.63	-12.63	17.95	-8.397	3384.9	3116.134	8933.4	2.639192
16738	3086	262.4	-4.688	11.45	-11.45	13.04	-6.204	3348.4	3081.312	8933.4	2.667961

续上表

吊杆编号	恒载作用	活载作用		温度作用		沉降作用		标准组合作用		破断力	应力安全系数
		最大值	最小值	最大值	最小值	最大值	最小值	最大值	最小值		
16739	3136	268.2	-5.484	11.76	-11.76	9.213	-4.639	3404.2	3130.516	8933.4	2.624229
16740	3069	262.5	-6.174	9.862	-9.862	8.384	-3.391	3331.5	3062.826	8933.4	2.681495
16741	2974	253.8	-6.632	8.89	-8.89	10.67	-2.549	3227.8	2967.368	8933.4	2.767644
16742	2846	241.8	-6.7	8.025	-8.025	13.25	-3.142	3087.8	2839.3	8933.4	2.893128
16743	3169	226.2	-6.313	6.924	-6.924	16.1	-4.168	3395.2	3162.687	8933.4	2.631185
16744	2932	206.8	-5.512	5.168	-5.168	19.2	-5.417	3138.8	2926.488	8933.4	2.84612
16745	2643	183.1	-4.97	2.281	-2.281	22.42	-6.919	2826.1	2638.03	8933.4	3.161035
16746	2267	153.9	-4.346	1.233	-1.233	25.55	-8.677	2420.9	2262.654	8933.4	3.690115

标准组合阶段吊杆最大拉力 3405.3kN，根据厂家提供数据：钢丝束公称截面积 38.48mm²，共 139 根，合计面积 5349.35mm²，钢丝标准抗拉强度 = 1670MPa，弹性模量 E = 1.9×10⁵MPa，破断力为面积×1670 = 8933.4kN；吊杆最小安全储备 8933.4/3405.3 = 2.623381，大于《公路钢管混凝土拱桥设计规范》(JTGT D65—2015) 第 5.8.1 条规定持久状况下的 γ_s = 2.5，满足规范要求。

四、结　语

通过前述分析验算，可以得出初步结论如下：钢主梁强度、刚度、钢结构拱肋结构强度、拱肋竖向挠度、初步设计跟新前后均满足规范要求；拱肋间连接件强度初步设计跟新前后均不满足规范要求；吊杆力值初步设计跟新前后均满足规范要求。

对于此类钢桁架拱桥的设计提出如下建议：

（1）初步设计更新前，钢结构拱肋右拱拱腰部分在极限承载能力状态下应力比较大，不满足规允许应力值，初步设计更新后钢箱拱肋虽满足规范允许应力值，但在灌注混凝土交界面以上未灌注混凝土部分钢箱拱肋应力仍较大，安全富裕度较低，并且在交界面存在应力集中现象。建议对该灌注与未灌注混凝土拱肋位置进行局部分析，优化混凝土灌注过渡区，使该区域受力均匀过渡。

（2）初步设计更新前后，拱肋连接杆在极限承载能力状态下应力比较大，超出规范允许应力值，建议更新拱肋连接杆截面尺寸。

（3）双支拱肋之间的连接件建议做成与两支拱肋间采用铰接连接构造。

参考文献

[1] 邵旭东,程翔云. 桥梁设计与计算(精)[M]. 北京:人民交通出版社,2007.
[2] 陈宝春. 钢管混凝土拱桥设计与施工[M]. 北京:人民交通出版社,1999.
[3] 伍还林. 大矢跨比连续拱桥-桂林解放桥施工技术[J]. 桥梁建设,2003(S1):13-15.
[4] 王芳. 大矢跨比钢箱拱桥施工监控方案研究[D]. 镇江:江苏科技大学,2015.
[5] 彭鑫. 超高大矢跨比钢拱桥吊装工艺研究[D]. 镇江:江苏科技大学,2014.
[6] 王文龙,姜基建. 基于梁格法的变宽箱梁桥空间效应分析[J]. 交通科技,2018,290(05):54-56.
[7] 薛嵩,杨立坡,XUESong,等. 小半径宽箱弯梁桥梁格计算方法对比分析[J]. 佳木斯大学学报(自然科学版),2015(1):81-83.
[8] 中交公路规划设计院有限公司. 公路钢结构桥梁设计规范[M]. 北京:人民交通出版社,2015.
[9] 四川省交通运输厅公路规划勘察设计研究院,四川省交通运输厅. 公路钢管混凝土拱桥设计规范[M]. 北京:人民交通出版社股份有限公司,2015.
[10] 中华人民共和国行业标准. 公路钢混组合桥梁设计与施工规范:JTG/T D64-01—2015[S]. 人民交通出版社,2015.

45. 基于水化热效应的大体积混凝土温控措施研究

侯炜[1,2] 贺拴海[1,2] 李源[1,2] 闫磊[1,2]

(1. 长安大学 旧桥检测与加固技术交通运输行业重点实验室；
2. 长安大学 公路学院)

摘 要 以某跨径布置为 92.75m+6×170m+92.75m 的预应力混凝土变截面连续刚构桥为研究对象，在系统归纳混凝土绝热温升、混凝土比热容以及混凝土导热系数计算方法的基础上，结合主墩承台施工现场环境构建主墩承台水化热与温度效应有限元计算模型，将监控主墩承台水化热状态后修正的有限元模型理论计算值与实测值对比，以验证所用理论计算方法和所建立有限元模型的准确性。研究结果表明：当配合比、入模温度一定，且考虑大体积混凝土承台内部管冷系统以及施工环境温度后，大体积混凝土承台内部实测最大绝热温升与理论值基本吻合；采用大掺量粉煤灰的混凝土配合比以及较低入模温度能迅速降低结构内部绝热温升最大值；实测内部绝热温升最大值出现时间与模型计算值存在偏差；结构表面温度实测值波动较大，主要受环境温度影响，现场保温措施不规范时结构内表温差也呈波动状态。

关键词 桥梁工程 大体积混凝土 水化热状态 绝热温升 内表温差 温控措施

一、引 言

近年来，中国在建与准备建设的大跨径桥梁日趋增多，作为大跨径桥梁理想的承重结构，大体积混凝土结构[1-4]的承重性能好，施工过程简单，在桥梁基础结构中的应用也越来越广泛。由于混凝土导热系数低，在大体积混凝土承台浇筑初期，水泥的水化热效应会在结构内部聚集大量热量，致使结构内部温度远高于表面，过大的内表温差会引起温度应力，进而导致承台出现温度裂缝，严重影响其安全性、可靠性和耐久性，甚至威胁桥梁工程的稳定与安全。在水泥水化热、施工环境、保温措施以及内部管冷系统的影响下，大体积混凝土承台结构内部温度场十分复杂，内表温差、最大绝热温升和表面温度等也难以控制。为保证大体积混凝土承台的服务性能，研究由水泥水化热引起的大体积混凝土病害及其防治对策具有重大意义。

国外对于大体积混凝土裂缝的研究从水工结构大坝领域开始，美国从 20 世纪 30 年代开始研究大体积混凝土浇筑裂缝问题，在修建胡佛大坝时就提出了减少和预防大体积混凝土温度裂缝的诸多措施[5]，如在大体积混凝土施工过程中分层、分块浇筑，实时监控、稳定结构内部温度场，采用低水化热水泥，在结构内部布置管冷系统，通过低温流体带出结构内部的热量等。前苏联水工研究院、美国垦务局等于 20 世纪中期系统研究了大体积混凝土早期温度裂缝问题，基于大体积混凝土施工过程中的温度控制提出了一系列计算方法和控制措施[6-9]。Nakamura 等[10]研究了大体积混凝土由于其内部水化热导致的早期温度裂缝问题；Zreiki 等[11]研究了大体积混凝土结构温度裂缝的产生、发展及其与温度应力和内部作用的关系；Wilson[12]针对大体积混凝土温度裂缝，提出了开裂几率与抗裂指标的概念，并确定了抗裂指标的具体理论；Wilson[13]研发出可模拟大体积混凝土结构分期施工温度场的有限元程序，并将该程序应用于 Dworshak 大坝温度场的计算；Gardner[14]分析了粉煤灰对混凝土温度场的影响；Brooks 等研究了矿渣水泥对大体积混凝土早期强度的影响[15]；Emborg[16]等对大体积混凝土的早期温度应力和温度裂缝进行了试验研究，建立了以非线性黏弹性、黏塑性和应变软化为基础的理论模型；Crvera 等[17]建立了模拟早期混凝土状态的热学—化学—力学模型，分析了混凝土的水化、养护、破坏和徐变过程。

---

❶ 基金项目：国家自然科学基金项目(51878057)，中央高校基金资助(300102210105).

国内对大体积混凝土温度裂缝的研究起步较晚,但目前也逐渐建立起关于大体积混凝土温度应力和温度裂缝的理论,提出了诸多控制大体积混凝土温度裂缝的措施[18]。唐明等[19]实时监测了大体积混凝土结构施工过程的水化热状态,并总结出大体积混凝土结构内部温度变化规律,由此制定了控制结构内表温差和最大绝热温升的相应措施;林志祥等[20]利用大数据技术分析了大体积混凝裂缝的产生原因和发展机理,建立了大体积混凝土结构裂缝的 I 型分析模型;江昔平[21]采用排水子结构法模拟了含管冷系统的大体积混凝土结构的冷却效应;朱岳明等[22-24]根据管冷系统与其周边混凝土间的热交换平衡原理,结合有限元法的并行计算技术和子结构方法求解了布置管冷系统的大体积混凝土结构的瞬时温度场;梅普良等[25]采用状态方程表达混凝土结构的瞬态温度场,并改进了一期水管冷却的计算方法,有效降低了计算过程中的计算贮存量,提高了计算精度;麦家煊[26]结合理论方法和有限元数值方法求解了水管冷却问题;刘勇军[27]提出了计算水管冷却的部分自适应精度法;王解军等[28]在考虑结构内部管冷系统的基础上,采用有限元法仿真分析了大体积混凝土施工过程中的温度场;邓志刚[29]以大桥承台浇筑施工过程为例,根据有限元计算结果制定出相应的温控措施和监测方案;牛建丰[30]研究了影响高墩大跨桥梁大体积混凝土水化热的因素,对比了有限元分析结果与监测结果,分析了混凝土材料、施工方式、环境和管冷系统布置形式等对大体积混凝土水化热状态的影响,制定了相应的保温措施,以减小由于结构内表温差引起的温度裂缝,并提出采用应力松弛系数计算混凝土的温度应力;魏胜新等[31]指出在超大体积混凝土结构施工过程中采用合理的温控施工工艺可显著改善大体积混凝土温度应力状态,减少温度裂缝;鲁正刚等[32]建立了含有管冷系统大体积混凝土结构的计算模型,分析了某大桥大体积 3 个混凝土承台的温度场,通过将计算值与现场监测数据对比得到了承台温度场的分布规律,发现大体积混凝土承台外表面为易开裂区域。

综上所述,目前针对大体积混凝土水化热所致混凝土温度裂缝问题已积累了大量科研成果,但仍需进一步研究影响大体积混凝土结构温度场与温度应力的主要参数、管冷系统布置形式等问题。鉴于此,本文依托甘肃某特大桥主墩承台工程,开展水化热场理论分析,得到混凝土承台的理论温度场;在现场布置温度应力传感器,以测得的混凝土承台温度场验证理论计算的准确性;采用有限元方法优化了管冷系统的布置形式,分析了混凝土导温系数对混凝土最大绝热温升时间的影响以及入模温度、表面对流系数和环境温度对大体积混凝土内部绝热温升、表面绝热温升和内表温差的影响;结合理论与实测数据,定量分析了管冷系统参数、环境温度和混凝土表面对流系数对大体积混凝土温度应力的影响,提出了各参数的合理取值范围。

二、大体积混凝土水化热与温度效应计算方法

混凝土结构温度场受到自身水化热状态以及施工环境等内外因素的相互作用,这些因素导致大体积混凝土结构产生不断随时间变化的不均匀分布的温度场。影响大体积混凝土温度场的内部因素主要有混凝土配合比、水泥放热量、添加剂类型、粉煤灰掺量、承台尺寸等。外部因素主要有保温保湿措施、太阳辐射、施工现场风速、管冷系统的布置形式、环境温度等。

1. 混凝土导热系数计算

混凝土导热系数 λ 为单位体积混凝土在单位时间且两侧介质为单位温差时的热量传导率。可根据混凝土配合比和表 1 按下式计算

$$\lambda = \frac{1}{p}(p_1\lambda_1 + p_2\lambda_2 + p_3\lambda_3 + p_4\lambda_4 + p_5\lambda_5) \tag{1}$$

式中:$p \cdot p_1 \cdot p_2 \cdot p_3 \cdot p_4 \cdot p_5$ ——单位体积混凝土中的混凝土、水泥、砂、石子、水和粉煤灰所占百分比;

$\lambda_1 \cdot \lambda_2 \cdot \lambda_3 \cdot \lambda_4 \cdot \lambda_5$ ——水泥、砂、石子、水和粉煤灰的导热系数,其取值见表1。

混凝土材料热工性能					表1
混凝土组成材料	水泥	砂	石	水	粉煤灰
导热系数 W(m·K)	2.218	3.082	2.908	0.600	0.23

2. 混凝土比热容计算

混凝土比热容 C 为单位质量混凝土温度升高1℃所需的热量，可按下式计算

$$C = \frac{1}{p}(p_1C_1 + p_2C_2 + p_3C_3 + p_4C_4 + p_5C_5) \tag{2}$$

式中：C_1、C_2、C_3、C_4、C_5——水泥、砂、石子、水和粉煤灰的导热系数比热容。

3. 混凝土水化热计算

大体积混凝土在浇筑后，其水化热的发展有一定规律，采用指数表达式来模拟混凝土浇筑后其内部水化热的发展规律，即

$$Q(\tau) = Q_0(1 - e^{-m\tau}) \tag{3}$$

式中：$Q(\tau)$——龄期 τ 时混凝土内累计产生的水化热；

Q_0——$\tau \to \infty$ 时混凝土内累计产生的水化热；

τ——混凝土龄期；

m——常数，与混凝土入模温度有关，其取值见表2。

m 取 值					表2
浇筑温度(℃)	5	10	15	20	25
m	0.295	0.318	0.340	0.362	0.384

4. 混凝土绝热温升计算

混凝土是一种导热系数较低的材料，传递热量的能力较弱，大体积混凝土结构浇筑初期，产热量大于散热量，导致结构温度上升，当水泥水化反应达到一定阶段时，产生的热量逐渐减小并等于散热量，结构内部绝热温升达到最大值，随后产热量小于散热量，此时结构进入降温阶段。混凝土绝热温升受单位体积水泥水化放热量、单位体积混凝土水泥用量、混合料种类和用量、混凝土入模温度等因素共同影响。本文采用《大体积混凝土温度测控计算规范》（GB/T 51028—2015）中的方法计算大体积混凝土的绝热温升，该方法不仅考虑了大体积混凝土中水泥产生的水化热，同时考虑了其他胶凝材料水化放热量，并进行了一定的折减。单位体积混凝土发热量 Q_c 为

$$Q_c = kQ_0W \tag{4}$$

式中：Q_c——混凝土的总发热量；

W——单位体积混凝土胶凝材料用量；

k——水化热调整系数，取值见表3。

不同掺量掺和料水化热调整系数					表3
掺和料掺量(%)	0	10	20	30	40
粉煤灰	1	0.96	0.95	0.93	0.82
矿渣粉	1	1	0.93	0.92	0.84

大体积混凝土绝热温升为

$$T(\tau) = \frac{WQ_c}{C_c\rho}(1 - e^{-m\tau}) \tag{5}$$

式中：$T(\tau)$——龄期 τ 时混凝土的绝热温升；

C_c——混凝土比热容，取值为 0.92~1.00 kJ/(kg·k)；

ρ——混凝土的质量密度。

5. 大体积混凝土热传导边界条件

大体积混凝土承台施工过程中，其底面与地基相接触，其底面边界条件为第四类边界条件且接触良好，同时考虑地基对大体积混凝土散热的影响。大体积混凝土承台顶面若采用与周边侧面一样的保温措施（钢模板保温效果不明显），则可取与承台侧面相同的对流系数，其边界条件为考虑保温措施后的第三类边界条件；否则其边界条件为不考虑保温措施的第三类边界条件。忽略太阳辐射对大体积混凝土承台表面温度的影响。

6. 温度场求解方法概述

常用的温度场求解方法为理论解法、有限差分法和有限元法。大体积混凝土承台施工过程中影响因素较多，边界条件复杂，理论解法和有限差分法求解过程相对复杂，不适合用来求解施工过程中大体积混凝土承台的温度场。有限元法计算精度高，能建立实体结构模型，可在温度变化较快的区域加密划分单元体，使计算结果更精确，故本文采用有限元法求解施工过程中大体积混凝土承台的温度场。

三、大体积混凝土承台水化热效应计算

1. 工程概况

以甘肃庆阳地区某特大桥工程为例，计算其大体积混凝土承台水化热与温度效应，并优化其管冷系统，其主桥桥跨布置为92.75 + 6×170 + 92.75m，采用预应力混凝土变截面连续刚构，总体布置见图1。

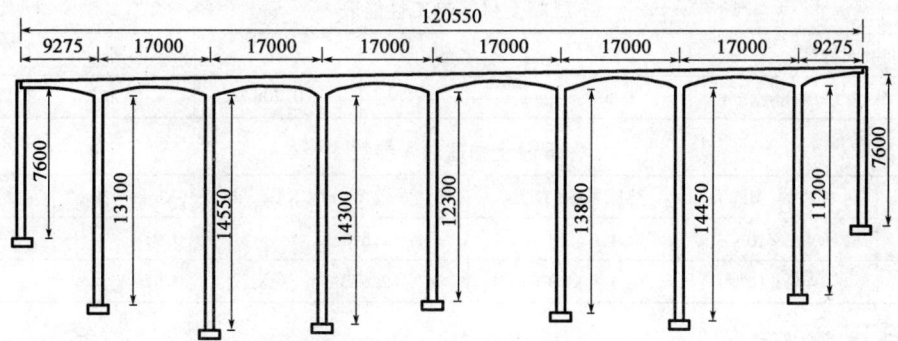

图1　某特大桥总体布置（尺寸单位：cm）

该桥主墩基础采用整体式长方形承台（图2），尺寸为26.40m（长）×20.90m（宽）×5.00m（高），混凝土采用C40，配合比见表4，混凝土劈裂抗拉强度参考值按经验取值，见表5。

承台混凝土配合比（kg/m³）　　　　表4

编　号	水泥	粉煤灰	砂	碎石	水	减水剂
①	307	132	745	1071	145	4.39
②	240	160	779	1076	145	4

混凝土劈裂抗拉强度参考值　　　　表5

龄期（d）	3	7	28	180
强度（MPa）	1.40	2.60	3.09	3.61

2. 气候条件

该桥所处地区属黄土高原干湿过渡区——陕北典型黄土高原中冻区III2区。年平均气温为8.1℃左右，极端最高、最低温分别为37.5℃和-27.1℃。年平均降水量为407.3~606.9mm，年平均蒸发量为1462.2~1491.5mm，相对湿度为64%~71%。

3. 混凝土热工参数

根据第1节中的方法，可计算得到该承台大体积混凝土的热工参数和物理热血参数，分别见表6、表7。

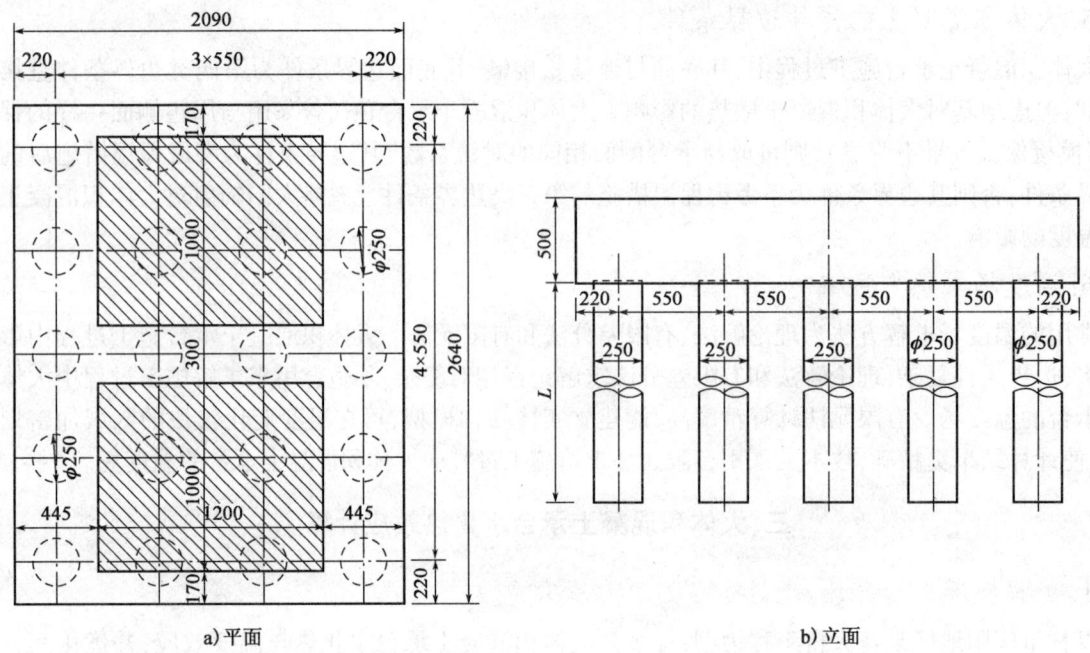

a) 平面   b) 立面

图 2 主墩承台布置(尺寸单位:cm)

混凝土材料热工性能表   表6

混凝土组成材料	水泥	砂	石	水	粉煤灰
材料比热容/[kJ/(kg·K)]	0.536	0.745	0.708	4.187	0.92

混凝土物理热学参数   表7

编号	弹性模(MPa)	热胀系数(1/℃)	导热系数 W(m·K)	比热/(kJ/kg·℃)	绝热温升(℃)
①	4.2×10^4	1.0×10^{-5}	2.583	0.918	85.28
②	4.2×10^4	1.0×10^{-5}	2.573	0.926	67.92

4. 有限元模型建立

1) 基本假定

采用有限元软件 Midas Civil 进行建立该桥主墩承台有限元模型。建模过程中做出如下假定:大体积混凝土承台为均匀体,模型中各个节点的发热率相同;大体积混凝土承台初始温度相同;大体积混凝土各侧面的放热系数相同,若顶面保温措施与侧面相同,则顶面放热系数与侧面相同,考虑地基对于混凝土散热的影响;忽略该大体积混凝土内部钢筋及其他材料的影响,考虑施工过程中保温保湿的影响。

2) 有限元模型参数选取

混凝土在其运输、泵送过程中会发生摩擦并产生热量导致混凝土入模温度略有升高,且混凝土在浇筑过程中会进行振捣、且骨料易受外界环境温度的影响,根据该项目施工工期以及经验,定混凝土入模温度为20℃。因承台数目众多,施工工期较长,且在冬季施工或环境温度较低时施工混凝土承台会进行保温保湿处理,故环境温度暂取20℃。

该桥混凝土主墩承台采用厚度为3mm 钢模板进行施工,钢模板的导热系数为163.29kJ/(m·h·℃),混凝土承台表面散热系数为76.6kJ/(m²·h·℃),混凝土承台采用钢模板并保温材料覆盖,工程中一般采用毛毡、篷布等进行覆盖,覆盖厚度取15mm,覆盖物的导热系数为0.209kJ/(m·h·℃),忽略该保温材料之间发热容量,混凝土承台表面散热系数为11.79kJ/(m²·h·℃)。

模型中混凝土承台底面与地基连接,考虑地基散热对于混凝土水化热的影响,地基尺寸大于混凝土地面尺寸,根据经验,地基尺寸考虑为30.9m×36.4m×3m,地基比热容以及热传导率按经验取值,比热容取值0.2kcal/kg·℃,热传导率取值1.7kcal/m·h·℃。地基四周节点全部采用固结,即约束全部转动和平动。拟定该承台一次浇筑,故定义一个施工阶段,地基、承台、对流边界以及热源函数等一次性激活。模拟承台自浇筑后1080h的温度变化情况。

5. 主墩承台水化热分析结果与管冷系统优化

主墩承台按照设计文件布置管冷系统后,承台内部温度场重新分布,承台内部最高温出现在管冷系统作用不明显处,现对管冷系统进行优化,降低因管冷系统考虑不周所出现的温度峰值,将对混凝土内表温差的降低将起到良好作用。则在承台内部中布置管冷系统(优化管冷系统),一次浇筑该承台,将优化管冷系统模型分为以下4种,见表8。

优化管冷系统承台模型　　　　表8

优化模型序号	配合比	外部保温情况	管冷系统
①	C40(①)	钢模板	优化后管冷系统
②	C40(①)	钢模板、保温材料	优化后管冷系统
③	C40(②)	钢模板	优化后管冷系统
④	C40(②)	钢模板、保温材料	优化后管冷系统

优化管冷系统见图3。管冷系统水管为有效直径为40mm的薄壁铁管,且冷却管进水速率采用每根管6m3/h,水温为20℃计算。

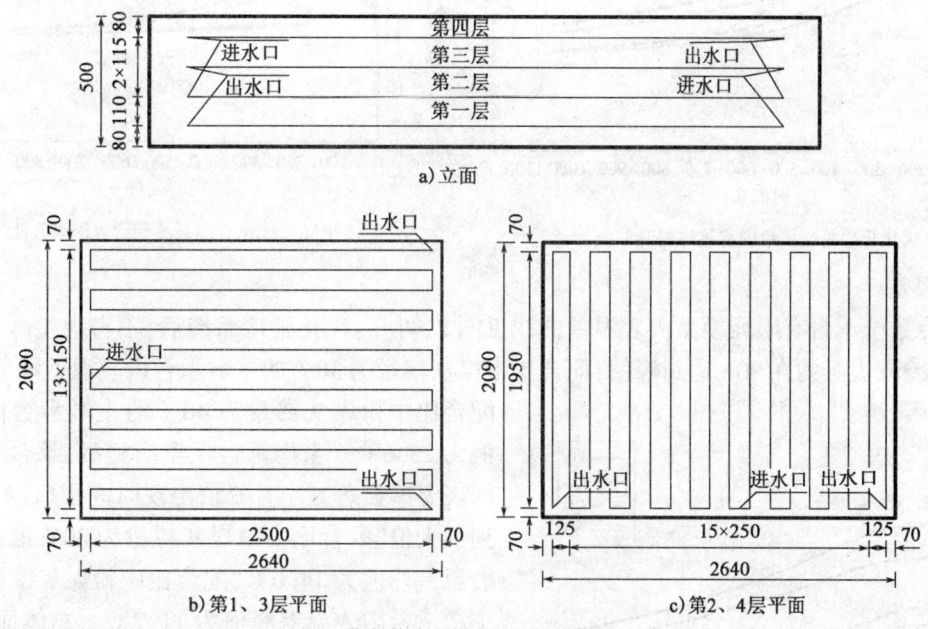

图3　优化管冷系统布置(尺寸单位:cm)

1)温度场分布

优化管冷系统承台温度场分布见图4,可知:承台内最高温出现区域向边缘混凝土转移且,高温混凝土区域较小。

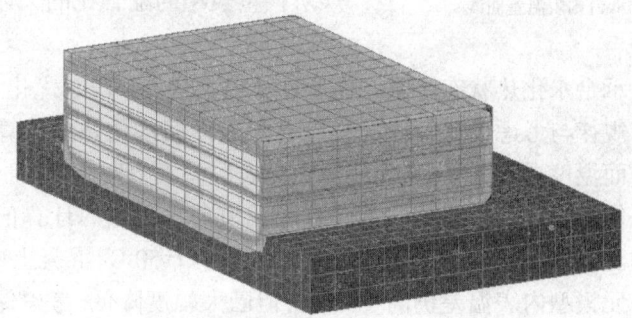

图4　优化管冷系统承台温度场分布

2）内部绝热温升

优化管冷系统承台有限元模型内部温升曲线见图5，可知：对管冷系统进行优化后，各承台模型内部最高温出现时间均在80h左右，模型①～④内部最高温分别为58.8、59.5、51.0和51.6℃，对管冷系统进行优化后，承台模型内部最高温明显下降，且此时保温效果对于混凝土内部最高温的影响已经减小。

3）表面温升

优化管冷系统承台有限元模型表面温升曲线见图6，可知：优化管冷系统且考虑保温措施后，主墩承台表面温度峰值出现时间推后约40h，但比不考虑管冷系统的表面温度峰值出现时间提前，且优化管冷系统后，表面温度有所降低，考虑保温措施的主墩承台有限元模型的表面温度降低幅度更大。若无保温措施，2种配合比的大体积混凝土承台有限元模型表面温度略高于环境温度，升温幅度不大。考虑保温措施后，主墩承台有限元模型表面温度提升明显。保温措施会使大体积混凝土表面温度峰值出现时间推迟，与主墩承台内部温升曲线更加吻合，更有利于控制大体积混凝土内表温差。

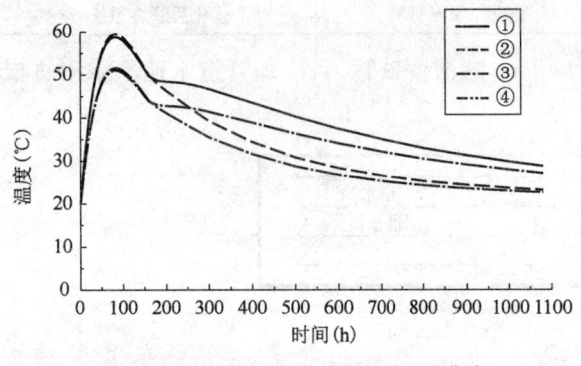

图5 优化管冷系统承台内部绝热温升曲线

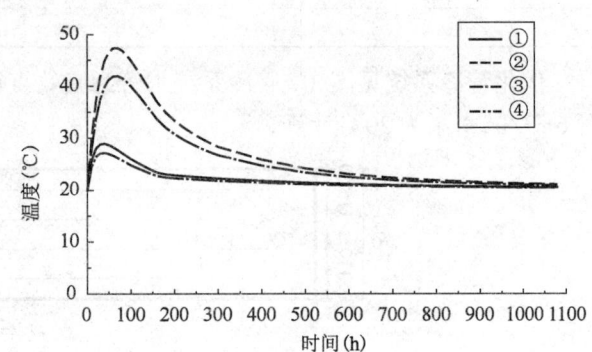

图6 优化管冷系统承台表面温升曲线

4）内表温差

优化管冷系统承台有限元模型内表温差曲线见图7，可知：优化管冷系统后，不考虑主墩承台保温措施，其内表温差较大且约在90h达到峰值，配合比中粉煤灰掺量为30%的主墩承台内表温差峰值为32.0℃，配合比中粉煤灰掺量为40%的主墩承台内表温差峰值为25.6℃。考虑承台保温措施后，承台有限元模型内表温差显著减小且峰值出现时间推后，约在120h达到最大值，配合比中粉煤灰掺量为30%的主墩承台内表温差峰值为14.0℃，配合比中粉煤灰掺量为40%的主墩承台内表温差峰值为11.2℃。总体而言，优化管冷系统后，主墩承台考虑保温措施后的内表温差远小于不考虑保温措施的主墩承台内表温差，粉煤灰掺量较大的配合比的大体积混凝土内表温差也明显小于粉煤灰掺量较小的配合比的大体积混凝土内表温差。

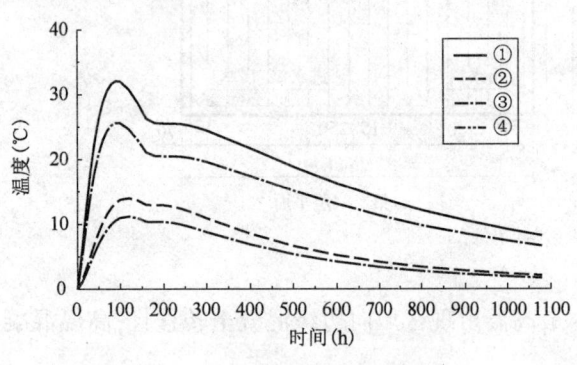

图7 优化管冷系统承台内表温差曲线

5）水化热计算值比较

优化管冷系统的主墩承台水化热状态有限元模型计算值见表9，可知：优化管冷系统后，承台有限元模型水化热的计算值分布规律与考虑设计管冷的承台有限元模型水化热的计算值的分布规律相似。合理的保温措施对于承台表面温度提升明显，从而使承台内表温差大幅度改善，且优化管冷系统后，承台有限元模型水化热的计算值优于设计管冷系统的承台有限元模型水化热的计算值。四种优化管冷系统后的主墩承台有限元模型的浇筑体在入模温度基础上温升值均小于50℃，混凝土内部温度均低于75℃，不考虑保温措施的两个有限元模型内表温差仍高于25℃，但已大幅度降低，考虑保温措施的两个有限元模型内表温差小于25℃，且安全储备较足。

优化管冷系统主墩承台水化热状态有限元计算值　　　　　表9

优化模型序号	内部最高温(℃)/出现时间(h)	表面最高温(℃)/出现时间(h)	温差最大值(℃)/出现时间(h)
①	58.8/80	28.9/40	32.0/90
②	59.5/80	47.4/70	14.0/120
③	51.0/80	27.2/40	25.6/90
④	51.6/80	41.9/70	11.2/120

四、大体积混凝土承台水化热现场监测

结合上述理论分析结果,对特大连续刚构桥的主墩承台布置优化管冷系统,并对主墩承台浇筑过程中的水化热发展过程进行同步监测,对其水化热温度场进行系统分析并与有限元软件理论计算值进行分析。

1. 测点布置与仪器设备

主墩承台其内部温度测点的布置应能反映主墩承台内部最高温度、主墩承台表面温度、环境温度等,并能根据监测数值计算出主墩承台内表温差以及降温速率等。根据以上原则,温度测点应按以下原则布置:根据主墩承台的对称性,选取主墩承台的1/4块布置温度测点;根据主墩承台施工过程中的温度场分布规律,在垂直于承台顶面的中轴线上的断面中心以及距承台顶面5cm处布置温度传感器。在主墩承台水平方向上,根据温度梯度递减规律,沿中心处至表面5cm处设置温度监测点,靠近表面处加密布置;同时监测施工现场环境温度以及管冷系统水温等,主墩承台温度传感器埋设示意见图8。

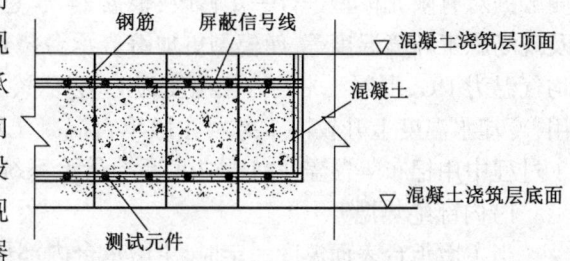

图8　主墩承台传感器埋设示意

因本桥承台结构尺寸一致,故对所有承台采用一样的布置原则、数量以及位置。主墩承台竖直方向布置5层(从上至下分为第1~5层)温度传感器,每层传感器共9个(编号为a~i)测点,并对管冷系统进出水口布置5个温度传感器及监测环境温度的2个温度传感器,共布置52个温度传感器。温度传感器具体布设位置见图9,所用测试仪器见表10。

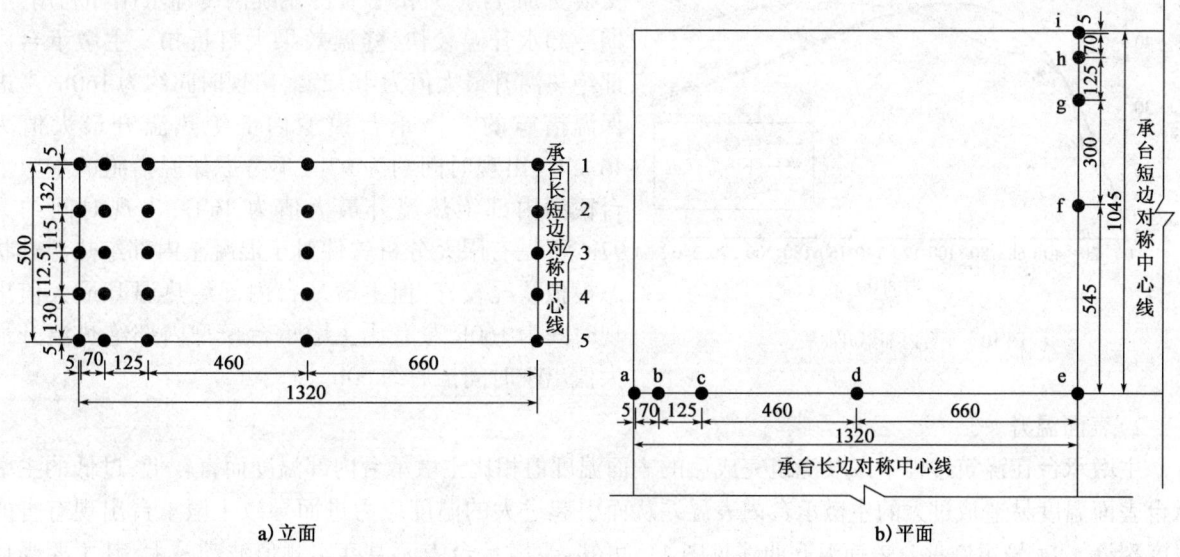

图9　承台温度测点布置(尺寸单位:cm)

主要仪器设备　　　　　　　　　　　　　　　表10

序　号	仪　器	规格型号	单　位	精　度	数　量
1	智能温度传感器	JMT—36C	个	0.1℃	52
2	全密封配置机箱	JMBV—1164	个	—	1
3	温度采集模块	JMWT—64RT	块	0.1℃	1
4	二芯屏蔽线	JMZX—2PX	米	—	1500
5	DTU移动模块	JMTX—2007D	块	—	1
6	插入式温度计	SW308	支	0.1℃	1
7	便携式流速仪	LS300—A	台	0.01m/s	1
8	红外线测温仪	AS(−50~380℃)	支	0.1℃	1
9	室内外温湿度计	TA298	个	0.1℃	1

2. 实测数据分析

主墩承台在浇筑过程中每隔2h监测1次；主墩承台施工完成后至其内部最高温出现期间每隔2h监测1次；主墩承台内部达到最高温进入降温阶段后每隔4h监测1次；待主墩承台降温速率稳定后每12h监测1次；当主墩承台表面温度与环境温度的相差小于20℃时，可停止测温。根据24号主墩承台现场实测数据对有限元模型进行一定修改，根据24号主墩承台施工过程中的实际情况，调整混凝土入模温度以及现场施工环境温度等，使模型更加符合承台浇筑时现场环境。24号主墩承台施工过程中现场环境平均气温为1℃，混凝土平均入模温度为13℃，管冷系统进水温度仍取20℃，因为管冷系统内冷却水循环利用，冷却水温度上升较快。24号主墩承台混凝土配合比为C40②类型，粉煤灰掺量为40%，主墩承台施工过程中用棉布等覆盖。24号主墩承台管冷系统布置采用优化后管冷布置。

1) 内部绝热温升

当主墩承台表面温度一定时，主墩承台内部最高温过大将导致主墩承台内表温差过大，主墩承台内部绝热温升最大值是控制混凝土内表温差所引起的温度应力从而导致温度裂缝产生的主要因素之一。24号承台内部温升曲线见图10，可知：保温措施对大体积混凝土承台有限元模型内部绝热温升最大值影响不大，即对于配合比、入模温度相同的大体积混凝土，在充分考虑管冷系统、环境温度后有无保温措施对于混凝土内部绝热温升最大值影响不大。实测值在混凝土浇筑初期低于理论值，因管冷系统在浇筑初期，其内部冷却水温度较低，内部混凝土与管冷系统热交换更加充分，且由于管冷系统内冷却水循环利用，后期冷却水升温较快，降温效果大打折扣。主墩承台内部绝热温升最大值为46.2℃，出现时间约为160h，考虑保温措施的主墩承台模型内部绝热温升最大值为46.2℃，出现时间约为97h；不考虑保温措施的主墩承台模型内部绝热温升最大值为46℃，出现时间约为97h，可见有限元分析软件对于混凝土内部绝热温升状态模拟状况较好，但主墩承台内部绝热温升最大值出现时间为160h左右比主墩承台模型内部绝热温升最大值出现时间推后约60h。

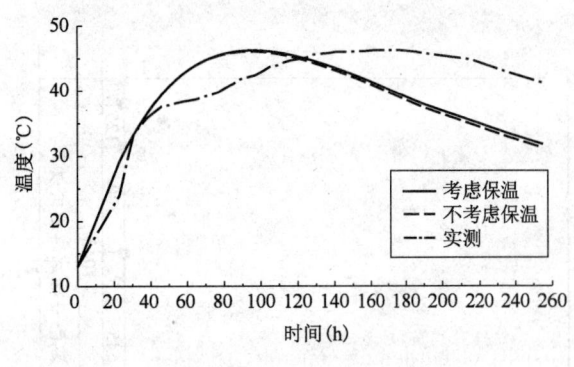

图10　承台内部温升曲线

2) 表面温升

主墩承台在浇筑过程中以及浇筑完成后的表面温度值相比主墩承台内部温度而言较低，过低的主墩承台表面温度易造成过大的主墩承台内表温差从而引起过大的温度应力进而导致主墩承台出现有害的温度裂缝。24号主墩承台表面温升曲线见图11，可知：主墩承台表面温度实测值波动较大，其主要受环境温度影响较大，但其大部分仍处于考虑保温措施与不考虑保温措施的主墩承台有限元模型表面温度计算值之间,且混凝土表面温度实测曲线基本吻合于考虑保温措施的主墩模型表面温度计算值,故采取合理的保温措施对主墩承台表面温度有较大的改善效果,能明显提升主墩承台表面温度,从而降低主墩承台内表温差,从而减少由于温度应力所导致的主墩承台温度裂缝。在施工过程中,应对混凝土承台采取合理的保温措施,从而提高其表面温度。

3)内表温差

24号承台内表温差曲线见图12,可知:由于主墩承台表面温度的波动,主墩承台内表温差也呈波动状态,且主墩承台内表温差与主墩承台表面温度呈负相关关系,但内表温差基本位于考虑以及不考虑保温措施的主墩承台有限元模型内表温差计算值之间,且其值基本吻合于考虑保温措施的主墩承台有限元模型内表温差计算值;但在145h时,考虑保温措施的模型计算值其内表温差已经开始降低,但实测数据仍在最高温差附近波动,且呈现略微上升的状态;因为混凝土内部核心最高温实测数据峰值出现较晚,且持续时间较长,故主墩承台内表温差也随混凝土内部核心温度变化而变化。

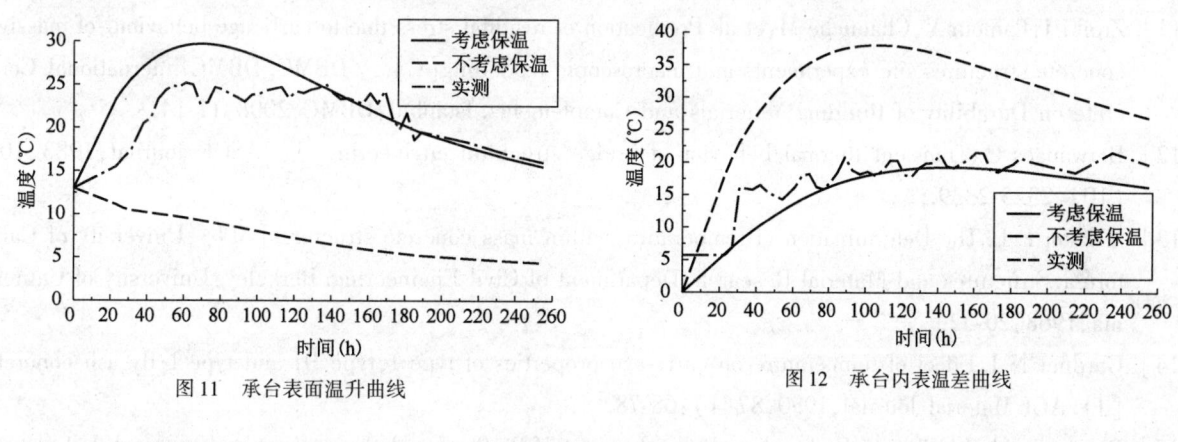

图11 承台表面温升曲线　　图12 承台内表温差曲线

五、结　语

(1)通过Midas Civil有限元建模,对混凝土配合比中粉煤灰掺量不同的大体积混凝土承台水化热状态进行模拟,并且通过制定合理的保温措施以及优化设计管冷系统,使大体积混凝土承台水化热达到较好状态。

(2)通过实测数据与理论计算值对比分析,当配合比、入模温度一定时,且考虑大体积混凝土承台内部管冷系统以及施工环境温度后,大体积混凝土承台内部实测绝热温升最大值与理论值基本吻合。采用大掺量粉煤灰的混凝土配合比以及较低入模温度能迅速降低结构内部绝热温升最大值。实测内部绝热温升最大值出现时间与模型计算值存在偏差。结构表面温度实测值波动较大,主要因为受环境温度影响较大;现场保温措施不规范,结构内表温差也呈波动状态。

(3)本文研究的承台尺寸单一,若能结合不同尺寸承台进行分析,将能对大体积混凝土内部绝热温升最高温、表面最高温以及混凝土内表温差进行更系统更完善的分析;混凝土组成材料复杂,依据组成材料的不同对混凝土热学性能进行研究,进而研究大体积混凝土结构水化热效应能得到更准确的结论。

参考文献

[1] DE Chutter G,Taerwe L. Specific heat and thermal diffusivity of hardening concrete[J]. Magazine of Concrete Research,1995,47(172):203-208.

[2] Kreuzer H,Bury K. Failure paths and safety factors for multiaxial stress in concrete[J]. ACI Structural Journal,1990,87(6):639-645.

[3] 张小川.桥梁大体积混凝土温控与防裂[D].成都:西南交通大学,2006.

[4] 中华人民共和国国家标准.大体积混凝土施工标准:GB 50496—2018[S].北京:中国建筑工业出版社,2018.

[5] Craeye I B,DE Schutter G. Early age breaking in concrete dams[J]. Materials and Structure,1997,

30:20-33.
[6] Deppo l L, Dates C, Fiortto V. Optimizing the choice of quarries for large dam construction[J]. Journal of Water Power and Dam Construction, 1985.
[7] Adebar P, Zhou Zong-yu. Bearing strength of compressive struts confined by plain concrete[J]. ACI structural Journal, 1993, 90(5):534-541.
[8] Patanker S V, Ivanovic M, Sparrow E M. Analysis of turbulent flow and heat transfer in internally finned tubes and annuli[J]. Journal of Heat Transfer, 1979, 101:29-37.
[9] Foo H C, Akhras G. Expert systems and design of concrete mixtures[C]. // TISUHSC. Third International Symposium on Utilization of High-Strength Concrete. Lillehammer: TISUHSC, 1993:988-995.
[10] Nakamura H, Hamada S, Tanimoto T, et al. Estimation of temperature crack resistance for mass concrete structure with uncertain material properties[J]. ACI Structure Journal, 2000, 96(4):509-518.
[11] Zreiki J, Lamour V, Chaouche M, et al. Predication of residual stress due to early age behaviour of massive concrete structures site experiments and macroscopic modelling[C]. // DBMC. DBMC international Concrete on Durability of Building Materials and Complements. Istanbul: DBMC, 2008:11-14.
[12] Berwanges C. Transient thermal behavior of bridge structural engineering[J], ASCE Journal, 1983, 109(10):2325-2339.
[13] Wikson E L. The Determination of temperature within mass concrete structures[M] // University of California. Structures and Material Research. Department of Civil Engineering. Berkeley: University of California, 1968:20-32.
[14] Gardner N J. Effect of temperature on early-age properties of type I, type III and type I/fly ash concrete[J]. ACI Material Journal, 1990, 87(1):68-78.
[15] Brooke J, AI-KAISI A F. Early strength development of Portland and slag cement concrete cured at elevated temperature[J]. ACI Material Journal, 1990:87(5):803-807.
[16] Emborg M, Bernander S. Assessment of risk thermal cracking in hardening concrete[J]. Journal of Structural Engineering, 1994, 120(10):2893-2912.
[17] Cervera M, Oliver J, Prato T. Thermo-chemo-mechanical model for concrete. I: hydration and aging[J]. Journal of Engineering Mechanics, 1999, 125(9):1018-1027.
[18] 胡硕. 大体积混凝土温度裂缝控制[D]. 西安:西安建筑科技大学, 2005.
[19] 唐明, 巴恒静. 碱矿渣高钙粉煤灰混凝土的优化及长期性能的研究[J]. 硅酸盐学报, 2000, 28(增):69-71.
[20] 林志祥. 混凝土大坝温度应力数值仿真分析关键技术研究[D]. 西安:西安建筑科技大学, 2013.
[21] 江昔平. 大体积混凝土温度控制裂缝机理与应用方法研究[D]. 西安:西安建筑科技大学, 2013.
[22] 朱岳明, 徐之青, 严飞. 含有冷却水管混凝土结构温度场的三维仿真分析[J]. 水电能源科学, 2003, 21(1):83-85.
[23] 朱岳明, 徐之青, 贺金仁, 等. 混凝土水管冷却温度场的计算方法[J]. 长江科学学院院报, 2003, 20(2):19-22.
[24] 朱岳明, 贺金仁, 肖志乔, 等. 混凝土水管冷却试验与计算及应用研究[J]. 河海大学学报(自然科学版), 2003, 31(6):626-630.
[25] 梅普良, 曾德顺. 一期水管冷却效应的数值模拟新方法[J]. 计算力学学报, 2003, 20(4):508-510.
[26] 麦家煊. 水管冷却理论解与有限元结合的计算方法[J]. 水利发电学报, 1998(4):31-41.
[27] 刘勇军. 水管冷却计算的部分自适应精度法[J]. 水利水电技术, 2003, 34(7):33-35.
[28] 王解军, 梁锦锋, 王明明. 连续刚构桥承台施工中的温度分析[J]. 中南公路工程, 2005, 30(4):

[29] 邓志刚.桥梁承台大体积混凝土温度控制[J].中外公路,2013,33(3):164-166.
[30] 牛建丰.高墩大跨桥梁大体积混凝土水化热分析研究[D].重庆:重庆大学,2013.
[31] 魏胜新,王强.超大体积承台混凝土性能研究与温控技术[J].混凝土,2014(1):127-131.
[32] 鲁正刚,王修信.考虑水管冷却的大体积混凝土结构温度控制研究[J].铁道科学与工程学报,2015,12(5):1172-1178.

46. 具有人工缺陷的波形钢腹板抗剪性能研究

温宗意 赵骏铭 卫星

(西南交通大学)

摘要 对完整的波形钢腹板施加人工坑状缺陷,用以模拟腐蚀坑对波形钢腹板性能的影响,研究具有人工坑状缺陷的波形钢腹板的极限承载力退化性能。建立了32个有限元模型,考虑了不同的坑面积和厚度以及直径、间距的变化情况。探讨了不同变化情况对承载力的影响,研究了坑状缺陷对竖向变形的作用。采用了BP神经网络(BPANN)对多变量非线性的关系进行拟合。结果表明,有限元计算结果与之前的试验结果较为一致;各变量与极限承载力存在非线性关系;厚度的减少对性能的变化起到更大的作用,坑状缺陷的聚集会导致更不利的结果;腹板缺陷对竖向抗弯刚度有一定的折减影响;通过BPANN拟合的折减公式,与计算结果的一致性较好。

关键词 有限元分析 抗剪强度 波形钢腹板 人工神经网络

一、引 言

由于独特的构造带来的力学特性,波形钢腹板逐步在钢结构中得到广泛使用,弯曲荷载和剪切荷载分别由波形钢腹板箱梁的翼板和腹板承担,因此波形钢腹板的抗剪强度与桥梁结构整体的极限承载力密切相关。较多的研究者对波形钢腹板的抗剪性能和剪切行为进行了研究并提出了理论与经验的公式,用于实际的设计中。Driver[1],Sause[2]以及Nie[3]通过试验验证,分别提出了基于ρ-λs曲线的波形钢腹板非线性屈曲抗剪强度计算公式[4]。对弹性屈曲的公式做了统一的描述并提出了表达式。Leblouba等[5,6]通过十二组试验研究了波形钢腹板的抗剪性能。Hassanein[7]研究了高强波形钢腹板的应用。Aggarwal[8]通过建立90个有限元模型分析了局部剪切屈曲强度和波形钢腹板参数的关系。Leblouba[9]通过9组试验对几何尺寸,材料屈服强度,弹模等参数对波形钢腹板抗剪强度的敏感性进行了研究。

上述所做研究中已提出的公式在形式上较为统一,与所做试验结果匹配程度也很好,可以为完整的波形钢腹板非线性抗剪强度的预测提供支撑。但是在实际的使用过程中,受到环境的侵蚀作用,结构性能退化,结构的适用性下降,按照完整的波形钢腹板预测结构强度并不合理[10]。Ahn等[11-13]对腐蚀的工字梁的力学性能进行了大量研究。他们参考先前的工作进行了有限元模型和实验,并提出了有关体积损失的强度折减系数公式。Tohidi[14]研究了局部均匀腐蚀的I型钢梁的受剪行为,通过施加人工缺陷分析了腹板、翼缘受不同腐蚀程度对钢梁抗剪性能的影响。

因此对于波形钢腹板的长期使用性能而言,研究其腹板受缺陷情况下(如腐蚀),对抗剪性能,尤其是抗剪承载力影响是有必要的。在其完整波形钢腹板研究的基础上,得到折减系数来预估模型的抗剪强度有助于波形钢腹板结构的使用和推广。建立了32个有限元模型研究坑状缺陷对波形钢腹板抗剪性能的影响,通过人造的坑状缺陷模拟腐蚀的情况。缺陷特征包括:坑的直径、坑的中心距、缺陷的竖向范围和坑的厚度。再通过人工神经网络对计算结果拟合,得到特征与强度折减系数的映射关系。

二、波形钢腹板模型建立

1. 有坑状缺陷的波形钢腹板

许多研究者通过对实际中桥梁的使用情况进行观察发现,腐蚀往往在桥梁上从下向上的发展[15,16],腹板的下部和下翼缘的顶面,一般如图1所示。尽管均匀腐蚀是较为常见的一种腐蚀方式[17],但当腐蚀发生为腐蚀坑时,受到应力集中的影响,承载力下降更明显,对于结构安全更为危险。因此出于简单的考虑,将均匀的坑状缺陷施加在模型中,用以模拟腐蚀坑对结构的影响。

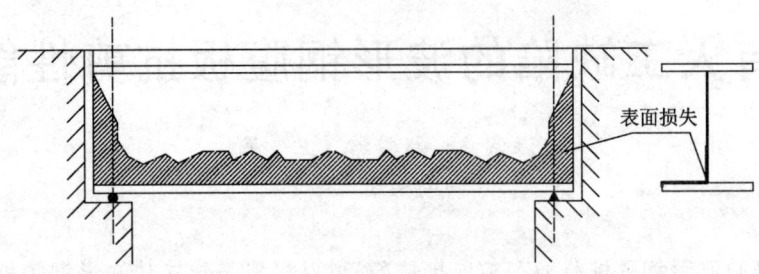

图1 钢梁腐蚀示意图

波形钢腹板(图2)高600mm,翼缘宽度150mm,翼缘厚度12mm,腹板厚度2mm。有限元中钢材材料特性采用双线性各向强化本构模型[18],线弹性部分弹模为210GPa,达到屈服强度235MPa后,切线模量为210MPa。有限元分析采用Ansys建模,计算包括材料非线性和几何非线性,采用4节点6自由度的shell181单元,可用于大应变,大转角的非线性计算。模型计算中不考虑节点偏置,缺陷施加前后板中心位置保持不变。

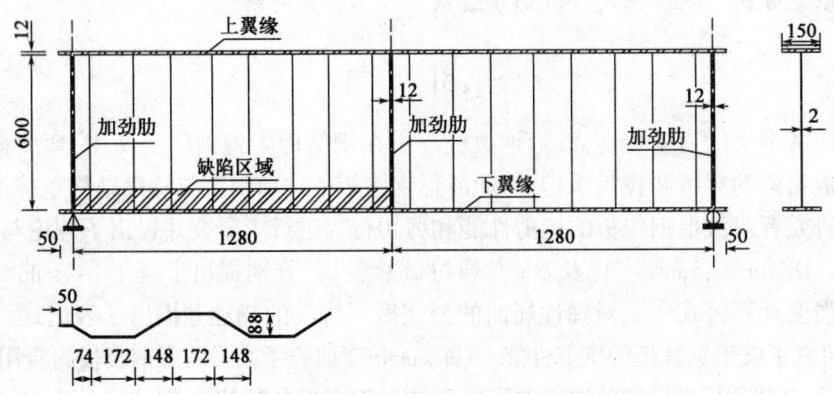

图2 含有局部腐蚀的波形钢腹板尺寸(尺寸单位:mm)

划分网格的细节,边界条件,加载模式以及坐标系如图3所示,坑状缺陷为放大图中划分网格密集的圆圈处,其中s、d、h、t分别表示坑的中心距离、坑的直径、坑的竖向缺陷范围以及缺陷位置剩余的厚度,各个坑状缺陷的特征设定为一致。考虑材料和几何非线性,采用缺省的软件设置计算模型。

2. 参数化分析

采用有限元计算不同缺陷特征下的承载力折减情况,改变了坑的中心距、坑的直径、缺陷的竖向范围,研究了受缺陷后波形钢腹板的抗剪性能。缺陷位置剩余厚度分别为1mm、0.8mm、0.4mm、0mm。0mm时为腹板被穿透的状态。缺陷坑的直径分别为6mm、7mm、8mm、9mm。缺陷高度为75mm、150mm。表1为有限元计算结果P_u,以及缺陷特征及其编号Ti-j。例如,T0代表完整的模型,T1-1代表第一组试件的第一个试件。P_u为跨中施加荷载P的最大值,$P_u/2$即为波形腹板的抗剪承载力。V_{rate}代表缺陷的体积与完整腹板的体积的比例,即,$V_{rate} = \dfrac{V_c}{l \cdot H}$,$V_c$是坑状缺陷的总体积。

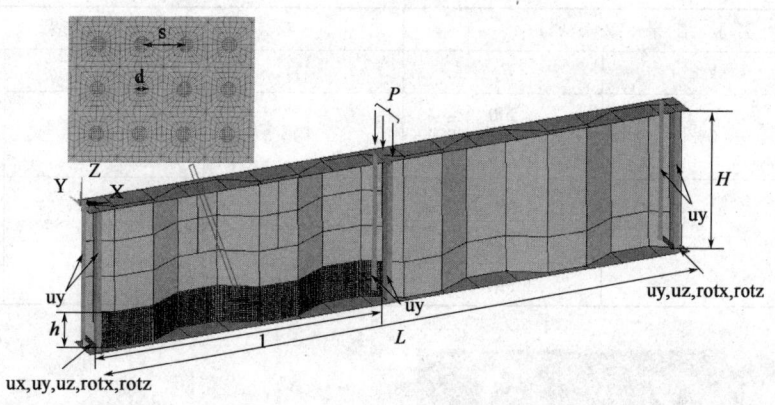

图 3 几何模型和有限元模型细节

缺 陷 特 征 表 1

编号	V_{rate}	P_u(kN)	d(mm)	t(mm)	s(mm)	h/H	l/L	编号	V_{rate}	P_u(kN)	d(mm)	t(mm)	s(mm)	h/H	l/L
T0	0	238	0	2	0	0	0								
T1-1	1.51%	230	6	1	15	H/4	L/2	T5-1	4.21%	239	10	1	15	H/4	L/2
T1-2	1.82%	223	6	0.8	15	H/4	L/2	T5-2	5.05%	217	10	0.8	15	H/4	L/2
T1-3	2.42%	205	6	0.4	15	H/4	L/2	T5-3	6.73%	197	10	0.4	15	H/4	L/2
T1-4	3.03%	205	6	0	15	H/4	L/2	T5-4	8.21%	115	10	0	15	H/4	L/2
T2-1	2.06%	238	7	1	15	H/4	L/2	T6-1	1.70%	237	9	1	15	H/8	L/2
T2-2	2.47%	236	7	0.8	15	H/4	L/2	T6-2	2.04%	217	9	0.8	15	H/8	L/2
T2-3	3.30%	205	7	0.4	15	H/4	L/2	T6-3	2.73%	178	9	0.4	15	H/8	L/2
T2-4	4.12%	175	7	0	15	H/4	L/2	T6-4	3.41%	128	9	0	15	H/8	L/2
T3-1	2.69%	240	8	1	15	H/4	L/2	T7-1	3.41%	235	9	1	15	H/8	L
T3-2	3.23%	224	8	0.8	15	H/4	L/2	T7-2	4.09%	217	9	0.8	15	H/8	L
T3-3	4.31%	189	8	0.4	15	H/4	L/2	T7-3	5.45%	174	9	0.4	15	H/8	L
T3-4	5.39%	178	8	0	15	H/4	L/2	T7-4	6.82%	140	9	0	15	H/8	L
T4-1	3.41%	229	9	1	15	H/4	L/2	T8-1	3.08%	168	9	1	17	H/8	L
T4-2	4.09%	206	9	0.8	15	H/4	L/2	T8-2	2.46%	198	9	1	21	H/8	L
T4-3	5.45%	171	9	0.4	15	H/4	L/2	T8-3	1.85%	231	9	1	29	H/8	L
T4-4	6.82%	163	9	0	15	H/4	L/2	T8-4	1.23%	241	9	1	43	H/8	L

3. 模型验证

已做试验结果如参考文献[19]所示,试件的几何模型尺寸、约束、加载方式与图3相同。表2选取了几组具有相同缺陷特征与缺陷体积的模型,展示了有限元结果与实验结果的对比。E2,E3,TC1,TC2,TC3是所做试验的编号,对应无缺陷模型和有穿透缺陷的模型。图4为试验结构破坏图与模型计算破坏图,破坏状态较为一致。实验结果与计算结果较为一致。模型可以较好的反应波形钢腹板的抗剪性能。

有限元结果与实验结果的对比　　　　　　　　　　　　　　表 2

实验结果			有限元结果		
编号	V_{rate}	P_u	编号	V_{rate}	P_u
E2	0%	200	T0	0.00%	238
E3		210			
TC1	8%	118	T6-6	8.2%	115
TC2		109			
TC3		118			

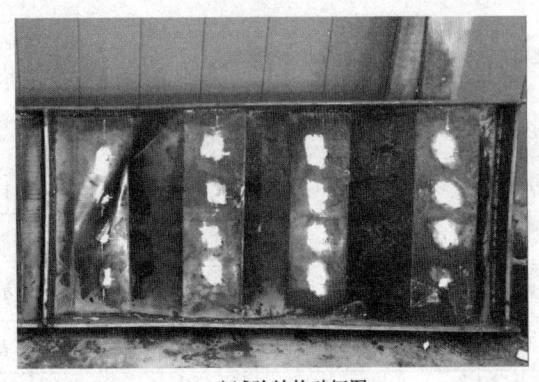

a) 试验结构破坏图

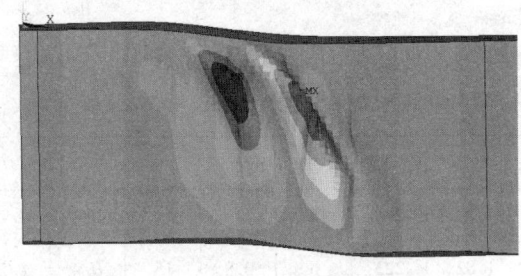

b) 模型结构破坏图

图 4　试验结构破坏图与模型结构破坏图对比

三、计算结果与讨论

1. 剩余强度评估

V_{rate}-P_u 的散点图如图 5 所示,图中剪切承载力与体积的损失不是呈线性的单调关系,其关系复杂,随着体积损失的增大,极限承载力整体的趋势是减小,因此需要考虑多因素下的非线性关系。

图 6 和图 7 展示了剩余强度与坑直径、剩余厚度的关系。当仅考虑坑直径变化的时候,抗剪承载力的下降并不明显,仅在穿孔模型中,直径变化对抗剪强度的影响较为明显,对于穿孔试件,剩余强度先随着坑直径的增大降低,随后达到一个平台,后又迅速下降,腹板缺陷处的剩余厚度在 0.4mm 之前,剩余强度在一定范围内波动不大。因此,可以看到厚度变化对于抗剪能力的影响要大于坑状缺陷的直径变化。当仅坑中心距减小时,图 8 显示了坑中心距和剩余强度的关系,比较了 T8-1 到 T8-4 的计算结果,剩余强度的减少呈较为有规律的非线性关系。

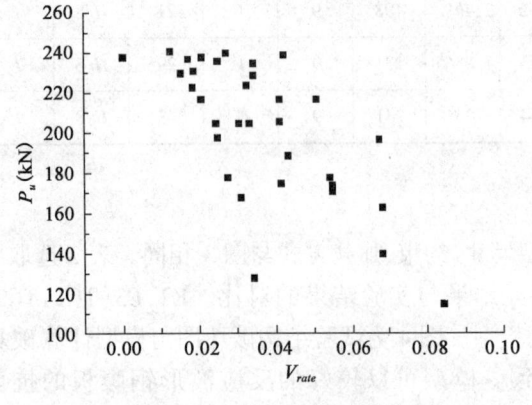

图 5　V_{rate} 对剪切承载力的影响

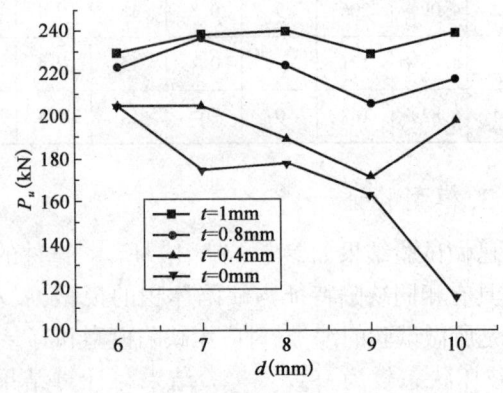

图 6　腐蚀坑直径对剩余强度的影响

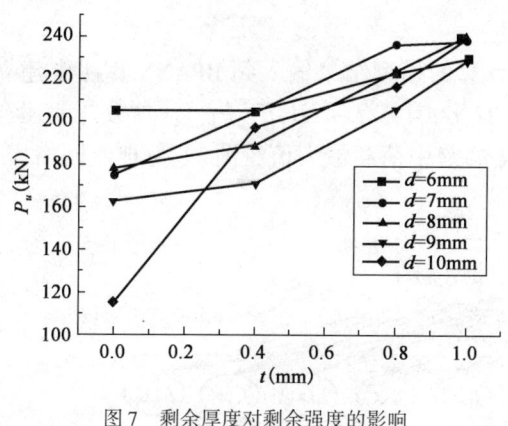

图7 剩余厚度对剩余强度的影响

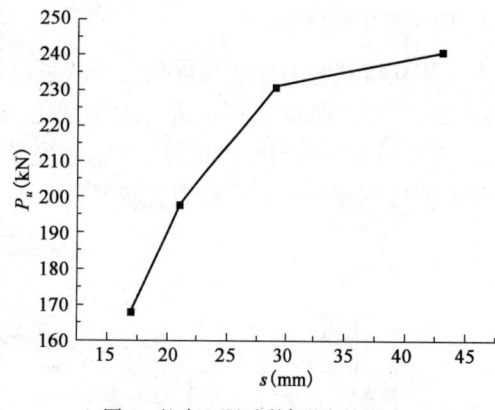

图8 坑中心距对剩余强度的影响

2. 力-竖向位移曲线

图9为一组荷载-竖向位移曲线,竖向位移反应了结构的抗弯刚度,可能的原因是腹板受到损伤后,在力的作用下,考虑几何非线性,结构的中性轴和受力模式发生变化,导致抗弯刚度的降低。腹板厚度的减少会在一定程度降低抗弯刚度。

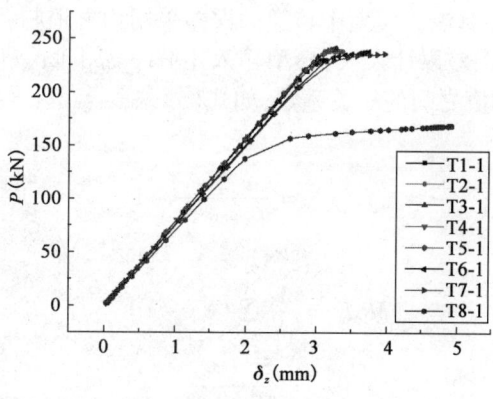

图9 荷载-竖向位移曲线

四、人工神经网络(BPANN)的应用

人工神经网络是一种模拟人脑功能的数学方法,例如记忆、研究、推理和执行大规模并行计算。它由几个处理元素组成。神经网络是一种由彼此连接的节点(或神经元)数量组成的操作模型。每个节点代表一个特定的输出功能,称为激活功能。每两个节点之间的连接表示一个用于传递连接信号的权重值,称为权重,它等于人工神经网络的内存。网络的输出取决于网络的连接方法,权重值和激活功能而变化。网络本身通常是自然界中结果的近似,或者它可能是逻辑策略的一种表达,这种逻辑策略已在最近的结构设计研究中使用[14,20,21]。

对于由多种因素产生的非线性映射关系,BP神经网络是一种人工神经网络,已被广泛使用。BP人工神经网络具有非线性映射、自学习和自适应以及容错能力。研究表明,可以将三层反向传播神经网络实现到所需的准确度[22]。图10显示了一个简单的3层神经示意图模型,该模型信号向前传播,而误差向后传播。

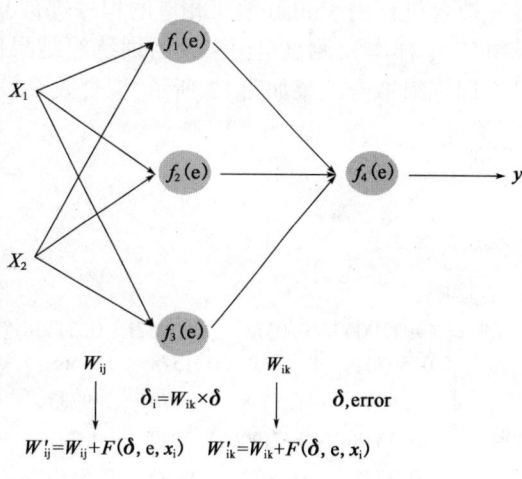

图10 3层神经示意图模型

1. BPANN 模型细节

为了建立坑状缺陷特征与承载力折减系数的关系,已计算的模型结果输入到 BPANN 算法中建立模型拟合。先将输入的缺陷特征进行无量纲化,输入包括 $2d/L, t/t0, 2s/L, h/H, P_u/P_{u0}$,各参数与前述意义相同,$t_0$ 为腹板完整时的厚度值,P_{u0} 为前述完整波形腹板梁的跨中荷载最大值。图 11 为神经网络模型。输出即为波形钢腹板抗剪承载力折减系数。

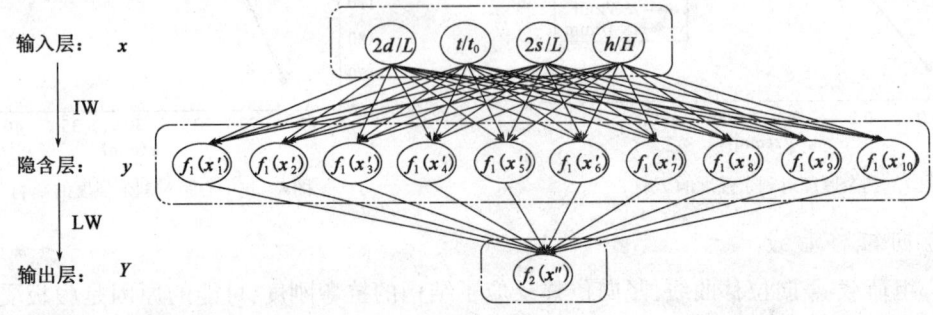

图 11 神经网络模型

隐含层采用 Tansig 函数作为激活函数,如式(1)。输出层采用 Purelin 函数作为激活函数,如式(2)。训练方法为 Levenberg-Marquardt 算法。模型中传递的误差采用均方根归一计算,如式(3),其中 Y_i 是拟合出的结果,y_i 是真实值。为防止误差累计太大,模型输入矩阵 x 需由归一化公式运算后方可放入拟合模型,如式(4),R 代表输出和目标值之间的相关系数,如式(5)。

$$f_1(x) = \frac{2}{1+e^{-2x}} - 1 \tag{1}$$

$$f_2(x) = x \tag{2}$$

$$MSE = \frac{1}{N}\sum_{i=1}^{N}(Y_i - y_i)^2 \tag{3}$$

$$\overline{x} = \frac{x - x_{\min}}{x_{\max} - x_{\min}} \tag{4}$$

$$R = \frac{\sum_{i=1}^{N}(y_i - \overline{y_i})\sum_{i=1}^{N}(Y_i - \overline{Y_i})}{\sqrt{\sum_{i=1}^{N}(y_i - \overline{y_i})^2 \sum_{i=1}^{N}(Y_i - \overline{Y_i})^2}} \tag{5}$$

2. 拟合结果

拟合过程由 Matlab 编写相应的程序进行,所有的数据在模型中随机被分为训练组(25 个样本)和测试组(7 个样本),测试组用来判断训练组结果的优劣并更新权重,用矩阵表达的形式如式(6)~式(9)。最终训练组拟合结果如图 12 所示,拟合效果较为吻合。

$$Y = f_2(y \cdot LW^T + B) \tag{6}$$

$$y = (y_1, y_2, \cdots, y_{10}) \tag{7}$$

$$y_i = f_1(x \cdot IW_{j,i} + b_i) \tag{8}$$

$$x = (\overline{x_1}, \overline{x_2}, \cdots, \overline{x_4}) \tag{9}$$

其中,

$$LW = (-1.0060 \quad 0.0372 \quad -0.0571 \quad 0.3465 \quad -0.2945 \quad -0.0755 \quad 0.3381 \quad 0.2188 \quad -0.3490 \quad -0.4835)$$

$$IW = \begin{pmatrix} 0.5075 & 0.4173 & 0.1578 & 1.1668 & 0.8699 & 0.6634 & -0.5961 & -0.0126 & 0.8768 & -1.0053 \\ -1.4307 & -1.1608 & 0.1678 & 1.9235 & 0.4940 & -0.2344 & -0.8362 & 1.4046 & 1.5165 & -0.0379 \\ -0.7318 & -1.7190 & 1.2540 & -0.2016 & 0.7398 & -1.0555 & -0.5640 & -0.5384 & 1.2360 & -1.5758 \\ -0.2526 & -0.4672 & 1.0492 & 0.5880 & -0.2153 & -0.3409 & -1.9065 & 1.1648 & 0.2993 & -1.4621 \\ 0.0530 & -0.0339 & 1.5640 & -0.1545 & -1.6851 & -1.5499 & 0.8916 & -0.3766 & -0.4887 & 1.4855 \end{pmatrix}$$

$$b = (-2.2332 \quad -1.7824 \quad -1.1289 \quad -0.6064 \quad 0.1070 \quad 0.0351 \quad 0.0592 \quad -1.6631 \quad 1.7340 \quad -1.9452)$$

$$B = -0.0114$$

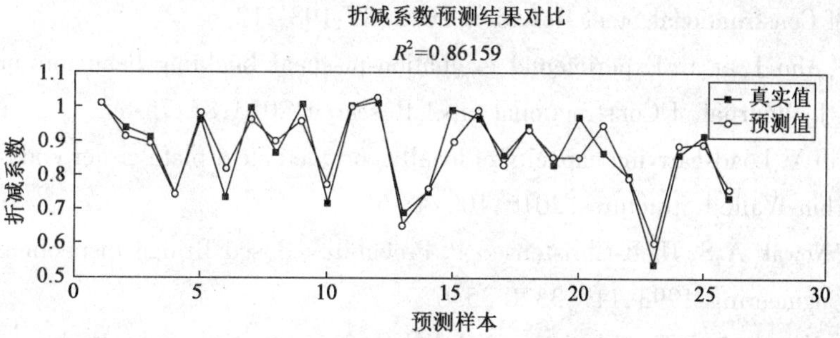

图 12 拟合效果

五、结　语

通过对完整的波形钢腹板施加均匀的坑状缺陷,模拟腐蚀坑的方式,研究了缺陷对波形钢腹板抗剪性能的影响。建立了 32 个有限元模型分析抗剪承载力的折减情况,研究了坑状缺陷特征,如坑的直径、深度、缺陷范围对抗剪承载力的影响。通过建立人工神经网络模型,对折减系数与缺陷特征建立了映射关系。

结果表明,抗剪承载力对于坑厚度方向变化的敏感性要高于坑直径的变化;当坑的数量保持不变时且波形钢腹板尚未被穿孔时,同一坑厚度下,坑的直径变化带来的折减情况较不明显;坑的聚集程度越高,承载力下降越明显;对于波形钢腹板梁,有缺陷的腹板在受力情况下,一定的范围内会降低梁的抗弯刚度;结合引言中前人提出的完整波形钢腹板抗剪强度公式与本文的折减系数公式,可以预测受坑状缺陷波形钢腹板的折减承载力。

参考文献

[1] Driver R G, Abbas H H, Sause R. Shear Behavior of Corrugated Web Bridge Girders[J]. JOURNAL OF STRUCTURAL ENGINEERING. 2006,132(2):195-203.

[2] Sause R, Braxtan T N. Shear strength of trapezoidal corrugated steel webs[J]. Journal of Constructional Steel Research. 2011,67(2):223-236.

[3] 聂建国,朱力,唐亮. 波形钢腹板的抗剪强度[J]. 土木工程学报. 2013,46(06):97-109.

[4] 李立峰,侯立超,孙君翠. 波形钢腹板抗剪性能的研究[J]. 湖南大学学报(自然科学版). 2015,42(11):56-63.

[5] Leblouba M, Barakat S, Altoubat S, et al. Normalized shear strength of trapezoidal corrugated steel webs[J]. Journal of Constructional Steel Research. 2017,136:75-90.

[6] Leblouba M, Junaid M T, Barakat S, et al. Shear buckling and stress distribution in trapezoidal web corrugated steel beams[J]. Thin-Walled Structures. 2017,113:13-26.

[7] Hassanein M F, Elkawas A A, El Hadidy A M, et al. Shear analysis and design of high-strength steel corrugated web girders for bridge design[J]. Engineering Structures. 2017,146:18-33.

[8] Aggarwal K, Wu S, Papangelis J. Finite element analysis of local shear buckling in corrugated web beams[J]. Engineering Structures. 2018,162:37-50.

[9] Leblouba M, Barakat S, Al-Saadon Z. Shear behavior of corrugated web panels and sensitivity analysis[J]. Journal of Constructional Steel Research. 2018,151:94-107.

[10] Kreislova K, Geiplova H. Evaluation of Corrosion Protection of Steel Bridges[J]. Procedia Engineering. 2012,40:229-234.

[11] Ahn J, Kainuma S, Kim I. Shear failure behaviors of a web panel with local corrosion depending on web

[12] Ahn J, Kim I, Kainuma S, et al. Residual shear strength of steel plate girder due to web local corrosion [J]. Journal of Constructional Steel Research. 2013, 89:198-212.

[13] Kim I, Lee M, Ahn J, et al. Experimental evaluation of shear buckling behaviors and strength of locally corroded web[J]. Journal of Constructional Steel Research. 2013, 83:75-89.

[14] Tohidi S, Sharifi Y. Load-carrying capacity of locally corroded steel plate girder ends using artificial neural network[J]. Thin-Walled Structures. 2016, 100:48-61.

[15] Sommer A M, Nowak A S, Thoft-Christensen P. Probability-Based Bridge Inspection Strategy[J]. Journal of Structural Engineering. 1993, 119:3520-3536.

[16] Czarnecki AA, Nowak A S. Time-variant reliability profiles for steel girder bridges[J]. Structural Safety. 2008, 30(1):49-64.

[17] Kayser J. The effects of corrosion on the reliability of steel girder bridges[D]. Ann Arbor, Mich., USA: University of Michigan, 1988.

[18] Ibrahim S A, El-Dakhakhni W W, Elgaaly M. Fatigue of Corrugated-Web Plate Girders: Experimental Study[J]. Journal of Structural Engineering. 2006, 132(9):1371-1380.

[19] Wen Z, Wei X, Xiao L, et al. Experimental evaluation of the shear buckling behaviors of corrugated webs with artificial corrosion pits[J]. Thin-walled structures. 2019, 141:251-259.

[20] Jiang X, Guedes Soares C. Ultimate capacity of rectangular plates with partial depth pits under uniaxial loads[J]. Marine Structures. 2012, 26(1):27-41.

[21] Ok D, Pu Y, Incecik A. Artificial neural networks and their application to assessment of ultimate strength of plates with pitting corrosion[J]. Ocean Engineering. 2007, 34(17-18):2222-2230.

[22] Hecht-Nielsen R. Theory of the Backpropagation Neural Network[J]. Neural Networks. 1988:445.

47. 大跨度悬索桥主缆二次应力与直径关系研究

龚旺[1] 吴玉刚[2] 张太科[3] 沈锐利[1]

(1. 西南交通大学土木工程学院；2. 广东省交通集团有限公司；3. 广东省公路建设有限公司)

摘 要 大跨度悬索桥主缆因构造需要和受到荷载作用，在鞍座和索夹等部位主缆的二次应力突出。二次应力过高将加速主缆腐蚀并使主缆受力不均匀，导致其承载力降低。随着主缆直径增大，鞍座和索夹处的二次应力可能有明显变化。在对鞍座和索夹处的缆索进行实际变形状态分析的基础上，根据变形协调和内力平衡条件，修正了主缆各项二次应力的计算公式，研究了悬索桥二次应力与主缆直径的关系。研究结果表明：主缆在鞍槽处的弯曲次应力，因主缆直径越大，采用的鞍槽半径越大，其随主缆直径的增加而减小；主缆架设垂度误差次应力、索夹出口处次应力、鞍座处缆索角度变化及缆索形状变化等引起的次应力，随着主缆直径的增加而增加；各项二次应力组合后，在鞍座出口处、端索夹位置对主缆产生影响较大。

关键词 悬索桥 主缆 二次应力 索夹 鞍座

一、引 言

悬索桥主缆不论采用 AS 法还是 PPWS 法架设，由于跨度大，单根钢丝架设时及紧缆后的主缆，其总体抗弯刚度很小，钢丝主要承受拉力，钢丝的应力基本均匀。随着跨度的增加，主缆直径也随之增加，主缆在安装紧固索夹后,将受到索夹紧固的作用,集束体钢丝的弯曲刚度将增大,特别是靠近鞍座和索夹两侧,截面抗弯刚度相对很大。抗弯刚度的增大,将使主缆变形时产生的弯曲应力增大,也即主缆二次应力增大。

在主缆的设计中,目前规范一般采用较大的安全系数验算主缆强度,从而忽略二次应力的影响。采用较大的安全系数,主缆将具备较高安全储备,这使主缆材料得不到充分利用。实际情况应考虑二次应力的影响,对主缆钢丝来说,主缆二次应力属于局部应力,在容许应力设计时,一般关注纤维应力大小,有些设计中将主应力与二次应力叠加,采用与主应力不同的安全系数评价;但是如果采用极限状态法,就主缆承载力来说,二次应力的存在,不会直接对主缆极限承载力带来明显的影响。但是二次应力过高,对于主缆的腐蚀将带来加速的影响;二次应力超过钢丝屈服应力后,将造成钢丝局部截面不可恢复的变形,进一步影响主缆承载力的均匀性,因此在悬索桥主缆设计中,需要了解可能产生的二次应力的原因和它的大小范围。

张伟等[1]对悬索桥主缆的各项次应力进行了分析并给出了相应的经验计算公式;聂利芳[2]讨论了不同跨度对各项二次应力的影响;在文献[3]中研究了悬索桥主缆抗弯刚度引起的二次应力,分析得出主缆抗弯惯性矩对二次应力影响较小;严琨等[4]采用不同假设条件,建立了主缆二次应力的几种计算方法,针对某实桥进行了不同计算结果与实测结果对比,发现主缆变形较小时,不同计算方法所得结果与实测值较吻合;在文献[5]中通过对南京长江四桥实测发现,主缆断面的二次应力主要由钢丝不均匀轴向应力组成,且随着施工进程在嵌固端处累积。

对于超大跨度悬索桥,在单侧可考虑设置单主缆、两主缆或多主缆方案,因此在同一跨度内,采用不同直径的主缆,其二次应力的变化情况值得研究,这方面研究过去未见文献报道。

本文以国内拟建的某过江通道主跨2180m钢桁梁公路悬索桥为工程背景,主缆直径分别取60~180cm,研究主缆直径变化与主缆架设时因垂度误差引起的次应力以及主缆在主索鞍鞍槽处、索鞍出口处、索夹处等部位产生的二次应力大小的关系。

二、工程背景

某过江通道悬索桥方案主缆桥跨布置为(710+2180+710)m,单跨悬吊,采用桁架式主梁,主桁高15m,上下层均为双向8车道高速公路。主缆采用预制平行索股构造,成桥状态下中跨矢跨比为1/9.5,边跨矢跨比为1/6。计算分析时假定主缆索股采用直径为5.8mm的高强度钢丝编制,公称抗拉强度2060MPa,钢丝弹性模量为1.98×10^5MPa,主缆在索夹内外的空隙率分别取18%、20%,在主要荷载作用下,主缆安全系数取2.3。

由于全桥可以采用多根主缆方案,采用两根主缆(单侧各一根)时,假定其主缆直径1.5m,则采用四根主缆时其主缆直径接近1.1m,采用六根主缆时其直径接近0.85m。为探讨主缆各部位的二次应力与主缆直径的关系,将研究分析的范围扩大至主缆直径0.6~1.8m。

三、主缆垂度误差次应力

悬索桥主缆架设时,索股架设调索是由索股的垂度来控制的,因主缆在紧缆前后其空隙率存在较大差异,故架设过程存在垂度误差,该误差将导致索股长度的变化,从而产生钢丝间的不均匀应力。该项误差对于主缆上下层索股最为明显,就上层索股而言,由于架设时与中心索股相比,垂度减小了,因此钢丝无应力长度比设计的小,紧缆后钢丝应力增大;下层索股钢丝应力减小,因此这里仅讨论上层钢丝应力的增大。上层索股紧缆前后垂度误差示意见图1。

假设中心索股的矢跨比保持不变,架设时主缆在索夹外紧缆前后空隙率分别取30%、20%,讨论不同直径主缆在架设中因索股垂度误差引起次应力σ_1,可表示为:

$$\sigma_1 = \frac{\Delta s}{s} \times E \tag{1}$$

A、B 两支点间主缆的近似索长 s 计算公式表示如下：

$$s = L\left(1 + \frac{C^2}{2L^2} + \frac{8f^2}{3L^2}\right) \tag{2}$$

对上式其取微分，可得索长变化 Δs 与垂度误差 Δf 的关系：

$$\Delta s = \frac{16f}{3L}\Delta f \tag{3}$$

垂度误差 Δf 可表示为：$\Delta f = \frac{D' - D}{2}$ \hfill (4)

上述式中：L——跨度；

　　　　　f——矢高；

　　　　　C——两支点高差，中跨 $C=0$，边跨 $C=286.634\mathrm{m}$；

　　　　　D'、D——紧缆前后主缆直径；

　　　　　E——弹性模量。

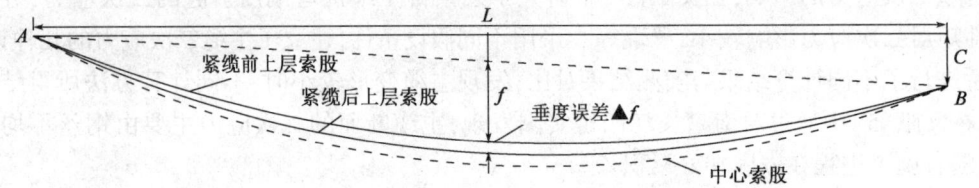

图 1　上层索股紧缆前后垂度误差示意图

图 2 为主缆架设时边中跨上层索股因垂度误差产生的次应力。由图 2 可见，随着主缆直径增加，上层索股因垂度误差引起的次应力随缆径增加呈线性增加，且边跨次应力较中跨大。当主缆直径为 60cm 时，中跨垂度误差次应力为 1.02MPa，边跨垂度误差次应力 4.73MPa；当主缆直径为 180cm 时，中跨垂度误差次应力为 3.07MPa，边跨垂度误差次应力 14.13MPa。

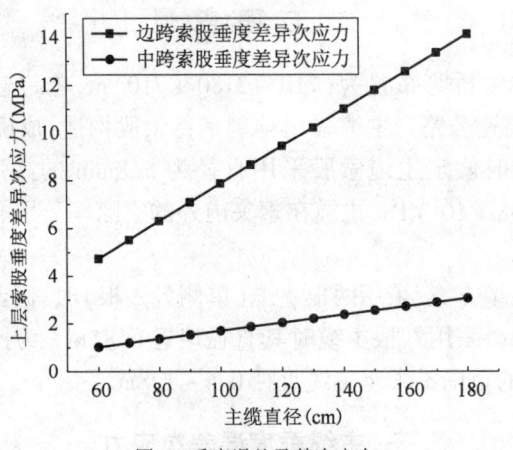

图 2　垂度误差及其次应力

四、主索鞍鞍槽弯曲应力

悬索桥主缆由钢丝组成，钢丝绕过一定曲率的弧线时，在钢丝中间产生弯曲应力，弯曲应力大小与绕过弧线的曲率有关。主缆钢丝绕过主索鞍鞍槽时，其外边缘长度及钢丝中线长度分别为 $(R+r)\theta$ 和 $R\theta$（R 和 r 分别为索鞍鞍槽半径和钢丝半径，θ 为圆心角）[2]，因此钢丝纤维应变 ε 为：

$$\varepsilon = \frac{(R+r)\theta - R\theta}{R\theta} = \frac{r}{R} \tag{5}$$

弯曲次应力 σ_2 为：

$$\sigma_2 = \varepsilon \times E = \frac{rE}{R} \tag{6}$$

根据规范,鞍槽立面圆弧半径不宜小于主缆设计直径的 8 倍,一般取 10 倍。将钢丝直径 5.8mm、鞍座半径为 10 倍主缆直径代入式(5),可计算出钢丝在主鞍槽内的弯曲应力。图 3 为主缆绕过主索鞍鞍槽产生的弯曲次应力随主缆直径的变化。由图 3 可见,随着主缆直径的增加,实际曲率半径越大,其在索鞍鞍槽处产生的弯曲次应力越小,当主缆直径为 60cm 时,弯曲次应力为 95.70MPa;当主缆直径为 180cm 时,对应弯曲次应力为 31.9MPa。同时可见随着主缆直径的增加,弯曲次应力的减小幅度初始变化较大,当主缆直径变化至 130cm 后,弯曲次应力缓慢减小;由此可知,合理选用主缆直径,其在鞍槽处产生的弯曲次应力可以明显改善。

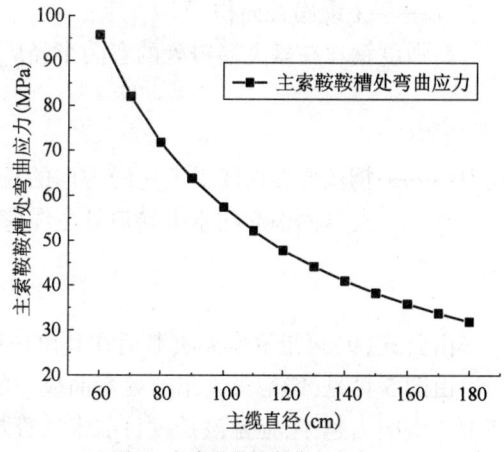

图 3 主索鞍鞍槽弯曲次应力

五、索夹出口处次应力

1. 索夹出口处弯曲次应力

因索夹内外主缆空隙率的差异,主缆表面一定范围内钢丝在索夹出口处会产生弯曲从而产生次应力。文献[6]中考虑在索夹出口处主缆通过一个非圆滑曲线进行过渡,以适应索夹内外空隙率的变化,如图 4a)所示。这种假设存在不合理之处,钢丝不能满足平顺圆滑的实际情况。主缆外层钢丝索夹口处的空隙率比索夹外的空隙率小 2% 左右,因此主缆直径有差异,从索夹口的直径过渡到主缆正常截面的直径,应该是平滑圆顺连接的,因此可采用图 4b)所示的过渡曲线,假定为一反向圆弧曲线,曲线两端分别与平行主缆相切(主缆半径不同),根据这一满足线形条件的假定,可建立曲线计算关系。

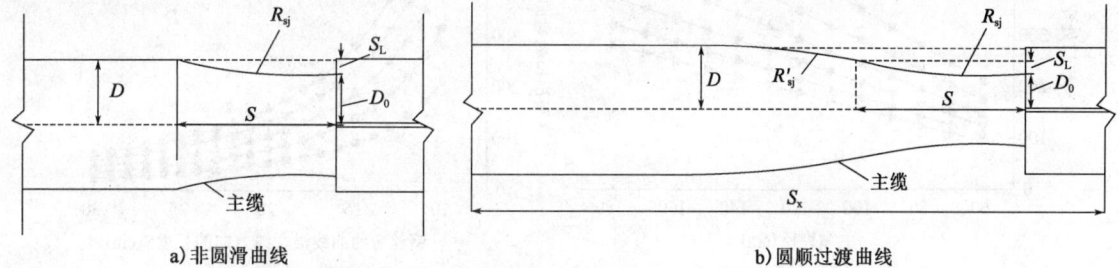

a)非圆滑曲线   b)圆顺过渡曲线

图 4 索夹出口处主缆表面弯曲示意图

假设过渡段两个圆曲线弯曲半径相同,由主缆弯曲产生的应变可以表示为[6]:

$$\varepsilon = \frac{(R_{ij} + r)\theta - R_{ij}\theta}{R_{ij}} = \frac{r}{R_{ij}} \tag{7}$$

式中:r——钢丝半径;

R_{ij}——钢丝在索夹端口处的弯曲半径。

索夹出口处钢丝弯曲曲线沿着主缆直径方向的距离 S_L,可在文献[6]推导公式基础上进行修正,可表示为[6]:

$$S_L = \left(\frac{D}{2} - \frac{D_0}{2}\right) \times \frac{1}{2} = \left(\sqrt{\frac{1}{j}} - \sqrt{\frac{1}{j_0}}\right) \times \sqrt{\frac{A}{\pi}} \times \frac{1}{2} \tag{8}$$

式中:D——索夹外主缆直径;

D_0——索夹内主缆直径;

j——索夹外主缆实心率,此处取 80%;

j_0——索夹内主缆实心率,此处取 82%;

A——主缆净截面积。

高强度钢丝在索夹端口处的弯曲半径 R_{sj} 可表示为:

$$R_{sj} = \frac{S^2 + S_L^2}{2S_L}$$

式中:S——钢丝弯曲曲线沿着主缆方向的长度。

故由索夹紧固引起的索夹端口处主缆弯曲次应力 σ 为:

$$\sigma_{3-1} = \frac{rE}{R_{sj}} = \frac{2rES_L}{s^2 + S_L^2} \tag{9}$$

由公式(9)可推算索夹夹紧后在其出口处产生的弯曲次应力,结果如图5所示。

由图5可见,影响索夹出口处弯曲应力的重要参数是过渡段的曲线长度,该长度越长,索夹出口处的该项二次应力越小,但是该长度目前未见资料报道该如何取值。计算结果表明,当钢丝弯曲曲线沿着主缆方向的长度取10cm,主缆直径为60cm时,对应弯曲次应力为211.30MPa;当主缆直径为180cm时,对应弯曲次应力为632.18MPa。当钢丝弯曲曲线沿着主缆方向的长度取15cm,主缆直径为60cm时,对应弯曲次应力为93.93MPa;当主缆直径为180cm时,对应弯曲次应力为281.45MPa。同时由图可得,随着主缆直径的增加,索夹出口处弯曲应力呈线性增加趋势,且随着钢丝弯曲曲线沿着主缆方向的长度的增加,索夹出口处弯曲次应力在逐渐减小,且当钢丝弯曲曲线沿主缆方向的长度超过20cm时,次应力减小趋势逐渐平缓。

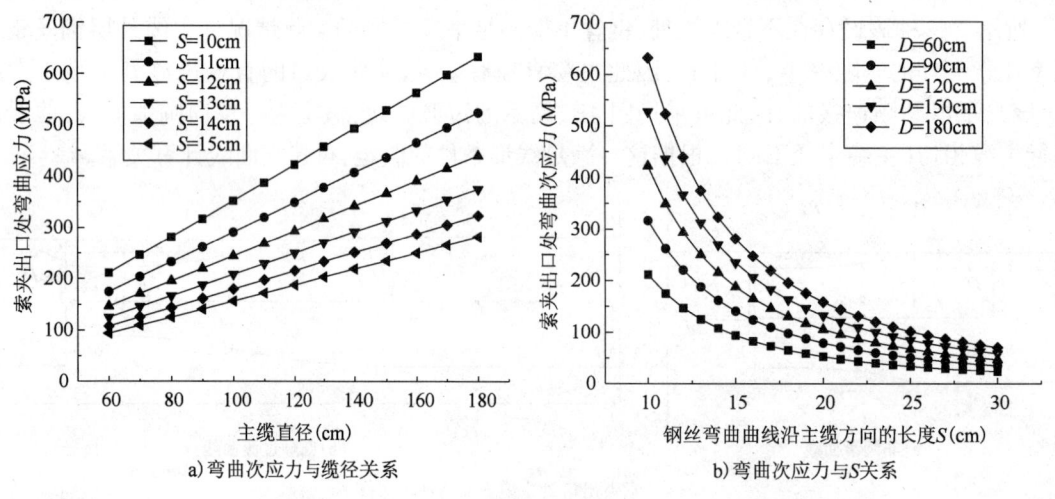

a) 弯曲次应力与缆径关系   b) 弯曲次应力与S关系

图5 索夹出口处弯曲应力

2. 索夹间钢丝形状长引起的次应力

由于索夹内外空隙率的变化,主缆在索夹端口处存在过渡段,因索夹对主缆的紧固作用,限制了主缆钢丝的自由变形,故主缆表面一定范围内钢丝在两索夹之间形状长度将发生变化,从而引起应力不均匀,该项次应力可由下式表示:

$$\sigma_{3-2} = \frac{\Delta S}{S_X}E = \frac{2(L-S)}{S_X}E \tag{10}$$

式中:L——索夹出口过渡段圆弧形心长度;

S_X——索夹间距的一半,假定索夹按16m等距布置,此处取值为8m。

图6为索夹间主缆钢丝形状长度变化引起的次应力。由图6可见,当钢丝弯曲曲线沿着主缆方向的长度取10cm,主缆直径为60cm时,对应次应力为1.12MPa;当主缆直径为180cm时,对应次应力为10.06MPa。当钢丝弯曲曲线沿着主缆方向的长度取15cm,主缆直径为60cm时,对应次应力为0.75MPa;当主缆直径为180cm时,对应次应力为6.71MPa。

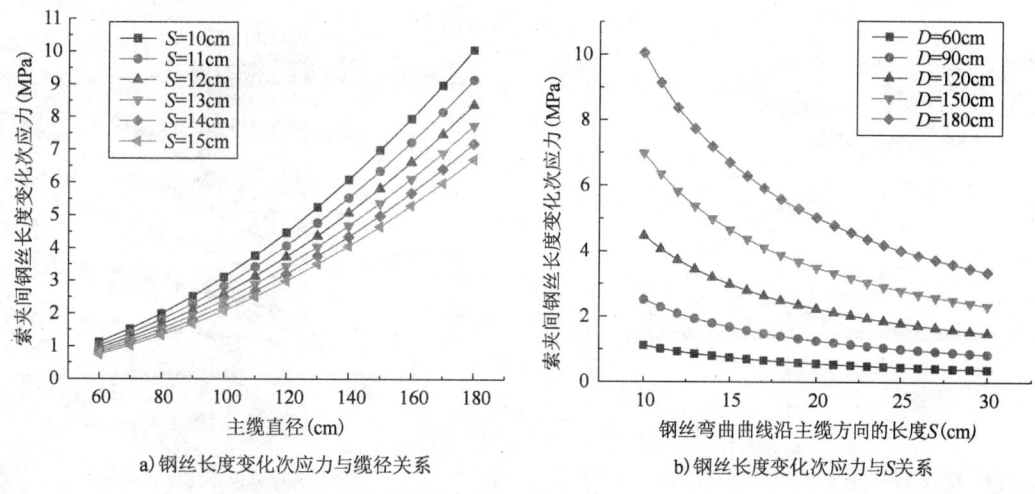

a) 钢丝长度变化次应力与缆径关系 　　b) 钢丝长度变化次应力与S关系

图6　索夹出口钢丝长度变化次应力

随着主缆直径的增加,两紧固索夹间主缆钢丝形状长度变化次应力增加,当主缆直径越大,次应力增长越快。随着钢丝弯曲曲线沿着主缆方向的长度增加,由主缆表面一定范围内钢丝长度变化产生的次应力在逐渐减小,当主缆直径越大时,此次应力减小幅度越大。但此项次应力相较于索夹出口处所产生的钢丝弯曲应力较小,故索夹处主要考虑索夹出口弯曲应力影响。

六、鞍座处缆索角度变化次应力

主缆架设完成并紧缆和安装索夹后,主缆的整体性变强。当主缆从空缆状态随着梁段的安装逐渐变形到成桥状态时,主缆在鞍座处和各索夹两端都会产生比较明显的转角。这种转角变化将在主缆中产生二次应力。由于主缆产生转动时,钢丝之间可能发生滑动,因此由转角变化产生的弯曲次应力计算非常复杂,对此问题严琨[4,5]开展了大量的试验与理论研究。为比较主缆这些位置的二次应力与主缆直径的关系,本文采用Niedls J. Gimsing[7]推导的简化计算方法进行分析。

对于悬索桥主缆,最大弯曲发生在引起最大角度变化的索塔附近区域内。主缆从最初位置由于荷载作用变化到最终位置的变形情况,如图7所示。对于具有大量吊杆的悬索桥,按完全梁模型进行简化计算,其基本假定为假设缆索初始状态是直的;假设索夹为等距离布置;整个缆索的变形被缆索端部的转角所代替。因此在图7中上部说明的真实状况可以用图中下部理想化的状况所替代[2]。

根据图7简化理想模型,推导了索鞍出口处缆索角度变化产生的次应力计算公式[7]:

$$\sigma_4 = \frac{\left(\sqrt{\frac{1}{4}T^2\lambda_{be}^2 + EJ_cT\frac{\lambda_{be}}{C_b}} - \frac{1}{2}T\lambda_{be}\right) \times \Delta\phi_i \times d_c}{2J_c} \quad (11)$$

式中:T——主缆张力;

　　J_c——主缆的抗弯刚度;

　　λ_{be}——索夹的有效长度;

　　$\Delta\phi_i$——索夹出口处的角度变化;

　　C_b——索夹之间的距离(假定索夹按16m等距布置);

　　d_c——主缆直径。

根据公式(11),可知在鞍座处缆索角度变化产生的次应力,主要与主缆张力、索夹长度、主缆直径、索夹间间距以及角度变化值等因素有关。根据文献[2]中所讨论的不同跨径悬索桥在恒载及可变作用下跨中侧鞍座处缆索角度变化幅值,本文取此处角度变化为0.01~0.05rad,讨论主缆直径由60~180cm变化时,由此产生的弯曲次应力变化,见图8。

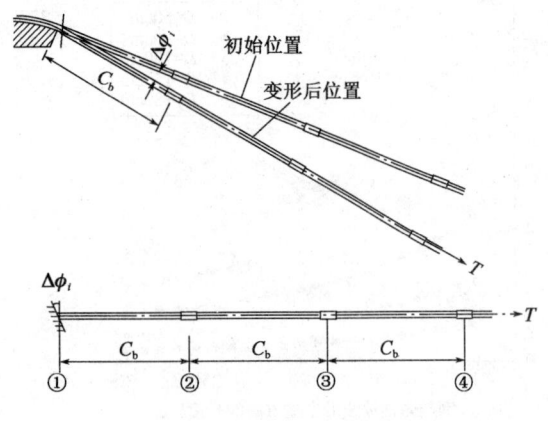 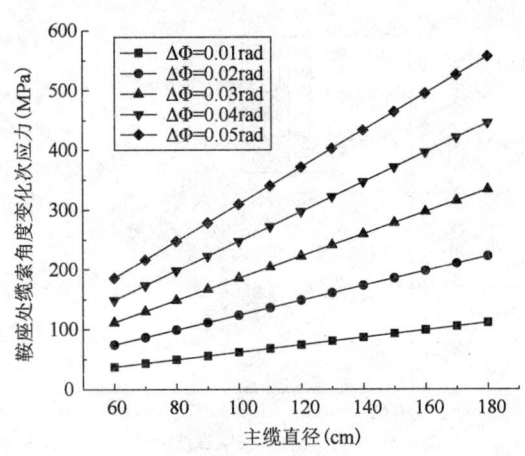

图7 荷载作用时悬索桥主缆变形示意图　　　图8 鞍座处缆索角度变化次应力

由图8可知,当荷载作用下主缆在鞍座处产生角度变化值为0.01rad,主缆直径为60cm时,对应次应力为64.79MPa;主缆直径为180cm时,对应次应力为111.36MPa。当荷载作用下主缆在鞍座处产生角度变化值为0.05rad,主缆直径为60cm时,对应次应力为185.62MPa;主缆直径为180cm时,对应次应力为556.78MPa。同时由图可得,随着主缆直径的增加,在荷载作用下由于主缆在鞍座处的角度变化所产生的次应力呈线性增加趋势,当缆索的角度变化值增大时,其产生的次应力也随之增加,且当角度变化值越大,主缆直径越大,由缆索角度变化所产生的二次应力增加更快。

七、缆索形状变化次应力

悬索桥主缆在鞍座内的形状为六边形,出索鞍之后将恢复成圆形,在变化过程中,截面上各钢丝的长度是不同的,此长度变化由于索股之间的摩擦力约束将产生二次应力[1],以正六边形变化至圆形为例,两者面积相等,截面变化形式如图9所示。

边长为a的正六边形和半径为r的圆形面积相等时可以得到边长a长度为:$\sqrt{\dfrac{2\pi}{3\sqrt{3}}} \times r$

AB长度为:$L_{AB} = \sqrt{l^2 + \left(\sqrt{\dfrac{2\pi}{3\sqrt{3}}} - 1\right)^2 r^2}$;CD长度为:$L_{CD} = \sqrt{l^2 + \left(1 - \sqrt{\dfrac{\pi}{2\sqrt{3}}}\right)^2 r^2}$

由于截面形状变化引起的次应力为:

$$\sigma_5 = E \times \frac{\Delta l}{l} = E \times \frac{\max(L_{AB}, L_{CD}) - l}{l} \tag{12}$$

式中:r——主缆半径;
　　　l——截面形状变化长度。

根据上述公式,可知鞍座处由于缆索形状变化所产生的次应力,主要与主缆直径、形状变化长度等因素有关,讨论主缆直径变化和截面形状变化长度分别取1~5m时,所产生的二次应力见图10。

由图10可知,当主缆直径为60cm,截面形状变化长度为1m时,其产生的次应力为88.43MPa,截面形状长度为5m时,其产生的次应力为3.54MPa;当主缆直径为180cm,截面形状变化长度为1m时,其产生的次应力为794.48MPa,截面形状长度为5m时,其产生的次应力为31.84MPa,两者相差悬殊。同时由图可得,主缆在鞍座处缆索截面变化所产生的次应力,随着主缆直径的增加而增加,当截面形状变化长度越短时,其增长越快,当截面形状变化长度越长时,其增长越平缓,当截面面形状变化长度达到5m及以上时,主缆在鞍座处因缆索形状变化所产生的次应力较小。

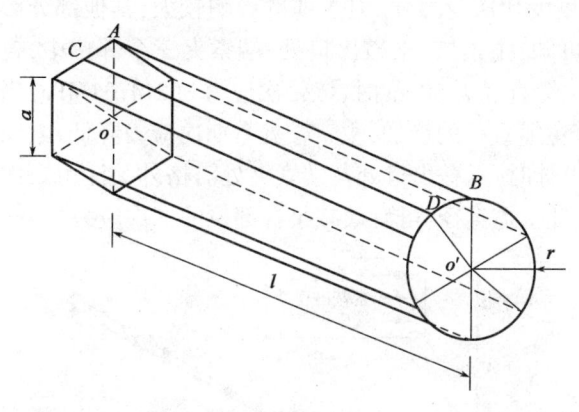

图9 截面形状变化示意图

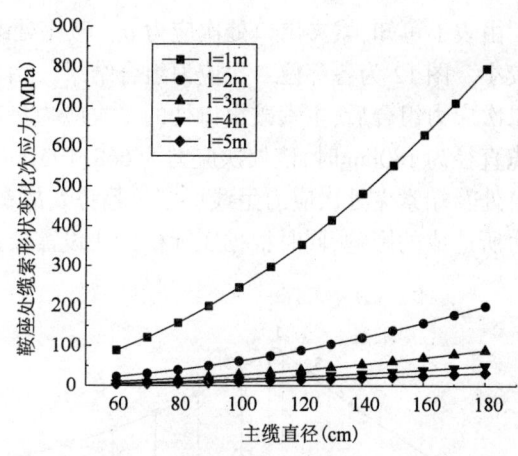

图10 鞍座处缆索形状变化次应力

一般设计中,从主缆鞍座出口到主缆完全整形成圆形截面,其长度是比较长的,一般可取 6.4~8.5 倍索夹内主缆直径,多数情况下大于 5m,因此该项次应力影响较小。

八、二次应力组合

根据上述各项二次应力的计算结果并结合实际工程可能出现的不利情况,将各项二次应力取值结果汇总于表1,各项二次应力在主索鞍、索鞍出口处以及端索夹等部位进行组合,如表2所示,其位置示意见图11。

不同主缆直径各项二次应力汇总   表1

主缆直径 (cm)	σ_1 (MPa)	σ_2 (MPa)	$\sigma_3(S=15\text{cm})$ (MPa)	$\sigma_4(\Delta\Phi=0.03\text{rad})$ (MPa)	$\sigma_5(l=5\text{m})$ (MPa)
60	4.73	95.70	94.67	111.37	3.54
70	5.52	82.03	110.59	129.93	4.82
80	6.30	71.78	126.55	148.49	6.29
90	7.09	63.80	142.54	167.05	7.96
100	7.88	57.42	158.57	185.61	9.83
110	8.66	52.20	174.65	204.17	11.89
120	9.44	47.85	190.75	222.73	14.15
130	10.23	44.17	206.90	241.28	16.61
140	11.01	41.01	223.08	259.84	19.26
150	11.79	38.28	239.29	278.40	22.11
160	12.57	35.89	255.54	296.95	25.16
170	13.35	33.78	271.83	315.51	28.40
180	14.13	31.90	288.15	334.07	31.84

注:表中 $\sigma_3 = \sigma_{3-1} + \sigma_{3-2}$

单跨悬吊悬索桥各部位二次应力组合   表2

位置编号	名 称	恒载作用二次应力组合	活载作用二次应力组合
1	主索鞍	σ_2	—
2	索鞍出口处	$\sigma_1 + \sigma_3 + \sigma_4 + \sigma_5$	σ_4
3	端索夹	$\sigma_1 + \sigma_3$	σ_4

由表1可知,索夹出口处次应力 σ_3,鞍座处缆索角度变化次应力 σ_4 对主缆的影响较大,其他部分影响较小。图12为各部位二次应力组合结果。由图12可知,主索鞍、索鞍出口处、端索夹三个部位中,各项二次应力组合后,主索鞍出口处的二次应力最高,当主缆直径为60cm时,该处次应力为214.31MPa;当主缆直径为180cm时,该处次应力为668.19MPa。随着主缆直径的增加,主索鞍处弯曲次应力降低,索鞍出口处及端索夹处次应力呈线形增长趋势。故在结构设计时,索鞍出口处及端索夹处需格外关注由二次应力所造成的影响,同时根据实际桥梁建设需要选用合理主缆直径,可有效减小各部位的二次应力。

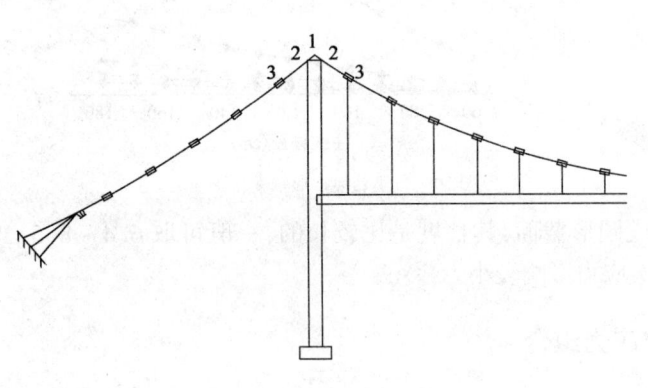

图11　单跨悬吊悬索桥二次应力位置示意图

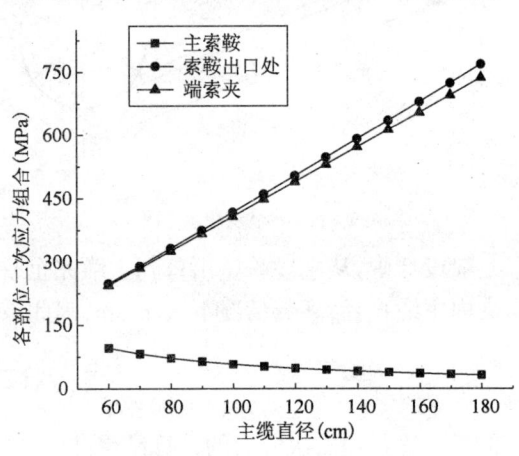

图12　各部位二次应力组合结果

九、结　语

(1)随着主缆直径增加,主缆架设时上层索股因垂度误差引起的次应力随主缆直径增加呈线性增加,且边跨次应力较中跨大。

(2)主缆绕过索鞍鞍槽时,将产生与索鞍半径相关的弯曲次应力,随着主缆直径的增加,该项次应力逐渐减小,且减小程度随主缆直径增大而渐趋平缓。

(3)因索夹内外空隙率的差异,主缆表面一定范围内钢丝在索夹出口处产生的弯曲次应力以及在两索夹间因钢丝形状长度变化而产生的次应力随主缆直径的增加而增加;且随着钢丝弯曲曲线沿着主缆方向长度的增加,两者次应力均逐渐减小。

(4)在荷载作用下由于主缆在鞍座处角度变化所产生的次应力,随着主缆直径的增加,呈线性增加,且角度变化越大,次应力越大。

(5)主缆在鞍座处缆索截面形状变化所产生的次应力,随着主缆直径的增加而增加,当截面形状变化长度越短时,次应力越大,当截面形状变化长度越长时,次应力越小。

(6)各项二次应力组合后,在主索鞍出口处、端索夹处对主缆产生影响较大,且随主缆直径的增加次应力呈线性增加,结构设计时需着重关注此两处位置次应力的影响。

参考文献

[1] 张伟,潘方.悬索桥主缆的次应力分析[J].郑州大学学报,2005,4.26:29-33.

[2] 聂利芳.悬索桥主缆二次应力分析与研究[D].成都:西南交通大学,2010.

[3] 聂利芳,沈锐利,唐茂林,等.悬索桥主缆抗弯刚度引起的二次应力分析[J].建筑科学与工程学报,2010,27(03):59-64.

[4] 严琨,沈锐利.大跨度悬索桥鞍座出口处主缆的二次应力[J].重庆交通大学学报,2012,31,2:191-194.

[5] 严琨,沈锐利.大跨度悬索桥施工过程中主缆二次应力实测研究[J].土木工程学报,2018,51(04):62-68.

[6] Wyatt T A. Secondary stresses in parallel wire suspension cables[J]. Transactions, America Society of Civil

Engineering,1963.

[7] Gimsing NielsJ. , Georgakis Christos T. Cable Supported Bridges: Concept and Design[M]. John Wiley &Sons,2011.

48. 大跨径波形钢腹板桥梁端部加劲构造研究

张 愉 刘玉擎

(同济大学 桥梁工程系)

摘 要 波形钢腹板桥梁通过设置内衬混凝土以提高腹板在支点处的抗剪能力。然而大跨径波形钢腹板桥梁中,过高过长的内衬混凝土不仅构造复杂、施工困难,还会降低预应力施加效率、增大上部结构自重。本文基于国内某大跨径波形钢腹板梁桥,建立有限元模型,提出在支点附近用加劲钢板代替内衬混凝土,通过对不同构造下组合梁力学特性的分析,研究加劲钢板代替内衬混凝土提高腹板抗剪能力的可行性;同时调整腹板与加劲肋的厚度,寻求支点区段腹板合理构造,为大跨径波形钢腹板桥梁支点区段腹板抗剪设计提供参考。研究结果表明,腹板支点区段合理设置纵向与竖向加劲肋可以达到与设置内衬混凝土相同的抗剪能力;腹板屈曲破坏位置随加劲范围的变化而改变;不同的腹板厚度与加劲肋厚度下结构具有不同的屈曲破坏模式;为满足抗剪要求下同时节省材料用量,可以通过增大加劲肋厚度以减小支点区段腹板厚度。

关键词 波形钢腹板 大跨径 内衬混凝土 加劲钢板 抗剪设计

一、引 言

组合折腹桥梁采用波形钢腹板代替混凝土腹板,具有自重轻、预应力施加效率高、可避免腹板开裂、抗震性能好等优点。1986年法国修建了世界上第一座组合折腹式梁桥(Cognac桥[1]),此后该桥型在国内外得到迅速发展。

该桥型让混凝土承担弯矩,折形钢腹板承担剪力[2,3],由于支点处剪力为极大值,因而组合梁支点区段钢腹板抗剪稳定计算是波形钢腹板组合梁桥设计的重要问题。Easley[4]、Elgaaly[5]、Yoda[6]、Hassanein[7]、刘玉擎[8]、周绪红[9]、单成林[10,11]、聂建国[12]等对波形钢腹板剪切屈曲问题进行了大量的研究。Nakamura[13]首先提出钢与混凝土组合I型梁支点位置腹板内衬混凝土的理念,钢梁上、下翼缘焊接钢筋,并在翼缘与腹板间填充混凝土,防止受压腹板及翼缘屈曲,且其自身亦抵抗部分弯曲与剪力荷载;同样,波形钢腹板组合连续梁或刚构桥,有时在支点附近波折腹板内侧浇筑混凝土形成组合结构改善受力性能。这样可以进一步提高波折腹板抗屈曲的性能。He等[14-16]对波形钢腹板内衬混凝土组合梁的剪切、弯曲性能进行了试验研究和有限元参数分析,推导了其刚度和强度的理论计算公式,此外研究了内衬混凝土对结构挠度、轴向应力、剪切应力、弯曲性能和稳定性的影响。

而大跨径组合折腹式梁桥中,过高过长的混凝土内衬不仅构造复杂、施工困难,还会使预应力施加效率大幅降低、上部结构自重增大。这些不利因素制约了组合折腹式梁桥在超大跨径桥梁中的应用和发展。要想进一步发展组合折腹式梁桥的跨径,就亟须对墩顶附近的折形钢腹板提出一种新的构造措施,该构造首先要解决中支点折形钢腹板稳定性问题,同时避免使用内衬混凝土。基于以上想法,本文提出一种加劲折形钢腹板,包括折形钢腹板母板和水平或竖直固定在所述钢结构母板上的加劲肋板构造。提出在支点附近用加劲钢板代替内衬混凝土,基于国内某主跨180m大跨径波形钢腹板刚构桥,建立有限元模型,通过对不同构造下桥梁的力学特性的分析,研究加劲钢板代替内衬混凝土提高腹板抗剪能力的可行性,同时调整腹板与加劲肋的厚度,寻求支点区段腹板合理构造,为大跨径波形钢腹板桥梁支点区段腹板抗剪设计提供参考。

二、有限元模型

1. 工程背景

图1为某三跨组合折腹连续刚构桥总体布置。桥梁全长370m,跨径布置为(95+180+95)m。主梁采用变高度单箱单室箱形截面,中支点梁高为11.25m,底板厚1.8m,边支点及跨中梁高为4.2m,板厚度为0.34m,梁高与底板厚按1.8次抛物线变化。混凝土顶板宽13m,厚0.3m,两侧悬臂长度为3.35m;混凝土底板宽7m(图2)。折形钢腹板采用1600型,直板段长度430mm,斜板段投影长度370mm,波高220mm;钢板厚度从支点到跨中为14~30mm变化。支点区段内衬混凝土长度为15.8m。混凝土顶底板,横隔板与内衬为C50混凝土,钢板为Q345钢材。

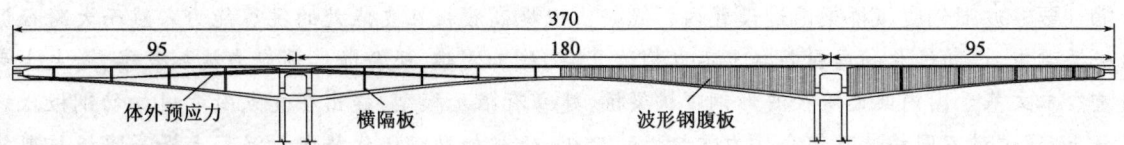

图1 某大跨径波形钢腹板桥梁立面图(尺寸单位:m)

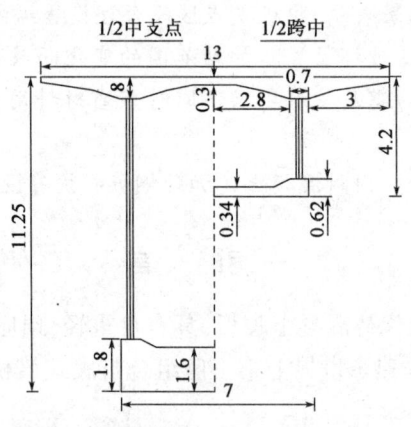

图2 横截面布置(尺寸单位:m)

2. 有限元模型

为研究加劲肋对该桥力学性能的影响,采用ANSYS有限元软件建立全桥三维模型(图3),支点附近腹板构造分别采用无加劲、内衬混凝土加劲、竖向加劲肋以及纵向加劲肋。混凝土顶底板、横隔装置及内衬混凝土采用实体单元模拟,波形钢腹板、钢翼缘与加劲肋采用板壳单元模拟,预应力筋采用杆单元模拟;焊钉连接件采用三向弹簧单元模拟,连接件抗剪与抗拉拔刚度根据文献[17,18]确定。计算荷载考虑恒载(包含结构自重,预应力作用以及二期恒载)和汽车活载(包括中跨跨中挠度最不利活载、中支点剪力最不利活载)。

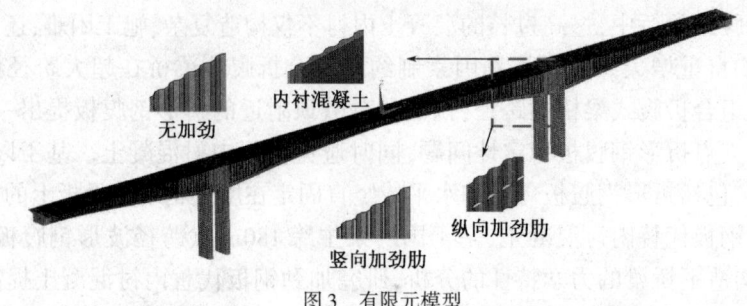

图3 有限元模型

三、不同加劲构造对结构力学特性的影响

1. 全桥刚度

分别计算无加劲,内衬混凝土加劲,竖向加劲肋以及纵向加劲肋四种构造下在结构自重、预应力和中跨跨中挠度最不利活载作用下的结构挠度。计算结果分别为 8.80cm、8.53cm、8.80cm 和 8.80cm。结果表明采用加劲肋的方式并不影响桥梁的整体刚度,较使用内衬混凝土时挠度增大约 3%,其值较小,可认为加劲肋替换内衬混凝土不影响全桥刚度。

2. 混凝土轴向应力

分别计算无加劲、内衬混凝土加劲、竖向加劲肋以及纵向加劲肋四种构造下在结构自重、预应力和支点负弯矩最不利活载作用下的支点附近的混凝土顶板正应力,计算结果如图 4 所示。结果显示,在竖向与纵向加劲肋与无加劲的情况下混凝土应力基本一致;相比于加劲肋,设置内衬混凝土能有效减小混凝土应力,混凝土正应力最大折减约 64%。但在支点 60m 区段范围内,虽然设置加劲肋不能有效减小混凝土应力,但应力水平远小于抗压强度,处于安全范围内;内衬混凝土虽然能够降低顶板应力,但顶板混凝土正应力峰值并未得到削减。

3. 钢腹板剪应力

分别计算无加劲、内衬混凝土加劲、竖向加劲肋以及纵向加劲肋四种构造下在结构自重、预应力和中支点剪力最不利活载作用下的支点附近钢腹板剪应力,计算结果如图 5 所示。结果显示,在竖向与纵向加劲肋与无加劲的情况下钢腹板剪应力基本一致;相比于加劲肋,设置内衬混凝土能有效减小钢腹板剪应力,混凝土正应力最大折减约 96%。虽然设置加劲肋不能有效减小钢腹板剪应力,但应力水平远小于钢材强度,不会发生强度破坏,处于安全范围内。

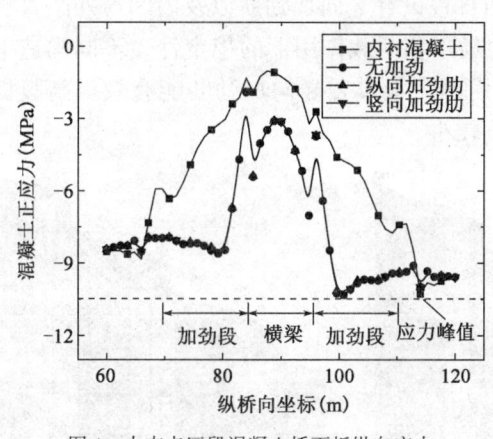

图 4 中支点区段混凝土桥面板纵向应力

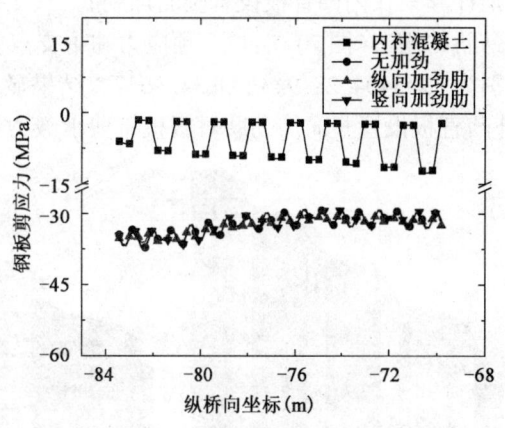

图 5 内衬混凝土区段钢板剪应力

4. 腹板稳定性

分别计算无加劲、内衬混凝土加劲、竖向加劲肋以及纵向加劲肋四种构造下在结构自重、预应力和中支点剪力最不利活载作用下的稳定性,四种构造下的屈曲模态如图 6 所示,均为腹板整体屈曲,屈曲系数分别为 28.131,50.222,33.540 和 37.0281。结果显示,除设置内衬混凝土的构造失稳于内衬混凝土端部腹板外,其余构造均为支点附近腹板失稳;设置竖向加劲肋和纵向加劲肋的情况下,稳定系数分别提高 19.1% 与 31.6%,小于设置内衬混凝土的 78.5%。因此,设置加劲肋可以有效提高腹板根部的抗剪稳定承载力。

5. 加劲钢板可行性分析

通过以上不同加劲构造对结构力学特性的影响分析:不同加劲构造基本不影响全桥刚度;设置加劲肋虽然不能像内衬混凝土有效降低顶板正应力以及钢板剪力,但应力水平远小于材料强度,处于安全范

围内,不会发生强度破坏;设置加劲肋可以有效提高腹板根部的抗剪稳定承载力。因此,下文通过参数分析寻求支点区段腹板合理构造。当满足腹板抗剪稳定性时,在支点附近用加劲钢板代替内衬混凝土即是可行的。

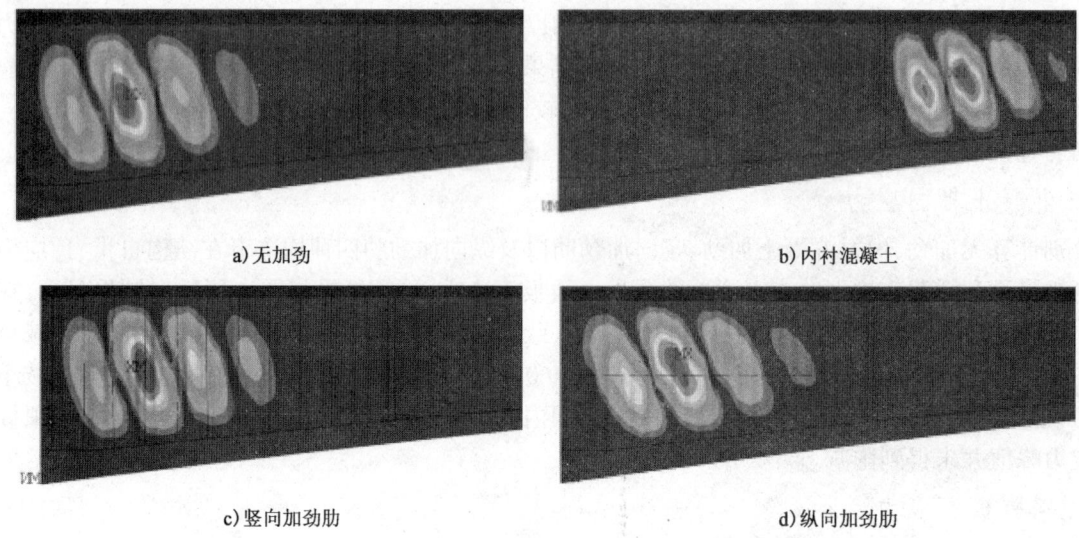

a) 无加劲　　　　　　　　　　　　　b) 内衬混凝土

c) 竖向加劲肋　　　　　　　　　　　d) 纵向加劲肋

图6　不同构造失稳模态

四、加劲腹板合理构造研究

1. 竖向加劲肋位置

分别计算只在内凹直板设置竖向加劲肋、只在外凸直板设置竖向加劲肋以及内凹与外凸直板均设置竖向加劲肋的构造(图7)在自重、预应力和中支点剪力最不利活载作用下的稳定性。不同构造下的屈曲系数分别为33.5404、28.9431和34.3637。结果显示,内凹直板设置竖向加劲肋能有效提高腹板抗剪承载力;外凸直板设置竖向加劲肋对腹板抗剪承载力影响较小。

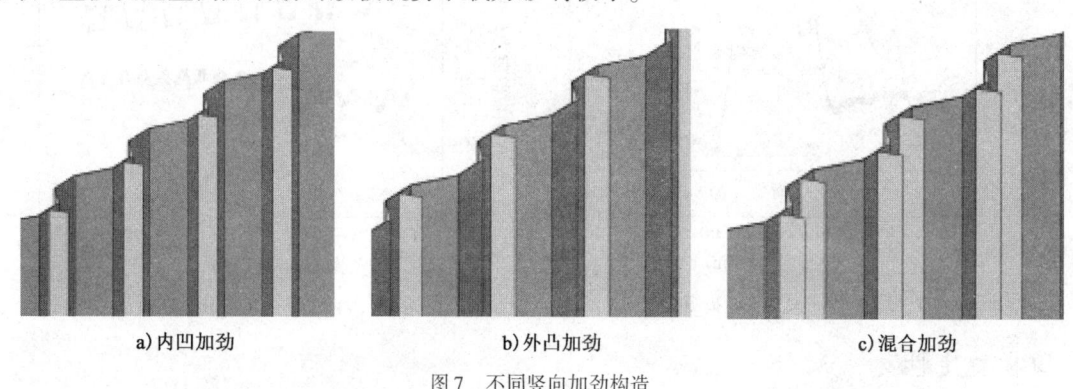

a) 内凹加劲　　　　　　　b) 外凸加劲　　　　　　　c) 混合加劲

图7　不同竖向加劲构造

2. 纵向加劲肋数量

分别计算纵向加劲肋为1,2,3道时,不同加劲腹板构造在自重、预应力和中支点剪力最不利活载作用下的稳定性。图8为不同构造下的屈曲系数,结果显示,设置1~3道加劲肋,屈曲系数分别为37.0281、40.0911和42.8736,每增加一道加劲肋屈曲系数分别增大31.6%、8.27%和6.9%。

3. 加劲长度

综合上述参数分析,推荐采用内凹直板段设置竖向加劲肋与两道纵向加劲肋的混合加劲构造。本节基于此种混合加劲构造分别计算加劲范围为17.4m、15.8m、14.2m、12.6m和11m时(原桥梁内衬混凝土长度为15.8m),不同长度加劲在自重、预应力和中支点剪力最不利活载作用下的稳定性。图9为不同加劲范围下的屈曲系数,结果显示,加劲范围从 17.4m 减小至 11m 时,屈曲系数分别为 46.9464、46.9145、43.8119、39.2555 和 36.5479;失稳模态从加劲腹板的失稳向加劲端部腹板的失稳转变。

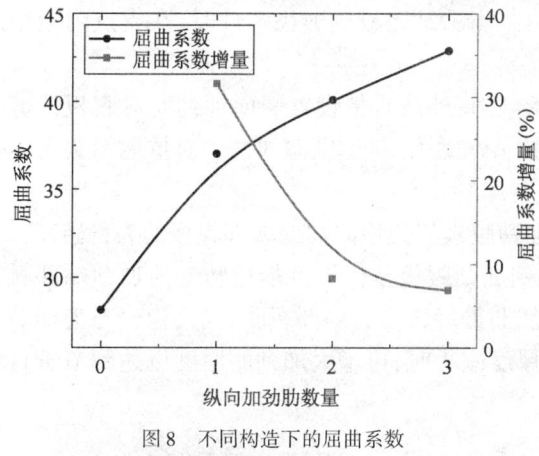

图 8 不同构造下的屈曲系数

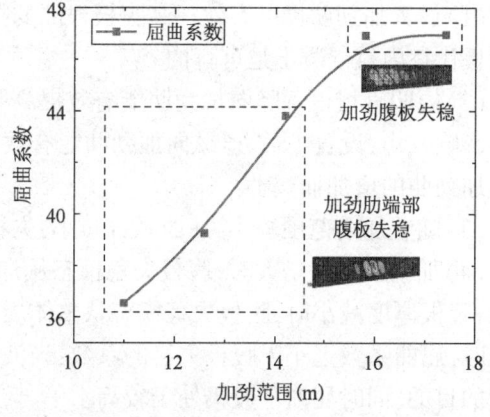

图 9 不同加劲长度下的屈曲系数

4. 加劲腹板厚度

考虑本桥梁支点附近区段腹板厚度为 30mm,材料用量较大。本节基于内凹直板段设置竖向加劲肋与两道纵向加劲肋的混合加劲构造,通过改变腹板与加劲肋的厚度,寻求支点区段腹板合理构造,满足抗剪要求下同时减小波形钢腹板厚度以节省材料用量。计算腹板厚度分别为 30mm、28mm、26mm、24mm 和 22mm;加劲肋厚度分别为 10mm、15mm、20mm、25mm 和 30mm 时结构在自重、预应力和中支点剪力最不利活载作用下的稳定性。表 1 为不同厚度下腹板的失稳模态;图 10 为不同厚度下腹板的屈曲系数。结果显示,当加劲肋厚度从 10mm 增大至 30mm 时,腹板失稳模态从加劲肋失稳到加劲腹板整体失稳最后为加劲端部腹板失稳;当腹板厚度从 30mm 降低至 22mm 时,腹板失稳模态从整体屈曲到合成屈曲最后为局部屈曲;当失稳模态为加劲肋失稳时,屈曲系数远小于腹板失稳的系数;当波形钢腹板厚度减小至 26mm 时,可增大加劲肋厚度至 25mm 以达到节省材料用量的目的,同时屈曲系数仍处于较高水平。

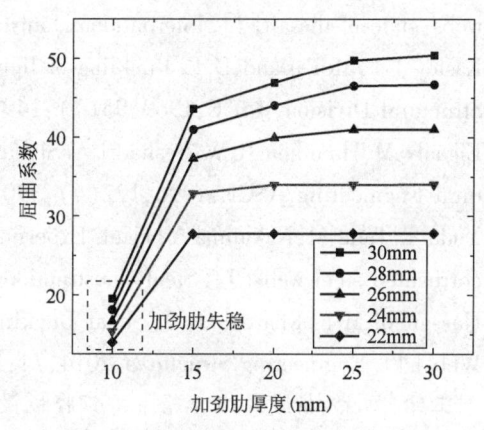

图 10 不同板厚下腹板的屈曲系数

不同厚度下腹板的失稳模态　　　　　　　　　　表 1

加劲肋厚度 (mm)	波形钢腹板厚度(mm)				
	30	28	26	24	22
10					
15					
20					
25					
30					

五、结　语

(1) 设置加劲肋可以有效提高腹板根部的抗剪承载力。当满足腹板抗剪稳定性时,在支点附近用加劲钢板代替内衬混凝土是可行的。

(2) 内凹直板设置竖向加劲肋能有效提高腹板抗剪承载力;外凸直板设置竖向加劲肋对腹板抗剪承载力影响较小;设置1~2道纵向加劲肋能有效提高腹板抗剪承载力,每道纵向加劲肋对抗剪承载力的作用随加劲肋的增加而减小。

(3) 随着加劲范围减小,屈曲系数减小,失稳模态从加劲腹板的失稳向加劲端部腹板的失稳转变。

(4) 加劲肋厚度增大时,腹板失稳模态从加劲肋失稳到加劲腹板整体失稳最后转变为加劲端部腹板失稳;腹板厚度减小时,腹板失稳模态从整体屈曲到合成屈曲最后转变为局部屈曲;当失稳模态为加劲肋失稳时,屈曲系数远小于腹板失稳的系数;当波形钢腹板厚度减小时,可增大加劲肋厚度以达到节省材料用量的目的,同时屈曲系数仍处于较高水平。

参考文献

[1] Kondo M, Shimizu Y, Kobayashi K, et al. Design and construction of the Shinkai Bridge-Prestressed concrete bridge using corrugated steel webs[J]. Bridge Found. Eng(in Japanese), 1994, 13-20.

[2] 刘玉擎. 组合结构桥梁[M]. 北京:人民交通出版社, 2005.

[3] He J, Liu Y, Chen A, et al. Mechanical behavior and analysis of composite bridges with corrugated steel webs: state-of-the-art[J]. International Journal of Steel Structures, 2012, 12(3):321-338.

[4] Easley J T, McFarland D E. Buckling of light-gage corrugated metal shear diaphragms[J]. Journal of the Structural Division, ASCE, 1969, 95(7):1497-516.

[5] Elgaaly M, Hamilton R W, Seshadri A. Shear strength of beams with corrugated webs[J]. Journal of Structural Engineering, ASCE, 1996, 122(4):390-8.

[6] Yoda T, Tada M, Nakajima Y. et al. Experimental study on mechanical behavior of composite girders with corrugated steel webs[J]. Steel Construction Engineering, JSSC, 1994, 1(2):57-66.

[7] Hassanein M F, Kharoob O F. Shear Buckling Behavior of Tapered Bridge Girders with Steel Corrugated Webs[J]. Engineering Structures, 2014, 74:157-169.

[8] 刘玉擎, 刘荣. 折腹式组合箱梁桥钢腹板设计方法研究[J]. 现代交通科技, 2006, (6):27-29.

[9] 周绪红, 孔祥福, 侯健. 波纹钢腹板组合箱梁的抗剪受力性能[J]. 中国公路学报, 2007, 20(2):77-82.

[10] 单成林. 预应力混凝土组合箱梁桥波形钢腹板的屈曲分析[J]. 工程力学, 2008, 25(6):122-127.

[11] 单成林. 偏载作用下组合箱梁桥波形钢腹板的屈曲[J]. 华南理工大学学报(自然科学版), 2009, (3):109-113.

[12] Nie J, Zhu L, Tao M, et al. Shear Strength of Trapezoidal Corrugated Steel Webs[J]. Journal of Constructional Steel Research, 2013, 85:105-115.

[13] Nakamura S, Narita N. Bending and shear strengths of partially encased composite I-girders[J]. Journal of Constructional Steel Research, 59(12):1435-1453.

[14] He J, Liu Y, Chen A, et al. Shear Behavior of Partially Encased Composite I-Girder with Corrugated Steel Web: Experimental Study[J]. Journal of Constructional Steel Research, 2012, 77:193-209.

[15] He J, Liu Y, Lin Z, et al. Shear Behavior of Partially Encased Composite I-Girder with Corrugated Steel Web: Numerical Study[J]. Journal of Constructional Steel Research, 2012, 79:166-182.

[16] He J, Liu Y, Chen A, et al. Bending Behavior of Concrete-Encased Composite I-Girder with Corrugated Steel Webs[J]. Thin-Walled Structures, 2014, 74:70-84.

[17] Zhaofei, LIN, Yuqing L, Jun H. Research on Calculation Method of Shear Stiffness for Headed Stud Con-

nectors[J]. Engineering Mechanics,2014,31(7):85-90.
[18] Yang F,Liu Y,Liang C. Analytical study on the tensile stiffness of headed stud connectors[J]. Advances in Structural Engineering,2018:1-12.

49. 组合折腹桥梁腹板与底板结合部传力机理分析

张　愉　王思豪　刘玉擎
(同济大学　桥梁工程系)

摘　要　为研究组合折腹桥梁中腹板与底板不同类型结合部的传力机理,以国内某座组合折腹连续刚构桥为工程背景,建立三维实体有限元模型,采用弹簧元模拟结合部连接件的抗剪和抗拉拔作用,比较不同类型结合部连接件的传力规律与桥梁整体刚度。研究结果表明,嵌入型结合部主要依靠直板段的开孔承担纵向剪力和横向弯矩;翼缘型结合部在内凹直板段附近区域受力不利;外包型结合部主要通过腹板上焊钉传力,且首排焊钉受力较大,自上而下依次减小;焊钉—开孔板翼缘型结合部刚度最大,插入型结合部刚度最小。为今后组合折腹桥梁结合部的选择与设计提供参考。

关键词　组合折腹桥梁　嵌入型结合部　翼缘型结合部　外包型结合部　传力机理

一、引　言

组合折腹桥梁采用波形钢腹板代替传统的混凝土腹板或平钢腹板,具有自重轻,避免腹板开裂,提高材料利用率等优点[1]。折形钢腹板与混凝土底板间的连接为该种桥梁的关键构造,要确保桥梁纵向能够有效传递剪力,同时确保主梁横截面各部分能够成为一体承担荷载。

折形钢腹板与混凝土底板常用的结合部构造包括嵌入型、翼缘型和外包型。翼缘型与嵌入型结合部应用较为广泛,2001年德国提出了混凝土底板与折形钢腹板截面形式一致的外包型结合部[2,3],近年来在国内数座桥梁中得到应用。Ebina[4]、Nakajima[5]、Takeshita[6]、Shiji[7]、Wang[8]等研究了不同结合部构造的力学性能,但结合部在实桥中的传力机理尚不明确。

本文建立国内某组合折腹连续刚构桥空间三维实体有限元模型,采用弹簧元模拟结合部连接件的抗剪和抗拉拔作用,揭示了不同结合部连接件的受力规律,为今后该类型桥梁结合部的设计提供参考。

二、工程概况

图1为国内某三跨组合折腹连续刚构桥总体布置图,跨径布置为(48+90+48)m。折形钢腹板采用1600型,直板段长度430mm,斜板段投影长度370mm,波高220mm。图2为常用结合部构造,结合部构造及尺寸均来源于国内已建桥梁,比较分析不同类型结合部(嵌入型、焊钉、开孔板连接翼缘型,型钢连接翼缘型,焊钉外包型以及混合型外包型)在实桥中的传力机理。

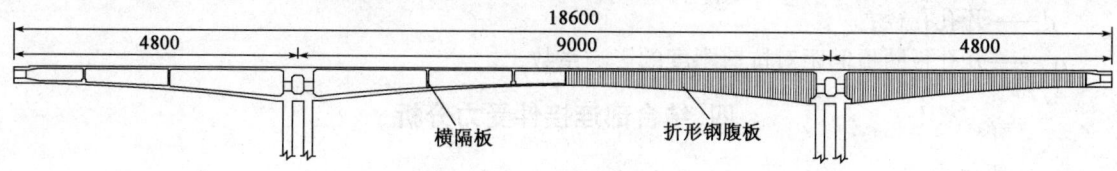

图1　桥梁整体布置图(尺寸单位:cm)

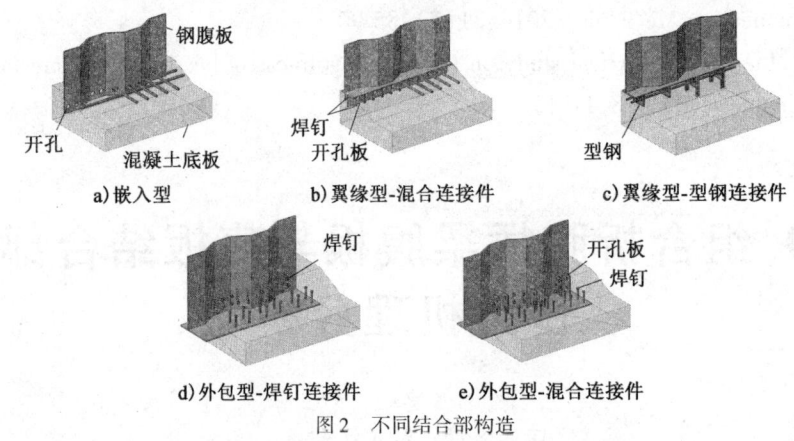

图2 不同结合部构造

三、有限元模型

采用有限元软件 ANSYS 建立全桥三维实体有限元模型。连接件模拟方法如图3所示。混凝土采用 SOLID65 单元;钢结构采用 SHELL63 单元;预应力钢束采用 LINK10 单元;钢板与混凝土之间利用 CONTAC173 及 TARGE170 单元建立接触;采用三向弹簧单元模拟焊钉连接件,三向刚度分别采用焊钉抗剪和抗拉拔刚度,分别通过式(1)和式(2)计算[9,10]。开孔板连接件的抗剪作用通过二向弹簧单元模拟,抗剪刚度可通过式(3)计算[11];全桥施加一二期恒载与汽车活载,有限元模型如图4所示。

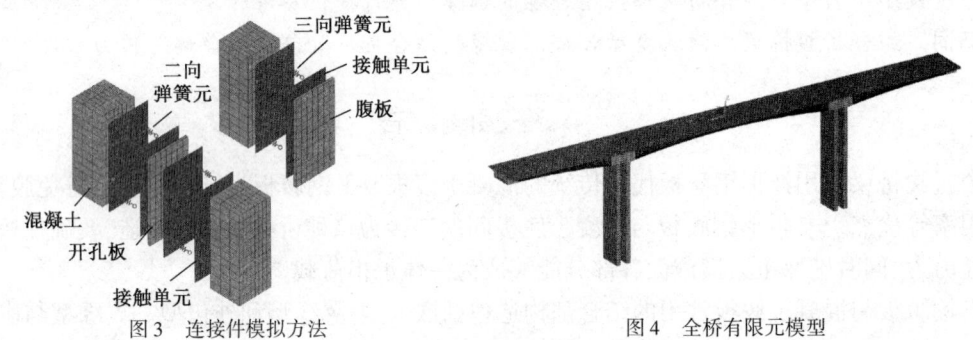

图3 连接件模拟方法　　　　图4 全桥有限元模型

$$k_s = 0.32 d_s E_s^{\frac{1}{4}} E_c^{\frac{3}{4}} \tag{1}$$

$$k_T = \frac{E_s A_s h_s}{h_s^2 + 11.5 n_E A_s} \tag{2}$$

$$k_s = \alpha_e (0.27 + 0.14 n_E n_d^2) E_c d \tag{3}$$

式中:k_s、k_T——抗剪刚度和抗拉拔刚度;

d_s——焊钉直径;

E_s——焊钉弹性模量;

E_c——混凝土弹性模量;

A_s——焊钉截面积;

n_E——焊钉与混凝土弹性模量比;

h_s——焊钉高度;

n_d、n_E——孔中钢筋与孔中混凝土的直径比、弹性模量比;

d——开孔孔径;

α_e——开孔板肋板间距对抗剪刚度的影响系数。

四、结合部连接件受力分析

1. 嵌入型结合部

图5所示为两个标准波段剪力与拉拔力分布。图中圆形符号为开孔位置,斜线指向为孔中受力方

向,数字为受力大小。

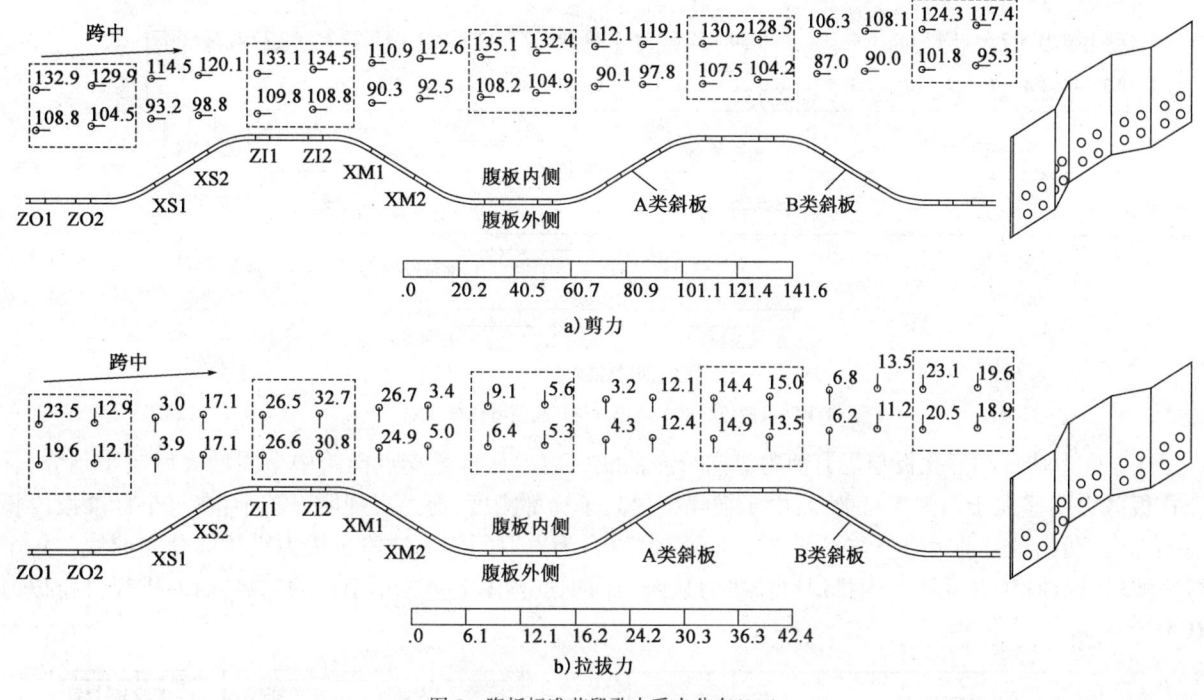

图 5 腹板标准节段孔中受力分布(kN)

孔中剪力由支点指向跨中,说明腹板相对于混凝土产生向支点的滑移;对于每个标准波段,直板剪力大于斜板,可以认为嵌入型结合部直板段分担较大的相对滑移量,传递到斜板上的相对滑移小于直板。孔中拉拔力在外凸直板向下,其余板段向上,说明结合部同时承担横桥向弯矩作用;直板段开孔分担的拉拔力较斜板段大,说明结合部横向弯矩主要通过直板开孔来承担。

2. 焊钉—开孔板翼缘型结合部

图 6 所示为两个标准波段剪力与拉拔力分布。由图 6a)可知,连接件剪力方向均水平指向桥梁跨中,说明腹板相对于混凝土底板产生向中支点方向的滑移;由于开孔板刚度较大,其分担的纵向剪力大于两侧焊钉;每排焊钉剪力大小呈周期性变化,定义靠近直板段的焊钉为腹板侧焊钉,腹板侧焊钉剪力较另一侧大,是由于腹板将滑移传递至结合部时,靠近腹板的焊钉分担较大的相对滑移量,传递到其余焊钉的相对滑移较小。由图 6b)可知,外排焊钉拉拔力基本为 0,说明结合部承受向外的横向弯矩作用;拉拔力较大值主要集中于内凹直板区段的开孔板以及内凹直板区段的内排焊钉上,并且在每个波段上呈现从跨中向支点减小的趋势。

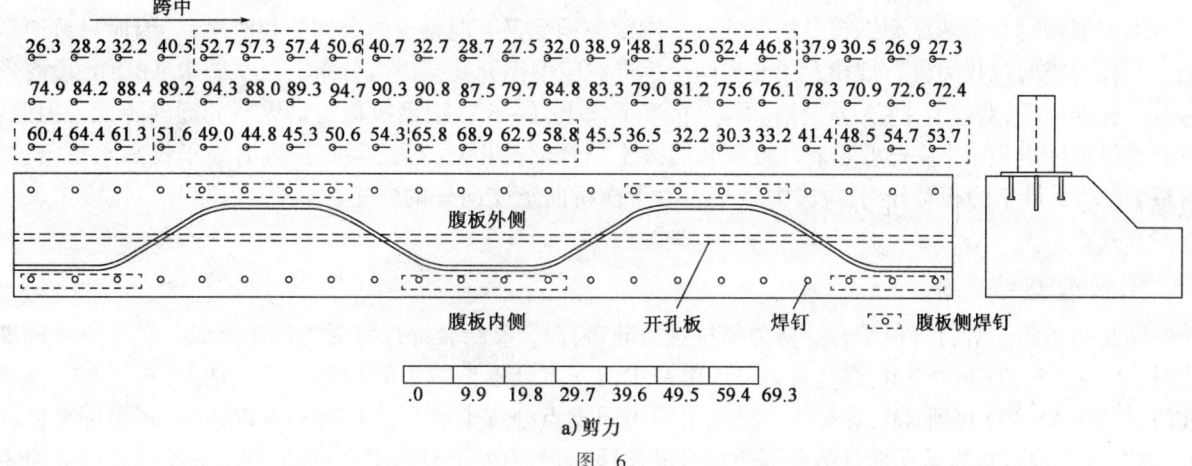

图 6

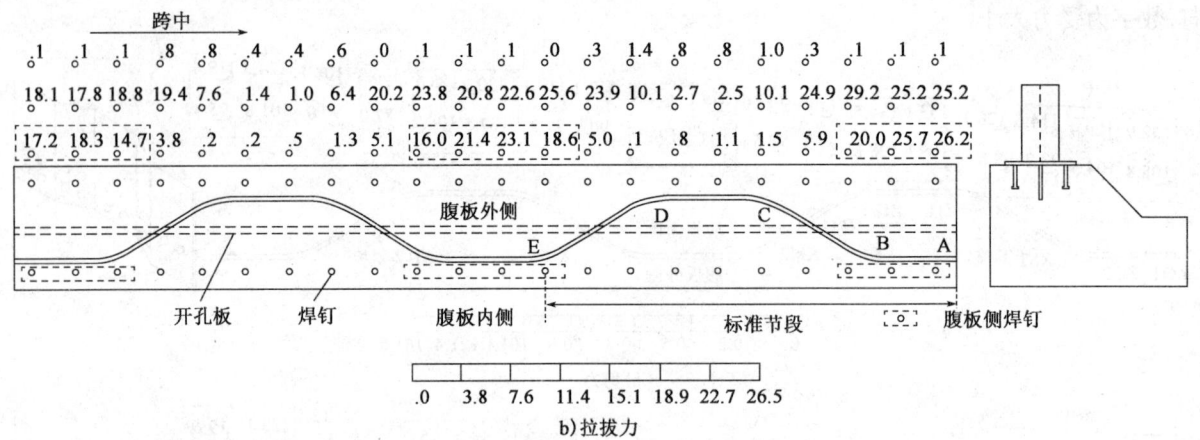

图6 腹板标准节段焊钉与开孔受力分布(kN)

图7a)为结合部开孔板与焊钉剪力纵向分布曲线。剪力从桥梁支点向跨中呈先增大后减小趋势,且开孔板剪力明显大于两侧焊钉剪力;由于横隔板提高了局部刚度,剪力出现明显减小;在每个标准波段长度范围内,两列焊钉剪力峰值与谷值交替出现。图7b)为选取的部分波段拉拔力纵桥向分布曲线。每个标准波段 ABCD 上开孔板和内排焊钉拉拔力从跨中向支点整体上呈减小至 0 的趋势,而外排焊钉拉拔力基本为 0。

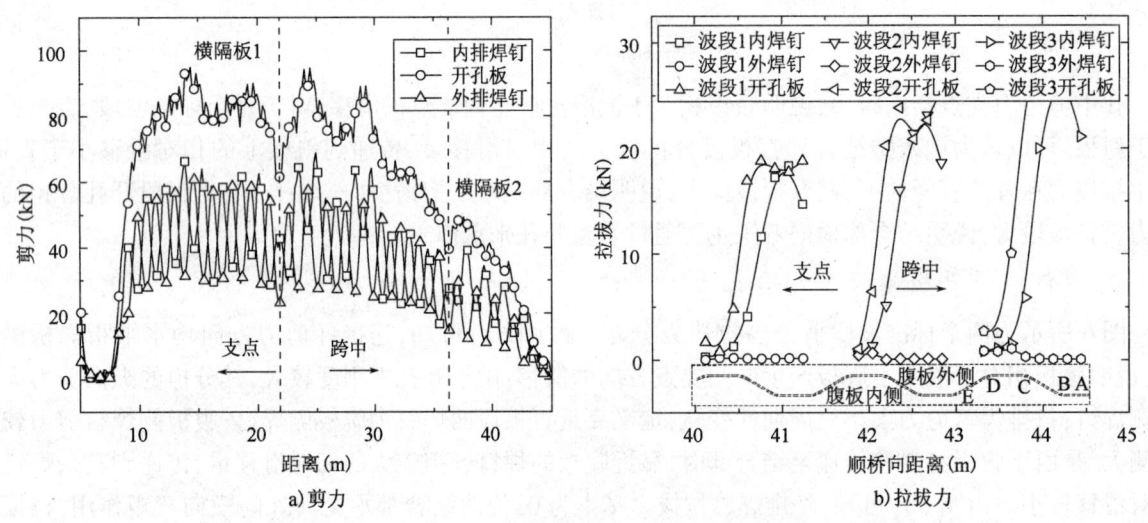

图7 焊钉与开孔纵桥向受力分布图

3. 型钢翼缘型结合部

由于型钢结合部依靠型钢自身的面外抗剪刚度来承受钢－混凝土结合部的相对滑移,因而只讨论型钢上开孔的竖向拉拔力分布规律。图8为两个标准波段型钢开孔拉拔力分布。定义图中 ABCDE 段波形为一个标准波段;对应有 1~5 号型钢。每个标准节段上,1~5 号型钢拉拔力沿纵桥向逐渐降低。因此,每个波段内凹直板 AB 首先承受来自腹板和混凝土结合部的相对分离,因而拉拔力处于较高水平,直至斜板 DE 承受最小的相对分离,拉拔力最小。由于横桥向承受向外的弯矩,整体上内侧开孔拉拔力大于外侧开孔。

4. 外包型结合部

图9所示为全焊钉外包结合部剪力与拉拔力分布,混合型结合部焊钉受力规律类似。对于每个标准波段,从 ZI,XS,ZO 再到 XM,焊钉剪力呈现由跨中向支点处逐渐减小的趋势。可以认为,对于每个标准波段,从 ZI,XS,ZO 再到 XM,焊钉剪力呈现由跨中向支点处逐渐减小的趋势。可以认为,每个标准波段上,内凹直板焊钉首先承受来自结合部的相对滑移,因而剪力处于最高水平;折形钢腹板拉拔力较大值主

要集中在 A 类斜板上,其余板段拉拔力水平较小;沿竖桥向焊钉剪力与拉拔力均从上自下依次减小,说明首排焊钉(F1)靠近钢混相对滑移与剥离的初始点,自上而下滑移和剥离逐渐减小。

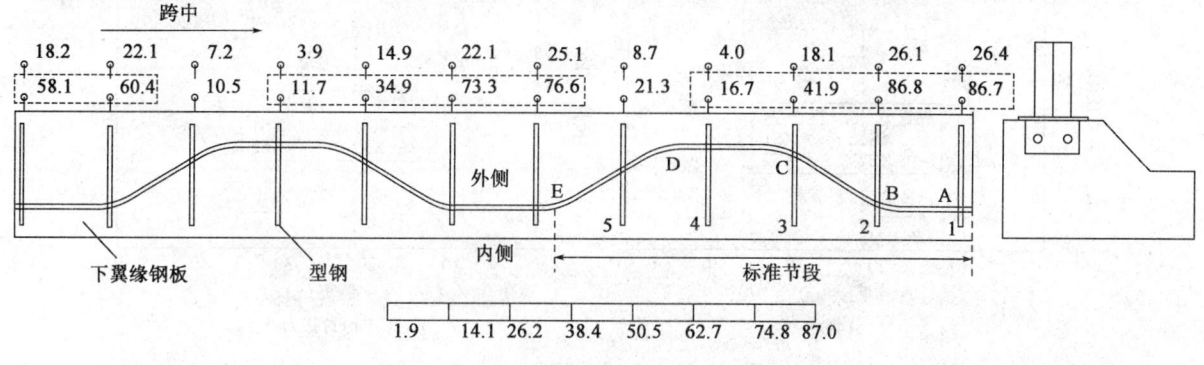

图 8　型钢拉拔力分布(kN)

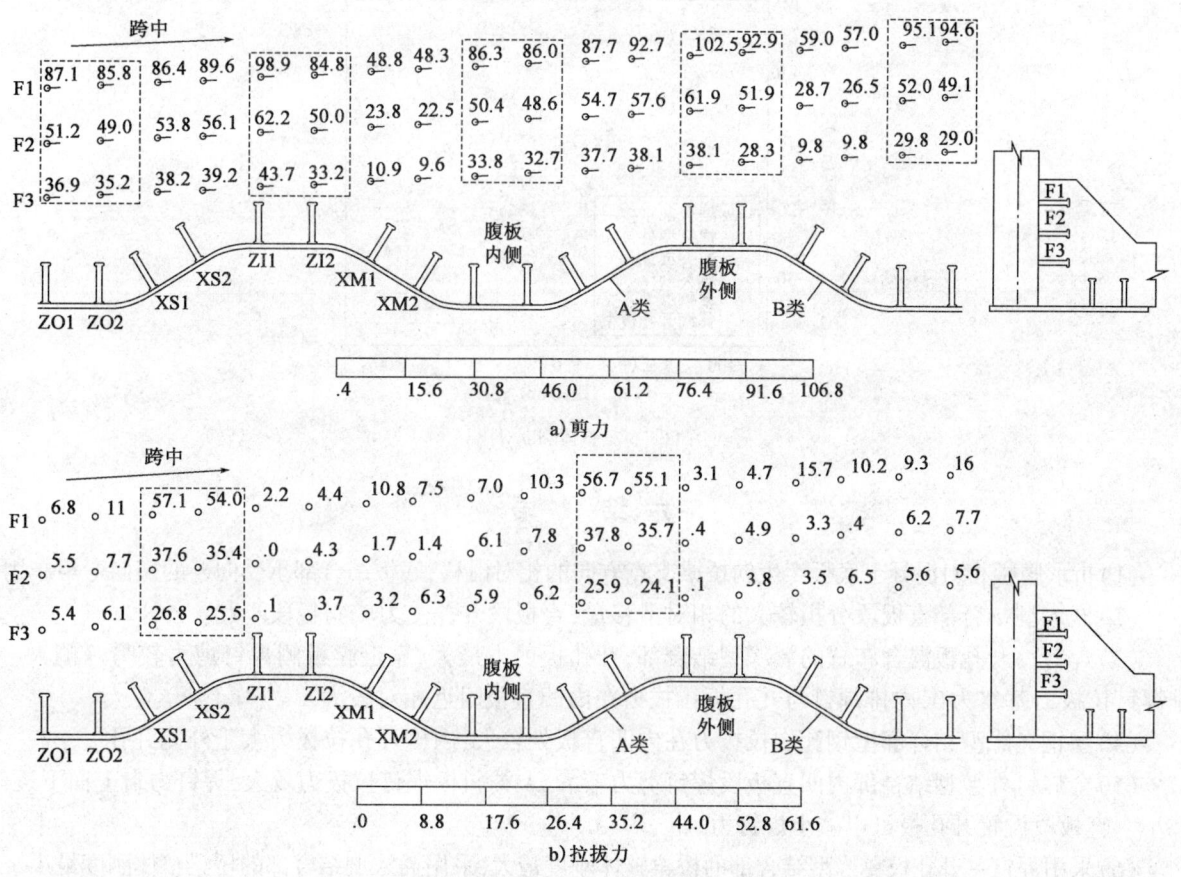

图 9　腹板标准节段焊钉受力分布(kN)

图 10 所示为外包型结合部 XS1 焊钉剪力和拉拔力纵向分布,焊钉受力从支点向跨中呈先增大后减小趋势,剪力较大值分布在 1/4 跨左右区段;由于横隔板提高了局部刚度,焊钉受力出现明显减小;对于焊钉开孔板混合布置型结合部受力具有相似规律,但开孔板的设置可以减小受力。

五、桥梁整体刚度

图 11 所示为不同结合方式与理想刚接情况下的主梁挠度对比。焊钉—开孔板翼缘型结合部刚度最大,插入型结合部刚度最小,最大挠度相比于理想刚接增大约 11.5%。

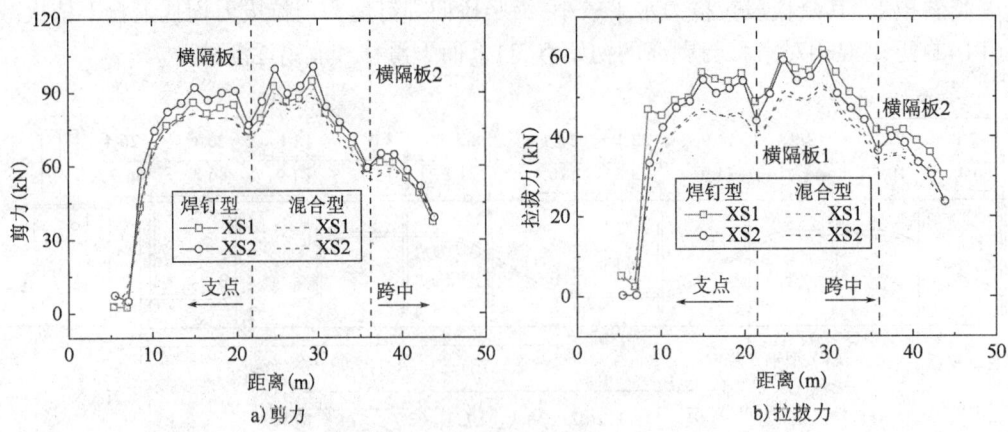

图10 焊钉剪力和拉拔力纵向分布

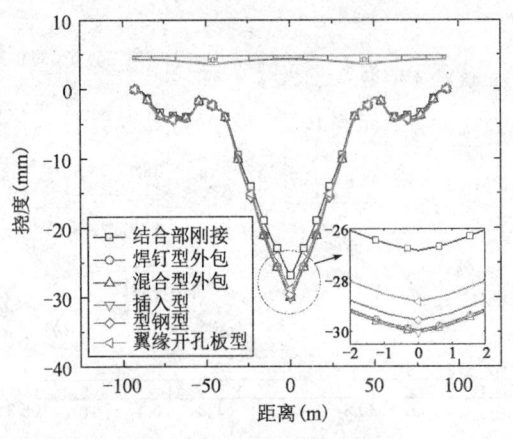

图11 桥梁整体刚度对比

六、结　语

（1）折形腹板相对混凝土底板产生向桥梁支点方向的相对滑移，底板结合部承受向外的横向弯矩作用。

（2）嵌入型结合部直板段分担较大的相对滑移量，直板段开孔受力较斜板段不利。

（3）焊钉—开孔板混合布置的翼缘型结合部，开孔板剪力最大，靠近腹板侧焊钉剪力较另一侧大；外排焊钉拉拔力基本为0，内排焊钉与开孔板拉拔力在内凹直板附近相对较大。

（4）型钢翼缘型结合部型钢孔中拉拔力在内凹直板处较大，内侧开孔拉拔力大于外侧开孔。

（5）全焊钉外包型结合部内凹直板段焊钉剪力较大，A类斜板焊钉拉拔力较大，焊钉力自上而下逐渐减小。直板段设置开孔板可以减小焊钉力。

（6）采用焊钉—开孔板翼缘型结合部的桥梁整体刚度最大，采用插入型结合部的桥梁整体刚度最小。

参考文献

[1] He J, Liu Y, Chen A, et al. Mechanical behavior and analysis of composite bridges with corrugated steel webs: State-of-the-art[J]. International Journal of Steel Structures, 2012, 12(3): 321-338.

[2] Novák B, Denzer G, Reichert F. Überprüfung des Tragverhaltens der Talbrücke Altwipfergrund[J]. Bautechnik, 2007, 84(5): 289-300.

[3] Röhm J, Balthasar Novák. Querbiegetragverhalten von Betondübeln bei Verbundtragwerken mit Trapezblechstegen[J]. Beton-und Stahlbetonbau, 2010, 105: 176-185.

[4] Ebina T, Tategami H, Uehira K, et al. Mechanical characteristics of connection between concrete slabs and corrugated steel webs[C]. //Proceedings of the 1st fib Congress, Osaka, Japan, pp. 303-308.

[5] Nakajima Y, Yoda T, Ohura T. An experimental study of shear connectors between a corrugated steel web and a concrete flange[C]. //3th Symposium of hybrid structure, Japan, pp. 173-177.

[6] Takeshita A, Yoda T, Sato K. Fatigue tests of a composite girder with corrugated web[C]. //Proceedings of JSCE, 668, pp. 55-64.

[7] Shiji A, Ooyama H, Yoda T. Experimental Study on the New Joint Structures of a Bridge with Corrugated Steel Webs[J]. Journal of structural engineering, JSCE, 2008, 54A:759-768.

[8] Wang S, He J, Liu Y, et al. Shear capacity of a novel joint between corrugated steel web and concrete lower slab[J]. Construction and Building Materials, 2018, 163:360-375.

[9] Zhaofei L, Yuqing L, Jun H. Research on Calculation Method of Shear Stiffness for Headed Stud Connectors[J]. Engineering Mechanics, 2014, 31(7):85-90.

[10] Yang F, Liu Y, Liang C. Analytical study on the tensile stiffness of headed stud connectors[J]. Advances in Structural Engineering, 2018:1-12.

[11] 郑双杰, 刘玉擎. 开孔板连接件初期抗剪刚度试验[J]. 中国公路学报, 2014, 27(11):69-75.

50. 装配式混凝土梁桥横梁体系研究

端木祥永[1] 邱体军[2] 唐国喜[2] 王胜斌[2] 徐栋[1]

(1. 同济大学; 2. 安徽省交通规划设计研究总院股份有限公司)

摘要 为了加强预制施工带来的便利,可以将混凝土梁桥的横梁构造形式进行简化。本文以空间梁格计算模型作为计算载体,首先对比空间梁格模型与实体有限元的结果,验证空间梁格计算的正确性;基于此模型对横梁的形式以及个数进行参数研究。基于一座宽桥与一座窄桥,得出了一系列相关结论,可为现代化桥梁设计提供相关的借鉴意义。

关键词 装配式桥梁 预制混凝土梁桥 空间梁格模型 受力分析 横向分布

一、引 言

目前装配式梁桥主要(图1),分为预制部分与现浇部分,在预制部分架设完成后,架设模板,现浇混凝土实现桥梁整体化。传统的横梁设计一般是横梁与顶板浇筑在一起的,即为"大横梁"体系,图1a)所示。在现场架设模板时,这种桥梁施工过程较为复杂。为了简化上述的横梁体系,可以将横梁与混凝土桥面板分离,即为"小横梁"体系,如图1b)所示。这种体系不仅仅局限于横梁与桥面板的分离,底部的混凝土横梁还可采用钢横梁以及预制混凝土横梁等,以实现更高程度的预制化。

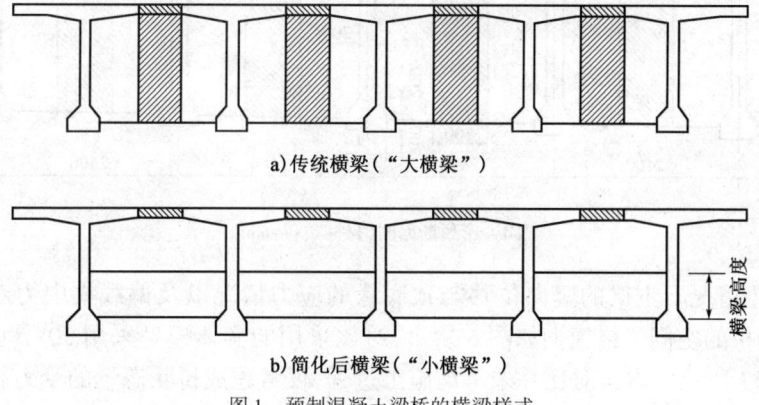

a) 传统横梁("大横梁")

b) 简化后横梁("小横梁")

图1 预制混凝土梁桥的横梁样式

本文基于两座简支T梁桥,首先对空间梁格计算模型进行验证,再利用验证后的计算模型进行横梁体系的对比,得到相关的结论与设计建议。

二、计算模型

1. 空间梁格模型

空间梁格模型是空间网格模型应用于装配式桥梁的特例,即将梁桥分为桥面板结构和梁结构两部分:将梁与桥面板的纵向单元放置在实际的形心处,桥面板采用十字梁格进行等效,其面外弯曲刚度与实际板的弯曲刚度一致。模型构成如图2、图3所示,图2是空间梁格模型支点断面图,图3是空间梁格模型的端部区域。

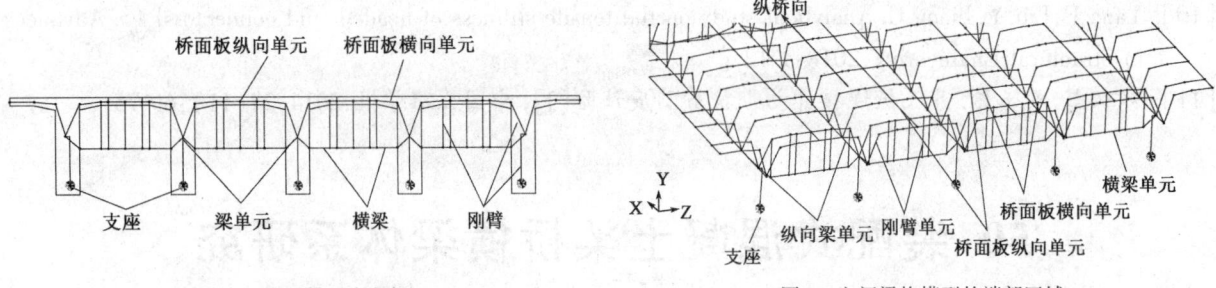

图2 空间梁格模型支点断面　　　　图3 空间梁格模型的端部区域

采用空间梁格模型,可以在保障计算效率的前提下,准确计算出横梁、施工过程等引起的空间效应,这在传统的平面梁格体系中均无法体现。并能对不同结构的不同施工方式进行模拟,如预制T梁现浇湿接缝形式,预制混凝土组合梁形式,钢混组合梁的混凝土预制板连接等。

2. 模型验证

1) 模型建立

通过对比两种不同类型的T梁桥检验模型精度:第一种是30m长、桥面12m宽,五主梁的窄桥,如图4所示;从左到右各纵梁编号为边1梁、边2梁、中梁、边2'梁、边1'梁,端横梁和三个跨间横梁均采用大横梁形式,跨间三个横梁沿纵桥向均匀布置。第二种是20m长、桥面16.25m宽、七主梁的宽桥,如图5所示;从左到右各纵梁编号为边1梁、边2梁、边3梁、中梁、边3'梁、边2'梁、边1'梁;端横梁和跨间两个横梁均采用大横梁形式,两个跨间横梁均距离两侧梁端7m。

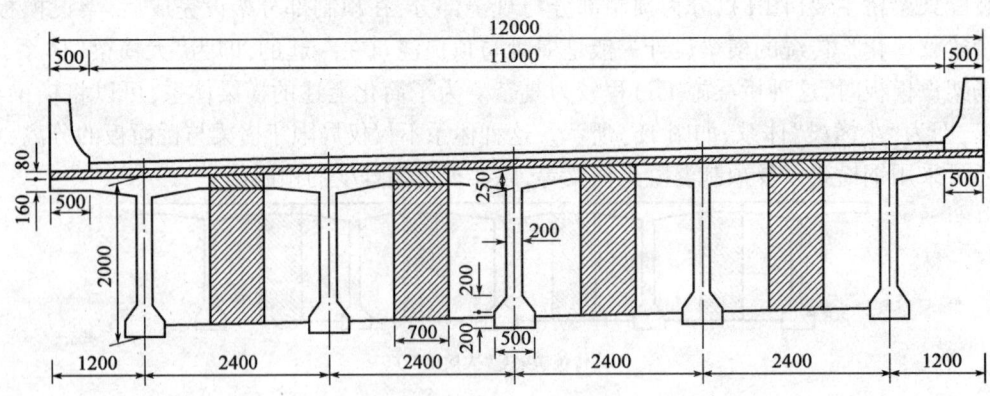

图4 窄桥断面图(尺寸单位:mm)

分别对比了自重情况下主梁的竖向位移与顶底缘的应力情况以及偏载集中力对不同纵梁的位移。以窄桥为例,建立全桥的空间梁格模型如图6所示,对比采用的实体模型采用20节点的6面体单元,划分精度约5cm,如图7所示。本次对比并未考虑施工过程,仅考虑成桥状态下的受力状况。

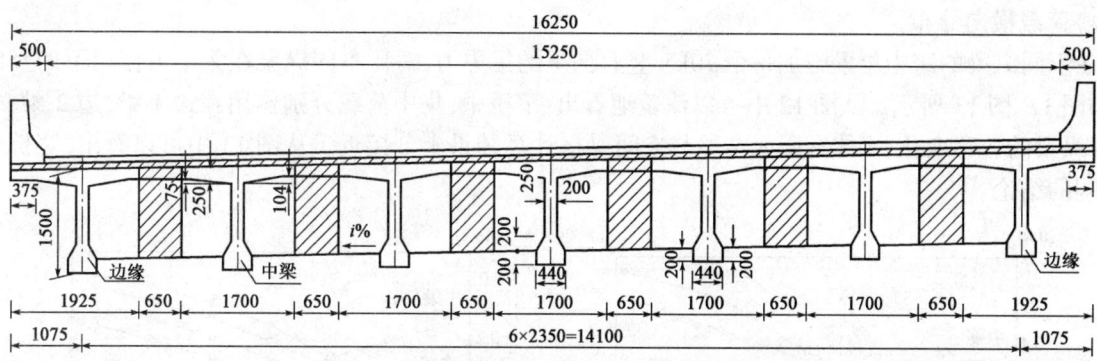

图 5 宽桥断面图(尺寸单位:mm)

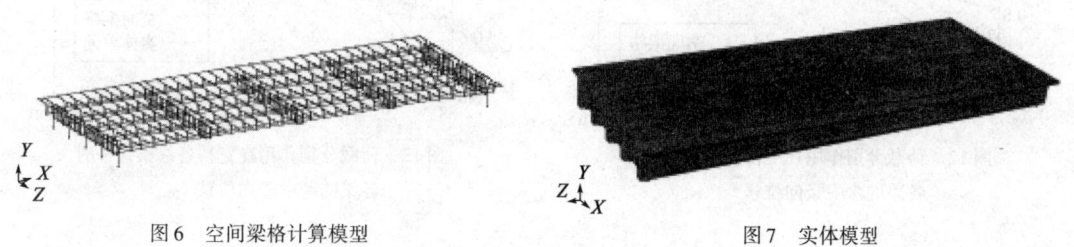

图 6 空间梁格计算模型　　　　　图 7 实体模型

2) 位移对比

受篇幅限制,分别选取两种 T 梁桥边 1 梁自重荷载下竖向位移,对比结果见图 8、图 9。通过主梁竖向位移的对比,可以看出空间梁格模型和实体模型沿桥跨方向的竖向位移基本一致,且实体模型的位移值稍微偏大。其他的纵梁的对比结果也类似,误差均在 5% 内。

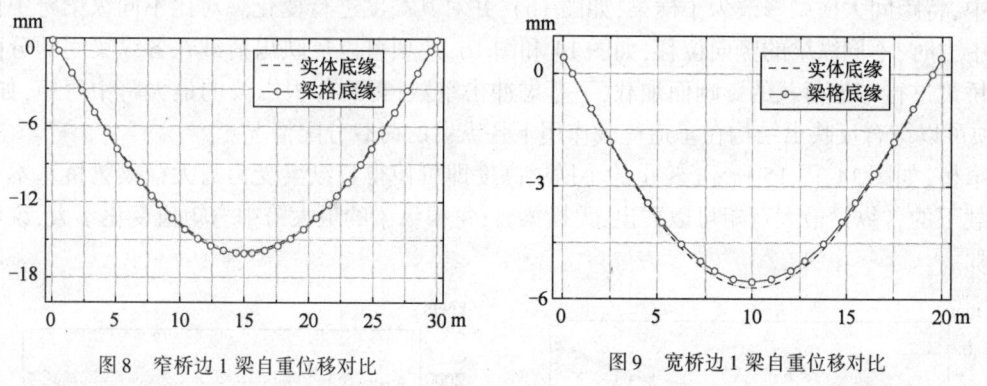

图 8 窄桥边 1 梁自重位移对比　　　　　图 9 宽桥边 1 梁自重位移对比

3) 应力对比

分别选取边 1 梁进行自重荷载下顶底缘的应力对比,对比结果见图 10、图 11。通过主梁顶底缘正应力的对比,可以看出空间梁格模型和实体模型沿桥跨方向的应力状态基本一致。其他的纵梁的对比结果也类似,误差均在 5% 内。

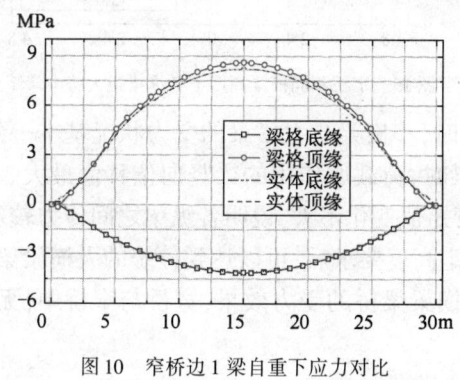 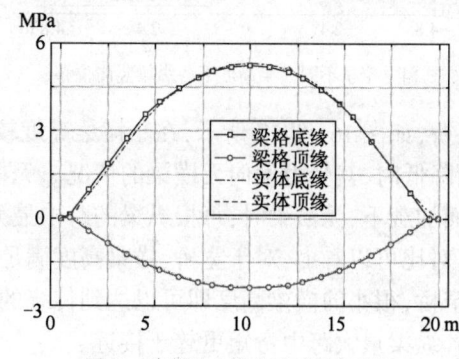

图 10 窄桥边 1 梁自重下应力对比　　　　　图 11 宽桥边 1 梁自重下应力对比

4) 荷载横向分布

在不同纵梁的跨中位置施加一个 70kN 竖直向下的集中力,对比不同纵梁在集中力作用下的竖向位移,如图 12、图 13 所示。从图 12 中可以清楚地看出,窄桥中,集中荷载分别作用在边 1 梁、边 2 梁、中梁时,各纵梁的位移变化,实体有限元结果与空间梁格计算结果十分接近。从图 13 中可以看出,宽桥中也有相同的结论。

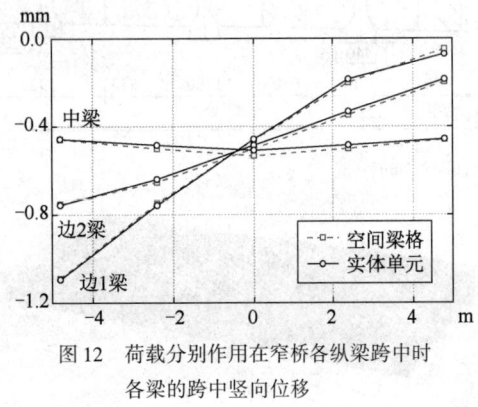

图 12　荷载分别作用在窄桥各纵梁跨中时各梁的跨中竖向位移

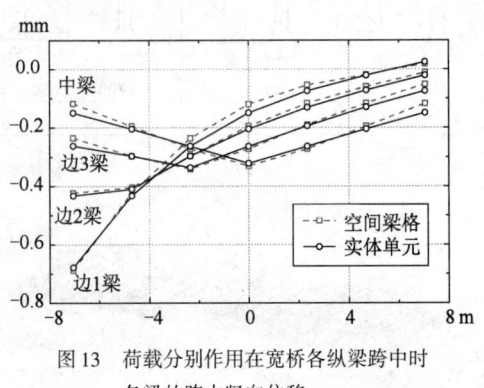

图 13　荷载分别作用在宽桥各纵梁跨中时各梁的跨中竖向位移

三、横梁体系参数研究

1. 横梁样式的影响

分别对二、2 节中的窄桥与宽桥进行横梁的参数研究,传统的横梁采用图 1a)的大横梁体系。在空间梁格模型中,将跨间大横梁修改为小横梁,如图 1b),并对其高度进行变化。对比不同纵梁跨中作用竖直向下的集中力时,不同纵梁的竖向位移,如图 14 和图 16,此项可以反映出荷载在各纵梁间的分配。同时按照公路桥规进行车道荷载的影响面加载,不考虑冲击系数,得到每根纵梁的最大跨中弯矩,如图 15 和图 17,此项可以综合反映出结构在车道荷载作用下各纵梁的荷载分配情况。

对于窄桥,如图 14、图 15 所示,较小的小横梁高度即可使得各纵梁受力与大横梁梁桥基本一致。从影响面加载下的各纵梁最大弯矩可以看出,无横梁时,每根纵梁的最大跨中弯矩值变化不大,说明各纵梁间传力较弱。

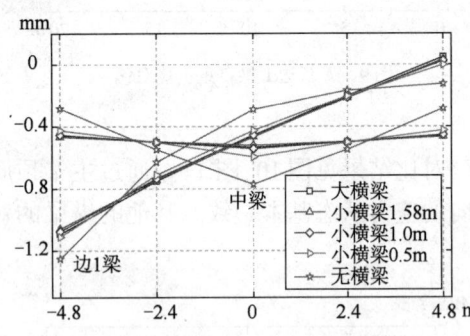

图 14　窄桥不同横梁高度下各纵梁竖向位移

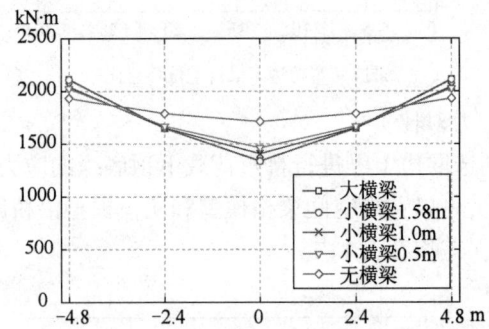

图 15　窄桥不同横梁高度下各纵梁最大跨中弯矩

对于宽桥,如图 16、图 17 所示,在小横梁高度较大时,小横梁与大横梁的受力状况基本一致,当横梁的高度逐渐降低时,其受力偏向无横梁的情况。无横梁时,荷载所作用的梁竖向位移值最大。和窄桥一致,在影响面加载下,无横梁时,每根纵梁的跨中最大弯矩值变化不大,说明各纵梁之间传力较弱。

从以上对比可以看出,对于宽桥,横梁高度满足一定高度要求后,可以达到传统的大横梁梁桥的受力效果;对于窄桥,很小的横梁高度即可以达到传统的大横梁梁桥的受力效果;宽桥与窄桥中,无横梁时车道荷载下,各纵梁最大跨中弯矩更趋于接近。

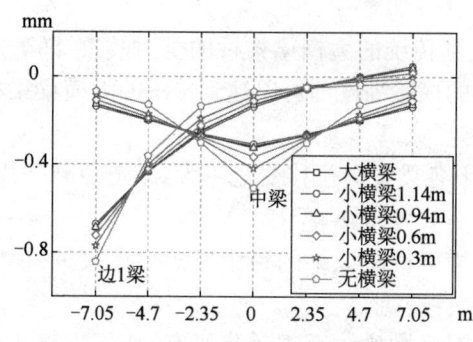

图 16　宽桥不同横梁高度下各纵梁竖向位移

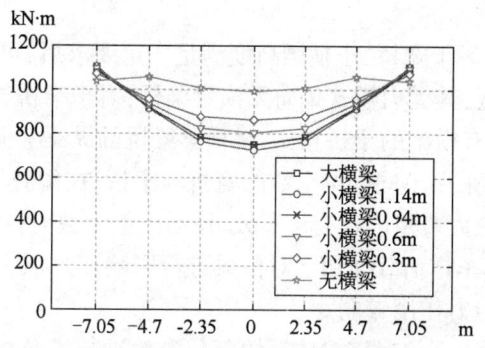

图 17　宽桥不同横梁高度下各纵梁最大跨中弯矩

2. 横梁个数的影响

主要研究对象的跨间横梁采用不同个数的小横梁，端横梁采用大横梁形式。对比的情况如下：对于宽桥（图20、图21），对比三横梁（小横梁布置在跨中）与四横梁（小横梁布置在距离端部7m位置），均0.94m高；对于窄桥（图18、图19），对比三横梁、四横梁和五横梁，小横梁在跨间沿纵桥向均匀布置，均1.58m高。对比70kN集中力分别作用在窄桥和宽桥的各纵梁跨中时，各纵梁的竖向位移；以及影响面布置下，车道荷载在各纵梁的跨中产生的弯矩。对比发现，宽桥与窄桥的横梁的个数对桥梁的受力影响不大。需要注意的是，三横梁与五横梁窄桥跨中最大弯矩基本一致，说明跨中横梁可以降低中间纵梁分配到的荷载作用。

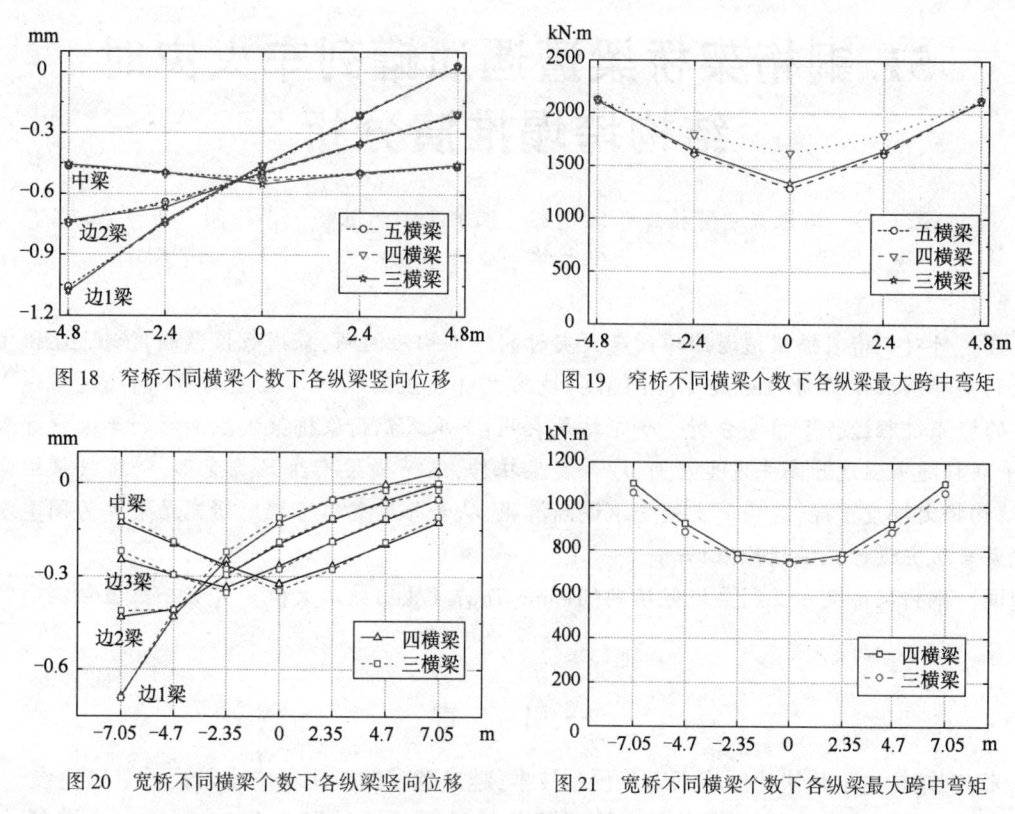

图 18　窄桥不同横梁个数下各纵梁竖向位移　　　图 19　窄桥不同横梁个数下各纵梁最大跨中弯矩

图 20　宽桥不同横梁个数下各纵梁竖向位移　　　图 21　宽桥不同横梁个数下各纵梁最大跨中弯矩

四、结　语

通过上述的计算研究，基于两座简支T梁桥的计算结果可以得到以下结论：

（1）通过实体模型与空间梁格模型的结果对比，在自重作用下，空间梁格模型中各纵梁的竖向位移和顶底缘的正应力与实体模型中的结果相差在5%以内；在偏载作用下，空间梁格模型中各纵梁的竖向位移基本与实体模型的结果相近。因此，空间梁格模型计算梁桥的结果是可靠的，满足桥梁的设计计算要求。

（2）对于宽桥，小横梁高度满足一定要求后，可以达到传统的大横梁梁桥的受力效果，随着小横梁高度的降低，其受力模式偏向无横梁梁桥；对于窄桥，很小的横梁高度即可以达到传统的大横梁梁桥的受力效果；与有横梁的梁桥相比，无横梁梁桥的纵梁竖向位移更大。

（3）采用不同横梁个数的宽桥与窄桥，在偏载作用下各梁竖向位移变化不大，车道荷载作用下，各梁的跨中最大弯矩值也变化不大，说明横梁个数对桥梁的荷载分布影响不大。

（4）车道荷载作用下对桥梁进行影响面加载，无横梁梁桥各纵梁的跨中弯矩值更接近，说明各纵梁之间的传力作用较弱。

（5）本文仅对横梁体系的部分参数进行了分析，尚需对横梁体系进一步研究，从而为现代化的桥梁建设发展提供更有利的支持。

参考文献

[1] 徐栋,赵瑜,刘超.混凝土桥梁结构实用精细化分析与配筋设计[M].北京:人民交通出版社,2013.
[2] 李国豪.公路桥梁荷载横向分布计算[M].北京:人民交通出版社,1990.
[3] 杜国华,毛昌时,司徒妙玲.桥梁结构分析[M].上海:同济大学出版社,1994.
[4] 中华人民共和国行业标准.公路桥涵设计通用规范:JTG D60—2015[S].北京:人民交通出版社股份有限公司,2015.

51. 钢桁架桥梁遭遇油罐列车火灾时结构垮塌推演分析

张　岗　马振兴　贺拴海　宋超杰　张永飞　汤陈皓　李徐阳　万　豪

（长安大学　公路学院）

摘　要　针对钢桁架桥梁遭遇油罐列车火灾时的结构响应问题，采用数值预测，依托2020年7月29日美国亚利桑那州坦佩镇湖(Tempe Town Lake)铁路大桥发生油罐列车火灾的事故特点，对该下承式钢桁架桥梁的垮塌过程进行了推演分析。研究结果表明：下承式钢桁架桥梁发生油罐列车火灾导致结构垮塌时，上平联杆随着温度升高先发生屈曲，即刻发生扭转，继而横梁产生显著变形，斜腹杆横桥向面外失稳，整跨结构将大幅度下挠，边跨简支处支承逐渐滑脱，从而导致整体垮塌。研究结果可为同类型钢桁架桥梁的抗火与防灾设计提供理论依据。

关键词　钢桁架桥梁　亚利桑坦佩镇湖(Tempe Town Lake)铁路大桥　火灾　数值预测　温度场　垮塌

一、引　言

近年来，钢结构由于其快速的施工以及预制技术，越来越多的应用于中小跨径桥梁的建设。同时，随着交通物流产业的快速发展，各类危化品运输车辆增多，交通运输过程中的各类风险也会增多，如，火灾、爆炸、碰撞、强腐等。其中，桥梁火灾是当前发生频率最高，且威胁最大的一种风险，对桥梁结构会造成不可修复的损伤，严重时可引起桥梁结构的垮塌，甚至威胁生命安全。尤其对于钢结构桥梁，一旦发生油罐车火灾，升温迅速，钢材在高温作用下会迅速软化，发生屈曲，造成结构失稳。钢桁架桥梁在钢结构桥梁中由于其结构的特殊性，高温下遭遇破坏的可能性相对较大，所以钢桁架桥梁火灾响应研究非常有必要。

Payá-Zaforteza等[1]对一座两跨连续钢桥在油罐车火灾下进行了有限元分析，明确通过数值方法可以准确预测桥梁结构在火灾作用下的破坏时间;Aziz 等[2]采用有限元软件分析了钢混组合梁桥关键部位在火灾下随时间的升温曲线以及火灾下达到的最高温度,得到了结构高温下位移随时间的变化曲线。继而,Aziz 等[3]采用有限元与试验方法,对钢-混组合梁的力学行为进行了系统的分析,得到了不同火灾条件下钢-混组合梁的破坏时间。

Kodur 等[4]采用两种不同的升温曲线,利用 ANSYS 有限元软件对火灾作用下简支梁桥的力学性能进行了分析,指出钢混组合梁的抗火性能优于钢桥。张岗等[5-9]对钢-混组合梁、预应力混凝土 T 梁和箱梁在火灾下的抗弯承载力时程、预应力损失变化规律、破坏模式以及火灾后结构分析评价等方面进行了深入研究,从试验测试、检测评价及工程应用等方面,分析了火灾场景对预应力梁的抗火性能的影响,揭示了火灾下桥梁结构性能退化机理。

目前,大多研究集中在材料高温性能、某种特殊结构的抗火性能及火灾后混凝土构件的剩余刚度。然而,对于钢桁架桥梁在火灾下受力复杂,相关研究甚少。本文通过热-力耦合原理,采用数值预测方法,根据 2020 年 7 月 29 日美国亚利桑那州坦佩镇湖(Tempe Town Lake)铁路大桥上发生列车火灾事故的特点,对该钢桁架桥梁的垮塌进行了简单的推演分析。

二、美国亚利桑那州坦佩镇湖(Tempe Town Lake)铁路桥梁火灾概况

据美媒 CBS 新闻报道,2020 年 7 月 29 日,一辆货运列车在经过美国亚利桑那州坦佩镇湖(Tempe Town Lake)铁路大桥时发生意外脱轨,该列车是由美国联合太平洋铁路公司营运,列车上装有木材以及易燃易爆的化学物品。列车脱轨导致桥梁发生火灾,并造成部分桥梁垮塌[10]。桥梁火灾和垮塌情况见图 1。

a)五跨桥梁发生火灾　　　　　　　　b)边跨桥梁发生垮塌

图 1　桥梁火灾与垮塌情况

三、相似结构模型的建立

亚利桑那州坦佩镇湖铁路大桥上部结构为多跨下承式钢桁架桥梁,列车轨道板连续,上承式钢桁架呈简支设置。由于原图资料无法获取,在这里选择与此结构极度相似的简支钢桁架桥梁进行结构建模分析。该简支下承式钢桁架桥梁跨径 80m,采用实体方式(SHELL181)建模,如图 2 所示。

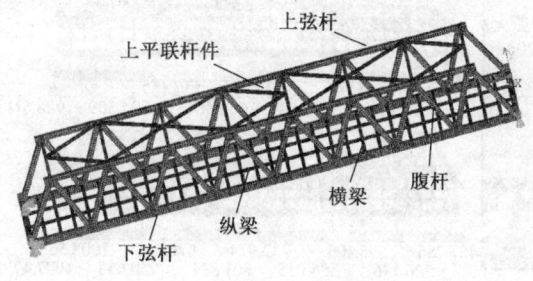

图 2　结构分析模型

四、钢桁架桥梁垮塌推演分析

1. 现场火灾环境模拟

由火灾事故现场和相关报道可知,数节车厢载有危化品。火灾是由于列车脱轨导致列车上易燃危化品燃烧,进一步点燃邻近车厢的可燃物,造成行驶在桥梁跨度范围内的列车几乎同步起火。危化品在开放的空间中燃烧,氧气供给充足,燃烧速度快,其燃烧模式接近碳氢火灾,故以碳氢火灾的温度作为时间布置进行分析,见公式(1)。边跨钢桁架桥梁的列车火灾场景见图3。

$$T = 1080 \times (1 - 0.325e^{-\frac{t}{6}} - 0.675e^{-2.5t}) + T_0 \tag{1}$$

式中:T——经过时间 t 所达到的温度(℃);

t——经历时间(min);

T_0——原始温度(℃)。

图4为温度曲线。

图3 火灾场景图

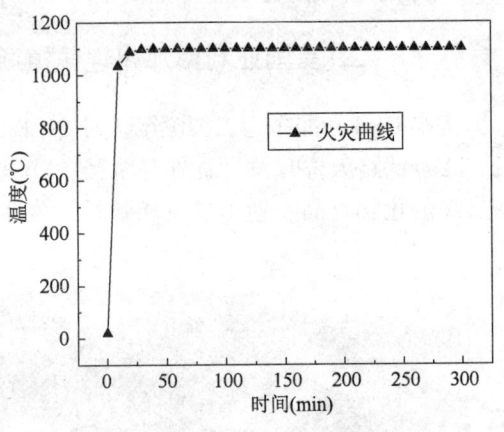

图4 碳氢火灾温度曲线

2. 温度场分析

图5为钢桁架桥梁随时间变化的温度场分布。由图5可知,受火10min时上平联杆的温度可达600℃,基本上达到了钢材的软化温度;受火20min时,上平联杆的温度超过800℃,已无承载能力,斜腹杆的温度也超过650℃;受火30min以后,上平联杆的温度超过1000℃,跨中区域大部分斜腹杆的温度也超过800℃,此时钢桁架桥梁已完全失去承载能力。

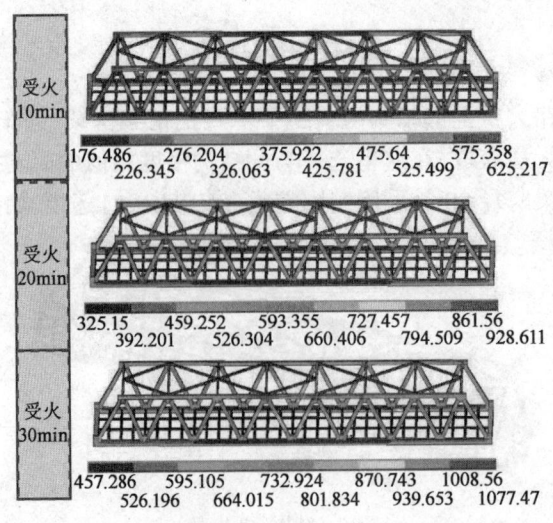

图5 钢桁架桥梁火灾高温场分布(温度单位:℃)

3. 垮塌过程分析

采用列车火灾场景重构法分析列车火灾作用下钢桁架桥梁的空间变形情况,进一步揭示列车火灾作用下钢桁架桥梁的破坏模式,如图6所示。下承式钢桁架桥梁发生油罐列车火灾导致结构垮塌时,上平联杆随着温度升高先发生屈曲,即刻发生扭转,继而横梁产生显著变形,斜腹杆横桥向面外失稳,整跨结构将大幅度下挠,边跨简支处支承逐渐滑脱,从而导致整体垮塌。

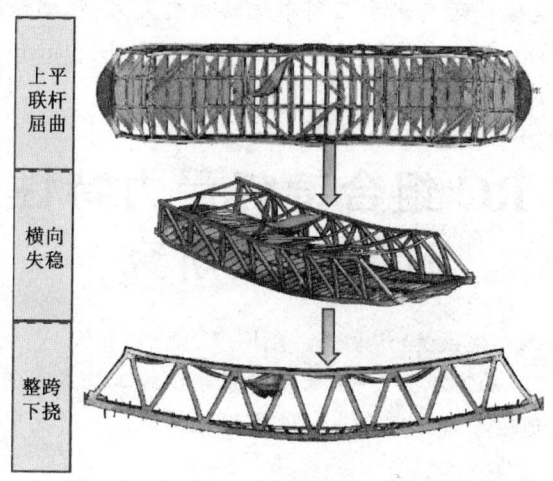

图6 破坏模式

五、结　语

(1)根据7月29日美国亚利桑那州坦佩镇湖(Tempe Town Lake)铁路大桥上发生油罐列车火灾事故特点,对该下承式钢桁架桥梁的垮塌过程进行了推演,分析了下承式钢桁架桥梁遭遇油罐列车火灾时的温度变化和力学行为。

(2)下承式钢桁架桥梁遭遇油罐列车火灾时,上平联杆随着温度升高先发生屈曲,即刻发生扭转,继而横梁产生显著变形,斜腹杆横桥向面外失稳,整跨结构将大幅度下挠,边跨简支处支承逐渐滑脱,从而导致整体垮塌。

(3)研究结果可为钢桁架桥梁的抗火与防灾设计提供理论依据。

参考文献

[1] Payá-Zaforteza I, Garlock M E M. A numerical investigation on the fire response of a steel girder bridge [J]. Journal of Constructional Steel Research. 2012, 75:93-103.

[2] Aziz E, Kodur V. An approach for evaluating the residual strength of fire exposed bridge girders [J] Journal of Constructional Steel Research. 2013, 88:34-42.

[3] Aziz E M, Kodur V K, Glassm an J D, et al. Behavior of steel bridge girders under fire conditions [J]. Journal of Constructional Steel Research. 2015, 106:11-22.

[4] Venkatesh Kodur, Esam Aziz, Mahmud Dwaikat. Evaluating Fire Resistance of Steel Girders in Bridges [J]. Journal of Bridge Engineering. 2013. 18:633-643.

[5] 张岗,宗如欢,贺拴海,等.钢结构桥梁的抗火性能研究[C].//2017年全国桥梁学术会议,广州,2017,12,中国.

[6] 张岗,贺拴海,侯炜,等.预应力混凝土桥梁抗火研究综述[J].长安大学学报:自然科学版,2018,38(06):1-10.

[7] 张岗,宗如欢,黄侨,等.油罐车火灾致简支钢-混组合箱梁抗弯承载力衰变机理[J].长安大学学报:自然科学版,2018,38(06):31-39.

[8] Zhang G, Song JC, He SH, et al. Evaluating Failure of Continuous Steel-Concrete Composite Bridge Girders under Localized Hydrocarbon Fire Exposure[C]. // The 10th International Symposium on Steel Structure, ISSS2019, 13-16 Nov. 2019, Jeju, Korea.

[9] Zhang G, Kodur V, Song JC, et al. A numerical method for evaluating fire resistance of composite box bridge girders[J]. Journal of Constructional Steel Research, 2020, 165:105823.

[10] 新浪视频.宛如地狱!美国一运有化学品列车脱轨燃起大火:压塌铁路桥[EB/OL](2020-07-30)[2020-8-5]. https://video.sina.com.cn/p/news/2020-07-30/detail-iivhvpwx8195202:d:html.

52. UHPC-RC 组合键齿受力特性及承载力计算方法研究

张永涛[1,2,3] 李 刚[1,2,3] 郑和晖[1,2,3]

(1. 中交第二航务工程局有限公司; 2. 长大桥梁建设施工技术交通行业重点实验室;
3. 交通运输行业交通基础设施智能制造技术研发中心)

摘 要 近年来,超高性能混凝土(UHPC)在工程领域的应用较为广泛,其中相当部分为 UHPC-RC 组合结构。本文提出一种适用于 UHPC-RC 组合结构的键齿连接件,通过 4 组推出试验,分析材料强度、键齿高度比、界面黏结对组合键齿受力特性的影响。通过试验现象分析,结合有限元模型及拉压杆模型,将加载过程划分为 3 个阶段,并给出各阶段的受力特性及承载力组成。在对比有限元分析及实测数据的基础上,提出一种模拟组合界面黏结-分离特性的实用方法。在分析既有计算公式适用性的基础上,确定键齿承载力的计算公式和合理高度比,可为 UHPC-RC 组合结构的设计提供借鉴。

关键词 UHPC 组合键齿 推出试验 拉压杆模型 键齿高度比

一、引 言

超高性能混凝土(UHPC)具有优异的力学及耐久性能,可减少结构尺寸、简化连接构造,并提升结构耐久性,近年来已应用到多个工程领域[1]。除应用于梁、板、柱等构件外,为充分发挥 UHPC 的材料性能并兼顾经济性,UHPC-钢及 UHPC-RC 组合结构已成为 UHPC 产业化的重点研究方向。

邵旭东等人提出一种钢-UHPC 轻型组合桥面结构,可大幅降低钢桥面的应力,提升主梁的耐疲劳性能,目前已应用于多个工程项目[2,3]。吴香国、林上顺等人提出一种外包 UHPC 的组合墩柱[4,5],UHPC 外壳作为施工模板并参与受力,提升结构的受力性能和耐久性。胡源等人采用开展多组 UHPC-RC 柱的轴压试验和拟静力试验,研究 UHPC 管厚度、箍筋间距对组合桩承载力及破坏形态的影响,并探讨组合桩轴压承载力近似计算方法[6]。王春生、刘超等人分别采用 UHPC 对既有 T 梁和槽梁进行加固。美国联邦公路局则采用 UHPC 加固某锈蚀严重的工字钢梁,均取得良好的加固效果[7-9]。

可靠的界面黏结是确保组合结构共同受力、协同变形的关键,常见的界面处理方式包括:剪力键、表面涂胶和表面凿毛,剪力键具有抗剪强度高、受力明确等优点,应用十分广泛[10]。对于 UHPC-RC 组合结构,除设置栓钉、PBL 等常规剪力键外,可借鉴节段梁的键齿构造,在确保受力性能的基础上,简化连接构造。

为研究节段梁的抗剪性能,国内外学者主要以键齿尺寸、键齿数量、预压应力等为变量,通过推出试验提出键齿的破坏形态及承载力的计算方法。前述研究中的试件均为同种材料、同等强度、相同键齿高度,关于组合键齿的研究还很少见,现有研究基础难以支撑 UHPC-RC 组合结构的应用及推广工作。

为研究组合键齿的受力特性、合理尺寸比及设计方法,本文开展 4 组组合键齿的推出试验,通过试验现象分析及有限元模拟,明确了组合键齿的受力特性、破坏形态、合理高度比及承载力计算方法,可为UHPC-RC组合结构的设计及应用提供参考。

二、试验情况

1. 试验设计及加载

推出试验的参数包括:材料强度(C50、U100)、键齿高度比(1:1、2:3、1:2、1:3)、界面黏结情况(黏结、分离),共 4 组 12 个试件,试件参数如表 1 所示。试件厚 15cm,梯形键齿的深度均为 4cm、斜边高度均为 2cm,UHPC 键齿高度为 9cm($h1$),RC 键齿高度可按高度比求出,主筋直径 16mm,箍筋直径 8mm,均为 HRB335,试件尺寸及配筋情况如图 1a)所示。

试件采用匹配预制,先浇筑两侧 RC 部分,后匹配浇筑中间 UHPC 部分。为研究接缝面黏结情况对承载力的影响,将 2 个单键齿 1:2 试件的接缝面分别进行脱开和打磨处理,以形成三种不同的接缝界面。如图 1b)所示,采用 500T 作动器进行分级加载,测试加载值及相对位移;为避免试件在加载过程中出现整体脱离,采用两对拉杆进行侧向约束(不施加预压应力)。

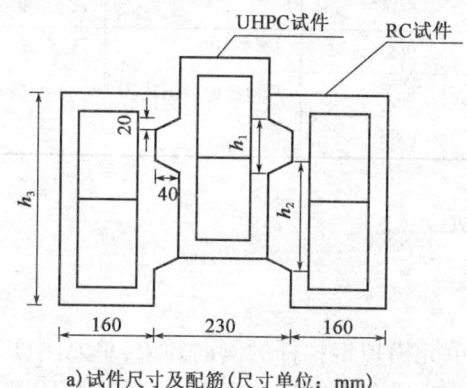
a)试件尺寸及配筋(尺寸单位:mm)

b)试件加载及测试

图 1　试件尺寸及加载情况

2. 试验结果

1) 试验现象

对于单键齿试件,加载过程中均出现接缝逐步脱开,RC 及 UHPC 键齿根部出现 45°斜裂缝。随着荷载的增加,RC 键齿内部出现多条平行斜裂缝。高度比≤1:2 的试件,表现为 RC 键齿的直剪破坏,UHPC 键齿的裂缝并未开展及延伸。高度比 1:3 的试件,UHPC 键齿内部也出现数条近似平行的斜裂缝,表现为 RC 及 UHPC 键齿的斜压破坏,破坏形态如图 2 所示。

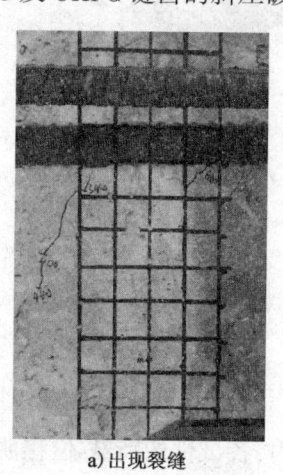
a)出现裂缝　　　b)裂缝发展

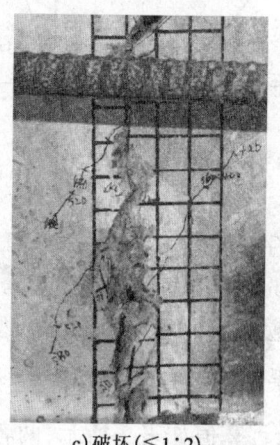
c)破坏(≤1:2)

d)破坏(1:3)

图 2　裂缝开展及破坏过程

2)测试结果

各试件的材料强度、破坏荷载、破坏形态及接缝黏结状况如表1所示。

破坏荷载及破坏形态　　　　　　　　　表1

试件编号	混凝土强度（MPa）	UHPC强度（MPa）	破坏荷载（kN）	破坏形态	接缝状况
S-1-1	45	100	400	RC键齿直剪破坏	接缝黏结
S-1-2	45	100	416		
S-1-3	45	100	424		
S-0.75-1	45	100	450		
S-0.75-2	45	100	504		
S-0.75-3	45	100	423		
S-0.5-1	45	100	624		接缝黏结
S-0.5-2	45	100	612		接缝脱开
S-0.5-3	45	100	560		接缝打磨
S-0.33-1	73	130	968	两种键齿斜压破坏	接缝粘结
S-0.33-2	73	130	852		
S-0.33-3	73	130	1080		

三、有限元分析

1. 有限元模型

建立各组试件的实体有限元模型,采用弹性连接单元模拟钢拉杆的侧向约束,单元刚度通过拉杆刚度及接触面积换算。采用接触对模拟界面的接触和分离,法向定义为不穿透的"硬接触",切向采用静摩擦,摩擦系数取0.6[11]。

根据聂建国等人[12]的研究,对于深梁等受剪为主的有限元模型(图3),混凝土宜采用弥散开裂模型,本文采用本构模型均考虑下降段,关键参数为开裂强度 f_t、断裂能 G_f 和单元特征长度 h,f_t 按规范[13,14]取值,G_f 可参考相关研究结果[15,16],C45和UHPC的断裂能分别取200N/m和8000N/m。

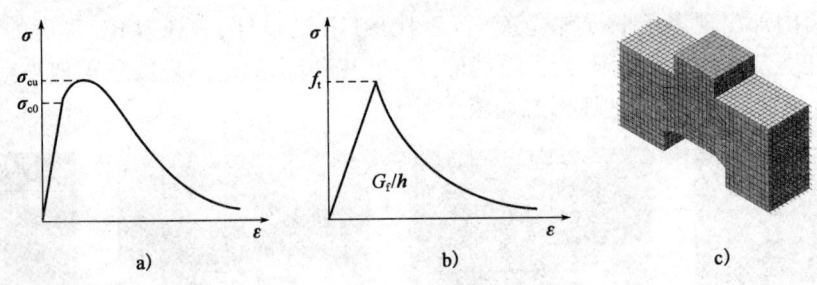

图3 本构模型及有限元模型

接缝脱开前,界面上存在黏结力、静摩擦力和压应力,涉及黏结力激活及损伤、静摩擦力激活等复杂过程,参数众多且需大量的试算,计算过程较为繁琐[17]。根据试验现象,可将加载过程分为接触和分离两个阶段,分别采用黏结模型(共节点)和接触模型(接触对)进行模拟。

2. 有限元分析结果

破坏荷载的试验值及计算值如表2所示,两者的相对偏差均在8%以内,各试件的荷载-位移曲线如图4所示,计算曲线与实测曲线吻合较好,说明有限元模型能真实地反映试件的受力特性。

试验值与计算值对比 表2

试 件 编 号	破坏荷载均值(kN)	有限元计算值(kN)	有限元/实测
S-1	413	380	0.92
S-0.75	459	492	1.07
S-0.5	599	564	0.94
S-0.33	967	900	0.93

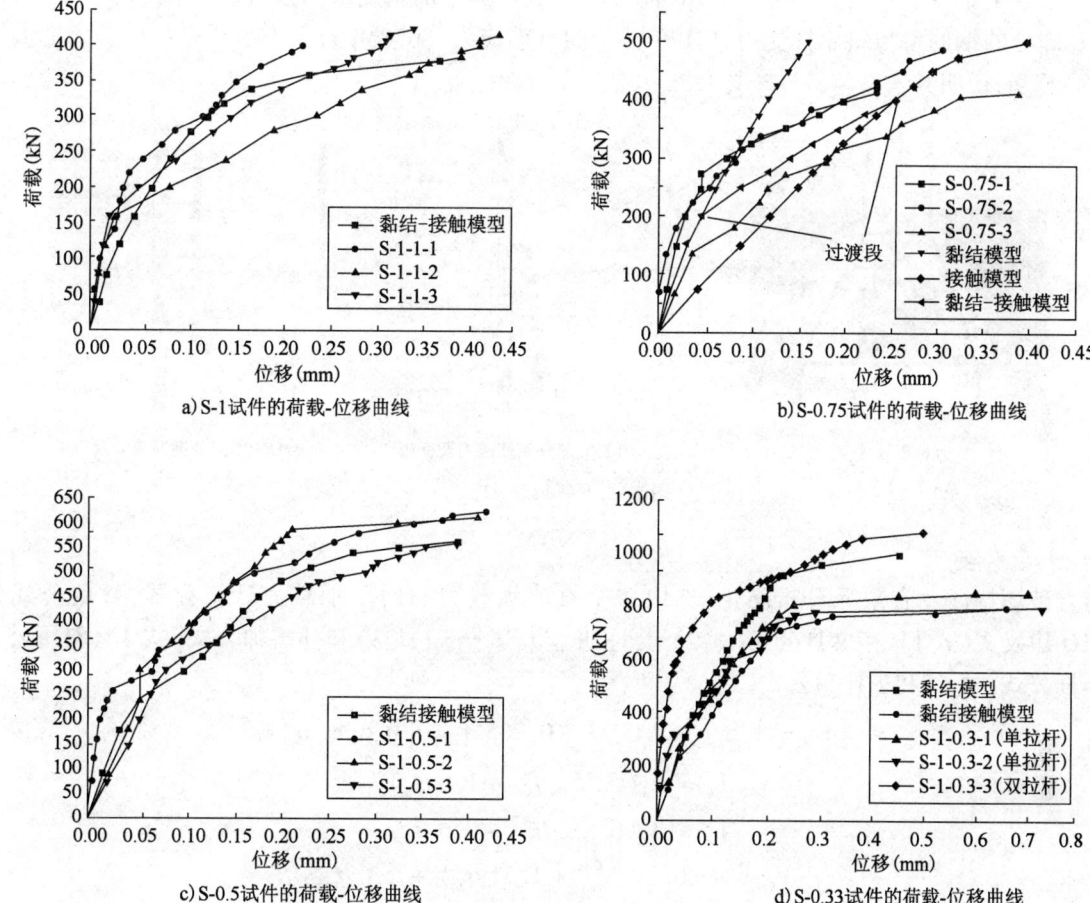

图4 荷载-位移曲线

根据试验现象及荷载-位移曲线,将加载过程划分为开裂前的弹性阶段、开裂后的强化阶段和破坏阶段,曲线斜率反映试件刚度的变化。以高度比2:3试件为例,实测曲线与各类计算曲线如图4b)所示,黏结模型和接触模型仅能反映实测曲线的首尾段,可模拟接缝脱开前和完全脱开后的受力特性,但无法模拟接缝逐步脱空的过程。

为模拟接缝逐步脱空(刚度不断降低)的过程,以黏结模型和接触模型为基础,中间设置过渡段,过渡段按荷载相同、位移值取黏结模型(权重为$1-i$)和接触模型(权重为i)加权平均和的原则进行计算,其中:$i=0,\dfrac{1}{n},\dfrac{2}{n}\cdots 1$,$n$为过渡段的荷载步。通过与各试件实测曲线的对比可知,黏结-接触模型的曲线走势与实测曲线吻合较好,可用于组合键齿受力全过程分析,无需设置复杂的有限元参数和反复试算,原理清晰且简单实用。

对于1:2试件,2号试件界面上无黏结力,3号试件界面上无黏结力和摩擦力,加载初期的相对刚度为1号>2号>3号,承载力的相对大小为1号≈2号>3号,说明试件承载力由键齿承载力、界面黏结力和摩擦力组成,黏结力仅在受荷初期发挥作用(增加试件刚度),最终承载力由键齿承载力和摩擦力决定,该结论与键齿直剪承载力的典型公式[11]及欧阳娜[17]数值分析的结论相符。

四、计算方法研究

1. 拉压杆模型

以高度比1:2试件为例,主压应力分布如图5a)所示,受力特性与深梁类似,可通过拉压杆模型分析结构内部的力流传递路径,RC及UHPC键齿为压杆,螺纹钢为拉杆,RC键齿处于压—压—拉型节点,UHPC键齿处于压—压—压型节点[13]。RC部分及UHPC部分的钢筋应力及变形如图5b)和5c)所示,说明RC部分的钢筋参与斜压杆受力,UHPC部分的钢筋应力(86.8Mpa)与UHPC竖向压应力的换算值(83MPa)相当,说明其未参与斜压杆受力。

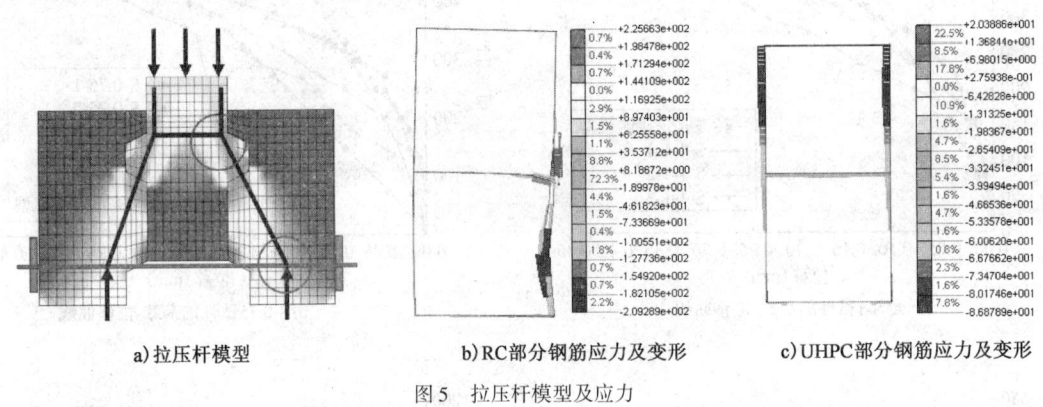

a) 拉压杆模型　　　　b) RC部分钢筋应力及变形　　　　c) UHPC部分钢筋应力及变形

图5　拉压杆模型及应力

2. 计算方法分析

结合破坏特征及有限元分析结论,选取多个直剪承载力和斜压承载力计算公式,直剪公式包括AASHTO建议式(式1)、卢文良公式(式2)、广东工业大学公式(式3)和孙雪帅公式(式4),斜压公式包括斜压杆公式(式5)和王建超公式(式6)[11,13,18-22]。

$$V_k = A_k \sqrt{f'_c}(1.0073 + 0.205\sigma_n) + 0.6 A_{sm}\sigma_n \tag{1}$$

$$V_k = A_k(0.55\sqrt{f'_c} + 1.0\sigma_n) \tag{2}$$

$$V_k = A_k(0.57\sqrt{f'_c} + 0.6\sigma_n) \tag{3}$$

$$V_k = A_k(0.39 f_{cu}^{0.66} + 1.51\sigma_n) + \mu A_f \sigma_n \tag{4}$$

$$V_j = f_{ced} A_{cs} + f'_{sd} A_{ss} \tag{5}$$

$$V_j = A_k \sqrt{\sigma_n(v f_{ck} - \sigma_n)} \tag{6}$$

正应力σ_n从有限元模型中提取,试件破坏荷载及各公式计算值如表3所示,键齿直剪及斜压承载力可分别采用AASHTO建议式和拉压杆计算公式,相对误差均在10%以内。

直剪承载力计算结果对比　　　　表3

试件类型	破坏荷载均值 (kN)	直剪承载力				斜压承载力	
		式1	式2	式3	式4	式5	式6
S-1	413	396.1	281.7	210.3	351.4	—	—
S-0.75	459	498.7	353.6	264.2	439.3	—	—
S-0.5	599	545.4	363.1	293.9	409.0	—	—
S-0.33	967					1009	504.6

根据试件的破坏形态及计算公式,绘制图6所示的承载力对比曲线,直剪承载力包括键齿纯剪(截距)和正应力贡献项(增长部分),斜率由键齿根部面积和混凝土强度决定,斜压承载力包括素混凝土压杆和钢筋贡献项。键齿高度比≤1:2时,直剪承载力<斜压承载力,发生直剪破坏;键齿高度比1:3时,直

剪承载力(1706.6kN)>斜压承载力,发生斜压破坏。

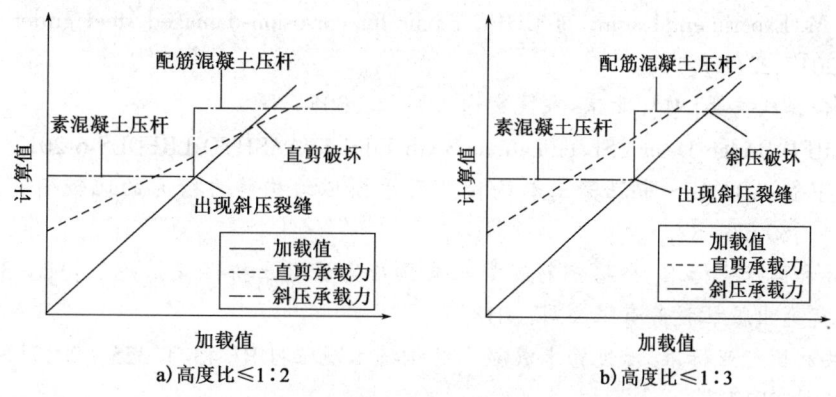

图6 承载力对比及破坏形态

材料强度比为1∶2时,键齿合理高度比为1∶3,此时组合键齿的承载力相近,能最大限度地发挥材料特性,且表现为相对延性的斜压破坏。

五、结　语

本文开展4组组合键齿推出试验,通过有限元模型及拉压杆模型的分析,研究组合键齿的受力特性及承载力计算方法,得到如下结论:

(1)组合键齿接缝面上存在黏结力和摩擦力,黏结力仅在受荷初期发挥作用(提升整体刚度),承载力最终由键齿承载力和摩擦力决定。

(2)可采用黏结-接触模型分析组合键齿试件的受力全过程,可模拟接缝面逐步脱空的受力特性,计算结果较为准确且简明实用。

(3)单键齿试件的受力特性与深梁类似,可构建拉压杆模型进行分析,直剪承载力和斜压承载力分别采用AASHTO建议式和拉压杆公式计算,RC键齿处于压—压—拉型节点,按配筋压杆计算,UHPC键齿处于压—压—压型节点,按无配筋压杆计算。

(4)材料强度比为1∶2时,键齿合理高度比为1∶3,建议控制材料强度比和高度比,获取相对延性的斜压破坏。

本文主要研究组合单键齿的受力特性及承载力计算方法,试验中未观察到UHPC键齿直剪破坏,后期可开展UHPC键齿直剪承载力的研究,并开展多键齿试验,继续研究组合键齿的受力特性及计算方法。

参考文献

[1] 陈宝春,季韬,黄卿维,等.超高性能混凝土研究综述[J].建筑科学与工程学报,2014,31(03):1-24.

[2] 邵旭东,罗军,曹君辉,等.钢-UHPC轻型组合桥面结构试验及裂缝宽度计算研究[J].土木工程学报,2019,52(03):61-75.

[3] 邵旭东,甘屹东,李嘉,等.钢-超薄UHPC组合桥面板界面抗剪焊接构造[J].中国公路学报,2018,31(11):91-101.

[4] 吴香国,陈思远,赵新宇.高性能多功能桥墩永久模板节段节点性能分析[J].哈尔滨工程大学学报,2012(09):1104-1109.

[5] 林上顺,黄卿维,陈宝春,等.跨海大桥U-RC组合桥墩设计[J].交通运输工程学报,2017,17(04):55-65.

[6] 胡源.活性粉末混凝土预制管混凝土组合柱轴心抗压性能研究[D].湖南大学,2015.

[7] 王春生,王世超,赵涛,等.钢-UHPFRC组合加固足尺混凝土T梁抗弯承载性能试验[J].长安大学学报(自然科学版),2018,38(06):117-126.

[8] 刘超,马汝杰,王俊颜,等.超高性能混凝土薄层加固法在槽形梁桥中的应用[J].桥梁建设,2017,47

[9] ZMETRA K M. Experimental study of UHPC repair for corrosion-damaged steel girder ends[J]. Bridge Engneering,2017,22(8):17-37.
[10] 刘玉擎.组合结构桥梁[M].北京:人民交通出版社,2005.
[11] AASHTO LRFD Bridge Design Specifications Sixth Edition:AASHTO LRFDUS-6-2012[S].
[12] 聂建国,王宇航.ABAQUS中混凝土本构模型用于模拟结构静力行为的比较研究[J].工程力学,2013,30(04):59-67+82.
[13] 中华人民共和国行业标准.公路钢筋混凝土及预应力混凝土桥涵设计规范:JTG 3362—2018[S].北京:人民交通出版社股份有限公司,2018.
[14] 中华人民共和国行业标准.活性粉末混凝土结构技术规程:DBJ 43/T 325—2017[S].北京:中国建筑工业出版社,2017.
[15] 贾艳东.不同粗骨料及强度等级混凝土的断裂性能及其实验方法研究[D].大连:大连理工大学,2003.
[16] 张倩倩,魏亚,张景硕,等.钢纤维掺量对活性粉末混凝土断裂性能的影响[J].建筑材料学报,2014,17(01):24-29.
[17] 欧阳娜,邓舒文.UHPC-NC组合构件界面行为研究[J].重庆大学学报:1-13[2020-02-29].
[18] 卢文良.节段预制体外预应力混凝土梁设计理论研究[D].北京:北京交通大学,2004.
[19] 姜海波,王添龙,肖杰,等.预制节段钢纤维混凝土梁干接缝抗剪性能试验[J].中国公路学报,2018,31(12):37-49.
[20] 陈黎.预制节段式混凝土桥梁干接缝抗剪性能研究[D].广州:广东工业大学,2013.
[21] 孙雪帅.预制拼装桥梁节段间接缝抗剪性能试验研究[D].南京:东南大学,2015.
[22] 王建超.节段预制拼装混凝土桥梁接缝抗剪性能试验研究[D].南京:东南大学,2011.

53. 基于替代传力路径的钢桁斜拉桥结构鲁棒性评价方法研究

郑小博[1] 侯炜[1] 贺拴海[1,2] 刘金鑫[1]

(1. 长安大学公路学院桥梁工程研究所;2. 旧桥检测与加固技术交通行业重点实验室)

摘 要 钢桁斜拉桥由于构件连接复杂、整体结构性弱,致使结构连续破坏问题突出。结构鲁棒性被定义为结构在一个或多个构件失效后的继续负载能力。本文基于结构替代传力路径理论,针对双塔钢桁斜拉桥在钢桁主梁和斜拉索破坏时的受力特征研究,提出结构鲁棒性评价方法,并应用这种方法评价双塔钢桁斜拉桥结构整体鲁棒性。该研究成果可应用于极端荷载及多灾害环境下桥梁结构易损性评价研究,也可用于桥梁结构抗连续倒塌性能优化设计。

关键词 桥梁工程 结构鲁棒性 替代传力路径 双塔钢桁斜拉桥 退化结构 雷塔图

一、引 言

多发的桥梁倒塌事件,使得该桥梁在环境污染腐蚀、自然灾害以及人为破坏等诸多极端事件中能否具有足够抗连续倒塌性能以保持安全适用性成为新的研究课题。其中钢桁斜拉桥由于构件连接复杂、整体结构性弱,致使结构连续破坏问题突出。结构鲁棒性被定义为结构在一个或多个构件失效后的继续负载能力,但目前尚未在量化评价结构鲁棒性方面取得共识[1]。为了填补这个不足,AASHTO LRFD(2012)桥梁设计规范曾提出运用荷载调节系数考虑桥梁结构的设计安全余度。荷载调节系数反映了延性、安全余度和结构应用的重要性[2]。已有的评定方法可以分为三大类:判定性方法、可靠度方法和基于风险的方法[3]。

1. 判定性方法

根据结构的不同指标将安全性表示为多个不同的形式,而其中最常用的几种判定性能的评定指标是基于特定荷载下的位移、结构的承载力、能量及构件敏感性。P. C. Pandey[4]在1997年基于结构响应灵敏度提出了一种适用于连续体和离散结构的广义冗余度,并指出冗余度与结构响应敏感性有关。进而将这种方法应用于结构损伤评估和整体结构的可靠性分析中。Nafday[5]于2008年探讨并阐明了系统安全与结构冗余概念之间的联系,提出了离散结构的无量纲系统安全性能指标,并进一步提出了确定关键结构构件的方法和量化失效路径的重要性判定方法。2008年Scheller J等[6]通过比较动态和静态结构对突发斜拉索断裂的响应,指出需要2.0的动态放大系数来满足斜拉索和主塔设计要求。D. Yan等[7]在2010年提出了一种基于塑性极限分析的独塔斜拉桥的易损性评估方法,有效评估不同设计参数的独塔斜拉桥的易损性。C. Tony Hunley等[8]在2012年提出了双钢箱曲线梁桥冗余研究方法。研究表明判定双钢箱曲线梁桥的安全余度需要在AASHTO LRFD因子设计中加入额外的设计标准。Chien-Chou Chen等[9]在2017年提出了一种通过斜拉索力变化分析斜拉桥结构的破坏的有效方法,建立以移动平均线为基础的方法来消除日常的数据测量误差。

2. 可靠度方法

可靠度方法通过计入已知和未知因素的不确定性,提出的一种评定结构安全性能方法。这种方法主要使结构具有足够的安全富余量并降低由于构件承载力不足或超载所导致的结构失效概率。Tarek N. Kudsi等[10]在2002年针对桁架桥梁提出一种结构系统冗余分析方法,确定了结构体系中的非冗余构件串联的并行配置的系统冗余度和冗余成员组合的可能数目。Michel Ghosn等[11]在2010年基于结构系统安全以及荷载的不确定性,重新评估了桥梁上部结构和子结构体系结构设计中系统冗余和鲁棒性。Jian Yang[12]在2015年提出一个评估悬索桥可靠性方法,并结合完整结构的初始破坏风险对连续破坏进行概率动态分析(可扩展到处理复杂大跨桥梁结构)。M. Ghosn等[13]于2016指出评估各种结构构件和材料强度的目标可靠性水平受到许多因素影响:①预期的结构设计和使用寿命;②预期构件失效模式;③个别构件对整体系统完整性的重要性;④设计经验;⑤材料和施工费用;⑥结构类型;⑦工程界和公众在规范涉及范围内的风险承受力。M. Ghosn等[14]于2016年提出结构系统和基础设施网络性能标准的建议,扩大关于可靠性结构性能指标的应用范围,其中涉及建筑结构、桥梁、海上石油和天然气平台以及各种基础设施,提出了实用的系统绩效指标评定方法,包含系统的使用周期、安全性、可靠性和风险,此法可作为系统恢复设计的判定依据。

3. 基于风险的评定方法

对于设计和评价桥梁结构,不仅应该关注结构自身的评定指标,还需考虑结构破坏的综合影响。基于风险的评定方法提供了最为完整的桥梁安全余度评价体系,包含了结构破坏的概率以及由于破坏产生的经济、政治和社会效应。Baker[15]在2008年基于概率风险分析提出了结构在出现初始破坏后的鲁棒性评价方法,指出结构由于间接破坏所产生的桥梁附加风险的评定方法,其中包含人员的伤亡,社会经济及环境的影响。Janssens等[16]在2012年从多种角度讨论了各种可预见的结构倒塌所造成的后果以及对于多个层面的影响,基于结构重要等级提出了结构倒塌后果的分类。B. M. Imam等[17]在2012年通过对以往钢桥失效统计分析,确定了影响桥梁及其相关脆弱性的主要危害,并基于空间域和时间域的幅度量化关联模型估计桥梁潜在失效的后果。Benjin Zhu等[18]在2013年基于风险分析评估桥梁破坏对于社会经济及环境的影响,计算出了桥梁养护和加固的费用,并制订出对应的加固措施。Dan M. Frangopol等[19]于2013年提出了一种评估交通和地震负荷造成的时间依赖风险的方法,并基于社会经济和环境损失在基于后果的框架中进行调查,开发了总体风险缓解的最佳预防性维护策略。

本文基于结构替代传力路径理论,针对在双塔钢桁斜拉桥在钢桁主梁杆件和斜拉索破坏时的受力特征进行了研究,并进一步提出了基于分项指标而建立的结构鲁棒性评价方法,并将这种方法应用于评价双塔钢桁斜拉桥结构整体鲁棒性。

二、钢桁斜拉桥破坏原理

斜拉桥在外荷载作用下,主梁承受轴向压力作用易发生局部失稳,进而丧失抗转动能力,在宏观上形成类似于塑性铰的退化结构,如图1和图2所示。

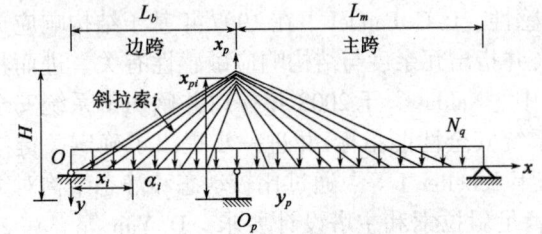

图1 斜拉桥体系满布荷载计算图示

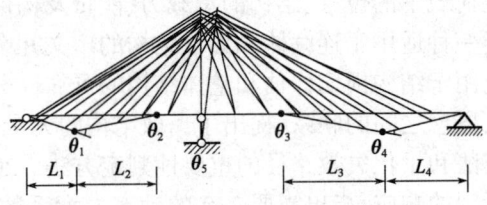

图2 斜拉桥体系破坏计算图示

图2显示了满跨设计荷载作用下塑性铰可能出现的位置,一共有5处位置,其中4个在主梁上,一个在主塔根部,对应的弯曲角度为$\theta_i(i=1,\cdots\cdots,5)$。在不计入惯性作用的平稳破坏过程中,荷载做作的功率与结构内部耗散的功率相等,如式(1)所示。

$$\dot{W} = \dot{D} \tag{1}$$

式中:$\dot{W}$——荷载功率;

$\dot{D}$——结构内部耗散的功率。

另一方面,式(1)可用虚位移原理如式(2)所示。

$$\delta W = \delta D \tag{2}$$

对于图1,虚拟结构能量耗散的功率见式(3)。

$$\delta D = \sum_{i=1}^{n_b+n_m} f_{Ci} A_{Ci} \cdot |\delta e_i| + f_g Z_g \cdot (|\delta\theta_1| + |\delta\theta_2| + |\delta\theta_3| + |\delta\theta_4|) + f_p Z_p \cdot |\delta\theta_5| \tag{3}$$

式中: f_{Ci}——斜拉索 i 的屈服拉应力;

A_{Ci}——斜拉索 i 的截面积;

f_g——主梁的屈服应力;

Z_g——主梁的塑性模量;

f_p——主塔的屈服应力;

Z_p——主塔的塑性模量;

$\delta\theta_i(i=1,\cdots,5)$——塑性铰 i 虚拟转角;

δe_i——斜拉索 i 虚拟伸长量。

在小变形假设下,主梁的四个塑性铰的虚拟转角关系如式(4)所示

$$\delta\theta_1 = \frac{L_1+L_2}{L_1}\delta\theta_2, \quad \delta\theta_4 = \frac{L_3+L_4}{L_4}\delta\theta_3 \tag{4}$$

斜拉索虚拟伸长量 δe_i 与 $\delta\theta_2$、$\delta\theta_3$、$\delta\theta_5$ 的关系见式(5)

$$\delta e_i = \begin{cases} \frac{L_2}{L_1}x_i\sin\alpha_i \cdot \delta\theta_2 + x_{pi}\cos\alpha_i \cdot \delta\theta_5 & (0 \leq x_i \leq L_1) \\ (L_1+L_2-x_i)\sin\alpha_i \cdot \delta\theta_2 + x_{pi}\cos\alpha_i \cdot \delta\theta_5 & (L_1 \leq x_i \leq L_1+L_2) \\ x_{pi}\cos\alpha_i \cdot \delta\theta_5 & (L_1+L_2 \leq x_i \leq L_b) \\ -x_{pi}\cos\alpha_i \cdot \delta\theta_5 & (L_b \leq x_i \leq L_b+L_m-L_3-L_4) \\ (x_i+L_3+L_4-L_b-L_m)\sin\alpha_i \cdot \delta\theta_3 - x_{pi}\cos\alpha_i \cdot \delta\theta_5 & (L_b+L_m-L_3-L_4 \leq x_i \leq L_b+L_m-L_4) \\ \frac{L_3}{L_4}(L_b+L_m-x_i)\sin\alpha_i \cdot \delta\theta_3 - x_{pi}\cos\alpha_i \cdot \delta\theta_5 & (L_b+L_m-L_4 \leq x_i \leq L_b+L_m) \end{cases} \tag{5}$$

式中：x_i——斜拉索 i 主梁锚固点横坐标位置；
α_i——斜拉索 i 主梁锚固点与水平夹角；
x_{pi}——斜拉索 i 主塔锚固点竖坐标位置；
L_b——边跨长度；
L_m——主跨长度。

通过虚位移原理可得出荷载虚拟做功如式(6)所示

$$\delta W = N \cdot \delta \overline{W} = N \cdot \left[\frac{qL_2(L_1 + L_2)}{2}\delta\theta_2 + \frac{qL_3(L_3 + L_4)}{2}\delta\theta_3 \right] \tag{6}$$

将式(3)~式(6)代入式(2)得出荷载系数 N，如式(7)所示

$$N(L_1, L_2, L_3, L_4, \delta\theta_2, \delta\theta_3, \delta\theta_5) = \frac{\delta D}{\delta \overline{W}} \tag{7}$$

荷载系数 N 是 L_1, L_2, L_3, L_4 和 $\delta\theta_2, \delta\theta_3, \delta\theta_5$ 的函数，对于完好桥梁结构的最小极限荷载系数为 N_0。

$$N_0 = \min \delta D(L_1, L_2, L_3, L_3, \delta\theta_2, \delta\theta_3, \delta\theta_5)$$

同时

$$\delta \overline{W} = \frac{qL_2(L_1 + L_2)}{2}\delta\theta_2 + \frac{qL_3(L_3 + L_4)}{2}\delta\theta_3 = 1 \tag{8}$$

对于两跨相等的独塔斜拉桥，即 $L_b = L_m$，其破坏形式也相对于主塔对称，及 $L_1 = L_4, L_2 = L_3$，则代入式(8)可得到极限荷载系数 N，见式(9)

$$N = \frac{2}{q(L_1 + L_2)} \left[\sum_{i=1}^{n_1} f_{Ci} A_{Ci} \frac{x_i}{L_1} \cdot \sin\alpha_i + \sum_{i=n_1+1}^{n_1+n_2} f_{Ci} A_{Ci} \left(1 + \frac{L_1}{L_2} - \frac{x_i}{L_2}\right) \cdot \sin\alpha_i + f_g Z_g \left(\frac{1}{L_1} + \frac{2}{L_2}\right) \right] \tag{9}$$

式中：n_1——L_1 段的斜拉索数目；
n_2——L_2 段的斜拉索数目。

三、斜拉桥有限元分析方法

该双塔双索面钢桁梁斜拉桥跨径分布为 170m + 360m + 170m = 700m。主梁为钢桁梁结构，由两片"N"形桁架主桁构成，中心间距26m，高6m，节间长度6m。钢桁弦杆为箱形截面；斜杆及竖杆均为"H"形截面。斜拉索采用双索面平面扇形布置，锚固于主塔及主桁节点处。单个主塔单索面，全桥共104根，斜拉索锚固在主塔锚固区塔柱内壁的锯齿块上。主塔为阶梯形钢筋混凝土结构，塔柱为单箱单室截面。阶梯形主塔共分三大节段，上层塔架高133.5m，中塔墩高38m，下层塔墩Z1、Z2号塔分别为38及44m，1号主塔全高209.5m，2号主塔全高215.5m[21]，杆件和斜拉索编号如图3所示。斜拉桥整体结构主要材料特性如表1所示。

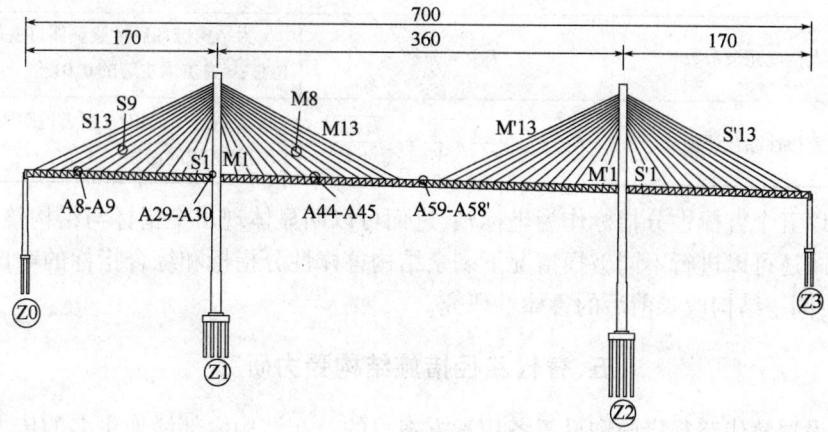

图3 斜拉桥总体及构件编号(尺寸单位：m)

桥梁主要材料特性   表1

材　料	构　件	弹性模量(MPa)	屈服强度(MPa)
C50 混凝土	主塔	3.45×10^4	32
C40 混凝土	桥面板	3.25×10^4	26
Q370 钢	主梁钢桁	2.06×10^5	370
Q345 钢	桁架平联及横向联系	2.06×10^5	345
Φ7 低松弛镀锌钢丝	斜拉索	1.95×10^5	1670

根据主桥结构总体布置及构造特点,采用大型有限元通用程序 ANSYS 分析软件对本桥进行破坏仿真分析。其中主塔与钢桁梁可用 3D 有限应变 BEAM189 梁单元模拟。主塔底边界条件在承台处采用固结约束;主梁端支撑处用一般约束限制三个平动位移。为了准确模拟斜拉桥主塔锚固点位置及连接方式,运用多点约束单元 MPC184 中的刚性梁单元将斜拉索主塔侧节点与主塔相连接;另一方面将主梁在桥塔支撑处钢桁梁支撑节点与主塔横梁支座节点进行竖向与横向平动位移耦合以模拟主塔横梁上支撑钢桁主梁的支座与横向限位装置。斜拉桥整体结构有限元离散模型如图4所示。

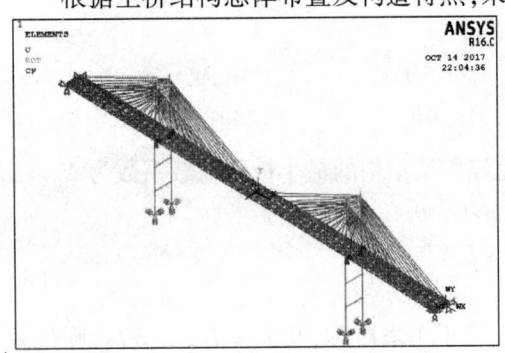

图4　斜拉桥有限元模型

四、斜拉桥鲁棒性评价方法

以下将以双塔钢桁斜拉桥为例进行替代路径受力分析与整体结构鲁棒性评价。其中,可以从桁架主梁最大拉应力、最大压应力、斜拉索最大应力、主塔最大压应力以及主梁最大竖向位移几个方面综合评价桥梁整体结构的鲁棒性。计算方法如表2所示

斜拉桥鲁棒性评价计算方法   表2

序号	名　称	计算公式	备　注
1	主梁最大拉/压应力冗余系数	$I_{TTSRF}=1-\dfrac{S_{tr}}{S_t}$ $I_{TCSRF}=1-\dfrac{S_{cr}}{S_c}$	S_{cr} 为结构破坏后桥梁整体自重作用下钢桁主梁最大压应力;S_c 为钢桁主梁材料屈服拉应力
2	斜拉索最大应力冗余系数	$I_{CSRF}=1-\dfrac{S_r}{S_y}$	S_r 为结构破坏后桥梁整体自重作用下斜拉索最大拉应力;S_y 为斜拉索材料屈服拉应力
3	主塔最大压应力冗余系数	$I_{PCSRF}=1-\dfrac{S_r}{S_{cu}}$	S_r 为结构破坏后桥梁整体自重作用下主塔最大压应力;S_{cu} 为主塔混凝土材料屈服压应力
4	主梁最大挠度冗余系数	$I_{DRF}=\dfrac{s_r}{s_0}$	s_r 为结构破坏后桥梁整体自重作用下主梁最大竖向位移;s_0 为主梁主跨的 0.01 倍
5	斜拉桥鲁棒性综合评价	$I_{Rob}=\sqrt{\dfrac{4\pi A}{C^2}\times\dfrac{A}{A_1}}=\sqrt{\dfrac{4\pi A^2}{A_1 C^2}}$	A 为雷达图面积;C 为雷达图周长;A_1 为外圈折线所围成区域的面积

雷达图中将以五个鲁棒性分指标作为坐标轴,进而可以明显体现出个指标与结构整体鲁棒性之间的差异。同时雷达图还可以进行不同破损情况下剩余结构鲁棒性分指标和综合指标的对比;不同结构间鲁棒性指标的对比;同一结构改善前后的鲁棒性研究。

五、替代路径措施结构受力研究

对钢桁主梁设置替代路径措施和设置备用索方案目的是在结构内部增加更多的传力路径,使桥梁的荷载作用下不以发生大变形的方式来承受所有内力。另一方面,也提高了桥梁结构的整体安全性,有效

分散了荷载在结构内部的传递,增加了整体结构抵抗连续破坏性能。

选定钢桁主梁边跨 L/2、Z1 主塔根部截面、主跨 L/4 与 L/2 为最不利受力截面,与这些截面相关的上弦杆 A8-A9、A29-A30、A44-A45 和 A59-A58',以及斜拉索 S9、M8 和 M13 为最不利受力构件。相应的提出针对钢桁主梁杆件失效的替代路径措施与斜拉索失效的备用索方案。

1. 钢桁主梁替代路径方案结构受力研究

钢桁主梁替代路径方案可分为两种:(1) 钢桁主梁节段内,用与原斜撑交叉的杆件对角连接剩余两个弦杆与竖杆的连接点,并与原斜撑交叉焊接,拉结杆件的截面和材料与原斜撑相同,如图 5a) 所示;(2) 在原主桁上设置通长辅助桁架。辅助桁架高 1.5m,具有弦杆、竖杆与斜杆,其截面和材料均与桥面系纵梁相同,如图 5b) 所示。

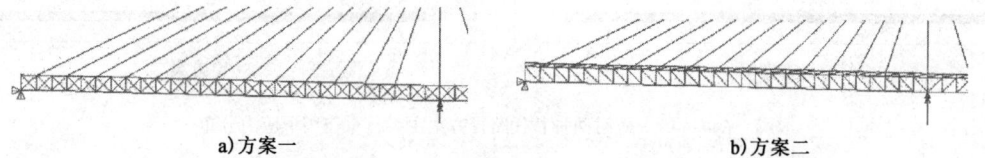

a) 方案一　　　　　　　　　　b) 方案二

图 5　钢桁主梁替代路径方案

假设上弦杆 A8-A9、A29-A30、A44-A45、A59-A58' 由于某种原因破损进而失效,在这个退化模型上的恒载作用将会重新分布。以上四种破坏模型恒载作用下,退化结构钢桁主梁替代路径方案一与方案二应力分布见图 6 ~ 图 9。

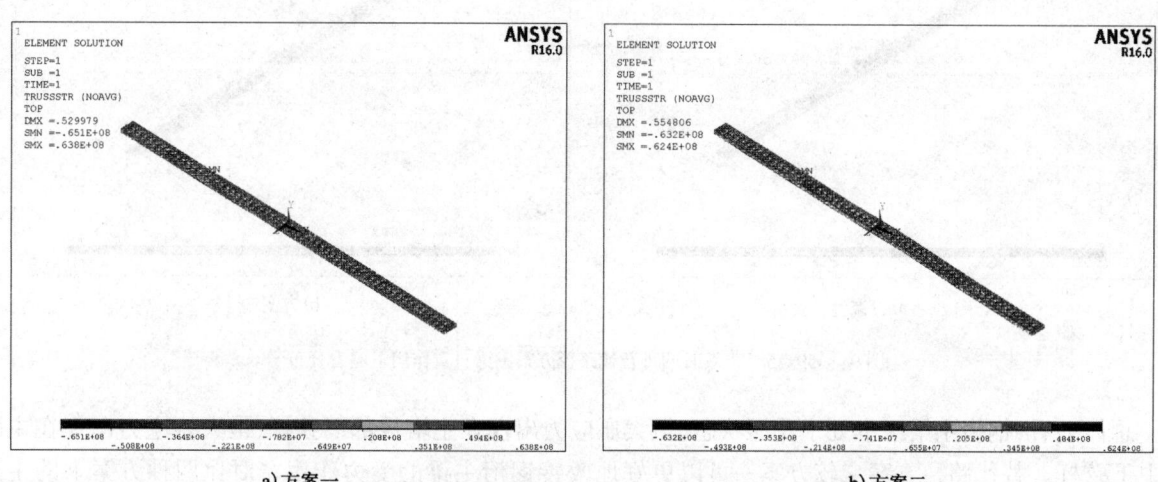

a) 方案一　　　　　　　　　　b) 方案二

图 6　A8-A9 失效时两种替代路径方案主梁自重作用下应力分布

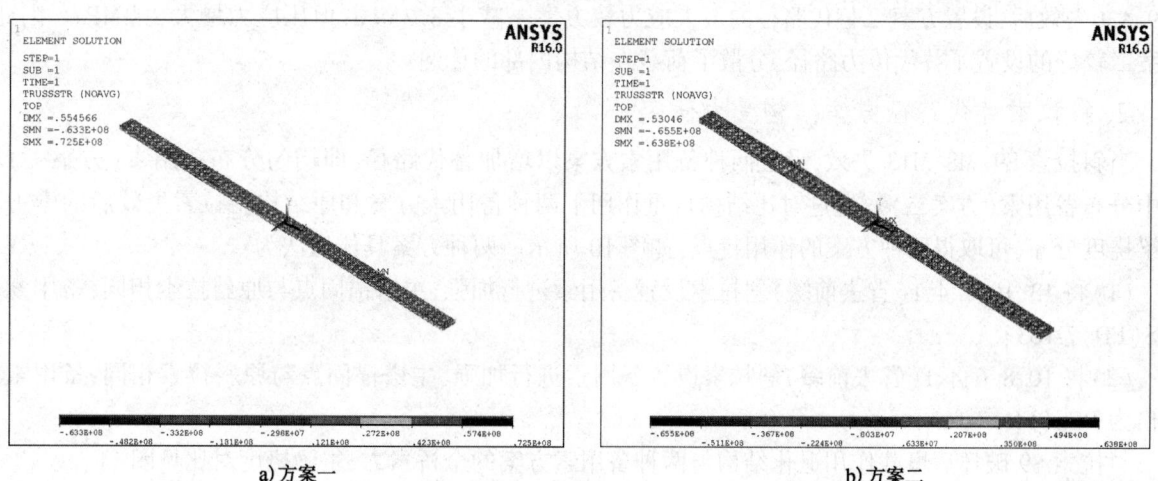

a) 方案一　　　　　　　　　　b) 方案二

图 7　A29-A30 失效时两种替代路径方案主梁自重作用下应力分布

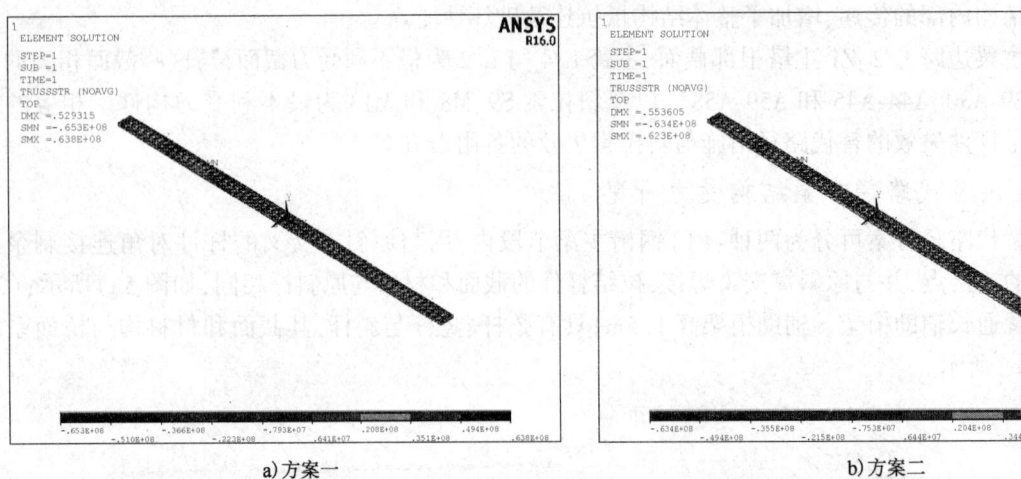

图 8 A44-A45 失效时两种替代路径方案主梁自重作用下应力分布

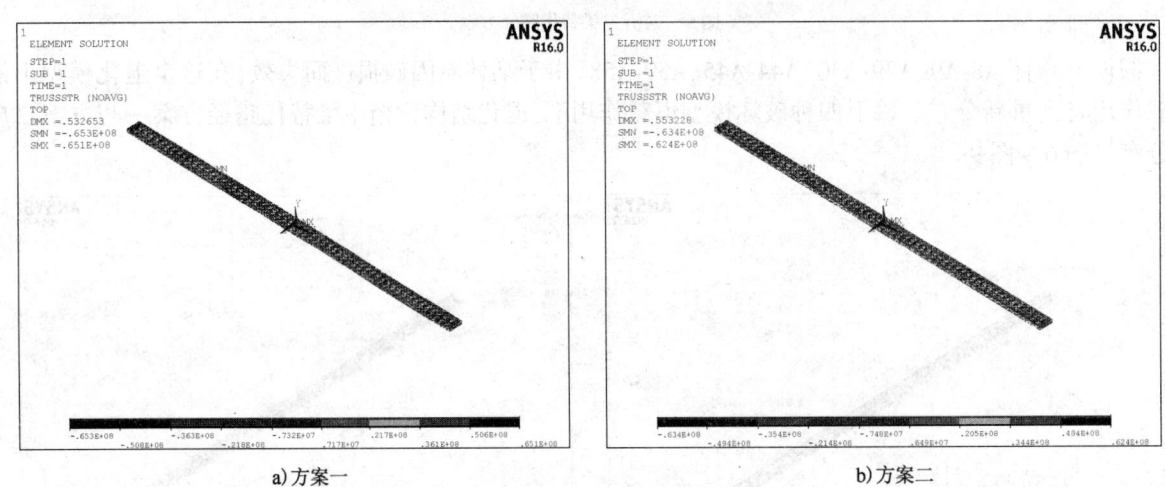

图 9 A59-A58' 失效时两种替代路径方案主梁自重作用下应力分布

总体上看,钢桁主梁经本处于受压状态,最大压应力出现在主塔根部下弦杆,最大拉应力出现在主跨跨中下弦杆。替代路径方案二较方案一可以更好地改善钢桁主梁的受力作用。对比两种方案下的主梁拉、压应力,方案二下的替代路径最大应力较方案一减小了 2MPa 左右。其中主塔 Z1 处主梁上弦杆 A29-A30 失效后,设置方案二替代路径的最大应力较方案一减小 8.3MPa,但压应力增大 2.2MPa。因此,方案二较好的设置了替代传力路径,分散了荷载在结构内部的传递。

2. 斜拉索替代路径方案结构受力研究

当斜拉索 S9、M8、M13 失效,设置两种备用索方案以增加替代路径,即均匀分布备用索(方案一)和集中分布备用索(方案二)。通过对比结构自重作用下两种备用索方案和原结构斜拉索失效后的索力和主梁挠度分布,可取得两种方案的作用特点,如图 10 所示。两种方案具体做法为:

(1)将 13、10、7、4、1(省去前缀)斜拉索设置备用索进行加强,主塔锚固点与原斜拉索相同,备用索为 PES(FD)7-163。

(2)将 10、8、6、4、1(省去前缀)斜拉索设置备用索进行加强,主塔锚固点与原斜拉索相同,备用索的规格为 PES(FD)7-163。

斜拉索 S9 破坏后恒载作用退化结构与两种备用索方案的全桥索力、主梁挠度对比见图 11。

两种备用索方案均较明显地降低了原斜拉索的内力。其中备用索方案一降低了原斜拉索内力

16.5%~30.9%,方案二降低了12.0%~34.1%。备用索方案一中仅有 S13~S11、M11~M11'、S11'~S13'较方案二小1.1%~8.5%。备用索方案一两边跨竖向挠度较方案二大,主跨挠度分布较方案二小,是它的94.3%~100%。

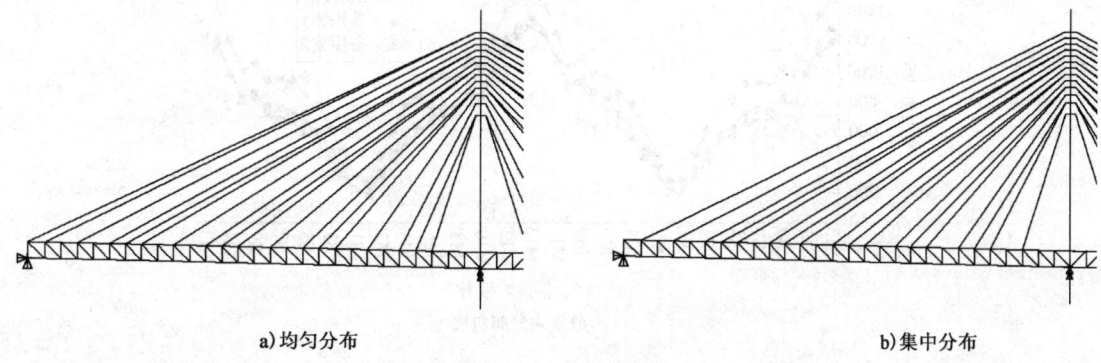

a) 均匀分布　　　　　　　　　　　　b) 集中分布

图10　备用索设计方案

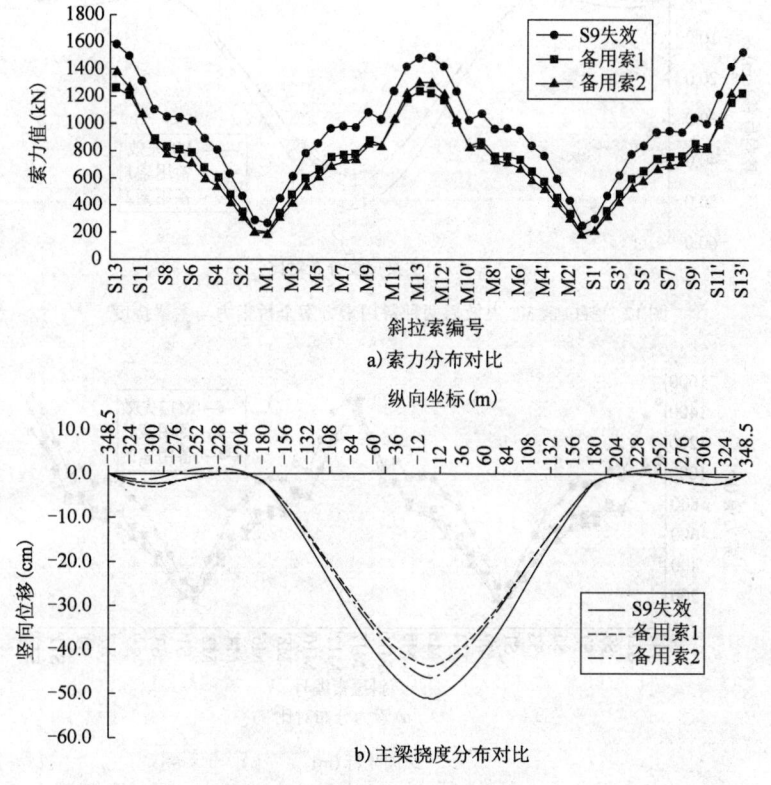

a) 索力分布对比

b) 主梁挠度分布对比

图11　斜拉索 S9 失效后两种备用索方案全桥索力与主梁挠度

斜拉索 M8 破坏后恒载作用退化结构与两种备用索方案的全桥索力、主梁挠度对比见图12。

两种备用索方案均较明显的降低了原斜拉索的内力。其中备用索方案一降低了原斜拉索内力12.0%~30.4%,方案二降低了10.1%~32.6%。备用索方案一中仅有 S13~S11、M11~M11'、S11'~S13'较方案二小1.1%~8.5%。同样,备用索方案一两边跨竖向挠度较方案二大,主跨挠度分布较方案二小,为其94.3%~100%。

斜拉索 M13 破坏后恒载作用退化结构与两种备用索方案的全桥索力、主梁挠度对比见图13。

通过两种方案与原退化结构的对比可以看出,其中备用索方案一降低了原斜拉索内力2.6%~30.4%,方案二降低了0%~34.5%,但 M12 较原退化结构斜拉索内力大3.6%。备用索方案一中仅有

S13~S12、M10~M11'、S11'~S13'较方案二小1.2%~9.4%。同样,备用索方案一两边跨竖向挠度较方案二大,主跨挠度分布较方案二小,为其93.7%~100%。

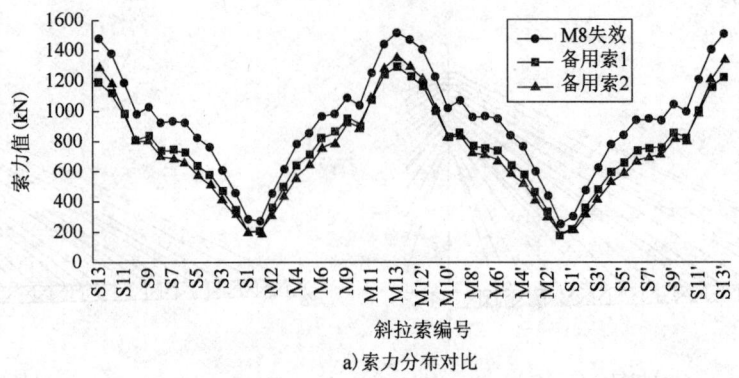

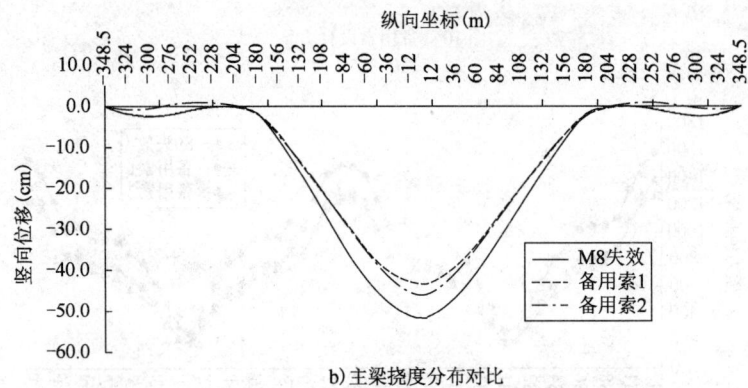

图12 斜拉索M8失效后两种备用索方案全桥索力与主梁挠度

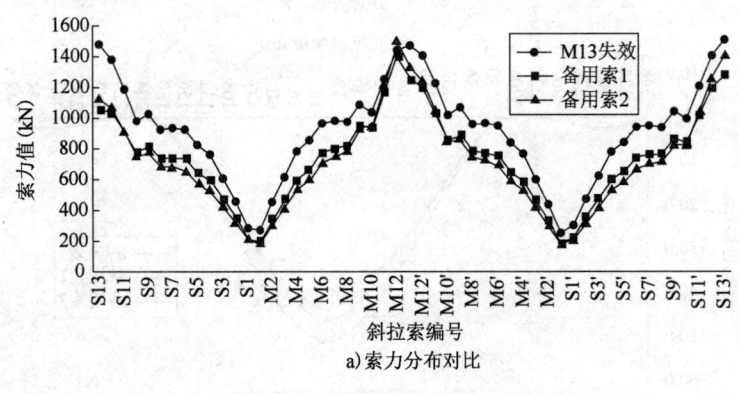

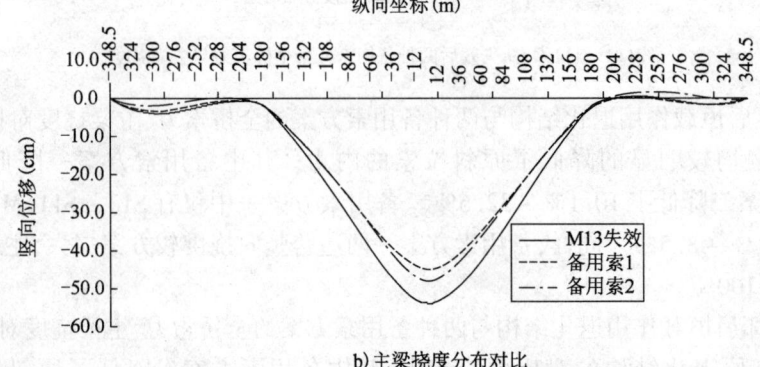

图13 斜拉索M13失效后两种备用索方案全桥索力与主梁挠度

总体上看,两种备用索方案均较明显的降低了原斜拉索内力。方案一减小后的斜拉索内力与原结构比值较方案二集中,其中方案一由于设置了端锚索,导致边跨长索与跨中长索索力较方案二小。另一方面,两种方案均较为明显的改变了主梁挠度的分布。相比之下,方案一中主梁在自重作用下的挠度值较方案二小,但在方案二对于两边跨主梁挠度值作用较方案一明显,甚至在部分区域内出现上拱现象。

六、双塔钢桁斜拉桥整体结构鲁棒性综合评价

为了对双塔刚桁斜拉桥体系整体结构鲁棒性进行评价,可以根据表2中公式计算得出整体结构在完好、破损及两种替代路径方案下 I_{TTSRF}、I_{TCSRF}、I_{CSRF}、I_{PCSRF}、I_{DRF} 和 I_{Rob},并绘制雷达图进行桥梁整体鲁棒性研究,各指标计算数值及雷达图如表3、表4所示。

钢桁主梁替代路径设设置结构鲁棒性评价 表3

失效工况	评价指标	完好	破损	方案一	方案二	方案一雷达图	方案二雷达图
A8-A9	I_{TTSRF}	0.78	0.67	0.73	0.75		
	I_{TCSRF}	0.74	0.67	0.72	0.71		
	I_{CSRF}	0.91	0.91	0.9	0.9		
	I_{PCSRF}	0.78	0.78	0.78	0.77		
	I_{DRF}	0.86	0.86	0.85	0.85		
	I_{Rob}	0.75	0.72	0.74	0.74		
A29-A30	I_{TTSRF}	0.78	0.55	0.58	0.67		
	I_{TCSRF}	0.74	0.5	0.53	0.71		
	I_{CSRF}	0.91	0.91	0.9	0.9		
	I_{PCSRF}	0.78	0.78	0.78	0.77		
	I_{DRF}	0.86	0.86	0.86	0.85		
	I_{Rob}	0.75	0.66	0.74	0.72		
A44-A45	I_{TTSRF}	0.78	0.72	0.74	0.77		
	I_{TCSRF}	0.74	0.73	0.72	0.71		
	I_{CSRF}	0.91	0.9	0.9	0.9		
	I_{PCSRF}	0.78	0.78	0.78	0.77		
	I_{DRF}	0.86	0.86	0.86	0.86		
	I_{Rob}	0.75	0.74	0.74	0.74		
A59-A58'	I_{TTSRF}	0.78	0.72	0.75	0.77		
	I_{TCSRF}	0.74	0.73	0.73	0.71		
	I_{CSRF}	0.91	0.91	0.9	0.9		
	I_{PCSRF}	0.78	0.78	0.78	0.77		
	I_{DRF}	0.86	0.86	0.85	0.85		
	I_{Rob}	0.75	0.74	0.74	0.74		

斜拉索替代路径设设置结构鲁棒性评价   表4

失效工况	评价指标	完好	破损	备用索方案一	备用索方案二	备用索方案一雷达图	备用索方案二雷达图
S9	I_{TTSRF}	0.78	0.77	0.79	0.8		
	I_{TCSRF}	0.74	0.73	0.77	0.77		
	I_{CSRF}	0.91	0.9	0.92	0.93		
	I_{PCSRF}	0.78	0.78	0.78	0.78		
	I_{DRF}	0.86	0.86	0.88	0.87		
	I_{Rob}	0.75	0.75	0.77	0.77		
M8	I_{TTSRF}	0.78	0.78	0.81	0.8		
	I_{TCSRF}	0.74	0.73	0.77	0.78		
	I_{CSRF}	0.91	0.89	0.92	0.92		
	I_{PCSRF}	0.78	0.78	0.78	0.78		
	I_{DRF}	0.86	0.86	0.88	0.87		
	I_{Rob}	0.75	0.75	0.77	0.77		
M13	I_{TTSRF}	0.78	0.75	0.78	0.74		
	I_{TCSRF}	0.74	0.73	0.76	0.77		
	I_{CSRF}	0.91	0.9	0.92	0.92		
	I_{PCSRF}	0.78	0.78	0.78	0.78		
	I_{DRF}	0.86	0.85	0.88	0.87		
	I_{Rob}	0.75	0.74	0.76	0.75		

通过两种方案与退化结构及完好结构对比,发现A29-A30失效对于自重作用下整体结构鲁棒性有明显降低,尤其是钢桁主梁拉/压应力鲁棒性评价指标。通过对钢桁主梁设置替代路径可以有效提高整体结构的鲁棒性,将破损结构鲁棒性评价指标0.66提高至0.74与0.72。其中方案一将主梁拉/压应力鲁棒性指标从0.55和0.50提高至0.58和0.53,方案二将主梁拉/压应力鲁棒性提高至0.67和0.71。但对于斜拉索最大应力评价指标I_{CSRF}、主塔压应力评价指标I_{PCSRF}和主梁最大位移评价指标I_{DRF}影响均不明显。

通过两种备用索方案与退化结构及完好结构对比,发现斜拉索M8失效降低钢桁主梁拉/压应力鲁棒性评价指标与斜拉索最大应力鲁棒性评价指标。通过设置备用索替代路径,有效改善了主梁拉/压应力的鲁棒性评价指标I_{TTSRF},其中方案一将主梁拉/压应力鲁棒性指标从0.78与0.73提高至0.81和0.77,方案二将主梁拉/压应力鲁棒性提高至0.80和0.78。对于结构整体鲁棒性I_{Rob}有一定改善,从0.75提高至0.77;同时将斜拉索最大应力评价指标I_{CSRF}从0.89提高至0.92。但对于主塔压应力评价指标I_{PCSRF}、主梁最大位移评价指标I_{DRF}的影响均不明显。

钢桁梁弦杆与斜拉索的失效会引起整体结构局部甚至整体鲁棒性的下降。其中钢桁主梁弦杆失效会引起主梁最大拉/压应力鲁棒性评价分指标的降低,但对于基于斜拉索最大应力、主塔最大压应力、主梁最大挠度分项指标和整体结构鲁棒性综合性能往往没有太大影响。单根斜拉索的失效会引起主梁最大拉/压应力、斜拉索最大应力鲁棒性评价分指标的降低,但对于基于主塔最大压应力、主梁最大挠度分项指标和整体结构鲁棒性综合性能改善不明显。针对钢桁梁弦杆与斜拉索的失效设置的替代路径方法改善了分项指标与整体结构的鲁棒性。

七、结 语

本文基于设置替代路径法对构件失效后双塔钢桁斜拉桥进行了受力与鲁棒性研究。设置了钢桁主梁替代路径设置方案与备用索方案，并提出了基于雷达图的五个鲁棒性分项指标与整体结构综合指标评价计算方法，用以评价结构破损后与设置替代路径的结构鲁棒性，现得出以下结论。

（1）钢桁主梁最大压应力出现在主塔根部下弦杆，最大拉应力出现在主跨跨中下弦杆。替代路径方案二较方案一可以更好的改善钢桁主梁的受力作用，其中方案二较好的设置了替代传力路径，分散了荷载在结构内部的传递。

（2）两种备用索方案均较明显的降低了原斜拉索内力。方案一中斜拉索力与原结构比值较方案二集中，边跨长索与跨中长索索力较方案二小；两种方案均较为明显的改变了主梁挠度的分布，其中方案一中主梁在自重作用下的挠度值较方案二小。

（3）钢桁梁弦杆与斜拉索的失效会引起整体结构局部甚至整体鲁棒性的下降。对于钢桁主梁杆件失效的替代路径方法可以较为有效的改善主梁最大拉/压应力鲁棒性评价分指标，但对于其他分项指标和整体结构鲁棒性综合性能改善并不显著。

（4）单根斜拉索的失效会引起主梁最大拉/压应力、斜拉索最大应力鲁棒性评价分指标的降低。针对斜拉索的失效设置的替代路径方法可以较为明显的改善各个结构鲁棒性分项指标，同时对于整体鲁棒性有较为明显的提高。

参考文献

[1] 张雷明,刘西拉.框架结构能量流网络及其初步应用[J].土木工程学报,2007,40(3):45-49.

[2] 照冠远.钢筋混凝土桥梁非线性分析与基于性能的抗震设计[D].北京:北京交通大学,2006.

[3] 郑小博,贺拴海.桥梁整体安全余度及抗连续倒塌问题研究方法[J].公路交通科技,2017,34(12):73-81.

[4] Pandey P C, Barai S V. Structural Sensitivity as a Measure of Redundancy[J]. Journal of Structural Engineering,1997,123(3):360-364.

[5] Nafday A M. System Safety Performance Metrics for Skeletal Structures[J]. Journal of Structural Engineering,2008,134(3):499-504.

[6] Scheller J, Starossek U. A New Energy-Efficient Device for Active Control of Bridge Vibrations[C].//IABSE Congress Report. 2008:310-311.

[7] Yan D, Chang CC. Vulnerability assessment of single-pylon cable-stayed bridges using plastic limit analysis[J]. Engineering Structures,2010,32(8):2049-2056.

[8] Hunley C T, Harik I E. Structural redundancy evaluation of steel tub girder bridges[J]. Journal of Bridge Engineering,2012,17(3):481-489.

[9] Wu W H, Wang S W, Chen CC, et al. Assessment of environmental and nondestructive earthquake effects on modal parameters of an office building based on long-term vibration measurements[J]. Smart Materials & Structures,2017,26(5).

[10] Kudsi T N, Fu C C. Redundancy Analysis of Existing Truss Bridges: A System Reliability-Based Approach[J]. 2002:14-17.

[11] Ghosn M, Frangopol F M D M. Redundancy and robustness of highway bridge superstructures and substructures[J]. Structure & Infrastructure Engineering,2010,6(1-2):257-278.

[12] Yang J. Structural redundancy and system reliability of highway bridges[D]. New York: The city college of New York,2015.

[13] Ghosn M, Frangopol D M, Mcallister T P, et al. Reliability-Based Performance Indicators for Structural

- [14] Ghosn M, Dueñas-Osorio L, Frangopol D M, et al. Performance Indicators for Structural Systems and Infrastructure Networks[J]. Journal of Structural Engineering, 2016, 142(9): F4016003.
- [15] Baker J W, Schubert M, Faber M H. On the assessment of robustness[J]. Structural Safety, 2008, 30(3): 253-267.
- [16] Janssens V O, O'Dwyer D W. Assessing the consequences of building failures[J]. Structural Engineering International, 2012, 22(1): 99-104.
- [17] Imam B M, Marios K. (2012). Causes and consequences of metallic bridge failures[J]. Structural Engineering International, 2012, 22(1): 93-104.
- [18] Zhu B, Dan M F. Reliability assessment of ship structures using Bayesian updating[J]. Engineering Structures, 2013, 56(6): 1836-1847.
- [19] Zhu B, Dan M F. Risk-Based Approach for Optimum Maintenance of Bridges under Traffic and Earthquake Loads[J]. Journal of Structural Engineering, 2013, 139(3): 422-434.

54. 远大钢芯板和 RPC 刚性桥面板相结合的新型钢面板研讨

贺杰军　上官兴

(长沙市公路桥梁建设有限责任公司技术中心)

摘　要　新世纪以来,中国近百座钢桥面板出现沥青铺装层损坏和正交异性板结构性的疲劳开裂两大病害,急需解决。经过四年研究,本文提出以远大可建钢芯板(H)代替传统的正交异性板,其上浇筑超高性能粉末混凝土(RPC)作为刚性桥面,再用10mm厚环氧覆层(E-O)代替传统沥青混凝土铺装层。这三种新材料的竖向组合,从而孕生了一种轻质($g=0.26\sim0.30t/m^2$)、高强度(能通过轴重36t的超重车)和耐久性好(使用寿命百年)的新型桥面板。可以预见(H·RPC·E0)板,将极大改善重载车对钢桥面板损坏的情况。

关键词　远大可建钢芯板(H)　活性粉末混凝土基层(RPC)　环氧面层(E0)

一、21 世纪中国公路钢桥面板的形势

1. 交通流量持续增长,桥面疲劳寿命周期加大

(1)我国桥面单点日均车流量 W 达 5 万次。改革开放 40 年来,国民经济得到极大发展,以武汉长江大桥、南京长江二桥、虎门珠江大桥、苏通长江大桥和黄埔珠江大桥等为代表的中国特大跨径桥梁,实测日均车流量均已超过 10 万辆次。桥梁通行状况趋于超饱和状态,这是中国历史上从来未有的事。按 6 车道计算,则每条车道的日车流量平均($W=1.67$ 万辆/日);按每辆车平均约 3 个轴计算,通过某点车轴的流量($W=3\times1.6\approx5$ 万次/日)。这样"原桥规"传统的 200 万次疲劳周期 T 实际只相当于 40 天($T=200/5$),显然不能满足百年寿命标准的要求。

(2)疲劳荷载周期亿次标准[1]是欧洲最新的提法;实际上在中国也只相当于 $T_1=10000$ 万/5 万 = 2000 天/365 = 6 年的时间。由此可见,21 世纪在中国桥梁交通流量不断增长的情况下,传统的 200 万次实验周期是不能作为桥面板的疲劳寿命的标准的。从建设百年全寿命"桥梁强国"出发,亿次疲劳试验周期的要求是可接受的。可以预见,无论哪种结构型式钢桥面板,如不能满足新世纪发展的要求,终将被

自然淘汰。

2. 超重车是钢桥面板病害的杀手

(1)"桥规"中车辆荷载标准有公 I 级(轴重 140KN)和城 A 级(轴重 200KN)两种,此外还有大跨径桥梁结构验算使用的车道荷载(集中力 $P_k = 360kN$)和均布荷载($g = 10.5kN/m$)。目前公路桥梁疲劳标准的相关规定尚未定论,但考虑疲劳周期很长,故常用荷载轴重($P = 120kN$)、轴间距 $a = 1.3m$ 的标准来代替。应当指出:中国的车辆荷载修订速度远远赶不上实际运营车辆荷载增长程度,两者之间的差异常常使得桥梁结构的鉴定评估失去了客观性和真实性。超重车是指轴重超过车辆设计标准的车辆,它的客观存在是造成钢桥面板产生种种病害的杀手。例如:1997 年建成的广东虎门大桥通车后不久就出现了钢箱梁的沥青混凝土铺装层损坏和正交异性板结构性裂缝两大病害[2],分析其主要原因是 90 年代后经常出现大量的超重车。例如其中六轴超重车总重 $\sum P = 196t$,平均轴重 $\bar{p} = 196/5 = 39t$,与公 I 荷载的设计轴重 $P_0 = 14t$ 相较,超荷系数 $\beta = 39/14 = 2.8$ 倍,大于允许值 $2.8/2 = 1.4$ 倍。如此超重轮压有数次就能对正交异性板的局部范围产生极大的破坏且不可恢复。邓文中院士指出:在没有真正能够控制"超重"之前,我们的设计还是必须确实地考虑超载的影响,因为今日的"超重"可能会是将来的标准重量"。

(2)超重车的虐行。国内山西、河北、河南、贵州、江苏等高速公路设计单位,在对本地区的超重车统计后都发现"桥规"中荷载偏小,因此主动提出提高 1.3 倍荷载标准。由此公 I 级荷载总重上升到 $\sum P = 1.3 \times 55t = 72t$,轴压 $P = 1.3 \times 14t = 18.2t$。这种从实际情况出发的实事求是态度,确保了我国中小跨径桥梁的安全。应当指出"桥规"并不是法律,工程师应当对桥梁终身负责,在掌控安全的原则而不盲从。

(3)我们以《多塔连跨悬索桥技术研究中第八章车辆荷载专题研究》为参考[3],收集了 2010 年以来全国桥梁会议 20 多篇论文,将从若干高速公路中的实测车辆总重 $\sum P$ 中求得的平均轴重 $\bar{p}$,其最大值已达 $25 \sim 43t$,如表 1 所示。车辆监测表明总重超过 55t 的车辆天天都有,与当前设计荷载轴重 $N = 14t$ 相比较,超重系数 $\beta = 1.14 \sim 2.8$。中国公路上超重车主要来自三个方面:

①运煤专用车(四轴,全重 $\sum P = 100t$,最大轴重 $P_{max} = 34.3t$)超载系数 $\beta = 2.45$;

②水电变压器特种车(六轴,全重 $\sum P = 196t$,最大轴重 $P_{max} = 39t$)超载系数 $\beta = 2.79$;

③矿山专用车(两轴,全重 $\sum P = 60t$,最大轴重 $P_{max} = 43t$),在南京二桥多次出现超载系数 $\beta = 3.07$;

为了全面评定多轴超重车的影响,可用平均轴重 $\bar{p}$ 来代替超重车的轴重

$$\bar{p} = \sum P/(m-1)$$

式中:$\sum P$——车辆总重;

m——轴数;

1——首轴(即为驾驶员座下首轴,荷载较轻可忽略)。

平均轴重 $\bar{p}$ 大小较好地反映了多轴超重的情况,比逐个研究每个轴重更为直观,使研究工作得到极大的简化。

3. 公路桥梁超载系数(β)与桥面板寿命的关系。

(1)β 与 T 关系曲线的确定。邓文中院士指出:桥面板的疲劳寿命(T)与其荷载作用下应力幅(σ)的三次方成反比;而 σ 又与车辆的轴压(P)成正比;所以桥面板的疲劳寿命(T)也就与轴压的超载系数 ($\beta = P_k/P$)的三次方也成反比[1],据此理论,我们将中国高速路实测的超重车总重 $\sum P$ 求得的平均轴重 $\bar{p}$,除以公 I 荷载的设计轴压 $P_0 = 14t$ 得到轴重的超载系数 β;再反求得桥面板疲劳寿命($T = 100/\beta^3$)。现选择 5 个不同的实测轴重来计算其相应的疲劳寿命(T),作出 β-T 关系数曲线的拐点,如图 1 所示。

图中 B 点:江苏高速 $\sum P = 153t$,平均轴重 $\bar{p} = 153/5 = 31t$,超重系数 $\beta = 31/14 = 2.18$,$\beta^3 \approx 10$,桥面板疲劳寿命 $T = 100/10 = 10$ 年;

图中 C 点:山西高速,$\sum P = 100t$,平均轴重 $\bar{p} = 100/5 = 20t$,超重系数 $\beta = 20/14 = 1.43$,$\beta^3 \approx 2.92$,面板疲劳寿命 $T = 100/2.92 = 34$ 年;

图中 D 点:山西高速,$\sum P = 80t$,平均轴重 $\bar{p} = 80/5 = 16t$,超重系数 $\beta = 16/14 = 1.14$,$\beta^3 \approx 1.48$,面板

疲劳寿命 $T = 100/1.48 = 68$ 年；

图中 E 点：公 I 荷载，$\sum P = 55t$，最大轴重 $\bar{p} = 14t$，超重系数 $\beta = 14/14 = 1$，$\beta^3 = 1$，$T = 100/1 = 100$ 年。

中国公路桥面板"$\beta\text{-}T$ 曲线"计算表（设计轴重 $P_0 = 14t$） 表1

		车辆总重 (t) $\sum P$	平均轴重 (t) $\bar{p} = \sum P/(m-1)$	最大轴重 (t) P_{max}	最大轮重 (t) $G = \bar{p}/2$	轴重超载系数 β P_{max}/P_0	β^3	疲劳寿命（年）$T = 100/\beta^3$	序号
1	（一）车辆荷载 公路 I 级	55	—	14	7	14/14 = 1	1	100(E)	①
2	城-A 级	70	—	20	10	20/14 = 1.43	2.92	34	②
3		80	80/5 = 16		8	16/14 = 1.14	1.48	68(D)	③
4	山西高速	90	90/5 = 18		9	18/14 = 1.28	2.11	47	④
5		100	100/5 = 20		10	20/14 = 1.43	2.92	34(C)	⑤
6	广西高速	130	130/5 = 26		13	26/14 = 1.86	6.42	16	⑥
7	江苏高速	153	153/5 = 31		15	31/14 = 2.18	10.4	10(B)	⑦
8		180	180/5 = 36		18	36/14 = 2.57	17	6	⑧
9	贵州高速	100	100/3 = 33		17	33/14 = 2.36	13	8	⑨
10	虎门大桥	196	196/5 = 39		19.6	39/14 = 2.80	22	5	⑩
11	南京二桥	60		43	21	43/14 = 3.07	29	4(A)	⑪
（二）车道荷载			集中力 $P_k = 36t$, 设计荷载 $P_{max} = 36t$			$\beta = 36/14 = 2.57$	17	6	⑫

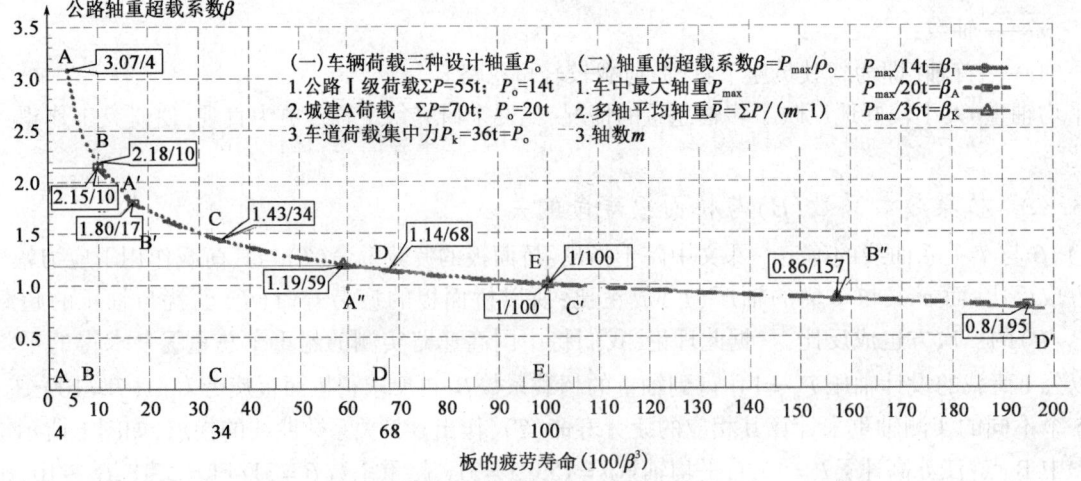

图 1 中国公路超载系数(β) - 板疲劳寿命(T)曲线

(2) 由于设计轴重 P_0 不同，就有不同曲线。第一种是公 I 荷载 $P_0 = 140KN$；第二种是城 A 荷载，$P_0 = 200KN$；第三种是车道荷载集中力 $P_k = 360KN$。现将三种 P_0 的 ($\beta\text{-}T$) 计算结果同时标记在表 1 中来进行比较。

二、百年寿命的钢桥面板疲劳荷载选择

1. 公路钢桥抗疲劳设计荷载的四种形式[3]

(1)车辆荷载频谱值是通过调查得到的日常各种典型车辆荷重出现的相对频率。

(2)标准疲劳车是选择引起疲劳损伤的车辆进行等效计算所确定的车辆。

(3)钢桥疲劳要求按实际荷载计算。因为钢正交异性板的抗弯刚度不足,在超重车作用下,局部应力过大而极容易产生疲劳裂缝,导致桥面板的寿命迅速缩短。由此对于百年寿命的特大桥,确定标准疲劳车要重新考虑,这是本文研究的中心议题。

(4)车道荷载 $P_k = 36t$ 是"桥规"中集中力的最大值,原定义为对主梁进行整体验算的荷载,而不是用在钢桥面板上。但恰好与调查的中国公路桥梁的超载轴重相近。因此在文献4中,从保证中国钢梁面板的安全出发,我们推荐用车道荷载集中力 $P_k = 36t$ 作为百年寿命的钢桥的疲劳荷载的标准。

由此对于百年寿命的特大桥,确定标准疲劳车要重新考虑,这是本文研究的中心议题。下面用图1所示钢梁面板的疲劳寿命(T)和超载系数(β)的关系曲线,来证明此论点的正确性。

2. 影响疲劳寿命的关键设计轴重 P_0

(1)一种轴重 $\bar{p}$ 除以三种不同的设计轴重 P_0(14t、20t、36t),可得到三种不同的超载系数 β 以及三种不同的疲劳寿命 T,例如:

①广西高速的水泥罐车总重 $\sum P = 130(t)$,后轮轴重 $P_{max} = 26(t)$,按公路Ⅰ级设计轴重 $P_0 = 14(t)$ 计算得到超载系数 $\beta = 26/14 = 1.86$,疲劳寿命 $T = 100/1.86 = 16$ 年;按 $P_0 = 20(t)$ 计算得到超载系数 $\beta = 26/20 = 1.3$,疲劳寿命 $T = 46$ 年;按 $P_0 = 36(t)$ 计算得到超载系数 $\beta = 26/36 = 0.72$,疲劳寿命 $T = 263$ 年;

②江苏高速、六轴货车总重 $\sum P = 180(t)$,平均轴重 $\bar{p} = 36(t)$,设计轴重 $P_0 =$ 车道荷载 $36(t)$,计算得到超载系数 $\beta = 36/36 = 1$,疲劳寿命 $T = 100/1^3 = 100$ 年。

(2)由上可知,只要设计轴重 $P_0 = P_k = 36(t)$,就能证明几乎所有的车辆荷载在轴重 $P_m \leq P_k = 36(t)$ 时,板的疲劳寿命都能保证百年。因此选择 $P_k = 36t$ 荷载 = 设计轴重 P_0 是通过超重车的核心内容。

3. 正交异性板的结构性缺陷的改变的途径

(1)正交板的结构性能不佳。二次世界大战后所产生的正交异性板(质量 $g = 0.44t/m^2$),最大的特点是比混凝桥面板($g = 0.66t/m^2$)质量轻40%(质量 $g = 0.44t/m^2$)。主梁、纵肋、横肋和横隔板四种结构共用钢顶板,做到"一物四用"。但其肋高度矮($\leq 0.3m$)横距窄($0.6m$),属于开口截面,其抗弯刚度不足;纵肋和横隔板相交的焊缝多,抗疲劳的性能差;还有U肋单面焊缝在重载下开裂的缺陷是很难解决的。因而,在 $2m \times 2m$ 平面局部范围内,所能承受最大轴压 P_0 是有限的。诚然,在欧美国家无重车情况下,使用30年效果较好;但是,我国20多年来车流量急增,超重车虐行,这种情况下,使用早已超过其能力范围的正交板,就会出现种种问题。国内专家用了很多方法来补强,效果都不佳,钢桥面病害已成为当前桥梁的"癌症"。因此必须找寻一种抗弯刚度极大的能独立承担 $P_K = 36t$ 集中荷载闭口箱形截面,才能从根本上解决问题。

(2)优化刚性桥面系:将桥面"由黑改白"。

①沥青混凝土铺装层(黑色)弹性好,能舒缓冲击荷载并能防水和降低噪声,养护更换方便,对轮胎损害较轻,这些优点使它在钢桥面中长期作为铺装层使用。然而在大流量交通及超重车虐行情况下,再加上正交异性板结构的先天缺陷,沥青混凝土的铺装层常常出现车辙、滑移、鼓泡、错位、坑槽等病害。例如武汉白州长江大桥通车十多年桥面修补20多次,给养护工作带来很大困难。事实清楚表明柔性体系的沥青混凝土已丧失交通大流量、重载情况下的正常使用功能。形势需要一种新材料的诞生。

②JN-R桥面环氧覆层的启发。近年来在桥梁加固和改造过程中,常需要减薄铺装层厚度,以减轻桥面层重量,但又要保证高强度。一种做法是,用钢筋混凝土做刚性桥面的底层,再在其上涂3mm厚的环氧底胶,接着抛撒精选耐磨骨料作为第一层,干燥后同样做第二层和第三层,总厚度可达10mm。这种

JN-R 环氧面层代替沥青面层和防水黏结层,具有防水、抗滑、耐磨的作用,使用寿命可达 15 年。(美国可达 20 年)。文献[5]中介绍湖南固特邦土木技术发展公司在芜湖八里湾大桥、湖南衡山二桥和淝水大桥等工程中运用成功,已通车数年,效果较好。这样启发我们用超高强 RPC 粉末混凝土来代替 C50 混凝土,形成能通过 $P_k = 36t$ 超重车要求的新型组合桥面板的桥面铺装。

③RPC 超高强混凝土底层和环氧面层(EO)相结合所形成的刚性桥面总厚度 50mm,质量 $g = 0.132t/m^2$,与传统的 10cm 厚的沥青混凝土($g = 0.24t/m^2$)相较轻了 55%。但强度却提高了数十倍。这种做法与邵旭东教授[6]用 50mm 薄层 STC 超强混凝土现浇在有病害的正交异性板上,作为顶钢板的加强层的做法雷同。其区别是 EO 面层是刚性桥面系的组成部分,参与钢芯板梁的共同作用,此外两层之间没有顶面栓钉,顶层也没有沥青磨耗层。

三、远大可建钢芯板的发明

1. 远大可建公司研制钢芯板的历程

(1)远大科技集团是一家只搞原始创新的企业。创始人张跃被联合国授予"地球卫士"称号;远大芯板于 2016 年 10 月 31 日申报国际 PCT 专利。

(2)2018 年 8 月,7 天建成的全球首座芯板试验桥梁诞生。

(3)2018 年 9 月与长沙市公路桥梁建设有限责任公司合作,进行远大芯板在长沙(铜-靖)湘江大桥 1147m)钢桁梁桥面系运用的可行性研究。

(4)2019 年 4 月 16 日 H400 桥面板通过 36t 集中力荷载试验(图 2),首次解决了世界上 2×6m 钢桥面板能承担 $P_K = 36t$ 荷载的难题[7]。

(5)2020 年 9 月与长沙理工大学土建学院合作,进行"H6-300 型不锈钢芯板"的力学性能试验。对 H300 桥面板(4m 板跨)已通过 37t 的集中力破断试验[8](图 3)。

图 2 远大 H400 板 36t 破断实验($L=6m$)

图 3 远大 H300 板 37t 破断实验($L=4m$)

(6)2020 年 7 月份与长沙市公路桥梁建设有限责任公司合作,为广东虎门大桥 270m 连续刚构的加固提供第Ⅳ个钢桁架和钢芯板加固方案。专门设计 6m 三角形钢桁架,在其上放置 12m 钢芯板;使上部结构总重减轻 30%,做到充分利用原有的全部桥墩基础;为了加快改建进度,提出 58m 桁架节段,用千吨级浮吊进行节段拼装。施工中用大直径 $31\phi21.8$ 钢绞线体外索(单索拉力 1325t)进行悬臂施工;在两边跨中设置四排钢管临时墩,以保安全。

我国目前拥有 50 多座大跨连续刚构桥,其中有相当多的桥出现跨中持续下挠和腹板开裂的病害;本文推荐的轻质、高强"远大钢芯板(H)"和"RPC-EO 刚性桥面"组合新体系,可以作为旧桥加固方案比选,为我国危桥加固和改造工程提供了一条新思路。

2."远大钢芯板"和"RPC-EO 刚性面板"的结构组合

(1)由前所叙,我们认识到 21 世纪中国百年寿命的特大桥最薄弱的环节是桥面,在单日轴流量达 5

万,在超重车失控情况下,传统的正交异性板和柔性的沥青混凝土桥面铺装层已经适应不了这种新形势。

远大可建公司用了十多年时间,花了几十亿成功地发明了钢芯板结构。它是在上下两块(6~10mm)钢板中放置直径φ133(厚1.5m)芯管,两端垫铜箔。以1100℃热风作介质(而非传统的热辐射)在芯管阵列空隙中,用每秒100m速度吹入1100℃的热风,使芯板整体受热,均匀铜纤焊制成$2m \times 12m$的板材表面平整如镜,无应力变形。远大可建公司还建成了钢芯板全自动的生产线,将纤焊成本降低了20倍,实现了产业化。钢芯板质量为$g = 140 kg/m^2$,比正交异性板轻50%,等重情况下与型钢相比较强度提高了5倍。远大芯板"质轻、高强"具有良好承重的能力,很适合用于重载下的钢桥面板。

(2)用组合结构的优势攻关克难。

2018年远大钢芯板实验桥建成后,三年来在中国桥梁界引起很大的震动。交通运输部科研院、同济大学、桥梁与结构学会、长沙理工大学和华东交通大学等有关人士纷纷参观交流,大家关心它,希望它继续完善。2019年远大可建公司加入湖南省交通运输厅"桁架梁桥新型桥面板研究"课题[11]。由湖南交通职业技术学院牵头,由湖南联智科技股份公司、长沙市公路桥梁建设有限责任公司、湖南明湘科技公司、远大可建公司和湖南公路设计公司等六个单位组成课题组,进行了四年研究。以长沙市南北横线工程中"铜靖湘江大桥"为依托工程。其通航孔为$(120 + 300 + 120 = 540m)$双塔双索面斜拉桥。主梁为8m钢桁架,桥面原设计为薄层STC正交异性板。桥宽$B = 34m$,U肋采用间距$b = 0.6m$,跨径$L = 2.5m$;全桥U肋、横隔板和桥面板的焊缝总计1.23万条,形成焊缝疲劳的高发区。长沙市公路桥梁建设有限责任公司与远大可建合作,提出用(远大H8-400钢芯板,跨径$L = 6m$)和(RPC超高混凝土底层和(E0)环氧面层)相结合的新型刚性桥面板(总厚度50mm),可将重量减轻30%,将总焊缝减少8倍,极大地减少焊缝的疲劳,如表2所示。

铜靖大桥钢桥面板比较表　　　　　　　　　　表2

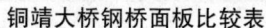

	项 目	1.STC正交异形板L=2.5m	远大组合板L=4m	远大组合板L=6m
1	板跨径L(m)	L=7.5/3=2.5(100%)	4(160%)	6(240%)
	板宽度B(m)	2×0.60=1.2	2	2
	板高度D(m)	0.33	0.34	0.45
	平面面积S(m²)	2.5×0.6×2=3(100%)	2×4=8(266%)	2×6=18(400%)
2	单位面积质量(t/m²)	0.44(100%)	0.26(61%)	0.30(69%)
3	惯矩J(m⁴)	0.42×10⁻³	0.834×10⁻³	1.825×10⁻³
4	弹性模量E(t×m²)	2.×10⁷(Q345)	2.1×10⁷(不锈钢)	2.1×10⁷(不锈钢)
5	抗弯刚度EJ(t·m²)	8.4×10³	17.5×10³	38.3×10³
	单位面积EJ/S(t)	$\frac{8.4 \times 10^3}{2.5 \times 0.60 \times 2 = 3} = 2.8 \times 10^3 (100\%)$	$\frac{17.5 \times 10^3}{2 \times 4 = 8} = 2.2 \times 10^{-3} (79\%)$	$\frac{38.3 \times 10^3}{2 \times 6 = 12} = 3.2 \times 10^{-3} (114\%)$
6	挠度系数$\eta = L^3/EJ$(m/t)	$2.5^3/8.4 \times 10^3 = 1.86 \times 10^{-3}$	$4^3/17.5 \times 10^3 = 3.7 \times 10^{-3}$	$6^3/38.3 \times 10^3 = 5.6 \times 10^{-3}$
7	活载挠度(mm) $f = \frac{P}{48}[\eta]$	$\frac{36}{48}(1.86 \times 10^{-3}) = 1.4mm$ $= L/1785$	$\frac{2 \times 36}{77}(3.7 \times 10^{-3}) = 3.46mm$ $= L/1156$	$\frac{2 \times 36}{77}(5.6 \times 10^{-3}) = 5.2mm$ $= L/1154$

续上表

8	纵横梁焊缝总数	横隔540m/2.5=216根 U肋34m/0.6=57条 焊缝:m=216×57=1.23万条 (100%)	横隔540/4=135根 芯板34/2=17条 焊缝135×17=0.23万条 (19%)	横隔540/6=90根 芯板34/2=17条 焊缝90×17=0.153万条 (13%)
9	恒载应力(MPa) (板跨支座)	-0.02 +0.03	-0.97 +1.95	-2 +3
10	活载应力(MPa)	-0.37 +1.20	-39 +78	-37 +68

注：1. 铜靖大桥钢桁架梁长 $L=120+300+120=540m$，桥宽 $B=34m$。
2. 桥面板允许挠度：$[f]=L/500$。
3. 上缘RPC高强粉末混凝土，允许拉应力 $[\sigma]=-50MPa$。
4. 下缘钢允许压应力 $[\sigma]=1600MPa$。

(3) 远大(H·RPC·EO)钢性桥面板(图4)的特点。

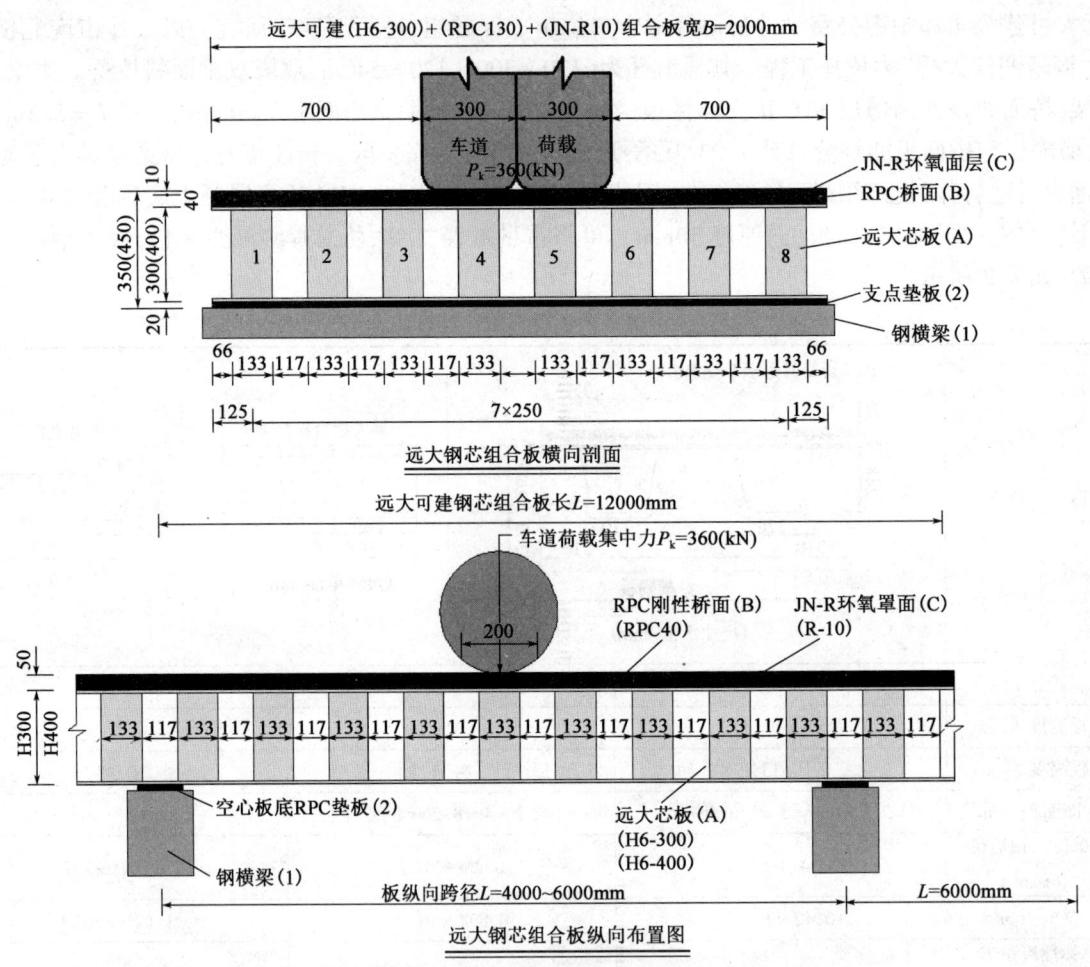

图4 远大钢芯板(H)和(RPC-EO)刚性桥面组合板(尺寸单位:mm)

①高强。以车道荷载集中力 $P_k=36t$ 作为设计疲劳荷载的轴重，比公Ⅰ级轴重 $P=14t$ 提高 $\beta=36/14=2.52$ 倍。这是世界上桥面板最高的疲劳荷载标准；也是开口的正交异性板钢桥所做不到的，这样能使铜靖湘江大桥钢桁架中设计寿命120年的要求得到确实的保证。研究表明，钢芯板能承担 $P_k=36(t)$ 的恒载，其动荷疲劳则由RPC-EO刚性桥面系的组合结构来承担。

②轻质。采用发明专利——钢芯空心板与RPC-EO刚性桥面相结合的新型面板，其质量($g=0.26\sim0.30t/m^2$)，比正交异性板STC沥青桥面($g=0.44t/m^2$)轻30%。

③耐久。采用不锈钢制作，寿命100年；超强粉末混凝土RPC130的寿命同样100年。在RPC薄层

混凝土中安装密集钢筋网和掺入2%钢纤维,能在支座上缘截面中承担$\sigma=50MPa$的拉应力,从而解决了支座上缘出现巨大拉应力的难题。

④取消常规的沥青铺装层,采用环氧面层(EO),使用寿命20年,桥面自重减少30%。在悬索桥具有很大的经济效益。局部桥面出现问题,EO环氧胶的面层可以及时修补,不需要加热施工,能快速施工,极大改善了中国钢桥面养护的难题。

⑤研究工作小结。

21世纪中华民族将实现伟大复兴,中国的桥梁事业必须进入"世界强国之林"。对研究中国当前钢桥面的病害人人有责,在此我们提出很多不成熟的创意,希望得到大家批评指正,在年底深圳会议中进行交流。

参考文献

[1] 邓文中.谈正交异性桥面[J].桥梁.2011.
[2] 莞佛高速虎门大桥悬索钢箱梁专项检查报告[R].广州:国家道桥质量监督检验中心.2018.
[3] 张劲泉,等.多塔连跨悬索桥技术研究(第八章车辆荷载专题研究)[R].北京:人民交通出版社.2013.
[4] 长沙路桥技术中心.振动锤替代破断试验[J].长沙交通科技,(9):2020.
[5] 固特邦GOODBOND用户手册.[R].湖南固特邦土木技术发展公司,2020.
[6] 邵旭东,等.正交异性板薄层RPC组合桥面基本特性研究[J].中国公路学报,2013.
[7] 上官兴.远大芯板在全钢桥梁上的崛起[C].全国第四届高性能钢在桥梁中应用大会,2019.
[8] 长沙理工大学土建学院.远大可建H6-300芯板疲劳试验报告[C].第三届全国钢结构桥梁技术创新大会,2020.
[9] 中国远大钢芯板(H)和RPC-EO组合板结构图[R].长沙市公路桥梁建设有限责任公司技术中心,2010.
[10] 270m钢桁架和(H.R.EO)钢芯组合板加固方案[R]长沙市公路桥梁建设有限责任公司技术中心,2020.
[11] 湖南省交通厅科研项目—桁架梁新型桥面板可行性研究报告[R].湖南交通职业技术学院等,2016.

55. 基于物联网技术的桥梁结构变形监测系统与数据分析方法研究

王旭东[1] 肖栋梁[1,2] 张舸[1,2]

(1. 广东省建筑科学研究院集团股份有限公司;2. 华南理工大学)

摘 要 为适应桥梁监测的需求,本文基于物联网构架设计了建科物联网结构变形自动化监测系统,主要包含传感器子系统、数据采集和传输子系统、物联网设备管理和数据分发平台、数据分析和显示子系统。针对桥梁中挠度数据多尺度特征问题,利用小波变换的方法将挠度数据进行分解,从原始信号中进行准确分离24h周期(D4层)以及12h周期(D3层)日温度影响。滤波后的近似层A4反映了桥梁变化的整体趋势,其中D1高频层信号对数据的突变敏感。基于物联网的结构变形自动化监测系统与小波变换数据分析方法为桥梁结构的状态监测提供了有效的条件和数学手段。

关键词 物联网 桥梁结构变形监测 自动化 小波变换 傅里叶变换

一、引 言

随着经济社会的发展以及土木工程技术的不断进步,桥梁的建设得到飞速的发展[1]。由于环境载荷、材料老化和疲劳的作用,桥梁在使用寿命期内容易退化和损坏。如果桥梁的状态不能及时得到监控和维护,在某些特定的条件下容易导致桥毁人亡的安全事故,造成恶劣的社会影响和巨大的经济损失。近年来,随着计算机技术、嵌入式传感器技术、通信技术的不断发展,长期全天候在线的自动化监测已经成为桥梁状态监测所采取的主要方法。

早期大型桥梁结构自动化监测系统大多采用模拟信号传感器—信号电缆—采集设备—数据传输线缆—子工作站—交换机或者路由器—服务器的模式[2],其弊端主要有:①设备安装部署复杂。多采用数据集中采集,传感器与采集仪之间需要布设大量数据线缆,现场往往需要部署工控机进行数据汇集并设计通讯协议转换程序。②交互及集成性差。通过桌面端设备访问系统服务器获取相关监测数据,而由于网络的制约和信息共享渠道的闭塞,当大批量的桥梁部署自动化监测系统后,数据信息的交互和集成性比较差。③系统运行依赖外部供电环境。监测系统各项设备正常运营大部分依赖外部供电环境,对于各种项目的复杂情况,监测系统的大批量部署变得困难。④维护成本高。当部署大量的桥梁监测设备后,后期设备的运营维护成本高昂。

针对目前桥梁安全监测的需求,本文将物联网技术应用到桥梁自动化监测领域,物联网技术可实现数据分布式采集,避免大量的线缆布设工作,传感器的输出信号可用短的电缆连至其附近的物联网模块,再经过网关发送到云服务器。物联网架构决定了设备的管理、传感器数据的汇集和处理都在云端完成,从而在设备的管理和数据的处理上摆脱了设备安装的地域限制,数据的处理依靠有效的分析方法,将繁多的数据变成有价值的信息,并实时直观地展示出来,以提高桥梁运营期间的管养水平。

二、基于物联网技术的桥梁结构变形自动化监测系统

广东省建筑科学研究院基于物联网构架设计了建科物联网结构变形自动化监测系统,通过在桥梁关键位置安装和部署传感器和物联网系统感知桥梁的重要参数变化,依托云端监测系统软件实现监测数据的分析和评估。桥梁结构变形自动监测系统物联网整体架构如图1所示,主要包含传感器子系统、数据采集和传输子系统、物联网设备管理和数据分发平台、数据分析和显示子系统。该系统是一个融合现代信息技术、计算机技术、网络技术以及安全性评估等技术的系统,它能够及时准确地提供结构的实际状态数据等,可及时发现结构损伤,对结构安全性作出准确评估,为实现结构的按需维护提供可靠的技术条件支持。

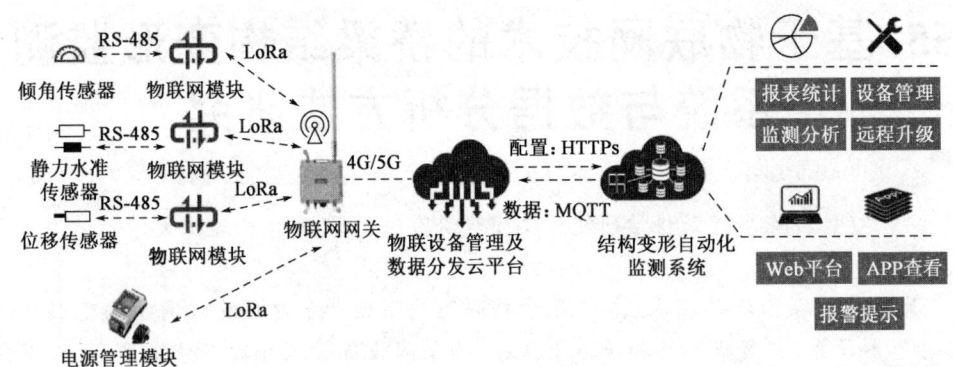

图1 桥梁结构变形自动监测系统物联网整体架构

1. 传感器子系统

自动监测系统对于结构重要参数信息的获取主要通过各类传感器实现,由于桥梁结构体型庞大,在预算有限的前提下部署足够多的传感器实现结构及环境参数的全面监测显然是不实际的。因此,根据桥梁日常管养最为关心且最直接反映桥梁重大安全隐患的参数,特别是可以直接反应宏观指标的变形参数,选取合适的监测部位及监测点的做法是非常重要的。

目前桥梁结构变形包括:梁体挠度、支座位移、桥墩、桥塔变位以及桥墩沉降倾斜等。根据传感器选型的要求和原则,所选取的主要传感器包括:静力水准传感器、位移计、倾角计等。

传感器测点根据桥梁结构的力学、变形特点来布置。①静力水准传感器安装在梁侧或箱梁内部并分布在桥梁线形控制截面处;监测参数为桥墩的不均匀沉降时主要安装在桥墩或盖梁顶部或者侧面;②倾角计安装在桥墩、盖梁顶部或者侧面,直接测得桥墩的倾斜度;③位移计安装在支座附近的梁体和墩顶附近的安装基座上(用位移计连接两基座)。

2. 数据采集与传输子系统

物联网模块是整套物联网监测系统能够运转的核心部件,物联网设备包含物联网模块和物联网网关两部分(图2);物联网模块负责传感器数据的采集和数据发送,物联网网关负责数据的汇集和云端的数据同步。

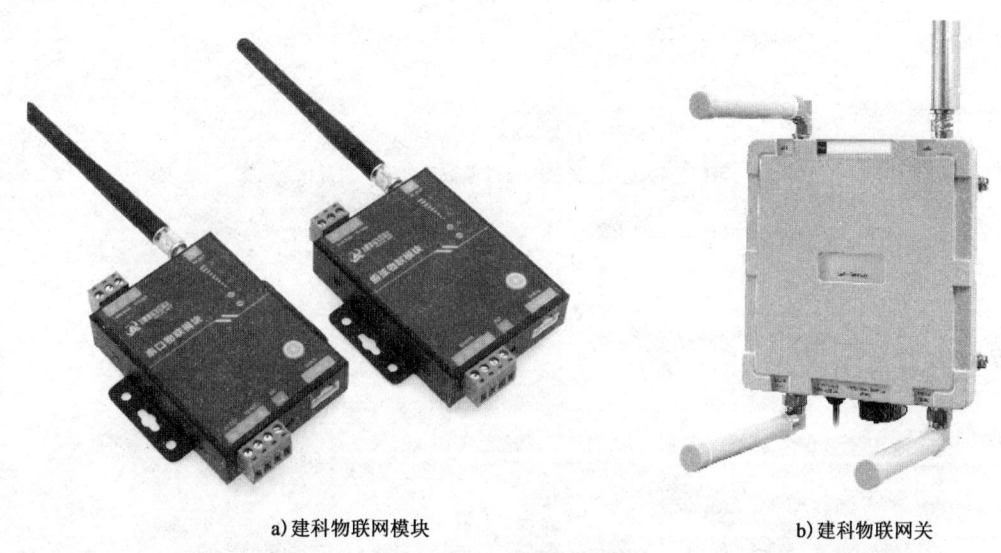

a) 建科物联网模块　　　　　　　　　b) 建科物联网关

图2　数据采集与传输子系统设备

每组传感器就近联结至其附近的物联网模块,以传递采集数据,物联网模块通过LoRa无线通信网络与网关相连,网关接收物联网模块发送的数据;通过对物联网模块EUI编号的识别,区别不同物联网模块的数据,然后通过4G或5G移动通信网络将数据发送到云服务器完成数据的汇集、处理、分发等工作。LoRa是一种使用扩频调制机制的低功耗长距离无线通信技术,融合了数字扩频、数字信号处理和前向纠错编码技术。它使用线性调频扩频调制技术,既保持了低功耗特性,又明显地增加了通信距离,同时提高了网络效率并消除了干扰,即不同扩频序列的终端即使使用相同的频率同时发送也不会相互干扰。

桥梁现场环境复杂,传感器的布设较为分散。传感器与物联网模块相联实现分布式采集方式,避免了一个采集设备出问题而影响一大片传感器数据的采集,避免了各传感器到采集仪繁琐的布线工作。物联网模块通过无线网络发送数据的方式,也进一步简化了系统布线。

3. 物联设备管理和数据分发平台

建科物联网设备管理和数据分发平台(图3)是监测系统的设备注册、管理和监测数据处理与转发的中心,为建科物联网设备提供统一管理和数据解析分发服务。该平台部署于阿里云,可为现场的建科物联网设备提供登记、管理、数据解析(通讯协议转换等)和数据多平台同步分发等服务,方便后期设备的维护和管理。

该平台用于物联网设备统一登记、注册、管理及通讯协议处理和数据分发,其中通过物联网设备的编号进行设备登记、注册,通过MQTT主体订阅方式进行数据分发。该平台为静默式服务平台,设备进行完登记及通讯协议设定后将自动实时提供服务,无需另行访问。

4. 数据分析与显示子系统

数据首先通过云服务器进行预处理,然后利用统计分析等数据处理方法对相应的结构数学模型进行分析计算;数据处理分析算法直接嵌套到系统中,用户可以自由组合和调用。可视化平台(图4)功能包括监测项目管理、用户管理、监测数据接收处理、监测数据分析处理、监测数据展示,用户既可以在电脑端打开网页进行数据查看跟踪,也可以通过移动端应用查看。

图3 物联网设备统一管理及数据分发平台界面

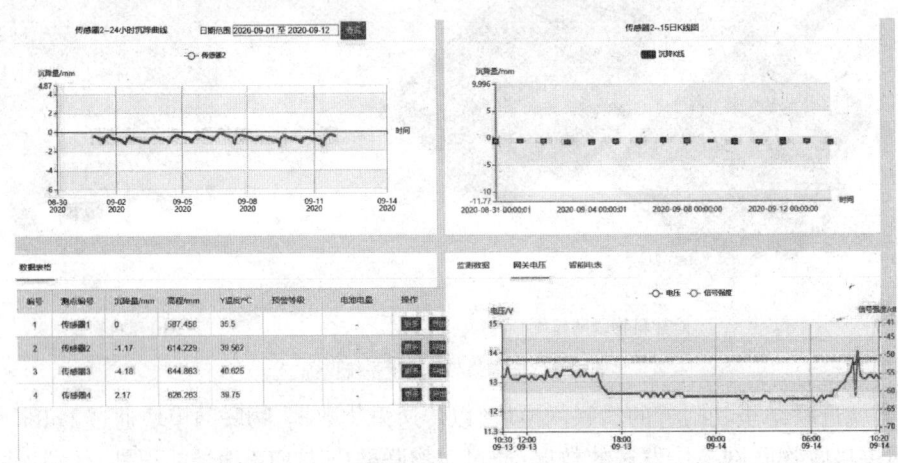

图4 结构变形自动化监测可视化界面

5. 建科物联网自动化监测优点

(1)使用自主研发的物联网监测设备部署监测系统,实现传感器的分布式数据采集和无线通讯,摆脱监测点需要现场供电的要求,减少对于供电和数据传输线缆的依赖,提高监测设备部署效率。

(2)研发基于云端的物联网设备管理和数据解析和分发的系统平台,实现大批量监测设备云端的集中统一管理和数据的统一解析和统一分发,同时可实现一套软件对多座桥梁的管理和处理,降低后期运营维护成本。

(3)开发适用于结构变形监测需求的云端系统软件,嵌套数据分析算法,提取有价值信息,实现监测数据和监测信息的网页端和手机端的实时查看。

三、数 据 分 析

桥梁结构挠度是反映结构安全状态直观有效的参数,通过挠度可以观察桥梁的整体形态,了解桥梁的周期性变化规律,判断桥梁的刚度特性和结构的整体特征[3]。实时获取的挠度数据受到多种因素的影响,包括活动荷载(车辆、人群)、环境温度、混凝土收缩徐变以及材料劣化。实时挠度数据并不能评价桥梁的真实状态,需要准确获取各种作用所产生的独立挠度成分[4]。

1. 桥梁挠度信号基本特征

桥梁挠度变化受到活动荷载(车辆、人群)、环境温度、混凝土收缩徐变等各种因素的影响,这些因素的时间尺度不一,因此桥梁挠度变化具有多尺度的特征,其中影响最大的是温度和车载作用[5]。温度、车

荷载的作用周期和影响因素如表1所示。在正常情况下,桥梁挠度可以表示为:
$$D = D_L + D_T + D_C + D_P + D_I + D_O$$
$$D_T = D_{T-d} + D_{T-y}$$

上述式中:D_L——车载作用;
D_T——温度作用;
D_{T-d}——日温作用;
D_{T-y}——年温作用;
D_C——混凝土收缩徐变;
D_P——预应力损失;
D_I——材料劣化;
D_O——其他因素作用。

D_{T-y}、D_C、D_P、D_I、D_O 可归结为长期挠度 D_V。故上式可写为:
$$D = D_L + D_{T-d} + D_V$$

温度、车荷载的作用周期和影响因素　　　　　表1

类　型	作用周期	影响因素
日温差	天	大气温度、太阳辐射
年温差	年	大气温度
车荷载	较短	当地车辆密度、时间

2. 数据预处理

自动化监测过程中数据会出现缺失、离群和噪声值等情况,针对这些异常值,在分析数据之前,需要对这些由传感器获得的信号进行预处理(图5)。预处理的过程中,基于统计模型进行预估,或者用临近点的均值代替,填充缺失的数据[6]。有时由于仪器的测量误差等原因,数据会出现不符合客观规律的异常点(离群点),这些点的数据不仅对分析无用还可能会误导分析。本文中对原始数据预处理的主要方法是用临近值或临近值的均值代替。图5所示为预处理前后的对比。

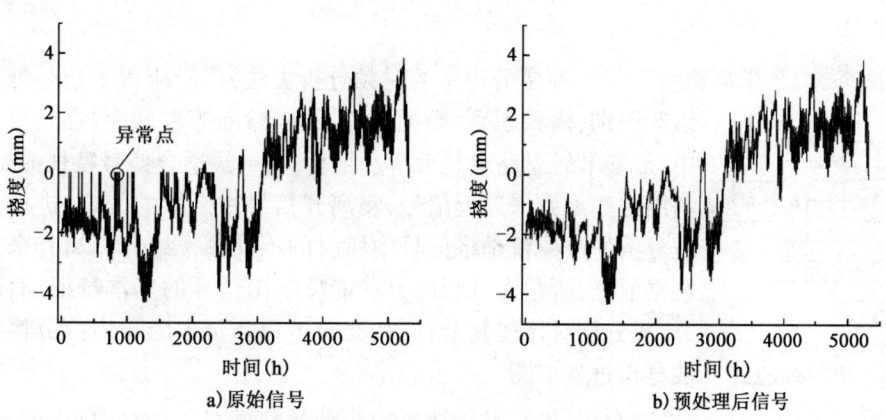

a) 原始信号　　　　　　　　　b) 预处理后信号

图5　数据预处理

预处理后的数据随时间的变化比较规律,根据每日的温度以 d(24h) 为单位规律变化,在变化过程中仍有些突变点,或者毛刺点,这可能是因为超重车载或噪声引起的。

3. 傅里叶变换

傅里叶变换可以将信号函数的时域表现形式转换成频域表现形式,信号函数的傅里叶变换过程就是将该函数分解成不同频率的正弦波之和。傅里叶变换的数学表达式[7]为:
$$\hat{f}(\lambda) = \frac{1}{\sqrt{2\pi}} \int_{-\infty}^{+\infty} f(t) e^{-i\lambda t} dt$$

$f(t)$是连续非周期的时间信号函数,可以通过傅里叶变换分解成若干个正弦函数之和;$\hat{f}(\lambda)$由$f(t)$经过傅里叶变换得到的,一般记为$\hat{f}(\lambda) = F\{f(t)\}$($F$称为傅里叶算子,若将$t$记为时间常量,$\lambda$记为频率常量,则$\hat{f}(\lambda)$称为谱函数,它的模$|\hat{f}(\lambda)|$称为频谱。目前在工程中,广泛采用快速傅里叶变换(FFT)进行信号分析,它能得到信号函数的各个频谱分量,因而FFT被称为谐波分析的高效方法。

本文分析对象广州市花都区东风大桥,结构形式为连续梁桥,全预应力构件,主跨跨径组合为73m + 130m + 73m = 276m,主桥桥宽20.5m,设计荷载为城 – A 级,双向4车道。传感器A2位于主桥第一跨1/4位置,获取的数据为梁体的挠度(负数代表下沉,正数代表上挠),数据的采样频率为1次/h。对预处理后的数据做傅里叶变换(2020年1月1日—2020年4月9日,共100d的数据),时域变换到频域的结果如图6所示。

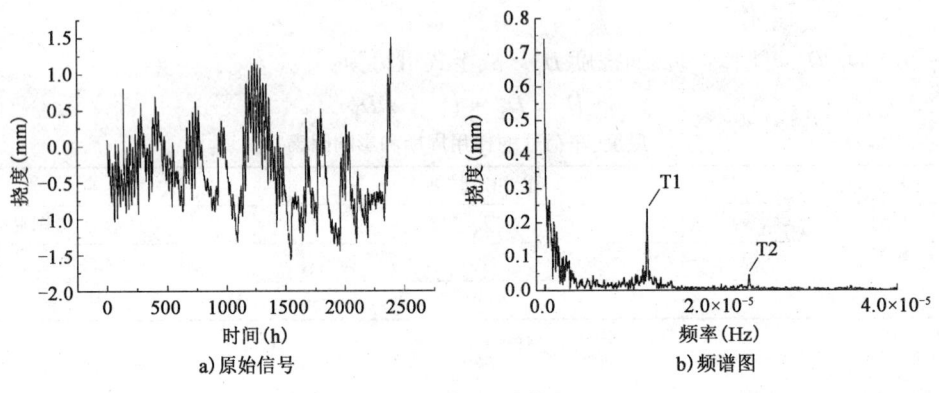

a) 原始信号 b) 频谱图

图6 傅里叶变换

在频谱图中,发现两个明显的峰值信号T1、T2。T1和T2对应的频率点分别位于1.16×10^{-5}、2.3165×10^{-5}Hz。根据$T = 1/f$,T1 ≈ 24h,T2 ≈ 12h。傅里叶变换后的频谱图说明挠度数据中包含了24h和12h周期影响的明显信号,这与温度变化有相同的频域组成部分,说明了挠度变化与温度变化有一定的关联性,但是无法在频谱图中观察时域信息,说明在时间分辨率上存在着不足。

4. 小波变换

小波分析被誉为"数学显微镜",是一种变分辨率的时频分析方法,广泛应用于信号处理、图像处理、语音识别、模式识别、数据压缩、故障诊断等领域。[8]在信号分析的应用当中,最基本的思路就是分解和组合,找寻最适合信号特征的函数形式,然后利用这些函数来逼近信号,剥离开信号中杂糅的信息,进而分层分析。小波分析的过程就是将信号中所含的不同频率组分剥离开来。对于实测的数据信息,所包含低频部分最能反映出信号的基本特征;而信号的高频部分,成分相对比较复杂,往往会与工程测量中的噪声部分耦合在一起。小波分析过程如图7所示。

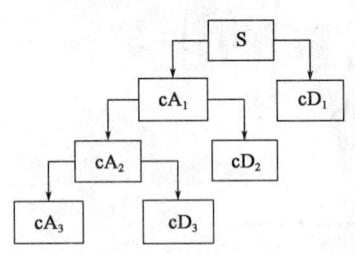

图7 小波的多尺度分解示意图

小波函数有很多种,对信息提取而言,我们希望选择的小波函数满足正则性(Orthonormal)具有紧支性(Compact Support)(窗口长度要短,以利于信号能量的集中)。正交性意味着小波变换提取的信息是完备的,在这种意义上,由比利时数学家英格里德(Ingrid)所构造的小波函数具有最好的性质:Daubechies(DB)小波拥有最大数量的消失矩(Vanishing Moments),对应于最好的紧支性;而同时还满足正则性。对应于消失矩的个数 n 不同,Daubechies 小波一般命名为 dbn。

本文采用db小波作为分解小波。这时需要从频带正交性和时域局域性选择合适的小波阶数。李爱群等[9]通过实验算例证明,在时域特性方面,当小波阶次$N > 7$时,细节信号能明显地反映原信号中数据的异常,具有较好的时域分辨能力,当小波阶次$N < 7$时,小波函数的时域局域性较差。但并非选取小波阶数越高越好,经小波分析处理后的信号会带有其母函数的"烙印",并且阶数越高,这种表现越明显。

蒋斌等[10]研究表明,db小波为一类适合此类数据分析的小波基函数,此时小波阶数应大于20,但最大不应超过45。故本文选择db20小波。

对上一节同组A2挠度数据做小波变换,为了便于分析,取时间长度2020年1月1日—2020年1月20日,共20d的数据。图8所示为小波变换后的结果,将原始信号分解为4层,其中S为预处理后的原始信号,A4为低频层,D为高频层。

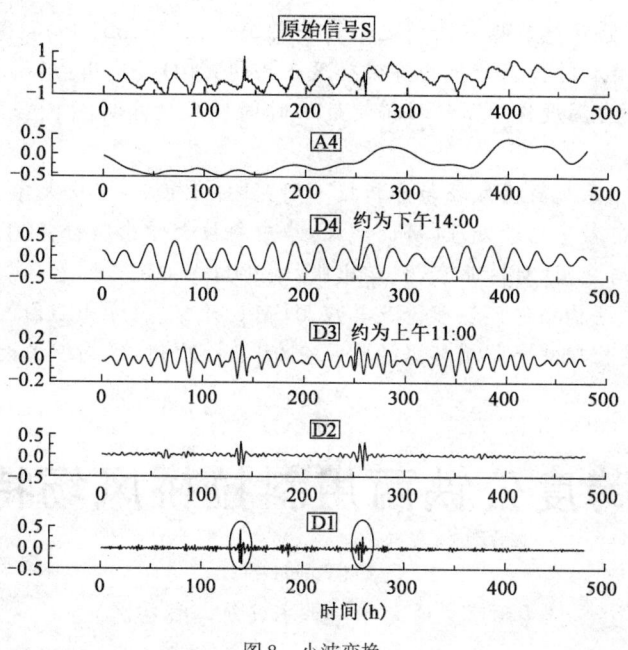

图8 小波变换

小波分析是将原始挠度数据经由小波函数分解成若干层信息。原始数据响应是每层分信号的叠加。由图看出,经过小波分解可以很好地将实测数据的细节信息反映出来。将每层分解结果的细节局部放大,可以看到,分解之后的波形准确反映出了挠度数据中两个主要的谐波分量。其中D3层对应的为12h周期的数据特征,D4层对应24h周期的数据特征,在零点附近,分别以12h、24h为周期上下波动,波动幅值受太阳辐射强度影响。D3层和D4层的信号对应傅里叶变换中的频谱T1和T2,表明小波变换在处理挠度信号上的准确性和有效性。

由图可知,将滤波后的A4层信息与原始数据对比,可以看出,A4层反映出桥梁变化的整体趋势,信号中包含更长时间尺度的成分。

D2层与D1层对应的幅值较小而且没有明显的周期组成,属于挠度信息中包含的高频部分,对于原始数据中出现的异常信号,D1层会十分敏感。从图中可以看出在原始信号出现异常的时间点附近,D1层变化明显,很可能是由于环境噪声或超重车车载引起,小波分析在桥梁监测中对趋势判断、异常信号检测的研究上行之有效。

四、结 语

本文基于物联网构架设计了建科物联网结构变形自动化监测系统,主要包含传感器子系统、数据采集和传输子系统、物联网设备管理和数据分发平台、数据分析和显示子系统。通过在桥梁关键位置安装和部署传感器并和物联网系统相联实现数据分布式采集,避免大量的线缆布设工作,物联网架构使得设备在管理和数据的处理上摆脱了设备安装的地域限制。

针对桥梁中挠度数据多尺度特征问题,利用小波变换的方法将挠度数据进行分解,并与傅里叶变换结果进行对比,表明小波变换是一种信号剥离行之有效的方法,其所包含的24h周期以及12h周期日温度影响可以从原始信号中进行准确分离。滤波后的近似层A4反映了桥梁变化的整体趋势,D1高频层信号对数据的突变敏感,有望对超重车引起的桥梁变化进行识别。小波变换将复杂的数据变成对桥梁评估、管理和养护有价值有意义的信息，可以提高桥梁运营期间的管养水平和效率。

参考文献

[1] 李爱群,缪长青.桥梁结构健康监测[M].北京:人民交通出版社,2009.
[2] 宗周红,钟儒勉,郑沛娟,等.基于健康监测的桥梁结构损伤预后和安全预后研究进展及挑战[J].中国公路学报,2014,27(12):46-57.
[3] 魏斌,王强.大跨度桥梁挠度监测方法评述[J].中外公路,2015,35(06):164-169.
[4] 杨坚.基于奇异值分解和特征值分析的桥梁挠度分离研究[D].广州:广州大学,2013.
[5] 黄侨,赵丹阳,任远,等.温度作用下斜拉桥挠度的时间多尺度分析[J].哈尔滨工业大学学报,2020,52(03):18-25,32.
[6] 罗明明.桥梁健康监测系统数据处理与分析技术研究[D].重庆:重庆大学,2015.
[7] 张洪涛,万红,杨述斌.数字信号处理[M].武汉:华中科技大学出版社,2007.
[8] 成礼智.小波的理论与应用[M].北京:科学出版社,2004.
[9] 李爱群,丁幼亮.工程结构损伤预警理论及其应用[M].北京:科学出版社,2007.
[10] 蒋斌.连续刚构桥梁长期健康监测数据的特征分析[D].广州:华南理工大学,2011.

56. 某大跨度公铁两用斜拉桥风场特性实测[1]

张慧彬　郭薇薇

（北京交通大学　土木建筑工程学院）

摘　要　以某新建大跨度公铁两用斜拉桥为研究背景，通过对关键结构布设风速仪，测试了大桥不同部位的风速、风向。基于实测数据研究了桥塔和桥面的风速风向、湍流强度、阵风因子、脉动风速功率谱以及空间相关性等风场特性。结果表明：塔顶高度处湍流度与阵风因子均随平均风速的增大而减小，实测三个方向湍流度平均值的比值为 $I_u:I_v:I_w = 1:0.88:0.75$；塔顶顺风向和竖向脉动风速谱在低频段低于规范谱，在高频段与规范谱较接近；主桁上层桥面顺风向脉动风速谱在低频段低于规范谱，在高频段接近规范谱，而竖向脉动风速谱则在高频段略高于规范谱；主桁上层桥面相干函数实测值总体围绕Davenport相干函数曲线波动，且在低频段波动较为显著。

关键词　公铁两用斜拉桥　风特性　现场实测　功率谱　空间相关性

一、引　言

大跨度斜拉桥以轻柔、对风敏感为主要特征，容易受到风的激扰而产生强烈的振动，影响结构的安全。对于跨越江河海洋的大跨度桥梁结构，其受强风的影响更为突出和频繁，风荷载成为作用于结构上的主要载荷。因此，强风作用下大跨度斜拉桥的动力问题一直备受关注。为了研究桥梁结构在风荷载作用下的气动性能，就必须准确确定桥址处的风场特性。由于我国不同地区的地形地貌、气候条件均存在差异，且结构周围的随机风场受周边环境的影响很大，所以导致实测结果离散性较大。规范的统一公式无法充分描述全国的风场特性，对于大跨度桥梁等重大结构工程，开展时间或空间上的风场特性观测工作已成为众多学者的共识[1-5]。

本文以某新建大跨度公铁两用斜拉桥为工程背景，通过在大桥塔顶和主桁上层桥面布设风速仪，对大桥不同部位的风场特性进行了现场观测。基于实测数据研究了该地区近地强风风场特性，研究可为大跨度公铁两用斜拉桥的抗风设计奠定基础，并为后续动力分析提供有益数据。

---

[1] 基金项目：国家自然科学基金面上项目(51878036)

二、试验概况

某新建大跨度公铁两用斜拉桥位于长江下游，临近长江入海口。如图1所示，主航道桥采用主跨1092m的双塔三索面斜拉桥，主塔高333m。主梁采用三片主桁的箱桁组合结构，上层桥面设置双向六车道高速公路，下层桥面设置四线有砟轨道，如图2所示。

图1 全桥现场图

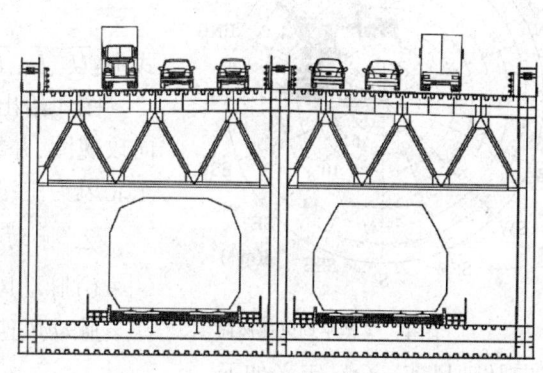

图2 主梁横截面布置图

该桥桥位地处中纬度地带，属于亚热带湿润季风气候。根据两岸城市气象站长期监测的结果，一年中以12月份桥位处的10min平均风速最大，是较为有利的观测时间。配合大桥的施工进度，本次试验于2018年11—12月展开，对大桥进行了的多维、多测点的连续监测。观测内容包括斜拉桥北桥塔塔顶的风速风向、主桁上层桥面风速风向。测点布置如图3所示。其中WT1和WT4为超声波式风速仪，WT2和WT3为机械式风速仪。

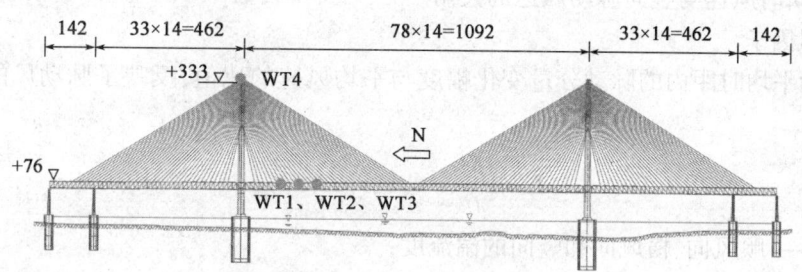

a) 测点布置立面示意图

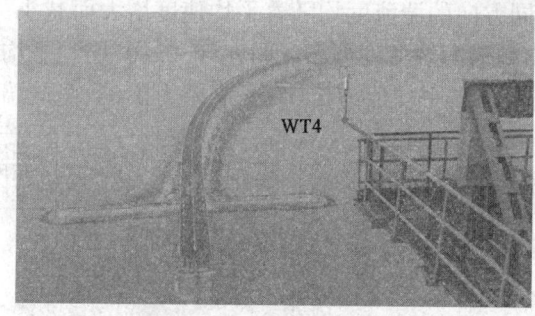

b) 风速仪在桥塔上的现场布置

c) 风速仪在主桁桥面的现场布置

图3 斜拉桥风场观测布置示意图(尺寸单位:m)

三、实测结果分析

为了确保实测数据的可靠性，对其进行预处理。首先采用莱茵达准则剔除样本中的坏点，然后通过内插法补充缺失的数据。

1. 平均风特性

基于实测三维风速样本,采用矢量分解法得到平均风速$\overline{U}$和平均风向α,计算公式如下:

$$\overline{U} = \sqrt{\overline{U}_x^2 + \overline{U}_y^2 + \overline{U}_z^2} \tag{1}$$

$$\alpha = \arctan\frac{\overline{U}_y}{\overline{U}_x} \tag{2}$$

式中:$\overline{U}_x$、$\overline{U}_y$、$\overline{U}_z$——三维风速仪不同方向的平均风速。

图4给出了实测期间塔顶高度处的10min平均风速和平均风向玫瑰图,并绘制了16个分隔角。可以看出,实测平均风向主要以东北风为主;平均风速最大值约为16m/s,平均方向为东北风向。

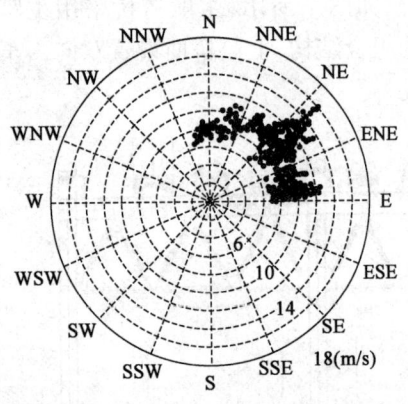

图4 实测平均风速风向

2. 脉动风特性

1) 脉动风速

脉动风速可分为顺风向脉动风速$u(t)$、横风向脉动风速$v(t)$和竖向脉动风速$w(t)$,定义如下:

$$\begin{aligned} u(t) &= U_x(t)\cos\alpha_u + U_y(t)\cos\beta_u + U_z(t)\cos\gamma_u - \overline{U} \\ v(t) &= U_x(t)\cos\alpha_v + U_y(t)\cos\beta_v + U_z(t)\cos\gamma_v \\ w(t) &= U_x(t)\cos\alpha_w + U_y(t)\cos\beta_w + U_z(t)\cos\gamma_w \end{aligned} \tag{3}$$

式中:U_x、U_y、U_z——三维风速仪采集的不同方向瞬时风速;

α_u、β_u、γ_u——瞬时风速与顺风向脉动风速的夹角;

α_v、β_v、γ_v——瞬时风速与横风向脉动风速的夹角;

α_w、β_w、γ_w——瞬时风速与竖向脉动风速的夹角。

2) 湍流度与阵风因子

湍流度常定义为平均时距内的脉动分量变化幅度与平均风速的比值,反映了脉动风的相对强度,定义如下:

$$I_i = \frac{\delta_i}{\overline{U}}, i = u,v,w \tag{4}$$

式中:$I_i(i=u,v,w)$——顺风向、横风向和竖向的湍流度;

δ_i——i方向脉动风速的标准差。

实测期间塔顶高度处总体湍流度如图5所示。不同方向的湍流度均随着平均速度增大而减小,最终趋于平缓,整体样本点表现出从发散至稳定。统计得出顺风向湍流度分布区间在[0.02,0.16],平均值为0.08,标准差为0.03;横风向湍流度分布区间在[0.01,0.16],平均值为0.07,标准差为0.03;竖向湍流度分布区间在[0.05,0.21],平均值为0.06,标准差为0.02。

我国《公路桥梁抗风设计规范》[6]建议顺风向脉动风速设计紊流度为:

$$\begin{aligned} I_u &= \frac{1}{\ln(z/z_0)} \\ I_v &= 0.88 I_u \\ I_w &= 0.50 I_u \end{aligned} \tag{5}$$

式中:z——高度;

z_0——地表粗糙高度。

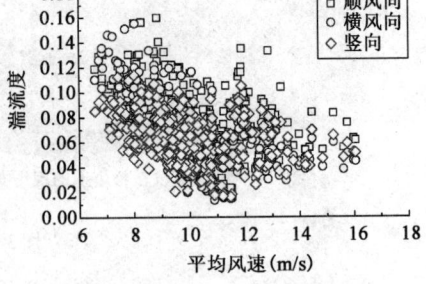

图5 湍流度与平均风速

本文研究的桥址区属于规范中的A类地表,地表粗糙高度为0.01。通过公式(5)计算可知,顺风向湍流度规范推荐值为0.096,实测结果较规范推荐值小16.67%。实测湍流度均值的比值$I_u:I_v:I_w = 1:0.88:0.75$,表明顺风向湍流度与横风向湍流度均值的比值与规范推荐值相同,而顺风向湍流度与竖向湍流度均值的比值较规范推荐值大。

阵风因子反映了阵风风速与平均风速的相对大小,通常定义为阵风持续时间内最大平均风速与平均时距的平均风速之比,即:

$$G_i(t_g) = \begin{cases} 1 + \dfrac{\max[\bar{i}(t_g)]}{U}, (i = u) \\ \dfrac{\max[\bar{i}(t_g)]}{U}, (i = v, w) \end{cases} \quad (6)$$

式中: $G_i(i = u、v、w)$ ——顺风向、横风向和竖向阵风因子;

$\max[\bar{i}(t_g)]$ ——阵风持续时间 t_g 内的最大平均风速。

塔顶高度处阵风因子与平均风速间的关系如图6所示。顺风向阵风因子分布区间在[1.04,1.34],平均值为1.15,标准差为1.04;横风向阵风因子分布区间在[0.04,0.40],平均值为0.17,标准差为0.07;竖向阵风因子分布区间在[0.03,0.34],平均值为0.16,标准差为0.03。不同方向阵风因子随平均风速增大而逐渐减小,并趋于平稳。

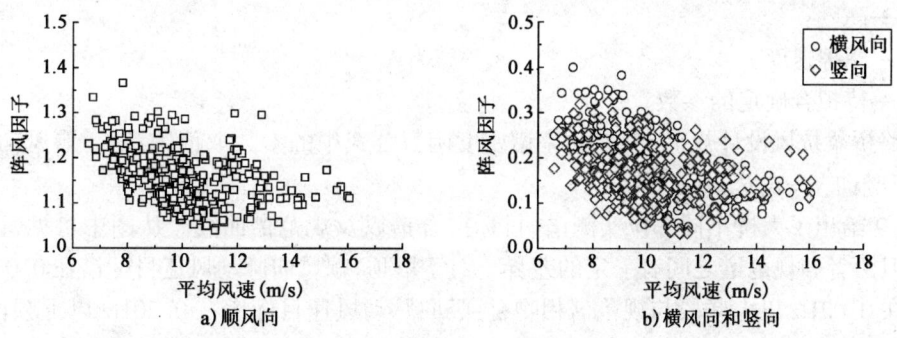

图6 阵风因子与平均风速

顺风向阵风因子与湍流度的关系[7,8]可表示如下:

$$G_u(t_g) = 1 + k_1 \times I_u^{k_2} \ln(T/t_g) \quad (7)$$

式中: $k_1、k_2$ ——下标参数;

T ——平均时距。

Ishizaki 建议 $k_1 = 0.5, k_2 = 1.0$;Choi 建议 $k_1 = 0.62, k_2 = 1.27$。

本文实测数据采用上述公式拟合。横风向和竖向阵风因子与湍流度的关系可采用如下公式:

$$G_i(t_g) = K_1 I_i^{K_2} \ln(T/t_g) \quad (i = v, w) \quad (8)$$

图7给出了顺风向、横风向和竖向的实测结果及采用公式拟合的结果。可以看出,不同方向阵风因子随湍流度增大而增大。实测数据阵风因子与湍流度的公式拟合结果参数为:对于顺风向,$k_1 = 0.31$,$k_2 = 0.88$;对于横风向,$k_1 = 0.35, k_2 = 0.88$;对于竖向,$k_1 = 0.45, k_2 = 0.94$。

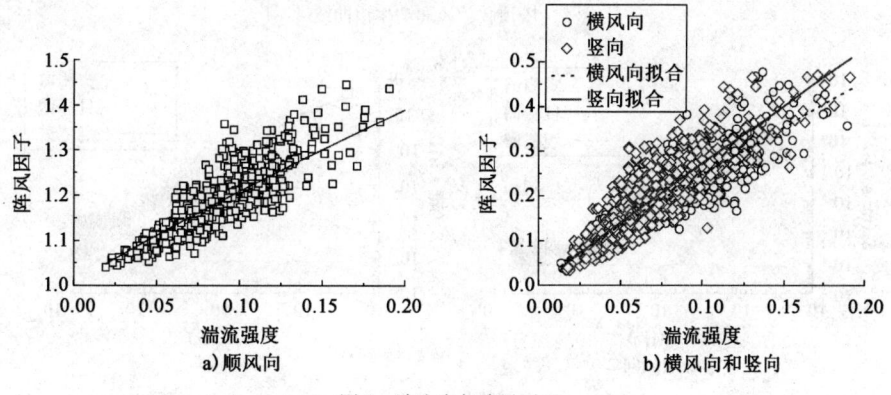

图7 湍流度与阵风因子

3)脉动风速功率谱密度函数

湍流脉动是由许多的涡引起的周期性运动,通常采用脉动风功率谱密度来描述不同尺度涡的动能对湍流能量的贡献,在频域上代表了湍流在不同尺度上的能量分布比例。本文在计算实测功率谱时,样本平均时距采用1h。

根据风速实测数据可以计算脉动风的功率谱密度函数,采用如下归一化公式:

$$\begin{cases} \dfrac{nS_u}{u_*^2} = \dfrac{af}{(1+bf)^{\frac{5m}{3}}} \\ \dfrac{nS_w}{u_*^2} = \dfrac{af}{(1+bf)^{2m}} \end{cases}, f = \dfrac{nz}{\overline{U}} \tag{9}$$

式中:S_u、S_w——脉动风的顺风向和竖向分量的功率谱密度函数;

$\overline{U}$——平均风速;

n——频率;

z——高度;

u_*——摩擦速度;

a、b、m——待拟合确定的参数。

我国《公路桥梁抗风设计规范》[6]对功率谱密度函数公式中的参数取值为:对于顺风向,$a=200$,$b=50$,$m=1$;对于竖向,$a=6$,$b=4$,$m=1$。

图8和图9给出了大桥不同部位实测谱、目标拟合谱以及规范谱曲线。从图中可见,目标谱与实测谱较为吻合,但两者和规范谱之间有一定的差异。对于塔顶,顺风向脉动风速目标谱在0.02Hz以下频段低于规范谱,在0.02Hz以上频段与规范谱相吻合;竖向脉动风速目标谱在0.20Hz以下频段显著低于规范谱,在0.20Hz以上频段与规范谱相吻合。对于主桁上层桥面,顺风向脉动风速目标谱在0.50Hz以下频段略低于规范谱,在0.50Hz以上频段与规范谱相吻合;竖向脉动风速目标谱在0.01Hz以下频段低于规范谱,在0.01Hz以上频段高于规范谱。

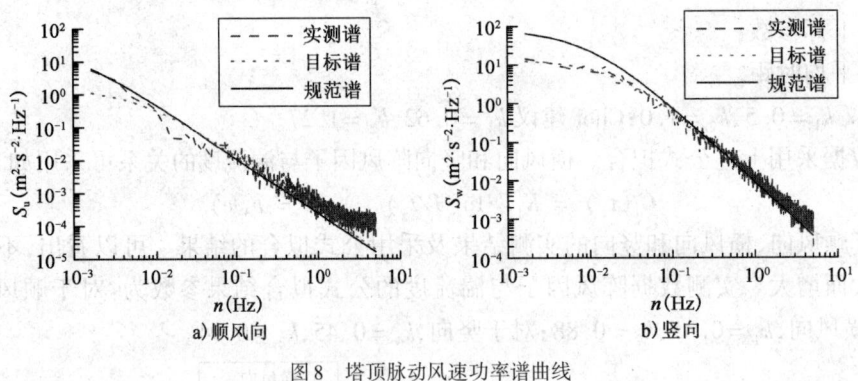

图8 塔顶脉动风速功率谱曲线

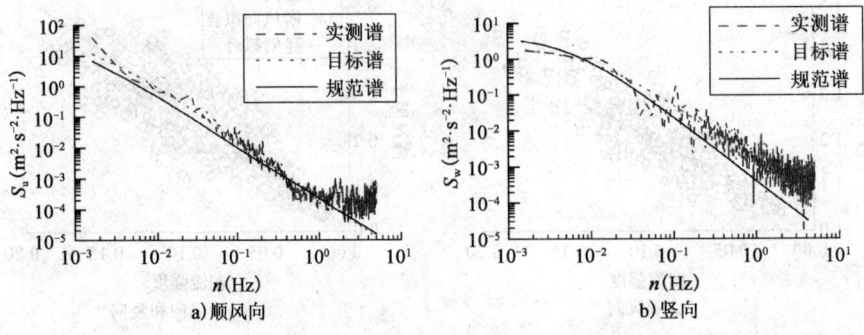

图9 主桁上层桥面脉动风速功率谱曲线

4）空间相关性

在紊流风场中，空间各点的风速和风向并非完全同步，甚至可能是不相关的。风的空间相关性包括水平向相关性和竖向相关性，通常采用相干函数来衡量。

实测相干函数可采用如下公式：

$$Coh_{ij}(n) = \frac{|S_{ij}(n)|^2}{S_{ii}(n) \cdot S_{jj}(n)} \tag{10}$$

式中：$C_{ij}(n)$——i、j 序列的相关性；

$S_{ij}(n)$——i、j 序列的互功率谱密度函数；

$S_{ii}(n)$、$S_{jj}(n)$——i、j 序列的自功率谱函数。

图 10 给出了主桁上层桥面不同测点相干函数实测值。WT1、WT2 测点的实测值为 0.84，WT2、WT3 测点的实测值为 0.83，WT1、WT3 测点的实测值为 0.66。表明由于 WT1、WT3 测点距离较大，相关性较弱；WT1、WT2 测点距离和 WT2、WT3 测点距离相同，相关性较为一致。

本文采用了基于 Davenport 经验公式的相干函数改进表达式[9]来衡量两点间的相关性：

$$Coh(n) = \sqrt{\left(1 - B \cdot \frac{\Delta}{z}\right)} \cdot \exp\left(-C \cdot \frac{n \cdot \Delta}{U}\right) \tag{11}$$

式中：Δ——空间两点的距离；

B——调整系数；

U——两点的平均风速均值；

C——指数衰减系数。

图 11 是上层桥面 WT1、WT2 两测点间（图 3c））的脉动风速相干函数。可以看出，当频率 $n=0$ 时，顺风向脉动风速的相干函数实测值较高，结果为 0.91。实测值在 0.025～0.075Hz 及 0.15Hz 以上频段波动较为明显，偏离改进 Davenport 相干函数曲线；在其余频段则与 Davenport 相干函数曲线吻合较好。由公式(11)进行实测数据的拟合，计算结果可知，顺风向脉动风速相干函数的指数衰减系数 C 和调整系数 B 均值分别为 6.82 和 0.52；横风向脉动风速相干函数的指数衰减系数 C 和调整系数 B 均值分别为 6.30 和 1.24。

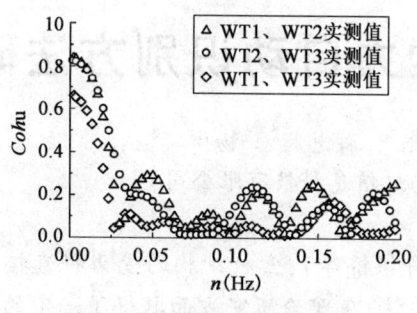 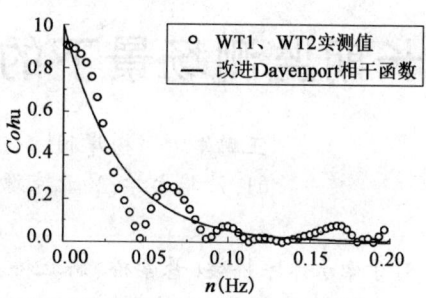

图 10 不同测点相干函数实测值　　图 11 顺风向脉动风速相干函数

四、结　语

通过对某新建大跨度公铁两用斜拉桥进行现场实测，研究了塔顶和主桁上层桥面的风场特性，得出以下结论：

（1）塔顶高度处湍流度与阵风因子均随平均风速的增大而减小，并趋于平稳。实测顺风向湍流度均值为 0.08，小于规范推荐值 0.096。实测湍流度均值的比值为 $I_u:I_v:I_w = 1:0.88:0.75$，顺风向湍流度与横风向湍流度均值的比值与规范推荐值相同，而顺风向湍流度与竖向湍流度均值的比值较规范推荐值大。

（2）桥梁不同部位的脉动风速功率谱与规范谱之间有一定的差异。塔顶顺风向和竖向脉动风速谱在低频段低于规范谱，在高频段与规范谱较为接近；上层桥面顺风向脉动风速谱在低频段低于规范谱，在高频段与规范谱较为接近，而竖向脉动风速谱在高频段略高于规范谱。

(3) 上层桥面相干函数实测值在 0.025Hz ~ 0.075Hz 及 0.15Hz 以上频段波动较为明显，偏离改进 Davenport 相干函数曲线，在其余频段则与 Davenport 相干函数曲线吻合较好。顺风向和横风向脉动风速相干函数的指数衰减系数 C 均值分别为 6.82 和 6.30。

参考文献

[1] 胡俊, 欧进萍. 基于长期监测数据的某悬索桥桥位近处风场特性分析[J]. 中南大学学报(自然科学版), 2013, 44(7): 2989-2996.

[2] 黄国庆, 彭留留, 廖海黎, 等. 普立特大桥桥位处山区风特性实测研究[J]. 西南交通大学学报, 2016, 51(2): 349-356.

[3] 王小松, 郭增伟, 袁航, 等. 台风"布拉万"远端风场阵风特性分析[J]. 振动与冲击, 2018, 37(8): 34-41.

[4] 张明金, 李永乐, 余传锦, 等. 深切峡谷桥址区高空风特性现场实测研究[J]. 西南交通大学学报, 2019, 54(3): 542-547.

[5] YAN L, REN L, HE X, et al. Strong wind characteristics and buffeting response of a cable-stayed bridge under construction[J]. Sensors, 2020, 20(4): 1228.

[6] 中华人民共和国行业标准. 公路桥梁抗风设计规范: JTG/T3360-01—2018[S]. 北京: 人民交通出版社股份有限公司, 2018.

[7] Ishizaki H. Wind profiles, turbulence intensities and gust factors for design in typhoon-prone, regions[J]. Journal of Wind Engineering and Industrial Aerodynamics, 1983, 13(1): 55-66.

[8] Choi E C C. Wind loading in Hong Kong-commentary on the code of practice on wind effects Hong Kong[R]. Hong Kong: Hong Kong Institute of Engineers, 1983.

[9] Hui M C H, Larsen A, Xiang H F. Wind turbulence characteristics study at the Stonecutters Bridge site Part II: Wind power spectra, integral length scales and coherences[J]. Journal of Wind Engineering and Industrial Aerodynamics, 2009, 97(1): 48-59.

57. 长期监测场景下的索力自动识别方法研究

王鹏军[1,2]　杨岸颀[1]　韩亮[2]　蒋恩超[2]　杨少华[2]

(1. 清华大学; 2. 北京源清慧虹信息科技有限公司)

摘　要　对于索承体系桥梁(悬索桥、斜拉桥、系杆拱桥等)，索杆结构的受力将直接影响桥梁整体结构的安全性能。近年来，索力识别技术受到了广泛关注，在理论研究方面取得了一定的进展。但现有的研究仍普遍难以适应具有高度自动化需求的长期监测场景。本文提出一种适合于长期监测场景的索力自动识别方法，实现了索自振频率的自动识别与索力计算公式的自适应寻优。实测结果表明，该方法稳定可靠，计算精度高，能够较好地应用于索力的长期监测。

关键词　桥梁健康监测　索力测量　频率法　基频识别　有限元参数更新

一、概　述

随着桥梁建设需求的不断增加以及桥梁设计建造技术的不断发展，索承桥梁结构体系的应用也日益增加。索承桥梁以高强钢丝制成的缆索或吊杆作为主要受力构件，具有结构造型优美、跨越能力强等特点[1]。常见的索承桥梁包括悬索桥、斜拉桥、系杆拱桥等形式。根据文献统计，世界上跨径600m以上的桥梁，其结构形式均为悬索桥、斜拉桥或二者组合的形式[2]。

1. 索力监测的意义

索杆作为索承桥梁的关键受力构件，其状态对于桥梁整体的安全性能至关重要。索结构能否正常工作，会影响到整个桥梁的正常运营。在桥梁工程中，因拉索或吊杆出现破坏而引发的桥梁事故时有发生[3]。从事故的分析来看，索结构在发生破坏之前，往往已经存在严重的病害。这些病害对于单索索力及全桥索力分布状态可能产生较大的影响。在进行索承桥梁的安全评估时，斜拉索、吊索（杆）、系杆力及主缆索力等参数是桥梁荷载试验的重要内容，也是桥梁健康监测的关键部分。根据实际测量的索力数据，结合成桥状态的理论索力分布等信息对索力的变化规律进行分析，就可以判断索结构受力是否处于合理范围内，进而推测桥梁可能存在的损伤，指导桥梁的管养与维修工作，有效避免因索杆受力问题而引起的事故。

另一方面，对于索承桥梁而言，其索杆结构是具有一定使用寿命的。例如，《公路悬索桥设计规范》（JTG/T D65-05—2015）第 16.1.3 条指出，可更换构件的设计使用年限可视具体情况小于结构整体设计使用年限。其中，吊索的设计使用年限为 20 年。因此，当桥梁的运营年限超过了索结构的设计使用年限时，就需要对索结构进行更换。例如虎门大桥于 1997 年建成，2019 年开始进行部分吊索的更换。

在桥梁实际运营中，由于施工误差以及长期时变荷载等影响，索的真实内力往往与其设计内力存在较大差异。因此在进行换索之前，也需要对索的真实内力进行准确识别，以确定更换方案。在完成换索之后，亦需要对索力进行持续的监测，确保结构受力状态不发生显著改别。

综上，对索承桥梁的索力进行准确识别和长期监测，对于桥梁的安全评估和管养维修具有重要意义。

2. 频率法测量索力的理论基础

频率法是目前工程实践中索力测试最主要的方法。频率法测量索力的基本原理是：索杆拉力与其振动频率之间存在一定的对应关系，通过测量索杆的自振频率，就能够计算出索杆的拉力。在实践中，常用的索力计算公式可以分为以下三类：

1）不考虑抗弯刚度影响的弦理论公式

一般测量采用的计算模型基于张紧弦理论，假设索杆两端铰接，如图 1 所示。

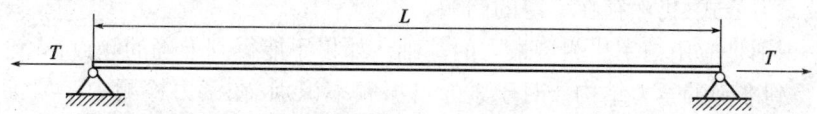

图 1　张紧弦理论计算简图

当不考虑索的抗弯刚度 EI 时，通过求解振动方程可以索力与索的第 n 阶频率之间存在如下关系：

$$T = \frac{4mf_n^2 L^2}{n^2} \tag{1}$$

式中：T——索力；

f_n——索的第 n 阶频率；

L——索的计算长度；

n——索的自振频率阶数；

m——索的线密度。

2）考虑抗弯刚度影响的轴拉梁理论公式

当索的抗弯刚度不可忽略、且索的两端边界约束能够简化为简支时，计算模型如图 2 所示。

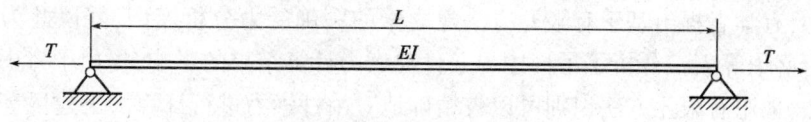

图 2　轴拉梁理论计算简图

索力可以按如下公式计算：

$$T = \frac{4mf_n^2 L^2}{n^2} - \frac{n^2 \pi^2 EI}{L^2} \tag{2}$$

其中：EI——索的抗弯刚度。

3) 考虑复杂影响因素的经验公式

在实际桥梁结构中，多数索杆结构端部套筒内有减振装置，其计算长度难以准确确定。且由于索结构抗弯刚度等多方面的影响，其计算模型无法简单地等效为理想简支边界，而是更接近于两端弹性支撑或两端固支。在应用振动法索力公式时，容易出现计算不准甚至无法使用公式的情况。对于该类索，目前尚无解析解理论公式用来计算拉索索力，因此学者们提出一些经验计算公式。

Zui 等人[4]提出采用基频和二阶频率计算索力的经验公式。对于长索采用二阶频率进行计算，以消除垂度效应的影响；对于短索则采用基频进行计算。Fang 等人[5]基于两端固结梁在轴向拉力作用下横向振动方程，拟合出轴向拉力与梁的抗弯刚度、长度、线密度及振动频率之间的数值关系。Ren 等人[6]基于能量法，对数值解结果进行拟合得到了拉索索力计算的经验公式。

《公路桥梁荷载试验规程》（JTG/T J21-01—2015）附录 B 也给出了基于基频的索力计算方法。该方法根据参数 $\xi = \sqrt{\frac{T}{EI}} L$ 来确定抗弯刚度影响大小，并根据 ξ 的大小分别采用不同的经验公式计算索力：

$$T = \begin{cases} 4mf_1^2 L^2 & \xi \geq 210 \\ m\left(2Lf_1 - \frac{2.263}{L}\sqrt{\frac{EI}{m}}\right)^2 & 210 > \xi \geq 18 \\ 3.432 m L^2 f_1^2 - 45.191 \frac{EI}{L^2} & \xi < 18 \end{cases} \tag{3}$$

3. 监测场景下索力识别的现状与难点

从前文综述可以看出，频率法测量索力的核心要求包含以下两点：①索的各阶自振频率识别；②频率与索力之间换算公式。然而到目前为止，在实际应用中，尤其是在长期健康监测的场景下，如何准确确定索的自振频率以及索力公式，仍然存在一定的问题。

索的自振频率识别是应用频率法测量索力的基础。如果不能得到准确的频点，无论何种形式的公式进行计算，都无法得到准确的索力结构。对于索的自振频率识别，在索力检测中一般都由人工对功率谱等频率分析结果进行观察，根据各峰值的频率信息、各阶频率的频差特征等，结合经验判断得出。在长期监测场景下，索力的监测无法由人工实时干预，且自然激励环境复杂，获得的信号质量存在不稳定因素。因此，需要研究一种能够自动识别索结构各阶频率的方法。

对于索力计算公式，本文上一节所述一些经验公式虽然一定程度上能够解决上述问题，但其理论推导基本都假定索的边界约束为两端固结，与实际情况仍有一定差异。且大多数公式只能采用基频进行计算，而在实际测量中，尤其是长期监测场景下，索的基频往往难以得到。对于抗弯刚度较大的短索，其基频和各阶频率之间不符合整倍数关系，仅通过基频得到的索力也可能存在较大误差。因此，需要研究一种能够适应多阶频率计算索力的经验公式拟合方法。

二、索力自动识别的理论基础

1. 索的参数化有限元模型

过去的研究中，有学者提出基于有限元方法建立索的精确受力分析模型，并以此为基础实现索力经验公式的拟合。唐盛华等人[7]分析了吊杆边界条件对索力计算结果的影响，提出了考虑端部转动约束刚度的索力计算方法，采用有限元方法识别可以较精确地对吊杆索力进行计算。王建民等人[8]建立了体外预应力索的有限元模型，并通过算法对其参数进行更新，进而能够较为准确地识别索力。甘泉[2]的研究针对拱桥吊杆、悬索桥吊索等复杂约束情况，建立了有限元模型并对索力进行识别，也得到了较好的效果。可以看出,基于有限元分析的索力识别技术能够获得较好的应用效果。

然而在过去的工程实践中,由于有限元软件大多体积较大,依赖于单机运行,因此难以实现高效的建模计算、参数优化与索力识别,相关研究多数只在检测实验场景中使用。本文基于 OpenSees 与云端技术,实现了索的参数化有限元分析。参数化的有限元模型考虑了索的抗弯刚度、端部转动约束以及索上其他可能存在的约束,其基本模型如图 3 所示。

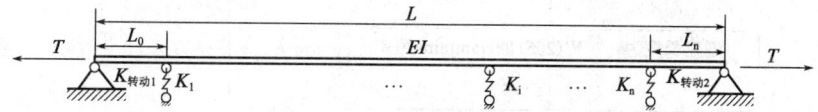

图3 多支承复杂约束体系杆计算简图

利用该参数化模型,我们输入索的结构参数以及索力,即可输出其各阶理论频率;反之,输入索的结构参数以及自振频率,则能够计算出理论的索力。该模型可在单机环境或云端平台直接被调用,计算精度好、效率高,为后续分析提供了基础。

2. 索的各阶频率自动识别算法

在基于频率的索力计算方法的计算过程中,首先要从信号的频谱中识别出正确的各阶频点。目前在索力检测中,一般都采用人工观察的方法来实现。对于人工判断来说,识别索的各阶频率相对较为容易。但要将其通过程序实现自动化却是一个比较困难的问题。因此,本文提出了一种索的各阶频率自动识别计算方法,其基本计算流程如图 4 所示。

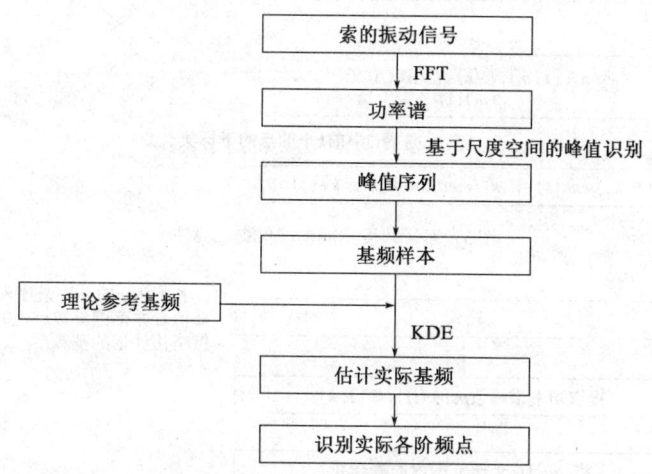

图4 索的各阶频率自动识别算法流程

首先,对于长度为 m 的序列 V,其峰值下标集合的定义为:

$$P = \{n\} \tag{4}$$

其中:

$$n \in [1, m]; V(n) = \max[V(n-1), V(n), V(n+1)] \tag{5}$$

如果通过以上定义来确定寻找峰值,则得到的仅为局部峰值,其结果受原始序列的噪声影响较大。因此本文使用了一种基于尺度空间的峰值提取算法,其算法流程如图 5 所示。

对于不同的索的振动信号,其功率谱的峰值个数 k 事先无法确定,可以设置较大的 k 值。

在准确识别功率谱上各个峰值后,本文使用了一种基于差频聚类的基频识别方法来估计索的基频。其方法流程如图 6 所示。

通过该方法,能够从多阶频率信息中自动识别得到的真实基频。

根据得到的基频,利用参数化的有限元模型,即可得到索的基频与其他各阶频率之间的关系。再结合实测功率谱峰值,利用基频和提取到的峰值频率之间的关系,可以进一步确定各峰值频率所属的阶次。

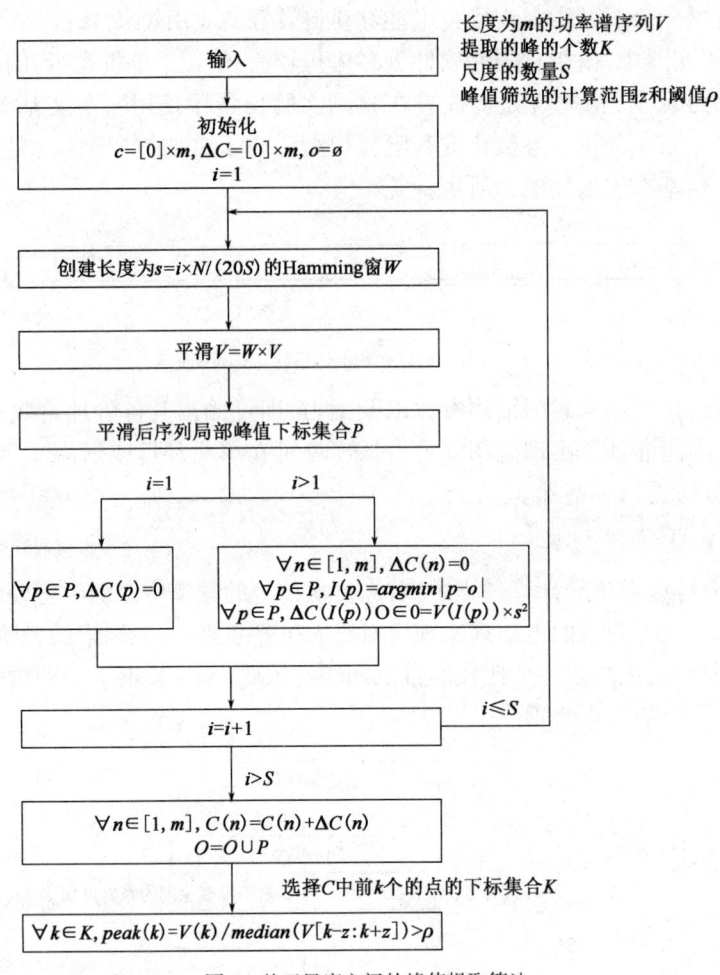

图5 基于尺度空间的峰值提取算法

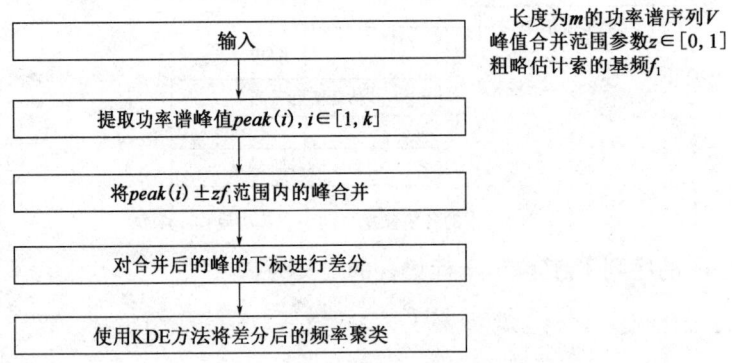

图6 差频聚类的基频识别方法

3. 基于有限元参数更新的索力经验公式

在应用振动法进行索力测量时,索结构的自身初始长度、重量、减振器位置等参数是比较容易确定的。但其抗弯刚度、端部转动约束刚度以及减振器提供的刚度并不易准确确定。因此,有必要对上述参数的初始值进行估计,并利用有限元模型进行参数更新,以识别索的真实结构参数。

参数更新方法是一个迭代的过程。参照文献[8]的方法是以索的实测各阶频率作为目标进行有限元模型参数更新。在索有限元模型的参数范围内划分网格,通过网格搜索的方法获得一组各阶有限元仿真频率和实测频率均方根误差最小的参数作为更新后的索结构参数。至此,我们可以得到一组最接近实际索结构的有限元模型参数。

在过去的索力经验公式相关研究中,研究者往往试图将得到的公式整理成能够使用线密度 m、长度 L、频率 f_n、抗弯刚度 EI 等参数表达的形式,以便使用者能够较为方便的进行计算。本研究提出,在得到精确有限元模型参数后,无需再关心索的各个参数与公式的关系,而是将索力 T 统一表达为各阶自振频率 f_n 的二次多项式,即:

$$T = a_n f_n^2 + b_n f_n + c_n \tag{6}$$

为了求解以上二次多项式的系数,通过有限元仿真一组 n 个不同索力 $T=[T_1,T_2,\ldots,T_n]$ 下的有限元模型仿真的前 m 阶自振频率 $f_n=[(f_{11},f_{12},\ldots,f_{1m}),(f_{21},f_{22},\ldots,f_{2m}),\ldots,(f_{n1},f_{n2},\ldots,f_{nm})]$,通过最小二乘法求解各阶自振频率的二次多项式系数。

4. 长期监测场景下的索力识别

基于以上方法,针对每一根索能够得到一组不同的计算公式系数,该公式可以作为索力监测的初始依据。在后续的长期监测中,在监测系统中将计算公式系数与各索一一对应起来,即可分别独立利用各索各阶实测频率来计算索力。在监测过程中,每次测量得到的频率阶次是不确定的,我们使用前一时刻的实测频率作为参考值进行频率识别,以保证频率自动识别的准确性。在得到实测多阶频率后,利用多阶频率计算出的索力均值作为最终的索力识别值,以提高索力识别的精度和稳定性。图 7 为长期监测场景下的索力识别流程。

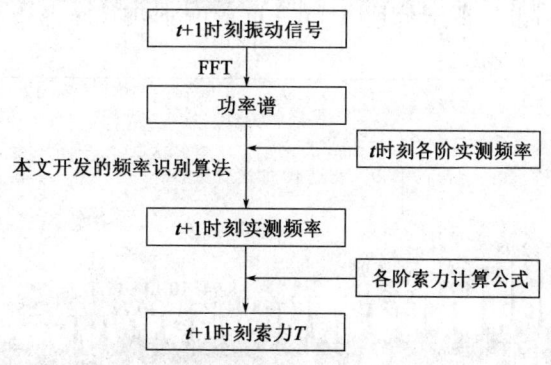

图 7 长期监测场景下的索力识别流程

三、工程应用实例

基于上述方法,本文对某大跨斜拉桥的索力监测数据进行了分析,以验证该模型的合理性和有效性。

1. 项目及数据样本概况

该大跨斜拉桥为预应力混凝土独塔双索面斜拉桥,主桥跨径 208m + 270m + 35m + 30m。该桥梁目前已部署结构健康监测系统(图 8),对桥梁 88 根索的索力进行长期监测。将本文提出的识别方法置于监测系统云平台中,使用者无需安装任何有限元或数学分析工具,在线上平台界面中简单配置索的结构参数,系统即可自动完成所有识别工作。

由于篇幅所限,本文以 10 号索为例进行分析。该索的设计索力为 4383kN,根据张紧弦模型公式计算,得到其设计基频为 0.676Hz。

2. 频率自动识别结果

分析所用的数据为索的加速度信号,采样频率 50Hz,采样时长 5min。对采集到的振动数据进行频谱分析,其功率谱如图 9 所示

设置参考基频为 0.676Hz,使用本文的方法提取功率谱的峰值,提取结果如图 10 所示。通过人工观察可以看出,该索的基频和二阶频没有被有效激发,而其基频大约为 0.6Hz,与理论计算值有 12.67% 的误差。通过对比该桥梁过去的检测报告,证实了该识别结果与人工测量结果吻合。

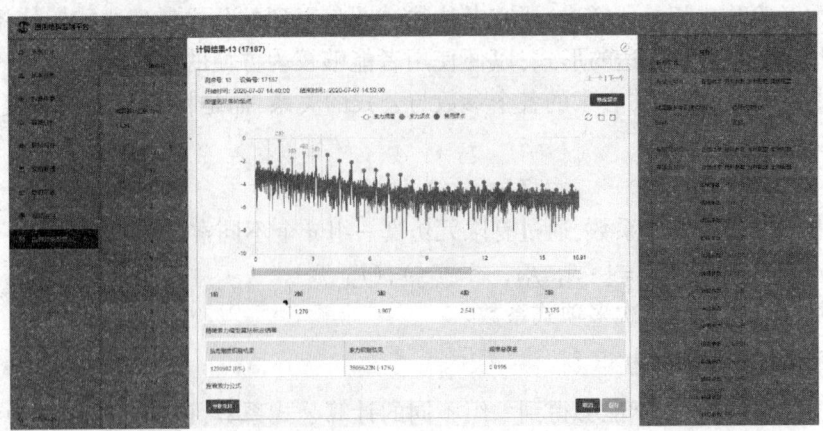

图 8 基于在线监测平台的索力自动识别系统

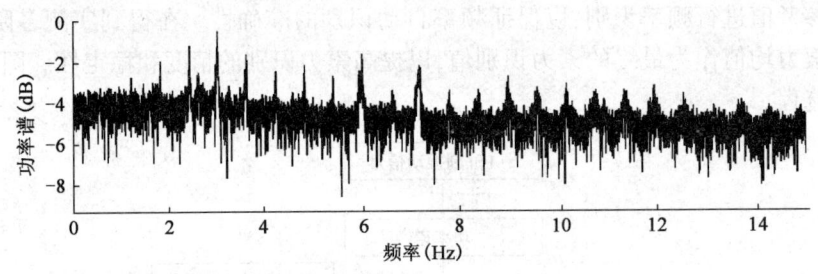

图 9 测点 10 加速度功率谱

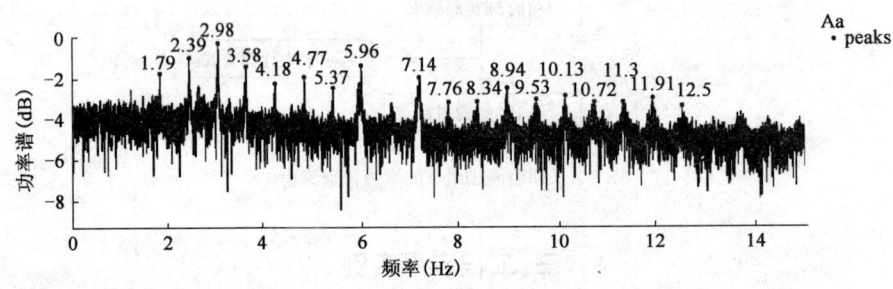

图 10 测点 10 功率谱峰值识别(初始参考频率:0.676Hz)

为了验证初始参考频率设置对识别结果的影响,我们重新设置参考基频为 0.8Hz,使用本文的方法提取功率谱的峰值,提取结果如图 11 所示。对比图 10 和图 11,可见本文使用的方法对于参考基频的取值有比较好的鲁棒性,只需要提供参考基频的粗略估计,就能取得较好的识别的效果。

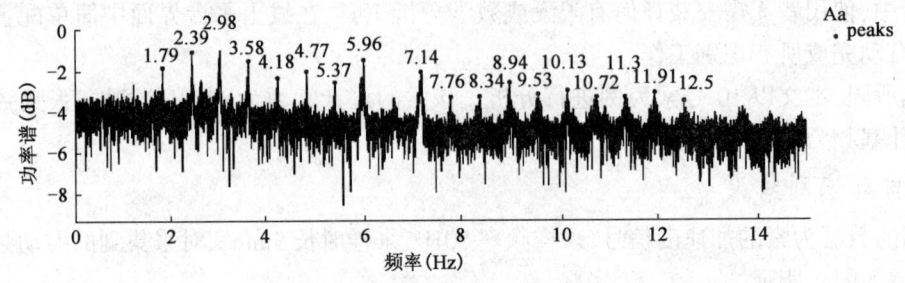

图 11 测点 10 功率谱峰值识别(初始参考频率:0.8Hz)

使用本文的方法对提取到的峰值进行聚类,计算的前 5 阶频率结果如表 1 所示;对比图 11,本文所提方法得到的判别结果和符合人工观察的直观结果。

聚类识别的各阶自振频率　　　　　　　　　　　　　　　　表1

阶　数	频率(Hz)	阶　数	频率(Hz)
1	0.59	4	2.39
2	—	5	2.98
3	1.79		

3. 索力自动识别结果

使用有限元仿真对该索进行重新标定,标定后的索力为3444kN,符合人工检测的结果。利用重新标定后的模型求解各阶自振频率的二次多项式系数,求解结果如表2所示。

基于有限元参数更新的索力计算公式系数　　　　　　　　　　　　　　　　表2

系　数	一　阶	二　阶	三　阶	四　阶	五　阶
a	9612947	2403375	1068269	600982.4	384695.3
b	−94881.2	−47407.8	−31568.9	−23638.6	−18871.9
c	1193.118	−209.714	−2548.09	−5822.49	−10033.6

以三阶频率为例,其对应的索力计算公式可以写成:

$$T = 1068269 f_3^2 - 31569 f_3 - 2548 \tag{7}$$

四、结　语

(1)本文提出了长期监测场景下的索力自动识别方法。通过功率谱峰值识别算法以及基频聚类算法,实现自动识别索的自振频率及其阶数;通过有限元模型参数更新方法,实现自动识别索的结构参数,得到每一根索的精确索力计算公式。实测数据验证表明,该方法能够用于各种复杂约束条件下的索力自动识别,在计算精度、计算效率以及鲁棒性等方面均具有较好的表现。

(2)本文提出的索力识别方法能够完全基于云端平台运行,突破了过去研究中有限元参数识别方法在工程应用上的局限性,无需安装任何分析软件即可在线上自动完成复杂的计算分析工作,对于提升索力长期监测技术水平与数据质量具有重要价值。

(3)本文所采用的有限元分析模型仍然具有一定的局限性,在未来可以进一步建立包含更多参数的计算模型。此外,在进行有限元模型参数更新时,迭代计算的过程以及收敛标准还可以进一步优化,以提高参数更新效率,获得更接近结构实际状态的参数值,进而得到更准确的索力计算公式。

参考文献

[1] 陈红.缆索承重桥梁结构状态评估关键问题研究[D].上海:同济大学,2009.

[2] 甘泉.复杂边界条件下索结构的内力识别方法研究[D].广州:华南理工大学,2015.

[3] 韩亮,樊健生.近年国内桥梁垮塌事故分析及思考[J].公路,2013,3:124-127.

[4] Zui h, Shinke T, Namita Y. Practical formulas for estimation of cable tension by vibration method[J]. Journal of structural engineering, American Society of Civil Engineers, 1996, 122(6):651-656.

[5] Fang z, Wang J. Practical formula for cable tension estimation by vibration method[J]. Journal of Bridge Engineering, American Society of Civil Engineers, 2012, 17(1):161-164.

[6] Ren W-X, Chen G, Hu W-H. Empirical formulas to estimate cable tension by cable fundamental frequency[J]. Structural Engineering and Mechanics, Taejon, Korea:Techno-Press, c1993-, 2005, 20(3):363-380.

[7] 唐盛华,方志,杨索.考虑边界条件的频率法测索力实用公式[J].湖南大学学报:自然科学版,2012,39(8):7-13.

[8] 王建民,王国亮,聂建国.基于参数更新的体外索张力识别方法[J].北京交通大学学报,2011,35(1):89-91.

58. 倒T盖梁高架桥新型伸缩装置温度受力分析

尚帅磊[1]　李永君[2]　周　强[1]

(1. 同济大学；2. 上海市政设计研究总院)

摘　要　伸缩缝是桥梁中的易损构件,为了减少伸缩缝的建造和维修成本,近些年来无缝桥梁得到了较多应用,然而无缝桥梁应用场景有限。城市高架桥中倒T盖梁常设置两道伸缩缝,赣州中心城区快速路采用了一种新型伸缩装置,这种装置使得倒T盖梁附近的两道伸缩缝转变为一道伸缩缝。本文为了研究该新型伸缩装置在温度作用下的受力特点,对该新型伸缩装置进行了实桥测试,设计了相关试验测试该新型伸缩装置在温度作用下的受力情况,给出了伸缩装置混凝土部分的受力大小、受力不利位置,为以后改进该伸缩装置提供了依据。

关键词　倒T盖梁　伸缩缝　构造分析　实桥测试　受力分析　温度作用

一、引　言

伸缩缝是桥梁结构组成的重要部分,为了适应桥梁温度作用下纵向、横向、竖向等变形,大多数桥梁都会设置伸缩缝。伸缩缝同时也是桥梁中最容易损坏的部分,每年都需要花费大量资金和人力来维修伸缩缝[1,2]。为了减少伸缩缝安装和后期养护维修的费用,最好的办法就是减少伸缩缝的使用数量,甚至不用伸缩缝。无缝桥在在美国、日本、欧洲已经有了大量的应用,目前无缝桥主要有三种形式:整体式桥台无缝桥、半整体式桥台无缝桥、延伸桥面板无缝桥,且大多应用在有桥台的中小跨径情况下,难以应用在城市高架桥中[3]。倒T盖梁能够降低建筑高度,增大了桥下净空,因而近些年在城市桥梁特别是高架桥中得到了大量的应用[4]。但是倒T盖梁一般需设置两道伸缩缝,增加了伸缩缝的建造和后期维修费用。赣州中心城区快速路在国内首次提出一种专门用于倒T盖梁的新型伸缩装置。这种新型伸缩装置不仅减少了伸缩缝的建造和后期维修费用,而且通过行车测试发现,驾驶小轿车通过该伸缩装置时振动较小,车内人员行车舒适度高,通行噪声较普通双缝小。本文对比了该新型伸缩装置和普通倒T盖梁伸缩装置的构造,并通过实桥测试了该伸缩装置温度作用下的受力情况。

二、新型伸缩装置构造

以3m×35m标准小箱梁梁端伸缩缝为例,普通伸缩缝一般是盖梁左右各设置一道梁缝。伸缩缝采用80型降噪梳齿板伸缩缝。小箱梁梁端桥面铺装层由8cm混凝土整平层和10cm厚沥青层组成,倒T盖梁上端跨缝板采用18cm厚现浇混凝土与小箱梁连接,设计构造如图1所示。

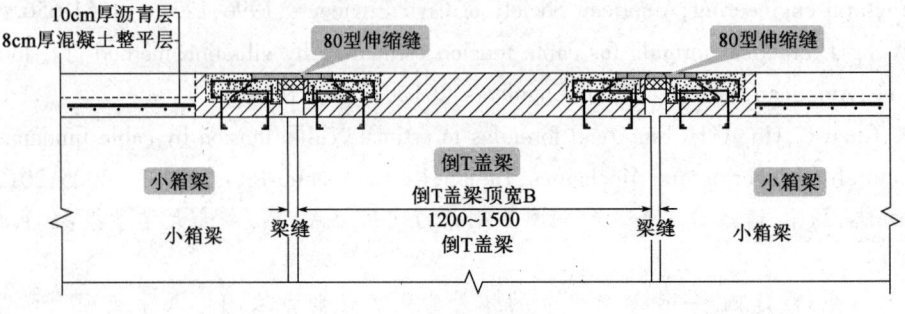

图1　普通双伸缩缝构造

新型伸缩装置取消小箱梁梁端伸缩缝,桥面铺装在距梁端梁约40cm处,10cm沥青层+8cm混凝土整平层调整为18cm厚钢纤维混凝土铺装层,并连续跨缝设置。伸缩缝采用120型降噪梳齿板伸缩缝,伸缩缝设置于倒T盖梁纵桥向中心线处,安装并锚固于18cm厚钢纤维混凝土。倒T盖梁顶部铺设6mm厚钢板和2mm厚橡胶垫并纵向跨越梁缝延伸至小箱梁上10cm处,该设置可作为铺装混凝土跨缝施工的底模,形成桥面铺装与盖梁的相对滑动面,并有效防止桥面积水下渗,具体构造如图2所示。

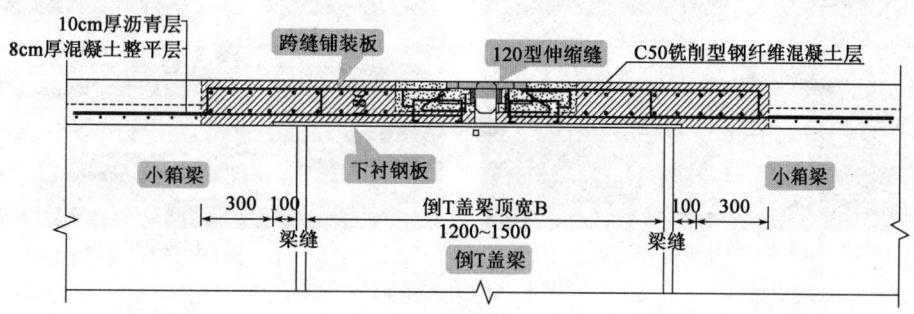

图2 新型单伸缩缝构造(尺寸单位:cm)

伸缩装置跨缝铺装板采用强度等级C50的铣削型钢纤维混凝土,钢纤维密度为50kg/m³、最大骨料粒径25mm,钢纤维混凝土坍落度为180mm。

钢纤维混凝土弹性模量为结构变形、受力分析的重要研究参数,根据规范《混凝土物理力学性能试验方法标准》(GB/T 50081—2019)制作规格为150mm×150mm×300mm试块,委托江西天域工程检测技术公司测试试块静力受压弹性模量,选取3个试块作为一组,实测弹性模量数值为3.64×10^4MPa、3.62×10^4MPa、3.64×10^4MPa,均值为3.63×10^4MPa。

三、试 验 设 计

1. 应变测点布置

分别于梁端、接缝处横断面纵桥向布置应变测点34个,其中梁端、接缝纵向应变编号分别为ZG1~ZG24、ZH1~ZH10,其中ZG1~ZG18为上层测点,ZG19~ZG24为下层测点。考虑温度对伸缩装置的影响,梁端、伸缩缝处横断面横向布置测点16处,编号为HG1~HG16,均位于车道中线处。该桥由5个小箱梁构成,共有四个车道,车道2位于中梁上,有防撞墙和对向车道隔开,车道1位于外侧边梁和次边梁上。测点布置如图3所示,其中括号内测点为下层测点。

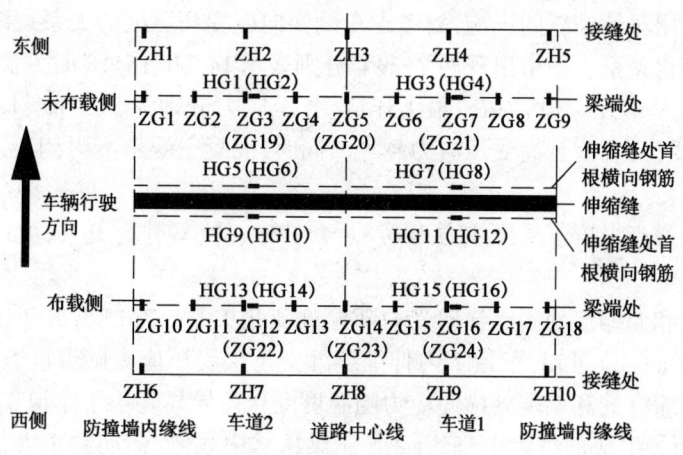

图3 应变测点布置示意图

伸缩缝正常使用阶段,钢筋和混凝土之间没有滑移,认为钢筋与混凝土应变一致,故应变计可同时表示钢筋和混凝土应变。应变计实际布置如图4所示。

a) 应变计整体布置　　　　　　　　　b) 上层应变计布置

图 4　应变计实际布置

2. 测试装置

试验所用的应变计为 JMZX-215HAT 高性能智能数码弦式埋入应变计,具有高稳定性、高性能、高精度等特性,应变计规格为 24mm×37mm×150mm,量程和灵敏度分别为 ±1500$\mu\varepsilon$、0.1% F.S,实际标距为 157mm,适用于 -10~70℃环境,可采用绑扎式安装。

试验采用 JMZX—32A 综合采集系统动态记录数据,该采集系统共有两个模块,每个模块有 32 个通道,可实时采集 64 个参数。

四、实验结果及分析

1. 温度对伸缩缝横向应力影响

根据试验 3 个时间段,实测不同时间段开始试验时温度分别为 16℃、22℃、29℃,结束试验时温度为 19℃、24℃、29℃。在 14:00 后,大气温度保持为 29℃。不同时刻大气温度如表 1 所示。

试验温度变化过程　　　　　　　　　　　　　表 1

测试阶段	$T = T_{min}$		$T = T_m$		$T = T_{max}$	
时刻	7:00	8:30	9:40	10:35	14:00	15:18
大气温度(℃)	16	19	22	24	29	29

为排除车辆荷载作用对伸缩缝的影响,故考虑东侧横向应变和温度的关系。图 5 为工况 1 下伸缩缝东侧横向应变与温度变化关系。图中出现两个 29℃ 分别表示 14:00、15:18 时刻温度。由图 5 可知,在当日温差 13℃ 下测点应变基本在 -30~0$\mu\varepsilon$,最大压应变、压应力分别为 31.7$\mu\varepsilon$,1.15MPa。随温度升高,混凝土受热膨胀,横向受压,温度越高受压应力越大。同时,混凝土受热不均,上层混凝土受热较大,产生较下层更大的压应力。

车道 2 上层混凝土最高温度下受压应力为 0.8~1.1MPa,较车道 1 更大,可以认为日照温差对于车道 2 应力影响更大。

图 6 为梁端处测点和伸缩缝处测点横向受力随温度变化关系。左侧车道 2 中测点应变随温度变化较车道 1 中略大。对比 a)、c) 可知,车道 2 内伸缩缝处上下层受压应力随温度变化均大于梁端处应力,而图 b)d)中,车道 1 伸缩缝处和梁端处横向应力随温度变化差异显著小于车道 2。

由此认为,5 个小箱梁组成的桥梁中,车道 2 位于梁桥靠中线侧,横向约束大,受温度影响后,较难自由变形;车道 1 位于梁桥靠边缘侧,横向变形可有效释放。

总结,日照升温作用下,混凝土横向基本受压,上层受压程度大于下层,中梁处跨缝板横向受力大于边梁处跨缝板横向受力。

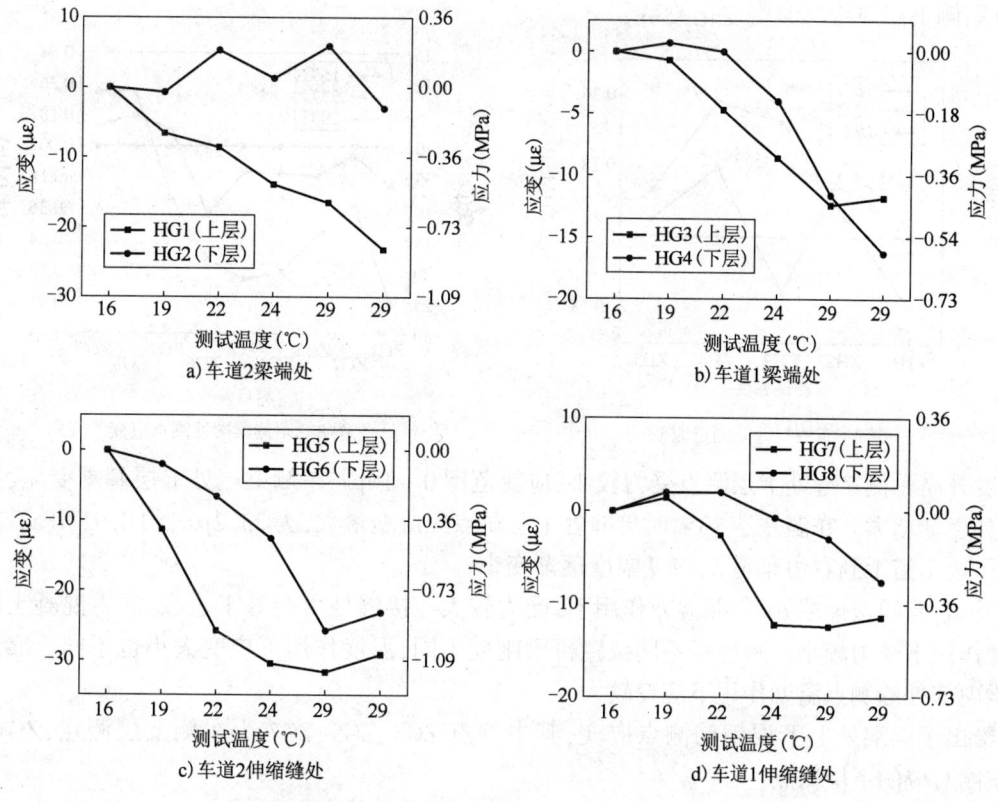

图5 横向测点应变与温度关系(上下层测点对比)

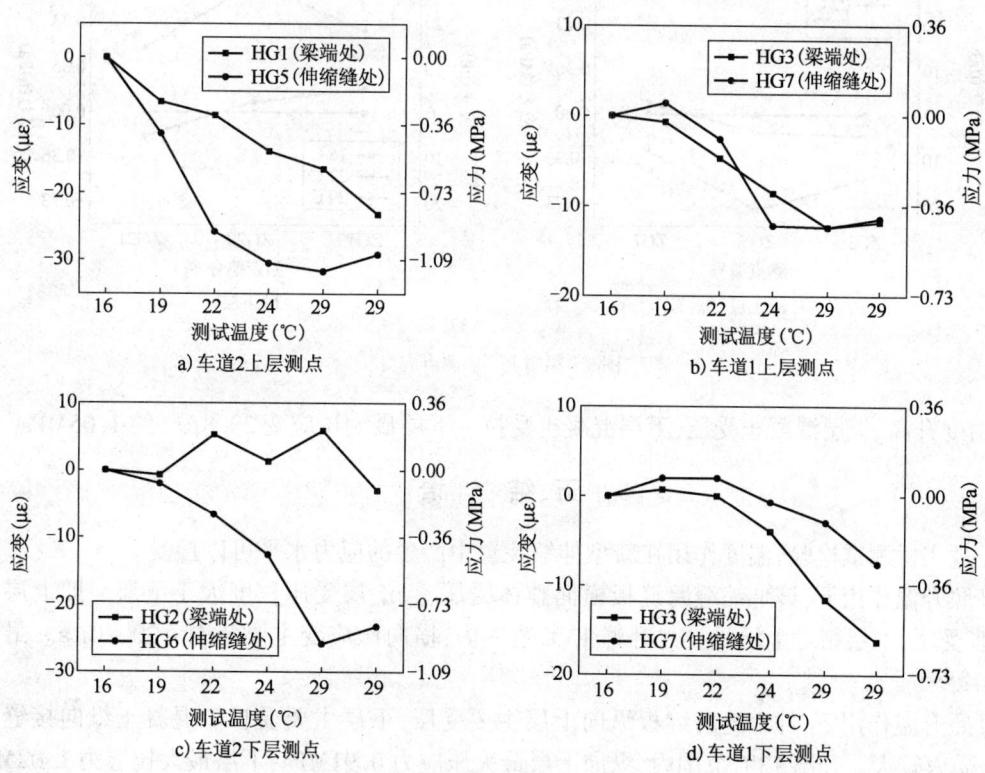

图6 横向测点应变与温度关系(纵向位置对比)

2. 温度对伸缩缝纵向应力的影响

纵向取最低气温、中间气温、最高气温三种情况下工况1(无荷载)测量应变,图7、图8给出了接缝处、梁端处东侧上层应变与温度变化关系。

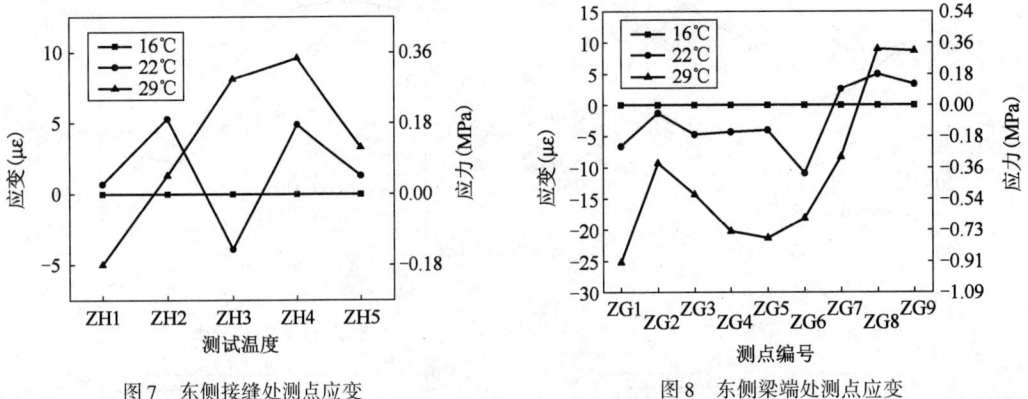

图7 东侧接缝处测点应变　　　　　　图8 东侧梁端处测点应变

随温度升高东侧接缝处上层测点受力较小,应变范围 0~10με 东侧梁端处上层基本受压,且压应变随温升高逐渐增大。在温差达 13℃ 时接缝处上层测点压应变最大,为 25.2με,约 0.91MPa。梁端处测点应变从左边车道1到右边车道2,应变幅度逐渐变小。

可以看出,跨缝板梁端处,日照温差作用下,受力较大。接缝处由于处于边缘,沥青混凝土刚度相对较小,温度作用下受力较小。跨缝板不同位置桥梁刚度不同,温度作用下应变大小也不同。靠近跨缝板中部,桥梁内部处的测点温度作用下应变较大。

图9给出了梁端处上下层钢筋测点应变,其中测点 ZG3、ZG5、ZG7 为东侧上层测点,ZG19、ZG20、ZG21 为东侧对应的下层测点。

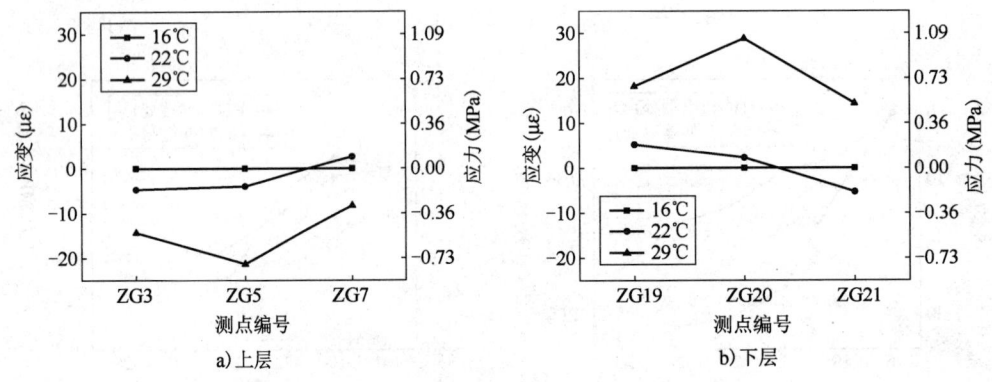

a)上层　　　　　　　　　b)下层

图9 梁端上下层测点应变

随着温度升高,上层混凝土受压,下层混凝土受拉。下层最大拉应变 28.8με,约 1.05MPa。

五、结　语

(1)经过实桥测试检验,温度作用在新型伸缩装置中产生的应力水平可以接受。

(2)日照升温作用下,该伸缩缝跨缝板横向整体受压,且上层受压程度大于下层。即上层伸缩缝相对下层膨胀受压,下层相对上层受拉。升温 13℃ 范围内,横向压应变主要范围 -30~0με。最大压应力 1.15MPa。

(3)日照升温作用下,伸缩缝跨缝板纵向上层主要受压,下层主要受拉。混凝土纵向接缝处受力较小,梁端处受力较大。升温 13℃ 范围内,纵向上层最大压应力 0.91MPa,下层最大拉应力 1.02MPa。

(4)温度作用下,桥梁局部刚度对于跨缝板纵横向受力都有影响,刚度越大,受力越大。温度作用下,中梁上跨缝板纵横向受力变化较边梁上跨缝板横向受力略大。车道2(位于中梁上)上方跨缝板靠近伸缩缝梳齿板处受力最不利。

参考文献

[1] Lima J. M, Brito J. D. Inspection survey of 150 expansion joints in road bridges[J]. Engineering Structures,2009,31(5):1077-1084.
[2] Lima J. M, Brito J. D. Management system for expansion joints of road bridges[J]. Structure and Infrastructure Engineering,2010,6(6):703-714.
[3] 苏浩.三类主要无缝桥的静力特性及抗震性能研究[D].杭州:浙江工业大学,2019.
[4] 戴树才.倒T盖梁在城市高架桥中的应用分析[J].市政技术,2020,38(02):61-64.

59. 基于换算截面及梁单元模拟组合梁斜拉桥受力对比分析

陈常松 王晶

(长沙理工大学 土木工程学院)

摘 要 为了更加精确地利用有限元模型模拟组合梁,对现有的两种组合梁建模方法作对比研究。方式一:分别建立钢梁单元与混凝土板单元,用刚臂相连的"双层梁单元"模型;方式二:分别建立钢梁单元与混凝土板单元,但上下层单元之间无任何单元连接,结合后为"虚拟层合梁单元"的换算截面模型。利用带刚臂单元刚度矩阵,推导出"双层梁单元"的单元刚度矩阵。在"虚拟层合梁单元"模型中,根据截面换算原理总结出组合作用下钢梁与混凝土板内力分配关系。"双层梁单元"模型中各部分内力是通过各自对应的节点位移求得,而"虚拟层合梁单元"模型中是求解出组合截面上总的内力,再根据各自的截面特性、材料特性进行内力分配。以赤壁长江公路大桥为工程背景,分别创建"双层梁单元"模型与"虚拟层合梁单元"模型,对比成桥状态时各部分的内力差值。计算结果表明:在单元长度划分合理的情况下,两者的各部分应力无明显差异。

关键词 组合梁 钢—混组合梁斜拉桥 有限元 换算截面 材料力学

一、引 言

钢—混凝土组合梁是由外露的钢梁截面或钢桁梁截面通过连接件(或称剪力连接件)与钢筋混凝土桥面板结合而形成整体的组合结构[1],在使用荷载作用下混凝土板与钢梁共同受力,共同变形。钢—混组合梁充分发挥了钢材和混凝土各自的材料特性,具有良好的抗弯、抗疲劳性能,但同时也增加了结构计算的复杂性。

近年来,许多学者开展了组合梁结构受力分析研究[2-5]。对于平面杆系结构模型而言,目前组合梁的主要建模方法有两种,一种是钢梁与混凝土板面板分别创建梁单元,上下两单元之间用刚臂相连,在施加荷载与设置边界条件后,进行常规的有限单元法计算。另外一种方法是将两种不同材料换算成同种材料,利用换算截面的截面特性进行计算,再根据各自的截面特性与材料特性进行内力分配。杨岳华[6]等利用有限元软件进行了组合梁全断面节段吊装施工模拟与结构分析,得出在吊装新梁段钢梁时,已结合老梁段的混凝土板上缘会出现拉应力,同时对组合截面采取粘接、绑定、剪力钉模型三种情况进行对比分析,三种情况计算结果较接近。石兆敏、张启伟、季云峰[7]等以椒江二桥为工程背景,模拟大跨度组合梁斜拉桥在汽车荷载作用下,针对刚度、强度、整体性能等方面进行研究,最终计算结果值与试验实测值相一致;赵雷、孙才志[8]等利用有限元软件对大跨度组合梁斜拉桥进行了参数敏感性分析。上述研究中,整体的计算模型都是采用了"双层梁单元"的建模方式。彭孝良、单成林[9]等对钢—混组合梁斜拉桥的多种合理成桥状态计算方法进行对比分析,采用的是"虚拟层合梁单元"模型。发现使用无应力状态控制法计算迭代的次数最少,正装迭代法虽方便、简单,但计算繁琐,迭代次数多。因"双层梁单元"模型模拟钢梁与混凝土板之间并非完全黏连,需对其计算结果精度进行验证,国内外对这方面的研究也甚少,文中以赤壁长江公路大桥为实际工程背景,分别创建"双层梁单元"及"虚拟层合梁单元"模型后,进行钢梁及混凝土板应力对比分析。

二、双层梁单元

1. 双层梁计算原理

组合梁计算分析有别于其他的桥梁结构,在组合梁桥建设的过程中,如不采用全断面预制拼装,混凝土板与钢梁并非一起安装,一般是先吊装好钢梁后,再吊装预制混凝土板。此时,所有的荷载均由钢梁承担,在浇筑完湿接缝后,钢梁与混凝土板才形成组合梁共同参与受力,所以为了解决这一问题,在建模时必须将钢梁与混凝土板分开来建单元号。将钢梁节点和混凝土板形心使用刚臂相连,这样保证两者间力和位移的协调关系。带刚臂的"双层梁单元"形式如图1所示,施加荷载后,对结构物进行离散化,划分为有限个单元,求解等效节点力。然后,对各节点和单元进行编码,在局部坐标系下,求解各单元的刚度矩阵,再建立整体坐标系,求解整体刚度矩阵。对各节点位移、转角进行编码,并建立整体刚度矩阵$[K]$与等效节点荷载之间的关系,引入边界条件,由公式$\{F\} = [K] \times \{\delta\}$求解未知的节点位移矩阵,然后计算杆端内力。

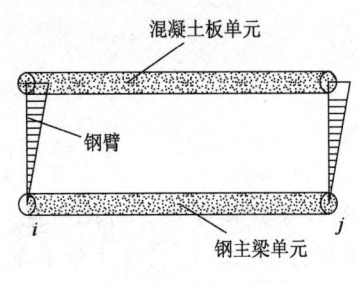

图1 双层梁单元形式

2. 双层梁单元刚度矩阵

图2所示为一个带有刚臂的单元,设i点在$\bar{x}o\bar{y}$坐标系下位移向量为$\bar{\delta}_i = (u_i, v_i, \theta_i)^T$,$a$点在$x'oy'$坐标系下位移向量为$\delta'_a = (u'_a, v'_a, \theta'_a)^T$,刚臂$ai$、$bj$长度分别为$\bar{y}_a$、$\bar{y}_b$,根据几何变形关系,可得[10]

$$\{\delta'_a\} = [A_i]\{\bar{\delta}_i\} \quad (1)$$

$$[A_i] = \begin{bmatrix} \cos\beta & \sin\beta & -\bar{y}_a\cos\beta + \bar{x}_a\sin\beta \\ -\sin\beta & \cos\beta & \bar{y}_a\sin\beta + \bar{x}_a\cos\beta \\ 0 & 0 & 1 \end{bmatrix}$$

式中:β——ab单元与$\bar{x}$轴之间的夹角。

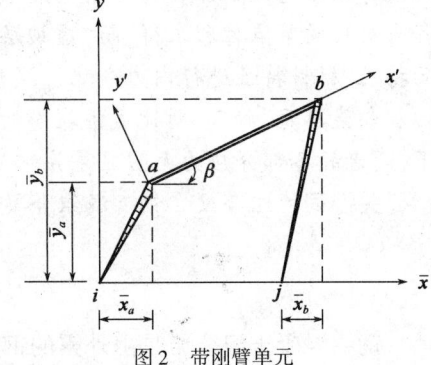

图2 带刚臂单元

同理,可得b点在局部坐标系的转换关系,设j点在$\bar{x}o\bar{y}$坐标系下位移向量为$\bar{\delta}_j = (u_j, v_j, \theta_j)^T$,$b$点在$x'oy'$坐标系下位移向量为$\delta'_b = (u'_b, v'_b, \theta'_b)^T$,则$a$、$b$的位移与单元节点$i$、$j$的位移关系为:

$$\{\delta'\}^e = \begin{Bmatrix} \delta'_a \\ \delta'_b \end{Bmatrix} = \begin{bmatrix} A_i & 0 \\ 0 & A_j \end{bmatrix} \begin{Bmatrix} \bar{\delta}_i \\ \bar{\delta}_j \end{Bmatrix} = [A]\{\bar{\delta}\}^e \quad (2)$$

$$[A_j] = \begin{bmatrix} \cos\beta & \sin\beta & -\bar{y}_b\cos\beta + \bar{x}_b\sin\beta \\ -\sin\beta & \cos\beta & \bar{y}_b\sin\beta + \bar{x}_b\cos\beta \\ 0 & 0 & 1 \end{bmatrix}$$

由虚功原理可以求得i、j节点上的杆端力$\{\bar{F}\}^e$与a、b刚臂端的杆端力$\{F'\}^e$之间的关系:

$$\{\bar{F}\}^e = [A]^T\{F'\}^e \quad (3)$$

将刚臂单元ij由局部$x'oy'$坐标系下的刚度矩阵$[K']^e$转换至$\bar{x}o\bar{y}$坐标系下的刚度矩阵$[\bar{K}]^e$,转换关系为:

$$[\bar{K}]^e = [A]^T[K']^e[A] \tag{4}$$

"双层梁单元"的内力关系如图3所示,由于带刚臂的混凝土板单元与普通的钢梁单元共节点关系,①、②号单元在 i,j 节点具有相同的节点位移,设①号单元刚度矩阵为 $[\bar{k}]^{e①}$,可由公式(4)求得,②号单元刚度矩阵为 $[\bar{k}]^{e②}$, i,j 节点位移矩阵为 $\bar{\delta} = (\bar{u}_i, \bar{v}_i, \bar{\theta}_i, \bar{u}_j, \bar{v}_j, \bar{\theta}_j)^T$。

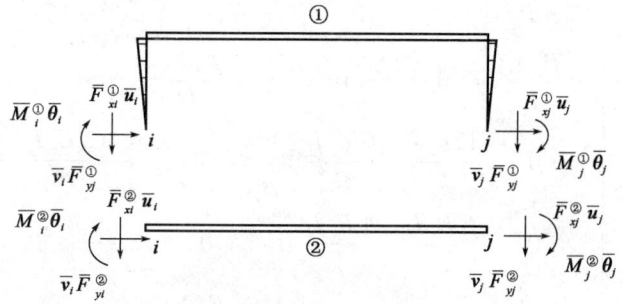

图3 "双层梁单元"内力图

单元①在局部坐标系下的单元刚度矩阵方程为:
$$[\bar{k}]^{e①} \times (\bar{u}_i, \bar{v}_i, \bar{\theta}_i, \bar{u}_j, \bar{v}_j, \bar{\theta}_j)^T = (\bar{F}_{xi}^①, \bar{F}_{yi}^①, \bar{M}_i^①, \bar{F}_{xj}^①, \bar{F}_{yj}^①, \bar{M}_j^①)^T \tag{5}$$

单元②在局部坐标系下的单元刚度矩阵方程为:
$$[\bar{k}]^{e②} \times (\bar{u}_i, \bar{v}_i, \bar{\theta}_i, \bar{u}_j, \bar{v}_j, \bar{\theta}_j)^T = (\bar{F}_{xi}^②, \bar{F}_{yi}^②, \bar{M}_i^②, \bar{F}_{xj}^②, \bar{F}_{yj}^②, \bar{M}_j^②)^T \tag{6}$$

当 β 为 $0, \bar{x}_a = \bar{x}_b = 0, \bar{y}_a = \bar{y}_b = a$ 时,由公式(5)与公式(6),可推出:"双层梁单元"的单元刚度矩阵为 $[\bar{k}]^e_{双} = \{[\bar{k}]^{e①} + [\bar{k}]^{e②}\}$。

$$[\bar{k}]^e_{双} = \begin{bmatrix} \frac{E_c A_c + E_s A_s}{l} & 0 & -\frac{E_c A_c a}{l} & -\frac{E_c A_c + E_s A_s}{l} & 0 & \frac{E_c A_c a}{l} \\ 0 & \frac{12 E_c I_c + 12 E_s I_s}{l^3} & \frac{6 E_c I_c + 6 E_s I_s}{l^2} & 0 & -\frac{12 E_c I_c + 12 E_s I_s}{l^3} & \frac{6 E_c I_c + 6 E_s I_s}{l^2} \\ -\frac{E_c A_c a}{l} & \frac{6 E_c I_c + 6 E_s I_s}{l^2} & \frac{E_c A_c a^2 + 4 E_c I_c + 4 E_s I_s}{l} & \frac{E_c A_c a}{l} & -\frac{6 E_c I_c + 6 E_s I_s}{l^2} & \frac{-E_c A_c a^2 + 2 E_c I_c + 2 E_s I_s}{l} \\ -\frac{E_c A_c + E_s A_s}{l} & 0 & \frac{E_c A_c a}{l} & \frac{E_c A_c + E_s A_s}{l} & 0 & -\frac{E_c A_c a}{l} \\ 0 & -\frac{12 E_c I_c + 12 E_s I_s}{l^3} & -\frac{6 E_c I_c + 6 E_s I_s}{l^2} & 0 & \frac{12 E_c I_c + 12 E_s I_s}{l^3} & -\frac{6 E_c I_c + 6 E_s I_s}{l^2} \\ \frac{E_c A_c a}{l} & \frac{6 E_c I_c + 6 E_s I_s}{l^2} & \frac{-E_c A_c a^2 + 2 E_c I_c + 2 E_s I_s}{l} & -\frac{E_c A_c a}{l} & -\frac{6 E_c I_c + 6 E_s I_s}{l^2} & \frac{E_c A_c a^2 + 4 E_c I_c + 4 E_s I_s}{l} \end{bmatrix} \tag{7}$$

式中: E_c、E_s——混凝土弹性模量与钢材弹性模量;

A_c、A_s——混凝土板与钢梁截面面积;

a——钢梁截面形心到混凝土板截面形心之间的距离;

I_c、I_s——混凝土板与钢梁截面的截面惯性矩;

l——单元长度。

3. 收缩徐变计算

在"双层梁单元"模型中,混凝土收缩与徐变按照常规的初应变法进行计算。在徐变计算程序中,将徐变系数表达式拟合成指数函数形式,计算出某个时间段的徐变应变作为初应变,再将其转换为等效节点荷载增量,混凝土的收缩采用相类似的方法[13]。

三、虚拟层合梁单元

1. 等效换算原理

与钢筋混凝土结构类似,设法将截面上的两种材料换算为具有相同弹性模量的同一种材料[1]。所谓的等效换算就是保证换算前后单元承受的总合力大小不变,应变相等。

2. 虚拟层合梁单元刚度矩阵

总体步骤为"分"→"合"→"分"的一个过程,如同一般梁单元,上下单元之间不用任何单元连接,也不作任何主从关系进行变形协调约束。当桥面板与钢梁结合后,它们就合二为一,变成具有换算截面特性的"虚拟层合梁单元",实则为单层单元,其面积、惯性矩采用换算截面求得,"虚拟层合梁单元"的单元刚度矩阵为:

$$[\bar{k}]^e_{合} = \begin{bmatrix} \dfrac{E_s A_i}{l} & 0 & 0 & -\dfrac{E_s A_i}{l} & 0 & 0 \\ 0 & \dfrac{12 E_s I_i}{l^3} & \dfrac{6 E_s I_i}{l^2} & 0 & -\dfrac{12 E_s I_i}{l^3} & \dfrac{6 E_s I_i}{l^2} \\ 0 & \dfrac{6 E_s I_i}{l^2} & \dfrac{4 E_s I_i}{l} & 0 & -\dfrac{6 E_s I_i}{l^2} & \dfrac{2 E_s I_i}{l} \\ -\dfrac{E_s A_i}{l} & 0 & 0 & \dfrac{E_s A_i}{l} & 0 & 0 \\ 0 & -\dfrac{12 E_s I_i}{l^3} & -\dfrac{6 E_s I_i}{l^2} & 0 & \dfrac{12 E_s I_i}{l^3} & -\dfrac{6 E_s I_i}{l^2} \\ 0 & \dfrac{6 E_s I_i}{l^2} & \dfrac{2 E_s I_i}{l} & 0 & -\dfrac{6 E_s I_i}{l^2} & \dfrac{4 E_s I_i}{l} \end{bmatrix} \tag{8}$$

式中:A_i——换算截面面积;

I_i——换算截面惯性矩。

3. 截面初始内力分配

利用换算后的截面特性进行整体刚度计算,求得整个组合截面上的内力,根据文献[11]可得:组合截面上的弯矩可分为作用在钢梁形心处M_s和混凝土板形心处M_c,钢梁轴力N_s与混凝土板轴力N_c由直接承压轴向力和承弯状态下产生的轴向力组成。钢梁与混凝土板截面各自分配的轴力与弯矩如图4所示。

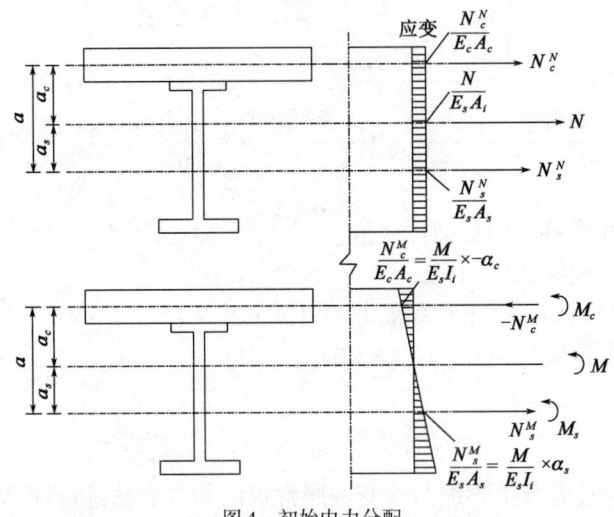

图4 初始内力分配

混凝土板上的轴向力和弯矩:

$$N_c = N \times \frac{A_c}{n A_i} - M \times \frac{A_i a_c a_s}{I_i a} \tag{9}$$

$$M_c = M \times \frac{I_c}{n I_i} \tag{10}$$

钢梁上的轴力和弯矩为:

$$N_s = N \times \frac{A_s}{A_i} + M \times \frac{A_i a_c a_s}{I_i a} \tag{11}$$

$$M_s = M \times \frac{I_s}{I_i} \tag{12}$$

式中：N、M——换算截面上总轴力、总弯矩；

a_c、a_s——混凝土板截面与钢梁截面形心至换算截面形心之间距离；

n——钢和混凝土的弹性模量比。

4. 收缩徐变计算

在"虚拟层合梁单元"模型中，混凝土板的收缩与徐变也都是按照节间荷载去处理。处理混凝土板收缩时，在混凝土板与钢梁接触面之间增约束面，同时，与一般单元节间荷载处理方法相同，加上附加链杆和刚臂限制所有节点位移与转角。根据《公路钢筋混凝土及预应力混凝土桥涵设计规范》计算当前工况下因混凝土收缩产生的固端力，对于同一单元来说，单元上的收缩应变是均匀的，接触面约束后不会产生相对移动，所以也就不会在接触面上产生力，把混凝土板固端力反向作为节点荷载加在混凝土单元节点上。

结构的内力与位移会随着混凝土的徐变发生变化，这种变化可用施加外荷载来代替，假设某一时刻结构的内力已知，混凝土板的徐变系数 φ 根据规范可求。设混凝土板单元两端的内力为 N_{ci}、Q_{ci}、M_{ci}、N_{cj}、Q_{cj}、M_{cj}，以及接触面之间的切向力（$N_{ci} - N_{cj}$）。由徐变系数含义可知因徐变而产生的内力为 φN_{ci}、φQ_{ci}、φM_{ci}、φN_{cj}、φQ_{cj}、φM_{cj}，以及接触面之间的切向力 $q_{ij} = \varphi(N_{cj} - N_{ci})$。徐变荷载主要包括两部分，一部分为混凝土板上的徐变荷载，另外一部分为"虚拟层合梁单元"上的徐变荷载。

混凝土板因徐变产生的内力作为节点荷载加在混凝土单元结构上，"虚拟层合梁单元"上的荷载简图如图5所示，接触面之间的切向力可以转换为在形心轴位置处的切向力与均布弯矩，可知：

$$N_i = N_j = -\frac{q_0}{2} D \tag{13}$$

$$Q_i = Q_j = -m_0 \tag{14}$$

$$M_i = M_j = 0 \tag{15}$$

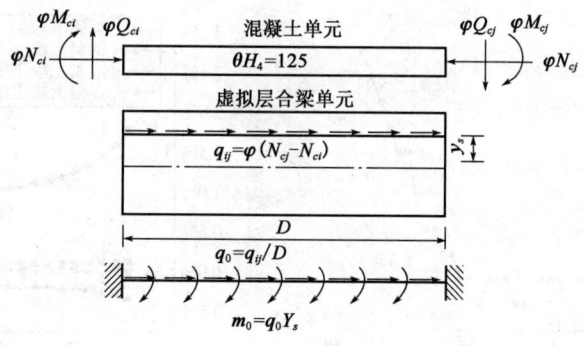

图5　徐变荷载

将上述固端力，按照初始内力分配关系求得混凝土板单元的固端力与钢梁单元的固端力，反向作为节间荷载作用于各自单元节点上。

四、模型设计与数值分析

1. 简支梁模型

为了能够更好地比较"虚拟层合梁单元"与"双层梁单元"模型计算结果之间的差异，采用赤壁长江公路大桥标准截面作为验算截面,截面形式如图6所示,桥面总宽36.5m,设置2%的双向横坡。材料特性:钢梁为Q420q钢材,$E_s = 2.1 \times 10^5$ MPa,混凝土板为C60混凝土,$E_c = 3.6 \times 10^4$ MPa,截面特性如表1所示。

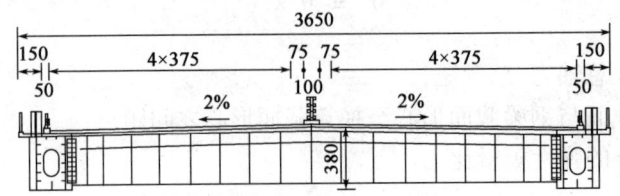

图6 截面形式示意图(尺寸单位:cm)

截面特性参数　　　　　　　　　　　　　　　　表1

	面积 A(m²)	惯性矩 I(m⁴)	上形心距 y_s(m)	下形心距 y_x(m)
钢梁截面	0.799	1.300	2.095	1.424
混凝土板截面	9.490	0.053	0.13	0.13
换算截面	2.426	3.962	0.863	2.816

使用桥梁设计计算软件BDCMS分别创建"双层梁单元"模型与"虚拟层合梁单元"模型。创建梁长为36m,单元长度为1m的简支梁模型,在钢梁单元上添加大小为300kN/m的均布荷载。

以组合梁换算原理计算结果为基准,对比分析各部分内力差值与应力差值。计算结果显示两模型截面上的总弯矩差值基本可以忽略,钢梁、混凝土板各部分内力差值为定值,所求得的应力差值也为定值。因"双层梁单元"与"虚拟层合梁单元"的单元刚度矩阵存在些许差异,导致在荷载与边界条件一致的情况下,解出的节点位移也会存在差异,竖向位移差值如图7所示。

图8为简支状态下的各部分应力差值百分比,图9为荷载作用于混凝土板简支状态下的应力差值百分比。从图中可以看出,①应力差值百分比由跨中向两端逐渐增大,且钢梁下缘、混凝土板上缘的应力差值百分比相对钢梁上缘与混凝土板下缘的值要小。②荷载位置的不同,对"双层梁单元"模型的钢梁上、下缘及混凝土板上、下缘应力都具有影响,若荷载作用于混凝土板单元上时,误差百分比呈增大现象。③荷载位置对混凝土板下缘的应力影响显著,最大差值百分比由原来的 -0.38% 变为 8.29%,应力差值由原来的 0.003MPa 变为 -0.059MPa。

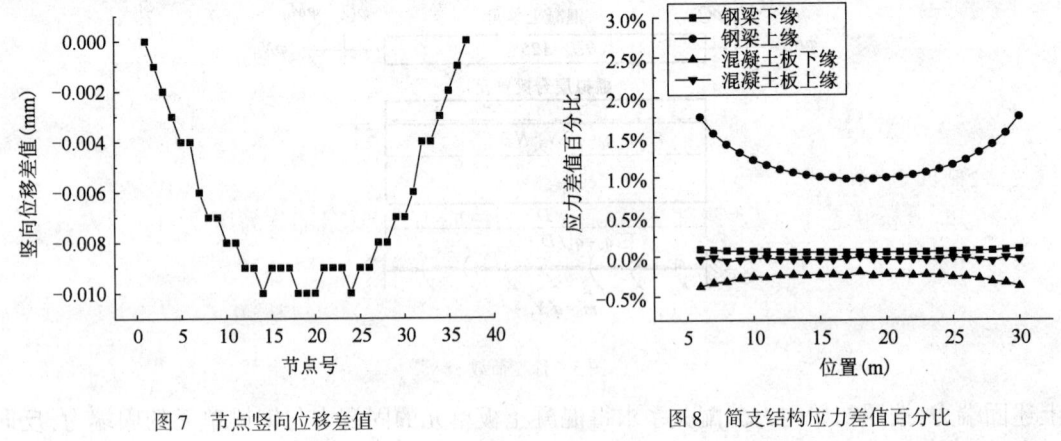

图7 节点竖向位移差值　　　　　　图8 简支结构应力差值百分比

图10为混凝土板养护龄期为7天,计入15年混凝土收缩徐变后,各部分的应力差值百分比。与不计混凝土收缩徐变的计算结果相比,混凝土板的应力差值百分比呈增大趋势,但该状态下最大应力差值百分比均未超过1%。

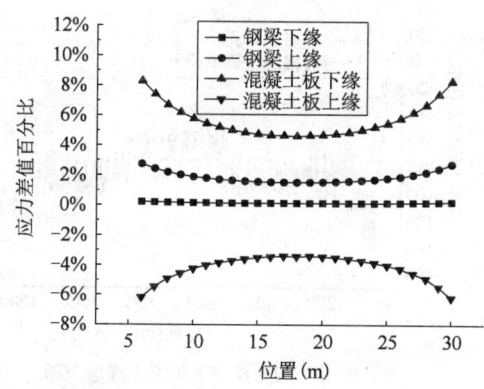
图9 荷载作用于混凝土板状态下应力差值百分比

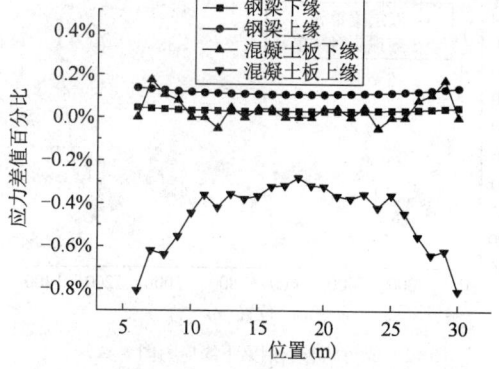
图10 计入15年收缩徐变各部分应力差值百分比

2. 工程实例对比

赤壁长江公路大桥为双塔双索面半漂浮体系组合梁斜拉桥,主跨长度为720m,主桥桥跨具体布置为90m+240m+720m+240m+90m,如图11所示。

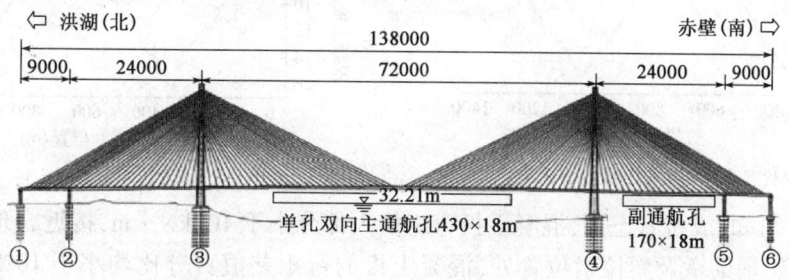
图11 赤壁长江公路大桥主桥立面布置图(尺寸单位:cm)

全桥均采用双边箱的截面形式,按双向6车道高速公路设计,设计速度100km/h,设计基本风速为27.2m/s,地震基本烈度为Ⅳ度,通航等级为Ⅰ-(2)级航道。桥塔采用H形混凝土塔,斜拉索采用φ7mm高强度锌铝合金镀层平行钢丝,为扇形布置,共计116对斜拉索[12]。分别采用"虚拟层合梁单元"与"双层梁单元"对赤壁长江公路大桥进行数值模拟。不计混凝土收缩徐变对计算结果的影响,对比成桥状态时钢梁、混凝土板上、下缘应力值。

模型为平面杆系结构,塔、梁采用梁单元,钢梁与混凝土板均有单元,斜拉索采用两端带刚臂的悬链线索单元。从浇注主塔开始到上桥面铺装成桥时,本桥共划分为156个施工步骤。在吊装钢梁时,安装钢梁单元,不计单元自重,采用等效的均布荷载进行加载。吊装预制混凝土板时,同样,将荷载作用于钢梁单元上。待浇注完湿接缝,安装桥面板单元时,"双层梁单元"为带刚臂单元进行计算,"虚拟层合梁单元"为换算组合截面进行计算。

由图12可知:成桥状态下,除边墩部分,钢梁下缘为拉应力外,其余部分为压应力。这和成桥状态下主梁受力特点相吻合。成桥状态下靠近辅助墩的位置钢梁下缘压应力最大,分别为117.085MPa、116.715MPa。全桥钢梁下缘最大应力差值为1.854MPa,最大应力差值百分比小于5%。

由图13可知:成桥状态下,钢梁上缘的压应力波动幅度较钢梁下缘的压应力波动幅度要大,且均为压应力,最大压应力分别为150.75MPa、150.73MPa,出现在边墩附近。全桥钢梁上缘最大压应力差值为2.87MPa,最大应力差值百分比小于5%。

由图14、图15可知:成桥状态下,混凝土板上下缘应力变化较为平缓,变化趋势一致,且"双层梁单元"模型与"虚拟层合梁单元"模型计算结果基本无差别。混凝土板下缘最大压应力值为15.79MPa,最大应力差值为0.24MPa,上缘最大应力值为16.40MPa,最大应力差值为0.11MPa,最大应力差值百分比均不超过3%。

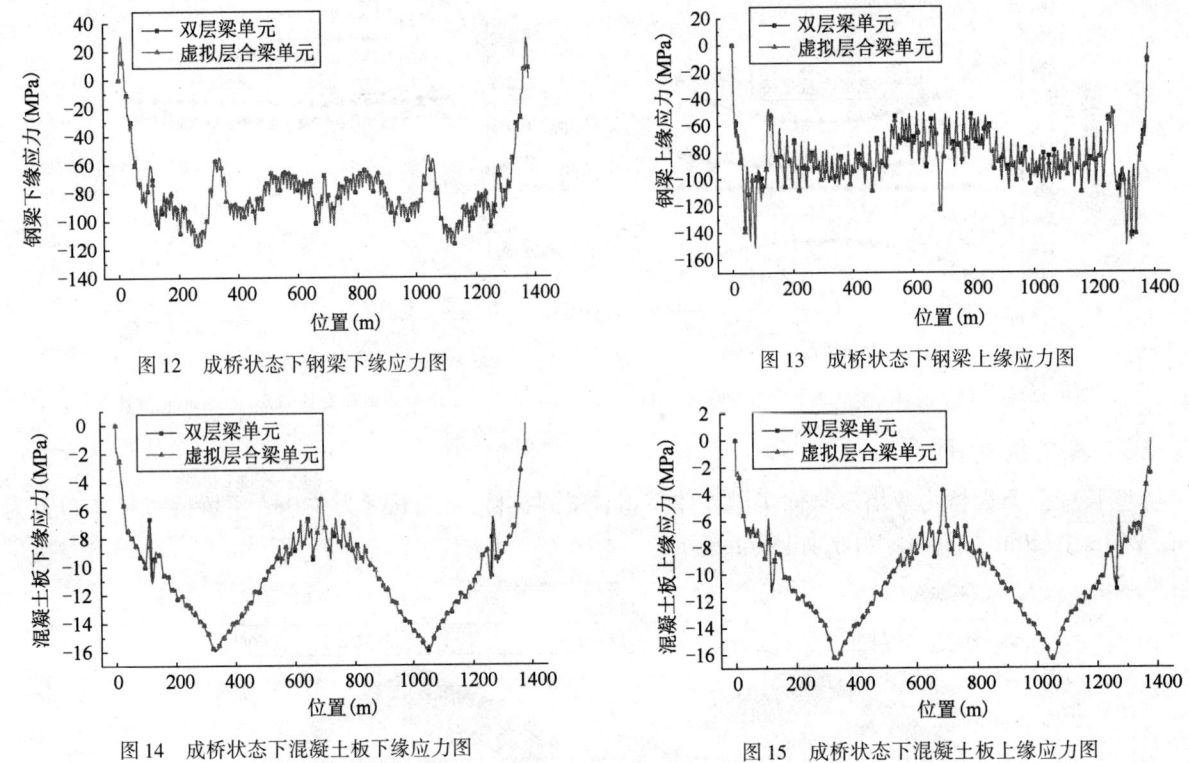

图12 成桥状态下钢梁下缘应力图
图13 成桥状态下钢梁上缘应力图
图14 成桥状态下混凝土板下缘应力图
图15 成桥状态下混凝土板上缘应力图

由图16、图17可知,成桥状态下,混凝土板弯矩值大部分小于100kN·m,接近合理成桥状态的目标值。除去塔区、边墩、辅助墩及斜拉索位置处,混凝土板的弯矩差值百分比均小于10%。混凝土板的轴力值与上、下缘的应力值变化趋势一致,全桥混凝土板的最大轴力差值为-1615kN,最大差值百分比小于2%,也进一步证实了混凝土板应力差值的正确性。

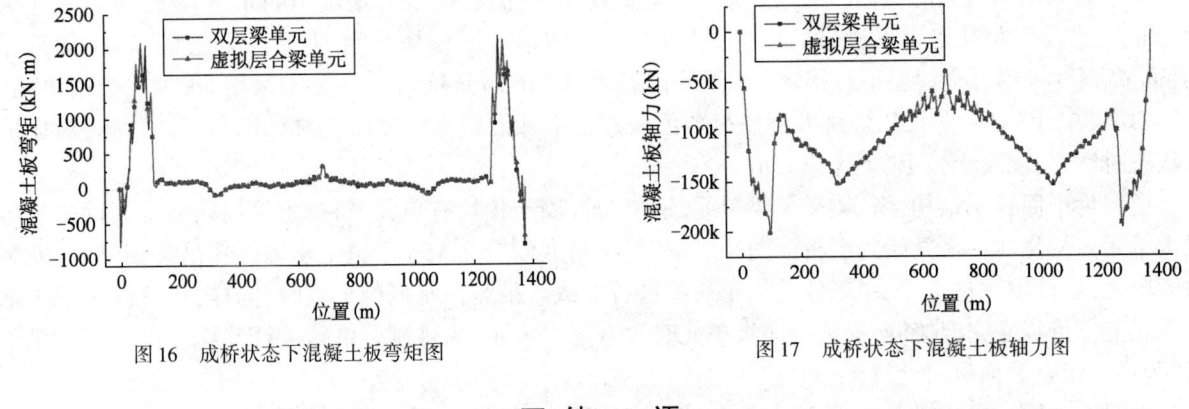

图16 成桥状态下混凝土板弯矩图
图17 成桥状态下混凝土板轴力图

五、结　语

(1)本文在带刚臂单元刚度矩阵基础上,推导出"双层梁单元"的单元刚度矩阵,并利用该方法有效的模拟了钢-混组合梁。在组合梁换算原理前提下,钢-混凝土组合梁的内力分配遵循:轴压状态下,钢梁与混凝土板所受轴力按照各自的抗压刚度进行分配;纯弯状态下,所受弯矩按照各自的抗弯刚度进行分配。

(2)由于"双层梁单元"与"虚拟层合梁单元"的单元刚度矩阵不相同,导致在荷载和边界条件相同的情况下,钢梁与混凝土板的节点位移也会存在差异。"双层梁单元"模拟组合梁时,若将荷载作用于钢梁单元上,与换算理论计算出的结果差值更小,精度更高。

(3)由组合梁斜拉桥工程实例计算结果可知,在多次超静定复杂结构情况下,两种不同理念创建的模型在应力结果上并没出现明显的差异。因此,若以"虚拟层合梁单元"模型计算结果为基准,组合梁斜拉桥用"双层梁单元"进行模拟同样适用。

(4)该实例计算中均未计入混凝土桥面板在共同截面作用下的收缩与徐变,目前研究的方法有许多,例如:改变弹性模量法、初应变法、施加等效降温荷载法等,我国也未给出统一的计算规范,仍需进一步理论研究。

参考文献

[1] 黄侨.桥梁钢-混凝土组合结构设计原理[M].北京:人民交通出版社,2004.
[2] 聂建国,陶慕轩,吴丽丽,等.钢-混凝土组合结构桥梁研究新进展[J].土木工程学报,2012,45(06):110-122.
[3] 范亮,谭阳,李成君,等.装配式群钉组合梁与现浇组合梁对比试验研究[J].公路交通科技,2020,37(06):59-67.
[4] 安然,王有志,周磊,等.剪力钉连接件拉剪复合作用试验及计算模型[J].长安大学学报(自然科学版),2020,40(03):42-52.
[5] 项海帆.高等桥梁结构理论[M].2版.北京:人民交通出版社,2013.
[6] 杨岳华.宽幅组合梁斜拉桥主梁节段预制与安装力学性能研究[D].西安:长安大学,2017.
[7] 石兆敏,张启伟,季云峰.大跨钢—混凝土组合梁斜拉桥静动力特性研究[J].结构工程师,2015,31(06):158-165.
[8] 赵雷,孙才志,陈文元.大跨度结合梁斜拉桥的参数敏感性分析[J].世界桥梁,2011(06):38-41.
[9] 彭孝良,单成林.组合梁斜拉桥合理成桥状态确定方法对比分析[J].低温建筑技术,2018,40(06):45-49.
[10] 刘昀,颜东煌.基于带刚臂分层梁单元法的混凝土结构材料非线性分析[J].中国公路学报,2014,27(08):53-59.
[11] 马润平,李正仁.结合梁计算软件(COMA)的编制[J].桥梁建设,2003(03):75-78.
[12] 张德平,周健鸿,王东晖.赤壁长江公路大桥主桥主梁设计[J].桥梁建设,2019,49(04):81-85.
[13] 李斐然,潘盛山,张哲.混合算法在04公桥规徐变系数曲线拟合中应用[J].大连理工大学学报,2010,50(03):374-378.

60. 既有钢筋混凝土板桥极限承载力试验研究

王 鹏[1] 张建川[2] 舒 皓[3] 胡文华[4] 梁清清[5]

(1.招商局重庆交通科研设计院有限公司;2.成都西南交通大学设计研究院有限公司凉山分公司;
3.重庆市璧山碧桂园房地产开发有限公司;4.云南省公路科学技术研究院;
5.贵州省质安交通工程监控检测中心有限责任公司)

摘 要 以一座运营30年的钢筋混凝土板桥为依托进行现场实验研究,取该桥上部的整体现浇钢筋混凝土板作为试验研究对象,进行极限荷载试验。采用规范公式预估整体现浇板的极限承载力,试验采用逐层堆载的方法进行加载,观测梁体的应变和变形,并与有限元仿真分析结果做对比研究。试验表明,该整体现浇板实际承载力较预估值大,该桥具有较高的安全储备,远高于估算值,仍可继续服役。经研究确定了该类桥梁的安全储备范围,可用于桥梁评估参考。

关键词 钢筋混凝土板桥 加载破坏性试验 安全储备

一、引 言

我国在20世纪七八十年代修建的桥梁就很多,其中大部分都是三、四级公路桥梁,由于当时桥梁设计荷载较低,加之年代较久又缺乏保养维护,一些桥梁已出现了一些病害。而由于交通需求增加,原三、四级公路需要拓宽改造,其中的桥梁是拆除重建还是维修拓宽是摆在管理单位面前的一道难题。为了评定此类既有桥梁的力学性能、技术状况,最直接的方法就是进行实桥加载破坏性试验,但由于试验费用高、难度大、机会少等原因,国内对旧桥的加载破坏性试验研究仍十分有限。本文借助云南省国道改建机会,对其中一座整体式现浇钢筋混凝土实心板桥进行了加载破坏性试验。

二、桥梁概况

试验桥约于 1986 年修建,该桥跨越小河,全长 8m。上部结构为钢筋混凝土简支实心板,计算跨径 7.45m,净跨径 6.9m,桥面宽度为 7.8m(桥面铺装)+ 2 × 0.4m(护栏)= 8.6m,除去桥梁横向两侧滴水槽尺寸,桥梁计算宽度取 8.5m,设计荷载等级为:原汽车—15 级、挂—80。中央 7.0m 段板厚 400mm,两侧各 0.8m 厚 670mm;混凝土板采用 35 号混凝土,上层受压钢筋为 R235,直径 8mm,下层受拉钢筋为 Ⅱ 级,共设置 107 根直径 22mm 钢筋,净保护层厚度 30mm。下部结构采用重力式 U 桥台,扩大基础。见图 1。

该桥已采用粘贴钢板、增加桥面混凝土铺装进行过加固,限速 10km/h,限轴重 7t。

为更明确掌握原桥承载力状况,现场极限承载力试验针对裸梁进行。加载破坏性试验前将旧桥护栏、铺装层及钢板等加固措施都予以拆除,拆除加固后桥梁横断面如图 1 所示,桥梁立面如图 2 所示。

图 1 桥梁横断面

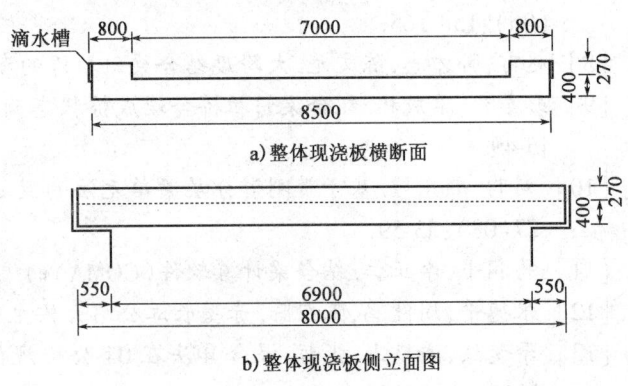

图 2 桥梁立面(尺寸单位:mm)

对试验桥梁进行专项检测,包括混凝土强度检测、混凝土碳化深度检测和钢筋锈蚀检测,检测结果表明混凝土强度略高于设计值,桥梁底板混凝土碳化深度在 5.0~6.0mm 之间,桥梁侧面混凝土碳化深度都大于 10mm,钢筋锈蚀结果在 -300~-400mV 之间,表明钢筋有锈蚀活动性,发生锈蚀概率大于 90%。但通过在跨中截面两点主钢筋位置凿除混凝土保护层,观测发现钢筋基本无锈蚀。说明现浇板的整体状况较好。

三、试验过程

1. 测点布置

为了能够尽可能完整地记录该桥在荷载作用下受力全过程的结构反应,掌握其受力性能,在试验中进行了较为全面的测试,主要测点的布置位置为:在梁板底部 L/4、L/2、3L/4 及靠近桥台 4 个角点位置布置应变片(贴钢筋和混凝土上)和棱镜(用于水准仪测量挠度)。将应变片接入桥下数据应变采集仪,数据采集信号接收装置与计算机相连用于采集测点应力变化,测试人员远离桥跨,以确保安全。如图 3 为梁底测点布置示意图,编号 3-6、3-7 为跨中截面钢筋应变片测点(凿除混凝土保护层,打磨钢筋后贴在表面),其余为混凝土表面应变片和挠度测点。

2. 测试方法

挠度测量采用全站仪,利用落地测试支架作为参考点(不动点),将测点处挂上棱镜观测挠度变化。应变测量采用应变片及应变数据采集仪。

3. 加载方式及过程

试验采用碎石堆载的方式加载,加载前将碎石装入袋中进行称重记录。试验采用分级加载,根据规范计算并考虑结构劣化影响,参照此预估值设计和加载方法,加载共分为6级。

在各级荷载加载前,用全站仪测量读取各测点挠度初始稳定值并记录,用静态应变测试系统测量上一工况下应变值,之后平衡各测点应力数值为加载后采集下一工况下应变数据做准备。

实际加载共分6级,各级加载工况分别为218.5kN、976.1kN、1740.5kN、2490.2kN、3038kN、3438.8kN。加载情况见图4。由于试验条件及加载高度等限制,加载至3438.8kN时,由于堆载较高,加载后期出现个别砂石袋塌落,无法继续加载而终止试验,此时试验桥梁尚未破坏。

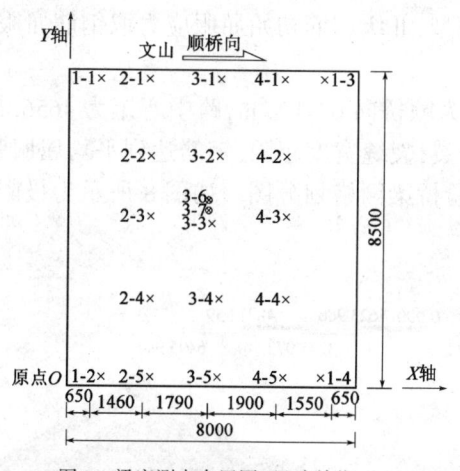

图3　梁底测点布置图(尺寸单位:mm)

图4　试验加载过程

四、试验结果与分析

1. 挠度分析

图7给出了最大加载工况下整体现浇板1/4截面、1/2截面、3/4截面代表性测点荷载-挠度曲线,其中结构下挠挠度为"−"。由图5可以看出,随着荷载逐渐增大,测点挠度绝对值基本呈线性增长,未出现加速变化,跨中最大挠度为5.3mm未达到规范允许正常使用极限状态变形限值$L/600$(为12.4mm)。

2. 应变分析

如图6所示,测点3-3为跨中混凝土表面测点,测点3-6为跨中钢筋表面测点,荷载加至2490.2kN之前钢筋应变较混凝土应变略大,可认为在前期加载阶段,钢筋和混凝土黏结性良好;荷载加至2490.2kN之后,混凝土应变出现较快增长,超过钢筋应变,说明混凝土发生开裂。荷载加至3438.8kN时,钢筋的拉应变为305με,钢筋拉应力达到61MPa,小于其设计强度,钢筋未达到屈服;测得的混凝土的拉应变为450με,相应应力为14.2MPa,大大超出混凝土抗拉强度,说明板体出现较严重的开裂(出于安全考虑和测量手段限制,难以实施裂缝观测)。

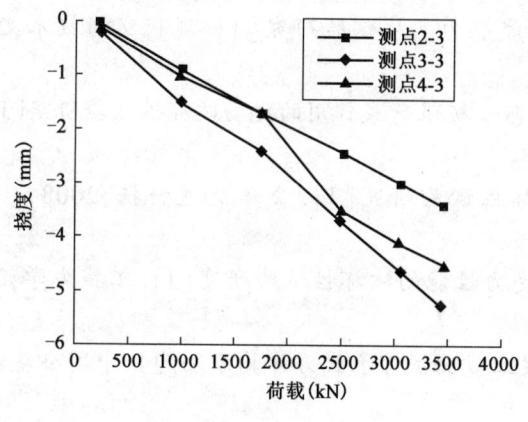

图5　代表性测点荷载-挠度曲线

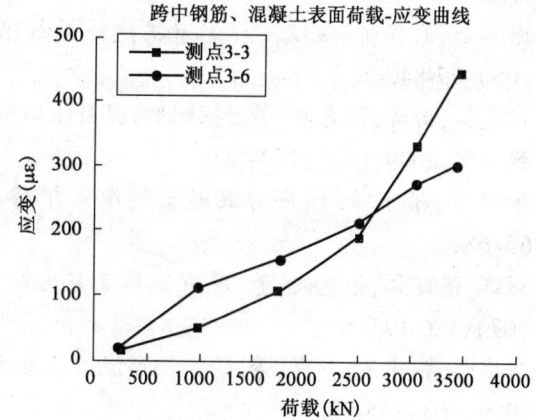

图6　跨中钢筋、混凝土表面荷载-应变曲线

3. 极限荷载计算

由于实桥在加载至3438.8kN未达到破坏,而限于加载条件,试验无法继续,为了得到桥梁极限承载力,采用有限元软件FEA建立实体模型计算其极限荷载。计算桥梁极限荷载采用理想状态下简支板桥实体单元模型。计算模型中混凝土材料本构关系采用总应变裂缝模型,钢材本构模型则采用范梅赛斯模型。

梁体35号混凝土张拉强度取混凝土张拉强度平均值$2.75N/mm^3$,混凝土抗压强度取混凝土抗压强度平均值$28.65N/mm^3$。钢筋本构关系采用范梅赛斯模型,Ⅱ级钢筋初始屈服应力取钢筋屈服平均强度$400N/mm^3$。

理想状态桥梁承受5000kN均布荷载时,荷载集度为顺桥向671kN/m,跨中弯矩为4656.2kN.m,计算得跨中最大挠度为49.2mm,达到$L/151$,梁体全面开裂,裂缝宽度超限,钢筋达到平均屈服强度,可认为该桥达到极限承载力。如图7所示为加载破坏性试验桥梁网格划分图。如图8所示为极限荷载计算挠度云图。

图7 加载破坏性试验桥梁网格划分示意图

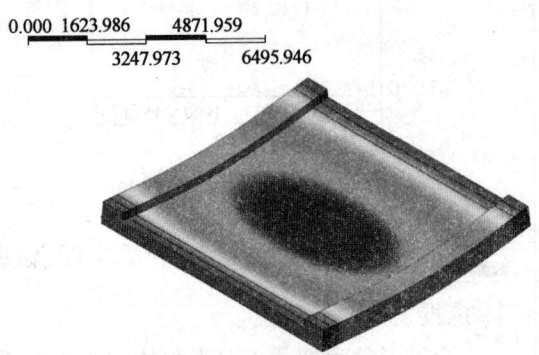
图8 极限荷载计算挠度云图

五、结　语

在本试验中,加载破坏性试验由于受现场试验条件限制,最终未能将桥梁加载至破坏阶段,荷载最大加载至3438.8kN。按照公路Ⅱ级车道荷载、双车道,考虑冲击效应,在该梁板上所产生最大弯矩约标准值为1272.0kN·m,加载破坏性试验加载至最大荷载3438.8kN时,该桥的承受的试验荷载弯矩约为3202kN·m,约为汽车荷载效应的2.51倍,尚未达到破坏阶段,表明桥梁有较大的安全储备,有限元模型材料非线性分析也验证了这一点。从承载力角度看,该类桥梁满足提载要求,可以继续使用。

参考文献

[1] 谢家全,吴赞平,华斌,等.沪宁扩建桥梁极限承载能力实桥试验研究[J].现代交通技术,2006,(05):77-84.

[2] 张建仁,彭晖,张克波,等.锈蚀钢筋混凝土旧桥超限及极限荷载作用的现场破坏性试验研究[J].工程力学,2009,(S2):213-224.

[3] 张健飞,张宇峰.预应力混凝土连续箱梁桥破坏性试验研究[J].公路交通科技,2008,(10):63-68.

[4] 彭晖,张建仁,张克波,等.既有钢筋混凝土旧桥受力性能的破坏性试验研究[J].工程力学,2011,(07):186-195.

[5] 张建仁,张克波,彭晖,等.锈蚀钢筋混凝土矩形梁正截面抗弯承载力计算方法[J].中国公路学报,2009,(03):45-51.

61. 变截面波形钢腹板组合梁桥剪应力简化计算方法

邓文琴[1] 刘 朵[2] 张建东[1,2]

(1.南京工业大学土木工程学院;2.苏交科集团股份有限公司)

摘 要 为了简化变截面波形钢腹板组合梁桥腹板剪应力计算方法,针对大跨径变截面波形钢腹板组合箱梁承剪机理及腹板剪应力不均匀分布特点,基于等效剪切刚度原理提出了适用于变截面梁腹板剪应力实用简化计算公式,并利用试验模型验证了所推公式的准确性。结果表明:既有规范对波形钢腹板剪应力计算过于保守,由于变截面效应影响,弯矩和轴力引起的腹板剪应力较大;现有变截面腹板剪应力计算公式较为复杂,本文提出的简化计算公式可有效降低计算工作量,便于工程推广应用。

关键词 波形钢腹板组合梁桥 变截面 剪应力 简化计算公式

一、引 言

随着工程经验的积累和设计技术的进步,波形钢腹板组合梁桥跨径呈逐步加大的发展态势。我国波形钢腹板组合梁桥的应用起步虽较晚,但近年来发展迅速,据不完全统计,截至2019年12月我国已建、在建波形钢腹板组合桥梁约160余座,桥梁跨径也在逐步增加,主跨超过120m的大跨桥梁超过30余座。这些大跨径的梁桥,均采用变高度的变截面箱梁结构形式。

苏俭、李准华等(2010)[1,2]推导了变截面波形腹板组合梁剪应力计算公式,指出由于变截面效应产生的底板附加剪应力较大,不可忽略不计。崔景岩(2014)[3]通过模型试验开展了波形钢腹板组合梁抗剪性能及上下混凝土板、波形钢腹板三者之间剪力分配比例等研究,研究结果表明腹板剪应力沿高度方向分布较均匀且剪力承担约占总剪力的82%左右。武海鹏(2014—2015)[4,5]、李杰(2016—2017)[6-8]、杜立山(2015)[9]等对变截面波形钢腹板组合梁剪力传递效应及腹板承剪比进行了研究,研究结果指出,受变截面效应影响,变截面剪力传递效应与等截面梁存在明显差异,弯矩和轴力在底板产生的附加剪力占截面总剪力比例较大。Zhou(2016、2017)[10-12]开展了变截面波形钢腹板组合梁剪切性能理论和试验研究,指出现有规范中将剪力完全由腹板承担的假设是不合理的,推导了变截面波形钢腹板梁腹板剪应力计算公式。

综上可知,对于波形钢腹板组合箱梁桥的抗剪设计,既有规范均考虑波腹板承受所有剪力。但对于大跨径变截面波形钢腹板组合箱梁桥,由"变截面效应"引起的底板附加剪力分担了一部分剪力,且支点附近尤为显著,实际工程中按照传统假定计算波形钢腹板上的剪应力将会产生很大的误差,降低结构经济性。而既有变截面波形钢腹板剪应力计算公式较为复杂,不便于工程应用。故此,本文基于等效剪切刚度方法提出一种适用于变截面波形钢腹板组合梁的剪应力简化计算方法,在简化工程计算工作量上具有重要意义。

二、既有变截面波形钢腹板腹板剪应力计算方法

李杰等基于微段受力平衡原理,推导的考虑混凝土顶、底板承剪的变截面波形钢腹板组合梁腹板剪应力τ计算公式如下:

$$\tau = \frac{QS_a}{Ib} + \frac{N}{b}\left(\frac{S_a\tan\alpha}{I} + \frac{1}{A}\frac{dA_a}{dx} - \frac{A_a}{A^2}\frac{dA}{dx}\right) + \frac{M}{Ib}\left(\frac{dS_a}{dx} - \frac{S_a}{I^2}\frac{dI}{dx}\right) \quad (1)$$

式中,M、Q、N分别为截面上作用的弯矩、剪力和轴力;b为计算点处板的厚度(顶、腹、底板取值不同);A、I分别为全截面面积和其对形心求得的惯性矩且仅考虑混凝土板部分;A_a为计算点以上的截面面积;S_a为A_a对截面形心轴的面积矩。

式(1)中令:

$$\tau_Q = \frac{QS_a}{Ib}$$

$$\tau_N = \frac{N}{b}\left(\frac{S_a\tan\alpha}{I} + \frac{1}{A}\frac{dA_a}{dx} - \frac{A_a}{A^2}\frac{dA}{dx}\right)$$

$$\tau_M = \frac{M}{Ib}\left(\frac{dS_a}{dx} - \frac{S_a}{I^2}\frac{dI}{dx}\right) \tag{2}$$

则任一点剪应力τ可通过下式求得:

$$\tau = \tau_Q + \tau_N + \tau_M \tag{3}$$

式中,τ_Q为剪力引起的剪应力;τ_N和τ_M分别为轴力和弯矩引起的附加剪应力。

三、简化计算方法

由于上述推导的变截面波形钢腹板组合箱梁截面剪应力计算公式较为复杂,不便于工程应用,故本节基于等效剪切刚度方法提出一种简化计算方法。由式(3)可知,变截面波形钢腹板组合箱梁截面剪力由混凝土顶、底板及腹板三部分共同承担,则该类截面剪切刚度主要包括三部分组成:混凝土顶板、底板及波形钢腹板,简化分析典型截面见图1。

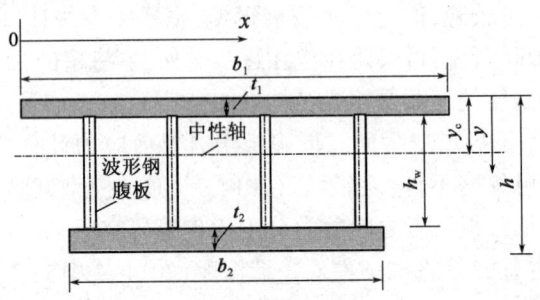

图1 典型断面示意图

图1中混凝土顶、底板的有效抗剪刚度可用下式表达:

$$K_{1e} = G_c A_{1e} \quad \text{顶板}$$
$$K_{2e} = G_c A_{2e} \quad \text{底板} \tag{4}$$

式中,K_{1e}、K_{2e}、A_{1e}和A_{2e}分别为混凝土顶、底板的有效抗剪刚度和有效抗剪面积;G_c为混凝土的剪切模量;其中A_{1e}和A_{2e}可通过式(5)求得:

$$A_{1e} = b_{1e}t_1 \quad \text{顶板}$$
$$A_{2e} = b_{2e}t_2 \quad \text{底板} \tag{5}$$

式中,b_{1e}、b_{2e}分别为混凝土顶、底板的有效剪切宽度,其具体计算方法可参照剪力滞有效宽度计算原理进行求解,即:

$$b_{1e} = \frac{\int_{b_1}\tau_1 dx}{\tau_w} \quad \text{顶板}$$

$$b_{2e} = \frac{\int_{b_2}\tau_2 dx}{\tau_w} \quad \text{底板} \tag{6}$$

式中,τ_1、τ_2分别为顶、底板各点剪应力,τ_w为波形钢腹板剪应力。

上述混凝土顶、底板有效抗剪宽度积分求解较为麻烦,本文为方便工程应用,通过有限元模型建立了多组参数模型(通过改变顶底板混凝土厚度和波形钢腹板厚度),通过切片法提取各模型中混凝土顶、底板上的剪应力的合力,然后采用公式(6)计算顶、底板有效抗剪宽度,并拟合出顶、底板有效宽度与波形钢腹板厚度之间的关系。分析结果可知,混凝土顶、底板的有效抗剪宽度与波形钢腹板厚度呈正比,即:

$$b_{1e} = b_{2e} = \chi t_w$$

其中,$\chi = 3.0$。

另外,波形钢腹板剪切刚度 K_w 为:

$$K_w = G_s A_s = G_s t_w h_w \eta \tag{7}$$

式中:G_s 和 A_s 分别为波形钢腹板的剪切模量和抗剪面积;t_w 和 h_w 分别为波形钢腹板的厚度和高度;η 为波形钢腹板形状系数。

由此可知,变截面波形钢腹板组合梁截面剪力(Q)可由顶板所承担剪力(Q_1)、底板所承担剪力(Q_2)和腹板所承担剪力(Q_w)三部分组成,即:

$$Q = Q_1 + Q_2 + Q_w \tag{8}$$

如将这三部分剪力按剪切刚度进行分配,则混凝土顶、底板及波形钢腹板承担剪力可用下式表示:

$$\begin{aligned} Q_1 &= Q \frac{K_1}{\sum K} \quad \text{顶板} \\ Q_2 &= Q \frac{K_2}{\sum K} \quad \text{底板} \\ Q_w &= Q \frac{K_w}{\sum K} \quad \text{波形钢腹板} \end{aligned} \tag{9}$$

其中,$\sum K = K_1 + K_2 + K_w$ 为截面总的抗剪刚度。

由上节分析可知,变截面波形钢腹板组合梁剪应力与等截面梁不同之处在于截面上的弯矩(M)作用会引起顶板拉应力(σ_{c1})和底板压应力(σ_{c2}),而对于变截面的斜腹板而言,底板压应力(σ_{c2})可分解为水平轴力和竖向附加剪力 Q_2^M,如图2所示。

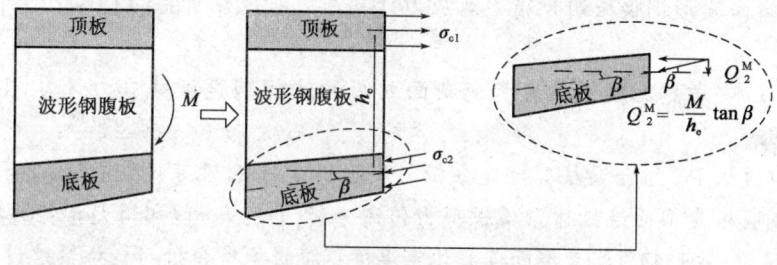

图2 弯矩等效分析模型

则弯矩产生的底板附加剪力(Q_2^M)可表达为:

$$Q_2^M = \frac{M}{h_e} \tan\beta \tag{10}$$

式中,h_e 为波形钢腹板箱梁的有效高度。

综上,考虑变截面效应后,波形钢腹板组合梁顶板(Q_1')、底板(Q_2')及腹板(Q_w')所承担的剪力可简化表示为:

$$\begin{aligned} Q_1' &= Q_1 \quad \text{顶板} \\ Q_2' &= Q_2 + Q_2^M \quad \text{底板} \\ Q_w' &= Q_w - Q_2^M \quad \text{波形钢腹板} \end{aligned} \tag{11}$$

故,变截面波形钢腹板组合梁腹板剪应力可按下式进行简化计算:

$$\tau_w = \frac{Q_w'}{A_w} = \frac{Q_w - Q_2^M}{t_w h_w} \tag{12}$$

式中各符号含义同前。

四、试 验 验 证

用精确解析计算式(3)和简化计算式(12)分别计算文献[13]中第六章变截面波形钢腹板试验梁Ⅰ中悬臂端各截面的剪应力(A/B/C截面),其中试验值取高度方向各个测点的平均值,对比结果见表1。

变截面梁剪应力计算结果对比　　　　　　　　　　　　　　　　表1

截面号	试验值[13]①(MPa)	规范计算值②(MPa)	式(3)③(MPa)	式(12)④(MPa)	②/①	③/①	④/③
A截面	5.58	10.24	6.04	6.43	1.83	1.08	1.06
B截面	5.86	8.83	5.44	5.53	1.51	0.93	1.02
C截面	4.20	7.65	3.89	4.09	1.82	0.93	1.05

由表1的对比结果可知,既有规范公式不考虑混凝土顶底板的承剪作用,计算结果偏大,且误差高于50%,而考虑顶、底板混凝土抗剪贡献所推导的解析方法[公式(3)]和同时考虑抗剪刚度和弯矩引起的附加剪应力提出的简化计算方法[公式(12)]均可较为精确的计算变截面波形钢腹板的剪应力。且简化方法过程简单,可以作为替代精确解析公式的简洁实用的计算方法。

五、结　　语

对于大跨径变截面波形钢腹板组合箱梁桥而言,由"变截面效应"引起的底板附加弯矩带来的剪应力较大,既有规范对于变截面波形钢腹板剪应力计算过于保守,且现有针对变截面腹板剪应力计算公式过于复杂,不适用于工程推广应用。因此,本文基于等效剪切刚度法推导了适用于变截面波形钢腹板组合箱梁桥腹板剪应力计算实用简化公式,并通过试验模型验证了所推公式的准确性,有效降低了工程计算量。

参考文献

[1] 苏俭,刘钊.变截面波形钢腹板组合箱梁剪应力计算及分布规律研究[J].结构工程师,2010,26(6):32-36.

[2] 李淮华,董萌,崔冰.考虑混凝土承剪和变截面效应的波纹钢腹板剪应力计算[J].土木工程学报,2012(2):85-89.

[3] 崔景岩.波形钢腹板PC组合梁抗剪性能分析与试验研究[D].北京:交通部公路科学研究院,2014.

[4] 武海鹏.波形钢腹板变截面连续体系梁桥剪力传递分析[D].郑州:郑州大学,2014.

[5] 李杰,武海鹏,陈淮.波形钢腹板变截面连续体系梁桥钢腹板承剪分析[J].桥梁建设,2015(1):79-84.

[6] 李杰,冯冠杰,陈淮.单箱四室波形钢腹板组合箱梁桥承剪分析[J].桥梁建设,2016,46(2):70-75.

[7] 李杰,武海鹏,陈淮.变截面波形钢腹板组合箱梁腹板剪应力实用计算方法研究[J].铁道科学与工程学报,2017,14(1):80-86.

[8] 武海鹏,李杰,陈淮.变截面波形钢腹板组合箱梁剪应力及剪力传递效率分析[J].郑州大学学报(工学版),2017,38(2):83-87.

[9] 杜立山.变截面波形钢腹板应力计算及剪切屈曲承载力研究[D].兰州:兰州交通大学,2016.

[10] Zhou M, Zhang J, Zhong J, et al. Shear stress calculation and distribution in variable crosssections of box girders with corrugated steel webs[J]. Journal of Structural Engineering, 2016, 142(6):04016022.

[11] Zhou M, Liu Z, Zhang J, et al. Equivalent computational models and deflection calculation methods of box girders with corrugated steel webs[J]. Engineering Structures, 2016, 127:615-634.

[12] Zhou M, Yang D, Zhang J, et al. Stress analysis of linear elastic non-prismatic beams with corrugated steel webs[J]. Journal of Bridge Engineering, 2017, 119(6):653-661.

[13] 周满.变截面波形钢腹板组合梁桥的剪切变形及剪切屈曲研究[D].南京:东南大学,2017.

62. 正交异性桥面板钢箱梁疲劳裂纹分析及对策

何连海[1,2]　杨羿[1,2]　刘朵[1,2]　张建东[1,2]

（1.苏交科集团股份有限公司；2.在役长大桥梁安全与健康国家重点实验室）

摘　要　疲劳开裂问题是制约钢箱梁桥发展的痛点和难点，深入开展正交异性桥面板钢箱梁疲劳开裂问题的研究，提升其设计、建造及养护水平，对推动钢箱梁桥的发展十分必要。本文统计了两座现役正交异性桥面板钢箱梁桥的疲劳裂纹形态，分析了其主要疲劳裂纹的形成原因，并给出了应对措施。结果表明：横隔板厚度越大，横隔板弧形切口处裂纹越少；顶板厚度越大，顶板与U肋角焊缝抗疲劳能力越强；顶板厚度相等时，慢车道上的裂纹数量占比最多；梁段U肋嵌补段采用螺栓连接的抗疲劳能力明显比焊接更强。

关键词　正交异性桥面板　疲劳裂纹　统计分析　对策

一、引　言

正交异性钢桥面板因其自重轻，传力整体性好，承载能力大，施工速度快，结构美观等优点，在现代大跨径钢箱梁悬索桥以及斜拉桥中具有超强的竞争力[1,2]。然而，由于早期钢桥设计、施工和养护经验不足，且车流量逐年增大、重载车辆逐年增多，该结构的缺点也逐渐显现出来，其中最亟待解决的一个问题就是正交异性桥面板钢箱梁的疲劳开裂[3]，很多学者对此展开了研究。张清华对正交异性钢桥面板疲劳问题的研究进行了综述，认为发展新型结构体系和构造细节，是正交异性钢桥面板的重要发展方向[4]。王辉等分析了正交异性钢桥面板在超载条件下主要构造细节的应力循环特征，并依据Miner线性累积损伤理论，得出了货车超载对正交异性桥面板疲劳寿命的折减程度[5]。李传习等通过对新建与在役正交异性桥面板钢箱梁桥进行轮载应力分析和多规范疲劳验算比较，揭示了横隔板弧形切口处母材疲劳开裂的机理[6]。

本文对两座正交异性桥面板钢箱梁桥的疲劳裂纹的形态及分布进行了统计，分析了两座主要疲劳裂纹的形成原因，并给出了应对措施，为我国同类桥梁的设计、施工和养护提供技术支撑。

二、正交异性桥面板钢箱梁疲劳裂纹案例分析

在桥梁运营过程中，正交异性桥面板钢箱梁主要在七个部位存在裂纹，分别是：Ⅰ类横隔板弧形切口部位、Ⅱ类顶板与U肋角焊缝部位、Ⅲ类横隔板竖向加劲肋部位、Ⅳ类钢箱梁桁式斜撑端部、Ⅴ类U肋和横隔板角焊缝部位、Ⅵ类横隔板与顶板角焊缝部位、Ⅶ类U肋嵌补段对接焊缝部位，分别如图1~图7所示。下面将通过两座实际工程对疲劳裂纹的形态和分布情况进行分析。

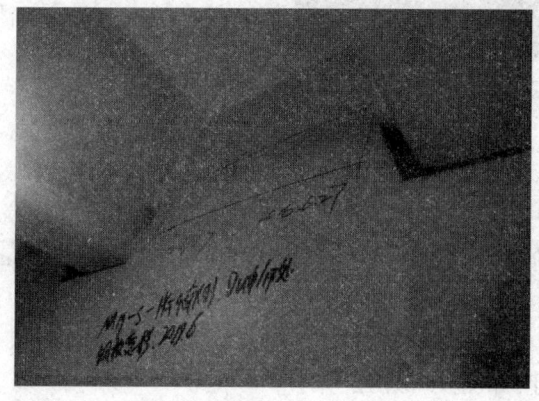

图1　横隔板弧形切口部位裂纹

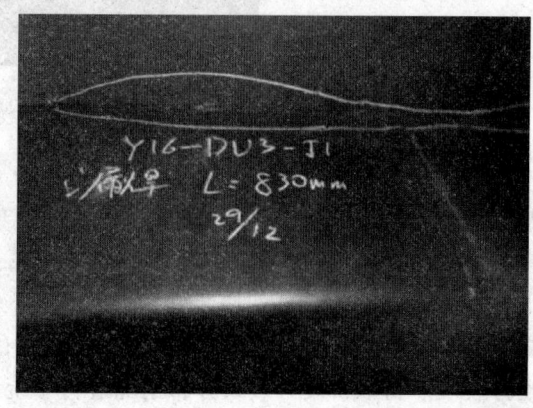

图2　顶板与U肋角焊缝部位裂纹

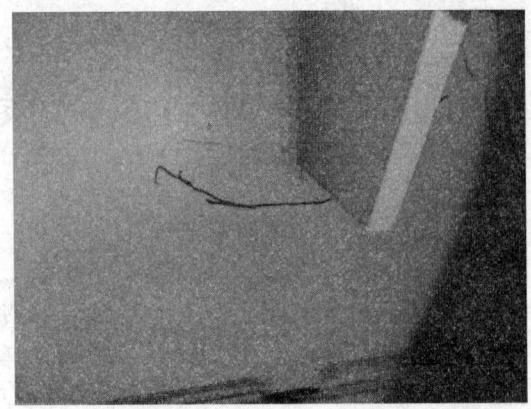

图3 横隔板竖向加劲肋部位裂纹

图4 钢箱梁桁式斜撑端部裂纹

图5 U肋与横隔板角焊缝部位裂纹

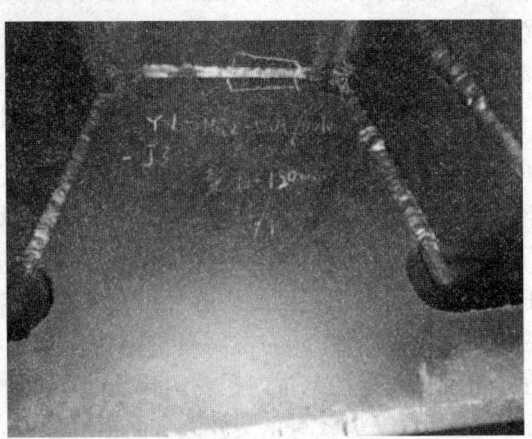

图6 横隔板与顶板角焊缝部位裂纹

图7 U肋嵌补段对接焊缝部位裂纹

1. 钢箱梁斜拉桥

某斜拉桥主跨跨径648m,采用正交异性板流线型扁平钢箱梁,宽37.2m;顶板厚14mm(紧急停车带及重车道厚16mm),顶板U肋厚8mm;底板厚12mm,底板U肋厚6mm;腹板厚30mm;横隔板厚10mm,间距3.75m,钢箱梁内设桁架式纵隔板2道,主跨钢箱梁横断面如图8所示。

截至2020年,该桥已经运行15年,通过对该桥的检查发现:钢箱梁内部主要存在Ⅰ类、Ⅱ类、Ⅲ类和Ⅳ类疲劳裂纹。将该桥疲劳裂纹分布情况进行了统计,如图9~图12所示。

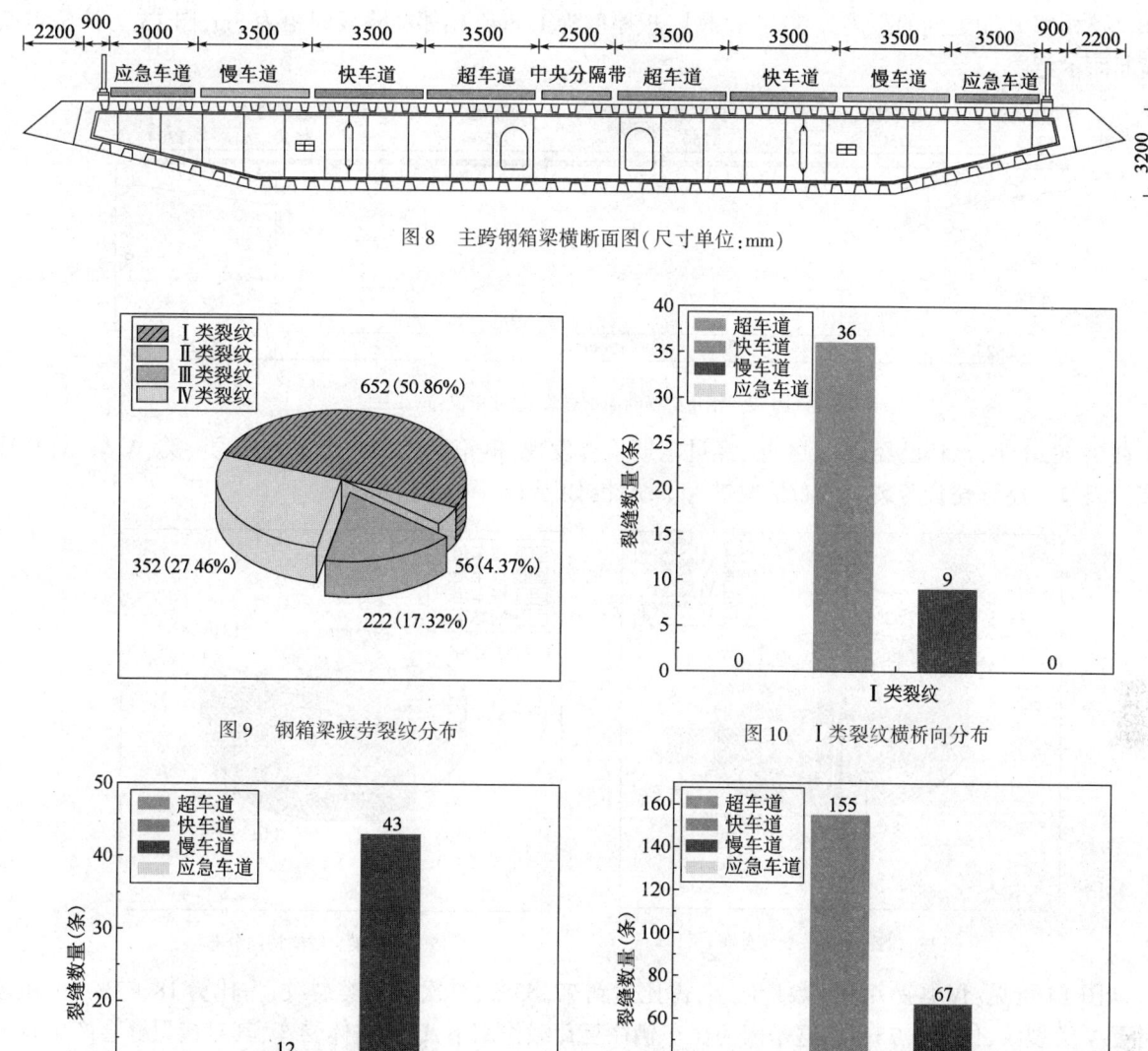

图8 主跨钢箱梁横断面图(尺寸单位:mm)

图9 钢箱梁疲劳裂纹分布

图10 Ⅰ类裂纹横桥向分布

图11 Ⅱ类裂纹横桥向分布

图12 Ⅲ类裂纹横桥向分布

从图9可见:Ⅰ类裂纹占比最多,为652条,达到疲劳裂纹总量的50.86%,这是主要由于目前国内规范对横隔板圆弧切口的形式和尺寸还没有明确的规定,该桥在构造上不是最优设计,圆弧切口处容易引起局部应力集中现象;此外,该桥交通量大、重载车辆较多,加重了横隔板弧形切口处的开裂程度。Ⅱ类裂纹较少,仅占疲劳裂纹总量的4.37%,然而,该类型裂纹一旦出现,非常容易贯穿桥面板,引起桥面铺装病害,影响行车安全,因此也应引起养护单位的足够重视。

图10~图12显示了钢箱梁不同部位疲劳裂纹的横桥向分布情况。从中可见:Ⅰ类和Ⅲ类裂纹分布在快车道的数量都多于慢车道,这是因为慢车道上主要行驶重载车辆,超重情况比较普遍,易降低正交异性桥面板的疲劳寿命,而快车道上主要行驶客车,客车轮载应力幅水平较低,对正交异性桥面板的疲劳寿命影响有限。Ⅱ类裂纹分布在快车道的数量少于慢车道,这主要是因为快车道顶板厚14mm,而慢车道顶板厚度为16mm,顶板厚度越大,顶板与U肋连接角焊缝的总体应力越小,对抵抗疲劳的性能改善越好[7]。

2. 连续钢箱梁桥

某三跨等截面连续钢箱梁桥,跨径为45m+66m+45m,桥面板厚14mm,纵向U肋厚度为6mm,U肋上开口及相邻 U 肋之间的距离为 600mm，横隔板厚度为 12mm，相邻横隔板间距为 3m，图 13 为该桥钢箱梁横断面示意图。

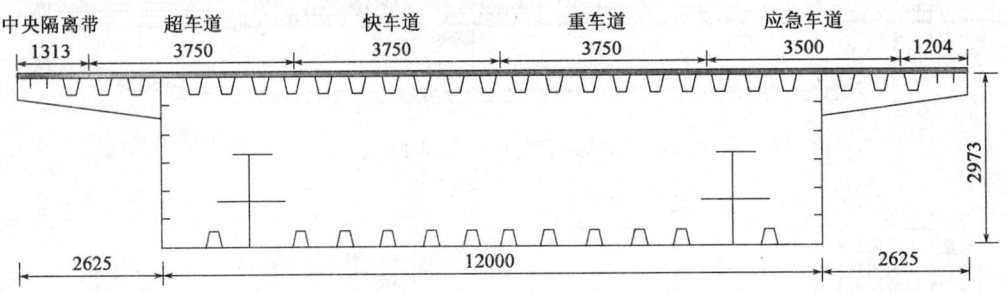

图 13　钢箱梁横断面示意图(尺寸单位：mm)

截至 2020 年，该桥已经运行 14 年，经过定期检查发现：钢箱梁内部主要存在 Ⅱ 类、Ⅳ类、Ⅴ 类、Ⅵ 和 Ⅶ 类疲劳裂纹。将该桥疲劳裂纹分布情况进行了统计，如图 14、图 15 所示。

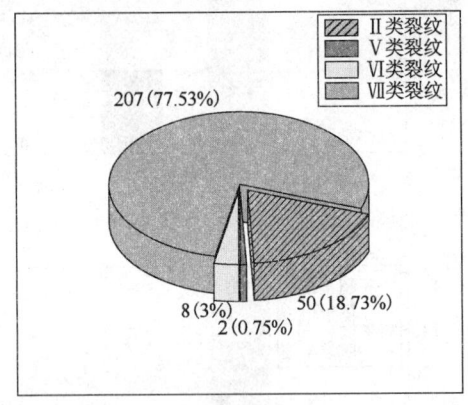

图 14　钢箱梁疲劳裂纹分布

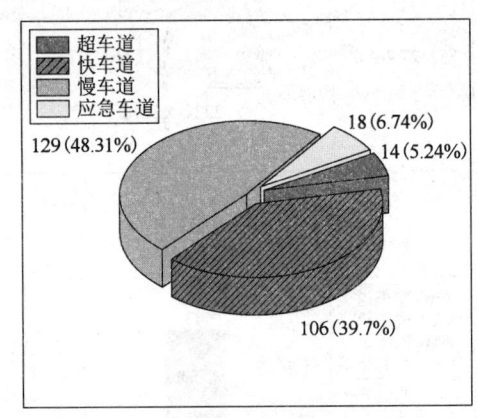

图 15　钢箱梁裂纹横桥向分布

从图 14 可见：Ⅳ类疲劳裂纹数量最多，占比达到 77.53%，其次是 Ⅱ 类裂纹，占比为 18.73%，占比最小的是 Ⅴ 类裂纹，仅为 0.75%。这是因为在车辆往复荷载作用下，U 肋整体受弯，其对接焊缝会产生较大的拉应力，再加上 U 肋嵌补段的对接焊缝通过仰焊施工，而仰焊施工难度大、质量难以保证，对接焊缝很容易开裂。

图 15 显示了该桥钢箱梁内不同部位疲劳裂纹的横向分布情况。总体上来说，该桥钢箱梁内不同部位的疲劳裂纹主要分布于慢车道，占到裂纹总量的 48.31%。

三、钢箱梁疲劳裂纹对策

1. 顶板与 U 肋角焊缝裂纹的防止措施

在设计阶段增加顶板厚度、在施工阶段改善焊接工艺能在一定程度上降低使用阶段疲劳开裂的概率。相关研究表明：顶板厚度越大，对改善顶板与 U 肋角焊缝受力性能的效果越好，与本文背景工程的检测数据相符[7]。

在施工阶段，改善焊接工艺措施主要有增加内焊和采用内衬全熔透焊。其中增加内焊是通过将双面焊接机器人送入人工难以到达的 U 肋内部，焊接机器人在前进过程中可同时完成 U 肋内部两侧角焊缝作业，解决了因为受到几何尺寸限制，常规焊机无法进入 U 肋内部施焊的难题，图 16 为 U 肋内焊示意。

图 16　U 肋内焊示意

内衬全熔透焊是在 U 肋内部装陶瓷衬垫，外侧用双电源埋伏自动焊,一次成形全熔透。因为加了内衬,焊缝成型较好,焊根残余应力较低。

2. U肋嵌补段对接焊缝裂纹的防止措施

对于U肋嵌补段对接焊缝抗疲劳强度较低的问题,目前一般通过适当增加U肋厚度、设置支撑杆、由焊接改为螺栓连接等措施进行应对。

适当增加U肋厚度,可以扩大U肋对接焊接面积,从而提高焊缝抗疲劳性能。设置支撑杆是在顶板U肋嵌补段开裂的部位,设置一杆件,连接到箱梁底部,将顶板上的一部分荷载通过支撑杆直接传递至箱梁底板,可以缓解或者遏制裂纹继续扩展。由焊接改为螺栓连接是通过在U肋上开手孔,在U肋内部和外部放置拼接板并采用高强螺栓连接,施工方便。

3. 横隔板弧形切口处裂纹的防止措施

横隔板弧形切口处疲劳裂纹主要为面外反复变形所致,在定检中发现该部位裂纹数量占比较大,可通过适当增加横隔板厚度、改进切割工艺,如:使用水下等离子切割,确保切口边缘平顺和改进弧形切口形状,起弧半径不应太小或者不留缺口,图17为文献[8]推荐的最优孔形,在该孔形下,横隔板弧形切口端圆弧与直线过渡区域的应力集中现象明显得到缓解。

4. 其他疲劳裂纹的防止措施

横隔板与顶板角焊缝和横隔板与U肋角焊缝部位的裂纹数量占比很少,其中钢箱梁斜拉桥运营15年,没有该裂纹,连续钢箱梁桥运营14年仅分别有2条和8条,一般通过增加横隔板厚度、打止裂孔、粘贴补强钢板等,应可完全消除。对于钢箱梁桁式斜撑端部裂纹,可通过将刚度较大的圆管改为板件来进行改善。

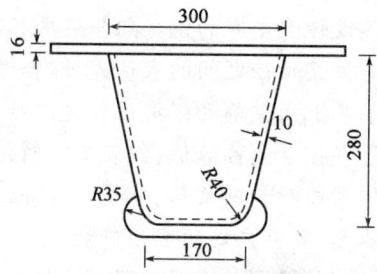

图17 最优孔形示意(尺寸单位:mm)

四、结 语

通过两座正交异性桥面板钢箱梁疲劳裂纹的检测分析可知,钢箱梁斜拉桥的Ⅰ类裂纹占比最多,达到疲劳裂纹总量的50.86%,然后依次是Ⅳ类裂纹、Ⅲ类裂纹和Ⅱ类裂纹;连续钢箱梁桥的Ⅶ类疲劳裂纹数量最多,占比达到77.53%,然后依次是Ⅱ类裂纹、Ⅵ类裂纹和Ⅴ类裂纹;受重载车辆的影响,两座钢箱梁的疲劳裂纹主要出现在慢车道;且由于较大的跨中挠度变形,钢箱梁斜拉桥比连续钢箱梁桥横隔板弧形切口处裂纹数量较多。从结构构造上分析,顶板厚度对钢箱梁的Ⅱ类疲劳裂纹影响较大,U肋嵌补段采用高强螺栓连接的抗疲劳能力优于焊接连接。

参考文献

[1] 张允士,李法雄,熊锋,等.正交异性钢桥面板疲劳裂纹成因分析及控制[J].公路交通科技,2013(8):75-80.

[2] 范洪军,刘铁英.闭口肋正交异性板钢桥面的疲劳裂纹及检测[J].中外公路,2009,029(005):171-175.

[3] 赵秋,陈孔生.钢桥面板U肋-顶板连接焊缝疲劳细节分析方法[J].沈阳建筑大学学报(自然科学版),2018,034(001):53-65.

[4] 张中平,郑舟军.钢箱梁U肋嵌补段疲劳开裂机理与养护措施研究[J].世界桥梁,2020.

[5] 王辉,霍智宇,刘峰作.超载对正交异性钢桥面板疲劳寿命影响研究[J].公路工程,2017(4).

[6] 李传习,李游,陈卓异,等.钢箱梁横隔板疲劳开裂原因及补强细节研究[J].中国公路学报,2017,30(03):121-131.

[7] 吉伯海,王益逊,孙谷雨,等.构造参数对顶板与U肋连接焊缝应力的影响[J].河海大学学报(自然科学版),2018,046(006):506-512.

[8] 柯璐,林继乔,李传习,等.钢箱梁横隔板弧形切口疲劳性能及构造优化研究[J].桥梁建设,2017(05):18-23.

63. 中小跨径装配式梁桥技术指标及经济性分析

刘朵[1]　王健[2]　邓文琴[3]　张建东[1,3]

(1. 苏交科集团股份有限公司；2. 江苏省南京市公路事业发展中心；
3. 南京工业大学土木工程学院)

摘　要　为了推进中小跨径梁桥标准化、工业化发展，探讨装配式上部结构材料用量与跨径之间的相关性及不同装配式结构的经济性和适用性，以公路桥梁通用图集中的预应力混凝土T梁和小箱梁以及各设计院发布的钢板组合梁桥标准图集为依据，基于数据拟合给出了3种装配式结构上部结构材料用量与桥梁跨径之间的表达式，综合考虑了施工便利性及桥梁上部结构、下部结构、吊装运输等成本对比分析了装配式梁桥的经济性和适用性。对比分析结果表明：相比装配式平钢板组合梁而言，波形钢板组合梁桥焊接量大幅降低，组装工艺简化，更有利于工业化制作；装配式钢板组合梁自重轻，虽然钢材用量较大，但考虑材料回收后，其整体经济性优于装配式预应力混凝土T梁和小箱梁，尤其对于山区吊装运输受限地区，具有广泛的应用前景。

关键词　桥梁工程　装配式梁　经济性　适用性　对比分析

一、引　言

截至2019年底，我国公路桥梁总数达87.83万座，其中中小桥梁占比87%[1]。到2030年，我国将完成4.7万亿元投资，使国家公路网再增约40万公里，今后还面临大规模的桥梁建设任务，为满足快速建设任务需求，提高桥梁结构质量和耐久性，减少桥梁建设过程对既有交通的不利影响和桥梁后期维护负担，从而降低桥梁建设综合成本，对面大量广的中小跨径桥梁实行工业化建造是解决上述问题的有效途径[2,3]。

目前我国中小跨径桥梁工业化应用主要集中在传统预应力混凝土梁桥，结构形式主要包括：空心板梁桥、T梁桥、小箱梁等，并根据跨径、桥宽进行分类，编制了相应的标准图集，其中空心板梁桥标准图集跨径集中在10～20m范围内，T梁和小箱梁标准图集跨径集中在20～40m范围内[4]。相比而言，钢板组合梁因其自重轻、材料利用率高、节能环保等优点，在国外装配式中小跨径桥梁中应用非常广泛，而在我国只有零星应用[5-7]。2015年5月，交通运输部副部长冯正霖做了《对我国桥梁技术发展战略的思考》的研究报告，提出了"六点创新桥梁建设技术"，其中明确指出应改进现有中小跨径桥梁的结构形式和建造工业，发展钢与组合结构桥梁来进一步解决现有中小跨径桥梁面临的病害和可靠性问题，对于中小跨径桥梁应向工厂化和标准化方向发展[8]。钢板组合梁结构是组合梁结构体系中材料指标最低，发展该类结构桥梁是趋势所在。

然而，目前国内针对装配式上部结构研究大部分集中在其力学性能，而影响桥梁选型的因素非常多，包括跨径、自重、经济性、工期、桥址环境、运输条件、曲率半径、后期养护成本等[9,10]。但是目前针对各类结构的综合性能对比研究较少，不同类型装配式结构的适用范围也不明确，同时也缺乏相应的量化指标对其适用性进行评价，为设计人员结构选型造成了很大的困扰，因此对装配式桥梁上部结构的综合性能对比及适用性进行对比分析。

二、装配式梁桥结构形式

国内既有装配式梁桥结构形式主要以混凝土梁桥为主，截面形式主要包括空心板梁、T梁和小箱梁三种[11]。其中预应力空心板梁的经济适用跨径为10～20m，T梁和小箱梁的经济适用范围为20～40m。

国内装配式混凝土梁桥技术比较成熟,且已颁布了相应的标准图集,这里不再进行赘述。而装配式钢混组合梁桥在国内的应用处于起步阶段,相关研究也较少,其截面形式主要包括工字钢板组合梁、钢箱组合梁和波形钢板组合梁三种。综合考虑结构形式、加工工艺、吊装设备等要求,装配式中小跨径梁桥采用钢板组合梁结构较多,因此,本文重点介绍工字钢板组合梁桥和波形钢板组合梁桥这两种结构形式。

1. 装配式平钢板组合梁桥

钢-混组合梁桥的适用跨径为 20~80m,但考虑吊装、运输等条件,一般装配式平钢板组合梁桥的适用跨径宜为 20~40m[12,13]。上部结构主要由钢主梁、横向联结系、预制桥面板、抗剪连接件等部分组成。截面形式主要分为双主梁和多主梁两种(图1),且为提高标准化程度,钢主梁截面宜采用等高度形式。由于工字钢主梁在施工过程中侧向刚度较弱,为防止结构发生失稳情况,需在钢主梁之间增设横向联结体系,主要采用的横向联结体系包括 K 型桁架或者实腹式钢板结构这两类。预制桥面板预留剪力槽口,与钢主梁之间通过群钉连接件进行连接,桥面板之间可采用胶接或后浇湿接缝两种形式。

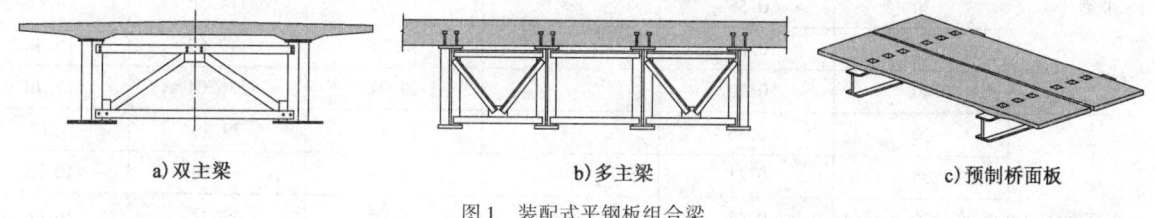

a) 双主梁　　　　　　　b) 多主梁　　　　　　　c) 预制桥面板

图1　装配式平钢板组合梁

2. 装配式波形钢板组合梁桥

波形钢板组合梁桥与传统平钢板组合梁桥的不同之处主要在于,其采用波形工字钢代替传统平板工字钢,其余结构与工字钢板组合梁一致(图2)。与传统工字钢板组合梁相比,具有构造和受力两方面优势[14,15]。在构造方面:其腹板采用波纹状处理,腹板加劲肋显著减少,焊接量、焊接成本相应减少,此外过焊孔大大减少降低了焊接操作难度,消除该部位的焊缝疲劳因子;整个钢梁构件的组成零件数量明显减少了70%以上,组装工艺简化,有利于制作工业化效率、质量管理缺陷控制;此外,波形钢腹板横向刚度较好,横隔板数量明显减少,有效减少了现场组装工序。在受力方面,波形钢腹板翼缘板横向抗弯强度比传统工字钢板梁提高数十倍,翼缘板和腹板焊接部位的应力显著降低,抗疲劳性能显著提高;腹板横向刚度提高,桥面板横向作用弯矩有所减少。将装配化快速施工应用于该类桥型,可以大大提高桥梁建设速度,减少桥梁建设过程对交通的干扰以及对环境的不利影响,更加契合桥梁工业化发展理念,在我国有很好的推广应用前景。

图2　波形钢板组合梁

三、材料用量对比分析

目前,国内桥梁的规划一般是根据道路、河流与所规划桥梁的交叉条件、用地获取的限制条件、结构上的平衡等因素来确定桥的比例,包括由桥台和桥墩的位置决定的桥的长度和跨距长度等。采用桥跨作为桥梁技术参数的控制指标来推算结构规模,提高工程概算费用的计算精度。因此,建立桥跨与其对应的材料用量等设计值之间的关系,可综合考虑材料用量、经济性为桥型优选提供技术支撑。

为对比分析不同装配式梁桥经济性,本文统计并分析了《公路桥梁通用图》[4]中 20~40m 跨径下预制 T 梁、小箱梁和各设计院发布的 20~45m 钢板组合梁桥图集的材料用量数据,见表1。采用数据拟合方法得出了各结构主要材料与跨径之间的关系表达式,可为设计人员初步设计快速估算材料用量及造价提供数据支撑。同等跨径下,装配式工字钢板组合梁和波形钢板组合梁两者材料用量相差不大,因此,本文仅取工字钢板组合梁进行对比分析。

三种装配式梁桥材料用量对比 表1

类型	跨径(m)	混凝土用量(m^3/m^2)	钢板用量(kg/m^2)	预应力筋用量(kg/m^2)	普通钢筋用量(kg/m^2)	自重(kN/m^2)
T梁	20	0.49	—	9.75	119.33	12.47
	25	0.52	—	11.90	119.99	13.23
	30	0.56	—	14.09	114.56	14.06
	35	0.62	—	16.21	117.67	15.48
	40	0.70	—	20.94	136.04	17.70
小箱梁	20	0.36	—	11.10	79.36	9.17
	25	0.41	—	13.18	81.79	10.25
	30	0.43	—	15.96	84.02	10.88
	35	0.47	—	18.52	94.17	11.87
	40	0.51	—	22.03	99.32	12.97
钢板组合梁	20	0.26	154.06	—	59.61	8.07
	30	0.26	185.6	—	61.24	8.40
	35	0.26	172.6	—	85.93	8.51
	40	0.28	183.13	—	88.47	9.10
	45	0.28	206.7	—	95.15	9.40

1. 混凝土用量对比

图 3 中给出了三种装配式梁桥混凝土用量与跨径之间的关系。从图中可以看出,预制 T 梁混凝土用量最大,钢板组合梁混凝土用量最小,且预制装配式 T 梁和小箱梁桥混凝土用量随跨径的增大成线性增长,而钢板组合梁混凝土用量随跨径增长基本保持不变,因为钢板组合梁混凝土用量主要体现在预制桥面板上,而该类桥型桥面板的厚度基本不随跨径改变,即初步设计估算钢板组合梁混凝土用量时,可取 $0.265m^3/m^2$ 进行计算。T 梁和小箱梁混凝土用量与跨径的表达式分别为:

预应力混凝土 T 梁:$y = 0.011x + 0.21 (m^3/m^2)$

预应力混凝土小箱梁:$y = 0.007x + 0.21 (m^3/m^2)$

2. 钢材用量对比

图 4 中给出了三种装配式梁桥钢材用量与跨径之间的关系,混凝土 T 梁和小箱梁钢材用量为普通钢筋和预应力钢筋的用量总和,而钢板组合梁桥钢材用量为桥面板普通钢筋和钢主梁两者叠加。三者总用钢量与跨径之间的关系式为:

预应力混凝土 T 梁:$y = 1.155x + 101.4 (kg/m^2)$

预应力混凝土小箱梁:$y = 1.59x + 56.18 (kg/m^2)$

钢板组合梁:$y = 3.147x + 151.5 (kg/m^2)$

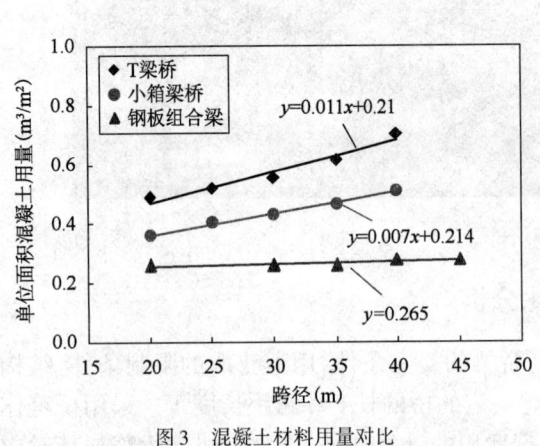

图 3 混凝土材料用量对比

从图4中可以看出,三种结构用量梁与跨径之间基本呈线性关系,钢板组合梁用钢量约为T梁和小箱梁的1.5~2.5倍,但考虑钢材回收后,钢板组合梁桥的用钢量会大幅降低。

另外,对于钢板组合梁桥而言,主梁的数量是影响桥梁用钢量的重要参数。图5统计了国内目前已建双主梁桥与多主梁桥用钢量的对比,从图中可以看出,同等跨径下,采用多主梁结构用钢梁稍大于双主梁。同等桥宽下,减少主梁数量则需要增大主梁的梁高、厚度等尺寸,且横向刚度也会相应减弱,同时由于主梁间距增大,桥面板跨度增大需要增加混凝土厚度和配筋率来提升其承载力。因此,工程中钢板组合梁钢主梁的数量不能仅仅从用钢量来确定,需要权衡考虑上述因素综合评价确定合适的主梁数量。

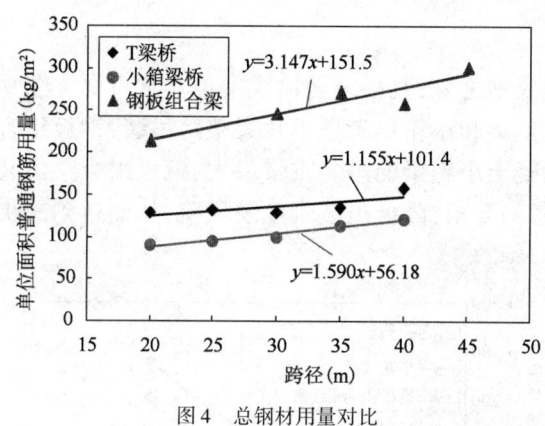

图4 总钢材用量对比

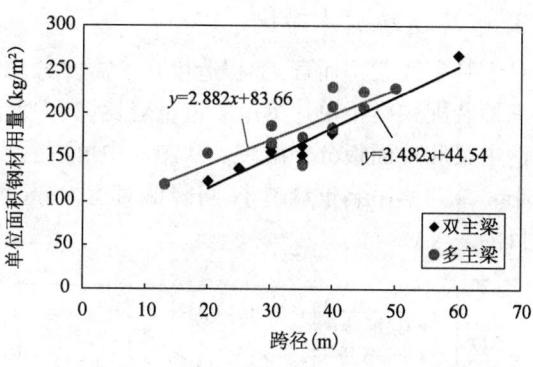

图5 双主梁和多主梁用钢量对比

通过上述统计分析给出三种装配式梁桥结构的材料用量与跨径之间的关系式,在确定桥跨和桥宽时,设计人员可根据上述关系式快速算出结构材料用量,从而对桥梁造价进行估算。

四、经济性对比分析

1. 上部结构材料成本对比

对于装配式桥梁而言,由于预制工艺相差不大,其材料成本是影响整体结构造价的重要因素之一。土木建材类价格一般会随市场需求不断改变,本文参考2019年工程造价信息网初步拟定了混凝土、钢板、普通钢筋和预应力筋的单价信息,并根据表1中材料用量,统计了三种装配式桥梁不同跨径下的材料成本,如图6所示。从图中可以看出,钢板组合梁桥中,钢板成本占总成本一半以上,由于钢材价格较高,因此,钢板组合梁材料成本要高于混凝土T梁和小箱梁。但钢材回收利用率比较高,对于钢板组合梁桥而言,钢主梁回收率可达85%,普通钢筋和预应力筋的回收率也有50%,混凝土按不可回收考虑。图7给出了考虑材料回收之后的成本对比,由图可知,考虑材料回收之后,钢板组合梁桥材料成本大幅下降,相比混凝土T梁和小箱梁具有一定经济优势。(注:混凝土单价取610元/m³;钢板单价取4600元/t;普通钢筋单价取4350元/t;预应力钢筋单价取5150元/t)

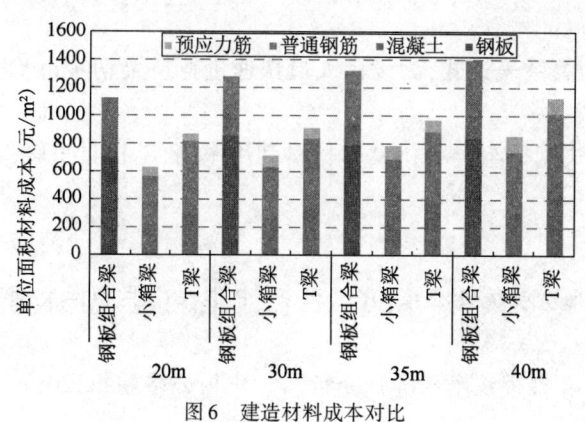

图6 建造材料成本对比

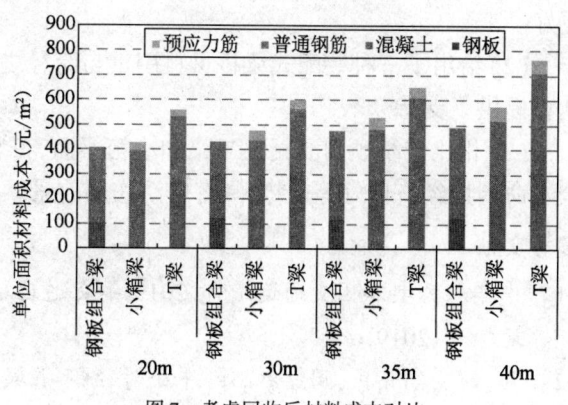

图7 考虑回收后材料成本对比

2. 下部结构材料成本对比

桥梁下部结构尺寸和造价与其上部结构自重直接相关,上部结构自重越大,下部结构造价越高。图8中给出了三种装配式梁桥上部结构单位面积自重与桥梁跨径之间的关系。从图中可以看出,同等跨径下,混凝土T梁自重最大,钢板组合梁自重最小,且随着跨径的增大,钢板组合梁自重优势更加明显。对于预应力混凝土梁桥而言,下部结构(包括盖梁、墩柱、桩基、支座等)材料成本占总桥材料成本30%~40%,而钢板组合梁因其上部结构自重较轻,其下部结构材料成本仅占总桥材料成本15%~25%,进一步体现了钢板组合梁桥的经济优势。

3. 吊装运输成本对比

对于装配式梁桥而言,工程造价除了需要考虑材料成本之外,其吊装运输成本也非常重要。图9给出了三种装配式梁桥单片梁吊装重量对比,其中混凝土T梁和小箱梁考虑单片梁整跨吊装,钢板组合梁桥的钢主梁和桥面板分开吊装。从图9中可以看出,混凝土小箱梁的吊装重量最大,钢板组合梁吊装重量最小。单片梁吊装重量越小,可降低对运输、起吊设备的要求,降低吊装难度及风险,从而达到减少造价的目的。

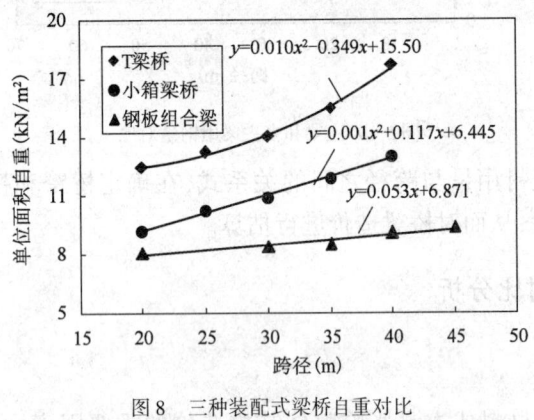

图8 三种装配式梁桥自重对比

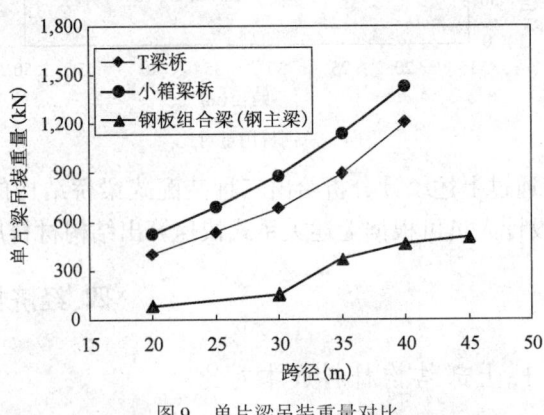

图9 单片梁吊装重量对比

上述对三种装配式梁桥经济性分析表明,综合考虑材料回收后桥梁上、下部结构材料成本、吊装运输成本之后,相比传统的预制混凝土T梁和小箱梁而言,钢板组合梁桥经济优势显著,尤其对于山区吊装运输受限地区,具有广泛的应用前景。

五、结 语

本文对比分析了适用于中小跨径桥梁的三种典型装配式梁桥的材料用量和经济性,得出以下结论:

(1)相比工字钢板组合梁而言,装配式波形钢板组合梁无须设置加劲肋,可显著减少钢构件零件数量,降低焊接工作量,增加钢主梁横向刚度,更有利于制作工业化效率,且抗屈曲性能及抗疲劳性能均更好。

(2)给出了三种装配式梁桥材料用量与跨径之间的关系表达式,为设计人员快速进行桥梁初步造价估算提供了支持。

(3)相比传统预制混凝土T梁和小箱梁而言,装配式钢板组合梁桥具有材料利用率高,结构自重轻,全寿命周期经济性好等优势,具有广泛应用前景。

参考文献

[1] 中华人民共和国交通运输部.2019年交通运输行业发展统计公报[R].北京:中华人民共和国交通运输部,2019.

[2] 刘永健,高诣民,周绪红,等.中小跨径钢-混凝土组合梁桥技术经济性分析[J].中国公路学报,2017,30(3):1-13.

[3] 李宏江,赵尚传,李万恒,等.既有装配式梁桥横向连接构造评价技术进展[J].中外公路,2014,34(2):124-128.
[4] 交通部专家委员会.公路桥涵通用图[M].北京:人民交通出版社,2008.
[5] 石雪飞,马海英,刘琛.双工字钢组合梁桥钢梁设计参数敏感性分析与优化[J].同济大学学报(自然科学版),2018,46(4):26-33.
[6] 张建东,顾建成,邓文琴,等.装配式组合梁桥开孔钢板连接件抗剪性能[J].中国公路学报,2018,31(12):75-84.
[7] 韩普各,赵伟,陆森强.装配式混合连接钢-混凝土组合梁抗弯性能试验研究[J].公路交通科技,2019,36(04):62-69.
[8] 冯正霖.我国桥梁技术发展战略的思考[J].中国公路,2015,(11):38-41.
[9] 程观奇.钢板组合梁桥设计参数适应性与技术经济性分析[D].西安:长安大学,2019.
[10] 王今朝,袁迎春.中小跨径桥梁常规上部结构技术经济指标分析[J].中国市政工程,2006,(2):74-76.
[11] 祝妍,杜柏松,占贤钱.中小跨径桥梁上部结构最优设计方案研究[J].华东公路,2013,(2):49-52.
[12] 张凯.中小跨径钢板组合梁桥快速建造技术与应用研究[D].西安:长安大学,2016.
[13] 姚春江,石雪飞,宋军.钢板组合梁桥面板预应力参数分析及优化[J].公路,2020,(4):208-212.
[14] 吴平平.新型钢板组合梁结构桥梁的应用分析[J].城市道桥与防洪,2015,(05):11-12+98-100.
[15] 顾建成,刘朵,马帅,等.波纹钢腹板与平钢腹板组合T梁桥力学性能对比分析[J].世界桥梁,2018,46(3):62-67.

64. 桥梁支座用金属摩擦材料在海洋大气环境中的耐蚀性能研究

姜文英[1,2] 何平根[1,2] 宋建平[1,2]

(1.中国船舶集团公司第七二五研究所;2.洛阳双瑞特种装备有限公司)

摘要 本文通过开展镀铬钢和不锈钢在青岛、厦门、三亚实际海洋大气环境下的腐蚀性对比试验,研究镀铬钢的耐蚀性以及电镀铬层的保护性,并与不锈钢的耐蚀性进行对比,考察桥梁支座两种球面摩擦材料的优越性,得出不锈钢更加适用于沿海桥梁支座。

关键词 海洋大气 桥梁支座 镀铬 不锈钢 耐蚀性能

一、引 言

随着国内经济的快速发展,迫切需要建设特大型跨海大桥来提高和完善既有交通网络。近十几年来,随着港珠澳大桥等几座跨海大桥的陆续建成,我国跨海大桥建设水平已跃居世界前列。由于不同海域环境复杂多变,在恶劣的海洋环境中,需要特别注意钢结构的腐蚀与防护问题,确保结构耐久性[1]。因此,桥梁支座作为跨海大桥的关键支撑构件,其主体材料也必须具有良好的耐腐蚀性能。

平面摩擦副和球面摩擦副是球型钢支座实现承载、滑动和转动的关键,一般由金属摩擦材料和非金属摩擦材料组成摩擦副偶对。对于球面摩擦副,目前常用的有两种结构:一种是采用球面包覆不锈钢与非金属滑板组成偶对,一种是采用球面功能性镀层与非金属滑板组成偶对。功能性镀层指具有某种特性的物理机械性能的膜层,如镀硬铬、镍磷镀层等,已在工业生产中广泛应用。早期,桥梁支座球面摩擦副以镀硬铬为主,但受其耐蚀性能、摩擦性能、工艺性、经济性和环境污染等因素影响,后续逐渐被球面包覆不锈钢技术替代,但也有部分支座仍采用镀铬结构。

本文通过开展桥梁支座常用的两种金属摩擦材料镀铬钢和不锈钢在实际海洋环境下的腐蚀性对比试验,考察两种球面摩擦副处理方式在沿海桥梁支座中的适用性。

二、试 验 方 法

1. 试验材料

镀铬钢试样基体材料为 Q345B(GB/T 1591—2008 低合金高强度结构钢)。试样采用机械加工制样,边缘无毛刺,表面无划伤、打磨、补焊等缺陷。各平行试样下料、加工工艺保持一致。试样尺寸为 200mm × 100mm × 10mm,正反表面、侧表面、两个安装孔内和各标记孔内均进行镀铬处理,铬层厚度 100 ~ 120μm。镀铬层满足 GB/T 11379《金属覆盖层 工程用铬电镀层》中常规镀层要求,表面无孔隙、收缩裂纹和疤痕,镀铬后表面最终粗糙度 Ra 不超过 1.6μm。

不锈钢试样材质为 316L,试样尺寸为 200mm × 100mm × 2mm,采用剪切方式取样,剪切边缘需保留加工余量 5 ~ 10mm。试样表面为镜面,开设两个安装孔和标记孔。

2. 试验环境

试样采用实际环境挂片试验,参考试验标准包括:《船舶及海洋工程用金属材料在天然环境中的海水腐蚀试验方法》(GB/T 6384—2008)和《金属和合金大气腐蚀试验现场试验的一般要求》(GB/T 14165—2008)。试验分别在中国船舶七二五所三亚、厦门和青岛海洋环境试验站进行投样,以考察镀铬钢、不锈钢在我国南海、东海、黄海三个典型海域的耐蚀性能,三个试验站海域环境因素见表1。试样安放位置分别选择海洋大气区和海水飞溅区,投样照片见图1。考虑到支座的实际使用位置,本文主要针对海洋大气区结果进行分析。

图 1 大气区投样照片

三个试验站海洋环境因素(年平均值) 表1

试验站	气温(℃)	湿度(%)	水温(℃)	盐度(‰)	SO₂(mg/m³)	日照(h/a)	降雨量(mm)	雨水 pH
青岛	13.3	74	14.3	31.5	0.043	2161	664	7.1 - 8.1
厦门	23.1	71	22.5	29.7	0.011	2234	1200	4.8 - 7.1
三亚	27	78	27.0	33.5	0.009	2230	1350	6.3 - 8.1

3. 试验结果评定方法

试验开始前,记录试样原始形貌照片。对试样进行定期检查,检查时间规定为:6 个月、1 年、4 年,拍照记录腐蚀情况。

镀铬钢进行腐蚀形貌对比和镀层保护评级。试样用蘸有中性肥皂液的海绵擦拭,用清水漂洗、吹干后,参照《金属基体上金属和其他无机覆盖层经腐蚀试验后的试样和试件的评级》(GB/T 6461—2002)。根据基体金属腐蚀所占总面积的百分数 A,用肉眼观察和图像处理分析对试样进行保护评级,评价镀层保护基体金属免遭腐蚀的能力。保护评级与腐蚀缺陷面积 A 的关系见表2。未出现基体金属腐蚀的表面或缺陷面积极小的试样,规定为 10 级,腐蚀越严重保护级别越低。

不锈钢进行腐蚀形貌对比和腐蚀率计算。试样浸入配置好的硝酸溶液中,在 60℃下浸泡 20min 后,用清水漂洗、吹干,放在干燥器中 24h 后称重。

保护评级与腐蚀缺陷面积(A)的关系　　　　　　表2

缺陷面积 A(%)	保护评级	缺陷面积 A(%)	保护评级
无缺陷	10	$2.5 < A \leq 5.0$	4
$0 < A \leq 0.1$	9	$5.0 < A \leq 10$	3
$0.1 < A \leq 0.25$	8	$10 < A \leq 25$	2
$0.25 < A \leq 0.5$	7	$25 < A \leq 50$	1
$0.5 < A \leq 1.0$	6	$A > 50$	0
$1.0 < A \leq 2.5$	5		

三、试验结果分析讨论

1. 镀铬钢腐蚀试验结果

1) 镀铬钢腐蚀形貌变化

镀铬钢试样在青岛、厦门、三亚大气区的表面腐蚀形貌分别见图2～图4。

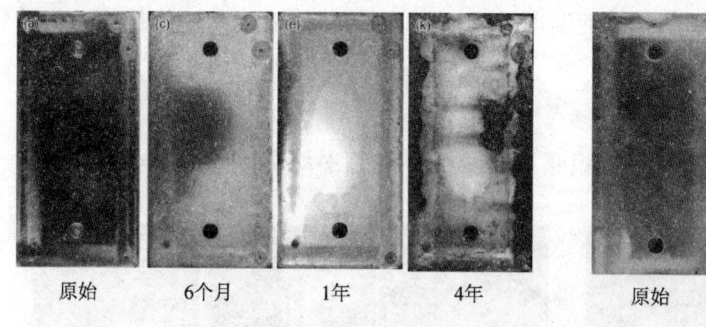

图2　青岛大气区试样表面腐蚀形貌照片

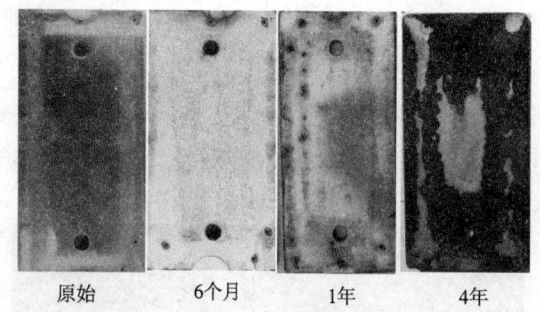

图3　厦门大气区试样表面腐蚀形貌照片

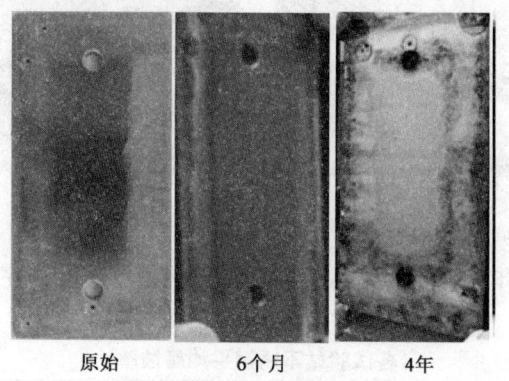

图4　三亚大气区试样表面腐蚀形貌照片

试验前,镀铬层平整光洁,呈镜面。6个月后,青岛大气区镀铬层表现为失光,局部镀层产生针孔,边缘开始出现极少量黄色锈迹;厦门大气区表现为失光,镀层产生针孔;三亚大气区表现为失光,产生轻微黄锈。1年后,青岛大气区镀层出现针孔及黄锈,厦门大气区镀层可见明显破损点和黄锈。4年后,三个试验站均表现为镀层发生片层状脱落,基体金属发生严重腐蚀。

2) 镀铬钢保护评级

各试验站镀铬钢保护评价结果见表3。在海洋大气环境下,镀铬层的失效均由试样边缘或标记孔等镀层薄弱的位置为开端,继而向试样表面内部扩展,半年时镀铬层保护评级降为5～4级,至2年时镀层保护性逐渐劣化,4年以后普遍跌至1-0级,基体金属整体遭受腐蚀。

各试验站镀铬钢保护评级　　　　　　　　　　表3

投样时间	保护评级		
	青岛	厦门	三亚
原始	10	10	10
6个月	5-4	5-4	4-3
1年	5-4	4-3	—
4年	1-0	0	2-1

3) 镀铬钢腐蚀机理分析

Cl^-是镀层腐蚀的主要诱因,由于氯离子半径小,穿透能力强,在扩散或电场作用下更容易进入镀层中的孔隙或缺陷,与金属作用生成可溶性化合物。在高温、高湿、高盐雾条件下,镀铬层表面易产生结露或吸附水汽,会在不同水膜厚度之间形成腐蚀电池,引起吸氧腐蚀,即空气中的氧气溶解于金属表面水膜中发生的电化学腐蚀。反应方程式可表示为:负极:$2Fe-4e^-=2Fe^{2+}$;正极:$2H_2O+O_2+4e^-=4OH^-$[2]。随着过程的不断进行,会在镀层表面形成凹凸不平的斑点或针孔,Cl^-通过镀层针孔进入镀层与基体界面造成基体金属腐蚀产物在界面的堆积,进一步加速了镀层的腐蚀和剥离。

另外,由于镀铬层(热膨胀系数为$6.2\times10^{-6}K^{-1}$)与Q345B基材(热膨胀系数为$10.6\sim12.2\times10^{-6}K^{-1}$)的热膨胀系数相差近2倍,长时间日照引起试样表面温度升高,因而更容易使镀层与基体的结合力受到破坏,导致腐蚀加速。

2. 不锈钢腐蚀试验结果

316L不锈钢板原始形貌见图5,4年后腐蚀形貌照片见图6,不锈钢平均腐蚀率见表4。

图5　不锈钢原始形貌照片

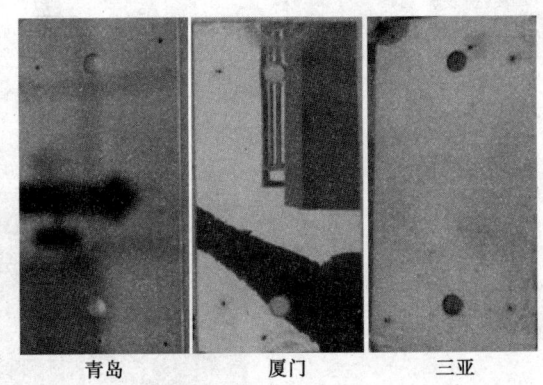

图6　三个试验站4年期316L不锈钢表面腐蚀形貌照片

从腐蚀结果来看,经过4年期腐蚀试验,各试验站不锈钢整体保持完好,仅三亚出现失光及轻微点蚀,平均腐蚀率均较小。

各试验站不锈钢平均腐蚀率　　　　　　　　　　表4

试验周期	平均腐蚀率(μm/a)		
	青岛	厦门	三亚
1年期	0.01	0.02	0.01
2年期	-0.05	4.13	0.09
4年期	0.01	1.20	1.198

四、在桥梁支座中的适用性分析

从不锈钢和镀铬钢在海洋大气环境下的腐蚀形貌和数据来看,经过4年试验周期后,不锈钢保持完好,而镀铬层发生严重腐蚀,表明镀铬钢耐蚀性能与不锈钢差距显著。主要是因为不锈钢表面钝化膜起到良好的保护作用,而镀铬层存在一定的孔隙率,导致点蚀严重。因此,球型支座采用球面包覆不锈钢技术代替镀铬性能更加优越,在海洋大气环境下不锈钢耐蚀性能更加适用。

目前,桥梁支座金属摩擦材料除不锈钢和镀铬钢外,其他功能性镀层也有部分应用,如化学镀镍磷等。刘丽红等人[3]在南海西沙试验站开展了7种不同工艺镍磷合金镀层的海洋大气暴露试验,发现1年后镀层均出现了不同程度的腐蚀,保护等级为8~0级,Cl^-是镍磷合金阴极镀层的主要腐蚀原因。因此,结合本文中镀铬钢的长期挂片试验结果,功能性镀层在沉积过程中不可避免会存在一定的孔隙率,在海洋大桥环境中使用时应特别注意孔隙处产生的点蚀或局部腐蚀现象。

五、结 语

通过开展海洋大气环境下桥梁支座两种金属摩擦材料耐蚀性能研究可知:

(1)镀铬层在海洋大气区失效由试样边缘或标记孔等镀层薄弱的位置为开端,继而向试样表面内部扩展,主要表现为镀铬层与基体金属结合力丧失、开裂或剥落。在三个试验站6个月镀层均开始出现针孔,腐蚀逐渐加速,4年后保护评级跌至2~0级,基本丧失保护作用。

(2)镀铬层在海洋大气区腐蚀原因主要是在高温、高湿、高盐雾环境下氯离子的腐蚀,表面水膜形成腐蚀电池,加速腐蚀;另外,长时间日照引起的试样表面温度升高和镀铬层/基体金属界面腐蚀产物的体积膨胀效应的协同作用,导致了大气区试验后期镀铬层的大面积剥离和失效。

(3)不锈钢在海洋大气区整体保持完好,仅三亚出现失光及轻微点蚀,平均腐蚀率0.01~4.13μm/a。

(4)球型支座采用球面包覆不锈钢技术代替镀铬性能更加优越,在海洋大气环境下不锈钢更加适用,且采用其他功能性镀层应特别注意孔隙处产生的点蚀现象。

参考文献

[1] 郭健.跨海大桥建设的主要技术现状与面临的挑战[J].桥梁建设,2010(6):66-67.
[2] 邢雨.镀铬板钢卷结露形成机理及其防治技术的研究[D].秦皇岛:燕山大学,2018.5:3-4.
[3] 刘丽红,张子华,闫杰,等.化学镀镍磷合金在海洋环境中的腐蚀行为[J].中国腐蚀与防护学报,2010(30),5:369-372.

65. 海洋飞溅区免维护防水支座设计开发

何平根[1,2] 赵胜贤[1,2] 姜文英[1,2] 宋建平[1,2]

(1.中国船舶集团公司第七二五研究所;2.洛阳双瑞特种装备有限公司)

摘 要 本文通过对中马友谊大桥使用工况进行分析研究,针对高温高湿环境飞溅区桥梁支座使用要求从支座选材、结构设计、防水密封、免维护设计等多方面进行分析和策划,研究开发了适用于海洋飞溅区使用的免维护防水支座,首次解决了桥梁支座在飞溅区长效使用技术难题,实现了桥梁支座免维护及防水技术新突破。

关键词 中马友谊大桥 飞溅区 免维护 耐蚀 防水

一、引 言

随着桥梁技术的发展,跨海大桥发展迅速,桥梁对支座耐蚀性、防水性及免维护性提出了新的发展需求,本文结合中马友谊大桥支座技术特点,开展了新的海洋飞溅区免维护防水支座的选材、设计结构及重点制造工艺研究,开发了适用于海洋飞溅区桥梁支座长效使用的球型支座。

二、工况特点

1. 工程概况

马尔代夫位于赤道附近,具有明显的热带雨林气候特征,年平均降水量1949.3mm,年平均气温28.3℃,年平均相对湿度75%以上。

中马友谊大桥跨越嘎阿地胡库阿(GaadhooKoa)海峡,位于马累岛至机场岛之间的走廊地带,是马尔代夫历史上第一座大桥,是迄今为止中马间最大的合作项目,也是马中在21世纪海上丝绸之路领域的标志性项目。本项目桥梁设计寿命100年,设计行车速度60kmn/h,支座距海平面1.5m,涨潮时距海面仅0.5m。所处环境存在涌浪与风浪的混合浪,最高海浪达到6m以上,桥梁支座处于浪花飞溅区。海水中氯离子含量高达19460mg/L,具有较强腐蚀性,是钢结构设施腐蚀最为严重的区域,并存在积水可能。如何实现支座长效使用是本项目的一个关键因素。

2. 目前产品现状及存在的问题

目前常用的公路支座有板式橡胶支座、盆式橡胶支座及球型支座。板式橡胶支座或盆式橡胶支座均由于橡胶老化问题不能达到与桥梁同使用寿命,需采用耐久性能更好的球型支座。目前桥梁支座使用钢材及防腐涂装体系无法满足支座在飞溅区使用要求,而且由于支座距海面太近,运营过程中对支座进行定期防腐涂装处理难度很大,且支座更换困难,风险高,需研制开发一种飞溅区免维护防水支座。

三、材料选择

1. 支座主体材料

钢结构设施在海洋环境不同腐蚀区其腐蚀速度有明显差别,其中浪花飞溅区是钢结构设施腐蚀最为严重的区域,也是最严峻的海洋腐蚀环境。

通过支座主体钢材在不同海域环境飞溅区的8年期腐蚀试验表明(图1),目前支座使用耐蚀性能最高的316L也无法满足飞溅区长期使用要求。

 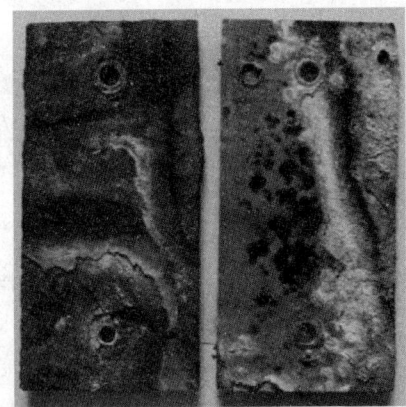 

a) ZG20Mn一般涂装　　　　b) ZG20Mn重防护　　　　c) 316L

图1　支座主材试样在三亚海洋飞溅区暴露8年后腐蚀情况

超级双相不锈钢是专门为海洋、化工和石油工程应用而设计的,在含有氯化物酸等苛刻环境下具有良好的耐蚀性能和很高的力学性能。

从图2中可以看出超级双相不锈钢与其他不锈钢相比具有更加突出的耐蚀性能,具有极强的耐点蚀、晶间腐蚀及氯化物应力腐蚀特点,甚至能够适应有机酸和一定范围的无机酸等苛刻环境,同时具有强度高等优点,可以满足桥梁支座在本项目工况长期使用不腐蚀。因此本项目选用性能优异的铸造超级双相不锈钢5A及SAF2507板材做支座主体结构钢,能够满足本项目特殊的防腐要求。

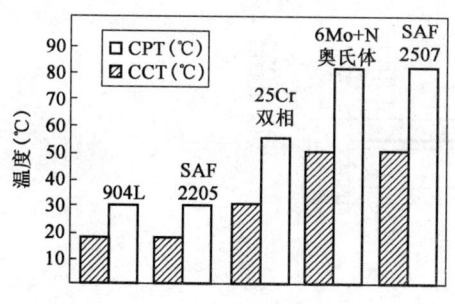 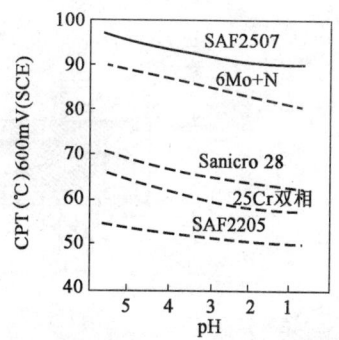

图 2 SAF2507 腐蚀性能[1]

2. 摩擦副材料

目前,桥梁支座常用的摩擦副材料有聚四氟乙烯和改性超高分子量聚乙烯。聚四氟乙烯性能稳定,具有很好的耐化学腐蚀性,突出的耐热、耐寒性,长期使用的温度范围 -190℃ ~ +250℃,不黏着,不吸水,不燃烧,优良的耐大气老化性,耐辐照性能和较低的渗透性。超高分子量聚乙烯是一种综合性能优异的工程塑料,性能稳定,耐化学腐蚀性优异,耐候性强,抗老化性好,耐磨性能突出,长期暴露于大气中,表面及性能保持不变。这两种材料吸水率极低,稳定性优异,几乎不受潮湿环境影响,其中改性超高分子量聚乙烯滑板的承载能力、耐磨性能等指标均优于纯聚四氟乙烯滑板,因此,本项目摩擦副采用改性超高分子量聚乙烯滑板与不锈钢滑板配对方式。

3. 防水密封材料

橡胶是一种密封性能较好的材料,其变形能力大,易于对机械结构密封,但是橡胶存在老化现象,不能保证与支座同寿命使用,因此本项目支座选用老化性能优异的聚四氟乙烯材料作为密封防水布,并配合改性超高分子量聚乙烯滑板密封环与不锈钢压条等进行固定的密封结构,保证支座防水密封构件长效使用。

四、支 座 设 计

1. 支座设计参数

中马友谊大桥耐蚀球型支座设计参数详见表1。

中马友谊大桥耐蚀球型支座设计参数表 表1

序号	支座规格	设计转角(rad)	纵桥向位移量(mm)	横桥向位移量(mm)	横桥向水平力(kN)	纵桥向水平力(kN)
1	LQZ(G)-7000DX-150	0.02	±150	—	1050	—
2	LQZ(G)-7000SX-150	0.02	±150	±40	—	—
3	LQZ(G)-9000DX-150	0.02	±150	—	1350	—
4	LQZ(G)-9000SX-150	0.02	±150	±40	—	—

2. 支座总体结构

中马友谊大桥耐蚀球型支座主要由下座板、球面滑板、中座板、球面不锈钢滑板、导向滑板、导向不锈钢滑板、密封装置、平面不锈钢滑板、上座板、平面滑板及锚固装置及防水围板等几部分组成,支座结构示意图如图3所示。

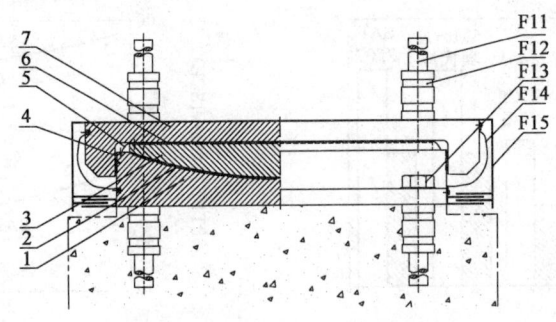

图3 单向活动支座结构示意图

1-下座板;2-球面滑板;3-中座板;4-导向滑板;5-密封装置;6-平面滑板;7-上座板;F11-螺杆;F12-套筒;F13-地脚螺栓;F14-防水密封结构;F15-不锈钢挡水围板

3. 摩擦副结构设计

目前支座摩擦副均采用不锈钢滑板与非金属滑板进行配合,形成滑动摩擦副,不锈钢表面为抛光镜面,具有耐蚀性好,摩擦系数低等特点,不锈钢板通过焊接方式固定于支座板表面。本项目支座主材采用双向不锈钢5A铸件或SAF2507板材,本身具有优良的耐蚀性能和耐磨性能,因此,不需再在支座板上额外焊接不锈钢滑板,而是通过非金属滑板直接与精加工的座板表面配合,形成平面摩擦副、球面摩擦副及导向摩擦副。支座摩擦副由改性超高分子量聚乙烯滑板与不锈钢滑板组成。

4. 防水防尘密封结构设计

支座摩擦副防护是支座的关键环节,当海水进入支座摩擦副时海水中的盐分及杂质在摩擦副表面沉积会加速摩擦副的磨损,不能保证支座的长效使用,因此,支座需设计可靠的防水密封结构。

1) 内部密封结构设计

平面摩擦副密封:采用聚四氟乙烯密封环及橡胶弹性垫进行密封,使平面摩擦副内部始终处于封闭状态。

球面摩擦副密封:选用聚四氟乙烯浸渍玻璃布对整个球面及摩擦副进行密封,聚四氟乙烯浸渍玻璃布分别用橡胶弹性垫及刚性较好的钢压环进行固定,保证连接接口密封。当中座板发生转动时,聚四氟乙烯浸渍玻璃布也随之伸展或收缩,使支座球面摩擦副始终处于无污染环境。采用这种分部全封闭的防尘装置,密封严密。防尘防水结构示意图见图4所示。

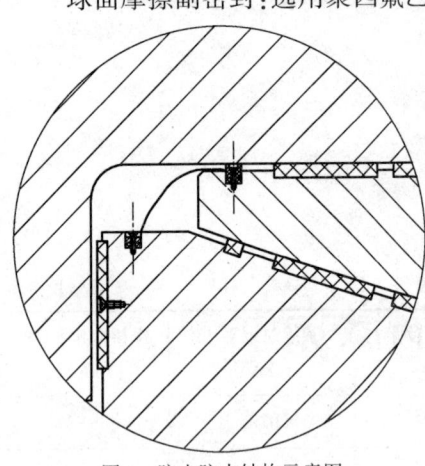

图4 防尘防水结构示意图

2) 外部密封结构及防水装置设计

支座外围密封结构设计:支座组装完成后,在外围安装聚四氟乙烯薄膜制成的全封闭防水密封膜,并用不锈钢压环和螺钉将其与上、下座板压紧,对支座主体起到完全密封的作用。

支座外部防水装置设计:支座外围采用不完全密封的不锈钢防水罩,可以更好地防止海水污染支座,进一步保证支座长效使用。

在防水密封装置外围,设置不锈钢挡水围板,对冲击到支座上的海浪起到了很好的隔离缓冲作用。挡水围板下部设计有多层防水板,形成迷宫式密封,防止海水进入防护罩内部,同时可使流入到挡板内部的水可以及时流出,从而对支座表面及内部防水密封结构无损伤。结构示意图如图5所示。

五、制造工艺控制

本项目支座与常规支座相比,在制造工艺方面主要在支座座板摩擦副表面制造精度控制、防水密封膜粘接工艺及防水罩制造精度控制几个方面存在工艺难点。

1. 摩擦副表面制造精度控制

作为支座摩擦副表面,必须保证摩擦副表面的平面度及表面粗糙度,这样才能有效降低支座摩擦系数,减小支座摩擦副的磨耗率。而这种双向不锈钢材料加工黏性大,加工表面粗糙度不易保证,另外,机加工发热量大,工件容易变形,难以保证支座制造要求。通过对支座材料特性及加工工艺研究,选择合适的刀具及切削参数,同时采用表面研磨工艺,保证了座板表面的加工精度,表面质量达到了 GB/T 3280 的 8#表面加工要求。

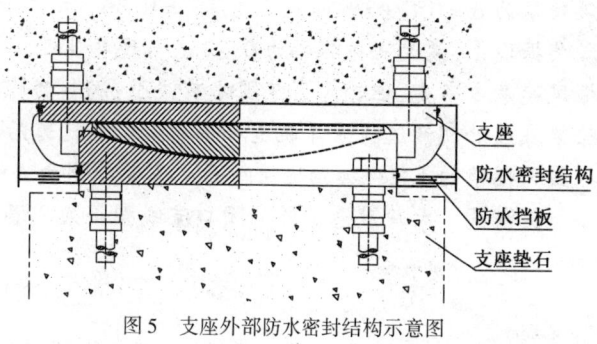

图 5 支座外部防水密封结构示意图

2. 防水密封膜黏接工艺研究

为了保证支座外围防水,同时又能满足支座转动及位移运动,因而支座外部密封采用耐老化、柔性好的聚四氟乙烯膜作为防水材料,防水膜上端与支座上座板相连,下端与支座下座板相连,将支座进行整体密封,因此,防水膜需采用圆柱形整体结构,但整体结构制造需要专用模具进行生产,本项目由于生产批量小,防水膜采用市场上现有的板材通过黏接工艺来实现。通过对黏接加热温度、保温时间、黏接压力等工艺参数进行研究与试验,确定可行工艺方案,保证黏结可靠性。

3. 防水罩高精度控制

为阻止海浪进入防水罩内部,防水罩下端设置了多道阻水板,形面迷宫结构,防水板间的距离即要满足支座转动空间的需求,又要起到阻止水流入防水罩内部的功能,因此,阻水板间距应尽可能小,这就要求整个防水罩的制造精度要高,并且整体刚性好。为满足制精度要求,对防水罩折弯与焊接采取了精确控制,同时通过校形工艺,保证了防水罩的制造精度。

六、结　语

通过对海洋飞溅区防水支座设计研究,从支座选材、防水结构设计及制造工艺研究等多方面进行综合考虑,开发了海洋飞溅区免维护防水支座,解决了中马友谊大桥支座的技术难题,为其他恶劣环境下桥梁支座设计开发提供了新的解决方案。

参考文献

[1] 吴玖.双相不锈钢[M].北京:冶金工业出版社,1999.

66. 闭口流线型箱梁断面涡激振动与气动控制数值模拟[*]

刘志文[1,2]　张瑞林[1]　严爱国[3]　刘振标[3]　陈政清[1,2]

(1. 湖南大学风工程与桥梁工程湖南省重点实验室;2. 湖南大学土木工程学院;
3. 中铁第四勘察设计院集团有限公司)

摘　要　针对大跨度桥梁闭口流线型箱梁涡激振动问题,采用流固耦合方法对虎门大桥闭口流线型箱梁断面进行了涡激振动响应数值模拟,并分别对不同阻尼比、不同气动控制措施的控制效果进行研究,最后对闭口流线型箱梁断面涡激共振机理进行了探讨。结果表明:虎门大桥闭口流线型箱梁原断面,当

[*] 基金项目:国家自然科学基金资助项目(51778225)

风攻角为 $\alpha=0°$、$\pm3°$、阻尼比为 $\xi_{h,t}=0.3\%$ 时,在风速为 7.5~11.0m/s 范围内存在较为明显的竖向涡激共振现象,最大涡振振幅为 0.29m,与现场实测结果较为吻合。增加加劲梁阻尼比,加劲梁涡激共振起振风速基本不变,但锁定区范围略有减小;涡激共振响应最大振幅随阻尼比的增加而显著减小。分别拆除梁底最外侧两道检修车轨道和全部检修车轨道后,加劲梁竖向涡激共振最大涡振幅约为原断面竖向涡振最大幅值的1/2。加劲梁原断面梁底最外侧两道检修车轨道是引起其涡激共振主要因素之一。

关键词 大跨度悬索桥 闭口流线型箱梁 涡激振动 流固耦合 计算流体动力学

一、引 言

大跨度桥梁具有刚度低、质量轻、阻尼比低等特点,在风作用下容易发生振动。随着桥梁跨度的增加,风对桥梁结构的作用效应更为显著,是大跨度桥梁设计、施工和运营期需要重点关注的内容之一。1940年美国华盛顿州 Tacoma 大桥在19m/s 的风速下发生了颤振失稳事故而坍塌,引起了桥梁工程界与空气动力学界极大关注,开辟了桥梁风工程研究领域。经过近80年左右的发展,桥梁风工程研究取得了丰硕的研究成果,为现代大跨度桥梁设计与建造提供了技术支撑。

然而,近年来部分大跨度桥梁发生了较为明显的涡激共振现象,如英国 Kessock 桥和 Second Severn 桥、丹麦 Great Belt 桥东引桥、俄罗斯伏尔加河桥、日本东京湾大桥、巴西 Rio-Niteroi 桥、加拿大 Lion Gate 桥以及我国西堠门大桥、鹦鹉洲长江大桥和虎门大桥等均发生过大幅涡激共振现象,引起国内外学者广泛关注。英国苏格兰 Kessock 桥为主跨240m 斜拉桥,主梁采用钢板梁结构,主梁宽为 $B=22.0m$,梁高为 $H=3.30m$,该桥于1982年7月19日通车运营。该桥在设计阶段委托英国 Glasgow 大学开展了主梁节段模型风洞试验研究,研究表明在风速为20.0m/s 时会发生较为明显的涡激振动响应,最大振幅达240mm,但设计者并未给予足够重视。但该桥在合龙后通车前在风速为12.5m/s 时发生了明显的竖向涡激振动现象,最大振幅达200mm;随后在1982年10月又发生了明显的涡激振动现象,主跨跨中最大振幅达150mm。该桥在安装 TMD 后控制效果较好,但经过5年多的时间,于1988年1月25日,又发生了大幅涡激振动响应,后来检查发现阻尼器已经不能正常工作了[1]。英国第二塞文桥(主跨456m 钢混凝土结合梁斜拉桥)在通车后第一个冬天发生了竖向涡激振动,后采取在主梁下侧安装扰流板进行涡激振动控制[2]。日本东京湾大桥(主跨240m)钢箱梁在架设完成后,于1995年5月、7月分别发生了明显的竖向涡激共振现象,风速锁定区为13.0~18.0m/s,最大振幅达50cm,现场实测湍流度为4%~6%,该桥最后采用调谐质量阻尼器(Tunned Mass Damper,TMD)进行控制[3]。巴西 Rio-Niteroi 桥在14m/s 风速下发生明显的竖向涡激振动而被迫关闭[4]。2020年4月26日17时,武汉鹦鹉洲长江大桥(主跨布置为850m + 850m 的双塔悬索桥,2014年12月28日建成通车)发生了较为明显的涡激振动现象,当时桥位处风速为6.0~9.0m/s,主梁由振动开始到振幅最大历经大约1.0小时左右,主梁最大振幅为0.54m。2020年5月5日下午,广东虎门大桥在维修时在桥面上整齐摆放了临时隔离装置(俗称"水马"),在风速为8.0~9.0m/s时,主梁发生了明显的竖向涡激共振现象,根据大桥主梁涡激振动视频识别可知主梁涡激振动频率为0.3519Hz(主梁三阶正对称竖弯振型),振幅达40~50cm;拆除临时隔离装置后,于2020年5月5日晚上19:40又出现了涡激振动现象,对应的振动频率为0.27Hz(主梁二阶反对称竖向弯曲振动),对应的振动幅值为20~30cm。

由于涡激振动属于典型的非线性振动现象,与主梁断面外形、阻尼比、风速大小、方向和湍流度等密切相关,国内外许多学者针对这一问题开展了大量的研究工作,主要包括现场实测、风洞试验和计算流体动力学(Computational Fluid Dynamics,CFD)数值模拟研究等[5]。Owen 等对英国苏格兰 Kessock 桥进行了风致振动响应现场监测研究,实测结果表明 Kessock 桥在风速为23~25m/s 范围内发生了振幅超过110mm 的涡激振动现象;涡激振动起振风速对湍流度十分敏感,一旦形成涡激共振现象,则共振现象会在一定的风速范围内保持;TMD 阻尼器没有将主梁的涡振振幅限制在12mm 以内[1]。Li 等针对西堠门大桥(主跨1650m)中央开槽主梁的涡激振动响应特征与机理进行了现场实测研究。结果表明:该桥主梁在风速为6~10m/s、垂直于桥轴线方向和低紊流度条件下易发生涡激振动现象;在涡激共振锁定区,主梁表面风压沿桥轴线方向相关性较大,且并不沿桥轴线距离的增加而增加[6]。陶奇等进行了西堠门大桥主梁1:20和1:40两种缩尺比节段模型涡激振动试验研究,试验结果表明:西堠门大桥主梁断面存在明显的涡激振动现象,雷诺数对中央开槽主梁断面的斯托罗哈(Strouhal)数具有一定影响[7]。Nagao等通过箱梁断面涡振研究,发现栏杆尺寸和位置对箱梁涡振性能影响显著[8]。管青海等通过箱梁断面涡振风洞试验研究,发现裸梁断面没有涡振现象,而带栏杆断面出现了涡振现象[9]。Yang等对分离式双箱梁研究,发现风障可以抑制竖向涡振,但会增加断面扭转涡振响应[10]。杨詠昕等通过粒子图像技术研究了分体箱梁涡振性能,研究表明在中央开槽处的大尺度漩涡很可能是引起中央开槽主梁断面大幅涡振的主要原因[11]。刘君等采用计算流体动力学方法对流线型箱梁涡振性能进行了研究,结果表明检修车轨道附近涡脱明显,对主梁涡振性能影响较大[12]。

综上可知,尽管国内外许多学者针对桥梁主梁涡激振动开展了大量的研究工作,但由于涡激振动的复杂性,目前对于主梁断面涡激振动机理尚缺乏深入研究。本文首先基于计算流体动力学方法(CFD)建立了桥梁主梁断面二维流固耦合分析方法;在此基础上以某大桥加劲梁为工程背景,采用所建立的流固耦合分析方法对流线型主梁断面涡激振动响应和气动控制措施进行数值模拟研究,进而对闭口流线型主梁断面涡激振动机理进行探讨。

二、计 算 方 法

1. 流体控制方程

对于二维非定常不可压缩空气流动,可以采用雷诺平均法(RANS)的进行数值模拟,其控制方程为:

$$\frac{\partial \rho}{\partial t} + \frac{\partial u_i}{\partial x_i} = 0 \tag{1}$$

$$\frac{\partial \rho u_i}{\partial t} + \frac{\partial \rho u_j u_i}{\partial x_j} = \frac{\partial}{\partial x_j}\left[\mu \frac{\partial u_i}{\partial x_j}\right] - \frac{\partial p}{\partial x_i} + S_i \tag{2}$$

式中,u_i 与 u_j 为速度分量;x_i 与 x_j 为笛卡尔坐标;p 为压力;ρ 为空气密度,$\rho = 1.225 \text{kg/m}^3$,$\mu$ 为动力黏性系数,在标准大气压、温度为20℃条件下取 $\mu = 1.7894 \times 10^{-5} \text{kg/m} \cdot \text{s}$。

采用大型商业软件 ANSYS Fluent 求解流场,采用剪应力输运湍流模型(Shear Stress Transportation, SST) $k-w$,采用有限体积法求解控制方程,采用任意拉格朗日-欧拉(ALE)描述适应动网格,空间离散采用二阶迎风格式,时间离散采用二阶隐式时间积分,采用 SIMPLEC 算法求解压力-速度耦合方程。

2. 主梁振动方程

根据主梁断面涡激振动响应特征,将主梁断面简化为仅包含竖向和扭转自由度的两自由度模型,对应的振动方程为:

$$m(\ddot{h} + 2\zeta_{h0}w_{h0}\dot{h} + w_{h0}^2 h) = L_{se} \tag{3}$$

$$I(\ddot{a} + 2\zeta_{a0}w_{a0}\dot{a} + w_{a0}^2 a) = M_{se} \tag{4}$$

式中:m——主梁单位长度质量(kg/m);

ζ_{h0}——主梁竖向振动模态阻尼比;

w_{h0}——主梁竖向振动圆频率(rad/s);

I——主梁单位长度质量惯性矩(kg·m²/m);

ζ_{a0}——主梁扭转振动模态阻尼比;

w_{a0}——扭转振动圆频率(rad/s);

L_{se}、M_{se}——气流流经主梁断面时作用在单位长度主梁断面上的气动升力(N/m)与气动升力矩(N·m/m)。

采用 Newmark-β 法求解主梁振动响应,并结合 Fluent 动网格技术和用户自定义函数(User Define Functions, UDF)建立主梁断面流固耦合二维数值模拟分析方法[13]。

3. 主梁断面及计算网格

虎门大桥主桥采用单跨双铰悬索桥,主缆跨径为(302 + 888 + 348.5)m,主缆垂跨比为1/10.5;加劲梁采用闭口流线型钢箱梁,梁宽为 $B=35.60m$,中央处梁高为 $H=3.012m$,图1所示为该桥加劲梁断面图[14]。图2所示为计算域及边界条件。计算域左侧边界采用速度入口边界(Velocity inlet),对应的湍流度取为0.5%,湍流黏性比取为2.0;计算域右侧边界采用压力出口边界,主梁断面(含防撞护栏)边界采用无滑移壁面边界条件(No-slip Wall);计算域上、下侧采用对称边界条件。在进行网格划分时,采用了分块划分思路,即主梁断面周边采用与主梁模型一起运动的网格,计算域外围与主梁模型周边区域之间采用动网格区域,计算域外围采用静止网格区域,如图2所示。图3所示为闭口流线型箱梁断面网格划分示意图,网格数量为13.0万,为尽量减小雷诺数效应对涡振性能的影响,采用几何缩尺比为 $\lambda_L=1/20$,时间步取为 $\Delta t=0.002s$。加劲梁涡激振动响应流固耦合计算参数汇总如表1所示。

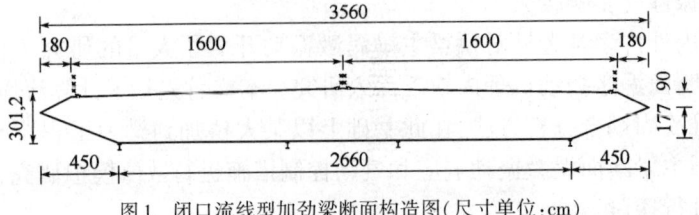

图1 闭口流线型加劲梁断面构造图(尺寸单位:cm)

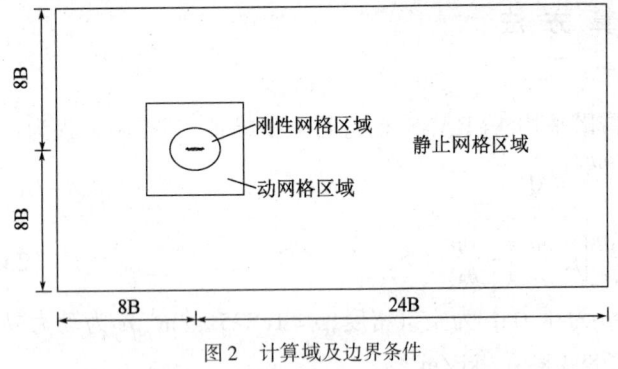

图2 计算域及边界条件

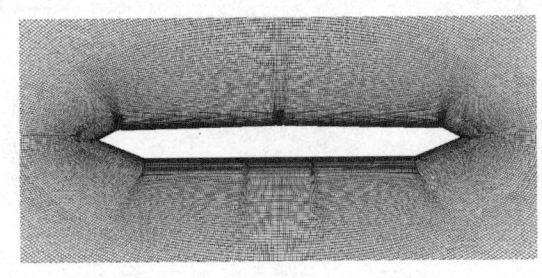

图3 闭口流线型主梁断面网格划分示意图

为提高计算效率,采用并行计算方法进行加紧梁断面涡激振动响应计算,全部计算工作均在国家超级计算长沙中心上进行。该中心主机采用国防科技大学"天河"超级计算设备,全系统峰值计算能力1372万亿次。

三、计 算 结 果

1. 加劲梁原断面涡激振动响应结果

首先针对原加劲梁原断面进行不同风攻角下涡激振动响应流固耦合分析,图4所示为风攻角分别为 $\alpha=0°$,$\pm3°$ 时,加劲梁断面竖向和扭转振动响应幅值随风速的变化曲线。由图4可知,当风攻角为 $\alpha=0°$ 时,在风速为 $7.20\sim8.80m/s$ 范围内加劲梁发生了较为明显的竖向涡激共振现象,对应的最大振幅为0.13cm;当风攻角为 $\alpha=+3°$ 时,风速为 $7.50\sim11.2m/s$ 范围内加劲梁发生了明显的竖向涡激共振现象,对应的最大振幅为0.29m;当风攻角为 $\alpha=-3°$ 时,风速为 $6.4\sim8.4m/s$ 范围内发生了较为明显的竖向涡激共振现象,对应的最大振幅为0.16m。在计算风速范围内未观测到明显的扭转涡激共振现象。2020年5月5日19:40虎门大桥主梁拆除临时隔离措施后的涡激振动响应对应的频率为0.27Hz,对应的振幅约为0.20m,本文计算结果总体上与现场实测结构较为吻合,表明本文所建立的主梁断面涡振响应数值模拟方法具足够的精度。本文的数值模拟结果再现了虎门大桥主梁断面涡激共振响应振动情况,为进一步采取气动控制措施研究提供了技术积累。

为进一步考察主梁断面涡激振动响应特征,图5给出了风攻角为 $+3°$ 时,实桥桥面高度处不同风速下加劲梁断面竖向位移响应时程曲线。需要说明的是,为节约计算时间,在进行涡振响应计算时给主梁断面施加了初始激励。由图5可知,当实桥桥面高度处风速为 $V=6.8m/s$ 时,加劲梁竖向振动位移呈衰减状态,表明此时加劲梁未发生涡激共振现象;当实桥桥面高度处风速为 $V=8.4m/s$ 时,加劲梁竖向振动位移呈增大一定程度之后稳定状态,对应的最大振幅接近 0.09m,加劲梁发生了涡激共振现象;当实桥桥面高度处风速为 $V=9.6\mathrm{m/s}$,加劲梁的竖向振动位移进一步增大,最大振幅接近 0.29m,加劲梁发生了大幅涡激共振现象;当实桥桥面高度处风速为 $V=11.2\mathrm{m/s}$ 时,加劲梁竖向振动位移响应又呈衰减状态,此时加劲梁未发生涡激共振现象。

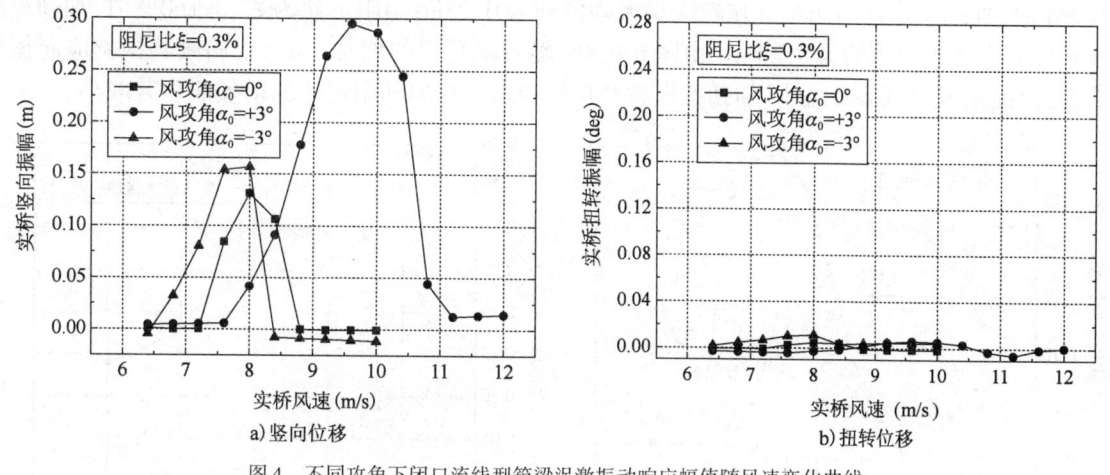

图 4 不同攻角下闭口流线型箱梁涡激振动响应幅值随风速变化曲线

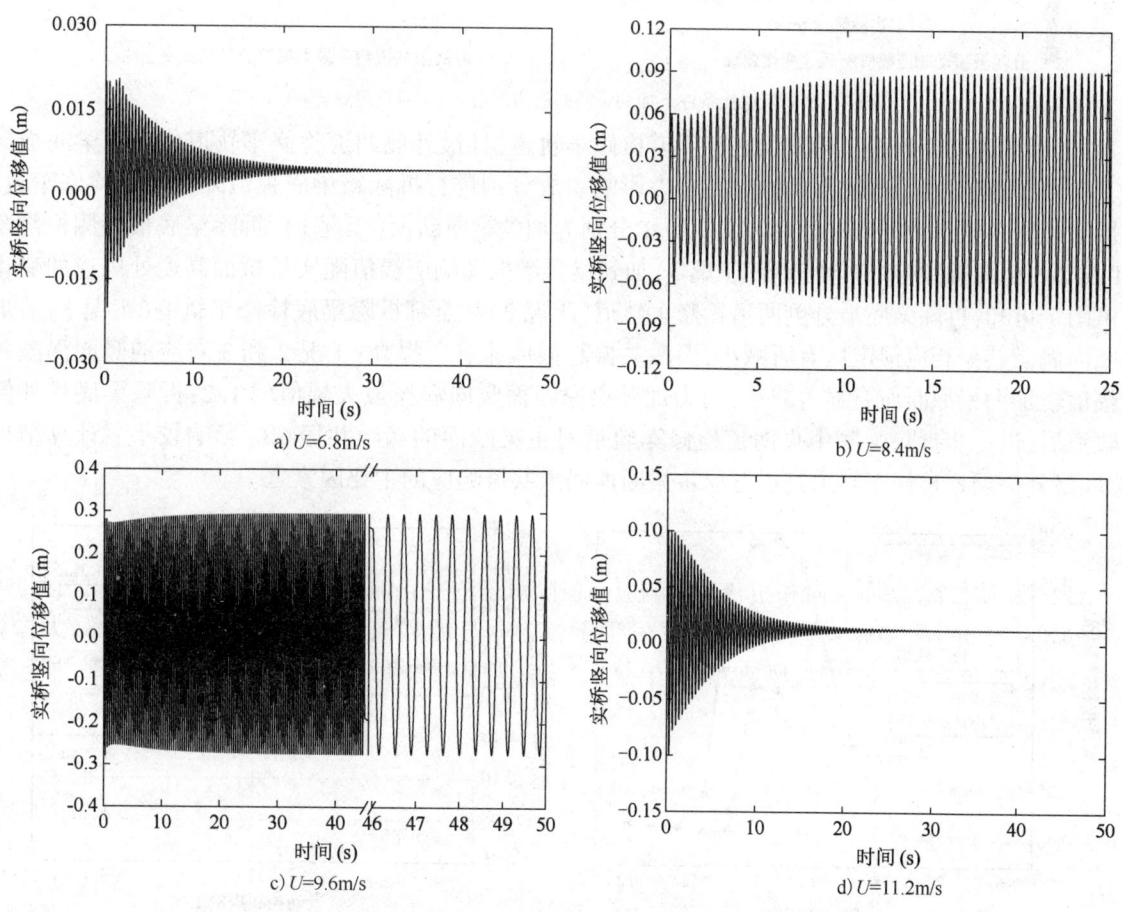

图 5 风攻角为 $\alpha=+3°$ 时不同风速下闭口流线型箱梁涡激振动响应时程曲线

2. 加劲梁涡激共振控制措施与机理探讨

闭口流线型主梁涡激振动数值模拟结果表明,原加劲梁断面在阻尼比为 $\xi_{h,t}=0.3\%$,风攻角为 $\alpha=0°,\pm3°$ 时加劲梁发生了明显的涡激共振响应现象。为此,分别从阻尼比和气动控制措施两个方面对该桥加劲梁涡激共振响应进行控制研究。

首先,针对加劲梁涡激共振响应最为大的工况,即风攻角为 $\alpha = +3°$,分别进行阻尼比为 $\xi_{h,t} = 0.5\%$、$\xi_{h,t} = 1.0\%$ 两种工况下加劲梁涡激振动响应数值模拟。图6所示为风攻角为 $\alpha = +3°$ 时,不同阻尼比条件下加劲梁断面的涡激振动响应幅值随桥面高度处风速的变化曲线。由图6可知,当阻尼比为 $\xi_{h,t} = 0.5\%$ 时,加劲梁断面的涡激共振响应最大幅值约为0.23m;当阻尼比为 $\xi_{h,t} = 1.0\%$ 时,加劲梁断面的涡激共振响应最大幅值约为0.14m。由图6可知,随着阻尼比的增加,加劲梁涡激共振响应起振风速基本不变,但锁定区范围略有减小;加劲梁涡激共振响应最大振幅随阻尼比的增加而显著减小。

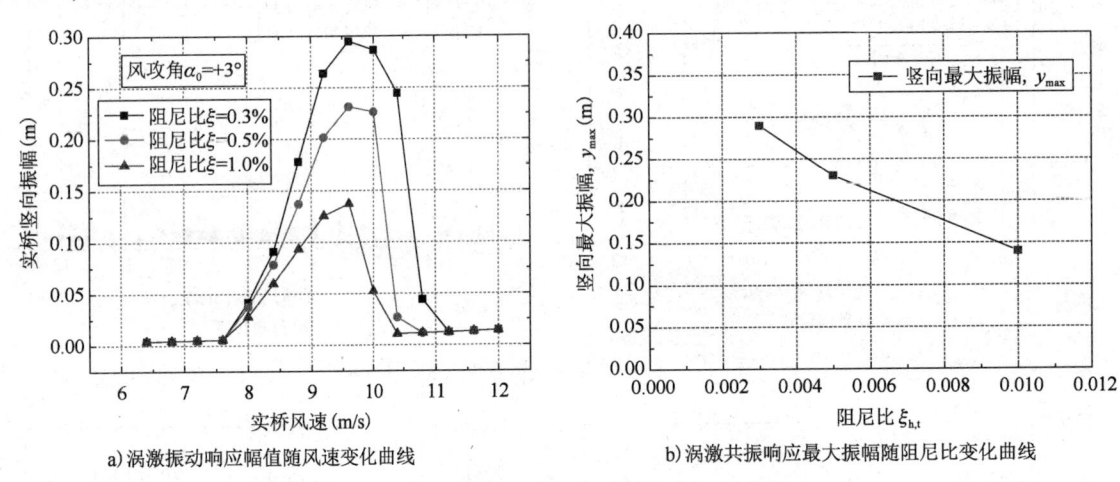

a) 涡激振动响应幅值随风速变化曲线　　　　b) 涡激共振响应最大振幅随阻尼比变化曲线

图6　不同阻尼比条件下加劲梁断面涡激振动响应(风攻角 $\alpha = +3°$)

其次,考虑到闭口流线型箱梁梁底有四道检修车轨道,且最外侧两道检修车轨道位于箱梁底板与斜腹板交界处,可能对加劲梁涡激共振存在较大影响。故分别进行拆除箱梁底板最外侧两道检修车轨道、全部拆除检修车轨道两种工况计算。图7所示分别为加劲梁原断面(工况1)、拆除梁底最外侧检修车轨道(工况2)、全部拆除检修车轨道后(工况3)加劲梁涡激振动响应幅值随实桥桥面高度处风速的变化曲线。由图7可知,拆除梁底最外侧两道检修车轨道(工况2)和全部拆除梁底检修车轨道(工况3)后加劲梁的竖向涡激共振相应锁定区有所减小,涡激共振起振风速有所提高;工况2和3对应的竖向涡激共振最大幅值较加劲梁原断面有显著减小,约为加劲梁原断面竖向涡振最大幅值的1/2;拆除梁底最外侧检修车轨道后,进一步拆除梁底中央两道检修车轨道对主梁断面的涡激共振响应影响较小。计算结果表明:梁底最外侧两道检修车轨道是引起原主梁断面涡激共振响应的主要因素之一。

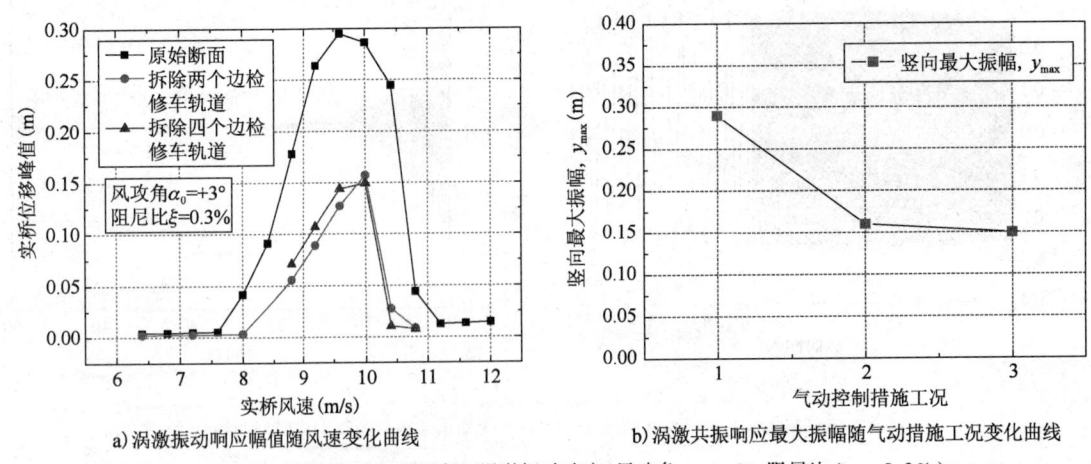

a) 涡激振动响应幅值随风速变化曲线　　　　b) 涡激共振响应最大振幅随气动措施工况变化曲线

图7　不同气动控制措施加劲梁断面涡激振动响应(风攻角 $\alpha = +3°$,阻尼比 $\xi_{h,t} = 0.3\%$)

为了进一步分析闭口流线型箱梁断面的涡激共振响应机理,分别对加劲梁原断面(工况1)、拆除梁底最外侧两道检修车轨道(工况2)、拆除梁底全部检修车轨道后(工况3)加劲梁断面附近流场进行分析。图8分别给出了不同工况对应的加劲梁断面附近速度等值线图,由图8可知,对于加劲梁原断面,当气流流经梁底最外侧上游检修车轨道后产生明显的分离,形成较为规则的旋涡脱落;气流在流经下游侧最外侧检修车轨道处也会产生较为明显的分离,形成较为规则的旋涡脱落,这两处较为明显的旋涡脱落会对主梁产生脉动升力作用,从而容易导致加劲梁原断面发生涡激共振现象。当拆除梁底最外侧两道检修车轨道后,加劲梁底部流场未出现较大的气流分离和旋涡脱落现象,仅在梁底中央处有较小的气流分离和旋涡脱落,但该处气流在梁底中央下游侧不远处再附。全部拆除梁底检修车轨道后,加劲梁底部的流场未出现明显的气流分离和旋涡脱落现象。综合以上分析可知,梁底两道靠近斜腹板处的最外侧检修车轨道对加劲梁断面的气动外形影响最大,也是引起加劲梁原断面发生涡激共振的主要原因之一。

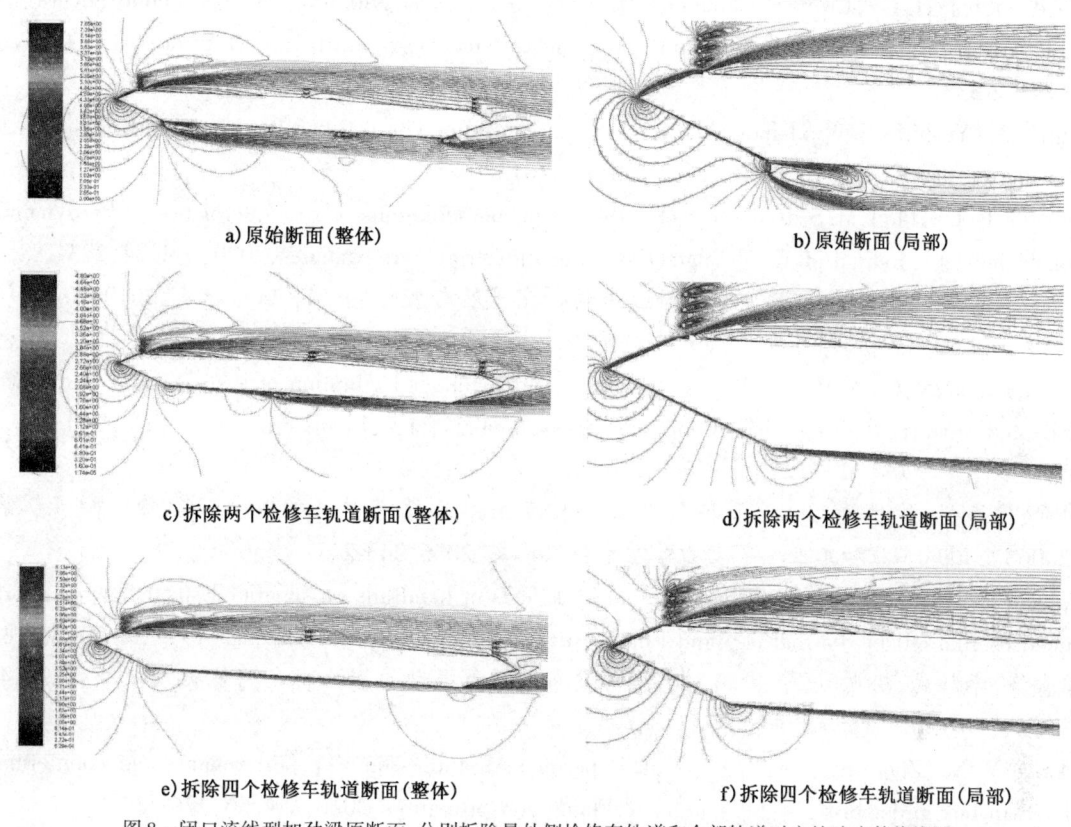

a) 原始断面(整体)　　　　　　　　　b) 原始断面(局部)

c) 拆除两个检修车轨道断面(整体)　　　d) 拆除两个检修车轨道断面(局部)

e) 拆除四个检修车轨道断面(整体)　　　f) 拆除四个检修车轨道断面(局部)

图 8　闭口流线型加劲梁原断面、分别拆除最外侧检修车轨道和全部轨道对应的速度等值线图

四、结　语

针对大跨度桥梁闭口流线型箱梁涡激振动问题,采用流固耦合方法对某大跨度悬索桥闭口流线型钢箱梁进行了涡激振动响应计算,在此基础上分别对不同阻尼比、不同气动控制措施的控制效果进行研究,最后对闭口流线型箱梁断面涡激共振机理进行了简要分析。通过对闭口流线型主梁断面的涡激振动响应数值分析,得到如下主要结论:

(1)采用动网格与 ANSYS Fluent UDF 相结合的方式所建立的主梁断面二维流固耦合分析方法可以较为准确地模拟闭口流线型箱梁涡激振动响应,模拟结果与现场观测结果总体吻合较好;

(2)虎门大桥闭口流线型原主梁断面在风攻角为 $\alpha=0°$、±3°阻尼比为 $\xi_{h,t}=0.3\%$ 时,在风速范围为 7.5~11.0m/s 范围内存在较为明显的竖向涡激共振现象,最大涡振振幅为 0.29m,与大桥加劲梁涡激共振现场实测结果较为吻合。

(3)随着加劲梁阻尼比的增加,其涡激共振响应起振风速基本不变,但锁定区范围略有减小;加劲梁涡激共振响应最大振幅随阻尼比的增加而显著减小。拆除梁底最外侧两道检修车轨道和全部拆除梁底检修车轨道后,加劲梁的竖向涡激共振响应锁定区有所减小,涡激共振起振风速有所提高;最大涡激共振振幅约为加劲梁原断面竖向涡振最大幅值的 1/2。

(4)对于加劲梁原断面,当气流流经梁底最外侧上、下游检修车轨道后产生明显的分离,形成较为规则的旋涡脱落,从而容易导致加劲梁原断面发生涡激共振现象。梁底最外侧两道检修车轨道是引起原主梁断面涡激共振响应的主要因素之一。

参考文献

[1] Owen,J. S. ,Vann,A. M. ,Davies,J. P. ,Blakeborough,A. The prototype testing of Kessock Bridge:response to vortex shedding[J]. Journal of Wind Engineering and Industrial Aerodynamics,1996,Vol. 60:91-108.

[2] Macdonald,J. H. G. ,Irwin,P. ,Fletcher,M. S. ,Vortex-induced vibrations of the Second Severn Crossing cable-stayed bridge:full-scale and wind tunnel measurements[J]. Structure & Buildings,2003,Vol. 156(3):332-333.

[3] Fujino,Y.,Yoshida Y. Wind-induced vibration and control of Trans-Tokyo Bay Crossing Bridge[J]. Journal of Structure and Engineering,2002,Vol. 128(8):1012-1025.

[4] Battista,R. C. ,Pfeil,M. S. Reduction of vortex-induced oscillations of Rio-Niteroi bridge by dynamic control devices[J]. Journal of Wind Engineering and Industrial Aerodynamics,2000,Vol. 84:273-288.

[5] 许福友,丁威,姜峰,等. 大跨度桥梁涡激振动研究进展与展望[J]. 振动与冲击,2010,Vol. 29(10),40-49.

[6] Li,H.,Laima,S.,Ou,J. P. ,et al. Investigation of vortex-induced vibration of a suspension bridge with two separated steel box girders based on field measurements[J]. Engineering structures,2011,Vol. 33:1894-1907.

[7] 陶奇,廖海黎,徐洪涛. 2006. 西堠门大桥大尺度主梁节段模型涡激振动试验研究[C]//第七届(2006)全国风工程和工业空气动力学学术会议论文,2006,243-247.

[8] Nangao F. ,Utsunomiya H. ,Yoshioka E. ,et al. Effects of handrails on separated shear flow and vortex-induced oscillation[J]. Journal of Wind Engineering and Industrial Aerodynamics,1997,69-71:819-827.

[9] 管青海,李加武,胡兆同,等. 栏杆对典型桥梁断面涡激振动的影响研究[J]. 振动与冲击,2014,Vol. 33(3):150-156.

[10] Yang,Y. X. ,Zhou,R. ,Ge,Y. J. ,et al. Experimental studies on VIV performance and countermeasures for twin-box girder bridges[J]. Journal of Fluids and Structures,2016,Vol. 66:476-489.

[11] 杨詠昕,周锐,葛耀君. 大跨度分体箱梁桥梁涡振性能及其控制[J]. 土木工程学报,2014,Vol. 47(12):107-114.

[12] 刘君,廖海黎,万嘉伟,等. 检修车轨道导流板对流线型箱梁涡振的影响[J]. 西南交通大学学报,2015,Vol. 50(5):789-795.

[13] 刘志文,周帅,陈政清. 宽高比为4的矩形断面涡激振动响应数值模拟[J]. 振动与冲击,2011,Vol. 30(1):53-156.

[14] 戴竞. 虎门大桥设计与施工[J]. 土木工程学报,1997,Vol. 30(4):3-13.

67. 热带海洋环境桥梁用耐候钢腐蚀和适用性研究

刘 波 宋 晖 王 飞 张 凡

(中交公路规划设计院有限公司)

摘 要 本文以马尔代夫马累-机场岛跨海大桥用耐候钢的耐久性研究为背景,针对热带海洋环境下 Q235 钢、普通耐候钢、3% Ni 钢的腐蚀行为进行了试验研究和对比分析,完成了现场氯离子沉积率测试、室内模拟加速试验和现场挂片暴露试验,得到了三种钢材在热带海洋环境表的大气腐蚀的定量数据。基于定量研究和调研分析认识到3%Ni钢和涂层联合作用的优势及钢材裸露使用的局限,确立了3%Ni钢加防腐涂层的实施方案。最后结合目前研究的局限性,提出了后续研究的重点和方向。

关键词 热带海洋环境 氯离子沉积率 耐候钢 适用性 防腐方案

一、引 言

钢材的腐蚀关乎桥梁结构的安全和耐久性,海洋大气环境下钢材腐蚀问题更为突出。近年来,海洋地区使用耐候钢的桥梁也出现了较为严重的腐蚀问题[1],我国在海南省万宁试验站进行的耐候钢长期暴露试验样本存在锈层稳定3年后加速腐蚀的现象[2]。显然,在更为严酷腐蚀环境的热带海洋地区建造钢桥面临着更大的抗腐蚀挑战,而国内外的相关研究缺乏系统性和定量数据[3-5],为这一问题的解决带来了诸多不确定性。

马尔代夫马累—机场岛跨海大桥作为"一带一路"的重点建设项目,备受中国政府和社会各界瞩目。为最大限度地提高结构耐久性,大桥钢主梁设计采用了耐腐蚀性能更强的高镍钢材。国内外学者、钢铁企业在提高材料的抗大气腐蚀性能方面进行了广泛深入的研究[6-9],开发出了耐高盐分大气腐蚀的高镍系列耐蚀钢[10]。日本新干线高镍耐候钢的使用、长周期暴晒试验的结果[11]也极大地鼓舞了本项目采用高镍耐候钢的信心。

在此前提下,开展不同钢材在热带海洋环境下的暴露试验和试验室加速腐蚀试验,获得马尔代夫桥位区域的腐蚀环境关键参数和腐蚀定量数据,完成钢材的服役寿命评估,为确定合理的钢材和防腐方案提供必要的支撑,就显得异常迫切。

二、马尔代夫的大气腐蚀环境

1. 马尔代夫大气环境特征

一般认为,距离海岸线200m以内的区域称为海洋大气腐蚀环境[12]。海洋大气环境是各种大气环境中典型的、腐蚀程度严重的一种,其特征主要表现为:大气年平均温度≥20℃;年平均相对湿度≥80%;盐雾含量≥0.3mg/m³。近年来,对热带潮湿气候区(加勒比海地区的古巴、墨西哥、委内瑞拉等)的大气腐蚀进行了评估,发现其海滨的大气腐蚀性高于ISO标准的C5级[13],为ISO12944-2:2017[14]规定的CX级极端腐蚀大气环境。

马尔代夫是地处印度洋上的群岛国家,位于赤道附近,地势低平,平均海拔1.2m。年降水量2143mm,年平均气温28℃,具有明显的热带海洋气候特征。总体而言,日本的冲绳和我国的西沙均为相应国家海洋环境最为严酷地区马尔代夫海洋大气环境中影响腐蚀的关键因素,即温度,湿度条件均高于日本冲绳岛和我国西沙群岛,见表1所示。

马尔代夫和西沙群岛的大气环境特征对比 表1

	气候类型	年平均温度(℃)	年平均相对湿度(%)	降雨量(mm)	年均风速(m/s)
日本冲绳岛[15]	亚热带海洋气候	23	74	1875	5~6
海南文昌[16]	热带北缘沿海地带	24.1	86.4	1834	
西沙群岛[13]	热带海洋气候	26~27	77.4	>1500	5~6
马尔代夫[17]	热带海洋气候	28	78.5	>2000	4~5

2. 氯离子沉积率测试

一个地区的气象环境和大气腐蚀介质情况可以表征该地区的大气腐蚀性的严酷程度[16]。与西沙的大气环境相比,马尔代夫的温度、湿度和太阳辐射等气象因素类似,而大气腐蚀介质氯离子浓度是最大未知影响因素。现有文献表明,我国西沙群岛年度的大气氯离子沉积率变化范围为0.3~1.15mg/(dm²·d)[13],日本冲绳区域的大气氯离子沉积率为 0.35~0.85mg^8/(dm^2·d)[18]。

为更好地完成马尔代夫环境中服役的腐蚀评估,在 2016 年 4 月至 2018 年 3 月期间,选择了三个位置的纱布干法进行了大气氯离子沉积率测试。综合测试期间降雨、季节性气候、测试高程及规避浪溅等因素,确定其中一组数据可靠,氯离子沉积率为 1.745mg/(dm^2·d)[17]。从表 2 中的数据对比可看出,不同沿海环境的氯离子浓度差异明显,马尔代夫大气中氯离子沉积率为西沙群岛的 1.55 倍,具有更苛刻的海洋大气腐蚀环境特征。

不同区域氯离子沉积率对比结果　　　　　表 2

沿海环境	青岛	文昌	万宁	西沙	日本冲绳	马尔代夫
Cl$^-$沉积率 mg/(dm^2·d)	0.250[19]	0.54[16]	0.387[19]	1.123[13]	0.80[18]	1.745[17]

三、耐候钢使用的调研和评估

1. 耐候钢使用的局限性

耐候钢以其优越的耐腐蚀性能、后期维护费用低及较好的经济效益得到美国和日本等国家的大力开发和应用。美国已建耐候钢桥数量占到全部钢桥的 50% 以上,其中无涂装耐候钢桥超过 5%[20]。日本桥梁建设协会历年的统计数据表明,截至 2015 年耐候钢用量超过 190 万吨,占总用钢量的 8.9%[21]。

但普通耐候钢的使用是有局限性的,对于海边、含盐地区及亚硫酸气体浓度高的地区均不宜使用普通耐候钢。英国钢铁研究协会(British Iron and Steel Research Association)在 20 世纪 80 年代中期研究给出的指导意见是耐候钢通常不应在距离海水 2 公里范围内使用。日本建设省土木研究会等颁布的 JIS(普通)耐候钢适用指南规定在公路桥梁上裸露使用耐候钢时,空气中氯离子浓度不大于 0.05mdd(mg/dm^2/day)[22],其建议使用的区域离海岸边最小距离为 1km(日本海侧最小距离 5km,太平洋侧最小距离 2km)。而冲绳地区作为日本纬度最低、最严酷的腐蚀环境区未包含在相关规定中。

另外,即使在内陆地区或非腐蚀大气环境下也非无限制的使用。美国肯塔基州交通部门的研究人员对辖区内的涂装和无涂装耐候钢桥进行的调查和评估发现,因不理想的暴露条件、局部构造及排水等问题,有多座无涂装耐候钢桥出现腐蚀严重的情况,甚至有些桥梁的钢构件完全腐蚀失效的案例[20]。

2. 耐候钢防腐蚀机理

对于普通钢材和耐候钢的耐腐蚀机理,大量研究有了明确的认识。普通钢材随着锈蚀的进展,锈层膨胀变厚,Fe_3O_4 形成并开始产生裂缝,随后锈层发生剥离,从而进一步加剧锈蚀向内部进展。而耐候钢虽然在使用初期与普通钢材一样生锈,但在干燥与潮湿的环境交替变化中,Cr、Cu、Ni 等合金元素有助于抑制阳极溶解,相应地也减少了阴极反应和碱气泡,其表面形成致密且连续的稳定锈层,从而抑制腐蚀的进一步发展[23,24]。

但海洋环境大气中,因腐蚀性介质浓度过高,传统耐候钢即使形成锈层,氯离子依然能够穿过锈层而集中于腐蚀活跃点,形成蜂窝状聚集区停滞在锈层下,易导致锈层的层片状脱落,难以形成保护性 α-FeOOH 稳定锈层而使得使腐蚀进一步发展[25,26]。这也是日本限制使用普通耐候钢的主要原因。

3. 海洋环境钢结构耐腐蚀钢材开发

针对严酷的海洋环境使用条件,美国和日本都进行了耐腐蚀钢材的相关研究和开发。相较于美国,日本的海岛气候环境条件更为严酷。因此日本针对海洋环境下耐候钢材使用的研发与试验较多,开发出了耐高盐分大气腐蚀的高镍系列耐蚀钢[10]。同时,相关日本企业也结合其海岛气候条件对高性能耐候钢开展了自然条件下的腐蚀试验,积累了大量的数据。

日本 JFE 钢铁公司针对其生产的镍系高耐候钢在不同环境下进行了多年的挂片暴晒试验[27],东京铫子市和冲绳海岸挂片暴晒对比见图 1。

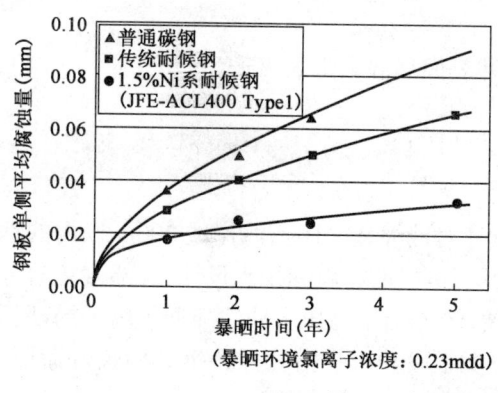 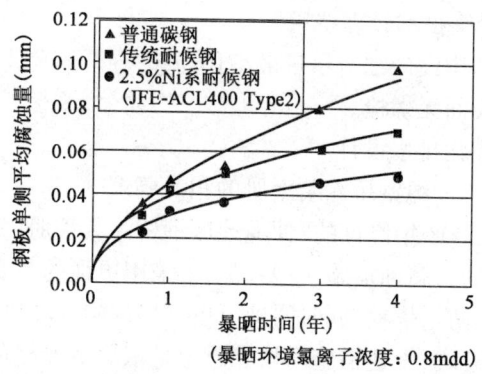

图1 日本不同地区暴晒试验腐蚀失重结果

因日本建设省规定 JIS 耐候钢在易受到海水腐蚀的沿海区域桥梁上使用时必须进行涂装,新日铁研究推出可满足海洋环境使用新产品 Cor space 钢[9],以替代价格较贵的 3% Ni 系列钢材,对于盐害严重或采取防冻剂的钢桥的应用非常有效。由图2可看出,在海洋环境中日本新日铁推荐的是高性能防腐钢材 + 涂装的方式[28]。

国内许多学者和钢铁企业针对南海海洋环境下耐候钢的腐蚀行为及提高材料的抗大气腐蚀性能方面都开展了广泛的研究[6-8],但主要局限在腐蚀机理模型研究和寿命预测阶段,缺乏长期暴晒后的腐蚀规律和腐蚀特征数据。

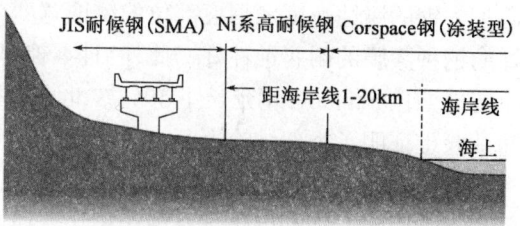

图2 不同低合金防腐钢材应用范围示意

4. 日本已有桥梁实践情况

1) 日本冲绳边野喜桥无涂装使用案例[29]

边野喜桥是使用无涂装的耐候钢桥,1981年建于冲绳县北部。因腐蚀严重于2004年全面禁止通行,2009年7月垮塌。此桥建于离海岸线约50m的地方,全年受海风影响大,加之波浪击打礁石后飞溅造成了恶劣的局部腐蚀环境,使得桥台位置桁架腐蚀最为严重。根据琉球大学在2008年底的测试,主桁架内表面的氯离子沉积率为 2.5~4.6mdd,远高于正常大气氯离子浓度 $0.35 \sim 0.85 mg^8/(dm^2 \cdot d)$[18]。这也说明局部使用环境和大气环境之间可能存在巨大差异。

2) 日本新干线高镍钢的尝试[11]

日本在新干线上多座铁路钢桥使用了不同 Ni 含量的耐候钢材。北陆新干线上的北陆道高架桥位于新泻县系鱼川市青海,桥长为393m,距离日本海海岸线仅有600m,氯离子浓度平均0.244mdd,在世界上首次采用了新日铁的 3% Ni 钢,至今已经过了15年以上。1999年开始进行小型试样对比暴露试验,得到第11年的数据如图3,暴露试验中的 3% Ni 钢的腐蚀损耗量约为 JIS 耐候钢低1/3。

3) 日本伊良大桥的耐腐蚀方案和措施[30]

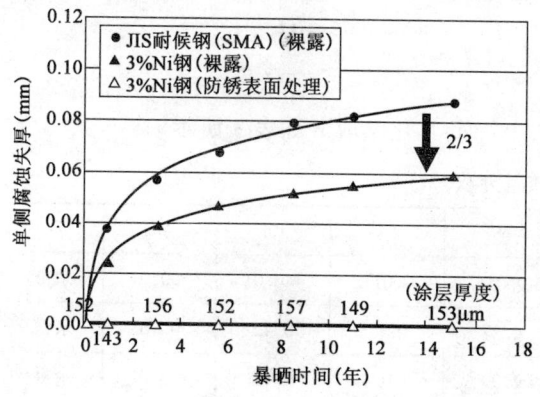

图3 试样腐蚀损失的长期变化

2014年通车的日本伊良部跨海大桥位于冲绳岛西南约310公里处的宫古岛,主桥采用主跨180m的钢箱梁结构,日本气象厅2013年发布桥位处的大气氯离子浓度为0.486mdd,该桥设计非常重视混凝土和钢结构的耐久性,目标是在严重盐害和强风环境下提供高质量和长期耐久的桥梁结构。该桥在材料选择、防腐及施工上尽可能采取最佳措施,设计方面的措施如下:

(1) 为确保100年使用寿命,采用铝/合金镁热喷涂,同时禁止手工涂装带来质量不稳定问题。

(2) 采用八边形箱形截面减少表面积,降低氯离子累

(3) 结构设计细节尽量最小化局部突起,避免主梁外表面局部黏附氯离子。

(4) 表面无螺栓。

(5) 优化排水设计。

4) 日本冲绳钢桥涂装手册的相关要求[18]

日本 2008 年修订的"冲绳地区钢桥涂装手册"重点针对冲绳地区距离海岸线 200m 以内的钢桥制定了高规格的防腐蚀措施,主要规定了采用更强的防腐涂层、更好的材料和排水设计、局部避免盐分累积的构造处理、防锈螺栓,同时明确了更严格的施工和维护要求,突出了高压水冲洗降低氯离子局部积累的措施要求。总之,上述措施的核心思想是依靠更严格的防腐手段和维护措施保持钢结构长寿命要求,并非完全靠耐候钢的稳定锈层防腐。

5. 高镍钢和涂装的作用机理、联合作用优势

日本根据 8 年周期涂漆试片的暴晒试验得出[32],耐候钢涂漆比普通钢涂漆相比漆膜生锈少,涂层寿命长。钢的腐蚀速度和划痕部位的锈蚀宽度、腐蚀深度、漆膜气泡角度呈线性关系,定量地证实了耐腐蚀好的钢种漆膜的耐腐蚀性好。此外,日本神户制钢针对涂漆条件下耐蚀性试验表明[33],某种耐候钢材的涂装周期比 SM490C 钢延长了 50%。北京科技大学腐蚀与防护中心的普通耐候钢和高镍钢土层体系加速试验也证明了类似结论[17]。

耐候钢涂装后其耐腐蚀能力提高的主要原因是:

一方面耐候钢的电化学腐蚀作用比普通碳素钢小。高镍钢表面锈层耐蚀性极好,在氯离子浓度较高的海洋大气环境中,能形成致密的带负电的内锈层,最大限度的阻挡氯离子入侵,薄液膜电解质难以流入,缓解腐蚀进程。

另一方面,漆膜的物理破坏作用小。与普通碳素钢相比,耐候钢在漆膜下腐蚀少,漆膜起泡的大小和扩展速度慢,对漆膜的附加应力小,这样漆膜的恶化破坏就少,增强了漆膜的屏蔽作用。

日本在阪神高速公路桥梁项目上,针对添加了 Sn(钼)元素的 CORSPACE 钢和普通 SM490 钢的涂装试样进行了暴露试验和模拟测试[28],结果显示 CORSPACE 钢的涂层腐蚀缺陷面积少 1 倍,也很好的证明了上述观点和结论(见图 4)。

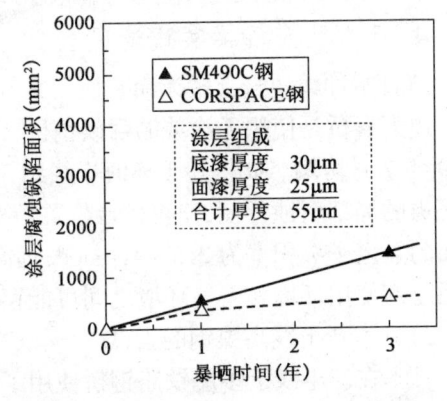

图 4 CORSPACE 钢涂漆后的腐蚀缺陷面积变化曲线

四、腐蚀测试和评估

为了掌握钢材及涂层在马尔代夫服役环境下的定量腐蚀数据,进一步为确定合理的钢材及相应防腐方案,本项目完成了实验室加速试验和大气暴露试验。

1. 试验材料

试验材料为 Q235 钢、普通耐候钢和四种不同厂家的 3% Ni 钢,其化学成分如表 3 所示。

表 3 试验材料的主要化学成分(质量分数,%)

编号	C	Mn	S	P	Si	Ni	Cr	Cu	Mo	Fe
1	0.15	1.46	0.016	0.014	0.54	0.041	0.017	≤0.01	≤0.01	余量
2	0.059	1.44	0.0037	0.014	0.50	0.27	0.41	0.42	0.16	余量
3	0.059	0.75	0.0010	0.013	0.37	2.99	0.024	0.44	≤0.01	余量

注:本表仅列出 1 组 3% Ni 钢的数据。

2. 实验室加速试验

金属大气腐蚀是缓慢的发展过程,模拟加速试验结果重现性差,不能完全真实地反映其在自然环境中的规律,但为在短期内获得钢材的腐蚀性能参考数据,在一定程度上预测腐蚀失厚,首先完成加速腐蚀测试是必要的。针对耐候钢在海洋环境下的腐蚀行为,国内学者也在模拟加速试验和大气暴露试验的相关性方面做了大量试验研究工作[34-37]。

整体而言,马尔代夫海洋大气环境与西沙群岛环境极为相似,腐蚀机制并未发生改变,因此采用了模拟西沙海洋大气环境的5%NaCl溶液进行实验室加速试验,试验参数见表4。

实验室加速试验参数　　　　　　　　　　　　　　　　　　　　　　表4

试验条件	循环周期	浸湿时间	浸湿温度	干燥时间	干燥温度	试验溶液	试验周期
设定值	60min	12min	30℃	48min	30℃	5%NaCl	720h

腐蚀产物和扫描电子显微镜(SEM)形貌表明[17],Q235和普通耐候钢腐蚀严重,后期出现大量点蚀坑,Q235钢蚀坑数量最多,尺寸最大。3%Ni钢初期腐蚀轻微,蚀坑数量较少,后期以均匀腐蚀为主,腐蚀产物更加致密(图5)。

图5　720h加速试验腐蚀产物的表面形貌

3. 裸片大气暴露试验

裸片暴露试验的投样本和周期见表5。

裸片暴晒试验投放样本和周期　　　　　　　　　　　　　　　　　　表5

编号	材　质	6个月	1年	2年
1	Q345D	2016.4	2016.4	2016.4
2	普通耐候钢	↓	↓	↓
3	3%Ni钢(4组)	2016.10	2017.4	2018.3

从2年裸片暴露试验宏观腐蚀产物形貌看[17],Q235碳钢的锈层明显疏松,厚度迅速增加,2年后试样表面明显分层,进入腐蚀晚期;普通耐候钢表面有分层的趋势,但并未开始脱落;3%Ni钢的锈层较为完整致密,尚未出现分层。

除去腐蚀产物后,表面腐蚀形貌呈现一定的变化规律,如图6所示。暴晒半年后,试样表面有密密麻麻的蚀坑(高度达500μm以上),蚀坑尺寸较小。当暴露超过1年后,试样表面蚀坑变大,但深度有所降低(200μm以内)。6种试样均呈由局部腐蚀向均匀腐蚀发展的趋势(图7)。

通过扫描电子显微镜SEM观察、能量色谱仪(EDS)和X射线衍射仪(XRD)对钢材腐蚀产物的形态和组成进行了调查和分析。结果表明,Ni元素在腐蚀过程中起着重要作用,参与腐蚀产物的形成,富集在内部锈层中,促进了由松散γ-FeOOH转变为致密α-FeOOH;其次,富集的Ni元素在锈层中有效地分离了主要的侵蚀性氯离子,使得腐蚀速率大为降低。另外,电化学阻抗谱测量结果也表明[38,39],高镍钢表面腐蚀产物膜电阻值更大,具有更好的保护作用,从而降低了高镍钢在严酷海洋大气环境中的腐蚀速率。

图6　试样暴露两年后去除腐蚀产物的SEM表面形貌

图7　涂装挂片暴晒1年的宏微观形貌

4. 涂装片大气暴露试验

涂装片暴露试验的投样本和周期见表6。

涂装片暴晒试验投放样本和周期　　　表6

编号	材　　质		6个月	1年	长期
1	Q345D	热喷锌	2017.12	2017.12	2017.12
2		环氧富锌			
3	耐候钢	热喷锌	↓	↓	↓
4		环氧富锌			
5	3%Ni钢	热喷锌	2018.7	2019.9	
6		环氧富锌			

1年涂装挂片暴晒结果表明,两种涂层均未出现开裂、气泡、脱落或剥离等现象,表现出较好的防护作用,热喷锌涂层的腐蚀形貌好于环氧富锌涂层。

1) 热喷锌涂层

划叉部位出现黑色颗粒状腐蚀产物,同时存在大量白色粉状产物,但表面未有明显的破坏和起泡现象。

2) 环氧富锌涂层

Q235钢和普通耐候钢试样划叉内部出现黑色颗粒,腐蚀产物生成。3%Ni钢内侧由白色粉状产物塞满,未观察到腐蚀产物。

5. 腐蚀速率分析和预测

根据加速模拟试验得到的腐蚀动力曲线如图8,根据幂函数模型 $D = At^n$ 拟合后的数值,其中 A 为试样在腐蚀初期单位时间内的腐蚀量,n 则反映钢材表面锈层的保护性,如表7所示。

钢材加速腐蚀模型   表7

试样	幂函数模型		
	A	n	拟合曲线相关度 R^2
1-Q235钢	1.446	0.978	0.993
2-普通耐候钢	2.81	0.842	0.999
3-3%Ni钢	2.85	0.805	0.997

暴晒试验是直接有效的腐蚀预测手段,由暴露2年后的样本计算得到的短期腐蚀失厚率看,Q235钢已完全失效,腐蚀速率达到0.585mm/a,普通耐候钢腐蚀速率约为0.075mm/a,而3%Ni钢整体上腐蚀速率维持在0.05mm/a附近。

大气暴露试验和模拟加速试验的试验结果的相关性仍是国内外研究的热点和难点,不少学者进行了大气腐蚀模型预测研究[40-44],采用的腐蚀模型包括幂函数、灰色GM(1,1)模型、神经网络方法及其他修正模型。

本项目基于马尔代夫氯离子浓度、结合现场2年挂片暴露试验,采用幂函数模型对马尔代夫的环境下3%Ni钢的腐蚀尝试进行了预测,同时利用日本冲绳2.5%Ni耐

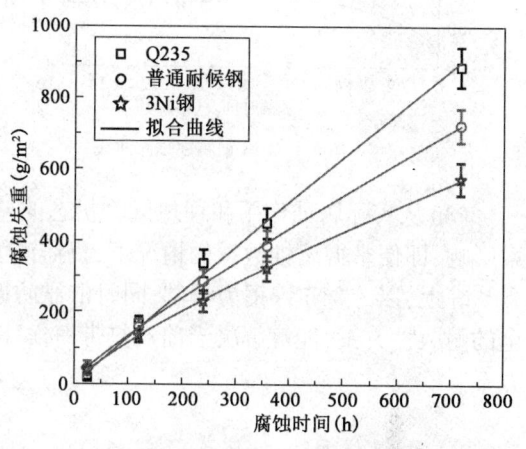

图8 钢材模拟加速试验后的腐蚀失重曲线

候钢的暴露试验数据进行了校验。假如利用室内加速试验和10年以上的暴晒试验得到相同腐蚀量对应时间的比值定义为加速倍率,得到的腐蚀曲线数值比图10中的预测曲线大很多。

由表8的对比可知,模拟试验腐蚀初期的速率较高,利用这些数据进行幂函数拟合得到的参数值偏大,模拟加速试验获得的结果和大气腐蚀暴露试验结果有较大差异,模型相关性不需要进一步研究;其次,利用西沙环境下暴露试验结果进行修正时,碳钢和高镍钢抵抗氯离子作用的差异、及西沙和马尔代夫不同氯离子环境下腐蚀增加的规律均存在假定成分,其模型相似性存在不确定性;而2年暴露试验研究时间短,推断长期腐蚀样本数少。在缺乏常年的暴露实验数据支持下,推定后期腐蚀发展趋势必然存在较大客观局限性[45]。国内在海南万宁的耐候钢长期暴露试验中也发现了暴晒3年后出现腐蚀速率增加的现象[31],表明在热带海洋环境下耐候钢表面形成长期稳定致密的锈层是存在困难的。

不同方法钢材腐蚀厚度预测(mm)[17]   表8

试样	100年后总失厚预测结果(mm)		
	加速模拟试验	西沙腐蚀模型修正	2年暴晒试验
1-Q235钢	53.1	13.5	—
2-普通耐候钢	34.5	8.7	6.2
3-3%Ni钢	31.5	7.9	0.6~1.5(图10)
结果预测的局限性	模型相关性	模型相似性	短期数据

目前短期测试腐蚀的过程是复杂的,影响因素也很多,不管采用何种预方法都需要有较多的测试数据。因此需要后期获得常年的暴露试验数据,解决预测模型、预测结果的不确定性(图9)。

五、马尔代夫跨海大桥钢材耐腐蚀建议方案

与西沙和日本的海洋环境相比,马尔代夫位于赤道附近,温度更高、湿度更大,氯离子浓度和活动更为突出,腐蚀环境更为恶劣。

结合钢材加速模拟实验和短期大气暴露试验的定量评估,及相关长期腐蚀试验和工程应用调研,可得出如下认识:

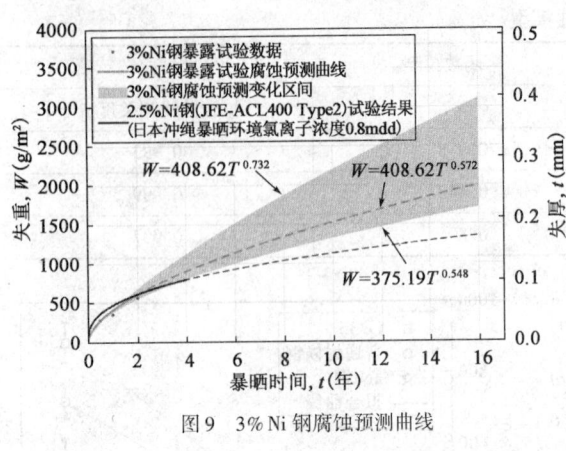

图 9　3% Ni 钢腐蚀预测曲线

(1) 从试验评估角度来说,3% Ni 钢腐蚀以均匀腐蚀为主,其腐蚀速率小于 Q235 钢的一半[38]。但考虑腐蚀过程的复杂性,且户外数据点少、暴晒周期短,预测长期服役腐蚀失厚存在较大局限性。

从调研的情况可清晰地看到 3% Ni 镍钢优越的耐腐蚀性能。但海洋环境下仍不能裸露使用耐候钢,甚至普通环境下裸用耐候钢也有限制条件。

(2) 从涂层和钢材的联合作用角度,鉴于 3% Ni 钢本身突出的耐腐蚀性和其明显延长漆膜寿命的优势,采用 3% Ni 钢为可成为降低维护成本和延长服役时间的有效手段。

(3) 从实际腐蚀作用和理想试验状态的差异角度而言,考虑桥梁使用环境受风、结构局部构造等因素影响,即便掌握腐蚀数据的情况下,仍需谨慎裸露使用耐候钢。

综上,以 3% Ni 镍钢为基础,同时依靠防腐涂层就成为马尔代夫马累-机场岛跨海大桥最为合理、安全的耐久性方案,能够解决当前对热带海洋环境认识、腐蚀研究不足的问题,从全寿命角度看也是经济的方案。

六、结　语

结合项目建设需求,中交公路规划设计院有限公司联合北京科技大学在完成服役环境的氯离子沉积率测试、实验室加速试验和 2 年的大气暴露试验,取得了热带海洋环境下 Q235 钢、普通耐候钢、3% Ni 钢大气腐蚀的定量数据,结合调研成果为马尔代夫马累-机场岛跨海大桥钢材和防腐方案的确定,及服役寿命和安全的评估提供了支撑。

以下几个方面仍需进行深入的研究:

(1) 针对马尔代夫海洋环境下钢材腐蚀评估模型的准确性、评估时间的局限性,亟待完成长期暴露试验,取得系统性数据。

鉴于加速模拟试验和大气暴露试验结果相关性不理想,需依托长期暴露试验数据提高模拟模型的重现性,为热带海洋环境大气腐蚀预测提供有效手段。

(2) 中国钢铁企业在提高高性能耐候钢生产能力的同时,应建立长效机制,重视钢材腐蚀性能的系统研究、锈层处理工艺及配套材料等研究,为耐候钢桥大力推广奠定基础。

(3) 国内耐候钢桥的应用处在关键期,在追赶发达国家大力推广免涂装使用的同时,需清醒地认识到局部环境和细节构造等限制条件、尘土等介质影响、疲劳腐蚀等影响[46],重视结构的构造、排水等细节设计及正确的维护策略,提升免涂装耐候钢桥梁的竞争力。

致谢：本项目研究得到北京科技大学腐蚀与防护中心、鞍山钢铁集团有限公司、南京钢铁股份有限公司路桥及中交第二港务工程局有限公司、中铁大桥勘测设计院集团有限公司等在现场观测、模型制作及试验等方面的大力支持。作者在此一并致谢!

参考文献

[1] 村越润,高桥实.边野喜桥-腐食劣化により崩落に至った鋼橋の変状モニタリング[J].桥梁与基础 No.49:49-52,2014 年 3 月.

[2] 王成章,张伦武,汪学华,等.热带海洋大气环境中钢腐蚀异常原因分析[J].失效与分析,2005.2(2):68-75.

[3] 张全成,吴建生.耐候钢的研究与发展现状[J].材料导报,2000,14(7):12-14.

[4] 王建军,郑文龙,陈家光.表面涂层改性技术在提高耐候钢抗海洋性大气腐蚀中的应用[J].腐蚀与防护,2004,25(2):53-56.

[5] Jennifer McConnell, Harry W. Shenton III, Dennis R. Mertz, et al. National Review on Use and Performance of Uncoated Weathering Steel Highway Bridges[J]. Journal of Bridge Engineering, 2014. 19(5):1084-0702.
[6] 梁彩凤,侯文泰. 环境因素对钢的大气腐蚀的影响[J]. 中国腐蚀与防护学报,1998. 18(1):1-6.
[7] 黄涛. 耐候钢在南海海洋大气环境下的腐蚀行为研究[D]. 北京:钢铁研究总院,2018.
[8] 周子扬,段继周,朱庆军,等. 南海海洋环境下耐候钢大气腐蚀规律研究进展//第十届全国腐蚀大会学术年会论文集. 南昌:中国工程院,2019.
[9] Akira USAMI, Hiroshi KIHIRA 等. 3%-Ni Weathering Steel Plate for Uncoated Bridges at High Airborne Salt Environment[J]. 新日铁住金技术报告,2003,No. 87:21-23.
[10] 日本新日铁住金,镍系列高耐候性钢(NAW-TEN)(第二版,2014).
[11] Makoto NAGASAWA, Ryuichi ANDO 等, Long-term Follow-up Survey on 3% Ni-added High-performance Weathering Steel in High Airborne Salt Concentration Environment and Risk Management of Weathering Steel Bridges[J]. 新日铁住金技术报告,2015,No. 110:58-64.
[12] Schumucher M. Seawater corrosion handbook[M]. USA New Jersey, Park Ridge,1979.
[13] 李晓刚,董超芳,肖葵,等. 西沙海洋大气环境下典型材料腐蚀/老化行为与机理[M]. 北京:科学出版社,2014.
[14] ISO 12944-Part 2, Classification of Environmental Conditions.
[15] https://www.alljapanrelocation.co.jp/news/okinawa-climate-weather/.
[16] 穆山. 文昌地区大气腐蚀环境因素分析[J]. 装备环境工程,2010,7(5):119-122,127.
[17] 中交公路规划设计院有限公司,北京科技大学国家材料环境腐蚀平台,高镍钢在马尔代夫中马友谊大桥适用性评估报告[R]. 2019 年. 10 月.
[18] 沖縄地区鋼橋塗装マニュアルの現行仕様と最新動向について,橋梁長寿命化技術に関する技術研究交流会,2012 年 12 月.
[19] 梁彩凤,侯文泰. 大气腐蚀与环境[J]. 装备与环境工程,2004. 1(2):49-52.
[20] Kentucky Transportation Center. Evaluation of the Use of Painted and Unpainted Weathering Steel on Bridge[R], Lexington,2016.
[21] 日本桥梁建设协会. 耐候性钢桥梁实绩资料集(平成 28 年 10 月),2016 年 11 月.
[22] Public Works Research Institute(Ministry of Construction), The Kozai Club, Japan Association of Steel Bridge Construction: Cooperative Research Report for Application of Weathering Steel Material to Bridge (XX). No. 88,1993, p. 1.
[23] 贺君,刘玉擎,陈艾荣. 耐候钢在桥梁工程中的应用[J]. 北京交通大学学报,2006,30(Supp):310-315.
[24] 高立军,杨建伟,张侠洲,等. 耐火耐候钢在工业和海洋大气环境中的腐蚀行为研究[J]. 上海金属,2019. 41(3):25-28.
[25] Wei Wu, Xuequn Cheng, Huaxing Hou, et al. Insight into the product film formed on Ni-advanced weathering steel in a tropical marine atmosphere[J]. Applied Surface Science 436(2018) 80-89.
[26] 徐小连,徐承明,陈义庆,等. 耐候钢及其表面处理技术的开发[J]. 鞍钢技术,2007,3:18-21.
[27] https://www.jfe-steel.co.jp/en/products/plate/b07.html.
[28] Kiyonobu SUGAE, Takayuki KAMIMURA 等. Development and Practical Application of Corrosion Resistance Steel for Painting Cycle Extension[J]. 新日铁住金技术报告,2015,No. 110:77-83.
[29] 下里哲弘,村越潤,玉城喜章,等. 腐食劣化により崩落に至った鋼橋の変状モニタリング[J]. 土木技術資料,2011. 53-2:14-17.
[30] 宜保胜,亲川贤一,渡久山直树. Construction project of Irabu Bridge the examples and the future pros-

[31] 王成章,张伦武,汪学华,等.热带海洋大气环境中钢腐蚀异常原因分析[J].失效与分析,2005.2(2):68-75.
[32] 渡边常安,增田一太.耐候钢的涂层效果[J].防锈管理,1989,No.12:40-45.
[33] 冶金信息工业标准研究院.钢铁技术内参,2014年第4期.
[34] 陈新彦,陈大明,陈旭,等.热带海洋大气环境中耐候钢腐蚀特征与机理的研究[J].腐蚀科学与防护技术,2018,30(2):150-156.
[35] 田玉琬,程学群,李晓刚.海洋大气腐蚀的室内模拟加速试验方法研究[J].腐蚀与防护,2014.35(8):781-784.
[36] 王晶晶,黄峰,周学俊,等.合金元素对耐候钢在海洋大气中耐蚀性影响的交互作用[J].腐蚀与防护,2015,36(1):58-62.
[37] 张飘飘,杨忠民,陈颖,等.含铬耐候钢在模拟海洋大气环境中的腐蚀行为[J].中国腐蚀与防护学报,2017,37:93).
[38] 夏昕鸣,邢路阔,宋泓清,等.模拟南海大气环境下耐候钢腐蚀性能研究[J].装备与环境工程,2018.15(3):39-44.
[39] Wei Wu,Zhongping Zeng,Xuequn Cheng,等. Atmospheric Corrosion Behavior and Mechanism of a Ni-Advanced Weathering Steel in Simulated Tropical Marine Environment[J]. Journal of Materials Engineering and Performance. 2017,Vol26(12):6075-6086.
[40] 程多云,赵晋斌,刘波,等.高镍钢和传统耐候钢在马尔代夫严酷海洋大气环境中的腐蚀行为研究[J].中国腐蚀与防护学报,2019.39(1):29-35.
[41] 刘建容,张万灵,马颖,等.低合金钢大气暴露与室内加速腐蚀试验的相关性[J].钢铁研究,2013,41(5):41-35:59.
[42] 张洪彬,闫杰,王斗辉,等.大气暴露试验和模拟加速试验相关性研究[J].电子产品可靠性与环境试验,2013(增刊1),317-321.
[43] 梁星才,刘奎方.涂装材料及制品在湿热、亚湿热环境自然大气暴露及与人工加速试验相关性//中国电工技术学会第五届表面处理学术年会论文集.广州:中国电工技术学会,2002.
[44] 梁彩凤,侯文泰.钢的大气腐蚀预测[J].中国腐蚀与防护学报,2006.26(3):129-135.
[45] 梁佶,林书明,陈春雷.钢结构的大气腐蚀模型[J].空间结构,2004.10(4):60-63.
[46] 鹿毛勇,京野一章,松田稻.耐候性钢の腐食予测技术[J].JFE技术报No.18:62-66,2007年11月.
[47] 李芳.北大桥钢结构桥梁腐蚀防护[J].全面腐蚀控制,2005.19(3):42-44.

68. 斜拉桥混合梁结合段受力分析

王太奇[1] 覃作伟[2] 顾萍[1]

(1.同济大学桥梁工程系;2.湖北省交通设计院股份有限公司)

摘要 某斜拉桥主梁结合部采用了有格室后承压板式构造,格室内全部采用开孔板连接件,钢梁加劲过渡段采取了T肋加劲,同时在端部增设板肋加劲的新型过渡方式。为明确钢-混凝土主梁结合段的受力性能及传力构件的传力比例,本文建立了考虑钢-混凝土之间相互滑移和接触的板壳-实体有限元计算模型,对结合段钢梁加强段、结合部、混凝土梁加强段和开孔板连接件进行了计算分析。计算结果表明该钢-混凝土主梁结合段的混凝土和钢结构的受力合理且传力平顺,能起到连接两种不同材料主梁的作用;钢梁加强段的设置,有效地避免了结合段刚度突变引起的应力集中;结合部后承压板和开孔板连接件分别传力57.6%和42.4%。

关键词 组合结构桥梁 混合梁结合段 开孔板连接件 有限元分析 传力比例

一、引　言

混合梁斜拉桥是指边跨以混凝土梁为主，中跨以钢梁为主的斜拉桥。该桥型合理利用钢与混凝土两种材料，形成较好的结构受力体系，得到了较为广泛的工程应用，尤其是在边中跨比过小的时候使用，可有效提升全桥活载刚度，减小边支点负反力。该桥型的结合段是钢梁与混凝土梁连接成为整体共同受力、协调变形的关键部位，其构造及受力均较为复杂[1]。结合段是混合梁材料和截面特性的突变处，需要合理设置连接构造，以减小附加内力，同时避免应力集中和变形折角。常见的结合部连接构造形式分为有格室结合部和无格室结合部两类。有格室结合部中格室内混凝土处于多向约束状态，钢格室包裹混凝土，传力面积增加，能够显著提高结构传力的平顺性和有效性，因而适用于大跨度混合梁斜拉桥主梁结合段。

某斜拉桥主梁结合段采用有格室后承压板式构造，格室内的钢与混凝土之间采用开孔板连接件，后承压板上采用焊钉连接件；钢梁加劲过渡段采用U肋内插变高度T肋和板肋形式，构造新颖[3]。在靠近结合部钢梁U肋处设置高度渐变的复合加劲肋，使普通同钢梁逐渐过渡到刚度较大的混合梁结合部，避免刚度突变引起的应力集中，同时使普通钢梁段横截面形心逐渐增高至结合部形心，避免形心突变对钢梁产生不利的附加弯矩和附加变形[3]。但是作为关键构件的钢-混结合段，目前针对其设计方法和传力机理的研究较滞后。关于钢-混结合段的受力的研究多针对各类剪力连接件，研究方法也以推出试验为主，而对整个钢-混结合段受力性能的研究还较欠缺。同时大尺度模型试验成本高，试验周期长，采用数值模拟可以提高分析效率。因此，为研究大跨度混合梁斜拉桥主梁结合段的受力性能，本文利用Ansys16.0有限元软件建立精细化板壳-实体有限元计算模型，对其进行了受力性能机理分析。

二、工程背景

某斜拉桥是某高速公路跨越汉江的控制性工程，是一座主跨760m的地锚式特大跨度混合梁斜拉桥，桥型布置方案为45m+(107+760+107)m+45m，全桥长度1076.0m。跨径布置如图1所示。主梁采用混合梁方案，760m主跨采用重量轻、跨越能力大的π形双边箱钢梁，边跨采用重力刚度好的π形双边主肋PC梁+重力式桥台，截面构造如图2所示。

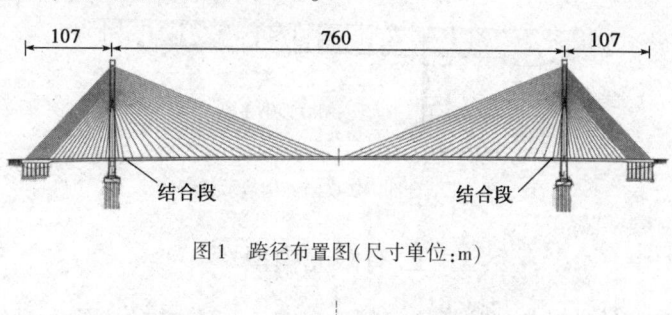

图1　跨径布置图(尺寸单位：m)

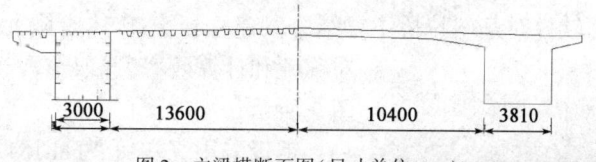

图2　主梁横断面图(尺寸单位：mm)

结合部选用了有格室后承压板式构造，钢格室通过钢梁加劲过渡段与钢箱梁连接，如图3所示。钢梁截面的轴力和弯矩通过钢格室后承压板及抗剪连接件传至混凝土梁，剪力和扭矩通过承压板上的焊钉连接件和格室顶底板上及格室腹板上的开孔板连接件传至混凝土梁[2]。钢梁加劲过渡段加劲采用U肋内插变高度T肋，同时在T肋端部U肋上内插长度为1.0m的板肋加劲的构造形式，增加了刚度过渡的长度。钢-混凝土结合段总长度为8.15m，其中钢梁加劲过渡段3.0m，结合部2.0m，混凝土梁加强过渡段

2.0m,结合部格室高度0.8m。

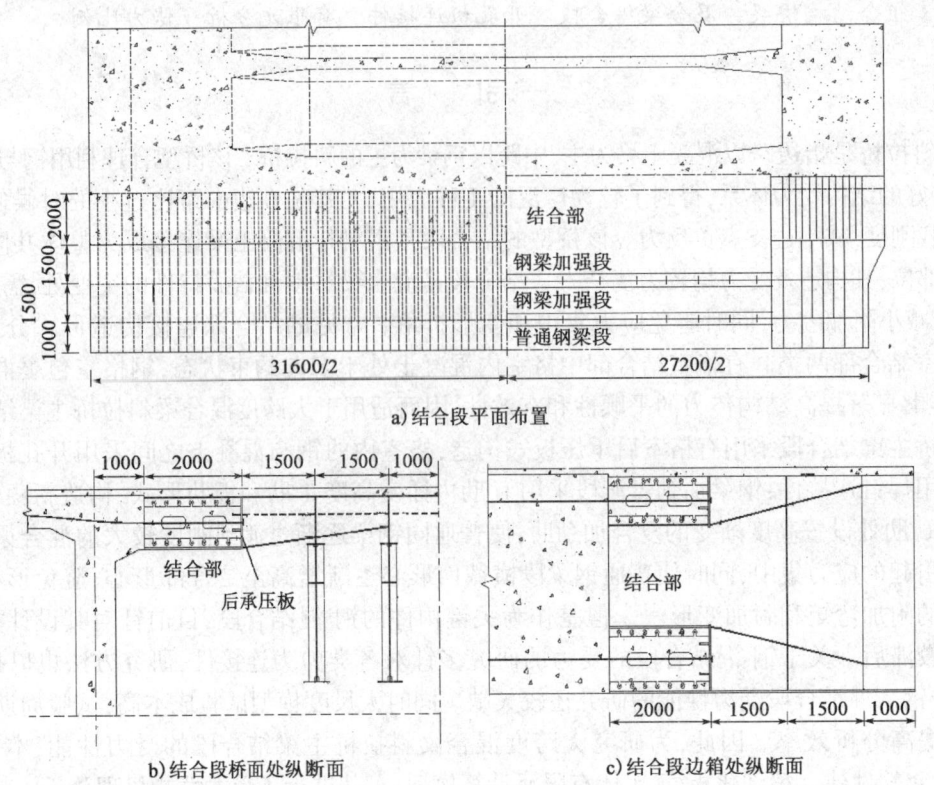

图3 结合段总体构造图(尺寸单位:mm)

结合部连接件限制钢与混凝土之间的滑移和分离,以承压传剪的方式将钢梁中的应力逐渐向格室混凝土扩散。开孔板连接件是在钢板上开设圆孔,通过孔中混凝土销栓作用将钢与混凝土结合成一体,具有结构简单、抗剪性能好,可改善结构疲劳性能[6,7]。结合部格室的腹板及格室内肋板上开孔并贯穿钢筋与进入圆孔的混凝土共同形成开孔板连接件,结合部横断面构造如图4所示。焊钉连接件是常用的抗剪连接件,其力学性能不具有方向性,同时具有一定的抗拉拔能力[1]。

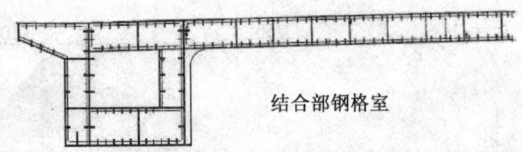

图4 结合部1/2横断面构造示意图

三、有限元模型

使用Ansys16.0有限元软件对某斜拉桥主梁结合段建立板壳-实体有限元计算模型。考虑结合段的对称性和计算效率,选取节段半结构建立有限元模型,如图5所示。

图5 有限元模型

钢板采用壳单元Shell181模拟,混凝土采用实体单元Solid45模拟,预应力筋采用杆单元Link8模拟,将模拟预应力筋的杆单元上的节点与混凝土单元耦合,通过对杆单元降温实现预应力的施加。开孔板和焊钉连接件采用三维弹簧元模拟,三个方向分别与总体直角坐标系的坐标轴平行,再根据剪力连接件的布置方位分别赋予抗剪和抗拉拔刚度,弹簧元抗剪刚度参考连接件推出试验得到[4,5],弹簧元的抗拉拔刚度参考抗拉拔模型试验得到[7],开孔板的面外抗剪刚度参考开孔板连接件的推出试验得到[8]。钢与混凝土之间的法向传力通过接触单元 Conta173 和 Targe170 模拟,忽略接触面间的摩阻力。

所加荷载由 Midas 空间杆系模型计算得到,考虑承载能力极限状态包络最小值,如表 1 所示,此时钢梁加强段与普通钢梁段相交处横截面轴力和负弯矩的数值绝对值均最大,对结合段产生最不利效应。预应力取 0.75×1395 MPa。钢梁加强段之外多建立一段普通钢梁段,在普通钢梁段截面形心上建立刚域,将荷载加在截面的形心上。由于直接选取截面内力施加,而选取节段自重对此节段轴力和弯矩变化贡献较小,所以本有限元模型中不考虑此节段的自重作用。利用荷载和结构的对称性横向取一半结构计算,在对称面处施加对称约束。由于结合段位于桥塔附近,所取节段两端转角变形变化较小,所以边界条件取为钢梁端自由,混凝土端部固结。

最不利荷载组合(单位:力 kN,弯矩 kN·m) 表1

	承载能力包络最小值		承载能力包络最小值
轴力	-235122	弯矩	-113486
剪力	309		

四、计算结果及分析

1. 连接件受力分析

结合部开孔板连接件剪力分别如图6、图7所示,第1~7排开孔板连接件开孔位置距后承压板距离逐渐增大。

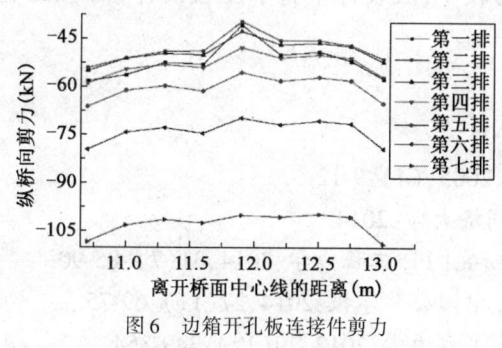

图6 边箱开孔板连接件剪力　　　　图7 桥面格式开孔板连接件剪力

图6为边箱开孔板连接件剪力分布图。剪力均为负值,表示混凝土相对钢结构向承压板滑移,最大剪力值约110kN。图7为桥面格室开孔板连接件的剪力分布图。受格腹板开孔板连接件抗剪作用影响,在格室长度范围内的开孔板剪力横桥向呈锯齿状分布。开孔板连接件纵桥向剪力近承压板端较小,随着距承压板距离的增大,混凝土与开孔板相对滑移累积变大,导致剪力逐渐增大,最大剪力值约90kN。从图7可以看出,在横桥向开孔板连接件剪力向靠近桥面中心线方向减小。

2. 结合部传力比例分析

选取承压板附近混凝土横截面,对上面的正应力进行积分得到通过承压板传递到混凝土上的轴向力,同时提取抗剪连接件的剪力求和得到通过剪力连接件传递到混凝土上的轴向力,最终得到了结合部主要传力构件的传力比例,如表2所示。

结合部主要传力构件传力比例(%) 表2

传力构件	后承压板	边箱开孔板	桥面格室开孔板
无预应力	58.9	25.5	15.6
仅预应力	69.0	19.7	11.3
共同作用	57.6	25.1	17.3

为研究预应力对结合部传力构件的影响,分别对以下三种情况做了计算:结合段无预应力作用,只在普通钢梁端作用轴向力和负弯矩时,后承压板传递轴向力约58.9%,开孔板连接件传力较承压板较少,边箱内开孔板连接件传力比桥面格室内开孔板连接件传力多10%左右;仅预应力作用,普通钢梁端无轴向力和负弯矩作用时,开孔板连接件总体传力较小,预应力产生的轴力大部分由后承压板传递。二者同时作用时,后承压板传递轴力约57.6%,边箱开孔板连接件与桥面格室开孔板连接件传力大约相差8%。

根据上述分析,后承压板分担了较大的截面内力,但是与布置焊钉连接件的后承压板式结合部相比,其承压板承担了相对小的轴向力,因此取为30mm,这要比一般的情况下薄,例如九江长江公路大桥主梁钢混结合部焊钉连接件与开孔板连接件混合使用,其承压板的传力比例要比本文分析的结合段的结合部的承压板大很多,承压板厚度取60mm[9]。

五、结 语

某斜拉桥主梁结合段采用了有格室后承压板式构造,结合部格室内均采用开孔板连接件。本文分析了其构造特点,并对其进行了有限元计算分析,通过有限元计算分析,得出了以下结论:

(1)钢-混凝土主梁结合段的混凝土和钢结构的受力合理且传力平顺,能起到连接两种不同材料主梁的作用,钢梁加强段的设置,有效避免了结合段刚度突变引起的应力集中。

(2)开孔板连接件顺桥向剪力近承压板端较小,远离承压板处剪力逐渐增大,横向不同位置处增量不同,最大增量在50kN左右。横桥向边箱内部开孔板承受的剪力比桥面格室内的开孔板所承受的剪力大,且向靠近桥面中心线方向逐渐减小。

(3)该结合段后承压板传递轴力约58%,其余的由开孔板连接件承担,较格室内部采用焊钉连接件的后承压板式结合部来说,此结合部的后承压板承担轴力较小,故设计中将承压板设计为30mm是合理的。

参考文献

[1] 刘玉擎.组合结构桥梁[M].北京:人民交通出版社,2005.
[2] 刘玉擎.混合梁接合部设计技术的发展[J].世界桥梁,2005,(4):9-12.
[3] 孙璇.混合梁斜拉桥结合段设计方法研究[D].上海:同济大学,2014.
[4] 蔺钊飞,刘玉擎,贺君.焊钉连接件抗剪刚度计算方法研究[J].工程力学,2014,31(7):85-90.
[5] 郑双杰,刘玉擎.开孔板连接件初期抗剪刚度试验[J].中国公路学报,2014,27(11):69-75.
[6] 赵晨,刘玉擎.开孔板连接件抗剪承载力试验研究[J].工程力学,2012,29(12):349-354.
[7] 郑双杰,刘玉擎.槽口型开孔板连接件抗剪及抗拉拔性能试验[J].中国公路学报,2013,26(4):119-124.
[8] Yangqing Liu, Sihao Wang, Haohui Xin, Yuqing Liu. Evaluation on out-of-plane shear stiffness and ultimate capacity of perfobond connector[J]. Journal of Constructional Steel Research, 2019, online.
[9] 何伟冰,刘玉擎,汪蕊蕊.九江长江公路大桥混合梁结合段构造分析[J].桥梁建设,2012,42(1).

69. 组合箱梁桥悬臂斜撑受力分析

赵冰钰[1] 刘玉擎[1] 季建东[2] 王彬[2]

(1.同济大学桥梁工程系;2.山西省交通规划勘察设计院有限公司)

摘 要 介绍了某大跨长挑臂组合箱梁桥斜撑焊接节点构造并对其名义应力进行了计算分析,该桥采用了带有焊接节点板的V形桁架式斜撑构造代替横隔板,斜撑采取了闭口圆钢管形式。选取单跨长度主梁节段,建立钢-混凝土组合梁的实体-板壳有限元模型,分析了最不利截面上外斜撑的轴力影响面,确定了最不利加载工况,并基于名义应力法进行斜撑节点计算,得到了斜撑杆壁厚、直径对名义应力的影响规律。

关键词 组合梁 节点板 静力分析 名义应力 桁架式斜撑

一、引　言

焊接节点力学性能复杂,焊缝繁多且相互交错,在焊缝及其附近融合区、热影响区是性能弱化的区域,残余应力大、焊接质量不易保证,易出现夹渣、气孔、咬边、初始微裂纹等焊接缺陷,且焊接位置通常为结构不连续处,受到截面尺寸突变以及某些难以避免的缺口影响,焊缝及周围区域应力集中现象严重,该处的疲劳寿命远低于无缺陷及非焊接光滑区域,通常为疲劳裂纹萌生、发展区域,控制着钢结构整体疲劳寿命。

某大跨长挑臂闭口钢箱组合梁桥,其横隔板为带有焊接节点板的V形桁架式斜撑,目前国内外对于桥梁用的焊接节点板疲劳研究案例较少,且以验证性试验为主,较少看到对焊接节点板及被连接构件的完整模型进行参数研究的案例[1]。

基于节点板在钢结构中的重要地位以及焊缝对节点板疲劳寿命的影响,本文采用精细化有限元建模的方式寻找出全桥在设计车辆荷载作用下最不利截面上的斜撑节点,并对其名义应力进行参数化分析。

二、工 程 背 景

节点疲劳开裂在国内外属于长期存在的问题,节点板构造常见于建筑框架、桥梁桁架内。随着我国制造、加工、焊接和安装技术的提高,整体节点在钢桥中的应用逐渐增多,国内外学者对其疲劳性能进行了研究[2-4],但对于节点板构造的疲劳性能研究则较少,且主要集中在低周疲劳性能[5,6]上。而斜撑节点在长期交通荷载作用下,尤其是重车作用,疲劳问题十分突出,有必要对其高周疲劳性能开展研究。

某大跨长挑臂闭口钢箱组合梁桥,跨径布置如图1所示。主桥上部构造采用等高度连续钢箱组合梁,主梁采用单箱单室箱型截面,由核心箱和箱外挑臂横梁组成,主箱室宽11.0m,箱梁中心线处梁高6.0m,两侧悬挑横梁宽7.5m,横隔板采用焊接节点板的V形桁架式斜撑,截面构造如图2所示。主梁共有4种节点板构造,斜撑与节点板采用角焊缝连接,斜撑端部伸入节点板400mm,如图3所示。

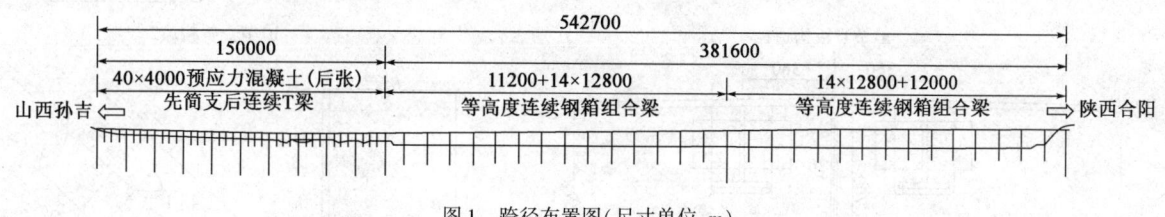

图1　跨径布置图(尺寸单位:m)

三、有限元模型建立

对该大桥主梁建立有限元计算模型,如图4所示。混凝土采用实体单元Solid45模拟,钢板采用板壳单元Shell181模拟。由于该桥梁一联长度过长,而节点疲劳分析又相对集中于节点附近区域,因此在建模时需要考虑如何减小计算跨径,在精度和效率两者之间做出取舍。在边界约束类型和影响面大致范围试算后,计算结果表明斜撑节点作为横向加劲体系中一部分,其影响面范围较为窄小,且受支点约束类型的影响很小,故最终选定单跨128m作为整体板壳模型的计算跨径,并向两端分别延长3.5m用以支点处加载之用。模型总长135.0m,宽26.0m,高6.0m,节点板和斜撑等区域进行网格加密。钢材均为Q420qD,弹性模量为206GPa,泊松比为0.3;混凝土为C50,弹性模量为34.5GPa,泊松比为0.2。混凝土板与钢梁顶板之间采用耦合模拟,支点处对支座垫板施加了所有自由度全部约束。

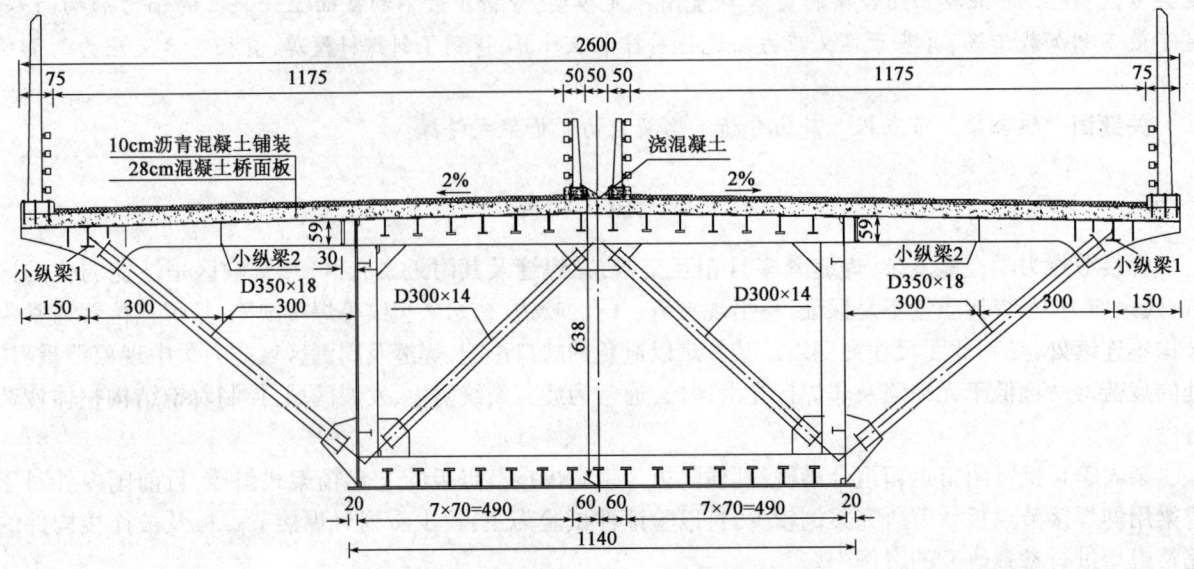

图 2 钢箱梁断面图(尺寸单位:cm)

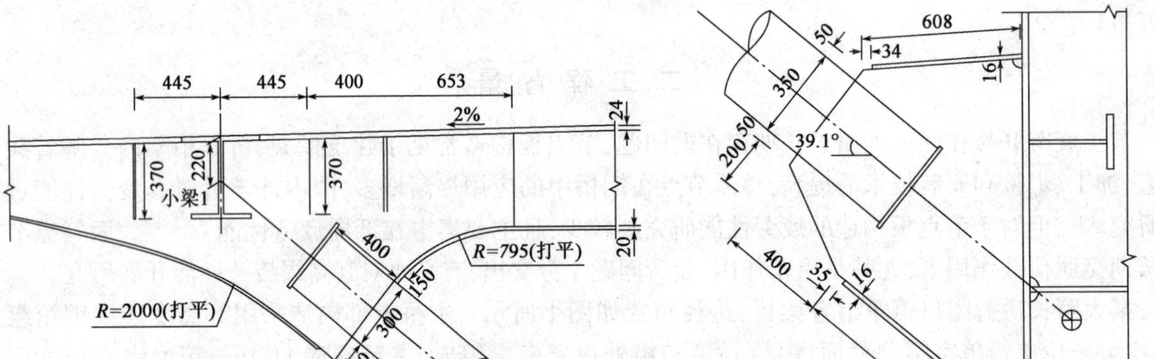

a) 节点板构造1

b) 节点板构造2

c) 节点板构造3

d) 节点板构造4

图 3 节点板构造(尺寸单位:mm)

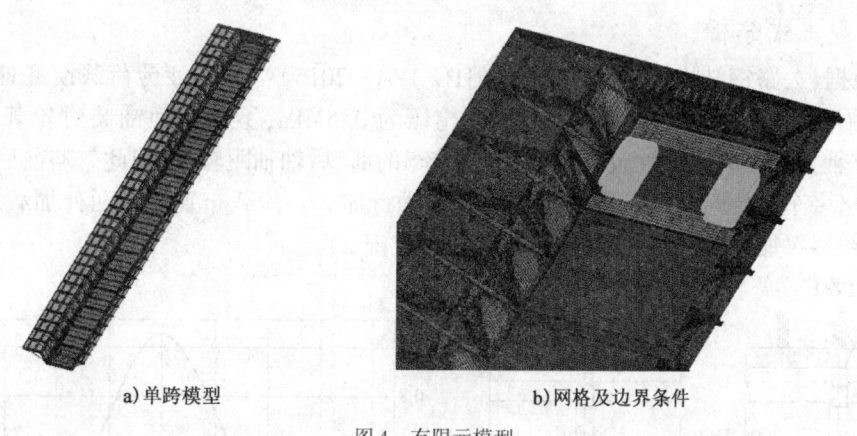

a) 单跨模型　　　　　　b) 网格及边界条件

图4　有限元模型

四、计算结果及分析

1. 最不利截面分析

根据《公路钢结构桥梁设计规范》(JTG D64—2015)[7]中的规定,节点板与斜撑焊接处的板内裂纹属于空心构件接头的细节,要求此接头的名义应力按管中应力幅计算,故后续节点板的研究均基于斜撑的名义应力。

斜撑在单位荷载作用下的轴力如表1所示。计算选取了支点、1/8 跨、1/4 跨、3/8 跨及跨中截面处的斜撑,单位荷载施加于各截面斜撑顶部的小纵梁腹板上方。由计算结果可知,斜撑轴力对梁端部支承方式并不敏感,在固定支承与简单支承下轴力几乎相同;支点处的斜撑承受最大的轴力,而其余截面的斜撑轴力相差很小,原因是支点截面传力路径最短、支承刚度最大,从而使得此处斜撑轴力最大。

不同截面处斜撑轴力　　表1

截面	支点	1/8 跨	1/4 跨	3/8 跨	跨中
两端支座固定支承	0.859029	0.777412	0.778099	0.778285	0.778267
两端支座简单支承	0.859039	0.777413	0.778098	0.778268	0.778267

2. 斜撑轴力影响面分析

支点处斜撑轴力影响面如图5所示。斜撑为受压构件,轴力影响值最大为1.1619,最小为 -0.0240,且负影响值只出现在较小一片区域内。斜撑轴力有明显的集中现象,在横向从主梁悬臂外缘至向内4m,纵向对称于斜撑前后8m的矩形区域内有较大的峰,而在远离该区域的地方影响值则趋近于 0。轴力影响面表明斜撑属于局部受力构件,仅对于其顶部的荷载敏感,而对于稍远区域的荷载则不敏感。

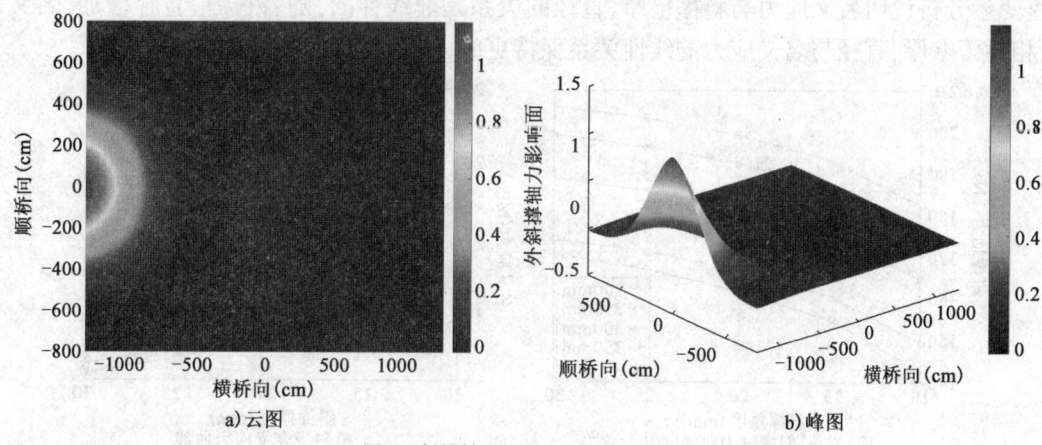

a) 云图　　　　　　b) 峰图

图5　斜撑轴力影响面(以受压为正)

3. 斜撑加载方式分析

荷载取值根据《公路钢结构桥梁设计规范》(JTG D64—2015)[7]中的疲劳荷载模型Ⅲ确定。采用轴重12t、车轮接触尺寸0.6m×0.2m的车轮荷载,轮压为0.5MPa,不计桥面铺装对轮载的应力扩散作用[8]。由于斜撑轴力分布的局部性较强,且疲劳标准车的前、后轴轴距较大,因此忽略前后车轴之间的叠加效应,同时忽略多车道效应而只采用疲劳车的后轴进行加载。荷载布置考虑两种加载工况,如图6a)所示,分别是骑跨斜撑加载(工况1)和斜撑顶部加载(工况2)。

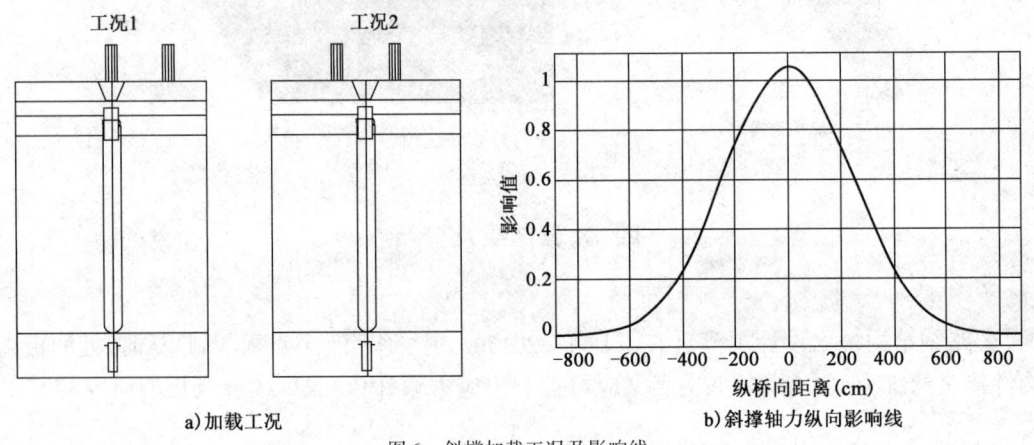

图6 斜撑加载工况及影响线

当斜撑直径为350mm,壁厚为30mm时,计算所得工况1轴力为199.18kN,工况2轴力为172.71kN,对比可知对称骑跨斜撑加载时,斜撑受力更加不利,其原因可从斜撑轴力纵向影响线上得到解释,如图6b)所示。由于斜撑轴力纵向影响线在-200~200mm之间为凸形曲线,因此当双轴对称骑跨斜撑布置时,影响线之和达到最大;当双轴从对称位前后移动时,无论向前还是向后,一个影响值的增加总是小于另一个影响值的减小,故影响值之和减小,从而得出结论:对称骑跨布置可得轴力极大值,斜撑顶部布置可得轴力极小值。

4. 斜撑变参数分析

对斜撑的壁厚、直径进行变参数,壁厚配置为10mm、15mm、20mm、25mm及30mm;直径配置为200mm、250mm、300mm、350mm及400mm。斜撑轴力、名义应力随壁厚变化规律如图7所示。从图8中可看出,无论是哪种直径的斜撑,其轴力都随着板厚增加而增加,但名义应力都随着板厚增加而减小。其原因是随着板厚增加,斜撑抗压刚度提升,从而承担更大轴力;但横截面面积增加更快,因此名义应力降低。从图中可看出,无论是哪种壁厚的斜撑,其轴力都随着直径增加而增加,但名义应力都随着直径增加而减小。其原因同样是随着直径增加,斜撑抗压刚度提升,从而承担了更大轴力;但横截面面积增加更快,因而名义应力降低。斜撑变参分析说明名义应力与斜撑壁厚、直径的关系是非线性的,随着板厚、直径增加,名义应力增幅变小;相对于壁厚,直径与名义应力的线性关系保持更好,因此增加直径获得的收益更高。

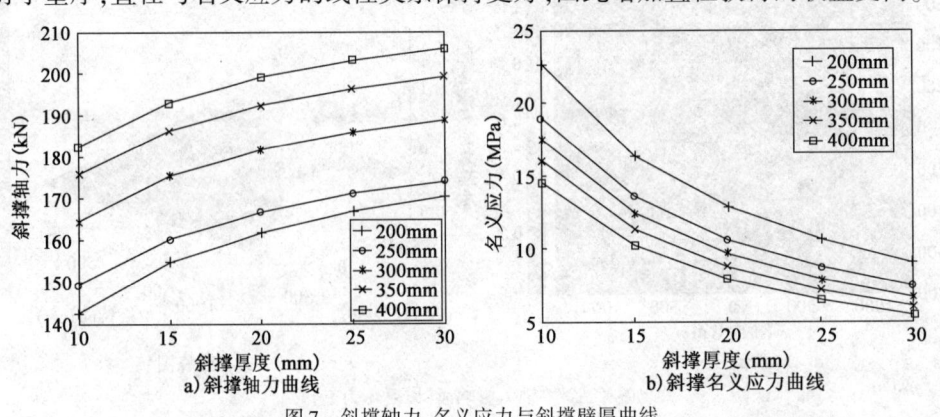

图7 斜撑轴力、名义应力与斜撑壁厚曲线

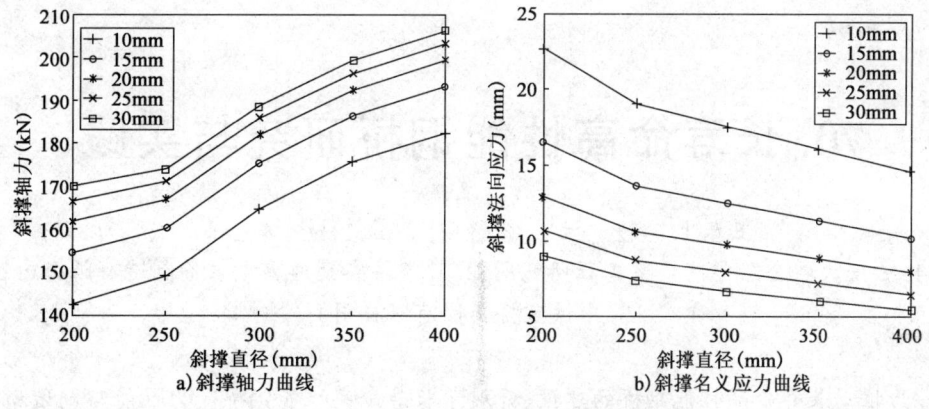

图8　斜撑轴力、名义应力与斜撑直径曲线

五、结　语

该大桥横隔板采用了带有焊接节点板的V形桁架式斜撑构造,本文选取单跨长度主梁节段,建立了相应的有限元计算模型,分析结论如下:

(1)支点截面处的斜撑节点最为不利,较短的传力路径及较大的支承刚度使得斜撑轴力更大。

(2)支点截面斜撑的轴力影响面表明斜撑节点属于局部受力构件,其峰值区域出现在纵向两跨横隔板、横向悬臂外缘向内至4m范围内。斜撑主要表现为受压,拉力可以忽略。

(3)对称骑跨斜撑加载比斜撑正上加载更为不利,前者可以获得轴力极大值,后者可以获得轴力极小值(非最小)。

(4)增大斜撑壁厚及直径均会使其承受更大轴力,但由于其截面积增大更快,名义应力反而下降,且增大直径的效果好于增大壁厚。

参考文献

[1] 郭琪,邢颖,韩庆华,等.整体节点角焊缝疲劳性能分析及寿命评估[J].建筑钢结构进展.2019,21(03):109-115.

[2] Wei X,Xiao L,Pei S. Fatigue assessment and stress analysis of cope-hole details in welded joints of steel truss bridge[J]. International Journal of Fatigue. 2017,100:136-147.

[3] Cai S,Chen W,Kashani M M,et al. Fatigue life assessment of large scale T-jointed steel truss bridge components[J]. Journal of Constructional Steel Research. 2017,133:499-509.

[4] 乔晋飞,李凤芹.钢桁结合梁整体节点及细节构造设计与研究[J].铁道工程学报.2009,26(08):68-72.

[5] 张文元,陈世玺,张耀春.支撑与梁柱板式连接节点低周疲劳分析及设计方法研究[J].工程力学.2011,28(01):96-104.

[6] Zhang W,Huang M,Zhang Y,et al. Cyclic behavior studies on I-section inverted V-braces and their gusset plate connections[J]. Journal of Constructional Steel Research. 2011,67(3):407-420.

[7] 中华人民共和国行业标准.公路钢结构桥梁设计规范:JTG D64—2015[S].北京:人民交通出版社股份有限公司,2015.

[8] Rongrong Sheng,Rui Hao,Xiaoqiang Dong,et al. Fatigue assessment on orthotropic steel decks with innovative U ribs[C]. The 12th Pacific Structural Steel Conference,Tokyo,Japan,2019.11.

70. 长寿命高性能钢桥研究与实践

王春生[1]　段　兰[1]　张静雯[1]　崔文科[2]　车　平[3]

(1. 长安大学公路学院桥梁工程研究所；2. 甘肃博睿交通重型装备制造有限公司；
3. 中铁宝桥集团有限公司)

摘　要　为推动长寿命高性能钢桥的建设，开展了长寿命高性能钢桥受力性能与制造新技术的研究与工程实践。首先，对桥梁用高强度钢、耐候钢、超高性能钢纤维混凝土、缆索高强钢丝开展了强度、断裂韧性、耐候性、抗疲劳性能等系列材料性能试验研究，构建了桥梁用高性能材料的材料性能设计指标体系。其次，对高强钢梁、耐候钢梁、管翼缘组合梁、基于冷连接设计的钢-UHPFRC组合桥面板、钢塔与组合塔等关键钢桥构件开展了受力性能与和设计方法研究，包括：开展了高强钢梁、耐候钢桥静力与疲劳性能研究，建立了高性能钢桥计算方法与设计准则；研发了新型管翼缘组合梁，并开展了管翼缘组合梁抗弯、抗剪与抗扭性能研究，提出了管翼缘组合梁桥设计与计算准则；提出了基于冷连接设计理念的钢-UHPFRC组合桥面板，并开展了钢-UHPFRC组合桥面板受力性能多尺度试验研究与数值模拟，分析了冷连接组合方式与冷连接界面力学性能对组合钢桥面板长期性能的影响；对高性能钢塔与组合塔开展了试验研究、数值分析和理论计算，确定了截面形式和加劲形式对钢塔与组合塔结构性能的影响，形成了钢塔与组合桥塔的设计计算准则。再次，基于大量高性能钢桥建造的实践，形成高性能、耐候钢桥建造成套技术，建立波形腹板钢箱组合梁全流程智能制造生产线，突破了制约高性能钢桥发展的建造技术难题。基于研究成果，设计、建造了高性能钢板梁桥、免涂装耐候管翼缘组合梁桥、高性能钢拱桥等十余座长寿命高性能钢桥，为长寿命高性能钢桥的推广建设提供了理论依据及技术支撑。

关键词　长寿命高性能钢桥　材料设计指标　结构性能　设计准则　制造新技术

一、引　言

钢结构桥梁具有自重轻、跨越能力强、施工周期短、可回收利用等优点，广泛应用于公路、铁路及城市道路桥梁建设。在21世纪，中国和世界都面临着社会与科技的时代变革，中国的新基建以及传统的交通基础设施建设与运维也同样面临新技术革命。高速、重载、大交通量、复杂服役环境对钢桥的服役寿命、使用性能提出了更高的技术要求[1]。可以预见，长寿命高性能钢桥将以其独特的受力性能与技术经济优势成为21世纪桥梁体系与性能化创新设计的重要方向[2,3]。本文开展了高强度钢、耐候钢、超高性能钢纤维混凝土、高强缆索钢丝等桥梁用高性能材料的材料设计指标研究，高强钢梁、耐候钢梁、管翼缘组合梁、基于冷连接设计的钢-UHPFRC组合桥面板、钢塔与组合塔等关键构件受力性能与和设计方法研究，高性能钢桥的智能制造新技术研究，并基于研究成果设计、建造了数十座长寿命高性能钢桥，推动了长寿命高性能钢桥的推广建设。

二、高性能新材料研发与设计指标体系

长寿命高性能钢桥可采用高强度钢、耐候钢、超高性能纤维混凝土(UHPFRC)、缆索用高强度钢丝等系列高性能桥梁建造材料[4]。然而，现行相关国家行业标准尚未完全涵盖上述高性能材料的材料设计指标及选用规定。因此，本文对高性能钢材开展了抗疲劳与防断裂性能试验研究，对UHPFRC开展制备工艺与材料性能试验研究，对缆索高强度钢丝开展疲劳试验，确定了系列高性能材料的强度、断裂韧性及抗疲劳设计指标。

1. 高强度钢与耐候钢的材料性能与设计指标

本文对国产系列高性能钢开展了材料断裂韧性试验、母材腐蚀挂片试验、母材及焊缝疲劳性能试验及焊接工艺评定。对高性能钢进行了不同温度下的冲击韧性试验、裂纹尖端张开位移（CTOD）试验，获得了高性能钢材的韧性特征及抗断裂能力（图1和图2）。通过疲劳裂纹扩展速率（da/dN）试验及对接接头疲劳试验，测定高性能钢母材的疲劳裂纹扩展速率和裂纹扩展门槛应力强度因子，探讨高性能钢焊接构件的疲劳强度及高周疲劳损伤破坏特征。试验结果表明，高性能钢的韧-脆转变温度在 $-80℃ \sim -60℃$ 之间，比传统 Q345 钢材的韧脆转变温度更低；高性能钢试样裂纹尖端区域有大范围屈服变形，意味着其具有良好韧性。对同一厚度的 da/dN 试样，随着应力比的增大，疲劳裂纹扩展速率越快；HPS 485W 对接焊接头试样的疲劳强度与 AASHTO 规范中 B 类细节相近，且高于 EUROCODE 中 125 细节的疲劳强度。

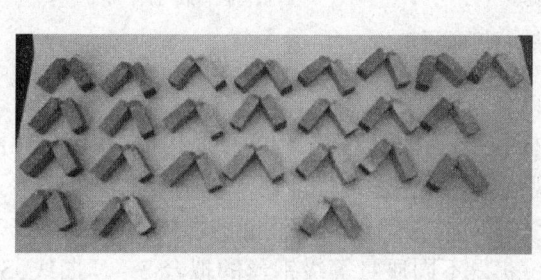

图1 国产 HPS485W 的 CVN 试件　　图2 国产 Q500qD 在不同温度下的断裂韧性

为研究耐候钢的耐腐蚀性能与锈层稳定机理，对国产耐候钢开展挂片试验（图3），并设计了四种环境工况，分别为大气环境、淡水全浸、3.5%浓度盐水中全浸、淡水半浸；采用目测法与胶带黏附法相结合的试验方法，开展耐候钢正交异性钢桥面板模型、陕西眉县二号桥耐候钢管翼缘组合梁关键部位锈层稳定性研究，并对已有耐候钢桥锈层评定技术进行分析评价。研究结果表明，在整个抗腐蚀过程中，国产耐候钢材在盐水全浸、淡水全浸、淡水半浸中的耐候性均优于普通钢 Q235、Q345；耐候钢桥水平构件和角落处常常由于排水不畅和尘土堆积，导致稳定锈层较难形成；在耐候钢桥维护管养阶段，应对桥梁不同构造形式，构件不同位置锈层进行定期评价，以保证耐候钢桥的长期使用性能；采用目测法及胶带黏附力测试法相结合评定耐候钢桥锈层状态的方法可用于耐候钢桥锈层在不同阶段的评级判定。

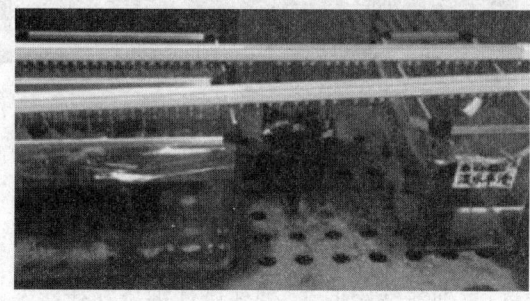

图3 耐候钢挂片试验

2. UHPFRC 研发与材料性能

本文开展了桥梁用超高性能钢纤维混凝土（UHPFRC）制备工艺与材料性能试验研究，提出了 UHPFRC 的制备工艺，并对所制备 UHPFRC 开展了多批次拌和物流动性测试、抗压强度试验、弹性模量试验、轴心抗拉试验、抗弯拉试验等材性试验研究（图4）。试验结果表明，不含钢纤维的 UHPC 拌和物的坍落扩展度为 650~800mm，含钢纤维3%的 UHPFRC 坍落扩展度为 590~750mm；不含钢纤维的 UHPFRC

立方体试件28天抗压强度为105~120MPa,含钢纤维3%的UHPFRC试件28天抗压强度范围为115~130MPa;UHPFRC棱柱体试件弹性模量平均值为43.6GPa,28天龄期的UHPFRC圆柱体试件弹性模量为42.5GPa;UHPFRC试件轴心拉伸试件弹性抗拉强度为3.9~4.5MPa,抗拉极限强度为6.8~9.0MPa。

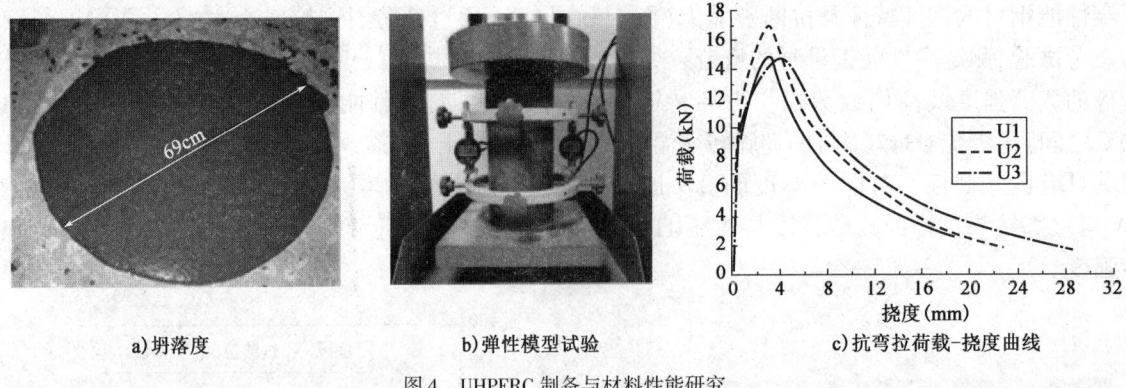

图4 UHPFRC制备与材料性能研究

3. 高强缆索钢丝抗疲劳性能

斜拉桥的斜拉索、悬索桥的主缆和吊杆、拱桥的吊杆和系杆作为缆索结构的重要构件,其使用性能直接影响桥梁结构的安全性和耐久性。然而,目前相关规范对高强钢丝的性能要求仅限于钢丝的静力力学性能和规定应力范围的疲劳寿命,未考虑强度级别、应力比对高强钢丝疲劳性能的影响。本文对1670~1960MPa强度的4个质量等级高强钢丝开展疲劳试验,获得不同质量等级钢丝的拟合$S-N$曲线,$S-N$曲线表达式$\lg S = m + n\lg N$中,拟合确定m取值范围为3.425~3.941,n的取值范围为-0.1051~-0.227。对相同强度级别的钢丝为试验对象进行不同应力比下的疲劳试验,研究应力比对钢丝疲劳性能的影响规律,试验结果表明:疲劳强度受钢丝强度级别的影响,$S-N$曲线的拐点随钢丝极限抗拉强度的增大而升高,同等应力幅条件下钢丝的疲劳寿命与极限抗拉强度呈正相关关系;不同应力比下的$S-N$曲线在双对数坐标系表现为双折线形式,钢丝的疲劳强度随应力比增大显著降低(图5)。

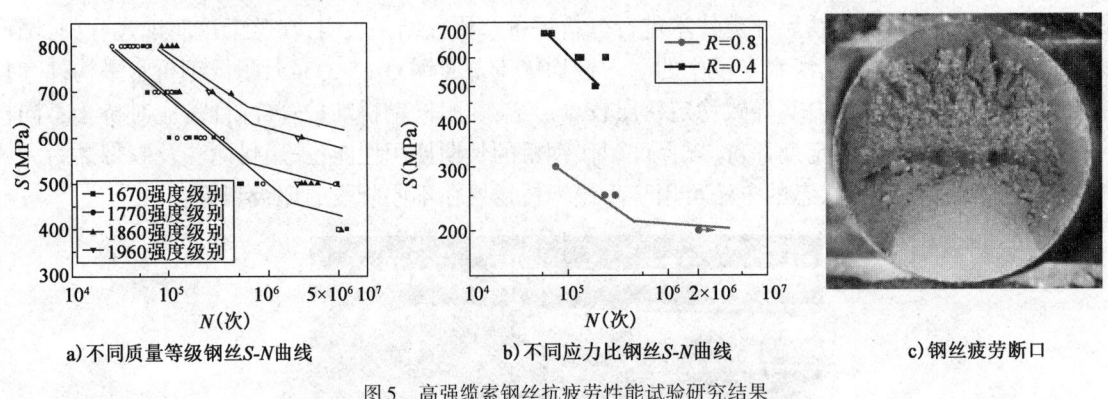

图5 高强缆索钢丝抗疲劳性能试验研究结果

三、长寿命高性能钢桥受力性能研究

长寿命高性能桥梁将建筑材料、创新结构形式、创新设计理论和建造新技术有机结合,具有优越的结构性能、寿命周期经济性,实现了合理延长安全服役寿命,更符合节能、环保的绿色交通发展理念。长寿命高性能钢桥包括采用高性能钢、耐候钢等高性能材料建造的桥梁,也包括采用管翼缘组合梁等新结构形式组合建造的桥梁[4-6]。本文针对高强钢桥、耐候钢桥、管翼缘组合梁开展受力性能研究,明确关键参数对高性能钢桥结构性能的影响规律,获得高性能钢桥结构性能受力特征。

1. 高强钢梁受力性能与设计准则

对HPS485W工字截面试验梁和Q500qE工字截面试验梁开展了抗弯试验研究及关键参数的数值分

析[图6a)]分析了高强度工字钢梁的抗弯过程、破坏形态。试验与分析结果表明:混合设计工字钢梁抗弯承载力高、延性好,侧向约束有效抑制了受压翼缘的侧向位移,钢梁的转动能力并非总是线性提高,翼缘材料强度和腹板强度存在最佳匹配,建议高强度钢梁混合设计时的翼缘和腹板强度差别为两个钢种强度极差。基于试验与数值分析的结果,对不同加载方式下的高强工字钢梁抗弯性能进行了理论分析,提出了高强钢梁的强度设计指标和变形控制指标,提出高强钢梁的设计公式。对基于混合设计的Q420高强腹板工字钢梁进行了抗剪试验研究、数值分析与理论研究[图6b)]确定了腹板高厚比、翼缘约束效应、端部加劲肋形式等关键参数对高强钢梁抗剪性能的影响规律,分析了不同受力形式的腹板剪切受力机理及抗剪承载能力计算方法,提出了关键参数对高强钢梁腹板剪切屈曲和抗剪极限承载能力的影响规律。

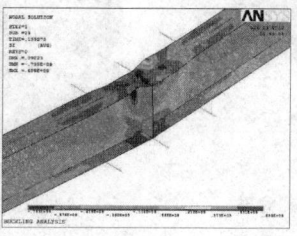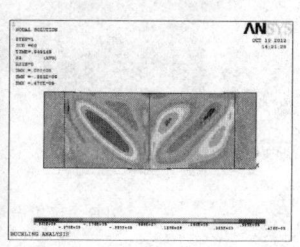

a) 抗弯试验与数值模拟　　　　　　　　　　　　b) 抗剪试验与数值模拟

图6　高强钢桥结构性能研究

2. 耐候钢梁面外变形疲劳机理与设计准则

为了确定耐候钢桥关键细节的抗疲劳性能,对耐候钢梁竖向加劲肋和水平节点板腹板间隙面外变形疲劳细节进行了残余应力测试、物理疲劳性能试验研究以及数字疲劳试验研究(图7),致力于为耐候钢桥的抗疲劳设计和维护提供依据。试验结果表明:耐候钢桥竖向加劲肋、水平节点板腹板间隙面外变形疲劳强度随着应力比的增大而显著降低;竖向加劲肋腹板间隙面外变形疲劳强度随腹板间隙的增大有一定的提高,在进行抗疲劳设计时建议竖向加劲肋腹板间隙尺寸为40~60mm;多尺度静态裂纹分析和动态裂纹扩展机理分析均表明竖向加劲肋腹板间隙内加劲肋-腹板端部焊趾处裂纹、水平节点板腹板间隙内加劲肋-腹板焊缝焊趾处裂纹为Ⅰ型主导的Ⅰ-Ⅱ-Ⅲ复合型裂纹。

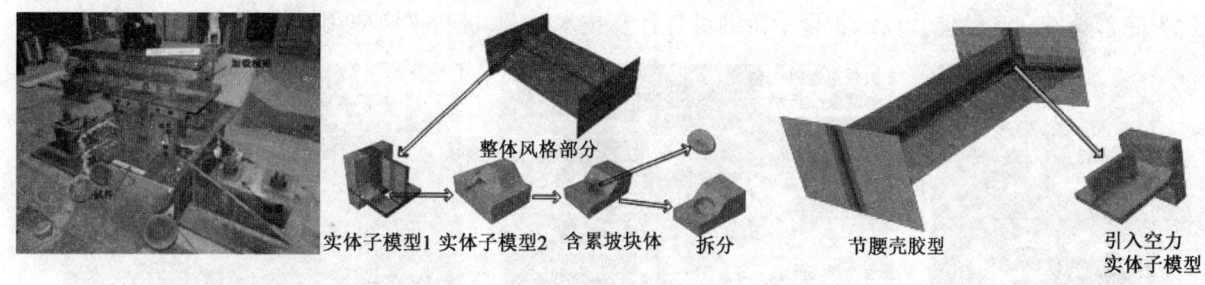

a) 疲劳实验装置　　　　　　　　　　　　b) 数字疲劳模型

图7　耐候钢桥竖向加劲肋腹板间隙面外变形疲劳实验装置

免涂装耐候钢桥在使用过程中,保护性锈层的发展、形成过程和耐候锈层稳定性受环境条件影响较大。综合大量的桥例资料和试验结果,耐候钢桥在下列环境和条件下不易形成稳定锈层:

(1)尘土堆积的部位;

(2)通风不好且潮湿的部位;

(3)桥面板、伸缩缝、排水管等破损造成漏水的部位。

耐候钢桥在设计时应保证各构件处于:

(1)直接接触雨水且通风良好的钢表面;

(2)通风和排水情况好的内侧垂直面和水平面;

(3)盐分影响小的地区。

3. 管翼缘组合梁桥受力性能

传统组合梁多采用工字形钢板梁截面,其自身扭转刚度较小,易于发生局部或侧向弯扭屈曲破坏,同时受刚度疲劳等条件限制,致使在很多工况下并非由强度极限条件控制设计,无法发挥高性能钢材的强度优势[7,8]。因此,将工字钢梁的平板翼缘用钢管翼缘替代,从而形成了管翼缘组合梁。根据钢管翼缘形状的不同,管翼缘组合梁可分类为多种截面梁,如:圆管翼缘组合梁、矩形管翼缘组合梁、双矩形管翼缘组合梁等(图8)。

a) 圆管翼缘组合梁　　　　b) 矩形管翼缘组合梁　　　　c) 双矩形管翼缘组合梁

图8　高性能管翼缘组合梁

本文通过试验研究、数值模拟与理论分析,完成了圆管(矩形管)翼缘组合梁正弯矩区抗弯性能研究、圆管(矩形管)翼缘组合梁抗剪性能研究、圆管翼缘组合梁的负弯矩区受力性能研究、矩形管翼缘组合梁抗扭性能研究(图9)。结果表明:管翼缘组合梁的钢管与内填混凝土间均产生了套箍作用,该套箍作用对内填混凝土的抗压强度及延性能力有一定的增强作用;管翼缘组合梁在发生腹板剪切屈曲破坏后,可继续发挥钢材屈曲后强度从而增大抗剪承载力;负弯矩区圆管翼缘试验梁在试验过程中表现出良好的稳定性和延性性能,剪跨比、腹板高厚比是影响负弯矩区圆管翼缘组合梁极限承载力的关键因素,而翼板内纵向钢筋配筋率、栓钉间距及下翼缘宽厚比的影响相对较小;圆管翼缘组合梁具有较高的抗扭承载力及抗扭刚度,其极限扭矩约为开裂扭矩的5.5~7倍,混凝土翼板尺寸对圆管翼缘组合梁抗扭性能影响较大。基于研究与分析结果,建立了管翼缘组合梁抗弯、抗剪承载力简化计算公式,提出了管翼缘组合梁纯扭作用及弯扭、弯剪扭复合作用下的承载力计算方法,归纳提出了管翼缘组合梁设计方法与施工要点,为完善长寿命高性能管翼缘组合梁桥的设计计算技术体系、进行推广应用提供了理论与技术支持。

a) 加载装置　　　　b) 正弯矩区破坏形态　　　　c) 负弯矩区破坏形态

图9　管翼缘组合梁试验

四、长寿命高性能组合桥面的研发

为了改善钢桥面板的传统沥青铺装或水泥基铺装层的长期受力性能、提升钢桥面板使用性能、合理延长其使用寿命,提出将综合材料性能优越的UHPFRC应用于钢桥面板,并采用冷连接、组合设计的方式,形成基于冷连接理念的钢-UHPFRC组合桥面板。考虑冷连接组合设计形式、几何尺寸、受力条件,对系列钢-UHPFRC组合板试件进行受力性能试验研究与数值分析,对足尺钢-UHPFRC组合桥面板进行受力机理分析与计算,分析了钢-UHPFRC组合板的冷连接界面受力行为、钢-UHPFRC组合桥面板的局部刚度(图10)[9]。试验与分析结果表明：与环氧树脂黏接界面连接方式相比，所研发的粘贴波折板连接件不仅有助于增强组合效应，还对UHPFRC层提供了良好的约束与加强效应；与无剪力连接件连接的组合板相比，粘贴波折连接件的组合设计方式将组合板的局部刚度提高了2倍；在钢桥面板和UHPFRC层之间粘贴波折连接件，或将栓钉和波折连接件组合使用，可以降低UHPFRC层开裂的风险，改善组合效应，避免钢桥面板产生新的残余应力；建议将波折板连接件布置在正交异性桥面板潜在的最大负弯矩区域，从而提高桥面结构的组合效应。

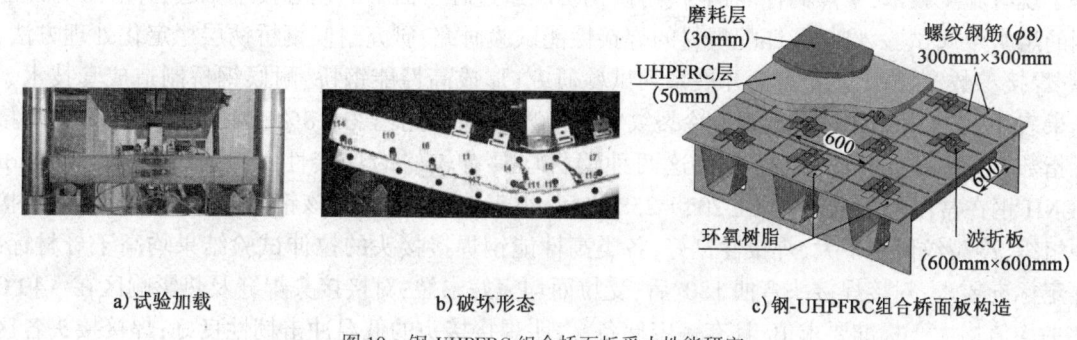

a)试验加载　　b)破坏形态　　c)钢-UHPFRC组合桥面板构造

图10　钢-UHPFRC组合桥面板受力性能研究

五、长寿命高性能钢塔与组合塔的结构性能

钢桥塔具有自重轻、强度高、结构耐久可靠、施工周期短、抗震性能好等优点，但由于钢桥塔的长细比较大，容易发生整体失稳，桥塔的钢板厚度相对较薄，容易发生局部失稳，对桥塔与整个桥梁结构的承载能力与使用安全都会造成不利影响。钢－混凝土组合桥塔在钢塔内部填充了混凝土，能够充分发挥钢材和混凝土两种材料的优点，具有更高的承载力和更好抵抗局部失稳的能力，钢壁板还可以作为浇筑核心混凝土的模板，与钢筋混凝土桥塔相比，可节省模板费用，加快施工进度。

本文对长寿命高性能钢塔与组合塔开展了试验研究、数值分析和理论计算(图11)，对不同截面形式的钢塔与组合塔、不同加劲形式的组合塔分别开展试验研究，明确截面形式和加劲形式对钢塔与组合塔结构性能的影响；针对桥塔设计中的塔形与构造，采用数值模拟的方法分析不同塔形、构造形式与不同塔基连接方式对桥塔受力性能的影响规律，得到塔形与构造的设计方法，及不同塔基连接方式的适用情况；根据缆索承重桥梁的受力特点，明确钢塔的稳定计算方法。最后，形成钢塔与组合桥塔的设计计算准则，以期为高性能钢塔与组合塔的设计和推广应用提供技术支撑。结果表明，带切角矩形截面钢桥塔可以减小原壁板的宽厚比，提高壁板自身的失稳临界应力，新加入的切角处的壁板由于宽厚比较小，可以对其相

a)试验与有限元模型

b)破坏试件

c)组合塔试件

图11　高性能钢塔与组合塔的结构性能研究

邻的宽厚比较大的壁板提供有利的约束作用,进一步提高了壁板的抗失稳能力宽厚比。组合桥塔钢壁板对塔内的混凝土具有约束作用,塔内混凝土的存在又避免或延缓了钢壁板局部失稳的发生;组合桥塔内的混凝土对壁板上的加劲肋提供了有利的支承和约束作用,较钢桥塔中的加劲作用更好,而加劲肋的存在不但提高了桥塔的承载力,也提高了壁板对混凝土的约束作用。

六、长寿命高性能钢桥建造新技术

基于现有施工技术,聚焦高性能钢桥、耐候钢桥制造过程中面临的核心技术难题,开展了高性能钢及耐候钢的熔敷金属试验、母材及匹配焊材的焊接性能试验研究,研究耐候钢桥锈层稳定化处理方法,从焊材选择、焊接参数、制造工艺三方面开展系列试验研究,形成高性能钢桥、耐候钢桥制造成套技术。试验研究结果表明:Q345qENH耐候钢焊接冷裂纹敏感指数P_{cm}值均小于0.18%、Q420qENH耐候钢焊接冷裂纹敏感指数P_{cm}值均小于0.19%,表明这两种钢材均具有较好的焊接性,冷裂倾向不大;Q345qENH、Q420qENH钢在常温焊接时HV_{max}在205~258之间,小于350HV,表明该钢材在不预热情况下焊接未产生淬硬组织,冷裂纹倾向不大,焊接性良好;各类高性能钢焊接接头的拉伸试验结果均高于母材标准值,满足评定标准要求;对接焊接头弯曲180°后,受拉面均完好未裂;对接接头焊缝及热影响区在-40℃的冲击韧性平均值均大于标准要求值,且有一定储备,表明焊接接头的低温冲击韧性良好;焊接接头各区的硬度均低于HV10350,在焊接过程中未产生淬硬组织;焊缝熔合良好,无裂纹、气孔、夹渣等缺陷;焊接接头熔敷金属耐腐蚀指数I≥6.5。

针对波形腹板钢箱组合梁的制造难题,研发了具有精密数控切割、深熔焊接、焊接机器人集成站点、单件信息自适应追踪等技术融合特征的钢桥自动化制造设备,建立波形腹板钢箱组合梁全流程智能制造生产线(图12),突破制约高性能钢桥发展的建造技术难题。

  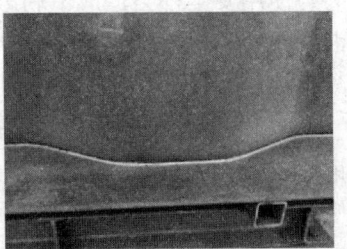

a) 焊接过程示意　　　　　　b) 自动智能焊接装备　　　　　　c) 自动焊接焊缝

图12　高性能钢桥自动化、智能化制造新技术与装备

七、工　程　应　用

在上述研究成果的指导下,成功设计、建造了我国首批长寿命高性能钢桥、耐候钢桥(图13),主要包括:我国首座免涂装耐候钢管翼缘组合梁桥—陕西眉县常兴镇2号桥采用Q500qDNH和Q345qDNH(2014年通车)、首批高速公路免涂装高性能连续钢板梁桥—陕西黄延高速磨坊跨线桥采用Q500qENH和Q345qENH(2015年通车)、首批全桥采用Q500qD的高性能钢拱桥—陕西眉县霸王河桥与干沟河桥(2015年通车)、大跨度免涂装耐候钢管翼缘斜弯连续组合梁桥—兰州跨柳忠高速高架桥采用Q500qENH和Q345qENH(2020年通车),以及近十座箱内免涂装耐候钢箱梁桥—台州内环路立交桥采用Q345qDNH(2017年通车)。已建设的不同区域、不同类型的长寿命高性能钢桥体现了良好的结构性能,社会经济效益显著。

八、结　　　语

长寿命高性能钢桥是新型材料、创新构件和新结构形式的有机结合,具有独特受力性能与技术经济性能,将会成为21世纪桥梁体系与性能化创新设计的重要方向。本文研究成果有效解决了长寿命高性能钢桥选材依据、构造设计准则、设计计算理论领域的关键技术难题,支撑了长寿命高性能钢桥设计与制造技术体系的建立与完善,成果在十余座高性能钢桥中得到了推广应用,经济社会效益显著。

a) 眉县常兴镇段2号桥

b) 黄延车行桥

c) 霸王河桥

图13 高性能钢桥、耐候钢桥工程实践

致谢：感谢陕西省创新人才推进计划科技创新团队(2019TD-022)；国家"万人计划"科技创新领军人才支持项目(W03020659)；中央高校基本科研业务费专项资金项目(300102219309)；国家重点基础研究发展计划(973项目)子题(2015CB057703)；交通运输部应用基础研究项目(2014319812080)的资助。

参考文献

[1] 交通运输部.关于推进公路钢结构桥梁建设的指导意见(交公路发[2016]115号),2016,7.

[2] 中国公路学报编辑部.中国公路交通学术研究综述·2012[J].中国公路学报,2012,25(3):2-50.

[3] 刘玉擎,陈艾荣.耐候钢桥的发展及其设计要点[J].桥梁建设,2003,(5):39-41.

[4] 段兰,王春生.高强度工字钢梁腹板抗剪性能试验[J].中国公路学报,2017,30(3):65-71.

[5] 王春生,张静雯,段兰,等.长寿命高性能耐候钢桥研究进展与工程应用[J].交通运输工程学报,2020,20(1):1-26.

[6] 王春生,王雨竹,崔冰,等.应力比对钢桥腹板间隙面外变形疲劳性能的影响试验[J].中国公路学报,2017,30(3):72-81.

[7] 段兰,王春生,朱经纬,等.带混凝土翼板的圆管上翼缘钢-混凝土组合梁抗弯性能[J].交通运输工程学报,2019,19(1):52-63.

[8] 王春生,王晓平,朱经纬,等.波形钢腹板管翼缘组合梁抗弯性能试验研究[J].桥梁建设,2019,49(1):18-23.

[9] Duan L.,Eugen Brühwiler,Wang C. S. Cold stiffening of orthotropic steel decks by a composite UHPFRC layer[J]. Journal of Constructional Steel Research,2020,172:106209.

71. 武汉青山长江大桥泄水槽复合钢板焊接工艺评定试验

阮家顺　王　简　郭萍萍　张银河

(武船重型工程股份有限公司)

摘要 本文以武汉青山长江大桥钢梁制造为工程背景,采用CO_2气体保护焊对复合钢板316L+Q370qE进行焊接工艺评定试验,试验结果表明,选择的焊接材料、焊接坡口形式及焊接工艺参数合理可行,复合钢板对接焊缝外观成形、内部质量、焊接接头力学性能满足相关规范要求,可为工程实际提供指导依据。

关键词 不锈钢复合钢板　焊接工艺　焊接接头　焊接材料

一、引　言

武汉青山长江大桥桥面的泄水槽采用板厚16mm的不锈钢复合钢板,其中复合层为材质是316L的不锈钢,厚度为4mm,基层为材质是Q370qE的桥梁用低合金高强度钢,厚度为12mm。不锈钢复合钢板既具有不锈钢良好的抗腐蚀性能,又具有桥梁用低合金高强度钢强度,但由于碳钢与不锈钢在物理性能、化学成分、组织以及焊接性能方面存在较大差异,因此在焊接过程中易产生裂纹。针对不锈钢复合钢板进行焊接工艺评定试验,制定合理的焊接工艺参数,确保不锈钢复合钢板焊接接头的性能。

二、焊接材料选择

本次试验选用316L + Q370qE(4mm + 12mm)的不锈钢复合钢板,对其基层及复合层化学成分进行复验,结果见表1;对其力学性能进行复验,结果见表2。

复合钢板316L + Q370qE 化学成分（质量分数）(100%)　　　　　　　　　　　表1

部位	C	Mn	Si	P	S	Cr	Ni	Mo	Cu	Al	Ti	V	Nb	B
基层	0.08	1.38	0.24	0.014	0.004	0.17	0.14	0.003	0.02	0.034	0.015	0.005	0.022	0.0003
复层	0.03	1.11	0.47	0.031	0.001	16.57	10.07	2.14	—	—	—	—	—	—

复合钢板316L + Q370qE 力学性能　　　　　　　　　　表2

R_{eL}(MPa)	R_m(MPa)	A(%)	剪切 τ(MPa)	弯曲180°(θ = 180°)	KV_2(-40℃)(J)
470	594	27.5	440	合格	156;143;151

由于316L + Q370qE(4mm + 12mm)的不锈钢复合钢板厚度较薄,结合实际工件结构形式,采用热输入量较小的CO_2气体保护焊工艺。

不锈钢复合钢板的复层具有不锈钢的优越性能,其耐磨性、抗腐蚀性好,而强度主要依靠基层碳钢和低合金钢获得[1]。因此,为满足对焊缝焊接完成后其力学性能能达到相关技术要求,基层填充材料选择相应性能等级的药芯焊丝E501T-1L(ϕ1.2mm),满足 -40℃低温冲击性能要求;为保证对接焊缝焊接完成后其耐蚀性达到相关要求,复合层焊接材料选择与316L不锈钢化学成分相近的药芯焊丝E316LT1 - T(ϕ1.2mm)。

过渡层的焊接是复合钢板焊接的关键,由于不锈钢与低合金钢含碳量的差异,奥氏体与珠光体对碳的溶解度不同,加之奥氏体钢中较高的铬含量对碳具有较强的吸附力,所以在不锈钢-低合金钢复合板过渡区中不可避免地要发生碳迁移现象[2],焊接过渡层的目的是防止基层焊缝金属被稀释,复层奥氏体形成元素不足,形成马氏体组织,使得复层的脆性增大,从而产生焊接裂纹,过渡层是确保复合层焊缝化学成分达到复合层母材要求的重要区域[3]。从表1可以得知,此复合钢板复合层中Ni和Cr含量均较高,其C含量较低,易发生化学成分稀释、产生碳迁移过渡层。因此,在焊接复合层的过程中焊材选择高Cr、Ni、低C的焊丝E309LT1 - T(ϕ1.2mm)。

本次试验选用焊材,对其熔敷金属化学成分进行复验,结果见表3;对其熔敷金属力学性能进行复验,结果见表4。

焊材熔敷金属化学成分（质量分数）(100%)　　　　　　　　　　表3

型号或牌号	化学成分(%)											
	C	Si	Mn	P	S	Cr	Mo	Ni	Cu	V	Ti	B
E501T-1L (ϕ1.2)	0.02	0.31	1.28	0.010	0.007	0.03	0.001	0.40	0.01	0.009	0.038	0.0030
E316LT1-1 (ϕ1.2)	0.03	0.72	1.32	0.017	0.002	19.30	2.578	12.07	0.01	—	—	—
E309LT1-1 (ϕ1.2)	0.03	0.51	1.15	0.018	<0.001	22.36	0.013	12.10	0.01	—	—	—

焊材熔敷金属力学性能   表4

型号或牌号	力学性能			
	R_{eL}(MPa)	R_m(MPa)	A(%)	KV_2(J)
E501T-1L(ϕ1.2)	476	549	26.0	169;153;165;185;173
E316LT1-1(ϕ1.2)	444	592	31.0	—
E309LT1-1(ϕ1.2)	407	542	36.0	—

三、焊接工艺

1. 焊前预热要求

Q370qE 是常见的一种桥梁用结构钢,根据国际焊接协会推荐的碳当量计算公式[4]:

$$\omega(C)_{eq} = \omega(C) + 1/6\omega(Mn) + 1/5[\omega(Cr) + \omega(Mo) + \omega(V)] + 1/15[\omega(Cu) + \omega(Ni)] \quad (1)$$

结合表1计算出基层 Q370qE 钢板 C_{eq} 为 0.356%,说明基层 Q370qE 的钢板淬硬倾向小,焊接完成后不容易出现淬硬的马氏体组织,具有良好的焊接性。同时由于本次试验采用的 Q370qE 钢板板厚为 12mm,因此在焊接前无须进行预热。

2. 坡口形式的选择

为防止基层及过渡层焊接对复层不锈钢的影响,同时考虑到实际生产过程中泄水槽对接的焊接工位,本次试验坡口设计为单面双边的 V 形坡口:坡口角度 50°间隙 6mm,背面贴陶质衬垫,坡口形式如图1所示。

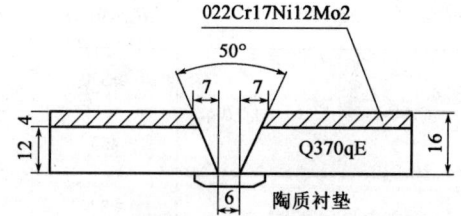

图1　单面双边 V 形坡口(尺寸单位:mm)

3. 焊接工艺参数

考虑到焊缝的质量要求、生产效率、经济成本以及焊接工位,青山桥泄水槽对接采用药芯焊丝 CO_2 气体保护焊的焊接方法。考虑到实际生产工位,本次试验分别对平焊位置对接(编号 E16C-2)和立焊位置对接(编号 E16LC)。具体焊接工艺参数及焊道布置见表5。

焊缝工艺参数及焊道布置   表5

序号	焊缝形式	焊缝层次	焊接方法	填充金属		电流(A)	电压(V)	焊接速度(mm/min)	预热/层间温度(℃)
				牌号	规格				
1		1	136	E501T-1L	ϕ1.2	220~240	25~27	240~260	—
		2~3	136	E501T-1L	ϕ1.2	270~290	29~31	270~290	120~180
		4	136	E309LT1-1	ϕ1.2	230~250	27~29	270~290	120~180
		5	136	E316LT1-1	ϕ1.2	230~250	27~29	270~290	120~180
2 (E16LC)		1~2	135	E501T-1L	ϕ1.2	190~210	23~25	180~200	—
		3	135	E309LT1-1	ϕ1.2	190~210	23~25	180~200	120~180
		4	121	E316LT1-1	ϕ4.0	190~210	23~25	180~200	120~180

值得注意的是,采用碳钢药芯焊丝 E501T-1 进行基层焊缝的焊接,需控制其焊缝厚度低于母材基层厚度 2~3mm,之后采用不锈钢药芯焊丝 E309LT-1L 药芯焊丝进行过渡层焊缝的焊接,而过渡层焊缝表面需高于母材基层,最后采用不锈钢药芯焊丝 E316LT1-1 进行复合层焊缝的焊接。

4. 焊后处理

由于基层金属和复层金属膨胀系数和热导率相差较大,在焊缝急速冷却时会对焊缝产生较大的拉应力,在焊缝薄弱区域产生延迟裂纹。同时为了减小焊缝区和热影响区的淬硬性,在焊接完成后用石棉布保温缓冷。

四、焊缝检测

1. 外观检测

焊接完成后,按照铁路钢桥制造规范[5]中的规定,对焊缝外观进行检查,焊缝外观成型良好,无咬边、气孔等缺陷。

2. 无损检测

焊接完成48小时后进超声波探伤,结果符合铁路钢桥制造规范。

3. 力学性能检测

力学性能试验结果见表6。焊缝强度高于母材标准值;焊缝金属的延伸率高于母材标准值;弯曲试验结果合格;硬度值均低于标准值$HV_{10}380$。

焊接接头力学性能试验结果 表6

编号	材质	拉伸焊缝金属拉伸			侧弯 $\theta=180°$	接头硬度
		$R_{el}(MPa)$	$R_m(MPa)$	$A(\%)$		$HV_{10} \leq 380$
E16C-2	316L + Q370qE	≥370	≥510	≥20.0	$D=2a$ 完好	母:171;169;170;热:191;189;186;焊:159;180;168;热:183;191;199;母:192;181;189;
		463	595	33.5		
E16LC	316L + Q370qE	≥370	≥510	≥20.0	$D=2a$ 完好	母:194;196;198;热:167;162;168;焊:164;156;160;热:154;152;155;母:152;178;156;
		389	564	31.5		

注:母-母材、热-热影响区、焊-焊缝金属。

4. 宏观金相检测

焊接接头宏观照片如图2所示。从焊接接头宏观断面酸蚀照片可以看出,焊缝熔合良好、无裂纹纹、气孔、夹渣等焊接缺陷,焊缝外观成型良好。

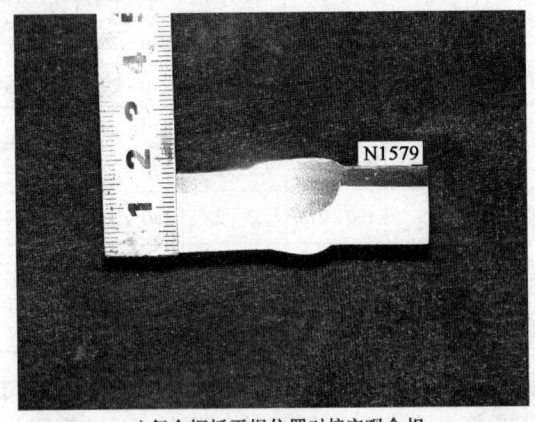
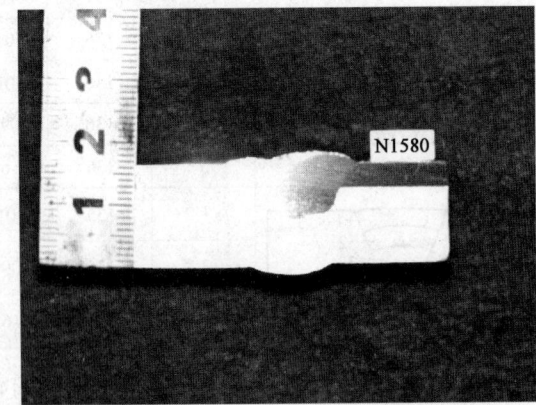

a) 复合钢板平焊位置对接宏观金相　　　　b) 复合钢板立焊位置对接宏观金相

图2 焊接接头宏观金相

五、结语

通过对316L + Q370qE(4mm + 12mm)复合钢板的焊接工艺评定试验,选定了与之相匹配的焊材,制订了合理的焊接工艺,使得焊接接头焊缝外观成形、内部质量无损检测、力学性能和宏观断面结果均满足要求,为武汉青山长江大桥泄水槽复合钢板的焊接提供了指导依据。

参考文献

[1] 李明鉴,李齐.三峡工程金属结构中不锈复合钢板的焊接[J].水利电力机械,2000(5).
[2] 唐翠华,侯良立.316L-16MnR复合板不锈钢侧晶间腐蚀原因分析[J].理化检验—物理分册,2008(44).
[3] 原国栋.不锈钢复合钢板焊接接头中过渡层的焊接问题[J].热加工工艺,2007(7).
[4] 陈祝年.焊接工程师手册[M].北京:机械工业出版社,2002.
[5] 中华人民共和国行业标准.铁路钢桥制造规范:Q/CR 9211—2015[S].北京:铁道出版社,2015.

IV 养护管理、检测与加固

1. 深中通道中山大桥、伶仃洋大桥主桥梁外检查车设计

崔 岗[1]　邱廷琦[2]　吴明龙[2]　魏川江[2]　陶 迅[2]

(1.深中通道管理中心；2.成都市新筑路桥机械股份有限公司)

摘 要　为确保深中通道中山大桥及伶仃洋大桥主桥营运安全，设计了三种专用梁外检查车，对两座主桥钢箱梁底部外表面进行检修维养。根据各主桥特点进行了检查车布置分析及功能需求分析，介绍了各类检查车整体结构。对检查车轨道系统、行走驱动装备、主桁架、龙门架、控制系统等进行了详细设计，充分考虑了安全性、可用性、可靠性；并结合深中通道环境特征，对检查车各模块防腐进行了针对性分析。该专用检查车能实现主桥底部全覆盖式检测维养，为桥梁长寿命要求提供了重要保障。

关键词　深中通道　箱梁　维养　检查车

一、引 言

目前我国桥梁设计已经发展为桥梁全生命周期设计，为了实现良好的桥梁生命周期质量，需要对桥梁进行合理的使用寿命设计和规划，并在设计时考虑未来的检测、养护与维修需要，对大桥进行可维修性方案设计。深圳至中山跨江通道(以下简称深中通道)地处珠江入海口伶仃洋，亚热带海洋性气候，常年炎热、潮湿、高盐雾，是典型的强台风气候区，易受台风主导的极端天气影响；因此桥梁面临极为严峻的涂装脱落、金属腐蚀、结构疲劳破坏等病害。深中通道处于海洋环境，对运营及耐久性要求更高[1]，长期的检修维护工作显得格外重要。桥梁检测作业车，是一种适用于大、中型桥梁的病害维修和预防性检查作业的专用设备[2]。本文以深中通道项目中的中山大桥及伶仃洋大桥主桥为对象，设计可对梁底外表面实现检查功能全覆盖的梁外检查车。

二、总 体 设 计

1. 桥型分析

中山大桥为斜拉桥体系，孔跨布置为(110+185+580+185+110)m[1]，大桥立面图见图1。大桥全长约有1.17km，依次存在"边墩-辅助墩-主塔-主塔-辅助墩-边墩"。边墩和辅助墩位于钢箱梁中部，桥检车在此处无法以常规工作状态通行，主塔下方存在一定量的通行空间，但桥检车需改变自身长度尺寸才可通行。

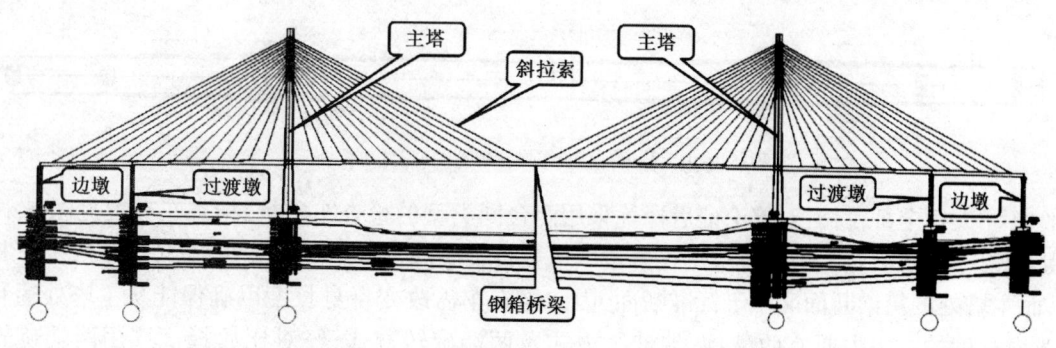

图1　中山大桥立面图

伶仃洋大桥采用(500+1666+500)m的悬索桥方案[3],立面图见图2。大桥全桥桥长约2.67km,依次存在"边墩-主塔-主塔-边墩"。边墩与主塔之间无辅助墩,主塔下方存在通行空间,但主塔处的桥梁断面尺寸小于标准断面尺寸。为满足桥检车检修范围覆盖全幅桥梁,桥检车长度一般大于桥梁全幅尺寸,则会造成检查车的长度大于通行空间的长度,因此在桥检车通过主塔前需改变自身长度尺寸。

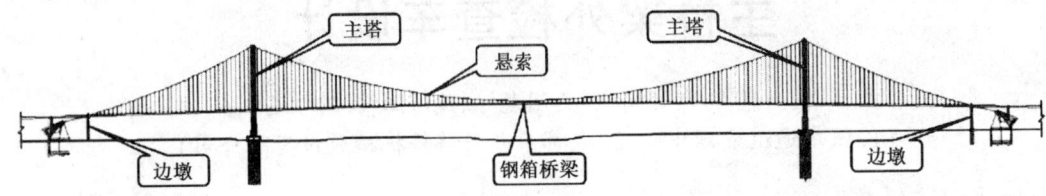

图2 伶仃洋大桥立面图

2. 检查车布置设计及功能分析

梁底检查车一般悬挂于箱梁底部,属于高空作业设备。深中通道项目运营期间,主要需检查构件有无锈蚀,表面涂层有无缺陷;焊缝边缘有无裂纹或脱焊,紧固件有无松动、脱落和断裂等缺陷以及节点是否滑动、错裂等。

经对比论证,针对中山大桥主桥梁底外表面的检测维养,可采用A类检查车(梁底不过墩检查车)和B类检查车(梁底过墩检查车)进行,检查车布置见图3。A类检查车检修主塔间的箱梁,B类检查车检修边跨与主塔间的箱梁。A类检查车因无需回转式过墩,非工作驻车时可停靠在靠近主塔附近。为便于检修人员及设备进入检查车内部,需在检查车两端设置方便进入的上下桥通道,且该通道也可用于桥梁两端的检测。因辅助墩位于梁底中间部位,所以B类检查车需要能跨越辅助墩。根据墩台位置,检查车在梁底可用的过墩方式有回转式过墩及分离旋转式过墩[4];中山大桥全幅宽度较大,若采用分离旋转式过墩,则回转支承两侧的悬臂太长,悬臂端载重能力会大幅削弱,结构难以稳定,风险较大。故B类车检查车采取回转式过墩方式跨越辅助墩。

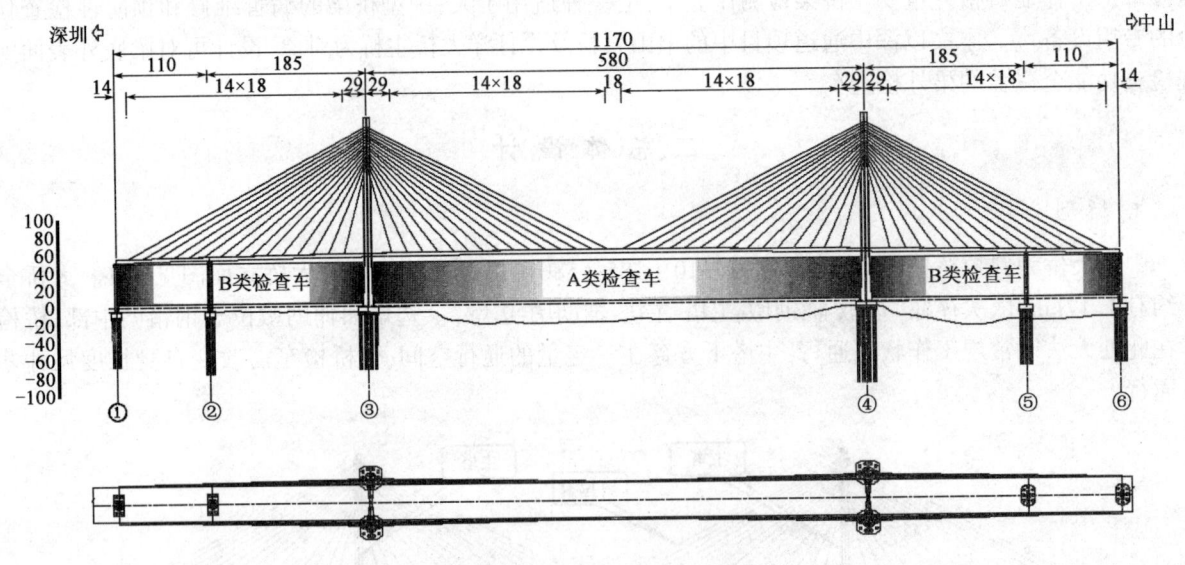

图3 中山大桥梁外检查车布置示意图(尺寸单位:m)

因伶仃洋大桥全桥较长,对比论证后择优采用两台同类型的检查车进行,检查车布置见图4,两台检查车分别检修一半桥梁。为满足桥检车检修范围覆盖桥梁底部及两侧区域,桥检车长度一般大于桥梁全幅宽度,而主塔处的箱梁断面又小于标准断面,因此检查车需改变自身长度以确保能从主塔处通行空间通过。改变长度的方法主要有两种:两端伸缩方式及两端旋转方式,经对比后择优选用两端旋转方式进行。

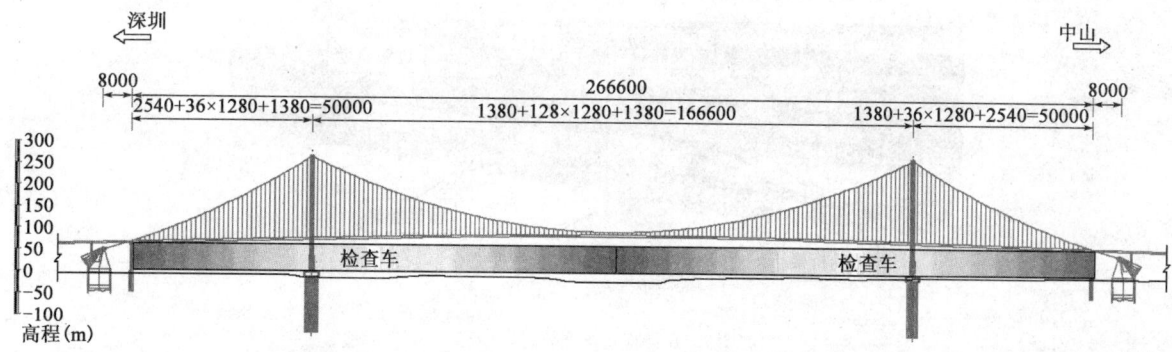

图4 伶仃洋大桥梁外检查车布置示意图(尺寸单位:cm)

3. 检查车整体结构设计

1）中山大桥梁外检查车整体结构设计

根据中山大桥钢箱梁特点，A类检查车的整体结构如图5所示，B类检查车如图6所示；主要由桁架、固定端龙门架、活动端龙门架、护栏、驱动箱、斜拉索、驻车拉索、上下桥通道、油缸等组成。检查车驱动箱可驱动检查车在固定轨距的顺桥向轨道上行走，同时活动端龙门架上的结构可适应轨距的微小变化。

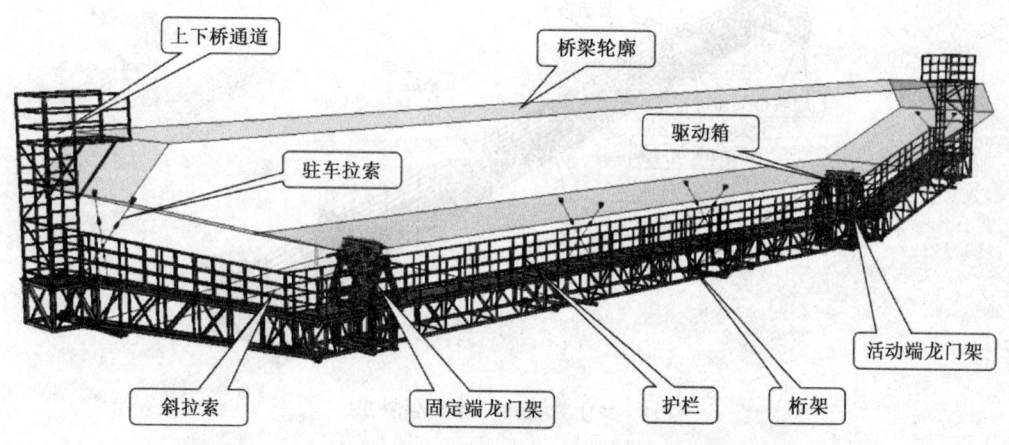

图5 A类检查车整体结构图

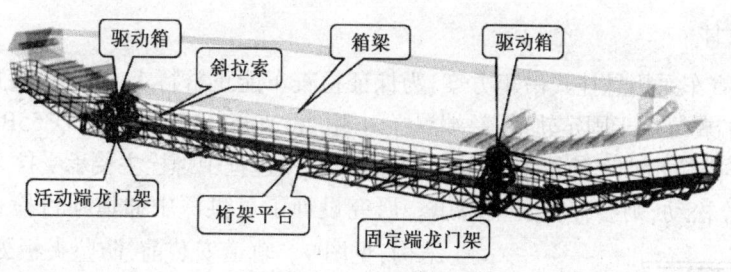

图6 B类检查车整体结构图

A类检查车基本做到对主桥钢箱梁外侧的全覆盖(含附属设施)。检修人员及设备通过检查车上下桥通道从桥面位置进出检查车进行检查作业，遇紧急情况时也可从上下桥通道紧急撤离。B类检查车可以覆盖"主塔—辅助墩—边墩"区间内的箱梁外侧，可以选择三处墩位为固定驻车点，驻车点箱梁与检查车之间安装固定上下车通道，检修作业人员经固定通道到达检查车。同时B类检查车两端配置伸缩式爬梯，车辆故障或紧急情况需要撤离检查车时，可爬至桥面。B类检查车具备变幅过墩功能，过墩姿态见图7。

图 7　B 类检查车变轨过墩姿态

2) 伶仃洋大桥梁外检查车整体结构设计

伶仃洋大桥检查车的整体结构如图 8 所示,由桁架、固定端龙门架、活动端龙门架、护栏、驱动箱、斜拉索、驻车拉索等组成。其可以覆盖"边墩—主塔—桥梁中部"区间内的钢箱梁外侧,可停靠在边墩或主塔处检修维护墩台上的支座、挡块、伸缩装置等。根据需要,可以选择两处边墩为固定驻车点,边墩驻车点箱梁处安装固定通道,检修人员及设备经固定通道上下伶仃洋检查车。遇检查车故障等紧急情况时,可通过另一台检查车进行救援。

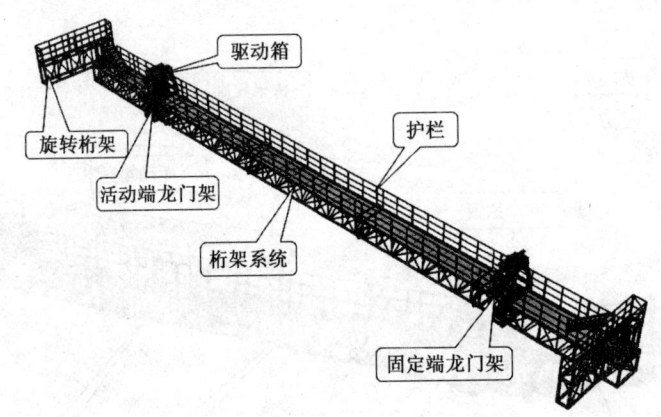

图 8　伶仃洋大桥检查车整体结构图

三、详 细 设 计

1. 轨道结构设计

深中通道梁外检查车采用悬挂式吊车方案,为保证检查车能正常行走,设计中使用 HM294×200×8×12 型钢作为轨道,一端翼缘用于固定轨道,一端翼缘内侧供检查车行走,材质为 Q355B。中山大桥检查车的轨距为 27.2m,伶仃洋大桥检查车的轨距为 27m。检查车工作过程中螺栓主要承受拉力,且螺纹受交变载荷容易发生疲劳,若螺栓松动,则会存在安全隐患。研究设计了可供深中通道项目检查车使用的防坠轨道结构,见图 9。轨道安装前,防坠夹板处于打开状态,轨道进入安装位置后,拔出固定销,放下防坠夹板,再插入固定销,最后放入螺栓拧紧;即使螺栓松动,防坠夹板仍然能够保证轨道正常工作。

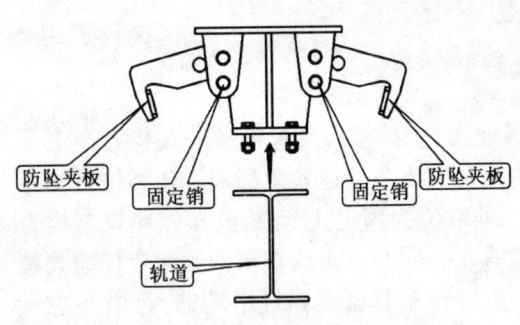

图 9　防坠轨道结构图

2. 行走驱动装备设计

行走驱动箱的功能是驱动检查车在梁底轨道系统上行走。主要由驱动电机(带减速机)、闭式驱动箱、驱动轮、连接架、行走导向轮、回转支承、手驱动装置、电磁驻车制动器等组成,结构见图10。驱动钢轮外包高分子包胶层,可增强检查车的爬坡能力,并减小对轨道防护层的损伤。闭式驱动箱有效缓解了驱动齿轮在盐雾环境中的腐蚀速度,同时工作噪音小。B类车的驱动箱回转支承下方,安装有高精度、高防护等级的角度编码器,在回转变轨过墩期间其能精确、实时监测相对角度,及时调节驱动箱电机的相对快慢,确保变轨过墩动作顺利完成。

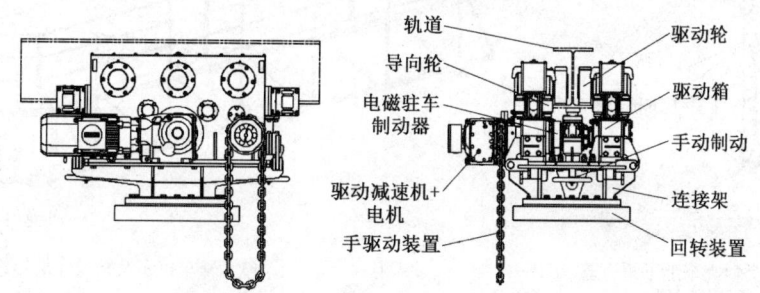

图10 行走驱动装备结构图

3. 主桁架设计

为减轻整车自重及提高耐久性,桁架均使用T6061高强度铝合金材料,主要受力构件采用□100×5型材,其余采用□50×5型材。主桁架均为对称结构,宽度为1600mm,中山大桥A类检查车总长为48.5m,B类检查车总长为48m,伶仃洋大桥检查车总长为50m,见图11。主桁架顶面铺设4mm铝合金花纹板便于人员通行,边缘安装1.2m防护栏。

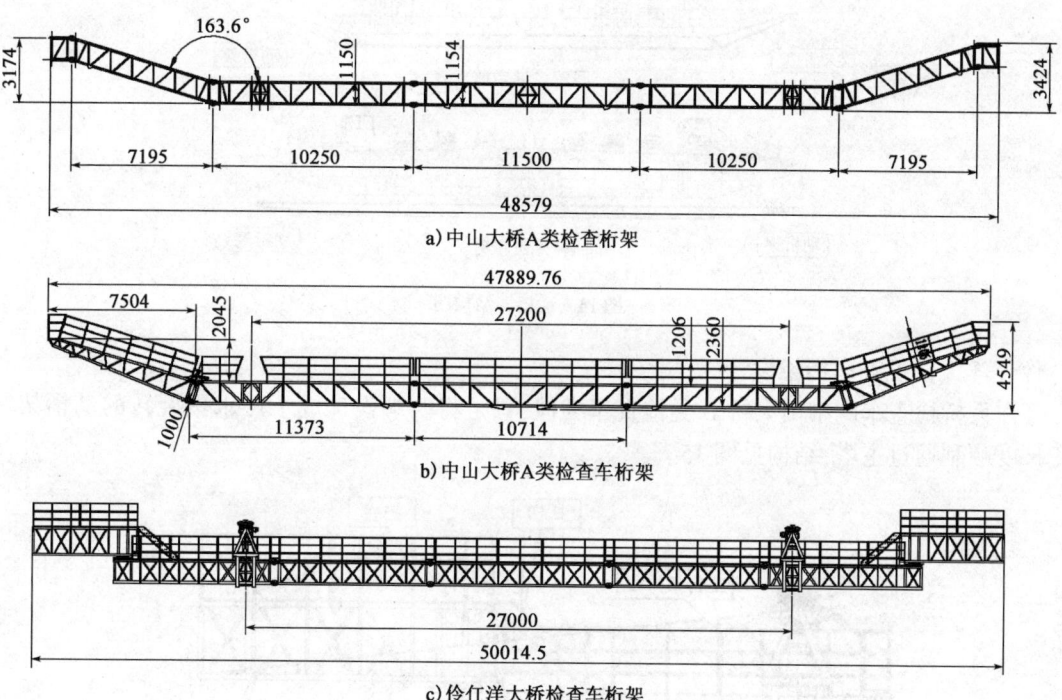

图11 检查车主桁架尺寸图(尺寸单位:mm)

1) 中山大桥A类检查车桁架设计

A类检查车位于主塔之间,在两端设置随检查车移动的上下桥通道,通道如图12所示。检修人员可从通道两侧爬梯进出检查车,紧急逃离通道也位于此处。

为保证两端能承受更大的有效荷载,设计了钢丝绳斜拉索,如图13所示;斜拉索一端固定在龙门架上,另一端固定在主桁架上。安装后给钢丝绳施加一定预拉力,可有效改善桁架受力情况。考虑检查车迎风面积大,在非工作状态时会有较大风荷载,为保证在非工作状态下检查车停放的安全,设计了钢丝绳驻车拉索,如图13所示。

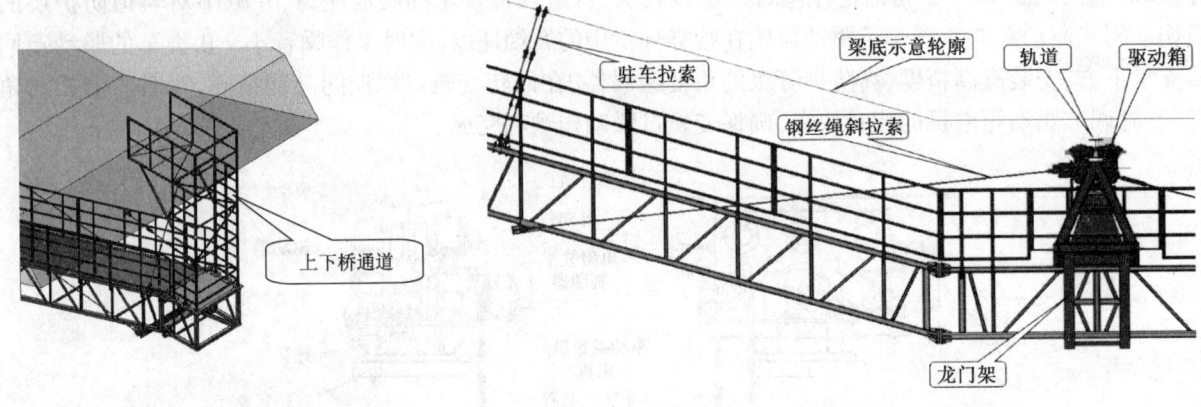

图12 中山大桥A类检查车上下桥通道　　　　图13 驻车拉索及钢丝绳斜拉索

2）中山大桥B类检查车桁架设计

B类检查车桁架类似于A类检查车，前者需要变轨过墩且箱梁断面两端为倾斜面，所以对B类检查车桁架两端设计成可活动的动桁架结构，见图14。在正常工作时，两端的动桁架在铰接、驱动装置、拉索、索链等组件约束下沿箱梁上翘；当需要回转变轨过墩时，动桁架在驱动装置、索链及锁扣的作用下放平锁死，以便检查车整体进行回转。

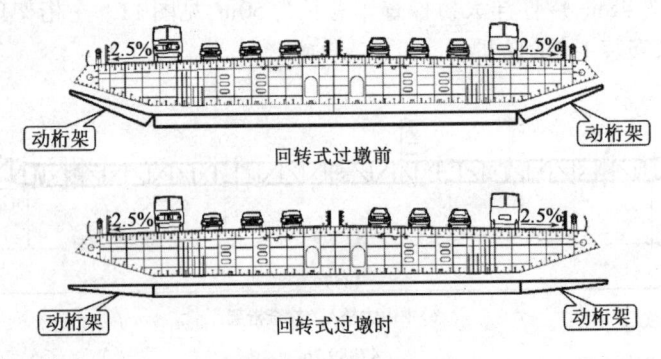

图14 动桁架结构图

3）伶仃洋大桥检查车桁架设计

伶仃洋大桥检查车同中山大桥B类检查车类似，只是将两端设计成了可水平旋转的动桁架结构，以便改变长度顺利通过主塔，结构见图15。

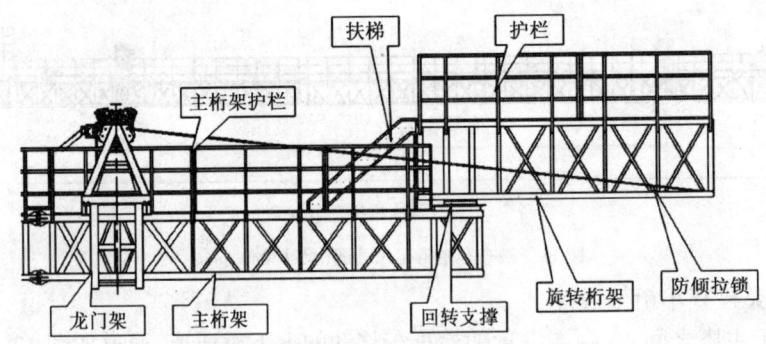

图15 伶仃洋大桥水平旋转动桁架结构图

4. 龙门架设计

龙门架是检查车的主要受力构件，承受竖向荷载；功能是将桁架等固定在行走驱动装备上。主要由HW150×150型钢焊接面成，材质为Q355B，主要尺寸为：2000mm×1300mm×2960mm，见图16。活动龙门架上设置有滚动支撑,可在上层结构的滑槽内横向移动,适应 ±80mm 轨距误差。

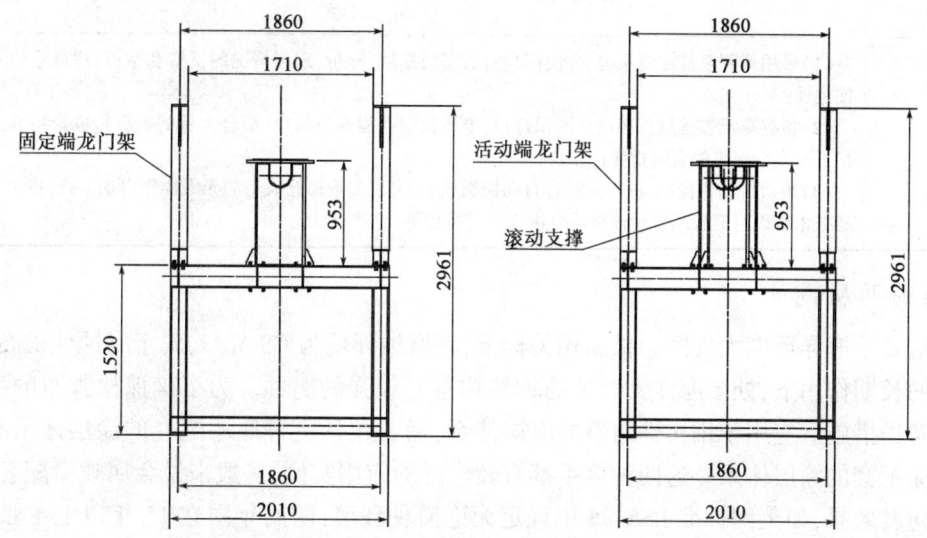

图16 龙门架结构图(尺寸单位:mm)

5. 驱动设计

通过对重量、体积、环保、安全各方面的对比和考量,选用磷酸铁锂电池作为动力源。电池采用分体封装电池,减轻了结构体积及重量,在桥上和桥下都能对电池进行维护,提高电池维护的多样性。

中山大桥 A、B 两类检查车和伶仃洋大桥检查车的整体外形基本一致,受风面积相差不大,只对质量较大的 A 类检查车的驱动力进行计算,其余检查车使用 A 类检查车驱动力计算结果。

检查车起步时的惯性阻力 $F_{IR} = m \times \Delta v/\Delta t = 1083.4\text{N}$;根据《起重机设计规范》[5]计算工作风阻力 $F_{工作风阻力} = C_W P_M A = 1.7 \times 350 \times 48.17 = 28661.15\text{N}$;摩阻力矩 $M_{摩阻力矩} = F_N \times f = mg\cos\theta \times f = 25.45\text{N} \cdot \text{m}$;轨道对驱动轮的静摩擦力 $F_{摩擦力} = F_{IR} + F_{工作风阻力} + mg\cos\theta = 32301.47\text{N}$;检查车单个驱动轮的最小驱动力矩 $T_{\min} = \dfrac{F_{摩擦力} \times R + M_{摩阻力矩}}{12} = 257.84\text{N} \cdot \text{m}$。根据检查车行走设定速度,计算行走减速比 $i_{行走} = n_电/n_钢 = 86.31$。电机所需最小功率 $P_{\min} = T_电 \times n_电/9549.3 = 5.45\text{kW}$;齿轮传动的效率 n_1 取 0.92,减速箱的效率 n_2 取 0.94,电机效率 n_3 取 0.85,需选用的电机最小功率为 $P_{额\min} = P_{\min}/(n_1 \times n_2 \times n_3) = 7.41\text{kW}$。故选择 2 台 4.0kW 三相交流异步电机(AC50Hz)。

6. 控制系统设计

控制系统包括电控柜、供配电回路、电机驱动主回路、弱电控制回路、智能检测电路、逻辑运算控制器电路、运行指示电路、触摸屏、操作盒等主要电路或部件构成。控制系统 RAMS 指标及措施见表1。

控制系统 RMAS 指标及措施 表1

指标项	措 施
电池	(1)采用磷酸铁锂电池; (2)采用自动放电和强制放电两种方式,电量低于设定值时能自动切断电池负载,保护电池过放,又能通过强制放电保证检查车的正常运行,达到充电位置,提高电池的可用性和可靠性; (3)采用分体封装电池,减小电池体积及重量,可以在桥上和桥下都能对电池进行维护,提高电池维护的多样性
操控可靠性	采用冗余设计,面板和遥控两种操作方式,提高检查车的可靠性
安全性	(1)在检查车活动位置、轨道端头位置设置了电气、机械限位,提高了检查车的安全性; (2)电气系统综合了短路、过载、相序检测、风速保护等多重保护措施,提高了检查车使用的安全性; (3)采用旋转编码器、拉线编码器等检测装置,对检查车速度进行控制,提高了检查车的可用性

续上表

指 标 项	措 施
智能化	（1）采用远程监控定位系统,方便用户对数据的提取、分析,现场情况的了解和掌握,提高了检查车的可用性、便捷性; （2）检查车设置远程视频语音通讯接口,电池数据远程通讯接口,配合大桥的远程传输设备和主干光纤,可对检查车安全施工的实时指导; （3）预留自动化接口,进一步结合自动控制技术,可以实现检修设备的无人操作自动运行,再结合视频技术、传感技术可以将巡检结果传输至后台由人工进行识别

7. 长寿命防腐设计

深中通道处于海洋环境大气区。根据相关标准,其腐蚀环境为 C5-M[6],属于腐蚀性很高的环境。在海水盐雾等的长期作用下,处于海洋大气区的钢结构遭受较强的腐蚀。为了确保检查车的耐久性,必须采取有效的防护措施。应用于钢构件防腐的涂层体系,通常包括富锌底漆配套的涂层体系和喷铝、锌或锌铝金属喷涂配套的涂层体系。这两种体系都有较广泛的应用实例,一般来说金属喷涂配套的涂层体系具有较好的防腐效果,如英国标准 BS5493 中规定无论何种环境,防腐年限在 15 年以上主张采用金属喷涂防腐(如喷锌、铝或锌铝合金)。但是另一方面,金属喷涂配套的涂层体系,相比较而言其对施工要求高,前期投入大。从性价比、施工难易程度、工艺装备复杂系数、施工成功率以及建成后的维修保养等方面比较,当防腐年限 15～20 年时采用富锌底漆的涂层配套体系较为切实可行,并已为国内外许多桥梁工程所证实。深中通道梁外检查车的防腐设计见表 2,由表 2 可见不同材料的表面防腐均进行了针对性设计。

深中通道梁外检查车防腐设计　　　　　　　　　　表 2

部　位	涂装体系及用料	道　数	厚　度
梁外检查车轨道连接座(与钢梁焊接)梁外检查车轨道	同钢梁对应的外表面或内表面	同钢梁对应的外表面或内表面	同钢梁对应的外表面或内表面
梁外检查车轨道连接螺栓终拧后	同钢梁对应的外表面	同钢梁对应的外表面	同钢梁对应的外表面或内表面
梁外检查车的钢结构、行走系统非加工配合面	二次表处喷砂除锈	清洁度 Sa3.0 级、粗糙度 Rz60～100μm	
	大功率二次雾化电弧喷锌铝	—	120μm
	环氧富锌底漆	1 道	80μm
	环氧云铁中间漆	1 道	60μm
	氟碳树脂面漆	2 道	2×40μm
梁外检查车的铝合金桁架	溶剂清洗表面油污	—	
	特制环氧底漆	1 道	40μm
	氟碳面漆	1 道	40μm

四、主桁架有限元分析

对桁架进行计算时,自重载荷仅考虑桁架自重、电气系统、最大设备重量、升降小车及检修人员的质量。作用在桁架结构上的风荷载分别为 7 级风(工作荷载)、12 级风(非工作荷载),作用在桁架结构上的自重分为均布载荷和集中载荷,最大有效载荷(跨中):1500kg(含人员、作业机具),最大有效载荷(悬臂):800kg。有效载荷加载密度为 100kg/m²。分析的工况为:荷载位于跨中(工况一)、荷载位于悬臂端(工况二)、非工作状态(工况三)。建立各检查车的有限元分析模型,如图 17 所示。各类检查车各工况下的计算结果见表 3。

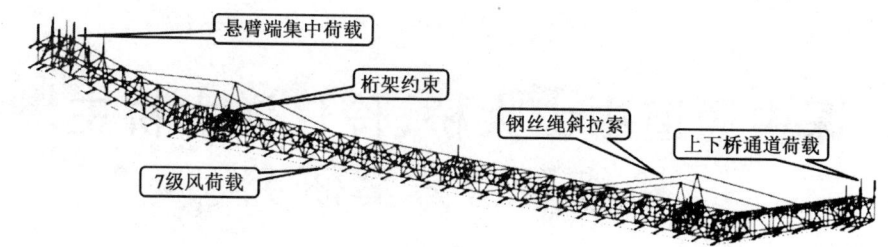

图17 主桁架有限元模型示意图

各类检查车各工况计算结果 表3

检查车种类	工况	最大挠度(mm)	最大拉应力(MPa)	折减后屈服强度(MPa)	安全系数
中山大桥A类检查车	工况一	49.37	42.73	120	2.81
	工况二	64.84	37.98	120	3.16
	工况三	33.53	66.39	120	1.81
中山大桥B类检查车	工况一	66.12	46.75	120	2.57
	工况二	29.72	58.65	120	2.05
	工况三	69.34	36.96	120	3.08
伶仃洋大桥检查车	工况一	28.99	33.78	120	5.34
	工况二	33.12	59.15	120	2.03
	工况三	69.34	36.96	120	3.08

工作状态下(7级风),强度安全系数均较大(>2.0),桁架平台的位移变形量小于《铝合金结构设计规范》[7]的推荐值,桁架按《铝合金结构设计规范》折减后仍具有较大的稳定性余量。

非工作状态下(12级风),强度安全系数略大(>1.8),桁架平台的位移变形量较小,桁架按《铝合金结构设计规范》计算稳定性,结果为可靠。

检查车主桁架在风荷载作用下存在部分杆件受压情况,根据《铝合金结构设计规范》受压稳定性要求计算后,所有工况下的受压杆件均满足要求。

五、结 语

本文基于深中通道中山大桥及伶仃洋大桥梁底外表面检修难以到达等问题做了系统性的研究。根据各桥梁特点对检查车布置及功能需求进行了分析,设计研究了各桥专用梁外检查车,能实现钢箱梁底部外侧全覆盖检修,为桥梁养护工程节省大量成本。各类检查车充分考虑了结构安全性、可用性、可靠性、耐久性及可维修性能。本文涉及3种类型检查车,可适应多种桥梁结构,为类似桥梁工程箱梁底部外侧检修提供了重要的参照价值。

参考文献

[1] 王旋.深中通道中山大桥总体设计[J].桥梁建设,2019,4901:83-88.
[2] 常志军等.嘉绍大桥钢箱梁梁外专用检查车设计[J].公路,2013,7:308-312.
[3] 陈炳耀.深中通道项目伶仃洋大桥抗风性能研究与展望[J].黑龙江交通科技,2018,4108:97-98.
[4] 中华人民共和国行业标准.公路桥梁梁底检查车:T/CHTS 20001—2018[S].北京:人民交通出版社股份有限公司,2018.
[5] 中华人民共和国国家标准.起重机设计规范:GB/T 3811—2008.[S].北京:中国标准出版社,2008.
[6] ISO12944-2.色漆和清漆防护漆体系对钢结构的腐蚀防护第2部分:环境分类[S].
[7] 中华人民共和国国家标准.铝合金结构设计规范:GB/T 50429—2007[S].北京:中国计划出版社,2008.

2. 深中通道中山大桥、伶仃洋大桥主塔检修平台方案研究

邹威[1] 崔岗[1] 邱廷琦[2] 吴明龙[2] 魏川江[2] 陶迅[2] 张松[2]

(1. 深中通道管理中心；2. 成都市新筑路桥机械股份有限公司)

摘 要 为保障深中通道中山大桥及伶仃洋大桥索塔顺利检修，对两座大桥索塔检修平台方案进行了研究。根据现有规范、标准确定桥梁索塔必不可少的检修项目，并据此分析了现有检测维修设备的优缺点。根据两桥索塔的实际情况，研究制定检修平台方案：①中山大桥上塔柱区采用内外双侧C型吊篮平台；上横梁采用移动回转机械臂架直型吊篮平台；下塔柱采用八字形吊篮、直型检修吊篮以及内侧检修吊篮；中横梁采用含轨道支架的检修吊篮；下横梁在墩台（水面）观察检查，当维修时，先采用搭设脚手架、登高车等方式，后采用臂架悬挂检修吊篮方式。②伶仃洋大桥索塔上、中塔柱区采用C型吊篮平台结合直型吊篮平台，通过调整臂架姿态并使用直型吊篮平台对上、中横梁的侧面及底面进行全覆盖式检修；下塔柱区采用呈"井"字型布置的4台直型检修平台对进行全覆盖式检修；对于下横梁的检修，使用登高车或采用固定吊点提升吊篮检修平台的方式进行。

关键词 深中通道 索塔 检修 平台 维养

一、引 言

近年来，我国交通事业加快了发展的脚步，桥梁建设事业也被推向到一个新的高度。建成以后的桥梁结构的老化劣化趋势不可避免，通常由其表面形态能直观的反应结构健康状况。索塔是大跨度桥梁重要支撑结构，其健康状况关乎整个桥梁的结构安全，因此必须对索塔的健康状况进行定期检测，一旦索塔出现损坏，需要即时进行处治，以保证桥梁运营的安全[1]。

深中通道是国高网G2518（深圳至广西岑溪）跨珠江口的关键工程，东起广深沿江高速公路机场互通式立交，接广深沿江高速公路，通过拟建的广深沿江高速公路支线工程与机荷高速公路对接；向西跨越珠江口，在中山马鞍岛登陆，止于横门互通立交，顺接中开高速公路。全长约24km，其中跨海长度22.4km，马鞍岛陆域段长度1.6km，如图1所示[2]。

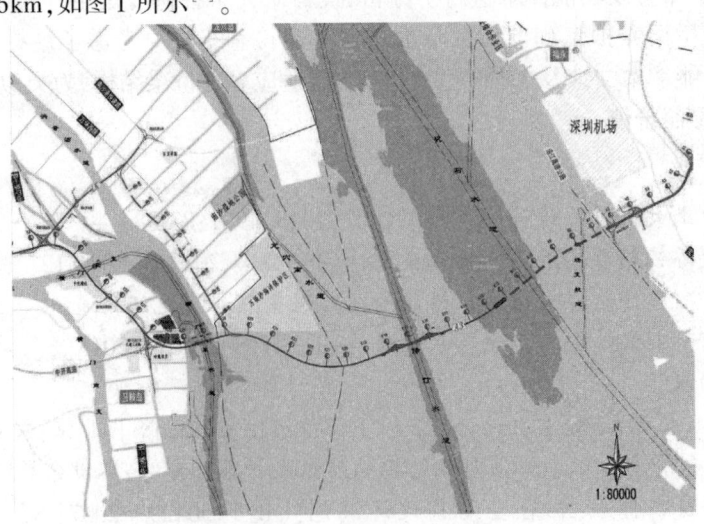

图1 深中通道线位平面位置示意图

深中通道为"东隧西桥"设计,桥梁长约16.9km,包括伶仃洋大桥[图2b)]、中山大桥[图2a)]、110m非通航孔桥、50m非通航孔桥、岛桥结合段40m跨径非通航孔桥和陆地引桥。中山大桥是项目西侧横门东水道通航孔桥,采用双塔双索面斜拉桥结构,索塔采用门式塔造型,塔高213m[3,4]。伶仃洋大桥为悬索桥结构,索塔采用门式塔造型,塔高约270m[5,6]。

a)中山大桥　　　　　　　　　　　b)伶仃洋大桥

图2　中山大桥和伶仃洋大桥

中山大桥和伶仃洋大桥索塔的主要材料为钢筋混凝土,会出现蜂窝、麻面、漏浆等病害现象。两座大桥的索塔高度均大于200m,传统的方式难以实现对索塔表面长期、有效的监测。为清除安全隐患,需要在桥梁服役期间定期对塔柱进行检查、维护,同时斜拉桥、悬索桥在设计时应根据需要设置必要的检修设施,满足运营过程中的养护要求[7-9]。

本文列出中山大桥及伶仃洋大桥索塔必不可少的检修项目,针对两座大桥索塔特点选出较适合的检测维养设备,同时给出各大桥索塔检测维养设备的布置方案,以期对深中通道中山大桥及伶仃洋大桥索塔的维养工作提出建设性意见。

二、索塔维养及设备分析

1. 索塔维养需求分析

根据相关规范[10-12],确定了深中通道中山大桥与伶仃洋大桥索塔必不可少的检修主要包括:

(1)混凝土表面裂缝;

(2)混凝土表层麻面、剥落、蜂窝、空洞;

(3)露筋现象及钢筋锈蚀情况;

(4)塔壁渗水情况;

(5)索塔高程及倾斜度;

(6)塔内照明及通风情况等。

针对检测出的病害还需要及时维修。因索塔较高,需用专用装备(平台)进行检测与维修。

2. 检测维养设备调研

目前国内外对桥梁索塔损害情况的监测和维养主要有以下几种形式:

1)采用远程摄影测量的形式监测

如图3所示,该种监测方式是采用图像采集平台拍摄,在工作时选择合理的拍摄位置,将拍摄距离控制在成像精度范围内进行数据采集,由后期进行相应的图像拼接、图像矫正与配准等处理,最后可生成相应的病害数据库。该形式主要优缺点见表1。

a) 采集平台

b) 采集现场

图 3 数据采集

远程摄影检测优缺点 表 1

主要优点	主要缺点
(1) 检测速度快、安全系数高、布置灵活，可远程监测，监测速度快； (2) 无需搭架或者吊篮配合人员检测，极大地提高了安全性； (3) 在桥梁日常巡查时，尤其是城市桥梁，无需封闭道路中断交通，对交通基本无影响； (4) 体积小、重量轻、携带方便，能对突发事件快速布置快速侦测	(1) 对桥梁状况只能进行监测，无法进行相应的维修，在进行索塔维养工作时须和其他维养设备配合； (2) 拍摄后需进行相关的数据处理，如：图像拼接、图像矫正与配准等； (3) 属于远程监测的形式，对于细微裂纹和损害等索塔损伤容易出现漏检的情况； (4) 采集数据时需在索塔不同方位和角度进行拍摄，对于某些拍摄盲区无法采集到数据

2）无人机巡检

针对桥梁的钢索、桥塔、桥腹等部位及螺栓脱落的检测，均可使用无人机进行巡检。最终以视频或高清图片的形式生成相应的病害数据库，其优缺点见表 2。

无人机巡检优缺点 表 2

主要优点	主要缺点
(1) 无人机可以直接到达检测部位，无需其他辅助措施，节省费用； (2) 检测桥墩、桥座、桥腹等危险场所，无需搭架或者吊篮配合人员检测，极大地提高了安全性； (3) 对于部分无法企及的桥腹、拉索等部位，无人机可以抵近观察了解更多细节； (4) 交通影响小，在桥梁日常巡查时，尤其是城市桥梁，无需封闭道路中断交通； (5) 检测速度快、安全系数高、布置灵活； (6) 体积小、重量轻、携带方便，能对突发事件快速布置快速侦测	(1) 无人机续航时间较短，多在 20 分钟至 1 小时之间。这样的飞行时间局限了每次检修的范围。虽然监测灵活方便，但单次的续航弱点极大的降低了整体检修的工作效率； (2) 无人机在工作过程中，若空域内出现其他的无人驾驶航空器，彼此容易造成干扰。若使用无人机进行索塔的检修工作时处于航线附近，需提前向当地机场或 FAA 提交飞行计划； (3) 受气候影响大，与传统航空器不同，无人机更容易受到气候条件的影响。如果室外多风或多雨，无人机将无法飞行； (4) 无人机只能起到监测的作用，无法进行检修。若索塔受损需要检修时需增设其他设施

3）使用桥塔检修升降平台进行检修

桥塔检修升降平台安装在桥塔拉索背面的轨道上，可实现对桥塔的安全监控、锚具更换、防腐维护等工作，如图 4 所示。桥塔检修升降平台设置有专用轨道且随桥永久使用，作业期间不干扰交通，适合公路桥的桥塔检查，其主要优缺点如表 3 所示。

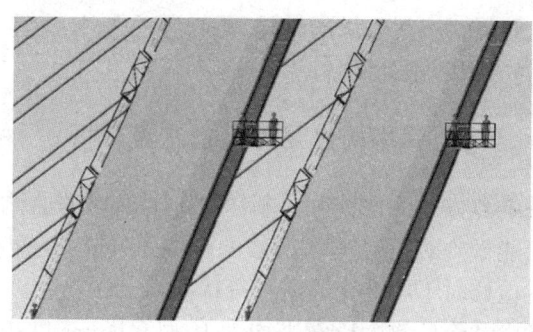

图4 桥塔检修升降平台示意

桥塔升降平台优缺点 表3

主 要 优 点	主 要 缺 点
(1)可近距离观察,监测更准确,可对细小裂纹进行监测检修; (2)能搭载检修人员和检修工具即检及修,检修效率高并且与桥梁同寿命; (3)直接使用无线或有线操作手柄进行控制,操作简便智能; (4)检修时不影响交通,在桥梁日常巡查时,尤其是城市桥梁,无需封闭道路中断交通	(1)体积较大,质量较重,安装时需铺设相应的检修吊篮轨道,成本较高; (2)检修车常年暴露在户外环境中,存在锈蚀损坏等问题,也需要同桥塔一样进行定时的检修和维养

4) 利用检修吊篮进行检修

检修吊篮平台安装在索塔塔顶,如图5所示,通过机身升降、机身旋转、吊臂伸缩、臂端头吊篮平台上升下降等实现索塔外表面缺陷检测与维护。

图5 检修吊篮平台

检修吊篮平台自重一般为3000~25000kg,大型的吊篮平台自重甚至大于50000kg。检修吊篮平台方案设计时,必须使检修吊篮平台能够满足索塔承载要求,并预留出检修吊篮平台的行走通道等,其主要优缺点如表4所示。

检修吊篮平台优缺点 表4

主 要 优 点	主 要 缺 点
(1)能搭载检修人员和检修工具,即检即修,检修效率高并且与桥梁同寿命; (2)有相对成熟的产品,可根据桥梁外观进行相应的外观设计,不影响桥梁的整体美观性; (3)操作简单迅速,到达相应检修点的时间短,检修效率高; (4)检修时不影响交通通行,在桥梁日常巡查时,尤其是城市桥梁,无需封闭道路中断交通	(1)设备体积大,质量重,安装过程较为复杂,成本较高; (2)设备安装在索塔顶部,且暴露在潮湿环境中,容易出现锈蚀等损伤,需进行定时维养; (3)由于检修吊篮平台采用钢丝绳的形式升降,在桥塔面与底面夹角大于90°的情况下无法靠近相应的塔面,须增设相应的走行轨道或其他的辅助设施

在选择桥梁索塔维养方式时需对桥梁索塔的结构形式、维养条件、维养成本、环境情况等综合因素进行考虑,最后选择相对应的维养方式和维养设备。

三、索塔检修维养设备布置分析

根据对目前国内桥梁索塔维养方式的研究和分析,对H型索塔的监测和维养一般采用检修吊篮平台的方式。此种检修设备不仅能做到对H型索塔检修的全覆盖,同时还拥有即检即修特点;操作简单迅速,到达相应检修点的时间短;检修时不影响交通通行等优点。

因本项目中的中山大桥索塔和伶仃洋大桥索塔均为H型索塔(锥度小),故可采用检修吊篮平台的方式进行对索塔的检测维养。

1. 中山大桥索塔维养设备布置方案

中山大桥索塔为双塔柱双索面、三横梁结构,左右两侧塔柱呈"八字形结构",塔柱截面为梯形切角八边形。按全塔结构分为上横梁、上塔柱、中横梁、下塔柱以及下横梁组成,在上、下塔柱分界点设有环塔平台。上、下塔柱均自上而下界面尺寸变大,塔柱在上、下塔柱分界点处塔柱斜率发生变化,沿垂向梯度方向上,下塔柱截面变化率相比上塔柱更大。下横梁在基础承台处位于海面上方,中横梁位于桥面钢箱梁下方,在塔顶附近设有上塔柱,如图6所示。

检修维养需覆盖上塔柱、上横梁、下塔柱、中横梁以及下横梁等部位,需要检查的外形较为复杂,如采用单一的吊篮检修平台进行检修,无法实现主塔外表面全面检查的要求。故将主塔分为上塔柱区域、下塔柱区域进行检修,并分别对其检修方案进行研究。

1)上塔柱区域维养设备布置建议

上塔柱区域为上、下塔柱分界点以上部位,在塔柱上设有斜拉索且塔身倾斜,采用常规直行吊篮不能很好覆盖塔柱外表面。上横梁下表面宽度约7m,检修吊篮必须置于上横梁底部才能完成对下表面的检修,经过研究分析采用组合式吊篮方案,即采用大型机械臂架起吊直型吊篮,采用多个小型臂架起吊C型吊篮,塔顶布置如图7所示。

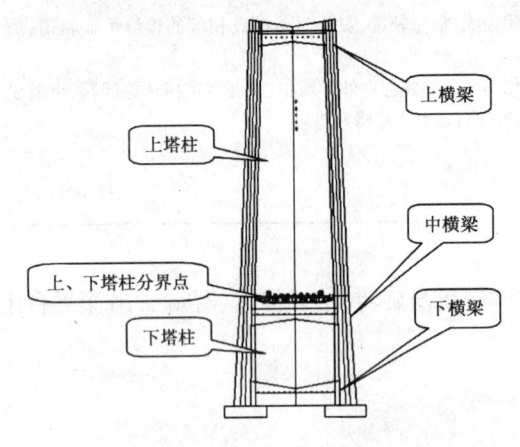

图6 中山大桥索塔示意图

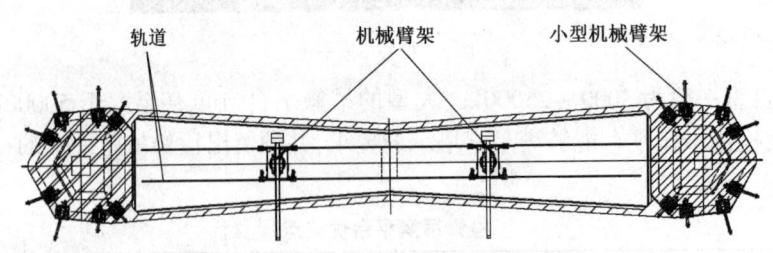

图7 塔顶伸缩臂架布置图

大型机械臂架结构如图8所示,该结构可回转。索塔顶部女儿墙内共设置两台大型机械臂架,臂架下方设置轨道,使大型机械臂架可沿轨道横桥向平移。

塔顶横梁处的检修平台布置为15m的直型吊篮,如图9所示。塔顶大型机械臂架结构可旋转成不同的工作姿态,可将直型吊篮布置为横桥向,即可对上塔柱区横梁进行检修,检修状态如图9~图11所示。

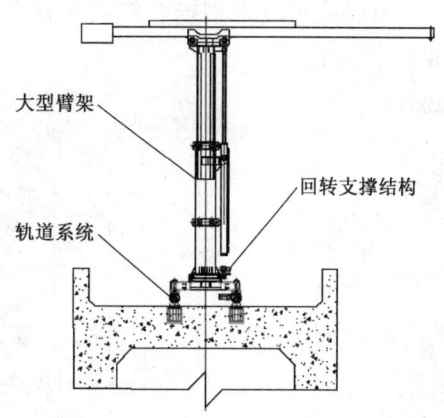

图 8　大型机械臂架结构示意图

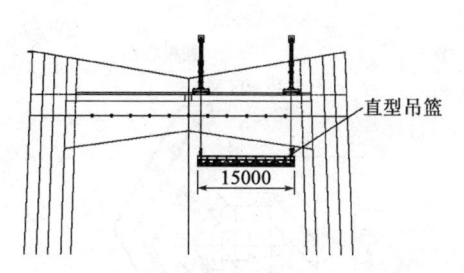

图 9　塔顶横梁侧面检修示意图(尺寸单位:mm)

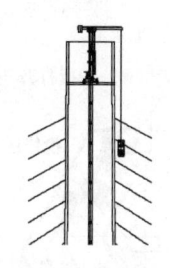

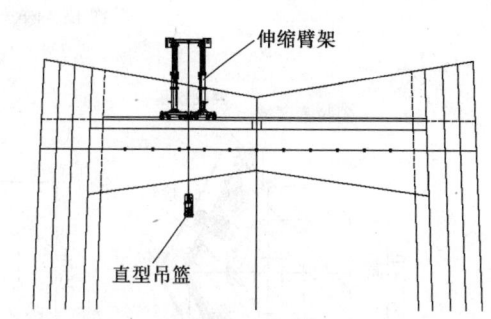

图 10　塔顶横梁底面检修立面示意图

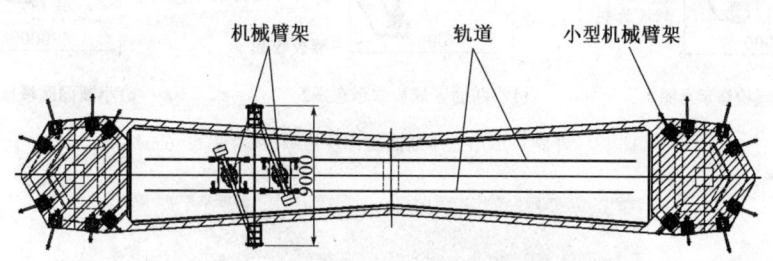

图 11　塔顶横梁底面检修俯视图(尺寸单位:mm)

直型检修吊篮只在检修时使用,平时存放于特定区域。塔顶吊臂在非工作状态时将大、小型机械臂架回转、伸缩以及升降收回藏于塔顶女儿墙内,不影响主塔外形美观。

上塔柱、塔顶横梁检修利用塔顶横梁布置的伸缩机械臂架配合吊篮平台对塔柱各断面进行检修覆盖。因上塔柱区有斜拉索锚固点的存在,采用包围吊篮的形式无法通过拉索锚固点区域,故考虑采用分离式双 C 形吊篮的布局形式(图 11)。C 形吊篮可能会离索塔面较远或与斜拉索发生干涉。此时收起翻板机构,可通过斜拉索锚固区域。在对窄截面区域进行检修时,通过可对塔冠处伸缩的机械臂将 C 形吊篮一侧紧贴索塔检测面,另一侧远离,呈如图 12 所示一侧紧贴塔柱面,一处远离塔柱面的工作状态,实现对塔柱内侧面的检修覆盖。小断面区域检修如图 13 所示。

2)下塔柱区域维养设备布置建议

因下塔柱为七边形大锥度外形,维养检修吊篮难以利用已有塔身构造,故需在环塔平台(图 14)上四周设置吊点。下塔柱根据截面大小以及倾角,分别布置 3 种检修吊篮,包括下塔柱八字形吊篮、下塔柱直型检修吊篮以及下塔柱内侧检修吊篮,如图 15 所示。

中横梁检修范围需要覆盖其侧面以及底面,需分别采用侧面检修吊篮和底面检修吊篮,侧面检修吊篮和底面检修吊篮均在中横梁边缘的轨道上悬挂行走。下横梁坐落在承台上,其底面及承台附近可以采用搭架或登高车维养检修;在水面空档区域,可以采用船舶停靠等方式,也可以采用如图15中所示的安装小型臂架悬挂直型检修吊篮作业。

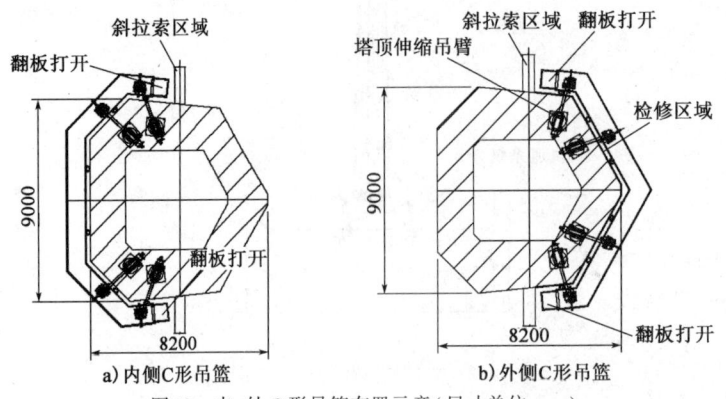

图12 内、外C形吊篮布置示意(尺寸单位:mm)

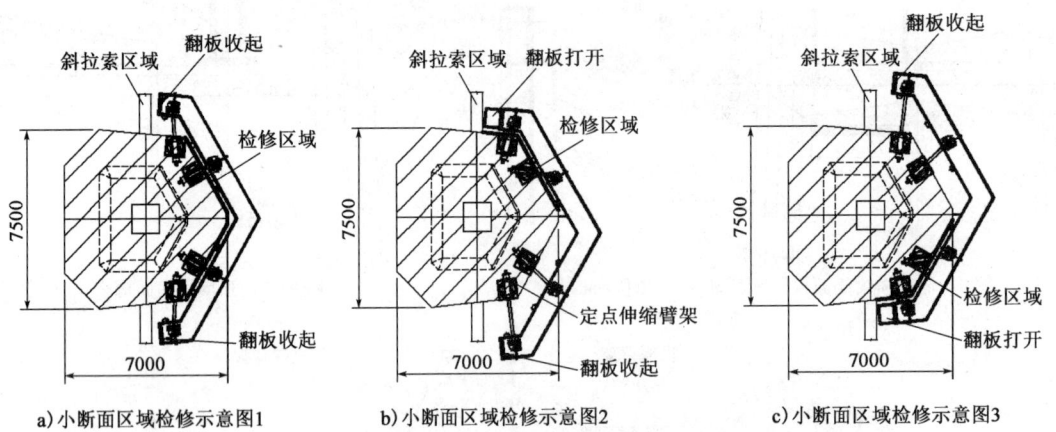

图13 外侧C形吊篮小断面检修示意图(尺寸单位:mm)

图14 环塔平台

2. 伶仃洋大桥索塔维养设备布置方案

伶仃洋大桥索塔为双塔柱、三横梁结构。塔柱截面为梯形切角八边形,在桥面附近变斜率;下横梁在基础承台处;中横梁在桥面上方约70m高空;上横梁在塔顶处;桥面钢箱梁位置无横梁,由中横梁、变斜率截面(桥面)将塔柱划分为下、中、上塔柱。整塔高约263m,如图16所示。

1) 中、上塔柱区维养设备布

由上文对中山大桥塔柱偏心吊篮方案和C型、直型吊篮配合使用的方案对比分析可知,偏心吊篮方案虽能节省一台上横梁可移动式伸缩吊臂,但是因偏心距离过短无法覆盖横梁下方区域,稳定性太差,增设辅助轨道有碍观瞻。伶仃洋大桥的横梁更宽,达12m,塔柱更高,达190m,偏心吊篮方式更加无法满足检修维养要求。故伶仃洋大桥中上塔柱区采用C型、直型吊篮配合使用的检修维养方案。

因上塔柱区、中塔柱区的截面尺寸变化很小且塔柱整体斜率大,为了能较少设置吊篮平台吊点,提高检修效率;上、中塔柱可采用吊篮平台包围塔柱的方式进行维养,但索塔中部有中横梁,包围塔柱的吊篮平台无法直接通过。可将塔柱外侧吊篮检修平台设计为C形结构,包围塔柱三边,如图17所示;通过位于塔顶的4台固定位置的小型机械臂架悬挂。内侧检修吊篮平台为直型,可分区段覆盖上塔柱和中塔柱,由上横梁上的2台可移动大型机械臂架悬挂。外侧C型检修吊篮平台与内侧直型检修吊篮平台交接处的三角型区域采用旋转踏板的方式进行辅助检修,如图18所示。

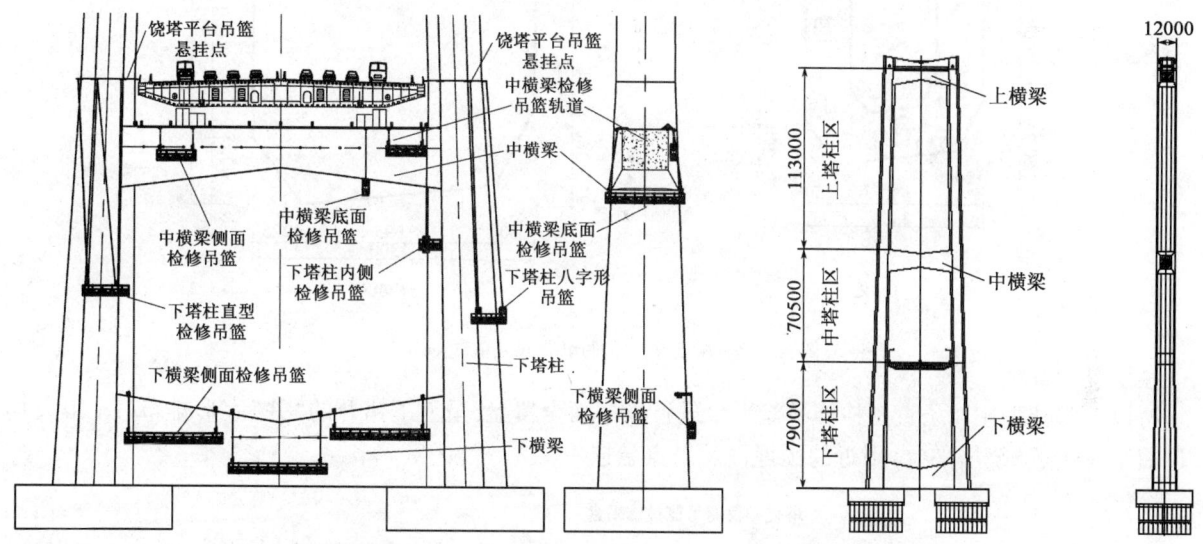

图15 下塔柱区维养设备方案布局　　　　　　图16 伶仃洋大桥索塔结构图(尺寸单位:mm)

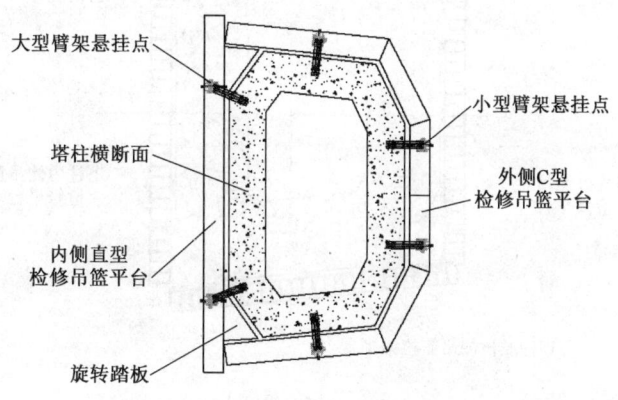

图17 C形吊篮检修平台布置示意图

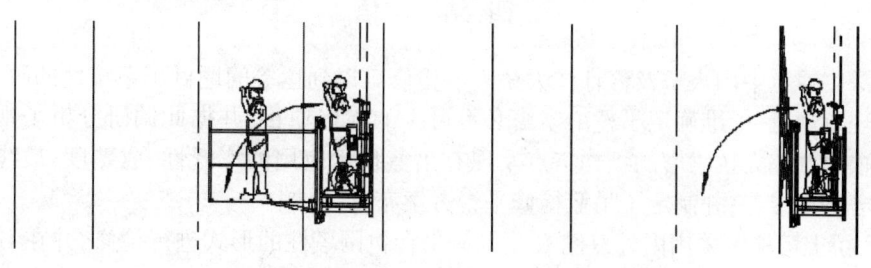

图18 旋转踏板示意图

直型吊篮与中山大桥上直型吊篮类似,此处不再赘述。

2)下塔柱区维养设备布置

下塔柱区塔柱在标高79m处的斜率小于中、上塔柱区,外侧坡度变缓,底部(标高0m)与桥面(标高79m)处的塔柱横断面尺寸变化较大(图19),不再适合使用C型吊篮检修平台。

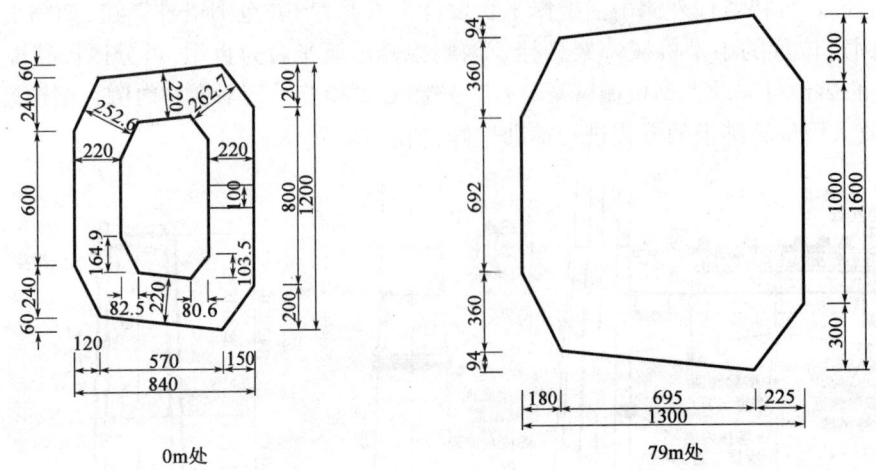

图19 塔柱横断面尺寸对比图(尺寸单位:cm)

所以下塔柱采用4条直型检修吊篮平台进行塔柱面全覆盖,呈上下错开的"井"字形排布(图20),均通过曲率变化点(绕塔平台)附近的预埋件及吊点悬挂。

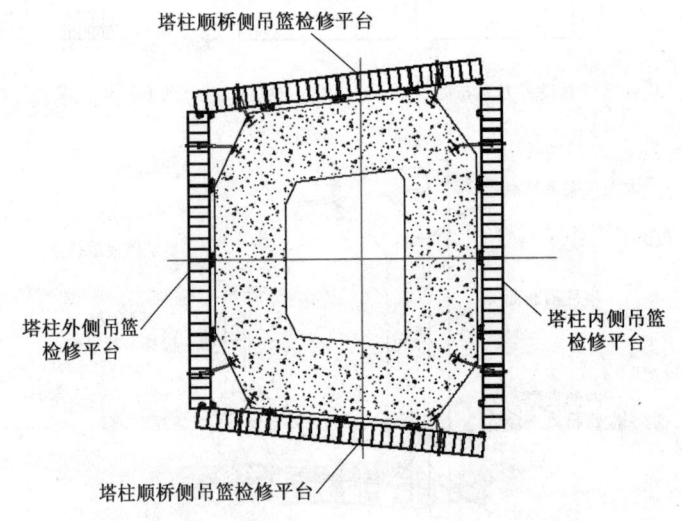

图20 下塔柱区吊篮检修平台布置示意图

四、结　语

本文基于深中通道中山大桥及伶仃洋大桥索塔检修难以到达等问题做了系统性的研究。

首先根据现有规范、标准确定了桥梁索塔必不可少的检修项目,并据此调研分析了现有检测维修设备的优缺点。根据两座大桥索塔的结构特点及现有吊篮技术应用的广泛性、成熟度,最终确定使用吊篮检修平台对索塔进行维养;并制定了吊篮检修平台方案布置:

(1)中山大桥上塔柱区采用内外双侧C型吊篮平台包围塔柱的形式进行检修,并在C型吊篮端部配备翻转踏板以满足斜拉索处的检修。采用可回转伸缩式小型机械臂来调整C型吊篮平台的姿态,以覆盖整个上塔柱区域。上横梁检修则通过调整移动回转机械臂架姿态并使用直型吊篮平台的方式进行。下塔柱建议布置八字形吊篮、直型检修吊篮以及内侧检修吊篮。中横梁的检修则建议采用含轨道支架的检修吊篮。下横梁建议在墩台(水面)观察检查,当维修时,优先采用搭设脚手架、登高车等方式,最后才采用臂架悬挂检修吊篮方式。

(2)伶仃洋大桥索塔上、中塔柱区采用C型吊篮平台结合直型吊篮平台的方式进行包围式检修,通过调整臂架姿态并使用直型吊篮平台对上、中横梁的侧面及底面进行全覆盖式检修。采用呈"井"字型布置的4台直型检修平台对下塔柱区进行全覆盖式检修;对于下横梁的检修,使用登高车进行,也可采用设置固定吊点将吊篮检修平台提升的方式进行。

参考文献

[1] 贺拴海,赵祥模,马建,等.公路桥梁检测及评价技术综述[J].中国公路学报,2017,30(11):63-80.
[2] 胡宁溪.深中通道对珠海城市发展格局影响研究[J].西安建筑科技大学学报(社会科学版),2020,39(01):64-69+100.
[3] 王旋.深中通道中山大桥总体设计[J].桥梁建设,2019,49(01):83-88.
[4] 王旋.深中通道中山大桥主塔设计[J].交通科技,2019(01):43-46.
[5] 徐军,吴明远.考虑特殊桥位的深中通道伶仃洋大桥总体设计[J].交通科技,2020,03:6-10+25.
[6] 陈炳耀.深中通道项目伶仃洋大桥抗风性能研究与展望[J].黑龙江交通科技,2018,41(08):97-98.
[7] 中华人民共和国交通运输部.公路桥涵设计通用规范:JTG D60—2015[S].北京:人民交通出版社股份有限公司,2015.
[8] 中华人民共和国交通运输部.公路斜拉桥设计规范.JTG/T 3365-01—2020[S].北京:人民交通出版社股份有限公司,2020.
[9] 中华人民共和国交通运输部.公路悬索桥设计规范:JTG/T D65-05—2015[S].北京:人民交通出版社股份有限公司,2016.
[10] 中华人民共和国交通部.公路桥涵养护规范:JTG H11—2004[S].北京:人民交通出版社,2004.
[11] 中华人民共和国住房和城乡建设部.城市桥梁养护技术规范:CJJ 99—2017[S].北京:中国建筑工业出版社,2017.
[12] 中华人民共和国交通运输部.公路桥梁技术状况评定标准:JTG/T H21—2011[S].北京:人民交通出版社,2011.

3. 普速铁路大跨度刚构-连续梁运营性能调查研究

刘 楠

(中国铁路西安局集团有限公司工电检测所)

摘 要 刚构-连续梁是在连续梁的基础上发展起来的墩-梁固结的结构体系,综合了连续梁和T形刚构的受力特点,将主梁做成连续梁体系,与薄壁桥墩固结而成,使边墩或桥台与上部结构用活动支座连接。在该结构体系条件下,上下部结构共同参与受力,整体性、抗震性及抗扭性均能较好地满足桥梁安全许用要求,尤其是在跨越江河、山谷及国省干道方面,作用发挥十分显著。本文通过完成对某座普速铁路刚构-连续梁桥的动力性能试验,来诠释分析其在运营阶段的真实动力表现,以为今后进一步认识该类型结构桥梁提供数据支持。

关键词 普速铁路 刚构-连续梁 运营性能 调查研究

一、引　言

1. 桥梁概况

西(安)至平(凉)铁路 K57+724 漠谷河二号大桥位于漠西—梁山区间,孔跨式样为 3-32m 预应力混凝土简支梁+1联(54m+3×90m+54m)刚构-连续梁,桥梁全长490.55m。桥上铺设60kg/m 基本轨、50kg/m 护轨,无缝线路,道砟桥面混凝土Ⅲ型桥枕。桥面线路位于 $R=1600m$ 的圆曲线、$L=190m$ 的缓和曲线及直线上,线路纵坡为13‰。旅客列车设计速度160km/h,货物列车设计速度120km/h。该桥刚构-连续梁采用变高度变截面箱梁,一联总长379.5m,边支座中心至梁端0.75m,计算跨度为54m+3×90m+54m,梁截面采用单箱单室,边支点及跨中梁高4.0m,中支点梁高7.0m,梁底变化段采用1.8次抛物线。箱梁顶宽7.5m,底宽5.0m,顶板厚0.36m,底板厚0.4~1.0m,腹板厚0.45~0.9m,支座中心横向距离中支点处为4.6m,边支点处为3.2m,连续梁中支点处箱梁底板加宽至6.4m,刚构墩顶箱梁底加宽至7.4m。桥面板全宽7.5m,其中行车道宽4.5m,两侧挡砟墙各宽0.2m,人行道宽1.05m,栏杆柱缘石宽0.25m,挡砟墙高为35cm,挡砟墙内侧距线路中心线距离为2.25m。梁体钢筋保护层厚度为3.5cm。

主桥立面、主梁横截面、梁体构造及刚构墩如图1所示,桥梁远景、刚构-连续梁、道砟桥面及试验荷载如图2所示。

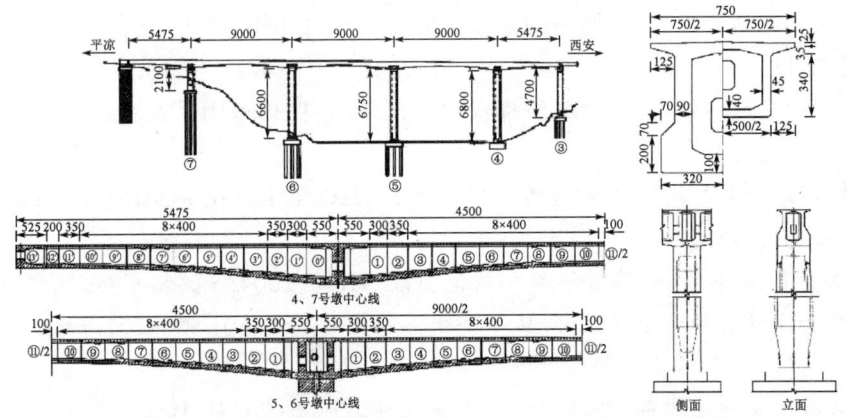

图1　主桥立面、主梁横截面、梁体构造及刚构墩设计图(尺寸单位:cm)

图2　桥梁远景、刚构-连续梁、道砟桥面及试验荷载实景图

2. 试验概况

一是利用过路列车作为试验荷载,获取该桥刚构-连续梁(第6、7、8孔,半联)的跨中横竖振幅、横竖向振动加速度;二是利用脉动法、模态法及有限元法获取刚构-连续梁(全联)的竖向一阶自振频率及振型。

二、试验研究

1. 幅值分析

鉴于当下没有针对预应力混凝土刚构-连续梁的评定规范,在此参考《桥检规》及《桥修规》中关于同跨度预应力混凝土简支梁的办法执行,如表1、表2所示;7号墩墩顶振幅最大值与《桥检规》通常值对比如表3所示;不同断面横竖向振幅、加速度表现如图3、图4所示。

桥跨结构跨中横向振幅实测最大值与参考规范值对比表　　　表1

孔　　跨	货物列车跨中横向振幅(mm)		《桥检规》行车安全值(mm)
	实测最大值	《桥检规》通常值	
第8孔(54m)	0.731(74～75km/h)	2.411	6.0
第7孔(90m)	1.040(71km/h)	2.795	10.0
第6孔(90m)	1.290(25～47km/h)	2.795	10.0

桥跨结构跨中横竖向振动加速度实测最大值与参考规范值对比表　　　表2

孔　　跨	振动加速度(m/s^2)			
	横向加速度		竖向加速度	
	实测最大值	《桥检规》限值	实测最大值	《桥修规》限值
第8孔(54m)	0.089(64km/h)	1.400	0.295(70km/h)	3.50
第7孔(90m)	0.082(70km/h)	1.400	0.345(70km/h)	3.50
第6孔(90m)	0.083(64km/h)	1.400	0.374(25～47km/h)	3.50

实测墩顶振幅最大值与《桥检规》通常值对比表　　　表3

墩　号	实测墩顶振幅最大值(mm)	《桥检规》通常值(mm)
第7号($H=21m, B=8.06m$)	0.251(64km/h)	0.801

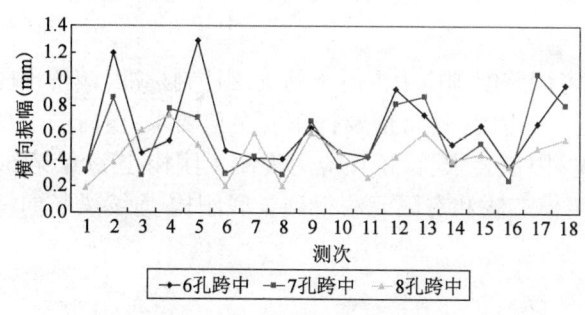
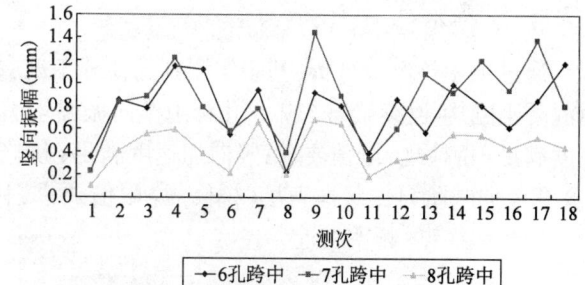

图3　预应力混凝土刚构-连续梁不同断面处横竖向振幅幅值分布折线图

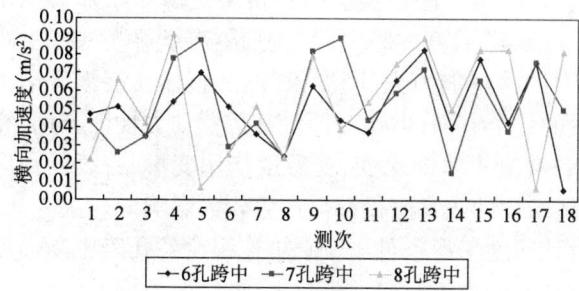
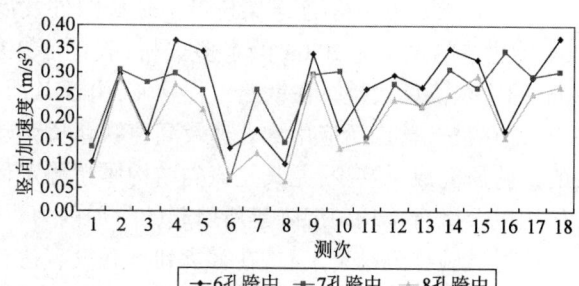

图4　预应力混凝土刚构-连续梁不同断面处横竖向振动加速度值分布折线图

2. 频率分析

该桥预应力混凝土刚构-连续梁竖向一阶自振频率见表4及图5、图6所示。

预应力混凝土刚构-连续梁竖向一阶自振频率对比表　　　　表4

孔　号	脉动法（Hz）	《桥修规》限值（Hz）	预应力混凝土刚构-连续梁（Hz）	
			模态法	有限元法
第6孔(90m)	2.191	1.641	2.191	2.032
第7孔(90m)	2.191	1.641		
第8孔(54m)	2.532	2.221		

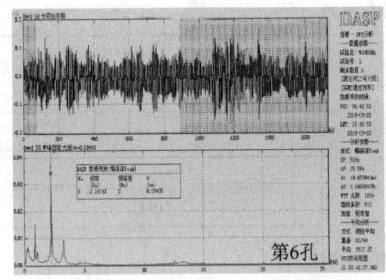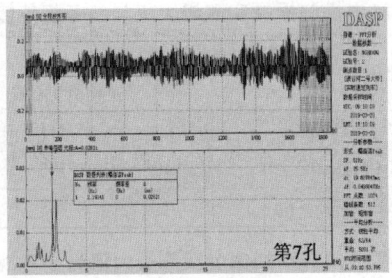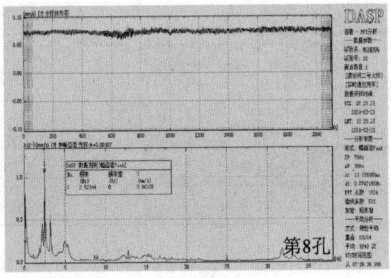

图5　实测该桥第6、7、8孔梁竖向一阶自振频率功率谱图（脉动法）

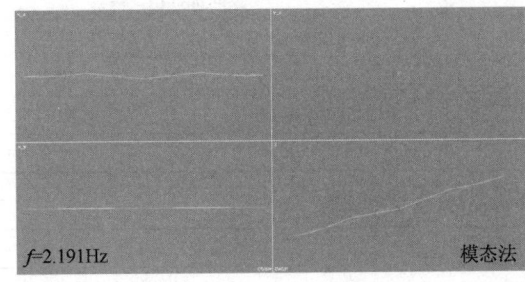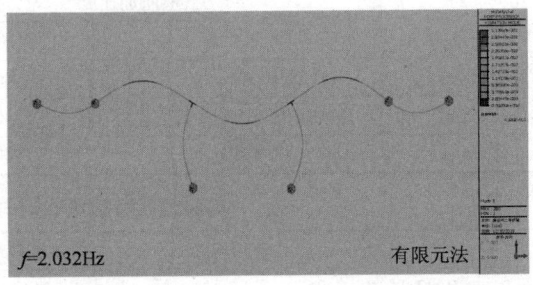

图6　实测及计算该桥预应力刚构-连续梁竖向一阶自振频率

3. 试验小结

通过试验检测及分析，基于实测到的荷载工况，参考同跨度预应力混凝土简支梁评判标准，该桥预应力混凝土刚构-连续梁第6、7、8孔跨中横向振幅均满足《桥检规》通常值及行车安全值要求；横向振动加速度满足《桥检规》限值要求；竖向加速度满足《桥修规》限值要求；该桥预应力混凝土刚构-连续梁第6、7、8孔竖向一阶自振频率满足《桥修规》限值要求，利用模态法和有限元法得到全联刚构-连续梁竖向一阶自振频率振型、频率相近。

三、结　语

预应力混凝土刚构-连续梁桥最早是从国外发展起来的，第一座该类型结构桥梁是由原联邦德国于1964年建造的主跨为208m的本多夫桥；我国于1990年修建了第一座大跨度刚构-连续梁桥——主跨180m的广东洛溪大桥。在铁路工程领域，由于其所具有的跨越能力大、刚度条件好、整体功能强等诸多特点，正在被日益广泛应用到普速及高速铁路桥梁建设的各个方面，但在对评价其运营动力性能方面，相关的试验研究成果甚少，尤其是该类结构属超静定体系，混凝土收缩徐变、受温度作用变形、持续的预应力作用以及墩台不均匀沉降等所引起的附加内力对整体结构的正常服役都会产生较大影响。

通过试验检测结果来看，在客货列车远没有达到设计速度工况条件下，刚构-连续梁各孔跨中断面处的横竖向振幅及加速度均较小，利用不同方法实测和计算到的主桥竖向一阶自振频率、振型相近。

基于此，在目前尚无规范可循的情况下，该类型结构体系桥梁在动力作用下的各项功能发挥如何，亦是应该进行早建档、早认识、早发现、早处置的重要环节。本文针对该特殊结构桥梁,做了初探,以为今后科学系统开展该项工作积累数据和总结经验。

参考文献

[1] 铁运函[2004]120号.铁路桥梁检定规范[S].北京:中国铁道出版社,2004.
[2] 铁总工电[2018]125号.普速铁路桥隧建筑物修理规则[S].北京:中国铁道出版社,2018.
[3] 杨正华.西平铁路(54+3×90+54)m刚构-连续梁设计[J].铁道标准设计,2012(9):64-67.
[4] 钱枫.马坡洛河特大桥刚构连续梁设计[J].铁道标准设计,2010(6):87-89.
[5] 林新元,王学礼,张峰.连续刚构桥多跨一次合龙关键技术及应用[M].北京:人民交通出版社,2014.
[6] 王娟玲,刘楠,孙军平.西平线K57+724漠谷河二号大桥检定评估报告[R].西安:中国铁路西安局集团有限公司工电检测所,2019.

4. 跨铁路连续梁桥检测加固及改建技术实践

张肇红[1]　张国文[2]　颜庭祥[3]　张文华[4]

(1. 吉林高速公路股份有限公司;2. 中铁九局集团第七工程有限公司;
3. 长春高速公路有限责任公司;4. 吉林高速公路股份有限公司)

摘　要　本文以一座跨越铁路连续梁桥为工程背景,介绍了该桥从建成至拆除改建全过程中历次检测评估及加固处治情况,分析了桥梁病害成因并对历次加固效果进行评价;综合考虑结构现状及安全运营风险,确定改建上部结构的处治方案;介绍改建施工过程中上跨铁路带来的技术难点及解决方案。从技术管理的角度,针对既有病害桥梁的养护以及上跨铁路对桥梁管养带来的影响进行了总结,以供同类桥梁管养参考。

关键词　技术管理　跨铁路既有线　桥梁顶升　桥梁拆除　铁路防护

一、引　言

随着我国公路交通的迅猛发展,大量桥梁与既有铁路形成了跨线交叉,这些桥梁在使用一段时间后,由于设计、施工、环境以及交通荷载等因素的作用,或多或少会出现各种程度的病害,为保证运营安全,对这些桥梁的检测、加固、改造甚至改建不可避免[1,2]。既有铁路的建筑界限、安全防护、铁路封锁窗口时间、作业手续办理等影响因素,给这类桥梁的养护管理带来了新的挑战[3-5]。本文以一座跨越铁路连续梁桥从建成至改建的全过程为技术背景,从技术管理的角度对该桥的管养及改建施工进行分析介绍,为同类桥梁提供借鉴。

二、工程概况

某连续梁桥为(35+45+35)m预应力混凝土变截面连续梁,上跨电气化京哈铁路,桥下净空6.7m。桥面宽度2×[0.5m(防撞护栏)+11.0m(行车道)+1.0m(波形护栏)]+1.0m中央分隔带=26m。设计荷载:汽车-超20级,挂车-120。

箱梁采用单箱单室截面,顶板宽12.5m,底板宽7.0m,中跨跨中梁高为1.55m,边跨支架现浇段梁高1.35m,箱梁根部及0号梁段梁高2.5m。箱梁顶板厚度为25cm,箱梁悬臂厚25~70cm,箱梁腹板厚60cm,箱梁底板厚自中跨跨中(边跨过渡墩侧支点截面)向主墩中支点截面由25cm变化至35cm,共设置5道横隔板。采用分段支架现浇进行施工,所有纵向预应力为15-7预应力钢绞线,均采用单端张拉,张拉控制应力为1302MPa;顶板横向预应力钢束采用24-5平行钢丝,间距45cm,逐根张拉。主墩采用Y型墩,群桩基础。桥梁整体布置如图1所示。

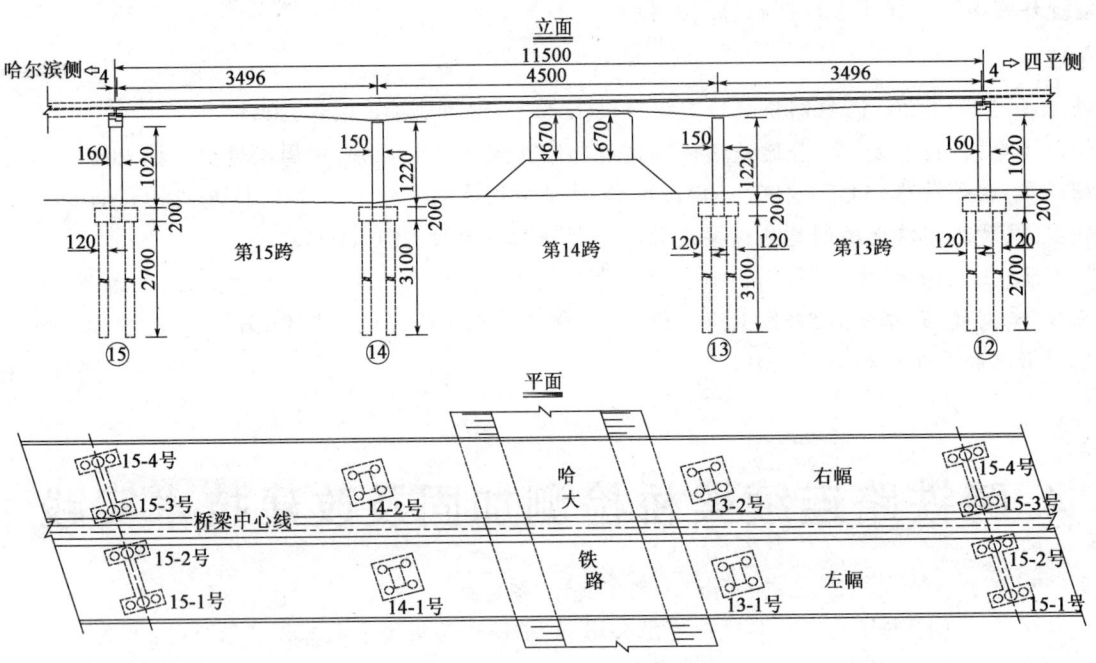

图1 桥梁整体布置图(尺寸单位:cm)

三、桥梁病害发展及检测加固历程分析

1. 初次加固(2002年)

该桥于1997年开始建设,1999年建成通车。在管养初期发现连续梁桥存在明显下挠现象,被列为重点监管对象,于2002年进行了专项检查及荷载试验。检查结果表明桥梁主要存在以下病害:

(1)中跨跨中明显下凹且已形成永久变形。

(2)箱梁顶板底面存在大量细小裂缝。

(3)纵向预应力钢束除个别简单封锚外,其余均未封锚。

(4)右幅桥距边跨梁端24.2m处两侧腹板各有一条宽度1.5mm斜裂缝,并贯通至箱梁腹板外侧。

(5)左幅中跨现浇混凝土合拢段箱梁底板外侧有宽2.0mm的横向裂缝,并已向腹板开展。

荷载试验结果表明该桥承载能力满足要求,但截面刚度不足。结构裂缝如图2所示。

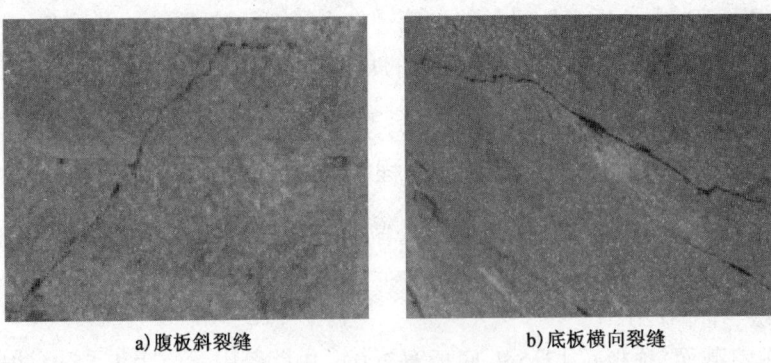

a)腹板斜裂缝　　　　　　b)底板横向裂缝

图2 连续梁典型病害

根据检测及试验结果,遵循"封闭已有裂缝、增大桥梁刚度"的原则进行了加固设计,主要处治措施为:

(1)对中跨跨中桥面下凹处局部采用沥青混凝土调平。

(2)清理箱梁内部遗留的建筑垃圾。

(3)对连续梁端部及支点位置腹板内侧粘贴8mm厚钢板。
(4)连续梁正弯矩区域箱梁内侧底板加厚10cm钢筋混凝土。
加固施工同年度完成。

2. 第二次加固处治(2004年)

2004年对该桥进行了第二次静力荷载试验。试验结果表明：经过对底板及腹板的局部加固后，桥梁结构的刚度并未得到明显改善，主跨跨中截面挠度未得到很好控制，刚度不满足要求。结合桥梁外观检查以及荷载试验结果，认为导致主梁刚度不足的原因是由于中跨合拢段接头位置横向U型裂缝(底板延伸到腹板)，导致其连接刚度下降，使得结构在该截面的工作性能接近于可转动的铰，跨中20m梁段的力学行为接近于简支梁，整体结构形成一个带有挂孔的单悬臂简支梁。根据以上对检测和试验结果的分析，提出以下处治方案：

(1)对结构已有裂缝进行化学灌浆或者封闭处理。
(2)在U型裂缝处粘贴一层碳纤维布进行修复补强。
(3)针对箱梁合拢接头处整体性不佳的问题，进行局部补强处理，箱梁内侧底板及腹板增厚20cm，顶板顶面5m范围加厚10cm现浇钢筋混凝土层，并在补强区域两侧施加体内预应力。
(4)对跨中下挠段桥面铺装加厚10~15cm，保证桥面平整度，加铺材料采用轻质、高强混凝土，并设置锚固钢筋以保证新旧混凝土连接。

加固工程于同年完成。

2006年进行了第三次荷载试验。通过静、动力试验表明：该桥的静力及动力特性介于铰接模型和刚接模型之间，但更偏向于铰接模型的计算值；跨中隔板裂缝有进一步增大的趋势；加固后结构的整体刚度并未得到明显提高。

3. 第三次加固处治(2010年)

2008年6月对该桥进行了桥面高程点布设和测量，并于一年后进行了高程的复测以及静、动力试验。高程的测量结果表明运营过程中，桥梁挠度仍然逐年增大，但增大趋势相对往年有所减缓。静、动力试验结果表明结构的应变校验系数平均值为1.1~1.5，挠度校验系数平均值为1.1~1.2，一阶和二阶频率均低于理论频率。综合分析说明该桥混凝土强度不足，混凝土收缩徐变过大，导致预应力松弛、梁体下挠，承载能力虽能达到设计要求，但安全储备不足，刚度不满足设计要求。

根据第四次检测评定结果，决定采取增设体外预应力的加固方案进行处治。体外束设置在箱梁外侧腹板处为最佳方案，考虑到桥下电气化铁路制约，将要采取的必要施工措施涉及协调铁路各部门，实施周期不可控，严重影响高速公路的正常运营，实施难度过大，因此采取了在箱内施加体外预应力的加固方案。加固目的是减缓跨中下挠，阻止裂缝扩展，增加安全储备。

加固工程于2010年实施，完工后同年对该桥进行了第五次荷载试验，试验结果表明经加固处治后，设计荷载作用下，该桥的应变校验系数从原来的1.1左右下降至0.5左右，承载能力达到设计要求，并具有一定安全储备；但由于体外预应力加固措施无法有效增加刚度，因此其挠度校验系数依然大于1.0，但不影响行车安全。

4. 后期检测

为检验加固处治效果，确保运营安全，分别于2011年及2014年对该桥进行了第六、七次荷载试验。两次试验结果表明，结构的应变校验系数相对2010年没有明显变化，结构的强度未出现明显衰减；挠度校验系数与2010年相比有所增大，实测频率大于理论频率，表明主梁刚度有所下降；实测冲击系数小于理论值，说明桥面整体较为平整，行车性能良好。

2014年国检中，该桥经过检测组讨论，认为腹板和底板裂缝数量较多，部分裂缝宽度超过限值，且箱内顶板和齿板存在渗水现象，技术状况尚达不到二类桥梁的相关要求，最终评定为三类桥梁，建议后期加强观测，确保结构安全。

2016 年 7 月对该桥进行了第八次荷载试验及检测评定。根据检测评定结果，该桥箱梁开裂严重，局部混凝土强度不足，中跨跨中存在下挠，上部结构技术状况被评定为四类，全桥总体技术状况为四类桥梁；荷载试验结果表明：设计荷载作用下，正截面抗弯承载能力能够满足要求，但跨中截面安全储备偏小；斜截面抗剪承载能力满足要求，但边支点及中支点附近截面基本无安全储备；中支点附近主拉应力接近 A 类预应力混凝土构件极限值；刚度偏小，结构振动冲击明显，且存在中跨跨中持续下挠的趋势。

5. 检测评定情况总结及分析

1）检测评定情况总结

（1）该桥自建成起到 2016 年共经历 8 次次荷载试验检测及 3 次加固处治。检测结果表明该桥的主要病害集中在梁体刚度不足、中跨跨中存在永久变形、箱梁开裂严重、梁体局部混凝土强度不足等方面。结构承载能力评估表明该桥极限承载能力能够满足设计要求，但接近临界值，几无安全储备。

（2）第一次加固处治清理了原箱内遗留的建筑垃圾，减轻了结构自重，对未封锚的钢束进行了封锚处理，增加了钢束的耐久性，但对桥面采取填平处理以及箱内底板加厚措施增加了结构自重。

（3）第二次加固处治合拢段增加的预应力钢束长度仅为 5.0m，预应力损失较大，不能完全起到结构补强作用，且对结构整体刚度贡献较小。梁底粘贴的碳纤维材料由于当时施工条件及工艺的限制，碳纤维布老化及剥离现象较为严重，削弱了纤维材料的修复补强作用。此外桥面局部加铺进一步增加了结构自重，且对结构整体刚度提高作用较弱。

（4）第三次加固处治对结构强度提高作用明显，对梁体下挠进行了有效抑制，2015 年及 2016 年的挠度监测显示左、右幅中跨跨中分别下挠 2.63mm、0.5mm，但对于主梁刚度没有明显改善，挠度校验系数仍大于 1。

2）桥梁病害及现状分析

综合历次检测及评定结果，造成本桥病害的主要原因如下：

(1) 原设计梁高偏小，刚度偏弱。

(2) 施工过程预拱度控制出现问题，成桥后跨中下挠，利用桥面混凝土找平导致结构自重增大。

(3) 结构几何尺寸施工控制较差，与设计发生偏差，顶板混凝土设计厚度 25cm，实际为 30~50cm，力学特性与设计状态发生改变。

(4) 合拢段结合面出现 U 型裂缝，整体性较差。

(5) 支座安装温度把握不准，梁体滑动受限，产生附加应力。梁体拆除顶升过程中脱离支座后，中跨跨中下挠恢复了约 10cm，拆除的支座有卡死损坏痕迹。

(6) 预应力孔道压浆不饱满或未压浆，且单向张拉造成应力分配不均，梁体产生翘曲附加应力。

(7) 多次加固改造造成梁体恒载较设计状态增加明显，设计 2600t，实际 4000t。

(8) 由于上跨京哈铁路，受铁路安全防护制约，无法采取有效措施对连续梁刚度进行改善。

第三次加固运营 5 年后，箱梁体外预应力加固措施一定程度上延缓了结构病害恶化，但主梁斜截面抗剪承载能力在边支点及中支点附近基本无安全储备，中支点附近主拉应力接近规范限值。结构刚度偏小，不满足设计要求。

四、上部结构改建

受原结构普遍开裂、车辆周期振动、体外预应力损失等因素影响，结构加固的效果逐渐降低，部分截面强度安全储备现已接近临界值；结构技术状况缺损严重，刚度偏小，严重影响桥梁使用功能和耐久性，进一步降低结构承载能力。为消除未来结构运营安全风险，决定拆除原结构预应力混凝土连续箱梁，更换为连续钢箱梁。

拆除改建工程于 2017 年 4 月 12 日开始施工，9 月 27 日完工，历时 169 天。施工主要内容为铁路设施排迁，施工防护棚架基础施工，混凝土连续箱梁顶升，防护棚架搭建，混凝土连续箱梁拆除，钢箱梁安装，钢箱梁回落及防护棚架拆除，桥面系施工。各工序主要内容及施工要点如表 1 所示。

拆除改建施工工序 表1

工序编号	工序名称	工序内容
1	铁路设施临时排迁	对铁路四电、地上物进行排迁
2	防护棚架基础施工	挖孔桩、条形基础施工
3	混凝土连续箱梁顶升	整体顶升,单幅梁顶升重量4000t(设计重量2600t),顶升高度2.2m
4	防护棚架搭建	搭设临时防护工作平台,满足承载梁体及施工荷载重量要求,满足防落物、防水、防电要求
5	混凝土连续箱梁拆除	中跨铁路上方分块切割,逐块外移;其余直接破碎拆除
6	钢箱梁安装	铺设轨道,梁段纵移拼接
7	拆除防护棚架及钢箱梁回落	拆除临时防护棚,钢箱梁回落到位(整体顶升工艺)
8	桥面铺装	环氧沥青混凝土铺装

1. 上部结构设计

拆除既有桥规模为(35+45+35)m单箱单室预应力混凝土变截面连续梁,改建桥梁结构形式为变截面连续钢箱梁桥。主梁为双箱单室钢箱梁,其桥面板为正交异性板结构,边支点处梁高1.35m,中支点处梁高2.5m,第二孔跨中梁高1.55m,梁高变化采用二次抛物线形式。顶底板均采用20mm厚钢板,腹板厚16mm。重建桥梁横截面布置如图3所示。

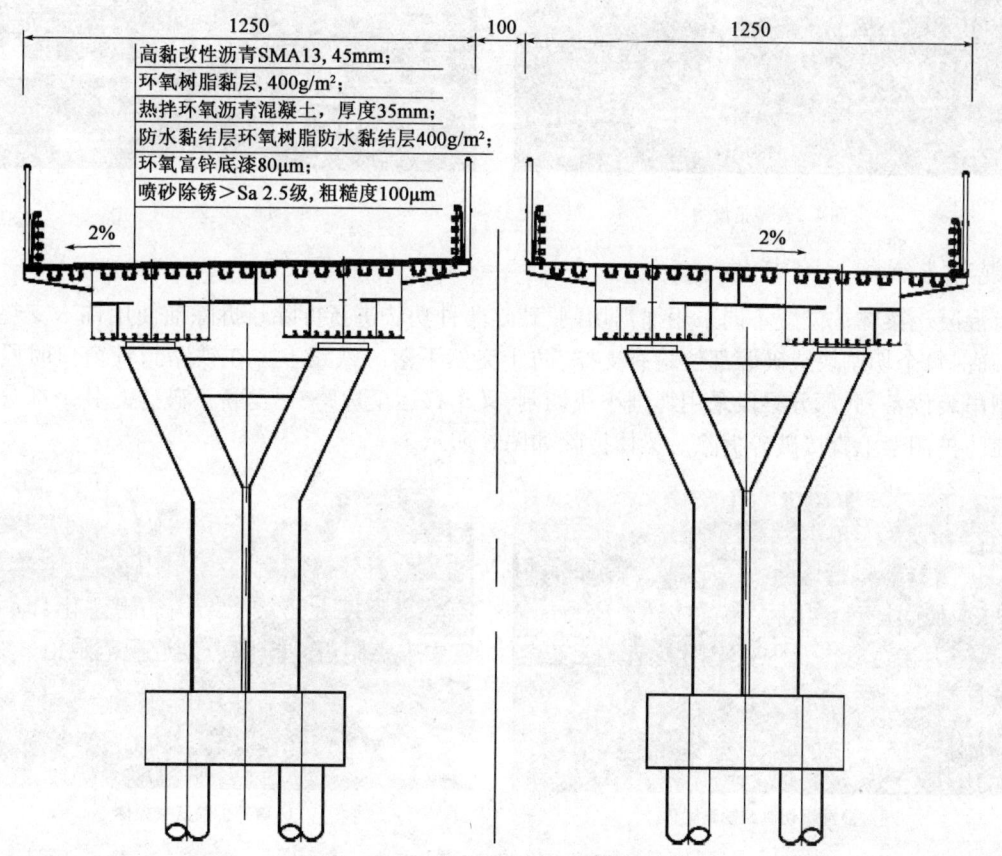

图3　钢箱梁横截面布置图(尺寸单位:cm)

2. 临时防护棚架结构

临时防护棚架的主要功能为防护施工期间铁路安全运营及旧梁拆除、新梁架设的受力和工作平台。共布置6排临时支墩。支墩采用直径609mm的钢管,壁厚16mm;铁路路基上支架基础应铁路部门强制要求采用挖孔桩基础,实施时因抽水导致路基下沉,后调整为条形基础,其他部位采用条形基础。梁体顶升到位后,在临时支墩上布置I56c工字钢纵横梁体系,满铺10mm厚钢板;跨铁路部分工字钢纵梁下布置防电绝缘板,钢板搭接处采用伸缩缝黏结料TST弹性体浇筑进行防水处理,钢板平台四边用角钢焊接围护,设置固定出水口。整个施工过程中未出现钢板接缝漏水现象。中跨铁路上方棚架安装均在铁路封锁窗口时间完成。支架结构体系如图4所示。

3. 梁体顶升及落梁方案

梁体顶升采用PLC同步顶升系统,千斤顶配置系数按2.0计算,边墩支座反力400t,均布4台200t千斤顶;中墩支座反力1600t,均布16台200t千斤顶。为减少顶升过程中千斤顶安拆时间,事先用铁路钢轨制作成平衡梁,千斤顶放置在平衡梁上,利用小千斤顶升降平衡梁,以达到16台千斤顶同升同降的目的;钢箱梁落梁时边墩布置4台100t千斤顶,中墩布置4台200t千斤顶。

混凝土梁体顶升施工流程如下:安置平衡梁及千斤顶→同步顶起20cm→安放钢垫块→千斤顶回油、升起平衡梁、铺设垫块→顶升20cm→循环顶升梁体2.2m,共十一个循环。顶升在铁路封锁窗口时间内完成,一个行程完成时间约1.5小时,刚好一个铁路封锁窗口时间。梁体顶升过程如图5所示。钢箱梁回落按上述逆序施工完成。

图4 支架搭设图

图5 梁体顶升

4. 混凝土梁体拆除方案

既有混凝土梁体按位置不同采用绳锯切割、破碎两种功法进行拆除。拆除前使用枕木支垫梁底和箱式内部,确保每个切割块或破碎部位均有支撑,防止突然下落。铁路上方在铁路封锁窗口时段外不允许使用大型吊装设备,此部分梁段采用绳锯小块切割,叉车移运至边跨,吊至桥下破碎。其余部分梁体采用破碎机在防护棚架上直接破碎拆除。梁体拆除如图6所示。

a) 绳锯切割跨铁路梁体

b) 破碎拆除其余梁体

图6 既有混凝土梁体拆除

5. 钢箱梁施工方案

钢箱梁节段横向分为三块,纵向分为九段,全桥共计54块节段,其中最大节段长16.216m,宽5.35m,高1.69m,重量44.6t。受铁路封锁窗口时间、次数及工期限制,钢箱梁安装无法采用吊装拼接方案施工,最后采用在工作平台上铺设轨道,利用运梁台车纵移梁体节段拼接方案。钢箱梁拼接完成后,逆序拆除下方胎架及工字钢平台，利用整体顶升工艺逆序落梁并安装支座。钢箱梁现场拼装焊接如图7所示。

6. 桥面铺装施工方案

该桥坐落于北方寒冷地区，温度变化大，桥面钢板与铺装层材料温缩变形系数应尽量保持一致，因此本项目桥面采用4.5cm高黏改性沥青玛蹄脂碎石（SMA13）+环氧树脂黏结层+3.5cm热拌环氧沥青混凝土（EA10）+环氧树脂防水黏结层的铺装层结构。桥面铺装施工工艺：桥面抛丸→涂刷环氧黏结层→3.5cm热拌环氧沥青→环氧黏结层→4.5cm高黏高弹SBS改性沥青混凝土（SMA13）。施工完成的桥面铺装如图8所示。

图7 钢箱梁现场拼装焊接

图8 桥面铺装施工

7. 施工技术难点及解决措施

本桥梁体改建施工最大的难点在于上跨电气化铁路，铁路防护要求及窗口时间限制给施工方案的设计和实施造成较大约束，对本桥施工的影响主要体现在以下几点：

1）施工进度难以控制

设计方案、施工方案均需提前征得铁路管理部门同意，批复时限难以估计；施工手续办理繁杂，窗口时间有限，一般情况下每周只批准3~4个，每个窗口时间1.5~2h，且需提前一个月申请封锁窗口时间。一旦施工中的某个工序环节出现问题，后续工期目标完全无法实现，给工程进度管理造成极大困难。

2）梁体顶升作业占用总工期时间较长

受铁路建筑界限要求，既有梁体需要顶升后才能满足防护棚架搭建净空需求；一个顶升行程只能完成20cm，时间约1.5h，梁体抬高2.2m需要11个窗口时间完成；受铁路施工窗口时间限制，无法连续施工，本工序耗时15d（常规施工只需17个h即可完成）时间完成顶升工作。

3）工作平台搭建耗费、耗时巨大

为保证铁路运营安全，搭建的临时工作平台承载力需要能够同时承受混凝土梁的全部重量和施工临时荷载，另外还需满足防落物、防水、防电要求，铁路上方施工需在窗口时间完成。搭建的工作平台耗费的工、料、机及时间是非常惊人的。

4）总体施工成本增加近一倍

本工程钢箱梁主体施工与发生的措施费（铁路防护要求）占用比例几乎相同。

5）既有梁体拆除工序繁杂

根据铁路部门规定，铁路上方起重作业只能在窗口时间进行，因此梁体拆除大块吊移无法完成，综合考虑后，采取中跨梁段小块切割、叉车逐块外移，边跨梁体直接在工作平台上破碎的拆除方案[6-8]。

解决了问题，克服了困难，历时169d，完成梁体改造。最终施工完成的桥梁如图9所示。

图9 施工完成后桥梁

五、结　语

结合该桥运营期的养护历史以及拆除改建过程,针对跨铁路桥梁建设期、运营养护期以及改建施工三个方面对跨铁路桥梁技术管理应注意的事项进行总结,以供同类桥梁进行借鉴。

1. 桥梁建设期

(1)桥梁设计阶段,应避免过分追求降低造价而忽视结构力学性能的合理性。本桥在设计阶段为降低造价,减少路基填筑高度而将桥面标高设计的较低,导致梁高偏小,结构刚度偏弱,桥下净空有限,后期很难有效提高结构刚度。

(2)施工阶段应加强对施工过程的管控。本桥主梁的几何尺寸与设计偏差较大,并且合拢时对温度影响考虑不足,造成支座卡死现象,限制了梁体位移。

2. 运营养护期

(1)收集及保存原始资料,主要是设计资料以及建设过程资料的收集和保存,对于确定结构的初始状态,准确分析病害成因有着重要作用。

(2)定期检测及评估桥梁。对于病害桥梁,定期的检测及评估是养护期桥梁技术管理的关键,有助于及时发现病害,跟踪病害的发展情况,分析病害对桥梁结构承载能力及耐久性的影响,确保结构的运营安全。

(3)精细化加固设计及施工方案。针对产生结构性病害的桥梁,首先应对病害成因进行详细全面的分析,准确判断结构的性能状态,明确加固目标,基于结构现状,综合考虑周边环境限制条件,制定具有针对性的加固设计及施工方案。

(4)长期跟踪监测。对于已产生结构性病害或加固后桥梁,应建立具有针对性的监测体系,对桥梁运行状况及关键指标进行长期跟踪观测,评估病害发展对桥梁结构的影响以及加固后结构性能。

3. 跨铁路桥梁施工

(1)与常规桥梁施工相比,施工成本增加极大,主要表现为铁路防护措施增加费、铁路设施排迁增加费、铁路派驻的防护员工资增加费、大型起重备用设备停驶费、设备人工等待窗口时间无法工作产生的费用、工期延长产生的管理费用。进行施工前,需对此部分成本做充分的考虑。

(2)进行跨铁路施工时,应重视安全防护,尤其应重视铁路线防落物、防水、防电。此外,在铁路线周边进行基础施工时,应注意对铁路路基的防护,合理选取基础形式及排水措施。本项目应铁路局要求,在挖孔桩施工时,由于抽水及列车振动作用导致铁路路基下沉,发生火车停运事故。

(3)熟悉铁路安全管理流程,加强施工管理控制。铁路安全要求条件严格,审批流程繁杂,施工手续周期长,且铁路管理部门较多,相对独立,难以沟通协调。因此,作为技术管理者必须熟悉铁路各项安全管理规定及相应流程,提前沟通协调,合理安排施工计划,加强施工管理控制,确保在窗口期内顺利完成各项施工任务。

参考文献

[1] 薛俊峰.上跨既有线桥梁整组拆除与安装综合施工技术研究[J].铁道建筑技术,2017(07):38-42.
[2] 朱红良.迎晖路跨成昆铁路既有桥梁拆除施工技术[J].铁道建筑,2012(06):25-27.
[3] 王联升.浅析上跨铁路现浇混凝土桥的拆除[J].铁道建筑技术,2012(11):60-64.
[4] 章勇.东岗立交工程跨铁路桥梁施工技术[J].施工技术,2013,42(23):42-45.
[5] 王勇峰.跨铁路支架现浇箱梁施工方案[J].铁道建筑,2010(7):53-56.
[6] 陈希茂.预应力混凝土连续梁的切割拖拉移除技术研究[J].铁道建筑技术,2016(10):14-17.
[7] 刘桐.滹沱河特大桥旧桥上部切割拆除案例浅析[J].公路交通科技:应用技术版,2009,55(7):37-38.
[8] 金宏忠,高巍,来猛刚.桥梁拆除工程分析探讨[J].中外公路,2011,31(3):213-216.

5. 超高性能混凝土在半刚构-连续梁桥维修加固中的应用研究

贾存芳[1] 王 洋[2]

(1.吉林省交通规划设计院;2.湖南大学)

摘 要 近十几年来,我国公路桥梁建设发展迅速。到2016年底,全国公路桥梁数量已经超过80万座,而其中绝大部分为中小跨径混凝土桥梁。可见,中、小跨径桥梁是我国桥梁建设中的重要组成部分。装配式预应力混凝土桥梁被广泛应用于中小跨径公路桥。然而,中小跨径混凝土桥梁出现很多病害,比如梁体开裂、反拱度偏差、横向连接破坏等。普通混凝土抗拉强度低、脆性大、抗裂性差等缺点,在一定程度上限制了桥梁结构的发展。部分或全部采用高性能、高强度的建筑材料替代普通混凝土则是未来桥梁结构发展的主要方向。

关键词 普通混凝土 连续刚构桥 超高性能混凝土 加固

一、引 言

超高性能混凝土,简称UHPC,是一种纤维加固混凝土。UHPC原材料主要包括波兰特水泥、细骨料、钢纤维、水以及硅灰、粉煤灰等外加剂。自1994年Larrard首次提出超过性能混凝土的概念以来,经过20多年的发展,其应用越来越广;而其各种优良性能也越来越得到重视。UHPC具有抗压强度大(是传统混凝土的4倍以上)、抗拉强度大(是传统混凝土的3倍)、变形性能和断裂韧性好、耐久性能好等性能。应用在桥梁工程中,可有效减少材料用量、减少桥梁结构自重,可保证桥梁的安全性、可靠性。超高性能混凝土是根据最大堆积密实度理论发展形成的一种纤维增强水泥基材料,具有高弹性模量、高强度、高耐久性和低收缩徐变等优点。UHPC已初步在桥梁中得到应用,据不完全统计,截至2016年底,世界范围内主体结构或局部采用UHPC的桥梁已超过400座,其中多为中小型桥梁和人行桥。全UHPC梁桥结构性能优异,但造价相对较高。同时,全UHPC梁桥在受拉区材料开裂并且钢筋屈服时,受压区的材料性能尚未能充分发挥。因此,对于中、小跨径桥梁而言,全UHPC主梁结构未必是较好的选择。混凝土组合梁结构是指在预制构件上,现浇一层混凝土而形成的一种装配整体式混凝土结构。该组合结构因而兼有装配式和现浇整体式结构的优点,是一种整体性好、施工便捷、综合经济效益显著的结构形式。本文结合工程实例,介绍对付运营中桥梁顽固病害的创新维修加固技术方案,为老桥"减负"。

二、桥梁概况

高速公路某特大桥于1999年建成通车,桥梁全长977.02m。桥孔布置为3×35+2×35+2×40+2×40+(75+120+75)+2×40+(40+35)+2×35+(35+32.5)+(40+32.5)m,共计10联22跨。上部结构形式:引桥采用跨径32.5m、35m和40m装配式预应力混凝土简支箱梁;主桥采用跨径(75+120+75)m三孔一联预应力混凝土箱形半刚构—连续梁体系(图1)。下部结构形式:引桥除0号桥台采用肋板式台外,其余均采用柱式墩台;主桥边墩采用方柱墩,主墩采用双薄壁式墩。基础全部采用钻孔灌注桩。

本桥是高速公路连接河流两岸的重要桥梁和交通枢纽。自运营以来,车流量大、交通繁忙。该桥一直进行定期维修养护。但桥梁结构仍不断出现严重的渗漏水,并影响到其耐久性,对安全运营构成隐患。2017年经检测评定为"三类"桥梁。根据静载试验大桥的承载能力满足现行规范要求,正常使用极限状态下的变形满足规范要求。2018年定期检测主要病害为:主跨跨中下挠、预应力管道不密实、桥面整体

图 1　主桥全景照片

化及防水层失效、主梁裂缝、混凝土破损、桥面铺装坑槽裂缝等。

本桥在竣工时由于主桥合龙预拱度和设计不吻合,采取加厚桥面铺装来调节标高,造成桥面铺装整体厚度不均匀。本次结合养护维修计划,针对具体病害,对全桥混凝土构件裂缝及漏水部位进行表面封闭和注胶处理;主桥增设观测点,混凝土局部破损、剥落、露筋等病害进行处治;利用 UHPC 的高力学性能,对桥面铺装进行重新设计,以彻底解决桥梁渗漏水问题。

三、桥梁维修技术方案

原桥桥面铺装现状为 5cm 沥青混凝土加 8cm50 号混凝土。原主桥桥面沥青混凝土全部凿除,注意原有箱梁的裂缝处治封闭,人工清理表面破损部分,直至坚实基;对于露筋部分,对钢筋进行修补。对处理完的混凝土顶面内纵、横向设置 HRB 级 φ10mm 钢筋网,浇筑 5cm 超高性能混凝土。超高性能混凝土表面抛丸、喷涂 FYT-1 防水层;顶面摊铺 4cm 沥青混凝土。由于铺装厚度减小,单幅减重 11.02kN/m。桥面标高比原来降低了 4cm,在两侧路基连接处设置过渡段平稳与路基衔接。

四、桥梁维修施工方案-UHPC 浇筑施工

1. 施工前准备

本工序为桥面 UHPC 施工过程中的关键工序,须完成原材料准备、测量放样、导线架设、模板支立、轨道铺设等准备工作,并对摊铺机进行调试。

2. UHPC 的搅拌和运输

1) 配料精确度的控制

配料准确与否是造成实际生产 UHPC 组成与设计配合比差异的根源,UHPC 搅拌设备在投入生产前,必须进行试拌。石英砂、水泥、UHPC 干混料和水均有电子称量系统进行称量,钢纤维按包装的数量进行人工拆包投料(每包 20kg,零的部分用电子秤称量投放)。搅拌站配料计量偏差不得超过规定,见表 1。摊铺工作流程如图 2 所示。

配料计量允许偏差(%)　　　　　　　　　　　表 1

材料名称	水泥	掺和料	钢纤维	砂	粗集料	水	外加剂
高速公路一级公路每盘	±1	±1	±2	±2	±2	±1	±1
高速公路一级公路累计每车	±1	±1	±1	±2	±2	±1	±1
其他公路	±2	±2	±2	±3	±3	±2	±2

所有材料称量误差应控制在 ±1%。根据现场出料情况再进行适当调配。在每个部分计量器具有足够的数据记录和可靠性的前提下,才允许生产使用。

2) 搅拌时间

UHPC 搅拌时间应根据拌和物的黏聚性、匀质性及强度稳定性进行试拌,以确定最佳拌和时间。根据 UHPC 物理力学性能及室内试验分析,得出结论。一般情况下:先将石英砂、水泥、UHPC 干混料和钢

纤维投入强制式搅拌机干拌2min,再加水搅拌6~7min,直至新拌UHPC混凝土流化,流化后再搅拌2min,保证拌和物应有足够的黏聚力和内聚力。

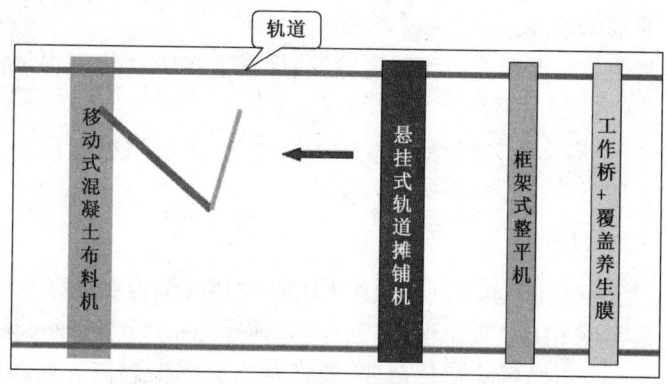

图2　摊铺工作面的施工流程

3) UHPC 混合料的运输

搅拌设备设置于大桥端头位置,UHPC混合料采用装载机运输,为保证施工流畅性,拟采用3台装载机进行运送。装载机运输到桥面后,通过地泵泵送到工作面的轨道式布料机。

准确布料是保证UHPC平整度的重要环节,为保证铺筑时模板内有足够的UHPC拌和物,布料高度应足够高,布料的松铺系数应根据UHPC拌和物的坍落度和路面横坡大小确定。UHPC的坍落度应控制在200~250mm,松铺系数为1.1~1.2之间。

UHPC由轨道式布料机进行布料[图3a)],UHPC的整个布料高度为其设计厚度的1.1~1.2倍,保证振捣效果。

3. 摊铺成型

使用轨道式摊铺机[图3b)]对UHPC进行整幅振捣摊铺,局部位置可以使用振捣板和振动棒进行修补,初始的振捣和成型后,再用整平机[图3c)]整平,保证成型的平整度和表面。对整平机整平后的有缺陷的表面进行人工修补。

a) 布料机

b) 悬挂式轨道摊铺机

c) 框架式整平机工作桥

图3　主要摊铺设备

4. 保湿养护

保湿养护的目的是促进 UHPC 中的化学反应,并完成部分收缩变形,实现 UHPC 致密性、高强度、高韧性,减少后期收缩变形的基本条件。

养护方式为喷洒水、覆盖节水保湿养护膜养生,这些保湿养护方式均以保证混凝土表面湿润或充足水源为目的。

养护工作在浇筑完混凝土后立即开始,其保湿养护流程为:高压水枪喷射→覆盖节水保湿养护膜→浇水保湿。

5. 蒸汽高温养生

蒸汽高温养护的目的是通过了高温蒸汽养生的 UHPC 材料收缩应变可以在早期基本完成,消除后期的 UHPC 层的收缩变形,是实现 UHPC 致密性、高强度、高韧性,消除后期收缩变形的必要手段。

UHPC 终凝后(摊铺后 48 小时)揭除塑料薄膜,搭设蒸汽养护保温棚。保温棚由两层帆布夹一层保温棉组成。通过镀锌管支架进行围挡。支架中间高为 60cm,两侧为 30cm。保温棚周围用中砂压实密封,减少蒸汽的挥发和冷凝。蒸汽由 15 台额定为 36kg/h 的蒸汽锅炉提供,通过布置在保温棚内的蒸汽管道输送,管道的管壁每隔 15cm 设置一个 3~4mm 的泄气孔,通过设置于保温棚内的温度和湿度传感器进行蒸汽量的调控。

养护期间:升温阶段每小时升温约 15℃,直至达到 80℃(不得低于 70℃),恒温养护 72h,然后降温(降温速度不得大于 10℃/每小时)至现场气温。

6. UHPC 层抛丸处理

待 UHPC 层养护结束、形成强度后,通过抛丸机在 UHPC 层表面进行抛丸,以使 UHPC 层表面具有很好的抗滑性能,形成糙面,便于加强 UHPC 层与表面沥青铺装层的黏结效果。

7. 桥面磨耗层铺装

待 UHPC 蒸汽养护结束、待 UHPC 层表面完全干燥之后,进行 TPO 铺装层的铺筑。具体的施工工序为:清扫桥面→撒布粘层油→摊铺 TPO 铺装层。

五、结　语

鉴于原有桥梁铺装厚度不等的现状,采用超高性能混凝土基层加沥青混凝土的方案,利用 UHPC 的不透水性能、抗氯离子渗透性能和抗冻性能,既根治了桥面渗漏水的顽疾,也改善了主桥中跨下挠,同时也能保证主梁的结构承载力和耐久性。

参考文献

[1] 段明德.《公路钢筋混凝土及预应力混凝土桥涵设计规范》徐变系数的计算和应用[J].中国公路学报,1998(4):70-76.

[2] 韩春秀.钢-混凝土组合梁徐变和收缩效应的理论与试验研究[D].昆明:昆明理工大学,2016.

[3] 郑润国.RPC-NC 组合截面梁收缩徐变变形差对梁体性能的影响分析[D].北京:北京交通大学,2014.

[4] 聂建国.钢-混凝土组合结构桥梁[M].北京:人民交通出版社,2000.

[5] 李旺旺,季文玉,安明品.活性粉末混凝土叠合梁的收缩性能[J].建筑材料学报,2017,20(3):399-405.

[6] 丁雪芬,王小荣,沈世成.徐变引起的不同龄期混凝土组合截面的应力重分布[J].浙江交通职业技术学院学报,2005,6(4):12-15.

[7] 张哲,邵旭东,李文光等.超高性能混凝土轴拉性能试验[J].中国公路学报,2015,28(8):50-58.

[8] B A Graybeal. Structural behavior of ultra-high performance concrete prestressed I-Girders[M]. McLean

Virginia:Federal Highway Administration(FHWA),2006.

[9] B. A. Graybeal. Analysis of an Ultra-High Performance Concrete Two-Way Ribbed Bridge Deck Slab[C]. Techbrief,2007.

[10] 郑文忠,李莉,卢姗姗.钢筋活性粉末混凝土简支梁正截面受力性能试验研究[J].建筑结构学报,2011,32(6):125-134.

6. 一体式光纤光栅应变传感器设计及工艺研发

王紫超[1,2]　孙南昌[1,2]

(1. 中交第二航务工程局有限公司;2. 交通部长大桥梁建设施工技术交通行业重点实验室)

摘　要　本文分析了传统的光纤光栅应变式传感器的特点,且通过数值模型分析比较了两种典型的弹性体结构(矩形框弹性体和仿弹簧弹性体),分析了两种弹性体各项参数、性能的优缺点。优化协调了测量范围与灵敏度系数,设计了一种综合性能良好的弹性体,并进行数值模型计算论证。在此基础上,研发了一种表贴、埋入一体式光纤光栅应变传感器,并对制造工艺进行了简要阐述,进一步拓展了光纤光栅传感器在土木工程行业中的应用。

关键词　应变　传感器　光纤光栅　弹性体　表贴式　埋入式

一、传统光纤光栅应变传感器

1. 应变传递方式

一些厂家根据振弦应变传感器的结构,为适应用户使用习惯特点,研发出了基于光纤光栅的钢结构表贴式和混凝土埋入式传感器,它们均属于夹持式传感器,主要原理是在钢管封装的光纤光栅传感器的两端安装夹持构件,待测结构的应变通过夹持构件传递给光纤光栅[1]。

表贴式传感器支座与端头均由螺钉或螺栓紧固,如图1所示,传感器靠螺钉与传感器端头的摩擦力来提供,一侧端头有一凹槽,螺钉尖端顶紧在凹槽处,另一侧端头为光面,螺钉顶紧在光面中间;如图2所示,传感器左右侧端头均为光面,支座分上下支座,螺栓通过螺纹收紧上下支座,上下支座箍紧端头,由于温度和力的持续加载作用,这两种安装方式更容易发生微滑移现象,在较大应变的时候更加明显。

混凝土埋入式传感器其内部构造、弹性体与表贴式传感器一致,不同的是传感器与待测结构的安装方式:表贴式有安装支座,埋入式靠端头圆盘传递应变,如图3所示。

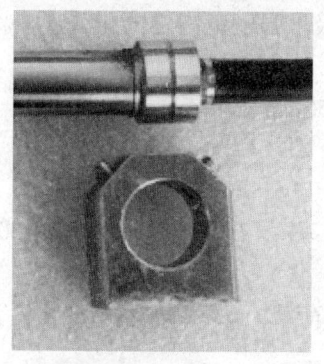　　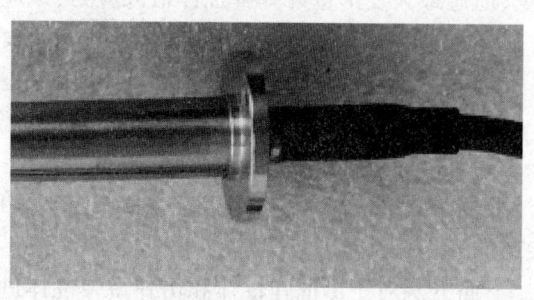

图1　表贴式端头　　　　图2　表贴式端头　　　　图3　埋入式端头

2. 弹性体结构

上述传感器中弹性体有两种典型结构,一种为仿弹簧结构,另一种为框架结构,如图4、图5所示。弹性体是应变传感器中关键零件,光纤光栅粘贴在弹性体上,通过弹性体将被测结构件应变传递给光纤光栅,这要求应变传递损失小,应变响应速度快,应变放大及灵敏度要高,而且弹性体要抗疲劳,应变稳定性要好。

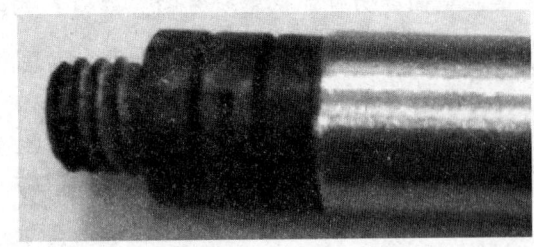
图4 仿弹簧结构

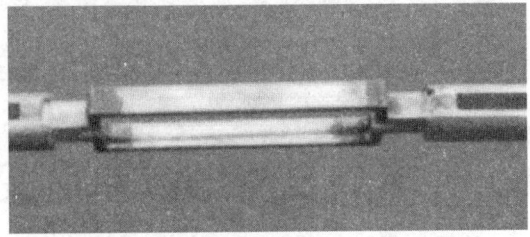
图5 框架结构

仿弹簧结构弹性体用慢走丝线切割的方式在一直径8mm空心圆柱上割有三条缝,一般缝圆周角为300°,缝间距为3mm,缝宽0.6mm,零件两端车有圆柱螺纹,与其他零件连接。零件切割好后进行发黑老化处理,以消除机加工应力,保持构件应力稳定性。该弹性体优点是灵敏度高,零件尺寸小,机加工工艺简单可行,缺点是粘贴光纤光栅是两点粘贴——一般光纤光栅长度为10mm,将光纤光栅两端粘贴在弹性体上,然而,由于弹性体是空心圆柱体,粘贴时操作空间有限,很难控制粘贴端点之间的间距,难于保证传感器的一致性。

框架结构弹性体用慢走丝线切割而成,两端已车有圆柱螺纹,框架体宽10mm,长25mm,壁厚1~2mm,机加工工艺较复杂。零件切割好应进行老化处理,以消除机加工应力,保持构件应力稳定性。该弹性体优点是光纤光栅粘贴方便,可以将整个10mm长的光栅粘贴在弹性体薄板上,传感器一致性较易保证,缺点是机加工工艺复杂,灵敏度、线性度低于第一种弹性体,而且构件尺寸偏大,封装后传感器尺寸也较大。

经综合比较,可在仿弹簧体基础上进行再优化,设计一种性能更加优良的弹簧体,以满足工程测量实际需要。

3. 传统应变传感器特点

上文所述,常见的光纤光栅表贴、埋入式应变传感器存在以下特点或不足:
(1)表贴式传感器存在微滑移现象,较大应变时长期稳定性稍差。
(2)各厂家的弹性体结构、材料不同,光纤光栅粘贴工艺迥异,传感器灵敏度相差较大。
(3)表贴式、埋入式均是应变测量,内部结构、弹性体构造、应变传递原理基本相同。

二、弹性体结构模型计算及特性比较

传感器的核心原件是弹性体,弹性体材料、加工工艺较复杂。可通过需要的量程确定弹性体最大变形量,通过最大变形量计算弹性体最大应力,该应力应在弹性体材料屈服极限强度范围之内。

举例说明如下:

已知传统传感器量程 $\varepsilon = \pm 1500 \times 10^{-6}$;传感器实际标距为100mm、150mm。

条件——在承受最大量程时,传感器的变形全部集中在弹性体上。

求弹性体最大变形量 ΔL。

根据公式 $\varepsilon = \Delta L/L$,有 $\Delta L = \varepsilon \times L = 1500 \times 10^{-6} \times 100 = 0.15$ mm;$\Delta L = \varepsilon \times L = 1500 \times 10^{-6} \times 150 = 0.225$ mm。

下面分别对矩形框弹性体和仿弹簧弹性体进行建模计算,按位移施加荷载。

1. 矩形框弹性体模型计算

材料特性:合金钢,弹性模量 $E = 210000$ MPa,泊松比为0.3,下同。

荷载:一端固定,一端分级施加强制位移,每级0.05mm,最大位移0.225mm;计算结果如图6、图7所示。

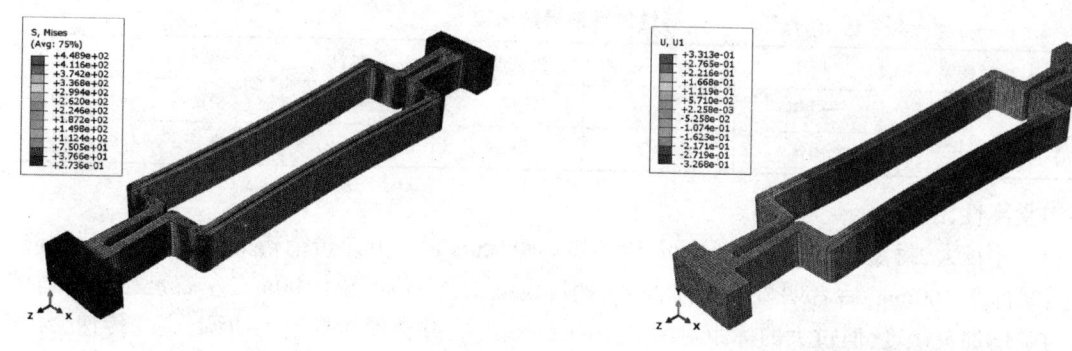

图6 应力云图　　　　　　　　　图7 X向变形云图

计算结果：在最大变形 0.225mm 的位移荷载下，传感器达到最大量程 $\pm 1500 \times 10^{-6}$，此时弹性体最大综合应力 447.9MPa，最大力荷载 183.74N，最大变形 0.331mm；按照 1.2 倍储备系数计算，弹性体材料屈服极限强度应不小于 537.7MPa。满足该参数的合金钢、弹簧钢有很多种，其中 60Si2Mn 作为弹性材料适合做应变传感器[2]，也可从易切削，抗疲劳，热处理工艺简单的常用且价廉合金钢中选取。

2. 仿弹簧弹性体建模计算

荷载：一端固定，一端分级施加强制位移，每级 0.05mm，最大位移 0.15mm。

计算结果如图8、图9所示。

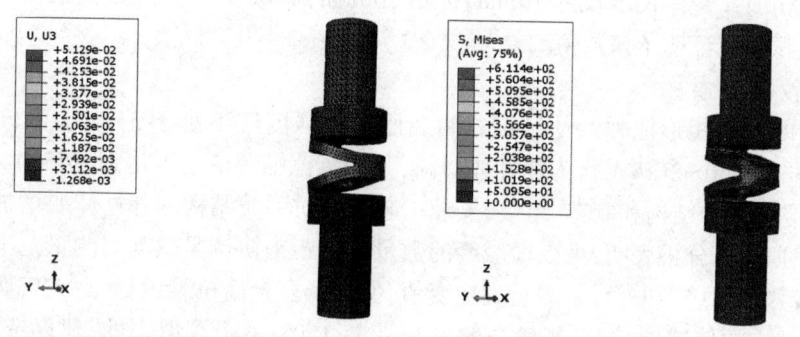

图8 位移云图(0.05mm 工况)　　　图9 应力云图(0.05mm 工况)

计算结果汇总：根据弹性理论，上述计算结果换算成 0.15mm 最大位移，即在最大变形 0.15mm 的位移荷载下，传感器达到最大量程 $\pm 1500 \times 10^{-6}$，此时弹性体最大综合应力 $611.4 \times 3 = 1834.2$MPa，最大力荷载 405N，其他方向最大变形 $0.0514 \times 3 = 0.1542$mm，按照 1.2 倍储备系数计算，弹性体材料屈服极限强度应不小于 2201MPa；即使不考虑储备系数，满足该参数的合金钢很少，如表1所示，所以应对该弹性结构进行优化，要通过降低灵敏度增大测量范围。

弹性体结构材料选型参考[3]　　　　　　　表1

类型	可选材料	屈服极限	淬火(℃)			回火	
			第1次	第2次	冷却剂	温度(℃)	冷却剂
矩形框结构	45Cr、50Cr	785	830~850	—	油	520	水、油
	42CrMo、50CrMo	650	调质				
	35CrMnSiA	1275	950	890	油	230	空、油
	35CrMoV	930	900	—	油	630	水、油
仿弹簧结构	60Si2CrA	1570	870		油	420	油
	60Si2CrVA	1665	850		油	410	油

3. 弹性体性能参数比较

弹性体性能参数比较如表2所示。

弹性体性能参数比较   表2

类型	结构紧凑	加工	灵敏度	测量范围	重复性	一致性	抗疲劳性
矩形框结构	较大	较复杂	略小	优	稍优	稍优	稍优
仿弹簧结构	优	稍优	优(3倍)	略小	略差	略差	略差

1) 结构紧凑性比较

矩形框尺寸较大,封装套筒直径需14mm,传感器标距150mm。仿弹簧结构为圆柱体,封装套筒直径10mm,传感器标距100mm,后者明显小于前者。一般,表贴式传感器标距100mm左右是比较合适的,做大标距是为了增加灵敏度,但过大的标距对测量空间要求较高,并会使得变形不协调,应变传递会出现偏差,测试的应变一般偏小。

2) 加工难易比较

矩形框结构复杂,需要精确的慢走丝切割,为了保证加工精度,切割后还应上精密磨床磨,然后进行热处理增加硬度,最后进行发黑或镀锌进行防锈处理,加工成本较为昂贵。仿弹簧结构为圆柱体,圆柱体是最适合加工的机械零部件,圆柱体加工成型后,再慢走丝切割弹簧缝,然后进行热处理增加硬度,最后进行发黑或镀锌进行防锈处理,加工成本较低,热处理工艺见表1。

3) 灵敏度比较

仿弹簧结构的灵敏度系数是矩形框结构的三倍,矩形框结构的弹簧体整个长度约44mm,标距150mm,而仿弹簧结构的弹簧体长度仅约10mm,标距100mm,灵敏度系数倍数关系:$44/10 \times 100/150 = 2.93$,传感器的标定试验也证明了该数值。

4) 测量范围比较

前面的计算结果表明,矩形框弹性体结构材料屈服极限强度应不小于537.7MPa,可选材料范围很大,如选用35CrMnSiA或60Si2CrVA作为弹性体材料,其测量范围理论上可达到$\pm 4500 \times 10^{-6}$,当然对于传感器需要重新研究其新的结构和制造、组装、安装工艺。而仿弹簧结构的弹性体要增加测量范围,只有牺牲灵敏度参数,根据计算分析表明,可以增减缝的数量和间距来协调灵敏度与测量范围两个参数。

所以,目前的成熟产品选型中,对于测量大应变值,例如低合金高桥梁钢材、耐大气腐蚀桥梁钢,建议选用矩形框弹性体结构的传感器;对于测量一般应变值,$\pm 1500\mu\varepsilon$范围以内的,建议选用仿弹簧结构的弹性体传感器。当然可以基于上述两种弹性体各自的优缺点,研发一种介于两种之间,协调好灵敏度和测量范围两个参数,性能更加符合实际需要的传感器。

5) 重复性、一致性、抗疲劳性性能比较

随机抽取同一批传感器,根据厂家给予的标定参数和自行标定试验的结果比较,矩形框弹簧体结构的传感器以上三项性能要稍优,尤其是测量受压应变时,影响的关键因素可能有以下几种:

(1) 光栅粘贴方式的不同。矩形框弹簧体结构的粘贴方式是直线粘贴,如图10所示,10mm的光栅+4mm的光纤部分全部粘贴在弹性体上,而且粘贴是无遮掩的,粘贴工艺简单、可靠、易标准化操作;而仿弹簧体结构是两端点粘贴,10mm长度光栅在圆筒内,粘贴于光栅两端长度18mm处,而粘贴点是在圆筒两端,并应对光纤施加较大的预张力,这样才能保证光栅受压时不至于失稳。经实际操作发现,粘贴点可见性、可操作性稍差,标准化操作较难,人为影响大。

(2) 构件连接形式的不同。矩形框弹簧体结构内部构件均是点焊或激光焊接而成,而仿弹簧体结构均是螺纹连接,螺纹连接之间均会存在小的缝隙,这样会造成应变损失,厂家在螺纹之间涂抹了密封胶,密封胶是弹性的,只能避免部分应变损失。

(3) 抗微滑移能力不同。即支座与传感器间的抗微滑移能力不同。

图10 全开粘贴方式

三、弹性体结构优化设计

结合上述两种弹性体的优劣,可以设计一种新的弹性体,达到优化传感器性能的目的,弹性体设计图纸如图11所示。

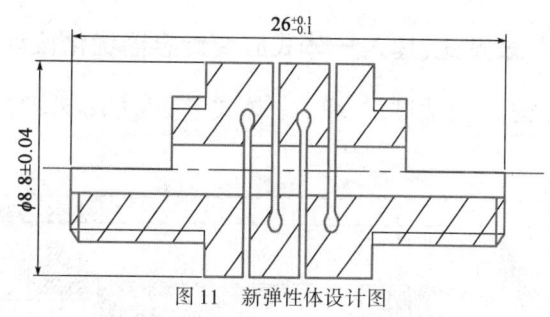

图11 新弹性体设计图

1. 模型计算

通过预设最大量程反算弹性体最大变形量,通过最大变形量计算弹性体最大应力,根据应力选择弹性体材料。

已知,传感器量程为 $\pm 2500 \times 10^{-6}$;标距 $L = 116\text{mm}$;弹性体最大变形 $\Delta L = \varepsilon \times L = 2500 \times 10^{-6} \times 116 = 0.29\text{mm}$

荷载:一端固定,一端分级施加强制位移,每级0.05mm,最大位移0.29mm;计算结果如图12和图13所示。

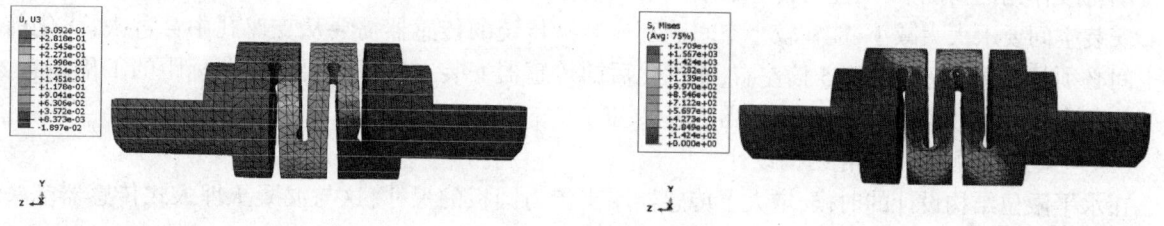

图12 位移云图　　　　　图13 应力云图(最大应力位于开孔截面薄弱处,即孔内)

计算结果:在最大位移荷载下,传感器达到最大量程 $\pm 2500 \times 10^{-6}$,此时弹性体最大综合应力1709MPa,考虑到应力富余,选用屈服极限强度大于 $1.2 \times 2000/2500 \times 1709\text{MPa} = 1640\text{MPa}$ 的材料,可选用的材料有60Si2CrVA等,此时最大可测量应变可达到 $\pm 2000 \times 10^{-6}$。

2. 改进后的特点

优化协调测量范围和灵敏度参数,该传感器测量范围是 $\pm 2200 \times 10^{-6}$,是传统表贴式传感器测量范围的1.46倍,能测量钢结构最大应力约440MPa(可测量桥梁结构等专用钢材的极限应变,也可用于结构破坏实验)。另外本新弹簧体结构还有以下优点:

(1)小孔设计减少了应力集中。

缝端部设计了一0.4mm半径的圆弧,可用精度高的慢走丝数控机床进行加工,目的是减小应力集中。应力集中是应力在固体局部区域内显著增高的现象,多出现于尖角、孔洞、缺口、沟槽以及有刚性约束处及其邻域。应力集中会引起脆性材料断裂,使脆性和塑性材料产生疲劳裂纹。局部增高的应力值随与峰值应力点的间距的增加而迅速衰减。由于峰值应力往往超过屈服极限而造成应力的重新分配,所以,实际的峰值应力常低于按弹性力学计算出的理论峰值应力。传感器弹性体中的应力集中会降低传感器疲劳寿命,减少测量范围,在传感器寿命后半期各项参数指标(例如重复性,一致性等)均会显著下降。为了尽量减少应力集中带来的危害,要尽量避免尖角:即把棱角改为过渡圆角,适当增大过渡圆弧的半径,效果往往更好。

(2)平端头设计优化了光纤粘贴的工艺性。

传统仿弹簧弹性体结构端头为圆端头,光栅只能粘贴在端头两端圆孔内部2mm范围内,粘贴操作很不方便;而且光栅的长度为10mm,两端点粘贴距离约20mm,弹性体受压较大时,光栅容易发生失稳现象,因此应增加一定的预张力。这样做对制作工艺要求较高,所以把弹性体端头设计为平端头,既有粘贴操作空间,又缩小了两端点粘贴距离(12~14mm),减少了预张力,扩大了测量范围。

四、表贴式、埋入一体式应变传感器优化设计

根据前面研发的弹性体结构,结合表贴式、埋入一体式应变传感器外型特点,对两种传感器进行优化设计、设计图如图14所示。

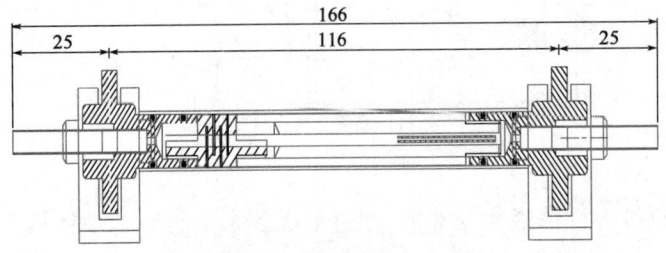

图14 一体化传感器设计图(尺寸单位:mm)

这种传感器的除弹性体元件的优点在前面作了了阐述外,其他优点如下:

(1)水平限位结构设计。

摒弃了传统的通过螺钉从上往下顶紧端头的装配工艺,改用水平顶紧限位的方式,避免了大应变和温度场持续作用的情况下,支座与传感器端头发生滑移的现象,提高了传感器长期测量的准确度。

安装空间要求大大减小,能在较小空间顺利安装。传统的传感器需要从支座孔中穿进去,优化前安装空间必须是传感器标距的2.5倍左右,而优化后的传感器安装空间只需要传感器标距的1倍左右,这样就能顺利在一些较小空间,进行传感器的安装、拆卸。

(2)埋入式、表贴式一体化结构设计。

在水平限位结构设计的时候,增大了传感器端头传力圆板的尺寸,这与混凝土埋入式传感器端头结构相同,也能起到传递混凝土应变的作用,所以该一体化结构设计是可行的。

五、表贴式、埋入一体式应变传感器装配工艺设计

传感器设计好后,应明确各零件机加工和热处理工艺,保证设计所要求的精度和强度。机加工完成后,应进行组装,经多次试制比选,优化后的组装工艺如下:

(1)预张、黏贴、热固化光纤光栅。黏胶为353ND专用光学黏胶,从室温缓加热至120℃,恒温约25min后胶固化[4,5]。固化后自然冷却至室温,解除预张拉装置。

(2)粘贴温补光纤光栅、装左端头稍张紧光纤光栅,在温度补偿管上粘贴温度补偿光栅;用固化炉加热凝固;在左端头上安装好密封圈,为避免损伤光栅,应保证弹性体静止不动,旋紧左端头。

(3)装内部管。为避免损伤光栅,应保证弹性体侧静止不动,旋紧内管。

(4)装外套管。为避免损伤光栅,应保证左端头侧静止不动,旋紧外套管。

(5)装右端头。为避免损伤光栅,应保证左端头侧静止不动,旋紧右端头(已装好密封圈)。

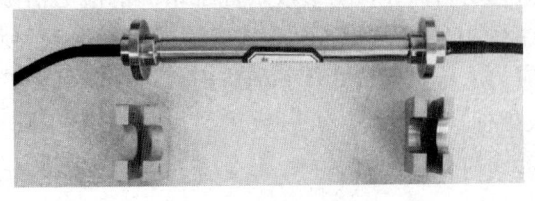

图15 一体化传感器成品图

(6)装端管。为避免损伤光栅,端头装完后,立即装好两侧保护端管。

(7)注胶,铠装,装保护套管。为避免损伤光栅,尽量提前依次装好光纤保护套管、热缩管,并注密封胶,做好标记。

为提高制作效率,可同时制作安装多只传感器。试制产品如图15所示。

六、结　语

在土木工程中,大量使用表贴式和混凝土埋入式应变传感器[6],本文对传统典型钢结构表贴式、混凝土埋入式光纤光栅传感器的外形结构、应变传递特性、光纤粘贴方式以及弹性体优缺点进行了系统分析,且通过数值模型分析比较了弹性体结构受力性能、测量范围及灵敏度系数等参数,在此基础上设计了一种表贴、埋入一体式光纤光栅应变传感器,并对其加工工艺进行了简要阐述,为应变式光纤光栅传感器的开发提供了一种新的方法和思路。

参考文献

[1] 李宏男,任亮著.TU317 结构健康监测光纤光栅传感技术[M].北京:中国建筑工业出版社,2008.

[2] 刘畅,张院生,马华,等.TH717 半工字型的光纤光栅位移计设计及应用[A].沈阳:仪表技术与传感器,2019.

[3] 成大先,等.TH122-62 机械设计手册第六版[M].北京:化学工业出版社,2016.

[4] 李川.TP212.14 光纤传感器技术[M].北京:科学出版社,2012.

[5] 孙丽.TP212.14 光纤光栅传感应用问题解析[M]北京:科学出版社,2012.

[6] Kleidi islami,Pascal Savioz,Masoud Male-kzadeh. Integration of SHM at an early stage in the design and construction of Long-span bridges[C]. LABSE Conference-Engineering the Developing World. Kuala Lumpur:2018.

7. 悬索桥主缆防腐除湿一体化研究进展

梁　成　王一然　李　鹏

(中维路桥装备江苏有限公司　中交公路规划设计院)

摘　要　随着我国经济的发展,道路交通行业在近年来飞速发展,用于跨越河流、峡谷和江海湾岛屿的现代大跨径桥梁也修建得越来越多。斜拉桥、悬索桥因为其设计跨度较大、受力明确、造价经济等特点得到了广泛应用。但这类桥梁的运行一般处于靠近水源的较为潮湿的环境下,主缆钢丝容易被潮湿空气腐蚀,导致其承重能力下降,影响桥梁服役性能和安全运行。故而主缆的除湿防腐对于桥梁长期安全稳定运行至关重要。

Suzumura 等人研究了相对湿度、温度以及氯化钠浓度等不同环境因素下镀锌钢丝的腐蚀速率。研究发现镀锌钢丝在相对湿度为 60%RH 情况下,高温(>40℃)和高浓度($10g/m^2$)氯化钠条件下会显著加快镀锌钢丝腐蚀。同时在实验室条件下测得镀锌钢丝的寿命指数:潮湿或浸湿环境下寿命小于 10 年;相对湿度为 100%RH 时为 34 年,相对湿度小于 60%RH 时为 211 年。

关键词　悬索桥主缆　防腐　除湿

一、主缆防腐技术及特点

主缆的除湿防腐对于桥梁长期安全稳定运行至关重要,目前主缆防腐方法可以分为被动防腐和主动防腐两种方式。

1. 被动式防腐系统

被动防腐主要是通过在主缆钢丝外层包裹和涂装两层以上的密闭防腐材料,使主缆内钢丝处于相对干燥密封的环境中,避免与外界湿空气接触达到其防腐目的。最初的被动式主缆防腐系统是由主缆表面防腐腻子、镀锌钢丝缠丝和缠丝表面涂装组成,如图1所示。20 世纪60 年代,日本彩虹桥、美国 Bidwell

Bar 等采用合成聚氯丁橡胶缠包带、聚丙烯树脂防护带、异丁橡胶材料和双组分改良硅系密封材料组成护套,连续几层材料包裹在主缆外层,以达到防护效果。然而经检测,在动载情况下,搭接处的缠绕材料出现了渗水裂纹,且该方法工序复杂,施工难度大。2000 年后,国内悬索桥主缆防腐层主要由防腐腻子、S 型缠绕钢丝、外防护涂层构成,不同之处在于防腐腻子材料和外层涂料组成。

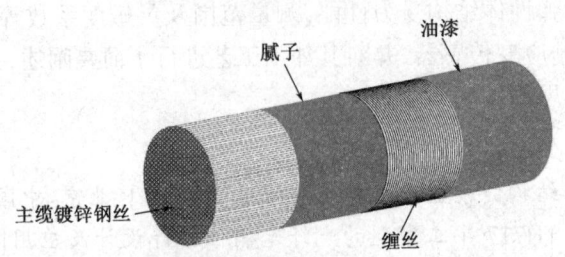

图 1 被动式主缆防腐系统

被动防腐只是通过减缓湿空气渗入主缆内部钢丝的速度,以降低主缆钢丝腐蚀速度,一旦湿空气进入主缆,就无法将其从主缆排出。排出主缆内部的水分和其他腐蚀性气体,对延长主缆服役时间和安全运行有着决定性作用,因此通过向主缆内部输送干空气以降低主缆内空气相对湿度,从而达到防腐目的的主动式防腐系统应运而生。

2. 主动式防腐系统——主缆防腐除湿一体化系统

主动式防腐系统是通过干空气在主缆内部流动,以降低主缆内部空气的相对湿度,使其处于一个相对干燥、密封的环境中,防止主缆钢丝发生腐蚀的防腐方法,其原理如图 2 所示。理想情况下,这种系统可以将主缆内空气相对湿度控制在 60% RH 以下,从而防止主缆钢丝腐蚀,延长了主缆的服役寿命。

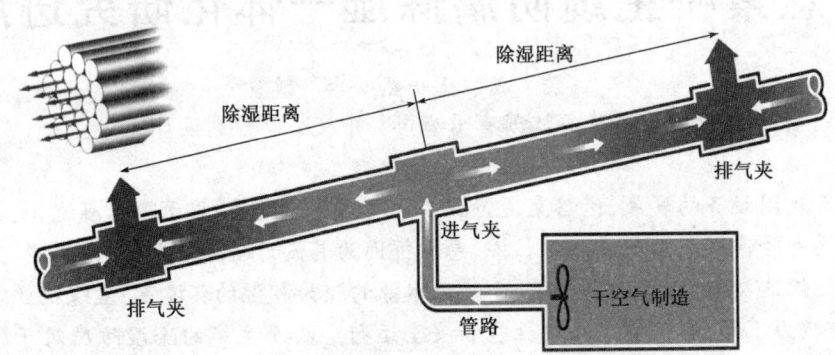

图 2 主缆除湿系统示意图

主动式防腐系统通常与被动式防腐系统相结合,从而达到在悬索桥建造期、管养维护期间全寿命周期主动防腐目的,因此也可称为主缆防腐和除湿一体化系统。当前常见的防腐除湿一体化系统有"S 型缠丝 + 干空气除湿系统"、"弹性缠包带 + 干空气除湿系统"两种。

二、主缆防腐除湿一体化系统国内外研究进展

1. 国外研究进展

日本从 1994 年开始研究采用高气密性材料包裹主缆,向主缆内部吹入干燥空气的送风除湿系统。监测数据表明,该系统能有效去除主缆内部的水分,使主缆内部的空气湿度保持在相对较低的水平,防止主缆内部钢丝发生腐蚀。日本明石海峡大桥采用"S 型缠丝 + 干空气除湿系统"作为防护手段,通过两年的相对湿度数据监测发现,经过 8 个月干空气送风除湿后,主缆内部开始变干、相对湿度趋于稳定。之后,湿度会受到外界湿度季节性变化的影响,但系统在目标湿度为 40% 条件下运行,湿度可以控制在 60% 以下。

英国 Christodoulou 等在 Humber 大桥上采用了"弹性缠包带 + 干空气除湿系统"对主缆进行防护。

用于主缆除湿的干空气从桥面钢箱梁抽取到干空气制备站,先经过转轮除湿机除湿之后排放到设备室,该设备室对干空气进行加压后送入 HEPA 过滤器,最后干净的空气通过进气管道送入主缆内部。最初,为了加速主缆内部干燥过程,干空气制备站的相对湿度设置为 10%,随着主缆干燥,该参数逐渐增加以降低运行成本,同时使主缆内部保持较低的相对湿度。在运行 3 个月后,主缆内部相对湿度已显著降低。但该系统在除湿前未对空气进行过滤,导致转轮除湿机运行一段时间后转轮受到污染,除湿能力下降。

Sloane 等人制作了一个全尺寸主缆模型,并监测增设了送风除湿系统的主缆钢丝腐蚀数据,收集了为期近一年的主缆温度、相对湿度和腐蚀速率。初期结果表明,该系统在降低干空气注入位置的相对湿度非常有效,但当沿电缆长度增加时,干燥空气会冷却,在降低远离注入点的湿度方面不如入口处有效,这可能对如何在冬季运行除湿系统产生影响。

另外,丹麦小贝尔特桥、瑞典高海岸大桥、法国阿基坦大桥等大量悬索桥均安装了与传统防腐系统结合的主缆除湿系统,目前主缆的运行状况也较为良好。

2. 国内发展现状

我国的主缆除湿系统一开始主要是借鉴日本在悬索桥主缆防护方面的成功经验。润扬长江公路大桥除湿系统的干空气通过主缆外套装的密封护套层向主缆钢丝的空隙内注入干空气,通过干空气在主缆内部空隙中的流动,将湿空气从排气罩排出,使主缆长期保持干燥密封状态。但是该体系中大部分材料全部使用的是进口材料和设备,较高的成本限制了该体系在国内的应用推广。

2009 年,泰州大桥的干空气除湿系统沿袭了润扬长江公路大桥的技术理念,但是全面采用了国产设备并针对部分细节进行了创新。此外,在推进国产化缠丝、涂装的同时,南京长江四桥、泰州长江大桥通过技术的完全自主创新,自主研发了除湿系统相关节能设备,彻底摆脱了除湿设备对日本技术的依赖,推进了主缆防腐和除湿一体化在国内在役和新建悬索桥主缆上的推广应用。2010 年以来,国内防腐除湿一体化系统也开始采用"弹性缠包带 + 干空气除湿系统"这一除湿防腐技术,进行悬索桥主缆腐蚀防护。

三、主缆防腐除湿一体化设计参数

1. 主缆内相对湿度

主缆内的相对湿度是主缆防腐的关键参数,一般认为,主缆内空气湿度控制在 60% RH 以下,能有效防止主缆钢丝发生腐蚀,但主缆内的湿度分布并不均匀,这与送入主缆的干空气量有关。主缆除湿系统所需要的干空气量是由主缆内部含湿量决定的,由此来选定转轮除湿机的运行工况。可以参照前人研究结果,根据桥梁现场环境情况和模拟试验得到的主缆温湿度分布规律,进行主缆横截面内部湿度估算。

为准确感知主缆内相对湿度,除了在除湿进、排气口安装湿度传感器外,要需要在索夹上安装湿度传感器,可以每隔 50~80m 安装一个湿度传感器。同时,需要同步安装一个露点传感器,对湿度传感器进行校准及消除温度波动的影响。

2. 干空气流动压力损失

主缆的防腐可以起到密封的作用,当主缆内充满干空气时,主缆防腐的密封作用尤其重要,密封程度的好坏是以压力损失的形式反映在除湿系统上。

主缆内部孔隙率一般在 0.2 左右,但是孔隙的尺寸、分布情况等并不统一,因此干空气注入处的压强、流动过程中的阻力、主缆外部防护层的气密性等因素会影响到干空气的输送距离和除湿效果。为保证干空气良好的除湿效果,需要确定干空气注入处气体流量和压力,因而对主缆内空气流动损失进行估算是十分必要的。

为准确感知主缆内干空气压力损失,除了在除湿进排气口安装压力传感器外,还需要在索夹上安装压力传感器,可以每隔 50~80m 安装一个压力传感器,并与湿度传感器间隔安装。

3. 环境因素

桥梁所在地区的空气湿度、温度、含盐量等会影响到除湿系统输出的干空气成分,若不对其中的腐蚀气体成分进行处理,可能会造成主缆内发生严重腐蚀。因此在设计除湿系统过程中,要充分考虑桥梁所处的自然环境,增设不同的空气过滤器等相关前处理设备,例如:高效过滤器、盐雾过滤器等。

4. 可靠性因素

近些年,随着主缆除湿系统的普及,其机电设备的稳定性问题成为新的关注点。主缆除湿的设计基础是维持主缆内部的正压,由于主缆密封的天然缺陷,以及主缆结构梁段开放的自然特征,这种正压需要持续投入能源才能维系,但目前选用的除湿设备,遇到故障、超限、维护等情况,会频繁停运,据统计,主缆除湿系统投入运行至正常运转的调试期一般在3~6个月,正常运转无停机的时间一般不超过1个月,因此,目前的主缆除湿系统是非连续工作的,这与设计基础相悖。为了提高连续工作的可靠性,国外采用了主备用双路设计,即关键设备采用双机设计,主/备自动切换,并遵循切换逻辑分级、分功能进行投入与退出切换,满足系统不间断运行的同时,提高运转可靠性,非常值得借鉴。

5. 其他因素

其他主要设计参数包括:送气长度(受温度和压力影响)和干燥时间(干空气温湿度、停留时间)等。在除湿系统设计时,应结合桥梁的除湿设计理论、相关设备参数以及桥梁具体情况,分别进行研究计算。

四、结　　语

我国是当今世界上悬索桥发展最快的国家,桥梁结构的服役期限也越来越受到关注与重视。悬索桥主缆传统的被动式防腐涂装体系(防腐腻子+缠绕钢丝+外防护涂层)只能延缓主缆结构腐蚀,不能保证主缆服役寿命。主缆干燥空气除湿防腐一体化系统是悬索桥主缆钢丝防腐新技术,相对于传统防护系统的主要优点有:可极大限制腐蚀发生,可实时监测抑制效果,后期管养工作量小。基于以上特点,近年来已在我国新建大跨径悬索桥中普及应用,并以在旧桥改造中得到应,相信将来会有更多的桥梁构件应用这种防腐新技术。

参考文献

[1] Keita Suzumura Shun-ichi Nakamura, M. ASCE. Environmental Factors Affecting Corrosion of Galvanized Steel Wires[J]. Journal of Materials in Civil Engineering,2004.

[2] 王敬民.大跨径悬索桥的主缆防护[J].公路,2000(03):30-32.

[3] 陶亮.除湿系统在大跨径悬索桥主缆上的应用[J].建筑工程技术与设计,2017,000(007):1267.

[4] Yanaka Y,Kitagawa M. Maintenance of steel bridges on Honshu-Shikoku crossing[J]. Journal of Constructional Steel Research,2002,58(1):131-150.

[5] Layton,Kyle William. An evaluation of monitoring and preservation techniques for the main cables of the anthony wayne bridge[J]. Dissertations & Theses-Gradworks,2013.

[6] Christodoulou,Christian,Bulmer,M,Cocksedge,C,et al. Humber Bridge:suppressing main cable corrosion by means of dehumidification[J]. international corrosion council,2011.

8. 面向结构健康监测的桥梁数字孪生模型

应宇锋　淡丹辉　葛良福
(同济大学　土木工程学院)

摘　要　交通荷载是公路桥梁所承受的主要的可变荷,超载车辆和异常交通车队已经成为影响桥梁运行安全和缩短桥梁寿命的主要原因。本文面向桥梁结构健康监测系统,建立实测交通荷载连接的桥梁数字孪生模型。结合全桥面交通荷载识别技术和交通流仿真技术,对斜拉桥的车致即时响应和统计响应规律进行计算分析，可用于对结构的工作状态预测、评估和预警。

关键词 结构健康监测 数字孪生模型 有限元计算 交通荷载识别 效应分析

一、引　言

服役期的桥梁，在环境等有害物质侵蚀下，材料属性会发生退化，加上车辆、风等动荷载的作用，部分构件会因疲劳而出现损伤，导致结构的抗力下降。与此同时，随着交通行业的快速发展，重车的数量和重量大大增加，桥面实际的移动荷载与设计阶段车道荷载有很大的不同，在超限超载车的作用下，桥梁倒塌事故频出不穷，造成了重大的人员伤亡和经济损失。因此根据实桥的交通荷载，评估结构的行为和安全状况是十分重要的。

桥梁结构健康监测（Structural Health Mouitoring，SHM）系统通过通讯传感设备实时自动采集运营桥梁的响应信号，然后采用数学与计算机方法分析处理信号数据，得到各种结构响应的特征值和阈值，再将测得的这些关键数值与相应设计限值比较，作为桥梁结构实时预警与安全状况评定的依据[1]。

当前利用 SHM 数据进行的结构评估和损伤识别分为两种[2]：

一种是"数据驱动"的结构评估技术，依赖传感器获取结构响应，研究数据本身的变化规律及概率分布，从响应中提取指标推演结构的状态信息。在荷载难以捕捉的时候，依靠这种技术手段提取荷载无关的指标来对结构评估具有一定的意义。但是由于健康监测系统的测点数量有限，不可能获得桥梁的全部力学响应，只能得到离散点上的监测数据，单靠这些监测数据很难获得全桥的信息，在对结构的安全性判断和预测上具有明显的局限性。

另外一种评估方式是"基于模型"的结构评估技术，桥梁的结构响应遵循其本身的力学规律，是一个较明确的力学模型，可以用有限元表征它的力学行为。基于模型的反分析方法如模型修正，是基于有限测点的病态力学反分析过程，难度大，修正效果不佳[3]；当交通荷载已知时，结合实测的荷载信息和有限元模型，对结构进行正分析，判断桥梁工作状态，难度小，效率高。

随着物联网、大数据、信息网络技术的发展，数字孪生概念得到了越来越多的关注和应用。数字孪生最初由 Grieves 教授[4]于 2003 在美国密歇根大学的产品全生命周期管理课程上提出，并被定义为包括实体产品、虚拟产品以及二者间的连接的三维模型。2011 年，美国空军研究实验室和 NASA 合作提出了构建未来飞行器的数字孪生体，并定义数字孪生为一种面向飞行器或系统的高度集成的多物理场、多尺度、多概率的仿真模型，能够利用物理模型、传感器数据和历史数据等反映与该模型对应的实体的功能、实时状态及演变趋势等[5]，自此以后，数字孪生走进了大家的视野。

数字孪生面向产品全生命周期过程，发挥连接物理模型和信息模型的桥梁和纽带作用。类比到桥梁结构健康监测中，物理模型是指具体的工程结构，信息模型是对应于实际工程结构所建立的几何图纸、有限元信息等。因此建立面向结构健康监测的桥梁数字孪生模型关键就是寻找两种模型间的信息交换渠道和潜在的业务。

本文提出了面向健康监测系统的桥梁数字孪生模型，以桥面的交通荷载信息作为物理模型和信息模型的纽带。通过建立对应桥梁的有限元模型，将其按计划运行在云端服务器上，并将实测的桥面交通荷载加载在有限元模型上，实现了在数字空间中对物理空间内的桥梁力学效应的进行实时在线计算，可用于对桥梁结构运营状态做评估和极端事件的安全预警。

二、结构健康监测中数字孪生技术的应用分析

1. 结构健康监测技术

随着互联网和计算机技术的发展，结合 IT 技术的结构健康监测技术得到了越来越多的应用。李惠等[6]提出了以 Lab Windows/LabVIEW 为桥梁健康监测系统的核心软件，由它"指挥"、调用和驱动各个子系统的运行和数据的交互与通讯；以数据管理子系统的数据库作为桥梁健康监测系统的中心数据库；

采用 Brower/Server 系统模式将桥梁结构健康监测的各子系统相互结合，建立基于网络平台的开放式的实时在线智能健康监测系统。

李文齐等[7]将 BIM 与结构健康监测相结合，利用二次开发方法，开展基于 BIM 的结构安全信息集成与可视化方法研究、结构安全动态实时监测及预警方法研究，为解决结构在施工和使用阶段动态实时安全监测提供了方法。薛彤等[8]利用 Revit 中的 BIM 建立监测系统三维模型，实现了监测结构、传感器、监测数据的可视化。

物联网（Internet of Things）是将信息传感设备与互联网结合起来形成网络的技术。结构健康监测物联网的目标是把结构健康监测传感器接入互联网，借助网络更有效地交换信息，进一步提高系统智能化水平。井彦娜等[9]提出了一个基于物联网技术的建筑安全监测系统解决方案，并重点分析实现了建筑安全监测管理系统。系统能为建筑提供实时监测、安全评估及预警决策功能，实现对监测建筑的实时在线监管。

随着传感器数量增多，采样频率增加，一个大型桥梁的结构健康监测系统每天会形成约 10^9 字节的海量数据，云计算可以满足长大桥梁结构健康监测海量数据存储管理与专业计算的需求。Jeong[10]等提出了一个基于云的网络信息库，采用了云计算服务和分布式数据库系统，用于管理桥梁监控中涉及的各种数据，包括 SHM 系统采集的传感器测量数据，及桥梁工程模型、交通视频等相关信息。

上面这些实时健康监测系统的开发为保障桥梁的安全运营提供了软硬件支持和技术依据。但是总的来说，依旧存在着三点不足：一是系统多是围绕结构效应监测展开的，由于能布置的传感器数量始终是有限的，仅依赖响应对结构评估存在局限性，需要结合多源的监测信息对结构状态进行全面的计算和评估；二是虽然系统能实时采集到大量的数据，但是对于数据的实时评估却没有做到，一般仅使用某一时间段的数据离线分析，实时性差，且易受到环境噪声的影响；三是现有的健康监测主要集中在识别桥梁的损伤状态，对于结构的行为预测等其他潜在业务少有涉及，主要原因是交通荷载未知，随着交通荷载识别技术手段逐渐先进，有必要对其他潜在的业务进行分析。

2. 数字孪生技术在结构健康监测场景下的适用性

上述的物联网、BIM、云计算等，作为数字孪生的先遣技术，所展示出来的优点突出了数字孪生进一步应用的前景。其适用性可以从两个角度来说明：在技术支撑方面，数据库技术、通讯技术、高性能计算机等已经得到了普遍的发展和应用；在相关领域方面，数字孪生也得到了初步的应用，如智慧管廊系统的建设[11]、智能交通信息物理系统的研究[12]、施工临时支撑结构和重要基础设置的安全监测[13]等。因此在结构健康监测方面应用数字孪生技术是可行且有必要的。

三、用于结构健康监测的桥梁数字孪生模型理论建设

1. 桥梁数字孪生模型用户需求分析

本文提出的面向结构健康监测桥梁数字孪生模型，旨在通过实测桥梁工程原型上的交通荷载，将其施加于数字模型上，使数字孪生模型具备在线力学效应的分析计算能力，并根据分析结果，实现对桥梁原型的工作状态的预测、评估以及对极端事件的安全预警等功能。通过调研国内外桥梁结构监测系统和数字孪生技术的应用以及对桥梁监测从业人员的走访调查，得到以下几点用户需求：

1) 能识别常见的结构破坏模式

对于不同的桥型结构，在交通荷载作用下其可能发生的失效破坏模式有所不同，如装配式梁桥的铰缝破坏、斜拉桥斜拉索的疲劳问题、钢箱梁桥的倾覆问题、连续刚构桥的跨中下挠问题等。对于这些需要监测评估的重点问题，数字孪生模型应具备识别及评估的能力。

2) 有实时监测、评估及预警能力

由于交通荷载是时变的，因此对结构进行实时的监测和评估是非常重要的。传感器要能连续不断地对结构和交通荷载进行监测，相关的数据需要上传到配套的服务器或者云服务器上，利用桥梁数字孪生

模型进行进一步的计算评估。

3) 有完善的预警机制

预防潜在的事故,比在事故发生之后才发现有更重要的意义。在事故发生之前预警,能最大化的降低经济损失,保证人民的安全。结合交通荷载实测信息的桥梁数字孪生模型,能以实际的交通荷载在数字空间中进行预加载,对可能发生的事故进行识别并预警。预警途径包括但不限于车载 App,道路 Led 显示屏等。

4) 操作简单、界面明确

面向结构健康监测的桥梁数字孪生模型服务对象包括政府相关部门、桥梁监测从业人员、交通参与者等,为了方便使用,最终结果的呈现应清楚明了、易于理解,既方便了终端用户的使用,也便于本系统的推广使用。

5) 路网级桥梁信息管理平台

一方面,一片地区中路网内的交通荷载是用该区域内的桥梁所共享的,因此,不同位置的桥梁上的交通荷载应该有相互联系。其中一座桥梁上监测得到的交通荷载,可在一定程度上作用于路网中的其他桥梁。另一方面,路网级的监测系统相对于单个大型项目的监测,在监测系统初期投资和运营成本上有较高的性价比。

2. 桥梁数字孪生模型功能需求分析

桥梁健康监测的数字孪生模型集成信息包括结构的几何参数、材料属性、有限元模型、监测信息、性能退化模型等,其中最关键的部分是有限元模型信息。鉴于上述用户需求,结合有限元建模技术和相干 IT 技术水平,通过分析确定了桥梁数字孪生模型功能和建设原则如下:

1) 根据结构可能发生的破坏模式,建立适当的有限元模型

由于结构的特点不同,可能发生的常见破坏模式也有所区别。在建立有限元模型时,需要合理考虑建模的对象及尺度,需能反映出结构或者构件发生破坏的形式和破坏的程度以及对结构整体或者局部性能的影响情况。

2) 合理选择建模软件

桥梁数字孪生模型需要集成到监测的云平台上,一方面会频繁的进行数据交互,包括用于计算分析的监测数据和用于决策分析的计算结果;另一方面需要在监测系统的触发下及时计算。常规的商用有限元虽然功能丰富,可以简化设计和施工人员的操作,但是二次开发效率低,计算耗时长。以开源软件 OpenSees 为计算内核,建立有限元模型更适应监测的需求。

3) 以监测目的为导向,保证实时性,合理选择建模尺度

一般而言,进行整桥结构分析时,可以选择遵循结构力学原理建立的简单模型,或者杆系有限元模型;当需要进行局部受力分析时,可选更复杂的梁格有限元或梁板有限元,甚至实体有限元。前者具有物理意义明确、易于计算等优点,后者则更加符合实际。为了兼顾二者优点和获得更高计算效率,可采用多尺度方式建立桥梁的数字孪生模型。

4) 具备瞬态交通荷载加载和稳态交通流荷载加载能力

瞬态交通荷载指桥面实时监测到的移动集中力模型,可用于桥梁结构的任意位置的即时响应估计、桥梁结构的最不利响应预测、路网交通管理中的大件运输结构评估与预警等;稳态的交通流荷载指包含车重、车速、车辆间距等统计信息在内的交通流荷载模型,通过一定手段可用于分析桥梁结构的静力效应统计特性,用于疲劳评估等。

四、动态称重和多视频信息融合识别移动荷载技术

交通荷载是公路桥梁所承受的主要可变荷载,而且交通荷载的反复作用是影响桥梁运行安全和缩短桥梁服务寿命的主要原因。因此,准确识别桥面交通荷载的大小和位置是非常重要的。目前交通荷载的识别可以分为间接法和直接法,间接法指通过结构响应的测量信息反演移动荷载,理想条件下,这些方法

可以有效识别移动荷载的大小,但对于荷载在桥面的空间位置的识别效果不够理想。直接法就是直接对车辆荷载的大小和位置进行识别,分系统进行。动态称重系统能获取车辆的重量、轴数和车速等信息。基于视频监测的机器视觉技术可以识别移动荷载的时间-空间分布。尤其是在计算机目标跟踪领域,已经发展出很多成熟的算法,较好地实现了在一段连续的视频流中跟踪移动物体,并获得其在图像平面的轨迹。将二者结合起来,利用桥面起始位置布设的动态称重系统获取移动车辆车重信息,利用沿桥布置的多个摄像头获取的交通流视频信息,结合卡尔曼滤波技术和视野分界线法对视界内车辆轨迹和位置进行跟踪,并按照车辆跨越动态称重系统压电传感器所在线槽的时间将二者进行融合,便可以实现对全桥面范围内的所有移动荷载的大小和位置的准确实时识别[14]。

五、数字孪生初步实现

上文提到,桥梁数字孪生模型可以根据不同的分析目的,在数字空间中对结构实时响应和响应统计特性做计算。下面以两个分析实例初步说明桥梁数字孪生模型的用法与功效。

工程对象一为宁波市甬江大桥,基本结构为(105 + 97)m 不等跨的预应力混凝土独塔双索面斜拉桥,为塔、墩、梁固结体系。工程对象二为上海市同济路 T4 匝道桥。限于篇幅,尺寸不详细描述,仅作结果展示。

1. 斜拉桥即时车致效应

实测得到一段同济路桥交通流荷载片段,时长约 20s,采样频率为 15Hz,期间有 8 辆车依次过桥,该交通荷载片段见图 1(仅展示了两个时刻的荷载分布)。现为了考察该交通流片段通过甬江大桥时结构的安全性,特将该交通流片段以移动集中力的方式加载在甬江大桥上,并考虑最不利的布置情况。由于交通荷载在桥梁竖向荷载中所占比例较小。因此可认为交通荷载和自重产生的效应是可以线性叠加的。图 2 给出了在交通荷载作用下斜拉桥的塔顶纵向变位、北侧跨中挠度、1 号拉索索力的时程曲线。

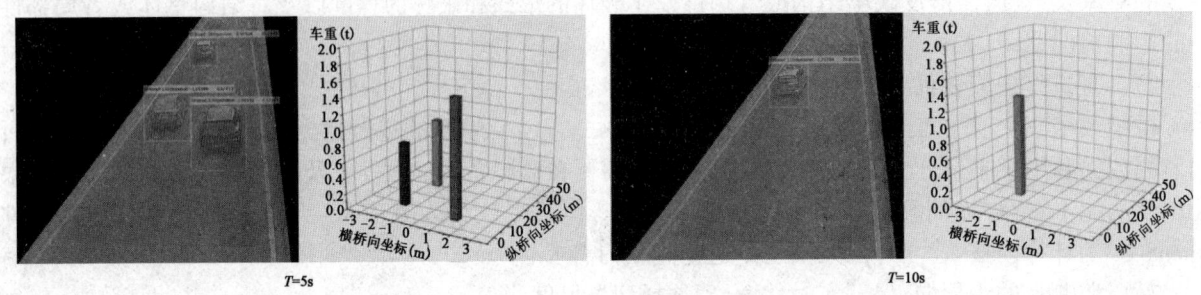

图 1　同济路桥车辆荷载分布识别结果

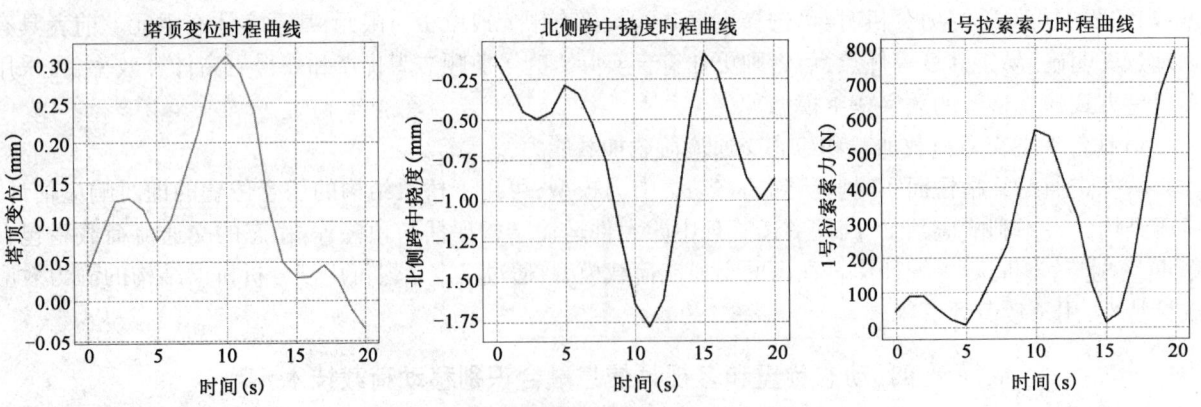

图 2　实测交通荷载作用下甬江大桥即时车致效应

2. 斜拉桥效应统计分析

桥梁的统计稳态交通流荷载是定于桥面的某一横截面上的模型。通过长时间监测甬江大桥桥塔截面处的交通荷载信息及动态称重的车重信息,得到统计稳定的交通流荷载参数信息。采用Monte Carlo仿真方法,基于实测的统计稳定态交通流荷载模型的各种随机参数,结合智能驾驶员模型(IDM)的微观交通流模型,生成每一时刻桥面的交通荷载分布工况,然后加载于有限元数字孪生模型,分析计算结构力学效应。重复进行这一工作得到足够多的力学效应分析样本。图3给出了拉索应索力和塔顶纵向变位的仿真统计结果。

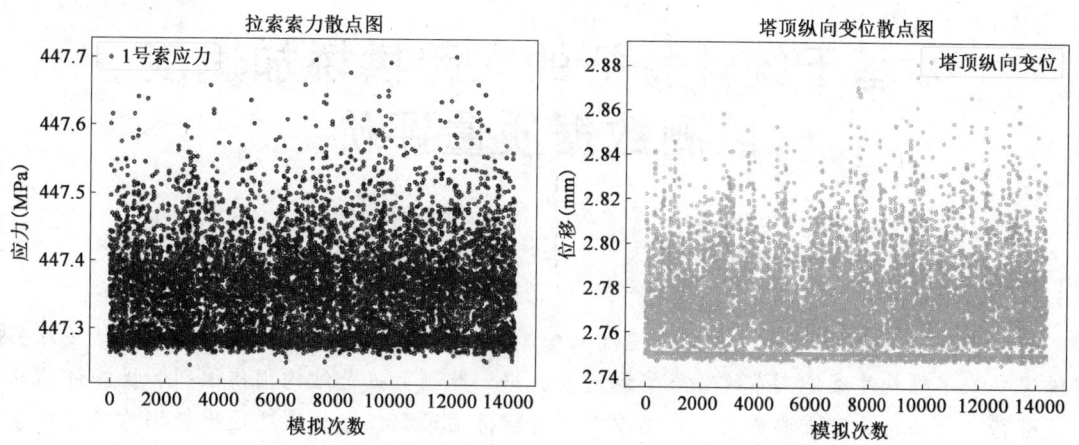

图3 统计稳定态交通流荷载作用下甬江大桥效应仿真分析

六、结　语

随着我国交通行业的快速发展,桥面实际的移动荷载与设计阶段车道荷载有很大的不同,准确识别桥面移动荷载的大小和位置对于桥梁结构健康监测与安全评估非常重要。本文以桥梁结构健康监测系统为基础,建立了基于实测交通荷载连接的桥梁数字孪生模型,分析介绍了数字孪生模型的功能需求和建模相关技术。最后以两个算例展示了桥梁数字孪生模型的一些初步用法与功效。

参考文献

[1] 单德山,罗凌峰,李乔.桥梁健康监测2019年度研究进展[J/OL].土木与环境工程学报(中英文):1-11[2020-09-12].http://kns.cnki.net/kcms/detail/50.1218.TU.20200824.0857.002.html.

[2] 孙利民,尚志强,夏烨.大数据背景下的桥梁结构健康监测研究现状与展望[J].中国公路学报,2019,32(11):1-20.

[3] Worden,Keith,Friswell. Modal Vibration Based Damage Identification[M]. John Wiley & Sons,Ltd,2008.

[4] 郭亮,张煜.数字孪生在制造中的应用进展综述[J].机械科学与技术,2020,039(004):590-598.

[5] Rosen R,Wichert G,Lo G,et al. About The Importance of Autonomy and Digital Twins for the Future of Manufacturing[J]. IFAC-PapersOnLine,2015,48(3):567-572.

[6] 李惠,周文松,欧进萍,等.大型桥梁结构智能健康监测系统集成技术研究[J].土木工程学报,2006(02):46-52.

[7] 李文奇.基于建筑信息模型的结构安全监测方法[D].黑龙江:哈尔滨工业大学,2017.

[8] 薛彤,李家松,吴家栋.基于BIM技术的自锚式悬索桥健康监测[J].建筑,2020(16):70-71.

[9] 井彦娜.基于物联网的建筑安全监测管理系统研究[D].杭州:浙江大学,2017.

[10] Jeong S,Hou R,Lynch J P,et al. An information modeling framework for bridge monitoring[J]. Advances in Engineering Software,2017,114(dec.):11-31.

[11] 江洋.基于CPS的智慧管廊监控系统设计与应用[D].淮南:安徽理工大学,2018.

[12] 原豪男,郭戈.交通信息物理系统中的车辆协同运行优化调度[J].自动化学报,2019,45(01):145-154.

[13] Yuan X, Anumba C J, Parfitt M K. Cyber-physical systems for temporary structure monitoring[J]. Automation in Construction,2016,66:1-14.
[14] DanD, Ge L, Yan X. Identification of moving loads based on the information fusion of weigh-in-motion system and multiple camera machine vision[J]. Measurement,2019,144:155-166.

9. 基于统计特征的大跨拱桥加速度监测数据质量评价

钟华强[1] 夏烨[1] 何天涛[2] 孙利民[1]
(1. 同济大学土木工程学院;2. 市政桥梁管理所)

摘　要　近年来,桥梁出现安全性和舒适性问题屡见不鲜,在役桥梁运营状况受到广泛关注,许多大跨关键桥梁安装了结构健康监测系统并采集到海量数据。监测数据是结构损伤识别和性能评估的基础,对其质量进行分析评价具有重要意义。本文以某大跨拱桥主梁和拱肋加速度监测数据为研究对象,分析总结了数据的统计特征,归纳出6种数据异常工况,提出了卷积神经网络的数据质量评价方法。本文将该桥2018年12月的加速度振动幅值以小时为区间进行频数统计,为突出频数统计端部效应,将其整体放大后作为网络输入,进行了训练和数据质量评价,结果良好,从而为结构监测数据质量评价和异常数据剔除提供另一个新的手段。

关键词　大跨拱桥　结构健康监测　数据质量评价　卷积神经网络　振动幅值　统计特征

一、引　言

近年来,因超载、施工、管养不善等原因造成桥梁事故的现象层出不穷,为保证大跨及特殊桥梁运营的安全性,各地在已建及新建的重要桥梁上均安装了健康监测系统。该系统被赋予了监测桥梁安全的重要使命,但在实际运营过程中,因各种因素的影响,系统在感知层不可避免地产生一些异常数据,进而影响后续数据分析;无论是在线实时数据分析还是离线数据分析,异常数据的准确识别对结构状态评估都具有重要意义。当数据量较小时,人为经验判断是最可靠的方式,但随着数据量的增加,这一工作模式变得费时费力,因此研究者们以将这一过程实现自动化为目标,开展一系列研究。

传感器布置一般有一定的冗余,即某一传感器异常对监测的整体状况无显著影响,文献[1]总结利用硬件冗余和分析冗余特性识别传感器故障一般流程。Hao Wu 等[2]则将传感器故障识别方法分为基于模型、基于经验和基于数据三类。基于模型的方法由 Willsky[3]提出采用动态过程模型对输入和输出信号进行分析,但未给出具体细节。M. A. Djeziri 等[4]提出改进奇偶空间方法,根据各传感器的可观测性,生成线性解析冗余关系,并通过解析冗余关系的残差检测蒸汽发生器传感器故障。Jyrki Kullaa[5]根据单一数据异常的特征,在高斯过程假设下,建立包括偏差、增益、漂移、噪声等7种不同的异常理论模型,并将其应用于木桥的加速度传感器阵列的异常识别中,虽能识别和量化单一传感器故障,但因假设条件存在导致实际应用受限。正因为基于理论模型的传感器故障识别受限因素多,应用受限,因此基于数据的方法优越性突显出来。基于数据的方法可分为统计方法、浅层学习方法和深度学习方法。统计方法(包括文献[6])以箱形图和QQ图,利用数据的统计特征识别加速度数据异常,并对比SSI频率识别结果证明其识别异常数据的准确性。Ricardo Dunia 等[7]提出利用PCA分析进行传感器重构的故障识别方法。胡顺仁等[8]以重庆菜园坝大桥的光电液位传感器为分析对象,结合主成分分析并结合贡献图,识别故障测点信息,但该类方法适用于平稳过程且对微小故障不敏感。安星[9]则在此基础上利用加权统计量,建立 KPCA 故障诊断,并将其应用于东水门大桥健康监测系统中。除此之外,还有ICA、因子分析、最小均方误差等识别方法。浅层学习方法包括人工神经网络、支持向量机、K-近邻算法等,许濛萌[10]对比了用于监测连续刚构桥挠度的激光投射式位移传感器的故障识别上的各类深度学习方法。尽管上述两种方法具有一定的优势,但随着计算机软硬件发展,深度学习及大数据分析技术在各行业均取得显著成就,如人脸识别、船只航迹预测、过桥车辆行驶轨迹监测等。尚志强等[11]深入总结了大数据分析技术在健康监测领域的发展概况。受深度学习的功能及应用范围的优势启发,鲍跃全等[12]将其应用在桥梁的传感器异常数据识别中,提出将加速度时程灰度图作为输入,训练深度神经网络,识别并划分传感器的异常状态,并以苏通大桥的实测加速度数据为验证对象,检测准确达到87.0%,但存在数据集不平衡和时域特征并不足以划分所提出的异常模式等问题。文献[13]将加速度数据转换为时频图,并建立卷积神经网络,识别加速度传感器的异常状态,结果表明,该方法具有更快的计算速度和更高的准确性。

传感器的正常运行与否决定健康监测系统的实时监测能否实现,监测数据的质量直接影响结构状态评估的结论,可见传感器的监测数据状态评估具有重要意义。明州大桥的健康监测系统运行多年,目前部分传感器已出现故障。本文在总结该桥加速度传感器的异常数据统计特征之后,提出将加速度幅值以小时为区间进行频数统计;为突出频数端部效应,将频数整体增加后作为输入特征,建立卷积神经网络,识别并划分传感器故障等引起的异常监测数据。

二、基 本 原 理

1. 卷积层

假定在一个卷积层中,有 M 个输入特征,N 个滤波器,则可使用下式计算第 l 层的输出特征

$$x_j^l = f\left(\sum_{i=1\cdots M} x_i^{l-1} * k_{ij}^l + b_j^l\right) \quad (j = 1, \cdots, N) \tag{1}$$

式中:k_{ij}^l——l 层第 i 个输入特征对应的第 j 个卷积核;

x_i^{l-1}——第 i 个输入特征;

x_j^l——第 j 个输出特征;

b_j^l——第 j 个滤波器的偏置;

f——激活函数;

$*$——卷积操作。

因此,得到 N 个输出特征。若卷积核的大小为 $s \times s$,则卷积层的参数数量为 $P = N \times (s \times s \times M + 1)$。卷积操作如图1所示,常见的即激活函数有 sigmoid、tanh 函数等,但使用 ReLUs 的深度卷积神经网络在同等条件下训练速度更快[13],因此选择 ReLU 作为卷积神经网络的激活函数。

2. 池化层

池化层也称为下采样层,该层在进行卷积操作后对输入特征进行下采样,将类型的局部特征合并为一个。池化层的存在使得局部模式的特征相对位置变化较小且更可靠,并且可降低特征的维数,大大减少整个网络的连接时间和参数,并且有利于防止"过拟合"。

常见的池化操作有最大池化、均值池化和全局最大池化。最大池化将池化窗口的最大值作为采样值,如图2所示;均值池化将池化窗口中的所有值相加求平均,以平均值为采样值;全局最大池化是对整个特征图的池化。本文采用最大池化。

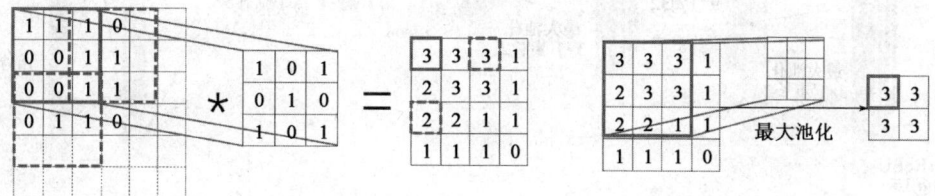

图1 卷积计算说明　　　　　　　图2 最大池化计算说明

3. 全连接层

卷积层和池化层构成了整个神经网络的特征提取器,全连接层则基于上述特征进行分类,全连接层本质上是反向传播的神经网络,其输入向量必须是一维向量。假定输入向量和输出向量的长度分别为 M 和 N,输入向量的每个值通过一个神经元连接到输出向量,再通过下式计算第 l 层的输出向量。

$$x_j^l = f(\sum_{i=1\cdots M} x_i^{l-1} \times w_{ij}^l + b_j^l) \quad (j=1,\cdots,N) \tag{2}$$

式中:w_{ij}^l——第 i 个输入值对应第 j 个输出值的权重;

　　x_i^{l-1}——第 i 个输入值;

　　x_j^l——第 j 个的输出值;

　　b_j^l——第 j 个输出值的偏置;

　　f——激活函数。

全连接层的参数为 $P = M \times N + N$。

4. Softmax 层

全连接层的特征向量输入到 Softmax 层,该层通过计算实际类和预测类之间的离散概率分布误差评估网络的分类精度。本模型的目标函数为交叉熵,如式(3)所示。

$$E(W) = -\frac{1}{P}\left[\sum_{p=1}^{P}\sum_{k=1}^{K} 1\{L^p = k\}\log(y_k^p)\right] \tag{3}$$

式中:$E(W)$——目标函数;

　　P——样本数量;

　　$1\{\cdot\}$——指示函数;

　　y_k^p——样本 p 属于 k 类的概率;

　　L^p——样本的标签。

5. 神经网络架构

本文所采用的神经网络架构如下:输入为 4000×1 的一维向量;采用 ReLU 作为激活函数;池化层选用最大池化计算方式,尺寸为 3×1,步幅为2;卷积核大小分别为 $9 \times 1 \times 16$、$9 \times 1 \times 32$ 和 $9 \times 1 \times 64$,步幅均为1,并执行填充操作;训练采用批处理方式,以512为一个批次,且在卷积运算之后进行正则化操作;全连接层和 softmax 层的大小均为 6×1,其架构如图3所示。

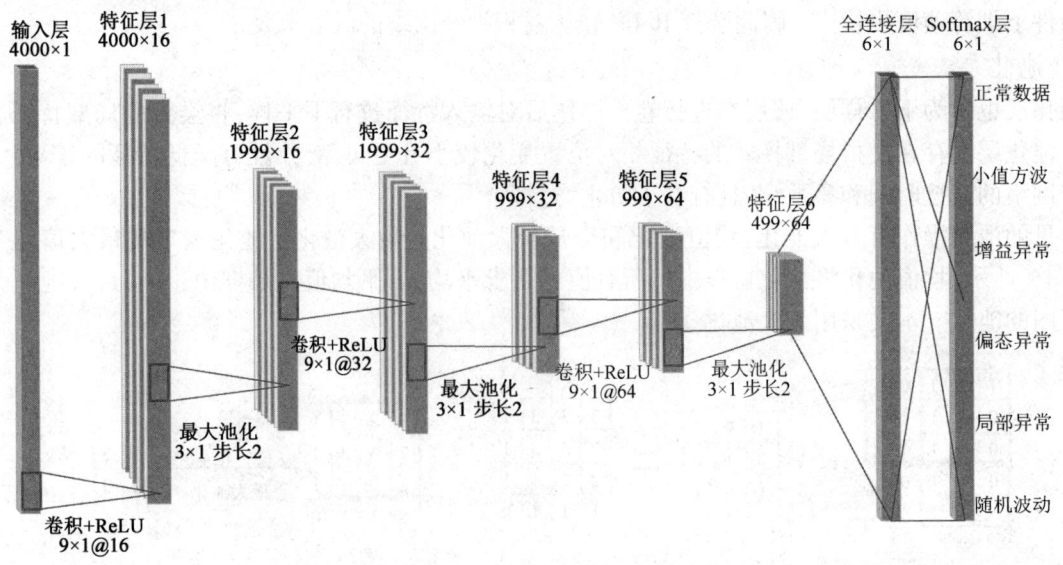

图3　卷积神经网络架构图

三、数据异常类型说明

本文所分析的加速度传感器的异常类型分为缺失、小值方波、增益异常、偏态异常、局部异常、随机波动。需要说明的是因传感器的参数及运行环境等差异,传感器的异常特征与文献[11]不完全对应,本文的输入向量以小时为区间建立加速度的统计特征。

1. 缺失

明州大桥加速度数据的缺失数据以填充9999或连续的0的形式填充,如图4所示,本文以小时区段内出现30min及以上的连续或间断缺失为判定缺失工况的条件。

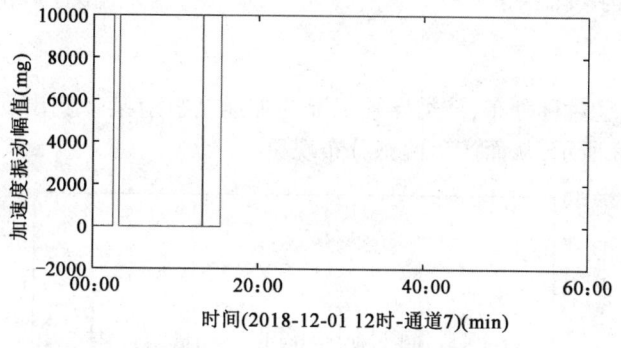

图4 加速度数据缺工况时程图

2. 小值方波

该异常工况出现概率大,如图5所示。因传感器的测量数据在很小的范围内波动,且因精度的限制,则数据的时程呈方波或现阶梯状的分布,频数大多聚集在特定的区间内。

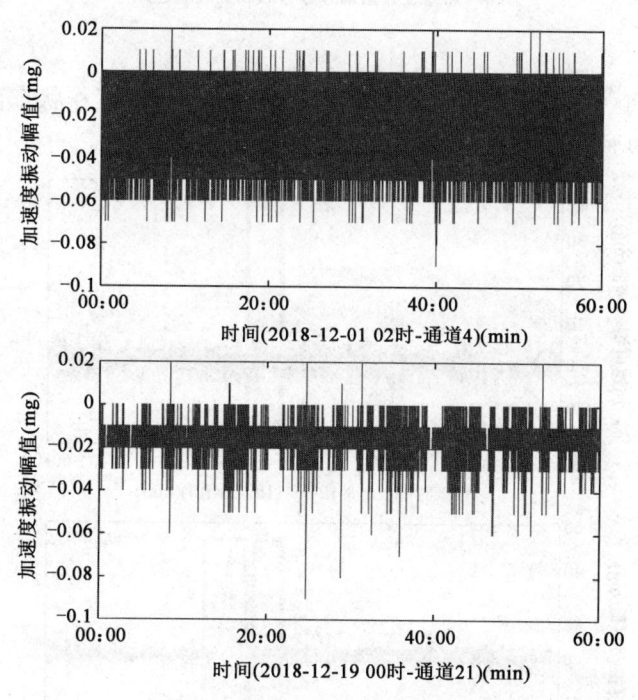

图5 加速度数据小值方波工况时程图

3. 增益异常

该异常工况加速度数据的频谱除振动能量外,大多处于正常状态,加速度响应的时域幅值明显小于该传感器对称位置的加速度传感器传感器,分析认为是因传感器设置等因素导致,如图6和图7所示。

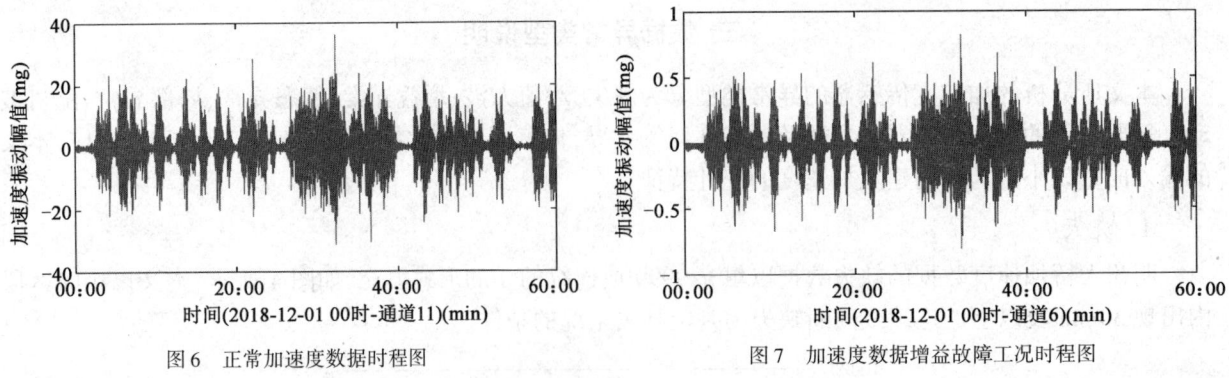

图6　正常加速度数据时程图　　　　　　　　图7　加速度数据增益故障工况时程图

4. 偏态异常

正常加速度的频数图呈对称分布,该类异常工况的加速度响应某一侧出现异常,而另一侧是完全或部分正常响应数据,如图8所示,从而产生偏态分布现象。

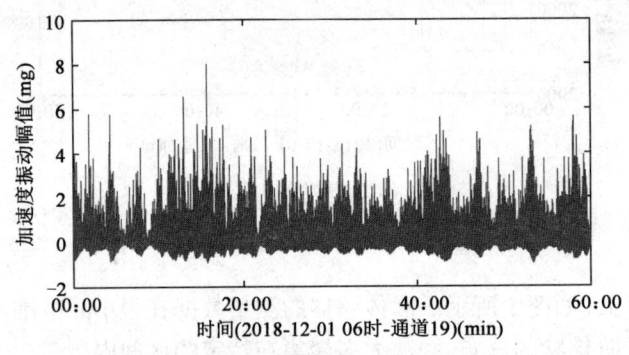

图8　加速度数据偏态分布故障工况示意图

5. 局部异常

以小时加速度为分析区间,在大多数时间段加速度数据处于正常工作状态,但可能出现单个异常点或局部异常波动等,如图9所示。

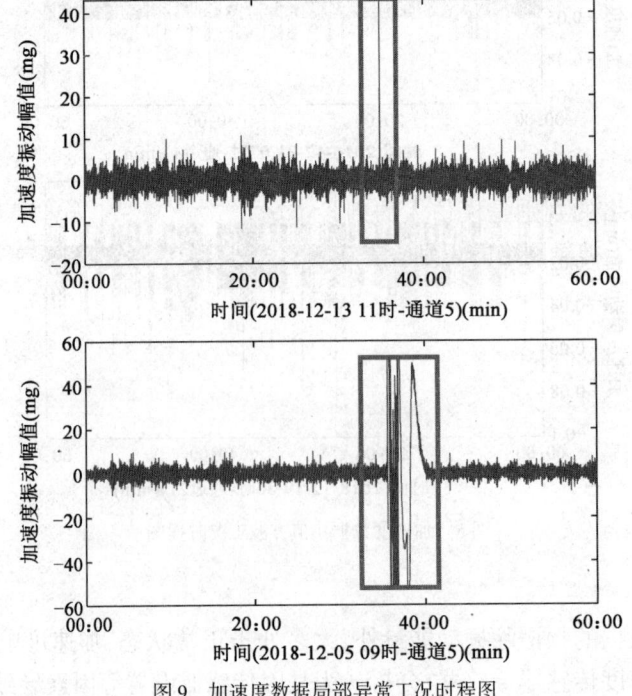

图9　加速度数据局部异常工况时程图

6. 随机波动

该类异常大多出现在加速度响应小,但并不完全符合小值方波的特征,出现局部性的随机波动,如图10所示。

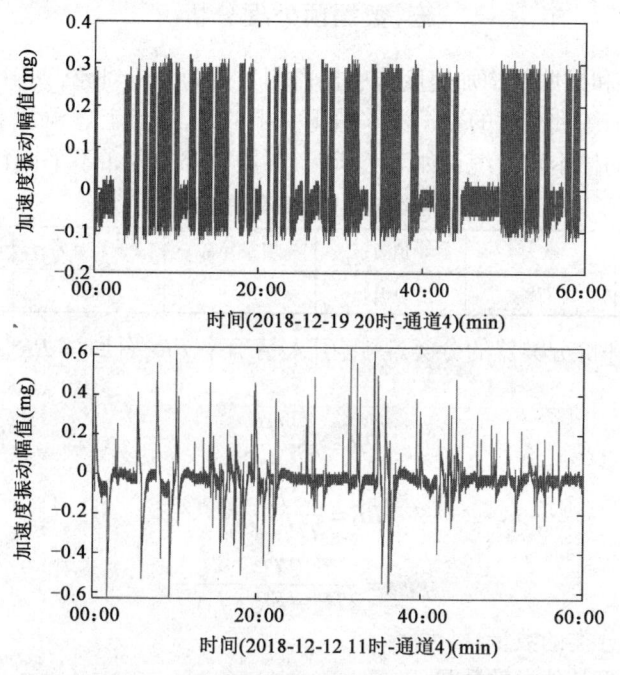

图10 加速度数据随机波动故障工况时程图

基于上述特征,因缺失工况易识别和量化,因此直接进行判断即可。后文重点分析其余5种异常工况。正常加速度响应数据的时程和幅值频数分布如图11所示,其分布呈中间高两边低的单峰分布状态,均值为0mg附近波动,左右呈对称分布。

因其分布的长尾效应,两端的频数相对均值附近几乎可忽略不计,若直接以此频数为输入,则尾端的特殊点必然会被忽略,恰恰尾端频数小的部分是判别上述异常的重要控制因素,因此为防止归一化导致尾端数据的忽略影响,人为将频数图中的非零元素平移一定距离,示意如图11中上面的线所示,其整体分布形状并未改变,仅幅值差异,但尾端效应却被突显出来,神经网络的判别是模仿人的判断思维,因此该变化将有利于神经网络的识别。

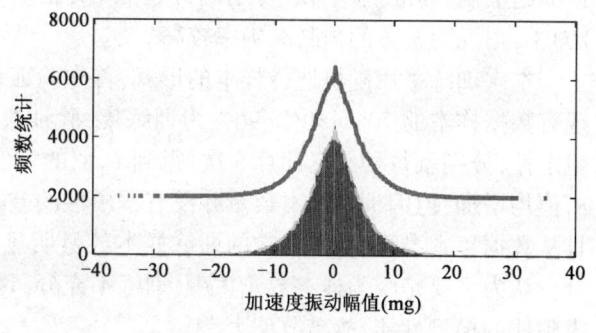

图11 加速度数据频数统计图

四、工 程 背 景

本文以某大跨拱桥为背景,主桥为100m+450m+100m双肢中承式钢箱拱桥,矢跨比为$f/L=1/5$,边跨拱肋与中跨拱肋保持在一个平面内,横向倾斜度1:5,两片拱肋之间设置K型风撑以及"一"字风撑,形成强大的侧向抗弯刚度,以抵抗横桥向风荷载作用。本文所分析的结构加速度测点布置如图12所示。

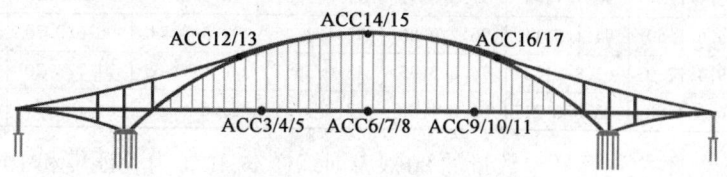

图12 明州大桥加速度测点布置示意图

其中 A3、A6、A9 为东侧主梁竖向振动加速度传感器，A5、A8、A11 为主梁西侧竖向振动加速度传感器，A4、A7、A10 为主梁横向振动加速度传感器，A12、A14、A16 为拱肋竖向振动加速度传感器，A13、A15、A17 为拱肋横向振动加速度传感器。本文以 15 个加速度传感器的时程数据为数据预处理分析对象。

五、数据预处理分析

本文以明州大桥主梁和拱肋结构加速度传感器监测数据为分析对象，人工标定 2018 年 12 月的加速度数据，并作为神经网络训练和测试的数据源。值得一提的是，虽然上述异常工况均存在，但不同工况的样本数量不同，各类工况的样本数量统计如表 1 所示，各类异常的分布不平衡且相差较大。

各类数据异常数量统计表 表1

数据类型	正常	缺失	小值方波	增益异常	偏态异常	局部异常	随机波动
样本数量	6739	778	1101	1451	353	44	334

对于二分类问题，为评价分类器的分类性能，引入精确率 PR、召回率 RR、F_1 值和准确率 AR，计算方法如式(4)~式(6)所示

$$PR = \frac{TP}{TP + FP} \tag{4}$$

$$RR = \frac{TP}{TP + FN} \tag{5}$$

$$F_1 = \frac{2TP}{2TP + FP + FN} \tag{6}$$

式中：TP——目标类正确分类的数量；

FN——目标类误分为其他类的数量；

FP——其他类误分为目标类的数量。

本文的多分类问题参考该评价指标，将所关注的类视为目标类，其余分类统一为其他类，精确率越趋近 100%，则说明分为目标类的可信度更高，召回率衡量目标类的分类结果，越接近 100% 则说明该类的预测越准确，而准确率 AR 为全局评价指标，指所有类中的正确分类数目与总样本数的比值，越接近 100%，则说明整体的预测准确率较高。

本次训练采用随机选择样本的形式，首先验证训练集的样本数量对模型预测准确度的影响，分别以现有数据样本的 70%、80%、90% 为训练集，验证集和测试集各为剩余样本的一半。为保证计算结果的稳定性，分别就每种工况计算 5 次，得到 F_1 值的均值/方差如表 2 所示。可见随着数据集的增加，训练的 F_1 值均增加，但因训练样本数量并没有本质性的差别（相邻两组仅相差 1000 个样本），故增加比例很小，且从数据集本身看，各类异常的训练样本数量明显不足。表 2 中的局部异常 F_1 值方差，即稳定性较差，分析认为主要是因为样本数量太少，训练不充分，且随机抽取样本的方式，抽取样本较少，结果并不能代表整体的模型性能，故离散型大。

不同样本数量下的模型预测 F_1 值对比 表2

异常类型	70%			80%			90%		
	训练集	验证集	测试集	训练集	验证集	测试集	训练集	验证集	测试集
正常	99.7/0.06	99.6/0.07	99.7/0.18	99.7/0.03	99.6/0.17	99.7/0.16	99.7/0.03	99.7/0.20	99.7/0.05
小值方波	95.7/0.39	94.8/1.86	95.4/1.45	96.0/0.33	95.1/1.27	95.9/0.98	96.0/0.17	97.0/1.45	95.8/1.22
增益异常	97.3/0.69	96.9/1.08	96.7/1.44	97.8/0.41	97.8/1.07	98.0/0.41	97.9/0.25	96.9/0.82	98.0/0.45
偏态异常	96.2/0.93	95.6/1.59	94.1/5.11	96.2/0.86	95.1/1.45	97.5/2.74	96.6/0.70	96.7/2.51	94.2/2.06
局部异常	66.7/5.72	59.4/17.0	62.8/11.5	74.0/3.35	45.0/33.1	66.0/10.65	74.7/3.20	—	51.4/35.5
随机波动	83.1%/3.19	76.2/4.88	78.6/6.21	85.2/1.86	77.3/4.34	83.8/6.25	85.7/2.29	83.8/2.29	85.9/7.5

基于上述分析结果，本文选择样本数量的 80% 为训练样本，10% 为验证集和 10% 为测试集作为神经网络分析对象。将其中一次的训练、测试和验证的结果绘制如图 13 所示。

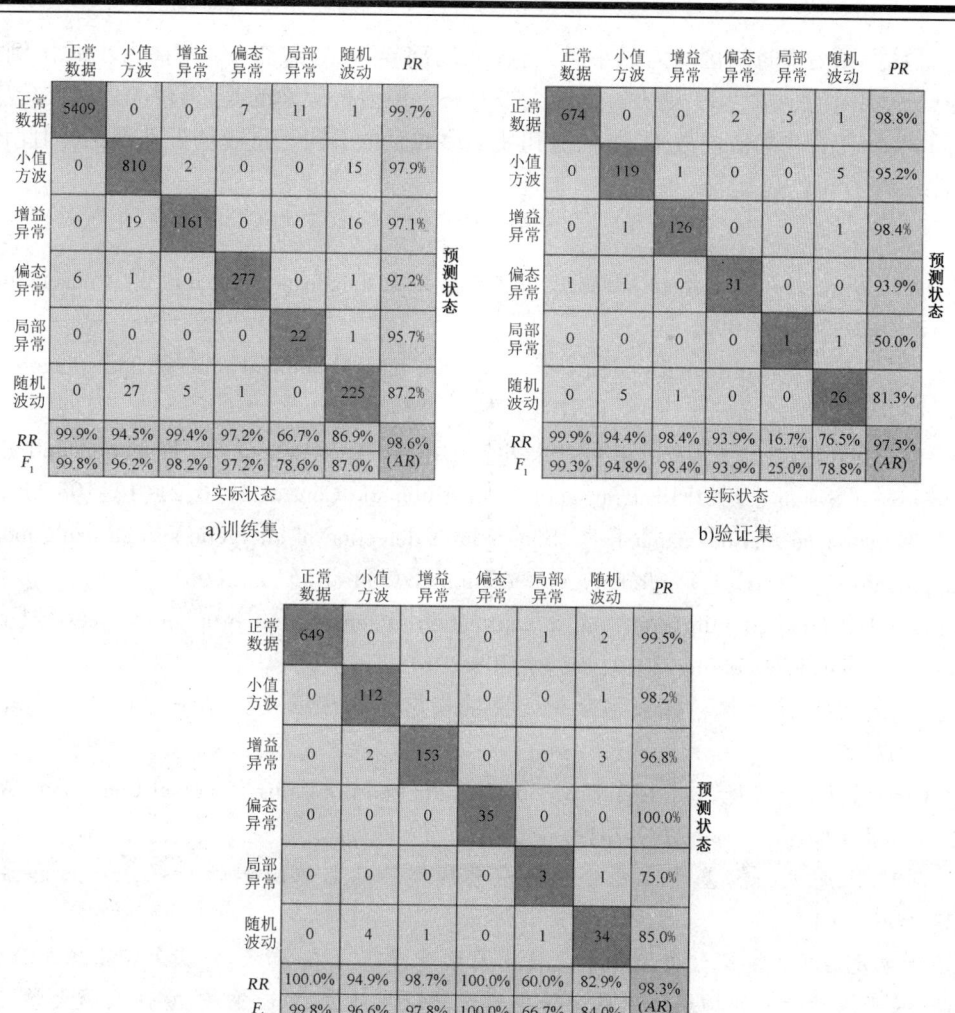

图 13 模型分类详细结果

图 13 表明无论训练集、验证集和测试集的整体准确率均在 98% 左右，正常数据、小值方波、增益异常和偏态异常的 F_1 值均在 93% 以上，预测效果好。随机波动和局部异常异常工况的预测效果较差，由图表明，局部异常大多被误分为正常工况；对比图 6 和图 9，部分局部异常除部分异常点外，绝大部分时段是传感器正常工作数据段；因此，若尾端的局部异常未被捕捉到则必然会划分为正常时段，且该类工况出现的概率低，因此模型训练不充分，故误分的概率很大；随机波动大多被误分为小值方波和增益异常，对比图 5 和图 10，随机波动存在较长时段处于小值方波状态，仅部分时段出现随机波动，因此，当随机波动时段占小值方波的时段比例较小时，极有可能被误分为小值方波。对比图 7 和图 10，随机波动的幅值并不大，与小值的幅值数量级相似，且因输入为加速度响应幅值区间频数统计值，对具体振动形式并不敏感，因此当随机时段多且密集，则极有可能和小值的频数分布近似，出现误分的情况。

六、结　语

本文总结归纳某大跨拱桥加速度数据的异常类型，通过人为标定异常加速度数据，并以处理后的加速度幅值频数统计值为输入，建立卷积神经网络，分析得到随着训练样本数量的小幅增加，训练精度略有提升，除小值方波和随机波动因样本数量较少、特征易混淆等因素导致的预测离散性较大外，其余传感器异常工况的预测精度较高，因此以加速度幅值的频数统计为输入的卷积神经网络作为加速度数据质量评估的评估方法是可行的。但该方法仍存在一定的局限性，即统计值为加速度幅值区间频数，因此对微小异常不敏感,且数据预处理时间区间为每小时,若存在局部异常,导致较短时间(占小时比例很小)的异常,如常规振幅范围内的小幅波动,则极有可能会被忽略。但值得庆幸的是,该桥的加速度传感器异常大多是较长时间的,即使存在局部的故障,其幅值和波动形式完全不同于常规的振动范围,因此该方法能有较高的适用性。

参考文献

[1] LiD, Wang Y, Wang J, et al. Recent advances in sensor fault diagnosis: A review[J]. Sensors and Actuators A Physical, 2020, 309:111990.

[2] WuH, Zhao J. Deep convolutional neural network model based chemical process fault diagnosis[J]. Computers & Chemical Engineering, 2018, 115(JUL.12):185-197.

[3] Willsky A S, Jones H L. A Generalized Likelihood Ratio Approach to the Detection and Estimation of Jumps in Linear Systems[J]. IEEE Transactions on Automatic Control, 1976, 21(1):108-112.

[4] Djeziri M A, Aitouche A, Bouamama B O. Sensor fault detection of energetic system using modified parity space approach[C].// IEEE Conference on Decision & Control. IEEE, 2008.

[5] Kullaa, Jyrki. Detection, identification, and quantification of sensor fault in a sensor network[J]. Mechanical Systems & Signal Processing, 2013, 40(1):208-221.

[6] 周彪,李乔,周筱航.基于探索性数据分析的桥梁模态识别数据处理方法[J].四川建筑科学研究,2017,43(002):33-37.

[7] DuniaR, Qin S J, Edgar T F, et al. Identification of Faulty Sensors Using Principal Component Analysis[J]. AIChE Journal, 1996, 42(10):2797-2812.

[8] 胡顺仁,李瑞平,包明,等.基于主元分析的桥梁挠度传感器故障诊断研究[J].传感器与微系统,2014,33(006):9-12.

[9] 安星.基于主元分析的桥梁健康监测系统传感器故障诊断[D].重庆:重庆大学土木工程学院,2018.

[10] 许濛萌.基于深度学习的桥梁健康监测传感器故障诊断研究[D].重庆:重庆交通大学,2018.

[11] 孙利民,尚志强,夏烨.大数据背景下的桥梁结构健康监测研究现状与展望[J].中国公路学报,2019,32(11):1-20.

[12] Bao Y, Tang Z, Li H, et al. Computer vision and deep learning-based data anomaly detection method for structural health monitoring[J]. Structural Health Monitoring, 2019, 18(2):401-421.

[13] Tang Z, Chen Z, Bao Y, et al. Convolutional neural network-based data anomaly detection method using multiple information for structural health monitoring[J]. Structural Control and Health Monitoring, 2019, 26(1):e2296.

[14] Krizhevsky A, Sutskever I, Hinton G. ImageNet Classification with Deep Convolutional Neural Networks[C]. // NIPS. Curran Associates Inc. 2012.

10. 大跨连续刚构桥体外预应力加固效果研究

孙南昌[1]　郑建新[1,2,3]

(1. 中交第二航务工程局有限公司;2. 长大桥梁建设施工技术交通行业重点实验室;
3. 交通运输行业交通基础设施智能制造技术研发中心)

摘　要　大跨预应力混凝土连续刚构桥应用广泛,然而在国内外已建成的诸多连续刚构桥中,跨中挠度过大等病害普遍存在,且有些桥梁的病害仍在持续加剧。依托某大跨预应力混凝土连续刚构桥工程项目,开展体外预应力加固效果研究,根据实测数据与理论数据对比分析,体外预应力作为主动加固法,尽管不能大幅度消除跨中的不利挠度,但能够有效抑制主梁跨中的下挠速度,在混凝土结构的弹性工作范围内能够起到很好的加固效果。

关键词 大跨连续刚构桥 体外预应力 加固效果 对比分析

一、引 言

大跨预应力混凝土连续刚构桥具有抗弯、抗扭刚度大以及整体性好、施工方便、节省成本等优势,广泛应用于交通基础设施。连续刚构桥通过利用"刚架"的特性,充分发挥了主梁与墩身的受力性能,特别是在100~300m的跨径区间,在桥梁必选方案中,连续刚构桥具有显著的竞争优势。

然而,在国内外已建成的诸多连续刚构桥中,混凝土主梁开裂、跨中挠度过大等病害普遍存在,且有些桥梁的病害仍在持续加剧。混凝土主梁开裂和跨中挠度下挠是彼此循环恶化的过程,威胁着桥梁的适用性、耐久性和安全性。在大跨连续刚构桥的加固措施中,体外预应力作为一种高效、实用的主动加固方式,处理挠度病害优势明显,但在实际应用中仍存在诸多需要研究的问题。

二、工程概况

某大跨预应力混凝土连续刚构桥,跨径布置为120m+4×225m+120m,左右分幅,单幅桥面宽12.0m,主桥上部结构半幅主梁为单箱单室,采用C60混凝土,三向预应力,箱宽6.7m,翼板悬臂2.65m,全宽12m,箱梁采用对称悬臂浇筑,主桥墩身均为薄壁墩,如图1和图2所示。

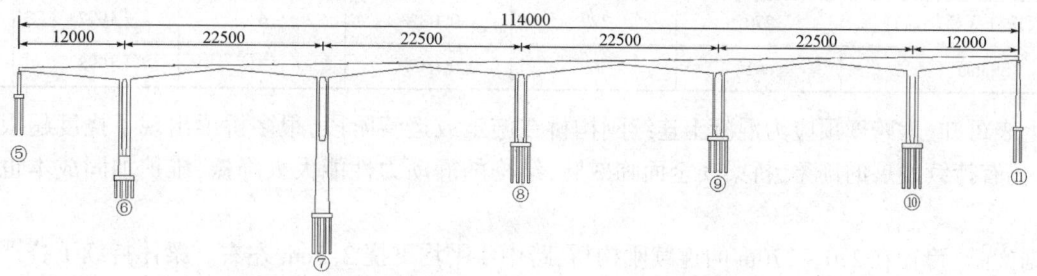

图1 大桥主跨立面图(尺寸单位:cm)

图2 桥梁实景图

三、连续刚构桥下挠病害

1. 国内外现状调研

大跨预应力混凝土连续刚构桥应用普遍,特别是在中国、挪威、瑞士、美国、英国等,刚构桥数量比重较大,出现的病害也较多。国内外工程人员对部分桥梁挠度进行了观测(表1),这些桥梁均表现不同程度的下挠现象。跨中过大下挠或持续下挠,不仅对桥梁线形及外观不利,而且也会影响结构的力学性能。

在连续刚构桥的线性方面,大多采用预拱度或顶推等措施来加以改善,然而,在桥梁后期的运营中,这些措施并不能从根本上解决问题,挠度过大现象依然严峻。

国内外部分连续刚构桥 表1

桥 名	主跨(m)	下挠(mm)	挠跨比	时间(年)	建成时间(年)	国家
Fegire	107	120	0.11%	12	1979	瑞士
广东南海金沙大桥	120	220	0.18%	7	1994	中国
Lutrive	132	160	0.12%	27	1972	瑞士
Puttesund	138	450	0.33%	30	1970	挪威
河南三门峡黄河公路大桥	140	220	0.16%	10	1992	中国
Kingstone	143	300	0.21%	28	1970	英国
大河铺大桥	150	270	0.18%	6	1994	中国
Parrotts	195	635	0.33%	12	1978	美国
Stovset	220	200	0.09%	8	1993	挪威
Noeddalsfjord	230	170	0.07%	15	1987	挪威
重庆江津长江大桥	240	317	0.13%	9	1997	中国
Koror-Babeldaob	241	1200	0.50%	15	1975	帕劳
湖北黄石长江大桥	245	305	0.12%	7	1995	中国
广东虎门珠江大桥辅航道桥	270	222	0.08%	6	1997	中国
Stolma	301	92	0.03%	3	1998	挪威

从上表可知,大跨度预应力混凝土连续刚构桥在施工或运营阶段,很多桥梁出现了挠度超限等普遍现象,且仍有持续发展的迹象,桥梁安全面临威胁,结构的静动力性能大大降低,维护加固成本也会大幅度增加。

根据文献,跨径在220~270m的连续刚构桥,跨中年平均下挠2.5cm左右。梁体持续下挠严重影响了桥梁的设计线形,同时结构受力状态也受到了较大程度的恶化。在大跨度连续刚构桥的施工中,通常采用设置预拱度或顶推来保证线形,但随着大桥运营时间的增长,跨中挠度依然较大,这些措施不能从源头上解决这一问题。

2. 依托工程梁体跨中下挠病害

1)标高测量成果对比分析

大桥的标高测量结果比较如图3所示,从图中可看出,竣工测量及竣工一年复测结果均为上拱;而2014年10月测量时表明,左右幅各跨中均发生了明显下沉,相对于竣工时,跨中最大下挠值约30cm,各墩顶(除L5号墩、L6号墩以外)位置均高于竣工测量值。由2014年监测数据表明:仅6年时间,主桥左、右幅的最大下挠值均超过了30cm,下挠速度过快,须进行加固,以防止跨中挠度过大。

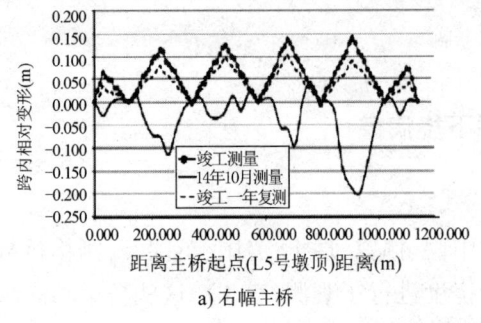
a) 右幅主桥

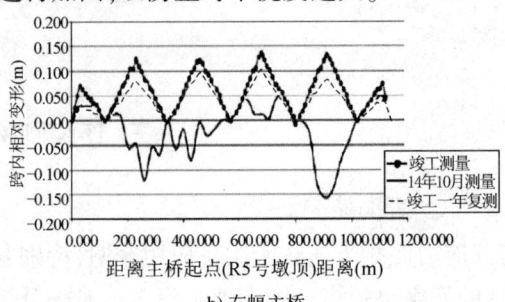
b) 右幅主桥

图3 主桥跨内变形分析

2)大桥主桥跨中下挠因素分析

(1)在三天的加载龄期下,混凝土弹模只有设计弹模的50%以下,此时加载,混凝土特性仍处于不稳定状态,会导致预应力的压缩损失增大,对混凝土的后期弹模发展也会带来影响。

(2)混凝土超方额外地增加了主梁自重,导致恒载变形加大,此外,大桥主桥箱内施工垃圾达两百吨,对主梁跨中下挠也有着重要影响。

(3)运营后,在环境温度、疲劳荷载交替作用下,引起结构的累计损伤和微裂缝显化,导致截面刚度的降低。

(4)在混凝土成型过程中,未通过恰当的降温、适当增加养护时间和湿度等养护措施来减少裂缝的形成。

(5)施工中未保证管道的平顺,预应力管道偏差增大,预应力摩阻损失加大。

四、连续刚构桥体外预应力加固

1. 设计加固

为抑制主桥主梁跨中的快速下挠,增加结构承载能力,控制裂缝开展,采用体外预应束进行加固。体外预应力钢束采用$\phi 15.2-22$钢束,张拉控制应力为$0.60f_{pk}=1116\text{MPa}$,中跨每断面布置6根钢束,边跨每断面4根。单股钢绞线由7根钢丝绞成,直径15.20mm,钢绞线标准强度1860MPa,弹性模量$1.95\times 10^5\text{MPa}$。主桥箱梁内体外预应力钢束布置如图4所示。

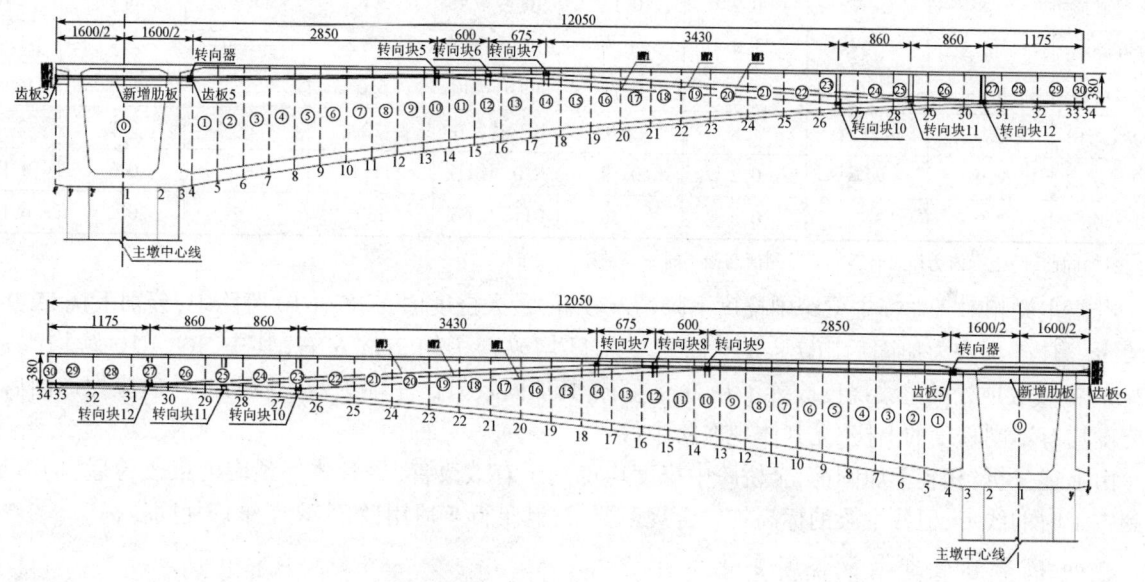

图4 主桥箱梁内体外预应力钢束布置图(尺寸单位:cm)

2. 计算模型

采用有限元Midas/civil建立全桥空间梁单元,共划分为382个梁单元,398个节点。主梁与桥墩之间的固结通过刚性连接来模拟。以整体坐标系作为参考系,X轴为顺桥向、Y轴为横桥向、Z轴为竖向,各墩底边界为固结,不考虑桩土相互作用。主桥整体有限元模型如图5所示。

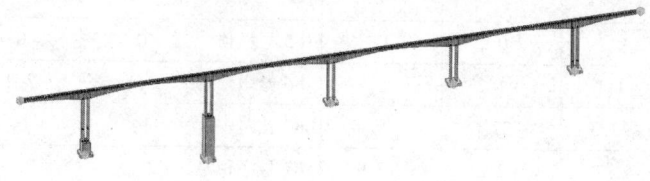

图5 主桥整体有限元模型

五、加固效果

1. 加固前后挠度变化

在左幅主梁加固前后挠度如表 2 所示。加固前 L7、L10 孔的跨中挠度分别下挠了 23.0cm、27.2cm，通过预应力加固后，L7～L10 跨跨中挠度均得到了不同程度的改善，L8、L10 孔跨中挠度分别改善了 2.3cm、1.8cm。各墩墩顶标高均改善了 0.1cm～0.2cm，表明经过加固后，尽管 L7、L10 孔跨中挠度超出 20cm，但相对于加固前，左幅主梁挠度有所改善，且各跨跨中挠度均控制在规范要求的范围内，能够满足行车要求，体外预应力加固可在一定程度上有效抑制跨中下挠。

左幅主梁挠度   表 2

左幅主梁	加固前挠度（cm）	加固后挠度（cm）	加固挠度改善值（cm）	理论改善值（cm）	右幅主梁	加固前挠度（cm）	加固后挠度（cm）	加固挠度改善值（cm）	理论改善值（cm）
L5 号墩顶	0	0	0	0	R5 号墩顶	0	0	0	0
L6 号墩顶	-1.2	-1.1	0.1	0.0	R6 号墩顶	2.2	2.1	0.1	0.0
L7 孔跨中	-23.0	-21.9	1.1	1.8	R7 孔跨中	-15.9	-14.1	1.8	1.8
L7 号墩顶	-2.8	-2.7	0.1	0.1	R7 号墩顶	2.7	2.5	0.2	0.1
L8 孔跨中	-13.6	-11.3	2.3	2.6	R8 孔跨中	-9.7	-7.7	2.0	2.6
L8 号墩顶	5.8	5.6	0.2	0.16	R8 号墩顶	3.8	3.7	0.1	0.16
L9 孔跨中	-14.2	-12.8	1.4	1.7	R9 孔跨中	-7.2	-5.0	2.2	1.7
L9 号墩顶	5.1	5.0	0.1	0.11	R9 号墩顶	6.0	5.7	0.3	0.11
L10 孔跨中	-27.2	-25.4	1.8	2.0	R10 孔跨中	-20.8	-18.6	2.2	2.0
L10 号墩顶	7.9	7.7	0.2	0.19	R10 号墩顶	11.4	11.1	0.3	0.19
L11 号墩顶	3.9	3.7	0.2	0.16	R11 号墩顶	1.9	1.7	0.2	0.16

注：加固前、后挠度值为加固前后标高监测值与竣工时标高的差值。

右幅主梁相对于左幅主梁跨中挠度下降情况较好，最大挠度值在 R7、R10 跨跨中，分别下挠 15.9cm、20.8cm。体外预应力加固后，R7～R10 跨跨中挠度均改善了约 2cm 左右，其中，R9、R10 跨均改善了 2.2cm，各墩墩顶处的主梁挠度改善了 0.2cm 左右，其加固效果比左幅更好。表明体外预应力加固后，全桥挠度均有不同程度的上挠，尤其体现在跨中位置。

由上述分析，相较于加固前，全桥跨中挠度均得到了有效改善，尽管体外预应力束改善后，仍不足以达到竣工时的线形，但各主梁的标高均符合规范要求，满足行车适用性，实现了维修加固目标。

2. 加固后运营期主梁挠度变化

加固后（2016 年）及 2017—2019 年连续 3 年的主梁挠度变化情况如表 3 所示，其中挠度均为当年标高监测值与竣工时标高的差值。

左幅主梁挠度   表 3

位置描述	加固后（2016 年）挠度（cm）	2017 年监测挠度（cm）	2018 年监测挠度（cm）	2019 年监测挠度（cm）	位置描述	加固后（2016 年）挠度（cm）	2017 年监测挠度（cm）	2018 年监测挠度（cm）	2019 年监测挠度（cm）
L5 号墩顶	0	0	0	0	R5 号墩顶	0	0	0	0
L6 号墩顶	-1.1	-1.1	-1.2	-1.4	R6 号墩顶	2.1	2.2	2.3	2.5
L7 孔跨中	-21.9	-22.3	-22.6	-22.8	R7 孔跨中	-14.1	-14.4	-14.8	-15.5
L7 号墩顶	-2.7	-2.7	-2.8	-2.9	R7 号墩顶	2.5	2.7	2.8	3.1
L8 孔跨中	-11.3	-11.1	-11.5	-11.8	R8 孔跨中	-7.7	-7.9	-8.2	-8.6

续上表

位置描述	加固后(2016年)挠度(cm)	2017年监测挠度(cm)	2018年监测挠度(cm)	2019年监测挠度(cm)	位置描述	加固后(2016年)挠度(cm)	2017年监测挠度(cm)	2018年监测挠度(cm)	2019年监测挠度(cm)
L8号墩顶	5.6	5.6	5.7	5.9	R8号墩顶	3.7	3.8	4.0	4.1
L9孔跨中	−12.8	−12.9	−13.2	−13.7	R9孔跨中	−5.0	−5.3	−5.5	−5.9
L9号墩顶	5.0	5.1	5.2	5.4	R9号墩顶	5.7	5.9	5.9	6.1
L10孔跨中	−25.4	−25.6	−25.8	−26.6	R10孔跨中	−18.6	−18.9	−19.2	−19.5
L10号墩顶	7.7	7.7	7.9	8.1	R10号墩顶	11.1	11.2	11.4	11.7
L11号墩顶	3.7	3.8	3.9	4.1	R11号墩顶	1.7	1.7	1.8	1.9

注：加固前、后挠度值为加固前后标高监测值与竣工时标高的差值。

由表3可以看出，左幅主桥跨中下挠最大位置为L10孔跨中，挠度累积变形为26.6cm，2019年监测挠度相较于2016年加固后下挠了1.2cm，其他孔处均有不同程度的下挠；在右幅主桥中，主桥跨中下挠最大位置为R7孔，相较于加固后，下挠了1.4cm，R8~R10孔跨中挠度均有约1cm的下挠。

在左、右幅主桥中，加固后连续三年主梁跨中挠度总体呈现下降的趋势，但下降速率相较于"2016年加固前与2014年监测值的差值"缓慢得多，表明体外预应力作为主动加固法，能够有效抑制主梁跨中的快速下挠，加固效果显著。主梁加固后，原始裂缝处的主梁刚度有所增大，加固梁重新开裂点的弯矩值有所增大，结构承载能力增强，有利于延长结构使用寿命。体外预应力可以抑制和改善混凝土连续刚构桥下挠的弹性变形部分，而对于塑性变形的抑制作用不佳，因此，体外预加固法在混凝土结构的弹性工作范围内能够起到很好的加固效果。

六、结 语

大跨连续刚构桥在国内外兴起速度较快，然而下挠和箱梁开裂等病害逐渐暴露出来，桥梁工程师和研究学者对这些问题的重视程度日益加大。本文结合某大桥体外预应力加固项目，对连续刚构桥病害及体外束加固的过程控制进行了相关研究，得到如下结论：

(1)国内外预应力连续刚构桥在跨中挠度过大等病害，已成为普遍现象。跨中挠度过大的病因主要包括混凝土收缩徐变、预应力损失、梁体开裂等，但对箱梁的汽车活载过大、温度效应及空间效应仍需进一步研究。

(2)体外预应力是一种积极主动的加固方式，在控制挠度方面具有显著优势，应用广泛，同时也可优化结构的受力状态。

(3)比较分析了依托工程施工监控数据，从总体线性而言，张拉过程及最终线性与设计值吻合；经过体外束张拉，全桥受力状态较好，加固效果明显。

(4)在主梁裂缝及挠度等病害分析上，考虑因素不够全面，诸如箱梁的空间效应及各荷载效应之间的耦合作用等，未曾深入考虑，有待后续深入分析。

(5)体外束加固方法的有效性不仅需要施工期的数据监测，更需对加固后的桥梁进行长久的观测，以深入探讨体外束对大桥寿命的影响程度。

参考文献

[1] 阮欣,石雪飞.大跨径预应力混凝土梁桥施工控制的现状与展望[J].公路交通科技,2004,11.
[2] 范立础.预应力混凝土连续梁桥.第1版[M].北京:人民交通出版社,2001.
[3] 范立础.桥梁工程[M].北京:人民交通出版社,2004.
[4] 周军生,楼庄鸿.大跨径预应力混凝土连续刚构桥的现状和发展趋势[J].中国公路学报.2000,13(1):31-37.
[5] 许梁.大跨度预应力混凝土连续刚构桥的长期挠度分析[D].广州:华南理工大学,2016.

[6] 徐栋,项海帆.体外预应力桥梁的力学性能及其影响因素分析[J].桥梁建设,1999,(3):4-9.
[7] 刘健.体外预应力法在T型刚构桥加固中的应用[J].交通科技,2017(4):92-95.

11. 基于长期监测数据的矮寨大桥梁端位移响应特性

黄国平[1,2]　胡建华[1]　宋枭鹏[1]　孙璋鸿[1]　王连华[1,3]

(1.湖南大学土木工程学院；2.湖南城市学院　土木工程学院；
3.湖南大学风工程与桥梁工程湖南省重点实验室)

摘　要　为全面了解大跨悬索桥梁端位移响应特性及其机理,以矮寨大桥为工程依托,在其梁端敷设位移传感器及温度传感器,建立梁端位移长期监测系统,基于450天监测实测数据,分析了悬索桥梁端位移时域及频域特性。在此基础之上,研究了温度与梁端纵向位移间的相关性,并统计了梁端纵向累积位移并分析了其成分构成。研究结果表明:悬索桥的梁端位移包含了温度变化激发的长周期成分以及由于车辆动态效应以及环境激励激发的短周期成分;梁体平均温度与梁端纵向位移均方根值有良好的线性负相关性,而车辆动态效应是梁端纵向累积位移巨大的主要来源,温度变化导致的梁端位移对去累积位移的贡献相对较小。

关键词　悬索桥　长期监测　频谱分析　梁端位移　累积位移

一、引　言

悬索桥在服役状态下,受到在温度、车辆、风及其他环境作用时,其加劲梁梁端将产生位移,该梁端位移不仅是梁端附属装置如伸缩缝、阻尼器设计的重要设计依据[1],也在一定程度上决定附属装置其疲劳和耐久性能。目前,已有学者就大跨度悬索桥其梁端部位移开展了大量的研究工作。如王统宁[2]基于有限元数值模拟及概率统计系统研究影响梁端位移的作用因素和作用效应组合方法。Murphy等[3]研究了大跨悬索桥地震作用下的梁端位移响应及控制措施。而对于悬索桥在车辆作用下纵向振动及梁端位移响应与控制也有相应地研究,如文献[4]等。上述研究大都是基于有限元或理论分析对某类单一荷载作用下的梁端位移效研究,对于实际运营中的桥梁在多种荷载综合作用下的较为真实梁端位移效应未有涉及。

然而近年来结构健康监测技术不断发展以及在大跨悬索桥中的广泛应用,为评估服役环境下大跨悬索桥工作状态提供了另一有效途径;实际上,作为结构一项重要效应参数,梁端位移亦是大跨度悬索桥健康监测重要内容之一[5-7]。桥梁工作者基于监测系统可以获得桥梁在服役环境下的梁端较真实位移效应,进而评估其端部附属设施工作状态及研究梁端位移产生机理,基于监测数据来评估梁端或梁端附属装置工作状态已逐渐成为一个热点问题。Ni等[8]首先以香港汀九大桥为对象,基于伸缩缝位移监测数据建立了温度与伸缩缝位移相关性,并提出用实测累积位移来指导伸缩缝维修时间间隔。De Battista等[9]将无线传感技术应用于Tamar悬索桥来研究其主梁的纵向位移。邓扬等[10,11]则以润扬大桥梁端位移监测数据为对象进行大跨悬索桥梁端位移与温度的相关性研究。刘扬等[12]研究了悬索桥伸缩缝位移和温度的相关性,并提出了伸缩缝位移的概率统计分析方法并估计了纵向伸缩极值总量。

目前,在国内已有大跨悬索桥梁端伸缩缝过早损坏失效的典型案例,1999年通车的江阴悬索桥2003年伸缩缝即开始出现损坏;无独有偶,润扬悬索桥自2005年通车后3年亦出现伸缩缝部分破损。以此两座悬索桥为对象,邓扬[13]、张宇峰[14]、Guo[15,16]及黄灵宇[17]等均基于长期监测数据开展了相应地研究。其中,张宇峰等[14]以实测数据为对象进行对比分析,定性地分析悬索桥梁端位移响应特性,给出了造成悬索桥伸缩缝病害的主要原因并提出处理措施。Guo 等[15,16]以同一桥梁为对象进一步分析了梁端位移响应特性和悬索桥伸缩缝的破坏的原因，认为过大的梁端纵向累积位移是导致伸缩缝破坏、耐磨支座磨损及控制弹簧破坏的主要因素。由此可见，悬索桥梁端附属设施工作状态欠乐观，与其密切相关的梁端位移响应特性及规律有待进一步深入研究。现以矮寨大桥为工程背景，在其梁端敷设位移计及温度传感器，基于长期梁端位移监测数据，开展大跨度悬索桥梁端位移响应特性研究。重点讨论累积位移、振动循环次数以及其频谱特性，旨在为揭示其响应机理，为控制梁端位移和改善附属设置工作状态提供理论依据。

二、工程概况与监测系统

1. 工程概况

矮寨特大悬索桥是一座钢桁加劲梁单跨悬索桥，位于湖南省湘西土家族苗族自治州吉首市矮寨镇境内，以主跨1176m跨越深达330m的矮寨大峡谷，为同类桥梁世界第一，如图1所示。大桥主缆的孔跨布置为242m+1176m+116m，主梁全长1000.5m，钢桁加劲梁全宽为27m。全桥采用两根主索进行平面索布置，主索垂跨比为1/9.6。全桥在中跨主缆设69对吊索，并在跨中设置三对斜吊索作为中央扣，在靠近桥塔处设置地锚吊索。吉首岸锚碇采用重力式锚碇，茶洞岸锚碇为隧道式锚碇。索塔为钢筋混凝土空心方柱，塔柱底设塔座，基础为扩大基础，主梁桥台处设竖向支座、水平弹性支座及横向抗风支座。

图1 矮寨大桥全貌

2. 监测系统

在矮寨大桥两端选取测试截面布设相应的传感器，如图2所示。在每个测试截面上，加劲梁两侧梁端横截面的四个角点位置布置位移计，上角点布置超声波位移计，下角点布置拉绳式位移计，每一个位移测点对应独立的通道；温度测量点为下层横向钢桁架中点位置，主梁两端同样对应独立的温度数据通道，如图3所示，监测点通道对应情况如表1所示。在此基础之上，建立梁端位移长期监测系统。该系统中位移计采样频率设定为5Hz，温度计采样频率为2Hz。

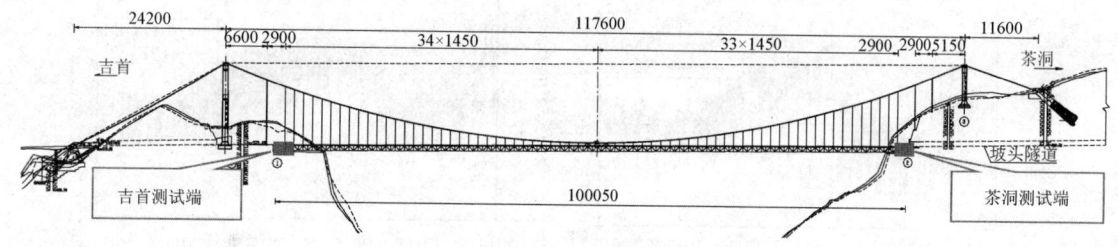

图2 矮寨大桥立面图和测试截面图(尺寸单位:cm)

监测点通道对应表　　表1

采集仪	存储编号	测点编号	位置
吉首侧	1	JSS-D1	上游上层
	2	JSS-D2	下游上层
	3	JSX-D1	上游下层
	4	JSX-D2	下游下层
	5	JS-T1	下层中

续上表

采集仪	存储编号	测点编号	位置
茶洞侧	6	CDS-D1	上游上层
	7	CDS-D2	下游上层
	8	CDX-D1	上游下层
	9	CDX-D2	下游下层
	10	CD-T1	下层中

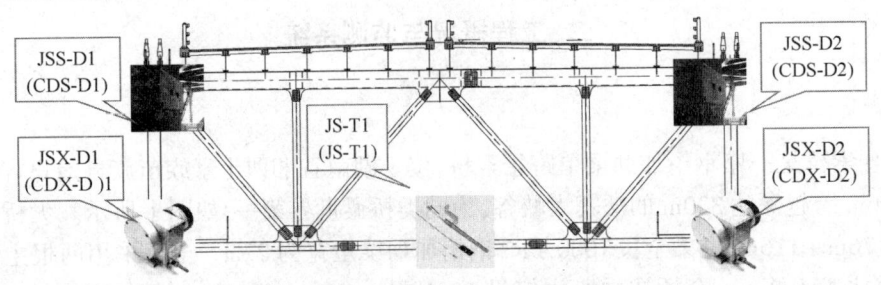

图3 传感器布置示意图

三、监测数据结果

图4给出了矮寨大桥吉首端JSS-D1、JSX-D1测点和茶洞端CDS-D1、CDX-D1测点的梁端位移响应，为说明两端温度对位移的影响，图4同时给出了梁体温度随时间的变化情况。总体而言，温度的变化主导了梁端的位移响应的总趋势，因此在某个重现期内较大的温差导致了吉首端和茶洞端明显的位移幅值。然而受车辆及风等环境激励的影响，温度并不完全决定梁端的位移响应，可以明显看到由该类激励导致的位移效应成分。值得指出的是，受梁体本身变形的影响，加劲梁上弦杆和下弦杆所测的位移响应存在一定的差异（图4），并且受季节的影响较为明显，特别在温度较低的春季，其上下层位移响应差别相对最大。如此，梁端上下层纵向位移的差异将导致伸缩缩的转角响应。

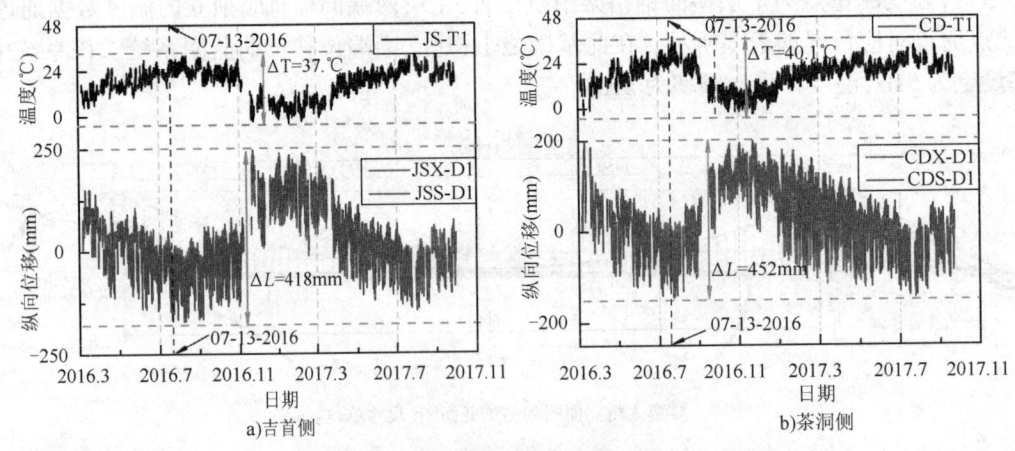

图4 监测期内梁端位移时程曲线

图5给出了2016年7月13日的梁端位移响应和温度变化。可以看出位移日位移波动曲线总趋势与日温度波动曲线形态较为类似，二者之间存明显地相关。同时位移响应中存在较多的由于车辆和环境激发的不同谐波成分。如果消除这些谐波成分的影响，可以得到梁端位移响应受温度变化影响（图5）。可以看出此时梁端位移随梁体温度变化的同时存在一定的"时滞"现象。

另外，从悬索桥的纵桥向看，在外部激励的作用下，悬索桥的加劲梁主体由于悬索的作用可能作较为明显的"单摆"振动。因此对于悬索桥两端由于相同模态主导的位移响应可能呈现"同步"现象，如图5中间的局部放大图所示，两端的位移响应在某些特定的时间范围内基本保持一致。

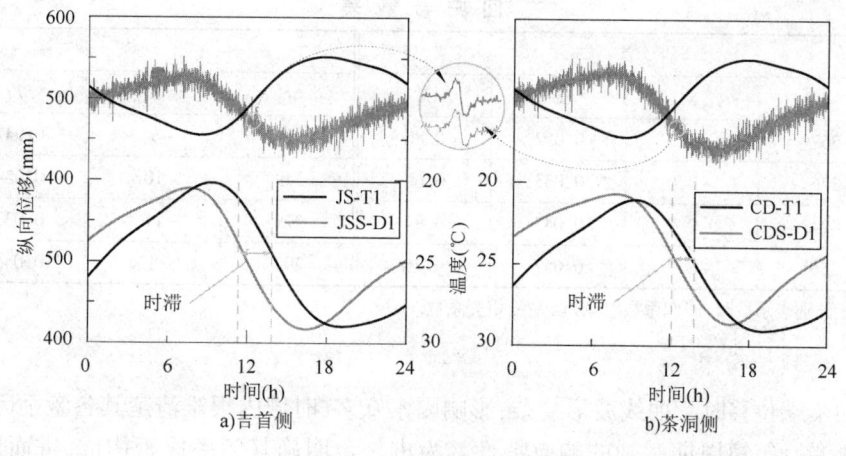

图 5 梁端位移日时程曲线

四、监测数据分析

1. 温度与梁端位移相关性分析

为进一步明确梁端位移与温度之间的相关性,现选取矮寨悬索桥一年监测数据,按春夏秋冬季节分别统计分析梁端位移均方根值与温度平均值之间的关系。进行统计分析时,梁端位移及温度分别取 10min 均方根值和 10min 平均值,其相关性如图 6 所示。从图中可以看出,实测位移均方根值与实测温度平均值存在较为明显的线性相关性,因此图 5 同时给出了各自线性回归得到的拟合曲线,表 2 给出了相关统计参数。对比图 5 及表 2 可知:茶洞端回归系数及相关系数基本大于或等于吉首端,即茶洞端位移对温度更为敏感且相关性更强,这可能是由于矮寨大桥结构的非对称性导致;同时季节的不同对二者相关性也有一定影响,表现为秋季回归系数及相关系数最大而夏季为最小。

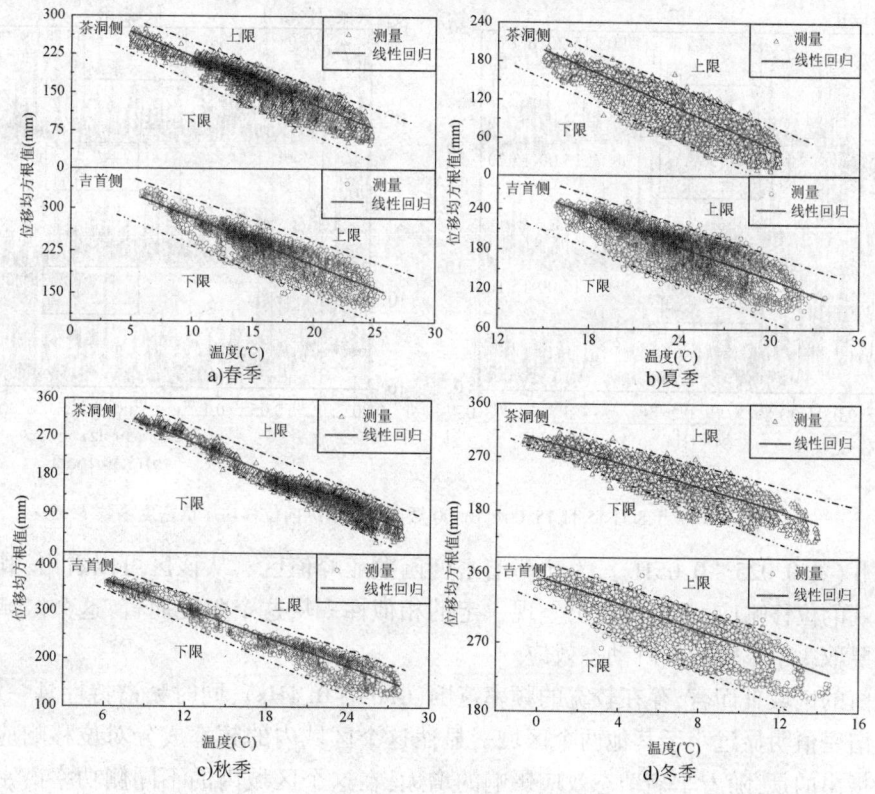

图 6 梁端位移与平均温度相关性

表2 回归参数表

季节	吉首端				茶洞端			
	I	S	SEr	R	I	S	SEr	R
春季	367	-8.3	0.052	0.80	314	-9.3	0.047	0.83
夏季	376	-8.0	0.063	0.67	349	-10.1	0.054	0.78
秋季	424	-9.9	0.043	0.94	379	-11.6	0.037	0.94
冬季	356	-8.7	0.057	0.75	294	-8.4	0.046	0.82

注：I、S、SEr 及 R 分别表示截距、回归系数、标准误差及相关系数。

2. 梁端位移频域分析

由图4可知梁端位移时程曲线波形复杂，影响因素众多，时域内很难清楚其各激励因素及响应特性，特别是诸如车辆激励等短周期激励的响应特性。为进一步明确其频率成否构成，进而识别结构输入激励，需要进行相应的频谱分析。另一方面，温度变化相对缓慢，其导致的位移变化也大致相同的频率变化，从前面的实程曲线图即可知（图4）。现去除温度等长周期的影响，深入分析较为复杂的因车辆引起的高频频率梁端位移频谱特性及构成，为此，选择较短时间段（10min）的位移响应作为频谱分析。

现以2017年8月15日15:00至16:00时间段的位移响应作为研究对象。图7给出了在此时间段内矮寨大桥梁端位移响应功率谱密度函数曲线。总体而言，在该时段内，车流量比较大（高峰期），因此频谱图中的峰值相对密集，并且随机车流受时间的影响，功率谱密度函数随时间段的不同呈现略有差异，但基本上可以划分为区域Ⅰ、Ⅱ、Ⅲ等三个区域。对于频率区间（约0~0.025Hz）较窄的区域Ⅰ，为功率谱峰值区，该区域内的频率成分主导了位移响应。图7亦给出了不同时间段的梁端位移响应的演化情况（见局部图）。对比功率谱密度函数和位移响应，可以看出，频谱峰值与较大响应存在明显的对应关系。显然，车辆的数目和速度决定这些频谱峰值数值和频率成分，且该频率区间远小于结构基频，该区内的位移响应频谱特性完全取决于车辆的拟静态效应。

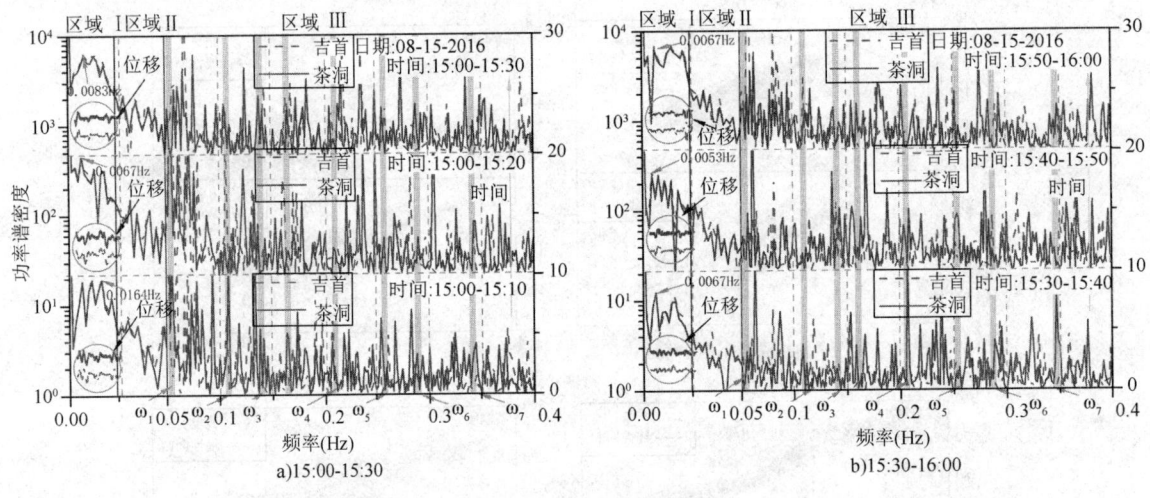

图7 2017年8月15日15:00~16:00矮寨桥梁端纵向位移功率谱密度函数

对于区域Ⅱ（约0.025~0.05Hz），为功率谱密度函数亚峰值区。从该区可以看出，其频率成分也较为明显影响梁端的位移响应，频谱特性仍呈现一定的相似性。从这个角度而言，这个区域内位移响应频谱特性显然主要取决于车辆的低阶动态效应。

对于低幅值的区域Ⅲ而言，存在较宽的频率范围（0.05~0.4Hz），同时频谱特性具一定的连续特性。这个区域内的谱密值明显远小于其他两个区域。显然这个区域内的频率成分对位移响应的幅值贡献相对较小。值得指出的是，随着车辆动态效应影响的增大，在这个区域内的不同侧功率谱密度函数差异明显加强，并且吉首侧的功率谱密度函数似乎对车辆动态效应更加敏感。另一方面，可以明显看出不同阶次的模态明显被激发(只关注与加劲梁相关的模态),然而这些模态的频率值受悬索桥振动以及温度变化的影响有一定的"飘移"。值得指出的,在 15:00～15:10 时间段内,加劲梁两侧位移响应中第二阶模态(纵飘模态)同时明显被激发[图 7a)],因此加劲梁的振动呈现一定的摆振特性,实际上此时的两侧的位移响应基本"同步"(见此时段的位移图)。

3. 梁端振动循环次数

表 3 统计了矮寨大桥吉首端和茶洞端为期一年内各月份的梁端纵向振动次数情况,其中对少数的部分数据用邻年同时期数据代替或差值得到。可以看出不同月份的振动次数并没有显著的差别。值得指出的是,可能受冬季风的影响较大,梁端在冬季的振动次数相对偏大;且矮寨大桥不同侧的梁端振动次数有一定的差别。总体而言,经统计计算获得了全年的振动次数,其中吉首侧和茶洞侧的年振动总次数分别约为 114 万次和 117 万次。

矮寨大桥梁端纵向振动次数 表3

月 份	吉首侧		茶洞侧		月 份	吉首侧		茶洞侧	
	振动次数	次数/小时	振动次数	次数/小时		振动次数	次数/小时	振动次数	次数/小时
2016年5月	945480	1313	982235	1364	2016年11月	968378	1345	984095	1367
2016年6月	869540	1208	973214	1352	2016年12月	978236	1359	985149	1368
2016年7月	956784	1329	974051	1353	2017年1月	960256	1334	971199	1349
2016年8月	958613	1331	988466	1373	2017年2月	963232	1338	981336	1363
2016年9月	966146	1342	965898	1342	2017年3月	969184	1346	980282	1362
2016年10月	969928	1347	984188	1367	2017年4月	951948	1322	961465	1335

4. 梁端累积位移

统计计算悬索桥累积位移行程,特别是分析累积位移成因,量化累积位移行程成分组成有很重要的工程意义。对某天实测位移信号先进行剔除异常点及滤波等预处理后,求得相邻样本位移差并以天为累积周期进行累加即可得到该天的日累积位移:

$$X = \sum_{i=0}^{n} |x_{i+1} - x_i| \quad (1)$$

式中:X——日累积位移;

x_{i+1}、x_i——一日采样系列中相邻两个采样点的位移信号数值。

图 8 给出了矮寨大桥加劲梁梁端 2016 年 11 月及 2016 年 3 月至 2017 年 3 月的梁端纵向位移情况,图中显示虽矮寨桥梁端累积位移随天数增加近似程线性增长的趋势,但梁端每天的累积位移也并不相同,亦程随机分布特性;同时两端纵向累积位移亦存在一定差异,虽然在多种激励作用下,两端的位移运动具有一定同步性,但温度导致的梁端伸缩、加劲梁的挠曲变形以及梁端的局部振动等均会导致两梁端的累积位移的不同。总体而言,首端、茶洞端平均每天纵向累积位移分别为 130m、152m,年累积纵向位移分别约为 52.2km、60.2km。

图 9 给出了对为期一年的实测位移数据分析得到的各激励因素下的梁端纵向累积位移成分构成图,可以看出车辆作用下的动态响应主导了悬索桥梁端纵向累积位移大,大约为 80%;相反车辆作用下的拟静态响应

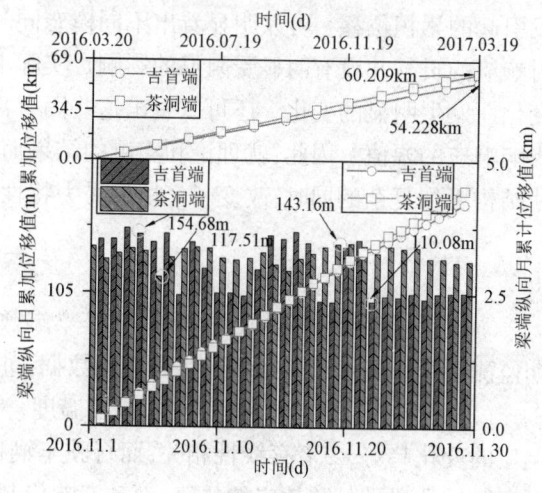

图 8 梁端纵向累积位移

则与风荷载等环境激励的影响相当(约10%);而温度的影响却不到1%。因此基本可以忽略其对梁端累积位移的影响。由此可以预见,控制车辆作用下悬索桥加劲梁的纵向振动对减小梁端纵向位移的效果明显,如设置阻尼器等可能是一种有效控制措施。

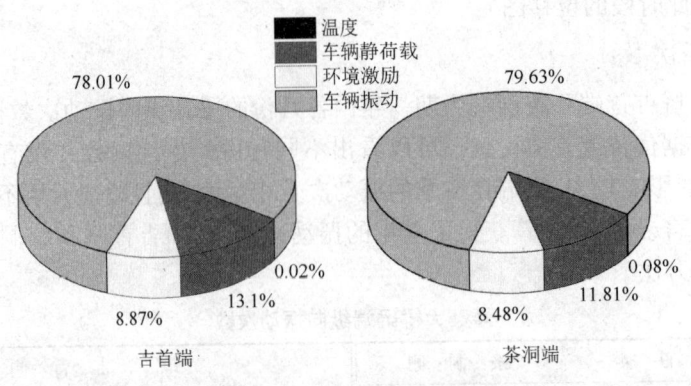

图9　梁端纵向累积位移成为构成关系

五、摆振机制与中央扣的影响

从悬索桥的纵桥向看,由于悬索和吊杆的作用,加劲梁的振动可以用带集中质量的双摆模型进行模拟。因此加劲梁可能在外激励的作用下作一定幅值的摆振。为了从理论上验证这种运动,首先利用ANSYS建立矮寨大桥的有限元模型,并对其进行非线性静力分析,并在此基础上,采用Block Lanczos法确定全桥的固有频率和固有振型。图10给出了第二阶模态的振型特征。可以看出这阶振型呈现出"纵飘"的特性,同时主梁两端存在明显的非零模态位移。显然由于该特性的存在,主梁在车辆激励下可能产生较明显的摆振,同时两侧梁端位移响应呈现如前所述的"同步"现象。

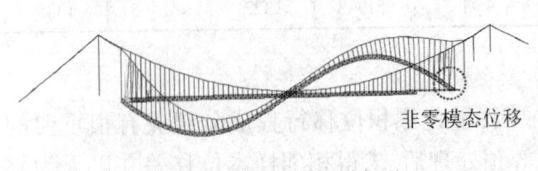

图10　矮寨大桥第二阶振型

理论上,中央扣在稍微提高全桥竖向刚度的同时,也在一定程度上约束了吊杆的作用。此时,由吊杆主导的飘浮模态阶数明显提高。从结构动力学的角度看,这种提高对梁端位移响应的影响主要体现在以下两点:①提高了模态质量和刚度,因此同样的能量输入减少了激发位移的幅值;②对于阻尼比一定的结构而言,高阶飘浮模态的模态阻尼比明显提高,因此悬索桥的车振响应以及自由振动响应减弱。同时中央扣的刚度也或多或少降低了梁端位移响应。

然而,已有的理论分析表明[18],中央扣在降低位移响应最大幅值的同时,也可能提高由高阶模态激发引起的累积位移。可以明显看出不同模态同时被激发。由于不同车振响应的累积效应,不同频率成分对响应的贡献并没有明显受阻尼的影响。实际上,飘浮模态对应的功率谱密度函数幅值并没有随时间的变化而发生明显的变化。还可以看出这些固有模态的频率分布非常密集。因此模态阶次的变化并不会影响响应的幅值。因此,就理论和实测的结果而言,中央扣的减振效果并不明显。相反中央扣的设置在使结构更加复杂的同时,改变了全桥的受力特性,从而使整体受力更加复杂。

六、结　语

本文以矮寨悬索桥为工程背景,在其梁端敷设位移计及温度传感器,建立大跨度悬索桥梁端位移长期监测系统。基于约450多天实时监测数据,进行了全面的时域及频域响应特性分析,得到了如下结论:

(1)悬索桥梁端位移因素众多,包括温度、汽车荷载、风荷载等环境激励,其中温度变化主导了位移响应的变化趋势,二者存线性相关;而行驶车辆将导致拟静态及动态梁端位移响应,其中拟静态响应决定了车辆导致梁端位移效应的幅值,而动态响应却导致巨大梁端位移的主要原因,后续控制梁端位移应对车致纵向振动进行研究。

(2) 基于位移监测数据,在短周期荷载(如车辆荷载)激励下,从时域梁端运动特征及其频域特性分析均可体现吉首端、茶洞端位移"同步"现象,即对于诸如悬索桥之类的纵向漂浮体系的桥梁,在荷载激励下加劲梁呈"单摆"式运动。

(3) 最后需要指出的是,本文基于实测数据统计得到的吉首、茶洞侧的年振动总次数约为114万次、117万次,然而并没有剔除可能对结构及梁端附属疲劳不造成影响的微小幅值成分;而在计算梁端位移时,是对比结构低阶自振频率得到一个频率截至频率进行滤波,该频率也未涉及到伸缩缝等装置的耐久性,因此梁端位移的微小幅值及截止频率的问题并不清晰,有待后续深入研究。

参考文献

[1] 庄军生. 公路桥梁伸缩装置[M]. 北京:人民交通出版社,2015.
[2] 王统宁. 大跨径缆索承重桥梁梁端位移及组合方法研究[D]. 西安:长安大学,2010.
[3] MURPHY T P, Collins K R. Retrofitting Suspension Bridges Using Distributed Dampers[J]. Journal of Structural Engineering,2004,130(10):1466-1474.
[4] 王江浩. 大跨度铁路悬索桥在列车制动过程中的结构行为分析[D]. 成都:西南交通大学,2016.
[5] 李爱群,丁幼亮,王浩,等. 桥梁健康监测海量数据分析与评估——"结构健康监测"研究进展[J]. 中国科学:技术科学,2012(8):118-130.
[6] 秦权. 桥梁结构的健康监测[J]. 中国公路学报,2000,13(2):37-42.
[7] Ko J M, Ni Y Q. Technology developments in structural health monitoring of large-scale bridges[J]. Engineering Structures,2005,27(12):1715-1725.
[8] Ni YQ, Hua XG, Wong KY, Ko JM. Assessment of bridge expansion joints using long-term displacement and temperature measurement[J]. Journal of Performance of Constructed Facilities, ASCE. 2007,21:143-151.
[9] De Battista N, Brownjohn J M W, Tan H P, et al. Wireless monitoring of the longitudinal displacement of the Tamar Suspension Bridge deck under changing environmental conditions[J]. Structure and Infrastructure Engineering,2015,11(2):176-193.
[10] 邓扬,李爱群,丁幼亮. 大跨悬索桥梁端位移与温度的相关性研究及其应用[J]. 公路交通科技. 2009,26(5):55-58.
[11] Yang D, Ding Y, Li A. Structural condition assessment of long-span suspension bridges using long-term monitoring data[J]. Earthquake Engineering and Engineering Vibration,2010,9(1):123-131.
[12] 刘扬,李杜宇,邓扬. 大跨度悬索桥伸缩缝位移监测数据分析与评估[J]. 长沙理工大学学报. 2015,12:21-28.
[13] 邓扬,李爱群,丁幼亮,等. 基于长期监测数据的大跨桥梁结构伸缩缝损伤识别[J]. 东南大学学报(自然科学版),2011,41(2):336-341.
[14] 张宇峰,陈雄飞,张立涛,等. 大跨悬索桥伸缩缝状态分析与处理措施[J]. 桥梁建设. 2013,45:49-54.
[15] Guo T, Liu J, Zhang Y, Pan S. Displacement monitoring and analysis of expansion joints of long-span steel bridge with viscous damper. Journal of BridgeEngeering[J], ASCE. 2015,20:04014099-1-11.
[16] Guo T, Liu J, Huang L. Investigation and control of excessive cumulative girder movements of long-span steel suspension bridges[J]. Engineering Structures,2016,125:217-226.
[17] 黄灵宇. 大跨钢桥伸缩缝的性能评估与病害控制研究[D]. 南京:东南大学. 2017.
[18] 孙璋鸿. 车辆激励下大跨悬索桥梁端位移响应与减振[D]. 长沙:湖南大学. 2018.

12. 基于红外锁相热成像的钢结构桥梁涂层厚度均匀性评价

杨 羿 王贤强 刘 朵 张建东

(苏交科集团股份有限公司 在役长大桥梁安全与健康国家重点实验室)

摘 要 钢结构桥梁防腐涂层厚度是涂层质量检验的主要指标,涂层厚度均匀性也逐渐成为反映施工工艺和质量控制的重要参数。采用电磁感应原理的磁性测厚法虽能实现涂层厚度的检测,但此种点测量方式限制了对特定区域涂层厚度均匀性的快速客观评价。本文采用红外锁相热成像技术对钢结构桥梁防腐涂装中广泛应用的氟碳漆、环氧云铁漆和环氧富锌漆的涂层厚度进行了检测,并凭借红外锁相热成像非接触、面测量的优势,通过区域分布点位测试值的概率统计分析,对防腐涂层的涂层厚度均匀性进行了有效评价。测试结果与磁性测厚涂层厚度均匀性评价结果进行了对比,误差在1.8%以内,验证了基于红外锁相热成像的钢桥涂层厚度均匀性评价的准确性和有效性。

关键词 钢桥 涂层厚度 均匀性 红外热成像 锁相

一、引 言

防腐涂装是钢结构桥梁防止锈蚀、延长寿命的主要措施,能够有效隔绝腐蚀介质,使钢材保持良好的耐久性。防腐涂层的重要作用决定了在施工过程中需对其质量进行检测,涂层厚度成为控制涂装质量的关键控制指标[1]。其中,涂层厚度常用的检测方法有磁性测厚法、涡流测厚法、超声波测厚法[2],这些方法仅能得到测点涂层厚度,检测结果与测点选择相关性大,无法对所检测区域涂层厚度均匀性进行客观、快速评价。

红外热成像检测技术具有非接触、大面积检测等优点,逐渐被人们所重视。目前,国内外学者针对红外热成像涂层厚度检测进行了研究与应用[3-5],Ranjit Shrestha[6,7]针对锁相与脉冲两种技术对热障涂层厚度的检测效果进行了对比分析,结果表明两种技术均能有效测量热障涂层厚度。马晔[8]将该技术应用到混凝土结构内部缺陷检测,在试验构件和实体工程上验证了其有效性;孙杰[9]采用红外热成像技术对涂层下锈蚀、剥离等缺陷进行识别,取得了良好效果。随着红外热成像技术在涂装性能检测领域的研究和应用,探索红外热成像对涂层厚度的大范围快速检测和客观评价具有重要的工程意义和应用价值。

本文采用锁相红外热成像技术对钢结构桥梁防腐涂装常用的氟碳漆、环氧云铁漆和环氧富锌漆的涂层厚度均匀性进行了评价,并将测试结果与磁性测厚结果进行了对比,验证了其有效性,为钢结构桥梁涂层厚度均匀性的评价提供了新的途径。

二、试验设计

锁相热成像技术涂层厚度检测原理(图1)是在涂层表面施加一个调制热波信号,热波在涂层中向下传递,到达涂层和基材界面发生反射,使涂层表面的入射波和反射波出现相位差,相位差与涂层厚度具有相关性。根据相位差的大小可对涂层厚度进行检测,并对均匀性进行评价。

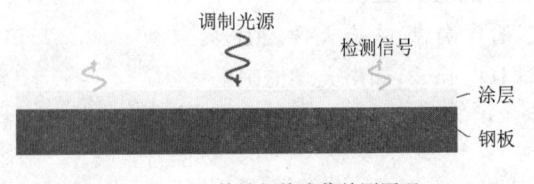

图1 红外锁相热成像检测原理

1. 测试设备

采用锁相热波成像检测系统进行试验检测,热激励频率为0.2Hz,功率为400W,图像分辨率为288×384像素,图像采集帧频可调,最大满幅帧频在150Hz。

2. 试件制备

为验证红外热成像技术对于钢结构桥梁不同涂层材料的适用性,选取钢结构桥梁防腐涂装体系中广泛应用的氟碳漆、环氧云铁漆和环氧富锌漆制作了3块试板(图2),基材为Q235钢材,几何尺寸(长×宽×厚)为7.5cm×15cm×6mm,涂层设计厚度分别为75μm、160μm、245μm。

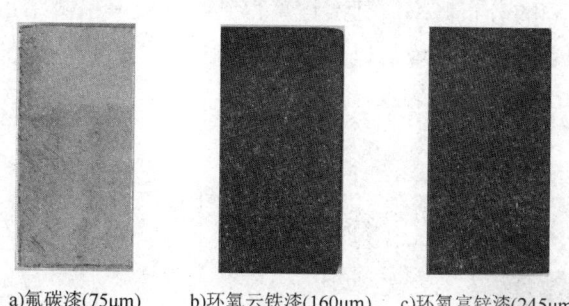

a)氟碳漆(75μm)　　b)环氧云铁漆(160μm)　　c)环氧富锌漆(245μm)

图2　涂层厚度测试试件

三、试验测试

1. 红外测试

对试板进行了锁相红外热成像检测,检测结果二维色彩显示如图3所示。通过红外测试图像可以直观看出检测区域内涂层厚度的差异,表明相位值与涂层厚度具有良好的相关性,为涂层厚度均匀性评价奠定了基础。

2. 磁性测厚测试

采用磁性测厚仪对试件检测区域内36个测点的涂层厚度进行测试,分为测试组与验证组。其中,测试组磁性测厚测点20个,验证组磁性测厚测点16个,测点布置如图4所示。

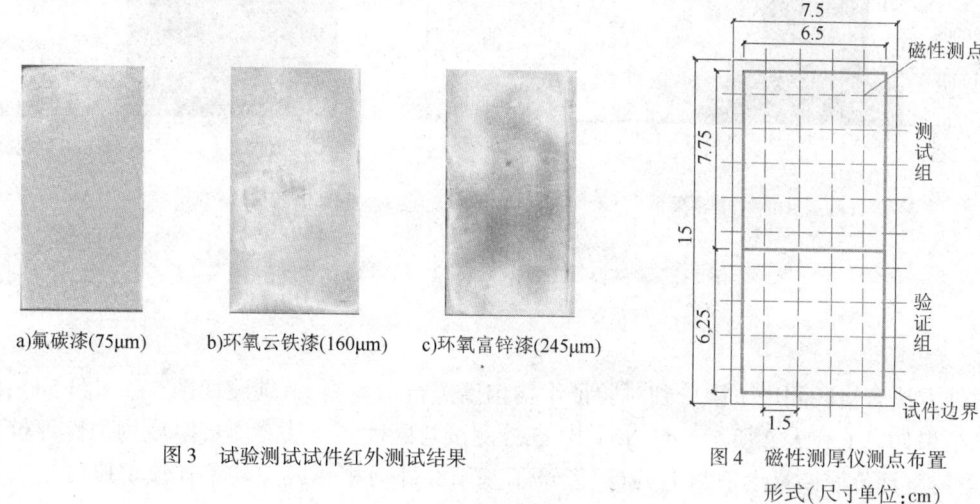

a)氟碳漆(75μm)　　b)环氧云铁漆(160μm)　　c)环氧富锌漆(245μm)

图3　试验测试试件红外测试结果

图4　磁性测厚仪测点布置形式(尺寸单位:cm)

四、结果分析

1. 涂层厚度限值

根据现行规范要求,测点涂层厚度不小于设计值的10%;涂层过厚影响涂装施工,甚至可能导致涂层起泡。因此,宜选取涂层设计厚度的上下10%作为涂层厚度合格区间的上下限。为了定量化描述涂层均匀程度,提出以合格区间的累积概率密度作为涂层均匀度指标,则涂层均匀程度表示为:

$$U = P(0.9 \times x_d \leq x \leq 1.1 \times x_d)$$

式中：U——涂层均匀程度；

P——涂层厚度累积概率密度函数；

x_d——涂层厚度设计值。

以氟碳漆试件为例，首先对测试组的磁性膜厚测试结果进行正态分布概率统计分析，如图5a)所示，确定涂层厚度在$0.9 x_d \sim 1.1 x_d$的分布概率。其次计算得到红外膜厚检测结果统计中与磁性膜厚分布概率相同的相位差上下限，如图5b)所示。最后，以$0.9 x_d$、$1.1 x_d$相对应的磁性测厚值和红外相位差值为上下限，计算并评价验证组的涂层厚度均匀度。

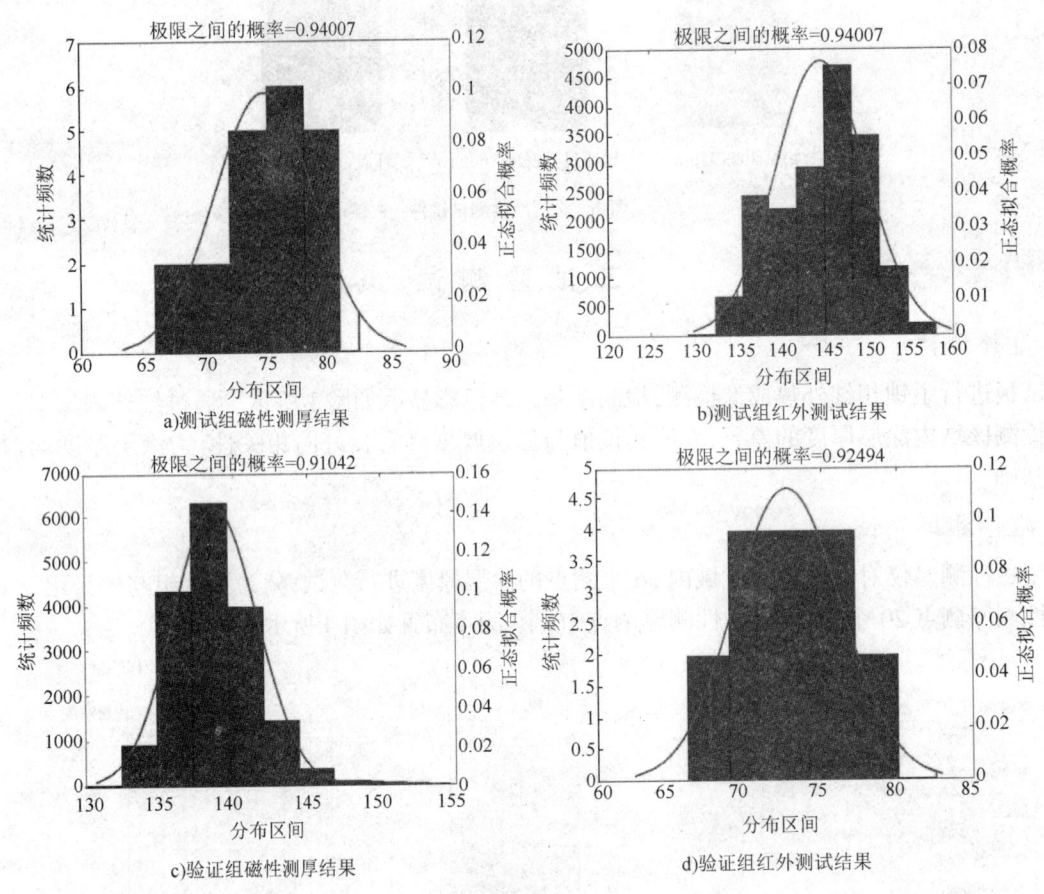

图5 氟碳试板磁性测厚与红外检测结果统计分析

2. 均匀性评价

按照两种方法合格区间上下限分别对验证组均匀度进行了检测，氟碳漆如图5c)和图5d)；涂层厚度均匀度测试结果如表1和表2所示。可以看出，红外测试与磁性测厚法对涂层厚度均匀性评价具有良好的一致性，均匀度评价误差最大值为1.72%，验证了基于红外锁相热成像技术在涂层厚度均匀性检测中的有效性和准确性。

涂层厚度测试概率统计分析与限值　　　　　　　　　表1

试 板	下 限		上 限		均匀度(%)
	磁性厚度(μm)	红外相位差(Δφ)	磁性厚度(μm)	红外相位差(Δφ)	
氟碳	67.5	134.97	85.5	154.65	94.0
环氧云铁	144.0	-150.09	176.0	-138.32	98.4
环氧富锌	220.5	-149.50	269.5	-138.45	93.8

试　板	磁性测试(%)	红外测试(%)	相对误差(%)
氟碳	92.5	91.2	1.41
环氧云铁	93.0	94.6	1.72
环氧富锌	93.8	92.9	0.96

涂层厚度均匀度评价结果对比　　表2

五、结　语

钢结构桥梁涂层厚度均匀性评价已逐渐成为涂装质量控制的重要参数,而基于磁性测厚的点测量方法需要大量的离散点才能实现涂层厚度的均匀性检测,费时费力,无法大范围应用。红外热成像技术具有非接触、面测量的优势,为涂层厚度均匀性评价提供了新途径。本文采用红外锁相热成像技术,通过区域分布点位测试值的概率统计分析,对氟碳漆、环氧云铁漆和环氧富锌漆的涂层厚度均匀性进行了评价,误差控制在1.8%以内,验证了基于红外锁相热成像的钢桥涂层厚度均匀性评价的准确性和有效性。

参考文献

[1] 中华人民共和国行业标准.公路工程质量检验评定标准:JTG F80—2017.[S].北京:人民交通出版社股份有限公司,2017.

[2] 杨华,董世运,徐滨士.涂镀层厚度检测方法的发展现状及展望[J].材料保护,2008,No.358(11):34-37,71.

[3] 何棱云.基于红外无损检测技术的涂层厚度检测方法研究[D].成都:电子科技大学,2018.

[4] 江海军,陈力.锁相热波成像技术对涂层厚度的测量[J].无损检测,2017,39(4):38-41,48.

[5] 江海军,陈力.激光扫描热波成像技术及在航空领域的应用[J].红外技术,2018,40(6):618-623.

[6] Shrestha Ranjit, Kim Wontae. Evaluation of coating thickness by thermal wave imaging: A comparative study of pulsed and lock-in infrared thermography-Part I: Simulation[J]. Infrared Physics and Technology, 2017,83(2):124-131.

[7] Shrestha Ranjit, Kim Wontae. Evaluation of coating thickness by thermal wave imaging: A comparative study of pulsed and lock-in infrared thermography-Part II: Experimental investigation[J]. Infrared Physics and Technology,2018,92(2):24-29.

[8] 马晔.混凝土结构缺陷的红外热成像检测识别技术[J].公路交通科技,2017,34(12):59-65.

[9] 孙杰,甄宗标.红外热成像技术在桥梁钢结构涂装检测中的应用[J].世界桥梁,2019,47(5):69-73.

13. 桥梁缆索用高强度 Zn-10%Al-RE 合金镀层钢丝耐蚀性能研究

朱晓雄[1,3]　赵军[2]　王志刚[1]　章盛[1]　葛云鹏[3]

(1.江苏东纲金属制品有限公司;2.江苏法尔胜缆索有限公司;3.南京航空航天大学)

摘　要　本文对桥梁缆索用高强度纯锌镀层、Zn-5%Al-RE合金镀层和Zn-10%Al-RE合金镀层钢丝的镀层组织及耐蚀性能进行了对比研究。研究结果表明,Zn-10%Al-RE合金镀层由于Al含量的提高,镀层中Zn-Al共晶相的比例较Zn-5%Al-RE合金镀层更大且具有更多耐腐蚀的富铝相,说明其具有更好的耐蚀性能。从电化学分析和中性盐雾试验结果来看,纯锌镀层的自腐蚀电流密度约为Zn-10%Al-RE合金镀层的3倍,不同时间下的中性盐雾腐蚀失重为纯锌镀层的3.9~5.7倍,说明其在同一腐蚀环境中的耐蚀性能至少能够达到纯锌镀层的3倍以上。

关键词 桥梁缆索 Zn-10%Al-RE合金镀层钢丝 盐雾试验 耐蚀性能

一、引 言

桥梁缆索是斜拉桥和悬索桥等索结构桥梁的主要承重构件[1],高强度钢丝是缆索的核心组成构件,主要通过冷拉拔技术生产[2,3]。桥梁缆索长期暴露在复杂的大气环境中,其钢丝的抗腐蚀性能对于结构的耐久性和安全性至关重要。热浸镀金属镀层被公认为是钢铁保护最直接且最有效的方法之一[4]。热浸镀锌层可以有效的降低钢铁材料的腐蚀速率,增加基体的耐久性,并且具有成本低廉、操作便捷、与基体结合力强等优点,因此在桥梁缆索钢丝腐蚀防护中得到了广泛的应用。近年来,随着跨海大桥的兴建和钢丝强度的提高,桥梁缆索长期处于复杂海洋环境下,在电化学腐蚀和应力的共同作用下,传统的纯锌镀层无法满足需求[5]。如日本一些设计寿命100年的悬索桥,仅服役10年左右就出现了不同程度的腐蚀损伤[6]。此外,大量研究表明[7],钢丝的实际抗拉强度并不会因镀层腐蚀而降低,但钢丝基体一旦开始腐蚀,其延伸率将显著下降并导致断裂。在循环应力和海洋环境的长期侵蚀下,一些悬索桥主缆钢丝都出现了严重的腐蚀和断裂,如布鲁克林大桥和威廉斯堡大桥等[6],因此,钢丝的耐腐蚀性能与钢丝力学性能息息相关。

为进一步提高桥梁缆索钢丝的耐腐蚀性能,国内大型桥梁项目逐步采用Zn-5%Al-RE合金镀层替代纯锌镀层对高强钢丝进行腐蚀防护,如港珠澳大桥、南沙大桥、杨泗港长江大桥及沪苏通长江大桥等,其耐蚀性能是纯锌镀层的2倍以上[8-10]。Zn-10%Al-RE合金镀层则是在Zn-5%Al-RE合金镀层基础上开发出来的一种更具耐蚀性的新型合金镀层,近年来已广泛应用于电力通信架线、山体防护、港湾建设、家畜养殖及海洋养殖用网箱等领域,但该镀层在桥梁缆索领域未见相关应用[11,12]。2020年,江苏东纲金属制品有限公司结合缆索钢丝的性能特点,成功开发出桥梁缆索用Zn-10%Al-RE合金镀层钢丝,目前已批量生产,并即将应用于深中通道项目伶仃洋大桥主缆。

本文对桥梁缆索用Zn-10%Al-RE合金镀层钢丝的镀层组织及耐蚀性能开展研究,同时与传统纯锌镀层和Zn-5%Al-RE合金镀层进行对比,并采用中型盐雾试验和电化学测试对三种镀层的耐蚀性能进行评价。

二、试 验

1. 试样

试验采用直径为6.0mm的桥梁缆索用高碳钢丝,其化学成分见表1。其中Zn-5%Al-RE合金镀层钢丝与Zn-10%Al-RE合金镀层钢丝采用双镀法工艺,具体流程为:放线→碱洗→铅浴脱脂→盐酸洗→助镀处理→热浸镀锌→热浸镀锌铝合金→水冷→收线。Zn-5%Al-RE合金镀层中铝的质量分数为4.2%~7.2%,Zn-10%Al-RE合金镀层中铝的质量分数为9.0%~14.5%。本文中试验选取的三种镀层钢丝的主要性能指标检测值见表2。

钢丝化学成分(wt.%) 表1

元素	C	Si	Mn	P	S	Cu	Cr
wt.%	0.92	0.85	0.78	0.009	0.002	0.02	0.27

三种镀层钢丝主要性能指标检测值 表2

序号	检验项目	技术指标	实测值		
			Zn	Zn-5%Al-RE	Zn-10%Al-RE
1	直径(mm)	6.00±0.06	6.01	6.01	6.00
2	不圆度(mm)	≤0.06	0.02	0.01	0.01
3	抗拉强度(MPa)	≥2060	2135	2138	2140

续上表

序号	检验项目	技术指标	实测值		
			Zn	Zn-5% Al-RE	Zn-10% Al-RE
4	屈服强度(MPa)	≥1650	1915	1918	1919
5	弹性模量(GPa)	190~210	205	204	204
6	断后伸长率(%)	≥4.0	5.0	5.0	5.0
7	扭转(次)	≥12	33	31	32
8	缠绕	3D×8圈不断裂	未断裂	未断裂	未断裂
9	反复弯曲(次)	≥4	7	8	8
10	松弛率(%)	≤7.5	3.5	3.6	3.5
11	镀层铝含量(%)	—	—	6.2	10.2
12	镀层重量(g/m²)	280~400	330	327	322
13	镀层附着性	5D×8圈镀层不开裂	镀层不开裂	镀层不开裂	镀层不开裂
14	硫酸铜试验(每次浸泡45s)	≥2次	4	3	3
15	表面质量	光滑均匀、镀层无脱落、露铁、毛刺	光滑均匀、镀层无脱落、露铁、毛刺	光滑均匀、镀层无脱落、露铁、毛刺	光滑均匀、镀层无脱落、露铁、毛刺

注:以上三种镀层钢丝经应力上限$0.45\sigma_b$,应力幅410MPa,循环加载200万次均未断裂。

2. 试验方法

截取约1cm长的钢丝,镶样后用不同型号砂纸对试样横截面打磨,直至表面没有杂乱的划痕为止,接着对试样进行绒布抛光。采用蒸馏水冲洗,干燥后,在配比为0.5%的硝酸酒精溶液中腐蚀4~5s。采用日立S-3700N扫描电子显微镜按照JB/T 6824《扫描电子显微镜试验方法》对镀层组织形貌进行观察,并按照《微束分析 能谱法定量分析》(GB/T 17359)对镀层进行化学成分的线扫描,分析镀层的化学成分变化规律。

电化学测试采用三电极体系,饱和甘汞电极作为参比电极,铂电极作为辅助电极,镀层钢丝作为工作电极。试样非工作面用环氧树脂封装,测试面积为$1cm^2$。使用CHI760E型电化学工作站测试钢丝的极化曲线,腐蚀介质为3.5 wt%的NaCl溶液,动电位扫描速率为1 mV/s。电化学交流阻抗(EIS)采用输力强进行测试,腐蚀介质为3.5 wt%的NaCl溶液,交流信号振幅为10mV的正弦波,扫描频率范围为10^{-2}~10^5Hz。

盐雾试验按照国标《人造气氛腐蚀试验 盐雾试验》(GB/T 10125—2012)标准进行,试验溶液为5% NaCl溶液,温度为(35±1)℃。按照国标《金属和合金的腐蚀 腐蚀试样上腐蚀产物的清除》(GB/T 16545—2015)标准,采用失重法分析。

三、结果与讨论

1. 镀层组织形貌与元素成分分析

1) 纯锌镀层

图1为纯锌镀层元素分析。从图1中可以明显看出镀层金属元素主要以Zn、Fe为主,金属元素分布总体均匀,符合热镀锌元素分布规律。在镀层外侧区域,镀层元素主要以Zn元素为主,兼含有微量Fe元素,表明该区域主要为纯Zn的η相。在镀层的中间区域,Fe含量缓慢增加,表明该区域存在少量的Fe-Zn相,对照相图分析,可知该处主要为ξ相。在镀层邻近基体区域,Zn含量迅速减少,Fe含量明显增加,Zn向基体方向的迁移扩散受到抑制,该区域存在大量Fe-Zn相,即δ相层。

为进一步分析镀层各典型区域的合金组织,对试样横截面进行了微区元素成分分析。选定的微区见图2,对应的元素分析结果见表3。

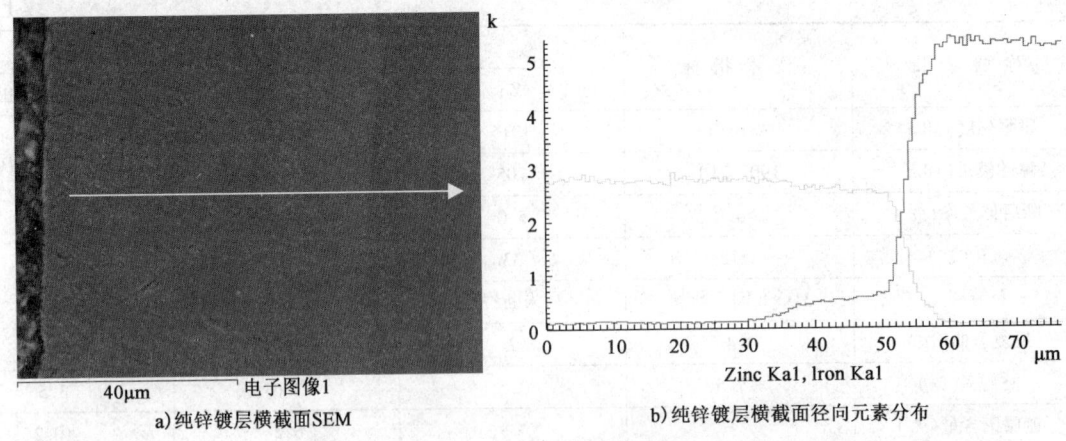

图 1 纯锌镀层横截面元素分析

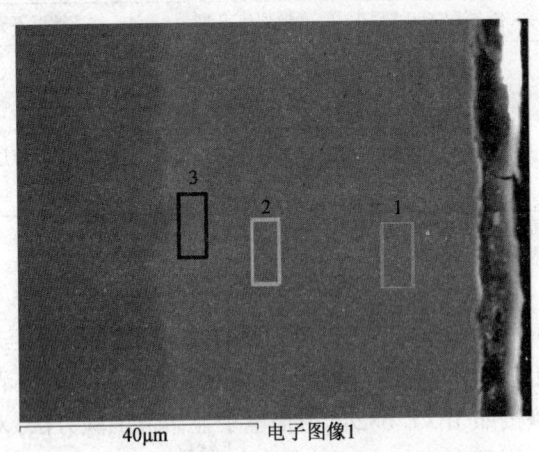

图 2 纯锌镀层截面 EDS 微区元素成分分析

纯锌镀层截面 EDS 微区元素成分分析（wt.%） 表 3

Weight(%)	Zn	Fe	Weight%	Zn	Fe
1	99.83	0.17	3	92.90	7.10
2	95.94	4.06			

热镀锌镀层组织的 EDS 如图 2 和表 3 所示，由表 3 可知微区 1 的 Zn 的质量分数达到 99.83%，可以基本确定为纯锌相，即镀层外层区域为纯锌相。微区 2 和微区 3 中 Fe 含量逐渐增加，表明该区域存在一定数量的 Fe-Zn 相。随着镀层靠近基体，微区 2 和微区 3 的 Fe 含量逐渐增大，镀层由 ξ 相逐渐过渡到 δ 相。热浸镀 Zn 后的钢铁材料在大气环境下的腐蚀首先从最外侧的凝固层和 η-Zn 层开始，再腐蚀 δ 和 ξ 层，镀层消耗完后会腐蚀基体。其中 η-Zn 层的耐腐蚀性最好，腐蚀周期最长。

2) Zn-5% Al-RE 合金镀层

由图 3a) 可知镀层与基体的结合较好，未见夹杂、缝隙等缺陷。显示镀层金属元素主要以 Zn 和 Al 为主，元素符合热镀锌铝合金的分布规律。

在镀层与基体的过渡区域，Al 含量较高，Zn 含量较低且低于 Al 含量，表明在该区域 Zn 向基体内侧方向的扩散受到了抑制。这是由于 Fe 和 Al 的亲和力大于 Fe 和 Zn 的亲和力，因此在浸镀开始时 Fe 原子会优先和 Al 原子结合形成晶粒细小且较为致密的 $FeAl_3$ 组织，抑制了 Zn 的扩散，因此该 $FeAl_3$ 相又称为抑制层。随着镀液中 Al 的消耗，基体附近 Al 含量迅速降低，Fe-Al 相的生长受到抑制，使 $FeAl_3$ 相难以持续增加，最终导致 $FeAl_3$ 抑制层只能在临近基体表面存在。由于热力学作用，基体中的 Fe 原子仍然能够扩散至 $FeAl_3$ 抑制层，使部分 $FeAl_3$ 转变为了 Fe_2Al_5 相。抑制层会在不断生长的 Zn-Fe 化合物层的作用下进裂并消失,最终生成的 Zn-Fe 化合物相层中只有少量残留的 Fe-Al 化合物。因此随着镀层向外侧生长,Al 含量逐渐降低,Zn 含量显著升高,Fe 在扩散作用下向外与 Fe 和 Zn 形成化合物。在镀层外侧区域,镀层元素主要以 Zn 和 Al 元素为主,兼有微量 Fe 元素。

图 4 和表 4 为 Zn-5%Al-RE 合金镀层元素成分分析。由图 4 和表 4 可知,微区 1 的 Fe 含量极低,证明在镀层外层区域,Fe 的扩散程度很低。Zn 的质量分数达到 94.95%,证明微区 1 内存在大量的纯 Zn 相。微区 2 中 Al 含量大大提高,同时含有一定量 Fe 元素,证明该微区含有 Fe-Al 相、Fe-Zn 相以及 Zn-Al 固溶体。微区 3 的 Fe 含量较高,主要来自钢丝基体,该区域主要是 Fe-Al-Zn 合金相以及 Zn 和 Al 形成的固溶体相。

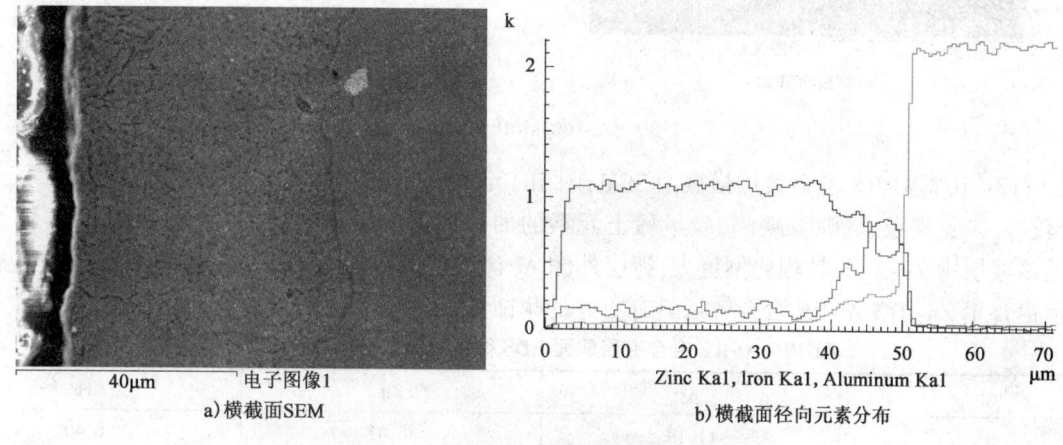

a) 横截面SEM   b) 横截面径向元素分布

图 3 Zn-5%Al-RE 合金镀层元素分析

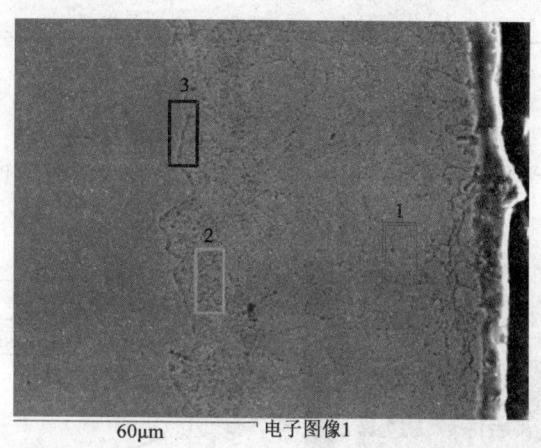

图 4 Zn-5%Al-RE 合金镀层截面 EDS 微区元素成分分析

Zn-5%Al-RE 合金镀层截面 EDS 微区元素成分分析(wt.%)   表 4

Weight%	Al	Zn	Fe
1	4.81	94.95	0.24
2	17.83	72.80	9.37
3	13.59	53.18	33.24

3) 热镀 Zn-10%Al-RE 合金镀层

图 6 和表 5 为 Zn-10%Al-RE 合金镀层元素成分分析。由图 6 和表 5 可知,Zn-10%Al-RE 合金镀层的成分分布趋势与 Zn-5%Al-RE 合金镀层相似,不同在于 Zn-10%Al-RE 合金镀层微区 1 处的 Al 含量远高于 Zn-5%Al-RE 合金镀层,微区 2 亦是如此。这说明相比 Zn-5%Al-RE 合金镀层,Zn-10%Al-RE 合金镀层在靠近镀层外侧区域含有更多的耐腐蚀的富铝相和 Fe-Al 相,能更有效的延缓钢丝基体的腐蚀。

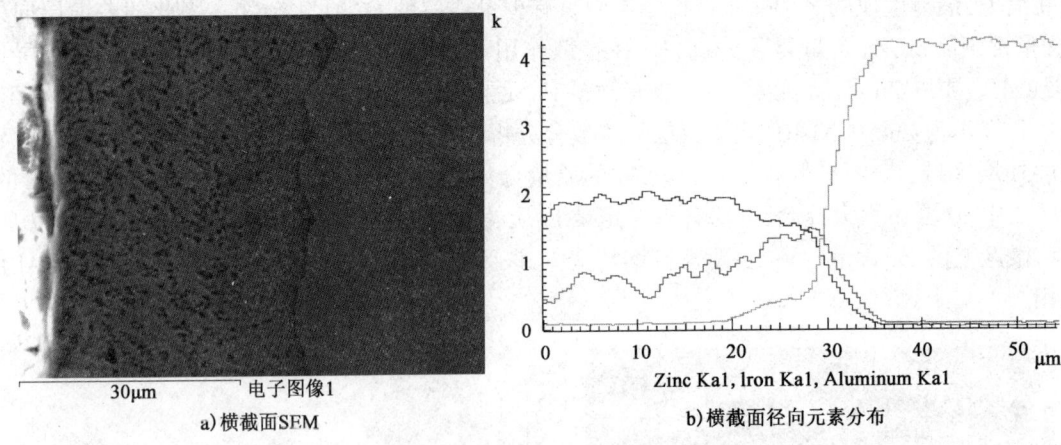

a) 横截面SEM   b) 横截面径向元素分布

图5 Zn-10%Al-RE 合金镀层

图5a) Zn-10%Al-RE 合金镀层横截面SEM,图5b) 元素成分变化规律总体与图3b) 相似,镀层与基体的结合较好,未见夹杂、缝隙等缺陷,微量稀土元素的加入使得镀层更加均匀、致密。且由于Al含量较高,可见该镀层中Zn-Al共晶相比例更大,镀层外侧Al含量仍保持较高水平,而Al具有优异的抗腐蚀能力,预示铝含量Zn-10%Al-RE 合金镀层具有更好的耐蚀性能。

Zn-10%Al-RE 合金镀层截面EDS微区元素成分分析(wt.%) 表5

Weight%	Al	Zn	Fe
1	11.19	88.41	0.40
2	24.78	64.40	10.82
3	13.37	15.39	71.24

2. 电化学分析

1) 极化曲线分析

纯锌镀层、锌-5%铝-稀土合金镀层及锌-10%铝-稀土合金镀层的极化曲线如图7所示,极化曲线拟合参数详见表6。

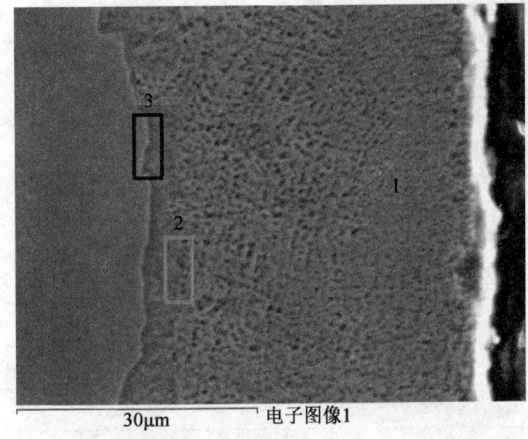

图6 Zn-10%Al-RE 合金镀层截面EDS微区元素成分分析

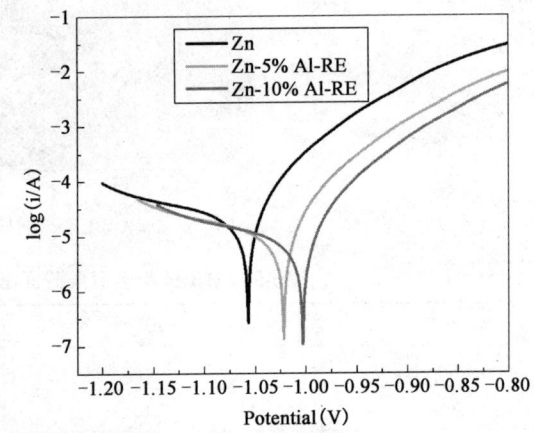

图7 三种镀层的极化曲线

三种镀层极化曲线拟合参数 表6

镀层类型	Ecorr/V	Icorr/uA.cm²	镀层类型	Ecorr/V	Icorr/uA.cm²
Zn	-1.04	28.75	Zn-10%Al-RE	-1.00	7.96
Zn-5%Al-RE	-1.02	12.48			

电化学极化曲线测试结果表明,Zn-10% Al-RE 合金镀层钢丝表现了更好的耐腐蚀性能。这是因为 Zn-10% Al-RE 合金镀层表面形成了更加致密均匀的 $ZnO·Al_2O_3$ 薄膜,同时其镀层组织存在大量更耐腐蚀的富铝相。

2)交流阻抗分析

对纯锌镀层、Zn-5% Al-RE 合金镀层及 Zn-10% Al-RE 合金镀层进行了交流阻抗测试,频率范围为 0.01~100kHz。结果如下:

从三种镀层的 Nyquist 图可以看到随着铝含量的增加(图8),阻抗弧与横坐标的交点也逐渐增大,说明电荷转移阻抗弧都比纯锌镀层大。由于容抗弧半径越大,其电化学反应阻力越大,其腐蚀过程中电荷转移阻力大,耐蚀性就强,说明镀层中含铝可以有效提高镀层的耐蚀性能。

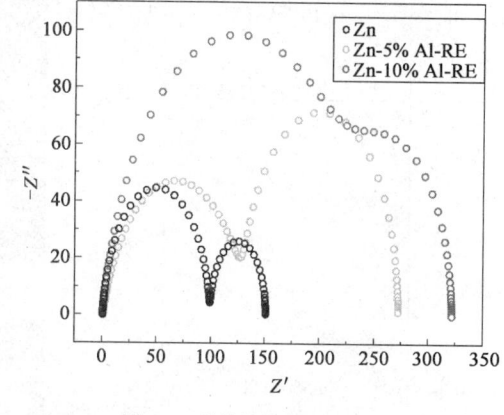

图8 三种镀层的 Nyquist 图

3. 中性盐雾试验

对纯锌镀层、Zn-5% Al-RE 合金镀层及 Zn-10% Al-RE 合金镀层钢丝进行中性盐雾腐蚀试验,分别在腐蚀 240h、480h、720h、960h 及 1200h 后对三组钢丝进行腐蚀产物的清除、烘干和称重,镀层表面腐蚀形貌见表7,镀层的质量损失率对比情况见表8。

不同中性盐雾时间后三种镀层的腐蚀形貌 表7

240h	Zn	1-240h
	Zn-5% Al-RE	2-240h
	Zn-10% Al-RE	3-240h
720h	Zn	1-720h
	Zn-5% Al-RE	2-720h

续上表

720h	Zn-10% Al-RE	
1200h	Zn	
	Zn-5% Al-RE	
	Zn-10% Al-RE	

不同中性盐雾时间后三种镀层的质量损失率（g/m²）　　　　表8

镀层类型	时间（h）				
	240	480	720	960	1200
Zn	81.480	141.117	159.870	156.548	143.114
Zn-5% Al-RE	25.000	48.415	66.787	77.167	71.114
Zn-10% Al-RE	15.235	24.623	33.711	34.945	37.013

盐雾腐蚀240h后，纯锌镀层表面出现大量白锈，而Zn-5% Al-RE合金镀层和Zn-10% Al-RE合金镀层表面的白锈较少；盐雾腐蚀720h后，纯锌镀层表面白锈进一步增加，并出现少量黄色锈斑，Zn-5% Al-RE合金镀层和Zn-10% Al-RE合金镀层表面白锈略有增加；盐雾腐蚀1200h后，纯锌镀层开始出现少量红锈，Zn-5% Al-RE合金镀层表面白锈进一步增加，而Zn-10% Al-RE合金镀层白锈未见明显增加，说明其耐蚀性较其他两种镀层好。

表8示出了三种镀层的质量损失率。从表8数据可以看出，纯锌镀层的质量损失率为Zn-5% Al-RE合金镀层的2.0~3.3倍，纯锌镀层的质量损失率为Zn-10% Al-RE合金镀层的3.9~5.7倍，结合电化学测试结果，在同一腐蚀环境下，Zn-10% Al-RE合金镀层的耐蚀性能至少是纯锌镀层的3倍以上。

四、结　语

通过对桥梁缆索用高强度纯锌镀层、Zn-5% Al-RE合金镀层和Zn-10% Al-RE合金镀层钢丝的镀层组织及耐蚀性能研究，得出以下结论：

（1）Zn-10% Al-RE合金镀层组织由均匀、致密的Zn-Al共晶相及Fe-Al-Zn合金相组成，且由于铝含量的提高，其Zn-Al共晶相组织的比例较Zn-5% Al-RE合金镀层更高，同时镀层表面形成了更加致密均匀的$ZnO \cdot Al_2O_3$薄膜且镀层中含有大量富铝相和Fe-Al相，能更有效的延缓钢丝基体的腐蚀。

（2）电化学分析结果表明，Zn-10% Al-RE合金镀层的自腐蚀电流密度远低于纯锌镀层，且具有更大的阻抗值。

（3）中性盐雾试验表明，纯锌镀层的质量损失率为Zn-10% Al-RE合金镀层的3.9~5.7倍，表明在同一腐蚀环境中其耐蚀性能至少为纯锌镀层的3倍以上。

参考文献

[1] KANG J R. Global attractor for suspension bridge equations with memory[J]. Mathematical methods in the applied sciences, 2016, 39(4): 762-775.

[2] Raabe D, Choi P P, LI Y J, et al. Metallic composites processed via extreme deformation: toward the limits of strength in bulk materials[J]. MRS bulletin, 2010, 35(12): 982-991.

[3] Borchers C, Kirchheim R. Cold-drawn pearlitic steel wires[J]. Progress in materials science, 2016, 82: 405-444.

[4] Pistofidis N, Vourlias G, Konidaris S, et al. Microstructure of zinc hot-dip galvanized coatings usedfor corrosion protection[J]. Materials Letters, 2006, 60(6): 786-789.

[5] Mayrbaurl R M, Camo S. Cracking and fracture of sus-pension bridge wire[J]. Bridge Eng, 2001, 6(6): 645.

[6] 叶华文, 王义强. 桥梁缆索腐蚀镀锌钢丝的疲劳强度试验研究[J]. 世界桥梁, 2013, 41(04): 44-49.

[7] 叶华文, 王义强. 腐蚀桥梁缆索的氢脆和腐蚀疲劳研究[J]. 中外公路, 2014, 34(06): 110-116.

[8] 谭澄宇, 魏修宇, 陈淮. Zn-5% Al-RE镀层耐蚀性能的研究[J]. 电镀与环保, 2002, 22(5): 29-32.

[9] 蒋治鑫, 李广龄. Zn-5% Al-RE合金(Galfan)镀层钢丝的开发应用[J]. 金属制品, 2001, 27(2): 4-7.

[10] 张建国, 高飞, 王子昆. 超高压输电线路Zn-5%Al-混合稀土合金镀层钢丝及钢绞线的生产技术研究[J]. 天津冶金, 2007, 141(3): 3-6.

[11] 江社明, 王贺贺, 李远鹏, 等. 耐海洋大气腐蚀Zn-10% Al镀层钢丝组织及耐蚀性分析[C]. 2014海洋材料腐蚀与防护大会论文集. 2014: 314-319.

[12] 王永亮, 李远鹏, 杨光糯, 等. Zn-10% Al-RE镀层钢丝组织及耐蚀性[J]. 腐蚀与防护, 2015, 36(05): 419-422.

14. 智能制造技术在深中通道钢结构桥梁中的应用与探索

阮家顺[1] 吴茂传[2] 杨 帆[1]

(1. 武船重型工程股份有限公司; 2. 中船重工信息科技有限公司)

摘 要 深中通道是唯一直连"深莞穗"与"珠中江"的通道，工程面临着建设条件复杂、技术难度大和对施工企业工程业务链配套能力要求严格等建设挑战，研究基于BIM的智能制造技术对钢箱梁的设计、制造、加工具有非常重要的现实意义。本文以BIM技术为基础，利用智能传感、物联网、协同设计和一体化集成等技术，建造了以智能化下料加工生产线、智能化板单元生产线、智能总装生产线、智能喷涂生产线及桥梁钢结构智能制造信息管理平台为核心的"四线一平台"桥梁钢结构的智能制造平台，提升了桥梁钢结构板单元生产线自动化、数字化和信息化管理能力。该平台在本项目的应用探索对于提高安全质量水平、降低劳动强度、加快建造速度、实现绿色建造和节能减排具有重要意义。

关键词 智能制造 深中通道 钢结构 BIM技术

一、引 言

深中通道是我国继港珠澳大桥之后又一世界级集桥、岛、隧、水下互通立交为一体的跨海交通集群工程,全长约 24 公里。桥梁工程全长 16.9 公里,钢箱梁总量约 26 万吨,工程规模宏大,建设条件复杂,对钢箱梁的制造质量和工期保障提出了很大挑战,对钢箱梁的自动化和智能化提出了内在需求。

近年来,BIM 作为新型信息化技术,逐渐被应用于大型公共基础设施工程中,它可以将工程设计、施工和运维的过程信息动态联系起来,并实现信息的可视化,提升结构状态的表现力和各阶段信息的提取能力[1-3]。范蠡大桥项目应用 BIM 技术优化了大桥的施工方案[4];永川长江大桥项目研究了 BIM 技术在大跨度斜拉桥设计中的应用方法[5];在铁路信息化建设中采用 BIM 与 GIS 技术的融合方法,提高了 GIS 平台对 BIM 模型的集成和管理水平[6]。随着 BIM 技术在基础设施工程中的应用逐步深化,和项目体量、复杂程度的增加,BIM 协同管理平台不能再单一地局限于"各参建单位的协同工作"、施工现场的"智慧管理"、"监控系统集成"、"工程量及工程方案复核"、"方案汇报可视化"等概念的场景应用,而是需要真正从项目的初期开始,进行项目的信息化系统架构的规划。

因此,本文以 BIM 技术为基础,利用智能传感、物联网、协同设计、一体化集成等技术,有机集成自动化生产线、装配、焊接、涂装机器人等数字化制造装备,通过执行指令、工作状态和运行管理等制造活动之间信息的实时交互,形成以智能化下料加工生产线、智能化板单元生产线、智能总装生产线、智能喷涂生产线及桥梁钢结构智能制造信息管理平台为核心的"四线一平台"桥梁钢结构的智能制造平台,满足钢箱梁设计、制造、加工的自动化、数字化和智能化的要求,实现桥梁钢结构制造的提质增效,不断发展我国钢箱梁智能制造的核心技术基础[7]。

二、智能制造平台的建立

1. 智能制造平台的研制

结合深中通道钢结构桥梁工程实际需求,通过分析钢箱梁制造加工工艺流程与特点,对全厂设备、工艺路线、物流转运进行集成规划。以钢箱梁数字全模型为基础,将物料管理技术、三维架构一体化、板材制造信息管理技术、虚拟预拼装技术和工业物联网平台技术等核心制造技术进行整合,综合应用于钢箱梁的设计、仿真、制造、管理、试验测试的各个阶段和各个方面。通过信息资源共享、研制过程协同、软件功能集成和基础环境建设,促进产品研制的数字化综合集成应用。建立以桥梁制造装备产线集成、桥梁工程设计建造集成、制造业务单元集成、运营管理一体化管理集成、试验测试总集成等为主的数字化工程建设平台。有效实现系统服务平台与高端制造设备、桥梁制造工艺、经营决策支撑、深中通道 BIM 制造模型等相结合的集成创新,提高制造生产效率、降低制造资源消耗、提升产品内在品质、记录生产过程质量状况,促进钢结构桥梁产业持续、健康发展,打造在桥梁领域"智能制造"高端品牌。总体规划框架如图 1 所示。

2. 智能制造平台的组成

钢结构桥梁工程智能制造集成平台包含四大子系统,分别为桥梁钢结构经营一体化信息管理系统、桥梁钢结构数字全模型信息管理系统、桥梁钢结构物料优化及管控系统和桥梁钢结构制造集成智能化管理系统。底层由设备层及网络层等硬件环境支撑,通过统一的开发平台提供数据和业务支撑,从而对桥梁钢结构工程中的各种资源、计划、质量等进行合理调度、跟踪,形成制造过程一体化、生产计划精细化、业务过程信息透明化、制造系统平台化集成化、质量数据可追溯、物料配送智能化平台,并为企业运营提供数据分析决策支持,使企业管理和信息化水平得到大幅提升,钢结构桥梁工程智能制造集成平台的技术架构如图 2 所示。

3. 经营一体化信息管理系统

桥梁钢结构经营一体化信息管理系统是一套适应钢结构业务特点且具备兼容与扩展性的经营管控平台。可以利用设备智能化管控与生产过程管理的一体化应用,实现精细化、实时化、智能化的制造集成化管理,基于大数据技术框架的各类数据采集、存储、清洗、分析及展现,提供全面、实时、准确、溯源的企业经营数字化实况,实现可管、可控、可视的决策数字化管理,桥梁钢结构经营一体化信息管理系统如

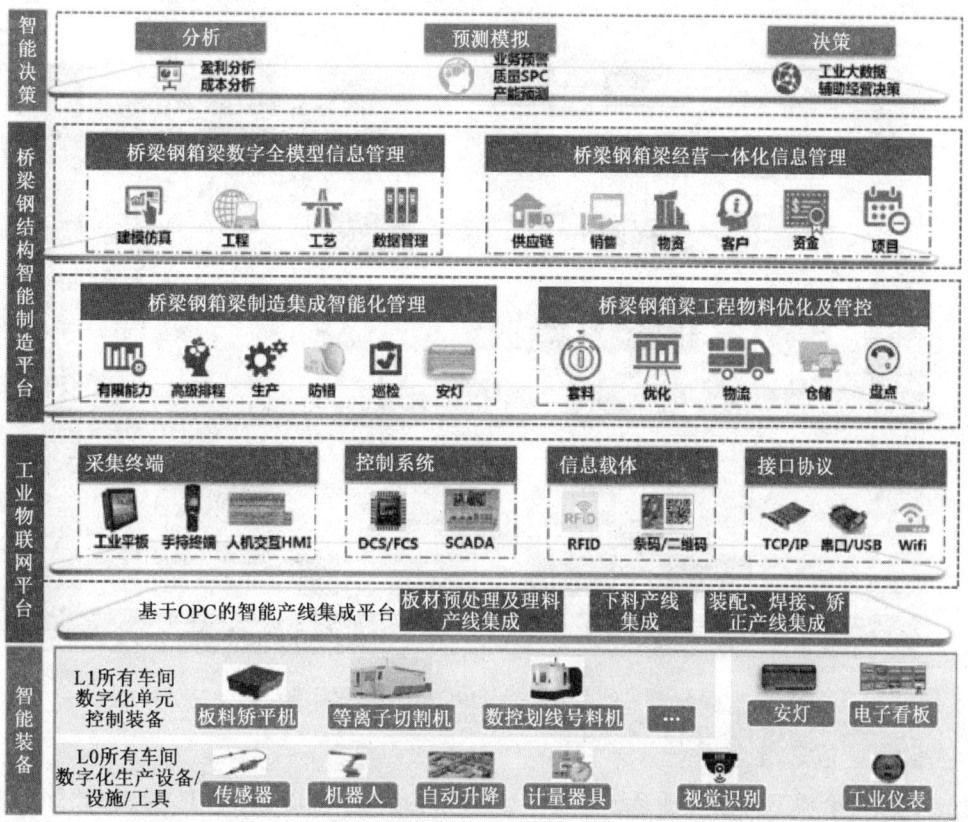

图1 总体规划框架

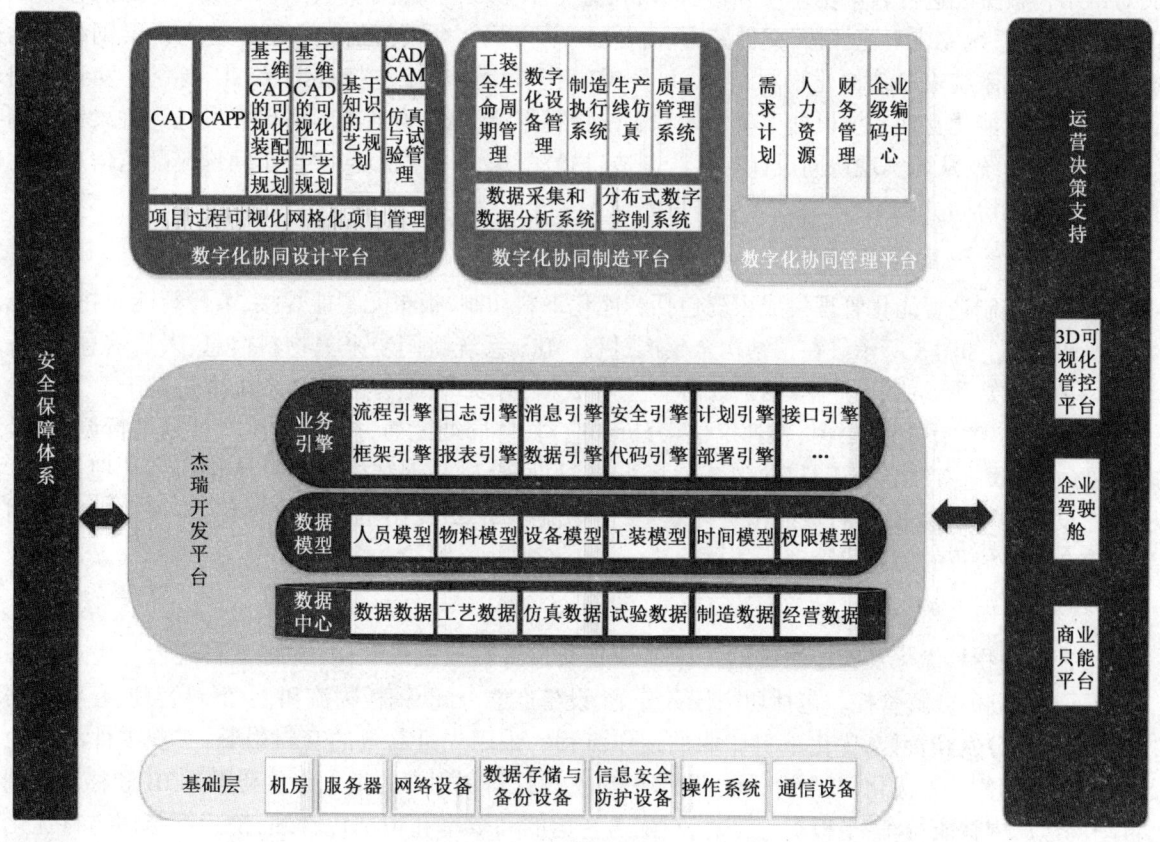

图2 钢结构桥梁工程智能制造集成平台

图3所示。

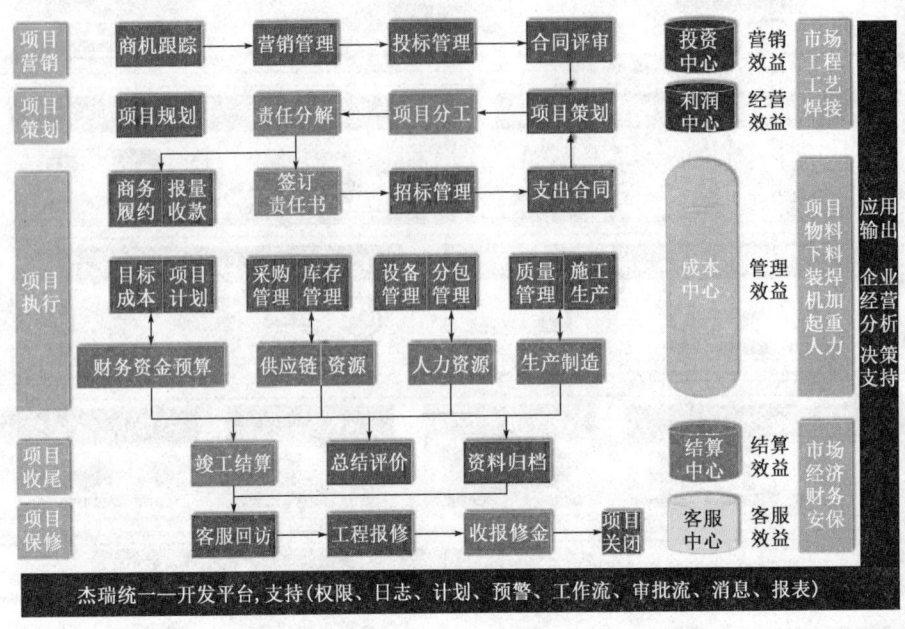

图3 桥梁钢结构经营一体化信息管理系统总体架构

4. 数字全模型信息管理系统

桥梁钢结构数字全模型信息管理系统是基于SOA架构搭建CAD/CAPP/CAM、CAE等设计软件的集成系统平台,如图4所示。基本原理是通过制定建模及规范的数据接口与CATIA、TEKLA等仿真软件的集成对钢结构板单元进行数字化建模和仿真分析,进一步生成产品结构树、工艺BOM、装配信息等工艺文件,最后通过系统完成工艺评估、文件签审。桥梁钢结构数字全模型信息管理系统向桥梁钢结构制造集成智能化管理系统输出结构化物料信息,并将3D工艺过程卡、工艺指导以及NC指令下发到车间现场。制造集成智能化管理系统根据生产计划和工位物料需求情况,形成物料清单并发送到桥梁钢结构物料优化及管控系统,从而实现协同设计与生产制造、物流配送一体化管理,实现车间物流配送信息的精确化管理和一体化协同。

5. 智能化管理集成系统

桥梁钢结构制造智能化管理集成系统包括智能化下料切割、板单元智能焊接、节段智能总拼、智能涂装生产线四部分,如图5所示。在钢结构全生产过程,MES系统将同步采集物料信息、人员信息、设备信息、加工关键参数、质量信息、产量统计,库存信息等数据,并实时回传至ERP系统中。对于上下游生产和供应链协同发生"衔接"异常时,快速定位、分析和应对,协同调度通过人工对生产计划进行调整,最终生产结果(成品投入/产出/完工日期/包装信息等)将返回至桥梁钢结构经营一体化信息管理系统。根据桥梁建设工程工期要求,进行成品出货计划,安排物流计划,最终出货到施工现场,实现从生产计划到产品入库全业务流程的信息化管理。

6. 物料优化及管控系统

桥梁钢结构物料优化及管控系统的工作原理是通过将数控机床联网,并将下料流程与生产设备集成,实现下料计划的分解管控。包括切割任务分配、设备产能分配、钢板物流和上/下料管理、套料数据和NC程序的自动分发和管控,优化下料作业的运作流程。采用先进高效的套料引擎,实现零件的自动套料、订单合并、切割计划优化,并配合手动调整功能,实现排料利用率的最大化。利用RFID和移动终端技术,自动调运厂内智能行车、平板车,实现物料配送转运的高效率和精细化管理,桥梁钢结构物料优化及管控系统业务流程图如图6所示。

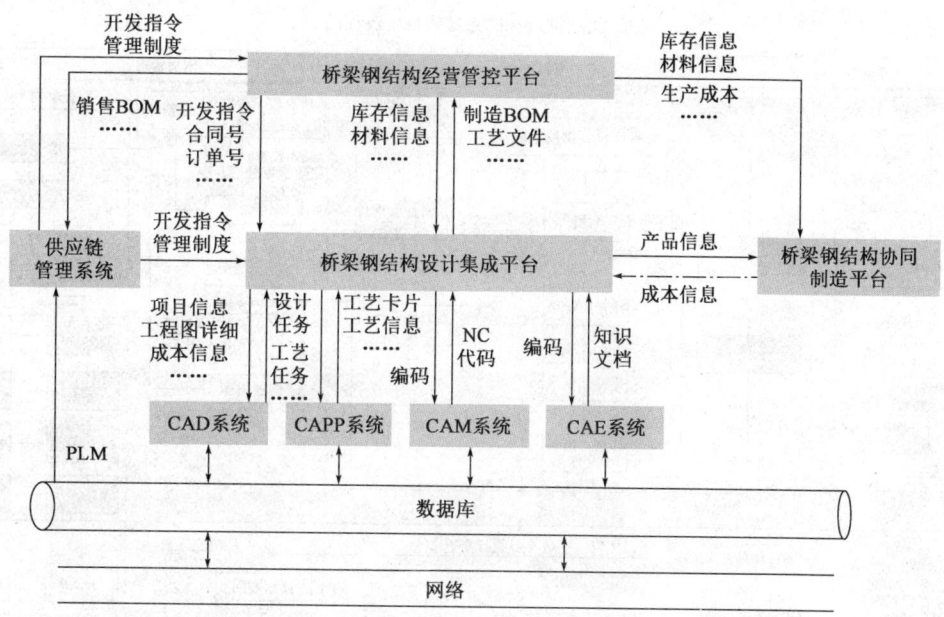

图 4 桥梁钢结构数字全模型信息管理系统集成架构

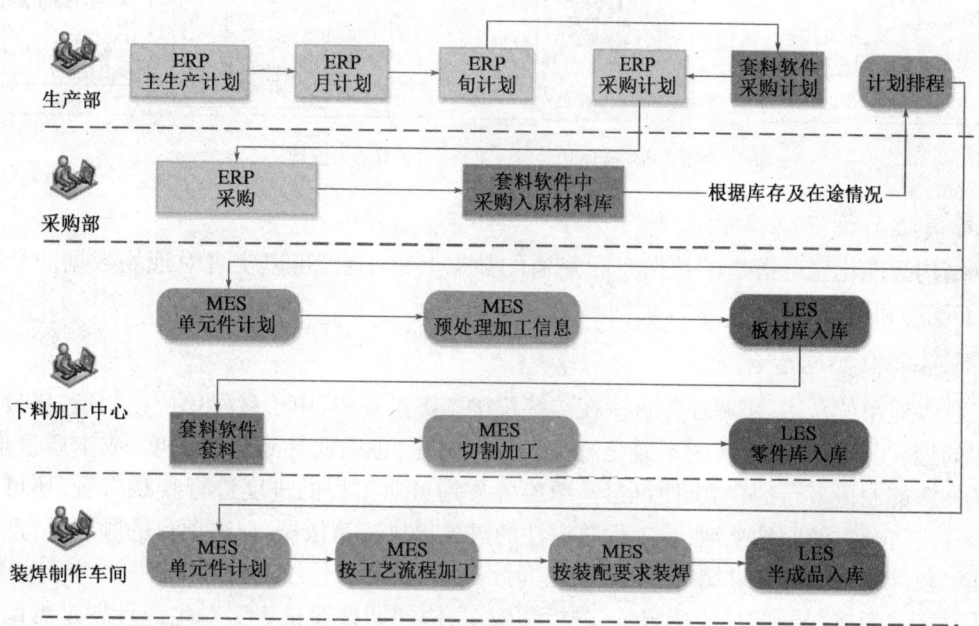

图 5 桥梁钢结构制造智能化管理集成系统架构

7. 基于 BIM 技术的智能制造集成应用

为高标准完成深中通道的设计、制造、施工、运维质量全过程控制,按照工程管理全过程信息化管理、智能制造和智慧工地建设的要求,基于深中通道 BIM 协同平台业务架构,深化基于钢结构智能制造的三维数字化生产设计,开发 BIM 平台的数据接口,实现深化设计、工艺仿真和与制造管理过程的数据集成,全面提升工程建造质量和综合管理水平。

三、智能制造技术平台的预期效果

武船重工行股份LES系统项目主流程图

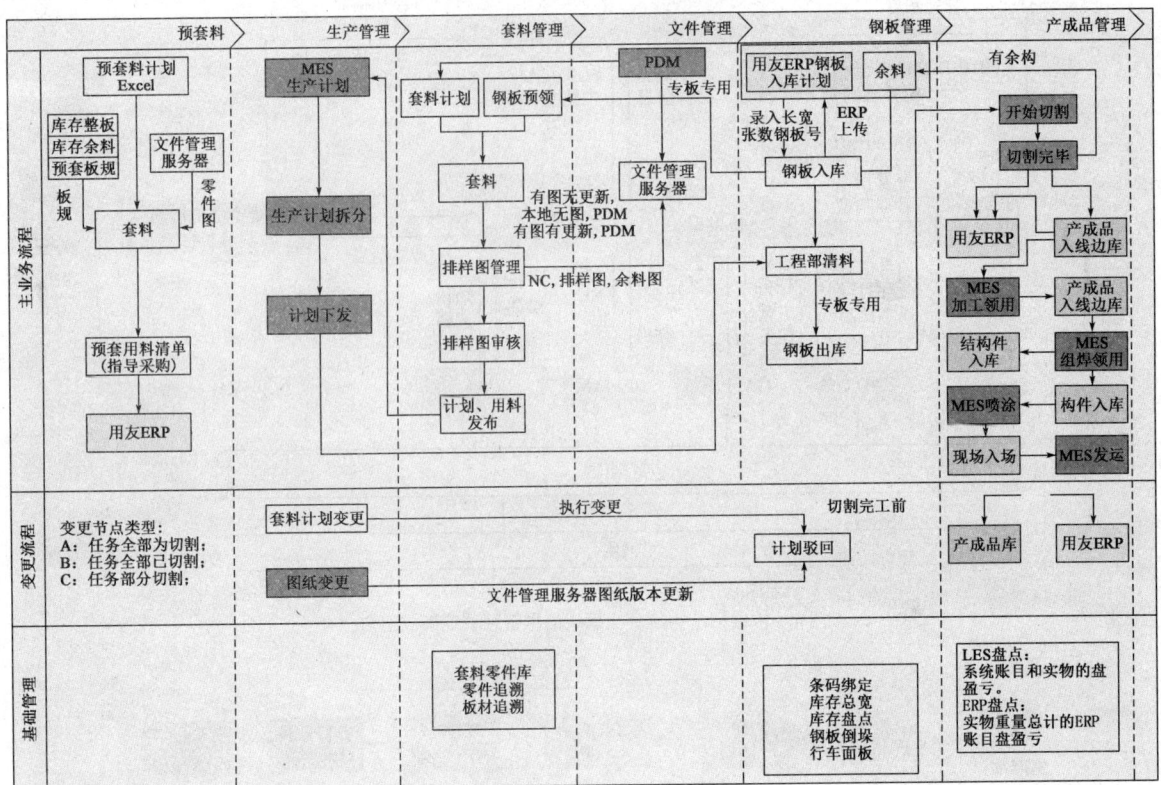

图6 桥梁钢结构物料优化及管控系统业务流程

1. 提高信息数据互通互联能力

桥梁钢结构智能化建造搭建了数据互联互通的数据共享平台,可以实现对现场数据的全面实时采集,保证施工现场和制造工厂的信息实时对接。

2. 提高各单位协同合作能力

桥梁工程参建单位众多,协调任务重。在传统桥梁施工过程中,由于参建单位在制造、供货、组装、试验等工作中的地域分散较广,给实时沟通交流带来较多问题,也因此导致施工进度、成本质量难以把控。而桥梁钢结构智能制造平台的建立,使得参建单位各方均可对工程的进度进行直观查看,还可以根据工程的过程信息进行独立的归纳总结,为工程阶段性的进展提供决策依据,保证项目的顺利进行。

3. 提高生产工序管理、优化施工管理能力

桥梁智能制造技术平台可以通过MES系统的产品管理、工艺路线管理、工序管理、作业指导书管理模块,对工程中待加工的钢材进行有效管理;通过MES的生产派工计划,可以精确指导工程中各个生产企业的加工工位对于加工内容和加工工艺的管理,有效保障工程的施工进度,提升项目质量。

4. 推动制造升级

桥梁钢结构智能制造技术平台可以推动制造升级。它以桥梁钢结构模型中规范化的编码方式为基准,通过统一的编码形式,以一物一码的精益化管理方式,关联工程中桥梁结构的各类制造信息,将桥梁结构工程管理的颗粒度细致到零件级别。能够实现零件的模型设计到与加工设备的无缝对接,包括材质、厚度、尺寸、工艺等,最终实现模型与加工一体化。现场检验人员可以通过移动端设备扫描零件编号或者RFID、条码等,可实现自动化识别并实现报工报检,提高质检效率,便于后期对产品信息进行追溯。

四、面临的问题与对策

1. 认识不足

在智能技术实施过程中,普遍存在对智能制造技术的认识度不足。首先是对智能化建造能够推动企业工业转升级的重要意义认识不到位,存在将目前应用的智能制造技术等同于生产车间的自动化制造,从工业化、信息化融合的角度考虑不深。其次,软件型人才储备不足,这也反映了企业对基础的信息化软件认识度不足。虽然设置有信息化管理办公室或信息化有关部门,但是对于软件技术的积累、自我开发能力不够。此外,对于软件的投入和成本效益回收上难以达到心理预期,造成初期虽有信息化系统的引进,但是在后期的系统研发和升级上再次投入存在不确定性。

2. 经验不足

目前制约企业智能制造技术发展的主要因素是存在信息孤岛、自动化孤岛、信息系统与车间自动化系统三种类型的孤岛。对于工艺设计、企业管理、生产制造、产销维护、上下级企业财务管理等内容,缺乏统一部门进行系统推进。在系统上线前的工作推动和上线后的应用上,应有一个独立的部门、机构能够进行统筹规划和管理。

3. 对策

深中通道钢箱梁制造工程推行智能制造有较好基础和有利条件:一是深中通道工程前期就对钢箱梁智能制造进行了顶层设计,包括"四线一系统"构架、智能制造评价体系以及专项资金设置等,项目以解决正交异性桥面板疲劳损伤等钢箱梁通病为突破点,重点提高焊接、涂装作业等关键工序和有毒有害工种自动化水平[8],目标明确,定位精准,为后期实施指明了方向。二是通过港珠澳大桥钢箱梁的制造,国内桥梁钢结构制造技术和装备取得了长足进步,机械化、自动化制造水平显著提高,龙门焊接专机、焊接机器人等设备得到推广应用。三是深中通道沉管钢壳智能制造许多成功实践经验,为钢箱梁制造工程提供了很好的参考与借鉴。四是深中通道钢箱梁规模宏大,结构标准化程度高,为智能制造的推行提供了内在的需求动力。五是选择了实力领先的专业技术团队作为合作伙伴,中船重工信息科技有限公司作为项目总承包牵头单位,华工科技作为成员单位,用友网络、武汉开目等作为专业分包来保障智能制造的实施。

五、结 语

本文基于深中通道桥梁钢结构工程设计、制造、加工一体化的分析,结合钢箱桥梁工程特点,研究并设计了以桥梁钢结构经营一体化信息管理系统、桥梁钢结构数字全模型信息管理系统、桥梁钢结构物料优化及管控系统、桥梁钢结构制造集成智能化管理系统四大子系统为核心的桥梁钢结构的智能制造平台,正在深中通道钢箱梁制造工程G03标进行部署和实践应用。该平台将实现四大子系统的互联互通,横向打通钢结构桥梁工程产品研发、工艺设计、生产制造、物流转运、交付运维等价值链环节,纵向实现平台与高端制造设备、桥梁制造工艺、经营决策支撑、深中通道BIM制造模型等相结合的集成创新,为G03标智能化建设提供坚实基础,也对桥梁工程或同类工程的智能制造信息化管理和应用提供了参考与借鉴。

参考文献

[1] 胡振中,路新瀛,张建平.基于建筑信息模型的桥梁工程全寿命期管理应用框架[J].公路交通科技,2010,27(9):20-24.

[2] 吴洋.BIM技术在综合体建设工程风险控制中的应用[J].建筑技术 2017,48(5):508-511.

[3] 欧阳焜.BIM多因素随机性工程项目进度预测模型研究[J].建筑技术,2017,48(4):395-398.

[4] 陈竟翔,曾明根,孙丽明.BIM技术在大型复杂桥梁施工方案优化中的应用探索:以范鑫大桥项目为例[J].结构工程师,2017,33(2):182-189.

[5] 宋福春,陈冲,张兴,等.BIM技术在大跨度斜拉桥设计中的应用[J].沈阳建筑大学学报(自然科学版),2016,32(1):115-123.

[6] 范登科.BIM与GIS融合技术在铁路信息化建设中的研究[J].铁道工程学报,2016,5(10):106-110,128.
[7] 宋神友,陈伟乐,金文良,等.深中通道工程关键技术及挑战[J].隧道建设(中英文),2020,40(01):143-152.
[8] 陈伟乐.深中通道智能制造[J].中国公路,2019(17):52-54.

15. 基于网片弯折成型的超高索塔钢筋部品装配化施工工法

程茂林[1,2]　吴中正[1,3]　陈　斌[1,4]

(1.中交第二航务工程局有限公司;2.长大桥梁建设施工技术交通行业重点实验室;3.交通运输行业交通基础设施智能制造技术研发中心;4.中交公路长大桥建设国家工程研究中心有限公司)

摘　要　深中通道—伶仃洋大桥塔身钢筋层数多、数量大、结构复杂,施工难度大。为提高混凝土桥塔钢筋部品工业化建造水平,降低作业人员劳动强度和安全风险,深中通道S04标段以"工厂化生产、装配化施工"为总体思路,将绝大部分桥塔钢筋网片的制造转入地面工厂,通过工业化流水线的方式进行钢筋网片生产,对钢筋网片进行整体弯折成型,采用钢筋部品装配化方式进行塔柱节段拼装。索塔钢筋部品化施工工效提升30%,实现了钢筋网片毫米级精度控制,提高了施工效率,保障了工程品质。

关键词　深中通道　桥塔建造　钢筋部品　装配化施工　生产线

一、引　言

当前,我国经济发展进入新常态,需要加快转变发展方式,推进产业升级。大型交通基础设施建设作为经济社会发展的基础,亟须充分利用工业化、智能化技术改造传统建造技术,提升我国工程建造技术水平,增强国际竞争力。

目前,我国也开始在基础建设领域中尝试应用钢筋部品装配化技术,这项技术在桥梁建造的桩基、墩柱及盖梁施工中已趋于成熟[1]。上海S26公路是我国首个"钢筋模块化"应用的项目,根据结构特点、制作难度等将钢筋模块划分为立柱钢筋笼整体模块、承台钢筋笼整体模块、承台钢筋网片模块以及钻孔灌注桩钢筋笼分段模块[2]。浙江象山高湾特大桥工程通过BIM技术三维建模,对钢筋模块进行优化布筋,从理论层面上保证了钢筋模块组拼时的匹配性,基本能避免模块安装时钢筋的冲突碰撞[3]。鸭池河大桥项目借鉴钢箱梁节段厂内匹配加工的思路,在地面设置索塔钢筋预拼胎架,将索塔竖向主筋按"基准节+次节"进行匹配制作,将钢筋节段整体吊装至塔上对接并安装,相邻节段间采用直螺纹套筒连接。虎门二桥主塔施工过程中,采用了预制网片吊装至塔顶拼接的方案,部分实现了索塔钢筋网片的预制装配化。

钢筋部品装配化技术的应用减轻了劳动强度,降低了安全风险,提高了施工效率[4-7]。但是,钢筋施工最普遍的方式仍是后场单元件加工,现场全人工绑扎成型,属于劳动密集型作业,对异型结构适应性强,对人工需求大。因此,如何提高钢筋部品工业化建造水平,减少人员操作,保障施工人员安全,实现机械化、自动化,这是当前迫切需要解决的问题。

本文依托深中通道—伶仃洋大桥[8-9],以"工厂化生产、装配化施工"为总体思路,将绝大部分桥塔钢筋网片的制造转入地面工厂,通过工业化流水线的方式进行钢筋网片生产,对钢筋网片进行整体弯折成型,采用钢筋部品装配化方式进行塔柱节段拼装,通过融合装配化、自动化、信息化技术,最终形成深中通道超高桥塔钢筋部品装配化施工关键技术。

二、项目概况

深中通道北距虎门大桥约30km,南距港珠澳大桥38km,东接机荷高速,跨越珠江口,西至中山马鞍岛。项目全长约24.03km,其中跨海段长22.39km,伶仃洋大桥为主跨1666m三跨全漂浮体系悬索桥,是桥梁标段关键控制性工程,如图1所示。

索塔采用门式造型,索塔设置上、中、下三道横梁,总高度270m。上、下塔柱均采用八角形截面,下塔柱高程范围为+0m至+79m,截面尺寸由13m×16m过渡到8.4m×12m。上塔柱高程范围为+79m至262.5m,截面尺寸由8.4m×12m过渡到7.5m×12m。全塔采用C55混凝土,主塔钢筋为三层主筋,均采用HRB400级热轧带肋钢筋,外圈双层主筋直径为40mm,箍筋直径为20mm,内圈一层主筋直径为32mm,箍筋直径为16mm。塔柱钢筋平面布置如图2所示。

图1 深中通道—伶仃洋大桥效果图

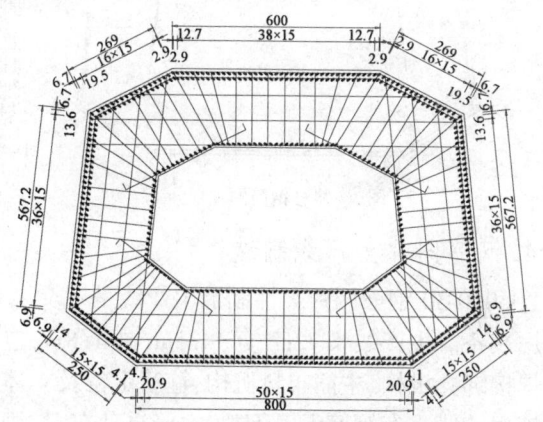

图2 塔柱钢筋平面布置(尺寸单位:cm)

三、塔柱钢筋总体施工方案

塔柱钢筋采用"厂内网片预制,胎架节段拼装,整体吊装上塔"的施工方法。塔柱钢筋网片在场内预制,通过TD6000-30钢筋网片柔性制造生产线进行无人布料、自动焊接和整体弯折成型。钢筋网片由驳船运输至水上平台,在塔下胎架内拼装,穿插拉钩筋后形成钢筋部品。钢筋部品由塔吊整体吊装上塔,通过锥套连接。

四、钢筋部品施工关键技术

塔柱钢筋部品施工首先要确定钢筋网片划分方案,这将决定生产线整体尺寸、网片运输方式和部品拼装效率。根据钢筋加工厂行车吊高、桥塔塔吊的起重能力,合理设计塔柱分节长度。在钢筋网片弯折、翻身过程中需要设计固形工装、运输托盘和专用吊具,在钢筋部品拼装时,设计拼装胎架和专用吊具。

1. 钢筋网片划分

深中通道伶仃洋大桥塔柱有内外三层钢筋网,外两层钢筋网片可成环预制,从减少箍筋接头数量、提高网片制造工效考虑,将外两层钢筋网按面中线分割,每张钢筋网片包含5个边,自身对称,最大周长为27m。内环钢筋网片由于自身构造特点,不可成环预制,将其分割为8个平面网片,最大长度9m,如图3所示。

2. 塔柱节段划分

根据主筋来料长度,尽可能减少切割余量,塔柱节段长度可划分为3m、4.5m、6m和9m。由于塔柱塔吊起重能力限制,9m节段钢筋部品重量过大。3m节段长度增加了钢筋部品对接接头数量,成本提高,施工效率降低。考虑到钢筋加工场内行车吊高对网片翻身的限制,下塔柱划分为4.5m节段,上塔柱划分为6m节段。

3. 钢筋网片平面展开图

外层钢筋网片由平面网片整体弯折成型,首先绘制塔柱钢筋网片平面展开图。根据塔柱构型建立三维模型,以其中一个面为基准进行展开,在展开的轮廓图上按照设计间距布设箍筋,根据主筋排布原则布设主筋,得到钢筋网片平面展开图,如图4所示。塔柱构型上小下大,钢筋网片展开后呈扇面分布。

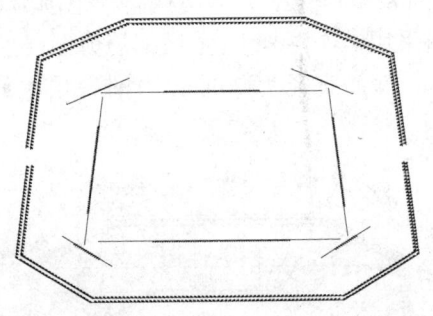

图3 塔柱钢筋网片划分

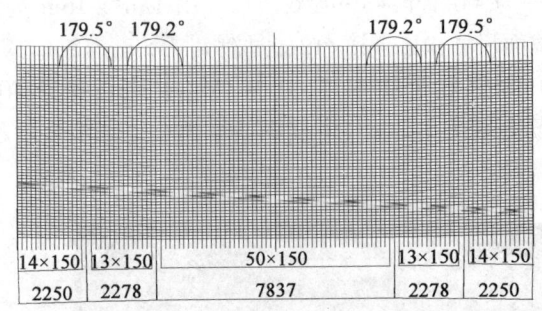

图4 塔柱钢筋网片展开图(尺寸单位:mm)

4. 钢筋网片生产线制造

TD6000-30钢筋网片柔性制造生产线是中交二航局自主研发的国内首台超大尺寸钢筋网片整体成型专用装备。生产线长72m,宽14.5m,高1.8m,包含箍筋下料机构、箍筋布料初定位机构、箍筋牵引及自动焊接绑扎机构、主筋布料机构、箍筋定位及立体弯折机构、主筋补料机构等六大组成部分,如图5所示。该生产线具有箍筋无人下料、主筋自动布料、机械手自动焊接和绑扎、钢筋网片空间立体弯折等关键功能,能够在毫米级精度上实现超大尺寸桥塔钢筋网片整体自动化成型。

1)箍筋下料

箍筋原材料直接吊运至生产线,由阶梯上料机构分散至传输托辊上,在闪光对焊机上进行箍筋自动接长,接头质量经检测符合规范要求,箍筋闪光对焊如图6所示。钢筋剪切机根据输入尺寸对箍筋进行自动剪切,再由联合阶梯上料机构输送至箍筋布料平台。箍筋经过自动接长和定尺剪切后,不仅满足了网片长度要求,有利于工业化制造,而且避免余料产生,节省成本。

图5 TD6000-30钢筋网片柔性制造生产线

图6 箍筋闪光对焊

2)箍筋牵引与平面弯折

箍筋布料平台存放一张网片的箍筋,由牵引龙门将箍筋整体牵引至网片弯折平台,箍筋落入对应一次平弯托梁导槽内。箍筋牵引到位后,一次平弯托梁由伺服电机驱动,按照钢筋网片平面展开图将箍筋平面弯折成扇面。

3)主筋布料与自动焊接

主筋原材料需要锯切成设计长度,然后成捆吊运至生产线,经阶梯上料、补料龙门抓取后,输送至主筋布料龙门。布料龙门根据一次平面展开图主筋布置原则,从箍筋端头开始进行主筋自动布料。牵引龙门搭载6套焊接机械手,自动跟随布料龙门,对主筋进行自动焊接,最终形成平面钢筋网片,如图7所示。

4) 钢筋网片立体弯折成型

钢筋网片柔性比较大,在弯折和翻身的过程中,依靠固形工装进行支撑。固形工装为5片独立桁架式结构,在平面钢筋网片成型后安装,工装与网片通过钢筋夹具连接,工装之间通过螺杆和固定斜撑连接。由于塔柱的构造特点,钢筋网片从底部开始尺寸持续缩小,通过螺杆和工装滑块适应网片尺寸变化。在钢筋网片弯折过程中,利用2台行车4个吊钩辅助起吊,消除工装与网片自重,防止钢筋网片变形。在平面钢筋网片每根弯折线位置安装反压块,由弯网机对平面钢筋网片进行整体弯折,每个折角成型后立即安装螺杆和固定斜撑。钢筋网片立体弯折成型如图8所示。

图7 平面钢筋网片成型　　　　图8 钢筋网片立体弯折成型

5) 钢筋网片成型精度控制措施

(1) 钢筋弯折后,在弯折处形成圆弧,内皮收缩、外皮延伸,并沿钢筋外皮测量外包尺寸,因此下料尺寸一般小于实际尺寸,需要考虑弯曲调整值的影响。通过单根钢筋弯折试验,确定直径20mm箍筋4个弯折角度对应的弯曲调整值,如表1所示。钢筋网片有4个弯折角,箍筋下料尺寸分别缩减5cm和4.4cm。

20mm箍筋弯曲调整值 表1

弯折角度(°)	59	37	57	27
弯曲调整值(mm)	16	9	15	7

(2) 箍筋通过一次平弯托梁上的小导轮进行定位,小导轮以50mm为倍数进行布置,通过机加工进行制造。箍筋间距布设精度为2mm,可以按照100mm、150mm等50mm的倍数进行调整。

(3) 主筋布料龙门由伺服电机驱动,作业前以网片中线为零位进行定位,行走精度偏差小于2mm。主筋布设端部设置定位挡杆,通过顶推气缸控制主筋落料间隙,消除主筋弯曲的影响。主筋间距精度偏差小于3mm,满足锥套对接要求。

(4) 钢筋网片弯折线位置和弯折由弯网机决定,控制弯网机位置偏差在5mm内,网片弯折角度偏差在2°内。

5. 钢筋网片翻身与运输

钢筋网片弯折成型后,由两台行车整体抬吊至翻身区域,2个吊钩同时落下,2个吊钩同时起升,将网片由卧式翻转为立式,如图9所示。工人将固形工装分片拆除,运至堆存区重复利用。通过专用吊具将网片移至运输托盘,用链条和手拉葫芦将网片固定在托盘挡墙上,每个托盘装2张钢筋网片。由平板车将托盘整体运输至码头,用驳船将托盘由码头运输至水上平台,如图10所示。

图9　钢筋网片翻身

图10　驳船运输钢筋网片至水上平台

6. 钢筋网片胎架内组拼

履带式起重机将托盘整体吊运至水上平台堆存区，解除临时固定后，将钢筋网片吊运至拼装胎架内，拼装胎架如图11所示。胎架底部设置导槽，用于钢筋网片定位。将钢筋网片由内向外分别放入，内外三层钢筋网片在胎架内安装完成后，人工穿插拉钩筋，组拼成钢筋部品。安装钢筋保护层垫块。

7. 钢筋部品吊装与对接

钢筋部品成型后，在钢筋网片上焊接吊耳，通过专用吊具将钢筋部品吊装上塔。吊具与吊耳之间通过花篮螺栓调整吊绳长度，通过调整吊点位置适应钢筋部品重心变化，防止严重偏载。钢筋部品吊装如图12所示。

图11　钢筋部品拼装胎架

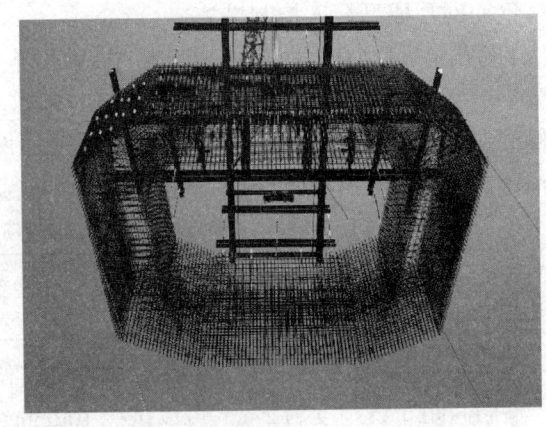
图12　钢筋部品整体吊装

钢筋部品吊装上塔后，在每个网面中间的主筋上安装喇叭口型落料钢筒，引导主筋落入相应位置。塔柱钢筋通过锥套连接[10]，如图13所示。

图13　钢筋部品锥套连接

五、钢筋网片和部品变形控制及调整措施

(1)钢筋网片柔性较大,在立体弯折过程中,需要通过行车辅助起吊,消除网片与工装自身重量的影响,行车吊钩起升速度由网片弯折速度决定。

(2)钢筋网片抬吊至翻身区域的过程中,要保持两台行车行走速度一致,否则会导致钢筋网片发生变形。通过固形工装增加网片刚度,工装自身发生变形是导致网片变形的最大影响因素。

(3)钢筋网片由托盘进行整体运输,通过托盘上的挡墙进行临时固定。网片2/3高度上设置7个临时固定点,基准面有3个固定点与挡墙进行临时连接,其他4个面分别与托盘底面通过防风拉缆进行临时连接。

(4)钢筋网片吊装进入胎架后,通过底部导槽进行底口定位,测量网片基准面中线和4个弯折线的位置,通过手拉葫芦进行适当调整,确保钢筋网片准确安装。

六、应用效果

深中通道S04标项目实现了加工厂内钢筋网片工业化生产,塔下钢筋部品装配化成型,塔上钢筋节段整体对接,三位一体同步作业,大大提高了索塔钢筋施工效率和成型质量:

(1)钢筋网片生产线制造工效达到6h/片,3d即可生产2个钢筋部品的网片。网片制造、部品拼装不占用关键工序,相较塔顶人工原位绑扎,索塔钢筋施工工效提升30%。

(2)钢筋网片机械化生产,成型质量高,边长精度5mm,弯折角度偏差2°以内,箍筋间距精度达到2mm,主筋间距精度达到3mm,实现了钢筋网片网格尺寸免检。

(3)塔上钢筋部品对接,主筋对接质量良好,90%以上的主筋接头径向偏差在1cm以内,提升了锥套对接成功率,减小了人工调节工作量,有效提高了塔上钢筋部品对接效率。

未来十年甚至更长的一段时间,我国乃至世界大跨径缆索承重桥梁建设需求旺盛,如常泰大桥、广东莲花山过江通道、浙江舟岱跨海高铁、川藏铁路、直布罗陀跨海大桥等,这些大桥桥塔必将向更高、更大、更恶劣建设环境方向发展。可以预见,基于网片弯折成型的超高索塔钢筋部品装配化施工工法以其更安全、更高效、更智能的显著优势,具有非常广泛的应用前景,项目研究具有前瞻性,蕴含巨大的经济和社会效益。

参考文献

[1] 谢建军.桥梁装配式施工关键共性技术要点探讨[J].华东公路,2019(2):69-72.
[2] 向科.模块化和工厂化施工在S26高速公路桥梁工程中的应用[J].铁道建筑,2016(04):26-29.
[3] 江鹏飞,梁建.高湾特大桥工程钢筋模块化BIM技术的应用[J].城市道桥与防洪,2018(9):179-181.
[4] 杨秀礼,徐杰,夏昊.中小跨径预制装配化桥梁专用架设方法与智能安装技术研究[J].公路,2018(12):126-129.
[5] 田唯,魏星,方明山,等.跨海桥梁埋置式基础装配化施工关键技术研究[J].公路,2014(10):30-36.
[6] 张爱民,李志明.大节段变截面墩身钢筋部品化施工关键技术[J].世界桥梁,2019(04):37-41.
[7] 李军堂.沪通长江大桥主航道桥桥塔施工关键技术[J].桥梁建设,2019(06):1-6.
[8] 徐军,吴明远.考虑特殊桥位的深中通道伶仃洋大桥总体设计[J].交通科技,2020(03):6-10.
[9] 赵林,王骑,宋神友,等.深中通道伶仃洋大桥(主跨1666m)抗风性能研究[J].中国公路学报,2019(10):57-66.
[10] 徐瑞榕.桥梁基础钢筋笼直螺纹连接的常见问题及锥套接头技术[J].工程质量,2017(05):4-8.